Imprimerie MIGNE, au Petit-Montrouge.

# DICTIONNAIRE
# D'ÉDUCATION
## PUBLIQUE ET PRIVÉE,

### TANT EN FRANCE QU'A L'ÉTRANGER;

**A L'USAGE DU CLERGÉ, DES SÉMINAIRES, DES LYCÉES, DES PENSIONNATS,
ET DES FAMILLES CHRÉTIENNES ;**

CONTENANT

L'EXPOSÉ DES PRINCIPES D'UNE BONNE ÉDUCATION, CONSIDÉRÉE COMME PRÉPARATION A LA VIE
PUBLIQUE ET PRIVÉE ;
L'EXAMEN DES DIVERS SYSTÈMES ;
UN COUP D'OEIL SUR L'ÉDUCATION DE LA PREMIÈRE ENFANCE : LES POUPONNIÈRES, SYSTÈME
NOUVEAU DE CRÈCHES ;
DES CONSIDÉRATIONS MORALES SUR LA CONDUITE DE L'HOMME DANS LA SOCIÉTÉ ;
L. HISTOIRE DE L'UNIVERSITÉ FRANÇAISE A SES DIVERSES ÉPOQUES, ET DES UNIVERSITÉS ÉTRANGÈRES ;
UN RÉSUMÉ DES DISCUSSIONS SUR LA LIBERTÉ ET LA QUESTION CLASSIQUE DE L'ENSEI-
GNEMENT ET DES ÉVOLUTIONS DE LA LITTÉRATURE ET DE LA SCIENCE, ETC., ETC. ;
DONNANT IN EXTENSO LES DOCUMENTS RELATIFS A LA NOUVELLE ORGANISATION SCOLAIRE ;

## PAR M. L'ABBÉ RAYMOND,

Chanoine de Mende, docteur en théologie, et membre de plusieurs
sociétés savantes.

PUBLIÉ

### PAR M. L'ABBÉ MIGNE,

ÉDITEUR DE LA BIBLIOTHÈQUE UNIVERSELLE DU CLERGÉ,

OU

DES COURS COMPLETS SUR CHAQUE BRANCHE DE LA SCIENCE ECCLÉSIASTIQUE.

### TOME UNIQUE.

PRIX : 8 FRANCS.

S'IMPRIME ET SE VEND CHEZ J.-P. MIGNE, ÉDITEUR,
AUX ATELIERS CATHOLIQUES, RUE D'AMBOISE, AU PETIT-MONTROUGE,
BARRIÈRE D'ENFER DE PARIS.

1853

# NOUVELLE
# ENCYCLOPÉDIE
## THÉOLOGIQUE,

OU NOUVELLE

SÉRIE DE DICTIONNAIRES SUR TOUTES LES PARTIES DE LA SCIENCE RELIGIEUSE,

**OFFRANT, EN FRANÇAIS ET PAR ORDRE ALPHABÉTIQUE,**

LA PLUS CLAIRE, LA PLUS FACILE, LA PLUS COMMODE, LA PLUS VARIÉE
ET LA PLUS COMPLÈTE DES THÉOLOGIES.

CES DICTIONNAIRES SONT CEUX :

DES LIVRES APOCRYPHES, — DES DÉCRETS DES CONGRÉGATIONS ROMAINES, — DE PATROLOGIE,
— DE BIOGRAPHIE CHRÉTIENNE ET ANTI-CHRÉTIENNE , — DES CONFRÉRIES , — D'HISTOIRE ECCLÉSIASTIQUE
— DES CROISADES, — DES MISSIONS, — D'ANECDOTES CHRÉTIENNES, —
D'ASCÉTISME ET DES INVOCATIONS A LA VIERGE, — DES INDULGENCES, — DES PROPHÉTIES ET DES MIRACLES,
— DE STATISTIQUE CHRÉTIENNE, — D'ÉCONOMIE CHARITABLE , — D'ÉDUCATION,
— DES PERSÉCUTIONS, — DES ERREURS SOCIALES ,
— DE PHILOSOPHIE CATHOLIQUE, — DES CONVERSIONS AU CATHOLICISME, — D'ANTIPHILOSOPHISME, —
DES APOLOGISTES INVOLONTAIRES, —
D'ÉLOQUENCE CHRÉTIENNE , — DE LITTÉRATURE , id., — D'ARCHÉOLOGIE , id.,
— D'ARCHITECTURE, DE PEINTURE ET DE SCULPTURE id., — DE NUMISMATIQUE id., — D'HÉRALDIQUE id.,
— DE MUSIQUE id., — D'ANTHROPOLOGIE id., — DE PALÉONTOLOGIE id.,
— D'ÉPIGRAPHIE id., — DE BOTANIQUE id., — DE ZOOLOGIE id., — DES INVENTIONS ET DÉCOUVERTES. —
DE MÉDECINE-PRATIQUE, — D'AGRI-SILVI-VITI-ET HORTICULTURE, ETC.

PUBLIÉE

## PAR M. L'ABBÉ MIGNE,

**ÉDITEUR DE LA BIBLIOTHÈQUE UNIVERSELLE DU CLERGÉ,**

OU

DES COURS COMPLETS SUR CHAQUE BRANCHE DE LA SCIENCE ECCLÉSIASTIQUE.

PRIX : 6 FR. LE VOL. POUR LE SOUSCRIPTEUR A LA COLLECTION ENTIÈRE, 7 FR., 8 FR., ET MÊME 10 FR. POUR LE
SOUSCRIPTEUR A TEL OU TEL DICTIONNAIRE PARTICULIER.

## TOME TRENTE-QUATRIÈME.

DICTIONNAIRE D'ÉDUCATION.

TOME UNIQUE. PRIX : 8 FR.

S'IMPRIME ET SE VEND CHEZ J.-P. MIGNE, ÉDITEUR,
AUX ATELIERS CATHOLIQUES, RUE D'AMBOISE, AU PETIT-MONTROUGE,
BARRIÈRE D'ENFER DE PARIS.

1852

# NOUVELLE
# ENCYCLOPÉDIE
## THÉOLOGIQUE,

OU NOUVELLE

### SÉRIE DE DICTIONNAIRES SUR TOUTES LES PARTIES DE LA SCIENCE RELIGIEUSE,

OFFRANT, EN FRANÇAIS ET PAR ORDRE ALPHABÉTIQUE,

LA PLUS CLAIRE, LA PLUS FACILE, LA PLUS COMMODE, LA PLUS VARIÉE
ET LA PLUS COMPLÈTE DES THÉOLOGIES.

CES DICTIONNAIRES SONT CEUX :

DES LIVRES APOCRYPHES, — DES DÉCRETS DES CONGRÉGATIONS ROMAINES, — DE PATROLOGIE,
— DE BIOGRAPHIE CHRÉTIENNE ET ANTI-CHRÉTIENNE, — DES CONFRÉRIES, — D'HISTOIRE ECCLÉSIASTIQUE
— DES CROISADES, — DES MISSIONS, — D'ANECDOTES CHRÉTIENNES, —
D'ASCÉTISME ET DES INVOCATIONS A LA VIERGE, — DES INDULGENCES, — DES PROPHÉTIES ET DES MIRACLES,
— DE STATISTIQUE CHRÉTIENNE, — D'ÉCONOMIE CHARITABLE, — D'ÉDUCATION,
— DES PERSÉCUTIONS, — DES ERREURS SOCIALES,
— DE PHILOSOPHIE CATHOLIQUE, — DES CONVERSIONS AU CATHOLICISME, — D'ANTIPHILOSOPHISME, —
DES APOLOGISTES INVOLONTAIRES, —
D'ÉLOQUENCE CHRÉTIENNE, — DE LITTÉRATURE, id., — D'ARCHÉOLOGIE, id.,
— D'ARCHITECTURE, DE PEINTURE ET DE SCULPTURE id., — DE NUMISMATIQUE id., — D'HÉRALDIQUE id.,
— DE MUSIQUE id., — D'ANTHROPOLOGIE id., — DE PALÉONTOLOGIE id., —
D'ÉPIGRAPHIE id., — DE BOTANIQUE id., — DE ZOOLOGIE id., — DES INVENTIONS ET DÉCOUVERTES. —
DE MÉDECINE-PRATIQUE, — D'AGRI-SILVI-VITI-ET HORTICULTURE, ETC.

PUBLIÉE

## PAR M. L'ABBÉ MIGNE,

ÉDITEUR DE LA BIBLIOTHÈQUE UNIVERSELLE DU CLERGÉ,

OU

DES COURS COMPLETS SUR CHAQUE BRANCHE DE LA SCIENCE ECCLÉSIASTIQUE.

PRIX . 6 FR. LE VOL. POUR LE SOUSCRIPTEUR A LA COLLECTION ENTIÈRE, 7 FR., 8 FR., ET MÊME 10 FR. POUR LE
SOUSCRIPTEUR A TEL OU TEL DICTIONNAIRE PARTICULIER.

## TOME TRENTE-QUATRIÈME.

DICTIONNAIRE D'ÉDUCATION.

—

TOME UNIQUE. PRIX : 8 FR.

—

### S'IMPRIME ET SE VEND CHEZ J.-P. MIGNE, ÉDITEUR,
AUX ATELIERS CATHOLIQUES, RUE D'AMBOISE, AU PETIT-MONTROUGE,
BARRIÈRE D'ENFER DE PARIS.
1852

# PREFACE.

Nous ne nous serions jamais douté d'avoir à publier un dictionnaire sur l'éducation, au moment même où nous essayons de poser les premières assises de l'enseignement dans l'ordre des faits. De puissants motifs nous ont fait appeler l'attention sérieuse des hommes les plus importants de l'époque, sur la nécessité de rendre aux institutions destinées aux enfants du premier âge le complément du principe moral, religieux et de bonne hygiène, qui évidemment leur manque encore. Notre voix a été entendue, et bientôt peut-être des milliers de ces petits êtres chéris dont l'éloignement est encore pour un trop grand nombre de familles nécessiteuses de Paris un sujet d'alarmes si multipliées, si vives, et malheureusement si légitimes, recevront désormais près de leurs mères tous les soins qu'elles avaient rêvés pour eux. L'institution de grands établissements d'allaitement et de sevrage autour de Paris, qui grouperont autour d'eux toutes les influences les plus moralisatrices, sans frais ni fatigues de voyage, hâtera sans doute la solution du problème de la moralisation des masses, en commençant l'édifice par la base, pour le continuer sans interruption jusqu'au sommet. Quelque bonne que soit cette œuvre, elle rencontrera inévitablement des obstacles à sa marche, mais nous puiserons le courage dans la croix de celui qui a vaincu le monde par les charmes de la charité ; si la vérité ne marche point aussi vite que l'erreur, elle finit toujours par la vaincre.

Si l'éducation de la jeunesse est un métier pénible pour les uns, le plus inutile et le plus funeste à la société pour d'autres, elle est à nos yeux un ministère religieux, un véritable apostolat. Cette idée que nous nous en faisons augmente l'étendue de nos devoirs au début de notre travail, elle nous donne aussi bien du courage et des forces pour nous en faire supporter le poids. Nous sommes obligé de convenir que notre tâche est immense. C'est une carrière d'autant plus difficile à parcourir qu'il faut s'occuper d'objets les plus divers, que les sources proprement dites sont assez rares pour les temps anciens, et que la masse des matériaux pour les temps modernes augmente à tel point qu'il est presque impossible de la dominer.

Un *Dictionnaire d'éducation* doit offrir un tableau, complet de tous les traits les plus saillants qui l'ont caractérisée à travers la marche des siècles. Si nous avons pu nous en faire une juste idée, il doit exposer sous les entraves de la forme alphabétique les efforts tentés depuis les temps anciens jusqu'à nos jours pour rapprocher l'humanité de son but idéal.

Notre tâche sera donc de reproduire, autant qu'il nous sera possible, tout ce qu'on a pensé et dit jusqu'ici sur la théorie de l'instruction, principalement tout ce qu'on a fait pour réaliser ces idées ; de faire connaître les hommes qui ont exercé sous ce rapport une grande influence, les établissements qui ont été fondés et les ouvrages qui ont été écrits. On nous permettra de jeter avec circonspection un regard critique sur cet ensemble et de dire si, par les efforts tentés, on s'est effectivement rapproché du but que tous aspirent à atteindre.

Mais l'activité intérieure, la vie et le développement spirituel de l'individu non moins que des nations, ne sauraient être saisis dans leur ensemble ni dans leur détail, si nous ne portions en même temps un regard attentif sur la famille, la constitution politique et religieuse des sociétés, les mœurs et les lois existantes des gouvernements. Toutes ces choses exercent l'une sur l'autre une influence mutuelle, aussi l'éducation a-t-elle toujours été intimement liée à la vie de famille, à la vie du citoyen, à la vie religieuse ; en un mot, à tout ce qu'on peut appeler la vie la plus intime des nations.

Pour atteindre ce but, un *Dictionnaire d'éducation* doit donc embrasser les législations existantes des différentes parties du globe, leur situation religieuse, les diverses méthodes et tous les degrés de l'instruction publique et privée, réunir les documents authentiques dispersés dans tout ce que les siècles nous ont légué sur le développement progressif de l'esprit humain, sur les établissements d'éducation de toute nature, et les fruits qu'ils ont portés ;

sur les monuments de l'art, poésies populaires, chants patriotiques, épopées, drames, peintures, sculptures, musique, architecture, en un mot, sur tout ce qui atteste le progrès ou la décadence des peuples, le développement de l'éducation nationale ou l'état d'infériorité de cette culture de l'esprit à telle ou telle autre époque.

L'éducation est l'une des questions les plus graves et les plus vivement débattues en notre temps. « Renfermé dans de sages limites ( écrivait naguère Son Eminence le cardinal Donnet, archevêque de Bordeaux, à Mgr Dupanloup, évêque d'Orléans), l'esprit de réforme n'eût rencontré que des sympathies et des approbations ; mais à peine s'est-on mis à l'œuvre que l'exagération s'en est mêlée, et que les hommes les plus désireux de faire une large part dans l'éducation à l'élément chrétien ont reculé devant la responsabilité de mesures provoquées. » La tâche qui nous est échue nous oblige d'exposer avec indépendance, mais avec le profond respect que nous ne cesserons d'avoir pour l'épiscopat, le caractère des dissidences qui le divisent moins dans le fond que dans la forme des méthodes à suivre dans l'enseignement, et sans altérer la paix ni de l'Eglise ni de l'Etat.

Nous nous engageons dans une voie que nul autre écrivain ne nous a frayée ; il n'existe aucun dictionnaire appuyé sur toutes les données que nous venons d'énoncer. M Filassier est le seul qui ait traité cette matière, et c'est encore sous un aperçu tout différent du nôtre. Le travail que nous entreprenons dépasse visiblement les forces d'un seul homme ; aussi appelons-nous le secours d'en haut pour suppléer à notre insuffisance. Nos lecteurs nous tiendront compte peut-être encore des nombreuses difficultés que présente le sujet, et du courage avec lequel nous allons tenter de les aplanir : nous osons compter sur leur indulgence. S'il nous est impossible d'atteindre à la perfection, y a-t-il du moins quelque mérite à essayer d'en approcher. La publication de cet ouvrage sera une preuve nouvelle que nous n'appartenons pas à cette froide philosophie qui permet de rester sans action à la vue d'un grand péril, et qui laisse l'ennemi triompher sans obstacle, sous prétexte qu'on le croit invincible. Une telle conduite nous a toujours paru contraire au devoir qui ne permet point de calculer ni le succès ni l'utilité de ses efforts, quand on est surtout voué par état à la défense de la plus sainte des causes ; la victoire d'ailleurs ne s'obtient que par le courage ; c'est par lui qu'on détermine les incertains, qu'on soutient les faibles, et surtout qu'on préserve la masse de cette démoralisation qui est à elle seule le plus grand de tous les dangers. Du reste, il n'est pas de sujet susceptible d'inspirer plus d'intérêt. Notre livre est destiné à devenir le répertoire, et comme le manuel de l'élève et du professeur, du littérateur et du savant, de l'artiste et de la famille. Nous croirions faire injure à quelqu'un si nous supposions qu'il pût y rester indifférent. S'il ne change rien à la marche des choses, du moins demeurera-t-il comme un phare qui, éclairant la marche de l'esprit humain, lui signalera certains écarts et lui fera saisir avec avidité peut-être la vérité que tant de mauvaises passions repoussent.

# AVANT - PROPOS.

## DÉFINITION ET NATURE DE L'ÉDUCATION.

L'éducation est de tout temps, chez tout homme qui pense, un monde d'idées. — L'éducation c'est l'art de faire comprendre à un enfant ce que seront, pendant sa carrière de jeune homme, d'homme fait, de vieillard, ses devoirs envers Dieu, envers les hommes, envers lui-même; c'est l'art de développer et de diriger ses forces intellectuelles et physiques, afin que de l'accomplissement de ces devoirs, de la coordination de ces forces il résulte pour la société et pour l'individu la plus grande somme de bonheur possible.

Quelque vaste que soit ce problème, les siècles nous en eussent peut-être transmis la solution au moins approchée, si les données en étaient quelque peu fixes; mais à chaque instant, en tout lieu, l'humanité se transforme et la question change de face. En France, en particulier, et plus que jamais dans nos temps modernes, elle semble tous les cinquante ans exiger une solution nouvelle. Sans doute quelques-uns de ses éléments échappent à la loi générale. La religion, la morale ne changent pas, mais il en est autrement de la constitution et des besoins de la société. Aussi l'éducation proprement dite repose-t-elle toujours sur les mêmes bases, tandis que l'instruction doit se modifier sans cesse et progressivement.

Longtemps la route à suivre fut assez nettement tracée. La division de la société en classes qui rappelaient les castes de l'Orient, l'esprit de tradition qui faisait de la famille une véritable individualité sociale, fournissaient aux parents, aux instituteurs des indications précises.

Mais, de nos jours, il n'y a plus ni serfs ni tiers. La France, véritable mère pour tous les citoyens, ne voit en eux que des enfants, sortis égaux de ses entrailles. A tous elle réserve ses plus hautes faveurs, à tous elle offre ses couronnes, à la seule condition de les mériter. Les populations ont répondu en masse à cet appel. Quel père ne rêve aujourd'hui pour son fils une position supérieure à la sienne ? Quelle famille n'est résolue aux plus durs sacrifices pour assurer à ses jeunes représentants cette instruction qui doit les conduire à la fortune, à la gloire, aux honneurs ? Mais cette ambition, si noble par ses motifs, si féconde par ses résultats, est trop souvent peu raisonnée. L'enfant qui vient frapper à la porte de nos maisons d'éducation sera-t-il soldat ou médecin, magistrat ou négociant ? D'ordinaire il n'en sait rien, et ses parents pas davantage. « Quand il aura fait ses études, disent-ils, il sera temps de se décider. »

A vrai dire, cette imprévoyance même a son bon côté. Quelle que doive être leur carrière, les élèves, appelés à prendre rang dans la portion de la société qui exerce une action prépondérante, doivent se rencontrer un jour dans le monde pour discuter les intérêts de tous. Il est donc important qu'un fonds d'idées communes, amassées dès l'enfance, prépare et facilite ces relations de l'avenir. Ce fonds commun, ils l'acquièrent dans les maisons d'éducation. C'est bien là ce qu'avait voulu le grand génie de notre siècle, lorsque, pour mettre d'accord le monde moral avec le monde politique, pour consacrer l'unité du territoire par l'identité des idées, il fonda l'Université.

Mais, sous peine de faillir à sa mission, un enseignement donné dans des conditions pareilles doit être vraiment libre. Pour être utile, il doit sonder en tous sens l'esprit des élèves, éclairer les moindres replis de ces jeunes intelligences qui s'ignorent elles-mêmes, éveiller les aptitudes diverses, et amener ainsi le jeune homme à voir clair dans ses propres penchants, à faire de sa carrière, par conséquent de sa vie, un choix raisonné. On ne peut en douter, telle avait été la pensée de Napoléon. Toutes les connaissances humaines avaient leur juste part dans les premiers programmes universitaires, et l'instruction des maisons d'éducation devait être à la fois scientifique et littéraire. C'est que Napoléon s'était souvenu, qu'avant de s'asseoir sur le trône, il avait siégé dans un fauteuil, qu'avant de devenir premier consul et empereur, il avait été membre de l'Académie des sciences.

Malheureusement les conceptions du génie sont rarement comprises, plus rarement réalisées. Si Napoléon fut le fondateur de l'Université, M. de Fontanes en fut le grand maître. Les sciences, imparfaitement et très-inégalement représentées dans l'administration supérieure, perdirent bientôt du terrain; et tandis qu'elles prennaient dans le monde une importance chaque jour plus grande, elles s'amoindrissaient de plus en plus dans les maisons d'éducation. En province surtout cette décadence fut déplorable. Nous avons vu le temps et tel collège où l'enseignement scientifique se bornait aux premiers éléments des mathématiques et à quelques notions sur les propriétés générales des corps; d'où l'on sortait, après neuf années d'études, sans savoir ce que sont la lumière, la chaleur, l'électricité; sans connaître un seul mot de chimie ou de sciences naturelles. Ainsi semblèrent oubliées, pendant plusieurs années, des vérités bien simples, parfaitement résumées dans une phrase que je demande la permission de citer.

« Le Gouvernement a jugé que l'étude des sciences mathématiques, physiques et naturelles, était le complément de toute éducation, soit parce que ces connaissances sont d'une utilité immédiate dans beaucoup de conditions de la vie, soit parce qu'elles étendent la sphère des idées, et qu'elles donnent la clef d'une foule de phénomènes que nous offrent à chaque pas la nature et la société, et dont il est honteux de ne pas se rendre compte. » Ces paroles ne sont pas d'aujourd'hui : elles datent de 1806, elles motivent le maintien des programmes de 1802.

Au reste, il faut le dire, cet oubli s'explique peut-être. Dans les premières années de ce siècle, les sciences étaient loin de ce rang qu'elles occupent aujourd'hui. Apanage exclusif de quelques hommes d'élite, elles n'étaient guère connues de la foule, et par ce mot il faut entendre tout ce qui n'était pas savant de profession. Pourtant, depuis près d'un demi-siècle, la physique, par les mains de Franklin, avait armé nos édifices de paratonnerres et éteint la foudre; la chimie, en nous apprenant à trouver le salpêtre, avait épargné à la France la honte et les malheurs de l'invasion, comme pour donner un démenti magnifique à la parole stupide qui fit tomber la tête de Lavoisier; les sciences naturelles enfin venaient de révéler à Jenner la puissance de la vaccine, de ce préservatif merveilleux qui, chaque année, dans la France seule, sauve la vie à deux millions de personnes. Mais la foule est routinière et lente à la reconnaissance. On oubliait les services rendus, on leur opposait l'insuccès de quelques tentatives prématurées; on souriait au souvenir des ballons de Fleurus; et des sciences restaient aux yeux du plus grand nombre de curieuses inutilités.

Qui oserait aujourd'hui tenir un semblable langage? Personne, pas même l'ignorance et la haine. Si, ce qu'à Dieu ne plaise, un nouveau Lavoisier comparaissait devant un nouveau tribunal révolutionnaire, peut-être monterait-il à l'échafaud, car les passions politiques n'ont jamais fait grâce, même au génie; mais à coup sûr, pas un des juges ne répondrait comme ses devanciers de 93 : « La République Française n'a pas besoin de savants pour vaincre ses ennemis. » — C'est que, chaque jour mieux connues, les sciences ont montré une face nouvelle. Leurs abstractions ont pris corps, et les bienfaits miraculeux de l'application ont prêté leur appui aux mystères de la théorie. Etudier les forces naturelles, fut de tout temps l'objet de la science ; les connaître pour les asservir, pour les ployer à nos besoins, les maîtriser pour conquérir le monde, telle est l'ambition de la science moderne, telle est la tâche qu'elle s'est donnée et qu'elle accomplira.

Déjà pour annihiler les distances et se passer du temps, elle a créé les locomotives et ces bateaux à vapeur qui ont placé les rivages d'Amérique à dix jours de nos côtes ; elle a inventé ce télégraphe électrique, qui devance le cours du soleil, de telle sorte qu'une dépêche datée de Vienne à midi, parvient à Paris à onze heures, et semble être arrivée une heure avant d'être partie : pour guider les marins le long des côtes dangereuses, elle a doté nos phares d'une lampe qui donne à elle seule autant de lumière que 4,000 becs de gaz, et de lentilles qui portent cette lumière à douze lieues au large : pour épargner aux ouvriers de cruelles infirmités ou une vieillesse prématurée, elle a substitué le dorage par la pile au dorage par le mercure, le blanc de zinc au blanc de plomb : pour sauvegarder une récolte qui enrichit la moitié de la France, elle a enseigné aux vignerons comment on détruit les œufs de la pyrale : pour ranimer une industrie expirante et rendre à des populations entières le travail et le pain, elle a appris aux pêcheurs qu'il est aussi facile de semer des poissons que de semer du grain, elle a repeuplé nos ruisseaux et nos fleuves, et démontré que la mer peut avoir, comme la terre, ses semailles et ses récoltes. Enfin, comme pour faire preuve de sa toute-puissance, elle a anéanti la douleur, cette inexorable ennemie de l'homme, et chaque jour, grâce au chloroforme, des malheureux jouissent d'un calme sommeil, tandis qu'on pratique sur eux quelqu'une de ces opérations terribles, dont les souffrances allaient parfois jusqu'à la mort.

Nous connaissons tous ces bienfaits dont l'éclat force l'admiration; mais il en est de plus humbles et dont nous jouissons peut-être sans en bien connaître la source. On ne sait pas assez que presque toutes les questions d'économie et de bien-être domestiques, ne sont, en réalité, que des problèmes scientifiques. Aussi, bon gré mal gré, la science se glisse-t-elle dans nos maisons, à notre table, à notre foyer, à notre chevet : elle nous accompagne dans le monde; et partout, comme une de ces fées bienveillantes dont parlent les fables, elle s'occupe à la fois de nos besoins réels, de nos fantaisies, de nos caprices. C'est elle qui, chaque année,

invente quelque nouveau métier, quelque nouveau procédé de teinture, pour habiller le pauvre à meilleur marché, pour satisfaire aux exigences coûteuses de la mode. C'est elle qui imagine des appareils pour chauffer les plus modestes appartements aussi bien que des palais entiers. C'est elle qui remplace le lumignon fumeux et la sale chandelle par les lampes à double courant d'air, et la bougie à bon marché, en même temps qu'elle ajoute aux merveilles de l'Opéra, qu'elle arrange les escamotages de Robert Houdin, qu'elle prépare des jouets d'enfants. C'est elle qui fabrique jusqu'à nos allumettes à frottement, qui ont relégué au rang des souvenirs le briquet et la pierre, chantés par les poëtes. Des trois corps principaux qui composent leur pâte inflammable, le soufre seul se trouve dans la nature ; le phosphore ne peut être isolé que par des procédés chimiques ; le chlorate de potasse est un produit tout artificiel. La science a pétri ces trois corps, les a superposés d'après leur degré d'inflammabilité ; puis elle vous a vendu cent allumettes pour un sou ; et ce commerce, qui date de à peine de quinze ans, alimente aujourd'hui de vastes usines, met en jeu des machines à vapeur, envoie des navires dans toutes les parties du monde et remue des millions.

Le caractère fondamental de notre siècle, celui qui le distingue de tous les précédents et le signale à l'attention des penseurs comme l'avénement d'une ère entièrement nouvelle dans les annales de l'humanité, c'est l'application de la science à la satisfaction des besoins publics et privés. Quelques années encore, et le commerce, l'industrie, l'agriculture, tout ce qui fait la force politique des nations et la vie matérielle des peuples, reconnaîtra la science pour mère et pour souveraine. Je le demande, était-il possible de ne pas lui faire une part sérieuse dans l'instruction publique ? Et cependant quelques esprits, éminents à divers titres, ont nié cette nécessité.

Chose triste à dire, c'est au nom de la littérature qu'on a voulu bannir la science des maisons d'éducation, ou la traiter comme un accessoire toléré seulement à titre de concession. « La science, a-t-on dit, peut seule expliquer et les phénomènes qui nous entourent, et les fonctions les plus constantes de la vie : que nous importe ? Notre lampe brûlera t-elle mieux quand nous en connaîtrons le mécanisme ? Respirerons-nous avec plus d'aisance quand nous aurons appris quels sont la composition de l'air, le jeu des muscles de la poitrine, et la structure des poumons ? Nous voulons conserver en nous, et dans les générations qui grandissent, le ressort de l'imagination, la fleur de poésie que flétrissent les nomenclatures scientifiques. Nous craindrions d'abaisser l'intelligence humaine en l'emprisonnant dans les limites de la réalité. »

Ainsi, pour fermer la porte des maisons d'éducation à la science, d'une part, on se fait utilitariste ; on demande : — A quoi cela me servirait-il ? — sans songer que les populations ignorantes pourraient être tentées de répondre : — A quoi nous ont servi les théories de Platon, les hymnes de Pindare, les poëmes de Virgile, les récits de Thucydide ou de Tacite ? — Et, d'autre part, on semble placer quelques-unes des plus nobles facultés de l'âme sous la sauvegarde de l'ignorance.

Ah ! ne les croyons pas, ces défenseurs trop zélés de la littérature ! Ne craignons pas que la science rétrécisse ou abaisse les intelligences ; elle qui, dans ses hautes conceptions, s'élève jusqu'à l'infini ; elle qui mesure à la fois la période séculaire des astres, et le temps qu'une balle chassée par la poudre met à parcourir le canon du fusil ; elle qui, sur les limites de notre monde, a su découvrir des mondes nouveaux et préciser leur place avant de les avoir vus ; elle qui nous montre des firmaments par delà notre firmament, et des univers dans quelques gouttes d'eau. Ces réalités valent bien, en magnificence, la plupart des fables, et la science a su les traduire en un langage digne d'elles. De tout temps, en tout lieu, elle a eu d'éloquents interprètes. En France, Pascal, le géomètre, et Buffon, le naturaliste, ne sont pas des exceptions isolées. Depuis sa fondation jusqu'à nos jours, l'Académie des sciences a compté des représentants dans l'Académie française. Vienne le temps où la science sera chose vulgaire, et la poésie saura bien lui emprunter des images d'autant plus frappantes qu'elles seront et plus précises et plus vraies. Le *Corsaire* de Byron, élevant vers les nuages orageux ses bras chargés de chaînes pour que le fer attire le fluide électrique, nous émeut bien autrement que s'il suppliait le fils de Saturne de lancer sur lui les foudres forgées par Vulcain dans l'île de Lemnos. N'oubliez pas, d'ailleurs, qu'Homère était un savant pour ses contemporains ; que, pour avoir su l'anatomie de son temps, il n'en a pas moins écrit l'*Iliade* ; que, pour être des termes techniques, les mots de clavicule et d'omoplate n'ont pas défiguré ses vers.

On a fait à la science un autre reproche bien grave : on l'a représentée comme hostile aux idées religieuses, comme devant former des athées et des matérialistes. A l'appui de ces assertions, on a cité quelques noms propres et évoqué les souvenirs de l'*Encyclopédie*.

Certes, si les récriminations avaient jamais démontré quelque chose, notre réponse serait ici bien facile. La liste des littérateurs, des poëtes, des philosophes, qui se signalèrent dans cette triste croisade, est bien autrement longue que celle de quelques savants qui suivirent leur bannière ; et la conclusion rigoureuse à tirer de cette sorte de raisonnement serait que les lettres sont, pour la religion, bien plus à craindre

que les sciences. Mais, sans renvoyer à nos adversaires leur imprudente accusation, il est aisé d'en faire justice.

En visitant ces salles où l'industrie moderne réunit périodiquement ses plus étonnantes merveilles, vous vous êtes sans doute arrêtés parfois devant un métier à la Jacquart, devant quelqu'une de ces mécaniques presque portatives qui tissent le chanvre et la laine. En voyant ces baguettes d'acier transformées en mains intelligentes, saisir et entrecroiser les fils les plus déliés, ou disposer avec un art admirable les plus éclatantes couleurs, les plus délicates nuances, vous vous êtes arrêtés frappés de surprise. Si alors quelqu'un vous a, pour ainsi dire, fait l'anatomie de cette machine; s'il vous a montré le jeu des rouages, et dévoilé les moyens si simples et si complexes à la fois qui amènent le résultat final, votre étonnement s'est changé en admiration, et vous vous êtes inclinés respectueusement devant l'inventeur. Ces sentiments ont été les vôtres, à coup sûr, car je ne les ai pas seulement éprouvés par moi-même; je les ai retrouvés chez des hommes de tout âge et de toute instruction, chez des femmes, chez de jeunes filles. Et l'on voudrait que l'œuvre divine fût moins puissante que l'œuvre humaine! L'examen superficiel d'un métier à rubans forcerait notre esprit à remonter jusqu'à celui qui en disposa les pièces, et l'étude de la création lui apprendrait à méconnaître le Créateur! Ce n'est pas là ce que pensait l'auteur d'un admirable poëme, que nous ont conservé les livres sacrés. Quand Jéhovah, parlant du sein des nuées, interpelle le juste qui l'a méconnu un instant, pour confondre l'orgueil de Job, lui propose-t-il quelqu'un de ces problèmes de poésie ou de métaphysique si chers aux Orientaux? Non, il lui demanda tout d'abord : « Où étais-tu lorsque je posais le monde sur ses fondements? » Puis il lui rappelle les merveilles de la terre et les splendeurs du ciel; il lui décrit, sous des noms que vous savez tous, le crocodile et l'hippopotame; il lui montre le cheval de guerre flairant de loin la bataille, le tonnerre des capitaines et les cris de triomphe; et devant ces grandes images, Job se prosterne et adore.

Tout autant que l'athéisme, le matérialisme est inconciliable avec une science sérieuse. Plus il étudie la matière et les forces qui la régissent, plus l'homme voit s'agrandir l'intervalle qui sépare son être intellectuel de ce monde physique qu'il comprend et qui ne le comprend pas. La cause de cette suprématie, il ne peut la trouver ailleurs que dans cette âme qui l'éclaire et le place au-dessus de la brute. Et si, reportant les yeux sur lui-même, il veut sonder ce nouveau mystère, son impuissance l'avertit bien vite qu'il faut ici remonter à la cause des causes, qu'il faut s'élever jusqu'à Dieu. Aussi, les véritables princes de la science, ceux qui en furent les révélateurs,

Linné comme Kepler, Cuvier comme Newton, ont-ils hautement proclamé sur ce point les convictions les plus fermes. C'est que rien mieux que la science ne peut donner à l'homme le double sentiment de sa petitesse devant le Créateur, de sa grandeur dans la création.

Qu'on cesse donc de parler d'un antagonisme qui n'existe pas entre les intérêts de la religion ou de l'intelligence et les exigences de plus en plus fondées, les nécessités chaque jour plus impérieuses de l'époque. La France ne renonce pas à sa foi : elle ne veut perdre ni ses écrivains brillants, ni ses grands artistes, ni ses poëtes inspirés; mais elle veut garder son rang en tout et partout. Elle veut avoir aussi ses savants qui inventent et ses savants qui appliquent; elle veut former des médecins aussi instruits que ceux de l'Allemagne, des ingénieurs et des mécaniciens aussi nombreux et aussi habiles que ceux de l'Angleterre; elle veut que ses administrateurs comme ses magistrats, que ses hommes d'État comme ses hommes du monde n'aient pas à rougir de leur ignorance en face de faits devenus vulgaires; et voilà pour moi ce qu'elle exige que la science et la littérature marchent désormais chez elle sur le pied de l'égalité.

Depuis longtemps la prospérité croissante des établissements privés, qui ont pris la science pour base de l'instruction, proclamait bien haut cet état de choses. Sous peine de voir l'enseignement passer des mains de l'État dans les mains des particuliers, sous peine de voir l'Université languir et se dissoudre, il fallait en revenir à la pensée première de Napoléon, il fallait réformer le programme des maisons d'éducation. Inspiré par ses traditions de famille, le chef de l'État a pris une féconde initiative. Malgré les préoccupations d'une vie presque entièrement littéraire, le ministre de l'instruction publique s'est associé de cœur à une entreprise dont il comprenait l'urgence, et, pour l'aider à l'accomplissement de cette œuvre, il a appelé autour de lui des savants de premier ordre, des administrateurs éclairés; il les a chargés d'organiser l'enseignement scientifique dans l'un des deux embranchements que les élèves pourront choisir, après avoir subi leurs examens de quatrième.

Ainsi la science arrivait à son heure : elle prenait place au soleil. Elle aurait pu alors user de représailles et traiter à son tour la littérature en ennemie. Elle ne l'a pas fait. Le premier acte de la commission a été de proclamer tout ce que l'esprit acquiert d'élévation et de force par l'étude des grands écrivains. Ces savants, tant de fois accusés de mépriser les belles-lettres, leur ont spontanément abandonné la moitié du temps disponible. Dans l'embranchement scientifique, cinq classes sur dix seront chaque semaine consacrées à la traduction des poëtes et des orateurs latins, à la pratique des langues vivantes, à l'exercice du français, aux

enseignements de l'histoire. A vrai dire, des études classiques poursuivies en troisième, seconde et rhétorique, la commission n'a retranché, dans l'embranchement scientifique, que le grec, avec les vers et les discours latins. Ainsi le nouvel enseignement conduira les élèves au baccalauréat ès sciences, exigé désormais pour les écoles spéciales; il éveillera leurs instincts divers; il aplanira les premières difficultés de ces carrières nombreuses que reconnaît et honore la société moderne. Quel que soit leur choix définitif, nos élèves seront préparés à devenir des médecins savants, des négociants instruits, des industriels habiles, des agriculteurs éclairés, et cela sans être étrangers à rien de ce qu'auront appris leurs condisciples de l'embranchement littéraire.

Non, la science forte de ses droits, appuyée sur l'assentiment universel, ne déclare pas la guerre à la littérature. C'est une alliance qu'elle demande. Il y a dans cette modération même un gage assuré du succès.

Chez les Grecs, Apollon n'était pas seulement le dieu de la poésie et des arts : il présidait à toutes les plus hautes manifestations de la pensée humaine. Pour ces peuples d'artistes, dont le savoir scientifique se réduisait à quelques éléments d'astronomie et de mathématiques, à la connaissance imparfaite de quelques plantes et de quelques animaux, la science personnifiée siégeait dans le chœur immortel des Muses, et l'austère Uranie mêlait ses graves enseignements aux chants enjoués ou héroïques de ses sœurs. Ces fictions se traduisaient en réalités dans la vie publique. On lisait sur le fronton des écoles de philosophie : « Que nul n'entre ici sans savoir les mathématiques. » La réforme actuelle ne répond pas seulement aux exigences de l'esprit moderne. Un de ses grands mérites est de faire rentrer l'enseignement dans la voie de traditions anciennes comme la vérité, et impérissables comme elle. Réjouissons-nous donc de la voir s'accomplir. Désormais, dans nos maisons d'éducation, la littérature n'opprimera plus la science : jamais la science ne songera à opprimer la littérature. Appuyées l'une sur l'autre, comme deux sœurs qui s'aiment et se respectent mutuellement, elles travailleront à l'envi à élever les intelligences, à fortifier les cœurs; et la France reconnaissante leur devra des générations prêtes à utiliser toutes ses forces, habiles à élargir en tout sens la sphère de son influence, capables de faire grandir encore son nom déjà si glorieux.

# AVIS AU LECTEUR.

Les articles *Académies; Archives de l'Université; Bibliothèques publiques; Collèges; Communautés enseignantes; Ecoles spéciales; Enseignement; Divers degrés d'enseignement; Différentes méthodes d'enseignement, Facultés; Histoire de l'Instruction publique en France; Imprimerie; Légendes et Traditions; Tableau sommaire de l'Instruction publique; Universités de France et étrangères*, sont extraits textuellement, pour la plupart et parfois avec quelques modifications, de l'ouvrage dont voici le titre : *Histoire de l'Instruction publique en Europe et principalement en France depuis le christianisme jusqu'à nos jours*, par M. Vallet de Viriville. Paris, Villars et Cie éditeurs, rue du Pont-de-Lodi, 5, et à la célèbre lithographie de M. Lemercier, rue de Seine, 57, format in-4° avec de nombreuses planches; 1849-1852. Prix : 30 francs.

# MATIÈRES TRAITÉES DANS CE VOLUME.

# DICTIONNAIRE
# D'ÉDUCATION
## PUBLIQUE ET PRIVÉE.

# A

**ABSENCES.** — Le décret impérial du 15 novembre 1811, concernant le régime de l'Université, prononçait des peines contre les fonctionnaires qui s'absentaient sans autorisation. L'art. 65 du décret précité est ainsi conçu : « Les professeurs, censeurs, régents agrégés et maîtres d'études, qui, sans cause légitime et sans en avoir prévenu les proviseurs dans les Lycées ou les doyens dans les Facultés, se dispenseront de faire leurs leçons ou de remplir leurs fonctions, seront pointés et subiront une retenue proportionnelle à leur traitement par chaque jour d'absence. En cas de récidive, ils seront réprimandés et pourront même être suspendus de leurs fonctions avec privation de traitement pendant le temps qui sera arbitré par le grand maître, sur l'avis du conseil académique. »

**ACADÉMIE(1).** — Le décret impérial, portant organisation de l'Université de France, en date du 17 mars 1808, établit que l'Université impériale sera composée d'autant d'académies qu'il y a de cours d'appel ; que les écoles appartenant à chaque académie seront placées dans l'ordre suivant : Les Facultés, pour les sciences approfondies et la collation des grades ; les Lycées, pour les langues anciennes, l'histoire, la rhétorique, la logique, et les éléments des sciences mathématiques et physiques ; les Colléges, les Ecoles secondaires, communales, pour les éléments des langues anciennes et les premiers principes de l'histoire et des sciences ; les Institutions, Ecoles tenues par des instituteurs particuliers, où l'enseignement se rapproche de celui des colléges ; les Pensions, Pensionnats appartenant à des maîtres particuliers, et consacrés à des études moins fortes que celles des Institutions ; les petites Ecoles, Ecoles primaires, où l'on apprend à

(1) Nous avons fait des emprunts, pour tout ce qui a trait aux corps enseignants, à l'ouvrage de M. A. Vallet de Viriville. — Paris, chez . . . . . 1852, in-4°.

lire, à écrire, et les premières notions du calcul.

Un décret spécial, concernant l'académie de Pise, en date du 2 novembre 1810, réglementait l'instruction publique dans les départements de la Toscane : « Considérant les services essentiels qu'ils avaient rendus aux sciences et aux arts, Napoléon, empereur des Français et roi d'Italie, décréta que les départements de l'Arno, et de la Méditerranée et de l'Ombrone, formeraient l'arrondissement de l'une des académies de l'Université impériale ; que son chef-lieu serait fixé à Pise, et que le conseil de l'Université ferait les règlements nécessaires pour accorder le régime de cette académie avec le régime général de l'Université. Les rétributions de tout genre à percevoir par les Facultés de droit et de médecine devaient être provisoirement moindres d'un quart qu'en deçà des Alpes. »

L'ancienne Faculté de médecine de Sienne devait être une branche de la Faculté du même nom établie à Pise.

Les ACADÉMIES sont des corps avancés de l'enseignement, composés des savants ou des artistes les plus habiles en chaque branche, qui éclairent, à l'aide de la comparaison des idées et de la libre discussion, les points les plus difficiles, les plus importants des différentes sciences ou arts, et qui transmettent aux écoles ainsi qu'au public les lumières et les découvertes les plus nouvelles sur ces matières. Si les académies les plus illustres n'ont justifié que d'une manière bien imparfaite jusqu'ici la définition que nous venons de tracer, cette définition n'en exprime pas moins leur véritable but en termes exacts, et les progrès sociaux font progressivement justice des raisons qui s'opposent à ce que ce but soit plus complétement atteint. L'académie de Charlemagne fut un de ces éclairs de génie et de civilisation qui ne firent que briller un instant dans la nuit du moyen âge. Alcuin,

qui avait pris sous les ordres du prince la direction de cette école, connue, dès l'époque mérovingienne, sous le nom d'*Ecole du Palais*, et qui méritait mieux celui d'académie, lui donna, sans doute, un éclat et des proportions qu'elle n'avait point eues jusqu'alors ; mais il est très-douteux qu'elle ait fonctionné avec la régularité d'un enseignement fixe et méthodique. Il en fut ainsi d'un établissement semblable de Frédéric II, empereur d'Allemagne. Vers le même temps on vit poindre en Italie, sous l'influence de l'esprit municipal ou d'associations spontanées, divers genres d'institutions analogues et plus durables. l'Académie *Del Desegno* de Sienne prit naissance au XIII° siècle. Celle de Florence la suivit bientôt. La corporation *du Gonfalone*, de Rome, consacrée comme chez nous la confrérie de la Passion, date aussi de cette période. Au XIV° siècle, il existait à Florence diverses associations qui paraissaient avoir un but purement littéraire. On peut trouver aux académies parmi nous des origines tout aussi caractérisées et non moins anciennes dans les cours d'amour qui existaient en Provence avant le XII° siècle, et qui, franchissant les monts avec la langue des troubadours, ont bien pu exercer à cet égard sur nos voisins une réelle initiative. Ces assemblées, placées sous le patronage de princes, de princesses, et consacrées à la littérature, se répandirent dès le XII° siècle, au nord comme au midi de la France, sous les noms de *Puys*, de *Palinods* et de *Chambres de rhétorique*

Au XV° siècle on en trouve établies quelques-unes depuis longtemps à Abbeville, Amiens, Arras, Caen, Cambrai, Douai, Cette, Rodez, Rouen, Toulouse, Valenciennes, etc. Ces institutions, exclusivement vouées à la poésie, se maintinrent avec une vitalité assez remarquable. Cependant, à l'exception peut-être des *Jeux Floraux* de Toulouse, elles ne paraissent pas se relier par un lien de continuité directe, identique, aux académies modernes. Parmi les créations de ce genre que suscitèrent la Renaissance et la Réforme, on peut citer l'*Association du Rhin*, fondée par Dahlbery avec un condisciple *Conradkeltès* et l'*Association du Danube*. L'Italie fut le principal théâtre de ces innovations ; le sol de cette péninsule se couvrit, surtout au XVI° siècle, d'innombrables académies vouées pour la plupart à l'étude de la littérature, de la philosophie et des sciences. Les dénominations qu'elles prenaient indiquent assez les singulières mutations, la recherche et la vogue qui présidaient à ces associations ; telles étaient les académies des Arcades, des Argonautes, des *Lincci* (lynx), *della Crusca* (son de farine), *del Cimento* (du ciment ou des expérimentations), *dei Inquieti* (des inquiets), *Inflammati* (enflammés), *Elevati* (élevés), *Olympici* (olympiques), *Seraphici* (séraphiques), *Fantatici* (fantastiques), *Immature* (non mûrs), *Offuscati* (offusqués), *Obtinati* (obstinés), *Otiosi* (oisifs), *Infecondi* (inféconds), *Inhabili* (inhabiles), *Intrenati* (hébétés), etc.

Sous ces titres prétentieux, bizarres ou plaisants, quelques-unes de ces académies, notamment les cinq premières que nous avons citées, comptèrent dans leur sein les Léonard de Vinci, les Galilée, les Torricelli, et rendirent à la géographie, à la littérature et aux sciences les services les plus signalés. Les essais les plus anciens d'une véritable académie, instituée en France par l'autorité publique, ne remontent pas au delà de la fin du XVI° siècle. Antoine de Baïf, poëte français, né à Venise, où il avait pu connaître en pleine prospérité de tels établissements, fut le promoteur de cette nouveauté. Il avait formé dans sa propre maison sise à Paris faubourg Saint-Marceau, près l'abbaye Saint-Victor, une association littéraire et musicale, composée des membres de la fameuse Pléiade. Afin de communiquer à cette assemblée une autorité plus haute et en même temps plus de stabilité, Baïf s'adressa au jeune roi Charles IX, dont il avait su flatter les goûts d'artiste, et le pria de donner à l'institution une existence légale. Une sorte d'enquête s'ouvrit à ce sujet ; l'Université, consultée, fidèle à son esprit jaloux et exclusif, ne négligea rien pour contre-carrer cette entreprise, qu'elle représentait comme *dangereuse et propre à corrompre, amollir, effréner et pervertir la jeunesse*. Le roi, heureusement, ne s'arrêta point à ces lamentations. Par lettres patentes du 15 décembre 1570, il institua légalement la création nouvelle, lui donna des statuts, et pour que ladite *académie*, suivant les expressions de cette ordonnance, *fût suivie et honorée du plus grand nombre*, il accepta le surnom de protecteur et de premier auditeur d'icelle.

L'académie de Baïf fonctionna effectivement avec un plein succès pendant une quinzaine d'années ; les assemblées se tenaient deux fois par semaine, tantôt chez le poëte fondateur, tantôt dans les appartements mêmes du roi, au Louvre, comme le fit longtemps par la suite l'Académie française. Après la mort de Charles IX, la compagnie naissante trouva un nouveau protecteur dans la personne de Henri III. Mais bientôt les troubles civils et la mort de Baïf, survenue en 1589, occasionnèrent sa dissolution. Quarante ans paraissaient avoir suffi pour effacer jusqu'au souvenir de cette royale institution, du moins on n'en trouve aucune trace dans les lettres patentes de l'érection de l'Académie française, ni dans la première histoire de l'Académie. Cependant, Colletet, l'un des premiers membres de l'Académie française, était fils d'un membre de l'académie de Baïf ; il l'avait parfaitement connue. « Il y a tout lieu de croire, observe M. Vallet de Viriville, que cette omission, qui s'explique par le caractère du cardinal de Richelieu, fut tout à fait volontaire. » Quant à nous, nous sommes loin de partager la même opinion ; d'autres motifs nous paraissent avoir pu produire ce fait. Vers 1629, Cevrart, Godeau, Gimbauld, Chapelain, Gizy, Habert, l'abbé de Cerrisjerisa

et Malleville, s'assembloient périodiquement chez le premier d'entre eux pour cultiver des relations civiles et pour s'entretenir d'un goût qui leur était commun, celui des lettres. Le cardinal Richelieu, qui se piquait de littérature, accorda sa protection à cette réunion particulière et la transforma en une institution publique. Des lettres patentes du roi furent délivrées en janvier 1635, et l'Académie officiellement installée. Mais le parlement refusa longtemps d'enregistrer ces lettres patentes. Vaincu enfin par les instances du ministre, il ne les accepta, le 10 juillet 1637, qu'en introduisant dans la formule d'entérinement cette réserve, expression curieuse de méfiance : « à la charge que ceux de ladite assemblée et académie ne connaîtront que l'ornement, embellissement et augmentation de la langue française et des livres qui seront par eux faits et par autres personnes qui le désireront et voudront. »

En 1663, Louis XIV choisit parmi les membres de l'Académie française, qui avaient été limités dans le principe à quarante, quatre littérateurs les plus versés dans la connaissance de l'histoire et de l'antiquité, pour fournir diverses inscriptions aux nombreux ouvrages d'art que le monarque faisait exécuter à Versailles et ailleurs. Ce comité, connu longtemps sous le nom de *petite Académie*, puis sous celui d'*Académie des médailles*, s'accrut progressivement. Il reçut à son tour, en **1701**, une organisation légale, et devint enfin, par un arrêt du conseil du 4 janvier 1716, l'*Académie royale des inscriptions et belles-lettres*.

C'est encore au même prince ou à ses ministres Mazarin et Colbert qu'il faut rapporter la fondation de l'Académie des sciences, de musique, de sculpture, d'architecture, de peinture, dont les premières leçons publiques de perspective furent données le 9 mai 1649, par Abraham Bosse. Ces divers corps scientifiques, par l'éclat de leurs travaux, par l'ascendant du génie naturel qui rayonnait en eux sous sa forme la plus brillante, ouvraient une période nouvelle dans l'histoire de la propagation des lumières. Ils servirent de modèle, comme l'avait fait en d'autres temps l'Université de Paris, à une multitude de créations analogues qui se répandirent sur le territoire de l'Europe, ou qui vinrent, à leur imitation, se grouper autour d'eux dans les provinces.

Le tableau suivant résumera d'une manière plus saisissable pour le lecteur la série de ces établissements.

*Liste des principales Académies fondées en Europe depuis le XVIᵉ siècle*

**ACADÉMIQUES** ( Corps ).—Le décret impérial du 15 novembre 1811, fixant le rang qu'ils devaient occuper dans les cérémonies publiques, statue, dans ses articles 165, 166 et 167 du chapitre 3, que le corps de l'Académie, composé du recteur, des inspecteurs, du conseil académique et des Facultés, prendra rang immédiatement après le corps municipal ; lorsqu'une Faculté se rendra dans un chef-lieu de département qui ne sera pas chef-lieu d'académie, elle prendra le même rang ; le doyen marchera à la tête de la Faculté, les proviseurs des Lycées assisteront aux cérémonies publiques et marcheront avec l'Académie ou la Faculté, au rang de leur grade dans l'Université.

**ACCOUCHEMENTS** ( Art des ).—La loi relative à la médecine, du 19 ventose an XI, dans ses dispositions pénales contre leur pratique illicite, décrétait, art. 35 : « Six mois après la publication de la présente loi, tout individu qui continuerait d'exercer la médecine ou la chirurgie ou de pratiquer l'art d'accouchement, sans être sur les listes dont il est parlé art. 25, 26 et 34, et sans avoir de diplôme, de certificat ou de lettre de réception, sera poursuivi et condamné à une amende pécuniaire envers les hospices. —Art. 36. Ce délit sera dénoncé aux tribunaux de police correctionnelle, à la diligence du commissaire du gouvernement près ces tribunaux. L'amende pourra être portée jusqu'à mille francs, pour ceux qui prendraient le titre et exerceraient la profession de docteur; à cinq cents francs pour ceux qui se qualifieraient d'officiers de santé et verraient des malades en cette qualité; à cent francs pour les femmes qui pratiqueraient illicitement l'art des accouchements. L'amende sera double en cas de récidive, et les délinquants pourront en outre être condamnés à un emprisonnement qui n'excédera pas six mois. »

**ACCOUCHEUSE** ( Art d' ). — Les conditions pour l'exercer dans le ressort de l'ancienne université de Turin étaient déterminées dans le chapitre du titre IX des constitutions. « Art. 23. Comme nous vou-

lons procurer le moyen d'apprendre plus aisément l'art d'accoucheuse et de l'exercer d'une manière plus avantageuse au public, nous ordonnons à toutes les villes de nos États de deçà les monts et cols, de nommer une femme propre à être instruite dans le susdit art, à l'hôpital de Saint-Jean, où elle sera entretenue pendant six mois, et même un plus long temps, suivant que la maîtresse accoucheuse le jugera nécessaire, pourvu que le temps n'excède pas une année; lesdites villes fourniront aux dépenses portées par le règlement de la fondation des femmes en couches, établi dans ledit hôpital. —Art. 24. Cette femme devra savoir lire et écrire, être de bonnes mœurs, d'un naturel docile, d'un bon jugement, de bonne santé et d'un âge qui ne soit pas au-dessus de trente-cinq ans ; enfin elle devra être veuve ou mariée, pourvu que, dans ce cas, son mari donne son consentement. — Art. 25. Nous dispensons de cette obligation les villes suffisamment pourvues de femmes habiles à exercer dans cet art. — Art. 26. La susdite femme, de même que les autres qui voudront exercer cet art, dans les villes, devront être approuvées en subissant l'examen qui sera établi pour elles, sous peine de deux écus. —Art. 27. Il ne sera pas permis aux chirurgiens de professer cet art sans notre expresse permission. »

Ces sages dispositions sont de nature à imprimer à l'état d'accoucheuse, devenu si vulgaire de nos jours, et on peut dire avec quelque raison souvent si mal professé, le caractère d'importance qu'y attachaient les statuts de l'ancienne Université de Turin.

Ces fonctions sont bien élevées, tant aux yeux de la foi que de la raison. La prudence et la sagesse des personnes qui veulent dignement les remplir doivent égaler l'instruction qui leur est propre, et surtout l'instruction religieuse relative à certains accidents qu'elles voient se produire. Les cours d'accouchement devront aussi renfermer un cours spécial de dogme et de morale pour l'éducation des candidates.

**ADMINISTRATION PUBLIQUE.**—L'art. 48 du décret impérial portant organisation de l'Université, en date du 17 mars 1808, déclare que tout individu qui aura encouru la radiation du tableau de l'Université sera incapable d'être employé dans aucune administration publique.

**AGRÉGATION AUX COLLÉGES.** — Les constitutions et anciens règlements de l'Université de Turin avaient établi que les docteurs ne pourraient pas arriver à l'honneur d'être agrégés aux colléges de théologie, de droit et de médecine, si ce n'est deux ans après avoir obtenu le doctorat dans cette Université; après ce terme, ils se présentaient au prieur pour être admis à l'examen prescrit. Quant au collége des arts, on choisissait, sur les présentations faites par les magistrats de la réforme, les sujets qui auraient donné des preuves qu'ils étaient fort versés ou dans la philosophie, ou dans les mathématiques, ou dans les beaux-arts; les

professeurs de philosophie, de mathématiques, d'éloquence, dans l'Université, étaient toujours compris.

Les concours jouent maintenant dans l'Université un rôle si important et si exclusif, qu'ils sont devenus presque le seul et unique mode possible d'avancement. N'y a-t-il point un inconvénient réel à ce système? Selon nous, il y en a plusieurs.

D'abord, ces sortes d'épreuves ne mettent point à jour les véritables qualités du professeur; elles se révèlent davantage dans son enseignement même. Un jeune homme sorti à peine du collége peut briller devant un juge d'examen par l'à-propos de sa réponse et la promptitude de sa mémoire, et manquer cependant des qualités qu'exige la tenue de l'enseignement d'une classe. D'un autre côté, il arrive souvent qu'un professeur, déjà depuis longtemps exercé par une pratique intelligente et estimé dans le collége où il est placé, échoue à Paris et se voit vaincu par des jeunes gens sans expérience, mais qui ont sur lui l'avantage d'une préparation plus immédiate et plus directe sur les matières mêmes des programmes. Il faut toutefois qu'il revienne chaque année, à ses frais, malgré la longueur de la distance et la fatigue de dix mois d'enseignement, subir dans la capitale les mêmes épreuves, sans se rebuter des humiliations qui l'y attendent, et qu'il retourne ensuite au fond de sa province où il rapporte un échec de plus, ajouté à ceux qu'il a déjà essuyés. Heureux encore si la place qu'il occupe depuis plusieurs années ne lui est point enlevée pour être donnée à un agrégé de vingt-un ans, sortant de l'Ecole normale.

L'expérience des concours d'agrégation montre que, la plupart du temps, les candidats qui s'y présentent, loin d'y trouver une excitation puissante pour redoubler d'ardeur et de zèle, y trouvent au contraire une cause inévitable de découragement; leur esprit, à mesure qu'il se forme et que les années augmentent, résiste involontairement à ces devoirs d'écolier qui leur sont imposés, et qui les poursuivent jusqu'à ce qu'ils aient réussi. Comment veut-on que dans le concours des lettres, par exemple, un candidat de trente ans puisse assouplir et maîtriser assez son intelligence et sa volonté pour s'astreindre à faire régulièrement, comme il le faisait à vingt ans, des thèmes grecs, des vers latins, des dissertations latines, et cependant, s'il ne persévère pas, malgré les travaux continuels de sa classe et au milieu des relations sociales où il se trouve forcément placé, à s'asservir à ces sortes d'études, en vain fera-t-il très-bien sa classe, en vain aura-t-il acquis l'estime de ses supérieurs, l'affection des élèves et la sympathie des parents, il ne sera pas même admissible au concours d'agrégation; tandis que des jeunes gens, qui n'ont point encore eu le temps de perdre l'habitude de pareils devoirs, l'emporteront nécessairement sur lui.

N'y a-t-il point dans cette obligation, qui impose à des professeurs déjà mûrs des devoirs d'écolier, une compression funeste et routinière, propre à détruire l'originalité native des esprits et à arrêter l'expansion naturelle de leurs facultés, en les forçant d'entrer tous dans le même moule et de dépenser en travaux fastidieux et stériles une activité intellectuelle qu'ils pourraient employer en travaux littéraires plus importants et plus sérieux? S'il est quelque chose qui use et qui fatigue vite un professeur, assurément c'est la nécessité fatale de préparer chaque année un concours dont le succès recule d'autant plus pour lui, qu'il avance davantage en âge et en expérience; et son esprit, impatient du joug étroit qui le comprime, cherche de plus en plus, et par un besoin instinctif, à penser par lui-même et à sortir de la longue enfance où on l'enchaîne. Que ces sortes d'esprits ne prétendent point à l'agrégation, car ils n'y réussiront jamais. Ne prive-t-on pas par là l'Université de fonctionnaires utiles, et que rebute à la longue l'issue défavorable des concours? Si on leur disait : Nous tiendrons compte de vos années de service; faites votre classe avec zèle, et ensuite si, à cause de votre âge ou de la tournure de votre esprit, vous ne vous sentez point nés pour réussir à l'agrégation, occupez-vous, dans l'intervalle de vos fonctions, à quelque travail ou littéraire ou scientifique, et si vos recherches ont de la valeur, elles compenseront à nos yeux l'agrégation qui vous manque. Ce langage encouragerait une foule de fonctionnaires; et loin d'abaisser l'enseignement, une pareille promesse contribuerait merveilleusement à en élever le niveau. Qu'arrive-t-il en effet? Les jeunes agrégés, placés par le succès du concours dans les hautes chaires des colléges, se reposent pour la plupart, et dorment tranquilles sur leurs lauriers; ils se contentent de faire tout doucement leur classe, où ils sont désormais inamovibles. L'avancement arrive pour eux avec les années, et ils passent ainsi sans effort d'un lycée inférieur à un lycée supérieur, en ne faisant valoir que leur ancien titre, qu'ils ont quelquefois obtenu au sortir même de l'Ecole normale; car, à l'âge de vingt-un ou vingt-deux ans, quelques-uns seulement aspirent aux Facultés, et ceux-là seuls, ou presque seuls, se condamnent à de nouveaux travaux pour y parvenir.

Les autres jouissent paisiblement du sort assuré que les chances heureuses de leurs examens leur ont fait. Si l'Université accordait ainsi le droit à l'avancement et à la possession certaine et inamovible des chaires aux fonctionnaires non agrégés et pourvus seulement de leur grade de licenciés, à la condition de mériter cette faveur, soit par des travaux littéraires ou scientifiques, soit par un certain nombre déterminé de bons et loyaux services constatés par les proviseurs, les recteurs, les inspecteurs d'académie et inspecteurs généraux, n'y aurait-il point là de quoi aiguillonner vivement le zèle des

professeurs sans les contraindre de se déplacer chaque année et de s'imposer des dépenses onéreuses pour venir concourir à Paris ? Je pourrais développer plus longuement ces observations. Je me contente simplement aujourd'hui de les indiquer ; mon intention n'est pas de vouloir supprimer les concours d'agrégation, mais seulement j'ose suggérer l'idée de ne point donner tout au concours et de réserver quelque chose à l'ancienneté et à la valeur des services : que l'avancement soit plus rapide par l'agrégation, mais que le défaut de ce titre ne brise point l'avenir des fonctionnaires bien méritants, qui peuvent, eux aussi, avoir du talent et quelque aptitude pour l'enseignement sans être agrégés.

**AGRICULTURE** (Sociétés d'). — L'article 39 du décret du 18 prairial an XIII (7 janvier 1805) disait qu'il serait pourvu, s'il y avait lieu, aux dépenses de la Société de Turin sur les centimes additionnels du département du Pô et d'après les délibérations du conseil général de ce département ; et l'article 50 statuait que cette Société conserverait la jouissance du jardin d'expériences et du troupeau de mérinos qui lui ont été accordés. *Voy.* Société.

**ALLAITEMENT.** — Deux grands hommes ont proclamé hautement un grand principe, celui-ci : que l'éducation de l'enfant commence sur les genoux de sa nourrice ; aussi ne saurions-nous nous permettre d'ôter à ce travail le premier degré de l'échelle par lequel l'enfant doit passer pour arriver au sommet. L'allaitement qui lui est dû dès ses premiers pas dans la vie est une matière plus importante qu'on a paru le croire jusqu'à nos jours. On nous saura peut-être gré d'entrer ici dans quelques détails.

**M. Marbeau**, fondateur des crèches, était entré le premier dans des voies d'améliorations en faveur des enfants du premier âge de la capitale. On n'a pas tardé à reconnaître les nombreux inconvénients attachés à l'introduction de ce système. Dans ce but nous nous sommes livré nous-mêmes à de scrupuleuses investigations, et douloureusement affecté du sort réservé à des milliers de ces petits êtres, nous avons pensé à introduire un système nouveau sous le nom de *Providence des enfants et des mères.*

Si nos lecteurs peuvent y découvrir quelque imperfection, la masse des avantages qu'il nous promet et que nous avons déjà pu constater l'emportera, sans doute, dans leur opinion.

**OEUVRE DE LA PROVIDENCE DES ENFANTS ET DES MÈRES.**

A Monseigneur l'archevêque de Paris.

Monseigneur,

Les idées vraies font toujours leur chemin, et il vient un moment où leurs adversaires les plus acharnés sont obligés eux-mêmes de constater l'espace parcouru.

Les deux maisons déjà fondées autour de Paris en faveur des enfants en bas-âge, la plupart traités ailleurs jusqu'à ce jour comme de la marchandise ; l'unanimité des suffrages désormais acquise à cette œuvre, et les six mois de calme non interrompu qui viennent de s'écouler, sont la haute justification de mes actes antérieurs.

En vous signalant ces faits, si doux à rappeler au cœur d'un vieil ami et d'un saint pontife, je suis heureux de déposer un faible tribut de mes études aux pieds de Votre Grandeur, toujours disposée à accueillir favorablement toute amélioration réelle, vivifiée par le principe chrétien.

A l'éclat de votre haute intelligence et des vertus pastorales qui vous distinguent sur le premier siège de France, ce germe ne pourra qu'être fécondé par la rosée de la grâce divine, dont je trouverai un gage assuré dans votre bienveillant appui. J'ose le solliciter en faveur de quinze à dix-huit mille familles, qui, chaque année, sont cruellement froissées par la séparation de l'objet de leurs plus chères affections.

Je suis avec un profond respect,

Monseigneur,

de Votre Grandeur,

le serviteur très-humble,

RAYMOND,

Ch. hon., docteur en théologie, fondateur de l'OEuvre de la Providence des enfants et des mères.

*Approbation de médecins de Paris.*

Paris, 21 décembre 1850.

Madame la directrice,

L'établissement dont vous m'annoncez la formation me semble devoir réussir d'autant mieux qu'il vient remplir une lacune dans les maisons de ce genre, à Paris.

En effet, avec votre institution, les parents n'auraient plus à souscrire à la nécessité cruelle, et si souvent funeste, d'abandonner leurs pauvres petits enfants, fréquemment à des mains inconnues, sous la sauvegarde d'un maire plus ou moins attentionné, plus ou moins éclairé ; d'un médecin plus ou moins voisin, plus ou moins à même de secourir à temps un petit être dont le cri seul est l'expression de détresse.

Chez vous, madame la directrice, la mère peut aller à toute heure, peut aller chaque jour, sans perdre de vue les soins du ménage, visiter, sans frais, son cher nourrisson, et se donner à son aise la joie de le préparer pour ainsi dire elle-même aux douceurs que lui réservent, dès qu'il pourra les comprendre, les caresses de l'amour maternel.

Je ne puis donc, Madame, qu'encourager de si louables efforts, un aussi bon but, et vous assurer de tout mon secours dans les choses qui pourront dépendre de moi.

Veuillez agréer, Madame la Directrice, les

sentiments de haute considération avec lesquels j'ai l'honneur d'être,

Votre très-humble serviteur

FOUCAUD,

Docteur en médecine, docteur en chirurgie et professeur ès-sciences.

—

Madame la Directrice,

Les conditions topographiques de votre maison, l'installation vaste et bien aérée des salles, dortoirs et jardins, la séparation des jeunes enfants en groupes, l'ensemble parfait des dispositions hygiéniques, doivent satisfaire pleinement aux justes exigences des familles.

Nous, qui des premiers avons signalé les désastreux résultats de l'emploi des nourrices éloignées et non surveillées; qui, grâce à notre longue pratique médicale dans un quartier populeux, connaissons les inconvénients, pour la santé des petits enfants, de leur placement chez les sevreuses étroitement logées, dans les quartiers de Paris les plus resserrés; pauvres et conséquemment obligées à faire de mesquines économies sur la nourriture et les soins de propreté; la plupart du temps vieilles ou infirmes et peu actives, nous voyons avec espérance la fondation d'une maison destinée à offrir les avantages d'une surveillance éclairée et constante, d'une direction grande et généreuse, réunies à toutes les conditions que l'hygiène exige.

Aussi faisons-nous des vœux sincères pour le succès de votre établissement, moins, à coup sûr, dans votre intérêt et celui des fondateurs, que dans celui des enfants qui vous seront confiés.

D<sup>r</sup> REIS.

Paris, le 23 janvier 1851.

—

Madame,

Je ne puis qu'applaudir à l'idée de fonder une maison d'allaitement, de sevrage et de convalescence pour les enfants; mais ce projet ne pourra être mis à exécution d'une manière réellement utile qu'avec des fonds considérables, qui permettront d'établir cette maison sur une grande échelle, afin de se mettre à l'abri de l'encombrement qui serait funeste, et de ne rien économiser soit pour isoler les nourrices et leurs nourrissons, soit pour ne rien refuser dans l'intérêt de l'hygiène, si indispensable à l'enfance. Je ne vois de succès dans un établissement de ce genre qu'à ces conditions; sans cela, point de salut.

Recevez, Madame la Directrice, l'assurance de mon profond respect.

P. GUERSANT,

Chirurgien de l'Hôpital des enfants.

Paris, le 24 janvier 1851

—

Monsieur le Directeur,

Vous me faites l'honneur de me demander mon avis sur le projet d'établissement d'une maison d'allaitement, de sevrage et de convalescence pour les enfants, à la porte de Paris, à l'entrée du bois de Boulogne. Je ne puis qu'applaudir à un semblable projet; et si, comme vous le faites espérer, Monsieur, cet établissement est fondé, dirigé dans des vues d'humanité, de charité, plus que dans celles d'une spéculation lucrative, il est appelé à rendre d'importants services à la population de Paris, et surtout à la classe laborieuse et nécessiteuse de cette grande cité.

Dans ce but, Monsieur, vous pouvez compter sur le concours des faibles lumières de votre très-humble et très-respectueux serviteur,

MOREAU,

Professeur à la Faculté de médecine.

—

POUPONNIÈRES.

*OEuvre de la Providence des enfants et des mères.*

L'avenir prospère de la France est dans l'éducation, qui commence à la naissance.

I.

Considérations générales.

L'économie politique touche à tout, dans l'ordre moral comme dans l'ordre matériel; elle revendique à bon droit toutes les questions sociales du présent et de l'avenir.

Aussi est-ce avec bonheur que nous reconnaissons qu'elle a pris de nos jours un caractère plus humain, plus charitable, plus moral; et nous en rendons grâce aux généreux efforts d'écrivains chers à la science et à la France. Il nous semble qu'il lui reste encore quelques pas à faire parmi nous dans cette nouvelle voie.

Ce n'est point assez d'avouer qu'il n'est pas un seul des grands principes reconnus en économie politique qui ne prenne sa source dans une vérité religieuse; il faut de plus cimenter à jamais l'alliance, féconde en bienfaits, de la science des biens terrestres et de la science des richesses morales. Fortifiées l'une par l'autre, elles marcheront désormais d'un pas ferme et sûr à la recherche du bien-être moral et matériel de l'humanité.

Il faut qu'à l'aide de la religion, comme par les faits et par l'*analyse*, cette union, que nous appelons de nos vœux, démontre la nécessité et l'utilité des principes qui consacrent l'institution de la famille, l'inviolabilité du lien nuptial et le respect immuable dû à la propriété. Il faut qu'elle mette en évidence, qu'elle *analyse* la force *morale* et féconde attachée aux idées de charité et de justice, à la notion de la fraternité des peuples. Il faut, en un mot, qu'elle fortifie d'un principe religieux ou moral chaque maxime économique, et qu'à côté du progrès matériel elle place le principe *moral* qui doit préserver de l'abus, de l'excès ou de l'erreur.

C'est ce qu'a si bien exprimé un orateur aussi profond philosophe qu'historien dis-

tingué, dans une séance publique (1) : « C'est du Dieu vivant, Messieurs, a-t-il dit, que nous avons besoin ; il faut, pour notre salut présent et futur, que la foi dans l'ordre surnaturel, que le respect et la soumission à l'ordre surnaturel rentrent dans le monde et dans l'âme humaine, dans les grands esprits comme dans les esprits simples, dans les régions les plus élevées comme dans les plus humbles ; hors de là les croyances religieuses sont superficielles et bien près d'être vaines. »

Nous savons bien qu'ici-bas doit exister toujours une lutte violente entre les passions mauvaises et la vertu ; mais si l'espoir d'atteindre à la perfection absolue n'est que le rêve des hommes de bien, le désir de chercher à en approcher autant qu'il est possible à l'humanité peut du moins être permis. Or, nous croyons avoir de puissants motifs pour appeler l'attention sérieuse des hommes qui cherchent sincèrement l'amélioration sociale dans la saine pratique des choses, sur la nécessité de rendre aux institutions destinées aux enfants du premier âge le complément du principe moral et religieux, concilié avec toutes les conditions de la bonne hygiène, qui évidemment leur manque encore.

Toutefois, nous laissons à d'autres écrivains plus habiles, et dont l'autorité est plus puissante que la nôtre, le soin de présenter une statistique exacte de toutes les tentatives faites en ce genre parmi nous, d'en discuter les bases, et d'asseoir d'une manière invariable la corrélation des éléments d'organisation qui les constituent.

Pour notre part, nous avons indiqué déjà nous-même, dans notre Mémoire adressé à ssemblée en 1848, la réforme qu'il nous paraît aussi convenable qu'urgent d'apporter au système suivi jusqu'à ce jour à l'égard des enfants trouvés. Le rapport en tout point favorable de l'un des membres de la commission nous fait encore espérer que les autorités départementales n'hésiteront point à entrer dans la voie que nous leur avons ouverte, en leur offrant de faire élever ces pauvres petits êtres jusqu'à vingt-un ans avec les mêmes ressources affectées aujourd'hui à ce service seulement jusqu'à douze années. Au lieu de les laisser vivre parmi nous comme de véritables ilotes marqués au front du sceau de leur tache originelle, nous avons signalé les moyens de les rattacher au sol par l'amour de la propriété et par les liens de la famille : aussi, déjà huit départements se sont-ils empressés de nous inviter à nous charger de leurs enfants trouvés.

## II.

Des placements faits par les bureaux de nourrices.

La tâche que nous nous sommes imposée aujourd'hui est aussi simple et non moins utile ; elle consiste à montrer, par quelques observations rapidement exposées, que l'on ne saurait, sans tomber dans des consé-

quences fâcheuses pour la morale et pour l'humanité, laisser plus longtemps subsister une lacune qu'il est indispensable de combler, à Paris, plus encore que dans les autres grands centres de population de la France. Nous voulons parler de la triste situation faite aux tendres nourrissons des familles nécessiteuses de la population de cette grande cité.

C'est en leur faveur que nous venons invoquer les maximes évangéliques universellement admirées et bénies, ces croyances religieuses dans le sein desquelles est déposée la vérité, en ce qui règle non-seulement les rapports de l'homme avec Dieu, mais aussi les rapports des hommes avec les objets créés et avec eux-mêmes.

Nous dirons donc, sans craindre d'encourir le blâme d'exagération, que la triste situation faite à la plupart de ces pauvres petits êtres est à la fois et une honte pour notre civilisation si avancée, et une source malheureusement trop féconde de tortures et d'injustices.

Nous avons eu plus d'une fois l'occasion de constater qu'un trop grand nombre est traité, non comme des êtres créés à l'image de Dieu, et pour une fin sociale et surnaturelle, mais comme de la véritable marchandise, et rien de plus.

Nous osons réclamer moins indulgence que justice de la part de nos lecteurs qui, sur cette affirmation aussi simple que naïve, se hâteraient de nous classer au nombre des détracteurs du bien qui s'opère, parmi nous, à travers les déchirements sociaux auxquels nous sommes en proie, et à la veille de l'affreux cataclysme dont nous paraissons menacés. Comme M. Dupin (1), dans l'une des imposantes réunions qui semblent destinées à conjurer la tempête et à nous sauver du naufrage, nous proclamons les beaux résultats de la charité, tout en nous associant de grand cœur à ses espérances et à ses vœux. « Que tous les soins viennent donc se rallier dans un même élan d'active sollicitude sur le berceau de tant de pauvres enfants ! »

Ces paroles du grand orateur, du grand magistrat et du profond législateur, n'ont pas peu contribué à nous déterminer à tracer ces quelques lignes. Nous avons foi en l'avenir de notre œuvre. Le bien que nous sommes fermement résolus de procurer à la population parisienne, et qu'on s'est tant efforcé jusqu'à ce jour d'entraver, « triomphera du mauvais génie de la contradiction, et de ce funeste esprit de dénigrement qui ne fait rien et nuit à qui veut faire. »

Quelle est donc la situation des familles de la classe ouvrière à Paris, quand l'enfant vient au monde ?

On nous permettra d'en offrir le tableau, peint sous les couleurs les plus vraies par un jurisconsulte (2) aussi éminent que litté-

(1) M. Guizot, 1er mai 1851.

(1) 1er avril 1851.
(2) M. Philipon de la Madelaine, avocat à la cour d'appel de Paris.

rateur distingué, *une année après* que nous avions fondé nous-même un établissement d'allaitement et de sevrage dans la banlieue de Paris, à titre d'essai (1).

« En général, dit-il, ce pauvre petit être est accueilli avec joie; on se promet de l'élever. Par malheur les réflexions naissent tout de suite, et on sent l'impossibilité de le conserver dans la chambre paternelle. Souvent la mère, épuisée par les fatigues et la misère, est hors d'état de le nourrir. Plus souvent encore il n'est pas possible de renoncer au travail de la journée, qui fait vivre le reste de la famille, pour se livrer aux soins que l'enfant réclamerait. Il faut donc prendre le parti de mettre l'enfant en nourrice; c'est le commencement des douleurs et des misères du pauvre, et nous allons indiquer tout à la fois les plaies et les remèdes.

« Des statistiques que nous avons sous les yeux, et qui sont du reste connues de tout le monde, prouvent que la mortalité des enfants confiés aux nourrices est de quatre sur cinq environ, et ce chiffre prend des proportions effrayantes, quand on songe que douze à quinze mille nourrices viennent chaque année chercher à Paris ces faibles créatures, victimes de négligences homicides. Les enfants qui échappent à la mort sont très-souvent atteints de maladies déplorables, et même d'infirmités dans les membres inférieurs, qui prouvent la dureté et l'incurie de celles à qui on les avait confiés.

« Sans attaquer personne nous manquerions à notre mission, si nous hésitions à dire que c'est une spéculation fatale aux nourrices, à leurs nourrissons et aux familles de la classe ouvrière. Celles-ci payant moins cher que les riches, il est clair qu'on les sert plus mal. Des plaintes innombrables parviennent chaque année dans les bureaux de la préfecture, et M. le préfet doit savoir quelles sont les fraudes sur l'âge, la santé, le moral des nourrices, sans compter d'autres écarts toujours préjudiciables à l'enfant du malheureux. Les maux qui atteignent celui-ci n'épargnent pas toujours l'enfant du citoyen aisé.

« Il est d'ailleurs horrible de penser que de malheureuses paysannes arrivent de leur campagne à Paris avec des idées de lucre et de parcimonie poussées au delà de tout ce qu'il est physiquement possible de supporter. La plupart s'installent dans des bouges attenant aux bureaux des places. Il n'est rien de plus repoussant que tout ce qui sert à leur coucher et à leur nourriture : étendues la nuit sur d'étroites couchettes, il arrive que leur enfant tombe et roule sans qu'elles se réveillent, et la chétive créature reste sur le carreau jusqu'au jour. D'autres fois l'enfant est placé dans une boîte sans apparence de coussin ou de matelas ou dans un berceau suspendu au pied du lit. La mère vit de pain et de fruits, évitant soigneusement de faire la moindre dépense, de telle sorte

que la plupart du temps la mère et le nourrisson tombent dans un état de souffrance et de marasme.

« Celles qui résistent à cet état de choses, et qui ont un beau nourrisson, servent d'ordinaire d'appeau pour la femme du riche, et elles exigent un meilleur salaire. Les autres sont réservées au pauvre, qui est forcé de se réduire à un prix plus faible.

« Il y a des faits, continue le même écrivain, si multipliés et si connus, que l'on peut les relater sans peine. L'expérience a prouvé que, comme cela arrive pour le dispensaire, on ne doit faire aucun cas sérieux des certificats délivrés par les médecins particuliers, soit des bureaux de placement, soit des familles des nourrices qui s'éloignent de leur pays. Le médecin des campagnes a mille ménagements à garder. Trop souvent il ferme les yeux sur des choses qu'il sait très-exactement. Ainsi, on voit des femmes atteintes de telle ou telle maladie, infectées de tel ou tel vice héréditaire, rongées d'une lèpre quelconque, s'éloigner de leur village avec de bons certificats. Si ces femmes se rendaient toutes à la préfecture de police, comme elles y sont du reste obligées, pour se soumettre à l'examen du médecin commissionné, j'aime à croire que les vices rédhibitoires les plus manifestes seraient aussitôt signalés; mais il n'en est pas ainsi. Elles vont chez un placeur indulgent, ou pour mieux dire, inhumain, qui les loge aux environs de sa demeure, dans quelque taudis où il les envoie chercher quand les chalands se présentent. Ces malheureuses, très au courant de leur position, font la part la plus large à l'entremetteur, qui de son côté n'épargne rien pour les caser, après s'être fait délivrer par le médecin spécial de son bureau un certificat au moyen duquel il se trouve à couvert de tout reproche. Sûr d'arriver à ses coupables fins, le placeur a pour complices certains docteurs auxquels il fait des remises, puis les sages-femmes et les gardes-malades, qui partagent avec lui les gages du premier mois, chiffre énorme du droit de commission usuel (1). Avec le concours de toutes ces complaisances intéressées, la nourrice défectueuse est pourvue de nourrissons, auxquels elle inocule le germe de diverses maladies, quand elle ne leur donne pas une mort immédiate.

« C'est encore par les mêmes pratiques que l'on voit des femmes venir chercher tous les deux ou trois mois des nourrissons, et entreprendre plusieurs nourritures, dont elles ne peuvent venir à bout qu'en risquant la vie de trois ou quatre enfants à la fois. Enfin, c'est aussi dans les mêmes lieux que se font les arrangements homicides concernant les nourrissons délaissés par leurs mères, qui se chargent de l'enfant du riche dans des vues de cupidité.

« Ces petits orphelins ne sont pas alors

(1) Tout au moins 27 francs sur 30, et toujours le prix du mois entier pour les placements dans la banlieue ou sur lieu.

traités, nous osons l'affirmer (c'est toujours l'auteur que nous avons cité qui continue), aussi bien que les jeunes animaux domestiques qui tomberaient dans des mains compatissantes. Ils dépérissent à vue d'œil, et meurent le plus souvent dans le cours du deuxième ou troisième mois.

« On voit les atroces menaces des pères nourriciers, leurs cris et leurs fureurs exercer, sur l'enfant qui leur est confié et qui a troublé leur sommeil, une action dont les effets se manifestent par l'épilepsie, l'hébétement, l'idiotisme, etc. Le service médical nous amène à parler d'un fait assez commun et plus répété qu'on ne pense ; celui du changement des enfants en nourrice. Il est très-positif qu'à un certain moment de la vie, la distinction à établir entre plusieurs enfants nouveau-nés échappe aux yeux les mieux exercés. On a dit souvent que le meneur lui-même, qui entasse dans ses hottes ou paniers quatre, cinq ou six enfants à la fois, ne prend aucune des précautions prescrites même pour les cadavres dont on numérote les places dans la fosse commune ! Ces cargaisons de petits êtres vivants partant d'un point donné, d'un hospice ou d'une ville, sont transportées et dispersées dans les communes par des gens qui sont souvent pris de vin et qui laissent leurs hottes à la merci des servantes des auberges où ils s'arrêtent (1). Il m'est bien démontré que des changements ont alors lieu et que tel enfant déplacé de sa petite corbeille est substitué à un autre, sans que le meneur y fasse attention. Puis, au bout de deux ou trois années, un enfant étranger est rendu à une famille qui l'accueille avec des transports d'amour ! On conçoit tous les changements que ces accidents peuvent amener dans l'ordre des successions !

« Sans doute plusieurs des meneurs sont dignes de confiance, mais il en est aussi qui ne sont pas à la hauteur de cette mission. Ainsi la déclaration de 1717 et celle de 1727, qui leur donnent le soin de faire dresser les actes de décès des enfants qui succombent dans le voyage, ne prévoient aucunement le cas d'échange des noms des nourrissons, de manière que le meneur exerce alors un pouvoir immense, quand on songe à la foule d'intérêts qui reposent sur la tête d'un enfant. Grâce à cette confiance que l'on accorde aux meneurs, il arrive encore que, les décès n'étant pas déclarés par eux, les pères de famille payent pendant plusieurs mois la nourriture de leurs enfants morts depuis longtemps. Ce sont des fraudes punissables par les articles 309, 319, 320, 345, 348, 349, 351, 352 du Code pénal ; mais il vaudrait mieux les prévenir. Cette organisation est encore plus défectueuse, quand on songe que les meneurs emploient d'autres subalternes, connus sous le nom de commissionnaires, et qui demandent une surveillance encore plus grande que leurs maîtres ou patrons.

« En regard de ces méfaits dont les familles se plaignent, les nourrices et leurs adhérents font quelques reproches à l'administration, qui les abandonne, disent-ils, à la merci des bureaux et des inspecteurs, laissant cette branche si importante et si spéciale d'un service public confondue avec le service des aliénés et des filles publiques ! Elles reprochent encore au législateur de les abandonner à la discrétion des pères de famille, dont la mauvaise foi peut décliner la compétence des juges de paix et éluder indéfiniment le payement des salaires convenus. De là, pour des gens peu éclairés, cette conclusion, que les contraventions sont excusables et même nécessaires ! Mais qui porte en définitive la peine de tout cela ? des enfants innocents, que des maladies rongent et que la mort fait disparaître !.....

« Indiquer toutes les conséquences de cette effroyable misère serait chose impossible ! Mais il me semble qu'il serait digne d'une grande nation de choisir dans les villes principales, et à Paris surtout, quelque édifice délaissé, entouré de cours et de jardins, où ces pauvres femmes et leurs enfants seraient reçus, bien traités, bien nourris, et en bon air. »

Voilà ce qu'écrivait le célèbre avocat M. de la Madelaine, les 12 et 25 septembre 1850 (1) ; et voici ce qu'en disait un docteur en médecine, aussi grave qu'éclairé (2) : « Eh quoi ! l'on s'étonne en France de nombreuses victimes dans l'enfance, et que l'appauvrissement de la race se fasse de plus en plus sentir ! Et comment pourrait-il en être autrement, lorsque, sans aucune espèce de surveillance locale, de pauvres enfants sont livrés à la cupidité de malheureuses femmes qui n'en ont aucun soin, qui, à défaut de lait, gorgent ces pauvres créatures d'aliments grossiers, que des estomacs d'adultes ne sauraient digérer, et qui agissent sur eux en véritable poison lent, qui les tue ou les laisse dans un état de dépérissement tel, que tous les soins imaginables ne peuvent ensuite les rétablir ? Les ravages produits par les nourrices sont si grands que, sur cent enfants qui partent de Paris, la grande moitié n'y revient pas. Un quart revient pour y mourir rachitique, et l'autre quart nous fournit cette population dégénérée qui atteint l'âge de la conscription. C'est dans le quart des enfants revenant de nourrice avec une constitution rachitique et complétement altérée, que la mort trouve à faire sa fatale moisson. Ce fait déplorable est si connu et si général dans nos crèches, qu'il n'est pas jusqu'aux berceuses qui ne craignent la réception de ces enfants, tant elles sont convaincues, disent-elles, que l'enfant offert ne peut qu'augmenter en peu de temps la liste des décès..... Ils ont, en effet, un cachet

---

(1) On a mal au cœur en les voyant aussi entassés dans des charrettes de transport comme des veaux conduits à la boucherie.

(1) Feuilleton de la *Gazette de France*.
(2) M. Izarié, séance des crèches, du 29 mars 1849, p. 25, 28 et 29.

qu'il est impossible ne méconnaître. Pâles, étiolés, la figure amaigrie, la tête grosse, le ventre volumineux, quelquefois énorme, les bras, les cuisses, les jambes comme des fuseaux : voilà le portrait fidèle de ces jeunes spectres, dont la figure à peine humaine arrache si souvent des exclamations de pitié et de compassion à tous les visiteurs de la crèche..... Lorsque les ravages, produits par la déplorable et honteuse spéculation des nourrices ne sont point assez profonds pour avoir complétement altéré leur constitution, l'on voit ces pauvres victimes revenir peu à peu à la vie, pourvu que le régime de la crèche ne soit point contrarié dans son action par l'alimentation intempestive à laquelle trop souvent les mères les soumettent chez elles. »

Voilà des faits, des faits irrécusables, dont tout le monde peut s'assurer, et sur lesquels l'ignorance ou la mauvaise foi pourront seules élever des doutes; car, après examen consciencieux, le doute ne saurait exister.

Il n'est donc pas étonnant que des motifs d'humanité et de moralité aient fait autrefois attacher une grande importance à cette question des nourrices dans une ville telle que Paris.

Qu'on nous permette ici, sur les nourrices, quelques détails historiques, et qui ne sont pas sans intérêt.

### III.

#### Historique des bureaux de nourrices.

On trouve des traces de l'existence d'une organisation publique, pour le service des nourrices, dans un fragment d'un titre latin, concernant le prieuré de Saint-Eloi, de l'année 1284, où il est question du *vicum* ou bourg des recommanderesses, dont le bureau devait exister dans un quartier désigné; mais le premier règlement concernant les nourrices est l'ordonnance du roi Jean, de l'année 1350, rapportée par M. Isambert, dans un *Recueil général des anciennes lois françaises*. On y voit que le salaire d'une nourrice était alors de cent sols par année; que les demanderesses avaient droit à dix-huit deniers, pour procurer une chambrière, et à deux sols pour une nourrice, sommes qu'elles percevaient des deux parties. Les nourrices qui entreprenaient plus d'une nourriture dans le courant de la même année, étaient condamnées à une amende de soixante sols, avec *prinse de corps au pilori*. Les recommanderesses et les autres complices de ce délit encouraient aussi une amende de dix sols.

Louis XIII et Louis XIV, en 1615 et 1655, s'occupèrent avec la plus grande sollicitude de cette question, si importante pour la santé publique et pour la conservation de l'espèce humaine. Ils firent des recommanderesses de véritables fonctionnaires, et leur accordèrent le monopole du placement des nourrices, avec interdiction de s'occuper à l'avenir du placement des servantes. La déclaration du 29 janvier 1715, qui mit ces deux espèces de fonctionnaires sous les ordres du lieutenant général de police, fut confirmée dans ses motifs par celle du 1er mars 1727. Le nombre des recommanderesses, limité d'abord à deux, fut ensuite porté à quatre. Leurs bureaux étaient situés au Crucifix-Saint-Jacques, rue de l'Echelle, ou Saint-Louis; la troisième, rue des Mauvais-Garçons, et la quatrième, aux environs de la place Maubert; elles faisaient bourse commune des droits qu'elles percevaient, à raison de trente sols par chaque nourrisson; on exigeait d'elles certaines garanties : elles devaient être veuves ou mariées, ou filles âgées de quarante ans au moins, et justifier, en présence d'examinateurs sérieux, de leur bonne moralité, de leurs principes religieux, de leur capacité.

Mais ces quatre bureaux ne répondirent pas aux prescriptions de l'édit de 1729. Ils furent mal administrés; les nourrices étaient mal logées, mal couchées, et se dispersaient dans la ville, « ce dont il résultait beaucoup d'inconvénients. » De là vint la déclaration de 1769, qui institua le bureau général, sous la direction de deux recommanderesses et de deux directeurs, tous à la nomination du lieutenant général de police. Un peu plus tard, on supprima une des recommanderesses, en n'admettant qu'une seule fonctionnaire au serment.

Les meneurs et les meneuses, qui étaient chargés d'établir des rapports entre les nourrices et le bureau, devaient remplir certaines formalités pour être admis à exercer leur industrie. Ils devaient faire certifier que leur bien était suffisant pour répondre des deniers des nourrices, ou fournir un cautionnement.

Les nourrices trouvaient dans le bureau un gîte et la nourriture, moyennant deux sols par jour. On ne les y recevait que sur un certificat du curé de leur paroisse, mentionnant leur pays, leur diocèse, l'extrait de baptême de leur enfant, leurs noms, prénoms et profession; leur moralité, leur religion; si elles étaient mariées, et à qui; si elles avaient ou n'avaient point d'autre nourrisson que leur enfant; si elles étaient pourvues d'un berceau ou d'une couchette, et même d'un garde-feu.

Dans le bureau se trouvait une salle de location, où se tenaient toujours des factrices. Le particulier qui cherchait une nourrice était mis en rapport avec la plus ancienne arrivée, et ainsi de suite, jusqu'à ce que le choix fût fixé. Alors la recommanderesse délivrait aux pères et aux mères copie des certificats de la nourrice, de manière à rendre toutes les fraudes impossibles.

Un médecin et un chirurgien étaient attachés au bureau et se mettaient gratuitement à la disposition des pères de famille, pour procéder à l'examen médical qui pourrait leur être demandé. Sur leur rapport, fait au directeur du bureau, le lieutenant général de police décidait les questions de salaire, d'amende contre les nourrices, et même de

punition grave quand celles-ci avaient commis quelque délit. Veillant au salut de l'enfant du pauvre que la nourrice, oublieuse de ses devoirs de mère, délaisse trop souvent sans pitié, l'autorité interdisait à une femme de prendre un nourrisson, si son enfant n'était ou décédé ou âgé de sept mois révolus, à moins qu'elle ne fît certifier que l'enfant serait allaité par une autre femme jusqu'à cet âge. Le meneur devait veiller à l'exécution de cette mesure. On n'acceptait pas non plus pour nourrices des femmes qui étaient accouchées depuis plus de deux ans, et il était bien rare que l'on se contentât du lait vieux, bien qu'il fût reconnu de bonne qualité. Alors même les parents, prévenus de cette circonstance, déclaraient par écrit qu'ils acceptaient la nourrice en parfaite connaissance du fait. On empêchait les femmes en état de grossesse de contracter avec les parents. Si elles devenaient grosses pendant l'allaitement, elles devaient en informer la famille de leur nourrisson et le curé, qui en instruisait le lieutenant général de police; elles ne pouvaient, sous aucun prétexte, garder l'enfant. Des édits, des ordonnances et des sentences de police prouvent combien on tenait à l'exécution rigoureuse de cette mesure, qui donne lieu aujourd'hui à des fraudes nombreuses et très-dangereuses pour la santé de l'enfant. Une nourrice qui ne recevait pas de bons certificats des parents de son premier nourrisson, n'était pas admise à se présenter dans une autre famille.

Les meneurs étaient l'objet d'une grande surveillance, ainsi que les commissionnaires dont ils se faisaient aider, et toutes les précautions étaient prises pour éviter les changements d'enfants, qui sont à présent la chose la plus possible, peut-être la plus commune.

Les livres des recommanderesses étaient visés, paraphés par les magistrats, et déposés à la fin de chaque année dans les bureaux du lieutenant général de police.

Toutes les contraventions étaient punies de peines graduées, soit envers les nourrices, soit envers les recommanderesses. Ces peines étaient l'amende de trente à cinquante livres, la suspension, la destitution, la perte du salaire et du sol pour livre des meneurs, le fouet et l'emprisonnement.

Les meneurs furent d'abord chargés du soin de remettre aux nourrices le salaire convenu entre elles et les parents. Ils ne devaient pas laisser accumuler plus de trois mois. Il en résulta pour aux des pertes et des difficultés dans les recouvrements, ce qui détermina le gouvernement à se charger des frais de poursuites.

A la suite de quelques abus, on créa le bureau de la direction, qui fit aux nourrices les avances de leurs mois de nourriture, et aux meneurs celles de leur sol pour livre.

Ce bureau, ouvert le 1er janvier 1770, entretenait une correspondance continuelle avec les nourrices et les pères de famille, de manière à ce que tous pussent concourir à la conservation de leurs nourrissons. Il devait être régi par deux directeurs; mais il n'y en eut, par le fait, qu'un seul. On créa des inspecteurs pour veiller à l'exécution des ordres du lieutenant général de police, et l'on institua vingt-deux préposés, dont vingt pour l'intérieur de Paris et ses faubourgs, et deux pour la banlieue.

Les chirurgiens inspecteurs furent supprimés, parce qu'ils exploitaient les nourrices, et que leur incapacité ou leur inexpérience des affaires les rendaient peu propres à l'inspection, sous le point de vue administratif, et parce qu'ils étaient devenus la terreur de ces femmes.

M. Lenoir, lieutenant général de police, fit rendre un arrêt du conseil d'Etat qui ordonnait le dépôt, chez les curés et les seigneurs, de cent boîtes de médicaments appropriés à l'usage des nourrissons, dans les paroisses où il existait beaucoup d'enfants pauvres. Un médecin spécial rédigeait avec soin une instruction pour l'emploi de ces remèdes, et devait répondre à toutes les consultations qui lui étaient demandées par les pères de famille.

Quant au mouvement financier, voici ce qui se passait : le directeur du bureau central, qui encaissait les recettes des parents, était garant envers les nourrices et les meneurs de la bonne gestion et exactitude des préposés subalternes. Il arrêtait ses rôles, qui, une fois vérifiés, étaient rendus exécutoires, à la réquisition du procureur du roi, par le lieutenant général de police. L'ordonnance de ce dernier magistrat recevait exécution nonobstant appel ou opposition, sans frais, par toutes voies, même par corps. La prise de corps, que la mauvaise foi de certains pères de famille avait rendue nécessaire, fut maintenue par divers arrêts du parlement de Paris, ordonnant la capture des condamnés, même dans leurs maisons.

Le directeur chargeait les meneurs de remettre aux nourrices les mois échus, et il en faisait même au besoin l'avance aux parents. Ces payements étaient consignés sur une feuille d'ordre. Les commis des bureaux étaient occupés à des travaux de correspondance, d'enregistrement, de comptabilité, de recettes, de caisse, de contrôle, de poursuites à fin de recouvrements, de renseignements aux familles, de correspondances avec les inspecteurs en tournée. Les frais étaient remboursés au directeur, moyennant le droit de sol pour livre sur toute la comptabilité.

Enfin les curés étaient mis au courant de leurs devoirs et de ceux des nourrices, au moyen d'une instruction très-détaillée qui fut publiée en 1770.

C'est ainsi que se passaient, sous l'ancienne administration, les choses relatives aux nourrices. On voit quel rôle important y jouaient les curés et les seigneurs des paroisses, gardiens et protecteurs des enfants éloignés de leurs familles. La révolution de 1789 ne fut pas très-salutaire à ces pauvres

enfants. Elle supprima .es curés, et ne s'occupa point de ces détails. Ils furent laissés à l'abandon par les ministres de la police et les comités, occupés de tout autre chose. L'on ne voit pas trace de règlement relatif aux nourrices, aux meneurs, etc., dans cette période administrative, à une époque où tant de gens mettaient en avant la philanthropie et la fraternité. Ce fut alors, au contraire, que commencèrent à surgir la licence et les abus. La loi du 14 septembre 1791, qui abolit les maîtrises, jurandes et corporations, ainsi que tous les privilèges de profession, ouvrit la porte à l'industrie des placeurs, qui se prévalurent audacieusement de la loi du 17 mars 1791. Cette loi accordait aux citoyens toute liberté de faire tel ou tel négoce, d'exercer telle ou telle profession, en se conformant aux règlements de police.

On sait ce qu'il en advint pour tout le monde. Ce fut pour les nourrissons une loi véritablement meurtrière. Les statistiques, que nous n'avons pas négligé de consulter, prouvent une recrudescence de la mortalité de ces malheureux enfants jusqu'à l'ère consulaire, où, par l'arrêté des consuls (12 messidor an VIII), le préfet de police reçut l'ordre de faire surveiller spécialement le bureau des nourrices. Napoléon, empereur, décréta, le 2 juin 1804, que les sommes dues par les parents au bureau des nourrices de la ville de Paris seraient payées par le trésorier de la liste civile. Cet acte de munificence isolé ne se répéta pas; mais on doit savoir gré au chef de l'État de la promulgation du décret impérial de juin 1806. Il prescrit des améliorations, tout en laissant le bureau des nourrices de la ville de Paris dans les attributions de l'administration des hospices; par conséquent, sous l'autorité du préfet de la Seine, quant à la partie administrative, en abandonnant ce qui concerne la police des nourrices au préfet de police. Tels sont, avec la loi de mai 1838, sur les contestations renvoyées aux juges de paix, les seuls signes d'attention donnés, par les magistrats de ces dernières années, aux nourrices et à leurs nourrissons.

Ainsi les législateurs révolutionnaires, qui avaient tant fait de lois pour et contre l'espèce humaine, et qui, dans tous les cas, s'étaient particulièrement occupés de la conscription, ne veillèrent pas avec soin sur ces enfants, incapables de se soustraire aux dangers dont on les entoure. On s'occupa davantage des bureaux de recrutement que des bureaux des nourrices, d'où sort une notable partie de ces enfants trouvés (1,000 ou 1,200 par année), pauvres machines à bataille qui, sous le nom de conscrits, puis de soldats, doivent être, plus que d'autres, vigoureux et assurés contre les germes des maladies!

Il est vrai sans doute que l'autorité préfectorale, toujours pleine de sollicitude, ordonna une enquête à la date du 23 septembre 1848. Elle en soumit le rapport au conseil de préfecture, qui reconnut la légalité de la mesure que voulait prendre M. Ducoux, alors préfet de police, pour changer la situation. Depuis, à la date du 29 novembre 1850, d'après les ordres de M. Carlier, alors préfet de police, M. l'inspecteur principal la Richardière invita tous les directeurs des bureaux de nourrices à se réunir, afin de s'entendre sur les chiffres d'un tarif qui devait les mettre dans l'impossibilité de pouvoir faire aucune retenue sur le salaire des nourrices; cette proposition fut accueillie par cinq seulement sur onze. Mais, qui ne voit que, d'ailleurs, cette mesure, — vînt-elle à être adoptée, — ne ferait que porter une faible amélioration à la situation actuelle, sans rien changer aux autres inconvénients ci-dessus indiqués?

Il est vrai que le bureau de la direction générale de Sainte-Apolline, dont nous aimons à constater la grande utilité pour les familles pauvres, vient d'introduire de nouvelles améliorations dans son service. Elles tendent à prendre à sa charge certains frais qu'avaient supportés les parents jusqu'à ce jour. Toutefois, offrant incontestablement des avantages supérieurs à ceux des bureaux ordinaires de nourrices, le bureau de Sainte-Apolline impose des frais de voyage indépendamment de ceux de nourrissage, et ne préserve pas des grands inconvénients qui résultent de la distance qui sépare les enfants de leur mère, ainsi que l'avait très-bien jugé l'excellent M. Talle, ancien directeur. Aussi, avait-il si favorablement accueilli notre projet, qu'il avait accepté le titre de membre de son comité. Les attributions de ce bureau le tiennent d'ailleurs en dehors des placements d'enfants appartenant aux familles riches et aisées appelées à tirer de si grands avantages de nos pouponnières.

Le placement de ces nourrissons dans la banlieue n'est généralement déterminé que par la gêne extrême, l'inconduite ou le désordre en tout genre de quelqu'un des membres de la famille qui le demande et l'accepte. Dès lors, ces jeunes nourrissons n'y trouvent aucune des conditions désirables, soit au physique, soit au moral; il en coûte, toutefois, de 30 à 40 fr. par mois aux parents si fréquemment obligés de changer de nourrices. Que de véritables calamités en sont les suites!

### IV.

#### Des crèches.

La fondation des crèches a été accueillie comme une pensée noble et féconde. Nous nous plairons toujours à rendre hommage aux efforts que l'intelligente charité fait pour vaincre la routine et triompher de vieux préjugés; pourtant, cette institution n'a-t-elle pas tardé à rencontrer des adversaires, ou, du moins, des contradicteurs. Avec M. Dupin nous conservons bien l'espoir que ces modestes et intéressantes crèches résisteront aux attaques dont elles sont l'objet. Elles ont le rare privilège de parler aux yeux et aux cœurs, mais c'est à condi-

tion que la prévention ne fermera pas autour d'elles et les cœurs et les yeux, nous disait naguère l'homme qui a le plus contribué à la création de ces utiles établissements (1). C'est contre une telle situation d'esprit que nous nous sommes imposé le rigoureux devoir de nous prémunir. Nous voulons en apprécier les nombreux avantages, tout en signalant les inconvénients qui s'y rattachent. Si les hommes qui président à la destinée des crèches veulent diminuer, par là, les causes de l'indigence, ils ne peuvent qu'applaudir avec bonheur à nos efforts, qui ont pour but de rendre leur assistance plus efficace.

A Dieu ne plaise qu'on puisse nous prêter, même un seul instant, l'intention de blesser, par une critique amère et aveugle, les gardiens tutélaires de cet auxiliaire de la maternité; mais on nous permettra, sans doute, d'en signaler les imperfections, pour contribuer, par l'union des lumières, à faire le mieux possible. Nous avons visité les crèches de Paris, et lu plusieurs bulletins publiés sous les auspices de la Société aussi intelligente qu'active qui en propage les bienfaits. On ne saurait nous contester les faits que notre sujet nous met dans la nécessité de constater ici.

La crèche a sans doute pour but de poser les premières assises de la santé, de la moralité, et d'attaquer simultanément toutes les causes premières de la misère. L'apprentissage, l'école, l'asile et la crèche complètent sans doute l'éducation physique, intellectuelle, morale et professionnelle de l'enfance; mais les premiers anneaux de la chaîne des âges demandent plus de soins, parce qu'ils sont plus faibles. Aussi aimons-nous à répéter avec M. Dufaure, parlant toujours avec son cœur, dans l'une de ces circonstances solennelles qui communiquent à la parole humaine une nouvelle puissance de vérité (2) : « L'œuvre de la charité ne sera complète que lorsqu'elle remontera aux premiers jours de l'enfant pour s'occuper de lui. C'est alors qu'il est le plus exposé à toutes ces influences physiques qui le condamnent à une mort prématurée ou à toute une vie d'infirmité et de langueur. » S'il est vrai que le lien moral est plus fort et plus solide entre la mère et l'enfant, quand la mère a rempli elle-même tous les devoirs de la maternité dans leurs plus minutieux détails, il n'est pas moins incontestable que les deux tiers des familles, à Paris, ne peuvent faire elles-mêmes tout ce qu'exige physiquement et moralement la première éducation. La crèche satisfait trop imparfaitement aux exigences de cette triste nécessité, dans les limites mêmes qu'elle s'est tracées, pour que nous n'ayons point à les signaler en exprimant tous nos regrets.

Il faut, évidemment, faire autre chose pour la conservation de l'enfance, l'augmentation des hommes vigoureux, et l'amélioration de leur condition sociale.

Les réponses faites à ceux qu'on s'est plu naguère à appeler les détracteurs des crèches, n'infirment en rien leurs objections relatives aux conditions désirables d'hygiène et d'économie, les seules auxquelles, après un mûr examen, nous avons cru devoir nous arrêter.

Qui ne remarquerait les inconvénients qui résultent, pour ces pauvres petits êtres, de la subite influence atmosphérique à laquelle ils sont soumis deux fois le jour, de la diversité des régimes, celui de la famille et celui de la crèche, et même du défaut d'aération convenable ? Qui peut en douter un instant, si l'on pense que la crèche s'ouvre à cinq heures et demie du matin, et n'est fermée qu'à huit heures du soir ? Et, pour me servir des expressions de madame la secrétaire générale des dames du comité, elle doit s'ouvrir de très-grand matin et fermer le soir après la clôture des journées. Et à quelle distance la mère n'est-elle pas obligée de porter son tendre enfant ? Par exemple, de la Halle à la crèche de la Madeleine.

On se sert de capuchons, il est vrai ; mais, outre qu'il manque dans quelques crèches, ce vêtement est évidemment insuffisant pour préserver ces pauvres petits êtres de l'influence si nuisible des brouillards et du froid, dans le trajet du matin et du soir.

En ce qui concerne le régime, il nous suffirait de citer l'allocution aussi gracieuse que pleine de vérité de M. le docteur Izarié, dans la séance du 26 mars 1849, qui s'exprime en ces termes (1) : « La deuxième cause, la principale, la plus grave, celle qui à elle seule occasionne les quatre cinquièmes de la mortalité des enfants, c'est la nourriture par des nourrices étrangères. La troisième cause de mortalité chez nos jeunes enfants tient à l'incurie des parents relativement à la quantité et à la qualité des aliments qu'ils leur donnent. Mon observation, ajoute-t-il, est si vraie, que bon nombre d'enfants sortent le samedi en bon état de santé, et reviennent malades le lundi, parce qu'ils ont fait le dimanche avec leur famille (2). »

M. Fournier, directeur général, avait constaté les mêmes faits, dans la séance du 19 février 1848, en disant que les médecins des crèches sont souvent entravés dans leur action par les mères qui donnent, non pas à manger, mais à étouffer à leurs enfants (3). »

Le régime, dit-on, est assez substantiel, et les aliments de bonne qualité à la crèche ; mais ne doit-on pas redouter les effets du transport d'un lait si souvent altéré par toute sorte de mélanges qui en affaiblissent la partie nutritive, et même l'allaite-

<hr>

(1) Rapport de M. Marbeau sur la situation des crèches, séance du 1er avril 1851.
(2) Séance des crèches du 26 mars 1849.

(1) Pages 25 et 27.
(2) Page 71.
(3) Page 22.

ment donne deux fois .e jour à l'enfant par sa mère ? Nous sommes autorisé à le penser, non-seulement par notre propre induction rationnelle, mais d'après ce passage que nous avons remarqué dans le rapport déjà cité de madame la secrétaire générale : « La mère ouvrière éprouve, par suite de son travail et de ses privations de tous genres, tant de fatigues et d'épuisement, que ce soin, si doux pour la femme aisée, lui devient souvent à elle-même une tâche pénible et difficile. » M. le docteur Izarié, dont personne n'oserait contester le dévouement aussi persévérant qu'éclairé à l'inspection des crèches, cite un exemple malheureusement trop frappant pour nous permettre de le passer sous silence (1) : « Il n'est pas, dit-il, jusqu'à l'allaitement par la mère qui ne puisse être modifié, quelquefois même complétement et utilement supprimé ! C'est ainsi qu'à la crèche Saint-Pierre, au Gros-Caillou, j'ai vu, lors de ma visite, bon nombre de jeunes nourrissons soumis à l'allaitement artificiel. Ces enfants, dont les mères travaillaient à la manufacture des tabacs, étaient, pendant l'allaitement maternel, continuellement tourmentés de coliques et d'une toux intense, finissant trop souvent par produire la phthisie pulmonaire, et par suite la mort. »

Personne n'ignore qu'en 1848 on s'est vu dans la pressante nécessité de changer la plupart des locaux affectés, depuis le mois d'octobre 1846 jusque-là, au service des crèches ; à cause, tant de leur fâcheuse disposition, que du défaut d'aération. Le 26 mars 1849, M. le docteur Izarié signale des vices inhérents aux locaux presque toujours forcément choisis pour l'établissement de la crèche, et nous fait remarquer que plusieurs crèches lui ont semblé laisser, sous ce rapport, quelque chose à désirer (2). Nous nous sommes, en effet, assuré par nous-même que certaines crèches n'ont point une ventilation directe, que leurs pièces, trop basses de plafond, ne sont pas en assez grand nombre pour que l'on puisse passer les enfants d'un lieu dans un autre ; mais, surtout, que la plupart sont privées de lieux de promenade ou d'exercice, utiles aux enfants après le sevrage. Terminons nos observations sur cette dernière lacune qu'offre la crèche : nous voulons parler des conditions d'hygiène. M. Marbeau nous permettra de ne pas accepter, comme le dernier mot, la moyenne des décès dans les crèches le chiffre de 10 pour 100 (3), parce qu'il nous apprend lui-même ailleurs que les journées de présence, par mois et par enfant, ne sont que de 16 en moyenne (4), et que le docteur Izarié, dont le témoignage n'est point suspect, en compte 1 sur 6. D'ailleurs M. le docteur Izarié nous donne l'assurance « qu'il ne lui a pas été possible, pour arriver à établir d'une ma-

nière irrécusable la mortalité des enfants fréquentant les crèches, de recueillir des données assez exactes, à cause du défaut de fixité des enfants, qui souvent n'y passent que quelques jours et disparaissent ensuite pour rester des mois entiers sans faire acte de présence, et sans qu'il soit possible d'avoir le moindre renseignement sur leur compte (1).

Nous voici arrivés à l'appréciation d'économie. M. Marbeau affirme, dans ses réponses aux détracteurs des crèches (2), que « la crèche est très-économique pour la mère, pour la ville et même pour la charité. » Plus que personne nous rendons justice au zèle ardent et aux bonnes intention de l'illustre fondateur des crèches de Paris, mais qu'il nous permette de ne point encore partager sa façon de penser dans un sens absolu. Il est bien vrai que la crèche offre une économie réelle sur les sevrages tolérées jusqu'à ce jour à Paris et dans ses environs. On y paye 70 centimes par jour, et les enfants y sont mal traités. L'un de MM. les curés de la banlieue nous disait naguère que, lorsqu'on lui annonçait un décès d'enfant sans lui indiquer le nom du père, il n'avait pas besoin qu'on lui en dît davantage : il s'acheminait vers la demeure des gardiennes ou sevreuses établies dans sa paroisse, qui font un honteux trafic de ces pauvres petits êtres. Sous ce rapport la crèche offre évidemment des condions d'économie pour la mère ; mais s'ensuit-il qu'on ne puisse faire mieux ? Quel est, en effet, le total des dépenses pour la famille dont l'enfant fréquente régulièrement la crèche ? Nous ne ferons que citer des témoignages irrécusables : le rapport de M. Fournier, secrétaire général des crèches, porte à 60 c. par jour la moyenne de la dépense en général (3), y compris la rétribution mensuelle. Le rapport de madame la secrétaire générale dans la séance du 1er avril 1851, constate que la moyenne est de 58 c., et (4) M. Marbeau la fixe, dans l'opuscule de ses réponses aux détracteurs des crèches (5), à 55 c. Mais ces documents divers s'accordent à établir la rétribution mensuelle à la charge des familles à 20 c., par jour. Or la famille fournit en outre les déjeuner du matin et dîner du soir, qu'on peut évaluer évidemment à 20 c. au moins. Elle le garde chez elle dimanches et fêtes, c'est-à-dire cinq jours du mois ; de plus, elle est chargée du blanchissage, puisque M. Marbeau affirme dans un rapport du 26 mars 1849 (6) « qu'il faut que la mère apporte son enfant en état de propreté. » Donc l'enfant revient à la famille : pour la crèche 20 c., 20 c. pour les déjeuners et dîners, total 40 c. pour frais d'alimentation pendant vingt-cinq journées ; de plus, les

(1) Page 34.
(2) Pages 36 et 31.
(3) Séance du 26 mars 1849, page 14
(4) Page 23.

(1) Page 22.
(2) Page 4.
(3) Page 22.
(4) Page 75.
(5) Page 4.
(6) Page 16

cinq autres journées entières à 55 c. et à 4 fr. de blanchissage par mois ; en outre quatre courses pour la mère, qui, obligée d'allaiter deux fois par jour son enfant et de l'apporter ou le rapporter, perd son temps et use ses vêtements, à 50 c. la course, font 2 fr. par jour pendant vingt-cinq jours : total 66 fr. 75 c. par mois.

Ce n'est pas tout : d'après les faits acquis, l'enfant coûte en outre à la ville ou à la charité 35 c., 36 c. et jusqu'à 38 c. par jour (voir la page déjà citée) : total 9 fr. par mois à la charge de la crèche, sans y comprendre les frais de vestiaire, de réparation ou d'appropriation ; donc chaque enfant fréquentant vingt-cinq jours par mois la crèche coûte à la mère 16 fr. 75 c. d'alimentation ou de blanchissage, 50 fr. de courses, 9 fr. à la crèche d'alimentation : total 75 fr. par mois, indépendamment des frais de vêtement, de réparation ou d'appropriation des locaux. Et afin qu'on ne puisse point nous taxer d'exagération, nous prions nos lecteurs de ne point tenir compte des quatre courses par jour évaluées à 50 fr. par mois, il demeurera encore établi que chaque enfant coûte plus de 25 fr. par mois.

Or, nous nous proposons de démontrer, ci-après, que l'enfant peut être élevé, par l'alimentation directe du lait de chèvre — d'après notre plan, déjà réalisé sur deux points différents de Paris — à 16 fr. par mois, dans les meilleures conditions sous tous les rapports, pour l'enfant et pour la famille. Les 80,000 fr. (1) que dépensent annuellement les vingt crèches dans lesquelles on élève en moyenne près de deux mille enfants, déduction faite de la rétribution maternelle, suffiraient, nous le prouverons également, pour cent vingt mille journées de présence en plus, sur le taux même de 20 fr. par mois.

Aussi le reproche le plus fondé qu'on puisse adresser à l'organisation des crèches consiste-t-il en ce qu'elle n'est pas pourvue de ressources assurées dans les proportions de ses besoins, et que, du jour où les produits de la charité viendraient à lui faire défaut, cette belle institution disparaîtrait à l'instant même, et rendrait vains et sans but dans l'avenir tous les sacrifices qu'on se serait imposés jusqu'alors pour l'élever et la soutenir.

Qu'on ne pense point que cette conséquence, déduite des faits que nous venons de signaler, soit dépourvue d'autres preuves. Nous nous en rapportons à des témoignages qui font foi ; on voudra bien nous permettre de les citer. M. Fournier, secrétaire général, disait dans son rapport du 19 février 1848 : « Profitant des études premières, les crèches réunissaient à peu près tout ce qu'on peut désirer dans des établissements où les frais dépendent des ressources, qui, bien qu'abondantes, ne peuvent être qu'é-

ventuelles (1). » L'homme aux sentiments nobles et au cœur généreux, M. Marbeau, n'a-t-il pas tout dernièrement assuré que la Société des crèches a soutenu, par des subsides accordés, neuf des anciennes crèches, presque toutes situées dans nos pauvres localités, et que, sans elle, plusieurs de ces œuvres, les plus nécessaires, hélas ! auraient cessé peut-être de répandre leurs bienfaits dans les faubourgs Saint-Antoine, Saint-Jacques et Saint-Marceau (2) ? « Et encore, dit-il, les crèches ne peuvent se développer, ne pourraient durer même, si elles n'inspiraient confiance au pauvre qui en profite et au riche qui les soutient (3). »

Nous bornerons là nos citations ; elles sont si claires, si décisives, qu'elles ne sauraient laisser lieu, ce nous semble, à aucune réplique.

## V.

### Nécessité d'introduire d'importantes améliorations.

Dans cette situation si déplorable, et qui, chaque année, se résume ainsi : huit cents placements environ dans la banlieue, dépourvus ordinairement de toute garantie, et qui coûtent aux familles de 30 à 40 francs le mois ; l'exportation de douze à quinze mille enfants, traités comme de la marchandise, et qui coûtent aux familles le premier mois 30 francs, et de 16 à 20 francs ensuite ; enfin, dix-huit cents à deux mille enfants reçus dans les vingt crèches de Paris et de la banlieue, et qui coûtent incontestablement plus de 25 francs le mois, sans y trouver toutes les conditions désirables sous le rapport de bonne hygiène ; qu'attend-on de nous ?

Nous prendrons pour nous-mêmes le conseil que M. Marbeau donnait aux dames dont le cœur a résolu le problème que la science regardait comme insoluble, quand il leur disait : « Continuez à perfectionner votre œuvre de prédilection, jusqu'à ce qu'elle réunisse toutes les qualités de la mère la meilleure, la plus attentive et la plus intelligente (4). »

Oui, mesdames, vous êtes les anges gardiens de ces pauvres petits enfants, qui n'ont aujourd'hui qu'une bouche pour vous remercier, en attendant le langage plus expressif de la reconnaissance que vous faites germer dans leurs cœurs.

Qu'il nous soit permis de compter, nous aussi, sur votre sensibilité exquise, votre touchante piété, et sur votre inépuisable charité, dont les preuves se révèlent chaque jour, pour nous aider à réaliser les vœux de tous et nos communes espérances ! Car l'émulation a une grande action sur les âmes délicates, et nous nous plaisons à répéter avec la sincérité de madame la secrétaire générale : « Qu'à Dieu ne plaise que nous transformions jamais dans notre œuvre cette

(1) Rapport de M. Marbeau du 26 mars 1849, page 13.

(1) Page 22.
(2) Page 74.
(3) Page 75.
(4) Séance du 26 mars 1849, page 21.

sainte émulation, nécessaire au perfectionnement de toutes les choses humaines, en préoccupations personnelles, en vains désirs de prééminence et de supériorité (1). »

Nous renvoyons volontiers à l'illustre fondateur des crèches la gloire de la noble tâche que nous nous sommes imposée. Il a déjà si bien rempli la sienne, qu'il nous a mis sur la voie d'une œuvre nouvelle dans sa forme, œuvre qui nous paraît offrir au public des avantages bien supérieurs à ceux des divers genres, soit d'entreprise, soit de sollicitude dont la tendre enfance a été jusqu'à ce jour l'objet dans notre grande cité.

De tout ce qui précède, il résulte évidemment que de notables améliorations sont indispensables. Devons-nous en conclure qu'il faille saper par les fondements tout ce qui existe, tout ce qui a été fait jusqu'ici en ce genre? Nullement. Le bien est toujours d'une exécution si difficile, qu'on doit respecter, à notre avis, même de louables efforts; à plus forte raison certains résultats obtenus. Mais, pour obtenir ces améliorations, on doit tout tenter, malgré les résistances que l'on ne manquera pas de rencontrer. S'il est, en effet, avéré que des malversations homicides existent, et que des spéculations soient établies avec concurrence et coalition au préjudice des nourrices et de la santé des nourrissons, pourquoi n'invoquerait-on pas les anciennes lois et ordonnances, qui, n'ayant pas été abrogées, sont encore maintenues par la jurisprudence, et pourquoi n'appliquerait-on pas aux mauvaises nourrices les lois répressives dont l'existence est reconnue par l'article 484 du Code pénal? Quant aux règlements de police, il suffit de les publier de nouveau. En ce qui concerne les nourrices, c'est l'opinion des auteurs tels que Miroir, Lerat de Magnitot, Huart Delamarre, Ancest, Léopold et Alletz Fleurigeon. De telle sorte que, sans aller jusqu'à l'application des peines du *fouet*, comme l'indiquaient les vieilles ordonnances de nos rois, à l'égard des mauvaises nourrices, on ne manquerait pas de moyens répressifs pour arriver à des améliorations. Il suffirait de s'appuyer de l'article 9 du décret de 1806, qui dit: « Le ministre de l'intérieur nous proposera les règlements nouveaux qui seront par lui jugés nécessaires. » Si cela ne suffisait pas, nous dirions qu'un décret impérial peut très-bien être modifié par une ordonnance du président de la république.

La cour de cassation l'a décidé par rapport aux ordonnances royales (2). Quand on veut réprimer d'aussi graves abus, il ne faut pas se laisser intimider. Quel est l'homme de bien qui blâmerait M. le préfet de police de rester sourd aux ergoteries des placeurs ou logeurs, qui, alléguant que la police les a reconnus en réglementant leur profession, prétendent qu'une loi peut seule fermer leurs bureaux? Les suppressions de ces bureaux de placeurs exciteraient de très-énergiques réclamations, car ce sont des spéculations lucratives; mais leur existence est une violation flagrante des droits du bureau des nourrices, qu'ils ont fini presque par annihiler. Ces bureaux ne peuvent invoquer ni la loi de 1791 sur la liberté du commerce, ni le commentaire de la loi du 28 pluviôse an VIII, qui semble venir en aide aux industries que des arrêtés de police auraient réglementées; car ces arguments ne seraient que spécieux. S'il est, en effet, établi que les déclarations, les ordonnances et décrets relatifs aux bureaux de nourrices n'ont pas cessé d'exister, il s'ensuit que tout établissement de placeurs ou de logeurs des nourrices est une contravention qui ne doit pas même être tolérée. Et s'il fallait même user avec eux de quelque tolérance, en ne les fermant pas sans miséricorde, n'y aurait-il pas lieu de leur appliquer sévèrement une foule d'arrêtés et de règlements non abrogés, auxquels on en joindrait de nouveaux? Toutefois, dit le consciencieux M. Bénard, il n'est pas à présumer qu'en les réglementant plus sévèrement on obtiendra les mêmes avantages qu'on tirerait de l'établissement d'un bureau général. En effet, les logeurs, les meneurs et les nourrices qui se mettront en contravention seront punis d'une amende; mais ils s'arrangeront de manière à faire un tel profit de leurs contraventions, que l'amende ne les effraiera pas. Et les méfaits les plus graves continueront de se commettre au grand détriment des nourrissons et des familles, auxquelles on rendra des enfants malingres ou estropiés!

De semblables considérations nous ont suggéré la pensée du projet d'une direction générale, qu'il nous reste à exposer avec autant de précision et de brièveté qu'il nous sera possible: projet dont la complète réalisation offrira ces avantages moraux, hygiéniques et économiques tout à la fois, bien supérieurs à tout ce qu'on a tenté jusqu'à ce jour, autant pour les familles que pour la ville de Paris et la bienfaisance publique.

## VI.

### Des pouponnières.

Les progrès du genre humain se lient les uns aux autres, et une amélioration n'est réellement utile que dans la mesure qui dépend de leur ensemble. S'il est donc vrai que la population parisienne ne soit point condamnée à demeurer stationnaire, si les institutions que nous lui proposons pour régir la première éducation des enfants en bas âge, lui impriment une marche ascendante dans les diverses branches de la civilisation, on peut en induire que sa complète réalisation possède un caractère de supériorité incontestable sur tous les autres systèmes suivis jusqu'ici, tant en morale qu'en hygiène et en économie usuelle. Or, si l'on cherche la vérité de bonne foi, dans cette grave question, dont les conséquences se

(1) Séance du 1er avril 1851, page 68.
(2) Arrêts des 11 décembre 1826, 13 février 1827 et 27 juin 1839.

rattachent par les liens les plus étroits au présent et à l'avenir de quinze à dix-huit mille familles de la capitale, où la moyenne des naissances s'élève annuellement à trente mille; si l'on considère les tristes influences du régime actuel sur la constitution et la conformation de ces pauvres petits êtres, sur la moralité de leur jeunesse; si l'on tient compte des atteintes portées à leur bien matériel, par des substitutions d'enfants dans les droits héréditaires et par les spéculations égoïstes des bureaux de nourrices, ou par le système incomplet des crèches, nous osons affirmer, sans forfanterie, que notre œuvre paraîtra peut-être plus parfaite, plus appropriée dans ses conséquences pratiques aux besoins des familles, et plus féconde en richesses morales et civilisatrices. Nous voulons parler des *Pouponnières*. Nous les avons ainsi appelées, soit parce qu'on désigne le plus ordinairement les nourrissons sous le nom de *petits poupons*, soit parce que l'on donne le nom de *pouponnière* au meuble ingénieux inventé par M. Jules Delbraux, en mai 1847, pour les enfants au sevrage.

Notre but est d'y élever les enfants du premier âge sous l'influence la plus moralisatrice, en conciliant les meilleures conditions hygiéniques de la campagne avec une très-grande facilité pour la surveillance maternelle, et une diminution sensible des sacrifices pécuniaires que sa sollicitude lui impose.

Nous aurons prouvé cette thèse sans même entrer dans la discussion de tous les éléments constitutifs de notre organisation, aussitôt que nous aurons indiqué les rapports qui existent entre eux. Peut-on rapprocher en effet plus de garanties morales qu'en réunissant, comme en faisceau, toutes les influences les plus capables d'avoir une action puissante et simultanée sur l'enfant, dans la première éducation, au langage de Bossuet, et celle qu'il reçoit sur les genoux de sa nourrice, ou des personnes à la garde desquelles il est confié? Peut-on souhaiter même plus de garanties moralisatrices qu'en coordonnant entre eux tous les genres d'influences que nous offrent de concert la religion, l'administration civile, aussi intelligente que dévouée, l'action gouvernementale et surtout la salutaire influence de l'esprit de famille?

Non, évidemment non; or, tels sont les puissants éléments de succès que nous proposons de donner à cette nouvelle institution de bonnes mœurs. Confié à la garde de berceuses, surveillées elles-mêmes par la nourrice de leur section, qui se trouve placée, à son tour, sous le regard toujours vigilant d'une surveillante générale, dont tous les actes sont soumis au contrôle des bonnes sœurs de charité, chargées en chef de l'administration intérieure de l'établissement, l'enfant trouve encore de nouveaux gages de sécurité dans la haute surveillance d'une inspectrice générale, qui fait son rapport à la direction générale. La direction elle-même

agit sous les yeux d'une commission judiciaire, soutenue par un conseil général de haut patronage, et secondée par les comités de dames formés dans chacun des arrondissements de Paris. Ces comités auront la mission spéciale de mieux apprécier les besoins réels des familles boursières et d'accroître les ressources de l'œuvre. Dès l'âge de cinq ans, les jeunes garçons pourront être placés à Saint-Nicolas, et les jeunes filles dans des établissements aussi avantageusement connus. Tel est, en peu de mots, le mécanisme de notre organisation administrative, à laquelle ne saurait échapper le plus petit abus comme la moindre erreur.

D'ailleurs, placés sous la surveillance officielle et légale de la préfecture de police et du ministre de l'intérieur, les établissements fondés hors barrière, mais sur les points les plus rapprochés de Paris, peuvent être fréquemment visités par MM. les inspecteurs chargés de ce service; et certes nous ne doutons point qu'avec le concours d'hommes aussi dévoués au bien que spéciaux en cette matière, le moindre soupçon même d'immoralité puisse préoccuper des esprits sérieux.

Pourrait-on oublier que les bonnes sœurs de charité, placées à la tête de l'administration intérieure, exercent la plus heureuse influence moralisatrice par leurs paroles moins encore que par leurs exemples? On a accusé la religion de proscrire les passions, ces mouvements de l'âme qui composent la vie de l'être intelligent et sensible, et qui lui assignent une si haute place dans la création. Ce ne sont point ces facultés que repousse la religion; elle sait bien que l'homme ne saurait exister sans elles; mais elle condamne à bon droit leurs déréglements et leurs excès; elle s'attache à leur donner une direction salutaire, s'occupant exclusivement du perfectionnement moral, comme étant la source propre de tous les autres biens. Oui, la religion est instituée pour combattre, toujours et partout, le mal; c'est pourquoi elle est la sauvegarde la plus sûre de l'humanité. Car, si l'on peut affirmer que les vertus procurent le bonheur, même temporel, de l'homme sur la terre, il est naturel de penser, et l'on peut rigoureusement démontrer, que, par une conséquence nécessaire, les passions mauvaises, les penchants déréglés, les vices inhérents à la nature de l'homme forment l'obstacle le plus grand au bien-être des peuples, et que la sublime utilité pratique du christianisme consiste surtout à les contenir, à les corriger, à les dominer.

On n'a pas épargné un reproche aux sociétés religieuses, nous le savons bien. Pendant longtemps, et de nos jours encore, elles ont été accusées, soit dans leurs tendances, comme corps, soit dans leurs mœurs habituelles, comme individus, d'une sorte d'hypocrite religiosité peu rassurante pour la société. Cependant, si l'on porte ses regards sur la prospérité apparente des quelques établissements dont la direction est unique-

ment confiée à des laïques plus ou moins écartés des croyances religieuses, ou qui plutôt n'en ont tenu aucun compte; si l'on jette un coup d'œil sur ces systèmes de réforme sociale surgis dans ces derniers temps, et qui, malgré le talent et les pensées généreuses de leurs auteurs, sont déjà ensevelis dans l'oubli, on se verra forcé de convenir que les sociétés religieuses, surtout les bonnes sœurs de charité, offrent au monde le plus beau spectacle, celui du plein et entier dévouement et des plus héroïques vertus. Pour en appeler à un fait connu de tous, quelles sont les crèches dont la prospérité est la mieux constatée? Ce sont celles des quartiers Mouffetard, de Saint-Louis-d'Antin et autres, qu'on sait être entièrement confiées à la sollicitude, à l'inspection ou à la garde des mêmes bonnes sœurs de charité, qui vont y passer seulement la journée tout entière: *Ab uno disce omnes.*

Mais d'ailleurs, cette accusation fût-elle aussi sérieuse qu'elle est peu fondée, l'enfant ne trouve-t-il pas une nouvelle garantie dans l'extrême facilité de la surveillance maternelle?

Un but de promenade est aussi, pour le père et la mère réduits à placer leur enfant hors de leur demeure, une source de joies pures, de satisfactions intimes; ils peuvent aisément, l'un ou l'autre, se rendre compte des soins prodigués à leur enfant, chaque dimanche, tous les jours même, sans interrompre leur travail; sans fatigue ni frais de voyage, ils peuvent surveiller la situation morale du personnel de l'administration intérieure de l'établissement qui l'a reçu. Le père et la mère, à leur tour, toujours sûrs d'y rencontrer de bons exemples, et quelquefois peut-être même de bons conseils, y trouvent l'occasion d'entrer dans les voies du devoir et de la vertu.

Comment s'est-il trouvé des esprits assez insensés pour rêver la destruction de la famille, quand on voit tous les jours les malheureux qui n'en ont pas chercher à s'en créer une?...... La famille! mais c'est le bonheur, la consolation de tous! Vouloir briser la famille, c'est vouloir briser l'âme de l'humanité! Insensés, qui n'ont pas vu qu'en troublant la logique de l'esprit ils blessaient celle du cœur; qu'ils se déshonoraient en essayant de voiler la splendeur du vrai, en outrageant les lois de la raison et de la morale, en altérant tout ce qui est pur, tout ce qui est noble! Ils ont voulu tuer l'idéal du bonheur, la foi, l'espérance, le dévouement, la conscience, tous ces épanouissements radieux de l'âme qui nous font supporter cette vie si fertile en douleurs, et qui sont la sauvegarde de la morale.

Dites donc à la femme qui sent le fruit de ses entrailles tressaillir en elle: On t'arrachera ton enfant; dans l'impuissance de le nourrir de ton lait, tu seras obligée, par l'exiguïté de ton habitation et par la modicité de ta fortune, à le voir éloigné de ta demeure et transporté à vingt et soixante

lieues; tu ne le soigneras pas avec tes tendres mains et avec ton âme ardente! Que d'anxiétés! quelle source d'angoisses! Avant d'arracher l'enfant à sa mère, allez donc arracher ses petits à la lionne!

Demandez à la mère qui donne son lait et son repos, et souvent même sa vie à force de fatigues, à son enfant admis à la crèche, si elle ne redoute point pour lui la subite influence de l'intempérie des saisons et de la diversité de régime, et vous verrez si elle veut de votre système!

Venez, venez être témoins des saintes émotions, des douces visions, des propos naïfs, des charmants souvenirs du foyer qui réchauffe, du père qui soutient, de la mère qui sourit de bonheur à la vue de toutes les conditions de la meilleure hygiène qui, chez nous, protègent la première éducation de son fils. C'est une nourrice qui, jouissant de tous les avantages de la campagne, est affranchie des préoccupations, des pénibles travaux si ordinaires aux villageoises, dont les instants sont, comme leur cœur, partagés entre les exigences d'un époux, de leur famille et de nourrissons; une nourrice qui n'a de pensée, d'âme et d'action que pour celui que nous avons confié à sa tendresse. On ne le voit pas, ce petit être, abandonné à la garde d'un autre enfant trop jeune encore pour le préserver des flammes, des chutes et de tant d'autres inconvénients, chaque jour amèrement déplorés. Ce n'est plus du lait colporté et si souvent aigri, brûlant ou froid, qui forme son régime: c'est à la douce chèvre et à la vache elle-même paissant dans d'excellents pâturages, que le cher nourrisson demandera son lait, toujours riche et toujours abondant. Puis les divers locaux de jeu, de toilette, où se font entendre le chant des oiseaux, et parfois les sons les plus mélodieux, viendront rompre la monotonie des heures destinées au sommeil, et ajouter aux conditions d'aération toujours si rare, soit dans quelques crèches de Paris, soit dans les réduits et chaumières des nourrices de la banlieue et de la campagne.

Aussi, qu'elle est belle et sublime à voir, la femme pensive auprès de l'un de nos berceaux! Elle regarde un enfant qui sommeille! elle cherche à contenir les soupirs de son cœur, pour ne pas troubler le repos de son amour! Son œil le couvre et son bras l'entoure; ainsi la colombe protège son trésor de son aile. S'il s'éveille, s'il souffre, que de soins, que de pleurs, que de sourires, que de caresses, que de baisers! C'est ce que l'amour inspire aux cœurs des mères!...

Tous ces détails se sont gravés dans notr souvenir, lorsque, essayant nos premiers pa dans la voie hérissée d'épines que la Providence nous a ouverte, nous croyions entrevoir, dans la réalisation de nos pensées, des gages assurés de moralité, d'hygiène, et même d'économie pour la plupart des familles de Paris.

Cette dernière question, que nous nous sommes borné à énoncer jusqu'ici, se pré-

sente à nous sous un triple aspect digne, tour à tour, de l'examen le plus sérieux.

Plusieurs intérêts s'y agitent : ceux des familles, ceux de la ville de Paris, ceux enfin de la bienfaisance privée et publique.

Pour arriver à la solution de ce problème que nous nous sommes posé, deux conditions nous ont paru rigoureuses : exclusion de la gratuité absolue pour les familles, exclusion de toute direction pécuniairement responsable, confiée à l'administration des hospices. La gratuité affaiblirait certainement la confiance des familles aisées ; et d'ailleurs, encombrés d'enfants délaissés par la population appauvrie, nos établissements, convertis en de vastes hospices, ne pourraient bientôt plus suffire aux dépenses devenues indispensables, qu'en accroissant la somme des produits de la bienfaisance publique, sous peine de ruine totale. Aussi, toute institution uniquement fondée sur les ressources fournies par la charité est-elle déshéritée de tout caractère de stabilité. Défectueux par la base, nos établissements n'auraient tout au plus qu'une durée d'un jour, puis s'enseveliraient à jamais dans l'oubli. Voyez ce qui se passe autour de nous pour toutes les œuvres uniquement fondées sur les ressources de la charité ! Nous nous faisons, du reste, un devoir de proclamer que nous entendons rendre plus facile aux familles aisées l'accomplissement de leur devoir, mais non point les en affranchir. Celles qui, dans nos Pouponnières, payeront intégralement la pension mensuelle, seront, du moins, exonérées des frais énormes d'enregistrement, de voyages et de perte de temps, de meneurs et de comptes pour maladies, si fréquemment supposées.

On nous pardonnera peut-être de proposer pour ces motifs, et dans les véritables intérêts de la ville de Paris, l'exclusion de toute participation officielle et pécuniairement obligée de l'administration des hospices, à la direction de nos Pouponnières. En effet, si l'on veut bien étudier la véritable cause de la décadence de nos anciennes institutions administratives à cet endroit, on reconnaîtra sans peine que la responsabilité pécuniaire de l'administration ne contribua pas peu à augmenter tellement ses charges, qu'elle ne put longtemps marcher dans cette voie.

Nous avons déjà parlé des règlements faits, des ordonnances promulguées et du décret publié pour mettre un terme à une mortalité si cruelle pour les affections du pauvre et si funeste à l'espèce humaine. Nous avons parlé aussi du *bureau des nourrices*, que la déclaration de 1769 institua et plaça sous la direction exclusive du lieutenant criminel de police. Des règlements fort sages et très-minutieux prescrivaient au directeur unique, à ses agents, aux employés, aux meneurs, aux nourrices, leurs devoirs, leurs droits, leurs obligations. Cet établissement fut longtemps prospère, car *on avait interdit les autres bureaux alors connus sous le nom de bureaux des recom-*

*manderesses ;* on avait aussi jugé qu'il était indispensable de laisser toute l'autorité au lieutenant de police, qui était seul chargé de la surveillance et de l'application des règlements.

Tandis que fonctionnait ce mécanisme, aux rouages simples et faciles, des difficultés surgirent, et, il faut bien le dire, *ce fut la pauvreté des familles, et leur impuissance à payer les mois et les frais de nourrices, qui amenèrent des changements.* Comme c'étaient les hospices qui restaient chargés de la perte à titre d'aumône, quand les mois n'étaient pas payés, on céda aux réclamations des administrateurs, qui voulurent partager l'autorité et la surveillance des nourrices avec le lieutenant du préfet de police.

Ceci fut plutôt une habitude prise par les hospices que le résultat d'un décret, d'une loi ou d'une ordonnance. Il suffit de lire le remarquable travail de M. Bénard, qui fut employé dans les bureaux de la préfecture de police sous le règne de Louis-Philippe, et qui fut, dit-on, mis de côté par les préfets des premiers jours de la république, pour se convaincre de cette usurpation d'attribution. Plus tard, il est vrai, un décret impérial du mois de juin 1806 semble reconnaître l'existence de cet empiétement administratif sans le consacrer. Nous pensons même qu'il résulte, de l'art. 9 de ce décret, une invitation au ministère de l'intérieur de réviser les règlements, mais en consultant le préfet de police.

Quoi qu'il en soit, cette division des pouvoirs, entre les hospices et le préfet de police, eut les plus fâcheuses conséquences. La surveillance se relâcha à ce point, qu'au mépris des vues philanthropiques qui avaient préparé l'installation des bureaux de nourrices, on laissa se fonder des entreprises particulières. Ces entreprises, connues aujourd'hui sous le nom de placeurs ou logeurs de nourrices, exercent une industrie illicite et préjudiciable aux grands intérêts de la famille et de la société.

Les réformes urgentes à opérer nous ont amené à la réalisation de l'œuvre que nous continuons à exposer.

Au point de vue administratif, dit M. de la Madelaine, à qui nous avons emprunté ces documents précieux, « les deux mesures à faire prévaloir seraient : 1° la reprise de possession par le préfet de police de toute l'autorité sur le bureau des nourrices qui, reconstitué sur des bases plus en rapport avec nos mœurs et les besoins actuels, rendrait les services que peut en attendre la population nécessiteuse de Paris ; 2° la suppression immédiate des bureaux de placeurs ou de logeurs de nourrices, par mesure de salubrité publique et dans l'intérêt de l'humanité (1). »

Quant à nous, nous croyons devoir nous borner à faire des vœux pour la suppression immédiate des bureaux actuels de

(1) *Gazette de France*, n° du 12 septembre 1850.

nourrices. Notre direction, connue sous le nom de *Providence des enfants et des mères*, et placée directement sous le contrôle d'une commission de surveillance et d'un conseil de patronage dont les membres seront pris dans le sein, tant des administrations municipales que de toutes les autres, relèverait de la préfecture de la Seine, par son concours dans le conseil d'administration; elle relèverait aussi de la préfecture de police, mais uniquement pour ce qui concerne l'exécution des règlements qui la régissent.

Nous ne revendiquons aucun privilége auprès du conseil d'Etat : celui de faire mieux qu'on n'a fait jusqu'à ce jour nous suffit. Notre direction s'occupe de fonder successivement, hors barrière et près Paris, vingt établissements au moins, tous assez vastes et assez convenablement aérés pour contenir chacun cinq cents enfants, divisés par sections de huit de divers âges dans chaque pièce. Les nourrices de la ville et de la campagne, qui viendraient chercher des nourrissons à Paris, y seront reçues dans un local séparé. Le directeur tiendra la main à ce que les choses se passent avec ordre et propreté. On sera sévère pour les enregistrements de nourrices, afin de constater leur âge, celui de leur enfant, leur moralité, leurs antécédents, l'adresse exacte de leur mari ou de leurs parents.

Nos établissements pourvoiront ainsi, tant aux placements sur lieu, qu'à leurs propres besoins, sans aucun des inconvénients aussi graves que multipliés du système actuellement suivi.

Dans cette situation, les familles trouveront dans nos Pouponnières, avec la facilité de faire élever leurs enfants en sus, et sous leur surveillance immédiate, l'immense avantage de s'affranchir de droits considérables d'enregistrement, de frais de placement et de voyage, pour elles-mêmes et pour les meneurs chargés par elles de faire toucher aux nourrices le prix de leur mois. Elles éviteraient aussi les pertes de linge et effets, occasionnées par le transport, et les comptes pour maladies simulées. Les moins aisées pourraient faire élever chez nous leurs enfants, au lait de chèvre ou de vache, par voie directe, au prix de 16 fr. par mois, prix inférieur à celui des crèches et de l'exportation. Les autres plus aisées trouveraient dans nos établissements l'allaitement naturel, au prix de 30 à 40 fr.

La bienfaisance privée et publique trouverait une économie réelle, avec la facilité de s'assurer du légitime emploi des ressources qu'elle nous fournirait, dans la création de comités de dames dans chacun des arrondissements de Paris. Les souscriptions seraient converties en autant de demies ou quarts de bourse, dont ils auraient à faire l'application dans le ressort de leur arrondissement. En effet, si, indépendamment de la rétribution mensuelle, fixée en moyenne à 20 c. par jour, qui, jointe à d'autres frais laissés à la charge de la mère, forme un total

de 16 fr. 75 c. par mois, ainsi que nous l'avons déjà démontré, la crèche dépense, en outre, en moyenne (1) 36 c., et dans certaines crèches, jusqu'à 40 et 54 c. même par jour et par enfant; pour les deux mille élèves dans les vingt crèches de Paris, ne comptant même, d'après M. Marbeau, que sur seize journées de présence par mois, il en résulte que la crèche dépense en outre une somme de 720 fr. par jour, ou de 138, 240 francs par an (2,000 × 36 c. = 720 francs, 16 journées à 720 fr. × 11,720 fr. par mois, et 12 mois à 11,720 fr. = 138,240 fr.). Il est vrai que, « déduction faite de la rétribution maternelle, M. Marbeau, que nous citons textuellement, porte cette somme à plus de 80,000 fr. (2), sans compter le linge et autres objets d'habillement que la charité fournit, sans compter ce qui est donné en dehors. » Et nous devons ajouter que madame la secrétaire générale observe « qu'en 1850, en déduisant les frais d'appropriation et de réparation, la dépense a été en moyenne de 58 c. par enfant (3). » D'où il résulte que chaque enfant coûte journellement à la charité publique 38 c., sans y comprendre aucuns des frais généraux.

Il est donc positif que les vingt crèches ne reçoivent pas deux mille enfants, ou qu'au lieu de dépenser seulement, sur les deniers provenant de la charité 80,000 fr., elles en dépensent 138,240. Quant à nous, nous affirmons pouvoir élever les jeunes enfants, dans les conditions bien préférables que nous avons énumérées déjà, au-dessous du prix qu'ils coûtent aux familles, c'est-à-dire à 16 fr. par mois. Donc, ou la charité publique cessera de s'imposer d'aussi lourdes charges, ou elle nous fournira les moyens d'élever en sus, pendant chaque année, et *l'année entière, nuit et jour*, sept cent vingt enfants. En effet, 16 fr. × 12ᵐ = 192 fr. dépense d'un enfant par année; or, 138, 240 fr. : 192 fr. = 720.

Nous savons bien qu'on pourra nous inviter à apprécier nos grands frais de loyers; mais ne pouvons-nous pas avantageusement, à notre tour, faire considérer que les loyers seront bien moins chers proportionnellement hors barrières que dans leur enceinte? Et si on nous presse de nous expliquer sur la possibilité de faire face aux premiers frais d'établissement, nous osons affirmer qu'on peut commencer, avec toutes chances de succès, au moyen de 20,000 fr.; mais que, si on peut en réaliser 100,000, on fera face, et au delà, à tous les frais généralement quelconques pour cinq cents enfants pendant l'année entière, et que l'établissement produira un tiers net en sus (4). Nous proposons d'ouvrir des listes de cotisations dans

(1) Rapport de M. le secrétaire général, du 1ᵉʳ avril 1851, page 25.
(2) Séance du 26 mars 1849, page 13.
(3) Rapport de la séance, page 73.
(4) Ce chiffre doit paraître peu exagéré, si on considère que les bureaux de nourrices de Paris gagnent annuellement trois à quatre cent mille francs.

divers quartiers, tant pour de simples sous-cripteurs que pour des bienfaiteurs fonda-teurs ; de créer jusqu'à concurrence de trois cent mille francs de coupons de souscrip-tions au porteur, de cent francs chaque, remboursables annuellement par vingtième, à dater seulement de la seconde année, don-nant droit à un intérêt de 3 pour cent, et, de plus, à une prime pour chacun des dix pre-miers billets sortants, d'une bourse entière pour l'admission d'un enfant pendant une année, ou de 300 fr. en numéraire au choix du souscripteur. Ces coupons sont payables, en une seule fois, entre les mains de l'agent comptable de l'œuvre, qui sera tenu de les déposer immédiatement chez le banquier qui lui sera désigné par la direction, ou au Comptoir national, jusqu'à parfait complé-ment de la somme, enfin d'obtenir une lo-terie de cinq cent mille francs, à 1 fr. le billet.

Dans la prévision même où les préoccupa-tions politiques seraient un obstacle à réu-nir ce premier capital par des souscriptions ou par des prêts individuels, il devrait être immédiatement fourni par la ville de Paris, de concert, si l'on veut, avec M. le ministre de l'intérieur. Les habitants des provinces ne contribuent que trop puissamment aux charges qui résultent, pour la capitale, du grand nombre de ces pauvres petits êtres. Et pourquoi ne le feraient-ils pas sans hé-siter? Tandis que les galériens ou autres in-dividus condamnés sont l'objet d'une grande sollicitude quand ils sont conduits au bagne et dans les prisons, il arrive que de pauvres enfants, incapables de se défendre, sont laissés à des spéculateurs qui les transpor-tent le plus économiquement possible, tantôt dans des paniers d'osier ouverts à tout vent, et tantôt dans des charrettes où l'on entasse les veaux destinés à nos bou-cheries ! Est-ce de la civilisation, de l'hu-manité? La ville de Paris, fournissant cette somme pour amener la solution de cette grande question d'hygiène publique, laisse-rait dans l'histoire de son administration le souvenir glorieux d'avoir concouru à une fondation autant moralisatrice que d'intérêt public.

Il nous reste à prouver que notre œuvre offre une économie réelle à la ville de Pa-ris.

L'honorable M. Marbeau nous rappelle qu'en 1849 le conseil général de la Seine a voté, comme les années précédentes, pour les crèches, 3,500 francs (1). Il constate, dans la séance de 1er avril 1851, que les al-locations du ministre de l'intérieur, du conseil général et du conseil municipal de Paris, en faveur des crèches, sont de 7,700 francs. C'est peu, sans doute, et toutefois, avec nos Pouponnières, ou la ville de Paris serait désormais exonérée de toute allocation, ou, avec cette somme, nos établissements élèveraient pendant l'année entière, sous les yeux des familles, quarante enfants : en effet,

16 francs × 12m = 192 fr., dépense d'un enfant par année ; or, 7,700 fr. : 192 fr. = 40.

Mais abordant de plus hautes considéra-tions, nous sera-t-il permis de rappeler les frais énormes du bureau Sainte-Appoline, dont nous désirons ardemment soutenir l'existence? En 1848, il a fait 1347 place-ments ; les familles ont bien payé 114,703 f., mais la ville de Paris a eu à sa charge 77,061 fr. En 1849, 1529 placements ; les parents ont fourni 112,114 fr., et l'adminis-tration 84,614 fr. Enfin, en 1850, 1715 pla-cements ; les parents ont fourni 132,525 fr., et l'administration 76,079 fr. Tout fait pré-sumer que le bureau Sainte-Appoline fera 3,000 placements cette année.

Cette progression, qui tend à accroître considérablement les charges de la ville de Paris en certains cas donnés, se trouverait restreinte par les bourses que nous créerons dans nos Pouponnières en proportion du produit des souscriptions faites dans chaque arrondissement.

On nous permettra donc de conclure que l'œuvre de la Providence des enfants et des mères, tout en garantissant annuellement à plus de quinze mille familles de Paris les plus belles conditions de moralité et d'hy-giène, ouvre aussi une voie d'économie réelle tant à elles-mêmes qu'à la bienfai-sance publique et à la ville de Paris.

Dans la crainte de fatiguer nos lecteurs, nous serions tenté d'en appeler en finissant à leur indulgence, pour excuser nos bé-gayements dans une science à laquelle, par état, le prêtre doit, ce semble, demeurer étranger, mais dont l'étude sérieuse est de-venue pour nous un devoir, sous l'action tutélaire de la Providence. Toutefois, préoc-cupé des difficultés que l'on peut opposer à la réalisation de notre projet, nous deman-dons à nos lecteurs la permission de les pré-venir et d'y répondre.

Les hommes sensés hésiteront peut-être en présence de trois considérations : l'agglo-mération, la nécessité d'un grand nombre de nourrices, notre propre caractère sacer-dotal. A ceux qui nous reprocheraient l'ag-glomération, comme ils l'ont déjà fait aux crèches, il nous est aisé de répondre : si l'hygiène, le bien-être et les soins y dimi-nuent la mortalité d'un sixième par an, au témoignage de M. le docteur Izarié, que n'a-vons-nous pas à espérer de la réunion des meilleures conditions hygiéniques dans les établissements de la Providence des enfants et des mères? « L'agglomération, a dit ce savant docteur, seule cause avouée des ma-ladies dans les crèches, ne peut entrer en parallèle avec les avantages qui y sont réu-nis, alors surtout que les effets de cette agglomération sont effacés, ou tout au moins atténués par les soins hygiéniques dirigés journellement par les médecins. D'ailleurs, si l'agglomération offre des chances de ma-ladie, a-t-on bien réfléchi aux causes de toute nature qui agissent d'une manière

(1) Séance du 26 mars 1849; Bulletin, page 13.

permanente sur la constitution débile des jeunes enfants de parents pauvres, sans aucune modification apportée par l'hygiène? Si quelquefois les maladies réputées contagieuses dans l'enfance apparaissent, les médecins ont bien soin d'isoler et de renvoyer immédiatement dans leurs familles les enfants qui en sont atteints. Avec cette précaution, rigoureusement mise en pratique, l'on évite les funestes effets de la contagion et l'on obtient tout les avantages de l'isolement (1). Nous pouvons d'ailleurs invoquer ici, indépendamment de notre propre expérience, celle faite par M. le docteur de Caumot, pendant près d'une année, dans une Pouponnière fondée après la nôtre, rue Carnot, n°. 7. »

D'ailleurs, les dispositions et séparations établies chez nous préviennent, à cet égard, tous les dangers qu'on pourrait même supposer. Où est donc la possibilité, nous dira-t-on, de se procurer un assez grand nombre de nourrices pour suffire à un aussi grand nombre d'enfants? Nous demandons la permission d'être cru, quand nous affirmons que des précautions sont prises pour avoir dans nos établissements, fussent-ils au nombre de vingt, tel nombre de nourrices et de sevreuses qui sera nécessaire, comme aussi de les recevoir et de les y utiliser dans les intérêts communs. On comprendra assez aisément la réserve que nous impose, sur ce point, la délicatesse de notre situation, pour nous renfermer dans ces limites. Nous nous bornerons à réitérer l'assurance que des dispositions sont déjà prises à cet égard dans plusieurs départements.

Mais vous êtes prêtre, dira-t-on, et il convient peu à votre habit d'aborder une pareille question. Nous devons donc l'avouer, on nous a rapporté bien des fois ce propos, tenu d'une manière anonyme, sans que nous pussions jamais nous rencontrer en présence d'un contradicteur; car on est arrivé de nos jours à un tel degré d'hypocrite dissimulation, que peu de gens ont le courage de parler en face. Mais nous avons méprisé ce langage que nous n'avons jamais bien compris, parce qu'il est aussi indigne de l'homme sage que de l'homme intelligent et sérieux.

Eh quoi! vous affecteriez de penser que nous devons demeurer étranger et sourd aux cris de douze à quinze mille pauvres mères, dont la désolation est si hautement justifiée par tous les devoirs sacrés que leur imposent à toutes la morale, l'humanité, et par-dessus tout leur titre de mère! Mais vous nous permettrez de vous dire ce que nous avons déjà répondu. Vous ne savez donc pas ce qu'est le sacerdoce chrétien, ce qu'est le prêtre? Après qu'il a satisfait à la loi comme citoyen, il sent qu'il n'a pas rempli toute sa tâche comme prêtre, et qu'il lui reste encore quelque chose à faire, quelque chose de redoutable et de grand; il sent qu'il lui reste à s'élancer du désintéresse-

(1) Séance du 26 mars 1849; Bulletin, pages 23 et 36.

ment au dévouement, de la justice à la charité, souffle divin qui pénètre dans l'âme et l'élève au-dessus des lois ordinaires. Cette mission d'amour et de charité, sublime à le fois et périlleuse, est, il est vrai, bien peu comprise au sein de l'égoïsme qui, ainsi qu'un chancre, s'est attaché à la société moderne, comme pour la ronger jusqu'à la moelle des os. Mais bien des hommes encore, et les prêtres plus que tous les autres, n'oublient pas que, si la charité, dans les expansifs développements de sa magnificence, n'échappe point à la loi qui, plaçant le mal à côté du bien, condamne les choses les meilleures aux périls qu'entraîne leur abus, la magistrature a un grand devoir à remplir: celui de contenir la charité par la justice, mais non pas de l'abolir et d'en interdire l'exercice. Car les inspirations de la charité vivifient les rigides enseignements de la justice sans les altérer; si la justice est le fruit de l'humanité, la charité en est l'aiguillon.

C'est d'après ces principes incontestés que la magistrature de France, se montrant toujours à la hauteur où l'a placée la Divinité dont elle est l'image, nous a constamment fait triompher de tous les genres de persécution dont notre dévouement à l'humanité gémissante nous a rendu l'objet.

Sans doute nous avons été traîné à toutes les gémonies par l'envie des uns et par la méchanceté des autres; sans doute nous avons paru devoir être un moment emporté par toutes les tempêtes soulevées contre nous; mais la divine Providence veillait: aussi n'est-il pas de trait dirigé contre nous qui n'ait été brisé, et pas d'attaque qui ne soit devenue une occasion de triomphe (1).

Nous savons bien que nous sommes encore en butte à de mauvaises passions, à quelques haines personnelles et ardentes, à des intrigues jalouses et rivales, même de personnes que nous avions cru devoir investir de notre confiance; à certains préjugés que nous sommes le seul peut-être à ignorer encore, parce qu'ils ne sauraient reposer que sur les allégations calomnieuses de ceux qui ne sont devenus nos ennemis acharné en secret et dans les ténèbres, que parce qu'ils ont été vaincus dans la lutte au grand jour et en public; mais nous n'avons à redouter ni suspicions, ni menaces. Nous aurons toujours à opposer notre conscience, nos actes et les témoignages de personnes honorables qui ont su résister à l'entraînement des mauvais exemples; nous deman-

(1) L'arrêt du 13 avril 1850 a constaté qu'il n'y a qu'à comparer les dépenses faites pour nos établissements avec les sommes reçues, pour être bien convaincu que les dépenses sont bien autrement considérables, et que nous n'avons rien détourné à notre profit.

Les termes de cet arrêt sont la meilleure preuve et de la vérité des témoignages qui furent rendus à M. le sous-préfet par des autorités municipales de l-banlieue à la date du 16 août 1849, et de l'injustic des vexations auxquelles nous avons été en butte.

derons des faits prouvés, au lieu de simples allégations.

En présence de tous ces éléments de ruine qui, chaque jour s'entassant de plus en plus, compliquent les difficultés de la situation ; en présence ce cette exaltation de fausses idées, de ces sentiments d'indépendance et d'orgueil pris pour de nobles et généreux sentiments, de l'influence du génie du mal sur l'empire de la raison et des convictions consciencieuses, de *cette soif intarissable* de l'or, de ce besoin famélique de dignités et d'honneurs ; en présence du conflit des opinions, des croyances qui se heurtent, des haines qui s'enveniment, des intrigues qui se croisent, des ambitions qui grandissent dans l'ombre ; en présence, disons-nous, des malheurs de ce peuple déjà engourdi par les froides erreurs du trépas qui s'avance, de ce peuple devenu si indifférent de la vie, qu'il repousse la voix qui veut lui dire des paroles de salut, la main qui lui montre la voie dont il a dévié, et qui, penché sur le bord de l'abîme, n'aperçoit pas, au fond du gouffre, le monstre qui attend sa proie pour la dévorer, nous prêtre, nous ne cesserons de faire tous les efforts de charité que nous impose notre sacerdoce, pour l'empêcher de succomber, pour le faire renaître de ses languissantes défaillances.

Les vives préoccupations de la bienfaisance continuant à nous élever au-dessus des agitations sociales, nous demeurerons constamment fidèle aux règles de la politique intelligente gravées dans nos cœurs par la nature et perfectionnées par le christianisme. Respect, attachement, dévouement pour la créature que Dieu a faite à son image, qui est destinée comme chacun de nous, quels que soient son rang et son âge, à espérer, à craindre, à aimer, à pleurer, à mourir ; pour la créature, objet d'autant plus digne d'intérêt et d'affection, qu'elle est plus faible, plus impuissante et plus délaissée.

Sur ce terrain fécondé par la charité, toutes les sympathies des honnêtes gens nous demeurent acquises, sans doute ; ils ne se laisseront point effrayer, ni par la couleur si modeste de notre habit, ni par les dignités de notre caractère. Personne n'ignore d'ailleurs que l'action des curés, dans l'organisation qui régissait alors la matière qui nous préoccupe, avait été invoquée et obtenue, en 1770, comme étant l'un des moyens les plus puissants de succès. Aujourd'hui même, il n'y a que les sots et les niais, les spéculateurs trop avides et les hommes avilis par l'excès des mauvaises passions, qui essayent de faire du prêtre un épouvantail. Nous en trouvons la preuve irrécusable dans les témoignages avoués et écrits que nous recevons journellement de l'élite de tous les rangs de la société, malgré les fureurs de quelques hommes qui demeurent par nous incompris et auxquels nous pardonnons sincèrement leurs excès à notre égard, parce qu'ils ne savent ce qu'ils font.

A aucun d'eux nous ne reconnaissons le droit d'en imposer au public, en calomniant soit la pureté de nos intentions, soit la sincérité du but utile de nos efforts et de nos actes.

Nos pensées se traduisent chaque jour par des faits : Allez visiter, dirons-nous à nos détracteurs et à leurs satellites, l'établissement situé à Courbevoie, route de Saint-Germain, n° 20, et celui de Pantin, rue de la Villette-Saint-Denis, n° 32, et encore bientôt à la barrière de l'Etoile, et puis répondez-nous, la main sur le cœur, si vous croyez sincèrement que, poursuivant une utopie, nous voulons abuser de la crédulité publique ? Voilà déjà deux établissements fondés et autorisés par la préfecture de police depuis le 8 mars dernier, sous l'inspiration de nos pensées, et déjà ils commencent à porter leurs fruits. Les petits êtres chéris dont l'éloignement est encore pour un trop grand nombre un sujet d'alarmes si multipliées, si vives et malheureusement si légitimes, y recevront désormais près de leurs mères tous les soins qu'elles avaient rêvés pour eux.

On comprendra mieux, du reste, la solution du problème que nous nous sommes posé, celui de la moralisation des masses, lorsqu'on conviendra avec nous qu'il faut commencer l'édifice par la base et le continuer sans interruption jusqu'au sommet.

Tel est l'un des plus puissants motifs qui ont déterminé une action aussi générale que puissante à nous venir en aide, soit pour consolider, soit pour étendre les bienfaits des deux établissements d'allaitement et de sevrage qui sont en marche vers des conquêtes nouvelles. L'œuvre de la Providence des enfants et des mères intéresse autant les riches que les pauvres, puisqu'améliorant le sort des uns, elle tend à accroître la sécurité des autres et le bonheur de tous. En concourant à sa prospérité, nous travaillons tous à rendre à l'esprit religieux sa puissance moralisatrice, à la famille sa pureté, à l'humanité ses garanties physiques, à la civilisation ses progrès, et à la France entière sa gloire.

Nous voilà arrivé au terme de l'exposition que nous avions à faire. Si notre sujet n'a pu acquérir de l'intérêt par les formes toujours si attrayantes du style, nous avons dû compter sur la valeur des faits. Il demeure prouvé que *l'OEuvre de la Providence des enfants et des mères offre à la population parisienne de nombreux avantages bien supérieurs à ceux des modes tentés, jusqu'ici, en faveur des enfants en bas âge, avec l'exclusion de tous les inconvénients qui s'y rattachent, et tout en diminuant, au lieu de les accroître, les sacrifices pécuniaires que s'imposent actuellement les familles.* N'ayant jamais eu l'intention de faire une œuvre d'intérêt personnel, nous sommes toujours prêt à pratiquer toute l'abnégation que nous jugerons indispensable au bien. Nous ne terminerons point cet écrit sans faire acte de la soumission la plus entière à l'autorité, sous les auspices de laquelle nous plaçons notre

œuvre. Nous osons avec confiance entière la recommander à la bienveillance de MM. les représentants à l'Assemblée, de MM. les pasteurs des paroisses, la déférer au patronage des Dames de la Société maternelle, de l'Association des mères de famille et de MM. les membres des Conférences de Saint-Vincent de Paul.

Vous toutes, mesdames, qui êtes convaincues, comme nous, de son utilité, venez à nous avec zèle et activité ; c'est une conquête à faire du bien sur le mal, un progrès dans l'art de secourir, un nouveau pas sur la terre promise de la charité. Nous serions dans une profonde erreur, ou cette œuvre de rénovation civilisatrice, par le principe religieux, ne serait pas une des moins précieuses conquêtes de l'esprit humain.

Heureux ! si la divine Providence parle assez haut au cœur de ceux qui liront ces pages, pour les décider à nous rendre, par leur concours aussi prompt qu'efficace, notre tâche moins difficile et plus fructueuse !

C'est surtout dans les moments de crise et d'alarme que l'homme, si faible dans son isolement, éprouve le besoin de se rapprocher de ses semblables et de s'unir à eux par les liens les plus étroits. Aussi, à aucune autre époque peut-être, cette nécessité d'union ne s'est-elle fait plus vivement sentir qu'au moment où nous écrivons ces lignes. Que quiconque donc porte encore un cœur d'homme vienne se rallier à la bannière de gloire et de salut qu'a déployée la République française, dans le but de faire la plus ingénieuse comme la plus touchante application de cette belle devise : Fraternité (1) !

RAYMOND,

Fondateur de l'OEuvre de la Providence des enfants et des mères.

Paris, ce 25 juin 1851.

(1) RÈGLEMENT ADMINISTRATIF.

ART. 1er. L'œuvre de l'Administration de l'enfance a son siége à Paris, dans un local ultérieurement fixé ; provisoirement, le siége de la direction sera n° 3, rue des Pyramides. L'œuvre sera définitivement constituée, aussitôt que les ressources, s'élevant à sept mille cinq cents francs de revenus annuels, suffiront pour élever vingt enfants gratuitement.

ART. 2. L'Administration se composera de M. Raymond, directeur-fondateur, qui aura le choix pour la nomination et révocation d'un sous-directeur, d'un secrétaire, d'un caissier, d'un chef de bureau et d'un inspecteur.

ART. 3. Un conseil de patronage, formé dans le but d'assurer le succès de l'établissement, se composera, 1° d'une commission dont les membres pourront être pris parmi les simples souscripteurs ; 2° d'un conseil général, formé des seuls bienfaiteurs-fondateurs ; 3° d'un comité de dames établi dans chacun des arrondissements de Paris.

ART. 4. La commission se réunira tous les mois ; le conseil général, chaque trimestre, sous la présidence de celui des membres qui aura été choisi ou élu ; le comité des dames se réunira le premier dimanche de chaque mois, sous la présidence du fondateur ou du délégué ; et, enfin, la commission, le conseil général et le comité des dames tiendront une assemblée générale une fois l'année, au jour où sera célébrée la fête de saint Vincent de Paul.

ART. 5. La commission se composera d'un président, de quatre vice-présidents, qui alterneront chaque trimestre, en l'absence de M. le président ; du directeur, du sous-directeur ; des médecins inspecteurs généraux ; du fondateur ; du premier aumônier ; de la directrice supérieure des sœurs ; d'un secrétaire, d'un sous-secrétaire, et de quatre conseillers au moins. Cinq membres suffiront pour la validité de ses délibérations.

ART. 6. Le conseil général sera composé de quatre présidents honoraires, d'un président titulaire, de quatre vice-présidents, de tous les membres de la commission ; d'un secrétaire général, de quatre sous-secrétaires, et d'un nombre illimité de conseillers. Vingt membres suffiront pour la validité de ses délibérations.

ART. 7. Le directeur aura toujours voix délibérative au sein de la commission et du conseil général, dont il fera partie de droit : à chaque réunion, il remettra à MM. les membres qui la composeront les diverses propositions qu'il jugera convenables, et provoquera toute délibération ou démarche qu'il jugera propre à assurer le succès de ses efforts. Il présentera un rapport sur la situation de l'œuvre à chacune des réunions trimestrielles du conseil général, et un compte rendu de l'exercice annuel à l'assemblée générale.

ART. 8. Le comité des dames, établi dans chacun des arrondissements de Paris, se composera d'une présidente, d'une vice-présidente, d'une trésorière, d'une secrétaire et d'une sous-secrétaire.

ART. 9. Tous les membres de la commission, les dignitaires du conseil général et les divers comités de dames sont nommés pour la première fois par le directeur, ou, sur sa proposition, par les membres acceptant, dans le cas d'abstention de l'un des membres choisis par lui. Après la constitution définitive de l'œuvre, ils seront nommés ou réélus à l'assemblée générale et au scrutin ; mais aucun des dignitaires ni souscripteurs n'assument aucune responsabilité administrative, personnelle ou légale (a).

ART. 10. Les souscripteurs seront libres de souscrire pour telle cotisation qu'ils jugeront convenable, qui sera dès lors exigible, à moins de stipulations contraires dans la formule de souscription.

ART. 11. Seront uniquement considérés comme bienfaiteurs-fondateurs ceux qui auront souscrit pour 500 francs. Ils auront la faculté de payer par cinquièmes annuellement, à partir du premier versement fait entre les mains du caissier, le jour même de la souscription : dès lors, ils auront le droit de faire admettre gratuitement pour une année l'enfant qu'ils auront désigné, et cette somme serait irrévocablement acquise à l'établissement, alors même que l'enfant n'y passerait pas l'année entière.

ART. 12. Le nombre de bourses, demi-bourse ou quarts de bourse seront accordées par le directeur, sur la présentation des dames formant le comité de chacun des arrondissements de Paris, à ceux des enfants des familles pauvres ou peu aisées résidant dans leur arrondissement respectif, et après que le directeur aura pris l'avis, s'il y a lieu, de la commission ; mais le nombre de ces bourses sera toujours proportionné au total effectif des dons ou souscriptions fournies par chacun des dix arrondis

(a) Les souscripteurs seuls contractent une responsabilité pécuniaire pour leur simple cotisation ou inscription d'intérêt.

A peine les premières épreuves de notre brochure étaient-elles connues, que l'un des médecins distingués de Paris, rendant compte de ses impressions à l'un de nos amis communs, lui écrivait en ces termes :

sements, sur le taux de 50 francs par mois.

ART. 13. On est prié d'adresser franco toutes lettres, envois en nature, souscriptions ou dons à M. le directeur de l'Administration de l'enfance, rue des Pyramides, n° 3, à Paris.

ART. 14. Il sera soumis à la première assemblée générale un projet de règlement dans lequel seront comblées les lacunes que révèleront l'expérience et la pratique. Toutefois, il sera émis immédiatement des souscriptions au porteur pour un capital de trois cent mille francs, à trois pour cent, et remboursables annuellement par 0;20, avec prime de trois cents francs pour les dix premiers billets sortant ou une bourse pour un enfant pendant une année.

---

### DE L'ADMISSION DES ENFANTS.

Toute personne désirant faire admettre un enfant à la Pouponnière, est tenue de le déclarer au siége de l'Administration à Paris, rue des Pyramides, n° 3; et cela, dix jours au moins à l'avance pour les enfants qui doivent être allaités : trois jours pour ceux qui doivent y entrer en sevrage, et deux jours pour les convalescents.

Cette déclaration, entre autres choses qui vont suivre, contiendra : les noms et domicile soit des parents, soit de la personne chargée de recevoir les renseignements qui seront fournis sur l'enfant en cas de maladie ou autre.

Si l'enfant est présenté pour l'allaitement, la personne qui en demandera l'admission, devra :

1° Spécifier le genre d'allaitement qu'elle désire être employé pour l'enfant qu'elle présente;

2° S'engager à fournir une attestation constatant que l'enfant a été déclaré à la mairie dans les délais indiqués par la loi.

Si l'enfant est présenté pour entrer en sevrage ou en convalescence, la personne qui en demandera l'admission devra :

1° Dans le premier cas, indiquer le mode d'allaitement par lequel l'enfant a été nourri jusqu'alors;

2° Dans le second cas, produire une note émanant du médecin qui l'a traité, et indiquant la maladie que l'enfant vient d'avoir, ainsi que le traitement qu'il a suivi;

3° Dans les deux cas, fournir un certificat attestant que l'enfant a été vacciné, ou autoriser l'Administration à lui faire subir cette opération le plus tôt possible.

Tout enfant qui entre à la Pouponnière reçoit une marque distinctive, qui est inscrite sur son berceau, sur son linge et sur un petit ruban passé à son cou.

L'Administration se charge, moyennant la somme de 2 fr. 50 c., de transporter de Paris à la Pouponnière l'enfant accompagné de un ou deux de ses parents; néanmoins il est facultatif à ceux-ci d'employer un autre mode de transport.

Le prix de la pension pour l'allaitement, le sevrage ou la convalescence se traite de gré à gré avec les parents ou représentants; et se paye d'avance, par mois ou par trimestre, à la volonté de ces derniers.

Des chambres, des nourrices et des gardes particulières sont mises à la disposition des personnes qui en font la demande.

L'établissement possède aussi des berceaunnettes et des berceaux pour les enfants voués au blanc ou au bleu.

Monsieur,

Rien n'est exagéré dans la peinture que fait, de l'état actuel des enfants trouvés et autres, l'auteur de la brochure que vous me

### Personnel des Pouponnières.

1° Une inspectrice générale;

2° Un aumônier;

3° Un médecin;

4° Des sœurs de charité;

5° Une administration siégeant à Paris, rue des Pyramides, n° 3;

6° Autant de nourrices et employées que le nombre des enfants l'exigera.

L'Administration reçoit et enregistre les déclarations des personnes qui présentent les enfants, perçoit le prix de la pension, fait transporter à la Pouponnière les enfants des parents qui désirent user de cette voie, reçoit la demande des personnes qui se présentent pour être admises dans l'établissement à titre de nourrice ou autrement; en un mot, elle est chargée de toute l'administration extérieure.

### DE L'ADMISSION DES NOURRICES.

Toute femme désirant entrer comme nourrice dans la Pouponnière en fait la demande soit verbalement, soit par écrit (franco) à l'Administration, qui lui indique le jour où elle devra subir la visite du médecin de l'établissement, qui constatera si elle est apte, sous tous les rapports, à remplir les fonctions qu'elle sollicite.

Toute nourrice, au moment de son admission, s'engage :

1° A ne jamais sortir de l'établissement tant qu'elle allaite un enfant, certains cas exceptés, et encore accompagnée, soit par une des sœurs, soit par une autre personne désignée par la supérieure.

Il lui sera permis, d'ailleurs, de voir, à certains jours, ses parents ou amis au parloir;

2° A observer minutieusement le règlement de l'établissement.

Toutes les nourrices de la Pouponnière portent le même costume, qui est à peu près celui des villageoises de la Bretagne.

Elles assistent, les dimanches et fêtes, à l'une des messes de l'aumônier, si leur culte ne s'y oppose, et deux fois au moins, par semaine, il leur est fait des lectures morales, instructives et amusantes, destinées à les maintenir toujours dans un état d'esprit convenable à leurs fonctions.

Les dons ou gratifications faits aux nourrices par les parents des enfants qu'elles soignent, leur appartiennent exclusivement.

La rétribution allouée par l'établissement, tant aux nourrices qu'aux autres employées, varie suivant les conditions individuelles et les devoirs de chacune.

---

### LISTE GÉNÉRALE DES SOUSCRIPTEURS

*depuis la création de l'établissement jusqu'à ce jour.*

MM. Louis-Napoléon Bonaparte, président de la République. — Le général Cavaignac, ex-président du gouvernement provisoire. — Le comte Portalis, premier président de la cour de cassation. — Le duc Descars. — Le général Changarnier, représentant. — Le général Perrot, commandant en chef de la garde nationale de la Seine. — Mgr Parisis, représentant, évêque de Langres. — L'abbé de l'Espinay, vicaire général de Luçon, représentant. — L'abbé Fréchon, chanoine d'Arras. — Marquis Sauvaire-Barthélemy, représentant. — Pascal d'Aix, représentant. — Marquis de Larochejaquelein, représentant. — Pradié, représentant. —

faites l'honneur de me communiquer. Tous les jours, nous en contrôlons les funestes conséquences ; cette œuvre, inspirée par le christianisme, me paraît appelée à faire un bien immense ; et, comme il le dit très-bien, il faut à jamais cimenter l'alliance, féconde en bienfaits, de la science des biens terrestres et de la science des richesses morales. Or, sous ce rapport, il y a beaucoup à faire. La mine que nous et nos descendants aurons à exploiter est riche et peut être féconde en résultats, si l'esprit de saint Vincent de Paul nous inspire.

Il me reste donc à faire des vœux pour voir prospérer une œuvre aussi belle, et à vous remercier, monsieur, d'avoir daigné me la faire connaître.

Agréez, monsieur, l'expression de ma haute considération,

Votre dévoué serviteur,

BREMOND,
docteur-médecin du bureau de bienfaisance du 1er arrondissement de Paris.

Samedi, 7 juin 1851.

APPRENTIS (EDUCATION DES). — *De la dignité de l'ouvrier.* — Lorsque l'homme et la nature sortirent des mains du Créateur, ils étaient tous les deux dans un état de perfection telle que Dieu jeta sur eux un regard de complaisance et s'applaudit de les avoir créés. Mais, plus tard, voyant que toute chair avait corrompu sa voie, il se repentit d'avoir fait l'homme ; et, enveloppant dans sa colère et l'homme et la nature, que celui-ci avait infectée de sa corruption, il les frappa du même coup en les abîmant sous les eaux. Que s'était-il donc passé entre ces deux ac-

tes si divers du Créateur, entre ce regard de complaisance qu'il avait jeté sur son ouvrage et ce terrible repentir qui le lui avait fait détruire? L'homme s'était révolté contre Dieu, et, associant à sa révolte la nature, qui lui avait été soumise pour qu'il la soumît à Dieu, il en avait fait un instrument de ses passions déréglées, et l'avait fait servir à son orgueil au lieu de la faire servir à glorifier leur maître commun; de sorte que Dieu, pour venger sa gloire, se vit contraint de briser dans les mains de l'homme cet instrument dont il avait si audacieusement abusé.

Depuis que l'homme s'est révolté contre Dieu, la nature s'est révoltée contre l'homme. Devenue avare et paresseuse, elle ne lui cède qu'à regret les dons qu'il lui arrache par un travail opiniâtre. L'homme aussi sent dans ses membres une loi qui contredit les lois de sa raison. Alarmé de cette révolte, étonné de rencontrer dans son être deux hommes qui luttent perpétuellement l'un contre l'autre, il s'écrie avec saint Paul : « Qui me délivrera du corps de cette mort? » Pour réformer dans l'homme et dans la nature l'image de Dieu, que le péché y a si profondément altérée, Dieu a établi deux classes d'hommes chargées spécialement, l'une de lutter contre les instincts pervers du cœur humain et de les transformer en sentiments nobles et généreux, l'autre de vaincre par son travail sa persévérance le mauvais vouloir et l'indocilité de la nature.

En effet, pendant que le prêtre, luttant avec le pécheur, comme autrefois l'ange avec Jacob, le force à s'humilier sous la main puissante de Dieu, et soumet la sa-

Félix de Parieu, ex-ministre de l'instruction publique, représentant. — Léo de Laborde, représentant. De Girard, représentant. — De Bernardi, représentant. — De Grasset, représentant. —De la Guibourgère, représentant. — De Castillon, représentant. Duquesne, représentant. — De Kérenflec, représentant. — Mège, représentant. — Renaud, représentant. — Fabrol, représentant. — Estancelin, représentant. — De Foblant, représentant. — De Fougeroux, représentant. — De Limairac, représentant.— Noël de Cherbourg, représentant. — De Botmiliau, représentant.—De Penhoen, représentant.—Lainé, représentant. — Gros, représentant. — Gasselin de Fresnay, représentant. — De Kerdrel, représentant. — Murat-Sistrières, représentant. — Belliard, représentant. — Paulin Gillon, représentant. — Mispoulet, représentant. — Desmars, représentant. — Mauve, représentant. — Arnaud de l'Ariége, représentant. — Barrillon, représentant. — Grillon, représentant. — Dufour, représentant. — Maréchal, représentant. — Michaut, représentant. — Anglès, représentant. — Astoin, ex-représentant. — De Montreuil, ex-représentant. — Dubousquet, ex-représentant. — Commandré, ex-représentant. — L'abbé Flotte, vicaire général de Montpellier. — L'abbé Vinas, curé de Notre-Dame, id. — L'abbé Villaret, aumônier de la Visitation, id. — L'abbé de Charaix, vicaire général de Mende. — L'abbé Bégin (Joseph), chanoine. — Le général Cuny, ex-commandant supérieur de la garde nationale mobile. Mgr Graverand, évêque de Quimper, ex-représentant. — L'abbé Abat, vicaire général de Rodez, ex-représentant. — L'abbé Dumas, ex-curé de Saint-.

Jean-Saint-François, chanoine de la métropole. L'abbé Desgenettes, curé de Notre-Dame des Victoires. — Laverdan, homme de lettres. — Rendu, membre du conseil supérieur de l'instruction publique. — Lancosme de Brèves, membre du conseil général de l'Indre. — Marquis Pons de Rennepont, propriétaire. — De Lambel. — Marchand-Ennery, grand-rabbin. — Billiard, ex-conseiller d'État. Chanal, ex-préfet du Gard. — De Chapelain, sous-préfet d'Alais. — Serre, ex-maire d'Alais, commandant de la garde nationale. — Balland, ex-préfet de l'Hérault. — Deverry, ex-préfet de Vaucluse. — Villermo (Ferdinand), propriétaire. — Guyot, préfet de l'Eure. — Anonyme. — Frédéric Bernoville, manufacturier. — Vimann (Salomon), grand rabbin. — Gaston d'Argout. — Levassor. — Moreau, professeur à la Faculté de Médecine de Paris. — Cruveilhier, professeur à la Faculté de médecine de Paris. — Baron du Havelt. — Stéphen de Petiville. — D'Estève de Pradel. — Drouyn de Lhuys, ministre des affaires étrangères. — De Chanterac, représentant, maire de Marseille. — Guenin, notaire à Paris. — Vincent de Lormet, représentant. — L'abbé Grivel. — Ladoucette, représentant. — Roulleaux Dugaye, représentant. — Général Rogé, représentant.

RAYMOND,
Fondateur de la *Providence des enfants et des mères.*

Paris, ce 28 août 1852.

*Nota.* Les noms des nouveaux souscripteurs seront inscrits sur les registres de l'Administration.

lutaire influence de la grâce ses passions désordonnées, l'artisan lutte corps à corps avec la nature, jusqu'à ce qu'il l'ait soumise à sa volonté, et l'ait rendue l'interprète docile de ses sentiments et de ses pensées. L'homme, transfiguré en chrétien par le prêtre, voit resplendir en son âme un reflet de sa gloire primitive et devient le chef-d'œuvre de Dieu; et la nature, transfigurée par l'ouvrier pieux et intelligent, devient le chef-d'œuvre de l'homme et reçoit comme les arrhes de cette gloire que Dieu lui a promise et qu'il veut lui donner par nous.

Le prêtre, c'est l'ouvrier des âmes rachetées par le sang de Jésus-Christ; et l'ouvrier, c'est le prêtre de la nature que Dieu appelle à la participation de cette liberté de la gloire des enfants de Dieu, qui nous a été acquise par la rédemption. Et pour réunir en sa personne cette double fonction, et, si j'ose le dire, ce double sacerdoce, le Rédempteur a voulu naître dans une famille d'artisans et être à la fois ouvrier et prêtre, nous montrant par là qu'il est venu pour sanctifier et élever et le travail des bras et les labeurs de l'âme, en réformant et dans les âmes et dans la nature extérieure l'image de Dieu, que le péché y avait altérée.

Et ne croyez pas que j'exagère ici votre dignité et celle de la nature, que vous devez ennoblir et sanctifier par votre travail; car les paroles dont je viens de me servir ne m'appartiennent pas, mais elles sont de Dieu lui-même, qui les a inspirées à son apôtre lorsqu'il écrivait aux Romains. Et, pour que vous en compreniez mieux le sens profond, je veux vous citer le texte entier d'où je les ai prises; car elles semblent avoir été écrites pour vous, elles sont merveilleusement propres à vous apprendre quelle est votre mission, quels sont vos devoirs, et de quelle manière vous les pouvez accomplir.

*La créature*, dit l'Apôtre, *attend la manifestation des enfants de Dieu. Car la créature a été assujettie à la vanité, non de son plein gré, mais à cause de celui qui l'a assujettie, en lui donnant l'espoir qu'elle sera elle-même un jour délivrée de la servitude de la corruption, pour entrer dans la liberté de la gloire des enfants de Dieu. Car nous savons que jusque-là toute créature gémit et est comme dans les douleurs de l'enfantement. Et ce n'est pas seulement elle qui est en cet état, mais c'est encore nous qui avons les prémices de l'esprit, et qui gémissons au dedans de nous-mêmes, attendant l'adoption des enfants de Dieu et la rédemption de notre corps.* (Saint Paul aux Romains, chap. 8.)

Dans ces paroles de l'Apôtre, la nature extérieure, avec laquelle vous êtes à chaque instant en contact, et qui vous fournit la matière de vos travaux et l'objet de votre industrie, la nature, qui vous apparaît inerte et sans vie, nous est représentée, comme un être doué de vie et de mouvement, ayant des regrets et des espérances, souffrant quand nous la faisons servir à la vanité, se réjouissant, au contraire, quand elle reçoit de nous quelques arrhes de la gloire qui lui a été promise. Et pour exprimer combien est grande la contrainte que nous lui imposons, saint Paul la compare aux douleurs de l'enfantement et à celles qu'éprouvent ceux qui, ayant reçu les prémices de l'esprit, attendent avec anxiété la rédemption de leur corps. Je conserverai donc le langage de l'Apôtre, et, présentant à vos esprits la nature comme quelque chose de vivant et d'animé, je vous dirai : Respectez ses regrets et sa douleur; ne trompez pas ses espérances; craignez de la profaner et de la souiller en en faisant un instrument de vos passions, en la faisant servir à la vanité et au péché.

Toute créature vient de Dieu comme de son premier principe, et doit retourner à lui comme à sa fin dernière. Mais elle n'y peut aller que par nous, portée, pour ainsi dire, dans nos bras et sur nos cœurs, parce qu'elle n'a point, comme nous, la faculté de comprendre le but vers lequel elle doit tendre, et de l'aimer. Ne l'arrêtons donc pas dans l'élan qui la pousse vers son auteur, et prenons garde, en voulant la tourner contre lui par le péché, de la tourner bien plutôt contre nous.

Quand faisons-nous servir la créature à la vanité? quand la faisons-nous gémir et souffrir les douleurs de l'enfantement? C'est lorsque nous abusons des choses dont Dieu nous a permis l'usage; c'est lorsque nous faisons servir à nos passions les choses que Dieu nous prête pour que nous les fassions servir à sa gloire; c'est lorsque nous tournons contre Dieu et contre nous-mêmes par le péché les substances que Dieu nous donne pour entretenir notre vie, conserver notre santé et développer les forces de notre corps; c'est lorsque nous affaiblissons ou détruisons notre santé par des excès dont chacun contient en soi le germe d'une maladie et la source d'une larme; c'est lorsque nous demandons à la créature des jouissances que Dieu nous défend de lui demander; c'est lorsque, au lieu de sanctifier notre travail, en le rapportant à Dieu ou en l'exécutant dans un esprit de pénitence et de résignation, nous l'avilissons, au contraire, par nos murmures ou par la fin que nous nous proposons.

Car c'est une chose grande et sainte que le travail, soit que nous le considérions par rapport à Dieu, qui nous l'a imposé, soit que nous le considérions dans l'homme qui l'accomplit, soit que nous le considérions dans la nature extérieure qu'il perfectionne, qu'il ennoblit, qu'il civilise en quelque sorte. Notre travail réjouit Dieu en perfectionnant ses œuvres, et en aidant, pour ainsi dire, son action puissante et conservatrice sur les êtres qu'il a créés au commencement. Le travail fortifie nos membres, développe l'activité de notre esprit, perfectionne les facultés de notre âme et nous rapproche du Créateur, dont le repos, toujours actif, est fécond en œuvres puissantes. Le travail réjouit la nature, il l'élève, il la sanctifie, il lui donne les prémices de cette gloire dont parle l'A-

pôtre, et qu'elle attend avec tant d'impatience. Otez-lui le travail de l'homme, et soudain vous la voyez devenir inculte, barbare, féroce. Les champs que la main de l'homme avait cultivés se changent en déserts insalubres ou en marais infects, et de leurs sillons, féconds autrefois, s'échappent la fièvre et la mort. Les fleuves, dont le génie de l'homme avait réglé le cours et réprimé les empiétements, abandonnés à eux-mêmes, inondent les plages que leurs eaux rendaient fertiles. Le travail dirigé et réglé par la foi civilise l'homme et la nature, et l'oisiveté rend l'un et l'autre barbares.

Le prophète s'écriait : *Qu'ils sont beaux, les pieds de celui qui évangélise la paix!* Et nous aussi nous pouvons dire : Qu'ils sont beaux, les bras de l'artisan qui, par son travail, perfectionne et embellit les œuvres de Dieu! Malheureusement, bien peu d'ouvriers comprennent la dignité de leur état et la valeur de leur travail. Bien peu savent donner à celui-ci un prix, en l'ennoblissant par une pensée sainte ou par un sentiment généreux. Il y a des hommes dont les bras seuls travaillent : ce sont les manœuvres. Il y en a qui s'élèvent plus haut, et dont les bras suivent la direction de l'esprit et travaillent à la lumière de la pensée. Ceux-ci font des œuvres et des objets d'arts ; ce sont des ouvriers ou des artisans. D'autres montent plus haut encore, et, ne se contentant plus d'exécuter les modèles qu'on leur présente, ils cherchent et trouvent dans leur esprit et dans leur cœur l'exemplaire des choses qu'ils doivent réaliser : ce sont les artistes.

Mais, au-dessus de tous ces hommes, il y a ceux qui placent leur travail sous l'influence d'une pensée chrétienne, l'acceptent comme une expiation et comme un moyen de manifester plus clairement en eux et dans la nature l'image de Dieu en la perfectionnant, et en se perfectionnant avec elle. Aux yeux des hommes, leur profession doit sembler quelque chose de grand et de sacré; elle doit leur apparaître comme une sorte de sacerdoce, et ce n'est pas en avoir une trop haute idée que de se la présenter ainsi, quand on sait l'ennoblir et la sanctifier par des motifs aussi élevés.

Dieu ne nous appelle-t-il pas dans les livres saints un sacerdoce royal ? C'est qu'en effet, il y a dans chacun de nous du prêtre et du roi, et il ne tient qu'à nous de dégager, par des intentions pures et par une vie sainte, ce double caractère que le baptême y a imprimé. Nous sommes vraiment rois lorsque nous savons commander à nos passions et gouverner les choses que Dieu a soumises à notre empire. Nous sommes prêtres lorsque nous offrons à Dieu notre vie comme un holocauste perpétuel.

Ouvriers, il ne tient qu'à vous d'être l'un et l'autre. Votre mission, comme je vous le disais plus haut, c'est de perfectionner la nature, de la transfigurer, de la glorifier par votre travail. Elevez donc vos pensées et vos cœurs, et suivez-moi à la hauteur où je veux vous conduire. Loin de moi la pensée d'égaler votre condition à celle du prêtre, qui n'a rien au-dessus de soi sur la terre que Dieu; loin de moi, bien plus encore, la pensée sacrilège d'égaler les transformations que votre travail fait subir à la nature, à celle que le prêtre accomplit tous les jours dans le sacrifice mystique de l'autel. Mais, puisqu'il est vrai que l'image de la Divinité se reflète jusque dans les objets matériels que transforme votre travail, pourquoi ne chercherais-je pas dans cette transformation un reflet de l'opération merveilleuse que le prêtre produit à l'autel ?

Ouvrez les yeux de la foi, et que tout en vous et hors de vous se transfigure à vos regards. Votre profession, c'est un sacerdoce; votre atelier, c'est un temple; votre établi, c'est un autel; ce que vous tenez à la main pour le façonner, ce n'est plus seulement un objet matériel, du fer, du bois, du cuivre ou de l'argent; mais c'est une créature de Dieu, une œuvre sortie de ses mains, et qui porte encore les vestiges de sa puissance, de sa sagesse et de son amour. C'est à vous de rendre plus sensible par votre travail cette empreinte. Prenez donc avec un saint respect en vos mains l'objet que votre travail doit transformer, levez les yeux vers le ciel pour y regarder la lumière qui doit vous éclairer, et le modèle éternel de cette beauté que vous voulez donner à votre œuvre; bénissez-la par la prière et l'action de grâces, et lorsque vous l'aurez achevée, ne craignez pas de la présenter aux hommes en leur disant : Ceci c'est ma pensée, c'est mon âme, c'est mon cœur; car j'y ai mis tout ce que Dieu a donné de force à mon corps, d'attention à mon esprit et d'inspiration à mon cœur. Ainsi sanctifié par la prière et par la foi, votre travail vous procurera non-seulement le pain qui fait vivre le corps ici-bas, mais encore la grâce qui nourrit l'âme et la fortifie. Il embellira et perfectionnera les œuvres du Créateur; il réjouira les anges et Dieu lui-même, et, après que vous aurez cherché en le faisant le règne de Dieu et sa justice, il vous procurera tout le reste par surcroît.

*Maison des apprentis de la ville de Nancy.*

### EXTRAIT DU RÈGLEMENT.

La surveillance de la maison est remise à un directeur.

Les détails de la surveillance sont confiés :

1° A un sous-directeur.

2° A ceux de nos enfants qui, ayant terminé leur apprentissage, ont mérité cette distinction par leur aptitude et leur bonne conduite ; ils deviennent surveillants.

3° A ceux des apprentis qui ont mérité d'être inscrits sur le tableau d'honneur.

Tout frère leur doit respect et obéissance dans l'exercice de leurs fonctions.

Toutes les fautes commises à leur égard seront passibles des réparations déterminées

par l'article IX du Règlement des réparations.

## FORMATION DU TRIBUNAL ET CODE DES RÉCOMPENSES.

1° Dans la famille des apprentis, un règlement indique à chacun ses devoirs; les infractions à ce règlement sont jugées par un tribunal composé d'apprentis, qui seul détermine l'étendue de la réparation.

2° Le conseil d'administration s'est réservé seulement l'appréciation des fautes non comprises dans le règlement.

3° Le nombre des juges est illimité. Tout apprenti qui, après trois mois de séjour dans la maison, obtient sans interruption quatre bonnes notes, est de droit membre du tribunal.

4° La bonne note est votée par tous les frères, à la majorité des deux tiers des voix, sur la proposition des maîtres; elle ne peut être demandée qu'en faveur de ceux qui ont rempli avec perfection tous leurs devoirs. On ne peut obtenir qu'une bonne note par semaine.

5° Tout apprenti qui aura commis une faute dans la semaine, comparaîtra le dimanche devant le tribunal; il devra exposer sa faute avec franchise, écouter les avis ou les reproches des membres de la commission, et accepter, s'il y a lieu, la réparation imposée.

6° Les membres du conseil qui président l'assemblée, requièrent, suivant qu'ils le jugent convenable, le maximum ou le minimum de la réparation; mais les juges seuls ont le droit de le déterminer.

7° Tout juge qui aura commis une faute contre le règlement, sera déchu de son rang, et quittera, séance tenante, le banc du tribunal.

8° Tout juge qui sera déchu de son rang, pourra y revenir s'il a mérité, pendant quatre semaines consécutives, quatre bonnes notes.

9° Si la faute commise par un juge est très-légère, ou n'est pas prévue par le règlement, la Famille sera consultée pour savoir si elle veut lui conserver son rang, Elle en décidera à la majorité des voix; mais dans ce cas, les juges ne prendront pas part aux votes.

10° Tout apprenti qui n'aura point eu de réparation à faire, et qui aura obtenu sans interruption douze bonnes notes, inscrira lui-même en séance publique son nom au tableau d'honneur et sera nommé sergent.

11° Tout sergent sera, de droit, sous la direction des maîtres, surveillant; il portera une médaille de bronze.

12° Tout apprenti qui aura obtenu, sans interruption, une bonne note par semaine pendant six mois, portera une médaille d'argent; il sera gratifié d'une somme de quinze francs qui sera déposée en son nom à la caisse d'épargne.

13° Tout apprenti inscrit au tableau d'honneur, qui par une faute en serait rayé, pourra y être réintégré par six bonnes notes consécutives, pourvu que cette série commence au dimanche suivant.

14° Tout apprenti qui sera privé de sorties pourra racheter chacune de ces sorties par quatre bonnes notes consécutives.

15° Tout apprenti qui, dans le cours de l'année, aura obtenu vingt-cinq bonnes notes, sera gratifié d'une somme de 5 fr., mise en son nom à la caisse d'épargne.

## FONCTIONS DU SOUS-DIRECTEUR.

1° Ses attributions dans la maison sont exclusivement morales; il doit veiller à l'accomplissement parfait du règlement, et à l'amélioration des enfants.

C'est par lui que les ouvriers-surveillants et les apprentis-sergents reçoivent les ordres qu'ils doivent faire exécuter. C'est à lui que doivent être remis les rapports; lui seul conjointement avec le directeur doit soumettre à l'appréciation des administrateurs les fautes commises par les apprentis.

Il inscrit ces fautes sur un journal où chaque enfant a un compte ouvert; il est chargé à la séance du dimanche d'en demander la réparation devant le tribunal.

Il tient un registre où sont inscrites les récompenses et les punitions des enfants et les raisons qui les ont motivées.

2° Il ne commandera que dans des circonstances rares; son action quoique toujours ferme et continue, doit être empreinte d'une grande bonté qui fasse comprendre aux apprentis qu'il veut leur bonheur.

Il s'appliquera surtout à user à leur égard du mode paternel qui doit présider à l'éducation des enfants en donnant des encouragements aux faibles, des reproches bienveillants aux insoumis, et des conseils prudents à ceux qui entrent dans l'âge de l'adolescence.

## FONCTIONS DES SURVEILLANTS.

1° Tous les mois, les surveillants de chaque division font connaître aux sergents le service particulier qui leur est attribué par le sous-directeur.

2° Ils reçoivent, chaque jour, les rapports des sergents, et les transmettent au sous-directeur.

3° Ils doivent encourager, par leurs paroles et par l'exemple, les sergents dans leur service, et leur indiquer les moyens propres à bien remplir leur devoir.

4° Ils président à tous les exercices, s'ils n'en sont dispensés.

5° Leurs relations avec les sergents devront toujours être bienveillantes, et ils ne devront jamais rien leur commander en dehors de leurs fonctions.

6° Ils ne devront infliger aucune punition de leur propre autorité.

7° Ils pourront commander aux exercices, mais ils devront, de préférence, les faire commander par les sergents.

## FONCTIONS DES APPRENTIS-SERGENTS.

1° Ils doivent faire observer le silence au dortoir, à la salle à manger, en classe, dans

les rangs, et en général partout, et dans tous les temps où il est prescrit.

2° Ils surveilleront la conduite des apprentis, soit à la maison, en toutes circonstances, soit dans le trajet de la maison aux ateliers.

Tout apprenti, qui aura obtenu la permission de se rendre à l'atelier isolément, devra en prévenir son sergent.

3° Ils commanderont tour à tour les exercices ; les sergents qui ne sont pas en fonctions de commandement, doivent se tenir alignés à trois pas en arrière du peloton, et derrière le peloton dont ils sont chargés.

4° Ils visiteront tous les jours quatre ou cinq hamacs, pour s'assurer s'ils sont tenus avec propreté.

5° Ils sont responsables de la propreté de toute la maison.

6° Ils s'assureront si les apprentis n'ont pas des vêtements déchirés, et leur feront marquer une faute, s'ils ne se mettent pas en mesure de les faire raccommoder.

7° Tous les jours ils se rendront au rapport, à l'heure indiquée, et signaleront au surveillant tout ce qu'ils auront remarqué, soit en bien, soit en mal.

8° Ils feront exécuter les réparations.

9° Dans les cas imprévus, ils prendront les ordres du surveillant, qui, lui-même, les aura reçus du directeur ou d'un des membres de la commission.

### CODE DES RÉPARATIONS.

Art. Iᵉʳ. Au lever, lorsque le signal est donné, l'apprenti doit en silence descendre de son lit, s'habiller au commandement, avec décence et célérité, et faire en sorte de n'être jamais le dernier.

Quiconque ne sera pas debout, au premier commandement, sera condamné, pour réparation, à être servi le dernier à table ; car, si celui qui ne se lève pas pour travailler, ne doit pas manger, le dernier levé pour le travail doit être servi le dernier ; cette réparation peut durer de huit à quinze jours.

Art. II. Lorsque tous sont levés, on se met en rang pour aller au lavoir ; au retour, chaque apprenti doit se peigner, mettre en ordre son hamac, sa case et ses effets ; ces opérations ne peuvent qu'être agréables à tous, puisque la propreté est nécessaire à la santé.

Quiconque ne sera pas lavé et peigné sera condamné, pour chaque délit, à se laver ou se peigner deux fois par jour, pendant huit jours au moins.

Tout apprenti qui aura été condamné à cette réparation sera tenu, chaque fois, de se présenter à l'inspection du sergent de propreté.

Quiconque n'aura pas tenu propre son hamac, sa case ou ses vêtements, sera condamné à tenir propres tous les effets d'un ou de plusieurs de ses frères plus jeunes que lui, pendant huit jours au moins.

Art. III. La toilette terminée, on se rend à la prière, et l'on demande à Dieu de bénir les travaux de la journée. Après la prière,

qui se dit à haute voix, l'apprenti bien inspiré doit ajouter mentalement et avec ferveur : *Mon Dieu, faites-moi la grâce de ne tomber dans aucune faute, et de rendre quelques services à mes frères.*

Quiconque se sera mal conduit pendant la prière devra, trois fois au moins, avant la prière, dire à haute et intelligible voix : *Je vous demande pardon du mauvais exemple que je vous ai donné.*

Art. IV. Lorsque le déjeuner est distribué, l'apprenti doit courir à son rang, sans s'inquiéter de ses camarades, prendre sa place habituelle, et y rester immobile jusqu'au commandement, n'oubliant pas que le dernier arrivé peut être marqué d'un mauvais point. Au signal donné, les apprentis partent pour les ateliers. Cette marche doit se faire au pas accéléré, militairement, et en observant de bien garder les rangs.

Quiconque aura rompu les rangs sera condamné à marcher seul derrière ses camarades, pendant huit jours.

Quiconque aura crié ou parlé trop haut dans les rues sera condamné à une heure de silence, pendant la récréation du dimanche.

Art. V. Arrivé dans son atelier, l'apprenti exécutera les ordres de son maître, sans observations, sans murmures, et avec le courage d'un bon apprenti, qui doit avoir l'ambition de devenir un ouvrier laborieux et distingué. Il se rappellera que personne n'est dispensé de l'obéissance. Dans l'état militaire, le soldat obéit à l'officier, l'officier au général, le général au ministre, le ministre au chef de l'État, le chef de l'État obéit à la loi, à ses devoirs, à sa conscience, à Dieu. L'apprenti se souviendra que celui qui n'a pas appris à obéir ne saura jamais commander.

Quiconque aura désobéi à ses chefs sera condamné à leur demander pardon, devant tous ceux qui auront connu sa faute, et puis il devra leur demander chaque jour, pendant un temps déterminé (de huit jours à un mois), s'ils sont contents de lui.

Art. VI. Tout apprenti qui aurait refusé d'obéir à un sergent ou un surveillant dans son service sera obligé de lui obéir (trois ou quatre fois) dans des choses plus difficiles : comme se lever avant l'heure, se relever quand il vient de se coucher, etc.

Art. VII. Lorsque l'heure de midi aura sonné, chaque apprenti se tiendra prêt ; il attendra que ses frères plus éloignés viennent le prendre ; il se joindra à eux selon son rang, et tous devront rentrer à la maison dans le même moment et à la même minute.

Quiconque aura, par sa faute, manqué à cette règle sera privé d'une sortie.

Art. VIII. A midi un quart, le dîner. Ce repas, comme tous les autres, doit se faire sans murmure ; la qualité des aliments est toujours bonne, et si, par accident, elle laissait à désirer, un apprenti a le courage de ne pas l'exprimer ; il fait des efforts pour trouver bon ce qui lui est servi, en pensant

que beaucoup d'ouvriers n'ont pas toujours le nécessaire:

**Art. IX.** Après le dîner, une demi-heure de récréation. Pendant la récréation, il est spécialement recommandé aux apprentis de ne pas s'adresser des paroles grossières, de ne pas se disputer, de ne pas s'injurier, de ne pas se frapper, et de ne pas s'appeler autrement que par leurs noms propres; car les sobriquets blessent toujours ceux qui en sont l'objet; ils provoquent les réponses irritantes, et engendrent les querelles et les disputes.

1° Lorsque deux apprentis se seront querellés, ils devront s'embrasser, et devenir camarades de route et compagnons de jeu pendant toute la semaine.

2° Quiconque aura frappé un de ses frères devra lui demander pardon publiquement, et le prier de vouloir bien l'accepter pour camarade de route et de jeu pendant huit ou quinze jours.

Quiconque aura donné des sobriquets offensants à un de ses frères devra réparer sa faute en disant publiquement les paroles suivantes : *Mes amis, j'avais voulu rendre ridicule mon frère, et moi seul j'ai été ridicule.*

**Art. X.** A huit heures du soir, les apprentis se rendent en ordre à la classe d'adultes. Cette classe doit être pour les apprentis une cause de reconnaissance envers leurs maîtres. L'instruction est nécessaire à l'ouvrier qui veut acquérir quelque distinction dans sa profession; honte à l'apprenti qui n'aura pas profité de cet enseignement; il en sera un jour malheureux, mais ses regrets viendront trop tard.

1re *réparation.* — Tout apprenti qui sera paresseux pendant une heure, sera condamné à une ou plusieurs heures de travail, prises sur son sommeil.

2e *réparation.* — Tout apprenti qui aura causé d'une manière notoire, sera condamné à deux heures de silence pendant la récréation.

3e *réparation.* — Tout apprenti qui aura manqué de respect à un de ses maîtres, sera considéré comme déshonorant la maison des apprentis, et sera condamné : 1° à faire des excuses publiques à son maître ; 2° à être privé de l'honneur de manger avec ses camarades, pendant au moins quatre jours ; et ensuite, pendant huit jours, il demandera à son maître, après chaque classe, s'il a été content de lui.

**Art. XI.** Tout apprenti qui ne sera pas rentré le soir pour aller en classe sera obligé de travailler à la maison jusqu'à dix heures et demie. Cependant, s'il prouve qu'il a été retenu par son patron, il pourra se coucher avec ses camarades. (Les membres de la commission se réservent à eux seuls de permettre à un apprenti qui n'est pas malade de se coucher avant l'heure.)

**Art. XII.** A dix heures on récite la prière du soir ; puis chaque apprenti se couche en silence et s'endort sous la protection divine, parce que Dieu bénit toujours celui qui a bien employé sa journée. Le silence de la nuit doit être sacré ; quiconque y aurait manqué serait condamné à une heure de silence pendant la récréation du dimanche ; en cas de récidive dans le mois, il sera considéré comme troublant le repos de ses camarades, et sera condamné à une heure de travail prise sur son sommeil.

**Art. XIII.** Tout apprenti qui aura commis une faute quelconque, devra, avant la fin du jour, et sur la réquisition de ses chefs, l'inscrire sur le tableau à ce destiné. Le directeur de la maison doit en outre tenir une note détaillée de toutes les fautes commises par les apprentis.

**Art. XIV.** Tout apprenti qui sera sorti de la maison sans permission (la maison reste toujours ouverte pendant le jour), sera condamné à une journée au moins d'isolement dans une salle de l'établissement.

**Art. XV.** Tout apprenti qui aura abusé de la permission de sortir en ne rentrant pas à l'heure (sept heures en hiver, huit heures en été) sera privé d'une sortie.

**Art. XVI.** Tout apprenti qui sera sorti, devra faire constater sa rentrée par le chef de sa section, ou par son suppléant, sous peine d'être considéré comme ayant une heure de retard.

**Art. XVII.** Tout apprenti qui ne sera pas rentré à huit heures et demie, heure du coucher en hiver, à neuf heures en été, sera privé de trois à six mois de sortie, selon les circonstances.

**Art. XVIII.** Tout apprenti qui aura découché sera privé d'un an de sortie ; sans préjudice de l'article XII du Code des réparations.

**Art. XIX.** Tout apprenti qui sera sorti de la Maison malgré la défense de ses maîtres, sera privé trois fois de la sortie mensuelle accordée à la bonne conduite, et sera ensuite condamné au moins à deux jours d'isolement.

**Art. XX.** Chaque semaine il sera remis à chaque apprenti un bulletin, renfermant les questions suivantes :

L'apprenti (N) est-il exact à se rendre à l'atelier?

Est-il laborieux?

Fait-il preuve de bonne volonté?

Se montre-t-il obéissant ?

Est-il poli ?

Ne parle-t-il pas plus qu'il ne convient ?

Est-il soigneux dans sa tenue ?

Faits particuliers qui ont signalé sa conduite soit en bien soit en mal :

Ce bulletin devra être rempli et signé par le chef d'atelier, le samedi soir, et remis le même jour au directeur de la maison.

**Art. XXI.** Tout apprenti devra remettre, dans les vingt-quatre heures, entre les mains du directeur de la maison, tout l'argent qui pourra lui provenir, et ce sous peine d'une amende égale à la moitié de la somme conservée.

**Art. XXII.** Tout apprenti qui aura dépensé de l'argent sans permission sera pas-

sible d'une amende égale à la somme dépensée.

ART. XXIII. Les amendes encourues par un apprenti seront prises sur son livret de la caisse d'épargne, et seront portées par lui-même à une famille malheureuse qui lui sera désignée.

ART. XXIV. Tout apprenti qui habituellement se montrera boudeur, lorsqu'on lui donnera des avis ou qu'on lui adressera des observations, sera séparé de ses camarades à table, au dortoir et dans les jeux ; il n'en sera pas moins l'objet d'une surveillance particulière, mais les surveillants ne lui parleront pas qu'il ne soit amendé.

S'il persiste pendant huit jours, ses camarades recevront l'ordre de ne plus lui parler.

ART. XXV. Tout apprenti qui se montrera habituellement taquin avec ses camarades, sera condamné à ne plus jouer avec eux, pendant trois jours au moins et huit jours au plus ; en cas de récidive dans le courant du mois, la réparation durera quinze jours, puis trois semaines : ainsi de suite.

ART. XXVI. Tout apprenti qui aura commis un acte d'ivrognerie ne pourra pendant huit jours prendre ses repas dans la salle commune avec ses frères qu'il déshonore par sa conduite ; son indignité sera proclamée publiquement à la séance d'examen. Il sera privé de la sortie mensuelle trois fois de suite, et six fois en cas de récidive. S'il retombait une troisième fois dans cette faute, il serait privé de sortie pendant toute la durée de son apprentissage.

## L'ARCHITECTURE CHRÉTIENNE.

DEPUIS LE PREMIER SIÈCLE DE NOTRE ÈRE JUSQU'A L'ÉPOQUE DITE DE LA RENAISSANCE.

L'architecture, dit M. l'abbé Jouve, est l'expression la plus vraie, la plus sensible des sociétés humaines. C'est sur ses pages de pierre que sont tracées, en caractères ineffaçables, les croyances, les mœurs, la gloire et la décadence des peuples divers. Témoin fidèle des révolutions des empires, elle raconte aux générations qui se succèdent l'histoire des générations passées. Moins accessible que la peinture et le manuscrit, aux injures du temps, elle conserve intact, à travers les siècles, le souvenir d'événements, qui, sans elle, seraient restés ensevelis dans un éternel oubli. On ne saurait donc porter trop de respect aux monuments publics, surtout quand il s'agit de ceux qui furent érigés par le christianisme. Il est, on le sait, le véritable point de départ des sociétés modernes. Personne, en effet, n'ignore aujourd'hui l'immense influence de ce nouveau principe de civilisation. Telle est la transformation qu'il a opérée dans les arts, la littérature, la politique et la philosophie des nations européennes, que leur histoire, sous quelque rapport qu'on la considère, se rattache nécessairement à celle de la religion, qui les prit au berceau de la barbarie et les éleva peu à peu de l'état d'enfance à l'âge de la

virilité. Quel plus riche thème fut jamais offert à la plume de l'écrivain ou à l'éloquence de l'orateur, que l'action admirable de ce principe, qui domine toute notre histoire ! Cette donnée nous a valu un des plus beaux livres des temps modernes, le *Génie du Christianisme*. Elle est devenue nécessaire à tout homme qui veut écrire avec intelligence sur ces temps qu'on a commencé bien tard à explorer. Elle l'est surtout pour quiconque s'occupe de la philosophie de l'art. Les anciens avaient dit avec raison : *A Jove principium*. Suivons ce principe dans nos théories. Ne le perdons jamais de vue. Avant de parler de l'art chrétien, il faut nécessairement s'occuper du principe chrétien qui l'inspire et le domine. *A Christo principium*, tout est là. Convaincu de cette vérité, trop souvent oubliée, je m'occupe depuis quelque temps d'un travail fondamental sur cette question capitale. Il s'agit de l'incarnation du Verbe, considérée comme principe *générateur* et *régulateur* de l'art chrétien. Je considère cette question comme le préambule obligé de toutes celles qui peuvent être traitées touchant l'architecture, la peinture, la sculpture et la musique de nos églises. Tant qu'on ne partira point de ce *principe générateur*, on parlera dans le vide, et à chaque instant on fera fausse route. Aussi étais-je décidé à ne plus écrire un mot sur l'architecture chrétienne, avant d'avoir traité cette question préalable, que je regarde comme l'entrée, le vestibule de ce splendide édifice qu'on appelle art chrétien. Mais j'ai dû céder à des instances aussi vives que réitérées, qui me sont venues des sources les plus honorables. C'est ce qui m'a mis dans le cas de publier cette esquisse sur l'architecture, en attendant que de nouvelles études et de nouvelles observations, faites sur les lieux, me permettent de donner plus de développement à cette partie importante de l'art. J'obvierai du reste à l'inconvénient que je viens de signaler, soit en me livrant de temps à autre à quelques courtes digressions d'esthétique, soit en fondant dans le texte les considérations de ce genre, auxquelles il pourra se prêter.

Mais avant de parler de l'architecture chrétienne, il sera bon de jeter un coup d'œil rapide sur toutes celles qui l'ont précédée.

D'abord, les rives du Gange et celles du Nil nous révèlent la plus ancienne architecture connue, dans ces immenses excavations souterraines, qui, comme à Bahar, à Ellora, à Éléphantis, et non loin de l'antique Thèbes, offrirent aux vivants un abri contre les rigueurs d'un soleil de feu, et aux morts des sépulcres aussi solides que les rocs dans la profondeur desquels ils avaient été taillés. Plus tard, nous verrons ces peuples, à mesure qu'ils se répandent dans la plaine, occupés à élever sur la surface de la terre ces temples, ces sépulcres recelés jadis dans ses flancs. Les tours pyramidales de granit, sur le plateau du Dekan et dans les monts Ga-

thes, d'une part; et de l'autre, les célèbres pyramides de Chéops, de Chéphrem et de Mycerinus attestent cette transformation importante dans l'art et les mœurs de ces deux nations. D'un autre côté, la Tartarie nous présente d'abord ses tentes en peaux de bêtes, ensuite ses maisons, ses édifices en terre cuite, en faïence, en porcelaine, indice certain d'un nouveau genre de vie chez ce peuple devenu sédentaire d'errant qu'il était.

Bien des siècles doivent s'écouler avant que nos voyageurs européens découvrent dans plusieurs des forêts du Nouveau-Monde une analogie frappante entre leurs immenses ruines, leurs inscriptions et celles des monuments indiens ou tartares, nouvelle preuve de ce grand fait d'une communauté d'origine parmi tous les habitants du globe, que l'incrédulité moderne avait essayé de nier.

Non loin de l'Egypte, dans l'antique Idumée, aujourd'hui Arabie Pétrée, nous admirons ces temples, ces palais étagés en galerie dans les flancs des montagnes, dont les ruines imposantes sont encore là pour attester l'accomplissement des prophéties. Ecoutons Jérémie (c. 29). *L'orgueil de votre cœur vous a séduit*, dit-il aux Iduméens, descendants d'Esaü, *vous qui habitez dans le creux des rochers et qui tâchez de monter jusqu'au sommet des monts. Quand vous auriez élevé votre nid aussi haut que l'aigle, je ne vous en arracherai pas moins.* Ce sont, en effet, dit M. de Laborde, qui a visité cette contrée, des étages de marbre ou de granit superposés à plusieurs rangs de colonnes, dont la physionomie gigantesque étonne l'œil par son caractère d'audace et de fierté. Les magnifiques ruines de Palmyre, les pylônes et les propylées de l'Egypte, s'effacent, malgré leur renom, devant un tel aspect.

La Grèce nous montre d'abord les ruines cyclopéennes de ses édifices pélasgiques, monuments d'une époque et d'une école bien différentes de celle de Périclès, et qui offrent dans leur style et leur caractère une ressemblance frappante avec les constructions étrusques, érigées vers le même temps. Mais l'art pélasgique nous a laissé de testes bien autrement importants de son existence dans ces fameuses statues d'Egine, qui, d'abord devenues la propriété de lord Eglinton, furent transportées dans la capitale de la Bavière. Ceux qui ont étudié ces statues avouent y avoir découvert le cachet d'une beauté mâle et d'un faire qui n'ont rien de commun avec la plastique des Hellènes, successeurs des Pélasges. Cette seconde période architecturale de la Grèce, nous montre d'abord l'ordre dorique, dont les membres principaux furent empruntés à la cabane de bois, son type primitif, type sévère qui indique les mœurs austères qui président toujours au berceau des nations. A mesure que ces mœurs deviendront plus polies et plus corrompues, la molle Ionie nous présentera sa volute élégante et gracieusement recourbée, et Corinthe étalera

son riche chapiteau sculpté en feuilles d'acanthe. L'Acropolis, la Parthénon, le temple de Thésée, et tant d'autres admirables monuments, se dessineront avec leurs lignes si pures sous un ciel plus pur encore, et révéleront aux générations futures ce goût exquis pour la beauté de la forme, que la nature avait si libéralement départi aux enfants de la Grèce.

Les Romains font la conquête de ce pays célèbre. L'art grec survit à leur victoire; mais ce peuple de géant l'élève à la hauteur de sa taille et l'adapte à la largeur de son horizon. Il lui imprime ce cachet de solidité et de grandeur qu'il imprimait à toutes ses œuvres. Il le façonne, le développe, le transforme à sa manière dans l'érection de ses temples, de ses bains, de ses aqueducs, de ses arcs triomphaux qu'il répand avec une profusion incroyable sur la vaste surface de son empire. Qui de nous n'en a pas admiré la majesté, la hardiesse et l'indestructible solidité? Un élément nouveau, sinon dans sa découverte, du moins dans son application systématique et universelle, la voûte, devient le caractère distinctif de l'architecture romaine. Plus tard, l'architecture chrétienne s'en emparera pour l'approprier merveilleusement à la structure de ses temples, en leur communiquant, par la suppression de l'architrave, cette physionomie originale qui les distingue de tous les autres édifices.

Nous ne pouvons terminer ces quelques lignes, consacrées à l'art des Romains, sans citer au moins les merveilles architecturales de Palmyre, auxquelles ils eurent autant de part que la reine Zénobie, et les ruines magnifiques du temple que les Antonin érigèrent en l'honneur du soleil, dans la ville de Balbeck.

*Architecture chrétienne.*

Passons maintenant à l'architecture chrétienne, qui va nous occuper entièrement. Son histoire est renfermée dans deux divisions principales que je désirerais bien voir adoptées, d'abord à cause de leur grande simplicité, ensuite à cause de la facilité avec laquelle elles expliquent toutes les phases diverses que l'art a subies. La première de ces divisions est celle de la *voûte cintrée*, plus ou moins demi-circulaire; la seconde est celle de la *voûte ogivale*, plus ou moins aiguë, selon les époques. Dans la première nous comprendrons l'architecture chrétienne, 1° dès sa naissance, dans les catacombes; 2° dans les grandes basiliques, construites principalement à Rome par l'empereur Constantin; 3° dans les églises de la période byzantine, qui en renferme elle-même trois bien distinctes, auxquelles on peut rattacher ce qui regarde les styles lombard et carlovingien. Dans la seconde de ces deux grandes divisions, nous comprendrons l'architecture ogivale, avec ses trois phases successives et bien marquées de genre sévère, de genre fleuri et de renaissance. Là s'arrêtent nos deux divisions

principales, au moins pour la France. En effet, la plupart des constructions ou des restaurations d'églises, qui ont eu lieu depuis, dans ce dernier pays, n'offrent que le mélange informe de toute espèce de styles appliqués sans discernement, sans intention liturgique , à des édifices chrétiens. On pourrait appliquer à ce genre, si c'en est un, ce vers de Virgile :

*Monstrum horrendum, informe , ingens cui lumen*
[*ademptum* (1).

Vous chercheriez vainement en effet la lumière, le feu de l'inspiration chrétienne dans ces édifices bâtards, composés, d'éléments hétérogènes entr'eux. Vous n'y remarquerez pas davantage cette pureté, cette harmonie des lignes, ce que je ne sais quoi de noble et de gracieux que nous admirons dans les monuments de la Grèce. Ce sont des pierres bien ou mal ajustées d'après les règles classiques de Vitruve et de Vignole, sans autre prétention que de présenter à nos regards un corps de bâtisse plus ou moins régulier. Bien entendu qu'en critiquant cette maçonnerie prosaïque, de *terre à terre*, je fais une large exception en faveur des artistes qui, à l'exemple du célèbre Palladio, ont su, à force d'intelligence et de goût, nous rendre supportable, et plus d'une fois même intéressant, l'emploi du style antique dans l'édification des temples chrétiens.

On vient de le voir, l'histoire de leur architecture peut se rattacher, dans ses transformations diverses, à ces deux grandes divisions de l'arc cintré plus ou moins demi-circulaire, et de l'arc ogival plus ou moins aigü. C'est ce qui ressortira d'ailleurs de l'ensemble de mon travail.

Je dois, avant toute chose, faire observer que ces deux divisions principales n'ont une application générale que pour la France, la Belgique et l'Allemagne en partie. Elles n'ont qu'une application imparfaite, et susceptible de restrictions plus ou moins importantes, pour les églises d'Angleterre, d'Espagne, et surtout de l'Italie. Dans les provinces du milieu et du sud de ce dernier pays, le style qui a presque exclusivement régné jusqu'à nos jours, c'est celui des Byzantins, avec les modifications que nous verrons plus tard. Dans ses provinces du nord, au contraire, on compte un assez bon nombre de belles églises gothiques dues à l'influence de l'Allemagne, nation limitrophe, dont les souverains étendirent, jadis comme aujourd'hui, leur sceptre sur cette partie de l'Italie. Le royaume de Naples se ressent lui-même sous ce rapport, quoiqu'à un bien moindre degré, de la domination des Trancrède et des Guiscard, et ses rares églises gothiques ne sont pas les seuls vestiges qui sont restés de la civilisation normande dans ce beau pays. Les observations qui précèdent et plusieurs autres considérations rendront nécessaire un appendice particulier sur les églises d'Italie.

Je reprends mes deux grandes divisions de la voûte cintrée et de la voûte ogivale, et, comme je l'ai déjà annoncé, je trouve mon point de départ dans les catacombes.

### Origine de l'architecture chrétienne dans les catacombes romaines.

C'est dans ces immenses souterrains, qui servirent à la fois de demeure , de temples et de tombeaux aux premiers fidèles, qu'il faut aller chercher les éléments primitifs de leur architecture sacrée. C'est là aussi qu'on trouve les motifs les plus anciens de ces types hiératiques, symboliques, qui jouèrent ensuite un si grand rôle dans la sculpture et la peinture appliquées à nos édifices religieux.

Pour ne parler ici que de l'architecture proprement dite, qui nous occupe actuellement, il est curieux et intéressant d'en découvrir le berceau dans ces *cubiculis* ou chambres particulières que les premiers chrétiens avaient ménagés, de distance en distance , dans ces excavations, pour s'y soustraire aux recherches de leurs persécuteurs. Dans ces chambres, premier sanctuaire où se célébra l'auguste sacrifice, on voyait d'abord un autel formé des reliques de quelques saints confesseurs de la foi, et appelé, à cause de cela, *confession*, nom qui est resté pour désigner le maître-autel des basiliques chrétiennes et de celle de Rome en particulier. De là vint cette règle, toujours observée dans l'Eglise, de célébrer les saints mystères sur les ossements des martyrs. De là vint aussi cette autre désignation de *tombeau*, également appliquée à l'autel principal. Or, on a trouvé beaucoup de ces *confessions*, de ces *tombeaux-autels*, dans les petites chambres des catacombes. Voilà donc la partie culminante du temple chrétien, le maître-autel, *altare majus*, fixée dès ces temps reculés, où l'Eglise, semblable au grain de sénevé de l'Evangile, était réduite à cacher ses mystères dans les entrailles de la terre, dont elle devait plus tard couvrir la surface de ses superbes basiliques, éternel objet d'admiration.

La plupart de ces petites chambres avaient des voûtes cintrées (circonstance digne de remarque). Cette voûte, demi-circulaire, reposait ordinairement sur deux colonnes taillées à l'entrée de la chapelle, avec des tombeaux creusés dans chacun des trois côtés, et dont celui du milieu était probablement le principal, où l'on célébrait le plus souvent les saints mystères. Néanmoins, dans un grand nombre il n'y avait qu'un seul tombeau, qui était l'autel creusé au fond. Ce tombeau, recouvert d'une large dalle carrée, était surmonté d'une voûte en forme d'axe, ce qui a fait donner à ces tombeaux le nom de *monumentum arcuatum* (1).

(1) *Enéide*, liv. III.

(1) Voir, pour l'intelligence de ce qui concerne les catacombes, le bel ouvrage, avec gravures, d'Aringhi, intitulé *Roma subterranea*, et les chapitres ?

Je connais plusieurs centres d'absides d'églises actuellement existantes qui présentent la même forme. A la paroi faisant face à l'entrée était fixé le siége épiscopal ou papal. Dans les chapelles un peu plus grandes régnaient souvent deux ou trois rangs de sépulcres disposés en nombre égal le long de chaque paroi. Enfin, ces chambres ou chapelles étaient quelquefois soutenues, aux quatre angles, par quatre colonnes ornées, ainsi que la voûte, de pampres de vigne et de bas-reliefs, que rappelle particulièrement aujourd'hui l'ornementation des baldaquins de Saint-Pierre et de Sainte-Marie-Majeure, à Rome. Ainsi, voilà déjà bien des rapprochements curieux entre la disposition intérieure de ces premiers sanctuaires chrétiens et celle des églises construites après la persécution. Nous voyons dans les premières, comme dans les secondes, outre le maître-autel, l'abside demi-circulaire avec le siége de l'évêque au fond, les parois de cette abside ornées de pampres de vigne et de bas-reliefs. Nous remarquons aussi le long des parois latérales ces deux rangées de tombeaux qui aboutissent à l'entrée du *cubiculi*, et qui figurent, quoique imparfaitement, nos chapelles latérales avec leurs tombeaux. Enfin, dans certaines de ces petites chapelles, on a remarqué devant le tombeau d'un martyr une dalle de marbre percée à jour et posée verticalement en forme de grille. Cette dalle, ainsi percillée et disposée, aurait eu pour objet de garantir les restes sacrés du martyr des atteintes du zèle irréfléchi des fidèles, et aurait été le premier modèle de ces balustrades ou placées depuis comme barrières en avant du sanctuaire. Mais là ne se bornent pas les rapports intéressants qui existent entre nos églises et les *cubicula*. Non loin de ces petits édifices on a découvert plus d'une fois des citernes, des fontaines, dont la disposition a fait croire à de savants antiquaires que ce pouvaient bien être les baptistères *primitifs*. Ainsi, près du tombeau des martyrs se serait trouvée la fontaine sacrée qui donne la vie de l'âme; et les deux extrêmes de la vie matérielle et de la vie surnaturelle se seraient donné rendez-vous dans ces grottes profondes, premier berceau des chrétiens!

Il est un autre rapprochement qu'il ne faut pas entièrement passer *sous silence*, quoiqu'il ne se rapporte pas directement à mon sujet : je veux parler des peintures nombreuses recueillies dans les catacombes, et transportées ensuite, par ordre des Souverains Pontifes, avec tous les autres débris qu'on a pu retrouver, dans une des grandes galeries du Vatican. Ces peintures, du plus haut intérêt, nous offrent plusieurs de ces types primitifs qui devaient être invariablement reproduits par nos artistes chrétiens : ce sont les quatre animaux symboliques qui se désaltèrent à une fontaine d'eau vive, naïve figure de la régénération baptismale;

et 3 du *Tableau des catacombes*, par M. Raoul Rochette, opuscule plein d'intérêt.

ce sont les trois enfants dans la fournaise, Jonas englouti par le monstre marin, Daniel dans la fosse aux lions, le Christ au milieu des apôtres, ayant sa mère à ses côtés; c'est surtout l'image favorite du Bon Pasteur, si familière aux pieux et naïfs artistes de ces temps reculés. Une chose digne de remarque, c'est que l'on ne voit pas dans ces peintures un seul sujet triste ou déchirant, tel que la crucifixion du Sauveur ou les supplices des martyrs. Ce ne fut qu'au VIIe siècle qu'on commença à traiter ces sortes de sujets (1). Nous aurons occasion de revenir sur cette observation importante.

J'ai pu moi-même, après avoir parcouru les catacombes, maintenant dépouillées de leurs monuments, considérer au Vatican les peintures, les inscriptions innombrables qu'on en a tirées. Elles couvrent entièrement les parois latérales du grand vestibule qui conduit aux diverses galeries consacrées aux statues antiques, parmi lesquelles on distingue le fameux groupe de Laocoon et l'Apollon du Belvédère. Quoique ces peintures et ces inscriptions, qui ornent les plaques des tombeaux des martyrs, accusent l'enfance de l'art chrétien, elles ne sont pas moins précieuses aux yeux de l'antiquaire religieux et éclairé. Il les considère comme le point de départ de l'art nouveau, qui devait puiser aux sources de l'inspiration chrétienne tant d'admirables chefs-d'œuvre. Que de pensées diverses viennent vous assaillir, quand vous vous promenez dans cet immense vestibule, au milieu de ces monuments des trois premiers siècles de persécution, en face des statues de marbre des dieux du paganisme, opposées à celles des chrétiens, dans la même ville où jadis elles se faisaient la guerre! Mais de ces dieux, de ces héros des Romains, il ne reste plus qu'un marbre glacé, tandis que les descendants de ces martyrs qu'ils poursuivaient dans leurs arènes foulent aux pieds leurs ossements et leurs vains simulacres, et étendent sur l'univers entier leur bienfaisant et pacifique empire. Dieu les a tirés de la poussière, pour les faire asseoir sur le trône de leurs persécuteurs, et de ceux-ci il ne reste pas même quelques parcelles de cendres immenses, sur lesquelles le successeur de Pierre a fixé sa demeure à côté du temple auguste qui porte le nom du prince des apôtres.

## ARCHIVES DE L'UNIVERSITÉ DE PARIS.

On nomme archives les anciens titres et papiers contenant les droits et us et coutumes de l'Université. Sous ce titre nous parlerons des archives de l'Université de Paris.

*Notice et extrait des Archives de l'Université de Paris.* — L'Université de Paris, pendant le cours de sa longue existence, ne posséda que très-tardivement un établissement propre, un siége réellement central, et son organisation manqua toujours d'une véritable

(1) En vertu du canon du concile Quinisexte, tenu à Constantinople en 692.

unité. Le lieu de ses réunions et le dépôt de son matériel subirent de nombreux déplacements. Les facultés, nomades elles-mêmes, formèrent plutôt des émanations séparées et rivales que les membres d'un même corps. Ces considérations expliquent assez les vicissitudes qu'éprouvèrent ses multiples archives.

En 1327, les titres originaux des priviléges de l'Université se trouvaient disséminés en plusieurs mains. L'official de Paris, sur la demande du recteur, employa la menace de l'excommunication pour les faire réintégrer à la faculté des arts. Instruite par cette expérience, la nation de Picardie fit rédiger, en 1329, une collection de es statuts (1). En 1357, à la suite d'un différend entre l'abbé de Sainte-Geneviève et l'Université, les archives du corps furent enlevées à ce prélat, qui en avait précédemment la garde, et déposées au collége de Navarre (2), où elles furent conservées pendant plusieurs siècles. En 1557, des mesures furent prescrites pour faire rentrer au sein de ce dépôt diverses pièces détenues par des particuliers, et le greffier Laffilé (3) procéda à une sorte de récolement, dont les traces subsistent encore sur les registres. La réforme de 1598 pourvut, à l'aide de dispositions spéciales, à la tenue plus régulière des archives, et notamment à la conservation des titres des colléges (4). Cependant, d'après le témoignage de Crevier, les gardes préposés à la conservation de ce genre de richesses n'en prirent pas tout le soin dont elles étaient dignes (5). Du temps de Du Boulay, l'ancien sceau de la faculté des arts, égaré depuis longtemps, se retrouva en 1661 dans une vente publique, où il fut acquis par un amateur (6). L'abbé Lebeuf, vers 1754, à la suite de sa dissertation sur le Lendit, s'exprimait ainsi : « J'aurois peut-être été en état de charger ce mémoire de plusieurs autres traits curieux concernant l'Université, s'il étoit resté d'anciens enseignements dans les archives de ce corps célèbre; mais j'ai ouï dire à feu M. Pourchot, alors syndic, à qui je m'étois adressé pour avoir des éclaircissements sur différentes matières, que, quelques temps après que Du Boulay eut fait imprimer les six volumes de l'histoire de cette Université, c'est-à-dire vers l'an 1660, *on jetta au feu tous les parchemins et papiers dont il s'était servi pour la*

composition *de son ouvrage, comme étant devenus inutiles* (1). » Cette assertion fut ensuite répétée par divers auteurs, et notamment par le savant Hazon (2). Il est absolument impossible cependant de l'admettre comme avérée : tout porte à croire que les archives ne furent aucunement brûlées, mais que le propos de Pourchot vis-à-vis de Lebeuf n'était qu'une défaite propre à éconduire le docte investigateur. Ce qu'il y a de constant, c'est que nous possédons encore non-seulement une portion notable des documents originaux imprimés par Du Boulay, mais même un certain nombre d'autres pièces, qu'il a omises ou qu'il s'est abstenu volontairement de publier. Un autre fait certain, c'est que les archives de l'Université, depuis Du Boulay, ne furent conservées, en effet, qu'avec une grande négligence. Ainsi le prouvent et le témoignage de Crevier, que nous venons d'alléguer, et, mieux encore, un récolement du dix-huitième siècle sur un inventaire antérieur, qui constate de l'un à l'autre de nombreux déficits. La Révolution française fut aussi vraisemblablement l'occasion de nouvelles pertes et surtout d'une dispersion fâcheuse pour ces archives. La loi du 7 messidor an II, en ordonnant de réunir au dépôt général des archives les titres des corporations supprimées, commandait d'en distraire, pour les placer dans les *bibliothèques*, les volumes et même les chartes qui intéressaient l'histoire ou l'instruction publique. Les bibliothèques Impériale, Mazarine, de l'Arsenal, Sainte-Geneviève et de la Sorbonne paraissent avoir reçu par cette voie un certain nombre de documents qui constituent de véritables parties, ainsi malheureusement divisées, des anciennes archives de l'Université. D'autres parties tombèrent entre les mains de particuliers, et furent livrées à la circulation commerciale (3). Lorsqu'après la chute de l'empire eut lieu la restauration de la monarchie, l'ordonnance royale du 15 août 1815 donna pour secrétaire à la commission d'instruction publique, avec le titre de *conservateur des archives*, le chevalier de Langeac, ancien chef du secrétariat de l'Université impériale. L'un des premiers soins de ce fonctionnaire fut de solliciter la réunion à son bureau des archives de l'ancienne Université. Conformément à cette demande, et sur une décision du ministre de l'intérieur, en date du 25 octobre 1819, M. De la Rue, garde général des archives du royaume, re-

(1) BULÆUS, *Hist. Universitatis Parisiensis*, IV, 210-211 et 222.

(2) Ibid., 534-536.

(3) Deux frères de ce nom, Guillaume et Simon Laffilé, se succédèrent comme scribes de l'Université, l'un de 1551 à 1556, et l'autre de 1556 à 1588.

(4) *Passim*, et *Appendix*, art. XXIII.

(5) *Hist. de l'Univ.*, VI, 65.

(6) Le recteur et historien Crevier cite un fait analogue (*op. et loc. cit.*), qui eut lieu de son vivant et qui témoigne d'une négligence semblable, au sujet du *Livre ou cartulaire des procureurs de la nation de France*, manuscrit précieux, plus d'une fois visé et cité par Du Boulay. — Louis XIV, par un édit du mois de février 1704, créa un office de greffier-secrétaire et garde des archives pour chaque Faculté, dans toutes les Universités du royaume.

(1) *Hist. du diocèse de Paris*, t. III, p. 274-5.

(2) *Éloge historique de l'Université*, 1771, in-4°, p. 80.

(3) Le *Livre du Recteur*, petit in-4° sur vélin, a été acquis le 24 novembre 1842, à la vente Chaumette des Fossés, par un commissionnaire anglais, M. Moore. Ce manuscrit est cité dans l'*Origine de l'imprimerie*, par Chevillier, docteur et bibliothécaire de Sorbonne, publiée en 1694. Les termes dans lesquels il en parle (p. 315 à 318) donnent lieu de croire qu'à cette date il n'était pas sorti des archives. Voy. aussi PETIT-RADEL, *Recherches sur les bibliothèques publiques*, p. 215. — Le *Livre de la nation de Normandie* a été également acheté en vente publique, vers la même époque, par la bibliothèque de la ville de Chartres.

mit à la commission, pendant le cours de l'année 1820, un certain nombre de cartons et de registres contenant des pièces originales et autres, relatifs à l'Université de Paris proprement dite, à ses anciens colléges et à quelques autres Universités françaises et étrangères. Peu d'années après, l'administration de l'instruction publique étant devenue l'un des plus grands services de l'Etat, ces documents furent placés au nouveau ministère, où ils sont encore. Cependant, les Facultés de droit et de médecine, lors de leur rétablissement, avaient été mises en possession, respectivement, d'une partie de leurs anciennes archives.

Le dépôt du ministère de l'instruction publique, bientôt relégué en un lieu inhabitable, était resté enfoui dans la confusion et la poussière, lorsqu'en 1837, M. P. Collin, chef du bureau du conseil royal, qui avait ces archives dans ses attributions, résolut de les tirer d'un pareil état, et provoqua sur ce point la sollicitude de l'autorité. Je fus alors chargé, comme élève de l'Ecole des chartes, par M. Guizot, ministre de l'instruction publique, de travailler, de concert avec M. Collin, à mettre en ordre ces précieux débris. Frappé des lacunes fréquentes qui s'y rencontraient, je m'efforçai d'abord, afin de les combler, de rechercher les registres qui, à titre de manuscrits, avaient pu être placés dans d'autres établissements publics. Cette recherche amena effectivement la découverte de plusieurs registres qui laissaient un vide dans les séries, et que possédaient la grande bibliothèque et celle de la Sorbonne. Ils furent immédiatement réclamés par l'administration supérieure, et l'un d'eux, fut, par les soins de M. Laromiguière, bibliothécaire de la Sorbonne, réintégré à la collection. Mais les instances réitérées du ministre auprès du conservatoire de la rue de Richelieu demeurèrent sans résultat. L'analyse et le classement auxquels je me livrai ensuite s'exercèrent exclusivement sur les registres, dont la quantité s'élevait à quatre-vingt-dix environ. Ils furent répartis en un certain nombre de catégories; chaque registre reçut une étiquette, fut disposé à son rang chronologique, et j'appliquai à l'ensemble une série unique de numéros d'ordre. Ce travail fort imparfait, entrepris avec plus de bonne volonté que de lumières, se ressentait fort de l'inexpérience de son auteur. Cependant, et malgré ses défectuosités, il présentait un cadre acceptable et susceptible de perfectionnement. A quelque temps de là, un savant distingué, M. Taranne, pourvu de toutes les connaissances qui me manquaient à cette époque, et chargé par le gouvernement d'un projet de publication qui doit servir un jour à compléter et à continuer la grande monographie de Du Boulay, fut appelé à continuer l'œuvre que j'avais ébauchée. Il voulut bien accepter comme point de départ mon premier travail, et le perfectionna en rectifiant quelques inexactitudes, et en intercalant une vingtaine de nouveaux volumes que l'on recouvra de

diverses sources. Il étendit en outre son classement sur vingt-cinq cartons de pièces détachées, dont je n'avais point eu connaissance, et qui composent ce qui nous reste aujourd'hui des chartes ou archives volantes de la Faculté des arts, ainsi que des colléges (1).

Les anciennes archives de l'université de Paris, consistent donc actuellement dans les parties suivantes :

1° Collection de registres et de cartons, déposés au ministère de l'instruction publique. (*Archives de l'université proprement dite, et des colléges.*)

2° Un certain nombre de registres conservés aux Archives nationales. (*Archives de la faculté de théologie.*)

3° Suite de registres ou *commentaires*, à la bibliothèque de l'école de médecine. (*Archives de la faculté.*)

4° Série analogue, au secrétariat de l'Ecole de droit. (*Archives de la faculté de droit.*)

5° Résidu considérable, fondu dans les diverses sections des archives nationales (2).

Et enfin, les nombreux documents épars que contiennent aujourd'hui diverses bibliothèques publiques de Paris, des départements, et même, assure-t-on, de l'étranger.

Nous devons espérer (et nous émettons ici ce vœu avec instance) que l'autorité publique prendra quelque jour les mesures nécessaires pour concentrer définitivement, du moins autant que possible, ces documents, qui perdent, par leur dispersion, une grande partie de leur valeur, et pour mettre fin à un état de choses aussi contraire à la loi qu'à l'intérêt des lettres. Nous croyons utile, en attendant, de reproduire, comme nous allons le faire ci-après, les catalogues partiels de ces diverses collections, en indiquant sommairement et à l'occasion les fragments détachés qui s'y rapportent, avec l'indication du lieu où ils reposent aujourd'hui.

### *Catalogue des archives de l'ancienne Université de Paris.*

#### I. COLLECTION DU MINISTERE DE L'INSTRUCTION PUBLIQUE.

##### A. Registres.

*Première série. Conclusions.*

1 *Nation de France* (3). . de 1443 à 1455

(1) M. Taranne a rendu compte de ces faits avec autant d'indulgence pour moi que de modestie pour lui-même dans un Rapport adressé à M. le ministre de l'instruction publique et des cultes, en date du 21 janvier 1850, inséré au *Bulletin des comités historiques* du mois de mai de cette même année, p. 104 et suiv. Depuis cette époque, c'est-à-dire depuis 1842 jusqu'à ce jour, en vue de l'ouvrage que je soumets actuellement au public, je me suis livré à une nouvelle étude des archives de l'Université de Paris, et j'ai pu, à mon tour, profiter des lumières et des travaux de mon savant continuateur.

(2) Section historique L, n° 156 à 388; « section administrative, n° 2388 à 2887; sans parler de ce qu'on pourrait trouver dans les sections domaniale et judiciaire. » (*Rapport de M. Taranne*, p. 117.) Voy. aussi le *Tableau des archives de l'Empire*, imprimé par Daunou en 1811. in-4°.

(3) Il existe à la Bibliothèque Mazarine sept re-

| | | |
|---|---|---|
| 1 bis | — ........ | de 1657 à 1662 |
| 2 (*Nation d'Angleterre* ou *d'Allemagne*)..... | | de 1333 à 1347 |
| 3 | .... — .... | de 1347 à 1364 |
| 4 | .... — .... | de 1368 à 1376 |
| 5 | .... — .... | de 1376 à 1383 |
| 6 | .... — .... | de 1392 à 1406 |
| 7 | .... — .... | de 1406 à 1424 |
| 8 | .... — .... | de 1424 (1) à 1465 |
| 9 | .... — .... | de 1466 à 1477 |
| 10 | .... — .... | de 1476 à 1491 |
| 10. 1. | .... — .... | de 1521 à 1552 |
| 10. 2. | .... — .... | de 1613 à 1660 |
| 10. 3. | .... — .... | de 1660 à 1698 |
| 10. 4. | .... — .... | de 1698 à 1730 |
| 11. (*Nation de Picardie*.). | | de 1476 à 1483 |
| 11. 1. | .... — .... | de 1778 à 1792 |
| 11 bis. (*Nation de Normandie*.) | | de 1656 à 1739 |
| 11 ter. | .... — .... | de 1739 à 1769 |
| 12 (*Nations réunies* ou *Faculté des arts*)..... | | de 1478 à 1481 |
| 13 | .... — .... | de 1512 à 1536 |
| 14 | .... — .... | de 1516 à 1518 |
| 15 | .... — .... | de 1521 à 1524 |
| 17 | .... — .... | de 1425 à 1527 |
| 18 | .... — .... | de 1528 à 1537 |
| 19 | .... — .... | de 1538 à 1540 |
| 20 | .... — .... | de 1541 à 1543 |
| 21 | .... — .... | de 1545 à 1550 |
| 22 (*Faculté des arts*.) ... | | de 1551 à 1556 |
| 23 | — .... | de 1556 à 1569 |
| 24 | .... — .... | de 1570 à 1600 |
| 25 | .... — .... | de 1600 à 1622 |
| 27 | .... — .... | de 1622 à 1646 |
| 28 | .... — .... | de 1647 à 1658 |
| 31 | .... — .... | de 1661 à 1667 |
| 32 | .... — .... | de 1668 à 1671 |
| 33 | .... — .... | de 1672 à 1673 |
| 34 | .... — .... | 1674 |
| 35 | .... — .... | de 1677 à 1682 |
| 36 | .... — .... | de 1683 à 1682 |
| 37 | .... — .... | de 1683 à 1689 |
| 38 | .... — .... | de 1690 à 1693 |
| 39 | .... — .... | de 1693 à 1708 |
| 41 | .... — .... | de 1706 à 1713 |
| 42 | .... — .... | de 1713 à 1719 |
| 43 | .... — .... | de 1720 à 1726 |
| 44 | .... — .... | de 1734 à 1740 |
| 45 | .... — .... | de 1740 à 1743 |
| 46 | .... — .... | de 1760 à 1762 |
| 47 | .... — .... | de 1762 à 1765 |
| 48 | .... — .... | de 1789 à 1792 |

gistres ou manuscrits qui se rapportent à cette série, savoir :

| | | |
|---|---|---|
| Nº 1935. | Livre des censeurs de la nation de France, .... | de 1660 à 1676 |
| 1935 A. | ...... | de 1690 à 1723 |
| 1935 B. | ...... | de 1724 à 1745 |
| 1935 C. | ...... | de 1744 à 1760 |
| 1935 D. | ...... | de 1760 à 17 8 |
| 1935 E. | ...... | de 1778 à 1786 |
| 2082 A. | Petit in-4°. Livre des procureurs. . | de 1537 à 1677 |
| 1935 F. | Livre des procureurs. . | de 1722 à 1785 |

En 1678, la série alors existante des registres de la nation de France remontait à 1340. (Voy. THUROT, *De l'organisation*, etc., p. 37.)

(1) Lacune dans ce registre de 1452 à 1465.

*Deuxième série. Nominations.*

| | | |
|---|---|---|
| 49 (*Nations réunies*.).... | | de 1492 à 1495 |
| 50 | .... — .... | de 1496 à 1501 |
| 51 | .... — .... | de 1510 à 1517 |
| 52 | .... — .... | 1515 |
| 53 | .... — .... | de 1519 à 1525 |
| 54 | .... — .... | 1537 |
| 55 | .... — .... | de 1537 à 1539 |
| 56 | .... — .... | de 1540 à 1546 |
| 57 | .... — .... | 1541 |
| 58 | .... — .... | 1547 |
| 59 | .... — .... | 1548 |
| 60 | .... — .... | 1549 |
| 61 | .... — .... | de 1551 à 1555 |
| 62 | .... — .... | 1553 |
| 63 | .... — .... | 1554 |
| 64 | .... — .... | de 1556 à 1570 |
| 65 | .... — .... | 1572 |
| 66 | .... — .... | 1581 |
| 67 | , .... — .... | de 1587 à 1588 |
| 68 | .... — .... | de 1589 à 1594 |
| 69 | .... — .... | 1595 |
| 70 | .... — .... | de 1607 à 1610 |
| 71 | .... — .... | de 1617 à 1629 |
| 72 | .... — .... | de 1629 à 1641 |
| 73 | .... — .... | de 1632 à 1675 |
| 74 | .... — .... | de 1641 à 1657 |
| 75 | .... — .... | de 1660 à 1671 |
| 76 | .... — (1)..... | de 1672 à 1678 |
| 77 | .... — .... | de 1678 à 1691 |
| 78 | .... — .... | de 1678 à 1714 |
| 79 | .... — .... | de 1691 à 1706 |
| 80 | .... — .... | de 1715 à 1736 |
| 80 bis.' | .... — .... | de 1739 à 1752 |
| 81 | .... — .... | de 1752 à 1772 |
| 82 | .... — .... | de 1772 à 1791 |

*Troisième série. Certificats d'études.*

| | | |
|---|---|---|
| 83 (*Faculté des arts*.) . | | Année 1512 |
| 84 | ...... — .. | 1513 |

*Quatrième série. Livres des receveurs (2).*

| | | |
|---|---|---|
| 85 (*Nation d'Allemagne*.) | | de 1494 à 1531 |

*Cinquième série. Rôles des officiers de l'Université.*

| | | |
|---|---|---|
| 86 | ...... — .. | de 1545 à 1720 |
| 87 | ...... — .. | de 1637 à 1720 |

*Sixième série. Concours d'agrégations.*

| | | |
|---|---|---|
| 88 Délibérations. ... | | année 1666 |
| 89. | . — . .... | de 1767 à 1778 |
| 89 bis. | — . .... | de 1779 à 1791 |

(1) En classant les archives, nous avons trouvé, plié en fichet dans l'intérieur de ce registre, le billet suivant, que nous avons fixé, pour le conserver plus sûrement, au folio 118 recto. — « Monsieur, je vous prie de me retenir et de m'expédier une lettre de nomination sur saint Benoist : je vous supplie de ne la pas oublier, comme vous avez déjà fait à la dernière procession de Mr le Recteur. Je vous envoie 50 francs, afin de vous en faire plutost ressouvenir. Je vous donne le bon jour et suis tout à vous. — BUCHET. » — (Vers 1672.) — Au dos est écrit : *Pour M. Du Boulay, greffier de l'Université.*

(2) A la Bibliothèque Mazarine: nº 1555. Registre ms. ou livre des questeurs de la nation de France, de 1704 à 1723. Grand in-folio.

*Septième série* (1).

90   Livre des recteurs. .   ·   de 1650 à 1679

*Huitième série.*

91   Livre des messagers. .   de 1672 à 1721
92   . . .   —   . . .   vers 1732
93   . . .   —   . . .   vers 1736

*Neuvième série. Registres détachés.*

94   Cartulaire de l'Université (na-
     tion d'Allemagne.) du XIV° siècle (2).
95   Répertoire (3) général des conclusions
     de l'Université.   .   .   de 1622 à 1728
96   Cartulaire des collèges de Paris. XVII°
     siècle (4).
97   Inventaire de titres de l'Université (5).
     dressé vers. . . . . .    1624
98   Autre inventaire, dressé vers    1698 (6)
99   Abrégé des droits des Facultés, manus-
     crit ou factum du XVII° siècle.

(1) En Angleterre (voy. THUROT, *De l'organisation*, etc., page 38, note 1) : le Livre du recteur de l'Université de Paris. Voy. ci-dessus, page 354, note 5. — A la Bibliothèque Nationale, département des manuscrits : Sans n° (inclassé). Codex Rectorius : de 1526 à 1534 ; id. de 1568 à 1585 ; id. de 1585 à 1596 ; id. de 1396 à 1615 (a) ; id. de 1616 à 1653. — Sans n° (inclassé). Catalogues des maîtres ès-arts : de 1660 à 1678 ; id. de 1679 à 1706 ; id. de 1706 à 1724 ; id. de 1724 à 1741 ; id. de 1741 à 1754 ; id. de 1754 à 1767 ; id. de 1768 à 1793 (b).
(2) A la bibliothèque publique de Chartres : Livre de la nation de Normandie, XIV° siècle. (Voy. ci-dessus, page 354, note 3.) — A la Bibliothèque Sainte-Geneviève de Paris : N° 909°. Fragments du livre de la nation de Picardie.
(3) A la Bibliothèque Nationale : Copie de ce répertoire ms. Registre in-folio, couvert en parchemin vert (inclassé).
(4) Ces collèges sont ceux de : Autun, Bayeux, Boissy, Boncourt, Bourgogne, Cambrai, Dainville, Dormans, Beauvais, Ecossais, Gervais, Grassins, Harcourt, Huban, Justice, Lamarche, Laon, Lemoine, Lisieux, Lombards, Mazarin, Mignon, Montaigu, Narbonne, Plessis, Reims, Sainte-Barbe, Saint-Michel, Tours et Trésoriers.
Aux archives nationales, dans la section historique, les numéros 178 à 388 de la série L sont consacrés aux anciens collèges de Paris. Voici le catalogue partiel de la suite de registres consacrés aux *délibérations du bureau d'administration*, formé à Louis-le-Grand en 1762 : N° 186, de 1763 à 1765. — N° 187, de 1766 à 1767. — N° 188, de 1767 à 1768. — N° 189, de 1768 à 1769. — N° 190, de 1769 à 1770. — N° 191, de 1770 à 1773. — N° 192, de 1773 à 1775. — N° 193, de 1775 à 1777. — N° 194, de 1777 à 1779. — N° 195, de 1779 à 1780. — N° 196, de 1781 à 1782. — N° 197, de 1783 à 1785. — N° 198, de 1786 à 1788. — N° 199, de 1789 à 1791. — N° 200, de 1792 à 1794.
(5) Il existe à la Bibliothèque Nationale deux copies de cet inventaire : l'une exécutée en 1634, ms. de la Sorbonne, 1169 ; et l'autre en 1661, même fonds, n° 1170.
(6) Cet inventaire mentionne onze cent soixante pièces. Il en reste aujourd'hui au ministère trois cent douze.

(a) Ces quatre premiers registres sont ornés de blasons, devises, vignettes et portraits de recteurs, peints ou dessinés ; quelques-uns de ces ornements ne sont pas dépourvus d'intérêt.
(b) Le dernier gradué ès-arts, Mag. Johannes Le Pecq, Bajocensis, fut enregistré sous la date du 29 juillet 1793.

B. CARTONS.

Carton 1 : Inventaires et historique de la collection. 1814-1850. — Rôle politique de l'Université ; affaires d'Etat ; ambassades. 1316-1434. — Mémoires et instructions donnés aux députés. 1406-1445 environ. — Provisions de maîtres et maîtresses d'école accordées par le chantre de Notre-Dame. 1359 1609. — Certificats d'études. 1570-1787.

Carton 2 : Lettres royaux ; originaux et vidimus. 1295-1384. — Concession ou confirmation de privilèges ; originaux et vidimus authentiques. 1386-1722.

Carton 3 : Statuts et règlements relatifs aux lettres de scolarité. 1316-1414. — Privilèges royaux. 1307-1563. — Prérogatives des maîtres et écoliers. 1315-1572. — Privilèges du pape aux théologiens.

Carton 4 : Bénéfices. Vers 1590. — Levées de deniers. 1253-1316. — Bulles relatives au loyer du logement des écoliers. 1237-1299 — Franchises des écoliers. 1253 - 1557. — Cessations. 1228 - 1453. — Lettres de sauf-conduit et de recommandation. 1296 - 1450 environ.

Carton 5 : Juridiction de l'université. — Démêlés judiciaires avec le chapitre de Notre-Dame. — Bénéfices des décrétistes. 1213-1568. (Sceaux intéressants et précieux.)

Carton 6 : Services et fondations. 1221-1505.

Carton 7 : *Forme d'eslire le recteur*, XVI° siècle. — Nouveau sceau (1252). — Exclusion des protestants. 1568-1574. — Défense de lire ès écoles privées. 1276. Réguliers. 1338. — *Modus legendi*. 1355-1543. — Notaire de l'Université (1316). — Préséance. 1570-1586. — Ecrivains jurés. 1570. — Académie de Charles IX.

Carton 8 : Démêlés avec les mendiants 1253-1456 ; avec les Barnabites 1631 ; avec les Jésuites (1), 1624-1770.

Carton 9 : Privilèges, propriétés, bérences, police de l'Université. Célibat des régents 1278-1776.

Carton 10 : Jansénisme. Tribunal de l'Université. Mandement des recteurs. Processions. Droits des gradués. XVI° - XVIII° siècles.

Carton 11 : Imprimeurs et libraires, XVI°-XVIII° siècles.

Carton 12 : Ecrivains jurés. Enlumineurs. Papetiers - parcheminiers. XVI° - XVIII° siècles.

Carton 13 : Officiers de l'université ; avocats, procureurs, censeurs, greffiers, grands messagers, intrants. XVII°-XVIII° siècles.

Carton 14 : Affaires, statuts et propriétés des nations. XVIII° siècle.

Carton 15 : Visite des collèges. Plans d'instruction publique. Petites écoles. Concours

(1) M. de Laugeac s'était fait remettre, dès le principe, un carton de pièces relatives aux Jésuites, probablement de la 1re période, 1540-1624. Il les avait à son domicile, et ces pièces n'ont pas été rendues après lui. Les documents qui restent de la 2° période sont eux-mêmes très-curieux.

général. Chef-lieu, bibliothèque de l'Université. xviii° siècle.

### xvii-°xviii° siècles.

Carton 16 : Grands colléges : Navarre, Louis-le-Grand.

Carton 17 : (*Suite*). Cardinal Lemoine. Les Grassins. Harcourt.

Carton 18 : (*Suite*), Lisieux. Lamarche. Le Plessis.

Carton 19 : Petits colléges : Arras. Autun. Bayeux. Bons-Enfants-Saint-Honoré. Saint-Victor. Bourgogne. Cambrai.

Carton 20 : (*Suite*). Cholet. Cluny. Cornouailles. Fortet. Hoban. Justice. Laon.

Canton 21 : (*Suite.*) Maître Gervais. Le Mans. Narbonne. Presles. Reims.

Canton 22 : (*Suite.*) Saint-Michel. Sainte-Barbe. Seez. Tours. Tréguier. Trésorier.

Canton 23 : Colléges hors Paris : Corbeil. La Flèche. Laon. Pontoise. Ribemont. Saumur en Auxois. Senlis. Versailles (1779-1780).

Canton 24 : Universités de France : Aix. Angers. Besançon. Bourges Caen. Cahors. Douai. Montpellier. Nantes. xvii°-xviii° siècle.

Canton 25 : Orange. Orléans. Poitiers. Reims. Strasbourg. Toulouse. Valence. Pau. Dijon. — Universités étrangères : Louvain. Cracovie. Zamoski. xvii°-xviii° siècle (1).

### II. FACULTÉ DE THÉOLOGIE (section M des Archives nationales )

#### A. Faculté.

Registre n° 152 Conclusions. de 1608 à 1634

| | | | |
|---|---|---|---|
| — | 153 | — | de 1634 à 1661 |
| — | 154 | — | de 1661 à 1683 (2) |
| — | 155 | — | de 1683 à 1696 |
| — | 156 | — | de 1697 à 1717 |
| — | 157 | — | de 1717 à 1730 |
| — | 158 | — | de 1730 à 1759 |
| — | 159 | — | de 1759 à 1778 |
| — | 160 | — | de 1778 à 1790 |

161 Conclusions relatives à la discipline. de 1533 à 1544

162 Délibérations particulières de 1719 à 1791

#### B. Sorbonne.

Registre n° 164 Conclusions de

la maison de Sorbonne. de 1534 à 1548

| | | | |
|---|---|---|---|
| — | 165 | — | de 1595 à 1602 |
| — | 166 | — | 1618 |
| — | 167 | — | de 1665 à 1686 |
| — | 168 | — | de 1661 à 1688 |
| – | 169 | — | de 1686 à 1690 |

#### C. Prieurs de Sorbonne.

170 Conclusions. de 1540 à 1560

| | | | |
|---|---|---|---|
| — | 171 | —(1) | de 1562 à 1688 |
| — | 172 | — | de 1712 à 1756 |
| — | 173 | — | de 1757 à 1791 |

### III. FACULTÉ DE MÉDECINE (à la bibliothèque de l'Ecole de médecine.)

*Commentarii facultatis medicinæ Parisiensis* (2).

| | | |
|---|---|---|
| Registre n° | 1 | . . de 1395 à 1435 |
| — | 2, (3) | . . de 1435 à 1472 |
| — | 3 | . . de 1472 à 1511 |
| — | 4 | . . de 1511 à 1532 |
| — | 5 | . . de 1532 à 1554 |
| — | 6 | . . de 1544 à 1557 |
| — | 7 | . . de 1557 à 1572 |
| — | 8 | . . de 1572 à 1597 |
| — | 9 | . . de 1597 à 1604 |
| — | 10 | . . de 1604 à 1612 |
| — | 11 | . . de 1612 à 1628 |
| — | 12 | . . de 1628 à 1636 |
| — | 13 | . . de 1636 à 1653 |
| — | 14 | . . de 1652 à 1662 |
| Registre n° | 15 | (*Commentarii*). de 1662 à 1675 |
| — | 16 | . . de 1676 à 1690 |
| — | 17 | . . de 1690 à 1711 |
| — | 18 | . . de 1712 à 1723 |
| — | 19 | . . de 1724 à 1733 |
| — | 20 | . . de 1734 à 1745 |
| — | 21 | . . de 1746 à 1756 |
| — | 22 | . . de 1756 à 1764 |
| — | 23 | . . de 1764 à 1777 |
| — | 24 | (4) . . . . . . . |

(1) A la Bibliothèque nationale : *Conclusions des prieurs de Sorbonne*, registre de 1688 à 1756 (ms. 1276 Sorb.).

(2) Les registres de la Faculté de médecine de Paris paraissent avoir commencé à être tenus et conservés vers le xiv° siècle. (*Voy.* Thurot, *De l'organisation*, etc., p. 186 ) Il existait, en 1395, deux registres antérieurs à cette date qui ont été perdus. En tête du registre 1 de notre catalogue, on lit sur la feuille de garde : « Desiderantur priores et antiquiores Facultatis nostræ medicæ Parisiensis commentarii, qui, vel incuria decanorum, vel alia temporum injuria, periere... Hæc sacra folia diligentius servate, o Posteri ! ut ad seros vestros nepotes non fœda, non lacera, sed integerrima perveniant, sicque aliquod seu vetustatis, seu nobilitatis, scholæ nostræ, monimentum ingens , supersit, ipso ære perennius et illustrius. H. Mahieu, *decanus*. 1691. »

(3) En tête de ce registre, on lit cette note autographe de Guy Patin : « Die dominico 19 febr. 1651, recepi hunc librum quem multi ante me decani nunquam viderunt. Guido Patin, *decanus*. »

(4) On présume que ce dernier registre, qui s'étendait de 1777 à 1790, resta dans les mains du doyen à l'époque de la Révolution. Il n'a pas encore été réintégré aux archives de la faculté. (Communi-

(1) La Bibliothèque nationale , département des mss., renferme un certain nombre de documents provenant de diverses archives et qui se rapportent aux Universités, aux colléges et autres établissements d'instruction publique. *Voy.* Catalogue Audifret, t. XIV, ch. 153, de la page 56 à la page 61.

(2) A la Bibliothèque nationale : — Registre des conclusions de la faculté de théologie, de 1683 à 1750 (ms. Sorbonne, 1275). — *Idem*, de 1730 à 1759 (ms. Sorbonne, 1115).

### IV. FACULTÉ DE DROIT (au secrétariat de l'Ecole de droit.

Les archives anciennes de l'Ecole de droit se composent exclusivemedt de registres, au nombre de cent vingt et un, répartis sous des numéros d'ordre qui se suivent de 1 à 117. Le dernier comprend cinq registres. En

| | | |
|---|---|---|
| Nᵒˢ 1 à 3. | Délibérations de la faculté. . . . . . . | De l'an 1414 à l'an 1623 |
| Nᵒ 4. | Anciens statuts. . . . . . . . . . . . . | 1631—1677 |
| Nᵒˢ 5 à 9. | Délibérations et enregistrement d'ordres supérieurs. . . | 1679—1791 |
| Nᵒˢ 10 à 44. | Inscriptions. . . . . . . . . . . . . . . | 1662—1791 |
| Nᵒˢ 45 à 60. | Suppliques. . . . . . . . . . . . . . . | 1587—1793 |
| Nᵒ 61. | Suppliques pour le doctorat. . . . . . . . . | 1599—1791 |
| Nᵒˢ 62 à 77. | Réceptions aux grades. . . . . . . . . | 1498—1793 |
| Nᵒˢ 78 à 87. | Examens pour être admis aux grades. . . . . . | 1679—1791 |
| Nᵒˢ 88 à 92. | Attestations. . . . . . . . . . . . . | 1681—1791 |
| Nᵒˢ 93 à 112. | Table alphabétique des étudiants. . . . . . . | 1678—1775 |
| Nᵒˢ 113 à 116. | Liste des étudiants en droit à qui on a donné des attestations d'inscription. . . . . | 1694—1780 |
| Nᵒ 117. | Registres sans indication. | |

### Extraits des archives de l'Université de Paris.

PIÈCE A. — 1347 à 1364. Formule du serment exigé des candidats qui se présentaient à la déterminance ès arts, dans la nation d'Angleterre.

*Isti sunt articuli quos tenentur jurare domini determinatores.*

I. Primo, vos jurabitis quod vos estis 14 (1) annorum.

II. Item quod non estis infamis.

III. Item quod servabitis statuta et ordinaciones facultatis artium et specialiter nacionis vestre, juxta totum posse et nosce vestrum, sine dolo.

IV. Item habebitis coronam (la tonsure) irreprehensibilem, si gaudeatis beneficio corone.

V. Item quod habebitis capam et capucium ejusdem panni tempore determinacionis vestre, nec habebitis caputium cum nodulis, nec mitram in capite ; nec illuminabitis in vicis, nec ante scolas cereos teneri permittetis quamdiu determinabitis.

VI. Item quod audivistis ad minus per duos annos libros loycales, Parisius, vel alibi ubi est studium generale sex magistrorum ad minus et quod estis in tertio anno audiendi predictos libros.

VII. Item quod audivistis librum Porphyrii, predicamentorum, peri ermeneias et Prisciani minoris, semel ordinarie et bis cursorie ad minus et parvos libros loycales, vel sex principiorum, divisionum, barbarismi et tres libros thopicorum adminus, semel cursorie vel ordinarie, vel estis in auctu audiendi et similiter de Prisciano magno.

VIII. Item quod audivistis libros thopicorum Aristotelis et elenchorum semel ordinarie et semel cursorie ad minus.

IX. Item quod audivistis librum prio-

cation de M. le Dʳ Deseimeris, bibliothécaire de l'Ecole de médecine.)

(1) Nous avons ajouté à chaque article un numéro d'ordre en chiffres romains. Les autres nombres sont reproduits à l'aide du même genre de signes que dans les originaux. Les chiffres vulgaires ou arabes sont employés presque constamment dans les archives de l'Université dès les premières pages des plus anciens registres.

1805, peu après la réorganisation de l'école de Droit de Paris, le directeur demanda et obtint du préfet Frochot la restitution de ces volumes, déposés précédemment à la préfecture de la Seine. L'inventaire des registres les partage en neuf catégories, savoir :

rum et posteriorum, vel estis in actu audiendi.

X. Item quod frequentaveritis per duos annos disputationes magistrorum in studio solempni et per idem tempus de sophismatibus in scolis erudieritis. Hec omnia et singula jurabitis nisi natio vobiscum specialiter dispensarit et sibi potestatem dispensandi super hiis ex causis racionabilibus reservavit.

XI. Item quod erudistis de questione, ante Natale Domini, vel tempore alio quo facultas eciam dispensavit.

XII. Item quod erudistis magistro legenti ordinarie et disputanti scolaribus presentibus.

XIII. Item dicetis quantitatem burse vestre fideliter, sine dolo, computando omnia ordinarie cum supposita ac exposita in bursa, duntaxat locagio hospicii et sallario famuli exclusis.

XIV. Item quod incipietis determinare infra diem Mercurii post Brandonos.

XV. Item solvetis receptori nacionis .5. bursas et pro scolis proporcionabiliter, priusquam vicum (*straminis*) intrabitis ; videlicet : si septimanatim expenderitis in bursa .ij. vel .3. solidos, dabitis pro scolis .20. solidos parisienses ; si autem .4. vel .5. solidos, dabitis .30. solidos. Si autem .6. vel .7., dabitis .40. sol. Si autem .8. vel .9., dabitis .50. et sic deinceps.

XVI. Item non facietis inter vos superiorem.

XVII. Item obedietis rectori Universitatis et procuratori vestre nacionis in licitis et honestis, ad quemcumque statum deveneritis.

XVIII. Item intereritis misse et vesperis vestre nacionis in capa rugata per totam quadragesimam ; similiter in festis quatuor : Beate Virginis, Beate Katherine, Sancti Nycolai, Beati Eadmundi regis, sub pena statuti.

XIX. Item non dabitis nisi bis ad potandum, scilicet semel in principio vestre determinacionis et semel in fine.

XX. Item determinabitis per totam quadragesimam, nisi habueritis subdetermina-

terem; quem si habueritis, determinabitis usque ad medium quadragesime.

**XXI.** Item non procedetis per villam ad invitandum societatem vestram sine serviente nacionis, vel ejus famulo, nisi de consensu procuratoris.

**XXII.** Item habebitis memoriam de reddendo sallarium bedellis vestre nacionis.

**XXIII.** Item si contingat alicui magistro specialiter regenti injuriari, quantum secundum Deum et justiciam poteritis, procurabitis emendam condignam fieri magistro, nec partem injuriantem directe vel indirecte fovebitis.

**XXIV.** Item dabitis procuratori nacionis unum grossum thuronensem de sigillo ad usus suos; alias vos jurando non admittat.

**XXV.** Item vos jurabitis quod tenebitis statutum de modo legendi sine penna, vel sic ac si nullus scriberet coram vobis, sicut fiunt sermones in universitate et sicut legunt in aliis facultatibus legentes (1).

Pièce B. — 1395 novembre 22. Inventaire des biens de la Faculté de médecine de Paris, reconnu par le doyen entrant en exercice.

Die XXIJ⁰ mensis novembris, ego Petrus de Vallibus recepi a predecessore meo decano:

1° Papirum aliam immediate precedentem quinque codices continentem.

Item scrinium magnum facultatis.

Item alium parvum in quo continentur litere et privilegia multa facultatis.

Item abreviaciones synonimorum Januensium.

Item tractatum de Tiriaca.

Item translationem arpinatam ex v° colligit Averroïs.

Item statuta antiqua facultatis.

Item exposiciones antiquas supra parte Avicennis in papiro.

Item secundum et tercium canonem Avicenne in eodem volumine.

Item concordanciam Johannis de Sancto Amando.

Item duas laietas in quibus sunt plures littere facultatis.

Item liber Hebemesne de simplicibus medicinis cum pratica ejusdem.

Item antidotarium clarificatum.

Item unum volumen magnum in quo continentur plures libri Galeni.

Item duas claves, unam de scrinio in quo est sigillum universitatis in Navarra existenti et alia de scrinio magno facultatis.

Item sex alias claves, unde sint nescio.

Item magister Boucherii habet concordantiam Petri de Sancto Floro antidotarum Albucasis et *Totum continens* Rasis (2), in duo-

(1) Reg. 3 du ministère, f° 56. — Conférez avec cette pièce les serments de 1341 publiés par Du Boulay, *Historia univ. par.*, t. IV, p. 273. L'article XXV du statut qu'on vient de lire n'est pas de la même encore que le reste; il a été ajouté après coup et fait allusion au règlement de 1355, relatif au mode de *lecture* des régents. *Voy.* Du Boulay, *ibid.*, *sub anno* 1355, t. IV, p. 332.

(2) C'est le même *Rasis* connu dans l'histoire bibliographique pour avoir été prêté sous caution à Louis XI.

bus voluminibus, in vadio de XXII francorum, ut continetur in alio papiro in decanatu magistri de Bodribosco.

Item ma. de Bellomonte habet calicem cum patena argentea et repositorio de corio in quo ponitur; et habet similiter in vadio pro VI francis, ut habetur in alio papiro in decanatu ma. Richardi de Bodribosco.

Item duas cedulas, sigillo rectoriæ sigillatas, in quibus rector, nomine universitatis, fatetur teneri facultati in XXII francis (1).

Pièce C. — 1418. Note historique sur le massacre des Armagnacs par les Bourguignons, à Paris.

*Procuratio magistri Johannis-Johannis, sive Zeymei de Leydis (2).*

Nota quod in ista procuratoria, in fine videlicet 29 maii, pro tunc dominica post festum sacramenti, sive post festum eucharistie, de mane hora secunda post noctem, intraverunt dominus de Insula Ade cum domino Guidone de Bar pro tunc balivo Autisiodorensi, cum suis amicis et confederatis, ex parte illustrissimi domini ducis Burgundie et sibi subjugaverunt villam Parysiensem et captus fuit comes Arminyaci, pro tunc constabularius, cum multis aliis suis complicibus, impeditoribus et perturbatoribus pacis et concordie dominorum de sanguine regis. . . . . . . . . . . . .

Nota quod in ista procuratoria, fuit commotio popularium ville Parysiensis, 12ª junii, quæ fuit dies Dominica. Et incepit circa nonam horam, usque noctem et irruerunt in omnes captivos frangendo captivitates

(1) Commentariorum facultatis medicinæ parisiensis tomus primus. Reg. 1, f° 1.

(2) Maître Jean-Jean paraît avoir été de son temps un des suppôts les plus considérables de l'Université de Paris. Fréquemment élu procureur de sa nation, de 1418 à 1427, il joua au milieu des graves événements de cette époque un rôle assez important dans sa compagnie. En décembre 1427, il fut élu recteur de l'Université. L'année suivante, il commençait à régenter en médecine (*Commentarii*, registre 1, f° 294). Nous le retrouvons encore, en 1439, signant un état des livres de sa nation (*Allemagne*, reg. 8, f° 2). Il y eut après lui un autre maître Jean-Jean, dit de Paris, probablement de sa famille, qui suivit également la carrière médicale. Ce dernier commença la maîtrise en 1446 et fut régent l'année suivante (*Comment.*, reg. 2, f° 74 et suiv.). Jean Cœur, fils de Jacques, qui fut depuis archevêque de Bourges, vint faire ses études à Paris. Il détermina en 1443-4, et commença de régenter ès-arts, comme licencié, en avril 1445 (reg. 1 de la Collection du minist., ff. 9 et 25). Or, il existe à *Jacques Cœur* de Bourges, dans la chambre dite du Trésor, entre autres figures restées énigmatiques jusqu'à ce jour, une sorte de marmouset fouillé en sculpture dans l'un des angles de la cheminée. Il représente un homme barbu, vêtu d'une robe et coiffé d'un chaperon; une banderole ou phylactère, qu'il porte à la main et que nous n'avons pu lire qu'en la surmontant à l'aide d'un estampage, donne cette inscription : JOAN JOAN. Est-ce là notre maître Jean-Jean l'ancien, que le fils de Jacques Cœur avait pu connaître?... Les scènes sculptées dont l'hôtel du célèbre argentier est encore couvert offrent à chaque pas des allusions familières, aujourd'hui presque impénétrables.

regias et interfecti fuerunt 1500 homines et
ultra. De quorum numero fuerunt comes de
Armigniac, Dominus Henricus de Merla, pro
tunc cancellarius regis et alii milites ; duo
episcopi : Constanciensis et Silvanectensis,
et de universitate aliqui, de omni facultate
et nacione , excepta nacione Almanie. Fuerunt enim 3 doctores in theologia ; quorum
unus Picardus, unus doctor in decretis, unus
in medicina ; aliqui de Navarra de natione
Francie et etiam Normannie. Tres doctores
in theologia fuerunt magister Johannes Da-
cheri , episcopus Silvanectensis , nacionis
Picardice, de Launduno ; magister Benedictus
Jonciani, Parysiensis, religiosus sancti Dyonisii et quidam alter Remensis ordinis beate
Marie de Carmelo. Doctor in decretis fuit
magister Wernerus Berrey, pro tunc conser-
vator privilegiorum universitatis. In medicina fuit magister Johan. Carson et de collegio Navarre duo vel tres, quorum unus
fuerat quondam rector universitatis , et de
nacione Normannie fuit magister Jo. de Lo-
mera ? ou Louda. Parcat Dominus animabus
eorum et omnium fidelium defuncto-
rum ! Amen (1).

Nota quod in ista procuratoria (eadem qua
supra) : scilicet 20 augusti ipso die beati
Bernardi, de nocte, circa horam decimam
incepit commotio popularium ville Parysiensis et duravit per totam illam noctem et diem
sequentem et fuerunt interfecti plures de
captivis, ymo per majorem partem, et quasi
omnes qui illo titulo erant captivi, videlicet
qui erant Arminiaci, tam in pallacio regio
quam in parvo Castellato quam et in magno,
interfecerunt (2).

*Almanachs ou calendriers de l'Université.*

L'Université de Paris, comme toutes les
autres (3), et plus que toute autre, pour régler l'ordre de ses cérémonies propres, de
son enseignement varié et de ses fêtes
nombreuses , avait besoin d'un tableau
officiel et spécial, qui pût servir à guider les maîtres et les disciples dans l'emploi de chaque jour de l'année. Ce tableau
ou calendrier se dressait en effet à de certains intervalles. Il présentait des notions
particulières qui sont aujourd'hui du domaine de l'histoire et très-propres à piquer
la curiosité.

Du Boulay s'est servi plus d'une fois de
ces monuments anciens, qui sans doute existaient encore en nombre de son temps, et les

(1) Registre n° 7, Collection du ministère de l'instruction publique, folio 86 verso.
(2) *Ibidem*, folio 88.
(3) Lorsqu'en 1432, Charles VII eut institué l'Université de Poitiers, l'un des premiers soins des
commissaires et des suppôts nouvellement créés fut
de dresser un calendrier sur le modèle de celui de
Paris, « pour scavoir les jours qu'on debvra faire
leçons et discuter, et pour les festes qu'on doit observer pendant l'année en ladite Université de Poitiers. » (*Procès-verbal de l'installation par les commissaires du Roi*. Archives de l'Université de Poitiers
à la préfecture de Vienne. *Voy.* aussi BOUCHET,
*Annales d'Aquitaine*, 1643, in-folio, appendice sur
l'Université de Poitiers, p. 8.)

a invoqués pour preuves de quelques-unes
de ses assertions. Mais il a négligé de nous
en transmettre le texte, et nous a laissé peu
de renseignements sur leur confection. Chacun des corps de l'Université, — nation ou
faculté, — avait un *livre des statuts* (1) qu.
les chefs de corps se transmettaient successivement. En tête de ce livre se trouvait un
cahier indépendant du volume, et qui souvent se renouvelait isolément ; ce cahier
contenait le calendrier ou almanach (2) de
l'Université. Chaque faculté, chaque nation
délibérait sur les insertions et corrections
à y introduire (3). Mais il y a lieu de présumer que les médecins, à cause de la connexité qui existait entre leurs études et l'astrologie, furent, à une certaine époque, en
possession particulière de construire ces
tableaux et d'en rédiger les données principales. C'est ce qui semble résulter notamment
du témoignage d'un écrivain du xv° siècle (4)
pour l'année 1436.

(1) Ce livre était double, comme le prouve l'inspection des archives. Il y avait : 1° le livre du
*Recteur*, du *Doyen*, du *Procureur*, d'un format petit
in-folio, qui renfermait le texte *in extenso* des priviléges et statuts du corps; 2° un livre plus petit,
contenant seulement un extrait de ces statuts les
plus récents et les plus actuels. Ils étaient précédés
d'une vignette représentant Jésus en croix, et destinée à recevoir les serments. Le petit livre était
ordinairement accompagné d'un calendrier, tantôt
plus nouveau, tantôt plus ancien que le livre. Quant
au livre du grand format, nous ignorons s'il était
également accompagné d'un calendrier, et le seul
qui nous ait été conservé de cette espèce (reg. n° 94,
ministère de l'instruction publique) n'en offre point
de trace. Nous devons toutefois rapporter ici le fait
suivant. En 1451, Jean Avis ou Loisel, candidat à la
maîtrise, expose à la Faculté qu'il lui manque cinq
mois de stage pour obtenir ce degré, mais qu'il peut
justifier de trois ans d'études dans une autre Université. La Faculté l'admet, par faveur, à faire compter
ces trois années pour cinq mois d'études parisiennes,
mais à condition : « quod de cetero ipse magister
singulis annis circa festum Nativitatis, dabit facultati *unum almanach magnum et unum parvum* »
(*Commentarii Facult. med. Paris.* Reg. 2, f° 108.)
(2) Nous distinguons l'*almanach* du calendrier, en
ce que le premier doit être *annuel*. On voit que le
mot était employé chez nous au xv° siècle. Nous ne
le trouvons toutefois que dans les écrits des médecins ou astrologues. Tous les calendriers de cette
date reculée qui nous sont parvenus sont de forme
*perpétuelle*.
(3) *Voy.* DU BOULAY, *Histor. univ.* par. IV, 377,
au 18 novembre 1363. (Délibération de la nation
d'Angleterre ; fête de Saint-Edmond.) *Commentarii
Fac. med. par.* Reg. 1, p. 238, au 24 janvier 1420 ;
et *ibid.* Reg. 2, f° 136, au 2 janvier 1455.
(4) « En ce temps-là (1436) fut à Paris maistre
Rolland Scriptoris, bon astrologien, lequel eut différend avecques maistre Laurens Musce sur la cal-
culation de son almanach pour l'an mil iiii° xxxvij;
lequel fut mis ès-mains du Recteur de l'Université
de Paris, pour enquérir de la vérité du différent ; et
furent esleuz par ledit Recteur et commis pour ce
faire, maistre Symon de Boesmare et maistre Jehan
de Tre.is, notables docteurs en théologie et grands
astrologiens, lesquels en discutèrent bien et vertueusement. » (Symon de Phares, *Recueil des astrologues
célèbres* ; Ms. 7486 fr. Biblioth. nat., f° 150 ) Rolland
l'écrivain fut un des suppôts les plus considérables
de la Faculté de médecine et de l'Université de Pa

Les copies ou exemplaires d'anciens calendriers universitaires que nous avons pu
recueillir sont au nombre de six. Nous allons
d'abord les désigner sommairement, selon
l'ordre chronologique.

1. Calendrier de 1350 environ. Il se trouve
en tête du manuscrit contenant des fragments du *Livre de la nation de Picardie*, dont
nous avons parlé ci-dessus. Bibliothèque
Sainte-Geneviève, n° 909 ?.

2. Calendrier de 1390 ; en tête du *Livre de
la faculté de droit*. Bibliothèque de l'Arsenal,
ms. H., n° 137.

3. Calendrier du xive au xve siècle, en tête
d'un recueil de pièces appartenant à cette
époque. Ms. Saint-Germain latin, n° 951,
bibliothèque nationale. Répétition littérale de
notre n° 1.

4. Calendrier de 1452. Ms. 4831 latin. Bibliothèque nationale.

5. Calendrier transcrit au xviiie siècle,
par ordre de M. de Paulmy, sur un original
de 1475. Cet original était placé en tête d'un
*Livre de la faculté de droit*, qui subsistait
alors aux Archives de la faculté. Il offre une
répétition, mais non une copie directe du
n° 2 de la présente énumération. Bibliothèque de l'Arsenal. Ms. H. 136.

6. Calendrier transcrit, vers 1350, d'un autre qui remontait à 1426. Cette transcription,
vraisemblablement fort abrégée, est presque
muette en ce qui nous intéresse. (Archives
nat. Ms. L. 200.)

Le calendrier de 1452 (1), énoncé en quatrième lieu, nous a semblé réunir les notions
les plus nombreuses et les plus intéressantes. Il paraît avoir été à l'usage d'un étudiant
en théologie. Sa date offre en quelque sorte
la moyenne de l'antiquité des cinq autres.
Nous avons cru devoir par ces motifs, prendre ce manuscrit pour base de notre publication, en rapprochant de ce texte les variantes intéressantes que les autres ont pu
nous fournir.

Quant à l'emploi de ces variantes, nous
représenterons par ces signes abrégés chacun des manuscrits ci-dessus énumérés, savoir : D, calendrier de la Faculté de Droit
ou n° 2 ; D C, copie de la Faculté de Droit
ou n°5 ; G, ms. de S.-G. des Prés ou n° 3 ; P,
calendrier de la nation de Picardie ou n° 1.

Terminons par quelques remarques sur ce

vis ; Recteur (1406), maître en médecine (1423),
doyen de cette Faculté (1424), et l'un des juges de
la Pucelle (1431), dont il aurait, au dire du même
Symon de Phares (*ibid.*, f° 148 v°), pronostiqué la
venue. Vers 1460, nous trouvons encore le même (?)
Rolland Lescrivain parmi les médecins du duc de
Bourgogne. (LABORDE, *les Ducs de Bourgogne*, 1851,
in-8°, t. II des *preuves*, p. 13.)

(1) Cette date est de l'écriture de Baluze, qui a
possédé ce Ms. Le texte que nous avons sous les
yeux est de plusieurs mains. Des notes et additions
un peu plus récentes ont été intercalées sur le fonds
primitif. Nous distinguerons ces ajoutés par l'emploi
de l'italique. Les fêtes, exprimées ci-après en petites capitales, sont écrites en noir dans l'original.
Les grandes fêtes y sont à l'encre rouge ; nous les
reproduirons en grandes capitales.

document. Le calendrier qui en forme la
partie principale offre aux yeux plusieurs
colonnes ou séries perpendiculaires de notions, successivement répétées dans le même
ordre. La première de ces colonnes, en procédant de gauche à droite, désigne, à l'aide
de chiffres arabes, les quantièmes. Nous l'a-
vons ajoutée au texte pour faciliter au lecteur
l'intelligence et l'usage du tableau universitaire. La seconde est le nombre d'or, ou
cycle lunaire. La troisième reproduit la lettre dominicale. La quatrième montre la suite
des calendes, des ides et des nones. La cinquième contient la désignation des fêtes. La
sixième, moins distincte pour l'œil, est remplie, d'une manière variable, par les diverses
observations ou renseignements qui accompagnent ce tableau des féries de l'année.
On y pourra remarquer en outre un signe
qui se répète, à de certains jours, avec une
sorte de périodicité ; par exemple aux 1er et
25 janvier, 3 et 25 mai, 10 et 15 juin, et 15
juin, etc. Ce signe consiste en un D,
quelquefois seul et quelquefois accompagné d'une abréviation. Dans l'un et l'autre cas, il est l'abrégé de *Dies* et signifie (en
sous-entendant *periculosus*) *jour périlleux*
ou malheureux. On sait en effet que, dans
les croyances du moyen âge aussi bien que
de l'antiquité, les astres étaient censés exercer sur divers jours de l'année une influence
favorable ou funeste. Ainsi, il y avait tels
jours où l'on considérait la saignée, la pur-
gation, comme opportunes. Tels autres jours,
au contraire, étaient regardés comme mauvais pour la santé ; ces jours-là il était prudent de ne point commencer une entreprise importante, de ne point partir en
voyage, sous peine d'échec ou d'accident.
C'est ce que l'on appelait les jours heureux
et périlleux (1).

(1) « Le 22e jour de 7bre l'an 1466, le roy (Louis XI)
fut souper en l'hostel du sire Denis Hiusselin, son
pannetier et eslen de Paris, et audit hostel le roy
trouva trois beaux bains richement accoustrez cui-
dant que le roy deust illec prendre son plaisir et se
baigner ; ce qu'il ne fit pour aucunes choses qui en
raison l'émeurent, c'est assavoir, tant pour ce qu'il
estoit enrhumé, qu'aussi le *temps estoit dangereux*. »
(*Le cabinet du roy Louis XI*, Paris, 1661, in-12,
p. 12.) Entre autres traités curieux sur ce sujet, on
peut consulter l'ouvrage de Gilles Canivet, recteur,
astrologue et médecin de l'Université de Paris, qui
florissait au commencement du xve siècle : *Amicus
medicorum*, Francfort, 1614, in-12, p. 431 ; et les
*Jours heureux et périlleux révélés au bon saint Job*,
livret plusieurs fois imprimé, gothique et rond ; aujourd'hui assez rare. Dans beaucoup de calendriers,
le D. manque. Quelquefois il est remplacé par cette
formule : *Dies eg.* et une abréviation : *Dies egritu-
dinis?* (Ms. des Archives nationales L. 2.) Plus rarement on trouve cette note explicite : *Jour périlleux* (*Heures du cardinal d'Amboise*, Ms n° 91.
Biblioth. roy. de La Haye). Très-souvent aucun signe
n'est marqué à chacun des jours, mais on lit en tête
de chaque mois un vers latin qui l'indique ; tel que,
par exemple, pour le mois de janvier : *Jam prima
dies et septima fine timetur* ; et pour le mois de juin :
*Junius in decimo quindenum in fine salutat*. Pour
avoir la clef de ces sortes d'énigmes, il suffit de savoir : 1° que ce vers fait allusion aux jours périlleux ; 2° que le premier nom de nombre qui s'y

JANUARIUS Anno 1452.

**1. III.** A.    CIRCUMCISIO DOMI-
[NI. ☽ Non legitur.
[*Nec in T[heologia.*]

**2.**    B. Non.

**3. XI.** C. N.    GENOVEFE. *Non legitur
in T[heologia].*

**4.**    D. N.

**5. XIX.** E. N.    Non legitur ultra ter-
[ciam.

**6. VIII.** F. Idus. EPIPHANIA DOMINI. Fes-
[tum alemanorum.
[Non legitur curso-
[rie pro crastino.
[(*Nec in t[heologia].*)

**7.**    G. Id.    *Non legitur ordinarie.
[Legitur in t[heolo-
[gia].*

**8. XVI.** A. Id.    *Resumuntur magistri
[lectiones ordinarie
[in crastino crastini
[Epifanie. Legitur
[in t[heologia].*

**9. V.** B. Id.    Non legitur ultra ter-
[ciam.

**10.**    C. Id.    GUILLELMI BITURI-
[CENSIS. Festum
[nacionis Francie.
[Non legitur. *Nec in
[t[heologia].*

**11. XIII.** D. Id.    Non legitur pro cras-
[tino. FESTUM BEATI
[PAULI PRIMI HERE-
[MITE. Non legitur.

**12. II.** E. Id.

**13.** F. Id.    FIRMINI. Festum am-
[bianensium. Non
[legitur. *Nec in
[T[heologia].*

**14. X.** G. Kal.

**15.** A. Kl.    MAURI ABBATIS. Festi-
[ve.

**16. XVIII.** B. Kl.

**17. VII.** C. Kl.    ANTHONII ABBATIS. Fe-
[stum Burgundo-
[rum. Burgundi so-
[lent supplicare.
[*Non legitur Nec in
[t[heologia].*

**18.** D. Kl.

**19. XV.** E. Kl.

**20. IIII.** F. Kl.    FABIANI SEBASTIANI.
[Festive.

**21.** G. Kl.    AGNETIS VIRGINIS. Fe-
[stive.

**22. XII.** A. Kl.    VINCENTII MARTYRIS.
[Non legitur. *Nec
[in t[heologia].*

**23. I.** B. Kl.

**24.** C. Kl.

**25. IX.** D. Kl.    CONVERSIO SANCTI
[PAULI ☽ Non le-
[gitur. *Nec in t[heo-
[logia].*

**26.** E. Kl.    POLICARPI. Festive.

**27. XVII.** F. Kl.    JULIANI.

**28. VI.** G. Kl.

**29.** A. Kl.    In *crastino* purifica-
[tionis fiat missa
[apud predicatores,
[pro animabus de-
[functorum univer-
[sitatis.

**30. XIIII.** B. Bl.

**31. III.** C. Kl. (1)

FEBRUARIUS.

**1.** D.    Non legitur ultra terciam.

**2. XI.** E. Non. PURIFICATIO BEATE
MARIE. Non legitur.
*Nec in t[heologia].*

**3. XIX.** F. N.    *Blasii. Fit missa apud
præedicatores.* Festive.

**4. VIII.** G. N.

**5.** A. N.    AGATHÆ VIRGINIS. Festive.

**6. XVI.** B. Idus.

**7. V.** C. Id.    Die sabbati ante carni-
privium incipientur
cursus in mon[asterio]
sancti Jacobi.

**8.** D. Id.    In capite jejunii ab « Esto
michi » usque ad quin-
tam feriam, non legi-
tur ordinarie.

(1) *Variantes tirées d'autres manuscrits.* — JAN-
VIER. — **1.** *(Ce chiffre et les suivants indiqueront les
quantièmes du mois.)* P : Non legitur in aliqua facultate. — **2.** G : Octava sancti Stephani. — **3.** P :
Non legitur in theologia, nec in decretis; tamen legitur in aliis. D : Non legitur quia scole sunt in
parochia ejus (Genovefe). — **5.** G. et P : Hac die,
que est vigilia Ephiphanie, non legitur ultra terciam
in vico straminis nec in novis (scolis) nostre domine
in vico Brunelli.
   **6.** G et P : Non legitur in aliqua facultate. —
**7.** G et P : In crastinum in vico Brunelli non legitur;
in aliis tamen legitur. — **8.** G et P : Hac die reincipi-
piunt ordinarie magistri in vico straminis. — **9.**
G et P : Hac die non legitur ultra terciam in vico
straminis, propter reverenciam beati Guillelmi Bi-
turicensis archiepiscopi. Non legitur in aliqua facultate.
   **11.** G et P : Non legitur in aliqua facultate : fit
sermo in Augustinensibus eodem die.—**13.** G et P :
Electio procuratoris. Non legitur in aliqua facultate.
— **14.** G et P : Nota quod die Martis proxima post
festum Epiphanie, doctores decretorum reincipiunt
legere in decretis et continuare debent usque ad
vigiliam Palmarum.
   **16.** G et P : Non legitur in decretis; tamen legitur
in decretalibus ista die. — **17.** G. et P : Non legitur
in vico Brunelli; legitur tamen in aliis. — **20.** G et
P : Non legitur in vico Brunelli; legitur tamen in
aliis. — **22.** G et P : Non legitur in aliqua facultate.
— **25.** G et P : Non legitur in aliqua facultate.—**27.**
G et P : Non legitur cursorie et non legitur in vico
Brunelli; tamen legitur in aliis.

trouve exprimé doit se compter à partir du premier
jour du mois, et que le second nom de nombre doit
se compter en remontant à partir du dernier jour
de ce même mois. Ainsi, en janvier, le second nom
de nombre (*septima fine*) indiqué avec le premier
(*prima dies*), en remontant à partir du 31, donne le 25.
Qu'on jette les yeux sur notre calendrier universitaire, on trouvera en effet le 1ᵉʳ et le 25 janvier
marqués comme jours périlleux ; de même au 10 et
15 juin, et ainsi des autres.

9. XIII. E. Id.   In die carniprivii non legitur ultra terciam.

10. II.   F. Id.   In quarta feria post « Esto michi » non legitur.

11.   G Id.
12. X.   A. Id.
13.   B. Id.
14. XVIII. C. Kalend.
15. VII. D. Kl.
16.   E. Kl.
17. XV. F. Kl.
18. IIII. G. Kl.
19   A. Kl.
20. XII. B. Kl.
21. I.   C. Kl.
22.   D. Kl.   CATHEDRA SANCTI PE-TRI. Non legitur. *Nec in t[heologia].*

23. IX. E. Kl.
24.   F. Kl.   MATHIE APPOSTOLI. Non legitur. *Nec in t[heologia].*

25. XVII. G. Kl.
26. VI. A. Kl.
27.   B. Kl.
28. XIIII. C. Kl.   TRANSLATIO SANCTI AU-GUSTINI. Non legitur (1).

MARCIUS *habet dies* 31, *luna* 30.

1. III. D.
2.   E. Non.
3. XI. F. N.
4.   G. N.
5. XII. A. N.
6. VIII. B. N.
7.   C. N.   FESTUM BEATI THOME DE AQUINO. Non legitur. *Nec in t[heologia].*

8. XVI. D. Idus.
9. V. E. Id.
10.   F. Id.
11. XIII. G. Id.
12. II.   A. Id.   GREGORII PAPE. Non

(1) *Variantes.* — FÉVRIER. — 1. G et P : ... Neç in aliqua facultate, propter festum Purificationis. — 2. G et P : Fit sermo in Carmelitis. — 5. G et P : Non legitur in vico Brunelli; legitur tamen in aliis. D : Missa communis Universitatis. — 4. G et P : In crastinum sancti Blasii non legitur in vico Brunelli, sed ista die recuperatur crastinum Purificationis.
10. G. et P : Continuatio procuratoris.
11. G et P : Nota quod usque ad V^{tam} feriam sequentem non legitur ordinarie sed cursorie in vico straminis. — 13. G et P : Nota quod in die qua cantatur *esto michi*, rector debet semonciare in Jacobitis et post ejus sermonem legitur privilegium bejanorum per unum bidellum et postea fit sermo magnus. — 15. G et P : Nota quod in die Carnisprivii non legitur in vico Brunelli, nec in vico straminis; tamen legitur in aliis.
17. G et P : Nota quod prima die quadragesime non legitur in aliqua facultate et eadem die de mane fit sermo in Cordigeris, sed non fit collatio eadem die post prandium. D : Sciendum est quod legitur die Carnisprivii ; non in die Cinerum.
21. G et P : Non legitur in aliqua facultate. —
24. G et P : Non legitur ; eadem die est dedicatio ecclesie Sancti Dionisii in Francia, et sunt ibi illa die magne indulgencie et magnus concursus populi.
28. G et P : Non legitur in aliqua facultate et fit sermo in Augustinis.

legitur. *Nec in t[heologia].*

13.   B. Id.
14. X. C. Id.
15.   D. Id.
16. XVIII. E. Kalend.
17. VII. F. Kl.   Ultima die legibili ante Annunciationem dominicam erit electio Rectoris.

18.   G. Kl.
19. XV. A. Kl.
20. IIII. B. Kl.   CUTBERTI.
21.   C. Kl.   BENEDICTI. Non legitur ordinarie. *Nec in t[heologia].*

22. XII. D. Kl.
23. I.   E. Kl.   *Ultima die legibili ante Annunciationem dominicam eligitur Rector.*

24.   F. Kl.   Non legitur ultra terciam.
25. IX. G. Kl.   ANNUNCIATIONIS DO-MINICE. Non legitur. *Nec in t[heologia].*

26.   A. Kl.
27. XVII. B. Kl.   A sexta feria ante Ramos Palmarum usque post Quasimodo non legitur ordinarie.

28. VI. C. Kl.
29.   D. Kl.   In vigilia Palmarum incipientur cursus in mane.

30. XIIII. E. Kl.
31. III. F. Kl.   In sexta feria post Ramos non legitur (1).

(1) *Variantes.* — MARS. — 1. G et P : Nota quod in omnibus sabbatis XL^e (Quadragesime) non legitur in aliqua facultate post prandium excepto in vico Brunelli et quod in predictis sabbatis in completorio fit collatio in Cordigeris. — 4. G et P : Nota quod bachalarii legentes de mane ordinarie in vico Brunelli debent in XL^a legere usque quo dimittitur pulsare pro primis in ecclesia cathedrali, et in omnibus aliis temporibus, dimittunt statim quod incipiunt pulsare pro primis, in ecclesia cathedrali.
7. G et P : Non legitur in aliqua facultate. Eodem die fit sermo in Jacobitis. — 9. G et P : Nota quod bachalarii in decretis qui legunt in novis sancti Jacobi ante XL^am et post, legunt in terciis per totam XL^am; similiter faciunt legentes bibliarum. — 10. G et P : Procuratoris electio.
12. G et P : Non legitur in aliqua facultate.
17. G et P : Legibili ordinarie... et durat rector usque ad vigiliam Johannis Baptiste.
21. G et P : Non legitur in theologia nec in decretis ; tamen legitur in aliis eodem die cursorie in vico straminis. — 23. G et P : Nota quod in vigilia Annunciationis dominice non legitur ultra terciam in vico straminis nec in vico Brunelli. — 25. G et P : Non legitur in aliqua facultate.
26. G et P : In crastino non legitur in vico Brunelli; tamen legitur in omnibus aliis. — 27. G et P : Nota quod in die Jovis albi, in die beati Veneris, et in vigilia Pasche quod (*sic*) fit sermo in Cordigeris post prandium, sed non ante. — 29. G et P : Nota quod in Augustinensibus in die beati Veneris de mane fit sermo in Lombardo, in Theutonico, et Gallico una et eadem hora in tribus locis in ista domo. — 30. D et D C : Notandum quod a die Veneris ante ramos Palmarum in quo disputatur de *quolibet*, non

**APRILIS.**

1.
2. XI.   Á. Non.
3.     B. N.
4. XIX.   C. N.   AMBROSII. Non legitur. *Nec in t[heologia].*
5. VIII.   D. N.
6. XVI.   E. Idus. In festo Pasche et Pentecostes usque ad quintam feriam non legitur.
7. N.     F. Id.
8.     G. Id.
9. XIII.   A. Id
10. II.    B. Id
11.     C. Id
12. X.    D. Id.
13.     E. Id.   n quocumque festo non legitur. In vigilia ejus non disputabitur.
14. XVIII. F. Kalend.
15. VII.   G. Kl
16. ·     A. Kl.
17. XV.   B. Kl
18. IIII.   C. Kl
19.     D. Kl
20. XII.   E. Kl.
21. I.     F. Kl.   *Non disputatur propter reliquias.*
22.     G. Kl.
23. IX. !   A. Kl.   GEORGII. Festive.
24.     B. Kl.
25. XVII.   C. Kl.   MARCI EVANGELISTE. Non legitur. *Nec in t[heologia].*
26. VI.   D. Kl.
27.     E. Kl.
28. XIIII.   F. Kl.
29. III.   G. Kl.   PETRI MARTIRIS. *In theologia legitur.* Non legitur ordinarie.
30.     A. Kl. (1).

**MAYUS.**

1. XI.   B.   APOSTOLORUM PHI-
legitur ordinarie usque ad diem Martis post octavam Pasche.

31. G et P : Nota quod in vigilia Palmarum et in die Mercurii proxima sequenti in novis Nostre Domine non legitur in vico Brunelli. — Item nota quod a IIII[ta] feria ante magnum Pascha usque ad diem Jovis post idem festum non legitur in aliqua facultate.

(1) *Variantes.* — AVRIL. — 1. G et P : Nota quod doctores in decretis non legunt a vigilia Pasche floride usque ad diem Martis post Quasimodo. — 4. G et P : Non legitur in aliqua facultate.
7. G et P : Procuratoris continuatio.
17. D : De translatione sancti Ludovici regis fit festum die Martis post festum Ascensionis Domini.
22. G et P : Revelacio corporum sancti Dionisii sociorumque ejus; eodem die sunt magne indulgencie in sancto Dionisio. — 23. G. et P. Non legitur in vico Brunelli; tamen legitur in aliis facultatibus. — 25. G et P : Letania major. Non legitur alicubi.
26. G et P : Dedicacio sancte Capelle pallacii regum Francie : in ista die et post octavam sunt ibi magne indulgencie et magnus concursus populi. — 29. G et P : Non legitur in aliqua facultate excepto in vico straminis ubi tum legitur cursorie et eodem die fit sermo in Jacobitis.

LIPPI ET JACOBI. Non legitur. *Nec in t[heologia].*
2.     C. Non.
3. XIX.   D. N.   INVENTIO SANCTE CRUCIS. Non legitur. ⅅ
4. VIII.   E. N.
5.     F. N.
6. XVI.   G. N.   JOHANNIS ANTE PORTAM LATINAM. Non legitur. *Nec in t[heologia].*
7. V.    A. N.
8.     B. Idus.
9. XIII.   C. Id.   TRANSLATIO SANCTI NICHOLAY. Non legitur. *Nec in t[heologia].*
10. II.    D. Id.
11.     E. Id.   *In crastino Ascensionis non legitur cursorie.*
12. X.    F. Id.   *In Rogationibus non disputatur.*
3.     G. Id.   In vigilia Pasche, Ascensionis, Pentecostes, Trinitatis, non legitur ultra terciam. Nec etiam in vigilia Sacramenti. In crastino Ascensionis non legitur ordinarie.
14.     A. Id.
15.     B. Id.
16.     C. Kal.
17. XV.   D. Kl.   A sexta feria ante Pentecostes usque in crastino Trinitatis non legitur ordinarie.
18. IIII.   E. Kl.
19.     F. Kl.   FESTUM *Beati* YVONIS celebratur ista die in Universitate; non legitur.
20. XII.   G. Kl.   *In die Eucharistie non legitur.*
21. I.     A. Kl.
22.     B. Kl.
23. IX.   C. Kl.
24. ·     D. Kl.   DOMINICI. Festive.
25. XVII.   E. Kl.
26. VI.   F. Kl.   AUGUSTINI. Festive. ⅅ
27.     G. Kl.
28. XIIII.   A. Kl.   GERMANI. *Non legitur.*
29. III.   B. Kl.
30.     C. Kl.
31. XI.   D. Kl. (1).

(1) *Variantes.* — MAI. — 1. G et P : Non legitur alicubi. — 3. G et P : Non legitur alicubi. D C : Ab hoc die missa facultatis celebratur hora prima. — 5. G et P : Electio procuratoris.
6. G et P : Non legitur alicubi. — 8. G et P : In vigilia ante nocte sancti Nicholai non legitur ultra terciam in vico straminis nec in novis beate Marie in vico Brunelli. — 9. G et P : Non legitur. D : Fit missa facultatis. — 10. G et P : In crastino non legitur in vico Brunelli.
12. G et P : In vico straminis. — 13. G et P : ... terciam in aliqua facultate. — 14. G et P : In

JUNIUS.

| | | |
|---|---|---|
| 1. | E. | PETRI MARTIRIS *et Nico-*[medis. Festive. |
| 2 | XIX. | F. Non. |
| 3. | VIII. | G. N. |
| 4. | XVI. | A. N. |
| 5. | V | B. N. |
| 6. | | C. Id. |
| 7. | XIII | D. Id. |
| 8. | II. | E. Id. |
| 9. | | F. Id. |
| 10. | X. | G. Id. |
| 11. | A. | Id. BARNABE APOSTOLI. [Non legitur. *Nec in* [t[heologia]. |
| 12. | XVIII. | B. Id. |
| 13. | VII | C. Id. |
| 14. | | D. Kal. |
| 15. | XV. | E. Kl. Ultima die legibili ante [festum beati Johan-[nis Baptiste erit elec-[tio Rectoris. |
| 16. | IIII. | F. Kl. |
| 17 | | G. Kl. |
| 18. | XII. | A. Kl. |
| 19. | I. | B. Kl. GERVASII PROTHASII. Festive. |
| 20. | | C. Kl. |
| 21. | IX. | D. Kl. |
| 22. | | E. Kl. |
| 23. | XVII. | F. Kl. Non legitur ultra ter-[ciam. Vigilia. *Electio* [*Rectoris.* |
| 24. | VI | G. Kl. NATIVITAS BEATI JO-[HANNIS BAPTISTE. [[Non legitur. *Nec in* [t[heologia]. |
| 25. | | A. Kl. ELIGII. Non celebratur [in theologia. Non le-[gitur. |
| 26. | XIIII. | B. Kl. Ab ultima die legibili |
| 27. | III. | C. Kl. [ante festum beati |
| 28. | | D. Kl. [Petri usque in crasti-|
| 29. | XI. | E. Kl. [num beati Ludovici [non legetur ordinarie [et proclamantur cur-[sus s[cilicet] in vigi-[lia Petri pro proximo [die legibili. Vigilia SS. |

crastinam Ascensionis non legitur in vico Brunelli ; tamen legitur in aliis.

17. G et P : .... ordinarie in vico straminis, sed cursorie.

21. D et D C : Notandum quod a die Veneris ante Penthecosten usque ad diem Martis post octavam ipsius festi Penthecostes, non legitur ordinarie nec doctoratur. — 24. G et P : Non legitur in theologia ; tamen legitur in omnibus aliis. — 25. G et P : Translacio sancti Francisci. Non legitur in theologia ; tamen legitur in omnibus aliis.

29. G et P : Nota quod doctores in decretis non legunt a vigilia Penthecostes usque ad diem Martis post festum sancte Trinitatis.

Après 31. G et P : Nota quod die Martis proxima post Ascensionem Domini quod scelebratur festum de revelacione capitis sancti Ludovici regis et in eadem die et pro octava sunt magne indulgencie in capella regia et ista die non consuevit legi in vico Brunelli. Legitur tamen in aliis.

PETRI ET PAULI APOSTOLORUM non [legitur. *Nec in* t[heo-[logia].

| 30. | | F. Kl. (1) |
|---|---|---|

JULIUS.

| | | |
|---|---|---|
| . | XIX | G. Octaba sancti *Johannis* [*Bavtiste. Festive.* |
| 2. | VIII | A Non. |
| 3. | | B. N. |
| 4. | XVI. | C. N. TRANSLATIO SANCTI MAR-[TINI. Festive |
| 5. | V. | D. N. |
| 6. | XIII. | E. N. OCTABA PETRI ET PAULI. [Festive. |
| 7. | | F. N. |
| 8. | II. | G. Idus. |
| 9. | | A. Id |
| 10. | X. | B. Id. |
| 11. | | C. Id. TRANSLATIO SANCTI [BENEDICTI. Non le-[gitur nec ordinarie [nec cursorie. |
| 12. | XVIII. | D. Id. |
| 13. | VII. | E. Id. |
| 14. | | F. Id. |
| 15. | XV. | G. Id. |
| 16. | IIII. | A. Kalend. |
| 17. | | B. Kl. |
| 18. | XII. | C. Kl. |
| 19. | I. | D. Kl. |
| 20. | | E. Kl. MARGARETE. Festive. |
| 21. | IX. | F. Kl. VICTORIS. Festive. |
| 22. | | G. Kl. MARIE MAGDALENE. Non [legitur ; nec *in* t[heo-[logia]. |
| 23. | XVII. | A. Kl. |
| 24. | VI. | B. Kl. |

(1) *Variantes.*—JUIN.—3. G et P : In vigilia sancti Sacramenti non legitur in novis nostre Domine in vico Brunelli.—5. G et P : In die sancti Sacramenti non legitur in aliqua facultate.

6. G et P : Nota quod in crastino sancti Sacramenti non legitur in vico Brunelli ; legitur tamen in aliis.
11. G et P : Non legitur in aliqua facultate. —
13. G et P . Antonii cordigeri. Non legitur in theologia. Legitur tamen in omnibus aliis.
19. G et P : Non legitur in vico Brunelli tamen legitur in aliis.
22. G et P : Nota quod in vigilia Johannis Baptiste, eligitur novus rector et durat usque ad crastinum sancti Dionisii. — 25. G et P : Non legitur in vico straminis nec in vico Brunelli, tamen legitur in aliis.
28. G et P : Non legitur in aliqua facultate ultra terciam. — 29. G et P : Non legitur in aliqua facultate. — 30. G et P : Electio procuratoris. Non legitur in vico Brunelli, tamen legitur in omnibus aliis.
Après le 30. G et P : Nota quod a vigilia beatorum apostolorum Petri et Pauli, non legitur in decretis per doctores ordinarie nec in theologia per magistros usque ad crastinum sancte Crucis ; tamen aliquotiens in predicto tempore legitur extraordinarie, in vico Brunelli per unum doctorem in decretis. Item nota quod a vigilia apostolorum non legitur ordinarie in vico straminis usque ad crastinum sancti Ludovici regis Francie. D et D C : Sciendum est quod vacationes incipiunt a festo apostolorum Petri et Pauli et durant quantum videtur expedire magistris, quandoque ad festum sancti Egidii, quandoque plus.

4.

25.    C. Kl.   JACOBI APOSTOLI.
[Non legitur; *nec in*
*t[heologia]*.
26. XIIII.   D. Kl.   MARCELLI. Festive.
27. HI.   E. Kl.
28.   F. Kl.
29. XI.   G. Kl.
30. XIX.   A. Kl
31.   B. Kl.   GERMANI. Festive (1).

AUGUSTUS

1. VIII.   C.    AD VINCULA SANCTI
[PETRI. Non legitur.
[D *Nec in t[heologia]*.
2. XVI.   D. Non.
3. V.   E. N.   INVENCIO SANCTI STE-
[PHANI. Non legitur.
4.   F. N.
5. XIII.   G. N.   DOMINICI. Non legitur.
(*Nec in t[heologia]*.
6. II.   A. Idus.
7.   B. Id.
8. X   C. Id.
9.   D. Id.   VIGILIA.
10. XVIII.   E. Id.   LAURENCII MARTIRIS.
[Non legitur. *Nec in*
*t[heologia]*.
11. VII.   F. Id.
12.   G. Id.
13. XV.   A. Id.
14. IIII.   B. Kalend. Non legitur ultra ter-
[ciam. VIGILIA.
15.   C. Kl.   ASSUMPTIO BEATE
[MARIE. Non legitur,
|*nec artibus, nec in*
*t[heologia]. Sermo in*
'*Carmelitis*
16. XII.   D. Kl.
17. I.   E. Kl.
18.   F. Kl.
19. IX.   G. Kl.
20.   A. Kl.   *Bernardi abbatis.* Non
[legitur. *Sermo in B[er-*
[*nardinis]*.
21. XVII.   B. Kl.
22. VI.   C. Kl.
23.   D. Kl
24. XIIII.   E. Kl.   BARTHOLOMEI APOS-
[TOLI. Non legitur;
|*nec in t[heologia]*.
25. III.   F. Kl.   LUDOVICI. Non legitur;
[*Sermo in M(2)a[thu-*
[*rinis]*?
26.   G. Kl.   Hic resumuntur lectiones et proclamantur
cursus.
27. XI.   A. Kl.
28. XIX.   B. Kl.   AUGUSTINI. Non legi-
[tur. *Sermo in Aug[us-*
[*tinis]*.

(1) *Variantes.* — JUILLET. — 4 G et P : Non legitur in vico Brunelli tamen legitur in aliis.
11. G et P : Non legitur in theologia nec in vico
Brunelli; legitur tamen in aliis.
22. G et P : Non legitur in aliqua facultate. — 23.
G et P : Non legitur in aliqua facultate.
28. G et P : Beate Anne. Non legitur in vico Brunelli ; legitur tamen in aliis.
(2) Il y a dans le texte un N, sans doute par
erreur.

29.    C. Kl.   DECOLLATIO SANCTI
[JOHANNIS. Non logi-
[tur. *Nec in t[heolo-*
'*qia]*.
30. VIII.   D. Kl.
31.   E. Kl. (1)

SEPTEMBER.

1. XVI.   F.    EGIDII ET LUPI. Non
[legitur in faculta-
[te artium ; sed in
[theologia legitur et fit
[sermo.
2. V.   G. Non.
3.   A. N.
4. XIII.   B. N.
5. II.   C. N.
6.   D. Id.
7. X.   E. Id.
8.   F. Id.   NATIVITAS BEATE MA-
[RIE. Non legitur. *Ser-*
[*mo in Minoribus.*
9. XVIII.   G. Id.   PRO CRASTINO. Festive
10. VII.   A. Id.
11.   B. Id.
12. XV.   C. Id.
13. IIII.   D. Id.
14.   E. Kalend. EXALTATIO SANC-
[TE CRUCIS. Non le-
[gitur; *nec in t[heolo-*
[*gia]*.
15. XII.   F. Kl.   OCTABA BEATE MARIE.
|Festive.
16. I.   G. Kl.   *Eufemie. Legunt magistri*
[*nostri in theologia et*
[*incipiuntur actus.*
17.   A. Kl
18. IX.   B. Kl.
19.   C. Kl.
20. XVII.   D. Kl.   VIGILIA.
21. VI.   E. Kl.   MATHEI APOSTOLI.
[Non legitur. *Nec in.*
'*t[heologia]*
22.   F. Kl.
23. XIIII.   G. Kl.
24. III.   A. Kl.
25.   B. Kl.   FIRMINI. Festive.
26. XI.   C. Kl.
27. XIX.   D. Kl.   COSME ET DAMIANI. Non
[legitur.

(1) *Variantes.* — AOUT. — 1. G et P : Non legitur
in aliqua facultate. — 3. G et P : Non legitur in
aliqua facultate. — 5. G et P : Non legitur in aliqua
facultate; eodem die fit sermo in Jacobitis. — 10. G
et P : Non legitur alicubi.
11. G et P : Non legitur in theologia. Legitur tamen in omnibus aliis. — 14. G et P : Non legitur in
theologia ultra terciam in vico straminis, nec in
vico Brunelli. — 15. D : Missa facultatis.
16. G et P : In crastinum non legitur in vico Brunelli ; tamen legitur in aliis. — 19. G et P : Ludovici Marciliensis ordinis Minorum. Non legitur in
theologia nec in decretis ; tamen legitur in omnibus
aliis. Eodem die fit sermo in Cordigeris.
24. G et P : Non legitur in aliqua facultate. —
25. G et P : Non legitur in aliqua facultate et fit
sermo in bursariis Navarrensibus. Ista die resumuntur lectiones ordinarie in vico straminis.
26. G et P : Continuacio procuratoris. — 29. G
et P : Non legitur in aliqua facultate.

28.    E. Kl.
29. VIII. F. Kl.  MICHAELIS ARCHAN-
    [GELI. Non legitur;
    [nec in t[heologia].
30.    G. Kl.  JERONIMI DOCTORIS.
    'Non legitur; *nec in*
    [t[heologia] (1).

OCTOBER.

1. XVI. A.   REMIGII. Non legitur
    [ordinarie.
2. V. B. Non. LEODEGARII EPISCOPI
    [Festive.
3. XIII. C. N.
4. II. D. N.  FRANCISCI. Non le-
    [gitur. *Sermo in Mi-*
    [*noribus.*
5.    E. N.
6. X. F. N.
7.    G. N.
8. XVIII. A. Idus.
9. VIII. B. Id.  *Dionisii cum sociis*
    [*suis.* Non legitur;
    [*nec in* t[heologia].
10.    C. Id.  TRANSLATIO SANCTI MAR-
    [CIALIS. Festive. *Elec-*
    [*tio Rectoris.*
11. XV. D. Id.  Prima die legibili post
    [festum beati Dioni-
    [sii erit electio Recto-
    [ris et proclamentur
    [cursus pro die le-
    [gibili cursorie.
12. IIII. E. Id.
13.    F. Id.
14. XII. G. Id.
15. I. A. Id.
16.    B. Kal  OCTABA SANCTI DIO-
    [NISII. Festive.

(1) *Variantes.* — SEPTEMBRE. —1. G et P : Non legitur in vico straminis nec in vico Brunelli in aliis
tamen legitur. —3. G et P : Ordinacio sancti Gregorii
pape. Festive.

7. G et P : Non legitur in vico straminis, nec in
novis Nostre Domine in vico Brunelli. — 8. D :
Missa facultatis. 9. G et P : Festive; non legitur in
vico Brunelli; legitur tamen in omnibus aliis.

13. D : Nota quod a vigilia sancte Crucis non legitur per legentes de mane, usque ad crastinum
sancti Dyonisii propter vacaciones. — 14. G et P :
Non legitur in aliqua facultate.

16. D C : Nota : Post festum Exaltationis sancte
Crucis, missa facultatis incipit celebrari hora octava
usque ad... (*Le mot manque*).

21. G et P : Non legitur in aliqua facultate. —
22. G et P : Mauricii cum sociis suis. Festive; non
legitur in decretis; legitur tamen in decretalibus. Procurator eligitur. D : Fiat missa sine lectura decreti.

27. G et P : Non legitur in decretis in vico Brunelli; legitur tamen in decretalibus. — 28. G et P :
Nota quod ab hac die usque ad crastinum sancti
Dionisii non legitur in vico Brunelli. — 29. G et P :
Non legitur in aliqua facultate. —30. G et P : Non
legitur in aliqua facultate. Eadem die consuevit
rex ostendere sanctam crucem in palatio de mane.
Et Cordigeri tenentur ad horas dicendas in capella
regea. Nota quod doctores in decretis non legunt a
vigilia beati Michaelis usque ad diem Martis proximam post festum omnium sanctorum. D C : Notandum quod doctores incipiunt legere in parvo ordi-
nario, prima die legibili post festum exaltationis
sancte crucis, vel prout videbitur facultati expedire.

17. IX. C. Kl.
18. D. Kl.  LUCE EVANGELISTE.
    [Non legitur; *nec in*
    [t[heologia].
19. XVII. E. Kl.
20. VI. F. Kl.
21.    G. Kl.
22. XIIII. A. Kl.
23. III. B. Kl.  ROMANI. Non legitur
    [in facultate artium.
    [Festum Rothoma-
    [gensium.
24.    C. Kl.  MAGLORII. Festive.
25. XI. D. Kl.
26. XIX. E. Kl.
27.    F. Kl.  VIGILIA.
28. VIII. G. Kl.  SIMONIS ET JUDE
    [APOSTOLORUM.
    {Non legitur; *nec*
    [*in theologia.*
29.    A. Kl.
30. XVI. B. Kl.
31. V. C. Kl.  QUINTINI MARTIRIS. Non
    [legitur ultra ter-
    [tiam (VIGILIA); *sed*
    [*bene in* t[heolo-
    [gia] (1).

NOVEMBER.

1.    D.  FESTIVITAS OM-
    [NIUM SANCTO-
    [RUM. Non legi-
    [tur; *nec in* t[heo-
    [logia].
2. XIII. E. Non.  COMMEMORATIO
    [ANIMARUM. Non
    [legitur; *nec in*
    [t[heologia].
3. II. F. N.  MARCELLI. In crastino
    [animarum fit anni-
    [versarium Magistri
    [Guillelmi Antissio-
    [dorensis. Festive.
4.    G. N.
5. X. A. N.
6.    B. Idus.  LEONARDI. Festive.
7. XVIII. C. Id.
8. VII. D. Id.
9.    E. Id.  MATURINI. Non legitur
    [ordinarie.
10. XV. F. Id

(1) *Variantes.* — OCTOBRE. — 1. G et P : Legitur
cursorie in vico straminis. —4. G et P : Non legitur
in aliqua facultate.

9. G et P : Non legitur in aliqua facultate. — 10.
G et P : ..... Rectoris; et durat usque ad primum ò.

11. Ille die lectiones ordinarie reincipiuntur in vico
straminis. D : Hodie debent Bachalarii incipere
suam lecturam et proclamari per cedulam.

16. G et P : Dedicacio ecclesie sancti Michaelis
de Monte Tuba. Non legitur in vico Brunelli; legitur
tamen in aliis. — 18. G et P : Non legitur in aliqua
facultate.

21. G et P : Continuatio procuratoris.—23. G et P.
Non legitur in vico straminis. Tamen legitur in
aliis.

28. G et P : Non legitur in aliqua facultate.

31. G et P : Non legitur ultra terciam in aliqua
facultate.

11. IIII. G. Id. MARTINI EPISCOPI. *
[Non legitur; nec in
[t[heologia].

12. A. Id. PRO CRASTINO. In cras-
[tino Martini, fit anni-
[versarium Magistri
[R[oberti] deSorbona.

13. XII. B. Id. BRICII. Festive.
14. I. C. Kalend.
15. D. Kl.
16. IX. E. Kl
17. F. Kl.
18. XVII. G. Kl. OCTABASANCTI MARTINI.
[Festive.

19. VI. A. Kl. Non legitur ultra ter-
[ciam.

20. B. Kl. EMUNDI REGIS. Fe-
[stum nacionis Angli
[canorum : non legi-
[tur. Bene legitur in [t
[heologia].

21. XIIII. C. Kl. Non legitur PRO CRA-
[STINO.

22. III. D. Kl. CECILIE VIRGINIS. Fes-
[tive.

23. E. Kl. CLEMENTIS MARTI-
[RIS. Non legitur; nec
[in t[heologia].

24. XI. F. Kl. Non legitur ultra ter-
[ciam.

25. XIX. G. Kl. KATHERINEVIRGINIS
[ET MARTIRIS. Non
[legitur; nec in t[heo-
[logia].

26. A. Kl. Non legitur PRO CRA-
[STINO; sed fit missa
[apud Predicatores
[pro defunctis Fes-
[tive.

27. VIII. B. Kl. In CRASTINO NICOLAY,
[fiat missa apud Pre-
[dicatores de Spiritu
[sancto pro conserva-
[tione studii.

28. C. Kl. ꝼ
29. XVI. D. Kl. VIGILIA.
30. V. E. Kl. ANDREE APOSTOLI.
[Non legitur; nec in t[
[heologia] (1).

(1) Variantes. — NOVEMBRE. — 2. G et P : Fit
sermo in Cordigeris. — 3. D : ..... Et in crastino
missa per Universitatem in sancto Mathurino. G et
P : Nota quod die omnium Sanctorum, Rector debet
semonciare ante magnum, sermonem, et inmediate
post sermonem Rectoris, legitur privilegium Bejanorum, per unum bedellum, et postea fit magnus
sermo.
7. G et P : Nota quod die Martis proxima post
festum omnium Sanctorum, doctores in decretis
reincipiunt legere ordinarie in vico Brunelli, et ista
die non legitur aliqua hora in decretalibus. — 9.
G et P : Cursorie legitur in vico straminis.
11. G et P : Non legitur in aliqua facultate. D : In
festo Martini yemalis, sunt vigilie Magistri Roberti
de Sorbona et in crastino missa ab Universitate in
sancto Mathurino. — 12. G et P : Non legitur in
vico Brunelli; tamen legitur in omnibus aliis.
18. G et P : Eligitur procurator. —19. G et P :
Ista die non legitur in vico straminis ultra terciam
propter diem sequentem ; tamen legitur in aliis. —
0. G et P : Non legitur in aliqua facultate.

1. XIII. F. ELIGII EPISCOPI. Non
legitur in aliqua facul-
tate; nec tamen fit ser-
mo; immo [ legitur in
facultate theologie.

2. II. G. Non. OCTABA BEATE CATHE-
RINE. Festive.

3. A. N.
4. X. B. N.
5. C. N. Non legitur ultra terciam in artibus.

6. XVIII. D. Idus. NICHOLAY. Festum Pi-
cardorum.Non legitur;
[nec in t[heologia].

7. VII. E. Id. Non legitur propter
CRASTINUM. Fit missa
opud Predicatores.

8. F. Id. CONCEPTIO BEATE
MARIE. Festum Nor-
mannorum. Non legi-
tur; nec in t[heologia.}

9. XV. G. Id. Non legitur propter CRAS-
TINUM.

10. IIII. A. Id.
11. B. Id.
12. C. Id.
13. II. D. Id. LUCIE VIRGINIS. Festive.
Legitur in theologia.

14. E. Kal.
15. IX. F. Kl. O SAPIENTIA ! Magistri
nostri legunt in theo-
logia.

16. G. Kl. Ista est ultima dies le-
gibilis et eadem die
est electio Rectoris. A
secundo ᵹ, usque in

17. XVII. A. Kl. [CRASTINUM CRASTINI
EPIPHANIE, a lectio-
nibus ordinariis ces-
setur. — Ultima die

18. B. Kl. [legibilii ordinarie
ante Natale Domini,
eligatur Rector et
proclamentur cursus
pro

19. C. Kl. prima die legibili.
20. XIII. D. Kl.
21. III. E. Kl. THOME APOSTOLI.
Non legitur in t [heo-
logia]. ꝼ

22. F. Kl.
23. XI. G. Kl.
24. XIX. A. Kl. VIGILIA. Non legitur ultra terciam.

25. B. Kl. NATIVITAS DOMINI
NOSTRIJESUCHRI-
STI.

21. G et P : Non legitur in vico straminis ; tamen
legitur in omnibus aliis. —23. G et P : Nec in aliqua
facultate.
24. G et P : .... Terciam, in vico straminis nec
in novis nostre Domine, propter festum beate Catherine. — 25. D : Missa.
26. D : GENOVEFE VIRGINIS DE MIRACULO ARDENCIUM.
Missa pro bone memorie Johanne papa XXII° per
Universitatem celebranda in Jacobitis. G et P : In
crastino non legitur in vico straminis, nec in vico
Brunelli ; tamen legitur in omnibus aliis.

26. VII. C. Kl. STEPHANI PROTHO-
MARTIRIS.
27. D. Kl. JOHANNIS APOSTO-
LI.
28. XVI. E. Kl. INNOCENCIUM.
29. V. F. Kl. THOME MARTIRIS.
Festum Anglicorum.
30. G. Kl.
31. XIII. A. Kl. *Sivelstri pape.* Non
legitur ultra terciam.
*Legitur in t[heolo-
gia]* (1)

### Documents divers.

Pièce D. — 1449, octobre 15. Procession des élèves des écoles grammaticales de Paris, pour le recouvrement de la Normandie, par Charles VII.

Nota quod, hodie, fuerunt facte, pro rege existente in partibus Normanie, pro recuperatione Normanie, solennes processiones, ex parte dominorum episcopi et capituli parisiensis, de parvis pueris scolarum ville parisiensis. Qui venerunt et se congregaverunt in ecclesia et cimeterio Sanctorum Innocencium et deinde accesserunt ad ecclesiam parisiensem, processionaliter, bene et honeste videlicet bini et bini, usque ad milia (*sic*) ut dicebatur, sine parvis puellis, tenens quilibet puer unum cereum, seu candelam ardentem in manu sua, deferentes capsam sancti Innocencii et cantantes aliqui *letania* alii *antiphone*, etc. Et ipsis existentibus in ecclesia parisiensi, fuit celebrata missa solennis de nostra domina ante imaginem nostre domine, ludendo de organis et pulsando

1) *Variantes.* — DÉCEMBRE. — 1. G et P : Non legitur in vico straminis nec in vico Brunelli; tamen legitur in aliis. — 5. G et P : Non legitur ultra terciam in vico straminis, nec in novis nostre Domine in vico Brunelli.
6. D : Missa facultatis. — 7. D : In crastino sancti Nicolai est missa in Jacobitis propter *Conceptio beate Marie.* Non legitur et fit missa pro statu Universitatis in Jacobitis a doctoribus, sub pena consueta, de beata Maria. G et P : in crastino non legitur in vico straminis nec in vico Brunelli; tamen legitur in aliis. — 8. G et P : Non legitur in aliqua facultate. D : Missa facultatis. — 9. G et P : Non legitur in vico straminis nec in vico Brunelli; legitur tamen in aliis.
12. G et P : Nota quod doctores in decretis non legunt a primo O usque ad diem Martis proximam post octabam Epiphanie. — 13. D : Missa de *Rorate.* — 14. G et P : Nota quod a IIo O usque ad crastinum Epiphanie, non legitur ordinarie in vico straminis. — 15. D : Notandum quod ab illo die quo cantatur *O sapientia,* non legitur ordinarie per doctores usque ad primam diem legibilem post Epiphaniam Domini; et a vigilia Nativitatis Domini inclusive usque ad crastinum sancti Thome martyris non legitur per bachalarios.
16. G et P : Eligitur rector et durat usque ad ultimum diem legibilem ordinarie in vico straminis ante festum Annunciationis Dominice. — 21. G et P : Non legitur. 31. G et P : Hac die non legitur in novis nostre Domine in vico Brunelli propter reverentiam Circumcisionis.(a).

(a) Le ms. 137, Arsenal, qui renferme le calendrier D, contient en outre, au fo xlviij, quelques notes supplémentaires, ou remarques sur les études. Le calendrier P, ms. de Sainte-Geneviève 900ª, est suivi, fo 10, d'un résumé, présenté mois par mois, des diverses fêtes.

duas majores campanas, videlicet Jacquelinam et Mariam. Quam missam celebravit dominus succentor, videlicet magister Jo. de Oliva; et pueri chori ecclesia tenuerunt chorum; et, missa celebrata, processio ecclesie parisiensis conduxit dictam capsam sancti Innocencii usque ac ecclesiam sancte Genovefe. Que post modum revertit ad ecclesiam ipsam parisiensem. In qua missa et processione fuerunt presentes plures domini canonici et alie persone, cum multitudine copiosa populi gaudente de hujus modi solenni et devota processione (1).

Pièce E. — 1458. Accord entre les magistrats municipaux d'Abbeville et le chapitre de Saint-Wulfran au sujet du roi des écoles et des combats de coqs

Sur le discord et différend meu au siége de la sénéchaussée de Pontieu, et de présent pendant en la court de parlement par appel fait par les maire et eschevins d'Abbeville, de Jehan Flan, sergent du roy nostre sire, entre lesdits maire et eschevins demandeurs et complaignans, et les doyen et capitule de l'église de Saint-Wulfran en ladite ville aians prins en eulx le fait et defence de Maistre Fremin Dufour, maistre de le grant escole, deffendeurs, lesdites parties sont d'accord en la manière qui s'enssuit. C'est assavoir que lesd. doyen et capitule ont acordé et acordent que d'ores en avant ils souffriront et consentiront que iceluy qui demourra roy de l'Escole le nuict des quaresmiaulx, apporte ou fache apporter devers le mayeur de lad. ville, ou camp Saint-George, le cocq qui demourra ledit jour ou autre jour victorieux, ou autre cocq, et que led. roy présente audit maieur pour d'iceluy faire le cholle, en la manière et ainsi que anchienement et auparavant ladite question encommenchiée, estoit accoustumé de faire, sans que ad ce faire lesd. doyen et cappitle, les maistres et prévost desd. escolles ou leurs commis, ores ou pour le temps advenir, puissent ne doivent en ce empescher lesdits maire et eschevins, celluy ne ceulx qui demouroient roys des dittes escolles et se aucunes contentions mouvoit pour telle cause en l'encontre du roy de l'escolle, yceux doyen et cappitle ne le conforteront, aideront, ne sousteront en aucune manière; mais en ce cas donneroit toute faveur possible ausd. maire et eschevins et par ce moyen chascun portera ses despens, encourans en lad. poursuitte et s'y pacifieront les dits maire et eschevins l'appellation, s'aucune y a, à leurs despens et tous sans préjudice aux libertés, droits, usages, franchises et privilége des dits doyen et cappitle, maire et eschevins (2).

Pièce F. — Vers 1467. Règlement de la bibliothèque fondée à Toulouse par le cardinal de Foix près le collége de ce nom.

*De Vibliotheca sive libraria collegii et qui teneant claves.*

In acquirendis libris pro Vibliotheca in

(1) Arch. nat. reg. capitulaires de Notre-Dame de Paris, L. no 417, fo 666?
(2) Biblioth. nation. Mss. de Dom Grenier, IX° pa-

ipso collegio fundanda, exactissimam adhibuimus diligenciam; sed aliis impediti negotiis, ereque alieno onerati, ut in testamento per nos condendo latius declarabimus, non potuimus facere quod Vibliotheca libris, pro necessitate studentium voluntate et oppinione nostris esset referta, etc... Volumus, statuimus et ordinamus quod in Vibliothecam sive librariam per nos constructam reponantur libri quos Deo auxiliante hinc inde brevi portari faciemus... Volumus quod... secundum cujusque scientie facultatem, libri qui reperti fuerint, per scanna ponantur et quilibet liber cum cathena in scanno obfirmetur et in capite cujuslibet scanni, in introitu Vibliothece, descripti sint libri, ut quisque scire possit qui libri et in qua facultate existant. Fiat etiam liber in membranis sive pargamine, in quo omnes libri describantur; qui liber ponetur in dicta Vibliotheca, et dictus liber in quo alii libri describantur, de redditibus et aliis, dicto collegio reponens, custodiatur et bene servetur ut in futurum numerus librorum sciatur. Teneantque claves dicte Vibliothece Rector unam et quilibet collegiatus suam... Quilibet collegiatus prestet juramentum specialiter et expresse, ad quatuor sancta Dei Evangelia corporaliter tacta, in presentia ipsius rectoris et collegiatorum residentium, quod dictos libros bene fideliter et diligenter sine dolo et fraude custodiet, neque extra Vibliothecam sive librariam differet, neque deferri faciet seu permittet, aut aliquid evellet seu evelli faciet, quaternum sive folium ex quo liber deterior fiat, eripiet seu eripi faciet, et si quem sciverit aut cognoverit librum, quaternum, seu folium auferre seu portare, auferri seu portari velle aut facere, eciam si de collegiatis existat, id rectori et collegiatis revelabit incontinenter, et si quis in supradictis deffecerit, sit furto vocatus, teneaturque ad restitutionem ablatorum, ut jura disponunt. Non tamen intelligimus quod si quis collegiatorum velit facere copiari, aut pro legendo indigeat, si rectori et collegiatis videatur possit de eorum voluntate recipere et tenere ad tempus, data cautione de restituendo, et cum contigerit aliquem de collegiatis se absentare, clavem ipsius Vibliothece seu librarie, in presentia collegiatorum residentium, rectori bene et diligenter custodiendam tradat et expediat; quam cum reversus fuerit, juxta statuta de se absentantibus, eidem ipse rector in presencia etiam collegiatorum residentium sub eisdem penis et juramento prestito restituere teneatur (1).

Pièce 9. — Autobiographie de Simon de Phares, astrologue du temps de Charles VIII.

Maistre Florent de Villiers, homme de subtil entendement, fut en ce temps (2) de

quet n° 5, page 172. Communiqué par M. Ch. Louandre.
(1) Archives de la Haute-Garonne, à Toulouse. Extrait du livre des *Statuts du collège de Foix* f° 29.
(2) Entre 1142 et 1150.

la retenue du conte de Dunois, bastard d'Orléans, par le conseilh du quel et de Messire Florent d'Illiers il se gouvernoit en ses haultes entreprinses, par especial ès conquestes de Normandie et Guyenne. Cestui de Villiers fist ma nativité, c'est assavoir la figure astrologalle sur icelle et dist à feu mon père, que Dieu absoille, que ne me bastist jà maison et que je ne demoureroye point au lieu de ma nativité et que toute ma vie seroie en aultrui service et en divers lieux iroye sans guères pouvoir résider en ung lieu longuement. Ce qui a esté bien veriffié. Car le lendemain de ma nativité, fu porté a Chasteaudun ou quel lieu je eus diverses nourrisses. Finablement fuz recueilly de ma grant mère Robine de Phares (1), très honorable et sage, et noury jusques à cinq ans, puis mis à l'escolle avecques les enfans dud. feu conte de Dunoys (2) audit Chasteaudun, soubz Maistre Jehan Pain et depuis soubz Maistre Jehan Garnier leur maistre, où je fuz environ cinq ans. De là fuz pour aprandre à lire, à escrire, compter et gecter, soubz Maistre Jehan Blondel, singulier arisméticien, et y fuz deux ans et furent douze. Puis fus envoyé à Baugency devers ung aultre, nouvellement venu au lieu, où je fuz un an ; puis mis à la pratique de la court laye chez Maistre Anthoine de Rue-qui-dort, alias Preudomme, où je fuz deux ans et de là renvoyay à Orléans, à la Porte-Jaulne, aux Estudes (3), où je fus trois ans ; de là envoyé à Paris en la rue du Feurre, où je aprins *De Spera* et mes introductions de l'*Akabice*. De là fuz appelé au service du premier président Maistre Mathieu de Nanterre (4), où je fuz environ quatre ans. Et là me print en son service feu son disciple feu mémoire le duc Jehan de Bourbon, lequel me mist avecques son médicin et astrologien Maistre Conrrart Hemgarter, Almant, où j'estoye au jour et heure que vous, sire (le Roy Charles VIII°), fustes né à Amboyse (5). Puis désirans de aller ès lieux estranges tousjours aprandre, fuz envoyay en Angleterre aux estudes et fuz à Auxomfort (6) environ deux ans. Puis retouné en Escoce et Ybernie et de là en France, où je ne séjournay guères. Car désir me print de estudier en médicine et fuz à Montpelier trois ans. Puis tiré (tirai) à Rome et à Venize et de là au Kaire et en Alexandrie. Puis retournai vers le dit duc, où je ne résidé guères que le roy Loys (7) me voulst avoir. Toutesfois congnoissant ses inclinations, différé en mon retour ès montaignes de Savoye et voulu congnoistre des herbes ; car j'avoie veu en Levant ce que lon peut veoir de toutes espèces de pierreries et

(1) Un autre Simon de Phares, astrologien, avait joui d'un grand crédit auprès de Charles VII.
(2) Le célèbre bâtard, marié en 1459.
(3) De l'Université.
(4) Premier président de Paris en 1461, mort en 1487.
(5) Le 30 juin 1470.
(6) Oxford.
(7) Louis XI.

aprins à icelles polir et tailler, sculper et graver et couru par toutes les montaignes de Savoye et de Almaigne, serchant les herbes desquelles traicte Aristote en son livre des secrets à Alexandre, aussi Pline et Machever Silvasneur ? et fuz en ceste poursuite par quatre estés, et l'iver me retiroye à Genève, à Saint-Mauriz en Chablais, à Syon, à Berne, à Fribourg ou autre part ès lieux prouchains. De là retourné devers mon maistre, où je fuz quasi jusques à sa mort (1). De là, considérant que Lion est un lieu assez humain, me·i retiré et là basti une maison, assez près de Saint-Jehan, et pensé y résider, et y acoustré une estude en laquelle je mis deux cens volumes, de livres les plus singuliers que je peuz finer et avoir, et la décoré en manière que lon la venoit veoir par plaisir. Si prins femme et en euz quatre filz et une fille; tins estude ouverte de astrologie, de parler et respondre de toutes questions, tant que le Roy Charles VIII<sup>e</sup> de ce nom, fut meu, ung jour de Toussaint, de venir veoir madite estude et oyr de mes jugemens et y continua plusieurs jours, au moien de quoy se (2) détracteur glosa que j'avoye ung esprit familler, pour ce que je respondoye si souldain aux questions qui me estoient faictes. — Auquel Florant de Villiers acorda Maistre Eustache astrologien à Londres, lequel me fist plusieurs révolutions (3) sur madite nativité et me dit plusieurs choses que j'ay veritablement trouvées vrayes ; par espécial des envies qui se esleveroient contre moy et des procédeures que j'auroye contre ses (ces) bigotz sur ma vieillesse, et aussi que seroie suject à gravelle dont bien guériroye, puis auroye *excema* et finablement goute ès piés ; ce que toute ay trouvé et je loue Dieu qui a fait le ciel et tel recourz au moien de quoy je obvie à mes contraires (4).

Pièce H. — Fin du xvi<sup>e</sup> siècle. Ordre du cortége, lors des processions générales de l'Université.

*Ordo colleqiorum in processionibus universitatis tenendus.*

Collegium Bonorum Pue-
— rorum.
— Cardinalis Mo-
— nachi.
— Marchie.
— Navarre.
— Bonecurie.
— Montis acuti.
— Remense.
— Coequeret.
— Cenomanense.
— Sancte Barbare.

A janua Sorbone usque ad domun Aquille.

In parte in.eriori vici Sorbone.

In loco altiori vici Sorbone.

(1) Le duc Jean de Bourbon mourut le 1<sup>er</sup> avril 1489.
(2) Ce détracteur, mon détracteur.
(3) Opérations astrologiques.
(4) Ms. 7487 fr. Bibliothèque Nationale, f° 151. Sur l'histoire de Simon de Phares, ses démêlés judiciaires, etc., ci. Crevier, *Hist. de l'univ. de Paris,* t. IV, p. 170, et les sources qu'il indique.

Collegium Lexoviense.
— Prelarum.
— Belvacense.
— Plexiacum.
— Calvi.
— Magistri Gervasii.
— Burgundie
— Justicie.
— Harricurie.
— Thesariorum.
— de Mignon.
— de Tornaco.

In claustro Sancti Benedicti.

Prope Sanc. Cosmam in vico Cithare.

*Ordo processionum.*

Minores.
Augustinenses.
Carmelite.
Predicatores.
Magistri in artibus.
Ordo charitatis Beate Marie.

*De Sancte Cruce.*

Albi Mantelli.
De Valle scolarium.
De Sancta Trinitate.
Premonstra'enses.
Cistercienses.
Ordo Sancti Benedicti.
Cluniacenses.

*Reliquie* (secundum ordinem predictum).
Baccalaurei in Medicina.
Baccalaurei in decretis.
Baccalaurei in theologia.
Regentes in artibus.
Domini procuratores.
Doctores in medicina.
Doctores in decretis.
Doctores in theologia.

DOMINUS RECTOR.

Officiarii universitatis.
Conciliarii.
Librarii.
Papetarii.
Pergamenarii.
Scriptores.
Religatores.
Illuminatores.
Nuncii universitatis (1).

*Série chronologique de fonctionnaires suprêmes ou de personnages éminents dans l'ordre de l'instruction publique en France, depuis les temps mérovingiens jusqu'à nos jours.*

Ce tableau a d'abord pour objet de fournir, à l'aide des notions propres qu'il renferme, un moyen de contrôle et de vérification pour différentes recherches.

Les éléments qui le composent présentent entre eux, il est vrai, une disparité bien grande, surtout si l'on rapproche les deux extrémités. Il nous semble toutefois qu'un lien d'analogie sérieux rattache les unes aux autres ces diverses parties, et que ce tableau, par l'inégalité même de ces parties, ne reproduit que mieux le développement

(1) Ms. de la Bibliothèque Sainte-Geneviève, 909², f° 11.

progressif d'une idée, d'un intérêt général, qui s'est fait, peu à peu, lentement, de siècle en siècle, une place de plus en plus large au sein de l'administration publique.

Il se divise, comme on va le voir, en quatre époques ou sections. La première est remplie par les chefs de l'Ecole du palais, sous les deux premières races. La seconde embrasse la série des maîtres qui ont enseigné avec le plus d'éclat et de renommée, dans les écoles publiques de la capitale, jusqu'à la fin du xiiᵉ siècle, c'est-à-dire avant la constitution de l'Université de Paris. Cette première portion, fruit de nos propres recherches, est un complément et comme le résumé, sous une forme nouvelle, des notions que nous avons présentées dans les chapitres I et II de cet ouvrage. Aux maîtres fameux des écoles issues de la cathédrale, succède, en troisième lieu, l'institution plus vaste de l'Université, ayant à sa tête le recteur. Bien que l'existence régulière et permanente du rectorat soit bien constatée, au moins dès le deuxième tiers du xiiiᵉ siècle, Du Boulay, le prolixe et laborieux historien de ce corps, et si jaloux de son antiquité, ne commence qu'à 1400 la série de ces fonctionnaires.

Il y a lieu de croire cependant que les registres des nations et de nombreux documents qui subsistaient alors, lui eussent permis de faire remonter beaucoup plus haut cette liste chronologique, s'il eût voulu prendre la peine d'en recueillir les éléments. Lui-même a consigné, pour le xivᵉ siècle, un nombre considérable de notes de ce genre, dispersées dans le texte de son IVᵉ volume. Le tome III en renferme d'autres, qui permettent de poser quelques jalons analogues jusque vers les premiers temps du xiiiᵉ siècle, ou, en d'autres termes, vers les origines du rectorat. Nous avons attentivement réuni ces matériaux, et, en y joignant quelques autres acquisitions provenant de sources diverses, nous sommes parvenu à restituer, au moins sur beaucoup de points, cette chaîne interrompue. Une perquisition spéciale et plus persévérante, et enfin les révélations quotidiennes de l'érudition historique, pourront servir à perfectionner, à étendre, et peut-être un jour à compléter une œuvre de temps et de patience que nous avons dû seulement esquisser.

La nomenclature des recteurs s'arrête, ainsi que l'ouvrage de Du Boulay, à 1600. Nous avons emprunté la suite, jusqu'en 1788, à celui de Lottin (*Catalogue des libraires de Paris*, 1789, in-8°), et il nous a été facile de la continuer jusqu'au dernier jour de l'ancienne université. On pourra recourir avec avantage aux listes originales de Du Boulay et de Lottin, soit pour vérifier de menus détails de chronologie, dans lesquels nous n'avons pas cru devoir entrer, soit pour trouver quelques petits renseignements biographiques relatifs à chacun des recteurs et que le plan de notre travail nous a fait également omettre. La quatrième époque renoue aux temps actuels la période que clôt la révolution fran-

çaise. Nous avons puisé aux sources authentiques les matériaux de ce dernier relevé.

PREMIÈRE ÉPOQUE. — *Chefs de l'École du palais.*

Vers 590. Betharius, évêque de Chartres, en 594.

De 594 à 622 env. Rusticus, év. de Cahors.

Vers 616. Saint Sulpice, évêque de Bourges en 624, mort en 644.

De 630 à 640 env. Athanase.

Idem. Riculfe.

Idem. Varimbert.

Vers 640. Saint Ouen, archichapelain, référendaire, archev. de Rouen.

Entre 651 et 673. Saint Léger, évêque d'Autun.

} Chapelains du roi, abbés ou chefs des clercs du Palais.

De 680 à 782. Lacune. Décadence et supplantation de la race mérovingienne.

782-796. Alcuin fonde l'Académie ou École du palais sous Charlemagne. En 796, il se retire à Tours, où il ouvre de nouvelles écoles. On pense qu'il conserva la surintendance de l'École royale jusqu'à sa mort, arrivée en 804.

De 814 à 818 env. Claude, évêque de Turin vers 818.

818-821 env. Aldric, abbé de Ferrières en 821.

821-837. Amalaire-Symphosius.

Vers 837. Angelome, moine de Luxeu.

Entre 837 et 845. Thomas.

845-871. Jean Scott, *Erigène.*

871-879. Mannon; se retire à Condat en 879, meurt en 892.

DEUXIÈME ÉPOQUE. — *Ecoles publiques de Paris.*

Entre 890 et 908. Remi, élève de l'école de Saint-Germain d'Auxerre, enseigne publiquement à Paris la théologie et les arts libéraux. Son école peut être considérée comme le berceau de l'université de Paris.

De 908 à 960. Maîtres inconnus, formés par Remi.

Vers 960. Abbon, écolâtre de Fleury, vient se perfectionner à Paris, dans l'étude des arts libéraux.

De 990 à 1010. Hubold, chanoine de Liége, vient à Paris. Il professe publiquement les arts libéraux sur le domaine de Sainte-Geneviève.

1023. Lambert, élève de Fulbert de Chartres.

1048. Saint Stanislas, évêque de Cracovie, vient s'instruire à l'Ecole de Paris.

Vers 1050. Drogon, Parisien.

Vers 1052. Saint Adalberon, mort évêque de Wirtzbourg en 1090; saint Gebehard, depuis archevêque de Saltzbourg, et saint Altmann, évêque de Passau, viennent faire ou achever leurs études à Paris.

1053. Wilram ou Valram, élève de l'Ecole du Bec-Hélouin, professe avec éclat la philosophie.

1054. Manngold, de Lutenbach, sa femme et ses filles, enseignent publiquement la théologie et les arts libéraux.

1070. Etienne Harding, depuis abbé de Citeaux, vient à Paris compléter son instruction aux écoles publiques.

1080. Jean et Roscelin, fondateurs de la secte des *nominaux*, enseignent publiquement la théologie, selon la conjecture de D. Rivet. (*Hist. litt.*, t. VII, p. 185.)

1082. Manngold enseigne de nouveau. Il a pour disciple *Guillaume de Champeaux*. *Robert d'Arbrisselles* vient y achever ses études.

1097. Guillaume de Champeaux enseigne les arts libéraux et la théologie. Il a pour disciple et bientôt pour rival *Abailard*.

1108. Guillaume de Champeaux, supplanté par Abailard, va porter son école à Saint-Victor.

De 1108 à 1119. Abailard enseigne à diverses reprises, à Paris, notamment à Sainte-Geneviève.

1119. Alfrède ou Alverède, archidiacre de Tours.

1120-1122. Albéric de Reims enseigne à Sainte-Geneviève la dialectique.

1120-1122. Robert de Melun enseigne, au même lieu, la même faculté.

1120-1122 env. Guillaume de Goncher professe la dialectique, probablement dans le même lieu.

1120-1122 env. Richard Lévesque, Bernard et Thierry, frères, natifs de Bretagne ; Pierre Hélie, professent à Paris les arts libéraux. Ils ont pour disciple Jean de Salisbury.

De 1118 à 1130 environ. Adam du Petit-Pont, chanoine de Paris, enseigne dans la Cité, près du Petit-Pont, les arts libéraux. — Guillaume de Soissons professe les arts libéraux. Jean de Salisbury, son élève, les enseigne également chez Guillaume. — Gilbert l'Universel, mort évêque de Londres en 1135, maître ès arts libéraux. — Gilbert de la Porée, évêque de Poitiers en 1141; même faculté. — Robert Pullus, Anglais, succède à Gilbert de la Porée. Après être repassé en Angleterre, il meurt cardinal et chancelier de l'Église romaine. — Simon de Poissy enseigne les arts libéraux.

1125-1130 env. Ulger, depuis écolâtre à Angers, enseigne publiquement à Paris les arts libéraux.

Vers 1130. Tevrède, professeur de grammaire.

1143. Aubert de Reims et Olivier le Breton, maître ès arts libéraux.

1145-1159. Pierre Lombard enseigne les lettres et la théologie, d'abord, à ce que l'on croit, à Saint-Victor, puis dans la Cité. Il devient évêque de Paris en 1159.

1145-1160. Maurice de Sully, évêque de Paris. Même enseignement.

Depuis..... jusqu'en 1166, Menervius, élève d'Abailard, appelé le *Rhéteur incomparable*, enseigne les belles-lettres.

Même période. Roger enseigne la grammaire, la rhétorique et la dialectique. Il va étudier le droit à Bologne.

Idem. Alberic *de la Vieille-Porte* (nom du lieu où il tenait son école), natif de Reims.

Idem. Raoul le Noir, Anglais de naissance, enseigne à Paris la rhétorique et la dialectique.

Idem. Mathieu d'Angers, depuis cardinal, professe à Paris le droit civil et le droit canonique. Il eut pour disciples *Adam* et *Sylvestre*, qui vont suivre.

1160-1170. Girard la Pucelle, Normand, enseigne le droit à Paris.

1165-1167 environ. Bernard.

Vers 1170. Adam du Petit-Pont (élève de Mathieu), chanoine de Paris, professeur de belles-lettres, évêque de Saint-Asaph, en 1176.

1179. Sylvestre Girard de Cambrie (élève de Mathieu); même faculté. En 1179, il refusa une chaire de droit, qui lui était offerte à Paris.

1180. Alexandre Nekam, Anglais, théologien et philosophe, enseignait encore à Paris en 1180.

1167-1205. Pierre de Poitiers, chancelier de l'Église de Paris, professe la théologie.

Fin du XIIe siècle. Pierre de Corbeil, évêque de Cambrai en 1199, théologien.

Idem. Hugues *le Physicien* professe d'abord les arts libéraux. Il s'adonne ensuite à la médecine, comme son surnom l'indique, s'y rend très-habile, et meurt en 1199.

Idem. Mélior, théologien (?). Il est fait cardinal en 1184.

Idem. Etienne de Nemours, maître à Paris, devient évêque de Noyon en 1188.

Idem. Raoul, maître à Paris. Vers 1190, il devient scolastique à Cologne.

Idem. Guillaume *du Mont* (Sainte-Geneviève), ainsi nommé du lieu de son école ; théologien, devient, en 1192, chancelier de Lincoln en Angleterre.

1190 et suiv. Etienne de Paris, archidiacre d'Autun, professeur de droit civil et canonique.

Extrême fin du XIIe siècle. Jean *de Paris* ou *du Petit-Pont*, professeur de belles-lettres.

— Adam de Grand-Pont, Parisien, *id.*

— Gilles le poëte, *id., id.*

— Anselme, *id.*, professeur de droit, évêque de Meaux en 1200.

De 1195 à 1205. Amaury de Chartres, maître ès arts.

Vers 1199. Etienne Langton, maître en théologie (1), depuis cardinal et archevêque de Cantorbéry.

TROISIÈME ÉPOQUE. — *Recteurs de l'Université de Paris* (2), *depuis son organisation jusqu'en 1793.*

Vers 1225. Petrus de Collemedio (Pierre de Colmieu).

(1) « Gymnasii Parisiensis, decus et *rector*. » C'est ainsi que le désigne la chronique universelle de Philippe de Bergame (1502, in-4, fo 305 vo). L'épithète de *rector* ne saurait être prise ici dans le sens propre de *recteur de l'Université* et se traduirait beaucoup mieux par le mot *régent*. C'est un des exemples nombreux qu'on pourrait citer de l'acception multiple que reçut ce terme dans le principe. Son emploi indique aussi la transition qui s'opéra, à cette époque, dans la qualité de ces chefs, qui se plaçaient en quelque sorte spontanément à la tête de l'école, et qui devinrent bientôt des fonctionnaires régulièrement institués.

(2) *Note sur l'origine du rectorat.* — L'Université de Paris apparaît dans le diplôme de 1200, pourvue

1249. Raimundus de Caturco; Robertus de Colernia, antirecteurs ×.

Vers 1254.    Guillelmus de Sancto Amore.

1256.    Joannes Driton. Voyez ci-après : 1290 et 1292.

De 1272 à 1275.    Albericus de Remis ; Sygerus de Brabantio ×.

1275.    Petrus de Alvernia.

1290.    Joannes de Wasta (J. du Guast).

1292.    Joannes de Wasta.

1302 juin.    Petrus de Laignus.

1308 octobre 10.    Vincencius de Freyaco.

1309.    Stephanus Parisiensis.

1312 juin 24.    Hermigus de Dacia.

1312.    Marcilius de Padua.

1314.    Stephanus Parisiensis.

1317 environ.    Guillelmus de Hibernia.

1317.    David de Walha.

1318.    Robertus de Pelmor.

1318 octobre 19 ?    Oliverius Salehadini.

1320.    Joannes Buridanus.

1321 juin 24.    Herveus de Roka.

1323.    Joannes de Aciaco.

1325 juin.    Stephanus de Lingonis.

1325 décembre 10.    Hermannus de Rotomago.

1326 décembre.    Petrus de Dacia.

1327 décembre.    Joannes Buridanus.

1328 juin 23.    Robermus de Pilmor.

1339 juin.    Richardus de Biliaco.

1339 décembre.    Simon de Wenclero.

1340.    Joannes de Bononia.

1341.    Joannes de Veneta.

1341-2 mars.    Joannes Moradas.

1345.    Guil'elmus de Viridimonte.

1347.    Guill Guerin.

1347 décembre.    Joannes de Wesalia.

1348.    Alanus de Prope Pontou.

1350 octobre 10.    Marcuardus Scotus.

1350 décembre.    Julianus de Muris.

1350-1 mars.    Joannes de Remis.

1352 octobre 10.    Wischius Wenslay

1353 juin.    Albertus de Saxonia.

1355 octobre 10.    Albertus de Bohemia.

1356 décembre.    Joannes Ance.

1356-7 mars.    Robertus Normanus.

1358 juin 24.    Joannes de Marchia.

1358 décembre.    Joannes Ance.

1359.    Joffridus de Miricedia.

1359 juin.    Guillelmus Alkines.

1361 décembre 15.    Gobertus de Monteberaudi.

1361 mars 19.    Dionysius Flatonis de Baredis.

1362-3 mars.    Dionysius Flatonis.

1363 juin.    Erardus Macardi.

1363 septembre.    Joannes Ricmestorp.

1363 octobre 10.    Oudardus Belleti.

1363 décembre 15.    Joannes Ricmestorp

1363-4?    Joannes de Saxonia.

1364 novembre 29.    Guillelmus Bufer.

1365 juin.    Joannes de Diodena.

1365 décembre 15.    Thilmannus de Eyhe.

1365-6 mars 24.    Macharius Magnus

1366 juin 23    Joannes Petri.

366 août.    Petrus de Suecia.

1366 septembre 16.    Joannes de Trelon.

1366-7 mars 24.    Joannes de Dunghen.

1367 juin 23.    Arnestus de Wenen.

1367 octobre 10.    Marcilius de Inghen.

1368 juin 24.    Theobaldus de Alba Petra.

1368 octobre 10.    Franciscus de Sancto Michaele.

1368 décembre 16.    Guillelmus Carnificis.

1369.    Jacobus Peroti.

1369-70 mars 30.    Hugo L'envoisyé.

1370 juin 24.    Gerardus de Maniliis.

1370 octobre 10.    Gerardus de Maniliis.

1370 décembre.    Lambertus de Marchia.

1370-1 mars.    Petrus de Selenayo.

1371.    Marcilius de Inghen.

1371 décembre.    Matheus de Hersmo.

1372-3 mars 24.    Joannes de Behe.

1373 juin 24.    Guillelmus Thevenardi.

1373 octobre 11.    Joannes de Roncuria.

d'une organisation et d'un chef. Ce dernier y porte le nom de *capital* (en latin *capitalis* ou *capitale*). Outre cette différence de dénomination, diverses circonstances de l'acte peuvent faire hésiter à établir une assimilation complète entre ce personnage et un *recteur* de l'Université. Du Boulay cite, sous la date de 1206, un acte authentique, c'est-à-dire un *accord des nations relatif à l'élection du recteur ;* mais il ne vise cette pièce qu'indirectement, d'après certains inventaires. (*Voy. Hist. Univ. Par.,* t. III, p. 51.) L'original n'avait jamais passé sous ses yeux. Le premier témoignage direct, irréfragable, que produise notre historien, est une bulle de Grégoire IX, en date du 12 juin 1237, où le recteur se manifeste de la manière la plus claire. Il est hors de doute, toutefois, que ce fonctionnaire existait dès une époque antérieure, et nous n'hésitons pas à accepter l'indication qui se rapporte à 1206, si ce n'est comme une preuve, au moins comme un indice de la plus grande probabilité. — Nous n'avons aucun renseignement sur le *terme* et le *mode* primitifs d'élection du rectorat. En 1249, l'un et l'autre étaient encore mal fixés ; car à cette époque on voit que les écoliers nommaient, soit un, soit deux recteurs à la fois, et que la durée du mandat était stipulée par les mandants eux-mêmes : «... Usque ad tempus prefixum a dictis electoribus. » (*Hist. Univ.,* t. III, p. 222.) Cette pluralité de recteurs, que Du Boulay caractérise plus tard du nom de *schisme,* paraît s'être perpétuée pendant près d'un quart de siècle, pour se terminer en 1275. Dans le statut ou réformation de 1266, le cardinal Simon de Brie signale la situation où il trouva les choses, comme le résultat d'une coutume où d'un abus *introduit depuis peu de temps,* et qui consistait à renouveler toutes les six semaines, et même tous les mois, l'institution du recteur. C'est alors qu'il prescrivit pour la première fois le mode d'élection trimestrielle ou à quatre termes, savoir : aux 25 juin, 10 octobre, 16 décembre et 25 mars, l'année finissant à la veille de Pâques (*ibidem,* p. 380). Mais en dépit de cette prescription, l'abus condamné se continua longtemps encore, et le même abus est qualifié d'*ancien* dans la réforme ou ordonnance de 1278 (*ibidem,* p. 444.) C'est alors seulement que le nouveau mode fut définitivement institué, et qu'il triompha sans retour dans la pratique, jusqu'à la fin du seizième siècle. A partir du XVIe siècle, le rectorat devint semestriel, puis annuel, puis enfin illimité dans les années qui précédèrent la révolution française. — Nous nous servirons de ce signe × pour indiquer aux yeux les élections dans lesquelles il y eut *schisme,* ou pluralité de recteurs.

1373 décembre 16. Guillelmus Gorrien.
1373-4 mars 24. * Joannes de Behe.
1374-5 mars 23. Guido Guerini.
1375 octobre 10. Joannes de Boncuria.
1376 juin. Guillelmus de Jardino.
1376-7 mars. Herveus Sylven.
1377-juin. Ulricus de Constantia.
1378 décembre 10. Franciscus d'Estele;
1379 juin 23. Joannes de Behe.
1379 décembre 16. Nicolaus de Vaudemont.
1379-80 mars 23. Joannes de Stralen.
1380 décembre 15. Joannes de Salice.
1381 octobre 10. Petrus Reginaldi.
1381 décembre. Henricus de Brenekere.
1382 juin 24. Joannes Waquelot.
1382 octobre 10. Jo. Luqueti de S. Mana-
hilde.

1382 décembre 15. Joannes de Aspero Monte.
1382-3 mars. Dominicus Parvi.
1383 juin 23. Thomas de Boncuria.
1383 décembre 16. Joannes Voignon.
1384 juin. Joannes de Marsono.
1384. Joannes Fillastre.
1384-5 mars. Philippus Parentius.
1385 juin 23. Henricus Rousselli.
1386 décembre Joannes Morame.
1387 octobre 10. Hugo de Landau.
1388. Petrus de Ruella.
1389 juin 23. Joannes Caverius.
1389. Robertus Cardon.
1398 mars. Joannes Rousselli.

| ANNÉES. | PREMIER QUARTIER. Election du 23 juin | DEUXIÈME QUARTIER. Election du 10 octobre. | TROISIÈME QUARTIER. Election du 16 décembre. | QUATRIÈME QUARTIER. Election du 25 mars. |
|---|---|---|---|---|
| 1400-1401 | Guill. de Cella. | Jo. de Monte Leonis | Joan. Campani. | Hemardus Karroerii. |
| 1401-2 | Jacob. de Noviano. | Herveus Evrardi. | Raduf. de Tillia. | Nicolaus Syrenis. |
| 1402-3 | Gervasius Clerici. | Beuvin. de Winvilla. | Nic. de Sancto Elario. | Radulf. de Porta. |
| 1403-4 | Guntherus Colli. | Petrus Cauchon. | Jac. de Barreyo. | Johannes Campani. |
| 1404-5 | Poncius Simoneti. | Reg. de Fontanis. | Joan. de Templis. | Dominic. Chaillon. |
| 1405-6 | Joan. de Almania. | Jo. Pedemontius. | Gervas. Macheti. | Nicol. Syrenis |
| 1406-7 | Joan. Despars. | Henric. Pistoris. | Jo. de Marsono. | Rolan. Scriptoris |
| 1407-8 | Math. Petri. | Jo. de Bellomonte. | Ponsius Simoneti. | Joan. de Lothey. |
| 1408-9 | Henric. Staether. | Joannes Archerii | Joannes Warin. | Joannes de Bria. |
| 1409-10 | Mart. de Arragonia. | Guill. Bardelli | Hugo Fabri. | Andr. de Wesalia. |
| 1410-1 | Henr. Staether. | Roland. Ramier. | Nicol. Amantis. | And. de Bavaria. |
| 1411-2 | Dominic. Chaillon. | Jo. de Camera. | Guill. Rousselli. | Jac. de Harlem. |
| 1412-3 | Jo. Fabri. | Jo. Pulcripatris. | And. de Prussia. | Jo. de Courcelles. |
| 1413-4 | Henric. Gorkan. | Jo. Thevroti. | Philib. Agasse. | Guill. Lochem. |
| 1414-5 | Jo. Campani. | Jo. de Templis. | Guillelm. Blech. | Petr. de Credulio. |
| 1415-6 | Reg. du Boulay. | Jac. de Gouda. | Joan. Hochet. | Simon de Bergeriis. |
| 1416-7 | Pet. Roodh de Abo. | Gaufrid. Henrici. | Joan. Probi. | Francisc. de Brullé. |
| 1417-8 | Egidius Caniveti. | Matheus Menagii. | Petrus Forgeti. | Joannes Hervei. |
| 1418-9 | Laur. de Ulmonte. | Nicolaus Midy. | Joannes de Camera. | Nicol. Amici. |
| 1419-20 | Joan. Archerii. | Dionys. de Sabevrois. | Henricus Thiboust. | Petrus de Mediolano. |
| 1420-1 | Jo. de Gomonte. | Martin. Berruyer. | Nic. de Bellismo. | Simon Oliverii. |
| 1421-2 | Jo. Hochet. | Guill. Evrardi. | Joannes Joannis. | Petrus de Credulio. |
| 1422-3 | Mich. Carpentarii. | Guil. Mentrasse. | Guill. Evrardi. | Nic. de Gondricuria. |
| 1423-4 | Petrus de Longolio. | Guil. Hugueneti. | Jo. de Capella. | Math. Le Vasseur. |
| 1424-5 | Guill. de Fossato. | Nic. de Longolio. | Pet. de Credulio. | Alb. de Werden. |
| 1425-6 | Rad. de Pontbrian. | Rob. de Belloforti. | Jacob. de Celeriis. | Radulf. Barnesse. |
| 1426-7 | Jo. Frogerii. | Ad. de Bragelongne. | Joan. de Bena. | Egidius Houdebin. |
| 1427-8 | Egid. de Stanno. | Jo. Maugerii. | Jo. Joannis. | Thomas Fiene. |
| 1428-9 | Jo. Galet. | Jo. Danchy. | Pet. Mauricii. | Jo. de Gomonte. |
| 1429-30 | Jo. de Ponte. | Nic. Amici. | A. Palene, | Guil. Evrardi. |
| 1430-1 | Rol. de Capella. | Thom. de Courcellis. | Jo. Haveron. | Guil. de Govea. |
| 1431-2 | Petr. Maugerii. | Jacob. Gallet. | Jo. de Courcellis. | Albertus Hole. |
| 1432-3 | Mart. Berech. | Robert. Denys. | Olaus Magni. | Eg. Corderii. |
| 1433-4 | Gerardus Gehe. | Lud. Bailly. | Joan. Hocheti. | Joan. Godart. |
| 1434-5 | Petr. Richerii. | Phil. de Longolio. | Andreas Pelé. | Ludovic. Bailly. |
| 1435-6 | Phil. de Longolio. | Jo. de Courcellis. | Olaus Magnus. | Nicol. Danchy. |
| 1436-7 | Phil. de Longolio. | Gerard. Gehe. | Ludov. Bailly. | Gaufrid. Amici. |
| 1437-8 | Egid. Houdebin. | Rob. Ciboule. | Jacob. Gallet. | Ludov. Bailly. |
| 1439-40 | Hugo Drouardi. | Matheus Poterii. | Guill. Bouylle. | Jo. Mileti. |
| 1440-1 | Joan. de Oliva. | Jo. Danchy. | Guill. Aubry. | Joannes Hue. |
| 1441-2 | Joan. Amici. | Pet. de Vaucello. | Joan. de Oliva. | Nicasius Bel. |
| 1442-3 | Joan. Pluyette. | Arnold. de Spira. | Ans. de Cantabrigia. | Odo. de Credulio. |
| 1443-4 | Alan. de Bellavilla. | Christ. de Parma. | Gervas. Melloti. | Joan. Normani. |

| | | | | |
|---|---|---|---|---|
| 1444-5 | Alb. de Hassia. | Guill. de Tolohan. | Maximil. Pavillon. | Firmin. Rogerii. |
| 1445-6 | Gaufrid. Normani. | Enguerr. de Pa-renti | Gaufrid. Calvi. | Jacobus Luillier. |
| 1446-7 | Petr. Pilatre. | Bereng. Mercatoris. | Joan. Beguin. | Thom. de Gersono. |
| 1447-8 | Joan. Boucart. | Joan. Luillier. | Albert. Scriptoris. | Joan Pluyette. |
| 1448-9 | Jacob. Bernardi. | Joan. Daucart. | Jo. Charpentier. | Jacob. Luillier. |
| 1449-50 | Jo.·Escombart. | Tilmanus de Gouda. | Gaufrid. Calvi. | Albert. Scriptoris. |
| 1450-51 | Rob. Remigii. | Victor Textoris. | Nicol. Fraterni. | Petrus de Gouda. |
| 1451-2 | Thom. Rousselli. | Clemens Parmen-tier. | Thomas Bosselia. | Joan. Normani. |
| 1452-3 | Emardus. | Jacob. de Bosco. | Aub. de St Simone. | Egidius Marie. |
| 1453-4 | Jo. de Conflans. | Petrus Caros. | Johan. Havede. | Gaufrid. Normani. |
| 1454-5 | Guil. Houppelande. | Reginald. du Brule. | Nicol. de Furno. | Nicolaus Dentis. |
| 1455-6 | Martinus Enici. | Jo. Dulcis Amici. | Petrus Mauricii. | Guillelm. Riveti. |
| 1456-7 | Gaufrid. Calvi. | Nicol. Bertoul. | Lud. Scanulieghe. | Jo. Boulangier. |
| 1457-8 | Nic. Fraterni. | Jo. Chambellan. | Jo. Bullangarius. | Jacob. Junii. |
| 1458-9 | Joan. Versoris. | Jo. Peron. | Jo. Egidii. | Gaspar Mileti. |
| 1459-60 | Joan. Mauricii. | Rob. Remigii. | . . . . . . . | . . . . . . . |
| 1460-1 | Martin. Magistri. | Petrus Marie. | Joan. de Vallibus. | Johannes Hirel. |
| 1461-2 | Galter. de Wernia. | Joan. de Roca. | Joan. de Bosco. | Rob. de Masengar-be |
| 1562-3 | Andreas Wasselin. | Nicolaus Ripault. | Guill. de Tolohan. | Simon Fequierolles. |
| 1463-4 | Joan. Perat. | Carolus Gouaffdour. | David Archas. | Quintinus Justoti. |
| 1464-5 | Anton. de Busto. | Jo. Juratoris. | Jo. Parmentier. | Guill. Nicolaï. |
| 1465-6 | Gaufrid. Normani. | Petrus Martini. | Johan. Milonis. | Ivo Calvi. |
| 1566-7 | Jacobus Houch. | Patricius Scotus. | Joh. Blutel. | Nicol. Baillet. Carolus Sacci ✕. |
| 1467-8 | Guill. Fichet. | Andreas Berguier | Sigerius Leclerc. | Bereng. Mercato-ris ✕. |
| 1468-9 | Egid. de Alnetis. | Jo. Benedicti. | Petrus de Hast. | Jo. de Lapide. |
| 1469-70 | Amator Chetard. | Jo. de Hollandia. | Thomas Kannedy. | Jo. Fanouche. |
| 1470-1 | Egid. Nectellet. | Christ. Folliot. | Math. Sauquet. | Jacob. Magny. |
| 1471-2 | Jo. de Rely. | Jo. Eschart. | Jo. Blancbaston. | Stepan. Grandis. |
| 1472-3 | Rein. Hanegrant. | Philip. Languet. | Martin. Briconnet. | Joan. Mene. |
| 1473-4 | Jacobus Houc. | Cautianus Hue. | Joan. Fanuche. | Dyon. de Sabrevois. |
| 1474-5 | Hugo de Verduno. | Petrus Fabri. | Cornel. Houdendich | Rud. de Montfiquet. |
| 1475-6 | Joan. Collin. | Guill. le Rendu. | Nicas. Bergelays. | Jo. de Hirlandia. |
| 1476-7 | Joan. Asperi. | Jacob. Batellier. | Jo. Gambier. | Nic. de la Harmans. |
| 1477-8 | Gervas. Munier. | Joan. Fressu. | Joannes Cordier ✕. Guillelm. Butier ✕. | Guillelmus de Caris. |
| 1478-9 | Petrus de Doujan. | Jo. de Martigniaco. | Nicolaus Columbi. | Cornel. Oudendick. |
| 1479-80 | Martinus Delf. | Radulf. Doresmeaux | Joan. Nolant. | Dyon Halligret. |
| 1480-1 | Mathias Kolb. | Guil. Guionis. | Guill. Brisset. | Nic. Murdras. |
| 1481-2 | Jo. de Monasterio. | Elig.de Vaugermes. | Renat. d'Illiers. | Joan. Simonis. |
| 1482-3 | Ricard. Mure. | Jo. Sudoris. | Johan. Bernardi ✕. Jo. Citharœdi ✕. | Lud. de Villiers. |
| 1483-4 | Stephanus Bonet. | Rob. Lalongue. | T. R. de Gamundia. | Petrus Belsar. |
| 1484-5 | Petrus Folioth. | Petrus de Douille. | Joan. Guimade. | Joan. Hayll. |
| 1485-6 | Jo. Citharædus. | Carol. Fernandus. | Joan. Standouk. | Nic. Bargensis. |
| 1486-7 | Jo. Militis. | Jo. Gobbe. | Egid. Delf. | Bertrand. Pegus. |
| 1487-8 | Gaufr. Boussard. | Steph. de Refugio. | Stoph. Martini. | Nic. Parmentier. |
| 1488-9 | Petrus Mesnart. | Alanus Potier. | Petrus Mercerii. | Robert. Bellefoy. |
| 1489-90 | Jo. Lantman. | Philip. Cilbon. | Jo. de Campis. | Jo. Pærdo. |
| 1490-1 | Christian. Folioth. | G. Probihominis ✕ Probihominis ✕ Joan. Godet ✕. Anton. Worse. | Petrus Tartheret. | Carol. de Gouda. |
| 1491-2 | Guil. Gappel. | Hen. Probihominis. | C. de Hangest ✕. Joh. Rivole ✕. | Simon du Gaust. |
| 1492-3 | Bernard. Roillet. | Carolus. | Michœl Panige. | Petrus de Furno. |
| 1493-4 | Joan. Rivole. | Johan. Varembon. | Franc. de Segovia. | Adam Pluyette. |
| 1494 | Steph. Martini. | Simon Doliatoris | | |
| 1495-6 | . . . . . . . | | Johan. Avis ✕. Joh. de Fossatis ✕. | Patricius Lawson. |

|  | | | | |
|---|---|---|---|---|
| 1496 | . . . . . . Ruffi ✕. Gerardus Militis✕. | Petrus Mesnart. | | |
| 1497 | Johan. Le Munerat. | Joh. Andreas. | | |
| 1498-9 | Elig. de Vaugerme ✕. Johan. Cave ✕. | | | |
| 1499-1500 | Phil. Grinelli. | Georg. Krant. | Patric. Lawson. | Franc. de Segovia. |
| 1500-1 | Ric. Fleury. | Adrian. Gemelli. | Ravisius Textor. | Dominic. Boucherat |
| 1502 | De Rentilly. | Simon Le Roux. | Guil. Emery. | |
| 1503 | Florent Basin. | | | |
| 1504 | Jo. Pelletier. | | | |
| 1505 | . . . . . . . . Johan. Bibault. | | | |
| 1506-7 | . . . . . . . . | | | Guill. Amineci. |
| 1507-8 | . . . . . . . . | | Jacob. Almain. | Jacob. Bonpas. |
| 1508-9 | Petr. de Riancourt. | Adrian. Lamet. | Maius Dubreuil. | A. de Mommorancy. |
| 1509-10 | Mart. Dolet. | Franc. de Bosco. | Joan. Aubry. | Petr. de Ruella. |
| 1510-1 | Furcœus de Cambray | Rob. Raulin. | Fic. Quelain. | Car. de Dormano. |
| 1511-2 | Petr. Vicisier. | Steph. Girod. | Jac. Courteville. | Joan. Jacquinet. |
| 1512-3 | Rob. Cenalis. | Lud. Lasseré. | Guil. de Bonayre. | Hieron. Alexander. |
| 1513-4 | Steph. Laffilé. | Anton. Faber. | Petr. Michault. | Eleuth. de Boufflers |
| 1514-5 | Johan Finct. | Joh. Parvi. | Ninol. Bouchard. | Guil. Merceri. |
| 1515-6 | Guil. Pluyette. | Job. Gillain. | Mich. Dumonceau. | Petr. Raulin. |
| 1516-7 | Eg. de Maizières. | Thomas de Bure. | Lud. Féable. | ~ Petr. Michault. |
| 1517-8 | Petr. Courchon. | Petr. Allensis. | Mauric. Soris. | Nic. Manuel. |
| 1518-9 | Oliv. de Lugduno. | Oroncius Finæus. | Nicol. Guarinus. | Lud. Millet. |
| 1519-20 | Thom. Veteris. | Hier. Cliethoveus. | Ant. de Alcaras. | Renat. Deschamps. |
| 1520-1 | Pet. de Francia. | Nic. Pastor. | Henric. Lefebvre. | Jo. Le Coincte. |
| 1521-2 | Claud. Le Maistre. | Nic. Maillard. | Joan. Lesieurre. | Thom. Cornet. |
| 1522-3 | Mart. Dolet. | Jac. Spifame. | Nic. Truyart. | Franc. Guillebon |
| 1523-4 | Jac. de Maizières. | Jac. de Vico. | Jo. Lothon. | Rob. Bouchigny |
| 1524 | Petr. Luillier. | Hugo de Fontaines. | Jo. Faverel. | |
| 1525-6 | Gasp. Cognegut. | Jo. Bertoul. | Guil. Manderston. | Jo. Gibouyn. |
| 1526-7 | Guil. Delaunay. | Jo. Prothais. | Claud. Roillet. | Nic. Gombault. |
| 1527-8 | Alvar. de Moscoso. | Joan. Daval. | Thomas Bolu. | Nic. Boissel. |
| 1528-9 | Bertinus Mys. | Pet. de la Cousture. | Nat. Belier. | Lud. Fabry. |
| 1529-30 | Hylar. Courtois. | Joan. Prevost. | Petr. Aprilio. | Hier. de Salinas. |
| 1530-1 | B.-G. Crussatensis. | Claud. de Mailly. | P. de Wassebourg. | Nic. de Mante. |
| 1531-2 | H. Le Picart. | Jo. de Gaigny. | Land. Macyot. | Joan. Adam. |
| 1532-3 | Ric. de la Mer. | Jo. Morin. | Th. Pinchemaille. | Mat Paviot. |
| 1533-4 | And. de Govéa. | Nic. Copus. | Nic. Sapientis. | Adam. Séquart. |
| 1534-5 | Ant. de Mery. | Hugo Lespervier. | Flor. Jacquart. | Joh. Gonsalis. |
| 1535-6 | Guido de Mareuil. | Jo. Aleaume. | Jac. Houlier. | Leo. Aubert. |
| 1536-7 | Johan. Marie ✕. ragan. Le Brect✕. | Th. de Nobescourt. | Jo. Tiercelet. | Jo. Cholet. |
| 1537-8 | Nic. de Bris. | Aquil. Pluyette. | Pet. Duval. | Claud. Berthot. |
| 1538-9 | Hub. Heryot. | Ant. Herlant. | Jac. de Govéa. | Nic. de Godefroy. |
| 1539-40 | Joh. Tislet. | Ant. de Mouchy. | Ant. Sarre. | Simon Vigor. |
| 1540-1 | Nic. de Martimbos. | Jacob. Bridou ✕. Petrus. Achard ✕. | Claud. Espenæus. | Jo. de Bomont. |
| 1541-2 | Jo. de Bomont. | Richard. Fleury. | Jo. Le Vasseur. | Nic. du Gast. |
| 1542-3 | Leod. à Quercu. | Guil. Levesque. | G. Cranston. | Jo. Le Vasseur. |
| 1543-4 | Pet. Gallandius. | G. de Montuelle. | G. Jamyn. | Nic. de Mongelos. |
| 1544-5 | Mich. Dugernier. | Leon. Sarrazin. | Lud. Charpentier. | Rob. de Bouteren. |
| 1545-6 | Rich. Dupré. | Florent. Parmentier | Jo. Calmus. | Joan. Dorival. |
| 1546-7 | Carol. Delacroix. | Bernard. de Salinas | Jo. Le Maire. | Jo. Grangier. |
| 1547-8 | Joan. Delafosse. | Alv. à Fonseca. | Rob. Fournier. | Ant. Dufour. |
| 1548-9 | Jo. Rose. | Petr. Cavenel. | Pet. Bouvaine. | Jo. Le Mareschal. |
| 1549-50 | Nic. de Cormeilles. | Nic. Sonnois. | Christ. Mabille. | Hier. Garnier. |
| 1550-1 | Joan. Stuart. | Jo. Lefebvre. | Jac. Charpentier. | Guil. Ruzé. |
| 1551-2 | . . . . . | Tussan. Giboust. | Jo. Legrand. | Jo. Rougeot. |
| 1552-3 | Nic. Cousin. | Joan. Gaborel. | Ant. Lœtanus. | Jac. Dupré. |
| 1553-4 | Nic. Pugnancius. | Fr. Dusaix. | Guil. Chausse. | Franc. de Villers. |
| 1554-5 | Jo. Arroger. | St. Lechevalier. | Bertr. François. | Joan. Savary. |
| 1555-6 | Gasp. Barzy. | Nic. Beguin. | Mammès Courtot. | Nic. Deu. |
| 1556-7 | Aftinus de la Roche. | Nic. Audouart. | Ol. Quillebœuf. | Joh. Hariel. |
| 1557-8 | Rich. Chollet. | Steph. Kerver. | Carol. Chevalier | Audebert. Maceré. |
| 1558-9 | Petrus Gemelli. | Jacob. Heuste. | Petrus Viel | Pet. Rauyn. |

| | | | |
|---|---|---|---|
| 1559-60 | Joan. Nestor. | Anton. Prunier. | Nic. Chesneau. | Nic. Vignier. |
| 1560-1 | Joan. Le Hault. | Pet. Thierry. | Cl. Rouillet. | S. Malmedianus. |
| 1561-2 | Jo. de la Mothe. | Lud. Dalençon. | Jo. de Verneuil. | God. de la Faye. |
| 1562-3 | Cl. Arnoul. | Jac. Nodot. | Hugo Prevosteau. | Rob. Crozon. |
| 1563-4 | Jo. Sabot. | Jo. Cottereau | Jul. de S.-Croix. | Ant. Muldrac. |
| 1564-5 | Nic. Marchant. | Jo. Prévost. | Mich. Marescot. | Jo. Faber. |
| 1565-6 | Medard. Burgeotte. | Ja. Finæus. | G. de Boissy. | Guil. Gallandius. |
| 1566-7 | Jac. Martin. | Nic. Mussemble. | Marg. de la Bigne. | Nic. Hotman |
| 1567-8 | Blas. Thiebault. | Ad. Blacuodæus. | Mich. Aubourg. | Jac. Marant. |
| 1568 (1) | Claud. Sellier. | Ant. Lambroise. | Henr. Blacuodæus. | |

| | | | |
|---|---|---|---|
| 1569-70 | Mich. Denys. | Jo. de Lettres. | Rob. Dumoutin. | Petr. de la Mer. |
| 1570-1 | Ant. de Tremblai. | Jac. Sagnier. | Claud. Becquet. | Gab. Loblesson. |
| 1571-2 | Car. Gilmer. | Ferr. de Bez. | Egid. Morier. | Jo. Hervy. |
| 1572-3 | Nic. Lambert. | Thom. Martin. | Guil. Luquin. | D. Hangart. |
| 1573-4 | Jo. Guthe. | St. Rousselet. | Jo. Paradis. | Cl. Perrier. |
| 1574-5 | Sim. Bigot. | Jul. de Ber. | Jo. Deniset. | Jac. de Cueilly. |
| 1575-6 | Mich. Tissart. | Jo. de Rouen. | Eg. de Vaugiraud. | Clem. Jacob. |
| 1576-7 | Pet. Rosey. | Franc. Moreau. | Hugo Burlat. | J.-M. d'Amboise. |
| 1577-8 | G. Dernecourt. | Cl. Thouillier. | Nic. Richard. | Thom. Scourjon. |
| 1578-9 | Cl. H. Gozzius. | Guid. de Sto Pau.o.Car. Gilmer. | | Jo. Peschant. |
| 1579-80 | Mich. Guiteau. | Jul. Peletarius. | N. de Bonvilliers. | Ad. d'Amboise. |
| 1580-1 | Jo. Lechevalier. | Jo. Deniset. | L. de Creil. | Jo. Boucher. |
| 1581-2 | Blas. Martin. | Gauf. de la Faye. | J. le Prevost. | St. Dufour. |
| 1582-3 | L. Andrieu. | Cl. Alemanus. | Blas. Martin. | Jo. Bonvoisin. |
| 1583-4 | Cl. Lefrançois. | Petr. Dinel. | And. Barthelemy. | Jo. du Hamel. |
| 1584-5 | Dadon. | Laur. Bourceret. | Lud. Andrieu. | Jo. Hamilton. |
| 1585-6 | Jac. Julien. | Guil. Houel. | Jac. Julien. | Fr. Pigenatius. |
| 1586-7 | Jo. Filesac. | Bart. de Lausserois. | Ph. Corneille. | Jo. Avril. |
| 1587-8 | D. de la Barre. | Jo. Tourneroche. | Ja. Ambosius. | Max. Hubert. |
| 1588-9 | Pet. Gualterus. | Leon. de Saint-Leu. | | G. de Chenart. |
| 1589-90 | Joannes Yon. | | | Jo. de Magnanes. |
| 1590-1 | | Thomas Lamy. | Rod. Gaze. | Jo. Rousselet. |
| 1591-2 | Cl. Serenus. | | | Mathias Dumont. |
| 1592 | | | Medard Bourgeote | |
| 1593 | Simon Bigot. | Petr. Cagnyé. | Ant. de Vincy. | |
| 1594 | Jac. d'Ambroise. | | Jo. Galland. | |
| 1595-6 | Pet. de la Mare. | Ant. Fayet. | Jul. Houdayer. | Fr. Baven. |
| 1596-7 | | Lud. Dorras. | | Rod. Neveu. |
| 1597 | | Joh. Yon. | Jo. Fraser. | |
| 1598 | Car. Le Rouge. | | Joh. Tourneroche. | |
| 1599-1600 | Fran. Gualterus. | | | Jo. Lemercier. |
| 1600-1 | | Martinus Dufour. | Mich. Colin. | Ant. Fusil. |
| 1601-2 | Dion. La Tour. | Guil. Poullet. | Rom. Dufeu. | Ant. Gallot |
| 1602-3 | Yvo Herbin. | Cl. Palliot. | | Jo. Grangier. |
| 1603 | Nic. Berger. | P. Boudot. | Jacob Lœtus. | |
| 1604-5 | Petr. Valens. | Cart. Baudart. | | Jac. Joly. |
| 1605 | | Nic. Ytan | Car. Baudart. | |
| 1606 | Fr. Ingoult. | Jac. Hennequin. | Carol. Turgot. | |
| 1607-8 | Fr. Proy. | Steph. Tonnellier. | Fr. Plais. | Uland. |
| 1608-9 | R. Thouvin. | Ph. Hébert. | Nic. de Paris. | Jo. Tournier. |
| 1609 | | Jac. Le Vasseur. | | |
| 1610-1 | Steph. Dupuys. | | Jo. Grangier. | P. de Hardivilliers. |
| 1611 | | Claud. Bazot. | | |
| 1612 | Pet. de Hardivilliers | | | |
| 1613 | Joh. Sulmon. | | | |
| 1614 | Car. Pescheur. | | | |
| 1615 | Jo. Hollandre. | | | |
| 1616 | | Jo. Ruault. | Jo. Dossier. | |
| 1618 | | Jo. Duval. | | |
| 1619-20 | Car. Leclerc. | | | Ant. Desplaces. |
| 1620 | Joan. Duval. | Joannes Yon. | | |
| 1621 | Joannes Potier. | | | |

(1) A partir de 1569, l'Université, appliquant la réforme grégorienne, commença l'année au 1er janvier.

| | | | |
|---|---|---|---|
| 1622 | (5 avril) Petr. Padet. | | Jac de Chevreul. |
| 1623 | Jo. 'Aubert. | | |
| 1625 | Jo. Tarin. | | |
| 1626 | | | Guil. Mazure. |
| 1627 | | | Mich. Duchesne. |
| 1629 | | Alph. Lemoine. | |
| 1630 | | Joannes Canet. | |
| 1632 | Jo. Grangier | | Guil. Mabille |
| 1633-4 | | Eustachius Lecl. de Lesseville. | J. du Chevreul. |
| 1634 | | | Petr. Loisel. |
| 1636 | | Jacobus Mareschaux | |
| 1637 | | | Ren. de Robbeville. |
| 1638 | | | Joan. Canet.    R. de Robbeville. |
| 1640 | | Petr. Le Bourg. | Ant. Gaulde. |
| 1642-3 | Petrus Le Bourg. | | Ludovic. de Saint-Amour. |
| 1643 | | | Fr. du Monstier. |
| 1646 | | | God. Hermant. |
| 1648 | P. Deschateaux. | | |
| 1650 | (24 mars.) Joannes | Tarin. (28 mars.) Joh. | Courtin.   ? Johan. Gerbais. |
| 1652 | Cl. de la Place. | (16 décembre.) Cl. Guillon. | (18 déc.) Cl. de la Place |
| 1653 | | Petr. Lallemant. | |
| 1655 | | | Bravius Coubayon. |
| 1656-7 | Joan. Gerbais. | | Joh. Mercier. |
| 1657-8 | | | Nic. Pierres. |
| 1658 | | Guil. Cauvet. | |
| 1659 | (11 janvier.) Joh. | Le Houx. (25 janv.) L. Rouillard | (23 jn.) Hier. Landrieu. |
| 1660 | 16 janvier.) | Petrus de Lenglet. | (11 oct.) Joh. Gerbais. |
| 1661 | Pet. de Lenglet. | | C. Ægass, Du Boulay. |
| 1662 | Nic. Tavernier. | | Petr. de Lenglet. |
| 1663 | Nic. Pierres. | | Petr. de Lenglet. |
| 1664 | Ludovic. Rouillard. | | |
| | | 1667 Steph. Leger. | |
| 1666 | J.-N. d'Ennuvair | 1668 Nic. Lair. | |
| 1670 | . . . . . . Barjol de Moussy. | | |
| 1671 | (10 janvier.)  Fr. Le Maître. | | Petr. de Lenglet |

**SUITE DES RECTEURS DE L'UNIVERSITÉ DE PARIS.**

1673 Nic. Marguerie.
1674 Nic. Tavernier.
1675 Barjot de Moussy.
1676 Nic. Pierres.
1677 Fr. Pasquier.
1678 Nic. Lair.
1679 Pet. Le Barbier.
1680 Jo. Le François.

1681 Nic. Tavernier.
1684 Pet. Berthe.
1685 Alex. Artus.
1686 P.-E. du Boulay
1689 Eg. Le Sourt.
1690 Regn, Gentilhomme.
1691 St. Mallement.
1692 Edm. Pourchot
1694 Car. Rollin.
1696 Alex. Artus,
1697 Jo. Vittement.
1698 Pet. Bilet.

1699 J.-B. Couture.
1700 Mich. Morus.
1702 Jo. Dupuis.
1703 Cl. Lorrey.
1704 Pet. Viel.
1706 Pet. Billet.

1707 Balth. Gibert.
1708 Ant. de Bacq.
1709 Cl. Lorrey.
1710 Jac. Robbe.
1711 Guil. Dagoumer.
1713 Mich. Godeau.
1714 Ph. Poirier.
1715 J.-G. Petit de Montempuis.

1717 M. Godeau.
1718 Car. Coffin.
1720 Car. Rollin.
1721 Balt. Gibert.
1723 G. Dagoumer
1725 J. Couvillard de Laval.
1727 Pet. Viel.
1728 Lud. Benet.
1730 Nic. Piat.
1733 B. Gibert.
1736 Nic. Piat.
1739 { Arm. de Rohan-Ventadour. / J. Vallette Le Neveu.
1741 Jo. Josse.
1742-3 J. Vallette Le Neveu.
1744 Pet. Fromentin.
1746 Jo. Cochet.

1748 Paul Hamelin.
1750 F.-N. Guérin.
1752 G.-A. Fourneau.
1754 A.-H. de la Barre.
1755 G.-A. Fourneau.
1756 M.-F. Le Bel.
1757 A. Vicaire.
1759 D. Gigot.

1761 G.-A. Fourneau.
1763 C. Camyer.
1764 M.-F. Le Bel.
1766 A. Maltor.
1767 P. Hamelin.
1769 St. Jacquin.
1771 F.-M. Coger.
1773 F.-N. Guérin.
1776 Pet. Duval.
1778 Ægid. Basset
1779 Ren. Binet.
1780 Pet. Duval.

1781 P.-M. Charbonnet.
1784 Joan. Delneuf.
1786-90 J.-B. Dumouchel
1790-3 René Binet , chargé des fonctions de recteur (1).

(1) Par arrêté de la municipalité de Paris du 21 mai 1791

QUATRIÈME ÉPOQUE. — *Depuis la révolution française jusqu'à nos jours.*

### Membres du Comité d'instruction publique (1) du 12 octobre 1792 au 26 octobre 1795.

**An I (1792-3).** — Arbogast ; Léonard Bourdon, Villars, Mathieu , Massieu , M.-J. Chénier, G. Romme, David , Dussaux , A.-C. Prieur , Gorsas , Lanthenas , Chasset , L. S. Mercier, Durand-Maillane , Roux-Fasillac, Baudin (Ardennes), Quinette, Colaud la Salcette, Fouché, Buzot, Bailly, Ferry, Dupuis.

**An II (1793-4).** — Arbogast , Léonard Bourdon, Villars, Mathieu, Jullien (Drôme), Bouquier, Romme , David (Louis) , Guyton-Morveau, Thomas Lindet, Grégoire (l'abbé), Petit, Lakanal, Coupé (de l'Oise), Laignelot, Fourcroy, Boutroue , Valdruche , Bô , Duval (Ille-et-Villaine), Moïse Bayle , Brunelle , Daoust. Duhem, Cloots, Jay-Sainte-Foy.

(1) L'Assemblée constituante nomma des commissaires pris dans le sein du comité de constitution, et les chargea de réunir spécialement tout ce qui se rapportait à l'instruction publique. La Législative forma un comité semblable. C'est de ces deux conseils que sortirent les rapports de Talleyrand et de Condorcet. Les attributions de ces deux comités étaient purement législatives. Sous la Convention, un troisième comité d'instruction publique fut organisé : celui-ci participa en outre à l'administration. Il fut établi par un décret du 2 octobre 1792, et se composa d'abord de vingt-quatre membres (avec douze suppléants) répartis entre treize sections, savoir : 1re section, organisation générale, ouvrages élémentaires ; 2e, éducation morale, pensionnats, régime intérieur des écoles ; 3e, éducation physique ; 4e, éducation des femmes ; 5e, orphelins, aveugles-nés, sourds-muets ; 6e, écoles d'industrie ; 7e, voyages, bibliothèques, musées, collections, modes d'enseignement, propagation de la langue française ; 8e, Conservatoire des arts et métiers et instruction industrielle ; 9e, fêtes nationales ; 10e, nomination aux places vacantes, formation de la société nationale (Institut) ; 11e, traitements, retraites, bourses ; 12e, bibliographie, catalogue général des bibliothèques ; 13e, dictionnaire des municipalités, etc. En l'an II, cette organisation fut maintenue, et le nombre des membres fut porté à vingt-six. En l'an III, dernière année de la Convention, il n'y eut plus que trois sections : Enseignement, sciences et arts, morale publique ; et le nombre des membres fut réduit à seize. Nous reproduisons ici les listes officielles de l'Almanach National pour chacune de ces trois années. On peut ajouter à ces noms ceux des représentants ci-après désignés, qui firent partie du comité, à des époques diverses, comme membres actifs, ou à titre de suppléants. Albouy, Alquier, Audrein, Audouin, Bailleul, Barère, Barraillon, Bassal, Bazire, Bordas, Bordes (de l'Ariége), Boutron, Caseneuve, Châle, Condorcet, Creuzé-Pascal, Curé, Daunou, Deleyre, Drulhe, Dulaure, Dupont (Jacques), Fauchet (Claude), Gay-Vernon, Goujon, Guérin, Guffroy, Hérault, Julien (de Toulouse), Lalande, Lanjuinais, Laporte, Larivière (Henri), Laurence , Lavicomterie, Lejeune, Lomond, Manuel, Mazade, Obelin, Penières, Pocholle, Portiez (Oise), Poultier, Rabaut Pommier, Salle, Sergent, Siéyès, Thirion, Villette (Charles), Wandelincourt, Ysabeau. Un décret du 12 germinal an II (1er avril 1794) créa spécialement une *Commission exécutive de l'Instruction publique*, composée d'un membre et deux adjoints. PAYAN, GARAT et GINGUENÉ furent successivement commissaires. Cette commission fut supprimée par un décret du 10 vendémiaire an IV (2 octobre 1795).

**An III (1794-5).** — Arbogast , Léonard Bourdon, Villars, Boissy-d'Anglas, Massieu, M.-J. Chénier, Plaichard, Lequinio, Guyton-Morveau, Thomas Lindet, Grégoire (l'abbé), Petit, Lakanal, Coupé (de l'Oise), Bonet, Thibeaudeau.

### Directeurs généraux de l'Instruction publique du 5 novembre 1795 au 16 mars 1808.

Du 3 novembre 1795 (12 brumaire an IV) jusqu'en 1799, GINGUENÉ (1).

Du 24 décembre 1799 (3 nivôse an VIII) au 11 mars 1802 (20 ventôse an X) , CHAPTAL (2).

Du 12 mars 1802 (21 ventôse an X) au 13 septembre 1802 (26 fructidor an X), ROEDERER (3).

Du 14 septembre 1802 (27 fructidor an X) au 16 mars 1808, FOURCROY (4)

#### Grand maître de l'Université impériale.

De 1808 mars 17 à 1815 février 16 , FONTANES

#### Président du conseil royal de l'instruction publique.

De 1815 février 17 à 1815 mars 29 , DE BEAUSSET.

#### Grands maîtres de l'Université impériale.

De 1815 mars 30 à 1815 mai 8, LACÉPÈDE. De 1815 mai 9 à 1815 août 14 , LEBRUN , duc de Plaisance.

#### Présidents de la Commission d'instruction publique.

De 1815 août 15 à 1818 déc. 29 , ROYER-COLLARD. De 1818 déc. 29 à 1820 nov. 1er, SIMÉON. De 1820 nov. 1er à 1820 déc. 21, LAINÉ. De 1820 déc. 21 à 1821 juin 21, CORBIÈRE.

(1) Il avait précédemment rempli les fonctions de *secrétaire* et de membre de la commission exécutive de l'Instruction publique. Le 15 brumaire an IV (6 novembre 1795), il assistait, comme directeur général de l'instruction publique, le nouveau ministre de l'intérieur Bénézech, pour installer les quarante-huit membres formant le premier tiers de l'Institut. (Taillandier, *Note sur la création de l'Institut*, 1840, in-8°, p. 8 ; voy. ci dessus page 285.) Il figure avec le titre de chef de division au ministère de l'intérieur et de directeur général de l'Instruction publique sur l'Almanach National de l'an IV, de l'an V et de l'an VI. Dans l'Almanach National de l'an VII, le titre de directeur général de l'Instruction publique disparaît, et Ginguené (chargé de diverses missions à l'étranger) y est remplacé, comme chef de la division administrative, par Jacquemont.

(2) Chaptal porta d'abord le titre de *conseiller d'État chargé de l'administration de l'Instruction publique*. A partir du 6 novembre 1800, il suppléa par intérim Lucien Bonaparte dans ses fonctions de ministre de l'intérieur, et lui succéda comme titulaire le 21 janvier 1801.

(3) *Conseiller d'État ayant le département de l'Instruction publique.*

(4) *Conseiller d'État chargé de la direction et de la surveillance de l'Instruction publique.* Il figure encore sur l'Almanach Impérial de 1809 à l'administration de l'intérieur, page 194 : « *Parties de l'Instruction publique*. Le comte Fourcroy, conseiller d'État à vie : Nomination aux places d'élèves du gouvernement, etc. »

De 1821 juin à 1822 juin 1er, Cuvier, par intérim, F.

### Grand maître de l'Université royale.

De 1822 juin 1er à 1824 août 26, Frayssinous (l'abbé de).

### Ministre des affaires ecclésiastiques et de l'instruction publique.

De 1824 août 26 à 1828 février 10, Frayssinous (l'abbé de).

### Ministres de l'instruction publique grands maîtres de l'Université.

De 1828 février 10 à 1829 août 8, De Vatimesnil.

De 1829 août 8 à 1829 nov. 18, De Montbel.

De 1829 nov. 18 à 1830 juillet 26, De Guernon Ranville.

### Commissaires provisoires.

De 1830 août 3 à 1830 août 10, Bignon.

De 1830 août 11 à 1830 nov. 8, De Broglie.

De 1830 nov. 9 à 1830 déc. 26, Mérilhou.

De 1830 déc. 27 à 1831 mars 12, Barthe.

De 1831 mars 23 à 1832 avril 27, Montalivet.

De 1832 avril 27 à 1832 avril 30, Barthe (par intérim).

De 1832 avril 30 à 1832 oct. 10, Girod (de l'Ain).

De 1832 6 et 11 à 1834 nov. 10, Guizot.

De 1834 nov. 10 à 1834 nov. 18, Teste (par intérim).

De 1834 nov. 18 à 1836 février 22, Guizot.

De 1836 février 22 à 1836 sept. 6, Pelet (de la Lozère).

De 1836 sept. 6 à 1839 avril 15, Guizot.

De 1837 avril à 1839 mars 30, Salvandy.

De 1839 mars 31 à 1839 mai 11, Parant.

De 1839 mai 12 à 1840 fév. 29, Villemain.

De 1840 mars 1er à 1840 oct. 28, Cousin.

De 1840 oct. 29 à 1844 déc. 30, Villemain.

De 1844 déc. 30 à 1845 février 1er, Dumont (par intérim).

De 1845 février 1er à 1848 fév. 24, Salvandy.

### Ministres de l'Instruction publique et des Cultes.

De 1848 février 24 à 1848 juillet, Carnot.

De 1848 juillet 5 à 1848 oct. 13, Vaulabelle.

De 1848 oct. 13 à 1848 déc. 20, Freslon.

De 1848 déc. 20 à 1849 sept. 14, De Falloux.

De 1849 sept. 14 à 1849 oct. 31, Lanjuinais (par intérim).

De 1849 oct. 31 à 1851 janvier 24, Parieu (Esquirou de).

De 1851 janvier 24 à 1851 avril 10, Giraud.

De 1851 avril à 1851 oct. 26, Crouseilhes (Dombidau de).

De 1851 oct. 27 à        Giraud.

ARTS (Beaux-). — Les arts dans notre pays de France veulent être pris au sérieux. Tandis que des politiques à courte vue affectent de ne les considérer que comme une sorte de brillante et onéreuse superfluité, l'homme d'Etat découvre en eux un des ressorts les plus énergiques et les plus propres à agir sur l'opinion des hommes qu'ils passionnent, un des éléments les plus essentiels à la vie d'une nation, dont ils manifestent

l'intelligence, et constatent la grandeur. Aussi n'est-il pas de lieu au monde où on ne considère l'étude des arts comme étant partie intégrante et constitutive d'une bonne éducation ; il n'est pas de nation, si peu qu'elle soit rayonnante de glorieuses destinées, qui n'ait ses écoles consacrées aux arts: la peinture, la sculpture, l'architecture, la musique, l'équitation, le maniement des armes, la danse et la gymnastique sont partout en honneur. Il ne saurait nous être indifférent de considérer où nous en sommes arrivés en France à cet égard. Nous n'avons pas toutefois l'intention d'énumérer ici ses diverses écoles en ce genre (*Voir* au mot Ecoles.)

Nous voulons nous borner à constater en quelque sorte la statistique du degré de perfection qu'on y a atteint. Nous sommes partisan de la liberté dans les arts, mais de la liberté réglée par la raison, fécondée par l'étude, et nous doutons fort que cette franchise illimitée, conquise il y a tantôt vingt années, ait beaucoup profité aux artistes et à l'art. Si grandes qu'aient été les agitations de nos dernières années, le domaine des arts n'en a, ce semble, que faiblement ressenti les atteintes. Les troubles de la place publique ne paraissent pas avoir franchi le seuil des ateliers. Tandis que le monde s'agite, les artistes produisent et multiplient les œuvres avec cette insouciante fécondité qui de tout temps les a caractérisés. Ces efforts, qui annoncent du moins un surcroît d'énergie, mieux dirigés produiraient sans doute d'excellents résultats. La discipline de l'école avait du moins celui de concentrer les forces et de les mener à maturité ; on ne se croyait pas artiste, parce qu'on avait fait l'emplette d'une palette et d'un pinceau, il fallait avoir fait preuve réelle de talent dans de nombreux concours et pris le pas sur ses camarades de l'atelier ou du cours ; en un mot il fallait savoir son métier pour tenter la périlleuse épreuve de salon et affronter le jugement du public. C'est ainsi que se sont formés la plupart des artistes qui se sont illustrés dans ces trente dernières années, à commencer par Ingres, Paul Delaroche et Eugène Delacroix. Avant de devenir des maîtres et de se placer, chacun dans son genre, à la tête de l'école, ils ont consenti à être élèves. La génération qui les suit a imité leur exemple et comme eux elle a étudié pour apprendre. Quant à la spontanéité du talent, elle est d'origine toute récente ; elle procède en ligne directe de la franchise illimitée de l'art et nous paraît la conquête la moins contestable de notre époque de perfectibilité. On devient artiste comme on devient poète, comme on devient homme d'Etat, par une sorte d'intuition secrète et de subite révélation. Que de jeunes gens, après avoir suivi pendant quelques mois les cours de l'Ecole des beaux-arts, ou après avoir fait une apparition dans l'atelier du maître à la mode, finissent par se croire dessinateurs, parce qu'ils peuvent mettre une figure ensemble, et par se persuader qu'ils sont peintres parce, qu'ils sont arrivés à couvrir plus ou moins fantastiquement des nuances

les plus hétérogènes une toile de quelques pieds carrés ! Ils revêtent un à peu près de forme d'un à peu près de coloris, et ils envoient au salon ce beau chef-d'œuvre qu'ils appellent un tableau ! Soit pitié, soit fatigue, soit faiblesse de la part du jury qui se trouve débordé par cette invasion compacte du médiocre, le prétendu tableau est admis, et voilà un peintre de plus, un exposant ! De là ces milliers d'œuvres sans nom qui garnissent les murailles des salles de l'exposition. Ces éducations incomplètes et ces fausses vocations font le désespoir d'honnêtes familles ; elles perdent de malheureux jeunes gens qu'elles condamnent aux labeurs les plus ingrats, à l'existence la plus précaire : elles perdraient l'art par l'abus qu'elles font de ses procédés, par le dégoût qu'elles inspirent pour ses productions en les vulgarisant, si l'art était moins robuste et qu'il pût être perdu.

Sans vouloir prêcher un retour absolu aux anciennes disciplines et aux traditions académiques, nous croyons qu'il y a nécessité d'insister sur une réforme prompte et radicale dans les études, et particulièrement dans ce qu'on pourrait appeler *l'instruction secondaire.* De même qu'on n'est ni poëte ni écrivain, parce qu'on sait lire et écrire, on n'est pas peintre, parce qu'on sait faire emploi du crayon et de la couleur. On ne le devient qu'à la charge de remplir certaines conditions essentielles et pratiques, et de se livrer à des études consciencieuses et toujours pénibles, à la condition surtout de montrer plus de respect pour le public et plus de souci de sa dignité propre. Un critique d'une parfaite bonne foi et dont l'expérience ne peut être contestée, M. Delécluze, dans le préambule du volume qu'il a publié sur la dernière exposition, a établi une ingénieuse statistique des expositions de peinture, à partir de 1673, époque de la première exposition publique des œuvres des artistes académiciens, jusqu'au salon de 1851.

Les résultats auxquels il est arrivé, s'ils étaient rigoureusement exacts, prouveraient peu en faveur du progrès. En 1673, cinquante artistes exposèrent cinq cents vingt morceaux ; sous l'empire, cinq cents trente-trois exposants envoyèrent 1329 ouvrages de peinture et de sculpture au salon de 1810. Or, M. Delécluze prouve d'une manière assez péremptoire, que si de 1673 à 1810 le nombre des artistes exposants a varié de cinquante à cinq cent vingt-trois, le nombre des artistes appartenant à chacune des deux époques, qui sont restés célèbres, n'a peut-être pas varié de deux unités. Ce premier résultat nous paraît d'autant moins contestable, que, parmi les célébrités de 1810, M. Delécluze comprend des hommes d'un mérite bien secondaire, et qui ne nous paraissent point devoir fournir une très-longue traite dans leur route vers la postérité. De 1810 à 1850 le nombre des artistes exposants a presque triplé. M. Delécluze paraît croire néanmoins que celui des artistes d'un vrai mérite dépasserait peu la

moyenne de 21, qu'il a trouvée en 1810 comme en 1673. Quelque nombreux que soient les producteurs, quelque multipliées que soient leurs œuvres, le nombre des hommes éminents, qui possèdent le véritable génie de leur art, resterait donc toujours le même pour chaque génération. Sans nous inscrire en faux d'une manière absolue contre cette conclusion bizarre, nous croyons cependant qu'on peut en contester la rigoureuse exactitude. Les arts du dessin se sont sans doute singulièrement vulgarisés, et le nombre des hommes qui les cultivent sans vocation et sans étude s'est accru dans une déplorable proportion. Néanmoins depuis 1810, époque à laquelle M. Delécluze a dû forcément prendre son dernier terme de comparaison (et encore sommes-nous bien la postérité pour les hommes de 1810 ?), nous devons reconnaître qu'une grande et complète révolution s'est accomplie dans le domaine des arts. Cette révolution s'est faite, comme toujours, au cri de liberté, ne prévoyant point alors que dans un prochain avenir l'héritier d'un grand nom étendrait son bras de fer sur l'hydre anarchique pour l'étouffer, et que d'un seul de ses regards semblerait naître un monde nouveau ; elle a dû provoquer bien des folies, bien des écarts, et nous venons tout à l'heure de signaler une de ses plus fâcheuses conséquences. Toujours est-il néanmoins que beaucoup d'hommes de talent ont su se dégager de certaines routines, sans s'affranchir des règles, et que beaucoup d'autres, parmi les paysagistes surtout et les peintres de genre, sont revenus à une interprétation de la nature plus rigoureuse et plus intelligente. L'analogue de ce qui s'est passé à Venise et dans les Flandres, doit donc se retrouver aujourd'hui chez nous. Que de peintres renommés et dont les ouvrages ont conservé une valeur inestimable les Flandres avaient-elles produits ! C'est un art moins élevé sans doute, que l'art romain, florentin ou lombard, c'est cependant un art complet et dont les productions, peut-être moins relevées et plus modestes, n'en ont pas moins leur prix et leur charme. La nature nous offre des analogies semblables : la violette et le myosotis ont leur couleur et leur parfum comme le magnolia et la rose. Nous croyons donc que si le niveau de l'art a baissé, sous certains rapports, le nombre des gens de talent, d'un vrai talent, et par là nous entendons ceux dont les productions auront une valeur durable, s'est accru dans une notable proportion. C'est là même un des caractères de notre époque et dont nous devons peut-être nous attrister autant que nous réjouir, car cette dissémination des talents dans les arts comme dans les lettres, est presque toujours un présage de décadence. Aussi, croyons-nous que les efforts de la critique, comme les encouragements de l'État, doivent s'attacher aujourd'hui à restreindre cette production exagérée, et tendre moins au développement qu'à la concentration des talents. C'est dans ce sens

que les efforts les plus énergiques doivent être dirigés. En attendant qu'ils portent leurs fruits, les inconvénients d'une production inconsidérée, de l'absence de toute discipline et de toute règle, se manifestent de plus en plus clairement, et c'est surtout aux expositions annuelles qu'on les voit se produire. Le mal semble là d'autant plus grand qu'il apparaît sans atténuation et sans remède. Ce remède, les maîtres seuls pourraient l'offrir, en se mêlant à la lutte, et en consentant à placer sous les yeux de la foule ces morceaux d'élite qu'ils réservent à l'admiration complaisante d'un public restreint. Nous savons que plusieurs artistes éminents mettent un point d'honneur à tenter la rude épreuve du salon, et nous leur savons un gré infini de cette louable condescendance; mais le nombre de ceux qui se retirent du combat, est beaucoup trop considérable, et par suite de ce fâcheux système d'abstention que nous ne pouvons trop hautement déplorer, le mal fait chaque jour de nouveaux progrès. Ce remède ou plutôt ce correctif que nous ne rencontrons pas assez complétement dans les expositions annuelles, il appartient à la critique de le chercher, de le signaler partout où il existe, en dehors des expositions, dans les ateliers des artistes chargés de travaux affectés à certaines destinations spéciales et au besoin dans les monuments mêmes dont la décoration leur est confiée. Il est bon aussi que le public soit mis à même d'apprécier les efforts que l'on a tentés récemment, pour rallier les forces éparses et donner à l'art une direction à la fois plus sérieuse et plus digne. C'est sous ce nouvel aspect que le mouvement des arts nous paraît vraiment utile à étudier : c'est sur les grands travaux de la peinture et de la sculpture monumentale qu'il convient de détourner un peu de cette attention, que se disputent chaque année tant de productions frivoles.

Autrefois on demandait une pensée à une œuvre; on voulait qu'elle eût une signification. Aujourd'hui, sous prétexte de porter l'art à sa dernière puissance, ou de lui donner tous les développements qu'il comporte, on a écarté la pensée, qu'on n'a plus considérée que comme un accessoire insignifiant. Les moyens sont devenus le but. L'art pour l'art, tel a été le mot d'ordre qui a présidé aux dernières évolutions de l'école. La théorie de l'art pour l'art conduit rapidement au matérialisme et à l'imitation littérale, qui n'est qu'un des éléments de l'art, et qui ne doit pas en être le principe. Le peintre, comme le poète, a dans les mains un des rayons du feu créateur; or, reproduire, ce n'est pas créer; faire briller ce rayon de toute la splendeur possible, ce n'est pas s'en servir pour féconder. L'art doit dédaigner ce rôle secondaire; il doit s'attacher à reconquérir une partie de ce terrain que la littérature a envahie, et revendiquer cette part d'influence que, dans les sociétés antiques, au moyen âge, à l'époque de la Renaissance, et même au commencement du siècle actuel, il a

si noblement exercée. Ce n'est pas assez de se montrer, fût-ce même dans la plus riche parure; il doit parler, on l'écoutera.

Si, à cet égard, quelque doute pouvait exister, nous citerions l'effet produit au dernier salon par une composition des plus simples et des moins ambitieuses, mais qui révélait une pensée juste et un sentiment exquis de la nature : nous voulons parler du tableau de la *Malaria* de M. Hébert; les *Exilés de Tibère*, de M. Barrias; la *Cléopâtre*, de M. Gigoux; l'*Incendie*, de M. Antigna; la *Sœur de charité*, de M. Jobbé-Duval; la *Sainte Véronique*, de M. Laidelle; le *Gué*, de M. Decamps; le *Dimanche* et l'*Amateur de dessins*, de M. Meissonier; la *Forêt*, de M. Bodmer, qui ont partagé avec le tableau de M. Hébert les honneurs du salon de 1851, ont dû à la pensée la meilleure partie de leur succès. Il va sans dire qu'un artiste doit savoir tous les rudiments de son métier : il peut, s'il le veut, faire étalage des puissantes et magnifiques ressources que la palette a pu lui offrir, ou plutôt qu'il a su y trouver; mais avant tout il doit penser et appliquer ces moyens nouveaux à rendre sa pensée vivante et palpable.

Ces observations s'appliquent à tous les genres et à chaque ordre de compositions et de sujets. Est-ce au dessin seul et à ce respect religieux de la forme qu'il s'est imposé, que M. Ingres doit la haute position qu'il occupe à la tête de l'école française? N'est-il pas avant tout un penseur des plus profonds et des plus ingénieux? S'il pouvait à ce sujet vous rester un doute, étudiez son plafond d'Homère, ou la moins importante de ses compositions, l'*Arétin chez le Tintoret*, par exemple. M. Paul Delaroche, qui se maintient, après M. Ingres, à un rang si honorable, ne doit-il pas à la pensée la meilleure partie de ses succès et à la pensée présentée de la manière la plus saisissante, c'est-à-dire sous une forme dramatique. Son œuvre la plus récente, le plus beau tableau de *La reine Marie-Antoinette devant le tribunal révolutionnaire*, emprunte encore à la pensée sa plus incontestable valeur. M. Eugène Delacroix, si prodigieux coloriste, mais si dédaigneux de la forme, que serait-il sans la pensée? M. Picot, le peintre de *Psyché*; M. Schnetz, l'auteur de *Sixte-Quint enfant*, et du *Vœu à la Madone*; M. Couderc, le peintre du *Lévite d'Ephraïm*; M. Court, l'historien de la *Mort de César*; M. Robert Fleury, l'auteur de tant de compositions énergiques, qui naguère nous a fait assister aux derniers moments de Janes-Shore, et qui aujourd'hui achève la Mort de Montaigne; M. Ziégler, qui trouva un jour cette heureuse figure de *Giotto, enfant, dans l'atelier de Cimabué*; enfin, tous ces artistes qui jouissent d'une réputation méritée : MM. Léon Cogniet, Flandrin, Lehmann, Matter, Amaury-Duval, Couture, Corot, Chassérian, et tant d'autres qui se sont fait remarquer à divers titres, n'est-ce pas à la pensée, et souvent à une pensée unique

heureusement exprimée, qu'ils doivent leur renommée présente et leurs succès ?

Celui de nos artistes dont le talent, aujourd'hui dans tout son éclat et toute sa force, jouit de la popularité la plus étendue, et qui, depuis plus de quarante années (1) a su capter les suffrages du public, ne doit, lui aussi, cette haute faveur qu'à la conception vive et intelligente qui caractérise son talent, et à l'application ingénieuse d'une pensée unique. M. Horace Vernet, témoin des prodiges que l'esprit militaire, si propre à notre nation, avait enfantés, s'est fait le chroniqueur de nos armées. Il a retracé avec un égal succès l'escarmouche et la bataille ; il nous a montré le soldat, ses officiers, ses généraux dans toutes les attitudes, sous tous les aspects, et nous a fait comprendre tous les incidents de leur vie si glorieuse et si agitée. Cette donnée spirituellement traduite dans ces étincelantes exquisses que la lithographie à sa naissance lui permettait de multiplier sans recourir à une main étrangère, avait déjà popularisé son nom à un âge où d'autres commencent à peine à tenir un crayon. Le développement de cette même idée a consolidé sa réputation et la rendra durable. M. Horace Vernet connaît sans aucun doute les moyens de son art, mais il ne s'est jamais bien sérieusement attaché à en approfondir les ressources; il se sert de la palette, comme un improvisateur de la langue, d'une manière facile et suffisante, sans efforts, mais sans grand éclat; nous doutons fort qu'il se soit jamais préoccupé de tel ou tel système d'empâtements ou de glacis, de telles ou telles combinaisons de nuances, qui absorbent toutes les méditations des adeptes de l'art pour l'art. M. Horace Vernet nous semble toujours plus occupé de ce qu'il va dire que de la manière dont il le dira, et comme ce qu'il dit est toujours intéressant, le succès ne lui fait jamais défaut.

Dans le tableau de la *Prise de Rome* (2), une des grandes compositions que cet artiste exécute en ce moment pour le musée de Versailles, nous le retrouverons tel que nous le connaissons. M. Horace Vernet a représenté le fait historique dans toute sa nudité, et cependant son tableau est un des plus dramatiques qu'il ait produits; mais aussi le sujet de ce drame est la prise de Rome, et le lieu de la scène, le bastion n° 8, si longtemps, si vivement disputé; du point où l'artiste s'est placé, l'œil embrasse la campagne romaine arrosée par le Tibre et dominée à l'horizon par le mont Caro; une lueur livide est répandue sur tout le tableau : ce n'est plus la nuit, ce n'est pas encore le jour, c'est la morne clarté du matin ; cette première heure du jour que l'on voit si souvent choisie pour s'entr'égorger est indiquée avec autant de bonheur que le formidable crépuscule de la soirée de Montmirail. Au fond du tableau, vers la droite, on aperçoit la brèche déjà praticable, vivement attaquée, vivement défendue. C'est là que le brave commandant du génie Galbeau-Durfort vient d'être frappé ; l'ennemi dirige vers ce point plusieurs pièces de l'artillerie qu'il tient en réserve, et s'apprête à foudroyer les Français dès qu'ils atteindront la crête de la brèche. Il est évident que les assiégeants ne pourront pénétrer de ce côté sans sacrifier bien des hommes. Aussi le général français, tout en continuant l'attaque de front, s'est-il décidé à chercher quelque autre point plus accessible; une forte colonne, commandée par le chef de bataillon Laforest, s'est glissée à la faveur d'un reste de nuit, et cachée par un pli de terrain, jusque sous la batterie du bastion dont les défenseurs n'étaient pas sur leurs gardes ; tout à coup la tête de colonne aperçoit la gueule des canons qui couronnent la batterie, et sans laisser aux Romains le temps de se reconnaître, nos intrépides soldats se précipitent dans le bastion par les embrasures, faisant main-basse sur tout ce qu'ils rencontrent; c'est ce moment que le peintre a choisi. Nous sommes au centre du bastion que les Français envahissent de toutes parts. Les insurgés, voyant le jour poindre et croyant l'assaut ajourné, se reposaient ou mangeaient : la terre est jonchée de leurs vêtements, de leurs armes et des débris du repas interrompu. Ici, on se fusille à bout portant; là, on lutte corps à corps, on s'entretue, on s'égorge; point de quartier; partout le désordre, la fuite, la mort. Le peintre a réuni sur les premiers plans du tableau tous les incidents qui accompagnent une prise d'assaut, chacun obéit à son tempérament ou à ses instincts. On sait que les bandes qui défendaient à Rome se composaient d'individus de toutes les nations. Le peintre s'est attaché à bien caractériser dans ce moment suprême les impressions et la manière d'être de ces personnages, eu égard à la nationalité à laquelle appartient chacun d'eux, et peut-être a-t-il mis un peu de recherche dans cette étude. Les Italiens fuient, ou se précipitent en aveugles au-devant du danger ; les Allemands gardent leur calme accoutumé; l'un d'eux, jeune étudiant, à en juger par son costume, s'ar-

---

(1) M. Horace Vernet a reçu, au salon de 1812, la médaille de 500 francs, alors médaille de première classe. Cette exposition de 1812 fut, ainsi que l'exposition de 1810, dont M. Guizot a rendu compte, l'une des plus brillantes de l'Empire. Onze médailles de première classe furent décernées aux artistes dont voici les noms : Bidault, Ponce, Camus, Fragonard, Géricault, Heim, Hob It-d'Amsterdam, Maizaisse, Pajou, Serangeh, Horace Vernet, G is. La liste civile impériale acheta pour 61,000 francs de tableaux, au nombre desquels le *Pierre le Grand sur le lac Ladoga*, de Stender (5,500 francs), et le *Caïn* de Paulin Guerin (5,000 francs), et le ministre de l'intérieur employa 15,000 francs sur le fonds d'encouragement à l'acquisition de cinq tableaux; le total des encouragements, à la suite du salon, s'éleva à 116,000 francs · onze médailles de première classe (5,500 francs), trente-six médailles de deuxième classe (9,000 francs), tableaux achetés par l'empereur (61,000 fr.), par l'impératrice (25,500 fr.), par le ministre de l'intérieur (15,000 francs).

(2) Exposé au salon de 1852.

rache difficilement à la méditation où l'avait plongé la lecture de son auteur favori: les Français, qui combattaient avec les Romains, s'indignent et veulent haranguer leurs compatriotes vainqueurs: ils pensent, au moyen de l'article 1er de la Constitution, affiché dans les batteries, et qu'ils proclament à haute voix, conjurer les baïonnettes et les balles; un d'eux, pâle de colère, a découvert sa poitrine; il est à craindre que les assaillants ne voient en lui qu'un transfuge, et que la poitrine d'un Français ne soit frappée par une arme française. Une femme, une Romaine, s'est jetée au-devant des vainqueurs, les bras en avant et implorant leur pitié, non pas pour elle sans doute, mais pour un amant. Cette scène de confusion et de terreur est rendue avec tout le talent de M. Horace Vernet. Les épisodes sont saisissants et le mouvement du combat est très-bien exprimé. Nous aurions voulu peut-être que ce désordre fût plus complet encore et sentît moins l'arrangement, surtout vers la gauche, à l'extrême premier plan du tableau. On peut souhaiter de ce côté plus de liaison entre les groupes, un peu de ce pêle-mêle sauvage de Salvator Rosa, de cette furie qui précipite l'un contre l'autre les deux premiers pelotons des combattants de Montmirail; mais M. Vernet nous dira que des gens surpris et débandés ne combattent pas avec la même énergie que ceux qui s'attaquent de front et à forces égales, et il aura raison.

Quoi qu'il en soit, cette nouvelle et importante composition de M. Horace Vernet lui fait grand honneur; on peut lui appliquer le mot de Napoléon à propos de la bataille de Friedland: « La dernière bataille de M. Horace Vernet est digne de ses aînées. » Nous ne doutons pas que les deux morceaux qui doivent compléter ce dernier chapitre de notre histoire militaire, l'arrivée des Français à Civita-Vecchia et la reddition de Rome, ne soient, eux aussi dignes de l'attaque du bastion. M. Horace Vernet ne peut déchoir.

M. Ingres, dont le talent s'est développé et a commencé à poindre à la suite de nos orages révolutionnaires, n'est pas un des fils du xviii° siècle: sa jeunesse a été grave, et jusque dans ses moindres compositions, il a prouvé qu'il savait prendre au sérieux les choses sérieuses. C'est un esprit méridional, vif, mais réfléchi, qui ne marchande ni avec les convictions ni avec les sentiments. Une de ses plus grandes colères a toujours été causée par le poëme de la Pucelle, dont les prologues résumaient les croyances religieuses et morales de nos pères. M. Ingres a toujours rêvé une réhabilitation de la glorieuse fille de Vaucouleurs, plus maltraitée peut-être encore par les poëtes qui l'ont prise au sérieux, à commencer par Chapelain, que par celui qui l'a tournée en dérision; la statuaire et la peinture ne lui avaient guère été plus favorables. Sauf les statues de la princesse Marie et de M. Feuchères, qui l'ont représentée, l'une sous les armes, l'autre sur le bûcher, et le ta-

bleau où M. Paul Delaroche nous l'a montrée aux prises avec ce hideux cardinal de Winchester, rien n'avait paru qui fût digne de la naïve libératrice du royaume de France. M. Ingres a entrepris de réhabiliter la jeune fille et la guerrière, et, à l'aide des moyens les plus simples, sans recourir à l'épopée, comme lorsqu'il veut nous montrer Napoléon ordonnant le passage du Rhin, ni à la chronique ou au drame, comme dans ses tableaux de l'Entrée à Paris du dauphin Charles V ou de Françoise de Rimini, il s'est contenté d'un cadre restreint et d'une seule figure, celle de la guerrière; il nous l'a représentée debout, dans son costume de bataille, appuyée sur l'oriflamme, qu'elle tient de la main droite, la main gauche posée sur l'autel et assistant au sacre du roi Charles VII, qu'elle vient de conduire à Reims: le peintre l'a dépouillée de son casque et de ses gantelets de fer, qui sont placés à terre et à ses pieds; sa tête nue est couronnée d'une abondante chevelure; sa figure a ce mâle embonpoint qui convient à la fille des champs; l'étincelle morale brille dans ses yeux levés au ciel, auquel elle semble rapporter sa victoire. Cependant sa main appuyée si franchement sur l'autel, orné de fleurs de lis, et sur lequel la couronne royale et les vases du sacre sont placés, indique plus énergiquement que tout autre geste ou toute autre démonstration quel a été son concours dans ces glorieux événements, et à quel titre elle assiste à la royale cérémonie; l'expression de son visage n'a rien toutefois de la joie ou de l'enivrement du triomphe, et il y a de la tristesse dans son regard tourné vers le ciel. Elle a accompli sa promesse, son rôle est achevé; tout à l'heure, après la cérémonie, elle dira à l'archevêque de Reims: « Plût à Dieu, mon créateur, que je puisse maintenant partir, abandonnant les armes, et aller servir mon père et ma mère en gardant leurs brebis avec ma sœur et mes frères, qui moult se réjouiroient de me voir. »

Ce tableau que M. Ingres vient d'entreprendre est destiné à la galerie du Luxembourg, pour lequel l'éminent artiste achève également une répétition modifiée du tableau de la Vierge à l'hostie, qui appartient au prince impérial de Russie. Dans ce dernier tableau, la Vierge, les mains jointes devant un autel, adore la divinité de son Fils dans le calice et l'hostie, emblème de la rédemption du genre humain; mais le saint Nicolas et le saint Alexandre, protecteurs de l'empire russe, sont remplacés sur le second plan du tableau par saint Denis et par sainte Geneviève, protecteurs de la France. Ces deux belles compositions, jointes aux tableaux de Roger et Angélique et des Clefs de saint Pierre, déjà placés aux Luxembourg, et au plafond de l'Apothéose d'Homère qu'on voit au Louvre, permettront un jour d'apprécier M. Ingres, sinon complètement, du moins sous les principaux aspects de son talent. Ajoutons que l'illustre maître achève en ce moment pour la fa-

mille du roi Louis-Philippe, un tableau représentant *Jésus au milieu des docteurs*, qui lui avait été commandé par l'ancienne liste civile. Cette vaste composition, l'une des plus complètes et des plus travaillées que M. Ingres ait jamais exécutées, suffirait pour prouver qu'il a su se maintenir à sa hauteur, et que chez lui rien n'annonce le déclin. On peut juger de l'intérêt et de l'importance de ces derniers travaux par les dessins qui viennent d'en être donnés dans la collection des OEuvres de M. Ingres, gravées au trait par M. Réveil, et que M. Magimel, un de ses élèves de prédilection, vient d'éditer (1). Ce précieux recueil, dont M. Ingres, lui-même, a surveillé la publication, ajoutant à quelques-uns des morceaux qu'il renferme d'heureux accessoires, de curieuses variantes, se compose de cent deux dessins, et nous permet d'embrasser d'un seul coup d'œil cette existence d'artiste si bien remplie, et qui comprend plus d'un demi-siècle. M. Ingres a dû lutter

(1) *OEuvres de M. Ingres* (*a*). En 1834, M. Ingres, exposant son *saint Symphorien*, sembla rompre avec la tradition raphaëlesque pour tenter les rudes voies de Michel-Ange. Il se laissa entraîner aux violences florentines du démon de l'anatomie picturale, lui dont le crayon délicat avait esquissé jusqu'alors les chastes ovales des madones et les élégantes suavités des Vénus. Des critiques inintelligents ou passionnés combattirent cette transposition du maître. Blessé au vif, M. Ingres se tint à l'écart. Voilà dix-sept ans que dure son illustre bouderie. Tout en admettant ce qu'a de noblement chatouilleux l'amour propre d'un artiste de la valeur de M. Ingres, nous ne concevons pas une susceptibilité si tenace. L'art ne doit pas avoir de mont Aventin.

Les hautes individualités faites pour régenter leurs époques n'ont pas le droit de s'abstenir ni de s'éloigner dans un ostracisme volontaire. L'artiste y perd autant que le public. S'absenter, c'est se condamner, c'est pétrifier dans la solitude sans échos de l'atelier l'initiative et le mouvement. Quand on est chef d'école, on ne saurait échapper aux lourdes et glorieuses conditions de sa maîtrise. Mais M. Ingres nous revient tout entier ; que la paix soit faite.

Un volume, qui bientôt sera feuilleté par tous ceux pour qui l'art est sacré comme la parure et le délassement des sérieux loisirs, contient l'œuvre de M. Ingres gravée au trait sur acier. Pour un tel puriste, la gravure est un fac-simile, car sa ferme main ne tremble point et n'égare jamais l'orthodoxie rigide du dessin. Il méprise les faciles escamotages de palette, les artifices hasardeux de touche, les subtilités d'empâtement. M. Ingres a, pour ainsi dire, le catholicisme de la ligne.

Nous aimons chez un artiste cette dévotion pieuse, cette foi robuste sans intermittences de faiblesses, ce culte sincère où ne se glissent jamais les défaillances du doute. Résister contre les courants et les entraînements, dominer la foule au lieu de la suivre, imposer sa forme sans subir les oscillations de la vogue, c'est l'œuvre et la façon des forts. Tôt ou tard, les convictions reçoivent leur récompense ; tandis que se dissipe la fumée de vaine gloriole des complaisants et des adulateurs, le temps, plus juste, consacre le renom des maîtres sévères. Ce tribut d'hommages non recherchés, et de toutes parts consentis, nous aimons à le rendre à M. Ingres.

(*a*) Chez Firmin Didot.

contre plus d'un obstacle et s'est vu longtemps méconnu. Rien n'a pu le détourner de la ligne qu'il s'était tracée, et qu'il savait être la bonne ; ni les conseils timides de l'amitié, ni les emportements de la critique, ni les séductions du monde. Il nous montre aujourd'hui ce que peuvent le talent et la volonté réunis, et à quelle hauteur peut s'élever l'homme qui a la conscience de sa force et le sentiment juste et profond du vrai et du beau.

M. Ingres laissera dans l'histoire de l'art français une trace durable et profonde. Son influence aura été d'autant plus réelle, qu'il ne l'aura pas seulement exercée comme artiste, mais à titre d'homme qui se respecte, qui respecte le public et qui sait allier l'élévation du caractère à la puissance du talent. Beaucoup de ses élèves occupent aujourd'hui un rang distingué dans l'école, et l'un d'eux, M Hippolyte Flandrin, peut être rangé dès à présent au nombre des maîtres ; tout en se rappelant un illustre enseignement, il a su s'ouvrir une voie originale. D'autres, comme MM. Amaury Duval, Tyr et Camairas, se sont montrés avant tout fervents imitateurs, et n'ont pu briser encore cette lisière qui retient l'élève au maître, et dont, pour être maître soi-même, il faut savoir s'affranchir. Il en est quelques-uns, au contraire, qui semblent avoir à cœur de faire oublier qu'ils procèdent de l'école de M. Ingres, et ceux-ci, pour faire preuve d'indépendance, se livrent à des écarts qui doivent nous contrister.

Nous hésitons à ranger au nombre de ces derniers M. Gérome, que nous nous plaisons encore à regarder comme une des plus brillantes espérances de l'école, et cependant, il faut bien le reconnaître déjà, au dernier salon, les tableaux qu'il avait exposés, et particulièrement, *l'Intérieur grec* et le *Souvenir d'Italie*, accusaient une certaine tendance à l'affectation et un dédain du naturel qui pouvait faire concevoir de sérieuses inquiétudes. Depuis et tout récemment M. Gérome a terminé les peintures qui complètent la décoration de l'ancienne chapelle du Conservatoire des arts et métiers, restaurée et transformée en bibliothèque par l'habile architecte. M. Vaudoyer. Ces peintures comprennent deux grands médaillons où sont figurés à mi-corps, l'Art et la Science, et au-dessous de ces figures de proportions colossales quatre compartiments de forme oblongue et ogivale, dans chacun desquels l'artiste a placé une figure allégorique avec attributs, s'enlevant sur un fond bleu à gaufrures d'or. Ces quatre figures représentent la Forme, la Couleur, la Physique et la Chimie ; on retrouve certainement dans ces peintures le talent de l'auteur du *Combat de coqs* et d'*Anacréon*, et cependant, soit que le jeune artiste ait été à l'étroit dans les compartiments qu'il devait remplir, soit que ces représentations abstraites et symboliques convinssent peu à la nature de son talent, correct et précis quant au mode d'exécution, mais qui incline vers la fantai-

sie et ne craint pas d'exagérer le mouvement pour atteindre à la grâce, toujours est-il que ces peintures laissent quelque chose à désirer. Ces critiques ne s'appliquent pas aux deux médaillons. Les figures de l'Art et de la Science nous paraissent réussies et ne manquent pas d'un certain caractère héroïque. Les quatre figures des compartiments, exécutées avec largeur et distinction, pèchent par certaines exagérations coquettes de mouvement, par des recherches de raccourcis que ne comporte pas ce système de décoration, mais surtout par l'absence de style, et par là nous entendons ce mélange de calme et de force qui convient à la peinture monumentale, particulièrement dans la représentation de figures isolées. On a reproché également à M. Gérome la multiplicité des accessoires, qui brisent et tourmentent la ligne et amènent à distance un peu de confusion, et on a eu raison, à cela il y a remède ; il y en a peu aux autres imperfections que nous venons de signaler et qui résultent d'un manque d'expérience, dont M. Gérome a, du reste, le temps de se corriger. Nous ne doutons pas que ce jeune artiste n'ait à cœur de prendre une autre fois dignement sa revanche.

Les deux cariatides de M. Robert, commandées, comme les peintures de M. Gérome, par le ministère de l'intérieur, et destinées à la décoration de la grande porte d'entrée du Conservatoire des arts et métiers, sont un travail fort remarquable et qui fera honneur au statuaire. M. Robert a su, lui, se plier sans murmure aux convenances architecturales, et il a eu grandement raison : la sculpture et l'architecture ont toujours gagné à être bonnes sœurs ; plus elles sont d'accord, plus elles se font mutuellement valoir. Il paraît que cette heureuse entente s'établit beaucoup plus difficilement entre la peinture et l'architecture : nous en avons une preuve de plus dans la bibliothèque du Conservatoire des arts et métiers; on n'en doit pas moins reconnaître que l'ensemble de ces travaux du Conservatoire, et particulièrement la restauration de la chapelle, si heureusement transformée en bibliothèque, font honneur à M. Vaudoyer; ils le placent au nombre de ces architectes érudits et ingénieux à la fois, qui ont appliqué si heureusement leurs talents à la conservation et à la restauration de la chapelle du Conservatoire des arts et métiers; elle prendra place à côté des belles restaurations de la Sainte-Chapelle, de Notre-Dame et du Louvre.

A propos du Louvre, il est un détail de cette vaste restauration qui doit surtout nous occuper ici; nous voulons parler des peintures qui complètent la décoration de la galerie d'Apollon : cette décoration se compose, comme on sait, de voussures placées aux extrémités nord et sud de la galerie, et terminant le berceau de la voûte, de cinq grands cartouches, disposés au centre du plafond, dans toute la longueur de la voûte, qu'ils sont comme destinés à soulever,

en simulant autant d'ouvertures sur le ciel, et d'échappées dans l'espace de deux rangées inférieures de médaillons, où sont figurés en camaïeu rehaussé d'or, les mois de l'année, de quatre compartiments, descendant jusqu'à la corniche où sont peintes les quatre Saisons; enfin, de vingt-quatre panneaux, placés au milieu de la galerie ; douze entre les fenêtres et douze entre les portes qui leur font face. Ces panneaux sont vides encore, mais contiendront les portraits, en tapisseries des Gobelins, des personnages célèbres du temps de Louis XIV, exécutés sous la direction de M. Ary Scheffer, qui doit se servir, pour ce travail, des peintures de Lebrun, Mignard, Lorgillière et Rigaud.

Les voussures, cartouches et médaillons de la voûte devaient être peints par Lebrun lui-même, ou sous sa direction. Cette exécution, poursuivie au début avec une ardeur extrême, suspendue et reprise à diverses fois, n'aura été achevée que dans l'année 1851. C'est environ cent quatre-vingt-dix années que ce travail aura duré. L'une de ces peintures, la voussure du midi, qui représente le *Triomphe d'Amphitrite*, avait été exécutée par Lebrun lui-même. Elle se trouvait dans un affreux état de dégradation, et vient d'être restaurée assez heureusement par M. Poppletan. Lebrun avait, à ce que l'on présume, également mis la main à trois des quatre cartouches du centre de la voûte, qui représentaient *les quatre Parties du jour*; le quatrième, représentant *Castor*, ou l'étoile du matin, ne fut peint qu'en 1781, par Renou. L'une de ces peintures, *l'Aurore*, fut détruite, à la fin du dernier siècle, par des couvreurs, qui chargèrent imprudemment de gravois cette partie du plafond; elle vient d'être rétablie par M. Muller, qui, tout en se conformant au dessin de Lebrun, conservé par la gravure de Saint-André, son élève, a su garder son originalité, et un coloris éclatant et harmonieux; peut-être cependant le morceau gagnerait-il, si certaines nuances, par trop chatoyantes du manteau de la déesse et du groupe des amours renversant des corbeilles de fleurs, étaient légèrement adoucies; les autres cartouches, représentant le soir et la nuit, bien que fort dégradés, ont pu cependant être conservés, grâce à la restauration intelligente de M. Poppletan.

Reste le cartouche central, la voussure du nord et les compartiments et médaillons de la courbure de la voûte. Les peintures des quatre compartiments, de forme quasi-rectangulaire, et s'appuyant sur la corniche, représentent *les quatre Saisons de l'année*, peintes par quatre académiciens, comme morceaux de réception : l'*Automne*, par Toraval, 1769; l'*Été*, par Durameau, 1774; l'*Hiver*, par Lagrenée, 1765; le *Printemps*, par Callot, 1780. L'exécution de ces quatre peintures dura douze années; les médaillons, où sont figurés les mois, ont été peints de même à diverses époques. Tous ces morceaux viennent d'être restaurés, et, on peut le dire pour quelques-uns, achevés; la voussure de l'extrémité du nord de la galerie était

restée vide, M. Joseph Guichard a été chargé de la remplir, en se servant d'un dessin laissé par Lebrun, représentant le *Triomphe de Cybèle*. C'est une peinture un peu hâtée peut-être, mais fort convenable. M. Guichard a tiré un excellent parti du canevas qui lui était fourni et auquel il a même apporté d'heureuses modifications. La figure de Cybèle a de la majesté, et le groupe des faunes, des satyres et des nymphes qui accompagnent la déesse, en chantant et en jouant des instruments, est bien dans le sentiment de la peinture de Lebrun.

Il y avait enfin à remplir le cinquième grand cartouche placé au milieu de la galerie et qui occupe, en se cintrant, la largeur entière de la voûte. D'après les plans de Lebrun, ce vaste compartiment devait représenter le *Triomphe d'Apollon*. D'anciens guides de Paris ont décrit ce plafond comme existant : mais il est certain que Lebrun n'y a jamais mis la main, et qu'il n'a même laissé aucun dessin qu'on puisse considérer comme le projet ou même la première pensée de cette œuvre. M. Eugène Delacroix, chargé de l'exécution de ce cartouche central, ne s'est donc pas astreint à la simple reproduction de la pensée de Lebrun : le sujet seul, le *Triomphe d'Apollon*, appartient au premier peintre de Louis XIV ; tout le reste, la façon de comprendre le sujet, la composition, la disposition pittoresque des groupes, en un mot tout ce qui est du domaine de l'invention ou de l'expression, appartient à M. Eugène Delacroix, et cependant ce qui distingue avant tout cette vaste composition, exécutée avec la verve et l'intelligence du peintre de la *Médée* et du *Combat de Taillebourg*, c'est sa convenance parfaite au double point de vue de l'exécution et de l'entente du sujet, qui semblerait n'avoir pu être autrement compris par Lebrun lui-même. En effet, ce morceau n'est pas une pièce de rapport, comme tant d'autres ouvrages du même genre ; il convient essentiellement à la place pour laquelle il a été fait ; c'est un vrai plafond, c'est-à-dire une échappée sur les célestes espaces, et non un tableau horizontalement accroché, dont les personnages, couchés de tout leur long, menacent de se précipiter et vont vous écraser. M. Delacroix a rarement été coloriste plus souple et plus vigoureux. Chaque groupe, chaque accessoire, chaque détail ne laisse rien à désirer, quant à la richesse et à la localité du ton, et concourt puissamment à l'effet. M. Eugène Delacroix a fait preuve, une fois de plus, de cette rare intelligence du clair-obscur qu'il doit à l'étude combinée des coloristes flamands et des Vénitiens. Pour être le plus grand et le plus vrai peintre de notre époque, il ne lui manque qu'un peu plus de clarté dans ses compositions, et surtout plus de respect pour la forme.

Nous ne voulons pas quitter les galeries du Louvre sans nous occuper d'une peinture à laquelle M. Landelle met la dernière main, et qui devait être placée dans la salle dite de la Renaissance. M. Landelle, chargé de per-

sonnifier cette époque, s'est fort heureusement inspiré du XVIe siècle. Sa *Renaissance* est une femme jeune et belle, à la taille élevée, aux formes opulentes, d'une physionomie ouverte et intelligente, et magnifiquement vêtue d'étoffes de soie et de brocard d'or, dont M. Landelle a été assez heureux pour retrouver des échantillons chez les revendeurs vénitiens. Ses cheveux, relevés en couronne, selon la mode du temps, laissent au front qu'ils encadrent tout son développement et toute sa saillie ; l'œil est doux et rayonnant, la bouche délicate et réfléchie, le col puissant et rattaché à la tête avec une rare énergie. Cette femme, qui rappelle à la fois Diane de Poitiers et la belle reine de Navarre, trône avec majesté dans une espèce de somptueuse galerie. Sa main droite s'appuie sur un cadre de l'époque, entourant un portrait du roi François Ier. Autour d'elle sont groupées, dans le plus heureux désordre, des œuvres de la sculpture, de l'architecture, de l'orfévrerie et de la ciselure, du choix le plus rare et le plus précieux. M. Landelle a fort heureusement caractérisé cette charmante époque de l'émancipation ou plutôt de la sécularisation de l'art, quand, brisant le joug de l'ascétisme, il se fait mondain et retourne au culte de la souveraine beauté. Ce sujet, bien compris par M. Landelle, convenait à la nature de son talent gracieux et distingué, et inclinant volontiers à la reproduction de la beauté ; le seul écueil que M. Landelle ait à éviter, c'est sa facilité ; cette fois le jeune artiste s'est livré à l'exécution de son œuvre avec un soin et un amour tout particuliers : il l'avait ébauchée dès l'an dernier ; il a voulu voir l'Italie avant de la reprendre et d'y mettre la dernière main. Ce voyage lui aura profité, et lui permettra de se rapprocher de cette perfection à laquelle il veut atteindre.

L'imagination est le caractère distinctif du talent de M. Matout. Il conçoit vivement un sujet, en dessine fièrement la charpente, et plus la machine est vaste et d'importance, plus il semble se trouver à l'aise. L'immense composition qu'il exécute en ce moment pour la décoration du grand amphithéâtre de l'École de Médecine, et qui représente *Ambroise Paré opérant pour la première fois de la ligature de l'artère sur un gentilhomme blessé au siége d'Anvilliers*, eût effrayé un artiste moins résolu. M. Matout au contraire, quand il a été assuré de pouvoir couvrir une toile de trente-deux pieds de long sur vingt pieds de haut, a respiré plus librement ; il s'est livré à de savantes recherches sous la direction du professorat de l'École ; il a recueilli des renseignements de toute espèce, s'est entouré de nombreuses études, et un beau jour il a jeté sur la toile cinquante figures de dimensions héroïques, les esquissant en camaïeu, et aujourd'hui M. Matout est en pleine composition : tout est en train, tout marche ; rien n'est encore achevé ; mais si le souffle qui l'a animé jusqu'à présent se soutient, et surtout si au lieu de se borner à de brillants à peu près,

il sait et veut finir, nous pouvons présager que le succès ne lui fera pas défaut. La figure d'Ambroise Paré opérant sur le champ de bataille, et disposée de façon à ce que tout l'intérêt converge bien autour d'elle, suffit à elle seule pour faire comprendre le sujet. D'une main il a saisi, au moyen de la pince, l'artère dans le moignon sanglant de l'amputé ; de l'autre, il montre le fil rouge avec lequel il va opérer la ligature. L'opéré et les aides qui le soutiennent sont dessinés avec une grande originalité, et l'on sent parfaitement que l'auteur a dû s'inspirer de la nature. Le groupe des docteurs encore incrédules, qui ont fait rougir les fers et proposent la cautérisation en usage jusqu'alors, mais qu'Ambroise Paré va convertir avec son fil rouge, contraste heureusement avec le groupe de l'opéré ; leurs amples et riches costumes, copiés sur les manuscrits du temps, semblent taillés à souhait pour le peintre. La continuation de la bataille et de l'assaut livré à Anvilliers forment un fond de tableau de la plus heureuse disposition. M. Matout doit maintenant se rappeler que l'effet de ces vastes machines réside en grande partie dans une habile entente du clair-obscur, et qu'elles réclament la magie du coloris d'un Titien, d'un Paul Véronèse, ou la fougue splendide d'un Rubens. *Lanfranc donnant la première leçon orale de chirurgie à l'hospice de Saint-Jacques-la-Boucherie au XIII° siècle*, et *Desault installant la Clinique*, doivent, avec le tableau d'*Ambroise Paré*, compléter cette décoration de l'amphithéâtre de l'École de Médecine, qui a été confié à M. Matout.

M. Courbet, auquel une fraction fort compromettante de l'école naturaliste avait fait un succès si bruyant à l'ouverture du dernier salon, ne s'est pas laissé abattre par le rude contre-coup qui a suivi cette turbulente ovation. Tandis que les uns le proclamaient le seul homme de génie qui comprît l'art contemporain, et l'annonçaient comme le régénérateur de l'école, d'autres ne voulaient voir en lui qu'un grotesque barbouilleur : nous sommes ainsi faits en France.

C'est à la raison et au bon sens de chercher le vrai entre ces exagérations systématiques. L'auteur de l'*Après-dîner à Ornans*, persuadé, à ce qu'on nous assure, qu'il n'avait mérité

Ni cet excès d'honneur ni cette indignité,

s'est répété que, malgré tout, il était peintre : il s'agissait de le prouver, et l'artiste cherchait un sujet qui pût passionner le public, quand un jour il voit passer un détachement de pompiers attelés à leurs pompes, qu'ils traînaient en toute hâte vers une maison qui brûlait ; une foule inquiète et curieuse les accompagnait en courant ; ce mouvement, cette émotion, ces uniformes, frappèrent l'artiste : il avait trouvé son tableau. M. Courbet, profitant des facilités que lui donnait le ministère de la guerre, s'est mis intrépidement à l'œuvre. On verra bien-

tôt le résultat. Barrer le chemin à M. Courbet, comme on prétend qu'on a essayé de le faire, n'eût été possible ni digne ; *laisser faire et laisser passer* doit être un des axiomes fondamentaux de l'art. Le bon goût et le bon sens public sont là pour faire justice des erreurs et des folies.

Il y a peu d'analogie entre le talent de M. Ziégler et celui de M. Courbet : l'un procède du naturalisme le plus positif, l'autre de l'abstraction la plus quintessenciée, et cependant M. Ziégler a eu, comme M. Courbet, ses jours de succès et d'enivrement, que plus d'une fois ont suivi de brusques revirements d'opinions. M. Ziégler s'est toujours dignement relevé sous les coups de la critique, et il est resté peintre. Au dernier salon, son tableau des *Premiers pasteurs* nous l'a prouvé ; à la prochaine exposition, la grande composition qu'il exécute pour la salle des séances de l'hôtel-de-ville d'Amiens, et qui représente la *Signature de la paix d'Amiens*, confirmera la preuve et montrera l'auteur de l'hémicycle de la Madeleine sous une face toute nouvelle. L'exécution de cette page d'une histoire héroïque, où la réalité se combine si heureusement avec une certaine majesté d'apparat, appartenait de droit à M. Ziégler, que certaines affinités rattachent à l'école espagnole, et particulièrement à Vélasquez. Nous nous rappelons encore la grande tournure et la largeur d'exécution des portraits du connétable de Sancerre et de Kellermann, et quelles que soient les difficultés de costume et de dispositions que présente l'œuvre que M. Ziégler a entreprise, nous ne doutons pas un seul moment de sa réussite.

D'importants travaux de peinture décorative ont été commandés pour les salles d'attente du conseil d'État et de la Cour des comptes, au palais du quai d'Orsay. Cette décoration, qui comprend à la fois des peintures monumentales et des travaux d'ornementation, a été confiée, pour ces derniers travaux, à M. Laurent Jan, et pour les peintures, à MM. Landelle, Ange Tissier et Gigoux ; les travaux de M. Laurent Jan ont été poussés avec une grande activité ; ils sont exécutés avec goût, et témoignent d'une étude particulière de ce genre de décoration et d'un véritable savoir-faire. Les peintures de MM. Landelle et Ange Tissier, représentant la *Loi*, le *Calcul*, la *Vigilance* et la *Prudence*, ne sont encore qu'à l'état d'étude ou d'ébauche. M. Gigoux, qui a voulu représenter la *Source des richesses de l'État*, ou la *Production*, nous fait assister aux moissons et aux vendanges. Il a poussé plus loin son travail ; son tableau des *Vendanges* est même fort avancé. Le cadre de cette peinture est fort étendu et n'a pas moins de quatre mètres de long sur trois mètres de haut. M. Gigoux l'a rempli fort heureusement. Il ne se sert de son sujet que comme d'un gracieux prétexte pour représenter des jeunes hommes et des jeunes filles, naturellement groupés et se montrant sous les attitudes les plus variées, les uns à demi

perdus dans les pampres, cueillant les raisins et les chargeant dans des paniers; les autres suspendus aux treilles ou transportant dans des corbeilles les grappes recueillies et les versant dans de vastes cuves. Cette peinture, disposée avec une largeur qui sent son maître, n'est pas encore terminée ; telle qu'elle est, elle rappelle la simplicité des peintures italiennes de la meilleure époque, auxquelles certains groupes paraissent dérobés.

Nous citerons, par exemple, ces deux jeunes filles vêtues de lilas et de rose, qui occupent le centre du tableau; on retrouve chez elles cette grâce à la fois naturelle et étudiée, et cette forte et élégante désinvolture des personnages des fresques florentines. D'autres commandes de peinture monumentale ont été également faites par l'Etat, et MM. Eugène Delacroix, Bremond et Chassériau. M. Eugène Delacroix a été chargé par la ville de Paris, de compte à demi avec le ministère de l'intérieur, de la décoration d'une chapelle à Saint-Sulpice, et MM. Bremond et Chassériau doivent exécuter des peintures décoratives pour les églises de la Villette et de Saint-Philippe du Roule. Ces travaux sont ou à peine commencés ou trop peu avancés pour être convenablement appréciés dès à présent. Nous ne voulons pas prolonger davantage cet examen des efforts incessants de nos peintres dans l'intervalle des expositions, et notre but ne peut être, on le comprendra, de pénétrer dans chacun des ateliers où s'achève une œuvre d'art de quelque importance. Ce que nous voulons surtout démontrer, c'est l'utile action qu'exercent sur les arts du dessin les grands travaux de peinture monumentale, comme complément et au besoin comme correctif des expositions annuelles. On ne peut mieux compléter cette démonstration qu'en passant des peintres aux sculpteurs, dont les travaux se relient plus directement encore aux encouragements que reçoit parmi nous l'art monumental. On sait que les chefs-d'œuvre de l'art antique qui furent rapportés d'Italie à la suite de nos victoires, avaient été cédés à la France par un des articles du traité de Campo-Formio. Bonaparte, qui ne négligeait aucun des moyens de frapper l'imagination des hommes, veilla personnellement à ce que cette clause fût rigoureusement exécutée, et il ne voulut faire grâce aux vaincus, ni d'une statue, ni d'un tableau. Il songeait dès lors à s'attacher l'opinion, et il savait que les Français résistent difficilement aux séductions qui s'adressent à leur amour-propre et à leur goût. Il voulait que le Louvre fût le musée de l'Europe, et que les principaux monuments des arts y fussent réunis. L'*Amant grec*, le *Bacchus indien*, la *Flore*, l'*Antinoüs*, le *Discabale*, le *Faune au repos*, le *Torse*, l'*Apollon du Belvédère*, et quarante autres statues de même valeur y furent transportés successivement. On savait que la *Vénus de Médicis* était au nombre des objets cédés, et on s'étonnait de ne pas la voir figurer parmi ces chefs-d'œuvre immortels. Voici ce qui était arrivé : A la première nouvelle de ce qui venait d'être décidé, le chevalier Puccini, directeur du musée de Florence, avait lestement emballé la Vénus, et, en homme véritablement passionné, s'était réfugié à Palerme, de compagnie avec elle. Le secret ne fut pas si bien gardé, que sa retraite ne fût découverte. Or, quelque temps après la signature d'Amiens, une frégate française se présente dans le port de Palerme. Le commandant était porteur d'une lettre autographe du général Bonaparte, adressée au roi des Deux-Siciles. Cette lettre réclamait d'une manière polie, mais péremptoire, la Vénus de Médicis, comme faisant partie des conquêtes de la France. Le roi, qui avait une horrible peur des Français, mais surtout du général Bonaparte, et qui ne se souciait guère de cette Vénus compromettante, qui pouvait devenir un *casus belli*, un prétexte peut-être pour lui enlever la Sicile, s'empressa de donner des ordres pour qu'elle fût immédiatement remise aux Français; il fallait obéir. Puccini prit donc rendez-vous à Palerme, avec le consul général de France, qui s'appelait M. Marson, et tous deux se rendirent dans le jardin d'un couvent de Capucins, où la Vénus était cachée sous dix pieds de terre. Tandis que l'on déterrait la statue, le chevalier gardait un morne silence, qu'il n'interrompait que pour pester contre la prépotence française. « Voyons donc, cher chevalier, lui dit M. Marson, ne vous désolez donc pas ainsi ; ne fallait-il pas que Vénus allât retrouver son Apollon ? » Le chevalier se tournant brusquement vers lui et le regardant entre les deux yeux : « C'est là justement, dit-il, ce qui me met en colère, car ces gens-là ne feront jamais d'enfants chez vous. »

Le mot était rude; était-il juste? Peut-être alors l'aurions-nous cru; aujourd'hui nous en doutons. En effet, depuis Bosio, Gois et Chaudet, ces aigles du commencement du siècle, la statuaire a fait chez nous d'immenses progrès. Il est telles œuvres qui nous paraissent procéder en ligne assez directe de ces dieux, et qui cependant n'ont fait chez nous qu'une apparition bien fugitive. A quelle époque de l'histoire de l'art en France a-t-on pu signaler une réunion de statuaires d'un égal mérite et de styles plus divers, bien que procédant la plupart de la tradition antique? sévères et châtiés, sans exclure la grâce, comme MM. Simart, Duret et Dumont; énergiques et pleins d'accent comme MM. David d'Angers, Rude, Etex et Préault; fantaisistes brillants, variés et naturels, comme MM Pollet, Marochetti, Feuchères, Barre, Bonassieux, Dantan, Courtet et tant d'autres; universels, et réunissant toutes les conditions de l'art, comme MM. Pradier et Barye? La dernière exposition a prouvé que ce progrès ne s'était pas ralenti. M. Pradier, dans son *Atalante*, s'est maintenu à sa hauteur; MM. Clésinger, Jouffroy, Etex et Jaley, talents acquis, n'ont pas démérité aux yeux du public. M. Barye s'est

révélé sous un nouvel aspect dans son groupe du *Centaure* et du *Lapithe*. De jeunes talents se sont manifestés avec un certain éclat. Parmi eux brillent au premier rang MM. Soitoux, Renou, Bosio et Loison, dans le genre héroïque et quelque peu académique ; MM. Demesmay, Cordier, Marcellin, Dorsay, Leharivel, Fremiet, Caïn, et même, dans les genres les plus divers, où chacun d'eux présente une égale supériorité, et a souvent fait les plus heureuses rencontres.

La clôture du salon a été signalée dans les ateliers par un redoublement d'activité : les uns ont achevé l'œuvre commencée ; d'autres, en dépit des préoccupations politiques, se sont lancés dans de véritables entreprises. Le public a déjà pu apprécier quelques-uns des résultats de cet énergique mouvement. Le *Guillaume le Conquérant* de M. Roche, statue équestre en bronze, d'un jet vigoureux, mais dont l'exécution dénote un peu de précipitation ; le *Marceau*, de M. Préault, bronze vraiment héroïque, et qu'anime ce souffle martial qui jeta, il y a un demi-siècle, toute une génération à la frontière, ont été inaugurés, l'un à Falaise, l'autre à Chartres. Les deux *Siècles*, de M. Duret, ces colosses d'un aspect si imposant, ont été placés à la porte du tombeau de Napoléon, où les douze grandes *Victoires* de M. Pradier les avaient devancés : jamais capitaine, jamais empereur n'aura été entouré, vivant ou mort, d'une garde plus héroïque et plus majestueuse. Les magnifiques bas-reliefs que M. Simart termine, et qui doivent décorer les parois de la crypte funéraire, seront le digne complément d'un travail qui mérite à lui seul une étude toute particulière.

La création du musée de Versailles sera une des gloires du dernier règne. L'idée de cette collection fut, il est vrai, conçue vers la fin du xviii⁰ siècle, au milieu de la tourmente révolutionnaire, et comme moyen peut-être de sauvegarder cette habitation royale ; le roi Louis-Philippe eut du moins le mérite de la mettre à exécution, bien qu'un peu hâtivement sans doute. Cette création n'a pas été abandonnée. L'administration nouvelle, sans disposer des mêmes moyens que la liste civile, obligée de faire face à des nécessités de toute nature, et de répartir ses ressources sur toute l'étendue du pays, a voulu néanmoins continuer l'œuvre commencée. Les statues en marbre de trois maréchaux, *Macdonald*, *Oudinot* et *Bugeaud*, exécutées par MM. Nanteuil, Jean Dubay et Dumont, et du jeune marin *Viala*, œuvre du ciseau de M. Matthieu Meunier, la statue de *Châteaubriand*, par M. Duret, et les bustes de plusieurs personnages célèbres, parmi lesquels on distingue les généraux *Bréa* et *Corbineau*, l'amiral *Leray*, le comte *Mollien*, vont enrichir les galeries de sculpture du palais, et compléter ses collections.

Parmi les principaux ouvrages de sculpture qu'on termine en ce moment, nous signalerons encore les deux grands groupes de MM. Etex et Clésinger : le premier a représenté la *Ville de Paris implorant la miséricorde divine sur les victimes du choléra* ; le second, le *Christ mort, la Vierge et la Madeleine*, vaste composition qu'il a complétée au moyen d'un magnifique bas-relief de la *Cène* qui doit former le devant de l'autel, sur lequel la *Pietà* doit être placée, et de deux anges éplorés, qui seront placés à chacune des extrémités du même autel. Ces deux figures d'ange, que M. Clésinger vient de terminer, peuvent rivaliser dignement avec les meilleurs morceaux de la sculpture italienne. Le groupe de M. Etex, composé de quatre figures de dimensions colossales, sera digne de ce beau groupe de *Caïn*, qui fonda la réputation de cet artiste il y a une vingtaine d'années, la figure de la ville de Paris est pleine d'accent et de majesté : comme la Niobé antique, elle pleure sur ses enfants étendus autour d'elle, ce vieillard, cette jeune femme, cet enfant que le fléau a frappés ; mais sa douleur, que la foi console, que la résignation soutient, est calme et sympathique, elle est surtout étrangère à ces révoltes de l'amour maternel et de l'orgueil qui caractérisent le désespoir de la mère païenne. Ce groupe, exécuté en marbre de Carrare, doit servir à la décoration de la salle principale du grand hospice construit sur les terrains du clos Saint-Lazare ; la *Pietà* de M. Clésinger est destinée à l'une des chapelles de l'église Sainte-Clotilde.

Un autre morceau de sculpture, extrêmement remarquable, est exposé dans les ateliers de M. Courtet ; c'est la reproduction en bronze du modèle de la *Centauresse enlevant un Faune*, qui fut exposé en 1849, et que le jeune artiste, qui a débuté par un coup de maître, appelle, nous ne savons pourquoi, une *Bacchanale*. En effet, en dépit des pampres, des grappes de raisin, des coupes et de la panthère, ces deux personnages sont animés par une tout autre ivresse que l'ivresse du vin ; la centauresse surtout a bien toute la fougueuse ardeur qui convient à ces êtres hybrides :

*Scilicet ante omnes furor est insignis equarum !...*

Le bras relevé sur la tête est d'une grâce incomparable ; la draperie, si heureusement jetée sur le corps de la cavale, et qui sert à rattacher les deux natures, est d'une facture et d'un goût excellent ; la panthère, les autres accessoires bachiques, qui ne nous paraissent imaginés que pour sauver ce que le sujet pouvait avoir de trop délicat, accompagnent fort heureusement la composition ; ils comblent certains vides, cadencent les lignes principales, et bien que nécessaires à la consolidation du groupe, ne font nullement l'effet de ces pièces de rapport en usage en pareille occasion ; le Faune est bien jeune et bien vivant. L'exécution de cette figure présente aussi de véritables beautés : les extrémités ne laissent rien à désirer ; l'abdomen seul nous paraît fruste et négligé ; sa tension est bien exprimée, mais le xiphoïde semble brisé, et les doigts sont à peine indiqués ; on pourrait critiquer aussi

le trop peu de longueur du corps de la cavale et la maigreur de jambes de devant, peu en proportion avec l'ampleur de la croupe. Le groupe de M. Courtet n'en est pas moins un morceau d'une haute distinction, une de ces heureuses rencontres qu'il est donné à peu d'artistes de faire, et c'est cependant à cette source de l'antiquité que l'on croirait tarie, qu'il a puisé son sujet. André Chénier, arrivant à la suite de la tourbe mythologique des poëtes musqués du dernier siècle, nous avait déjà montré 'or pur et ductile que le sol fécond recélait. La *Centauresse* de M. Courtet nous semble un poëme d'André Chénier, coulé en bronze.

Le *Faune dansant* de M. Lequenne est encore une de ces heureuses inspirations de l'art antique et de la fable. Cette statue, qui, au dernier salon, a balancé la grande médaille, est trop connue pour que nous la décrivions ici : exécutée en bronze sur la commande du ministère de l'intérieur, elle sera l'un des morceaux d'élite de la prochaine exposition, si elle n'en est le chef-d'œuvre.

Deux statues équestres et monumentales, la *Jeanne d'Arc* de M. Foyatier et le *Napoléon* de M. de Nieuwkerke, vont sortir également de l'atelier du fondeur, et seront inaugurées prochainement, l'une à Orléans, l'autre à Lyon. Jeanne d'Arc et Napoléon, ces deux grandes gloires de la France, qui, au moment où le pays était tombé si bas, l'ont replacé si haut, 'une en repoussant l'invasion étrangère, l'autre en écrasant les factions; qui tous deux sont morts en martyrs, victimes des mêmes bourreaux, Jeanne d'Arc et Napoléon auront trouvé, nous n'en doutons pas, de dignes interprètes.

Parmi les travaux de sculpture récemment terminés ou en voie d'achèvement, nous devons encore mentionner la décoration sculpturale de la gare du chemin de fer de Strasbourg, œuvre de MM. Lemaire et Bruin: les bas-reliefs et médaillons de l'hôtel du Timbre, exécutés par MM. Jacquemart et Oudiné; les groupes d'animaux commandés à MM. Barye, Fratin, Frémiet et Caïn; le gracieux modèle de *Nymphes à la fontaine* de M. Desbœufs; l'étude fort remarquable du groupe d'*Acis et Galatée guettés par le Cyclope*, que termine M. Ottin, et qui pourra s'appliquer à la fontaine monumentale du Luxembourg. Nous signalerons également, et en première ligne, les quatre groupes équestres destinés aux quatre piédestaux des angles du pont d'Iéna, que terminent dans les ateliers de l'île des Cygnes MM. Feuchère, Préault, Devaulx et Daumas : chacun de ces groupes représente un cavalier et un cheval appartenant à une race différente. M. Daumas a reproduit la race romaine, M. Devaulx la race grecque; M. Préault la race gauloise, et M. Feuchère la race arabe. Ces morceaux se distinguent par des qualités éminentes, et quelques-uns annoncent une singulière puissance de jet. Toutefois, ce travail ne pourra être convenablement apprécié que lorsque chacun de ces grands groupes aura été élevé sur sa base aux quatre angles du pont. Nous faisons les mêmes réserves pour le ponton de l'Ecole des mines, que la mort de M. Legendre-Héral vient de laisser inachevé, et pour le monument funéraire de l'archevêque de Paris, que M. Auguste Debay, lauréat d'un concours célèbre, termine sur place dans l'une des chapelles de l'église de Notre-Dame de Paris.

On le voit, dans un pays aussi agité que le nôtre, et dont naguère encore l'avenir était si incertain, la situation des arts prospère au delà de toute espérance : c'est plutôt même contre les excès de la production que contre l'impuissance et le découragement qu'il y aurait aujourd'hui à les prémunir ; des esprits chagrins trouveront que cette situation des arts présente une étrange anomalie, nous voulons, nous, y voir un gage de sécurité pour le présent, d'espérance pour l'avenir. Les artistes, nous le savons, sont les plus insouciants des hommes : ils s'abritent, dans la tempête, sous un rameau de laurier; mais cette indifférence et ce stoïcisme ne peuvent avoir qu'un temps; car, après tout, il faut vivre: aussi, quand on a vu, le lendemain d'un bouleversement social et en dépit des terreurs générales, tant de gens de talent se reprendre d'une si ardente passion pour leur art et produire avec cette fiévreuse activité, on a dû croire qu'ils obéissaient à ces mystérieux instincts communs aux artistes et aux poëtes, et que l'avenir leur apparaissait stable et pacifique. Espérons que la nouvelle ère qui s'ouvre justifiera leurs prévisions! Quoi qu'il en soit, l'année qui vient de s'achever laissera une trace brillante dans les annales de l'art français; l'impulsion est donnée et le mouvement ne doit pas s'arrêter. C'est au pouvoir de le féconder et de le diriger.

On se plaignait, sous la Restauration, de la rareté des expositions, et je crois qu'on avait raison, car souvent un artiste nouveau, doué de facultés puissantes, était forcé d'attendre trois ou quatre ans pour produire au grand jour l'œuvre qu'il avait achevée, et qui devait fonder sa renommée. C'était là sans doute un grave inconvénient et je conçois très-bien que l'administration, docile au vœu public, se soit empressée de multiplier les expositions. Toutefois, dit M. Gustave Planche, écrivain compétent en cette matière, je pense que les expositions annuelles sont bien loin de servir au développement de l'art. Quand les salons se succédaient à des époques irrégulières, les peintres, les statuaires travaillaient pour lutter, l'exposition devenait un champ de bataille. Aujourd'hui que les salons sont loin d'avoir la même importance, la lutte s'engage à peine entre quelques esprits d'élite; la plupart des artistes ne voient dans les expositions annuelles qu'une occasion de placer les produits de leur industrie : l'activité mercantile a remplacé l'émulation. Assurément le travail de la pensée ne saurait se contenter des applaudissements, il est juste que la renommée se traduise en bien-être: malheureusement les expositions annuelles suppriment la re-

nommée et ne laissent debout que la soif du gain. Le plus grand nombre se hâte de produire et prend en pitié les âmes assez ingénues pour rêver la gloire. Le désir de bien faire s'attiédit de jour en jour; les ateliers se transforment en usines et pour peu que cette fièvre de gain continue, il sera bientôt impossible de distinguer l'art de l'industrie. Je sais que l'expression de la beauté compte encore de fervents adorateurs; je connais des peintres, des sculpteurs sévères pour eux-mêmes, qui s'efforcent de produire des œuvres durables, mais il serait trop facile de les compter. Quant au plus grand nombre, on m'accordera sans peine qu'il ne songe guère à la renommée. Or, n'y a-t-il aucun moyen de réveiller l'émulation, de substituer à l'ardeur industrielle une ardeur plus généreuse? Il suffirait, à mon avis, pour rendre à l'art une meilleure partie de son importance, de séparer les expositions l'une de l'autre par un plus long intervalle. Dès qu'ils sentiraient le réveil de l'émulation dans la génération nouvelle, ceux qui ont déjà obtenu de nombreux applaudissements quitteraient leur retraite pour lui disputer la popularité. Chacun alors se présenterait au Salon, je ne dis pas avec une œuvre accomplie, mais du moins avec une œuvre capable de soutenir la discussion. Les vieilles renommées défendraient pied à pied le terrain que les renommées nouvelles essayeraient d'envahir. L'industrie de la peinture, si florissante aujourd'hui, languirait peut-être un peu, mais l'art se relèverait. Si on m'objectait les plaintes proférées sous la Restauration, je répondrai que ces plaintes ne s'adresseraient pas tant à la rareté qu'à l'incertitude des expositions, car souvent l'intervalle s'étendrait jusqu'à cinq ans. Nous souhaitons aussi de grand cœur que l'administration ne compose point le jury intégralement d'amateurs; car s'il est vrai que les amateurs peuvent posséder sur la peinture des notions assez précises, il n'est pas moins vrai que les peintres possèdent seuls des notions techniques étrangères à tous les préjugés d'école. L'imitation de la physionomie humaine jouera toujours un rôle considérable dans les développements de la peinture; mais il serait à souhaiter que cette partie de l'art n'occupât point le premier rang. De tous les genres cultivés en France, le paysage est celui qui mérite la plus sérieuse attention, je ne dis point par son importance, mais par le soin et la délicatesse que nous remarquons parmi ceux qui traitent cette partie de l'art. La peinture sur faïence, qui rappelle par l'éclat de la couleur les compositions de Luca della Robbia, remplacerait heureusement la mosaïque parmi nous. La peinture à la cire, trop vantée depuis quelques années, ne vaudra jamais la mosaïque pour la décoration de nos Églises, et comme la mosaïque appliquée aux grands travaux de décoration est aujourd'hui un art à peu près perdu, je ne dis pas en France seulement, mais en Italie même, témoin les travaux récents de Saint-Marc-à-Venise et de Saint-Paul-hors-les-Murs, près

de Rome, la peinture sur faïence serait appelée à rendre de grands services. Nous nous plaisons à citer les noms des exposants en peinture au salon de 1852, et qui nous ont paru loin d'être dépourvus de tout mérite. M. Courbet, auteur d'un *Enterrement à Ornans*, a exposé les *Demoiselles du village*; M. Horace Vernet, le *Siége de Rome*, M. Gallait les *Derniers honneurs rendus aux comtes d'Egmont et de Horn par le grand serment de Bruxelles*; M. Meissonier, un *Homme choisissant une épée*, et les *Deux Bravi*; M. Hamon, la *Comédie humaine*; M. Gendrin, la *Vieillesse de Tibère*; M. Jeanrin, *Suzanne au bain*; M. Yvon, la *Partie des Dames*; M. Louis Boulanger, *deux portraits de femmes*; M. Henri Lehonann, un *portraits d'homme*; M. Léon Cogniet, un *portrait de femme*; M. Paul Huet, sa grande *Lisière de forêt*; M. Corot, le *Repos* et le *Soleil couchant*. Nous croyons devoir nous borner à ces citations, sans prétendre par notre silence atténuer le moins du monde le mérite des autres artistes qui ont envoyé à l'exposition des témoignages incontestables au moins du désir de bien faire. Mais un homme sur lequel nous taire serait à nos propres yeux le sujet d'un véritable blâme, parce que nous manquerions essentiellement à la tâche que nous avons acceptée, nous voulons parler de M. Paul Chenavard qui n'a point exposé au salon, il est vrai, cette année, mais qui a fait un travail des plus difficiles que puisse se proposer l'imagination. Il s'agissait en effet de représenter dans une suite de tableaux l'histoire entière de la civilisation. Cette tâche, au premier aspect, effraye tellement la pensée, qu'on est tenté de voir dans un pareil dessein une preuve de présomption et de témérité.

Ce reproche tombe devant le travail achevé. L'auteur de ce hardi projet a mené à bonne fin vingt cartons au moins de onze pieds sur quinze. L'œuvre entière comprendra cinquante compositions morales, surmontées d'une frise, où seront représentés les principaux personnages mis en action dans ces compositions; plus cinq mosaïques circulaires, figurant l'enfer, le purgatoire, le paradis, les Champs-Elysées, et enfin le développement parallèle de l'idée et de l'action. Ce n'est pas seulement le travail d'un penseur habitué à méditer sur la marche de l'esprit humain, c'est aussi la révélation d'un peintre familiarisé depuis longtemps avec la langue des morts. Raconter avec le crayon l'histoire entière de la civilisation, depuis la *Genèse* jusqu'à la révolution française, n'était pas seulement une entreprise périlleuse pour l'homme le plus habile. Il fallait, avant de mettre la main à l'œuvre, savoir dire nettement ce que la peinture peut dire et ce qu'il est défendu d'exprimer. Son *Alexandre*, son *Charlemagne*, son *Déluge*, son *Jugement des rois d'Egypte après leur mort*, la *Mort de Zoroastre*, sa *Mort de Socrate*, son *Siècle d'Auguste*, ses *Catacombes*, sa *Rencontre d'Attila* avec *saint Léon*, son *Luther déchirant les bulles du Pape dans l'église de Wittemberg*, son *Siècle de Louis XIV*, son *Mirabeau répondant*

au *marquis de Dreux-Brézé*, révèlent tous une pensée très-nettement conçue et rendue avec une rare précision, une connaissance profonde de l'histoire et la notion précise des conditions qui régissent la peinture. Il sait tous les moments importants, toutes les journées mémorables de la biographie humaine, et ne sait pas moins nettement à quelles conditions est soumise la représentation de ces journées. Il pense comme s'il avait à raconter le développement de la raison, et lorsqu'il s'agit de retracer sur la toile le récit des historiens, il se renferme prudemment dans les données de la peinture. Ces cartons devaient décorer les murs du Panthéon, et quelle que soit la destination qu'ils recevront, nous avons la ferme confiance que les juges les plus sévères y trouveront l'expression d'une pensée forte et vraie, alliée à l'imagination la plus ingénieuse.

J'arrive à la sculpture. Ce que je tiens à signaler, c'est la tendance générale de notre époque vers le matérialisme. A Dieu ne plaise que j'invite les artistes français à s'engager dans l'esthétique! Ce serait pour eux une étude laborieuse et stérile; je me bornerai à leur rappeler que les plus belles époques de la peinture et de la statuaire ont été fécondées par l'idéal. L'école romaine personnifiée par Raphaël, l'école attique personnifiée par Phidias, ont toujours considéré l'imitation de la nature comme un moyen et non comme un but. Cette vérité si vulgaire, démontrée surabondamment par l'histoire entière de l'art, semble aujourd'hui méconnue: l'imitation littérale de la réalité est, pour les artistes vivants de notre pays, l'alpha et l'oméga de la peinture et de la statuaire. Qu'arrive-t-il? Ce qu'il était facile de prévoir. Nous possédons des praticiens habiles: les peintres et les sculpteurs de la France peuvent contempler sans envie les peintres et les sculpteurs de l'Europe entière; Saballi et Hayez, Tenerani, Wyatt et Gibsonne, ne dépassent et n'égalent pas même Pradier, David, Paul Delaroche et Ingres; mais le culte de la réalité a poussé chez nous de si profondes racines, que la notion de l'art pur semble complétement évanouie. Les hommes qui ont vécu dans le commerce familier des œuvres antiques et qui parlent de leurs souvenirs, ressemblent volontiers au paysan du Danube devant le sénat romain: les théories dont ils chérissent la pensée intime, dont ils admirent les applications glorieuses, sont traitées dans les ateliers de rêveries et de songes creux.

Je voudrais que ma voix fût entendue, je voudrais que les peintres et les sculpteurs comprissent le néant du réalisme; je voudrais que mon opinion, qui n'est pas une opinion solidaire, trouvât des échos de plus en plus nombreux, et convertît à l'idéal tous les esprits qui s'obstinent dans l'imitation prosaïque de la nature. Je ne demande à mon pays qu'un retour sérieux vers l'idéal. Les marbres d'Égine, les marbres d'Athènes et de Phygalée, les fresques du Vatican, nous enseignent le sens le plus élevé, le but su-

prême de l'art: que les réalités admirées par l'ignorance se résignent à étudier ces monuments, et l'art français rentrera dans la voie du bon sens et de la raison. On nous permettra de citer quelques noms pris comme au hasard parmi ceux de nos sculpteurs les plus habiles. Le buste du prince Louis-Napoléon Bonaparte, président de la République française, par M. Auguste Barré, est à coup sûr un des meilleurs ouvrages qui soient sortis de son ciseau. M. Loison nous a donné un charmant médaillon de femme. L'*Ariane* de M. Lescorné révèle chez l'auteur un respect scrupuleux pour la réalité. Le bas-relief destiné au Conservatoire de Musique, où nous voyons *Habeneck reçu par Beethoven et Adolphe Nourrit*, est une composition ingénieuse, et qui fait honneur à M. Maindron. La *Lesbie* de M. Lévêque prouve que l'auteur a sérieusement étudié la nature. Le *Jaguar dévorant un lièvre* de M. Barye, peut se comparer pour l'énergie et la science aux plus beaux monuments de l'art antique; M. Otten, dans le groupe de *Polyphème surprenant Acis et Galathée*, a montré le sérieux désir de s'élever au-dessus de la réalité. Le *Faune dansant* de M. Lequesne soulève de nombreuses objections. Nous avons de M. Pallet un buste de femme qui mérite d'être compté parmi les plus gracieux ouvrages du Salon. La statue de *Sapho*, par Pradier, révèle sans doute un grand savoir dans l'exécution, mais le savoir ne suffit pas à dissimuler l'absence de la pensée. Pradier, que la France vient de perdre, semblait avoir échappé à la loi commune; son esprit ne paraissait point avoir connu la jeunesse; il n'avait jamais été possédé de l'esprit d'inventeur de l'art, habitué de bonne heure à imiter les œuvres qu'Athènes et Rome nous ont léguées. Pour lui, l'imagination n'était point une partie intégrante, une partie nécessaire de la statuaire, et je pourrais même ajouter qu'il comprenait dans cette pensée les trois arts du dessin. Inventer! à quoi bon? Pourquoi courir les aventures? Pourquoi se mettre à la poursuite de l'inconnu? Les anciens n'ont-ils pas laissé des modèles dans tous les genres? N'ont-ils pas tenté toutes les voies; traité tous les sujets vraiment dignes d'attention? Ramenée à sa plus simple expression, réduite à sa formule la plus précise, c'est là, si je ne m'abuse, la doctrine de Pradier, car cette doctrine se retrouve dans toutes ses œuvres. Tout en applaudissant à l'habileté singulière du statuaire français, les hommes clairvoyants étaient forcés de condamner la réunion violente de l'idéal et de la réalité.

Il serait facile de prouver que Pradier, très-habile à traiter les sujets païens, n'a jamais montré qu'un talent très-insignifiant dans les sujets chrétiens, et que la sculpture monumentale ne convenait pas à la nature de son esprit. S'il comprenait bien la grâce et la volupté, il comprenait peu la méditation. Si Pradier n'a pas été parfait même dans le style païen, mêlé d'austère et de sensuel, il a rendu à la sculpture un incontestable ser-

vice, il l'a popularisée. Ce n'est plus un art réservé au petit nombre, grâce à Pradier la foule aime aujourd'hui la sculpture.

La foule, une fois éprise des statues de Pradier, ne s'arrêtera pas là; peu à peu, je l'espère, son éducation esthétique se complétera. Devenue plus savante, il n'est pas impossible qu'elle détourne ses regards des œuvres de Pradier pour les porter plus haut. Nous terminerons cet article par émettre deux vœux dans les véritables intérêts pour la gloire de nos sculpteurs modernes, parce qu'ils tendent, ce nous semble, à leur assurer une grande supériorité, : être l'exemple de Pradier non pas seulement artiste, mais encore excellent ouvrier ; mais mieux que lui apprécier la pensée et comprendre le caractère dominant de l'art, la chasteté. Mais pourrions-nous nous taire en présence de l'inauguration de la statue équestre en bronze qui vient d'être placée, ce 15 août 1852, au Rond-Point des Champs-Elysées? Elle est due au ciseau de l'un des plus habiles sculpteurs de notre époque, M. le comte de Nieuwerkerke, directeur général actuel des musées du Louvre : sa belle exécution nous a paru au-dessus de tous les éloges. Le buste de Napoléon est admirable de fidélité et sa tête d'expression; son cheval paraît deviner la pensée du grand homme qui le dompte. Lyon possède aujourd'hui ce chef-d'œuvre.

Nous ne nous étendrons point ici sur l'architecture et la musique. (*Voir les mots* Architecture, Musique.)

La peinture a pris en Belgique d'assez grands développements. Depuis le xviiie siècle, la Belgique semblait avoir perdu le souvenir et les traditions de l'art flamand. Au commencement de ce siècle, sous l'Empire et sous la Restauration, l'école belge ne fut qu'un pâle reflet de l'école française. Suwée de Bruges, le seul peintre de mérite qu'ait produit en Belgique cette école dégénérée, Suwée ne manquait point de style; ses tableaux ont quelque chose de la grâce et de la pureté des traits des œuvres de l'antiquité, qu'il avait étudiées à Rome. De Meulemées a été le dernier représentant de cette fameuse école de gravures flamandes, qui a porté l'art du burin à une si grande perfection. David, exilé à Bruxelles, y fit quelques élèves. M. Nazez, devenu directeur de l'École de peinture de Bruxelles, est l'élève le plus distingué que David ait formé. Il a rendu d'incontestables services à l'art belge et contribué plus que personne au progrès de la nouvelle école.

C'est de 1830, que date, comme la nationalité belge, la véritable renaissance de l'art en Belgique. A partir de 1835 il prend de rapides développements. A côté de l'école de Bruxelles, qui suit les leçons de Nazez, s'est élevée l'école d'Anvers, née du romantisme artistique et littéraire, et qui s'inspirant des grands maîtres de l'art flamand dont les chefs-d'œuvre l'entouraient, a ramené vers eux la faveur et l'admiration publiques. Il y a donc en Belgique, comme en France, deux écoles distinctes, l'une, celle de Bruxelles,

met la composition, le dessin et le style au-dessus de la couleur: l'autre, celle d'Anvers, imite Jordaens et Rubens du moins dans l'exécution matérielle, et cherche avant tout à séduire par la fraîcheur et l'éclat du coloris. L'école d'Anvers a été fort en faveur et l'a emporté sur l'école de Bruxelles aussi long-temps que celle-ci n'a été représentée que par des peintres d'académie, qui n'avaient ni assez d'idéalité ni assez de style pour se passer des ressources de la couleur. Ce qui manque aux artistes belges en général, c'est l'instruction. Les peintres et les sculpteurs instruits y sont comme partout en très-petit nombre. On y classe parmi les peintres du premier ordre, MM. Leys, de Block, Dychmans et Madon.

La sculpture y est représentée par quelques artistes de mérite; un seul pourtant comprend et exécute bien la statuaire monumentale, c'est M. Simonin. M. Gurtz, de Louvain, traite à merveille le genre gothique et renaissance. Le gouvernement encourage la statuaire de tout son pouvoir.

La renaissance de la gravure suit en Belgique la régénération de l'art; on y compte deux écoles de gravure au burin, l'une à Anvers, l'autre à Bruxelles, qui donnent de belles espérances.

Il y existe aussi une école de gravure sur bois. MM. Hendrick, Huart et Lantera, peintres tous trois, sont les plus habiles dessinateurs sur bois qu'il y ait dans le pays.

En musique, comme dans les autres arts, la Belgique compte plus de praticiens excellents que de compositeurs distingués et d'esprits créateurs. Elle possède des exécutants d'une célébrité européenne, MM. de Bériot, Vieuxtems, Blaes, Servais. Dubois, Hauman, Artot, Léonard et Batta. Parmi les compositeurs, on peut citer MM. A. Grisa et Linnander. Il y a trois Conservatoires en Belgique, à Gand, à Liége et à Bruxelles.

Il suffit de prononcer ou d'entendre prononcer le nom de Rome, Florence et Naples, pour avoir présent à la pensée les monuments de toute sorte d'arts les plus dignes de l'admiration des siècles à venir. Comme on disait autrefois d'Athènes que c'était la terre classique des bonnes études, nous pouvons dire hautement que l'Italie est la terre classique des beaux-arts. En présence des nombreux chefs-d'œuvre qu'on y rencontre partout, l'œil contemple, l'esprit admire, le cœur s'émeut, la parole expire sur les lèvres, parce que la langue humaine ne trouve pas d'expression à la hauteur des pensées qui la pressent de louer hautement le génie qui a laissé des empreintes immortelles sur la toile ou sur le marbre.

Les arts ont difficulté à se nationaliser en Russie. Le czar ne néglige rien cependant pour créer à Saint-Pétersbourg une école dramatique et une école de peinture. Ce sont généralement les artistes étrangers, et surtout les artistes français, qui répondent le mieux aux appels que l'empereur adresse avec une certaine munificence aux beaux-arts. Un ukase de 1850 règle les pensions des

artistes des théâtres impériaux. Des pensions sont accordées aux artistes russes pour vingt ans de services irréprochables ; elles sont divisées en quatre classes.

Les artistes étrangers ont droit à une pension après quinze années de service : ces pensions ne comprennent que deux classes.

Une exposition publique des beaux-arts a eu lieu, en septembre 1830, à Saint-Pétersbourg. Le chiffre des ouvrages exposés a été seulement de 188. Le tableau qui fut le plus remarqué est le *Christ sur le Golgotha*, de M. Steuben, momentanément fixé à Saint-Pétersbourg. Les portraits étaient fort nombreux à l'exposition de Saint-Pétersbourg ; mais dans le portrait, comme dans l'histoire, la palme restait à M. Steuben. La Russie passe pour avoir un bon peintre de marine, M. Aïvazowski, Arménien de Théodosie, que les feuilles russes appellent le Gudin de la Russie.

Les beaux-arts rencontrent dans le génie mexicain d'heureuses dispositions qu'il importe d'encourager. Dans les deux derniers siècles, il y a eu ce qu'on peut appeler une école de peinture mexicaine. Quoique les peintres de cette école ne fassent évidemment que continuer l'école espagnole, ils n'en ont pas moins de vrais titres de gloire, ce sont Lavandera, Cabrera, Juarez, Lopez, Villalpando, et plusieurs autres. Désirant favoriser et entretenir chez la nation mexicaine le culte des beaux-arts, Charles IV avait fondé l'académie San-Carlos pour la peinture et la sculpture. On peut voir encore aujourd'hui, dans la cathédrale de Mexico, les peintures dont le directeur de cette académie, M. Jimenez, a orné la coupole en collaboration avec Saenz. Il n'y a point encore d'exposition chez un peuple qui, sur le terrain des arts, ne semble pas avoir encore donné toute sa mesure.

Le progrès des beaux-arts est peu rapide au Brésil, l'esprit routinier et le peu de moyen d'existence qu'offre dans ce pays la vie d'artiste, ont jusqu'à présent découragé les élèves, qui d'ailleurs ont pour la peinture d'excellentes dispositions. Quoique les beaux-arts n'y aient point encore pris de grands développements, il y a cependant chaque année des expositions.

**ASILE** ( Salles d'). — *Enfance, asile ; asile, enfance* : ces deux mots s'appellent, ces deux idées sont désormais inséparables. On ne concevra plus que des êtres humains, à l'âge où ils ont un besoin continuel de soins et de secours, puissent être abandonnés à eux-mêmes, soit dans l'intérieur d'une maison, soit sur la voie publique, au risque de mille accidents physiques et moraux ; on ne concevra pas davantage qu'il existe des établissements où ces pauvres petits enfants pourraient être recueillis, et que des parents, empêchés par leurs travaux journaliers de remplir leurs plus saints devoirs, soient assez ennemis d'eux-mêmes pour négliger ou pour refuser l'admirable ressource que leur offrent ces établissements. Non : encore quelques années ; encore quelques

sacrifices des villes ou de l'État, quelques efforts de la part des pères de famille ou de la part des charitables personnes qui se plaisent à patronner l'indigent et le pauvre, et plus jamais on ne verra les enfants délaissés, ni les asiles déserts. Nous aimons à le répéter : enfance, asile ; asile, enfance, ce sont désormais deux idées inséparables.

On ne saurait en douter, pour peu que l'on ait eu la satisfaction de voir une salle d'asile bien tenue. Il n'est pas de spectacle plus agréable à l'œil, plus doux au cœur, plus salutaire à l'âme. Tous ces visages si propres et si frais, tous ces regards si animés et si joyeux, tous ces fronts épanouis, toutes ces bouches souriantes, tout ce petit peuple agitant les mains, marquant le pas, répétant de bonnes et douces paroles, de courtes prières, des leçons bien simples, chantant, jouant, s'escrimant à mille petits jeux ; puis tout à coup, au moindre signal, se taisant, s'asseyant, se levant, marchant ou s'arrêtant, et tout cela, sans cris, sans pleurs, sans fatigue et sans ennui, sous les yeux de femmes qui les aiment comme les mères savent aimer ; c'est quelque chose de ravissant, qui console et enchante pour le présent, et qui projette sur l'avenir un jour délicieux.

Aussi, comme de tous côtés, en France, hors de France, cette belle institution s'accrédite et se propage ! Comme on se plaît à l'envisager avec ce regard du cœur qui ne trompe jamais, sous tous les aspects qu'elle présente !

Prêtres et laïques, hommes du monde et vierges consacrées à Dieu, simples citoyens et dépositaires du pouvoir, riches et pauvres, grands et petits, tous comprennent l'œuvre des asiles, tous y voient un gage de bonheur individuel et de sécurité publique.

Et d'abord, quelle heureuse et consolante pensée ! les enfants des plus pauvres familles sont préservés, autant qu'il est possible, des dangers de toute espèce qui assiègent le premier âge. En même temps, les pères et mères de ces pauvres enfants ont toute liberté de se livrer aux occupations et aux labeurs qui assurent leur existence. Ils continueront sans doute de manger leur pain à la sueur de leurs fronts ; mais, du moins, tranquilles pour ce qu'ils ont de plus cher au monde, ils se soumettront sans trouble et sans murmure à cette grande loi du travail, qui leur deviendra tout à la fois plus facile et plus fructueuse.

Or ces deux premiers intérêts, l'intérêt des pauvres enfants, l'intérêt de leurs pères et mères, c'est évidemment l'intérêt de la société tout entière. On ne peut trop le redire : le contentement du pauvre est le bonheur du riche.

Des enfants bien élevés, des pères satisfaits, voilà ce que l'institution des asiles promet avec confiance et donne avec certitude, par une sorte de nécessité qui résulte de la nature même de l'institution. Elle est nécessairement confiée au zèle le plus actif et le plus patient tout à la fois, au dévoue-

ment le plus absolu, aux soins les plus intelligents et les plus tendres; elle est, en un mot, elle est essentiellement l'œuvre des femmes.

Entrons dans un asile. Quel charme d'y voir rassemblés ces nombreux enfants, qui, au sortir du berceau, accueillis avec bonté, traités avec douceur, se forment insensiblement à toutes les relations sociales; entendent des voix amies bégayer avec eux les louanges du Seigneur, les noms sacrés de Jésus et de Marie; apprennent à lire, dans de pieuses images sans cesse reproduites sous leurs yeux, les plus touchants exemples de tendresse maternelle et d'obéissance filiale; contractent sans effort et sans douleur les habitudes les plus propres à discipliner la vie, à former les mœurs, à redresser les mauvais penchants, à faire aimer l'ordre, goûter le bien, respecter la vérité! L'*instruction* s'y réduit à peu de chose, à très-peu de chose; mais l'*éducation* y est déjà fort avancée; et c'est là un inestimable bienfait pour toute la suite de la vie. Le bienfait est d'autant plus grand que, l'expérience l'atteste, les pères et mères qui envoient leurs enfants à l'asile ne tardent pas à sentir qu'ils doivent, plus que jamais, par égard pour ces chers enfants, entretenus toute la journée de bonnes maximes et d'exemples vertueux, bannir du foyer domestique les paroles grossières, indécentes ou impies, bannir avec horreur les actions vicieuses capables de détruire en peu d'instants les bons effets de la salle d'asile.

Ajoutez à ces premières considérations sur les divers intérêts dont se compose l'ordre social, ajoutez le grand et universel intérêt qui embrasse tous les autres, l'intérêt auguste de la religion. Ce que veut essentiellement sur la terre cette divine et tendre mère du genre humain, ce qu'elle désire pour tous les hommes, ce qu'elle prescrit et commande à tous, c'est tout ce qui contribue à l'ordre, à la paix, au bonheur. Travailler à la prospérité publique, c'est faire œuvre de religion; et les asiles seront certainement un des plus sûrs moyens de la prospérité publique.

Nous avons parlé jusqu'ici des bienfaits de l'institution des asiles, tels qu'ils résultent de la constitution générale de ces précieux établissements. Mais déjà se présentent sur un grand nombre de points, en France particulièrement, des raisons d'espérer que ces bienfaits iront toujours se consolidant et s'agrandissant.

Cette œuvre de femmes, cette œuvre de dévouement maternel, d'abnégation et de sacrifice, cette œuvre de perpétuel holocauste... la voilà tout naturellement comprise, adoptée, mise en pratique par une foule de vierges chrétiennes, qui, dans les petits enfants des asiles, se plaisent à voir, à aimer, à soigner Jésus enfant. Et une fois que cette suave pensée, si évangélique et si vraie, s'est emparée des âmes, à quels beaux et touchants résultats ne doit-on pas s'attendre?

Depuis quelques années, indépendamment des sœurs de Saint-Vincent de Paul,

des sœurs de Saint-Charles, des sœurs de Saint-Joseph, des sœurs de la Providence, et d'autres encore non moins dévouées à toute espèce de bien, a apparu dans le monde, sous les auspices d'un bon et digne prêtre du diocèse de Sens (1), une congrégation de jeunes filles qui se consacrent au service des asiles. Elles portent dignement le nom de sœurs, *de Sœurs de la Sainte-Enfance de Jésus!* Nom plus doux que le miel et plus fort que la mort; nom cher et sacré, qui vaut à lui seul tous les discours et tous les livres; nom inspirateur et fortifiant, qui sera à jamais pour ces bonnes sœurs, mères selon la grâce, ce que sont pour les mères selon la nature les plus beaux noms des plus illustres ancêtres. Grâces immortelles soient rendues au fondateur de cette humble et sublime association! gloire aux vierges saintes, qui, d'âge en âge, se dévoueront à remplir auprès des petits enfants les obscurs et pénibles devoirs que la charité leur imposera!

Nous disons *d'âge en âge*, et cette expression, qui trop souvent est ambitieuse et vaine, n'est ici qu'un juste hommage rendu au caractère et à l'essence même des associations religieuses. Elles présentent tout aussitôt l'idée d'une même direction, qui ne change ni ne meurt, d'un même esprit, qui ne cesse d'animer un corps toujours le même. Telle ou telle sœur *passe en faisant le bien*, comme le divin modèle; mais à l'instant où cette sœur, *Cécile, Anastasie, Thérèse*, peu importe, va recevoir des mains du Père céleste la récompense qu'il promet au verre d'eau donné au nom de son Fils bien-aimé, une autre sœur succède, et l'on retrouve toujours, oui, toujours, même cœur, même amabilité, même tendresse pour les chers enfants. On retrouve aussi ce qu'il importe, grandement de maintenir, le même enseignement, les mêmes traditions, la même méthode, la véritable méthode des asiles, celle que l'estimable M. Cochin, de si recommandable mémoire, a créée pour l'éducation de la première enfance (2).

Un asile tenu par des sœurs suivant la vraie méthode des asiles, c'est la perfection dans la perfection même.

Plus on y réfléchit, plus on voit que le sort du monde est véritablement dans l'institution des asiles.

Qui doute, par exemple, que si des sœurs de charité ou des sœurs de la Sainte-Enfance de Jésus allaient s'établir dans les pays encore livrés à toutes les superstitions de l'idolâtrie comme à toutes les misères et à tous les vices, et, sous les auspices de la Société pour la Propagation de la Foi, sous la direction des Pères Lazaristes ou d'autres infatigables missionnaires, se dévouaient à racheter et à élever dans des asiles les pauvres petits enfants qui aujourd'hui sont vendus ou jetés en pâture aux pourceaux, qui

(1) M. l'abbé Grapinet, chanoine et vicaire général.

(2) Voir son *Manuel*, dernière édition, publiée par Mme Emilie Mallet et aussi le *Livret des asiles*.

doute que ce ne fût là un moyen sûr, un moyen rapide de produire dans ces lointaines et misérables contrées la plus heureuse, la plus paisible et la plus pure des révolutions ? Avec les asiles établis sur une grande échelle, comme il est certain aussi que l'on arriverait sans secousse et sans troubles, à préparer, en Afrique même et dans toutes nos colonies, l'émancipation des esclaves, cette grande cause que l'humanité ne peut ni déserter ni perdre en définitive !

Nous avons vu les biens infinis que procurent les asiles considérés en eux-mêmes ; ce n'est là encore que la moitié de leur mérite.

Il faut les considérer maintenant sous un autre point de vue.

Les asiles premières écoles de l'enfance, sont par cela même le fondement sur lequel doivent reposer les écoles plus avancées où l'enfance reçoit le complément de l'éducation. Et l'expérience l'a déjà démontré d'une manière victorieuse : les écoles proprement dites, notamment les écoles primaires, qui admettent les enfants parvenus à l'âge de six à sept ans, se réjouissent de voir monter sur leurs bancs des élèves sortant des salles d'asile, des élèves façonnés, par des exercices de plusieurs années, à des occupations régulières, à une prompte obéissance, à une douce confraternité, des élèves habitués à la soumission envers les maîtres, aux égards envers les camarades, à la prière et à l'amour envers Dieu, des élèves enfin accoutumés à aimer le travail, à le regarder d'un bon œil.

Il est facile de concevoir combien, avec de pareils éléments, une école primaire devient plus utile aux enfants, plus agréable pour les instituteurs, plus profitable pour la commune qui l'a fondée et qui l'entretient. Les *frères* qui instruisent les garçons, les *sœurs* qui élèvent les filles, et les instituteurs ou institutrices laïques, aussi bien que les *sœurs* et les *frères*, bénissent tous les jours ces établissements préparatoires ; avec le même dévouement, avec les mêmes efforts, tous obtiennent deux fois davantage de leurs élèves.

Nous ne craindrons même pas de faire entrevoir les pensions et les collèges comme profitant à leur tour des bienfaits de l'asile. Tant les premières habitudes sont puissantes ! Tant les premières impressions sont vives et profondes ! tant il est vrai que des premières années de la vie dépend ordinairement la vie tout entière !

Quo semel est imbuta recens, servabit odorem
Testa diu

Honneur donc, honneur aux asiles, en tous temps et en tous lieux !

*P. S.* Au moment de livrer ces pages à l'impression, nous apprenons que le souverain pontife Pie IX, à tous les autres bienfaits dont il a déjà fait jouir ses bien-aimés sujets, ajoute celui de l'institution officielle et régulière des asiles. Une circulaire vient de les autoriser pour Rome et pour tous les Etats pontificaux. Et le peuple, de répéter avec un enthousiasme toujours croissant ce cri d'amour et de concorde : *Evviva Pio nono.*

**ASSURANCES.** — L'éducation de la jeunesse comprend tous les moyens propres à conserver et à développer sa constitution physique et morale. Considérée de ce haut point de vue, elle doit ne se montrer indifférente à aucune des voies qui s'offrent aux familles pour parer à de si nombreux accidents inégaux, qui se mêlent à la vie humaine et qui la menacent. L'assurance sur la vie paraît nous présenter de nombreux avantages.

*Du bien-être de nos vieux jours et de l'avenir de nos enfants*

Principe de l'Association — Origine de l'assurance, son application, ses bienfaits.

*Mundum numeri regunt.*

Pythagore.

Livré aux seules ressources de la force physique, abandonné aux incertitudes et à la brièveté de la vie, l'homme est d'une faiblesse effrayante ; mais la Providence a mis à sa disposition une telle variété de ressources intellectuelles, qu'elles suppléent à son impuissance physique ! C'est ainsi que, par les sciences et les arts mécaniques, l'homme a trouvé le moyen de subjuguer en quelque sorte la nature et de pénétrer le secret des lois qui la régissent. C'est ainsi que, par des observations suivies, il est arrivé à déterminer avec exactitude l'issue d'événements incertains ; à connaître à l'avance, par exemple, le nombre des naufrages qui doivent arriver dans un temps donné, le nombre des incendies qui doivent avoir lieu au milieu d'une population donnée, à régulariser en quelque sorte, par des chiffres, cette incertitude proverbiale de la vie humaine ; à faire produire à une vie abrégée par le temps, les mêmes résultats matériels qu'une vie longue et laborieuse eût pu produire ; enfin, à apporter à la douleur de ceux qui survivent, sinon une consolation, au moins un soulagement en *assurant une issue certaine et toute de sécurité à un événement incertain* qui pouvait les précipiter dans l'infortune, et peut-être dans la misère !

Prises isolément, les chances de destruction de la propriété, par le feu ou par la mer, ainsi que la durée de la vie, sont soumises assurément à la plus grande incertitude ; mais si l'on se place à un point de vue suffisamment élevé, on est forcé de reconnaître que les événements même que l'on considère habituellement comme purement fortuits et accidentels, ont entre eux certaines corrélations, et sont soumis à certaines lois. C'est ainsi que le nombre des mariages, des naissances et des décès, les proportions relatives des sexes entre eux ; le nombre des naufrages, des maisons détruites par le feu, et quantité d'autres éventualités se présentent, les circonstances étant les mêmes, en nombres égaux dans des périodes de temps égales. Il est donc

facile, en observant la marche de ces éventualités, de déterminer ce qu'un individu doit payer pour protéger sa propriété contre le feu ou le naufrage, ou pour assurer à ses héritiers le payement, après sa mort, d'une somme déterminée. En portant ses observations sur des masses considérables d'individus pendant une longue période de temps, on arrive à apprécier la durée moyenne de la vie humaine *à tous les âges.* Ce sont ces observations suivies qui permettent de rédiger ce qu'on appelle les TABLES DE MORTALITÉ. et ce sont ensuite ces mêmes tables qui permettent de déterminer la proportion dans laquelle chaque assuré doit contribuer pour garantir la sécurité de tous.

Ces réflexions nous conduisent naturellement à examiner le principe de l'assurance sous ses divers aspects, au point de vue moral et chrétien, comme au point de vue économique ; nous le suivrons ensuite dans ses applications nombreuses, infinies; nous le verrons se pliant à tous les besoins de la vie, et nous serons forcés de reconnaître que ses bienfaits sont si nombreux, si efficaces, qu'ils ont et peuvent avoir une telle influence sur le bonheur des hommes, comme individus et comme nations, qu'on se demandera s'il est possible que la sagesse humaine puisse créer une autre combinaison susceptible de produire de tels effets

### Origine de l'assurance.

Comme toutes les combinaisons qui appartiennent à l'enfance de la science, l'assurance, dans les temps anciens n'avait point le caractère de prévoyance paternelle qu'elle porte aujourd'hui. Ses effets ne s'étendaient point au delà de l'individu qui faisait partie de l'association, et ces sociétés n'étaient alors que de véritables confréries. Il paraît toutefois que les associations, qui avaient pour but de pourvoir aux besoins du petit nombre par le moyen des contributions du plus grand nombre, existaient déjà en Angleterre longtemps avant la conquête des Normands en 1066.

Hicks parle dans son *Thesaurus* de plusieurs sociétés de ce genre à Cambridge et à Exeter, et dont faisaient partie les nobles et les gentilshommes. Ce sont ces associations qui ont donné lieu à ce qu'on a appelé quelques siècles plus tard les sociétés de bienveillance, de prévoyance et d'assurance.

« Lorsqu'aucun membre sera sur le point d'aller au loin, disent les statuts d'Exeter, chacun de ses confrères contribuera pour cinq pence (1 fr. 50 c.), et pour un penny (30 c.), *si sa maison vient à brûler.* »

Il semblerait que ces associations furent instituées dans le principe pour protéger les membres associés contre les attaques illégales de voisins puissants, et aussi contre les éventualités des voyages, du feu et même de l'eau. Après la conquête il fut créé des associations spéciales pour la propagation et l'*extension du commerce* ; et c'est à ces associations que l'Angleterre a dû plus tard ces puissantes corporations dont elle

conserve encore aujourd'hui des traces si nombreuses.

Les statuts de ces diverses constitutions ont été conservés : ceux de la société de Sainte-Catherine, fondée à Coventry sous le règne d'Edouard III, et dont je donne ici un extrait emprunté à Ansell, méritent bien l'attention de nos législateurs actuels. On les trouvera en entier dans Dugdale.

« Si un membre vient à souffrir du feu, de l'eau, de vols, ou d'autres calamités, l'association aura à lui prêter une somme d'argent sans intérêts

« S'il devient malade, ou infirme par suite de vieillesse, la société dont il fait partie devra l'assister suivant sa condition

« Nulle personne connue notoirement pour s'être rendue coupable d'un crime capital, d'homicide, d'impudicité, de jeu, de sorcellerie, ou d'hérésie, ne devra être admise.

« Si un membre vient à tomber dans une mauvaise conduite, on l'admoneste d'abord, et, s'il se montre incorrigible, on l'expulse.

« Ceux qui viennent à décéder sans laisser de quoi subvenir aux dépenses de leurs funérailles, doivent être ensevelis aux frais de la société. »

On choisissait généralement pour chef de la société le dernier maire de Coventry.

Longtemps après, lorsque le principe de l'association se fut dégagé des diverses combinaisons qui ne pouvaient qu'entraver ses bons effets, lorsqu'il eut pris le caractère essentiellement commercial, il fut d'abord appliqué aux dangers, qui, à cette époque, présentaient le plus de gravité, c'est-à-dire aux risques maritimes.

L'assurance commerciale, proprement dite, s'étendit rapidement, à partir de la première partie du XVIᵉ siècle, en Italie, en Espagne et en Hollande. Toutefois les premiers règlements complets qui aient paru sur cette matière remontent à la fin du XVᵉ siècle : le célèbre édit de Barcelonne date du 3 juin 1484. L'ordonnance de Philippe II *pour la Bourse d'Amsterdam* est de 1593, *l'ordonnance de Rotterdam,* celle de Middelbourg, le *Coutumier pour les assurances d'Amsterdam* datent de 1598.

Vint ensuite l'application des mêmes principes aux désastres causés par l'incendie. En 1609, dit Beckman dans son *Histoire des inventions et découvertes,* on présenta au comte Antony Gunter d'Oldembourg un plan d'après lequel les seigneurs des terres devaient assurer les maisons de leurs tenanciers contre l'incendie. Ceux-ci devaient estimer leurs maisons, soit séparément, soit collectivement, et lui payer annuellement un dollar par chaque cent dollars d'estimation. En retour de cette condition, le seigneur ou propriétaire s'engageait, dans le cas où par la volonté de Dieu, leurs maisons viendraient à être détruites par tout incendie qui n'aurait pas les malheurs de la guerre pour cause, s'engageait, disons-nous, à prendre les pertes pour son compte, et à remettre à ceux qui en auraient souffert tout

l'argent nécessaire pour rétablir leurs~ demeures.

L'auteur de ce projet exprime la conviction que, bien que les sinistres pussent d'abord être lourds, on arriverait cependant à recueillir graduellement, et d'année en année, une somme considérable ; et que si l'on tenait compte des maisons détruites par le feu dans un espace de temps donné, les pertes ne s'élèveraient pas, à beaucoup près, au chiffre des fonds recueillis dans le même espace de temps. Il était dit, cependant, qu'il ne fallait pas que toutes les maisons de chaque ville fussent comprises dans la même assurance, attendu que leur valeur représentative pourrait s'élever à une somme trop considérable. On retrouve dans ce projet les éléments essentiels de toute assurance : moyenne des pertes et formation par l'accumulation d'un fonds destiné à en rembourser la valeur. Le comte d'Oldembourg considéra ce projet comme bon et susceptible d'être mis à exécution par une compagnie de simples particuliers ; mais il ne voulut pas y prendre part sous prétexte, dit-il, que la Providence pourrait se laisser tenter ; que ses sujets pourraient en être mécontents et lui-même être accusé d'avarice.

La première compagnie d'assurances contre l'incendie, en Angleterre, date du 15 octobre 1681 ; mais ce ne fut qu'en 1696 que la compagnie mutuelle, qui reçut plus tard la dénomination de *La main dans la main*, ou la Bonne foi, arriva à une exécution complète. En 1718, elle comptait déjà 3,066 maisons assurées.

Ces divers systèmes d'assurances ayant pénétré dans les esprits, les Tables du docteur Halley sur la mortalité comparative du genre humain et la valeur relative des rentes viagères, ayant aussi commencé à développer et à répandre les principes de l'assurance en cas de mort, plusieurs associations dans le genre des sociétés de prévoyance et de réversibilité s'établirent. La première, d'après Hatton, eut pour but l'établissement de douaires et de rentes viagères au profit des veuves. En 1698, la *Compagnie des Merciers*, s'engagea, suivant Pocock, à verser, tous les ans, une somme de 72,200 fr., comme fonds destiné à garantir le payement annuel de 750 fr., sa vie durant, à toute veuve dont le mari aurait versé 2,500 fr. au fonds commun pendant son existence, et ainsi proportionnellement à toute contribution plus ou moins considérable.

Le premier établissement de ce genre, qui reçut une consécration légale, fut autorisé, en 1706, par charte de la reine Anne, sous la dénomination de *Société amicale*, ou Assurance perpétuelle. Une autre société, connue alors sous le nom de *Société des actionnaires de la Bourse des négociants de Londres*, fut fondée par Charles Povey, en 1707. Elle devait se composer de 4,000 individus bien portants, âgés de six à cinquante-cinq ans ; chaque souscripteur devait verser 3 fr. 10 c. par trimestre, et, en retour de cette prime,

7,500 fr. devaient être répartis par égale proportion entre les héritiers désignés de l'assuré.

La société, ajoute Hatton, devait mettre de côté, pendant cinq ans, 1,250 fr. tous les trimestres, pour servir à construire un bâtiment qui devait s'appeler *La communauté des négociants admis à la Bourse*. A l'expiration de ces cinq années, cent des souscripteurs, qui viendraient à être ruinés, devaient y être admis, et cinquante parmi les plus malheureux d'entre ceux-ci devaient en outre recevoir annuellement 250 fr. pour le reste de leur vie. Enfin, après un nouvel espace de cinq années, tous les sociétaires admis dans la communauté devaient recevoir la même rente viagère.

En 1719, le parlement anglais autorisa une compagnie pour l'assurance des bâtiments et des marchandises en mer. En 1720 fut établie une autre compagnie du même genre, sous le nom de *Bourse royale*, qui étendit ses opérations aux assurances sur la vie. Enfin, la *Compagnie de Londres* obtint à la même époque les mêmes privilèges : telles sont les seules compagnies qui se soient occupées en Angleterre jusqu'en 1762, d'assurances sur la vie. Vint alors la compagnie l'*Equitable*, dont la richesse et l'importance ont acquis une célébrité européenne. Enfin, l'esprit d'association et de prévoyance a fait, depuis cette époque, de tels progrès en Angleterre, que l'on compte aujourd'hui, dans le Royaume-Uni, près de deux cents compagnies d'assurances sur la vie, qui se divisent en sociétés d'assurances *mutuelles*, en compagnies *par actions*, proprement dites, et en compagnies *mixtes*, la dénomination même de sociétés mutuelles emporte avec elle sa propre explication ; il nous suffira donc de dire, pour l'intelligence des personnes qui sont complétement étrangères au principe de l'assurance, que chaque sociétaire étant en même temps, et assuré et assureur, ces sociétés n'ont point de fonds de garantie. Aussi les primes à payer par les sociétaires, bien que déterminées, comme nous l'avons déjà dit, d'après les tables de mortalité, sont-elles susceptibles de varier d'après l'importance des polices dont la réalisation peut se présenter chaque année. Il est vrai que, pour obvier à ces variations, les compagnies mutuelles ont soin de prélever sur l'excédant de leurs revenus un fonds de réserve important, et de ne considérer réellement comme bénéfices que les sommes excédant le capital nécessaire au service complet de toutes les polices (1).

Les compagnies par actions dites à primes

(1) Bien que parmi les Sociétés mutuelles figurent plusieurs des compagnies d'assurances les plus importantes de l'Angleterre, leur nombre ne dépasse guère dix ou douze. A leur tête se trouve l'*Equitable :* les chiffres suivants, extraits des rapports officiels de son célèbre *actuary* (mathématicien), M. Morgan, feront mieux connaître que toutes les observations que nous pourrions ajouter l'importance de cette Société.

Indépendamment du service annuel des polices c'est-à-dire qu'indépendamment des polices qui vien

fixes se composent : d'une part, d'actionnaires dont les capitaux servent de garantie aux assurés, de l'autre, d'assurés ou souscripteurs qui s'engagent à verser chaque année, pour être accumulées au profit de l'association commune, des primes dont le montant est fixé à l'avance, mais dont la valeur relative est déterminée suivant les âges par les tables de mortalité. Le capital des actionnaires qui est destiné à assurer dans tous les temps le service complet des polices, ou autrement dit à suppléer, s'il y avait lieu, à l'insuffisance des primes pour le payement des sommes stipulées par les polices, varie de 5 à 25 millions. Une partie seulement de ce capital est versée généralement ; mais comme en Angleterre les fondateurs sont responsables des versements de ceux des actionnaires qui ne répondraient pas aux appels de fonds, il s'ensuit que le plus grand soin est apporté par les fondateurs au placement des actions.

# B

**BIBLIOTHÈQUES PUBLIQUES.** — Les bibliothèques publiques ont été depuis longtemps proclamées l'arsenal qui renferme les armes dont l'intelligence peut s'emparer pour accroître son domaine et conquérir les productions littéraires et scientifiques des divers peuples : aussi est-ce un motif pour nous de dire quelques mots à ce sujet.

L'éducation de la jeunesse y trouvera des moyens puissants de s'améliorer.

nent à échéance chaque année, soit comme rentes viagères soit comme payements reversibles au profit des héritiers ou ayant-droit des assurés décédés, l'Équitable fait tous les dix ans une répartition de bénéfices parmi ceux de ses sociétaires vivants, remplissant certaines conditions voulues, et il résulte du rapport en question, qu'en remontant seulement à l'année 1800, époque à laquelle le nombre total des polices de cette Société était de 5124, la réserve déclarée fut de 5,624,7(0 francs. Dix ans après, à la fin de 1809, alors que le nombre des polices actuelles était de 7320, la société distribua de nouveau 16,017,875 francs. En 1819, lorsque le nombre des polices se fut élevé à 9650, la réserve constituée fut de 27,250,000 fr., et, dix ans plus tard, cette réserve montait à 44,710,000 francs.

« C'est assurément, dit M. Morgan, dans son rapport de 1840, une chose extraordinaire et dont l'Assemblée a droit de se féliciter, qu'après avoir déclaré, il y a à peine dix ans, un *boni* de 124,453,550 fr. sur le montant des assurances faites jusqu'à ce jour ; après avoir payé aux héritiers ou ayant-droit des membres décédés, une somme de 151,611,650 fr., et après avoir payé pour rachat de polices ou pour anticipation de polices, une autre somme de 32 038,675 fr., ce qui constitue, depuis le dernier inventaire, un déboursé de 163,645,325 fr., la société puisse encore aujourd'hui, après avoir couvert tous les engagements contractés par elle, assurer aux cinq mille polices les plus anciennes une répartition de 100 millions. »

Cette Société qui, après avoir langui pendant tant d'années, est arrivée à un degré de prospérité et de puissance inouïe, a réuni, depuis sa fondation, 280,000 assur s. Par suite des bénéfices réalisés par une sage et prudente administration, elle a pu ajouter 140 pour cent à la valeur des polices souscrites chez elle, c'est-à-dire qu'une police de 1000 francs dans le principe en représente aujourd'hui 2,400 ! Après avoir distribué parmi ses assurés plus de 900 millions depuis sa fondation, elle a en ce moment, et non compris le renouvellement journalier des affaires, 187,500,000 fr. à répartir, sur lesquels plus de 100 millions représentent les *bénéfices ou additions aux polices primitives.*

Ces chiffres officiels nous dispensent de toute réflexion.

Les bibliothèques publiques et les dépôts d'archives étaient généralement demeurés, depuis l'avortement des projets de la Constituante et de la Convention, dans un état de stérilité, d'abandon et de désordre voisins de la dilapidation et de l'anarchie. A l'exception de quelques grands établissements que leur importance plaçait en quelque sorte sous la surveillance publique, l'immense majorité de ces dépôts, affranchis de toute autorité supérieure, de toute direction centrale, ne pourvoyaient pas même aux conditions les plus essentielles de leur usage ou de leur conservation. Des livres rares, des manuscrits inédits, des documents précieux, gisaient inconnus dans la poussière, souvent livrés aux causes les plus actives de destruction, tandis que les acquisitions nouvelles étaient nulles, ou se faisaient sans intelligence et sans acception des goûts, des besoins, des ressources variées des populations. Le ministre qui venait de recevoir dans ses attributions les bibliothèques publiques, commença par adresser aux préfets une circulaire (1) où il leur représentait ce funeste état de choses, et les invitait à lui transmettre les renseignements dont il avait besoin pour prendre de nouvelles mesures propres à y remédier. Une correspondance assidue fut suivie à l'effet d'obtenir la communication de ces renseignements, de provoquer la rédaction et l'envoi des catalogues, et d'introduire progressivement un ordre meilleur dans l'aménagement de ce genre de richesses publiques. Paralysés longtemps par de nombreux obstacles, ces efforts furent repris avec une nouvelle ardeur sous le ministère de M. de Salvandy. Une ordonnance du 22 février 1837 tenta de soumettre à un nouveau régime l'administration de la Bibliothèque royale. Le plus grand nombre des bibliothèques publiques situées dans les départements étaient restées jusqu'alors exclusivement soumises aux pouvoirs des maires et conseils municipaux. L'ordonnance de 1839 tendait à étendre sur ces établissements l'action de l'autorité centrale. Des principes généraux, uniformes étaient prescrits à leurs administrations. L'État s'attribuait, entre autres moyens de contrôle et d'influence, le droit d'approuver la nomination des bibliothé-

(1) Novembre 1833.

caires. Cette dernière prétention, mieux fondée peut-être en raison et en équité qu'en droit strict, et quelques dispositions défectueuses au point de vue de la pratique, servirent de texte à d'opiniâtres résistances qui triomphèrent en peu de temps de la droiture des intentions du réformateur!

Un fait historique remarquable, c'est que la première idée d'une vaste collection de livres à réunir dans un intérêt général fut suggérée à un saint du moyen age par l'exemple d'un prince musulman. « Le pieux roi (Louis IX, nous dit son biographe et confesseur Geoffroy de Beaulieu) entendit parler, lorsqu'il était en terre sainte, d'un grand soudan des Sarrasins, lequel faisait rechercher avec soin tous les livres qui pouvaient être nécessaires aux philosophes de sa religion, et les faisait transcrire et déposer dans son cabinet, afin que cette collection fût toujours à la disposition des lettrés. De retour en France, le saint roi s'empressa d'imiter cet exemple. A cet effet, il réunit dans son propre palais, à la Sainte-Chapelle, un grand recueil d'auteurs orthodoxes, qu'il mit à la portée de ses familiers et des clercs qui l'entouraient (1). » C'est de là qu'est sortie la grande *Encyclopédie* de Vincent de Beauvais. Mais cette pensée neuve et féconde ne survécut pas à saint Louis comme institution publique. Elle fut reprise, au siècle suivant, par un esprit original et ingénieux, par un bibliophile anglais, qui devançait de cinq cents ans les Roxburghe et les Dibdin. Richard Aungerville, ou Richard de Bury, grand chancelier d'Angleterre sous Edouard III en 1335, mort en 1345, forma de son vivant une des plus riches collections de livres que pût rassembler un particulier; il la légua, pour l'utilité commune, à l'un des colléges d'Oxford, collège doté par lui-même, et traça un plan d'administration, de circulation et de prêt pour cette bibliothèque (2). Au xv° siècle, l'idée germa et commença de fructifier d'une manière plus générale, plus suivie : principalement au sein des opulentes et libérales cités de l'Italie, grâce à Pétrarque, Boccace, Niccolo, Bessarion, et aux Médicis (3). Mais tant que l'imprimerie n'eut pas multiplié quelque peu les livres et les lecteurs, une institution de cette espèce devait difficilement s'étendre et prospérer. La première bibliothèque publique vraiment digne de ce titre s'éleva en 1575 et dans un pays protestant. Cette même année, Guillaume d'Orange, premier stathouder de Hollande,

créa dans la ville de Leyde une université. Il y attacha en même temps une bibliothèque ouverte à tous les visiteurs studieux. Guillaume en forma le principe par l'offrande qu'il fit pour sa part à l'institution naissante d'un exemplaire de la Bible polyglotte des Plantin (1). Bientôt accrue des livres de Scaliger et d'autres donations importantes, la bibliothèque publique de Leyde prit de siècle en siècle une extension considérable. Le musée qui lui sert d'annexe est encore aujourd'hui, même à côté des collections de Paris, de Turin, de Naples et de Londres, l'un des premiers cabinets d'antiquités littéraires et historiques relatives à l'Orient, à l'Egypte et aux deux Grèces. Depuis ce temps, on vit successivement s'élever dans les diverses contrées de l'Europe de riches dépôts de livres, ouverts, d'une manière plus ou moins accessible, plus ou moins limitée, à l'usage public ; la liste suivante offrira le tableau historique de leur propagation.

*Liste chronologique des principales Bibliothèques publiques de l'Europe.*

| | | |
|---|---|---|
| 1575 | Bibliothèque de l'Université de Leyde. | |
| 1608 | — | de la ville d'Utrecht. |
| 1609 | — | de la ville d'Anvers. |
| 1612 | — | Bodléienne d'Oxford. |
| 1620 | — | Angélique à Rome (2). |
| 1629 | — | de la ville de Zurich. |
| 1633 | — | de la ville de Gand. |
| 1633 | — | du chapitre de la cathédrale de Rouen. |
| 1643 | — | Mazarine (3) de Paris. |
| 1652 | — | des chanoines réguliers de Saint-Victor à Paris. |
| 1661 | — | royale de Berlin. Remonte à 1650. |
| 1663 | — | impériale de Vienne. Remonte à Maximilien (1493 env.). |
| 1710 | — | des chanoines réguliers de Sainte-Geneviève à Paris. |
| 1714 | — | de la ville d'Orléans, fondée par le docteur Prousteau. |
| 1737 | — | royale de Paris. Remonte à Charles V. |
| 1744 | — | de l'abbaye de Saint-Germain-des-Prés à Paris. |

---

(1) Ap. Duchesne, *Histor. franc. scriptores*, t. V, p. 457.

(2) *Voy.* son curieux ouvrage intitulé *Philobiblion, sive de amore librorum et institutione bibliothecæ tractatus pulcherrimus.*

(3) On peut, à la rigueur, considérer comme des germes de bibliothèques *publiques* ces livres enchaînés, tels que bréviaires, missels, doctrinals, qui, au moyen âge, étaient exposés à l'intérieur des églises ou des couvents, dans des treillis de fer. La trace de ces monuments est encore sensible (comme à la cathédrale du Mans, par exemple), aux investigations des archéologues.

(1) Vues de l'Université de Leyde, gravées par Swanenburg, et le catalogue de Bertius ; 1595, in-4°.

(2) Les importantes bibliothèques de Saint-Marc à Venise, Laurentienne de Florence, Vaticane de Rome, ont dû être omises de ce tableau, à cause de la difficulté de fixer la date de leur ouverture *publique*. Aujourd'hui encore, et près de deux siècles après les plaintes amères des Mabillon et des Montfaucon, on peut se demander si les bibliothèques de l'Italie ont jamais ou sérieusement mériter le titre de *publiques*.

(3) A l'hôtel Mazarin, rue de Richeneu ; fermée en 1650 et formée de nouveau, en 1688 au collège Mazarin, où elle subsiste.

1753  —  du British Mus. à Londres.
1790  —  de l'Arsenal, de la ville de Paris, etc., etc.
1795  —  impériale de Saint-Pétersbourg. Remonte à 1728.
1848 Bibliothèques du Louvres et du Luxembourg à Paris.

La France, comme on voit, ne brille pas dans ce tableau par la précocité de ses efforts. C'est seulement en 1688 et 1737, que l'autorité souveraine offrit chez nous à l'instruction de tous ce nouveau véhicule, en rendant accessible au public, quelques heures et deux jours seulement par semaine, d'abord la bibliothèque Mazarine et puis la bibliothèque de la rue Richelieu, ou Bibliothèque royale. Elle s'était laissé devancer sous ce rapport non-seulement par des étrangers, mais, à l'intérieur, par la libéralité de certaines villes, de communautés religieuses et de simples particuliers. La révolution française vengea, pour ainsi dire, cette infériorité ou du moins cette lenteur. . . .

. . . . . . . . . . . . . . . . . .

. . . . . . . . . . . . La suppression des couvents et plus tard les confiscations faites sur les émigrés avaient réuni dans sa main des millions de volumes, jadis dispersés et enfouis pour la plupart. Dès l'année 1790, les législateurs de la Constituante songèrent à leur donner une destination sage et utile. Dans le premier projet de Talleyrand, et de même aussi dans celui de Condorcet, la bibliothèque devenait l'appendice obligé de tous les genres d'écoles. Depuis le village jusqu'à la capitale, de l'école primaire à l'établissement suprême qui fut, par la suite, appelé l'Institut, à chaque étage du vaste monument de l'instruction, s'élevait hiérarchiquement une série graduée de bibliothèques publiques, et ce monument s'étendait sur la France entière. La loi relative à l'instruction publique, décrétée par la Convention le 26 juin 1793, sur le rapport de Lakanal, disposait, titre VIII, art. 44 : « Il y a, auprès de la commission centrale d'instruction publique (à Paris) et sous sa garde, une grande bibliothèque nationale *universelle* et d'autres bibliothèques *complètes* dans les différentes sciences, lettres et arts. — *Art.* 45 : Il y a dans chaque district, près le bureau d'inspection de l'instruction publique et sous sa garde, une bibliothèque nationale. — *Art.* 46 : Toutes les bibliothèques sont publiques. » Les événements qui firent dévier de son cours la révolution elle-même, rompirent l'ensemble et le caractère harmonique de ces projets; le système des bibliothèques subit le même sort que celui de l'instruction publique, et fut mutilé par les nouveaux pouvoirs. . . . . . .

. . . La loi du 7 pluviôse an II (27 janvier 1794), qui déjà désertait les principes fondamentaux, se contenta, dans son effort, de rattacher les bibliothèques non plus à l'école, mais au sol, en réclamant des districts leur coopération locale. Cette prescription ne fut pas même accomplie d'une manière générale et régulière. Les bibliothèques publiques s'élevèrent en effet, mais au gré du caprice et de la fortune des clochers; sans vue d'ensemble; sans principes et sans garanties d'administration; sans rapport entre les besoins intellectuels des populations et les richesses destinées à y satisfaire. En 1832, les bibliothèques de la France passèrent des attributions du ministère de l'intérieur, où elles étaient restées jusque-là, dans celles du ministère de l'*instruction publique*. Ce changement, d'un heureux augure, fut en effet le signal de tentatives, commencées par M. Guizot, poursuivies surtout avec zèle par M. de Salvandy, mais dont l'impuissance fut bientôt démontrée. A cette époque, les départements possédaient deux cents trente-cinq bibliothèques publiques et la capitale une dizaine (1). Cet état de choses est resté à peu près stationnaire, et l'instruction publique attend encore une main puissante qui vivifie et qui fertilise de telles ressources en raison de leur fécondité, restée pour ainsi dire latente jusqu'à nos jours.

Pour notre propre compte, nous ne saurions assez amèrement déplorer le monopole dictatorial de l'organisation administrative des bibliothèques de Paris. Loin de nous la pensée d'absence de toute responsabilité de la part de MM. les administrateurs et conservateurs chargés d'y veiller. Mais est-ce là donc un motif de refuser le prêt de livres à des auteurs domiciliés à Paris, et recommandés d'ailleurs par des magistrats bien connus, et par d'autres personnages les plus honorables? Or, ces faits ne se reproduisent que trop fréquemment de nos jours, et notamment à la Bibliothèque Impériale, rue Richelieu. C'est un blâme que mérite, à nos yeux, l'administration qui la régit, et que notre indépendance d'écrivain nous autorise à lui adresser. Par là, loin d'exciter la pensée, elle la captive, et bien loin d'étendre les limites des lettres, des sciences et des arts, elle les resserre.

Nous faisons donc des vœux pour que justice prompte soit faite aux monopolisateurs de nos bibliothèques publiques, et qu'on trouve enfin les moyens de concilier les garanties indispensables à l'État, avec les besoins qu'on peut avoir d'apporter quelquefois chez soi des documents qu'on ne peut compulser ailleurs.

(1) *Patria*, 1847, col. 1406. M. Petit-Radel, dans ses savantes *Recherches*, publiées en 1819, compte en France jusqu'à 273 bibliothèques publiques, renfermant ensemble plus de 3,345,287 volumes. Mais il faut retrancher de ce nombre beaucoup de collections purement administratives, ou ecclésiastiques, ou trop inaccessibles pour mériter la qualification de *publiques*. Voy. aussi BAILLY, *Notice des bibliothèques publiques*; Paris, 1828, in-8°, p. 143; et SCHNITZLER, *Statistique de la France*; 1846, in-8°, t. II, p. 561. Ce dernier porte à 280 le nombre des bibliothèques départementales, et à 10 millions nombre des volumes qu'elles renferment.

# C

**CHOIX D'UN ETAT.** — L'éducation doit toujours être en rapport avec l'état que les élèves sont appelés à embrasser: aussi leurs familles et leurs maîtres ont-ils à se préoccuper d'étudier leurs aptitudes.

Si l'homme est l'être le plus parfait de notre création, dit M. l'abbé Dauphin, c'est aussi celui dont le développement intégral exige le plus de concours, de soins et de temps: voilà pourquoi Dieu a confié sa naissance et son éducation à la famille, centre merveilleux de tendresse, d'énergie et de sacrifices. La famille ne vit, en effet, n'aime et ne travaille que pour élever des hommes. Ce n'est pas seulement sa destination providentielle, c'est son bonheur.

Comment expliquer autrement cette patience affectueuse, vigilante, infatigable, avec laquelle nos parents ont enduré les peines, les soucis et les dégoûts qui accompagnèrent notre éducation?

Dès les premiers moments de son existence, l'enfant veut être environné de soins multipliés et délicats. Il use la substance même de sa mère, occupe ses jours, trouble ses nuits et absorbe tout à lui seul cette âme profonde où la maternité a caché des trésors d'amour et de dévouement.

Pendant ce temps, son père s'est arraché avec un généreux courage aux entraînements de sa jeunesse, et lui qui ne rêvait naguère que le plaisir et la gloire, il embrasse les rudes travaux du corps ou de l'intelligence, il s'isole, s'asservit et se prive pour l'avenir de son enfant.

Vient ensuite le moment où il est nécessaire de s'occuper plus sérieusement de l'éducation de cet être cher pour lequel déjà on a dépensé tant de travail et d'affection. Alors il faut lui choisir des maîtres, il faut l'éloigner de la maison paternelle : grave sollicitude, triste séparation qui fait gémir pendant huit ou dix ans le cœur d'un père et d'une mère.

Si encore aux tourments de l'absence ne venaient, le plus souvent, s'ajouter de cruelles anxiétés! Etre loin de l'enfant qu'on a donné petit et frêle, pendant que s'accomplissent en lui tous ces graves changements de l'âge et de l'éducation, toutes ces révolutions de l'âme et du corps qui doivent enfin en faire un homme ; ne pas assister à toutes ces phases d'une vie à laquelle on voudrait sacrifier la sienne, ne pas les surveiller soi-même et les diriger; et de temps à autre recevoir d'amères confidences, murmures de l'enfant, plaintes des maîtres, défauts de conduite ou de succès : voilà, nous le savons, une triste chaîne d'ennuis et d'incertitudes, que nous avons voulu alléger plus d'une fois!

Eh bien! quand sont écoulées ces longues années d'une séparation inquiète et douloureuse, quand le fils est enfin rentré au foyer de son père, et qu'il ne s'agit plus, ce semble, que de recueillir les fruits si attendus de son éducation, alors même, les sollicitudes de la famille ne sont point finies. Il faut donner à ce jeune homme sa place dans la société, il faut procéder pour lui au choix d'un état.

Le choix d'un état! Qui d'entre vous, pères qui m'écoutez, ne s'est déjà préoccupé de cette détermination importante que rendent maintenant si difficile l'encombrement des carrières et les obstacles de tout genre dont elles sont obstruées. Le choix d'un état, c'est une question d'avenir, de salut, de bonheur, à laquelle nous ne pouvons ni ne voulons demeurer étrangers, nous aussi maîtres et amis de la jeunesse.

Qu'on nous permette donc de fournir en cela, comme en tout ce qui se rapporte à l'éducation, le simple et modeste tribut de nos pensées.

Aussi bien, notre avenir, à nous, est désormais inséparable de l'avenir de ceux que nous appelons volontiers nos enfants, puisque nous les avons engendrés, pour ainsi dire, à la vie morale, car l'enseignement, comme nous l'avons toujours conçu, est une paternité. Sortis de nos mains et vivant par le monde, nos élèves nous demeurent chers, malgré la distance et le temps. Nous les suivons avec sollicitude, nous correspondons avec eux par lettres quelquefois, par la prière toujours, et il nous semble qu'il y a entre nous des liens sacrés et indissolubles. Leurs malheurs ou leurs fautes feraient notre regret et notre confusion, comme leur sagesse et leurs succès feront notre consolation et notre gloire.

Au reste, il ne s'agit pas seulement d'intérêt affectueux : nous avons, en ce qui concerne la vocation de nos élèves, des obligations positives.

Quelles sont-elles? et quelles sont, en même temps, celles des familles? C'est ce que je voudrais indiquer d'une manière au moins sommaire, sinon complète, en me bornant à quelques points essentiels et pratiques de ce grave sujet.

Une question se présente tout d'abord: L'instruction donnée aux enfants doit-elle être spéciale ou professionnelle, c'est-à-dire appropriée pour chaque individu à la carrière qu'il doit embrasser plus tard?

Il semble qu'avoir posé cette question, c'est déjà l'avoir résolue. Qui ne comprend, en effet, que le savoir du médecin est autre que celui de l'avocat, et que les facultés exigées par l'industrie et le commerce ne sont pas celles que réclament l'administration et les armes savantes? N'est-il pas évident que l'éducation doit tenir compte de ces différences et se modifier, dès le principe, dans le sens des vocations futures?

**Eh bien! nous avons** hâte de le dire, si on

le prend à la rigueur, ce raisonnement n'est que spécieux.

Sans nul doute, un enseignement professionnel est nécessaire à l'entrée de chaque carrière, et vous voyez bien que le bon sens public l'a depuis longtemps deviné. Que sont autre chose nos nombreuses écoles de théologie, de médecine, de droit, de milice, de marine, d'agriculture et d'industrie? Mais faut-il que ce caractère professionnel soit imprimé dès l'origine à l'éducation, et, sous ce rapport, l'organisation de nos collèges, où l'enseignement est le même pour tous, n'est-elle pas fondamentalement vicieuse?

Nous voulons dire franchement notre pensée, et il est nécessaire pour cela d'établir une distinction. Nous affirmons d'adbor que l'éducation professionnelle n'est ni rationnelle ni possible durant une portion notable de la vie écolière.

Elle n'est pas rationnelle, parce qu'avant de préparer la profession, il faut développer les facultés générales de l'âme; avant de former le médecin, l'industriel, le magistrat, il faut former l'homme. Est-ce qu'il n'y a pas une culture morale et intellectuelle qui est convenable à tous, nécessaire à tous; et n'est-ce pas la première, la plus importante et la plus longue? Parce qu'on suivra des carrières diverses, faut-il oublier qu'on ne cesse pas pour cela d'avoir à avoir le même langage, les mêmes sentiments, les mêmes notions générales de religion et de science?

Elle n'est pas possible, parce qu'avant de commencer l'éducation d'un enfant, il faudrait avoir préalablement deviné ses aptitudes et décidé sa vocation. Qui oserait dire que cela se peut? Le développement et, par conséquent, l'appréciation des facultés se fait difficilement et à la longue. Or, il ne suffit pas même de bien connaître un enfant pour lui assigner une profession; ce choix est, de plus, subordonné à des circonstances de temps, de fortune et de convenance qu'il n'est pas toujours possible de prévoir. Quel amer mécompte pour une famille si, après avoir tourné les facultés et l'instruction d'un jeune homme vers une seule carrière, elle venait à s'apercevoir tout à coup que cette carrière lui est insuffisante, ou que lui-même ne lui convient pas!

Donc, une éducation générale, sérieuse, étendue et durable, doit précéder toute éducation professionnelle, et là gît, selon nous, le premier et le principal devoir des instituteurs en ce qui concerne la vocation. Nous le disions déjà il y a quelques années: « Avant d'approprier notre élève à une position déterminée, enseignons-lui d'abord tout ce qui développe, tout ce qui ennoblit, tout ce qui moralise l'intelligence; donnons-lui, par tous les genres d'instruction convenables et possibles, un jugement droit, une conception large, un sentiment délicat, une volonté ferme, et nous aurons en définitive mieux préparé son avenir que si nous avions employé tout notre temps à lui apprendre seulement la science d'une profession.

« Qu'on nous permette une comparaison.

Les enfants des familles ouvrières sont ordinairement destinés à quelque profession manuelle; selon les intentions du père, tel d'entre eux aura besoin de la vigueur du bras, tel autre de l'agilité des pieds, celui-ci de la finesse du tact, celui-là de la perspicacité du regard. Est-ce que l'éducation physique de ces enfants consiste à développer tout d'abord et exclusivement l'organe professionnel, le bras ou les doigts, l'œil ou la main? Non certes, car alors on ferait des avortons ou des monstres au lieu de faire des hommes sains, robustes et souples. L'éducation physique consiste donc à développer le corps dans sa plénitude, avec tous ses membres et ses conditions essentielles de vie; plus tard l'organe de l'état manuel acquerra par l'habitude sa force et son développement relatifs.

« Eh bien! nous raisonnons de même de l'éducation morale. Elle consiste d'abord à développer intégralement l'intelligence dans toutes ses facultés et tous ses besoins constitutifs; c'est à l'avenir de perfectionner les aptitudes de la profession. »

Et maintenant que l'organisation actuelle de notre éducation publique ne puisse pas être modifiée dans un sens plus favorable aux besoins professionnels, c'est ce que nous n'oserions affirmer. Le doute est permis à cet égard, et plus d'une fois, nous en faisons l'aveu, nous nous sommes demandé si toutes les branches d'instruction qui forment le programme obligatoire de nos établissements étaient vraiment nécessaires à tous, convenables à tous. Serait-il impossible de les restreindre quelque peu au profit des études spéciales qui pourraient de cette sorte commencer plus tôt ou marcher concurremment?

La majeure partie du programme classique, consacrée par le temps et par le succès, est, nous le pensons, indispensable à toute bonne éducation; mais faut-il laisser absolument dans l'enseignement commun une si large place aux sciences purement instrumentales, nous voulons dire, aux mathématiques et aux langues mortes?

Tel se traînera sans succès, malgré tous ses efforts, dans l'étude des mathématiques, qui deviendra plus tard un excellent médecin ou un bon magistrat; tel autre ne sera jamais qu'un pauvre helléniste qui a toute l'étoffe d'un ingénieur ou d'un négociant distingué. Eh bien! avec le programme actuel, il est inévitable que ces deux élèves perdent un temps considérable, l'un à ne pas apprendre le grec et l'autre à ne rien comprendre à l'algèbre.

Encore une fois, il est permis de douter qu'on ne puisse rien imaginer de mieux, et même après onze années d'expérience nous comprenons ces désirs de réforme, aveugles quelquefois, mais toujours persévérants, qui tourmentent les familles, les hommes d'État et les éducateurs.

Pour le moment, il est triste de le dire, toute réforme de ce genre est impossible dans notre libre et intelligent pays de France.

Oui, impossible, nous ne craignons pas de l'avancer, et vous le comprendrez comme nous, quand vous saurez que nous ne faisons pas notre programme, mais que nous le subissons.

Nous nous expliquons. Le baccalauréat, comme chacun sait, est une condition essentielle à l'entrée d'une foule de carrières. Pour être magistrat, médecin, avocat, professeur, administrateur, financier, il faut avoir son diplôme de bachelier, lequel ne s'obtient qu'après un examen sérieux et difficile, dont les matières sont indiquées par un programme officiel.

Ce programme devient ainsi la mesure inévitable de l'enseignement, la règle absolue des études dans toutes les maisons d'éducation. Quelles familles, en effet, consentiraient à exclure d'avance leurs enfants des nombreuses professions auxquelles le diplôme est nécessaire? S'il s'en trouve, le nombre en est assurément trop restreint pour faire loi. Tout au plus pourrait-on créer à leur usage des écoles spéciales; mais les établissements existants ne peuvent pas, à cause d'elles, s'écarter du cadre imposé par le baccalauréat.

Le programme officiel ne nous fixe pas seulement des matières d'enseignements obligatoires, il les détermine si pressées et si nombreuses que la durée ordinaire de l'éducation suffit à peine à les embrasser complétement. Toute substitution est prohibée et toute réduction impossible; le programme ne laisse à peu près aucune latitude au choix personnel, traçant avec une autorité irrésistible le cercle où il permis de se mouvoir. En matière d'enseignement nous ne pouvons en quelque sorte qu'accepter ses catégories, comme en matière d'orthodoxie les articles du symbole; et dans un temps où tout le monde parle de mouvement et de progrès, nous vivons, nous autres instituteurs, sous le régime du *statu quo* et de l'obéissance passive.

C'est au bon sens de voir ce que peuvent gagner l'éducation, la liberté et la science à cette immobilisation de l'enseignement sous un niveau légal.

Telle est notre pensée en ce qui concerne l'instruction proprement dite : il n'est, comme on voit, ni opportun de la bouleverser tout à fait, ni possible de la modifier seulement dans un sens professionnel.

Reste la direction morale, c'est-à-dire l'influence sur les goûts et la volonté. Celle-là nous appartient sans doute; mais devons-nous l'incliner vers telle ou telle vocation positive? Nous ne le pensons pas, à moins d'indications tellement précises qu'il soit évident pour nous que le bonheur de l'élève y est attaché. Ainsi que nous l'avons observé, le choix d'un état ne dépend pas seulement des aptitudes, mais aussi de certaines conditions de fortune, de succès ou de convenance que, les familles peuvent seules apprécier. Conseiller ou prémunir, c'est tout ce que nous pouvons quand il s'agit d'opter pour telle ou telle carrière.

Notre devoir, en général, c'est d'inspirer la probité sévère, le dévouement généreux, le patriotisme éclairé, qui honorent toutes les professions, en même temps que ces habitudes fortes de travail et de régularité qui les rendent fécondes.

Plus d'une fois la vanité ou l'imagination entourent dans l'estime d'un jeune homme, tel état d'une auréole de poésie et de gloire, tel autre d'un vernis d'ignorance et de trivialité; c'est aux instituteurs à le tenir en garde contre ces entraînements d'une âme vive et naturellement présomptueuse. Qu'ils lui fassent comprendre que c'est l'homme qui ennoblit ou ravale la position que son choix ou la nécessité lui a faite, et qu'au sein des professions les plus brillantes il n'y a que trop d'abaissements honteux, comme au sein des états les plus modestes il se rencontre souvent de nobles âmes et de belles réputations.

Mais, nous le répétons, indiquer précisément la carrière, c'est moins la tâche des instituteurs que celle des familles. Qu'on nous permette seulement de les aider par quelques observations générales.

Et d'abord, que l'on n'aille pas se révolter contre cette vulgaire nécessité de choisir un état. Outre que la sagesse traditionnelle de nos pères n'est en cela que l'expression rigoureuse des besoins de la société et de la famille, il faut dire aussi que c'est la première et la plus sûre garantie de la moralité individuelle. Le choix d'une profession donne à la vie un but plus immédiat et à toutes les forces de l'âme une issue favorable.

Il s'empare de l'activité ardente du jeune homme, trompe heureusement son ambition, absorbe plus ou moins ses élans d'avenir et le soustrait à la funeste influence des rêves, du dégoût et des passions, tristes fruits de l'oisiveté. Dans notre état de nature tombée, le travail est à la fois un châtiment providentiel et un remède salutaire. Le père ne saurait donc trop se hâter de l'imposer à son fils, non-seulement comme moyen de fortune, mais encore et surtout comme condition d'estime, d'influence et de bonheur.

Et ici, nous le demandons avec franchise, si tant de natures généreuses se laissent gagner à des rêves décevants, de vie artistique et littéraire, s'il y a tant d'aspirations vers les carrières brillantes ou aventureuses, et tant de repoussements pour les professions actives et modestes, à qui la faute? Elle est à ceux qui ne savent jamais concevoir et exprimer que le mobile honteux de l'argent. A les entendre parler et à les voir agir, ne dirait-on pas que l'homme de telle profession est inévitablement vendu à l'argent comme un esclave? qu'il n'a d'idées que pour le calcul, de sentiments que pour le gain, d'activité que pour les spéculations financières. Sorte de type grossier ou cynique, faisant de la vie une loterie ou un comptoir, riant du génie et du dévouement s'il s'élève jusqu'à les comprendre, sans noblesse dans l'intelligence, sans enthousiasme

dans le cœur, sans distinction dans les habitudes, tout à fait propre à inspirer le dégoût de sa profession aux âmes qui conservent encore la générosité de l'éducation et de la jeunesse.

Car la jeunesse a l'âme pleine de délicatesse et de grandeur. Tout ce qui est vrai, beau et noble l'attire ; tout ce qui est bas, sordide ou absurde l'irrite. Est-il étonnant qu'elle se prenne d'un extrême dédain pour ce culte méprisable de l'argent qui est l'un des plus tristes caractères de notre siècle ? Est-il étonnant qu'elle se sente attirée davantage vers les professions où il reste plus de place à l'intelligence et au dévouement ? Ah ! gardez-vous de refouler ces élans généreux, gardez-vous de jeter le mépris ou l'interdiction sur des carrières belles et quelquefois saintes, par le seul motif qu'on n'y arrive pas à la fortune ! Nous vous le disons, si vos fils venaient à vous comprendre, c'est qu'ils seraient dégénérés ; s'ils ont gardé la précieuse intégrité de leur âme, ils ne vous comprendront pas ; ils se révolteront au fond d'eux-mêmes contre vos insinuations cupides, et cet état auquel vous les poussez comme plus lucratif, ils ne l'embrasseront que forcément, ils n'y travailleront qu'avec répugnance, ils n'y auront que de médiocres succès.

Voulez-vous, au contraire, les préserver de toute illusion vaniteuse ou enthousiaste, voulez-vous leur inspirer le goût des carrières actives ? adressez-vous à cette partie de leur âme qui veut si ardemment le règne de la vérité et de la justice, qui flétrit avec un accent indigné l'égoïsme et la corruption, qui n'a pas seulement le goût du bien, qui en a le zèle, qui rêve un prosélytisme généreux et une part quelconque à la régénération sociale ; montrez-leur qu'à toute carrière est attachée une certaine puissance d'action, qu'il est possible, qu'il est beau de tourner à l'avantage de la société ; que tout homme, quelle que soit sa profession, commerçant, industriel ou agriculteur, doit faire servir à des fins d'utilité générale, son intelligence, sa fortune, ses relations, son influence ; et que plus cette profession a été jusque-là abaissée par un positivisme sordide, plus il est noble de la relever par le goût des choses grandes, morales, bienfaisantes, religieuses.

Au lieu de cela, qu'arrive-t-il trop souvent ? On se plaint de cet esprit de prosélytisme ardent qui honore la jeunesse ; on tourne en dérision ce noble désir de se mêler au bien, aux réformes possibles, à la moralisation des esprits ; on accuse cette désapprobation énergique de nos hontes, de nos impiétés, de nos misères sociales ; on dit que c'est de la passion.

Mais ne sait-on pas que toute conviction chrétienne est un *feu* selon la parole de notre Sauveur. Ne sait-on pas que la vie a besoin de palpiter plus fortement dans la poitrine d'un jeune homme ? A-t-on rêvé par hasard qu'il dût être sans passion, le jeune homme ? alors on a rêvé l'impossible. Ou

bien lui voudrait-on d'autres passions que cette noble et grande passion du bien ? alors on tombe dans l'odieux. Regardez donc autour de vous dans cette partie de la jeunesse qui jette à d'autres sympathies le feu de son âme, et voyez quelles passions désastreuses s'y manifestent. Aimeriez-vous mieux pour votre fils qu'au lieu d'être un catholique zélé, il ne fût qu'un libertin audacieux ? qu'au lieu de s'enthousiasmer pour les magnificences de notre foi, il se ruât aveuglément dans les utopies voltairiennes, démagogiques ou humanitaires ?

Quant à nous, disons-le avec reconnaissance, la vue de ces vives ardeurs pour le bien nous réjouit et nous console. Plus d'une fois notre pensée s'est portée avec tristesse sur cette masse égoïste, irréligieuse, cupide, qui se traîne sans dignité et sans pudeur dans toutes les basses régions de l'orgueil, de la débauche et de l'argent ; plus d'une fois nous avons été forcés de voir de plus près ce honteux tripotage d'intérêts, d'ambitions ou de plaisirs, que quelques-uns appellent le monde : eh bien ! alors nous revenons avec un bonheur infini à ces âmes pleines de jeunesse et de pureté, en qui la conscience parle d'une voix si ferme et si haute. C'est pour nous une douceur et une sécurité de les voir s'indigner au récit du mal, s'enflammer à l'idée du bien, et mettre la vérité bien au-dessus de la fortune et du repos.

Grâce à Dieu, les familles de nos élèves le comprennent de la sorte, et nous n'avons certes pas l'intention de les rappeler à des sentiments qui n'ont pas cessé d'être les leurs. Nous n'avons voulu rassurer leur sollicitude au sujet de ce qu'on appelle en souriant quelquefois des exaltations de jeune homme.

Nous le répétons donc, il y a là un principe éminent et actif qu'il faut se garder d'attaquer ou de tourner en moquerie. C'est un mobile puissant, qu'il faut appliquer, au contraire, au choix et aux devoirs de la profession. Quelle que soit celle que vous avez destinée à votre fils, sachez lui en faire comprendre le côté moral, honorable, influent, et vous verrez qu'il aura plus de penchant à l'embrasser, plus de courage à en remplir les obligations.

Une dernière observation et nous avons fini.

Si la profession du père peut être choisie par les fils, c'est, à mon sens, une des plus précieuses garanties de persévérance et de succès. La famille est, après la religion, le plus doux et le meilleur préservatif pour les jeunes gens qui font leur entrée dans le monde.

Heureux celui qui peut commencer sa vie d'homme, guidé par la sage expérience de son père et soutenu par les tendres sollicitudes de sa mère ! S'exiler pour s'ouvrir une carrière, bien loin de ce centre de tendresse, de protection et de vigilance, qu'on appelle la famille ; s'en aller seul et à vingt ans affronter l'isolement, la liberté, les séductions d'une grande capitale, c'est une

épreuve toujours redoutable, souvent funeste. Nous nous sommes même étonné quelquefois qu'un jeune homme en pût sortir intact, et selon moi, c'est la plus belle gloire d'une éducation chrétienne.

Le plus sûr toutefois est de ne s'y fier que lorsqu'on ne peut faire autrement. Si votre fils peut embrasser l'état que vous avez vous-même honoré, gardez-le sous vos yeux, soyez son guide, son modèle et son protecteur, et transmettez-lui, en même temps que votre expérience, cet héritage de probité, d'estime et de relations qui font la moitié du bonheur et du succès. Quelles chances d'avenir, quels rêves d'ambition peuvent valoir ce charme de l'intérieur, cette sécurité de la conscience et cette sagesse traditionnelle de la famille?

Au reste, c'est quand il s'agit du choix d'un état qu'il faut surtout ne point oublier cette divine et profonde sentence que l'Evangile nous a transmise et que les économistes pourraient justifier au besoin : *Cherchez avant tout le royaume de Dieu*, c'est-à-dire les biens de l'âme, le devoir, *et tout le reste*, c'est-à-dire les biens du temps, le succès, *vous arriveront par surcroît.*

COLLÉGES. — En 1107, lorsque Abailard vint pour enseigner à Paris, les deux maîtres célèbres qu'il y trouva professant dans la maison de l'évêque. A quelques années de là, Guillaume de Champeaux quitta son archidiaconat de la cathédrale, et se retirant avec quelques disciples au prieuré de Saint-Victor, situé de l'autre côté du fleuve, hors des murs de la ville, il y ouvrit une nouvelle école publique. Abailard, de son côté, chassé de l'école qu'il occupait en la maison épiscopale, se réfugia sur la montagne Sainte-Geneviève, où il rallia de nouveau ses disciples. Cependant les écoles de la cathédrale subsistant et s'accroissant de jour en jour, elles se divisèrent en deux parts. L'une, composée des artiens, passa le Petit-Pont et vint s'établir à Saint-Julien-le-Pauvre, petite basilique encore aujourd'hui subsistante, quoique presque inconnue dans la ville, si ce n'est des archéologues, et qui, dès lors, servait de succursale à la mère église. Les études théologiques conservèrent leur siège à Notre-Dame (1). Bientôt les Nations se construisirent quatre grandes *salles* ou écoles dans la rue du *Fouare* ou du *Feurre*, située à peu de distance. Indépendamment de cette sorte d'école générale, quiconque était muni de la licence louait une salle et appelait le public à ses leçons. C'est ainsi que, de proche en proche, le *quartier latin* se peupla de maîtres et d'écoles. Bientôt on sentit la nécessité de consacrer des hôtels, ou demeures particulières, destinées à recueillir les écoliers, surtout au début de leurs études, et

(1) Au xv° siècle, il existait encore, dans l'enceinte de la cathédrale et de ses dépendances, un enseignement spécial, non-seulement de théologie, mais encore de jurisprudence et de médecine. (Factum pour Claude Joly, 1678, in-4°, p. 8; Arch. nat., section L, carton 717.)

de leur offrir un asile. De là, en général, l'origine des colléges.

Dès une époque peu éloignée des commencements de l'Université, c'est-à-dire vers la fin du xii° siècle ou au commencement du xiii°, on voit naître à Paris, sous le nom de *colléges*, divers établissements habités par de jeunes religieux qui se livraient à l'étude. De ce nombre, vraisemblablement, furent les deux couvents des *Bons-Enfants-Saint-Victor* et *Saint-Honoré*, les deux communautés de *Saint-Nicolas* du Louvre et du Chardonnet. D'autres, comme les colléges de *Dace* ou des *Danois*, etc., recevaient des clercs plus ou moins âgés, attirés de leur lointaine patrie par la renommée littéraire de notre capitale et par les ressources uniques qu'elle offrait à leur instruction. Ces derniers étudiants appartenaient à des ordres religieux. Or, on sait qu'au moyen âge, dans les grandes familles monacales, telles que Cîteaux, les Bernardins et autres, les maisons *mères* entretenaient à de grandes distances, sur divers points de la chrétienté, indépendamment des *filles* de leur ordre, certaines maisons hospitalières, désignées alors sous les noms d'*hostels* ou *hospice* (*hospitia*), tantôt pour recevoir leurs entrepôts de commerce, tantôt dans un but d'étude ou de santé.

Mais nous devons nous attacher principalement ici, sous le nom de *colléges*, aux établissements d'instruction fréquentés par de jeunes écoliers appartenant au *monde*. Ces établissements, dans le principe, étaient aussi, comme le fait remarquer Grancolas (1), des maisons de charité ouvertes à des pauvres, sous les auspices de la religion, avec la faculté d'étudier. Ce double caractère de *dévotion* et de *misère*, fortement empreint dans leur constitution primitive, n'a cessé d'influer, jusque dans les temps modernes, sur leur physionomie et sur leur destinée, et mérite spécialement d'être remarqué. Rien de plus triste, de plus piteux, et cependant rien de plus digne d'intérêt, que les colléges du moyen âge, dans lesquels un *principal*, assisté de quelques maîtres, *endoctrinait*, morigénait et fustigeait de son mieux une douzaine d'écoliers, avec lesquels il partageait une vie souffreteuse et famélique; ayant à peine, pour subsister, trois ou quatre sous par semaine, et se voyant contraint, lui comme ses assistants, de joindre à ces misérables ressources quelque office ou métier servile, ou d'invoquer la bienfaisance publique. Tels étaient les écoliers du collége des Bons-Enfants (Saint-Victor ou Saint-Honoré, probablement les uns et les autres): le *Dit des crieries de Paris*, qui date du xiv° siècle, nous les montre errant dans la Cité, où ils venaient chaque jour mendier leur subsistance :

Les *Bons-Enfants* orrez crier :
Du pain! n'es veuil pas oublier (2)...

(1) *Histoire de l'Église et Université de Paris*, t. I, p. 559 et suiv.

(2) Cette pauvreté, toutefois, que les moines men-

Le premier collége ouvert à des laïques ou du moins à des séculiers, qui resta longtemps le plus célèbre de tous, dut son nom et son origine à la libéralité d'un clerc, chapelain, et, selon quelques-uns, confesseur de Louis IX, nommé Robert Sorbon ou *de Sorbonne*. Par lettres patentes de 1250, le saint roi contribua à cette fondation, et donna, pour l'usage du futur collége, une maison et des étables y contiguës, situées à Paris, rue Coupe-Gueule, devant le palais des Thermes (1). Ce collége était destiné à un certain nombre de pauvres écoliers qui, après avoir pris leurs degrés *ès-arts*, se vouaient à l'étude de la théologie. La Sorbonne, singulièrement agrandie par le cardinal de Richelieu, demeura le chef-lieu de la Faculté de théologie.

A l'imitation de cet exemple, un nombre considérable de colléges institués par des personnages éminents, soit du monde, soit de l'Eglise, s'élevèrent comme à l'envi, pour l'instruction de la jeunesse, sur tous les points du territoire que désigna, jusqu'au siècle dernier, la dénomination d'*Université;* nous voulons dire ce vaste amphithéâtre, dont la base (c'est-à-dire la Seine) s'étend, d'une part, au pont de la Tournelle, de l'autre, au pont des Arts. L'un des plus importants, le collége de Navarre, eut pour fondatrice, en 1304, la reine Jeanne de Navarre, femme de Philippe le Bel, comtesse de Champagne et de Brie. Il fut destiné à recevoir soixante-dix pauvres écoliers, savoir, vingt grammairiens, trente artiens et vingt théologiens. Trois maîtres, pris naturellement au sein de l'Université, présidaient à ces trois classes d'études. L'un d'eux, celui de la théologie, était investi de la surintendance générale. Aux termes du testament, il devait être élu par « la plus grande et la plus saine partie des maîtres » de cette Faculté, solennellement assermentés à cet effet, et gouverner à la fois le *temporel* et le *spirituel* de l'établissement. Il portait le titre de *grand maître de Navarre*. Toutefois on ne tarda pas à lui associer un aide, qui, sous le nom de *proviseur*, administrait les affaires de la maison. Le collége de Navarre s'acquit bientôt une haute renommée. Il devint, en son genre, le modèle des établissements littéraires, le siége du recteur et comme le chef-lieu de l'Université. Ce fut dans sa chapelle, dédiée à saint Louis, l'un des aïeux de la royale fondatrice, que longtemps reposa le *trésor*, c'est-à-dire les archives de cette grande compagnie. Les fils des plus nobles familles, et souvent même des enfants du sang de France, y reçurent les premiers bienfaits de l'instruction. Guy Coquille, en son *Histoire du Nivernais*, rapporte que le roi de France était le premier boursier de

Navarre, et que sa bourse servait à payer les *verges* du collége. Un des hommes les plus éclairés du xv° siècle, Nicolas de Clamenges, avait été proviseur de Navarre. Il fut enseveli dans la chapelle, qui reçut également les cendres de plusieurs autres personnages célèbres. Au xvii° siècle, le savant docteur Jean de Launoi ne dédigna pas d'écrire l'histoire de ce collége : *Regii Navarrœ collegii Historia;* Paris, 1677, 2 vol. in-4°.

Le collége de Montaigu mérite aussi une mention particulière. Fondé au xiv° siècle par deux membres de la famille Montaigu, dont l'un était archevêque de Rouen, les libéralités réunies de ces deux bienfaiteurs formaient une somme de dix livres annuelles de revenu, pour l'entretien et la nourriture de chacun de ses élèves. Le désordre et la mauvaise administration, bien loin d'accroître ce produit, furent tels, qu'en 1483 il s'élevait en totalité à *onze sous de rente*. A cette époque, le collége passa entre les mains d'un nommé Standonck ou Stondouck, personnage fameux à juste titre de son vivant, et l'une des figures les plus originales que fournisse l'histoire de la pédagogie. C'était un homme d'un caractère ardent, d'une force de volonté peu commune et d'une opiniâtreté remarquable. Il était fils d'un tailleur de Malines. Venu à Paris sans autre ressource qu'une lettre de recommandation pour l'abbaye de Sainte-Geneviève, il y fut admis à titre de charité, payant toutefois l'hospitalité des moines par des offices domestiques qu'il remplissait à leur service, et trouva de la sorte le moyen de puiser aux écoles de Paris cette instruction dont le goût décidé l'avait attiré au sein de la capitale. On raconte qu'à cette époque de sa vie il montait, un livre à la main, dans le clocher, pendant les claires nuits, pour y étudier aux rayons gratuits de la lune. Devenu, en 1483, principal de Montaigu, il sut y rétablir l'ordre, fonder douze bourses nouvelles et subvenir à toutes les dépenses. Mais il ne réalisa ces bienfaits qu'en imposant à ses écoliers une discipline plus que spartiate, et en leur léguant, pour ainsi dire héréditairement, la vie de labeurs et de tribulations que lui-même avait traversée. La règle de la maison était effectivement des plus austères. Tâches ardues, jeûnes fréquents, maigre pitance, discipline rigoureuse, telle était la condition, devenue proverbiale, des écoliers de Montaigu; condition que résumait spirituellement leur devise traditionnelle.

*Mons acutus, ingenium acutum, dentes acuti.*

Vêtus d'une cape de gros drap, ouverte par devant et surmontée d'une sorte de cagoule qui se fermait par derrière, le peuple les nommait les *pauvres capettes* de Montaigu, et journellement on les voyait, conformément à leurs statuts, prendre part aux distributions de pain que les Chartreux du voisinage faisaient aux indigents. Erasme, ce Voltaire bénin du xvi° siècle, à l'âge de vingt-cinq ans, avait étudié à Montaigu sous

---

*diants* portaient le front haut, n'entraînait pas, dans les idées du temps, sur la personne d'un écolier, l'idée d'abjection ni le sentiment d'humiliation, que l'on pourrait supposer.

(1) « In vico *de Coupe-Gueule* ante palatium Thermarum, » *Rech. de la Fr.*, liv. ix, ch. 15.

l'autorité de ce même Standonck : il ~~nt par expérience les rigueurs de ~ ~~~. Dans l'un de ses ingénieux Colloques où l'idée philosophique circulait sous l'enveloppe légère d'une forme frivole (le dialogue de la *Chair* et du *Poisson*), il stigmatise en termes piquants les traitements inhumains, le gîte insalubre, la nourriture malsaine, par lesquels il vit lui-même sa santé compromise pour le reste de sa vie; et, passant de ce propos à des considérations plus élevées, il glisse, à l'adresse de l'éducation de son temps, les traits acérés d'une critique hardie. Peu d'années après Erasme, notre gai Rabelais venait, au même lieu, faire semblable épreuve et puiser des souvenirs analogues, que lui aussi devait immortaliser, mais à sa manière. Ses ouvrages, comme ceux de la plupart des moralistes ses contemporains, sont remplis d'allusions satiriques à l'ignorance, au pédantisme des maîtres, à l'absurdité des méthodes et des doctrines; à la sottise, à l'ignominie ou au ridicule qui, à cette époque, caractérisaient la tenue de nos écoles. Qui ne se rappelle, en souriant, ces *esparviers de Montagu*, tombant, gros comme boulets de canon, de la tête du jeune Gargantua, en présence de son précepteur Pronocrates? C'est encore au digne successeur de Standonck, Pierre Tempête, « ce grand fouetteur d'escoliers au collège de Montagu, » que son frère Jean des Entomeures, à l'aide d'une libre traduction, applique ce vers tiré, dit-il, de la légende de monsieur saint Nicolas :

Horrida *Tempestas Montem* turbavit *acutum*.

D'après Etienne Pasquier (1), il y avait, de son temps, dans les collèges, « trois sortes de maistres : le superintendant de tous les autres, que nous appelons *principal*; les *régents*, qui enseignent aux classes; et les autres, qui, sans faire lectures publiques, tiennent chambres à louage du principal, que l'on nomme *pédagogues*, parce qu'ils ont charge et gouvernement sur quelques enfants de la maison. Ces escoliers, nous appelons *pensionnaires* ceux qui sont à la pension du principal, et *caméristes*, les autres qui sont nourris par leurs pédagogues. Outre ceux-là, il y a encore les escoliers qui demeurent en ville, hors des collèges, qui vont ouïr les leçons d'uns et autres régents, ou aux maistres qui les gouvernent : les uns appelés *martinets*, et les autres, du nom de *galoches*. »

Nous ajouterons à ces détails une liste générale alphabétique, que nous nous sommes efforcé de rendre complète, des divers collèges français, étrangers, réguliers ou laïques (2), qui ont été fondés à Paris avant 1789.

### Anciens collèges de Paris (3).

* Collège des Allemands, fondé vers        1348

(1) *Recherches*, IX, 17.
(2) Nous marquons les religieux d'une croix et les étrangers d'un astérisque.
(3) On peut compter dans cette nomenclature jus-

Collège d'Aubusson, exista du XIVe au XVe siècle.

| | | |
|---|---|---|
| — | de l'Ave Maria ou de Huban, fondé en | 1339 |
| — | d'Arras, 1302 ou | 1322 |
| — | d'Autun | 1337 |
| † — | des Augustins, vers | 1261 |
| — | de Bayeux | 1308 |
| — | de Beauvais | 1369 |
| † — | des Bernardins | 1244 |
| — | de Boissy | 1356 |
| — | de Boncour | 1353 |
| † — | des Bons-Enfants Saint-Honoré | 1208 |
| † — | des Bons-Enfants Saint-Victor | 1250 |
| — | de Bourgogne | 1332 |
| — | de Calvi | 1270 |
| — | de Cambrai ou des Trois-Evêques | 1348 |
| — | du cardinal Lemoine | 1302 |
| † — | des Carme | 1259 |
| — | de Chanac, Chenac ou Saint-Michel | 1324 |
| — | des Cholets | 1295 |
| — | de Clermont ou Louis le Grand | 1564 |
| † — | de Cluny | 1269 |
| — | de Coquerel | 1450 |
| * — | de Constantinople, 1204 (?) ou | 1362 |
| — | de Cornouaille | 1317 |
| † — | des Cordeliers, Frères Mineurs ou Franciscains | 1230 |
| * — | de Dace, du XIIIe au XIVe siècle | |
| — | de Dainville | 1380 |
| — | du Dauphiné (fondé, mais non établi) | 1538 |
| — | des Dix-Huit ou de N.-D., fondé vers | 1180 |
| | Renouvelé en | 1369 |
| † — | des Dominicains ou Jacobins | 1229 |

qu'à quatre-vingt-huit titres ou dénominations de collèges, comprenant : 18 collèges de réguliers, 9 d'étrangers, et le reste consacré à des élèves français, laïques ou séculiers. Il convient toutefois d'observer que divers collèges ont porté successivement et même à la fois plusieurs noms, d'où il suit que chaque titre ne représente pas un collège distinct. Trois de ces établissements dataient du XIIe siècle; 18, du XIIIe; 40, du XIVe; 6, du XVe; 5, du XVIIe; 6, de dates inconnues; ce qui forme un total d'environ soixante-dix-huit fondations séparées; mais il s'en faut de beaucoup qu'elles aient jamais existé simultanément. Un grand nombre ne vécurent pas un siècle: on a vu que le collège de *Dauphiné* ne fut point ouvert. Au XVe siècle, la plupart des collèges antérieurs ne subsistaient plus. Le nombre des collèges coexistants ne dépassa jamais une quarantaine; et, jusqu'au XVIIe siècle, le nombre des bourses ou des écoliers de chaque établissement fut extrêmement borné. De 1762 à 1777, 28 collèges, de ceux que le temps avait épargnés, furent supprimés, et l'Université n'en conserva désormais que dix, les seuls qui subsistèrent jusqu'à la révolution française. Ce sont les collèges de : Louis-le-Grand, chef-lieu de l'Université; Grassins, Harcourt, Lamarche, Lemoine (cardinal), Lisieux, Mazarin, Montaigu, Navarre et Plessis.

Collége de Donjon uni à Tréguier.
   xv⁰ siècle

| | | |
|---|---|---|
| — · | des Dormans | 1356 |
| * — | des Ecossais | 1326 |
| — | de Fortet | 1391 |
| — | de Gervais ou M⁰ Gervais Chrétien | 1370 |
| — | des Grassins | 1569 |
| — | de Harcourt | 1280 |
| — | de Huban ( voy. *Ave Maria* ) | |
| * — · | des Irlandais | 1681 |
| — | des Jacobins ( voy. *Dominicains* ) | |
| — | de Justice | 1353 |
| — | de Kerambert ou Karembert, vers | 1325 |
| — | de Lamarche | 1423 |
| — | de Laon | 1314 |
| — | Lemoine (voy. *Cardinal*) | |
| — | de Léon, fondé vers | 1325 |
| * — | de Linkœping, avant | 1392 |
| — | de Lisieux, en | 1336 |
| — | de Lorris, avant le xv⁰ siècle | |
| * — | des Lombards, fondé en | 1334 |
| — | de Louis le Grand ( voy. *Clermont* ) | |
| — · | des Mathurins | 1209 |
| — | du Mans | 1526 |
| † — | de Marmoutiers | 1329 |
| — · | Mazarin ou des Quatre-Nations | 1661 |
| † — | de la Merci, 1515 ou | 1520 |
| — · | Mignon | 1343 |
| — | Montaigu · | 1314 |
| — | de Narbonne | 1317 |
| — | de Navarre | 1304 |
| — | du Plessis | 1323 |
| † — | de Prémontré | 1252 |
| — | de Presle | 1313 |
| — | des Quatre-Nations ( voy *Mazarin* ) | |
| — | de Reims, } fondés en | 1412 |
| — | de Rethel, } réunis en | 1443 |
| † — | de Saint-Denis | 1263 |
| — | de Sainte-Barbe | 1435 |
| — | de Sainte-Catherine du Val Des Ecoliers | 1229 |
| — | de Saint-Michel (v. *Chanac* | |
| † — | de Saint-Nicolas du Chardonnet | 1137 |
| † — | de Saint-Nicolas du Louvre, vers | 1189 |
| † — | de Saint-Thomas du Louvre, vers | 1217 |
| — | de Séez | 1427 |
| * — | de Skara, vide en | 1392 |
| — | de Soissons (voy. *Presle*) | |
| † — | de Sorbonne, fondé en | 1250 |
| † — | de Suède, vide en | 1392 |
| — | de Thou, fondé en | 1393 |
| — | de Tonnerre, existait au xv⁰ siècle. | |
| — | de Tours, fondé en | 1334 |
| — | des Trente-Trois | 1657 |
| — | du Trésorier | 1268 |
| — | de Tréguier ou Léon | 1325 |

Collége des Trois-Evêques (voy. *Cambray* ).

— de Vendôme, existait au xv⁰ siècle

### *Mœurs des écoliers* (1).

De tout temps, Paris offrit aux amis de la dissipation et du plaisir un lieu plein de séductions et de ressources. De tout temps, des hommes supérieurs , des écrivains illustres , de graves magistrats , de vertueux citoyens, voire de saints et religieux personnages, préludèrent aux travaux de leur âge mûr par les folies de l'adolescence et par toutes les incartades des fils de l'Université. Au xiiᵉ siècle, un révérend abbé, guidant les premiers pas d'un jeune clerc prêt à commencer ses études au sein de la capitale, lui signale ces dangers dans une lettre de morale, que Du Boulay nous a conservée (2), modèle antique du genre ; mais, hélas ! aussi inutile que vénérable, puisque tous les tuteurs n'ont jamais cessé, — toujours vainement, — de le reproduire et, quoique sans le savoir, de se répéter ! Il faut , d'ailleurs , sérieusement reconnaître qu'à une époque où la police de la ville était dans l'enfance, et les mœurs publiques encore barbares, cette population d'étudiants, parquée sur un territoire qui semblait inféodé à la tyrannie de leurs passions , composée de jeunes gens dans toute l'activité, dans toute la force de l'âge (3), devait constituer, pour la vie des familles paisibles, un voisinage particulièrement redoutable.

A cette époque où les colléges n'existaient point encore, la sûreté publique et privée de la ville entière était à chaque instant compromise par les habitudes violentes et indisciplinées de ces hôtes terribles. Un grave cardinal, Jacques de Vitry, qui, à la fin du xiiᵉ siècle, avait été leur condisciple , trace d'eux un portrait peu flatteur, et nous apprend que des rixes, des séditions , éclataient fréquemment dans ce tumultueux empire. Ces collisions avaient pour causes, tantôt les partis littéraires et les jalousies d'écoles, qui se formaient autour des chaires rivales ; tantôt des motifs beaucoup moins poétiques, nés de la pétulance et du désordre. Les qualifications suivantes témoignent de l'estime qu'ils s'accordaient réciproquement et de l'universelle aménité de leurs mœurs. Les écoliers s'accusaient entre eux, savoir : les *Anglais*, d'être buveurs et couards ; les *Français*, orgueilleux et efféminés ; les *Allemands*, colères et

(1) On désignait au moyen âge, et nous entendons ici sous cette dénomination d'*écoliers*, non-seulement les jeunes étudiants qui venaient s'instruire aux écoles, mais encore les maîtres, et, en général, tous ceux qui, à un titre quelconque, appartenaient aux Universités.

(2) *Hist. Univ. Par.*, t. II, p. 687.

(3) Au xiiiᵉ siècle, nul ne pouvait recevoir la licence ès-arts avant vingt un ans, et, en théologie, avant trente-cinq ans d'âge, y compris huit années d'études.

obscènes dans leurs repas; les *Normands,* charlatans et glorieux; les *Poitevins,* traîtres et adulateurs; les *Bourguignons,* brutes et stupides; les *Bretons,* légers et médisants; les *Lombards,* avares, lâches et perfides; les *Romains,* tumultueux et violents; les *Flamands,* hommes de sang, incendiaires, *routiers,* voleurs, etc., etc. (1).

La prostitution, semblable à ces créations parasites qui se développent spontanément dans des milieux impurs, pullulait sur leurs domaines. La Cité, le Val de Glatigny, et, de proche en proche, tout le faubourg des écoles, regorgeaient de filles perdues, qui, faisant métier de la débauche, provoquaient, à chaque pas, ces jeunes gens, dont elles mettaient à prix le libertinage. Au XII° siècle, quelques-unes de ces malheureuses établissaient leurs tripots dans les maisons mêmes des maîtres; « si bien, dit un témoin oculaire déjà cité, que, sous le même toit, et séparés par un simple plancher, les graves disputations de la science se croisoient avec le dialogue et les objurgations des lupanars. » Un autre contemporain, Jean de Salisbury, dans son poème intitulé *de Miseriis scholasticorum,* ajoute à cette peinture repoussante les derniers traits les plus hideux, ceux de la saleté, de la misère et de l'opprobre. Le quartier des écoles continua de présenter le spectacle scandaleux de ces mœurs jusqu'à la fermeture des cours de la rue du Fouarre. A la fin du XV° siècle, et encore au commencement du XVI°, cet état de choses n'avait point cessé, comme le prouve, entre autres documents, un petit poëme du XVI° siècle, fort recherché des bibliophiles et intitulé *Les Ténèbres du Champ-Gaillard, composées selon l'estat dudit lieu; lesquelles se chantent sur le chant des Ténèbres de karesme* (2).

Aux termes des canons, la personne d'un *clerc* étant particulièrement inviolable; se rendre coupable de voies de fait envers l'un d'eux, c'était commettre un crime qui entraînait l'excommunication, et que le pape seul pouvait absoudre. Or, les écoliers appartenant tous à cette condition, ce genre de sacrilèges mutuels était chez eux extrêmement multiplié. En 1211, ils exposèrent au souverain pontife que le voyage de Rome leur occasionnait un déplacement et des difficultés impraticables. Innocent III condescendit à leurs désirs, et commit à l'abbé de Saint-Victor le pouvoir de délier de cette catégorie d'anathèmes. Cet acte d'indulgence

fut comme une prime offerte à l'audace et à l'indiscipline. Sept ans après, l'official de Paris devait recourir aux excommunications générales et aux inhibitions les plus sévères, pour réprimer les débordements des écoliers, qui, marchant de nuit et de jour, armés et en troupes, s'introduisaient violemment dans les maisons, pour y enlever les femmes, mettre à mal les filles, et commettre toutes sortes de forfaits.

L'établissement des colléges apporta seul une fin, ou du moins une restriction sensible, à ce genre de vie, et, depuis cette heureuse innovation, le tableau des mœurs universitaires apparaît sous de moins sombres couleurs. Nous voyons qu'en 1275 les écoliers prenaient texte de la moindre circonstance, plus ou moins religieuse ou littéraire (1), pour multiplier les fêtes, et pour les célébrer à l'aide de festins, de rasades, d'illuminations, de déguisements, de bals et de cavalcades. L'époque des *Déterminances,* à laquelle les candidats élisaient entre eux un *capitaine;* celles de l'Epiphanie et des Innocents, qui donnaient lieu à la création d'un *évêque* et d'un *roi,* fournissaient l'occasion la plus fréquente de ces tumultueuses réjouissances. Toutes ces solennités furent réduites à deux rafraîchissements (*potationes*), l'un pour le commencement, l'autre pour la fin de la *Déterminance,* et à une fête patronale pour chacune des Nations, sans compter la Sainte-Catherine et la Saint-Nicolas, fêtes générales des clercs et de la jeunesse.

Il existait surtout deux localités, que les écoliers de Paris aimaient, avec une prédilection particulière, à prendre pour théâtre de leurs bruyants ébats.

La première était le Pré aux Clercs, vaste prairie dont le parcours se mesure aujourd'hui par la longueur totale des rues Saint-Dominique et de l'Université, et qui, depuis les temps les plus reculés, constituait le do-

---

(1) Un écrivain du XVI° siècle nous a conservé, sous la forme de dictons, — rédigés sans doute par quelque écolier de Toulouse, et peut-être par Chasseneur lui-même, — les qualifications suivantes, appliquées aux Universités les plus célèbres. On disait donc alors : « les *flûteurs et joueurs de paume* de Poitiers ; les *danseurs* d'Orléans ; les *brayards* d'Angers ; les *crottés* de Paris ; les *brigueurs* de Pavie ; les *amoureux* de Turin ; les *bons estudians* de Thoulouze. » (CHASSENEUZ, *Catalog. gloriæ mundi,* part. x, consid. 32, 1649, in-folio, p. 383.)

(2) Paris, par Nicolas Buffet, près le collége de Reims, quatre feuillets in-16, sans date ; cabinet de

---

M. J. Pichon. Voy. aussi *Pantagruel,* liv. II, chap. VI.

(1) Nous rappellerons brièvement, à ce propos, une ancienne coutume qui persista longtemps dans les Universités, ainsi que dans les colléges, et dont tous les auteurs ont successivement parlé. Il s'agit des persécutions que les *anciens* écoliers ont de tout temps fait subir aux *nouveaux venus,* que l'on désignait universellement, au moyen âge, sous le nom de *béjaunes* (a). Au XVI° siècle, dans les écoles de Cologne, de Bâle et d'autres Universités d'Allemagne, le béjaune, saisi à son arrivée, était coiffé de cornes en papier, puis poursuivi par ses camarades, qui faisaient mine de le tondre, de le planer et de le percer à l'aide de cisailles, de haches et de tarières de bois, afin qu'il apprît ainsi, dit un ancien auteur, à réprimer les cornes de la vanité, à aplanir son naturel et à déboucher les conduits de son intelligence. Jacques Middeldorp, qui nous a transmis ces détails, rapporte à ce sujet une charte plaisante (en ancien allemand), rendue en faveur des béjaunes, par *Fabularius, capitaine des cartes, chaperonnier du royaume des Fous,* etc. (*Academiarum... orbis,* lib. I. Cologne, 1602, in-8°, p. 156 et suiv.) On appelait aussi *béjaune* les droits imposés par la coutume à toute espèce de suppôts nouvellement reçus.

(a) Ces persécutions portent aujourd'hui le nom de *brimade.*

maine des écoles. Du Boulay (1) et, après lui, le syndic et recteur Pourchot (2) ont écrit, sur l'histoire ainsi que la topographie de cet ancien fief universitaire, plusieurs dissertations, auxquelles nous devons nous contenter de renvoyer le lecteur.

La seconde était la fameuse foire du *Lendit*. L'église de Paris étant devenue, en 1109, possesseur de quelques fragments de la *vraie croix*, l'évêque, cédant aux vœux de la population qui se pressait pour contempler ces reliques, se rendit en grande pompe, à la tête de son clergé, vers un certain endroit de la plaine de Saint-Denis, afin que, dans ce vaste espace, on pût donner satisfaction à l'immense concours des fidèles. Peu à peu, une solennité religieuse, puis un marché (3), s'établirent périodiquement en ce lieu. Telle fut l'origine de cette fête célèbre, dont le savant abbé Lebeuf a si bien démontré les commencements historiques (4). Un petit poëme français, *le dit du Lendit*, écrit de 1290 à 1300, et publié, par ce dernier auteur (5), contient une peinture précieuse de ce qui s'y passait alors. Ce même tableau, ou du moins le pendant, se trouve retracé dans un autre document analogue, également en vers, composé à près de deux siècles de distance, mais beaucoup moins connu. Nous voulons parler de l'*Estat du Lendit*, opuscule de huit feuillets in-16, qui commence par un prologue en prose, et qui fut imprimé à Paris vers 1530, sans date ni frontispice, probablement pour être vendu sur le lieu même de la foire (6). Nous devons mentionner la visite solennelle qu'y faisait le recteur, qui y venait faire le choix et l'acquisition des parchemins pour l'Université. Ce même jour, les écoles chômaient universellement; et tous, docteurs, régents, écoliers surtout, prenaient part à cette festivité. Le *Lendit*, qui tombait toujours, ainsi que nous l'avons indiqué plus haut, à l'époque de la saison la plus belle et la plus ardente, était comme le *Longchamps* des écoliers. Le matin, de bonne heure, la jeunesse des écoles, vêtue de ses plus beaux habits, se réunissait à cheval sur les hauteurs de Sainte-Geneviève; puis, le cortége, traversant toute la capitale au milieu des bourgeois qui se mettaient aux fenêtres et qui s'*esbahissoient* à ce spectacle, se rendait à la fameuse foire, laquelle se tint jusqu'au XVIe siècle, au lieu nommé le *Champ du Lendit*. C'est là qu'après avoir mis pied à terre, les jeunes *pèlerins* se livraient aux

festins, aux divertissements, aux séductions et aux appâts de tout genre que la foire du Lendit étalait avec prodigalité sous leurs yeux. Des rixes, des désordres, des accidents de toute espèce ne tardèrent pas à se produire et ne cessèrent point, pendant tout le moyen âge, d'accompagner ces voluptueuses excursions. Du XVe au XVIe siècle, les arrêts du parlement, — sans cesse renouvelés, sans cesse méconnus, contre le port des armes par les écoliers, — et les excès innombrables qu'ils y commettaient, témoignent à la fois et de ces abus et de la difficulté que la magistrature éprouvait à y mettre un terme. Enfin, en 1556, la foire fut transportée dans la ville fermée de Saint-Denis : vers la même époque, l'usage du *papier* commençant à remplacer le parchemin, les écoliers furent privés de tout prétexte pour accomplir leur promenade favorite, et le Lendit tomba en désuétude. Au XVIIIe siècle, il n'en restait plus d'autre vestige qu'un congé général donné par le recteur, tous les ans, le premier lundi qui suivait la Saint-Barnabé, et que l'on appelait le *congé du Lendit*. Il y avait en outre la fête du *petit Lendit*, qui avait lieu au mois d'août, et qui n'était pas moins chère aux professeurs qu'à leurs élèves. « C'étoit l'époque, dit un savant écrivain, où les écoliers témoignoient leur reconnoissance à leurs maîtres par un honoraire d'usage, qui consistoit en cinq ou six écus d'or, qu'ils enfermoient, ou dans une bourse, ou dans un gobelet de crystal, ou dans un citron qu'ils perçoient et qu'ils présentoient en grande pompe, au bruit des fifres et des tambours (1). » Le *petit Lendit*, aboli en droit par un arrêt du parlement du 26 juillet 1558, subsista en fait jusqu'au XVIIe siècle.

On connaît les cérémonies burlesques qui accompagnaient les fêtes des *Fous*, de l'*Ane* et des *Innocents*, auxquelles la jeunesse de toutes les classes, et notamment celle des écoles, prenait une part générale. Peu à peu, le progrès des mœurs et celui des institutions adoucirent ce qu'il y avait de plus excessif dans les divertissements des écoliers. Les représentations théâtrales à l'intérieur des colléges, les jeux en plein air, les promenades périodiques à la campagne, qui se faisaient avec grande pompe et en cortége, accompagnée de fifres et de tambourins, telles que la promenade de Notre-Dame des Vignes, celle de Notre-Dame des Champs; celles du *Mai*, qui se terminait en plantant un arbre de ce nom à la porte du recteur, et autres amusements analogues (2), remplacèrent insensiblement les saturnales désordonnées des premiers âges. Cependant il fallut bien des années pour effacer ces traditions antiques d'insubordination et de violence. Les récits de nos conteurs français

(1) *Factum ou Remarques sur l'élection des officiers de l'Université de Paris.* Paris, 1668, in-4°.

(2) *Mémoire touchant la seigneurie du Pré-aux-Clercs.* Paris, 1694, in-4°, réimprimé en 1737.

(3) En latin *indictum* ; de là *l'endit*, puis *le lendit* ; comme des mots *l'en demain* on a fait *le lendemain*.

(4) *Hist. du dioc. de Paris*, in-12, 1754, t. III, p. 246 et suiv.

(5) *Ibid.*, p. 259. Voy. aussi t. I, col. 1254, du *Dictionn. d'Epigraphie*, édit. Migne, où ce poëme se trouve reproduit.

(6) Bibliothèque de M. J. Pichon. Voy. encore le *Balet du Landy dansé au Louvre devant Sa Majesté, le 10 février 1627.* Paris, Jean Bessin, 1627, in-8°

de 16 pages.

(1) Voy. *Recueil des priviléges de l'Université*, édition de 1684, p. 211.

(2) HAZON, *Eloge histor. de l'Université de Paris*, 1771, in-4°, p. 61; d'après Crevier, *Hist. de l'Univ.*, t. VI, p. 65.

du xvi° siècle, notamment la *Légende de Pierre Faifeu*, écolier d'Angers, par Charles Bourdigné, les *Nouvelles* de la Reine de Navarre, les *Joyeux devis* de Bonaventure Despériers, nous représentent, en la personne des écoliers, les héros de certaines aventures, où les bornes d'une aimable espièglerie et d'une galante façon de vivre sont très-fréquemment dépassées. Enfin, battre le pavé la nuit, sans trop de respect pour l'asile des citoyens, pour le repos de leurs femmes et la pudeur des filles; *rosser* le guet à l'occasion et jeter les sergents *en Seine*, passaient pour des prouesses qui, plus d'une fois et en plein xvii° siècle, se reproduisirent encore ailleurs que dans les souvenirs universitaires, dont s'entretenaient les écoliers (1).

### Mœurs des maîtres.

Les détails qui précèdent, encore bien qu'ils soient communs à tous les écoliers (*Voy.* ci-dessus col. 190, note 1), s'appliquent principalement aux disciples; ceux qui vont suivre concernent plus spécialement les maîtres. En 1444, Énée Sylvio Piccolomini, l'un des hommes les plus spirituels de son siècle, qui fut Pape sous le nom de Pie II, écrivait : « J'ai connu de mes jours la plupart des hommes de lettres, qui regorgeaient de doctrine, mais qui n'avaient rien de civil et qui n'entendaient absolument rien au gouvernement des affaires, non-seulement publiques, mais domestiques. Le Paglarense (jurisconsulte, maître du fameux Balde) s'ébaubit un jour et accusa de vol un paysan, en lui entendant dire qu'une laie avait mis bas onze marcassins, tandis que son ânesse n'avait fait qu'un ânon. Geménicius de Milan se crut en état de grossesse et craignit longtemps d'accoucher... Voilà cependant deux hommes qui furent les lumières du droit (2)! » Ces traits de ressemblantes caricatures pourraient se renouveler, se varier, s'aggraver de siècle en siècle, en changeant seulement de modèles. Les écrits des plus grands érudits de la Renaissance sont remplis d'invectives grossières, qu'ils s'adressaient entre eux, à propos de dissentiments littéraires ou scientifiques (3). Nous nous bornerons à citer, comme échantillons, les ouvrages du P. Petau, jésuite, créateur de la chronologie, et l'un des plus savants philologues qui aient jamais existé : Joseph-Juste Scaliger. *Ane, chien, porc, Léviathan, bête stupide et immonde*, etc., étaient les épithètes dont ces savants faisaient un usage habituel et réciproque, pour eux ou leurs semblables. A cette époque, les controverses religieuses vinrent aggraver singulièrement de telles coutumes, et plus d'une fois cette grossièreté de

mœurs s'exaspéra jusqu'à la rage la plus féroce. Ramus, qui périt assassiné lors du massacre de la Saint-Barthélemy, fut la victime d'une de ces rivalités littéraires qui, déjà antérieurement, avait mis ses jours en péril, et les sicaires, qui vinrent l'égorger dans son collège, avaient à leur tête un nommé Charpentier, son collègue au collège de France. Gabriel Naudé, dans le *Mascurat*, nous représente les gens de lettres de son temps, « nourris dans les collèges, *in umbra*, parmy les morts, » vivant comme des hiboux au sein de leurs retraites, et craignant d'affronter le grand jour et les insolences des laquais, lorsque le cardinal Mazarin ouvrit, pour la première fois, dans son palais, une bibliothèque publique. Molière, à quelques années de là, n'eut qu'à jeter les yeux sur ses contemporains pour prendre d'après nature les personnages immortels de Vadius, de Trissotin et de Thomas Diafoirus. L'antiquité avait eu ses sophistes et ses pédagogues, mais le *cuistre* et le *pédant* sont des types particuliers, enfantés par le moyen âge, et dont la physiologie appartient en propre à notre histoire de l'instruction publique. L'espèce de monstruosités intellectuelles ou morales, que ces deux noms rappellent, indépendamment des mœurs générales de l'époque, naquirent, selon nous, de deux causes principales, inhérentes à l'organisation des corps enseignants : la première était la pauvreté des maîtres et le genre de vie auquel elle devait les condamner. L'Université du moyen âge, malgré son esprit fiscal et ses exactions, ne sut jamais recueillir, comme institution, que la misère. Sans parler des contributions scolaires proprement dites, l'immense domaine du Pré aux Clercs, la taxe du parchemin, la police de la librairie, le produit des postes et des messageries de toute la France (1), dont elle eut pendant

(1) Crevier lui-même re onnaît cette inhabileté administrative de l'Université (t. VI, p. 335). L'autorité royale fit main bas e progressivement, à partir du xvi° siècle, sur ce monopole, dont la mauvaise exploitation n'était pas moins préjudiciable aux intérêts publics qu'à ceux du corps enseignant. En 1719, le régent consentit à appliquer à l'entretien des régents ès-arts de Paris une partie du revenu que produisaient, dans la main de l'État, les messageries enlevées à l'Université. Il doit ainsi la capitale du bienfait tardif de l'enseignement gratuit dans les collèges, bienfait que l'Université aurait pu, depuis des siècles, réaliser elle-même. Un phénomène analogue se remarque pour l'administration des collèges. La plupart d'entre eux, par les mêmes motifs, ne jouirent jamais d'une prospérité suivie; un grand nombre périrent en peu de temps. A la fin du xvii° siècle, les Jésuites achetèrent à eux seuls les dépouilles de douze collèges de l'Université, qui servirent à leur agrandissement, en diminuant d'autant leur rivale. Vers 1764, vingt-huit autres maisons de ce genre, comme nous l'avons dit, furent supprimées d'un coup, parce qu'elles ne pouvaient plus vivre. Le collège de Navarre, qui traversa, presque seul, avec éclat, une longue suite de siècles, était administré par la Cour des comptes, c'est-à-dire par l'État. (*Voy.* Thurot, *De l'organisation de l'enseignement*, etc., p. 151.)

(1) *Voy.* Dulaure, *Hist. de Paris sous Louis XIII*, édition de 1827, t. V, p. 5, etc.

(2) Préface d'*Euryale et Lucrèce*. Amsterdam, 1652, in 12, p. 9.

(3) *Voy.* le curieux ouvrage de Mencken : *De charlatanaria eruditorum*. Dissertation 1°, et les *Curiosités littéraires*, de M. Ludovic Lalanne, 1845, in 12, p. 407.

des siècles le monopole, constituaient des ressources à faire vivre un État, et qui, dans ses mains, restèrent constamment stériles. Étrangère à toute idée d'intelligente administration, elle n'eut qu'au XVI⁰ siècle un trésorier et jamais de finances. Dans chaque faculté, les maîtres consommaient *au cabaret* l'argent comptant, au fur et à mesure que les taxes le produisaient, ainsi que nous l'apprennent, à chaque page, les registres de leurs archives. Ces habitudes déréglées, cette impéritie, beaucoup plus que le désintéressement, contribuèrent à maintenir l'Université dans l'indigence, et par suite à perpétuer les mœurs inciviles et sordides de ses suppôts. Une seconde cause provenait de la loi du célibat, qui leur était imposé. Dans le principe, cette loi s'appliquait aux gradués de toutes les facultés, même aux laïques, à cause de l'origine ecclésiastique de l'Université et des principes que professait l'Église sur la dignité relative du mariage et du célibat. Jusqu'en 1417, les bacheliers ès-arts qui se présentaient à la licence, devaient, pour obtenir ce degré, faire serment qu'ils n'étaient point mariés. Vers la même époque, une controverse dont on peut suivre les traces dans les *Commentaires* de la Faculté de médecine (1), s'élevait sur la question de savoir si un régent marié pouvait continuer d'enseigner cette science. Cette controverse dura près d'un quart de siècle, et fut résolue par les statuts de 1452, qui dispensèrent désormais du célibat les maîtres en médecine. Les docteurs en droit, attachés à la faculté, n'obtinrent qu'en 1600 la permission de se marier. Les théologiens, tous engagés dans les ordres, ne durent point y aspirer. Quant aux régents ès-arts, elle ne leur fut jamais accordée, et les derniers règlements que nous ayons conservés les archives de l'Université (2), témoignent du soin vigilant qu'elle déploya toujours, pour interdire aux principaux des collèges la cohabitation d'aucune femme quelconque. Nous ne savons ici qu'admirer davantage, ou de la haute pensée que l'Université avait reçue des enseignements de l'Église sur la dignité du célibat, ou de l'importance qu'elle attachait à lier, par l'exemple des maîtres, à l'enseignement des sciences celui de la reine des vertus, dans le but de former dans la jeunesse des cœurs purs.

*Costume.*

En général, le costume des écoliers proprement dits fut le costume de la jeunesse. Des vignettes, qui ornent les registres manuscrits de l'Université, nous montrent qu'en dépit des édits sans cesse renouvelés, le port des armes, tels que dagues, poignards et autres semblables, autorisé, pour beaucoup d'entre eux, par leur qualité de gentilshommes, faisait partie intégrante de leur habillement. Quant aux gradués, ils revêtirent, dès une époque reculée, un vêtement spécial, qui consistait en une robe longue et noire, dont la forme, si l'on en croit du Boulay, aurait été léguée par la tradition de l'antiquité grecque et romaine. Quoiqu'il en soit, un statut, promulgué en 1215, pour la réforme de l'Université, par le cardinal Robert de Courson, dispose : « Que nul maître lisant ès-arts ne soit autrement vêtu que d'une chape ronde et noire, longue jusqu'aux talons, du moins lorsqu'elle est neuve ; il lui est toutefois permis d'y joindre le manteau. Qu'il n'ait pas, sous sa chape, des souliers lacés, et jamais en forme de *liripipion ;* » c'est-à-dire largement recourbés au bout et semblables à l'appendice du chaperon des *élégants* de ce temps-là, appendice nommé *liripipion.* Ces mêmes prohibitions, ces mêmes règles somptuaires, furent, pour ainsi dire, renouvelées de siècle en siècle. Le cardinal d'Estouteville, chargé en 1452 d'une nouvelle réforme, recommande expressément à tout bachelier, soit en théologie, soit en décret, ou autre écolier, lorsqu'il paraît en public avec sa compagnie, de s'habiller décemment, c'est-à-dire d'une robe longue, fermée et flottante, coiffé d'un chaperon à courte cornette, avec l'épitoge, si son grade le comporte, et chaussé de souliers courts. Il leur défend expressément les habits courts, étroits, serrés à la taille, ouverts par-devant, dégagés au cou ; les chaperons à bourrelets, à pointes, à *farcitures*, à becs ou liripipions, etc., les souliers longs, pointus et recourbés ; toutes exagérations à l'usage des muguets et des gens d'armes. Rappeler ces prescriptions, c'est dire les rudes combats que, — dès ces époques reculées, — la mode eut incessamment à soutenir contre la discipline, pour l'ajustement de la jeunesse. Nous avons vu que la chape ronde était l'insigne de la *licence.* Les docteurs se couvraient la tête d'un bonnet (1), et revêtaient une sorte de *mozette,* ou capuce doublé d'hermine. En 1334, Jacques Fournier, né en France et élève de l'Université, devenu Pape sous le nom de Benoît XII, permit aux docteurs en droit, comme marque de leur dignité, de porter un chaperon de couleur rouge. Ce chaperon, attaché par une vaste draperie autour du cou, se rabattait sur l'épaule. Telle est l'origine de l'épitoge de quelques-uns de nos insignes universitaires actuels, et notamment de ceux qui appartiennent à la magistrature, comme les insignes de licencié et de docteur en droit.

---

(1) Le bonnet, insigne principal et universel du doctorat, a varié de forme selon les temps, et plus encore suivant les nations. A Poitiers, dans la Faculté des arts, le récipiendaire, après avoir obtenu le *bonnet* et une sorte de manumission du doyen et des maîtres, recevait du trésorier de l'abbaye de Saint-Hilaire, chancelier-né de l'Université, l'*anneau,* le *chaperon* et une seconde bénédiction. (*Archives de l'Université de Poitiers,* préfecture de la Vienne.) Cet usage se pratiquait ailleurs.

---

(1) A la Bibliothèque de la Faculté de médecine, Reg. 1, f⁰ 252 et suiv.
(2) Carton 9, liasse 5 et autres.

Le costume des autres fonctionnaires, procureurs, receveurs, etc., paraît avoir été le costume du *grade* universitaire dont ils étaient respectivement revêtus. Toutefois, chacun de ces fonctionnaires, au moment où il était élu, recevait comme signes de son investiture divers objets, — instruments et symboles tout ensemble, de ses nouvelles fonctions. Ces objets consistaient, pour les receveurs, dans une bourse, qu'ils portèrent primitivement à la ceinture. En ce qui touche les procureurs, le passage suivant, que nous empruntons aux archives mêmes de l'Université, nous fera connaître à la fois quels étaient les emblèmes de leur office et le cérémonial de leur prise de possession. « Le 21 octobre 1478 (nous traduisons), fut élu pour procureur maître Jean Lucas, du diocèse d'Arras, lequel, après s'être excusé de diverses manières, confiant dans l'appui de Dieu et de chacun des suppôts de la Nation, muni du signe de la croix, au nom de l'indivisible Trinité, le Père, le Fils et le Saint-Esprit, a accepté l'office de procureur, et a reçu, comme marques de vraie et réelle possession, le *Livre des Statuts*, le *Sceau* et les *Clefs* de la Nation (1), » etc.

Indépendamment de ces descriptions, divers ouvrages, de nombreux monuments, reproduits par la peinture ou la gravure, offrent à tous les yeux une fidèle représentation des divers membres et suppôts qui composaient la hiérarchie universitaire, à différentes époques du moyen âge. Mais il n'en est pas de même du personnage qui occupait le sommet de cette hiérarchie; nous voulons parler du recteur, dont les images se rencontrent beaucoup moins fréquemment parmi les œuvres d'art de cette période. Un des témoignages les plus anciens à cet égard, dont la trace ait subsisté jusqu'à nous, consiste en un parement d'autel, peint à l'aiguille ou brodé sur velours, appartenant jadis au couvent de Saint-Victor, sur la rive gauche de la Seine, et représentant les funérailles d'un chanoine de ce monastère : le recteur, accompagné de ses suppôts, assiste à la cérémonie. Ce monument, qui paraît avoir été certainement exécuté avant 1520, ne nous est point connu en original ; mais il a été gravé habilement à la manière noire par un auteur anonyme, vers le commencement du XIXᵉ siècle, époque à laquelle il existait encore, et M. Guénebault possède actuellement, dans sa collection, une épreuve de cette intéressante estampe. Il y a quelque lieu de penser que, dès les temps de du Boulay, ce genre de monuments était déjà très-rare ou très-négligé. Dans l'une de ses plus curieuses monographies, consacrée à la dignité rectorale, dont il fut lui-même revêtu, il allègue pour unique autorité, en ce qui concerne le costume, la vignette initiale peinte du *Cartulaire*, ou *Livre des procureurs de la Nation de France*; manuscrit qui remontait au moins, selon toute vraisemblance, au delà du XVᵉ siècle, et qui malheureusement n'a pas été conservé jusqu'à nous

Ces diverses circonstances rendent d'autant plus précieuse la description de *visu* que du Boulay nous a laissée de cette antique peinture, et nous font un devoir de reproduire textuellement le passage en question, dans lequel il s'exprime ainsi : « L'on voit, dit-il, dans l'ancien livre en parchemin des procureurs de la Nation de France, au commencement des privilèges royaux, une image enluminée, où l'Université demande à Philippe-Auguste justice des excès commis par les gens du prévôt de Paris en 1200. Le roy y est dans un fauteuil, la couronne sur la teste, etc. Le recteur s'approche de luy, et lui monstre les suppôts de sa suite, le genou en terre, pour lui demander justice. Il y est vestu d'une robe assez serrée et ceinte, et d'un chaperon de même couleur par-dessus. Le roy lui frappe dans la main, comme s'il lui accordoit ce qu'il lui demande. Les procureurs des Nations y paroissent vêtus de robes rouges, comme ils sont aujourd'hui, mais avec des chaperons à la capucine; et leurs bedeaux, de chaperons rouges, estendus sur leurs espaules.

« Or, quoique la couleur soit un peu déchargée dans la plupart des personnages qui y sont représentez, l'on voit bien néanmoins que la robe du recteur y est bleue ou violette.

« Le chaperon du recteur est comme un petit mantelet rond, qui descend jusques à la ceinture, et qui est agrafé par le devant; on l'appelle ordinairement la *fourrure*, parce qu'il y a une fourrure blanche sur un fond d'écarlate violette; et quant à la forme, nous la voyons semblable dans l'image susdite, hormis qu'anciennement il y avoit une espèce de queue pendante un peu plus large que la main.

« Nous appelons cette fourrure-là *chaperon*, parce qu'il y a bien de l'apparence que le recteur en couvroit anciennement sa tête comme d'un camail ; mais aujourd'hui il n'y reste plus que ce qui couvre les espaules.

« Le recteur porte encore une grande bourse violette à la ceinture; *dans laquelle le vulgaire croit qu'il y a toujours cent escus d'or; je ne sais sur quel fondement... Il est certain qu'anciennement les procureurs des nations et autres officiers portoient aussi des bourses, comme nous voyons dans la susdite image; mais aujourd'hui il n'y a plus que le recteur qui en porte, pour conserver cette marque de l'antiquité (1). »

Les divers établissements d'instruction jusqu'à la Renaissance furent presque exclusivement l'œuvre directe de la religion ou le résultat de son influence. Une face toute nouvelle du sujet que nous traitons va s'offrir désormais à nos regards. Nous voici

---

(1) *Liber conclusionum fidelissim. nation. Picard.* Arch. de l'Univ., minist. de l'Instr. publique., Reg. nᵒ 11, fᵒ 73.

(1) Du BOULAY, *Remarques sur la dignité, préséance, autorité et juridiction du recteur de l'Université de Paris.* Paris, 1668, in-4ᵒ, pages 21 à 26.

parvenu au point où la société, cherchant en elle-même son inspiration et ses ressources, s'efforcera de plus en plus de subvenir seule à ce grand besoin, et créera, pour y satisfaire, une série d'institutions qui se distinguent des précédentes par son caractère essentiellement temporel et laïque.

Au premier rang de ces créations de l'esprit moderne, il convient de placer le Collége de France. Dès le milieu du xv° siècle, l'Université de Paris, bien que maintenue en possession de consacrer en quelque sorte toute capacité intellectuelle et d'ouvrir à ses graduès la plupart des carrières appelées libérales, était visiblement au-dessous des connaissances scientifiques et littéraires acquises à cette époque. Pour nous borner à ce qui concerne les lettres, les travaux incessants, les recherches passionnées commencées par Pétrarque et Boccace, continuées par les Bessarion, les Valla, les Niccoli, les Énée Piccolomini, les Bembo, etc., venaient de renouer la chaîne antique brisée par la chute de la civilisation romaine et par l'invasion des barbares. Peu à peu, des lueurs de plus en plus brillantes rayonnèrent de ce foyer italien sur l'Europe. De temps à autre, cette lumière, pénétrant chez nous jusqu'au sein du corps antique chargé de l'enseignement, éclairait, inspirait quelques individualités d'élite. Tels furent, de 1450 à 1500, le recteur Guillaume Fichet, le docteur de Sorbonne Jean de la Pierre, Robert Gaguin, leur élève, et depuis général des Mathurins. Les deux premiers importèrent à Paris l'imprimerie, et tous trois contribuèrent par des actes intelligents, par l'exemple de leurs écrits ou par l'ascendant de leur autorité, à préparer des voies nouvelles et meilleures. Mais de semblables tentatives, produits de forces individuelles, isolées (1), devaient rester à peu près stériles. La monarchie, dans l'état où se trouvait alors la société, était le seul pouvoir qui fût en mesure de communiquer à cet ordre d'intérêts une impulsion assez haute et assez puissante pour agir d'une manière générale et efficace. L'histoire doit rendre à la royauté cette justice, qu'elle ne manqua pas à cette œuvre salutaire et glorieuse. Charles VIII et Louis XII, en attirant à leurs cours les savants grecs et italiens, ainsi que les artistes de cette nation; en leur ouvrant les chaires des universités françaises; en rémunérant

(1) On lit dans les registres originaux des délibérations municipales de Poitiers, sous l'année 1473 : « Par mondit seigneur le maire a esté mis en délibération qu'il est venu par devers lui ung maistre de *rhétorique*, lequel veult lire en ceste ville, en luy donnant par icelle quelque salaire pour vivre. Surquoy a esté appoincté que, attendu que de ladite science on n'a accoustumé lire en ceste dicte ville, et que d'en lire sera l'augmentation et bien de l'Université, si le dit maistre est trouvé expert en la dite science, luy sera donné par la dicte ville, par chascun mois qu'il lira en icelle, ung escu. Fait en conseil tenu en l'eslection, au Palais, le viij° jour de juing, l'an, etc. » (Arch. municip. conservées à la Bibliothèque publique de Poitiers ; registre 10, f° 70 v°.)

avec libéralité leurs ouvrages, donnèrent à ces efforts une étendue, un ensemble qu'ils n'avaient point auparavant. Le génie national s'allia ainsi dans un large contact au génie antique, et cette féconde union enfanta la renaissance française. Le roi François I", qui leur succéda, suivit avec un éclat plus vif encore les errements qu'ils avaient tracés.

Ce prince, d'un caractère ardent, mobile, que la nature avait doué de qualités superficielles mais brillantes, portait en toutes choses, et notamment en matière d'art et de morale, à défaut d'une puissante virtualité (1), les *instincts* prononcés du grand et du beau. On voit se refléter dans tous les actes de son règne les dons généreux d'une nature riche, enthousiaste, unis à tous les excès, à tous les vices qu'engendrent la flatterie et le pouvoir absolu. Dès sa première jeunesse, il fut entouré des artistes et des littérateurs les plus éminents. A peine âgé de quatorze ans et portant le titre de duc de Valois, il accepta la dédicace du premier livre imprimé chez nous en hébreu; cet ouvrage avait pour auteur François Tissard, né à Amboise, et professeur de l'Université. Sa conduite ne se démentit pas lorsqu'il fut monté sur le trône. Le premier, il fit enseigner l'histoire naturelle et diverses branches des sciences physiques, pour lesquelles il avait un goût marqué. Son palais, sa table étaient le rendez-vous des intelligences les plus cultivées de son temps : Étienne Poncher, évêque de Paris; Guillaume Petit, évêque de Senlis; Duchâtel, évêque de Mâcon; Tagliacarne, évêque de Grasse; Justiniani, évêque de Nebbio; les frères du Bellay; Guillaume Kop, son premier médecin; le Grec Lascaris, Guillaume Budée, Erasme, Pierre Danès furent ses familiers ou ses correspondants assidus. Il prit une part réelle et sympathique au commerce de ces esprits distingués. L'imprimerie, qui venait de naître, était le véhicule le plus efficace des progrès à accomplir et le plus précieux instrument de la civilisation; François le devina (2). Il encouragea surtout la fonte des caractères typographiques, et c'est lui qui provoqua, par ses libéralités, les perfectionnements qu'apportèrent à leur art les Gilles Gourmond, les Conrad Néobar, les Simon de Colline, les Estienne et les Vascosan. Il procura des accroissements considérables à la bibliothèque Royale, la transporta de Blois à Fontainebleau, l'une de ses résidences favorites; il plaça à sa tête le premier érudit de l'époque, Guillaume Budée. En créant enfin, pour cet emploi, le titre de *grand maître de la librairie du roi*, auquel étaient attachés de notables priviléges, il sut élever au rang qu'obtenaient alors les charges aristocratiques les plus enviées, une fonction littéraire.

(1) Voir ses *Poésies*, qui ont été publiées en 1847, in-4°, par M. A. Champollion-Figeac.

(2) Ce qui ne l'empêcha pas de consentir momentanément, plus tard, à la proscrire dans tout le royaume.

Mais l'acte le plus mémorable de son règne et le plus propre à recommander son souvenir à la postérité fut sans contredit la fondation du Collége de France. Le projet de cette institution date du commencement de son règne et lui fut inspiré par les conseillers littéraires que nous avons nommés ci-dessus (1).

L'extrême imperfection où se trouvaient, au commencement du xviᵉ siècle, les méthodes et les procédés didactiques de l'Université de Paris, a été surabondamment peinte ou décrite d'après nature, quelquefois *ab irato*, et sous des traits voisins de l'hyperbole (2). Un vice essentiel atteignait, indépendamment des méthodes, le fond même de la substance élémentaire de cet enseignement. La langue qui, sous le nom de latin, s'apprenait exclusivement dans les écoles, n'était qu'un véritable patois, produit dégénéré du latin de Virgile et de Tacite, comme l'étaient alors la langue d'oc et la langue d'oil, mais inférieur à ces dernières en ce que celui-là, chétif et bâtard, n'avait pas eu, comme les deux autres, pour se développer à l'aise, l'air et le grand jour de la vie réelle et publique. Cependant les esprits les plus éclairés du moyen âge avaient toujours senti le besoin d'agrandir le domaine intellectuel de la chrétienté, par le recouvrement ou l'acquisition des langues mortes ou extra-européennes (3). Le fameux Raymond Lulle connaissait le prix des langues orientales et les avait apprises. A la suite de ses voyages en Orient, dès 1285, il s'adressa successivement aux Papes Honorius IV, Nicolas IV et Clément V, ainsi qu'au roi de France, pour leur conseiller la création d'un séminaire ou corps perpétuel d'interprètes, nourris dans la connaissance du grec, de l'arabe et du tartare. Nous possédons le texte d'une lettre, pleine d'intérêt et d'une grande élévation de pensée, qu'il écrivit en 1300, dans ce but, à Philippe le Bel et à l'Université de Paris (4). Vers la même époque, un personnage anonyme, dont les écrits ont été insérés par Bongars parmi les historiens des croisades, proposait sur un plan, à la fois plus vaste et plus spécial, un projet de gymnase ou système d'éducation dans lequel il conseillait également l'enseignement des langues orientales (1). Ces vues furent adoptées au concile de Vienne en 1312. A la suite de cette grande assemblée, Clément V publia une constitution apostolique pour ordonner que, dans les écoles de la cour de Rome, de Paris, d'Oxford, de Bologne et de Salamanque, il serait établi deux maîtres régents pour enseigner chacune des quatres langues : grecque, hébraïque, arabe et chaldéenne (2). Ces prescriptions, il est vrai, ne reçurent aucune application immédiate et durable. Il paraît que bientôt la papauté se méfia, pour l'orthodoxie, de cet enseignement, qu'elle avait elle-même ordonné (3). La semence toutefois ne resta pas stérile; le principe, une fois posé, s'imprima au fond des esprits avec l'autorité qui s'attachait à une loi de cette nature, et le décret du concile de Vienne, plusieurs fois revendiqué depuis, le fut encore solennellement, lorsque, près de deux cents ans plus tard, François Iᵉʳ, comme nous le dirons prochainement, le mit enfin à exécution (4).

Au xviᵉ siècle, non-seulement l'Université n'enseignait aucune de ces langues dans le cadre régulier de son programme, mais elle partageait, elle favorisait à leur encontre, surtout à l'encontre du grec et de l'hébreu, une hostilité systématique et opiniâtre. Cette antipathie provenait de deuxcauses : d'abord l'esprit d'immobilité, l'attachement aux vieux us et coutumes et en second lieu l'exemple menaçant des novateurs, qui, en soumettant les textes originaux de l'Écriture à l'épreuve de la critique, en tiraient un sens mieux déduit et faisaient de leurs connaissances philologiques un levier redoutable, à l'aide duquel ils ébranlaient toute l'orthodoxie scholastique (5).

---

(1) François Iᵉʳ succéda à Louis XII en 1515. En 1517, un chanoine de Louvain, Jérôme Busleiden, fonda dans cette ville trois chaires pour l'enseignement public des langues hébraïque, grecque et latine.

(2) Les critiques les plus sensées qui aient été faites de cette imperfection sont celles de Louis Vivès, mort en 1540 (*De corruptis artibus*, apud ejusdem *opera*; Basil., in-fol., t. I, p. 321 582), et de Ramus (*De studiis philosophiæ et eloquentiæ conjungendis*; *Prooemium reformandæ Parisiensis Academiæ*, et passim.) Mais, après les hommes éminents, chez qui les lumières, ou le dévouement et l'initiative des réformes, excusent la sévérité du langage, — le blâme et l'invective, adressés aux anciennes méthodes de l'université, devinrent un lieu commun que se permirent longtemps toutes les médiocrités, et finirent par être un non-sens répété sans goût, sans mesure et sans justice. *Voy.* GOUJET, *Mémoire historique et littéraire sur le Collége de France*, Paris, 1758, in-4, pages 9 et 10; et GAILLARD, *Histoire de François Iᵉʳ*, 1769, in-12, t. VI, p. 216.

(3) *Dissertation de l'abbé Lebeuf sur l'état des sciences depuis Robert Iᵉʳ*, etc., 1741, in-12, p. 51 à 34.

(4) *Thesaurus anecdotorum*, t. I, p. 1315 et suiv.

(1) *Gesta Dei per Francos*, t. II, p. 357.

(2) BUL., *Hist. univ. Paris.*, IV, 141. Cf. *Corpus juris canonici*; *Clementin.*, lib. v, tit. 1, cap. 1. Diverses éditions ne mentionnent pas le *grec*.

(3) BUL., *Hist.*, IV, 209.

(4) *Voy.* ci-après col. 223, note 1.

(5) Un grave et savant docteur catholique de cette époque, le jurisconsulte Heresbach, dans une harangue publique, raconte avoir entendu en chaire un moine qui prêchait ce qui suit : « Ou a récemment découvert, disait ce moine, une langue qu'on appelle *grecque* dont il faut bien prendre garde. C'est elle qui engendre toutes ces hérésies. Il court de main en main, çà et là, un certain livre écrit dans cette langue, qui a nom : le *Nouveau Testament*; c'est un livre plein de ronces et de vipères. Il vient d'en surgir encore une autre, que l'on nomme *hébraïque* : tous ceux qui l'apprennent deviennent juifs. » Le même auteur rapporte un peu plus loin avoir entendu un docteur en théologie renommé de l'Université de Paris avouer qu'il n'avait jamais lu de l'Ancien Testament que l'épitre et l'évangile de la messe. (*De laudibus Græcarum litterarum*, oratio olim Friburgi in celeberrimo conventu doctorum et procerum habita. Argentorati, 1551, in-8°, foll.2 ti et 31.) A l'exemple d'Heresbach, Budée, Vivès,

Déjà, en 1518, le projet relatif à un *collège des trois langues* avait acquis dans l'esprit du roi une certaine maturité. A cette époque et par ses ordres. des négociations furent entamées pour obtenir d'Erasme (la plus grande autorité littéraire du siècle) son approbation et son concours. François lui fit offrir les avantages les plus séduisants pour le déterminer à venir en France, et à prendre lui-même la direction du nouvel établissement qu'il s'agissait de créer. Mais Erasme, avec son caractère timide, circonspect, content de la demi-tranquillité et de la gloire à peu près paisible dont il jouissait en Hollande, n'ignorait pas les luttes qu'il aurait eues à soutenir en France, les dangers personnels auxquels l'ardeur de la controverse et la puissance des intrigues devaient l'exposer. Rien ne put vaincre sa résistance. Bientôt les malheurs de la guerre, le désastre de Pavie, la captivité du roi, les complications de la politique vinrent susciter de nouveaux et plus grands obstacles qui, joints aux manœuvres des théologiens et des scholastiques, retardèrent l'accomplissement désiré. Ce dernier genre de difficultés n'était pas le moins formidable, car le projet en question semblait à ses adversaires les menacer à la fois dans leurs sentiments et dans leurs intérêts. Les nouveaux maîtres, en effet, devaient être rémunérés par le roi, et leur enseignement, par une conséquence nécessaire, devait être complètement gratuit. Les régents de l'Université craignaient donc, et non sans raison, que leurs chaires fussent abandonnées et que leurs auditeurs courussent en foule autour de ces maîtres, qui l'emportaient sur eux non-seulement par la science, mais de plus par le caractère libéral qui s'attachait à leur institution.

Le roi, pour diminuer les embarras qui allaient entourer la création naissante, se borna d'abord à fonder en 1530 ou 1531 deux chaires, l'une d'hébreu, l'autre de grec, facultés qui n'existaient point au sein de l'enseignement universitaire, et qui ne pouvaient, par conséquent, ni justifier les alarmes, ni donner lieu à la concurrence, que nous venons d'indiquer. A chacune de ces deux chaires, il commit deux hommes d'un rare mérite, à savoir : pour l'hébreu, Paul Paradis, dit *le Canosse*, et Agathias Guidacerio, qui fut peu après remplacé par le célèbre François Vatable; pour le grec, Pierre Danès et François Toussaint. Ces créations furent à peu de temps de là suivies de l'établissement de deux autres chaires : l'une de mathématiques, pour l'Espagnol Poblacion; l'autre de philosophie, remplie par l'Italien Francesco de Vicomercato. Les résultats de ces premières réalisations furent aussi élevés, aussi éclatants, aussi prompts qu'on pouvait le désirer. L'élite de la jeunesse et des esprits studieux vinrent se grouper autour de cet enseignement nouveau; ils y puisèrent des principes de critique et des notions supérieures, qu'ils répandirent ensuite dans toutes les régions de l'Europe et de la société.

Cependant l'Université ne laissa pas de faire ses efforts pour traverser par tous les moyens possibles l'établissement qui lui portait ombrage. En 1533, Noël Beda, principal du collége de Montaigu et syndic de la faculté de théologie, présenta au parlement de Paris une requête pour dénoncer les professeurs royaux. Il se plaignait de ce que, « aucuns particuliers, simples grammairiens ou rhétoriciens, non ayant estudié en faculté, s'efforçoient de lire publiquement la sainte Ecriture, » etc., et demanda leur interdiction. Le procureur général conclut en requérant la cour que le roi fût supplié de faire savoir sur ce point sa volonté. On ignore quel fut l'arrêt du parlement; mais il est constant que ce procès ne produisit aucune atteinte aux exercices des nouveaux professeurs.

L'année suivante, le pouvoir royal, se confiant à l'appui que l'épreuve des faits venait lui prêter, créa, malgré les clameurs de l'Université, une chaire d'éloquence latine, qui fut occupée dès 1534 par Lathomus, ou Le Masson, Allemand de naissance et littérateur justement renommé. Enfin, en 1542, le roi établit une cinquième chaire consacrée à l'enseignement de la médecine et de la chirurgie. Il y plaça son médecin Vital Viduro, en latin *Vidus Vidius*, qu'il avait fait venir de Florence, sa patrie, et qu'il avait fixé à la cour par de grandes libéralités, à cause de ses talents remarquables et de ses connaissances approfondies dans ces deux sciences.

François Iᵉʳ, qui mourut en 1547, n'étendit pas plus loin les preuves de sa sollicitude en faveur du Collége de France. A plusieurs reprises, il avait voulu donner un corps, un siège fixe à cet enseignement épars et à ces fondations successives. On a la preuve que, dès l'année 1520 (1), un semblable dessein était dans son esprit. Près de vingt ans plus tard, il reprit cette idée en des termes plus larges et plus imposants. L'évêque de Mâcon, Duchatel, un de ses ministres, lui proposa de consacrer une dotation (de cent mille livres à cinquante mille écus) à l'érection d'un vaste bâtiment où seraient réunis tous les objets matériels nécessaires au logement des professeurs et à l'enseignement de six cents élèves. Cet édifice devait être élevé sur l'emplacement de l'hôtel de Nesle (2); les plans avaient été faits et adoptés. Par lettres patentes du 19 décembre 1530, le roi commit à l'exécution de l'œuvre deux délégués ou contrôleurs, parmi lesquels on remarque Jean Groslier, le célèbre amateur bibliophile et trésorier de France. Mais de nouvelles oppositions, de nouvelles intrigues, attri-

Erasme et les esprits éclairés que le catholicisme conserva dans ses rangs, eurent à se défendre et à se sauver des accusations d'hérésie que leur attirait leur connaissance du grec et de l'hébreu. ( *Voy.* notamment Lud. Vivès, *Opera*, II, 265. Voy. aussi Crevier, *op. cit*, V. 259.)

(1) Goujet, *Mémoire historique sur le Collége de France*, p. 57.
(2) Lieu occupé aujourd'hui par l'Institut.

buées principalement au chancelier Poyet, retardèrent jusqu'à la mort du roi l'exécution de ces vues généreuses. Tant que vécut ce dernier, les professeurs royaux enseignèrent, les uns au collége de Cambrai, les autres au collége de Fortet; à celui des Trois-Evêques, ou ailleurs. Cet état d'imperfection devait même se perpétuer bien au delà de la mort de François Ier.

Depuis lors, le Collége de France reçut, lentement et peu à peu, du progrès des idées et de la marche du temps, le développement que nous lui avons vu atteindre. C'est ainsi qu'il a témoigné, par sa propre histoire, de la mission de *perfectionnement* à laquelle il était destiné. On peut dire toutefois, à la gloire du fondateur, que cette institution, dans son germe essentiel, est sortie tout entière des mains de François Ier, et que même il sut indiquer en termes formels et remarquables le haut caractère qui lui était assigné (1). Sous les quatre princes de la maison de Valois qui occupèrent ensuite le trône (Henri II, François II, Charles IX, Henri III), le Collége de France ne reçut que de médiocres accroissements. En 1566, dans une harangue adressée à la reine mère Catherine de Médicis, Ramus proposait à cette princesse de faire bâtir, pour les lecteurs royaux, un édifice spécial « sur la place qui est au Mont de l'Université de Paris (2), » signe que l'ancien projet de François Ier était alors complètement abandonné. « Les lecteurs du roi, disait-il, n'ont point encore d'auditoire qui soit à eux; seulement ils se servent, par manière de prest, d'une salle, ou plutost d'une rue, les uns après les autres; encore, sous telle condition que leurs leçons soient sujettes à estre importunées et destourbées par le passage des crocheteurs et lavandières, et autres telles fascheries (3). » Sous Henri IV, en 1595, cette situation était toujours la même, comme il résulte d'un discours de rentrée prononcé et imprimé, cette année-là, par l'un des professeurs (4). Henri IV, qui cependant aimait les lettres et le témoigna

par divers actes importants de son règne, traita ses *lecteurs* avec cette bienveillance facile qui lui était naturelle; mais l'effet de ce grand amour du *Béarnais* se borna seulement à la création d'une chaire d'anatomie et de botanique, en 1595, et à faire payer aux professeurs l'arriéré de leurs traitements, qui ne l'avaient pas été depuis plusieurs années.

Ce prince, toutefois, peu de temps avant sa fin tragique et inopinée, s'était occupé sérieusement de donner au moins un asile convenable à l'enseignement du collége. Une enquête fut commencée le 23 décembre 1609, et le 28 août 1610 le jeune roi Louis XIII vint solennellement poser, sur l'emplacement des colléges de Cambrai et de Tréguier, la première pierre du bâtiment qui porte aujourd'hui encore le nom de *Collége de France*. Mais les travaux, à peine commencés, furent complétement interrompus, et, neuf ans plus tard, les professeurs royaux, selon l'expression de l'un d'eux, enseignaient dans une *halle* exposée à l'intempérie des saisons, plutôt que dans une école royale et dans le sanctuaire des lettres (1). En 1634, on acheva une aile, c'est-à-dire l'un des trois côtés de l'édifice projeté; l'on y installa comme on put le collége. Louis XIV tourna d'un autre côté les vues grandioses que lui inspira son zèle pour la littérature : il ne fit rien ou presque rien (2) en faveur de cette école. Il y a même lieu de croire qu'une telle institution, organisée plutôt pour l'indépendance que pour la subordination, n'obtint jamais ses bonnes grâces. Ce fut en 1774, sous le règne de Louis XV et au commencement du règne de Louis XVI, que le Collége de France atteignit le plus haut développement dont il devait jouir avant la révolution française. Dès l'origine, et malgré les efforts incessants que fit l'Université pour soumettre à sa juridiction un corps étranger à ses origines, qu'elle traita d'abord en intrus et qu'elle eût voulu étouffer, le Collége de France forma, le rapport administratif, une institution à part, directement placée sous la protection du roi et sous l'autorité de l'un de ses officiers d'Etat, le grand aumônier de France. Egaux en droits et appliqués à la même fonction, les professeurs n'avaient jamais reconnu entre eux d'autre suprématie que la présidence fraternelle et d'ailleurs mal définie d'un *doyen*. En 1671, Louis XIV (3) fit passer

(1) « François, etc., savoir faisons que nous, considérant que le savoir des langues, qui est un des dons du Saint-Esprit..., donne plus parfaite intelligence de toutes bonnes, honnêtes, saintes et salutaires sciences..., par lesquelles l'homme se peut mieux comporter en tous affaires, soit publiques et particulières..., avons fait faire entendre à ceux qui y voudroient vaquer, les trois langues principales, hébraïque, grecque et latine, *et les livres ès quels les bonnes sciences sont le mieux et plus profondément traitées*, à laquelle fin et en suivant le concile de Vienne, nous avons ouvert à Paris, » etc., etc. (Lettres patentes en date du mois de mars 1545, enregistrées au parlement, rapportées dans Goujet, mémoire cité, p. 41.)

(2) Place Cambrai.

(3) Préface du *Prooeme des mathématiques*, in-8°. On voit par le même opuscule que les appointements des professeurs étaient moindres que ceux de certains régents de collége, et qu'ils n'étaient pas régulièrement payés.

(4) *Oratio qua ostenditur quale debeat esse collegium professorum regiorum*, etc., ab H. Monanthojo, Lutet., 1595, in-8°.

(1) JOANNIS GRANGIER *Oratio pro restaurandis scholis regiis*. 1619, in-4°.

(2) En 1670, il créa une seconde chaire de droit canon, qui fut occupée par Etienne Baluze; et en 1692, une chaire de syriaque pour Gabriel Sionise.

(3) Un décret spécial rendu par la Convention, le 25 messidor an III (13 juillet 1795), sur le rapport de Villars, décida la conservation du Collége de France, qui survécut ainsi, presque seul, à tous les établissements d'instruction publique fondés par la monarchie. L'astronome Lalande, l'un des professeurs, porta jusqu'en l'an VII inclusivement le titre d'*inspecteur*. Le collége eut un *administrateur* à partir de 1808.

les attributions du grand aumônier dans les mains du secrétaire d'Etat ministre de la maison du roi, qui était alors Jean-Baptiste Colbert. Il donna également au collége un inspecteur, charge qui fut maintenu jusqu'en 1798.

Né d'une haute pensée d'amélioration et de progrès, le Collége de France est demeuré jusqu'à nos jours fidèle à cette noble destination; il est devenu par là une institution unique en son genre, non-seulement au sein de la patrie, mais par toute l'Europe, et l'une de nos plus grandes gloires nationales. Si l'on excepte le règne de Louis XIV, qui sut offrir au déploiement des forces intellectuelles d'autres carrières et d'autres appareils, mieux appropriés à son génie monarchique et à son caractère personnel, l'histoire des agrandissements successifs que reçut le cadre de son enseignement représente, d'une manière à peu près exacte et constante, les conquêtes progressives de l'esprit humain dans le domaine des sciences. Le tableau qui va suivre est destiné à retracer, sous une forme synoptique, la série complète de ces accroissements.

*Tableau général et historique de l'enseignement du Collége de France, depuis sa fondation jusqu'à nos jours.*
En 1531, 4 chaires (1) :

    1° Langue hébraïque; 2° langue grecque; 3° mathématiques; 4° philosophie.
En 1534, 5 chaires :

    Les 4 précédentes; 5° éloquence et littérature latines.
En 1542, 6 chaires :

    Les 5 précédentes; 6° médecine.
En 1587, 7 chaires :

    Les 6 précédentes; 7° langue arabe.
En 1595, 8 chaires :

    Les 7 précédentes; 8° anatomie, botanique et pharmacie.
En 1612, 9 chaires :

    Les 8 précédentes; 9° droit ecclésiastique.
En 1692, 10 chaires :

    Les 9 précédentes; 10° langue syriaque.
En 1758, 13 chaires :

    1° Hébreu; 2° grec; 3° arabe; 4° syriaque; 5° mathématiques; 6° philosophie grecque; 7° éloquence latine; 8° philosophie latine; 9° médecine; 10° chirurgie; 11° pharmacie; 12° botanique; 13° droit ecclésiastique.
En 1788 (2), 19 chaires :

(1) Le même enseignement fut souvent rempli par plusieurs professeurs distincts. Nous employons ici le mot *chaire* dans le sens de matière ou faculté.
(2) En 1769, 1772, 1773, sous Louis XV; en 1776 et 1786, sous Louis XVI, le cadre de l'enseignement subit diverses modifications provenant surtout de permutations, du démembrement de certaines chaires et de quelques changements de dénomination. Le détail de ces variations, dont nous n'avons pu rendre compte ici, a été exposé dans une notice rédigée par M. Sédillot, secrétaire du Collége de France. Voy. la brochure intitulée : *Documents officiels sur l'École d'administration.* Paris, 1848, in 8°, p. 35.

    1° Hébreu; 2° grec; 3° arabe; 4° syriaque; 5° turc et persan; 6° éloquence latine; 7° poésie latine; 8° littérature française; 9° géométrie; 10° mathématiques; 11° astronomie; 12° physique expérimentale; 13° histoire naturelle; 14° chimie; 15° anatomie; 16° médecine pratique; 17° droit canon; 18° droit de la nature et des gens; 19° histoire et morale.
En 1814 (fin de l'Empire), 19 chaires :

    Les mêmes, à peu de chose près, sauf quelques changements dans les dénominations (1).
De 1815 à 1830, 21 chaires :

    Les 19 précédentes; 20° langue et littérature sanskrites; 21° langue et littérature chinoises et tartares mandchoues.
De 1830 à février 1848, 27 chaires, savoir :

    20 des chaires qui précèdent (2), plus les suivantes : 21° archéologie; 22° économie politique; 23° législations comparées (3); 24° langue et littérature slaves (4); 25° langue et littérature méridionales; 26° langue et littérature d'origine germanique (5); 27° embryogénie comparée (6).
En avril 1848, 34 chaires, dont 22 des précédentes, savoir :

    1° Langues et littératures hébraïques, chaldaïques et syriaques; 2° arabe; 3° persan; 4° langues et littératures chinoises et tartares mandchoues; 5° langue et littérature sanskrites; 6° langue et littérature grecques; 7° langue et littérature latines; 8° littérature française; 9° langue et littérature slaves; 10° langue et littérature méridionales; 11° langue et littérature d'origine germanique; 12° astronomie; 13° mathématiques; 14° physique, arithmétique; 15° physique expérimentale; 16° médecine; 17° chimie; 18° histoire naturelle; 19° embryogénie; 20° philosophie grecque et latine; 21° histoire et morale; 22° archéologie; — plus 12 chaires nouvelles : 23° droit politique français et droit politique comparé; 24° droit international et histoire des traités; 25° droit privé; 26° droit criminel; 27° économie générale et statistique de la population; 28° économie générale et statistique de l'agriculture; 29° économie générale et statistique des mines, usines, arts et manufactures; 30° économie générale et statistique des travaux publics; 31° économie générale et statistique des finances et du commerce; 32° droit administratif; 33° histoire des institutions administratives françaises et étrangères; 34° mécanique (7).

(1) La chaire de droit canon avait été supprimée en 1791. En 1805, un décret impérial créa, pour d'Ansse de Villoison, une chaire de grec vulgaire : elle fut supprimée la même année, après la mort du titulaire.
(2) La chaire d'anatomie fut supprimée en 1832.
(3) Ces trois dernières ont été créées en 1831.
(4) Créée en 1840.
(5) Ces deux dernières ont été créées en 1841.
(6) Créée en 1844.
(7) La chaire de mécanique, supprimée en 1786,

En 1849, 28 chaires :

1° Langues et littératures hébraïques, chaldaïques et syriaques ; 2° langue arabe ; 3° langue et littérature sanskrites ; 4° langues et littératures chinoises et tartares mandchoues ; 5° langue persane ; 6° langue turque ; 7° langue et littérature grecques ; 8° éloquence latine ; 9° poésie latine ; 10° littérature française ; 11° langue et littérature slaves ; 12° langue et littérature de l'Europe méridionale ; 13° langue et littérature d'origine germanique ; 14° philosophie grecque et latine ; 15° histoire et morale ; 16° droit de la nature et des gens ; 17° économie politique ; 18° histoire des législations comparées ; 19° archéologie ; 20° astronomie ; 21° physique générale et mathématique ; 22° physique générale et expérimentale ; 23° histoire naturelle des corps organisés ; 24° histoire naturelle des corps inorganiques ; 25° embryogénie comparée ; 26° médecine ; 27° chimie ; 28° mathématiques.

**COMMUNAUTÉS ENSEIGNANTES.** — Du XVᵉ au XVIᵉ siècle, deux grands faits marquent l'histoire intellectuelle de l'Europe et se mêlent à celle de l'enseignement : la renaissance et le protestantisme. Ces deux faits servirent simultanément de signal à la réforme qui bientôt allait s'introduire universellement dans la didactique. L'Italie, qui fut le berceau de la renaissance littéraire, le fut aussi de la méthode antiscolastique ou moderne. Mais elle ne poussa pas le mouvement jusqu'à la réforme religieuse (1). A peine la cendre de Pétrarque et de Boccace était-elle refroidie, que des pédagogues novateurs et d'un esprit élevé tentaient de faire passer dans la pratique, en l'appliquant à l'instruction et à l'éducation de la jeunesse, le goût et les principes littéraires que ces deux célèbres littérateurs et bibliophiles avaient puisés dans l'étude assidue de l'antiquité. C'est ce que firent notamment Victorin Rambaldoni de Feltre, né vers 1378, et leurs contemporains Pierre-Paul Vergeri et Maffée Vegi, morts, le premier en 1428 et l'autre en 1458. Ces trois maîtres, dont les travaux furent à la fois théoriques et pratiques, s'efforcèrent principalement de donner pour base à leurs procédés d'éducation la gymnastique, l'étude de l'histoire naturelle, la lecture directe des meilleurs écrivains de l'antiquité, tels qu'Homère, Démosthène, Virgile, Cicéron, et les

exercices oratoires (1). En Allemagne et dans le nord-est de l'Europe, la réforme s'annonça vers le même temps. Mais là et progressivement elle atteignit tout ensemble et la doctrine et le dogme. Gérard Legrand (2), né en 1340 à Deventer, de concert avec Florent Radewin, fonda en cette ville une association religieuse qui ne tarda pas à prendre de l'extension sous les noms de *Frères de la bonne volonté*, *Frères de la vie commune*, et autres. Ces réunions, qui subsistent encore dans les *béguinages* des Pays-Bas, vivaient en effet sous le régime de la communauté des biens. Elles avaient pour but de former une société exempte des vices qui souillaient quelques monastères, et de vivre dans une retraite humble, modeste et laborieuse. Les frères et sœurs de ces communautés ne s'astreignaient ni aux vœux perpétuels, ni au célibat. A chaque association étaient jointes la plupart du temps une bibliothèque et une école. L'étude et l'enseignement faisaient partie de leurs exercices réguliers. Cet enseignement, dans les écoles destinées à la jeunesse, comprenait la lecture, l'écriture, le chant, le latin, la religion et surtout l'histoire biblique. Accusés d'hérésie au concile de Constance en 1414, ils y furent chaleureusement défendus par Gerson et absous d'une manière éclatante. Radewin continua l'œuvre de Gérard. L'école de la montagne Sainte-Agnès, près de Zwold, qu'ils avaient fondée, eut pour professeur Thomas A'Kempis (3), que l'on considère comme l'un des promoteurs de la réforme littéraire. C'est de là que sortirent, entre autres, Jean Wessel, Rodolphe Agricola, Alexandre Hégius (4), qui furent les précurseurs du protestantisme en Allemagne. Ces communautés, ces écoles se propagèrent bientôt sur les deux rives du Rhin : à Amsterdam, à Munster, à Osnabruck, à Emmerich, à Schelestadt, etc. Le zèle scientifique et littéraire, aussi bien que le zèle philosophique ou religieux, prirent à la fois un développement plus étendu, un caractère plus vif et plus marqué. Jean de Dahlberg et Rodolphe Agricola s'efforcèrent d'établir à l'université de Heidelberg, dans le Palatinat, un centre d'études classiques renouvelées. Le même Dahlberg, avec un autre condisciple, Conrad Keltès, fonda, sous le titre d'association du Rhin (*Rheinische Gesellschaft*), à l'imitation de ce qui commençait à se répandre en Italie, une compagnie littéraire ou académie, bientôt imitée par l'*Association du Danube*. Enfin, les initiateurs avoués ou couverts du protestantisme, Érasme, Reuchlin, Luther, Mélan-

---

était seulement rétablie. Ces divers accroissements et modifications, ordonnés par le décret du 7 avril 1848, avaient pour principal objet de pourvoir à l'enseignement des élèves de l'*École d'administration*, annexée au Collège de France et créée par un autre décret du 8 mars précédent. Cette école fonctionna dès le mois de mai 1848 ; elle fut abolie par une loi du 9 août 1849.

(1) En Italie, comme en Allemagne, la réforme littéraire se confondit aussi, dans ses premiers efforts, avec la tendance à la réformation religieuse ; mais cette dernière y fut étouffée. Voyez, sur ce sujet, une étude intéressante de M. Bonnet, *Vie d'Olympia Morata, épisode de la Renaissance*, etc. Paris, 1850, in-8°.

(1) Voy. Rosmini von Orelli, *Vittorino von Feltre, oder die Annäherung zur idealen Pädagogik im fünfzehnten Jahrhundert* ; Zurich, 1812, in-8°, fig. ; et Petri, *Magazin der pädagogischen Literaturgeschichte* ; Leipsick, 1807, in-8°, 2te Sammlung, p. 146 et seqq., 164 et seqq.

(2) *Geert de Groote*, ou *Gerhardus Grotius* ou *Magnus*.

(3) Né à Kempen, près Dusseldorf. Il avait été élève de l'école de Gérard, à Deventer.

(4) Pédagogue éminent, précepteur d'Érasme.

chthon, Calvin, Ramus, etc., qui succédé-
rent aux précédents, s'occupèrent tous avec
en grand soin, et la plupart avec un grand
et durable succès, de pédagogie et de didactique (1).

Après avoir indiqué l'origine et la marche
de ce mouvement, étudions-le de plus près
en France. Il est un homme, dont la vie agitée, dramatique, complètement dévouée à
la recherche et à la profession de ce qu'il
croyait être la vérité, couronnée par une
sorte de martyre en l'honneur de cette double cause, offre comme l'image et le résumé
de cette époque elle-même, de ce xvi° siècle,
qui ne fut tout entier qu'un laborieux enfantement : nous avons déjà nommé Ramus.
Exposer avec quelque soin sa biographie,
c'est retracer nécessairement les principaux
faits qui se rattachent à l'histoire de l'instruction publique, pendant le cours de la
même période.

Pierre la Ramée ou de la Ramée, en latin
*Ramus*, selon la coutume usitée dans ce siècle parmi les lettrés, naquit l'an 1515 (2) à
Cuth, en Vermandois, village qui n'existe
plus depuis longtemps. Il était issu d'une famille noble, originaire du pays de Liége, ex-
patriée vers la fin du xv° siècle, lors des
guerres qui marquèrent le règne de Charles
le Téméraire. Son aïeul, fugitif, s'était établi en Picardie, où il avait dû exercer pour
vivre le métier de charbonnier. Son père
était un petit laboureur ; lui-même, dans ses
premiers ans, fut employé à garder les
pourceaux. L'indigence et le malheur, au
milieu desquels fut placé son berceau, lui
servirent, ainsi qu'à tant d'autres grands
hommes ; ce fut par eux que son caractère
acquit cette trempe énergique et mâle, qui
vous fait à l'épreuve des faiblesses vulgaires
et de l'adversité. A peine était-il entré dans
la vie qu'il fut deux fois exposé à ces maladies endémiques, nées de l'état imparfait de
la société d'alors, et que les historiens désignent sous le nom vague de peste. Bientôt
il perdit son père. Il avait huit ans, lorsque,
poussé par un ardent besoin de s'instruire,
il s'enfuit de son pays pour se rendre au sein
de la capitale. Deux fois chassé par la misère, il y revint une troisième, avec l'opiniâtreté du génie. Un oncle, nommé Honoré,
charpentier de profession, qu'il avait dans
cette ville, lui fournit le secours précieux de
sa sympathie et de ses modiques ressources.

Il le vêtit, lui acheta des livres, et le jeune
écolier se livra avec ardeur à l'étude. Mais au
bout de quelques mois cette aide vint à lui
manquer. Il prit alors la condition de domestique, à l'instar de Jean Stondouck (1),
et se mit au service d'un maître régent, qui
logeait au collége de Navarre, l'un des établissements les plus renommés de l'Université. Sûr désormais de pourvoir à ses besoins, à force de privations et de courage, il
put enfin atteindre le principal but de ses
désirs. Le jour, il payait sa dette de servitude ; mais libre la nuit, et maître de lui-
même, il l'employait presque entière à lire,
à méditer les leçons qu'il entendait en quelque sorte à la dérobée. Il consacrait trois
heures au sommeil, et l'on raconte que,
pour ne point dépasser cette mesure, il attachait au plafond de son galetas une lourde
pierre, à l'aide d'une corde, dont il enflammait en se couchant l'extrémité inférieure ;
lorsque la corde avait lentement brûlé, c'est-
à-dire au bout de *deux ou trois heures*, la
pierre tombait avec fracas sur le plancher,
et il se levait à ce signal. Il parcourut ainsi
la longue et tortueuse route prescrite alors
aux études scolaires ; à vingt et un ans, il
était en mesure de briguer le titre de maître
ès arts. L'oncle et la mère se cotisèrent à
cette occasion : celle-ci vendit une part de
son petit champ (2), et le pauvre écolier paya
la taxe onéreuse que le fisc (3) universitaire
exigeait avant tout de ses candidats. Mais, à
peine sorti des bancs, déjà l'écolier de Navarre décelait en lui non-seulement un jeune
homme fortement nourri des connaissances
qu'il avait acquises, mais un réformateur
hardi, décidé à rompre les sentiers battus, à
s'élever contre la routine, et à mettre sous
ses pieds toutes les idées reçues. Il osa
prendre publiquement, pour programme de
la thèse qu'il devait soutenir, cette proposition : *Que tout ce qu'avait dit* Aristote *n'é-
tait que faussetés et chimères* (4). Il serait difficile aujourd'hui d'exprimer le prodigieux
étonnement et le scandale inouï que la seule
annonce d'un tel paradoxe suscita dans les
rangs des lettrés de cette époque. Mais ce
qu'il y eut de plus étonnant encore, ce fut
le succès avec lequel l'audacieux champion
sut conduire à fin cette entreprise. Pendant
un jour entier, en présence d'une foule
d'*opposants* et d'auditeurs, accourus pour
l'entendre aux écoles de la rue du Fouarre,
il soutint sa thèse et déploya les ressources

---

(1) Nous suivons ici l'ouvrage de M. Fritz,
*Esquisse d'un système complet d'instruction et d'édu-
cation*. Paris et Genève, 1843, 3 vol. in-8°, t. III,
p. 422. Ce livre offre à chaque page les plus précieuses qualités de l'érudition allemande.

(2) Nous nous rangeons, pour cette date et pour la
plupart des circonstances qui concernent la vie de
Ramus, à l'avis de M. Waddington Kastus, qui a publié sur ce personnage une monographie remarquable : *De Petri Rami vita, scriptis, philosophia*.
Paris, 1848, in-8°. La partie biographique de ce
travail n'est, en général, qu'un centon composé de
fragments originaux empruntés à des écrivains contemporains de Ramus, mais habilement agencés, et
dans lequel s'exerce une critique exacte et judicieuse.

(1) *Voy.* ci-dessus col. 186.

(2) Les biographes rapportent, et la répétition de
ces détails n'a rien de puéril à nos yeux, que Ramus,
devenu l'un des premiers savants de son siècle, rendit avec usure à sa mère, à sa sœur unique, l'emprunt qu'il leur avait fait, et qu'il entoura, toute sa
vie, de tendresse et de respect l'humble famille dont
il était la gloire.

(3) Nous verrons bientôt Ramus s'élever contre
cet esprit de fiscalité dont lui-même avait éprouvé
les entraves, et provoquer hautement sur ce point la
réforme de l'organisation scolastique.

(4) *Quæcunque ab Aristotele dicta sint, falsa et
commentitia esse.*

d'une argumentation si brillante et si énergique, qu'il subjugua en quelque sorte l'indignation de ses contradicteurs, et qu'il obtint, aux applaudissements de tous, le degré de la maîtrise. Le voilà donc inscrit parmi les membres du corps enseignant. Enhardi d'un pareil succès, qui lui donnait ainsi la mesure de ses forces, il commença de battre en brèche l'édifice entier de l'instruction publique. Joignant l'exemple au précepte, il fit choix de deux jeunes maîtres distingués (1), qu'il s'adjoignit comme auxiliaires et auxquels il s'attacha par les liens d'une solidarité fondée sur une mutuelle estime, et d'une affection fraternelle. Les nouveaux réformateurs enseignèrent d'abord la dialectique et les belles-lettres, sous les inspirations et avec la méthode de Ramus, aux collèges du Mans, puis de l'Ave-Maria, et réussirent promptement à grouper autour de leurs chaires un concours inouï de disciples. Mêler aux pratiques, à peu près exclusives, de la simple argumentation, la lecture et l'imitation des meilleurs écrivains de l'antiquité, pour la plupart encore inconnus dans le domaine de l'enseignement; instituer le raisonnement, le goût et la critique, là où régnaient, presque sans partage, un aveugle emploi de la mémoire et un usage en quelque sorte mécanique de l'esprit : tels sont, en peu de mots, les traits distinctifs qui caractérisaient les novateurs. Joignons-y, de la part de Ramus, une aversion contractée dès l'enfance contre la routine scolastique; joignons-y cet âpre esprit de réaction, — où se reconnaissent les esprits passionnés en matière de perfectionnement, — et nous aurons donné, autant qu'il est en nous, une idée impartiale, propre à faire apprécier des travaux dans lesquels il mit, pendant le cours entier de sa vie, tous les efforts, toute l'énergie d'une vive et puissante intelligence. Non content de l'enseignement oral, Ramus ne tarda pas à professer ses principes et ses sentiments dans deux écrits qu'il publia, selon l'usage, en langue latine; l'un avait pour titre : *Divisions, ou Institutions dialectiques;* et l'autre : *Remarques sur Aristote* (2).

Répandues sous cette nouvelle forme, les attaques dirigées par le novateur contre des errements séculaires, contre des traditions adoptées comme articles de foi, suscitèrent autour de lui une émotion profonde et d'incroyables animosités. Il se vit bientôt dénoncé, poursuivi par des rivaux, par des envieux, chez qui l'empire de l'habitude et des préjugés se joignait à de misérables passions. Le débat, essentiellement littéraire de sa nature et indifférent pour la paix publique, dans un état social où des conditions d'ordre véritable eussent été établies, fut déféré non-seulement à la vindicte de l'Uni-

versité, mais encore à ce qui se nommait alors la justice. Successivement traînée devant les degrés divers des institutions juridiques, la cause fut évoquée au tribunal suprême du souverain. C'est ainsi que le pouvoir royal fut amené, par un déplorable égarement, à s'imprimer lui-même une tache de ridicule et d'iniquité, en rendant un arrêt sur une matière que le bon sens aurait dû soustraire à sa compétence. A peu de temps de là, le prince qui régnait alors, le fondateur du Collége de France, promulgua un diplôme en forme, dans lequel se lisaient les dispositions suivantes : « François, par la grâce de Dieu roi de France, à tous ceux qui ces présentes lettres verront, salut... Puis n'a guères advertiz du trouble advenu à nostre chère et bien amée fille l'Université de Paris, à cause de deux livres faicts par maître Pierre Ramus et intitulez, l'un : *Dialectice institutiones,* et l'autre : *Aristotelice animadversiones,* et des procès et différends survenus, etc...., avons condempné, supprimé et aboly, condempnons, supprimons et abolissons lesdits deux livres.... Et avons fait et faisons inhibitions et deffenses à tous imprimeurs et libraires de nostre royaulme, païs, terres et seigneuries, et à tous aultres subjects, de quelque condition et estat qu'ils soient, qu'ils n'aient plus à en vendre, débiter, etc., soubs peine de confiscation ou de pugnition corporelle; et semblablement audit Ramus, de ne plus lire (enseigner) ses dits livres, ni les faire escripre ou coppier, publier, ne semer en aucune manière; ne lire en dialectique, ne philosophie, en quelque manière que ce soit, sans nostre expresse permission, *et aussi de ne plus user de telles médisances et invectives contre* ARISTOTE *et autres autheurs anciens, receuz et approuvez,* encontre nostre dite fille l'Université et supposts d'icelle, soubz les peines que dessus. Si, donnons en mandement à nostre prévost de Paris, conservateur des priviléges de ladite Université que il face mettre à exécution la présente ordonnance et jugement, etc. En tesmoing de ce, nous avons fait mettre nostre seel à ces dites présentes. Donné à Paris, le 2 mars (1), l'an de grâce 1543, par le roy, vous (le chancelier) présent, —de La Chesnaye. »

Écrasé sous cette compression irrésistible, Ramus fut livré à la dérision, au triomphe insultant de ses adversaires; il sut se résigner au silence. Puisant, au sein d'une véritable philosophie, un courage passif que la nature ne lui avait point donné, il se consola, nous apprend-il lui-même, en répétant après Horace :

*Grata superveniet quæ non sperabitur hora!*

L'heure inespérée ne tarda pas à sonner, avec la mort de François Iᵉʳ, qui arriva en 1547. Le cardinal de Lorraine avait été le

(1) Omer Talon et Barthélemy Alexandre.
(2) *Petri Rami Viromandui dialecticæ partitiones* (1ʳᵉ édition); ejusdem... *Institutiones, ad celeberrimam et illustrissimam Lutetiæ Parisiorum Academiam;* ejusdem, *Aristotelicæ animadversiones.* Paris, 1543, in-8°.

(1) Extrait des archives de l'Université de Paris, ministère de l'instruction publique, carton 7, liasse 9, pièce 2. Il existe plusieurs expéditions de cet acte, avec des dates différentes. Conférez W. Kisrus, l. c. p. 28; Tufau, *Mémoire sur Ramus,* 1857, etc.

condisciple de Ramus à Navarre; il se déclara dès le principe son Mécène et son protecteur. Bientôt le prélat obtint du roi Henri II, dont il devait être l'un des plus influents conseillers, la révocation de la sentence qu'avait promulguée le précédent monarque, et Ramus se trouva ainsi délié de l'interdiction littéraire qui l'avait judiciairement frappé. Du reste, il n'avait pas attendu cette absolution officielle pour reprendre, dans une autre voie, mais en vue du même but, le cours de ses travaux. Dès l'an 1544, il professa les mathématiques, en même temps qu'il continuait ses leçons d'éloquence, et l'année suivante il publia une version latine d'Euclide, qu'il dédia au cardinal de Lorraine. Cette même année 1545, appelé par le principal du collége de Presle, que la *peste* avait dépeuplé d'écoliers, l'éclat de ses leçons, l'attrait de sa parole y ramenèrent promptement de nombreux auditeurs. Ramus devint à peu de temps de là principal de ce même collége, poste qu'il conserva jusqu'à son dernier jour. En 1551, par le crédit du cardinal, il fut nommé professeur d'éloquence et de philosophie au Collége de France.

Depuis le moment où il eut atteint ce degré suprême de l'enseignement jusqu'à l'époque de sa mort, c'est-à-dire pendant une période de plus de vingt ans, sa carrière fut une lutte, ou du moins une action continuelle, qui se partagea entre les fonctions de son double professorat, ses nombreux écrits, et la polémique personnelle qu'il eut constamment à soutenir. Durant cet intervalle, cinquante ouvrages ou opuscules, si l'on y joint ses quelques publications antérieures (1), sortirent successivement de sa plume et se répandirent en de nombreuses éditions, tant sur le sol de la France qu'à l'étranger (2). Ces écrits embrassent et dépassent même le cercle entier des connaissances littéraires et didactiques, comprises, de son temps, dans le cadre universitaire : grammaire, rhétorique, dialectique, philosophie, mathématiques, langues *française*, latine et grecque. Il donna sur ces matières diverses, soit des développements qu'elles contenaient, à côté de vues critiques, des aperçus nouveaux, soit des traités spéciaux et élémentaires composés, *ex professo*, dans un esprit de simplification ou de réforme. Sous le titre d'*Avertissement sur la réforme de l'Université de Paris*, il adressa, en 1562, au roi Charles IX, un mémoire plein de sens et de vivacité, dans lequel il dévoilait, d'une manière palpable, les abus qui viciaient l'ensemble même de cette institution, et traçait la marche à suivre pour y remédier. La première partie de cet opuscule déroule le tableau des impositions fiscales que l'Université prélevait sur les divers candidats. Pour la faculté des arts, premier degré de toutes les études, l'écolier qui voulait obtenir la licence devait d'abord payer, sous des dénominations aussi variées que bizarres, une somme totale de cinquante-six livres treize sols (1). La faculté de décret, ramenée, un certain nombre d'années auparavant, par un arrêt du parlement de Paris (du 13 juin 1534), à une mesure modérée, n'exigeait que vingt-huit écus pour tous les frais à la charge de ses étudiants, depuis le baccalauréat jusqu'au degré de docteur (2). Ramus s'abstient donc sur ce point de toute critique. Le doctorat en médecine est supputé par lui, au plus bas, à huit cent quatre-vingt-une livres cinq sols (3), et enfin celui de théologie à mille deux livres (4). Faites cesser, s'écrie-t-il en s'adressant au roi, un pareil état de choses! « N'est-il pas indigne que l'accès de la philosophie soit interdit à la pauvreté, même instruite et méritante, par suite de ces exactions pécuniaires! Qu'on réduise la quantité de maîtres fainéants; qu'on en conserve seulement un petit nombre, choisis et institués au nom du prince! » Puis frappant du même coup deux abus, il propose d'asseoir la rétribution du corps enseignant sur les bénéfices monastiques. De là il passe à la seconde partie de son exposition, et critique, avec autant de raison et de sagacité, le système de l'enseignement alors usité dans les facultés supérieures.

Tant de travaux et de recherches, produits dans les vues les plus nobles et les plus désintéressées, bien loin de concilier à leur auteur l'estime et le respect, si ce n'est l'admiration universelle, lui valurent beaucoup de partisans, quelques amis véritables et dévoués, et un nombre plus grand d'ennemis implacables. Ramus, quoique exempt dans ses écrits, et plus encore dans sa conduite, de ce langage grossier, de cette rage féroce et stupide, qui déshonorent, par maint exemple, les annales scientifiques et littéraires de son temps, portait en toute chose, avec lui, cette logique inflexible et cette témérité dévouée des novateurs, qu'il poussa jusqu'à l'héroïsme. Catholique sincère et fervent au commencement de sa carrière, il ne sut pas résister à ce vaste et impétueux mouvement qui entraînait des populations tout entières dans les voies de l'erreur, et il finit par embrasser le protestantisme. Cette transformation religieuse, plus encore que ses nouveautés littéraires, devait lui être funeste. Il fut enveloppé dans le massacre de la Saint-Barthélemy, et périt assassiné, avec d'atroces raffinements de barbarie, dans son collége de Presle, rue Saint-Jean de Beauvais, le 26 août 1572 (5). L'histoire, en cher-

(1) Sans compter ses œuvres posthumes ou restées inédites.
(2) Voy. *Catalogus operum Rami*, ap. KASTUS, p. 168.

(1) Environ 205 fr. de notre monnaie actuelle. — La puissance de l'argent était alors quadruple, par rapport à celle de nos jours.
(2) 311 fr. 92 c.
(3) 3,305 fr. 40 c.
(4) 3,757 fr. 50 c.
(5) Charpentier, son rival et son ennemi, passe pour avoir soudoyé, dirigé et assisté ses assassins afin d'assouvir une vindicte personnelle.

chant parmi les victimes de ce néfaste événement, en trouverait avec peine une qui eût
exercé une influence plus réelle (1). Si quelques-unes de ses innovations suscitèrent de
justes répugnances, subirent de légitimes
réfutations et furent modifiées par celui-là
même qui les avait proposées (2), il obtint
cette récompense que la justice divine réserve, en dépit de tous les crimes, aux
esprits d'élite : c'est de laisser après eux
quelques germes féconds qui produisent, à
un jour donné, des fruits utiles. Les écrits
didactiques de Ramus ont contribué, d'une
manière efficace et positive, surtout en
Allemagne et même dans sa patrie, au renouvellement des études, et son nom est
encore cité parmi nous, avant celui de

Descartes, comme le nom de l'un des
pères de la philosophie moderne.

Le destin de l'Université était de lutter
sans cesse pour la défense de son *privilége*.
Cette loi suprême de son existence, par sa
nature même, par son caractère exclusif,
devenait de jour en jour plus contraire au
vœu de la raison, de l'équité, comme aux
besoins de la civilisation; elle devait lui
susciter chaque jour de nouveaux émules et
de nouveaux adversaires. Les premiers
rivaux qu'elle eut à redouter furent les
Dominicains, qui arrivèrent à Paris, peu de
temps après leur institution, au commencement du xiii° siècle. Ces nouveaux venus
trouvèrent d'abord auprès des docteurs un
accueil plein de bienveillance. Ceux-ci, en
1221, leur cédèrent, par une charte qui
nous a été conservée (1), tous les droits
qu'ils avaient sur un lieu du nom de *Saint-
Jacques*, sis à l'extérieur de la ville, où les
religieux fixèrent leur principal établissement et d'où ils prirent le nom de *Jacobins*
Mais, à quelque temps de là, une circonstance grave vint créer entre les deux corporations une inimitié qui ne s'éteignit jamais complétement. En 1229, à la suite d'une
émeute que nous avons racontée, l'Université avait mis la capitale en interdit; les
Dominicains, qui n'avaient point le même
intérêt à la querelle, crurent pouvoir suppléer les maîtres absents et se mirent à professer publiquement la théologie. Ce grief,
le plus sensible qui pût atteindre le corps
enseignant, fut reçu par ce dernier comme
une mortelle injure. La guerre éclata dès
lors entre les deux partis, et l'Université
rendit successivement divers décrets par
lesquels les religieux mendiants, c'est-à-dire
les Dominicains, puis les Franciscains ou
Frères mineurs, qui entrèrent bientôt dans
le litige, étaient exclus du corps des maîtres,
avec défense d'en exercer la fonction essentielle, c'est-à-dire de l'enseignement. La cause
fut déférée au Saint-Siège, et soutenue de
part et d'autre, avec une infatigable opinià-
treté, par de rudes champions. L'Université
avait remis ses intérêts aux mains du fameux
docteur Guillaume de Saint-Amour; le défenseur des Frères prêcheurs n'était autre
que saint Thomas d'Aquin. Cette guerre de
dialectique et de sollicitations, compliquée
d'incidents nombreux, aigrie réciproquement des plus graves imputations que l'on
pût alors s'adresser, animée jusqu'au pa-
roxysme de la passion, se continua, pendant
longues années, au milieu de vicissitudes
diverses. L'avénement au trône pontifical
d'Alexandre IV, qui appartenait au corps
des Dominicains et qui remit pour ainsi
dire entre les mains de ses confrères les
foudres apostoliques, décida du sort de l'U-
niversité.

Après trente ans environ de luttes et
d'hostilités, après avoir lancé près de quarante bulles rédigées sous la dictée des **Do-**

(1) Ramus, on en peut juger d'après les portraits
qui nous sont restés de lui, offrait à l'extérieur
comme les signes visibles d'une puissante organisation : front vaste, nez aquilin ; le port de la tete, son
attitude, sa physionomie, suscitent une impression
où l'intelligence s'allie à la fierté. Il couchait sur la
paille, se levait à l'aurore, travaillait tout le jour, et
s'abstint de vin pendant vingt ans, jusqu'à ce que les
médecins lui en ordonnassent l'usage. Quoique affa-
ble, ses mœurs étaient des plus austères ; il observa
rigoureusement, pendant toute sa vie, l'obligation
du célibat, que les lois universitaires imposaient à sa
profession. Il aimait toutefois quelque luxe dans les
meubles et les vêtements. (THEOD. BANESH, *Petri
Rami Vita*, ap. KASTUS, p. 97.) Ramus appelait l'é-
loquence « un don divin et une sainte prophétie. —
*Eloquentiam Dei donum et prophetiam sanctam vo-
cabat* » (ibid.). Brantôme et Pasquier, qui l'avaient
entendu, reconnaissent à un haut point en lui
cette faculté. Le premier, dans une piquante anecdote, nous fait voir que Ramus ne l'exerçait
pas seulement en chaire et devant une assemblée de clercs, mais qu'il avait en lui ce feu
sublime, ce feu que l'orateur seul possède et qu'il
sait allumer, à l'aide de la parole, dans le sein
de tous les hommes. (*Voy.* BRANTÔME, *Hommes
illustres*, Discours LXVI; PASQUIER, *Rech. de la
Fr.*, l. IX, chap. xx; et NANCEL, *Vita Rami*,
apud Kastus, p. 78 à 99.) En 1570, il refusa
l'offre qu'on lui faisait d'aller vanter, moyennant de gros honoraires, les vertus du duc
d'Anjou, qui recherchait alors les suffrages de
la diète de Pologne; — disant que sa parole
n'était point vénale. Il n'amassa jamais; au delà
d'une certaine mesure modeste, calculée sur ses
besoins; il rejetait toute espèce de rémunéra-
tion; partageant encore avec de jeunes écoliers pauvres, qu'il entretint toujours à Presle
et dont il fit de chaleureux amis et de glorieux
disciples. En mourant, il laissa sept cents livres de rente sur l'hôtel de ville. Son testament portait que deux cents livres seraient employées en legs particuliers; le reste fut affecté à une chaire de mathématiques au Collège
de France, dont le titulaire serait nommé au
*concours* et pour trois ans seulement. Cette chaire
subsista jusque dans le xviii° siècle, sous le nom de
*chaire de Ramus*.

(2) Nous entendons ici notamment sa thèse contre
Aristote et son projet de réforme de l'orthographe
française. Voyez sur le premier point KASTUS, p. 10
à 13, et sur le second les éditions deuxième et troisième de sa *grammaire* française, 1567 et 1572. La
première édition, intitulée *Gramère*, sans nom d'auteur et devenue rarissime, est de 1562. Conférez
EST. PASQUIER, *Lettres*, liv. III, ép. 4.

(1) BUL., *Hist. univ. par.*, t. III, p. 105.

minicains (dont le général était à Rome et faisait partie du sacré collége), le Pape foudroya d'un dernier décret l'Université, qui, à bout de tous ses moyens de résistance, fut obligée de capituler. Le 28 octobre 1257, saint Thomas d'Aquin et saint Bonaventure reçurent le bonnet de docteurs en théologie par les mains du chanoine de Notre-Dame, chancelier de l'Université de Paris, et furent admis par les maîtres, bon gré, mal g é, au partage des honneurs académiques. C'était le signe du triomphe des mendiants et de la défaite universitaire. Ces deux hommes assurément étaient bien faits pour personnifier avec honneur une telle victoire. Elle ne profita pas seulement à leurs ordres. Les Carmes, les Augustins, les Bernardins, les Prémontrés, les Trinitaires, les Cisterciens du val des Écoliers, et en général tous les ordres religieux qui se livrèrent à l'étude, entrèrent alors ou successivement par la brèche que ces deux grands docteurs avaient ouverte. L'éclat que répandirent leurs écrits, sur le corps même qui refusait si opiniâtrément de les admettre, est resté, devant l'histoire, le meilleur argument de leur cause et la plus éclatante justification de leur entreprise. L'Université toutefois ne sut point se résigner de bonne grâce : mille outrages puérils furent prodigués (1) à ces confrères peu volontairement accueillis; et l'on retrouve encore à leur égard, non-seulement dans Du Boulay (2), mais dans l'honnête et vertueux Crevier (3), comme un écho mourant et un dernier soupir de cette haine invétérée, que l'esprit de corps entretenait alors, avec l'instinct de la conservation, au sein des institutions publiques.

Ce genre d'émules, toutefois, n'exerçait par rapport à l'Université qu'une rivalité fort incomplète. Les Dominicains, qui s'établirent les premiers, instituèrent parmi eux un plan d'études habilement conçu, mais plus borné que celui de l'école parisienne. Dans chaque *province* de l'ordre, il y avait une ou plusieurs maisons consacrées à l'instruction des frères. L'enseignement était de deux degrés : le premier, qui se donnait dans les *studia particularia*, embrassait la logique ou les arts; le second, sous le nom de *studia generalia*, comprenait la théologie. Le couvent de Paris formait une catégorie à part; il offrait une sorte d'école normale supérieure où se recrutait le personnel de toutes les chaires dominicaines. A Paris et dans d'autres villes, à l'instar de ce qui s'était passé de temps immémorial au sein des écoles ecclésiastiques et monastiques il y avait chez les Dominicains deux salles d'étude : l'une intérieure (*scolæ interiores*), exclusivement destinée aux membres de l'ordre ou de la communauté; l'autre extérieure (*scolæ exteriores*), où des auditeurs étrangers étaient admis. La matière

de cet enseignement roulait exclusivement, comme on vient de le voir, sur la logique et la théologie. Les maîtres qui en étaient chargés recevaient de l'Université les grades dont ils étaient revêtus (1). Le tableau que nous venons de tracer s'applique à toutes les communautés analogues.

Mais un autre adversaire, plus redoutable pour l'Université que toutes ces rivales ensemble, fut la compagnie de Jésus ou des Jésuites (2).

Ignace de Loyola, né en 1491 au château de Loyola (Biscaye), servit d'abord comme gentilhomme et se battit avec bravoure. Blessé au siége de Pampelune en 1521, il demanda pendant sa convalescence un roman pour se distraire; on lui apporta un livre de piété. Cette lecture produisit sur son organisation vive, chevaleresque, exaltée, une impression décisive : il brisa son épée, se fit pèlerin, et se rendit en terre sainte. A quelques années de là, toujours dévoré d'un zèle ardent, il retourna en Europe. Agé de trente-trois ans, il était presque illettré; il vint à Paris en 1528. Il étudia la grammaire au collége Montaigu, sous la règle austère de Standouck, fit sa philosophie à Sainte-Barbe et sa théologie aux Dominicains. Le 15 août 1534, jour de l'Assomption, Ignace se réunit, dans la petite église de Montmartre, à cinq autres de ses compatriotes, et à un Français nommé Pierre Lefèvre, qui avait été son maître de philosophie. Là, ces sept hommes jurèrent de s'associer ensemble et de créer de concert un nouvel ordre religieux. Ils partirent ensuite pour Rome et offrirent leurs services au Pape, qui les agréa et confirma en 1540 leur association sous le nom de *Clercs de la compagnie de Jésus*. Ainsi naquit cette société célèbre, qui recueillit et accrut en elle tout ce que les ordres monastiques antérieurs avaient déployé d'énergie, de modes d'activité spéciale, de ferveur, d'esprit de propagande, et qui se mêla, avec un éclat, un talent et une ardeur si extraordinaires, aux intérêts spirituels aussi bien qu'aux affaires politiques des peuples modernes.

[Ignace de Loyola, en quittant l'épée pour le livre, en remettant sur les bancs de l'école sa personne de gentilhomme, son corps adulte et mutilé par le canon, montra tout d'abord une nette intelligence de la tâche, de la lutte qu'il avait entreprise.] Dans la main d'un tel moine et de son ordre, la science devait être une autre épée, plus puissante, plus forte et fine à la fois, destinée à vaincre souvent, et toujours à combattre. Cette appréciation élevée de l'instruction se

---

(1) Crevier, *Histoire de l'Université de Paris*, t. I, p. 463 et 464.
(2) *Historia universitat. paris.*, t. III, passim.
(3) *Op. et tom. citt.*

(1) En 1576, le pape Grégoire XI accorda au général des Frères mineurs ou Franciscains la faculté de conférer la licence; mais ce privilége leur fut enlevé en 1429 par Martin V.
(2) Nous avons dû modifier, dans le sens catholique, certains passages de la publication dont ces détails sont extraits, et nous avons placé entre crochets [ ] les modifications que réclamait ce travail intéressant à beaucoup d'égards. (*Note de l'éditeur.*)

révèle déjà dans les *constitutions* (1) de l'ordre, tracées du vivant, et, dit-on, de la main même du fondateur. Sa règle, considérée exclusivement par rapport à la didactique, est encore une œuvre puissante et remarquable. Une double catégorie d'élèves s'y distingue. La première, destinée à recruter l'ordre lui-même, est soumise à une culture, à des précautions, à des épreuves spéciales et sévères. [L'autre, composée de disciples externes, devait agir directement sur le monde, à l'aide de ce levier actif et de propagande pénétrante de l'*éducation*. Ce qui la spécifie et la recommande le mieux, c'est un éclectisme nouveau pour le choix et le perfectionnement des moyens, ainsi que des méthodes. ] Par un phénomène bien digne d'attention, cette doctrine, dont le vice essentiel, aux yeux de la philosophie moderne, est d'avoir méconnu, dans son application générale, la loi de changement et de *progrès* qui régit l'humanité, fut la première qui rendit un hommage aussi éclatant et aussi fécond à ce grand principe, circonscrit à la culture intellectuelle de la jeunesse. En des temps de routine, où l'Eglise enseignante tremblait devant les langues anciennes, les Jésuites prescrivirent hardiment l'étude du latin, du grec, de l'hébreu (2). L'enseignement des autres langues, mortes ou vivantes, nationales et étrangères, bien loin d'être négligé, fut érigé par eux en faculté nouvelle (3). Tel fut le premier agrandissement qu'ils apportèrent au domaine de l'instruction publique. L'Université jésuite, dans son type primitif, embrassait trois facultés : les arts, la théologie et les langues. La règle conseille, pour guide dans la dialectique, Aristote ; dans la théologie, saint Thomas ; elle indique, comme instrument d'étude, les *Sentences* de Pierre Lombard. Mais ici, bien loin de commander sacramentellement, elle ajoute : « Si, dans la suite des temps, un auteur paraissait plus utile pour les étudiants ; si, par exemple, on composait (dans le sein de la Société) un traité qui parût plus approprié à notre temps, après mûr examen et avec l'approbation du général, on pourrait l'adopter (4). » Et ailleurs : « On doit embrasser, dans chaque faculté, la doctrine la plus sûre et la mieux suivie, ainsi que les auteurs qui l'enseignent (5). » Quoi de plus sage et de plus sensé que de telles prescriptions, et combien l'université était en arrière de vues aussi intelligentes ! Ajoutons qu'elles furent exécutées avec une rare habileté par les Jouvency, les Gretzer, les de La Rue, les Vanière, qui ne cessèrent de rajeunir et de perfectionner les livres de classe, tandis que les Petau, les Labbe, les Sirmond, les Kircher, les Bollandistes, etc., reculèrent les limites des sciences supérieures. Je passe rapidement sur d'autres dis-

positions excellentes, comme de ne pas astreindre à des mesures uniformes pour la durée des cours et des épreuves, des intelligences inégales (1). Mais il convient d'insister hautement sur l'un des avantages les plus incontestables de leur enseignement. La règle de leur institut non-seulement obligeait le Jésuite, dès qu'il prenait ce nom, à faire vœu de pauvreté et à se tenir *prêt à partir*, mais elle renouvelle spécialement et itérativement l'obligation de ne recevoir aucun salaire ou émolument, à raison de l'enseignement et même de la collation des grades (2). Ces commandements, dictés en même temps par la plus habile politique et la meilleure, suffiraient pour justifier le succès qu'obtinrent ces novateurs dans la carrière de l'instruction (3).

Cette réussite fut immense en effet. Leurs écoles, à peine ouvertes, reçurent de nombreux auditeurs, même protestants (4). Dans les pays catholiques, elles furent tout d'abord comme assiégées par la faveur publique. Chefs et membres de la société ne négligèrent d'ailleurs rien pour exploiter, soutenir et accroître de tels résultats. Claude Aquaviva, mort en 1615, leur général, consacra, sous le titre de *Règle des études* (5), une constitution nouvelle au développement plus minutieux de cette matière importante. [Exempts de tout attachement de nation, de patrie, de famille (6), les Jésuites appor-

(1) *Ibid.*, XV, 1.
(2) *Examen général*, I, 3, 5. — « ... Notre règle... est de donner gratuitement ce qui nous est donné gratuitement. » (*Constitutions*, part. IV, chap. vii, art. 3.) « Que la société, qui enseigne gratuitement, élève aussi gratuitement aux grades, en permettant aux étrangers une légère dépense, quoique volontaire, pourvu que cet usage ne dégénère pas en loi et que la suite des temps n'amène point en cela d'abus. Ainsi on ne permettra point les repas, ni les autres divertissements (accoutumés)... On ne donnera ni bonnets, ni gants, ni rien autre chose. Le recteur aura soin aussi que ni les maîtres, ni aucun membre de la société ne reçoivent ni argent ni cadeaux de personne pour aucun service que ce soit, puisque notre récompense, d'après notre institut, sera Notre-Seigneur Jésus-Christ, qui est pour nous un magnifique salaire. » (*Ibid.*, XV, 4.)
(3) [Dans le principe surtout, cette gratuité fut réelle et sérieuse ; ils ne le cédèrent jamais, en général, sous le rapport de la libéralité, aux établissements laïques d'instruction, et l'amour des richesses n'eut jamais chez eux le caractère le plus vil, qui est celui de la cupidité purement individuelle.]
(4) FRITZ, ouvr. cité, t. III, p. 468.
(5) *Ratio studiorum*, etc., Romæ 1586, in-8°, et plusieurs fois publié depuis.
(6) *De certaines choses qui doivent connaître, avant toutes les autres règles, ceux qui sont admis dans la Société* : « Chacun de ceux qui entrent dans la Société estimera, conformément à la parole du Christ : « Celui qui aura quitté son père, » etc. qu'il doit abandonner son père, sa mère, son frère et ses sœurs, et tout ce qu'il avait au monde; et, bien plus, il s'appliquera particulièrement cette parole : *Celui qui ne hait point son père et sa mère, et jusqu'à son âme, ne peut être mon disciple.* Pour que le caractère du langage vienne au secours des sentiments, il est sage de ne point s'habituer à dire : *J'ai des parents ou j'ai des frères, mais j'avais des parents*

(1) *Quatrième partie.*
(2) *Ibid.*, ch. XII, 2.
(3) *Ibid.*, XVII, 4.
(4) *Ibid.*, XIV, 1.
(5) *Ibid.*, V, 4.

taient à l'exercice de l'enseignement une sorte de facilité cosmopolite. Ils n'exigeaient, sous le rapport religieux, que peu de soumission chez leurs élèves laïques ; ne contraignant personne et se bornant à obtenir un certain respect extérieur, concession d'autant plus facile qu'ils excellaient dans l'art de s'attacher la jeunesse.] Les écoles des jésuites se distinguaient par les soins donnés aux élèves malades ; par l'heureuse proportion des récréations et du travail ; par mille recherches intelligentes, qui caressaient la tendresse des mères et flattaient l'amour-propre des parents. Chez eux, on enseignait l'escrime, la danse, la musique ; exercices gracieux ou salutaires, que réprouvait sottement le cadre gothique du gymnase universitaire. [Chez eux, d'imposantes solennités soutenaient le zèle, élevaient l'effort ; les distributions de prix étaient célébrées par des harangues, par des comédies, des tragédies et même des ballets, que représentaient ou dansaient les élèves. Leur méthode, propre à instruire en amusant, avait surtout pour résultat d'aiguiser l'esprit, de cultiver l'imagination ; elle offrait à ses pupilles un avant-goût beaucoup moins gourmé du monde que ne le faisaient le reste des maîtres classiques.]

Les Jésuites établirent leur première école à Paris en 1565. En 1571, ils obtinrent du Pape la permission d'enseigner où bon leur semblerait. En 1600, ils avaient dans le monde deux cents collèges, et en 1762 ils en possédaient six cent soixante-neuf, dont *quatre-vingt-six* sur le sol de la France. En voici l'état officiel (1) ; ils sont répartis entre les cinq *provinces* jésuitiques que formait alors notre territoire.

*Tableau des colléges français dirigés par les Jésuites en 1762 (2).*

#### Province de France.

Alençon. — Amiens. — Arras. — Blois. — Bourges. — Caen. — Compiègne. — Dieppe. — Eu. — La Flèche. — Hesdin. — Moulins. Nevers. — Orléans. — Paris. — Quimper. — Rennes. — Rouen. — Tours. — Vannes.

#### Province d'Aquitaine.

Agen. — Angoulême. — Libourne. — Limoges. — Pau. — Périgueux. — Poitiers. — La Rochelle. — Tulle.

#### Province de Lyon.

Aix. — Arles. — Avignon. — Besançon. — Bourges. — Carpentras. — Châlons. — Chambéry. — Dôle. — Embrun. — Gray. — Grenoble. — Lyon. — Mâcon. — Marseille. — Nîmes. — Roanne. — Vesoul. — Vienne.

#### Province de Toulouse.

Alby. — Aubenas. — Auch. — Aurillac. —

Béziers. — Billom. — Cahors. — Carcassonne. Castres. — Clermont. — Saint-Flour. — Mauriac. — Montauban. — Montpellier. — Pamiers. — Perpignan. — Le Puy. — Rhodez. — Toulouse. — Tournon.

#### Province de Champagne.

Autun. — Auxerre. — Bar-le-Duc. — Châlons. — Charleville. — Chaumont. — Dijon. — Ensisheim. — Epinal. — Langres. — Metz. — Nancy. — Pont-à-Mousson. — Reims. — Sedan. — Sens. — Strasbourg. — Verdun.

Après avoir exposé la grandeur et les succès des Jésuites comme corporation enseignante, il nous reste à dire quelques mots de la lutte qu'ils eurent à soutenir et de leur chute. Les Jésuites, en tant que moines, furent accueillis dès le principe avec une véritable répugnance. Cet enfantement suprême de l'esprit du moyen âge trouvait déjà dans les mœurs, malgré l'ardeur des circonstances, une secrète et profonde antipathie. L'Université de Paris joignit à cet instinct le sentiment de ses intérêts matériels et des griefs particuliers. Peu libérale et peu progressive par sa constitution, elle proportionna, comme toujours, sa jalousie, son hostilité, au talent et à l'importance de ces rivaux. Aussi entama-t-elle, dès le commencement, contre les Jésuites, une guerre plus implacable qu'elle ne l'avait jamais fait contre aucun adversaire, et cette guerre ne cessa que lorsque l'un des deux champions eut exterminé l'autre. [La lutte fut longue et terrible. Ainsi, en 1594, à la suite d'atteintes déjà nombreuses, la tentative d'assassinat de Jean Chatel dirigée contre Henri IV, et dans laquelle on chercha à les envelopper, impressionna d'une manière décisive l'opinion publique.] Un arrêt solennel du parlement les bannit de France : les jésuites courbèrent la tête... [En 1603, le même roi, cédant à l'intimidation non moins qu'aux suggestions de sa propre politique, les rappelait en France...] Six ans après, en 1609, ils obtenaient de ce prince une plénitude d'action qu'ils n'avaient jamais jusque-là réclamée. [Le règne de Louis XIV (1) et surtout sa vieillesse vinrent ajouter à la faveur dont ils étaient les objets. Mais cette faveur de-

---

faisant voir qu'on n'a plus ce qu'on a quitté pour le Christ, qui nous tient lieu de tout. (*Examen général,* IV, 7.)

(1) CRÉTINEAU-JOLY, *Histoire de la compagnie de Jésus,* t. V, p. 555.

(2) Par ordre alphabétique du nom des villes.

(1) « Le collège des Jésuites à Paris, depuis son origine, avait toujours porté le nom de *Clermont,* qui rappelait celui de Guillaume Duprat, évêque de cette ville, leur fondateur. En conséquence, sur le portail, on lisait l'inscription suivante : COLLEGIUM CLAROMONTANUM SOCIETATIS JESU. En 1674, Louis XIV, invité par ces Pères à venir assister à une tragédie représentée par leurs élèves, s'y rendit, fut satisfait de la pièce, qui contenait plusieurs traits à sa louange, et dit à un seigneur qui parlait du succès de cette représentation : « Faut-il s'en étonner, c'est « mon collège ! » Le recteur, attentif à toutes les paroles du roi, saisit celles-ci. Après le départ du monarque, il fit enlever l'ancienne inscription, et pendant toute la nuit des ouvriers furent employés à graver, sur une table de marbre noir, ces mots en grandes lettres d'or : COLLEGIUM LUDOVICI MAGNI. Le lendemain matin, cette inscription nouvelle remplaça l'ancienne. Depuis cette époque jusqu'en 1792, ce collège porta le nom de *Louis le Grand.* » (DULAURE, *Histoire de Paris* sous Louis XIV.)

vait également assurer leur ruine.] Après un demi-siècle de nouvelles vicissitudes, les jésuites, poursuivis à la fois par les universités, les parlements, les jansénistes et les philosophes, succombèrent enfin. Un arrêt général du parlement de Paris, du 6 août 1762, confirmé par un édit royal de novembre 1764, prononça leur dissolution légale, qui cette fois fut exécutée définitivement. [Les principales traces qu'ils ont laissées dans l'instruction publique portent le cachet d'une haute valeur.] Non-seulement c'est à leur rivalité que nous sommes redevables de services directs et incontestés, qu'ils rendirent à la pédagogie ainsi qu'à l'érudition; mais l'Université elle-même leur dut sans doute ses meilleurs travaux, ses plus louables efforts. Ne faut-il pas, en effet, leur rapporter, dans sa secrète origine, l'étincelle émulatrice à laquelle s'enflamma le zèle des Piat, des Coffin, des Rollin, des Crevier?

Le nom des jésuites et leur histoire rappellent nécessairement le souvenir de trois autres ordres religieux, qui prirent à leurs côtés une part considérable à l'enseignement proprement dit, aussi bien qu'à la direction philosophique et pour ainsi dire à l'éducation publique des intelligences. Ce sont *Port-Royal*, les *Bénédictins* et l'*Oratoire*. Port-Royal mérite le premier rang dans l'appréciation succincte que nous allons faire de chacune de ces compagnies.

En 1635, Duvergier de Hauranne, abbé de Saint-Cyran, devint le supérieur de la communauté religieuse réformée par Angélique Arnauld, abbesse de Port-Royal des Champs, monastère situé près de Versailles et qui possédait à Paris une succursale célèbre. L'abbé de Saint-Cyran, ami et partisan de Jansénius, sut communiquer à cette femme distinguée et à ses compagnes son zèle pour la doctrine de l'évêque d'Ypres. Les deux Port-Royal de Paris et des Champs devinrent bientôt la demeure de deux sociétés religieuses, l'une d'hommes, l'autre de femmes, qui renfermaient dans leur sein un nombre croissant de personnes d'élite, toutes occupant un rang élevé par leur position sociale, par leur science et par leur mérite. Les loisirs de leur retraite volontaire se partageaient entre les exercices du culte et des investigations studieuses, dirigées surtout vers les matières théologiques ou morales. Tel fut, en France, comme chacun sait, le berceau et le foyer du *jansénisme*. Dès l'année 1638, les hôtes de Port-Royal de Paris, Le Maistre, Sacy, Séricourt, et les compagnons de ces trois frères, s'adonnaient dans leur solitude à l'instruction de quelques jeunes gens, spécialement confiés à l'abbé de Saint-Cyran et au prêtre Singlin. Peu à peu cet enseignement prit de l'extension, et les familles les plus recommandables recherchèrent, comme à l'envi, pour leurs enfants, l'instruction de MM. de Port-Royal. Ces derniers, comprenant tout le prix et aussi toute l'élévation de ce genre d'influence, y consacrèrent la meilleure part et de leurs talents et de leur sollicitude. Vers 1653, six *écoles*

distribuaient à de jeunes élèves un cours complet d'instruction sous les auspices de ces pieux philosophes, savoir : une à Paris, une deuxième à Port-Royal des Champs; la troisième aux Granges, dans le voisinage de la deuxième; la quatrième au château des Trous, près Chevreuse; la cinquième au Chesnay, à peu de distance de Versailles, et une dernière à Sevrans, village situé dans les environs de la capitale, proche l'abbaye de Livry. Le mode suivi par ces instituteurs de la jeunesse tendait à réunir dans une sorte d'éclectisme les avantages de l'éducation domestique, de la culture individuelle, avec ceux de l'enseignement collectif. Les élèves étaient réunis par groupes peu nombreux. Selon l'historien le plus moderne, sinon le plus impartial, de *Port-Royal* (1), l'ordre ne compta jamais simultanément plus de cinquante disciples, en comprenant les divers établissements que nous avons énumérés. Les fils de quelque grand seigneur, ou les jeunes parents de quelques-uns des fondateurs de Port-Royal moderne, formaient ordinairement, au nombre d'un ou deux, le centre, le noyau de chacun de ces petits groupes. Ces jeunes sujets, plus offerts encore que recherchés, étaient spécialement choisis dans les familles aristocratiques ou de haute bourgeoisie. Il importe toutefois d'ajouter que la recommandation morale ou intellectuelle était, aux yeux des solitaires, la première de toutes, et que les considérations tirées de la pure vanité n'atteignaient point à la hauteur de leur caractère; encore moins la considération d'un vil intérêt. Les jeunes élèves payaient généralement une pension de cinq cents livres; un certain nombre participaient gratuitement à leur société et à tous leurs exercices. Ainsi les maîtres qui présidaient à leur instruction furent des hommes tels que Duvergier de Hauranne, les Lemaître, Ant. Arnauld, Nicole, Lancelot, Guyot, Coustel, Walon de Beaupuis, et quelques autres d'un mérite aussi éminent, quoique leur mémoire soit restée moins célèbre. Parmi les élèves, qui marquèrent eux-mêmes presque tous dans le grand siècle, nous citerons seulement Racine, les deux Bignon (Jérôme et Thierry), le duc de Chevreuse, le prince de Conti, Achille de Harlay; les Périer, neveux de Pascal; les deux Lenain, etc. La période la plus florissante de cet enseignement s'étendit seulement de 1646 à 1650. [Ces rivaux des jésuites leur disputèrent, avec quelque succès une certaine supériorité dans l'ordre didactique. Mais en 1656, Louis XIV fit d'abord fermer, par l'organe d'un officier de police, l'établissement des Granges. Les autres subirent le même sort vers 1660, et enfin, en 1710, la maison-mère de Port-Royal des Champs fut détruite et rasée.]

Comme on le voit, par le nombre des élèves non plus que par la durée, l'enseignement de Port-Royal n'atteignit jamais à des proportions imposantes. La trace qu'il a

(1) SAINTE-BEUVE, t. III, p. 393.

laissée dans l'histoire de l'instruction fut néanmoins des plus durables et des plus profondes. Nous n'avons point à juger ici le rôle que joua, par rapport à la religion, le jansénisme, aux deux derniers siècles. Envisageons-le seulement du côté didactique. Les penseurs de Port-Royal, en ouvrant aux croyances une voie nouvelle au sein même du catholicisme, comprirent que les livres de classe étaient comme des véhicules intellectuels d'une extrême importance. [Ils s'attachèrent donc à composer de nouveaux traités de ce genre, en appliquant, les idées de réforme et d'amélioration qui avaient déjà préoccupé les Jésuites.] Mais, s'ils vinrent après ceux-ci dans la carrière, ils n'en eurent pas moins l'honneur de les devancer et de les surpasser à certains égards sur le terrain de la réalisation et de la pratique. Ces humbles livres, publiés de 1644 à 1680 environ, d'abord pour l'usage de leurs modestes écoles, eurent bientôt franchi un cercle aussi restreint et survécurent de bien longtemps à la ruine de ces établissements. [Lorsque le pouvoir qui gouvernait alors eut fermé la bouche des auteurs, l'esprit de Port-Royal se répandit partout; il fut notamment recueilli par la congrégation des bénédictins de Saint-Maur, par celle de l'Oratoire, et Rollin à son tour l'introduisit jusqu'au sein de l'Université (1).]

(1) On trouvera dans l'ouvrage de M. Sainte-Beuve, *Port-Royal*, t. III, p. 416 et environ, une liste méthodique, ainsi qu'une appréciation littéraire, des livres classiques, dont quelques-uns sont encore usuels dans nos écoles, et qui sont dus à la plume de ces écrivains. Quant à la transmission comparée des deux doctrines didactiques, le petit résumé bibliographique qui va suivre nous semble propre à offrir ce parallèle d'une manière encore plus sensible.

| *Tradition de la Soc. de Jésus.* | *Tradition de Port-Royal.* |
|---|---|
| I. *Rat'o at que institutio studiorum s c. Jesu* ( editio princeps ). *Romæ*, (1589, in-8°; successivement réimprimé depuis. | I. Ant. Arnauld. *Règlement des études dans les lettres humaines*. Mémoire composé en 1662, depuis longtemps pratiqué et développé par l'auteur. (Impr. pour la première fois dans ses *Œuvres*, 1780, in-4°, t. XLI, p. 85.) |
| II. Jo Vency. *Ratio discendi et docendi*; 1re édition; Lyon, 1692, in-12. | II. Lamy ( de l'Oratoire ). *Entretiens sur les sciences*, etc. Parut d'abord anonyme: Grenoble, 1683, in-12. |
| | III. Ch. Rollin. *Traité des études*; Paris, 1741, 2 volumes in-4°. |

En 1803, sous le Consulat, au sortir de la révolution, une commission, nommée pour réorganiser les études classiques, composée de Champagne, Fontanes et Domaison, portait ce jugement, dans un remarquable rapport, dans la valeur comparative des deux écoles : « .... Les grands principes étaient établis dans la grammaire générale de Port-Royal, que leurs successeurs ont plus ou moins bien commentée, sans jamais en égaler ni la justesse ni la profondeur. Mais les solitaires de Port-Royal sont plus faits pour instruire les maîtres que les disciples... On a très-bien observé que leur école avait produit les écrivains les plus mâles et les plus purs; mais on convient aussi qu'une société célèbre, dont ils furent les adversaires, savait donner à l'instruction des formes plus insinuantes et proportionnait mieux

[Après le nom des Jésuites et de Port-Royal, nous inscrirons celui d'une autre congrégation religieuse qui a laissé dans la science des traces non moins utiles; il s'agit des Bénédictins.] La règle de saint Benoît, introduite en France dès le VIe siècle au sein des monastères, se distinguait, entre toutes les lois des cénobites, par son caractère *utile* et sensé : elle prescrivait formellement, comme une œuvre obligatoire pour le moine, le travail du corps et de l'esprit. Cette règle se multiplia bientôt à ce point que Charlemagne, en 811, demandait dans un de ses Capitulaires s'il existait et s'il avait jamais existé d'autres religieux que les Bénédictins. Nous avons dit ailleurs les importants services que ces moines rendirent à la civilisation, à la littérature et à l'enseignement pendant le moyen âge. Au XVIe siècle, les avantages généraux qui s'attachaient au monachisme étaient à peu près épuisés; l'ordre de Saint-Benoît s'affaissa, comme les autres, dans la décadence et l'énervement. Mais, vers cette époque, une réforme partielle, introduite d'abord dans quelques monastères de Lorraine, puis propagée en France, vint ranimer cet ordre et lui communiquer une vie nouvelle qui lui permit de fournir une seconde carrière, non sans utilité ni sans gloire, au milieu de la société moderne. Cette réforme eut pour auteur un bénédictin de Verdun, nommé Didier Delacour, qui la fit adopter vers 1600 à quelques religieux de sa robe, puis à des communautés entières. Elle engendra bientôt deux congrégations ou familles de monastères, l'une dite de *Saint Vanne et Saint-Hydulphe*, et l'autre de *Saint-Maur*. Toutes deux, et surtout la dernière, qui l'emportait de beaucoup en nombre, se rendirent célèbres par la profondeur des études auxquelles elles donnèrent asile et par de grands travaux littéraires. La congrégation de Saint-Maur, en 1710, comprenait environ huit cents prieurés ou maisons conventuelles, réparties en six *provinces*, toutes situées en France. Indépendamment des écoles monastiques élémentaires, qui subsistèrent dans les campagnes ou qui furent restaurées depuis la réforme bénédictine, et des écoles intérieures de novices où l'on admettait quelques élèves laïques, les bénédictins en avaient aussi d'un ordre plus élevé, qu'ils appelaient eux-mêmes *colléges de plein exercice* (1). Telles étaient leurs maisons de Sorèse en Languedoc, de Pont-le-Voi, Vendôme, Saint-Maixent et Tyron (2) dans le centre; de Saint-Germer en Beauvoisis et de Vertou en Bretagne. Les trois premières jouirent d'une grande répu-

ses leçons à la faiblesse de l'enfance. » (*Recueil des lois, règlements*, etc , *relatifs à l'instruction publique*; 1814-1828, in-8°, t. II, p. 581.)

(1) Collége où l'on enseigne le cours entier du programme universitaire, pour parvenir au baccalauréat ès arts.

(2) Les cinq premières étaient surtout destinées à l'éducation des jeunes gentilshommes. En 1776, elles devinrent des annexes ou noviciats de l'École royale militaire.

tation, même pendant le cours de la révolution française, et ont mérité de reprendre une place distinguée dans l'organisation actuelle de l'instruction publique.

Les Bénédictins, dès l'année 1705, avaient formé à Saint-Florent de Saumur, l'un de leurs monastères, une sorte d'académie où se réunissaient, au milieu de nombreux titres originaux, de précieux manuscrits et d'une riche bibliothèque, quelques moines érudits, tels que dom Rivet et autres, pour s'entretenir de diverses questions de littérature et d'histoire (1). Cette institution se propagea peu à peu, et finit par contracter une sorte de régularité et d'organisation générale. Vers 1754, il existait dans toute la congrégation de Saint-Maur une vingtaine de maisons choisies à cet effet, tantôt en un lieu, tantôt ailleurs (2), où de doctes religieux consacraient une partie de leur temps à des conférences académiques, et correspondaient avec un bureau central établi au monastère de Saint-Germain des Prés, à Paris. Aux termes des règlements promulgués par dom Grégoire Tarisse, premier supérieur général de la congrégation, chaque maison devait avoir au nombre de ses officiers un archiviste, un bibliothécaire; on y adjoignit ensuite un historiographe et un écolâtre. Les premiers symptômes d'organisation littéraire et didactique reçurent une nouvelle extension et une précision plus grande à partir de 1766, époque où les Bénédictins réalisèrent un *plan d'études* remarquable, qui fut présenté et discuté par eux dans leur chapitre général de S.Germain desPrés, en présence de conseillers d'État, représentants de l'autorité laïque (3).

Mais ce n'est pas seulement comme pédagogues, ni même comme académiciens, que ces religieux méritent un rang d'honneur dans les annales de l'instruction publique. Les justes hommages que nous venons de leur payer à ce double titre ne suffisent point pour exprimer la reconnaissance dont ils sont dignes. Depuis le règne de Louis XIV jusqu'en 1789, les bénédictins déployèrent un zèle infatigable à tirer de la poudre et à mettre en lumière les textes précieux que renfermaient leurs chartriers ou leurs bibliothèques. Les excellentes éditions, les vastes recueils qu'ils nous ont laissés, constituent peut-être le fonds le plus riche de l'érudition historique et littéraire, et composent une part notable de notre gloire nationale. Le mérite de ces grandes productions se rehausse encore des humbles vertus, des sentiments pleins de droiture qui animèrent constamment leurs auteurs et qui respirent aussi bien dans leur histoire que dans

leurs savants écrits (1). Doux, affables, pacifiques, généralement ennemis des séditions et des querelles, le titre dont ils se montrèrent toujours le plus jaloux fut celui de *citoyens utiles, amis de leur patrie*. [Les Bénédictins se traçaient et accomplissaient sans bruit leur noble mission.] Prenant pour appui, pour foyer, les intérêts et l'amour de leur pays, on les vit refuser des établissements à l'extérieur, accepter vaillamment leur part des charges publiques, s'unir à l'Église gallicane, et suivre enfin d'un pas modeste et lent, mais fidèle, la bannière intellectuelle de la France. La révolution de 1789 trouva les derniers successeurs des Mabillon et des Montfaucon dans cette attitude austère, laborieuse et recueillie. Si elle mit une fin à leur institut, et refondit leur existence dans un ordre nouveau, elle honora leur caractère et leurs personnes; elle utilisa leurs talents, leur activité à la coordination des immenses richesses littéraires, qu'elle créa pour ainsi dire en les concentrant. Plus tard, lorsque l'institut fut établi, elle y plaça les vivants débris de ces vieilles phalanges scientifiques, afin de perpétuer les traditions et de rattacher la nouvelle gloire de l'intelligence à celle du passé.

Nous devons encore une mention attentive à deux congrégations qui partagèrent jusqu'en 1789 les fonctions de l'enseignement avec les établissements universitaires. La première est la congrégation des prêtres de l'Oratoire, fondée par le cardinal de Bérulle en 1611. Ces prêtres étaient séculiers; ils ne prétendirent jamais à relever d'une autre autorité que de celle de l'État, et furent constamment soumis à la discipline qui régissait le reste du clergé, c'est-à-dire la loi civile, combinée avec le pouvoir des évêques. Quoiqu'ils n'eussent point reçu primitivement cette destination, ils ne tardèrent pas à se consacrer à l'*éducation de la jeunesse* et s'acquirent promptement une grande renommée dans cette carrière. En 1711, ils possédaient cinquante-huit maisons en France, dont trois à Paris; ils en avaient, en outre, onze dans les Pays-Bas, une à Liège, deux dans le comtat d'Avignon et une en Savoie. Leur premier collège fut établi à Dieppe; un autre le fut ensuite au Mans, et un troisième à Juilly près Paris : ce dernier principalement devint très-célèbre. Des hommes illustres et surtout des savants furent élèves ou maîtres de la congrégation de l'Oratoire; nous nous bornerons à rappeler les noms des PP. Lelong, Lami, Lecointe, Malebranche, Massillon, Richard Simon, Thomassin, Adry, Daunou, etc. Leur institut, en 1790, était arrivé à son maximum de développement. Le zèle des oratoriens s'appliquait à deux matières principales et distinctes : 1° le service du culte séculier, 2° l'instruction publique. Pour remplir ces doubles fonctions, ils entretenaient des établis-

(1) D. Tassin, *Hist. littér. de la congrég. de Saint-Maur*, 1770, in-4°, p. 653.

(2) Ziegelbauer, *Histor. rei litt. ord. Benedict.*, t. I, p. 108 et suiv. Voy., *ibid.*, p. 140, le projet d'une Académie bénédictine allemande.

(3) Voy., dans la *Collection des documents inédits relatifs à l'histoire de France*, la préface des *Lettres des rois et reines*, éditées par M. Champollion-Figeac, p. 45 et suiv.

(1) Voy. *Polyptique de l'abbé Irminon*, par M. Guérard (*prolégomènes*).

sements de divers genres. Ainsi l'Oratoire, ou maison centrale de Paris, était le siége général de la communauté : l'ordre avait, en outre, trois *institutions*, ou siéges secondaires à Paris, à Lyon et à Aix; des *paroisses*, ou cures qu'il desservait; des *séminaires; des académies*, ou universités; des *maisons d'études*, ou écoles normales de professeurs; des *colléges des écoles militaires* où il enseignait, et enfin des *maisons de repos*. Les seuls établissements d'instruction proprement dite étaient au nombre de trente-six. Nous en donnons ci-après la liste alphabétique, en désignant par des initiales les Colléges (C), les Maisons d'études (M-E) et les écoles militaires (E-M).

*Etablissements d'instruction dirigés par les Oratoriens en 1790 (1).*

C. Agen. — M.-E. Aix. — C. Angers.— C. Arras.— C. Autun.— C. Bavay.— C. Beaune. — C. Béthune.— C. Boulogne.— C. Condom. — C. Dieppe.— E.-M. Effiat. — C. Hières. — C. Joyeuse.— C. Juilly.— C. Le Mans. — C. Lyon. — M.-E. C. Marseille. — M.-E. Montmorency. — C. Montbrison. — C. Nantes. — C. Niort. — C. Notre-Dame de Grave en Forêts. — C. Paris. — C. Pézenas. — C. Poligny. — C. Provins. — C. Riom. — C. Salins. — C. Saumur. — C. Soissons. — C. Toulon. — C. Tournon. — C. Tours. — C. Troyes. — E.-M. Vendôme.

Les différentes corporations qui précédent, même lorsqu'elles enseignaient sans prélever de salaire, s'adressaient généralement à la jeunesse riche ou aisée. Celle dont nous allons parler a d'autant plus de droit à notre intérêt qu'elle se consacrait exclusivement aux enfants du pauvre et que, presque seule dans l'Etat, elle pourvut gratuitement jusqu'aux temps modernes à ce que nous appelons aujourd'hui l'enseignement primaire. Dès l'année 1671, un religieux Minime de Paris, nommé le P. Barré, forma une société d'instituteurs et d'institutrices dévoués à l'instruction des enfants pauvres des deux sexes, sous le nom de *Frères et Sœurs des écoles chrétiennes et charitables de l'enfant Jésus.* Lui-même avait eu dans cette voie des prédécesseurs. A la fin du XVIᵉ siècle, les sœurs de Notre-Dame de l'Observance, puis les Ursulines et beaucoup d'autres communautés développèrent, spécialement en ce qui concerne les jeunes filles, cette pieuse et utile pensée. Pour ce qui est des jeunes garçons indigents, le P. Barré fut imité par le chanoine Jean-Baptiste de La Salle. Ce dernier était né à Reims en 1651. En 1679, il établit dans sa ville natale un premier noyau de frères enseignants, et travailla pendant toute sa vie avec un zèle et un courage inébranlables à étendre et à fortifier cette institution. Il fut assez heureux pour y réussir. En 1688, il vint implanter à Paris une petite colonie de maîtres assujettis à sa règle, et

bientôt on lui demanda de toutes parts des collaborateurs, qui se répandirent dans les diocèses de Chartres, Troyes, Rouen, Dijon, Alais, Mende, Grenoble et Boulogne. En 1705, il fixa le séminaire général de son institut à Rouen, dans une maison dite de *Saint-Yon*, qui donna longtemps son nom à ces instituteurs populaires. J.-B. de La Salle mourut en 1719 avec le titre de *Supérieur général des frères des écoles chrétiennes.* Après lui, cet ordre ne fit que s'étendre de plus en plus. En 1725, le Pape confirma son existence religieuse. La congrégation comptait alors sur le sol français vingt-trois établissements. La maison-mère, en 1772, fut transportée à Paris, puis à Melun en 1778. Enfin il existait à la date de 1783 cent onze maisons de cette règle en France, une en Amérique, deux en Italie et une en Suisse. On évalue à trente mille le nombre des écoliers qu'elle instruisait alors (1).

Nous clorons cet exposé en groupant dans un seul tableau chronologique la liste des principales communautés religieuses qui ont pris part à l'enseignement public en France jusqu'à la date de la révolution française.

*Communautés religieuses ayant enseigné en France avant 1789.*

| | |
|---|---|
| Mathurins fondés en | 1209 |
| Dominicains eurent une chaire | 1229 |
| Franciscains id. en | 1230 |
| Prémontrés | 1252 |
| Val des Ecoliers | 1253 |
| Bernardins | 1256 |
| Carmes . | 1259 |
| Augustins | 1261 |
| Cluny | 1269 |
| Moines de Marmoutiers | 1329 |
| Jésuites constitués vers | 1534 |
| Prêtres de la doctrine chrétienne ou doctrinaires | 1597 |
| Sœurs de Notre-Dame de l'Observance ou du Sacré-Cœur | 1598 |
| Bénédictins réformés en | 1600 |
| Barnabites introduits en France | 1608 |
| Ursulines (avec de nombreuses ramifications successives), fondé en | 1610 |
| Oratoriens | 1611 |
| Religieuses de Port-Royal des Champs | 1613 |
| Sœurs de la congrégation de Notre-Dame | 1616 |
| Filles de la Croix | 1625 |
| Sœurs du Bon-Pasteur, vers | 1625 |

(1) *Ce tableau est extrait des archives de l'ordre et de la Carte oratorienne historique et chronologique, gravée en 1790 (aux Archives nationales).*

(1) *Vie de M. de La Salle*, par l'abbé de Montès, 1785, in-12, p. 185. En 1780, la communauté possédait cent vingt et un établissements, dont cent dix-sept en France, deux en Italie, un en Suisse et un à la Martinique. (Communiqué par le frère Philippe.) Les frères des écoles chrétiennes se dispersèrent en 1792. Dès 1801, Napoléon leur rendit la liberté d'enseigner, et leur institut fut reconnu en 1808. En 1825, ils possédaient 210 maisons, tant en France qu'à Bourbon, à Cayenne, en Italie, en Corse, en Savoie et en Belgique. Ce nombre s'élevait en 1830 à 240, en 1840 à 500, et en 1844 à 432. En 1848, 19,414 écoles, tenues par des frères, instruisaient en France 1,334,056 enfants.

Les vénérables PP. du Saint-Cœur de Marie, nommés Picpusiens, ont ouvert, cette année, plusieurs colléges, notamment à Poitiers, à Sarzeau et à Angers, indépendamment de ceux qu'ils dirigent avec succès dans leurs missions. Les Jésuites ont ouvert un collège dans l'établissement qu'ils ont acquis de M. l'abbé Poiloup qui, après l'avoir fondé, l'a dirigé avec un succès remarquable pendant près de vingt années.

« On accuse les instituteurs les plus religieux, les congrégations enseignantes les plus célèbres, les Bénédictins, les Jésuites, les Oratoriens et d'autres en grand nombre, d'avoir coulé les générations dans le moule du paganisme, et d'avoir fait les générations païennes que nous voyons.

« Ce n'est que vers la fin du xvᵉ siècle, qu'on essaya de briser le moule chrétien, et on le remplaça par un moule païen. Les jeunes générations y furent jetées, et cette cire molle prit la forme du moule, et il en résulta ce qui devait nécessairement en résulter : les jeunes générations, nourries de paganisme, élevées dans l'admiration du paganisme, commencèrent à se montrer païennes et à transmettre à la société ce qu'elles avaient reçu...

« Le danger devenait de plus en plus sérieux; la religion et la société perdaient visiblement du terrain. On se remit à l'œuvre, et on essaya de former une génération nouvelle, qui, profondément chrétienne, contrebalancerait l'action désastreuse de celle qui cessait de l'être, ou qui ne l'était déjà plus; a grande réaction catholique du xvıᵉ siècle commença. Appelés à y concourir, les docteurs les plus expérimentés, les ordres religieux les plus savants, redoublèrent d'activité. Le plus habile de ces grands corps, l'immortelle Compagnie de Jésus, sembla créée tout exprès pour venir au secours de l'Eglise et de la société dans l'éducation. Elle s'y dévoua sans réserve, tout en adap-

tant, comme ses compagnons d'armes, le moule païen. *Ainsi le demandait l'opinion publique, qui déjà ne connaissait plus d'autre forme du beau....*

.... « La science, la vertu, le dévouement, la paternité des maîtres, l'orthodoxie de leurs doctrines, la vérité et l'éclat des cérémonies religieuses accomplies dans leurs maisons, tout semblait réuni pour faire revivre et pour perpétuer dans la société en général, et surtout dans les conditions élevées, la foi vigoureuse du moyen âge. Parallèlement aux PP. Jésuites, les Bénédictins, les Oratoriens, et d'autres en grand nombre, rivalisèrent de science et de zèle... Quel fut le résultat final de cette action si générale et si bien combinée?... Au lieu de se ranimer, l'esprit chrétien alla s'affaiblissant, et s'affaiblissant surtout dans les classes lettrées, parmi lesquelles il devait, grâce au zèle de tant d'excellents maîtres, se réveiller avec une vigueur nouvelle. C'est au point, tout le monde le sait, qu'à la fin du xvıııᵉ siècle, rien dans toute l'Europe n'était moins chrétien de mœurs et de croyances que les hommes qui avaient le plus largement participé à l'enseignement public. »

De cette citation il résulte : que les congrégations enseignantes n'ont pas inventé le moule païen, qu'il leur a été imposé; que, malgré tous leurs efforts, elles n'ont pu empêcher qu'il n'en sortît des générations païennes. Que le monde païen, c'est-à-dire l'enseignement classique du paganisme, tel que la Renaissance l'avait compris, ait été imposé aux ordres religieux, et qu'ils aient été forcés de le subir, c'est un fait; que, malgré tous leurs efforts, les ordres religieux n'aient pu empêcher cet enseignement de former des générations païennes, c'est un autre fait.

Eh! que fait donc l'Europe depuis trois siècles, sinon retourner au paganisme? Examinez-la dans sa littérature, dans ses arts, dans sa philosophie; pour qui est son culte et son admiration? N'a-t-elle pas tour à tour remis en honneur tous les systèmes philosophiques de l'antiquité, depuis le panthéisme de Platon jusqu'au matérialisme d'Epicure et au rationalisme de Sextus Empiricus? Dans l'ordre religieux, qu'a-t-elle fait, que fait-elle encore? Elle a brisé en mille pièces la magnifique unité de foi qui, depuis Charlemagne, faisait de tous les grands peuples de l'Europe une seule famille sous la houlette du vicaire de Jésus-Christ; du nord au midi elle *a dépouillé l'Eglise, enchaîné l'Eglise, souffleté l'Eglise;* ce qu'elle a fait, elle le fait encore; fille révoltée, ce dont elle a le plus grand besoin, et ce dont elle ne veut à aucun prix, c'est la liberté de sa mère.

Dans l'ordre politique, sa vie est la révolution en permanence : deux têtes de roi tombant sous la hache des bourreaux; cinquante trônes, en moins de cinquante ans, renversés et roulant dans la boue des carrefours; la guerre civile ou étrangère perpétuellement à l'ordre du jour; tous les crimes contre l'Eglise, contre la propriété, ayant leurs héros et leurs apologistes; dix mille

suicides par an. Et l'absence des remords...
Voilà ce qu'est devenue, en passant par les
fêtes sacriléges du paganisme, par les horreurs du protestantisme, par les orgies de
la Régence, par le dévergondage de l'impiété
voltairienne, par les saturnales de 1793, par
le culte solennel de la prostitution, l'Europe
formée par la Renaissance; voilà ce qui est
sorti de l'œuf païen déposé au sein des nations chrétiennes.

Voilà ce que n'ont pu empêcher, malgré
tous leurs efforts, les congrégations religieuses chargées, depuis trois siècles, de l'enseignement public; voilà ce que je maintiens.

Pour le nier, faut-il donc s'arracher les
yeux et mentir à l'histoire?

## CONSEILS DE L'INSTRUCTION PUBLIQUE.

La loi du 15 mars 1850 a établi un conseil supérieur et un conseil académique de
l'instruction publique; c'est l'objet des deux
paragraphes suivants.

§ I. Conseil supérieur de l'instruction publique.

Le Conseil supérieur de l'instruction publique se compose comme il suit : le ministre, président; quatre archevêques ou
évêques, élus par leurs collègues; un ministre de l'Église réformée, élu par les consistoires; un ministre de l'Église de la
Confession d'Augsbourg, élu par les consistoires; un membre du Consistoire central
israélite, élu par ses collègues; trois conseillers d'État, élus par leurs collègues; trois
membres de la Cour de cassation, élus par
leurs collègues; trois membres de l'Institut,
élus en assemblée générale de l'Institut;
huit membres nommés par le président de
la République, en conseil des ministres, et
choisis parmi les anciens membres du Conseil de l'Université, les inspecteurs généraux
ou supérieurs, les recteurs et les professeurs
des facultés. Ces huit membres forment une
section permanente. Trois membres de l'enseignement libre nommés par le président
de la République, sur la proposition du ministre de l'instruction publique. (Art. 1er de
la loi du 15 mars 1850.)

Les membres du Conseil supérieur sont
nommés pour six ans, et sont indéfiniment
rééligibles. Les membres de la section permanente sont nommés à vie. (Art. 2 et 3.)

Le Conseil supérieur tient au moins quatre
sessions par an. Le ministre peut le convoquer en session extraordinaire toutes les fois
qu'il le jugera convenable. (Art. 4.)

Il peut être appelé à donner son avis sur
les projets de loi, de règlements et de décrets
relatifs à l'enseignement, et en général sur
toutes les questions qui lui sont soumises
par le ministre.

Il est nécessairement appelé à donner son
avis : sur les règlements relatifs aux examens, aux concours et aux programmes
d'études dans les écoles publiques, à la surveillance des écoles libres, et, en général,
sur tous les arrêtés portant règlement pour
les établissements d'instruction publique;
sur la création des facultés, lycées et colléges; sur les secours et encouragements à

accorder aux établissements libres d'instruction secondaire ; sur les livres qui peuvent être introduits dans les écoles publiques, et sur ceux qui doivent être défendus
dans les écoles libres, comme contraires à la
morale, à la Constitution et aux lois. (Art. 5.)

Il prononce en dernier ressort les jugements rendus par les conseils académiques.
(Voyez ci-dessous Conseil académique.)

Le Conseil supérieur présente, chaque année, au ministre, un rapport sur l'état général de l'enseignement, sur les abus qui
peuvent s'introduire dans les établissements
d'instruction, et sur les moyens d'y remédier.

Le mode d'élection pour les divers membres du Conseil supérieur de l'instruction
publique est indiqué dans le règlement d'administration publique du 8 mai 1850, rapporté ci-après, sous le mot Élection.

§ II. Conseil académique ou départemental
de l'instruction publique.

Il y a un conseil académique dans chaque
département.

I. Sa composition. — Le conseil académique, établi par la loi organique de l'enseignement, est composé du recteur qui est
président de droit; d'un inspecteur de l'a-
cadémie, d'un fonctionnaire de l'enseignement, ou d'un inspecteur des écoles primaires, désigné par le ministre; du préfet ou
son délégué; de l'évêque ou son délégué;
d'un ecclésiastique désigné par l'évêque;
d'un ministre de l'une des deux Églises protestantes, désigné par le ministre de l'instruction publique, dans les départements où
il existe une Église légalement établie; d'un
délégué du Consistoire israélite, dans chacun
des départements où il existe un Consistoire légalement établi; du procureur général près la Cour d'appel, dans les villes
où siége une Cour d'appel, et dans les autres
du procureur de la République près le tribunal de première instance; d'un membre
de la Cour d'appel, élu par elle, ou, à défaut
de Cour d'appel, d'un membre du tribunal
de première instance, élu par le tribunal;
de quatre membres élus par le conseil général, dont deux au moins pris dans son
sein (1). Les doyens des Facultés sont aussi
appelés dans le conseil académique, avec voix
délibérative, pour les affaires intéressant
leurs facultés respectives.

La présence de la moitié plus un des
membres est nécessaire pour la validité des
délibérations du conseil académique. (Art. 10
de la loi du 15 mars 1850, rapportée sous le
mot Instruction publique.)

Pour le département de la Seine, le conseil
académique est composé comme il suit : le
recteur, président; le préfet, l'archevêque
de Paris ou son délégué; trois ecclésiastiques, désignés par l'archevêque; un ministre
de l'Église réformée, élu par le Consistoire;
un ministre de la Confession d'Augsbourg,

(1) Voyez, dans la note de l'article 10 de la loi du
15 mars 1850, l'explication que M. de Montalembert
a donnée à l'Assemblée de la composition du personnel des conseils académiques.

élu par le Consistoire ; trois inspecteurs d'académie, désignés par le ministre ; un inspecteur des écoles primaires, désigné par le ministre ; le procureur général près la Cour d'appel, ou un membre du parquet, désigné par lui ; un membre de la Cour d'appel, élu par la Cour ; un membre du tribunal de première instance, élu par le tribunal ; quatre membres du conseil municipal de Paris, et deux membres du conseil général de la Seine, pris parmi ceux des arrondissements de Sceaux et de Saint-Denis, tous élus par le conseil général ; le secrétaire général de la préfecture du département de la Seine.

Les doyens des Facultés sont en outre appelés dans le conseil académique, avec voix délibérative, pour les affaires intéressant leurs facultés respectives. (*Art.* 11.)

Les membres du conseil académique, dont la nomination est faite par élection, sont élus pour trois ans, et indéfiniment rééligibles. (*Art.* 12.)

II. *Attributions du Conseil académique.* — Elles sont de trois genres : 1° il donne son avis : sur l'état des différentes écoles établies dans le département ; sur les réformes à introduire dans l'enseignement, la discipline, et l'administration des écoles publiques ; sur les budgets et les comptes administratifs des lycées, collèges et écoles normales primaires ; sur les encouragements à accorder aux écoles primaires.

Il instruit les affaires disciplinaires relatives aux membres de l'enseignement public secondaire ou supérieur, qui lui sont renvoyées par le ministre ou le recteur.

Il prononce, sauf recours au Conseil supérieur : sur les affaires contentieuses relatives à l'obtention des grades, aux concours devant les facultés, à l'ouverture des écoles libres, aux droits des maîtres particuliers, et à l'exercice du droit d'enseigner ; sur les poursuites dirigées contre les membres de l'instruction secondaire publique et tendant à la révocation, avec interdiction d'exercer la profession d'instituteur libre, de chef ou professeur d'établissement libre, et dans les cas déterminés par la loi organique de l'enseignement ; sur les affaires disciplinaires relatives aux instituteurs primaires, publics ou libres. (*Art.* 14.)

Le conseil académique est nécessairement consulté sur les règlements relatifs au régime intérieur des lycées, collèges et écoles normales primaires, et sur les règlements relatifs aux écoles publiques primaires.

Il fixe le taux de la rétribution scolaire.

Il détermine les cas où les communes peuvent, à raison des circonstances, et provisoirement, établir ou conserver des écoles primaires dans lesquelles seront admis des enfants de l'un ou de l'autre sexe, ou des enfants appartenant aux différents cultes reconnus.

Il donne son avis au recteur, sur les récompenses à accorder aux instituteurs primaires. Le recteur fait les propositions au ministre, et distribue les récompenses accordées. (*Art.* 15.)

Le conseil académique présente chaque année au ministre et au conseil général un rapport de la situation de l'enseignement dans le département. Les rapports du conseil académique sont envoyés par le recteur au ministre, qui les communique au Conseil supérieur. (*Art.* 16.)

Ainsi, tous les écarts qu'on a pu déplorer dans l'enseignement, toutes les inquiétudes qui ont été éprouvées, soit par la religion, soit par la famille, soit par la politique, seront sur-le-champ appréciées, jugées et réprimées en première instance par les juges les plus compétents et les plus intéressés, siégeant dans le conseil du département.

Le conseil académique exerce en quelque sorte les fonctions d'un grand jury, chargé de veiller au maintien de la liberté d'enseignement, à l'exercice de cette liberté et aux garanties qu'elle réclame dans les examens, dans les grades, dans les concours, et c'est là surtout où il se trouve naturellement appelé à représenter et les droits, et les plus précieux intérêts des pères de famille.

L'article 16 donne au conseil académique une double attribution, ainsi il exerce d'une part le gouvernement complet de l'instruction primaire dans le département, et de l'autre, il exerce une haute censure morale et sociale sur les intérêts les plus importants et les plus délicats du pays.

Voilà pour les attributions générales. Voici maintenant ses attributions spéciales relatives à l'instruction primaire :

2° Il donne son avis sur le choix que le ministre fait de l'inspecteur de l'instruction primaire. (*Art.* 20.) Jusque-là ce choix était laissé à l'arbitraire unique du ministre.

Il juge les titres qui peuvent être regardés comme équivalant au brevet de capacité pour les instituteurs primaires. Il juge les oppositions formées à l'ouverture des écoles libres, dans les intérêts des mœurs publiques et quant au local. (*Art.* 28.)

C'est-à-dire qu'il veille seul et souverainement à l'application des conditions de moralité exigées par la Constitution.

Il choisit les instituteurs communaux dans les catégories désignées par les communes et les change de résidence au besoin. Il exerce, quand il est nécessaire, le droit d'interdire l'ouverture d'une école libre aux instituteurs révoqués ou suspendus dans la commune où ils exerçaient les fonctions qui leur ont été retirées. (*Art.* 31 *et suivants.*)

Il détermine les écoles publiques auxquelles, d'après le nombre des élèves, il doit être attaché un instituteur adjoint. (*Art.* 34.)

Il peut autoriser une commune à se réunir à une ou plusieurs communes voisines pour l'entretien d'une école. (*Art.* 36.) Il peut dispenser une commune d'entretenir une école publique, à condition qu'elle pourvoira à l'enseignement gratuit, dans une école libre, de tous ses enfants pauvres.(*Ibid.*)

Il désigne un ou plusieurs délégués résidant dans chaque canton pour surveiller les écoles publiques ou libres, et détermine

les écoles particulièrement soumises à ,la surveillance de chacun. (*Art.* 42.)

Il nomme chaque année une commission d'examen chargée de juger l'aptitude des aspirants au brevet de capacité. (*Art.* 46.)

Il délivre, quand il y a lieu, des certificats de stage aux personnes qui justifient avoir enseigné pendant trois ans dans les écoles publiques ou libres autorisées à recevoir des stagiaires. (*Art.* 47.)

Il peut obliger certaines communes, quand leurs ressources ordinaires le leur permettent, à entretenir une école de filles ; et, en cas de réunion de plusieurs communes pour l'enseignement primaire , il peut, selon les circonstances, décider que l'école de garçons et l'école de filles seront dans deux communes différentes. (*Art.* 51.)

Aucune école primaire, publique ou libre, ne peut, sans son autorisation, recevoir des enfants des deux sexes, s'il existe dans la commune une école publique ou libre de filles. (*Art.* 52.)

Il prescrit, dans l'intérêt de la moralité et de la santé des élèves des pensionnats primaires, toutes les mesures indiquées par les règlements délibérés par le Conseil supérieur. (*Art.* 53.)

Il désigne les instituteurs chargés de diriger les écoles communales d'adultes et d'apprentis. (*Art.* 54.)

Enfin il approuve les personnes nommées par le *conseil* municipal, pour la direction des salles d'asile. (*Art.* 58.)

3° Enfin, voici les attributions spéciales des conseils académiques, relatives à l'instruction secondaire :

Il peut proposer de dispenser de la condition de stage, quand il y a lieu. (*Art.* 60.)

Il délivre les certificats de stage sur l'attestation des chefs d'établissements où le stage a été accompli. (*Art.* 61.)

Il présente chaque année, à la nomination du ministre, un jury chargé d'examiner les aspirants au brevet de capacité. (*Art.* 62.)

Il prononce sur toutes les difficultés relatives à la morale et à l'hygiène. (*Art.* 64.)

Il exerce le droit de réprimande et d'interdiction temporaire ou perpétuelle contre les instituteurs secondaires coupables de désordres graves, d'inconduite ou d'immoralité. (*Art.* 67 *et* 68.)

Il donne son avis préalable sur l'opportunité des subventions à accorder aux établissements libres, par les communes, les départements ou l'État. (*Art.* 69.)

Enfin, il donne son avis sur l'objet et l'étendue de l'enseignement dans chaque collège communal. (*Art.* 75.)

Les attributions du conseil académique sont, comme on le voit, nombreuses et importantes. En en parlant dans l'Assemblée législative, le 12 février 1850, M. de Montalembert, membre du projet de loi, s'exprimait ainsi : « Le *conseil académique* n'oubliera pas, comme l'a dit M. Beugnot dans son rapport, que l'État a abdiqué pour toujours son rôle d'instituteur unique du pays; que les établissements de l'État ne sont pas

destinés à écraser la concurrence, mais à la soutenir, et que la société doit veiller sur les établissements publics comme sur les établissements libres, avec un égal intérêt et une égale sollicitude. C'est donc à la fois un pouvoir délibératif et administratif que nous avons voulu établir. Ce n'est plus, comme vous le voyez, l'Université, la corporation enseignante qui se gouverne elle-même ; c'est le pays , c'est la société tout entière, comme on vous l'a dit tant de fois, qui intervient directement, par les représentants les plus éminents et par les délégués des pères de famille, dans le gouvernement de l'enseignement national. Ce caractère est beaucoup plus marqué dans les conseils départementaux que dans le Conseil supérieur; il l'est quant aux attributions, de même que quant à la composition du personnel. Le Conseil supérieur ne peut donner que des avis ; le conseil départemental nomme, juge, examine, décide dans certains cas par lui-même.

« Le Conseil supérieur ne doit se réunir que quatre fois par an ; le conseil départemental est permanent ; il assiste toujours le recteur dans le gouvernement de l'enseignement. Enfin, le Conseil supérieur n'est composé que de membres désignés par le ministre ou élus par différents grands corps de l'État; le conseil départemental admet dans son sein la représentation directe des pères de famille par les élus du suffrage universel, pris dans le conseil général.

« Vous voyez donc, messieurs, qu'il ne reste plus rien, dans cette organisation, de l'ancien système universitaire ; il ne reste que le recteur et son inspecteur; rien n'y est donné, quant au gouvernement, à cette spécialité scientifique qui s'est toujours montrée, il faut le dire, si impuissante et si dérisoire dans le gouvernement de l'enseignement ; tout y est donné aux intérêts de la société et aux grands principes de notre organisation politique. »

« Il est facile, ajoute monseigneur l'évêque de Langres, de voir combien la liberté gagne à ce que toutes ces affaires, souvent si importantes pour les particuliers, au lieu d'être, comme par le passé, ou ensevelies dans les bureaux universitaires, ou tranchées par le conseil de l'Université, soient examinées, pour ainsi dire, sur les lieux mêmes et jugées par un conseil d'hommes connus et généralement accessibles, c'est-à-dire par une autorité qui offre, autant qu'il est possible, dans notre société actuelle, de véritables garanties impartiales. (*La vérité sur la loi de l'enseignement*, p. 54.)

La présence des archevêques et évêques dans le conseil supérieur de l'instruction publique a été diversement appréciée : les uns n'ont vu dans cette mesure que la sanction de l'union entre l'Église et l'État sur la question d'enseignement ; les autres n'y ont vu que des éléments d'embarras et de discorde pour l'avenir. Au nombre des orateurs qui se sont élevés contre cette disposition de la loi, nous citerons M. l'abbé

Cazalès, qui a proposé de n'admettre dans le Conseil supérieur, ni archevêques ni évêques, et de les remplacer par quatre membres de l'Assemblée législative nommés en séance publique.

Il n'est pas sans intérêt de connaître sur quelles raisons l'illustre représentant s'est appuyé pour repousser la situation qui est faite au clergé par la nouvelle loi.

« .... Je me déciderais à voter le projet de loi, a dit M. de Cazalès, sans la position qui est faite au clergé parmi les autorités préposées à l'enseignement public. C'est de ce côté que le projet me paraît surtout défectueux, et je vais vous dire les principaux motifs de ma conviction.

« Quelques-uns sont des motifs spéciaux, ils touchent aux règles de la discipline intérieure de l'Eglise. Mais c'est là une raison catholique dont la valeur ne pourrait être comprise que par un très-petit nombre de personnes dans cette enceinte. Je ne ferai donc valoir que des raisons tirées de l'intérêt général, de l'intérêt politique, je dirai d'abord quelques mots d'une question qui, à peine abordée à cette tribune, semble avoir été résolue d'avance. On a présenté ce projet de loi comme une sorte de concordat. Mais qu'est-ce qu'un concordat ? C'est un acte conclu entre deux parties. Or, ici, où sont les deux parties contractantes ? je vois bien l'Etat ; mais où est l'Eglise ? Dès lors même qu'on l'appelait, il me semble qu'il y a lieu de la consulter sur la position particulière qu'on veut faire à l'épiscopat et au clergé. Mais, dit-on, on ne lui demande que son concours dans un intérêt public, on ne saurait refuser de faire le bien. C'est très vrai, je le reconnais, l'Eglise ne saurait jamais refuser de faire le bien; mais il faut examiner si en effet il y a là du bien à faire, et sous quelles conditions, sous quelles formes. Eh bien ! s'est-on adressé pour cela aux chefs naturels de l'Eglise, et spécialement à son chef supérieur ? M. l'évêque de Langres vous l'a déclaré lui-même, il a repoussé la solidarité de la religion dans le projet de la loi ; c'est la politique seule qui le présente. L'Eglise accepte le projet; accepte-t-elle pour cela la part qui lui est offerte dans le Conseil supérieur et dans l'enseignement ? Pour mon compte, je ne le crois pas. Je parle ici en mon propre nom; mais il m'est bien permis de dire ce qui est notoire : sur cette question, le clergé de France est profondément divisé. De quel côté est la majorité ? C'est une chose assez difficile à constater; mais ce qui est constant, c'est que même pour ceux qui acceptent la loi, on ne se dissimule pas qu'il n'y ait quelque danger dans son exécution, quelques conflits fort probables, qui se termineront peut-être très-promptement par une rupture.

« Je rends pleinement hommage aux intentions des auteurs du projet de loi, ainsi qu'aux sentiments qui les animent ; mais ce dont je suis convaincu, c'est que les moyens qu'ils proposent vont directement contre le but qu'ils veulent atteindre ; c'est que leur projet ne peut produire rien d'heureux, ni pour la religion, ni pour l'Etat. En effet, vous placez le clergé dans une situation aussi fausse qu'inefficace. Etes-vous d'abord certain que vous aurez pour vous l'unanimité du corps ecclésiastique ? Ensuite, par la composition même du Conseil supérieur, n'y a-t-il pas un danger permanent de désunion ? Un rapide examen des matières mêmes qui seront soumises au Conseil supérieur et des attributions qui lui seront conférées vous convaincra bientôt que mon assertion est appuyée sur des preuves certaines. Je vois bien ce que la religion pourra y perdre, mais je ne vois pas aussi clairement ce qu'elle pourra y gagner. Quelle position auront donc les évêques dans le Conseil supérieur? Ils y seront les défenseurs de la liberté des cultes ; ils y auront la direction religieuse de l'éducation ; ils seront, comme le dit M. de Riancey, les souverains sur les points dogmatiques, et, comme ajoute le rapporteur, ils seront les surveillants spéciaux de toutes les matières qui toucheront à des vérités dont ils sont les gardiens naturels.

« Ainsi, liberté des cultes et orthodoxie de l'enseignement religieux, tels sont les attributions et les soins que vous confiez aux évêques dans le Conseil supérieur.

« Quant à la liberté des cultes, elle consiste à laisser les enfants qui appartiennent aux différentes communions suivre la direction religieuse des ministres de leurs cultes respectifs. Mais cette liberté-là existe! Qu'avez-vous besoin de la sauvegarder ? Pour ce qui est de l'enseignement de l'orthodoxie, de l'enseignement religieux proprement dit, c'est là une attribution qui appartient dans les écoles primaires au curé de la commune, et dans les collèges aux aumôniers, qui doivent obtenir l'agrément préalable de l'Evêque diocésain, et qui doivent refuser aussitôt leur ministère, s'ils s'aperçoivent qu'on fasse d'un autre côté aux enfants une exposition erronée des dogmes religieux. Toutes ces précautions sont prises actuellement ; toutes ces garanties sont données aujourd'hui. La dissidence qu'on ne peut rencontrer dans les membres du Conseil supérieur n'est donc pas là. La difficulté est donc ailleurs. Si la commission et les orateurs l'ont dissimulée, c'est que peut-être ils ne savaient comment la résoudre.

« Il y a des matières appelées mixtes qui tiennent à la fois au domaine purement humain et au domaine religieux. J'ai nommé par cela même la philosophie et l'histoire. Admettez-vous que dans le conseil les évêques seront les arbitres supérieurs de cet enseignement, par cette raison que ces matières touchent à quelques-unes de ces vérités dont ils sont les gardiens naturels ? Si les ministres des autres cultes demandent à exercer les mêmes droits, alors les catholiques protesteront d'un côté, les protestants

de l'autre, les israélites à l'encontre des deux, et les rationalistes contre tous.

« Les catholiques seront la majorité, ou bien on arrivera à ce point que prévoyait M. l'évêque de Langres, à un point où il faudra que le clergé retire son concours devant une position inacceptable ; et ainsi, au lieu d'arriver à une conciliation, on n'aura fait que ranimer une guerre d'autant plus vive qu'on aura eu d'abord plus de négotiations, qu'on aura fondé plus d'espérances pour la paix. (*Très-bien ! très-bien !*)

« Croyez-moi, messieurs, laissez les évêques à leurs fonctions sacrées, et ôtez ainsi tout prétexte à des périls nouveaux quand nous avons bien assez de ceux qui nous menacent de tous côtés. Ne donnez aucune raison d'être à la haine violente, et le vaste incendie que l'on redoutez contre la religion s'éteindra de lui-même faute d'aliment.

« Il y eut aussi une époque où l'on voulut faire entrer le clergé dans l'enseignement officiel. Sous la Restauration, on fit aussi un appel au clergé. Un évêque aussi éminent par ses vertus qu'illustre par ses talents devint ministre de l'instruction publique, quelques ecclésiastiques occupèrent les premiers postes de l'Université. On doit même reconnaître que, sans arriver à une fusion complète, l'élément laïque et l'élément Ecclésiastique vécurent d'abord en assez bonne intelligence. Cependant, l'éducation du collège n'y gagna pas grand'chose : il y eut quelques modifications apparentes, mais il n'y eut rien de changé au fond, et je ne sache pas que la génération instruite alors ait beaucoup mieux valu que celles qui avaient été élevées dans la période antérieure ou qui le furent dans la période suivante. (*Mouvement.*)

« Bientôt même la guerre éclate ; car le clergé ne saurait impunément, pas plus que toute autre corporation, toucher à la sphère politique. On l'accuse de marcher à l'envahissement des fonctions universitaires. Aujourd'hui, si vous donnez une part du gouvernement de l'enseignement au clergé, ne craignez-vous pas que les vieilles haines ne se réveillent, et que la coalition que vous demandez ne produise les mêmes fruits que l'ancienne coalition officielle qui ne tourna qu'au détriment même du trône et de l'autel, et qui, je ne crains pas de le dire, ne contribua pas peu à précipiter le mouvement qui devait aboutir à la révolution de juillet ? » (*Agitation.*)

L'orateur soutient ensuite qu'il y a parité dans les situations, et que ce qui était mauvais sous la Restauration, n'est pas meilleur aujourd'hui. Si le clergé entre dans l'Université, la situation qui lui sera faite ne tardera pas à être compromise, et la religion, « loin de rien gagner à l'alliance qu'on lui propose, ne fera qu'y perdre ; on accusera le clergé d'avoir prêché la liberté quand il n'avait pas sa part, et de se taire quand cette part lui est faite par le monopole. » (*Agitation.*)

« Il me semble, ajoute l'orateur, que mon langage n'est pas celui d'un homme qui se montre exclusif. Messieurs, la liberté d'enseignement, de toutes les libertés, est celle qui me paraît la moins dangereuse, parce que, pour la tenir dans de justes limites, il y a un intermédiaire, l'amour paternel, le plus vigilant des modérateurs. En Belgique, en Angleterre, en Allemagne, il n'y a pas d'autre surveillance, et l'on ne se plaint pas, que je sache.

« Je ne vois pas en quoi la modification que je propose changerait beaucoup le projet seul qui vous est présenté. Ce projet signale un progrès considérable dans la situation qui avait été faite jusque-là à l'Eglise ; je me plais à le reconnaître, je n'en persiste pas moins dans ma proposition maintenant.

« J'ai besoin, en finissant, de repousser un reproche qu'on m'adressera peut-être. On m'accusera de vouloir enlever à l'Eglise la position qu'on veut lui faire, on me reprochera de vouloir la maintenir loin du champ de bataille.

« Messieurs, l'Eglise ne reste ni neutre, ni indifférente dans les luttes sociales ; mais depuis dix-huit siècles elle descend dans les grands combats avec ses armes. Si elle s'y présentait comme auxiliaire, si elle ne parlait plus qu'au nom de l'Etat, elle perdrait ce qui fait sa force et la fait si souvent triompher : elle ferait nombre, elle ne serait plus qu'un instrument, instrument dangereux pour celui qui s'en sert. (*Sensation.*) Voyez quel est son mode d'action : elle n'a point, comme l'Etat, des moyens de répression matérielle, c'est dans la sphère des esprits et des âmes qu'elle combat, qu'elle repousse les doctrines qui lui semblent dangereuses ; elle ne les combat pas, comme l'Etat, sur le terrain des faits et des intérêts matériels ; elle adresse au socialisme, par exemple, d'autres arguments, car elle s'efforce surtout de détruire ou du moins de désarmer les passions qui font leur danger. (*Sensation.*) Elle ne répond au tableau des douleurs et des misères de l'homme qu'en tournant son cœur vers le ciel, qu'en le relevant à ses propres yeux, en lui rappelant ses sublimes destinées. Mais pour que l'Eglise trouve le chemin des cœurs, il faut qu'elle parle au nom de Dieu et de l'éternité ; car elle ne peut parler au nom même de la société ; car ce sont là des intérêts temporels et politiques. (*Exclamation, interruption.*) Tout ce que la religion peut dire se trouve dans ces paroles du Christ : *Cherchez le royaume de Dieu et de la justice : tout bonheur vous sera donné par surcroît.* (*Mouvement.*) Messieurs, pour que la religion fasse le bien que vous attendez d'elle, donnez-lui la seule chose qu'elle demande, donnez-lui la liberté ; voilà ce qu'il lui faut ; elle ne veut ni des chaînes, ni des faveurs. C'est ainsi que la parole sera écoutée, c'est ainsi qu'elle pourra préparer cette grande réconciliation de tous les partis qui nous appelons tous, et sans laquelle nous continuerons cette voie douloureuse, qui va d'une révolution à une autre révolution. Vous me pardonnerez cette digression, messieurs.

(*Approbation à gauche.*) J'ai parlé plus en prêtre qu'en représentant, parce que j'ai cru que c'était au cœur du prêtre qu'on s'adressait. Je vous soumets avec confiance mon amendement : si vous l'adoptez, vous rendrez à la société et à l'Eglise un des services les plus signalés qu'elle puisse attendre de vous. » (*Sensation. — Très-bien !*)

M. de Vatimesnil a répondu à M. Cazalès, et s'est appliqué à montrer que ses appréhensions étaient exagérées. Selon l'illustre orateur, le clergé devra nécessairement peser dans le conseil, surtout alors qu'il s'agira de la direction morale et sociale. C'est pour cela qu'il y est appelé : il ne reculera pas par peur de se compromettre, lorsqu'il s'agit d'intérêts aussi graves. D'ailleurs, il ne craint ni les haines ni leurs persécutions. « A l'époque du Concordat, s'il avait craint, les temples, a dit l'orateur, les temples seraient restés fermés, et nous aurions eu l'effrayant spectacle d'une grande nation sans culte. Mais non, c'est par son dévouement que l'Eglise aida à sauver l'Etat.

« Nous ferons, d'ailleurs, observer avec Mgr. l'évêque de Langres, qu'en nommant au Conseil supérieur quatre de leurs collègues, les évêques de France leur donnent leur confiance et non pas leurs pouvoirs ; ils ne seront donc ni liés ni engagés par les décisions en fait de doctrine prononcées par leurs collègues préposés à l'enseignement public. »

Plusieurs autres orateurs ont parlé contre l'immixtion du clergé dans le Conseil supérieur par des motifs bien différents de ceux de M. l'abbé Cazalès. M. Raspail, notamment, s'est livré à quelques excentricités contre les congrégations religieuses et les jésuites. Mais hâtons-nous de dire que ses paroles n'ont eu d'autre objet que d'exciter les rumeurs de l'Assemblée, et que le paragraphe en question a été adopté à une grande majorité. On a demandé si, en faisant nommer par leurs collègues les évêques, on n'abrogeait point implicitement l'art. 4 de la loi organique du Concordat, qui interdit toute assemblée délibérante du clergé sans la permission expresse du gouvernement ?

La commission a déclaré à ce sujet, par l'organe de M. Beugnot, qu'elle n'avait point l'intention de soulever, à propos de la liberté de l'enseignement, une question qui se rapporte à un autre ordre d'idées et de droits, celle de savoir si le clergé catholique doit jouir, sous l'empire de nos nouvelles institutions, de la faculté de se réunir pour délibérer sur le maintien de ses dogmes et l'amélioration de sa discipline. Dans la pensée du gouvernement et de la commission, les archevêques et les évêques devaient procéder par lettres adressées au ministre de l'instruction publique à la nomination de leurs collègues.

Ce point a au surplus été réglé par le décret suivant, du 8 mai 1850, dont voici la teneur :

*Règlement d'administration publique pour l'exécution de l'article 1er de la loi du 15 mars 1850, sur l'enseignement.*

Le président de la République, sur le rapport du ministre de l'instruction publique et des cultes ; vu l'art. 1er et le troisième paragraphe de l'article 84 de la loi du 15 mars 1850 ; le conseil d'Etat entendu, décrète :

*Article 1er.* — Lorsqu'il y a lieu de procéder à l'élection des membres du Conseil supérieur de l'instruction publique, le ministre informe les archevêques et évêques diocésains, les Consistoires de l'Eglise réformée et ceux de la Confession d'Augsbourg, le Consistoire central israélite, le conseil d'Etat, la Cour de cassation et l'Institut national, du nombre des membres qu'ils ont à élire et de l'époque à laquelle doit se faire l'élection.

*Art. 2.* — Le ministre envoie à chaque archevêque ou évêque un bulletin de vote et une enveloppe préparée à cet effet. L'archevêque ou évêque met sous enveloppe cachetée, sans signe extérieur, le bulletin exprimant son vote. La dépêche portant envoi de ce bulletin est adressée à ce ministre, mais elle n'est décachetée qu'en présence de la commission désignée dans l'article ci-après. Les bulletins envoyés postérieurement à l'époque indiquée sont considérés comme non avenus. La commission, après avoir décacheté la dépêche, en extrait l'enveloppe contenant le bulletin, et le dépose immédiatement dans une urne.

*Art. 3.* — Le dépouillement des votes est fait par une commission composée du ministre-président et de deux archevêques ou évêques par lui désignés. Il peut être adjoint à la commission un secrétaire sans voix délibérative.

*Art. 4.* — Les bulletins sont valables, bien qu'ils contiennent plus ou moins de noms qu'il n'y a de membres à élire. Lorsque le nombre des noms inscrits sur un bulletin est supérieur à celui des membres à élire, les derniers noms ne sont pas comptés dans la supputation des votes.

*Art. 5.* — L'élection a lieu à la majorité relative des suffrages exprimés. En cas d'égalité de suffrages, la préférence se détermine entre les archevêques et évêques par le rang d'ancienneté, et par l'âge si le rang d'ancienneté est le même. Lorsqu'il y a plusieurs membres à élire, si l'un des élus déclare ne pas accepter, l'archevêque ou évêque qui a obtenu le plus de suffrages après eux est appelé au Conseil supérieur.

*Art. 6.* — L'assemblée des Consistoires de l'Eglise réformée et de la Confession d'Augsbourg a lieu le même jour dans toute la France. Un intervalle de quinze jours au moins doit s'écouler entre l'avis donné par le ministre aux présidents des Consistoires et le jour de la réunion. La convocation adressée au président de chaque Consistoire est transmise immédiatement par lui à tous les membres du Consistoire

*Art. 7.* — Les Consistoires ne peuvent délibérer régulièrement que si au moins la moitié plus un des membres qui les composent sont présents. L'élection a lieu au scrutin secret ; elle n'est valable qu'autant que le candidat réunit la majorité absolue des suffrages. Dans la huitaine, le président du consistoire adresse au ministre une expédition de la délibération.

*Art. 8.* — Le dépouillement de ces délibérations est fait par une commission composée du ministre-président et d'un pasteur de chacune des deux communions désigné par lui ; il peut être adjoint à la commission un secrétaire sans voix délibérative.

*Art. 9.* — L'élection des membres du Conseil supérieur a lieu à la majorité des suffrages exprimés ; en cas d'égalité de suffrages, la préférence se détermine entre les pasteurs par le rang d'ancienneté, et par l'âge, si le rang d'ancienneté est le même.

*Art. 10.* — Le Consistoire central israélite ne peut procéder à l'élection qu'autant que la moitié plus un des membres qui le composent sont présents. L'élection a lieu av scrutin secret et à la majorité absolue des suffrages.

*Art. 11.* — Le conseil d'Etat, la Cour de cassation et l'assemblée générale de l'Institut procèdent à la nomination des membres dont l'élection leur est attribuée conformément à leurs règlements ou usages intérieurs.

*Art. 12.* — Les procès-verbaux des commissions désignées dans les art. 3 et 8, et ceux des élections faites par le conseil d'Etat, la Cour de cassation, l'Institut et le Consistoire central israélite, sont communiqués par le ministre au Conseil supérieur lors de sa première réunion.

L'art. 5 détermine d'une manière précise la position du Conseil supérieur, sauf sa juridiction disciplinaire ; ce Conseil ne donne que des avis, et ces avis, il n'impose au ministre l'obligation de les suivre. Un orateur de la gauche, M. Jules Favre, a combattu vivement l'attribution du Conseil en ce qui concerne l'avis qu'il est appelé à donner sur les règlements relatifs aux examens, aux concours, aux programmes d'études dans les écoles publiques, sur l'autorisation ou l'interdiction des livres dans les écoles publiques ou libres. Il a soutenu que, lorsqu'il s'agirait du règlement des programmes d'études et des livres admis dans les établissements de l'Etat, des divergences se produiront nécessairement dans le sein du Conseil. Selon lui, il est impossible que les divers membres qui le composent s'entendent sur la morale, sur l'histoire et sur la philosophie qui touchent par tant de points aux questions de dogme et de controverse. Alors, la guerre est imminente, car la minorité ne voudra pas subir la loi de la majorité sans protester, et l'union dont on a espéré de si heureux résultats n'aura été que l'occasion du renouvellement d'hostilités implacables. Que feront les membres du clergé dans ces circonstances, et surtout s'il arrive que la majorité s'arrête à des décisions contraires à leur foi religieuse ? Monseigneur l'évêque de Langres a répondu en ces termes au préopinant :

« Je répondrai en quelques mots au discours de M. Jules Favre, en ce qui concerne l'art. 5 ; car ce discours reproduit et résume les plus importantes objections qu'on a présentées contre cet article. Vous avez décidé qu'il y aurait un Conseil supérieur pour diriger l'instruction publique en France ; vous avez décidé que quatre évêques catholiques y seraient appelés : vous vous occupez maintenant de ses attributions, et comme ces attributions vont jusqu'aux doctrines, je ne parle pas des sciences humaines, mais des doctrines religieuses. (*Ecoutez !*)

« Je vais parler avec une bien grande franchise, car il ne faut pas d'équivoque dans une matière aussi importante ; et les évêques ne viendraient pas, et leurs collègues ne les y enverraient pas si les limites de leurs pouvoirs n'étaient pas bien précisément admises et reconnues. (*Mouvement.*)

« Messieurs, en consentant pour ma très-faible part à l'introduction des évêques dans le Conseil supérieur, jamais je n'ai pensé qu'il fût question de faire transiger et pactiser leurs pures et inflexibles doctrines avec ce qu'ils regardent comme des erreurs. (*Mouvement prolongé.*)

« Ce serait là une apostasie devant Dieu, ce serait un déshonneur devant les hommes, et jamais le clergé, quelque chose qu'il arrive, ne consentirait à un tel manquement à ses devoirs. (*Approbation.*)

« Je désavoue toute transaction entendue de cette sorte ; je repousse avec indignation cette interprétation de notre bonne volonté. (*Très-bien !*) Si l'alliance de la religion avec la philosophie dont nous a parlé M. Thiers était telle, je me séparerais hautement de lui, et je n'aurais pour elle qu'un vote de rejet. (*Très-bien !*) mais j'ai compris que les évêques entraient dans le Conseil pour le maintien des doctrines et de l'enseignement, dont il ne leur est pas permis de changer un iota, parce qu'ils les considèrent comme un dépôt sacré, parce qu'ils savent qu'ils en rendront compte un jour : *depositum custodi.*

« Messieurs, j'ai cru, en outre, que les persécutions religieuses n'étaient plus possibles de notre temps et dans notre pays ; j'ai cru que quand les évêques déclareraient que tel ou tel livre porte atteinte à leurs croyances, on ne pourrait pas, on ne voudrait pas violenter leur conscience ; ce sujet j'ai pensé plus que cela : j'ai pensé que les hommes sérieux qui ont étudié leur temps avaient acquis cette conviction que quand quatre évêques seraient réunis, ils auraient d'autres pensées que celle de gêner les croyances des autres et de persécuter qui que ce soit.

« Je pensais que l'Etat n'enseignerait pas une croyance religieuse puisqu'il n'en a pas, qu'il laisserait enseigner ceux qui en ont, et que les croyances seraient spécialement placées sous la garantie, sous la sauvegarde des ministres qui président à ces

differents cultes. Voila dans quelles conditions j'ai promis mon vote à la loi. Telles ont été, telles sont encore mes espérances ; si ces espérances ne devaient pas se réaliser, la position des évêques dans le Conseil supérieur ne serait pas seulement dangereuse, elle serait inacceptable ; il vaudrait mille fois mieux accepter l'amendement de M. de Cazalès, ou repousser la loi ; car, je le répète, en dehors de ces conditions, les évêques ne viendraient pas ou leurs collègues ne les enverraient pas. (*Mouvement.*) Mais, je le répète, je ne crois pas aux persécutions religieuses, et c'en serait une si la partie secrète de la loi était de tromper l'Eglise pour arriver à la maîtriser plus tard. (*Mouvement nouveau.*) Nous nous sommes ralliés à la loi, car il fallait protéger avant tout la liberté de conscience et assurer au père de famille la libre disposition de son enfant. Je ne dirai pas qu'il n'y a pas de danger dans le système qu'on vous propose. (*Bruit.*) Je ne retirerai pas mes réserves ; je les maintiens au contraire. (*Sensation.*) Il n'y a rien qui n'ait son danger ; mais je persiste à croire qu'il y a possibilité de faire un certain bien avec cette combinaison.

« M. Jules Favre a contesté à l'Eglise la condescendance jusqu'aux dernières limites ; je lui dirai que depuis soixante ans, l'Eglise n'a versé le sang de personne, et que ses ministres sont tombés sous le fer de l'anarchie (*Sensation.*) par suite de cette condescendance, peut-être excessive. L'Eglise a été trompée plus d'une fois ; mais elle n'a jamais trompé personne. (*Très-bien !*) S'il arrivait qu'un jour, au sujet de cette loi elle fût encore trompée, eh bien ! elle se retirerait sans se plaindre, sans récriminer, et laissant à Dieu et au pays le soin de juger de quel côté auraient été la loyauté, le dévouement au bien et à l'amour du pays. » (*Très-bien.*)

CRÈCHES (1). Un essai a été fait ; il avait pour but de prouver que les crèches sont possibles ; qu'une crèche coûte peu à établir, peu à entretenir, et qu'elle produit les plus heureux effets, sans inconvénient aucun. A Paris seulement, les crèches préserveraient de la misère, par le travail, 2,400 ménages, le douzième des ménages *inscrits !* Berceau de Moïse, berceau de Jésus, protégez le berceau du pauvre !

L'épreuve a réussi ; que faut-il maintenant ? Hâter la multiplication des crèches ; appeler l'attention des gouvernants sur la nécessité d'en établir partout, partout où se trouvent des mères pauvres obligées de travailler loin de leurs petits enfants ; sur la nécessité de mettre ces nouveaux asiles sous la tutelle de l'autorité ; procurer aux nôtres les ressources dont elles ont besoin, jusqu'au moment où la haute administration pourra les adopter ; démontrer enfin l'utilité d'une crèche-modèle.

Tel est notre but.

(1) L'institution des crèches est, à notre avis, une pensée tout au moins incomplète ; toutefois nous nous plaisons à en exposer les avantages. (*Note de l'Editeur.*)

Nous espérons que le pouvoir temporel et le pouvoir spirituel l'accueilleront avec la même faveur ; le prix est assez modique pour que le maire et le curé de la plus pauvre commune puissent y atteindre.

Nous implorons le concours de tous les amis des pauvres, de tous les bons esprits que préoccupe l'avenir. Une petite cause produit souvent de grands effets.

La charité légale (1) et la charité pieuse uniront partout leurs efforts pour établir des crèches, parce que la religion et l'humanité les demandent partout : l'intérêt de la religion est ici, comme presque toujours, en harmonie avec celui de l'Etat. Ah ! si la crèche pouvait servir d'occasion à un rapprochement plus intime entre l'Etat et l'Eglise, quel service elle rendrait aux pauvres, à l'Etat, à l'Eglise, à l'humanité !

Au milieu des dissensions qui nous affligent, il est un point, un seul peut-être, sur lequel, du moins, nous sommes tous d'accord : la nécessité de venir au secours des malheureux. La charité est un *terrain neutre* (2) où tous les partis et toutes les sectes se donnent la main, parce que l'aumône est utile à tous, l'aumône « rosée céleste pour celui qui la donne, rosée terrestre pour celui qui la reçoit. »

L'humble crèche, heureusement, ne trouve point et ne saurait trouver d'antagonistes ! Chose rare en tout temps, plus rare que jamais aujourd'hui ! C'est que la rosée tombe également sur le jardin du presbytère, sur le parc légitimiste, sur le champ *conservateur* et sur l'atelier républicain. La charité luit pour tous, est bonne pour tous, comme le Soleil, comme la Vérité.

La France est inondée de mauvais livres qui pervertissent et les mœurs et le goût ; propageons quelques idées morales et religieuses, à propos d'une institution naissante, d'une institution éminemment religieuse et morale ; et que la religion vienne au secours de la philosophie, puisque leur but est ou doit être le même : le bonheur des hommes. La question la plus humble grandit, quand on la considère au point de vue de l'humanité. Comment parler de crèche sans s'élever jusqu'à la charité ? Et qu'y a-t-il au-dessus de la charité ? — Dieu seul, Dieu qui la grava dans nos cœurs à côté de l'amour de nous-mêmes.

L'instruction étend ses bienfaits ; la prospérité va croissant ; le nombre des pauvres diminue ; les lois s'exécutent plus facilement que jamais ; et pourtant le nombre des enfants trouvés augmente ; celui des enfants nés hors mariage est toujours effrayant ; nos rues sont pavées de mendiants ; nos campagnes, encombrées de vagabonds ; les cri-

(1) La charité légale est confiée au bureau de bienfaisance et aux hospices ; la charité pieuse comprend toutes les œuvres de bienfaisance, l'aumône privée, les distributions de secours par les curés, etc. Leur but est le même : combattre la misère et soulager les malheureux.

(2) *Annales de la charité*, introduction, par M. le baron de Barante.

nes, les associations coupables (1) se multiplient ; et le génie du mal, sous le masque de la liberté, pénètre partout, comme si la liberté pouvait fleurir à l'ombre de la licence ! Ne lui laissons pas le monopole de l'association et du progrès ; luttons avec lui de vitesse et de persévérance ; prêchons une sainte croisade contre la misère et l'immoralité ; que la charité nous serve d'étendard ! Et bientôt, la terre purifiée n'aura plus à craindre ce monstre aux cent mille têtes, ce hideux paupérisme, qui ronge au cœur l'opulente Albion.

La France a fait beaucoup pour la gloire ; elle commence à voir *qu'il reste quelque chose encore à faire* pour la charité. Le royaume de Clovis, de Charlemagne, de saint Louis, la patrie de Vincent de Paul, de Belzunce et de Fénelon, doit aux nations l'exemple de la charité chrétienne, de la vraie charité. La France ne marche-t-elle pas à la tête de la civilisation ? La civilisation n'a-t-elle pas pour but le bonheur du genre humain, la fraternité universelle, la charité ?

On nous dispute le sceptre de la force, de l'industrie, du commerce, des arts, des sciences ; nul ne nous disputera le sceptre de la charité. Oui, la France est la plus charitable des nations (2). Même sous la Terreur, quand la pitié proscrite fuyait un sol ébranlé ou gémissait dans les cachots ; quand Malesherbes expiait un patriotisme si pur, une fidélité sublime ; quand la piété filiale, quand l'amour maternel lui-même, étaient punis de mort, la charité n'abandonna pas la malheureuse France ; elle changea de nom et de langage, et parvint, quelquefois même au prix du martyre, à sauver des milliers de citoyens. Charlotte Corday crut faire un acte charitable en délivrant son pays du génie infernal qui demandait 500,000 têtes ! Le patriotisme n'est qu'un des rayons de la charité ; la vraie charité, plus grande, plus belle que le patriotisme, embrasse dans son amour le genre humain ( *caritas humani generis* ) ; et c'est elle qui fait dire au poëte :

*Homo sum, humani nihil a me alienum puto.*

Que serions-nous sur la terre, nous, êtres si faibles, exposés à tant de maux, que serions-nous sans la charité ? cette vertu sublime dont Jésus est l'admirable personnification : *Il allait faisant le bien.* « La charité ne consiste pas seulement à secourir les pauvres, mais à ne vouloir, à ne faire à ses semblables que du bien ; à en faire le plus possible. Elle est bonne, attentive, indulgente ;

---

(1) Ce contraste cessera, quand nos institutions charitables, quand notre système de peines et de récompenses auront été mis en harmonie avec nos mœurs, nos besoins et nos ressources.

(2) La collecte pour la Martinique excéda 800,000 f.; pour les orphelins du choléra, dans Paris, 1 million ; pour la Guadeloupe, 4 millions et demi ; pour les blessés de juillet, 4,800,000 fr. ! Le *Manuel des œuvres de charité de Paris* énumère 63 établissements soutenus par les associations charitables, et toutes celles qui existent n'y figurent pas. Glorieuse France ! tu n'auras jamais besoin de recourir à la taxe des pauvres.....

---

elle aime et se fait aimer. Elle préside à toutes les actions du bon citoyen, et lui procure deux choses essentielles au bonheur : le contentement de soi-même et l'estime publique.

« La charité concilie parfaitement l'amour de soi, l'amour des siens, avec l'amour de la patrie, avec l'amour du genre humain. Rien n'est plus conciliant que la charité, parce qu'elle est toujours prête à faire des sacrifices au bien. Elle a du baume pour toutes les blessures, des consolations pour toutes les douleurs. Elle est partout bien placée, dans la chaumière comme dans les palais (1). » C'est une des vertus les plus fécondes en bien-être social.

Plus avance la civilisation, plus s'étend l'empire de la charité, parce que les hommes s'éclairent de mieux en mieux sur leurs véritables intérêts, qui sont toujours de se faire le plus de bien possible. *Interest hominis hominem beneficio affici.* — Ce qui augmente le bien de tous augmente la part de chacun.

La charité, la charité bien dirigée, serait le moyen le plus doux et le plus sûr de résister au paupérisme et de combattre les idées anti-sociales dont la misère fut toujours le plus terrible argument ; elle peut briser, dans les mains démagogues, le fatal levier de la faim, mettre un terme à nos divisions, et rassurer l'Europe contre le souvenir de nos victoires, contre l'excentricité de nos influences. Occupons-nous d'améliorations morales et matérielles ; au lieu de calomnier notre passé, au lieu de suspecter notre présent, au lieu d'être effrayé de notre avenir, on nous aimera, on nous imitera, on nous respectera. Oui, on nous respectera, parce que nous aurons toujours, quoi qu'il arrive, au moment voulu, des forces vives, des forces *immesurées*, prêtes à repousser toute agression.

La conquête est un lien de fer que le vaincu doit toujours s'efforcer de briser ; la charité, un lien d'amour qu'on a toujours intérêt à conserver, à resserrer. Le génie de la guerre et des conquêtes a brillé sur nos têtes ; le génie de la paix et de la charité vient à son tour. Le premier dévorait les hommes, celui-ci leur apprend à vivre.

La charité, qui n'a pas cessé d'avoir parmi nous une belle et digne place, est appelée à un rôle plus important encore. L'économie sociale ne peut avancer désormais sans son appui ; l'économie politique lui demande secours. Un État fondé sur la triple base de la légalité, de la justice et de la charité, ne serait pas seulement admirable, il serait à l'abri de tout ébranlement, et les prospérités matérielles et morales s'y développeraient sans secousses. Voilà pourquoi, dans tous les temps, nos grands législateurs ont porté leur attention sur les pauvres (2). Ce royaume de Dieu, ce royaume que le divin législateur nous apprit à demander, à espérer, ( *adveniat*

---

(1) *Etudes sur l'économie sociale*, p. 413.
(2) V. la *Législation charitable*, par M. le baron de Watteville, et la savante préface qui précède ce recueil important.

*regnum tuum !* ) c'est celui dans lequel régneront paisiblement la *loi*, la *justice* et la *charité*. — Que le siècle des lois soit donc aussi le siècle de la justice et de la charité ! Mais que la charité soit pour nous la première et la plus sainte des lois ! — « Ne pas faire à autrui ce que nous ne voudrions pas qu'autrui nous fît : voilà la justice. Faire à autrui, en toute rencontre, ce que nous voudrions qu'il fît pour nous : voilà la charité (1). »

La charité, depuis longtemps dans nos mœurs, pénètre enfin dans nos lois et nos institutions. Écoles gratuites, asiles, caisses d'épargne, surveillance des enfants dans les manufactures, voilà ses conquêtes ! Hâtons-nous d'en faire de nouvelles.

L'apparition des *Annales de la charité* signale au monde une ère que nos enfants appelleront *Ere de la charité*. Honneur aux esprits élevés qui en ont eu l'heureuse idée ! Leur but est d'éclairer la charité, de diriger, de centraliser ses efforts, afin de les rendre plus efficaces. *Hoc opus, hic labor est !*

L'aumône isolée fait peu de bien, quelquefois même est nuisible ; elle est nuisible, quand elle favorise l'oisiveté, le vice ou le crime, trois grands ennemis du bien public. L'aumône collective, plus intelligente, plus circonspecte, est moins exposée à se tromper. Associons-nous pour faire le bien : nous le ferons mieux ; nous éviterons les erreurs, les omissions, les doubles emplois, et l'association décuplera la puissance de notre charité.

Un père de famille possédait un vaste parc : des sources d'eau vive nuisaient aux racines des arbres, et couvraient de joncs la prairie ; dans les temps pluvieux, terres, bois et prairies, tout était inabordable ; et quand le soleil brûlait, des exhalaisons fétides viciaient l'air et causaient des maladies. Le maître, un jour, dit à ses enfants et à ses serviteurs : « Aidez-moi, nous réunirons toutes les sources en un ruisseau, qui fertilisera prairies et terres ; nous pourrons ensuite marcher dans le parc en tout temps, et les miasmes nuisibles disparaîtront. »

L'année suivante, le parc était plus beau, très-sain, toujours abordable, et les serviteurs et les enfants, et le maître, se réjouissaient d'avoir, par leurs efforts unis sous une bonne direction, changé le mal, dont ils souffraient tous, en un bien dont tous profitaient.

Unissons nos aumônes et nos efforts : nous formerons des ruisseaux vivifiants, nous formerons un fleuve de charité qui purifiera le sol. Donnons aux pauvres du travail, des idées morales et les moyens de travailler : *ouvroirs* pour les femmes, *ateliers* pour les hommes, *moralisation* pour tous ; voilà ce que la charité doit s'empresser d'établir, afin de combattre la misère par le travail et la vertu.

La crèche a cet avantage : elle prévient la misère en facilitant le travail et en excitant les pauvres mères à se bien conduire. Elle a surtout l'avantage de faire beaucoup de bien sans mélange ! A qui pourrait-elle nuire ?

L'égoïsme dira tout bas peut-être, afin de motiver un refus de concours : « Laissez mourir ces pauvres enfants ; épargnez-leur une vie de souffrance : n'avons-nous pas assez de pauvres ? Je ne veux point aider à les multiplier. La population de la France est déjà trop grande ; il vaut mieux être moins nombreux et plus heureux. »

La charité lui répond : « Ces enfants sont vos concitoyens, vos frères ; ils sont pauvres, malheureux et faibles, vous devez les secourir ; je vous en prie au nom du ciel, au nom de l'humanité, au nom de la patrie, votre seconde mère et la leur..... »

L'économie politique ajoute : « Si vous pouvez donner à 20,000 pauvres mères la liberté de leur temps et de leurs bras, — hâtez-vous ; 20,000 journées de travail ne sont pas à dédaigner.

« Si vous pouvez sauver la vie à 10,000 enfants, hâtez-vous ; — 20,000 bras de plus par an ne sont pas à dédaigner ; les bras, c'est du travail, et le travail est le créateur des richesses.

« Et si vous pouvez préserver d'infirmités 10,000 enfants, hâtez-vous encore plus, car vous aurez le double avantage de délivrer les familles et l'Etat de 10,000 fardeaux, de 10,000 obstacles au travail, de 10,000 misérables consommateurs stériles, et de lui procurer en échange 10,000 bons travailleurs. »

L'histoire, comparant le passé au présent, pour mieux éclairer l'avenir, ajoute à son tour : « Depuis 200 ans la population de la France a doublé ; cependant le Français est mieux logé, mieux nourri, mieux vêtu, parce qu'il travaille plus et mieux. Doublez encore, si vous pouvez ; travaillez encore plus et encore mieux, vous serez encore mieux nourris, encore mieux logés, encore mieux vêtus. »

N'en déplaise à Malthus, la France est loin d'avoir à redouter un excès de population : nos campagnes manquent de bras ; la marine, les colonies, l'Algérie surtout, en réclament aussi. Ne craignons pas d'en sauver tous les ans quelques milliers. Quand l'humanité ne nous en ferait pas un devoir sacré, notre intérêt bien entendu nous le commanderait.

Si quelqu'un eût demandé à Sully comment il pourrait occuper une population double de celle qui vivait, — sans monastères, sans lettres de cachet, sans priviléges, sans lits de justice, avec la liberté de la presse et de la tribune, avec une opposition plus forte, plus éclairée que la ligue, avec une opposition qui gronde comme la foudre, éclaire quelquefois comme elle, et comme elle aussi tombe souvent avec une égale fureur sur les bons et sur les mauvais ; — Sully probablement eût été embarrassé de répondre. Nous l'occupons cependant, cette population

---

(1) *Manuel de morale* pratique et religieuse, à l'usage des écoles, par Emile Loubens.

doublée; nous l'occupons, et nous avons plus de riches qu'au temps de Sully; et nous comptons beaucoup moins de pauvres; et l'impôt, quoique augmenté, semble moins lourd et se paie mieux, — parce qu'il est plus équitablement réparti; et les lois reçoivent partout une exécution plus facile, quoique plus nombreuses, — parce qu'elles sont plus équitables et faites par nous-mêmes et pour nous; et nous n'avons plus de disettes; et la *poule au pot* du bon Henri commence à manquer dans moins de familles; et nous ne crions pas contre nos ministres, plus fort qu'on ne criait contre le vénérable Sully ! Progressons encore, et si la paix se prolonge, le vœu de Henri IV se réalisera complétement ; il se réalisera sous des institutions meilleures, dont le perfectionnement doit suppléer de mieux en mieux à l'imperfection des hommes chargés de les faire fonctionner. Améliorons, améliorons sans cesse, afin de ne pas laisser revenir la nécessité de changer tout à la fois, comme en 1789.

Le besoin crée les ressources par le travail ; le travail, par les bras ; les bras, par l'industrie; l'industrie, par l'intelligence; développons de plus en plus l'intelligence et l'industrie; augmentons le nombre des bras, des bras forts et utiles; le travail accroîtra nos ressources, et nous serons toujours au-dessus des besoins. Il est plus facile d'approvisionner Paris qu'un hameau ! Paris est plus heureux avec 1 million d'habitants qu'il ne l'était avec 500,000 ! Sa richesse est plus que triplée; le nombre de ses pauvres est diminué de moitié; le trésor de ses hospices est triplé; les dons annuels de la charité sont décuplés; si tout était bien employé, si l'on dépensait un peu plus pour prévenir la misère par le travail, un peu moins pour la nourrir, il n'y aurait plus, à Paris, de pauvres que les *infirmes* et quelques *vieillards.*

Nous avons longtemps étudié notre corps social dans toutes ses parties; nous avons vu ses besoins et ses ressources, et nous croyons pouvoir affirmer qu'un accroissement de population lui serait utile en tous points. Que de travaux encore attendent la main de l'homme !

Avons-nous mis en rapport toutes nos terres, défriché nos landes, nos marais ? Avons-nous fait toutes les voies de communication nécessaires à notre beau pays, endigué toutes nos rivières, arrosé toutes nos plaines, terminé tous nos ports, fortifié toutes nos côtes ? Avons-nous exploité la millième partie des richesses géologiques de notre sous-sol ? Que de travaux encore, sans sortir du territoire continental ! et nous redouterions un accroissement de bras ! Non, loin de le redouter, il faut le désirer, le hâter, mais en ayant soin de faire marcher les améliorations morales à côté des améliorations matérielles. Utilisons les bras, nous ne craindrons pas de les voir augmenter en nombre et en force.

Quand nos hommes d'État, au lieu de se disputer le pouvoir, s'occuperont de doter le pays d'institutions, d'améliorations utiles à tous, le pouvoir ira de lui-même trouver les plus habiles et les plus féconds. Les mots ne suffisent plus à la France éclairée; il lui faut des choses, des choses utiles.

Il est bien difficile aux hommes qui gouvernent, surtout dans un pays de liberté, de prendre l'initiative des améliorations, parce que le courant des affaires absorbe et leur temps et leurs forces. Colbert lui-même, aujourd'hui, Colbert, avec tout son génie, lutterait à peine contre le torrent. Quand on trouve si difficilement le temps nécessaire aux intérêts nés, comment s'occuper des intérêts qui veulent naître ? Il faut donc que les particuliers viennent au secours des gouvernants, et qu'ils signalent, par voie de pétition ou autrement, les améliorations que réclame le bien du pays. Quand un besoin social se révèle, — et trop souvent, hélas ! il ne se révèle qu'après de longues souffrances, — les citoyens, qui entrevoient les moyens d'y subvenir, doivent tenter l'essai, faire tous leurs efforts pour sa réussite, avertir l'autorité compétente, et l'appeler à leur secours. Il est du devoir de l'autorité de protéger l'essai qui présente un caractère d'utilité publique. Le fonctionnaire, qui, pouvant aider à faire le bien, refuse son appui, trahit son mandat, ou ne le comprend pas.

Lorsque l'expérience a prouvé que le besoin est réel, général, et que le moyen de le satisfaire est efficace, le pouvoir s'empresse naturellement de répandre l'idée nouvelle, de la mettre en action partout où elle peut faire du bien. — C'est l'histoire de l'asile et des caisses d'épargne; ce sera bientôt l'histoire de la crèche. Il a fallu trente ans à l'asile pour prendre place dans nos institutions; la crèche arrivera plus vite, parce que l'asile, son précurseur, lui prépare les voies. Elle n'a qu'à se montrer pour être accueillie. On s'étonne partout seulement qu'elle ne soit pas venue plus tôt.

Que d'idées non moins utiles demandent, pour éclore, une occasion favorable, un promoteur, et quelque protection ! Croirait-on qu'en France, aujourd'hui encore (1) plus de 50,000 petites créatures, éloignées de leurs familles par la nécessité, sont abandonnées, *sans aucune surveillance,* à des nourrices mercenaires, qui, exerçant toute la puissance paternelle, c'est-à-dire, à cet âge, *le droit de vie ou de mort,* les laissent impunément s'étioler ou périr, au détriment des familles désolées, au détriment de la force et de la richesse nationales ? Croirait-on que l'apprentissage, pépinière des soldats qui feront notre force, des ouvriers qui feront notre richesse industrielle; croirait-on que l'apprentissage n'est, de la part de l'État, l'objet d'aucune surveillance ? Étonnez-vous maintenant si le recrutement accuse un déchet de 30, 40 pour cent, et plus encore dans les villes industrielles ! Étonnez-vous du nombre des rachitiques et des estropiés !.Le mal dimi-

(1) Ces lignes ont été écrites en 1845. (*Note de l'Éditeur.*)

nuera, quand nous aurons mis un terme à notre incurie sociale.

Il est si facile de protéger l'enfance, en soumettant la nourrice à la nécessité d'un livret, à la surveillance de personnes désignées par les maires et les curés! Il est si facile d'étendre aux apprentis la tutelle des comités locaux d'instruction primaire!

Voilà deux conquêtes bien précieuses que la charité ne tardera pas à faire, si les gouvernants avertis n'en prennent l'heureuse initiative.

Il y aurait un moyen de faire profiter plus tôt le pays d'une foule d'idées utiles qui surgissent de toutes parts; ce moyen est indiqué dans les *Etudes sur l'économie sociale* : « Pour hâter les améliorations de toute espèce, il faut charger un comité permanent de recueillir et d'étudier les projets venant de l'intérieur ou de l'étranger..... » (P. 161.).

Ne craignons pas de rendre la France trop heureuse. Nos pères ont amélioré; améliorons à notre tour, et nos enfants amélioreront encore après nous. Jésus n'a-t-il pas dit : *Rendez-vous parfaits?* Suivons sa loi fidèlement. La crèche divine fut le berceau de la civilisation moderne; la charité vient enfin de l'ouvrir aux enfants pauvres. Que ce progrès soit pour nous le signal de progrès nouveaux, et que la France, de plus en plus heureuse, voie ses enfants croître en nombre, en force, en richesse et en moralité!

### Comment la crèche est née.

Le comité local d'instruction primaire avait chargé une commission de lui faire un rapport général sur les asiles du 1er arrondissement. Nous fîmes ce rapport, et nous nous plûmes à constater les admirables effets de l'asile. « Avec quel soin, nous disions-nous, la société veille sur les enfants de la classe indigente! De deux à six ans, l'asile; de six ans jusqu'à l'âge de puberté, l'école primaire; ensuite les classes d'adultes.... Que de charité, que de prévoyance dans ces institutions! — Mais pourquoi ne pas prendre l'enfance au berceau ? — L'amour maternel pourvoit aux gands besoins du nourrisson; l'enfant est attaché au sein de sa mère, et la société ne veut pas l'en séparer.... — Mais pourtant, lorsque la mère est forcée de travailler hors du logis, que devient le pauvre enfant ?... » — Nous prenons l'adresse de quelques mères inscrites au livre des pauvres, et nous faisons notre enquête (à Chaillot). Au fond d'une arrière-cour infecte, nous appelons madame Gérard, blanchisseuse. Elle descend, afin de ne pas me laisser pénétrer dans son logis, *trop sale pour être vu* (ce sont ses expressions); elle a sur les bras un nouveau-né; à la main, un enfant de dix-huit mois.

« Madame, vous avez trois enfants : où est le troisième? — Monsieur, il est à l'asile. — S'y trouve-t-il bien ? — Oh! oui, Monsieur; quel bonheur pour les pauvres mères qu'il y ait des asiles! — Vous êtes blanchisseuse, et vous travaillez loin d'ici;

que deviennent ces deux petits enfants, lorsque vous allez au travail ? — Monsieur, je les donne à garder. — Et combien vous en coûte-t-il ? — 14 sous par jour. — 14 sous pour les deux ? — Non, Monsieur, 14 sous pour chacun : 8 sous pour garder, et 6 sous pour nourrir. Quand je fournis de quoi nourrir, je ne paye que 8 sous. — Et combien gagnez-vous ? — Deux francs, mais je ne travaille pas tous les jours. »

Nous courûmes chez la sevreuse. Elle était à son poste, gardant trois petits enfants sur le carreau, dans une misérable chambre : « Madame, vous êtes inscrite au bureau de bienfaisance? — Oui, Monsieur, voici ma carte. — Avez-vous fait une déclaration à la police (1)? — Non, Monsieur. — Combien avez-vous d'enfants à garder ordinairement? — Cinq ou six, mais l'asile me fait beaucoup de tort. — Combien vous donne-t-on pour chaque enfant ? — 8 sous pour le garder, et 6 sous pour le nourrir. — Qui fournit le linge? — La mère apporte le matin du linge pour la journée, et le soir elle emporte le linge sale en reprenant son enfant. — Et comment nourrissez-vous celui qui tette encore ? — *La mère vient l'allaiter aux heures des repas.* »

Ce que cette pauvre femme trouve moyen de faire dans la misère, nous disions-nous en sortant, ne pourrions-nous pas le faire dans la charité? Oui, nous le pouvons. — Nous exposâmes l'état des choses au bureau de bienfaisance, et nous lui soumîmes un projet de *crèche.* Une commission fut nommée. Chargé du rapport, nous prouvâmes: 1° qu'il était indispensable de venir au secours de ces pauvres mères, au secours de ces pauvres enfants; 2° qu'une *crèche* était possible; 3° qu'il en coûterait au plus 50 centimes par enfant, tout compris, au moyen d'une rétribution que les mères paieraient aux berceuses, et qui aurait l'avantage de conserver intact le lien de la maternité; 4° que les frais de premier établissement et d'entretien seraient minimes; qu'ils seraient couverts facilement par les dons de charité, par quelques subventions qu'on ne nous refuserait pas, et, au besoin, par un sermon « qui ferait couler, pour nos petits enfants, quelques gouttes de lait et de miel sur la terre promise de la charité. »

Le bureau ne crut pas pouvoir concourir officiellement à cette œuvre privée; mais la plupart de ses membres s'empressèrent de souscrire, et leurs noms figurent sur la liste des fondateurs.

Madame Curmer, que tous les pauvres de Chaillot connaissent, accepta les fonctions de directrice-trésorière et souscrivit la première; M. le curé de Chaillot recommanda au prône la crèche future, et fit une quête; une princesse auguste, qui cherche des consolations dans les bonnes œuvres de toute espèce, et qui semble vouloir indemniser la France et les pauvres de tout le bien qu'avait promis un prince justement regretté, donna, pour elle et pour son fils, ce qu'il fal-

(1) Une ordonnance de M. de Belleyme (1828) soumet à l'inspection les maisons de sevrage.

lait pour compléter les frais de premier établissement.

Madame la supérieure des Sœurs de la
Sagesse trouva, près de la maison de secours
dont la direction lui est confiée, un local
bien modeste, mais qui suffisait à l'essai....
La crèche du Sauveur était plus humble encore !

M. le directeur de Sainte-Périne, dont
l'aïeul, Framboisier de Baunay, avait fondé
le bureau des nourrices, M. Framboisier, l'un
des administrateurs les plus zélés du bureau de bienfaisance, disposa ce local aussi
bien que possible, avec le concours de ces
dames et de M. le docteur Canuet. A eux
l'honneur d'avoir organisé la première
crèche !

Madame Curmer s'occupa des berceaux et
du petit mobilier avec le même soin que si
la crèche eût dû recevoir ses propres enfants.

Nous écrivîmes à M. le préfet de la Seine et
à M. le ministre de l'intérieur, pour leur signaler la lacune que nous venions de découvrir, les informer de ce que nous faisions pour
essayer de la combler, et leur demander
secours ; à M. le ministre de l'instruction
publique, pour l'en informer également ; à
M. le préfet de police, pour lui demander
une autorisation qu'il s'empressa de nous
accorder, après s'être assuré de la salubrité
du local.

Le local fut mis à notre disposition le 8
octobre ; le 14 novembre, la crèche était
ouverte et bénie.... La charité peut tout,
quand le Tout-Puissant dirige ses efforts,
quand elle a pour auxiliaire sa sœur bien-
aimée, la piété.

Douze berceaux, quelques chaises, quelques petits fauteuils, un christ, un cadre
sur lequel est affiché le règlement, voilà de
quoi se composait le mobilier de la crèche !
Les frais de premier établissement n'ont pas
atteint 360 fr.

Lorsque M. le curé de Chaillot vint bénir
la crèche, en présence des fondateurs, de
mesdames les inspectrices de l'asile et des
dames de charité, les enfants criaient tous à
la fois. — Les mères et les berceuses les
prirent dans leurs bras : aussitôt les pleurs
cessèrent, comme si ces pauvres créatures
avaient senti qu'on venait les délivrer du
mal. Quelques mères pleuraient de joie, et
les berceuses, arrachées à la misère, joignaient leurs bénédictions aux bénédictions
des pauvres mères. Il n'y avait alors que
huit berceaux ; mais en peu de jours la
charité compléta le nombre de douze, et
l'argent et le linge abondèrent.... Si Paris est
la ville des plaisirs, Paris est aussi la ville de
la charité : « Il lui sera beaucoup pardonné,
parce qu'elle a beaucoup aimé (1). »

Mesdames les directrices avaient choisi
deux berceuses parmi les pauvres femmes
sans ouvrage ; l'une et l'autre étaient mères ;

l'une et l'autre dignes de toute la confiance
des mères pauvres.

Mesdames les directrices n'admettent,
conformément au règlement, que les enfants
dont les mères sont pauvres, travaillent hors
de leur domicile, et se conduisent bien. Les
premiers jours, il n'y avait pas encore douze
enfants ; mais ce nombre fut bientôt dépassé.
Lors de l'ouverture de la crèche Saint-Louis
d'Antin, il n'y avait pas un seul enfant inscrit ; huit jours après, il y en eut 6 ; un
mois après 18. On est obligé de l'agrandir.
Elle ne peut contenir que 20 enfants, et
seulement 15 berceaux ; il y a déjà 35 berceaux payés par des bienfaiteurs.

Les fondateurs, afin d'attirer les dons et
de propager une idée si utile aux classes
malheureuses, firent distribuer un prospectus
que les journaux de toutes les nuances d'opinion s'empressèrent de publier.

Ce prospectus appela des offrandes, et
procura de nombreux visiteurs à la crèche.

Un tronc y fut placé pour recevoir leurs
dons. M. le ministre de l'intérieur s'empressa
d'accorder un secours de 500 francs.

Rien de plus intéressant, pour les personnes charitables, que cette petite crèche,
entre deux et trois heures, au moment où
les pauvres mères viennent pour la seconde
fois allaiter leurs nourrissons.

Il faut voir avec quel bonheur elles accourent, avec quel bonheur elles embrassent
leurs enfants ! avec quel bonheur elles se
reposent de leurs travaux, pressant contre
leur sein l'objet de toutes leurs sollicitudes !
il faut entendre leurs bénédictions !

L'une payait 75 centimes par jour, la moitié de son salaire, et l'enfant était mal soigné ; elle ne paye plus que 20 centimes, et
il est aussi bien que l'enfant du riche.

L'autre faisait garder sa pauvre petite par
un frère de huit ans, qui maintenant fréquente l'école avec assiduité.

Une autre se plaît à raconter que son mari
est moins brutal, depuis qu'elle paye dix sous
de moins pour son enfant. Dix sous par
jour dans un ménage si malheureux, quel
trésor pour la pauvre mère, pour la pauvre
famille !

Celle-ci, accouchée depuis quinze jours,
allaite son nouveau-né. On lui demande
comment elle aurait fait sans la crèche :
« Ah ! Monsieur, comme j'avais fait pour
son pauvre frère.... Je suis marchande de
pommes, je gagne à peine quinze sous par
jour ; il n'était pas possible d'en donner quatorze.. Le cher petit est mort à quatorze
mois, faute de soins ; — hélas ! Monsieur, le
pauvre ange vivrait encore si la crèche eût
existé six mois plus tôt. »

Quand les fondateurs virent que la crèche
réussissait au delà de leurs espérances, et
qu'elle faisait tant de bien à si peu de frais,
ils s'occupèrent d'en organiser dans les autres quartiers malheureux de l'arrondissement (faubourg du Roule, 12, et rue Saint-
Lazare, 144, près de la rue du Rocher).

Un sermon de charité pouvait en fournir
les moyens. Ce sermon, d'ailleurs, impri-

(1) Citation de Mgr l'archevêque de Paris dans
son mandement sur la *Charité*. 1842.

merait à l'œuvre des crèches le cachet religieux dont elle avait besoin pour étendre ses bienfaits. Il devait être prononcé à l'occasion de Noël, afin que la crèche divine protégeât la crèche des pauvres ; on avait choisi le jour des *saints Innocents*... Malheureusement tous les orateurs sacrés se trouvaient occupés alors au delà de leurs forces. M. l'abbé Coquereau, seul, consentit à prêcher, mais le 29 janvier seulement. Monseigneur l'archevêque de Paris assistait au sermon : il donna la bénédiction. Ainsi M. le curé de Chaillot avait baptisé la crèche ; Monseigneur lui a donné la confirmation : l'œuvre est toute chrétienne.

L'auditoire était nombreux. Le prédicateur prit pour texte le passage de l'Ecriture : *Nisi Dominus œdificaverit domum, in vanum laboraverunt qui œdificant eam.* C'était la pensée des fondateurs. « Le pauvre, s'écria-t-il, c'est Jésus-Christ naissant dans une étable ; le pauvre, c'est Jésus-Christ travaillant pour nourrir son vieux père et sa tendre mère; le pauvre, c'est Jésus-Christ demandant à l'Egypte l'aumône d'une patrie ; le pauvre, c'est Jésus-Christ n'ayant pas où reposer sa tête, enviant aux oiseaux leurs nids, aux renards leurs tanières ; le pauvre, c'est Jésus-Christ humilié, fouetté, mourant sur la croix!

« Ah! chrétiens, si le pauvre est digne de votre commisération, ce qu'il y a dans le pauvre de plus faible, de plus misérable, commande plus impérieusement encore votre amour et votre pitié! Quoi de plus faible que l'enfance? quoi de plus digne de compassion? »

L'orateur, après avoir comparé l'enfant pauvre, manquant de tout, à l'enfant riche, entouré de tant de soins, de tant de superfluités, après avoir décrit éloquemment les angoisses de la mère pauvre, a présenté à l'auditoire le tableau suivant :

« Ecoutez, a-t-il dit d'une voix émue, écoutez : Dans un réduit humide et délabré, moins qu'une maison, plus qu'une étable, respire une famille pauvre, nombreuse, torturée par les maladies ; un nouvel enfant vient de naître; on dépose le nouveau venu sur quelque chose : un meuble, plus qu'une crèche, moins qu'un lit. Un chien, peut-être, a réchauffé de son souffle la pauvre créature, qui a froid et qui se plaint. La mère a considéré son sein tari par la souffrance et les privations; et le père, ses bras amaigris par le travail...; ces deux se sont regardés en silence, et des larmes muettes ont sillonné leurs visages. Le père a pensé qu'il faudra travailler plus rudement encore; que dans deux années, trois années, il faudra couper le pain en portions plus nombreuses, par conséquent plus petites... Que deviendra ce malheureux enfant! Ah! pitié, pitié pour lui! pitié pour sa pauvre mère! pitié pour la malheureuse famille!... »

Ce tableau, que nous regrettons de ne pouvoir reproduire en entier, fit répandre beaucoup de larmes, et la quête produisit 5,219 fr. 45 c., y compris les offrandes du roi, de la reine et des princesses, y compris 500 fr. envoyés par un anonyme à M. le curé de Saint-Louis d'Antin. Mesdames les patronesses et les quêteuses avaient rivalisé de zèle et de charité.

Les personnes qui voudraient contribuer à l'œuvre peuvent envoyer leurs dons à Mᵐᵉ Curmer, rue de Chaillot, 52, trésorière de la crèche de Chaillot ; à Mᵐᵉ Curmer aînée, rue du Faubourg-du-Roule, 38, trésorière de celle de Saint-Philippe du Roule; à Mᵐᵉ Capelle, rue Sainte-Croix, 12, trésorière de la crèche Saint-Louis-d'Antin ; ou à M. Reymond, administrateur du bureau de bienfaisance, faubourg Saint-Honoré, 108, caissier central des crèches du 1ᵉʳ arrondissement.

Chaque crèche a sa caisse particulière, qui pourvoit aux dépenses journalières. Chaque trésorière compte jour par jour avec la première berceuse, mois par mois avec le caissier central. Le caissier central a un compte courant chez MM. Mallet frères et Cⁱᵉ, banquiers de l'œuvre.

Un ordonnateur veille sur la comptabilité; l'ordre et la charité s'accordent parfaitement, et les crèches doivent inspirer confiance non-seulement aux mères pauvres, mais encore aux personnes bienfaisantes qui viennent à leur secours. On est sûr que l'aumône entière arrive à l'indigence : il n'y a d'autres *frais de personnel* que le supplément aux *pauvres* berceuses! Tout le reste du service est gratuit.

Un comité supérieur (1) maintiendra l'unité, le bon ordre et l'harmonie dans cette œuvre, et prendra les mesures nécessaires pour tenir la caisse au niveau des besoins. Aucune crèche nouvelle ne participe au fonds commun, si elle n'a été autorisée par lui.

### *Nécessité d'une crèche-modèle.*

Il a fallu, dans l'intérêt de la réussite, faire l'essai sur une échelle très-modeste : un loyer de 140 fr., douze berceaux et deux berceuses y ont suffi. L'essai a réussi pendant l'hiver, et même pendant les chaleurs.

Mais l'expérience nous a prouvé que plus le temps est mauvais, moins il vient d'enfants à la crèche. En été, donc, nous avons plus de petits pensionnaires, et des pensionnaires plus exacts qu'en hiver. En été, cependant, il faut plus d'air et plus d'espace au même nombre d'enfants.

Le local, déjà exigu, paraît de plus en plus insuffisant, et les pauvres mères qui n'y trouveraient pas un asile pour leurs enfants seraient plus malheureuses que si la crèche n'existait pas. Nous allons prendre un loyer plus cher.

Mais il importe d'avoir un local définitif, un local disposé suivant les besoins; il faut une crèche véritable, une crèche qui puisse servir de *modèle*.

(1) Composé des présidents, présidentes, vice-présidentes, trésorières, secrétaires et des plus anciens médecins de chaque crèche; des membres de la mairie, du caissier central, du banquier, etc.

Déjà deux architectes inspirés par la charité, M. Chabanne et M. Rohaut de Fleury, nous ont donné des plans. Celui de M. Rohaut de Fleury, architecte du Musée d'histoire naturelle, répond à peu près à nos vues. La construction d'une crèche de vingt berceaux, conforme à ce plan, coûterait, à Chaillot, 8,000 fr. environ.

Nous espérons que la ville de Paris nous permettra de l'exécuter sur un des terrains qu'elle possède, et qu'elle nous aidera même à payer les frais de cette petite construction.

Quand la nécessité d'une crèche-modèle sera bien reconnue, M. le préfet de la Seine et le conseil municipal, toujours empressés d'accueillir ce qui peut accroître le bien-être d'une population toujours croissante, jugeront sans doute convenable de doter Chaillot de ce modeste établissement, puisque Chaillot a doté Paris de la première crèche.

Mais la construction ne devra se faire qu'après l'été, quand l'expérimentation sera complète, et après que les plans auront été revus et combinés de manière à satisfaire complétement les besoins des deux saisons.

Pourquoi l'essai de crèche a-t-il été fait à Chaillot, de préférence? — Parce que la misère y sévit avec le plus de rigueur. Chaillot expie cruellement l'honneur de faire partie de la grande cité. Village, il florissait; faubourg, il dépérit!.. Il dépérit, tandis que tout prospère autour de lui. Pauvre *Bouquet-des-Champs*, quelle est ta destinée!

### Le Bouquet-des-Champs et les pauvres de Chaillot.

« Dans le beau quartier des Champs-Elysées, il existe un endroit appelé *Bouquet-des-Champs*. C'était jadis un hameau situé près du village de Chaillot, au milieu d'une vaste plaine qui s'étendait depuis le Roule et les Thernes jusqu'à Passy. Quelques arbres placés près de là, au milieu de champs fertiles, avaient fait donner au hameau cette désignation toute champêtre, que le quartier a conservée. Là, les habitants trouvaient alors, dans un air pur, dans le travail et les bonnes mœurs, les conditions du bien-être, de la vigueur et de la santé.

« Les diverses enceintes de Paris s'étendant toujours, comme les cercles que l'on voit se succéder en grandissant sur l'onde qu'on agite, enveloppèrent un jour le hameau, et le village devint faubourg. Dès lors cette population de classe infime, qui semble fuir les quartiers sains, les quartiers embellis, et fuit surtout la surveillance, s'empara de la chaumière, et la meubla de sa malpropreté, de ses vices et de sa misère. Aujourd'hui le *Bouquet-des-Champs* est un assemblage de masures que traverse une rue étroite et tortueuse, encombrée d'ordures de toute espèce, et qui affectent à la fois tous les sens de sensations désagréables. Dans cette rue, reniée par l'administration municipale, qui lui a refusé le baptême, quelques maisons sont sans portes ou sans fenêtres; d'autres ont des chambres placées au-dessous du niveau du sol, où l'air se renouvelle à peine, et où de sales carreaux laissent pénétrer quelques rayons d'un jour douteux. Là, les habitants, en rapport avec la demeure, sont presque tous chiffonniers; accroupis autour du sale produit de leurs rondes nocturnes, ils comptent pendant le jour combien il faut d'immondices pour faire une pièce de 30 sous, et entassent dans tous les coins de leurs hideux galetas, et jusque sous leurs couchettes des os infects et de vieux linges souillés de fange, dont les miasmes fétides se répandent jusque dans la rue.

« C'est là, cependant, c'est dans une pareille localité que s'élèvent une partie des enfants de la division de Chaillot. C'est dans un tel gîte, qui n'avait pas six pieds carrés, qu'il nous est arrivé de rencontrer une femme vieille, insouciante, et sourde aux cris perçants de deux enfants confiés à sa garde. Ils lui demandaient sans doute de l'air et de la nourriture, car les malheureux ne recevaient pas même en quantité suffisante l'air corrompu qu'ils respiraient, et l'un d'eux est mort de faim!

« C'est à la vue d'une telle image de misère que la nécessité de la crèche se fait sentir!... » (Le docteur CANUET.)

Chaillot compte 1 pauvre *inscrit* sur 6 habitants! Le 1er arrondissement entier, sur 21; le 2e, 1 sur 37! La moyenne, pour tout Paris, est de 1 sur 14. En 1829, elle était de 1 sur 13; en 1791, de 1 sur 5! Il y a donc amélioration dans l'ensemble de Paris; et je constate avec joie, en comparant deux époques éloignées de quinze ans, — *moins de misère et plus de charité* (1). — Mais Chaillot dit avec raison que l'amélioration se fait au profit du centre, aux dépens des extrémités... Les belles maisons qui remplacent les masures ont refoulé presque tous les pauvres aux faubourgs, — et les pauvres éloignent les riches. Pour que le corps ne souffre pas et que le sang et la vie circulent partout, du centre aux extrémités.

Chaillot aurait besoin d'un marché, pour ne pas ajouter au prix élevé des denrées le prix du temps qu'il perd à se les procurer; d'un lavoir, pour ses pauvres blanchisseuses. Il a des réservoirs, qui alimentent d'eau une partie de Paris : on peut lui donner à peu de frais un lavoir. Qu'on ouvre (2) une ancienne barrière sur la plaine de Passy; qu'on perce quelques rues pour faciliter les communications, la misère diminuera, et Chaillot ne sera plus une anomalie dans Paris. La ville a intérêt à lui procurer tout cela, avant que le prix des terrains ait

(1) La charité verse, en moyenne, chaque jour, plus de 66,000 fr. à Paris; et il n'y a que 66,000 pauvres inscrits... Ah! si la distribution était meilleure, que de maux on préviendrait!

(2) L'octroi a fermé la barrière *des Bassins* par économie; la ville doit se hâter de la rouvrir, par une économie mieux entendue. On gagne presque toujours à multiplier les communications. Chaillot et Passy demandent cette ouverture depuis longtemps.

atteint le niveau du quartier voisin. Il faut bâtir la crèche-modèle auprès de ce malheureux *Bouquet-des-Champs*, qui en a fait naître l'idée !

### Organisation de la crèche.

#### 1. — Statuts.

Une mère pauvre que son travail appelle hors du logis confie son enfant aux soins d'une sevreuse, pauvre comme elle, et, sur son modique salaire, prélève 70 cent. par jour ! Quand elle a deux enfants, son salaire ne suffisant plus, elle est obligée de les abandonner à tous les dangers qui entourent un âge si tendre. Ils souffrent, ils crient, pendant qu'elle travaille au loin pour eux. Voilà pourquoi le nombre des enfants trouvés est si grand ; voilà pourquoi la classe indigente produit tant d'estropiés et de rachitiques.

L'humanité, la religion, l'intérêt public, demandent qu'on vienne au secours de ces pauvres mères, au secours de ces pauvres enfants. Il importe au bien public que la Société, seconde mère des citoyens, veille sur tous les malheureux ; il importe que tous les malheureux n'ignorent pas qu'elle fait tous ses efforts pour les retirer du gouffre de la misère, et pour aider leurs enfants à ne pas y tomber ; mais il importe aussi qu'ils sachent bien que le travail, la bonne conduite et la résignation peuvent seuls les rendre dignes d'intérêt.

Nous avons des asiles pour les enfants de deux à six ans, des écoles primaires et des classes d'adultes ; mais il nous manque des crèches pour les enfants qui n'ont pas encore atteint l'âge de deux ans.

Un local a été choisi dans Chaillot ; ce local a été reconnu salubre par l'autorité administrative ; il suffit pour l'essai. Il ne s'agit plus que d'organiser la société sur des bases solides, et de manière que la crèche vienne efficacement au secours de l'enfant, de sa mère, et de leur famille, sans porter atteinte au lien sacré de la maternité, sans encourager la paresse ni le vice :

*Article 1er.* — Une société de bienfaisance est établie entre les personnes charitables qui voudront bien concourir à fonder une crèche pour les petits enfants pauvres âgés de moins de deux ans, dont les mères travaillent hors de leur domicile, et se conduisent bien.

*Art. 2.* — La crèche sera dirigée par plusieurs dames charitables, dont une présidente, deux ou trois vice-présidentes, et une trésorière ; inspectée par des patronesses, dont le nombre est limité, et visitée par deux ou trois médecins. Tous les fondateurs auront la faculté de l'inspecter aussi.

*Art. 3.* — Les fondateurs ne contractent aucun engagement pécuniaire ; ils donnent ce qu'ils veulent, et quand ils veulent. Toutes les dépenses de la crèche seront faites au comptant.

*Art. 4.* — Les mères paieront une rétribution calculée de manière à couvrir autant que possible le salaire des berceuses. Le salaire des berceuses et la rétribution des mères sont fixés par le règlement, qui sera toujours affiché dans la crèche. La charité pourvoira aux autres frais.

*Art. 5.* — La trésorière inscrit jour par jour, sur un registre, les recettes et les dépenses. Le secrétaire du comité des fondateurs est chargé du contrôle de la comptabilité.

*Art. 6.* — Ce comité est composé d'un président honoraire, d'un président, d'un vice-président, d'un secrétaire, et d'un vice-secrétaire. Les directrices et les médecins de la crèche en font partie de plein droit.

*Art. 7.* — Il suffit de la présence de trois membres pour que la délibération du comité soit valable.

*Art. 8.* — Les fondateurs sont convoqués en assemblée générale tous les trois mois.

*Art. 9.* — Les délibérations de l'assemblée générale, ainsi que celles du comité, sont portées sur un registre et signées par le président, le secrétaire et la directrice trésorière.

*Art. 10.* — Toutes réclamations doivent être adressées à Mesdames les directrices, qui, au besoin, en réfèrent au comité.

*Art. 11.* — En cas de cessation de fonctions de l'un de ces membres, le comité pourvoira provisoirement au remplacement, sauf approbation de l'assemblée générale.

*Art. 12.* — Copie des statuts et du règlement sera envoyée à M. le préfet.

#### 2. Règlement de la Crèche.

*Article 1er.* — La crèche est ouverte depuis cinq heures et demie du matin, jusqu'à huit heures et demie du soir. Elle est fermée le dimanche et les jours de fêtes.

*Art. 2.* — On n'y admet que les enfants au-dessous de deux ans, dont les mères sont pauvres, se conduisent bien, et travaillent hors de leur domicile. Il faut en outre que l'enfant ne soit point malade, et qu'il ait été vacciné, ou qu'il le soit dans le plus bref délai.

L'acte de naissance et le certificat de vaccine sont déposés au secrétariat.

*Art. 3.* — Chaque enfant est inscrit sur un registre le jour de son entrée. L'inscription énonce la date de sa naissance, la demeure et la profession des parents. Une case est réservée pour la sortie, une autre pour les observations. Dans cette dernière case, les médecins indiquent l'état sanitaire de l'enfant, à son entrée, pendant son séjour, et à sa sortie.

*Art. 4.* — La mère apporte son enfant emmailloté proprement, vient exactement l'allaiter aux heures des repas, et le reprend chaque soir. Elle fournit le linge nécessaire pour la journée. Le linge est marqué du numéro de la case où on le place dans la lingerie. Ce numéro est le même que celui du berceau qu'occupe l'enfant.

*Art. 5.* — L'enfant élevé au biberon doit recevoir de sa mère les mêmes soins. Quand l'enfant est sevré, la mère garnit son petit panier pour la journée.

*Art.* 6. — La mère donne pour les berceuses 20 cent. par jour, et 30 cent. seulement quand elle a deux enfants dans la crèche.

*Art.* 7. — Les berceuses sont au choix et aux ordres de Mesdames les directrices ; elles doivent aux enfants leurs soins également ; elles doivent pourvoir avec douceur à tous leurs besoins, comme s'ils étaient leurs propres enfants.

Elles se tiendront et tiendront les enfants et la crèche avec la plus grande propreté ; maintiendront la température à 15 degrés centigrades, et laisseront agir sans cesse le ventilateur.

*Art.* 8. — Tous les objets dont se compose le berceau demeureront exposés à l'air pendant la nuit. L'air de la crèche sera entièrement renouvelé tous les matins.

Le linge sali sera immédiatement passé à l'eau. La lingerie sera toujours aérée. La porte, du côté de la crèche, sera toujours fermée.

Il est défendu au berceuses de laisser des personnes étrangères s'installer dans la crèche.

*Art.* 9. — Leur salaire est fixé par le comité à 1 fr. 25 c. par jour, tout compris, et il leur est interdit de recevoir des mères aucun supplément, sous quelque forme que ce soit.

En cas de contravention, la berceuse est congédiée immédiatement, et n'a droit à aucune indemnité.

*Art.* 10. — La première berceuse répond du mobilier et des dégradations commises, sauf recours contre qui de droit. L'état du mobilier est reconnu par elle.

Le linge et tous les objets de la crèche sont marqués d'une croix †.

*Art.* 11. — Mesdames les directrices, Mesdames les inspectrices et MM. les médecins, veilleront à ce qu'on donne aux enfants les soins et les aliments convenables à leur âge.

*Art.* 12. — Un de MM. les médecins visite la crèche tous les jours, et consigne ses observations et prescriptions sur le registre d'inspection. Il y aura un second registre pour les visiteurs. Les médicaments sont fournis conformément au règlement du bureau de bienfaisance.

*Art.* 13. — Toutes réclamations doivent être adressées à mesdames les directrices.

*Art.* 14. — Le comité des fondateurs se réserve d'accorder, s'il y a lieu, des récompenses aux berceuses qui auront accompli leurs devoirs avec le plus de zèle et d'exactitude.

### 5. — Ce qu'il faut pour établir une Crèche.

Le but principal de la crèche est de procurer à l'enfant un air pur, des aliments sains, suffisants, appropriés à son âge, une température convenable, la propreté, et des soins non interrompus ; de donner à la mère la liberté de son temps, de ses bras, et de lui permettre de se livrer au travail sans inquiétude.

Tout doit être dirigé dans cet esprit, et il faut bien se garder, soit de prendre les moyens pour le but, soit de sacrifier le principal aux accessoires.

Quand le but est bien marqué, on cherche, parmi les moyens qui s'offrent, tous ceux qui peuvent y conduire le plus facilement, le plus sûrement, le plus économiquement.

*Du local.* — Il faut choisir d'abord un local très-sain, bien aéré, bien exposé, assez vaste pour le nombre d'enfants qu'il doit contenir ; placé au milieu de la population indigente, non loin d'une maison de secours ou d'une pharmacie, et le plus près possible de l'asile, afin que la mère n'ait qu'une seule course à faire pour deux ou trois enfants.

Ce local doit se composer d'une ou deux salles pour les enfants, d'une cuisine pour préparer les aliments, à moins que l'on ne puisse établir, sans inconvénient, dans la salle même, un fourneau à cet usage ; d'une lingerie, et d'un bûcher. Si l'on peut ajouter une cour ou un petit jardin sablé, comme à Chaillot, c'est encore mieux ; les enfants sevrés peuvent s'y promener sans danger, et les mères y porter leurs nourrissons, quand il fait beau.

Il serait bon qu'une des berceuses au moins eût son logement à la crèche, pour recevoir les enfants tous les matins.

« La salle destinée aux enfants doit être planchéiée, et d'une étendue telle, qu'il existe entre les berceaux un intervalle d'un demi-mètre environ ; qu'un large espace permette une circulation libre et facile, et qu'au milieu se trouvent placés sans encombre les appareils destinés au chauffage, les siéges, bancs, et lits de camp nécessaires aux berceuses, aux visiteurs, aux enfants.

« Les fenêtres devront être larges et spacieuses, afin de permettre à l'air de se renouveler complètement, et non par d'étroits courants. Elles devront être peu nombreuses, pour éviter le froid ; se faire face, et être exposées, autant que possible, aux rayons du soleil. Les murs devront être construits en briques, et peints intérieurement à l'huile, afin d'éviter leur détérioration, et, par suite, l'humidité et l'altération de l'air (1).

« La crèche devra être située entre cour et jardin. Son entrée devra, autant que possible, être abritée des vents froids, et précédée d'un vestibule fermé qui ménagera la transition de l'air.

« Une pièce voisine contiendra un fourneau habilement disposé ; elle devra être éclairée de telle sorte que les émanations de ce fourneau ne nuisent en rien à la salubrité de la salle principale. Cette salle sera suivie d'une troisième pièce, dans laquelle on placera le linge des enfants dans des casiers à claires-voies.

_____

(1) Tous ces conseils auront leur utilité quand on construira des crèches ; en attendant, on s'arrange le mieux possible dans les locaux où on établit la crèche provisoirement.

« Dans une quatrième pièce se trouvera une auge avec un robinet d'eau froide et un robinet d'eau chaude, autant que possible, destinée à essauger le linge au fur et à mesure qu'il sera sali, lequel pourra être jeté sur des tringles en bois ou sur des cordes tendues dans la même pièce.

« Le tout pourra être échauffé par des calorifères qui s'étendront d'une pièce dans l'autre.

« Dans la salle des enfants, un grand et large foyer à l'instar des grandes cheminées de campagne, où l'on pourrait facilement réchauffer les enfants et les changer sans danger du froid, serait peut-être préférable au système des poêles. On pourrait, au moyen d'un grillage en fil de fer, garantir les enfants des accidents. » (*Rapport des médecins de la crèche.*)

*De l'air.* — L'air est notre premier aliment; un air pur, le premier besoin de l'enfant. Pour assurer à la crèche un air toujours pur, il faut 1° qu'elle soit par elle-même très-saine et toujours proprement tenue; 2° qu'elle n'admette pas plus d'enfants qu'elle ne doit en contenir; 3° qu'on n'y laisse jamais rien de sale, rien qui puisse donner mauvaise odeur; 4° qu'une ventilation suffisante agisse constamment; 5° que tous les soirs, après la sortie des enfants, les objets qui composent le berceau soient exposés à l'air jusqu'au lendemain; 6° que l'air extérieur circule dans toute la crèche pendant que les enfants sont chez leurs mères; 7° enfin qu'on n'y admette pas de malades.

*Des aliments.* — Tous les aliments qu'on donne aux enfants doivent être sains, de bonne qualité, bien préparés. Il leur en faut si peu!... L'eau surtout doit être bien pure, car, après l'air, l'eau est notre principal aliment.

Il faut veiller avec soin sur le lait, sur le sel, le beurre, et les autres substances qui se prêtent aux mélanges. Que de maladies, dont on ignore les causes, proviennent de ces mélanges funestes sur lesquels les fournisseurs spéculent aux dépens de la santé publique!

Les médecins déterminent la nature et la quantité des aliments, suivant l'âge, les forces et les habitudes de l'enfant, et sous le contrôle des mères. *Assez, mais pas trop; ce qu'il faut,* — *rien de plus, rien de moins.*

*De la température.* — Il faut à ces jeunes plantes de la chaleur en hiver, de la fraîcheur en été.

Le froid est pour le pauvre un fléau plus cruel même que la faim, et qui fait plus de victimes. L'indigent trouve du pain plus facilement que le combustible. Quand la pauvre mère, transie de froid, vient allaiter son enfant, elle se ranime en le ranimant.

Une chaleur excessive est nuisible; l'enfant et sa mère, au sortir de la crèche, seraient saisis par le froid extérieur. Il faut qu'un thermomètre soit toujours là, pour indiquer la température convenable. On devrait en mettre dans toutes les écoles et dans tous les asiles. — Modérer la chaleur au printemps.

Il faut entourer le poêle d'un grillage, afin de préserver d'accidents les enfants sevrés.

*De la propreté.* — Ce n'est qu'à force de soins, à force de surveillance minutieuse, qu'on peut obtenir la propreté dans une réunion d'enfants si jeunes. Il faut pourtant l'obtenir, et des berceuses, et des mères elles-mêmes. On l'obtient des berceuses, en leur donnant quelques cartes de bain, un *costume* et quelques hardes, à cette condition. Mais les pauvres mères ont si peu de temps, si peu de ressources! La charité seule peut vaincre des habitudes imposées par la nécessité. Lorsqu'on parle à ces pauvres femmes avec douceur, et dans l'intérêt de leurs enfants, l'amour maternel vient au secours de la charité, supplée même quelquefois l'intelligence, et parvient à vaincre des habitudes invétérées.

Une bonne mère, quelque pauvre qu'elle puisse être, ne demande que trois choses : 1° que la crèche soit, et qu'elle soit à portée de sa demeure, de son travail; 2° qu'elle s'ouvre assez tôt, et se ferme assez tard, pour lui laisser toute sa journée; 3° et que son enfant s'y trouve bien. Donnez-lui ces trois choses, et vous obtiendrez d'elle tout ce qui lui sera possible.

*Des soins.* — La crèche doit à l'enfant, depuis l'heure d'entrée jusqu'à l'heure de sortie, tous les soins que son âge réclame, soins hygiéniques et soins maternels. Ce n'est pas tout : elle doit indiquer à la mère les soins qu'il faut à l'enfant hors de la crèche, et dans sa pauvre habitation.

*Hygiène.* — Les médecins doivent être consultés non seulement sur le choix et la disposition du local, à cause de la salubrité, mais encore sur la manière de placer les berceaux, à cause des yeux des enfants. Il faut se conformer en tout à leurs prescriptions. Ils doivent aussi veiller sur les aliments, sur la manière de les préparer, et sur leur quotité. Lorsqu'ils ont fixé la part de chaque enfant suivant ses besoins, il est facile de vérifier si les berceuses la donnent exactement. La mère, les directrices, les inspectrices, les cris eux-mêmes, sont des surveillants auxquels rien n'échappe.

Les médecins prescrivent les soins hygiéniques (il est bon d'afficher les prescriptions générales), et dirigent les soins maternels, dans leur action de tous les instants. — Les soins hygiéniques se rapportent à la tenue générale de la crèche, à sa température, aux fonctions animales de toute espèce pour chaque individu, à la tenue du corps, aux yeux, etc. Il ne faut pas, par exemple, que l'enfant reste assis trop longtemps; il y aurait danger pour sa taille.

L'éducation des berceuses est faite en quelques jours sur tous ces points; mais il faut la faire au plus tôt, et cela concerne le médecin et les directrices.

Il doit toujours y avoir dans la crèche 1° de l'eau chaude, 2° des bouteilles de grès

qu'on met, quand il est besoin, aux pieds des enfants; 3° certains instruments qui puissent dégager les intestins paresseux; 4° enfin tous les objets de première nécessité, dont il est inutile de donner ici la nomenclature, parce que le besoin lui-même se charge de les réclamer.

*Soins maternels.* — La mère vient allaiter; mais tous les autres soins de propreté, d'alimentation, de tenue, en un mot tout ce qui est nécessaire pour préserver la jeune plante du besoin, et des dangers de toute espèce qui l'assiégent, tout, pendant les deux tiers de la journée, tout regarde les berceuses, même très-souvent les conseils à donner aux mères.

*Conseils aux mères.* — Les soins de la crèche pourraient être infructueux pour l'enfant, peut être même funestes, si, lorsqu'il sort, la mère ne le tenait en garde contre l'action du froid, et si, rentré au logis, il était privé des soins que réclame sa faiblesse. L'enfance exige des soins non interrompus. — La charité doit au pauvre non seulement des secours, mais encore des consolations et des conseils. La misère a toujours besoin de conseils, parce qu'elle n'a ni le temps ni le repos nécessaires pour observer et réfléchir, et qu'elle est généralement ignorante. Elle ne les suit pas toujours, et ne peut pas toujours les suivre; mais elle les suit plus volontiers, quand ils sont accompagnés de secours.

Les consolations et les conseils, donnés avec douceur et à propos, font quelquefois plus de bien que l'aumône elle-même. Cette partie de la tâche de Mesdames les directrices, inspectrices, et des médecins, n'est pas la moins importante. Éclairer les mères, c'est quelquefois sauver la vie aux enfants.

*Des berceuses.* — On voit par tout ce qui précède que le rôle des berceuses est très-important; de leur choix, de leur surveillance, dépendent le sort des enfants et le succès de la crèche. Ce choix doit porter sur des femmes pauvres et sans ouvrage. Il faut que ces femmes aient éprouvé le sentiment de la maternité, qu'elles aient élevé des enfants, et qu'elles soient d'une moralité sûre, et qu'elles aiment l'enfance. Douceur, propreté, résignation et patience, voilà des qualités essentielles pour une berceuse.

Il est utile de donner aux berceuses un costume pour les distinguer des mères, et pour qu'elles se tiennent plus propres. Une berceuse peut suffire à cinq enfants présents. Deux berceuses qui s'entendent bien peuvent en soigner jusqu'à 12. La plus ancienne commande. La plus humble société a besoin de chef, de hiérarchie. Le salaire des berceuses a été calculé sur la moyenne du salaire des femmes à Paris. Entre 50 cent. et 2 fr., la moyenne est de 1 fr. 25.; cela suffit, mais bien juste, pour que la berceuse puisse vivre, et se tenir proprement. L'espoir d'une petite récompense fait beaucoup sur ces pauvres femmes. Il ne faut rien négliger pour soutenir leur zèle et leur dévouement. On pourrait accorder aussi quelques récompenses aux mères qui remplissent leurs devoirs avec le plus d'exactitude; ce serait un moyen de stimuler leur zèle, et surtout de les rendre plus propres.

C'est aux berceuses directement que se paye la rétribution journalière des 20 cent. S'il fallait que Madame la directrice tendît la main à la pauvre mère pour lui demander 20 cent., la corvée serait pénible, et pourrait lui devenir très-onéreuse. Il est tout naturel que la mère donne quelque chose à la pauvre femme qui garde et soigne son enfant. Elle donne 20 cent., au lieu de 70 qu'elle donnait, et que l'enfant dépense réellement. Elle économise 50 cent., et son enfant est infiniment mieux gardé, mieux nourri, mieux soigné.

L'amour-propre et l'amour maternel s'arrangent fort bien d'un marché aussi avantageux, et contre lequel, depuis six mois, il ne s'est élevé aucune réclamation.

Si les ressources de la crèche le permettaient, on réduirait la rétribution; mais il en faut une. Gardons-nous d'habituer le pauvre à l'idée que la société doit *tout* faire gratuitement pour ses enfants !

Nos asiles, qui font déjà tant de bien, en feraient plus encore, s'ils étaient ouverts et fermés, comme la crèche, de manière à ne pas couper la journée de travail, et s'ils ajoutaient au morceau de pain qu'apporte l'enfant, un bouillon matin et soir, moyennant une rétribution de 20 cent. La santé de l'enfant y gagnerait beaucoup, la mère n'y perdrait pas, et la société aurait des citoyens plus robustes et peut-être aussi plus respectueux. La mère doit toujours travailler pour son enfant, et il importe que l'enfant sache qu'elle a toujours travaillé pour lui. On ne saurait prendre trop de soins pour conserver intact le lien sacré de la maternité, pour conserver intacts les liens de famille, — car de ces liens réunis se compose le lien social. La nation est une grande famille, une famille de familles, et la patrie, seconde mère des citoyens, doit veiller sur tous, dans l'intérêt de tous; sa vigilance doit s'étendre sur leurs intérêts moraux, aussi bien que sur leurs intérêts matériels.

*Mobilier.* — Des berceaux en fer, quelques fauteuils pour les enfants sevrés, des chaises, un thermomètre, un christ, des nattes, quelques timbales, une baignoire, un bureau: voilà pour la crèche. Quelques ustensiles au fourneau, une fontaine filtrante, des cruches: voilà pour la cuisine. Dans la lingerie, un casier numéroté, quelques langes et d'autres choses mises en réserve pour les cas fortuits: voilà tout le mobilier de l'établissement. — On a remplacé le lit de camp par une espèce de *parc* où les agneaux vagabonds jouent sur des nattes, et se couchent sans danger.

*Jours et heures d'ouverture.* — La journée de travail commence à six heures du matin et finit à huit heures du soir. Il faut que la crèche soit ouverte à cinq heures et demie, pour donner à la mère le temps d'apporter son enfant et de se rendre à l'ouvrage;

qu'elle ne soit fermée qu'à huit heures et demie, pour lui donner le temps de revenir chercher l'enfant.

La crèche est fermée le dimanche et les jours de fête, parce que la mère, ne travaillant pas, doit garder son enfant auprès d'elle. Il faut d'ailleurs accorder quelque repos aux berceuses, dont la tâche est très-pénible. Mais les directrices peuvent faire des exceptions à cette règle, si la nécessité le commande.

#### 4 — Comment il faut s'y prendre pour organiser une Crèche.

Les personnes charitables qui sentent la nécessité de fonder une crèche, doivent examiner d'abord combien d'enfants, réunissant les conditions exigées, pourront avoir besoin d'y être admis. Il est facile de s'en rendre compte, en consultant le bureau de bienfaisance, le curé de la paroisse et les dames de charité.

On choisit un local proportionné au nombre de ces enfants.

On se réunit, on forme un comité ; on choisit des directrices parmi les dames les plus zélées, des inspectrices aussi nombreuses que possible, des médecins de bonne volonté ; on évalue approximativement les frais de premier établissement ; on passe en revue les mille moyens que la charité, si ingénieuse, emploie pour soutenir les bonnes œuvres ; et quand on prévoit que les ressources ne seront pas au-dessous des besoins, la société se constitue ; le comité est chargé de rédiger des statuts et un règlement appropriés à la localité. Mesdames les directrices s'occupent de trouver des berceuses ; elles s'empressent, d'accord avec les autres membres du comité, de faire disposer le local, et d'y mettre les meubles et ustensiles nécessaires.

Quand tout est prêt, une seconde réunion des fondateurs vote les statuts, le règlement, et fixe le jour d'ouverture de la crèche.

Les pauvres mères, prévenues par les dames de charité, attendent ce jour comme le Messie. Une cérémonie touchante fait voir aux indigents que l'autorité, secondée par les riches, veille sur leurs enfants avec une sollicitude maternelle, et la cloche sainte annonce au pauvre qu'on pense à lui, annonce au riche qu'il faut donner... La crèche est bénie ; Jésus protège les pauvres enfants !

Les mères, les jeunes mères surtout, prient éloquemment pour les pauvres petits enfants de la crèche, et bientôt, à leur voix, à leur exemple, tous les cœurs s'attendrissent, et la crèche est pourvue de langes, de layettes et d'argent, au delà de ses modiques besoins. La piété rivalise avec le sentiment maternel, la vanité quelquefois avec la piété ; mais le bien se fait, les enfants ne sont plus exposés à périr de froid ou de faim ; leur pauvre mère n'est plus réduite à l'alternative cruelle de les quitter pour les nourrir, ou de manquer de pain en les gardant.

Quand il est si facile de faire le bien, et tant de bien, quand il en coûte si peu, chacun se donne le plaisir d'y contribuer, et plus on fait de bien, plus on éprouve le besoin d'en faire encore : c'est un des miracles de la charité.

L'organisation de la crèche se réduit donc à ceci : un local suffisant et sain, un comité, deux ou trois directrices, des inspectrices, un, deux ou trois médecins charitables, et autant de berceuses qu'il y a de fois six enfants *inscrits* (sur six enfants *inscrits*, il n'en vient chaque jour que quatre ou cinq). Le comité fait le règlement et le modifie suivant les besoins ; il procure à l'établissement des ressources, et veille sur l'administration. On choisit pour président honoraire le curé de la paroisse, et pour président un des membres de la mairie, afin que la charité légale et la charité pieuse concourent à l'œuvre. Il faut autant que possible, et par la même raison, que le secrétaire du comité, qui en est l'âme, soit membre ou commissaire du bureau de bienfaisance, et qu'il y ait parmi les directrices ou inspectrices au moins une sœur de charité. La sainte mission de ces pieuses filles, leur zèle ardent pour les pauvres, inspirent aux mères une juste confiance.

Les directrices font exécuter le règlement, commandent aux berceuses, admettent ou refusent les enfants présentés : elles ont un pouvoir absolu dans la crèche, mais leur charité les empêche d'en abuser. Les inspectrices visitent la crèche le plus souvent possible, quelquefois même les mères, à *domicile*, et visent chaque jour la feuille de présence des enfants. Les médecins viennent tous les jours, à tour de rôle, provoquent les mesures nécessaires à l'hygiène et à la salubrité, vaccinent les enfants, et les soignent même à domicile.

#### 5. — Besoins et ressources de l'établissement.

Il faut payer un loyer, compléter le salaire des berceuses, alimenter les enfants, entretenir la crèche et le mobilier ; il faut en hiver beaucoup de combustible. Toutes ces dépenses réunies donnent une moyenne de 70 centimes environ par enfant, savoir : 20 centimes environ pour les berceuses ; 20 centimes pour loyer, chauffage, et autres frais généraux (en été cet article diminuera d'un tiers), et 30 centimes pour aliments divers.

Telle est, d'après nos calculs, faits avec la plus minutieuse exactitude, la dépense journalière qu'occasionne chaque enfant confié à la crèche ; mais comme les mères ont toujours payé fort exactement leur petite rétribution, chaque enfant ne nous a dépensé que 50 centimes par jour (1).

(1) Dépense du mois de janvier, 119 fr. 85 c., pour 26 jours de crèche et 277 journées d'enfant, ou, en moyenne, un peu plus de 10 enfants par jour ; loyer, 11 fr. 67 c. ; chauffage, 36 fr. 50 c. ; supplément aux berceuses, 18 fr. 75 c. ; chandelle, 3 fr. 25 c. Le surplus a payé 39 litres de lait, 40 de charbon, 4 kil. 50 de sucre, 1 de beurre, 3 de semoule, 9 de pain, et diverses menues dépenses. La dépense ordinaire, pour un mois de 31 jours, ne

Dans les villes de province, où tout est moins cher qu'à Paris, les dépenses ne seront pas aussi fortes; dans les campagnes elles seront minimes.

La plus grande économie doit régner dans l'humble crèche. *Tout ce qu'il faut, mais rien au delà*, telle est sa devise. Le trésor de la charité est trop précieux pour qu'il soit permis d'en gaspiller la moindre partie. La profusion d'ailleurs contrasterait péniblement avec la pénurie des pauvres mères. Laissons aux riches le luxe, et que toujours la crèche se contente du strict nécessaire. Le nécessaire est la seule ambition de l'indigent, le seul luxe auquel il lui soit permis d'aspirer.

Les *ressources* de la charité sont presque toujours proportionnées aux besoins; la nature est si prévoyante! Le chêne trouve sa nourriture dans le sol aussi facilement que le plus simple végétal. A Paris, les ressources de la charité sont innombrables; il y a tant de besoins! Sermons de charité, collectes, quêtes dans les églises, quêtes à domicile, concerts, bals, spectacles, loteries, la charité met tout à contribution. Elle prie, elle flatte, elle menace, elle pleure, elle chante, elle danse; elle exploite la douleur aussi bien que le plaisir. Naissances, mariages, décès, tout lui sert de prétexte ou d'occasion pour se procurer de quoi donner aux pauvres. La joie comme le chagrin portent l'homme à secourir le malheur. Au fond du cœur le plus sec, est toujours, à côté de l'amour de soi, un autre sentiment aussi naturel : c'est l'amour de nos semblables; nous nous soulageons nous-mêmes, quand nous soulageons un être humain qui souffre. La charité parfois est importune, indiscrète; mais on lui pardonne, et toujours elle finit par gagner sa cause, parce que sa cause est celle de l'humanité. L'un donne et ne veut pas quêter; l'autre quête et ne donne pas; le plus charitable quête et donne à la fois. Le jeu lui-même et les mauvaises passions viennent en aide à la charité. Sa baguette magique ouvre les bourses les mieux fermées, les cœurs les plus durs. Elle change le cuivre en or; et l'or dans ses mains, l'or, cet agent de corruption, sert à améliorer les mœurs du pauvre. De même que la nature change un vil détritus en fleurs suaves, en fruits délicieux, de même la charité métamorphose l'or des méchants en une source pure et vivifiante qui porte au malheur des secours, des consolations, et l'espérance. La charité demande toujours, parce que la misère sévit toujours; elle reçoit tout, purifie tout, utilise tout, parce qu'elle tient du Ciel le don précieux de faire le bien. Elle reçoit de la main du pauvre même. Les fondateurs de la crèche ont compté sur elle, et sans retard elle a répondu.

Le moyen le plus facile et le plus sûr de donner à la crèche des secours durables, c'est que les fondateurs, les directrices et

les inspectrices, prennent chacun à leur charge le soin de pourvoir à un ou deux berceaux. On fait l'aumône avec plus de plaisir, quand on peut voir chaque jour l'heureux effet qu'elle produit. L'enfance a tant de charmes! On s'intéresse à l'enfant auquel on a déjà fait du bien. Chacun d'ailleurs se fait aider, dans sa sphère, à supporter le fardeau léger qu'il a pris. Les enfants riches ont là une occasion excellente de s'exercer à la bienfaisance, et la bienfaisance occupe une place importante dans toute bonne éducation. Apprenons à nos enfants à faire le bien et à le bien faire, nous nous en trouverons mieux, et leur avenir y gagnera. On inscrit au-dessus du berceau le nom de la personne qui l'a donné, afin que la mère voie chaque jour à qui elle doit le bienfait dont elle jouit, dont jouit son enfant. La reconnaissance tiédit facilement; il ne faut rien négliger pour la réchauffer. La bienfaisance et la gratitude sont deux des vertus les plus fécondes en bonheur social. Un nom vénéré parmi les pauvres est un talisman, et ce talisman peut devenir paratonnerre !... Toute la pauvre famille se groupe autour du berceau; tous ses membres bénissent la main qui le dressa. La charité s'exalte quelquefois. N'a-t-on pas la passion des chevaux, des fleurs, des oiseaux? La passion des pauvres n'est pas plus déraisonnable, et celle-là du moins est utile à l'humanité.

Je connais trois généraux, trois braves, qui consacrent les derniers jours d'une vie glorieuse à secourir les malheureux. Voyez-vous celui-ci, courbé sous les ans et les lauriers : pourquoi sort-il, souffrant, pourquoi brave-t-il la neige et le verglas, comme aux jours de la gloire? où va-t-il ? Suivez ses pas : il entre dans une allée obscure; il monte, monte, monte encore péniblement; un galetas mal clos s'ouvre à sa voix; quel tableau! un ouvrier blessé, une femme malade, quatre enfants sur la paille, dénués de tout... « Voilà pour avoir du bouillon, leur dit-il; voilà pour un matelas, une couverture, pour du bois et du pain...; je vais tâcher de vous envoyer quelque chose encore, mais le bureau de bienfaisance n'est pas riche; prenez toujours, demain vous aurez d'autres secours. » Il quête, et bientôt la malheureuse famille pourra sortir de la misère. Croyez-vous que de telles conquêtes soient moins douces que celles de la guerre? Sa division comprend 289 ménages, et lui donne plus de soucis que la division qu'il conduisait à la victoire. Jeune, il travaillait pour la gloire; vieux, il travaille pour la charité. Mais il combat toujours pour sa chère patrie, dont la misère est l'ennemi le plus redoutable. Une souscription à 50 cent. par mois peut fournir des ressources prolongées : on essaie, et on adopte ce qui peut le mieux convenir à la localité. Plus il y a de personnes intéressées à l'œuvre, plus il est facile de lui procurer ce qui est nécessaire; mais si les berceuses doivent écouter respectueusement les *avis* de tous, elles ne doivent *obéir* qu'aux

s'élève qu'à 119 fr. 85 cent., un peu moins de 4 fr. par jour!

ordres de la présidente. *On ne peut servir deux maîtres à la fois.*

Le bureau de bienfaisance, les hospices, les conseils municipaux, et les conseils généraux accorderont quelques subventions aux crèches, quand la charité locale sera au-dessous des besoins; ils les accorderont, parce que la crèche doit leur être utile; qu'il en coûte moins, tout calculé, pour prévenir le mal que pour le guérir; qu'un enfant dépense deux tiers de moins à la crèche qu'à l'hospice, et qu'il vaut mieux donner à une mère les moyens de travailler, que de l'inscrire au livre des pauvres.

### 6. — Des crèches rurales.

Dans les campagnes, la charité offre moins de ressources que dans les cités; mais aussi le besoin est moins grand : tout est à bon marché.

On peut réunir la crèche à l'asile, dans une grange, dans une crèche véritable, et charger de la surveillance quelque pauvre femme, incapable de se livrer au travail des champs. A défaut de châtelaine, la femme du maire, celle du médecin, du maître d'école, ou la servante du curé, peuvent inspecter; le médecin, ou l'officier de santé le plus voisin, peut visiter la crèche à son passage, et les pauvres mères jouiront, moyennant une rétribution très-modique, de la précieuse liberté de travailler sans inquiétude.

Mais il faut toujours que le maire et le curé s'entendent pour sa haute surveillance. La crèche fait autant de bien à la paroisse qu'à la commune, et quand les paroissiens ont moins à souffrir, les administrés sont plus heureux.

### *Effets de la crèche.*

#### Effets directs.

*A l'égard de l'enfant.* — Sa mère lui donnait un lait appauvri par la misère et la douleur; elle était obligée de l'abandonner, ou de le confier à un autre enfant, à une voisine, pauvre comme elle, à une se-vreuse, qui spéculait sur sa nourriture; ce pauvre enfant était exposé à périr de froid ou de faim; ceux qui résistaient à tant de maux s'étiolaient, et, loin de pouvoir soulager leur famille en grandissant, deve-naient pour elle un fardeau, un obstacle au travail, une cause permanente de misère. La virilité ne s'acquiert pas en un jour. A toute plante il faut, pour qu'elle se dève-loppe, un terrain favorable, un air pur, un soleil bienfaisant; si cela manque, alors que tout en elle germe et travaille, la plante lan-guit, se décolore et meurt.

La crèche préserve de ces maux les ten-dres rejetons qui lui sont confiés; elle pré-pare à la France des travailleurs et des sol-dats armés de bras vigoureux. Le rapport fait par M. le docteur Gachet, l'un des mé-decins de la crèche, va nous éclairer sur ce point : — « Parmi les vingt enfants qui ont été admis, un assez grand nombre ont été atteints de bronchites, d'ophthalmies et au-tres affections, légères en apparence, peu graves en réalité, et qui néanmoins, non soignées au début, pouvaient prendre de la gravité. Les accidents qui accompagnent si souvent la dentition ont pu aussi être com-battus avec succès, et nous pouvons dire que les enfants admis à la crèche depuis sa création sont aujourd'hui dans l'état de santé le plus satisfaisant. La plupart d'entre eux, arrivés dans un état de maigreur et de débi-lité déplorable, sont aujourd'hui, frais, gras et vigoureux. Ce changement heureux est incontestablement dû aux soins dont on les entoure, à la bonne nourriture qu'on leur donne avec mesure, intelligence et ré-gularité. »

Le docteur Reis, auteur du *Manuel de l'allaitement* (1), celui qui le premier signala vivement à l'attention publique tant d'abus qui déciment les enfants confiés aux nour-rices éloignées, a fait une observation qui doit ici trouver place : « Rendre l'allaitement maternel plus facile et plus fréquent, c'est diminuer le nombre de ces grossesses rap-prochées, qui produisent de misérables avor-tons, ruinent la santé de la mère, et absor-bent les ressources de l'ouvrier. »

Le docteur Maublanc a publié, à propos des crèches, un mémoire sur l'utilité d'un *établissement central de nourrices* pour les enfants de la classe moyenne (2). Il est temps, en effet, de s'occuper de l'amélioration de la race, un peu négligée. Quand on veut de beaux arbres, on soigne les semis, les taillis et les baliveaux.

*A l'égard de la mère.* — La crèche dégage ses bras et lui donne la liberté de son temps : or le temps et les bras sont l'unique trésor du pauvre. Une journée de *travail sans in-quiétude* vaut mieux que l'aumône : la men-dicité dégrade, le travail honore; le travail ajoute à la richesse; la mendicité, conta-gieuse, accroît la misère. Croyez-vous que le fils d'une mendiante puisse valoir celui d'une femme laborieuse?

, *A l'égard de la famille.* — Le frère ou la sœur, que la nécessité constituait gardiens, peuvent maintenant fréquenter l'école. — Cinquante centimes épargnés chaque jour diminuent la gêne, et, partant, les occasions de querelles dans le pauvre ménage! cin-quante centimes retranchés du nécessaire font pour la famille indigente un vide af-freux....

*A l'égard des berceuses.* — Le nombre des femmes inscrites au livre des pauvres est presque toujours double de celui des hom-mes, parce que le salaire des femmes est inférieur de moitié. Le nombre des lits, dans dans les hospices de femmes surtout, est in-suffisant, et beaucoup de ces malheureuses attendent leur tour pendant de longues et

----

(1) Ce manuel se vend chez Amyot, rue de la Paix, 6, au profit des crèches.
(2) Le docteur Loir demande qu'on prenne des mesures pour dispenser le nouveau-né du transport à la mairie. La crèche fera naître encore beaucoup d'autres idées charitables.

cruelles années, ou meurent de misère avant d'avoir pu être admises.

La crèche en sauvera quelques-unes; elle utilisera, au profit des enfants pauvres, un reste de force qui ne pourrait trouver ailleurs aucun emploi. Un bon père de famille tire parti de tout.

*A l'égard des hospices.* — Elle diminue le nombre des enfants trouvés, des pauvres inscrits, des malades à admettre dans les hôpitaux, des femmes à admettre aux hospices.

*A l'égard du pays.* — Diminuer les ravages de la misère; faciliter le travail, épurer le sang et les mœurs de la classe indigente; augmenter le nombre des mariages, diminuer celui des enfants trouvés, des enfants illégitimes; prolonger la vie moyenne (1), en réduisant la mortalité des enfants pauvres; donner une impulsion nouvelle à la charité : c'est accroître le bonheur social.

La crèche contribuera à inspirer aux pauvres plus de respect et de reconnaissance pour nos institutions; ils verront avec quel soin l'autorité s'occupe d'améliorer leur sort par tous les moyens compatibles avec les règles de la justice et du bon ordre.

*A l'égard de la religion.* — Qu'y a-t-il de plus pieux que de porter secours à un enfant, à une mère? que peut-on imaginer de plus propre à faire aimer la religion? La crèche est un rayon de l'étoile de Bethléem! La même voie conduit l'homme au bonheur et au salut.

*A l'égard de la civilisation.* — Le but de la civilisation est de rendre l'homme meilleur, afin de le rendre plus heureux. Pour qu'elle y marche d'un pas sûr, il lui faut un guide, un flambeau : la charité, la vérité. Sans elles, tout se matérialise et se corrompt; avec elles et par elles, tout se purifie. Donnez au guide plus de force, au flambeau plus d'élévation, plus d'éclat, la civilisation fera des progrès plus rapides.

### Effets moraux.

**1.** La condition de bonne conduite, imposée aux mères, a pour but d'épurer les mœurs; déjà plusieurs mariages ont été célébrés à Chaillot, pour remplir cette honorable condition. Le désordre moral traîne toujours à sa suite d'autres désordres. L'admission de l'enfant à la crèche est pour la mère un certificat de moralité dont elle se trouve flattée.

**2.** C'est aussi dans un but moral que la crèche est fermée le dimanche et les jours de fête. Quand la mère a bien travaillé pendant toute la semaine, elle a besoin de repos; elle peut le dimanche aller au temple, et son enfant apprendre d'elle à bénir celui qui, du haut des cieux, protége sa faiblesse La pauvre mère se repose en Dieu; elle trouve dans la prière de nouvelles forces, un nouveau courage, pour recommencer le

lendemain sa vie de labeur, de dévouement et de résignation. Jugez si elle en a besoin : avant cinq heures, elle se lève, habille son enfant, prépare son petit ménage, court à la crèche, court au travail; à neuf heures, elle revient déjeuner et allaiter son enfant; à deux heures, elle revient encore; à huit heures, elle accourt, prend son enfant, le linge de la journée, va vite coucher ce pauvre petit, et lave son linge pour qu'il soit sec le lendemain; et tous les jours il faut recommencer! Quand elle a plusieurs enfants, quand il faut en conduire un à l'asile, envoyer l'autre à l'école, soigner un mari malade, comment y suffire! Que de vertu, que de force pour traîner une telle chaîne, et pour résister aux séductions! Mais, si elle succombe, on ne recevra plus son enfant.... La crèche soutiendra son courage.

« Le cœur d'une mère est le chef-d'œuvre de la nature; » mais ce chef-d'œuvre lui-même n'est pas à l'abri du souffle infernal de la misère.... Il faut venir à son secours.

**3.** La crèche enfin peut aider à diminuer le nombre des infanticides, des vols, des crimes, des suicides.

Nous condamnons à mort la femme qui étouffe dans son sein le germe de la vie, sans examiner ce que la malheureuse aurait pu faire de son enfant. Soyons au moins conséquents, et, lorsque ce germe est devenu un citoyen, notre semblable devant Dieu, notre égal devant la loi, ne souffrons pas que la misère le tue ou l'estropie.... Ah! sans doute il faudra toujours des échafauds, des prisons, des gendarmes, des tribunaux, pour protéger les bons citoyens contre les mauvais, il en faudra toujours, *plus ou moins*. Si nous multiplions, si nous perfectionnons les moyens de prévenir le mal, nous n'aurons pas besoin d'augmenter les moyens de le réprimer, — et il en coûtera moins.

### Effets indirects de la Crèche.

**1.** La crèche établit un lien de plus entre le riche et le pauvre, un lien de bienfaisance et de gratitude, utile à tous deux, utile au pays :

*Le riche* et le *pauvre!* que de souvenirs terribles, que de consolantes pensées, dans cet inévitable rapprochement!

Je vois un gouffre,... tout au bord, un sentier périlleux; puis une vallée fertile, dominée par de riants coteaux.

Au sommet des coteaux l'opulence étale ses trésors; au-dessous, la richesse; au pied, l'aisance; dans la vallée s'agite la tourbe des travailleurs : avancez, vous trouvez la gêne; après la gêne enfin, l'indigence. L'indigence parcourt sans cesse, péniblement, ce sentier étroit et glissant qui sépare l'abîme de la vallée, ce sentier parsemé de rocs et d'épines.

Je vois le monstre aux cent mille têtes; j'entends ses rugissements et ses imprécations; partout il cherche des victimes; partout la charité s'efforce de les lui arracher. Je vois ses terribles ministres : la faim, la nécessité. Je vois le creuset infernal

(1) « Pour apprécier le bonheur d'un peuple, il est un élément, le moins trompeur de tous : c'est la durée moyenne de la vie. » (M. le baron Ch. Dupin.)

où les larmes des malheureux se transformen fluide pestilentiel de prostitution, de vols, de crimes, que la misère vomit sur toute la contrée.

Nous nous apitoyons sur les *noirs* du tropique, et près de nous, des blancs, leurs frères aînés, beaucoup plus malheureux, sont exposés aux horreurs de la faim! est-il un esclavage plus odieux que celui de la misère? un maître plus dur? un fléau plus dangereux? — Les pauvres sont libres, au moins... — Oui, libres de mourir de faim.

Le sentiment de la faim étouffe tous les autres sentiments. La misère est une louve affamée, et la faim, *malesuada fames*, est un danger, même pour ceux qu'elle n'atteint pas directement.

La querelle du pauvre et du riche, ancienne comme le bien et le mal, est éternelle comme eux; mais la charité reçut du ciel la sainte mission de l'apaiser sans cesse, en obtenant du riche la bienfaisance, du pauvre la résignation.

La femme indigente est plus exposée que l'homme, parce qu'elle est plus faible, et que son salaire est moins élevé. Plus elle est jeune, plus elle est en danger, et la beauté pour elle est un malheur. La voyez-vous, un enfant sur les bras, suivant le sentier fatal, sans guide, sans appui! Ah! si du moins une main charitable gardait l'enfant, la mère pourrait travailler sans crainte! Comme elle bénirait cette main libératrice! Entre la *Société maternelle*, qui aide la femme en couche, et l'*Asile*, qui reçoit l'enfant de deux ans, un anneau manquait; cet anneau, la charité le forge avec l'or des riches, pour que les bénédictions des pauvres attirent sur tous les bénédictions du ciel; elle donne au pauvre, par la main du riche, afin qu'ils s'aiment l'un et l'autre comme des frères. Job devient pauvre; Joseph devient riche: la Providence fait tourner sans cesse la roue de la fortune, et ceux qu'elle comble de bienfaits seraient aveugles, injustes, imprévoyants, s'ils ne consacraient une partie de leur superflu à soulager leurs frères malheureux. *Donner aux pauvres, c'est prêter à l'Eternel; oublier les pauvres, c'est s'oublier soimême.* Qui de nous peut dire : « Je ne tomberai jamais! » Quel bras peut arrêter la roue de la Fortune? Lisez le livre des pauvres, lisez : « Anciens *magistrats, financiers, courtisans!* couronnes de comte et de marquis! » Blason cruel! cruels souvenirs d'un temps heureux! Que le pain du pauvre est amer, quand il est arrosé des larmes de l'orgueil! — La misère ne respecte donc rien? — Rien, si ce n'est le souvenir consolant du bien qu'on a fait, souvenir délicieux pour qui souffre, plus délicieux, lorsque approche l'heure suprême... Monthyon couronne tous les ans des pauvres qui se dévouent au soulagement de ceux qu'abandonna la fortune. Homère, Denis, Bélisaire, Edouard, Gilbert!!..... illustres mendiants, rappelez aux grands, aux riches, qu'ils sont fragiles, et qu'il faut secourir les pauvres, car ils peuvent un jour devenir pauvres eux-mêmes!

On a souvent besoin d'un plus petit que soi.

Le gouffre de la misère peut-il être comblé? — Je le crois, je l'espère. — Désinfecté? — J'en suis sûr. — Et comment? — Par les efforts unis de la paix, des lois, du travail, de la justice et de la charité. La misère est à la civilisation moderne ce que l'esclavage était à l'ancienne civilisation. L'esclavage est vaincu; la misère sera vaincue à son tour. Nos pères ont comblé la moitié du gouffre, et ils étaient moins nombreux et moins riches que nous ; courage donc! C'est au milieu du calme et de la prospérité qu'il faut s'occuper de la misère ; c'est dans les années d'abondance que Joseph accumula des grains pour les années de famine ; imitons sa prévoyance, et les fléaux, s'ils arrivent, nous trouveront armés pour leur résister.

La misère, comme l'Océan, a son flux et son reflux : le flux en hiver, quand le travail diminue ; le reflux en été ; elle a ses grandes marées, quand sévissent la guerre, l'émeute, les révolutions ou d'autres fléaux ; alors, rongeant ses bords, elle menace tout : la richesse décroît, et l'opulence elle-même décline. 1793, 1815, 1830, 1832, ont vu ce terrible phénomène ; 1840 en eut peur un instant. La sagesse du législateur peut le rendre plus rare et moins cruel.

La misère est un thermomètre sur lequel gouvernants et gouvernés devraient toujours avoir les yeux. Je l'ai suivi, dans ma petite sphère, et voici des chiffres que je donne à méditer :

La commotion de 1830 ajouta 275 ménages aux 1,641 ménages inscrits au bureau de bienfaisance du 1er arrondissement ; le choléra, 186 aux 275 ; un bruit de guerre, en 1840, porta le chiffre total à 2,390! L'année suivante il n'était plus que de 1,939... Quand le travail s'arrête, la misère sévit.

En 1791, Paris, sur une population de 550 mille âmes, comptait 120 mille pauvres *inscrits* (1) ; aujourd'hui, sur un million d'habitants, il n'a plus que 66 mille pauvres. On peut donc réduire le gouffre, et, s'il peut se réduire, il pourrait se combler.

La crèche est un prisme qui fait voir au riche, dans le pauvre, un frère digne de charité, qui fait voir au pauvre, dans le riche, un bienfaiteur digne d'amour et de vénération ; et ce prisme grossit merveilleusement les objets, les multiplie, les embellit aux yeux de tous. La charité rayonne si bien autour du berceau!

2. La crèche va mettre en lumière l'insuffisance des secours distribués par les bureaux de bienfaisance :

Dans le 1er arrondissement, qui passe pour un des moins malheureux, les administrateurs ont peine à faire leur budget. Il n'ont pu donner la moindre assistance à la crèche naissante ; ils n'ont pu accepter l'utile con-

(1) Le faubourg Saint-Antoine comptait un pauvre sur deux habitants! Ce chiffre peut servir à expliquer les journées des 5 et 6 octobre, les massacres de septembre, et beaucoup d'autres malheurs.

cours des *fourneaux économiques*; ils n'ont pu accorder aux pauvres un secours *en loyers*, si nécessaire à la fin d'un hiver long et rude ; ils n'ont pu établir une nouvelle *maison de secours*, d'autant plus nécessaire que 3,600 malades ont été refusés dans les hôpitaux *faute de lits*. Ils voudraient, conformément aux art. 35 et 36 du règlement de 1831, donner de l'*ouvrage* aux indigents valides ; l'exiguïté de leurs ressources ne le leur permet pas.

Tous les bureaux de bienfaisance de Paris demandent *instamment* une augmentation *indispensable*. Ils donnent en moyenne 5 *centimes par jour*, tout compris, le 6ᵉ au plus de l'*absolu nécessaire !* Qui fait l'appoint exigé par la faim? l'aumône, la maladie, ou le crime (1). Est-ce là l'intention du législateur ? — Non, non. Il punit le vol, la mendicité ; il veut qu'aucun des membres du corps social ne soit exposé aux tortures du besoin ; il ne veut pas que les bureaux s'en rapportent aveuglément à l'aveugle aumône... Il faut donc leur donner *assez*, pour qu'ils distribuent *assez*.

La charité ne demande pas des palais pour ses malades ; elle veut de l'ouvrage pour l'indigent qui peut travailler ; elle veut, pour les autres, des secours qui suffisent aux besoins impérieux de la vie. Augmentez les *secours à domicile*, vous diminuerez les journées d'hôpital, les journées de prisons, et les frais de justice criminelle. Donnez de la viande, il vous faudra moins de quinquina ; donnez un peu plus, on volera beaucoup moins ; et la vie du pauvre, incapable de travail, ne sera plus un *flagrant délit !* Nous traiterons à fond cette importante matière dans un petit livre qui aura pour titre : *De la charité, de la misère, et des bureaux de bienfaisance de Paris..*

3. La crèche enfin pourra nous aider à mieux comprendre la nécessité d'établir l'harmonie entre l'autorité civile et l'autorité religieuse, entre la charité pieuse et la charité légale :

L'autorité civile et l'autorité religieuse tendent au même but : le bonheur du citoyen, de la famille et du corps social ; l'une et l'autre sont impuissantes, quand elles marchent séparées ; leur force doublera, suffira, quand elles seront unies sous une bonne direction. Si le maire ordonne ce que le curé défend, à qui obéir ! Que peut gagner la main droite à blesser la main gauche? Qu'elles unissent leurs efforts, et le corps sera mieux servi, mieux protégé. Quand on est bien d'accord sur le but, est-il si difficile de s'entendre sur les moyens ! Je ne vois, entre la puissance temporelle et la puissance spirituelle, aucun sujet réel de conflit. Cherchez bien, vous trouverez seulement des passions, que le bon sens et l'intérêt public doivent calmer ; des malentendus, qui peuvent, qui doivent s'éclaircir. Au lieu de vous

disputer la domination, remplissez tous vos devoirs exactement : vous ne ferez alors que du bien, et le bien a toujours raison. Vos parts sont faites : aux uns le ciel, aux autres la terre. Soyez contents, et laissez en paix la terre et le ciel.

La charité légale et la charité pieuse, également indispensables, ont aussi besoin de s'aider mutuellement. Concevez-vous un ministre de Jésus, c'est-à-dire de la charité, ne faisant pas, n'invitant pas les fidèles à faire la charité ! Concevez-vous un maire dans l'impuissance d'accorder un secours au malheureux qui vient lui dire : « Je suis sans ouvrage et sans pain ; le curé ne me connaît pas ; il m'est défendu de mendier ; donnez-moi, ou je vais mourir de faim ! »

Ah ! si l'on pouvait unir les deux charités, les pauvres ne s'en trouveraient-ils pas mieux ! Si l'union paraît impossible, faisons du moins cesser une hostilité qui nuit aux malheureux. Les curés quêtent pour les pauvres, malgré le règlement, parce que leur devoir de prêtre l'exige, et que nos mœurs les y autorisent. Mettons au plus tôt nos règlements d'accord avec nos mœurs, d'accord avec la religion, en faisant disparaître une interdiction qui ne s'exécute pas, qui ne peut pas s'exécuter, qui nuit à la charité légale elle-même, aux pauvres de la paroisse comme à ceux de la commune. Le code charitable a besoin de réformes importantes (1).

Paix, union, travail, moralisation, voilà ce que la charité nous demande pour nous conduire au bonheur social.

*Résumé.* — Augmenter et améliorer la population ; épurer les mœurs de la classe pauvre ; l'exciter à la propreté, à la résignation, et lui faciliter les moyens de travailler ; lui inspirer de la reconnaissance et du respect pour la religion, pour les institutions et les lois du pays ; la contraindre, à force de bienfaits, à ne pas haïr les riches ; donner aux riches une occasion de plus de venir efficacement au secours des malheureux, et de développer dans le cœur de leurs enfants le sentiment de la piété, de la charité ; faire sentir de mieux en mieux la nécessité de l'harmonie entre le pouvoir temporel et le pouvoir spirituel, entre la charité légale et la charité pieuse ; diminuer la misère et peut-être les crimes ; tels sont les effets qu'on peut attendre des crèches, si elles sont dirigées toujours dans l'esprit de charité qui a présidé à leur fondation.

### Conclusion.

La crèche fait beaucoup de bien, à peu de frais ; hâtons-nous d'en propager l'idée.

Elle dit à la pauvre mère : « Confie-moi ton enfant, et travaille sans inquiétude ; il sera soigné comme l'enfant du riche. Travaille donc, mais conduis-toi bien, car je n'entends pas encourager le vice. »

Elle dit au riche : « Donne-moi les miettes

---

(1) Sur la paille, 5 centimes ! A l'hôpital, 1 fr. 80 c.; à l'hospice, 1 fr. 25 c.; en prison, 0 fr. 90 c... Que d'imprévoyance dans ce tarif de misère !

(1) Des secours publics dans Paris, par M. Vée. (Fév. 1845, *Journal des économistes.*)

de tes festins, je te donnerai en échange les bénédictions des pauvres ; elles attireront les bénédictions du ciel , et sur toi et sur tes enfants. »

Elle dit aux hospices, aux bureaux de bienfaisance : « Aidez-moi, je vous aiderai. Je vous aiderai, car les mères pouvant travailler, ne vous demanderont plus de pain ; je vous aiderai, car mes berceuses ne vous demanderont plus du pain, ni des lits ; je vous aiderai, car vous aurez moins d'enfants trouvés à élever, moins d'enfants malades à guérir ; je vous aiderai, car j'attaque la misère dans ses trois principales sources : l'insalubrité, l'immoralité, la malpropreté. »

Elle dit à l'Etat : « Un père de famille veille sur tous ses enfants avec la même sollicitude ; plus ils sont faibles et malheureux, plus il est attentif à leurs besoins. La classe pauvre est la pépinière des travailleurs et des soldats ; le travail crée la richesse, les bras sont les agents du travail, les gardiens de l'indépendance nationale ; il vous importe que les bras soient nombreux et robustes. Protégez-moi, je vous rendrai au centuple ce que vous m'aurez avancé. Fondez beaucoup de crèches, il vous faudra moins d'hôpitaux et de prisons. Accordez-moi quelques légères subventions, je vous donnerai chaque jour quelques milliers de journées de travail ; je vous aiderai à préserver la France du paupérisme et du crétinisme ; je vous donnerai des citoyens plus nombreux, plus forts, plus laborieux et plus honnêtes. »

Elle dit aux apôtres du Messie : « Je viens délivrer Marie de son précieux fardeau ; je viens sauver les *innocents ;* priez pour moi ! »

Elle dit à la civilisation : « Réjouis-toi ! la crèche divine fut ton berceau ; la crèche des pauvres t'apporte un nouveau gage de paix , d'union, d'amour et de progrès. »

Et la charité, au nom de tous, lui répond : « Je t'ai créée, je te propagerai ; tu es une conquête du bien sur le mal, et tu m'aideras à rendre l'homme *meilleur* et *plus heureux.* »

Que les crèches se multiplient ! l'enfant du pauvre ne sera plus voué à la misère ; la charité le réchauffera, le ranimera, le préservera du froid et de la faim ; et Rachel, consolée, ne pleurera plus sur ses enfants ! Le pauvre bénira la main du riche bienfaisant ; le travail accroîtra la richesse publique ; la France, plus heureuse et plus riche, aura des travailleurs, des soldats, plus nombreux et plus forts ; et l'homme aura fait un pas de plus sur la terre promise de la charité (1) !

(1) La crèche a déjà inspiré les poètes : l'auteur du nouveau poème de *Jeanne d'Arc*, M. Guillemin, a fait une Ode ; M. Charles Duriolle, une Cantate. Le jour de la fête des *Saints-Innocents*, une des inspectrices avait paré de bouquets tous les berceaux ; un anonyme, à la vue de ces fleurs, improvisa des vers gracieux.
La crèche *Saint-Philippe* a reçu le 15 avril le don d'un berceau accompagné des stances qu'on va lire :

*Un jeune élève à sa sœur, à l'occasion de son mariage :*

Lorsque l'hymen va, de la vie,
A l'autel couronner l'amour,

CROIX (LA). Nous sommes montés à Jérusalem avec le Fils de l'homme, dit M. Guillard, et nous l'avons vu au milieu des scri-

Par un bienfait, ô sœur chérie !
Je veux consacrer ce beau jour.

Il est, hélas ! plus d'une mère
Pour qui l'hymen est un fardeau,
Et qui n'a pas, dans sa misère,
Pour son enfant même un berceau.

Dans un de ces réduits tranquilles,
OEuvre d'un pieux sentiment,
Dans une crèche, humbles asiles
Qui rappellent Jésus naissant,

Au fils d'une honnête ouvrière,
Au fruit d'un légitime amour,
J'offre un petit lit où sa mère
Le déposera chaque jour.

Le soir venu, la pauvre femme,
Le cœur joyeux, le reprendra,
Et peut-être au fond de son âme,
Pensant à moi, me bénira !

Ah ! puisse la bonne pensée
Que le ciel a mise en mon cœur
Sur ton hymen, douce rosée,
Verser de longs jours de bonheur !

***, élève de M. Alb. Berçoet

Dans quelques institutions de demoiselles on a fait des loteries, des collectes. Les élèves de M. Loubens ont voulu avoir chacun leur petit livre *des crèches*, et un berceau qui porte le nom de l'institution. Les *ouvriers* de MM. Guiraudet et Jouaust, imprimeurs, ont aussi leur berceau ; les *apprentis* eux-mêmes ont contribué. La confrérie du Rosaire a son berceau. La *religion*, l'*étude*, le *travail*, se réunissent pour secourir le pauvre nouveau-né.

Plusieurs des paisibles habitants de Sainte-Périne figurent sur la liste des fondateurs, et il est touchant de voir la vieillesse peu fortunée venir au secours de l'enfant pauvre. Une malheureuse ouvrière de Chaillot voulut absolument donner 20 centimes pour contribuer à cette pieuse fondation ! Chacun s'empresse d'apporter sa pierre au petit édifice qui doit abriter l'enfant du pauvre !

Le 29 avril, les deux nouvelles crèches du 1er arrondissement ont été ouvertes (Faubourg du Roule, 12, et rue Saint-Lazare, 141) ; aussitôt après le sacrifice divin, M. le curé de Saint-Philippe-du-Roule a prononcé, dans la crèche de sa paroisse, une touchante allocution. Les mères pauvres ont été introduites, leurs enfants sur les bras, et tous les berceaux ont été bénis, au milieu d'un profond recueillement. Une heure après, M. le curé de Saint-Louis-d'Antin a béni la troisième crèche, après avoir prononcé aussi un discours inspiré par la charité la plus pure et la mieux sentie.

Les crèches étaient ornées avec un goût exquis. La charité fait aux pauvres les honneurs avec une grâce parfaite.

M. le curé de Saint-Louis a fait remarquer, au-dessus du tronc où les visiteurs déposent leurs offrandes, ces paroles de saint Matthieu : *Ils trouvèrent l'enfant couché dans une crèche, et, ouvrant leurs trésors, lui offrirent des dons.* Aussitôt le tronc a résonné ; chacun des assistants a voulu faire comme les Mages. A la fin de la séance, l'éloquence du tronc avait produit 80 fr. — Mgr l'archevêque de Paris a visité la crèche Saint-Louis le lendemain de son ouverture. S. A. R. madame la duchesse d'Orléans, avait envoyé, pour les deux crèches, 200 fr. pour elle et pour son fils. S. A. R. madame Adélaïde a envoyé 200 fr. à la crèche de Chaillot.

Une pauvre femme, apprenant qu'elle était nommée *berceuse*, se trouva mal de bonheur. La perspective de la misère est tellement hideuse pour une

bes et des princes des prêtres qui l'ont *condamné à mort* et livré aux nations pour le railler, le flageller et le *crucifier*. C'est le fond de ma dernière lettre et le texte même de l'Evangile (1). Il est mort, non dans son lit comme meurent les philosophes, dit Cicéron, mais au premier rang de cette grande bataille, dont le monde allait être le prix. Celui qui était la VIE, devait-il tomber de vieillesse et d'épuisement? La mort est-elle un sacrifice à l'âge où c'est elle qui vient nous prendre? Pour n'être pas confondu avec un homme qui s'éteint, Jésus devait mourir jeune, debout comme un athlète, non pas dans l'ombre, mais à la face du ciel, sur une montagne vers laquelle Rome et le monde tournaient leurs regards. Il a été élevé en croix à la cime du Golgotha, sous les yeux de l'Europe, de l'Asie, de l'Afrique; et afin qu'aucun des passants n'ignorât la victime, on écrivit son nom sur sa tête, en hébreu, en grec et en latin. Voilà l'événement dont le monde a été témoin, que les Juifs dispersés n'ont cessé de publier encore, que l'histoire profane signale, qui est l'âme de l'histoire sacrée, la cause et le nom même de la plus grande révolution dont les hommes ont été témoins; — voilà, dis-je, ce qu'on voudrait faire disparaître dans le nuage d'une petite allégorie! — *Grandis insipientia!*

Laissons donc un moment Strauss pour corriger d'autres erreurs par l'inflexible autorité de la philologie et de l'histoire. Salvador, dans un livre qu'il a intitulé: *Jésus-Christ et sa doctrine*, a fait de Barrabas un personnage estimé, recommandable; peu s'en est fallu qu'il n'en ait fait un saint; et il s'appuie sur l'Evangile qui, pourtant reconnaît dans Barrabas un *brigand*, un *condamné à mort* (2). Vous ne devineriez jamais, mon ami, sur quoi M. Salvador établit la réhabilitation de ce scélérat, je vous le donne en cent. Il prend pour texte de l'apologie de Barrabas, l'épithète *insignis* dont il a fait une brillante auréole à cet *insigne voleur;* car nous trouvons dans Horace et Térence de quoi soutenir notre traduction. Térence et Horace me seraient en aide. Le petit contre-sens de l'auteur et l'*estimé* personnage, au profit duquel il est fait, ne valent pas la peine d'une plus longue explication. Mieux vaut entrer au fond même de notre sujet, en le considérant sous le point de vue judiciaire.

Par qui Jésus a-t-il été jugé? Par Rome ou par Jérusalem? l'Evangile répond: Par

Jérusalem (1); Rome était le pouvoir exécutif. M. Dupin aîné dit: « Je ne sache pas que les princes des prêtres et les pharisiens aient constitué chez les Juifs un *corps de judicature.* » Nous négligeons les textes de l'Evangile qu'on a opposés à Salvador et à l'illustre académicien (2); nous voulons donner gain de cause au livre sacré en n'invoquant que l'histoire contemporaine extérieure, celle que tous reconnaissent, amis et ennemis.

Les Juifs de la Judée, dirons-nous à nos adversaires, jouissaient-ils alors du droit de cité romaine? — Non, certes; les habitants de ce pays n'étaient pas citoyens romains. — Et quand Rome soumettait un peuple, lui imposait-elle ses lois? — Encore une fois, non; moins ici que partout ailleurs; les lois romaines, mises à la place de celles des Juifs, auraient frappé à la base leur constitution religieuse, et l'histoire romaine prouve que les Juifs n'entendaient point plaisanterie sous ce rapport. D'un autre côté, la loi juive ôtée, il eût fallu leur donner celle des vainqueurs. Or, elle conférait des droits politiques qu'on ne voulait pas donner; le droit de cité en était la conséquence immédiate; et je viens de dire que la Judée ne l'avait pas. — Tout cela est parfaitement exact. Mais si le procurateur romain ne devait et ne pouvait pas appliquer la loi romaine; si d'ailleurs celle des Juifs était respectée, il est donc vrai que celle-ci avait sa juridiction et que Jésus fut condamné par le sénat juif dans le sanctuaire même de la justice nationale de laquelle il ressortissait.

Si de cette preuve générale nous passons à des détails historiques, nous trouvons en effet chez les Juifs l'existence de véritables tribunaux. L'empereur Claude écrivait aux Juifs dans ces termes: *Aux magistrats de Jérusalem, au conseil, au peuple et à toute la nation juive, salut* (3); — et Flavius Josèphe dit qu'après la mort d'Hérode Agrippa, Claude, qui avait fait une province de la Judée, et lui avait donné pour procurateur, d'abord, Cuspius Fadus, ensuite Tibérius Alexander, ne fit *aucun changement dans les lois et coutumes* de la contrée (4). Inutile de faire de longues citations, il faudrait copier des pages entières de l'auteur des *Antiquités*, voir même Strabon (5). Ce qui précède suffit pour établir notre proposition contre Bossuet lui-même, qui a trop prouvé, en ne faisant du Sanhédrin qu'une assemblée de docteurs qui ne jugeaient pas (6).

Mais cette justice est SANS GLAIVE; nous

---

âme honnête, que la tâche la plus rude paraît douce à remplir, quand elle en délivre.

On peut visiter les crèches tous les jours, excepté les jours fériés.

On va fonder à Paris une *Société pour la multiplication des crèches et la propagation des œuvres de charité.* Cette Société correspondra avec celles qui se formeront dans le même but en France et à l'étranger. La charité n'a point de frontières.

(1) *Matth.* xx, 18, etc.
(2) *Matth.* xx, 18, etc.

(1) *Joan.*, XVIII, 40. — *Act. apost.*, II, 14. Saint Marc, xv, 7.
(2) SAINT JEAN: Les chefs des prêtres et des pharisiens *s'assemblèrent dans le sénat et dirent:* XI, 47.
(3) FL. JOSÈPHE: Ἱεροσολυμίτων ἄρχουσι Βουλῇ. — *Antiq.*, xx, 1, sect. 2.
(4) FL. JOSÈPHE, *De Bello Jud.*, lib. II, 11, sect. 6.
(5) STRABON, cité par Josèphe, *Antiq.*, xIV, *Antiq.*, xIX.
(6) BOSSUET, *Hist. univ.*, deuxième part., chap. 23.

ne la voyons plus qu'avec des verges, comme la main du Fils de l'homme avec un roseau ; le sceptre de Juda a passé aux Romains. Ils laissent toutefois aux vaincus une apparence de vie ; les tribunaux s'assemblent, on délibère, on applique la loi ; mais quand il s'agit d'exécuter une sentence *capitale*, on s'arrête, on s'incline devant l'épée de César, qui frappe ou absout selon son vouloir. Un jour, *pendant la vacance* du siége procuratorial, un grand prêtre ordonna une exécution. Cet acte fut regardé comme illégal par les Juifs eux-mêmes ; Albinus menaça l'audacieux chef de la justice, et Caligula le destitua (1). L'Evangile a donc raison : Jésus fut juridiquement condamné selon toutes les formes. Le Sanhédrin, corps judiciaire, s'assemble ; il délibère qu'on fera mourir Jésus ; il ordonne à tous ceux qui connaîtront sa retraite de l'indiquer ; il donne de l'argent à Judas, probablement l'argent que le crieur public avait promis au délateur ; il convie des soldats et des officiers avec lui pour se saisir de Jésus ; il se le fait amener dans la salle des séances ; le grand pontife, qui était naturellement le président, fait entendre des témoins contre lui ; il le somme de s'expliquer sur la déposition des témoins ; il l'interroge directement lui-même sur l'accusation dont les témoins le chargent ; et une fois son aveu obtenu, il consulte l'assemblée, et l'assemblée le condamne à mort (2) : *Judæi condemnabunt...*

Mais, comme il n'était pas permis à ce tribunal de mettre un homme à mort (3), Jésus fut livré à la puissance séculière, au chef de l'administration civile et militaire des Romains qui, usant de son droit de révision, le trouve innocent, veut le sauver, et n'en a pas la force : — *Gentibus ad crucifigendum.*

Passons maintenant, mon ami, à des circonstances qui sont en dehors du procès, mais qui le rendent singulièrement solennel. A la mort de Jésus, la nature est en deuil, le soleil s'éclipse, la terre tremble, les rochers se brisent, le voile du temple se déchire. L'Evangile est positif ; il faut s'assurer s'il n'y aurait pas là une particularité favorable au système de Strauss, qui, en effet, ne voit guère, dans ce dernier acte, qu'une broderie poétique, indigne de l'attention des hommes sérieux. Nous qui avons la prétention de l'être, nous laissons de côté, n'en déplaise à Strauss, la mort de César ou de Romulus, c'est de l'histoire romaine qui ne nous regarde pas. Le fait évangélique est-il signalé par des documents non chrétiens ? voilà la question : examinons-la.

Il y a une tradition rabbinique sur laquelle on ne s'est peut-être pas assez arrêté. On lit dans les Talmud de Jérusalem et de Babylone, que les merveilles du temple cessèrent quarante ans avant sa destruction, qu'une grande révolution se fit dans le sanctuaire,

que la lampe s'éteignit, que les portes gémirent, que le grand-prêtre en fut épouvanté (1). Or, c'est le 8 d'août de l'année 70 que le temple fut brûlé. Retranchez de ce nombre les quarante ans du Talmud, il restera trente, l'âge véritable de Jésus, commençant son ministère public, ou le finissant ; car il fut très-court, et l'auteur juif, au lieu de dire 38, a pu suivre l'usage en se contentant du nombre rond 40. Si cette preuve n'est pas absolue, elle n'en est pas moins digne de l'attention des critiques. Je m'arrêterai moins encore à Phlégon, à Thallus, à Denys l'Aréopagite, ce sont des autorités contestées. Le premier cependant, qui était un affranchi d'Adrien, est cité par Origène, Eusèbe et saint Jérôme, en témoignage des ténèbres et du tremblement de terre qui arrivèrent à la mort du Christ. Nous laissons ces textes anciens et privés pour d'autres plus anciens encore, et dont la valeur est incontestable, parce qu'ils étaient publics et revêtus, pour ainsi dire, du sceau de l'autorité impériale. Les registres de l'empire faisaient mention des ténèbres du Golgotha. Tertullien, esprit ferme, jurisconsulte distingué, qui savait beaucoup et bien, adressa un jour au sénat et à l'empereur, au peuple et aux magistrats, une apologie en faveur du christianisme persécuté. C'était cent ans seulement après la mort du dernier des évangélistes. Se contente-t-il de citer l'histoire évangélique ? Il prend hardiment les persécuteurs, il les conduit dans les archives de l'empire et leur dit : Regardez ! *Eum mundi casum relatum in arcanis* (al. *archivis*) *vestris habetis* (2). — Même chose se trouve dans une autre apologie faite par le martyr Lucien. « J'en appelle au soleil, dit-il, qui voila sa face à la vue des impiétés de la terre. Lisez vos propres Annales, vous y trouverez que du temps de Pilate, quand le Christ souffrait, le soleil se retira, et que, en plein midi, les ténèbres prirent la place de la lumière (3). » Il ne s'agit pas ici d'un Thallus, le crédule amateur de prodiges, tout païen qu'il était ; ce n'est pas le témoignage équivoque de Phlégon, ou l'extrait d'un livre apocryphe. Les deux auteurs anciens que j'ai cités ont pris au Capitole même, des mains de l'empereur, l'apologie et les preuves de la véracité chrétienne. Pour la centième fois, est-ce ainsi, M. Strauss, que le mythe se forme et se défend ? son berceau se cache dans un lointain ténébreux, l'imagination et l'ignorance le couvrent de fleurs, c'est un jouet que l'enfant brise en quittant sa nourrice. L'Evan-

(1) Fl. Josèphe, *Antiq.*, xx, 8, sect. 1
(2) M. Granier de Cassagnac, *Presse*, année 1839, nº du 22 mai.
(5) *Joan.*, xviii, 31.

(1) Talmud, *de Babylone*, dans Galatin, liv. iv, 8, pag. 209. — *Ibid.*, traité *Avoda*, cap. 1, dans Wagenseil, tom. 1, pag. 312. — Talmud, *de Jérusalem*, dans Galatin, liv. iv, 8, pag. 209. — Pierre Alphonse, *Dialogue*, tit. 2. — Voyez Buller, in-8°, pag. 204, etc.
(2) Tertullien, *Apol.* xxi, p. 22 : Eodem momento dies medium orbem signante sole, subducta est... *Eum mundi casum*, etc.
(3) Lucien Martyr, dans une addition à l'*Histoire ecclésiastique d'Eusèbe*, d'après Ruffin, qui avait traduit cette apologie.

g le s'écrit sous la lumière du siècle d'Auguste; les faits, et ceux qui les racontent, sont contemporains; les acteurs sont de hauts personnages; les détails, qui devraient être poétiques et sans preuves, sont froids et confirmés par les actes de l'autorité publique. En vérité, si un tel livre est un récit fabuleux, la page que je trace et le jour qui m'éclaire n'ont rien de réel, c'est un rêve de mon imagination.

Mais, dira-t-on peut-être, quels sont donc les *actes publics* que vous invoquez; l'empire avait-il ses historiographes officiels? Vous l'avez dit. Jules César ordonna qu'on rédigerait les éphémérides du sénat (1), et Auguste s'occupa de cette publication (2). On sait même que le sénateur Junius Rusticus fut un de leurs rédacteurs en titre (3); mais il n'est pas probable que Tertullien ait voulu parler de ce recueil, qui ne contenait guère que les procès-verbaux des séances, les propositions des consuls, les débats et les discours des orateurs (4). Les Actes de la ville, publiés depuis Jules César, ne pouvaient également rien contenir de relatif à l'histoire de Jésus : c'étaient les registres de l'état civil, des journaux où l'on trouvait confondus les naissances, les mariages, les divorces, les décès, les causes célèbres, quelques traits dignes de l'histoire intérieure de la cité (5).

Mais Rome n'avait pas, seule, le privilège des éphémérides; Suétone signale celles d'Autium, qu'il appelle *instrument public* (6); Philon parle de celles d'Alexandrie, envoyées à l'empereur Caligula (7), et nous savons la correspondance de Pline avec Trajan : les magistrats supérieurs devaient être en relation avec le chef suprême. Au cœur de l'empire se faisaient sentir, comme aujourd'hui en France, tous les mouvements de la vie des provinces. Les archives du Capitole étaient celles du monde. C'est à ce dépôt public que Tertullien et Lucien renvoyaient hardiment le sénat et les empereurs. Ils ne nomment pas ici le rédacteur des pièces qu'ils invoquent; mais il est évident qu'ils ont dans leur pensée les actes et la correspondance de Pontius Pilatus, procurateur de la Judée. Dans l'apologie que Justin martyr présenta à Antonin le Pieux, en 140, après avoir rapporté le supplice de la croix et quelques circonstances qui s'y rattachent, l'écrivain ajoute : « Vous connaissez toutes ces choses d'après les actes qui ont été rédigés du temps de Pilatus (1). » Justin répète cette phrase, en parlant des miracles de Jésus, dans son adresse à l'autorité impériale. Enfin, cinquante ans plus tard, l'érudit Tertullien, plus explicite encore dans un autre passage de l'*Apologétique*, que nous avons déjà cité, termine ainsi une période relative à Jésus : « Au reste, dit-il, vous savez tout cela; Pilate, chrétien au fond de son âme, a tout annoncé à Tibère, qui était alors empereur (2). » Il est donc évident que si Tertullien ne cite personne quand il rapporte les ténèbres et le tremblement de terre, signalés par *des actes d'une autorité publique*, il fait allusion à ceux de Pilatus, dont il parle ici : une ligne explique l'autre. Mais les rochers du Golgotha ne sont point invisibles. MM. de Chateaubriand, de Forbin, de Géramb les ont vus avec stupéfaction. Des voyageurs anglais, historiens et géologues, Doubdan, Millar, Fleming, Mundrell, Schawet et autres, attestent que le rocher du Calvaire n'est point fendu naturellement, selon les veines de la pierre. Le célèbre Addisson rapporte qu'un savant mathématicien, déiste opiniâtre, qui ne croyait qu'à l'histoire naturelle et aux A + B, s'écria, en regardant les fentes de ce rocher : *Je commence à être chrétien* (3). Qu'eût-il dit, si, dans ce moment, on lui eût montré, dans les archives ou les fastes de l'empire, ce prodigieux événement signalé à Tibère par son procurateur de la Judée, en même temps que le supplice d'un homme juste, appelé Jésus? Saint Cyrille, de Jérusalem, avait donc grandement raison, quand il disait : « Si je voulais nier que le Christ a été crucifié, cette montagne, sur laquelle nous sommes présentement assemblés, me l'apprendrait (4). » A la suite de ces deux articles, je voudrais pouvoir rapporter tout ce qu'ont écrit les Scheuchzer, Mead, Bartholinus Vogler, Triller, Richter, Eschenbach, et plus récemment les Jeux Gruner, sur la physiologie de la Passion de Jésus; toutes leurs savantes investigations, les nombreuses analogies médicales que fournit la science, pour prouver le caractère des souffrances de N. Seigneur et la réalité de sa mort (5). J'ai hâte de finir. Après les soixante-dix semaines des prophéties sous le consulat des deux Geminus, la

---

(1) SUÉTONE, *J. Cæsar*, c. 20 : Primus omnium instituit ut tam senatus quam populi *diurna acta* conficerentur.

(2) SUÉTONE, *August.*, 56.

(3) TACITE, *Annal.*, v. 5 : Fuit in senatu J. Rusticus, componendis Patrum Actis delectus a Cæsari...

(4) J. LIPSE : Nescio an venerint in manus vestras hoc vetera, quæ et antiquorum bibliothecis ad huc manent, et nunc maxime a Minuciano contrahuntur... Ex his intelligi potest C. Pompeium et M. Cassium non viribus modo et armis, sed ingenio quoque et oratione valuisse. — *Excurs. ad Tacit.*

(5) TACITE :... Volumina implere; cum ex dignitate P. R. repetum sit res illustres annalibus talia diurnis urbis actis mandare. — *Annal.*, XIII, 51; III, 3.

(6) SUÉTONE :... Ego in Actis Autii invenio editum. — *Calig.*, 8; *Tib.*, 5.

(7) PHILON : Ταῖς ὑπομνηματικαῖς ἐφημερίσιν, αἷς ἀπὸ τῆς Ἀλεξανδρείας διεπέμπετο. — *De legat. ad Caium.*

(1) JUSTIN MARTYR :... δύνασθε μαθεῖν ἐκ τῶν ἐπὶ Ποντίου Πιλάτου γενομένων ἀκτῶν. — *Apol.*, I, pag. 76, c., Paris, 1636. — *Num.*, 56, pag. 65, Benedict.

(2) TERTULLIEN :... Ea omnia super Christo Pilatus, et ipse jam pro sua conscientia christianus, Cæsari tunc Tiberio nuntiavit. — *Apol.*, XXI, pag. 22, c.

(3) ADDISSON, *De la Religion chrétienne*, trad. de l'anglais, 2e édition, t. II, p. 120.

(4) SAINT CYRILLE, *Catech.*, 15.

(5) WISEMAN, voyez dans ses *Discours sur les Rapports entre la science et la religion révélée*, tom I, les pages 230, etc.

quinzième année du règne de Tibère (1), après avoir vécu dans le célibat, Jésus quitta la terre à la fin de sa jeunesse, nu, honni, déchiré, *chargé d'autant de douleurs et de souffrances, qu'une meule est chargée de grains de blé* (2). P. Pilatus, poursuivi par sa conscience et chassé par Rome, traversa en proscrit le monde connu de l'Orient en Occident, de Jérusalem à Lyon, où il mourut. Et depuis..... la croix sur laquelle Jésus a été cloué, est restée debout dans le monde, vénérée comme la pierre sanglante où aurait été frappé à mort un immortel orateur.

DE LA RELIGION, PAR F. DE LAMENNAIS (3). — *Examen critique.* — Parmi les ouvrages dont le Tertullien de nos jours a marqué sa route rétrograde, dit encore M. Guillard, voici peut-être le plus déplorable par ses erreurs, le plus séduisant par son style aussi fort que brillant, le plus dangereux, soit par la simplicité des premiers principes et l'égarement des dernières conséquences, soit par son titre même, qui, joint au nom de l'auteur, peut servir d'appât aux lecteurs qui n'auraient point encore appris à se défier d'une éloquence que la vérité n'inspire plus.

Après un avant-propos où, en déplorant l'affaiblissement de l'esprit religieux et en établissant sa nécessité, il jette tous les germes des erreurs qui vont suivre, M. de Lamennais prétend établir, que « la religion n'est qu'une loi, que, comme telle elle sort de la nature même des hommes qu'elle régit ; qu'elle n'a, par conséquent, ni ne peut avoir, rien de surnaturel ; enfin, qu'elle n'est la loi de chaque individu que parce qu'elle est la loi de l'humanité entière. »

La religion se réduirait donc à ce que l'homme pourrait apercevoir par lui-même, sous la garantie de ses semblables ; elle ne serait plus qu'une conception humaine. M. de Lamennais s'efforce de reculer les bornes du cercle étroit où il s'enferme ; il analyse la nature de l'homme et il en fait jaillir le dogme de Dieu, de ses attributs, de la Trinité même, puis l'idée de la matière et de ses limites, les notions du droit et du devoir que chacun sent en soi, du culte qui réalise ce que prescrit le sentiment du devoir, du sacerdoce qui régularise le culte.

Regardant alors le symbole qu'il vient d'élaborer comme le type le plus complet de la foi présente, il se replie sur le passé et cherche quelles phases la religion a subies depuis la création jusqu'à nous. Il la voit constamment progressive : « Tous les hommes ont reconnu un créateur : le mosaïsme a fixé l'idée de l'unité de Dieu ; le polythéisme a représenté les attributs divins ;

le christianisme a promulgué la loi morale et le dogme le plus parfait, mais, comme la religion chrétienne conserve encore l'idée d'un ordre surnaturel, elle en tire des croyances erronées sur la chute originelle, l'incarnation et la rédemption de l'Homme-Dieu, l'infaillibilité de l'Eglise, les sacrements et les peines sans fin, croyances qui l'empêchent de pénétrer dans les institutions sociales !

« Le christianisme a donc besoin d'une transformation nouvelle qui continue son évolution, » dit M. de Lamennais ; il l'appelle, il l'annonce, il la voit déjà s'opérer.

*Vae soli !*

Je n'entreprendrai point de démêler tout ce tissu d'erreurs : ce serait faire une apologie complète du christianisme, et je n'en ai ni la force ni la mission. D'ailleurs, elles se résolvent toutes en une seule, que l'auteur a nettement exposée dans son avant-propos (p. 21 de l'édition populaire) : « Le mouvement qui broie les débris (des vieilles religions), dit-il, n'est que *le travail du genre humain pour opérer un développement nouveau, pour enfanter une conception, une forme plus parfaite de l'impérissable religion*, qui, ayant ses racines en Dieu, s'épanouit dans la création, dont elle est la loi éternelle. » Ainsi, suivant M. de Lamennais, la religion du genre humain doit être enfantée ou modifiée par lui : c'est cette idée seule que je vais combattre.

Non, la religion vraie, sa forme ou ses modifications, ne peuvent naître de l'esprit humain ; car la religion n'est pas seulement une loi ; cette loi, d'ailleurs, ne sortirait pas uniquement de la nature de l'homme.

Il faut donc admettre un ordre surnaturel, et la raison n'y répugne point.

Enfin, la religion n'a jamais été progressive, et elle ne saurait l'être.

« La religion, » pour me servir des expressions mêmes de M. de Lamennais, « est le lien qui unit entre elles les créatures intelligentes en les unissant à Dieu. »

Mais, pour les unir à Dieu, il faut qu'elle leur découvre quelque chose de l'Être invisible ; elle est donc la réunion de toutes les notions que nous possédons sur Dieu. On ne saurait dire que chaque notion nous impose un devoir ; la religion n'est donc pas seulement une loi, mais un dogme.

Or, quelle certitude peut avoir ce dogme ? M. de Lamennais nous dit (chap. 16, pag. 133) : « Chacun, pour s'assurer la possession du vrai, doit affirmer ce que tous affirment, et nier ce qu'ils nient. » Et ailleurs (chap. 5, pag. 56) : « La raison commune est la seule source de certitude. » Ces principes ne sont pas exacts.

Pour que le consentement unanime soit un garant de vérité, il faut que chacun ait eu un motif de conviction. Or, ce motif n'existerait jamais pour l'esprit fini qui voudrait tirer de lui-même la notion de l'infini ; il ne pourrait que la présumer, jamais l'affirmer. Mais si l'infini lui-même s'est dévoilé et annoncé à nos premiers pères, ils ont pu

(1) TERTULLIEN, *Adv. Judæos*, cap. 8 ; Coss. Rub. Gemino et Rufio Gemino. — AFRICANIUS, *Apud. Hieron* ; Dan., cap. IX. — LACTANCE, *Instit.* lib. IV, 10 ; *De mort. persecut.*, cap. 2 ; duobus Geminis Coss.
(2) TALMUD, *Traité de Sanhédrin*, fol. 93, recto : En parlant d'Isaïe, un docteur juif enseigne « que Dieu a chargé le MESSIE d'autant de douleurs et de souffrances qu'une meule est chargée de grains de blé. »
(3) 1 vol. in 18, Pagnerre, 1844.

transmettre à leur descendance la certitude avec la vérité.

Ainsi, la révélation est indispensable à la certitude du dogme religieux ; non pas cette révélation que M. de Lamennais réduit « au concours de Dieu dans la production de la pensée, concours permanent, » et que je soutiens, en conséquence, être indistinct et sans authenticité, mais une révélation directe, positive et vérifiée. En principe, la raison humaine est donc insuffisante à produire la religion considérée comme dépôt des vérités suprêmes. En effet, rappelons-nous quels dogmes la raison a fournis aux peuples et aux sectes qui l'ont prise comme oracle ! quelles absurdités, quelle tyrannie aux Égyptiens et aux Babyloniens ! quelles mœurs aux Syriens, aux Grecs et aux Phéniciens ! quelle barbarie aux Carthaginois, aux Romains, aux Gaulois, aux Huns ! et de nos jours, aux Mexicains, aux Malais, aux Chinois ! quelles infamies aux carpocraties, aux adamites, aux anabaptistes !

Partout l'asservissement temporel aux ministres de l'ordre spirituel ; partout les sacrifices de victimes humaines ; partout la religion servant de manteau ou d'aiguillon aux passions les plus honteuses, partout, excepté dans un coin du monde, où la raison de l'homme ne régnait qu'à l'ombre de la révélation divine.

Mais quand bien même la religion ne serait qu'une loi pour l'homme ( pag. 35 ), elle ne pourrait être considérée comme une exception humaine, sans cesser d'être complète, certaine et efficace ; elle ne serait plus complète avec certitude, car cette loi de l'humanité, devant renfermer tous les devoirs, doit préciser les premiers de tous, savoir, ceux de l'homme envers son Créateur. Or, qui peut fixer positivement ces devoirs, si ce n'est celui même qui en est l'objet ? Est-ce à l'inférieur à stipuler ses obligations envers son maître ? S'il s'arroge ce droit, il n'est jamais sûr d'avoir atteint le nécessaire. Il n'y a donc de certitude, pour les devoirs religieux comme pour les dogmes, que lorsqu'ils viennent de Dieu même.

D'autre part, il n'y a point de loi sans une sanction ; et quelle sanction serait efficace, si elle n'était posée par une autorité supérieure, qui réunit au droit la puissance ? Aussi, M. de Lamennais convient-il que la religion, en tant que loi, est *supérieure à l'homme* ( pag. 35 ) ; mais, il veut, en même temps, qu'elle soit naturelle et seulement naturelle à l'homme, c'est-à-dire, pour le citer textuellement, *qu'elle ne dépend pas dans son origine d'une volonté de Dieu différente de celle par laquelle l'homme a été créé.* Que la volonté de Dieu, lorsqu'il a révélé à l'homme ses lois et leurs conséquences, ait été parfaitement conforme à celle qu'il avait eue en le créant, c'est une vérité nécessaire et incontestée ; c'est cette conformité qui nous permet de comprendre la loi divine, d'en saisir les rapports étroits avec nos besoins et notre bonheur, même de la deviner quelquefois.

Mais l'humanité ne l'a jamais possédée, ni dans son entier, ni avec certitude, que lorsqu'elle l'a reçue d'en haut et précieusement conservée.

Sur ce point encore, l'histoire est là tout entière, prête à confirmer les déductions que nous avons tâché de tirer de la nature des choses.

Mais si la religion, soit comme dogme, soit comme loi, n'a de source certaine que dans la révélation, comme la révélation est indubitablement au-dessus de l'ordre accoutumé, il faut donc admettre un ordre surnaturel : c'est là ce que M. de Lamennais s'attache surtout à nier ; il y revient plusieurs fois, mais voici l'expression la plus positive de son opinion ( chap. 6, pag. 63 ) : « L'ordre surnaturel n'étant ni l'ordre interne de Dieu, ni l'ordre externe de la création, ne saurait être conçu en aucune manière, puisque, rien n'existant hors de Dieu et de la création, *et les relations entre Dieu et la création distincte de Dieu,* extérieure à Dieu, *dérivant de leur nature respective,* et étant des lois naturelles dans tous les sens, ce troisième ordre, que l'on a nommé surnaturel, serait l'ordre de ce qui n'est pas. »

On voit que l'auteur réduit toutes les relations entre Dieu et la créature à celles *qui dérivent* de leur *nature respective.*

Mais veut-il dire qu'elles en dérivent nécessairement, ou spontanément ? S'il les borne aux relations nécessaires, il se contredit lui-même, car il reconnaît en maint endroit le libre arbitre.

S'il appelle *naturel* tout ce qui peut résulter de la nature de Dieu, il n'y a plus de limites, car il ne s'oppose point, sans doute, à la toute-puissance de Dieu. Mais ici se présente une distinction indispensable : si l'on appelle *naturelles* les relations de Dieu avec la création, quand elles sont conformes à la nature des créatures, quel nom leur donnera-t-on, s'il plaît à Dieu d'interrompre le cours des lois qu'il a lui-même établies ?

On les niera ! — Et de quel droit ?

Niez-vous l'omnipotence de l'Être infini ? craignez-vous d'attaquer son immutabilité ? Mais vous admettez la création dans le temps, vous admettez l'existence des âmes, vous admettez le concours permanent de Dieu à la formation de la pensée humaine. Convenez donc que vous reniez l'ordre surnaturel uniquement, parce que vous ne le comprenez pas : vous voulez comprendre l'infini !

Nous n'insisterons pas davantage sur ce point, quelque important qu'il soit, parce qu'il suffisait, ce nous semble, de montrer que M. de Lamennais, malgré la hauteur de son langage, malgré la vigueur de son argumentation, n'avait fait que reproduire, sous des expressions nouvelles, les vieilles attaques des adversaires du christianisme, tant de fois réduites en poussière.

Nous nous bornerons donc à examiner en quelques mots les dernières propositions de l'auteur, qui, se ralliant aux premières, présentent la religion comme progressive depuis le commencement du monde et chez

tous les peuples, et proclament, en conséquence, comme nécessaire et prochaine, une de ses phases nouvelles.

Ici M. de Lamennais est parfaitement conséquent : si la religion est une conception humaine, elle doit, comme l'humanité, poursuivre le cours de ses évolutions, avancer sans relâche, et se perfectionner sans cesse ; mais si, au contraire, la révélation est nécessaire à la religion, nous devrons trouver l'immutabilité comme le caractère distinctif de la religion vraie, et toutes les autres, au contraire, ne devront se modifier que pour se corrompre.

En effet, les religions humaines touchant par leur origine aux premières révélations faites aux pères du genre humain, mais altérées par l'ignorance et l'invasion des passions diverses, ont fait place peu à peu aux systèmes purement terrestres : on sait, par exemple, combien la religion des anciens Pélasges était plus pure que celle des temps de Périclès ; combien le culte de Numa était plus rationnel que celui du siècle d'Auguste.

Mais la religion, née de la révélation, conservée par la révélation, développée uniquement selon la révélation, n'a jamais eu de modifications à attendre : la vérité est la fille sans tache du Très-Haut.

C'est en ce sens que Massillon a dit : « S'il y a une véritable religion sur la terre, elle doit être la plus ancienne de toutes ; » et Bossuet : « Voilà donc la religion toujours uniforme, ou plutôt toujours la même dès l'origine du monde ; on y a toujours reconnu le même Dieu comme auteur et le même Christ comme Sauveur du genre humain. » Et, en effet, notre Dieu est-il autre que celui d'Abraham et de Moïse ? Le Christ qui nous vivifie, est-il autre que celui dont l'attente vivifiait les générations qui ont précédé son apparition sur la terre ? Mais aujourd'hui, quelle ère nouvelle nous est annoncée ? En est-il un autre *qui doive venir* ? Quel prophète a marqué le lieu de son berceau, compté les siècles qui doivent l'attendre, prédit ses souffrances et sa gloire sans bornes ?

N'aspirons donc pas à une transformation qui satisfasse l'orgueil de notre raison insatiable ; mais resserrons-nous dans l'arche salutaire qui flotte au-dessus des orages de l'humanité, sans être mise en péril, comme dit encore Bossuet, « ni par les souffrances de ses enfants, ni par la chute de ses plus illustres défenseurs. » (*Hist. Univ.*)

# D

**DEVOIRS DE L'INSTITUTEUR.** — *Devoirs moraux et religieux de l'instituteur.* — L'instituteur doit être, dit M. Talin d'Eyzac, plus que tout autre, profondément pénétré des obligations qui sont imposées à tous les hommes par la morale et la religion ; et il donnera la preuve de cette conviction intime, en subordonnant sa règle de conduite aux principes qu'il est chargé de graver dans l'esprit de ses élèves, et qui sont la base de toute bonne éducation.

Celui qui se voue à une mission aussi délicate, et aussi pénible et aussi souvent ingrate que celle d'élever la jeunesse, a besoin de trouver dans l'exercice de ses fonctions des motifs permanents de cette noble résignation qu'inspirent à l'âme vraiment chrétienne les sublimes doctrines de la religion et la conscience d'un devoir dignement accompli. La tâche est rude quelquefois ; et, au milieu des soucis des choses de ce monde, l'instituteur ne pourrait trouver, en dehors des dogmes de la foi, assez de force, assez de courage pour lutter victorieusement contre les mécomptes, les vicissitudes et les déceptions qui se trouvent inévitablement au fond des projets les plus péniblement élaborés, et qui nous paraissent les plus heureusement conçus. Les dégoûts viennent promptement assiéger celui qui n'a en vue que les seules satisfactions humaines ; il n'est en repos nulle part, il aspire à sortir de sa sphère, il désire se produire ; et en se complaisant dans ces rêveries chimériques, il ne trouve que peines, déboires, amertumes, contrariétés et les plus trompeuses illusions. Mais lorsqu'on élève sa pensée au-dessus des préoccupations terrestres et qu'on pense à l'immortalité, on ne se laisse pas abattre par les tribulations, et l'on se sent fier de pouvoir braver avec une imperturbable fermeté toutes les tempêtes de la vie.

Aussi la pure morale de raison, que des philosophes ont voulu préconiser comme suffisant à l'homme, est tellement froide, tellement sèche, qu'elle n'a jamais séduit l'âme tendre et aimante du vrai croyant, qui espère dans un meilleur avenir, et qui ouvre son cœur à la pensée d'un bonheur qu'on ne trouve point ici-bas.

« Destiné à voir sa vie s'écouler dans un travail monotone, quelquefois même à rencontrer autour de lui l'injustice ou l'ingratitude de l'ignorance, l'instituteur s'attristerait souvent et succomberait peut-être, s'il ne puisait sa force et son courage ailleurs que dans les perspectives d'un intérêt immédiat et purement personnel. Il faut qu'un sentiment profond de l'importance morale de ses travaux le soutienne et l'anime ; que l'austère plaisir d'avoir servi les hommes et contribué au bien public devienne le digne salaire que lui donne sa conscience seule. C'est sa gloire de ne prétendre rien au delà de sa laborieuse condition, de s'épuiser en sacrifices, de travailler pour les hommes et de n'attendre sa récompense que de Dieu. » (M. GUIZOT, *ministre de l'Instr. publ.*)

C'est ainsi que les devoirs nombreux et divers qui vous sont réservés vous paraîtront plus faciles et plus doux à remplir.

Maintenez donc, par une vigilance continuelle, la dignité de votre état ; ne l'altérez point par des spéculations inconvenantes, par

des occupations incompatibles avec l'enseignement; ayez les yeux ouverts sur tous les moyens d'améliorer l'instruction que vous dispensez autour de vous.

La morale ne saurait donner de leçons efficaces et salutaires qu'autant qu'elle est basée sur la religion; et si l'instituteur a une croyance ferme et sincère, tout lui paraîtra facile; quelque impérieuses que soient les exigences de sa position, il triomphera aisément des difficultés et des embarras soulevés dans le cours de sa carrière.

Les devoirs moraux et religieux de l'instituteur se trouvent dans les principes innés de vertu que Dieu a placés dans le cœur de chaque homme, et dans l'observation des préceptes que la religion lui donne pour savoir ce qu'il se doit à lui-même, ce qu'il doit à ses élèves et à la société. Sa conscience lui dira de suivre constamment la voie du juste et de l'honnête, et de s'y maintenir malgré les tentations les plus insidieuses.

Outre ces obligations générales qui doivent diriger l'homme dans sa vie privée, il est encore des devoirs particuliers imposés personnellement à l'instituteur. Il ne lui suffirait pas, en effet, d'observer tous les principes de la morale et de la religion : il faut qu'il travaille, chaque jour et sans relâche, à les faire pénétrer dans l'esprit de ses élèves, et qu'il consacre tous ses efforts à les leur inculquer d'une manière durable.

Malheur à l'instituteur qui voudrait faire parade de sentiments religieux qui ne seraient pas dans son cœur! N'admît-il dans son école que les meilleurs livres, si lui-même ne croyait pas à leur morale, ses leçons seraient inefficaces. Les élèves ont constamment les yeux tournés vers le maître, et ils ne sont jamais dupes de l'affectation hypocrite de ses manières; ils pénètrent facilement ce que masque ce semblant de religion, et toute éducation morale devient alors complétement impossible.

Aussi le gouvernement a-t-il si bien compris la nécessité de l'enseignement moral et religieux, qu'il l'a proclamé hautement. Il n'a pas voulu que la jeunesse fût élevée en dehors de la foi religieuse, parce que la foi conduit au dévouement, et inspire toujours de grandes choses. Si l'instituteur ne mettait pas lui-même en pratique cette morale religieuse qu'il est chargé d'enseigner, il n'offrirait aucune garantie aux familles, et son école serait bientôt abandonnée. « Autant, » dit M. Prosper Dumont dans son beau livre de l'*Education populaire*, « autant on aime à voir dans le maître la piété, le recueillement et une croyance sincère dans les principes de la révélation, dans l'esprit de l'Evangile, qui doit être l'esprit de toute société chrétienne; autant on se méfie, autant on redoute le douteur, l'incrédule, l'indifférent; et les parents seraient en droit de lui dire : Vous voulez exercer les fonctions d'instituteur, mais il faut que vous nous donniez l'assurance, la certitude que vous partagez les convictions morales et religieuses qui nous animent. La morale que nous suivons, à la face du monde, est celle de l'Evangile; notre religion est la religion chrétienne; si vous ne subordonnez pas votre conduite à ces doctrines, nous devons croire que vous n'avez pas nos sentiments, que vous ne professez pas notre morale, que vous ne comprenez pas notre religion. Nous répudions donc vos leçons et ne pouvons vous confier nos enfants. »

Que l'instituteur donne sans cesse des preuves abondantes et non équivoques des sentiments religieux qui doivent le dominer; et comme le visage est le miroir de l'âme, sa physionomie reflétera la pureté de son intérieur. Qu'il soit bien convaincu que l'idée religieuse est l'arche de salut, et que, sans la foi, il ne trouverait qu'incertitudes, contradictions et déceptions dans la vie.

*Devoirs des instituteurs envers le clergé.* — Le prêtre est le plus puissant auxiliaire que l'instituteur puisse invoquer dans le grand œuvre de l'éducation populaire; car il peut agir par son autorité personnelle et par l'idée religieuse qu'il représente. Aussi soyez assurés qu'il s'empressera avec bonheur de vous seconder dans cette tâche, et qu'il consacrera l'influence de son saint ministère à vous préparer les voies et à faciliter vos labeurs.

Le pasteur comprend toute l'importance de cette mission, qui est, elle aussi, une mission évangélique, et le zèle ne lui fait jamais défaut pour aider au bien et partager tous les dévouements. L'ascendant qu'il a su conquérir sur les familles par le respect dont il est entouré et par l'autorité de sa parole, attirera leurs enfants à l'école; et en les voyant se grouper autour de lui, l'instituteur reconnaîtra combien cette coopération du prêtre lui est nécessaire, indispensable, pour réussir dans sa carrière.

Mais pour l'obtenir, l'instituteur doit s'appliquer à se rendre digne de son affection et de son appui, non-seulement en observant les préceptes de morale que nous essayons de lui tracer, mais encore en donnant chaque jour au ministre du culte des marques de sa déférence la plus respectueuse.

Ayez avec le prêtre des rapports fréquents; de la sympathie naîtra l'amitié, et vous puiserez dans cette intimité, inspirée par une estime mutuelle, le sentiment de tous vos devoirs.

Le professorat est aussi un sacerdoce, et celui qui est appelé à l'exercer doit être plein d'ardeur pour moraliser, par l'éducation, les enfants du peuple. Tout en laissant au prêtre le soin de l'enseignement dogmatique, l'instituteur partage avec lui le droit et le devoir de leur enseigner les vérités morales et religieuses sur lesquelles repose la société chrétienne : par cette heureuse harmonie, le maître continuera l'œuvre du prêtre, en enseignant, dans sa sphère, la pratique du devoir, et en jetant dans les jeunes cœurs des semences de vertu et d'honneur que l'âge et les passions n'étoufferont point : elles deviendront fécondes par le développement des facultés morales et intellectuelles.

Il n'est donc rien de plus désirable que

l'accord du prêtre et de l'instituteur. Tous deux sont revêtus d'une autorité morale, tous deux ont besoin de la confiance des familles; et ils peuvent facilement s'entendre pour exercer sur les enfants une commune influence.

Si vous comprenez bien les devoirs qui vous sont imposés envers le prêtre, et l'importance de son concours, rien ne vous coûtera pour réaliser et cimenter solidement cette union, sans laquelle vos efforts pour l'instruction populaire seraient toujours infructueux.

*Devoirs de l'instituteur envers l'autorité civile.* — Parmi les fonctionnaires dont relève l'instituteur, il en est un avec lequel il a un contact immédiat et journalier : c'est le maire.—L'administration confère à ce magistrat une mission d'information, de vérification, d'inspection et de contrôle; mais elle ne se borne pas à réclamer, à prescrire quelquefois ces actes de surveillance; elle veut encore déverser à pleines mains les trésors inépuisables de sa bienfaisance sur ces hommes qui se vouent à préparer l'avenir de la jeunesse et à l'instruire en la moralisant. Aussi invite-t-elle sans cesse ses agents à assister, encourager, secourir et protéger l'instituteur dans toutes les circonstances qui peuvent provoquer leur intervention et appeler leur concours.

Placé sous ce patronage éclairé et toujours bienveillant, le maître doit sentir augmenter son courage, et marcher avec confiance dans la voie qu'il s'est tracée. Cette protection vigilante dont l'instituteur est entouré lui permettra d'agir avec fruit et de gouverner la jeunesse avec ce prestige de commandement qui accompagne l'autorité sur laquelle il s'appuie.

Pour se rendre digne de ces encouragements, l'instituteur ne doit pas, un seul instant, perdre de vue les obligations qu'il a contractées envers l'administration locale.

Le premier de ces devoirs est le respect qu'il ne cessera de témoigner, en toute occasion, au chef de la commune et la soumission à ses ordres. Du maire dépend indubitablement la prospérité de l'école : il se montre déjà tout disposé en votre faveur, et vous êtes assuré qu'il ira au-devant de vos besoins. Ce magistrat sera heureux de pouvoir contribuer à votre bien-être; il se plaira à alléger vos travaux, et en vous couvrant de l'autorité que lui donne le pouvoir légal dont il est revêtu, il vous facilitera des succès bien flatteurs.

L'intérêt le plus pressant de l'instituteur est donc de faire tourner à son profit ces dispositions bienveillantes de l'administrateur communal, et de gagner son estime en lui donnant constamment des preuves du désir qu'il ressent de lui être agréable, de suivre ses conseils, et de témoigner par ses actes la déférence qui est due aux officiers municipaux et à tous les pouvoirs légaux qui maintiennent la sécurité publique.

Sachez vous faire aimer par vos vertus et l'attrait si séduisant des qualités du cœur; soyez toujours polis et affables. Ces prévenances, qui doivent vous coûter si peu, captiveront votre protecteur et vous assureront son dévouement.

Mais prenez bien garde de vous aliéner ce bon vouloir en vous mêlant aux commérages des coteries. En répétant des propos légers et inconsidérés, vous offenseriez inévitablement le chef de la commune, et vous perdriez sans retour une affection qui doit avoir pour vous d'autant plus de prix qu'elle est née spontanément du sentiment le plus cordial.

Que les paroles de l'instituteur soient toujours mesurées, dignes et convenables ; qu'il évite par ses actions ou par des discours malveillants d'exciter chez les enfants la disposition malheureusement trop commune à tout méconnaître, à tout insulter, qui peut devenir, dans un autre âge, l'instrument de l'immoralité et quelquefois de l'anarchie.

*Devoirs de l'instituteur envers les délégués cantonaux.* — Le maire a une action directe sur les écoles de sa commune; mais, indépendamment des attributions spéciales qui lui sont conférées, la loi lui adjoint des délégués choisis parmi les notabilités de chaque canton, pour veiller avec l'administrateur local au bon ordre, au maintien de la discipline, aux progrès de l'enseignement, et surtout pour diriger l'éducation morale et religieuse de la jeunesse qui fréquente les écoles. Ces délégués, qui ont remplacé les comités créés par la loi du 28 juin 1833, sont destinés à donner un grand relief à l'instruction primaire. Par leur surveillance incessante, leurs rapports, leurs avis, leurs propositions d'améliorations et de réformes, ils feront prospérer les écoles primaires et rassureront la sollicitude, toujours inquiète, des parents, en inspirant cette heureuse sécurité que donne la confiance. Les délégués cantonaux se dévoueront à l'accomplissement de leur mission ; et, sous leur utile direction, l'enseignement s'accroîtra, se développera et se répandra avec fruit.

Les instituteurs ont donc le plus grand intérêt à se concilier la bienveillance des délégués. Pour l'obtenir, ils doivent se hâter de rompre les habitudes qu'ils avaient contractées envers les membres des comités locaux, auxquels ils opposaient une résistance déplorable et toujours fâcheuse.

En effet, l'instituteur avait montré une tendance manifeste à s'affranchir d'une surveillance qui lui semblait gênante et importune. Il ne voyait que des censeurs sévères, des juges inexorables dans ces hommes, souvent trop indulgents, qui se plaisaient, au contraire, à lui donner des preuves de leurs concours et de leurs sympathies.

Ainsi, lorsque les membres des comités se présentaient dans l'école sans se faire annoncer d'avance, l'instituteur les regardait comme d'importuns visiteurs, et leur inspection n'était à ses yeux qu'une odieuse inquisition. Craignant d'être, à l'improviste, trouvé en faute ; ou, tout au moins, en posi-

tion de recevoir des reproches mérités, tantôt sur sa négligence, tantôt sur son apathique mollesse, et presque toujours sur son relâchement dans l'accomplissement de ses devoirs et la stérilité de ses leçons, l'instituteur se plaignait de toute investigation, et les remontrances les plus paternelles le choquaient et l'irritaient.

N'imitez pas ces esprits vaniteux qui se drapent avec suffisance et font les importants. On les voit souvent se plaire à changer de rôle, et de subordonnés ils deviennent interrogateurs. La pédanterie de ces fats est insupportable; ils parlent avec volubilité, sans ordre et sans méthode, sur toutes choses, croyant avoir ébloui leurs auditeurs par cet apparat de science indigeste. Aussi le comité communal, blessé de ses inconvenances, fatigué de répéter toujours inutilement des observations et des remontrances qu'on paraissait dédaigner, avait-il renoncé à visiter l'instituteur; on le laissait agir à sa guise : les abus naissaient, puis s'aggravaient, et l'école tombait, en perdant son appui tutélaire.

Ne vous laissez jamais entraîner par cet égarement d'un faux amour-propre; il vous serait fatal, il compromettrait votre position et briserait votre avenir. Suivez les conseils des hommes honorables et dévoués qui sont préposés par le ministre de l'instruction publique à la surveillance de votre école : vous trouverez toujours auprès d'eux des consolations et des encouragements pour tous vos efforts.

*Devoirs de l'instituteur envers les inspecteurs.* — Si, naguère encore, certains instituteurs se mettaient à l'aise avec le comité communal, ils changent bien vite de contenance à l'approche de l'inspecteur. A l'indifférence succède pour un moment un zèle outré; un empressement officiel et de circonstance vient témoigner de leur désir de cacher, par une factice apparence, la triste réalité des choses; la propreté du matériel, la tenue des élèves, l'arrangement et le bon ordre sont recommandés avec autorité, et donnent subitement à l'école un éclat inaccoutumé. Ils quittent aussitôt leur air doctoral ou facétieux; ils deviennent aussi souples qu'ils étaient arrogants; ils se font humbles et timides devant celui dont ils redoutent l'inspection et le rapport. Mais cette hypocrisie est promptement reconnue : la fausseté se trahit aisément; rien ne peut échapper aux investigations et à l'œil scrutateur du commissaire délégué; et, malgré leurs protestations, ces mauvais instituteurs n'éviteront point les sévères remontrances qu'ils auront méritées.

Oh! combien est différente la conduite du bon maître qui ne fait pas un métier, mais un devoir de son état! Fort du témoignage de sa conscience, et plein de confiance dans le résultat de ses efforts, il attend avec joie, et souvent devance par ses vœux l'arrivée de l'inspecteur, parce qu'il sait bien que son zèle et sa vigilance trouveront en lui un appréciateur éclairé.

Désirez donc, comme lui, que votre école soit souvent et minutieusement visitée : n'ayez pas honte de montrer à l'inspecteur les parties encore faibles de votre enseignement; vous mériterez d'autant plus son indulgence que vous serez plus francs, plus ouverts, plus modestes et plus soumis. En venant inspecter votre école, il sait combien vous avez de peines, combien vous éprouvez de tribulations dans l'accomplissement de cette mission difficile d'instruire des enfants presque toujours impatients, turbulents, étourdis, dissipés, paresseux et indisciplinés; il n'ignore pas que non-seulement le progrès marche à pas lents, mais encore qu'il est des natures tellement ingrates, qu'elles résistent aux soins les plus constants et se refusent opiniâtrément à toute instruction. L'inspecteur sort quelquefois de vos propres rangs; et, moins que personne, il ne saurait méconnaître les causes qui retardent la réalisation des succès que vous recherchez avec une louable ambition; il comprend que l'instituteur a besoin d'encouragement, et les témoignages chaleureux de sa sympathie vous donneront l'assurance que la bienveillance préside toujours à ses visites.

Mais aussi n'affectez pas de faire parade des améliorations que vous avez introduites dans votre enseignement, et de l'efficacité de vos leçons : on ne doit pas se complaire dans ses œuvres, car le sentiment de la vanité nous égare, et nous approuvons en nous-mêmes ce qui, le plus souvent, est sujet à une critique sérieuse. Ce que vous croiriez avoir bien fait serait peut-être un motif de contradiction ou de blâme : il vaut donc beaucoup mieux laisser à l'inspecteur le plaisir de deviner par quels moyens vous avez su faire prospérer votre école, et lui permettre de juger en toute liberté des ressources de votre capacité. Evitez le ridicule qu'entraînent la fatuité et le sentiment d'un amour-propre exagéré; soyez au contraire très-circonspect, très-réservé, et les félicitations que vous recevrez auront d'autant plus de prix que vous les aurez moins recherchées.

Ayez donc confiance en votre inspecteur, répondez avec franchise et clarté à toutes ses questions; provoquez ses interrogations, facilitez ses recherches, prévenez ses ordres et allez au-devant de ses désirs; recueillez avec soin ses observations; demandez-lui conseil sur les modifications à introduire dans votre méthode d'enseignement. Il vous guidera dans votre règle de conduite; il vous éclairera dans les parties qui vous sont les moins familières, et vous puiserez dans ses lumières et dans son expérience les avertissements les plus salutaires et les plus profitables.

Si l'inspecteur est chargé de rendre compte de l'état et de la situation des écoles primaires, il a aussi à remplir une mission toute de bienveillance. Il doit désigner dans ses rapports et recommander auprès de l'autorité supérieure les instituteurs qui se distinguent par leur conduite, par leurs efforts

intelligents, et qui ont bien mérité de leurs chefs et de leurs pays. Le Gouvernement accueille avec empressement ces recommandations ; il encourage les instituteurs laborieux par les récompenses les plus flatteuses, et dispose en leur faveur des places, si enviées, de sous-inspecteurs.

Que la perspective de ces récompenses excite votre zèle ; redoublez de courage, et en recevant l'avancement que vous aurez mérité, vous sentirez quelle douce satisfaction on éprouve d'avoir bien rempli tous ses devoirs.

*Devoirs de l'instituteur envers ses élèves.* — Le maître doit à ses élèves l'exemple de toutes les vertus publiques et privées ; c'est par l'exemple, plus que par les leçons, qu'on moralise la jeunesse : aussi, dit le proverbe, autant vaut le maître, autant vaut l'élève.

Le moindre relâchement dans les mœurs de l'instituteur, l'infraction la plus légère à ses devoirs peut influer beaucoup sur l'avenir de ceux qui lui ont été confiés. Leur jeune imagination est frappée d'une omission ou d'un abus quelconque, et ils semblent tout disposés à les légitimer et même à les prendre pour règle ; car, vous le remarquerez bientôt, les enfants épient nos travers et s'étudient à les reproduire. On dirait qu'ils ne se plaisent qu'à imiter, qu'à contrefaire, qu'à singer ce qu'ils voient faire aux autres. Les mauvais exemples pénètrent facilement dans leurs cœurs, parce qu'ils se prêtent avec la simplicité de leur âge, souvent avec complaisance, à toutes les tentations ; et cette influence est si pernicieuse, qu'elle détruit en peu de temps les germes de morale qu'on se proposait de développer.

Montrez-vous donc sévère et inflexible dans l'accomplissement de vos devoirs. Si vous déviez un instant de la bonne voie, vous vous perdrez en entraînant avec vous des sujets dont vous répondez ; tous vos labeurs seront stériles, et le fruit de vos leçons sera perdu.

Les sages de l'antiquité avaient si bien compris l'étendue des devoirs qui nous sont imposés envers la jeunesse, qu'ils les ont consacrés dans cette maxime qui semble les résumer tous : *Magna debetur pueris reverentia.* En l'expliquant par des exemples, ils nous ont donné d'excellents conseils sur la prudence, la réserve, la discrétion, la décence que nous lui devons ; ils nous apprennent à respecter et à conserver précieusement cette auréole de pudeur qui entoure l'enfance et forme sa couronne d'innocence.

Joignez donc toujours l'exemple à l'instruction ; c'est pour les enfants l'autorité la plus puissante. Les bons exemples se gravent d'abord dans la mémoire des enfants, et peu à peu dans leurs cœurs. Veillez, veillez sans cesse sur la jeunesse que les parents placent sous votre garde : c'est un dépôt qui vous est confié et dont vous avez à rendre compte à Dieu et aux hommes. Vous devez, par tous les moyens qui sont en votre pouvoir, éloigner vos élèves de tout contact

impur, les préserver de la contagion du vice et les prémunir contre les séductions. Que votre vigilance ne se relâche pas un instant : par une coupable incurie, vous encourriez une grave responsabilité morale, et elle pèserait sur vous comme un cuisant remords qui vous poursuivrait toujours, et remplirait votre âme d'amertume et de regrets.

« L'instituteur est appelé par le père de famille au partage de son autorité naturelle : il doit l'exercer avec la même vigilance et presque avec la même tendresse. Non-seulement la vie et la santé des enfants sont remises à sa garde, mais l'éducation de leur cœur et de leur intelligence dépend de lui presque tout entière.

« En vous confiant un enfant, chaque famille vous demande de lui rendre un honnête homme, et le pays un bon citoyen. Vous le savez : les vertus ne suivent pas toujours les lumières, et les leçons que reçoit l'enfance pourraient lui devenir funestes si elles ne s'adressaient qu'à son intelligence.

« Que l'instituteur ne craigne donc pas d'entreprendre sur les droits des familles en donnant ses premiers soins à la culture intérieure de l'âme de ses élèves. Autant il doit se garder d'ouvrir son école à l'esprit de secte ou de parti, et de nourrir les enfants dans des doctrines religieuses et politiques contraires à la Constitution du pays, autant il doit s'élever au-dessus des querelles passagères qui agitent la société, pour s'appliquer sans cesse à propager, à affermir ces principes impérissables de morale et de raison sans lesquels l'ordre universel est en péril. La foi dans la Providence, la sainteté du devoir, la soumission à l'autorité paternelle, le respect dû aux lois, aux droits de tous, tels sont les sentiments qu'il s'attachera à développer. » (M. GUIZOT.)

Il ne suffit pas à l'instituteur de mériter le respect de ses élèves, il faut encore qu'il sache s'en faire aimer par la douceur de son caractère et l'affabilité de ses manières. Qu'il ne prenne jamais pour modèle ces maîtres d'école hautains, arrogants, despotes, qui croient imposer en montrant un front toujours sévère et glacé ! Cet air de fatuité, cette tournure roide et guindée, produisent de mauvais effets et les rendent ridicules : les écoliers les craignent, ils redoutent leur colère, ils tremblent devant leurs menaces, mais ils ne les aiment point ; la confiance disparaît ; ils travaillent avec insouciance, avec dégoût, sans émulation, sans espérance de progrès, et ne soupirent qu'après le moment où ils pourront déserter l'école.

Quelles impressions feraient les leçons d'un homme pour qui ses écoliers auraient de la haine ou du mépris ? On l'avouera, l'éducation est impossible dès que le disciple considère le maître comme le fléau de l'enfance, et que le maître regarde son élève comme un lourd fardeau dont il a hâte de se débarrasser.

L'instituteur doit s'appliquer, au con

traire, à gagner l'affection des enfants par un accueil bienveillant et gracieux, sans cesser de les surveiller ; et si leurs fautes ne doivent jamais échapper à clairvoyance, il peut quelquefois sans danger pardonner des écarts légers, oublier quelques étourderies, et se montrer indulgent pour les faiblesses du jeune âge.

Soyez bons et prévenants pour eux ; écoutez les inspirations de votre cœur : elles vous guideront dans la règle de conduite que vous avez à suivre, et vous puiserez dans les sentiments de la plus tendre sollicitude ces soins, ces attentions, cet attachement qui captivent si bien les élèves, et les rendent plus soumis, plus dociles que des paroles austères et une âpre sévérité.

Que l'instituteur emploie donc, pour les rattacher à lui, tous les moyens dont il dispose ; que sa présence soit toujours désirée, comme celle d'un père ; qu'il soit tour à tour sérieux et gai avec dignité, expansif et souriant : c'est ainsi qu'il tiendra vraiment tous les cœurs dans sa main.

O vous qui êtes chargés de diriger la jeunesse, entourez-la de votre bienveillance la plus affectueuse ; aimez cette innocence, cette familiarité respectueuse, cette naïveté qui la rendent si intéressante ; favorisez ses jeux, ses amusements, son aimable instinct, et répandez autour de vous la joie de toutes les douces émotions de l'âme. Qui de nous n'a pas regretté cet âge où le rire est constamment sur les lèvres et où l'âme est toujours en paix !

*Devoirs de l'instituteur envers la société.* — Nous avons essayé de résumer les principaux devoirs de l'instituteur comme maître d'école, agissant dans son école et au milieu de ses élèves ; nous devons encore le suivre, l'accompagner dans le monde, et lui faire connaître les obligations générales qui lui sont imposées envers la société.

« Bien que la carrière de l'instituteur primaire soit sans éclat, bien que ses soins et ses jours doivent le plus souvent se consumer dans l'enceinte d'une commune, ses travaux intéressent la société tout entière, et sa profession participe de l'importance des fonctions publiques. Ce n'est pas pour la commune seulement, et dans un intérêt purement local, que la loi veut que tous les Français acquièrent, s'il est possible, les connaissances indispensables à la vie sociale, et sans lesquelles l'intelligence languit et quelquefois s'abrutit : c'est aussi pour l'État lui-même et dans l'intérêt public ; c'est parce que la liberté n'est assurée et régulière que chez un peuple assez éclairé pour écouter en toute circonstance la voix de la raison. L'instruction primaire universelle est désormais une des garanties de l'ordre et de la stabilité sociale. » (GUIZOT).

Les rapports de l'instituteur, soit avec les parents des élèves, soit avec les autres citoyens de la commune, ne peuvent manquer d'être fréquents. La bienveillance y doit présider ; il ne saurait apporter trop de soin et de prudence dans ces relations ; car

les hommes sont si versatiles dans leurs sentiments, si capricieux dans leurs penchants et si exigeants pour les qualités d'autrui, qu'il faut infiniment de ménagements pour ne pas choquer leurs idées, contrarier leurs dispositions et blesser leurs susceptibilités. Il est difficile de démêler tous ces tempéraments et de leur donner satisfaction ; mais l'étude du cœur humain apprendra à l'instituteur tout ce qu'il doit faire pour vivre en bonne harmonie au milieu de toutes ces nuances d'appréciations si diverses sur les faits et les choses de la vie, ou sur les convenances et les formes des relations sociales. Il se conciliera la bienveillance des pères de famille et méritera leur affection par la douceur de son caractère, la loyauté de son cœur, l'aménité de son esprit et la franchise de ses procédés ; il se fera aimer par la modestie de son maintien, par son urbanité et ses prévenances.

Si vous vous pénétrez bien de l'importance de votre mission, si vous tenez à honneur de l'accomplir avec une flatteuse distinction, tout vous réussira à souhait ; cependant, vous ne devez pas vous dissimuler que vous aurez des épreuves à subir, des répugnances à surmonter et des résistances à vaincre.

Dès le jour de son installation dans la commune, tous les regards sont fixés sur l'instituteur ; il est à tout moment observé ; ses démarches sont épiées, ses paroles recueillies, et il ne saurait cacher aucun de ses actes à l'investigation des parents. Leur tendresse pour des enfants qui sont toute leur consolation et tout leur espoir est naturellement craintive et méfiante : elle s'alarme aisément, et le moindre doute sur les bonnes dispositions de l'instituteur, sur la pureté de ses tendances, l'efficacité de son mode d'enseignement et les conséquences de l'application de sa méthode, refroidirait leur désir de lui confier leurs enfants ; dans cette incertitude, les parents les retireraient d'une école où ils supposeraient qu'on ne professe pas ces maximes divines, sur lesquelles reposent la stabilité et le bonheur des familles.

Aussi les succès de l'instituteur sont-ils subordonnés au degré de confiance qu'il saura inspirer. L'observation de ses devoirs moraux et religieux, des principes d'ordre et de conservation, le maintien d'une sage discipline, lui feront bientôt conquérir l'estime et la sympathie des parents, comme ses efforts et son dévouement lui mériteront la reconnaissance du pays.

Souvenez-vous que les pères de famille attendent votre concours et qu'ils comptent sur votre coopération pour instruire et moraliser leurs enfants ; vous répondrez à leur confiance en vous montrant dignes de la justifier par votre aptitude et votre bonne conduite. Vous devez être fiers de penser que vous êtes investi de toute l'autorité paternelle, et que l'État remet entre vos mains ses plus chères espérances ; ne trahissez pas cette honorable confiance, et

n'oubliez jamais que vous êtes dépositaire du bien le plus précieux des familles ; que vous leur devez des soutiens dont elles puissent un jour s'enorgueillir, et à la patrie de bons citoyens, qui devront contribuer à maintenir sa gloire et sa puissance.

*De l'étude des sciences et des belles-lettres.* — L'instituteur qui prend souci d'améliorer sa position et de se créer de nouvelles ressources, doit se livrer chaque jour à l'étude pour développer les connaissances qu'il a puisées à l'École normale. C'est en recueillant les souvenirs de ces leçons, en les classant méthodiquement qu'il fera fructifier, par une application soutenue, les germes féconds que ces notions font éclore. Celui qui négligerait de cultiver ces éléments perdrait en peu de temps les avantages que lui assurait l'instruction qui lui a été donnée.

De quelque heureuse mémoire qu'il soit doué, l'homme oublie vite ; et le temps, qui emporte en courant toutes les heures de son existence et les légères notions qu'il croyait gravées en caractères ineffaçables, n'en laisse qu'un vague souvenir.

Occupez-vous constamment à l'étude de la morale, de l'humanité et des belles-lettres ; vous y trouverez de bien douces consolations dans le présent et une espérance pour l'avenir.

L'influence des instituteurs sur les populations dépend de l'éducation qu'ils ont reçue et des connaissances qu'ils ont acquises. C'est en les répandant autour d'eux qu'ils seront aimés et bénis par tous les hommes généreux qui comprennent l'importance de la mission bienfaisante de l'instituteur au sein des campagnes.

Par leurs soins et leurs exhortations, l'agriculture prendra un nouvel essor. Au lieu d'approuver et de flatter les préjugés ou les superstitions, ils feront connaître les progrès dont la culture des terres est susceptible ; ils indiqueront les méthodes plus ou moins ingénieuses dans l'art de fertiliser le sol, et rendront accessibles aux classes laborieuses toutes les découvertes utiles, immédiatement réalisables et qui ont obtenu la consécration de l'expérience. Ils faciliteront ainsi l'œuvre éminemment nationale des comices agricoles ; ils concourront avec succès au but que les agronomes se proposent d'atteindre, et seront leurs plus précieux auxiliaires.

Parmi les améliorations qui sont le plus vivement réclamées par les agronomes, nous croyons devoir signaler, pour leur venir en aide, l'importance de la culture du mûrier : le gouvernement désire ardemment voir propager l'industrie séricicole : la France importe chaque année pour plus de 60 *millions* de soie des pays méridionaux, et elle aspire au moment où elle cessera d'être tributaire de l'étranger. Son climat, en grande partie du moins, convient très-bien au ver à soie, et on regrette que ses productions ne puissent pas suffire aux besoins de la fabrication. Aussi non-seulement l'administra-

tion joint ses vœux à ceux des agronomes distingués qui ont pris l'initiative de cette culture, mais depuis longtemps déjà elle provoque des essais par la distribution gratuite du plant de mûrier, et encourage les propriétaires par des primes spéciales. Il lui tarde de pouvoir répartir sur notre agriculture, si gênée, si souffrante, ces 60 millions qui pourraient la vivifier, et répandre l'aisance chez tous les cultivateurs.

Que les instituteurs secondent ces vues philanthropiques ; qu'ils recommandent ces utiles améliorations, et qu'ils insistent auprès des populations qui les entourent pour leur faire comprendre l'immense intérêt qu'elles ont à propager la culture du mûrier.

Appliquez-vous donc spécialement à étudier les livres qui donnent des notions exactes sur la vie, sur le mode de nourriture, la conservation, la reproduction et les travaux du ver à soie, cet utile insecte qui est le premier ouvrier des riches étoffes façonnées par l'industrie lyonnaise.

Communiquez vos pensées, vos observations et l'ardeur de votre conviction à vos élèves, à leurs parents et aux autres habitants de votre commune ; aidez-les de vos conseils et de votre concours ; facilitez tous les essais : ils réussiront avec des soins assidus et persévérants. Alors le bien-être, l'aisance même succéderont graduellement à la détresse, et en voyant le peuple heureux et content, vous jouirez des services que vous aurez rendus.

*Principes généraux d'éducation.* — Exposé à tous les besoins et à toutes les misères qui commencent avec la vie, l'homme est soumis à l'influence des habitudes, des inégalités de caractère, des travers ou des passions de ses parents et de tous ceux qui l'entourent.

*Il est fragile et enclin au mal*, dit la *Genèse* ; — comment donc combattre et détruire ces fâcheuses tendances qu'il a sucées avec le lait ? — Dès leurs plus tendres années, cultivez l'esprit des enfants, formez leurs cœurs ; et tous ces mauvais penchants, ces dangereuses inclinations qui semblent les dominer, fléchiront devant les principes d'une bonne éducation.

Lorsque Dieu le créa, l'homme n'avait pas cette funeste propension au mal ; mais il a dégénéré : et le Créateur, pour le punir d'avoir osé méconnaître son autorité, imprima sur son front le caractère indélébile de sa déchéance. Livrés à eux-mêmes, les hommes oublièrent promptement leurs devoirs ; la licence amena le crime, et bientôt les passions déchaînées fécondèrent le germe de tous les vices.

Les philosophes de l'antiquité, frappés de ce désordre moral, essayèrent d'en rechercher la cause ; et sans autre guide que leur raison, ils ont reconnu que l'homme portait la peine d'une faute originelle.

Si l'homme est enclin au mal, il a aussi la faculté de se porter au bien ; et souvent l'exemple, l'occasion, le déterminent au vice

ou à la vertu. Il a donc le plus grand besoin qu'on lui donne de bons préceptes moraux et religieux, qu'on lui inspire de nobles sentiments dès qu'il peut faire usage de ses facultés. Ces principes façonnent tellement la jeunesse, qu'elle perd bientôt les mauvaises dispositions de son naturel et qu'elle devient jalouse de se parer de toutes les vertus sociales. Aussi un maître sage et vigilant doit-il surveiller dans ses élèves tous les mouvements de leurs cœurs, et développer graduellement à leur jeune intelligence les plus importantes vérités de la morale et de la religion.

Cette première étude d'observation et d'investigation conduira promptement l'instituteur à l'appréciation du caractère des enfants ; elle lui indiquera les moyens qu'il doit employer et les règles qu'il convient d'observer pour les gouverner et modifier leurs inclinations. Les hommes sont aussi dissemblables par le tempérament que par le visage ; et la connaissance approfondie de toutes ces nuances si variées de leurs dispositions physiques et morales permettra à l'instituteur de saisir les penchants de chacun, et d'appliquer aux tendances mauvaises un remède efficace et proportionné à leur nature.

Nous avons déjà fait observer combien les enfants sont impressionnables, combien ils se laissent séduire et entraîner par tout ce qu'ils voient et tout ce qu'ils entendent ; cette prédisposition à se modeler sur l'exemple des autres n'est que trop réelle, et elle nécessite à leur égard la plus prudente réserve. Ce défaut originaire se lie encore à beaucoup d'autres. Les enfants ne sont pas moins impérieux qu'imitateurs : ils voudraient donner satisfaction à leurs caprices, même les plus bizarres ; ils se lassent, se dégoûtent, varient et ne sont jamais contents. Tout est vraiment désordre et confusion dans leurs pensées, qui naissent, changent, se succèdent, s'entre-choquent et se contredisent à chaque moment. Ils sont toujours agités, incertains et variables dans leurs désirs : et ces emportements fréquents, cette continuelle turbulence les rendent indisciplinables. C'est en se livrant à leur dissipation que les enfants contractent insensiblement des habitudes vicieuses qu'ils ne peuvent plus rompre, et qui sont la cause bien souvent des peines et des chagrins de toute leur vie. Ils écoutent avec complaisance le murmure séducteur des passions naissantes ; alors ils méconnaissent leurs guides et ne veulent plus être gouvernés.

Commencez donc à bien connaître vos élèves, à démêler leurs goûts particuliers, et ne laissez pas dégénérer entre vos mains les heureuses dispositions dont ils sont doués ; hâtez le développement de leur intelligence ; une nature généreuse saura garder et mûrir tous les germes qu'on lui confiera.

Il n'y a qu'une science à enseigner d'abord aux enfants, c'est celle de leurs devoirs ; et pour faire aimer ces devoirs, inspirez à vos élèves des inclinations pures et nobles ; familiarisez-les avec de belles pensées, car nous agissons comme nous pensons, et les grandes pensées forment le cœur.

Mais l'enfant a une manière de voir, de penser, de sentir, qui lui est propre ; on doit le traiter selon son âge, et ne lui dire que ce qu'il peut comprendre et ce qu'il est en état de retenir. Il ne faut point fatiguer sa mémoire d'un détail inutile, mais le disposer à connaître les choses dont les éléments au moins sont à sa portée. La plupart des leçons se perdent bien plutôt par la faute des maîtres que par celle des disciples ; souvent, pour une idée qu'on leur donne, la croyant bonne, on leur en donne à la fois vingt autres qui ne valent rien ; et parmi ces explications diffuses qu'ils ne peuvent saisir, parmi ce long flux de paroles dont on les excède, combien y en a-t-il qu'ils interprètent à faux et qu'ils commentent à leur manière !

La raison, le jugement, viennent lentement ; les préjugés, au contraire, accourent en foule, et le maître n'en préservera ses élèves qu'en leur inculquant des idées justes et saillantes de vérité. L'esprit de toute bonne institution n'est pas d'enseigner aux enfants beaucoup à la fois, mais de leur donner du goût pour l'étude, et de bonnes méthodes pour apprendre. Pour cela, il ne faut jamais raisonner sèchement avec la jeunesse, mais faire passer par le cœur le langage de l'esprit.

Soyez toujours clairs, simples et précis dans vos instructions ; apprenez aux enfants tout ce qui est utile à leur âge ; insistez à propos, usez de réprimandes, d'exhortations, de paroles douces et quelquefois sévères, sans vous décourager et sans cesser d'instruire : en faisant passer successivement sous leurs yeux tous les objets qu'il leur importe de connaître, vous leur indiquerez la route qu'ils doivent suivre pour seconder la nature et relever leur vocation.

Que de lumières et de prudence n'exige-t-on pas du maître qui est chargé de former des hommes ! Que de sagacité pour comprendre la différence des tempéraments et des caractères ! La douceur doit s'unir à la fermeté, et le zèle à la patience, pour développer l'intelligence de l'enfant, mûrir sa raison, éclairer son esprit, diriger son cœur et déraciner ses penchants vicieux.

Aussi quel heureux ensemble de qualités ne faut-il pas pour être digne de la noble mission d'instituteur du peuple ! « Un bon maître d'école est un homme qui doit en savoir beaucoup plus qu'il n'en enseigne, afin de l'enseigner avec intelligence et avec goût ; qui doit vivre dans une humble sphère, et qui, pourtant, doit avoir l'âme élevée, pour conserver cette dignité de sentiments et même de manières, sans laquelle il n'obtiendra jamais le respect et la confiance des familles. N'ignorant pas ses droits, mais pensant beaucoup plus à ses devoirs, donnant à tous l'exemple, servant à tous de conseiller, surtout ne cherchant point à sortir de son état, content de sa situation parce qu'il y fait du bien, décidé à vivre et à mourir

dans le sein de l'école, au service de l'instruction primaire, qui est pour lui le service de Dieu et des hommes : — tel doit être l'instituteur. » (M. GUIZOT.)

C'est avec l'aide de la religion qu'il parviendra à connaître l'homme, sa grandeur et sa destinée. Il n'appartient qu'à elle seule de le vivifier par le sentiment moral, de perfectionner ses mœurs, et de lui apprendre à se résigner avec noblesse à sa position sociale.

DEVOIRS DE LA JEUNESSE A L'ÉGARD DE SES MAÎTRES ET DE SES PARENTS (1). — L'éducation est l'instruction du cœur : aussi doit-on saisir chez l'enfant les premiers mouvements de son âme et les premières lueurs de son esprit pour développer et faire fructifier le germe de ses facultés morales et intellectuelles. On le rendra meilleur en lui inculquant les bons principes qui font naître les plus pures aspirations : du cœur émanent les nobles pensées.

Il ne suffit pas d'instruire la jeunesse dans les sciences et dans les arts; la vertu seule peut féconder tous les éléments d'instruction. Sans elle, la plus vaste érudition ne brillerait que d'un éclat éphémère : ce serait comme un arbre chargé de fleurs et qui ne donnerait aucun fruit.

La morale est donc le fondement de toute bonne éducation : avant d'orner l'esprit des enfants, on doit former leur cœur, et le diriger vers le bien en lui conservant cette auréole de pureté qui est le plus bel ornement de l'homme.

C'est avec les principes religieux qu'on parviendra à graver profondément dans leur âme les notions de saine morale; et, malgré la séduction des passions, ces premières impressions, qui ne s'effacent jamais, les ramèneront sans cesse au sentiment du bien et à l'amour de la vertu.

Les personnes qui sont chargées de la mission pénible, mais si honorable, d'élever la jeunesse et de préparer son avenir, doivent veiller sans cesse sur les enfants qui leur sont confiés. C'est surtout par de bons exemples qu'on les moralise; car l'exemple est pour l'enfant la plus puissante autorité.

En voyant le monde agir et se mouvoir autour d'eux, les jeunes gens reçoivent les impressions du bien ou du mal, du vice ou de la vertu, comme l'argile et la cire prennent toutes sortes d'empreintes entre les mains de l'ouvrier. On doit donc leur donner de bons préceptes, leur inspirer des idées pures, perfectionner leurs mœurs et corriger leurs mauvais penchants par la morale religieuse.

Il manque, peut-être, aux établissements d'éducation un livre où soient résumées, en termes clairs et précis, ces notions de morale que les élèves doivent apprendre et retenir comme leur catéchisme diocésain : nous avons essayé de remplir cette lacune,

(1) Cet article appartient à M. Talin d'Eyzac, que nous avons cité plus haut.

et nous serions heureux si, par l'expression de nos pensées, nous pouvions contribuer à leur inculquer l'amour de tous leurs devoirs.

*Devoirs envers Dieu.* — *Principes de religion.* — Dieu se révèle à nous par tant de prodiges, que les hommes de tous les âges et de tous les pays n'ont pu méconnaître son existence. Les monuments, l'histoire et la tradition constatent combien ils étaient profondément imbus de cette pensée d'un Dieu souverainement puissant. Les uns l'invoquaient dans leurs peines; d'autres tremblaient devant sa justice, parce que tous savaient qu'il récompense les bonnes actions et qu'il punit le crime.

Quoique souvent obscurcies par le délire de l'imagination, ou dénaturées par les passions auxquelles les hommes voulaient sacrifier, ces notions de la Divinité ont toujours dominé : partout il y a eu un culte, des prêtres et des cérémonies religieuses; partout, malgré les préjugés et l'ignorance, cette vérité première de Dieu a été reconnue.

Pour être convaincu qu'il existe une Sagesse souveraine, il suffit de contempler les merveilles de la nature, qui rendent un éclatant témoignage du Créateur. Levez les yeux vers le ciel, considérez les astres, leurs proportions, leurs divers mouvements, et dites si ce sublime ouvrage peut être l'effet du hasard, ou de toutes autres combinaisons péniblement enfantées par l'athéisme pour nier l'existence de l'Être suprême?

Dieu est celui qui est, celui qui existe par lui-même, l'Être par essence, la plénitude et le principe de tout. Il est unique, et ne peut avoir de semblable; il est le maître de tout, parce qu'il a tout créé; il est immense, infini. Le ciel et la terre publient sa gloire et proclame sa puissance : il gouverne les éléments et les dirige à son gré; tout est subordonné à sa providence. C'est un témoin invisible qui pénètre les pensées les plus secrètes, et qui sonde les replis les plus cachés de la conscience; il condamne tout ce qui est injuste et déréglé; et s'il permet un moment qu'on viole ses lois, qu'on opprime la vertu, qu'on persécute l'innocence, sa justice sait proportionner le châtiment aux fautes commises.

La religion nous apprend que la route de la vertu est en même temps celle du bonheur. Mais elle ne se borne pas à imposer à l'homme des obligations générales; elle le suit, elle le guide dans toutes les situations où la Providence l'a placé : elle le soutient, le fortifie et l'encourage par ses récompenses.

En effet, la religion seule affermit et développe les préceptes de la plus douce morale; elle sait nous donner la patience dans les douleurs, la constance dans les afflictions; elle nous élève au-dessus des événements terrestres et nous offre l'espérance d'un bonheur immortel.

Voyez avec quel charme elle répand la consolation dans l'âme du juste affligé qui, sans

se plaindre, supporte noblement les revers et les afflictions humaines, en répétant toujours : *Que la volonté de Dieu soit faite !*

C'est que la religion est fille du ciel; celui qui la cultive passe sa jeunesse sans agitations, son âge mûr sans chagrins, sa vieillesse sans remords; jamais il ne regrette le passé, dont il n'a point abusé; l'avenir n'a rien d'effrayant pour lui; et, rassuré sur sa destination future, il s'écrie :

« C'est Dieu qui m'a formé, et puissé-je lui dire à mes derniers moments : O mon Père ! tu as voulu que je souffrisse, j'ai souffert sans me plaindre ; tu as voulu que je fusse pauvre, j'ai supporté les privations de la pauvreté ; tu ne m'as pas fait naître dans les grandeurs, et je ne les ai pas recherchées ; tu veux que je meure, je t'adore en mourant ! »

C'est dans l'Evangile qu'on puise ces célestes inspirations ; c'est dans ce livre admirable qu'on trouve les principes de la plus pure morale et les instructions les plus sublimes.

Jésus est venu apporter aux hommes des consolations et leur donner des espérances. Partout il révèle sa profonde sagesse; partout on est frappé de l'élévation de ses doctrines, et c'est avec des préceptes de paix et d'union qu'il a voulu instruire le genre humain et réformer l'univers.

Jeunes gens, élevez votre pensée vers Dieu, dont la providence pourvoit aux besoins de toutes les créatures; lui demander les choses que vous désirez, et le remercier des bienfaits que vous en avez déjà reçus ! Il vous aidera et vous bénira, si vous aimez et pratiquez la vertu.

*Devoirs des jeunes gens envers eux-mêmes.* — La morale est la science des devoirs de l'homme ; elle lui apprend à discerner le juste de l'injuste, et à diriger toutes ses actions vers le bien : c'est la loi naturelle réduite en préceptes. Cet instinct primitif naît en nous et avec nous, et nous ne pouvons méconnaître les devoirs imposés par ce sentiment intérieur que Dieu a mis dans notre âme en nous créant.

En effet, il est au fond des cœurs un principe inné de justice et de vertu sur lequel nous jugeons nos actions comme bonnes ou mauvaise, prescrites ou défendues. Les notions originelles du bien et du mal, les premiers devoirs de l'homme envers Dieu, envers lui-même, envers ses semblables, ont été gravés dans son cœur.

« Ce principe qui nous domine, dit Rousseau, qui n'emprunte sa force ni de l'éducation, ni de l'habitude, ni des lois, ni des conventions des hommes, mais de Dieu seul, c'est la conscience.

« C'est ce juge sévère, inexorable, qui nous approuve ou nous condamne, selon nos bonnes ou nos mauvaises actions ; c'est cette voix intérieure qui nous avertit à chaque instant, et qui ne cesse de nous dire : *Sois juste et tu seras heureux ! »*

Nous ne pouvons jamais méconnaître ni repousser ce cri de la conscience : nous

l'entendons partout et toujours. Nous avons beau chercher à nous étourdir en nous livrant à toute l'effervescence des passions, nous ne pouvons éviter ses poursuites incessantes.

Il faut observer scrupuleusement tous ses devoirs, et ne se réjouir que lorsqu'on a bien fait. L'homme qui a la conscience pure est seul heureux : il éprouve une joie continuelle ; mais il n'est point de bonheur pour les hommes vicieux : ils sont toujours agités et mécontents. En effet, quiconque enfreint les devoirs qui lui sont imposés éprouve aussitôt un malaise, une inquiétude qui le tourmente et lui reproche ses fautes. C'est en vain que l'on fait parade d'une feinte insouciance ; la conscience criminelle se trahit toujours elle-même, et rend hommage à la vertu par ses propres remords. Des images sombres nous poursuivent partout, et nous sommes contraints d'avouer qu'on ne trouve ni paix ni bonheur dans les folles et coupables dissipations de la vie.

La conscience, éclairée par la religion, ne trompe jamais ; elle est le vrai guide de l'homme : obéissons-lui, et nous reconnaîtrons quel charme on éprouve, après l'avoir écoutée, à se rendre un bon témoignage de soi-même.

Lorsque, par votre conduite, par votre exactitude à remplir tous vos devoirs, vous avez mérité les félicitations de vos maîtres et de vos condisciples, vous souriez, jeunes gens : ces louanges vous paraissent si douces, si agréables, et votre joie exprime si bien le contentement de votre âme !....

Prenez courage au bien, ne vous laissez pas rebuter ; et si, un jour, au milieu des orages de la vie, vous êtes victimes de l'inconstance des hommes et de la fortune, si l'amertume des chagrins vous arrache des pleurs, vous trouverez alors en vous-mêmes des motifs de consolation qui vous soulageront dans vos peines, et vous feront apprécier tout le plaisir que l'on éprouve à pratiquer la vertu.

*Devoirs des jeunes gens envers la société.* — La morale prescrit à l'homme l'observation des devoirs qui lui sont imposés envers ses semblables ; et le sentiment de ces devoirs, sur lesquels reposent les principes de la sociabilité, nous inspirerait dans toutes nos actions si nous suivions toujours les préceptes de la morale religieuse.

Les vertus religieuses et sociales fécondent seules l'amour de l'humanité : s'il est souvent froid et stérile, c'est que beaucoup de chrétiens oublient les leçons du divin Maître, ou se montrent fort peu disposés à les mettre en pratique ; on veut paraître obligeant, on affecte des manières bienveillantes ; mais au fond la plupart n'écoutent que les exigences de leur égoïsme, et restent indifférents aux souffrances et aux afflictions d'autrui. Cependant un acte de bienfaisance, de générosité, nous attire l'estime, l'affection, le dévouement de ceux que nous avons obligés, et nous sommes heureux de nos

bonnes actions : c'est la première récompense de la vertu.

Nous ne devons donc point vivre pour nous seulement, mais il faut encore savoir consacrer notre vie au bien de notre prochain, et nous dévouer pour nos parents, pour nos amis, pour notre patrie.

Nos obligations envers la société sont renfermées dans ces deux préceptes évangéliques, qui devraient toujours nous servir de règle de conduite : *Faites aux autres ce que vous voudriez qu'on vous fît, et ne faites pas aux autres ce que vous ne voudriez pas qu'il vous fût fait à vous-mêmes.*

La première de ces maximes consacre les devoirs positifs que nous sommes obligés d'observer ; elle nous ordonne tous les actes de bienfaisance et d'humanité, tels que soulager les malheureux, secourir les indigents, consoler les affligés, donner l'hospitalité, etc. Par la seconde, sont défendues toutes les actions qui peuvent nuire à autrui, de quelque manière que ce soit.

Ces principes sont rigoureusement imposés à tous les hommes ; mais la religion nous apprend comment nous devons remplir les devoirs qui en découlent.

Vous vous y préparerez en aimant vos semblables avec cette charité qui doit partir du cœur, et en saisissant avec empressement les occasions de mériter leur estime par tous les bons offices, les égards et les prévenances qui dépendent de vous.

Soyez toujours bons et affables ; c'est le moyen d'acquérir la bienveillance et la considération des hommes.

*Devoirs des jeunes gens envers leurs parents.* — La nature nous inspire les devoirs que nous devons rendre à nos parents ; c'est elle qui met dans nos cœurs les sentiments de piété filiale, et qui nous apprend à reconnaître leurs bienfaits de chaque jour ; il ne faudrait donc ni préceptes écrits, ni moralistes, pour nous rappeler ces devoirs, si la corruption des mœurs n'avait perverti un grand nombre de jeunes gens, et fait mépriser l'autorité paternelle en étouffant la voix de la nature. On en est venu à ce degré de dépravation, qu'on a été obligé, à la honte du genre humain, de mettre sous l'égide des lois la protection des droits les plus sacrés de la famille !

Quels devoirs pourriez-vous donc observer, si vous négligiez ceux qui sont les plus faciles et les plus doux à remplir !

Dans votre faiblesse, dans votre complet dénûment des choses les plus essentielles à l'existence, comment eussiez-vous pu vivre sans le secours de vos parents, sans leurs veilles et leurs soins de tous les moments ? Eh ! ne leur devez-vous que la vie ? Ne tenez-vous pas de leurs plus généreux sacrifices l'aisance que vous goûtez dans votre famille, l'éducation que vous avez reçue, et jusqu'au nom que vous portez, qui vous recommande dans le monde, vous donne une place honorable dans la société et vous fait participer à tous les droits de cité ? Ne vous ont-ils pas tout donné ?... Comparez

votre position à celle des malheureux orphelins, qui sont privés de tout appui, de toute protection, et dites, en présence de tant de bienfaits, si vous pouvez rester froids, indifférents ; si votre reconnaissance doit être stérile !...

L'ingratitude est toujours odieuse, et ne devient-elle pas criminelle lorsqu'un enfant mérite, par sa conduite, d'être frappé de la malédiction paternelle !

Pourriez-vous regarder sans émotion cette bonne mère qui s'est épuisée pour vous, qui vous a entourés de toute sa sollicitude, qui vous sourit toujours ? Oh ! si votre cœur n'en était pas attendri, s'il ne vous dictait pas les sentiments de reconnaissance que vous devez à son amour, aux soins qu'elle vous a prodigués ; si vous étiez sourds à sa voix et insensibles à tant d'affection, vous ne goûteriez jamais le bonheur, qui est la récompense du véritable amour filial.

Respectez vos parents jusque dans leurs défauts, dans les fautes et les faiblesses qu'ils peuvent commettre ; ménagez leur caractère, leurs habitudes et même leurs manies : à leur âge, vous prêterez peut-être plus encore à la critique. Savez-vous si ces bizarreries, ces travers dont vous voudriez vous moquer, ne sont pas la suite des inquiétudes que vous leur avez données, et des chagrins, des mécomptes qu'ils ont éprouvés pour vous ?

Si vous appartenez à des parents pauvres, qui ne vivent que du produit de leur travail journalier, ou qui aient été éprouvés par les vicissitudes de la fortune, redoublez de zèle et d'amour ; car ils se privent peut-être du nécessaire pour vous, et s'imposent la plus grande gêne. Pour tant de sollicitude, que vous demandent-ils ? Que vous soyez bons et vertueux.

Un de vos premiers devoirs est la docilité aux ordres et aux désirs de vos parents. Pourquoi seriez-vous tentés de leur désobéir ? N'est-ce pas pour votre plus grand avantage qu'ils vous prescrivent la conduite que vous avez à suivre ? La pensée de votre avenir les occupe ; ils voudraient pouvoir vous laisser le bonheur pour héritage ; et ce n'est qu'en suivant leurs sages conseils, mûris par l'expérience, que vous serez heureux et que vous éviterez les pièges séduisants dressés partout sous vos pas.

Aimez toujours vos parents ; et, à cet amour, joignez le respect le plus profond, l'attention et la déférence la plus empressée ; obéissez-leur promptement, sans murmurer, sans vous plaindre, et rappelez-vous sans cesse ce précepte dicté par Dieu lui-même : *Honore tes père et mère, tu vivras longtemps et tu couleras des jours heureux.*

*Devoirs des jeunes gens envers leurs professeurs.* — En recevant la vie, l'homme n'a pas seulement besoin de pourvoir à sa subsistance ; il doit encore apprendre, par l'étude, à diriger ses facultés intellectuelles vers les choses qui peuvent améliorer sa position sociale. Cette fortune, ce bien-être, que l'on recherche avec tant d'avidité, nous

sont acquis, le plus souvent, par le développement des talents que la nature nous a donnés. En effet, comme rien ne vient sans culture, que ferions-nous sans instruction ?

C'est à nos maîtres que nous devons attribuer le succès que nous obtenons : leurs soins assidus et constants, leur zèle de chaque jour, font naître et fructifier les heureuses dispositions de l'esprit et les bonnes qualités du cœur. Pour se consacrer entièrement à votre éducation, ils renoncent à leurs habitudes ; ils se séparent de leur famille et de leurs amis · ils compromettent peut-être pour vous leur propre avenir. La vie de l'instituteur est toute de dévouement, et, par une bien juste réciprocité, ne devez-vous pas lui exprimer, chaque jour, vos sentiments de reconnaissance ?

De combien d'affection et de respect ne devez-vous pas être pénétrés en vous rappelant les bontés de vos maîtres ! Mais il est des élèves qui, par la dissipation et de continuelles étourderies, soumettent leur patience aux plus fatigantes épreuves, oublient les soins qu'on leur prodigue et les sacrifices que l'on s'impose pour les instruire et diriger leurs études.

Ne ressemblez pas à ces élèves turbulents et ingrats, qui négligent leurs devoirs et repoussent les leçons dont ils ne connaîtront le prix que lorsqu'il ne sera plus temps d'en profiter. Récompensez, au contraire, vos professeurs par une application soutenue, par votre attention et votre docilité : eux seuls peuvent vous procurer un état honorable et vous apprendre à vous bien conduire, en corrigeant vos défauts. Sachez-leur gré même des punitions qu'ils vous infligent, et désirez qu'ils soient sévères ; vous rougiriez un jour de votre mollesse, de votre apathie, et vous leur reprocheriez une trop grande indulgence.

Confiez-vous avec assurance à vos maîtres ; leur sollicitude ne vous abandonnera pas. Ils seront heureux de vos progrès et de vos triomphes ; votre gloire sera la leur.

*Préceptes de conduite journalière.* — La vertu conduit l'homme au bonheur ; mais il ne suffit pas de connaître les règles que la morale prescrit, il faut surtout mettre en pratique les leçons qu'elle donne.

Des principes que nous avons exposés, vous pourrez déduire toutes les conséquences importantes qui en découlent, et qu'il vous sera facile d'appliquer à tous les détails de votre conduite, à vos devoirs de chaque jour.

L'objet des préceptes suivants est de vous en faciliter les moyens, en vous apprenant à éviter les travers et les vices que nous allons vous signaler.

### I. — Du bon caractère.

Les vertus sociales se traduisent dans le monde par l'expression des sentiments que le cœur inspire. Si vous voulez acquérir ces vertus, prenez modèle sur les hommes honorables que l'estime et la considération publiques entourent d'hommages.

Ne croyez pas que ce soit seulement avec des formes gracieuses et polies que vous disposerez favorablement ceux dont vous désirez captiver la bienveillance : tout ce qui n'est que superficiel et de simple apparence a peu de durée et s'use rapidement ; le fond se montre bientôt à nu, dans toute sa pauvreté, souvent même dans toute son horreur. C'est l'âme qui doit parler, et ses sincères épanchements ont une éloquence entraînante.

Attachez-vous donc à féconder les qualités dont vous êtes doués, en vous corrigeant des mauvaises habitudes que vous avez contractées et de tous les défauts de votre caractère. Quelque impérieuses que soient les passions, on peut les vaincre quand on veut : il suffit d'avoir une résolution ferme, sincère et constante. Il vaut mieux les dompter que d'en être le jouet et le vil esclave ; mais, le plus souvent, la légèreté et la dissipation de notre esprit nous rendent si mobiles et si variables, que nous ne pouvons persévérer dans nos meilleurs projets.

La plupart des jeunes gens courent étourdiment vers la nouveauté : une fantaisie, un caprice bizarre les entraîne toujours vers d'autres objets qui les séduisent et les égarent.

Depuis leur première enfance, gâtés par des flatteries imprudentes et dangereuses, ils se laissent entraîner à toutes les suggestions de la vanité ; ils deviennent volontaires, et affectent de ne jamais céder : de là, ces inégalités de caractère, cette susceptibilité et toutes ces exigences d'un esprit fantasque et d'un mauvais cœur. Ce sentiment d'orgueil devient la source de tous les autres vices qui en dérivent. Le jeune homme dominé par l'orgueil est fat et présomptueux ; il se croit supérieur à ses condisciples, tandis qu'il montre à tous les yeux la pauvreté de ses moyens et les marques trop réelles de son incapacité ; il devient hautain, obstiné et dédaigneux ; il ne peut supporter les observations les plus judicieuses ; les plus sages conseils le fatiguent et l'irritent ; si on insiste, il se récrie hautement et se laisse bientôt aller à toute la violence de son emportement ; il ne pardonne jamais la raillerie, encore moins l'outrage fait à sa vanité blessée : ainsi naît le germe de toutes les passions que développe un instinct vicieux et pervers.

Appliquez-vous à ne pas ressembler à ce capricieux ; mais ayez pour les autres la plus grande condescendance et la plus franche aménité.

On voit tous les jours et il se trouve partout des persifleurs et des railleurs ; mais on doit dédaigner leurs sarcasmes : le ridicule qu'ils voudraient déverser sur les autres retombe sur eux-mêmes ; ils ne peuvent, par leurs facéties, faire perdre l'estime et la bonne réputation que l'on a honorablement acquises.

Travaillez sans cesse à ployer votre caractère. Le combat est rude quelquefois, mais la victoire est féconde en heureux résultats.

Ce triomphe vous en préparera d'autres ; et lorsque vous serez maîtres de vous-mêmes, vous le serez de beaucoup de choses.

Dans le monde on apprécie l'homme circonspect et réservé, et vous serez toujours bien accueillis si vous êtes doux et affables, complaisants et prévenants envers les autres.

## II. — De la modestie.

La modestie est une vertu à laquelle tous les hommes se plaisent à rendre hommage, parce qu'elle est l'indice le plus sûr d'un esprit élevé et d'un noble cœur.

Il faut donc remplir exactement tous ses devoirs, et ne pas chercher à faire parade de ses sentiments et de son mérite; car on se plaît à rehausser celui qui est modeste, et on rabaisse avec raison celui qui se vante et se glorifie lui-même.

Quelque adroits ou quelque habiles que vous puissiez être, n'en tirez jamais vanité, et n'ayez pas la présomption de vous estimer meilleurs ou plus capables que d'autres. Nos connaissances sont toujours très-bornées, très-restreintes, et nous ignorons infiniment plus de choses que nous n'en savons réellement.

*Aimez qu'on vous conseille, et non pas qu'on vous loue,*

dit le proverbe; car la louange n'est qu'un filet pour prendre les dupes. On voudrait souvent, par amour-propre, être flatté et recherché ; par suite, on devient arrogant, fier, exigeant et impérieux. L'orgueilleux traite les autres avec dédain, il s'érige à lui-même des autels et se constitue son propre adorateur.

*Connais-toi bien toi-même*, a dit le Sage. C'est la leçon la plus salutaire qu'on puisse méditer : elle apprendra à celui qui se vante à n'avoir point si présomptueusement bonne opinion de lui-même.

Pour vous, jeunes gens, évitez l'orgueil et la vanité ; ils vous feraient haïr et mépriser. Soyez modestes dans vos discours et dans vos manières ; ne vous montrez pas jaloux de la gloire et du bonheur des autres ; mais tâchez de mériter aussi, comme eux, d'être heureux et considérés.

## III. — De la docilité.

Dès que vous avez compris la nécessité d'étudier, vous devez faire la plus complète abnégation de vos volontés pour suivre les sages conseils de vos professeurs et profiter de leurs leçons.

En effet, comment pourraient-ils vous instruire, si vous ne vous soumettiez à leur paternelle direction, si vous n'aviez pas confiance dans leurs lumières et dans leur expérience ! Souvent on s'aliène la bienveillance du maître, on refroidit son zèle par une obstination qui le décourage et lui fait perdre toute patience. Le dégoût amène l'indifférence, et il ne prend plus aucun souci d'un jeune homme qui est toujours en révolte contre les règles de la discipline.

La confiance est la conséquence naturelle de la soumission et de la docilité; un bon cœur est aisément confiant. Rappelez-vous sans cesse qu'il est du plus mauvais goût de récriminer et de s'obstiner dans ses torts, qu'il est honorable de céder, et qu'il n'appartient qu'aux sots d'être suffisants et entêtés.

Soyez donc toujours dociles à la voix de vos maîtres : eux seuls peuvent bien diriger votre esprit et votre cœur.

## IV. — De la franchise et de la discrétion.

La franchise et la loyauté sont les marques caractéristiques d'un homme d'honneur : celui-là ne parle et n'agit que selon son cœur; il ne s'étudie pas à déguiser ou à dissimuler.

Le mensonge, l'hypocrisie sont les plus odieux de tous les vices; ils corrompent l'âme et la pervertissent. Tel qui vous paraît juste et honnête, n'a souvent des vertus que la vaine apparence. Mais l'homme fourbe est bien vite démasqué; on le méprise et on le fuit. Il a beau être fin et subtil, il est toujours reconnu, et personne n'a désormais confiance dans les paroles d'un menteur. Celui, au contraire, dont la franchise orne le caractère, ne cherche jamais à blesser la vérité par des insinuations flatteuses ou mensongères.

Faites toujours preuve de sincérité, accoutumez-vous à la franchise, et vous serez appréciés de tout le monde.

Quelquefois on est brusque en croyant être franc; et cette rudesse dans les formes froisse la délicatesse du sentiment. Pourquoi refuseriez-vous aux autres les égards que la prudence et les bienséances commandent ? Ce serait être bien téméraire et peu généreux.

Il faut beaucoup écouter et ne parler qu'avec mesure. On évite, dans la société, tous les grands parleurs comme des hommes sans jugement; on les fuit, on les craint comme des importuns et des indiscrets, qui, pour satisfaire leur démangeaison verbeuse, disent sans réflexion tout ce qui leur vient à l'esprit. Celui qui jase à tort et à travers ennuie, déplaît; il peut même, sans en avoir l'intention, brouiller les meilleurs amis.

N'imitez pas ces hommes qui expriment si imprudemment leurs pensées les plus légères; la réflexion, qui aurait dû précéder, vient après, et avec elle d'amers regrets. Pesez avec soin toutes vos paroles, examinez ce qu'il est utile de dire et ce qu'il convient de taire. On doit aimer la vérité; mais ce n'est point la blesser ou la trahir que de la présenter avec ménagement et la rendre ainsi moins choquante.

Ne vous laissez donc jamais égarer par cette manie de verbiage; ne parlez qu'à propos, et reconnaissez la confiance qu'on vous témoigne par une discrétion à toute épreuve : c'est le devoir d'un cœur fidèle, loyal et sincère.

## V. — Des sentiments d'humanité et de bienfaisance.

La divine Providence apprend la bienfaisance aux hommes par les dons qu'elle leur

prodigue chaque jour avec tant de profusion. Les grands cœurs, dit Fénelon, savent seuls combien il y a de gloire à être bon.

Laissez-vous conduire par l'impulsion de ce sentiment, et votre âme éprouvera de si douces émotions que vous serez heureux de toutes les bonnes actions que vous ferez.

Il ne goûtera jamais ces jouissances pures et consolantes, celui qui est indifférent aux chagrins et aux douleurs d'autrui, qui est insensible à l'aspect des malheurs les plus touchants et des douleurs les plus sympathiques. On devient odieux en ne pensant qu'à soi-même : l'égoïsme dessèche le cœur et le déprave.

L'homme bienfaisant qui suit les inspirations de son cœur doit regretter, comme Titus, le jour où il n'a pas soulagé quelque malheureux. Il y a mille manières de faire du bien à ses semblables; et certains actes qui paraissent tout naturels ont une grande influence de moralisation religieuse et sociale. Ainsi, conduisez-vous avec vos inférieurs comme vous voudriez être traités par vos supérieurs; n'usez que de manières et d'expressions convenables avec vos subordonnés : ils sauront apprécier les égards que vous aurez pour eux; tandis que l'indifférence, le dédain, la grossièreté, les rempliraient d'amertume et pourraient faire naître un profond ressentiment.

Il faut être prompt à rendre service : un acte de vertu est toujours accompagné d'une douce satisfaction pour l'âme; on trouve un plaisir vrai, on est heureux d'obliger, et l'on jouit du bien qu'on a fait.

Si ce sentiment vous anime, on rendra justice à la bonté et à la sensibilité de votre cœur. Ne rebutez jamais les indigents; faites-leur un accueil bienveillant : un pauvre bien reçu s'en retourne moins misérable; il semble oublier un instant ses peines et ses malheurs. Aussi il faut donner par devoir non moins que par compassion; ce n'est pas l'aumône, c'est la charité qu'il faut faire, et ce que vous donnerez, tirez-le de votre cœur bien plutôt que de votre bourse.

En effet, les infortunés n'ont pas seulement besoin d'argent, mais encore de consolations, de conseils et de soins.

N'attendez donc pas qu'on réclame votre secours; prévenez tous les besoins, et rappelez-vous qu'un bienfait qui vient sans qu'on l'attende fait mille fois plus de plaisir que celui qu'on est forcé d'implorer de votre générosité : la forme du bienfait vaut le bienfait même.

Soyez toujours obligeants; c'est prêter que de rendre un service; et vous verrez que, lorsqu'on s'accoutume à bien faire, les bonnes actions ne coûtent plus rien.

### VI. — Des devoirs de l'amitié.

La vie n'a de charmes que dans l'effusion de l'amitié : c'est le don le plus riche et le plus précieux que le ciel ait fait à l'homme. En effet, quoi de plus agréable, quoi de plus consolant que cette pensée d'avoir un ami qui connaît les besoins de notre cœur, qui comprend les divers sentiments de notre âme, qui fixe nos irrésolutions par la sagesse de ses conseils, qui partage nos peines et notre joie ! Mais qu'il est difficile de trouver de vrais amis ! Beaucoup, qui en prennent le titre, ne cherchent qu'à nous surprendre et à nous tromper. Méfiez-vous de leurs paroles doucereuses et de leurs protestations séduisantes : vous vous repentiriez bientôt de leur avoir accordé votre confiance, et de les avoir choisis pour être les dépositaires de vos secrets. Esprits intéressés et faux, ils nous flattent quand la fortune nous sourit, et ils disparaissent dès qu'elle cesse de nous favoriser.

Il faut choisir ses amis avec les plus grandes précautions, avec le plus judicieux discernement; et, quand on les a trouvés, on doit être sensible à leur tendresse et leur ouvrir franchement son cœur. Soyez donc toujours dévoués à vos amis, et empressés à leur venir en aide. L'adversité est la pierre de touche de l'amitié; à cette épreuve des revers on reconnaît si vous êtes sincères et fidèles. — Mais, hélas ! combien sont rares ces nobles dévouements !...

La vertu fait naître l'amitié et l'entretient. Les méchants ont des complices; les voluptueux, des compagnons de débauche; les politiques assemblent des factieux; les princes ont des courtisans; les hommes vertueux sont les seuls qui aient de vrais amis. Aussi, voulez-vous juger quelqu'un, observez quels sont ses amis, et vous apprécierez la moralité de ses relations et de sa conduite. Fuyez donc la société des hommes vicieux; ils vous corrompraient et vous perdraient. Il faut bien connaître ceux avec lesquels on se lie; sachant qui vous fréquentez, on saura bientôt qui vous êtes.

Aimez vos condisciples : une honorable et mutuelle sympathie doit vous unir constamment; et si de brillants succès vous donnaient quelque supériorité, vous devez, en persévérant dans vos études, ménager avec délicatesse ceux qui sont moins heureux que vous, et ne jamais les blesser en leur parlant avec orgueil de ces flatteuses distinctions accordées pour stimuler le zèle de tous. Ils seront sensibles à ces égards et vous en aimeront davantage. Les impressions de l'école, les souvenirs d'enfance ne s'effacent jamais; on se les rappelle avec émotion : un jour ils feront vos délices.

Pour conserver longtemps ces jeunes amis, soyez complaisants et prévenants avec eux. N'oubliez pas les devoirs que l'amitié vous impose; et, sans approuver leurs défauts, ne brusquez pas leur caractère : ce n'est pas à vous de rappeler leurs fautes; vous ne devez parler que du bien qu'ils font. Dans les querelles que le jeu ou d'autres occasions font naître quelquefois, soyez les premiers à céder, quelque tort que puisse avoir celui qui vous a provoqués dans un moment de négligence, d'emportement ou de vivacité, et s'il s'oubliait jusqu'à vous offenser, sachez le supporter; qu'un oubli généreux suive à l'instant l'injure qui vous est faite, et ne vous

en vengez que par vos bontés : c'est imiter Dieu que de pardonner.

Jeunes gens, ne négligez aucune occasion de vous créer de bons amis ; ils feront votre joie et votre consolation. Les passions des hommes feraient quelquefois douter de la sincérité et de la fidélité de celui qui a nos plus chères affections : mais, malgré cette immoralité, cette dépravation des esprits qui rapportent tout à un odieux calcul ; malgré des trahisons et des déceptions journalières, écriez-vous encore : Sainte amitié, il est toujours des cœurs vertueux qui te dresseront des autels !

### VII. — Du bon emploi du temps.

L'existence que Dieu nous a donnée est si précaire, si fugitive, que nous ne devons pas laisser échapper un seul instant sans l'employer utilement et le consacrer à des actions vertueuses.

Aussi la religion nous prévient sans cesse que la vie est courte : ce n'est qu'un passage rapide à une destinée plus heureuse ; ce n'est qu'une lueur éphémère qui nous montre l'immortalité.

Vous qui êtes encore dans votre jeune âge, hâtez-vous d'employer convenablement ces précieuses années, et profitez des leçons qu'on vous donne. Dès que vous serez entrés dans la société, vous trouverez plus difficilement le loisir d'étudier : comment recouvrer le temps perdu ? On le sent, on se le reproche, et on regrette amèrement de ne l'avoir pas mieux employé ; — mais il est trop tard !

Le printemps de l'âge s'écoule, et nous ne connaissons l'avantage du temps que lorsque la vie est près de finir. Les années paraissent longues quand elles sont encore loin de nous, et dès qu'elles sont arrivées, elles s'évanouissent comme un songe, et il ne nous en reste qu'un triste souvenir.

Le temps fuit donc avec rapidité ; on n'est jamais sûr du lendemain : *L'homme*, dit Job, *est comme une fleur qui s'épanouit et se flétrit ; il passe ainsi qu'une ombre.*

Le temps engloutit et dévore tout ; devant lui passent, en courant, toutes les générations qui se succèdent avec une effrayante rapidité ; il renverse tout ce qui paraît le plus immobile : l'airain est rongé, il s'use et se réduit en poussière ; rien ne demeure, tout ce qui est matériel s'altère, se transforme ou s'anéantit ; l'âme seule brave, dans son immortalité, la destruction et la mort.

Rien n'est plus précieux pour nous que le temps ; cependant nous ne savons pas en profiter : c'est celui de nos biens que nous savons le moins utiliser, et nous sommes surtout prodigues de la chose dont nous devrions être le plus avares.

Si nous négligions de profiter du temps pour remplir nos devoirs et préparer notre avenir, il nous égarerait par ses trompeuses illusions. En nous livrant à de folles dissipations, nous nous trouverions hâtivement vieillis, et il ne nous resterait que l'amertume des plus cruelles déceptions.

Nous déplorons trop tard ces funestes égarements qui nous ont éblouis ; la réalité nous apparaît désespérante, les regrets nous poursuivent avec les plus poignants remords, et nous ne pouvons plus ressaisir les instants irréparables que nous avons perdus si légèrement. Si, au contraire, nous usons sagement du temps, nous serons toujours assez riches des avantages que nous en retirerons : il nous facilitera les moyens de jouir paisiblement de la vie, et nous apprendra à nous prémunir contre ses incertitudes, ses caprices et ses coups les plus redoutables.

« Soyez ménagers du temps, dit Franklin ; c'est l'étoffe dont la vie est faite. » Que chaque heure soit marquée par vos progrès dans l'étude et par quelque acte de vertu ! Vous serez toujours contents le soir quand vous aurez bien employé la journée.

### VIII. — De l'amour du travail.

C'est par le travail qu'on peut disposer convenablement du temps : nous sommes faits pour agir, et sans le travail nos organes perdent la facilité de remplir leurs fonctions. Celui-là seul n'aime point à s'occuper, qui n'a dans l'âme ni cette chaleur, ni ces sentiments d'émulation qui fécondent l'esprit. Dans son indolence il se fatigue de tout, et se laisse conduire en aveugle par les idées les plus frivoles ; souvent même, par désœuvrement, il se livre aux plus honteux excès, car l'oisiveté est la mère de tous les vices.

Comme la rouille s'attache aux métaux, les use et les ronge, de même la paresse nous énerve et fait paraître plus lourds ou plus pénibles les moindres travaux dont nous sommes chargés ; elle rend inquiet et soucieux l'homme riche, et quelquefois le conduit à la misère. Celui qui est fainéant, oisif, inoccupé, végète ; il alarme sa famille et peut même devenir dangereux pour la société. En croupissant dans l'inaction, nous perdons très-promptement toutes les heureuses dispositions dont la nature nous avait doués : ainsi, le courage du guerrier s'amollit dans le repos, l'eau stagnante se corrompt ; et, sans culture, les meilleures terres ne produisent que des ronces.

Dans toutes les situations de la vie, le travail est nécessaire ; il répare tous les maux et nous prémunit contre les inconstances de la fortune. Quel est celui qui peut prédire le sort qui lui est réservé ? Nul n'est à l'abri des revers ; mais nous serons toujours assez riches quand nous aurons appris par le travail à suffire à nos besoins.

Ne vous laissez donc pas rebuter : la persévérance supplée au talent ; on vient à bout de toutes les difficultés par un travail opiniâtre, soutenu ; et l'on peut tout ce qu'on veut, avec le temps, le zèle et la patience. *Aide-toi, et le Ciel t'aidera*, dit le proverbe ; le succès suit toujours la bonne volonté.

Pour marcher droit au but que l'on s'est proposé, il ne faut s'occuper que de ce que l'on fait ; et on n'a rien fait quand il reste quelque chose à faire encore. Mais pour aller

plus vite, vous ne devez pas tout brusquer et agir étourdiment. Faites bien ce que vous faites ; ne vous hâtez que lentement, et consacrez à chaque objet le temps qu'il mérite, car les moindres choses exigent beaucoup de soin et d'attention. Celui qui travaille avec nonchalance, avec dégoût, ne peut retirer aucun fruit du temps qu'il emploie ; et s'il néglige ses devoirs seulement pendant un jour, il les trouvera plus difficiles le lendemain.

Quiconque forme des souhaits et reste oisif, ressemble au laboureur qui, sans toucher à sa charrue, demande au ciel une abondante récolte. Travaillez donc et travaillez sans cesse ; l'homme qui ne connaît pas le prix du travail s'ennuie et se démoralise. Employez bien votre temps, et vous n'éprouverez jamais les langueurs de l'ennui.

## IX. — Des avantages de l'étude.

Lorsque vous aurez bien senti le prix du temps et l'utilité du travail, vous reconnaîtrez aussitôt les inconvénients d'une enfance négligée et les avantages d'une bonne éducation. Ainsi il faut s'instruire dès l'âge le plus tendre, car on en profite toute la vie ; en effet, nous portons en nous-mêmes une infinité de germes précieux qui périssent si on néglige de les cultiver ; c'est à l'étude des sciences et des arts qu'il appartient de les faire éclore.

L'instruction est l'ornement du riche, le trésor du pauvre et sa consolation ; c'est un bien qu'on ne peut nous enlever ; nous le portons toujours avec nous ; il est à l'abri des vicissitudes humaines. L'étude étend nos pensées ; elle embellit l'imagination, enrichit la mémoire, rectifie le jugement et agrandit chaque jour le cercle trop étroit de nos connaissances.

Les belles-lettres nous procurent l'estime et la considération des hommes ; ils se plaisent à fêter le savant, ils le recherchent et le fréquentent. S'il est pauvre, on oublie la médiocrité de sa position pour ne penser qu'à son mérite ; s'il est riche, ses talents donnent un nouvel éclat à sa fortune et aux places qu'il occupe : il les honore plus qu'il n'en est honoré.

Appliquez-vous de bonne heure à l'étude des lettres, laissez-vous séduire par leurs attraits, et vous sentirez quel charme on trouve à les cultiver. Ce sont les belles-lettres qui rendent l'homme sensible au vrai, à l'ordre, à l'harmonie et à toutes les beautés de la nature. Dans tous les temps, dans tous les lieux et à tous les âges, elles nous procurent les plaisirs les plus purs, les plus réels et les plus durables ; elles nourrissent notre esprit et excitent les ingénieuses inspirations ; elles nous font briller dans notre jeunesse, et nous donnent encore du soulagement, de la joie, de l'influence, du pouvoir même dans l'âge le plus avancé.

Jeunes gens, votre instruction fera votre bonheur ; et, si vous en êtes bien convaincus, rien ne vous sera difficile : vos occupations vous deviendront aussi agréables qu'elles vous semblaient quelquefois ennuyeuses et rebutantes. Souvenez-vous sans cesse que vos parents ont mis en vous toutes leurs espérances ; qu'ils comptent sur votre zèle et sur votre bonne conduite pour honorer et secourir leur vieillesse. Avec ces pensées d'avenir, vous redoublerez d'efforts, vous vous réjouirez de vos progrès, et vous éprouverez au dedans de vous-mêmes la douce satisfaction d'avoir bien rempli vos devoirs.

## X. — Du jeu et des récréations.

Quand on a bien travaillé, il faut se reposer : c'est la loi de nature. Les récréations sont utiles et même nécessaires à l'homme : elles délassent l'esprit et donnent au corps une nouvelle vigueur.

Mais que l'amour du jeu ne refroidisse ni votre zèle à remplir vos devoirs, ni votre ardeur à l'étude. Préférez toujours l'utile à l'agréable.

Les jeux d'exercice fortifient quand on en use modérément ; mais poussés à l'excès, ils fatiguent et énervent. — *Rien de trop*, c'est la maxime du sage. Ainsi, on ne doit user du jeu et des amusements qu'avec discernement et retenue ; car bien souvent la dissipation nous étourdit, et, si nous n'y prenons garde, la pétulance nous entraîne dans le désordre. Emportés par cette passion du jeu, vous vous dégoûteriez bientôt du travail, et vous vous laisseriez aller aux plus déplorables égarements.

Ne jouez que pour prendre une récréation salutaire ; apportez-y beaucoup de décence, et soyez toujours francs, polis et prévenants pour vos condisciples.

Mais lorsque le cupide intérêt devient le seul mobile de ces jeux de hasard que vous devez avoir en horreur, tant ils ont fait de victimes, il n'y a plus d'amusement : on cède alors à une fatale passion qui entraîne presque toujours le joueur dans les vices les plus ignobles et l'excite souvent au crime ; l'appât du gain le séduit, il ne rêve qu'argent et fortune ; il sacrifie à cette idole tout ce qu'il possède, et au lieu des richesses qu'il croyait amasser, il ne trouve que la misère et le désespoir.

Fuyez, fuyez ce vice terrible et incorrigible ; il vous ravirait les plus belles qualités de l'esprit et du cœur.

## XI. — Du courage et de la résignation.

La magnanimité est cet instinct élevé de l'âme qui porte au beau, au grand et à l'héroïsme ; elle est l'attribut ordinaire de l'homme brave et courageux ; partout on lui voue l'estime et une haute considération. On a toujours admiré un guerrier dans l'action, un pilote dans la tempête, et le courage dans l'infortune.

L'homme faible, au contraire, plie aisément sous les moindres revers. En se laissant impressionner par le sentiment exagéré d'une crainte presque toujours mal fondée, le plus grand désordre se produit dans ses

facultés physiques et morales, et les paralyse. Celui qui tremble n'a plus de volonté : il est, comme un homme perclus, incapable d'agir ; et ce n'est pas seulement dans les périls sérieux que les gens pusillanimes éprouvent cet effet ; ils frémissent dans la retraite la plus paisible ; ils ont peur de leur ombre, et s'imaginent voir toujours des spectres et des fantômes hideux.

Méprisez ces craintes ridicules, car on devient dupe et superstitieux quand on croit en aveugle à ce qui ne peut être, et on est honteux plus tard de ses propres frayeurs.

Un enfant chrétien doit dire :

Je crains Dieu,.... et n'ai point d'autre crainte.

Il ne faut donc avoir peur ni des dangers fictifs, ni des douleurs, ni de la mort ; mais il faut avoir peur de la *peur*, car c'est le sentiment le plus indigne de l'homme.

Au moral, nous avons besoin aussi d'un courage éprouvé, d'une grande force d'âme pour supporter les peines de la vie et nous mettre au-dessus du malheur.

La souffrance est une dette qu'il faut payer à la nature. En effet, le cours de la vie est mêlé de tant d'amertumes et de chagrins, qu'il est impossible de les éviter tous, dans quelque position que l'on soit placé ; il n'y a qu'un fou qui puisse se persuader qu'il n'en aura jamais.

Dans la belle saison de la jeunesse, vous croyez ne marcher que sur des fleurs ; tout est beau, riant, et vous osez vous promettre un bonheur durable ; mais cette douce erreur se dissipera bientôt, et vous vous trouverez souvent exposés dans le monde aux contrariétés, aux caprices de la fortune, aux faux jugements et à l'injustice des hommes. L'adversité nous instruit, et la meilleure école est celle du malheur : les chagrins, les afflictions, les revers font rentrer l'homme en lui-même ; ils l'éprouvent comme le feu éprouve et purifie les métaux.

Ne vous laissez donc jamais rebuter par les souffrances ou par les vicissitudes humaines. Ayez toujours confiance en un meilleur avenir : la patience est un mérite, et l'espérance une vertu.

*Observations sur les choses et faits les plus ordinaires de la vie.* — Étudiez le cœur humain ; méditez sur les erreurs, les misères et les vicissitudes de la vie : vous apprendrez à connaître le monde, et à vous prémunir contre ses dangereuses séductions.

Si l'on trouve dans la société des hommes estimables qui sont toujours bons, sincères, généreux, et dont le contact nous honore, combien aussi voit-on de gens qui, sous l'apparence de la vertu, de la politesse, de l'amitié même, cachent des âmes basses et corrompues ! en les observant avec attention, vous les reconnaîtrez aisément à leur conduite équivoque. Soyez sur vos gardes, ils

ne cherchent que l'occasion de vous surprendre et de vous tromper : vous éprouveriez de cruels mécomptes en vous laissant séduire par les formes extérieures. Rappelez-vous que les hommes changent vite ; ceux qui se disent aujourd'hui vos amis seront peut-être demain contre vous ; ils tournent d'ordinaire comme le vent.

Cette pénétration judicieuse de l'esprit humain est le résultat d'une étude approfondie des diverses sensations qui l'agitent continuellement.

Mais nous ne devons pas seulement scruter les sentiments des autres, il faut encore sonder notre propre conscience ; car nous portons souvent en nous-mêmes les causes de toutes nos fautes et de tous les maux dont nous nous plaignons.

La force de nos habitudes nous enchaîne, la vivacité de nos inclinations nous étourdit ; elles faussent notre esprit et l'égarent. En effet, chacun juge des choses du monde selon ses fantaisies, ses caprices ou ses passions. Ainsi, il court dans la société tant de bruits populaires, ou tant de rapports clandestins ; on débite tant d'anecdotes scandaleuses, très-souvent entièrement fausses et toujours exagérées, que l'homme le plus sage, le plus vertueux, est quelquefois suspect à celui qui se montre trop facilement crédule et qui s'arrête à ces dangereux discours inspirés par la malignité. Il n'y a rien de plus commun dans le monde que les fausses réputations : combien alors n'est-on pas exposé à l'erreur, quand on ne juge que sur les paroles d'autrui, sur des bruits vagues, ordinairement semés par l'envie, par le désœuvrement, par un vil intérêt ou par un esprit de vengeance !

Ne jugez de rien sur les opinions des autres ; car les différentes passions qui règnent dans le cœur des hommes font qu'ils se laissent entraîner avec la même facilité à la bienveillance ou à la haine. Ménagez la réputation d'autrui, ne la compromettez jamais par votre légèreté : c'est un bien plus précieux que l'or et l'argent. Le bonheur a ses jours comptés, mais la bonne réputation demeure toujours.

Puisque nous nous trompons si fréquemment dans nos jugements, nous devrions être bien plus circonspects pour les porter, mieux réfléchir avant de nous prononcer, et régler notre conduite sur ce beau précepte de Zoroastre : *Dans le doute si une action est bonne ou mauvaise, abstiens-toi.*

Notre amour-propre fait cependant que nous approuvons en nous-mêmes ce que nous condamnons dans les autres, et que nous sommes aussi éclairés sur leurs défauts que nous sommes aveuglés sur les nôtres : c'est ainsi que nous reprenons de petites fautes, et que nous en commettons de beaucoup plus grandes. Il faut donc souffrir avec patience les imperfections et les faiblesses de nos semblables, puisque nous en avons aussi que les autres doivent supporter.

Notre imagination devient encore une source féconde d'erreurs. Nous nous laissons entraîner avec une dangereuse facilité à toutes les illusions qui nous fascinent par leurs prestiges, nous séduisent et nous perdent. Elles passent rapidement; les plus pénibles déceptions les suivent toujours; et, cependant, au lieu de les repousser, nous nous plaisons dans le vague et l'incohérence de ces vaines pensées.

Les désirs nous agitent avec violence; nous ne savons rien refuser à leurs exigences; ils nous dominent constamment. Jouets d'une trompeuse espérance, nous nous étudions chaque jour à nous rendre malheureux par de vains rêves qui nous dégoûtent de notre état et nous empêchent d'en remplir les devoirs : les grands besoins viennent des grands désirs.

Quel est donc celui à qui tout arrive selon qu'il le souhaite? Souvent on s'inquiète, on se fatigue, on se tourmente jour et nuit pour satisfaire une insatiable ambition qui préoccupe constamment l'esprit humain et qui n'amène que de cruelles déceptions. Heureux qui sait borner ses vœux et se contenter de ce qu'il possède! Désirer tout, c'est ne jouir de rien : il n'y a de vrai pauvre que celui qui désire plus qu'il ne peut avoir; celui-là seul est riche qui sait modérer ses désirs.

Pour appliquer cette pensée salutaire à toutes les situations où vous vous trouverez, ne regardez pas ceux qui sont au-dessus de vous; ne portez point envie à leur fortune, ni aux fonctions qu'ils occupent, ni aux honneurs qu'on leur rend; ne soyez pas jaloux du bonheur dont ils semblent jouir, car vous ne connaissez pas les chagrins intérieurs qui peut-être les dévorent. Considérez, au contraire, combien de personnes sont plus malheureuses que vous : alors vous supporterez avec plus de courage, avec plus de résignation les traverses, les douleurs et les misères de la vie.

Ces leçons, jeunes gens, vous paraîtront bien rigides, bien sévères; mais votre tranquillité, votre repos, votre bonheur, quelquefois même votre fortune, dépendent de l'application de ces observations, qui résument, dans leur généralité, la plupart des choses et des faits ordinaires de la vie. Vous le reconnaîtrez souvent vous-mêmes, il faut si peu pour être heureux, et bien peu de chose pour perdre le bonheur!

Si vous désirez être contents et paisibles, si vous voulez jouir de quelque bien-être, commencez de bonne heure à combattre les passions et les vices de votre cœur; appliquez-vous sans relâche à résister à vos inclinations et à vous défaire de toutes mauvaises habitudes. Si vous ne surmontez à présent les petites difficultés, comment plus tard viendrez-vous à bout des grandes? Celui qui n'évite pas les moindres défauts tombe peu à peu dans d'autres beaucoup plus graves, et s'il ne se fait violence, il ne pourra jamais vaincre ses penchants les plus dangereux, car les vieilles habitudes se quittent difficilement. Le sage a honte de ses défauts, mais il n'a pas honte de s'en corriger; opposez-vous donc au mal avant qu'il ait pris racine.

Dès que vous aurez appris ce que vous vous devez à vous-mêmes, vous comprendrez aussi ce que vous devez faire à l'égard des autres.

Pour cela il faut étudier les hommes, et vous verrez qu'il ne veulent pas être contrariés, ni même blâmés dans leurs fautes; ils veulent tous être flattés et estimés; en général, ils sont tous intéressés. Ces traits principaux prennent une infinité de nuances différentes, suivant les tempéraments et l'éducation.

Tâchez donc de démêler les caractères, les goûts, les inclinations et même les préjugés des hommes : ces notions vous seront vraiment utiles et bien précieuses dans la société.

Le Christ vous engage lui-même à ne pas négliger cette étude; il vous montre, dans ses admirables paraboles, toute la flexibilité du caractère de l'homme, et avec quelle complaisance il se prête aux suggestions de l'orgueil et de la vanité, ces deux grands mobiles qui ont toujours fasciné et agité l'esprit humain.

Comment, sans cette étude du monde, vous conduiriez-vous à travers tous les obstacles que vous aurez à surmonter!

C'est en observant les préceptes de la morale religieuse que vous apprendrez à remplir vos devoirs de famille et tous vos devoirs sociaux. On chercherait vainement à implanter les vertus sociales par la seule raison humaine; il n'y a qu'incertitudes, contradictions et déceptions dans la vie, hors du sentiment religieux, vers lequel on revient toujours, ne fût-ce que pour mourir avec l'espérance du chrétien.

Vous trouverez dans l'Évangile de sublimes méditations sur la fragilité des choses humaines, et vous reconnaîtrez combien sa doctrine surpasse toutes les autres doctrines par la supériorité de son principe et la grandeur de sa morale.

Pour votre règle de conduite particulière dans le monde, nous ne saurions vous donner de plus salutaires conseils que ceux qui se trouvent dans l'Inscription ci-après; méditez-la : elle résume et formule dans une laconique expression les leçons les plus judicieuses que puisse dicter la prudence.

*Inscription trouvée dans les ruines de Persépolis sur un marbre, en caractères arabes, et traduite par un missionnaire, en 1730 (1).*

| a | b | c | d | e | f |
|---|---|---|---|---|---|
| dicas | scis | dicit | scit | dicit | non expedit |
| facias | potes | facit | potest | facit | non convenit |
| credas | audis | credit | audit | credit | fleri non potest |
| expendas | habes | expendit | habet | expendit | non habet |
| judices | vides | judicat | videt | judicat | non est |
| non | quodcumque | nam qui | quodcumque | sæpe | quod |

Ces maximes sont bien précieuses : en les suivant avec discernement, elles vous aideront à acquérir la sagesse ; et le fruit de la sagesse, c'est le bonheur.

Nous ne saurions mieux rappeler à la jeunesse tous ses devoirs qu'en plaçant sous ses regards les deux discours suivants.

**DEVOIRS DES PARENTS ENVERS LEURS ENFANTS.** — Il y a cinq ans, dit M. l'abbé Dauphin, une œuvre modeste s'était produite au jour, sans autre force intérieure que la pensée à la fois progressive et chrétienne qui l'avait inspirée, sans autre recommandation extérieure que l'union de quelques jeunes prêtres qui s'étaient dévoués au triomphe de cette pensée. Faible en ses commencements, à peine visible au milieu de tant d'autres institutions florissantes, cette œuvre avait grandi sous l'œil de Dieu, elle s'était développée à travers les tribulations et les obstacles. Car, sachez-le bien, les années de notre formation ont été laborieuses et entravées de mille contrariétés. Quelques-uns nous redoutaient comme expression d'une pensée religieuse qu'ils n'aimaient pas ; d'autres accusaient, sans bien comprendre, ce qu'on appelle la nouveauté de nos méthodes ; le plus grand nombre, comme il arrive toujours, répétait de vagues inculpations, et décriait en général, avant même d'examiner et de connaître.

Malgré toutes ces contradictions et bien d'autres encore qu'il est impossible d'énumérer, l'établissement que nous avions créé s'était accru au delà de nos espérances. Et voilà qu'au milieu de sa plus grande prospérité, quand le présent était un vrai triomphe et l'avenir une riche perspective de succès, il se fait tout à coup une de ces crises intérieures qui pouvait le perdre, suivant les calculs de la sagesse humaine.

Il fallut accepter avec résignation la position délicate et pénible qui nous était faite. Dieu sait que ce fut pour nous un véritable

(1) *Traduction littérale.* — 1° Ne dites pas tout ce que vous savez ; car celui qui dit tout ce qu'il sait, dit souvent ce qu'il ne doit pas dire.

2° Ne faites pas tout ce que vous pouvez ; car celui qui fait tout ce qu'il peut, fait souvent ce qui ne convient pas.

3° Ne croyez pas tout ce que vous entendez ; car celui qui croit tout ce qu'il entend, croit souvent ce qui ne peut pas exister.

4° Ne vous vantez pas de tout ce que vous avez ; car celui qui se vante de tout ce qu'il a, se vante souvent de ce qu'il n'a pas.

5° Ne jugez pas de tout ce que vous voyez ; car celui qui juge de tout ce qu'il voit, juge souvent de ce qui n'est pas.

sacrifice; car il y avait des chances à courir et quelques obstacles à braver. La Providence était là qui protégeait l'œuvre de bien. Par son admirable intervention, l'institution d'Oullins est demeurée solide sur ses bases, et à l'heure qu'il est, nous pouvons regarder l'avenir avec confiance.

Oui, nous le pouvons, nous le disons avec gratitude, car il nous reste tout ce qui garantit un bel avenir : une position topographique unique peut-être parmi les établissements analogues, un local admirable d'aspect et d'appropriation, l'affection de nos élèves, les encouragements honorables des familles, l'esprit véritable et primitif de l'Institution, sa pensée génératrice, celle qui lui a gagné la confiance et le succès, et enfin, je puis l'affirmer sans crainte comme sans présomption, le désir ardent, la volonté ferme de mettre à profit tous ces éléments de prospérité.

En présence de ces merveilleuses alternatives de contradiction et de succès, de souffrance et de vie, nous avons médité la vérité profonde de cette maxime consacrée par la sagesse antique et devenue la base même de la grande régénération chrétienne, à savoir que le salut est dans le sacrifice, que la souffrance est la condition essentielle de tout ici-bas, le reflet nécessaire de toute pensée généreuse et grande, le cachet propre de toute œuvre bonne.

Ne croyez pas que nous parlons ainsi seulement pour expliquer les circonstances et encourager notre zèle; nous émettons une vérité générale, une maxime absolue d'éducation, qui a son application partout et toujours. Elle est peu connue, nous le savons : peu méditée, peu réalisée en pratique; mais n'est-ce pas un motif pour la proclamer quelquefois? Disons-le donc : tout développement moral, tout progrès social ou individuel est au prix du sacrifice. Ce n'est point là une abstraction pieuse, une théorie mystique, c'est un fait mystérieux et terrible qui domine toute l'histoire humaine, c'est la loi providentielle qui régit, bon gré mal gré, la marche du monde.

Suivez en effet, à travers les siècles, la formation et la croissance des sociétés, la naissance et le développement de la civilisation, vous verrez que tout a marché par les tristes calamités de la guerre, par les luttes sanglantes des révolutions, par la souffrance en un mot. Les grandes époques de civilisation furent presque toujours des époques de grandes souffrances sociales; témoin l'établissement du christianisme. Le monde usé et corrompu de l'idolâtrie ne fit place à la nouvelle lumière qu'à travers d'horribles souffrances, des torrents de barbares inondant l'Europe de dévastations et de meurtres, des fléaux de tout genre, jetant la consternation dans les plus fortes âmes, et faisant dire aux moins crédules que la fin était venue. Au milieu de ce chaos de calamités, l'œuvre de Dieu, l'œuvre de la civilisation moderne se faisait, et Constantin, triomphant sous les murs de Rome par le prodige de la croix, peut être considéré comme l'expression même du nouveau monde qui s'élevait par le sacrifice.

Si la loi de souffrance est la loi même du perfectionnement moral de l'humanité, si c'est au prix de la lutte et du sacrifice que s'opère la civilisation qui n'est autre chose que l'éducation sociale : ne doit-on pas dire qu'il en est de même de l'éducation qui est comme la civilisation individuelle? Oui, le principe radical de toute bonne et solide éducation, c'est le courage de souffrir, c'est l'habitude du sacrifice. Pourquoi cette vérité ressemble-t-elle à un paradoxe, même quand on s'adresse à des auditeurs chrétiens? est-ce que le sacrifice n'est pas le fondement même de la morale évangélique? ou voudrait-on donner à l'éducation une autre base que celle du christianisme? Non certes; le siècle même sent le besoin d'introduire le christianisme dans tout ce qui constitue la vie sociale, dans la philosophie, dans les sciences, dans le gouvernement, dans l'éducation. Mais on ne peut se résoudre encore à l'accepter intégralement; on fait ses réserves, on pose des restrictions. Et pourtant, qu'on le sache bien, le christianisme forme un ensemble divin si compact, si indissoluble, qu'en repousser une partie c'est les repousser toutes. Il faut que la génération nouvelle s'habitue à le voir comme la loi suprême de l'humanité; non comme une chose à part dont on peut se servir au besoin, mais comme le fond même de toute chose bonne, vraie et morale. Il faut que les jeunes âmes le reçoivent et se l'assimilent tout entier avec ses dogmes consolateurs et ses préceptes rigoureux de dévouement, avec ses vertus aimables et ses pénibles sacrifices, avec sa couronne et sa croix. Que redouterait-on à l'introduire ainsi largement et franchement dans l'éducation? Le christianisme, loin d'être ennemi des lumières et de l'activité, n'est-il pas le foyer des pures lumières et de l'activité par excellence? Loin d'être hostile au progrès, n'est-il pas le principe unique et absolu du progrès véritable, l'amenant partout à sa suite, parce qu'en tout il inspire à l'homme l'idée de son imperfection et lui impose le devoir de s'améliorer? Loin d'arrêter enfin, dans leur élan sublime, les nobles inspirations de l'âme, ne va-t-il pas excitant sans cesse et avec une puissante énergie les généreux sentiments, le saint enthousiasme, les ardentes recherches de la science et les œuvres fécondes du dévouement?

Laissons donc, laissons le christianisme pénétrer l'éducation tout entière; qu'il agisse à la fois sur l'intelligence et sur le cœur des enfants, qu'il forme tout leur être moral. Et puisqu'il consacre comme loi essentielle de tout bien la souffrance, le sacrifice, appliquons franchement à l'éducation ce principe vivifiant, cet esprit réparateur du sacrifice. Qu'on veuille bien comprendre ma pensée sans l'exagérer ni la restreindre.

Que dans une éducation sagement ordonnée, on épargne à l'enfant toutes les peines

qu'il est possible de lui épargner sans nuire au progrès de son intelligence ou à l'énergie de sa volonté, c'est un principe que nous admettons volontiers : et certes nous en avons fait d'assez larges applications. Mais qu'il faille lui épargner toute peine, lui interdire tout sacrifice, éloigner de lui toute souffrance, je dis que c'est une aberration funeste, aussi opposée à l'esprit chrétien qu'elle est incompatible avec la nature même de l'homme et la notion véritable de l'éducation.

Car qu'est-ce que l'homme tel que l'a fait la déchéance, tel que nous l'avons sous les yeux? L'homme est une espèce d'être complexe, un dualisme incarné, une lutte vivante. Il y a lutte en effet sur tous les points de son être, entre son corps et son âme, entre sa raison et ses passions, entre les plus nobles élans et les penchants les plus bas.

Qu'est-ce que l'éducation? C'est le perfectionnement moral de cet être en qui lutte une double puissance; en d'autres termes, c'est le triomphe du bien sur les penchants infimes de la nature humaine. Ce triomphe peut-il s'opérer sans combat, et par conséquent, sans souffrance? Non assurément. Nous avions donc raison de le dire, ce principe fécond du sacrifice, qui dans les croyances chrétiennes est la base même de la morale, il est bon, il est indispensable de l'appliquer à l'éducation.

Et pour descendre des généralités spéculatives à des conclusions pratiques, permettez-nous de vous dire, en peu de mots, comment nous concevons que l'éducation exige un triple concours de sacrifices de la part des élèves, de la part des parents et de la part des maîtres.

Il serait funeste qu'en entrant dans une maison d'éducation, l'enfant s'en fût fait d'avance l'idée d'une prison odieuse où tout affligerait sa vue, enchaînerait ses mouvements et froisserait son cœur. Que le collège soit pour lui au contraire comme une seconde famille, que son âme s'y puisse épanouir à l'aise, qu'il y trouve de l'affection, du bonheur même s'il est possible; ce sont là des idées que nous avons plus d'une fois exprimées, c'est le caractère que nous avons voulu donner à notre établissement et que nous nous efforcerons de lui maintenir. Mais que rien ne contrarie jamais les goûts et les désirs de l'enfant, qu'il n'ait pas de violence à se faire, pas de peines à endurer, pas de privations à subir; que le chemin de la vertu et de la science soit pour lui dégagé de toute épine, c'est ce qu'il serait aussi désastreux de tenter qu'impossible de réaliser. La vie d'écolier est un apprentissage de la vie d'homme; habituez-le donc d'avance à savoir souffrir, donnez à son caractère une attitude ferme et stable, à son cœur de la force, à sa volonté de l'énergie. Or, il ne suffit pas de prêcher à des enfants ces vertus mâles et solides, c'est par l'habitude qu'ils doivent les acquérir. Laissez-les donc quelquefois se heurter à des obstacles, se résoudre à des sacrifices. Jusque-là, vous les

avez assez protégés de votre tendresse méticuleuse; il est temps qu'ils marchent seuls pour devenir forts. Si leur sommeil est court et leur travail assidu, si leur habitation est moins chaude et leur nourriture moins délicate, s'ils rencontrent fréquemment des contrariétés, des vexations, des réprimandes, n'en concevez nulle inquiétude, n'en exprimez aucune plainte; vous aurez plus tard des hommes d'une trempe vigoureuse que les obstacles n'ébranleront pas, qui demeureront fidèles à leur conscience, même au prix d'un sacrifice.

Cette tendance virile à donner à l'éducation, les nations les plus sages de l'antiquité l'avaient parfaitement conçue. Tout le monde sait, par l'histoire de Cyrus, combien dure et laborieuse était l'enfance des jeunes Perses. Les plus anciennes législations grecques et romaines entraient à cet égard en des détails qui choqueraient la délicatesse moderne. Sous l'empire même des idées plus douces du christianisme, on a toujours regardé l'éducation comme l'initiation à une vie de souffrance et de sacrifice. Les hommes les plus éminents, de grands et bons princes, d'illustres écrivains, de vaillants guerriers et des politiques fameux ont été le résultat du système d'éducation un peu sévère de nos aïeux. Nous ne prétendons pas nous constituer le défenseur de ce système; mais nous n'oserions dire que nous ayons acquis le droit de nous en moquer. Certes, il faut supposer pourtant qu'il y avait là quelque chose de noble et de fort pour avoir produit un si grand nombre d'hommes remarquables. Alors, sans doute, l'autorité du père et du maître était sévère, l'éducation exigeante, la discipline rigoureuse et quelquefois dure à subir. Mais, pour sortir de ces formes austères, notre époque n'a-t-elle pas donné dans un extrême opposé? Le laisser-aller de l'éducation moderne, ses caresses excessives, le soin minutieux qu'elle met à tout aplanir sous les pas de l'enfant, ne doivent-ils pas énerver sa vigueur morale? Voyez la nouvelle génération : vous y remarquerez de l'élan, de la spontanéité, quelque chose de brillant dans l'imagination, un premier jet magnifique, mais pas assez d'énergie et de profondeur. Les plus nobles caractères se démentent, les natures qui promettaient le plus s'affaissent tout à coup. Il manque là ce qui fait persévérer les grandes choses, le dévouement, l'esprit de sacrifice, ces habitudes premières d'une vie forte et endurante qui donnent à la volonté tant de ténacité et de ressort.

Un fait nous a toujours frappé. Les maisons où nous fûmes jadis élevés, étaient, nous le croyons, inférieures à celle-ci, pour le soin minutieux des méthodes, et les moyens d'émulation. Cependant on y travaillait avec ardeur, et à force de persévérance on arrivait au progrès. Quelle était la cause de ce travail opiniâtre et constant? C'est que les élèves qui se trouvaient là, appartenant à une classe peu aisée de la société, avaient traversé une enfance rude et

laborieuse, c'est qu'ils s'étaient endurcis à l'école de la pauvreté.

Ici, au contraire, nous n'apercevons que d'heureux enfants à qui tout a souri dans la maison paternelle, et qui, jusque-là, ont joui de la vie comme d'une fête. Ces enfants, nous le disons avec bonheur, nous sont donnés purs, candides, affectueux. Pourquoi, dès leurs premiers pas dans la carrière des études, avons-nous à combattre en eux un penchant détestable qui ternit toutes ces aimables qualités? La paresse, cette rouille de l'âme, oppose à tous nos efforts, à tous nos moyens, un obstacle que nous ne surmontons pas toujours : et ces jeunes plantes qui promettaient un si beau développement de fleurs et de fruits, se dessèchent trop souvent ou s'étiolent sans séve et sans vigueur. Nous ne savons quoi d'infécond et de misérable plane sur la mollesse des habitudes et sur le bien-être de la vie! On dirait l'anathème évangélique: *Malheur à vous qui avez votre consolation en ce monde*, et il semble que le royaume de l'intelligence souffre violence comme celui du ciel.

Telle est la part des sacrifices que l'éducation nous paraît exiger du côté des élèves.

Il est facile d'en conclure qu'elle en demande aussi et de pénibles quelquefois de la part des familles. Nous ne voulons ni les prouver ni les détailler. Loin de nous la prétention de stimuler un courage plus énergique, plus constant, plus profond que le nôtre. Nous savons trop ce que renferme d'héroïque dévouement le cœur d'un père et d'une mère; nous savons que l'amour dont il est formé est plus fort que la mort même. La tendresse paternelle n'a nul besoin d'être excitée, il suffit qu'on l'éclaire. Or, il nous semble qu'en disant les habitudes viriles, l'esprit d'énergie et de dévouement qu'il faut de bonne heure inculquer aux enfants, nous avons suffisamment indiqué le genre de sacrifices que les parents doivent s'imposer. Ayez le courage, leur dirai-je, de supporter les privations nécessaires de vos enfants, sachez les sevrer à temps de cette tendresse excessive qui ne peut se résoudre à les voir souffrir. Faites-les vivre, en un mot, d'une vie forte et un peu traversée, de la véritable vie de l'homme : voilà vos obligations et la condition nécessaire d'un avenir fécond et consolant. Nous n'ajouterons qu'une pensée.

Vous avez fait choix d'une maison d'éducation et vous y avez placé votre fils. Sans doute que cet acte si important de confiance a été précédé de mûres réflexions et d'investigations minutieuses. Cela fait, votre tâche se borne à seconder l'action des maîtres et surtout à ne jamais l'entraver. La maison à qui vous avez accordé votre estime, a son esprit constitutif, ses règlements, son gouvernement, ses méthodes ; gardez-vous de les contrarier par votre influence personnelle, par des plaintes intempestives ou une dépréciation imprudente que la sagacité des enfants ne laisserait pas tomber sans résultats. Les maîtres de votre choix ont besoin que vous les environniez de considération, et que vous ne plaidiez jamais contre eux la cause de la paresse, de l'étourderie et de l'insubordination. Nous ne craignons pas de le dire, plus vous abandonnerez les enfants à leur direction, plus vous leur laisserez d'autorité pour stimuler, pour réprimander, pour s'emparer du respect et de la confiance de leurs élèves, plus aussi vous recueillerez à l'avenir de progrès et de consolations. N'est-ce pas pour vous, après tout, que les maîtres travaillent? Ces enfants qu'ils forment si laborieusement, n'est-ce pas vous qui devez en jouir après bien des années de fatigues et de zèle? Sachez donc attendre le moment de cette jouissance, ne vous hâtez pas trop de cueillir le fruit avant sa parfaite maturité. Supportez quelques années encore de privation, faites le sacrifice de quelques répugnances, supprimez courageusement quelques caresses, quelques visites inopportunes, et l'avenir vous rendra tout au centuple, car la vérité essentielle l'a dit : Celui qui sème dans la souffrance recueillera dans la joie.

Nous arrivons à ce qui nous regarde personnellement.

La noble profession d'instituteur serait le plus triste des métiers, si elle n'était un sacerdoce de dévouement, une vie de sacrifices. Malheur à l'homme de conscience qui ne chercherait dans l'enseignement que de la retraite et des loisirs, car il serait cruellement déçu. Malheur surtout aux institutions assez mal inspirées pour s'attacher comme coopérateurs des savants mercenaires plutôt que des hommes modestes mais dévoués; car, je vous le dis, il est une condition de succès supérieure à la science, supérieure même à la méthode, parce qu'elle peut suppléer à tout et que rien ne lui supplée, condition à laquelle seule est donné l'avenir, condition qui crée, qui soutient, qui élève les grandes institutions et garantit leur stabilité, c'est le dévouement. C'est lui seul qui maintient le professeur à la hauteur de ses pénibles obligations, lui inspire l'énergie de la patience, la constance du travail, le courage du sacrifice. Le dévouement qui naît de l'amour du bien et de l'amour des hommes, qui n'est pas un charlatanisme audacieux, une entreprise habile, mais une foi en action, une puissance divine; le dévouement qui n'a pas ses temps de vigueur et ses temps de défaillance, mais qui tire de ses sacrifices même une vie inépuisable; le dévouement enfin qui engendre les émulations généreuses, mais qui proscrit les haines et détruit le germe des rivalités jalouses : voilà ce que j'appellerais volontiers la première, la seconde et la dernière qualité de l'instituteur. Tant que les étincelles de ce feu sacré seront si rares on s'agitera vainement pour opérer des réformes. Et, toutefois, le siècle aurait tort de s'étonner de la prostitution à laquelle est condamné trop souvent le noble sacerdoce de l'éducation. Quand l'égoïsme est général, quand il a éteint tout esprit de sacrifice, desséché les racines mêmes de l'enthousiasme, a-t-on le

droit de se plaindre si l'on trouve tant d'entrepreneurs et de mercenaires pour élever ses enfants ?

Il en coûte beaucoup pour être homme de dévouement; que d'assujettissement, que de labeurs arides, que de veilles pénibles qui ne conduisent ni à la fortune, ni à la gloire! Quand nous avons formé le plan de notre œuvre, il nous semblait que nous concevions tous les genres de sacrifices qui allaient se partager notre vie; notre pensée les énumérait et les acceptait d'avance. Notre pensée n'avait pas tout prévu. Une expérience de cinq années nous a fait voir bien des peines que nous n'attendions pas, bien des sollicitudes auxquelles nous n'avions pas songé.

Nous ne disons point ces choses pour qu'on nous en sache aucun gré. Non, car fût-il vrai que nous n'eussions jamais été au-dessous de notre tâche, tout ce qu'on pourrait dire de nous, c'est que nous n'avons fait, après tout, que ce que nous étions obligés de faire. Suivre les prescriptions rigoureuses de la conscience, c'est moins un mérite qu'un devoir.

Mais il s'en faut, sans doute, que nous n'ayons jamais failli à nos graves obligations. Outre que l'activité humaine est toujours faible par quelque endroit, il est certaines nécessités de circonstance qu'il faut momentanément subir. L'imperfection est le cachet de toute œuvre humaine, et c'est beaucoup déjà que le désir sincère de s'améliorer. L'institution d'Oullins est loin de se donner comme une création complète à laquelle le temps ne doit plus rien ajouter. Nous l'avons dit dès le commencement et nous le répétons encore, car nos convictions n'ont pas varié : notre organisation tout entière repose sur un principe de progrès que l'expérience est appelée à développer. Nous ne plaçons le mieux absolu, ni dans ce qui s'est fait avant nous, ni dans ce que nous faisons nous-mêmes; partout où nous remarquerons des abus nous avons la ferme volonté d'y porter remède; partout où nous pourrons introduire une amélioration, nous le ferons avec empressement.

A Dieu ne plaise qu'il y ait dans nos paroles la moindre velléité de satisfaction personnelle; aujourd'hui les hommes sont peu de chose, jamais peut-être ils n'ont paru si petits sous l'action providentielle. La force est tout entière aux idées ou plutôt à Dieu, par qui les idées se réalisent et gouvernent le monde. Si notre œuvre a prospéré, si elle doit prospérer dans l'avenir, c'est qu'il y a au fond une pensée qui répond à un besoin du temps. Tant que la pensée vivra et qu'il y aura des hommes qui sauront la comprendre et l'exécuter, l'établissement vivra aussi; il aidera à former peut-être une génération meilleure. Ne fût-il que tourner au bien quelques jeunes âmes, que donner aux familles quelque satisfaction, à la société quelques membres honorables et utiles, c'en serait assez pour récompenser nos travaux.

Nous ne saurions assez recommander le livre suivant aux parents : l'*Importance de* *l'Education au dix-neuvième siècle*, par J.-C.-B. Clerc, élève de l'Université et ancien professeur.

L'ouvrage que nous recommandons au public se distingue, à plus d'un titre, dans la foule de ceux que la grande question de l'enseignement a fait surgir : d'abord un calme admirable qui prouve que l'auteur ne domine pas moins les puissances de son âme que le sujet même qu'il traite; ensuite une grande élévation de vues qui laisse voir que M. Clerc n'a point rétréci la question aux proportions d'une lutte entre des corps rivaux, mais qu'il l'a envisagée dans ses rapports avec les fondements mêmes de la société. Rien de plus pur, de plus digne, de plus sérieux que les considérations auxquelles l'écrivain se laisse aller dans un sujet où il a réussi à être neuf encore, après tant d'illustres devanciers. Car, comme l'indique le titre même, c'est principalement sous le point de vue de l'éducation du cœur qu'est envisagée l'importante question qui se débat au sein de notre société. Qu'importe à l'auteur que nous ayons plus ou moins de bacheliers, plus ou moins de jeunes gens munis d'un brevet, qui, loin de donner la science, ne la suppose pas même dans ceux qui la reçoivent ! Ce qu'il lui faut, à lui, ce sont des jeunes gens pieux, moraux, enfants dévoués, amis sûrs, citoyens paisibles, chrétiens enfin dans toute l'étendue du mot. Eh bien ! ces jeunes gens, de quelque côté qu'ils lui viennent, il est prêt à les accepter. Il n'examine pas s'ils ont été formés par une société religieuse ou par un corps laïque, quelle livrée ou quel sceau ils portent; l'essentiel pour lui est que les desseins de Dieu soient remplis sur cette classe intéressante, que l'illustre de Maistre appelait avec tant de raison *la racine de la société*. Elevé au-dessus de tous les débats, uniquement guidé par le sentiment religieux, l'auteur n'a l'œil fixé que sur le but, prêt du reste à accepter pour instrument quiconque justifiera de l'orthodoxie de ses croyances et de son aptitude à former le cœur de la jeunesse. Aussi cet ouvrage peut-il être considéré comme un véritable examen de conscience, adressé à cette masse innombrable de pères de famille, qui, pratiquant ou ne pratiquant pas leurs devoirs religieux, seraient pourtant bien aises de sauver leurs fils de la corruption qui nous déborde. Vous voulez donner de l'éducation à vos enfants, dit M. Clerc ; soit. Eh bien ! examinez si les établissements et les personnes sur lesquels vous voulez vous décharger de cette importante, de la plus importante de vos obligations, sont dignes de votre confiance. Analysez les éléments de cette institution, c'est-à-dire passez en revue les hommes qui manieront le cœur de vos enfants, et les doctrines qui leur seront enseignées. Nous ne vous demandons pas d'être sévères, ne soyez que justes : souvenez-vous seulement que vous devez rendre un jour un compte exact du dépôt sacré qui vous a été confié, et que vous ne serez pas moins coupables d'avoir, *sciem-*

ment ou *sans examen*, remis vos enfants à des mains indignes, que si vous leur aviez vous-mêmes inculqué les principes funestes de l'impiété et de l'immoralité.

Et pour servir de guide aux parents dans cet examen conscieux auquel il les convie, l'auteur entre lui-même dans les détails les plus intéressants sur les diverses branches de l'enseignement, et sur l'influence que chaque professeur est appelé à exercer sur l'esprit des jeunes gens. Nous n'avons rien lu d'aussi complet sur cette matière. Des observations fondées sur l'expérience, des aperçus simples et vrais, une raison douce et calme caractérisent cette partie intéressante de l'ouvrage. Nous ne pensons pas qu'un père ou une mère de famille puissent lire, sans émotion, cet appel si grave, si mesuré à leur conscience, et ne pas comprendre combien ils doivent hâter de leurs vœux l'époque où il leur sera donné à chacun d'élever leurs enfants en toute liberté, et chacun selon son cœur. Voici, par exemple, comment l'auteur s'exprime dans un chapitre intitulé : *Appel aux pères de famille*, un des plus remarquables sans contredit de l'ouvrage : « Parents chrétiens, est-il donc nécessaire d'insister pour vous faire comprendre ce que toutes les lumières de votre esprit, toutes les tendresses de votre cœur, toutes les lois de la nature vous disent avec tant d'éloquence : *Avant tout, assurez le salut de vos enfants par une éducation soignée et chrétienne.* Eh! ne voyez-vous pas ce qui serait l'infaillible résultat de votre criminelle apathie? Ces fleurs virginales flétries dès leur premier matin, brisées au premier vent des passions; la source des beaux sentiments tarie dans ces jeunes cœurs devenus le repaire infect de la volupté; à la place de la paix, du calme, de la joie et des douces espérances d'une bonne conscience, qui les rendraient si heureux, le trouble, les alarmes continuelles, les pointes acérées du remords, une anticipation des terreurs et des peines de l'enfer!... Pouvez-vous voir vos propres fils, même seulement en idée, au sortir d'une vie traînée dans l'ignominie et le malheur, tomber au fond des brûlants abîmes, et séparés pour jamais de la lumière, subir d'inexprimables supplices, infinis dans leur durée et dans leur rigueur, préparés par la main inexorable de la justice suprême? Ah! si la foi ne réveille pas ici toute votre tendresse, si vous ne sentez pas vos entrailles émues, je me jette à vos genoux, je les arrose de mes larmes, c'est au nom de Jésus-Christ, au nom de la tendre amitié et de la compassion surnaturelle dont je me sens épris pour des enfants dont vous ne voulez plus être les sauveurs, ni par conséquent les pères, que je vous crie avec toutes les voix de mon âme : Pitié! pitié mille fois, grâce pour des enfants qui sont les frères des anges, le prix du sang de Jésus-Christ!... »

Et ailleurs : « Ah! si par vos persévérants efforts, parents chrétiens, vous venez à bout de procurer aux objets de votre tendresse une éducation conforme aux inspirations d'un zèle dirigé par la foi, combien vous serez récompensés de vos peines! Qu'il vous sera doux de trouver, dans l'accomplissement de vos premiers devoirs, la source de vos plus pures jouissances!... Qu'il vous sera agréable de reposer les yeux de votre amour sur ces êtres sortis de votre sein, et qui seront devenus entre vos mains des vases d'élection, dignes d'orner le sanctuaire éternel!... Si le cultivateur voit avec autant de joie les arbres qu'il a plantés chargés de fruits, si le pasteur sent bondir son cœur à la vue de ses troupeaux pleins de vie et couverts d'une riche toison, quelle sera la joie de celui qui, après avoir élevé des âmes, après les avoir façonnées tendres encore, les verra tout à coup arrivées au plus haut degré de perfection, et pourra leur dire : Je vous revendique, vous êtes mon ouvrage? »

Nous le demandons, est-il un père, une mère, un citoyen généreux qui puisse rester insensible à un langage si grave et si raisonnable? On a reproché aux partisans de la liberté d'enseignement d'avoir outrepassé quelquefois les bornes de la modération. Ce reproche, justifié d'ailleurs par l'importance de la cause et de la mauvaise foi du parti opposé, ce reproche, disons-nous, M. Clerene le mérite en aucune façon; point d'aigreur, point de personnalité dans son ouvrage; tout y est calme, tout y est mesuré; on sent, même en le lisant, cette sorte d'onction, cette douce chaleur que les âmes pures savent répandre sur tout ce qu'elles disent ou écrivent. Ce beau livre est le digne appendice des manifestes de nos Prélats, et l'approbation que plusieurs d'entre eux ont daigné accorder à l'auteur sera la plus belle recommandation de cette œuvre, comme elle sera pour M. Clerc la plus douce récompense de ses travaux passés et un encouragement flatteur pour ses travaux à venir.

Avant le christianisme, les hommes avaient été conduits par la nature, par la raison, par l'expérience à la connaissance de quelques grands principes généraux d'éducation. Des lois, nécessaires à la conservation de la dignité humaine dans l'individu, et au maintien d'une organisation quelconque dans la société, avaient présidé à la formation des familles. C'est ainsi que, chez tous les peuples civilisés de cet ancien monde, on trouve, plus ou moins bien établies, l'autorité paternelle et l'obéissance des enfants à leurs parents. On voit aussi, presque partout, même chez les peuples les plus corrompus, se manifester dans la famille, sous l'influence d'un sentiment instinctif, une sollicitude plus ou moins active et délicate pour la chasteté des enfants; dans quelques lieux enfin, et en certains cas, on voit les pouvoirs publics intervenir plus ou moins directement dans l'éducation. La religion, toujours et partout, s'y ingère, s'y attache et en paraît inséparable.

Si les principes sur lesquels reposait cet état de choses avaient été assez bien définis, assez complets, assez forts pour surmonter

constamment les obstacles et produire leur effet d'une manière à peu près générale, le christianisme n'aurait eu rien à y changer.

Mais, indépendamment de l'insuffisance du système religieux pour soutenir, en quoi que ce fût, et les révélations de la saine raison, et les exigences de la loi de nature, et les mœurs primitives de la société humaine, il y avait à faire, en deux points surtout, des modifications importantes. Nous voulons dire la soumission des enfants à leurs parents et la prédominance de l'esprit sur les sens, ou, en d'autres termes plus précis, l'obéissance et la chasteté, ces deux si puissants éléments de l'éducation. En outre, et quant à l'intervention des pouvoirs publics dans la famille, espèce de conflit que tous les gouvernements n'avaient pas engagé, le christianisme, sans se prononcer sur le droit, offrait, par le fait, un moyen de conciliation suffisant à son point de vue.

C'est de l'observation de ces modifications diverses qu'est résultée l'opinion que nous nous sommes faite des principes qui ont présidé à l'éducation, sous l'influence et par l'action des premiers propagateurs du christianisme ; et nous rattacherons toutes les idées que nous avons à développer sur ce sujet à ces quatre points :

Introduction du principe de foi ; protection de l'enfance contre les abus de la puissance paternelle ; épuration de la chasteté jusqu'à la virginité ; substitution de la communauté à la famille.

ART. 1er. — *Introduction du principe de foi dans l'éducation.* La puissance du christianisme est dans la foi. C'est par la foi qu'il a exercé toute son influence sur le monde. Avant lui et sans lui, la philosophie, à force de sonder les profondeurs du cœur humain et d'observer les vicissitudes de la société, y avait tout vu, tout compris, depuis les éléments les plus simples de l'éducation, jusqu'aux ressorts les plus compliqués de la politique. Mais en morale, il ne suffit pas de voir et de comprendre, il faut encore vouloir, soit pour faire, soit pour s'abstenir. Cette force de la volonté suppose une conviction qui exclue tout doute, qui n'admette plus de discussion. La foi seule a ce caractère, ou plutôt c'est ce caractère qui la constitue. Tandis que, au contraire, le droit que s'attribue le plus légitimement la philosophie, c'est d'en appeler à la raison de tous les jugements de la raison. Aussi la philosophie a-t-elle toujours été d'autant plus impuissante à soutenir la volonté dans la pratique des obligations morales, que la raison des hommes auxquels elle s'adressait était moins forte ou plus éclairée : faible, elle ne lui a donné aucune prise ; exercée, elle a échappé à son action, en traitant avec elle de pair à pair.

L'enfant est dans le cas de la raison trop faible. Que l'on raisonne avec un enfant ou qu'on le frappe d'une idée, ce n'est point par la raison qu'on l'aura fixé. C'est par l'autorité, par la foi, c'est-à-dire ou en une

raison supérieure, ou en une puissance surnaturelle, foi humaine ou foi divine. L'enfant à la mamelle croit sa nourrice et sa mère ; l'enfant qui touche à l'adolescence croit son père ou son maître, comme l'homme fait croit la révélation de Dieu.

Or, qu'était-ce que la foi dans le monde, à l'époque de la prédication des Apôtres, et que pouvait-elle être comme moyen d'éducation ?

C'est un fait généralement reconnu, que le discrédit où étaient tombés et les divinités de l'Olympe, et les récits des poëtes qui les avaient célébrées.

« Quis est tam vecors ( dit à Cicéron son interlocuteur) quem ista moveant (1)…. quæ est anus tam delira quæ timeat ista (2)? »

Juvénal dit expressément que les enfants même ne croient plus aux enfers (3).

Les enfants ne pouvaient donc recevoir d'autres impressions de foi que celles d'une foi humaine, celles sur lesquelles comptait Platon, et qui pouvaient être faites ou par la parole d'un père, ou par l'opinion publique (4). Mais ce n'est pas cette foi qui peut servir de fondement à la morale, puisqu'elle doit nécessairement s'affaiblir par le progrès de l'intelligence, et que même, par le droit que l'enfant acquiert en devenant homme de s'en faire le juge et de s'en affranchir, si bon lui semble, elle peut être exposée un jour à une ruine entière.

C'est une vérité triviale que, pour servir d'ancre au vaisseau de la vie, la foi doit avoir son point d'appui en Dieu.

D'un autre côté, était-il expédient, pour la morale et dans les vrais intérêts de l'éducation, qu'on s'efforçât de ranimer le fantastique flambeau du polythéisme ? Cette question ne mérite pas d'être discutée. Platon, Plutarque, Denys d'Halicarnasse, et la plupart des grands législateurs des deux Grèces et de Rome, l'avaient résolue d'avance. Au nom de la morale même, pour le grand bien de la famille et de la cité, ils avaient demandé que cette foi antique n'exerçât aucune influence sur l'éducation.

Platon (5) traite de mensonge énorme ce que raconte Hésiode de la vengeance que Saturne exerça sur Uranus, du traitement que Jupiter fit subir à Saturne. « Et quand cela serait vrai, ajoute-t-il, on devrait au moins se bien garder de dire de telles choses devant des enfants dépourvus de raison ; il faut les ensevelir, pour eux, dans le silence.

« Si nous voulons que les défenseurs de notre république aient en horreur les dissensions et la discorde, ne leur parlons pas des combats que se livrent les dieux, ni des piéges qu'ils se dressent les uns aux autres. Qu'on n'enseigne jamais aux enfants que Junon a été mise aux fers par son fils, et

(1) Cic., *Tusc*, 1, 5.
(2) Id., *Tusc*, 1, 21.
(3) Juv., *Sat*. 2, v, 152 :
(4) *De Rep.*, l. vi.
(5) *De Rep.*, l. ii.

Vulcain précipité du ciel par son père, pour avoir voulu secourir sa mère, dans le moment où Jupiter la frappait... Que les mères, abusées par des fictions poétiques n'épouvantent pas les enfants en leur faisant accroire, mal à propos, que les dieux vont de tous côtés, pendant la nuit, déguisés en voyageurs, » etc.(1).

Platon, il est vrai, met sur le compte des poëtes toutes ces croyances. Mais n'est-il pas constant que ces croyances et d'autres semblables constituaient le fond même des religions idolâtriques. Que fût-il resté de ces religions, si on eût retranché tout ce qu'elles devaient aux poëtes ? C'est bien à la foi religieuse de son temps que le philosophe s'en prend ici.

Denys d'Halicarnasse (2) s'exprime dans le même sens et beaucoup plus explicitement, à propos des lois de Romulus et de la religion primitive des Romains. C'est même surtout au point de vue de l'éducation qu'il déplore l'introduction des divinités de la Grèce dans le culte des Romains.

Plutarque a traité le même sujet dans son livre sur la manière d'étudier les poëtes, qui est le complément du livre sur l'éducation des enfants.

« Indépendamment des choses, dit-il, que les poëtes ne tirent que de leur imagination, et qui ne sont à leurs propres yeux que des mensonges, il en est d'autres qu'ils se sont persuadés être vraies, et sur lesquelles ils induisent à erreur les jeunes gens qui lisent leurs ouvrages (3). »

Et il cite Homère et Eschyle, sur le jugement des âmes après la mort, sur cette balance de nos destinées qu'Homère suspend à la main de Jupiter, etc.

« Ces idées, dit-il, sont émises par les poëtes comme des vérités dont ils sont persuadés, et, en nous les communiquant, ils nous entraînent dans l'erreur et dans l'ignorance où ils sont eux-mêmes plongés (4). »

C'est bien ici la transmission de la foi religieuse, qui est attaquée par le plus sérieux et le plus honnête des moralistes anciens, et au point de vue de l'éducation.

« Il en est de même, ajoute-t-il (5), de ces étranges merveilles des enfers, de ces descriptions de tourments dont ils vous épouvantent : il n'y a personne qui n'entende bien que tout cela n'est qu'une fable ou une allégorie. »

Voilà les autorités les plus graves parmi les philosophes de l'antiquité, Platon, Denys, Plutarque, qui, d'un accord unanime, bannissent de l'éducation ce qu'on devait appeler dans leur temps la foi religieuse.

A la vérité, bien pénétrés de cette idée que la foi religieuse est la base la plus sûre et la plus étendue de la morale publique, ils ne repoussent point, comme Aristophane,

Épicure, Lucrèce, Lucain, tout dogme religieux.

Tout en démolissant l'édifice ruineux de la foi commune et ancienne, Socrate, Platon, Plutarque, Cicéron, se sont efforcés, à l'exemple de Pythagore, d'affermir dans le monde la foi chancelante et nébuleuse en une autre vie.

Sans parler des lois de Charondas, de Zaleucus et des autres disciples de Pythagore, on voit aisément les efforts de Platon pour ajouter, sur cet article, la fermeté de la foi à la conviction trop mal assurée de la raison. Dans le Phédre, il ne parle encore qu'en philosophe, au nom de la raison, et l'immortalité de l'âme n'y est professée que comme une conséquence déduite plus ou moins évidemment de principes plus ou moins certains. Dans le Gorgias il va plus loin. Il essaie de s'appuyer sur une autorité : τοῦτ' ἔστιν ἃ ἐγὼ ἀκηκοὼς πιστεύω ἀληθῆ εἶναι ; et enfin dans la République, ouvrage de sa vieillesse, c'est un témoin qu'il produit, un revenant de l'autre monde ; il le nomme : c'est l'Arménien Her (ou Er)..... L'autorité, comme on voit, est irrécusable. Aussi ne voit-on pas qu'elle ait fait beaucoup d'impression sur Cicéron et sur Plutarque. Le premier n'en dit pas un mot, et n'en demeure pas moins dans ses fluctuations académiques sur les destinées futures de l'âme ; et le second n'en tire aucun parti pour l'éducation, dans aucun des trois traités qu'il a écrits sur cette importante matière (1).

C'était donc par un progrès très-légitime du bon sens public que personne, pas même les enfants ni les vieilles femmes, comme l'attestent Cicéron et Juvénal, ne croyait plus aux dogmes fondamentaux des religions de l'ancien monde. Il n'y avait plus, sous l'empire de ces religions, aucun moyen d'introduire dans l'éducation le principe de foi. On ne pouvait y faire agir tout au plus, et momentanément, qu'une crainte superstitieuse, en touchant une fibre plus sensible du cœur humain. Mais de la crainte superstitieuse, des conjectures astrologiques, des opérations magiques, à une foi que puisse respecter la raison, dans la maturité de l'âge comme dans l'enfance, il y a aussi loin que des ténèbres à la lumière.

Or cette foi, dont Socrate et d'autres grands philosophes ou législateurs avaient si profondément senti l'indispensable nécessité, que le christianisme ait eu au moins la prétention de l'apporter au monde, c'est un fait à l'abri de toute contestation. Nous n'avons qu'à montrer comment, en théorie et dans la pratique, les premiers chrétiens ont entendu cette introduction de la foi dans l'éducation, et de quelle manière ils y procédaient.

Rien n'est plus célèbre, dans l'histoire ecclésiastique des premiers siècles, que l'éducation du jeune Origène. Plusieurs histo-

(1) De Rep., l. ii.
(2) Ant. Rom., l. iii.
(3) Plut. De la lecture des poëtes, c. 6.
(4) Ibid.
(5) Ch. 7.

(1) De l'Éducation des enfants, de la Lecture des poëtes, de la Tendresse paternelle.

riens, Eusèbe (1), saint Jérôme (2), Nicéphore (3), se sont plu à consigner dans leurs écrits ces détails, en apparence minutieux, mais qui avaient bien leur importance comme initiative et comme modèles.

« Dès qu'Origène, dit Eusèbe, fut sorti de la première enfance, son père (Léonide) imprima dans son esprit les divines lettres. Il ne se contentait pas d'accorder à cette étude quelques moments dérobés à l'enseignement cyclique, mais il l'avait mise au premier rang. Chaque jour il faisait apprendre à l'enfant quelques *passages des Écritures*, et le jeune Origène y prenait plus de plaisir qu'à étudier les auteurs grecs. »

Nous avons eu l'occasion, dans la première partie de cette thèse, de rapporter comment se traitait l'éducation dans la famille si chrétienne et si éclairée des Grégoire. Nous avons vu que sainte Macrine, saint Basile, saint Grégoire de Nysse, leurs frères, leurs sœurs, Grégoire de Nazianze, Césaire, avaient été formés sur le même plan (4), que l'*Ecriture sainte* avait été insinuée dans leur esprit, avec leurs premières pensées, pour y prendre en quelque sorte la place et les droits de premier occupant. Macrine, devenue à son tour institutrice, sans être mère, renchérit encore sur ses parents et sur ses maîtres ; la tradition qui vient d'Origène, par la mère d'Emmélie, qui s'appelait aussi Macrine, élève de saint Grégoire le Thaumaturge, le plus illustre disciple d'Origène, va se continuer par les Grégoire, par Basile, par Chrysostome, et s'étendre sur toute la chrétienté.

Saint Jérôme avait certainement profité à cette école, quand il écrivait ces intéressantes lettres à Gaudence et à Lœta, sur l'éducation de leurs jeunes enfants. Il veut que la jeune Pacatule, pour première instruction dès sa septième année, « *avant que ses dents soient assez fortes pour qu'une* alimentation solide ait succédé à la première nourriture de l'enfance (*virgunculam rudem, edentulam*), commence à meubler sa mémoire des belles inspirations du Roi Prophète (*memoriter discat Psalterium*). On l'y encouragera par toutes les récompenses qui peuvent plaire à un âge si tendre. »

Quant à la fille de Lœta, c'est par l'Ecriture même qu'elle apprendra à lire, à écrire, à parler. On ne lui permettra point, dans les exercices de son instruction élémentaire, de former des assemblages de noms et de mots pris au hasard : on choisira ces mots dans les saintes Lettres, et les premiers qu'elle saura prononcer et écrire, ce seront les noms des Apôtres, des Prophètes, etc. Plus avancée, elle récitera le Psautier; dans les Proverbes de Salomon, elle apprendra à vivre avec sagesse; de l'Ancien Testament elle

passera au Nouveau, et chaque jour, des fleurs suaves de l'Ecriture sainte, la petite fille composera une guirlande. (*Redde quotidie pensum de scripturarum floribus sertum.*)

Et tous les saints personnages de ces beaux siècles du christianisme, autant que leur éducation nous est connue, tous ceux du moins qui étaient nés de parents chrétiens, nous offrent les mêmes traits. Partout nous voyons des parents ou des précepteurs sages et habiles procéder à l'enseignement de la religion par voie historique. Or, chacun sait qu'à part toute intervention surnaturelle de la grâce (pour parler le langage des théologiens), c'est l'autorité et la multitude des témoignages qui établissent et qui affermissent la foi dans les esprits.

Ainsi, tandis que les philosophes s'efforçaient avant tout de déprécier, dans la pensée de leurs élèves, les livres des mythologues, et ensuite leur en interdisaient la lecture, les docteurs chrétiens tendaient, au contraire, à appliquer leurs disciples, dès l'âge le plus tendre, à la lecture et à l'étude de cette antique et mystérieuse Bible, qui venait remplacer la mythologie. Ainsi, d'une part c'était la négation et l'exclusion de la foi, de l'autre c'était l'introduction de la foi.

Ce dogme lui-même de l'immortalité de l'âme, que les philosophes et les législateurs ne pouvaient donner, après tout, que pour une opinion plus respectable qu'une autre, quel parti les Pères en ont tiré pour l'éducation, quand une fois l'Evangile l'eut élevé à la certitude d'un article de foi!

Nous ne voulons citer à ce sujet que quelques mots de saint Jean Chrysostome et une lettre (homélie) de saint Basile.

« Jusqu'à quand serons-nous ensevelis dans la chair et courbés vers la terre? s'écrie l'éloquent évêque de Constantinople en expliquant une épître de saint Paul (1). Que tout cède à notre zèle pour nos enfants et à notre sollicitude pour les instruire *selon la loi et les enseignements du Seigneur*. Si, dès leurs premières années, nous les avons nourris de cette divine philosophie, des richesses leur sont assurées, plus précieuses que tous les trésors, et une gloire plus éclatante que tous les honneurs du monde. Pourquoi vous tant inquiéter du rang où vous les élèverez, de la supériorité qu'ils acquerront par leurs talents et leur savoir? Occupez-vous plutôt de leur enseigner à mépriser toute cette vaine gloire d'ici-bas. C'est ce généreux dédain qui mène à la gloire véritable, à la gloire où le pauvre peut prétendre aussi bien que le riche; et la science qui les conduira sûrement, ils ne l'apprendront que de la divine parole. »

Saint Basile est plus exprès encore et va plus directement au but. C'est à de fort jeunes gens qu'il s'adresse dans une lettre célèbre (2) que nous avons déjà citée. Il expose à ces enfants, autant que le lui permet

---

(1) Liv. iv, c. 5.
(2) *Cat. Script. eccl.*, c. 64.
(3) Liv. v, c. 5.
(4) Voyez encore Nicéphore, sur l'éducation d'Eusèbe d'Emesse, d'après Georges de Laodicée. *Hist. eccl.*, l. ix, c. 5.

(1) *Hom.* 21 in *Epist.* 11 ad Corinth., c. vi.
(2) Sous ce titre : Πρὸς τοὺς νέους ὅπως ἂν Ἑλληνικῶν ὠφελοῦντο λόγων.

leur âge, tout le plan de la vie chrétienne, et il le fait reposer sur la foi en un autre monde.

« La vie présente n'est d'aucun prix à nos yeux. Nous n'estimons, nous n'appelons biens aucun des avantages qu'elle nous offre. Ni l'éclat de la naissance, ni la beauté, ni la force du corps, ni les honneurs que nous décernerions tous les hommes ensemble, un sceptre même, non, rien d'humain ne nous paraît grand; rien de ce que nous possédons ne nous semble digne de notre amour, rien de ce qui nous manque ne nous inspire aucun regret; nos espérances vont au delà, et c'est vers une autre vie que se portent tous nos vœux, que se dirigent tous nos efforts. Tout ce qui peut nous y conduire, nous l'embrassons avec ardeur; sur tout le reste, nous ne jetons qu'un regard d'indifférence. Quelle est cette vie? en quoi consiste-t-elle? où nous sera-t-il donné d'en jouir? C'est ce qui serait trop long de vous exposer; et pour le bien entendre, il faudrait être plus avancé en âge que vous ne l'êtes. Tout ce que je puis vous en dire, et cela vous suffira sans doute, c'est que si l'on pouvait réunir en une somme tout ce que jamais les hommes ont éprouvé de félicité, on n'aurait encore qu'une faible partie du bonheur où nous aspirons..... Des *livres sacrés* nous en ouvrent les voies par *la révélation* de certaines vérités mystérieuses. C'est en attendant que, par le progrès de l'âge, votre esprit soit capable de s'élever à la hauteur de ces mystères, de les entendre, d'y puiser les règles de vos mœurs; c'est pour vous rendre plus aptes à cette étude que nous exerçons d'abord votre intelligence sur d'autres objets..... On vous met sous les yeux des livres où vous pouvez apercevoir déjà, parmi les ombres, quelques lueurs qui sont comme l'aurore de ce grand jour. »

Il n'était pas possible de tracer d'une main plus ferme la voie que s'appropriait le christianisme, et qu'il avait déjà tenue avec tant d'assurance et de succès; c'était résumer tout ce qui avait été pratiqué par les premiers ouvriers évangéliques dans l'institution chrétienne, et fixer à la fois les esprits sur le principe vraiment chrétien de l'éducation, principe nouveau qui devait y présider dès les premiers exercices, le dominer constamment et le conduire jusqu'à sa fin.

Si l'on voulait admettre que les enfants fréquentaient les catéchèses de second ordre, saint Fulgence nous fournirait un document, qui prouverait que la méthode d'initiation en commun à la connaissance de la religion était fondée sur ce même principe. Dans un discours qu'il attribue à saint Augustin, il fait dire par le saint docteur, à de nouveaux baptisés, « que jusqu'alors on ne leur avait enseigné qu'à croire: que le moment était venu où l'on allait leur expliquer les mystères. *Potestis ergo modo dicere mihi : Præcepisti ut credamus, expone ut intelligamus* (1). » On s'était borné, comme on le voit

par ce qui précède, à la partie historique de la religion. Sur la vie miraculeuse du Christ, on avait établi l'autorité de la révélation : puis on avait prescrit de *croire, præcepisti ut credamus.* Si l'on veut maintenant généraliser, comme on le pourrait sans choquer aucune ressemblance, les faits que suppose cette instruction, savoir qu'avant d'être admis aux mystères, les chrétiens, enfants et autres catéchumènes, étaient complètement instruits de l'histoire évangélique; que la religion leur était présentée comme un fait, et la doctrine avec l'autorité qu'impose la foi, on en conclura qu'il y aurait ici une preuve que la même méthode était suivie, et dans les instructions communes de l'ordre le plus élémentaire, et dans l'intérieur de la famille : autour de la chaire du catéchiste comme auprès du berceau, pour ainsi dire, et sur les genoux de la mère chrétienne (1).

ART. 2. — *Protection de l'enfance contre l'arbitraire des parents.* — L'éducation considérée comme obligation morale comprend deux séries de devoirs qui se correspondent, bien qu'ils ne résultent d'aucune convention synallagmatique : les devoirs des enfants envers leurs père et mère, et ceux des parents à l'égard de leurs enfants.

Ces deux ordres de devoirs, au point de vue de la morale générale, ressortissent également à la loi de la nature. Et même, l'observation de la nature et de la société amènerait à dire que la loi qui porte les parents à élever leurs enfants agit plus constamment, plus universellement, et paraît plus fortement inculquée que celle qui soumet les enfants au respect et à l'obéissance.

Toutefois, comme l'observation et l'expérience apprennent aussi que la fidélité des hommes à l'accomplissement de leurs devoirs est trop souvent, en pratique, subordonnée par eux à leurs besoins et à leurs intérêts, on peut dire aussi qu'on a vu plus souvent des parents omettre ou négliger l'éducation des enfants, qu'il n'est arrivé que des enfants se soient soustraits aux soins et à la puissance de leurs parents.

C'est que les enfants ont toujours besoin de leurs parents, et que les parents n'ont presque jamais besoin de leurs enfants, et qu'ils ont quelquefois un certain intérêt à ne point s'en embarrasser.

Si donc, ou la loi civile ou la loi religieuse devait venir en aide à la nature, pour astreindre plus étroitement les hommes aux devoirs qu'elle leur prescrit, c'était sur l'obligation des pères que l'une et l'autre devaient plus fortement insister.

Or, jusqu'à l'avénement du christianisme, une disposition toute contraire s'était produite dans le monde.

(1) S. AUG., *sermo* 83, *de Div.*

DICTIONN. D'ÉDUCATION.

(1) Iis catechumenis (audientibus) non interiora religionis nostræ aperiebantur. Moralis evangelicæ præcepta docebantur illis, ut et generalia nostræ illæi dogmata de Dei unitate, judicio et resurrectione... una cum sacra utriusque Testamenti historia. — P. TOUTÉE, *Dissert. de Catechesibus sancti Cyrilli.*

12

Du côté de l'obéissance, du respect, de l'amour que les enfants doivent aux auteurs de leurs jours, la législation est complète et ne laisse rien à désirer: la philosophie a fait entendre un langage si sage qu'il n'y a rien de mieux à dire. Il suffit de lire le recueil des sentences et des maximes que Stobée a extraites (1) des écrivains grecs en tout genre pour être parfaitement édifié sur ce point. Les devoirs et les sentiments de la piété filiale s'y représentent sous les expressions les plus touchantes et les plus énergiques; l'amour envers les parents est élevé au même rang que le culte de Dieu. Les lois de certaines républiques étendent jusqu'aux vieillards les égards dus à la paternité. La religion n'avait point manqué à sanctionner par des oracles, par l'intervention des dieux les préceptes de la morale publique et les traditions de la famille; et si l'on voyait Jupiter, d'ailleurs si scandaleux, chasser du ciel son vieux père, on racontait partout, à Rome comme à Athènes, les faveurs insignes dont les dieux s'étaient plu souvent à récompenser la piété filiale; tandis que sur la scène où se faisait entendre la plus éloquente voix que parlât alors l'éducation publique : les fureurs d'Oreste, les imprécations d'Œdipe portaient la terreur dans le cœur coupable des enfants dénaturés.

Mais pour ce qui regarde l'obligation d'élever les enfants, c'est-à-dire la série des devoirs corrélatifs à ceux qu'imposaient les pères, il s'en faut que la civilisation ancienne se soit exprimée avec autant d'unanimité et autant d'éclat: et l'on reconnaîtra ici l'insuffisance de la nature, même quand elle est guidée par la raison, pour se prescrire à elle-même des lois. Le rôle le plus commode et le meilleur échoit partout au plus fort, quand c'est lui qui préside au partage et à la distribution.

L'obligation d'élever les enfants était si peu sentie, que chez presque tous les peuples de l'ancien monde, un père pouvait abandonner dès la naissance, sous le moindre prétexte, tel enfant qu'il lui plaisait, sans que les lois s'y opposassent, sans qu'aucun pouvoir public, civil ou religieux, intervînt entre le faible et le fort pour faire respecter les droits et la loi de la nature.

Dans quelques cités, les enfants étaient considérés comme propriété de l'État: l'autorité survenait alors pour prononcer l'arrêt de mort. Mais cela même, et les prétentions de l'État sur les enfants des citoyens, n'était- ce pas une sorte d'abrogation tacite de la loi naturelle, la négation d'un devoir, ou la dispense de le remplir, pour cause d'incapacité ou de mauvais vouloir?

Si nous consultons à cet égard les ouvrages des philosophes, combien rarement l'obligation naturelle d'élever les enfants est-elle définie et rappelée à ceux qui leur donnent le jour. Ce même Stobée, qui avait compilé tout ce que les anciens ont dit de la piété filiale, n'a pas su trouver un mot sur

le devoir des pères (1). Plutarque nous raconte que Lycurgue, voulant rappeler les Lacédémoniens aux sollicitudes de l'éducation, n'imagina rien de plus frappant que de leur amener deux chiens, entre un potage et un lièvre (2). Il dit encore que Cratès s'en allait criant par la ville : O insensés (3), qui entassez avec tant de peine des richesses et qui ne *prenez aucun soin* de ces enfants destinés à les conserver! On attribue à Solon (4) à peu près les mêmes paroles, et l'on peut citer encore une lettre de Xénophon à Criton dans le même sens (5). Mais était-ce bien là réveiller ou invoquer le sentiment d'un devoir?

Nous voyons bien, dans le catalogue mythologique des Grecs et des Romains, une multitude de divinités, lesquelles, sous diverses dénominations, protégeaient, qui l'enfantement, qui l'allaitement, qui les premiers essais de la parole et les premières lueurs de la raison; mais nous ne voyons ni dieu ni déesse qui aient pour attribut spécial d'assurer aux enfants les soins de l'éducation, ou de les protéger contre les abus de l'autorité paternelle; aucune puissance au ciel vers laquelle un enfant délaissé ou opprimé puisse tourner ses regards, à moins que ce ne fût Saturne, dévorant sa progéniture, ou Jupiter encore, précipitant d'un coup de pied, de toute la hauteur des cieux, le difforme Vulcain, fils légitime pourtant de sa femme légitime.

De tout cela, nous ne voulons pas conclure qu'il n'y avait, dans l'ancien monde, aucun père, aucune mère, qui s'acquittât avec zèle, avec dévouement des devoirs de l'éducation. L'histoire démentirait hautement une assertion aussi absolue. Mais nous disons que, par l'absence, dans la religion et dans les lois, d'une sanction assez prononcée de ces graves obligations, l'éducation des enfants était dépourvue de garanties suffisantes; qu'il en résultait, dans les mœurs de la plupart des peuples, des infractions fréquentes aux plus saintes lois de la nature, et qu'il y avait là un danger pour l'humanité et une lacune dans la morale.

Or, dès les premiers mots que prononce le christianisme à ce sujet, il annonce qu'il vient apporter le remède à ce mal.

*Filii, obedite parentibus vestris in Domino hoc enim justum est.*

*Et vos, patres, nolite ad iracundiam provocare filios vestros, sed educate illos in disciplina et correptione Domini* (6).

(1) Antoine, le continuateur de Stobée, a ajouté deux chapitres ou discours, dont on peut traduire les titres ainsi : — *Des bons parents et de l'obligation d'élever les enfants avec soin et dans la vertu.* — *Ce que doivent être les parents à l'égard des enfants.* — Mais toutes les autorités qu'il cite, il les puise dans les livres saints ou dans les Pères de l'Église. (V. cc CCI, CCII.)

(2) *De l'Éducation des enfants.*

(3) *Ibid.*

(4) Ὑπὸ καὶ θυγατρὶ μὴ προσμειδιάσεις, ἵνα μὴ ὕστερον δακρύσῃς. ANT. cont. de Stobée, *Serm.* cc.

(5) Ibid., *Serm.* CCI.

(6) SAINT PAUL *aux Éphésiens*, c. VI, 1, 4.

(1) *Sermo* 198.

L'obéissance est d'abord prescrite aux enfants, non pas au titre de la reconnaissance et de la tendresse, ni en vue du bien-être et des secours temporels, mais au nom de Dieu et de la justice; tout ce qu'il y a au monde de plus élevé, de moins dépendant, et de la raison individuelle et du sentiment ou de la volonté personnelle.

Mais en regard de ce précepte et avec autant d'autorité, un devoir est aussitôt imposé au père. Une limite inviolable est tracée à cette autorité qui n'avait point de bornes; puis il est ordonné aux pères d'élever les enfants, non d'une manière quelconque, mais sous la règle et selon l'esprit d'une discipline sage, sainte, sévère, appuyée sur tout ce que l'Ecriture comprend dans ce mot: *le Seigneur*.

Dans cette seule corrélation de devoirs, dans cette intervention de Dieu entre le père et les enfants, qui ne voit de prime abord le principe et comme le signal d'une immense et profonde réforme de la société humaine par ses racines? Remarquons que c'est là un affranchissement au sein de la famille, et lequel, loin d'en relâcher les liens, les raffermit et les resserre.

Si la raison dernière de l'assujettissement des enfants à toutes les contradictions que rencontre leur volonté, c'est la volonté de leur père, il n'est pas possible que cette opposition arbitraire, cette force incomprise, ne se montrent bientôt à leurs yeux sous le même aspect que le despotisme apparaît aux hommes mûrs, et qu'elles ne fassent pas les mêmes impressions sur leur cœur. Il n'y a plus alors de leur part *obéissance*, mais *servitude*, et la haine prend la place de l'amour, dans toutes les âmes fières et énergiques. Mais si la raison de la loi, dont la volonté du père n'est que l'agent, comme sa bouche en est l'organe, est la loi elle-même personnifiée dans l'idée suprême de Dieu; si le père ne se présente qu'au titre sacré de ministre et d'interprète d'un devoir qu'il respecte lui-même et qu'il accomplit avec fidélité et avec amour, il est facile d'éviter que l'autorité paternelle se transforme, aux yeux de l'enfant, en tyrannie odieuse. Avec l'idée de Dieu, l'enfant comprend celle d'une autorité légitime et inévitable; il comprend, dis-je, sans pouvoir définir et d'instinct; il obéit sans que la pensée lui vienne de réclamer l'exercice de sa liberté: car la liberté ne sent vivante toutes les fois que la légitimité du pouvoir est reconnue par la raison, même instinctive. Et ainsi, chose capitale et trop souvent méconnue, ainsi sera conservée, par l'éducation, au sens intime des enfants, cette conscience de liberté, sans laquelle il n'y eut jamais, dans l'âme humaine, ni grandeur, ni élan sincère vers le bien.

En outre, les esprits que la crainte des abus du pouvoir à tous les degrés, inquiètent, verront ici protection de la faiblesse contre la force. C'était un problème très-difficile à résoudre, que la limitation de l'autorité paternelle : car si jamais l'obéissance doit être passive, c'est bien dans l'enfance... Néanmoins, même pour l'enfance, l'obéissance passive a des dangers. Qui interviendra? La loi civile ne peut s'immiscer aux relations habituelles et de chaque instant qui n'ont pour témoin que le foyer domestique. Rien ne pouvait empêcher que le *fils* ne fût aussi mal traité que l'*esclave*, si cela convenait au père. Aussi, dans cette impuissance de pénétrer au sein de la famille, on a trouvé quelquefois plus expédient de la détruire, pour subvenir aux besoins et aux exigences de l'éducation. Mais détruire, c'est un autre excès, un autre attentat aux lois de la nature. Personne n'échappait à l'un ou à l'autre de ces écueils; à Rome, l'autorité du père était, en droit toujours, et parfois en fait, excessive; à Lacédémone, elle avait été annihilée et, pour ainsi dire, confisquée; à Athènes, elle était flottante et insoucieuse, comme tout le reste. Il fallait nécessairement et à la fois un stimulant et un frein à la plus indispensable des autorités, et l'Evangile a vraiment trouvé l'un et l'autre.

Ne nous préoccupons pas de ce qui est; pour apprécier une législation et une doctrine, il faut surtout avoir égard à ce qui serait, dans le cas de leur entière application. Qu'on suppose une famille où domine ainsi, par une foi vive, par l'effet d'une vertu constante, cette grande image de Dieu, entre le père et les enfants, au foyer domestique. Peut-on imaginer rien de plus saint, rien de plus noble? Comment l'humanité, fractionnée dans la famille, pourrait-elle s'élever plus haut, et se rapprocher davantage du beau et du bien idéal?

Mais ce n'est point une apologie que nous avons à écrire ici, et il nous faut plutôt, pour ne pas sortir du point de vue critique et philosophique où nous nous sommes placés, examiner si nous n'avons pas ajouté trop d'importance à quelques mots jetés sans intention dans une lettre, qui avait un tout autre objet; et si cette doctrine, qui nous a semblé poindre dans une Epître de saint Paul, est bien celle qui est devenue dominante et directrice, dans l'éducation chrétienne dès les premiers âges.

D'abord nous ferons remarquer que tout ce chapitre de saint Paul aux Ephésiens, d'où nous avons tiré ce double précepte, est relatif à la règle des mœurs. Il est inauguré, avec le précédent, par cette célèbre maxime: *Estote imitatores Christi sicut* FILII *charissimi*, et tout ce qui suit est un résumé succinct et complet de tous les devoirs qu'imposent aux chrétiens, dans tous les rapports, dans toutes les situations de la vie, l'obligation d'imiter le Christ et la loi de l'Evangile. Sur chacun de ces devoirs, on ne s'étend pas plus que sur celui des enfants envers leurs pères, et des pères envers leurs enfants. Ainsi, il est bien certain qu'on a voulu tout dire en un mot, et que ce mot renferme et résume toute la morale nouvelle.

C'est ce que les premiers Pères de l'Eglise ont parfaitement senti, la même doctrine

étant d'ailleurs reproduite dans plusieurs autres Epîtres du grand Apôtre (1). Et il est intéressant de suivre à cet égard la tradition des deux premiers siècles.

Les constitutions apostoliques nous offrent d'abord (2) une vive exhortation aux pères de famille : « Quant à vous, pères, instruisez vos enfants dans le Seigneur. Elevez-les selon la loi de Dieu ; enseignez-leur les arts et les sciences qui conviennent à leur condition, et qui ne sont point en opposition avec la divine parole. Sachez, par l'occasion, les retenir, les ramener par d'utiles réprimandes, et n'allez point, par trop d'empressement à leur donner avant le temps la liberté, mettre en péril votre autorité et leur vertu. »

Dans le livre d'Hermas, un des plus anciens écrits où l'esprit de l'Eglise ait marqué sa trace récente, l'ange ou le personnage allégorique qui parle au *pasteur*, lui révèle que ce n'est pas précisément à cause de lui que le Seigneur s'est irrité, mais que cette colère céleste a été provoquée par la conduite de ses enfants. « Tu les aimes, lui dit-on, et cependant tu ne les reprends pas ; tu les laisses vivre au gré de leurs plus violentes passions (3). »

Saint Ignace, dont nous avons déjà cité les paroles aux Philadelphiens, adresse la même exhortation que saint Paul, à peu près dans les mêmes termes, à ceux d'Antioche et à ceux de Tarse. Le devoir des pères est toujours mis en regard du devoir des enfants.

Saint Polycarpe, traçant aux chrétiens de Philippes le résumé de leurs devoirs, n'omet point la recommandation apostolique : « Elevez vos enfants dans la discipline et dans la crainte du Seigneur ; ne les laissez point dans l'ignorance, et détournez-les de tout mal. »

Et en consultant tous les commentaires que presque tous les Pères ont écrits depuis Origène, sur les Epîtres de saint Paul, on retrouverait la même doctrine, sous les mêmes formules. Dans leurs instructions, ils n'exhortent jamais les enfants à remplir leurs devoirs envers leurs pères, sans rappeler aussi, et avec plus de force, aux pères leurs obligations. Saint Augustin, pour citer encore une autorité, après avoir raconté la punition miraculeuse de quelques jeunes gens qui avaient maltraité leur mère, et de cette mère, qui avait, sans raison suffisante, maudit ses enfants, s'écrie : « Apprenez, jeunes gens, à être soumis à vos parents ; craignez, pères, de révolter vos enfants. Apprenez, jeunes gens, que l'Ecriture vous ordonne un légitime respect envers les auteurs de vos jours ; et vous, même en sévissant contre ceux qui vous doivent la vie, n'oubliez point que vous êtes pères (4).

Mais il faut entendre plus longuement saint Chrysostome, car c'est de tous les Pères de l'Eglise celui qui a prêté le plus à l'éducation des enfants, pour en réveiller le zèle, le secours de son éloquence. On ne se ferait pas autrement une juste idée de l'importance qu'il y attachait, et des services qu'il a rendus à cette cause.

Pour apprécier l'influence de saint Chrysostome sur l'éducation, ce n'est pas sa prétendue homélie Περὶ παίδων ἀγωγῆς qu'il faut lire, mais plutôt ses commentaires sur les Epîtres de saint Paul (1), ses discours sur Anne (2), et ses traités contre les adversaires de la vie monastique (3).

Voici comment il tonne contre les pères négligents, dans une homélie sur l'*Epître aux Corinthiens* (Ep. 1, ch. 10, v. 4) :

« Vous qui avez laissé vos enfants traîner leur vie dans l'opprobre du vice, et s'engloutir à la mort dans la malheureuse éternité, pères négligents, quelle excuse apporterez-vous au tribunal du souverain juge? Cet enfant, dès que ses yeux ont été ouverts à la lumière, n'a-t-il pas été confié à votre sollicitude? Vous étiez son maître, vous deviez être son protecteur, son guide. Quoi! vous dira le Seigneur, ne vous avais-je pas investi d'un plein pouvoir? ne vous avais-je pas ordonné de pétrir cette argile tant qu'elle était molle, et de la façonner? Sous quel prétexte lui avez-vous laissé le temps de durcir et de vous résister? Que répondrez-vous? Que le caractère de votre fils était intraitable? mais il fallait vous en aviser à temps, lui imposer un frein, l'y habituer tant qu'il était jeune et docile, vous dévouer à son éducation, vous rendre maître de tous les mouvements de son âme, tant que son âge vous permettait de prendre sur lui assez d'ascendant; ses mauvais penchants ne se seraient pas fortifiés et accrus au point de ne pouvoir être réprimés... Ah! je vous le dis, ceux qui négligent l'éducation de leurs enfants, fussent-ils d'ailleurs des hommes probes et honnêtes, mériteront pour ce seul péché l'éternelle damnation. »

Que l'on compare avec ce véhément discours tout ce qu'on lit dans les philosophes antérieurs à l'Evangile, et l'on verra quel esprit l'Evangile a introduit dans la morale sur ce point.

Plutarque seul a écrit un traité spécial sur l'amour des pères envers leurs enfants. Il se propose manifestement de réveiller les sentiments de la tendresse paternelle, de porter les parents à s'acquitter avec plus de zèle des devoirs de l'éducation. Mais quel motif fait-il valoir? Je ne sais si l'analyse la plus exacte pourrait en découvrir d'autre que l'exemple qui est donné aux hommes par les animaux. Tout son traité peut se réduire à cette pensée : Si les hommes aiment si peu leurs enfants, que souvent il leur arrive

(1) *Tit.* 1, 6; 11, 4. I *Timoth.* 111, 4; v, 10; 11, 15.
(2) Cap. 11.
(3) Herm., vis. 1ª, c. 3.
(4) T. V, p. 1276, 5. éd. des Bénéd. Paris.

(1) *Comm. Ep. S. Paul aux Romains*, t. IX; *aux Ephésiens*, t. XI; *à Timothée*, t. XI.
(2) 1ᵉʳ *Sermon sur Anne*, t. IV.
(3) *Contre ceux qui persécutent les solitaires.* t. I.

de les abandonner ou de négliger leur éducation, c'est qu'au lieu de suivre les « instincts de la nature, ils se laissent détourner de cette voie par les artificieuses suggestions de leur raison... Voyons-nous que les animaux manquent jamais à cette loi ? C'est que, n'ayant pas de raison, ils n'obéissent qu'à la nature ; et les plantes même sont encore plus fidèles aux lois de la nature que les animaux... » Quelles ressources de pareils motifs pouvaient-ils fournir à l'éloquence pour la sainte cause de l'éducation !

Aucun détail n'échappe à saint Chrysostome ; il poursuit avec la même vigueur tous les abus qui s'étaient glissés dans les familles. Nous retrouvons dans une de ses homélies (1) les justes et trop inutiles réprimandes que les philosophes et les poètes ont toujours faites aux parents sur leur peu de délicatesse et de soin dans le choix des hommes qu'ils placent auprès de leurs enfants, pour les surveiller et les instruire.

Les mères ne sont pas oubliées. Dans le discours sur Anne, il s'adresse à elles directement, et leur explique un texte de saint Paul. Apprenez, leur dit-il, que pour être mère, il ne suffit pas d'avoir mis au monde un enfant. Lorsque saint Paul dit (*I Tim.* II) que les femmes seront sauvées par la procréation des enfants, il ne parle pas indistinctement de toutes les femmes.

Enfin, dans un discours très-remarquable pour notre sujet, προς τους πολεμουντας τοις επι τῷ μονάζειν εἰσάγουσιν (2), le saint docteur atteint toutes les personnes qui peuvent directement ou indirectement contribuer à l'éducation. Après avoir amené ses auditeurs devant le tribunal de Dieu, au jour du jugement suprême, dont il fait une description terrifiante, il leur dit :

« Eh bien ! maintenant raisonnons sur la gravité de notre péché, et, par une gradation légitime, montrons que de tous les péchés le plus grand c'est la négligence (ἀλιγωρία) de l'éducation des enfants ; suivons cette iniquité jusque dans ses derniers degrés. En fait de méchanceté, d'injustice et d'inhumanité, le premier degré, d'après la loi des Juifs, c'est de ne point relever ou de ne pas ramener la bête de somme d'un ennemi qui aurait fait une chute, ou qui se serait égarée ; le second, c'est de ne point secourir son ennemi lui-même dans le besoin ou dans le péril ; le troisième, c'est, en pareil cas, d'abandonner ses propres amis ; le quatrième, c'est de manquer à assister ceux de sa parenté et de sa famille dans leurs besoins temporels ; le cinquième, de négliger non-seulement leur corps, mais le salut de leur âme, quand on la voit exposée à un danger de mort ; le sixième, c'est d'étendre jusqu'à nos enfants cette coupable indifférence ; le septième, c'est de ne pas nous mettre en peine de les faire soigner par d'autres, quand nous sommes dans l'impuissance de nous acquitter par nous-mêmes de ce de-

voir ; le huitième, c'est que si quelque homme de bien se présente pour nous rendre à nous et à nos enfants ce service, au lieu de le bien accueillir nous le repoussions ; le neuvième, enfin, ce serait que, non contents d'empêcher qu'on élève bien nos enfants, nous maltraitions, nous persécutions ceux qui se dévouent à cette œuvre. Or, si les péchés du premier, du second, du troisième degré sont menacés de si grands châtiments par la sainte Écriture, à quel feu, à quel tourment ne doivent pas s'attendre ceux qui porteront la perversité et le crime jusqu'au neuvième (πόσον ἕψεται πῦρ ἐνναχῷ), » etc.

Il est à regretter, sans doute, que des discours si salutaires soient venus si tard ; car aucun Père, avant saint Chrysostome, n'avait rappelé avec tant d'instances les chrétiens aux devoirs que leur recommandait si expressément la nouvelle loi. La loi était écrite, promulguée, connue, mais il fallait en faire bien sentir les motifs et en proclamer bien haut la sanction. Les hommes oublient trop aisément, et négligent trop souvent même les choses qui touchent de plus près à leurs affections et à leurs besoins. La plus utile et la plus digne mission de l'éloquence c'est de les y rappeler. A ce titre, saint Chrysostome peut être regardé comme l'instaurateur de l'éducation chrétienne, et nous n'avons point fini de puiser dans ses discours, qui nous en révèleront souvent l'esprit, et les fins, et les moyens.

Toutefois, il n'est point douteux que les premiers enseignements des ministres de l'Evangile n'aient ranimé, dans les populations énervées qui se mouraient alors sur la terre, les sentiments et les idées qui devaient leur rendre la vie, par une réforme radicale de l'éducation. Il faudra au moins reconnaître le bienfait le plus positif que l'humanité dut, sans contredit, au christianisme dès les premiers temps ; je veux dire la cessation de la coutume barbare d'exposer et d'abandonner les enfants nouveaunés.

Il n'y eut jamais, sur ce point, aucune hésitation parmi les chrétiens. Ce fut la première conséquence qu'ils tirèrent et de leurs obligations comme pères, et de la dignité à laquelle la nature humaine avait été élevée par l'incarnation du Verbe.

On lit dans l'Epître de saint Barnabé (1) :

« (Tu ne corrompras point les enfants), tu ne feras point périr le fœtus en procurant l'avortement, et tu ne détruiras point les enfants après leur naissance. Tu ne refuseras point de recevoir dans tes bras ton fils ou ta fille ; mais tu les élèveras, dès leurs plus jeunes ans, dans la crainte de Dieu. Telle est la voie que suivent ceux qui marchent à la lumière du Christ ; au contraire, les malédictions accompagnent dans le chemin ténébreux de l'iniquité ceux qui, en faisant avorter les fruits de la génération, détruisent ou dégradent les créatures de Dieu. »

« Notre doctrine, dit saint Justin dans son

---

(1) *Hom.* LIX, sur *l'Ev. S. Matth.*, t. VII, p. 681, B.
(2) Λόγος τρίτος· προς πιστον πατέρα, 5.

(1) C. XIX, 20.

*rologie (1) , ne n us permet pas d'exposer les enfants. D'abord parce que nous voyons que ces enfants abandonnés deviennent pour la plupart , garçons et filles , victimes de la prostitution ; ensuite , parce que nous nous regarderions comme coupables d'homicide , si l'un de ses enfants que nous avons expolés, venait à perdre la vie. D'ailleurs nous ne contractons le mariage , et nous n'en usons, qu'à cette fin d'avoir des enfants et de les élever. »

« Vous ne verrez jamais aucun des nôtres, dit Lactance, étrangler les enfants qui sont nés de lui, ou, s'il n'a point cette cruauté, les exposer et les abandonner (2). Nous regardons ces faits comme la plus énorme impiété dont on puisse se rendre coupable (3). »

« Les enfants nés d'une couche criminelle, dit Méthodius (4), seront produits , au jour de la justice, comme témoins de la perversité de leurs parents. Ils se porteront pour accusateurs de leurs pères, avec une grande liberté, devant le tribunal du Christ. Vous , Seigneur, diront-ils, vous nous avez admis à jouir du bienfait commun de la lumière, et ceux-ci, au mépris de vos commandements, nous ont ravi le jour et votre bienfait? (5) »

ART. 3. — *Epuration de la chasteté jusqu'à la virginité.* — Un fait bien remarquable dans l'histoire littéraire des premiers siècles chrétiens, c'est que tous les Pères de l'Eglise, grecs et latins, plus saint Ephrem le Syriaque, ont écrit chacun au moins un traité sur la virginité : on ne pourrait que signaler quelques exceptions , parmi les moins connus des écrivains ecclésiastiques de cette époque.

Or, le sujet était entièrement neuf. Ni dans les *Dialogues* de Platon, ni dans les nombreux traités de morale de Plutarque et de Lucien, ni dans les écrits de Cicéron ou de Sénèque, on ne trouve rien qui eût pu être annoncé sous ce titre.

Ce n'est pas que l'état de virginité fût inouï chez les anciens, et qu'il ne fût pas estimé, quand la religion le consacrait. Les dénégations de saint Augustin (6), de saint Chrysostome (7), de Tertullien (8), à ce sujet, ne portent point sur le fait, et l'on pourrait en appeler d'ailleurs à l'érudition et à la franche impartialité de Tertullien lui-même , qui oppose aux adversaires de la virginité

des exemples à lui personnellement connus, et pris parmi les païens de l'un et l'autre sexe (1).

L'omission de la virginité dans les écrits des anciens sages, ou, si l'on veut, le peu de place qu'ils lui ont accordé, la grande importance qu'y attachaient, au contraire, les Pères de l'Eglise : cette révolution si marquée, dans les idées des moralistes, tient à une autre cause. C'est qu'avant le christianisme la virginité n'était qu'un sacrifice stérile, une sorte de phénomène rare et isolé, un fait qui se produisait accidentellement en dehors des mœurs et des usages, même des idées religieuses de la plupart des hommes éclairés ; tandis que, après la prédication du christianisme, et dans le temps de sa première ferveur, la virginité passa dans les mœurs, et devint, aux yeux des plus sages, un but avoué de l'éducation. A ce point que ce n'était pas seulement dans leurs écrits, mais dans des instructions publiques, comme on n'oserait pas en faire de nos jours , que les Pères exhortaient directement et expressément la jeunesse à la virginité. On peut voir à ce sujet des discours de saint Grégoire de Nysse (2), de saint Grégoire de Nazianze (3), de saint Bazile (4), de saint Chrysostome (5), de saint Augustin (6), etc. (7) ; mais surtout un discours de saint Ambroise (8).

Dans ce discours, qui a pour titre : *Exhortation à la virginité* , le saint archevêque de Milan introduit une mère ( Juliana ), qui exhorte ses enfants, un garçon et deux filles, à la virginité. Il est intéressant de voir, pour l'histoire des mœurs et pour le sujet qui nous occupe, les raisons et les motifs que cette mère expose à ses enfants , par la bouche de l'éloquent évêque.

D'abord elle rappelle à son fils que ses parents, avant sa naissance, l'ont voué à Dieu. Elle prétend que, sans ce vœu, il ne serait point venu au monde. Il doit donc , et par reconnaissance pour le bienfait de la vie, et par déférence pour ses parents, acquitter de sa personne le vœu dont ils ont contracté la dette sacrée. Elle lui fait entrevoir ensuite de quelles bénédictions Dieu se plaît à com-

---

(1) *Apologétique.*

(2) *De Justif.*, l. v, c. 14.

(3) *De Vero cultu*, l. vi.

(4) *Festin des Vierges.* — Disc. 2.

(5) Puto nobis non magis licere nascentem necare quam natum. — TERT., *Exhort. ad Castit.*, p. 671. (RIGALTI.)

(6) *De Contin.*, c. 12, p. 313, E. F. (T. VI, ed. de Gaume.)

(7) Παρθενίας δὲ ἄνθος οὐδαμοῦ παρ' αὐτοῖς (τοῖς Ἕλλησι.) T, I, A. p. 304 ou 249. — Le premier chiffre est de l'ancienne édition des Bénédictins de Paris ; le second, de la nouvelle de Gaume.

(8) A feminis nationum abest conscientia veræ pudicitiæ, — quia nihil verum in iis qui Deum nesciunt. (*De Cultu fenim.*, init.)

---

(1) Novimus virgines Vestæ et Junonis apud Achaiæ oppidum et Apollinis apud Ephesos, et Minervæ, quibusdam in locis : novimus et continentes viros , et quidem Tauri illius Ægyptii antistites. (*Exhort. ad Cast.* sub fine.)

(2) *De la Virginité.*

(3) Poëmes : *Eloge de la virginité*, n° 1 ; *Préceptes aux vierges*, n° 2 ; *Exhortation à la virginité.*

(4) *Traité de la Virginité* (dans ses Œuvres).

(5) S. CHYSOSTOME, *Traité de la Virginité ; de la Continence.*

(6) S. AUGUSTIN, *De la Continence ; de la sainte Virginité.*

(7) S. JÉRÔME, *ad Demetriam, de Virginitate ; ad Mauriti filiam, virginitatis laus ; ad Lœtam ; ad Gaud., de Virg. instit.* — S. AMBROISE, *de Virginitate; de Virginibus ; de inst. Virg. de Virg. lapsam.* — TERT., *de Virgin. velandis ; de Pudicitia.* — S. CYPRIEN, *Conseil aux vierges.* — MÉTHODIUS, *Festin des vierges.* — S. DAMASE, un poëme.

(8) *Exhort. ad Virg.*

bler ceux qu. se consacrent tout entier à son service. Elle finit par lui expliquer quelques paroles d'Isaïe et de l'Evangile, sur les eunuques volontaires... Elle en conclut qu'il sera bien heureux pour lui de s'affranchir ainsi des tribulations de la chair, et lui assure que le royaume des cieux sera la récompense certaine de cette vie angélique.

S'adressant ensuite à ses filles, elle leur dépeint tous les chagrins, tous les inconvénients, qui accompagnent le mariage (c'est toujours la narration de saint Ambroise); elle le leur fait regarder comme une servitude, et une servitude qu'on achète, condition pire que celle des esclaves. Elle leur fait remarquer les embarras de sa propre viduité, pour les détourner de s'exposer au malheur où elles la voient plongée, malheur qui n'a pu l'atteindre qu'à la suite de son mariage. Puis elle tourne leurs regards vers les honneurs et la gloire dont les vierges jouissent devant les hommes et devant Dieu.

L'orateur sacré, qui a fourni la plus grande partie de son sermon par cet épisode, apprend à l'auditoire, pour l'édification et des mères et des jeunes gens qui l'écoutent, que cette exhortation n'a pas été infructueuse, et que la pieuse veuve a eu la consolation de voir ses enfants obtempérer à ses vœux les plus chers.

Telle était l'ardeur du zèle et la sincérité des convictions d'après lesquelles les Pères de la primitive Eglise animaient la jeunesse aux sacrifices d'où résulte la virginité. Car ce que j'aurais à citer des autres Pères est encore plus prononcé et plus explicite. Cette tendance ne peut être contestée, bien qu'elle n'ait pas été généralement assez remarquée.

Mais quelle en était la cause? Quel but se proposait-on? Quels résultats furent-ils obtenus et par quels moyens? Quelle influence exerçait cette tendance sur tout le système de la moralité? C'est dans la solution de ces questions que nous reconnaîtrons une des plus salutaires influences du christianisme sur les mœurs publiques en général, et en particulier sur l'éducation.

I. La cause fut dans l'esprit même du christianisme, qui tendit, dès son point de départ, vers la spiritualité la plus dégagée de tout élément matériel. L'Evangile en avait émis le principe. Sans prescrire la virginité, il l'avait préconisée et signalée comme une des conditions de la plus heureuse aptitude au royaume des cieux. Ce mot, que *tous* ne *pouvaient pas comprendre*, l'avoir compris, c'était s'être placé au rang des plus parfaits. « N'est-ce point s'égaler aux anges, dit saint Grégoire de Nazianze, que de s'élever ainsi au-dessus de la nature humaine? La chair nous enchaîne au monde, l'esprit nous unit à Dieu; la chair nous entraîne en bas, l'esprit nous porte en haut; il donne des ailes à l'âme, dès que l'amour a rompu les liens qui l'attachaient au corps (1). Dégager entière-

ment son âme de toute affection terrestre, dit saint Basile, c'est rétablir en elle, dans son intégrité, l'image de Dieu; et voilà bien où nous conduit la virginité, si nous sommes fidèles à en conserver le don (1). Saint Epiphane dit nettement que la virginité est considérée, dans l'Eglise catholique, comme le fondement et le rempart de toute vertu (2). »

Et pour en finir sur ce point, nous citerons une pensée, qu'on retrouve chez plusieurs autres Pères, mais que saint Méthodius a développée plus que tous les autres, dans son beau dialogue intitulé : *Festin des Vierges.*

« Dieu agit à notre égard, dit Méthodius (ou plutôt la vierge qu'il fait parler), comme un père bon et sage envers ses enfants. Il ne nous mène que par degrés au plus haut point de la perfection, où ses desseins nous appellent. Aux premiers âges, dans ces temps qu'on peut regarder comme l'enfance du monde, les hommes étant en petit nombre, et leur multiplication le besoin dominant de l'époque, à cette fin, la liberté la plus large leur fut accordée. Mais quand la terre se fut peuplée, *jusqu'à ses dernières limites,* et *d'une extrémité à l'autre,* Dieu prescrivit alors d'autres mœurs à l'homme, et il commença à le faire entrer dans cette voie, qui devait rapprocher par degrés la nature humaine de la divinité. Il ne fut plus permis à un homme de se marier avec une sœur, mais il put épouser plus d'une femme; ensuite, il dut se borner à une seule; puis l'adultère lui fut imputé à crime. On lui fit connaître après cela et l'excellence et toutes les réserves de la vertu de chasteté : c'est de là qu'il a été élevé jusqu'à la virginité; et le mépris de la chair l'a conduit dans ce port si bien abrité, dans cet asile sûr, barrière élevée entre l'innocence et un monde corrupteur (3). »

D'après cela, il est manifeste que, dans la pensée des Pères comme dans l'esprit de l'Evangile, la tendance à la virginité était un des caractères de l'ère nouvelle et réparatrice qu'ouvrait le christianisme. C'était à leurs yeux, comme on dirait aujourd'hui, un progrès de l'humanité.

II. Or, cette tendance, où voulaient-ils la faire aboutir? Ont-ils eu un dessein commun, préconçu, avoué, qu'ils se soient transmis de siècle en siècle? Etait-ce concert, était-ce imitation, que cette unanimité à prêcher un état de vertu auquel les hommes avaient fort peu pensé, qu'ils avaient encore moins goûté dans les temps antérieurs, et à l'égard duquel on est retombé, les siècles suivants, à peu près dans le silence, au moins quant aux exhortations publiques? Ici nous aimons à reconnaître, au point de vue le plus élevé de la philosophie, un de ces desseins de la Providence que les hommes servent et exécutent parfois à leur insu, à mesure que

(1) *Cant.* v., 16.

(1) *Sermo ascet.* (t. II, p. 319).
(2) *Contre les hérésies* (l. III, t. II).
(3) Λόγος δευτ.

l'humanité entre dans les phases successives de ses révolutions.

Quand on demandait à saint Chrysostome, à saint Augustin, à saint Ambroise, où ils voulaient en venir avec leurs prédications et leurs exhortations continuelles à la virginité; ce qu'il adviendrait au monde si tous les hommes, si toutes les femmes leur prêtaient une oreille docile et se laissaient persuader par leurs discours, ils détournaient la question; ils n'avaient à faire que des réponses incomplètes : c'est que le but qu'ils poursuivaient, ou ils le voyaient de trop loin eux-mêmes, ou ils ne jugeaient pas opportun de le révéler au vulgaire.

Expliquons-nous.

Où en était l'humanité dans ces temps, relativement à cet équilibre entre l'esprit et la chair, comme parlent les philosophes mystiques, entre les inclinations sensuelles et le frein modérateur que leur doit imposer la raison? À aucune autre époque de l'histoire des peuples civilisés, cet équilibre, auquel est attachée la conservation de l'humanité, au moral comme au physique, ne fut plus imprudemment et plus universellement rompu. Le mot qui avait été dit d'une époque bien antérieure : « Toute chair a corrompu sa voie, » n'avait point paru assez énergique à saint Clément, et il a voulu écrire ces autres mots, qu'on me dispensera de traduire, πόρος γε οὐδεὶς ἄβατος ἀκολασίας... κ. τ. λ. (1). Au tableau d'où est tiré ce trait, et qui nous représente sous un si horrible aspect les mœurs d'Alexandrie, joignez la peinture que fait saint Chrysostome des infamies de Constantinople, ce que saint Augustin laisse entrevoir de Carthage; rappelez ce que nous ont laissé Horace, Juvénal, Pétrone, Martial, comme échantillons et monuments de la corruption de Rome. Ajoutez ce qu'a écrit Salvien (2) sur la démoralisation des Gaules, et vous aurez une idée de l'étendue et de la profondeur du mal. Évidemment, le genre humain courait à sa perte; il devait périr, sinon par une nouvelle catastrophe, par des excès, du moins, et des désordres monstrueux qui portaient nécessairement en eux-mêmes leur châtiment; et la nature aurait été vengée par ses propres lois.

Remarquons bien que le genre de corruption qui dominait alors dans le monde civilisé, à la honte éternelle du genre humain, avait dû atteindre inévitablement l'éducation, en s'attachant aux enfants même. Ils en étaient d'abord les victimes dès l'âge le plus tendre, dès la mamelle (3), et bientôt ils en devenaient les complices.

Les philosophes, à la vérité, n'avaient point laissé prescrire la saine morale. Ils rappelaient sans cesse, pour la plupart, les hommes à la vertu. Ils avaient unanimement reconnu l'importance et l'excellence de la chasteté pour les enfants.

Lycurgue lui-même, en instituant les gymnopédies, si funestes aux mœurs de la Grèce (1), n'avait certainement pas en vue d'affranchir la jeunesse des lois de la continence. Avec de bonnes intentions, il avait mis en pratique une erreur, empruntée au législateur des Crétois, et qui a été depuis reproduite dans des systèmes modernes (2), savoir : que la chasteté, chez les hommes, est en raison inverse de la pudeur. Il y avait erreur grave; mais la tendance n'était point dépravatrice. Même les déplorables effets de cette méprise portèrent sur l'âge viril plus que sur l'enfance, et les gymnopédies auraient eu moins d'inconvénients, si elles n'eussent pas été un spectacle en même temps qu'un exercice..... On lit dans Platon, dans Cicéron, dans les philosophes et dans les poëtes, ceux surtout qui ont écrit après la promulgation de l'Évangile, des maximes sur la chasteté des enfants, et sur cette vertu en général, que ne désavoueraient pas les moralistes chrétiens les plus sévères et les plus purs. Mais d'abord, l'exemple des philosophes détruisait le plus souvent leurs leçons. Lucien nous a laissé d'effrayantes révélations à ce sujet (3), et les Pères de l'Église font trop souvent allusion à ces dangers que les jeunes gens couraient auprès des sophistes, pour que le mal ne fût point réel et très-répandu (4). Ensuite, même les plus sages conseils des philosophes se bornaient à recommander la tempérance, la modération, l'honnêteté : un certain milieu dans lequel ils faisaient consister la vertu. Mais la faible humanité ne paraît point capable de se maintenir dans ce milieu que lui vantent les philosophes. Elle semble plutôt destinée à se balancer sans cesse d'une extrémité à l'autre. Le milieu appartient aux sages, et les sages au petit nombre. *Stultorum infinitus est numerus* (5).

Pour sauver l'humanité, mise en péril par les excès de l'incontinence, il fallait donc lui imprimer une puissante impulsion vers l'extrémité opposée. Et, d'ailleurs, en toute entreprise, les efforts des travailleurs sont proportionnés à l'élévation du but et à la difficulté d'y atteindre. Ce n'était qu'en se proposant une fin ardue, un but aussi élevé au-dessus de l'atmosphère corrompue où respirait le vulgaire, que les réformateurs de l'humanité pouvaient se sentir animés d'un courage persévérant, et capables des plus grands efforts.

(1) *Pæd.*, l. III, c. 3, p. 97, l. 20. (Πάντα μεταχεκίνηκεν ἡ τροφὴ· κατῃσχυνε τὸν ἄνθρωπον. Ἀφροδισίως περιεργία πάντα ζητεῖ, πάντα ἐπιχειρεῖ, βιάζεται πάντα, συνέχει τὴν φύσιν. Τὰ γυναικῶν οἱ ἄνδρες πεπόνθασιν, καὶ γυναῖκες ἀνδρίζονται παρὰ φύσιν, γαμούμεναί τε καὶ γαμοῦσαι γυναῖκας. Πόρος γε οὐδεὶς ἄβατος ἀκολασίᾳ· κοινὴ δὲ αὐτὴ ἀφροδίτη δημεύεται... ὦ τοῦ ἐλεεινοῦ θεάματος ὦ τοῦ ἀρρήτου ἐπιτηδεύματος.)

(2) *De Gub. Dei*, l. VI.

(3) Suet., *Vie de Tibère*. — Pétrone, etc. — Clément Alex. (Ἐγὼ καὶ τοῦ ἀνδραποδοκαπήλων τὰ

παιδάρια ἐλεῶ, εἰς ὕβριν κοσμούμενα... κελευόμενα δὲ εἰς αἰσχροπέρδειαν τὰ δύστηνα καλλωπίζεται, κ. τ. λ., *Pæd.*, l. III, c. 3, p. 97.)

(1) Platon : *Lois.*
(2) Helvétius, *de l'Esprit.*
(3) Ἔρωτες.
(4) Origène, *contre Celse*
(5) *Eccle.*, 1, 15.

Tel fut donc le but, sinon distinctement aperçu des hommes, assigné du moins, dans la pensée divine, à tant de prédications sur la virginité : prouver à l'homme, par des exemples éclatants et nombreux, jusqu'où peut aller la force de la volonté, pour dégager l'esprit de la matière. Cette force, non-seulement il l'avait perdue, mais encore il l'ignorait. Or, la virginité, si une fois elle était embrassée, pratiquée, rendue vulgaire, fournissait une preuve péremptoire, après laquelle on ne pouvait être que bien reçu à recommander au moins la chasteté, la modération dans les plaisirs.

Une observation que communiquait saint Ambroise à son auditoire, et qui depuis a été souvent renouvelée, vient à l'appui de cette interprétation. On lui objectait le danger de la dépopulation de l'empire. Au lieu de répondre, comme saint Chrysostome à pareil propos, que le désordre des mœurs nuisait beaucoup plus encore à la population et à la prospérité des États que la virginité, ce qui n'était qu'une raison spéculative, éloquemment développée ; saint Ambroise renvoie ses adversaires à des faits notoires, et qui pouvaient être constatés par la statistique. « Que ceux qui pensent, dit-il (1), que l'institution de la virginité nuit à la propagation du genre humain, considèrent que dans les pays où il se fait peu de vierges, là aussi les familles semblent frappées de stérilité. Au contraire, partout où les professions religieuses sont fréquentes et nombreuses, là aussi on voit les populations s'accroître. » Il cite l'Église d'Alexandrie, tout l'Orient, l'Afrique, et il ajoute : « En Italie, il s'engendre numériquement moins d'hommes, que dans ces pays on ne consacre de vierges. »

C'est, qu'en effet, la fécondité est toujours en raison de la pureté des mœurs, et que là où les conseils de l'Évangile font assez d'impression sur certaines âmes, pour les amener jusqu'à la profession de virginité, ils vont au moins, pour les autres, jusqu'à leur persuader cette sage réserve, qui est, avant le mariage, de la continence; dans le mariage, de la modération, sauvegarde de vigueur et de santé, pour l'un et pour l'autre sexe, pour les parents et pour les enfants.

C'était donc avec raison que les saints docteurs généralisaient ainsi, et étendaient à tous leurs conseils et leurs exhortations à la chasteté jusqu'à la virginité. S'ils ne réussissaient pas autant qu'ils paraissaient le désirer, comme s'en plaint hautement et fréquemment saint Ambroise (2), s'ils n'atteignaient pas toujours le but le plus élevé, celui qu'ils déclaraient et voulaient expressément, ils atteignaient presque toujours cet autre but indirect, où ils n'entendaient pas se borner sans doute, mais qui était prédominant dans le dessein de Dieu, la chasteté pour le plus grand nombre, et une

forte tendance à cette vertu dans l'éducation.

Car ce n'était pas seulement en enlevant au vice une matière facile, en luttant contre l'audace et le nombre des corrupteurs, que les Pères agissaient alors sur l'éducation, au nom et sous l'étendard de la virginité, comme ils disaient ; ils avaient produit dans l'éducation même des principes et des mesures de chasteté plus nombreuses, plus sévères et en même temps plus praticables, parce qu'elles étaient mieux entendues et soutenues par tout le système. C'est ce que nous avons annoncé comme moyens et comme résultats.

III. Que la chasteté ait été mise, dès le principe, parmi les chrétiens au premier rang des vertus auxquelles on devait former les enfants, cela ressort déjà très-évidemment de ces paroles profondes de saint Paul : *Habentes filios subditos in castitate.* Saint Clément (Pape) développait ainsi cette doctrine dans sa première épître : « Que nos enfants ne soient pas étrangers à notre sainte discipline; qu'ils apprennent en quoi consiste l'aimable chasteté (ἀγαπητὴ ἁγνεία; combien elle est agréable à Dieu; que de biens, quelle gloire elle assure à ceux qui la gardent; avec quelle paix une âme pure repose dans le sein de Dieu (1). »

Inutile d'insister sur un point qui ne peut souffrir aucune contestation; mais ce qu'il y a de plus remarquable, ce qu'on n'a pas encore fait observer, que je sache, c'est que cette tendance à la chasteté préoccupait tellement les Pères, que si l'on veut résumer toutes les règles que saint Clément dans son *Pédagogue*, saint Jérôme dans ses lettres, saint Ambroise dans ses discours, saint Basile dans ses statuts religieux, saint Chrysostome dans ses sermons, tracent pour l'éducation des jeunes gens, on verra que tout ce qu'ils conseillent ou prescrivent est motivé sur l'importance et la conservation de la chasteté.

Ainsi, quant aux aliments, Clément Alexandrin, saint Jérôme, défendent qu'on donne du vin aux enfants et aux jeunes gens. Si vous leur demandez pourquoi, « c'est, vous dira Clément, que dans l'âge le plus ardent, il ne convient pas d'introduire dans les veines le plus chaud de tous les liquides. Surexciter le feu de la jeunesse, ajoute-t-il, c'est déchaîner les passions. Pendant que le vin fermente dans la poitrine, la sensibilité des organes est portée au plus haut point d'irritation (2); l'imagination s'enflamme, et une pensée suffit pour faire franchir à la pétulance de cet âge la faible barrière de la pudeur. »

Saint Jérôme, ici moins sévère, ne permet la viande et le vin que pour fortifier l'estomac et une constitution trop faible. Hors ce cas, il veut que de bonne heure les enfants s'habituent à être privés de vin (*in quo est*

(1) *Exhortatio ad Virginitatem.*
(2) *Exhortatio ad Virginitatem*, sub fine.

(1) *Ep.* 1, c. 21.
(2) *Pæd.*, l. II, c. 2, p. 66, lig. 2, édit. Sylburgii, 1595.

*luxuria*), qu'on ne les nourrisse, au reste, que de végétaux. Il cite à l'appui de ces préceptes, et pour prouver la salubrité du régime végétal, les Brachmanes et les Gynosophistes ; et il ajoute : « Pourquoi les jeunes chrétiens n'imiteraient-ils pas une abstinence si favorable à la virginité (1) ? »

Clément veut que les adolescents, quand ils ont besoin de prendre un peu de nourriture entre leurs repas, se contentent d'un morceau de pain et qu'ils le mangent sans boire ; et la raison, c'est, dit-il, « afin que le pain fasse dans leur estomac l'effet d'une éponge et absorbe le superflu des humeurs ; » car il a remarqué (et il n'est point le seul) (2) qu'à cet âge la fréquence des excrétions par la bouche et par le nez est souvent un signe d'intempérance et d'incontinence (3).

Saint Jérôme, qui n'est point partisan du jeûne pour les enfants (ce qui porte à croire que certaines personnes faisaient jeûner les enfants), recommande cependant une telle sobriété à sa jeune élève dans tous ses repas, « qu'elle puisse en se levant de table, se mettre à chanter les psaumes et à lire (4). »

Et à cette même sobriété, à une certaine parcimonie dans la quantité de la nourriture, Clément, d'accord avec quelques anciens (Varron, dans Aulu-Gelle), attribue un autre avantage pour les enfants : c'est de favoriser leur croissance en hauteur, et cela, dit-il, parce que la respiration est plus libre (quand l'estomac n'est jamais rempli). Mais on conçoit que ce n'était pas cette raison qui le touchait le plus (5).

Une autre recommandation assez singulière que fait le même Père, et qui se rapporte à l'alimentation, toujours en vue de la chasteté, c'est de ne point prendre l'habitude de respirer des poudres sternutatoires, ni de mâcher des substances qui excitent la salivation (μαστίχον τρώγοντες) (6). Clément y voit une propension aux derniers excès de l'incontinence, un des degrés qui y conduisent. (7).

Enfin, il est d'avis que les jeunes gens s'abstiennent entièrement des festins. « Ce qu'ils y entendent, ce qu'ils y voient, dit-il, ne peut que seconder le penchant de leur légèreté naturelle vers les plaisirs déréglés (8). »

Pour le vêtement, l'auteur du *Pédagogue* bannit bien loin les parures recherchées,

surtout pour les hommes, et en appelle aux feuilles d'Adam et à la ceinture d'Isaïe. Mais c'est une idée conservatrice de la chasteté, qui domine dans ce précepte. « On ne s'habille, à son avis, que pour la décence. Or, dit-il, est-ce donc la peine de se procurer à grands frais des étoffes précieuses et brillantes, pour cacher des membres honteux ? »

Quant aux femmes, quant aux vêtements des jeunes filles, ce n'est pas seulement saint Clément, ce sont tous les Pères qui dirigent contre le luxe et la coquetterie toute la puissance de leur éloquence, toute l'ardeur de leur zèle. Tertullien témoignera pour tous.

On sait avec quel éclat ce rude chrétien réclama pour les vierges l'exécution littérale de ce qu'il appelait un précepte de l'Apôtre : *Mulieres velentur*. Je ne remonterai pas à l'origine de cette discussion, je ne la suivrai pas dans les vifs débats qui attirèrent au sévère docteur des invectives, des disgrâces, et le jetèrent dans un funeste mécontentement. Ce serait une trop longue digression. Je rappellerai seulement qu'il ne s'agissait point ici uniquement des vierges de profession, mais de toutes les jeunes filles chrétiennes, ayant atteint l'âge nubile. Dans quelques Églises, dès l'origine, toutes les femmes, même les jeunes filles non mariées, se voilaient à l'église, d'après la recommandation de l'Apôtre. Cette pratique, inspirée par une pudeur délicate, par une pieuse convenance, était en opposition avec d'anciennes coutumes. A Rome et dans tous les pays où l'on suivait les usages de cette capitale, les jeunes filles ne se voilaient en public que lorsqu'elles étaient au moins fiancées. Celles qu'on n'avait pas encore demandées en mariage se montraient partout nu-tête, même dans le lieu saint ; comme elles avaient fait, sans que personne en fût choqué, tant qu'elles n'étaient que des enfants. Seulement, à l'époque où elles devenaient nubiles, certaines modifications dans l'arrangement de leurs cheveux annonçait le secret changement qui s'était opéré dans leur constitution physique. (*Habitu mutationem ætatis confitentes.*) Il n'y avait plus là de mystère pour personne ; on savait ce que signifiaient des cheveux partagés sur le front, etc. L'honnêteté publique n'était point blessée de ces petits manéges, qui pouvaient partir d'une intention excusable, et les mères, même les chrétiennes, se laissaient aller à les tolérer. Tertullien, peu disposé à entrer en composition avec tous ces calculs, appelait cela *se mettre en vente*, et il disait que révéler au public par un signe quelconque la nubilité d'une jeune fille, c'était la prostituer. (*Omnis publicatio virginis bonæ, stupri passio est.*) Il rendait la jeune fille responsable, et complice, de tout ce qui pouvait s'allumer de désirs, de passion dans le cœur des jeunes gens qui la voyaient. Il conduisait, il poursuivait ces désirs jusque dans toutes leurs conséquences possibles. Il en voyait déjà l'exécution et la consommation dernière, et il prononçait enfin que voir et se montrer étaient égale-

(1) *Ep. ad Lœtam.* — Saint Augustin, *Éducation de Monique.* Conf., l. ix, c. 8.

(2) *De l'Éducation physique*, par le docteur Lallemand. *Revue indépendante*, sept. et oct. 1847.

(3) *Pæd.*, l. ii, c. 2. Καὶ γὰρ τὸ συνεχὲς πτύειν καὶ ἀπομύσσεσθαι καὶ περὶ τὰς ἐκκρίσεις σπεύδειν ἀκρασίας τεκμήριον. Lig. 11.

(4) *Ep. ad Lœtam.*

(5) On peut voir déjà, dans une lettre attribuée à saint Justin, les recommandations à des jeunes gens, Zena et Serenus, qui allaient entrer dans le monde ; et comme on y insiste sur la sobriété et sur la fuite des femmes.

(6) *Pæd.*, l. ii, c. 7. Τῶν πταρμῶν οἱ ἐρεθισμοὶ ὑώδεις εἰσὶ κνησμοὶ πορνείας ἀκολάστου μελετητικοί. Lig. 43, p. 75.

(7) *Ibid.*

(8) *Pæd.*, l. iii, c. 5, p. 95, l. 40.

ment des actes d'une âme passionnée. (*Ejusdem libidinis esse videre et videri.*)

En conséquence, dans son traité *de Virginibus velandis*, il réclame vivement contre l'usage, au nom de la loi sainte et de l'institution apostolique. Il voulait amener l'Eglise à prescrire que toutes les femmes, dès qu'elles sortiraient de l'enfance, devraient être voilées, non-seulement dans les assemblées des fidèles, mais partout, hors de la maison. Ces réclamations n'obtinrent pas un assentiment aussi général que l'attendait cet homme sévère et, alors du moins, irréprochable dans sa doctrine comme dans sa conduite. Non-seulement, dans la plupart des Eglises, il y eut une certaine manifestation de répugnance, de la part des jeunes filles, mais encore un certain nombre de prudents évêques, surtout parmi les Grecs, se récrièrent contre l'austérité du réformateur. On voulait bien que les vierges de profession s'imposassent le voile, signe et symbole de leur renoncement définitif à toute recherche de mariage ; mais il répugnait d'obliger à une réserve disgracieuse les jeunes personnes qui avaient besoin de s'établir dans le monde. A cela Tertullien, fort de ses principes, opposait deux graves objections. C'était d'abord que l'obligation de la chasteté n'était pas moins rigoureuse pour les filles chrétiennes qui aspiraient au mariage, que pour les autres ; et ensuite, que cette distinction entre les *vierges* de profession et les jeunes filles, qui ne devraient se titre qu'à leur âge et à leur intégrité présumée, serait nuisible aux unes et aux autres. Ces dernières, en effet, prétendaient que les vierges voilées les scandalisaient (mot que Tertullien rétorque vigoureusement) par une affectation de vertu plus parfaite et par une prétention à occuper dans l'Eglise un rang distingué. Les autres, dans sa conviction, en auraient été plus exposées à la séduction et portées à un relâchement dangereux. Et à ce propos, il dit un de ces mots qui révèlent et une connaissance parfaite du cœur humain, et des idées bien pures et bien élevées. « Puissé-je voir observer partout une coutume qui permettrait aux vierges de n'être connues que de Dieu seul ! Qu'ont-elles à faire de l'estime des hommes ? Une vierge doit s'ignorer elle-même, et sa pudeur s'alarmera de la seule pensée que sa virginité est un mérite. »

Toutefois la résistance qu'éprouva Tertullien doit être plutôt attribuée à la forme caustique et acerbe que la discussion prit sous sa plume, qu'à une condescendance de l'Eglise pour la faiblesse du sexe ; et l'usage de voiler toutes les femmes, surtout à l'église, devint général, par toute la catholicité.

Presque tous les Pères sont entrés, sur ce sujet du vêtement des femmes et des jeunes filles, dans un grand détail. On peut voir, entre autres, le traité de saint Ambroise, intitulé : *Exhortatio ad virginitatem;* et un traité de la vraie virginité que Suidas, Métaphraste et d'autres ont attribué à saint Basile, qu'on lit dans ses œuvres, mais que Tillemont et les Bénédictins lui refusent,

Clément, qui veut que les hommes s'habituent dès l'enfance à aller nu-pieds, nu-tête, pour leur santé, dit-il (1), prescrit aux femmes une tout autre loi. La pudeur la plus sévère l'a dictée. On ne doit apercevoir aucune partie de leur corps. Bien loin d'imiter les Lacédémoniennes, elles ne laisseront voir pas même le talon, et le voile qui enveloppera leur tête dérobera complétement à tous les regards leur visage (2). Et ceci est dit pour toutes les situations de la vie commune.

Pas un traité de la virginité où ne soit proscrit, dans les termes les plus formels et les plus forts, tout ce qui pourrait, par quelque intention, quelque recherche, révéler le désir de plaire.

Saint Jérôme, mû par ce même motif, recommande qu'on ne perce pas les oreilles à la jeune Læta, pour y suspendre des bijoux ; qu'on se garde bien de lui farder la figure, ce qui serait tout à fait indigne d'une vierge chrétienne. Par un seul mot, d'une précision ingénieuse, il retranche des vêtements tout ce que désavouerait la décence. *Talia vestimenta portet quibus pellitur frigus, non quibus vestita corpora nudantur.*

On était si persuadé que l'élégance et le luxe des vêtements est, chez la plupart des femmes, ou un indice ou une cause d'une propension au relâchement sur le point de la chasteté, que, dans certaines familles, on renchérissait encore sur la simplicité ordinaire du vêtement de ces jeunes filles qu'on destinait à une profession perpétuelle de virginité. Saint Jérôme nous apprend que certaines mères, de son temps, affectaient de ne laisser porter à ces enfants que des couleurs sombres, une tunique, un voile bruns, et leur interdisaient surtout les ornements, même les plus communs, des colliers, des agrafes d'or, etc. L'austère docteur approuve cette mesure. Cependant il rapporte et discute à ce sujet une opinion bien hardie pour son temps, et dont les conséquences seraient fort graves en éducation. « Il est des parents, dit-il, qui ont adopté un système tout contraire : de cela que les jeunes filles aiment naturellement la parure, ils concluent que les privations qu'on leur fait éprouver en ce genre ne sont propres qu'à irriter leurs passions, principalement à la vue des autres enfants de leur âge qui seraient plus élégamment vêtues. Ils veulent donc qu'on permette à ces jeunes filles, pour leur parure, tous leurs caprices, qu'on les rassasie de ces frivolités, et qu'on se borne à louer sans cesse, en leur présence, les femmes et les filles qui ont la sagesse de s'en abstenir ou d'y renoncer. « Sur quoi saint Jérôme fait cette remarque : » Vous rencontrerez, par le monde, beaucoup d'hommes qui, après les avoir éprouvées, mépri-

---

(1) *Pæd.*, l. II, c. 11. Voyez sur ce point LOCKE, *de l'Education des enfants.*

(2) *Pæd.*, l. II, c. 10. καὶ οὐδὲ ὅτι γε παραγυμνοῦν τὸ σφυρὸν κεκώλυται, μόνον ἐγκεκαλύφθαι δὲ καὶ τὴν κεφαλὴν καὶ τὸ πρόσωπον, κ. τ. λ. P. 88, l. 30,

sent les voluptés, plus facilement, avec moins d'efforts, que ceux qui se sont constamment abstenus de ces vaines jouissances, et qui, dès l'enfance, ont eu la sagesse ou le bonheur de se préserver de tout libertinage. Ce que les uns foulent aux pieds, pour l'avoir trop connu, les autres en sont avides, parce qu'ils ne le connaissent pas assez..... Mais quoi! se demande-t-il, comme effrayé des conséquences de cette remarque, faudra-t-il donc, sous le prétexte d'être un jour dégoûté du vice, faudra-t-il, dès l'adolescence, s'abandonner à tous les excès? Loin de là, s'empresse-t-il de répondre, chacun doit suivre la voie qui lui a été ouverte par sa vocation. Je ne dis point pour tous ce qui peut être vrai pour quelques-uns. » Vient après cela une longue digression, et la question n'est pas autrement résolue (1).

Un des écueils les plus ordinaires de la chasteté des jeunes gens de l'un et de l'autre sexe, c'était, sans contredit, en ces temps, les bains publics. Il est difficile de croire à quel point on s'y était habitué à dépouiller toute pudeur. Les hommes n'étaient séparés des femmes que par des claires-voies; les hommes étaient quelquefois servis par des femmes et les femmes par des hommes; et le plus souvent l'office d'essuyer les baigneurs, de les parfumer, de les oindre, était confié de préférence à de jeunes adolescents, qu'on choisissait parmi les plus beaux et les mieux faits.

Cette coutume fut, avec celle de la nudité des gymnases, un des plus grands obstacles contre lesquels eurent à lutter les principes de l'éducation chrétienne (2). On pouvait s'abstenir des théâtres, des jeux publics; mais une certaine nécessité, un besoin commandé par la propreté, par la chaleur de certains climats, rendaient indispensable la fréquentation des bains; en même temps que les jeunes gens ne pouvaient guère se passer des exercices du gymnase, s'ils ne voulaient se trouver trop inférieurs en force, en adresse, en agilité, à leurs jeunes contemporains.

En outre, il y a dans la pudeur publique quelque chose d'arbitraire et de convenu, qui en recule réellement, selon les lieux, selon les temps, les limites. Personne ne rougit de faire ce que tout le monde fait. Les sophismes d'une philosophie toute sensuelle étaient bien aussi venus en aide au relâchement de la morale..... et, somme toute, l'excessive licence où les masses s'étaient abandonnées avait réagi même sur les plus sages.

Or, cet état de choses, quoique toléré, jusqu'à un certain point, par les bienséances

et par l'usage, n'était pas sans inconvénient, pour l'éducation publique et pour l'introduction des mœurs chrétienne. Car, différant en ceci surtout des idées que semblent s'être faites certains philosophes, le christianisme entend la pudeur comme une vertu qui oblige indépendamment de la chasteté. *Pudicitiæ christianæ satis non est esse, verum et videri* (1). Il ne sacrifie jamais les principes ou les préceptes aux exigences de l'usage, du tempérament, de l'habitude. Il craint le mal et l'évite jusque dans ses causes éloignées, et, selon cette autre expression de Tertullien, il a voulu que l'âme chrétienne fût un sanctuaire dont la pudeur gardât les portes (2).

Saint Clément s'est prononcé en conséquence contre la fréquentation des bains, et toujours dans l'intérêt de la chasteté. Il prétend que les jeunes gens y perdent la vigueur du corps et quelquefois aussi la force de l'âme. Il déclare (3) qu'un chrétien ne saurait se les permettre par le seul attrait du plaisir.

« Une volupté, dit-il, qui met la pudeur en péril doit être absolument interdite. Les femmes feront usage du bain par raison de propreté; les hommes seulement à titre de remède. Car pour se réchauffer ou pour se rafraîchir, on a d'autres moyens; et pour se laver, les gens de la campagne n'ont pas besoin de nos étuves. » (On voit qu'il entend parler des bains appelés Thermes, avec tous leurs raffinements et leur indécence.)

Quelques docteurs cependant (4) s'étaient bornés à défendre aux jeunes filles de se baigner avec les hommes. D'autres (5) leur avaient aussi défendu de prendre le bain avec les femmes mariées, et de s'y faire servir par des eunuques. Saint Jérôme rompt sèchement avec toute recherche voluptueuse et tout besoin factice en cette matière.

« Je ne saurais voir sans peine, dit-il (6), et dans aucun cas, qu'une fille nubile fasse usage de bains; à cet âge, on doit rougir de se surprendre dans un état de nudité. »

Quant aux gymnases, on sait que, chez les Romains, ils furent toujours contenus, si ce n'est peut-être aux vestiaires, dans les limites au delà desquelles la pudeur eût été outragée. Il en était sans doute ainsi à Alexandrie, car le cynisme de Lacédémone n'avait jamais été admis en Égypte, et Clément, loin de les interdire aux jeunes gens, leur en recommande les exercices. Il les dit bien préférables aux bains.

« Ils entretiennent la santé, fortifient les membres, excitent l'émulation et contribuent à élever l'âme. On ne s'y livrera cependant que dans une certaine mesure, et l'on se gardera d'y consumer un temps, qui serait

---

(1) *Ep. ad Gaudent.* — Dans son épître à Læta, saint Jérôme se prononce fortement pour l'opinion contraire. « Et licet quidam putent majoris esse virtutis præsentem contemnere voluptatem, tamen ego arbitror securioris continentiæ esse nescire quod quæras. Legi quondam in scholis puer :

*Ægre reprendas quod sinis consuescere* (P. Syrus). »

(2) Müller, *de Mor. ævi Theod.*

(1) Tert. *de Cultu femin.* ii, p. sub fine.
(2) Tert. *de Cultu fem.* « Templum Dei sumus, cujus templi æditua et antistes pudicitia est. »
(3) *Pæd.*, l. iii, c. 9.
(4) S. Cyprien, *Conseil aux vierges,* t. i, à la fin.
(5) S. Jérôme. — S. Cyprien, *ibid.*
(6) *Ad Lætam.* « Se ipsam debet et erubescere et nudam videre non posse. »

mieux employé autrement et ailleurs (1). »

Il voulait bien que les jeunes gens apprissent la musique; mais il a soin de recommander qu'on s'abstienne de ce genre de musique frivole qui dissipe l'esprit, et aussi de celle qui, par des accents mélancoliques, tendres, passionnés, amollit le cœur et le dispose à se laisser vaincre par la volupté. (*Strom.*, l. vi, p. 209.)

Pour les jeunes filles, il n'est point d'avis qu'on les exerce ni à la lutte, ni à la course: cela lui paraît trop peu décent. Il faut sans doute qu'elles soient habituées aux travaux du corps; mais elles trouvent à cette fin assez d'exercice dans les soins du ménage, à filer la laine, à tisser la toile. Pourquoi n'aideraient-elles pas à faire le pain et à préparer les aliments? Saint Jérôme est du même avis et s'exprime à peu près dans les mêmes termes. Il s'adressait cependant à Gaudence, homme considérable; à Lœta, dame romaine d'une condition distinguée, et il s'agissait de jeunes filles dont les pareilles dédaignaient toutes les sollicitudes et ces labeurs. Enfin, pour compléter l'idée qu'on doit se faire de la doctrine des Pères sur la chasteté, des conséquences qu'ils en avaient tirées pour l'éducation, il faut lire les recommandations de saint Clément et de saint Jérôme sur la tenue des jeunes personnes, dans le commerce ordinaire de la vie. Quoique Clément n'eût pas dit avant Tertullien cette maxime féconde : *Ubi Deus, ubi pudicitia, ibi gravitas adjutrix et socia ejus* (2), la plupart des préceptes de son *Pédagogue* pourraient en être regardés comme le commentaire. C'est à ce point de vue que grandissent tant de minutieux détails dans lesquels il ne craint point d'entrer, sur la manière de se tenir à table, la propreté qu'on doit y observer, le soin d'éviter tout ce qui accuserait de la mollesse, de la bassesse de sentiment, ou qui dérogerait seulement à la gravité. Car, bien que le *Pédagogue* n'ait pas été écrit spécialement pour les enfants, il est hors de doute que l'auteur a entendu consigner dans ce livre tous ses principes d'éducation chrétienne. Il n'y épargne donc pas les détails, ainsi qu'il convenait en un tel sujet. *Non sunt contemnenda*, dit judicieusement saint Jérôme, *quasi parva, sine quibus magna constare non possent* (3).

« On doit n'apercevoir, dit donc le *Pédagogue chrétien*, aucun signe de mollesse dans l'extérieur d'un homme vertueux, ni dans ses regards, ni dans ses gestes, ni dans son attitude. Qu'on bannisse des entretiens cette gaîté folle, ces expressions facétieuses, ces bouffonneries pour exciter le rire à tout prix, au détriment même des bonnes mœurs. Toutes ces farces et tous ces auteurs de facéties doivent être exclus de notre société. Comme c'est du fond de l'âme que sortent nos paroles, il n'est point possible que des hommes qui profèrent des discours désordonnés ou ridicules, ne portent pas au fond de l'âme quelque désordre et un certain déréglement (1). Nos entretiens doivent toujours être sur le ton de l'urbanité et de la grâce aimable; mais ne cherchons pas à faire rire. Au contraire, toutes les fois que le rire viendra sur nos lèvres, sachons le modérer et le retenir dans les limites exactes de la décence et de l'honnêteté. S'il en est autrement, c'est un signe d'intempérance et un acheminement à l'incontinence. »

Voici le portrait qu'il trace d'une jeune fille chrétienne (et il ne fait point difficulté de l'emprunter à un idéal qu'avait imaginé Zénon de Citium) :

« Que son visage soit ouvert et serein, sans tristesse, sans fierté, sans langueur. Qu'elle ne porte jamais la tête basse ni penchée; mais que toute sa tenue ait la dignité de ces belles et nobles statues qui servent de type et de modèle. Que sa conversation soit facile; qu'elle la rende non moins agréable qu'instructive, sans donner cependant aucun encouragement, aucun espoir à la moindre pensée trop libre. Qu'au premier abord elle impose à la fois la conviction et de la fermeté de son caractère et de la pureté de sa vertu (2). »

Saint Jérôme ne présente pas sous le même aspect les jeunes chrétiennes; il est vrai qu'il les considère dans un âge encore tendre. Mais de quelles précautions il veut qu'on environne cette pure jeune fille! Quelle mère montra jamais une plus jalouse sollicitude!

« Que votre enfant, écrit-il à Lœta, vive comme un ange; qu'elle respire dans la chair comme si elle n'avait pas de chair; qu'elle soit persuadée que tout être humain est fait comme elle; que ses yeux ne rencontrent jamais le sourire d'un élégant jeune homme. Aux jours de solennité, où l'on est pressé par la foule, qu'elle ne s'écarte pas de sa mère d'un travers de doigt. — Ne laissez pas votre fille à la maison quand vous allez à la campagne, même dans le faubourg; qu'elle ne soupçonne pas qu'il lui soit possible de vivre sans sa mère; que jamais elle n'approche des groupes où jouent de jeunes garçons; les filles ne doivent jamais jouer qu'avec des filles. Gardez que les servantes même, les femmes qui prennent soin d'elle, n'aient de trop fréquentes relations au dehors. Si elles y apprenaient le mal, de disciples elles deviendraient maîtresses; car ce qu'elles apprendraient d'un côté, elles l'enseigneraient de l'autre. »

Tous les Pères défendent aux jeunes personnes d'assister aux spectacles publics, aux noces des esclaves (3), aux fêtes de nuit et

(1) *Pæd.*, l. iii, c. 10.
(2) *De Cultu fœm.*, i. p.
(3) *Ad Lœtam.*

(1) *Pæd.*, l. ii, c. 5. Dans la lettre à Zena, que l'antiquité attribuait à saint Justin, on lit les mêmes recommandations. — Silencieux d'ordinaire, ne répondant qu'avec modestie, quand il y a lieu de parler ;... et dans la conversation, il faut s'éloigner également et d'une recherche affectée et d'un laisser aller trop verbeux.
(2) *Pæd.*, l. iii, c. 11.
(3) S. Jérôme *à Lœta.*

même (saint Chrysostome) aux pompes funèbres. Saint Ambroise conseille aux mères de ne point amener trop souvent les jeunes filles en visite. Le motif est toujours le même.

**IV.** Nous pouvons donc regarder notre thèse comme suffisamment établie sur ce point que tous les préceptes d'éducation et de conduite morale tracés par les Pères partaient de leur estime pour la virginité, et aboutissaient à la chasteté. Avec les motifs que nous leur avons reconnus, c'était par de tels moyens ou qu'ils amenaient les jeunes chrétiens à la virginité, ou qu'ils affermissaient et épuraient la vertu de chasteté. Il ne nous reste plus qu'à faire voir comment de cette vertu, vers laquelle ils concentraient leurs efforts, ils entendaient déduire toutes les autres vertus. Car c'est un reproche grave qu'ils auraient encouru, aux yeux des éducateurs éclairés, si, même en exaltant à un si haut point une vertu dont personne ne conteste le mérite, la beauté, les avantages, ils avaient cependant négligé, et passé entièrement sous silence, tant d'autres qualités morales, qui font ou la sûreté ou le charme de la société entre les hommes.

Mais il n'en a pas été ainsi. Les réclamations, les observations de plusieurs Pères à cet égard, nous montrent et qu'il y a eu péril, et que ceux qui dirigeaient les mœurs et l'éducation s'en étant aperçus, ils se sont empressés d'y obvier.

Les Pères n'ont pas laissé ignorer aux jeunes gens, aux vierges, que la chasteté seule ne suffisait pas, s'il était possible qu'elle fût seule. Sans les autres vertus, dit positivement saint Chrysostome, elle ne sert de rien (1). Mais ils pensaient plutôt qu'il était impossible que la chasteté pût subsister sans les autres vertus, et ils croyaient avoir tout gagné s'ils obtenaient de la jeunesse celle qu'ils regardaient comme la racine de toutes les autres.

« La pudeur est la fleur des mœurs, le fondement de la sainteté et l'indice d'un bon esprit sous tous les rapports, » dit Tertullien (2) avec sa profondeur ordinaire. (Il l'appelle aussi *honor corporum, decor sexuum, integritas sanguinis, fides generis.*)

Saint Basile, par un tour ingénieux, coupe court à tout subterfuge. Il déclare que, sous le nom de virginité, il ne désigne pas l'abstinence du mariage et la continence absolue, mais que dans ce mot il comprend l'ensemble de toutes les vertus. La virginité, selon lui, exclut : « la colère, l'envie, le désir de la vengeance, le mensonge, l'orgueil insensé, la dissipation, la loquacité intempestive, la tiédeur dans la prière, la cupidité et le désir du bien d'autrui, la négligence de ses devoirs d'état, le luxe immodéré.... Toutes ces choses, dit-il, doivent être évitées avec le plus grand soin, par quiconque s'est proposé de vouer à Dieu sa virginité (3). »

Saint Grégoire de Nysse enseigne la même doctrine (1).

« La virginité ne réside pas seulement dans le corps; elle s'étend à l'esprit, et commande à l'âme d'aimer et de pratiquer tout ce qui est bon et honnête (2). »

Terminons par l'étopée que fait saint Ambroise d'un jeune chrétien, comme il l'entend.

« Les qualités qui conviennent à un adolescent vertueux, c'est d'avoir la crainte de Dieu, de respecter ses parents, d'honorer les vieillards, de garder la chasteté, ne pas mépriser l'humilité, aimer la douceur et la modestie, qui sont les ornements du jeune âge. Car si la gravité convient aux vieillards, l'activité aux hommes mûrs, une modeste rougeur est le don le plus aimable que la nature ait fait à l'adolescence. »

Celui qui a dit : Un jeune homme vertueux jusqu'à vingt ans est le plus aimable des hommes, se serait probablement contenté de la réalisation de cet idéal (3).

Quelque suprématie qu'on attribuât à la chasteté, on ne laissait donc pas d'exhorter aux autres vertus.

L'amour des parents, qui, à la vérité, ne se refroidit chez les enfants qu'à mesure que leur cœur est flétri par le libertinage, paraît avoir fort peu préoccupé les Pères. Ils y comptaient, comme sur l'élan naturel d'une âme pure. On pourrait dire cependant que saint Jérôme a parlé pour tous, et on ne lit, je crois, rien de plus touchant chez les anciens que ce qu'il en dit.

« Entre les parents et les enfants, je veux voir cette douce familiarité, ces tendres caresses qu'inspire la nature, ou Dieu plutôt, qui est l'auteur de la nature. Que toute parole qui éclora sur les lèvres de l'enfant exprime la tendresse. Suspendue au cou de sa mère, que la jeune Pacatule ravisse en jouant les baisers de ses parents. — Quand Lœta verra son grand-père, qu'elle s'élance dans ses bras, qu'elle y enlace ses petites mains, et, s'il s'en défend, qu'elle lui chante : *Alleluia.* — Que sa grand'mère la ravisse; qu'elle accueille son père avec des transports de joie; qu'elle soit douce et aimante pour tout le monde. — Que les plus pieuses affections unissent entre elles des personnes qui sont faites pour se chérir; que les droits des enfants ne soient jamais pour les pères qu'une satisfaction du cœur; que l'amour adoucisse toujours la crainte et le respect. Après tous les bienfaits dont les enfants sont redevables à leurs parents, surtout à leurs mères, avec quel empressement doivent-ils s'offrir à eux, pour donner à tous leurs besoins, à tous leurs vœux, une entière satisfaction!... O mon fils (4)! acquitte-toi avec

---

(1) T. III, p. 376.
(2) *De Pudicitia.* « Fundamentum sanctitatis, præjudicium omnis bonæ mentis. »
(3) *Serm. ascet.*, t. II, p. 319.

(1) *De Virginitate*, t. III, c. 1.
(2) S. Jérôme à Démétr. « Pudicitia, sine qua nemo videbit Deum, gradus præbet ad summum scandendibus.; nec tamen si sola fuerit, virginem poterit coronare. »
(3) J.-J. Rousseau, *Émile.*
(4) *Ep. ad Lœtam.* — *Ep. ad... de honorandis parentibus.*

zèle, et par tous les moyens, du devoir et de la dette que t'impose la nature; personne peut-il rendre à ses parents tout ce qui leur est dû?... »

Et il insiste ici longuement, comme l'ont fait les moralistes chrétiens de tous les âges, sur les récompenses que Dieu a promises, dans sa loi, à ceux qui honoreraient leurs parents; sur les malédictions dont il menace les indifférents et les ingrats.

V. Quoique nous n'ayons voulu parler de la virginité que sous le rapport de son influence sur l'éducation en général, cet article ne serait pas complet, si nous n'ajoutions quelques mots, sur l'acte même de la profession de la virginité, qui était fait le plus souvent dans un âge où l'on ne regardait pas l'éducation comme terminée.

C'était à dix-sept ans pour les garçons, selon la règle de saint Basile (1), et vers neuf ans pour les filles, d'après ce que nous donne à entendre saint Ambroise (2), qu'on recevait le vœu de virginité. Nous lisons dans ce dernier Père une réponse à ceux qui, déjà de son temps, voulaient qu'on attendît un âge plus avancé. Il prétend que par l'éducation, si elle est bien dirigée, on peut amener un enfant d'un bon naturel à une maturité suffisante d'esprit et de caractère, pour que, dès un âge où la plupart des autres enfants ne vivent encore que du plaisir des sens, il puisse prendre une résolution aussi grave que le vœu de virginité, et cela avec le sentiment de ce qu'il fait et avec une liberté de volonté suffisante. Il allègue l'exemple de ces enfants qui avaient suivi Jésus dans le désert, et d'autres encore qui ont eu assez de force d'âme et de conviction dans l'esprit, pour subir avec constance le martyre (3).

Ces raisons et d'autres moins concluantes ne faisaient pas une égale impression sur tous les esprits. On voit assez par les discours de saint Ambroise et de saint Chrysostome, qui ont été les plus ardents prédicateurs de la virginité, que les résistances et les oppositions étaient nombreuses, fréquentes, obstinées de la part des parents. Dans son exhortation à la virginité, saint Ambroise se plaint des mères de son diocèse, qui résistaient au désir et à la vocation de leurs filles. Il leur oppose ce grand nombre de jeunes personnes qui, de Bologne, de la Mauritanie, venaient jusqu'à Milan recevoir le voile de sa main. Les Pères

citent des enfants qui avaient triomphé des résistances qu'on leur opposait; soit par la persuasion qu'ils avaient reçu des ordres du ciel dans des visions (1) extatiques, soit par de généreux transports de ferveur, ils venaient, s'arrachant des bras de leurs parents, se jeter aux pieds des autels, embrasser les colonnes du temple et ne s'en détachaient que lorsque l'évêque avait consenti à recevoir leur vœu. De ces événements il résultait parfois pour les évêques des affaires difficiles à traiter.

La profession de virginité était surtout odieuse aux juifs, aux païens, aux mauvais chrétiens. — C'était pour eux un triomphe, et une occasion, qu'ils ne perdaient pas, de couvrir de honte le nom chrétien, d'accabler de reproches le Pontife consécrateur, quand, par la faiblesse d'une de ces jeunes personnes qui avaient fait vœu de virginité, il venait à éclater quelque scandale. Ces accidents étaient rares. C'est du moins que l'on peut conjecturer, d'après le traité de saint Ambroise *ad virginem lapsam.* Cet homme grave aurait-il attaché tant d'importance à un fait qui n'eût été qu'ordinaire.

Il est certain, au reste, et on peut le prouver par les écrits de tous les Pères, que le vœu qui promettait à Dieu la virginité n'était jamais que conditionnel du côté des parents et libre de la part des enfants. « La virginité, fait dire saint Ambroise par la veuve dont il rapporte l'exhortation à ses enfants (2), est le seul acte de vertu que je puis bien vous conseiller, mais que je ne pourrais vous prescrire. » Et des canons de l'Église, qu'on lit parmi les plus anciens (3), affranchissent de tout lien les jeunes gens, de l'un ou de l'autre sexe, qui pourraient prouver que ce n'est pas volontairement qu'ils se sont engagés dans l'état de virginité.

La consécration des vierges se faisait, autant qu'on le pouvait, avec une grande solennité. On choisissait une fête annuelle, ordinairement celle de la Résurrection, le jour de Pâques. Tous les détails de cette cérémonie pourraient nous être fournis par un discours de saint Ambroise à cette même vierge qui avait eu le malheur de manquer à son vœu. Il ne sera pas plus long et il vaudra mieux citer le morceau tout entier, qui est fort éloquent et peu-connu.

« Quoi! vous ne vous êtes pas souvenue de ce jour mémorable, de ce grand jour de la Résurrection, où vous vîntes devant les saints autels baisser votre front sous le voile, en présence de ce peuple immense, qui remplissait le temple tout resplendissant de lumière, comme pour célébrer vos noces avec le divin Roi! Vous ne vous êtes pas souvenue des paroles qui vous furent adressées en ce moment solennel. Vois, ma fille, vous a-t-on dit avec le Prophète, vois, ô vierge, considère bien que tu dis adieu pour

---

(1) D'après le concile de Constance (quine-sexte) in Trullo, où il est dit, can. 40, qu'on peut recevoir un moine dès l'âge de dix ans, quoique saint Basile n'ait permis de les recevoir qu'à l'âge de dix-sept. La discipline de l'Eglise n'a pas été toujours la même sur ce point. *Voy.* les conc. Tolède IV, can. 49 (ann. 633); Aix-la-Chapelle, can. 56 (ann. 817); Worms, c. 22 ann. 878), etc. Le concile de Trente fixe l'âge de seize ans. V. aussi la règle de saint Benoît, c. 59, *de Filiis nobilium et pauperum* (ann. 543).

(2) *Exhortatio ad Virginitatem.*

(5) Nolite ergo a Christo acere infantes, quia et ipsi pro Christi nomine subiere martyrium. (*De Virg.* c. 3.)

(1) S. AMBR., *ad Virg. lapsam,* l. I, c. 3.
(2) *Exhortatio ad Virginitatem.*
(3) Concil. Elvir.

toujours aux enfants des hommes et à la maison de ton père. Le roi du ciel s'est épris de la beauté de ton âme; il est ton Seigneur ; il est ton Dieu.

« Ah! cette foi que vous aviez jurée à cet instant au divin Maître, il fallait donc la garder! Il fallait penser toujours à qui votre virginité avait été vouée, devant un peuple de témoins; il fallait plutôt perdre tout votre sang avec la vie que cette précieuse chasteté.

« J'entends encore les éloges que vous donnaient unanimement tous ces fidèles, quand je couvrais votre tête du voile sacré. Ils s'écrièrent tout d'une voix, *Amen*, que Dieu la reçoive! A ce souvenir, je ne puis retenir mes larmes, et je me sens pénétré de la plus amère douleur! »

ART. 4. — *Substitution de la communauté à la famille pour l'éducation.* — « Si vous prétendez qu'au milieu du monde, disait saint Chrysostome, sur la fin du iv° siècle, vos enfants peuvent être formés à la vertu; si ce n'est point pour plaisanter, mais sérieusement que vous tenez ce langage, ayez la bonté de nous dire quel procédé nouveau et inouï vous allez employer : car je n'oserais, quand à moi, me charger d'une telle entreprise... Vous n'en avez aucun (1). »

A l'appui de ce défi jeté bien haut, comme on voit, et d'une manière bien absolue, à la société et aux familles chrétiennes de son temps, le courageux écrivain trace immédiatement un tableau très-détaillé des mœurs de l'époque, afin d'en faire ressortir les obstacles que la bonne éducation devait rencontrer dans un tel monde :

« Vous ne permettez pas que vos enfants soient bien élevés; vos propos et vos actions s'y opposent également. Vous enseignez, vous recommandez à vos enfants tout le contraire de ce que l'Evangile nous ordonne pour notre salut; vous les enivrez de plaisirs, vous les excitez sans cesse à acquérir des richesses, à parvenir aux plus hautes dignités, à tout faire pour l'argent ou pour la gloire. Ils voient que pour vous le serment n'est qu'une feinte, le mariage une affaire d'intérêt, la vengeance un point d'honneur et comme un devoir.

« Habiles à déguiser vos vices sous des noms honnêtes et flatteurs, cette oisiveté que vous promenez de théâtre en théâtre, vous l'appelez bon ton; cette opulence excessive n'est qu'une condition d'indépendance; l'arrogance la plus insolente, une noble assurance; votre prodigalité, vous l'appelez savoir-vivre, et vos résistances aux plus justes réclamations, fermeté de caractère. Non contents de ces indignes mensonges, vous pervertissez aussi les noms des vertus : l'homme d'une austère tempérance, vous l'appelez un rustre; l'homme modeste, vous le dites pusillanime; celui qui respecte l'équité, manque totalement d'esprit et de savoir-faire; mépriser le faste,

c'est avoir le cœur bas; dissimuler une injure, c'est une lâcheté; comme si vous craigniez que vos enfants ne s'indignassent contre vos vices, si vous les leur laissiez voir sous leurs véritables noms.

« Mais voici qui met le comble à la dépravation, ajoute saint 'Chrysostome : le dirai-je? La pensée m'en est souvent venue, mais la pudeur m'a retenu... Il faut parler cependant, et ce serait de notre part une faiblesse coupable que de passer sous silence de telles énormités. En matière d'impudicité, la fornication aujourd'hui n'est plus qu'une bagatelle. Les femmes courent le risque de ne plus être pour le libertinage qu'une superfluité : les jeunes garçons lui en tiendront lieu. Ce qu'il y a de plus grave, c'est que de telles horreurs paraissent avoir acquis parmi nous force de loi. Personne n'est retenu ni par la crainte, ni par le dégoût, ni par la honte; on en rit comme d'une gentillesse. Ceux qui s'abstiennent, on se moque d'eux; ceux qui blâment, on les regarde comme des fous; s'ils sont faibles, on les maltraite; s'ils sont puissants, on les joue, on les couvre de ridicule. Les tribunaux, les lois n'y font plus rien; ni les pédagogues, ni les pères, ni les parents, ni les maîtres. Ceux-ci se laissent gagner par l'argent, ceux-là ne se mettent en peine que de se faire payer. Un homme qui affecterait des prétentions à la tyrannie échapperait plus facilement à la vindicte publique que celui qui entreprendrait de soustraire les enfants à la lubricité. C'est en pleine rue que, sans plus se gêner que s'ils étaient au fond d'un désert, ἄρρενες ἐν ἄρρεσι τὴν ἀσχημοσύνην κατεργάζονται; si quelques jeunes gens échappent à cette infamie, la calomnie ne les épargne pas, et il ne sauvent pas leur réputation. Cela est d'autant plus facile qu'ils sont en bien petit nombre, et que ces abominables démons, furieux d'avoir été dédaignés, épuisent tous les efforts de leur scélératesse à tirer au moins cette vengeance de la vertu qu'ils n'ont pu vaincre. »

Ce hideux tableau, je l'avoue, affecte trop péniblement les âmes honnêtes pour qu'on ne se sente pas porté à y soupçonner de l'exagération. Mais, nous l'avons vu, tant d'autres écrivains, chrétiens ou gentils, ecclésiastiques ou laïques, nous ont fait de ces temps des peintures si semblables, qu'il nous faut encore ici nous résigner à croire ce que nous ne pouvons pas comprendre.

Et le mal n'eût-il pas été porté à de si incroyables excès, il faudra toujours convenir qu'il y en avait certainement assez pour autoriser le saint docteur à s'écrier enfin :

« Et l'on osera dire que des enfants exposés à de tels dangers pourront être bien élevés au milieu de ce tourbillon de vices et y faire leur salut! Cela est-il possible, quand ceux-là mêmes qu'on parvient à préserver, et il en est si peu, de la plus honteuse des turpitudes, sont entraînés par

---

(1) Πρὸς τοὺς πολεμοῦντας τοῖς ἐπὶ τὸ μονάζειν εἰσάγουσιν. (Λόγος τρίτος. Πρὸς πιστὸν πατέρα. (T. I.

(1) Constantin, le premier, avait porté des lois très-sévères contre ces infamies.

d'autres passions non moins funestes. Nous voudrions les appliquer à l'étude des lettres, que là même ils trouveraient de nouveaux aliments à la convoitise de la nature, et les pédagogues et les maîtres, que nous leur fournirions à grands frais, ne laisseraient pas de leur répéter des maximes pernicieuses. S'imaginerait-on que l'amour de la vertu et le désir de conserver ses mœurs pures viennent à un enfant en dormant. Est-ce ainsi que vient la science? La sagesse est pourtant plus difficile à acquérir que l'instruction littéraire, et d'autant plus qu'il est moins aisé de bien faire que de bien dire. »

Puisque la bonne éducation est si difficile au milieu du monde, impossible même, au dire de saint Chrysostome, quel parti veut-il donc que prennent les familles chrétiennes?

C'est ici que nous avons à constater le fait le plus important que l'histoire de ces temps nous offre relativement à l'éducation. C'était la première manifestation d'une tendance qui devait caractériser à l'avenir le zèle du prosélytisme chrétien, dans le même ordre de choses.

Nous avons vu les premiers apôtres du christianisme se plaire à réunir autour de leur personne, pour les instruire, et souvent dans leur maison, pour les élever, de tout jeunes gens. C'était la continuation, mais à l'égard d'un âge moins avancé, de l'œuvre de saint Paul envers Tite et Timothée; de saint Polycarpe envers saint Irénée et ses compagnons. C'est à ces réunions, qui n'avaient pas seulement l'instruction pou. but, que Julien faisait allusion quand il disait ce que rapporte saint Cyrille de Jérusalem : « Vous avez fait choix *dans toutes vos Églises* d'un certain nombre d'enfants, et vous donnez vos soins à leur apprendre vos Écritures, bien qu'ils paraissent nés plutôt pour la servitude (1). » — Une agrégation de ce genre est assez bien caractérisée au siècle suivant, par Rufin, dans un récit sur l'éducation de saint Athanase (2). Cet historien dit que l'évêque saint Alexandre réunit quelques enfants, les sépara de leurs familles, et les fit instruire en commun, dans un local qu'il appelle *domus ecclesiæ*. On sait enfin ce qu'étaient dans les Gaules, en France, dès le vi° siècle, les établissements attachés sous ce nom à la plupart des métropoles : tels que celui du cloître de Notre-Dame de Paris. Si de ces anciennes écoles cléricales et canoniales des premiers siècles du moyen âge, où l'on a vu élever des fils de roi (3), on remonte, par le témoignage de Rufin, jusqu'à l'invective de Julien contre ces évêques, qui élevaient à la dignité du ministère ecclésiastique des enfants *nés pour la servitude*, on aura une tradition assez suivie de travaux et d'œuvres d'éducation proprement dite. Mais, encore une fois, ces établissements, qui devaient exercer, dans

leurs développements, une si grande influence, restreints, dans leur origine, à un si petit nombre de sujets; si faibles, si informes, qu'on peut à peine en constater l'existence, ne sauraient être regardés comme des institutions qui aient eu de l'influence sur l'éducation publique.

Il n'en était point de même d'autres institutions que saint Chrysostome avait en vue, et sur lesquelles, le premier, d'une manière directe et ouvertement, il appelait l'attention des familles chrétiennes.

Nous voulons parler de ces grandes réunions d'hommes qui s'étaient formées en communautés régulières, sous la conduite de saint Antoine, de saint Pacôme en Égypte, de saint Basile en Orient, de saint Benoît en Occident, et qui, loin du tumulte des villes et de l'agitation du siècle, s'adonnaient, de toutes les forces de leur âme, à ce que les chrétiens appelaient alors la sainte philosophie. D'abord ermites, et seuls avec Dieu seul, au fond des déserts les plus reculés, ils avaient reconnu ensuite que la vie commune leur serait plus aisée et plus méritoire ; enfin, ils avaient compris dans quel sens l'Évangile enseigne que la *meilleure part* est de se sanctifier soi-même, et qu'ils pouvaient rendre à l'Église d'autres services que d'offrir à leurs frères une plage hospitalière après le naufrage.

Même dans les temps de leur plus absolue séquestration, les solitaires recevaient chez eux des enfants pour les élever à la vie cénobitique. Théodoret, dans la Vie de Siméon (1), cite un nommé Héliodore qui, dès l'âge de trois ans, avait été confié par ses parents à ce vieillard, pour être formé aux habitudes et aux vertus chrétiennes, avant qu'il eût pu prendre aucune idée de ce qui se passait dans le siècle.

Bientôt l'usage de recevoir des enfants fut adopté par plusieurs communautés de religieux, et non plus seulement pour les élever à la vie cénobitique, mais expressément pour sauver leur innocence des dangers du monde, sans rien présumer du genre de vie qu'ils embrasseraient par la suite.

Nous avons besoin de justifier cette assertion ; ensuite nous montrerons que saint Chrysostome eut cette pensée et la manifesta, — et nous n'avons trouvé aucun Père qui ait rien dit de semblable avant lui, — que l'éducation cénobitique serait un bienfait, un besoin même pour *tous* les enfants des chrétiens. Nous aurons ensuite à développer ce que cette pensée avait de philosophique et de spécial au christianisme; enfin, nous exposerons tout ce que nous avons pu recueillir de cette discipline éducatrice usitée dans les couvents, et du genre d'instruction qu'on y joignait.

Nous avons deux monuments qui constatent que dans le iv° siècle des communautés régulières recevaient des enfants pour les élever, soit à la vie monastique, soit au moins à la vie et aux vertus chrétiennes.

(1) Cyr. Jér., *contre Julien*, l. VIII.
(2) *Hist. eccl.*, l. i, c. 14.
(3) Louis VII, dans le cloître de N.-D. de Paris.

(1) *Philothée*, c. 26.

Le premier est la règle de saint Basile. Ce livre qu'on lui a contesté, mais dont l'authenticité a été reconnue (1), et qui a pour titre : Ὅροι κατὰ πλάτος, κατ᾽ ἐρωτήσιν καὶ ἀπόκρισιν. Les questions 25, 38, 53 de ce catéchisme sont relatives aux enfants.

Dans la réponse à la quinzième interrogation, l'auteur de la règle prescrit les conditions et les formalités de leur admission.

Il distingue deux classes de ces enfants : les orphelins, ceux qui, ayant perdu leurs parents ou étant abandonnés par eux, sont apportés au monastère (d'où les *oblats*, chez les Latins), et saint Basile veut qu'on les reçoive pour exercer la charité; et ceux qui sont présentés par leurs parents mêmes. Pour ces derniers, il recommande qu'on ne les admette qu'en présence de témoins, pour ne pas donner lieu, dit-il, à la calomnie. (Cette réserve autorise à penser qu'il y avait eu précédemment des abus, et dénote, par cela même, un usage ancien et répandu; car il faut du temps et des cas nombreux, pour que les bonnes choses dégénèrent en abus chez les gens de bien.)

Dans ce même article, il fixe l'âge auquel les enfants pourront être admis, et il statue qu'on doit recevoir tous ceux qui sont présentés, même dès l'âge le plus tendre (καὶ τῆς πρώτης ἡλικίας), par la raison que le Seigneur a dit : « Laissez venir à moi les petits enfants, » et que l'Apôtre a félicité Timothée de ce qu'il avait appris dès l'enfance les saintes lettres; que le même Apôtre a prescrit d'élever les enfants, et de les instruire et de les diriger selon Dieu (τὰ τέκνα τρέφειν ἐν παιδείᾳ καὶ νουθετίᾳ Κυρίου.)

L'article 38 est la règle même qui sert de base à la discipline des enfants. À la fin de cet article, il est statué sur ceux qui ne pourront se décider à embrasser la vie monastique. Après une mûre délibération (2), y est-il dit (μετὰ τὴν τοῦ λόγου συμπλήρωσιν), les chefs des églises seront appelés comme témoins de la profession religieuse;....... le jeune homme qui ne voudrait point passer sa vie dans la virginité, regardant cette divine perfection comme au-dessus de ses forces, sera renvoyé dans le monde, devant ces mêmes témoins.

L'existence d'une classe d'enfants et d'adolescents admis dans les couvents, pour y être élevés selon la règle, et non pas exclusivement pour la vie monastique, est donc un fait constaté par l'Institut de saint Basile, et l'on sait de quelle faveur, de quelle confiance jouissait, dès le quatrième siècle, la règle de saint Basile, dans toute l'Église grecque.

II. Le second témoignage nous sera fourni par saint Jean Chrysostome lui-même, dans ce même ouvrage que nous venons de citer (contre ceux qui persécutent les solitaires).

C'est de cet écrit que nous tirerons aussi, et en même temps, la preuve de notre seconde proposition.

En effet, dans tout le troisième livre, adressé aux Pères chrétiens (πρὸς τὸν πίστον πατέρα), l'auteur s'efforce d'intéresser les fidèles en faveur des moines, par cette considération qu'on avait besoin d'eux pour élever les enfants.

Nous avons vu comment il entend prouver que, dans l'état des mœurs du temps, une bonne et vraie éducation chrétienne était devenue impossible, au milieu des villes, dans la famille. La conséquence de toute cette argumentation, qu'il serait trop long de citer, il l'a résumée vivement en ces mots : « Qui sera donc assez insensé pour ne pas désespérer du salut d'un enfant élevé au milieu du monde (1)? »

Partant de là, il représente la vie cénobitique, dont il fait un tableau séduisant (2), comme le milieu le plus favorable à une éducation vraiment évangélique. « Ces hommes, dit-il, ont choisi un genre de vie digne du ciel, et leur condition n'est point inférieure à celle des anges.

« Or, ces hommes saints, quoique séparés du monde, reçoivent dans leur solitude des enfants, pour les former aux mœurs chrétiennes. Ils les y appellent de tous leurs vœux (3), ils s'y emploient de tout leur zèle (4). Ils sont pour eux d'autres pères, et dans ces enfants spirituels, ils retrouvent une consolation qu'ils se sont interdite dans l'ordre de la nature (5). »

De là saint Chrysostome tire d'abord un puissant argument en faveur de ceux qu'il appelle les *philosophes*, et contre ceux qui, étant pères de famille, et professant le christianisme, non-seulement négligent l'éducation morale de leurs enfants, mais encore, se voyant dans l'impuissance d'y donner leurs soins, ne la confient pas à ceux qui s'offrent dans de si bonnes conditions pour la faire; et bien plus, les repoussent et les persécutent. « Ils sont plus cruels, dit-il, pour leurs enfants, que les plus atroces barbares (6). »

En outre, tirant de sa preuve les dernières conséquences, il ne craint pas d'exhorter instamment *tous* les chrétiens à accepter le secours qui leur est offert; il leur en fait un devoir. « Le grand prêtre Héli, dit-il, n'avait point manqué à réprimander ses fils; mais ne l'ayant point fait assez efficacement, il fut châtié de la main de Dieu. Ainsi en sera-t-il de vous; alors même que vous aviseriez en quelque manière à l'éducation de vos enfants, si vous n'usez pas de moyens assez puissants, vous ne serez pas exempts de fautes devant Dieu (7). Si au contraire,

---

(1) B., p. 85, éd. Par. 104, Gaume. (L. iii, t. I.)
(2) N° 11, A. p. 94, p. 114, G.
(3) A. p. 81-99.
(4) E. 80-98.
(5) N° 16, B. 128, anc. éd. Par. 105, nouv. de Gaume.
(6) E. 80, anc.; 98, nouv. (L. iii.)
(7) A. p. 80, anc. éd.; 97, nouv.

---

(1) *Dissertations du P. Garnier*, t. II des Œuvres de saint Basile.
(2) On plutôt : quand leur instruction sera complète, quand on leur aura bien dit tout ce qu'ils ont besoin de savoir.

nous entrons *tous* dans ces sentiments ; si, au lieu d'empêcher ceux qui veulent se dévouer à l'éducation chrétienne, nous allons au-devant de la barque de salut qui aborde à notre rivage ; si nous nous disputons la faveur d'y entrer ; si par de communs efforts, nous aidons à la conduire au port, quelle bénédiction ! Non, je ne dirai pas tous les biens qui s'en suivraient : on me prendrait pour un enthousiaste ( ἀλαζονεύεσθαι ἂν δόξω ), on ne me croirait pas (1) ! »

Telle est en substance la pensée de saint Chrysostome, et l'on voit si nous avons été fondés à dire, d'une part, que de son temps il y avait des religieux qui se dévouaient à l'œuvre de l'éducation, et de plus que dans l'idée de saint Chrysostome, ce genre d'éducation devait être adopté par toutes les familles chrétiennes, ce que nous traduisons par : substituer la communauté à la famille (2).

Avant de considérer cette mesure au point de vue philosophique, il y a cependant une remarque importante à faire sur l'écrit du saint docteur.

Au premier abord, le dessein qui paraît dominer dans cet écrit, ce n'est pas d'exhorter à envoyer des enfants au couvent pour y être élevés, mais à permettre qu'il se consacrent à Dieu dans la vie religieuse ; au point que l'auteur se fait faire cette objection entre plusieurs autres très-naturellement amenées : Mais que deviendra le monde si nous embrassons tous le parti que vous nous conseillez ? A quoi il répond par une des plus éloquentes pages qu'il ait écrites, en opposant à ces craintes chimériques les dangers plus réels dont la dissolution des mœurs menaçait toutes les classes de la société (3).

Mais à la fin, il précise et déclare plus ouvertement sa pensée, et l'on voit qu'il a seulement voulu couper la retraite à ses adversaires en leur montrant comme un avantage et un bonheur ce qu'ils auraient pu regarder comme un pis-aller. « Vos enfants s'adonneront à la céleste philosophie. Voilà tout ce que vous risquez : or, est-ce là un si grand malheur (4) ? »

Voici, en effet, à quoi il réduit, pour la pratique, toute son exhortation.

« Ne rappelez donc pas vos enfants, ne les retirez pas du désert avant le temps. Laissons les principes de la discipline sainte s'imprimer dans leur esprit, et la vertu jeter des racines dans leur cœur. Faudrait-il dix ans, vingt ans les entretenir dans les monastères, ne nous en troublons pas ; ne nous en affligeons pas. Plus longtemps ils s'exerceront dans ce gymnase, et plus ils y acquerront de forces. Faisons mieux même, ne fixons pas le temps, et que cette culture n'ait d'autre terme que la maturité des fruits.

Qu'ils reviennent du désert quand ils seront mûrs pour la vertu, pas avant..... Supportez avec patience cette séparation, puisqu'il en doit résulter tant d'avantages, et que vos fils, une fois chrétiens parfaits, doivent être des hommes si utiles et à leur père et à leur mère, à leur famille, à la cité, à tout leur pays..... Alors ils reparaîtront parmi nous comme des flambeaux allumés pour éclairer le monde. Alors vous verrez de quels fils vous serez les heureux pères, et quels seront les enfants de ces pères dont vous enviez aujourd'hui le sort ; alors vous apprécierez les bienfaits de la philosophie, quand vos fils iront traiter, d'une main charitable, et guérir les plaies les plus invétérées des âmes ; quand vous les entendrez proclamer, par la reconnaissance publique, comme des sauveurs ; quand ils montreront à la terre le spectacle d'une vie angélique ; quand tous les regards se tourneront vers eux avec admiration (1) ! »

C'est sur ce passage que le P. Garnier fait cette remarque : « Rem notatu dignam docet (auctor), nempe Antiochenos filios suos adolescentes ad monasteria mittere consuevisse ut, postquam in virtute pietateque probe exercitati fuissent, domum repeterent (2). »

En relevant cette remarque, nous n'avons eu qu'à rattacher le fait à notre question. Mais quand nous l'avons rapproché de certains principes et de ses conséquences, il nous a paru mériter aussi, sous ces rapports, une attention particulière.

III. Ce n'était pas une idée nouvelle dans le monde que celle qui paraît avoir été conçue et proposée au quatrième siècle par saint Basile et par saint Chrysostome : *substituer la communauté à la famille, pour l'éducation des enfants*. Il est très-probable que les premiers législateurs n'eurent pas recours à d'autres moyens, quand ils essayèrent d'organiser l'éducation publique. Lycurgue, qui avait introduit ce genre d'institution chez les Lacédémoniens, en avait trouvé le modèle chez les Crétois. — Et d'un autre côté, Xénophon était fondé, selon toute apparence, sur des traditions de quelque notoriété, pour supposer, dans son livre de l'éducation de Cyrus, que les Perses, de temps immémorial, élevaient leurs enfants en commun. On sait que cette idée avait trouvé faveur dans l'esprit de Platon, et qu'il l'avait pleinement adoptée, exagérée même dans les constitutions de sa république imaginaire.

Il y a certainement dans ce système un idéal, qui ne peut manquer de séduire tous les esprits portés, par des tendances naturelles, à l'ordre parfait et absolu, et qui, d'un autre côté, n'ont pas encore assez vécu, assez observé, pour tenir compte des difficultés et des obstacles, qui séparent, en toutes choses, l'idéal du réel et du possible, parfois du licite.

Ainsi, en rêvant l'organisation sociale, au

(1) N° 18, c. p. 110, anc. éd.; 135, nouv.
(2) Le couvent dont il s'agit plus particulièrement est probablement celui de Euprepium près d'Antioche, et dans lequel fut élevé Théodoret.
(3) N° 9. (L. III, t. I.)
(4) Πῶς οὖν ἡμῖν οἰχήσεται τὰ πράγματα, ἂν τούτους πάντες ζηλώσωμεν, n° 11, C. p. 94, a. 115. N.

(1) N° 18, A. p. 109-133.
(2) *Monitium*, in tria opuscula, etc., p. 53, éd. Gaume (t. I, p. 1).

point de vue de la régularité géométrique, ou d'une utopie quelconque, on ne fait pas assez attention à cela, qu'on a pour objet, non des êtres inertes et, de leur nature, passifs, mais des êtres intelligents et libres; des êtres moraux, individuellement responsables de leurs actes, et qui ont, par conséquent, des droits et des devoirs. Or, toute idée d'organisation, préconçue sans égard à la nature des éléments dont l'ensemble doit se composer, est inexécutable, ou porte en elle-même un principe de ruine.

De tous les droits d'un être moral, c'est-à-dire responsable de ses actes, le plus inviolable est la liberté d'accomplir ses devoirs. On peut renoncer à d'autres droits, à celui de posséder, à celui de vivre, et sacrifier ces droits au bien commun. Ces sacrifices sont imputés à titre de récompense et de gloire, sous le nom d'héroïsme; mais renoncer à la liberté d'accomplir un devoir, on ne le peut jamais. Cela résulte de la nature même de l'être moral.

Or, s'il est un devoir bien reconnu, non contesté, c'est celui que la nature impose, à tout père, à toute mère, d'élever leur progéniture, — et de l'élever dans les conditions de leur nature particulière. — Ainsi les hommes ont l'étroite obligation d'élever leurs enfants, non d'une manière quelconque, mais comme doivent être élevés des êtres moraux, en se proposant pour fin de les porter au bien et de les détourner du mal.

La société ne peut pas demander à un père le sacrifice de la liberté de remplir ce devoir ; ce serait demander à l'homme de cesser d'être un homme ; ce qui est plus impossible que de cesser d'être.

Tout ce que peut faire la société, et même ce qu'elle doit faire, c'est de s'offrir à l'individu qui, se sentant incapable de remplir ses devoirs de père, serait obligé, par la loi même qui lui impose le devoir, de le faire remplir par un autre.

Et nous disons s'offrir, non pas s'imposer. S'imposer, en effet, ce serait présumer ou une incapacité, ou un mauvais vouloir.

Or, l'incapacité et le mauvais vouloir ne se présument pas : cela se prouve, et la substitution n'arrive qu'après l'interdit qui suit la preuve.

Ainsi ces lois qui transportaient à la société le soin de l'éducation des enfants, étaient des lois injustes et tyranniques : injustes, parce qu'il n'est point possible de regarder comme prouvé que tout père de famille, dans une nation, est hors d'état de bien élever ses enfants ; tyrannique, parce qu'elle prive chaque individu, par la force, ou par d'autres moyens équivalents, de l'exercice d'un droit inviolable.

On pourrait même dire que ces lois étaient impolitiques et immorales, car l'État, être fictif, ne pouvant être une personne positivement responsable, il s'ensuit que l'accomplissement d'un devoir indispensable à la conservation de l'ordre, de la morale, de la société, se trouverait affranchi, en définitive, de toute responsabilité, et dépourvu de toute garantie positive.

Aussi ces institutions, dont les législateurs avaient attendu de si grands avantages, furent, au contraire, fécondes en effets désastreux. On se permit, à l'égard des enfants, des procédés que la simple nature et le bon sens auraient généralement éloigné de l'esprit d'une mère pour sa fille, d'un père pour son fils, et ce ne fut pas impunément. Platon cet observateur profond et judicieux, en a fait la remarque, et il l'a dit dans celui de ses ouvrages où il a consigné le plus de vérités : « Les gymnases institués en Crète et à Lacédémone ont produit un très-grand mal (1). »

Les fondateurs et les législateurs de la république romaine, retenus par le respect des droits de l'individu, par les sentiments même qu'une civilisation avancée, que des systèmes spiritualistes avaient inspirés aux plus éclairés, ne tentèrent jamais cette substitution de la communauté à la famille pour l'éducation. On se trouva si bien d'une conduite tout opposée, qu'aucune idée d'amélioration ou de réforme sur ce point ne fut émise par aucun homme d'État, aucun philosophe, ni sous la République, ni sous l'Empire.

Cependant, et d'un autre côté, à mesure que l'humanité avait marché, les rapports s'étaient tellement multipliés entre les hommes, que, par besoin ou par entraînement, la plupart des chefs de famille se virent habituellement distraits du foyer domestique ; et les cas d'incapacité, d'inhabileté, d'impossibilité de vaquer à l'éducation des enfants étaient devenus par là très-nombreux.

Ce fut en cet état que les Pères de l'Église et les premiers empereurs chrétiens trouvèrent la société.

On a pu s'étonner qu'à cette époque, où l'Église pouvait si aisément exercer une influence sur la législation, elle n'ait point engagé le pouvoir à lui permettre de s'imposer aux familles pour l'éducation. Cette idée devait naturellement être déduite de sa confiance absolue en la pureté de sa morale, en la vérité de ses dogmes, et c'était enfin une conséquence de ce principe fondamental du christianisme, que la foi est nécessaire au salut. Il faut penser qu'on s'arrêta devant les obstacles invincibles qu'opposaient à cette mesure la constitution si ancienne et si respectée de la société romaine, qui tenait alors le monde sous ses lois.

D'ailleurs, il n'appartenait pas plus à l'Église qu'à l'État de s'imposer à la société pour l'éducation. Les droits de l'être moral constituent une barrière que la religion positive, plus encore que la politique, doit se garder de franchir et ne saurait méconnaître.

Saint Chrysostome ne laisse pas de s'étonner. Il ne lui avait pas échappé que personne avant lui n'avait ouvertement exhorté les fidèles à faire élever leurs enfants en

_____
(1) *Lois*, l. 1

communauté (1), et il se sent entraîné à reprocher aux temps antérieurs cette omission comme une faute dont les conséquences sont presque irréparables.

« C'est là, dit-il, ce que les législateurs
auraient dû prescrire, s'ils avaient agi comme
il convenait, et ils n'auraient pas eu besoin
de recourir à des peines rigoureuses, s'ils
n'avaient pas attendu que les enfants de-
vinssent des hommes, pour les soumettre
au joug des lois (2). »

On reconnaît à cette pensée, à l'expression
de ce regret, l'âme ardente de ce grand
évêque, dont le zèle ne s'arrêta jamais devant les considérations d'une prudence vulgaire. Mais ce que le législateur n'avait
point fait, ce qu'il ne pouvait point faire,
il lui appartenait, à lui, au fervent adepte
de cette philosophie chrétienne , dont il
défendait si éloquemment la cause, de le
tenter et de l'exécuter.

En effet, là où l'*autorité* devait s'abstenir,
la *charité* pouvait agir.

Il y a cette différence entre l'autorité et
la charité, dans leur action sur la société
humaine, que la charité laisse la liberté
individuelle complétement intacte , tandis
que l'autorité, alors même qu'elle tend au
bien par un esprit de bienfaisance, alarme
toujours et blesse quelquefois la liberté.

C'était donc de la charité, c'est-à-dire de
l'élan spontané et affectueux du cœur de
quelques membres de la société, que devait
venir l'offre de cette substitution de la communauté à la famille , devenue très-op-
portune pour l'éducation morale des enfants.

Mais la communauté de ce qu'on appelait
alors les *philosophes chrétiens* était-elle
bien dans les conditions requises pour tenir lieu de la famille aux enfants qu'on lui
confierait ? La charité de ces hommes était
immense, comme l'esprit de Dieu qui les
animait. Point de doute sur le motif ; mais,
avec les moyens dont on pouvait disposer,
et de la manière qu'on y procédait, toutes
les fins de l'éducation devaient-elles être
atteintes ? Nous ne pouvons résoudre cette
question qu'après avoir développé notre
quatrième proposition, et dit ce qu'était la
discipline à laquelle, selon la règle de saint
Basile adoptée et suivie par tout l'Orient,
les enfants élevés dans la communauté
étaient soumis.

IV. Deux articles de la grande règle de
saint Basile (3) sont relatifs aux enfants.
Le quinzième, sous ce titre : *De l'admission
et de l'éducation des enfants* ; le cinquante-
troisième : *Comment les maîtres doivent corriger les enfants.*

Après avoir dit qu'on doit recevoir des
enfants, même dès l'âge le plus tendre, dans

la communauté des frères, la règle ajoute
(article quinzième) :

« Ces enfants ne seront point mêlés avec
la communauté ni comptés au nombre de ses
membres, dès le moment de leur admission.
Il faut les élever en toute piété, comme les
enfants communs à tous les frères. Garçons
(et filles dans les couvents de femmes), ils
doivent habiter un quartier séparé , afin
qu'ils ne prennent pas trop de liberté avec
les plus âgés, et qu'ils conservent une certaine retenue. La rareté de leurs rapports
avec les anciens les maintiendra dans le
respect. Les punitions qu'ils verraient infliger aux plus parfaits, pour des manque-
ments à la règle, affaibliraient en eux la
crainte de pécher, ou leur feraient concevoir
un sentiment d'orgueil, s'ils étaient eux-
mêmes plus fidèles que les anciens à s'acquitter de ces devoirs, auxquels ils les verraient manquer trop souvent.

« Un autre avantage résultera de cette
séparation : c'est que les exercices un peu
bruyants, qu'il faudra nécessairement permettre à ces jeunes gens, ne troubleront pas
le silence et la retraite des solitaires.

« Quant aux prières, elles doivent être
communes aux enfants et aux plus âgés ;
car les enfants seront excités à la dévotion
par l'exemple des anciens , et les anciens
ne seront pas médiocrement aidés par les
jeunes, dans l'exercice du chant des psaumes. Les enfants seront toutefois dispensés
des prières de nuit.

« Pour tout le reste, sommeil, veilles,
travail, repos, quantité et qualité des aliments, les enfants suivront un régime particulier et accommodé à leurs forces. On leur
préposera un frère d'un âge mûr, distingué
entre tous par son expérience, et qui ait fait
preuve d'une certaine douceur de caractère.
Car les fautes des enfants doivent être cor-
rigées avec une indulgence paternelle et
même avec un langage modéré. A chaque
défaut, l'on doit savoir opposer un remède
convenable, afin qu'en même temps que la
faute sera punie, l'âme s'habitue à conserver
un calme imperturbable. Par exemple, un
enfant s'est-il irrité contre un de ses camarades, il faudra l'obliger à lui faire des excuses et même à le servir plus ou moins
longtemps , selon la gravité de la faute.
Car la continuation de cet état d'humiliation
éteint tout à fait dans l'âme ce qu'il y reste
de colère ; tandis que, au contraire, un état
de supériorité dispose l'âme à ce vice. L'enfant a-t-il pris des aliments hors du temps
prescrit, qu'il en soit privé la plus grande
partie du jour. S'est-il fait reprendre pour
une manière de manger immodérée ou
ignoble, que pendant un repas, banni de la
table commune, il regarde les autres manger
avec toute l'honnêteté que prescrit la règle :
il sera puni par l'abstinence et instruit par
le bon exemple. A-t-il laissé échapper une
parole déplacée , injurieuse au prochain,
un mensonge, ou une expression défendue, que
son estomac et sa langue expient sa faute
par la privation et par le silence.

(1) Ὁ ταῦτα διδάσκων οὐδείς ἦν. Πρὸς πολ., l. III,
n° 21, C. p. 114-140.
(2) *Ibid.*, n° 18, A. p. 110-134.
(3) Ὅροι κατὰ πλάτος.

« L'étude des lettres doit être accommodée à l'esprit de leur éducation. Les saintes Ecritures leur serviront de vocabulaire. On leur racontera, au lieu de fables, les admirables histoires de la sainte Bible ; ils apprendront par cœur les maximes du livre des Proverbes ; on leur proposera des récompenses, soit pour les exercices de mémoire, soit pour leurs compositions, afin qu'ils se portent à l'étude comme à une récréation de l'esprit, sans aucun ennui, sans aucune répugnance. Il faut ajouter que des enfants élevés avec cette gravité soutiendront plus aisément leur attention ; qu'ils contracteront l'habitude de réprimer facilement les divagations de l'imagination ; à cet effet, les maîtres les interrogeront fréquemment et leur demanderont sans cesse où ils en sont, à quoi ils pensent. A cet âge, ordinairement, on est simple, on ne sait point tromper, on est inhabile à mentir, et le cœur sait mal garder ses secrets. On verra l'enfant le plus sujet aux distractions, honteux d'être repris continuellement de ses pensées déréglées, s'imposer de lui-même un frein.

« Lorsque les enfants apprendront un métier (et ils doivent en apprendre un dès qu'ils en seront capables), il leur sera permis de demeurer avec leurs maîtres, mais seulement pendant le jour. Pour la nuit, ils ne manqueront pas de retourner parmi ceux de leur âge, et ils seront aussi obligés étroitement à prendre leurs repas avec eux. »

Dans la réponse à l'interrogation trente-huitième de la même règle, nous voyons en quoi consistaient ces métiers qu'on faisait apprendre aux jeunes gens. C'étaient de préférence ceux qui exigeaient un certain travail pénible, ceux qui s'exerçaient sur le bois, sur la pierre, sur les métaux, et enfin l'agriculture, qui devait l'emporter sur tout autre genre de travaux. Les métiers qui se rapportent aux vêtements n'étaient pas interdits aux moines ; mais ils devaient s'abstenir en ce genre de tout ce qui ne sert qu'au luxe.

Enfin, dans l'interrogation cinquante-troisième, on demande comment devront se conduire, pour corriger les enfants, les maîtres qui enseigneront ces arts. C'est le complément des conseils qui ont été déjà donnés pour ceux qui les dirigent habituellement. On répond :

« Si les enfants qui apprennent un art viennent à pécher en quelque chose contre les règles de cet art, le maître qui s'apercevra de leur faute les reprendra en particulier et ensuite les corrigera. Pour les défauts qui tiennent au caractère et aux mœurs, tels que la mauvaise volonté, l'indocilité, la paresse à l'ouvrage, les discours oiseux, le mensonge et toutes les choses de ce genre, que ne se permettent pas les hommes pieux, le maître en référera au directeur général de la discipline. On lui amènera l'enfant et l'on exposera devant lui sa faute, afin que le directeur examine de quelle manière et dans quelle mesure il devra être repris et corrigé.

Car si la réprimande est le traitement des maladies de l'âme, il *n'appartient pas au premier venu de réprimander*, pas plus qu'il n'est permis au premier venu de médicamenter. Le directeur en chargera ceux qu'il en jugera capables, après un mûr examen. »

De cet exposé, il est aisé de tirer deux conclusions.

La première, c'est que l'éducation des monastères était éminemment propre à former les jeunes gens à la vie ascétique et aux vertus chrétiennes. Les hommes expérimentés dans cet ordre de choses, et qui en ont fait souvent l'objet de leurs réflexions, ont dû remarquer avec quelle habileté ont été discernés les principes générateurs de l'esprit chrétien, et la sagesse qui préside à leur application. Ceux qui savent avec quelle dureté les enfants étaient alors traités dans toutes les écoles (1), apercevront dans ces attentions délicates, qui révèlent le respect et l'amour de l'enfance, les premières lueurs d'une lumière nouvelle qui devait bientôt être obscurcie par les ténèbres de la barbarie ; mais enfin elle s'était levée.

La seconde conclusion que nous avons à tirer de la règle adoptée dans les monastères pour l'éducation des enfants, se présente sous un aspect moins favorable, et auquel il semble d'abord qu'on ne saurait applaudir. L'instruction littéraire et scientifique de cet ordre, que les Pères appelaient externe (*ἔξω*), est absolument nulle. Le dogme, la morale, l'histoire de la religion, quelques arts mécaniques, remplissent seuls tout le cadre des études monastiques.

Saint Chrysostome ne s'était point dissimulé cette lacune ; mais il ne s'en effraye point. Il faut l'entendre, au contraire, débattre cette question avec les parents, car l'absence de toute instruction mondaine était bien la raison la plus spécieuse qu'ils alléguaient, pour ne pas envoyer leurs enfants au désert. Quelques-uns même, assez disposés à confier l'éducation de leurs fils aux solitaires, proposaient de les faire préalablement instruire des lettres dans la ville. Saint Chrysostome est inflexible, par la raison que, même dans l'âge le plus tendre, ils n'échapperaient pas à la corruption, et si on lui demande ce que feront ces jeunes gens sans instruction quand ils reviendront du désert, il demande à son tour ce que feront, dans ce monde et dans l'autre, des jeunes gens instruits, mais sans vertu et sans mœurs.

Il aurait été cependant bien facile de tout concilier, en établissant dans les monastères des cours d'études profanes, sous la surveillance et la direction de quelques religieux prudents, pieux et instruits. Mais ni saint Basile ne l'a fait, ni saint Chrysos-

---

(1) Un mot seulement de saint Augustin : « Per pœnas doloribus plenas pueri coguntur quæque artificia, vel litteras discere... Quis autem non exhorreat, et mori eligat, si ei proponatur, aut mors perpetienda, aut rursus infantia. » *De civit. Dei*, l. xxi, c. 114.

tome n'a dit un seul mot, dans toute cette discussion, qui indiquât ou qu'il avait la pensée ou qu'il jugeait opportun de le faire.... Et quand on vient à considérer ensuite que Basile et Chrysostome étaient pourtant et incontestablement du nombre des hommes les plus éclairés, le plus complétement instruits de leur temps, qu'ils planaient sur leur siècle de toute la hauteur de la science humaine et de la révélation divine, on ne peut pas admettre la supposition d'une inadvertance ou d'une méprise.

Nous avons donc ici une nouvelle preuve des tendances que nous avons signalées, dans notre première partie, comme dominantes à cette époque : tendances de l'esprit ecclésiastique et religieux, non pas à l'ignorance, non pas à l'abaissement et au rétrécissement de l'intelligence humaine, comme on pourrait le penser d'après nos idées d'aujourd'hui; mais au point de vue des grands hommes, des esprits directeurs de ces temps, il s'agissait plutôt de dégager les intelligences d'un ordre d'idées qui les entraînait à l'abrutissement, par le sensualisme le plus grossier, et de les élever, par le spiritualisme le plus pur, jusqu'à leur source divine, comme pour les y retremper.

Toutefois, l'instruction littéraire grecque et romaine étant encore, à cette époque, un des besoins de la vie sociale, il est évident que les institutions offertes aux familles chrétiennes par les néo-philosophes étaient insuffisantes ; que la société n'y trouvait pas la satisfaction de légitimes exigences, et, par conséquent, malgré les pieuses intentions, malgré les vœux ardents exprimés avec tant d'éloquence par la *bouche d'or* du futur patriarche de Constantinople, l'éducation qu'il préconisait ne pouvait être acceptée par l'Eglise comme publique et commune.

L'idée de saint Chrysostome, ou plutôt l'invention de la charité chrétienne, l'idée de substituer, pour l'éducation, la communauté à la famille, fut-elle pour cela repoussée et abandonnée? L'histoire des ordres religieux et de leurs travaux répondra suffisamment à cette question, qui sort du cadre où nous devons nous renfermer (1).

*Résumé et conclusion générale.* — Quelle a été l'influence des Pères de l'Eglise sur leurs siècles, pour l'instruction et pour l'éducation de la jeunesse chrétienne : telle est la thèse que nous avons posée.

Pour ce qui regarde l'instruction, nous avons vu, dès les commencements, de l'incertitude à l'égard des lettres et des sciences profanes, puis une lutte énergique de la part

de quelques esprits supérieurs contre les préventions et les répugnances quasi-instinctives du vulgaire ; enfin, les élèves même les plus distingués et les partisans les plus avoués des sciences et des lettres humaines fléchir, se rétracter; et vers la fin du quatrième siècle et dans le siècle suivant, nous avons vu se prononcer une tendance générale à renfermer dans la science de la religion toute l'instruction cléricale et chrétienne.

Pour ce qui devait agir sur l'éducation morale, quelques mots sont d'abord jetés dans le monde comme des principes vivifiants et les germes des institutions réparatrices qui allaient croître à travers les ruines, fleurir quand tout dépérissait, et offrir enfin de vastes abris aux nouveau-nés de la civilisation nouvelle.

De ce flambeau qu'elle apportait du ciel, la foi, éclairant la raison humaine qui s'ignorait elle-même, s'offre à l'homme pour le guider et le conduire, dès l'enfance, d'un pas ferme, par un sentier sûr, aux destinées qu'elle lui révèle. — Au secours de la faiblesse du premier âge, les apôtres du christianisme appellent la sollicitude paternelle, et, avec une égale force, ils opposent à l'incurie et à l'abus de l'autorité la voix d'un devoir saint et trop longtemps méconnu.— Plongeant d'une main hardie et généreuse jusqu'aux plus profondes racines du mal, ces hommes de Dieu forcent l'humanité à rebrousser dans ses voies; arrachant l'enfance à la volupté, dans ce bourbier où périssaient, avec l'innocence, les plus nobles instincts, ils s'en vont, l'élevant au-dessus de la chair et du monde, la déposer dans le sein de Dieu ; et après elle, par le contraste de l'admiration et de la honte, ils entraînent des générations entières dans des voies où la pudeur, où la chasteté, où la virginité, rendent aux enfants des hommes toute la beauté de leur origine céleste.— Cependant la société chrétienne s'était affaiblie en s'étendant ; le feu sacré ne brûlait plus, ardent et lumineux, que dans la retraite et loin du tumulte des villes. Les enfants échappent de toutes parts à l'action du christianisme. Alors ceux que la religion chrétienne appelle ses Pères ne font pas défaut à la sollicitude que leur impose ce nom vénéré. Les retraites du désert ouvrent leurs portes, et les Pères appellent à grands cris leurs enfants sous des ailes protectrices.

Là, dans ces asiles où vivaient toutes les vertus, le christianisme s'efforce de substituer à la tendresse aveugle ou impuissante des parents le zèle prudent et éclairé de sa charité inépuisable.

Or, de toute cette action du christianisme, il résulte un fait général et commun à l'instruction et à l'éducation : c'est le mépris de toute science qui peut nuire à la vertu et détourner de la voie du salut ; c'est, par une conséquence presque nécessaire, qu'une réforme est demandée à une société qui avait fait consister dans des sciences et des arts, dont le culte était souvent préjudicia-

(1) Disons seulement, comme un résumé de toute cette histoire, que le besoin d'étendre l'instruction au delà de l'ordre religieux fut senti de plus en plus dans les monastères, et qu'il vint enfin un temps où l'éducation monacale suffisait à préparer les enfants à toutes les carrières de la vie du siècle, même à l'état militaire (La Flèche, Brienne, Sorèze). Le plus grand capitaine de notre époque a été élevé dans une de ces maisons de moines, et les impressions que cette éducation avait faites sur son esprit et dans son cœur ne se sont jamais effacées.

ble à la religion et à la vertu, tous les moyens d'existence et d'élévation.

Quoique déjà plusieurs fois, dans le cours de cette thèse, nous ayons nettement défini notre pensée, sur cette opposition aux lettres profanes que nous avons constatée chez quelques Pères et à une certaine époque, il nous est difficile de ne pas craindre, ou que les uns nous comprennent mal, ou que les autres nous blâment de nous être écartés, sur ce point, de la plupart des historiens ecclésiastiques et des apologistes du christianisme. Notre conscience ne nous permettait pas de nous arrêter devant ces considérations. Une autre manière de voir et de dire aurait été, à nos yeux, le contraire de la vérité, et ce furent toujours des armes faibles, dangereuses, illicites, que l'ignorance ou la dissimulation du vrai pour la défense d'une religion qui ne repose que sur la vérité et qui est née de la lumière. Nous ne saurions donc mieux faire, en terminant, que de déclarer plus explicitement encore notre opinion, sur le sens et la portée de faits qui nous ont paru trop avérés pour ne pas être admis.

Oui, nous le croyons et nous le disons, les Pères de l'Église ont travaillé un jour de tout leur pouvoir, et comme d'un commun accord, d'après les vues d'une philosophie élevée et pour le salut de l'humanité, à la destruction d'une science vaine, fausse, superstitieuse, qui égarait la raison et la dégradait; alors que la philosophie ancienne était venue aboutir à la théurgie, les mathématiques à l'astrologie, les sciences naturelles à la magie.

Oui, ils ont flétri, décrié et détesté une littérature inspirée par le sensualisme, auxiliaire et véhicule des plus dangereuses passions, censurée et prohibée cent fois avant eux par des législateurs et par des sages. Oui, ils ont lancé l'anathème contre une société dépravée; ils ont secoué la poussière de leurs pieds sur un monde qui n'avait pas voulu écouter leur parole ou qui en avait abusé; ils ont fait entendre, de guerre lasse, au milieu de cette déroute universelle, un puissant cri d'alarme. Ce n'était pourtant pas le cri du désespoir: c'était, selon la belle pensée de saint Chrysostome, la voix d'un ami qui, dans une nuit de tempête, accourant au rivage avec des flambeaux, appelle et dirige des naufragés vers le port (1). Oui, encore une fois, nos pères ont fait tout cela, et loin de les blâmer ou de les en excuser, par une déférence dont leur mémoire serait peu flattée, il faut leur en rendre grâces et les glorifier devant l'humanité qu'ils ont sauvée, par la hauteur de leurs vues et la générosité de leur dévouement.

Quant au christianisme lui-même, si on l'accuse d'être ennemi de la science, il lui sera toujours facile de se défendre en distinguant, comme l'a toujours fait sa divine sagesse, les temps et les besoins de l'humanité. De quelle condescendance n'a pas usé à cet égard Celui dont la main puissante et paternelle dirige les destinées du monde! N'est-ce pas sous cette cendre des monastères, où toute la science ennemie du christianisme était venue s'ensevelir, sous les pieds de ceux qui l'avaient vaincue, que se sont entretenues les dernières étincelles de ce feu profane, pour aller briller de nouveau aux yeux des hommes, quand il n'y aurait plus à craindre que les hommes prissent le change et se laissassent encore égarer par de fausses lueurs. On a pu dire avec vérité que l'Église, qui n'ouvrait que d'une main timide des pages séduisantes aux enfants des vieilles cités latines, les livra sans scrupule aux derniers venus des barbares (1). Et quand les successeurs des Damase et des Grégoire, quand, mille ans plus tard, les Léon et les Benoît activaient, attisaient, par toute l'Église, l'ardeur des chrétiens pour la science et pour les arts des anciens; quand ces mêmes asiles, où les enfants de la vieille société étaient venus croître dans l'oubli des rêveries de leurs pères, devinrent tout à coup des foyers d'où jaillirent toutes les lumières de la science, de la littérature, d'une sage et légitime philosophie; alors ce ne fut pas un autre esprit qui souffla sur l'Église, c'étaient d'autres temps qui lui demandaient d'autres bienfaits. Alors on vit si le christianisme craignait la lumière qui vient du monde. Le christianisme ne craint rien, et il n'a jamais eu rien à craindre; mais il a eu un jour, il aura toujours à se défendre de tout ce qui est dans le monde. Selon les circonstances, il a dû employer des armes différentes et changer d'attitude. Le voyageur qui se couvre à peine des étoffes les plus légères sous la zône torride, et qui s'enveloppe de fourrures épaisses au milieu des glaces du Groënland, est-il en contradiction avec lui-même? Pour faire un monde nouveau, comme le voulait l'Evangile, il fallait des idées nouvelles. Dans les premiers temps, la prédication put suffire à leur diffusion. C'était l'instant de la création, celui de la propagation devait le suivre, et c'était là qu'allait commencer l'œuvre de l'éducation. Il fallait donc une éducation nouvelle, une instruction nouvelle, des arts nouveaux, éléments nécessaires d'un nouveau monde. Mais comment bâtir sur un terrain déjà occupé, si ce n'est en démolissant pour réédifier? Le seul reproche qu'on pourrait objecter aux nouveaux venus, ce serait le bon état ou la valeur supérieure de l'édifice qu'ils conspiraient à détruire. Mais si cet édifice n'était plus qu'une ruine menaçante qu'abandonnaient ses habitants, éperdus,

---

(1) Οἱ δὲ, ὥσπερ ἐν σκότῳ βαθεῖ λαμπτῆρες φαιδροί, τοὺς ἐν μέσῳ ναυαγοῦντας πρὸς τὴν οἰκείαν καλοῦσιν ἀσφάλειαν, καὶ, τὰς τῆς φιλοσοφίας λαμπάδας ἀφ' ὑψηλοῦ πόρρωθεν ἄψαντες, οὕτω τοὺς βουλομένους ἐπὶ τὸν τῆς ἀπραγμοσύνης χειραγωγοῦσι λιμένα. (Πρὸς πολ., l. III, n° 9, A. 92-112.)

(1) *Civilis. chrétienne chez les Francs.* M. OZANAM.

repaire infect de reptiles venimeux, foyer incessant d'exhalaisons délétères, il faut saluer les démolisseurs du nom de bienfaiteurs de l'humanité (1).

Les motifs qui ont fait ouvrir à la science humaine tous les accès de la religion, et jusqu'aux portes du sanctuaire, n'ont pu que s'accroître avec les progrès des temps et prendre une force nouvelle. De la conduite et des maximes de nos pères, on ne doit donc déduire aujourd'hui aucun exemple, aucun prétexte, pour se dérober au flot qui presse et monte de toutes parts autour de la génération vivante. Si la foi est moins facile à un esprit préoccupé d'un autre ordre d'idées, elle est aussi plus méritoire. Ses mystérieuses ténèbres, toujours chères aux cœurs simples et purs, se changeront toujours pour eux en clartés indéfectibles et en chaleur vivifiante. Celui qui éteindrait le flambeau de sa foi devant quelques objections, à ses yeux insolubles, n'aurait pas une juste idée des bases sur lesquelles sa religion repose et de la hauteur où elle s'élève ; car sa hauteur, c'est l'INACCESSIBILITÉ même de Dieu, que ne franchira jamais aucune intelligence créée ; et ses bases immenses, qui ne lui manqueront jamais, ne sont autre chose que les BESOINS DE L'HUMANITÉ ; de sorte que s'il pouvait arriver qu'on ruinât, par la science humaine, tous les fondements sur lesquels repose la divinité du christianisme, il lui resterait toujours cela de DIVIN qu'il est NÉCESSAIRE.

# E

## ÉCOLES SPÉCIALES. — ÉCOLES INFÉRIEURES.

Il existait au moyen âge, dans toute la chrétienté, quelquefois en dehors de l'autorité universitaire proprement dite, mais toujours soumises à celle de l'Église, certaines catégories d'écoles dont nous ne pouvons omettre de parler.

Nous en distinguerons trois espèces, que nous allons successivement examiner, savoir : Les *pédagogies* ou *pensionnats*, les *grandes écoles grammaticales*, et enfin les *petites écoles*.

*Pédagogies.*—C'étaient des écoles particulières dans lesquelles des maîtres, presque toujours gradués en l'Université, recevaient chez eux de jeunes écoliers qui suivaient en général les cours des collèges, ou même qui faisaient leurs études à l'intérieur de ces maisons. De semblables institutions existaient sur les divers points de l'Europe. A Paris, la première mention des pédagogies nous est fournie par un document judiciaire de 1391 à 1394 (2). A cette époque, une action civile fut intentée devant le parlement contre Nicolas Bertin, *examinateur* du Châtelet, et autres agents de la police urbaine, par Guillaume Veulet, licencié en décret, demandeur, et faisant cause commune avec l'Université comme suppôt de cette compagnie. Un de ces conflits, alors si communs, et provoqué par la turbulence des écoliers, avait éclaté entre les deux parties. Les sergents avaient opéré une descente au clos Brunel, situé rue Saint-Jean-de-Beauvais ; c'est là que maître Guillaume tenait sous sa garde, en qualité de pédagogue ou maître de pension, une cinquantaine d'écoliers. La plupart étaient de jeunes enfants de neuf à quatorze ans au plus : mais d'autres étaient parvenus à un âge plus avancé ; car les sergents, dans leur visite domiciliaire, « rompirent les livres et figures de *géométrie*, » preuve qu'on étudiait le *quadrivium* et par conséquent le cours entier des sept arts libéraux (1).

Les jeunes gens qui appartenaient à ce genre d'établissements et ceux qui, plus libres encore, assistaient isolément et comme externes aux leçons des collèges, portaient, ainsi que nous l'avons vu, le nom de *martinets* ou de *galoches*, et se faisaient remarquer entre tous les écoliers par leurs allures indisciplinées. « C'étaient, dit l'honnête et judicieux Crevier, des espèces de *passe-volants*, qui, courant d'école en école et de

---

(1) Ils ont l'air de fondateurs au milieu de ruines. — Ils étaient les architectes de ce grand édifice religieux qui devait succéder à l'empire romain. (*Tabl. de l'Él. ch. au IVᵉ s.*)

(2) Registres du parlement (*Plaidoiries civiles*, IX, 23) ; publié par Du Boulay, *Hist. Univ. Par.*, t. IV, p. 674.

(1) La réforme du cardinal d'Estouteville, en 1452, institua l'inspection des collèges et pédagogies. Tous les ans, le recteur devait (entre la Saint-Denis et la Toussaint), du 9 octobre au 1ᵉʳ novembre, convoquer les Nations pour élire, à cet effet, quatre régents ès arts, gradués dans les Facultés supérieures. Ces délégués avaient mission de se rendre au sein des établissements que nous venons de désigner, où étudiaient des *artiens* ; de s'assurer par eux-mêmes s'il ne s'y commettait aucun abus ; le rapport des mœurs, de l'enseignement, de la discipline, ou de la nourriture, et de réformer, sous la surintendance de l'évêque, ce qu'ils auraient découvert de condamnable. Le même statut s'élève avec force contre les écarts auxquels les pédagogues se laissaient entraîner par l'industrialisme et la cupidité. Il leur enjoint d'attribuer un juste salaire à leurs submoniteurs ou maîtres d'étude ; de ne pas accepter les services de ces derniers à titre gratuit, et surtout en tirant d'eux des exactions pécuniaires. Il leur défend de courir les rues, les carrefours, maisons ou tavernes, pour raccoler, par eux ou leurs courtiers, des pensionnaires ; de les capter, de se les disputer par des moyens, promesses et protestations illicites, comme aussi de former entre eux, pédagogues, des conciliabules et coalitions, pour monopoliser leur *commerce*. Voy. Du Boulay, *Hist. Univ. Par.*, t. V, p. 570.

maître en maître, cherchaient à parvenir aux degrés, par fraude, sans étude solide, sans décence de conduite et de mœurs (1). » En 1463, l'Université rendit un décret pour réprimer les abus de cette vie nomade, et décida que nul ne serait admis aux exercices publics de la rue du Fouare sans avoir justifié d'études sérieuses et suivies, quel que fût d'ailleurs le lieu de ces études (2).

*Grandes et petites écoles.* — Au-dessous des pédagogies se présentent les *écoles de grammaire* ou *cantorales*, subdivisées en *grandes* et en *petites*.

En général, les écoles de second degré ou écoles de grammaire relevaient directement de l'Église. A Paris, de même que la juridiction ecclésiastique s'exerçait sur les hautes études par l'organe du *chancelier* de la cathédrale, qui conférait tous les grades universitaires, de même, à l'égard de l'instruction élémentaire, elle avait pour officier le *chantre* du même corps, qui instituait et destituait tous les maîtres et maîtresses quelconques enseignant à ce degré dans le diocèse. Le même ordre, à l'égard du chantre, était universellement suivi dans la chrétienté. L'ancienneté de ces écoles grammaticales est extrêmement reculée. Dès l'époque mérovingienne, diverses lois canoniques imposaient aux ministres du sacerdoce la fonction de l'enseignement comme une sorte d'obligation de l'Église envers les fidèles, et d'où sont sortis les grands et petits séminaires. D'autres conciles moins anciens prescrivirent nommément l'extension de ces soins *aux pauvres laïques*. Celui de Latran, tenu en 1179, disposait que, dans chaque cathédrale, il y aurait une prébende affectée à un précepteur ou théologal qui instruirait gratuitement de jeunes élèves. Cette disposition, mal exécutée, fut renouvelée par le concile célébré au même lieu en 1215. Pour la France, elle fut successivement recommandée par la pragmatique sanction de Charles VII, par le concordat de François Ier, les ordonnances de Charles IX, Henri III, etc., et par les synodes ou conciles nationaux de tous les siècles. Cependant on peut dire que l'Église ne subvint pas largement par elle-même à cette dette morale envers le peuple. Son enseignement propre et direct se borna, presque exclusivement, à l'éducation des jeunes sujets qu'elle destinait, sous le nom d'*enfants de chœur*, au service des autels. Mais cette œuvre s'accomplit progressivement, sous son égide, par le zèle et l'industrie des membres de la société laïque.

Il existait donc deux catégories d'écoles grammaticales. Les premières, de l'ordre le plus élevé, faisaient suite en quelque sorte aux collèges et aux pédagogies ; on les appelait écoles latines, et elles ne recevaient que de jeunes garçons. Les secondes, ou élémentaires, étaient presque toujours ouvertes aux deux sexes. Elles portaient chez nous le nom d'écoles *françaises*. On n'y enseignait point le latin, mais seulement le *catéchisme* et le *service*, c'est-à-dire le chant ecclésiastique et quelques notions du dogme et du culte ; la lecture ; l'écriture ; plus, quelques éléments d'arithmétique et de grammaire.

Les unes et les autres avaient le plus souvent dans chaque diocèse ou dans le ressort d'une église importante, soit abbatiale, soit collégiale, un intendant commun, placé sous la haute autorité de l'évêque et nommé ordinairement par le *chantre* de l'église ou de l'abbaye, lorsque ce dernier ne remplissait pas personnellement les fonctions de cette intendance. L'intendant prenait le titre de *recteur* ou *grand maître des écoles*. Il recevait de chaque écolier ou écolière une taxe qui se payait en deux termes, et qui, en général, s'éleva, jusqu'au XVIe siècle, à la valeur de cinq ou six sous tournois par an. A Troyes, chaque élève payait en outre un supplément d'un sou, savoir : six deniers pour l'entretien du matériel de l'école, dont le soin incombait au maître *prévôt*, et six deniers pour les *verges* commises aux mains du maître-*portier* ou *fouetteur*. L'instruction littéraire que distribuaient ces grandes écoles des diocèses s'adressait à des élèves libres, qui restaient sous la conduite et la direction privée de leurs parents. Elle était à peu près la même que celle des collèges, ainsi qu'on en peut juger d'après un règlement rendu en 1436 par Jean Lesguisé, évêque de Troyes, et qui contient un programme de ces études (1). Mais les universités seules conféraient, comme de nos jours, les grades des Facultés. Dans tous ces établissements de divers degrés, il y avait toujours sous le patronage de quelques particuliers, et plus souvent sous celui des chapitres, un certain nombre de bourses ou de *gratuités* offertes à la jeunesse studieuse et indigente. Quelquefois cette exemption ne s'accordait qu'en échange d'un service utile ou d'une sorte de corvée. Tels étaient dans les écoles de Troyes les *primitifs*, écoliers pauvres et robustes, ainsi nommés sans doute à cause de l'assiduité matinale à laquelle ils étaient astreints. Deux fois par semaine ils devaient balayer et nettoyer les salles d'étude, et moyennant cette prestation ils étaient dispensés de toute contribution pécuniaire (2). Quelques institutions, au contraire, faisant de la gratuité le principe général, admettaient un certain nombre de sujets pour les adopter complétement, et pourvoyaient sans réserve à leur éducation ainsi qu'à leur avenir. Nous citerons pour exemple les *escotiers* ou boursiers du chapitre de Notre-Dame de Saint-Omer (3).

Quelques-unes de ces grandes écoles eu-

(1) *Hist. de l'Univ. de Paris*, t. IV, p. 281.
(2) Bul. Hist. Univ., V, 658.

(1) Voy. *Arch. histor. du départ. de l'Aube*, 1841, in-8°, p. 426.
(2) Voy. *ibid.*, art. LVI.
(3) Voy. *Mémoires de la Soc. des antiq. de la Morinie*, t. VI. *Essai sur les archives historiques de N-D.*, etc., *passim*.

rent une origine et un caractère essentiellement laïque et communal. De ce nombre était l'institution fondée, au XVIe siècle, par le magistrat, dans la petite république municipale de Strasbourg; établissement qui peut être classé, *ad libitum*, parmi les Universités, les collèges ou les grandes écoles, et qui a mérité, en effet, successivement ces diverses dénominations.

Les détails qui nous sont restés relativement à l'école d'Alby en Languedoc peuvent offrir un terme intéressant de comparaison, et en même temps une sorte de type qui comptait dans le Midi de nombreux analogues. Un premier règlement, qui remonte au moins au quatorzième siècle, nous montre qu'au sein de cet antique municipe les écoles étaient placées sous la surveillance directe des consuls et entretenues aux frais de la ville. Aux termes de ce règlement, un maître principal ou régent, maître ès arts, recevait à bail annuellement les écoles publiques de la ville, qui lui concédait à cet effet l'usage d'une maison appartenant à la commune. Moyennant cet avantage, le maître devait distribuer l'instruction élémentaire, à titre absolument gratuit, à tous les jeunes enfants de la cité et consulat d'Alby. L'école devait être, en outre, pourvue d'un certain nombre de maîtres, de manière à offrir tous les degrés de l'enseignement littéraire qui séparaient l'*a, b, c*, de la *théologie*. Pour se défrayer de ses diverses dépenses, le principal était autorisé à percevoir : de chaque écolier commençant et qui n'était point de la juridiction de la commune, une taxe annuelle de cinq sous tournois ; de chaque écolier grammairien, tant d'Alby que du dehors, sept sous six deniers tournois ; de chaque « régiministe, idoine à entrer en *logique*, » dix sous tournois ; et, enfin, de tout *logicien*, vingt sous tournois. Ce règlement fut renouvelé en 1543 et confirmé dans ses dispositions principales. En 1606, ces écoles devinrent le collège municipal (1).

Dans beaucoup de villes, telles que Brest, Autun, Châlon-sur-Saône, Dijon et Paris, les maîtres d'école formaient des communautés indépendantes. La plupart du temps ces corporations industrielles étaient réunies à celle des écrivains (2).

À Paris, les écoles remontaient à une antiquité immémoriale. En 1292, il y avait dans la capitale onze maîtres et une maîtresse d'école établis dans les différentes paroisses de la ville (3). Au XVe siècle, elles étaient déjà très-répandues; car les registres du chapitre de Notre-Dame rapportent qu'on en comptait les élèves par *milliers* à une procession d'enfants convoquée, le 13 octobre 1449, pour attirer la bénédiction divine

sur les armes de Charles VII, alors occupé à reconquérir la Normandie (1). Le chantre de la cathédrale paraît avoir été dans le principe le seul et absolu supérieur et collateur des petites écoles. On a toutefois la preuve que, du XVe au XVIe siècle, son empire était partagé avec lui par le chancelier de la cathédrale, déjà investi, comme on sait, de la juridiction sur les grandes écoles de l'Université (2). Mais, à partir de 1330 environ, on ne voit pas que cette division ait subsisté, et le chantre en posséda désormais la jouissance exclusive jusqu'à l'époque de la révolution française. Chaque maître ou maîtresse, avant de s'établir, devait se pourvoir auprès de ce dignitaire et obtenir de lui des lettres d'institution. Il devait, en outre, se soumettre en tout à ses ordres et obéir aux statuts qu'il leur imposait. Le chantre avait pour l'exercice de cette charge un tribunal et tout un appareil judiciaire. Les brevets d'institution n'étaient délivrés que pour un an ; chaque année, le chantre, ou son promoteur, convoquait tous les maîtres et maîtresses à son synode ; ceux-ci était tenus de s'y rendre et de renouveler leur titre sous le bon plaisir du chantre, qui pouvait s'y refuser. Ils étaient, en outre, révocables à son gré. Ces délivrances de titres, bien qu'elles fussent censées gratuites, ne s'opéraient point sans bourse délier. En 1412, ces dépenses furent taxées par le chapitre, savoir : pour l'institution primitive, à deux sous, dont huit deniers pour le notaire ou greffier, quatre deniers pour le sceau, et un sou pour le chapitre pendant la vacance de la chantrerie ; les maîtres devaient, en outre, payer de six à huit sous pour le renouvellement annuel. « Jusqu'à la fin du XVIe siècle, ces droits continuèrent à être perçus ; mais, à cette époque, ils furent fixés, pour chaque récipiendaire, *à trois écus*, qui revenaient par parties égales au chantre, à son promoteur, et au greffier qui délivrait les lettres de maîtrise (3). » Ces maîtres, à leur tour, prélevaient nécessairement sur leurs élèves un salaire dont le taux suffisait à priver les indigents des bienfaits de l'instruction, et qui variait en raison des diverses circonstances économiques propres à agir sur toute espèce de valeur. En 1672, il y avait à Paris cent soixante-sept écoles qui relevaient du chantre, réparties par *quartiers* dans les quarante-trois paroisses de la capitale, et la moindre de ces charges ou de ces fonds se vendait de vingt à trente pistoles (4).

Parmi les vitraux qui décorent actuellement la bibliothèque de Strasbourg, il en est

(1) Archives de la mairie d'Alby, publiées par M. Roger; *Archives de l'Albigeois*, 1841, in-8°, p. 177 et 246.

(2) Voy. *Le Moyen âge et la Renaissance*, article *Imprimerie*, appendice.

(3) H. GÉRAUD, *Paris sous Philippe-le-Bel*, 1857, in-4°.

(1) Arch. nat., reg. L, n° 417, f° 668.

(2) Voy. POMPÉE, *Rapport historique sur les écoles primaires de Paris*. Paris, 1839, in-8°, p. 29.

(3) Voy. POMPÉE, *ibid.*, p. 47. — En 1410, à Paris, les notaires du roi gagnaient 6 sous par jour. En 1427, un cent de pommes y valait 2 sous ; un cochon, 8 sous ; un mouton, 18 sous. Vers 1600, le setier de blé se payait environ 2 écus. (*Tables* de Leber.)

(4) POMPÉE, *ibid.*, p. 53 et 177. La pistole valait, comme on sait, dix livres, ou dix francs.

un aux armes de cette ville, qui se rapporte à l'état de ses écoles au xvi° siècle ; il provient, selon toute vraisemblance, du *collége* ou université protestante de *Saint-Thomas.* Ce curieux dessin, qu'a déjà reproduit le bel ouvrage de M. Ferd. de Lasteyrie (1), porte la date de 1589, et présente le tableau des diverses connaissances que l'on enseignait alors publiquement à la jeunesse. La science ou l'instruction est représentée dans ce tableau sous l'emblème d'une forteresse (*arx Palladis*), dont les jeunes écoliers doivent progressivement s'efforcer de conquérir la possession. Une double enceinte, où se tiennent, les uns au-dessus des autres, les bacheliers, *baccalarii,* puis les maîtres, *magistri,* semble défendre l'accès de la citadelle. Les assaillants ont à franchir successivement sept degrés correspondant aux sept divisions classiques, savoir : la grammaire (*grammatica*), la dialectique (*dialectica*), la rhétorique (*rhetorica*), la sphère (*sphærica*), l'éthique (*ethica*), la physique (*physica*), et les mathématiques (*mathematica*). Ils parviendront ainsi jusqu'au dernier terme des études littéraires, c'est-à-dire la théologie (*theologia*), qui, grâce à une combinaison de symboles plus poétique que chrétienne, se voit personnifiée sous les traits de Minerve (2).

Le reste de la composition ou de l'allégorie n'est pas moins digne d'être remarqué. Les abords de la docte forteresse, — du haut de laquelle on domine le monde des humains, la nature et ses lointains sommets, — sont gardés comme par une armée invisible, dont vous voyez seulement les tentes avec ces noms : l'*arrogance,* la *timidité,* la *dissipation,* la *paresse,* qui sont les ennemies nées de l'étude. Mais à l'entrée même de la carrière, dont le point de départ est naturellement l'*ignorance,* aux premiers avant-postes, on rencontre deux pavillons sur lesquels l'attention s'arrête tout d'abord. Deux maîtres assis près de ces pavillons sont armés du sceptre redoutable, et sur la frise on lit : la *stupeur* et la *crainte,* ces tristes *commencements de la sagesse.*

Les verges et la férule, la douleur et la compression, telles étaient, en effet, pour l'éducation des enfants, comme pour le gouvernement des hommes, l'*ultima ratio* et la ressource prodiguée de cette société du moyen âge, encore enfant elle-même pour la science des intérêts publics, et barbare dans ses procédés. A la fin du xvi° siècle, Jacques Middendorph, en publiant son livre devenu classique sur les *universités du monde entier,* consacrait un de ses premiers chapitres à une savante dissertation, dans laquelle il prouvait à ses jeunes contemporains cette vérité instructive et consolante, que l'usage des verges et de la férule remontait

aux Grecs et aux Romains. On se rappelle qu'à Paris le roi de France était le premier boursier de *Navarre* et que sa bourse servait à payer les verges du collége. Dans le diocèse de Troyes, comme nous venons de le dire, le maître fouetteur comptait parmi les fonctionnaires essentiels, et pour son entretien, les jeunes élèves ou leurs parents payaient un droit contributif et spécial. Il n'y avait, au moyen âge, rien de plus général, ni de plus uniforme, que cette méthode, variable seulement dans les degrés d'application. A Worms, par exemple, aux termes d'un règlement des écoles, en date de 1260, le disciple pouvait « dans le cas où son maître l'aurait battu, blessé, et lui aurait entièrement rompu les os, quitter ce premier maître sans le payer et *passer à un autre* (1). » La brutalité des moyens de coercition se révèle dans l'histoire de la pédagogie, en raison directe, non-seulement de la grossièreté générale des mœurs, mais de l'absurdité des systèmes didactiques (2). De là ces *haines d'Annibal,* — contractées dès l'enfance, sur des bancs de douleur, par les Erasme, les Alde Manuce, etc.,— qui firent surtout explosion, à l'époque de la Renaissance, dans les écrits de ces hommes illustres. Les mêmes écrits apportèrent à cet état de choses un premier remède en réformant d'abord les livres classiques, et, par suite, les procédés d'instruction. C'est alors seulement, quand les livres et le papier se multiplièrent, que le *pensum* put se substituer avec fruit aux châtiments physiques ; enfin, c'est seulement de nos jours, on peut le dire, que la loi, en versant la lumière universelle de sa surveillance sur les asiles où l'on instruit l'enfance, y a pénétré pour la première fois, accompagnée de l'humanité et de la raison.

Un document original et contemporain fait connaître les principaux ouvrages élémentaires employés, au moyen âge, dans les classes de commençants. Il est tiré d'un compte de l'argenterie, pour l'année 1454-1455, de la reine Marie d'Anjou, femme de Charles VII : nous y trouvons la liste ou catalogue des livres qui composaient la bibliothèque d'écolier de Charles, duc de Berry, prince du sang de France, alors âgé de huit ans. Voici ce catalogue :

1. *Ung* A, B, C ;
2. *Ungs sept pseaulmes* (de la Pénitence). C'était une des premières prières que l'on faisait apprendre par cœur aux enfants, avant qu'ils fussent capables de lire dans

---

(1) *Histoire de la peinture sur verre par les monuments,* in-f°, t. II, pl. xci.
(2) On peut observer que ce programme d'études n'est plus celui du *trivium* et du *quadrivium.*

---

(1) « Schlägt aber ein Lehrer Wünden, oder gar die Knochen entzwei, so kann der Schüler, ohne Schulgeld zu bezahlen, zu einem andern übergehen. » (SCHANNAT, *Worm. Urk.* ap. RAUMER, *Geschichte der Hohenstaufen,* VI, 480.)
(2) On peut consulter, sur la discipline et la brutalité de l'enseignement public et privé aux diverses époques du moyen âge, les détails intéressants qu'ont réunis MM. Emile de LA BÉDOLLIÈRE, *Mœurs et vie privée des Français,* 1848, in-8°, t. II, p. 244 ; et Lud. LALANNE, *Curiosités littéraires,* p. 402 et suiv.

les *Heures*. Ils devaient la réciter mentalement ou à voix basse, soit en assistant à l'office, soit en suivant la procession.

3. *Ung Donast* ; il s'agit ici de Celius Donatus, grammairien romain du iv° siècle, auteur du Traité *De octo partibus orationis*, etc. (Des huit parties du discours.)

4. *Ungs Accidents* , autre ouvrage de grammaire , traitant des *cas* , des conjugaisons, etc. (1).

5. *Ung Caton*. On attribue cet ouvrage à Dionysius ou Valerius Cato, poëte et grammairien mentioné par Suétone et mort avant l'ère chrétienne. C'était un recueil de distiques moraux, conçus tantôt en latin, tantôt en français, et tantôt entremêlé de l'un et de l'autre. Il se distinguait, suivant son étendue, en *grand* et *petit Caton*, ou *Chatonnet*, ainsi qu'on en jugera par l'exemple qui va suivre ( n° 7 ) : celui dont nous parlons n'est probablement que le Chatonnet.

6. *Ung Doctrinal*, grammaire latine, extraite de Priscien et mise en vers léonins, pour venir en aide à la mémoire , par Alexandre de Villedieu.

Ces six volumes « bien escripz en beau parchemin et richement enluminés , » avaient été « prins et acheptés de maistre Jehan Majoris, chantre de Saint-Martin de Tours, pour faire apprendre en iceulx mondit seigneur Charles, » et furent payés *cent livres tournois*. Le même article nous apprend que les mêmes ouvrages avaient servi à l'instruction de Louis , frère aîné de Charles, qui régna depuis sous le nom de Louis XI ( « ès quelz monseigneur le *dauphin* avait appris à l'escolle » ), et qu'ils furent « délivrez à maistre *Robert Blondel*, *maistre d'escolle* de mondit seigneur Charles. » Jean Majoris, comme on sait, avait été institué précepteur et confesseur de Louis. Robert Blondel remplit à son tour, auprès du frère puîné du dauphin, le premier de ces deux emplois. Ce Blondel, peu connu, même des érudits, fut l'un des historiens de la mémorable campagne qui, en 1450, chassa pour toujours les Anglais de la Normandie (2).

7. Le royal écolier possédait , en outre, au témoignage du présent compte : « un autre *grand Caton* , que feist maistre Guillaume de Pargamo, lequel est escript en beau parchemin de bien bonne lettre , bien et richement historié et enluminé , prins et acheté de lui, délivré à maistre Robert Blon-

(1) Cet ouvrage est moins connu et moins commun que les autres. Il en est fait mention, comme d'un livre classique, dans un document des premières années du xiv° siècle, publié par Bongars (*Gesta dei per francos*, II, 337). On en connaît une édition de Caxton, rarissime, intitulée : « *Accidence, scilicet de his quæ octo partibus orationis accidunt* ; prynted at Westmynstre in Caxton's hous by Wynkyn de Worde. » Sans date, in-4°.

(2) *Voy.* sur ce personnage une notice spéciale dans les *Mémoires de la Société des Antiquaires de la Normandie* ; Caen, t. XIX, in-4°, p. 160 et suiv.

del par la cause dessusdicte, et payé à Guillaume Lallement , marchand, demeurant à Bourges, par ordre de monsieur le trésorier de la reine, la somme de cent livres tournois (1). »

Ces différents ouvrages , et quelques autres analogues, tels que le *Catholicon*, espèce de dictionnaire universel à l'usage des élèves latinistes, étaient communs à presque toutes les écoles de la chrétienté. Un livre fort intéressant, de cette espèce et de la même époque, a été remis récemment en lumière par le *Camden society* d'Angleterre, sous le titre de *Promptorium parvulorum sive clericorum, auctore* GALFRIDO (2), etc. C'est un dictionnaire latin-anglais composé vers 1450 dans le dialecte du Norfolkshire, et qui servait , comme son titre l'annonce, aux compositions des jeunes écoliers.

Le latin , durant le moyen âge, était à la fois la langue de l'Eglise, la langue littéraire, celle de la science, et enfin l'idiome commun des nations chrétiennes. Ces considérations expliquent facilement pourquoi , de tout temps, le latin fut employé à l'exclusion des dialectes vulgaires dans les anciennes universités, les colléges et les *grandes écoles*. Mais lorsque, peu à peu, l'esprit moderne eut ouvert à l'entendement humain comme un monde nouveau; lorsque les principes moraux , inconnus à l'antiquité, eurent créé dans les relations sociales une multitude d'idées et d'habitudes de l'âme, que les idiomes anciens n'avaient jamais dû traduire; lorsqu'enfin les nations, devenues adultes, furent définitivement formées; alors, il s'établit entre le latin et les langues *vivantes* une sorte de lutte dont il est curieux d'étudier les péripéties dans les annales de la pédagogie, et dont l'issue devait être, après d'héroïques efforts en faveur du langage immortalisé par Tacite et Virgile, de réduire à peu près universellement le latin à l'état de langue *morte*. Dès la première moitié du xv° siècle, on voit se déployer au sein de nos écoles un appareil de prohibitions et de châtiments, pour re-

(1) *Archives nationales*, K. ; registre 55, f° cxix verso. Charles de France, duc de Berry, né à Montil-lez-Tours, en 1446, duc de Guyenne sous son frère Louis XI, en 1469, mourut en 1472. Ce prince débile, l'un des derniers et nombreux enfants de Marie d'Anjou et de Charles VII, fut l'objet d'une prédilection marquée de la part de son père, qui résolut un moment de le substituer aux droits de son autre fils, rebelle. Son éducation fut entourée des soins les plus tendres et les plus attentifs. Le jeune prince paraît avoir acquis, sous cette influence, l'un des goûts inoffensifs de sa molle existence. Il réunit une certaine quantité de livres que propageait l'imprimerie naissante, et cette collection, qui se distingue encore par la présence multipliée de sa signature, fut un des premiers noyaux de la Bibliothèque royale, constituée par Louis XI. (*Voy.* JOURDAIN, *Mémoire sur la Biblioth du roi*, en tête du *Catalogue des imprimés*, p. VII.)

(2) *Ad fidem codicum recensuit* ALB. WAY. Tomus prior, Londini, 1843, in-4° (tiré à petit nombre, pour les membres de ce club ou association littéraire).

pousser l'invasion ou l'empiétement du *français*, que l'enfant y apportait avec les primitives influences de l'éducation maternelle. Le règlement de 1436, que nous avons cité plus haut, distingue deux sortes de latin : le latin *congru*, que devait parler tout élève parvenu à l'étude du *Doctrinal* ou syntaxe latine, et le latin *incongru*, à l'usage des écoliers qui suivaient les classes élémentaires. Mais l'emploi du français, même pour la conversation et hors des écoles, est généralement interdit (1). Vers la fin de ce siècle et au commencement du XVIᵉ, quand les chefs-d'œuvre littéraires de l'antiquité, recherchés, commentés avec une nouvelle ardeur par les érudits, multipliés à l'aide de la presse, reçurent, au milieu de l'Europe régénérée, cette ovation enthousiaste que l'histoire a nommée *Renaissance*, le langage scolastique, retrempé lui-même à cette source vive, y puisa de nouvelles forces pour soutenir la lutte dont nous avons parlé. On vit alors des hommes, même d'une haute valeur intellectuelle, composer, pour l'instruction de l'enfance, des dialogues familiers, où la langue du siècle d'Auguste servait d'interprète à de jeunes garçons, sujets de Charles-Quint et de François Iᵉʳ. Nous nous bornerons à citer, parmi ces curieuses tentatives, les *Colloques* d'Adrianus Barlandus de Cologne, ceux du Hollandais Erasme, et chez nous, ceux du célèbre Mathurin Cordier. Mais ces efforts devaient être à peu près vains, et l'on peut faire, à l'égard du dernier de ces auteurs, une remarque singulière : c'est que le seul de ses ouvrages qui lui ait survécu dans nos écoles fut précisément écrit en français. Il parut d'abord sous ce titre : *Miroir de la jeunesse, pour la former à bonnes mœurs et civilité de vie* (Poitiers, 1559, in-16). C'est, à peu de choses près, le livre aujourd'hui encore si connu sous le nom de *Civilité puérile et honnête*.

Disons enfin quelques mots des mœurs et divertissements des plus jeunes écoliers. A l'instar des écoliers qui fréquentaient les facultés, ceux des écoles inférieures avaient aussi leurs solennités, leurs fêtes et leurs amusements. Les fêtes de sainte Catherine et de saint Nicolas étaient celles de toute la jeunesse; les plus petits écoliers y prenaient part, comme à Troyes, en chantant des chansons (2) accompagnées de processions et de mystères par personnages (3).

(1) Art. XXXII et XXXIII. En 1516, cette interdiction de la langue maternelle et l'usage obligé du latin régnaient également à Nordlingen, à Ulm, à Meiningen, à Durlach, en Wurtemberg, en Hanovre, en Brunswick, en Saxe, etc. (R.-F. RUHKOPF, *Geschichte des Schul-und-Erziehung's-Wesen in Deutschland*, etc. 1794, in-12, p. 150.) A Paris, la réforme de 1598 renouvela des colléges (art. XVI) les mêmes dispositions; et celles-ci restèrent en vigueur, mais avec une application de moins en moins efficace, jusqu'à la Révolution française.
(2) Règlement de 1436, art. XLI.
(3) On en peut citer un du XIIIᵉ siècle, reproduit par M. POMPÉE, *Rapport historique*, etc., p. 204, et un autre encore plus ancien, qui paraît avoir eu pour auteur un écolier de l'Université de Paris, au-

A Paris, au jour de ces deux saints, les enfants des petites écoles élisaient entre eux un évêque, et le promenaient par les rues avec grande pompe et cortége, en dansant au son des fifres, violons et tambourins. Ces solennités, souvent défendues par l'autorité, le furent encore en 1725 (1), ce qui montre qu'elles persistaient jusqu'à cette date récente. Les combats, joûtes et jeux de coqs paraissent avoir été, au moyen âge, un amusement général et caractéristique des jeunes écoliers. En 1260, Pierre, archevêque de Bordeaux, les interdit, sous le nom de *bella gallorum*, dans un synode de sa province métropolitaine (2). En 1353, à Rameru en Champagne, le maître d'école était tenu de fournir annuellement un coq à ses jeunes élèves, pour leur procurer le plaisir de jeter des bâtons dans les jambes de cet animal (3). Vers la même époque, les combats de coqs étaient en faveur parmi les jeunes écoliers de Dieppe; en 1398, à Montgardon, en Normandie (4). En 1458, nous retrouvons la même coutume chez les jeunes clercs des grandes écoles d'Abbeville. Ces jeux donnaient lieu à une cérémonie périodique, qui se célébrait tous les ans, le jour des *caresmiaux*, ou mardi gras. L'écolier dont le coq avait été vainqueur était proclamé roi de l'école; il était mené en triomphe, et présentait solennellement son coq au mayeur de la ville (5). A Paris, les petits écoliers élisaient également un *roi* vers la même époque de l'année (en temps de carême). Etienne Pasquier, qui nous rapporte ce trait de mœurs, le mentionne comme très-ancien pour son temps, et il ajoute que ces bambins accompagnaient leur roi par les rues en chantant ce refrain, dont le premier vers était devenu inintelligible :

> Vive en France (6)
> Et son alliance !
> Vive France
> Et son roi aussi !

La bibliographie des jeux en général formerait à elle seule une encyclopédie. Rabelais, au livre Iᵉʳ, chapitre 22, de son Odyssée bouffonne, sous le titre captieux de *Jeux de Gargantua*, nous donne une longue énumération des divertissements qui se pratiquaient au XVIᵉ siècle, non-seulement parmi les écoliers, mais dans le monde. En ce qui concerne spécialement les jeux usités dans les écoles, ces dialogues familiers dont nous occupions il y a peu d'instants (7) nous en fournissent une nomenclature qui, sauf la forme de quelques termes, nous

diteur d'Abailard. (*Voy.* CHAMPOLLION-FIGEAC, *Hilarii versus et ludi*. Paris, 1838, in-12, p. 54.)
(1) POMPÉE, *ibid.*, p. 54.
(2) LABBE, *Concilia*, etc., XI, 600, D.
(3) Léopold DELISLE, *Études sur la condition de la classe agricole en Normandie*. Evreux, in-8º, p. 185.
(4) *Ibid.*
(5) Note tirée de D. Grenier et communiquée par M. Charles Louandre.
(6) C'est-à-dire *vive enfance* ou *vive France ?* Voy. *Recherches de la France*, t. VIII, ch. 62.
(7) Math. CORDER, et Lud. VIV., *Lusus puериles*, Paris, 1555, in-8º.

semble être demeurée à peu près exacte et complète. La voici en français du XVIᵉ siècle : La *baule*, *courte* ou *longue*; la *mousche*, les *barres*; le *chevau-fondu*; la *savatte*; le *pot-cassé*; le *sault*; ou course à pieds-joints, à cloche-pied, à toutes jambes; le *palet*; la *dance morisque*, *fol de morisque*; le *ject de la pierre*, la *luicte* (combat à bras-le-corps); la *clicquette*, *ainsi que faict un ladre*, formée de deux os plats, ou *crecelle*; les *quilles*, la *balle*, la *paulme*, le *ballon*, la *crosse* ou balle crossée, appelée en Italie *calcia*, et en Picardie *la chole*; la *toupie*, le *sabot*; la *fossette* avec des *noix* (et plus tard avec des *billes*); le *per ou non*; les *jonchets*, les *cartes*, les *dames* et les *échecs*. En 1589 (même date que le vitrail de Strasbourg), un éditeur d'estampes, nommé Nicolas Prévost, qui demeurait à Paris, rue Montorgueil, à l'image Saint-Antoine, mit en vente une sorte d'Album imprimé, sous ce titre : *Les trente-six figures contenant tous les jeux qui se peuvent jamais inventer et représenter par les enfants, avec les amples significations desdites figures, mises au pied de chacune d'icelles, en vers français* (1), etc.

*Écoles et éducation des femmes.* — Une vérité de mieux en mieux reconnue aujourd'hui, c'est que le plus sûr critérium, pour apprécier le degré de civilisation d'une société, consiste à étudier la condition morale et intellectuelle qu'elle fait aux femmes. Un pieux évêque du XVᵉ siècle exprime naïvement, dans les paroles suivantes, les idées que nos pères professaient à cet égard, et fait bien sentir le rang comparatif qu'ils assignaient à chacun des deux sexes, relativement à l'instruction. Jean Lesguisé, dans le préambule de son règlement sur les écoles de Troyes, observe que Jésus, en commettant à saint Pierre et à ses autres disciples le soin d'enseigner les nations, leur dit *itérativement* : Paissez mes *agneaux*; et *une fois* seulement : Paissez mes *brebis*, pour leur montrer que c'est aux jeunes garçons que l'Eglise, institutrice de l'Univers, doit consacrer la plus grande part de sa sollicitude.

Le rôle social des femmes au moyen âge nous apparaît sous un triple aspect; selon que l'on considère leur vie religieuse, — politique — ou privée. A chacun de ces trois aspects, correspond un mode particulier d'enseignement : ecclésiastique, aristocratique, — ou populaire, — qui, combinés ensemble, forment le tableau complet de l'instruction et de l'éducation féminines pendant cette période. Nous allons l'esquisser rapidement.

Le christianisme, en ouvrant à l'activité morale et intellectuelle de l'humanité un monde nouveau, avait convié spécialement les femmes à son œuvre de régénération. Celles-ci ne tardèrent pas à prendre au travail apostolique une part importante, et recueillirent, pour premier fruit de leur concours, le progrès, l'avancement qui s'accomplit dans leur condition, au sein de l'Etat et de la société. Dès les premiers temps de la propagation de l'Evangile, on les voit apporter aux Pères de l'Eglise l'aide précieuse de leur intelligence, de leur foi, de leur zèle, et l'Eglise ne craignit pas alors de les associer, sous le titre de *diaconesses*, au ministère sacré, dont elles partageaient les labeurs et la gloire. Bientôt les monastères, qui offraient à leur faiblesse la protection d'une sorte de forteresse, défendue par la plus haute puissance morale qui fût parmi les hommes, présentèrent aussi un asile à l'essor de leurs pensées, une école à la culture de leur esprit. Depuis les pieuses matrones, dont la correspondance des Jérôme, des Augustin, des Paulin, nous a conservé les noms, jusqu'à la *très-sage* Héloïse, type le plus populaire et le plus complet que nous présente l'histoire littéraire du moyen âge, la femme ne cessa point de grandir intellectuellement aux côtés de l'homme, sous la bienfaisante influence de la loi nouvelle. Les couvents furent donc, pendant tout le cours de cette époque, une première classe d'établissements d'instruction et d'éducation pour les femmes (1).

Les filles des rois et des nobles, appelées à prendre place un jour à côté de leurs époux dans le gouvernement des Etats, et quelquefois même, comme dans les fiefs féminins, en leur propre nom, se formaient, au sein du monde et de la vie quotidienne, à l'apprentissage de leur destinée. Après avoir reçu dans le manoir natal, et le plus souvent de la mère ou de l'aïeule, les premières notions littéraires, ainsi que les soins maternels, une coutume, toute politique dans ses conséquences, les sevrait, jeunes encore, des partiales tendresses de la famille, et les confiait comme les jeunes hommes, par une sorte de *commendatio*, à l'affection moins indulgente, à la direction plus ferme, aussi bien qu'à l'appui tutélaire, d'un puissant seigneur ou allié. Là, sous la conduite de quelque châtelaine expérimentée, par les soins des clercs, elles s'instruisaient de la doctrine religieuse, poursuivaient leurs études littéraires, s'appliquaient à la pratique du chant et de la musique, s'employaient aux soins domestiques; assistaient, dans les divers actes et services de la vie intérieure, les dames auxquelles elles étaient attachées; les accompagnaient à la chambre, à la table, à la chasse, aux tournois; apprenaient à juger des coups de lance, à apprécier la courtoisie, la bravoure; à connaître les substances et les médicaments qui guérissent les blessures et les maladies (2); en

---

(1) In-4° oblong, gravures sur bois. Cet opuscule aujourd'hui rarissime, est au nombre des joyaux bibliographiques dont se compose le cabinet de M. Jérôme Pichon. Il en a paru un extrait avec figures dans le *Magasin Pittoresque*, 1847, p. 67. *Voy.* aussi le même recueil, 1848, p. 314.

(1) On peut consulter sur ce sujet *Les femmes célèbres de l'ancienne France*, par M. LE ROUX DE LINCY, 1848, in-18, t. I.

(2) LACURNE SAINTE-PALAYE, *Mémoire sur l'anc. cheval.*, 1759, t. I, p. 15 et 44.

un mot elles se préparaient, par les leçons de l'expérience, au rôle d'épouse et de dame qui leur était réservé.

Lorsque la féodalité et la chevalerie furent mortes, et avec elles ce culte idéal qui divinisait la beauté, la renaissance des lettres, au xve siècle, associa également la femme à son œuvre de rénovation intellectuelle. Louis Vivès, par un de ses écrits les plus célèbres (1), contribua pour sa part à ce résultat. Cette époque féconde nous a laissé le souvenir d'une multitude de femmes, qui occupèrent, à côté des hommes mêmes, une place considérable dans la république des lettres, et qui surent unir aux grâces de leur sexe, à l'éclat d'un haut rang, des connaissances brillantes ou approfondies en diverses branches du savoir humain. La notion et l'usage des langues grecque, latine et étrangères, étaient alors généralement familiers aux princesses et, par imitation, à beaucoup de jeunes femmes appartenant à des classes moins élevées. Qu'il nous suffise de rappeler, à l'appui de cette assertion : pour la France, Gabrielle de Bourbon, femme de Louis La Trimouille (2) ; Marguerite d'Angoulême, reine de Navarre; Renée de France, depuis duchesse de Ferrare ; en Angleterre, Jeanne Gray ; en Italie et en Allemagne, Alessandra Fedele, Vittoria Colonna, Olympia Morata. A cette époque, il existait, à Lubeck, à Nuremberg, des écoles publiques de filles où l'on enseignait la lecture, l'écriture, la langue vulgaire, l'arithmétique, la musique et le latin. Au xviie siècle, un nombre encore imposant de femmes très-éclairées, telles que Christine de Suède, la princesse palatine, Marie Kunitz, Anna Schurmann et madame Dacier, continuèrent ces traditions sur divers points de l'Europe. Il faut reconnaître toutefois que cette forte impulsion, communiquée par le xvie siècle à l'éducation féminine, s'est plutôt affaiblie que maintenue depuis lors jusqu'à nos jours.

Quant aux jeunes filles de plus humble condition, l'Eglise leur distribuait les premières notions de la foi catholique, et c'est là que se bornait à peu près exclusivement l'instruction des enfants du pauvre, lorsqu'elles recevaient une instruction quelconque. Pour celles dont les parents s'élevaient au-dessus de l'indigence, il exista de très-bonne heure, au sein des monastères de filles, des écoles ouvertes moyennant rétribution.

(1) *Disciplina christianæ feminæ.*
(2) Voy. le *Panégyric* de Bouchet, ch. xx. Le goût et la pratique de l'art littéraire, dans les rangs féminins de la *haute société* française, sont au moins aussi anciens que la féodalité. Les célèbres *Cours d'amour* n'étaient autre chose que des académies de bel esprit présidées par des dames. Ces exemples se perpétuèrent, avec un zèle particulier, à la cour de France, parmi les princesses de sang royal. De Marie de France à Marie Stuart, l'histoire littéraire peut établir une pléiade brillante, une chaîne non interrompue et presque une dynastie de poètes distingués.

L'an 1570, Charles IX autorisa légalement à Paris une corporation composée de sept *écrivains jurés* ,qui devaient faire foi judiciairement en matière d'écriture et de faux. Il leur permit, en outre, d'enseigner aux enfants l'*écriture*, l'*ortographe*, le *ject* (1) et le *calcul*. Egalement vus d'un mauvais œil par le chantre de Notre-Dame, supérieur des petites écoles, et de l'Université, dont ils ne subissaient pas la juridiction, ils eurent pour rivaux les maîtres d'école, auxquels ils firent à leur tour sentir le poids de leur *privilége*. En 1661, ils obtinrent du parlement un arrêt qui défendait « aux maîtres d'escole de mettre plus de trois lignes d'écriture dans les exemples qu'ils donneront à leurs escoliers. » La corporation des écrivains jurés se constitua, par lettres patentes de 1779, en *Bureau académique d'écriture*, et subsista jusqu'à la révolution française.

Au milieu de ce conflit incessant de prétentions rivales, la situation la plus pénible était celle des maîtres privés, qui, bravant les périls de leurs entreprises, se multipliaient de jour en jour, au fur et à mesure que se propageaient les besoins de l'instruction. Malgré les menaces et les procès de l'Université, le chantre de la cathédrale s'était attribué le droit non-seulement de nommer aux petites écoles de Paris et de la banlieue, mais encore d'instituer tous les maîtres qui voulaient enseigner hors de la juridiction du recteur. Le chantre prétendait donner son investiture aux congrégations religieuses des deux sexes, qui consacraient leur zèle à l'instruction des pauvres, et aux précepteurs des écoles de charité, aussi bien qu'aux maîtres d'allemand, d'espagnol, d'hébreu et d'arabe ; alléguant cet argument curieux, qu'il n'y a point de langue sans *grammaire* et qu'il avait le monopole des écoles *grammaticales*. L'Université, de son côté, s'appuyant sur la lettre de ses statuts, prétendait être la maîtresse partout où s'instruisaient des sujets *âgés de plus de neuf ans*. Les professeurs extra-universitaires qui se soumettaient à l'autorité du chantre recevaient donc de lui, moyennant finances, une sorte d'investiture qui ne les préservait pas toujours des poursuites du recteur. Ce genre de maîtres s'appelait *permissionnaires*, puis, *maîtres à pensions*, et enfin *de pensions*, dénomination qu'ils ont conservée jusqu'à ce jour. Leur établissement à Paris remontait à la seconde partie du xvie siècle. En 1618 (2), il y en avait un certain nombre dont les maisons étaient comme de *petits colléges* et qui déjà portaient ombrage à l'Université. Malgré les diligences de celle-ci, ces écoles rivales

(1) L'art de compter et calculer.
(2) *Factum pour Claude Joly*; 1678, in-4° (Arch. nation.; L. 717). Il ne faut pas confondre les pensions, autorisées par le chantre, avec les pédagogies, qui relevaient de l'Université. Le carton 717 contient de nombreux et précieux documents, tant imprimés que manuscrits, sur les différentes écoles de Paris aux xviie et xviiie siècles.

persistèrent et continuèrent d'offrir plus économiquement (jusqu'à l'époque de la gratuité) une instruction aussi élevée que dans les colléges de plein exercice, et probablement elles y conduisaient, comme aujourd'hui, au moins quelques-uns de leurs pensionnaires (1). En 1736, le nombre des maîtres des petites écoles autorisées par le chantre à Paris était de cent quatre-vingt-onze ; celui des maîtresses s'élevait à cent soixante-dix et celui des permissionnaires à dix-huit (2). Chacun de ces titulaires pouvait avoir, en outre, sous ses ordres, un ou deux auxiliaires. Une production judiciaire de 1741 porte à plus de six cents maîtres et maîtresses l'évaluation numérique de ce personnel enseignant (3). D'autres, pour échapper aux exigences financières et à la domination des suzerains de l'instruction, s'établissaient clandestinement dans les lieux écartés de la banlieue, au milieu des champs, des *buissons* qui entouraient alors la capitale et qui avoisinaient même les quartiers les plus riches et les plus peuplés, pour y ouvrir des écoles, nommées de là *buissonnières* (4). D'autres enfin, plus hardis, exposaient leurs enseignes et leurs tableaux au cœur même de la ville. En 1677, le recteur de l'Université fit afficher dans les carrefours de Paris un décret ou mandement, pour se plaindre publiquement des tentatives de « gens sans caractère et sans autorité du prince, qui se veulent immiscer d'enseigner dans trois ou six mois (5) les langues grecque et latine, tous les arts libéraux et les sciences les plus relevées. » Il signalait spécialement « un nommé Du Roure, logé au Palais, rue Nouvelle-de-Lamoignon, qui promet d'enseigner la grammaire, la rhétorique, la philosophie, les mathématiques, la théologie, la jurisprudence, la médecine, et beaucoup d'autres choses qui sont en son tableau (6)... » « Telles gens, d'ordinaire (ajoute Claude Joly, chantre de Notre-Dame à cette époque), pour se faire valoir davantage, se vantent d'avoir des méthodes particulières, plus promptes et plus faciles que celles du commun, pour enseigner les langues latine et grecque, et ils en donnent

(1) *Devoirs des maîtres de pension qui sont dans les faubourgs de cette ville, auprès des colléges ou dans la banlieue* ; minute manuscrite sans date (XVIIIe siècle), archives nationales ; chantrerie de Notre-Dame de Paris ; L. 717. On y voit figurer, article 13, des élèves de rhétorique et de philosophie.

(2) *Catalogue des maîtres et maîtresses d'école de la ville, cité, Université, faubourgs et banlieue de Paris, suivant l'ordre de leur réception, pour l'année 1736*. Placard imprimé en affiche. (Arch. nat., L. 717.)

(3) *Mémoire signifié pour Jean de Saint-Exupéry, chantre de Notre-Dame*, etc. 1741, in-fol., p. 7 (L. 117).

(4) Ce terme est déjà employé dans un arrêt du Parlement du 24 septembre 1552, rapporté dans le *Mémoire* dont il est parlé dans la note précédente.

(5) L'Université, alors comme aujourd'hui, exigeait six ou huit ans pour les mêmes études.

(6) Voy. POMPÉE, *Rapport sur les écoles primaires de Paris*, page 108.

même quelquefois des livres au public (1). »

L'instruction publique serait restée à jamais captive dans ces langes du moyen âge, si l'autorité temporelle n'avait pris résolument l'initiative d'extensions et de créations nouvelles. La monarchie, et c'est là sa véritable gloire, bien qu'elle semblât s'incarner à l'état de fétiche dans la personne de Louis XIV, ne fut, à un certain point de vue, surtout à dater de ce prince, qu'un être de raison, une personne fictive, dont l'individualité réelle était celle de la France. Ce monarque, pendant toute la première partie de son règne, comprit avec une rare sagacité les nécessités de son temps, et il y pourvut de manière à mériter les perpétuelles actions de grâces de la postérité. Indépendamment des académies que nous avons déjà mentionnées, Louis XIV établit en 1666 l'Observatoire (2). Il créa successivement

(1) *Traité historique des écoles épiscopales et ecclésiastiques*; Paris, 1678, in-12, p. 497. Il cite encore « un nommé Chevalier, logé rue Chapon, dont le recteur et lui font pareille plainte..., qui promet d'enseigner les lettres et les sciences autrement que dans les colléges de l'Université et que dans les escoles réglées du sieur chantre, où il (le chantre) veut qu'on suive les méthodes connues et usitées. » Il mentionne enfin un Hollandais du nom de « Van der Enden, alias Affinius, ayant ouvert de son autorité privée une escole au fauxbourg Saint-Antoine, » et qui était accusé *d'enseigner l'alcoran à ses escoliers*. Le chantre fit saisir les livres, les papiers, le tableau de ce *buissonnier*, et le condamna en 50 livres d'amende. Van der Enden, après avoir essayé de lutter judiciairement, fut de plus *arrêté et mis prisonnier* (*ibid.*, p. 350 et 351), puis *condamné à mort et exécuté*, sous l'accusation de *crime d'État*. (*Factum* de 1678.)

(2) J.-D. Cassini fut installé comme chef de l'Observatoire, et ses observations purent commencer le 14 septembre 1671. Mansart et Perrault avaient été les architectes du monument. Ces deux artistes étaient peu versés, l'un et l'autre, dans la connaissance des opérations pratiques de l'astronomie : suivant un funeste abus, qui règne encore en matière de bâtiments publics, non-seulement ils ne consultèrent point Cassini sur la distribution de l'édifice, mais ils ne tinrent aucun compte de ses représentations. Les considérations les plus essentielles furent donc sacrifiées à la seule question d'art : le monument, grâce aux plans qui furent ainsi adoptés, présenta bientôt à l'œil et à l'admiration des passants des lignes harmonieuses, ainsi qu'une masse imposante et sévère, mais il se trouva dépourvu des dispositions que son usage et sa destination rendaient indispensables. Dès 1730, on fut obligé de renoncer à l'emploi de cet édifice primitif et de construire mesquinement et extérieurement de petits cabinets, qui du moins répondaient aux nécessités de la pratique. Louis XIV n'avait affecté aucun fonds perpétuel à l'entretien et au perfectionnement de ce précieux établissement scientifique. Tant qu'il vécut, ses libéralités renouvelées pourvurent à ces besoins de la science; mais sous le règne de Louis XV la *faveur* que l'Observatoire royal avait su se conquérir ne se soutint pas, et, au milieu du désordre croissant des finances, il tomba peu à peu dans un abandon presque absolu. En 1765, les bâtiments, infiltrés par les eaux pluviales, menaçaient ruine de toutes parts ; les instruments n'étaient plus au niveau ni des perfectionnements accomplis dans ce genre de fabrication, ni des besoins et des progrès incessants de l'astronomie. Cassini de Thury avait vu refuser

pendant cette même période les Ecoles d'artillerie de Douai (1679), puis de Metz et Strasbourg, auxquelles s'adjoignirent successivement celles de Besançon, Grenoble, Auxonne, Metz, Perpignan et Valence (1). L'Ecole des mineurs de Verdun, l'Ecole royale du génie à Mézières (1748) vinrent aussi, plus tard, compléter ces institutions. « Des compagnies de Cadets, dit l'historien du *Siècle de Louis XIV*, furent entretenues dans la plupart des places frontières (2); ils y apprenaient les mathématiques, le dessin et tous les exercices, et faisaient les fonctions de soldats. Cette institution dura dix années (3). Mais le corps des ingénieurs,

l'offre généreuse, qu'il avait faite au ministre des bâtiments, d'avancer, sur ses propres deniers, la dépense d'une restauration. Les observations ne se suivaient plus avec une régularité continue : en un mot, l'Observatoire français était en pleine décadence. Cependant les efforts soutenus de Cassini de Thury et de Jacques-Dominique Cassini, son fils, connu sous le nom de comte de Cassini, finirent par triompher de ces difficultés et de ces circonstances contraires. En 1785, ce dernier réussit à faire adopter par le gouvernement de Louis XVI un plan général de restauration, ou plutôt de régénération, pour cet établissement. Ce plan comprenait : 1° la reconstruction de l'édifice ; 2° l'acquisition d'instruments qui manquaient alors à la France ; 3° la fondation d'un atelier royal ou école de construction et de fabrication d'instruments astronomiques ; 4° la création de trois places d'élèves-astronomes, destinés à assister les astronomes académiciens et à former une série d'observations non interrompues ; 5° la fondation d'une bibliothèque astronomique. Ces heureuses conceptions furent en partie réalisées, ou du moins ébauchées ; mais diverses circonstances, prélude de la Révolution, puis la Révolution française, vinrent en suspendre et en modifier très-gravement l'application définitive. Les instances du comte de Cassini avaient obtenu des lettres patentes du 7 février 1787, portant institution d'un corps d'ingénieurs en instruments d'optique, physique et mathématiques. Il avait aussi conçu l'idée de créer à l'Observatoire un enseignement *oral* de l'astronomie, à l'usage des élèves de la marine et des gens du monde ; mais ce dernier enseignement, proposé par lui en 1793, ne fut réalisé que postérieurement, sous l'autorité du Bureau des longitudes. ( *Voy.*, sur l'historique de l'Observatoire, les *Mémoires* du comte Cassini ; Paris, 1810, in-4, et la *Notice* de M. Arago, dans l'*Annuaire du bureau des longitudes* de 1846.)

(1) Selon le Man de Juisse, les écoles d'artillerie furent établies, au nombre de cinq, en 1680. En 1720, sous Louis XV, leur siége était à Metz, La Fère, Strasbourg, Perpignan et Grenoble. ( *Carte générale de la monarchie française*; Paris, 1733, in-plano, feuille 11. Voy. aussi Guignard, *Ecole de Mars*; 1725, in-4°, t. II, p. 169.) En 1789, il y en avait sept : à Valence, Douai, Auxonne, La Fère, Metz, Besançon et Strasbourg. (*Almanach royal*.)

(2) En 1687, l'Académie proposa, au concours annuel de poésie, ce sujet de circonstance : *Le soin que le roi prend de l'éducation de la noblesse dans ses places et dans Saint-Cyr*. Fontenelle concourut et mademoiselle Deshoulières remporta le prix.

(3) Les Cadets étaient de jeunes gentilshommes qui servaient, dans les troupes de terre, volontairement, sans être enrôlés et sans solde, pour se former au métier des armes. Fabert et Vauban avaient été Cadets. Il en fut de même du général français La Colonie, qui a laissé, notamment sur ce point spé-

que le roi forma et auquel il donna des règlements qu'il suit encore (1) est un établissement à jamais durable..... Il établit des conseils de construction dans les ports pour donner aux vaisseaux la forme la plus avantageuse. On comptait, vers 1680, dans le service de la marine, mille gentilshommes ou enfants de famille faisant les fonctions de soldats sur les vaisseaux, et apprenant dans les ports tout ce qui prépare à l'art de la navigation et à la manœuvre ; ce sont les gardes-marine : ils étaient sur mer ce que les Cadets étaient sur terre. On les avait institués en 1672, mais en petit nombre. Ce corps a été l'école d'où sont sortis les meilleurs officiers de vaisseau (2). »

cial, de curieux mémoires. (Bruxelles, 1738, in-12, t. I, p. 8 et suiv.) C'est ainsi que, dans le principe et en l'absence d'institutions plus régulières, se préparait et s'élevait une partie du corps d'officiers. Richelieu, Mazarin et Louvois conçurent successivement l'idée d'une école militaire. Le premier, par un règlement de 1636, consacra une somme de 22,000 livres à la fondation d'une école militaire à l'usage de vingt jeunes gentilshommes de quatorze à quinze ans. L'école était annexée à l'Académie royale d'escrime, instituée par Louis XIII, c'est-à-dire par le cardinal, en la vieille rue du Temple. (Collection Isambert, XVI, 466.) Une fondation analogue de Mazarin, au sein même de son collége, fut rejetée et étouffée par les efforts hostiles de l'Université. Enfin, Louvois, à son tour, échoua de même, en voulant réaliser un projet analogue. Ce dernier, dans l'impossibilité où il se vit de réaliser ce dessein, créa, en 1682, les Cadets dont parle Voltaire ; ils étaient au nombre de quatre mille et répartis dans six corps différents. Mais en 1693 on fut effectivement obligé de les licencier, à cause de leur indiscipline. Depuis cette époque, les Cadets furent plus d'une fois et tour à tour créés, supprimés, rétablis, et enfin définitivement abolis à l'époque de la révolution française. L'école spéciale militaire fut conçue, en 1750, par un nommé Duvernay, qui, l'année suivante, en fit agréer la création à madame de Pompadour, et, par ce canal, au roi Louis XV. Cette école, pendant le reste du XVIII° siècle, fut, à diverses reprises, menacée dans son existence. Par ce motif, on y rattacha comme annexes, vers 1776, les écoles secondaires de La Flèche, Auxerre, Beaumont, Brienne, Dole, Effiat, Pont-à-Mousson, Pont-le-Voy, Sorrèze, Tournon, Tyron et Vendôme, dirigées tour à tour par les jésuites, les bénédictins et les oratoriens.

(1) Voltaire écrivait ces lignes en 1740.

(2) La première origine des écoles de marine remonte à Louis XIII. Un *état* manuscrit *de pensions, appointements*, etc., daté de 1627, conservé aux Archives du ministère de la marine et des colonies, porte : « A seize jeunes gentilshommes qui seront entretenus pour estre instruits au faict de la marine et de la navigation, en tel lieu qu'il plaira à Sa Majesté ordonner pour cest effet, chascun 400 livres. » Ces *jeunes gentilshommes* devinrent par la suite les *volontaires de la marine*. Ils existaient sous ce dernier titre, en 1670, au nombre de vingt, et le lieu de leur instruction était le port de La Rochelle. A peu près ainsi, en 1708, ils furent réorganisés par une ordonnance royale du 14 septembre 1764 et subsistèrent jusqu'en 1792. C'est dans cette école que se recrutait le corps des *gardes de la marine*, dont l'existence est antérieure à 1664. Une ordonnance du 22 juin 1682, Louis XIV créa six compagnies de *Cadets de la marine*, dont le dépôt général fut d'a-

Le Jardin des Plantes, à Paris, fut fondé en 1626 (1). Ce genre d'établissements scientifiques dut son origine aux études médica-

bord fixé à Indret. Il institua en même temps trois compagnies de *gentilshommes gardes de la marine*, l'une pour Brest, la seconde pour Toulon, et la troisième pour Rochefort. Les *gardes de la marine* formaient alors une pépinière d'officiers de vaisseau, et leur instruction n'était pas sans rapport avec celle des *jeunes gentilshommes*, dont il vient d'être fait mention. Une ordonnance du 29 août 1773 établit au Havre une *école royale de marine*, composée de quatre-vingts élèves; école dont le siége fut bientôt transféré dans les ports de Brest, Toulon et Rochefort. Après diverses vicissitudes, la suppression des *gardes de la marine* fut prononcée par ordonnance du 22 septembre 1774. Aux termes de cette dernière loi, les *gardes de la marine* durent avoir, en premier lieu, pour successeurs, les *volontaires*, sortis des *écoles royales*; puis, en vertu de l'ordonnance du 2 mars 1775, les *aspirants gardes de la marine*; puis enfin, par ordonnance du 1ᵉʳ janvier 1786, les *élèves de marine*. C'est alors seulement que les *gardes* furent réellement supprimés.

C'est également sous l'ancienne monarchie que furent constitués (ordonnance du 25 mars 1765): 1° les *élèves commissaires de la marine et des classes*, dans les ports de Brest, Toulon et Rochefort, supprimés le 1ᵉʳ janvier 1774; 2° les *élèves de port* (même ordonnance); et 3° en dernier lieu, les *élèves ingénieurs-constructeurs de la marine* (même ordonnance). —Ces renseignements, puisés aux sources authentiques et originales, ont été extraits par nous du savant ouvrage publié en 1848, sous le titre de *Glossaire nautique*, par M. Jal, historiographe officiel du ministère de la marine et des colonies.

(1) On l'appela d'abord *Jardin royal des plantes médicinales*. L'initiative de cette création appartient à Hérouard, premier médecin de Louis XIII. Guy de La Brosse, médecin ordinaire et conseiller du roi, y prit aussi une part très-active; il en fut le premier directeur. De nouvelles lettres patentes, en date de 1635, pourvurent à l'organisation. Le roi, par cet édit, fonda « trois démonstrateurs et opérateurs pharmaceutiques; plus, un sous-démonstrateur pour faire la démonstration de l'*intérieur* et de l'*extérieur* des *plantes*, et pour travailler à toutes les opérations pharmaceutiques nécessaires à l'instruction des écoliers en médecine. » Le roi y établit en même temps un musée ou conservatoire de pharmacie. On y ajouta, par la suite, un herbier et des collections appartenant aux trois règnes de la nature. L'enseignement, fondé, comme on a vu, dès le principe, ne tarda pas à se constituer d'une manière plus rationnelle. L'un des premiers professeurs, Vautier, mort en 1652, substitua au cours sur l'intérieur des plantes des démonstrations d'anatomie, et cette science, depuis cette époque, fut professée avec beaucoup d'éclat au *Jardin du Roi*. Le cadre de cet enseignement, vers la même date, se trouva et demeura dès lors fixé à trois chaires: chimie, botanique, anatomie. En 1789, l'établissement avait vu s'accroître ses collections, et sa renommée était déjà européenne. Il avait compté parmi ses membres ou ses directeurs une série vraiment remarquable de savants illustres: La Brosse, Fagon, Duverney, Tournefort, Vaillant, Jussieu, Lacépède, Buffon, auquel venait de succéder Daubenton. Le roi avait, dès les premiers temps, attaché au jardin un peintre naturaliste, et son choix tomba sur un artiste d'une très-grande habileté, nommé Robert. Celui-ci cut, entre autres, pour successeurs, Aubriet, peintre également très-remarquable, et le célèbre Van Spaendonck.—Voir, pour de plus amples développements, DELEUZE, *Histoire et description du Muséum d'histoire naturelle*; Paris, 1823, 2 vol. in-8°.

les. Les Universités de Montpellier, de Caen, de Nantes, de Poitiers, de Toulouse, de Leyde en Hollande, etc., en furent successivement pourvues, à une époque plus ou moins rapprochée de leur naissance.

Cette noble et salutaire impulsion ne s'arrêta pas sous les règnes suivants. L'esprit de progrès, se fécondant lui-même, marcha incessamment à de nouvelles conquêtes, et sut, pour y parvenir, se créer une puissance propre et irrésistible. Les désordres de la Régence furent contemporains des améliorations notables que Philippe d'Orléans introduisit dans plusieurs branches de l'instruction publique, telles que l'extension de l'Académie des inscriptions et belles-lettres, la gratuité des colléges de la capitale et d'autres encore. C'est ainsi que, lors des dernières années de Louis XV, alors que de viles courtisanes étaient les arbitres de la politique intérieure et extérieure de la France, le gouvernement ouvrait une vaste enquête sur nos vieux souvenirs, sur les monuments de notre histoire, et favorisait la publication de ces immenses et magnifiques recueils sur lesquels repose la gloire de l'érudition française. Un arrêt du conseil, en date du 20 juillet 1721, établit au collége Louis-le-Grand l'*École des Jeunes de langue*, qui subsiste encore (1). Le même ministre ouvrit à Paris, vers 1723, une école

(1) Un arrêt du conseil, daté du 18 novembre 1669, ordonna qu'il serait envoyé chaque année, pour une période de trois ans, aux couvents des Capucins de Smyrne et de Constantinople, six jeunes Français, qui devaient y être instruits dans la connaissance des langues orientales et servir d'interprètes aux consuls, dans les échelles du Levant. En 1700, on employa un procédé inverse et l'on fit venir à Paris douze jeunes Orientaux, qui furent élevés aux Jésuites de la rue Saint Jacques (collége de Clermont ou de Louis-le-Grand). Mais ces deux mesures n'ayant pas produit les fruits qu'on en attendait, c'est alors que fut rendu l'arrêt du conseil du 20 juillet 1721. Il ordonnait que l'on « éleverait à « Paris, au collége des Jésuites, dix enfants françois « de l'âge de huit ans ou environ, choisis alterna-« tivement dans les familles du royaume et dans « celles des drogmans ou des négocians françois « établis dans les eschelles du Levant, auxquels des « maîtres de langues arabe et turque iroient tous « les jours donner des leçons, et ils seroient en-« suite envoyés au collége des Capucins de Constan-« tinople, pour s'y perfectionner dans les langues « desdits Estatz. » Le comte de Maurepas, qui présida, pendant la première moitié du règne de Louis XV, à l'administration de la marine, s'occupa de cette institution avec une vive sollicitude. Il ordonna que les Jeunes de langue, parvenus à la seconde période de leurs études, c'est-à-dire pendant leur séjour à Constantinople, fussent tenus de copier et de traduire, sous la direction du préfet de l'école, un choix de textes arabes, turcs et persans, que le préfet enverrait ensuite au ministre. Ces ordres furent en effet exécutés, et les ouvrages des Jeunes de langue, déposés successivement à la Bibliothèque royale, forment encore aujourd'hui l'une des importantes sections des manuscrits orientaux de cet établissement, connues sous le nom d'*ancien fonds* ou *fonds oriental du roi*. (*Voy.* FÉLIBIEN, *Histoire de Paris*, t. II, p. 1550, et t. IV, p. 505; LE PRINCE, *Essai sur la biblioth. du roi*, p. 94, et de Guignes, *Notice des manuscrits*, t. I, p. LXIII.)

de construction pour la marine royale. Trudaine, en 1747, y fonda celle des Ponts et Chaussées, dont il confia la direction à l'illustre ingénieur Perronnet. L'Ecole royale militaire de Paris vit le jour en 1751. De 1756 à 1789, des écoles gratuites de dessin s'ouvrirent à Strasbourg (1756), Nantes (1757), Paris (1766), Arras (1775), Troyes (1778), Saint-Omer (1780), Calais (1787), et dans plusieurs autres villes. Nantes possédait, en outre, dès 1766, une école publique et gratuite d'hydrographie, navigation et mathématiques, entretenue par la ville. Le naturaliste Bourgelat, sous les auspices du gouvernement, érigea, en 1761, l'Ecole vétérinaire de Lyon et, quatre ans après, celle d'Alfort. Le règne de Louis XVI fut témoin de la création, à Paris (1), en 1777, du collège de pharmacie, rue de l'Arbalète, auquel était annexé un cours public de chimie; en 1778, de l'Ecole des sourds-muets (2); en 1779, de l'Ecole des orphelins militaires et de celle des orphelins pauvres, à Issy, près Paris; en 1786, de l'Ecole des enfants de troupes, à Liancourt; en 1783, de l'Ecole de minéralogie ou des mines, à Paris; en 1784, de l'Institution des jeunes aveugles (3); de l'Ecole de chant, déclamation et danse, ou Conservatoire de musique; en 1786, de la Société du Lycée (4), de l'Ecole spéciale de déclamation pour le Théâtre-Français; en 1788, des Ecoles régimentaires (5); et enfin, vers la même époque, de plusieurs autres établissements analogue, charitables ou utiles, tels qu'une école de filature pour les jeunes aveugles, une école de boulangerie (6), etc., etc.

(1) En 1776, un arrêt du conseil, en date du 15 septembre, accorda au sieur Dupont, ingénieur, l'autorisation d'ouvrir à Paris une école de géométrie souterraine pour l'exploration des carrières. (Collection Isambert, XXIV, 438.)

(2) Fondée par l'abbé de l'Epée. Elle ne devint institution publique qu'en 1791.

(3) Fondée par Valentin Haüy. Elle ne devint institution publique qu'en 1791.

(4) Fondée par Garat, La Harpe, Fourcroy, etc. Cet établissement renfermait une bibliothèque, un cabinet de physique et des salles où se faisaient, pour les gens du monde, divers cours scientifiques et littéraires. La faveur qu'il s'était acquise à son début lui permit de survivre à la Révolution. La Convention le maintint et lui accorda une subvention, sur le rapport de Boissy d'Anglas, dans sa séance du 18 brumaire an III (8 novembre 1794).

(5) Créées dans les régiments par une ordonnance royale du 1er juillet 1788, afin d'apprendre aux soldats à lire, écrire et compter. Un règlement du 24 juin 1792 eut pour objet de développer et de mettre à profit cette utile institution. Mais ce fut seulement plus tard, sous la Restauration, qu'elle prit réellement une extension considérable.

(6) Voy. DULAURE, Hist. de Paris, sous Louis XVI. En 1788, Barrère de Vieusac, qui fut depuis Montagnard à la Convention, vint à Paris. Il écrivit alors au Mercure de France une lettre dans laquelle il réclamait la priorité, comme ayant fondé, dans sa province natale, à Toulouse, un *bureau de consultations gratuites*; établissement qui ne fut définitive-

C'est ici le lieu de nous arrêter avec quelque attention sur une des branches les plus intéressantes de l'instruction publique, celle qui s'adresse à la classe la plus nombreuse et la plus pauvre. L'Eglise, avons-nous dit, avait reçu mission du Révélateur d'enseigner les nations. Elle ne manqua point à cette tâche pendant toute une période de son existence. Des décrets furent rendus par les conciles, des efforts de tout genre tentés par le clergé, en un mot, les traces glorieuses de cette influence sont inscrites à chaque page des annales primitives de l'enseignement. Au commencement du xviie siècle, à Paris, le peu d'institutions et de fondations faites en vue de ce besoin primordial, celui d'être affranchi de l'ignorance, ne laissaient même plus de vestiges. Claude Joly, chantre de Notre-Dame, dans le livre instructif auquel nous avons emprunté plus d'une citation, reconnaît en même temps et cette dette de l'Eglise et son insolvabilité (1). Ce fait alors n'avait rien d'exceptionnel, ni de particulier à la capitale (2). Le pouvoir temporel, de son côté, malgré ses efforts remarquables (3)

ment constitué à Paris que par la loi du 17 septembre 1791 et qui s'appelle aujourd'hui le *Conservatoire des arts et métiers*.

(1) *Traité historique*, etc., p. 596.

(2) La France entière se trouvait dans la même situation, tandis que, dès la fin du xviie siècle, l'instruction populaire était déjà fort répandue en Ecosse, en Hollande, en Pologne et dans beaucoup de contrées de l'Allemagne. Une ordonnance du parlement écossais, de 1494, prescrivit à tous les hommes libres du royaume, sous peine de vingt livres d'amende, d'envoyer à l'école leurs enfants de 6 à 9 ans, en attendant qu'ils pussent entrer dans des gymnases supérieurs, à l'effet de recruter plus tard le corps des shérifs, et d'autres fonctions civiles. En 1696, chaque paroisse d'Ecosse fut dotée d'une école. Nous avons montré l'influence que la Renaissance et la Réforme exercèrent, dans les Pays-Bas, ainsi que dans les Etats que parcourent le Rhin et le Danube, sur la multiplication des écoles. Ce mouvement ne s'est point arrêté depuis lors jusqu'à nos jours, et ces pays ont conservé sur toutes les autres régions de l'Europe une incontestable supériorité, quant à la diffusion des connaissances élémentaires.

(3) En 1412, les habitants de Saint-Martin-de-Villers, paroisse du diocèse d'Evreux, avaient établi, de leur chef, une école. L'évêque s'en plaignit, comme d'une usurpation qui nuisait à son école de Touque. Les parties s'accordèrent le 29 mai de cette année, à condition que l'évêque demeurerait le collateur de la nouvelle école. En 1453, les habitants d'Appeville en Bautois ayant voulu fonder une école au milieu d'eux, l'écolâtre de Coutances y mit opposition, prétendant que les enfants devaient aller étudier à son école de Coigny. On plaida : l'échiquier donna gain de cause à l'écolâtre. Toutes ces écoles n'étaient nullement gratuites. En 1460, le curé d'Auvergny achète des moines de Lyre, au prix de soixante sous de rente, le droit de patronage sur les écoles de la Jeune-Lyre. Aux xive et xve siècles, en beaucoup de lieux de la Normandie, cette collation appartenait aux seigneurs. (L. DELISLE, *Etudes sur la condition de la classe agricole en Normandie*, etc., pages 117, 179, 184, 186 et 189). — L'ordonnance d'Orléans, rendue en conformité du vœu des états (janvier 1560, art. 9), portait : « En chacune église cathédrale ou collégiale..., une prébende, ou le

dans cette carrière nouvelle, arrivait à peu près à la même impuissance. Toutefois, ce que l'Église proprement dite ne savait plus faire, la charité chrétienne l'inspira au zèle de quelques prêtres ou de simples fidèles. On vit de nombreuses associations d'hommes et de femmes se multiplier à cette époque, pour distribuer aux pauvres le pain de l'âme et de l'intelligence.

Les premiers efforts étendus et sérieux, tentés par le gouvernement pour organiser l'instruction élémentaire du peuple, se rattachent parmi nous à de tristes souvenirs. Lorsque Louis XIV, en 1685, eut révoqué l'édit de Nantes et résolu de contraindre les protestants, il rendit successivement une série d'édits et de prescriptions , propres à servir de sanction à cette loi de violence morale. Telles furent les dispositions contenues dans l'ordre du roi de janvier 1686 et dans l'ordonnance du 13 décembre 1698, qui prescrivaient d'enlever à leurs mères, à leurs familles, les enfants des religionnaires à partir de l'âge de cinq ans , pour les faire élever de force aux écoles catholiques (1). L'*édit de 1695* (avril) *portant règlement pour la juridiction ecclésiastique, disposait que* les « régents, précepteurs, maîtres et maîtresses d'écoles des petites villages, seraient approuvés par les curés, sous l'autorité des archevêques et évêques (art. 25).» Mais ces

revenu d'icelle demeurera destiné pour l'entretenement d'un précepteur, qui sera tenu, moyennant ce, instruire les jeunes enfants de la ville *gratuitement et sans salaire;* lequel précepteur sera élu par l'archevêque ou évêque du lieu, appelez les chanoines de leur église *et les maire, échevins, conseillers ou capitouls de la ville,* et destitué par ledit archevêque ou évêque, *par l'avis des dessusdits.* » Le 22 novembre 1563, Charles IX, à la requête du prévôt des marchands et des échevins de Paris, donna de nouvelles lettres patentes, pour mettre à exécution cette ordonnance au sein de la capitale. Mais le chantre de la cathédrale, que cette mesure si utile atteignait dans ses intérêts et privilèges, sut, avec l'appui du chapitre, paralyser tous les efforts, et l'ordonnance ne reçut, dans nos murs, aucune exécution. (*Voy.* POMRÉE, *Écoles primaires*, p. 37.) Le clergé opposa la même résistance à Abbeville (LOUANDRE, *Histoire d'Abbeville*, t. II, p. 521); et ailleurs. « Aux états de Blois de 1576 et de 1588, la noblesse proposa de prendre sur les bénéfices ecclésiastiques une contribution annuelle qui fût employée à payer des pédagogues et gens lettrés dans toutes villes et villages, pour l'instruction de la pauvre jeunesse du plat pays en la religion chrestienne, autres sciences nécessaires et bonnes mœurs... » Elle demanda enfin que « les pères et mères fussent tenus, à peine d'amende, d'envoyer leurs enfans aux escoles...» (Ambroise RENDU, *Essai historique sur l'instruction publique;* Paris, 1819, in-8, p. 275, 276.) Nous citons ce dernier fait d'après une autorité respectable; mais nous n'avons pu le vérifier à l'aide de documents originaux.

(1) Indépendamment de ces actes authentiques, on peut consulter sur ce sujet un mémoire présenté vers la même époque à Louis XIV et intitulé : *Nécessité d'établir un séminaire de maîtres et de maîtresses d'école dans chaque diocèse, pour la conversion de tout le monde,* par de Chennevières, prêtre. (Ms. de la Bibliothèque nationale, fonds de Versailles, n° 101 ou 8046. 15.)

écoles inférieures manquaient dans une multitude de localités. L'ordonnance de 1698, afin d'y pourvoir, décida qu'il serait « établi, autant que possible, des maîtres et des maîtresses d'écoles, dans toutes les paroisses où il n'y en a point, pour instruire *tous* les enfants, de l'un et l'autre sexe, des principaux mystères de la religion catholique, apostolique et romaine... comme aussi pour y apprendre à lire, et *même escrire, ceux qui pourront en avoir besoin...* Voulons à cet effet, ajoutait l'édit, que, dans les lieux où il n'y aura pas d'autres fonds, il puisse estre imposé, sur tous les habitants, la somme qui manquera pour l'établissement desdits maistres et maistresses, jusqu'à celle de cent cinquante livres par an pour les maistres, et de cent pour les maistresses, etc. (art. 9). »

Les dispositions inhumaines que renfermaient ces édits, et que nous avons indiquées en premier lieu, révoltaient à ce point la nature et le sens moral qu'elles échouèrent, comme on sait, à l'application. Ces mêmes prescriptions furent vainement reproduites et copiées textuellement dans la *Déclaration du roi concernant la religion,* en date du 14 mai 1724. Quant aux sages et bienfaisantes mesures qui s'y mêlaient, frappées d'abord de la même impuissance à cause du but odieux qu'elles prétendaient servir, elles finirent par se dégager peu à peu de ce caractère et s'introduisirent lentement, insensiblement dans la pratique. Vers la fin du dix-huitième siècle, les écoles élémentaires avaient pris çà et là une certaine extension. Dans les villes et les bourgs, elles se combinèrent avec les écoles chrétiennes , les maîtrises paroissiales et les divers établissements d'instruction gratuite et professionnelle que nous avons énumérés. Dans les campagnes, le recteur de ces petites écoles était nommé tantôt par le curé , tantôt par les habitants, puis, aux termes de l'édit de 1695, approuvé par l'évêque et homologué par l'intendant de la province (1). Cependant, on peut hardiment l'affirmer, ce louable dessein de l'administration publique ne fut jamais qu'ébauché dans l'exécution, et, jusqu'à la révolution de 1789, la possession des connaissances même élémentaires demeura un privilège inaccessible à l'immense majorité de la nation.

*Histoire de l'instruction publique en France pendant la révolution.* — Les dernières lignes ont montré au lecteur le tableau de l'Université de Paris à l'époque où cette institution, en pleine décadence, inclinait vers une fin prochaine. En reportant nos regards dans la même direction, il nous faut maintenant embrasser, à l'aide d'un coup d'œil plus étendu, l'ensemble du spectacle qu'offrait alors l'enseignement. Les symptômes de dépérissement que nous avons signalés ci-dessus ne se bornaient point à l'Université de Paris; ils affectaient le corps entier de l'instruction publique.

(1) *Archives de l'Aube*, liasses 337, 468, 472, etc., et page 326.

La théologie, qui, en des temps reculés, au milieu des ténèbres du moyen âge, avait servi de cadre aux spéculations les plus hardies, aux recherches les plus utiles des penseurs et des moralistes, était devenue une sorte d'alchimie métaphysique, une science surannée, presque vaine dans son objet; tant l'idée de Dieu, éclairée par les lumières des sciences et des lettres, avait grandi au sein du monde, sous le souffle de l'esprit moderne. L'école qu'avaient illustrée les Abailard, les Thomas d'Aquin, les Bonaventure, n'était plus qu'une institution gothique, un tribunal sans intelligence et chaque jour plus décrié, qui poursuivait de ses foudres impuissants, à l'encontre de la Providence, de la nature et du bon sens, les plus légitimes conquêtes de l'intelligence humaine (1).

La science médicale, celle du moins que professaient les Facultés, ressemblait à la théologie. Dans la presque totalité des écoles de médecine, la collation des degrés n'était subordonnée à aucune garantie réelle d'instruction, ni même d'études. C'était pour la plupart une simple question de finance et de formalités. Des documents officiels attestent que des brevets de docteur se délivraient, sans aucun rapport personnel entre les juges et les candidats, par correspondance (2). Les Facultés de Paris et de Montpellier étaient les seules où des examens fussent imposés aux récipiendaires et qui eussent conservé quelque crédit (3).

Au sein même de la capitale, la Faculté de droit n'imposait plus depuis longtemps d'examen sérieux à ceux qui se présentaient pour recevoir ses grades (4). Ses diplômes s'achetaient également, et, par le fait de la vénalité des offices, les plus hautes fonctions de la magistrature se transmettaient héréditairement dans un certain nombre de familles.

Les Facultés des arts, c'est-à-dire l'enseignement littéraire, étaient incontestablement celles que corrompaient les moins graves abus. Nous avons soigneusement exposé les réformes si dignes d'intérêt, les mesures généreuses que des esprits éclairés s'étaient efforcés d'y introduire (1).

Il était toutefois constant que l'éducation universitaire de la jeunesse n'était plus en harmonie avec l'état et les besoins de la société. Dès la seconde moitié du XVIII° siècle, cette grave imperfection frappait toutes les intelligences supérieures, dont elle inspirait la sollicitude. L'expulsion des Jésuites, en produisant un grand vide dans les rangs du corps professoral, fournit à cette conviction une occasion de se manifester. On vit alors les parlements, tuteurs légaux de cette partie de l'administration publique, de concert avec le pouvoir royal, tracer de nouvelles règles et tenter quelques heureuses innovations qui prirent immédiatement racine dans le terrain de la pratique. Mais déjà les vastes aspirations de l'opinion publique dépassaient, de beaucoup, les timides efforts et les mesures nécessairement circonspectes d'une autorité qui puisait, en quelque sorte, sa propre existence à la même source que ces antiques institutions. Tandis que Diderot écrivait son *Traité de l'éducation publique*, tandis qu'il adressait à l'impératrice Catherine II son projet d'université *philosophique*, J.-J. Rousseau publiait l'*Émile*. Ce livre, plus prodigieux encore par le succès qu'il obtint que par sa subtile éloquence, et dans lequel le paradoxe s'unit de page en page à l'analyse la plus vraie du cœur humain, fut, avec le *Contrat social*, la boîte de Pandore, d'où sortirent tous les sentiments, toutes les idées, qui, depuis son apparition, n'ont cessé d'agiter la société moderne.

Tels étaient l'état des choses et la situation des esprits, lorsque s'ouvrit la période révolutionnaire. Les cahiers des trois ordres, réunis en 1789, demandaient unanimement la rénovation de l'instruction publique (2). L'Assemblée constituante, dès les premiers jours de sa formation, se mit en devoir de répondre à ce vœu. Elle chargea le comité de constitution de réunir tous les matériaux qui se rapportaient à la matière, et de lui

(1) *Voy.* DUVERNET, *Histoire de la Sorbonne*, 1790, 2 vol. in-8°.

(2) *Exposé des motifs du projet de loi sur l'exercice de la médecine*, présenté par Fourcroy au Corps législatif le 19 ventôse an XI (10 mars 1803).

(3) On peut toutefois se demander avec bon droit si la Faculté de médecine de Paris n'eut point pour effet, ou du moins pour but, d'étouffer magistralement les progrès de cette science. L'histoire de cette école, pendant toute la dernière période de son existence, est celle d'une lutte opiniâtre, obstinée, contre toutes les découvertes intéressantes opérées dans ce genre d'études. En 1780 un jeune savant, déjà connu par des preuves éclatantes de capacité, ne fut admis, pour ainsi dire, que de vive force à obtenir le brevet de docteur. Trop pauvre, malgré ses fortes études et ses précoces succès, pour acquitter la somme de six mille livres que coûtait alors ce diplôme, il eut encore à lutter contre une exclusion systématique, dont ses lumières mêmes étaient la cause réelle et profonde. Grâce à l'aide personnelle de protecteurs puissants que le candidat avait su se concilier, celui-ci reçut enfin le bonnet de docteur que la Faculté ne pouvait plus lui refuser. Mais elle lui dénia à l'unanimité le titre de docteur-*régent*, et lui ferma ainsi l'accès d'un enseignement qu'il aurait infailliblement illustré. Ce candidat était Fourcroy, l'un des créateurs de la chimie moderne. (*Voy.* G. CUVIER, *Éloge de Fourcroy*.)

(4) *Exposé des motifs du projet de loi relatif à la fondation des Écoles de droit*, présenté par Fourcroy au Corps législatif. (Loi du 22 ventôse an XII.)

(1) On peut consulter pour plus de développement : *Plans d'études* de Guyton Morveau, Servan, La Chalotais et autres, 1763, 3 vol. in-12; *Mémoire sur l'administration du collège Louis-le-Grand et des collèges y réunis depuis le moment de la réunion jusqu'au 1er janvier 1771*, Paris, 1778, in-4°; *Œuvres complètes du président Rolland*, Paris, 1783, in-4°, etc.

(2) La réforme de l'instruction publique entrait dans le mémorable programme de Turgot. Ce ministre proposa, en 1775, de lui donner par toute la France une direction nationale et uniforme, sous l'autorité d'un conseil royal.

présenter, sous la forme d'un projet de décret, le résultat de ses méditations. Ce comité s'occupa sans relâche de la mission qui lui était confiée. Après deux années de préparation et d'études, Talleyrand-Périgord, ancien évêque d'Autun, déposa, le 25 septembre 1791, son célèbre rapport sur l'instruction publique. Le projet de loi qui lui servait de conclusion embrassait quatre degrés scolaires, correspondant aux quatre degrés qu'offrait également alors la division administrative du royaume.

Au premier degré, il plaçait les *écoles primaires*, destinées à l'instruction élémentaire, reconnue indispensable à tous les citoyens. Le nombre devait en être réglé par l'administration de chaque département, sur la demande des municipalités. Venaient ensuite les *écoles de districts*, à peu près analogues, par le rôle qu'elles remplissaient et par le programme de l'enseignement, aux anciens collèges. Le troisième était celui des écoles de département; elles devaient remplacer les *facultés* universitaires. Ces écoles se divisaient en quatre classes ou catégories : *écoles pour les ministres de la religion, écoles de médecine, écoles de droit, écoles militaires*. Le quatrième et dernier degré était occupé par un *institut national*, qui prenait la place des académies, des sociétés savantes, du Collège de France, du Jardin-des-Plantes, et autres établissements d'instruction supérieure. L'enseignement des femmes formait un chapitre à part du projet de loi, qui rattachait également les fêtes nationales au domaine de l'instruction publique. Enfin un conseil de six membres ou commissaires généraux, assistés d'inspecteurs et placés sous la main du pouvoir exécutif, devait mettre en œuvre tout le système et en régler la marche.

Ce projet fut accueilli avec une faveur enthousiaste; cependant l'Assemblée, qui touchait au terme qu'elle-même avait imposé à ses travaux, ne crut pas devoir le discuter ni lui donner le caractère légal. Elle se borna à convertir en loi ces deux principes : « ART. 1ᵉʳ. Il sera établi une instruction publique, commune à tous les citoyens, gratuite à l'égard des parties de l'enseignement indispensable à tous les hommes et dont les établissements seront distribués graduellement dans un rapport combiné avec la division du royaume. — ART. 2. Il sera établi des fêtes nationales (1). » La Constituante termina le 30 septembre 1791 sa législature, et la nouvelle Assemblée s'ouvrit le lendemain.

Le 20 avril 1792, Condorcet, au nom du comité d'instruction publique, lut à l'Assemblée législative un second rapport également suivi d'un projet de loi.

Le premier projet, celui de Talleyrand (2),

l'homme aux transactions qui allait devenir le type du Machiavel moderne et du roué politique, se recommandait par des vues élevées, un plan vaste, l'unité dans l'ensemble, et surtout par l'attribution au pouvoir laïque, c'est-à-dire à la société même, du droit, proclamé pour la première fois d'une manière aussi éclatante, de diriger sans tutelle l'éducation de ses propres enfants. Mais ce projet n'était, dans beaucoup de ses parties essentielles, qu'un pastiche de l'ancien plan universitaire. Celui de Condorcet avait pour auteur l'un des caractères les plus droits, l'un des esprits les plus éclairés, les plus étendus et les plus féconds de son époque. Dans le cours de sa longue carrière, au sein des honneurs, au milieu de son opulence et de ses succès, qui se multiplièrent avec ses défections, le premier de ces deux hommes put assister à la réalisation de son ouvrage, non pas seulement dans ce qu'il avait de neuf et de généreux, mais aussi dans ses dispositions les moins pourvues de ce double caractère. Le second, victime d'une fin tragique et prématurée, ne vit point s'élever les premières assises de l'édifice qu'il avait conçu. Mais il eut la gloire de l'offrir à la postérité. Il écrivit bientôt « dans les bras de la mort, » selon l'expression de Daunou, avec la sérénité du génie, le testament de son école et de sa pensée (1). Il présida, du sein de son immortalité, aux améliorations les plus positives introduites après lui dans notre système d'instruction publique (2). Nous consacrerons, par ces motifs, quelques développements à faire connaître les lignes principales de cette conception.

Le projet de Condorcet instituait cinq degrés d'écoles ou d'instruction progressive : 1° *écoles primaires*; 2° *écoles secondaires*; 3° *instituts*; 4° *lycées*; 5° *société nationale des sciences et des arts*.

L'*école primaire* recevait l'enfant à l'âge de six ans. Tout village au-dessus de 400 habitants devait en être pourvu. On y enseignera, disait le législateur, les règles de l'arithmétique, les premières connaissances morales, naturelles et économiques, nécessaires, soit à l'agriculture, soit aux arts et au commerce, selon que la population sera rurale ou manufacturière. — La religion sera enseignée dans les temples par les ministres respectifs des différents cultes. — Il sera fourni pour chaque école une petite collection de livres à l'usage des enfants.

*Écoles secondaires*. — L'enseignement comprend : la grammaire, l'histoire et la géographie de la France et des pays voisins; le dessin, les principes des arts mécaniques et du commerce; quelques développements sur la morale et la science sociale, avec

---

(1) Décret du 3 septembre 1791.
(2) On attribue une part considérable de ce travail, les uns à Chamfort, les autres à l'abbé Desrenaudes, alors secrétaire de Talleyrand, et qui devint conseiller de l'Université sous l'Empire.

(1) *Esquisse d'un tableau historique des progrès de l'esprit humain*.
(2) Nous faisons allusion surtout à l'introduction des sciences naturelles et physiques dans le programme de l'instruction secondaire et à la création des écoles dites *primaires supérieures*.

l'explication des principales lois et les règles des conventions et des contrats ; les éléments de mathématiques, de physique, et l'histoire naturelle appliquée aux arts, à l'industrie et au commerce. Chaque école secondaire aura une bibliothèque et quelques modèles de machines ainsi que d'instruments de physique. Il en sera établi une au moins par district (soit environ une école pour quatre mille habitants).

*Instituts.* — Les études y forment quatre classes : 1re, sciences mathématiques et physiques; 2e, sciences morales et politiques; 3e, application des sciences aux arts; 4e, littérature et beaux-arts Chaque institut est muni d'une bibliothèque et d'un cabinet de machines et instruments scientifiques, d'un jardin botanique et agricole; ces trois collections sont publiques. Il y aura au moins un institut par département.

*Lycées.* — Même plan et mêmes dispositions que pour les instituts, mais sur une échelle plus grande, quant à l'étendue et à la profondeur des études. Il devait y avoir en France neuf lycées, répartis dans les diverses régions du territoire.

*Société nationale des sciences et des arts.* — C'était l'Institut actuel, agrandi et rattaché par un lien étroit et direct à l'enseignement et à la science pratique. Il était chargé de diriger, de surveiller, de simplifier et d'accroître l'instruction générale. Cette surveillance et cette direction devaient se transmettre, de haut en bas et de degrés en degrés, jusqu'aux rangs inférieurs de la hiérarchie. La loi reconnaissait, à côté de ces établissements, des sociétés libres, pour concourir aux progrès des sciences, des lettres et des arts, mais à titre privé.

*Voies et moyens.* — L'instruction, dans tous ses degrés, est gratuite. L'État en rétribue les frais, évalués à une dépense annuelle de vingt-neuf millions. Sur cette somme, il consacre une allocation périodique d'un million trois cent mille francs aux *élèves de la patrie.* Condorcet qualifie sous ce titre des enfants sans fortune qui se distinguent au début ou à un point quelconque de leurs études, et à qui l'État fournit un secours en forme de pension, pour leur permettre de parcourir, à l'abri du besoin, les degrés d'apprentissage scientifique qu'il leur reste à franchir (1).

La gravité des événements politiques, qui se succédèrent de jour en jour, ne permit point à la Législative de donner suite au travail de son rapporteur. Bientôt elle fut remplacée par la Convention, et les circonstances ne devinrent nullement plus favorables à un tel résultat. Durant près de quinze

mois, de mai 1793 à juillet 1794, la France, en proie à des déchirements inouïs, s'agita au milieu d'une crise convulsive dont on chercherait vainement un exemple dans les annales d'aucun peuple. Les montagnards, devenus les arbitres de l'État, dirigèrent les efforts d'une énergie tout à la fois atroce et sublime, non-seulement contre les ennemis extérieurs et intérieurs qui avaient juré une guerre désespérée à la Révolution française, mais encore contre ses amis les plus sincères, contre ses héros les plus nobles et les plus purs, *coupables*, à leurs yeux, de vouer un culte *dissident* au salut de la patrie. Condorcet, proscrit comme *girondin* (1), prévint par le suicide un assassinat juridique auquel il était destiné (24 mars 1794). Ses idées, repoussées dédaigneusement de son vivant, recueillies après lui, parodiées, mutilées par de prétendus créateurs, qui tout en le dépouillant n'épargnaient pas même l'outrage à sa mémoire, défrayèrent de nombreuses propositions, de nombreux décrets que promulguaient incessamment les dictateurs, mais sans pouvoir y donner aucune suite. Ce n'est toutefois que, dans le vaste ensemble des questions qui se rattachent à l'instruction publique, la prodigieuse activité des comités de la Convention restât complétement stérile. Des hommes éminents ou recommandables, appartenant aux diverses régions de cette assemblée : Rabaud Saint-Étienne, M.-J. Chénier, Grégoire, Fourcroy, Lakanal, firent paraître, au milieu d'utopies fiévreuses et insensées, quelques vues élevées et saines, des paroles éloquentes et des sentiments puisés aux meilleures inspirations de la conscience humaine. Plus d'une mesure, décrétée et traduite en actes par le gouvernement, témoigna de cette admirable fécondité de ressources, de cette faculté créatrice, qui savait faire jaillir de la science et du génie patriotique l'étincelle propre à servir les besoins du moment (2). Mais aucune loi viable ne fut enfantée par cette époque de tourmente (3) qui pût assurer à des générations

---

(1) L'œuvre de Condorcet devait se borner à ce qui touche l'*instruction générale* de la jeunesse. L'Assemblée avait ordonné que le comité d'instruction publique s'occuperait séparément de projets de décret concernant les *fêtes nationales,* la *partie gymnastique de l'éducation,* le *complément de l'éducation des femmes,* les *Écoles d'artillerie,* du *génie,* de la marine, des ponts et chaussées, des sourds muets, et des aveugles-nés.

(1) Condorcet, comme on sait, n'était ni girondin, ni jacobin. Peu fait pour la politique des partis, sa place eût été sans doute mieux marquée ailleurs que dans ce genre d'assemblées. Sa mort n'en restera pas moins l'un des crimes et des deuils les plus déplorables de cette époque.

(2) Le 17 mai 1793, sur la motion de Lakanal, l'Académie des sciences fut, par un décret de la Convention, exceptée de la loi qui précédemment avait interdit aux anciens corps savants de procéder à l'élection de nouveaux membres. C'est alors que Carnot, Monge, Chaptal, Berthollet, Fourcroy, etc., *organisèrent la victoire* en faisant, en quelque sorte, improviser *révolutionnairement*, à la science, des découvertes, qui sont ordinairement le fruit de longues et paisibles recherches, et qui agrandirent subitement son domaine.

(3) Rien ne caractérise mieux ce temps-là, en fait d'institutions relatives à l'instruction publique, que *l'école de Mars.* La Convention en décréta l'ouverture par un décret du 13 prairial an II (1er juin 1794), sur le rapport de Barrère. Cette école était campée dans la plaine des Sablons et se composait

les calmes bienfaits de l'instruction et de l'étude.

Malgré ses efforts et sa puissance, la Révolution, qui avait créé une France nouvelle, n'avait donc jusque-là, en fait d'instruction publique, accumulé que des ruines. Vainement un décret du 13 octobre 1790 ordonna qu'en attendant la mise en activité des nouveaux établissements les anciennes écoles se rouvrissent comme par le passé; vainement une loi du 21 janvier 1792 alloua, sur les finances publiques, une somme de cent cinquante mille francs, pour faire face à l'entretien des colléges. Les universités, atteintes surtout dans leur vie morale, privées de cette conscience de l'avenir, l'un des éléments primordiaux de l'existence chez les institutions comme chez l'homme, mou-

d'environ 3,500 jeunes gens de 16 à 17 ans, arbitrairement appelés de tous les points de la France pour être spécialement exercés aux manœuvres de l'infanterie, de la cavalerie et de l'artillerie. La capitale avait fourni 80 élèves, et le contingent de chaque district avait été fixé à 6. Le camp, qui s'étendait entre Paris et Neuilly, touchait au bois de Boulogne; il était fermé de palissades et de chevaux de frise, avec interdiction aux élèves de les franchir. Placés sous les ordres du général la Bretèche et sous la surveillance spéciale de deux membres de la Convention (Peyssard et Lebas), en mission près l'école, les élèves de Mars étaient soumis à une discipline sévère. Outre les manœuvres et les exercices, ils recevaient des notions très-succinctes de tactique, d'administration, de génie militaire, d'agriculture, de physique et de chimie. Les réunions générales avaient lieu dans une grande salle, bâtie en planches et en toile au milieu du camp. Intérieurement, elle était disposée, d'une part, en estrade pour les chefs ou instructeurs, et, de l'autre en amphithéâtre. La statue colossale de la Liberté, ainsi que les images des jeunes Barra et Viala, en formaient la décoration. L'entrée du camp était défendue à toute personne au dehors, et les conventionnels eux-mêmes n'obtenaient pas toujours l'autorisation d'y pénétrer. Les élèves parurent plus d'une fois aux fêtes publiques, où leur costume, composé par David, attirait tous les regards. Une courte tunique, ouverte au haut de la poitrine; une large ceinture simulant la peau de tigre et renfermant trente deux cartouches; un pantalon collant; des bottes à la hussarde pour les cavaliers, des souliers carrés et des demi-guètres pour les fantassins; une cravate de laine écarlate, retombante et retenue par des pattes sur la poitrine; un léger schako; une épée à la romaine, soutenue par un baudrier orné d'un niveau et de ces mots, LIBERTÉ, ÉGALITÉ: tel était leur uniforme. Les événements du 9 thermidor furent une des causes essentielles de la courte durée de cette institution; elle fut alors dénoncée comme une pépinière de séides que se ménageait Robespierre. Un décret de la Convention, rendu le 2 brumaire an III, sur la proposition de Guyton de Morveau, permit enfin à ces jeunes gens de retourner au sein de leurs familles. Le camp fut levé et il ne fut plus question de l'école de Mars. Ces renseignements sont principalement extraits d'une brochure très-piquante qu'a publiée en 1836 un ancien élève de Mars, connu par des travaux d'art et d'archéologie. Elle a pour titre : Souvenirs de l'école de Mars et de 1794, par E.-H. Langlois du Pont-de-l'Arche. Rouen, Baudry, in-8° de 48 p. et fig. — (Voy. aussi Biblioth. Nat., cab. des estampes, O., 104, Cost. militaires.) On peut lire encore sur l'école de Mars un intéressant article dans le Dictionnaire des armées de terre du général Bardin.

raient pour ainsi dire d'une mort spontanée. Les décrets qui supprimèrent le tribunal académique (22 février 1792), après avoir placé les colléges sous la surveillance des autorités administratives (23 octobre 1791); ceux qui se rapportaient à l'abolition ou au rachat des droits féodaux (1789-1792), au serment civique des instituteurs ecclésiastiques (avril 1792); la loi du 8 mars 1793, qui ordonnait la vente, au profit de l'Etat, des biens des colléges, avaient d'ailleurs gravement désorganisé le mécanisme de ces établissements. Enfin, à la suite de l'une de ces décisions éphémères (15 septembre 1793) qui construisaient sur le papier un système nouveau d'instruction publique, décision qui devait être rapportée le lendemain, la Convention prononça l'abolition de tous les colléges de plein exercice et des Facultés. Ainsi périt l'antique Université de Paris, ainsi périrent les autres institutions de ce nom qu'elle avait enfantées, — sans même obtenir nominalement l'honneur d'une sentence de mort, et sans qu'aucun pouvoir eût besoin de porter directement la main sur elles.

Le 9 thermidor (27 juillet 1794) vint clore, par une péripétie, la période sanglante de la révolution. A partir de ce moment, le sol commença peu à peu à se raffermir, et les ouvriers de l'avenir purent travailler sur une base moins mouvante. Dès le 15 fructidor suivant, Fourcroy, suscitant aux yeux de la Convention l'image de l'ignorance, qui menaçait de replonger la France dans les ténèbres de la barbarie, l'adjurait de prévenir un tel opprobre. Giraud (de l'Aude), à peu de temps de là, demandait avec instance que l'on consacrât trois séances par décade à l'instruction publique. Les comités se remirent à l'œuvre avec une nouvelle ardeur, et le premier fruit de ce zèle fut la création de l'Ecole normale, destinée à former un corps de professeurs (1). Une loi du 17 novembre suivant (2) prescrivit l'établissement des écoles primaires. De nouvelles écoles de médecine furent ouvertes sous le nom d'Ecoles de santé (3). La loi du 7 ventôse an III (4) organisa les écoles centrales, qui devaient succéder aux anciens colléges. L'École polytechnique, celles des mines, des ponts et chaussées, des ingénieurs hydrographes, furent fondées par le décret du 30 vendémiaire an IV (5). Enfin, le 25 octobre 1795 (6), parut la grande loi sur l'instruction publique, rendue sur le rapport de Daunou. Elle fit passer définitivement dans le domaine de la réalité des conceptions restées jusqu'à ce jour à l'état de vœux et d'hypothèses. Cette loi établissait cinq degrés ou classes d'établissements : écoles primaires, écoles centrales, écoles spéciales, établissements libres; et, planant sur le tout, l'Institut national de France. Que l'on ajoute à ces

(1) 9 brumaire an III (30 octobre 1794).
(2) 27 brumaire an III.
(3) Loi du 14 frimaire an III, ou 4 décembre 1794.
(4) 25 février 1795.
(5) 22 octobre 1795.
(6) 3 brumaire an IV.

créations celles du Muséum des arts (1), de l'Ecole des langues orientales vivantes (2), celles du cours d'archéologie près la Bibliothèque nationale (3), du Bureau des longitudes (4), de la collection de monuments archéoliques, connue sous le nom de Musée des Petits-Augustins (5); qu'on y joigne la réorganisation, sur une échelle beaucoup plus grande, du Conservatoire de Musique (6), des Écoles vétérinaires (7), du Conservatoire des arts et métiers (8), du Muséum d'histoire naturelle (9), de la Bibliothèque nationale (10), ainsi que des autres bibliothèques publiques, et l'on n'aura point épuisé, par cette énumération, la liste des services que cet infatigable aréopage rendit aux sciences, aux lettres et aux arts. Le lendemain du jour où la Convention votait la plus récente de ces lois fut celui de sa dernière séance (26 octobre 1795). Elle put, comme on voit, en se séparant, emporter la conscience d'avoir élevé à l'instruction publique le monument législatif le plus vaste et le plus imposant.

Ce monument, en effet, construit sur tant de débris amoncelés, survécut, du moins dans ses assises supérieures, à tous les changements, à toutes les vicissitudes qui devaient modifier encore si fréquemment notre constitution politique. Les plus grands établissements d'instruction dont s'enorgueillisse notre nation portent encore aujourd'hui l'empreinte caractéristique de cette origine. Mais il ne devait point en être ainsi des établissements inférieurs, de ceux qui, prenant pour fondements et pour point d'appui les bases mêmes de l'ordre social, forment la partie principale de tout l'édifice, et qui présentaient aussi, par ces motifs, la plus grande difficulté pratique à la construction.

L'un des premiers soins du Directoire, héritier du pouvoir exécutif que la Convention avait jusque-là cumulé avec l'autorité législative, fut de donner la vie et le mouvement aux grandes institutions récemment décrétées. Aux termes de la loi du 3 bru-

(1) 20-23 février 1795 et 27 nivôse an II (16 janvier 1794).
(2) 10 germinal an III (30 mars 1795).
(3) Loi du 20 prairial an III (8 juin 1795).
(4) 11 messidor an III (29 juin 1795).
(5) Erigé par une loi du 29 vendémiaire an IV (20 octobre 1795); organisé en 1795, sous le ministère Bénézech, par les soins d'Alexandre Lenoir; supprimé par la Restauration en 1816. Un arrêté du comité de salut public avait établi à Meudon, en date du 10 brumaire an III (31 octobre 1794), une école nationale aérostatique, pour le service des armées. Elle se composait de 60 élèves, divisés en 2 compagnies d'aérostiers. Cet établissement fonctionna pendant trois années, et disparut vers la chute du Directoire.
(6) 18 brumaire an II et 16 thermidor an III (8 novembre 1793, 3 août 1795).
(7) 17 vendémiaire et 2 floréal an III (8 octobre 1794, 21 avril 1795).
(8) 19 vendémiaire an III (10 octobre 1794).
(9) 21 frimaire an III (11 décembre 1794).
(10) 25 vendémiaire an IV (17 octobre 1795).

maire précédent, quarante-huit membres, formant le premier tiers de l'Institut national, nommés par le gouvernement, s'assemblèrent, le 15 frimaire an IV, sur la convocation de Bénézech, ministre de l'intérieur, et désignèrent par voie d'élection les quatre-vingt-seize collègues, qui devaient composer avec eux un total de cent quarante-quatre membres résidents. L'Institut était alors divisé en trois classes: 1° sciences physiques et mathématiques, 2° sciences morales et politiques, 3° littérature et beauxarts. Ces trois classes étaient elles-mêmes partagées en un certain nombre de sections. La première séance publique, ou séance d'inauguration, eut lieu, avec une grande pompe et un grand éclat. le 15 germinal de la même année (4 avril 1796). Les Conservatoires, les Musées, les Écoles vétérinaires, de santé, polytechnique, des langues orientales, etc., étaient entrés en fonction à la date des décrets qui les avaient institués. Mais d'autres établissements ne prirent point possession de la vie avec la même facilité ni la même promptitude. L'Ecole normale, établie à Paris, portait dans son régime la marque de la précipitation et le germe d'un prochain anéantissement. Aucune idée nette des nécessités pratiques et des rapports de cette fondation avec un ensemble de mesures qui étaient encore à résoudre, n'avait présidé à sa mise en œuvre. Aussi ne subsista-t-elle que quelques mois. Un décret du 7 floréal an III (26 avril 1795) mit fin à son existence et fit cesser une tentative malheureuse, qui devait être reprise ultérieurement avec plus de succès.

Une destinée analogue, bien que moins fâcheuse, était réservée aux écoles centrales. La loi du 7 ventôse an III, qui les avait créées, en avait d'abord tracé le plan d'une manière très-vague et très-générale. Elles devaient être réparties à raison d'une école centrale pour trois cent mille habitants. Quinze maîtres étaient chargés de professer, au sein de chacune d'elles, autant de cours, sur des matières dont l'enchaînement et surtout la gradation ne se faisaient point sentir. La Convention, dans sa sollicitude, délégua immédiatement cinq de ses membres pour veiller de toutes parts à l'application du décret. Le résultat de cette mission fut d'amender la législation même qui venait d'être promulguée. La loi du 3 brumaire an IV modifia le cadre et le programme de l'enseignement, qui fut divisé en trois sections ou séries. La première comprenait le dessin, l'histoire naturelle, les langues anciennes et vivantes; les élèves n'étaient admis qu'à l'âge de douze ans au moins. Pour passer à la seconde, l'étudiant devait avoir atteint sa quatorzième année; les cours portaient sur les éléments de mathématiques, de physique et de chimie expérimentales. La troisième série, ouverte aux élèves de seize ans au moins, embrassait la grammaire générale, les belles-lettres, l'histoire, la législation; il devait y en avoir cinq à Paris et une au chef-lieu de chaque département.

En l'an IV, une seule était organisée. Quarante écoles centrales furent inscrites sur l'*Almanach national* de l'an V; cinquante-deux, en l'an VI; cinquante-neuf, en l'an VII; quatre-vingt-six, en l'an VIII, et quatre-vingt-onze, en l'an IX (sur cent départements). Mais la plus grande partie ne fonctionna jamais que d'une manière incomplète, et l'institution n'eut point en réalité de succès. En effet, ces écoles n'avaient ni administration, ni règlement intérieur, ni discipline. Chaque professeur, égal à ses collègues en autorité, *administrait* une partie de l'école. La loi n'avait institué que des externats; le gouvernement manifesta l'intention d'attacher un pensionnat à chaque école; mais cette pensée ne fut réalisée presque nulle part (1). Les élèves, c'est-à-dire des jeunes gens de douze à seize ans, étaient abandonnés à leur libre arbitre. L'enseignement des écoles centrales supposait des études et un enseignement antérieurs; or cet enseignement n'existait pas. Tels sont les principaux motifs qui déterminèrent nécessairement la langueur et la dissolution des écoles centrales.

L'échec fut encore plus grave en ce qui concerne les écoles primaires. La loi qui les instituait (27 brumaire an III) avait été, depuis le commencement de la législature, précédée de trois autres, portant le même titre et restées sans exécution. Un an plus tard, elle n'avait point encore reçu d'application et fut remaniée dans le titre I<sup>er</sup> de la loi du 3 brumaire an IV. Cette dernière, remarquable par sa sagesse et par l'esprit de tolérance qui la distinguait des précédentes, se heurta comme les autres contre des difficultés accumulées. La loi du 3 brumaire disposait que les communes devaient affecter un local au service de l'enseignement élémentaire, et les maisons presbytérales avaient dû, aux termes d'une autre loi, être réservées pour cet usage. Mais cette dernière prescription n'avait point été respectée; un nouveau décret du 14 fructidor an V (31 août 1797) fut rendu pour arrêter la vente de ces immeubles. Le personnel faisait défaut aussi bien que le matériel : où trouver, au milieu de la guerre, au sein d'un pays encore agité par tant de causes, des milliers de fonctionnaires préparés à remplir dignement une mission délicate, austère, et pour ainsi dire inouïe dans les habitudes de la nation?...

Cependant, grâce à de pareilles circonstances, les pensionnats et autres institutions particulières avaient pris une extension considérable. Les principes de tolérance et de liberté que proclamait la législation, l'insuffisance du gouvernement, la nécessité, l'esprit de parti, la pente de l'habitude, le mobile de l'intérêt privé, tout conspirait à la fois pour remplir ces établissements, tandis que ceux de l'État restaient nuls, lan-

guissants ou déserts, et pour susciter, au préjudice de ces derniers, une rivalité menaçante. Les pouvoirs publics qui gouvernaient alors la France n'étaient point capables de triompher honorablement de telles difficultés. Tandis que les deux conseils parlementaires, formés d'éléments antagonistes, dépourvus des hautes lumières, des grands caractères et des puissantes individualités qui avaient illustré les assemblées antérieures, s'épuisaient, au sujet de l'instruction publique, en motions sans cesse renouvelées et toujours stériles, le Directoire exécutif ne savait que harceler ou persécuter l'instruction privée, par des mesures (1) tracassières, inquisitoriales et non moins impuissantes. En résumé, durant la période de quatre années qui marqua l'existence du Directoire, le système de l'instruction publique demeura complétement défectueux par sa base. Ce problème ardu de l'enseignement fut un de ceux qui restaient à résoudre, lorsque Napoléon s'empara du gouvernement et des destinées de la France.

*Consulat et Empire.* — En détruisant le Directoire, le coup d'État du 18 brumaire (9 novembre 1799) avait mis un terme à la phase démocratique de la révolution. L'administration de la *république* fut remise entre les mains de trois consuls. Mais déjà cette forme de gouvernement, conquise une première fois au prix de tant de sang et de sacrifices, n'existait plus que de nom. La France allait de nouveau subir la volonté d'un seul homme, que le ciel avait doué de toutes les facultés propres à entraîner les masses et à dominer ses semblables. Les talents militaires et les succès éclatants de Napoléon, sa mâle éloquence, les traits héroïques de son caractère, semblaient désigner en lui l'homme prédestiné pour raviver l'éclat de l'astre national qui commençait à pâlir, pour faire cesser l'ère des agitations et des tâtonnements, pour donner enfin à l'activité, ainsi qu'au génie d'un grand peuple, une digne carrière et un long avenir.

On sait avec quelle grandeur, quels prodiges, et aussi quelles vicissitudes et quels revers il répondit à ces espérances. Le héros de Montenotte et des Pyramides prouva bientôt qu'il n'était pas seulement un capitaine, mais que les plus hautes conceptions du législateur et du politique ne dépassaient point la portée de son intelligence. Le vaste effort de transformation, commencé en 1789, fut regardé par le triomphateur comme une œuvre finie, et les ébauches imposantes d'institutions nouvelles, qu'avait érigées une génération d'esprits convaincus et dévoués, ne furent à ses yeux que des matériaux, livrés, en quelque sorte, à la discrétion de sa puissance, ou du moins au libre arbitre de son génie.

___

(1) Kilian (secrétaire de M. Villemain, ministre de l'instruction publique), *Tableau historique de l'instruction secondaire*, etc., 1841, in-8°, p. 78.

(1) Arrêté du 27 brumaire an VI (17 novembre 1797), *pour faire prospérer l'instruction publique;* arrêté du 17 pluviôse an VII (5 février 1799), concernant la surveillance des maisons particulières d'éducation.

Conserver uniquement celles de ces institutions qui formaient irrévocablement la vie de la nation moderne; puis, ramasser dans la poudre, pour les restaurer à son profit, les débris encore fumants de celles que le temps n'avait point absorbées sans retour; ensevelir la liberté dans le magnifique linceul de la gloire; créer, à l'aide de ces principes, une France nouvelle, plus grande, plus resplendissante qu'à aucune époque de son histoire; placer enfin au sommet et comme couronnement de tout l'édifice sa propre personnalité, radieuse et triomphante : tel fut, on le sait, l'idéal de son ambition gigantesque.

L'un des premiers travaux dans lesquels éclatèrent sa profonde habileté et ses facultés organisatrices, eut pour objet la restauration et le perfectionnement de l'instruction publique. Seul entre les collèges de Paris, le collège de Louis-le-Grand avait survécu à tous les orages de la révolution. Déjà doté d'une excellente administration par la réforme de 1763, qui en fit le chef-lieu de l'Université, cet établissement avait dû sa conservation à la bonne renommée dont il jouissait, et à l'attachement de ses chefs pour les nouvelles idées du siècle. Il prit successivement, sous la Convention, le nom de *Collège de l'Égalité*, et sous le Directoire, celui d'*Institut des Boursiers*. Une dotation de deux cent mille francs lui avait été accordée, avec les bâtiments de l'ancien collège. En l'an VI, François de Neufchâteau, ministre de l'intérieur, changea cette dernière dénomination, la trouvant « peu convenable, » en celle de *Prytanée français*, qu'il déclara « plus noble et plus exacte, » et que justifiait « l'analogie entre ce prytanée et celui d'Athènes (1). » Tous les élèves de cet établissement étaient des boursiers, fils de militaires. Un arrêté des consuls, en date du 1er germinal an VIII (22 mars 1800), rendu sur le rapport de Lucien Bonaparte, ministre de l'intérieur, divisa le Prytanée français en quatre sections agrandies. La première fut maintenue à Paris dans le même local; la deuxième s'établit à Fontainebleau; la troisième, à Saint-Germain; la quatrième, à Saint-Cyr. A quelques semaines de là, une cinquième section fut instituée à Bruxelles. Une sixième, affectée aux arts industriels et à la marine, avait été placée à Compiègne. Ces établissements similaires étaient soumis à une seule administration, et ce premier pas, d'après les paroles mêmes du ministre rapporteur, annonçait la réorganisation des collèges.

Cent places de boursiers furent créées dans chacun de ces collèges pour les enfants des serviteurs de la République, et cent autres places furent ouvertes aux familles, pour recevoir des pensionnaires, à raison de 900 francs pour Paris et 800 francs dans les dé-

partements. La section de Compiègne devait recevoir 300 élèves, et le prix de la pension fut porté à 500 francs.

Le régime de ces écoles était empreint des formes militaires. Les élèves, partagés en compagnies, composées chacune d'un sergent, de trois caporaux et de vingt et un fusiliers, s'assemblaient au son du tambour. Un dépôt d'armes avait été établi dans chaque prytanée, et les écoliers étaient exercés aux manœuvres de l'infanterie. S'il survenait quelque nouvelle importante, quelque événement qui intéressât la gloire militaire de la nation, il en était donné lecture au dîner.

A la fin de l'année scolaire, il y avait une sorte de parade militaire, où les élèves exécutaient publiquement des évolutions stratégiques.

Chaque prytanée comprenait deux premières catégories : celle des enfants au-dessous de douze ans, et celle des jeunes gens d'un âge plus avancé. Dans la première, l'instruction était commune. Elle embrassait les éléments littéraires (français et latin), le dessin et l'arithmétique. La seconde catégorie se partageait en deux subdivisions : l'une pour la carrière civile, l'autre pour la carrière militaire. La section civile suivait quatre classes : deux d'humanités, une troisième de rhétorique et la quatrième de philosophie. La section militaire étudiait, dans un cours de trois classes, la géométrie, l'algèbre, la trigonométrie, les éléments de statique, de chimie, de physique, d'astronomie, de fortifications et la manœuvre de l'artillerie. L'allemand et l'anglais étaient enseignés aux deux sections. Des lectures et des récitations mnémoniques, empruntées aux grands écrivains de tous les siècles et à la vie des hommes illustres, complétaient la partie morale de cette instruction. Le terme uniforme des études était fixé à l'âge de dix-huit ans. A la fin de cette période, les élèves civils étaient placés dans les écoles spéciales, dans les administrations, dans l'instruction publique. Les militaires entraient au service comme sous-lieutenants d'infanterie, ou continuaient leurs épreuves lorsqu'ils aspiraient aux armes spéciales.

Le prytanée de Compiègne, on l'a vu, était réservé pour les arts et métiers et la marine. En conséquence, au sortir de l'instruction élémentaire et à l'âge de quatorze ans, les élèves des arts et métiers étaient séparés de ceux qui se destinaient à l'autre carrière. On les plaçait en apprentissage chez des maîtres particuliers, tout en leur faisant continuer des études du prytanée. Ils recevaient ainsi pendant trois ans une éducation professionnelle, théorique et pratique. Ce terme expiré, on les employait, soit dans les manufactures nationales, soit dans les ateliers de terre ou de mer (1). Les

---

(1) Nous avons montré dans l'*école de Mars* une sorte de type moral de l'instruction publique sous la terreur; le *Prytanée français* offre un pendant pour l'époque du Directoire.

(1) L'établissement de Compiègne fut complètement organisé par les soins du ministre Chaptal (arrêté du 6 ventôse an XI, 25 février 1803), et devint le type de nos écoles d'arts et métiers. Il fut trans-

élèves de la marine parcouraient successivement trois classes ou années d'études. On leur montrait, dans la première, la géographie, l'uranographie, le dessin, l'hydrographie ; dans la deuxième, la géométrie et l'algèbre ; dans la troisième, la théorie des tables de logarithmes, leur usage, et les éléments de l'astronomie. A l'âge de quinze ans, ils étaient mis à la disposition du ministre de la marine, qui, après un examen de classement, leur donnait du service sur les vaisseaux de l'Etat.

Ces divers actes, ainsi que nous l'avons indiqué, n'étaient que les avant-coureurs de réformes plus graves.

Un premier plan de réorganisation générale fut rédigé par Chaptal, alors conseiller d'Etat chargé des affaires de l'Instruction publique, et lu dans ce conseil (1). Mais à côté de l'initiative et de la surveillance du gouvernement, l'auteur de ce travail revendiquait avec force la liberté « pour chacun « d'ouvrir aussi des écoles et d'y admettre « les enfants de tous ceux qui n'auront pas « pour l'instituteur public le degré de con- « fiance nécessaire. » Une telle doctrine ne pouvait convenir au premier consul, qui déjà méditait l'empire. Le projet de Chaptal, écarté, alla grossir le nombre des conceptions infructueuses élaborées par ses prédécesseurs.

Fourcroy, qui faisait également partie, dès la création, du conseil d'Etat, fut chargé par Napoléon de présenter au Corps législatif un nouveau projet. Ce dernier, plus heureux, fut converti en loi le 11 floréal an X (1er mai 1802), et formait encore naguère tout le fond de la législation, en ce qui touche l'instruction secondaire. La loi du 1er mai 1802 est divisée en neuf titres. Le premier distingue trois degrés d'instruction : 1° écoles primaires instituées par les communes ; 2° écoles secondaires, établies par les communes ou tenues par des maîtres particuliers ; 3° lycées et écoles spéciales, entretenues aux frais du trésor public. Le titre II traite des *écoles primaires*. Mais le temps n'était pas venu encore où les prescriptions du législateur, sur cette matière difficile et fondamentale, devaient se traduire en résultats d'une sérieuse importance. Nous y reviendrons ultérieurement. Les titres III, *des écoles secondaires ;* IV, *des lycées ;* V, *des écoles spéciales*, contenaient la substance de la loi, et nous nous attacherons ci-après à en faire connaître les dispositions,

ainsi que les fruits qu'elles ont portés. Les autres titres s'occupaient : le VIe, *de l'école spéciale militaire;* le VIIe, *des élèves nationaux;* le VIIIe, *des pensions nationales et de leur emploi ;* le dernier, *des dispositions générales.*

Toute école établie par les communes ou tenue par les particuliers, dans laquelle on enseignait le latin, le français, la géographie, l'histoire ou les mathématiques, fut considérée comme école secondaire (1). Le gouvernement promit d'encourager ces écoles par des concessions de locaux, par des distributions de bourses dans les lycées et par des gratifications accordées aux maîtres les plus habiles. L'autorisation facultative de la part du pouvoir fut imposée à ces établissements, et les préfets eurent mission d'exercer sur eux leur surveillance.

Quant aux lycées, leur nombre et leur situation ne furent pas déterminés. L'expérience du passé, l'inégalité des ressources locales, l'éventualité des circonstances, conseillaient cette sage abstention. La loi prescrivit seulement qu'il en serait établi au moins un par cour d'appel. Le programme général des études comprenait : les langues anciennes, la rhétorique, la logique, les belles-lettres, la morale et les éléments des sciences mathématiques et physiques. Il y eut en outre, dans chaque lycée, des maîtres de dessin, d'exercices militaires et d'arts d'agrément (2). Ces écoles distribuaient l'instruction à quatre sortes d'élèves : 1° à des boursiers nationaux ; 2° à des élèves des écoles secondaires, admis gratuitement et au concours ; 3° à des pensionnaires ; 4° à des élèves externes, qui payaient une rétribution. Au sein de chaque établissement, un *conseil d'administration* fut formé d'un proviseur, d'un censeur et d'un procureur-gérant ou économe. Il y eut en outre un conseil extérieur et supérieur au lycée, ou *bureau d'administration*, composé du préfet et de deux magistrats (3). Trois inspecteurs généraux des études furent créés, ayant pour mandat de surveiller, au nom de l'Etat, toutes les parties de l'administration et de l'enseignement, et d'y faire régner l'ordre et l'ensemble (4).

Il suffit de jeter les yeux sur cette analyse des principales dispositions de la loi de 1802, pour y reconnaître le cachet de la haute capacité administrative du premier consul. Les vices essentiels et nombreux des législations antérieures reçurent, effectivement, de ces prescriptions nouvelles, un remède efficace, tandis qu'un habile éclectisme alliait, aux éléments modernes, les principes anciens dont le temps et la pratique avaient fait reconnaître les avantages. L'application

porté à Châlons-sur-Marne en 1806. Un décret impérial du 18 mai 1805 ordonna l'institution d'une école semblable dans les bâtiments de l'ancienne abbaye de Saint-Maximin, près Trèves, département de la Sarre. Elle était combinée pour recevoir quatre cents élèves, et devait servir à l'éducation professionnelle des enfants appartenant à la population des treize départements germaniques, nouvellement réunis à la France. Une troisième école des arts et métiers fut établie, en 1811, à Beaupréau (Maine-et-Loire), et transférée à Angers en 1814.

(1) *Moniteur* du 19 brumaire an IX (10 novembre 1800) et numéros suivants.

(1) Tit. III, art. 6, 7 et 8.

(2) La loi garda le silence sur l'enseignement religieux. Un arrêté du pouvoir exécutif, en date du 19 frimaire an XI (10 décembre 1802), introduisit un aumônier dans chaque lycée.

(3) Cette institution était un des résultats qu'avait produits la réforme de 1763, et dont l'expérience avait démontré l'effet salutaire.

(4) Tit. IV, art. 9 à 22.

ne tarda point à lui procurer la sanction du succès. Peu de temps après que la mesure législative, présentée par Fourcroy, eut été décrétée, celui-ci fut nommé directeur général de l'Instruction publique. On le vit déployer à son tour de grands talents administratifs dans l'exécution de la loi qu'il avait soutenue. Aux termes de cette loi, indépendamment des *inspecteurs généraux*, trois commissaires tirés de l'Institut s'adjoignirent aux premiers. Les uns et les autres, partagés en diverses commissions, se mirent à l'œuvre avec zèle et diligence. Des arrêtés et des instructions furent prescrits par le gouvernement : matériel, personnel, règlements d'administration, programmes détaillés des études, choix, composition, impression des livres de classes ; tout fut créé, préparé, combiné avec une rapidité qui n'excluait ni la méditation ni la prudence (1). Dans le cours des deux années qui suivirent la promulgation, quarante-six lycées, trois cent soixante-dix-huit écoles secondaires communales, trois cent soixante et une écoles privées, formant ensemble sept cent quatre-vingt-cinq établissements, s'élevèrent dans les cent trente et un départements qu'embrassaient alors les limites de la France. Les trois écoles centrales de Paris devinrent, sans changer de local, les lycées Napoléon, Charlemagne et Bonaparte. Les autres écoles centrales existantes furent remplacées de la même manière. Le Prytanée central de Paris reçut le titre de Lycée impérial. La section de Saint-Cyr et celle de Compiègne furent seules conservées, l'une sous le nom d'École spéciale militaire, l'autre sous celui d'École des arts et métiers. Le reste fournit des colonies d'élèves, que l'on répartit naturellement dans les nouveaux lycées (2). Six mille quatre cents élèves furent placés aux frais de l'État, savoir : deux mille quatre cents, désignés par le gouvernement parmi les fils de citoyens qui avaient servi la République, et quatre mille choisis au concours entre les élèves des écoles secondaires.

A la suite des lycées, la même loi consacrait un titre particulier aux écoles spéciales. La guerre européenne, dans laquelle la France se trouva engagée par le fait de la Révolution, avait tout d'abord attiré l'attention des divers gouvernements sur les établissements d'instruction militaire. Le 9 septembre 1793, la Convention avait supprimé toutes les écoles militaires de la monarchie, à l'exception de celle d'Auxerre, qu'elle conserva provisoirement. Un décret du 18 brumaire an II plaça l'institution des *Orphelins de la patrie*, — fondée, comme on l'a dit,

pendant le règne de Louis XVI, — sous la direction de Léonard Bourdon, — et lui donna le titre de *Société des jeunes Français*. Cette école fut réunie, le 20 prairial an III, à celle des *Enfants de la patrie*, qui datait de la même époque et qui avait été placée à Liancourt. Par arrêté du gouvernement, du 8 pluviôse an XI (28 janvier 1803), six cents élèves de cette dernière institution se transportèrent à l'école nouvellement créée à Fontainebleau, et celle-ci finit par se confondre elle-même avec l'École de Saint-Cyr (1).

Nous avons déjà signalé, comme l'ouvrage de la Convention, un établissement mixte, destiné au recrutement de divers corps d'une utilité générale. Connu d'abord sous le nom d'*École des travaux publics*, puis d'*École polytechnique* (2), qu'il a conservé, cet établissement dut principalement son origine et son organisation au zèle de Lamblardie, élève de Perronnet, et de Carnot, assistés de Monge, Fourcroy, Prieur (de la Côte-d'Or) et autres. Grâce aux leçons et à l'activité de pareils maîtres, cette École ne tarda point à conquérir le rang distingué qu'elle occupe encore. Une telle institution ne pouvait être méconnue du génie de Napoléon, qui la conserva, l'entretint avec sollicitude, et qui l'appelait *sa poule aux œufs d'or* (3).

Ce furent également les besoins de la guerre qui déterminèrent la réorganisation de l'enseignement médical. Après avoir supprimé les anciennes facultés de médecine, dont nous avons exposé la situation, la Convention éprouva bientôt la nécessité de former des sujets en état de fournir à ses quatorze armées les secours de l'art médical et chirurgical : de là la création des écoles de santé. Ces écoles, organisées avec le zèle enthousiaste et l'ardente énergie qui caractérisent tous les actes de cette période, rendirent immédiatement les plus précieux services. Mais leur constitution, toute *révolutionnaire*, subvenait difficilement, même aux nécessités urgentes et au but passager qui leur avaient fait donner la vie. Les élèves puisaient à la hâte les connaissances indispensables à leur instruction et partaient immédiatement pour les champs de bataille, où ils suffisaient à grand'peine à la terrible consommation de sang humain. Les réceptions

---

(1) Arrêtés, instructions et rapports des 25 juin, 27 octobre, 10 décembre 1802 ; 15 mai, 12 octobre, 4 et 7 novembre 1803, et du 15 février 1804. Voyez, pour plus de détails, KILIAN, *Tableau historique de l'instruction secondaire*, chap. VIII, et le *Recueil des lois, règlements*, etc., concernant l'instruction publique ; in-8°, 1814, tome I.

(2) FABRY, *le Génie de la Révolution considéré dans l'éducation*, etc., 1817, in-8°, t. I, page 392.

(1) La loi du 11 floréal an X, dont nous avons parlé ci-dessus, créa d'abord une école militaire pour remplacer celles qui avaient été détruites. Cette école fut primitivement placée à Fontainebleau. Le décret du 28 janvier 1803 la transféra à Saint-Cyr, et les élèves de ce prytanée furent eux-mêmes envoyés à la Flèche. Un nouveau décret du 13 fructidor an XIII (31 août 1805) maintint définitivement l'école militaire à Saint-Cyr, où elle est encore. De 1810 à 1814, Fontainebleau redevint le siège d'une autre école militaire, pour former des sous-officiers. L'établissement de la Flèche, de son côté, est resté également un collège militaire. Un arrêté des consuls du 12 vendémiaire an XI (4 octobre 1802) institua l'école d'artillerie et du génie de Metz.

(2) Loi du 1er septembre 1793.

(3) Voir, pour plus de développements, FOURCY, *Histoire de l'École polytechnique*, Paris, 1826, in-8°

et les épreuves scientifiques avaient entièrement cessé. La médecine civile enfin se trouvait livrée à une intolérable anarchie. Par les soins de Fourcroy et selon la promesse de la loi de 1802 (1), les trois écoles de Paris, Montpellier et Strasbourg (2) furent réorganisées ; la profession de l'art médical fut en même temps réglée par des dispositions nouvelles (3).

L'enseignement de la législation était demeuré dans le même état que celui de la médecine. Napoléon venait de donner à la France le Code civil. Par l'organe du même Fourcroy, il proposa au Corps législatif une loi consentie le 22 ventôse an XII (13 mars 1804), qui créa douze écoles de droit. Ces écoles, composées à peu près comme elles le sont aujourd'hui, furent placées à Aix, Bruxelles, Caen, Coblentz, Dijon, Grenoble, Paris, Poitiers, Rennes, Strasbourg, Toulouse et Turin (4). La loi d'institution les soumettait à l'autorité du ministre de la justice, et confiait leur administration au directeur général de l'instruction publique, assisté de cinq inspecteurs généraux.

En signant le concordat accepté par le Corps législatif (17 juillet 1801), le premier consul avait rétabli le culte catholique et les relations officielles du gouvernement français avec la Papauté. Une dernière loi, adoptée le 23 nivôse an XII (14 mars 1801), créa, sous le nom de *séminaires métropolitains*, des écoles de théologie. Les chefs et professeurs de ces écoles, dont la direction appartenait aux archevêques et évêques, devaient être nommés par le gouvernement, mais cette loi ne reçut point d'exécution.

L'une des trois grandes divisions de l'Institut national, tel que l'avaient créé les législateurs de 1795, était consacrée aux *sciences morales et politiques*. Celui qui venait de restaurer une religion d'Etat et qui considérait la révolution comme achevée, craignit de

voir se dresser contre lui, dans cette section du premier établissement d'instruction publique, une espèce de Sorbonne philosophique et révolutionnaire, agitée par ce qu'il appelait les *idéologues*. En conséquence, un arrêté consulaire du 23 janvier 1803 vint modifier cette organisation. L'Institut désormais fut partagé en quatre classes : 1° sciences physiques et mathématiques ; 2° langue et littérature françaises ; 3° histoire et littérature anciennes ; 4° beaux-arts. Cette mutilation réfléchie, combinée avec des altérations analogues, apportées au règlement intérieur des travaux de ce corps, n'eut point seulement pour effet de le ramener à une *forme* plus semblable aux traditions de la monarchie (1). Grâce à ces diverses mesures, le fond même de l'institution fut dénaturé : l'idéal grandiose qu'avaient conçu Talleyrand, Condorcet et Daunou, se trouva singulièrement amoindri. L'Institut, dans la pensée de ces philosophes, devait vivre d'une vie propre et complétement indépendante. Il devait asseoir ses fondements sur la large base de l'opinion publique, et représenter d'une manière vivante, les progrès incessants de l'intelligence dans toutes ses directions. Dès lors, et toute abstraction faite du mérite personnel de ses membres, il devint une sorte d'administration, placée, comme les autres, dans la main des gouvernements et composée de bureaux d'art, de science ou d'esprit.

Les Archives dites de la *secrétairerie d'Etat*, véritables mémoires de l'empereur, où sa pensée, son travail quotidien, sont écrits dans les actes administratifs de son gouvernement, forment comme un livre inappréciable, resté inédit et presque inaccessible jusqu'à ce jour (2). Admis par une heureuse exception à les consulter, nous avons publié ailleurs quelques fragments de ces mémoires en ce qui touche l'instruction publique (3). M. de Champagny, alors ministre de l'intérieur, et son secrétaire général, M. de

---

(1) « Art. 24. Les écoles spéciales qui existent sont maintenues... Art. 25. Il pourra être établi... : 1° dix écoles de droit ;... 2° trois nouvelles écoles de médecine ; 3° il y aura quatre écoles d'histoire naturelle, de physique et de chimie ;... 4° deux écoles des arts mécaniques et chimiques ; 5° une école de mathématiques ; 6° une école spéciale de géographie, d'histoire et d'économie politique. 7° Outre les écoles des arts du dessin existantes à Paris, Dijon et Toulouse, il en sera formé une quatrième avec quatre professeurs. 8° Les observatoires actuellement en activité auront chacun un professeur d'astronomie ; 9° Il y aura près de plusieurs lycées des professeurs de langues vivantes ; 10° Il sera nommé huit professeurs de musique et de composition. » (Loi du 1er mai 1802, titre V )

(2) Ce nombre s'accrut ensuite par l'adjonction à l'Université impériale des écoles de médecine de Turin, de Gênes (décret du 4 juin 1809), et de Pise (décret du 2 novembre 1811).

(3) Loi du 29 ventôse an XI (20 mars 1803). Cette loi fut complétée par celle du 21 germinal suivant (11 avril), qui organisa les écoles de pharmacie. Voyez, quant à cette matière, SABATIER, *Recherches sur la faculté de médecine de Paris*, Paris, 1835, in-8°.

(4) Décret impérial du 4e jour complémentaire an XII (21 septembre 1804).

(1) Louis XVIII, en remontant sur le trône, n'eut qu'à opérer de légers changements dans la préséance et les dénominations, pour restaurer l'édifice, tel qu'il existait à la fin du règne de Louis XIV. L'Institut, dès lors, et jusqu'à nos jours, fut ainsi divisé : 1° Académie française (2° classe de l'organisation consulaire) ; 2° académie des inscriptions et belles-lettres (3° classe) ; 3° académie des sciences (1re classe) ; 4° académie des beaux-arts (4° classe). Tel fut l'ordre établi par l'ordonnance royale du 21 mars 1816. Une ordonnance du roi Louis-Philippe, en date du 26 octobre 1832, a créé ou rétabli une cinquième académie, sous le même titre de *Sciences morales et politiques*. La portée de ces modifications, la prépondérance obtenue successivement par l'une ou l'autre de ces académies ont été appréciées, avec une grande supériorité de coup-d'œil, par l'un des écrivains les plus célèbres de ce siècle. (Voy. *Correspondance philosophique et religieuse*, par M. B.-P. Enfantin ; Paris, 1847, grand in-8°, p. 57 et 201.)

(2) Ces documents sont actuellement conservés au dépôt général des Archives de la République.

(3) Voyez *Bibliothèque de l'École des chartes*, t. IX, pages 153 et suivantes. M. Thiers en a fait un fructueux usage dans son *Histoire du Consulat et de l'Empire*.

Gérando, avaient été chargés par l'empereur de lui présenter leurs idées sur de nouvelles institutions à créer pour restaurer et favoriser la culture des lettres. En réponse au rapport de ces administrateurs, Napoléon, dans une suite de dictées matinales, consigna ses réflexions et ses propres vues sur cette matière. Entre autres créations originales, il avait formé le projet d'instituer au Collége de France une série de chaires nouvelles et coordonnées, dont l'enseignement devait avoir pour centre l'étude approfondie de l'histoire nationale, en rayonnant sur les diverses branches d'érudition qui y convergent. Les événements militaires, et bientôt la complication de la politique européenne, ne lui permirent point de donner suite à ces projets. Néanmoins, ses fécondes méditations ne demeurèrent pas complétement sans fruit. C'est de cette époque que datent la reprise de l'histoire littéraire; la demande à l'Institut du rapport général sur les progrès des connaissances humaines depuis 1789, et d'autres mesures importantes relatives à l'enseignement supérieur (1).

La France possède aujourd'hui de nombreuses écoles spéciales qui ont l'inappréciable avantage de former promptement des élèves aux carrières publiques, et de les rendre plus forts en dirigeant toutes leurs facultés intellectuelles vers un but principal et unique.

L'instruction publique, indépendamment de ses nombreuses Facultés et Académies, compte aujourd'hui parmi ses foyers de lumières :

1° L'Ecole normale supérieure, à Paris.
2° Une Ecole française, à Athènes.
3° Ecole nationale de chartes, à Paris.
4° — de pharmacie,     id.
5° — d'accouchement,     id.
6° — nationale de langues orientales vivantes, id.
7° De nombreuses Ecoles normales dans les départements.
8° Ecole nationale des beaux-arts, à Paris.
9° — nationale de dessin, de mathématiques, etc., appliquée aux arts industriels, à Paris.
10° Conservatoire national de musique et de déclamation, à Paris.
11° Institut national des sourds-muets, à Paris.
12° —     —     à Bordeaux.
13° Institution nationale des jeunes aveugles, à Paris.
14° Ecole d'application du corps national d'état-major, à Paris.
15° — polytechnique.
16° Institut national agronomique, à Versailles.
17° Ecoles nationales vétérinaires et bergeries nationales, Alfort, Lyon, Toulouse.
18° Conservatoire des arts et métiers, à Paris.
19° Ecole nationale des arts et métiers, à Châlons-sur-Marne.
20°     —     —     Angers.
21°     —     —     Aix.

**ÉCRITURES SAINTES.** — Les saintes

(1) Il faut compter, parmi les conceptions grandes et puissantes de Napoléon, la création des prix décennaux (décret du 11 septembre 1804, et du 28 novembre 1809); ces prix ne furent décernés qu'une seule fois en 1810, et nous n'avons aujourd'hui que la monnaie de cette belle institution.

Ecritures sont plus qu'on ne pense utiles à compléter une bonne éducation. Ce sont elles qui, en proclamant hautement son importance, en assurent aussi le succès. Nous y lisons : *Fili, a juventute excipe doctrinam, et usque ad canos invenies sapientiam* (1). N'y trouve-t-on pas toujours une simplicité ravissante, un caractère de naïveté et de bienveillance qui pénètre l'âme de joie, de reconnaissance et d'amour? Les saintes Ecritures sont, pour qui veut les suivre, le texte d'une éducation complète de l'humanité, éducation appropriée à son état présent et à ses destinées futures; divines dans leur principe, dans leurs moyens, dans leur complément; elles sont un acheminement à la cité céleste, et savent inspirer et diriger en même temps les grandes vertus qui font l'embellissement et le charme de la vie civile; elles sont la grande restauration de l'humanité déchue et la sublime initiation à cet état de paix et de grâce qui produira la gloire et l'immortalité.

Il serait bien temps, dit M. l'abbé Plantier, que le monde eût avec nous une idée juste de nos livres saints et de la vénération qu'ils méritent. Le plus récent de tous datera bientôt de deux mille ans; il en est d'autres qui déjà, depuis d'innombrables années, ont atteint leurs trente siècles; et personne ici n'ignore que, pendant une vaste moitié de cette longue existence, au lieu de dormir dans la poudre et de vivre étrangers aux débats de l'intelligence humaine, ils n'ont pas un instant cessé d'être pour les esprits sérieux l'objet de préoccupations ardentes, ni de passer par cette succession d'attaques et d'apologies auxquelles il appartient ordinairement de fixer le jugement public sur la valeur et la dignité d'un ouvrage. On a tenté contre eux tous les moyens de déshonneur et de ruine : la satire a fait du sarcasme; la philosophie, du sophisme; la science, des hypothèses; à son tour, l'Eglise a démontré que des épigrammes n'étaient point une raison; des subtilités, une preuve; un système, des faits : autant on a soulevé d'orages, autant elle a constaté de gloires; et par tout ce mélange de combats et de triomphes, accomplis au grand jour et sous les yeux des peuples, il est devenu manifeste, pour quiconque a suivi le mouvement de cette grande polémique et n'est point aveugle, que la foi du catholicisme sur la Bible est raisonnable, que la grandeur dont il la suppose couronnée est réelle, que le culte dont il l'honore est légitime, qu'enfin l'univers entier, loin de se morceler en opinions différentes sur ce monument auguste, devrait au contraire se confondre pour lui dans une vaste communauté de croyance et de respect, avec la société que le ciel en a constituée dépositaire.

On ne saurait pourtant se le dissimuler, si naturel qu'il paraisse, ce résultat n'est point encore obtenu; le monde n'a presque voulu faire aucun pas sur cette question tant de

(1) *Eccli.*, vi, 18.

fois tourmentée ; quoique vainqueurs dix-huit cents ans, nos livres sacrés ont gagné peu de terrain sur le sol des préjugés ; et , quand on compare les témérités et les illusions qui les accueillirent à leur naissance avec celles qui s'attachent encore à leur nature pour la défigurer, à leurs prérogatives pour les faire méconnaître, on s'étonne douloureusement de retrouver dans notre époque un triste reflet des premiers siècles. Là, des poètes superficiels se bornèrent à voir dans nos écrivains sacrés une littérature étincelante comme le ciel de l'Asie, et, s'ils l'appelèrent divine, ils ne prirent point ce terme à la rigueur, et l'entendirent de Moïse et de Salomon, comme ils l'entendaient d'Hésiode et d'Homère ; ils voulaient dire sublime, et non point inspirée. Là encore, des sages dédaigneux refusaient de consulter nos saintes lettres sur les grands problèmes philosophiques, dont elles auraient pu leur découvrir le mystère, ou du moins leur faciliter la solution ; c'est en eux un parti pris à l'avance de n'en tenir aucun compte, et de raisonner, de conjecturer, de bâtir des systèmes en dehors de leurs traditions et de leur doctrine, comme si de ce foyer de vérité pure il n'eût pu jaillir aucun rayon de lumière. Là, enfin, au lieu d'accepter l'Écriture pour un texte dominateur, pour un texte qu'on n'est pas maître de commenter et de traduire au gré de ses opinions et de ses caprices, pour un texte dont le sens ne se fait pas, mais s'impose et doit être subi, d'audacieux interprètes l'envisageaient au contraire comme une lettre dont la signification naturelle n'a rien d'obligatoire, comme une lettre banalement livrée, même dans ce qu'elle paraît avoir de plus positif et de plus sincère, aux explications les plus rêveuses de l'esprit individuel, enfin comme une lettre qui ne peut raisonnablement être prise que pour un symbole, et que tout homme judicieux se doit à lui-même de décomposer comme on le ferait d'une allégorie.

Voilà quelles étaient les hardiesses et les erreurs d'autrefois ; telles sont encore celles de notre âge ; et, comme aux premiers temps, nos livres saints pourraient aujourd'hui reprocher à quelques littérateurs l'insuffisance de leur admiration, à divers philosophes l'injustice de leurs dédains, à certains exégètes la témérité de leurs commentaires et de leurs critiques. C'est là, du côté de notre époque, un triple tort que je viens signaler à votre réprobation.

Vous le sentez, chacune de ces idées ne pourra recevoir dans la dissertation que j'aborde tout le développement auquel naturellement elle se prêterait : il faudra que je me borne à vous donner de rapides aperçus, et, si je puis ainsi parler, la courte ébauche d'un monde.

Je me plais d'abord à le proclamer à grande voix, nous sommes plus justes envers la littérature des écrivains sacrés qu'on ne le fut au dernier siècle. Tristement identifiée alors avec l'impie moqueur dont elle faisait son idole, l'intelligence publique, à l'imitation de ce dieu méchant, versait à flots le mépris sur les splendeurs de la Bible. On commençait par la dépouiller de son coloris naturel ; on en parodiait même les plus brillantes pages dans je ne sais quelles traductions sacrilégement burlesques ; et, sous l'ignominie du travestissement dont on l'avait ainsi drapée, on avait l'odieux courage de la vouer aux dérisions des peuples, comme si ce masque d'emprunt avait été sa véritable physionomie ! Maintenant il n'en est plus de même. Quelques-uns de ces génies à qui Dieu communique la puissance de commander à certaines époques, et de changer les idées des nations, prirent un jour en main la cause de l'Écriture outragée. Initiés par des études consciencieuses aux beautés qu'elle renferme, ils les dégagèrent des nuages dont l'impiété les avait obscurcies. Un instant, il est vrai, les débris de cette philosophie railleuse insultèrent les nouveaux apologistes, comme ils avaient insulté la Bible, qu'on entreprenait de venger ; à la causticité même on ajouta la violence. Mais ces derniers éclats de tempête ne servirent qu'à décider plus promptement le triomphe de la vérité sur le préjugé public ; illustrés par la critique même qui prétendait les écraser, les ouvrages consacrés à réhabiliter la poésie de nos Livres saints devinrent l'objet d'une curiosité générale ; on les lut avec une sorte de fureur universelle ; et, parce qu'ils réunissaient à l'entraînement d'une démonstration péremptoire le charme d'une diction parfois peut-être emphatique, mais le plus souvent enivrante de pompe et d'harmonie, il leur fut donné d'opérer une révolution dans les intelligences, et de les rassembler presque toutes, sans aucune distinction de symboles, dans une estime égale pour cette même littérature hébraïque, à laquelle précédemment on ne croyait jamais pouvoir prodiguer ni flétrissures assez brûlantes, ni trop amers dédains.

De là lui sont venues des louanges parties de presque tous les auteurs contemporains ; il en est peu, surtout parmi les plus distingués, qui ne l'aient honorée d'une fleur pour recomposer sa couronne ; et, s'ils savaient aussi bien en proclamer l'inspiration qu'ils en reconnaissent la magnificence, leurs suffrages nous inonderaient d'un bonheur sans mesure, tant ils semblent empreints d'une sincérité vraie, tant la sublimité des éloges qu'ils contiennent dispute à la richesse de la parole qui les exprime ! Mais non, ils n'envisagent la Bible qu'en hommes de goût, ils ne la vénèrent pas en chrétiens ; ils célèbrent l'éclat de ses surfaces, ils n'admettent pas qu'au-dessous de cette écorce brillante, elle recèle le trésor d'une sève émanée d'en haut ; et s'ils ont fait un pas sur le siècle dernier pour la justice littéraire qu'ils lui rendent, ils en sont au même point pour l'incrédulité dogmatique avec laquelle ils la considèrent. Tant que vous voudrez, ils feront tomber le soleil sur les diamants dont se forme son diadème poétique ; tantôt ils vous diront qu'ils aiment avec dé-

lices ces récits primitifs de la Genèse, inimitables de merveilleux et de fraîcheur ! que rien à leurs yeux n'égale, dans les épopées antiques, ces patriarches à la tête neuf fois séculaire, promenant de çà et de là leurs tentes et leurs familles vagabondes, s'occupant, avec un calme qui n'est plus aujourd'hui de la terre, à garder de vastes et paisibles troupeaux, mêlant à cette fonction de pasteurs quelque chose qui respire la grandeur d'une royauté douce et paternelle ; traitant avec les monarques, conversant et luttant avec les anges, s'entretenant enfin, par le plus glorieux de tous les traits, avec la Divinité même, qui tour à tour ou leur apparaît au désert, sous la forme d'un voyageur demandant asile, ou se révèle à leurs regards dans l'éclat naturel de sa majesté, leur communique ses desseins sur l'univers, et débat avec eux la destinée des empires. Tantôt ils ajouteront que nul n'a jamais chanté comme David ; que, sur la lyre de ce poëte incomparable, toutes les vibrations du cœur trouvent des notes qui leur répondent ; qu'il a su palpiter au plus haut degré d'énergie de toutes les émotions nobles ou tendres, et les traduire avec un accent égal à leur vivacité ; qu'enfin si, dans quelques-uns de ses accords, on croit surprendre un suave écho des mélodies éternelles, il en est d'autres où vous vous imaginez entendre la voix des grandes eaux, et le solennel roulement du tonnerre grondant au loin sur la vague des solitudes.

Voilà des témoignages que vous rencontrez à travers mille autres non moins fastueux dans les critiques de notre époque. Mais on s'arrête à ces limites ; on fait pour la poésie de nos Livres saints ce qu'on fait ailleurs pour l'architecture de nos basiliques. Voyez certains artistes en face de ces monuments admirables ! Ils exalteront et les proportions gigantesques par où ces édifices épouvantent l'œil qui les contemple, et la hardiesse de ces colonnes qui, dans la légèreté de leur découpure, semblent soutenir par enchantement des voûtes en apparence faites pour les écraser, et cette fuite mystérieuse des nefs qui paraissent, à travers l'illusion du demi-jour, s'allonger sans mesure, et s'aller perdre jusque dans les profondeurs de l'éternité même ; il n'est rien, en un mot, dans la poésie matérielle de nos temples gothiques dont ces admirateurs ne parlent avec enthousiasme, et qu'ils ne décrivent avec je ne sais quelle grâce de couleurs, avec je ne sais quelle teinte de sentiment et d'ivresse qu'on regarderait volontiers comme trahissant un cœur chrétien. Il s'en faut cependant qu'ils s'inspirent de la foi. Demandez-leur s'ils admettent le mystère eucharistique, s'ils reconnaissent la présence substantielle de l'Homme-Dieu sous le voile du pain consacré, s'ils sont prêts à l'adorer avec nous dans le secret du tabernacle, comme sur le trône silencieux de son amour : ils vous répondront par un demi-sourire ; et c'est là le triste gage qu'en trouvant la demeure sainte admirable, ils la supposent vide, et que pour se confondre à louer le génie qui la conçut et l'audace

qui la construisit, ils n'en restent pas moins incrédules au Dieu caché qui l'habite.

Tels sont aussi vis-à-vis de l'Ecriture les dispositions des écrivains dont nous avons parlé. Vous bornez-vous à les interroger sur le langage des saintes lettres, ah ! vous les voyez, saisis soudain comme d'un transport lyrique, s'écrier : La Bible est un livre ravissant comme poésie ; c'est tout l'Orient avec le mélange ineffable de sa nature opulente, de ses parfums délicieux, de son brûlant soleil et de ses imposants déserts. Mais poussez-vous votre curiosité par-delà l'exaltation de cette réponse, dites-vous à ceux qui l'ont faite s'ils admettent dans l'Ecriture l'inspiration du Très-Haut avec celle du génie, ils cessent de vous satisfaire ; une certaine indécision de parole, quand ce n'est pas une absolue négation, vous annonce que sur ce point on présume pouvoir penser autrement que le catholicisme, et que sous l'or et les magnificences dont l'arche sainte étincelle au dehors, on refuse d'honorer au-dedans la majesté suprême, reposant dans sa splendeur et rendant ses oracles.

Refus illégitimes, insuffisants hommages ; sans doute, pouvons-nous dire de ceux qui les décernent ; sans doute nous sommes reconnaissants des hymnes qu'ils chantent à la gloire littéraire de nos Ecritures ; ce n'est, il est vrai, qu'une justice, mais c'est une justice que nous les bénissons de rendre avec tant d'éclat et de franchise. Qu'ils le sachent bien toutefois, cet aveu ne peut nous suffire ; à la reconnaissance du mérite poétique, ils doivent ajouter la profession du dogme religieux et publier avec nous, dans un même concert, que nos auteurs sacrés furent, non-seulement de hautes intelligences et de sublimes écrivains, mais encore les miraculeux interprètes des pensées du Très-Haut et les échos réels de sa voix. C'est là notre conviction ; telle doit être aussi la leur. Et si l'on demande à quel titre, c'est que notre croyance à ce fait est une croyance de plus de trois mille ans ; c'est une croyance appuyée sur l'attestation d'auteurs qui furent les uns prophètes, les autres thaumaturges, tous recommandables par la noblesse de leur caractère et l'héroïsme de leurs vertus ; c'est une croyance professée par un peuple qui, sous la triple impulsion de ses passions, de son entêtement et de ses lois, a dû nécessairement la discuter avant de l'admettre, et n'a pu l'embrasser, à moins d'être fou, qu'après l'avoir vue environnée de démonstrations décisives et de garanties incontestables ; c'est une croyance dont les premiers comme les derniers prosélytes doivent d'autant mieux avoir apprécié la justesse de leur foi, que ce fut toujours pour eux, soit un devoir sacré, soit une inviolable habitude de mourir plutôt que de l'abjurer ; c'est une croyance qui, des mains d'une nation difficile à persuader, et qui pourtant y fut fidèle quatorze siècles, a passé comme un héritage impérissable dans le sein d'une autre société, non-seulement la plus imposante, mais encore la seule divinement infaillible qui

soit sur la terre, je veux dire l'Eglise catholique; c'est une croyance enfin si sincère
dans les sentiments qui la forment, si bien
enchaînée dans les anneaux qu'elle embrasse,
si ferme et si compacte jusqu'à l'instant précis où parut son objet, si vénérable et si
consciencieuse dans les témoins dont se
composent ses traditions, qu'on est forcé
d'en accepter les dépositions avec confiance,
ou de ne voir dans le témoignage humain
qu'un vain rêve, et de rompre avec le passé
comme avec une région de ténèbres où ne
s'agitent que des fantômes.

Voilà sur quelle autorité nous croyons à
l'inspiration de nos Livres saints ; et certes,
que peut-on dire pour en démentir la parole, et contester la solidité de nos convictions ? Quoi ? peut-être qu'il s'agit ici d'un
fait intime dont personne n'a pu sur la terre
être témoin ? Misère ! ce phénomène invisible par nature n'a-t-il pas pu devenir sensible par une confidence authentique et sûre
des écrivains sacrés ? Quoi encore ? peut-
être que les auteurs bibliques en ont menti ?
Mais quelle preuve en a-t-on, je le demande ?
il ne suffit pas d'une conjecture ou d'une
imagination pour accuser des hommes si
vertueux de la plus criminelle imposture,
quand surtout d'innombrables générations
élèvent du sépulcre la voix pour les en absoudre. Quoi donc, encore un coup ? qu'une
foule de peuples ont été trompés sur la divinité de leurs livres dogmatiques, et qu'à
leur imitation les juifs et les chrétiens ont
bien aussi pu l'être ? Mais quelle étrange
conclusion ! quelle absurde analogie ! où
trouve-t-on rien de semblable entre ces divers témoignages, soit pour les livres dont
ils affirment l'inspiration, soit pour les écrivains qu'ils en supposent favorisés, soit enfin pour le caractère et la gravité des suffrages
qu'ils comprennent ? Assimiler ici, par exemple, le Pentateuque au Koran, l'Évangile aux
Védas, les israélites et les catholiques aux
enfants de Mahomet et de Boudha, ne serait-
ce pas un délire, si plutôt ce n'était une impiété ? Quoi, enfin ? que nos livres sacrés
contiennent des histoires inconvenantes, des
expressions peu chastes et de trop libres
images ? comme si l'on pouvait ignorer que
des faits indignes dans ceux qui les opèrent
peuvent être irréprochables dans celui qui
les raconte ! comme s'il n'était pas certain
que, dans les âges antiques, la langue était
plus nue, parce que les mœurs étaient plus
simples et les cœurs moins dépravés ! comme
si, enfin, l'on ne devait pas avoir remarqué
que quand nos prophètes emploient des
comparaisons ou tracent des tableaux critiques, ce n'est point avec un air de bonheur
et de volupté, mais avec un accent de dégoût
si profond ou de joie si céleste, qu'au lieu
d'en éprouver des émotions illégitimes,
l'âme n'en reçoit pour contrecoup que les
impressions d'une horreur salutaire ou d'un
enivrement divin !

Non, non, dans nos Ecritures rien ne proteste contre leur inspiration ; il n'est en elles
aucun vice incompatible avec la sainteté de
ce privilége ; et vous y trouvez au contraire
des caractères et des gloires qui sans lui seraient presque inexplicables. Là c'est une
manière de dire et de voir si grande à la fois
et tellement à part, que vous vous écriez involontairement : Les mortels ni ne parlent,
ni ne pensent ainsi ; c'est vraiment le langage d'un Dieu ; j'y reconnais par instinct
l'autorité de sa voix et l'élévation de sa
sagesse. — Ici, c'est une fécondité sans mesure comme sans exemple. Méditez une parole d'homme ; quelle que soit sa profondeur,
vous en aurez bientôt atteint les dernières
limites ; elle a je ne sais quoi de circonscrit
et d'indigent, comme tout ce qui s'échappe
d'une intelligence créée, tandis que l'Ecriture cache des abîmes sous chacune de ses
syllabes, que les bornes de ses pensées reculent devant vos yeux, à proportion que
vous les méditez davantage, comme l'horizon
des mers semble fuir devant le vaisseau qui
les sillonne; qu'enfin son texte vous présente partout quelque chose d'inépuisable
et d'infini, comme la divine essence, dont
on la regarde comme une émanation. —
Ailleurs, c'est une efficacité toute-puissante pour moraliser les humains. Combien ne sont pas rares les justes complets,
les justes sans mélange, formés au sein des
peuples par les leçons du génie mortel !
J'ignore même s'il en fût un sur les soixante
siècles qu'a vécu le monde ; parmi ceux
qu'on exalte avec le plus d'emphase, et dont
les noms planent le plus haut au-dessus des
renommées vulgaires, je n'en vois aucun
dont la vertu, semblable à cette statue mystérieuse, ne déshonore, par un alliage de
fer et d'argile, l'argent et l'or qu'elle emprunte à de nobles instincts. Que d'âmes
pures, au contraire, la Bible n'a-t-elle pas
fait éclore ! Que de fois, dans chaque siècle,
n'a-t-elle pas réalisé ce sage idéal que rêva
la philosophie antique, mais qu'elle ne put
enfanter ! Qui ne sait qu'entre ces héros divins que l'histoire du catholicisme nous fait
admirer à toutes ses pages, il n'en est pas
un seul dont elle n'ait alimenté l'énergie,
et contribué plus ou moins profondément à
développer la grandeur ? Certes ! et comment
ne pas voir, dans cette influence inconnue,
à toutes les œuvres humaines, le sceau d'une
origine merveilleuse et le gage d'une puissance toute divine ? Arbre de salut et de vie,
arbre dont les fruits communiquent à ceux
qui s'en nourrissent un principe incomparable de justice et de sainteté, d'où peut-elle
avoir reçu sa bienfaisante séve, sinon du
ciel, et quelle main l'aurait plantée, si ce
n'est la main du Très-Haut même ?

Pourrais-je ne pas signaler encore la vérité dont ce livre merveilleux est dépositaire ? vérité surhumaine dans sa source, et
comme les rayons du jour, c'est des cieux
qu'elle descend : vérité instructive, et dédaignant d'égayer l'imagination par de fantastiques lueurs, elle aime mieux éclairer par
des solutions positives les grandes questions
de nos destinées : vérité pleine de sagesse,
et comme elle nous révèle avec justesse

l'excellence du Très-Haut, elle exalte l'homme avec une admirable mesure, et le place au rang précis qui lui convient, entre la grandeur divine et l'abjection de la brute : vérité sans mélange, et si par quelque endroit elle nous semble ténébreuse, c'est moins par une absence de lumière qui l'accuse que par un excès de clarté dont nous sommes éblouis : enfin, vérité de tous points inébranlable ; rien n'a pu jusqu'à ce jour en faire chanceler la certitude, ni les discussions qui l'ont toujours affermie à mesure qu'elles ont été plus profondes, ni les sciences qui, déchaînées contre elle par la philosophie de toutes les époques, n'ont jamais manqué de lui rendre témoignage, au lieu de lui porter atteinte ; semblables à ces bêtes féroces qui, lancées dans l'arène contre nos premiers martyrs, trahissaient quelquefois le vœu des tyrans, et, s'humiliant aux pieds de leurs saintes victimes, consacraient à les défendre cette rage que le bourreau destinait à les dévorer.

Se peut-il imaginer une gloire plus singulière ? Trouverez-vous, après la nation juive, un second peuple où, je ne dis pas autant d'écrivains, mais un seul auteur ait déposé dans ses ouvrages un ensemble d'enseignements aussi certains, aussi complets, aussi purs que ceux de nos livres sacrés ? et s'il n'en est aucun, comme on n'en saurait douter, d'où vient donc que nos prophètes ont rencontré, dans leurs écrits, cette sublimité de doctrine inconnue aux génies même les plus élevés et les plus judicieux des sociétés antiques ? Vous surtout qui nommez les anciens Israélites les plus stupides des humains, comment éclaircirez-vous ce mystère qui nous étonne ? comment, pour parler avec Rousseau, les leçons de la plus irréprochable sagesse ont-elles pu jaillir du plus ignorant fanatisme ? N'est-il pas évident que ce prodige est naturellement inexplicable ? Et, puisqu'on ne peut chercher dans le judaïsme le foyer de tant de lumières, ne reste-t-il pas à conclure que nous devons le chercher en Dieu, vérité par essence ?

Enfin, pour me taire sur une foule d'autres traits, « comment concevrait-on cette perpétuelle unité d'enseignements parmi tant d'écrivains dont plusieurs ont écrit à près de trois mille ans l'un de l'autre ? Moïse, David, Isaïe, Malachie nous donnent précisément la même idée de Dieu et de nos devoirs envers lui, nous annoncent le même médiateur ; tandis qu'on ne trouve pas deux philosophes contemporains qui, lorsqu'ils parlent d'après leur seule raison, s'accordent sur ce qu'on doit penser de la Divinité, non plus que sur les préceptes fondamentaux de la morale. Comment se fait-il que les Evangiles, les Actes et les Epîtres des apôtres ne forment, ensemble et avec les livres de l'Ancien Testament, qu'un corps de doctrine toujours la même depuis l'origine du monde ? comment n'a-t-elle subi aucune modification, selon l'esprit des différents siècles, le génie particulier et les opinions de chaque écrivain ? Cette invariable uniformité est-elle

dans la nature de l'homme ? et si l'Ecriture n'est pas divine, de qui tient-elle ce caractère qui la sépare si visiblement de toutes les productions humaines, et qui fait, des pensées de tant d'hommes dispersés à de longues distances sur la route du temps, une seule pensée, éternelle comme Dieu, immuable comme sa vérité, féconde comme son amour (1) ? »

Ainsi parlait, aux belles époques de sa foi, l'un de nos plus grands apologistes modernes ; ainsi, par le phénomène qu'il nous indique, rapproché de ceux que nous avons signalés nous-mêmes, reste-t-il constant que l'Ecriture porte dans son essence ou d'éclatantes marques ou de magnifiques insinuations de divinité ; ainsi, par un cri parti de son propre sein, justifie-t-elle le témoignage du christianisme qui la donne pour inspirée ; ainsi, vous qui ne voulez point lui décerner cette gloire, mais vous renfermer dans de vains éloges littéraires, vous l'outragez autant par vos refus que vous l'honorez par vos louanges ; et votre erreur serait immense si, par votre admiration pour l'argile de la statue, vous pensiez avoir acquis le privilége de nier qu'un rayon du soleil incréé l'anime et la vivifie.

Et de grâce pourquoi le nieriez-vous ? pourquoi, si vous rejetez ici notre foi comme hommes, ne l'accepteriez-vous pas au moins comme poëtes ? Est-il rien de plus touchant et de plus sublime à la fois que ce fait dont vous démentez l'existence ? Voyez ! avec ce dogme divin, tout s'embellit pour nous sur la terre : notre exil, parce que la Bible devient alors pour nous comme une apparition de la patrie ; nos ténèbres, parce que la Bible alors les éclaire comme un phare allumé de la main de Dieu même ; nos prières, parce qu'en les formant alors avec les expressions de la Bible, nous les rendons plus puissantes, composées qu'elles deviennent des propres accents du Très-Haut ; enfin, l'espérance même : elle n'est plus seulement une assurance, elle est un commencement de possession, puisque répéter alors les chants sacrés de la Bible, c'est pour ainsi dire essayer ici-bas la langue de ce royaume immortel que la foi nous promet.

Voilà tout ce que nous devons à cette ineffable vérité de l'inspiration biblique ; c'est une fleur du pays sur la rive étrangère ; c'est un astre conducteur dans la nuit qui nous environne ; c'est une sorte de prélude temporel aux éternelles harmonies ; c'est la communication d'un idiome divin pour nous aider, soit à mieux traduire nos soupirs religieux, soit à converser plus dignement avec les anges ; et vous vous feriez à vous-même la cruauté de la repousser à l'aveugle ? vous qu'on trouve ordinairement crédule à tout ce qui porte une empreinte de grandeur et de magnificence, à tout ce qui remue puissamment le cœur et présente à l'imagination la magie d'un enchantement, vous vous armeriez ici d'une intolérante

(1) Lamennais.

prévention contre un phénomène aussi consolant par résultats qu'il est merveilleux par nature? Ah! vraiment, ce n'est pas le cas pour vous de faire l'incrédule par préjugé; vous devriez bien plutôt vous abandonner à cet instinct qui vous porte à prendre tout ce qui est beau pour l'expression d'une réalité sublime; et si j'étais à votre place, si comme vous je n'admettais pas la divinité de nos livres saints, si je ne tenais pas à ce dogme sacré du fond de mes entrailles et de toute l'énergie de mes convictions, au lieu de le repousser à l'aventure comme vous le faites, je pencherais pour lui par une sympathie tout au moins poétique, et, à défaut de croyance, j'essaierais de m'en faire une brillante illusion.

Voilà pour le premier tort, estime insuffisante. Un mot sur le second: injuste dédain.

L'Europe, il y a soixante ans, assistait au plus étrange des spectacles; c'était à un complot de l'imagination philosophique contre les récits de l'Ecriture. A toute force, on désirait détrôner la cosmogonie de Moïse; il fallait de rigueur montrer aux peuples qu'elle était une fable; et pour y parvenir, on décida qu'il ne serait besoin ni d'interroger l'histoire, ni d'invoquer les sciences, mais qu'il suffirait, pour confondre le Pentateuque, de rêver un système incompatible avec sa narration. C'est, en effet, ainsi que les choses se passèrent. Mille artisans de mensonge se prirent à fabriquer des fictions sur l'origine du monde et de l'homme. Isolés des traditions et de la nature, ils n'avaient consulté, dans cette fantastique création, que les caprices d'une intelligence en délire; souvent même ils ne s'étaient pas inquiétés de donner à leurs suppositions le mérite d'être ingénieuses; plus d'une fois on voyait la stupidité du détail y lutter avec la témérité de la conception générale; et pour peu que le bon sens eût alors régné dans notre patrie, on n'aurait pas eu pour ces inventions, au-dessous de l'absurde et du puéril, le courage même de la pitié. Mais non; par cela seul qu'elles avaient l'impudence de paraître, elles avaient le droit de triompher. Etaient-elles piquantes? Etaient-elles insensées? Etaient-elles savantes? Etaient-elles vraisemblables? on ne songeait pas même à l'examiner. Elles partaient d'un esprit incrédule; elles avaient pour objet de démentir l'Ecriture, c'était assez de ce double titre pour leur conquérir des applaudissements universels; aux yeux de notre France égarée; leur impiété tenait lieu de justesse: et telle en était la gloire, tel en était le succès, qu'à l'aspect de ces contes nés de la veille, misérables jeux d'esprit auxquels leurs auteurs même ne donnaient pas la valeur d'une conjecture, on battait des mains, comme si la véritable généalogie du monde eût été découverte, et que, sans aucune discussion, l'on se mettait à crier à Moïse, malgré sa priorité de quatre mille ans et ses garanties de véracité: Tu n'es qu'un imposteur, et

toutes les traditions ne valent pas nos rêveries!

Aujourd'hui, grâce au ciel, nous sommes un peu moins enfants, mais nous ne sommes guère plus justes. Peut-être ne créons-nous pas des chimères avec le but avoué de combattre l'Ecriture, mais nous nous plaçons en arrière de ses enseignements; nous ne lui demandons aucune lumière; nous ne pensons pas même à nous concilier avec elle dans les théories que nous nous hasardons à concevoir; et doivent nos systèmes contredire ses témoignages, doivent nos imaginations ne pouvoir se combiner avec ses oracles, nous n'en persistons pas moins à proclamer nos idées en dépit de ses traditions, et à la traiter, si ce n'est comme un objet de haine, au moins comme un ouvrage sans poids et comme une histoire sans autorité. Voyez, par exemple, les inaugurateurs du progrès indéfini! Avant de se prononcer sur le point de départ de l'espèce humaine; avant d'affirmer qu'elle a débuté par un ténébreux idiotisme, et que pour arriver au degré de perfection sur lequel maintenant elle se balance, jusqu'à ce qu'elle puisse s'envoler vers une région plus haute encore, elle a passé par une série graduellement plus brillante de transfigurations, qui, après nous avoir pris aux bords de l'existence végétale, finiront quelque jour par nous transformer en Dieu; en un mot, avant d'ériger leurs opinions en faits positifs, ont-ils examiné en détail les narrations primordiales de la Bible? ont-ils au moins apprécié, par un débat préjudiciel et général, la force ou la faiblesse historique de la *Genèse?* ont-ils enfin, par la moindre démarche, fait semblant de supposer qu'elle pouvait leur apprendre quelque chose sur les destins originels de nos pères? Non, ils ne s'en sont pas plus occupés que si jamais il n'eût été question d'elle dans le monde. Sans que nulle discussion les eût préalablement éclairés à son égard, ils ont hardiment décidé qu'elle ne pouvait ni prêter aucun thème sérieux à leurs observations, ni prescrire aucune borne inviolable à l'audace de leurs conjectures; et c'est sur cette aveugle persuasion que nous les avons vus, après s'être inspirés je ne sais à quelle source, alléguer avec empire que notre origine allait se perdre dans un état sauvage, et qu'avant de devenir des hommes civilisés, nous avions presque commencé par être les frères de la brute.

Ce qu'on a fait pour ce système, on l'a fait pour d'autres; d'aucun côté l'on n'a directement attaqué l'Ecriture; personne ne l'a vouée formellement au mépris ou à l'anathème de la sagesse; on n'a point explicitement affecté la prétention de la démentir; mais, à défaut d'hostilité, on a fait de l'insouciance; on n'en a pas tenu plus de compte que d'un néant; et vous croiriez, à voir combien peu les philosophes s'en sont inquiétés dans la hardiesse de leurs innovations, qu'ils se soient dit sourdement: Pauvre Bible! on l'a bien tourmentée dans

d'autres siècles! nous, plus humains, nous te laisserons en paix; mais en même temps nous te traiterons comme un monceau de ruines, et de tes débris usés nous ne prendrons pas une seule pierre pour les divers édifices qu'élèvera notre génie.

Langage inconcevable à force d'injustice! Qu'on le tînt après avoir examiné nos saintes lettres, après en avoir discuté les récits et pesé les garanties, il n'en serait, certes, pas à la vérité plus légitime, mais il serait moins coupable, parce qu'il serait moins aveugle; il retiendrait le malheur de l'illusion, mais au moins n'aurait-il pas l'odieux du préjugé. Maintenant, au contraire, qu'est-il autre chose? Ceux qui le prononcent répudient l'Ecriture, je le sais; mais à quels titres? mais à la suite de quelles études? mais ont-ils jamais eu dans les mains ce livre qu'ils dédaignent? mais se sont-ils prouvé, soit en l'approfondissant en lui-même, soit en vérifiant les caractères de la société qui nous l'apporte, qu'ils ont le droit de s'en passer, et que sur les grandes questions humanitaires dont il parle, il leur est libre de faire abstraction de son témoignage? Rien de tout cela. S'ils le délaissent, ce n'est pour aucun motif logique; c'est uniquement par l'effet d'une prévention qu'ils n'ont pas jugée; c'est parce qu'il leur plaît de supposer qu'ils ne pourraient puiser à cette source aucun renseignement utile sur les problèmes dont ils poursuivent le nœud dans leurs méditations; c'est enfin parce qu'à la suite d'un rêve, ils se sont dit: Débarrassons-nous de la Bible afin de conjecturer plus à l'aise, à peu près comme Luther, au sortir d'un songe, s'écria, pour établir plus librement sa réforme: Qu'avons-nous à faire du pontife romain! construisons sans lui notre église, et laissons-le tranquillement dormir dans la solitude de son palais!

Est-ce ici de la justice? Dédaigner ainsi l'Ecriture sans la connaître, la réprouver sans l'entendre, la traiter comme une lettre morte et la refouler dans l'oubli du sépulcre, sans s'être auparavant assuré qu'elle n'a ni force, ni vie; dogmatiser enfin sur des questions qu'elle a résolues, sans même regarder en courant qui doit l'emporter, ou de ses allégations ou de nos hypothèses, n'est-ce pas une flagrante violation de de ses droits? Et si, par hasard, une voix lui pouvait être donnée, ne serait-elle pas admise à crier à ces contempteurs irréfléchis: J'y consens, faites-moi passer aux yeux des peuples pour un monument sans valeur, pour une tradition sans importance; mais, avant de me vouer à cette infamie, instruisez mon procès. Condamnez-moi tant qu'il vous plaira, mais je tiens à ce qu'on me juge; vous seriez obligés de le faire pour le plus insignifiant ouvrage, à plus forte raison le devez-vous à ma vieillesse quarante fois séculaire; et si vous me le refusez, si vous me frappez à l'aventure et sur la seule inspiration de votre fantaisie, votre sentence n'est plus qu'une iniquité révoltante, à moins qu'il ne soit permis de livrer une tête au supplice, avant d'avoir constaté qu'elle est coupable et qu'elle mérite de tomber sous le fer!

Il n'y a pas seulement de l'injustice dans ce procédé, j'y trouve encore une impardonnable imprudence. De quoi s'occupent, en effet, ces hommes qui dédaignent l'Ecriture? de questions dont le nœud se cache dans les replis de l'histoire; de problèmes dont la solution ne peut jaillir ou du moins recevoir son parfait éclaircissement que de l'expérience et de l'analyse des faits; c'est, par exemple, de l'origine et de la condition première de l'humanité; c'est du mystère de notre nature avec la lutte éternelle de ses puissances et l'étrange opposition de ses instincts; c'est de notre destinée, soit comme individus, soit comme peuples, et du terme où nous marchons, à travers les vicissitudes orageuses de notre éphémère existence; c'est, enfin, des diverses forces sous l'empire desquelles nous accomplissons ici-bas les révolutions que notre sort nous appelle à parcourir, et de l'influence plus ou moins libre, plus ou moins fatale que ces différents mobiles exercent sur le mouvement de nos passions et le jeu des volontés humaines.

Tels sont les grands objets philosophiques débattus de nos jours; tels sont les abîmes sur la nuit desquels certains génies ont essayé de faire lever la lumière par des remarques empruntées à l'étude des nations et des siècles; il n'y a qu'un livre dont ils aient omis l'exploration, je veux désigner la Bible; et, de bonne foi, n'est-ce pas assez de cette lacune, non-seulement pour nous affliger, mais pour faire chanceler toutes leurs conclusions et menacer leurs systèmes? Comment osez-vous avancer vos théories? peut-on leur dire. Avant de les proclamer comme une certitude, il faudrait être sûr que nul monument connu ne les désavoue; s'il en est un qui les combatte avec éclat et que vous n'ayez pas apprécié, s'il est une source où peut-être la vérité repose, et dont vous n'ayez pas goûté les eaux, vous devez tenir vos idées pour suspectes; la saine logique vous le commande. Et n'est-ce pas précisément le cas où vous vous trouvez? Voici l'Ecriture; en avez-vous confronté les annales avec vos conceptions! Etes-vous certain qu'elle ne proteste pas contre vos doctrines? Et si elle les réprouve, croyez-vous, en philosophe droit et sincère, et la main sur la conscience, pouvoir affirmer que ses contradictions ne méritent aucun égard sérieux? Et si vous ne le pouvez pas, quel autre nom donner à vos enseignements que celui de témérité?

Cette qualification leur est d'autant plus justement appliquée, que la Bible n'est point ici l'une de ces histoires dont personne ne parle, que rien ne recommande, ou qui du moins ne se rattachent que faiblement aux questions agitées par notre philosophie. Quatre mille ans l'ont vénérée; deux cent millions de chrétiens la respectent encore; incontestablement nul écrit n'a jamais recueilli d'aussi vastes hommages; et comme

elle est, sans contredit, le monument le plus glorifié par les peuples, elle est aussi le seul qui, par un récit ferme et sans rupture, remonte à ces événements originels dont nos contemporains se sont si vivement préoccupés, et sur lesquels s'appuient, comme sur leur base essentielle, toutes les considérations développées dans leurs systèmes. Les fastes des autres nations ne vont pas jusquelà; c'est ordinairement à la naissance de la société dont ils racontent les destins qu'ils s'arrêtent eux-mêmes; les époques plus reculées, les âges primitifs surtout leur sont entièrement inconnus; il n'est aucun lien de tradition forte et suivie qui les unisse à ces temps lointains; et, pour y parvenir, à travers les abîmes ténébreux qui les en séparent, il ne s'ouvre à nos pas d'autre route que celle de la *Genèse*.

Jugez, après cela, s'il est prudent de la laisser comme un oracle sans voix. Qu'on la regarde comme divine ou non, peu importe pour le moment; une chose toujours est constante: c'est qu'elle se présente à nous comme une histoire liée aux questions qui nous absorbent et que nous prétendons définir; comme une histoire qui déroule seule, par manière de récit et non point de fictions, ces vastes données humanitaires d'où dépendent toutes nos théories; comme une histoire, enfin, digne d'une considération sans bornes par l'estime et les suffrages sans exemple qui la couronnent. Et, s'il est permis, sans cesser d'être grave, de fermer les yeux sur un monument de ce caractère, et l'on croit pouvoir raisonnablement se hasarder à le démentir sans l'avoir vu de près, si l'on peut se répondre, avant toute appréciation, qu'en s'en écartant on ne s'écartera point de la vérité, je ne comprends plus ni de quelle consultation l'on peut avoir besoin pour asseoir définitivement un système, ni quand la prévention devra jamais être flétrie comme une légèreté.

C'est assez pour le second tort, celui du dédain. Plus qu'une ligne contre le dernier, la témérité des interprétations.

Singulière différence des époques! Autrefois, pour ébranler la Bible, on transformait des imaginations en histoire, et maintenant, pour atteindre le même but, prenant une voie tout opposée, nous transformons les faits les plus positifs en symboles arbitraires. Je ne sais quelle doctrine, jadis malencontreusement essayée en France, et de nos jours plus heureuse parce qu'elle nous est revenue de l'Allemagne, nous a tristement appris à ne voir dans l'Écriture, au lieu des réalités historiques qu'y vénéraient nos pères, que des fictions plus ou moins ingénieuses; et quoique ce système impie compte parmi nous moins de prosélytes que sur les bords du Rhin, il en est encore trop qui, jouissant des libertés qu'il proclame, se permettent de commenter à leur gré nos Livres saints comme on le ferait d'un conte emblématique. Rencontrent-ils une scène de merveilleux qui les étonne? c'est un mythe. Voient-ils se dessiner sur le fond des siè-

cles antiques un noble caractère, une solennelle existence? c'est un mythe. Découvrent-ils une de ces révolutions qui passent sur les peuples et les bouleversent comme la tempête agite l'Océan? c'est un mythe encore. Partout, en un mot, où se déploie quelque chose de grand et d'extraordinaire, aussitôt on appelle le mythe pour donner le mot de cette énigme imposante. Et si vous demandez ce qu'on entend par ce terme magique dont la puissance nous ouvre ainsi, comme une clef mystérieuse, le sanctuaire de l'Écriture, on vous répond qu'il désigne une personnification poétique. Tantôt c'est la personnification d'un sentiment ou d'une pensée; tantôt c'est la personnification d'une époque; tantôt c'est la personnification d'une classe sociale; tantôt c'est la personnification d'une phase humanitaire; et quand vous voyez, dans un même événement ou dans un même livre, divers accidents se combiner ou s'étendre, ce ne sont encore, sachez-le bien, que des personnifications qui se heurtent, se débattent ou se prolongent.

Théorie absurde s'il en fut jamais! Sans doute, MM., nous ne désavouons pas que dans les prophéties de l'Écriture il ne soit une foule de passages figurés et figuratifs; nous ne nions pas non plus que certains tableaux de son histoire n'aient une valeur symbolique; mais nous soutenons, mais nous avons éternellement soutenu que tous les faits, présentés comme faits par nos auteurs inspirés, doivent être pris à la lettre, et que ceux mêmes qui, sous un aspect, nous sont donnés comme allégoriques, ne laissent pas d'être réels par le fond de leur substance; c'est là notre doctrine, c'est notre profession depuis l'origine des temps; jamais la Synagogue et l'Église n'ont eu d'autre croyance ni d'autre langage; elles ont perpétuellement assuré, comme les écrivains sacrés eux-mêmes, qu'elles ont, ou vu de leurs propres yeux, ou touché de leurs mains, les événements dont l'Écriture a consacré la mémoire. Et qui sommes-nous pour aller leur dire, après des milliers de siècles: Illusion, que votre foi! mensonge, que votre témoignage? Où vous prétendez avoir palpé des hommes et des choses, vous n'avez étreint que des ombres! où vos historiens bibliques ont cru faire des récits, ils n'ont tissé que des fables! c'est moi qui vous l'assure; il est vrai que je ne suis pas contemporain de ces âges antiques; mais n'importe: né hier, j'en sais plus sur ce livre que ceux même qui l'ont fait, et je vous garantis qu'il ne contient que des mythes!

Ce n'est point par de tels arguments qu'on échappe à la plus accablante des autorités historiques; il ne s'agit pas pour le détruire d'allégations présomptueuses, il faut des raisons décisives; et du côté du système mythique, je ne vois d'autre force que celle de l'extravagance, d'autre courage que celui d'affronter les suppositions les plus inadmissibles. Qu'est-ce que l'Écriture? C'est un corps de récits admirablement enchaîné dans toute son étendue; toutes les époques s'y

emboîtent les unes dans les autres; tous les événements qu'elle raconte se lient, se supposent, s'engendrent ou se développent, et cela non point pendant quelques années, non point pendant une seule vie d'homme, mais pendant l'existence entière d'une grande nation, mais pendant une immense période de siècles. Maintenant admettez la théorie du symbolisme; il faudra donc dire que les divers rédacteurs de cet immense travail se sont tous réunis dans une même affection pour le mythe; qu'ils se sont tour à tour transmis, comme par un testament inviolable, le soin de poursuivre et d'étendre la trame allégorique commencée par leurs aïeux; qu'à la mort de celui-là, celui-ci se sera fait un devoir de prendre la fable où son prédécesseur l'aura laissée, s'identifiant parfaitement avec ses vues, et leur créant à son tour une suite sans disparate; qu'enfin, cette hérédité de la fiction se sera perpétuée deux mille ans, entre des écrivains étrangers les uns aux autres, autant par leur génie et leur éducation que par l'âge qui les aura vus naître, sans que jamais ni l'amour de la vérité, ni la différence des esprits, ni celle des époques, aient pu faire suspendre la continuation du mensonge, ni jeter dans cette longue épopée aucune incohérence qui en rompe l'harmonie, et nous la montre avec éclat pour un drame imaginaire! Certes, si l'on ne recule pas devant une pareille chimère, ce sera bien une nouvelle preuve que la fureur du système peut aller jusqu'aux dernières bornes de la démence, et faire croire à l'impossible.

Mais non, l'on ne s'est pas effrayé de cette conséquence; soyons plus indulgents: on ne l'a pas aperçue. Semblables à ce voyageur qui, marchant dans la nuit, se laisse guider par de fausses lueurs et tombe dans l'abîme, les partisans du mythe ont fermé les yeux sur le vice réel de leur système, pour ne voir que certains sophismes qui l'appuient, et c'est ce qui les a perdus. Ils sont descendus dans l'erreur par le prestige de l'illusion. Ainsi ils se sont dit : les peuples primitifs et surtout les peuples orientaux n'écrivent ordinairement que sous des formes mythiques : donc tel doit être le caractère des ouvrages composés par les auteurs de l'antique synagogue; donc la Bible, formée de leurs productions réunies, n'est qu'un ensemble de fabuleux symboles.

Voilà le grand motif, voilà pour ainsi dire le seul fondement des théories que nous discutons. Misérable et croulant appui! les mythes, en effet, se partagent en deux catégories principales : mythes humanitaires et mythes personnels. Les premiers sont consacrés par la poésie à représenter, sous des formes allégoriques, ou les impressions générales, ou les révolutions collectives de l'humanité prise dans son ensemble; les seconds figurent, sous des traits idéalisés et demi-fantastiques, ou les destins et les exploits de quelques imposants personnages, ou certains événements de l'histoire d'un peuple; le fond demeure réel, mais il est

déguisé par le merveilleux qui le recouvre, et vous avez peine à retrouver le tissu primitif sous la broderie qui le décore.

Hé bien! je le demande, lesquels de ces différents mythes prétend-on trouver dans nos récits bibliques? Les mythes humanitaires? mais il est faux que les nations simples et primordiales, comme l'ont été les Juifs, fassent dans leur poésie ces grandes personnifications sociales et psychologiques dont on veut leur prêter la gloire. Ce genre de littérature ne se manifeste ordinairement qu'aux époques brillantes de la civilisation. Tant qu'un empire n'est qu'à l'état d'ébauche, tant que son peuple est encore dans les langes, les individus et les événements matériels sont tout; on ne voit que ce qui frappe, et quand on se mêle alors de chanter ou d'écrire, on se borne à raconter ce qu'on touche et ce dont on est témoin, sans songer à symboliser des phénomènes abstraits et des généralités invisibles (1). C'est seulement quand les sociétés et les institutions ont grandi, quand des rapports plus étendus ont permis de faire des investigations plus larges, quand les regards, devenus plus pénétrants et les lumières plus abondantes par la multiplication des années, l'habitude de la réflexion, l'échange mutuel des idées, la fécondité des découvertes, donnent à l'intelligence humaine et plus de sagacité pour étudier le monde moral, et plus de coup d'œil pour embrasser un ensemble de vues, c'est alors seulement, dis-je, qu'on cesse de considérer l'individu pour ne plus s'attacher qu'aux multitudes; c'est alors qu'on se prend à interroger les profondeurs de la conscience universelle et à délaisser les petites questions personnelles ou nationales, pour ne plus tourmenter que les problèmes généraux de l'homme et du monde; c'est alors, enfin, que le génie, parvenu sur les plus sublimes hauteurs de l'expérience et de l'observation, croit pouvoir hasarder la gigantesque entreprise des légendes ou des poëmes humanitaires, et se plaçant, en effet, non plus seulement au centre de sa patrie, mais au centre même de l'univers et des siècles, élève là, dans l'intérêt de tous les peuples comme de tous les âges, le colossal monument dont il a conçu le dessein. Voilà ce que la critique moderne a constaté par d'authentiques analyses, et quand nos mythologues renvoient au berceau des sociétés l'apparition de ce phénomène, ils démentent l'histoire.

Refoulé de ce poste, se réfugiera-t-on dans un autre asile? et dira-t-on qu'il existe dans la Bible des mythes individuels?

Mais comment le prouve-t-on? Les peuples orientaux poétisent leur histoire? — Mais démontrez-moi que les Juifs n'ont pas

(1) Quand on fait d'Hercule, d'Hermès, d'Homère, d'Ésope, de Romulus, non des individus, mais un type idéal des mœurs et des idées d'une époque, on raisonne visiblement contre les opérations naturelles de l'esprit humain. Le sauvage *personnifie* les arbres, les fleurs les rochers, mais il *n'allégorise* pas les (Chateaubriand.)

fait exception, comme je vous l'assure, appuyé du suffrage de trente siècles? — Toutes les nations de l'univers antique débutent dans leurs annales par des exagérations mythiques?—Mais, de grâce, pourquoi toujours ces insignifiantes, disons mieux, ces absurdes assimilations? Parce que les traditions païennes ont commencé par des fables, est-ce donc à dire que les traditions judaïques ont commencé par des symboles?

Remarquons-le bien, du reste, partout où se rencontrent des légendes mythiques, l'âge dont elles prétendent être le miroir et dans lequel ont dû vivre les héros ou s'accomplir les événements qu'elles célèbrent, se perd ordinairement dans un obscur lointain; aucun nœud fort et sûr ne le rattache aux nations, qui le regardent comme une phase de leur passé; des gouffres plus ou moins vastes, des nuages plus ou moins sombres, mais toujours épais, se jettent entre elles et lui; pour éclairer cette nuit immense et repeupler le désert qu'elle enveloppe, l'écrivain n'a qu'une imagination faiblement illuminée par de vagues souvenirs; et dès lors on conçoit qu'à travers ces douteuses clartés, il n'entrevoie sur l'horizon des siècles primitifs que des ombres indécises, et n'y place que des êtres idéalisés par la fiction.

Mais pour nos Ecritures il n'en est pas de même. Jamais ni la chaîne des temps ne se rompt, ni la trame du témoignage ne se brise; si lointain que soit le fait dont on parle, on vous transporte jusqu'à lui, de manière à le contempler face à face; il ne se dessine pas sur un ciel vaporeux et qui voile ses traits, on vous le montre en plein jour; il n'est pas à distance, on y touche, on le palpe, on l'étreint, on en est parfois l'instrument ou la victime; ce n'est point sur d'incertaines rumeurs qu'on vous le raconte; ce n'est point à l'aide d'une mémoire qui, mal instruite, ait besoin, pour compléter et colorer ses réminiscences, d'invoquer les créations et les prestiges de la poésie; c'est sur des renseignements positifs, ou sur l'attestation de ses propres regards; on vous dit qu'on a vu soi-même ou que d'autres ont vu sûrement le drame, le prodige, le personnage dont on dépose et qu'on les a vus tels quels, avec tous les détails que leur prête la narration biblique.

Ainsi rien du côté des traditions ni de l'époque ne suppose le mythe, rien non plus ne l'autorise dans nos récits sacrés. A quoi reconnaîtrait-on sa présence? Au merveilleux? mais ce merveilleux est-il indigne du Dieu dont on le suppose l'ouvrage? et porte-t-il rien dans sa nature qui réclame contre son existence? Au style? mais je défie, au contraire, le littérateur le plus érudit de trouver nulle part une diction plus naïve que celle de l'histoire biblique; rien n'y respire l'apprêt ni l'enflure. Si jamais elle s'élève, c'est quand les choses sont grandes; et alors même elle n'est point solennelle par l'ambition du terme, mais par la seule majesté des événements qu'elle raconte. Ici, comme ailleurs, elle est modeste jusque dans

sa pompe; elle fuit le fard; et, par la prédilection de toutes la plus incompatible avec l'amour du grandiose et l'affectation de l'idéal, vous la voyez se traîner à tout instant parmi des nomenclatures interminables de familles, de tribus, de généalogies, de cités, de provinces et de dates chronologiques; espèce de lit rocailleux et désenchanté sur lequel ce fleuve, ordinairement si calme et si limpide, ne doit pas trouver grande poésie à promener le déchirement de ses ondes troublées.

Vainement donc invoque-t-on les caractères littéraires de l'Ecriture pour appuyer le système mythique : ils lui manquent aussi bien que les raisons d'analogie, et, pour unique base, il a reçu le néant. Sachons gré toutefois à ses auteurs de la hardiesse qu'ils ont eu de le jeter ainsi sur le vide. Ils nous ont rendu service. Je ne vous dis pas qu'en France, par les plaisantes, mais logiques applications qu'on a faites de leurs principes, ils nous ont ménagé l'occasion de rire, en apprenant tout ensemble à nous préserver de leurs doctrines. Un fait plus sérieux doit vous être rappelé : c'est que dans un pays cependant assez tolérant pour les témérités de l'exégèse : on s'est indigné de cette théorie. Au sein de la Germanie protestante, un docteur rationaliste, poussant l'audace du symbolisme jusque dans ses derniers excès, s'avisa, il y a peu d'années, de transformer l'Evangile entier en un tissu d'allégories. A l'aide d'un peu d'esprit et d'un certain appareil d'érudition moitié historique et moitié médicale, il fit de Jésus-Christ et de tous les événements dont la vie de cet Homme-Dieu se compose, je ne sais quelle existence vulgaire, accomplie sans prodige, par un personnage sans merveilleux réel, et devenu seulement extraordinaire par les exagérations poétiques des écrivains sacrés. Ainsi dépouillait-il le Fils de Marie tout à la fois et de sa nature divine, et des miracles qui nous en ont donné la preuve et comme le reflet; ainsi, le réduisant à des proportions incertaines, ne nous le faisait-on plus voir que comme ces objets lointains qu'on aperçoit à travers d'ondoyantes vapeurs, et sur l'essence desquels on ne peut se prononcer; ainsi démentait-on la foi de dix-huit cents générations, et leur disait-on d'une manière au moins indirecte : Vous avez déifié stupidement un nuage; ainsi, enfin, posait-on des principes et consacrait-on des libertés qui, par une conséquence nécessaire, devaient conduire à l'apothéose du scepticisme. Malgré la hardiesse de ces blasphèmes, celui qui les avait proférés fut choisi par les autorités d'un canton suisse pour occuper une chaire de théologie; et qu'arriva-t-il? c'est qu'une portion de la province à qui l'on imposait ce novateur téméraire s'émut d'indignation. Il est vrai qu'elle n'avait pas même le droit de s'étonner; l'audace de Strauss n'était qu'un acte de cette suprématie sans contrôle, accordée par les doctrines protestantes à la raison particulière, dans l'interprétation des Ecritures. Mais enfin, sage ou

inconséquente, l'Helvétie zwinglienne s'é-
pouvanta; quelques sectaires, à l'aspect des
horreurs qu'on venait de faire jaillir de leur
règle de foi, se refoulèrent dans le catholicisme, étranger à ces abîmes; le reste, moins
logicien, mais non moins révolté, se souleva
tumultuairement contre le docteur impie;
on le chassa par la violence d'un enseignement confié par le rationalisme; et c'est
ainsi que l'erreur elle-même vengea d'un
seul coup le bon sens insulté, l'histoire
anéantie, l'Evangile profané par une main
criminelle.

Heureux tous les peuples s'ils profitent
de cet exemple! Plus heureux encore s'ils
savent, avec la témérité des interprétations
arbitraires, éviter toutes les autres injustices
par où nous portons atteinte aux droits de
l'Ecriture! Alors ce livre sacré, jouissant de
tous les honneurs et de toute la soumission
dont il est digne, pourra répandre aussi sur
le monde la bienfaisante influence dont il
doit être la source; alors nous verrons les
âmes, nourries de sa substance comme d'une
manne de vie, se couronner de vertus et faire
ainsi le bonheur des Etats; tandis qu'aujour-
d'hui, courant pour la plupart après des aliments empoisonnés ou creux, elles ne cessent de rouler dans une alternative d'affais-
sements ou de crises qui, en les désolant
elles-mêmes, ébranlent en même temps le
corps social qui les recèle; alors, enfin,
éclairés comme par une émanation de la
lumière éternelle, nous aurons, par l'Ecriture, le double avantage et d'éviter les erreurs où l'intelligence se précipite d'ordinaire
quand elle est livrée à elle-même, et de posséder pures et sans nuages toutes les vérités
qui font ici bas l'essence de la religion, la
règle des mœurs publiques, la sanction de
tous les pouvoirs, la garantie de toutes les
libertés, le fondement de l'ordre et la stabilité des empires.

## ECRIVAINS SUR LES MATIERES D'EDUCATION.
### Arts.

**ADAM** (J.-L.). — Compositeur et professeur de piano à l'Ecole royale de musique,
né à Mielersholtz (Bas-Rhin) le 20 décembre 1760.

**AIMOND** (Léopold). — Auteur d'un *Abécé-
daire musical*, 1831.

**BAILLY** (Jacques). — Peintre et auteur
dramatique, né à Versailles en 1701, mort
le 18 novembre 1776.

**BOURGEOIS** (Ch.-Guil.-Al.). — Peintre et
physicien, né à Amiens le 28 décembre 1759.
### Education.

**ABAILARD**, dont les sciences, les malheurs
et les dramatiques amours défrayent depuis si
longtemps les compositions des arts et de la
littérature, fut en 1097, le disciple et bientôt
le rival de Guillaume de Champeaux, maître
de l'Ecole de Paris. De 1108 à 1119, il enseigna lui-même à diverses reprises à Paris,
et notamment à Sainte-Geneviève.

**ABBT** (Th.). — Ecrivain allemand du
XVIIIe siècle, auteur des *Recherches sur les
sentiments moraux*, traduites de l'allemand.

**ABRIA.** — Auteur de la *Méthode de lecture
sans épellation*. 1835.

**ACHAINTRE** (Nic.-L.). — Helléniste et philosophe, auteur de *Cours de Thèmes et de
versions grecques et latines*, composés de
traits d'histoire de morale, de *matières en
vers*, des *Amplifications latines et françaises*
avec les corrigés.

**ADAM** (Alex.). — Recteur du grand collége
d'Edimbourg, mort le 18 décembre 1809.

**ADAM** (Le Rév. Thomas). — Recteur de
de Wentigham, 1833.

**AFFRE** (L'abbé). — Né à Saint-Rome de
Tarn (Aveyron), le 28 septembre 1793, professeur d'abord au *séminaire* de saint-Sulpice, puis grand vicaire de plusieurs diocèses et enfin archevêque de Paris, où il a
terminé sa vie par le martyre, en succombant
sous la balle des insurgés, auxquels il allait
porter des paroles de paix, au mois de juin
1848. Il nous a laissé plusieurs ouvrages
importants.

**AIGRE** (Henri-Barthélemy). — Auteur de
plusieurs *Cours de l'enseignement universel*
par la méthode Jacotot, né à Angoulême le
23 mai 1799.

**ALTMEYER** (Jean-Jacques). — Docteur en
droit et en lettres, professeur d'histoire à
l'Université libre de Belgique, né à Luxembourg, auteur de plusieurs *Manuels publiés*
en 1838.

**AMONDIEU.** — *Minéralogie* enseignée en 24
leçons, contenant la classification des minéraux d'après leurs propriétés chimiques et
physiques, leur manière d'être dans leur
nature, l'état de la constitution du globe terrestre et l'opinion des savants sur les révolutions qui ont ravagé sa surface; enfin l'u-
sage des minéraux dans l'agriculture et dans
les arts.

**ANONYME.** — *Nouveaux choix des lettres de
Mme de Sévigné*, spécialement destiné aux
maisons d'éducation et aux jeunes personnes
qui veulent se former le cœur.

**ANONYME.** — *Petit Dictionaire historique
et chronologique d'éducation*, ou *Recueil des
traits d'histoires ancienne et moderne les plus
propres à former le cœur et l'esprit de la jeunesse.*

**AUDRY** (L'abbé). — *Manière de bien vivre.*

**AUGER.** — *Discours sur l'éducation*, suivi
de Notes tirées des meilleurs auteurs anciens
et modernes. 1775.

**BACALON** (prêtre). — *L'Influence du ministère sacerdotal sur le bien de la société.*

**BALTUS** (F.). — *La pureté du christianisme,
ou le christianisme n'a rien emprunté à la
philosophie païenne.*

**BARBAULT** (Miss Ann.). — *Leçons pour les
enfants.*

**BAUGER-PRÉNEUX.** — *Les nouveaux littérateurs de la jeunesse*, ou *Traité classique de
littérature*, avec des exemples puisés dans
nos meilleurs écrivains.

**BAUJON** (L'abbé). — Docteur en théologie.

**BONNAL** (Aug.). — *Morale religieuse d'un
père de famille catholique.*

**BONEFONS** (Le P. Ant.). — *Année chrétienne*, ou *Abrégé de la vie des saints, avec*

leurs plus belles maximes pratiques, la confession, la communion; augmentée du *Moyen de bien vivre et de bien mourir*, et des *Maximes chrétiennes de saint François de Sales*, ensemble les réparations d'honneur au saint sacrement de l'autel, et l'ordinaire de la messe.

BOUCHEZ. — *Les Moralistes français du XVIIᵉ siècle*, ou *Pensées choisies de Pascal, Nicole, Larochefoucauld, Labruyère. Fénelon, Bossuet, Bourdaloue, Fléchier et Massillon.*

BOURGEOIS. — Maître ès-arts dans l'université de Paris.

BOUVET de CRESSÉ. — *Panorama historique de l'univers*, ou *les Mille et une beautés de l'histoire universelle*, à l'usage des maisons d'éducation des deux sexes.

BRION (L'abbé). — Laborieux écrivain mystique du commencement du XVIIIᵉ siècle, *Considérations sur les importantes vérités du Christianisme*, avec un *Traité de la perfection.*

BURAT (L'abbé). — Né à Mortagne, le 29 décembre 1755.

BURCEL (L'abbé de). — *Les vertus, le pouvoir, la clémence et la gloire de Marie, mère de Dieu.*

CAMPAN (Mme). — *Manuel de la jeune mère*, ou *Guide pour l'éducation physique et morale des enfants.*

CARON. — *De l'éducation*, ou tableaux des plus beaux sentiments de la nature.

CARRIÈRE (Jos.). — Vicaire général de Paris, supérieur actuel du séminaire de Saint-Sulpice, auteur de divers ouvrages théologiques qui l'élèvent au rang où l'ont déjà placé ses vertus.

CARRON (L.). — *Morale de l'histoire*, ou *Recueil des faits historiques propres à former d'excellents modèles de vertu, de sagesse et de piété.*

CHESTERFIELD (*Choix de lettres de lord*) à son fils. 1776.

CHOPIN. — *L'Océan et ses merveilles.*

COLLIN (Mme). — *Manuel de l'institutrice*, ou *Instructions propres à diriger les jeunes personnes qui se destinent à l'enseignement public et particulier.* 1839.

DEPPING. — *Merveilles et beautés de la nature en France*, ou *Description de ce que la France a de plus curieux et d'intéressant sous le rapport de l'histoire naturelle.* 1839.

DIDON (L'abbé). — *Morale de la Bible.*

FÉNELON. — *L'Education des filles.* 1800, 1829.

FLEURY (L'abbé). — *Traité du choix et Méthode des études.* 1784, 1808 et 1826. — Autres ouvrages.

GATIEN-ARNOULT. — *Programme d'un cours de philosophie à l'usage des collèges et autres établissements d'instruction publique.*

GENLIS (Mme de). — *Lettres sur l'éducation.* 1782. — Et autres.

GOLDSMITH. — *Essais nouveaux d'éducation.* 1803.

GRIVEL. — *Théorie de l'éducation.* 1775-1784.

HAUTPOUL (Mme d'). — *Manuel de littérature* à l'usage des deux sexes.

JAMIN (D.). — *Traité de la lecture chrétienne*, dans lequel on expose des règles propres à guider les fidèles dans le choix des études et

à les leur rendre utiles. 1774, 1825. — Autres ouvrages.

JEAN CHRYSOSTOME (Saint). — *Discours sur l'éducation des enfants.*

LAMBERT (Mme de). — *Avis d'une mère à son fils.* — Et autres.

LAROMIGUIÈRE. — *Paradoxes de Condillac.*

LAURENTIE. — Auteur de trois opuscules en forme de lettres sur l'éducation du peuple, à un père et à une mère. Ces ouvrages sont marqués au coin du génie, de la piété et du bon goût. Edités par M. Lagny, à Paris en 1836 et 1850.

LEFRANC DE POMPIGNAN. — *La dévotion réconciliée avec l'esprit.*

LEMAIRE (H). — *Manuel moral de la jeunesse*, ou *Traité de morale et de conduite*, particulièrement destiné aux jeunes gens des deux sexes.

LOCKE. — *De l'éducation des enfants.*

MATTER. — *L'instituteur primaire*, ou *Instructions propres à former et à diriger les instituteurs.* 1832. — Et autres.

MÉRÉ (La baronne de). — *La Morale évangélique mise en action*, ou *les Soirées du château de Valbonne.*

MONTALEMBERT (Comte de). — *Du vandalisme et du catholicisme dans l'art.*

OZANNEAUX (G.), inspecteur général de l'Université. — *Nouveau plan d'études philosophiques.* 1830.

PELLICO (Sylvio). — *Mes prisons*, traduction nouvelle, par l'abbé B.

PLUTARQUE. — *Traité sur l'éducation des enfants.* 1818.

PROPIAC (Le chevalier de). — *Plutarque moraliste*, ou *Choix des principaux sujets de morale du premier écrivain de l'antiquité*, avec des développements appliqués aux travers, aux défauts et aux ridicules de la société actuelle, tiré de chacune des moralités de Plutarque.

RENDU (Ambroise). — *Essais sur l'instruction publique en France, et particulièrement sur l'instruction primaire*, où l'on prouve que la méthode des Ecoles chrétiennes est le principe et le modèle de la méthode d'enseignement mutuel. 1819.

REYRE (L'abbé). — *Ecole des demoiselles*, ou *Lettres d'une mère vertueuse à sa fille*, avec les réponses de la fille à la mère. — *Mentor des enfants et des adolescents*, ou *Maximes, traits d'histoire et fables nouvelles propres à former le cœur et l'esprit de la jeunesse.*

RIAMBOURG. — *Ecole d'Athènes*, ou *Tableau des variations et contradictions de la philosophie ancienne.* — *OEuvres philosophiques*, publiées par M. Th. Foisset, ancien supérieur des séminaires.

ROLLIN. — *Traité des Etudes*, ou la *Manière d'enseigner et d'étudier les belles-lettres*, par rapport à l'esprit et au cœur. 1726, 1741, 1765 et 1777. — Et autres.

ROSSIGNOL, traducteur. — *Poésies catholiques de Sylvio Pellico.* 1838.

TASTU (Mme A.) — *Education maternelle, simples leçons d'une mère à ses enfants.*

THÉRY. — *Cours complet d'éducation domestique pour les filles*, publié en trois par-

ties : *Education élémentaire* ; *Education moyenne; Education supérieure.* 1837.

VILLEROI. — *Plan d'études positives et d'études secondaires, ou Cours complet et méthodique d'études positives.* 1830.

WALSH. — *Tableau poétique des fêtes chrétiennes.*

### Grammaire et Lexicographie.

ABADIE (Marc). Auteur d'un *Rudiment de locutions latines.*

ACADÉMIE. — *Dictionnaire,* 1798. — Et autres éditions postérieures.

ACHINTRE. — Grammairien, auteur de diverses modifications d'auteurs classiques. 1835.

ALKERMANN. — Lexicographe, né à Altkirch (Haut-Rhin), le 20 avril 1812.

ADAM (Nic.). — Grammairien, né à Paris, en 1720, mort dans la même ville, en 1792. Auteur d'*Essai en forme de mémoire sur l'éducation de la jeunesse; de Grammaires en langues diverses* et de la *Vraie manière d'apprendre une langue quelconque, vivante ou morte, par le moyen de la langue française.*

ALEXANDRE (C.). — D'abord professeur de rhétorique au collège royal Saint-Louis, et puis proviseur du collège Bourbon; auteur de plusieurs *Dictionnaires.* 1827.

BESCHERELLE et LITAIS DE GAUX. — *Grammaire nationale, ou Grammaire de Voltaire, Racine, Fénelon, J.-J. Rousseau, Buffon, Bernardin de Saint-Pierre, Chateaubriand, Lamartine, et de tous les écrivains les plus distingués de la France.*

BONNEAU (B.). — *Leçons de grammaire latine,* à l'usage des jeunes gens, précédées de quelques leçons sur les principes généraux de la grammaire appliqués à la langue française. Paris.

CONDILLAC.—*Principes généraux des grammaires pour toutes les langues , avec leur application particulière à la langue française.* 1798, 1803.

DUMARSAIS.—*Grammaire et logique.* 1812.

FÉRAUD. — *Dictionnaire critique de la langue française.* 1787.

GIRAULT-DUVIVIER. — *Grammaire des grammaires, ou Analyse raisonnée des meilleurs traités sur la langue française,* 1811, 1830.

NOEL et CHAPSAL. — *Dictionnaire nouveau de la langue française.* 1826, 1828.

PORT-ROYAL. — *Grammaire raisonnée,* in-folio. 1754.

RESTAUT. — *Principes généraux et raisonnés de la langue française.* Paris , 1730.

SABATIER. — *Etudes de la langue française sur Racine , ou Commentaire général et comparatif sur la diction et le style de ce grand classique.* 1818.

TAILLEFER et GILLET-DAMITTE. — *Synthèse logique, ou Cours élémentaire de compositions raisonnées,* ouvrage nouveau dans son titre et dans sa forme. (Sans date).—Et autres ouvrages.

WAILLY. — *Principes généraux de la langue française.* 1820.

VANIER. — *Dictionnaire des difficultés de la langue française.*

### Histoire.

ADAM (Alex.). — Historien anglais du XIXᵉ siècle, auteur de la *Décadence de l'Empire romain.*

BURET DE LONGCHAMPS. — *Fastes universels, ou Tableaux historiques, chronologiques et géographiques.*

### Hommes d'Etat.

BARBAROUX (Ch.). — Député Girondin à la Convention nationale, né à Marseille, le 6 mars 1767, mort à Bordeaux le 25 juin 1794.

BARRÈRE DE VIEUZAC (Bertrand). — Né à Tarbes, le 16 septembre 1753.

BONAPARTE.—Le rôle important, immense que la famille Bonaparte, par son chef politique, a joué dans le monde à la fin du siècle dernier, rend intéressant tout ce qui se rapporte à son origine; elle est venue, après une révolution sociale profonde, relier les lambeaux épars de la société française et reconstituer son unité sous la main puissante d'un grand homme de guerre, et, bien plus, d'un grand homme d'Etat.

BONAPARTE (Louis-Charles-Napoléon). — Fils de Louis Bonaparte et neveu de l'empereur, il naquit à Paris, le 20 avril 1808. On dut le considérer alors comme pouvant être appelé un jour à la succession impériale. Il fut initié de bonne heure aux embarras de la vie, il devait en triompher pour devenir le génie sauveur de la France et se montrer aussi supérieur aux autres hommes dans la paix , que son oncle l'avait été dans les batailles. Le prince Louis-Napoléon, président actuel de la République française, et acclamé Empereur sous le nom de Napoléon III, dans son voyage du Midi , a publié divers ouvrages , tous marqués au coin d'un jugement sain et d'un bon cœur.

BOURGOING (Le baron J.). — Diplomate , né à Nevers, le 20 novembre 1741 , mort aux eaux de Carlsbad le 20 juillet 1811.

BRISSOT DE WARVILLE (J.-P.). — Député d'Eure-et-Loir à la Convention, né à Ouarville, près de Chartres, le 14 janvier 1754 , mort le 31 octobre 1793.

### Jurisprudence.

BACHELAR. — Avocat.

BARBAROUX (C. Osé). — Fils du conventionnel, avocat et littérateur.

BARGETON (Dan.).—Jurisconsulte français du XVIIIᵉ siècle.

BOURGEOIS. — Avocat au parlement, né à la Rochelle, mort dans sa patrie vers 1780.

BOURGEOIS DE CLAYRE (Le baron de). — *Essai sur le Code pénal.*

BRIZARD (l'abbé Gabr.). — Jurisconsulte , né vers 1730, mort à Paris le 29 janvier 1793.

CADRÈS (Emile). — Auteur de travaux estimés sur les codes. 1844.

RENDU (Ambroise). — *Code universitaire , ou Lois et statuts de l'Université de France.*

### Linguistique.

A (Vander d'). — Auteur de *Dialogues*

*français et hollandais*, à l'usage de ceux qui veulent étudier ces langues.

ABBADIE (A.-Th. d'). — *Etudes grammaticales sur la langue euskarienne.*

ADOLPHE. — Professeur de langues à Paris, auteur d'un *Manuel anglais* et d'autres ouvrages. 1830.

AGOUB (Joseph). — Orientaliste, mort à Marseille le 3 octobre 1832.

BERGIER. — *Eléments primitifs des langues découverts par la comparaison des racines de l'hébreu avec celles du grec.* 1764.

BOCK (Baron Jean-Nicolas-Etienne de). — Homme de lettres, né à Thionville le 14 janvier 1747. Les ouvrages qu'il a donnés soit comme auteur, soit comme traducteur, sont recherchés.

BURNOUF (J.-L.). — Né à Urvilles près Valognes (Manche) le 14 septembre 1775, mort à Paris en 1844, a publié plusieurs ouvrages de linguistique latine et grecque, des plus renommés.

BURNOUF (Eugène). -- Fils du précédent, membre de l'Institut et professeur de langue sanscrite au Collége de France, né à Paris le 8 avril 1801, a publié des ouvrages de linguistique indienne avec le plus grand succès.

COURT DE GEBELIN. — *Le Monde primitif comparé avec le monde moderne, considéré dans l'histoire naturelle de la parole*, ou *Grammaire universelle.* 1773-84.

DURET. — *Trésor de l'histoire des langues de cet univers.* 1613, 1619.

MÉRIAN (Baron de). — *Principes de l'étude comparative des langues, suivis d'observations sur les racines des langues sémitiques.* 1828.

PERRIN (J.-B.). — *Essai sur l'origine et l'antiquité des langues.* 1767.

SMITH (Adam). — *Considérations sur la première formation des langues.* Traduit de l'anglais. 1796.

### Littérature, traités littéraires.

ACHARD (Honoré). — Auteur d'un *Cours pratique d'études toutes françaises.*

ACHILLE, auteur dramatique.

AJASSON (Vicomte d'). — Savant et littérateur, né à La Châtre (Indre) en 1802, auteur de plusieurs ouvrages estimés.

BACHAUMONT (L. Petit de). — Né à Paris, à la fin du XVIIᵉ siècle, mort le 20 avril 1771.

BADIN. — Religieux bénédictin. 1700.

BAILLY. — Membre de l'Académie française, né à Paris le 15 septembre 1736, mort le 12 novembre 1793.

BALLAND (Eug.). — Homme de lettres et libraire à Paris, né à Rouen le 21 juin 1796.

BARON. — *Résumé de l'histoire de la littérature française.* 1835.

BARRUEL (l'Abbé Aug.). — Jésuite, né à Villeneuve de Berg, dans le Vivarais en 1741, mort à Paris le 5 octobre 1820.

BARTHÉLEMY (l'Abbé). — Savant antiquaire et historien, membre de l'Académie française, né le 20 janvier 1716 à Cassis,

près d'Aubagne, mort à Paris le 30 avril 1795.

BATTEUX (l'Abbé). — *Principes de littérature.* 1775, 1824.

BERTHIER (J.-B.-C.). — *Alzira*, ou *Les Français à Lisbonne.*

CONDILLAC. — *Cours d'études.* 1782.

DEBURE l'aîné. — 1790.

FRESSE-MONTVAL (A.). — *Nouveau traité de narration et de l'analyse littéraire*, avec des exemples tirés des meilleurs auteurs anciens et contemporains.

GENIN (F.) — *Recueil de lettres choisies dans les meilleurs écrivains français.*

HEGUIN DE GUERLE. — *Prosodie française*, ou *Règles de la versification française d'Olivet.* — *Traité de Prosodie française.* 1805, 1824.

LA HARPE. — *Le Lycée*, ou *Cours de littérature ancienne et moderne.* 1799, 1805.

LAURENTIE — *De l'étude et de l'enseignement des lettres.* 1828. — Et autres.

LE FRANC. — *Cours élémentaire de littérature*, ou *Traité théorique et pratique de littérature.* 1837. — Et autres ouvrages.

LEFRANC. — *Histoire élémentaire et critique de la littérature française*, renfermant, outre des détails biographiques et des considérations générales sur les auteurs, l'examen analytique de leurs principaux ouvrages, et un grand nombre de citations nouvelles.

LEMERCIER. — *Cours analytique de littérature générale*, tel qu'il a été professé à l'Athénée de Paris, de 1809 à 1817. — 1817.

POPE. — *Essai sur la satire.*

SABATHIER. — *Les trois siècles de la littérature française*, ou *le Tableau de nos écrivains depuis François Iᵉʳ jusqu'en 1772.* — 1772.

SAINTE-BEUVE. — *Critiques et portraits littéraires.* 1832, 1836.

VILLEMAIN.— *Cours de littérature française*, comprenant : 1° Tableau de la littérature française au XVIIIᵉ siècle ; et 2° Tableau de la littérature au moyen âge en Angleterre, en Italie, en Espagne et en France. 1827, 28, 30.

VOSSII — (G.-J.) *De Philologia liber.* 1668.

### Philologie.

BARANTE (de). — *De la littérature française pendant le XVIIIᵉ siècle.* 1822-1824.

BOUHOURS (Le P.). — *La manière de bien penser dans les ouvrages d'esprit.* 1715.

CASTEL DE COURVAL. — *Répertoire de la littérature ancienne et moderne*, contenant : 1° *Lycée* de La Harpe, les *Eléments de littérature* de Marmontel, un *choix d'articles littéraires* de *Rollin, Voltaire, Batteux*; 2° des *Notices biographiques* sur les principaux auteurs anciens et modernes, avec des jugements par nos meilleurs critiques; 2° des *Morceaux choisis* avec des notes. 1824.

HENRION. — *Histoire littéraire de la France au moyen âge.*

HONORÉ DE SAINTE-MARIE (Le P.). — *Réflexions sur les règles et l'usage de la critique,*

*touchant l'histoire de l'Eglise, les ouvrages des Pères, les actes des martyrs.* 1713-20.

### Poëtes.

**Accurse** ( Alix ). — Poëte religieux en 1827.

**Adam** ( Billaut, dit Maître ). — Menuisier, poëte du XVII° siècle,

**Bonnefons** (Jean). — Poëte latin du XVII° siècle.

**Carrière** ( Désiré ). — Professeur au pensionnat de Saint-Pierre, à Nancy, auteur de divers opuscules de poésie estimés. 1837.

**Chateauneuf** ( de ). — *Essais sur la poésie et les poëtes français aux* XII°, XIII° *et* XIV° *siècles.*
*Collection complète des classiques grecs.* F. Didot.

**Corneille** ( Pierre ). — Chefs-d'œuvre, 1814.

**Dante.** — *La Divina Comedia.* 1768.

**Delavigne** ( Casimir ). — *Messéniennes et poésies diverses.* 1823.

**Desfontaines** et **Coupe.** — Histoire universelle des théâtres de l'Europe et de toutes les nations. 1779.

**Fontaine** ( J. de la ). — *Fables choisies et mises en vers.* 1678, 93, etc.

**Fontanes** ( De ). — *Traduction de l'*Essai sur l'homme *de Pope, en vers français.* 1822.

**Lamartine.** — *Méditations poétiques.* 1820. — Et autres.

**Levesque de la Ravalière.** — *Poésies du roi de Navarre, Thibaut, comte de Champagne.* 1742.

**Lorris** ( Guillaume de ). — *Le Roman de la Rose.* 1735.

**Marmontel.** — La poétique française. 1763.

**Marot.** — *OEuvres*, augmentées d'un grand nombre de compositions nouvelles. 1543 et 1545.

**Massieu.** — *Histoire de la poésie française.* 1739.

**Millevoye.** — *Poésies.* 1812.

**Molière.** — *OEuvres.* Nouvelle édition. 1734.

**Racine.** — *OEuvres complètes*, avec les notes de tous les commentateurs, par Aimé Martin. 1820.

**Regnier.** — Satires et autres œuvres. 1642 et 1652.

**Tasso** ( Torquato ). — *La Gierusalemme liberata ;* con note diversi. 1823.

### Polygraphie.

**Aban** ( D' ). — Auteur d'*OEuvres magiques* traduites du latin.

**Abauzit** ( Firmin ). — Né à Uzès, en Languedoc, en 1679, et mort à Genève en 1767, auteur de *Discours historiques sur l'Apocalypse* et d'autres œuvres de critique et de théologie.

**Abbadie.** — Chanoine de Comminges, auteur de *Dissertations nouvelles touchant le temps auquel la religion chrétienne a été établie dans les Gaules.*

**Acarq** (D.) — Professeur à l'Ecole royale militaire à la fin du XVIII° siècle, auteur de la *Balance philosophique*, de la *Grammaire française philosophique*, d'*Observations sur Boileau, Racine, Corneille et Voltaire*, et sur la *langue française en général*, du *Portefeuille hebdomadaire*, des *Vies des hommes et des femmes illustres de l'Italie*, etc., traduite de l'italien.

**Achard** ( James ). — Conseiller à la cour royale de Lyon et membre de l'Académie de France, belles-lettres et arts de cette ville, né à Riverie ( Rhône ), le 21 août 1780 ; auteur de diverses *Instructions aux maires sur la tenue des registres de l'état-civil* et d'autres ouvrages sur des sujets intéressants.

**Adams** ( John ). — Auteur de la *Défense des constitutions américaines, ou de la nécessité d'une balance dans les pouvoirs d'un gouvernement libre.*

**Baronnat** ( abbé ). — *Le prétendu mystère de l'usure dévoilé*, ou *le placement d'argent connu sous le nom de prêt à intérêt*, démontré légitime par l'autorité écrite et par l'autorité ecclésiastique.

**Bonneau** (Paul). — *Considérations sur les destinées humaines et moyens de consolider les institutions, de remédier à leurs imperfections, d'après les règles tracées par la religion chrétienne, par la Restauration française, les déclarations de Vienne, de la sainte alliance et d'Aix la-Chapelle.*

**Cantu** (César).—L'un des polygraphes les plus féconds de l'Italie moderne, né à Milan, vers 1805, auteur de publications littéraires dignes de le placer au plus haut rang des écrivains de son pays.

**Carrel** (N.-Armand).—L'un des publicistes les plus distingués de notre époque, et un des membres les plus énergiques du parti républicain, fonda le *National* avec MM. Thiers et Miguet ; il succomba dans une querelle qu'il eut avec Emile de Girardin, le 22 juillet 1836 ; il a laissé plusieurs publications importantes, mais marquées du sceau de ses tendances démocratiques.

**Cormenin.**—Conseiller d'Etat, écrivain aussi profond que fleuri. Il a publié des ouvrages de jurisprudence, son *Timon* et ses *Soirées*, qui n'ont pas peu contribué à lui faire une réputation justement méritée.

**Saint-Prosper.** — *L'observateur au* XIX° *siècle* ou l'*Homme dans ses rapports politiques.*

### Rhétorique.

**Belin de Ballu.**—*Histoire critique de l'éloquence chez les Grecs, contenant la Vie des orateurs, rhéteurs, sophistes et principaux grammairiens grecs*, 1823.

**Blais.** — *Cours complet de rhétorique.*

**Fénelon.** — *Dialogue sur l'éloquence en général, et sur celle de la chaire en particulier*, 1811 et 1828.

**Gibert.** — *Jugement des savants sur les auteurs qui ont traité de la rhétorique, avec un précis de la doctrine de leurs auteurs*, 1713.

LAMY-BERNARD.— *Rhétorique française*, ou *l'art de parler*, 1757.

MALLET (l'Abbé).—*Essais sur les bienséances oratoires*.

MAURY (l'Abbé). — *Essais sur l'éloquence de la chaire*.

RENOUARD (A.-A.) — *Histoire morale de l'éloquence*, ou *Développements historiques sur l'intelligence et le goût par rapport à l'éloquence*. 1815.—Et autres ouvrages.

### Sciences.

ABAT (Bonaventure). — Cordelier de l'Observance, membre de plusieurs sociétés savantes, auteur d'*Amusements philosophiques sur diverses parties des sciences et principalement de la physique et des mathématiques*.

ABD-ER-RAMAN est l'un des noms qui sont parvenus jusqu'à nous avec un prestige radieux et le souvenir brillant qui s'attache au plus beau développement des sciences et des arts des écoles musulmanes, du IXᵉ au XIIᵉ siècle.

ADEILLE (Louis-Paul).—Membre de la Société d'agriculture de Paris, né à Toulouse, le 27 juin 1719, et mort à Paris le 28 juillet 1807 ; auteur d'un *Corps d'observations de la Société d'agriculture, de commerce et des arts établis par les Etats de Bretagne*.

ABEN-ZOAR. — Docteur juif, fut le maître d'Averrhoès, qui se reconnaît son disciple.

ABREU (D.). — Auteur de *Principes mathématiques* traduits du portugais.

ACCUM (Frédéric). — Chimiste anglais, auteur d'un *Manuel de chimie amusante*, ou *Nouvelles recherches chimiques*, contenant une suite d'expériences curieuses et instructives en chimie, d'une exécution facile et ne présentant aucun danger; traduit de l'anglais par Riffault.

ACHARD (Cl.-Fr.) — Docteur en médecine et bibliothécaire, né à Marseille en 1753, mort en la même ville le 29 septembre 1809, auteur de plusieurs *Catalogues*, d'un *Dictionnaire historique, géographique et topographique*, et rédacteur du *Bulletin des sociétés savantes de Marseille*, et de la *Correspondance littéraire des Bouches-du-Rhône*.

ACHER (D.). — Auteur d'un *Nouveau traité de l'addition à l'aide des lettres alphabétiques*.

ADELON. — Professeur à la Faculté de médecine de Paris, auteur de plusieurs recueils consacrés à son art. 1828.

ADHÉMAR. — Professeur particulier de mathématiques, auteur de plusieurs *Cours*, né à Paris en février 1797.

BACON DE LA BRETONNIÈRE. — Médecin de l'université de Louvain, né à Verdun sur Saône en 1760.

BAILLY (Ch.-Fr.). — Membre de la société royale académique des sciences, né à Merlieux, près de Laon (Aisne), le 3 mai 1800.

BARBEAU DE LA BRUYÈRE (J.-L.). — Géographe, né à Paris le 29 juin 1710, mort à Montmartre, le 2 novembre 1781.

BARRÊME (Fr.). — Arithméticien, né à Lyon, mort à Paris en 1703.

BERTHIER (P.). — Ingénieur en chef des mines, professeur de chimie à l'Ecole des mines, né à Nemours (Seine-et-Marne), le 3 juillet 1781.

BERTHOUD (Louis).—Mort le 17 septembre 1812.

BERTON (Exupère). — Célèbre anatomiste, membre de l'Académie des sciences de Paris, né à Tremblay, près de Rennes, le 21 septembre 1712, mort le 25 février 1781.

BILLARD (Charles-Michel). —Docteur en médecine de la Faculté de Paris, membre de plusieurs sociétés savantes, né le 16 juin 1800, près d'Angers (Maine-et-Loire), auteur de plusieurs ouvrages de médecine estimés.

BINET (Jacques-Philippe-Marie). — Mathématicien et astronome, né à Rennes, en 1786, auteur de *Mémoires* importants.

BIOT (J.-B.). — Géomètre, astronome et physicien, professeur, auteur de plusieurs *Analyses* et *Traités* fort estimés, né à Paris en 1774.

BLANQUI (Jérôme-Adolphe). — Economiste distingué, directeur de l'Ecole spéciale d'industrie de Paris, auteur de plusieurs *Esquisses* et *Récits de voyages*, né le 21 novembre 1798, à Nice.

BONNE (Lechev.).—*Considérations sur l'emploi de la lumière et des ombres pour exprimer le relief du terrain*.

BONNET. — Philosophe et naturaliste, né à Genève, le 13 mars 1720, mort le 20 mai 1793.

BOURGELAT (Cl.). — Fondateur d'écoles vétérinaires en France, membre de l'Académie des sciences, né à Lyon, vers 1712, mort le 3 janvier 1779.

BOURGEOIS.—*Nouveau teneur de livres*, qui donne de suite le nombre de jours entre deux époques quelconques.

BRION DE LA TOUR (Louis). — Ingénieur géographe du roi, mort au commencement du XIXᵉ siècle.

BRISSEAU-MIRBEL (C.).—Naturaliste, membre de l'Institut et de la Faculté des sciences de Paris, né à Paris le 27 mars 1776.

BUFFIER (le P.). — Jésuite, né en Pologne, le 25 mars 1661, mort à Paris le 17 mai 1737.

BUFFON (G.-L. Leclerc de). — Célèbre naturaliste, membre de l'Académie française et de celle des sciences, né à Montbard en Bourgogne le 7 septembre 1705, mort à Paris le 16 avril 1788.

BUSSY (A.).—Professeur de chimie à l'Ecole de pharmacie de Paris, né à Marseille en 1794, a publié quelques recherches chimiques d'une très-haute importance.

CAMBACÉRÈS (Jules). — Ingénieur en chef des ponts et chaussées, a publié, en 1814, des ouvrages très-estimés d'économie publique.

CAVENTOU.—Chimiste et pharmacien, professeur de toxicologie à l'Ecole de pharmacie. C'est à lui qu'on doit la découverte de

la quinine et la propagation de ce puissant médicament, 1843.

Cayol. — Ancien professeur de clinique médicale à la Faculté de médecine de Paris, né à Paris en 1787, auteur de plusieurs ouvrages estimés.

ÉDUCATION (DE L') ET DE SES DIVERSES SORTES. — Nous ne pourrions mieux faire que de citer textuellement l'ouvrage si remarquable sorti de la plume de Mgr Dupanloup, évêque d'Orléans. Il a traité cette matière d'une si haute importance avec autant de délicatesse que d'élégance, de dignité que de profondeur.

Les limites dans lesquelles nous devons nous renfermer ne nous permettent point d'aller au delà de celles d'une analyse. Nous en dirons assez toutefois pour plaire à nos lecteurs.

Qui mieux que Mgr d'Orléans pourrait nous en offrir l'occasion? Un évêque dont la vie presque entière s'est passée à élever la jeunesse, qui a consacré à cette grande œuvre de laborieuses études et un long dévouement, avait tous les droits d'entretenir ses contemporains de l'éducation, c'est-à-dire du grand art de faire les hommes.

La forte éducation des générations naissantes, dit-il, peut toujours puissamment contribuer à tout relever, à tout sauver. C'est par là que Dieu a fait les nations guérissables au langage de la sagesse éternelle. Qui ne sait la profonde parole de Leibnitz: « J'ai toujours pensé qu'on réformerait le genre humain si on réformait l'éducation de la jeunesse? La bonne éducation de la jeunesse, disait encore ce grand homme, c'est le premier fondement de la félicité humaine. » — En effet, ajoute Mgr d'Orléans c'est l'éducation qui par l'influence décisive qu'elle exerce sur l'enfant et sur la famille, éléments primitifs de toute société, fait les mœurs domestiques, inspire les vertus sociales et prépare des miracles inespérés de restauration intellectuelle, morale et religieuse. C'est l'éducation qui fait la grandeur des peuples dans leur splendeur, qui prévient leur décadence et au besoin les relève de leur chute. « Il se rencontre là une des plus grandes lois du monde providentiel et moral qui a sauvé autrefois la France du chaos de nos guerres civiles et préparé la grandeur du siècle de Louis XIV. C'est la prodigieuse force de l'éducation qui fut donnée à la jeunesse française pendant les quarante premières années du XVIIᵉ siècle, et la multitude d'hommes éminents qu'elle fit surgir de toutes parts. Où en sommes-nous à cet égard? Nous présentons déjà depuis longtemps un spectacle étrange.

Jamais la France ne fut couverte d'un peuple plus nombreux, plus actif, plus agité même. Les économistes s'effraient de cette population toujours croissante. Les routes de la fortune, toutes les carrières de la vie sociale sont encombrées. Les hommes se pressent, se gênent, se heurtent, se fatiguent les uns les autres. Et cependant de toutes parts, on entend dire : Les hommes nous manquent! où sont les hommes? C'est le cri, c'est la plainte universelle. Tous nous sommes condamnés à redire la douloureuse plainte de l'évêque d'Hippone : « Levons nos têtes et portons nos regards vers celui dont le règne ne chancelle ni ne finit, car je ne vois sur le continent ni homme, ni assemblée capable de sauver l'empire. » Nous avons déjà glorifié notre XIXᵉ siècle! Nous l'avons proclamé le siècle des progrès! Sa marche se précipite, il est vrai, il a des pieds de fer et des ailes de feu, mais la terre tremble et fuit sous ses pas, et il achèvera peut-être sa course avant d'avoir atteint la fermeté de l'âge mûr. Nous sommes dans un cercle vicieux : l'éducation seule pourrait former les hommes qui nous manquent, et les hommes qui nous manquent pourraient seuls nous donner l'éducation qu'il nous faut ! »

Ces hautes considérations déterminèrent ce vénéré prélat à publier un livre en faveur de la jeunesse. Après avoir été l'objet de la sollicitude et de l'affection de sa vie entière, elle n'a pas cessé d'être chère à son cœur, qui, malgré les années, ne vieillit point pour elle.

Il apprécie d'abord l'éducation au point de vue général qui la caractérise ! « *Elle est une œuvre d'autorité et de respect*. En effet, cultiver, exercer, développer, fortifier et polir toutes les facultés physiques, morales et religieuses qui constituent dans l'enfant la nature et la dignité humaines, donner à ces facultés leur parfaite intégrité, les établir dans la plénitude de leur puissance et de leur action ; par là former l'homme et le préparer à servir sa patrie dans les diverses fonctions sociales qu'il sera appelé un jour à remplir pendant sa vie sur la terre, et ainsi, dans une pensée plus haute, préparer l'éternelle vie en élevant la vie présente : telle est l'œuvre, telle est le but de l'éducation. Dieu, père, mère, instituteur, enfant, condisciple, telles sont les premières idées que révèlent ces premiers mots : *cultiver*, *exercer*, *élever*. On commence à découvrir pourquoi nous avons dit que l'éducation est avant tout une œuvre d'autorité et respect. 2° *Elle est une œuvre de développement et de progrès*. Si les soins du maître et les efforts de l'élève n'aboutissaient pas à développer, à étendre, à élever, à affermir les facultés, s'ils se bornaient, par exemple, à pourvoir l'esprit de certaines connaissances sans ajouter à son étendue, à sa force et à son activité naturelle, l'éducation ne serait pas faite ; il n'y aurait là que de *l'instruction*. Je n'y reconnaîtrais plus cette grande et belle œuvre créatrice qui se nomme *l'éducation*, *educere*. L'enfant pourrait être *instruit*, il ne serait pas *élevé*! Par cela même que l'éducation est un *développement*, elle est essentiellement *progressive*, mais sa marche, ses progrès doivent être sagement compris et prudemment ménagés : *elle doit suivre la nature et l'aider*, disait Fénelon. C'est pour cela que cette éducation, dont la marche doit être essentiellement graduée et successive, a été partagée en trois périodes diverses, d'après les pro

grès de l'âge et le développement naturel des facultés humaines. Il y a donc : l'*éducation maternelle* depuis la naissance jusqu'à l'âge de huit ans, l'*éducation primaire* depuis huit jusqu'à douze, l'*éducation secondaire* depuis douze jusqu'à dix-huit ou vingt ans. Après les écoles classiques, il y a encore la grande école de la vie. C'est ce que je nommerai volontiers la *grande* et dernière *institution de l'homme*, ou bien encore l'*éducation sociale*, parce qu'elle se fait dans la société et par la société. 3° L'*éducation est une œuvre de force*. En effet, je ne sais si parmi les œuvres humaines il en est une qui demande plus de force, plus de courage, plus de patience et plus d'énergie en celui qui se dévoue à l'accomplir : elle a d'ailleurs pour but de fortifier celui qu'elle élève ; elle doit fortifier son esprit, son cœur, sa volonté, sa conscience, son caractère, son corps et ses facultés physiques. 4° Elle *est une œuvre de politesse*. L'éducation n'est pas seulement pour l'homme un besoin impérieux, une condition d'existence ; c'est un noble, un aimable ornement, car l'éducation doit adoucir, orner et embellir la nature. L'auteur arrive aux diverses formes de l'éducation humaine. Il les désigne sous les dénominations les plus vulgaires : l'*éducation physique*, l'*éducation intellectuelle*, l'*éducation disciplinaire*, l'*éducation religieuse* ; l'éducation doit subir des conditions de temps et de lieu : elle est *privée* ou *publique*, *générale* et *essentielle*, ou *spéciale* et *professionnelle*, *populaire*, *intermédiaire* et *littéraire*, *nationale*, *européenne*, *sociale* et *universelle*.

L'enfant, ses qualités, ses défauts, ses ressources, font l'objet du deuxième livre. A tous ces titres le respect est dû à la dignité de sa nature.

« L'ennemi mortel de l'autorité et du respect est sans doute l'enfant gâté. Et d'autre part, gâter un enfant, c'est manquer aussi tristement que possible au respect qui est dû à la dignité de sa nature, à l'intérêt que réclament ses destinées et son bonheur. Je ne saurais donc assez leur dire, soit aux parents, soit aux instituteurs : Prenez-y garde ! plus cet enfant que vous devez élever est une belle et riche nature, plus vous devez éviter que l'orgueil ne le déprave. L'éducation de votre orgueil en fera un sot, un impertinent, un être vil et faux ; parlant de tout à tort et à travers, incapable d'une étude grave, d'un succès élevé ; tout au plus ce qu'on appelle un aimable cavalier, c'est-à-dire un fat inutile à lui-même et aux autres, et qui souvent, si les circonstances s'y prêtent, finit à vingt-cinq ans par se déshonorer lui et sa famille. » C'est avec bonheur que nous trouvons la sanction des principes que nous avons déjà émis dans l'ouvrage si remarquable de Monseigneur l'évêque d'Orléans. Ce conseil pour la première éducation de l'enfant résume toutes nos pensées. « L'éducation commence à la naissance même de l'enfant. Tous les sages, tous les hommes d'expérience, tous les maîtres de la morale, les païens eux-mêmes l'ont proclamé : le jour où cet enfant ouvre son premier regard à la vie et fait entendre ses premiers cris, toute une série de devoirs relative à son éducation est imposée à tous ceux qui l'entourent. L'éducation de ces premiers temps, qu'on ne s'y trompe pas, est le fond, la base de tout ce qui recevra plus tard son développement de l'éducation la plus avancée et son application même dans tout le cours de la vie. En toutes choses, tout dépend des principes : c'est une vérité banale à force d'être vraie ; mais c'est surtout en fait d'éducation qu'il faut y prendre garde, et qu'on doit s'attacher aux principes les meilleurs, les poser fortement dès l'abord, et les suivre avec persévérance.

Voici en quels termes le grand Bossuet faisait remarquer l'importance décisive de ces commencements : « Si de très-bonne heure on s'occupe avec soin des enfants, alors l'action paternelle et de bons enseignements peuvent beaucoup. » Au contraire, si on laisse de mauvaises et funestes maximes entrer une fois dans leur esprit, alors la tyrannie de l'habitude se rend invincible en eux, et il n'y a plus de remède qui puisse guérir le mal. Pour empêcher qu'il ne devienne incurable, il faut le prévenir. Et cependant qu'arrive-t-il, et que fait-on de ce premier âge de la vie ? On *l'abandonne*, dit Fénelon, *à des femmes indiscrètes et déréglées. Et c'est pourtant l'âge où se font les impressions les plus profondes, et qui par conséquent a la plus grande influence sur l'avenir des enfants*. Je ne veux pas achever de rendre compte de ce chapitre sans engager mes lecteurs à lire sur tout ceci le traité de l'*Éducation des filles* de Fénelon. C'est un livre incomparable. L'illustre prélat, dont nous analysons le travail, indique quatre moyens nécessaires d'éducation : la religion, l'instruction, la discipline, les soins physiques.

En effet, l'éducation doit former l'homme dans l'enfant, faire de l'enfant un homme, l'instituer dans la vie homme fait. Mais quels sont les instruments dont l'éducation peut user pour exercer cette grande action, et accomplir cette belle œuvre dans son intégrité ? Sera-ce seulement des exercices physiques ? mais alors je ne développerai ni son esprit ni son cœur. Sera-ce seulement des leçons et des pratiques de vertu ? mais alors je ne développerai ni son corps ni son esprit. Sera-ce uniquement des études d'intelligence ? mais alors je ne développerai ni son cœur ni sa conscience. Je choisirai donc tout à la fois, et des exercices physiques pour développer son corps, et des leçons et des pratiques de vertu pour développer son cœur, affermir son caractère, et enfin des études d'intelligence pour développer son esprit. Je présenterai à son intelligence des lumières, à sa volonté des vertus, à son corps des jeux. On le voit, quatre grands moyens doivent toujours concourir au parfait et religieux accomplissement de cette œuvre : l'*instruction* (primaire, secondaire, supérieure, professionnelle) ; la *discipline*, morale, la *religion*, l'*hygiène* et la *gymnastique*. Il y a et il doit donc y avoir toujours l'*éducation phy-*

sique, l'*éducation intellectuelle*, l'*éducation disciplinaire*, l'*éducation religieuse*. Si l'une vient à manquer, l'œuvre est incomplète; la nature et la dignité humaine se trouvent blessées. Que doivent donc faire pour cette œuvre importante la *religion*, la *discipline*, l'*instruction* et les *soins physiques*? La religion, ce lien sacré qui rapporte, qui rattache la créature à son créateur, l'homme à Dieu, la terre au ciel, le temps à l'éternité; et qui, par conséquent, élève dans l'enfant la vie présente jusqu'à la vie éternelle! La religion, cette sainte et auguste *institutrice*, cette *autorité* sublime, cette *inspiratrice* mystérieuse, cette *puissance* secourable, cette unique et immortelle *conciliatrice* des sociétés humaines, est un *moyen puissant* d'éducation, un *moyen spécial* et particulier. En effet la religion est *lumière* comme l'*instruction*; elle est aussi *loi*, *règle*, *autorité*, comme la *discipline*; enfin, elle est de plus *charité*, *grâce*, *assistance divine*. La religion dans l'éducation est donc un moyen qui pénètre, qui soutient, qui éclaire, qui anime tous les autres moyens. Tout s'égare et s'affaiblit sans elle.

On n'a pas toujours de la *discipline* dans l'éducation l'estime qu'il en faut avoir. Et cependant Platon disait avec raison: *Toute la force de l'éducation est dans une discipline bien entendue*. La discipline a trois fonctions principales: *maintenir*, *prévenir*, *réprimer*: de là les dénominations de *discipline répressive*, de *discipline préventive*, de *discipline directive*. Qui peut douter en effet que la discipline est la protectrice de la piété et de la foi des enfants, la gardienne des mœurs, la garantie des fortes études, l'inspiratrice du bon esprit, la conservatrice de la docilité, la dispensatrice du temps, le nerf de tout le règlement et la vengeresse des infractions? La discipline paraît quelquefois, pour l'éducation, une écorce un peu âpre et rude; mais c'est elle qui conserve, qui élève, qui fortifie tout.

L'instruction joue un grand rôle dans l'éducation, il est vrai, mais il importe de ne pas sacrifier l'une à l'autre. L'éducation et l'instruction sont deux choses profondément distinctes. L'éducation développe les facultés, l'instruction donne des connaissances; l'éducation élève l'âme, l'instruction pourvoit l'esprit; l'éducation fait les hommes, l'instruction fait les savants; l'éducation est le but, l'instruction n'est qu'un des moyens. L'éducation est donc singulièrement plus haute, plus profonde et plus étendue que l'instruction. Les soins physiques occupent une importante place dans la grande œuvre qui nous préoccupe. Aussi la nourriture, le vêtement et tous les soins matériels ne doivent-ils être jamais négligés dans nos maisons d'enseignement. Il serait indigne de l'instituteur religieux que, par sa faute, un seul des besoins raisonnables de son élève ne fût pas satisfait.

Sept choses contribuent puissamment à la bonne santé: 1° le bon air, 2° la bonne nourriture, 3° la vie réglée, 4° l'exercice et les jeux, 5° une température convenable, 6° la propreté, 7° les soins médicaux. Telles doivent être les bases des soins physiques dans l'éducation de la jeunesse, et l'influence de ce qui se nomme l'économie hygiénique et domestique.

L'enfant a incontestablement des droits au respect qui est dû à la liberté de sa nature, aussi doit-il travailler lui-même à la grande œuvre de son éducation, par un concours personnel, par une action libre, spontanée, généreuse; c'est la loi de la nature, de la Providence. Ce concours de l'enfant est si nécessaire, qu'aucune éducation ne peut s'en passer, et que nul secours, nulle puissance étrangère, nul instituteur, si habile et si dévoué qu'il fût, n'y suppléa jamais. Quoi qu'on fasse, on n'élèvera jamais un enfant sans lui ou malgré lui. Il faut lui faire vouloir son éducation; il faut la lui faire faire à lui-même et par lui-même. Cette action, ce concours est essentiellement libre; il peut il doit être provoqué, soutenu, encouragé; il ne doit pas être contraint ni forcé. Aussi s'il y a peu d'éducations heureuses, c'est qu'il y en a peu qui soient véritablement libres, spontanées, généreuses, comme il convient qu'elles le soient: d'où il résulte qu'on fait le plus souvent subir à l'enfant une contrainte physique, intellectuelle, morale, et quelquefois même une contrainte religieuse, qui jette une perturbation profonde dans ses facultés, altère et aigrit sa nature, et va souvent jusqu'à lui faire rejeter loin de lui, comme un jeu odieux, comme une insupportable tyrannie, tous les soins d'une éducation violente et sans liberté. Il y a plusieurs aspects très-importants sous lesquels il est nécessaire de considérer particulièrement l'éducation de l'enfant et le respect qui est dû à la liberté de sa nature. Aussi, Monseigneur l'évêque d'Orléans s'attache-t-il à montrer successivement combien la *contrainte intellectuelle*, la *contrainte morale* et même la *contrainte physique* sont funestes à l'*éducation*. « Qu'on ne pense pas, dit cet illustre prélat, que la contrainte intellectuelle soit la moins funeste: j'en ai vu des conséquences désastreuses; » et il se fait un devoir de les signaler. « Les dangers de la contrainte morale, ajoute-t-il, sont plus redoutables encore. Qu'on ne se flatte pas de se fier aux apparences, on s'y tromperait peut-être cruellement: il y a bien des erreurs possibles dans l'enseignement actuel, qui menacent plus sérieusement peut-être que l'on ne pense la liberté morale de la jeunesse: j'en ai vu des conséquences si désastreuses qu'on me permettra tout au moins de les signaler rapidement. » Et bientôt il conclut à juste titre que les meilleures éducations, les plus soignées, les mieux faites, ont toujours eu, du moins, à se précautionner contre elles-mêmes. Il aborde aussitôt une question la plus grave et la plus décisive, qui se retrouve au fond de toutes les autres, et dont la solution lui paraît indispensable au parfait éclaircissement des difficultés qu'il examine: je veux parler de la grande

question de la vocation et du choix d'un état pour chacun. On comprend que cette question intéresse au plus haut point la liberté de l'enfant, son bonheur en ce monde et en l'autre. Elle touche aussi à tous les plus grands intérêts de la famille et de l'ordre social. Cette considération amène le docte prélat à poser les principes généraux et incontestables de la matière qu'il développe ensuite avec autant de sagacité que de profondeur. « Il y a trois vérités certaines, dit-il ; 1° nul n'est ici-bas pour ne rien faire : donc, il y a un travail, un ordre de fonctions quelconque, un état pour chacun ; 2° rien ici-bas ne se fait à l'aventure : la Providence y gouverne tout, les plus petites choses, et à plus forte raison les plus grandes : donc, il y a pour chacun et pour chaque état une vocation de Dieu ; 3° enfin l'éducation doit préparer chacun à son état, à sa vocation : c'est la conséquence de ce qui précède. Si nul n'est ici-bas pour ne rien faire, s'il y a un état pour chacun, il y a donc pour chacun une place et des devoirs marqués dans ce monde. » Quelle est cette place, quels sont ces devoirs ? Qui décidera du choix à faire ? Sera-ce le hasard, le caprice ou la contrainte ? Non ce sera la Providence, car rien ici-bas ne se fait à l'aventure. Rien en pareille matière ne peut être livré au hasard : pour chaque personne, pour chaque état, il y a une vocation de Dieu. Si un cheveu ne tombe pas de notre tête sans la volonté du ciel, à plus forte raison l'emploi de nos plus nobles facultés et le travail de notre vie entière ne peuvent-ils être abandonnés au caprice du hasard. Qui que nous soyons, nous devons donc étudier attentivement les desseins de Dieu sur nous ; vous devons religieusement chercher à savoir ce que Dieu demande que nous fassions ici-bas, la place qu'il veut que nous occupions en ce monde, à quoi il nous destine, à quoi il nous *appelle*. S'appliquer à connaître cette vocation, au moins en général et avec une probabilité suffisante pour satisfaire un jugement attentif et prudent, est un des plus grands devoirs d'un père et d'une mère à l'égard de leurs enfants. Cela n'est pas aussi difficile qu'on pourrait se l'imaginer ; il faut y mettre seulement le temps convenable et une religieuse attention ; alors les signes de la Providence ne manquent jamais. C'est de sa dixième à sa vingtième année qu'ordinairement le jeune homme s'achève et que sa vocation se décide. Le genre des études auxquelles il se livre, le temps qu'il y consacre, le goût qu'il y prend, l'application qu'il y apporte, le succès qu'il y obtient, le degré et l'étendue que son intelligence acquiert ; les premiers mouvements des passions bonnes ou mauvaises qui se font sentir ; les traits plus ou moins dessinés du caractère, et enfin les impressions plus ou moins fortes de la grâce, les inclinations surnaturelles qu'elle donne quelquefois pour certaines vocations plus parfaites, voilà les moyens d'étudier et de connaître ce à quoi Dieu l'appelle, ce que Dieu demande qu'il fasse ici-bas. Ne voulant toutefois rien exagérer, nous dirons

que le choix d'un état a presque toujours une assez grande latitude. Nous sommes obligés de convenir en effet que s'il y a quelquefois des vocations plus absolues auxquelles on ne peut se soustraire sans mettre tout en péril dans sa vie, il y en a aussi de plus libres, entre lesquelles l'hésitation est permise, convenable.

Mais ce que nous croyons pouvoir soutenir, c'est que le genre au moins de la vocation est ordinairement indiqué par des moyens faciles à reconnaître, et que l'erreur alors serait pleine de périls. L'attrait surnaturel, s'il s'agit de vocations surnaturelles et plus parfaites, et même de quelque vocation qu'il s'agisse ; l'aptitude qui rend propre à telle ou telle profession ; le défaut d'aptitude qui en éloigne, l'inclination et le goût qui facilitent l'application et le succès : les qualités mauvaises, les défauts, les passions qui trouveraient dans tel état un aliment funeste qu'il faut leur refuser ; les bonnes qualités, les vertus qui trouveront dans tel autre un aliment heureux qu'il faut leur offrir ; les circonstances de naissance, de fortune, de position sociale ; les occasions favorables, les ouvertures qui se présentent et qui semblent être des manifestations providentielles : tels sont les indices les plus notables par lesquels se révéla, avec une sorte de certitude, la vocation des enfants. Il ne faut pas que les parents, que les instituteurs les pressent violemment ; leur liberté doit être respectée. On peut, on doit les éclairer, les conseiller, les préparer même de loin, les diriger *toujours* ; mais les violenter et les pousser de force dans tel ou tel état, *jamais*.

Il y a une éducation *essentielle* et *générale*, et une éducation *spéciale* et *professionnelle*, qui se présente tout d'abord à notre esprit, en envisageant cette grande œuvre quant à son but, à son résultat. L'une prépare l'homme avant tout, quelquefois concurremment avec son état et sa profession, mais quelquefois aussi indépendamment de cette profession, de cet état ; l'autre forme l'homme spécial, l'architecte, le militaire, etc. Ces deux genres d'éducation sont d'une égale importance pour l'homme. La première lui donne toute la dignité, toute la force de sa nature, l'élève au-dessus de tout en ce monde, le rend capable d'atteindre sa fin la plus haute dans un monde meilleur, en même temps qu'elle le rend plus habile et plus fort ici-bas. L'autre le cultive en vue de sa vocation sur la terre et de sa place dans la société ; elle le fait entrer ainsi avec fermeté dans les voies providentielles que Dieu a placées pour lui, vers le but suprême et définitif. Les deux éducations ne sont pas opposées l'une à l'autre ; bien au contraire, elles se fortifient, se perfectionnent, s'achèvent l'une par l'autre. L'éducation spéciale et professionnelle se subdivise en autant d'éducations diverses qu'il y a de professions différentes, ou au moins de spécialités principales. Aussi distinguons-nous 1° l'éducation

populaire pour les professions ouvrières et agricoles; 2° l'éducation intermédiaire pour les professions industrielles et commerciales; 3° la haute éducation littéraire pour les fonctions supérieures de la société, et notamment pour ce qui se nomme les professions libérales. Je ne sais si cette grande puissance de notre nature, qu'on appelle l'industrie et l'art, a été jamais plus noblement célébrée que dans les écrits de l'immortel évêque de Meaux, que nous regrettons de ne pouvoir mettre sous les yeux de nos lecteurs : nous savons d'ailleurs que depuis Bossuet l'importance de l'industrie, des arts et du commerce n'a fait que s'accroître dans tous les pays civilisés. L'industrie intéresse la vie humaine à l'égal presque de l'agriculture; le commerce est la plus utile et la plus fréquente des relations sociales; les arts, s'ils ne sont pas toujours une force, sont au moins un ornement de la société, et souvent même un grand enseignement public. Cette importance générale de l'industrie, du commerce et des arts s'accroît encore de la prépondérance qu'ils ont acquise de nos jours parmi nous. Combien n'importe-t-il donc pas que la classe moyenne, devenue à peu près souveraine, si influente et si active, soit de bonne heure entourée de tous les soins, éclairée de toutes les lumières d'une éducation intelligente et dévouée? Non, la probité n'est jamais plus nécessaire au commerce et à l'industrie. Non, la vertu, le sentiment du beau moral, n'est jamais plus nécessaire aux arts. Sans la conscience, l'industrie et le commerce marchent à leur ruine. Sans la vertu, les arts n'ont plus d'inspiration, et ne sont plus qu'instruments de dépravation publique. Il faut donc enter fortement le commerce, l'industrie et les arts sur la probité et la vertu.

L'éducation populaire est devenue aujourd'hui une question de vie ou de mort pour la France. La ruine ou la résurrection française dépend manifestement de la solution qui y sera donnée. « C'est après avoir longtemps étudié cette question, écrivait Monseigneur d'Orléans, que j'ai compris comment un homme d'État avait pu être amené à prononcer ces paroles : Toutes les destinées de notre avenir sont entre les mains des curés de campagne et des maîtres d'école. » En effet, si les curés de campagne demeurent sans influence sur l'éducation des populations naissantes; si les 73,000 instituteurs primaires, auxquels sont confiées toutes les écoles du peuple en France, ne deviennent pas dignes de leur mission, la France est évidemment perdue. 1° Que peut donc l'instruction dans l'éducation populaire? 2° Que peut et que doit faire la religion pour l'éducation du peuple? Tous les enfants ne peuvent pas être élevés de la même manière; il doit donc y avoir des éducations diverses : mais l'éducation des classes populaires, ouvrières ou agricoles, n'en conservera pas moins la dignité et le respect auxquels elle a droit, si elle diffère de l'éducation in-

dustrielle, commerciale et littéraire, dont nous avons déjà parlé. Tous doivent être intelligents et honnêtes, et cependant la même étendue dans l'esprit et la même perfection dans la vertu ne sont pas requises de tous. Malgré l'importance de l'instruction considérée en elle-même, les instituteurs religieux du peuple ne feraient qu'une œuvre imparfaite et souvent dangereuse, s'ils ne faisaient rien de plus. Il faut sans doute que le peuple ait un esprit juste, solide, éclairé; mais pourtant qu'il ait du cœur, de la conscience, du caractère, de la vertu : il faut que l'éducation religieuse le forme tout entier, et l'élève à toute sa hauteur, à toute sa dignité morale. C'est pour lui un droit sacré, en même temps que le premier de ses intérêts; et c'est aussi l'intérêt de la société tout entière.

S'il y a une éducation populaire, une éducation industrielle et commerciale, une éducation artistique, il doit y avoir aussi dans la société humaine une haute éducation intellectuelle proprement dite. C'est l'ordre de la Providence, c'est la loi de la nature, c'est la gloire de l'humanité. Les termes mêmes expriment clairement ce qu'on doit entendre par haute éducation intellectuelle : elle est celle qui donne aux facultés de l'homme le plus grand développement possible, elle prépare aux plus hautes fonctions sociales; celle qui non-seulement fait l'homme, mais le perfectionne et l'achève autant que le permet la nature, et pour cela non-seulement l'établit dans la possession de toutes ses facultés, mais encore dans toute la plénitude de leur puissance. Quels sont donc ceux auxquels convient la haute éducation intellectuelle? Elle convient à tous ceux qu'une position providentielle, une nature plus riche, ou une vocation plus haute, appellent à recevoir un développement d'esprit, de caractère, de conscience, plus ferme, plus étendu, plus élevé, plus profond. Elle convient à tous ceux qui devront occuper dans la société humaine une situation importante, et y exercer une certaine influence générale. Elle convient en un mot à tous ceux pour qui les dons naturels reçus de Dieu, une position sociale acquise, ou les devoirs d'une vocation certaine, rendent nécessaire un développement supérieur de toutes les puissances de la nature humaine. Si les lycées et les écoles normales et polytechniques conviennent aux uns, les petits séminaires et les hautes maisons ecclésiastiques ne conviennent pas moins aux autres : leur nécessité et leur spécialité ne sont pas moins incontestables. Les petits séminaires sont les pépinières de l'Église de France; c'est là comme dans sa première source qu'elle se renouvelle : là est le berceau de ses prêtres, l'école première de ses docteurs, le sol originaire de ses apôtres, l'asile de la plus religieuse éducation. On n'a point encore oublié avec quelle unanimité de sentiment, avec quelle fermeté de conduite, avec quelle élévation de langage

l'épiscopat français tout entier a protesté contre les entraves oppressives des ordonnances de 1828. Et tout récemment encore, dans la controverse mémorable soulevée par cette grande question, nos évêques ont fait entendre leur voix avec cette modération et cette force dont leurs protestations ont offert constamment un si noble et si touchant modèle.

Le Chef suprême de l'épiscopat catholique, le Pontife immortel qui préside aujourd'hui si glorieusement aux destinées de toute l'Eglise, adressait naguère à tous les évêques du monde de solennelles paroles à ce sujet. Les lois que l'Eglise a portées pour instituer les petits séminaires, toutes les règles qu'elle a tracées à cet égard, le fait même de leur existence dès les premiers siècles du christianisme, prouvent invinciblement qu'ils ont toujours été jugés indispensables. Les hommes d'Etat les plus éminents ont reconnu et proclamé la nécessité de ces maisons spéciales, non-seulement pour l'Eglise, mais pour l'Etat et pour la société elle-même. C'est ce que Napoléon lui-même avait compris lorsqu'il reconnaissait que les séminaires étant des écoles spéciales, ils ne devaient pas être soumis aux lois générales sur l'instruction publique.

*La défiance vis-à-vis du clergé est un système à la fois sans honneur et sans habileté.* C'est un prétexte, un thème; rien de plus. Les élèves des petits séminaires sont aujourd'hui la consolation de l'Eglise de France. Puissent-ils un jour devenir sa force et sa gloire! Toutefois ils ont des droits acquis à la liberté des vocations et au respect qui leur est dû : il n'en est aucun dont la vocation ne demeure libre, et qui, son éducation terminée, ne doive pouvoir entrer dans le monde et dans les carrières profanes, si la Providence l'y appelle. C'est sous l'influence d'une direction profondément chrétienne que le germe de la vocation sacerdotale peut se développer et mûrir ; mais cette vocation sublime, c'est Dieu et non l'éducation qui la donne. Tel est le vrai but, tels sont les moyens, telle est l'œuvre de l'éducation dans les petits séminaires. N'est-ce pas dignement acquitter sa dette envers la religion et envers la patrie?

Avant de parler de l'éducation nationale, avant d'aborder cette grande et générale question, nous devons dire toute notre pensée sur un sujet plus restreint en apparence, mais qui n'en a pas moins l'importance la plus considérable. Les hommes manquent en France, parce que depuis longtemps déjà des préjugés aveugles et un entraînement déplorable portent à sacrifier l'*éducation essentielle* qui fait les hommes, la haute *éducation intellectuelle,* qui fait les hommes supérieurs , à l'*instruction professionnelle.* Sans doute l'éducation doit étudier les aptitudes et les cultiver avec zèle ; mais elle ne doit jamais, pour faire un médecin, un avocat, un ingénieur, un militaire ou un marin, oublier de former l'homme. Nous

voilà arrivé à un des grands aspects de la question qui nous occupe; nous ne pouvons le négliger. Ce grand mot d'*éducation nationale* a d'ailleurs souvent été invoqué contre le clergé : que n'a-t-on pas dit? que ne dit-on pas encore ? Le savant évêque dont nous analysons le travail élève ici la voix de toute la hauteur que lui assignent à si juste titre et sa dignité et son talent. « On ne s'étonnera pas, dit-il, que du clergé, ainsi provoqué, une voix s'élève pour offrir au pays, sur un sujet si grave, des explications franches et nécessaires à la vérité, à la justice et à la paix. 1° Tout autant que qui que ce soit, je crois à la nécessité d'une éducation nationale , qui inspire à la jeunesse les sentiments dévoués d'un généreux patriotisme. Tout autant que qui que soit, j'y attache une souveraine importance. 2° L'éducation nationale est un mot que tout le monde s'accorde à employer, mais dont le sens n'a pas encore été parfaitement fixé. Je regarde comme un devoir sacré pour tout instituteur d'élever les enfants dans l'amour de leur patrie, dans le respect pour ses lois, de leur inspirer le zèle pour ses intérêts, le dévouement pour sa gloire. Je considérerais comme un grand mal, je ne dis pas seulement d'étouffer, mais d'altérer, de près ou de loin, ces nobles sentiments dans le cœur de la jeunesse.

« 3° On peut désespérer d'un individu, s'il est mal né ou mal fait; mais il ne faut jamais désespérer d'une nation. Une seule chose qui suffit malgré ses malheurs, ses égarements ou ses fautes, la voici : Il faut qu'elle se laisse élever. Dans cette confiance nous nous dévouerons tous courageusement à l'œuvre si importante de l'éducation nationale. »

Les lettres de Monseigneur d'Orléans sur l'éducation particulière nous fournissent l'occasion d'ajouter quelques considérations nouvelles à ce qui vient d'être dit. L'objet de cet important chapitre semblait manquer à son livre, et Sa Grandeur s'est hâtée de traiter la grave et délicate question de l'éducation particulière. « L'éducation particulière ou publique, dit-il, les avantages et les inconvénients qui doivent porter à préférer l'une à l'autre, peuvent être envisagés sous divers points de vues : 1° quant au développement de l'esprit ; 2° quant à la formation du caractère; 3° quant à la pureté des mœurs; 4° quant qu'au gouvernement même de l'éducation, c'est-à-dire quant à l'autorité et au respect qui doivent y régner. *Quant au développement de l'esprit,* les partisans de l'éducation particulière et du précepteur privé accordent assez volontiers la prééminence à l'éducation publique. A mon avis elle est incontestable; on ne saurait s'empêcher de reconnaître l'infériorité de l'éducation particulière quant à l'horizon qu'elle offre à l'esprit, quant à l'ardeur du travail et à l'élan de l'émulation, quant à l'activité et au développement des facultés intellectuelles. Les avantages et les inconvénients de l'éducation publique ou privée relativement à *la formation*

*du caractère* sont aisés à constater. Dans l'éducation publique, les froissements odieux sont épargnés à l'enfant, et il y rencontre, en revanche, tous les froissements utiles à la formation du caractère. Dans l'éducation privée, au contraire, les froissements utiles manquent et les froissements odieux sont inévitables, en sorte que l'enfant y est tout à la fois amolli et irrité. Les partisans de l'éducation privée, ceux-là mêmes qui se trouvent forcés de convenir que l'esprit, que le caractère s'élève, se développe et se fortifie mieux dans l'éducation publique, croient enfin l'emporter, se récrient à leur tour, et nous disent avec un ancien, que jeter un enfant au milieu d'une foule d'autres enfants et parmi ces jeunes gens enclins au vice, dont le commerce ne peut être qu'un exemple et une source de déréglements, c'est trop exposer sa faiblesse, et préparer à la pureté de ses mœurs une ruine presque inévitable. « Je réponds sans hésiter, dit le prélat, que si les enfants doivent trouver dans l'éducation publique, dans le collége, de mauvaises mœurs et l'impiété, il vaut mieux *mille* et *mille* fois qu'ils demeurent à jamais ignorants, ou reçoivent une instruction moins parfaite, que de venir là perdre leur foi et flétrir leur vertu.

« Je l'ai déclaré souvent, je n'aime pas qu'on arrache trop tôt un enfant à sa mère, et qu'on le livre avant le temps à l'éducation publique; mais une maison troublée, bon gré mal gré, par toutes les émotions du dehors, ne pourra jamais être le sanctuaire des études et de l'éducation. Ce que j'ai dit quant à l'autorité et au respect me dispense d'entrer dans de longs détails, même sur le gouvernement de l'éducation; ce que je dois dire, quant à sa direction générale, c'est que le plus souvent il n'y en a pas, et qu'il ne peut y en avoir dans l'éducation privée. En donnant la préférence à l'éducation publique, je suppose essentiellement un bon collége, où la religion et les mœurs fleurissent à l'égal des études; je suppose des maîtres vertueux et dévoués, qu'ils soient laïques ou ecclésiastiques; je suppose une vigilance paternelle, une discipline religieuse, des études saines, des mœurs pures; tout ce qui constitue une bonne, une véritable maison d'éducation. Je ne crois pas, toutefois, qu'il faille commencer l'éducation publique de très-bonne heure; l'éducation doit commencer au foyer domestique. »

### ÉDUCATION CLÉRICALE.

I. *La mission du clergé catholique est de promulguer et de perpétuer dans le monde la grande restauration de l'humanité déchue et rachetée.*

Le monde était à peine sorti des mains du Créateur, dit M. l'abbé Martigny, que déjà les hommes s'étaient engagés dans deux voies différentes: les fils de Dieu avaient choisi la bonne, les fils des hommes la mauvaise. Telle est l'origine de cette grande lutte qui désole et déchire les générations humaines. Le christianisme eût été, pour toutes les nations, un étendard de paix, si

tous les mortels eussent été des hommes *de bonne volonté ;* mais les volontés malades, s'irritant dans leurs maux, repoussèrent et le médecin et les remèdes qu'il apportait pour les guérir ; et voilà pourquoi l'Evangile a été un brandon de guerre au lieu d'un instrument de paix : *Non veni pacem mittere, sed gladium* (1). Aussi, jamais les colères de l'humanité contre l'humanité elle-même ne furent-elles plus acerbes que depuis l'apparition de la bonne nouvelle qui est l'Evangile.

Aucune intelligence ne conçut et ne développa d'une manière aussi lucide et aussi profonde cette grande vérité qui explique toute l'histoire et embrasse toutes les destinées de l'homme, soit dans le temps, soit dans l'éternité, que saint Augustin, dans son livre admirable de la *Cité de Dieu.* Deux amours : l'amour de Dieu et l'amour du monde, de l'esprit et de la chair, de la vertu et du vice, forment les deux armées ennemies. De là les deux cités, la cité céleste et la cité terrestre ; et Dieu qui, du haut des cieux, repoussant celle-ci, orne celle-là de toutes ses splendeurs, jusqu'à ce que le nombre des citoyens du ciel étant complet, le temps de l'épreuve et des combats, sera passé ; la cité terrestre sera ruinée pour toujours et livrée aux flammes qui la brûleront sans la consumer jamais ; au lieu que la cité céleste sera couronnée de gloire et marquée du sceau de l'éternité bienheureuse. Dieu régnera seul, sans aucune vicissitude de siècles, entre ces deux éternités.

Qu'est-ce donc que l'Evangile ? C'est, pour qui veut le suivre, le texte d'une éducation complète de l'humanité, éducation appropriée à son état présent et à ses destinées futures ; c'est un acheminement à la cité céleste, divin dans son principe, dans ses moyens, dans son complément, mais qui sait inspirer et diriger en même temps les grandes vertus qui font l'embellissement et le charme de la vie civile ; c'est la grande restauration de l'humanité déchue, c'est la sublime initiation à cet état de paix et de grâce qui produira la gloire et l'immortalité.

Quels sont les ministres de cette grande réhabilitation, je ne dirai pas européenne, africaine, ou asiatique, mais universelle, c'est-à-dire proposée à toutes les descendances de la famille humaine ? Ce sont les lévites du sanctuaire catholique ; ceux dans les mains, dans le sein desquels fut déposée, avec le caractère authentique de l'Esprit-Saint, la flamme sacrée, régénératrice de l'univers ; ceux à qui la sublimité de leur mission impose l'impérieuse obligation d'être les meilleurs, les plus purs, les plus cultivés, les plus éclairés d'entre leurs frères, des hommes pieux, intrépides, saints et presque divins parmi les mortels.

II. *Le clergé s'est-il montré à la hauteur de cette grande mission ?*

La société antique avait atteint le comble

(1) *Matth.*, x, 34.

de la dégradation morale, fruit naturel du paganisme ; la nouvelle société des rachetés nageait dans le sang, et déjà la voix qui devait enseigner à tous les siècles la vérité et la vie, ayant pour organe les ministres du christianisme, répandait la lumière et la force dans le cœur des mortels abattus, consternés, les rappelait à leur dignité, reconstituait les bases ainsi que les grandes applications des droits divins et sociaux.

Lorsque brillèrent des jours plus sereins, on vit surgir les Pères de l'Eglise, ces génies gigantesques dans lesquels, comme dans une arche de salut, furent recueillis les débris de la civilisation et de la sagesse antiques ; la philosophie, la morale, le droit privé des familles aussi bien que le droit public des nations revêtirent cette solidité et cette universalité qui présageaient le triomphe de la *vérité* et de la *charité*, souverains éléments de la civilisation moderne. La force résidait dans les chefs civils des nations : la souveraineté de l'intelligence et de la charité était l'apanage des Pères de l'Eglise. Mais la force matérielle n'est pas l'Etat. Aussi l'Etat tombait-il en dissolution, parce que l'élément païen y dominait encore, et il se mourait faute d'esprits vitaux. Les ministres de l'Evangile recueillaient les ruines, et leur inspirant les éléments de la vie, qui sont la vérité et la charité, reconstruisaient, avec ces débris, la société nouvelle, la société chrétienne, la société véritable, qui n'est autre chose que le règne de l'intelligence et de la charité.

Mais un tel édifice ne pouvait être que l'œuvre de beaucoup de temps et de travaux persévérants. Bientôt vinrent les siècles obscurs du moyen âge, et l'Eglise brillait au sein de cette obscurité comme un phare de salut. Science ecclésiastique et profane, protection des faibles, conscience et moralité, tous ces trésors se conservaient dans l'Eglise pour briller d'un nouvel éclat dans des jours meilleurs. Et ne croyez point que les ministres de cette reine des temps modernes contemplassent dans l'inaction les malheurs publics : les Papes avaient donné asile, dans Rome, aux sciences et aux arts chassés de Byzance et de tout l'Orient. Les Souverains Pontifes et les évêques ouvraient, souvent, en dépit de l'opposition des laïques les plus puissants, des écoles publiques pour toute la jeunesse ecclésiatique et séculière (1). De nombreux canons enjoignaient aux prêtres de la campagne de tenir une école gratuite pour toute la jeunesse indistinctement. L'Eglise pensait, comme elle l'a toujours manifesté, que l'ignorance est la mère de toutes les erreurs.

A mesure que les ombres des siècles se dissipent, les Papes sont les premiers à fonder et même à doter de biens ecclésiastiques les universités et les académies : il n'y a pas une des anciennes universités qui n'ait

été créée par eux ou à leur instigation. Et leurs efforts avaient-ils seulement pour but les études ecclésiastiques? Dès le principe, au contraire, plusieurs de ces écoles célèbres, telles que celles de Salamanque, de Paris, de Bologne, de Prague, de Cracovie, n'enseignaient point la théologie.

Que voulaient donc les Papes, les évêques et le clergé universellement? Ils voulaient la science, toute la science ecclésiastique et profane. Et pourquoi la voulaient-ils ? Parce qu'ils ont toujours compris que la société chrétienne ne saurait être le royaume de la charité, si auparavant elle ne devient le royaume de l'intelligence et de la vérité. Parce qu'ils sont les ministres de la souveraine sagesse qui a dit d'elle-même : *Je suis la voie, la vérité et la vie* (1), d'abord la vérité, puis la vie. Parce que c'est de cette même sagesse qu'ils tiennent la mission d'enseigner et de civiliser les nations, *Allez, et enseignez* (2). Parce qu'ils ont appris de saint Paul cette sublime philosophie qui affirme que dans le Rédempteur divin, dont ils portent la parole aux nations, résident comme dans leur source *tous les trésors de la sagesse et de la science* (3), et que par conséquent tout rayon, toute étincelle de vérité qui brille sur cette terre est une portion de la sagesse divine, digne d'être recueillie avec respect, et ramenée à la vérité catholique dont toute autre vérité émane. Enfin, parce que toute leur mission se résume dans ces deux mots : *Vérité* et *charité, veritas et vita.*

Et les effets répondirent pleinement à la sublimité du ministère. Les sciences profanes, bien qu'elles soient un champ libre pour toutes les intelligences, ayant été toutefois sauvées par le clergé du naufrage universel, comptèrent, dans leurs diverses spécialités, des adeptes et des professeurs éminents parmi les ecclésiastiques. Mais la vérité révélée, qui est le patrimoine exclusif du clergé, la seule véritable sagesse qui donne la vie éternelle, la seule vérité qui fournisse la solution des grands problèmes touchant l'homme, son origine, ses destinées futures; cette vérité fut conservée par lui intégralement, développée et expliquée dans ses conséquences, et, dans sa partie extérieure, réduite à une telle précision de formules, à un corps tellement bien organisé, qu'elle se montre digne d'occuper la première place parmi les autres sciences, et d'exercer sur elles un empire incontesté; que si la sagesse se compose de deux éléments constitutifs, la pensée et l'action, qui pourrait se vanter d'avoir plus fait pour le bonheur des peuples que le clergé catholique? Qu'est-ce qui a élevé le monde au degré de science et de civilisation où nous le voyons, si ce n'est la Croix? Quelle institution plus magnifique, plus universelle, plus féconde que la propagande de Rome? Donc, soit qu'on considère les œuvres de

---

(1) Voyez le concile de Rome de l'an 806, ou chap. 58, *De scholis reparandis pro studio litterarum.* L'histoire fournit en abondance de tels monuments.

(1) *Joan.* xiv, 6.
(2) *Matth.* xxviii, 19.
(3) *Coloss.* ii, 3.

l'intelligence, ou les travaux endurés, ou le sang répandu, le clergé, sous tous les rapports, a dignement soutenu la divine magistrature qui lui fut confiée pour la régénération intellectuelle et morale de l'univers.

**III.** *Du devoir imposé au clergé, de continuer, par une solide et virile éducation, l'œuvre de ceux qui l'ont précédé dans cette noble carrière.*

Dans ce qui précède, je n'ai point prétendu faire une apologie, mais bien donner une salutaire excitation à l'esprit des clercs, et appeler toute leur attention vers les hauteurs scientifiques et morales où ils doivent s'efforcer d'atteindre. J'ai voulu aussi convaincre leurs chefs et leurs instituteurs de l'excellence, non moins que de la difficulté de la tâche qui leur est dévolue.

Et en effet, si le prêtre catholique est, par le devoir de sa vocation, le légitime instituteur des peuples, et l'organe immédiat de cette restauration universelle qui, par la grâce de Jésus-Christ, réhabilite toute la famille humaine dans la dignité et les droits de sa première origine ; si, dans l'accomplissement de cette mission si importante et si difficile, il est appelé à définir tous les devoirs, à gouverner toutes les consciences, à guérir toutes les maladies de l'âme, à en pénétrer et à en juger tous les mouvements les plus cachés, à lier enfin ou à délier sur la terre tout ce qui doit être lié ou délié dans le ciel, il est aisé de conclure combien une éducation éminemment morale, pieuse, scientifique, est nécessaire pour le mettre en état d'atteindre une telle fin.

Elle comprend deux éléments généraux : la science et la piété.

Par la science, j'entends non les frivolités encyclopédiques, non la médiocrité orgueilleuse et couronnée, ces deux fléaux, hélas ! trop universels, funestes à la religion autant qu'aux bonnes lettres ; mais un savoir grave, érudit, profond, tant sur les dogmes et la morale que sur l'histoire, les rites et la discipline ; un savoir qui ne reste point étranger à ces connaissances séculières et civiles, qui viennent se rattacher à la science sacrée ; un savoir suivant dans ses progrès un enchaînement rationnel, droit dans ses applications, toujours prêt à se produire au besoin, plein de lumière et de vigueur, fruit d'une volonté persévérante et de longues méditations.

Par la piété, j'entends cet état de santé et d'intrépidité de l'âme qui en est le fondement, une énergique et continuelle vigilance à extirper ou du moins à dompter et à réprimer les ignobles tendances où nous entraînent notre tempérament et la déplorable condition de la nature dont nous sommes revêtus ; une puissante volonté d'accomplir les devoirs de notre état, en supportant avec patience les ennuis et luttant avec courage contre les difficultés qu'il présente ; et tout cela, non par des motifs humains, mais pour le salut des âmes et la gloire de Dieu. Ce Dieu, l'âme doit en porter continuellement

la pensée vivement gravée en elle, la foi doit le lui représenter comme le seul but digne de la sublimité de son origine et de son ministère ; but qu'elle doit être résolue d'atteindre avec le secours de sa grâce en passant, s'il est nécessaire, au milieu des glaives et des bûchers. Telle est la piété vive et agissante, laquelle peut seule préparer et encourager les esprits à l'acquisition des sciences divines.

Voilà les deux grandes prérogatives dont l'union constitue le nerf du ministère évangélique. Voilà la source où s'engendre cette influence morale par laquelle le clergé fut et sera, dans tous les temps, le corps enseignant par excellence, le guide, le modèle, la lumière de la société.

Or, élever à cette hauteur un fragile enfant d'Adam, instruire dignement son intelligence, consolider son inconsistante argile, dans un siècle surtout où les esprits et les corps paraissent également énervés, où la lumière de la foi semble s'éteindre, non moins que les nobles et virils instincts de la nature ; n'est-ce pas là un objet digne, pardessus tous les autres, de l'attention des premiers pasteurs auxquels Dieu a confié, avec le gouvernement de l'Eglise, les plus hautes destinées des générations humaines ?

Que l'on réfléchisse que l'éducation cléricale importe autant, qu'il importe que la foi et la moralité des peuples brillent ou s'éclipsent, que le monde vive sous le règne de la civilisation ou subisse le joug de la barbarie, que l'humanité fournisse glorieusement la carrière de ses destinées en s'approchant incessamment de Dieu, ou qu'une impulsion rétrograde la repousse fatalement dans le chaos moral du paganisme.

**IV.** *Avec quel soin les anciens Pères veillaient à l'éducation des clercs.*

Selon la belle et forte organisation qui compose et lie la hiérarchie ecclésiastique, les ministres inférieurs sont, dans chaque diocèse, les coopérateurs et les suppléants des évêques, avec obligation pour ceux-ci de répondre devant Dieu des œuvres de leurs ministres : à peu près comme dans la vie individuelle, les actions du pied et de la main sont imputées au principe qui est leur moteur. Grande pensée qui, dans tous les temps, et de préférence à tous les autres, fut en possession d'attirer les plus chères préoccupations des plus vigilants pasteurs de l'Eglise. Des Papes et des évêques s'employèrent en personne à l'éducation de leurs ministres.

Pierre forma Linus, Cletus et Clément. Paul fit l'éducation de Timothée, de Tite et de Philémon. Les successeurs de Pierre, dans le premier âge du christianisme, réunissaient autour d'eux les membres du clergé romain, à l'exemple de Jésus-Christ lui-même ; et dans ces réunions avaient lieu des instructions sur la science, des exhortations à la piété et au martyre.

Quand la multiplication des fidèles vint accroître les soins apostoliques des évêques,

ils faisaient toutefois instruire leurs clercs sous leurs yeux, ou les instruisaient eux-mêmes. Nous en avons pour preuve ce passage de Socrate : *Alexander Alexandriæ episcopus, pueros in ecclesia educari jubet, studiisque doctrinæ erudiri ; et maxime omnium Athanasium*, etc. (1). L'Orient et l'Occident furent toujours d'accord sur ce point. Les habitations épiscopales étaient, dans ces temps, des maisons d'éducation cléricale, dont les évêques étaient en personne les maîtres et les modèles. Saint Augustin d'Hippone brilla surtout par son zèle dans cette partie si essentielle de son ministère, et son exemple servit de règle à tous les évêques d'Afrique. Le grand Eusèbe de Verceil paraît aussi au premier rang. Les assemblées ecclésiastiques ne tardèrent pas à faire des ordonnances sur cet important objet. Le troisième concile de Tours dispose ce qui suit : « Sed priusquam ad conserca-tionem presbyteratus accedat, maneat in episcopio, discendi gratia officium suum, tandiu donec possint et mores et actus ejus animadverti : et tunc, si dignus fuerit, ad sacerdotium promoveatur. » L'usage moderne de construire des séminaires contigus aux évêchés, afin que les évêques puissent les visiter facilement et fréquemment, est un heureux reste de cette primitive institution.

Voilà quel zèle les anciens Pères mettaient à instruire dans la doctrine et la sainteté les ministres de la religion, d'après l'exemple de Jésus-Christ, qui avait, lui aussi, consacré plusieurs années à enseigner en personne ses successeurs.

Et les fruits ne firent pas défaut à une culture aussi vigilante. En effet, les écoles de saint Augustin, de saint Fulgence et de saint Eusèbe produisirent à leur tour de nouveaux Pères et d'illustres docteurs. De celle de saint Mélèce sortit un saint Jean Chrysostome ; et pour faire l'éloge de celle d'Alexandrie, évêque d'Alexandrie, il suffit de citer le grand Athanase. C'est ainsi que l'érudition, la piété, la frugalité, la tempérance, l'esprit d'abnégation et tout l'antique de la discipline ecclésiastique, se transmettaient par une tradition constante du chef aux membres. Temps vraiment bénis du ciel ! Le clergé tout entier n'avait qu'une seule doctrine, un seul cœur, une seule discipline ; c'étaient la doctrine, le cœur, la discipline morale que l'évêque avait formés dans tous. Le clergé était un grand corps dont l'évêque était l'âme.

### V. *Vicissitudes de l'éducation cléricale.*

Après l'heureux âge dont nous venons d'esquisser le tableau, deux motifs firent séparer l'habitation des clercs de celle des évêques. Le premier fut le décorum extérieur dont le progrès, ou plutôt la forme de la civilisation, obligea en quelque sorte les évêques à entourer leur personne ; le second fut le nombre toujours croissant des clercs. C'est alors que naquirent les écoles épiscopales.

(1) *Hist.* l b. I, c. 2.

Elles fleurirent dès le principe par la vie commune ou canoniale du clergé, parce que, de cette manière, une bonne partie de la science primitive se conservant dans la communauté ecclésiastique, les plus graves et les plus dignes de la congrégation étaient appelés à servir de maîtres aux autres. Bien plus, les évêques les plus savants et les plus saints, voyant dans l'obscurcissement de la piété et de la science un motif plus pressant de rendre la doctrine des ecclésiastiques plus solide et leur vie plus sainte, quittaient leur propre demeure pour venir en personne prendre le gouvernement de la communauté cléricale. Saint Chrodegang, évêque de Metz, se distingua surtout sous ce rapport ; vers l'an 760, il fit une règle pleine d'observances simples et sévères, au moyen de laquelle il opposa une digue à la corruption qui envahissait la France. Cet écrit, qui porte le nom de son auteur, *Regula Chrodogangi*, est digne d'être cité ici. En voici quelques fragments :

Cap. 3. « Omnes in uno dormiant dormitorio, et per singula lecta singuli dormiant : et in ipsa claustra nulla femina introeat, nec laicus homo. »

Cap. 4. « Et postquam completorium cantatum habuerint, postea non bibant nec manducent usque in crastinum legitima hora ; et omnes silentium teneant, et nemo cum altero loquatur nisi si necesse fuerit, et hoc cum suppressione vocis cum grandi cautela. »

Cap. 21. « Prima mensa episcopi cum hospitibus et cum peregrinis sit. Secunda mensa cum presbyteris. Tertia cum diaconibus. Quarta cum subdiaconibus. Quinta cum reliquis gradibus. Sexta cum abbatibus, vel quos jusserit prior. In septima reficiant qui extra claustra in civitate commanent, in diebus Dominicis vel festivitatibus præclaris. »

Suit un règlement pour la frugalité de la table. Voici comment il termine au sujet du vin :

Cap. 23. « Si vero contigerit quod vinum minus fuerit, et istam mensuram episcopus implere non potest, fratres non murmurent, sed Deo gratias agant, et æquanimiter tolerent. »

Cette communauté de vie, jointe à la sévérité avec laquelle elle était régie, fut le moyen le plus efficace pour préserver le clergé de la corruption qui faisait chez les laïques d'effrayants progrès. Et comme le nerf de toute discipline est la docilité, qui assujettit promptement les grades infimes aux supérieurs, Chrodegang ordonna ce qui suit : « Ubicunque se obviaverit clerus junior, inclinatus a priore benedictionem petat ; nec præsumat junior considere, nisi ci præcipiat senior suus. (Cap. 2.) »

Les pontifes romains qui, mieux que tous les autres, comprirent toujours leur époque, ainsi que les moyens les plus puissants pour y faire fleurir les bonnes mœurs, favorisèrent toujours la vie commune parmi les ecclésiastiques, et d'une manière toute spéciale l'instruction des jeunes gens. Eugène II, au commencement du IX° siècle, se fit surtout

remarquer par son zèle pour cette sainte institution, et l'école de Latran brillait par-dessus toutes les autres. Les livres de tous genres, dont les papes, et parmi les princes séculiers, Charlemagne, ont enrichi les communautés ecclésiastiques, font foi que le flambeau des sciences se conservait plein d'éclat dans le clergé, tandis qu'il s'éteignait presque complétement chez les laïques.

Plusieurs siècles virent fleurir parmi les ecclésiastiques cette manière de vivre, où le jeune clergé s'instruisait par la voix aussi bien que par l'exemple familier et continuel des anciens. Mais on s'en écarta entre le dixième et le douzième siècle, et ce n'est qu'avec peine que la voix des Papes put retenir alors la discipline ecclésiastique sur la pente où elle glissait rapidement. (Conc. Rom. *De vita et honestate clericorum*, an. 1063.) Alors les écoles épiscopales furent affranchies de la vie commune, et prirent le nom ainsi que la forme de colléges. Ici commencent les temps les plus funestes à l'éducation cléricale.

Les membres de l'ancienne communauté ecclésiastique, qui ne cessèrent pas de s'appeler chanoines, bien qu'ils ne conservassent de leur canon ou règle qu'un faible souvenir dans la communion de la prière, commencèrent çà et là à abandonner l'office d'instituteurs, tout en retenant les revenus qui y étaient attachés; Alexandre III s'en plaint dans une décrétale. Ailleurs, l'office d'écolâtre se transforma en une dignité, à laquelle était attaché le droit d'élire celui qui en devait supporter les charges : œuvre de mercenaire, et non plus, comme autrefois, de supérieur et de père. Cet abus fut réprimé déjà vers la fin du douzième siècle, époque où l'on dota les écoles avec une portion fixe des revenus bénéficiaux du chapitre.

De si sages dispositions ne purent préserver de la décadence et puis d'une chute complète les écoles épiscopales : elles furent abandonnées bientôt pour les universités, où l'usage prévalut d'abord d'aller étudier les sciences et même la théologie. Fondées alors par les Papes, et ensuite par quelques princes séculiers, avec la faveur et la sanction de l'autorité pontificale, les universités jetèrent d'abord un vif éclat dans toute l'Europe, et puis ne tardèrent pas à s'obscurcir pour diverses raisons. Les principales de ces raisons furent :

1° Qu'elles se révoltèrent contre l'autorité et s'écartèrent des intentions des Papes qui les avaient engendrées ;

2° La témérité d'une raison encore dans l'enfance, laquelle, après le long sommeil de son ignorance, voulut s'émanciper, s'arracher des bras de ce Verbe révélé qui eût dû la conduire à sa maturité. L'histoire a conservé ce mot plein de justesse au sujet de quelques universités : *Nidus philosophorum, nidus incredulorum;* •

3° La vanité, ou plutôt le vice d'un enseignement qui, en se préoccupant excessivement des formes, perdait les esprits vitaux de la science (1).

(1) C'étaient là des abus de sages et saintes insti-

Pour toutes les raisons que nous venons d'énumérer, et pour bien d'autres encore, les écoles épiscopales étant frappées de mort et les universités, non plus que les académies, n'étant pas douées d'une vitalité bien solide, on vit alors s'étendre sur l'Europe le manteau de cette fatale ignorance qui devait en livrer une si grande partie à la témérité forcenée d'un moine dissolu et libertin. L'Eglise en était là, lorsqu'un homme d'une immense pénétration, Ignace de Loyola, vint fonder le collége germanique et hongrois, et fut, pour ainsi dire, l'aurore de cette magnifique lumière, qui brilla de toute sa splendeur au concile de Trente.

Des faits constatés jusqu'ici il résulte :

1° Que tant que les évêques élevèrent leurs clercs en personne et comme en famille, l'Eglise fournit en abondance des esprits et des cœurs apostoliques, la piété et la science se transmettant comme un héritage chez les ministres subalternes ;

2° Que plus l'éducation du clergé se fit loin de la présence et de la surveillance des évêques, plus l'on vit l'esprit ecclésiastique s'affaiblir, la discipline s'énerver, et s'évanouir cette force morale que donne à la sainte hiérarchie la vie commune entre un chef et ses membres ; puis on vit se dissoudre aux yeux des nations ce grand corps auquel est confié l'enseignement et le gouvernement des âmes.

## VI. *Ordonnances du concile de Trente pour l'institution et le gouvernement des séminaires.*

C'est à la lumière de ces faits et des conséquences qui en dérivent que la sainte assemblée de Trente, laquelle sonda, décrivit et guérit avec une si merveilleuse prudence les plaies de l'Eglise, ordonna l'institution des séminaires. C'était rappeler à la vie cette partie de l'ancienne discipline que réclamaient les besoins du temps, et appliquer le remède à la racine des maux qui infestaient l'Eglise. Après avoir tracé diverses instructions relatives à la forme de l'enseignement et de la piété, il conclut : « Quæ omnia atque alia ad hanc rem opportuna et necessaria, episcopi singuli cum consilio duorum canonicorum seniorum et graviorum, quos ipsi elegerint, prout Spiritus sanctus suggesserit, constituent, eaque ut semper observentur, sæpius visitando operam dabunt. » (*Scholast.*, xxiii, cap. 18.)

Ici, le concile ne se contente pas de suggérer, d'exhorter, il impose aux évêques un ordre exprès : *Constituent, operam dabunt* Et l'ordre comprend les parties suivantes :

1° L'évêque choisira deux chanoines entre les plus graves et les plus expérimentés ;

tutions. Aussi Jean XXIV, au concile de Constance, tenu en 1418, condamna-t-il, au nom de l'Eglise, cette proposition de Wiclef : *Universitates, studia, collegia, graduationes et magisteria in iisdem sunt vana gentilitate introducta : tantum prosunt Ecclesiæ sicut diabolus.* Qui est-ce qui a le plus favorisé les lumières, des hérétiques ou de l'Eglise ?

2° Avec leur concours, il entreprendra l'institution ou la réforme des séminaires.

VII. *Les ecclésiastiques sont les instituteurs nés de la jeunesse.*

Comme les aspirants à la cléricature passent, eux aussi, par les premiers degrés de l'éducation publique, le problème suivant demande de moi une solution : — Quelles sont les personnes qui doivent présider à l'instruction morale et littéraire de la jeunesse?

Ce sont sans aucun doute celles qui sont capables d'exercer une plus grande influence et comme une sorte de paternité sur l'esprit des jeunes gens, et qui en outre présentent à la société les plus fortes garanties d'instruction et de probité. Or, j'affirme que tels sont les ecclésiastiques.

Dès que la première lueur de raison a commencé à briller dans son âme, le jeune homme est venu révéler à un prêtre qui tient la place de Dieu, les secrets de son cœur, et il a recueilli de sa bouche de charitables et salutaires enseignements. C'est de lui qu'il a appris, dans le catéchisme, les premiers éléments de la science divine, reçu la première initiation à la vie morale. C'est lui qu'il voit à l'autel offrir le divin sacrifice, et il s'associe avec lui dans le service de cet auguste mystère de paix et de sainteté. C'est lui qui place sur ses lèvres le pain des anges, et marque son front de l'huile des forts. C'est lui qu'il voit dans le temple bénir l'union de ses amis et de ses proches, prodiguer dans les circonstances pénibles de la vie les consolations à sa famille, veiller la nuit près du lit des moribonds, et recevoir le dernier soupir de ceux qui lui sont chers. Voilà le prêtre ; voilà les liens indissolubles et sacrés qui l'unissent à l'enfant, et le revêtent à son égard du caractère sublime d'une paternité continue, céleste. Aussi, l'enfant n'a-t-il qu'à céder à un entraînement légitime pour se jeter dans ses bras et devenir son fils adoptif. Quelle influence pourrait égaler celle-là?

Y a-t il, en second lieu, une personne qui puisse offrir à la société d'aussi fortes garanties? Formé aux sciences divines et humaines; nourri des sévères principes d'une religion qui commande à son ministre une complète abnégation de lui-même, et la plus large diffusion de charité sur ses frères; vainqueur des rigides épreuves du noviciat sacerdotal; revêtu du ministère et de l'esprit de celui qui, maître et médecin de tous les hommes, a déclaré toutefois avec une prédilection toute spéciale, que le royaume des cieux était pour ses chers petits enfants (1); quel autre homme se présente avec de semblables titres à la confiance de la famille chrétienne?

Réunissant donc toutes ces conditions, pour les considérer dans leur ensemble, je demande de nouveau si le prêtre catholique n'est pas l'instituteur né de la jeunesse catholique? Le prêtre catholique n'a-t-il pas

(1) *Matth.* xix, 14.

été l'instituteur du genre humain, le créateur de cette société européenne qui, selon l'esprit de l'apostolat divin, ne devait représenter à tous les yeux que l'harmonieuse beauté d'une seule famille ? A quelles mains les pères et les chefs des peuples pourront-ils confier avec plus de sécurité les intéressants prémices de la société à venir? Cette auréole du célibat religieux dont le prêtre est couronné, en répandant sur sa personne une dignité surhumaine, ne donnera-t-elle pas plus de force à son ministère; et en l'affranchissant de tout soin temporel, aussi bien que des chaînes énervantes de l'amour selon la nature, ne le mettra-t-elle pas à même de répandre sur ses élèves la plénitude de l'amour paternel selon la grâce?

On objecte : l'éducation que le clergé donnerait à la jeunesse serait, à raison de son peu d'expérience des choses de ce monde, plus spéculative que pratique, plus ascétique que civile.

Je réponds par trois défis :

1° Je défie nos adversaires de citer une autre classe de personnes qui, par sa position civile, soit plus en état d'acquérir une connaissance approfondie et exacte des affaires du monde. Le clergé, par la nécessité de ses fonctions, se trouve en contact avec toutes les classes de la société. La plus grande partie de ses études a pour objet la pratique des droits de l'homme dans la famille et dans l'Etat, de définir ces devoirs, et de faire aux individus l'application des règles qui en ressortent. Il connaît les chaumières et n'ignore pas les palais.

2° Je les défie de trouver des livres où se révèle une plus parfaite et plus intime connaissance du cœur humain, où soit tracé plus exactement le caractère des vertus chrétiennes et civiles, aussi bien que celui non-seulement des vices, mais encore des mille détours qu'ils prennent pour s'infiltrer dans la société et l'infecter de leur venin, que les ouvrages aujourd'hui si répandus des orateurs catholiques. Voilà les monuments publics auxquels nous en appelons.

3° Je les défie d'oser mettre en parallèle, avec les bons pères de famille, avec les orateurs et les écrivains dans toutes les branches de la science et de l'art, avec les vaillants militaires, les ministres d'Etat, et même les monarques élevés par des ecclésiastiques, ceux qui reçoivent leur éducation des séculiers. Qu'ils examinent de quel côté il y a plus de bonne foi, d'habileté, d'intrépidité, de vertus privées et civiles. C'est à cet argument qu'en appelait naguère une voix éloquente à la chambre des députés, en répondant aux calomnies surannées que cette illustre assemblée venait d'entendre répéter contre une société religieuse qui a plus fait pour le bien de l'humanité, que tous les sophistes n'ont fait pour la corrompre et la perdre : « Ils ont formé, disait M. de Larochejaquelein, les élèves les plus distingués, et je ne doute pas que plusieurs d'entre eux

ne siégent en ce moment sur les bancs de cette chambre (1). »

Si le clergé sort vainqueur de ce triple défi, l'objection a reçu une solution complète. Or son triomphe est enregistré dans l'histoire (2).

**EDUCATION** (IMPORTANCE DE L'). — La bonne éducation est un puissant auxiliaire de la morale : elle met au service de l'intelligence de faciles moyens de développement, tandis que les principes religieux qui la vivifient redressent et fortifient la volonté. Aussi l'Esprit-Saint nous excite-t-il à l'acquérir dès nos années voisines de l'enfance, en étalant à nos regards l'heureux accord de la vérité avec la vertu, de la science avec la foi : *Fili, a juvente excipe doctrinam, et usque ad canos invenies sapientiam.* Par cette noble alliance, toutes nos facultés prennent un noble élan, le génie enfante et développe alors les plus grandes pensées, la charité s'en empare et les applique à tous; c'est ici-bas le trésor du bonheur positif de l'homme et la source de la prospérité la plus durable des peuples : notre siècle l'a compris; cette génération qui grandit sous nos yeux se montre avide de s'instruire et veut prendre une marche décidée vers un meilleur avenir; les familles, qui savent le mieux comprendre l'étendue de leurs devoirs, font de l'éducation de leurs enfants l'objet d'une spéciale sollicitude, et les justes appréciateurs des besoins de l'époque appellent ces jeunes intelligences à prendre un noble élan pour s'élever, sur les ailes de la foi, dans les plus hautes régions des connaissances humaines. Cependant, si nous y regardons de près, tandis que tous les esprits sont en jeu dans la voie du progrès, les âmes affaissées sur la route du bonheur sont encore dans l'attente. (Les résultats obtenus de la grande lutte entre l'ignorance et le vrai savoir sont ternes à côté des espérances que nous devions, ce semble, naturellement concevoir; quelques intelligences supérieures se sont épouvantées de la force expansive de la pensée, comme on l'est par les phénomènes de la nature qui

en révèlent aux yeux les moins clairvoyants toute la puissance.)

L'éducation de la jeunesse peut être conçue sous l'image d'une sublime agriculture de la vérité et de la vertu; jugeons de l'importance de la bonne éducation par l'heureuse influence qu'elle exerce sur l'esprit, sur le cœur de l'homme et à l'avantage de la société ?

1° Dieu a donné à chacun de nous une intelligence pour la cultiver, comme il a confié la terre à l'agriculteur pour en féconder les entrailles par de pénible labeurs; aussi l'esprit de l'homme est-il fait pour la vérité comme la main pour le travail, l'œil pour voir, et toute intelligence a soif de vérité comme toute âme a soif de bonheur; cependant tous les hommes appelés par la foi à payer un égal tribut d'hommages à l'invisible Roi de gloire dont elle révèle aux moins clairvoyants les perfections adorables, ne sont point, il est vrai, également tous appelés à pénétrer dans le sanctuaire des lettres et à sonder les profondeurs de la science ; la nécessité qui oblige la plupart des hommes à se livrer aux travaux manuels, réduit dans la même proportion le nombre de ceux qui peuvent se consacrer spécialement à la culture de l'intelligence (et certains vices organiques peuvent entraver plus ou moins l'exercice de ses facultés); mais comme bientôt les plantes nuisibles couvriraient nos campagnes, les animaux féroces usurperaient nos demeures, l'atmosphère se chargerait de vapeurs funestes, et le globe pleurerait à la fois sa richesse et sa beauté perdues, si les travaux agricoles ne fécondaient la terre; ainsi n'usant pas de l'activité intellectuelle, non-seulement elle ne produirait pas les trésors qu'elle recèle, mais bientôt notre paresse spirituelle y exercerait encore une influence corruptrice; l'ignorance, si naturelle à l'esprit humain, et de tous les maux le plus préjudiciable aux développements humanitaires, nous envelopperait de ténèbres, et notre vie entière se passerait dans les illusions de l'erreur et les rêveries de la déception, tandis que l'esprit humain, à qui il est donné de percevoir au-dessus des réalités locales et passagères, s'éclaire et s'enrichit à mesure que l'instruction, débrouillant le chaos de nos idées, les multiplie et les perfectionne : le jugement se rectifie, l'imagination s'embellit et s'enflamme, le génie s'étend et prend son essor pour déployer sa grandeur et ses forces ; par elle l'esprit de l'homme ose franchir les bornes étroites dans la sphère desquelles il semble que la nature l'ait renfermé; habitant de tous les empires, le monde entier est sa patrie; les lumières qui l'éclairent comme autant de guides fidèles le conduisent de pays en pays, de royaume en royaume, et lui en découvrent les mœurs, les usages et les lois; il interroge les astres et mesure les profondeurs de la mer; il acquiert chaque jour des connaissances diverses et s'efforce instinc-

---

(1) 27 mars 1843.
(2) L'histoire commence à constater les maux immenses que le système opposé cause à la France. On a pensé faire beaucoup mieux, en confiant l'enseignement primaire à certains élèves des écoles dites *normales*, préposés à l'enseignement à l'âge de dix-huit ans, ignorant leur catéchisme, enflés d'une instruction superficielle et indigeste, d'une science de mots plutôt que de choses. Dans un ouvrage qui a remporté le premier prix en 1840, à l'Académie des sciences morales et politiques de Paris, M. Barrau, après avoir dépeint l'ignorance, l'audace, l'irréligion et l'incrédulité de ces maîtres, s'écrie : « Est-ce là ce qu'on attendait des écoles normales primaires? Depuis cinq ou six ans qu'elles sont fondées, en est-on déjà arrivé à ce point, que l'insubordination ne rougisse plus d'elle-même? Qu'est devenue la pudeur de l'enfant, la docilité de l'écolier, la foi du chrétien? De quelles autres pertes ces pertes sont-elles le gage? (BARRAU, *de l'Éducation morale de la Jeunesse, à l'aide des écoles normales primaires.*) » Si tels sont les maîtres, que seront les disciples? que le monde voie et juge.

tivement de les unir en groupant autour d'un centre commun d'idées générales toutes les théories qui éclairent le domaine de chaque science particulière : c'est ce chêne dont les mille rameaux renfermés dans le même germe, et nourris de la même sève, s'élancent d'un seul jet dans les airs.

2° La bonne éducation est la nourrice de la vertu comme l'âme de la vérité ; nous ne saurions en effet révoquer en doute qu'elle ne contribue autant à former le cœur qu'à orner l'esprit : quand celui-ci est frappé des charmes de l'ordre et du beau, celui-là est plus susceptible de l'amour de l'honnête et du bon ; quand l'esprit se plaît à admirer les nobles traits qui caractérisent la vertu, le cœur se sent plus porté à l'aimer, et s'il n'est point de vertu que la bonne éducation ne rende aimable, il n'est pas de talents que la vertu n'encourage ; aussi le plus sage des rois d'Israël s'écriait-il : « Heureux l'homme qui, en multipliant ses connaissances, s'est procuré la sagesse ! il a fait une acquisition préférable à toutes les richesses de l'univers. » D'ailleurs les pensées du cœur de l'homme au langage de l'Esprit-Saint sont portées au mal dès sa jeunesse : tout en effet est à craindre pour lui dans le monde ; il faut être nourri dans une atmosphère bien pure pour se garantir de l'infection de l'air que l'on y respire. Quel âge dans la vie bordée de tant dangers ! que de périls dans la jeunesse ! Le défaut d'expérience, la faiblesse de la raison, le faux brillant de tant d'objets, la vivacité des passions, la licence des mœurs, le charme des plaisirs, la vanité qui sollicite, le torrent du mauvais exemple qui entraîne, la molle indulgence de ceux qui devraient modérer son ardeur, tout semble contribuer à multiplier les dangers à un âge où les chutes ont des suites si funestes pour le salut ; les inclinations sont plus vives, les occasions plus fréquentes et les ennemis plus nombreux. Le cœur de concert se révolte, tous les sens sont d'intelligence ; cette guerre intestine n'a pas de trêve. Or, il n'est rien qui nous apprenne mieux de bonne heure à modérer nos inclinations vicieuses que l'éducation ; elle donne des règles de modestie et facilite merveilleusement la pratique de la vertu ; elle est ce joug qu'il est bon à l'homme de porter dès ses années voisines de l'enfance, selon la pensée du prophète : *Bonum est viro si portavit jugum ab adolescentia sua* (1). Elle est un des premiers besoins, parce que notre cœur ne produit pas de lui-même ces fruits de bonnes mœurs que l'on a tant de peine à y greffer, qui souvent encore viennent si mal et mûrissent si tard ; les sentiments de bienfaisance et d'équité paraissent nous être naturels ; cependant nous ne voyons que trop l'orgueil offensé porter à la vengeance, l'égoïsme à la dureté et l'intérêt privé à l'injustice ; mais la laborieuse culture donnée à notre intelligence par l'éducation fait produire à cette terre de suavité des fruits

(1) *Thren.* III, 27.

doux et abondants : l'homme devient juste et miséricordieux, il sait se montrer supérieur aux passions humaines ; la vue du devoir enchaîne ses affections, et les sentiments les plus conformes au cri de la vertu animent ses pensées et président à ses desseins. La science qu'il cultive lui fait goûter la plus pure volupté, et la joie dont elle enivre son âme n'est ni vive ni folâtre, mais douce, inaltérable ; il coule ses jours dans l'innocence et dans la paix. Tels furent Isaac, Job et Jérémie, dont l'éducation sainte servit de fondement à leur future grandeur : tels ces jeunes gens que nous voyons quelquefois parmi nous comme autant de monuments que le Seigneur s'est élevés à sa gloire, devançant les vieillards dans les voies de la perfection, prévenant les années par leurs mérites, et se dédommageant par leurs vertus de ce que l'âge ne saurait leur donner. Mais, dira-t-on, il y a des caractères si roides, des naturels si vicieux, que l'éducation ne saurait ni les fléchir ni les corriger. Saint Ambroise et quelques autres docteurs de l'Eglise ont répondu à cette assertion : « Eh quoi, disent-ils, l'industrie et l'art de l'agriculture sont venus à bout de changer en quelque sorte la nature des arbres en tournant en suavité l'aigreur ou l'amertume de leurs fruits, et la grâce avec la bonne éducation ne pourrait rien sur les inclinations mauvaises de la jeunesse, susceptible, il est vrai, des plus grands désordres, mais aussi si capable d'une haute vertu ! Des soins industriels en matière d'éducation ne sont jamais sans succès ; mais y a-t-il des caractères si bons, des naturels si heureux, que l'éducation devînt pour eux superflue ? » Qui ne sait que quelque bonne inclination que nous ayons pour la vertu, le vice nous corrompt bientôt, à moins qu'une bonne éducation ne nous affermisse dans le bien, et ne nous fasse contracter d'heureuses habitudes qui nous facilitent ce qui paraît aux autres de plus fâcheux. La nature commence, mais il faut que l'éducation achève ; sans elle les meilleures qualités demeurent infructueuses. J'avoue que la bonne éducation n'empêche pas toujours le dérèglement des mœurs. Ces riches naturels se démentent quelquefois et se laissent entraîner par le torrent des mauvais exemples ; mais quand on a été bien élevé, on a je ne sais quoi de tendre pour les préceptes dont on a été imbu dans son enfance, et le souvenir en est toujours cher au cœur. Aussi peut-on être à peu près sûr que la main du vice n'effacera jamais le caractère divin profondément imprimé sur son front. Le jeune homme pourra sans doute faire quelques écarts ; mais désenchanté bientôt des charmes de la volupté, il décrira une courbe rentrante qui le ramènera au point d'où il était parti.

3° Le bien public dépend de la bonne éducation : c'est faute d'avoir inspiré aux jeunes gens de saines maximes que l'âge les affermit dans des passions subversives de l'ordre, que nous voyons si peu de probité dans le

monde, si peu de bonne foi dans le commerce, si peu d'union dans les familles, si peu d'harmonie dans les cités, si peu d'ensemble dans les Etats, où l'égoïsme est la loi souveraine, l'intérêt public la volonté générale, et la vie humaine un échange de duperies ou d'impostures. Les siècles d'ignorance furent toujours des siècles de barbarie, où la grossièreté des mœurs enfanta les crimes les plus atroces et les vices les plus monstrueux, tandis que la bonne éducation, éclairant chacun sur ses devoirs, les excite tous à les remplir : elle n'apprend pas moins à obéir qu'à commander; par elle le monarque soutient l'éclat de sa couronne; le législateur sait approprier le remède à la plaie sociale; dans le sanctuaire de la justice, le magistrat tient en main la balance de l'équité; à la tribune, on prend la défense de la veuve, et du haut de nos chaires chrétiennes, nous faisons pâlir le vice et confondons l'impiété. Dans une nation éclairée, l'autorité devient plus douce, l'obéissance plus fidèle, la liberté plus docile, parce qu'elle a le sentiment de son énergie. Par elle, les arts fleurissent, les royaumes prospèrent, les villes s'accroissent, et sous le toit domestique on goûte les douceurs de l'union et de la paix. Le peuple sent le besoin d'être instruit : il aime et accueille la vérité quand on ose la lui dire, et quand il la rejette, c'est par défaut de lumières plus que par orgueil et par corruption. Dès qu'il la conçoit, il l'applaudit d'autant plus qu'on exerce envers lui un droit qui est celui de tous. Aussi quel intérêt tous les peuples ne portèrent-ils pas à l'éducation de la jeunesse! Jetons un coup d'œil sur l'histoire : ses annales sont le foyer d'où jaillit la lumière qui éclaire le grave sujet qui nous préoccupe. Considérée sous son point de vue le plus général, l'histoire est le tableau du développement de l'humanité, et si nous osons ainsi parler, le plan de l'éducation du genre humain sous la discipline de la Providence : chez les Perses, l'éducation des enfants était surveillée avec un soin extrême; elle ne le fut jamais plus qu'en Grèce, cette terre classique de la philosophie, des lettres et des beaux-arts. Lorsqu'Auguste eut donné le repos au monde, le génie romain, excité par les émotions de la guerre civile, se hâta de se consoler de la perte de sa liberté par la gloire des lettres. Et à quelle époque de notre histoire l'activité studieuse fut-elle plus grande que sous le règne de Charlemagne? Ce prince, un des plus éclairés de la monarchie française, pensait qu'instruire les hommes, c'est les rendre meilleurs; aussi les écoles partout déchues furent alors protégées, l'éducation rétablie et l'étude encouragée. Au progrès des sciences, notre patrie doit sa domination sur l'univers; aux lumières de Richelieu, elle dut les lauriers dont se couvrit Louis XIII en Italie, et lorsqu'une main habile eut pacifié le royaume après le fracas des guerres civiles, établissant la balance de l'Europe, la France s'enrichit de chefs-d'œuvre à mesure que la sphère des connaissances s'agrandit et devint pour les autres nations l'école de la politesse et du bon goût. Tous les grands de la terre, que la naissance place sur les bords glissants du précipice de la toute-puissance ont encouragé le progrès des sciences et favorisé l'instruction des peuples, persuadés que sous de tels auspices leurs Etats seraient florissants. Puisse le malheur des temps, où le vrai savoir a été négligé, servir à nous faire apprécier le bienfait des institutions qu'enfante le christianisme, pour offrir un asile aux bonnes mœurs et une garantie à la félicité sociale! Puissiez-vous considérer l'éducation de la jeunesse comme l'œuvre la plus importante de nos jours, après la révolution des temps qui ont remué toutes les bases sur lesquelles le monde s'était reposé pendant plus de dix-huit siècles, en une époque où l'enfant arrivé à l'âge d'homme ne trouve en entrant dans la société que des doutes à la place des anciennes croyances et des ruines substituées à tous les monuments du passé! Caractère qui lui est propre, c'est ce qu'il me reste à vous démontrer.

Une bonne éducation doit être chrétienne : en effet : 1° si l'homme vient de Dieu, s'il retourne à Dieu, si les rapports de cet être d'un jour avec l'Être infini constituent tout ce qu'il y a de noble, de grand, de sérieux dans son existence, la religion, qui n'est que l'ensemble de ces rapports merveilleux, est sans aucun doute la première des sciences; car l'homme est un, quoique sa mystérieuse existence soit liée par une double chaîne aux mobiles révolutions du temps et à l'ordre immobile de l'Eternité; mais cette unité des destinées humaines ne peut nous être manifestée que par la religion, lien merveilleux qui unit la terre au ciel; d'où il suit que la foi est la seule lumière qui éclaire les deux faces de l'humanité, le seul point de vue d'où l'on peut suivre le double développement de l'existence humaine. C'est dans le reflet du grand jour de l'éternité et dans la claire vision du ciel que la foi abaisse sur les ombres de la terre et du temps, que se trouve la seule lumière qui nous dévoile, autant qu'elles peuvent l'être, les énigmes de la science. Envisagé des hauteurs où le christianisme élève notre intelligence, l'horizon du monde moral recule, s'agrandit, et un admirable tableau se déroule à tous les regards; il demeure alors invinciblement démontré, pour tout esprit qui a sondé les bases du monde de la pensée, que l'intelligence humaine étant née de l'Intelligence infinie, la parole de Dieu est le principe et la règle nécessaire de tous les développements de la raison de l'homme, et que dans (la foi catholique) le christianisme, expression seule vraie de la parole de Dieu, se trouve la source de la véritable science. La foi nous fournit le seul point de vue qui domine et du haut duquel on peut observer la marche générale de l'humanité, la lumière qui révèle le point de départ dans les grands faits de l'histoire de la société immortelle

de l'homme avec Dieu; elle est le principe d'unité du monde de la pensée, la règle nécessaire de toute véritable philosophie, la racine divine de tous les développements de l'homme : aussi son étendue doit-elle être le centre de toutes les autres, comme elle est elle-même le centre de toutes les sciences; elle les dirige, les coordonne, les vivifie toutes, parce qu'elles ne peuvent trouver leur unité que dans le sein de la pensée de Dieu. Sans Dieu tout est froid et mort dans l'esprit humain : un tableau des sciences que l'idée de Dieu n'éclaire point ressemble à un cimetière, et la pensée, en le traversant à la hâte, appelle à chaque pas le souffle d'en haut, qui peut seul réunir ces ossements épars et leur redonner une âme : cette dignité, cette puissance des études, c'est par le perfectionnement moral autant que par la science qu'elle se montre et s'affermit. L'habitude des devoirs austères fortifie l'âme, la religion la prémunit et l'élève, et le talent dès la jeunesse se trouve aux mêmes sources que la pureté des cieux.

2° La science n'a pas seulement pour but d'orner l'esprit et d'ennoblir le cœur de celui qui la cherche, elle tend aussi à réaliser le même perfectionnement dans les autres et à rapprocher ainsi l'humanité de son auteur. C'est à ce titre que les peuples doivent la chérir, c'est par ce caractère qu'elle mérite notre amour. Cette puissance des études, c'est par le perfectionnement moral autant que par la science qu'elle se montre et s'affermit : l'habitude des devoirs austères fortifie l'âme, la religion la prémunit et l'élève, et le talent dès la jeunesse se trouve aux mêmes sources que la pureté du cœur. Aimons à le répéter à la gloire de la foi, la religion est la plus essentielle leçon de l'enfance, celle par où tout enseignement doit commencer et finir. Les générations qui ont été élevées à l'école négative des vérités religieuses et nationales sont pour les familles chrétiennes un sujet de douleur, pour la société un élément actif de désordre, pour l'État un embarras et un danger, pour la religion et la morale un scandale. Oui, toutes les institutions humaines sont nulles ou dangereuses dès lors qu'elles ne reposent pas sur la base de toute existence : le principe qui doit dominer tout système d'éducation doit être religieux, parce que la religion est le seul fondement solide sur lequel les nations puissent asseoir leur prospérité. On ne saurait se tromper d'une manière plus terrible qu'en rendant l'éducation purement scientifique, car tout système d'éducation qui ne reposera pas sur la religion tombera en un clin d'œil; on ne versera que des poisons dans l'État; sans elle la science, si ornée, si réduite à de minces proportions qu'elle soit, n'est qu'un vain leurre, et une excitation de plus à l'orgueil humain. Aussi, lorsque dans le grand combat livré sur le champ de la science il arrivera que l'homme voudra séparer ses œuvres de celles de Dieu et enlever à la vérité religieuse la part qui lui

revient légitimement dans les affaires de ce monde, l'éducation végétera tristement, telle qu'une fleur qui se flétrit aussitôt qu'elle est éclose, tandis que l'enseignement que nourrit la sève du christianisme grandit comme un arbre vigoureux qui pousse des racines profondes et dont la tête s'élève bientôt au-dessus des épines sous lesquelles la main du semeur d'ivraie voulait l'étouffer.

C'est pourquoi les Lacédémoniens et les Romains, qui mettaient l'éducation de la jeunesse au nombre des affaires les plus importantes de la République, choisissaient les plus sages pour l'instruire : quelques-uns confiaient cet emploi aux vieillards et aux plus sensés du royaume, et d'autres aux plus illustres de leurs magistrats. Les princes chrétiens ne l'ont point cédé en cette matière aux sages de l'antiquité païenne. Charlemagne, aussi distingué par son savoir que par sa valeur, ordonnait à tous les supérieurs des monastères de son empire d'instruire chez eux les enfants de qualité, et fonda à Paris cette célèbre académie qui a été depuis le collège de toutes les nations, le séminaire de tous les savants, la gloire et l'ornement de la France. Saint Louis fit élever deux de ses fils dans le monastère de Saint-François et Saint-Dominique, afin qu'ils y jetassent les fondements d'une solide piété; et, sans remonter à des temps si reculés, ne trouvait-on pas encore naguère une école de théologie où les autres facultés vinrent se réunir comme des sujets autour de leur reine, tant il est vrai que la société spirituelle doit intervenir dans l'éducation donnée par la famille et dans celle qui résulte des efforts des gouvernements, pour élever les peuples dans la civilisation; elle doit y intervenir selon l'ordre naturel et avec une grande puissance d'action, car tous les devoirs des membres de la famille et de l'État sont une dérivation des devoirs religieux de l'homme envers Dieu. Eussions-nous pu voir l'édifice de l'instruction publique posé sur cette base se perpétuer d'âge en âge jusqu'à nos derniers neveux! La théologie seule tend à ramener à l'unité les sciences diverses. La religion est, au langage de l'un des philosophes des siècles derniers (1), l'aromate qui empêche la science de se corrompre.

3° Si je pouvais penser qu'il y eût quelqu'un qui fût tenté de me blâmer d'envisager l'enseignement religieux comme la base et le couronnement de toute bonne éducation, sans chercher à me justifier, examinez un moment, lui dirais-je, si ce que vous traitez de préjugé ridicule n'est pas une nécessité! Pendant plus d'un siècle, des philosophes, en respectant point dans leur marche le cercle que les pensées de Dieu ont tracé autour des pensées de l'homme, travaillèrent à éclaircir par la seule puissance de la raison, et sans rien emprunter aux lumières de la foi, tous les obscurs problèmes d'où dépendent nos destinées; ils avaient entrepris de faire des

(1) Bacon.

croyances et de tracer des devoirs qui n'eussent rien de commun avec ce que le christianisme avait fait. Cependant ces jeunes esprits que nous sommes chargés de nourrir ne pouvaient pas vivre, ils manquaient du pain des intelligences, de la foi, et après avoir perdu l'innocence, la santé et le bonheur, ruinés de corps et d'âme, plus à charge qu'utiles à la société ; à les voir on eût cru entendre les pas du fossoyeur qui se hâtait de venir enlever leur cadavre. Ravissez maintenant à nos jeunes intelligences les enseignements de cette autorité qui leur redit les imposantes paroles sorties de la bouche de Dieu, que tous les siècles ont répétées et devant lesquelles s'inclina la longue suite des générations humaines, que l'Église cesse d'instruire ses enfants, et de qui apprendront-ils ce qui leur importe avant tout de savoir, d'où ils viennent, ce qu'ils sont, où ils vont ? Ah ! laissez-nous donc établir sur la seule base immuable l'avenir de ces jeunes esprits, sur la religion, roc immobile au pied duquel toutes les vagues des discussions expirent, et dont le sommet, inaccessible aux nuages, réfléchit sur la terre une lumière dont le foyer est dans le ciel : s'il n'est pas en notre pouvoir de multiplier les emplois honorables pour équilibrer l'influence désastreuse de tant de mesquines rivalités, du moins que notre jeunesse sache bien que nous ne devons pas toujours agir dans notre intérêt purement matériel, toutes les fois que celui-ci nous sollicite à l'action, mais que nous devons reconnaître les droits de chacun, ceux des peuples comme ceux des rois, droits qui existent dans l'intérêt de la société, droits qui doivent nous apparaître sacrés et imprescriptibles. Notre siècle l'a compris : honneur et gloire à ces académies savantes de Metz, Toulouse et Dijon, qui couronnent d'une médaille d'or M. Émile Lefranc, prouvant avec un talent vraiment remarquable l'insuffisance des maximes de la raison pure dans l'éducation, et la nécessité, pour que cette éducation soit profitable à l'État, de graver dans l'esprit de la jeunesse les véritables principes du christianisme ! Accuserait-on la religion d'emmailloter de ténèbres la liberté, la raison et le génie de l'homme, pour les retenir dans une éternelle enfance ? Mais le christianisme, loin d'être ennemi du vrai progrès, ne cesse d'y appeler le genre humain. L'Église du Christ a mission de le propager et de l'étendre, en perfectionnant moralement et par degrés les individus et les masses vers des hauteurs nouvelles. En dehors de la religion du Christ, le perfectionnement progressif n'est plus qu'une illusion, qu'une chimère ; la croix est l'anneau merveilleux qui lia la chaîne des temps ; l'ère chrétienne ne fut que la transformation de tous les éléments de la civilisation, le développement de tous les germes de vérité que la Providence avait conservés au sein de la décadence et des erreurs de l'ère païenne. Ce fut alors que l'on vit pour la première fois descendre à pas lents du Calvaire cette société merveilleuse, née de la

parole et du sang de l'Homme-Dieu, se penchant sur le cadavre d'une société mourante ; le christianisme souffla sur cette boue et lui fit une âme vivante à son image, douée d'une vie progressive et impérissable ; aussi la religion s'efforce-t-elle de recueillir tous les rayons qui s'échappent de la divine profondeur des vérités révélées pour éclairer les mystères répandus autour de l'homme, afin de frayer devant l'intelligence, à travers les ombres de la vie présente, une route lumineuse qui la conduise comme par degrés à la claire vision de l'éternité. Non, l'éducation de la jeunesse ne peut sans péril demeurer stationnaire en face du mouvement prodigieux qui emporte le monde ; elle doit progresser pour toucher à ses destinées immortelles ; mais comment ce but peut-il être atteint autrement qu'en faisant participer la raison de l'enfant à mesure qu'elle grandit, et autant qu'elle en est capable, à tous les progrès par lesquels s'est développée d'âge en âge la raison du genre humain ? Loin donc de parquer ces jeunes intelligences dans le champ étroit de l'antiquité profane, comme si elles n'avaient autre chose à savoir que ce que peuvent leur enseigner des peuples éteints ; après avoir allumé le flambeau de leur raison au rayonnant flambeau de la foi, essayons de leur faire entrevoir aussi avant que possible dans la nuit qui nous environne, efforçons-nous de les faire participer, suivant la mesure de leur intelligence, à la science infinie de Dieu ; découvrons de bonne heure à notre jeunesse, dans ses différents points de vue, tout le vaste horizon du monde de la foi et de la science, tel que l'a fait le catholicisme ; lions entre elles, dès leurs premiers éléments, des études qui ont des rapports nécessaires, et que l'on comprenne une bonne fois qu'il ne faut se servir de l'étude de l'antiquité que comme d'introduction naturelle à la science des temps modernes, à notre littérature, à nos arts, à notre civilisation tout entière ; faisons en un mot des hommes de notre temps pour que le passé ne soit que la lumière qui éclaire le présent et qui dissipe quelques-unes des ténèbres de l'avenir. Honneur et mille fois honneur à ces instituteurs nés de l'enfance qui, munis de l'instruction convenable à la mission toute de dévouement qu'ils ont reçue du ciel, jettent si bien dans le cœur de la jeunesse le germe fécond de ces principes religieux qui grandissent avec l'homme et portent plus tard de si dignes fruits dans la lutte acharnée où l'on disputa. l'autrefois sous le nom de méthode d'enseignement la France et son avenir ; la victoire leur est restée parce que la France et l'avenir devaient rester à celui des deux combattants qui saurait enrôler sous ses drapeaux les générations naissantes.

À leur exemple, puisse-t-on de nos jours bien comprendre toute l'importance de l'éducation ; elle éclaire l'esprit, redresse le cœur, et resserrant les liens sociaux, répand sur les membres qu'ils enlacent la plus heureuse influence ; mais n'oubliez point

que tout est lié dans le bien; l'instruction et la religion sont sœurs : toutes deux filles du ciel, elles dirigent nos vœux vers la céleste patrie où se trouve leur principe commun d'unité; aussi l'éducation, pour être bonne, doit-elle être chrétienne; l'intervention de la piété et de la vertu y est nécessaire; la volonté de la jeunesse, viciée dans le berceau, a besoin plus que jamais de la puissante et directe influence du christianisme pour la guérir. Non, la religion n'est pas ennemie du progrès, au contraire elle y anime; mais le progrès véritable n'est que le développement dans l'ordre, et la liberté de penser ne doit jamais briser l'unité de la foi. Laissez donc aller vos pensées sur l'océan des disputes humaines; mais que votre œil ne perde jamais de vue le phare immortel que la main de Dieu a placé sur le rivage, et qui peut seul vous indiquer une route sûre à travers mille écueils; sondez les abîmes de la science, cherchez à en creuser toutes les profondeurs; mais ne descendez dans cette nuit de l'intelligence que portant devant vous le flambeau de la foi. Voulez-vous rétablir l'harmonie entre toutes les parties du corps industriel, dispersées par l'orage de longues révolutions, faisons briller le flambeau de la science, de la morale et de la foi aux yeux de toutes les intelligences obscurcies par les ténèbres de l'ignorance; l'industrie, puisant alors des forces nouvelles dans cette régénération sociale, marchera à pas de géant dans la voie du progrès. Voulez-vous que tout, dans la vie sociale et pour le salut éternel de vos âmes, se ressente de cette salutaire influence? Confiez vos enfants en des mains qui la cultivent avec autant de dévouement que d'intelligence, à des hommes qui, par la séduisante autorité de leurs exemples, s'efforcent de leur donner ces convictions religieuses, qui seuls assurent à la famille comme à la société un avenir de paix et de bonheur. Puisse l'intéressante jeunesse de notre époque ne point se laisser aller aux rêves insensés dont se berce l'orgueil de la génération au milieu de laquelle elle est destinée à vivre! Puisse-t-elle se livrer à une étude sérieuse et constante; car la vérité nous traite d'ordinaire comme nous traitons la nature, et les meilleurs fruits de la science ne mûrissent souvent pour nous que sous une écorce raboteuse et dure! Puisse-t-elle demander à la raison seule infaillible de Dieu qui se manifeste dans l'enseignement de l'Eglise, la solution des problèmes qui occuperont ses pensées naissantes, et quelque hardi que puisse paraître-leur essor, il n'aura rien qui doive effrayer leur religieuse famille, parce qu'il aura sa règle dans la seule autorité qui ne saurait nous égarer, la religion, principe de charité et cause de nos espérances, qui embellira notre front d'une auréole de gloire dans la demeure des immortels!

**EDUCATION** (Principes fondamentaux de l'.) (1). — Jésus-Christ, ce divin fondateur

du christianisme, auquel nous devons tant de bons exemples et d'excellents préceptes propres à guider les personnes de tout rang et de tout état, disait à ses disciples repoussant de petits enfants qui venaient à lui : *Laissez-les s'approcher de moi, car les récompenses célestes sont acquises à leur innocence.* Ainsi, considérant que la jeunesse était la plus belle et la plus intéressante partie de l'humanité, il défendait qu'on la laissât privée d'instruction et blâmait ceux qui, par un respect mal entendu, une rudesse déplacée, ou par un sot orgueil d'un peu de savoir, éloignaient de sa personne les jeunes créatures qui accouraient vers lui. Il s'indignait de cette rigueur et répétait : *Laissez-les m'approcher;* puis il les caressait et les bénissait.

Nous arrêtant et réfléchissant, comme elles le méritent, à ce peu de paroles, nous n'hésiterons point à blâmer avec énergie et conviction toute négligence apportée à l'éducation de la jeunesse; négligence d'autant plus coupable qu'elle entraîne à la fois la perte de l'âme et celle du corps. Nous ne mettrons cependant aucune amertume dans nos conseils; nous en bannirons l'âpreté et l'orgueil : ayant à parler de l'enfance, nous imiterons sa simplicité et sa candeur; loin de nous l'esprit de dispute et d'animosité. Suivons en cela l'exemple de Jésus-Christ, qui, ayant à reprendre ses disciples de leur dureté, se bornait, malgré l'indignation qu'il éprouvait intérieurement, à leur dire avec bonté : *Laissez ces enfants venir à moi.*

Ayons donc aussi pour la jeunesse un langage plein de douceur; et, s'il en est besoin, pour être compris de sa faible intelligence, ne rougissons pas de descendre à lui parler comme le feraient de bonnes et tendres mères; car il faut surtout et avant tout se faire comprendre, ne se proposer d'autre but, ne rechercher d'autre succès que celui d'instruire, de former l'enfance à la pratique de la vertu, en mettant le plus grand zèle à écarter d'elle tous les sujets de scandale qui pourraient la corrompre.

Nous exposerons les considérations auxquelles nous allons nous livrer. Nous tâcherons d'abord de démontrer de quelle importance il est dans la société que les enfants soient religieusement et vertueusement élevés; nous signalerons ensuite les écueils à éviter pour les diriger sûrement dans cette voie; dans une troisième partie, nous traiterons de la manière de régler le zèle des personnes qui se dévouent à l'enseignement; et enfin, dans la quatrième partie, nous présenterons la sanction et comme une sorte d'apologie de tout ce qui aura précédé, en même temps qu'une exhortation à la jeunesse de se laisser conduire par nos conseils et nos préceptes, tout indigne que nous nous regardions de cette grande mission. Nous soumettons d'ailleurs nos doctrines à

---

(1) Traduction de l'ouvrage intitulé : *Tractatus Joannis Gersonii de parvulis ad Christum trahendis.*

Nous avons pensé que cette traduction ne manquerait pas d'à-propos au sujet de la querelle universitaire et du projet de monument en l'honneur de Gerson.

l'examen des personnes qui nous sont supérieures en vertu et en lumières, et nous subordonnerons toujours nos propres idées, notre prudence et nos jugements à leurs conseils. Notre zèle ainsi tempéré par une juste modestie, nous n'aurons pas à craindre de nous égarer. Puissions-nous mériter leur approbation! Quant à ce que pourront dire la légèreté, la malveillance et ceux qui n'aspirent à rien de bon, nous sommes résolus à ne pas nous en émouvoir, pensant avec un sage, que si quelquefois on arrive à la vertu par un chemin glorieux, quelquefois aussi on n'y parvient qu'abreuvé de dégoût et d'humiliation.

*Combien il est important que les enfants soient élevés dans la pratique de la vertu.*

C'est un grand bonheur pour l'homme, lorsque dès son bas âge il a été habitué à porter le joug de ses devoirs : *joug facile et léger*, selon le divin auteur de l'Évangile. La vérité de cette sentence éclate surtout dans les âmes qui ont conservé toute leur pureté de par des constants efforts. Cette innocence est la vraie nourriture des cœurs, elle les ennoblit et les fortifie. Lorsqu'on la néglige ou qu'on s'en écarte; lorsqu'on abuse des dons de Dieu et qu'on ne remplit pas avec scrupule les obligations de père de famille, obligations si douces et si faciles; lorsqu'on se perd dès le principe, il devient alors presque impossible de conserver ou de recouvrer cette innocence. Et cependant, sans elle, que deviennent les enfants? Dans quels abîmes, dans quels malheurs sa perte ne les entraînera-t-elle pas? Si dans la première jeunesse encore exempte de vices, il est douteux qu'on puisse jamais s'élever jusqu'à la vertu, que sera-ce lorsque l'ennemi paraîtra, lorsque les mauvais penchants de l'humanité viendront assaillir l'âge mûr et l'accabler de leur poids? Qui ne sait que l'enfance a toute la fragilité des jeunes plantes; que ses grâces naturelles l'exposent à des dangers dont la vieillesse est affranchie? abandonnée qu'elle est des passions plutôt qu'elle ne s'est soustraite à leur empire? Hélas! ces premières années, les plus belles de la vie, s'écoulent rapidement. Si l'on considère alors quelle est la force de l'habitude; si l'on pense, avec un ancien philosophe, que cette force est si grande qu'elle devient en quelque sorte une seconde nature, on restera profondément convaincu qu'il n'y a rien de plus à craindre et de plus amer dans leur suite que les mauvaises coutumes, quand, au contraire, il n'y a rien de plus doux, de plus satisfaisant pour la conscience que les bonnes.

Aussi les philosophes, les poëtes et les théologiens sont-ils tous d'accord sur ce point, *qu'il est de la plus grande nécessité de ne pas laisser la jeunesse se livrer indifféremment à ses goûts et à sa légèreté*. Tous recommandent de la former de si bonne heure à la vertu, que la pratique lui en devienne facile à force d'habitude. « L'éducation, dit Horace, accoutume un jeune che-

val, dont la bouche est encore tendre, suivre la main du cavalier. Un jeune chien aboie longtemps après une peau de cerf, dans la maison, avant de faire la guerre aux habitants des forêts. Jeune Lollius, que votre âme encore neuve et pure se pénètre de ces leçons; recherchez les maîtres les plus sages. Un vase retient l'odeur de la première liqueur qu'il a reçue. »

C'est à l'empire de l'habitude qu'il faut attribuer les mauvaises lois, les superstitions sacrilèges, la dépravation des mœurs. Quelle heureuse impulsion ne recevrait donc pas la société, si les hommes conservaient dans l'âge mûr la pureté de cœur qu'ils avaient plus jeunes? Aussi ce n'est jamais sans effroi que nous entendons ces paroles vraiment infernales : « L'homme commence par être un ange et finit par être un démon.» Certes, nous ne voyons ce qu'il y aurait à attendre de la vieillesse de ceux qui auraient été corrompus dès leur enfance, quand, à des inclinations naturellement perverses, seraient venues se joindre ensuite des habitudes plus perverses encore. Qui donc a pu inventer cette détestable sentence, véritable blasphème, sinon des personnes profondément ignorantes, n'ayant d'ailleurs aucun souci de leurs devoirs et cherchant à s'excuser à leurs propres yeux du peu de soin qu'elles avaient de leurs enfants? Cette classe n'est malheureusement que trop nombreuse, et ce n'est pas cependant avec de telles idées qu'on obtiendra l'extirpation du plus petit défaut. Qu'elles demeurent donc à jamais l'objet du mépris et du blâme de tous les gens de bien, et surtout de cette partie saine de la jeunesse dont l'instruction et les mœurs sont soigneusement cultivées.

Qu'arrive-t-il aussi? c'est que nous entendons quelquefois louer stupidement dans un enfant la hardiesse de ses regards, ou l'inconvenance de ses paroles; on rit en le voyant s'emporter. A quoi seront bons, je le demande, des hommes dressés à une pareille école? La société ne souffre-t-elle pas tous les jours des suites désastreuses de semblables erreurs? Celui-là ne se trompait donc pas, qui disait que, pour réussir à former les mœurs, il fallait commencer par l'éducation de l'enfance. qui, moins corrompue, moins incurablement infectée de mauvaises doctrines, se trouvait plus disposée à recevoir aisément de saines notions.

C'est aussi ce qu'avait remarqué le sage Aristote, et ce qui lui avait fait dire que, pour que les leçons de la sagesse et de la vertu fructifiassent dans de jeunes cœurs, il fallait qu'ils y eussent été préparés d'avance par de bonnes habitudes, et que déjà leurs mœurs fussent en rapport de conformité avec les bons enseignements; qu'ils ne recherchassent que ce qui est honnête, fuyant par un heureux instinct et comme par inspiration ce qui est honteux et bas.

La jeunesse est d'autant plus apte à recevoir des impressions salutaires, qu'elle ne peut encore être imbue de fausses opinions,

que l'erreur n'a pas encore poussé de racines profondes dans son âme. Les vases neufs sont les plus convenables à recevoir les meilleures liqueurs, et les jeunes plantes obéissent plus facilement à la main qui les cultive. C'est tout le contraire chez les vieillards : on les briserait plutôt que de les faire plier sous un autre joug que celui auquel ils sont accoutumés. Il y a longtemps que cela est écrit. « On ferait plutôt changer de couleur à un nègre, et perdre au léopard les taches de sa peau, avant que de conduire à bien celui qui n'aurait reçu que de mauvais enseignements dans son enfance. »

Si donc, comme nous le pensons, il reste démontré que l'œuvre de la réforme des mœurs et du retour sincère aux sentiments religieux doit être entreprise sans retard et poursuivie sans relâche, c'est par l'éducation de la jeunesse qu'il faut se hâter de commencer. N'est-ce pas surtout dans le pays qui marche à la tête de la civilisation que ce noble et utile travail doit être celui de tous les instants, de tous les gens de bien ? Les savants sont sans doute d'excellents guides, de très-bons instituteurs pour une certaine classe de personnes; mais l'éducation domestique, au sein et dans l'intérieur de la famille, est la plus nécessaire, la plus féconde en bons résultats. Nous ne saurions donc trop répéter que rien n'est plus funeste à la société, et ne peut la conduire plus promptement à sa perte, que l'absence de cette éducation domestique, qui consiste à ne mettre que de bons exemples sous les yeux de la jeunesse, et à ne lui faire entendre que des discours dont sa pudeur et son innocence n'aient point à souffrir.

### Des mauvais exemples et de leur danger pour la jeunesse.

Le divin fondateur du christianisme mettait un si haut prix à l'innocence des enfants, qu'il maudissait les parents qui lui portaient la moindre atteinte par leurs discours ou par leurs actions. Il serait mieux, disait-il, de leur suspendre une pierre au cou et de les précipiter dans le fond de la mer. Il voulait qu'on éloignât de l'enfance tous les dangers de ce genre, convaincu de leurs funestes et inévitables suites à l'égard de faibles créatures qui, ainsi qu'une cire molle, peuvent recevoir aisément une direction vicieuse, que plus tard il est difficile de redresser. Un ancien nous a également transmis cette grave et belle sentence, qu'on doit porter le plus grand respect aux enfants, c'est-à-dire qu'il faut s'abstenir devant eux de proférer des paroles ou de commettre des actions qui, en blessant leur pudeur et leur chasteté, les détourneraient des voies de la vertu pour les engager dans celles de la perdition, à laquelle ils étaient loin d'être destinés.

Nous allons examiner les différentes manières de donner des sujets de scandale à la jeunesse. On peut la corrompre soit par des discours, soit par des actes qui lui donnent directement ou indirectement

l'occasion de faillir. Il y a scandale toutes les fois qu'on l'expose à mal faire, à s'écarter de ses devoirs, et tout cela ne peut manquer d'arriver à la suite de paroles inconvenantes, d'actions répréhensibles.

La personne qui pouvait s'opposer au scandale et qui ne l'a point fait, quoiqu'elle en eût le droit et le devoir, devient coupable elle-même. C'est ainsi que la négligence du pilote entraîne la perte du navire.

Il y a des individus qui, avec la bonne volonté d'éviter tous sujets de scandale, n'osent cependant se livrer à cette louable inspiration, poussés par une fausse honte ou par la crainte pusillanime de je ne sais quelle opinion. C'est par un motif de cette espèce que les disciples de Jésus-Christ chassaient durement de sa présence les enfants qui voulaient l'approcher : conduite irréfléchie, n'ayant rien de conforme à la saine raison, et dont il fit bonne et prompte justice. A voir l'indignation qu'elle lui causa, on ne peut douter qu'il ne la regardât comme très-blâmable; car, un instant, elle troubla son inaltérable sérénité, et il ne paraît pas s'être si ému dans aucune autre occasion. En effet, il supporta avec plus de patience et reprit avec plus de mansuétude d'autres fautes, que les orgueilleux et intolérants Pharisiens relevaient avec aigreur, s'emportant contre l'indulgence du Christ, qui recherchait particulièrement la société des pécheurs, afin de les ramener à la vertu par ses prédications. Evitons donc de donner de mauvais exemples à la jeunesse, si nous ne voulons pas nous souiller d'un véritable crime aux yeux de la Divinité ; et si nous redoutons la colère des grands de ce monde, gardons-nous, à plus forte raison, de braver le courroux du ciel.

Quant aux mauvais exemples qui se donnent journellement à la jeunesse, tout le monde les devine et les comprend. Nous entrerons néanmoins dans quelques détails. Il y a des personnes qui non-seulement se glorifient de mal faire, mais qui, non contentes de se complaire dans leurs mauvais penchants, s'efforcent, par une perversité vraiment infernale, d'entraîner d'autres victimes avec elles. On dirait qu'elles n'ont pas d'autre but que celui de ne pas périr seules. C'est ainsi que fit Catilina, lorsqu'il associa tant de jeunes et illustres Romains à sa criminelle entreprise. C'est ainsi que font tous les hommes corrompus. Leurs séductions perfides aveuglent tellement ceux à qui elles s'adressent, qu'ils restent comme privés des lumières du simple bon sens, et que même ils deviennent dans la suite plus vicieux, plus dépravés que leurs corrupteurs eux-mêmes. Ceux-ci ne se contentent pas seulement de leur propre perte, ni de celle des personnes qui leur sont étrangères ; ils finissent même par ne tenir aucun compte des liens du sang, des charmes de l'innocence et de la pureté de la jeunesse. Ils empoisonnent tout du souffle infect de leurs détestables suggestions. Le déchaînement de leurs excès dégénère alors en une

sorte de frénésie qui confond tout dans son égarement, le juste et l'injuste, le bien et le mal, le crime et la vertu. Il semble, comme dit Origène, qu'ils soient plutôt possédés par un mauvais génie qu'en proie à leurs propres penchants ; mais cette obsession de désirs insatiables, de tentations sans cesse renaissantes, n'est-elle pas déjà une sorte de châtiment anticipé ?

Étonnons-nous donc, si de notre temps et plus que de coutume, les pensées de l'homme se tournent vers le mal lorsqu'il sort à peine de l'adolescence, quand à la corruption de notre nature vient se joindre celle que les enfants sucent en quelque sorte avec le lait de leur nourrice ; car le nombre des parents et des instituteurs qui n'ont aucun soin des mœurs des enfants est incalculable. Abandonnés et sans guide, comment ces êtres faibles ne s'engageraient-ils pas dans la route du vice et du libertinage, où ils finissent par trouver leur perte ? Plût au ciel qu'on ne fit encore que les négliger ; mais on expose à leurs regards, on fait entendre à leurs oreilles toutes sortes d'infamies : pourraient-ils ne pas se dépraver en présence de telles turpitudes ? Aussi, c'est un ancien qui nous le dit encore : « Les mauvais exemples que nous recevons dans l'intérieur de la famille nous corrompent d'autant plus facilement qu'ils ont en quelque sorte le poids de l'autorité paternelle. » Que veut-on que fasse un enfant, si ce n'est ce qu'il voit faire à ses parents ? il suivra toujours leur trace. De là il arrive qu'il n'y a plus aucun espoir de réforme chez beaucoup d'individus, parce que, ce qui en eux n'avait d'abord été qu'une disposition vicieuse, est devenu plus tard une habitude invétérée et insurmontable. Ces scandales, je le répète, sont les plus dangereux et les plus propres à amener la perte des mœurs chez les enfants. Malheur donc à ceux qui les donnent !

Je ne décide pas si ceux qui, par des voies indirectes, détournent l'enfance du sentier de la sagesse, sont plus coupables que les personnes dont nous venons de parler. Cette autre espèce de corrupteurs ne jette pas précisément les mauvais exemples aux regards de la jeunesse ; mais ils en amènent les déplorables effets par les obstacles cachés dont ils embarrassent la tâche des maîtres, détruisant comme à plaisir et en quelques instants le fruit des leçons les plus assidues et les plus répétées. Cette pernicieuse influence est d'autant plus à redouter, qu'il est presque impossible de la combattre, et qu'on ne peut que s'écrier : « N'empêchez pas de faire le bien, si vous ne voulez pas le faire vous-mêmes ? » Le moyen de réduire ces êtres dangereux qui empoisonnent, sans qu'on puisse découvrir l'auteur du mal, de plus heureux naturel ! On ne s'aperçoit de leurs ravages qu'aux traces qu'ils laissent après eux, lorsque tout remède est devenu inutile, et quand ils ont flétri et dévoué à la mort les plus tendres et les plus belles fleurs. Il arrive ensuite

qu'on accuse injustement le malheureux et innocent instituteur.

Que dirai-je des personnes secrètement poussées par le mépris de la morale et de la vraie piété ? de ces gens qui regardent la religion comme une véritable niaiserie et comme un signe certain de la caducité de l'intelligence ? de ceux enfin qui sont en proie à une criminelle indifférence pour le bien ? si ce n'est que de tels êtres font le malheur et la honte des sociétés, qu'ils sont responsables de la perte d'une foule de jeunes cœurs dont la corruption n'est que leur ouvrage, et qu'on ne saurait trop désirer de les voir connus et appréciés comme ils le méritent. Heureuses les contrées où l'on parviendrait à paralyser leur malfaisante et mortelle influence.

*Combien le zèle des personnes qui se consacrent à l'éducation des enfants est louable.*

Le zèle de ceux qui se dévouent à élever la jeunesse dans la pratique de la vertu est d'autant plus méritoire, d'autant plus digne d'estime et de louanges, qu'il assure le bonheur, dans ce monde et dans l'autre, des âmes dont on aura pris de bons et tendres soins. Il n'y a point d'œuvre plus utile en soi et plus agréable à la Divinité que cette attention continuelle à former l'esprit et le cœur de l'homme, à les épurer, à en bannir tous les mauvais penchants. Et quand je pense à ce que coûte de soucis, de travaux, de périls, la recherche, quelquefois même infructueuse, de biens périssables ; aux éloges que nous voyons prodiguer à l'intelligence de ceux qui arrivent à la fortune, je me demande ce que l'on doit penser et dire de la négligence à cultiver l'âme humaine qui est immortelle ? Ne trouverons-nous pas dans cet oubli du premier, du plus important des devoirs, quelque chose de vraiment criminel, puisque son résultat inévitable n'est autre chose que la perte de la jeunesse ? Quoi ! les hommes se livrent en tout temps et avec ardeur aux soins de leurs intérêts matériels ; on s'empresse de retirer l'animal du bourbier où il est tombé, de le remettre dans le bon chemin, et l'on n'apporterait pas le zèle le plus constant à retenir les enfants dans les voies de la vertu, à les soustraire pour jamais à l'empire du vice ? Efforçons-nous, au contraire, à ne pas les laisser tomber dans le dur esclavage des passions, et surtout hâtons-nous d'accomplir une œuvre si utile et si sainte. Ce que l'on peut faire, il faut, dit le roi Salomon, l'exécuter sur-le-champ. Semons enfin de bonne heure, car nous ne savons ce qui arrivera plus tard.

Les libertins, en général, ont fort peu de souci de l'opinion et de ce que l'on dira de leurs personnes et de leur conduite, pourvu qu'on ne les trouble pas dans leurs jouissances ; et, par un inexplicable contraste, nous voyons quelquefois les justes s'émouvoir et trembler au seul murmure de quelques voix malveillantes. L'âme de l'homme cependant, lorsqu'elle n'est point le sanctuaire de la Divinité, est sans cesse et de tous les

côtés en butte aux attaques des passions. Comment alors ne pas veiller incessamment à la préserver de toute souillure? Que d'éloges ne donne-t-on pas au médecin généreux qui consacre son art au soulagement de l'humanité souffrante; à l'avocat qui défend avec désintéressement la cause du malheur; à l'artiste qui, dans ses travaux, recherche plutôt l'utilité publique que son intérêt particulier? En présence de ces faits, n'y aurait-il pas une injustice révoltante à refuser aux personnes qui se vouent à l'éducation de la jeunesse les encouragements et la considération qu'elles méritent? Ne serait-ce pas le comble de l'iniquité que de susciter des obstacles à l'accomplissement de cette noble et utile tâche? Tous les jours cependant, on ne peut le nier, nous voyons la jeunesse excitée au vice par les discours les plus inconvenants et les plus coupables; on le sait, et néanmoins l'on ne s'inquiète guère de combattre les funestes effets de ces indiscrètes paroles, en leur opposant de bons exemples; on ne tient aucun compte du besoin pressant qu'ont de jeunes cœurs d'une nourriture vraiment morale et religieuse.

Ce n'est point ce que Jésus-Christ a enseigné, et encore moins ce qu'il pratiquait; car, dans son zèle à éclairer et à purifier les âmes, à les réunir par un lien commun, il se comparait à une tendre couveuse qui étend ses ailes sur tous ses petits, les y rassemble, les y réchauffe, songeant plutôt à leur sûreté et à leurs besoins qu'à prendre soin d'elle-même. Et nous qui nous disons les sectateurs de Jésus-Christ, nous négligeons les devoirs auxquels il consacrait sa vie, nous temporisons, nous n'agissons pas enfin! Il ne doit pas en être ainsi.

Il y a plusieurs moyens de donner l'instruction morale et religieuse aux enfants: la prédication, les instructions particulières, l'enseignement des maîtres, enfin la confession, qui est une pratique particulière à la religion chrétienne. Chacun pensera de ce dernier moyen ce qu'il voudra; mais moi, dans ma simplicité et dans ma conviction, je juge que la confession, lorsqu'elle est faite dans les dispositions convenables de part et d'autre, est la meilleure, la plus sûre manière de diriger les âmes. Par elle, si le confesseur a tout à la fois le savoir et la prudence indispensables, les plaies les plus secrètes du cœur humain peuvent être sondées et soulagées; elle peut le délivrer de toutes les souillures, de tous les mauvais penchants, qui par leur présence et leur séjour finiraient par fermer à jamais à la jeunesse le chemin de la vertu et du bonheur, en la retenant pour toujours dans la fange du vice: elle croupirait alors dans un état de dégradation et serait morte à tout bien. Quand un trait est demeuré longtemps dans une blessure, il envenime et corrompt la masse du sang; il en est de même pour la conscience lorsqu'elle se complaît dans les attaques des passions et dans les assauts d'une multitude de coupables désirs.

J'ajoute qu'il n'y a pas de meilleur moyen pour donner de bons avis que la confession, et qu'elle est un excellent remède pour l'âme. Plût à Dieu que les enfants accomplissent sincèrement ce devoir, qu'une fois l'année seulement ils passassent une revue scrupuleuse de leur conduite antérieure et qu'ils en fissent un examen recueilli! Que de bien il résulterait de cette attention sur soi-même! Quelle garantie pour un avenir meilleur! En effet, l'enfance, entraînée par sa légèreté naturelle, se livre à une foule d'irrégularités et de fautes dont il est indispensable qu'elle connaisse la témérité et la gravité; elle a donc besoin d'être affectueusement avertie et prudemment sondée. Alors seulement elle commence à s'amender, à concevoir l'horreur du péché, à goûter les charmes d'une conscience tranquille et à devenir capable enfin de la ferme résolution de bien faire.

Ces résultats sont d'autant plus désirables, que personne n'ignore la tyrannie que la honte peut exercer sur certains esprits, et que, lorsque l'âme et le corps se sont livrés depuis longtemps à des habitudes perverses, on rendrait plutôt la parole à un muet que d'obtenir les aveux et la réforme des coupables. Est-il à dire pour cela que tous les avertissements donnés à l'enfance dans le confessionnal soient inutiles? que plus tard elle aura recours à la fraude, au mensonge, et qu'enfin elle retombera dans toutes ses erreurs? A cela nous répondrons que personne, hélas! n'est exempt de commettre des fautes; que l'enfant, que l'homme fait, quels que soient leur état et leur rang, y succombent tous quelquefois. Est-ce le cas alors d'abandonner le navire quand il fait eau? serait-il sage de ne pas le rejeter, sous prétexte qu'elle revient toujours? l'important, ce nous semble, est de ne pas être submergé; car, ainsi que le dit Sénèque, « nos efforts réussissent moins à nous débarrasser entièrement de nos vices, qu'à n'en pas être exclusivement et tyranniquement possédés. » La propreté enfin n'est-elle pas un soin de tous les jours, et devrait-on y renoncer pour cela? Assurément c'est tout le contraire; car, en la négligeant, le corps ne serait bientôt plus qu'un réceptacle d'immondices qu'on ne pourrait faire disparaître qu'à force de temps et de peine. Je n'ignore pas que quelques enfants cachent leurs fautes et mentent à leurs directeurs; mais par de sages avis, par des questions qu'inspirera toujours un zèle éclairé, chaste et judicieux, la vérité pourra se découvrir, et dès qu'on sera parvenu à inspirer l'amour et la crainte du Père de tous les hommes, la haine de tous les mauvais penchants qui l'outragent, on peut être certain de la confiance et du repentir des coupables. Que s'il en est un petit nombre tellement abandonnés du ciel que personne ne puisse les réformer, il en est d'autres qui deviendront meilleurs, enfin par ses efforts on n'en ramènerait qu'un seul à la vertu, ce serait encore une grande et suffisante récompense de son travail et de sa peine, connaissant tout le prix dont

l'âme de l'homme est aux yeux de la Divinité, et qu'elle doit avoir aux nôtres ?

L'indulgence d'ailleurs doit jeter quelquefois un voile sur des fautes légères; qui ne se rappelle en avoir commis dans son enfance? Mais avec cette charité qui les couvre de son manteau, il faut en même temps mettre tout son zèle à affranchir l'homme de l'influence des passions et à le préserver de sa perte.

Vous surtout, pères de famille, maîtres et directeurs de l'enfance, observez bien envers elle cette règle de conduite; je vous la recommande avec conviction de la manière la plus cordiale; car en vous donnant cet avis, je ne prétends pas vous rien imposer ni vous laisser croire que je pense que vous agissez différemment. Ne vous bornez donc pas, je vous en conjure, à détourner seulement la jeunesse des sentiers du vice, mais engagez-la pour jamais dans ceux de la vertu. Et comme de tous les animaux, l'homme est celui qui se trouve le plus naturellement enclin à se laisser aller à la bonne ou à la mauvaise influence des compagnies qu'il fréquente, veillez sans cesse à préserver l'enfance de tout contact avec les méchants. Il suffit d'une brebis malade pour gâter tout le troupeau. Un seul enfant vicieux suffit de même pour en perdre beaucoup d'autres. Enfin, dit le prophète. *vous vous pervertirez en fréquentant les pervers.*

On apporte la plus grande activité à la recherche des malfaiteurs, on s'en empare, on les châtie. Qu'est-ce cependant que le vol des biens temporels en comparaison du larcin qui enlève les cœurs à la vertu? Ce dernier n'est-il pas mille fois plus criminel? N'est-ce point un sacrilège? N'y a-t-il pas enfin une véritable infamie à corrompre des âmes neuves et innocentes? Puisse le mépris public et la réprobation générale atteindre ceux qui se rendent coupables d'un tel forfait! C'est le châtiment le plus doux à leur infliger.

Peut-être me trouvera-t-on bien rigoureux, bien sévère; mais je suis moins sensible à ce reproche qu'au désir et à l'espérance qui m'animent, de ramener les brebis égarées; je n'ai pas d'autre but, et c'est dans cette pensée qui me préoccupe exclusivement que je puise mon zèle et les conseils que je crois utiles. Est-il rien en effet de plus aimable et de plus attrayant que la vertu ? N'est-il pas dès lors de la plus haute importance d'en inspirer le goût à la jeunesse, de lui inculquer la connaissance et l'empire de soi-même? Négligeant de le faire, n'aura-t-elle pas plus tard le droit d'adresser ce reproche à ses devanciers : « Vous avez semé de pièges la carrière que nous avions à parcourir, vous ne nous avez donné que de mauvais exemples, et notre perte est votre ouvrage. » Tels seraient cependant les tristes et inévitables résultats de l'indifférence à remplir envers les jeunes gens les devoirs que la nature et la religion nous imposent

## Confirmation de tout ce qui a été dit précédemment.

Si quelqu'un est tombé dans l'erreur, c'est à force d'indulgence et de bonté qu'il faut tâcher de l'en tirer. Ces sentiments seront toujours ceux des âmes pures et sensibles auxquelles le spectacle et la conviction de la fragilité humaine auront inspiré une juste humilité. Il avait bien observé le moral de l'homme, le sage qui disait que « l'art le plus difficile est celui de gouverner les cœurs. » Et néanmoins il n'en est pas de plus négligé. On ne voit guère que des aveugles qui en conduisent d'autres, et l'on s'étonne de la dépravation générale. Il semble qu'il soit au-dessous de certaines personnes de s'abaisser aux soins de l'éducation des enfants. C'est un sentiment de cette nature qui fit que les disciples de Jésus-Christ repoussaient ceux qui voulaient l'approcher. Sans doute qu'ils trouvaient indigne d'un si grand docteur qu'il daignât condescendre à tant d'humilité ; son langage ne tarda pas à prouver le contraire. Il enseigna dans cette occasion que les guides de la jeunesse doivent avoir l'esprit de douceur et de simplicité ; et que, suivant les paroles de l'Apôtre, ils ont à veiller aussi sur eux-mêmes, si, comme tant d'autres, ils ne veulent pas succomber à leur tour. Mais, hélas! qu'il est affligeant de penser au petit nombre de maîtres agissant de la sorte ! Ah! s'il en est qui sachent reprendre avec douceur les faiblesses auxquelles nous sommes tous en proie; qui n'aillent à la recherche de la vertu que pour la vertu elle-même et non par des succès mondains; qui se livrent sincèrement à la charité, à l'humanité, sans aucun alliage d'orgueil ou d'ambition ; dont les vues ne tendent que vers le bien sans se laisser subjuguer par l'espoir des louanges ou la crainte du blâme; qui enfin sachent concilier tous leurs devoirs et se conserver intacts: qu'on me montre de semblables maîtres, je n'hésiterai point à les proclamer dignes de leur sainte mission.

De quelle utilité serait la possession de tous les biens de la terre à celui dont le cœur serait perverti, et qui aurait méconnu ce commandement de Dieu : « Prenez soin de votre âme si vous voulez m'être agréable? » Si donc au lieu de se conduire par des motifs purs et élevés, on ne se laisse toucher que par des objets extérieurs, on retombe alors dans la foule des êtres vulgaires, et l'on devient complétement inhabile à gouverner et à former les cœurs.

Mais ces conseils ne seront-ils pas taxés à leur tour d'orgueil et de suffisance? Ne trouvera-t-on pas que je manque moi-même d'humilité en me permettant de tracer ainsi la conduite des précepteurs de la jeunesse? Des personnes d'ailleurs bien intentionnées ne s'élèveront-elles pas contre le penchant qui m'entraîne à prendre soin de l'enfance? On m'opposera la différence entre les mœurs et les habitudes de mon âge et celles d'un âge plus tendre; d'autres croiront la dignité de mon caractère compromise; enfin on ne

dira que la nouveauté de l'entreprise excitera l'envie et la malveillance de ceux qui, voués par état à l'éducation des enfants, pourront me regarder comme un rival dangereux. Je répondrai à ces diverses observations; et d'abord, quoiqu'il soit très-vrai qu'il n'y ait aucun rapport entre les habitudes d'un vieillard et celles de l'enfance, il est plus vrai encore que, pour être utile à la jeunesse et lui tendre une main secourable, il faut se mettre à sa portée. La morgue et la bienveillance ne vont point ensemble; et cependant sans bonté, sans douceur, il n'est point de succès possible. Qu'espérer en effet d'enfants dont on ne sera pas docilement écouté, qui n'auront point de confiance en ce qu'on leur dira, et dont on n'obtiendra pas la plus entière soumission? C'est pourquoi il faut se dépouiller de l'air dur et hautain et se faire enfant avec les enfants, non en ce qu'ils ont de léger et de défectueux, mais en tout ce qu'ils ont de louable. J'ajoute que la nature est opiniâtre, et qu'on réussit moins à la contraindre qu'à la diriger. Les bons naturels ont cela de particulier qu'ils se rendent plutôt aux caresses qu'à la crainte; les animaux eux-mêmes sont soumis à cette influence. Comment, d'ailleurs, pourrait-on obtenir des sujets, même les plus dociles, l'aveu de leurs fautes, s'ils tremblent devant ceux à qui cet aveu doit être fait? Celui-là ne les persuadera jamais, qui ne leur montrera qu'un visage sévère, qui ne répondra pas à leur sourire en souriant à son tour, qui ne partagera pas quelquefois leurs divertissements, qui leur épargnera les louanges qu'ils ont méritées, et mettra enfin de l'emportement, de la dureté dans ses avis, au lieu d'y apporter cette douceur et cette patience qui fait qu'on paraît bien plus les chérir comme un bon père que leur commander comme un maître. Si donc on n'use envers eux d'aucune condescendance, si on ne leur parle qu'en maître irrité, n'attendez rien de bien des meilleurs conseils donnés de cette façon.

Telle n'était point la conduite de l'Apôtre, car se faisant tout à tous, comme il le dit, pour conquérir les cœurs à la vertu, il commençait par appliquer cette règle aux enfants en se mettant à leur portée. Il commandait aux parents la bonté, la douceur, leur défendait expressément de donner l'exemple de la colère, moyen infaillible pour inspirer à l'enfance d'autre sentiment que celui de la crainte et lui laisser croire qu'on la déteste plutôt qu'on ne l'aime.

Le même esprit animait le divin législateur des chrétiens, lorsqu'il prononça ces sublimes et consolantes paroles : « Venez à moi, vous qui éprouvez des peines, car je suis doux et humble de cœur. » Les témoignages des sages de tous les temps et de tous les lieux se réunissent également pour proclamer qu'il n'y a rien de mieux que la douceur et la clémence pour réformer l'humanité.

L'apôtre saint Jean, cet homme si versé dans la connaissance du cœur humain, n'ignorait pas cette vérité, quand, pour obtenir la conversion de grands coupables, il allait presque à leur prodiguer des caresses en les exhortant au repentir. Quel astre bienfaisant conduisit saint Augustin dans le sein de l'Eglise? Saint Ambroise; par quel moyen ? à force de bienveillance et de mansuétude. « Je commençai, dit saint Augustin, à l'aimer, non comme un illustre docteur enseignant la vérité, mais comme un excellent homme qui me témoignait la plus tendre amitié. » Ce saint évêque, plein de prudence et de l'esprit de Dieu, ne dit point à Augustin, alors infecté des opinions les plus erronées : « Retire-toi, tu es un pécheur, un hérétique, un blasphémateur. » Encore moins aurait-il vomi ces injures aux enfants qui venaient recevoir ses instructions pastorales.

Que si, comme nous devons le penser, il n'y eut rien d'indifférent ni de vain, rien qui ne portât l'empreinte de la gravité et de l'utilité dans les actions, dans les préceptes de Jésus-Christ, nous resterons convaincus de la haute importance qu'il attacha à appeler auprès de lui, à rassurer et à bénir les enfants que ses disciples éloignaient de sa personne. Qui pourrait, après un tel exemple, ne pas faire usage de douceur et de simplicité envers la jeunesse? Qui pourrait, s'enorgueillissant d'une vaine grandeur ou de quelque savoir, mépriser la faiblesse et l'ignorance des jeunes créatures, quand celui qui était animé de l'esprit de Dieu, qui participait de sa sagesse et de sa science, ne dédaignait pas de pousser la bonté jusqu'à les caresser, les bénir et les presser dans ses bras? Rejetons donc loin de nous la morgue et la rigueur. Socrate, ce sage si vanté, ne rougissait pas, après avoir donné ses soins au bien public, de se reposer de ses fatigues en partageant les jeux des jeunes Athéniens. Certes, l'exemple que donna plus tard le législateur des chrétiens est plus touchant encore que la bonhomie du philosophe grec; mais les prétendus sages seront loin de sentir comme nous ce que ces faits ont de beau, de grand et d'utile. Quoi qu'il en soit, l'humilité ne nous est pas seulement commandée par les Livres saints. Cicéron, dans son *Traité des Devoirs*, nous la prescrit : « Plus vous êtes grand, dit-il, plus vous devez être humble. » Et Jésus-Christ, voulant graver profondément cette règle dans le cœur de ses disciples, leur dit en plaçant un enfant devant eux : « *Le plus grand d'entre vous sera comme le plus petit; s'il ne se rend pas digne des récompenses célestes par sa simplicité et son innocence, il ne les obtiendra jamais.* »

Je termine en adressant les plus vives instances à tous les pères de famille, à tous les instituteurs de la jeunesse, de se bien pénétrer de tout ce que je viens d'exposer; il n'y a pas un seul de mes conseils qui ne soit le fruit d'une longue expérience, de méditations profondes et du plus sincère amour de l'humanité. Et vous, jeunes enfants, renoncez pour jamais à la folie du premier âge, au mensonge, à l'orgueil, à la cupidité. Il

n'y a point d'embûches à redouter dans le chemin que je vous montre. Soumettez-vous et accoutumez-vous à la pratique journalière de quelque acte de piété qui vous porte au recueillement, à l'examen de vous-mêmes, à la connaissance de vos défauts, à vous en inspirer la haine en même temps que la ferme volonté de vous en corriger à jamais. C'est alors que vous pourrez espérer d'être véritablement heureux dans ce monde et dans l'autre; car c'est aussi le bonheur, que de pouvoir puiser dans une conscience sans reproche les consolations dont l'homme a besoin, lorsque par les décrets impénétrables de la Providence, il tombe dans une infortune qu'il n'a pas méritée par ses débordements. Conservez enfin précieusement votre innocence et votre pureté; car, ne l'oubliez jamais, c'est à elles que vous avez dû d'être appelés auprès de Jésus-Christ, votre divin maître.

**EDUCATION DES ENFANTS TROUVÉS.** — Ouvrir à l'enfant abandonné, au pauvre orphelin, un asile où à côté de l'éducation chrétienne il recevra une éducation professionnelle et agricole; établir cette colonie charitable sur un sol à défricher, et faire tourner au profit de la fertilisation du sol, au profit de la richesse locale, les bienfaits de la charité, telle est la double pensée qui a présidé à la formation des colonies agricoles d'enfants trouvés.

Des hommes vraiment apostoliques ont fondé ces établissements; dignes rivaux, ils sont placés sous l'invocation du bienheureux Vincent de Paul, se reliant ainsi, en quelque sorte, à ces congrégations de vierges si dévouées à l'enfance, et à ces sociétés charitables de jeunes hommes répandues aujourd'hui sur la face de la France, qui toutes marchent sous la bannière de l'Apôtre.

Voici comment le comité d'administration développe la pensée des fondateurs.

Il s'agit de rendre à la vie civile de pauvres enfants que le malheur de leur naissance semblait en avoir exclus. Sauvés de la mort par les soins d'une charité admirable dans sa prévoyance, il s'agit de les préserver de la misère et du vice par un zèle non moins louable; en un mot, c'est la belle création de saint Vincent de Paul qu'il s'agit de compléter selon les exigences de notre époque. Qui ne s'estimerait heureux d'y contribuer?

Beaucoup de gens savent que les enfants recueillis par la bienfaisance publique ne participent à ses secours que jusqu'à l'âge de douze ans, qu'à cet âge ils sont mis en apprentissage ou en service, et que, dès ce moment, ils cessent d'appartenir aux établissements charitables dont les portes leur sont fermées. Mais ce que tout le monde ne peut savoir, c'est que la tutelle organisée par la loi en faveur de ces malheureux ne s'exerce pas, ou, pour parler plus exactement, qu'elle est impossible à cause de leur grand nombre et de l'éloignement où ils sont tant les uns des autres que de leurs tuteurs nominaux.

Ce que tout le monde ne sait pas, c'est qu'abandonnés à eux-mêmes alors qu'ils auraient un si grand besoin de direction, ils ne font, pour la plupart, que traverser les ateliers où ils sont entrés pour y prendre une profession. Maltraités par leurs maîtres ou rebutés par les difficultés inhérentes à tout changement d'état, ils fuient des demeures où aucune force morale ne les retient, et vont grossir les rangs de cette population mendiante, vagabonde, qui assiége les carrefours de nos cités, quand elle ne porte pas l'effroi dans les campagnes. Pour quelques-uns qui prennent de bonne heure des habitudes de travail, il en est cent qui se perdent par la fainéantise; et encore quel n'est pas, sous le rapport moral, le délaissement des premiers!

Une œuvre qui remédierait à une telle situation en assurant à ces enfants un avenir, en leur donnant l'éducation morale et l'enseignement professionnel qui font les hommes utiles, qui les maintiennent sous la même discipline jusqu'à l'âge où ils peuvent être livrés à leur propre impulsion sans inconvénients pour eux-mêmes et sans danger pour la société; une pareille œuvre, tout le monde le reconnaît, serait un bienfait public.

Eh bien! voilà ce que nous avons tenté nous-mêmes avec quelque succès dans le département des Bouches-du-Rhône, et que nous voulons propager dans tout l'intérieur de la France et en Algérie.

Une circulaire du 6 novembre 1833 prescrit d'admettre gratuitement les enfants trouvés dans les écoles.

Les enfants trouvés, d'après une instruction du 8 février 1823 doivent être baptisés et élevés dans la religion catholique, sauf les exceptions qui seraient autorisées pour certaines localités. Voyez à cet égard la lettre suivante:

*Lettre de M. le ministre de l'intérieur a M. le préfet de la Vienne.*

Paris, 7 mai 1839.

« Monsieur le préfet,

« Vous m'avez consulté, par votre dépêche du 7 mars dernier, sur une difficulté qui s'est offerte, pour la mise en nourrice des enfants trouvés.

« Vous m'informez que des nourrices protestantes se sont présentées à l'hôpital général de Poitiers, pour demander qu'on leur confiât des enfants exposés; qu'elles étaient munies des certificats voulus par les règlements; et cependant leur demande a été refusée, et elles vous en ont adressé leurs plaintes.

« Vous avez, monsieur le préfet, réclamé des explications de la commission des hospices, et ces administrateurs vous ont répondu qu'ils reconnaissaient qu'aucune condition de religion ne devait être exigée des nourrices; mais que les enfants exposés de-

vaient, d'après l'instruction du 8 février 1823, être baptisés et élevés dans la religion de la majorité des Français; que, conformément à cette instruction et aux règlements des hospices, toujours en vigueur, les enfants, aussitôt après leur admission, continuaient à recevoir le baptême; qu'une fois entrés dans le sein de la religion catholique, ils ne pouvaient en être détournés; qu'il était du devoir de l'administration des hospices, chargée de leur tutelle, de veiller à ce que leur état religieux ne fût pas supprimé, et à ce qu'ils fussent élevés dans la religion qui leur avait été donnée; que, dans ce but, une clause insérée dans l'engagement des nourrices leur imposait l'obligation d'élever les enfants dans la religion catholique; que les nourrices protestantes se sont plaintes d'avoir été refusées de souscrire à cette obligation. Les administrateurs des hospices reconnaissent que, de même, si lors de l'exposition d'un enfant, il était déclaré qu'il a été baptisé suivant le rite protestant, il serait de leur devoir de le faire élever dans la religion protestante. D'après ces explications, vous avez pensé, monsieur le préfet, que cette question, envisagée sous ce point de vue, n'était pas seulement une question religieuse, mais aussi une question d'État, et que la qualité de tuteurs des administrateurs des hospices leur imposait, en effet, l'obligation de veiller, sur ce point comme sur tout autre, à tout ce qui intéresse l'avenir de leurs pupilles.

« Je ne puis, monsieur le préfet, qu'approuver cette manière de voir; l'instruction générale du 8 février 1823 veut que les enfants trouvés soient, aussitôt après leur admission, baptisés et ensuite élevés dans la religion de la majorité des Français, sauf les exceptions qui seraient autorisées pour certaines localités. Cette instruction est toujours en vigueur, et aucune exception n'a été autorisée pour le département de la Vienne; elle doit donc continuer à y recevoir son exécution.

« Un enfant devant être élevé dans la religion catholique, il est nécessaire de faire contracter à la nourrice à laquelle on le confie l'engagement de l'élever dans cette religion: cet engagement est surtout indispensable, quand cette nourrice appartient elle-même à un culte différent; comme le disent, avec une parfaite raison, les administrateurs des hospices, si une nourrice refuse de prendre cet engagement, elle ne peut pas être acceptée; et si, après l'avoir pris, elle ne le remplit pas dans toute son étendue, l'enfant doit lui être retiré.

« Au surplus, monsieur le préfet, s'il était nécessaire de justifier les prescriptions sur ce point de l'instruction de 1823, la justification en serait facile.

« En droit, nul n'est censé ignorer la loi. La Charte déclare la religion catholique la religion de la majorité des Français; et, en effet, les protestants ne forment en France qu'une très-faible minorité. Quand un enfant trouvé est apporté à l'hospice, toutes les présomptions sont donc qu'il est issu de parents catholiques, et que, par conséquent, il doit être élevé dans cette religion; en fait, ceux qui exposent des enfants savent fort bien que tous les enfants recueillis par les hospices sont immédiatement baptisés, que les règlements le prescrivent, et que ces règlements s'exécutent régulièrement. S'ils n'expriment pas le désir que l'enfant exposé par eux soit élevé dans un culte différent, ils consentent donc à ce qu'il soit élevé dans la religion catholique, et l'on doit voir dans leur silence même l'expression certaine de leur volonté.

« Mais la Charte garantissant la liberté de conscience, et assurant à tous les cultes une égale protection, si, quand un enfant est apporté ou amené à l'hospice, on acquiert la certitude que l'on désire qu'il soit élevé dans une religion reconnue par l'État, mais autre que la religion catholique, c'est aussi un devoir pour les administrateurs charitables de veiller à ce que l'état religieux de cet enfant ne soit point changé, et d'exiger de la nourrice à laquelle on le confie l'engagement de l'élever dans cette religion.

« Ces instructions, monsieur le préfet, me paraissent de nature à satisfaire toutes les consciences et à concilier tous les intérêts. Je pense qu'elles lèveront tous les doutes que vous pourriez rencontrer, et je vous prie de vouloir bien les suivre exactement. »

Instruire les pauvres enfants qui, sans être coupables de leur naissance, en supportent tous les malheurs, ce n'est point assez; il faut les élever en leur donnant une éducation qui réponde aussi bien que possible à leurs besoins, d'autant plus nombreux qu'ils ne trouvent point de satisfaction au foyer domestique.

Nous avons eu la pensée nous-mêmes de remédier à ce mal qui s'est attaché à la société comme un chancre qui la dévore, comme le prouvent le rapport qui en fut fait à l'Assemblée constituante et l'exposé rapide de notre système, qui fixe en ce moment l'attention d'une commission nommée par M. de Persigny, ministre de l'intérieur, dans le but de coloniser successivement par les enfants trouvés les champs solitaires de l'intérieur de la France et de l'Algérie..... Suivent : 1° Le rapport fait de notre travail à l'Assemblée de 1848; 2° notre exposé et notre circulaire à MM. les préfets.

---

*Colonies pénitentiaires ou d'enfants trouvés à l'intérieur de la France.*

**Maisons centrales.**

| | | |
|---|---|---|
| Loos, | 337 | garçons. |
| Nîmes, | 127 | id. |
| Grillon, | 460 | id. |
| Fontevrault, | 366 | id. |
| Clermont, | 63 | filles. |
| Beaulieu, | 27 | id. |
| Clairvaux, | 360 | id. |

**Établissements particuliers.**

| | | |
|---|---|---|
| Saint-Islan, | 26 | garçons. |
| Mettray, | 627 | id. |

| Lyon, | 136 | garçons. |
| — | 158 | filles. |
| Bordeaux, | 365 | garçons |
| Strasbourg, | 184 | id. |
| Petit-Tuveilly, | 103 | id. |
| Sainte-Foy, | 65 | id. protest. |
| Toulouse, | 85 | id. |
| Marseille, | 388 | id. |
| Rouen, | 74 | id. |
| Montpellier, | 56 | filles. |
| Valdyers, | 87 | id. |
| Dijon, | 55 | id. |

### COMITÉ DU TRAVAIL.
#### Présidence du citoyen Corbon.

*Extrait de la séance du 12 juin.*

Rapport présenté par le citoyen Waldeck-Rousseau.

Citoyens,

J'ai eu a étudier un memoire qui vous a été adressé par l'abbé Raymond; ce mémoire m'a paru de nature à mériter un rapport spécial de la sous-commission à laquelle il a été renvoyé.

Voici quel est le point de départ du travail de l'abbé Raymond, voici quel est son but, quels sont ses moyens d'exécution, et les résultats qu'il espère atteindre.

L'abbé Raymond a été frappé de trois choses : premièrement, de l'état actuel de l'agriculture, dont les développements ne sont pas suffisamment excités, dont les travaux manquent de bras, qu'une inintelligente émigration entraîne vers les villes, au grand dommage de ces vastes terrains incultes ou négligés, qui attendent la visite des défricheurs, pour payer largement les efforts qui les auront fécondés.

En deuxième lieu, il a constaté avec tristesse qu'il existait une classe d'individus dont la position mal définie, trop négligée sans doute, livrée aux dangers de l'oisiveté, est un péril de chaque jour pour la société, qui se défie d'eux, de même qu'eux se croient le droit de se constituer ses adversaires.

L'abbé Raymond place dans cette catégorie les enfants trouvés, les mendiants, les jeunes détenus acquittés et les libérés : les enfants trouvés, auxquels le malheur de leur naissance a ravi le bonheur de puiser le sentiment de la moralité, de l'émulation à la vertu dans le contact quotidien des affections de la famille et dans les conseils que sa sollicitude prépare; les mendiants, dont la vie, trop souvent errante, ne les attache particulièrement à aucun centre de population, ne les force à s'intéresser à aucun succès social, ne leur inspire qu'une sorte de jalousie et d'envie continuelles dirigées contre ceux qui possèdent, quand ce sentiment ne prend pas le caractère d'une agression contre l'ordre social.

Aux mendiants vagabonds, aux enfants trouvés, l'auteur du mémoire ajoute les libéré : vous connaissez leur situation. De cette deuxième considération, qui est son point de départ, l'abbé Raymond est arrivé à une troisième; il s'est dit : Dans le trésor de l'État s'opèrent des prises d'argent nombreuses, dont le but est précisément d'arriver aux enfants trouvés, aux mendiants, aux libérés; mais les secours qu'on leur prodigue, la surveillance incessante de leurs actions, qu'il faut payer, ne tournent point à leur profit réel et moral, ne servent pas, par un retour équitable et nécessaire, les intérêts de la société.

Donc trois choses fâcheuses : Richesse de la production agricole méconnue ou bien oubliée, tout au moins mal interrogée;

Forces dangereuses pour la paix publique, livrées à l'oisiveté ou aux mauvaises inspirations d'une situation équivoque dans la société, si elle ne lui est pas presque constamment hostile;

Capitaux mal employés, puisqu'ils ne rendent point, en avantages appréciables conférés aux individus, en paix et en sécurité pour la société, l'équivalent de la dépense faite.

Le mal constaté, M. l'abbé Raymond a pensé qu'il était possible de trouver le remède qui doit en guérir les plaies.

Suivant lui, on doit diriger vers l'agriculture les forces qui lui semblent dangereuses pour la société, et faire tourner de la sorte, au profit de cette source féconde de la richesse nationale et de la moralité des individus, le travail agricole encouragé par une affectation plus utile des capitaux, dont l'emploi était beaucoup plutôt réalisé dans un intérêt de sûreté ou de précaution, que dans un intérêt de réelle utilité.

M. l'abbé Raymond indique comme moyens de fixer les mendiants, les enfants trouvés, les jeunes détenus acquittés et les libérés, au sol dont le défrichement ou l'amélioration seront essayés par leurs mains : le bien-être, l'émulation et l'intérêt;

Le bien-être, en leur assurant une nourriture, un vêtement convenables; — l'émulation, en créant une hiérarchie dans le travail;—l'intérêt, en rémunérant leurs travaux par un gage fixe, en ouvrant à leur économie, ou en leur offrant, à titre d'encouragement, les caisses d'épargne, enfin en faisant briller à leurs yeux l'espérance fondée de posséder un jour.

Là ne se bornent pas les efforts de M. l'abbé Raymond; il veut réconcilier ceux dont il s'occupe avec la société et la morale.

L'instruction professionnelle et religieuse, une discipline presque militaire, le contact permanent des individus qu'il patrone avec les travaux agricoles, le développement du sentiment au devoir par les affections de la famille dont il prépare la formation, forment à ses yeux un quadruple moyen d'accomplir cette réconciliation.

M. l'abbé Raymond a raison de compter sur l'éducation professionnelle qui éclaire l'intelligence et développe l'aptitude au travail; il a raison de compter sur l'intervention du sentiment religieux, puissance irrésistible qui agit sur l'esprit et sur le cœur; il a raison de la solliciter, tout en laissant à la conscience la liberté de se mettre en rap-

port avec Dieu, suivant la foi qui l'inspire.

Il a raison de tenir à la discipline, elle est ici absolument indispensable. Ne s'agit-il pas, en effet, d'accoutumer à l'ordre, à la vie régulière, des natures gâtées par une liberté sans modération, par les excès de l'indépendance personnelle? il a raison de placer de sérieuses espérances dans cette heureuse contagion des habitudes simples, laborieuses, honnêtes, des habitants des campagnes.

Mais ce que je trouve digne, ce qui est éminemment social, c'est la pensée d'instituer la famille comme moyen de moralisation. S'il est, en effet, une chose qui ranime le cœur le plus flétri, c'est le sentiment de la famille. La famille confère des droits, elle impose des devoirs. C'est par le droit et par le devoir que l'homme ressaisit le lien qui le rattache à la société. Le droit de la famille parle à la dignité de l'homme ; le devoir de la famille parle au cœur, car il se puise dans les sentiments les plus tendres qui puissent l'émouvoir.

Après avoir indiqué son point de départ, le but auquel il tend, l'abbé Raymond signale les moyens d'exécution dans lesquels il a une ferme confiance. Il s'est proposé de fonder dans les départements des institutions agricoles. Ces institutions agricoles, destinées à recevoir les travailleurs qu'il recrute, devraient être, suivant lui, au nombre de quatre au moins dans chaque arrondissement. Il ne veut pas obtenir le défrichement des terres abandonnées, incultes ou mal soumises aux travaux de l'agriculture, par voie d'expropriation ; ce n'est pas ainsi qu'il comprend les choses : il voudrait traiter à titre de fermage, avec les propriétaires des terres qui ont besoin d'être mises en culture, acheter celles qu'on voudra bien vendre, sans faire intervenir la contrainte entre le propriétaire et l'association.

Il lui faut des ressources, et ces ressources seront ainsi réalisées par lui ; une société est organisée; cette société a pour auxiliaires des hommes bienfaisants et des capitalistes ; de plus, M. Raymond sollicite le concours de l'Etat, non pas en lui imposant des sacrifices nouveaux, mais en obtenant que les sacrifices qu'il a résolus suivent, dans les institutions qu'il fonde, ceux qui en ont été l'occasion et le but. Comme ressource, il compte encore les produits obtenus par le travail de l'association.

Dans l'ouvrage que j'ai là entre les mains, M. l'abbé Raymond a présenté sur ce point des détails précis sur lesquels il est impossible que je puisse m'appesantir.

Je crois que ce plan, qui est très-simple, et dont l'exécution a besoin d'être largement soutenue, devrait spécialement et particulièrement être examiné par vous.

Je fais en effet, entre les mémoires qu'on nous remet, une différence positive. Je distingue ceux qui ne me paraissent pas le produit d'idées élaborées avec une suffisante maturité, de ceux qui me semblent l'œuvre de gens qui ont réfléchi, qui ont étudié, qui ont vu, qui ont pratiqué.

Le système de M. Raymond se recommande par un fait considérable à mes yeux : c'est qu'il a déjà traversé l'épreuve de l'expérimentation; c'est qu'il est sur le point de se développer par une large application, au moyen du concours actif de ces hommes qu'il est certain de rencontrer toutes les fois qu'il s'agit de fonder une institution destinée à développer la moralité, ou à fonder le bien-être matériel des classes qui souffrent.

Je trouve en outre un avantage à ce système, c'est qu'il n'a pas besoin d'être appliqué d'une façon générale.

Les essais peuvent être localisés, et il n'y a nul inconvénient à les tenter. Ce n'est pas une de ces institutions qui ne peuvent marcher sans un ensemble complet; on peut l'organiser successivement, et s'arrêter devant les difficultés que l'expérience n'a pu faire disparaître.

Je crois que le projet de M. Raymond présente toutes les conditions que vous pouvez désirer; son but est bon ; il peut arriver par les moyens qu'il propose à relever trois classes d'individus malheureusement frappés, et auxquels on a rarement tendu une main secourable, ou du moins utilement secourable ; il a surtout ceci de bon : c'est de prendre de bonne heure, et d'enlever au patronage trop général de la société, pour qu'il devienne convenablement utile, les enfants trouvés, enfants qui ne sont pas coupables de leur naissance et qui en supportent tous les malheurs : c'est donc une œuvre de haute moralité, c'est par conséquent une œuvre digne de fixer l'attention.

Je crois que le comité doit accorder son concours au projet, l'encourager, le soutenir.

C'est à vous, citoyens, à voir ce que vous croyez devoir faire dans l'intérêt du projet de M. Raymond; je me trompe, dans l'intérêt des personnes qu'il veut vous recommander, en vous recommandant son œuvre.

Il a résolu de pousser un peu plus loin le bienfait de cette institution, et d'appeler les ouvriers formés à l'exercice de leur profession, mais privés d'ouvrage, pour diriger les travaux, enseigner leur état et concourir à la surveillance, qui est, elle aussi, la garantie du succès que M. l'abbé Raymond espère, que nous désirons qu'il obtienne.

Je demande, citoyens, que le projet présenté par l'abbé Raymond soit renvoyé à l'étude d'une commission, qui verra s'il ne serait pas possible d'encourager et même de fonder l'œuvre à laquelle il se dévoue, en la plaçant sous la protection du gouvernement, par une mesure législative.

—

### Association nationale agricole en faveur des enfants trouvés.

L'opinion publique est si éclairée aujourd'hui sur la nécessité de prévenir la mendicité et de faire refluer vers les campagnes le trop plein des villes en moralisant les classes pauvres, et en leur donnant du travail, qu'il

suffit d'énoncer le titre de notre association pour en faire connaître toute l'importance.

M. l'abbé Raymond a présenté à l'Assemblée constituante un mémoire sur l'extinction de la mendicité par des institutions agricoles. Sur un rapport favorable de M. Waldeck-Rousseau, il a été nommé, pour formuler une mesure législative, une commission spéciale à laquelle a manqué le temps nécessaire pour terminer son travail.

En attendant que la représentation nationale donne suite à l'initiative prise par l'Assemblée constituante, l'auteur a voulu réaliser immédiatement une partie importante de ce projet.

Peu de mots suffisent pour démontrer le mérite du but que s'est proposé d'atteindre l'association qu'il a commencé à fonder. Parmi les diverses catégories de la population dont il incombe à la société de prendre sérieusement soin, il n'en est aucune sans doute plus digne de sa sollicitude que les enfants trouvés.

Les administrations départementales dépensent en leur faveur des sommes considérables pour n'obtenir que de mauvais résultats; les enfants trouvés sont emportés au loin par des nourrices que leur pauvreté réduit à prendre les enfants des hospices et empêche par conséquent d'en avoir un soin suffisant; le physique et le moral sont également négligés; l'enfant grandit au milieu du mépris attaché à sa triste condition; à douze ans il cesse d'avoir part aux fonds votés par les conseils généraux; le plus petit nombre est mis en apprentissage, les autres se livrent au vagabondage et retombent, en définitive, à la charge des commissions administratives, qui, dénuées de ressources, ne peuvent leur accorder que des secours insuffisants.

L'enfant trouvé arrive ainsi à l'adolescence en passant par toutes les mauvaises habitudes, toutes les misères, qui, combinées avec l'ignorance, en feront un jour, comme les statistiques judiciaires nous l'apprennent, un redoutable ennemi de la société.

Au lieu de cet affligeant résultat, l'Association recevra dans des crèches les enfants à leur naissance, leur donnera, selon leur constitution, un allaitement naturel ou artificiel, les réunira en groupes nombreux, leur créera ainsi des égaux, des amis et presque une famille, les instruira en commun dans des salles d'asile, les élèvera dans les principes de la religion, en fera des ouvriers laborieux et intelligents en les accoutumant de bonne heure, dans la mesure de leurs forces, aux travaux agricoles.

L'Association leur ménagera, par un intérêt dans l'exploitation, un pécule qui pourra s'accroître de ce qu'y ajoutera la bienfaisance publique.

En favorisant les unions légitimes, l'œuvre mettra un terme à la progression effrayante du vice et de la misère; elle fera d'utiles citoyens, en leur assurant ainsi une existence heureuse et honorable.

Pour atteindre ces résultats, l'Association demande aux départements les frais de premier établissement, et les fonds affectés aux enfants abandonnés et aux orphelins.

Ce plan répond à toutes les exigences :

Amélioration de la condition des enfants trouvés;

Réduction du nombre des ouvriers inoccupés des villes;

Moralisation d'une partie considérable de la population;

Éducation pratique agricole répandue dans les masses;

Enrichissement du sol;

Encouragements à l'agriculture;

Enfin, extinction d'une des grandes causes du paupérisme.

Qui donc pourrait refuser son appui à une pareille institution, qui répond si bien aux besoins de l'époque?

*Le directeur général,*

**D. Raymond,**

Vicaire général, docteur en théologie.

*Lettre circulaire à MM. les Préfets.*

Paris, le 25 août 1849.

Monsieur le préfet,

J'ai déjà eu l'honneur de vous faire parvenir le Mémoire sur l'extinction de la mendicité que j'ai adressé à l'Assemblée nationale.

Le rapport favorable qui en a été fait me laisse espérer que les idées que j'y ai développées aideront à la solution des graves questions que font naître les besoins de notre époque.

Mais comme le bien ne peut se faire que partiellement, j'ai cru devoir réaliser d'abord la partie de mon plan se rattachant aux enfants abandonnés et aux orphelins.

Vous vous préoccupez trop de ce qui intéresse votre administration, pour n'avoir pas reconnu que les sommes considérables consacrées par le département à cette classe malheureuse ne produisent pas tout le bien qu'on est en droit d'en attendre; que souvent même les sacrifices que la société s'impose à ce sujet tournent contre elle-même, car ils ne produisent le plus souvent que des hommes privés de toute moralité, tandis qu'avec les mêmes ressources on pourrait former des hommes de bien, utiles au pays.

Ces résultats seront facilement atteints, je l'espère, par les institutions agricoles que je tends à fonder dans les départements qui voudront me confier leurs enfants abandonnés et leurs orphelins.

Ils y seront élevés par groupes distincts, suivant les sexes et les âges.

L'enfant pris à sa naissance passera successivement de la crèche à la salle d'asile, et de là aux fermes, jusqu'à ce qu'ayant atteint l'âge fixé par les règlements, il puisse quitter l'Institution avec un pécule à l'aide duquel il formera un petit établissement qu'il n'aurait jamais pu acquérir sans le bienfait de l'Institution.

Je viens donc vous proposer de me charger de tout ou partie des enfants abandonnés et orphelins à la charge de votre département, à la condition que celui-ci me fournira les ressources de toute nature que le département doit consacrer à cette partie de l'assistance publique.

La première année, le département sera appelé aussi à contribuer, dans une limite qui sera déterminée entre nous, aux frais de premier établissement; mais ce léger surcroît de dépense sera largement compensé par les grands avantages que la Société et votre département en tireront, et par l'amélioration qui en résultera pour cette partie si intéressante de la population.

Je vous prie donc de prendre ma demande en considération ;

De la soumettre, au besoin, à l'examen du conseil général ;

De me prêter le secours de votre intervention et d'accorder votre honorable patronage à l'Institution.

Si vous voulez bien accueillir ma demande, j'aurai l'honneur de me rendre près de vous pour vous fournir tous les renseignements dont vous pourrez avoir besoin, et pour nous concerter sur les mesures de surveillance et de haute administration que nécessitera le nouveau mode de pourvoir à ce grand besoin de réforme.

Veuillez agréer l'assurance de la haute considération avec laquelle j'ai l'honneur d'être,

Monsieur le préfet,

Votre très-humble et très-obéissant serviteur,

*Le Directeur général,*

**D. RAYMOND,**

Vicaire général, docteur en théologie.

**EDUCATION DES FILLES.** — Les circonstances particulières où se trouvent la France et plusieurs autres nations de l'Europe, appliquent à un but plus déterminé la mission de la femme, et imposent à celle-ci des obligations spéciales dont elle doit bien connaître la nature et l'importance : puisque, de la manière dont elle les accomplira, dépend peut-être en grande partie l'avenir de notre patrie. Si les hommes font les lois, on peut dire que les femmes font les mœurs. Et s'il est vrai que les lois ont à la longue une grande influence sur les mœurs, il n'est pas moins vrai que les mœurs réagissent avec le temps sur les lois : de sorte qu'il serait difficile de prononcer quelle est la fonction la plus importante dans la société, de celle des femmes qui font les mœurs, ou de celle des hommes qui font les lois.

Il est certain qu'un peuple sans foi est inévitablement condamné à périr tôt ou tard : parce que les peuples, de même que les individus, ne peuvent vivre sans un principe de vie qui les anime et les soutienne. Or, il n'y a point pour une nation d'autre principe de vie que la foi, et des convictions religieuses bien arrêtées, qui se réfléchis-

sent dans la législation et dans toutes les habitudes sociales, et qui donnent à son histoire un but glorieux et divin. Il n'est, hélas ! que trop vrai que la foi s'est amoindrie parmi nous, et que les vérités, selon la belle expression du prophète, se sont diminuées. De cette diminution est résultée une corruption déplorable, dont les progrès toujours croissants doivent alarmer tous ceux que touchent encore la gloire et l'avenir de leur patrie. Et par un contre-coup inévitable, le respect pour la femme s'est affaibli, comme il arrive toujours chez les peuples corrompus ; et sa dignité a été méconnue, parce que sa source étant dans le ciel, elle ne peut être aperçue par ceux qui *ont pris la détermination d'arrêter leurs regards sur la terre.* Quelle différence entre la condition de la femme, à cette époque de notre histoire où la foi dirigeait encore tous les rapports de la vie, et celle que l'incrédulité des temps modernes lui a faite ! A cette époque de foi, la femme était dans la société comme un être d'une nature supérieure, en qui resplendissait d'un éclat particulier la sainte image de Dieu. Ces hommes de fer, pour qui la force était tout, et dont les habitudes et la législation étaient empreintes d'un caractère d'âpreté conforme à leur nature énergique et vigoureuse, savaient, rentrés chez eux, respecter la faiblesse de la femme, et reconnaître tout ce qu'il y a de grandeur, et de puissance cachée sous ce corps frêle et sous ces organes débiles. Barbares au dehors et dans leurs expéditions aventureuses, ils retrouvaient près de leurs foyers, et savaient goûter tous les charmes d'une civilisation vraiment chrétienne. L'homme régnait dans les camps ou dans les assemblées politiques ; la femme régnait à la maison et dans la famille. La vie publique appartenait au premier : la femme dirigeait par ses conseils, et gouvernait par son influence tous les rapports de la vie domestique ou privée. Et s a action lente et bienfaisante à la fois finit par triompher des mœurs rudes et grossières de cette époque, et par faire prévaloir dans la législation et dans toutes les habitudes l'esprit de dévouement et de sacrifice.

Le contraire arrive aujourd'hui. L'homme trouve et goûte hors de chez lui tous les avantages d'une civilisation souvent factice et corrompue. Absorbé par les intérêts de la vie publique, ou par le soin de ses affaires, dévoré par l'orgueil et l'ambition, ou rongé par l'avarice et l'envie, il ne met de bornes ni à ses désirs, ni à ses espérances terrestres. Il ne rentre chez lui que pour s'y ennuyer et fatiguer ceux qui sont obligés de vivre avec lui. Il a dépensé pendant le jour tout ce qu'il avait de force et de vie dans l'intelligence et dans le cœur : il n'apporte à sa famille que le vide et l'épuisement. Que peut faire une femme en ces circonstances ? quel parti prendra-t-elle ? Si, par lassitude, ou par instinct, ou par choix, elle suit son mari dans les voies où se disperse sa vie, rien ne fera plus équilibre à cette prédominance des intérêts matériels, qui finiront

par absorber l'âme tout entière, sans y laisser aucun désir, aucune espérance qui s'élève au-dessus de cette terre.

Combien de familles, hélas! qui n'attendent rien après cette vie, qui ne sentent jamais le besoin de lever leurs regards vers le ciel, et de se reposer dans la prière, ou dans de saintes pensées, du labeur ingrat et des misères auxquelles l'homme est condamné ici-bas! Dès que la femme perd courage et renonce au rôle sublime que Dieu lui a assigné dans la famille, les notions chrétiennes ne tardent pas à s'y effacer, — et une sorte de barbarie s'y introduit et s'y fixe : barbarie bien plus funeste que celle des peuples qui n'ont point joui des bienfaits du christianisme, parce qu'elle s'augmente encore de tous les vices d'une civilisation factice et raffinée, et de toutes les ressources que celle-ci met à sa disposition.

Que si, pour obéir à la voix de sa conscience, et pour conserver, autant qu'il est possible, une étincelle du feu sacré, la femme s'attache au ciel de plus en plus, à mesure que le mari se cramponne à la terre ; que de luttes, que de combats, que de déchirements peut-être résulteront de ce désaccord et de cette opposition! Ses paroles, d'ailleurs, et ses exemples ne perdront-ils pas beaucoup de leur influence et de leur poids, contrariés, comme ils le seront, par la tendance et la direction opposée du mari ? Car malheureusement, par suite de la corruption de notre nature, ce qui nous incline vers la terre a bien souvent plus de pouvoir sur nous que ce qui nous redresse vers le ciel. Que de douleurs, que d'angoisses, que de plaintes dont Dieu seul est le témoin! Que de femmes découragées de l'inutilité de leurs efforts, et dont le cœur est devenu un abîme de douleur, et comme un réservoir de larmes! Car plus une femme comprend ce qui est grand, et sent le prix de ce qui est beau, plus il lui est difficile de se résigner à voir les êtres qu'elle aime le plus en ce monde se renfermer dans le cercle étroit et misérable des jouissances matérielles, et oublier que *l'homme ne vit pas seulement de pain, mais encore de toute parole qui sort de la bouche de Dieu.*

C'est ainsi que la vie de famille, qui a tant de douceurs et de charmes pour les âmes qui peuvent mettre en commun des sentiments élevés, et se grouper autour d'une sainte pensée ; c'est ainsi que la vie de famille disparaît ; c'est ainsi que les mœurs, qui ne peuvent se former que dans la famille, s'effacent peu à peu, pour faire place à des habitudes, à des instincts, à des usages de convention, à des coutumes factices, qui n'ont aucune racine dans la vraie nature de l'homme, qui sont sans fin et sans rapport avec sa véritable fin, et diminuent son énergie primitive, en assujettissant sa vie à des formules capricieuses et à un arbitraire humiliant.

Les mœurs une fois détruites, la législation, privée du seul contre-poids qui puisse balancer et corriger son influence, ne tarde

pas à se corrompre : et bientôt l'excès du mal devient tel, que les hommes les plus confiants et les plus disposés à espérer n'y voient plus aucun remède. Les choses ne sont pas encore, grâces à Dieu, arrivées chez nous à ce point. Mais faut-il attendre, pour appliquer le remède au mal, que ce mal soit devenu irrémédiable ? Or, qui peut nier qu'il ne soit déjà grand parmi nous ? Aussi la mission de la femme ne fut-elle peut-être, à aucune époque, ni plus grande ni plus difficile : puisqu'elle a pour but de prévenir l'invasion d'une barbarie, résultat de la corruption des mœurs et de la dépravation de l'intelligence ; de conserver la foi, et les espérances dont elle est la source, au milieu d'un peuple incrédule et absorbé par les intérêts de la terre ; de rendre à la vie de la famille la place qu'elle doit occuper et l'importance qu'elle doit avoir ; de réformer les mœurs par une action lente mais continuelle, et de préparer de cette manière la réforme des lois et des habitudes sociales. Si elle est fidèle à cette mission, la société peut encore être sauvée, et retrouver le principe de vie qu'elle a laissé s'affaiblir en elle. Mais si la femme se laisse entraîner par le torrent qui menace de tout envahir : si elle livre son intelligence et son cœur aux passions qui dévorent les hommes et épuisent leur activité, je ne vois de salut pour nous que dans un de ces miracles de la Providence sur lesquels nous ne devons jamais compter, parce que ce n'est point ainsi que Dieu gouverne les choses de ce monde.

### Des moyens par lesquels les femmes peuvent remplir leur mission.

Pour accomplir leur mission sublime, les femmes qui la comprennent, et qui se sentent le courage de s'y dévouer, doivent d'abord entretenir dans leur âme l'esprit de foi par une vie fervente, par une prière continuelle, et par une pratique constante de toutes les vertus chrétiennes. Elles doivent étudier avec soin et méditer avec attention les grandes vérités du christianisme et les devoirs qui en découlent. Trop souvent les femmes se contentent, en ce genre, d'une étude superficielle, qui laisse leur esprit sans défense contre les objections qu'elles seront condamnées à entendre plus tard, et leur cœur sans appui contre les séductions inévitables qu'elles trouveront sur leurs pas. Ce n'est d'ailleurs que par une instruction religieuse vraiment solide que les femmes peuvent prendre dans la famille la place qui leur appartient, et exercer cette influence salutaire que les besoins actuels de la société réclament d'elles.

Il faut qu'elles puissent se faire écouter de leurs maris et de leurs fils, et que leur parole ait autorité et cette puissance qui la rend efficace, et commande l'attention à ceux mêmes qui sont le moins disposés à l'entendre. Et si les avertissements d'une épouse et d'une mère sont si souvent sans résultat; si même, loin de produire l'effet qu'elles se proposent, ils excitent dans le cœur de ceux à qui ils

sont adressés une sorte de mépris : c'est quelquefois parce qu'ils ne semblent appuyés sur rien, et qu'ils ne portent point avec eux cette sanction que donne une connaissance approfondie des vérités du christianisme.

L'homme n'aime pas à obéir. Ce qui se présente à lui sous la forme absolue du commandement lui répugne. Et même, lorsqu'il cède à l'ascendant qu'on exerce sur lui, il aime à se persuader qu'il ne fait que ce qui lui est démontré par sa propre raison. Or, les avertissements d'une femme dont l'instruction religieuse a été négligée, ne peuvent se produire que sous la forme d'un commandement : puisqu'elle ne peut les appuyer sur des raisons qui en démontrent la légitimité. Cette instruction solide est d'autant plus nécessaire aux femmes, que les hommes, se croyant en général de beaucoup supérieurs à elles, et ayant une mince idée de leur intelligence, se défient de leurs enseignements, et les reçoivent, sinon avec mépris, du moins avec une indifférence qui ressemble beaucoup au dédain, et qui a dans la pratique les mêmes résultats.

Mais une femme instruite et vraiment supérieure sait toujours prendre dans la famille et dans la société la place qui lui appartient. Et une fois que sa supériorité est bien reconnue, elle lui donne le droit de dire ou de faire des choses qu'un homme d'un mérite éminent ne pourrait peut-être ni faire, ni dire. Elle donne à ses paroles et à ses avertissements une autorité singulière, contre laquelle les hommes les plus prévenus ne se mettent pas en garde : parce qu'ils portent avec eux ce caractère de douceur et de bienveillance que la femme sait imprimer à tout ce qui procède de son âme : tandis que les démonstrations plus rigoureuses et plus serrées de l'homme portent avec elles un caractère de contrainte et de violence, qui choque l'orgueil si susceptible de ceux à qui il s'adresse.

Faut-il donc qu'une femme, se mettant au-dessus de sa nature, initie et mêle son intelligence à toutes les controverses dont la religion chrétienne a été l'objet, et qu'elle soit en état de répondre à toutes les objections par lesquelles on peut l'attaquer? Loin de nous une telle pensée. L'instruction religieuse d'une femme ne doit pas être la même que celle de l'homme, parce que sa nature et sa mission sont différentes. Ce n'est pas la partie critique et l'enchaînement logique de la doctrine chrétienne que les femmes doivent étudier : mais c'est son magnifique ensemble et sa splendide unité. C'est cette partie qui se comprend autant par le cœur que par l'esprit; qui excite plus encore l'admiration et l'enthousiasme de l'âme, qu'elle n'entraîne la conviction de la raison; qui s'adresse à cette faculté où jaillit la source des nobles instincts et des sentiments généreux.

Et certes, cette partie n'est, dans la doctrine chrétienne, ni la moins belle, ni la moins importante. Contraste singulier : la femme qui, dans les choses pratiques, en

aperçoit mieux que l'homme les détails, et ne saurait en embrasser comme lui l'ensemble, porte dans les choses de l'intelligence une disposition opposée. Elle ne peut suivre, comme l'homme, un raisonnement jusque dans ses dernières conséquences. Elle n'apercevra pas comme lui le défaut d'un argument et le vice d'une conclusion, parce que la raison et l'entendement ne sont pas les facultés les plus éminentes de son âme, et qu'elle a aussi peu de patience dans l'esprit qu'elle en a dans le cœur et la volonté. Mais qu'a-t-elle besoin de suivre tous les anneaux d'une argumentation bien enchaînée, si en tenant le principe, elle entrevoit aussitôt d'un coup d'œil toutes les conséquences; ou plutôt, si le principe frappe tellement son esprit par sa grandeur ou par sa force, qu'elle ne puisse s'empêcher de l'admettre incontinent! L'intelligence de la femme n'est pas logique : elle est intuitive. Elle ne raisonne pas : elle contemple. Elle n'est pas convaincue, mais entraînée. L'éloquence aura plus de pouvoir sur elle que la philosophie. Les idées la frappent plus par ce qu'elles ont de beau ou de grand que par ce qu'elles ont de vrai. Et ceux qui sont chargés de l'éducation des femmes doivent bien tenir compte de cette disposition de leur esprit : sans quoi leurs leçons et leurs enseignements seraient sans fruit; parce que nous ne pouvons recevoir les choses que dans la forme que Dieu a donnée à notre intelligence.

L'instruction religieuse serait de peu d'utilité dans une femme, si elle n'était soutenue par une vie grave, par des mœurs sévères et des habitudes sérieuses. Il ne suffit pas qu'elle donne aux autres une haute idée de son intelligence; il importe bien plus encore qu'elle sache faire respecter son caractère, et admirer son cœur et sa vie. Si les femmes comprenaient bien la grandeur de la mission, j'allais dire de l'apostolat dont Dieu les a chargées aujourd'hui, elles veilleraient avec une attention scrupuleuse sur tous leurs mouvements et sur toutes leurs paroles, dans la crainte de compromettre par une imprudence le succès de cette mission.

La première condition pour elles, si elles veulent réussir dans cette œuvre excellente, c'est de s'oublier elles-mêmes; de sortir d'elles-mêmes, pour entrer avec toute leur âme jusqu'au fond de l'idée qu'elles veulent réaliser. C'est de n'avoir en vue que la gloire de celui dont elles sont les messagers, et l'utilité de ceux vers qui il les envoie. C'est de chercher dans ces saintes conquêtes, non un succès d'amour-propre, un moyen de faire briller les grâces de leur esprit et d'occuper celui des autres, mais le triomphe d'une idée, un moyen de faire aimer davantage celui à qui elles ont consacré leur vie, et de faire luire dans l'esprit des autres la lumière dont il les a éclairées elles-mêmes.

Malheureusement la vanité et les préoccupations de l'amour-propre compromettent souvent chez les femmes le succès de leur apostolat. Il leur est difficile de renoncer

entièrement à ce désir secret de plaire qui gît au fond de leur nature, et est à leur insu le mobile de presque toutes leurs actions. Il n'y a qu'une piété sincère et une vigilance perpétuelle sur elles-mêmes qui puissent, je ne dis pas déraciner cet instinct, mais en comprimer le développement et en arrêter les funestes résultats. Une femme qui joindrait à une instruction solide un désintéressement parfait d'elle-même, et un entier abandon à Dieu et à sa grâce, serait entre les mains de Dieu un instrument de miséricorde et de salut dont il est difficile de calculer la puissance. Ce n'est pas à elle, mais à Dieu qu'elle doit convertir les autres ; ce n'est pas elle, mais Dieu et sa vérité qu'il faut leur rendre agréables. Elle n'a de puissance et de force pour le bien qu'autant qu'elle agit, non en son propre nom, mais au nom de celui de qui *vient toute notre suffisance*. Dieu ne communique sa vertu et sa puissance à nos paroles ou à nos œuvres, qu'autant que nous parlons et agissons dans son esprit et pour sa gloire. Si nous agissons pour nous, il nous les retire, et notre action est sans résultat.

Une femme frivole en sa vie, légère en ses goûts, futile en ses paroles, songeant partout à plaire, occupée d'elle-même, de la composition de son visage et de ses manières, sans modestie ni simplicité ; une femme pour qui la piété n'est pas la seule chose essentielle, dominant toute la vie, gouvernant tous ses rapports, réglant et dirigeant toutes les pensées et tous les actes ; une femme qui croit être pieuse, parce qu'elle a inséré, dans son règlement de vie et dans le compte des actions de sa journée, quelques exercices de piété ; une femme qui n'est pas profondément humble, et entièrement dévouée à Dieu et à sa gloire : une telle femme est peu propre à l'apostolat dont il est ici question. Et si elle veut y mettre la main, elle fera peu de conquêtes à la vérité : ou plutôt, loin de conquérir les âmes à Dieu, elle laissera conquérir la sienne, et deviendra peut-être l'esclave de ceux qu'elle voulait lui soumettre.

Mais si elle est, au contraire, bien pénétrée de sa mission, et si elle réunit toutes les conditions que son accomplissement exige, le bien qu'elle est appelée à faire est immense. Elle sera comme l'ange tutélaire de la famille : elle régnera dans sa maison, non pour y établir son propre règne, mais pour y faire advenir celui de Dieu. Ses paroles, toujours imprégnées du céleste parfum qui remplit son âme, porteront le calme et la joie dans celle des autres. Son regard toujours serein, toujours bienveillant, retiendra dans le respect ceux qui l'entourent, et préviendra peut-être bien des paroles inconvenantes, et bien des discussions dangereuses.

Elle saura gouverner la conversation de manière à la rendre sérieuse et instructive, sans qu'elle soit pour cela fastidieuse et monotone. Elle saura lui donner de temps en temps ce tour piquant et gracieux qui lui prête de

nouveaux charmes, la relever quand elle tombe, l'apaiser quand elle devient tumultueuse, l'arrêter quand elle devient inconvenante. Elle préviendra, par la douce autorité qu'elle exerce sur les esprits et sur les cœurs, les discussions ou les objections défavorables à la religion. Ou si elle ne peut les prévenir, elle saura y répondre par quelques courtes paroles, qui persuaderont ceux à qui elles s'adressent, ou qui, du moins, les engageront à apporter dans la controverse plus de modération, de justice et d'impartialité.]

Ses avertissements, toujours charitables, seront toujours bien reçus de ceux qu'elle voudra reprendre : et ses reproches eux-mêmes, toujours mêlés d'indulgence et de compassion, augmenteront dans l'âme d'un frère, d'une épouse ou d'un fils, le respect et la confiance qu'elle leur avait inspirés. On viendra chercher près d'elle des conseils avant d'agir, des encouragements lorsqu'on a commencé, des éloges ou des reproches lorsqu'on a achevé. Lorsqu'on ne consultera pas sa raison, on consultera son cœur, et l'on écoutera avec une respectueuse confiance ses avis : surtout si elle sait se défendre d'un certain enthousiasme immodéré, de cette exagération factice, et de cette précipitation de jugement si ordinaire dans les femmes dont l'instruction a été négligée, ou dont l'expérience n'a pas mûri et calmé l'esprit : si elle a su acquérir par l'observation de son propre cœur et de celui des autres cette sagesse, cette prudence, cette douce modération, cette tempérance d'esprit et de volonté, qui donne tant de poids aux conseils, tant de force et de persuasion aux paroles.

Voilà le portrait d'une femme apôtre, d'une femme en mesure d'exercer la sublime mission que lui a confiée la Providence. A ces femmes dignes et sérieuses appartient vraiment le pouvoir et l'influence, la faculté de faire du bien, d'élever et de sanctifier tout ce qui les entoure. Les autres croient régner, elles sont esclaves : elles croient avoir la puissance, mais elles sont sans pouvoir, parce qu'elles n'ont pas su commander le respect et la vénération qui font toute la force d'une femme.

Jusqu'où doit s'étendre le cercle de l'activité et de l'apostolat dévolus à la femme ? Cette question ne peut être résolue d'une manière uniforme ; et la diversité dans laquelle une femme peut se trouver doit nécessairement modifier la réponse qu'on y peut faire. On peut dire, en tous les cas, que la famille est le cercle naturel et primitif de cette activité, et que c'est par conséquent dans la famille qu'elle doit s'exercer d'abord. Il est peu de femmes, en effet, qui n'aient dans ce cercle un apostolat marqué et des devoirs bien déterminés. L'une a un mari, l'autre a un frère, celle-ci un père, une mère, une sœur, qui réclament tout son zèle et sa charité.

N'a-t-on pas vu plus d'une fois un père ramené à Dieu par les exemples de vertu

qu'il avait reçus d'une fille chérie? Et quand les paroles ou les exemples sont inutiles, une femme n'a-t-elle pas encore la prière, qui ne doit jamais se taire dans son cœur, et avec laquelle elle peut vaincre l'opiniâtreté de ceux qu'elle aime et qu'elle veut ramener à Dieu? Il y a dans le dévouement, dans la tendresse, dans les soins délicats d'une fille ou d'une sœur, d'une mère ou d'une épouse, une puissance que souvent elles ne soupçonnent pas elles-mêmes.

Lorsqu'une femme a acquis par son âge et par son expérience une position qui lui permet d'étendre, sans danger pour elle et pour la cause qu'elle sert, la sphère de son zèle et de son apostolat, elle ne doit point reculer devant la mission que Dieu lui confie : mais elle doit, au contraire, en suivant les règles de la prudence et de la modestie, chercher toutes les occasions qui s'offriront à elle de faire aimer la vérité par ceux qui ne la connaissent pas encore. Elle a pour cela plusieurs moyens à sa disposition. Si, par le rang qu'elle occupe dans le monde, elle est obligée d'y entretenir des relations nombreuses, loin de s'affliger de cette nécessité et de soupirer après les douceurs de la solitude, qu'elle accepte franchement la position que lui ont faite les circonstances, et qu'elle en tire parti pour la gloire de Dieu et pour l'utilité des autres. Il n'est point de position dans le monde qui n'ait et ses avantages et ses inconvénients. Chacun doit se contenter de la sienne, et n'en point désirer d'autre. Que celles qui vivent loin du monde et dans la solitude remercient Dieu de leur avoir donné les moyens de n'être qu'à lui ; et que celles qui vivent dans le monde par nécessité bénissent Dieu de leur avoir fourni l'occasion de procurer sa gloire, en étant utiles aux autres.

Pour une femme bien pénétrée de la sainteté de son apostolat, tout peut être moyen de l'exercer. Il n'est pas de circonstance, pas d'action, si petite qu'elle paraisse, qui ne puisse lui fournir l'occasion de prêcher Jésus-Christ, sans même que les autres soupçonnent son intention. C'est le prêcher, en effet, que d'aller voir une femme frivole et légère, ou de recevoir sa visite, avec le dessein d'élever un instant son esprit et son cœur au-dessus des misères qui l'occupent habituellement. C'est prêcher Jésus-Christ, que de recevoir une confidence, provoquer des aveux, avec le désir de donner un bon conseil, et de ramener à Dieu une jeune femme que l'amour du monde en avait peut-être éloignée.

C'est prêcher Jésus-Christ, que d'aller voir un malade, avec la pensée d'épier, pour ainsi dire, son âme au sortir de cette vie, et de lui ménager les secours de la religion dont elle serait peut-être sans cela privée. C'est prêcher Jésus-Christ, que d'aller visiter une amie affligée, dans l'espérance de lui faire sentir le néant des choses de ce monde, et de lui faire comprendre qu'il n'y a de bonheur vrai et durable que dans le service de Dieu et la pratique de la vertu. C'est prêcher Jésus-Christ, que d'arrêter dans une réunion une discussion scandaleuse ou des propos inconvenants; que de protester par la modestie et la simplicité de sa mise contre les excès coupables du luxe, et contre l'immodestie de certaines femmes qui, ne pouvant attirer l'attention par les grâces de leur esprit ou par la distinction de leurs manières, cherchent à attirer les regards en flattant les mauvaises passions du cœur : cadavres vivants dont la corruption attire les âmes flétries, comme les chairs d'un cadavre allèchent les mouches qui bourdonnent autour d'elles.

C'est prêcher Jésus-Christ, que d'inviter à sa table, ou à quelque réunion du soir, des personnes que l'on connaît ou qu'on aime, avec le projet de leur rendre la piété aimable, et de leur prouver que, loin d'être inconciliable avec les devoirs que notre position nous impose, ou même avec les plaisirs honnêtes que la faiblesse de notre nature nous rend nécessaires, elle les élève au contraire et les sanctifie par sa bienfaisante influence. C'est prêcher Jésus-Christ, que de donner un bon conseil, de faire à propos une réflexion salutaire, d'adresser à l'un un éloge mérité, à l'autre un reproche bienveillant. C'est prêcher Jésus-Christ, que de serrer la main à une femme découragée, de donner un regard tendre et compatissant à un être faible qui réclame votre intérêt. C'est prêcher Jésus-Christ, que de montrer aux autres, par ses paroles et par toute sa conduite, qu'on ne s'appartient pas à soi-même, mais qu'on est tout entière aux autres, dévouée à leurs intérêts, disposée à leur rendre service. Enfin, c'est prêcher Jésus-Christ, que d'aller dans le monde pour apprendre aux autres à y vivre comme n'y vivant pas, à ne pas s'y fixer, à ne pas l'aimer, et à regarder comme une douloureuse nécessité l'obligation d'y entretenir des relations nombreuses.

Mais, pour que cette prédication porte ses fruits, il faut qu'elle soit faite avec une intention pure, sans prétention : car la prétention, qui est désagréable dans un homme, est insupportable dans une femme. Cette prédication doit être tellement naturelle, qu'elle se fasse à l'insu non-seulement de ceux à qui elle s'adresse, mais encore de celle de qui elle vient. Cette ignorance de ce qu'elle fait n'empêche pas qu'elle ne puisse, et qu'elle ne doive même, avant d'agir, se proposer un but sérieux et élevé. Mais, après avoir bien dirigé son intention, elle ne doit plus songer qu'à être agréable à ceux avec qui elle se trouve, sans avoir le dessein de les prêcher. Autrement ses discours manqueraient de naturel et d'à-propos : son intention serait aperçue des autres aussitôt que d'elle-même, et manquerait par conséquent son but. Car personne ne consent à être prêché dans un salon, moins encore par une femme à qui l'on ne demande, en général, que d'être agréable et bienveillante.

Une femme qui, dans le dessein d'être utile, veut ménager sa position doit bien se

garder de choquer par l'affectation ou par l'orgueil de ses manières, par une conversation sèche et monotone, par des paroles sentencieuses et emphatiques. Elle ne doit prendre une part active à aucune discussion. Mais, semblable à un arbitre ou à un juge, elle doit les dominer toutes, et n'y intervenir que pour les diriger, ou pour les rendre moins âpres. Elle ne doit point faire parade de sa science et de son érudition, si elle en a. Mais elle doit plutôt s'efforcer de la cacher aux autres, et de se la cacher à elle-même, si la chose est possible.

Elle doit rarement contredire d'une manière formelle et positive les propositions que d'autres avancent, mais plutôt par manière de doute, et paraître plutôt vouloir s'instruire elle-même que redresser les autres. Une femme ne doit jamais sortir de sa nature, et elle n'est jamais aussi assurée d'obtenir ce qu'elle désire que lorsqu'elle ne l'exige pas et ne semble même pas le désirer. Elle ne doit se permettre aucune personnalité, aucune plaisanterie blessante. Mais, ménageant la susceptibilité de chacun, ayant l'œil à tout, elle doit se porter instinctivement du côté de celui qu'on attaque, et lui rendre la défense plus facile en lui offrant son appui. Ce sont là ces services qui lui gagneront le cœur et la confiance des autres et qui lui rendront plus facile le bien qu'elle médite de leur faire.

Si elle connaît autour d'elle quelques femmes qu'elle puisse associer à son œuvre et initier à son apostolat, qu'elle songe que deux sont plus forts qu'un et que l'union fait la force. Si les femmes qui ont les mêmes sentiments et les mêmes idées s'entendaient bien et savaient concerter leurs efforts, leurs succès seraient bien plus prompts et plus sûrs. Ayant pour elles la puissance que donne le droit et la vérité, elles pourraient, en s'y prenant bien, réformer le ton et les habitudes de la société dans une ville, ou opposer, du moins, à ce qu'elles ont de mauvais et de funeste, un contre-poids salutaire. D'ailleurs une protestation, même lorsqu'elle paraît sans résultat, n'est jamais perdue; ne fît-elle qu'empêcher cette prescription du mal et des abus qui est le pire de tous les maux, parce qu'elle semble donner au mal le droit d'exister et la force d'une loi.

Ce serait une étrange méprise que de considérer comme insignifiant le rôle que la femme est chargée de remplir dans la société. Sans doute ce rôle est modeste, et tel qu'il convient à sa nature. Renfermée dans le cercle de la famille, la femme doit laisser à d'autres les agitations de la vie politique, les luttes de la pensée, et la direction des grandes entreprises qui la détourneraient de l'accomplissement de ses devoirs. Mais, quoique limitée dans son influence, la femme n'en a pas moins reçu de Dieu une vocation sublime : elle est épouse et mère; et, à ce titre, que de lumières et de consolations n'est-elle pas appelée à répandre autour d'elle ! On peut dire, sans exagération, qu'elle a charge d'âmes; car elle doit pré-

parer à la patrie des citoyens courageux, à l'Eglise des enfants dociles. Que j'aime à la voir, penchée sur le berceau de son fils, s'emparer de ses premières impressions pour les tourner vers le bien! C'est elle qui l'accoutume peu à peu à bégayer le saint nom de Dieu, et à l'invoquer dans un langage qu'il ne comprend pas encore. Elle n'attend pas qu'il soit capable de s'élever à la notion de la vertu pour la lui faire aimer dans sa personne; elle n'a point de repos qu'elle ne l'ait initié à toutes les connaissances utiles, à tous les sentiments généreux. Plus tard, quand viendra la jeunesse avec ses passions dévorantes et ses amères déceptions, nous retrouverons la tendresse maternelle veillant près du foyer domestique; quelquefois triste et silencieuse, mais toujours active et dévouée, elle saura provoquer à propos de douloureuses confidences, elle apaisera le tumulte des sens par de douces paroles auxquelles viendront se mêler quelquefois ses caresses et ses larmes; et si ses conseils ne l'emportent pas dans le cœur de son fils sur les entraînements du vice, ils y feront naître plus tard de salutaires remords.

Nous n'insisterons pas pour faire sentir avec quel soin la femme doit être préparée à ce rôle providentiel; tout le monde comprend aujourd'hui l'importance d'une éducation à laquelle se rattachent de si grands intérêts, et l'on convient assez généralement qu'une instruction solide en doit faire partie. Sans doute il faut prendre garde d'outrer la mesure; sans doute il ne faut pas exposer la jeune fille au ridicule du pédantisme, ni développer en elle des goûts scientifiques ou littéraires qui l'arracheraient à son obscurité pour la faire courir après la renommée. Mais il est à désirer qu'on exerce son jugement en même temps que sa mémoire, qu'on éclaire sa raison, et qu'on l'habitue à réfléchir. Ce n'est pas parce qu'on est instruit qu'on est vicieux ou ridicule. L'instruction sagement dirigée n'exclut en aucune manière les qualités du cœur; elle leur donne, au contraire, plus de vivacité, plus d'énergie. Molière lui-même, qui a stigmatisé avec tant de raison dans les femmes l'exagération du savoir, ne les condamne pas à l'ignorance :

Il consent qu'une femme ait des clartés de tout.

Ce qu'il ne veut pas, c'est qu'elle se complaise exclusivement dans la science, sans la rapporter à aucun but moral. L'instruction des femmes pourra donc être générale, comme celle des hommes, sans cependant lui ressembler à tous égards. C'est-à-dire que, sans avoir la prétention de devenir jamais grammairiens, géographes, historiens ou littérateurs, les femmes ne seront étrangères, ni à la grammaire, ni à la géographie, ni à l'histoire, ni à la littérature; on pourra même les exercer à résoudre les problèmes les plus intéressants des sciences naturelles. Mais quoique générale, l'instruction de la femme sera toujours en rapport avec sa mission; et l'on aura soin de ramener cons-

tamment ses études à l'application qu'elle en pourra faire. Il est bon qu'une femme sache comprendre son mari et diriger ses enfants ; qu'elle trouve dans la culture de son intelligence des ressources contre l'ennui, un remède contre le désœuvrement et la frivolité de la vie mondaine :

Mais je ne lui veux point la passion choquante
De se rendre savante afin d'être savante ;
Et je veux que souvent, aux questions qu'on fait,
Elle sache ignorer les choses qu'elle sait.

Ces idées, que M. Lévi a souvent développées dans ses cours d'éducation maternelle, sont fondées sur la raison et sur l'expérience : aussi nous n'hésitons pas à féliciter l'habile professeur de la tâche glorieuse qu'il s'est imposée en les propageant. Mais si la persévérance avec laquelle il s'y est dévoué a droit à nos éloges, il n'en est pas de même de son enseignement, que nous avons examiné avec le plus grand soin, et sur lequel nous avons à porter un jugement sévère. Disons-le sans détour, cet enseignement pèche par sa base, à cause de l'esprit dans lequel il est conçu. En effet, c'est par le christianisme seul qu'elle peut s'y maintenir. On sait ce que deviennent, sans la religion, les qualités aimables, qui sont l'apanage de son sexe : elles se flétrissent au souffle mortel de l'incrédulité, tandis qu'elles ne brillent jamais d'un plus doux éclat que quand elles s'offrent à notre admiration personnifiées dans une femme chrétienne. Nous en concluons que, pour ne pas s'écarter de son but, l'instruction des jeunes filles doit présenter un caractère essentiellement religieux ; que, dépourvue de cette garantie, elle serait un présent funeste. Ceci posé, nous demanderons à M. Lévi si c'est ainsi qu'il a compris ses obligations, si c'est à ce point de vue qu'il s'est placé en écrivant pour ses jeunes lectrices ; et il nous sera malheureusement trop facile de lui prouver qu'au lieu d'éclairer et d'affermir la foi de ses élèves, il l'expose aux plus grands dangers. Tous les ouvrages qui composent son cours d'éducation ne sont pas, il est vrai, sortis de sa plume ; mais tous portent son nom, sont publiés sous son patronage, et rédigés d'après ses inspirations. M. Lévi en accepte donc la responsabilité, et c'en est assez pour que nous ayons le droit de lui demander compte des erreurs qu'ils contiennent.

Rendons d'abord cette justice à M. Lévi, qu'il paraît avoir compris l'influence que le sentiment religieux exerce sur le perfectionnement moral de l'homme, et l'obligation qui en résulte pour l'instituteur de cultiver ce germe précieux. Ainsi, dans sa *Géographie*, dans ses *Éléments d'histoire naturelle*, dans sa *Physique*, il ne se borne pas à l'exposé des phénomènes, et des lois qui les produisent : il saisit toutes les occasions que lui fournit l'harmonie générale du monde, la structure des animaux et des plantes, pour faire admirer à ses élèves la sagesse infinie du Tout-Puissant. Malheureusement, l'au-

teur qui, sous ce rapport, se rattache à l'école de J.-J. Rousseau et de Bernardin de Saint-Pierre, paraît, aussi comme eux, s'en tenir au pur déisme : nulle part on ne trouve dans ses ouvrages une profession de foi explicitement chrétienne, et souvent on y rencontre des insinuations très-opposées à l'orthodoxie ; enfin, il s'y trouve un grand nombre d'assertions positivement erronées, et contraires à la foi catholique.

Ce n'est pas que l'auteur ait l'imprudence de se poser en adversaire de notre religion. Jamais il ne l'attaque de front ; quelquefois même, il parle avec estime de ses croyances et de ses pratiques. La première communion est, à ses yeux, une auguste cérémonie qui termine heureusement l'enfance ; ailleurs, il célèbre les bienfaits du christianisme ; il va même jusqu'à l'appeler une religion sainte et divine. Mais ces déclarations ne peuvent nous suffire. Nous savons, en effet, que sans reconnaître, dans le christianisme, aucun élément surnaturel, certains philosophes proclament, assez volontiers, sa supériorité sur tous les autres systèmes religieux, et le considèrent comme une phase importante du progrès indéfini qu'ils rêvent pour l'humanité. Or, que M. Lévi ait des affinités avec cette classe de philosophes, c'est ce qui ne saurait être douteux, quand on l'entend dire, par exemple, que l'Évangile, en enseignant la charité, est, *sous ce rapport*, conforme à la loi naturelle : ce qui insinue que, sous d'autres rapports, il s'en écarte ; ailleurs, que le christianisme *s'est associé* avec la vérité, et qu'ils sont devenus impérissables l'un et l'autre : comme si le christianisme, distinct en soi de la vérité, eût besoin de s'appuyer sur son alliance et d'en faire sa compagne, pour devenir impérissable comme elle ! L'indifférentisme religieux ne perce-t-il pas, ou plutôt ne se montre-t-il pas à découvert dans cette proposition : « La religion ne juge pas les opinions, mais les actions ? » L'auteur ne semble-t-il pas incliner vers le scepticisme, quand il s'approprie cette phrase de Voltaire : « Il faudrait l'éternité pour connaître quelque chose de l'âme ? » S'il croit positivement à la spiritualité et à la substantialité de l'âme humaine, pourquoi se plaît-il à répéter qu'on ne sait rien de sa nature? que ce que l'on désigne ordinairement par ce mot n'est qu'un *double attribut*, sentir et penser? Comment ose-t-il affirmer que le singe est plus rapproché de l'homme que l'homme ordinaire ne l'est de l'homme de génie? Quant à l'origine de la matière, ne lui demandez pas si elle est éternelle ou si elle a été créée : la science philosophique, vous dira-t-il, ne se perd plus dans de telles conjectures.

Les incertitudes à travers lesquelles l'auteur aperçoit les vérités fondamentales de la religion naturelle devaient, à plus forte raison, obscurcir, à ses yeux, les dogmes de la religion révélée. « S'il est vrai, dit-il dans sa *Géographie pittoresque*, que nous devions un jour paraître en présence de

Dieu, dans cette effrayante vallée de Josaphat, puissions-nous être trouvés justes ! » Q'on y prenne garde, ce n'est pas le lieu du jugement qui est ici l'objet du doute : s'il en était ainsi, il n'y aurait pas lieu d'en faire un reproche à M. Lévi, car l'Eglise n'a rien décidé sur ce point ; mais il est évident que c'est le jugement lui-même qui est en question ; autrement, que signifierait le vœu exprimé par l'auteur ? Est-ce que par hasard nous aurions moins d'intérêt à *être trouvés justes*, s'il plaisait à Dieu de rassembler les générations humaines ailleurs que dans la vallée de Josaphat ?

A côté de ces insinuations, qui suffiraient pour caractériser les tendances philosophiques et religieuses de M. Lévi, il faut placer sa prédilection pour certains auteurs, et l'affectation avec laquelle il cite leurs ouvrages. Dans l'*Histoire de France*, M. Michelet, dont on connaît l'opposition systématique aux enseignements de notre Eglise, est une des autorités que l'auteur invoque le plus souvent. Dans les *Notions sur les sciences et les arts*, il emprunte à Voltaire un grand nombre de passages où perce l'impiété railleuse du philosophe : par exemple celui-ci, dans lequel, après avoir raconté la création de l'homme, il ajoute : « Malheureusement Dieu oublia d'habiller cet animal, comme il avait vêtu le singe, le cheval et le renard. » Toutes les fois qu'il parle de Rousseau, c'est pour en inspirer l'estime à ses élèves. Tantôt il appelle l'intérêt sur son tombeau ; tantôt il l'apostrophe avec une admiration enthousiaste ; il le place, en quelque sorte, sur la même ligne que Fénelon, il vante les ouvrages philosophiques de M. Cousin, et ne craint pas d'en conseiller la lecture. Enfin, il reconnaît que le pyrrhonisme est la doctrine qui domine dans l'*Encyclopédie du* XVIII* siècle*, et cependant il déclare que, *sans juger la querelle* soulevée par cette publication, il se bornera à en constater la prodigieuse influence.

Il nous semble que des déclarations aussi précises ne peuvent laisser aucun doute sur les opinions personnelles de l'auteur, et sur les dangers de son enseignement. Cependant nous n'avons pas encore signalé ce qui nous a paru le plus répréhensible, M. Lévi ne se renferme pas toujours dans l'indifférence et le scepticisme, il sort quelquefois de sa neutralité, pour exposer des doctrines inconciliables avec les dogmes de notre foi. Ici, il enseigne positivement qu'il y a trois races d'homme ayant des origines distinctes ; plus loin, que l'état sauvage fut l'état primitif de l'humanité ; que *vivre immortel* sont deux mots contradictoires ; d'où il résulte que la Bible nous trompe en nous disant que la mort est la punition du péché, et que l'homme eût vécu immortel, s'il eût respecté la défense de son Créateur. Savez-vous pourquoi Marie est digne d'être nommée mère de Dieu ? « C'est qu'elle unit à un amour sans bornes les deux sentiments les plus aimables des âmes tendres : la chasteté d'une vierge et les douces émotions de la maternité. » Enfant docile à la foi de votre mère, vous aviez cru jusqu'ici que l'enfer est un lieu de supplice, où les réprouvés supporteront en même temps la peine du feu et la privation du souverain bonheur. Détrompez-vous : l'enfer n'est autre chose qu'un lieu *où l'on vit sans amour*. Ces prières que l'Eglise vous apprit à réciter, ces pieux exercices, ces actes de mortification, de pénitence qu'elle nous impose, sont autant d'actes inutiles. Pour servir Dieu, « il suffit de remplir, tant envers nous-mêmes qu'envers les autres, les préceptes de la loi naturelle. » Enfin, peut-être vous avez entendu célébrer, avec un respect mêlé d'attendrissement, la mémoire de ces prêtres, martyrs de la foi, qui, durant nos troubles civils, préférèrent l'exil et la mort à un serment qui eût souillé leur conscience ? Eh bien ! ces prêtres n'étaient, après tout, que des fanatiques et des rebelles, car M. Lévi n'a rien découvert, dans la Constitution du clergé, *qui attaquât le dogme ou le culte catholique* ; il ne paraît pas même soupçonner ce qui a été démontré cent fois, savoir que cette Constitution impie niait formellement la juridiction suprême du Pontife de Rome, et l'indépendance de l'Eglise dans l'ordre spirituel.

Maintenant, nous demanderons comment des erreurs aussi détestables ont pu trouver grâce aux yeux de certaines personnes qui sont loin de les partager ? Nous demanderons par quelle fatalité les livres qui les contiennent ont pénétré dans un grand nombre de familles chrétiennes, et d'institutions d'ailleurs recommandables ?

Peut-être nous répondra-t-on que le talent de M. Lévi, le mérite littéraire de ses ouvrages, et la supériorité de sa méthode, suffisent pour expliquer sa vogue et ses succès. Nous nous empressons de reconnaître ce qu'il y a de vrai dans ces explications ; nous rendons hommage en particulier à l'excellence d'une méthode qui, comme le dit l'auteur, consiste surtout à cultiver le bon sens de l'élève, à éviter la routine, à déduire les principes de l'observation des faits. Mais nous persistons à croire qu'une mère de famille payerait fort cher ces précieux avantages, dont M. Lévi ne peut, fort heureusement, revendiquer le monopole, si elle leur sacrifiait la foi de ses enfants. Malheur à une nation qui pousserait la frivolité et l'engouement jusqu'à faire si bon marché de ses croyances ! tôt ou tard elle se verrait attaquée par les éléments de dissolution qu'elle aurait elle-même introduits dans son sein, et ce serait en vain qu'elle tenterait alors d'opposer, à leurs progrès, la force de ses armes et la sagesse de ses lois.

**EDUCATION DES SOURDS-MUETS.** — Les professeurs de l'institution nationale des Sourds-Muets de Paris, tiennent entre eux des conférences destinées à mettre en commun leurs observations quotidiennes, à perfectionner leur pratique, et à éclairer, s'il se peut, les points de théorie sur les-

quels les auteurs n'ont pas encore pu s'accorder.

Souvent ils se trouvent ainsi entraînés, presque sans le vouloir, à traiter des questions philosophiques de la plus haute portée. Pour moi, disait M. Valade Gabel, directeur de l'Institution royale des sourds-muets de Bordeaux, je n'aurais pas osé aborder le sujet épineux que j'ai essayé d'explorer, si, vers la fin de 1837, mes collègues ne m'en avaient imposé l'obligation. Aujourd'hui je me félicite de l'avoir fait, puisque les conclusions de ce mémoire ont été adoptées par la Conférence, et approuvées par le Conseil de perfectionnement, qui compte dans son sein les Droz, les Feuillet, les Burnouf, les de Cardaillac, etc., etc.

J'aurais désiré modifier, dès à présent, la marche suivie dans l'exposition de mes idées, et réunir en faisceau les théories générales qui se trouvent éparses dans plusieurs chapitres de ce mémoire ; mais j'ai pensé qu'il serait toujours temps d'opérer ces changements, et qu'il y aurait certains avantages à laisser, quant à présent, à ce travail, son caractère primitif : craignant de heurter des opinions arrêtées, je suis forcé de n'y découvrir les miennes qu'à mesure des concessions acquises à l'évidence des faits ; je n'y montre le but que lorsqu'on a déjà fait la route.

*Quel rôle l'articulation et la lecture sur les lèvres doivent-elles jouer dans l'enseignement des sourds-muets ?*

#### Exposition.

Les institutions destinées à la régénération morale des malheureux privés de l'ouïe et de la parole, n'ayant qu'un seul et même but, auraient dû, ce me semble, adopter les mêmes théories, la même méthode, et tendre ainsi vers l'unité qui multiplie la puissance. Loin de là, dès leur origine, et à dater de la polémique si habilement soutenue contre Heinicke, elles ont fait schisme ; un esprit de secte, essentiellement nuisible aux progrès de la science, s'est glissé dans toutes ces institutions. L'école allemande, attribuant à la parole certaines propriétés mystiques, prend l'articulation artificielle pour pivot de l'enseignement, et, quoiqu'elle méconnaisse la fécondité du langage d'action qu'elle proscrit dans ses théories, elle ne laisse cependant pas de le faire intervenir presque constamment dans la pratique. L'école française, au contraire, fidèle au principe posé par son fondateur, accorde la prééminence au langage des signes ; elle ne voit, dans l'articulation artificielle, qu'un accessoire plus ou moins utile que, parfois même, elle néglige entièrement, sans égard pour les services réels qu'on en peut attendre.

La question qui divise tant de bons esprits se complique d'une foule de considérations secondaires qui la rendent susceptible de solutions différentes. La vérité est toujours une ; mais toutefois, pour qu'il en soit fait d'utiles applications, elle doit être considérée dans ses divers rapports avec la nature des choses. C'est pourquoi, étudiant d'abord, comme théorie, la question qui nous est donnée, nous examinerons l'articulation artificielle et la lecture sur les lèvres sous deux points de vue essentiellement distincts ; savoir : 1° comme instrument d'acquisition des idées ou de développement intellectuel ; 2° comme moyen de communication de la pensée, ou d'établissement des relations sociales. Nous rechercherons ensuite, si l'articulation artificielle exerce une influence sur la mémoire des mots, et si elle peut favoriser le mouvement de la pensée, en lui prêtant un point d'appui nécessaire ; enfin, nous pèserons les avantages hygiéniques ou les dangers qui peuvent résulter pour le sourd-muet de l'exercice ou de l'inaction des poumons, cet organe de vie dont la constitution délicate mérite des soins multipliés. Passant aux applications de cette théorie, dans un second mémoire, nous établirons pour la pratique trois catégories d'élèves, selon que la surdité est complète ou incomplète, le mutisme antérieur ou postérieur à l'âge où s'opère ordinairement le développement du langage (1). Nous esquisserons les méthodes à employer pour restituer l'usage de la parole à ces trois catégories d'élèves, et nous mettrons en parallèle les soins qu'exige, pour chacune d'elles, l'étude de l'articulation avec les avantages qu'elle leur procure ; nous nous attacherons ensuite à voir la part qu'on peut donner à cette étude, dans les institutions qui, selon leur importance et les ressources dont elles disposent, emploient l'enseignement individuel, l'enseignement simultané ou l'enseignement mutuel ; enfin, après avoir recherché jusqu'à quel point le système phonique des principales langues de l'Europe, et l'orthographe qu'elles ont adoptée, simplifient ou compliquent l'étude et la pratique de la parole artificielle, nous serons, j'espère, en état de prendre des conclusions, et d'indiquer comment elle pourrait être enseignée dans l'institution nationale de Paris, de manière à favoriser les résultats généraux de l'éducation, au lieu d'en contrarier le mouvement progressif.

Dégagés d'aveugles préventions, efforçons-nous de perfectionner notre pratique ; éclairons-la par des théories plus rationnelles et plus complètes ; et, faisant aux institutions étrangères de sages concessions, portons-les à nous emprunter, à leur tour, les moyens de rendre leur enseignement plus fructueux et plus rapide ; l'éclectisme ramènera graduellement tous les esprits à l'unité si désirable.

(1) Les deux caractères du mutisme, combinés avec les deux genres de surdité, donnent, il est vrai, quatre catégories de sujets ; mais nous n'avons pas à nous occuper de celle qui comprend les personnes de tout âge, chez lesquelles l'audition s'est plus ou moins altérée postérieurement au développement de la faculté de parler, sans leur avoir fait perdre, toutefois, l'usage de la parole.

De l'articulation artificielle et du langage naturel des signes, considérés comme moyen de développement intellectuel (1).

Vous n'avez point oublié cette réflexion si vraie, échappée à l'un de nos membres (2) : « Quelle est la mère qui, les bras croisés, enseignerait à parler à son enfant ? » En effet, on se tromperait étrangement, si l'on pensait que l'intelligence se développe (chez l'individu doué de tous les sens extérieurs)', uniquement par le langage oral ; quelle lumière la parole porterait-elle dans l'esprit de l'enfant, si l'attention de celui-ci n'était en même temps dirigée sur les choses et les faits dont le langage devient pour lui le signe de rappel et l'analyse plus ou moins parfaite ? C'est par des signes que la mère dirige l'attention de son jeune élève sur les objets dont elle veut lui faire connaître le nom ; c'est par l'expression de la physionomie et les modulations de la voix qu'elle captive son esprit, et le contraint de se porter à la fois, et sur les mots et sur les choses. Ainsi, dès son premier essor, l'attention de l'enfant se trouve partagée entre deux ordres de sensations essentiellement distinctes : les sensations de la vue, par lesquelles les choses font affluer les idées, et les sensations auditives, destinées à le mettre en possession du langage.

Et, comme si la nature avait craint que, moins affecté par l'ouïe, l'enfant ne fît pas deux parts égales de son attention, elle a fait de l'oreille un instrument de jouissances vives et profondes qui ébranlent sympathiquement les organes de la voix, ces puissants auxiliaires de la pensée. Voyez le nourrisson bercé sur le sein de sa mère : il joue, il sourit, il crie, il pousse au hasard des sons qu'il articule de même, non pour exprimer des idées (il n'en a point encore), mais pour se procurer les impressions dont il est si avide, pour se manifester, à lui-même, sa propre existence. Le langage naturel des signes, c'est-à-dire les faits, les actes, l'expression de la physionomie et les gestes indicateurs dont l'enfant est habituellement le témoin, sont la cause extérieure des idées qu'il peut acquérir ; la parole n'est que l'instrument au moyen duquel il enregistre les idées, les classe et en fait des combinaisons nouvelles.

D'hab les philosophes ont décrit la manière dont l'homme entre en possession de la parole. Nous n'avons pas la témérité de vouloir traiter après eux un sujet aussi élevé ; mais nous avons dû montrer les principales causes de la prodigieuse rapidité avec laquelle l'enfant, doué de l'intégrité de ses sens, s'approprie la langue maternelle ; ces causes, nous les avons trouvées dans l'attrait inhérent aux modulations de la voix, et aux sensations qu'elles procurent, dans la simultanéité des impressions auditives avec les perceptions visuelles, enfin, dans le partage, à peu près égal, qui se fait de l'attention à ces deux ordres de sensations. Si ces assertions trouvent des contradicteurs, un fait suffit pour répondre à leurs objections : que, dans la première enfance, l'oreille ne soit pas bien conformée ; que cet instrument, si délicat et d'une structure si complexe, vienne à manquer d'une seule touche, adieu le charme qui valait à l'ouïe une si grande part d'attention : plus de vibrations sympathiques capables de mettre en jeu les organes de la voix ; les impressions visuelles absorbent la part d'attention qui devait se porter sur l'ouïe ; les idées affluent par la vue, mais ne revêtent point *les formes sonores* dont la perception serait difficile et fatigante, et, s'il n'est point l'objet de soins tout particuliers, l'enfant reste muet, comme s'il était complétement sourd ; un simple engourdissement, une légère détérioration de l'oreille interne, le met hors d'état d'apprendre la langue maternelle par l'usage (1). Ayant ainsi apprécié la proportion dans laquelle la vue et l'ouïe contribuent au développement intellectuel, comme aussi les conditions qui rendent ce développement d'une si merveilleuse promptitude, nous pressentons les ressources immenses que nous offre le langage des signes pour porter la lumière dans l'esprit du sourd-muet, et l'impuissance dont est frappée *la phonomimie* pour atteindre le même but. Je demande pardon d'employer une expression que j'ai forgée tant bien que mal ; ennemi du néologisme, il me semble cependant permis de créer un mot nouveau pour une idée qui ne saurait être bien rendue par les expressions en usage. Phonomimie désigne collectivement l'articulation artificielle et la lecture sur les lèvres, en d'autres termes, les mouvements à effectuer pour l'émission de la parole, et à percevoir pour son appréciation visuelle. La phonomimie est donc, pour les sourds-muets, la parole dépouillée de la voix qui en est l'essence (2),

(1) Le langage mimique, ses éléments, sa syntaxe, son génie, offrent un vaste champ dont l'ensemble n'a pas encore été sérieusement exploré. Les instituteurs en ont tour à tour exagéré les ressources ou la pauvreté, ils n'en ont point étudié la constitution intime et les principaux effets ; les artistes n'en ont aperçu que le côté pittoresque ; les philosophes l'ont considéré sous un point de vue trop général : étrangers à la pratique de l'enseignement, ils n'ont pu juger sainement les théories posées et défendues par de l'Epée, Jamet, Bébian, Recoing et l'Ecole allemande.
L'attention des linguistes et des grammairiens doit aujourd'hui prendre l'éveil. L'étude comparée de la mimique, du langage écrit et de la parole vivante, considérés sous le point de vue de leurs éléments constitutifs, doit jeter un grand jour sur les conditions que tout langage doit réunir pour se prêter utilement aux combinaisons de la pensée.
(2) Mlle Ferment, l'une des institutrices les plus distinguées de l'Ecole de Paris.

(1) Voyez ce qu'en dit l'éditeur de l'opuscule de Desloges, préface, page 11. C'est aussi l'opinion de M. Itard.
(2) Dans les séances publiques de l'institution de Paris, on demande fréquemment aux sourds-muets, ce que c'est que le bruit, le son, la musique. Voici comment y répondit l'un des sujets les plus distingués, formés par la nouvelle école : « N'ayant jamais entendu les doux sons de la musique, je ne

privée des intonations qui la vivifient, de l'accent qui lui donne une puissance magique; c'est la parole destinée de cette simultanéité précieuse qui en facilite si merveilleusement l'association avec la pensée; c'est une écriture fugitive, incomplète que le sourd voit tracée sur les lèvres d'autrui, et qui se révèle en lui-même par des sensations tactiles (1). Quelle prodigieuse force d'attention, l'emploi d'un instrument si compliqué et si imparfait ne nécessitera-t-il pas d'abord de la part d'un pauvre enfant dont les facultés sont encore débiles et engourdies! « Obligé de s'appesantir sur les détails es plus minutieux de l'effet qu'il voudra produire et sur les modifications presque insensibles que doivent avoir, presqu'à chaque instant, les directions diverses du mouvement, pour se coordonner avec ces détails, l'attention en sera surchargée, et tout progrès lui sera interdit (2). » Buffon a défini le génie, une longue patience, c'est-à-dire, la patience de soutenir, de concentrer l'attention sur un objet donné. Comment oserait-on en exiger d'un malheureux sourd-muet, au début de l'enseignement? et cela, pour lui rendre une parole inerte presque morte, à une époque, où dépourvu d'idées, il ressent fort peu la nécessité, soit de combiner, soit d'émettre celles qu'il peut avoir (3)!..... Ce n'est donc point de la phonomimie qu'on doit attendre le développement de l'intelligence, puisque son emploi suppose la connaissance du langage et une force d'attention acquise par une éducation bien dirigée.

La prévoyante nature qui pourvoit l'homme d'un organe double pour chaque sens, lui donne également le geste et la parole dont les fonctions se trouvent parfaitement semblables, quoiqu'ils emploient des éléments divers, et que l'un s'adresse à l'œil tandis que l'autre frappe exclusivement l'oreille. Dès que celle-ci est impuissante, l'œil, continuant ses fonctions, devient en outre la porte du langage; mais, dès lors aussi, plus de liaison de concomitance (4), entre la per-

ception des faits générateurs des idées et celle des signes qui doivent s'associer à ces idées pour en devenir l'expression. Telle est la principale cause de l'infériorité réelle dans laquelle le sourd-muet se trouve placé. Qu'on se serve de lui, soit de la phonomimie, soit du langage naturel des signes, soit de l'écriture, il lui faudra presque toujours deux actes successifs d'attention, là où un seul nous suffit. Aussi, l'association des idées à leur signe de rappel sera-t-elle pour lui plus lente, plus pénible et, partant, moins complète. Hâtons-nous, toutefois, de faire observer que, par sa nature même, le langage naturel des signes supplée, jusqu'à un certain point, au défaut de liaison que nous venons de signaler. Le nombre des onomatopées ou mots imitatifs de la chose qu'ils signifient, est tellement restreint, que la langue parlée peut être considérée comme entièrement formée de signes purement arbitraires, tandis que les signes du langage mimique, ayant leurs éléments dans l'imitation des formes, *la simulation des actes,* et l'expression de la physionomie, gardent presque constamment une étroite analogie avec l'objet même de la pensée; cette analogie fait la puissance des signes mimiques, puissance telle, que l'enfant atteint d'idiotisme devient, par elle, susceptible d'une certaine éducation.

Mettant en parallèle la phonomimie et le langage des signes, nous les trouvons également destitués de la simultanéité qui facilite l'association de la parole vivante aux impressions, cause extérieure de nos idées; toutes les deux entrent en nous par la même porte; mais l'une nécessite un grand effort d'attention, soit pour être perçue, soit pour être reproduite; l'autre, au contraire, est perçue sans effort, reproduite sans peine; la première, cause des impressions de natures diverses chez celui qui parle et chez celui qui écoute; la seconde, des impressions identiques; la phonomimie, dépourvue d'harmonie, est sans analogie avec l'objet de la pensée; le langage des gestes, au contraire, fondé sur cette analogie même, s'adresse à l'imagination, et, par sa facilité, la grâce de ses mouvements, leur cadence, leur vie, supplée en quelque sorte à l'harmonie des sons, premier véhicule de l'éducation, comme elle le fut de la civilisation du genre humain. Au langage mimique il appartient donc d'opérer les premiers développements de l'intelligence chez le sourd-muet, puisque c'est principalement lui qui l'opère chez le parlant; puisque sa nature intime en facilite l'association avec les idées; puisqu'il est à la parole ce que la danse est à la musique; puisqu'enfin, la force de ce levier est telle, qu'il ébranle même l'idiotisme.

De la phonomimie considérée comme moyen de communication.

Le développement intellectuel et moral est le point important sans doute dans l'édu

---

sauriais pas mieux répondre à cette question, qu'un aveugle ne peut raisonner des couleurs; mais, si vous me demandez quelle idée j'en ai, je dirai que je considère la musique comme *une danse intérieure.* »

(1) L'un de mes collègues ayant révoqué en doute le fait ici avancé, je le prie de consulter l'ouvrage de M. de Gérando, sur l'Éducation des sourds-muets de naissance, tome II, page 414. Le même auteur, dit ailleurs : « Cette sensation peut être comparée à celle que l'impression en relief feraient éprouver aux doigts de l'aveugle. C'est une sorte d'alphabet, un alphabet singulier, un alphabet tactile; c'est un clavier dont les touches s'étendent depuis la poitrine, jusqu'à l'extrémité des lèvres. »

(2) Voyez les *Études élémentaires* de M. de Cardaillac. *Des habitudes et en particulier des habitudes actives,* tom. Ier, page 430.

(3) Je n'ignore pas que certains sujets ont fait un effort contre nature; de telles exceptions confirment la règle. On peut trouver du génie dans la tête d'un sourd-muet de dix ans : s'ensuit-il qu'on doive en exiger de tous ses compagnons d'infortune?

(4) A moins de substituer à l'oreille, non plus les yeux, mais le tact, le goût ou l'odorat; les difficultés qui en résulteraient dans la pratique sont trop évidentes pour que je m'arrête à les indiquer.

cation des sourds-muets ; mais cette éducation serait-elle un bienfait pour eux, s'ils ne pouvaient établir avec le monde des relations promptes, faciles et sûres ?

Dans une société composée de sourds-muets et de personnes sachant également bien comprendre et s'exprimer par le langage des gestes, le besoin de la parole ne se ferait pas vivement sentir ; chaque jour la preuve en est sous nos yeux. Mais le petit peuple de sourds-muets, au milieu duquel nous sommes placés, n'a pas une existence propre et indépendante : ce n'est pas ici que nos élèves ont pris naissance ; ce n'est point ici qu'ils doivent achever leurs jours. Rentrés dans leur première famille, le langage des signes saurait-il suffire à leurs besoins ? Certainement non. Quelque naturel que soit ce moyen de communication, les parlants en ignorent généralement la pratique ; énergique expression des appétits brutaux, des passions et des sentiments, la mimique se refroidit sitôt qu'elle veut analyser la pensée, et, pour continuer d'être comprise, elle suppose, comme tout autre langage, la connaissance parfaite de conventions préétables. Une minorité imperceptible, ne parviendra jamais à soumettre à ses convenances la presque totalité des hommes. L'écriture, cette parole visible et permanente, offre au sourd-muet un plus sûr moyen d'établir des relations intimes avec la société, mais seulement avec la société lettrée, restriction immense qui exclut la généralité des individus avec lesquels, au sortir de nos classes, le muet se trouve ordinairement en rapport d'intérêt et d'affection ; ainsi, quand même la lenteur de l'écriture, les préparatifs qu'elle nécessite et la concentration d'activité qu'elle exige, ne la ferait pas classer parmi les moyens insuffisants, l'état actuel de l'instruction des masses, lui ôterait le caractère d'universalité indispensable pour atteindre le but qu'on se propose. A l'exception des auxiliaires incommodes, nécessités pour l'écriture, la dactylologie offre les mêmes inconvénients ; de plus, il en est qui lui sont propres, tels que la difficulté d'une lecture rapide et l'étude préalable qu'elle suppose chez le parlant.

La phonomimie prend ici son véritable rôle, car il s'agit, non plus d'étendre et de rectifier les idées du sourd-muet, mais de le mettre en état d'employer pour son bonheur les connaissances qu'il a acquises. Le parlant trouve dans la langue écrite le complément de son instruction, au moyen duquel il est mis en rapport de pensées et de sentiments avec les grands hommes de tous les pays et de tous les âges ; le muet qui possède la langue écrite jouit déjà de la société des livres, mais c'est uniquement par la langue parlée qu'il pourra établir des relations faciles avec la partie de la population contemporaine restée étrangère aux arts et aux sciences enseignés dans les écoles publiques (1). La phonomimie ou langue parlée

sera donc, non le moyen, mais le complément de son instruction ; par elle, le sourd de naissance mettra en circulation les idées qu'il aura acquises par une autre voie ; il prendra aussi plus d'intérêt à toutes les scènes du monde, en lisant sur les lèvres d'autrui une partie des propos qui les expliquent et les vivifient.

Des opinions bien différentes ont été professées sur cette matière par un homme dont les talents et le caractère méritent également l'estime publique. Je ne saurais, toutefois, admettre avec lui que l'alphabet labial soit à la parole plus que le dessin n'est à l'objet qu'il représente (1). Quelle que soit la sagacité dont le sourd se trouve doué, il ne saurait reconnaître, aux mouvements des lèvres et au jeu naturel des autres parties de la face, au delà d'un tiers des valeurs phoniques proférées devant lui. Réduit à ces proportions, l'alphabet labial me semble devoir être assimilé aux écritures sténographiques ; pour les déchiffrer, il faut joindre à l'habileté que donne une longue habitude, la connaissance préalable des discours sténographiés.

A Dieu ne plaise, toutefois, que nos paroles aillent porter le découragement au cœur des mères qui, d'après les sages conseils de M. Ordinaire, voudraient, dès la plus tendre jeunesse, exercer à la parole des enfants privés de l'ouïe. En continuant de parler à ces pauvres enfants, elles réussiront à leur enseigner la valeur d'un certain nombre d'expressions éparses, et à leur faire contracter la sage habitude de porter une grande attention aux mouvements des lèvres, comme servant de commentaire au jeu de la physionomie. Que ces tendres mères aillent encore plus loin, qu'elles essaient de délier chez le jeune sourd-muet les organes de la parole : l'exercice placera ces organes sous l'empire de la volonté, et la tâche des instituteurs se trouvera plus tard et moins pénible et plus fructueuse.

Les auteurs sont fort peu d'accord sur l'importance et la facilité relative de l'articulation et de la lecture sur les lèvres. M. Itard (2) pense qu'on peut amener un enfant sourd à prononcer clairement toutes les

(1) A ceux qui seraient portés à revendiquer en faveur du langage des gestes, le caractère que je viens d'attribuer à la langue parlée, je ferais observer qu'il n'est point ici question de mettre le sourd de naissance en communication avec les peuples de l'Asie et des nouveaux continents, objet pour lequel, sans contredit, le langage des gestes mériterait la préférence, mais bien d'établir, entre ses compatriotes et lui, des relations promptes, faciles et complètes. A mesure que la langue mimique étend sa sphère et généralise sa portée, elle devient de plus en plus lente et verbeuse : or, la brièveté et la concision sont indispensables aux relations sociales, et se trouvent dans la phonomimie, dont l'usage d'ailleurs interrompt peu le cours des travaux manuels, tandis que le langage des signes suspend forcément toute autre espèce d'occupation.

(1) Voyez : *Essai sur l'éducation et spécialement sur celle du sourd-muet*, par M. Désiré Ordinaire, directeur de l'institution royale de Paris. Chez Hachette, 1836.

(2) Célèbre médecin attaché à l'institution nationale des Sourds-Muets, dont la science déplore la perte récente.

valeurs phoniques, mais il nie que celui-ci puisse lire la parole sur les lèvres, s'il n'est aidé d'un certain degré d'audition. M. Recoing (1), au contraire, estime presque impossible l'enseignement de l'articulation, et conseille de s'en tenir à l'alphabet labial, dont l'acquisition, dit-il, ne coûte presque aucun soin. Il importe, avant de passer outre, de bien fixer notre opinion sur ce dernier point. Ecoutons, à cet effet, l'un des pères de la science ; il doit faire autorité en cette matière : « L'alphabet labial, dit Bonnet, n'a et ne peut avoir de règles fixes ; ce que les élèves en apprennent, doit être attribué à leur propre sagacité, et c'est à tort que le public en fait honneur à leurs maîtres. Quand les sourds-muets parviennent à lire sur les lèvres, ce n'est pas avec une grande sûreté qu'ils entendent un raisonnement ou une conversation, mais plutôt les propos communs et ordinaires ; ils comprennent ceux-ci par le grand usage, quoiqu'ils ne voient pas tous les mouvements qui concourent à leur formation, s'aident aussi de la réflexion, apprécient les actions de celui qui parle, ainsi que les temps, les lieux et les circonstances. »

Il est donc vrai, comme le dit M. Recoing, que l'étude de l'alphabet labial ne nécessite presque aucun soin de la part du professeur ; mais, ne nous y trompons pas, cette étude n'en est pas moins longue et pénible pour l'élève, qu'elle astreint à une grande contention d'esprit. L'enseignement de l'articulation, plus fatigant pour le professeur, a pour l'élève quelque chose de plus satisfaisant par la certitude de ses résultats. En vain alléguerait-on que la parole du sourd de naissance reste dépourvue de tout ce qui fait le charme de la voix, qu'elle manque de netteté, et qu'elle ne peut être facilement comprise de ceux qui n'ont pas l'habitude de l'écouter : telle quelle, la parole n'en est pas moins l'expression réfléchie du sentiment et de la pensée, et, à ce titre, elle rend encore au sourd de naissance des services de plus d'un genre.

Ceux qui, comme M. Recoing, dédaignent l'articulation, ou qui, à l'exemple de M. Itard, seraient portés à condamner la lecture sur les lèvres, ont perdu de vue que tout véhicule de la pensée doit être réciproque, c'est-à-dire, doit pouvoir également nous servir à exprimer nos propres idées et à nous approprier les idées d'autrui. Or, ni l'articulation, ni l'alphabet labial, pris isolément, ne remplissent ces conditions ; ils se complètent l'un par l'autre, et ne forment qu'un seul moyen de communication (2). On ne doit donc, sous aucun prétexte, négliger l'une de ces deux choses ; la connaissance des rapports qui lient l'écriture à la prononciation est indispensable à la pratique de l'articulation,

(1) Elève de l'Ecole polytechnique et père d'un sourd-muet, dont il a fait avec succès l'éducation ; il a publié plusieurs ouvrages sur la matière.

(2) Cette considération me fait attacher une grande importance à l'adoption d'un mot unique pour exprimer ces deux choses en commun.

comme à celle de la lecture sur les lèvres. L'étude de ces rapports fait la principale difficulté de l'une et de l'autre. N'est-ce pas un nouveau motif pour que le sourd-muet, qui a surmonté les difficultés de cette étude, ne reste pas privé, soit de la faculté d'épancher ses sentiments par le moyen universellement en usage, soit du moyen de s'approprier une partie des richesses intellectuelles dont la société fait un commerce si actif ?

Je terminerai cette trop longue digression, en appelant votre attention sur un opuscule de l'abbé Deschamps, intitulé : *De la manière de suppléer aux oreilles par les yeux.* L'auteur y expose les avantages que les personnes atteintes de surdité, mais jouissant de la parole, peuvent retirer de l'alphabet labial ; il y rapporte les essais qu'il a faits sur bon nombre d'individus affligés de cette infirmité. Après avoir parcouru cet intéressant travail, les détracteurs et les partisans trop exclusifs de la lecture sur les lèvres, resteront convaincus : ceux-ci, que la pratique de cet art, pleine de difficultés, suppose chez l'élève une grande patience, une sagacité parfaite, et un vif désir de s'instruire, joint à un grand fond de connaissances acquises ; ceux-là, que, nonobstant les graves difficultés d'un art qui ne repose sur aucune règle fixe, certains sujets parviennent à se l'approprier parfaitement, et que tous les sourds peuvent en retirer d'utiles services (1).

De l'influence de l'articulation sur la mémoire des mots et du point d'appui qu'elle peut prêter à l'action de la pensée.

L'abbé de l'Epée avait établi une si étroite analogie entre les signes méthodiques, la construction de la phrase, et, même, sous certains rapports, la structure des mots, qu'il n'hésitait pas à considérer toute langue écrite comme étant également la représentation directe des signes méthodiques et de la parole (2). S'il pouvait en être ainsi, si le système de ce vénérable philanthrope était admissible, le mouvement de la pensée,

(1) L'abbé Deschamps, rapporte qu'une demoiselle, d'un esprit vaste et rempli de connaissances, mais d'une très-grande laideur, poussée par une curiosité naturelle, s'exerça, avec le secours de son miroir, à lire sur les lèvres pour savoir ce que les hommes disaient d'elle. Après quelques mois d'application, elle parvint au point de suivre aux mouvements des lèvres une conversation tenue à voix basse dans l'éloignement.

En octobre 1850, je causai moi-même assez longtemps avec Mlle Maroi, élève de Péreire. Je dois avouer que, sur toutes les choses qui ne sortaient pas du cercle ordinaire de conversation, elle hésitait si peu, que je crus un instant être l'objet de quelque supercherie.

(2) IV. Lettres à un ami intime, page 52. « Quant à toutes les idées particulières que les autres langues expriment par des sons passagers et qu'elles fixent sous les yeux (chacune à leur manière), par les caractères d'écriture qu'elles adoptent, celle-ci les représente par des gestes plus expressifs que la parole, et rend ces mêmes idées persévéramment sensibles à nos yeux, en se servant du genre d'écriture qui est en usage dans le pays où elle se trouve. »

fondé sur l'arrangement de la phrase mimique, viendrait se reproduire dans la phrase écrite, et il serait dès lors indifférent à l'esprit d'opérer ses combinaisons avec des mots ou avec des gestes : malheureusement, il n'en est rien. Les signes méthodiques ont été bannis de l'enseignement (1). La langue

(1) On divise les signes mimiques en signes naturels, signes artificiels, signes arbitraires, signes de mots, de choses, primitifs, dérivés, de réduction, simples, composés, etc., etc. Ces désignations portent en elles-mêmes une explication suffisante; il n'en n'est pas ainsi de la qualification de *méthodique* appliquée au système de signes, préconisés par l'abbé de l'Épée. Les signes méthodiques n'excluent aucune des sortes d'éléments mimiques sus-mentionnés, mais ils en subordonnent la coordination à celle de la phrase écrite dont ils cherchent à imiter les artifices grammaticaux. Une phrase écrite est-elle formée de dix mots, par exemple, la phrase en signes méthodiques, qui en sera la traduction, aura un nombre égal de signes principaux rangés dans le même ordre ; autour de chacun de ses signes, viendront se grouper d'autres mouvements accessoires ayant pour objet d'exprimer l'espèce grammaticale, le genre, le nombre, le temps, le mode, la personne, etc. ; malheureusement ces signes accessoires ne pouvant se lier et se fondre dans le signe principal, au lieu de dix signes, la phrase mimique se trouvera, en réalité, en avoir un nombre quatre ou cinq fois plus grand. Or, l'expression des idées secondaires, étant sur le plan que devraient seules occuper les idées principales, et y remplissant un espace beaucoup trop grand, l'esprit ne saurait plus embrasser l'ensemble de la phrase mimique, ni saisir les rapports généraux qui en lient les diverses parties.

Se bornerait-on aux dix signes principaux, on n'en serait guère mieux compris si l'on continuait à calquer la construction mimique sur la phrase écrite. C'est que le langage naturel des signes supprime nombre d'articles et de conjonctions, rend explicites des rapports indiqués chez nous par une simple désinence, en exprime d'autres implicitement par un arrangement particulier des parties de la phrase, et, dans son allure toujours libre, se trouve presque constamment en opposition avec la marche de la phrase française, ainsi que nous l'avons déjà dit.

La mimique met le signe d'un rapport après ses deux termes, quand il lui plaît de l'exprimer.

    Les cheveux sont sur la tête,
    *Tête cheveux sur.*
    Une table de marbre,
    *Marbre table.*
    Je viens de Paris,
    *Paris quitté, moi venir.*
    Paul boude : il n'est pas sage.
    *Paul boude : Paul sage non.*

On voit, par ces exemples, que la mimique n'admet point des signes de rappel de signes, contrairement à toutes les autres langues qui admettent des signes de mots.

Introduire dans ce langage des signes de mots, comme l'a fait le vénérable abbé de l'Épée, c'est donc aller violer la nature, en entraver la marche, tendre un piège à l'esprit et rompre la liaison immédiate qui doit toujours subsister entre le signe mimique et la pensée. Subordonner la construction mimique à une construction étrangère, c'est priver le langage du sourd-muet des moyens auxquels son génie a le plus fréquemment recours, pour l'expression des rapports, soit des choses, soit des idées entre elles ; c'est lui ôter les expédients syntaxiques qui lui sont propres ; c'est éteindre ses plus vives clartés. Enfin, accompagner chaque signe principal de signes accessoires non susceptibles de liaison,

mimique, aujourd'hui en usage dans cette institution, puise presque toujours sa clarté dans la construction qui lui est propre ; elle imprime à la pensée un enchaînement presque constamment en opposition avec l'ordre et la marche de la phrase française. Cette observation capitale a servi de point de départ à l'école actuelle qui fonde sa méthode sur l'enseignement direct de la langue écrite, de telle sorte que le sourd-muet acquiert deux langues maternelles : l'une, dont il a apporté en lui-même les rudiments, et qui donne promptement à ses facultés intellectuelles tout l'essor dont elles sont capables ; l'autre, dont il soupçonnait à peine l'existence avant son éducation pédagogique, qu'il apprend avec peine, mais au moyen de laquelle il moule ses pensées sur un type aussi analytique que fécond, aussi précis que général : ces deux langues respectent réciproquement leur indépendance, ou du moins n'empiètent jamais l'une sur l'autre, de manière à altérer leur constitution intime.

Quand le sourd-muet combine ses idées à l'aide du langage des gestes, l'action de la pensée s'appuie sur les sensations produites par le mouvement musculaire des diverses parties du corps ; ces sensations ne sont pas aussi variées, aussi distinctes, aussi pénétrantes que les sons de la voix ; mais, à coup sûr, elles prêtent à la pensée un appui suffisant, puisqu'elles surexcitent le sentiment, et le transforment souvent en passion ardente (1). En est-il de même de l'écriture ? Chacun des signes qui la composent est, à la vérité, suffisamment distinct ; mais, comme le mot écrit affecte peu l'organisme, l'esprit en conserve difficilement le souvenir. Cette circonstance suffit pour que le sourd-muet soit naturellement porté à combiner ses idées de préférence avec l'élément mimique, et puis, s'il veut les écrire, elles ne sauraient s'enchaîner d'après les lois de la construction française : telle est la principale cause

c'est rompre l'unité sans laquelle, ni mots, ni signes d'aucune espèce ne sauraient se prêter utilement aux combinaisons de la pensée. Faut-il donc s'étonner que les sourds-muets, enseignés par les signes méthodiques, écrivent sous la dictée les périodes les plus difficiles, sans être pour cela en état de comprendre les propos les plus ordinaires, encore moins d'exprimer spontanément, par écrit, leurs pensées et leurs sentiments ?

(1) Voyez à ce sujet l'histoire des Français, dans les cinq derniers siècles. Monteil rapporte que la règle de plusieurs couvents interdisait la parole et tolérait le langage des signes ; mais que, frappés de l'influence que cette langue exerçait sur le développement des passions, les supérieurs se virent bientôt obligés d'en proscrire l'usage.

La pantomime parle aux passions, les excite, les fait déborder. On sait la fureur des Romains pour cette espèce de jeux scéniques, et ce qui en résultait pour les bonnes mœurs. S'il n'était pas sourd-muet lui-même, nous serions donc étonnés de voir un de nos collègues, M. Berthier, regretter, dans un article fort remarquable du *Dictionnaire de la conversation*, que le gouvernement ne favorise pas de tout son pouvoir une création de théâtres nouveaux où *la saine morale* serait enseignée par la voie de la pantomime !...

du peu de progrès de nos élèves. Un très-petit nombre seulement combinent mentalement leurs idées au moyen de l'écriture.

Si, comme je l'ai dit, le souvenir du mot écrit manque de vivacité, le mouvement de la pensée, lié à la langue écrite, doit se traîner péniblement ;ou, s'il accélère sa marche, l'esprit risque à chaque instant de laisser échapper quelques-uns des éléments à la combinaison desquels il est actuellement occupé. Nos observations quotidiennes donnent à cette déduction le caractère de la certitude ; en effet, chaque fois qu'un élève est embarrassé pour écrire un mot dont il n'a pas suffisamment la mémoire, il se hâte de recourir à la dactylologie ; veut-il apprendre un mot nouveau, il en forme les caractères avec les doigts (1) ; une leçon apprise par des transcriptions répétées, laisse peu de traces dans la mémoire ; je me réfère à votre propre expérience. S'il en est ainsi, et c'est pour moi une vérité incontestable, l'articulation artificielle ne facilitera-t-elle pas la mémoire des mots bien plus que ne saurait le faire la dactylologie ? Sous le rapport de la force des impressions, nous leur reconnaissons une égalité parfaite ; la dactylologie appartient, il est vrai, au tact et à la vue, tandis que l'articulation appartient uniquement au toucher ; mais celle-ci a quelque chose de plus intérieur, de plus naturel et de plus favorable à la méditation, ce qui ne suffirait pourtant point pour lui assurer la préférence, si elle ne possédait en même temps l'avantage de la rapidité par son identité avec l'élément syllabique. N'a-t-elle pas également l'heureux privilége de ne point interrompre le cours des occupations ordinaires, en sorte qu'elle peut facilement se transformer en habitude. L'articulation contribue-t-elle plus à rendre plus vive l'impression faite par l'écriture ? Je le crois ; toutefois, le point peut être contesté, mais ce qui ne saurait être révoqué en doute, c'est qu'elle tend éminemment à faire reconnaître à l'œil les groupes de lettres correspondant aux syllabes, et à simplifier ainsi les éléments du mot écrit (2).

(1) On ajoute à la propriété qu'ont les signes de réveiller les idées, en ajoutant au degré d'impression qu'ils font sur les sens. Cette vérité, dès longtemps reconnue, explique et justifie la prescription de l'Église catholique, qui oblige tous les ecclésiastiques à lire leur bréviaire en articulant chaque mot. On a craint que la routine ne tuât l'attention, et l'on a exigé, non-seulement que les prières écrites soient actuellement sous les yeux, mais encore qu'elles soient distinctement prononcées, afin que le mouvement organique, joint à l'impression visuelle et à l'impression auditive, soutienne et dirige constamment le mouvement de la pensée.

(2) L'auteur de l'École espagnole des sourds-muets (ouvrage trop peu connu), Don Lorenzo Hervas y Panduro, rapporte une expérience qu'il a faite pour s'assurer de ce fait : « Sachant, dit il, par raisonnement et par expérience, l'immense travail auquel le sourd-muet doit se livrer pour apprendre un idiome, et réfléchissant sur les moyens à employer pour alléger tant de fatigue, j'ai jugé qu'il conviendrait de leur enseigner à prononcer les mots en même temps qu'ils apprennent à les écrire, puisque

M. Watson, directeur de l'école de S. M. de Londres, assure que l'enseignement de l'articulation, loin de prolonger le temps nécessaire à l'instruction du sourd-muet, est au contraire, un moyen d'accélérer ses progrès. Telle est aussi l'opinion du savant instituteur de Zurich. « La production de la parole par les organes de la voix, quoique les sourds-muets ne puissent la saisir par l'ouïe, leur donne beaucoup de lumières sur la nature de la langue à laquelle les élèves qui parviennent à prononcer apportent toujours plus d'intérêt, plus de vivacité ; ils y font toujours plus de progrès. » (Mémoire de Naëf.)

Je n'hésiterai donc point à conclure que l'usage de l'articulation donne du corps à la pensée, et qu'elle facilite la mémoire des mots (1). Cette vérité me semble sanctionnée par tous les philosophes qui ont reconnu à la parole la propriété de développer l'intelligence en facilitant la rumination des idées.

Des conséquences qu'entraîne pour la santé l'exercice modéré, ou l'inaction des organes vocaux.

Les solides avantages que la pnonomimie procure aux sourds qui en font usage, ont été, je pense, suffisamment démontrés ; néanmoins, si comme le croient quelques esprits prévenus, ce genre d'exercice pouvait nuire à leur santé, devrait-on persister encore à les y appliquer ? Certains enfants éprouvent un véritable dégoût pour les exercices préliminaires d'articulation (2) : aussi emploient-ils toutes sortes de ruses afin d'en être dispensés ; il n'est donc pas étonnant qu'ils accusent de la fatigue dans un organe où ils éprouvent des sensations tout à fait nouvelles, et que la tendresse aveugle de quelques parents ait craint que l'articulation artificielle ne fatiguât la poitrine. Heureu-

l'idée sensible qu'ils auraient de la prononciation des mots, pourrait être facilement excitée et en réveillerait promptement la mémoire. Cette pensée m'étant venue à l'esprit, j'appelai chez moi un sourd-muet qui savait prononcer des mots. A sa vue, j'écrivis six mots extraordinaires qu'il n'avait jamais ni lus, ni vus ; je lui fis prononcer trois de ces mots, et lui montrai peu à peu les trois autres sur un autre point ; ensuite je lui dis de les écrire tous les six. Le sourd-muet reproduisit exactement deux des mots qu'il avait prononcés, et quant à ceux qu'il avait vus sans les prononcer, il en écrivit quelques syllabes, ne put se souvenir de toutes les lettres dont ils étaient formés. Ce fait me confirma dans l'utilité de ma pensée. Pourque le sourd-muet, s'appuyant sur la prononciation des mots, se rappelle plus facilement l'écriture, il n'est pas nécessaire que le maître les lui fasse tous prononcer à haute voix : ce mode d'enseignement serait trop long et trop pénible ; il suffit qu'il lui fasse mouvoir les organes de la manière dont les mots doivent être prononcés, » etc.

(1) Je m'en rapporte encore à l'expérience des instituteurs. Ceux de nos élèves qui possèdent bien cet intrument, Benjamin, Levasseur, Allibert, Dubois et même le jeune Gault, aiment à étudier leurs leçons à haute voix.

(2) Ces préjugés, cette sorte de répugnance, les élèves de Péreire la partageaient. (Opuscule de Pierre Desloges, page 52.)

sement, loin de confirmer ces appréhensions, la science médicale en démontre la fausseté. En effet, d'après les savantes observations de M. Itard et de plusieurs autres habiles praticiens, les phthisies pulmonaires sont trois fois plus fréquentes chez les sourds-muets, que chez les parlants; ces maladies s'y développent plutôt et font des ravages plus rapides. Le tempérament lymphatique, qui est celui du plus grand nombre, les dispose sans doute aux phthisies pulmonaires, mais la science n'hésite pas à reconnaître, dans le défaut d'action des organes respiratoires, la principale cause de ces fâcheuses prédispositions.

L'homme fut organisé pour exprimer sa pensée, spécialement au moyen de l'air mis en vibration dans l'appareil vocal; par une mystérieuse sympathie, les muscles pectoraux qui concourent à la production de la parole, n'entrent-ils pas en mouvement, même chez les sourds-muets, chaque fois que l'action cérébrale se trouve portée à un certain degré d'énergie? Un désordre dans l'organisme tend nécessairement à engendrer de nouveaux désordres; c'est ainsi que la surdité entraîne le mutisme. Trop longtemps inertes, les organes de la respiration n'acquièrent pas le degré de force et de développement nécessaire; l'expectoration devient rare; les mucosités s'accumulent, engouent les vaisseaux aériens. Voilà comment se trouvent provoquées les irritations de poitrine qui dégénèrent si fréquemment en funestes maladies. Le plus sûr moyen de les éviter, c'est de ramener l'enfant atteint de surdité, le plus près possible de son état normal, c'est de lui restituer l'usage de la parole. Cette vérité fut si vivement sentie à Copenhague, que l'administration ordonna l'enseignement de l'articulation artificielle comme exercice hygiénique.

Aux considérations nombreuses qui nous font adopter théoriquement la phonomimie comme moyen essentiel de communication et comme auxiliaire de la mémoire, vient donc s'ajouter encore la nécessité de fortifier par l'exercice l'appareil respiratoire, et d'y faciliter la circulation des fluides vitaux, afin de préserver le sourd-muet de sa déplorable tendance à la phthisie. Le médecin de l'Institut impérial des sourds-muets de Vienne, a constaté que cette maladie est plus rare chez les sourds devenus parlants, que chez ceux qui n'ont pas été appliqués à l'étude de la parole (1).

(1) Voyez ce qu'en dit le docteur Orpen, dans sa lettre adressée à l'éditeur de l'*Observateur Chrétien*. See Eleventh report (1826), of the national institution, for the Deaf and Dumb of Ireland, page 152.

M. le docteur Person, médecin de l'institution impériale de Saint-Pétersbourg, affirme également que la maladie la plus ordinaire aux sourds-muets est l'étisie; il pense que la cause doit en être attribuée principalement au peu d'action des organes respiratoires. De là, MM. Fleury et Gourzoff, directeurs de cette institution, infèrent avec raison qu'il serait utile et salutaire de soumettre les poumons de tous

EDUCATION DANS LES MAISONS PÉNITENTIAIRES, et moyens a employer envers les forçats libérés. — Toute notre vie à venir dépend essentiellement des premières impressions de notre enfance, et conséquemment l'éducation des hommes de toutes les classes est le premier bienfait dont un gouvernement religieux et tutélaire puisse doter les citoyens, qu'il régit et façonne, pour ainsi dire, au type de ses institutions et de ses lois. Alors la conscience des hommes ne sera plus enveloppée des langes épais et dégoûtants de l'ignorance de leurs devoirs; la liberté, appréciée à sa juste valeur, ne dégénérera plus en licence, l'amour de la patrie en rébellion, la religion en fanatisme, la piété en haine, ni l'astuce en hypocrisie; chacun, positivement instruit de ses droits et de ses devoirs, verra nettement devant lui la route qu'il doit suivre; et si l'ambition demeure encore au fond des cœurs, ce ne sera plus pour le dévorer des poisons d'une basse envie, mais comme un élément de ce feu généreux qui produit le génie, et en facilite l'honorable et quelquefois sublime développement.

Toutes ces choses, tous ces trésors de la civilisation, le temps seul les mûrit et les achève pour les peuples comme pour les individus; mais ils ne s'improvisent pas: et si nous consultons de sang-froid les fastes de l'histoire, nous y verrons écrit à chaque page que l'émancipation des peuples eût été plus rapide et plus sûre, si, loin de les heurter par des secousses violentes et trop fréquemment réitérées sans prudence et sans mesure, les novateurs, et bien souvent les hommes de bien, eussent laissé le despotisme s'user de lui-même, comme une puissance hors de nature et qui doit tomber tôt ou tard par les efforts mêmes qu'elle fait pour se maintenir contre le droit de tous ceux qu'elle abrutit, sans pouvoir jamais anéantir en eux l'inextinguible sentiment de leur éternelle dignité.

Oui, l'homme est, par sa nature, un être perfectible, et c'est peut-être la plus grande preuve de l'immortalité de son âme; mais c'est également un être sensible et impressionnable au plus haut degré. Il faut donc bien se garder, pour le faire participer à toute l'étendue, à tout le développement de sa divine intelligence, de le heurter incessamment sans prudence et sans ménagement.

Supposons un individu doué d'organes parfaits, et conséquemment propre à acquérir une grande puissance de sagesse et de savoir: cet individu n'arrive pas spontané-

les sourds-muets à une sorte de gymnastique vocale.

Ces messieurs sont portés à croire que la nature suggère cet expédient à quelques-uns qu'on voit se retirer à l'écart pour crier et chanter à leur manière. Enfin, ces honorables instituteurs croient avoir remarqué qu'un grand nombre de sourds-muets vieillissent, deviennent apathiques avant l'âge, et qu'une fois tombés dans cet état, les maladies dont ils sont atteints, leur sont presque toujours funestes.

ment à la maturité de l'âge, ni au bénéfice de l'expérience, qui ne s'acquiert qu'avec le temps. Eh bien, si quelque maître, distinguant d'un œil prompt et sûr tout ce qu'il y a d'espérance et de richesses dans l'esprit et le cœur de son élève, se hâte imprudemment de lui enseigner des choses évidemment encore trop au-dessus de sa conception, quelque prématurée qu'elle soit, qu'en arrivera-t-il ? C'est que l'élève, n'embrassant tout à coup que ce qu'il y aura de plus saillant dans les principes qu'on lui développe, se sentira spontanément emporté au delà des bornes mêmes de ce qu'on voulait lui apprendre, et, dans son précoce orgueil, prendra l'enthousiasme pour de la raison, ce qu'il éprouve pour de la sagesse, et ce qu'il néglige d'approfondir pour de vaines et stériles puérilités. Comme si, pour arriver à la perfection de quelque chose que ce soit, il n'était pas indispensable de parcourir pas à pas, et sans en oublier aucun, tous les degrés de l'échelle au haut de laquelle a été placé le but que nous désirons atteindre ! Prenons d'abord pour exemple un objet d'art.

Qu'un ouvrier, voyant un jeune homme rempli d'heureuses dispositions et de goût pour une profession utile, se hâte de lui donner, toute forgée pour la limer, puis la polir, une belle pièce de serrurerie : il n'est pas impossible que ce jeune apprenti ne réussisse à achever son ouvrage dix fois mieux et plus vite qu'un autre apprenti dix fois plus ancien que lui. Qu'en arrivera-t-il encore ? C'est que tout d'abord, se sentant gonflé d'une sotte vanité, il se constituera déjà, de son propre mouvement, le conseil et le régulateur des travaux de ses camarades. Cependant, au milieu de cette bouffée d'orgueil, voilà qu'on le charge de la conduite de l'atelier, tant il a su imposer par l'assurance de son langage et l'activité de son génie. Mais vain savoir, que le sien ! Un ouvrier vient lui demander à quel degré de chaleur il faut faire rougir un bloc d'acier, et il ne le sait pas, car il s'est mis de suite à limer et à polir ; un second vient l'interroger sur la forme la plus économique et la plus commode à donner aux bouches de sa forge, et il ne peut répondre, car il avait battu le fer avant d'avoir appris à le chauffer ; un troisième, enfin, désire savoir de lui quelle est la meilleure qualité du charbon de terre qu'on veut acheter, et il reste muet ; car il ignorait absolument que toute espèce de charbon ne fût pas également bonne à la chauffe. Voilà donc cet habile homme réduit à la honte d'avouer qu'il ne sait de son métier que ce qu'il y en a de brillant et non de solide, et contraint de le rapprendre de ceux-là mêmes au-dessus desquels il se croyait si éminemment élevé ! Toutefois, combien, durant ce dangereux triomphe d'une réputation usurpée, n'aura-t-il pas fait de dupes et de victimes ! et par les mauvaises marchandises qu'il aura livrées aux uns, et par la mauvaise route à travers laquelle il en aura entraîné quelques autres ? Eh bien ! il en est de l'éducation des peuples comme de celle de

cet ouvrier ; et les révolutions, nécessairement produites par la marche de la civilisation, leur eussent assuré depuis longtemps le bonheur et la liberté pour lesquels ils ont été créés, si d'habiles, mais imprudents forgerons ne se fussent hâtés de leur apprendre comment on achève l'édifice de l'ordre social, avant de leur avoir enseigné de quels matériaux il se compose, et l'art si difficile, mais si important, de les coordonner entre eux.

Ainsi donc, pour arriver à bien, il faut, en toutes choses, commencer par le commencement, ou sinon se vouer dans sa carrière, quelle qu'elle soit, à de bien honteuses, et souvent de bien cruelles déceptions. Or, pour l'homme moral, le commencement de l'estime, de l'honneur, de la gloire, de la probité, c'est l'instruction fondée sur les principes religieux, sans lesquels elle n'est jamais qu'un élément de plus de crimes et d'opprobre, de honte et de perversité. La refuser aux peuples, c'est étouffer ce qu'il y a de divin en eux, et faire de leurs âmes célestes des fournaises de souillures et d'impuretés ; mais les y rappeler, c'est assurément les aimer.

Le gouvernement français a si bien compris cette vérité, qu'il vient de rétablir un projet largement médité : celui des colonies pénitentiaires dans les colonies françaises. Nous désirons, pour notre compte, qu'il s'y rattache des mesures propres à améliorer la position des forçats libérés ; l'intérêt de ces derniers, celui de la société tout entière, sont de nature à l'y déterminer.

Les forçats libérés composent, en France, une classe nombreuse d'hommes, que l'on peut, à juste titre, appeler infâmes, dans la vieille acception du mot latin *famosi*.

Le glaive de la justice, en les frappant, a laissé sur leur front l'empreinte d'une flétrissure morale que l'expiration de leur peine ne peut elle-même effacer ; chacun s'en éloigne comme on ferait d'animaux venimeux ; on les craint, on les a en horreur. Parias de notre société civilisée, ces hommes chercheront en vain à mettre honorablement en œuvre les facultés heureuses que leur a trop souvent départies la nature. Partout on leur refuse le travail ; on les repousse avec mépris. Le gouvernement lui-même, qui appliqua avec quelque succès, aux investigations secrètes de la police, les instincts les moins malfaisants de ces êtres dégradés, le gouvernement dédaigne aujourd'hui leurs services. Est-ce un bien, est-ce un mal ? L'examen de cette question entraînerait à une discussion inutile pour le but que je me propose : j'éviterai donc de m'y livrer.

Il nous suffit de constater comme un fait positif, ou du moins déclaré tel par un préfet de police, qu'aujourd'hui les forçats libérés doivent, comme les autres hommes, trouver le soutien de leur existence dans le travail qu'ils peuvent obtenir des particuliers ; mais ce n'est pas tout de poser un principe, il faut aider aux conséquences : qui veut la fin, veut les moyens, et ce sont

ces moyens négligés jusqu'à ce jour, dont on doit s'occuper au plus tôt.

En effet, les cas de récidive, qui se reproduisent chaque année, et les révélations qu'apportent à nos audiences criminelles les relaps, sur les difficultés nombreuses qu'ils éprouvent à trouver chez leurs concitoyens une occupation à la fois stable, honnête et lucrative, suffisent à démontrer de quelle faible ressource est pour eux cette seule planche de salut qui leur est laissée : aussi beaucoup d'entre eux préférent-ils se replonger d'eux-mêmes dans l'abîme, qu'attendre, en s'abandonnant à ce dernier espoir, le moment où ils iraient infailliblement se briser contre quelque écueil plus redoutable encore ; et ceux qui agissent ainsi, l'on serait tenté de les appeler les sages parmi ces hommes mauvais.

La presse quotidienne présente fréquemment des faits à l'appui de ce que j'avance, j'en choisirai deux seulement, puisés, l'un dans le *Journal des Vosges*, l'autre dans la *Gazette des tribunaux*.

Le premier nous montre un forçat libéré qui, sorti à peine de la prison d'Épinal où on l'avait renfermé pour avoir rompu son ban, refuse de retourner dans sa commune ; et qui, loin de profiter du passeport qu'on venait de lui délivrer, s'empresse de commettre dans la ville quelques larcins, et revient bientôt les dénoncer lui-même à la mairie ; ses réponses au juge d'instruction feront suffisamment connaître les motifs de sa conduite. « J'ai volé, dit-il, mais sans me cacher et seulement pour me faire mettre en prison ; tâchez d'arranger cela, monsieur le juge, pour que je retourne d'où je viens ; car au moins dans ce régiment-là j'avais du pain en travaillant. »

Dans la *Gazette des tribunaux*, n° du 29 juin 1833, il s'agit d'un Gallois accusé de vol ; après avoir nié d'abord qu'il eût subi de précédentes condamnations, et enfin forcé de convenir qu'il a fait vingt ans de travaux forcés, le président le qualifie d'incorrigible ; il lui répondit : « Écoutez : une supposition que vous êtes maître tonnelier ; moi, je suis garçon, vous avez de l'ouvrage, je vas vous trouver, vous me dites comme ça ; — où est votre livret ? — moi je vous réponds : — je vous le montrerai ; je travaille huit jours ; mon travail va bien car je suis bon là ; mais point de livret : il faut que je vous montre mon passeport, vous lisez : — Forçat libéré, — ça sonne mal, et le lendemain vous me dites : — Gallois, il n'y a plus d'ouvrage ; je vous dois tant ; voilà votre argent. — Moi, je me dis : — il faut partir ; je suis connu. C'est-il clair, j'en prends où j'en trouve ; voilà mon histoire passée et à venir, et toujours enfoncé Gallois ; tenez, il est bien malaisé d'être honnête homme quand on est gueux. »

L'existence de faits pareils à ceux que nous venons de signaler est trop pénible à reconnaître pour qu'on n'éprouve pas aussitôt le désir d'en étudier les causes et de les anéantir dans leur principe : tel est le but vers lequel tendent tous les efforts de ceux qui réclament la réforme morale des prisons. Toutefois, dans cet article spécial aux forçats libérés, je laisserai intacte cette grande question de réforme, reconnaissant fort bien l'immense avantage que doit procurer à notre pays l'adoption d'un système pénitentiaire analogue à ceux qui sont établis aux États-Unis d'Amérique et en Suisse, mais pensant aussi qu'il n'y a peut-être pas moins d'utilité à résoudre cette question transitoire, que nous posons sans nous dissimuler sa difficulté.

Comment purger la France des forçats déjà libérés et de ceux qui finiront leur peine, avant l'établissement du régime correctif et essentiellement moral que nous appelons de tous nos vœux ?

Dans l'état actuel de notre législation pénale, ces hommes que nous avons reconnus former une classe à part, les forçats libérés, sont généralement des ex-condamnés aux travaux forcés à temps.

Ce sont donc ou des individus qui, familiarisés avec le crime, se sont trouvés trompés un jour dans leurs calculs, et portés par la récidive, des degrés inférieurs où ils se complaisaient jusqu'aux sommités peu enviées de l'échelle des peines ; ou bien, ce sont des êtres à l'âme dépravée, qui, emportés par la fougue d'une nature violente et corrompue, ont abordé de prime saut les attentats et les crimes, que la loi justement sévère frappe tout d'abord de la peine des travaux forcés.

Quelle que soit, au reste, celle de ces catégories où il convienne de les ranger, ce seront presque toujours des hommes à habitudes perverses, et qui les auront prises, ces habitudes, qui les auront conservées, par suite de l'impossibilité, évidente à leurs yeux, de vivre sans elles ; ce seront des hommes qui, pris à part et réprimandés avec douceur, répondront qu'ils seraient morts de faim s'ils n'avaient commis leur crime ; qu'il n'y avait pour eux à choisir qu'entre l'inanition et le bagne, et que pour leur malheur un instinct naturel les a poussés dans la voie qui conduit à cette dernière alternative.

Ont-ils raison de parler ainsi ? la réponse ne veut même pas être faite ; mais enfin tel est leur langage, et il exprime sans nul doute le fond de leur pensée.

Eh bien, à de pareils hommes, que dit la société ? que fait-elle pour eux ?

Placés dans une position qui, bien que pauvre et souvent malaisée, est pourtant commune à bien d'autres, ils n'ont su vivre que par le crime ; la société les en punit, et certes on ne saurait dire qu'elle fait mal ; mais pourra-t-il encore en être de même, quand, après la punition, on verra la société qui les a déclarés infâmes, qui les a flétris aux yeux de tous, qui par là les a placés dans une position tout exceptionnelle, et, par conséquent, pire que n'était la première ; quand on verra la société leur dire dans ces circonstances : « Allez maintenant, votre peine a cessé, vous pouvez rentrer dans les rangs

des autres hommes; je me réserve seulement sur vous le droit d'une surveillance plus active: ainsi, tels et tels lieux vous seront interdits, mais vous pourrez m'indiquer un autre qui vous convienne, et, s'il ne me plaît encore de vous l'interdire, un itinéraire vous sera fixé pour vous y rendre. Après votre arrivée, vous n'aurez plus qu'à vous présenter devant le magistrat pour y faire reconnaître votre qualité; puis il vous sera loisible de vivre là comme tout autre, et nulle mesure restrictive de votre liberté ne vous atteindra plus qu'à votre départ de ce lieu; encore ne seront-elles différentes de celles qui viennent d'être indiquées. »

Nous l'avouons franchement, nous ne saurions approuver ce langage que la société, dans ses lois, tient aux malheureux qui en ont subi les rigueurs; et, sans nous arrêter à signaler les dangers, les lenteurs pernicieuses et les inconvénients de tous genres qui résultent de l'exercice même des mesures dont nous venons de parler, nous ferons de suite reconnaître l'importante lacune qui se manifeste au premier coup d'œil dans cette législation.

Ne voit-on pas, en effet, que la surveillance de la haute police n'est qu'une mesure de défiance; juste, sans doute, mais bien insuffisante, puisqu'au lieu de donner aux libérés, vis-à-vis desquels elle est nécessaire, un moyen d'existence honnête, elle leur rend, au contraire, plus difficile ceux sur lesquels on leur dit de compter exclusivement; les jeter ainsi, comme des bêtes affamées, au milieu de la société, c'est leur dire : travaillez si vous le pouvez; si vous ne le pouvez pas, pillez, assassinez. Ne serait-il pas mieux de leur dire : demandez du travail aux particuliers, s'ils vous en refusent le gouvernement vous en donnera; et ne pourrait-on pas avoir de grands ateliers où ils travailleraient pour le gouvernement, par exemple, aux fournitures militaires ou à tout autre objet important? Si l'on trouve ces travaux en dehors de leur capacité, on n'en pourra pas dire autant des travaux de terrasse et de défrichement, qui exigent beaucoup de bras et sont à la portée de tous les hommes.

A ces innovations, la surveillance des libérés ne perdrait rien et l'on y gagnerait de leur procurer en même temps des moyens d'existence; mais ce ne serait pas encore là atteindre le but que nous nous proposons, et qui tend à nettoyer la France de cette lèpre dont elle est couverte; d'ailleurs une objection, tirée des principes de la liberté individuelle, est faite contre ces premières idées que suggère tout d'abord l'examen de la loi! Si un homme refuse le travail que lui offre le gouvernement, s'il trouve son salaire très-modique et qu'enfin il préfère rester oisif, comment le forcerez-vous à se soumettre?

Il faut donc un remède plus radical; sans repousser absolument le premier, qui se présente comme un lénitif insuffisant, il faut une loi, qui pourtant ne soit pas entachée de rétroactivité et qui se combine avec les dispositions de la loi actuelle, dont elle ne serait que la suite ou le corollaire.

Ainsi, partant du principe de la surveillance simple déjà mis en pratique, on dirait aux forçats libérés: « Conformez-vous à ce que cette surveillance prescrit; restez dans le lieu de votre résidence, vivez-y de votre travail, et, si vous voulez changer de résidence, demandez l'autorisation nécessaire et attendez-la; si le travail vous manque, je vous en offre; venez dans les ateliers publics qui vous sont ouverts, si vous refusez cette dernière ressource par amour d'une liberté sans frein, si, en un mot, vous voulez vous soustraire à la surveillance de l'administration, vous vous rendrez, par cela seul, coupables d'un nouveau crime qui vous fera encourir la peine de la déportation. »

La déportation! à ce mot, bien des gens vont se récrier. La peine est bien sévère, dira-t-on; peu proportionnée au fait qui la motive. Jusqu'ici l'infraction aux règles de la surveillance n'amenait qu'une condamnation à la prison, et la durée de cette peine était même restreinte dans de bien étroites limites.

Dans quels lieux les transporterez-vous, ces libérés récalcitrants?

Enfin, que de dépenses il faut faire pour les transporter n'importe où, et pour les garder!

Voilà les objections qui sont présentées : mais nous y répondrons : « Quant à la gravité de la peine nouvelle, que l'on songe aux hommes à qui elle s'applique, et dans quels cas particuliers il y aura lieu de la leur appliquer; que l'on songe à l'inefficacité de l'ancienne loi. Quant aux dépenses, sans doute, s'il fallait transporter tout à coup sur une rive lointaine la totalité des forçats libérés qui couvrent le sol de la France, il serait difficile et très-dispendieux de le faire; mais telle n'est pas la mesure que nous proposons : tant s'en faut! ce n'est qu'un petit nombre d'entre eux qui, par le fait, seraient déportés de temps à autre, c'est-à-dire ceux qui, après la loi nouvelle, se seraient soustraits à la surveillance de l'administration. » Il y en a certainement qui se soumettront volontiers à passer dans une colonie, nous en parlerons plus tard; mais que l'on considère, dès à présent, ce que la France gagnerait à l'adoption de notre proposition: elle se verrait bientôt purgée de la plupart des forçats incorrigibles; et l'on conviendra que, si les dépenses à faire pour le transport et la garde de ces hommes ne sont pas comblées par le bénéfice pécuniaire qu'il est permis d'en espérer, elles seront du moins compensées par l'utilité morale que le pays doit y trouver. Reste à indiquer le lieu de la déportation.

La Guyane française paraît réunir toutes les conditions pour recevoir une colonie du genre de celle que nous proposons; on a déjà désigné un emplacement sur la rivière du

Sinnamary, à six lieues de l'île de Cayenne; rien ne serait donc plus facile, si le gouvernement voulait s'y prêter, que la réalisation de ce projet.

Comme on le pense bien, nos adversaires n'abandonnent pas encore leur opinion; malgré nos réponses et le lieu de la déportation une fois indiqué, le mot de colonie une fois prononcé, ils nous disent : « Qu'espérez-vous de votre colonie ? qu'espérez-vous de ces hommes endurcis au crime que vous assemblez sur une terre lointaine ? ils prendront leurs mesures pour échapper à votre surveillance, ou bien il faudra pour les garder une force militaire imposante, qui viendra considérablement accroître ces dépenses de transport que vous nous faisiez tout à l'heure si modiques. »

Ici l'objection est plus spécieuse, mais bien loin d'être péremptoire.

Dans le système que nous soutenons, il s'agit non-seulement des forçats libérés actuels, mais encore de ceux à venir ; on peut établir deux genres de déportation: l'une forcée, applicable à ceux qui se seraient soustraits à la surveillance administrative; l'autre volontaire, applicable à ceux qui auraient des penchants au vagabondage et seraient peu amis du travail.

La déportation volontaire entraînerait des avantages réels, tels que la possession de terrains concédés par le gouvernement ; des primes d'encouragement pour le défrichement et la culture des terres de la colonie, en telle sorte, que les forçats libérés qui n'auraient aucune ressource en France, fussent portés d'eux-mêmes, lors de l'expiration de leur peine, à profiter des avantages que leur procurerait la colonie où ils vivraient libres et indépendants.

A l'égard de la déportation forcée, elle serait nécessairement plus rigoureuse ; une prison devrait renfermer dans la colonie même les condamnés dont on craindrait l'évasion ; les autres seraient employés au défrichement, et nul n'acquerrait de droits à une concession de terrains que par une bonne conduite.

Dès lors on voit que le danger des soulèvements de ces nouveaux colons n'existe plus ; les plus forcenés seront contenus par les autres devenus propriétaires et ayant une famille ; loin de trouver des complices dans leurs anciens camarades qu'une nouvelle existence aura déjà réformés, ils rencontreront en eux des adversaires : car ceux-ci, désormais guidés par leur propre intérêt, s'opposeront à tout projet funeste pour la colonie.

La dernière objection qu'on nous a faite est donc sans fondement solide, et doit tomber comme les autres.

Le résultat nécessaire de l'exécution du projet que l'on vient d'indiquer serait la disparition, sinon de la totalité, du moins de la majeure partie de ces hommes que vomissent les bagnes à chaque instant, et qui se répandent dans toutes les parties du pays; êtres dangereux, qui pourtant, transportés sur un autre sol, pourraient se rendre utiles comme bien d'autres, et redevenir meilleurs avec le temps.

Assurément il y aurait là débarras et profit pour la France; et nos législateurs, en établissant les principes de la loi future sur la réforme pénitentiaire, feraient bien de trancher du même coup la question relative aux forçats libérés; pour cela, suivant nous, il leur suffit de joindre aux prescriptions actuelles du code sur la surveillance, une disposition par laquelle ceux qui viendraient à s'y soustraire pourront être déportés en vertu d'une dernière décision de la justice.

avant tout et pour requérir le moins souvent possible l'application de cette peine rigoureuse, le gouvernement devra, par une mesure indiquée dans la nouvelle loi, créer en France des moyens de travail aux libérés, de telle sorte que l'extrême sévérité de la peine ne s'applique qu'aux incorrigibles.

Eh ! pourquoi n'en serait-il pas ainsi ? dans l'ordre moral comme dans l'ordre physique, au sein de la société comme chez les individus, il existe des espèces de plaies qui nécessitent une opération malheureusement salutaire, celle du retranchement d'un de ses membres ; ne pas couper le bras qu'une fracture a gangrené, c'est vouloir que le corps entier périsse ; de même, ne pas retrancher d'un pays civilisé ces hommes corrompus qui ont juré une haine implacable aux lois et à l'humanité, ces gens qui ont brisé tous les liens sociaux et font une guerre sourde à leurs compatriotes ; ces hommes qui se cachent en temps de paix, mais qui aux jours d'émeute et de révolutions, se relèvent par milliers ; ne pas retrancher, dis-je, ces êtres malfaisants de la société qui les repousse, c'est vouloir tôt ou tard amener le désastre d'un pays florissant ; c'est vouloir faire dominer un jour le crime où doit régner la vertu; non pas que celle-ci gouverne seule dans le monde : elle est trop souvent hélas ! remplacée par l'intrigue, mais du moins elle est souveraine de droit, si je puis m'exprimer ainsi ; l'intrigue n'est qu'un fait qui atténue l'ascendant de la vertu, mais ne le détruit pas. Aussi voyons-nous de temps à autre sa voix s'élever dans le temple législatif et captiver l'attention de tous les partis politiques ; quand un orateur philosophe, quand M. Royer-Collard venait jeter sa grande pensée, son verbe solennel, dans une question qui touchait aux bases de l'édifice social, tout le monde écoutait et sentait pénétrer en soi un reflet de la haute raison qui l'animait.

Quand donc viendra le temps où les rouages du gouvernement représentatif auront acquis assez de force et d'équilibre, où la fièvre politique qui dévore nos législateurs sera suffisamment calmée, pour que les questions de réforme morale soient discutées sans aucune préoccupation de parti? Ce temps est peut-être encore loin de nous ; quoi qu'il en soit, nous avons toujours fait un pas immense vers le but en obtenant, malgré les agitations de la politique, une

loi sur le régime pénitentiaire, mais qu'on
ne s'y trompe pas, la plaie que j'ai signalée,
appelle un secours plus prompt encore que
la réforme des prisons, si l'on veut éviter
les conséquences, de jour en jour plus funestes, qu'entraîne après elle la condition présente des anciens forçats au milieu de la
société.

**ÉDUCATION NATIONALE.** — L'éducation de la jeunesse doit être nationale, c'est-
à-dire qu'elle doit élever les enfants dans
l'amour de leur patrie, mais elle ne doit pas
être politique; elle doit les tenir dans une entière ignorance, ou tout au moins dans un
heureux éloignement des tristes débats de
l'opinion. Ce n'est pas tout : nationale dans
le cœur, l'éducation doit être aussi nationale
par la forme, si nous pouvons nous exprimer
ainsi. Chaque nation a une physionomie
qui la distingue : le souvenir et l'image doivent s'en retrouver dans l'éducation; et
pour rendre notre pensée avec le plus de simplicité et de clarté possible, un jeune Français ne doit pas être élevé comme un Allemand, ou un Espagnol, ou un Italien : son
éducation doit être toute française, et faire
retrouver en lui la physionomie noble et
heureuse de sa patrie. Voilà le seul sens dans
lequel pourrait être vraie et raisonnable
cette parole : *il faut que la jeunesse soit moulée à l'effigie de la nation.*

Non-seulement l'éducation nationale ne
doit point exclure l'amour de l'humanité,
mais elle ne doit pas même inspirer du mépris pour les nations étrangères. L'Allemagne nous donne l'exemple d'un travail patient, infatigable, profond. L'Angleterre,
d'un caractère sérieux et ferme dans ses
desseins; l'Espagne a eu ses grandeurs, l'I-
talie aura toujours la sienne. Encore une
fois, gardons-nous de mépriser les autres,
de dédaigner ce qui nous est étranger. Ceux
qui nous dédaignent et nous méprisent sont
injustes envers nous : ne le soyons envers personne, montrons-nous plus généreux.

Il ne manque en ce moment à la France
que de comprendre les grandes leçons et
d'accepter les grandes lois de la Providence.
Il y a eu, dans les annales des nations, trois
grands siècles dont la splendeur domine
encore et illustre le genre humain. A ces
trois grandes époques, les hommes de génie sont venus après les sages; après les
hommes de génie, les sophistes. La sagesse,
la simplicité et la vertu ont précédé le génie et la gloire, puis sont venus la vanité,
le bel esprit et le mensonge, puis les révolutions et les désastres. Un grand siècle se
présente d'abord à nous : sept sages ont
fait une éducation; Périclès, lui donne son
nom, et ce siècle d'un souvenir immortel
n'a su préparer à la Grèce après lui que le
sophisme et le mensonge, et le Parthénon
n'est demeuré debout jusqu'à nos jours que
pour voir une succession de faiblesses et de
misères inexprimables. Auguste vient plus
tard avec le cortége des hommes de génie
qui l'entourent; mais avant eux on avait vu

les sages Lælius, Scipion, Térence, Ennius,
les Caton et tant d'autres : mais après Auguste paraît un Tibère, puis un Claude im-
bécile, et si le pêcheur de la Galilée n'était
pas venu planter sa tente au sommet du
Vatican, le peuple-roi eût été livré sans retour aux nations barbares, et la ville éternelle eût disparu de la terre. Nous avons eu
aussi notre grand roi et notre grand siècle :
mais avant lui, Richelieu qui fut roi sous
Louis XIII, procura à l'aide de Vincent-de-
Paul, et surtout à l'aide des Jésuites qui
comptaient alors 65,000 élèves instruits gratuitement dans leurs colléges; Richelieu procura à la jeunesse française une forte et
énergique éducation. Les hommes de génie
en naquirent; ils remplirent de leur gloire
la France entière, l'Europe en fut étonnée,
l'univers les admire encore; puis après eux
les sophistes. Et à peine voit-on surnager
çà et là quelques débris épars de vérité ou
de vertu, qu'on va sauver un à un, comme
ces richesses échappées au naufrage et que
les mers ballotent dans leur furie : car il y
a toujours des âmes magnanimes, des hommes inspirés qui se dévouent, qui affron-
tent les dangers de la tempête, qui se jettent
au milieu des vagues pour sauver ce qu'elles
n'ont pas englouti. N'en sommes-nous pas
personnellement un exemple? Depuis quatre années nous luttons courageusement
contre des difficultés sans cesse renaissantes,
qui nous feraient désespérer du succès de
l'œuvre que nous avons à cœur pour conserver la vie et la moralité de milliers de
jeunes enfants de la capitale, et que la cupidité sacrifie tous les jours au calcul égoïste
de quelques hommes, d'autant moins dignes
d'estime qu'ils se montrent plus hostiles à
la réalisation d'un projet qui, d'un avis presque unanime, honore l'humanité. Mais qu'y
faire? B*** et le protestant Mettétal passeront, et la postérité, après Dieu, nous jugera. Que nous importe? Il y a sur toutes
les mers des côtes inhospitalières où les
efforts des plus généreux dévouements vont
trouver pour leur récompense le pillage et
la mort.

Rien en cela ne saurait nous étonner : s'il
suffisait aux principes nouveaux de la civilisation moderne de paraître pour triompher,
le monde serait plus heureux, l'histoire plus
courte et l'homme moins grand. Mais quand
une vérité jusqu'alors inconnue commence
à poindre, veut se familiariser avec les hommes et se répandre parmi eux, elle trouve la
place prise, et depuis longtemps occupée.
Les idées anciennes sont en possession, et
la vérité sera contrainte à l'usurpation pour
peu qu'elle veuille s'établir et s'asseoir.
Alors commence la lutte, le génie novateur
qui s'ignore lui-même, impatient de jeunesse, ivre de force et d'espérance, saisit la
victoire au vol, alors la lutte recommence
et devient plus acharnée. Voilà l'image des
diverses péripéties qu'ont subies toutes les
modifications les plus humanitaires. Les
hommes fortement imbus des principes d'une
éducation aussi vraiment chrétienne que

nationale en sont toujours demeurés victorieux.

**ÉDUCATION (OBJET MORAL DE L').** — Malgré le caractère comparativement sérieux de notre époque, nous sommes toujours témoins de cette oscillation d'idées qui emporte d'un extrême à l'autre les esprits sans croyances et d'une foi mal affermie. Il y a soixante ans, ceux qui se donnaient pour les interprètes de la science et de la raison n'auraient vu qu'un rêve insensé dans la pensée d'une autre vie : pour l'homme, tout devait finir avec ce corps. Aujourd'hui, non-seulement la philosophie admet une existence à venir, mais elle en détermine la nature à son gré. Elle prophétise pour l'homme un état définitif de bonheur, ou des périodes successives de développement indéfini et de félicité correspondante ; et elle écarte de cette vie future toute idée de souffrance éternelle, qui effrayerait l'imagination : car elle ne conçoit pas qu'une créature morale, capable de connaître et d'aimer le souverain bien, soit faite pour une fin malheureuse. Du reste, elle ne prétend pas avoir puisé cet article de son nouveau symbole à une source plus élevée qu'elle-même : elle le proclame comme éclos à sa lumière, et, forte de sa seule conviction, elle fonde la certitude de notre heureux avenir sur les exigences de la nature humaine, qui ne peuvent manquer d'être satisfaites.

Assurément c'est un grand pas d'avoir rompu avec le matérialisme, doctrine de la mort et du néant, et rappelé l'humanité à des destinées immortelles. Mais tout n'est pas fait pour assurer son bonheur, quand on lui a dit qu'elle a le droit d'y compter, et qu'elle l'atteindra infailliblement. Que l'âme humaine ait d'autres besoins que le monde des corps, et par conséquent une fin plus noble, aucun peuple, aucun siècle n'en a douté. Est-ce à dire pour cela que la simple étude philosophique de l'homme nous donnera le dernier mot de nos destinées ? Pour qu'on en pût concevoir l'espérance, il faudrait d'abord que la fin suprême et certaine de l'homme fût rigoureusement proportionnée à sa capacité naturelle : or, cette première condition est refusée par le genre humain, qui se croit appelé à une fin supérieure à sa nature. Il faudrait, en second lieu, que l'homme eût l'intelligence assez parfaite pour découvrir et discerner d'une manière nette et sûre ce qui est de son essence et ce qui en découle inévitablement : avantage que nous sommes fort éloigné de reconnaître à l'esprit humain dans son état actuel, à cause de sa dégradation primitive et transmise. Et pourtant, quels dangers pour l'humanité, si elle vient à se méprendre sur sa fin ; si, faute de la connaître avec une entière certitude, elle s'engage dans une voie qui l'en détourne au lieu de l'y conduire ! Nous savons que les partisans du naturalisme exclusif ne tiennent pas compte des deux difficultés indiquées précédemment : ils nient l'existence d'un ordre surnaturel et d'une faute ancienne dont

toute l'humanité soit solidaire. Mais une négation, même la plus hardie, ne détruit pas les vérités : autrement il n'en resterait pas une seule debout. Nous croyons donc qu'il est important, à l'heure où tout l'édifice des croyances chrétiennes est sapé par la base, d'examiner sur quels fondements repose le Christianisme, conçu comme religion surnaturelle, révélée et réparatrice, et de quelles armes on fait usage pour le combattre. Depuis les siècles où la question de l'unité de Dieu occupait et divisait l'esprit du genre humain, jamais peut-être il ne s'engagea, entre la science mondaine et la foi, de lutte d'un aspect plus gigantesque et plus menaçant que celle dont nous sommes aujourd'hui témoins. Les réflexions suivantes ne sont point émises dans l'intention présomptueuse de nous mêler à cette lutte et d'influer sur sa direction, mais dans le dessein modeste et chrétien de nous rendre compte à nous-même de notre foi, comme saint Pierre le recommandait à chaque fidèle, et d'offrir à quelques-uns de nos amis et de nos frères un moyen peut-être de saisir plus facilement le caractère et la tendance de la polémique chrétienne de notre époque.

Il y a peu d'expressions dans le langage humain qui aient donné lieu à des méprises plus graves, à des divergences plus fondamentales que celles qui sont nées de l'emploi des mots *nature* et *grâce*, *science* et *foi*, *ordre naturel* et *ordre surnaturel*. Ce n'est point une raison de renoncer à l'usage de ces mots : ils sont consacrés par le temps et par la nécessité, car ils expriment des choses aussi réelles que distinctes. Si l'abus qu'on a fait d'une chose légitime était pour elle un titre de proscription, que ne faudrait-il pas proscrire ? Notre devoir est donc de chercher à nous faire une juste idée de la nature et de la grâce, de l'ordre naturel et de l'ordre surnaturel, de la science et de la foi, afin de ne pas les confondre pour les mettre d'accord ; car le plus mauvais essai de conciliation serait de nier un des termes qu'il s'agit de concilier.

Par le mot *nature* on peut entendre les principes constitutifs d'un être et les propriétés qui en sont inséparables. Appliqué à l'homme, il désigne l'ensemble des conditions qui sont nécessaires pour le constituer comme tel, et dont la réunion détermine son essence.

Quelles sont les conditions constitutives de l'homme considéré comme individu et comme être collectif ? Premièrement, la coexistence et l'union, en une personne, d'une âme intelligente, aimante et libre, et d'un corps organisé que l'âme doit régir ; secondement, la vie sociale, parce que c'est la société qui transmet et conserve la vie du corps et qui développe la vie de l'âme.

Tout ce qui découle nécessairement, rigoureusement, de ces conditions réalisées, est *naturel* ; ce qui est opposé aux conséquences de ces conditions, est *anti-naturel* ou *contre-nature* ; ce qui est simplement

étranger aux conséquences de ces mêmes conditions, est *extra-naturel* ; et ce qui leur est supérieur est *surnaturel*. Ainsi la surnaturalité d'une chose ne vient pas de ce que l'origine en est divine. Si l'on niait ce principe, il faudrait dire que toutes les réalités, que toutes les natures mêmes sont surnaturelles, puisqu'il n'est pas de nature ou de réalité qui ne vienne de Dieu. Ce qui imprime à un fait ce caractère, c'est qu'il est produit par une puissance supérieure à la puissance des agents naturels dans l'ordre auquel il semble appartenir.

Comme la chaîne immense de la création, rattachée au Créateur, présente un ensemble où la variété des phénomènes s'harmonise dans l'unité du plan divin, tout être possible a des rapports nécessaires avec les autres êtres ; et l'expression de ces rapports est ce qu'on appelle sa loi. Ces rapports nécessaires, étant des conséquences rigoureuses de la nature de l'être, sont naturels, et la loi qui en est l'expression est naturelle au même titre. Il n'y a donc pas un être qui n'ait sa *loi naturelle*, dérivant inévitablement de sa constitution même.

La constitution d'un être contingent ne dépendant de lui d'aucune manière, sa loi non plus n'est pas son ouvrage. La raison souveraine du Créateur, en décrétant dès l'éternité la nature des êtres, a déterminé d'avance les rapports qui découlent essentiellement de la nature de chacun. La détermination de ces rapports dans l'entendement divin est la *loi éternelle* ; l'obligation de les entretenir, imposée à la créature évoquée du néant, devient sa *loi naturelle*.

Toute nature suppose une fin qui lui corresponde, et la loi d'un être a pour but de l'y conduire. Ainsi, entretenir avec Dieu et avec l'univers les rapports dictés par sa nature propre, c'est, pour chaque être créé, accomplir sa loi naturelle, et atteindre sa fin, naturelle aussi.

La fin de toute existence peut être envisagée sous deux points de vue, dans son *objet* et dans son *sujet*, comme *objective* et comme *subjective*.

La fin objective d'un être est le but pour lequel il existe. Considérée objectivement, la fin d'un être limité lui est toujours supérieure, car le but de toute créature est plus élevé qu'elle, de même que son principe.

La fin subjective d'un être est le mode d'après lequel il atteint son but : elle consiste à répondre à l'action divine sur lui par la réaction dont il est capable. Considérée subjectivement, la fin rigoureusement nécessaire ou essentielle d'un être est toujours conforme et proportionnée à sa nature.

Vu les rapports qui lient les créatures entre elles et le concours des unes à l'existence, au développement des autres, on pourrait assigner à la plupart des êtres contingents plusieurs fins objectives. Ainsi les substances inorganiques auraient immédiatement pour fin les êtres organisés qui s'en nourrissent ; le monde matériel, pris dans son ensemble, aurait pour fin immédiate l'hom-

me, qui le domine par son intelligence et par sa volonté, et le soumet à son usage. Cependant l'homme n'en est pas la fin dernière : simple anneau, mais anneau le plus élevé dans la série des êtres qui composent le monde visible, il les rattache à Dieu, Cause universelle et But suprême de tout ce qui existe.

Du côté de l'objet, la fin générale et commune des êtres limités est donc nécessairement Dieu : c'est la glorification du Créateur par la manifestation de sa puissance, de son intelligence et de son amour, ou du triple caractère de son être absolu et parfait.

Mais considérée sous le point de vue subjectif, la fin des créatures se diversifie comme les genres et les espèces dans la création. Les natures différentes participant diversement à l'être, et chacune ayant dès lors une aptitude propre, une vertu spéciale pour manifester en soi la puissance, l'intelligence et l'amour du Créateur, chaque nature prise à part a nécessairement un mode déterminé de concourir à la manifestation des caractères essentiels de l'Être et par conséquent une fin propre et distinctive, qui dérive de son essence même.

Si donc la fin subjective de toute créature est de répondre à l'action de Dieu sur elle par la réaction dont sa nature la rend capable : si la fin des substances inorganiques et végétales est de se prêter, selon les lois qui découlent de leur constitution, à l'usage des substances plus parfaites qui les emploient ; si la fin des animaux est d'être utiles à l'homme, s'il en est qui le servent avec une sorte d'inclination instinctive, et si le principe immatériel qui réside en eux en rend plusieurs capables de reconnaissance et d'attachement, l'homme doit nous offrir quelque chose d'analogue, mais de bien plus relevé ; sa réaction vers Dieu doit être plus parfaite, pour correspondre à la perfection plus grande de sa nature. C'est surtout par l'exercice de ses facultés les plus nobles, de son intelligence et de sa volonté, qu'il doit tendre à son but ; sa fin est de connaître le Créateur se manifestant par le spectacle de ses œuvres, et de l'aimer librement comme l'auteur et le conservateur de toute existence, comme la source de tout bien. La connaissance et l'amour, qui entraînent à leur suite l'activité extérieure, voilà donc la fin subjective de l'homme, le principe et l'essence de ses rapports avec Dieu.

En outre, vu le besoin qu'il a de vivre en société, et de communiquer avec la création inférieure, il y a entre lui et tout ce qui l'environne des rapports déterminés, nécessaires, qu'il doit respecter et entretenir, sous peine de troubler l'harmonie de la création en violant sa nature ou celle des autres êtres.

Tous ces rapports, qui lui sont imposés par l'essence même des choses, forment l'ensemble de ses devoirs et constituent sa loi générale, pour laquelle on ne peut trouver de nom plus juste que celui de loi na-

turelle, parce qu'elle est l'expression de la nature des êtres.

Ceux de ces rapports qui lient l'homme à Dieu comme au principe de son existence et de sa conservation, comme à l'objet propre et au but final de son intelligence et de son amour, constituent la religion, qui est naturelle comme la loi générale dont elle est la partie la plus importante et la plus élevée. Tous les autres composent la loi naturelle prise dans le sens ordinaire, destinée à régir l'homme dans sa vie purement physique et sociale.

La nature de l'homme et les avantages qui en découlent nécessairement, considérés sous un point de vue, sont bien un don, une grâce, puisque Dieu ne doit l'être à personne. Cependant ils ne sont qu'un don naturel, et nous ne l'appellerons pas une grâce véritable, car le langage chrétien réserve ce nom pour une chose bien autrement magnifique. Ce qui est une dette n'est point une grâce : or, tout ce que nous avons considéré dans l'homme jusqu'ici, son corps, son âme, l'union de l'un et de l'autre, sa destination qui est de posséder d'une certaine manière le souverain bien par la connaissance et l'amour du Créateur, sont une dette de Dieu à l'égard de l'homme, du moment où il a résolu de le créer; il ne saurait lui refuser aucun des principes qui le constituent, aucune des propriétés qui caractérisent sa nature, ni la destination qui en est une conséquence rigoureuse, sans altérer l'essence de l'homme et renoncer à le créer tel qu'il l'a conçu.

Avec une telle nature et une telle destinée, l'homme vous semble-t-il une œuvre digne de Dieu? Certes sa part est belle dans la création. Seul sur la terre il jouit avec intelligence des splendides largesses du Créateur, et peut s'élever par la pensée et par l'amour jusqu'à la source d'où jaillissent tant de merveilles. Les astres qui roulent dans l'espace lui dispensent leur lumière, quelques-uns leur chaleur, et ils répandent autour de lui la vie et la fécondité. Tout sur la terre lui est assujetti, et tout doit servir à son utilité, à ses plaisirs. Placé au milieu de tant d'êtres dépourvus de raison, il en est le roi, l'interprète et le pontife : il doit les régir, chanter pour eux l'hymne de l'admiration et de la reconnaissance et les rapporter à leur principe, qui est aussi leur fin.

Ne craignez pas que son bonheur s'évanouisse comme les fragiles existences qui l'entourent : par quelque état que doive passer son corps d'argile, son âme est immortelle. Sans doute elle n'a qu'une immortalité communiquée, puisque rien n'est dans l'être fini que par communication; mais cette immortalité, elle la possède comme une propriété inhérente à sa nature et sans danger de la perdre jamais. Dieu a posé l'âme dans l'existence et l'y maintient comme toutes les créatures, avec cette différence pourtant qu'il a soumis les êtres matériels à des lois de formation et de développement, qui amènent inévitablement leur dissolution, après les

avoir conduits au plus haut degré de perfection et de force qu'ils dussent atteindre, de sorte qu'il ne reste d'eux que leurs principes ou leurs éléments qui passent à un nouvel état, tandis que les lois qui régissent la créature spirituelle, la développant et la perfectionnant sans lui faire éprouver aucune composition ou décomposition de substance, ne peuvent jamais altérer sa constitution. De là la permanence de la créature intelligente dans l'être, de là son immortalité, qui résulte de ses principes constitutifs et de ses lois naturelles, comme l'altération de substance, la mortalité, la mort, résultent naturellement de la constitution et des lois de toute créature matérielle et organique. Si donc l'âme de l'homme ne se rend pas indigne de son rang et de sa félicité en violant sa loi, Dieu saura fournir à toutes ses facultés l'aliment qu'elles réclament. Les champs de la création sont vastes, et pendant des siècles sans fin elle y pourra contempler les traces de la puissance, de la sagesse et de la bonté divines, et par là s'élever à une connaissance toujours plus étendue, à un amour toujours plus grand des perfections du Créateur, d'où naîtra pour elle un bonheur toujours croissant.

Mais, pour accomplir sa loi et répondre à sa destination, l'homme a besoin de lumière et de force. Cette lumière et cette force seront-elles en lui naturellement, comme conséquences de sa nature? Il nous semble qu'on ne peut pas supposer le contraire : autrement l'homme serait appelé à une fin naturelle qu'il n'aurait pas naturellement le moyen d'atteindre; il y aurait disproportion entre sa nature et sa fin, ce qui dénoterait dans le Créateur un défaut de sagesse et de justice, et ferait une exception choquante à l'ordre universel; car toutes les autres créatures, placées dans des conditions normales, portent en elles-mêmes la puissance naturelle d'arriver à leur fin. A la vérité, c'est Dieu qui donne à l'homme ce double moyen; il lui communique la force directement, et la lumière par la parole qu'accompagne l'illumination intérieure; mais ce don est purement naturel, comme le don de la nature elle-même dont il n'est que le complément exigé, avec cette réserve toutefois que cette lumière et cette force ne sont pas des principes constitutifs et inamissibles comme les propriétés de l'âme, mais seulement un degré nécessaire de perfection dans l'intelligence et dans la volonté. De là les lumières naturelles de l'esprit et la force naturelle que l'homme possède pour le bien. Le droit général que l'homme nous paraît avoir à ces deux avantages ne le rend pourtant pas indépendant de Dieu. Ces avantages n'étant pas inamissibles, il peut par sa faute s'en priver plus ou moins. La fidélité, la prière sont dès lors le moyen naturel donné à l'homme pour les conserver ou pour en obtenir l'augmentation.

Nous avons essayé jusqu'ici de caractériser l'état et la condition nécessaire de l'homme, d'après la notion qui nous est donnée de sa

nature. Cette nature, une fois admise, implique les conséquences que nous avons indiquées, et, à notre avis, n'en implique pas d'autres. Jamais on ne prouvera qu'en donnant à l'homme la nature qui le distingue, Dieu ait dû l'appeler, en vertu de son essence même, à une fin plus noble.

Cependant la munificence divine ne s'est pas arrêtée là. Celui qui se manifestait naturellement à sa créature intelligente par la création, a voulu l'élever à une plus haute contemplation de lui-même, à la vue de son essence incompréhensible, ineffable : vue si claire et si parfaite qu'on l'appelle *vision intuitive.*

N'espérons pas en avoir une idée complète en cette vie. Saint Paul, à qui avait été montrée la gloire du ciel, n'en a pu dire autre chose sinon que l'œil n'a point vu, que l'oreille n'a point entendu, que le cœur de l'homme n'a pu concevoir ce que Dieu prépare à ceux qui l'aiment (1). Le langage fait pour raconter les joies de l'éternité n'est pas celui de la terre. Qu'il nous soit permis cependant de rappeler en peu de mots l'enseignement de l'Eglise sur ce sujet.

La vision intuitive consiste à voir Dieu, non plus de loin (2), c'est-à-dire dans ses œuvres, image infiniment éloignée de sa souveraine beauté; non plus sous une forme empruntée et sensible, comme il apparut quelquefois aux patriarches, à Moïse et aux prophètes; non plus en énigme, comme dans le demi-jour de la foi chrétienne; non plus revêtu d'une chair passible et mortelle, comme lorsque le Verbe incarné conversa parmi les hommes; non pas même sous une forme intelligible, distincte de lui et pure représentation de son être; mais face à face, dans son essence propre, en un mot, tel qu'il est. *Nous sommes déjà enfants de Dieu,* dit saint Jean; *mais nous ne voyons pas encore ce que nous serons un jour. Nous savons que, lorsqu'il apparaîtra, nous lui serons semblables, parce que nous le verrons comme il est* (3).

L'Eglise a sanctionné cette doctrine dans un de ses conciles œcuméniques, où elle a défini que les âmes des justes, après leur mort, *voient Dieu clairement comme il est, un en trois personnes* (4).

Les yeux ne seront jamais l'instrument de cette vision. La raison en est facile à comprendre : un acte porte toujours le caractère de la faculté dont il émane; or une faculté corporelle n'a de relation qu'avec le monde des corps, et ses opérations, quelque perfectionnées qu'on les suppose, ne sauraient changer de nature, puisque les natures sont immuables. Ainsi, aucun de nos sens ne pourra jamais atteindre un objet purement spirituel; et cependant Dieu est Esprit.

C'est donc dans l'âme et par elle que s'accomplit la vision béatifique. Ce n'est pourtant point par elle uniquement; car une in-

telligence créée ne peut avoir d'elle-même la force de contempler l'essence divine. Le sujet de la connaissance n'en saisit l'objet que d'une manière conforme à sa nature, propre et déterminée par elle. Si donc la nature de l'objet à connaître est supérieure à la nature du sujet, le premier de ces termes n'étant conçu par le second que suivant la nature de celui-ci, l'essence de l'objet échappe en partie à la faculté du sujet. Or c'est ce qui arrive quand une intelligence finie se trouve en présence de l'Etre absolu. Elle ne peut avoir de l'Etre absolu le mode de conception qu'il a de lui-même; et comme ce mode de conception n'est autre chose que la vue de son essence, il s'ensuit que toute créature en est naturellement incapable. C'est ce qui fait dire à saint Thomas que « nulle intelligence créée ne peut voir Dieu dans son essence, qu'autant que Dieu, par sa grâce, s'unit à l'intelligence créée, en se rendant intelligible pour elle (1).

« Tout ce qui est élevé, ajoute-t-il, à quelque chose de supérieur à sa nature, doit y être préparé par une disposition supérieure à sa nature aussi. Or, dès qu'une intelligence créée voit Dieu par son essence, l'essence divine elle-même devient la forme de cette intelligence. Il faut donc qu'une disposition surnaturelle intervienne pour l'élever à une telle sublimité. Ainsi, comme la force naturelle d'une intelligence créée ne suffit pas pour voir l'essence divine, il faut que la grâce de Dieu lui ajoute un surcroît de force intellective. Et ce surcroît de force intellective, nous l'appelons illumination de l'intelligence, comme nous appelons lumière l'objet intelligible lui-même. C'est là cette lumière dont il est dit dans l'Apocalypse que *la splendeur de Dieu illumine la cité* sainte (2). Par la vertu de cette lumière nous devenons déiformes, ou semblables à Dieu, suivant cette parole de saint Jean : *Quand il apparaîtra nous lui serons semblables, parce que nous le verrons comme il est* (3). »

Cette lumière surnaturelle à toute créature, et qu'on appelle *lumière de la gloire,* est donc nécessaire pour manifester la divine essence, non pas en la rendant plus intelligible, elle l'est d'elle-même infiniment; mais en communiquant à l'esprit créé une force et un mode de concevoir qu'il ne trouvait pas dans sa nature. Du reste, elle ne lui communique jamais la compréhension absolue de l'Etre infini, car elle n'est jamais communiquée sans mesure. Le degré auquel une créature y participe est déterminé principalement par la grandeur de sa charité. « Car, là où la charité est plus grande, là est un plus grand désir. Et le désir dispose en quelque sorte, et rend plus apte celui qui l'éprouve à en obtenir l'accomplissement. Celui donc qui aura plus de charité verra Dieu d'une manière plus parfaite et sera plus heureux (4). »

(1) *I Cor.* ii. 9.
(2) *Job.* xxxvi, 25.
(3) *I Joann.* iii, 2.
(4) Concile de Florence. Décret pour la réunion des Grecs.

(1) *Sum. Theol.*, p. i, q. 12, a. 3.
(2) *Apoc.* xxi, 23.
(3) *Sum. Theol.*, p. i, q. 12, a. 5
(4) *Sum. Theol.*, p. i, q. 12, a. 6.

Le principal effet de la vision intuitive est de dévoiler l'essence divine et tous ses attributs, absolus ou relatifs; sa puissance d'être et de créer, sa sagesse et son amour; la nature et les relations des personnes, ou la Trinité, en un mot tout ce qui est d'une manière formelle dans la substance infiniment parfaite.

Et comme tous les êtres finis, avant d'être réalisés par la création dans le temps et dans l'espace, de même qu'après cette réalisation, sont en la puissance divine comme en leur cause, et dans le Verbe divin comme en leur type, dès qu'une intelligence créée est établie dans la vision intuitive, il s'ensuit que par cette vision même elle voit les créatures. Elle les voit en Dieu, au sein duquel elles ont une existence éternelle, bien qu'elle puisse ne pas les voir quand elles sont produites au dehors. De là deux sortes de connaissance que saint Augustin attribue aux bons anges : *la connaissance du matin*, par laquelle ils voient les créatures dans le Verbe éternel avant même leur réalisation; et *la connaissance du soir*, qui a pour objet ces mêmes créatures mises en possession d'une existence extérieure et formelle.

Mais comme l'énergie de toute créature a des bornes, celle de la lumière de la gloire, principe de la vision béatifique, est limitée aussi, nulle créature glorifiée ne peut embrasser toute l'étendue de la vertu divine, ni par conséquent découvrir en Dieu toutes les réalités possibles. Chaque intelligence pénètre plus ou moins avant et dans les mystères de l'Être absolu, et dans la connaissance des réalités finies cachées en Dieu, suivant que la grâce et ses mérites l'ont placée plus ou moins haut dans l'éternelle glorification.

Dans la contemplation surnaturelle de la divine essence consistent l'éternelle vie et la souveraine béatitude de l'homme, parce que sa vie et sa béatitude sont dans la connaissance et dans l'amour du souverain bien, et se mesurent sur la perfection de ces deux actes. Or il n'y a pas de connaissance plus élevée que celle qui dévoile l'essence même de Dieu, ni par conséquent d'amour plus parfait que celui qui en résulte, puisque l'amour, qui dérive de la connaissance, en suit la nature.

Mais cette éternelle vie n'est point due à l'homme; ce souverain bonheur n'est point une conséquence obligée de sa nature. Il est au contraire infiniment au-dessus de tout être limité, qui ne peut naturellement ni le connaître, ni le vouloir, ni le mériter, ni l'obtenir (1). La vocation d'une créature intelligente quelconque à la vision béatifique, la nouvelle existence dont elle est le principe et tous les secours divins nécessaires pour diriger vers ce but l'activité de l'esprit et du cœur, tout cet ensemble en un mot qui compose l'ordre surnaturel, est donc absolument gratuit; c'est une grâce dans toute la rigueur du terme, pour l'état de nature

intègre aussi bien que pour l'état de nature tombée : nul être fini ne peut naturellement y avoir aucun droit. Aussi l'Eglise a-t-elle décidé que *pour les bons anges et pour le premier homme, quand même il eût persévéré jusqu'à la fin de son épreuve, le souverain bonheur eût été une grâce, et non l'acquittement d'une dette; qu'il n'était point dans la loi naturelle de l'homme, pour prix de sa fidélité persévérante, de passer à une vie qui lui assurât l'immortalité; que la grâce du premier homme n'est point une suite de la création, et qu'elle n'était point due à la nature saine et entière; que l'élévation de la nature humaine à la participation de la nature divine n'était point due à l'intégrité de sa première condition, et qu'on ne doit pas conséquemment l'appeler naturelle, mais surnaturelle* (1).

Ce serait une étrange aberration de soutenir que la vie bienheureuse est due à l'homme comme résultant de sa nature, ou qu'il y est appelé selon la loi de son développement naturel, tout en reconnaissant qu'il a besoin d'un secours divin pour y parvenir. Ce secours lui-même serait dû à la nature, et dès lors la notion même de la grâce serait détruite; ou bien ce serait un don gratuit, et Dieu, par conséquent, pourrait ne pas l'accorder, puisqu'il ne doit pas la grâce. Dans ce cas l'homme pourrait être privé d'un secours indispensable pour atteindre sa fin naturelle et nécessaire : injustice qui retomberait sur Dieu.

Il ne faut pas assimiler le don naturel de l'existence au don de la vie bienheureuse. Primitivement l'existence naturelle est une faveur; mais, du côté de Dieu, elle devient une dette aussitôt qu'elle a résolu de créer. Aussi ne refuse-t-il à aucune créature ce qui constitue son essence; il le donne sans condition, parce que la créature, voulue de Dieu, y a un droit naturel. Il n'en va pas ainsi par rapport à la vie bienheureuse. Dieu n'accorde pas à tous la grâce efficace, qui seule pourtant peut conduire à ce terme. S'il ne l'accorde pas à tous, c'est qu'il ne la doit à personne et qu'il ne l'a promise que conditionnellement. S'il ne la doit pas, c'est que le but auquel elle conduit n'est pas dû non plus, même quand Dieu nous a fait le don de la nature.

D'après ce que nous venons de dire, il est aisé de concevoir quelle différence il y a entre la nature et la grâce, de même qu'entre les deux ordres qui en dérivent.

Par la nature et dans l'ordre naturel, Dieu nous appelle à jouir de notre nature même dans tous ses développements légitimes et nécessaires, des créatures qu'il a semées sous nos pas et dans l'immensité, de l'Être divin surtout et de ses perfections, autant qu'ils se manifestent dans la création.

Par la grâce, et dans l'ordre surnaturel, il nous appelle à jouir, en outre, de la contemplation de son essence, non plus entrevue à travers le voile des créatures, mais

---

(1) S. Thomas, *Sum. Theol.*, 1-2, q. 5, a. 5.

(1) Contradictoires des propos. 3, 6, 21, condamnées dans Baius.

montrée à découvert, vue immédiatement, face à face et dans sa splendeur : *in lumine tuo videbimus lumen* (1).

Dans le premier de ces deux ordres, notre pensée et notre amour ont pour objet la création, et par-dessus tout Dieu considéré comme créateur et conservateur des êtres. Ici notre connaissance et notre amour sont purement naturels, ainsi que le bonheur qui en résulte pour nous, parce qu'ici, connaissance, amour et bonheur, ont leur source dans la considération de l'essence, des rapports purement naturels des êtres.

Dans le second, notre pensée et notre amour ont pour objet la création considérée en elle-même et dans ses rapports avec le monde de la grâce, et par-dessus tout Dieu envisagé non-seulement comme auteur et soutien de toutes les existences, mais encore et principalement comme auteur de la parfaite béatitude et de la gloire. Ici notre connaissance et notre amour, sans exclusion de ce qui vient de la nature, embrassent des objets tellement supérieurs, qu'ils deviennent surnaturels, ainsi que le bonheur qui en résulte, parce qu'ici, connaissance, amour et bonheur, ont leur source dans la considération du don gratuit, surnaturel, que Dieu accorde à sa créature intelligente, et des rapports nouveaux que cette grâce établit.

Qu'on ne s'imagine pas que cette distinction d'un amour et conséquemment d'un bonheur naturels, d'un amour et d'un bonheur surnaturels, soit arbitraire. L'Eglise a condamné le sentiment de Baïus, qui repoussait la distinction de deux amours : l'un naturel, par lequel nous aimons Dieu comme auteur de la nature, et l'autre gratuit, par lequel nous aimons Dieu, considéré comme béatificateur.

L'essence divine étant infiniment au-dessus de son image, telle que la création peut nous l'offrir, la connaissance que procure la vision intuitive, et l'amour et le bonheur qui en résultent, sont d'un ordre infiniment plus élevé que l'ordre auquel appartient la connaissance, l'amour et le bonheur qui ont leur principe dans l'idée et l'étude de la création.

Dans l'ordre naturel, la connaissance, l'amour et le bonheur sont très-bornés dans leur intensité et imparfaits dans leur mode, à cause de la manière imparfaite dont l'Etre divin s'y manifeste. Dans l'ordre de la grâce, la connaissance, l'amour et le bonheur sont incomparablement supérieurs, bien que finis, dans leur intensité ; ils sont parfaits dans leur mode, à cause de la perfection du mode d'après lequel l'Etre divin s'y communique. Si donc entre le bonheur naturel et le bonheur surnaturel de la créature intelligente il n'y a pas l'infini, il faut s'en prendre uniquement à la nature de l'être créé, qui ne saurait avoir une capacité infinie. Saint Thomas était donc bien loin d'exagérer la vérité quand il disait que *le bonheur surna-*

turel *d'un seul individu l'emporte sur le bien naturel de tout l'univers* (1).

Et cependant la grâce est un élément que la philosophie de notre siècle veut éliminer de la condition et des destinées de l'humanité. L'espace nous manque ici pour entrer dans un long examen des raisons sur lesquelles elle fonde son antipathie pour un ordre d'existence surnaturel et gratuit ; mais comme les plus sérieuses reviennent à soutenir qu'il est impossible que Dieu, auteur et conservateur des êtres finis, entretienne avec eux d'autres rapports que ceux qui sont compris dans les deux actes mêmes de la création et de la conservation, rapports souverainement naturels et nécessaires, nous allons répondre en deux mots à cette difficulté, qui résume toutes les autres.

Premièrement, lorsque Dieu créa l'homme intelligent et libre, il dut nécessairement se poser devant sa créature comme la fin naturelle et obligée de son intelligence, de son amour et de son activité. Mais put-il la destiner à une compréhension absolue, à un amour infini de l'Etre divin? Une créature quelconque en est à jamais incapable ; car si la fin objective d'une créature morale est nécessairement Dieu, ou la perfection souveraine, sa fin subjective n'aura jamais qu'une perfection limitée, dans tout ordre possible. Tout ce que Dieu devait à l'homme, c'était une connaissance du Créateur proportionnée à la force naturelle de son intelligence, un degré d'amour proportionné à l'énergie naturelle de sa faculté d'aimer. Que Dieu lui refusât ce double avantage, l'homme ne se concevrait plus ; mais dès que l'homme le possède, sa nature est satisfaite, il est dans un état normal, son existence et sa félicité naturelles sont réalisées. Cependant refuserez-vous à Dieu la puissance de donner à l'homme plus que sa nature n'exige pour être complète? De quel droit? Un nouveau degré de lumière et d'amour, versé sur la créature par Celui qui est la lumière et l'amour infinis, troublerait-il donc l'harmonie de la création? Les principes constitutifs de l'homme et les lois qui le régissent ne lui donnent sur l'Etre divin que des droits limités ; mais si l'Etre divin veut se communiquer avec surabondance, où sera l'impossibilité, la contradiction? La créature ne saurait s'élever au-dessus d'elle-même ; mais si le Très-Haut, en lui accordant une énergie nouvelle, veut l'attirer à lui et l'approcher de ses éternelles splendeurs, quelle sera la loi méconnue? quelle nature en souffrira? La nature divine en sera plus glorifiée, et la nature créée plus riche, plus belle et plus heureuse. Indiquez, si vous le pouvez, une autre conséquence : vous n'y réussirez point. En vain diriez-vous que l'ordre nouveau dont la grâce est le principe est en dehors de la nature des êtres, et dès lors contradictoire, impossible Il n'est pas en dehors de la nature divine, assurément ; car il est bien dans la nature

(1) *Psalm.* XXXV, 10.

(1) *Sum. Theol.*, 1-2. q. 113, 9 ad 2.

de Dieu d'accorder tout ce qu'il veut, et plus qu'il ne doit à titre de Créateur. Il n'est pas même à tous égards en dehors de la nature des êtres contingents, bien que dans son ensemble il lui soit supérieur; car il est dans la nature d'un être fini d'être apte à recevoir plus qu'il ne possède en vertu de son essence et d'un droit rigoureux. Ce qui vous effraye, c'est que l'ordre de la grâce promet à l'homme un nouveau mode de posséder l'Etre divin par les deux facultés actives de l'âme. Mais ce nouveau mode de possession n'est pas contraire au mode de connaître et d'aimer inhérent à la nature; seulement il est plus parfait : jamais la connaissance et l'amour ne seront radicalement contraires à la connaissance et à l'amour. La nature, il est vrai, ne peut pas atteindre d'elle-même à une connaissance et à un amour surnaturels : elle n'y a même aucun droit; mais elle y sera élevée si un moyen proportionné à cette fin lui est offert. Dieu le lui promet : doutez-vous de sa puissance? Tant que vous n'aurez pas démontré qu'une jouissance infinie de l'Etre absolu est due à la créature, ou qu'il est impossible à Dieu de rien ajouter au don primitif de la création et au bienfait permanent de la conservation, vous n'aurez rien dit contre la possibilité d'un ordre surnaturel. Elle demeurera donc incontestable en principe, et toute la controverse se résoudra en une simple question de fait : Y a-t-il pour l'homme une vocation gratuite à un ordre supérieur à sa nature? Dieu l'en a-t-il instruit? Le genre humain l'affirme. Récusez, si vous voulez, son témoignage; mais sortez de la société.

En second lieu, nous trouvons qu'il sied mal à la philosophie grave et sérieuse, au moment où son étude, où sa gloire est de ramener à l'unité les lois de toutes les existences, de repousser un fait avec lequel le monde inférieur a la plus magnifique analogie. La philosophie ne veut pas d'ordre surnaturel, et nous en trouvons une image frappante dans toute la création! La terre, les minéraux et les métaux qu'elle renferme, les plantes et les animaux qu'elle nourrit, les fruits et les moissons qu'elle nous présente, l'eau qui coule dans ses veines, l'air qui l'enveloppe, tout est à la disposition de l'homme; il en est la fin objective immédiate. Mais de ces substances innombrables, il n'en est aucune qui soit d'elle-même en état de rendre à l'homme les services qu'il en attend.

Si chaque créature placée dans des conditions normales porte en elle-même, ainsi que nous l'avons dit, la puissance naturelle d'arriver à sa fin subjective, c'est-à-dire, de se former, de se développer sous l'influence de l'action créatrice et conservatrice, de manière à se constituer dans l'état où veut la trouver l'Etre supérieur pour lequel elle existe, l'élévation d'une créature à sa fin objective, qui consiste, si je puis ainsi parler, dans sa mise en œuvre, dans l'acte de son union la plus parfaite avec son objet, excède les forces de tout l'être fini. Il faut

ici l'intervention de l'Etre supérieur, qui en est la fin objective. Que l'on songe aux travaux, aux professions si variées qui absorbent notre intelligence et nos forces, et l'on verra que le but ordinaire de notre activité est de dépouiller les produits de la nature de leur caractère natif, de les transformer, de les surnaturaliser, pour les mettre au niveau de nos besoins. Ainsi, relativement à leur fin objective, tous les arts industriels sont aux créatures dépourvues d'intelligence ce que la grâce surnaturelle est à la créature intelligente et libre. Ce n'est pas tout : parmi les substances dont nous parlons, un grand nombre sont élevées à une telle dignité, qu'elles se mêlent à notre chair, à notre sang, qu'elles deviennent notre substance même. Et ce travail d'ascension se remarque jusque dans les rangs les plus infimes de l'être : les végétaux s'assimilent des substances inertes qui n'avaient aucun droit à cet honneur, ni le pouvoir de s'y élever. Chacune de ces transformations opérées par un agent supérieur est surnaturelle pour la créature qui la subit, mais elle est très-naturelle dans le plan général des œuvres de Dieu; de même que les opérations de la grâce dans l'homme sont surnaturelles par rapport à lui, mais très-naturelles du côté de Dieu, qui en est le principe, parce que la surnaturalité est toujours relative et jamais absolue.

EDUCATION (objets spéciaux de l'). — Le développement intellectuel et moral des individus, des sociétés et de l'humanité, est, quoi qu'en aient dit quelques philosophes, le résultat d'une initiation extérieure préalable, et d'un travail intérieur, lent, pénible et continu. L'homme, malgré son titre pompeux de roi de ce monde, passe de la faiblesse dans l'ignorance, dans le mal. De tous les habitants de la terre, c'est celui qui a les besoins les plus nombreux et les plus urgents, et qui demande les soins les plus éclairés, les plus multipliés et les plus assidus, pour sa conservation et son développement.

Soins physiques pour son corps, instruction pour son intelligence et sa raison, éducation morale et religieuse, direction ferme et éclairée pour son cœur et sa volonté.

L'absence d'un seul de ces secours menace sa conservation, ou rend incomplet son développement.

Qu'il manque d'une nourriture saine, d'une atmosphère salubre, d'exercices convenables, son corps reste faible et débile, il se fane et dépérit, et avec lui l'instrument essentiel à l'activité de son intelligence et à l'énergie de sa volonté.

Privez-le d'instruction et d'éducation morale en donnant à son corps tout ce qui peut régulièrement le développer, vous pourrez obtenir un bel *animal*, un *animal* fort et robuste; mais à coup sûr, à moins d'une faveur spéciale de la Providence, vous n'obtiendrez pas un homme complet.

Soignez son corps, développez son intelligence et sa raison, en négligeant les affec-

tions de son cœur et la direction de sa volonté, vous aurez fréquemment un être d'autant plus dangereux qu'il sera plus fort et plus habile.

Pour être complète, l'éducation de l'homme doit donc embrasser l'homme tout entier, le corps et les sens, l'intelligence et la raison, le cœur et la volonté.

Quelle qu'en soit la cause, ce triple besoin originel de l'homme est évident, il se manifeste partout et toujours; toute la race humaine y est soumise, et l'objet de toute bonne éducation, de toute éducation complète de l'homme est d'y satisfaire.

Sous le rapport physique les faits sont tellement faciles à observer, et les conséquences qui en résultent tellement évidentes pour tous, que personne ne conteste, du moins en théorie, cette nécessité d'éducation, pour que le corps, les membres et les sens de l'enfant acquièrent l'aptitude nécessaire aux fonctions qu'ils devront plus tard remplir dans la société.

D'abord l'enfant ne parvient à marcher qu'après avoir été longtemps aidé, soutenu, encouragé; sa langue n'articule des mots qu'à la suite de fréquentes provocations et de nombreux essais; plus tard, quand il s'agit de mouvements qui demandent une certaine précision, tels que la danse, l'escrime, les mouvements militaires, l'étude d'un art, l'apprentissage d'un métier, il faut de nouvelles leçons, de nouveaux maîtres, des exercices multipliés. Pour la musique, par exemple, combien ne faut-il pas de temps et de répétitions pour exécuter d'une manière supportable une sonate un peu difficile? Et remarquez qu'il ne s'agit ici que de l'exécution matérielle pour ainsi dire, de l'exactitude, de l'intensité et de la durée des sons. Les plus grands artistes ont été obligés de commencer par là. Pour l'écriture même, qui paraît beaucoup plus facile, combien ne faut-il pas travailler, pour l'exécuter d'une manière passable et avec quelque vitesse?

Cette éducation, d'une nécessité absolue pour le développement régulier du corps, n'est pas moins nécessaire pour le développement de l'intelligence et de la raison (1).

Pour que l'esprit de l'homme procède avec ordre, méthode et régularité, il faut aussi que les actes qu'il doit produire dans le cours de la vie lui aient été enseignés avec soin dans l'enfance et dans la jeunesse; il faut que, sous une direction intelligente et assidue, il ait été habitué à les produire et à les reproduire pendant un temps plus ou moins long, suivant les dispositions qu'on trouve en lui, et suivant l'étendue qu'on veut donner à son développement, absolument comme pour le corps. Ainsi, par exemple, l'apprentissage de l'orthographe n'est ni moins long ni moins pénible que celui d'une écriture régulière et rapide.

(1) « L'expérience, contre laquelle on philosopherait en vain, apprend que nous n'apportons en naissant qu'une capacité vide, qui se remplit successivement... » LA CHALOTAIS, procureur général du roi au parlement de Bretagne: *Essai d'éducation nationale*, p. 47.

Ainsi encore, veut-on que l'homme discerne, juge, raisonne avec justesse et promptitude? il faut enseigner à l'enfant et au jeune homme ces diverses opérations de l'esprit, en le faisant discerner, juger, raisonner sur des objets à la portée de son intelligence encore novice. Veut-on qu'il possède des idées, des connaissances, une science? il faut les lui inculquer; sans un enseignement plus ou moins long et laborieux, les idées n'existent pas dans son esprit, la science reste ignorée et son objet inconnu.

Ici encore les faits sont faciles à constater: partout, en même temps que le corps de l'enfant se développe par les soins de sa mère et des autres personnes qui l'entourent, ses facultés intellectuelles et morales se développent aussi par une infinité d'influences, et surtout par celle du langage. La preuve évidente que son développement intellectuel et moral n'est pas purement spontané, ainsi que le prétendent quelques philosophes, mais le résultat de ces influences extérieures, de ces excitations préalables, c'est que l'enfant ne parle que la langue qu'il entend parler et comme il l'entend parler, et que même il ne parle pas du tout quand il a le malheur de ne pas entendre; c'est qu'il ne professe que les croyances qu'il trouve dans sa famille et dans ceux qu'il fréquente; c'est qu'il ne possède que les connaissances qu'on lui a enseignées, et qu'il est imbu de tous les préjugés dont on l'a nourri.

Naturellement portée à croire, l'intelligence de l'enfant se nourrit de la parole, des idées et des sentiments qu'elle contient, avec la même avidité et la même confiance que son corps des aliments physiques qu'on lui présente. Cette confiance est sans bornes, tant que l'enfant n'a pas aperçu d'erreur ou de mensonge dans la parole de ceux qui l'instruisent; et cette confiance n'abandonne même souvent l'homme fait qu'en présence d'une nouvelle influence, d'un enseignement nouveau.

C'est ainsi qu'il admet les croyances et les doctrines les plus diverses et les plus contradictoires; c'est ainsi qu'en Chine il croit à la parole de Confucius, en Perse à celle de Zoroastre, dans l'Inde à celle de Bouddha, en Turquie à celle de Mahomet; c'est ainsi qu'à Rome et dans la Grèce ancienne il se regardait comme un être supérieur et privilégié qui a le droit naturel de commander à la terre, et aux yeux duquel il n'y avait d'hommes que les citoyens de sa patrie, tout le reste étant ou barbare ou esclave; tandis que, dans les monarchies de l'Orient, il est soumis jusqu'à l'idolâtrie au plus abrutissant despotisme. C'est ainsi que presque partout, en dehors de l'influence des vérités mosaïques et chrétiennes, nous le voyons, sous la foi de traditions altérées, ou bien sur la parole de quelque philosophe, admettre sans réclamation aucune le polythéisme ou l'idolâtrie, tolérer et souvent légitimer, autant qu'il est en lui, par des lois positives, l'esclavage, la polygamie, l'infanticide, et

outrager ainsi la religion et la morale dans leurs prescriptions les plus importantes et les plus sacrées.

En présence de ces nombreuses aberrations et de ces honteux égarements, on comprend la nécessité et l'importance d'une sage éducation et d'une instruction bien réglée, pour développer convenablement les facultés intellectuelles et morales de l'homme.

De tout cela il résulte que le degré de ce développement sera toujours nécessairement en raison composée de l'impulsion extérieure qu'aura reçue le sujet, et de la réaction du sujet vers cette impulsion, en raison composée des objets qui seront enseignés, et des capacités du sujet qui devra recevoir l'enseignement. Le choix des matières qui doivent former la base de l'enseignement est donc de la plus grande importance dans l'éducation, pour le développement normal des facultés intellectuelles et morales de l'homme; il l'est encore, quoique dans un degré inférieur, pour la préparation des sujets aux professions qu'ils doivent exercer, aux carrières qu'ils doivent parcourir plus tard.

Tout homme, surtout dans l'état actuel de la société, a besoin, outre le développement régulier et suffisant de ses facultés intellectuelles et morales, d'un fonds de connaissances plus ou moins spéciales, d'un fonds de science plus ou moins profond, plus ou moins étendu, suivant la carrière qu'on se propose de lui faire parcourir, suivant la profession qu'il doit embrasser, et même suivant la position sociale de sa famille; et il faut que ce fonds lui soit donné par l'enseignement, sinon la carrière est inaccessible, la profession ne peut être convenablement exercée, et le jeune homme devient une espèce de paria dans la famille et dans la société.

L'enfant ignore tout; ses facultés intellectuelles et morales, quelle que soit leur puissance dans l'avenir, sont d'abord sans mouvement et sans vie. Elles commencent à se réveiller sous l'affectueuse influence du langage et des soins maternels. L'école élémentaire continue, par une instruction plus forte et plus spéciale, ce que la famille avait commencé. Ce premier degré d'instruction, joint à l'éducation de la famille qui se continue, et à l'instruction religieuse et morale donnée par les ministres de la religion, est suffisant pour l'immense majorité des hommes livrés à des travaux manuels, mais ne l'est pas pour tous, ne l'est pas surtout pour ceux qui sont appelés à servir de conseils et de guides à leurs semblables, pour ceux qui veulent parcourir avec quelques succès les carrières dites libérales, pour ceux qui veulent se livrer avec succès au commerce et à l'industrie.

C'est qu'en effet les sociétés humaines, comme les individus, ne vivent pas seulement de pain; elles n'ont pas seulement des intérêts matériels à soigner; pour les fonder et les soutenir, pour les guider et les faire avancer dans les voies d'un véritable progrès, il faut surtout le travail de la pen-

sée; et ce travail pour être exécuté avec quelque succès, demande un apprentissage bien plus long, des exercices bien plus nombreux et plus variés que le travail manuel le plus délicat.

De là, dans toutes les sociétés organisées, des écoles publiques ou privées fréquentées par l'élite des intelligences, et destinées à préparer au pays ses capitaines, ses magistrats, ses administrateurs, ses prêtres, ses médecins, et même l'élite de ses négociants et de ses industriels.

De là dans toutes ces écoles, de longs et fréquents exercices de la pensée, et un enseignement élémentaire et général des principales branches des connaissances humaines, de celles surtout qui ont le plus de puissance pour féconder l'intelligence, et développer les facultés intellectuelles et morales de l'enfant et du jeune homme.

De là ces longs et continuels exercices de mémoire imposés aux élèves dans toutes les écoles, afin d'enrichir cette importante faculté d'une infinité de faits, de notions et d'idées indispensables, et surtout afin de l'habituer à apprendre et à retenir soigneusement les faits, les notions et les idées qui se présenteront plus tard, et dont le souvenir sera nécessaire à l'exercice de l'intelligence et de la raison, et à la direction de la volonté et des affections du cœur.

De là des études plus ou moins approfondies sur les grands écrivains de l'antiquité et des temps modernes, afin d'orner l'imagination et de l'habituer à se représenter facilement et vivement la réalité des choses et des sentiments, et à les exposer avec exactitude et vigueur, afin de nourrir l'âme de tout ce qu'il y a de noble et de grand dans les chefs-d'œuvre de l'éloquence et de la poésie, et de la préparer ainsi aux luttes qu'elle doit soutenir plus tard, pour ne pas se laisser aller à la mollesse et à la lâcheté.

De là des préceptes et des exercices de raisonnement et de discussion dans les cours de littérature, de philosophie et de sciences, afin d'habituer l'intelligence et la raison à discerner avec promptitude et facilité le vrai du faux, le beau du laid, le bien du mal; à remonter des effets aux causes, à descendre des principes aux conséquences, à résumer en une seule notion générale un grand nombre de faits particuliers, à faire jaillir d'une idée féconde toutes les idées secondaires qu'elle renferme.

Ce que nous disons de l'ordre physique et de l'ordre intellectuel n'est ni moins vrai, ni moins évident, ni moins nécessaire dans l'ordre moral et religieux.

Pour que le cœur de l'homme aime le bien, il faut que, de bonne heure, il ait été nourri de sentiments nobles et généreux. Pour que sa volonté marche avec constance et fermeté dans la bonne voie, il faut que de bonne heure, soumise à une exacte discipline, elle soit éclairée par un enseignement précis, lucide et positif, et guidée par l'exemple du bien réalisé sous ses yeux. C'est une vérité depuis longtemps procla-

mée par nos livres saints : « Prépare le cœur « de l'enfant à l'entrée de sa voie, et il ne « s'éloignera pas de la sagesse, même dans « ses derniers jours. »

Cette nécessité d'une triple éducation pour l'homme enfant n'est guère contestée en théorie. Les établissements d'instruction et d'éducation, qui existent dans toutes les nations, prouvent, contre les arguments de ces philosophes, que tout le monde admet assez généralement le triple besoin d'exercice pour le corps, d'instruction pour l'esprit, et d'éducation pour le cœur. Ce n'est que dans la pratique et dans les applications qu'on l'oublie quelquefois, et cela de plusieurs manières.

D'abord, parmi les parents, les uns, par crainte de périls imaginaires, ne veulent pas que leurs enfants jouent et prennent leurs ébats avec leurs jeunes camarades, les tiennent pour ainsi dire en serre chaude, et empêchent par là le corps et les membres d'acquérir le développement, la souplesse, la force et l'agilité dont ils étaient susceptibles.

D'autres, à la moindre apparence de fatigue ou d'ennui que manifeste un enfant dans ses études, lui interdisent tout travail intellectuel; et, sous prétexte de ménager la santé du corps, arrêtent ou du moins paralysent le développement de l'intelligence et de la raison.

D'autres, oubliant que l'autorité morale a été donnée aux parents pour imposer aux enfants toutes les prescriptions de la loi morale, et leur donner une forte impulsion vers le bien, et craignant de les tyranniser, ne veulent être que leurs amis, leurs camarades, leurs conseils; et par là laissent ces jeunes volontés privées de tout frein et abandonnées à tous les caprices d'une imagination vagabonde, et à toute la fougue de passions déréglées, contre lesquelles voudraient en vain lutter les conseils de l'ami et du camarade, mis imprudemment à la place de l'autorité du père et du supérieur.

D'autres, au contraire, mettant leurs passions ambitieuses à la place de l'autorité légitime, et par suite voulant que leurs enfants, capables ou non, deviennent des sujets d'élite, des hommes distingués, l'orgueil de leur famille, leur imposent en quelque sorte une carrière au-dessus de leur capacité, et des travaux intellectuels au-dessus de leurs forces; et par là les épuisent, et souvent les voient mourir de langueur au moment où ils venaient d'atteindre cette carrière tant ambitionnée.

Mais ces erreurs, dans lesquelles tombent si souvent les particuliers, devraient-elles se rencontrer dans les systèmes d'enseignement public? Les nations se composent d'individus et de familles, et participent à toutes les erreurs et à toutes les faiblesses de l'humanité. Les anciens, qui dans l'homme voyaient surtout le guerrier, attachaient la plus grande importance à l'éducation physique; ils tenaient tellement à avoir des hommes robustes et bien conformés, que, dans leurs lois, ils ordonnaient de se défaire des enfants qui naissaient faibles ou

contrefaits. L'instruction littéraire et scientifique ne venait qu'en seconde ligne, et souvent même le soin en était abandonné à des esclaves ou à des affranchis. Chez le guerrier du moyen âge, elle était regardée comme indigne d'un gentilhomme. Aujourd'hui, nous tombons peut-être dans un excès contraire; et, sous prétexte de fortifier et de compléter l'instruction intellectuelle, nous en avons très-probablement affaibli les résultats, en négligeant un peu trop l'éducation physique et morale, surtout dans nos établissements publics d'instruction.    F.

**ENSEIGNEMENT AGRICOLE.** — L'enseignement agricole, tel qu'il va être appliqué dans son vaste ensemble, doit ouvrir aux générations futures une carrière féconde en travaux. Mais il ne faut pas se dissimuler que les progrès seront lents et incomplets, si l'on continue à donner aux enfants des campagnes une instruction et une éducation peu conformes avec la vie à laquelle on voudrait les voir se consacrer. Personne n'ignore que les premières notions que l'on donne à ces enfants sont le plus souvent des principes qui, en se développant dans leur esprit et dans leur cœur, leur ont bientôt fait prendre en dégoût le métier de cultivateur, et leur inspirent un vif désir d'embrasser une carrière ou une spécialité dont l'exercice les emportera au milieu du tourbillon des villes. Ainsi préparés et ramenés à l'agriculture par la volonté des parents, bien plus que par leurs goûts particuliers, la plupart de ces enfants, en entrant dans nos fermes-écoles, formeront donc de très-mauvais élèves, soit à cause de leur peu de zèle, soit à cause de leur incapacité.

Le congrès de 1849 a compris, sous l'inspiration de la parole éloquente de M. Dumas, combien il importait de remplir cette lacune. Pressé par les considérations vraies et justes de l'orateur, il a émis un vœu par lequel il demande au gouvernement que les instituteurs primaires, ceux qui ont entre leurs mains la jeunesse française, qui en ébauchent l'avenir, chacun exerçant leurs aptitudes personnelles, fussent mis à même d'enseigner pratiquement les éléments simples de l'agriculture.

En voici les principes généraux :

*Influences atmosphériques.*

L'*air* est aussi indispensable aux plantes qu'aux animaux; privés d'air ils périssent également, et chaque plante en demande plus ou moins; c'est pour cela qu'on recommande d'espacer surtout celles qui ont beaucoup de feuilles, et puisent ainsi une grande partie de leur nourriture dans l'air, en absorbant les gaz par la respiration.

L'*eau* n'est pas moins utile aux plantes, en décomposant les matières solides qui concourent à leur nutrition, et en leur procurant une humidité qui ne doit pas cependant dépasser une certaine proportion, car son excès n'est guère moins à redouter que son défaut complet.

La *chaleur* combinée avec l'air et une quantité d'eau suffisante développe la crois-

sance des plantes, avec plus ou moins de rapidité, selon qu'elle est plus ou moins forte.

La couleur noire est celle qui absorbe le plus de chaleur; aussi les terres qui en rapprochent davantage sont celles qui s'échauffent le plus vite, et où la végétation se développe le plus rapidement; les terres blanches, dites terres froides, sont celles au contraire où elle se développe le plus lentement, et a besoin d'être activée par les engrais les plus stimulants.

La lumière est si nécessaire aux plantes qu'on peut dire qu'elles la recherchent; en effet, tous les cultivateurs ont dû remarquer que leurs racines emmagasinées dans des lieux privés d'air et de lumière pour leur conservation, poussent au printemps des jets jaunes et étiolés qui se dirigent du côté où la lumière pénètre par quelque ouverture mal close, et n'acquièrent la couleur verte qui leur est propre, que lorsqu'elles ont trouvé la lumière.

Le *climat*. Un cultivateur doit étudier la nature du climat qu'il habite, et modifier ses cultures selon qu'il est plus ou moins chaud, plus ou moins froid, plus ou moins humide.

### Direction et profondeur des labours.

Quelles que soient les terres qu'on ait à cultiver, la direction des labours ne saurait être une chose indifférente : il faut donc étudier celle qu'il est le plus convenable de leur donner.

Dans la culture en plaine, ce qu'on a généralement à redouter, c'est l'humidité : il est d'après cela indispensable de labourer dans le sens où les eaux s'écoulent le mieux. Dans la culture à mi-côte on laboure encore dans le sens de l'écoulement, pourvu qu'on ne soit point sujet aux eaux supérieures, dont on devra se préserver par tous les moyens possibles; un des plus simples, si on est dominé par un espace assez considérable pour craindre des ravins, c'est d'établir, en tête de son champ, une fosse recevant les eaux et les portant, par une pente suffisante, à l'une des extrémités à préserver.

Quelques montagnes sont cultivables jusqu'à leur sommet, on doit toujours les labourer transversalement à la pente, autrement les moindres pluies, et surtout les pluies torrentielles, exposeraient les cultivateurs non-seulement à des pertes énormes en engrais, en culture, en semailles, mais même quelquefois, à la perte totale de leur champ, comme il est arrivé fort souvent par de violents orages. Ces labours en travers ont encore l'avantage de retenir un peu d'humidité nécessaire. Dans un terrain, où toutes conditions seraient égales d'ailleurs, on choisira toujours la direction du nord au sud.

Après avoir parlé de la direction des labours, on est amené tout naturellement à dire un mot de leur profondeur : elle doit varier aussi suivant la nature des terres, mais on peut affirmer que presque partout il y a avantage à les faire plus profonds. On est certain d'abord d'éviter deux extrêmes qui se rencontrent souvent, l'excès d'humidité, parce que l'eau s'absorbe plus facilement et plus vite, et l'excès de sécheresse, parce que la chaleur atteint plus difficilement toute l'épaisseur de la couche cultivée. Le meilleur moyen d'augmenter la consistance des sols sablonneux reposant sur un sous-sol d'argile, c'est encore de donner aux labours assez de profondeur pour attaquer plus ou moins le sous-sol, selon sa ténacité; plus il est difficile à diviser, moins il faut en mélanger à la fois à la couche végétale. Enfin on amende aussi par le même moyen un sol où l'argile domine, s'il repose sur un sous-sol sablonneux ou graveleux, les sables ou le gravier agissant alors comme diviseurs.

Mais dans ce cas comme dans tous les autres, il faut opérer sur une petite étendue et progressivement, car des labours profonds demandent un supplément d'engrais considérable. Le fumier ne doit jamais se répandre qu'après le premier labour, afin de ne pas l'enfouir au fond de la tranchée, et les labours suivants doivent être moins profonds; mieux vaudrait même se servir de l'extirpateur, pour bien diviser et ameublir le sol, pourvu toutefois que le fumier ne soit pas trop pailleux, ce qui engorgerait l'instrument.

Plus les labours doivent être profonds, plus il est indispensable de les faire avant l'hiver et en terres bien ressuyées; une excellente méthode consiste à faire passer deux charrues dans la même raie; la seconde doit être sans versoir afin de ne point amener une terre trop crue à la surface.

Ces labours doivent toujours précéder des récoltes sarclées, et jamais des céréales.

### Des différentes manières de semer.

Les semailles d'automne faites trop tôt sont exposées ou à être étouffées par les mauvaises herbes ou à être mangées par les limaces et les mulots; faites trop tard, elles peuvent être arrêtées par les mauvais temps. Si on a le projet de semer à la herse, on peut commencer les labourages huit à quinze jours plus tôt que ses voisins, en ne cherchant pas trop à ameublir la terre; dès que le temps est venu, on doit mettre activement à profit toutes les belles journées, pendant lesquelles on enterrera au moins quatre à cinq fois plus de blé qu'à la charrue; on sait quelle influence la chaleur exerce sur toute terre nouvellement remuée; de plus, le blé étant semé à une égale profondeur, on peut compter sur une levée régulière, et l'économie est au moins du quart au tiers. Si le semis à la herse a ses avantages, il a aussi ses inconvénients; ainsi, il peut se faire que la terre préparée à l'avance soit trop sèche, trop mouillée, trop battue par les pluies, pas assez meuble ou trop sablonneuse; toutes ces circonstances sont également fâcheuses.

Quand la terre est trop sèche sans être

meuble, la herse saute sur les mottes et n'enterrre qu'imparfaitement le grain ; trop mouillée, battue par les pluies ou pas assez meuble, les dents de la herse tracent des raies sans recouvrir le grain ; dans ces deux cas, un cultivateur inexpérimenté ne s'aperçoit pas que le blé disparaît, sans être enterré, mais seulement parce qu'il est roulé par les piétinements dans la poussière et dans la boue; alors la première pluie le met à découvert, et dans cet état il est bientôt enlevé par les oiseaux.

Dans les terres d'un sable léger et mouvant, on a vu très-souvent des orages enlever les semences avec la couche légère de sable qui les recouvrait.

Ainsi, en agriculture, là où il y a d'immenses avantages dans une circonstance donnée, il peut se présenter dans d'autres de grands inconvénients.

On doit donc bien examiner l'état et la nature des terres, se rappeler que les conditions essentielles pour l'emploi de la herse sont celles d'une terre de consistance moyenne, à un degré d'humidité telle que les mottes puissent être facilement brisées.

L'extirpateur, qui tient le milieu entre la herse et la charrue, les remplace merveilleusement l'une et l'autre ; et, enfin, toutes les fois qu'on sera obligé de semer à la charrue, on devra s'attacher à ne pas semer trop profondément, surtout si la saison est avancée.

Au printemps, les semailles se font plus généralement à la herse, car il n'y a point d'inconvénient à semer dès qu'on peut labourer, pas plus qu'à retarder la semaille.

### Bail progressif.

Une des causes qui, jusqu'ici se sont le plus opposées, en France, aux progrès de l'agriculture, c'est la défiance qui existe entre le fermier et le propriétaire ; en effet, le premier, n'ayant que des baux de courte durée, n'ose se livrer à des améliorations qui, à la fin de son bail, pourraient profiter à des voisins jaloux et rivaux qui lui enlèvent sa ferme par une augmentation de prix ; le propriétaire, de son côté, ne se décide jamais à passer de longs baux, et le fera moins encore aujourd'hui, dans la crainte de ne point profiter de l'amélioration dans le prix de fermage, résultat inévitable des encouragements que va recevoir l'agriculture. Pour remédier à ces deux inconvénients, il faut, par un contrat synallagmatique présentant des avantages réciproques, lier étroitement les intérêts du propriétaire et du fermier, afin qu'ils puissent y souscrire avec un égal empressement. Un bail progressif, à long terme, avec indemnité, remplirait toutes les conditions de succès désirables.

En voici les conditions générales :

Au lieu d'un bail de trois, six ou neuf ans, on pourrait adopter un bail d'au moins trente années, divisées en périodes successives de quatre ou cinq ans. En cas d'insuccès, le cultivateur aurait toujours la faculté de se retirer à la fin de chaque période ; mais

ce cas se présenterait rarement, car on doit supposer que le cultivateur se sera livré à une culture judicieuse, qu'il aura réalisé des bénéfices, et que, par conséquent, il voudra garder son domaine ; alors, l'intérêt du propriétaire devant être sauvegardé, il faudra que le fermier se soumette à une augmentation progressive de fermage, débattue préalablement par les parties contractantes, et fixées dans le bail. Cette augmentation progressive serait, suivant les circonstances, de 2 ou 3 francs par période et par hectare ; moyennant ces conditions, le propriétaire ne pourra jamais renvoyer arbitrairement son fermier. Cependant, en cas de vente, succession ou mutation, les clauses ci-dessus pourront être annulées et le propriétaire aura le droit de rentrer dans sa propriété, en payant, pour chaque période restante, une indemnité proportionnelle fixée à l'avance par les termes du bail. De cette manière, comme on l'a dit, il y a intérêts réciproques et garanties contre toute discussion en fin de bail.

Ce genre de bail s'introduira plus facilement en France que le bail anglais avec partage de la plus-value, qui entraîne après lui une foule de discussions, tandis que celui-ci règle d'avance et définitivement les intérêts de chacun et laisse au fermier le temps de jouir de ses améliorations. Comme on le conçoit d'ailleurs, on ne peut ici qu'indiquer la voie, les moyens étant réservés à chacun selon sa position ; cependant, on pourrait toujours, dans l'intérêt même du fermier, lui imposer l'obligation de cultiver une certaine étendue en fourrages, de manière à ce qu'il entretienne constamment dans les pays de culture une tête de bétail par hectare et une tête par deux hectares au plus dans les autres.

### Nature des terres. — Sols argileux. — Sols sableux. — Sols calcaires et crayeux.

Les terres arables se divisent en trois classes : 1° les terres argileuses plus ou moins compactes ; 2° les terres sableuses plus ou moins légères; 3° les terres calcaires plus ou moins pures.

De ces trois classes dérivent toutes les autres terres qui sont alors des terres composées, et d'autant meilleures qu'elles le sont dans de bonnes proportions. Ainsi elles doivent être, 1° assez divisées pour que les racines les pénètrent facilement, assez pesantes pour que les tiges résistent aux vents qui les ébranlent ; en effet, un sol trop léger ne saurait convenir aux plantes qui présentent à l'air une trop grande surface, comme le soleil et autres de ce genre.

L'arrachage à la main de ces plantes et de diverses autres peut donner des indices sur la nature d'un sol, notamment sur sa ténacité, sa perméabilité aux racines et sa légèreté, qui en favorise le développement.

2° Être assez perméables aux eaux pluviales et retenir l'eau, au point de se conserver humides à quelques pouces de profondeur, sans former après les pluies et d'une

manière durable une pâte bouillie, qui empêche l'air de pénétrer, et sans présenter pendant les temps secs de larges crevasses qui déchirent les racines et les font souffrir en les mettant en partie en contact avec l'air libre.

3° Être assez légères pour absorber, contenir et exhaler sous certaines influences l'air atmosphérique et les vapeurs des engrais.

4° Avoir au moins à leur superficie une couleur assez foncée pour s'échauffer aux rayons du soleil et présenter aux plantes une chaleur humide, qui excite si puissamment la végétation.

5° Contenir de l'humus, ou débris de végétaux et d'animaux morts plus ou moins consommés, susceptible par sa décomposition de fournir aux plantes des aliments solubles.

6° Renfermer de l'argile, du sable (argileux, siliceux ou calcaire) et de la chaux en proportions telles, et surtout de cette dernière, pour qu'il ne puisse s'y produire ou s'y perpétuer un excès d'acide.

7° Avoir les propriétés précédentes jusqu'à une profondeur égale au moins à celle qu'atteignent les racines des plantes habituellement en culture. Ainsi les betteraves, les carottes exigeraient une profondeur d'environ 45 centimètres pour se développer convenablement, puisque leurs racines peuvent facilement y arriver; tandis que si un mauvais sous-sol est plus rapproché, elles se bifurquent et perdent de la valeur qu'elles eussent eu dans la première condition. D'autres plantes, une grande partie des céréales, par exemple, se contentent d'une terre beaucoup moins profonde, pourvu toutefois qu'il ne se rencontre pas, au dessous, des roches sans fissures ou un sous-sol imperméable, qui ne laissent aucun passage à l'eau et aux racines. L'épaisseur de la couche de bonne terre arable doit donc être en proportion avec la nature des plantes, et c'est d'après ces principes qu'un homme intelligent doit régler et diviser ses cultures.

### Sols argileux.

Les terres argileuses ou glaiseuses sont humides et froides une grande partie de l'année; si elles produisent parfois d'abondants produits, ils sont presque toujours tardifs et de qualité médiocre. Les plantes qui y réussissent le mieux sont les pivotantes, telles que les fèves, luzernes et autres, qui ne poussent pas de nombreux chevelus.

Il est toujours difficile de trouver le moment de labourer ces terres : en hiver et au printemps elles sont si tenaces, que la charrue les retourne en longues bandes qu'il est impossible de diviser; en été, elles sont tellement dures, qu'il faut renoncer à y entrer la charrue. Il est indispensable de diviser ces terres ou de les ameublir au moyen de tous les amendements dont on parlera dans ce traité, tels que les sables et les gra-

viers formant sous-sol, les marnes, la chaux, les travaux d'écoulement, etc.

L'excès de chaleur n'est pas moins nuisible aux terres argileuses que l'humidité : la chaleur produit de larges et profondes crevasses qui mettent à nu les racines et les compriment outre mesure.

### Sols sableux.

Les terrains sableux offrent tous les contrastes des terres argileuses. Ils ne peuvent retenir l'eau au profit de la végétation; celle des pluies ou des arrosements les traverse comme un crible. Il s'échauffent facilement au printemps; mais par la même raison ils se dessèchent promptement et deviennent brûlants en été.

Dans les contrées froides et pluvieuses, ils sont parfois fertiles alors que les terres argileuses cessent de l'être; dans les pays chauds ou tempérés sujets à de longues sécheresses, ils se dépouillent au contraire de toute végétation pendant la belle saison, tandis que les terres fortes sont encore couvertes de verdure.

Les terres sableuses sont brunes, jaunes ou blanches. Leur culture est peu coûteuse. Il est toujours facile de les labourer; quelque humides qu'elles soient, elles ne forment jamais pâte comme l'argile, et quand elles sont sèches, elles n'offrent pas une grande résistance. Elles n'exigent pas des labours aussi fréquents, parce qu'elles se laissent facilement pénétrer par les gaz atmosphériques et par les racines, mais aussi elles offrent peu de solidité à ces dernières. L'action du rouleau comme plombage est indispensable dans ces terres.

L'humidité est la condition première de leur fertilité, les irrigations sont donc très-convenables. De grands fumiers appliqués en couverture sont une des choses qui conservent le mieux l'humidité, soit après les irrigations, soit après les pluies; pour ces terres il vaudrait mieux semer sans engrais, et les couvrir de fumiers pailleux au printemps; cette méthode aurait encore pour but de remédier au déchaussement des blés.

Le moyen le plus efficace d'améliorer les sols sableux qui reposent souvent sur un sous-sol d'argile, c'est d'attaquer à la charrue ce sous-sol qui leur donnera la consistance qui leur manque; mais il faut le faire modérément, afin de ne pas trop diminuer leur fertilité par une terre qui n'a pas encore reçu les influences atmosphériques, et qui doit être mélangée avec le sable; un pouce suffit d'abord, sauf à y revenir plus tard.

Tous les amendements qui peuvent donner de la consistance aux terres, si le sous-sol n'est pas argileux, doivent être employés et le seront toujours avec succès; tels sont les argiles marneuses, les marnes argileuses, les fumiers gras, surtout ceux des bêtes à cornes, les récoltes enfouies en vert, etc.

### Sols calcaires et crayeux.

Les sols crayeux ou calcaires purs sont les plus stériles. Il est bien peu de terres qui

ne contiennent une certaine quantité de calcaire, tantôt en graviers plus ou moins gros, tantôt sous forme pulvérulente ; il est même indispensable à leur bonne composition. Les sols calcaires sont très-rarement aussi sans mélange d'argile ou de sable ; ils sont plus ou moins fertiles selon les proportions qui les composent.

Les prairies artificielles doivent toujours être la base des meilleurs assolements pour ces terres, on doit leur donner souvent des fumiers gras ; des composts formés d'herbes, de terre et de purin, et les récoltes enfouies en vert leur conviennent mieux qu'à tous autres.

Ainsi, toutes les terres étant composées, dans diverses proportions, des trois espèces de sols dont on vient de parler, il sera toujours facile d'augmenter leur fertilité par l'emploi des engrais et amendements, qu'on a indiqués à chaque espèce selon les principes qui domineront dans leur composition. A l'article de chaque plante je dirai le sol qui lui convient le mieux.

### De la culture en général.

En France la culture est généralement peu soignée, on n'y attache pas assez d'importance ; cependant des labours faits avec de mauvais instruments et en mauvaise saison, des fumiers et des semences répandus avec négligence, des récoltes mal soignées, sont autant de cause de gêne pour le cultivateur, qui attribue son manque de récolte bien plutôt aux intempéries qu'à lui-même.

Pour cultiver avec fruit, il faut le faire avec intelligence, en temps convenable, et avec de bons instruments.

Toutes les terres doivent être creusées, remuées et divisées souvent ; il ne suffit pas de bien cultiver ; tout cultivateur, fermier ou propriétaire, voulant entreprendre une exploitation agricole avec profit, ne peut réussir sans les conditions suivantes :

Il doit, avant tout, jouir d'une bonne santé, être laborieux, matinal, vigilant et économe;

Tenir régulièrement ses écritures, selon son instruction, de manière à se rendre un compte exact de ses opérations en général, et du prix de revient de chaque récolte et de chaque chose en particulier ;

S'absenter rarement de sa ferme, et jamais surtout sans y être bien remplacé;

Adopter les meilleurs instruments aratoires pour ses terres, après les avoir essayés sans enthousiasme comme sans préjugés;

Avoir au moins du tiers à la moitié de ses terres en prairies artificielles ou racines fourragères destinées aux bestiaux, afin de nourrir le plus longtemps possible à l'étable un nombreux bétail de rente, après y avoir nourri abondamment toute l'année celui strictement nécessaire pour les travaux de la ferme; toutefois, avec la précaution, dans chaque exploitation, d'avoir au moins un ou plusieurs chevaux, une ou plusieurs paires de bœufs de rechange, selon l'importance de la ferme, pour remplacer de temps en temps des bêtes fatiguées ou malades ;

Exiger de ses gens la plus grande douceur avec les animaux, et le plus grand soin dans leurs pansements.

Soigner minutieusement ses engrais et amendements sous le rapport de la qualité et de la quantité;

Veiller constamment aux assainissements et aux irrigations;

Exiger de ses ouvriers ou subordonnés un travail convenable, sans jamais abuser de leurs forces, le faire avec fermeté, justice et bonté, et les intéresser au succès par des gratifications [judicieusement distribuées à tous ou aux plus dignes, à la suite des inventaires ou des principaux travaux, tels que semailles, fauchaisons, moissons, etc.

Consulter ses ressources pécuniaires, afin de ne point se charger d'une ferme au-dessus de ses forces; avoir à sa disposition un fonds de roulement suffisant, non-seulement pour cultiver, mais encore pour se procurer tout le matériel nécessaire ; se livrer avec fruit à l'éducation et à l'engraissement des bestiaux, et supporter, dans le cours de son exploitation, une ou plusieurs mauvaises années sans être arrêté dans ses opérations;

Ne point avoir des idées trop arrêtées à l'avance sur les assolements à adopter, les engrais et les amendements à choisir, les espèces d'animaux à préférer à l'exclusion de tous autres, enfin se garder d'un système de conduite et de culture invariablement déterminé.

Un homme intelligent, au contraire, doit tout étudier, tout consulter autour de lui : la température du pays qu'il habite et ses variations, la nature de ses terres, les engrais ou amendements qui leur conviennent, les cultures les plus avantageuses non-seulement relativement à la qualité des terres, mais encore aux débouchés qui lui sont offerts; la nature des fourrages, les animaux auxquels ils conviennent le mieux ; en un mot, il ne doit point se poser, au début, comme réformateur absolu de tout ce qui existe dans un pays, car partout il y a du bon; mais étudier attentivement ce qui s'y passe, pour adopter ce qui est bien, réformer ce qui est mal, et introduire ce qui serait mieux, sans céder ni à la prévention de la routine ni à l'entraînement de l'innovation.

Ne pas craindre, pour toute nouvelle introduction, de faire venir des hommes spéciaux; car si des travaux d'irrigation ou d'assainissement, le fauchage des blés, la construction des meules de foin ou de grains, les battages au moyen de machines, etc., sont autant de travaux qui, mal exécutés, entraînent des pertes considérables, faits par des hommes exercés, ils procurent de grands avantages, et ils deviennent bientôt familiers à tous les cultivateurs intelligents de la localité. On le sait, et je le répète à dessein, un revers en agriculture fait rétrograder le progrès plus que dix succès ne le font avancer.

Les meules de grains devraient être entourées d'un petit fossé qu'on puisse tenir

plein d'eau pour éloigner les rats et les mulots.

Pour faire une riche culture, il faudrait, en principe, que le produit des bestiaux d'une ferme fût égal à tous les autres produits réunis. De cette manière, on ne peut en douter, les profits iraient toujours croissants. Pour assurer les plus grands succès à cette spéculation, il faut connaître les équivalents de cent kilogrammes de foin sec, en grains et racines, afin de faire consommer chaque année ce qui devra donner les meilleurs résultats en argent, selon les prix des denrées, soit qu'on doive en acheter ou en vendre.

Il est prudent, indispensable même, de connaître la quantité de fourrage et de pailles dont on peut disposer; si on n'a pas de bascule, l'œil y supplée par l'habitude, et on doit tenir une note exacte de chaque char de fourrage rentré. Quant aux pailles, on en connaîtra aussi la quantité par le grain qu'on en aura extrait, si on sait :

1° Que par chaque hectolitre de froment pesant 75 à 80 kilogrammes, on a environ 180 à 200 kilogrammes de paille;

2° Que par chaque hectolitre de seigle pesant 68 à 70 kilogrammes, on a environ 180 à 200 kilogrammes de paille;

3° Que par hectolitre d'orge pesant 60 à 65 kilogrammes, on a 90 à 100 kilogrammes de paille :

4° Que par hectolitre d'avoine pesant 40 à 50 kilogrammes, on a 140 à 150 kilogrammes de paille.

Ces calculs, bien qu'exacts pour quelques pays, ne le sont pas pour tous, mais on sent combien il est aisé de les ramener à de justes proportions qui ne permettent plus que des erreurs sans importance, si on bat une quantité quelconque de chaque espèce de grains, pour la peser ainsi que la paille qui l'a produite, et établir de nouveaux rapports. De cette manière, un cultivateur, qui connaît la consommation journalière de ses bestiaux, sait toujours à l'avance s'il doit les conserver tous, en augmenter ou en diminuer le nombre et choisir le moment le plus convenable pour l'achat ou la vente.

Dans ces calculs, on ne doit surtout pas perdre de vue qu'il y a plus de profit à bien nourrir une quantité de bestiaux restreinte, qu'à en mal nourrir un plus grand nombre.

Il faut améliorer avec grand soin la disposition des étables mal construites, les aérer, les assainir, et en créer de nouvelles plutôt que d'entasser le bétail dans des écuries trop petites. Celui qui n'a qu'une exploitation peu importante devra autant que possible travailler constamment avec ses ouvriers, et pour lui il y aura profit; il y aurait perte au contraire pour celui qui est à la tête d'une exploitation considérable; sa surveillance doit s'étendre à tout, à chaque instant du jour; ses ouvriers, ses bestiaux, ses terres, ses prés, tout réclame une égale attention; pour celui-ci il ne suffit pas même de tout voir, il doit encore avoir un carnet pour écrire tout ce qu'il voit, qui réclame des soins, afin qu'à toute heure et pour tous les temps, il sache de suite, au moyen de ses notes, où il doit le plus utilement diriger ses ouvriers; en effet, sans cette précaution, des irrigations à régler, des eaux stagnantes à écouler, des prés à boucher, des bestiaux à rentrer, des fossés à curer, des portions de murs à relever, des taupinières à étendre, des harnais et des instruments aratoires à réparer, sont autant de choses utiles que les travaux principaux font souvent oublier.

Pour obtenir une plus grande somme de travail, et un travail plus parfait des employés d'une ferme, il faut, autant que possible, que chacun soigne et conduise toujours les mêmes animaux, se serve des mêmes instruments, et soit employé aux mêmes travaux.

Chaque employé d'une ferme doit connaître la veille les travaux du lendemain; s'il est vrai que le maître doit être toujours le premier levé, c'est principalement dans les temps variables, où une pluie de la nuit change tous les projets de la journée; et à ce moment surtout, ses notes lui sont indispensables, pour assigner, à chacun, sans perte de temps, une nouvelle occupation. Dans une ferme bien dirigée, il ne doit pas y avoir un moment perdu, si on sait réserver de l'ouvrage pour tous les temps.

Une règle qu'il est indispensable d'établir, c'est de rentrer et de nettoyer tous les instruments aratoires le samedi, sinon tous les jours, afin que, rangés par ordre sous un hangar, l'inspection en soit facile le dimanche matin, pour réformer ou faire réparer ceux qui ne pourraient fournir aux travaux de la semaine.

On doit aussi sortir et visiter plus soigneusement les bestiaux le dimanche, afin de donner du repos à ceux qui pourraient en avoir besoin ; cette visite serait plus utilement faite en présence du vétérinaire. Il faut encore, et surtout, mettre ses écritures au courant tous les soirs, quelles qu'aient été les fatigues de la journée ; avec des écritures bien montées, quelques minutes suffisent chaque jour; et si on n'agit ainsi, les détails d'une ferme sont si multipliés, qu'il est impossible de ne pas tomber dans de graves erreurs.

Le succès d'une exploitation sera encore d'autant plus assuré, que le chef sera mieux secondé par une ménagère active, intelligente et capable.

Espérons enfin que la loi sur l'enseignement agricole fera refluer vers l'agriculture une partie des capitaux qu'une fâcheuse défiance a fait disparaître de la circulation. Jusqu'ici, il a fallu plus que du courage pour s'occuper d'améliorations agricoles ; ceux qui y étaient portés par goût ne rencontraient qu'indifférence dans le gouvernement, sarcasmes et dédain dans la société, ignorance, incrédulité et mauvais vouloir chez les plus intéressés, c'est-à-dire chez les cultivateurs eux-mêmes. Un tel état de choses, joint aux nombreux mécomptes qui en étaient la con-

séquence forcée, était peu fait pour attirer de ce côté les bras et la spéculation ; mais, on doit l'espérer, une ère nouvelle va s'ouvrir pour l'agriculture ; les propriétaires, désormais affranchis de toutes inquiétudes, trouveront des chefs de culture et des valets intelligents, instruits dans les fermes-écoles. Les écoles régionales prendront le pas dans la voie des essais et des améliorations de tous genres ; alors un propriétaire prudent, marchant à la suite de ces écoles, trouvant partout aide et bon vouloir, n'adoptera que ce qui aura été reconnu bon par des expériences répétées, et entrera avec sécurité dans la voie du progrès, ne craignant pas de confier à l'agriculture des capitaux qu'il ne confierait plus qu'en tremblant, aux actions, aux rentes et aux industries particulières. De la sorte, le nombre des propriétaires s'occupant d'agriculture ira toujours croissant, et comme l'a voulu la loi, le gouvernement, en consacrant annuellement dans chaque école quelques milliers de francs à d'utiles expérimentations, jettera dans l'agriculture des millions qui n'attendent qu'une bonne direction pour tourner au profit des bras inoccupés des villes et des campagnes, et réalisera en partie ce grand problème de l'assistance publique.

L'Institut agronomique, pendant sa trop courte existence, a propagé la science agricole en rendant un compte exact et fidèle de ses travaux, de ses essais et de ses découvertes.

Un paragraphe inséré par M. le ministre de l'instruction publique, dans le projet de loi sur l'enseignement, prouve cependant qu'il a reconnu la nécessité de donner une base à notre instruction agricole ; on peut donc regarder comme certain que, grâce au concours de deux ministres aussi éclairés, l'agriculture, encouragée, protégée et honorée, prendra désormais en France le rang qui lui appartient (1).

**ENSEIGNEMENT CATHOLIQUE.** — En vain s'efforcerait-on d'établir et de gouverner une société, seulement à l'aide d'un ordre extérieur, d'un pacte politique où l'on aurait habilement ménagé l'équilibre dans la pondération des divers pouvoirs. Les droits de chacun nettement posés et garantis par les lois ; les arts, le commerce, les sciences et l'industrie largement favorisés, ne constituent point les sociétés. Elles ont besoin de doctrine. Là est leur fondement, leur principe de vie. Comme la société spirituelle est la condition essentielle de toute société temporelle, la doctrine ou le dogme est la condition essentielle de la vie morale des peuples. Aussi pouvons-nous avancer, que toujours la morale au sein des nations est plus pure en proportion de l'intégrité de leur doctrine. Ce n'est point chose si indifférente qu'on le pense communément, que la vérité, l'exactitude du dogme, a dit un

célèbre écrivain de notre époque ; le salut des Etats comme celui des individus en dépend. Il n'est aucun des peuples païens qui n'ait fondé sa forme sociale sur des dogmes, mais parce que ceux-ci étaient incertains, faux ou extravagants, le culte fut chez eux vicieux, et leur état social d'une dégradation révoltante. Les tentatives faites par d'anciens législateurs et des philosophes de l'antiquité pour inventer une doctrine, ont démontré que les individus et les nations ne peuvent vivre sans dogmes, et leurs efforts obstinés, mais vains, serviront perpétuellement à prouver qu'ils ne sauraient être d'invention humaine. L'homme n'a point par lui-même le pouvoir de faire et d'imposer des croyances. Sans entrer dans la discussion des droits que peuvent avoir les populations de former des pactes ou d'établir des conventions sociales, on ne saurait leur reconnaître celui de former des sociétés sous l'empire unique d'actes législatifs. « Ils sont à eux seuls une barrière impuissante pour arrêter le mal, et un moyen nullement susceptible d'améliorer les masses. » Ainsi disait le poëte, il y a plus de 1800 ans, et le poëte avait cette fois raison (1). Les saint-simoniens avaient conçu le projet de réorganiser l'Europe entière au moyen de l'industrie et de l'amélioration matérielle de la classe pauvre, et le saint-simonisme après de scandaleux débats a disparu. Les fouriéristes ont voulu enfanter aussi un système social. Combiner l'association avec l'attraction, morceler l'univers non en familles, mais en phalanstères agricoles et industriels, diviniser la matière, s'insurger contre cette doctrine, appelée morale, qui est mortelle ennemie de l'attraction passionnée, et appeler à soi toutes les voluptés, c'était leur plan. Leur néologisme barbare est resté incompris et leurs formules abstraites sont demeurées sans échos. A peine ont-ils eu mis la main à l'édifice, qu'ils se sont vus contraints de proclamer leur impuissance. La plupart de nos philosophes conviennent, sans doute, qu'il faut aux peuples une morale ; mais celle-ci n'est que la conséquence rigoureuse du dogme, et n'est plus obligatoire pour personne, si ce dogme n'est divin. L'homme n'a point sans doute le droit de commander à la conscience de l'homme ; mais cette liberté de conscience, dont quelquefois on se montre si jaloux sans la comprendre, n'est que la liberté de ne point en avoir. Que l'on multiplie par les développements donnés à l'industrie, et par la grande popularité d'instruction, les points de contact entre l'homme et ses semblables, on n'augmentera pas ses liaisons. Chacun sera dans la société pour soi, et l'intérêt personnel, loin de réunir les cœurs, ruinera l'accord des volontés individuelles en propageant l'esprit d'égoïsme. Aussi, les constitutions les plus habiles, les législations les plus savantes, n'ayant que des droits à constater et des prohibitions à faire, laisseraient toujours dans la société l'homme à lui-même avec

(1) L'Institut agronomique n'aura pas produit tous les bons résultats qu'on en attendait ; sa coûteuse expérience n'a pas été continuée. Un décret du président de la république a supprimé cet établissement en septembre 1852. (*Note de l'éditeur.*)

(1) *Quid leges sine moribus ?* (HORACE.)

des droits illusoires et des devoirs incertains, dans une indépendance égoïste et cernée de tous côtés par d'autres indépendances identiques. Cette civilisation conduirait infailliblement au despotisme ou à l'anarchie.

Il faut aux sociétés un enseignement divin, qui leur révèle la vérité, sanctionne les droits de chacun et les enchaîne tous au devoir, en leur faisant entendre le langage de la céleste patrie où nous sommes appelés, et où se trouve le type de tous les perfectionnements humains. Plus les sociétés seront pénétrées d'un enseignement divin, et plus elle seront unies à leur principe et à leur fin, unité parfaite, lien unique de toutes choses; et dans les mêmes proportions l'homme deviendra plus sociable et les peuples seront plus libres et plus heureux.

Tel est l'enseignement catholique. Il révèle à l'homme ses véritables droits, l'anime au devoir, et répond merveilleusement à tous ses besoins. Aussi serait-ce une étrange aberration de l'esprit humain que de l'attribuer aux travaux de l'intelligence, comme les systèmes plus ou moins accrédités dans le monde idéal. Il est l'œuvre non des hommes, mais de Dieu. Il est divin dans son principe, dans son objet et dans ses fins sublimes. « Considérés dans leur source, écrivait naguère l'une des gloires de l'Eglise de France (1), ses dogmes nous ramènent à cette longue suite de magnifiques révélations où tout est digne de l'Esprit saint qui les inspire, et de l'homme qu'elles éclairent. Considérés dans l'autorité qui nous les transmet, nous retrouvons Dieu et son Eglise qui les garantissent de l'esprit de système et de la mobilité inséparable des conceptions humaines. Considérés dans leurs preuves, ils se présentent appuyés non sur la réputation équivoque de quelque novateur, ou sur des sophismes plus ou moins éblouissants ; mais sur des faits qui ont un caractère divin, sur une succession non interrompue de fidèles témoignages que l'autorité vivante et infaillible de l'Eglise recueille et apprécie. Considérant ses dogmes en eux-mêmes, nous y trouvons les seules notions dignes de la grandeur de Dieu, de sa providence, de sa bonté ; les seules qui nous rendent raison de l'origine du monde, de sa dégradation (par l'orgueil) et de sa réhabilitation (par la charité). » Le philosophe est sans doute libre d'admettre ou de repousser le sensualisme condillacien, les distinctions du kantisme, les premiers principes des Ecossais ou la raison absolue de l'éclectisme ; mais il ne saurait avoir le choix d'affirmer ou de contredire l'enseignement catholique, s'il veut demeurer dans les limites du vrai. Cette différence dérive des diverses classes de vérités que tout homme est forcé d'admettre. Les divers systèmes philosophiques sont d'un ordre de vérités purement spéculatives sur lesquelles la raison humaine est exclusivement en

droit de prononcer ; tandis que l'enseignement catholique appartient à un ordre de vérités surnaturelles, dont la raison ne peut être exclusivement établie juge.

C'est une chaîne de vérités de foi, appuyées sur des faits qui reposent sur l'immobilité de la parole éternelle, des faits sur lesquels le seul témoignage a droit de prononcer, et dont l'histoire nous conduit aux premiers monuments de la foi chrétienne. C'est un magnifique ensemble de doctrines positives et de faits, capables d'avoir action sur l'homme et la société ; juge suprême des croyances, à son autorité seule appartient de trancher les graves questions de la solution desquelles dépendent toujours la liberté des individus et le salut des peuples. Lui rendre hommage est pour tous un devoir ; le dénier serait un crime. Deux éléments le constituent : la parole de Dieu écrite, et la tradition, l'une et l'autre manifestées aux hommes par l'Eglise.

Procédant seulement ici par voie d'exposition de la vérité catholique, pour nous occuper uniquement à en déduire des conséquences relatives à ses nombreux moyens de répondre aux divers besoins de notre époque ; il ne saurait nous convenir, d'entrer actuellement en lice avec le philosophisme. Nous nous réservons d'en apprécier plus tard les divers systèmes, et comme toute erreur entraîne avec elle quelque mélange de vérité, nous devrons faire la part de l'une et de l'autre. Nous ne nous élèverons donc point ici contre les philosophes du dix-huitième siècle ; ayant pour but de substituer aux vérités révélées leurs pensées individuelles, ils s'inscrivirent contre la tradition universelle, qui, telle qu'un fleuve majestueux, a traversé sans altération tous les siècles. Tandis que les anciens philosophes regardaient les dogmes d'un Dieu créateur, de sa providence, de l'immortalité de l'âme et tant d'autres, non comme des connaissances acquises par le raisonnement, mais comme d'anciennes traditions (1) ; les encyclopédistes du siècle dernier, refusant à Dieu le droit de nous manifester aucun dogme quel qu'il puisse être, soutinrent hautement que la raison seule suffit pour nous révéler tout ce qu'il nous importe de connaître sur les croyances religieuses (2). Leurs écrits assaisonnés du sel de l'incrédulité sont tombés dans l'oubli ; admirés en des jours de délire, ils sont morts. La vérité méconnue a repris ses droits et les efforts de l'intelligence humaine soutiennent contre les déistes, que les lois de la Société de l'homme avec Dieu, loin de devoir être déterminées par la raison de chaque homme, ne peuvent dériver que de la volonté souveraine, manifestée par la révélation.

Toutefois, au sein des nombreux hommages que les intelligences d'élite viennent rendre chaque jour aux antiques bases de

(1) Mgr Affre, archevêque de Paris.

(1) Platon, Aristote, Plutarque et Cicéron.
(2) Rousseau, *Emile*, tom. II et III.

l'édifice chrétien, nos philosophes modernes se faisant les apologistes des droits de l'esprit humain, ont essayé de donner à la raison des ailes pour l'élever au-dessus des hautes régions de la foi. Après avoir nommé la philosophie, lumière des lumières, autorité des autorités, M. Cousin dont une des plus grandes gloires est d'avoir porté dans l'analyse de la raison, une netteté et une précision inconnues avant lui, va jusqu'à élever la raison humaine à l'égal de la raison divine; trouvant identité parfaite entre les deux, composées des mêmes éléments, et rapprochant par l'idée de cause l'infini et le fini jusqu'à les confondre (1). Dès lors la raison de l'homme s'identifie avec la raison divine, et la vérité ne devient plus que le fruit des développements de l'humanité. M. Lherminier, aussi habile qu'érudit dans l'exposition de son système, divinise l'esprit humain qu'il s'efforce de montrer comme étant la seule force à priori, comme étant la raison des choses et niant toute vérité absolue; les croyances religieuses ne sont plus à ses yeux que de mobiles transformations de l'esprit humain (2), produit unique de la raison humaine. M. Leroux, sous les noms de liberté, d'égalité, de perfectibilité indéfinie, demande à la raison seule de l'homme, la solution des grands problèmes qui intéressent nos destinées, et n'assignant au Christianisme d'autre cause que la philosophie, il s'élève contre toute tradition de vérité surnaturelle et divine (3). Nous bornant à ces citations, afin qu'on ne puisse donner à notre polémique un caractère blessant de personnalité, nous établissons en fait que toute l'économie de l'enseignement catholique repose sur ce fondement, la révélation. Qui donc pourrait légitimement en contester la possibilité, en combattre la nécessité, et se refuser à en proclamer l'existence? Refuserait-on à Dieu la faculté qu'a l'homme? Celui-ci peut communiquer ses pensées à ses semblables par la parole; et Dieu ne le pourrait pas! Vous donnez de l'or à votre frère qui n'en a pas, et Dieu ne pourrait point nous donner, du sein de ses richesses, des notions trop élevées pour que notre raison à elle seule puisse en faire la conquête! Les hommes, dans tous les siècles, ont tellement été convaincus de leur insuffisance, qu'on ne citera jamais un peuple qui n'ait cru sa religion fondée sur une révélation divine. Et quoique notre philosophie contemporaine prétende quelquefois, dans son enthousiasme pour l'indépendance, que l'on peut se passer de cette révélation, le genre humain ne s'obstine pas moins à y chercher le point d'appui du sentiment religieux. Quel témoignage plus authentique en faveur de sa nécessité?

Nous sommes à juste titre fiers de notre raison; rien ne pèse tant à l'homme que l'erreur et l'ignorance. Mais, je le demande, la nécessité de la révélation ne nous est-elle pas rendue manifeste par la faiblesse de

l'esprit humain? Selon l'expression de Montaigne, notre raison ne voit le tout de rien. Déjà si bornée, si obscurcie, si souvent fautive dans le cercle même des choses naturelles, qu'elle a tant de fois besoin de secours pour rectifier ses idées; elle manque, à fortiori, des lumières suffisantes pour juger des vérités surnaturelles. Ne pouvant comprendre tous les attributs de la divinité et leurs rapports, ni cette substance que nous nommons esprit, qui unie étroitement à celle que nous appelons corps, anime toutes les parties sans être étendue, la raison humaine a besoin d'être éclairée par une lumière supérieure.

Dépourvue de ce point d'appui, elle serait semblable à un vaisseau qui, n'étant plus maître de ses mouvements, flotterait au hasard, suivant les directions les plus opposées. Toutes les pages de l'histoire sont là pour attester aux générations futures, que toutes les fois que l'homme a rejeté la révélation, pour s'attribuer à lui-même ce qui appartient à la Divinité, il n'a jamais embrassé qu'une ombre vaine. Du moment qu'il a voulu usurper la prérogative suprême, en se constituant l'arbitre souverain des vérités et des devoirs, il a frappé de mort tout ce qu'il a touché; impuissant pour créer, il n'a eu de faculté, que celle de détruire; de doctrine que le doute, et d'avenir que le néant. La raison de l'homme a essayé, à deux époques, de déterminer un culte pour honorer l'Etre Suprême. Ses leçons n'ont abouti qu'à instituer d'ignobles sacrifices en l'honneur de Jupiter, et plus tard, à une prostituée. Les philosophes, avec tous leurs raisonnements, n'auraient jamais pu découvrir la compatibilité des perfections de l'Etre divin, si un guide plus assuré n'était venu enseigner à notre raison débile, à concilier avec la liberté l'immutabilité divine; son unité parfaite et son immensité; sa bonté infinie et son inexorable justice. Parmi ceux de l'antiquité, Platon désespérait de connaître jamais l'origine et la destinée de l'homme, à moins qu'on ne lui donnât une voie plus sûre que la raison, telle qu'une révélation divine (1). Eh! la force de la vérité n'arracha-t-elle pas des aveux formels à la philosophie du xviii⁰ siècle, qui, se targuant des droits de la raison, se montrait hostile à toute croyance? Qui ne connaît ces paroles de Bayle? « Notre raison n'est propre qu'à brouiller tout, qu'à faire douter de tout; elle n'a pas plutôt bâti un ouvrage, qu'elle nous montre les moyens de le ruiner... Le meilleur usage qu'on puisse faire de la philosophie, est de connaître qu'elle est une voie d'égarement, et que nous devons chercher un autre guide qui est la lumière révélée (2). » Rousseau, lui-même, si zélé apologiste de la raison, mais qui ne fut jamais si sublime que lorsque, par une contradiction manifeste, il parla le langage de la vérité, ne disait-il pas que « si la religion naturelle (qui n'est autre que

(1) Cours de 1828, leçons 4ᵉ et 5ᵉ
(2) Philosophie du droit, t. I, p. 64.
(3) Du progrès continu.

(1) Voyez Bergier, Traité de la Relig., t. IV, p. 356.
(2) Dic. crit., art. Bunel, p. 740.

la raison) est insuffisante, c'est par l'obscurité qu'elle laisse dans les grandes vérités qu'elle nous enseigne. C'est à la révélation, continuait-il, de nous enseigner ces vérités d'une manière sensible à l'esprit de l'homme, de les mettre à sa portée, de les lui faire concevoir afin qu'il les croie (1). »

Oui, sans doute, la révélation est nécessaire, et pour rendre la connaissance de la vérité plus claire, plus certaine, plus commune, plus efficace, plus uniforme; et pour devenir le lien de la société. Quelque étendues que puissent être nos facultés, à moins qu'elles ne soient fécondées par un principe générateur, elles seraient frappées de stérilité; parce qu'elles ne nous offrent aucun moyen de dissiper nos erreurs, ou de mettre fin à nos doutes; et la société n'offrirait que la triste image de l'état sauvage. Elle tomberait dans cet état de néant moral où elle se trouverait, si l'Être qui a donné à l'homme l'existence physique, n'avait rien fait pour lui dans l'ordre spirituel qui fait toute sa dignité. Il faut bien le reconnaître: comme c'est dans le régime de la pensée que se forme le nœud de l'ordre matériel, c'est aussi dans les régions plus hautes de l'intelligence divine, que se forme le nœud de l'ordre moral. A moins de s'élever jusqu'à elle, lumière incréée de laquelle relèvent toutes les intelligences, il ne saurait exister aucune loi commune parmi les hommes, parce que la pensée humaine ne présente aucun des caractères de la vérité absolue; rien de certain, de sacré, d'obligatoire. Cette vérité de fait qui constate l'origine de toutes les connaissances et la préexistence des doctrines, est la preuve la plus irréfragable de la nécessité d'une révélation divine. Rien de possible qu'une irrémédiable anarchie dans le monde intellectuel, si l'on ne reconnaît qu'il existe un ensemble de vérités, qui empruntent de la raison divine une autorité devant laquelle toutes les raisons humaines doivent s'incliner. La révélation affermit, tout en nous faisant envisager Dieu, comme étant le principe de tous les êtres, et le plaçant en tête de toutes les vérités et de toutes les lois. La nier, serait retirer la clef de voûte pour s'asseoir sur de vastes ruines.

Sa nécessité démontrée entraîne avec elle nos suffrages en faveur de son existence. Qui pourrait s'abuser jusqu'au point de ne pas reconnaître que si l'entendement humain a eu le privilége d'être éclairé d'une manière spéciale, c'est parce que la divinité a réfléchi sur nous son éclat, comme l'astre du jour sur celui qui préside à la nuit. La révélation a eu ses gradations. Nous la voyons commencer au point de départ de la race humaine, alors que l'amour infini renouait à l'espérance du Rédempteur le lien de la double société des temps et de l'éternité, par sa faute. C'était là, pour parler le langage d'un illustre écrivain de notre époque, les pierres d'attente de l'édifice surnaturel, dont le sacrifice du Fils de Dieu devait poser un jour la base

dans les profondeurs de la mort. Nous sommes témoins de ses progrès sous les patriarches, Moïse et les prophètes. Nous la voyons liant par ses institutions, et la suite miraculeuse de ses annales, et les commencements de la société humaine à ses développements futurs. Elle atteignit sa perfection sous le Christ; nous rappelant le mystère de la déchéance par celui de la réhabilitation, elle fut à l'égard de celle qui avait éclairé le monde naissant, telle que les splendeurs du soleil sont aux premières lueurs qui blanchissent l'horizon. C'est à ce rayon de l'intelligence infinie qui brille sur nos intelligences étroites et bornées, qu'il nous est donné de gravir la route de lumière par laquelle nous devons tendre, par une ascension incessante, à découvrir les vérités qui constituent l'état normal et progressif de la société.

La seule révélation authentique admise par l'enseignement catholique, est celle qui est contenue dans la tradition et dans les saintes Écritures. Nous ne croyons point être dans la triste nécessité de combattre les arguties de l'école voltairienne, contre la chaîne non interrompue de la tradition et la véracité des livres saints. Du moment qu'il renoncerait à l'autorité de la tradition, l'homme est rigoureusement amené à diviniser sa raison en la proclamant infaillible, souveraine et infinie; ou à prendre la large voie du scepticisme. Car tous les motifs de certitude se trouvant réduits pour lui à l'évidence et au raisonnement, et le raisonnement pas plus que l'évidence ne pouvant servir de base aux vérités, qui, dans la réalité, dépassent la raison; il s'ensuit qu'il ne pourrait avoir aucun motif de les admettre, à moins d'élever sa propre raison jusqu'à la hauteur des vérités. Telle est la conséquence logique à laquelle n'ont pu échapper la plupart des philosophes de notre époque. Nous croyons cependant devoir ici rendre un hommage bien légitimement dû à un homme qui, par la haute impartialité dont la source est dans la noblesse de son cœur, et par les services éminents qu'il a rendus aux sciences historiques et à l'État, est digne qu'on ne prononce son nom qu'avec un certain respect. M. Guizot, dont nous ne pouvons admettre toujours les principes ni les appréciations diverses sur la civilisation des peuples, a toutefois avoué la nécessité d'une tradition; il va, ce qui ne saurait nous paraître suspect, jusqu'à blâmer la réforme et la philosophie, de la méconnaître ou du moins de la dédaigner (1).

Qui prétendrait révoquer en doute l'authenticité des livres sacrés ne saurait admettre celle d'aucun livre profane. Ils réunissent en leur faveur, au plus haut degré, toutes les preuves historiques de la critique la plus sévère que l'on puisse exiger. S'ils étaient l'œuvre de l'homme, le cachet nécessaire de l'esprit humain s'y trouverait quelque part; il eût été signalé par les ennemis de la foi. Nul ouvrage qui, par la sublimité et la variété de ses objets, pût moins laisser

(1) *Émile*, tom. III, p. 150.

(1) *Histoire générale de la civilisation en Europe*,

à l'homme la faculté de cacher les limites de son esprit ; nul autre dont les erreurs eussent été plus aisément dévoilées, parce qu'il n'en existe pas qui ait rencontré plus de contradicteurs. Cependant les documents les plus anciens nous montrent partout admis, comme inspirés, dans l'Orient et l'Occident, par les orthodoxes et les hérétiques. Au point de développement qu'ont atteint les sciences, elles sont forcées, ou de se reconnaître incompétentes sur les difficultés qu'elles avaient soulevées contre eux, ou bien d'adhérer à la solution qu'en donnent ces divins monuments de la révélation. L'illustre Cuvier, qui eut la gloire de nous initier avec tant d'éclat dans l'enseignement des origines de notre globe et de la génération des êtres, signala l'exactitude de la cosmogonie écrite par Moïse. Il disait dans son *Discours sur les révolutions du globe* : « Moïse nous a laissé une cosmogonie dont l'exactitude se vérifie chaque jour d'une manière admirable. Les observations géologiques récentes s'accordent parfaitement avec la *Genèse*, sur l'ordre dans lequel ont été successivement créés tous les êtres organisés. »

Observons toutefois que la *Genèse* est, de tous les livres saints, celui qui a trouvé le plus d'opposition. Et cependant, à mesure que la géologie agrandit sa sphère par quelque découverte récente, l'accord si important indiqué autrefois par M. Cuvier suit un développement progressif. M. Marcel de Serres, son digne émule, vient de montrer, au moyen de ses précieuses recherches, que les dernières découvertes de la science s'accordent avec les enseignements du livre le plus ancien et le plus beau que les siècles nous aient laissé. Cet auteur, dont la modestie ne saurait nous voiler les vrais talents, démontre que ce livre signalé par la foi au respect des peuples, et si souvent attaqué, renferme des vérités merveilleuses. Il y a trente-cinq siècles qu'un homme, qui n'avait pas sondé la profondeur de la terre pour y chercher une explication du passé, racontait, dans un admirable langage, l'histoire de la création. Moïse écrivait sa cosmogonie. Comment put-il connaître ce qu'ont confirmé les derniers efforts de la science aidée de la révélation ? On ne saurait en trouver l'explication que dans la foi.

Non, les livres sacrés ne sont marqués à aucun des caractères de la raison de l'homme ; ils portent les caractères visibles de la raison de Dieu. Où trouver ailleurs des touches si sublimes de naturel et de sentiment ! Quels rapports inaperçus entre les faits et le style ! Le souffle de l'inspiration se fait sentir jusque dans les formes que la pensée de Dieu y a revêtues. A ceux qui auraient la témérité d'en suspecter l'authenticité, il nous suffirait d'opposer l'apologie que la force de la vérité arracha autrefois à l'un des coryphées de la philosophie : « Je vous avoue, disait Rousseau, que la majesté des Écritures m'étonne ; la sainteté de l'Évangile parle à mon cœur. Voyez les livres des philosophes avec toute leur pompe ; qu'ils sont petits près

de celui-là ! Se peut-il qu'un livre, si sublime et si simple tout à la fois, soit l'ouvrage des hommes ? Dirons-nous que l'histoire de l'Évangile est inventée à plaisir ? Mon ami, ce n'est point ainsi qu'on invente : et les faits de Socrate, dont personne ne doute, sont moins attestés que ceux de Jésus-Christ. Au fond, c'est reculer la difficulté sans la détruire ; il serait plus inconcevable que plusieurs hommes d'accord eussent fabriqué ce livre, qu'il ne l'est qu'un seul en ait fourni l'objet. Jamais des auteurs juifs n'eussent trouvé ni ce ton, ni cette morale ; et l'Évangile a des caractères de vérité si grands, si frappants, si parfaitement inimitables, que l'inventeur en serait plus étonnant que le héros. » La langue divine que les livres saints nous font entendre offre l'espoir à l'angoisse et le baume à la blessure. Nous entendons une voix, vive et touchante, consolante et terrible, imposante et familière, qui annonce la paix, la grâce, la vérité et la miséricorde. Nous les possédons sans altération, quoi qu'en puisse dire M. Jouffroy, qui semble ne rendre hommage à la vérité du dogme ancien que pour accuser les siècles postérieurs d'en avoir perdu l'intelligence ; et qui, ne voyant dans le christianisme qu'une institution dégradée, absurde et corruptrice, prophétise qu'il s'élèvera un dogme nouveau sur les débris de l'ancien [1]. Dieu devait à sa providence de nous conserver dans toute leur pureté ces sources abondantes en lumières et en vertus, et l'Église, fût-elle considérée seulement comme société humaine, forme, en faveur de leur intégrité, le témoignage le plus sûr que puisse revendiquer la vérité de l'histoire. Elle est l'autorité visible qu'institua l'Homme-Dieu en quittant la terre, pour conserver intact le corps de doctrine révélée et l'enseigner aux peuples dans toute sa pureté. Elle y est le foyer de la lumière et de la vie. Voulant demeurer fidèle au plan de simple exposition que nous nous sommes tracé, nous ne saurions nous attacher ici à développer les preuves solides sur lesquelles elle repose. Il nous suffira d'observer : Que si Dieu n'avait institué parmi les hommes une autorité par sa divine assistance, infaillible dans son enseignement, la vérité révélée eût été bientôt altérée par les passions humaines ; et partant, le bienfait de la révélation fût devenu inutile. D'ailleurs, admettre une révélation qui fixe la croyance et règle les devoirs, tandis que l'on se refuserait à reconnaître une puissance intellectuelle établie pour faire sûrement discerner à l'homme la vérité révélée d'avec les opinions humaines, serait une hypothèse aussi peu digne de la Divinité que peu appropriée à la nature et aux besoins de l'humanité. Par elle Dieu est toujours présent à tous les peuples, en se communiquant aux hommes par son organe. Ses pensées nous arrivent par l'enseignement extérieur qui, n'en étant que le véhicule, leur est indispensablement

(1) *Mélanges philosophiques*, Art. intitulé : Comment les dogmes finissent.

uni. Tout le monde sait que la raison est lente dans ses progrès, et dès lors chacun est obligé d'admettre qu'il lui faut une autorité pour hâter les résultats de ses investigations. A chaque pas la raison trouve des difficultés insolubles ; une autorité lui était donc indispensable pour dissiper ses doutes ; capricieuse et quelquefois même bizarre, elle ne pouvait se passer d'une autorité qui la retînt dans les limites du vrai. Prétendre constituer la raison individuelle arbitre exclusif des vérités révélées serait laisser à chacun le droit d'opposer raison à raison et témoignage à témoignage, confondre le oui et le non, admettre autant de symboles que d'individus, priver l'homme de tout secours pour se défendre contre les séductions de l'esprit et les passions du cœur, dénier tout moyen sûr de reconnaître la vérité au milieu des divagations de l'esprit humain, et briser tout lien religieux et social. Ce fut dans les hauteurs mêmes du ciel, où la main de la religion noue le lien de la société humaine, que l'idolâtrie établit le principe d'une déplorable division. Le droit qu'elle attribuait à chaque peuple de faire ses dieux, chaque famille, chaque homme pouvait le revendiquer. Aussi, non seulement brisa-t-elle le lien de la société générale des peuples, mais elle détruisit encore, au sein de chaque nation, les conditions de l'ordre social. La société païenne se mourait consumée de langueur, lorsque le Christ vint souffler sur l'humanité pour lui redonner la vie. Les saintes Écritures sont bien sans doute descendues de Dieu vers les hommes pour leur montrer la route qui doit les conduire à travers cette vie d'épreuves : toutefois, le principe commun de toutes les hérésies qui les livre aux interprétations de la raison individuelle a détruit entre elles toute foi commune, certaine, et a ouvert un abîme dans lequel est allé disparaître le majestueux ensemble des vérités révélées. L'esprit humain est arrivé alors à l'incertitude de toute doctrine ; tombé dans les ténèbres du scepticisme, et tandis que la raison se proclamant souveraine s'éblouissait de son triomphe, la solution des questions morales lui échappait, et la pensée sociale dénuée de guide errait à l'aventure dans le champ des illusions. « Il est impossible, dit Montaigne, d'établir quelque chose de l'immortelle nature par la mortelle : elle ne fait que se fourvoyer partout, mais spécialement quand elle se mêle des choses divines. Car encore que nous ayons donné des principes certains et infaillibles, encore que nous éclairions ses yeux par la sainte lampe de la vérité qu'il a plu à Dieu de nous communiquer, nous voyons pourtant journellement, pour peu qu'elle se démente du sentier ordinaire, et qu'elle se détourne ou s'écarte de la voie tracée ou battue par l'Église, comme tout aussitôt elle se perd, s'embarrasse et s'entrave, tournoyant et flottant dans cette mer vaste, trouble et ondoyante des opinions humaines, sans bride et sans but. Aussitôt qu'elle perd ce grand et commun chemin, elle va se divisant et dissipant en mille routes diverses (1). »

De même que pour le maintien de toute institution politique, une législation écrite dont chaque article compose les rouages, est assujettie en dernier ressort à une cour souveraine qui réforme les jugements des tribunaux inférieurs, statuant sur la véritable interprétation des lois qui régissent la société civile : la société religieuse ne peut connaître le vrai sens des Écritures que par le canal de cette autorité spirituelle à qui le Christ a dit : Allez, enseignez toutes les nations ; voilà que je suis tous les jours avec vous jusqu'à la consommation des siècles. Cette autorité réside dans l'Église catholique. Toutes les puissances ne sauraient la renverser. Sa voix est l'organe des pensées de Dieu ; ses jugements irréformables et ses arrêts sans appel complètent les éléments divers qui constituent l'enseignement catholique. Lorsque des signes menaçants paraissent sans cesse à l'horizon, et que la vue s'affaiblit à force de contempler le terrain mouvant qui tremble sous nos pieds ; qu'il est doux de s'essayer à lire à la lueur des plus anciennes traditions les destinées futures des peuples dans les événements accomplis, et à chercher dans l'infaillible autorité de l'Église, un port salutaire où tout est sans péril !

Elle est réellement l'institutrice du monde et la bienfaitrice de l'humanité ; ses dogmes, sa morale et ses institutions sont en harmonie parfaite avec la nature physique et sociale de l'homme ; son enseignement correspond merveilleusement aux besoins qui se révèlent avec tant d'énergie dans les sociétés modernes.

Nous naissons tous avec le désir de connaître, et l'avidité de savoir est l'une des passions les plus ardentes de notre nature. Toutefois, nos facultés intellectuelles se lassent, et au lieu de la vérité que l'esprit humain poursuit, ce n'est souvent qu'une erreur de plus qu'il embrasse. L'homme est bien le premier des êtres sensitifs, mais il est le dernier des êtres pensants. Appelé à vivre d'intelligence, il est néanmoins soumis au joug illégitime des appétits sensuels. Dominé par ses passions, non-seulement les secrets de la nature lui demeurent cachés, mais encore il s'ignore lui-même ; quelquefois il méconnaît le Dieu qui le fit si grand. Après de nombreux travaux et de longues veilles, le *que sais-je* du scepticisme lui est le plus souvent arraché ; il n'affirme ni ne nie, il doute de tout, il hésite sur tout. Tel que le voyageur dérouté qui, ayant perdu de vue le but vers lequel il tendait, chancelle à force d'errer, et s'assied harassé de fatigue à l'ombre d'un chêne, ne sachant plus ni d'où il vient ni où il va ; l'homme à certaines époques de la vie, oublieux des heureux souvenirs qui protégèrent son enfance et des impressions involontaires qui reportent quelquefois depuis sa pensée vers Dieu,

<hr/>

(1) *Essais* de Montaigne, liv. II, ch. 2.

ne vient que trop souvent aboutir, après une marche forcée dans les sentiers de l'erreur, à un état de suspension négative. Il loue, il admire, il regrette, mais il ne croit pas : tant il est vrai que les opinions humaines ont de l'incertitude et de l'obscurité. Il faut à l'individu comme aux masses, le flambeau qui du haut du ciel éclaire l'intelligence errante dans les ténèbres, ou assise à l'ombre de la mort. Il leur faut, non un fondement faible et ruineux, tel que l'opinion qui peut manquer et n'être pas, mais un fondement ferme et inébranlable qui ne saurait crouler, tel que la foi divine. Elle est la racine de cet arbre sacré, planté de la main de Dieu même, arrosé du sang de Jésus-Christ son Fils, et toujours florissant au sein de l'Eglise catholique.

Le XVIII° siècle eut un but avoué dans les travaux de sa prétendue philosophie. Les rationalistes d'alors disaient nettement qu'il fallait remplacer la foi qu'ils appelaient instinct, par la raison ; que celle-ci était supérieure à celle-là, de toute la hauteur de l'intelligence sur le sentiment. Cette manifestation était calomnieuse, mais franche. Pour avoir répudié les brusques formes de son devancier, le XIX° siècle n'a point répudié le fond de ses pensées. Les rationalistes de notre époque, sous le manteau de l'éclectisme, paraissent vouloir rapprocher au moins par des regrets, les deux camps qu'ils veulent réellement tenir toujours séparés : la philosophie et la théologie, la raison et la foi. Ils ont hérité de leurs maîtres, de la liberté de raisonner sans croire, et ne tiennent nul compte, ni des vérités révélées, ni de l'autorité de l'Eglise. Ils prétendent que le contenu de la philosophie est le même que le contenu de la théologie, et que la conscience humaine qui en est le fond commun, se révèle ainsi, et sous la forme d'images et sous la forme intellectuelle ou de raisonnement : que dans le cas où la première voie devenue tortueuse s'égarerait, la seconde serait chargée de la redresser, et de la ramener dans les limites du vrai. En d'autres termes, la raison humaine est à leurs yeux supérieure à la foi, l'adéquate de la raison divine.

Ce n'est ici ni le lieu ni le moment de réfuter cette théorie philosophique. Nous devons toutefois observer, pour déduire des conséquences relatives à notre sujet : que le contenu de la philosophie ne saurait être le même que celui de la théologie, parce que celle-ci révèle à la conscience humaine bien d'autres vérités que celles qui entrent dans le domaine de la première ; la trinité des personnes dans l'unité de la divine nature, l'incarnation du Verbe, la présence réelle de Jésus-Christ dans l'Eucharistie, la déchéance originelle de l'homme et sa réhabilitation, et tant d'autres vérités qui, sans contredire la raison, en dépassent la portée de toute l'infinité de Dieu même. Aussi la philosophie (donnant à ce mot l'acception par laquelle on désigne ordinairement les divers systèmes inventés par les efforts de l'esprit humain) ne voulant rien reconnaître au-dessus

d'elle-même, en est-elle venue à nier l'existence des mystères dans le christianisme, tandis qu'elle est forcée d'en rencontrer d'inexplicables à chaque pas dans la nature. Nouveau Samson ébranlant les colonnes du monde intellectuel et moral, elle a été écrasée sous ses ruines. Prenant pour point de départ la négation des vérités religieuses à un degré quelconque ; entraînée par là même à la négation de toute vérité, elle se voit réduite à abjurer la raison humaine en même temps qu'elle sape tous les fondements de la foi divine. Il ne reste donc plus aux dissidences rationalistes qu'à accepter la foi malgré ses obscurités, et avec ses mystères. Telle est celle que proclame l'enseignement catholique. En harmonie avec les besoins de notre époque, elle captive par ses voiles impénétrables cette fière et superbe raison, que la philosophie a quelquefois exalté jusqu'au délire. Si celle-ci rencontre des ténèbres, serait-ce un motif pour répudier la foi ? Non, sans doute ; cette obscurité est une raison de plus pour croire, car la foi doit être obscure dans son objet, puisqu'elle est la conviction des choses que nous ne voyons pas, et claire dans le motif d'autorité qui la dicte. Si la raison humaine comprenait tout, il n'y aurait plus de foi. On a beau proclamer l'indépendance de la raison, et vouloir illimiter les conquêtes de l'intelligence humaine, elle sera toujours bornée et finie. A l'aide des seules lumières qu'il lui emprunte, l'homme sera toujours à lui-même un mystère ; ceux-là ont le délire, qui veulent tout comprendre : le mystère est inséparable de l'homme, de quelque côté qu'on le remue. Dans le domaine des sciences, l'esprit humain touche de tous côtés à ses limites. Tout ce qui n'est pas religion est rempli d'énigmes insolubles ; eh ! on ne saurait en admettre dans la connaissance de l'infini ! Ne doit-on pas plus en rencontrer quand il s'agit de Dieu ! Comment l'infini pourrait-il se manifester au fini, sans lui imposer des mystères ? Effrayée de ses aberrations, la raison vient demander à la foi ses saintes obscurités.

On sait quelle était à cet égard l'opinion de celui qui, le plus souvent apologiste effréné de la raison, mais quelquefois ami du vrai, s'exprimait de la sorte : « Plus je m'efforce à contempler l'essence infinie, moins je la conçois ; mais moins je la conçois, plus je l'adore ; le plus digne usage de ma raison est de s'anéantir devant elle (1). » Si l'homme comprenait les mystères, il devrait avoir plus de peine à les croire ; il y aurait lieu à se défier d'un système que l'homme aurait pu imaginer. L'obscurité est nécessaire à la foi. Loin de n'y voir qu'abaissement de l'intelligence et du génie, il n'est rien qui s'harmonise mieux avec la dignité humaine. Si la connaissance de la vérité religieuse ne devait être que le résultat des efforts de la science, le plus grand nombre des hommes en seraient exclus. Proscrits et refoulés dans

(1) ROUSSEAU, Emile, t. III, p. 95.

la plus honteuse ignorance, il ne leur resterait plus qu'à usurper la vie toute animale des êtres créés pour servir à leur usage, et dont ils furent établis les rois dans la nature. Aux yeux de la religion, que tous les hommes soient égaux, c'est là le droit inaltérable de la dignité sainte de l'homme. Qu'après six mille ans, l'intelligence humaine à l'aide de sophismes et de ses nuageuses théories soit encore à élaborer une religion! ses efforts seront vains. Cette noble égalité, l'obscurité de la foi imposée également à tous, la réalise seule. Profonde sagesse de la foi! Par ses mystères elle confond l'orgueil pour le sauver des abaissements de l'erreur, et élève au rang du génie l'immense multitude des races humaines, c'est là évidemment comprendre la dignité de l'homme. La foi aux mystères vient remplir une intime faculté de notre âme, et satisfaire, suivant la pensée de Bayle, à toutes les fins de la religion. « Toutes les fins de la religion, disait-il, se trouvent mieux remplies dans les objets qu'on ne comprend pas; ils inspirent plus d'admiration, plus de respect, plus de confiance, on s'en forme une idée plus consolante. » Si le besoin de mystère est pour l'homme une indication divine de l'alliance à contracter avec un être supérieur, les mystères sont à leur tour le caractère certain d'une foi élevée, qui a plus pénétré dans les régions de l'infini.

Après ce simple exposé, pourrait-on de bonne foi essayer de combattre ou d'éluder nos mystères par des preuves prises dans un ordre autre que celui auquel ils appartiennent?... Ils ne sont pas enseignés comme des vérités métaphysiques, mais comme des faits dont la raison dernière est au-dessus de notre intelligence; ils sont en dehors et au-dessus des lois de la nature. Des témoignages de l'ordre le plus élevé, des monuments irréfragables, prouvent que Dieu les a révélés. Ils sont vérités historiques. Prétendre ensuite les trouver opposés à la raison, c'est vouloir établir en principe qu'une vérité métaphysique peut renverser un fait historique démontré certain. Toutefois, on ne saurait nous contester que chaque ordre de vérité a sa certitude propre, entière, égale aux autres dans son genre. Si Dieu a parlé, sa parole est infaillible, les mystères sont certains de toute la certitude de la vérité divine elle-même. Il est donc faux que les mystères soient opposés à la raison, ils sont seulement au-dessus d'elle, car la raison souveraine les révéla. Comment pourrait-on trouver des contradictions et des répugnances dans ce que notre raison n'atteint pas? Mais qui pourrait ne pas rappeler ce mot de Pascal, qui dans le sentiment le plus profondément vrai de la dignité humaine a dit : « La dernière démarche de la raison est de connaître qu'il y a une infinité de choses qui la surpassent; elle est bien faible si elle ne va pas jusque-là. » Or, nous le demandons, dès qu'on suppose la raison humaine incapable de tout comprendre, ne reste-t-il pas avéré, qu'un dogme peut dépasser les bornes de l'entendement humain, sans qu'il renferme la négation d'aucune vérité démontrée? Il s'ensuit même, comme conséquence rigoureuse, qu'il est impossible d'y faire remarquer aucune contradiction, parce qu'il faudrait avoir une idée claire et distincte des termes qui les énoncent, et que les mystères présentassent de la contradiction dans le seul énoncé des termes qui affirmeraient le oui et le non du même objet, et sous les mêmes rapports. Aussi pouvons-nous dire avec Bossuet, que pour rejeter d'incompréhensibles mystères, l'homme se précipite souvent dans d'incompréhensibles erreurs.

Vainement accuserait-on la foi d'annihiler la raison, en l'obligeant à croire ce qu'elle ne comprend pas. Il est vrai que la foi récuse la philosophie comme vérité complète, lui laissant libre, pour ses excursions, le vaste champ de la science, des arts et de l'industrie; elle la force à reconnaître son impuissance pour s'élever jusqu'à la compréhension des attributs divins, et descendre jusqu'aux profonds secrets que recèle dans son sein l'humanité. Mais la philosophie n'est pas, du reste, la raison; celle-ci est la faculté de connaître, celle-là n'est que le résultat de ses investigations, la règle ou la voie qu'elle s'est frayée pour être amenée à la connaissance du vrai. Loin que la foi exclue la raison, elle la suppose et en consacre tous les droits. C'est à l'intelligence que s'adresse la révélation; pour qu'elle constate son existence, celle-ci lui exhibe en quelque sorte ses titres de créance, et ce n'est qu'après qu'ils ont été admis par celle-là, que la première commande à la seconde en souveraine. Aussi, la foi a-t-elle toujours honoré le génie. Elle eut des éloges pour Platon, Aristote et Descartes; Bossuet honora ce dernier comme son maître, et saint Clément d'Alexandrie donnait ce nom à Aristote. La foi aura un jour des éloges pour Guizot, Arago, Cousin, et pour tous les grands hommes de notre époque, comme elle en a eu pour Newton, Malebranche, Leybnitz et Bacon, dont elle a apprécié les découvertes et honoré le talent. La foi, dit-on, interdit l'usage de la raison; mais on se trompe d'une manière bien étrange. Si elle lui refuse de la reconnaître infaillible, elle lui accorde la faculté de pouvoir arriver à la connaissance certaine du vrai; l'homme le peut, quand il s'agit des motifs de crédibilité et de tous autres faits historiques. La foi, il est vrai, a des mystères; mais loin que la raison s'oppose à la croyance de ces dogmes incompréhensibles, elle y invite : parce que pour être au-dessus de notre intelligence, ils ne reposent pas moins sur un motif de certitude inébranlable. Le motif de la foi, c'est Dieu s'imposant avec l'inséparable ensemble de ses perfections infinies, c'est sa toute-puissance de véracité et d'infaillibilité; et la garantie de la foi pour tous est la plus grande autorité qui fut jamais donnée à la terre. C'est l'Église qui dit à l'adulte comme à l'enfant, au docte comme à

l'ignorant : crois et puis examine, raisonne, comprends ; selon le beau mot de saint Augustin, *Crede ut intelligas.* Si donc nous sommes environnés partout de mystères impénétrables, ne serait-il pas absurde de supposer que nous puissions comprendre les mystères de Dieu, et n'est-il pas insensé d'attaquer la religion chrétienne par un côté où elle est si inattaquable aux armes de ses ennemis? O père commun des hommes! qu'il est doux de méditer ces vérités, qu'il vous a plu de révéler au monde! La doctrine sublime qu'elles renferment est le pain des forts dont vous aimez à nourrir vos enfants. Malheur à ceux qui la dédaignent et demeurent en proie à de cruelles déceptions!

La véritable philosophie est l'enseignement catholique, il a seul pour lui la vérité complète, parce qu'il possède seul le secret de Dieu, de l'homme, et la connaissance certaine des vérités qui constituent la vie morale des peuples. Le Créateur fit sans doute briller sa lumière depuis le berceau du monde sur la grande famille humaine, mais il n'aurait pas voulu livrer, sans appui, ce faible arbrisseau à l'impétuosité des vents et aux fureurs de la tempête. Cette lumière ne parut jamais plus éblouissante que lorsque la voix de l'Eternel qui s'était fait entendre dans l'Eden, sur le Sinaï, et au sein de la nue, descendit forte et plaintive des sommets du Golgotha. Ce ne fut plus l'intelligence humaine errant à l'aventure et s'égarant çà et là, trompée par quelques rayons d'une lumière perfide, interrogeant toutes les écoles qui ne faisaient entendre que cris de détresse et demandant les routes de la vie à des sages qui l'engageaient dans les sentiers de la mort. Ce ne fut plus l'homme déposant la couronne aux pieds des sujets de son vaste empire, et se rendant l'esclave d'une nature qu'il était appelé à commander. A l'ignorance de l'homme sur la nature et les attributs de la Divinité, l'enseignement catholique oppose la doctrine la plus lumineuse sur le grand Etre, qui est le principe et la raison dernière de toutes choses. Il dévoile la majestueuse unité de sa nature dans la trinité des personnes; et la réparation divine, qui dissipa tous les nuages, nous apparaît, faisant jaillir du sein même de la stérilité, la fécondité et la vie. L'homme, resté jusque là à ses yeux malades un inexplicable mystère, a été révélé à l'homme; il lit son nom dans la pensée divine, et se voit le roi de cette magnifique création au sein de laquelle tout lui dit que ce monde est un palais préparé pour être sa demeure; que l'astre éblouissant qui le vivifie est le flambeau destiné à diriger ses pas. Il comprend qu'il y a en lui un reflet de la lumière incréée, et que sa véritable patrie n'est pas le sable mouvant du désert sur lequel il essayerait quelquefois de dresser sa tente. Ecoutez l'enseignement catholique et vous aurez la connaissance et des hommes et des choses. En nous donnant les leçons du passé, il nous apprend à connaître le présent et à conjecturer l'avenir. Au Christ s'arrêta le déclin

de l'humanité; à lui commença le progrès. La croix est devenue le point de départ et le rendez-vous de toutes les conceptions humaines. Voilà tout à la fois la preuve et les résultats de l'un des plus remarquables faits de notre époque, peu en harmonie, si on le veut, avec la prévision du philosophisme, mais qui pour cela n'en est pas moins incontestable : c'est la marche de notre siècle vers le principe de perfectibilité déposé dans le sein du Christianisme. Le progrès qui fut jadis tourné contre lui, est devenu parmi nous l'un de ses plus puissants auxiliaires.

Le besoin qu'en éprouvent les sociétés modernes se révèle, sans doute, sous divers aspects ; elles veulent du progrès pour l'intelligence, dans les arts, le commerce et l'industrie. Admirable effet que nous n'avons point à contester ni à contredire, mais que nous ne saurions attribuer à la cause que lui assigne la philosophie. M. Michelet, ne voyant dans la nature qu'une lutte incessante entre la liberté et la fatalité, fait consister la loi de tout développement dans le triomphe de la première de ces forces sur la dernière. « La liberté, dit-il, est le but de l'humanité, le progrès n'est que la marche de l'humanité vers ce but (1). » Il voudra bien ne pas trouver mauvais que nous n'attribuions point uniquement aux développements des facultés humaines, les progrès qui nous apparaissent dans le monde religieux et social. Nous ne saurions y méconnaître la part de Dieu et la part de l'homme.

Nous avouons volontiers que la vie des sociétés temporelles se développe en dehors de la société spirituelle et par l'action libre de l'homme ; mais le principe de cette vie vient de Dieu, ce principe consiste dans les vérités primitives placées au-dessus des entreprises de la raison humaine, parce qu'elles ont leur source dans la révélation qui, au sein des formes diverses que subissent les sociétés, demeure immuable pour former la croyance des peuples. Tout progrès s'accomplit à ces deux conditions, la raison et la foi. Celle-ci prend pour base les faits surnaturels dont la certitude repose sur le témoignage divin. La parole de Dieu et le miracle en sont les fondements. L'autorité qui impose la conviction est la certitude d'un fait surnaturel confirmant les vérités qu'il s'agit de croire. Celle-là, prenant pour base les faits naturels qui lui sont attestés par la parole humaine et par le grand livre de la nature où le doigt de Dieu a tracé dans le temps ses éternelles pensées, perçoit les vérités qui sont naturellement mises à sa portée, compare ces vérités perçues, déduit la connaissance de leurs rapports et donne son adhésion aux vérités dont l'existence lui est prouvée par des témoignages convaincants. La foi et la raison sont distinctes, mais unies comme l'âme et le corps. On ne peut les confondre parce que leur nature est diverse; on ne saurait les séparer, car la main de

(1) *Introduction à l'histoire universelle.*

Dieu les a unies. Elles sont deux rayons du même soleil d'intelligence, deux émanations du même Dieu de vérité, deux filles du même père des lumières. L'une est la lumière naturelle qui, par l'évidence des principes ou la claire liaison des conséquences, entraîne la conviction. L'autre est la lumière surnaturelle, qui nous découvre des objets supérieurs à notre intelligence, et qui, ajoutant l'action puissante de la grâce à l'évidence des motifs de crédibilité, forme en nous la plus inébranlable certitude. Mais sans la foi, la raison cessant d'être vivifiée, se dissoudrait bientôt comme le corps dont l'âme se retire; et sans la raison, la foi serait inaccessible à l'esprit de l'homme, comme l'âme ne saurait se révéler sans l'intermédiaire des sens. Ce que le corps est à l'âme, la raison l'est à la foi; celle-là est subordonnée à celle-ci, de même que les déductions rationnelles sont nécessairement subordonnées à la certitude des réalités évidentes. La raison opère sur des bases que la foi lui a fournies. Et voilà ce qu'est la science par rapport à l'enseignement catholique.

Trois choses sont fort distinctes dans l'humanité, l'origine, le milieu et la fin. Les deux extrêmes renferment le problème de la destinée humaine fixé par la parole révélée, transmis par autorité et tradition, et à l'aide duquel l'humanité sortie de Dieu se reporte vers lui comme fin ultérieure par le lien de la religion. Le milieu de l'humanité, c'est le monde; c'est la création tout entière, c'est la science avec toutes ses classifications. Aussi ne révoquerons-nous jamais en doute que la raison humaine ne puisse obtenir des résultats en prenant pour point de départ les faits naturels et l'évidence qui en résulte; en mathématiques, en astronomie et même dans toutes les sciences naturelles, lorsqu'on ne voudra ni remonter à leurs origines ni en expliquer les fins; les monuments de l'antiquité païenne, des chefs-d'œuvre de littérature et le perfectionnement des beaux arts trop souvent étrangers à la pensée religieuse seraient là pour nous convaincre. Mais loin de se borner à l'observation matérielle des faits ou à l'interpréter arbitrairement, si la raison veut porter plus haut ses regards, traiter de Dieu, de l'homme et de l'humanité, elle doit rattacher ses données acquises aux faits de l'ordre supérieur, qui trouvent dans la parole divine un si haut degré de certitude; telle est l'hypothèse que nous acceptons. Dieu, disait Malebranche, est le lien des esprits, comme l'espace est le lien des corps. C'est la source féconde où s'abreuve le génie. Si la nature sert à expliquer la révélation, l'enseignement catholique qui contient la révélation du monde invisible, doit servir de guide aux sciences profanes pour s'avancer à travers le dédale des expériences et la multiplicité des phénomènes, afin qu'elles y en trouvent l'explication. Alors, de même que les sens se laissent diriger par la raison qui certifie leurs rapports; de même la science doit vérifier ses conceptions, en les comparant à l'ordre surnaturel qui lui est connu par l'enseignement catholique, qui lui donne un plus haut degré de certitude. En vertu des lois harmoniques qui président aux mondes de la pensée et de la matière, de l'ordre naturel et surnaturel, il demeure démontré, que les vérités de l'enseignement catholique sont d'autant plus accessibles à l'intelligence, que les connaissances naturelles sont d'autant plus étendues; et que plus les vérités de l'enseignement catholique sont à l'abri de tout doute, plus aussi la science humaine est éclairée, plus elle acquiert de certitude. La science est pour l'homme la vérité sous la forme la plus élevée, et nous sommes obligés de reconnaître diverses classifications dans son vaste domaine. C'est une vaste cité aux mille tours où chaque siècle a bâti son temple; mais, quelle que soit la diversité de ses objets, elle cherche toujours à rattacher ce qu'elle a de particulier, de transitoire et de multiple, à quelque chose qui ait, au moins relativement, un caractère d'unité, de permanence et de généralité. Tel est l'enseignement catholique.

Ce qui le distingue éminemment des opinions philosophiques, le voici : ces dernières peuvent être modifiées d'après les préjugés et au gré des circonstances; tandis que l'autre est immuable dans ses dogmes et repose sur des bases qu'il n'est point permis à l'esprit humain de déplacer, pour y substituer ses vues particulières. Là, il y a mouvement et succession; ici, tout est immobile et invariable. La science s'y organise complétement dans l'unité, se meut dans ce cercle sans bornes, et y trouve le lien qui réunit les notions dont elle se constitue. Elle émane de cet élément divin qui la dirige, la coordonne et la vivifie.

Principe de tout ce qui existe, Dieu voit en lui-même la raison de toutes choses : d'où nous sommes induits à conclure que l'intelligence infinie révélée à l'homme est le principe d'unité de l'indivisible société des esprits, l'élément radical de toute intelligence, le point de départ d'où le génie doit s'élancer quand il veut faire un pas dans la carrière de la science. Faisant luire le grand jour de la pleine révélation sur le monde de la pensée, il nous dit le dernier mot de la science de Dieu, de l'homme et de l'univers.

Le paganisme, enfantant des dieux selon ses caprices, avait nié l'unité de l'Être suprême, altéré tous les attributs qui constituent sa divine essence, et obscurci dans la raison des peuples toutes les notions dont se compose l'idée de l'infini. Les philosophes rationalistes, à force de disserter, finirent par dénier à la sagesse éternelle l'attribut de la sagesse, et à l'intelligence suprême l'attribut de l'intelligence. Lorsque la philosophie du xixe siècle a prétendu soulever le voile qui dérobe à nos regards le Dieu caché qu'il nous faut croire, elle a révélé par ses vains efforts toute son im-

puissance. Elle en fait une fraction du monde, ou un rayon de la raison humaine, un grand tout, ou un rien, la nature, l'espace ; tous mots vides de sens. Mais l'enseignement catholique nous fait concevoir Dieu avec ses grands caractères de permanence et de généralité : comme cause productrice, comme raison souveraine, comme étant le principe de l'union de tous les êtres, le but qui les attire et la fin vers laquelle ils doivent tendre. A sa lumière il nous est donné de connaître sa miséricorde et sa justice, sa vérité et sa puissance, sa science infinie et sa sagesse sans bornes.

Dans le monde philosophique, deux principaux systèmes sont en présence pour expliquer l'origine de l'homme, sa nature et ses destinées. Au sentiment de Locke et de Condillac, le *moi* n'est qu'une collection de sensations qu'il éprouve et de celles que la mémoire lui rappelle ; sa liberté est subordonnée à l'action des objets ; la matière peut penser, et, tout matériel, l'homme n'est à leurs yeux qu'une agrégation de parties douées d'une plus ou moins grande activité. Le panthéisme ou plutôt l'éclectisme phénoménal de Kant se réduit à montrer l'homme comme n'ayant au dedans que des formes d'esprit, et au dehors que des accidents matériels, jamais le *nous-même* ou l'*être*, et il s'enveloppe dans le scepticisme le plus absolu sur les questions de la substance et de la destinée future de l'âme. On voudra bien nous dispenser de nous étendre sur les systèmes de ceux d'entre nos philosophes contemporains qui n'ont vu en l'homme qu'un être soumis aux lois de la fatalité, qui l'ont assimilé à la brute ou traité d'égal à l'Eternel. Tant il est vrai que sans ces trois idées, de création, de distinction d'esprit et de matière, et de monde futur, l'esprit humain flotte au hasard dans un vague infini ; pareil à un pilote égaré qui ne connaît ni le point d'où il est parti, ni les régions qu'il traverse, ni le but vers lequel il doit tendre.

Mais l'enseignement catholique, plaçant le fait de la création à l'origine des choses, nous invite à considérer dans l'homme un être fini, qui appartient à deux mondes et dont la mystérieuse existence est liée par une double chaîne aux mobiles révolutions du temps et à l'ordre immobile de l'éternité. Il nous apprend que le corps doit être subordonné à l'âme, que l'homme est le roi de la création, et que le ciel est sa véritable patrie. Tout atteste bien sans doute la chute des anges et de l'homme ; elle est le fond de l'histoire de tous les peuples, et partout subsistent les traces de cette grande ruine. On reconnaît même dans l'homme les vestiges de cette perturbation que le crime a produite dans la nature. Il porte sur son front, si ce n'est en caractères de sang, du moins en traits ineffaçables, cette sinistre sentence : *Etre déchu*. Cependant depuis six mille ans que l'homme est empreint de ce sceau mystérieux, nulle philosophie n'a pu le briser. Le rationalisme, mesurant à ses courtes idées le plan du Créateur, avait bien

entrepris, à force de recherches scientifiques, d'expliquer ce vénérable fondement de nos croyances ; il finit par le nier. Mais l'enseignement catholique reporte la pensée vers cet événement mystérieux que la plus antique tradition place à l'origine des générations humaines. Il nous révèle que l'humanité a été brisée dès son berceau par une grande chute, dont le bruit a retenti dans tous les âges, et il nous rend compte de ce qui demeure inexplicable pour tous ceux qui l'ignorent ou qui le nient. Il nous le montre trouvant le germe de tous les développements de sa vie terrestre et la route qui devait le ramener au séjour de la félicité, dans la mort de celui qui, par le plus auguste sacrifice, releva la nature humaine abattue. Plus éclairé que la sagesse humaine, le christianisme dit à l'homme : Roi détrôné ! relève-toi de ton abaissement, le néant n'est point ton partage ; et si tu es condamné à mourir, le trépas ne scellera point ta tombe, tu viens du ciel, et c'est là que tu dois te reposer de tous tes travaux après le soir de la vie.

Quelle joie, ô Sauveur des hommes ! de rendre hautement à la doctrine que vous nous avez enseignée ce glorieux témoignage. Eclairant l'esprit humain par sa vive lumière, elle nous révèle bien les principes de tout ce qu'il nous importe de savoir : puissent un jour la prendre pour guide ceux qui la dédaignent sans assez la connaître !

Dans l'antiquité, l'athéisme inventa les atomes pour effacer dans la nature le nom de Dieu, et la philosophie matérialiste a depuis reproduit le système d'une matière éternelle et existant par elle-même. Il est même quelques philosophes du xixe siècle qui paraissent n'avoir point répudié cette erreur ; mais l'enseignement catholique apprend à l'homme que l'univers est la sublime opération de l'Eternel, dont la gloire rayonne sur la terre dans l'infiniment petit comme dans l'infiniment grand. La création n'est pas simplement une idée, elle est un acte de l'Eternel qui voulut donner un signe extérieur de sa toute-puissance ; et sous ce rapport elle a de l'analogie avec l'univers, qui est un ensemble de faits. Otez ce dogme, et toute la cosmologie disparaît. L'idée de la création est un besoin de l'entendement humain, parce qu'elle le constitue, par rapport à la connaissance générale de l'univers, dans une situation correspondante à celle où il s'efforce de se placer pour chaque ordre particulier de connaissances. Elle le conduit à la distinction de l'esprit et de la matière : distinction qui oriente l'esprit humain dans l'immense avenir, en lui montrant ce monde présent comme étant le portique mystérieux d'un autre. Elle lui explique les desseins de Dieu ; et l'élevant de l'étude de l'univers à la simplicité de la pensée divine, telle que le grand astre de la nature qui mêle à ses splendeurs des ombres augustes, elle lui fait lire tout ce qui peut être aperçu de la pensée éternelle, écrite

dans les révolutions du temps, comme autant de caractères mystérieux. Elle interroge toutes les grandes ruines semées sur la route des siècles. L'univers entier est lié par une chaîne mystérieuse, ou plutôt par une certaine raison qui établit des rapports semblables entre les divers termes de la progression des êtres ; et permet, au moyen des données, de découvrir les termes inconnus. Cette raison, qui forme la chaîne du monde invisible et du monde visible, est l'empreinte sacrée que Dieu a laissée sur toutes ses œuvres : empreinte de plus en plus obscure à mesure que l'on descend l'échelle de la création, mais qui s'illumine au contraire en s'élevant jusqu'au trône de Dieu. L'enseignement catholique est un rayon émané du soleil des intelligences auquel doit aller s'allumer le flambeau de toute science. La perfection à laquelle il appelle l'humanité se trouverait réalisée dans un état de choses où la grande stabilité dans la foi serait combinée avec la plus grande activité intellectuelle. De cette croix de bois qu'il arbore sur le dôme de nos temples comme au faîte du palais des rois, découlent graduellement les perfections de l'esprit humain.

Donnez-moi de la matière et du mouvement, disait Descartes, et je ferai un monde. Donnez-moi des vérités, peut dire à son tour le génie de l'homme, et je constituerai des sciences. Il n'est pas en son pouvoir d'opérer sur le néant, il ne peut qu'unir par la pensée des êtres existant déjà, il les étudie, les compare, les assemble, et de leur concours il fait résulter un système. Mais comme ce n'est qu'en les appuyant sur les bases élémentaires posées par la main divine, que le génie peut féconder ses élaborations : aussi n'est-ce que tout autant qu'il ne perdra point de vue le but de tous ses efforts, qu'il est appelé à faire des conquêtes. De même que tout ce qui a été créé, il a une fin qui est l'éternelle vérité : Dieu. Tout ce qui subsiste en est sans doute distinct ; mais parce que ce qui a d'être est sorti de son sein, tout aussi a en lui ses racines. Voilà pourquoi Dieu est le but suprême vers lequel doit tendre toute vérité. Or, la science n'est autre chose qu'un ensemble de vérités qui se manifestent graduellement au génie de l'homme ; si donc elle s'élance à travers les objets intermédiaires vers celui qui est le premier anneau de la chaîne intellectuelle, dès lors elle se constitue et avance. Mais si elle se méconnaît jusqu'au point de répudier sa fin sublime, elle recule et tombe, parce qu'une tendance coupable l'égare en la dérobant à sa véritable destination. L'aspect sous lequel nous envisageons la fin inhérente aux doctrines repose sur les bases mêmes de l'ordre moral et se reproduit à toutes les pages de l'histoire de la science. Nous ne craignons point d'affirmer que les doctrines qui ont fait progresser le plus vite l'esprit humain sont celles-là mêmes que la religion a consacrées en les élevant à sa noble fin. De tous les systèmes de l'ancienne philosophie, par

exemple, celui qui avança le plus dans la voie du progrès fut sans contredit le platonisme, parce que sa tendance fut religieuse : à part ses erreurs, il parut préluder à la régénération intellectuelle par le Christ. Et s'il nous était donné d'esquisser à grands traits les caractères qui distinguent les principales époques de l'humanité en les rapportant aux lois essentielles de l'esprit humain, on verrait combien toujours ont été grands les travaux de l'intelligence sous l'influence des principes religieux !

La philosophie fut en général dans l'Orient le reflet de la religion : aussi y découvre-t-on tant de vérités et des vérités si profondes, qu'on ne peut s'empêcher de voir, dans le berceau du genre humain, la patrie de la plus haute philosophie. Si le mouvement socratique lui fit faire un grand pas par le développement de la libre réflexion, elle ne parut jamais plus digne, qu'après qu'être sortie violemment du sein du culte, elle y rentra sous les auspices d'hommes qui se mirent en bon accord avec les mystères et la religion. L'élément radical du moyen âge fut le Christianisme : aussi est-ce à lui que l'on doit cette philosophie si célèbre, quoique souvent bien mal appréciée, que l'on appelle scholastique. Elle est si digne de l'esprit humain, qu'au langage de l'illustre philosophe de notre siècle (1), « il est probable qu'aujourd'hui, si on regardait du côté de la scholastique, on serait si fort étonné de la comprendre et de la trouver très-ingénieuse, que l'on passerait à l'admiration. » Tandis que la philosophie voyait enfin ouvrir devant elle le sanctuaire de la vérité, si les belles-lettres brillèrent aussi de tout leur éclat, c'est que l'esprit humain avait grandi de toute la hauteur du nouveau culte. Et si du haut du trône où l'a placé la main divine, l'homme relève de leurs ruines dans le monde de l'histoire les cités et les empires que le temps a engloutis ; si la physiologie et la géologie répandent parmi nous un si grand jour sur notre origine et la destination de la terre ; si, soumettant à l'esprit mathématique la science de la nature, notre siècle lui a imprimé une marche rationnelle qui lui a fait faire de si grands pas dans le domaine de la vérité, c'est que le temps où les sages mêmes paraissaient être tombés dans le délire est passé ; et que la génération actuelle, laissant au fond de leur cercueil de lamentables théories, préfère entonner vers le ciel le cantique de vie que d'aller chanter des hymnes de mort autour de la statue du néant. Les mille voix de la science s'unissent pour proclamer l'enseignement catholique, qui, de concert avec elle, s'acheminent en parfaite harmonie vers des conquêtes nouvelles. Telle est la route que doit suivre la science pour arriver réellement au succès et à la gloire.

Non, ce n'est point en s'agitant au hasard ou contrairement à la volonté souveraine,

(1) M. Cousin, *Cours de Philosophie.*

qu'elle peut remplir sa destination. De même que si l'un des globes innombrables dont le mouvement régulier concourt à l'harmonie de l'univers venait à dépasser son orbite, il y aurait à coup sûr perturbation dans le monde matériel ; le monde intellectuel ne pourrait qu'être ébranlé dans ses bases, si la science voulait se mouvoir hors de la sphère d'activité dans laquelle il a plu au Tout-Puissant de la placer. Les intelligences ont leurs lois comme les corps ; et l'enseignement catholique est la voie qu'elles doivent parcourir, parce que la foi en est la règle. La foi est l'unité ; ce qui vient de Dieu. La science est le développement ; ce qui vient de l'homme dans l'ordre de la pensée. D'une part, une raison infinie et par cela même infaillible ; d'autre part, une raison finie et par cela même sujette à l'erreur. « Trop souvent, disait Rousseau, la raison nous trompa, nous n'avons que trop acquis le droit de la récuser (1). » Si donc, appuyée sur des données antérieures, la science humaine veut aller au delà , il faut que son activité s'exerce à s'approprier, au degré qu'il lui est possible, l'infinie vérité qui lui est manifestée sous la forme finie de la parole ; et de féconder, en prenant la foi pour règle, le germe divin déposé par elle dans son sein. Ce mouvement de la science qui s'accomplit de la sorte, est un devoir qui a sa raison dans les rapports primitifs de l'intelligence humaine avec l'intelligence divine ; un droit dont l'Eternel écrivit lui-même le titre sur le front de l'homme, en imprimant en lui les traits de son image. Aussi, la science qui emprunte à la foi ses lumières, pour dissiper les ombres répandues sur les objets de nos investigations, nous rend-elle de plus en plus semblables au type sur lequel nous avons été formés : sans toutefois que nous puissions jamais ni l'égaler ni l'atteindre. Elle est la réalisation de la loi naturelle, qui ramène à Dieu tous les êtres émanés de lui. L'observation et l'induction deviennent alors pour elle deux puissants leviers qui soulèvent jusqu'à sa portée le monde des corps et celui des esprits pour lui en laisser contempler à loisir toutes les richesses. Quel plus beau spectacle que de voir l'homme, à la lueur du flambeau de la foi et le fil de l'analyse en main, pénétrer dans le labyrinthe de la pensée et en sonder les détours sinueux, les suivre dans leurs combinaisons et leurs développements ! Dans ses excursions sur les données du monde matériel, se sert des récentes découvertes comme d'échelons, pour s'élever à des données ultérieures ; et gravit par une marche constante les routes de la lumière par lesquelles la science finie tend sans cesse vers la science de l'Etre infini. Pourrait-on à cette vue ne pas s'écrier d'admiration : Voilà bien le roi de la création que l'Eternel a couronné de gloire et d'honneur!... Aussi, les vrais savants ont-ils été, dans tous les temps et chez tous les peuples,

(1) Emile, t. III, p. 91.

guidés par la foi dans leurs doctes recherches. Saint Augustin et saint Thomas possédèrent toutes les connaissances de leur siècle. Dans ses immortelles découvertes, Kepler dut moins à l'observation, qu'aux idées de proportions et d'harmonie qu'il avait puisées dans les vérités de l'ordre surnaturel. Leibnitz qui, s'il eût été nourri dans le sanctuaire, eût été sans contredit le plus vaste génie de son siècle, dut sa gloire à la région des essences, c'est-à-dire, aux types divins dont elles étaient la figure, et qu'il apercevait par-delà les sciences naturelles et mathématiques. C'est la même pensée qui enfanta le grand Bossuet, et qui depuis a donné au monde les de Maistre, de Bonald, de Chateaubriand, et le P. Ventura. Toujours et partout, l'Eglise et surtout Rome s'est montrée à la tête du mouvement scientifique et de la gloire des nations. Il ne pourrait se trouver des cœurs assez glacés et des esprits assez obscurcis, pour nous obliger à rappeler ces lumières de civilisation, ce sentiment de liberté et ces grandes institutions qu'elle a montrées au monde. Ainsi, lorsque l'enseignement catholique dicte ses sages leçons, rois et peuples sont éclairés. Loin qu'il soit ennemi du progrès, il y anime et le propage. Semblable au soleil dont l'éclat est plus vif lorsque les vents ont chassé les nuages, la science brille d'une splendeur nouvelle, lorsque formant le cortége de la foi, celle-ci dissipe à sa lumière les préjugés et les erreurs.

L'enseignement catholique est le point culminant de la raison et de la foi. Si l'on retire ce centre divin, la philosophie, sans liaison intérieure, se dissout à l'instant, parce qu'elle ne saurait reposer que sur la nouvelle manifestation de la divine puissance ; et l'histoire entière de l'univers ne serait autre chose qu'une énigme sans mot, un labyrinthe sans issue, qu'un grand amas de ruines d'un édifice inachevé. Tout système qui serait une négation ou une exclusion de la tendance religieuse, est par cela seul hors de la ligne du progrès. Oter la religion au génie, c'est le mettre à pied, pour parler le langage de l'un des plus grands esprits qui aient paru dans le monde ; en le privant de son influence qui l'élevait jusqu'aux cieux, vous lui coupez les ailes. Si l'intelligence humaine cesse d'aller puiser à la source de la foi, perdant de sa dignité et de son énergie, elle ne conserve de puissance que pour se mouvoir dans un sens rétrograde ; et de sombres nuages viennent dès lors éclipser l'astre de la science. Si elle ébranle une des bases posées par la foi, elle ouvre un abîme : et toute pensée qui contredit une pensée de Dieu est une erreur. Qui ne sait qu'en dénaturant les données de la révélation, le polythéisme étendit sur le genre humain les épaisses ténèbres qui, durant deux mille ans, dégradèrent la raison? que les esprits audacieux qui voulurent reconstruire l'édifice du Christianisme sur d'autres bases que celles que la main divine lui avait données, ont été amenés par des conséquences ri-

goureuses, déduites de leurs principes, à admettre les plus révoltantes absurdités du paganisme? Le dix-huitième siècle porta le scepticisme dans la religion : aussi a-t-il été fécond en extravagances rationnelles. Chaque savant a eu son système qu'un nouveau système venait détruire. En philosophie, tout n'était qu'hypothèse et probabilité. En métaphysique, Condillac, supposant une statue, égarait l'imagination. En politique, Rousseau tenait l'état sauvage naturel à l'homme. Les matérialistes ne considéraient la loi naturelle sous d'autres aspects que la loi de la nature animale. Le rationalisme a tué la raison en l'assujettissant à des dimensions visiblement hors de sa portée. L'éclectisme, ne voulant point d'une foi que tout le monde lui disait venir du ciel, a fait profession de choisir parmi les débris de tous les cultes; et cela pour ne rien croire. Le panthéisme a dit : Tout est Dieu; pour ne rien adorer. Et cette autre doctrine qu'un respect mêlé de douleur nous défend de nommer, ayant proclamé le faux principe de la prééminence de la raison sur la foi, s'est vainement efforcée d'atteindre au beau, parce qu'elle le cherchait hors des limites du vrai. Triste, mais inévitable condition de la science humaine quand elle se méconnaît! La science séparée de la foi n'est que chimère, néant; mais celle qui, s'appuyant sur le monde visible et invisible, les explique l'un par l'autre en vertu de leurs rapports, est réelle, vraie, parce qu'elle est conforme à la nature des êtres.

On daignera donc nous permettre d'unir nos vœux à ceux qu'a si énergiquement exprimés naguère M. le baron Gustave de Romand; et avec lui nous dirons : « Gardez-vous du scepticisme ou de l'indifférence, comme d'un poison mortel qui détruirait en vous tout principe de vie, et vous ferait retrancher du tronc social, comme un rameau desséché. Inspirez-vous du souffle divin de la foi, et tout s'animera à votre approche, et vous sentirez bientôt une force surnaturelle et inconnue, qui changera votre stérile impuissance en la plus riche fécondité (1). » Ne regardez la science que comme moyen d'élever l'esprit de l'homme aux contemplations de la foi, dont elle est et ne peut-être que l'auxiliaire dans les desseins de Dieu : voilà sa destination, voilà sa gloire. Que toutes les deux, au lieu de se combattre, s'animent réciproquement à des conquêtes nouvelles; qu'elles s'efforcent par un harmonieux concert de bien saisir cette chaîne immense de vérités, qui s'étend depuis le plus profond abîme jusqu'au plus haut des cieux. Dieu, nous éclairant par le flambeau de la raison, ne peut point être opposé à Dieu nous éclairant par les lumières de la révélation. Que la foi et la science, loin de se séparer, restent donc étroitement embrassées comme deux sœurs intimement unies d'intérêt et d'amitié. La plus belle harmonie entre les hommes de génie, et les dépositaires chargés de distribuer la lumière intellectuelle aux générations naissantes, fécondera les champs de la science, et établira dans les esprits et dans les cœurs le règne du vrai et du bien.

N'ayant, ce semble, d'autre but que la félicité des cieux, l'enseignement catholique est la véritable route du vrai bonheur sur la terre. Il est la sanction de toute morale, le plus puissant principe civilisateur qui ait pénétré dans la vie humanitaire à travers tous les siècles. On sait que Platon avait annoncé que les peuples seraient heureux, quand les philosophes gouverneraient ou quand les gouvernants seraient philosophes. Ils gouvernèrent par leurs conseils depuis Nerva jusqu'à Antonin, et puis dans la personne de Marc-Aurèle, un philosophe fut empereur; c'était pour la philosophie l'occasion la plus signalée de prouver sa puissance. Malgré les mérites, l'habileté et les efforts de ce souverain, arts, littérature, science, civilisation, tout dépérissait à vue d'œil. La philosophie du dix-huitième siècle, brisant avec les traditions du passé, déploya sa bannière; et l'on vit autant de rêves que d'hommes, autant de creuses chimères de perfection sociale. Le sol français trembla, les fondements de la société s'agitèrent, et apparut le sauvage égoïsme, seul, debout sur les ruines de la famille, des États, du genre humain; foulant aux pieds la tendre pitié, la sainte justice, la douce amitié, la voix du sang et celle de la patrie. A travers les combats sanglants d'une licence sans frein, la société marcha vers une décadence inévitable. Au xixe siècle, il n'est pas de moyens que la philosophie n'ait tentés pour améliorer le sort des diverses conditions sociales : l'éclectisme de M. Cousin, les lois de la liberté et de la fatalité de M. Jouffroy et de M. Michelet, la méthode psychologique de M. Damiron, la personnification divine de la raison humaine de M. Lherminier, le système industriel d'Henry de Saint-Simon, l'idéalisme ou mysticisme de M. Leroux, le sensualisme de M. Fourier, la théorie exclusive des faits surnaturels de M. Salvador et celle des mythes de M. Strauss. Honorant infiniment le talent de ces auteurs, nous n'avons point ici à les suivre dans le développement de leur travail, dont nous voulons nous dispenser encore d'apprécier les résultats. Trop souvent, peut-être, navigateurs imprudents lancés sur la haute mer, ils ont négligé d'observer l'astre qui seul pouvait fixer leurs incertitudes : et errant au gré des vents, leurs systèmes sont devenus les jouets des flots, ne laissant même nul appui aux naufragés pour les ramener au port.

Arrêtez vos regards sur l'enseignement catholique : sa morale est une doctrine qui, épurant les affections, sanctifie tout ce qu'elle touche. Elle détourne de tous les vices, prescrit toutes les vertus; et à côté du précepte qui effraie et du sacrifice qui déconcerte notre faiblesse, elle fait briller au-dessus de nos têtes les immortelles couronnes tressées par une main divine. Elle

---

(1) *Vues sur les élections de* 1842.

est faite pour tous les âges, pour tous les temps, pour tous les rangs, pour toutes les nations. Il n'est aucun besoin du cœur humain qu'elle ne puisse satisfaire. Fille de la sagesse incréée, elle est la gloire de l'âge mûr; fait briller sur la face de la vierge chrétienne un rayon de beauté céleste, et pose une couronne de dignité sur le front vénérable du vieillard. Elle nous ordonne de nous aimer tous, d'aimer même nos ennemis comme des frères. Elle établit une égalité réelle parmi les hommes en compensant la supériorité des uns sur les autres par des obligations plus redoutables. Son esprit secourable à la faiblesse, compatissant pour le malheur et ennemi de la violence, inspire aux hommes des idées de dévouement et de sacrifice. Il excite les cœurs capables de nobles émotions, et par crainte ou par amour il presse la main du riche à s'ouvrir sur le sein de l'indigence pour alléger son infortune. A travers les haillons qui couvrent le pauvre, il lui montre un enfant du même père destiné à la même gloire, afin de les unir par le même amour. Dans le sein de l'arche mystique du catholicisme, est déposée la seule pensée humanitaire qui doit réunir tous les hommes sous une seule bannière : sa loi n'est point une loi de terreur et d'esclavage, mais d'amour et de liberté. Elle commande le respect et la soumission envers la puissance ; aussi ennemie du despotisme que de l'anarchie, elle flétrit la tyrannie, fonde la famille, prescrit la tolérance envers les personnes, consacre tous les principes de sociabilité ; et l'amour de fraternité qu'elle inspire est la plus sûre garantie des gouvernements et de la félicité des peuples. Pour elle il n'y a ni juifs, ni grecs, ni barbares; elle ordonne à l'homme d'aimer tous ses frères sans distinction d'âge, de sexe, de culte, ni de condition, parce que nous sommes tous les enfants d'un même père, et appelés aux mêmes destinées. Unis par la nature, que ne sommes-nous tous unis par la même foi et par le même amour !

Lisez Cicéron, Sénèque, Epictète, Marc-Aurèle, et vous verrez les consolations que la philosophie apportait à la souffrance et au chagrin : « C'est une nécessité du destin, disait-on; on doit se consoler de tout, il faut s'armer de courage, tout braver. » Mais le catholicisme porte au simple artisan la connaissance de vérités plus utiles que n'en a trouvées la philosophie, et plus de vertus que la raison humaine n'est capable d'en produire ; plus d'idées sublimes que le génie puisse jamais en concevoir, et plus de consolations que le monde entier ne peut en donner contre les souffrances et l'ennui. C'est l'enseignement catholique qui, après quarante siècles de servitude, a propagé la liberté à travers le torrent des âges, et avancé l'affranchissement progressif de l'humanité au sein des tempêtes sociales, qu'il a toujours apaisées. Il a toujours semé des principes de fraternité dans le monde, sans toutefois jamais porter atteinte à aucune de ses hiérarchies. Il a reconstitué la famille sans affaiblir l'autorité paternelle, tempéré le pouvoir des monarques sans ébranler leurs trônes, et introduit l'ordre dans les républiques sans les asservir. Depuis quatre cents ans, et de siècle en siècle, du haut du Vatican s'est élevée une voix solennelle qui a protesté au nom de l'humanisé outragée dans la personne des esclaves. Le christianisme désire encore aujourd'hui restituer à cette race déshéritée la part qui lui revient dans l'héritage commun de civilisation que le Christ a légué aux peuples ; et raviver en elle ce sentiment de dignité qui ne s'est effacé de son front que parce qu'il n'était déjà plus dans son cœur. L'action incessante et bien ordonnée du spiritualisme catholique rétablit partout ce que l'action désordonnée du sensualisme antique avait détruit. Tout ce qu'il y a de noble et de généreux anime vraiment un peuple vraiment chrétien; il garde son cœur des passions viles , désavoue la vengeance, déteste l'injustice. Il veut tout ce qui peut rendre sa patrie plus puissante et plus libre; mais jamais ni du progrès religieux qui brise l'unité, ni d'une liberté contre l'ordre. C'est là sans doute, Religion divine ! la moindre de tes gloires : cependant cette gloire t'appartient, et les titres qui te l'assurent sont écrits en caractères ineffaçables sur les colonnes de l'Eternité.

Puisse ta voix être toujours entendue et comprise par toutes les nations ! et elles trouveront dans tes enseignements des garanties d'ordre public et de sécurité individuelle. Dès lors il n'y aura plus de rupture des anneaux de cette chaîne mystérieuse qui, unissant le ciel à la terre, joint ensemble toutes les puissances morales depuis l'autorité paternelle jusqu'à la toute-puissance divine. L'obéissance aux lois sera plus ferme et la liberté plus docile, parce qu'elles auront tout le sentiment de leur énergie. Nous conserverons parmi nous ce langage de l'honneur si bien entendu, cette bonne intelligence qui maintient tous les rangs, cette estime mutuelle qui adoucit tous les caractères, cette tempérance d'humeur qui échange tous les services, cette sobriété des désirs nécessaire aux Etats dont la paix fait le salut, la modération, toute la force, et cette hiérarchie de pouvoirs, précieux élément de toute autorité. Notre France, aussi héroïque dans ses revers que dans ses succès, passera à la postérité comme l'ornement de ce monde.

On ne peut qu'être saisi d'étonnement, lorsqu'on voit des écrivains de notre époque se complaire à traiter la religion de puérilité et de jouet d'enfant. A travers les ombres des anciens temps, et suivant une route certaine, nous découvrons partout et toujours les conditions manifestes de la société de l'homme avec Dieu; les formes du culte d'une admirable simplicité dans le premier âge du monde, et sous la tente des patriarches. Dieu se choisit ensuite un peuple, lui donnant des institutions destinées à l'enfermer comme dans une enceinte sacrée, et à

le protéger contre la corruption générale. La nation juive se présente à nous comme accomplissant une grande mission qui embrasse à la fois le passé et l'avenir. Elle avait pour but de conserver le dépôt des vérités révélées, de perpétuer sur la terre les adorateurs du vrai Dieu, et de préparer tous les développements que la foi primitive devait recevoir sous Jésus-Christ. Paraît enfin l'œuvre divine manifestée par l'établissement de la société chrétienne. Elle reconnaît pour son fondateur, non point un sage de la terre plus versé dans la législation que les Solon ou les Lycurgue ; mais un Dieu, ou plutôt un homme-Dieu habitant parmi les hommes. L'antiquité sacrée et les monuments mêmes de l'antiquité profane lui rendent témoignage; tous les temps qui l'ont précédé se lèvent pour attester la vérité des promesses célestes accomplies en Jésus-Christ, qui s'est manifesté lui-même par des signes infaillibles, et que l'erreur ne put point imiter. Pour convaincre les hommes qu'il était Fils de Dieu, il leur donna la seule preuve qui ne pouvait pas les tromper; il fit des œuvres divines. Qu'après cela on vienne nous dire que le catholicisme n'est qu'une chimère, qu'un nom vide de toute réalité, et que chacun a reçu mission pour se former à lui-même sa religion et sa foi. Nous sommes en droit de répondre, appuyés sur des preuves qui ont pour elles le plus haut degré de certitude historique, qu'il est un fait divin, ou plutôt un ensemble de grands faits surnaturels. Les chants prophétiques avaient célébré à l'avance son apparition nouvelle, et tout atteste que la promesse est accomplie. Il est le centre où tous les événements de l'univers viennent aboutir. La vraie foi est comme un soleil qui, s'étant levé sur le monde naissant, répand, après la chute du premier homme, un rayon d'espérance sur les ruines de notre nature tombée. Elle sème par Moïse et les prophètes une lumière incessamment croissante sur le chemin que parcourt péniblement l'humanité; monte de siècle en siècle par un progrès merveilleux jusqu'au grand jour de l'Évangile. Aussi, le catholicisme se trouve-t-il le terme nécessaire de toutes les institutions du peuple juif, et la réalité de toutes ses figures. Il apparaît divin par les miracles qui accompagnèrent son origine, monuments authentiques dédaignés trop souvent encore. On semble même craindre quelquefois d'en prononcer le nom ; mais les témoignages amis ou ennemis des âges contemporains portent cependant à les admettre. Juifs et païens, tous parlent de ses œuvres merveilleuses. Ses faits éclatants s'appuient sur des témoignages nombreux, graves, émanés d'hommes d'une sainteté éminente, qui, dispersés dans toutes les parties du monde, n'ont rien altéré, rien changé dans leur récit, et qui donnèrent leur vie pour les attester. Et qui oserait nier le témoignage du sang? Ces héros montent sur l'échafaud pour attester, non des opinions, mais des faits opérés sous leurs yeux : peut-on les méconnaître sans se jeter dans un

scepticisme affreux (1)? Il n'est personne qui ne sache qu'il y a environ dix-huit siècles, un fait immense prit place dans les annales des peuples; qu'à la voix de quelques hommes dépourvus de science, de richesses, d'éloquence et de forces humaines, ce qu'on avait regardé jusqu'alors comme vrai, beau et bon, parut tout à coup faux, mauvais, détestable. La sagesse du paganisme ne fut plus appelée que folie, et ce qu'on regardait comme folie dans la croix fut appelé sagesse. Une doctrine qui dépassait infiniment la portée de l'esprit et une morale qui était contraire à toutes les passions du cœur de l'homme sont annoncées; et on s'y soumet (2). Les persécutions se multiplient, les schismes et les hérésies se soulèvent, le philosophisme et la dépravation du cœur humain entrent en lice. Dans cette mêlée épouvantable, le catholicisme a vaincu. La croix a changé le monde; elle ne cesse d'étendre ses conquêtes, et ce prodige ira se continuant jusqu'à la fin des siècles. Ainsi le catholicisme traversant les temps s'associe les individus et les peuples, et retourne à l'éternité d'où il est sorti. Sa divinité est liée à des faits historiques, qui provoquent et défient l'examen de la plus sévère critique. Oh! s'il n'était un fait tout divin, mille fois il devait périr! Son existence, après toutes les oppositions qu'il a rencontrées depuis son origine jusqu'à nos jours, est un miracle qui suffit pour imprimer sur son front le sceau visible de Dieu. Aussi le céleste législateur, voulant se servir dans l'établissement du christianisme d'instruments dénués de tout ce qui contribue au succès des desseins de l'homme, écarta-t-il de la constitution qu'il voulut lui donner les ressources qui lui sont indispensables : il n'écrivit rien. Une seule loi avait été promulguée autrefois à la terre par sa souveraine justice; la charte du Sinaï : sa vie et ses enseignements n'en furent que le commentaire. Ayant créé l'homme à son image, il le réparait à son imitation. Il dit aux apôtres : Enseignez et baptisez toutes les nations ; et à Simon, fils de Jean : Tu es Pierre, et sur cette pierre je bâtirai mon Église; et les portes de l'enfer ne prévaudront jamais contre elle : et la société spirituelle, à peine commencée, fut aussitôt instituée. Dépositaire de la complète révélation, elle avait reçu de celui dont toutes les paroles sont esprit et vie une doctrine, une discipline et un gouvernement. Qui aurait assez de voix pour s'écrier : O merveilleuse constitution de l'Église catholique! Les législateurs ne parviennent jamais qu'à force de puissance et de talents, à

---

(1) Les disciples de ceux qui ont refusé d'y ajouter foi en sont venus jusqu'à ne plus craindre leur propre existence, et à s'anéantir dans ce qu'ils appellent l'humanité. Conséquence rigoureuse de la logique inflexible de l'esprit de l'homme!

(2) En vain dans la lutte perpétuelle de la vérité et de l'erreur, celle-ci a-t-elle enfanté d'innombrables systèmes pour nier l'action providentielle et directe de la Divinité dans l'établissement du Christianisme, le bon sens public en a fait justice.

disposer les esprits et à maîtriser les circonstances, pour formuler et mettre en action un ordre social. Ils écrivent des codes, ils instituent des magistratures, ou bien, réunis, ils discutent des chartes. Mais le divin fondateur n'eut qu'à parler, et sa voix, puissante comme au jour où il créa la lumière, l'Eglise catholique fut. Tandis que les hommes, fabricateurs modernes d'édifice social, annulant ou formant des constitutions, ne paraissent se procurer que le plaisir de détruire ; tant leurs fragiles ouvrages s'écroulent promptement au premier choc de la tempête : l'Eglise fut dès son berceau inébranlablement constituée pour durer jusqu'à la fin des siècles.

Notre dessein n'est point de prouver ici la nécessité de son autorité. Nous ne voulons qu'exposer les principes qui la régissent. L'indépendance de l'esprit portée à l'excès a produit jusqu'au fanatisme la haine de toute autorité. Plaçant la raison individuelle au-dessus de la raison éternelle et de celle de tous les âges, le philosophisme moderne a essayé d'ébranler d'un même coup toute autorité divine et humaine. Les rois ont été désignés à la haine sous le nom de despotes, et on a cru bannir Dieu de la société (1).

Parmi nos écrivains, les uns ne voient dans le catholicisme qu'une croyance individuelle qui, vers le v⁰ siècle, par un développement progressif et purement humain, devint une institution (2). D'autres, poussant à son comble le libre examen, sont arrivés à bannir toute notion d'Eglise, pour reconnaître à chaque esprit le droit de s'isoler, de définir, sans autre lien pour la société chrétienne que le principe même de toutes les contradictions (3). Il serait assez singulier que l'Eglise eût un fondateur qui n'eût rien fondé ; qui eût apporté au monde le salut et la vérité, sans avoir songé aux moyens de les transmettre intacts aux générations futures. Aurait-il laissé son œuvre sans garantie, sans constitution sociale ; comme une simple théorie, météore brillant sans place et sans loi ! Admettre cette hypothèse, après avoir nié sa divinité, serait le travestir en homme à courtes vues et en imposteur. Etant venu développer au monde une doctrine toute céleste, il a dû vouloir former une société spirituelle, parce qu'il est de la nature d'une doctrine grave, d'une doctrine de concorde, d'unité et d'amour, d'associer entre eux les hommes qui l'embrassent. Il a donc fallu à cette société une organisation, un pouvoir qui est l'un des éléments constitutifs de toute société. Et voilà l'Eglise telle que Jésus-Christ l'a faite. C'est une maison avec son chef, une cité avec ses magistrats, un royaume avec ses princes, un bercail avec ses pasteurs. Elle est la plus parfaite des institutions sociales ; une société qui porte avec elle l'empreinte d'une main divine. « Les hommes, disait Fénelon, peuvent créer des magistrats et des juges ; Dieu seul, des sacrificateurs et des dispensateurs de ses mystères. » Aussi a-t-elle un pouvoir souverain et inébranlable, contre lequel viendront toujours se briser tous les efforts de l'anarchie. Ce pouvoir, qui lui est échu en héritage, est à la fois d'enseignement, de définition, de protection ou d'impulsion ; parce qu'il s'agissait de perpétuer la foi, le culte et la grâce. Epouse du Roi invisible de la terre et des cieux, elle est préposée en son nom au gouvernement du royaume de Dieu placé au delà de ce monde. Son objet par sa nature et ses efforts immédiats se rapportent à la sanctification des âmes, et se terminent aux biens du séjour des splendeurs éternelles. Instituée sur la terre pour faire succéder un principe spirituel au principe matériel de l'ancienne civilisation, dont l'empire romain avait développé toutes les conséquences, elle s'allia avec la société civile sans se confondre. Sa mission était de renouveler le genre humain. Elle s'incarna pour ainsi dire dans la vie temporelle des peuples, mais comme une âme pure, attachée, non assujettie à un corps mortel. Au moyen âge, nous le savons, elle a estimé une œuvre de sagesse d'exercer un haut domaine sur les choses temporelles, et de donner dans ce ressort des ordres révérés des rois et des peuples. Mais on voudra sans doute nous accorder que l'Eglise n'y avait été amenée que par la loi du temps et la force des choses. L'humanité même ne saurait assez reconnaître l'inappréciable service qu'elle lui a rendu, en gérant sa tutelle durant sa minorité dans la vie sociale. Ce droit était alors aussi conforme à l'ordre légal et au droit commun, qu'il serait contraire à notre époque. Les temps sont changés ; les rois et les peuples éclairés comprennent toute la portée de leurs droits ; et mieux peut-être que jamais, sont-ils en voie de les faire respecter et valoir. Loin de les leur contester, le vénérable et illustre pontife qui, en montant sur la chaire de Pierre, y a fait asseoir avec lui toutes les vertus de son apostolat, Grégoire XVI a déclaré à la face de l'univers, que « le Saint-Siége ne veut point exercer dans les Etats l'autorité législative hors du cercle de ses attributions ecclésiastiques, et qu'il rejette avec horreur le plus léger soupçon de sentiment et d'intention, qui ne serait pas conforme à la maxime de soumission entière à laquelle les sujets sont tenus dans l'ordre civil envers la puissance temporelle (1). » — « Le Saint-Siége ne pense pas, dit M. Boyer, que la temporalité, telle que l'ont exercée Grégoire VII et Innocent IV, appartienne à la foi catholique : et il déclare solennellement que le ministère épiscopal est soumis lui-même, dans l'ordre temporel, à la juridiction des séculiers (2). » Le champ demeure clos aux déclamations

---

(1) M. Charles de RÉMUSAT, *Essais de Philosophie*, 2 vol. in-8°.
(2) M. GUIZOT, *Cours de civilisation*, p. 108.
(3) M. QUINET, *Revue des deux Mondes*, 15 avril 1842.

(1) Allocutions du 10 décembre 1837 et du 13 décembre 1858 et autres. *Encyclique du 15 août 1832.*
(2) *Défense de l'Eglise catholique contre l'hérésie constitutionnelle*, page 16.

des politiques et des philosophes, qui, de bonne foi, avaient pu jusqu'ici soupçonner l'Eglise de desseins d'empiètement sur l'Etat. Ne reviendra-t-on pas à soulever la même thèse contre elle? nous l'ignorons. Ce dont nous ne saurions douter, c'est qu'il y a dans l'erreur une disposition qui fatigue sans ôter au cœur qui la combat ni compassion, ni amour. Cette disposition affligeante, est l'oubli malheureux et volontaire des monuments, des faits en faveur de la vérité. Tandis que celle-ci s'entoure de preuves pour se manifester aux intelligences, on la laisse passer comme l'eau qui s'écoule : un œil endormi s'entr'ouvre, regarde à peine, puis se referme, et le rêve continue sans tenir le moindre compte de la réalité.

Mais s'il est vrai que le pouvoir de l'Eglise est renfermé dans les limites de l'ordre spirituel, il n'est pas moins incontestable qu'elle n'est point dépendante de l'Etat, dans ces mêmes limites. Dans la sphère d'activité où elle a été placée par son divin fondateur, il n'est pas de puissance sur la terre qui ne lui soit subordonnée. Ce dogme, attaqué ou mis en problème en d'autres royaumes que le nôtre, est le fondement sur lequel porte son symbole et la colonne qui la soutient. Sa constitution toute divine lui a été donnée par son divin fondateur. Le Fils de Dieu, rendu visible sur la terre sous la forme d'homme, met en regard sur deux lignes parallèles deux autorités égales : Dieu et César, personnification, l'une de la puissance temporelle, et l'autre du pouvoir spirituel. Les rois et les pontifes sont donc souverains, indépendants chacun dans son ressort. Ces deux puissances règnent sur les mêmes hommes, et néanmoins leurs attributions sont et devaient être séparées par des bornes si précises, que chacune d'elles, en se déployant dans toute son étendue, peut éviter toute collision avec la puissance parallèle. Toutes deux doivent toujours demeurer unies et distinctes. L'Eglise, soumise à l'Etat dans l'ordre temporel, est souveraine sur tous les objets de l'ordre spirituel. Aucune de ces prérogatives ne lui manque. L'enseignement de la divine parole et l'interprétation authentique des divers sens qu'on peut lui donner, le jugement irréformable des différends qu'elle peut faire naître dans les esprits, le domaine et la juridiction sur les sacrements de l'Eglise et le pouvoir de sacrificateur lui sont confiés. On voit aisément que l'autorité instituée par Moïse, et que Moïse abaissa d'avance, en mourant, devant l'autorité d'un prophète plus grand que lui, qui devait sortir du milieu de son peuple; que l'autorité de la synagogue, circonscrite dans les frontières de la Judée et dans les limites des époques d'attente, n'étaient qu'une ébauche du haut pouvoir spirituel qui devait être donné au catholicisme, pour tous les siècles et sur tous les peuples. Cette autorité est d'une telle prééminence, que nulle autre, parmi les hommes, ne saurait atteindre au même degré. La politique des nations peut bien raffermir les marches des trônes ébranlés par les factions, resserrer les liens sociaux par une heureuse combinaison, où les trois pouvoirs, administratif, législatif et judiciaire, soient habilement balancés, où les droits civils de chacun soient nettement garantis, et où les arts, les sciences, le commerce et l'industrie soient largement favorisés. Mais l'autorité humaine n'atteindra jamais que le corps, et l'âme lui échappera toujours. Elle ne connaît que les actes extérieurs, les faits saisissables. Les plus grands crimes n'existent devant les lois que lorsqu'elles peuvent les traduire à leur barre; elles ne pénètrent jamais jusqu'à la vie intérieure de l'homme. De là l'axiome moderne : *La vie intérieure doit être murée.* De tous les potentats du monde, nul ne peut commander à la persuasion de l'homme : il peut le réduire par la force ou le contraindre par la violence; mais imposer à sa volonté, impossible! L'autorité catholique seule, parce qu'elle est divine, parle, dans ses prohibitions et ses ordonnances, à la volonté de l'homme, et a le droit de lui imposer l'obligation étroite de croire de cœur ce qu'elle a une fois jugé et défini. Qu'est l'autorité de la philosophie? Bien dupe serait celui qui en attendrait un résultat positif. Véritable Pénélope, qui, durant la nuit, défait la toile qu'elle avait tissée durant le jour, le philosophisme n'a pas plutôt bâti un système, qu'il s'attaque à ses fondements pour le ruiner; il prend et il abandonne, il choisit et il laisse. Son autorité ne saurait avoir aucun caractère de stabilité, parce que la mobilité des pensées et des opinions humaines le rend incapable d'avoir et de communiquer une certitude. Il n'appartient qu'à l'autorité catholique de fixer dans ses exactes limites la vérité religieuse qu'elle a reçue. En la promulguant chaque jour dans le monde, elle ne cesse de la protéger et de la défendre. Une force supérieure à toutes les forces humaines, attachée à cette autorité, conserve l'intégrité de la foi partout où on la combat; et l'orthodoxie est proclamée par tous les moyens qui sont à la disposition de l'homme. Oh! oui, l'harmonie des vérités catholiques et leur fixité, maintenues par l'autorité de définition, suffiraient elles seules à prouver la divine origine de ce pouvoir et de l'Eglise elle-même. Comme jamais aucune autre religion n'a pu naître et subsister contre tous les moyens naturels et sans recourir à la séduction, à la force ou à un système politique, jamais aussi secte religieuse n'est-elle parvenue à constituer (1) un corps de doctrine harmonieux et complet. Que l'on parcoure les divers systèmes religieux anciens et modernes, on pourra y trouver ce que le génie humain inventa de plus sublime; mais il y manquera la cohésion et l'invariabilité, le sceau de la Divinité. Le catholicisme seul, grâce à son pouvoir de définition, jouit de la plénitude de la puissance constitutive, résultat que ne

(1) Par ce mot nous entendons : établir et conserver.

peut produire la simple écriture, puisque celle-ci ne saurait être accessible à tous, et que son père, dirons-nous avec Platon, n'est pas là pour la défendre. O sainte Eglise ! canal des eaux de la saine doctrine et organe des pensées de Dieu, mère nourricière des vrais fidèles, toujours attaquée et toujours victorieuse, toujours menacée d'être abattue et toujours debout, tu apparais à nos yeux comme un phare immortel placé par la main divine sur un rocher inaccessible aux nuages. De ton sein s'échappe une lumière éblouissante, indiquant à l'humanité, à travers les écueils du temps, la route du double progrès par lequel nous devons avancer peu à peu vers le port de l'éternité. Le gouvernement de l'Eglise, dans la sphère spirituelle qui lui est propre, est monarchique.

Nous n'avons point à énumérer les diverses formes de gouvernement appelées à régir la société civile, ni à procéder en cette matière par voie d'exclusion ou de préférence. Ayant à subir la mobile influence des opinions humaines, et de divers événements qui changent la face des empires, on voit les peuples passer successivement par différentes transformations gouvernementales, selon les temps, les mœurs et les besoins de chaque siècle. Il n'en est point ainsi de l'Eglise catholique. Elle a été constituée par son divin fondateur, pour qu'elle demeure telle qu'il l'a faite jusqu'à la consommation des siècles. Certes, il fallait bien qu'il en fût ainsi ; car qui ne voit qu'en changeant sa forme essentielle, on détruirait tout l'ordre sur lequel il l'a établie. Celle qu'il lui donna doit être permanente, perpétuelle. Nous serions naturellement amené à répondre, avec Fénelon, à MM. Juriou, Claude et du Moulin : que le ministère des pasteurs est indépendant du droit naturel des peuples, parce qu'il n'appartient qu'à Dieu de mettre sa parole dans la bouche d'un homme, pour parler en son nom (1). Mais nous donnerons plus tard à cette question les développements qu'elle exige. Il nous suffit actuellement d'exposer la forme sous laquelle s'exerce l'autorité de l'Eglise catholique. Nous ne saurions comment nous expliquer l'obstination de la philosophie moderne, à soutenir que ses origines sont confuses, et qu'elle n'est parvenue qu'à la longue, par une suite de circonstances imprévues, à une organisation régulière, si nous ne savions qu'il est plus commode d'avoir une opinion qu'une croyance. Dès là que l'autorité de l'Eglise ne serait qu'une institution humaine, elle n'aurait nul droit d'astreindre la conscience.

On peut bien affirmer qu'elle n'a existé qu'en germe dans les cinq premiers siècles (2) ; mais on ne saurait nous prouver que nous sommes hors du vrai, en soutenant que le gouvernement de l'Eglise est de la même origine et de la même date qu'elle.

(1) *Perpétuité du ministère des pasteurs*, § II.
(2) M. Guizot, *Cours de Civilisation*, troisième leçon. — M. Michelet, *Hist. de France*, t. I, p. 112.

Il fut établi avec l'Evangile pour le perpétuer : et la papauté, base de sa hiérarchie, fut dès ce moment tout ce qu'elle devait être comme *pouvoir spirituel*. Elle a toujours été, sous ce rapport, la même, sans avoir eu besoin de grandir. Dans la personne de Pierre résida la prééminence et le pouvoir monarchique. Cet apôtre fut institué centre de l'unité, et la clef de voûte du gouvernement de l'Eglise.

Il lui fut dit après qu'il eut confessé la divinité du Christ : « Bienheureux Pierre, ce n'est pas la chair ni le sang qui vous ont révélé ce mystère, mais l'esprit de mon Père qui est en vous ; et moi, le Fils du Dieu vivant, je vous dis, à vous qui vous appelez Pierre : Sur cette pierre je bâtirai mon Eglise, et les portes de l'enfer ne prévaudront point contre elle. » C'est à Pierre que cette assurance fut donnée : « J'ai prié pour toi, afin que ta foi ne défaille point, et converti, tu confirmeras tes frères. » C'est à Pierre que furent dites ces paroles pleines de la vertu du pouvoir suprême, avant d'être adressées au collège des apôtres : *Tout ce que vous lierez sur la terre sera lié dans le ciel.* Enfin, c'est à Pierre, et à Pierre seul qu'il fut dit : *Pais mes agneaux, pais mes brebis,* c'est-à-dire les pasteurs et les peuples. Ce pouvoir est d'une telle étendue qu'il n'a d'autres limites que celles de ce vaste univers. Depuis le sud brûlant jusqu'au septentrion glacé, parmi les peuplades nomades comme au sein de la société la plus civilisée, sous le chaume comme à l'éclat des lambris dorés, pas un mortel qui ne soit placé sous sa houlette tutélaire. Toujours et partout, il exerça la principauté suprême et le pouvoir monarchique parmi les autres apôtres. Investi par droit de succession (1) de la dignité de saint Pierre, le Pape l'a toujours été aussi de la plénitude de sa puissance. Chef visible de l'Eglise, il est le prince de tous les pontifes. Doté d'une stabilité originelle dans la foi, il est chargé du pouvoir suprême de définir les règles certaines de la foi et des mœurs. Il est le chef de l'épiscopat d'où part le rayon du gouvernement ; la chaire principale, la chaire unique en laquelle seule tous gardent l'unité. Pontifes, pasteurs des nations, vous n'êtes que les brebis de Pierre !

O Père commun de la grande famille ! daignez recevoir ici les humbles supplications et les hommages respectueux d'un fils soumis qui vous implore. Daignez le bénir du haut de cette chaire toute resplendissante de gloire où vous êtes placé ! La tradition n'est pas moins explicite dans les quatre premiers siècles que dans les suivants. Tous forment un magnifique accord pour proclamer les prérogatives d'honneur et de juridiction de celui qui, investi de la souveraine puissance dans l'Eglise, s'appelle le serviteur des serviteurs. Qui ne connaît la lettre de saint Jérôme au Pape saint Damase ? Il y proteste, au milieu d'un triple schisme, de

(1) Saint Pierre désigna ses trois premiers successeurs. Voyez *Constit. Apost.*, VII, 47.

n'écouter que le successeur du pêcheur. Qui ne connaît aussi ce mot de saint Augustin : *Rome a parlé, la cause est finie.* Plusieurs siècles après, le Pape condamne le livre des *Maximes des saints.* Dès que Fénelon a une connaissance certaine de cette décision, il proclame lui-même sa propre condamnation en présence de son peuple. Il rétracte les propositions réprouvées, et condamne le livre entier, et l'ensemble de ses opinions. Que de magnifiques et nombreux témoignages de l'assentiment donné par le monde entier aux actes de l'autorité souveraine du Pape, n'aurions-nous pas à produire? Si nous déroulions la chaîne des siècles, nous serions témoins de l'admirable conduite des Corinthiens envers saint Clément; et pour cette même chaire apostolique, de celle de saint Cyprien, dont l'épiscopat si éprouvé fut couronné par le martyre. Nous entendrions le grand Irénée parlant en termes magnifiques de l'Eglise romaine et de la primauté de sa puissance. Les Papes eux-mêmes soutinrent avec énergie le maintien public de leur autorité, sans choquer jamais les esprits ni soulever les moindres réclamations.

Nous ne pouvons qu'applaudir au ton de vérité avec lequel un illustre écrivain de notre siècle (1) a dit (après une erreur de date) : « qu'il est impossible de consulter avec impartialité les monuments du temps, sans reconnaître que, de toutes les parties de l'Europe (2), on s'adresse à l'évêque de Rome, pour avoir sa décision en matière de foi, de discipline, dans les procès des évêques, dans toutes les occasions où l'Eglise est intéressée. » Dans les circonstances les plus difficiles pour l'Eglise, on s'est toujours hâté de recourir à Rome. La décision du Pape a terminé toutes les discussions et a fixé les croyances. La papauté est évidemment le pivot sur lequel tourne le gouvernement de l'Eglise. Elle a pu, au sein des tempêtes sociales, paraître quelquefois entraînée par les vagues écumantes d'une mer orageuse qui menaçait de tout envahir; mais ses fondements profonds n'ont jamais été ébranlés, et elle est toujours restée debout, radieuse de ses brillantes destinées. Telle que la grande pyramide raconte la fable des Arabes, qui, bâtie par les rois antédiluviens, a survécu seule au déluge parmi les œuvres de l'homme; la papauté, ouvrage d'un Dieu, a paru seule, quand les eaux de l'impiété ont baissé au milieu des ruines du monde moral qui venait d'être détruit.

Le Pape possède la plénitude de la puissance monarchique; mais il ne s'ensuit point que les évêques ne soient que ses vicaires. Ils participent au gouvernement de l'Eglise, non comme les égaux du Pape, mais comme soumis à ses lois et exécuteurs de ses décrets. Dispersés, ils exercent dans leur diocèse par la puissance d'ordre essentiellement attachée à l'épiscopat, et par la juri-

(1) M. Guizot, *Cours de civilisation*, troisième leçon, t. I, p. 108.
(2) Nous préférerions lire : *du monde entier.*

diction que leur transmet l'Eglise. Réunis, ils sont appelés à participer aux décisions des conciles qu'un auteur a nommés avec autant d'esprit que de raison : *les grandes chambres de l'univers.* Investis de tous les droits de souveraineté, ils ont celui de prononcer, sur la foi, des jugements qui exigent une obéissance provisoire, et de formuler, sur la discipline, des lois qui lient les consciences. Tout système, qui tendrait à confondre le clergé avec l'autorité séculière, serait aussi éloigné du vrai que fécond en désordres. L'impiété ne pouvait pas, en France, lui jeter à la face de dénomination plus injurieuse que celle de *fonctionnaires publics salariés par l'Etat.* D'institution divine, les évêques sont les successeurs des apôtres : ils agissent séparément dans leur administration; mais l'épiscopat est un, et tous les bercails ne forment qu'un même troupeau. Il n'y a ni démocratie proprement dite dans l'Eglise, ni monarchie ministérielle. Les simples prêtres font partie de sa constitution comme administrateurs et magistrats; les évêques sont membres de la souveraineté, et le Pape en est le chef.

La monarchie est ainsi tempérée dans l'Eglise, au langage de Bellarmin, par l'aristocratie (1). Il a été dit par Jésus-Christ aux apôtres : *Enseignez, baptisez toutes les nations, je suis avec vous.* Tous ont reçu de lui le pouvoir de lier et de délier, de retenir et de remettre. S'il est dit de Pierre qu'il est le fondement de l'Eglise, il est écrit ailleurs que l'Eglise est bâtie sur le fondement des apôtres. Voilà l'aristocratie épiscopale établie dans le plan divin. Dieu a placé les évêques pour régir son Eglise (2) : aussi vit-on les apôtres sous la conduite de Pierre, et animés de l'esprit de leur chef, s'adresser aux populations les plus nombreuses, et ordonner au milieu d'elles des prêtres et des diacres. Ainsi ont agi depuis leurs successeurs, et la tradition de tous les siècles rend un témoignage unanime à l'autorité spirituelle des évêques. Saint Clément, Pape, écrivait aux fidèles de Corinthe: Respectons nos évêques et honorons nos prêtres. Saint Ignace d'Antioche, dans sa lettre adressée à saint Polycarpe, s'exprimait ainsi : Que rien ne se fasse dans l'Eglise sans votre volonté. Saint Cyprien appelait l'épiscopat le faîte du sacerdoce. Tous les siècles, depuis le berceau de l'Eglise jusqu'à nos jours, démontrent la supériorité et les prérogatives de l'épiscopat. On voudra bien nous pardonner les détails dans lesquels nous venons d'entrer. Il faut rétablir de nos jours toutes les notions vraies sur l'Eglise, tant elles sont oubliées. Tel est, d'après la simple exposition des principes et des faits, son vrai gouvernement.

Saurions-nous assez admirer toute la beauté de cette œuvre divine ! en comprendre l'harmonie et en apprécier les étonnants effets ! Le divin fondateur n'a pu

(1) *De Romano Pontifice*, lib. I, c. 3, 5, 8.
(2) *Act.*, xx, 28.

laisser son œuvre à reconstruire selon les passions, les temps et les circonstances. Aussi le catholicisme répond-il admirablement au triple besoin déjà signalé de notre siècle de foi, de progrès, de paix et d'union.

Vainement chercherait-on dans les religions antiques des données de quelque précision sur la foi des peuples. L'attente du divin Réparateur promis à l'humanité était devenue le centre nécessaire des espérances de l'homme après sa chute, et la connaissance du vrai Dieu avait devancé toutes les superstitions et toutes les erreurs. Toutefois, la nation juive, évidemment exceptée par une destinée spéciale, ne considérait l'une et l'autre qu'avec des regards charnels, et était dominée par le désir des prospérités temporelles. Le paganisme attribuait à la pierre et au bois un nom incommunicable. Prêtant l'oreille, s'il entendait à travers le long écho des âges arriver jusqu'à lui une double voix d'espoir et d'épouvante, l'avertissant qu'il était courbé sous le poids d'un crime héréditaire, et lui ordonnant de lever la tête vers le restaurateur à venir des siècles : ce n'était là qu'un bruit confus qui ne paraissait qu'enflammer ses penchants dissolus et endormir ses remords. Les plus ingénieux efforts de la pensée humaine n'avaient abouti, après quatre mille ans, qu'à multiplier avec tous les genres de voluptés toutes sortes d'erreurs. Ces raisonnements sans application et sans fin offraient un aspect aussi choquant, qu'un frappant contraste de culture intellectuelle et de dégradation générale. Des communications de toute espèce avaient été imaginées entre les hommes et les dieux. La foi n'était point dans ce chaos ; l'œil observateur n'y démêle pas, à proprement parler, cette croyance obligée à des dogmes sur l'autorité de la parole divine.

Dans la philosophie orientale, grecque et romaine, on proclamait des opinions et non des croyances ; le rationalisme et non la foi, cette foi qui est l'assentiment donné à une doctrine ou à des faits, à cause de l'autorité qui enseigne ou qui atteste. Si, après de longs siècles, on vient célébrer comme un affranchissement glorieux la transformation des croyances en investigations libres de la raison humaine, il nous semble voir l'astre, qui préside au monde des intelligences, rentrer dans le néant d'où une voix créatrice l'avait fait sortir; le chaos renaître, et la nuit épaisse étendre encore ses sombres voiles sur des éléments informes et confondus. L'humanité luttant sans cesse contre les séductions de l'esprit et du cœur, sans cesse succomberait dans la lutte : telle qu'un navire battu par la tempête, et errant sous un ciel obscur, elle irait se briser contre les écueils d'une mer courroucée. On a beau répéter que la seule doctrine admissible, la seule compatible avec l'esprit du siècle et notre constitution, est celle qui consiste à chercher, dans chacune des croyances établies et reconnues, la part de vérité et de grandeur qui y est renfermée (1). Brisant le sceau qui constate la divinité du christianisme, l'éclectisme en religion comme en philosophie, loin de produire un symbole arrêté, un tout, ne pourrait qu'entasser des contradictions, des débris. Il enfanterait un système orné, mais appauvri, tel qu'un riche d'autrefois, vêtu de quelques lambeaux de pourpre, qui attesteraient encore son ancienne opulence; mais qui, réduit à la mendicité, révélerait à tous les passants son extrême indigence. Non, la raison humaine ne saurait être un guide assuré pour former des croyances : trop longtemps elle s'égara et vint échouer sur de tristes grèves. Elle a besoin de foi, de cette foi dont le principe est la grâce divine qui agit sur l'intelligence et la volonté de l'homme sans altérer sa liberté. Ils se trompent étrangement ceux qui célèbrent leur raison affranchie de la foi surnaturelle et divine, ne voulant rien devoir qu'aux forces naturelles de la raison et de la volonté. La nature de l'homme ne saurait être une barrière dressée des mains de Dieu contre lui-même.

Besoin de foi; de cette foi dont l'objet n'est point la vérité perçue par l'évidence ou conquise par la démonstration, mais celle qui est certainement connue comme étant révélée. L'une, mobile, revêtirait toutes les formes changeantes et diverses de l'esprit humain dont elle apparaîtrait l'ouvrage; tandis que l'autre, immuable, est le roc immobile planté par la main divine sur le rivage qui borde l'Océan de la vie. A ses pieds viennent expirer les flots d'une raison délirante, qui, telle que l'ange déchu, veut être l'égale de l'Éternel.

Besoin de foi; de cette foi dont le motif est l'autorité divine. Ayant acquis la certitude de la révélation par les plus puissants motifs de crédibilité, l'homme croit à cause de l'infaillibilité de Dieu pour connaître, de sa véracité essentielle pour dire, et de son domaine absolu pour intimer ses volontés.

Besoin de foi; de cette foi dont la règle unique n'est point l'autorité privée, la raison individuelle devenue l'arbitre exclusif de la croyance; mais dont l'autorité de l'Eglise est la règle vivante et l'organe, dans l'ordre le plus approprié à la nature et aux besoins de l'homme essentiellement fait pour la société. Telle est la foi qui élève ses facultés à un état surnaturel et divin, sans anéantir sa raison, qui dans ses limites exerce son empire. Les motifs de crédibilité sollicitent d'elle le plus sérieux examen. A moins de se renier elle-même, la conviction acquise que Dieu a parlé l'oblige à se soumettre à son autorité. Voilà la foi surnaturelle et divine, dont nous avons démontré que notre siècle a un si pressant besoin ; telle est la foi que proclame le catholicisme. Elle trouve dans son gouvernement toute sa force sous des rapports divers; un double principe qui protège son invariable unité et la dilatation.

(1) M. Quinet, Rev. des deux Mondes.

de sa lumière, qui, telle qu'un soleil sans déclin et sans aurore, éclaire simultanément les deux hémisphères du monde de la pensée. Tous les pouvoirs de la souveraineté spirituelle se trouvent concentrés dans le Pape, suprême chef unique de l'Église, et l'unité de la foi est non moins représentée que garantie par l'unité du successeur de Pierre. Les évêques investis des droits de la souveraineté, et répandus dans les diverses parties du monde, sont les défenseurs ardents et les propagateurs zélés de cette foi dont le dépôt leur a été confié. C'est ainsi qu'elle trouve dans l'autorité infaillible préposée de Dieu à son Église, des éléments de conservation et de perpétuité. S'il vient à s'élever des discussions dogmatiques, l'évêque juge en première instance; le Pape prononce en dernier ressort. « Mais si les scandales s'élèvent, si les ennemis de Dieu osent l'attaquer par leurs blasphèmes, disait éloquemment Bossuet, vous sortez de vos murailles, ô Jérusalem! et vous vous formez en armée pour les combattre; toujours belle en cet état, car votre beauté ne vous quitte pas; mais tout à coup devenue terrible, car une armée qui paraît si belle dans une revue, combien est-elle terrible quand on voit tous les arcs bandés et toutes les piques hérissées contre soi! Que vous êtes donc terrible! ô Église sainte, lorsque vous marchez, Pierre à votre tête... abattant les têtes superbes et toute hauteur qui s'élève contre la science de Dieu, pressant ses ennemis de tout le poids de vos bataillons serrés, les accablant tout ensemble et de toute l'autorité des siècles passés, et de toute l'exécration des siècles futurs! » Telle qu'un fleuve majestueux, la foi s'écoule et ce merveilleux ensemble, où comme les flots dans l'Océan, tous les pouvoirs de la souveraineté spirituelle viennent se concentrer. Une seule tête fait à l'instant mouvoir tous les ressorts de cette cité bâtie sur la montagne, et dispose sans entrave de tous les moyens d'action qu'elle renferme. Egalement éloignée du despotisme et de l'anarchie, elle n'a point aussi à soutenir une lutte incessante avec une démocratie qui, tenant ses assises, contrôlerait ses actes et pourrait la renverser à son gré. En elle on ne voit point les pouvoirs s'observer avec défiance, comme des généraux ennemis qui, sur le champ de bataille, se heurtent et se froissent, jusqu'à ce que le plus fort écrasant le plus faible se couvre de ses dépouilles, et seul debout sur des ruines, déploie un nouvel étendard. Dans le catholicisme l'autorité réside comme une foi sa foi; sa marche n'est protégée que par des institutions divines comme elle, qui fortifient son trône loin de l'ébranler.

Elle anime au progrès, et tend à réunir les cœurs par les doux liens de la tolérance et de l'amour. Les seules intelligences sont réellement sociables, parce que des rapports purement physiques ne peuvent évidemment constituer une véritable société. Il n'y a que mélange et classification pour les choses matérielles. Le lien social ne peut donc être

qu'un ensemble de rapports par lesquels les hommes s'unissent dans la partie la plus élevée de leur être, l'intelligence et la volonté. De ces rapports qui unissent les hommes entre eux naissent les devoirs dont la base ne peut subsister que dans les rapports qui unissent l'homme à Dieu : car la notion de devoir implique nécessairement l'idée d'une volonté supérieure ayant le droit de s'imposer à la volonté que le devoir saisit, et l'idée d'une sanction dans une justice infinie. Aussi la société temporelle naît-elle de la société spirituelle. D'où il suit qu'une société temporelle est appelée à une perfection d'autant plus haute que le principe déposé dans sa constitution par une société spirituelle est plus parfait. Voilà pourquoi dans le catholicisme, manifestation de Dieu la plus parfaite, se trouve la règle des développements de la société humaine, et le germe de la plus haute perfection sociale. C'est ce qui nous explique comment il ne fut pas donné à la société, dans les temps reculés, d'atteindre les hauteurs où elle a pu s'élever, depuis qu'éclairée par la parole du Christ, elle a été retrempée dans son sang, et remise aux mains de l'Eglise. De cette haute autorité spirituelle chargée d'expliquer durant la suite des siècles la loi parfaite de justice renfermée dans l'Evangile, ont surgi un monde nouveau, le développement de l'ensemble des vérités qui n'étaient qu'en germe dans les premières traditions du genre humain, et la transformation de la société religieuse par l'institution de l'Eglise. Le principe spirituel apporté par elle a succédé au principe matériel de l'ancienne civilisation ; et l'humanité a été guidée dans les voies d'une civilisation nouvelle, digne de ses hautes destinées.

Les Grecs, qui s'étaient distingués par un goût épuré des arts, une éloquence vive et une riante poésie, n'avaient réellement rien changé dans le fond des idées et des habitudes de l'humanité. Les Romains, qui s'étaient élevés de l'origine la plus faible à la plus éclatante splendeur, avaient succombé à la fin, de despotisme, de misère et d'infamie, avec leur constitution qui fut le chef-d'œuvre et le fléau du vieux monde. L'Eglise devait tout réparer. A elle seule appartenait la pensée humanitaire qui devait régénérer le monde et réunir tous les hommes sous une même bannière. Jusque-là les éléments de dissolution prochaine minaient le corps social courbé sous le joug de matérielles jouissances, plongé dans une léthargique indifférence, cheminant sans but et déchiré par les fureurs de l'anarchie ou gémissant sous le glaive du despotisme. L'univers n'était qu'une vaste arène d'où s'élevaient mille clameurs funèbres et confuses comme d'un immense combat de gladiateurs. Mais dégagée de ses langes, la civilisation naquit du sein de l'Eglise. Il suffit de la contempler pour voir l'égoïsme des anciens jours disparaître sous ses flots de charité, et sortir de son sein, comme par surcroît, l'affranchissement des nations. Lorsque l'édifice de la vieille société s'écroulait, à entendre ce

craquement prolongé d'écho en écho, on eût dit que tout allait se confondre dans un impénétrable abîme. Mais au milieu de la poussière amoncelée par tant de ruines, l'Église recueillait avec ses pontifes les débris épars de l'antique civilisation. Ses innombrables monastères devinrent autant d'asiles ouverts à la vertu, aux sciences et aux arts ; autant de foyers d'une civilisation nouvelle aussi noble dans ses émotions qu'inépuisable dans ses ressources : d'une civilisation sublime qui devait élever dans la longue chaîne des siècles d'admirables monuments de science et charité. Son gouvernement spirituel consacre tous les principes de la sociabilité ; et l'amour de fraternité qu'il inspire, est la plus sûre garantie de la stabilité des gouvernements et de la félicité des peuples.

Réprimant les passions perturbatrices, il oppose un frein salutaire aux écarts de la multitude ; et au code sacré qui lui a été légué par son divin fondateur, les rois apprennent à porter dignement leur couronne. Il n'est pas de condition qui n'y ait puisé sa dignité, pas un danger qui n'y trouve son rempart, pas un malheur son remède, pas un mérite son espérance, pas une douleur son baume, pas une vertu son appui et son progrès. Là se manifeste à nous le type que les sociétés temporelles doivent s'efforcer de réaliser toujours sans pouvoir jamais l'atteindre : la perfection de l'ordre et de la liberté, dans l'harmonie de toutes les volontés s'identifiant de plus en plus avec la volonté infinie de Dieu. Les sociétés temporelles trouvent évidemment les conditions du progrès, par leur union avec cette société spirituelle. En développant le règne de la loi de Dieu, elle fait prévaloir l'idée du droit qui, de jour en jour, laisse à l'intelligence une plus vaste sphère d'activité et rend l'intervention de la force matérielle moins nécessaire. Aussi les peuples unis à l'Église, quel que soit le point de leur départ, avanceront-ils dans les voies du progrès social.

« L'influence française est partout associée au triomphe de l'idée catholique, disait autrefois à la tribune l'honorable M. de Carné(1), et j'ai la conviction profonde que si un funeste divorce s'établissait entre l'opinion publique et le principe catholique en France, la situation de l'Europe en serait profondément atteinte. En Espagne, le parti qui résiste avec plus d'énergie aux tentatives qui s'y font en ce moment pour séparer ce pays du centre de l'unité catholique, est le parti qu'il est nécessaire et légitime d'appeler le parti français. Ce fait n'est pas unique. Il ne se passe pas seulement en Espagne, mais partout aujourd'hui dans le monde. A l'heure qu'il est, nous ne serions plus rien en Orient, si nous n'étions encore la grande nation catholique, le peuple des croisades et de saint Louis. Si le nom de France est encore prononcé avec sympathie, avec respect, avec confiance dans l'avenir jusque dans les gorges du Liban, c'est parce que

nous représentons un principe religieux différent de celui que deux autres veulent faire prévaloir. Si nous pesons encore beaucoup en Allemagne ; si nous inquiétons certains cabinets, ce n'est pas moins comme puissance catholique que comme puissance constitutionnelle. Ce n'est pas en Allemagne seulement et sur les bords du Rhin qu'une telle situation se révèle, mais en Belgique, en Irlande et surtout dans cette héroïque Pologne qui se débat aujourd'hui dans son martyre. Pourquoi son cœur bat-il à l'unisson du nôtre ? c'est parce que la Pologne est et restera catholique. Ne livrons donc pas des assauts indiscrets contre la foi religieuse et l'unité catholique. Ne compromettons pas aussi légèrement les plus chers et les plus permanents intérêts de la France. »

Nous ne saurions donc assez déplorer ces systèmes qui, attaquant le catholicisme, vont chercher l'assiette des États dans une situation opposée à la nature des choses. Ils deviennent les principes d'une désorganisation universelle, substituant des opinions à la vérité, la licence à l'ordre, et la raison humaine aux oracles de la divinité. Dès lors les symptômes les plus inquiétants se manifestent, les éléments du mal s'agitent, ceux du bien deviennent un objet de haine, et la société, remuée jusque dans ses fondements, tremble pour son existence au sein de tout ce qui devrait assurer sa tranquillité et son bonheur. Si l'on parvenait à séparer complètement la société temporelle de la société spirituelle, elle perdrait aussitôt les conditions du progrès, les conditions de la vie sociale. Courbés sous la verge du despotisme, ou le lien social étant brisé par les mains sanglantes de l'anarchie, les peuples marcheraient à travers les combats d'une licence sans frein ou d'un pouvoir sans règle, vers une véritable décadence. Une société dépourvue de croyances ne progresse que vers des abîmes, semblable à un vaisseau dégarni de voiles et de mâts, qui vogue au hasard sur une mer semée d'écueils et féconde en naufrages. Ce lien qui rapproche tout, qui ne forme de tous les peuples qu'un seul peuple, de toutes les familles qu'une seule famille, et de tous les hommes comme un seul homme, c'est l'Église, le lien de l'humanité régénérée en Dieu. Il n'est pas d'esprit éclairé qui ne comprenne que le lien religieux, tel que peut le former cette Église catholique qui est au-dessus et en dehors de toutes les nationalités, ne soit le premier des liens politiques et la plus forte sauvegarde pour la liberté des peuples. Il répugnerait au dogme fondamental de sa divine constitution, qu'elle ne pût lancer une confraternité politique entre les divers peuples soumis à l'Évangile, malgré la diversité des législations. Elle a paru au monde pour réunir toutes les nations dans la même foi.

Ceux qui sembleraient regretter le civisme étroit et barbare des anciens peuples, ne comprendraient ni ces temps ni les nôtres.

(1) Séance du 18 mai 1842.

tenter d'y ramener la société actuelle, serait vouloir la revêtir dans son âge viril de la robe de l'enfance. Mais si on voulait nous imposer un christianisme de luxe et de civilisation dorée, ce serait faire évanouir jusqu'aux vestiges de la pensée religieuse; comme la vertu romaine qui, attachée à la charrue, disparut dans le luxe et le raffinement de l'empire. Vous qui nous dites que le catholicisme a fait son temps, qu'il est mort : vous vous trompez. La vieille foi est comme la vieille gloire, elle ne peut périr. L'anneau du pêcheur grossier de Galilée, qui scelle encore ses décrets, est son plus beau titre, car il est la preuve la plus irrécusable de sa divinité. Si le catholicisme était mort, comme on a bien voulu le dire, il y a longtemps que le genre humain, replongé dans les horreurs du paganisme, en aurait mesuré la triste profondeur. La nature divine et la nature humaine seraient même changées, si le catholicisme avait cessé d'expliquer leur union et d'éclairer leurs mystères. Mais il vit; et loin d'être à l'agonie, il reparaît comme une inspiration mystérieuse dans les travaux de l'intelligence, planant sur nos destinées à venir, comme une arche de salut, un abri contre les tempêtes du doute et des passions. Puisant à cette source de vie et d'amour, l'espèce humaine dessine une ligne progressive dans la civilisation; la famille se reconstitue, les intelligences s'éclairent, et les cœurs voués sans elle au suicide et au désespoir, gravissent la pente escarpée du Sinaï, au sommet duquel il leur sera donné de contempler l'Éternel au sein de sa magnificence. Le catholicisme serait blessé à mort? Mais quel combat lui aurait été livré et qu'il n'eût soutenu avec gloire? Il n'est pas une arme qu'il n'ait brisée, un ennemi qu'il n'ait vaincu, un terrain sur lequel on l'ait appelé qu'il n'ait orné d'un triomphe. Le monde peut bien être ébranlé, et un empire détruit; mais le catholicisme ne saurait être enseveli sous aucune ruine. La croix ne cessera de briller sur les débris des royaumes écroulés, dominant le monde du haut de la pierre immobile du Capitole. Le catholicisme a toujours survécu aux funérailles de ceux qui s'étaient hâtés de célébrer les siennes. Dioclétien érigea une colonne pour annoncer au monde qu'il l'avait frappé aux cœur; la colonne a croulé, le persécuteur est mort, le catholicisme règne encore sur toute la terre. Au VIIIᵉ siècle, les Sarrasins semblaient près de lui porter un coup mortel; mais Dieu remit son glaive entre les mains d'un roi chrétien, et les champs français furent témoins de leur effroyable défaite. Voltaire cria pendant quatre-vingts ans à l'Europe entière, que le catholicisme touchait à sa dernière heure; Voltaire est mort, et le catholicisme n'a point cessé de rester dépositaire des promesses de celui qui lui légua toutes les nations en héritage. Napoléon le dit au pape qu'il tenait captif; mais bientôt, poussé par une inspiration d'en haut, ce conquérant, qui menaçait la religion, lui tendit la main et la releva.

Les éclectiques n'ont cessé de varier ce thème sur tous les tons imaginables, les éclectiques tombent à chaque heure, et le catholicisme reste debout sur la pierre froide qui recouvre leurs cercueils. Le catholicisme vit; et sa marche triomphale, au sein de la civilisation chrétienne, ne s'arrêtera que lorsqu'à la chaîne des temps succédera l'incommensurable éternité. La papauté subsiste, non en état de décadence et de ruine, mais pleine de vie et d'une jeunesse vigoureuse. Le catholicisme vit; et le nombre de ses enfants est plus considérable que dans aucun des siècles antérieurs. Par cette autorité de doctrine et le gouvernement pastoral qui le constituent, ses conquêtes dans le nouveau monde ont plus que compensé ce qu'il a perdu dans l'ancien, et sa suprématie spirituelle s'étend jusqu'aux vastes contrées situées entre les plaines du Missouri et le cap Horn. Il était grand et respecté avant que les Saxons eussent mis le pied sur le sol de la Grande-Bretagne, avant que les Franks eussent passé le Rhin, quand l'éloquence grecque était florissante encore à Antioche, quand les idoles étaient adorées dans le temple de la Mecque. Il est encore grand et respecté aujourd'hui comme il le sera toujours. La mort même ne peut rien contre la promesse d'immortalité qu'il a reçue, pouvons-nous dire avec un illustre écrivain de notre siècle : « C'est un aigle que mille traits vont atteindre et blesser dans la nue : son sang tombe sur la terre à gouttes pressées, sa tête tristement penchée semble marquer la place où il va expirer dans la poussière; mais bientôt une force secrète le ranime, et il reprend un essor si ferme et si rapide, qu'il est aisé de voir que rien ne peut ni lasser son courage, ni épuiser sa vigueur. Aussi poursuivra-t-il son vol sans jamais s'arrêter, et ses ailes majestueusement étendues sur les siècles, ne se plieront que sur les derniers débris de l'univers écroulé. Cette durée fera sa gloire, comme ses nobles malheurs sont aussi son privilége. »

Ne craignons point d'arrêter un moment ici nos regards. Contemple, ô homme! sous la houlette du successeur de Pierre, cette société innombrable, répandue dans tous les lieux de l'univers, et héritière des traditions de dix-huit siècles, qui te dit : Dieu me fonda un jour pour durer tous les jours, pour enseigner les nations jusqu'à la nuit des temps. Elle le dit, l'affirme; crois le témoignage invincible de cette société sur ce fait social, ou bien ose répondre à un peuple entier qui atteste son existence : Tu n'es pas...

Aussi longtemps que les nations resteront fidèles à la monarchie tempérée, spirituelle, qui les régit, elle sera pour elles un principe de foi, de progrès et d'union, la source de la plus haute perfection matérielle et sociale. Mais si nous venions à l'abandonner, ses bienfaits s'en iraient avec son influence, et de grandes catastrophes deviendraient imminentes. Ne nous abusons donc pas, et sa-

chons lire dans le passé des leçons pour l'avenir!

Demander de quelle importance la vérité est pour l'homme, serait mettre en question l'intelligence, la société, la morale, l'histoire, toute science et les destinées de l'humanité. La vérité est à l'âme ce que l'atmosphère est au corps. Point de départ de l'esprit humain, elle est le dernier terme vers lequel il gravite. L'un des caractères distinctifs de la nature de l'homme est l'amour du vrai. Il y a en elle des idées sublimes, des instincts divins, un insatiable besoin de vérité. Nous voulons la vérité philosophique, historique, scientifique et littéraire ; nous désirons la rencontrer même jusque dans les objets de nos amusements, les fables des poëtes et les récits des romanciers.

Mais en présence de soixante siècles qui s'accordent à proclamer l'importance de la vérité religieuse, rien ne doit paraître à l'homme plus digne qu'elle d'occuper l'activité de son intelligence. Il la lui faut pour tendre à Dieu comme au terme dans la patrie; il la lui faut comme la voie pour y arriver sûrement. Il la lui faut, car l'union intime avec l'infini est le complément de toutes les facultés de son être. Toutefois on ne saurait révoquer en doute qu'une disposition trop commune en nous fuit la vérité. Notre raison paraît ne vouloir se rendre qu'à l'évidence, et les plus faibles apparences du vrai la séduisent. Elle admet aisément tout ce qui flatte des penchants aveugles. Mais au prix de ces inclinations que l'on a honte quelquefois de s'avouer à soi-même, embrasser la vérité, c'est un trop rare courage. La vérité catholique s'offre à l'homme appuyée sur des motifs puissants et du plus haut intérêt pour le convaincre et s'en faire aimer; et l'homme quelquefois la repousse, au moins il la dédaigne. On dirait qu'il répugne à s'en occuper, qu'il craint de la connaître, qu'il en redoute les conséquences. La foi a rempli le monde de ses institutions et de sa gloire; et ses triomphes sur les bourreaux, qui ne se lassaient pas de frapper les chrétiens qui ne se lassaient point de mourir, sont à eux-mêmes la démonstration qu'elle est divine. Cependant l'esprit de l'homme attaque ses mystères, son cœur dispute sur sa morale, sa volonté cède au moindre effort pour secouer ses chaînes. Exaltant le dévouement, il vit d'égoïsme, fait le mal qu'il condamne, ne cesse de résister à cette loi de vérité et de justice si capable de briser l'orgueil des pensées et de comprimer les impétueux penchants d'une nature corrompue qui se soulève contre elle.

Les annales de l'humanité ne sont guère que le récit des entreprises faites par la raison contre la foi. Les longs siècles durant lesquels le genre humain a été en proie à toutes les aberrations du rationalisme et des sens, tendent à nous convaincre du besoin pressant qu'a l'homme d'un enseignement dicté à tous d'autorité. Sous un Dieu dont la nature est bonté, et sous la main tutélaire d'une Providence dont l'expression est tendresse, il ne pouvait être dit à cette vaste glèbe qu'on appelle le monde, digne sans doute des plus véritables égards, mais peu capable du travail suivi de la pensée : raisonne, réfléchis; seul, tu dois former ta religion et ta foi. Il faut l'autorité aux masses, de même qu'il la faut au génie : aux premières, pour dissiper les ténèbres de l'ignorance; au dernier, pour faire évanouir ses doutes. Le génie n'est qu'un homme; il ne peut imposer nulle croyance aux autres, et nous dirions que plus il se trouve de puissance dans une âme, plus aussi elle a besoin d'un frein et d'un guide. Qui ne sait que les doctrines religieuses, inventées en dehors de la foi par des esprits d'ailleurs très-élevés, vont chaque jour grossir l'histoire lamentable des erreurs humaines. Aussi le catholicisme ouvrit-il une ère nouvelle de lumière et de paix à tous les hommes, aux faibles et aux forts, aux grands et aux petits. Il n'abandonne nul homme à ses propres pensées pour étudier et résoudre la question religieuse. Il lui présente une autorité souveraine et infaillible. On ne saurait toutefois le convaincre d'avoir fait expirer la liberté des croyances : il reconnaît les droits de la raison. Aussi produit-il des motifs préalables de croire. Mais celui qui prétendrait qu'il n'y a pas obligation de rechercher et d'embrasser la vérité religieuse, se tromperait; car ce serait déclarer l'erreur libre. L'homme a le pouvoir, mais non le droit d'errer. Aussi lui fallait-il la vérité religieuse, non-seulement sous la forme sociale, parce que son origine et les besoins l'entraînent nécessairement à l'état de société, mais encore sous la forme d'enseignement donné par une autorité souveraine. Grande et belle institution du catholicisme, si en rapport avec les besoins de l'humanité! Nous avons exposé déjà les éléments divins sur lesquels sa constitution repose : le pouvoir et la doctrine. Les irrécusables témoignages qu'il porte avec lui vont être l'objet de nos investigations. Ils ne sauraient, eux aussi, manquer d'être frappés au coin de la divinité. Permanence, universalité, unité, tels sont les principaux caractères du catholicisme.

Le catholicisme se présente à l'homme avec la sanction la plus inviolable, celle de tous les siècles. Environné de mille chaires contradictoires, seul il nous invite à contempler sa perpétuité. La société spirituelle à laquelle il appartient a existé, il est vrai, en des états divers, depuis le berceau du monde : l'état domestique, national et universel, qui est celui de la société chrétienne. Mais son histoire est un enchaînement d'événements et de faits qui nous découvrent une suite prodigieuse aussi ancienne que l'humanité. La loi écrite préparait tous les développements que la foi primitive devait recevoir sous la loi de grâce; elle commença l'œuvre divine accomplie par Jésus-Christ : l'une fut la figure, l'autre en est la réalité. Le catholicisme d'aujourd'hui est l'Église fondée par l'Homme-Dieu, il y a

près de dix-huit siècles. Voulant que la vérité religieuse qu'il apportait au monde ne périsse jamais, il institua un ministère impérissable par le canal duquel elle devait passer d'âge en âge, jusqu'à la fin des siècles : un ministère qui, se renouvelant sans cesse, devait survivre à toutes les générations. Par la promesse solennelle qu'il fit à ses apôtres, de son assistance continue jusqu'à la fin des âges, il ne reconnut de légitimes pasteurs pour gouverner l'Eglise que ceux qui, par une succession non interrompue, tiendraient d'eux leur dignité et leurs pouvoirs. Aussi vainement voudrait-on de nos jours contester au catholicisme le droit de porter le titre d'Eglise de Jésus-Christ. Nous pouvons citer, sans hésitation, l'ordre exact de la succession des papes, depuis Grégoire XVI qui occupe à notre époque le Saint-Siége, jusqu'à saint Pierre qui l'occupa le premier. Nous pouvons préciser le nombre d'années de leur pontificat, et dérouler, anneau par anneau, la chaîne des évêques qui se sont succédé, depuis le premier qui fut institué par le successeur de saint Pierre, dans chaque siège et dans tout l'univers. Il nous suffirait d'opposer à ceux qui disputeraient ce droit au catholicisme, ces paroles prononcées en Angleterre et rapportées naguère dans la *Revue d'Edimbourg*, journal whig qui s'imprime dans le pays du Covenant, où le presbytérianisme jeta ses plus profondes racines. « Il n'existe point, il n'a jamais existé sur cette terre une œuvre de la politique humaine, aussi digne d'examen et d'étude, que l'Eglise catholique romaine. L'histoire de cette Eglise lie ensemble les deux grandes époques de la civilisation. Aucune autre institution encore debout ne reporte la pensée à ces temps où la fumée des sacrifices s'échappait du Panthéon, pendant que les léopards et es tigres bondissaient dans l'amphithéâtre Flavien. Les plus fières maisons royales ne datent que d'hier, comparées à cette succession des Souverains Pontifes qui, par une série non interrompue, remonte du pape qui a sacré Napoléon dans le XIXᵉ siècle, au Pape qui sacra Pépin dans le VIIIᵉ. Mais bien au delà de Pépin, l'auguste dynastie apostolique va se perdre dans la nuit des ères fabuleuses. La république de Venise, qui venait après la papauté, en fait d'origine antique, était moderne comparativement. La république de Venise n'est plus et la papauté subsiste..... Aucun signe n'indique que le terme de cette souveraineté soit proche. Elle a vu le commencement de tous les gouvernements et de tous les établissements ecclésiastiques qui existent aujourd'hui, et nous n'oserions pas dire qu'elle n'est pas destinée à en voir la fin..... Quand nous réfléchissons aux terribles assauts auxquels elle a résisté, il nous est difficile de concevoir de quelle manière elle peut périr. En vérité, aucune autre institution que celle de cette politique n'aurait résisté à de tels assauts. » Nous aimons à entendre de pareils aveux de la bouche de ceux qui, pour appartenir à un autre culte que le nôtre,

ne cesseront jamais de nous être bien chers, et que nous aimerons toujours comme autant de frères.

Le catholicisme a seul en sa faveur des titres authentiques, qu'il tient de ceux même à qui le domaine appartenait : seul il est héritier, à titre universel, des apôtres. Comme c'est au corps entier des pasteurs qu'il a été confié, leur succession ne le déplace point : cette succession forme la continuité du corps. Chacun des pasteurs reçoit à la fois, et de son prédécesseur et de tous ses collègues, la tradition précieuse qu'il transmet conjointement avec eux à ses successeurs. C'est une chaîne non interrompue, dont le premier anneau remonte à Jésus-Christ, et qui se déroule à travers tous les siècles pour les réunir tous dans la même foi. C'est par ce principe que les anciens Pères pressaient les hérétiques de leur temps. Qu'ils nous montrent, disaient-ils, l'origine de leurs églises, la succession de leurs pasteurs, de manière que le premier d'entre eux ait eu pour auteur et prédécesseur quelqu'un des apôtres ou des hommes apostoliques en la communion desquels il ait persévéré jusqu'à la fin? Qui êtes-vous? d'où êtes-vous sortis? quand êtes-vous venus? ne cessaient-ils de leur répéter. Vous êtes d'hier, vous ne venez point des apôtres.

La perpétuité est le caractère du catholicisme : nul d'entre les mortels n'a pu jamais dire : C'est mon ouvrage, et nul ne peut dire : C'est l'ouvrage de tel homme, parce que nul n'y a mis quelque chose d'essentiel. Nous ne sachions pas qu'on se soit refusé à reconnaître que le catholicisme ne se soit établi avec l'Eglise, et qu'il ne soit avec elle une même institution. On essaye de se persuader qu'il vient, comme une institution politique et humaine, d'un développement successif de circonstances. Sans doute, pouvons-nous répondre avec l'un des historiens les plus distingués de notre époque (1), l'Eglise s'est développée progressivement et son gouvernement s'est montré égal aux progrès de la foi; mais c'est ce gouvernement même, partie intégrante et médiation unique de la vérité qu'il avait à répandre, qui a fait ses progrès. Loin que le succès soit venu des hommes et des circonstances, il a fallu une force extraordinaire d'organisation pour tirer un tel avantage des circonstances et des hommes, jamais favorables, presque toujours contraires pendant trois cents ans. L'Eglise, constituée d'avance pour tous les accroissements comme pour tous les périls, n'a rien vu se manifester en elle par invention, mais par vertu; rien ne s'y est opéré comme modification, mais comme conséquence. Qui peut ne pas avouer que, si le catholicisme d'aujourd'hui n'est point d'institution divine et apostolique, il faudrait admettre qu'il y aurait eu à cet égard un changement bien grave apporté à l'œuvre établie par les apôtres! Dans cette hypothèse, l'auteur, le lieu, l'époque,

(1) M. E Dumont.

le mode, pour une innovation pareille, seraient indubitablement assignés dans les
annales des peuples. Nous défions la plus
sévère critique de les y trouver. Aucun
changement, quoique bien moins notable
que celui qu'on suppose, n'a jamais été
tenté, que l'auteur n'en soit connu. Dès les
premiers siècles paraissent Cérinthe, Ebion,
Marcion, Arius, Pélage. Dans la philosophie, la physique, la chimie, les arts et les
entreprises industrielles ou politiques, même
après de longs siècles, on nomme les auteurs d'inventions et d'institutions nouvelles. Mais quel est parmi les hommes l'auteur du catholicisme souverain et infaillible? Son nom n'est nulle part. Il subsiste
fort et indestructible. Quelle région l'a vu
naître? Pas un nom....., histoire muette.....
Pour toute nouvelle doctrine qu'on ait voulu
essayer d'enter sur le christianisme, on sait
où elle fut d'abord enseignée : l'arianisme à
Alexandrie, le nestorianisme à Constantinople, le luthéranisme en Saxe. Mais où
fut essayée d'abord l'institution humaine
du catholicisme? Silence complet..... Il ne
servirait de rien, après quinze siècles, d'avoir
rêvé les règnes de Constantin, de Charlemagne et le pontificat de Grégoire VII :
ce ne serait qu'une amère dérision de la
tradition la plus positive, la plus constante
et la plus universelle. Voilà bien une exception à tous les faits connus. Il s'agirait
d'une grande institution, d'un changement
immense survenu dans l'état du catholicisme apostolique; il s'agirait d'un pouvoir
extraordinaire établi, et point d'auteur! pas
de lieu! nulle époque!

On assigne celle d'innombrables erreurs :
impossible de trouver celle de l'institution
du catholicisme par les hommes. Nous ne
saurions faire à nos lecteurs l'injure de croire
qu'ils désireraient trouver ici une réfutation
sérieuse des récits contradictoires que firent
les premiers provocateurs de la réforme.
Paraissant saisis de frayeur, ils criaient que
la corruption de la Babylone romaine commença au IVᵉ, au Vᵉ, au VIᵉ, voire même au
XIᵉ siècle. On ne saurait dénier que les Grecs,
après avoir longtemps vécu dans une alliance
étroite avec le catholicisme, s'en séparèrent
pour proclamer leur indépendance; mais le
catholicisme demeura immuable. Ce qu'il
était la veille du jour où l'Eglise grecque le
quitta, il le fut le lendemain et l'est encore
aujourd'hui; il n'est point changé. Lorsque
l'Eglise d'Angleterre s'est séparée du catholicisme, celui-ci n'est pas moins resté, en
vertu de son immutabilité, en possession de
tous les droits qu'il possédait antérieurement; nous pouvons en dire autant de ce
qui se passa au XVIᵉ siècle en Allemagne. On
ne saurait donc démontrer que le catholicisme n'est plus aujourd'hui ce qu'il était
autrefois; ses titres de légitimité sont basés
sur ceux qui constatent son hérédité. Tertullien y faisait allusion lorsqu'il disait : «Ce
que l'on trouve admis dans l'Eglise par un
concert unanime, sans commencement assigné, n'est pas l'erreur inventée, mais la vérité transmise. » Il est donc conforme aux
règles de la critique et du bon sens de voir
le catholicisme, tel qu'il est aujourd'hui, remonter à Jésus-Christ, son divin fondateur.
Il est donc divin, et voilà comment il répond
au besoin de foi, besoin si pressant dans les
sociétés modernes, au sein desquelles l'indépendance de la raison a jeté tant de fer-
ments de division et de trouble.

En reportant l'esprit humain jusqu'à ses
preuves fondamentales, le catholicisme lui
fait suivre d'anneau en anneau une chaîne
non interrompue du ministère apostolique
jusqu'à la source originelle et incorruptible
de la vérité. Quelle plus grande et plus sensible démonstration de la foi! L'instabilité
est le propre de l'homme, et ses œuvres sont
soumises à d'incessantes vicissitudes. L'im-
muabilité est un des attributs de la Divinité, et la stabilité, le caractère de ses ouvrages. Depuis les grandes institutions qui
sont des époques du monde, jusqu'à la plus
petite organisation sociale, celles qui sont
durables ont une base divine. L'homme n'a
pu jamais donner à ses œuvres qu'une existence passagère : tout passe rapidement devant lui. Les générations se succèdent, les
plus glorieux monuments croulent, les systèmes font place à d'autres systèmes. De
tant de grandes choses qu'a vues notre siècle, quoique à peine commencé, il ne nous
reste déjà que des souvenirs. On serait
tenté de dire que tout s'anéantit et que la
terre manque sous nos pieds, tant sont
éparses çà et là des ruines qui attestent à
tous les siècles combien sont impuissants
les efforts de l'intelligence humaine. Le catholicisme n'est point tel que ces météores
qui ne font que traverser les airs et disparaître : ayant pour berceau le sein de l'Eternel, et, guidé par le phare rayonnant des
splendeurs de la lumière incréée, il s'avance
à travers les siècles, comme l'astre du jour,
répandant la lumière et la vie.

De nos jours, certains esprits, d'ailleurs
très-élevés, se sont occupés de je ne sais
quelle religion de progrès, qu'on ne se donne
pas même la peine de définir, d'en constater
l'origine, et d'apprécier les résultats qu'on
aurait lieu d'en attendre. Ils ont peut-être trop
peu considéré que le catholicisme est l'œuvre spécialement divine. Pour qu'il change,
il faudrait non l'intervention de l'homme,
quelque puissant qu'il soit; il ne faudrait
rien moins que la toute-puissance de son
divin fondateur. Le vieil adage de droit vaut
ici pleinement. *Les conventions et les lois en
exercice se modifient ou se détruisent comme
elles se sont établies.* Attendez donc, serions-
nous en droit de leur répondre, les modifications divines et révélées. Et si l'on nous
demandait, quand adviendront-elles? nous
nous hâterions de repartir : prêtez l'oreille,
et entendez les mille voix des origines divines promettre au nom du Seigneur et avec
cette parole qui ne passe pas, l'invincible
perpétuité du catholicisme. Une religion de
progrès dans ce sens serait une chimère.
Que la philosophie s'efforce d'affranchir la

raison, elle ne peut rien contre un grand fait qui nous montre d'une manière si évidente l'intervention de la Divinité. Le rationalisme, le doute, un christianisme de progrès; impossibles devant une autorité d'institution même primitive et divine. L'indifférence serait un crime, la foi sincère et courageuse est exigée. De quelle gloire cette soumission n'est-elle pas le principe!

La nation juive, bornée dans les limites de Jérusalem, n'était que la figure de la Société chrétienne, dont les membres devaient être, au langage des prophètes, aussi nombreux que les grains de sable qui couvrent nos rivages. A leurs immolations et à leurs holocaustes devait succéder un sacrifice plus parfait, qui devait être offert au vrai Dieu, depuis les lieux où luit la brillante aurore jusqu'à ceux où l'astre du jour va plonger ses feux étincelants. Aussssi la révélation mosaïque ne fut-elle qu'une préparation à la révélation éminemment universelle. Celle-ci ne connaît aucune limite. Il n'est pas de lieu dans lequel elle ne pénètre, pas de climats qu'elle n'éclaire, pas de nation qui ne lui ait été léguée en héritage. Toutes les sectes renfermées dans les limites d'une organisation toute particulière, et constituées en vertu d'un symbole spécial résultant de la volonté des membres qui les composent, excluent ce caractère de généralité, et ont toutes autant de dénominations diverses.

Autrefois on en désignait plusieurs sous les noms de marcionistes, de donatistes et de nestoriens; comme encore de nos jours nommons-nous les luthériens, les calvinistes, les anglicans, les mahométans, et tant d'autres scindés en autant de fragments de nationalité qu'ils forment de cultes dissidents. Le nom de catholique désigne la seule société chrétienne, parce que l'universalité lui appartient. A lui seul il a été dit : *Préchez l'Évangile à toute créature. Répandez-vous chez toutes les nations, enseignez tous les peuples*. Et voilà que le catholicisme ne fait de tous les peuples qu'une seule famille sous la paternité de Dieu. A lui seul appartient ce caractère de puissance intérieure, que peuvent lui envier, mais que ne sauraient inventer ni lui ravir la sagesse des philosophes, la sagacité des politiques, l'autorité des législateurs ni la puissance des rois. Son sacerdoce est le sel de la terre et la lumière du monde; et son enseignement, s'élançant comme le vol de l'aigle, plane au-dessus de tous les peuples, décrit un cercle qui embrasse l'humanité tout entière et pénètre à travers les siècles et les mers, chez ces peuplades reculées dont la science humaine ne paraît s'être occupée que pour la pointer sur la carte du globe. On peut bien le décrier et le contredire, mais on ne saurait ni le convaincre de faux, ni l'empêcher de grandir.

Si le paganisme eut ses Hercules guerriers ; aujourd'hui et toujours comme autrefois, le catholicisme a ses Hercules pacifiques, héros dont la victoire est, non de tuer, mais de mourir. La terre, qui fut toujours fécondée par le sang de ses illustres victimes, ne produisait toujours qu'une plus ample moisson de saints. « Non, la lumière du catholicisme ne doit point périr, disait le grand Bossuet: le flambeau de la foi ne s'éteint pas; Dieu le transporte, il passe à des climats plus heureux; malheur à qui le perd de vue ! mais la lumière va son train et le soleil achève sa course. » Les barbares semblaient devoir tout détruire sur leur passage ; mais en renversant l'empire romain ils vengeaient le sang des martyrs et se prosternaient aux pieds du crucifié. Lorsque la réforme enlevait au catholicisme une portion de l'Europe, Christophe Colomb, conduit par un de ces mouvements irrésistibles qu'on pourrait appeler une inspiration divine, découvrait l'Amérique et donnait dix-huit cents lieues de côtes au peuple espagnol, chez qui l'hérésie n'avait point pénétré. Le philosophisme du xviii siècle, dans sa courte carrière, fit illusion un moment au peuple français, puis il a péri ; et le catholicisme, reprenant son empire, trouva bientôt le sol français prêt à recevoir la féconde semence de la vérité. La secte des méthodistes, ayant essayé de pénétrer dans une île de l'Océanie, ne put parvenir à se faire écouter. Les pauvres sauvages, qui avaient déjà reçu la foi catholique, disaient à ces prédicants: « Nous n'écoutons que ceux qui sont envoyés par le père de Rome. » La dernière révolution, qui semblait avoir été faite parmi nous pour anéantir le catholicisme, en brisant le trône de nos anciens rois, aura pour résultat de l'avoir répandu dans l'univers. Il sort plus brillant que jamais de l'abîme où l'on croyait l'avoir plongé. Le catholicisme règnera, dit un habile écrivain, ou aura régné avant la fin des temps sur tous les lieux habités par le genre humain. Les membres de sa communion peuvent certainement aujourd'hui être évalués à cent cinquante millions, et il est facile de démontrer que toutes les sectes réunies ne s'élèvent pas à cent vingt millions. Chaque jour les plus beaux génies, épouvantés des stériles utopies enfantées par la philosophie et des doctrines si confuses et si diverses qui revendiquent pour elles la vérité religieuse dont elles n'ont nul des caractères, tournent avec amour les regards vers cette Église que l'on est forcé, sous peine de ne point être compris, d'appeler du nom de catholique. C'est souvent au prix même des plus grands sacrifices qu'ils rentrent successivement dans le sein de cette tendre mère, qui n'avait jamais cessé de les chérir. En échange du repentir, elle les comble de bienfaits et leur prodigue l'espérance.

Nous voudrions pour beaucoup que nos raisonneurs aventureux, sans foi à la vérité religieuse, nous disent enfin ce qu'ils entendent par ce qu'ils appellent avec tant d'emphase, civilisation. L'humanité? mais sans les principes chrétiens, c'est un foyer d'idolâtrie délirante et de désordres affreux.

Civilisation, progrès : ces grandes choses entraînent à leur suite l'agitation, la crainte et une effrayante suspension d'avenir, si, comme des dames d'honneur, elles ne forment la cour de la Reine sacrée qui, par les mains du Christ sur le Calvaire, est montée avec une merveilleuse majesté sur le trône de l'univers. Le catholicisme seul étend ses faveurs aussi loin que sa gloire. A mesure qu'il avance, il développe en tous lieux l'intelligence humaine, encourage l'industrie et pousse au progrès des arts. Nous lisons à ce sujet dans la *Revue d'Edimbourg*, journal wigh, qui ne saurait paraître suspect à personne, ces paroles bien remarquables : « Nous entendons souvent répéter que le monde va s'éclairant sans cesse et que le progrès des lumières doit être défavorable au catholicisme. Nous voudrions pouvoir le croire, mais nous doutons beaucoup, au contraire, que ce soit là une attente bien fondée. Nous voyons que, depuis deux cent cinquante ans, l'esprit humain a été d'une activité extrême ; qu'il a fait faire de grands pas à toutes les sciences naturelles ; qu'il a produit d'innombrables inventions, tendant à améliorer le bien-être de la vie ; que la médecine, la chirurgie, la chimie, la mécanique, ont considérablement gagné ; que l'art du gouvernement, la politique et la législation se sont perfectionnés, quoique à un moindre degré. Cependant, nous voyons aussi que, pendant ces deux cent cinquante ans, le protestantisme n'a fait aucune conquête qui vaille la peine qu'on en parle. Bien plus, nous pensons que, s'il y a eu quelque changement, ce changement a été en faveur de l'Eglise de Rome. Comment pourrions-nous donc espérer que l'extension des connaissances humaines sera nécessairement fatale à un système, qui, pour ne rien dire de trop, a maintenu son terrain, en dépit des immenses progrès que les sciences ont faits depuis le règne d'Elisabeth. »

Nous avons appris, et puissions-nous ne jamais l'oublier, qu'étranger à toutes les calamités qui frappent les peuples, le catholicisme sait les prévenir, comme seul il peut les réparer. S'il releva autrefois de l'abîme notre patrie toute brisée, lorsque le pied lui eut glissé dans le sang, pour l'affermir sur des bases nouvelles, nous l'avons vu, il y a douze ans, après trois jours de tempête, priant à genoux pour elle au pied de l'autel foudroyé, mais non abattu. Il s'avance depuis chaque jour d'un pas plus assuré vers de glorieuses conquêtes. L'activité matérielle et intellectuelle des peuples civilisés était devenue agressive et hostile au catholicisme, qui attendait immobile la fin de l'orage. Assis sur le roc des âges en face du volcan qui grondait, et de la mer dont les vagues écumantes venaient expirer à ses pieds, il laissait s'approcher le moment où les nations, ne trouvant point d'issue au dédale de la philosophie sceptique, reviendraient sur leurs pas. Ce moment est arrivé, et le catholicisme, révélant tout le génie de son antique esprit, s'est mis aussi en mouvement

vers elles. Pourrions-nous assez contempler son empressement à mêler parmi nous ses solennités aux fêtes industrielles, pour les sanctifier, les bénir, et exciter la reconnaissance et l'amour des peuples envers le souverain auteur de tout bien ! Voyez comme ses pontifes sont appelés pour consacrer par des prières les nobles efforts de ces hommes de génie qui dotent notre pays d'établissements gigantesques, et qui nous font comme par enchantement traverser notre belle patrie. A Nancy, un illustre prélat inaugure les bateaux à vapeur de la Moselle et de la Meurthe. A Strasbourg, en présence de la foule recueillie et d'un ministre (1), qui, après avoir laissé dans le clergé de France de si touchants souvenirs, ne cesse d'encourager les inventions nouvelles, et de protéger les monuments de la piété de nos pères, un pontife appelle les bénédictions du ciel sur des locomotives et des rails, sur le canal de l'Ill et les barques à vapeur du Rhin ; il célèbre à la fois et les triomphes du génie, et les trophées de la religion. A Bordeaux, on a vu l'une des gloires de l'Eglise marquer du sceau de la piété le canal des Landes et le chemin de fer de la Teste.

Partout la foi religieuse sert merveilleusement parmi nous à sanctifier le progrès, et à constituer solidement la liberté pratique dont les populations sont si envieuses. Si le catholicisme pénètre les masses, l'humanité sera glorieuse et transformée ; c'est là que se trouve l'avenir de la société. Voyez comme à la voix du catholicisme les agriculteurs, les artisans, sont venus se ranger sous sa bannière. Dans nos principales villes de France subsistent des établissements en faveur des enfants pauvres, qui, sous l'influence des principes religieux, sont initiés à la connaissance des diverses professions manuelles. OEuvre généreuse ! œuvre féconde en résultats ! qui embrasse le présent et l'avenir de la classe indigente, et qui lui assure une éducation morale et intellectuelle. Que n'aurions-nous pas à dire du ministre (2), si sage et si éclairé, qui, par la réforme apportée à notre régime pénitencier, a si ingénieusement trouvé le moyen d'empêcher la corruption mutuelle des détenus, avec la facilité d'assister aux instructions religieuses et aux offices divins. Ce serait une grossière erreur, si l'on ne voyait là l'influence du fait catholique, qui a étendu ses ailes protectrices sur ceux qui, rejetés par la société, ne s'imaginent que trop souvent que Dieu aussi les a abandonnés. Quoi de plus mystérieux que ce qui s'agite sur les côtes africaines ! Quel avenir glorieux y est promis au catholicisme et à la France ! Les noms de Mouzaïa et de Bouffarick passeront à la postérité comme autant de monuments de civilisation chrétienne. Nos descendants se souviendront que ces lieux furent les témoins d'un prodige. Sous la houlette du saint pontife qui a été envoyé porter le salut et la paix à ces peuples nomades, des mères dé-

(1) M. Teste, ministre des travaux publics.
(2) M. Duchatel, ministre de l'intérieur.

solées ont retrouvé leurs enfants, et des orphelins leurs pères. Les chaînes de la captivité avaient été brisées, les combats paraissaient avoir suspendu le meurtre et le carnage, et les lions des déserts avaient, ce semble, calmé un instant leurs fureurs pour laisser passer ceux qui, rendus à la liberté, regagnaient leurs montagnes. La civilisation sur les plages africaines est tellement dépendante de l'influence religieuse, que l'on s'accorde généralement à affirmer que celle-là s'étend dans les mêmes proportions que celle-ci se développe et se propage. Honneur et gloire au digne successeur des Cyprien et des Augustin sur la terre d'Afrique, que Dieu féconde ses sueurs et qu'il bénisse ses travaux! Oh! que son esprit d'abnégation appelle tous les genres de sacrifice!

Si nous jetons les regards sur la Grande-Bretagne, nous ne pouvons ne pas y discerner un mouvement bien prononcé vers le catholicisme. Dans toute son étendue règne un mécontentement général contre le système de l'Eglise anglicane. C'est un dégoût absolu de tout ce qui la constitue, c'est l'accablement du bûcheron chargé de ramée; il ne se plaint en particulier d'aucune des branches qui composent son fardeau : c'est le faix entier qui le fatigue et qui l'accable. Le *The Thablet* (1) reconnaît que l'anglicanisme n'a ni onction spirituelle ni puissance efficace, ni énergie, pour tirer cette population des abîmes du vice dans lesquels la tient l'ignorance. M. Philipps écrivait naguère que tout ce qu'il y a de bon et de grand dans cette constitution elle-même est l'œuvre des rois catholiques; mais que tout ce qui est venu affaiblir son action et troubler son harmonie, est dû à l'élément qui y fut introduit à l'époque du schisme d'Henri VIII et après la révolution de 1688. En multipliant ses conquêtes, le catholicisme y répand à pleines mains ses faveurs; et si le paupérisme dévore en ce moment cette terre si féconde et si riche, le catholicisme ne s'y montre que plus empressé à consoler de toute affliction et à alléger toutes les douleurs. Ne nous étonnons donc point qu'il s'y répande chaque jour davantage. Près de quinze cents membres du clergé anglican se sont déjà rangés sous la bannière de M. l'abbé Newman pour attester hautement que le saint concile de Trente n'a erré, ni en matière de foi, ni en matière de morale. On ne saurait lire les ouvrages des théologiens d'Oxford, sans découvrir dans les doctrines et les sentiments affectueux qu'ils professent, un rapprochement journalier vers le catholicisme. L'écosse et l'Irlande se couvrent de monuments pieux qui attestent leur attachement inviolable à l'Eglise de Rome. Jamais peut-être n'a-t-on entendu de plus énergiques protestations contre les principes des oppresseurs de la religion et de la patrie. Hâtons de nos vœux les plus ardents, le moment où ce peuple étant rendu à la foi

de ses pères goûtera pleinement ses bienfaits, et ne cessera de progresser dans l'ordre et au sein de la paix.

Le Portugal, continuant sa marche progressive vers la prospérité du catholicisme, s'avance aussi dans les voies de la civilisation. Les catholiques portugais, dont les sollicitations pressantes sont enfin satisfaites, voient avec bonheur leurs prélats reparaître à leur tête, et ramener avec eux la paix et la tranquillité des consciences. Ne doutons point que la rose d'or offerte à leur reine par l'illustre pontife qui, assis sur le siége de Pierre, veille avec tant de sollicitude aux intérêts de toute l'Eglise, ne soit le symbole d'une durable et étroite union. Une détestable centralisation politique peut bien dépouiller les églises d'Espagne de leurs ornements et de leurs trésors, en bannir d'illustres pontifes, charger le clergé de chaînes et s'essayer à briser avec le Saint-Siége, mais il ne saurait y faire expirer le catholicisme. Le peuple espagnol, loin de s'être écarté des saints enseignements de ses pères, est fortement attaché à la foi catholique : la plus grande partie de son clergé combat avec courage les combats du Seigneur; et presque tous ses pontifes, quoique accablés des plus cruelles vexations, veillent selon leurs forces au salut de leurs troupeaux. Comme une mère dont on déchire les enfants, l'Eglise vient de faire monter jusqu'au ciel les cris de sa tendresse méprisée. La voix, qui seule peut porter jusqu'aux extrémités du monde les gémissements d'un père, vient de se faire entendre, et toutes les bouches se sont ouvertes pour appeler sur la terre d'Espagne les bénédictions du ciel. Ne balançons point à croire que tant de prières n'aient été recueillies au plus haut des cieux. Les persécutions dont l'Espagne est en ce moment l'objet, auront infailliblement pour effet d'épurer cette grande nation catholique, destinée peut-être à devenir le flambeau de l'univers. Plus d'une fois le feu de la persécution et les larmes de la douleur ont retrempé les âmes; plus d'une fois aussi, ce qui dans les desseins de l'impiété, devait briser la foi, a servi à la rendre invincible. L'Eglise d'Espagne se régénère en combattant. Pourrait-on avoir oublié les remarquables manifestes publiés sur tous les points de ce royaume, jadis si catholique. Longtemps on parlera de celui qui a été signé par le clergé de Daroca (1). Qu'il nous soit permis de le citer comme étant un monument de foi digne de passer aux générations futures : « Nous traverserons sans crainte, disent ces courageux athlètes du sanctuaire, le large et scabreux sentier des privations et des outrages, et nous supporterons avec une force toute chrétienne les maux de l'ostracisme, si le système fatal qui nous poursuit nous y condamne. Nous laisserons l'or du sanctuaire et les biens passagers et terrestres aux hommes méchants, égoïstes et incrédules qui nous poursuivent, et nous garderons pour nous

---

(1) 24 juin 1842.

(1) Du mois d'août 1841.

les afflictions et les amertumes de la vertu, les délices de notre foi, et la consolante espérance d'un bonheur éternel. Avec l'expression sincère du cœur sur nos lèvres, nous souscrivons cette solennelle et explicite manifestation de nos croyances catholiques représentées dans la chaire de saint Pierre, et nous tenons à honneur de prodiguer au pontife suprême qui l'occupe si dignement, Grégoire XVI, les sincères hommages de fidélité, de soumission et de profonde obéissance. »

En Suisse, on a bien pu détruire les couvents d'Argovie, et en chasser ces êtres mystérieux, qui dès cette vie même, appartenant moins à la terre qu'au ciel, en faisaient descendre la rosée pour féconder ses entrailles; mais le catholicisme est bien loin d'en être extirpé. La question des couvents, dans ses rapports avec l'intérêt de la liberté cantonale    vient de rattacher à la cause des catholiques tous ceux qui veulent rester fidèles au pacte fédéral; et les intérêts de la patrie se trouvent ainsi placés sous la sauvegarde du sentiment national. Persécution systématique de la religion et de ses ministres, exclusion même légale du clergé de toute influence sur les écoles, insultes faites au nonce apostolique et interdiction de tous rapports avec le Saint-Siége : tout fut mis en œuvre pour exécuter ce projet hautement annoncé de détruire en Suisse le catholicisme. Cependant le canton de Lucerne a aujourd'hui un gouvernement tout chrétien, qui le conduit dans les voies de la justice. La haine entre la ville et la campagne a disparu et l'ancienne union avec de petits cantons primitifs est rétablie. D'autres cantons flottants sont ébranlés, et le catholicisme présente actuellement en Suisse un noyau compact qui en impose aux fauteurs de désordre, et réjouit même un grand nombre de protestants amis de la paix. Ceux-ci reprochent aux esprits remuants d'avoir, par leur exagération, ressuscité le catholicisme qu'ils croyaient déjà à l'agonie.

Le catholicisme poursuit sa marche en Prusse. On a beau y trouver dur de reconnaître ses droits, il faut bien qu'on lui rende l'indépendance qu'on lui avait enlevée par adresse ou par force. Par des moyens plus ou moins honteux on avait pu, sans doute, assoupir quelques-uns des pasteurs du troupeau et les empêcher de jeter le cri d'alarme; mais à la voix de la sentinelle qui ne s'endort pas, tous se sont éveillés. À la voix de Rome tous les cœurs ont battu, et chacun de marcher sous la bannière du successeur de Pierre. La violence, la ruse et l'intrigue ont été tour à tour employées pour amener un schisme et l'établissement d'une église allemande. Un homme d'État éclairé et habile (1) avait fait preuve de connaissances peu communes dans ses écrits, et d'une noble impartialité dans l'appréciation civilisatrice du catholicisme au moyen âge. Trop faible pour

(1) M. Eichhorn, ministre des cultes à Berlin.

s'élever au-dessus des faux principes de la philosophie du célèbre Hégel, chaud partisan d'une religion rationnelle, il ne s'est point montré assez fortement attaché au vrai, pour refuser à son pays l'orgueilleuse prétention scientifique d'être arrivé au faîte du développement intellectuel, qui place dans un rang infiniment inférieur aux philosophes prussiens les génies d'Europe et du monde entier. On a, sans doute, cherché à éblouir ainsi les hommes les plus intelligents d'Allemagne, et à exercer même sur le prince qui la gouverne la plus fâcheuse influence. Toutefois, le catholicisme, sous le glaive comme dans les chaînes, n'a cessé de grandir. L'archevêque de Cologne, dont on a dit de lui *Stat murus pro domo Dei*, a donné de si beaux exemples d'une inébranlable fermeté, qu'ils ont communiqué un nouvel élan religieux à l'Allemagne tout entière. La conduite apostolique de ce nouvel Athanase a fait l'admiration de la chrétienté; les Pays-Bas lui ont envoyé une députation pour rendre un solennel hommage à ses rares vertus, et jusqu'à la fin des siècles on lira, à la gloire du catholicisme, sur la croix qu'ils lui ont offerte, ces mots : « A Clément-Auguste, baron de Droste de Vischering, archevêque de Cologne, intrépide défenseur des droits de l'Église au xixᵉ siècle, la Néerlande catholique pleine d'admiration. »

La Russie, autrefois catholique par la conversion de sainte Oma, qui y introduisit le christianisme vers l'an 955, est, sans doute, tombée dans le schisme. Les catholiques qui y restent sont tourmentés de mille façons et forcés de s'inscrire sous les drapeaux de la barbarie; mais ils ont encore leurs églises et demeurent plus que jamais attachés à la foi de leurs pères. Le nom de Pierre le Grand restera toujours vénéré parmi eux : on aura beau s'efforcer de les déterminer à accepter la religion dominante, de déclarer même qu'ils sont, à leur insu, membres de la soi-disant Église orthodoxe, on ne saurait prouver qu'ils en aient jamais reconnu l'autorité, ni répondre à la demande qui lui a été faite de montrer leurs signatures dans l'acte original de soumission. La *summa lex* est l'unique formule adoptée pour clore les discussions de ce genre.

Depuis plus de dix-huit siècles le monde voit opérer incessamment par le catholicisme un travail d'illumination des peuples, un travail de résurrection intellectuelle et de délivrance morale. Pourrait-on assez admirer combien l'empire de la vérité religieuse s'étend chaque jour de proche en proche par la parole de ces nouveaux apôtres qui vont ranimer sur ces plages lointaines le feu de la charité au prix des sacrifices les plus pénibles à la nature! Ces pacifiques conquérants, à la tête desquels se montre le souverain pontificat plein de sollicitude, vont arborer la croix, véritable étendard de la civilisation, dans les régions les plus inhospitalières. Tous rivalisent dans cette carrière où l'on triomphe par le sacrifice et par le martyre, et tous aussi concourent

puissamment à l'œuvre civilisatrice du monde. S'il nous était donné de pouvoir apprécier les progrès que fait le catholicisme parmi ces peuples que l'on sait tantôt prosternés devant de stupides idoles, tantôt errants au sein des forêts, tombés quelquefois au dernier degré de l'abrutissement, n'étant conduits ni par la raison de l'homme, ni par l'instinct de la brute, sans frein dans leurs terribles vengeances et dévorant la chair de leur semblable, ou buvant son sang avec délices, nous verrions se répandre aussi avec profusion les bienfaits du catholicisme partout où il a déployé sa bannière.

Nous pourrons appeler en témoignage tout ce que la civilisation et l'humanité avaient gagné parmi les Grecs catholiques à Damas, au Caire, à Jaffa, au mont Liban, depuis le hatti-chérif du 21 de rajad 1247 (correspondant à l'année 1830), émané de la chancellerie du sultan. On n'ignore plus l'essor merveilleux qu'a pris le catholicisme et avec lui le progrès sur les deux points principaux de l'empire ottoman, à Constantinople et à Smyrne. Là l'église des missionnaires est regardée comme un port de salut vers lequel se dirigent tous ceux qui veulent échapper au naufrage de l'erreur. Les enfants des premières familles y sont formés de bonne heure à toutes les sciences, comme aussi à toutes les vertus, et des admirables sœurs qui se trouvent partout où il y a des larmes à sécher et des infortunés à secourir, se voient forcées d'y multiplier leurs établissements, afin de répondre aux besoins et aux pressantes sollicitations des familles. Ceux qui connaissent les peuples orientaux, leurs préjugés, leurs mœurs, leurs usages et leurs préventions, ne pourront s'expliquer le beau spectacle que la charité chrétienne, il y a peu de mois, donna au monde sur le théâtre déchirant de la dévastation causée par l'incendie qui dévora près de la moitié de Smyrne, qu'en reconnaissant qu'un pas immense est déjà fait dans la voie de la régénération de l'Orient par le Catholicisme. Les détails qui nous ont été transmis sur cet affreux désastre nous y montrent un fait providentiel d'une grande portée pour l'avenir : que le Catholicisme seul est appelé à redonner à l'Orient la vie sociale qu'il a perdue depuis des siècles. On sait que dans toute l'étendue du territoire occupé par les chrétiens en Syrie, il règne l'ordre le plus parfait ; qu'aucune déprédation, qu'aucun acte de violence n'y sont commis ; tandis qu'à l'exception de Beyrouth et à Saint-Jean-d'Acre, il n'y a qu'anarchie et que désordans les contrées soumises au sultan. Il n'est pas jusqu'au Juif et au Musulman qui ne désirent y voir étendre leur pacifique domination. Quelle joie à quelle gloire pour l'Église, d'y voir l'émir Beschir-el-Kassim, l'un des descendants du faux prophète Mahomet, se prosterner avec piété devant la croix du Calvaire !

L'Europe a retenti de l'appel chaleureux des Crétois à l'opinion publique du monde civilisé, pour soutenir parmi eux les intérêts du catholicisme. Nos descendants liront encore avec admiration, dans les annales de ce peuple généreux, la solennelle déclaration qu'ils ont faite devant Dieu et devant les hommes, « que martyrs de la foi, ils ont juré au pied de la croix de mourir plutôt que de se soumettre de nouveau au joug des Barbares. » Qui pourrait raconter les suaves émotions éprouvées dernefois à Rome (1), par des hommes témoins de la piété d'intéressants néophytes, et venus des régions brûlantes de l'Abyssinie pour reconnaître, au nom du roi d'Oubie, la primauté du siége de Pierre, et réclamer, par son intervention, la protection de la France. Que de belles espérances pour l'avenir du catholicisme ! là, où comme sur tous les autres points de l'Orient, son nom est essentiellement uni à celui de notre patrie. Il ne cesse de pousser de plus profondes racines dans les Indes ; et la civilisation qu'il apporte parmi les gentils, chaque jour y fait d'étonnants progrès, depuis surtout que la ville, mère d'une légion d'intrépides apôtres, a envoyé de courageuses filles (2) pour procurer aux femmes indiennes des institutions chrétiennes. On y compte déjà près de six cent mille catholiques.

Que n'aurions-nous pas à raconter de son heureuse influence, dans cette belle colonie connue autrefois sous le nom d'Ile-de-France ! La Providence ne semble avoir pris l'île Maurice sous sa protection spéciale par son beau ciel, sa magnifique nature et sa prodigieuse végétation, qu'afin de la rendre plus digne de nos sympathies et des clartés de la foi qui se reflètent dans ces contrées. Les églises catholiques sont peu nombreuses dans la Chine, et elles y sont toutes trop petites pour suffire au nombre des fidèles qui sont environ au nombre de trois cent mille. Au nom du catholicisme s'y rattache une si haute idée de civilisation et de bonheur, qu'une opinion généralement répandue parmi les Chinois, c'est qu'aucune calamité sérieuse n'affligera l'empire, tant que restera debout la croix qui surmonte le clocher d'une église, jadis bâtie à Pékin par Hang-ki, empereur favorable aux chrétiens. Le Tong-King oriental et la nouvelle Zélande se sont ouverts devant les pas de ceux qui, au prix de leur sang, vont y annoncer la bonne nouvelle ; et les ténèbres commencent à s'y dissiper aux rayons de la lumière évangélique. Personne ne doute de l'inviolable attachement des Thessaliens au nom de Jésus le Sauveur, et au nom de la sainte Eglise chrétienne orthodoxe, à laquelle est promise une durée éternelle (naguère on put lire ces mots sur leur bannière déployée). Nous savons combien on est avide au cap de Bonne-Espérance de ressources nouvelles, pour y élever des monuments pieux à la gloire de celui qui est venu régénérer l'humanité Quel plus beau spectacle que celui des Etats

(1) 17 août 1841.
(2) Des dames de Lyon, dites du Cœur de Jésus et de Marie.

Unis parcourus naguère par le digne primat de Lorraine (1). Oh ! combien les chrétiens y sont dignes, par leur piété et leur attachement à la foi, de toutes les sympathies d'un cœur français. Tout promet un avenir glorieux au catholicisme dans les Antilles. Déjà les esclaves nouvellement émancipés y jouissent de ses faveurs, et en apprécient les bienfaits : les protestants mêmes de la colonie contribuent volontiers pour leur part à bâtir des églises. On ne saurait se faire une plus exacte idée des progrès du catholicisme dans la Jamaïque, que par la vive satisfaction qu'y ont éprouvée les témoins de la conduite admirable des émigrés d'Irlande, et par l'irritation de la secte des baptistes qui craignent la promulgation de la foi par les fils d'Érin.

Ainsi, au sein des profondes ténèbres dont tant de peuples sont encore enveloppés, le christianisme, portant le flambeau divin qui peut les transformer en enfants bénis du Christ, marche-t-il à la tête de la civilisation ; rapprochant toutes les nations par le retour des hordes les plus sauvages à l'unité de la grande famille humaine. Les grands États d'Europe ne se montreront jamais plus dignes de leurs hautes destinées, qu'en se montrant favorables aux moyens propagateurs de l'Évangile qui, après avoir aboli loin d'eux des usages barbares, leur apportera en retour des langues inconnues, une littérature ignorée, et des documents précieux. O France ! fille aînée de l'Église, ne cesse de remplir ta mission providentielle pour le triomphe des plus touchants intérêts de l'humanité !

Le principe civilisateur qui moralise les nations barbares est entre les mains du catholicisme ; c'est celui de la fraternité universelle. Ce principe les séduit non à force de raisonnements et de savoir, mais par la seule admission à la communion de l'Église. L'unité lui appartient. Le christianisme est un tout parfaitement harmonique ; toutes ses parties sont liées, c'est une chaîne qu'on ne peut rompre. Gouvernement, dogmes, morale, tout en lui converge vers l'unité. Les politiques peuvent bien s'opposer de tous leurs efforts à la réunion des pouvoirs législatif, administratif et judiciaire, dans les mains seules d'un chef de l'État ; mais dans l'Église le pouvoir est essentiellement un comme la doctrine. Tous les membres du corps sacerdotal enseignent, jugent et administrent ; mais chacun selon le degré hiérarchique où il est placé : le souverain pontife par la suprématie divine, les évêques par mission divine et les prêtres par délégation épiscopale. L'unité fait le complément et la perfection de ces divers ordres hiérarchiques. Il n'y a qu'un seul épiscopat répandu dans tout l'univers ; il a à sa tête la papauté, source de l'apostolat, sève du catholicisme, représentant dans son unité celle de la foi.

« Ainsi le ministère est entendu, disait le grand Bossuet (1), tous reçoivent la même puissance et tous de la même source ; mais non pas tous au même degré ni avec la même étendue ; car Jésus-Christ se communique en telle mesure qu'il lui plaît et toujours de la manière la plus convenable à établir l'unité de son Église. C'est pourquoi il commence par le premier, et dans ce premier il forme le tout, et lui-même il développe avec ordre ce qu'il a mis dans un seul : et Pierre, dit saint Augustin, qui, dans sa primauté représentait toute l'Église, reçoit aussi le premier et le seul d'abord, les clefs qui dans la suite devaient être communiquées à tous les autres, afin que nous apprenions, selon la doctrine d'un saint évêque de l'Église gallicane, que l'autorité ecclésiastique premièrement établie en la personne d'un seul, ne s'est répandue qu'à condition d'être toujours ramenée au principe de son unité ; et que tous ceux qui auront à l'exercer se doivent tenir inséparablement unis à la même chaire. C'est cette chaire romaine, tant célébrée par les Pères, où ils ont exalté comme à l'envi la principauté de la chaire apostolique, d'où part le rayon du gouvernement... Voilà ce qui doit rester selon la parole de Jésus-Christ et la constante tradition de nos Pères dans l'ordre commun de l'Église : et puisque c'était le conseil de Dieu de permettre des schismes et des hérésies, il n'y avait point de constitution ni plus ferme pour la soutenir, ni plus forte pour les abattre. Par cette constitution tout est fort dans l'Église, parce que tout y est divin et que tout y est uni ; et comme chaque partie est divine, le lien aussi est divin, et l'assemblage est tel que chaque partie agit avec la force du tout. C'est pourquoi nos prédécesseurs, qui ont dit si souvent dans leurs conciles qu'ils agissaient dans leurs Églises comme vicaires de Jésus-Christ et successeurs des apôtres qu'il a immédiatement envoyés, ont dit aussi dans d'autres conciles, comme ont fait les Papes à Châlons, à Vienne et ailleurs, qu'ils agissaient au nom de saint Pierre, *vice Petri*, par l'autorité donnée à tous les évêques en la personne de saint Pierre..... Comme vicaires de saint Pierre, *vicarii Petri*, ils l'ont dit, lors même qu'ils agissaient par leur autorité ordinaire et subordonnée ; parce que tout a été premièrement mis dans saint Pierre, et que la correspondance est telle dans tout le corps de l'Église, que ce que fait chaque évêque, selon la règle et dans l'esprit de l'unité catholique, toute l'Église, tout l'épiscopat et le chef de l'épiscopat le fait avec lui. »

Si la nature nous paraît si belle, parce que tous les êtres s'y enchaînent, depuis l'infiniment petit jusqu'à l'infiniment grand ; si l'unité dans les travaux scientifiques, artistiques et littéraires exaltent l'imagination, et élèvent le génie jusqu'à l'extase, qui pourrait s'empêcher de s'écrier avec l'éloquent Bossuet : « La comprenez-vous maintenant cette immortelle beauté de l'Église catholi-

_____

(1) Mgr de Forbin-Janson, évêque de Nancy, avril 1841.

(1) *Discours sur l'unité de l'Église.*

que, où se ramasse ce que tous les lieux, ce que tous les siècles présents, passés et futurs, ont de beau et de glorieux ? Que vous êtes belle dans cette union, ô Église catholique ; mais en même temps que vous êtes forte ! » Qui ne reconnaîtrait en elle, à cet auguste caractère, la vérité émanée des conseils de Dieu !

Comme toute vérité ne saurait venir que de Dieu, il n'est point donné à l'Église de faire le dogme : elle ne peut que l'enseigner ; elle est chargée de l'expliquer et de définir, mais elle ne saurait avoir le droit d'y toucher. Ce serait une erreur immense de traiter les vérités religieuses à l'égal des sciences naturelles, de les croire soumises aux mêmes transformations et à de pareilles vicissitudes. On ne doit point les considérer sous le même aspect, car les sciences naturelles sont du domaine de l'homme, ce qui les condamne à être éternellement, comme l'intelligence humaine, progressives et incomplètes. Progressives, parce que chaque génération scientifique, procédant du connu à l'inconnu, et des découvertes aux expériences, ajoute quelque chose à la somme d'observations amassées par les générations précédentes. Incomplètes, parce qu'en plaçant l'homme en face de la notion, Dieu s'en est réservé la connaissance suprême, et ne soulève jamais entièrement le voile qui le dérobe à nos regards. Les conceptions des hommes passent ainsi à d'autres hommes pour être modifiées, augmentées, réformées ; mais l'enseignement catholique n'a point à subir les faiblesses humaines de l'amendement et de l'amélioration. Tandis que toutes les productions de l'esprit humain ne sont que le triste monument de l'instabilité et des contradictions de la raison humaine, il existe au-dessus de nos découvertes partielles la vérité, une, éternelle, inaltérable, indépendante des efforts que l'on fait pour l'atteindre, des traits acérés du sarcasme dont elle est l'objet, des ignorants qui la méconnaissent, et des progrès pénibles des génies laborieux dans leurs investigations. En nous la révélant, Dieu a voulu qu'elle dominât le monde, et que l'esprit humain la vît luire comme une bienfaisante étoile toujours prête à guider sa route. Cette immobilité qu'on lui reproche est le caractère et la preuve de son inébranlable certitude. On ne peut qu'être saisi d'admiration devant le majestueux ensemble et la magnifique uniformité des vérités qu'a propagées le catholicisme, liant tous les temps et tous les lieux. Rien ne s'y est opéré comme modification, mais comme conséquence ; il s'est toujours défendu sous ce rapport de toutes nouveautés.

« Les dogmes n'ont jamais changé, a dit avec une grande supériorité de raison l'auteur de l'*Essai sur le panthéisme* (1). Aux grandes époques des révélations divines, des vérités nouvelles sont venues s'ajouter aux vérités anciennes ; mais loin de les dé-

truire, elles n'ont fait que les confirmer et les développer. Le rapport parfait de l'Ancien et du Nouveau Testament, l'immutabilité du symbole catholique, sont des preuves irrécusables de cette parfaite unité. » L'enseignement catholique est partout invariable et identique dans ses dogmes et dans ses règles de foi. Implanté dans tous les climats, sous toutes les formes de gouvernement, au sein des peuples les plus barbares, comme des nations les mieux civilisées, il n'a point eu besoin d'être modifié. Affranchi des conditions de l'espace qui affecte toutes les choses humaines, on le voit traversant tous les siècles, inaltérable dans son essence, survivant à toutes les hérésies, et surnageant dans toute sa pureté au-dessus des flots de la mer orageuse qui engloutit successivement tous les systèmes. Son symbole a traversé dix-huit siècles au milieu des contradictions et des erreurs, attaqué par le glaive, menacé d'être lacéré par les schismes, combattu par la philosophie, et foulé aux pieds par la licence. Cependant, pas un seul article de son immuable symbole qu'il n'ait su défendre contre les inquiètes conceptions de l'homme ; pas une des bornes sacrées qu'il pose autour de notre intelligence, que la main téméraire des novateurs n'ait essayé vainement d'ébranler.

Interrogeant les monuments, on trouve une tradition qui n'a jamais varié : la foi d'aujourd'hui n'ayant rien à redouter de celle d'hier, parce qu'elle est la foi de tous les temps ; manifestation sensible de l'unité de la raison infinie. Cette unité a bien pu être attaquée par la force, combattue par l'artifice, et dénigrée par la calomnie ; mais ces violences, ces raffinements et ces scandales n'ont pu et ne pourront jamais tourner qu'à sa gloire. Des nuages pourront bien paraître l'obscurcir, mais ils ne sauraient l'éclipser. Qu'il est beau de contempler la majestueuse unité de l'enseignement catholique, au sein des fluctuations de l'esprit humain, de la diversité des opinions qui se croisent ou s'excluent, et au milieu des systèmes qui croulent et de ceux qui s'élèvent ! La rénovation complète, opérée par le Verbe éternel proclamant la vérité, retentit encore tout entière de nos jours au sein du catholicisme, sans alliage de doctrines hétérodoxes, telle que nous l'ont transmise les apôtres.

Si des esprits téméraires ont essayé quelquefois de s'écarter de cette doctrine et de la contredire, l'Église a sans doute alors déterminé le sens permanent de cet enseignement divin, mais elle n'y a rien ajouté d'invention humaine. Elle ne fait jamais que donner des développements à ce qui toujours avait été cru.

Vers le xvi° siècle, on essaya de briser cette unité de foi sous le spécieux prétexte de réforme. Ce ne fut plus de l'autorité de l'Église que le genre humain devait recevoir ses croyances ; la raison individuelle fut appelée à formuler la foi ; chacun n'eut plus qu'à dresser son symbole. On aurait pu

(1) M. Maret.

dès lors prévoir, avant que l'expérience même fût venue le démontrer, que l'on ne tarderait point à compter autant de professions de foi que d'individus, autant de doctrines que de mois ou de jours dans l'année ; car, une fois affranchie de toute autorité, la raison dépasse ou renverse toutes les digues que l'on pourrait opposer au flux et reflux des pensées humaines, et aux diverses impressions dont elle a elle-même à subir les heureuses ou nuisibles influences? Aussi, le théologien protestant Leslie connaît-il qu'il est dans la nature du jugement individuel, d'enfanter une grande variété d'opinions contraires, et que là est le mobile de toutes les guerres et de toutes les discordes. Une branche fut donc séparée du tronc de la croyance universelle. Chaque jour depuis a vu formuler des dogmes nouveaux parmi ceux que nous n'avons jamais cessé d'aimer comme des frères. Ils environnèrent notre berceau, et les rapports honorables que les temps et les lieux nous ont conservés avec quelques-uns d'entre eux, nous font chaque jour dignement apprécier le bonheur de les connaître. Quelques efforts qu'ils puissent faire pour se tenir éloignés de nos croyances, ils ne parviendront jamais à briser les liens sacrés qui nous attachent à leurs personnes. Que ne leur est-il donné de lire dans notre cœur les sentiments que nous leur avons voués ! Puissent-ils déduire du principe évident de l'unité absolue de la vérité que notre devoir à tous est de respecter les opinions libres de chacun en politique, mais d'adhérer en matière de religion à la doctrine, qui seule est une..! vraie..!

Pour n'être point assez intimement pénétrée de cet incontestable principe, en 1790, la France essaya de former une église nationale. Déchirant en lambeaux l'unité de l'Eglise romaine, la constitution civile du clergé ne portait pas moins d'atteinte au pouvoir spirituel des Papes qu'à la puissance temporelle des rois. Le monde chrétien déplora cet événement comme une profonde plaie morale dont il était menacé, et que rien ne pouvait justifier. C'était une étrange nouveauté qui ouvrait la porte à toutes les autres.

Avec tous ses talents, son ardent enthousiasme et l'ascendant de ses nouveaux principes, l'assemblée constituante ne parvint qu'à faire une Eglise décrépite dès son berceau, et dégoûtante par ses scandales. A peine compta-t-elle quelques mois d'existence, qu'elle ne laissa plus entrevoir que des ruines. Sans remonter à des temps si reculés, n'avons-nous pas sous les yeux de frappants et de terribles exemples. Quels heureux résultats pour la religion et pour les peuples obtiennent-ils ceux qui s'efforcent de fonder en dehors de la foi catholique l'unité religieuse et morale, en Espagne, en Angleterre, en Prusse et dans la Russie ? On s'est efforcé d'y briser ce lien qui unit tous les disciples de la croix au Saint-Siége, et on a essayé d'en appeler de la raison divine à la raison humaine. On a semé du vent et on n'y a recueilli que tempêtes. Les horreurs de la guerre, les tortures de la famine, les proscriptions et le despotisme, attirent chaque jour de nouveaux fléaux sur ces contrées. Chaque classe y vit isolée, appelant la prospérité des autres sa ruine, et leur avantage sa perte. L'esprit d'antagonisme et de dissolution s'est emparé des diverses parties de ses Etats. Au lieu d'harmonie on y entend les cris de la discorde, et au lieu d'union on n'y voit que conflits d'intérêts. Entre l'aristocratie et la classe pauvre existe une froideur inconnue dans les temps où ces peuples étaient catholiques, et les frénésies du chartisme et du socialisme s'efforcent d'y substituer l'inimitié et la haine. Malheur aux nations qui méconnaissent la fin sublime et l'auguste origine de l'unité catholique ! Elle est le lien des générations passées avec les générations présentes et futures, avec lui on retrouve ou on remplace tôt ou tard les autres liens sociaux détruits ou affaiblis.

Quand tous les éléments de la force et de la dignité nationale tendent vers un seul et même but, et entraînent sur une même ligne le peuple et ses chefs; quand le clergé, la noblesse et les classes industrielles agissent sous l'influence des mêmes règles, se jugent mutuellement par les mêmes principes, voient d'un même point de vue leurs prérogatives et leurs droits respectifs, comprennent également et d'après une notion commune à tous, l'importance et la nécessité des sacrifices mutuels ; quand tous travaillent sous la même loi et pour la même fin ; alors la majesté et la puissance d'une nation brillent dans toute leur splendeur, écrivait naguère un penseur aussi profond qu'éclairé (1). Dès lors la prospérité des peuples est garantie par l'accord des deux puissances, chacune dans sa sphère d'activité prête son appui dans un but commun. Ces deux puissances agissant sur le même point du levier, éloignent toute espèce de conflit et triomphent de tous les obstacles.

Voilà ce que peut l'unité religieuse. Nous disposons de l'invisible société dont Dieu sera le chef et la couronne dans le séjour des splendeurs éternelles, elle resserre par sa doctrine les liens de la société visible, dont les destinées sont circonscrites dans la limite des siècles. Elle tend à ramener les esprits égarés et à rétablir les cœurs désunis, à reproduire parmi les hommes, et au sein des nations sur la terre, l'indivisible unité dont le type est dans le ciel. Elle tend à élever la créature intelligente à l'imitation du Créateur. Comme Dieu abonde en miséricorde et en bienfaits, elle veut que l'homme, comblé des faveurs de la fortune, soit la consolation et la ressource de l'humanité gémissante, et que tous les peuples soient unis par les doux liens de la

(1) Mgr Wiseman.

bienfaisance et de d'amour. Aussi est-ce parce que la France est inviolablement attachée à cette unité, qu'avec juste raison l'illustre président de son Académie (1) a pu dire naguère, avec un certain orgueil pour son pays : « qu'il n'existe dans aucun pays du monde autant que chez nous, de sympathies, de fraternité entre les différentes classes de la société. Nulle part le riche ne vit plus rapproché du pauvre; nulle part il ne se souvient autant qu'il est enfant du même Dieu, qu'il marche vers le même but, et que les bonnes actions ne sont pas seulement le chemin du ciel, mais la source des plus grands plaisirs qu'il nous soit donné de goûter sur la terre. La France de tous les temps, de toutes les époques, a été le pays de la bienfaisance, de la sympathie pour le malheur, de l'égalité devant Dieu avant d'être celui de l'égalité devant la loi. Puissent notre civilisation et nos lumières ne rien ajouter aux qualités du cœur! Puissions-nous, dans notre société nouvelle, ne former qu'une seule et même famille, où le pauvre, sans envie, et le riche, sans défiance, remplissent chacun les devoirs que la Providence leur impose, et donnent l'exemple des mêmes vertus! » Quels vœux plus dignes d'un chrétien et plus glorieux pour la France! quels vœux plus en harmonie avec ceux du chef suprême de l'Eglise, qui du haut de la chaire de Pierre a tant de fois fait retentir l'univers chrétien de paroles de soumission et de paix! Quoi de mieux compris et de plus fidèlement observé en tous les lieux du monde catholique par l'épiscopat! Si, en Portugal, en Prusse et en Espagne, il a élevé la voix pour réclamer les droits qui lui sont inviolablement acquis dans le domaine spirituel, nous l'avons aussi entendu protester avec énergie du respect le plus profond et de la soumission la plus entière envers les dépositaires de la puissance dans les limites de l'ordre temporel. Plutôt que de manquer à l'Eglise par une blâmable condescendance, ou au pouvoir par la rébellion, il a préféré les chaînes, la déportation, l'exil, la mort. Qui ne serait frappé du beau spectacle donné en France par l'épiscopat, qui, au milieu des partis, marche avec confiance et fermeté vers cette époque de réconciliation et de paix, où cette fille aînée de l'Eglise ne cessera de se montrer la reine et le modèle des nations chrétiennes? Il ne s'annonce pas un drapeau politique à la main, il n'arbore que la croix, il ne parle qu'au nom du Dieu de charité. On l'accuse néanmoins encore de pousser à tous les excès par l'exagération de son zèle et par l'intolérance. Il nous serait aisé de répondre victorieusement nous-mêmes à cette récrimination, si le monde politique n'avait retenti de l'hommage le plus solennel rendu à l'épiscopat français, par Son Excellence M. le garde

des sceaux, dont les vertus et les talents sont si bien à la hauteur du rang élevé qu'il occupe (1) : « Il est vrai, a-t-il dit, qu'à part quelques faits si peu nombreux à raison de quelques réclamations relatives à la liberté d'enseignement, le clergé comprend et remplit sa mission dans l'intérêt de la religion et du pays, qu'il est éclairé et vertueux, que le gouvernement et le clergé ont confiance l'un dans l'autre, et que cette heureuse union n'est pas moins profitable à la cause de l'ordre qu'à celle de la religion. » La charité, la tolérance, l'union et les voies de douceur sont les seuls moyens qui lui restent de son ancienne splendeur, pour opérer le bien qu'il a mission d'accomplir; et l'épiscopat le sait.

La nécessité d'adhérer à l'unité prononcée par l'Eglise catholique paraîtra peut-être à plusieurs un sujet de plus grave récrimination et d'intolérance. Il n'est pas de sarcasmes que n'aient attirés au catholicisme ces mots: *Hors de l'Eglise point de salut.* Ceux qui ont tant crié les ont-ils bien compris? Ceux qui les combattent encore en ont-ils sérieusement approfondi le sens? Nous allons franchement aborder la question. Dieu lui-même a révélé la loi d'entrer dans l'Eglise, il en a imposé la nécessité pour le salut. Nul ne sera sauvé s'il n'appartient à l'Eglise, du moins par le désir et par le vœu du cœur. Ce désir n'a pas besoin d'être explicite et formel; d'être le produit d'une connaissance positive de l'Eglise véritable; il suffit que la disposition du cœur contienne implicitement le vœu d'appartenir à l'Eglise. Ce désir suppose alors comme condition nécessaire, d'une part, la foi surnaturelle en Dieu, et, de l'autre, l'impossibilité de connaître l'Eglise. L'ignorance invincible n'est point un crime et une cause de damnation. Saint Paul l'enseigne et l'Eglise l'a défini contre Baïus. L'infidèle, le païen, ne seront certainement pas réprouvés pour ce qu'ils n'ont pu connaître. Qu'est-ce donc qui tombe sous l'exclusion prononcée: *Hors de l'Eglise point de salut?* Le voici : l'erreur volontaire et coupable en elle-même ou dans sa cause; la séparation volontaire et coupable de l'unité; la résistance à la vérité connue, ou au moins déjà aperçue; le doute volontairement gardé sans effort aucun pour en sortir, la négligence à rechercher la vérité. Voilà ce que prescrit et condamne le dogme catholique, *Hors de l'Eglise point de salut.* Si on fait l'hypothèse de l'innocence et de la bonne foi au sein de l'erreur avec l'absence du baptême et l'ignorance des vérités premières et nécessaires de la religion, nous répondons après saint Thomas et tous les théologiens catholiques : il faut tenir pour très-certain que pour sauver l'infidèle qui, par exemple, nourri dans les forêts, a suivi la direction naturelle et vraie de sa raison, Dieu lui manifestera ce qui est nécessaire pour former au moins le désir du baptême et de l'Eglise. Qu'a donc de si étrange, de

(1) M. le comte Molé. Séance académique du 30 juin 1842.

(1) M. Martin du Nord, séance de la Chambre des députés, 13 mai 1842.

si cruel, de si intolérant une pareille doctrine?

Nous nous gardons bien d'affirmer positivement la réprobation de personne, quelles qu'en aient été la patrie, la religion et même la conduite. Il se passe des mystères divins de justice sans doute sur le seuil de l'éternité; mais aussi ne saurions-nous douter des mystères de miséricorde et d'amour. En résumé, l'erreur, le doute, la négligence volontaire et coupable, excluent du salut. Tel est pour l'Eglise catholique le sens de principe d'unité exclusive. A moins de nier le christianisme, on est contraint d'admettre cette vérité; elle est de foi et de raison. Mille passages de l'Ecriture proclament l'obligation d'obéir à l'Eglise pour faire partie du corps de Jésus-Christ, pour éviter le retranchement et l'anathème. Comme hors du corps le membre séparé n'a plus de vie, hors de l'Eglise point de salut. Si l'on n'écoute l'Eglise, on est comme le païen. Toute la tradition est sur ce point unanime. Qu'y aurait-il donc là qui puisse paraître si étrange à l'esprit humain? Dans la science, la politique, la philosophie, la vérité est une; on soutient le vrai, on exclut le faux. Pourquoi n'en serait-il pas de même en religion? Il n'y aurait aucune vérité absolue, le oui et le non seraient également vrais et faux, ou tout au moins indifférents? C'était là sans doute le dénouement du système de Rousseau, qui ne voyait dans toutes les religions qu'un cérémonial arbitraire. La discipline et les cérémonies ne sont que l'accessoire d'une religion; les mystères et les vérités de la foi en constituent le fond. Raisonnant d'après ces principes: ou toutes les religions sont vraies, ou elles sont toutes fausses; ou l'une est vraie et toutes les autres fausses. Toutes les religions vraies? impossible; car ce serait à la fois la lumière et les ténèbres, l'affirmation et la négation. Si toutes les religions sont vraies, que resterait-il à dire? si ce n'est que le oui et le non se confondent, qu'il n'y a ni vérité ni erreur en matière de religion, et que le scepticisme devrait être la religion de tout homme sage qui ne veut pas s'égarer dans la région des abstractions et des chimères. Toutes les religions fausses? impossible encore; ce serait de l'athéisme, parce qu'il ne saurait y avoir pour personne l'obligation de croire à ce qui est faux. Une religion vraie et les autres fausses, à la bonne heure; c'est le résultat nécessaire de la nature de Dieu, de la nature de l'homme et de toute raison. Mais alors l'unique religion véritable est évidemment à connaître et à garder, et c'est l'unité exclusive, l'inadmissibilité complète de l'indifférence et de l'égalité des religions.

Le Christ apparut au monde pour appeler les générations à l'unité; pour rassembler les enfants dispersés de celui qui a tout créé. Et pour obtenir cette admirable unité, il institua l'Eglise. Obligé à rendre un culte social à Dieu, auteur de la société, l'homme est arraché à l'individualisme, et son titre de frère restitué à l'humanité. Le dogme de l'unité exclusive arrache l'homme à l'erreur volontaire et coupable, au doute, à la mauvaise foi, à l'ignorance consentie; c'est soumettre, il est vrai, la liberté et la raison au joug de l'autorité; mais c'est pour les sauver d'un déluge d'erreurs, pour les fixer, pour les arracher au malaise et à l'angoisse; c'est protéger la pauvre humanité contre le désespoir et la fureur. Les liens pratiques de l'Eglise peuvent seuls obtenir ces résultats, en unissant l'homme à Dieu et à ses semblables. Laissez aux écoles de philosophie, à des religions particulières, libres et indépendantes, le soin de former un droit des gens; l'esprit de système et de secte y porteront la confusion et favoriseront les antipathies; au lieu d'unir, elles isoleront. L'unité exclusive du catholicisme, jointe à l'universalité de son action, établit dans le monde civilisé des notions communes de justice, de mœurs et un langage commun. Tous sans exception ont dit: le catholicisme est une voie sûre pour le salut. Hors de l'Eglise catholique, disait Pascal, tout ce qu'on peut faire, c'est d'arriver au doute. Donc l'unité obligée de l'Eglise est proclamée par la conscience et par la raison. Ce n'est point intolérance, mais le caractère essentiel et inséparable de la vérité qui, par sa nature, exige qu'on l'embrasse en repoussant le faux. Et comment pourrait-on taxer d'intolérance le catholicisme qui produisit les saint François de Sales, les Xavier, les Vincent de Paule et les Fénelon, qui, épris d'un ardent amour pour leurs frères, versèrent tant de bienfaits au sein de l'humanité? Connaissant l'esprit de la véritable Eglise, ils persuadèrent aux rois et aux peuples la tolérance et l'amour de l'union et de la paix. Et nous aussi, avec le sentiment intime et doux que crée la possession de la vérité, nous excluons et condamnons tout ce qui n'est pas la foi; mais notre amour pour nos frères séparés de croyances ne puise pas moins dans nos convictions ses plus compatissantes et plus charitables ardeurs. L'unité catholique est un concert de louanges, c'est l'hommage de l'universalité des êtres au Seigneur qui les créa; c'est une société une, obligée de croyance et d'amour; une, parce que Dieu est un; obligée, parce que la vérité oblige. D'elle découle la plus ravissante harmonie dans le monde intellectuel et social. Oh! combien elle est digne de charmer nos esprits et nos cœurs! Puissions-nous lui être et à jamais inviolablement attachés, l'aimer, la chérir! Au sein des ténèbres qui pourraient s'accumuler autour de nous, gardons-nous donc de nous laisser éblouir par quelqu'un des météores trompeurs de la nuit orageuse qui viendrait à étendre ses voiles; mais calmes et confiants, tenons nos regards constamment attachés sur l'astre étincelant qui doit nous préserver du naufrage.

**ENSEIGNEMENT** (Divers degrés d'). — La difficulté, l'insuccès qu'éprouvèrent des hommes aussi habiles, aussi expérimentés que l'étaient les principaux conseillers du roi Louis-Philippe, lorsqu'il s'agit d'organiser

en France l'instruction secondaire, est un phénomène des plus significatifs. Le collège, en effet, depuis le xv° siècle (1), constitue parmi nous comme l'alvéole et le type principal des établissements d'instruction et d'éducation publique. Il composa, comme on l'a vu, pendant longtemps, à lui seul, le moule où venait uniformément se modeler toute la jeunesse destinée aux fonctions libérales. La société moderne, pour faire face à ses nouveaux besoins, a lentement et laborieusement créé des organes nouveaux d'instruction publique. Le collège d'abord proscrit, a été peu à peu restauré et devait l'être. Il s'agit seulement aujourd'hui de coordonner ces institutions anciennes ou récentes, et de les maintenir à l'état d'harmonie entre elles et avec la société. Ceci nous amène à exposer sur ce point nos idées, fruits de l'enquête étendue à laquelle nous venons de nous livrer.

Il nous semble d'abord que l'*administration générale* de l'instruction publique est appelée à recevoir de nouveaux accroissements. Ceux qu'elle a déjà vus de nos jours se réaliser ne sont, à notre avis, qu'un essai justifié par l'expérience et un encouragement à d'autres adjonctions du même genre. Ainsi de sages esprits réclament depuis plusieurs années l'accession au ministère de l'instruction publique d'établissements comme celui des sourds-muets (2), des jeunes aveugles et autres, oubliés, on ne sait pourquoi, sur les domaines du ministère de l'intérieur, lorsque fut rendue l'ordonnance du 11 octobre 1832. Il conviendrait de poursuivre cette œuvre d'unité et de rechercher, à travers les différents ministères où elles sont éparses, les autres institutions qui, par l'analogie de leur nature, demandent à être ralliées au ministère de l'enseignement. Tels sont à nos yeux le Conservatoire et les Ecoles des arts et métiers, et la plupart des écoles professionnelles. Cette centralisation ne devrait s'arrêter que devant des établissements dont l'annexion à d'autres grands services est commandée par des convenances essentielles, évidentes, ou par un lien matériel, comme sont, par exemple, les séminaires au sein du clergé, l'école navale en mer ou à bord d'un navire, l'école du génie à Metz, et les écoles militaires dans le département de la guerre. Nous souhaiterions surtout que l'on restituât au faisceau de l'instruction publique cette partie de l'administration du ministère de l'intérieur, qui forme aujourd'hui la *direction des beaux-arts*. Nous le souhaiterions, non pas seulement parce que l'art *s'enseigne*, mais plutôt parce qu'il *enseigne*, parce qu'il enseigne avec une éloquence et une puissance d'action incomparables. C'est ce que nos pères, les grands législateurs de nos premières as-

semblées délibérantes, avaient si bien compris, eux qui n'auraient jamais séparé de l'administration de l'*enseignement* celle des *musées* et des *fêtes publiques*.

Quant à l'enseignement proprement dit, nous le voyons se diviser naturellement en cinq degrés distincts.

Premier degré : *Instruction primaire élémentaire.* — De précieux résultats ont été obtenus; il reste à les développer. L'instruction élémentaire doit progressivement devenir plus forte, plus variée, plus générale. L'état actuel de la société exige que, pour devenir plus générale, elle soit rendue obligatoire, mais à l'aide d'obligations purement morales, que puissent avouer l'humanité, le bon droit et surtout le bon sens. Le moyen de ramener la paix, dans cette région troublée de l'instruction publique, consisterait, selon nous, à élever le niveau de la moralité et de la dignité des instituteurs, 1° en accroissant les sacrifices déjà considérables que l'Etat s'est imposés : « La plus grande dépense de la France *en temps de paix*, disaient les législateurs de la Révolution, doit être l'instruction publique; » 2° en créant une carrière à ces hommes utiles, par la hiérarchie des emplois; 3° en exigeant de leur part de plus amples garanties de moralité, de capacité, d'attachement à leurs devoirs; ce qui sera possible le jour seulement où leur position sera devenue moins précaire.

Deuxième degré : *Instruction primaire supérieure.* — Conserver religieusement ce qui est, l'étendre patiemment et l'améliorer. Le gouvernement doit encourager et vivifier l'*école primaire supérieure*, qui est le collège de ce que nous appellerons, à défaut de meilleur terme, la petite bourgeoisie. Celle-ci, entraînée par un sentiment de rivalité et d'amour-propre, envie pour ses enfants le collège universitaire ou du moins communal; elle méconnaît l'école où ces derniers recevraient une éducation *possible* et mieux appropriée de tous points à la condition qui leur est destinée. Quelques mesures habiles, combinées avec le temps, pourraient, en comblant la distance morale qui sépare les deux genres d'établissements, dissiper ces préventions, multiplier, remplir et faire prospérer les écoles primaires supérieures. Tels seraient, si nous ne nous trompons, l'institution d'un concours annuel par groupes d'écoles, et plus tard par départements; l'addition d'une place à chaque établissement dans les fêtes publiques, avec insignes et bannière; la délivrance d'un diplôme, sur examen, à l'issue des études; l'entrée gratuite des meilleurs élèves aux écoles spéciales, et leur admission directe à certains emplois.

Troisième degré : *Instruction intermédiaire.* — Ce degré devrait être occupé par un ordre unique d'établissements désignés sous un nom uniforme (1), bien que divisés, comme cela est nécessaire, en catégories di-

---

(1) L'importance sociale du collège date surtout du jour où il ouvrit ses portes à des *pensionnaires*, ce qui eut lieu sous les règnes de Charles VII ou de Louis XI; il n'avait reçu jusque-là que des *boursiers*.
(2) Voy. RENDU, *Code universitaire*, 3° édit., p. 13.

(1) La distinction du *lycée* par rapport au *collège* ne nous semble pas heureuse; elle est d'ailleurs mal observée. Pour éteindre cette espèce de compétition de mots qui se disputent l'usage par des raisons op-

verses, mais purement administratives. C'est ici que, selon nous, la faux de la réforme doit s'abattre avec autant de fermeté que de prudence. Le *lycée* est une institution hybride, hétérogène, mal définie. Jeune et vieux, gothique et mondain, il a conservé dans son économie des débris de la vie cléricale mêlés à ceux du régime militaire. Nous pensons qu'il y aurait avantage à sortir enfin du système des replâtrages, des essais et des tâtonnements, et qu'il serait bon d'innover ici avec ensemble et franchise.

Notre *gymnase* ne recevrait pas d'élèves âgés de moins de treize ou quatorze ans. Dans chaque établissement, une double série d'études parallèles est ouverte : l'une principalement littéraire, l'autre principalement scientifique. Les élèves s'y répartissent selon leur aptitude et le vœu de leur famille. La première de ces deux séries doit former une partie de la jeunesse aux carrières dites libérales, dans lesquelles la littérature fournit le fond nécessaire des notions à acquérir : ainsi la littérature proprement dite, le professorat, la jurisprudence et quelques autres. La seconde est faite pour conduire à la grande généralité des fonctions sociales ou publiques, soit directement, soit par l'intermédiaire des écoles spéciales. Dans la série des lettres, il y aurait lieu d'introduire définitivement cette réforme des méthodes qu'un seul ministre véritablement résolu (1) ait abordée, cette réforme qui fonctionne tous les jours sous nos yeux, depuis vingt ans surtout, avec un plein succès, appliquée à l'enseignement des langues vivantes (2).

Des innovations non moins nécessaires et non moins plausibles nous semblent pouvoir être apportées également à la discipline, à la disposition physique aussi bien qu'au moral de ces établissements. La plupart de ces réformes nous paraissent devoir être facilitées par l'âge un peu plus élevé des élèves. Ainsi nous voudrions que le gymnase perdît cet aspect de sévérité monotone et triste qu'offrent la plupart de nos maisons

posées, il y aurait peut-être lieu de substituer à l'un et à l'autre le terme neutre de *gymnase*.
(1) M. de Vatimesnil.
(2) L'Université, — nous appelons de ce nom ce qu'il en reste, — non-seulement enseigne le latin comme elle l'enseignait au XVIᵉ siècle, mais elle impose en quelque sorte aux maîtres qu'elle emploie, si ce n'est par la pression de l'autorité, au moins par celle de l'habitude et de l'exemple, sa vieille méthode, pour l'enseignement des langues vivantes. Cependant les écoles de jeunes gens renferment dans leur sein, pour l'enseignement de ces dernières, des éléments favorables qui ne présentent pas les cours ou écoles d'adultes, et qui peuvent servir à de nouveaux perfectionnements par rapport aux procédés bien connus et justement estimés de MM. Robertson, Savoie et autres. Ainsi, à l'École du commerce de M. Blanqui et ailleurs, les groupes de jeunes élèves allemands, italiens, espagnols, qui se mêlent à leurs condisciples français, ont donné lieu naturellement à l'éclosion d'un système d'enseignement mutuel et familier, dont on s'explique aisément les avantages. N'y aurait-il pas lieu d'appliquer ces indications, au moins dans quelques colléges polyglottes, comme ceux qui sont situés sur nos frontières continentales ?

universitaires, aspect qui rappelle à la fois le cloître de la caserne, c'est-à-dire une prison. L'adolescence a besoin d'expansion, de chaleur ; elle a besoin du sourire des hommes, du sourire de l'art et de la nature. Nous placerions les gymnases non pas au fond des grandes villes, mais aux portes de celles-ci. Nous voudrions, par le jeu alternatif du repos et du mouvement, — de l'excursion au dehors : visite aux bois, aux champs, aux monuments, aux fêtes nationales pendant l'été ; aux musées, aux forges, aux ateliers pendant l'hiver, — et de l'activité au dedans, activité entretenue par des séances variées, stimulée autant que possible par la sympathie naturelle ou l'aptitude spontanée ; nous voudrions faire aimer à la jeunesse même l'étude et la retraite, ou masquer du moins sous des dehors moins arides le sacrifice nécessaire de sa chère insouciance, ainsi que la perte momentanée de sa liberté (1). Nous croyons enfin que l'état actuel du monde et de nos institutions publiques doit nous engager à introduire dans l'enseignement de ce degré, 1° l'étude de l'histoire nationale, continuée jusqu'en 1830 ; 2° des notions élémentaires de droit civil et public ; 3° l'exercice de l'art oratoire, appliqué dans le sein même de l'école, aux emplois divers et quotidiens de la vie collective.

Quatrième degré : *Instruction supérieure.* — Ce degré comprend : 1° les facultés, 2° les écoles spéciales ou professionnelles, 3° les institutions désignées aujourd'hui sous la dénomination insignifiante d'établissements divers. Les facultés seraient au nombre de six : 1° sciences mathématiques et physiques ; 2° sciences agricoles et industrielles ; 3° sciences médicale et vétérinaire ; 4° lettres ; 5° administration ; 6° droit.

Parmi les écoles spéciales, les unes prennent les élèves au sortir de l'école primaire supérieure, les autres au sortir du gymnase. Elles les conduisent à toutes les professions et à toutes les fonctions reconnues d'utilité publique.

Ce degré embrasse enfin des établissements complémentaires où l'enseignement a lieu sans aucune affectation nécessaire et spéciale. Nous y comprenons les bibliothèques publiques, les musées, le Collége de France, le Muséum d'histoire naturelle, le Conservatoire des arts et métiers, et les cours analogues qui pourraient être professés librement par des particuliers.

(1) Nous alléguerons ici à l'appui de notre sentiment l'exemple de deux établissements que connaissent les hommes versés dans la question des écoles et qui ont voyagé. Le premier est le collége d'Eton, près Windsor en Angleterre, où les écoliers, âgés de treize à dix-huit ans, se gardent eux-mêmes. Le second est l'Université de Bonn, que nous citerons comme un modèle pour l'excellente disposition, pour l'aménagement de son magnifique palais, et pour son admirable situation hors la ville, entre le Rhin et la colline du Creuzberg. Conférez le Rapport sur l'Université d'Oxford adressé au ministre de l'instruction publique par M. Lorain, recteur honoraire. (*Archives des missions scientifiques*, etc., in-8, 1851, p. 77 et 95.)

Cinquième degré: *Institut national.* — Cette grande création doit continuer d'occuper le rang suprême parmi nos établissements d'instruction publique. Il est naturel actuellement de la relier, comme une métropole, aux sociétés savantes ou académies locales qui se sont multipliées autour d'elle. L'avantage qui s'attache au respect des traditions doit engager à maintenir sa division actuelle avec les dénominations consacrées par l'usage. Mais, pour étendre et perpétuer l'autorité morale de l'Institut, il nous paraît inévitable de refondre, dans l'avenir, le principe de son existence à la source d'où sortent aujourd'hui tous les pouvoirs publics, à la source du *suffrage universel.* Quelque hardie que puisse paraître une telle rénovation, il suffirait, pour la réaliser, de ces moyens fort simples : 1° extension aux cinq académies du partage en *sections,* déjà usité dans trois d'entre elles ; 2° extension, à ces mêmes académies, de l'usage déjà pratiqué par quatre, de nommer des *correspondants;* 3° généralisation de ce titre. Supposons, par exemple, qu'un fauteuil vienne à vaquer au sein de l'Académie française. Elle se trouve partagée en cinq sections : I, poésie ou section des poëtes ; II, prose ou publicistes ; III, théâtre ; IV, orateurs ; V. philologues. Tout littérateur français, âgé de plus de vingt et un ans, qui s'est fait connaître par ses ouvrages ou par son talent, dans quelque branche de l'art de parler ou d'écrire, sollicite et obtient de l'Académie française le titre de correspondant pour telle ou telle section (1). Tout correspondant est électeur. Les journaux notifient la vacance ; un délai d'un mois est fixé, le scrutin ouvert dans toute la France. Chaque électeur, appartenant à la section où la vacance a lieu, envoie au secrétaire perpétuel un bulletin portant : 1° le nom du candidat pour lequel il vote, 2° sa signature légalisée. Les membres de l'Académie joignent leur vote (2) au scrutin, qui est dépouillé en séance. L'Institut, toutes les classes réunies, vérifie les pouvoirs et proclame son nouveau membre en assemblée générale et publique. Une marche analogue pourrait être suivie pour les quatre autres classes (3).

### Enseignement primaire.

La charte de 1830 avait inscrit parmi les grands intérêts auxquels il devait être pourvu par des lois et des institutions nouvelles « l'*instruction publique* et la liberté de l'enseignement » (art. 69, § 8). Cette grave matière fut, en effet, de celles où se manifesta

tout d'abord la sollicitude du gouvernement. Un des hommes d'Etat les plus accrédités de cette époque proclamait en elle « la grande affaire du xixe siècle (1). » Ces faits disent assez l'importance que s'était acquise à tous les yeux cette branche essentielle de l'administration générale et l'intérêt profond que le pouvoir d'alors sut y attacher.

Nous rechercherons ultérieurement ce que fit le gouvernement de 1830, pour que la solennelle promesse, insérée au nouveau pacte politique, fût réalisée, soit dans son ensemble, soit en ce qui touche d'une manière spéciale l'enseignement secondaire et supérieur. Occupons-nous, en premier lieu, de ses actes relatifs à l'instruction primaire.

L'instruction primaire, comme nous l'avons vu, avait été promise par tous les gouvernements qui se succédèrent depuis 1789 : aucun d'eux ne sut ou ne voulut accomplir cette obligation. Talleyrand et Condorcet ne la négligèrent point dans leurs théories législatives. La Convention, dont les lois semblent vouloir compenser l'inefficacité par le nombre, se contenta de la décréter. A partir de la douzième année de l'ère républicaine, tout citoyen, d'après la constitution de l'an III, était tenu, pour exercer ses droits, de justifier qu'il savait au moins lire et écrire. Deux années, cependant, avant ce terme, le 30 germinal an X, Fourcroy venait, comme orateur du gouvernement, proposer au Corps législatif les voies et moyens propres à *établir* les écoles publiques élémentaires. Le génie même de Napoléon, sa volonté toute-puissante (à supposer qu'il le voulût sérieusement), ses décrets échouèrent à l'accomplissement de cette tâche. La Restauration, avec ses alternatives de zèle et de défaillances, eut l'honneur et le mérite d'ébaucher une œuvre demeurée encore presque intacte après elle.

Une aussi longue suite de vaines tentatives, qui toutes ne sauraient être suspectes en ce qui concerne leur sincérité, nous oblige à rechercher, dans l'ordre des faits pratiques, la cause profonde d'une pareille impuissance. Avant la révolution de 1789, en France, chaque génération nouvelle se partageait, par rapport à l'instruction, en deux catégories bien distinctes. La première était celle des enfants qui suivaient les classes des *collèges.* Grâce à l'extension qu'avait prise avec les siècles ce genre d'établissements, grâce aux développements qu'avaient atteints les moyens de gratuité, le collège réunissait dans son enceinte, non-seulement les fils de famille, appartenant aux rangs divers de la classe riche ou simplement aisée, mais encore un appoint notable d'enfants pauvres, que des bourses nombreuses permettaient d'associer à la participation de ce privilège (2).

---

(1) Ce titre pourrait être acquis de droit aux membres de diverses sociétés littéraires, des divers barreaux, aux prédicateurs, aux journalistes, etc.

(2) Les membres de l'Académie jouissent tous du droit de suffrage, sans distinction de sections ; mais ils n'ont chacun qu'une voix.

(3) Nous avons dû nous borner à esquisser brièvement dans cette *note* quelques observations très-succinctes sur un sujet fort vaste. Nous nous réservons de reprendre ailleurs cette étude et de la produire en temps et lieu avec les développements qu'elle comporte.

(1) *Œuvres complètes* de M. Cousin, édit. de 1850, 3e série, t. I, p. 90. En 1834, la part contributive de l'Etat et des départements aux dépenses générales de l'instruction publique s'élevait à 8,580,000 francs. En 1847, le budget de ce service était de 17,900,000 fr.

(2) D'après les calculs de M. Villemain, en 1789, 1 élève sur 31 enfants mâles de 8 à 18 ans profitait

Quant au reste de la jeune population, composée en bloc des fils de paysans et de prolétaires des villes, cette deuxième catégorie ne recevait, des communautés enseignantes et de quelques instituteurs adjoints aux curés, qu'une ébauche d'éducation, plutôt dogmatique encore que positive, et une instruction tout à fait rudimentaire, si ce n'est absolument nulle.

Faire disparaître une semblable inégalité, en distribuant, même au dernier enfant de la patrie, une sorte de minimum de culture intellectuelle et morale, jugée indispensable à tous les membres de la société sans exception, fut un des vœux exprimés avec le plus de zèle et d'unanimité, par tout ce que notre nation comptait d'esprits sensés et de cœurs généreux, à l'époque de la révolution française. De 1789 à 1795, les législateurs reconnurent successivement l'instruction primaire comme une dette de l'*Etat* envers les citoyens, et rangèrent parmi les dépenses *nationales* le traitement des instituteurs; — seulement cette dette ne fut point acquittée. — Les auteurs de la loi du 3 brumaire an IV furent les premiers qui, reculant devant des difficultés financières jusque-là insurmontables, et aussi par un relâchement volontaire de la rigueur logique, s'écartèrent des maximes que nous venons de rappeler. A leur voix désormais, c'est de son élève que l'instituteur dut attendre son salaire, et les enfants du pauvre ne furent admis aux bienfaits de l'instruction élémentaire que dans la proportion d'un quart, par rapport aux fils de familles plus fortunées (1). L'administration consulaire suivit les mêmes errements : bien plus, elle les outrepassa dans la loi du 1ᵉʳ mai 1802, qui mit à la charge des communes la *totalité* de la dépense et qui restreignit à un cinquième du nombre total des élèves de chaque école l'immunité pour cause d'indigence (2). L'Empire, en consacrant cette espèce de répudiation, se contenta d'attribuer au grand maître de l'Université la nomination des instituteurs et de prescrire l'établissement d'écoles normales primaires (3). La Restauration fit retour aux vrais principes; comme gouvernement, comme tuteur suprême des intérêts publics, elle revendiqua sa part de soins, de labeurs et de sacrifices. De 1816 à 1828, une somme, bien faible, il est vrai, mais féconde en résultats, une somme de cinquante mille francs fut inscrite annuellement au budget en faveur de l'instruction primaire. Cette allocation fut portée, en 1829, à cent mille francs, et, en 1830, à trois cent mille : c'est alors seulement que des efforts directs, assidus, s'attaquèrent résolument aux obstacles

réels, qui avaient arrêté jusqu'à cette époque les progrès de l'instruction primaire; c'est alors seulement que la puissance du temps et les graves modifications survenues au sein de l'état social permirent de triompher de ces obstacles.

Depuis 1789, en effet, une génération tout entière avait pris possession de la vie. Elle avait respiré ce besoin de liberté, de dignité morale, dont la révolution avait pour ainsi dire imprégné l'atmosphère. Peu à peu elle avait appris, en dépit de l'habitude, à estimer la valeur de ces humbles connaissances, si précieuses, toutefois, que leur absence place l'homme qui en est dépourvu dans la dépendance, presque absolue, de tous ceux qui les possèdent. Les grands travaux du corps des ponts et chaussées, sous l'Empire, et surtout les améliorations introduites dans la viabilité intérieure du territoire, à partir de 1821, avaient multiplié les communications de village à village (1). Enfin, plus de cinq milliards de propriétés territoriales, enlevés à la mainmorte du clergé ou confisqués sur l'émigration, étaient passés entre les mains productives de plusieurs millions de nouveaux propriétaires. Cette masse énorme de richesses, répartie sous l'influence du code civil, développée par la puissance de l'industrie, avait élevé la condition de toute une classe de la société. Alors, nous le répétons, l'instruction primaire put cesser d'être une vaine utopie, et nous avons dit au paragraphe précédent les résultats fructueux qui furent obtenus à cette époque.

Le gouvernement de 1830 s'attacha, dès le premier jour, à continuer et à développer ces améliorations. De 1831 à 1833, de nouvelles écoles normales primaires furent créées (2). La protection authentique de l'autorité fut accordée aux sociétés libres, dévouées à la cause de l'instruction ou de l'éducation des classes pauvres (3). Une décision royale prescrivit la publication périodique de divers recueils propres à éclairer les instituteurs et d'un état statistique triennal de cette partie de l'enseignement (4). Deux fonctionnaires éminents de l'Université se rendirent en Hollande, en Prusse, en Allemagne, en Autriche, pour y étudier les méthodes, les progrès, l'organisation de l'instruction publique, et rapportèrent en France les fruits de cette enquête (5). A la suite de

de l'instruction secondaire. En 1843, cette proportion n'était que de 1 élève sur 35 enfants. (*Rapport au roi sur l'instruction secondaire*, in-4°, p. 56.)

(1) Articles VIII et IX. La république fournissait seulement à l'instituteur un logement et un jardin pour lui et pour son école.

(2) Tit. II, art. 3 et 4.

(3) Art. 107, 108, 192, 195 du décret du 17 mars 1808.

(1) Dès 1802, la loi reconnut la nécessité d'autoriser certaines communes à se réunir pour entretenir à frais communs un seul instituteur. Or, le mauvais état des chemins, précisément en hiver, à l'époque où l'enfant peut s'absenter avec moins de préjudice de la ferme ou des champs, lui opposait souvent, pour se rendre à l'école, un empêchement matériel.

(2) Ordonnance royale du 11 mars 1831 et autres

(3) Ordonnance du 30 avril 1831, etc.

(4) Voy., au *Bulletin universitaire*, les actes des 10 août, 5 octobre 1831 et 17 octobre 1832.

(5) Ils ont été consignés dans les trois ouvrages suivants : 1° *De l'Instruction publique en Allemagne et particulièrement en Prusse*; 2° *De l'Instruction publique en Hollande*, par M. Victor Cousin (plusieurs

ces mesures préparatoires M. Guizot, ministre de l'instruction publique, présenta aux chambres, le 2 janvier 1833, une loi qui fut promulguée le 28 juin de la même année, et qui, depuis, est demeurée justement célèbre.

Le titre Ier de cette loi établit deux degrés dans l'instruction primaire : l'un élémentaire, l'autre supérieur. « L'instruction primaire, — tels sont les termes mêmes qu'elle emploie, — comprend nécessairement l'instruction morale et religieuse (1), la lecture, l'écriture, les éléments de la langue française et du calcul, le système légal des poids et mesures. L'instruction primaire supérieure comprend nécessairement en outre les éléments de géométrie et ses applications usuelles, spécialement le dessin linéaire et l'arpentage, des notions des sciences physiques et de l'histoire naturelle applicables aux usages de la vie; le chant, les éléments de l'histoire et de la géographie, et surtout de l'histoire et de la géographie de la France. Selon les besoins et les ressources des localités, l'instruction primaire pourra recevoir les développements qui seront jugés convenables. » (Art. 1er.)

Tout individu âgé de dix-huit ans et muni 1° d'un certificat de bonne vie et mœurs, 2° d'un brevet de capacité obtenu sur examen, peut exercer la profession d'instituteur public ou privé. La justice civile, s'il est instituteur privé, peut seule lui interdire, après jugement, l'exercice de sa profession. (Art. 4 à 7.) Toute commune, par elle ou en se réunissant à d'autres, doit entretenir au moins une école primaire élémentaire. Les chefs-lieux de département et les villes de plus de 6,000 âmes sont tenus en outre d'avoir une école primaire supérieure. Chaque département doit entretenir une école normale primaire, soit par lui-même, soit en se réunissant à un ou plusieurs départements voisins. (Art. 9 à 11.)

Indépendamment du logement, l'instituteur avait droit 1° à un traitement fixe qui ne pouvait être moindre de deux cents francs (2) pour une école primaire élémentaire, et de quatre cents francs pour une école primaire

éditions); 3° De l'Instruction intermédiaire et de son état dans le midi de l'Allemagne, par M. Saint-Marc Girardin ; Paris, 1835, 2 vol. in-8° (également réédités en 1842).

(1) « Le vœu des pères de famille sera toujours consulté et suivi en ce qui concerne la participation de leurs enfants à l'instruction religieuse. » (Même loi, art. 2.)

(2) Art. 11 à 14. L'article 15 établissait une caisse d'épargne et de prévoyance en faveur des instituteurs communaux. La partie financière de ces dispositions a été modifiée comme il suit par la loi sur l'enseignement du 15 mars 1850. « Art. 38. A dater du 1er janvier 1851, le traitement des instituteurs communaux se composera : 1° d'un traitement fixe qui ne peut être inférieur à 200 francs; 2° du produit de la rétribution scolaire ; 3° d'un supplément accordé à tous ceux dont le traitement, joint à la rétribution, n'atteint pas 600 francs. — Art. 39. Une caisse de retraite sera substituée, par un règlement d'administration publique, aux caisses d'épargne des instituteurs. »

supérieure ; 2° à une rétribution mensuelle payée par les parents des écoliers. L'admission à l'école est gratuite pour tous les enfants dont les familles sont reconnues par le conseil municipal hors d'état de payer. Le traitement fixe de l'instituteur doit être fourni d'abord sur les revenus propres de la commune, et s'ils ne suffisent point, par le moyen d'une contribution extraordinaire de trois centimes au plus. En cas d'insuffisance, une imposition départementale doit y suppléer. Enfin, lorsque ces diverses ressources n'atteignent point le but, le gouvernement y pourvoit, à l'aide d'un fonds annuel de subvention affecté à ce service (1).

Le titre IV et dernier traite de la discipline des écoles communales. Il institue à cet effet auprès de l'école et dans la commune même un premier comité, dit de surveillance, présidé par le maire et composé d'un ministre des différents cultes et d'un ou plusieurs habitants. Ce comité se chargeait des soins immédiats et quotidiens. Il était lui-même subordonné à un comité d'arrondissement composé d'un maire, d'un juge de paix, d'un ministre des différents cultes, d'un membre de l'Université, d'un instituteur primaire, de trois membres du conseil d'arrondissement et d'un certain nombre de conseillers généraux ; tous choisis parmi les fonctionnaires de l'arrondissement, ou doyens des fonctionnaires de leur ordre. Le comité d'arrondissement avait pour mission de surveiller l'enseignement, de provoquer les réformes, les améliorations, les récompenses, comme aussi de punir, même de la révocation, les instituteurs communaux qui s'écarteraient de leurs devoirs (2).

La loi du 28 juin 1833 résumait en elle toutes les ressources pratiques heureusement appliquées dans le passé. Parfaitement préparée à l'aide des circonstances que nous avons dites, appuyée sur une faveur prononcée de l'opinion publique, elle produisit bientôt des avantages extrêmement considérables. Sous la Restauration, l'État entretenait au plus sept écoles normales d'instituteurs primaires, dont trois seulement lui avaient été léguées par l'Empire; on en comptait treize en 1830. Ce nombre fut porté successivement à quarante-sept en 1832, à soixante-deux en 1833 ; il était de soixante-dix-neuf en 1840. En 1829, sur trente-huit mille cent trente-cinq communes, treize mille neuf cent quatre-vingt-quatre manquaient absolument d'écoles; en 1847, cette part de l'ignorance était réduite au nombre d'environ deux mille cinq cents communes. La partie morale de l'institution s'améliora comme l'accroissement du nombre. Des conférences furent établies entre les maîtres pour se communiquer les résultats de leur expérience. Le service de l'inspection, créé par le ministre qui avait été le principal au-

(1) Voy. la note 2 à la col. précédente.
(2) Art 17 à 25. Ces dispositions ont été complétement changées dans la section III du chapitre 2, et dans le chapitre 4 du titre II de la loi du 15 mars 1850.

teur de la loi, à l'aide du concours que lui prêta le zèle individuel, fut régularisé, puis agrandi et développé (1). En 1847, quatre-vingt-six inspecteurs et soixante-sept sous-inspecteurs, dirigés par deux inspecteurs généraux, avaient pour fonction d'entretenir, au sein de tous les établissements d'instruction primaire, l'unité, le bon ordre et le perfectionnement des méthodes.

L'une des conséquences les plus intéressantes de la loi de 1833 fut la création des écoles *primaires supérieures*. L'idée de fonder, au-dessous ou mieux à côté du collège, un genre d'établissements qui fournît aux enfants des classes peu aisées, sans être indigentes, une instruction plus brève, plus économique, mieux appropriée surtout aux besoins réels de la vie sociale, obtenait depuis longtemps les suffrages de tous les esprits amis du bon sens et du progrès. M. de Vatimesnil, lors de son mémorable passage aux affaires, avait tenté sous cette inspiration d'annexer à l'enseignement classique de quelques collèges, divers cours consacrés à des notions scientifiques ou économiques. La loi de 1833 se proposa pour but, et elle eut partiellement pour effet, d'appliquer en grand cette même pensée, en la réalisant par des institutions *spéciales*. Mais cette application donna lieu, comme toute nouveauté, à des tâtonnements, à des demi-mesures qui s'expliquent par le défaut d'une idée nette, précise et constante, de la part de l'autorité supérieure, du type didactique qu'il s'agissait de créer (2). Les familles elles-mêmes, à la vue de ces produits hybrides, cédant à des préventions, à des préjugés dont le temps seul et de meilleurs résultats pouvaient faire justice, ne procurèrent point à ces nouveaux établissements toute la faveur et tout le succès que les fondateurs avaient pu s'en promettre. Quoi qu'il

(1) Ordonnances royales des 26 février, 18 novembre 1837 et 9 novembre 1846.

(2) Ainsi M. Guizot, pendant le cours de son administration, imita M. de Vatimesnil ; le programme des études secondaires fut modifié, sous son influence, dans le sens *professionnel ;* dix-neuf collèges furent dotés de cours préparatoires où l'on enseignait aux jeunes gens le français, le latin, les langues vivantes, l'histoire, la géographie, les mathématiques, la physique, la chimie, le droit et la statistique commerciale. Après ce ministre, d'autres systèmes prévalurent momentanément. Plus tard, on incorpora ou l'on accoupla des écoles primaires supérieures à des collèges, en ouvrant dans un seul local, et souvent par l'organe des mêmes maîtres, un double genre d'enseignement. Une ordonnance du 29 janvier 1839 autorisa les villes que n'atteignait pas l'obligation prescrite par l'article 10 de la loi du 28 juin 1833, mais qui possédaient un collège, à substituer à celui-ci, dans les mêmes bâtiments, une école primaire supérieure. Une autre ordonnance, du 21 novembre 1841, autorisa également certaines communes à remplacer l'école par des cours publics d'enseignement commercial et industriel. En général, ces facilités mêmes, ces substitutions, ces alliances, n'allèrent pas au but que s'en promettaient les auteurs : elles ne profitèrent ni à l'une ni à l'autre des deux catégories d'établissements, qu'il eût fallu respectivement améliorer sans les confondre. (*Voy.* Krüan *Tableau historique*, etc., p. 199.

en soit, vers 1843 (1), trois cent vingt-cinq communes (2) possédaient des écoles primaires supérieures, et quinze autres entretenaient des cours publics consacrés au même genre d'enseignement. Un tel développement, bien que limité, accuse néanmoins la présence d'un principe sain et vivace que de meilleures circonstances viendront sans doute ultérieurement féconder.

La loi de 1833 sur l'instruction primaire s'étendit et se compléta par le zèle privé.

En 1800, une Française, Mᵐᵉ de Pastoret, inspirée par la charité maternelle, ouvrit à Paris, pour de tout petits enfants de deux à six ans, un asile où ils pussent recevoir les premiers soins de l'éducation. Cet exemple, imité en Angleterre dans l'*asylum* de Miss Edgeworth et dans les *infant-schools*, prit chez nous, en 1826, une nouvelle extension, sous les auspices du philanthrope Cochin. A cette époque, l'œuvre était dirigée par un comité de dames (3), et reçut de l'autorité un caractère public ; mais bientôt l'administration municipale de Paris et celle des hôpitaux absorbèrent entre leurs mains la direction, de manière à déterminer les dames fondatrices à une retraite volontaire. Le germe cependant avait fructifié : en 1837, le nombre des salles d'asile, qui était de quatre en 1834, s'élevait à deux cent soixante et une maisons, qui recevaient vingt-neuf mille cinq cent quatorze enfants (4). Le 22 décembre 1837, M. de Salvandy, ministre de l'instruction publique, adressa au roi, sur des faits aussi intéressants, un rapport, suivi d'une ordonnance. A dater de ce jour, l'œuvre des salles d'asile devint une institution de l'État, et se confondit dans le service général de l'instruction primaire. Des règles d'administration furent tracées, un cadre d'organisation fut prescrit, un personnel officiellement institué. Le ministre eut la bonne pensée de rendre à des mères, à des femmes, la direction de ces écoles maternelles, et plaça au sommet de cette hiérarchie un conseil supérieur composé en partie des vivants débris de l'ancien comité de fondatrices.

Une institution analogue, celle des *crèches*, qui se chargent momentanément, pendant le

(1) Cette date est celle du dernier relevé statistique.

(2) Le nombre des communes auxquelles la loi commande d'entretenir ce genre d'écoles s'élevait, en 1843, à 290. Mais, sur cette catégorie, 222 seulement s'étaient conformées aux prescriptions légales. En revanche, 103 autres communes avaient appliqué la loi sans y être obligées.

(3) Ce comité était ainsi composé : Mesdames la marquise de Pastoret, *présidente* ; de Maussion, *vice présidente* ; Jules Mallet, *secrétaire trésorière* ; duchesse de Praslin, princesse de Baufremont, *trésorières-adjointes* ; Gautier, de Champlouis, Anisson-Duperron, baronne de Varaignes, comtesse de Ludre, Mailfair, marquise de Lillers, *membres*.

(4) En 1840, 555 salles donnaient asile à 50,986 enfants des deux sexes ; en 1843, 1,489 salles donnaient asile à 96,192 enfants des deux sexes (dont 70,266 gratuits) ; en 1847, cette quantité s'était encore accrue ; mais les renseignements statistiques de l'administration s'arrêtent à la date précédente.

jour, des enfants que leur confient des mères pauvres et vouées au travail, prit naissance vers la même époque et se développa sous les mêmes auspices. La première crèche fut ouverte à Chaillot, près Paris, par les soins de M. Marbeau, le 14 novembre 1844. L'œuvre de la Providence des Enfants et des Mères fonda sa première maison d'essai, en faveur des enfants depuis l'âge du jour jusqu'à l'adolescence, à Puteaux le 24 août 1848, sous notre propre inspiration.

En 1840, MM. de Metz et Bretignières de Courteilles fondèrent dans le département d'Indre-et-Loire la colonie agricole de Mettray. Cette école, soutenue par les souscriptions de corps publics ou de personnes privées, reçoit et élève des enfants âgés de moins de seize ans, convaincus de certains délits, mais que la loi absout en faveur de leur jeunesse. En 1843, grâce aux soins de M. Allier, un établissement semblable s'ouvrit à Petit-Bourg (Seine-et-Oise), pour de jeunes garçons pauvres du département de la Seine. Des maisons du même genre ne tardèrent pas dès lors à se multiplier à Marseille, au Petit-Quevilly (près Rouen) et ailleurs.

C'est alors aussi que furent créées en France les écoles d'*apprentis*, d'*adultes*, du *dimanche*, les *ouvroirs* pour les jeunes filles, destinés à des personnes d'âge et de sexes divers, pour réparer l'imperfection d'une éducation première négligée, et pour leur fournir les connaissances les plus nécessaires à leur condition sociale (1).

Quant à ce qui regarde l'instruction des filles, les législateurs de 1833, par une omission remarquable et volontaire, avaient exclu de la loi et réservé cette question. Le gouvernement, plutôt que de laisser se prolonger une sorte d'anarchie sans terme, combla d'office cette lacune, du moins à l'égard de l'instruction élémentaire. Une ordonnance royale du 23 juin 1836, modelée sur la loi du 28 juin 1833, fut rendue par les soins de M. Pelet, ministre de l'instruction publique. Aussitôt des écoles normales d'institutrices furent créées; des commissions d'examen soumirent à des garanties sérieuses les personnes qui se livrent à l'éducation de la jeunesse féminine. La sollicitude et la vigilance des autorités s'étendirent à cet objet d'une manière plus régulière et plus suivie qu'elles ne l'avaient fait à aucune époque dans le passé. Grâce à ces utiles mesures, la profession d'institutrice élémentaire commença de constituer pour beaucoup de jeunes femmes une carrière modeste, mais honorable, avec l'espérance légitime d'un développement plus large dans l'avenir. Dès lors aussi les écoles et le nombre des élèves du sexe féminin s'accrurent constamment dans une proportion assez no-

table. Enfin le corps des maîtresses destinées à former, pour toutes les conditions de la vie, de futures mères de famille, put désormais se recruter lui-même au sein de la famille et de la société commune (1).

Nous venons de parcourir la série des institutions variées qui furent agrandies ou créées sous le règne de Louis-Philippe, pour opérer la diffusion des connaissances élémentaires; nous avons déroulé le tableau des progrès qui s'accomplirent pendant cette période, sous l'effort combiné du zèle individuel et de l'action gouvernementale. Au moment où ce règne touchait à sa fin, un nouveau projet de loi sur l'instruction primaire fut présenté aux chambres. Tout en maintenant les dispositions de la loi du 28 juin 1833, dont l'expérience avait démontré l'action salutaire, le gouvernement proposait de nouvelles prescriptions, propres à accroître et à perfectionner le bien qu'elle avait déjà produit. Le cercle de l'enseignement élémentaire devait être étendu par l'adjonction du chant et du dessin linéaire. La condition des instituteurs recevait une amélioration immédiate, et, de plus, une carrière hiérarchique leur était ouverte pour l'avenir (2). Une commission de la chambre des députés, chargée de l'examen préalable du projet, avait conclu, par l'organe de son rapporteur, à un avis favorable : la révolution de février éclata avant que ses conclusions pussent être soumises à la délibération de l'assemblée. Enfin, et pour nous résumer par des faits généraux sur ce chapitre important, la subvention de l'État en faveur de ce service, qui se montait, en 1829, à la somme annuelle de cent mille francs, fut progressivement portée à deux millions quatre cent mille francs (3). Le nombre des écoles publiques consacrées à l'instruction populaire, qui était de quinze mille en 1829 pour toute la France, s'élevait en 1847 au delà de trente-trois mille (4).

---

(1) Avant la loi de 1833, il n'existait même pas, entre les mains de l'autorité publique, de notions précises sur les principaux faits analytiques relatifs à l'instruction des jeunes filles. En 1837, on comptait en France 20,141 institutrices, tant publiques que privées, dont 11,304 laïques et 8,837 appartenant à des congrégations religieuses. Le nombre des élèves qu'elles instruisaient s'élevait à 1,110,147 jeunes filles. En 1848, 1,354,056 jeunes filles recevaient l'instruction de 20,817 institutrices, dont 12,568 laïques et 8,249 religieuses.

(2) Art. 2 du projet : « Le *minimum* du traitement annuel des instituteurs est fixé comme il suit, en y comprenant le traitement fixe et la rétribution scolaire : instituteurs de 3e classe, 600 fr.; de 2e classe, 900 fr.; de 1re classe, 1,200 fr.; à Paris, 1,500 fr.

(3) Savoir : pour 1829, 100,000 fr.; 1830, 300,000 fr.; 1831, 700,000 fr.; 1832, 1,000,000 fr.; 1833 et années suivantes, 1,500,000 fr.; 1841 et 1842, 2,000,000 fr.; 1844-5-6-7-8, 2,400,000 fr.

(4) *Rapport de M. Plougoulm lu à la chambre des députés, dans la séance du 24 juillet 1847, sur le projet de loi relatif à l'instruction primaire.* Les divers éléments statistiques ou numériques reproduits dans ce paragraphe nous ont été fournis soit par les documents officiels imprimés, soit par les communications verbales de l'administration.

---

(1) En 1843, 17 communes possédaient 36 écoles d'apprentis, fréquentées par 1,268 élèves; 115 communes possédaient 145 ouvroirs fréquentés par 5,908 jeunes filles; 6,043 communes possédaient 6,434 écoles d'adultes, fréquentées par 95,064 élèves. En 1848, 6,500 communes environ possédaient 6,877 écoles d'adultes, fréquentées par 115,164 élèves.

Une ordonnance royale du 11 octobre 1832 vint agrandir, sans les compléter encore, les attributions du ministère de l'instruction publique, créé lui-même, ainsi que le lecteur peut s'en souvenir, depuis peu d'années. L'Institut, le Muséum d'histoire naturelle, les bibliothèques publiques, les observatoires, l'Ecole des chartes, placés jusque-là sous l'autorité du ministre de l'intérieur, furent réunis à l'administration de l'enseignement.

L'Institut, ce grand organe intellectuel, enfanté par le génie de la révolution, poursuivit la carrière qu'il avait précédemment fournie. L'Empire, ou l'empereur, non content de le mutiler, avait fait sentir même à l'Institut *impérial* tout le poids de sa volonté (1). La Restauration proscrivait ses membres et violait sa loi d'élection. Sous le règne débonnaire d'un prince ami des formes constitutionnelles, de la paix et de l'étude, l'Institut de France n'eut point à redouter ces atteintes. Ses libertés, ses priviléges, furent respectés et même augmentés. Les membres titulaires des académies composèrent une des catégories de personnes au sein desquelles le roi pouvait choisir pour les élever à la dignité de pairs et leur donner un siége à vie dans la *chambre haute* (2). Mais en même temps, par une anomalie que nos mœurs politiques peuvent aujourd'hui faire trouver bizarre, aux termes de la loi qui réglait le mode de nomination des députés (3), le titre de membre de l'Institut était compté pour la moitié de la capacité politique d'un électeur payant deux cents francs de contribution annuelle, sans lui conférer, cependant, même un cinquième des droits d'un éligible. L'ordonnance du 26 octobre 1832 restitua la classe des Sciences morales et politiques, supprimée en 1803 par Bonaparte, et forma sous ce titre une cinquième académie. En conséquence, MM. Dacier, Daunou, Garat, Lacuée de Cessac, Merlin, de Pastoret, Reinhard, Rœderer, Sieyès, Talleyrand, Destutt de Tracy et de Gérando, anciens membres ou correspondants de la classe abolie, furent

(1) Notamment lors de l'élection de M. de Chateaubriand.
(2) Appendice à la Charte de 1830.
(3) Loi électorale du 22 avril 1831, art. 3.
(4) Il fut procédé de la manière suivante. Les douze personnes ci-dessus désignées élurent immédiatement quatre nouveaux membres, « choisis, » aux termes de l'ordonnance, « dans le sein de l'Institut. » L'Académie, ainsi constituée et portée à seize, majorité de trente, élut ultérieurement sept autres membres, ce qui en fit monter le total à vingt-trois. Cette nouvelle majorité passa ensuite à une dernière élection de sept membres, qui la compléta définitivement. — Nous devons rendre compte ici d'un fait postérieur qui se rattache à l'histoire de l'organisation de l'Institut. Deux comités historiques avaient été créés par M. Guizot, en 1834 et 1835, pour présider aux recherches et à la publication des *Documents inédits relatifs à l'histoire de France*, entreprise dont nous parlerons ci-après. En 1837, lors de sa première entrée au ministère de l'instruction publique, M. de Salvandy voulut étendre et amplifier l'institution qu'avait fondée son prédécesseur.

rétablis dans leur titre, et, par un procédé analogue à celui qui avait été employé en 1795 (4), ces douze membres, à l'aide d'un système d'élection progressive, complétèrent le nombre des trente titulaires, que l'ordonnance assignait à l'Académie.

Le Collége de France vit aussi grandir, avec le nombre de ses chaires, l'importance et la renommée de son enseignement.

Il en fut de même du Muséum d'histoire naturelle. La Convention avait fondé cet établissement sur les principes d'une large indépendance. Grâce à ces principes, heureusement maintenus et sagement pratiqués, le corps électif de ses professeurs-administrateurs continua de se reproduire à l'abri des influences au moins directes de la politique. Les accroissements quotidiens de ce vaste musée purent suivre les progrès incessants de la science, et le gouvernement, de concert avec les chambres, ne fit jamais défaut pour subvenir à ses besoins.

L'étude de l'histoire nationale avait brillé d'un vif éclat dans les dernières années de la Restauration. Des esprits d'élite, refoulés pour ainsi dire par la marche du pouvoir vers ce genre de spéculation, s'y étaient livrés avec ardeur, entraînant après eux une foule de disciples, qui les suivirent de leurs applaudissements et propagèrent leur exemple au milieu d'une faveur universelle. M. Guizot fut un des hommes qui durent principalement à des travaux de cette nature une haute position personnelle et ses titres les plus durables à la renommée. Devenu ministre, il prit l'initiative d'une mesure gouvernementale propre à mettre en valeur ces nobles recherches, réduites jusque-là aux ressources limitées de l'essor individuel. Dans un rapport au roi, qui précédait la loi de finances pour l'exercice de 1835, il exposa ses vues sur cette matière, et obtint des chambres un crédit de 120,000 fr., destiné à la *recherche* et à la *publication de documents inédits relatifs à l'histoire de France*. Cette allocation pécuniaire, renouvelée chaque année au budget des dépenses de l'Etat, servit depuis lors à doter l'érudition d'un vaste recueil, composé aujourd'hui de près de cent volumes in-4° et rempli de mémoires ou de matériaux

Un arrêté du 17 décembre de cette année porta le nombre des comités de deux à cinq, et traça leurs attributions sur le modèle qu'offrent, dans leur division, les cinq Académies de l'Institut. Quelques membres de chacune de ces classes furent appelés à faire partie du comité correspondant. Les comités recevaient l'impulsion et les inspirations des Académies et devaient, à leur tour, présider, sous certains rapports, aux travaux des Académies répandues dans les départements. Le but de cette organisation était donc de relier par un tel intermédiaire les *Sociétés savantes* à l'*Institut* de France, comme à un centre commun. Un arrêté de l'un des successeurs de M. de Salvandy rapporta bientôt la mesure que nous venons d'indiquer. En 1846, cette idée fut reprise par son auteur, que les vicissitudes politiques avaient rendu au ministère de l'instruction publique. Mais un second essai ne réussit pas davantage, et la pensée de M. de Salvandy ne produisit alors d'autre résultat immédiat que l'utile publication d'un seul volume de l'*Annuaire des Sociétés savantes*.

qui éclaircissent une multitude de points obscurs de nos annales.

Cette libérale fondation, indépendamment de cet objet particulier, devint le point de départ ou la source occasionnelle de différentes créations, de diverses réformes, qui devaient porter avec elles un non moindre profit à la cause de l'instruction publique.

Les dépôts d'archives départementales, depuis l'organisation primitive qu'ils avaient reçue à l'époque de la révolution française, avaient été presque complétement négligés. Une série d'actes législatifs ou réglementaires (1), rendus principalement sous le ministère de M. Duchâtel, secrétaire d'Etat, et par les soins de M. Hippolyte Passy, sous-secrétaire d'Etat au département de l'intérieur, contribua puissamment à tirer du désordre cette partie de l'administration et à répandre les notions historiques que renferment un grand nombre de ces précieuses collections.

Une dernière amélioration se rattache à l'étude de l'histoire nationale, et aux encouragements dont le gouvernement, fondé en juillet 1830, prit l'initiative, pour seconder cette direction des esprits. L'Ecole des chartes, fondée sous la Restauration, répondait à un besoin réel de la science. Elle servit à perpétuer un genre d'érudition qui, depuis le XVIIᵉ siècle, formait un des plus beaux fleurons de la gloire littéraire de la France, et dont les traditions, interrompues par la Révolution et l'Empire, étaient près de s'éteindre. Le cadre étroit, dans lequel avait été conçu et réalisé cet établissement, n'était plus en rapport avec l'importance qu'il s'était acquise, ni avec le but élevé qu'il devait atteindre. Sur la proposition de M. de Salvandy, ministre de l'instruction publique, une ordonnance royale, en date du 31 décembre 1846, lui procura une existence mieux assurée, plus ample, et agrandit le cercle de son enseignement (2).

Nous avons exposé, dans le précédent paragraphe, la part d'initiative qui revient à la Restauration relativement à l'instruction industrielle et agricole. Le gouvernement qui lui succéda marcha sur ses traces et ne resta point au-dessous de ses prédécesseurs. Trois ordonnances royales (3) apportèrent successivement des accroissements nouveaux à l'enseignement et aux attributions du Conservatoire des arts et métiers. C'est ainsi que cet établissement parvint au rang distingué que nous lui voyons occuper de nos jours.

A la faveur des encouragements qui leur

(1) Loi du 10 mai 1838, art. 12, nᵒ 19; rapport au roi du 8 mai 1841, etc.

(2) On doit encore au même ministre la création de l'Ecole d'Athènes, instituée par ordonnance du 11 septembre 1846, à l'instar de l'Académie française des beaux-arts à Rome, pour l'étude des antiquités helléniques.

(3) 25 août 1836, 26 septembre et 13 novembre 1839.

(4) L'école de Roville reçut, dès 1831, une subvention annuelle de 3,000 francs, qui malheureusement ne fit que retarder sa chute, arrivée vers 1842. A partir de 1832, l'école de Grignon fut inscrite au

furent dès lors accordés, les institutions agricoles se multiplièrent et prirent une importance toujours croissante (4). La création du Conseil général d'agriculture (29 octobre 1841) ouvrit comme un parlement spécial à ce grand intérêt de l'Etat. L'Ecole des Haras du Pin fut fondée le 25 octobre 1840. Une troisième école des arts et métiers fut établie à Aix, par une loi du 13 juin 1841. Enfin de nombreux établissements, encore isolés et consacrés les uns à l'enseignement de l'agriculture, les autres à celui de l'industrie, s'élevèrent sur divers points du territoire par les soins de particuliers, mais avec l'aide et sous la protection plus ou moins directes de l'Etat, des départements ou des communes (1).

Quant à ce qui est de l'art proprement dit, les préoccupations dominantes de l'autorité qui gouvernait alors la France et le caractère personnel du monarque n'étaient point de nature à servir avec un grand bonheur ce genre d'intérêt public. Deux institutions cependant, malgré la médiocrité des résultats immédiats qu'elles ont produits sous ce point de vue, nous paraissent dignes d'attention, à cause de leur intérêt ou de leur utilité pour la science historique. L'une est le *Musée de Versailles*, commencé en 1833; l'autre le Musée de Cluny, devenu propriété de l'Etat en vertu de la loi du 24 juillet 1843.

La plupart des différents actes que nous venons de passer en revue se rapportent à des institutions que la terminologie officielle désigne sous le nom d'*établissements divers*. L'histoire de l'*Instruction supérieure* fixera maintenant notre attention. Cette dernière dénomination s'applique à l'enseignement des facultés. Nous suivons, pour nous en occuper, l'ordre qui leur est assigné dans le code universitaire.

Les facultés de théologie avaient été rattachées, par le décret du 17 mars 1808, à l'organisation générale de l'Université. Celles qui étaient destinées au culte catholique devaient être égales en nombre aux églises

budget de l'Etat pour une somme qui s'accrut d'année en année, et qui fut portée d'abord à 8 mille, puis à 17 mille, puis à 60 mille francs. Les fermes modèles ou écoles de Grandjouan et de la Saulsaye prirent place également parmi les institutions publiques, la première en 1833, la seconde en 1840. Au mois de février 1848, le gouvernement de juillet légua à la République vingt-une fermes écoles et quelques instituts agronomiques secondaires, qui ont servi de noyau à l'organisation nouvelle prescrite par la loi du 3 octobre de la même année.

(1) Tels furent, pour l'enseignement agricole, l'institut de Coëtbo (arrondissement de Ploërmel), fondé en 1833; pour l'industrie et l'agriculture, le prytanée de Ménars, près Blois (1832); et pour diverses applications industrielles ou mixtes, l'école de Mesnières, près Rouen; l'école dentellière de Dieppe; l'école d'horlogerie de Morteau (Doubs), l'école Paoli de Corte (Corse); toutes créées ou agrandies dans le cours de l'année 1836, et d'autres encore. — Sur l'organisation, les progrès et les besoins de l'enseignement professionnel pendant le règne de Louis-Philippe, on peut consulter un ouvrage remarquable : *De l'Instruction publique en France*, par M. Emile de Girardin, 1842, in-12 (3ᵉ édition).

métropolitaines; six seulement furent établies. La même loi ordonnait que les professeurs seraient nommés par le grand maître sur une liste de trois candidats, *docteurs en théologie*, présentés par les archevêques et évêques. Mais l'absence de sujets remplissant cette condition légale motiva le décret du 17 septembre de la même année, qui ajournait au 1er janvier 1815 l'application de cet article. Quatorze années après le terme expiré de ce délai, une ordonnance royale du 4 janvier 1829, fondée sur la même considération, prorogea ce terme au 1er janvier 1835. C'est en vain que, dans l'intervalle, une autre ordonnance, du 25 décembre 1830, exigea de la part des candidats, à partir du 1er janvier 1835, la possession des grades théologiques, pour être élevés aux fonctions de professeurs en théologie ou aux dignités ecclésiastiques. Le 24 août 1838, dans un rapport au roi, M. de Salvandy, ministre de l'instruction publique, exposa que « les dernières années qui venaient de s'écouler, loin de changer cette situation, l'avaient aggravée, en laissant presque entièrement périr ces facultés (1). » Une dernière ordonnance, rendue à la suite de ce rapport, prorogea une troisième fois ce terme et le porta au 1er janvier 1850. En même temps, une chaire de droit ecclésiastique fut ajoutée à l'enseignement de la théologie, et cette branche d'instruction dut, à compter de 1845, faire partie des matières dans les futurs examens pour la licence et pour le doctorat. Mais ces nouvelles dispositions ne furent point plus efficaces que toutes celles qui avaient été précédemment tentées. Les facultés de théologie continuèrent à demeurer désertes, comme par le passé, ou à ne recevoir que des auditeurs purement bénévoles (2). L'étude des connaissances qui se rapporte à la religion catholique se concentra de plus en plus au sein des séminaires, placés exclusivement sous la libre autorité des évêques.

Les quatre autres facultés accomplirent sous l'impulsion universitaire de constants progrès, et virent s'élever le niveau de leur enseignement.

Une commission des hautes études de droit, instituée en 1838, s'efforça de mettre l'instruction distribuée dans ces écoles à la hauteur des besoins du siècle et des travaux importants dont cette science n'a cessé d'être l'objet. L'administration de l'instruction publique pourvut à ces nécessités en créant de nouvelles chaires, consacrées notamment au droit administratif, et en instituant des prix pour les étudiants

qui se distingueraient par leurs succès (1).

L'enseignement médical reçut des soins et un accroissement analogues. Une ordonnance du 27 septembre 1840, rendue sur le rapport de M. Cousin, réunit à l'Université les trois écoles supérieures de pharmacie établies en 1803. Les écoles secondaires de médecine, bien que placées depuis 1820 sous le régime universitaire, ayant été fondées isolément, sans aucune règle commune, ne présentaient aucun ensemble dans leur organisation. L'ordonnance du 13 octobre 1840 prescrivit à tous ces établissements une marche et des règles uniformes pour l'administration, l'enseignement, la discipline, etc. Ils reparurent bientôt plus nombreux et plus fortement organisés qu'auparavant, sous le nom d'*Écoles préparatoires de médecine et de pharmacie* (2).

Depuis l'ordonnance du 18 janvier 1816, la Restauration n'avait laissé subsister en France que huit facultés des sciences, fixées à Toulouse, Strasbourg, Paris, Montpellier, Lyon, Grenoble, Dijon, Caen, et six facultés des lettres, placées à Besançon, Caen, Dijon, Paris, Strasbourg et Toulouse. Presque toutes furent augmentées par la fondation de chaires nouvelles. Leur nombre s'accrut par la création de deux facultés des sciences, l'une à Bordeaux, l'autre à Besançon, et par l'établissement de six facultés des lettres, à Aix, Bordeaux, Lyon, Montpellier, Poitiers et Rennes (3).

Nous rappelions plus haut, col. 687, que la charte de 1830 avait commandé de « pourvoir, dans le plus court délai possible, à l'instruction publique et à la liberté de l'enseignement. » L'année suivante, une commission fut chargée de reviser les lois, décrets et règlements existants, et de préparer un projet de loi sur l'*organisation générale* de la matière (4). La loi *spéciale* du 28 juin 1833 ne commença de réaliser cette promesse qu'en la scindant. Le gouvernement de juillet devait épuiser en quelque sorte, dans cet enfantement, toute sa fécondité, ainsi que toute la force dont il était capable pour s'acquitter d'une telle obligation. Trois années plus tard, M. Guizot présentait à la chambre des députés un nouveau projet de loi limité à l'*instruction secondaire*. Ce premier projet fut adopté le 29 mars 1837; mais la chambre des pairs n'en fut point saisie. Les différents cabinets qui se succédèrent depuis cette époque jusqu'à la révolution de 1848, se transmirent de

(1) Le rapport ajoutait : « La règle posée, on reconnut que tout manquait pour l'appliquer : il n'y avait ni concurrents ni juges... De plus, les concurrents doivent être docteurs et se présenter au nombre de trois. A peine existe-t-il trois docteurs dans le royaume. »

(2) La cause profonde et délicate de cet éloignement du clergé reposait, comme on sait, sur l'obligation, imposée par le décret organisateur de l'Université à tout professeur et à tout gradué en théologie, d'adhérer aux propositions de 1682 et aux maximes gallicanes.

(1) Ordonnances et arrêtés des 29 juin 1838, 17 mars 1840, etc.

(2) Le nombre de ces écoles était de 18 en 1810. Elles furent successivement portées à 20 par les ordonnances royales des 14 février, 31 mars, 30 octobre, 12 novembre 1841, 6 mars 1842, 17 août et 17 octobre 1843.

(3) Ordonnances royales des 24 août 1838, 15 février, 8 octobre 1845 et 11 juin 1846.

(4) Ordonnance du 3 février 1831. Cette commission eut pour membres : MM. Daunou, de Vatimesnil, Cuvier, Cassini, Thénard, Villemain, Dubois, Broussais, Francœur, de Rémusat, Dupin, Arnault, Tissot et Orfila.

mains en mains le faix de cette promesse, sans parvenir à s'en décharger. Le zèle toutefois, dans ce long intervalle, ne manqua point aux nombreux ministres de l'instruction publique, pour améliorer cette partie des intérêts confiés à leurs soins et pour perfectionner du moins le monopole dont ils demeuraient investis. L'un des premiers actes de Louis-Philippe d'Orléans, n'étant encore que lieutenant général du royaume, rendit à l'École normale son nom et les attributions que le régime précédent lui avait enlevées (1). De nouveaux règlements, promulgués le 18 février 1834, étendirent et fortifièrent les études, la discipline et l'utilité de cette institution, qui ne cessa d'ailleurs, pendant toute la durée de ce règne, d'attirer sur elle, de la part de l'autorité, un constant intérêt et une vive sollicitude. A partir de 1833, une heureuse innovation, introduite dans le service financier, déchargea l'Université du soin, qui lui avait incombé jusque-là, de percevoir elle-même les taxes diverses que la loi l'autorisait à prélever. Cette tâche fut dévolue, ainsi que la vérification des comptes de l'instruction, aux administrations spéciales instituées pour la perception des deniers publics et pour le jugement des affaires financières. Toutes les questions relatives à l'organisation et à l'enseignement des collèges furent l'objet de mesures attentives et multipliées, qui attestent une vigilance soutenue et un incontestable désir de perfectionnement. Mais le nombre même, l'inconsistance et la versatilité de ces règlements (2) montrent assez combien cette matière était délicate, et combien était grande sur un pareil terrain la faiblesse morale et l'hésitation du pouvoir. Cette humble question, en effet, contenait un de ces problèmes qui demandaient, pour être résolus, des principes plus larges et plus fermes que les décevantes fictions sur lesquelles reposait la monarchie constitutionnelle, un de ces problèmes sous le poids desquels elle devait succomber.

Le grave changement survenu en février 1848 dans la constitution politique de la France, en ouvrant une ère nouvelle à ses destinées, a clos, par le même fait, une période de ses annales. Les actes de cette période sont du domaine du passé; ils sont acquis à l'*histoire*. Les actes survenus depuis appartiennent au présent; ils ne sont encore susceptibles, dans leur diversité, que de débats et de controverse. Pousser plus loin ces investigations, dépasser cette limite, nous serait impossible, sans altérer complétement le caractère de l'œuvre que nous nous sommes volontairement tracée; nous devons donc la borner à ce terme.

(1) Ordonnance du 6 août 1830.
(2) Du 11 septembre 1830 au 15 août 1840, onze statuts, règlements ou arrêtés relatifs au programme des études des collèges, la plupart exclusifs ou contradictoires entre eux, furent successivement rendus par le conseil royal, ou par les ministres de l'instruction publique. On peut lire, dans le *Tableau historique de l'instruction secondaire*, par Kilian, la curieuse histoire de ces variations.

## Instruction primaire.

*Le Comité de la liberté religieuse* vient de rendre un nouveau service à la grande cause de la liberté de l'enseignement et de l'éducation populaire en France, en publiant ce recueil de lettres, véritables *pièces à consulter* pour cette immense question.

Cette publication, dit M. Antonin d'Indy, ne pouvait pas arriver d'une manière plus opportune. En ce moment où ce long procès, plus d'aux trois quarts gagné, va de nouveau se plaider devant l'opinion, rien ne saurait être plus utile qu'un ouvrage où se trouvent rassemblés toutes les statistiques et tous les chiffres relatifs à la matière, avec les conclusions naturelles que leur simple exposé doit faire tirer à tout lecteur impartial.

Il est impossible, en effet, de voir plus de faits authentiques et officiels réunis en quelques pages fort intéressantes, et bien des livres poudreux de nos bibliothèques, que l'on va rechercher avec grand soin, n'offrent pas de documents aussi précieux.

De tous ces faits, de tous ces livres rapprochés l'auteur fait ressortir surtout deux grandes vérités : c'est, 1° que les diverses lois sur l'instruction primaire, et en particulier celle de 1833, ont produit généralement de mauvais résultats : qu'elles ont été funestes aux élèves, funestes aux instituteurs, funestes à l'éducation populaire; 2° que, pour l'éducation des filles, il n'a jamais été possible de rien faire d'utile et de fécond en dehors des congrégations de femmes.

Ces deux propositions sont catégoriquement démontrées dans ce remarquable recueil. Nous nous contenterons d'en citer quelques passages; c'est ce que nous avons de mieux à faire pour le lecteur.

Notre auteur anonyme se livre à un historique sommaire des diverses législations en France sur l'instruction, et en particulier sur l'instruction primaire; arrivant à la loi de 1833, qui est aujourd'hui le code de l'enseignement primaire dans notre pays, il trouve des résultats déplorables. Sous ce régime, en dépit des affirmations ministérielles, les progrès de l'instruction ont été considérablement ralentis : « Quelle est donc cette cause retardataire? dit-il : Peut-il y en avoir d'autre que l'action de l'État enseignant, poursuivant, avec la jalousie d'un concurrent, tout enseignement libre, comme une industrie coupable, comme un DÉLIT? » Cette assertion est évidente : nous trouvons, par exemple, que dans l'Ain, en moins d'une année, le total des élèves a diminué de 822, et le Conseil général n'hésite pas à dire que la principale cause de cette diminution, c'est « qu'il y a eu *suppression* de dix écoles privées dans les localités les plus pauvres, par *refus d'autorisation* d'exercice et par des poursuites dirigées contre plusieurs instituteurs clandestins. »

Dans une foule de localités nous arrivons aux mêmes résultats. Le préfet de la Haute-Vienne s'en plaint hautement en 1843 :

« L'instruction primaire, dit-il, semble être arrivée depuis quelque temps à l'apogée de son développement matériel. L'année dernière, je vous signalais l'*état stationnaire* de ce service ; cette année, *ma tâche sera plus pénible encore*, car les rapports qui me sont parvenus signalent '*une diminution dans le nombre des écoles et un ralentissement dans les tendances générales des populations* rurales... Ainsi la mise à exécution complète de la loi de 1833 *est devenue à jamais impossible...* ON LEURRE DONC LE PAYS, en lui laissant croire que, en échange des sacrifices qu'il s'impose, on donne à la génération qui s'élève l'instruction et les principes qui doivent en faire un élément d'ordre et de stabilité dans l'Etat. Une notable partie de la population scolaire ne fréquente aucune école. Les indigents sont exclus à peu près partout des écoles existantes, faute de ressources suffisantes pour les y maintenir... Et pendant cinq ou six mois d'écolage, quelle éducation reçoivent ceux qui fréquentent les écoles ? *Il est bien certain que sous un gouvernement constitutionnel, on ne peut rendre l'instruction obligatoire comme en Prusse* ; mais au moins faut-il laisser à chacun, sous ce rapport, une liberté d'action pleine et entière. Or, à l'heure qu'il est, il y a en France, et il y aura, tant que le législateur n'aura pas refait son œuvre, des populations qui, le voulussent-elles, *ne pourraient pas jouir des bienfaits de l'instruction primaire.* » .

Pareillement la *Gazette spéciale de l'instruction publique* elle-même, qui la première a signalé ces diminutions, ne leur donne pas d'autre explication. Lisez plutôt : « En comparant l'état intellectuel des conscrits de 1827-31 à 1832-36, nous avons trouvé que de tous les départements de la France, le Cantal était celui qui avait fait le plus de progrès. Et voilà que de 1837 à 1840, le total des élèves de ces écoles, soit du sexe masculin, soit du sexe féminin, subit une diminution très-notable. La même opposition, mais dans un degré moindre, se produit dans Loir-et-Cher et dans Seine-et-Marne. Si pour le Cantal les nombres sont exacts, si réellement le nombre des élèves primaires a diminué de 1837 à 1840, on pourrait peut-être expliquer cette diminution par une *application trop rigoureuse et trop littérale de la loi de 1833.* L'article 6 prononce une amende de 50 à 200 fr. contre quiconque aura ouvert une école primaire sans avoir préalablement obtenu un brevet de capacité. Or, dans le Cantal, le pays est pauvre, montagneux, sans cesse coupé par des ravins infranchissables pendant la mauvaise saison. La population y est extrêmement disséminée, et, par suite, les communes très-étendues, et les communications entre les chefs-lieux et les hameaux éloignés très-difficiles pour les habitants, et impossibles pour les petits enfants, pendant une grande partie de l'année. Le zèle de la population avait en partie remédié à ces inconvénients et vaincu ces obstacles à la propagation des lumières.

Les premiers éléments de l'instruction primaire s'y transmettaient, pour ainsi dire, traditionnellement, sans intervention aucune de la part de l'autorité. Dans la plupart des villages et même des hameaux les plus écartés, on trouvait quelqu'un qui se dévouait à la tâche pénible, mais honorable aux yeux des habitants de l'endroit, de l'instruction et de l'éducation de l'enfance : c'était un jeune homme qui avait fréquenté quelque temps le collège voisin, une jeune fille qui avait passé un ou deux ans dans le couvent du chef-lieu, un vieil ecclésiastique, un jeune séminariste et quelquefois un père de famille, un des premiers du village, qui consacraient les longues soirées d'hiver, ou même une partie des journées, à instruire les enfants de la localité... De tous ces instituteurs de l'enfance, aucun n'avait de brevet, aucun, par conséquent, n'aura pu légalement continuer cet enseignement, du moment que la loi aura été mise à exécution. La suppression de ces petites écoles, loin d'augmenter le nombre des élèves de l'école communale, aura dû à la longue le diminuer d'une manière notable, et voici comment : la plupart des enfants qui avaient commencé à apprendre quelque chose dans leurs hameaux, fréquentaient l'école communale pendant les deux ou trois hivers qu'on emploie généralement dans ces montagnes à se préparer à la première communion ; tandis que si l'on a fait fermer ces petites écoles, la plupart des enfants auront été privés de toute espèce d'instruction, parce qu'ils n'en auront plus reçu chez eux, et qu'en raison de la difficulté des communications et de la distance au chef-lieu, ils n'auront pas pu fréquenter l'école communale avant l'âge de douze à treize ans. Alors, n'ayant rien appris, ils auront été honteux de se trouver dans l'école communale avec des enfants beaucoup plus jeunes, et cependant beaucoup plus instruits, et ils auront donc renoncé à toute espèce d'instruction. »

« Vous voyez, citoyen représentant, ajoute notre auteur, que ces diminutions coïncident précisément avec l'abrogation des décisions qui permettaient aux recteurs de donner des autorisations provisoires à des personnes non brevetées. »

Qu'on lise, en outre, à la page 180, la curieuse discussion du Conseil général du Cher sur cette matière ; et qu'on mette en regard la conduite opposée du Conseil général du Jura, à la page 191 ; on verra, en comparant les résultats obtenus dans les deux départements, si l'avantage n'est pas resté mille fois à celui qui s'est prononcé en faveur du système de liberté.

Il va sans dire que, malgré ce ralentissement du progrès dans l'éducation du peuple, les dépenses des contribuables pour cet objet ont toujours été en augmentant d'une manière hors de toute proportion avec les résultats. Le rapport de M. de Salvandy au roi Louis Philippe le constate comme un succès • « Tandis que la France, dit-il, n'avait consacré pendant seize ans que 742,000 fr. à

l'instruction du peuple, le gouvernement actuel y a consacré, pendant dix-sept ans, la somme de 37,640,000 fr. » Cependant les chiffres recueillis par notre auteur prouvent que « plus le monopole resserre ses liens et augmente les dépenses des contribuables, moins il y a progrès. »

« Ainsi, vous le voyez, citoyen représentant, ajoute-t-il, malgré les efforts qu'on a faits pour faire ressortir un progrès accéléré à mesure qu'on grossit le budget, il ressort des chiffres mêmes qu'on nous donne, la preuve évidente et péremptoire d'un ralentissement bien prononcé, non pas seulement dans le nombre des écoles primaires et de leurs élèves, mais encore dans le nombre des adultes qui reçoivent l'instruction primaire, et dans celui des enfants qu'admettent les asiles. »

Certainement la loi de 1833 a mis aussi un grand obstacle à l'accroissement des maisons de religieux voués à l'enseignement primaire; toutefois leur augmentation a été, relativement, bien plus rapide que celle des institutions laïques protégées par l'Etat, et objets de dépenses considérables de la part des communes et des départements. Il n'y a rien d'étonnant à cela avec la position précaire et peu encourageante que la loi de 1833 a faite aux instituteurs.

L'auteur cite à ce sujet une partie remarquable du rapport du préfet du Bas-Rhin au conseil général dans la session de 1837, et plus tard dans celles de 1838 et de 1839 : « Il est certain, et beaucoup d'entre vous ont été à même de le reconnaître, que la loi de 1833, *dans un grand nombre de communes, au lieu d'améliorer le sort des instituteurs,* LES A RÉDUITS A L'ÉTAT DE MISÈRE. Avant la mise à exécution de la loi de 1835, le sort des instituteurs se trouvait fixé par des traités synallagmatiques, conclus avec les communes à leur entrée en fonctions... Ces conventions assuraient et fixaient invariablement les moyens d'existence des instituteurs pour toute la durée de leurs fonctions. Aussi les voyait-on souvent consacrer leur vie entière à l'instruction de la même localité, dont ils devenaient un des membres les plus estimés.

« Sous la législation actuelle, au contraire, le traitement fixe des instituteurs communaux est voté annuellement par les conseils municipaux, qui peuvent le réduire au minimum de 200 fr. Ce sont encore eux qui, chaque année, fixent le taux de la rétribution mensuelle, dont ils peuvent exempter les enfants qu'ils désignent comme insolvables. Il arrive de là que, quand une commune vient à manquer d'instituteur, on provoque, par tous les moyens, la candidature des sujets les plus capables; on leur fait de brillantes promesses; et, s'ils acceptent la nomination, on les réalise pendant une ou plusieurs années. Mais vienne le moment où les élections auront introduit quelques membres nouveaux dans le sein du conseil, ceux-ci voudront justifier le choix qu'on

a fait d'eux par des économies sur les dépenses de la commune, et ils opéreront tout d'abord sur le traitement de l'instituteur, qu'ils porteront au minimum. D'autres causes, plus futiles encore, peuvent amener le même résultat. L'instituteur qui, pour récompense du zèle qu'il aura à remplir ses devoirs, se trouve ainsi privé d'une partie des émoluments qu'on lui avait promis, et réduit à vivre misérablement, se décourage, et quittera la place à la première occasion pour chercher un meilleur sort ailleurs. De là des changements continuels dans le personnel des instituteurs, et tous les inconvénients qui en résultent pour l'instruction; de là aussi la pénurie de sujets qui veuillent se vouer aux pénibles et ingrates fonctions de l'enseignement élémentaire... En Alsace, *la loi de 1833 a produit un mouvement réactionnaire* dans l'instruction... Quant au sort des instituteurs, la loi de 1833, qui avait pour but de l'améliorer, *l'a rendu bien précaire.* »

Puis l'auteur ajoute: « Ainsi vous le voyez, citoyen représentant, cette charte de l'enseignement primaire, comme on l'appelait dans le monde officiel sous Louis-Philippe, est loin d'avoir produit tout le bien qu'on lui attribuait. Et cela se conçoit très facilement : elle a mis toutes les communes de la France sous le même niveau, et, sous prétexte d'uniformité, elle exige la même capacité de l'instituteur destiné à la plus pauvre et à la plus arriérée des communes de France, et de l'instituteur destiné à la capitale; sous prétexte d'uniformité, elle impose la même dépense aux deux communes. Et de cette manière, il arrive que les communes pauvres ne peuvent avoir d'écoles, faute de ressources pour satisfaire au minimum; ainsi, de par la loi, une foule d'enfants sont privés de toute instruction, car NUL ne peut enseigner s'il n'a de brevet; NUL ne peut avoir de brevet s'il ne répond à toutes les parties de l'examen, et NULLE commune ne peut avoir d'école sans le minimum de 200 fr. »

Encore si la loi de 1833, inhabile à étendre largement l'instruction, avait pu produire une éducation morale, on trouverait quelque compensation. Mais, hélas ! les faits et les chiffres sont là pour démentir tout espoir de cette nature. L'instruction religieuse étant déplorablement négligée dans les écoles laïques, les fâcheux effets de cette négligence sautent aux yeux de tout observateur attentif.

Des autorités universitaires elles-mêmes sont là pour attester tout ce qu'a de faible et d'impuissant l'éducation religieuse donnée dans les écoles laïques. Nous citons : « Eh bien, citoyen représentant, voici des autorités purement universitaires qui donnent un démenti formel aux assertions ministérielles : *L'instruction religieuse et morale est la partie de l'instruction publique qui laisse le plus à désirer,* » dit M. Wilm, inspecteur de l'Académie de Strasbourg, correspondant de l'Institut, et sans contredit l'un des membres de l'Université les plus

compétents sur cette matière, dans son *Essai sur l'éducation du peuple,* ouvrage couronné par l'Académie française, II° partie, chap. 4, § 6.

Voici un témoignage plus explicite, et qui émane d'un homme tout aussi compétent : « L'instituteur, il est vrai, est chargé de faire apprendre et réciter aux enfants les prières et le catéchisme, et de leur enseigner l'histoire sainte. Mais *cet enseignement se réduit,* comme tous les autres, *à une vaine étude de mots;* et d'ailleurs, donné par un *maître qui souvent manque de foi, et que n'anime presque jamais un véritable esprit religieux, il est sans vie et sans puissance.* Ainsi, dans cette instruction primaire, telle qu'elle est donnée au peuple, RIEN qui puisse servir à améliorer sa position et lui permettre de satisfaire les besoins que fait naître la civilisation et *ceux que crée cette instruction elle-même;* RIEN non plus qui puisse lui procurer cette force morale dont il a tant besoin pour résister à toutes les tentations qui viennent l'accueillir à la vue du bien-être répandu autour de lui. *Ma conviction se fonde sur l'observation des faits et un commerce prolongé avec les instituteurs.* Elle est aussi le résultat, non de DOCUMENTS OFFICIELS OU L'ON N'OSE PAS TOUJOURS EXPOSER TOUTE LA VÉRITÉ, mais de renseignements puisés dans des correspondances, dans des confidences intimes avec un grand nombre d'inspecteurs et de directeurs d'écoles normales en France et à l'étranger. » Voilà, citoyen représentant, comment s'exprime devant l'Académie des sciences morales et politiques, dans un *Mémoire* du plus grand intérêt, inséré dans le *Moniteur,* M. Rapet, ancien directeur de l'Ecole normale de Périgueux, sous-inspecteur de l'instruction primaire de la Seine, membre et même secrétaire d'une commission chargée dans le temps de présenter un nouveau programme d'études pour les écoles normales primaires, deux ou trois fois lauréat de l'Académie des sciences morales et politiques, etc.

Voilà comment des hommes consciencieux, après avoir étudié sérieusement les faits, sont obligés de s'exprimer; et n'oublions pas que ces hommes sont des membres de l'Université, dévoués à l'Université, dont l'un, M. Wilm, est protestant, et que, par conséquent, leur témoignage ne peut pas être mis en suspicion quand ils font de pareils aveux.

La surveillance de l'Etat exercée par les inspecteurs universitaires est toujours malveillante pour les institutions privées, illusoire pour les écoles officielles. Tant que cette surveillance ne sera pas exercée par les communes elles-mêmes, elle ne pourra rien produire de bon.

Aussi les résultats moraux de l'éducation primaire, telle qu'elle est donnée aujourd'hui en France, sont-ils désolants. Les statistiques les plus consciencieuses démontrent que « le nombre des accusés fourni par chacune de ces trois classes (ignorants, instruits ou lettrés), pendant la période de dix-huit ans qui vient de s'écouler, *a été en raison directe du degré d'instruction reçue de l'état enseignant,* » et que « *la profondeur de la criminalité est,* également, *en raison du degré d'instruction reçue.* »

« En conclurons-nous, dit notre anonyme, que l'instruction est une mauvaise chose ? Non certainement. Que l'ignorance n'est pas une cause d'immoralité et de criminalité ? Pas davantage. Pour obéir aux lois religieuses, morales ou sociales, il faut les connaître au moins leurs dispositions essentielles; et comme cette connaissance n'est pas innée dans l'intelligence humaine, l'instruction, sous ce point de vue, est absolument nécessaire, et comme auxiliaire de cette espèce d'instruction essentielle, comme auxiliaire puissant et presque indispensable, surtout de nos jours, la connaissance de la lecture et de l'écriture doit, autant que possible, être donnée à tous. Sous ce point de vue donc l'instruction primaire est presque une nécessité pour tous les membres de la société. L'instruction secondaire et supérieure est aussi une nécessité pour un certain nombre d'intelligences d'élite. Mais ne l'oublions pas (on l'a malheureusement trop oublié chez nous, surtout dans l'Université), l'instruction n'est que l'*accessoire* dans le développement complet de l'homme religieux, moral et social; c'est le moyen, l'instrument. Partout, aux yeux de la morale et de la société, comme devant le souverain juge, la valeur réelle de l'homme se mesure, non pas à ce qu'il sait, mais à ce qu'il fait, non pas à son savoir, mais à ses actions, non pas à l'instruction qu'il a reçue, au talent qui lui a été confié, mais à l'usage qu'il en a fait pour le bien de ses semblables et pour la gloire de Dieu, auteur de tout don parfait. C'est pour cela, c'est parce qu'il a plus reçu, que l'homme plus *instruit* doit être et est en effet, partout où son instruction a été bien dirigée, *plus moral* que l'homme ignorant. Si donc il n'en est pas ainsi en France, si cet accord n'existe plus entre la grande instruction et la plus grande moralité, ainsi que l'attestent les faits depuis dix-huit ou vingt ans, c'est que l'instruction qu'on nous donne n'est pas ce qu'elle devrait être, c'est que l'Université a pris l'accessoire pour l'essentiel, la forme pour le fond, et a voulu, en conséquence de cette erreur capitale, remplacer dans les 40,000 communes de France l'influence des commandements de Dieu et de l'Eglise par l'apprentissage souvent mécanique de la lecture, de l'écriture et du calcul; le curé catholique par l'instituteur universitaire... L'instruction, en général, n'est pas seulement utile, elle est absolument nécessaire. L'intelligence humaine ne se développe pas plus sans instruction que le corps sans nourriture, et l'homme à qui elle a manqué ne peut être qu'un homme incomplet, un homme tronqué dans la partie la plus noble de son être. Mais il est évident que l'instruction peut être bonne ou mauvaise, ou indifférente, suivant son objet.

D'ailleurs une bonne instruction peut devenir dangereuse si elle n'est pas en harmonie avec le développement physique, et surtout avec le développement moral et religieux du sujet, ou même seulement si elle ne correspond pas avec le milieu social où le sujet devra plus tard continuer son existence.

« D'ailleurs, l'orgueil qui a perdu le premier homme est souvent le compagnon de la science et presque toujours celui du demi-savoir, qui est justement le degré du grand nombre ; c'est lui qui, à moins que l'arome religieux et moral ne l'en préserve, vient corrompre l'intelligence et la volonté; et alors l'instruction peut devenir un véritable instrument de désordre, et celui qui l'a reçue, un fléau d'autant plus dangereux qu'il est plus habile.

« Si donc il arrivait qu'en France la partie de la population qui a reçu le bienfait de l'instruction fût moins morale que celle qui en a été privée, nous en conclurions, non pas que l'instruction est une mauvaise chose, mais que celle qu'on distribue en France est incomplète, et qu'elle pèche surtout sous le rapport moral et religieux, et peut-être aussi sous le rapport politique et social. »

Ainsi, pour résultat matériel, les deux cinquièmes des enfants privés de l'instruction élémentaire ; pour résultat moral, le vice, le crime, la perversité morale, sociale et politique, enfantés par les universitaires. Notre auteur a bien le droit de s'écrier, en présence de pareils résultats : « Nous l'avons déjà dit plusieurs fois, et nous ne cesserons de le répéter, les lois de Dieu sont seules fécondes : quant à celles des hommes, elles n'ont de fécondité que celle qu'elles empruntent aux lois divines en s'en rapprochant ; et toutes les fois qu'elles s'en éloignent, toutes les fois qu'elles appellent *mal ce qui est bien*, quelles défendent ce que Dieu ordonne, elles sont non-seulement stériles, mais funestes. Et, sous ce rapport, les législateurs de 1833, et, depuis, nos ministres de l'instruction publique, ont assumé une bien terrible responsabilité en condamnant comme un DÉLIT ce que tous les peuples chrétiens, éclairés par les divines Ecritures, ont toujours considéré comme une VERTU... Qu'il nous soit permis, en finissant, de revenir encore une fois sur le côté moral de la question par une considération qui nous paraît extrêmement grave; nous voulons parler de la *diminution du respect pour la loi*. On sait bien que la loi civile et positive n'est pas toujours une application rigoureuse de la loi morale; elle peut défendre ou ordonner une foule de choses que la loi morale semble avoir négligées ; mais généralement, dans nos sociétés modernes et chrétiennes, ce que nos lois positives condamnent est moralement condamnable, ce qu'elles ordonnent est moralement bien, et c'est là précisément ce qui fait leur force sur la conscience. En peut-on dire autant de nos lois et règlements sur l'instruction publique ? Certai-

nement non. Jusqu'à présent on a été accoutumé à regarder comme un bien la diffusion des lumières, et comme une action méritoire l'enseignement de la science et de la sagesse aux enfants, surtout aux enfants pauvres et abandonnés. L'Ecriture sainte exalte tous ceux qui font cette bonne œuvre ; elle annonce qu'ils *brilleront comme des étoiles au firmament*. L'Eglise a canonisé Calaussazie, parce qu'il s'est dévoué de son vivant à l'éducation des enfants pauvres de la ville de Rome, et a fondé dans ce but la congrégation des Frères des écoles pies; elle a proposé à la vénération des fidèles l'abbé de La Salle, fondateur des Ecoles chrétiennes ; et voilà que depuis 1830 il s'est trouvé des législateurs, un roi et des ministres, qui ont déclaré punissable de l'amende et de l'emprisonnement celui qui spontanément se dévoue à la mission d'instruire lui-même les enfants abandonnés ! Enseigner le bien et la vertu, un DÉLIT ! Voilà ce qui certainement n'entrera jamais dans une conscience droite et chrétienne ; mais voilà précisément ce qui fera regarder cette loi comme un véritable règlement de douane intellectuelle, protectrice d'une industrie particulière au détriment des intérêts intellectuels et moraux du pays, et qui, par conséquent contribuera à diminuer encore le peu de respect que nous portons à la loi et aux législateurs; et c'est là, citoyen représentant, un grand malheur, un malheur pour ainsi dire irréparable. »

Nous arrivons maintenant à l'éducation des filles. Nous avons dit plus haut que les statistiques constatent que « le nombre des accusés a été en raison directe du degré d'instruction reçue. » On trouve pour les femmes un résultat absolument contraire. Pourquoi ? La cause en est bien simple : c'est que la plupart des jeunes filles instruites en France l'ont été par les congrégations religieuses de femmes.

C'est qu'en effet rien n'a pu se faire de sérieux et de fécond pour l'éducation des filles en dehors des congrégations religieuses. Seules ces institutions ont pu produire des élèves et des institutrices. La Convention elle-même, malgré toute son énergie sauvage, a échoué dans ses tentatives sur cette matière ; sous l'Empire, malgré toutes les restrictions systématiques qui venaient d'être créées, c'est encore aux congrégations de femmes *autorisées* qu'on a dû les meilleures et les plus nombreuses institutrices; enfin, dans la dernière période, la plupart des conseils généraux ont été forcés d'avoir recours aux maisons religieuses de filles pour fonder des écoles normales d'institutrices.

Il a donc fallu, bon gré, mal gré, pour l'éducation des filles, laisser s'établir une certaine concurrence de fait, quoique malheureusement fort restreinte. Aussi voyons-nous que, depuis 1830, les écoles de filles ont fait des progrès plus rapides que celles de garçons.

« Au reste, dit notre auteur, malgré les préventions bien connues et bien constatées

dés membres de l'Université contre l'*enseignement congréganiste*, en présence des faits, ils ne peuvent pas toujours cacher la vérité; il leur échappe des aveux précieux. En voici un qui mérite d'être signalé : « Si la supériorité de l'enseignement n'explique pas constamment la prédilection qui se manifeste quelquefois en faveur des écoles des Frères, il n'en est pas de même à l'égard des écoles tenues par des *Sœurs*. Non-seulement elles instruisent un bien plus grand nombre d'enfants que les institutrices laïques, quoiqu'elles dirigent 2,467 écoles de moins, mais encore on peut dire qu'*elles l'emportent de beaucoup quant à la tenue des classes, à la direction morale et religieuse des jeunes filles, et même* QUANT A L'ENSEIGNEMENT. » (Rapport au roi sur la situation de l'instruction primaire en 1837, p. 18.)

Devant un tel état de choses, les prétentions du citoyen Carnot, dans sa fameuse circulaire du 5 juin 1848, n'ont-elles pas quelque chose de souverainement odieux et ridicule à la fois ?

« Il est essentiel, indispensable, dit-il, de ne confier la direction des écoles de filles qu'à des institutrices dont la capacité et la *moralité* aient été publiquement constatées dans des examens, témoignant de leur aptitude à remplir la difficile mission qu'elles sollicitent. » La *moralité* constatée par des examens, met entre parenthèses notre auteur, est une nouveauté curieuse dont nous prions très-humblement le citoyen ministre de vouloir bien indiquer un échantillon, et d'en envoyer à chaque commission d'examen. C'est pourtant avec de pareils *non-sens* qu'une foule de gens se laissent mener, et qu'on entrave les institutions les plus utiles. « Vous voudrez donc bien, monsieur le recteur, ajoute le ministre *n'accorder l'autorisation* d'ouvrir les écoles primaires de filles qu'à des institutrices munies d'un brevet de capacité *régulièrement obtenu*, après examen devant des commissions instituées à cet effet. »

« Ainsi, ajoute l'auteur avec tant de raison, grâce à la circulaire du citoyen Carnot, les Sœurs de la Charité, les Filles de Saint-Vincent de Paul ne pourront plus entrer dans un hospice d'orphelins ou d'enfants abandonnés, sans avoir obtenu un brevet de capacité et de *moralité* délivré par des membres de l'Université, dont la plupart n'ont jamais mis les pieds dans un pareil asile. Et c'est quand l'émeute gronde dans la rue, et menace de précipiter la société dans des malheurs à jamais déplorables, que le citoyen ministre déclare la guerre aux institutions catholiques ! C'est quand le socialisme menace de tout désorganiser, que le citoyen ministre vient mettre en suspicion la capacité et la *moralité* des Sœurs de la Charité, et se plaindre d'*abus* occasionnés par le droit qu'on avait laissé à leurs supérieurs de leur délivrer des brevets pour instruire les petites filles ! Il nous semble qu'ici le citoyen a singulièrement abusé de sa position, nous ne disons pas de son droit, car il en est sorti;

il est aussi sorti des convenances et du bon sens, en voulant faire constater la capacité et surtout la *moralité* des Sœurs de la Charité par une commission d'universitaires dont la moralité est beaucoup moins évidente pour le public (cela soit dit sans leur faire injure) que celle de la bonne sœur ; et dont la capacité pour la direction d'une salle d'asile ou d'une école maternelle, même pour l'éducation des petites filles, est pour le moins douteuse, tandis que celle des bonnes sœurs est constatée par deux siècles de succès... Est-il maintenant convenable, est-il même juste de venir, au nom de l'Etat, mettre en suspicion l'enseignement de celles qui ont créé les premières écoles primaires et les premiers pensionnats en faveur de l'éducation des jeunes filles de toutes les conditions ? De celles qui ont instruit, élevé et formé nos aïeules, nos mères, nos femmes ? De celles qui se sont dévouées à cette mission si méritoire et pourtant si négligée, et qui ont obtenu des résultats si consolants et si considérables plus de deux siècles avant l'existence de nos ordonnances plus ou moins restrictives, de nos règlements plus ou moins légaux, de nos inspecteurs plus ou moins amis de la véritable éducation populaire, et des lumières dont il convient d'éclairer l'intelligence des enfants du peuple ? Et cela pour plaire à quelques libérâtres, à quelques philosophes, à quelques journalistes, qui, de leur vie, n'ont fondé une école, ni appris à lire à un enfant du peuple.

« N'est-il pas à craindre que toutes ces dispositions plus ou moins restrictives, plus ou moins gênantes, surtout pour des femmes, surtout pour des religieuses, au lieu d'activer les progrès véritables de l'instruction primaire, ne viennent encore les ralentir et les entraver en jetant le découragement dans quelques âmes humbles et modestes, qui, sans toutes ces entraves, se seraient dévouées à cette sainte mission, mais qui ne manquent pas de se retirer devant tout cet appareil inquisitorial d'examen, de surveillance et d'inspection universitaire ?

« D'ailleurs, les plus ardents adversaires des congrégations de femmes n'ont rien à reprocher à l'enseignement de ces institutrices dévouées, sinon qu'il fait une concurrence trop redoutable aux institutrices laïques. Mais un pareil reproche n'est-il pas souverainement absurde dans un pays où plus de 20,000 communes sont privées d'institutrices ? Puis il nous semble que les écoles sont surtout instituées pour les enfants et non pour les maîtres. L'instruction primaire est une mission, et non point une spéculation de boutique ; par conséquent, toute concurrence entre les maîtres ne peut que tourner au profit des enfants, et activer le progrès si désirable de l'éducation populaire. »

Ensuite, après avoir prouvé que « ceux qui sollicitent sans cesse une loi pour organiser l'instruction des filles sont dans une grave erreur, s'ils pensent que des dispositions législatives accéléreraient les progrès

de l'éducation des femmes, » notre anonyme finit ainsi son aperçu sur cette partie : « Quant aux progrès des congrégations religieuses enseignantes, malgré toutes les calomnies des journaux, malgré le mauvais vouloir et les défiances d'un pouvoir ombrageux et poltron, il est le résultat naturel des progrès de la foi catholique dans les cœurs. A la vue de ces progrès, les journaux anticatholiques ne manquent pas de crier à l'envahissement, et peu s'en faut qu'ils ne demandent l'emprisonnement des frères et des religieuses, coupables de se dévouer à l'éducation des enfants du peuple. Ne pouvant les faire légalement emprisonner par les tribunaux, ils voudraient du moins que le gouvernement prît sur lui de les faire *expulser* administrativement. Ainsi ces grands ennemis du despotisme et de l'arbitraire appellent de tous leurs vœux le despotisme, l'arbitraire et la persécution contre des personnes paisibles et dévouées! Si tous ces honnêtes libéraux étaient animés d'un zèle véritable pour l'éducation du peuple, au lieu de pousser à la persécution, au lieu de demander l'expulsion des 16,938 instituteurs religieux et la fermeture de leurs écoles, où sont admis plus de 700,000 élèves, ils s'empresseraient de fonder des écoles dans les communes qui n'en ont aucune ou qui n'en ont pas en nombre suffisant, et de faire bâtir quelques-unes des 50,000 maisons d'école qui manquent encore pour que chaque commune en ait au moins une pour les garçons et une pour les filles. Ce moyen, très-simple et très-facile d'ailleurs, serait beaucoup plus efficace contre les envahissements des congrégations que les criailleries et les injures. Il est évident que si chaque commune est suffisamment pourvue d'écoles pour les deux sexes, si chaque école est suffisamment pourvue de maîtres et de maîtresses, l'envahissement des congrégations sera forcé de s'arrêter. Si, au contraire, les ennemis des congrégations se bornent à crier, on finira par comprendre que la haine seule du catholicisme les anime; tous les amis des lumières, tous les vrais libéraux, finiront par tourner le dos à ce libéralisme de contrebande, et par applaudir à l'augmentation du nombre des instituteurs et surtout des institutrices, sans se préoccuper de leur robe ou de leur coiffure, pourvu qu'ils soient moraux et instruits. Chose singulière! tous ces pourfendeurs de jésuites et de congrégations ne cessent de reprocher au christianisme son impuissance, sa stérilité, et de vanter la force, l'ampleur et la fécondité de leurs belles découvertes, de leur science sociale; et voilà que la vue d'une *sœur grise* ou d'un *frère ignorantin* les trouble, les fait trembler pour leurs sublimes théories, pour leurs doctrines humanitaires : ils appellent à leur secours le bras séculier de la force brutale. »

Telles sont les principales idées qui ont donné naissance à ce remarquable recueil de lettres. Nous n'avons pas pu donner les statistiques précieuses, les chiffres curieux rassemblés par l'auteur; c'est dans l'ouvrage lui-même qu'on doit aller les chercher; ils en valent la peine.

On y trouvera aussi, sur le traitement des instituteurs, sur la prétendue gratuité de l'enseignement primaire, des aperçus intéressants que nous n'avons pas même dû indiquer.

En résumé, nous arriverons aux mêmes conclusions que notre auteur. Dans cette immense matière, il y a de grands devoirs imposés au gouvernement, aux particuliers, aux législateurs. «Que le nouveau gouvernement complète et corrige ce qui a été fait jusqu'à présent; que partout, dans les communes rurales, dans les hameaux, il ouvre des écoles de garçons et des écoles de filles; qu'il mette ainsi l'instruction à la portée de tous; qu'il encourage par tous les moyens en son pouvoir le zèle des personnes qui voudront bien se dévouer à cette belle mission; qu'il supprime, dans les lois et les règlements relatifs à l'instruction publique, toutes ces dispositions draconiennes, toute cette pénalité sévère, qui font de ces lois de véritables lois de douanes intellectuelles destinées à protéger les produits d'une industrie, et qui transforment en délits et en crimes le dévouement et le zèle pour l'instruction de l'enfance.» Quant aux particuliers, il faut qu'ils ne se découragent pas devant toutes ces entraves. Enfin, nous avons vu que les résultats produits jusqu'à ce jour par les lois universitaires ont été funestes : la liberté, disons-nous, mais une liberté large et sincère, sans entraves préventives, pourra seule produire des résultats contraires. »

C'est ce que nous attendons de nos législateurs.

*De l'état de l'enseignement dans les cantons catholiques de la Suisse, avant la chute du Sonderbund.*

Les révolutions de la France, de l'Allemagne et de l'Italie, dit M. Veuillot, ont momentanément fait oublier les événements accomplis en Suisse dans les derniers mois de 1847. Cette première révolution a été, en quelque sorte, couverte, étouffée par celles qui l'ont suivie. Rien n'est plus naturel que cet oubli, et cependant il faut le déplorer, car la situation de la Suisse pourrait fournir plus d'un enseignement à certains radicaux, comme plus d'un argument aux hommes d'ordre.

Un pareil travail ne conviendrait pas ici; mais nous pouvons, au moins, y traiter la question de l'instruction publique, question qui a tenu tant de place dans la polémique engagée, avant la guerre, entre les écrivains révolutionnaires et les défenseurs du Sonderbund. Le parti radical représentait les cantons catholiques comme plongés dans l'ignorance la plus grossière, comme placés sous le joug d'hommes hostiles à tout enseignement sérieux; il criait sans cesse à *l'obscurantisme*, et se déclarait, en revanche, grand ami des *lumières*. Examinons où en était l'enseignement dans

les cantons du Sonderbund lorsque les catholiques avaient le pouvoir ; plus tard, peut-être, nous verrons à nous occuper des réformes opérées par les radicaux.

Afin d'éviter les répétitions et les longueurs, nos recherches porteront plus particulièrement sur un seul canton ; nous aurons soin d'ailleurs d'indiquer en quoi, sous le rapport de l'enseignement, ce canton pouvait différer de ses alliés. Fribourg ayant été maintes fois dénoncé par les révolutionnaires comme la forteresse des rétrogrades et des obscurantistes, c'est à Fribourg que nous donnerons la préférence.

I. Jusqu'à la fin du xviii⁰ siècle les cantons de la Suisse catholique n'ont réellement pas eu d'autres instituteurs que des prêtres. Les annales civiles et ecclésiastiques nous montrent partout le clergé occupé de l'instruction publique, fondant, dotant, dirigeant et surveillant de nombreuses écoles. Les ordonnances de l'autorité civile n'ont guère pour but que d'assurer l'exécution des ordres de l'évêque et de seconder son zèle pastoral.

Lorsque nos révolutionnaires de 1797 voulurent révolutionner la Suisse, ils ne manquèrent point de dire que les cantons catholiques, ayant longtemps subi un enseignement arriéré, despotique et antinational, sentaient plus vivement encore que les autres le besoin d'une régénération. Pour toute réponse, les cantons catholiques firent des pèlerinages, prirent les armes, et promirent de défendre leur indépendance ; les plus catholiques résistèrent le plus longtemps et furent toujours les premiers à protester contre l'oppression. Nous nous permettrons d'en conclure que l'enseignement qu'ils avaient reçu n'avait affaibli chez eux ni le sentiment national, ni l'amour de la liberté.

Sous l'Empire, la Suisse n'exista pas par elle-même et ne put, en conséquence, suivre en rien ses propres inspirations. Il est cependant un fait que nous devons noter. L'Université impériale de France avait fondé un collége à Sion, chef-lieu du Valais, qui s'appelait alors le département du Simplon. Ce collége était dirigé par quelques Pères Jésuites, connus pour tels, bien qu'ils ne pussent porter leur véritable nom, Pie VII n'ayant pas encore rétabli l'ordre. Le préfet du Simplon et les universitaires de second ordre étaient naturellement hostiles aux Jésuites du collége de Sion ; mais l'autorité supérieure savait reconnaître leurs services et les en remerciait. Le grand maître de l'Université, M. de Fontanes, écrivait au préfet :

« Je vous invite à *encourager de tous vos efforts* et de toutes vos espérances les hommes instruits qui sont chargés de l'enseignement dans le Valais. Les preuves de dévouement qu'ils auront données ne seront pas mises en oubli. » .

M. de Champagny était plus explicite encore :

« Monsieur le principal, écrivait-il le 2 décembre 1812 au P. Sinéo, je n'ignore pas *votre zèle, votre dévouement et le désintéressement religieux* avec lequel vous avez jusqu'ici rempli vos fonctions, et vous rentrez aujourd'hui dans la carrière éminemment utile dans laquelle vous êtes engagé. Vos soins ne seront pas perdus ; déjà l'Université en est instruite, et ne se *bornera pas à une stérile admiration*. Mais quelle récompense plus glorieuse que celle que vous trouvez dans votre cœur pourrait-on vous offrir ? Quand on a comme vous les regards fixés sur l'éternité, la terre paraît être d'un bien vil prix. *Vous donnez dans l'Université un exemple dont elle s'honorera et qu'elle citera avec orgueil à tous ses membres présents et à venir.* »

Il faut l'avouer, pour ce dernier point M. de Champagny jugeait mal. Mais cette prédiction hasardée sur la reconnaissance universitaire n'affaiblit en rien, quant au reste, l'autorité de son témoignage.

Les Valaisans partageaient, sur les professeurs du collége de Sion, l'opinion de MM. de Fontanes et de Champagny ; aussi en 1814, dès qu'ils eurent recouvré leur indépendance, ils rendirent à la compagnie son ancien collége de Brigg, dont Napoléon avait fait une forteresse. Vers la même époque, le conseil d'Etat du canton de Soleure voulut, lui aussi, reconnaître officiellement les Jésuites et leur confier l'enseignement secondaire ; mais la majorité du grand conseil se prononça contre ce projet. Quatre ans plus tard, les instituteurs repoussés par les députés soleurois étaient appelés à Fribourg, et y fondaient le célèbre pensionnat que le Sonderbund a entraîné dans sa chute.

Avant de prendre cette décision, Fribourg s'était occupé de l'instruction primaire. Le premier règlement pour les *écoles rurales* fut élaboré en 1816 par l'évêque, Mgr Yenni, qui soumit son œuvre à l'approbation du conseil d'Etat. Des luttes antérieures qu'elle ne put oublier, même en présence de ce grand intérêt, empêchèrent l'autorité civile d'accepter le projet de l'évêque ; elle le modifia, le dénatura, le remplaça ; en somme elle fit quelque chose, et l'initiative de Mgr Yenni ne fut point sans résultat. Plus tard, lorsque les deux autorités se réconcilièrent et purent concerter leur action, les écoles primaires parvinrent en peu de temps à un état des plus florissants.

La crise politique à laquelle la Suisse fut en proie de 1830 à 1832, crise qui fit presque partout arriver au pouvoir les libéraux voltairiens, ces pionniers involontaires du socialisme, arrêta le développement de l'instruction publique sans lui porter néanmoins de trop rudes coups. Ainsi les nouveaux gouvernants de Fribourg n'osèrent point supprimer le pensionnat des Jésuites. Dans ce canton, comme à Lucerne, et un peu plus tard dans le Valais, les radicaux visèrent surtout à corrompre l'enseignement par le mauvais choix des maîtres ; mais ils ne se montrèrent pas alors, comme ils l'ont fait

l'an dernier, pressés de tout détruire. S'ils firent moralement beaucoup de mal, on ne vit point, sous le rapport matériel et à l'extérieur, de grands changements.

Les catholiques ou conservateurs rentrèrent au pouvoir en 1837; ils y sont donc restés environ dix ans. C'est sur leur conduite pendant ces dix années que leurs ennemis ont tout particulièrement basé le reproche d'obscurantisme; les faits nous diront s'il est fondé.

II. Avant de donner aucun détail, nous devons rappeler que l'organisation scolaire que nous allons exposer avait simplement pour but de pourvoir aux besoins d'une population d'environ 100,000 âmes; c'est-à-dire, en moyenne, du quart de l'un de nos départements.

L'enseignement comptait trois divisions : primaire, secondaire, et supérieur. C'est l'ordre habituel; mais l'on comprend que plus les ressources sont restreintes, plus il est difficile d'en bien remplir toutes les conditions. Il est assurément aisé de décréter trois degrés d'enseignement, mais avec l'application commencent les difficultés et aussi le mérite en cas de succès.

Voici quelles étaient les autorités scolaires du canton de Fribourg sous le gouvernement des catholiques :

1° Le Conseil d'éducation, agissant comme autorité supérieure, sous bénéfice de recours au conseil d'Etat;

2° Les commissions des écoles (une par district). Ces commissions, composées de citoyens indépendants, relevaient du conseil d'éducation et s'occupaient, chacune pour son district, des régents et régentes, des instituteurs privés, de tous les établissements particuliers d'éducation;

3° Deux commissions spéciales, agissant pareillement sous l'autorité du conseil d'éducation, mais exclusivement attachées aux deux écoles moyennes;

4° Deux inspecteurs généraux des écoles primaires, visitant toutes les écoles du canton chacun une ou deux fois par an;

5° Indépendamment des autorités et agents scolaires que nous venons de nommer, les *conseils communaux*, les syndics, les préfets et les curés avaient, soit d'après les dispositions de la loi, soit en vertu de leur caractère public, une surveillance à exercer et des devoirs à remplir; surveillance et devoirs qui, tout en s'appliquant d'une façon plus spéciale aux écoles primaires, s'étendaient cependant à tous les établissements d'éducation.

Enfin, un rapport très-détaillé, embrassant toutes les parties de l'instruction publique, était publié chaque année dans le compte rendu général de l'administration de l'Etat.

On connaît l'organisation générale de l'enseignement. Voyons maintenant comment cette organisation fonctionnait. Mais avant d'aborder ce sujet, il est une remarque qu'il importe de faire. Fribourg, canton catholique, comptait un district protestant, le dis-

trict de Morat. Eh bien, ce district était en dehors de l'organisation générale, on l'avait autorisé à prendre certains arrangements particuliers; en un mot, et qu'on nous passe l'expression, il faisait ménage à part. Il nous semble que, pour des fanatiques et des rétrogrades, c'était là respecter et comprendre un peu mieux que certains libéraux les droits de la conscience.

Le système des écoles primaires était paroissial; mais, grâce à d'incessants efforts, on était arrivé à fonder une école par commune. Nous n'en sommes pas là en France.

Tout instituteur primaire, payé par l'Etat, devait être pourvu d'un brevet de capacité, délivré par le Conseil d'éducation, et d'un *placet* de l'évêque.

Le minimum des traitements était, pour un régent, de 300 fr., et pour une régente, de 240 francs, non compris un logement convenable, un grand jardin et le chauffage.

Tous les ans, au mois de décembre, le Conseil d'éducation distribuait une somme de 6 à 7,000 francs, partie aux communes les plus pauvres, afin de les aider dans le payement de leurs frais d'école, partie aux régents et régentes les plus méritants.

Tous les ans aussi, les inspecteurs généraux des écoles primaires faisaient un cours normal de répétition à l'usage des instituteurs qui désiraient fortifier leur instruction. Pendant la durée de ce cours, les élèves-instituteurs étaient entretenus aux frais du Conseil d'éducation.

Le zèle des gouvernements catholiques de Fribourg pour la diffusion de l'enseignement n'était point demeuré sans résultat. En 1837, on comptait deux cent quarante écoles; en 1847, il y en avait trois cents, et plus de *quinze mille* élèves les fréquentaient.

La loi n'imposait pas aux administrations locales, généralement très-pauvres, l'obligation d'avoir deux écoles, une pour les filles, une pour les garçons; mais de 1844 à 1847, l'autorité centrale fit de constants efforts pour arriver à cette séparation : elle donnait une subvention annuelle de 120 fr., à toute commune qui consentait à fonder une école de filles; quarante environ avaient déjà pris ce parti au moment de la chute du Sonderbund. Cette tendance déplaisait aux radicaux. Aussi, l'un de leurs chefs, M. Castella, s'empressa-t-il, dès qu'il fut au pouvoir, de déclarer qu'une seule école suffisait, les hommes ne devant pas séparer ce que Dieu avait uni. C'est ce même M. Castella qui, trouvant les femmes incapables d'enseigner, a demandé, au sein du grand conseil, que le soin de former le cœur et l'esprit des jeunes Fribourgeoises fût uniquement confié à des instituteurs.

Il ne faut pas croire, du reste, que, même quand ils étaient au pouvoir, les catholiques aient pu faire le bien sans rencontrer d'obstacles. La ville de Fribourg avait, vers 1838, un conseil communal où les libres

penseurs n'étaient point sans influence. Trouvant que la loi donnait au clergé trop d'autorité sur l'*enseignement primaire*, ils décidèrent la majorité du conseil à fonder une école de ce degré sous le titre menteur d'*École secondaire supplémentaire*. On pouvait, pour le choix des maîtres, se passer du *placet* épiscopal; en conséquence, l'on mit à la tête de l'établissement un protestant et un philosophe d'un éclectisme si parfait, que jamais on ne put savoir s'il appartenait à un culte quelconque. La bibliothèque fut composée par les soins des professeurs; on proscrivit l'enseignement religieux, et l'on donna aux élèves des livres condamnés par l'évêque. L'organisation était complète; mais la confiance des pères de famille fit défaut. Après avoir vainement insisté, par de nombreuses pétitions, pour que l'école supplémentaire fût autrement dirigée, les catholiques demandèrent et obtinrent l'autorisation de fonder à leurs propres frais un établissement rival. Ils appelèrent les Frères de Marie. La nouvelle institution reçut, la première année, quatre-vingt-six élèves; en 1847, elle en comptait environ quatre cents. Quant à l'école subventionnée et éclectique, elle ne mourut pas, mais elle fut convertie. Les catholiques la réformèrent, et elle devint l'une des deux écoles moyennes du canton.

Au-dessus de ces écoles était placé le collége cantonal de Saint-Michel, ou collége des Jésuites. Cet établissement célèbre fut fondé en 1818. L'enseignement y avait à peu près la même organisation que dans nos colléges. Il est à remarquer, cependant, que les cours y étaient donnés *à double*, c'est-à-dire simultanément en français et en allemand. Les élèves choisissaient, et ils pouvaient ainsi, tout en faisant leurs études classiques, acquérir à fond la connaissance d'une langue vivante autre que leur langue maternelle. Du reste, ce que l'on allait chercher au collége de Saint-Michel, c'était moins l'incontestable science des professeurs que leurs exemples et leurs conseils. Le nombre des élèves du collége de Fribourg était, en moyenne, de six cents. Outre leur établissement de Saint-Michel, les Jésuites possédaient encore, dans le canton de Fribourg, le collége et le pensionnat d'Estavayer.

Comme couronnement du collége cantonal, venait le lycée. L'ambition du gouvernement fribourgeois et des Pères Jésuites était d'élever cet établissement au rang d'université, et déjà ils pouvaient entrevoir la réalisation de ce rêve, si longtemps caressé, lorsque le triomphe des radicaux vint tout détruire. Il y avait au lycée de Fribourg : 1° un cours complet de théologie (quatre ans); 2° un cours de sciences physiques et mathématiques embrassant l'astronomie, la physique, la chimie, l'histoire naturelle, les mathématiques spéciales, le calcul différentiel et intégral; 3° un cours de belles-lettres comprenant la littérature française, la littérature allemande, la philosophie de l'histoire, et le droit naturel.

On s'étonne, sans doute, qu'un aussi petit pays pût faire face à de telles dépenses. C'est que les professeurs se contentaient de peu : les Jésuites que l'on avait appelés pour professer au lycée recevaient un traitement annuel de 600 francs, et s'estimaient riches.

Quant au collége, ses revenus couvraient à peu près les frais d'entretien de trente à quarante religieux formant le personnel de cet établissement. Du reste, lorsque les recettes dépassaient les dépenses, le surplus était capitalisé dans l'intérêt même de l'œuvre, et sous la surveillance de l'État. Il y a quelques années, l'administrateur civil du collége, M. Esseiva, importuné d'entendre compter les richesses des Jésuites, fit un exposé de leur situation financière. Ce document prouve que l'opulence du collége Saint-Michel lui permettait de consacrer 450 francs à l'entretien annuel de chaque religieux.

Et le pensionnat? Le pensionnat était la propriété d'actionnaires laïques. Mais comme ces actionnaires avaient voulu faire une bonne œuvre, et non une spéculation, le contrat passé entre eux et la ville portait qu'après le remboursement intégral des actions, l'établissement, qu'ils avaient fondé à leurs risques et périls, appartiendrait au domaine public. Les revenus devaient alors être appliqués, sous la surveillance d'une commission laïque de sept membres

1° Au progrès et au développement de l'instruction publique dans le collége cantonal Saint-Michel ;

2° En œuvres pies, et particulièrement à aider les paroisses les plus pauvres dans la fondation ou l'entretien d'écoles primaires ;

3° A la fondation d'un hospice cantonal.

Quant aux Jésuites, ils auraient simplement conservé leur position de directeur, de professeurs, de surveillants, à raison de 500 francs.

Du reste, à tous les degrés de l'enseignement, nous trouvons des preuves du dévouement et du zèle des catholiques. Beaucoup d'écoles primaires n'ont été fondées ou ne se soutiennent que grâce à des legs faits par des prêtres ou des laïques dévoués à l'Église. Les Frères de la Doctrine chrétienne, les Dames du Sacré-Cœur, les Religieuses de Saint-Joseph, ne s'étaient établis, n'avaient ouvert des pensionnats ou des écoles qu'à l'aide de ressources fournies par des particuliers. Tous ces établissements ont été supprimés. Les radicaux n'ont pas même fait grâce à une école gratuite fondée par les Sœurs de charité, et uniquement destinée aux orphelines pauvres.

Le lycée n'était pas encore à Fribourg le degré le plus élevé de l'enseignement. Ce canton avait une école de droit. On y enseignait le droit naturel, les éléments du droit romain, le code civil et le code pénal fribourgeois. M. Bussard, l'un des chefs du parti radical, avait la direction de cet enseignement. Au moment de la crise de 1847, un projet ayant pour but de développer l'école

de droit venait d'être mis à l'étude; on s'occupait aussi de la fondation d'une école normale; mais les radicaux se sont empressés de réformer tous ces projets d'amélioration suspects de jésuitisme. Au nom des lumières et du progrès, ils ont supprimé la plupart des établissements d'éducation.

Nous croyons avoir établi que les reproches adressés aux catholiques de Fribourg n'étaient point fondés. Et cependant que d'arguments, que de faits la crainte d'être trop long nous a déterminé à passer sous silence !

III. Dans tous les cantons catholiques, l'organisation de l'enseignement était à peu près la même qu'à Fribourg. Les Valaisans avaient, comme les Fribourgeois, deux établissements de Jésuites, l'un à Sion, l'autre à Brigg. Le Valais comptait de plus une école normale en pleine activité, et dirigée avec succès par les Frères de Marie.

A Schwytz, l'enseignement primaire était organisé comme à Fribourg, sauf quelques différences commandées par l'exiguïté des ressources : le canton de Schwytz ne compte que 40,000 habitants. L'enseignement secondaire y était donné par les Bénédictins de la magnifique abbaye d'Einsiedeln et par les Jésuites, qui, sur la demande du conseil d'État et du grand conseil, avaient fondé un collége au chef-lieu du canton en 1838.

Lucerne avait, comme Fribourg, donné de grands développements à l'instruction primaire. Comme le Valais, il possédait une école normale, établie dans l'abbaye de Saint-Urbain, et dirigée par les religieux de cette célèbre communauté. Un collége cantonal, dont les professeurs étaient indifféremment laïques ou prêtres, avait été fondé dans la ville même de Lucerne. Quant à l'établissement dont la direction fut, en 1848, confiée aux Jésuites, c'était, non pas une maison ordinaire d'éducation, mais un grand séminaire. Le traité conclu entre le gouvernement lucernois et le R. P. Kasper Rothenflüe, provincial des Jésuites de la haute Allemagne, porte que « la Société de Jésus se charge de diriger : 1° *l'établissement de théologie* de Lucerne; 2° la succursale établie dans la Petite-Ville; 3° le *séminaire ecclésiastique.* » Voilà le traité en vertu duquel les radicaux ont mille fois affirmé que les catholiques rétrogrades de Lucerne avaient donné aux Jésuites le monopole de l'enseignement. Et ce n'est pas là, sur cette seule question, le plus audacieux de leurs mensonges.

Un mot sur les petits cantons. Outre leurs écoles primaires et les facilités que leur offraient les grands colléges de Schwytz et de Lucerne, leurs voisins et leurs alliés, Zug, Unterwald et Uri, trouvaient encore de nombreuses ressources dans ces couvents que le radicalisme poursuit avec tant de haine et d'avidité. Nous invoquerons, du reste, sur ce point le témoignage peu suspect de l'un des collaborateurs de la *Revue des Deux-Mondes*, n° du 15 août 1847 :

« Les Unterwaldiens savent tous lire, grâce à leurs curés, aucun enfant n'étant admis, s'il ne sait lire, à faire sa première communion... Ne croyez pas que les esprits aient là moins de valeur que dans d'autres pays, ni qu'ils soient fermés à toute instruction, parce qu'ils ne se réveillent pas tous les matins sur un journal, et ne s'endorment pas tous les soirs sur un opéra. Je l'ai déjà dit, tout le monde sait lire; les études classiques, dirigées par des moines augustins et bénédictins, sont suffisamment fortes. »

Ce portrait d'Unterwald représente également Zug et Uri.

Nous ne pousserons pas nos recherches plus loin. Si les révolutionnaires avaient seulement attaqué les tendances qui présidaient à l'enseignement donné dans les cantons catholiques, nous n'aurions pas cru nécessaire de leur répondre. Une telle opinion, aujourd'hui surtout, est de celles dont on peut laisser au bon sens public le soin de faire justice. Mais les radicaux ont constamment affirmé, ils affirment encore, que les hommes du Sonderbund, voyant dans l'ignorance du peuple la meilleure ou l'unique garantie de leur pouvoir, proscrivaient toute éducation. Ce n'était plus là une opinion, c'était une question de fait; aussi avons-nous cru utile de relever et de prouver la calomnie.

*Circulaires de M. le ministre de l'instruction publique.*

5 avril 1852.

*Interprétation de l'article 4 du décret du 9 mars 1852.*

Monsieur le recteur,

J'ai été consulté sur le sens dans lequel doit être interprété l'article 4 du décret du 9 mars, qui attribue aux recteurs, par délégation du ministre, la nomination des instituteurs communaux, « les conseils municipaux entendus. »

La pensée de ce décret est que le conseil municipal soit mis par le recteur en demeure de déclarer s'il désire que la direction de son école soit confiée à un instituteur laïque ou à un membre d'une association religieuse. Le recteur choisira ensuite, selon le vœu exprimé par le conseil municipal, l'instituteur qu'il nommera, soit sur la liste d'admissibilité, soit parmi les présentations faites par les supérieurs des associations religieuses vouées à l'enseignement et reconnues comme établissements d'utilité publique. Il m'a été demandé, en outre, si l'institution mentionnée dans l'article 31 de la loi du 15 mars 1850 est encore nécessaire, même pour ceux des instituteurs nommés avant la promulgation du décret, et à l'égard desquels cette formalité n'aurait pas été remplie. Je ne puis que répondre négativement à cette question. Le droit d'institution accordé au ministre était une garantie donnée à l'État contre de mauvais choix qui auraient pu être arrachés ou imposés à des conseils municipaux peu éclairés. Cette garantie repose aujourd'hui tout entière dans le droit de nomination qui

vous est conféré. Vous pourrez toutefois, comme par le passé, ne délivrer aux instituteurs que des autorisations provisoires, et suspendre pendant six mois les nominations définitives.

Les instituteurs communaux n'auront droit au traitement supplémentaire alloué par l'Etat qu'à partir du jour de leur nomination définitive.

Recevez, monsieur le recteur, l'assurance de ma considération distinguée.

Le ministre de l'instruction publique et des cultes,

H. FORTOUL.

4 avril 1852.

*Circulaire relative aux répétitions particulières.*

Monsieur le recteur,

L'abus des répétitions particulières, dont les professeurs des lycées et colléges se chargent en dehors de leurs fonctions, a été si souvent signalé, que je crois absolument indispensable d'y mettre un terme. Il ne convient pas que des hommes honorés du titre de professeur, et qui doivent se consacrer tout entiers à l'enseignement public, fassent en quelque sorte concurrence à l'enseignement privé, en réunissant dans leur domicile, loin de toute surveillance et de tout contrôle, des élèves d'âges différents, soit comme externes, soit comme pensionnaires. Outre l'inconvénient d'une apparence de spéculation, j'y vois un danger pour les maîtres comme pour les enfants. Absorbé par les soins de sa famille, s'il en a une, mal secondé s'il n'en a pas, le professeur ne peut utilement, dans l'une ou l'autre hypothèse, remplir la tâche accessoire qu'il s'impose. L'enseignement public exige chaque jour une préparation sérieuse; il ne produit aucun fruit si, par un examen particulier du travail des élèves les plus faibles, le maître ne s'assure pas que ses leçons ont été comprises. Les soucis qu'entraîne la tenue d'un pensionnat domestique, ou même d'une simple classe intérieure, qui n'est souvent qu'une série de répétitions individuelles, ne lui permettent pas de satisfaire pleinement à cette partie de ses obligations officielles. Il n'y a qu'un moyen de prévenir les plaintes qu'un tel état de choses a excitées trop fréquemment : c'est d'interdire aux professeurs des lycées et collèges, et aux autres fonctionnaires qui y sont attachés, la faculté de recevoir chez eux des élèves particuliers. Vous voudrez bien leur faire savoir que la détermination de l'autorité supérieure est formelle sur ce point, et tenir la main à ce qu'à l'avenir ces fonctionnaires n'admettent dans leur domicile aucun élève, soit comme externe, soit comme pensionnaire. Je vois moins d'inconvénients à ce que, avant ou après la classe, ils réunissent, sur la demande des parents et pour un prix modéré, dans une des salles de l'établissement, avec l'agrément du proviseur ou du principal, quelques élèves qui, retardés dans leurs études, exigeraient des soins particu-

liers. Ces conférences, faites à des enfants dont le nombre est limité, peuvent avoir des avantages. Elles n'enlèvent au professeur qu'une faible partie du temps dont il dispose.

Je n'ai pas besoin d'ajouter que les salles de répétition restent placées, pendant les conférences, sous la surveillance du chef de l'établissement; que les élèves n'y doivent jamais demeurer seuls, et que'enfin, si je crois pouvoir autoriser des conférences communes, avec les précautions que je viens d'indiquer, des motifs dont la gravité ne vous échappera pas m'obligent à vous rappeler que, aux termes de l'article 45 du statut du 4 septembre 1821, les répétitions données dans des chambres particulières sont formellement interdites.

Mon désir le plus vif est de relever l'enseignement public aux yeux des familles, en montrant à tous que cette noble profession reste étrangère aux idées vulgaires de spéculation mercantile. L'Etat s'empresse de subvenir aux besoins des maîtres de la jeunesse; si la rétribution qu'il leur accorde est modeste, il ne les oublie pas dans leur vieillesse, et leur assure une pension. Qu'ils n'hésitent donc pas à renoncer à des gains minimes, trop chèrement achetés, si leur considération doit en souffrir. Ils se priveront peut-être de quelques superfluités qui ne s'attachent pas toujours à une vie grave et modeste, consacrée tout entière à la pratique des plus pénibles devoirs. Il est temps de revenir à ces traditions respectées qui ont fait l'honneur et la force du corps enseignant.

Recevez, monsieur le recteur, l'assurance de ma considération très-distinguée.

Le ministre de l'instruction publique et des cultes,

H. FORTOUL.

10 avril 1852.

*Nouveau plan d'études pour les lycées et les Facultés.*

Monseigneur

En raffermissant, par le décret du 9 mars 1852, l'ordre et la hiérarchie dans le corps enseignant, vous m'avez ordonné de soumettre un nouveau plan d'études au Conseil supérieur de l'instruction publique. Vous pensiez qu'il ne suffisait pas de fortifier l'action, ni même de renouveler les ressorts de l'administration de l'enseignement public; pour satisfaire aux vœux des familles et aux besoins de la société, vous avez voulu qu'on essayât de modifier les méthodes d'éducation qui ont jusqu'à ce jour produit trop d'esprits stériles ou dangereux.

Le Conseil s'est empressé de répondre à vos désirs. Dans une suite de séances laborieuses qui se sont succédées presque sans interruption, il a discuté, avec une supériorité de lumières que je ne saurais trop louer, le plan dont je l'ai saisi par vos ordres. Le décret que j'ai l'honneur d'offrir à votre sanction sort de ses délibérations. Le Conseil en a successivement adopté le principe et les

détails; son autorité en rendra l'application assurée et féconde.

Ce plan emprunte une force plus grande encore au génie du premier Consul, dont il achève de réaliser une des plus heureuses conceptions. Si les lycées, institués par la loi du 11 floréal an X, ont résisté à toutes les révolutions, c'est que Napoléon leur a imprimé ce caractère pratique qui défie le caprice ou l'aveuglement des passions, parce qu'il fixe l'esprit des temps. Le grand homme avait voulu y ouvrir aux jeunes gens, après les études premières qui développent les germes de l'intelligence, deux idées distinctes : l'une dirigée vers les lettres, l'autre vers les sciences. En exécutant ses premiers ordres, on laissa trop flotter les vocations au hasard. Trop souvent nous avons vu les esprits les mieux disposés pour l'étude des sciences, retenus dans l'étude des lettres, qu'ils poursuivent sans but et sans profit. On a été conduit à confondre ce qu'il fallait séparer, à emprisonner, en quelque sorte, dans le même régime scolaire, des enfants appelés à des carrières toutes différentes. Le système d'enseignement littéraire légué par l'ancienne Université de Paris ne répondait plus, cependant, à toutes les exigences de la société nouvelle. Au lieu de le modifier, on se borna, par respect pour de vieilles traditions, à le surcharger de tous les enseignements accessoires qui réclamaient leur place et qui avaient peine à la trouver. C'était s'exposer aux dangers d'énerver des intelligences encore faibles en leur offrant une nourriture qu'elles ne pouvaient s'assimiler et qui les surchargeait sans les fortifier.

La réforme devenait urgente; pour l'accomplir, il suffisait de ressaisir vivement la pensée primitive du fondateur. Le nouveau plan d'études la reproduit de la manière la plus nette, en substituant à des essais incertains et timides un système parfaitement défini, et qui est fondé sur la nature et sur l'expérience. Les enfants n'ont pas une aptitude universelle : entre quatorze et quinze ans, aidés des lumières de leurs parents et de leurs maîtres, ils devront faire leur choix, il faut qu'ils se décident et prennent une route déterminée.

D'un côté, les sciences leur ouvrent le vaste champ des applications pratiques. Elles dirigeront spécialement vers le but utile des sociétés l'intelligence de la jeunesse; elles la prépareront non-seulement aux professions savantes qui font l'orgueil de l'esprit, mais encore à l'administration, au commerce, à l'industrie, qui sont les formes les plus essentielles de l'activité moderne.

De l'autre côté, les études classiques de nos lycées seront ravivées par la séparation même des éléments hétérogènes qui en altéraient la pureté. L'émulation sera redoublée entre les élèves doués de l'esprit véritablement littéraire. Cet esprit si éminemment français, je ne crains pas de l'assurer, Monseigneur, continuera de se développer, grâce au culte de l'antiquité grecque et latine, grâce aux belles traditions du xviie siècle, dont le

corps enseignant de nos lycées sera toujours le gardien le plus fidèle. Toutefois, avant de quitter pour toujours l'enceinte du collége, il est bon que les élèves de la section des lettres et ceux de la section des sciences se réunissent et se rapprochent pour vérifier en commun les procédés qu'ils ont suivis séparément. Dans une dernière année, où on complétera, en les couronnant, les études scientifiques et les études littéraires, l'art de penser sera enseigné d'après les principes consacrés par les méditations de tous les grands esprits qui ont décrit et réglé la marche de l'intelligence humaine.

Mais, pour que ces enseignements divers portent leurs fruits, il faut en retrancher avec soin les rameaux parasites; les discussions historiques et philosophiques conviennent peu à des enfants : lorsque l'intelligence n'est pas encore formée, ces recherches intempestives ne produisent que la vanité et le doute. Il est temps de couper dans sa racine un mal qui a compromis l'enseignement public et excité les justes alarmes des familles. Dans les lycées, les leçons doivent être dogmatiques, et purement élémentaires. C'est dans une région supérieure, et pour un autre auditoire, que l'enseignement pourra procéder du libre examen.

L'enseignement de l'École normale et les épreuves de l'agrégation, indispensable au recrutement du professorat, sont modifiés dans le même but. Les dispositions proposées auront pour conséquence de faire de modestes professeurs, et non pas des rhéteurs plus habiles à creuser des problèmes insolubles et périlleux, qu'à transmettre des connaissances pratiques. Il faut que les maîtres appelés à l'honneur d'enseigner au nom de l'État, apprennent par un pénible noviciat à s'oublier pour leurs élèves, et à ne placer leur gloire que dans les progrès des enfants qui leur sont confiés.

Le Conseil supérieur de l'instruction publique a pensé comme vous, Monseigneur, que tous les efforts du gouvernement pourraient demeurer stériles si la réforme ne dépassait pas l'enceinte des lycées. Il lui a paru qu'il fallait suivre les élèves au delà même de l'âge où, abandonnant les études premières données sous le sceau de l'autorité, ils commencent les études déjà libres et personnelles, qui sont une préparation plus immédiate aux épreuves sérieuses de la vie. Mais quel est cet âge où ils doivent essayer d'autres méthodes et passer à une nature différente d'enseignement? N'importe-t-il pas de le fixer d'une manière précise? C'est une des graves questions que le Conseil a examinées attentivement.

Il a été généralement reconnu qu'à seize ans les jeunes gens ne remplissent pas sérieusement les conditions des premiers grades qui leur ouvrent l'accès des Facultés. Les facilités qu'on leur offre aujourd'hui compromettent leur avenir, parce que, dans l'exercice des professions libérales, des diplômes conquis à la hâte ne peuvent tenir lieu de la maturité, qui est le fruit du temps. Aussi

le conseil supérieur, répétant un vœu émis dans l'une des précédentes sessions, n'a-t-il pas hésité à déclarer que les aspirants au baccalauréat ne devraient pas se présenter à l'examen avant l'âge de dix-huit ans. Dans l'intérêt des familles elles-mêmes, qui, après n'avoir pas su résister aux sollicitations d'une jeunesse impatiente de tout joug, ont à déplorer les conséquences funestes d'une émancipation prématurée, le gouvernement adopte en principe cette condition d'âge pour les candidats au baccalauréat ; il en proclame hautement la nécessité ; mais, comme cette question se rattache aux considérations de l'ordre le plus élevé et à quelques dispositions des lois antérieures, il réclamera, pour mener à fin une réforme si utile, le concours du Corps législatif. Il est, toutefois, en mesure de régler, dès aujourd'hui, les conditions scolaires de ces grades et de les mettre en harmonie avec les nouvelles méthodes d'enseignement.

A l'heure qu'il est, le grade de bachelier dans les lettres et dans les sciences n'est en rapport exact ni avec l'enseignement littéraire ni avec l'enseignement scientifique des lycées, de sorte que l'enseignement supérieur, complément nécessaire de l'enseignement secondaire, ne s'y rattache que d'une manière très-imparfaite.

Le baccalauréat ès lettres, limité à une sorte de mnémotechnie, ne résume pas réellement les études classiques ; il ne confère à ceux qui obtiennent le diplôme qu'un brevet à peu près sans valeur littéraire. Comme on a eu la prétention de l'imposer aux étudiants des Facultés des sciences, des Facultés de médecine et des Ecoles de pharmacie, c'est-à-dire à des jeunes gens qui n'en ont aucun besoin, ou qui n'ont point de vocation pour les lettres, on a été conduit à faire de cette épreuve une vaine formalité, au grand détriment des véritables études classiques, qui n'ont plus de sanction.

Le baccalauréat ès lettres doit être le témoignage authentique d'une culture intellectuelle suffisamment développée, et c'est à cette condition seulement qu'il sera une préparation sérieuse à l'enseignement des Facultés des lettres, des Facultés de droit et de théologie, pour lequel d'ailleurs il est indispensable. De là naît la nécessité d'exiger des candidats à ce premier grade, non plus un travail de mémoire et une préparation purement artificielle, mais la justification de connaissances lentement et méthodiquement acquises.

Si l'épreuve du baccalauréat ès lettres, d'après les règlements actuellement en vigueur, est fort au-dessous du juste niveau des études classiques, celle du baccalauréat ès sciences dépasse certainement le but.

Il y a aujourd'hui deux baccalauréats ès sciences, l'un pour les sciences mathématiques, l'autre pour les sciences physiques et naturelles. C'est imposer, à l'entrée même des Facultés de l'ordre scientifique, la spécialité des connaissances, et trop exiger de tous les genres de candidats, pour un premier grade qui ne devrait être qu'une épreuve d'aptitude générale à l'étude des sciences mathématiques, physiques et naturelles, de la médecine et de la pharmacie. Les vocations se prononcent plus tard et se spécialisent par la poursuite de l'une des trois licences ès sciences, du diplôme de docteur en médecine, de pharmacie et d'officier de santé.

Par cette considération, le décret n'institue qu'un seul baccalauréat ès sciences et reporte à l'examen des trois licences ès sciences mathématiques, ès sciences physiques et ès sciences naturelles, qui demeurent distinctes, les parties les plus élevées des mathématiques, de la physique, de la chimie et de l'histoire naturelle, introduites dans la première épreuve.

Le baccalauréat ès sciences sera désormais la sanction des études scientifiques secondaires, comme le baccalauréat ès lettres est la sanction des études littéraires du même degré ; c'est une épreuve analogue, mais indépendante de la première ; car, s'il est donné à quelques natures d'élite d'exceller à la fois dans les sciences et dans les lettres, il serait chimérique de vouloir imposer aux esprits ordinaires, qui forment la majorité, l'obligation de mener de front les études scientifiques et les études littéraires.

Une seconde réforme, non moins nécessaire, consiste à soumettre les étudiants des Facultés à un travail régulier et obligatoire. Ils ne doivent obtenir que par des efforts continus les grades académiques qu'ils ambitionnent. L'assiduité aux cours que l'Etat leur ouvre si libéralement est un de leurs premiers devoirs. Aux prises avec les passions de la jeunesse, ils ont peut-être plus besoin que les enfants de nos lycées de la discipline du travail. Un travail constant, et l'échange bienveillant de sentiments et d'idées qui s'établit naturellement entre le professeur et un auditoire assidu, les préserveront des séductions qui les assiègent. Les habitudes de dissipation trop ordinaires aux grandes villes ne trouvent qu'une barrière impuissante dans l'étrange facilité des règlements actuels ; il est nécessaire de les modifier par une prescription formelle. Les Facultés des différents ordres auront donc leur auditoire obligé ; c'est à cet auditoire sérieux que s'adressera surtout le professeur. Quand une jeunesse studieuse se pressera autour de sa chaire pour y recueillir un enseignement utile et pratique, sera-t-il jamais tenté de recourir aux vains prestiges d'une éloquence théâtrale, ou, ce qui serait plus blâmable encore, de réveiller la curiosité par un appel aux passions ? Ces tristes moyens peuvent réussir devant des auditeurs oisifs et blasés ; ils n'auraient aucun succès auprès de jeunes étudiants exclusivement préoccupés du but qu'ils se proposent d'atteindre. Le programme du professeur est tracé d'avance ; il lui est impossible de s'en écarter. C'est ainsi que, par la force des choses, l'enseignement su-

périeur prendra un caractère plus précis et plus utile, sans rien perdre de son ancien éclat.

Tels sont, Monseigneur, les principaux traits des améliorations considérables que le conseil supérieur de l'instruction publique réclame pour nos méthodes d'enseignement, et que je vous demande la permission d'appliquer avec cette juste mesure qui peut seule en assurer le succès. Le résultat des systèmes d'éducation n'étant sensible qu'à de longs intervalles, le renouvellement ne saurait être opéré avec trop de prudence. Il importe aussi qu'il soit exécuté avec les instruments dont la précision et l'énergie secondent utilement la pensée qui en a décidé. L'organisation actuelle du gouvernement de l'enseignement, arrêtée à une époque où l'autorité n'avait point repris encore son ascendant, divise trop ses forces et entrave trop son action pour qu'il soit possible de la plier utilement aux réformes salutaires que vous voulez introduire. Vous souhaitez, Monseigneur, que, s'associant au vaste plan de décentralisation qui fait bénir votre nom dans nos campagnes les plus reculées, le ministère de l'instruction publique donne à la fois une forme plus simple et une impulsion plus vive aux services délicats dont il est chargé. Pour accomplir cette partie essentielle de la tâche que vous m'avez confiée, je dépose aujourd'hui même en vos mains le projet de loi destiné à simplifier les rouages, à aplanir les obstacles dont les lois précédentes ont embarrassé la marche de l'administration de l'instruction publique. Le conseil d'État et le Corps législatif mesureront la nécessité des changements que votre gouvernement veut faire subir au corps même de l'enseignement. Vous seul, Monseigneur, vous pouvez aujourd'hui en renouveler l'esprit en décrétant le plan d'études adopté par le Conseil supérieur de l'instruction publique.

Daignez agréer, Monseigneur, l'hommage du profond respect de votre très-humble et très-obéissant serviteur.

Le ministre de l'instruction publique
et des cultes,

H. FORTOUL.

14 avril 1852.

*Circulaire aux recteurs, concernant les promotions et les prolongations d'études des élèves boursiers dans les lycées et colléges.*

### Monsieur le recteur,

J'ai l'honneur de vous envoyer un exemplaire de mon arrêté en date du 8 avril courant, concernant les promotions et les prolongations d'études qui peuvent être accordées aux boursiers nationaux, départementaux et communaux.

Je vous prie de donner à MM. les proviseurs et principaux de votre ressort des instructions pour qu'ils aient à dresser promptement le tableau dit *d'honneur*, dans les limites duquel seront désormais accordées les promotions et les prolongations d'études.

Je désire recevoir le 15 mai au plus tard, cette année, et le 15 juillet, les autres années, un exemplaire de ce tableau, dont vous trouverez le modèle à la troisième page de la présente circulaire. Vous aurez soin d'envoyer, pour la même époque, à M. le préfet du département, l'exemplaire qui doit lui être adressé.

Vous recommanderez à MM. les proviseurs et principaux de bien faire comprendre aux élèves boursiers les avantages de l'institution du tableau d'honneur, et la nécessité où ils sont de mériter d'être inscrits sur ce tableau pour obtenir l'augmentation ou la prolongation de la bourse dont ils sont en possession. Vous inviterez ces fonctionnaires à se montrer assez peu prodigues d'inscriptions pour que les autorités appelées à accorder les promotions et les prolongations d'études soient certaines de ne trouver au nombre des inscrits que les sujets dignes de ces faveurs.

En adressant à M. le préfet un exemplaire de mon arrêté, je lui rappelle que, d'après les dispositions non abrogées des règlements antérieurs, la jouissance des bourses peut être prolongée de deux ans, d'année en année, et que, si les boursiers atteignent l'âge de dix-huit ans avant l'expiration de l'année classique, leur bourse est prorogée de droit jusqu'à la fin de la dite année.

Vous voudrez bien veiller à ce que les décisions de ce magistrat, en matière de promotions et de prolongations d'études, soient mentionnées exactement sur les états trimestriels aussi bien que les décisions ministérielles concernant les boursiers nationaux, afin que ces états fassent toujours connaître la situation de tous les élèves boursiers sous ces divers rapports.

Recevez, monsieur le recteur, l'assurance de ma considération très-distinguée.

Le ministre de l'instruction publique
et des cultes,

H. FORTOUL.

14 avril 1852.

*Circulaire aux préfets sur le même sujet.*

### Monsieur le préfet,

J'ai l'honneur de vous envoyer un exemplaire de mon arrêté, en date du 8 avril courant, concernant les promotions et les prolongations d'études qui peuvent être accordées aux boursiers nationaux, départementaux et communaux.

Aux termes de l'article 3 de cet arrêté, vous exercerez le droit de promotion et de prolongation à l'égard des boursiers départementaux et communaux dans les limites d'un tableau dit *d'honneur*, que M. le recteur de l'académie vous adressera tous les ans, et dont les indications conserveront leur valeur jusqu'à l'envoi du tableau suivant. Je crois devoir vous rappeler que, d'après les dispositions non abrogées des règlements antérieurs, la jouissance des bourses peut être prolongée de deux ans, d'année en année, et que, si les boursiers atteignent l'âge de dix-

huit ans, avant l'expiration de l'année classique, leur bourse est prorogée de droit jusqu'à la fin de la dite année.

Je charge M. le recteur de recommander à MM. les proviseurs et principaux de se montrer assez peu prodigues d'inscriptions au tableau d'honneur, pour que les autorités appelées à accorder les promotions et les prolongations d'études, soient certaines de n'y trouver inscrits que les élèves complétement dignes de ces faveurs.

Vous voudrez bien donner exactement avis à MM. les proviseurs et principaux de vos décisions en matière de promotions et de prolongation d'études.

Recevez, monsieur le préfet, l'assurance de ma considération très-distinguée.

Le ministre de l'instruction publique et des cultes,

H. FORTOUL.

20 avril 1852.

*Circulaire relative aux étudiants des Facultés.*

Monsieur le recteur,

Il arrive fréquemment que les étudiants des Facultés, négligeant de prendre une ou plusieurs inscriptions, ne subissent pas les examens aux époques déterminées par les règlements, et prolongent ainsi, au grand détriment des familles et sans profit pour eux-mêmes, le temps d'études au delà de la durée fixée par les lois. Le pouvoir disciplinaire des Facultés ne suffit peut-être pas pour mettre un terme à ces coupables négligences ; mais, où leur pouvoir cesse, celui des pères de famille commence, et votre premier devoir est de les avertir.

J'ai donc décidé que MM. les doyens des Facultés de droit et de médecine, MM. les directeurs des Ecoles supérieures de pharmacie et des Ecoles préparatoires de médecine et de pharmacie, seront tenus d'adresser désormais aux parents des élèves, à la fin de chaque semestre de l'année scolaire, un bulletin contenant l'état des inscriptions et des examens subis dans le cours de ce semestre. Ils y joindront leurs observations particulières sur l'assiduité aux divers cours obligatoires, sur la manière dont les examens auront été subis, sur la conduite de l'étudiant dans l'intérieur et au dehors de l'Ecole.

MM. les doyens et directeurs seront également tenus de notifier sur-le-champ, aux parents ou au tuteur de l'étudiant, les poursuites disciplinaires ou autres dont celui-ci aurait été l'objet. Pour que cet avertissement soit utilement donné, chaque étudiant devra, en prenant une inscription, faire connaître le domicile actuel de ses parents ou de son tuteur, outre celui de ses correspondants.

J'attache la plus grande importance, monsieur le recteur, à ce que ces prescriptions, imposées dès le 19 mars 1807 dans l'instruction générale pour les écoles de droit, rappelées et étendues aux autres écoles par l'arrêté du 26 octobre 1838, mais qui n'ont

jamais été sérieusement exécutées, soient immédiatement mises en vigueur dans les Facultés et dans les Ecoles de votre ressort. Vous donnerez, en conséquence, les ordres les plus précis pour que le relevé des notes du dernier semestre soit adressé sans retard aux parents de chaque étudiant. Il est bon que MM. les doyens et MM. les directeurs, qui, à cette occasion, vont se trouver en rapport avec les familles, les invitent à faire toujours connaître directement au secrétariat de l'école leurs changements de résidence, pour que les renseignements qui leur sont destinés ne s'égarent jamais.

Vous voudrez bien rappeler à MM. les doyens que l'exécution de ces différentes mesures leur est plus particulièrement confiée, et qu'ils engageraient gravement leur responsabilité s'ils n'y apportaient pas une vigilance infatigable et une sévérité dont le gouvernement, les familles et les jeunes gens eux-mêmes leur sauront gré.

Recevez, monsieur le recteur, etc.

Le ministre de l'instruction publique et des cultes.

H. FORTOUL.

**ENSEIGNEMENT** (LIBERTÉ DE L'). — L'enseignement est libre. La liberté d'enseignement s'exerce selon les conditions de capacité et de moralité déterminées par les lois et sous la surveillance de l'Etat. Cette surveillance s'étend à tous les établissements d'éducation et d'enseignement, sans aucune exception. (Art. 9 de la Constitution de 1848.)

En conséquence de cette disposition, une loi a été votée pour organiser l'enseignement ; cette loi se trouve sous le mot : *Instruction publique.*

L'enseignement se divise en enseignement primaire et en enseignement secondaire.

### § Ier. *Enseignement primaire.*

L'enseignement primaire comprend : l'instruction morale et religieuse, la lecture, l'écriture, les éléments de la langue française, le calcul et le système légal des poids et mesures. Il peut comprendre en outre l'arithmétique appliquée aux opérations pratiques, les éléments de l'histoire naturelle applicables aux usages de la vie, des instructions élémentaires sur l'agriculture, l'industrie et l'hygiène, l'arpentage, le nivellement, le dessin linéaire, le chant et la gymnastique.

L'enseignement primaire est communal ou libre.

### § II. *Enseignement gratuit.*

L'enseignement primaire est donné gratuitement à tous les enfants dont les familles sont hors d'état de le payer. (Art. 24 de la loi du 15 mars 1850.)

Le conseil académique peut dispenser une commune d'entretenir une école publique, à condition qu'elle pourvoira à l'enseignement primaire gratuit, dans une école libre, de tous les enfants dont les familles sont hors d'état d'y subvenir. (Art. 36.) Mais, d'un autre côté, elle peut, si elle le veut, entretenir une ou plusieurs écoles entièrement

gratuites, pourvu qu'elle y subvienne sur ses propres ressources. Le maire dresse chaque année, de concert avec les ministres des différents cultes, la liste des enfants qui doivent être admis gratuitement dans les écoles publiques. Cette liste est approuvée par le conseil municipal, et définitivement par le préfet. (Art. 45.) L'intervention des ministres du culte catholique peut avoir une grande utilité; ils connaissent d'ordinaire mieux que personne les misères de leurs paroisses, et peuvent fournir à cet égard des renseignements certains.

Dans la discussion de la loi, il a été présenté plusieurs amendements par des représentants de la Montagne en faveur de l'enseignement gratuit et obligatoire. Ce n'était qu'une tactique d'opposition; aussi ces amendements furent-ils tous rejetés.

« L'enseignement, se demandait M. de Falloux dans l'exposé des motifs de la loi, sera-t-il gratuit et obligatoire? La question posée de bonne foi, répond-il, est facile à résoudre : il ne faut pas s'abuser. Rendre l'enseignement primaire entièrement gratuit, ce n'est pas faire que personne ne le paye, c'est faire au contraire qu'il soit payé par tout le monde, c'est-à-dire par l'impôt, charge énorme que le projet du 23 juin 1848 évaluait à 47 millions; c'est de plus affranchir les parents et les enfants d'un indispensable lien les uns vis-à-vis des autres. Les prescriptions de notre Constitution actuelle avaient été devancées par le régime financier de la loi de 1833, qui impose les charges précisément dans l'ordre des devoirs respectifs : d'abord à la famille ou au concours volontaire des particuliers, puis à la commune, puis au département, enfin à l'Etat. Ces principes sont excellents; il suffira de les développer. Nos efforts y tendront en commun. »

### § III. Enseignement obligatoire.

L'enseignement obligatoire n'est pas, comme on le croit trop généralement, une innovation moderne; cette idée est, comme beaucoup d'autres de ce temps-ci, plutôt renouvelée que nouvelle; les Etats généraux de 1580 voulurent l'imposer en France; une contrainte de cette nature, opposée à nos mœurs, ne put jamais s'y introduire. Elle n'est pas praticable, elle ne serait point salutaire. Dans l'exposé des motifs de la loi du 15 mars 1850, M. de Falloux réfute cette idée.

### § IV. Enseignement secondaire.

La liberté d'enseignement a été longtemps envisagée comme une question de vie et de mort pour l'avenir du catholicisme en France; le monopole universitaire menaçait effectivement de n'enfanter partout que l'indifférentisme religieux, sinon l'abnégation et le mépris de toute religion positive et révélée (1). Effrayés des progrès de cet indiffé-

rentisme parmi la jeunesse et ne voyant d'autre remède aux maux qui dévoraient en même temps la société politique et la société religieuse, les évêques et les hommes de bien demandaient avec instance cette liberté que la Restauration, oubliant pour son malheur la haute mission qu'elle avait à remplir, avait eu la faiblesse de restreindre par les trop funestes ordonnances du 16 juin 1818. Il est vrai de dire qu'elle ne le fit qu'à regret et uniquement pour satisfaire les révolutionnaires qui s'affublaient fastueusement alors du titre de libéraux et qui dans la réalité, n'étaient que des ennemis de la liberté véritable, ainsi qu'ils le firent voir quand ils eurent en main la puissance. Le gouvernement de juillet, fondé par eux, s'étaient inauguré en promettant solennellement la liberté d'enseignement et en faisant de cette promesse un article de la Charte de 1830 qui devait être désormais, disait-on, une vérité, et qui fut tout autre chose, surtout dans la question qui nous occupe; mais on ne tarda pas à s'apercevoir que toutes ces promesses si solennelles n'avaient été qu'une déception.

Cependant, au bout de trois ans, ce gouvernement se détermina à donner la loi sur l'instruction primaire. Elle était encore fort restrictive de la liberté et renfermait des vices qui ont eu le résultat que tout le monde connaît aujourd'hui. Plusieurs projets de loi sur l'instruction secondaire furent présentés, mais ils étaient tous tellement éloignés de la liberté promise, qu'ils durent échouer devant la protestation dont ils furent l'objet de toutes parts, et notamment de la part de l'épiscopat.

Les choses en étaient là lorsqu'éclata inopinément et comme une tempête ce qu'on a depuis appelé la funeste catastrophe de février en 1848. La république ayant été proclamée à la grande stupéfaction de la France par quelques hommes qui porteront cette gloire sur le front, comme un stigmate, jusqu'à la postérité la plus reculée, on promit encore la liberté d'enseignement et la Constitution de 1848 porta, art. 9 : « L'enseignement est libre. Mais la liberté d'enseignement s'exerce sous la surveillance de l'Etat qui s'étend à tous les établissements d'éducation et d'enseignement sans aucune exception ».

La liberté pleine et entière telle qu'on l'avait demandée, telle du moins qu'on avait le droit de l'attendre, n'était donc pas encore accordée. La Constitution y mettait de grandes restrictions; cependant une nouvelle phase venait de s'ouvrir; le ministre de l'instruction publique d'alors, M. Falloux, animé des intentions les plus louables et les plus bienveillantes envers l'Eglise, formula, avec le concours d'hommes honorables, un projet qui selon nous, pouvait être plus large et renfermer des dispositions plus

(1) Dans une lettre écrite au ministre de l'instruction publique le 28 février 1850, Mgr l'évêque de Saint-Claude disait : « La société est près de périr par suite des funestes doctrines si scandaleusement professées dans l'Université, et de la mauvaise éducation donnée à la jeunesse. »

favorables encore à la liberté religieuse que celles qu'il contient. Les auteurs de ce projet se trouvaient, il faut l'avouer, dans de grands embarras; et ils craignaient, avec raison, qu'en voulant trop donner, on ne pût rien obtenir; car il y avait dans l'Assemblée législative, comme la discussion de la loi l'a suffisamment démontré, un assez grand nombre d'hommes amis de l'ordre à la vérité, mais qui l'étaient moins de l'Eglise et du clergé. Ce projet eut le malheur et peut-être le tort de diviser les catholiques sur cette grave et capitale question.

Quoi qu'il en puisse être cependant des opinions diverses d'hommes également honorables, dont le but était le même, et qui ont les mêmes intérêts et les mêmes convictions, il est de la plus haute importance aujourd'hui qu'ils soient tous d'accord pour tirer tout le parti possible de la loi du 15 mars 1850, qui, assurément, n'est pas parfaite, mais qui est une grande amélioration sur la législation précédente, en matière d'instruction publique. Cette union, le Souverain Pontife l'a recommandée expressément, dans la lettre adressée à ce sujet par le nonce apostolique aux évêques de France, le 15 mai 1850.

« L'important projet de loi sur l'enseignement présenté à l'Assemblée nationale, dit cette lettre, ne pouvait ne pas attirer toute l'attention du Très-Saint Père qui a constamment suivi avec la plus vive sollicitude toutes les phases de cette longue et laborieuse discussion dès son commencement jusqu'à l'adoption définitive de la loi : il a vu avec une bien vive satisfaction les améliorations et les modifications qui ont été apportées dans cette loi, appréciant beaucoup les efforts et le zèle déployés par tous ceux qui s'intéressent au bien de l'Eglise et de la société. Le Saint Père a pu remarquer en même temps la diversité des opinions et des appréciations, qui d'un côté relevaient les avantages acquis surtout en présence du *statu quo*, et, de l'autre, les défauts existants et les dangers à craindre de quelques dispositions de la nouvelle loi.

«Il a été aussi constaté au Saint Père que dans le vénérable corps épiscopal existaient quelques divergences d'opinions, d'autant plus que quelques prescriptions de la même loi s'éloignent de celles de l'Eglise : telles que la surveillance des petits séminaires; et d'autres semblent peu convenables à la dignité épiscopale, telle que la participation des évêques au conseil supérieur, auquel, suivant la loi, doivent intervenir en même temps deux ministres protestants et un rabbin ; l'établissement, au moins provisoire, des écoles mixtes inspirait aussi des inquiétudes aux consciences des familles catholiques. Au milieu de ces perplexités Sa Sainteté, pénétrée de la gravité des circonstances, dans le désir de calmer ces anxiétés, a jugé opportun, dans sa haute sagesse, de leur tracer une direction. Elle le devait encore pour satisfaire aux demandes que Sa Sainteté avait reçues de la part de plusieurs respectables prélats qui, par un sentiment de déférence envers la suprême chaire de vérité, et de respect pour la personne du Souverain Pontife, s'étaient adressés au Saint-Siége pour avoir de son oracle une règle de conduite au sujet de l'application de la loi définitivement adoptée.

« Sa Sainteté, après un mûr examen de cette importante affaire, de l'avis même d'une congrégation composée de plusieurs membres du Sacré-Collége, et après la plus sérieuse délibération, vient de communiquer des instructions que d'après ses ordres je m'empresse de faire connaître à Votre Grandeur.

« Sans vouloir maintenant entrer dans l'examen du mérite de la nouvelle loi organique sur l'enseignement, Sa Sainteté ne peut oublier que si l'Eglise est loin de donner son approbation à ce qui s'oppose à ses principes, à ses droits, elle sait assez souvent, dans l'intérêt même de la société chrétienne, supporter quelques sacrifices compatibles avec son existence et ses devoirs, pour ne pas compromettre davantage les intérêts de la religion et lui faire une condition plus difficile. Vous n'ignorez pas, Monseigneur, que la France, dès le commencement de ce siècle, a donné au monde l'exemple de sacrifices assez durs dans le but, dans l'espoir de conserver et de restaurer la religion catholique.

«Les circonstances dans lesquelles se trouve actuellement placée la société sont d'une nature si grave, qu'elle demande que de toutes ses forces on cherche à la sauver. Pour atteindre ce but salutaire, le moyen le plus sûr et le plus efficace est d'abord l'union d'action dans le clergé. Ainsi que le rappelait saint Jean Chrysostome (*In Joan.*, *Homil.*) au sujet des premiers temps de l'Eglise : *Si dissensio fuisset in discipulis illis, omnia peritura erant*. Sur cette considération, le Saint-Siége ne cesse pas de conjurer tous les bons esprits, non-seulement de faire preuve de patience, mais aussi de rester unis, afin que les vénérables évêques avec leur clergé *unum sint*, et que, serrés par les doux liens de la charité évangélique, *idem sentiant* ; et, par les efforts de leur zèle, *quærant quæ sunt Jesu Christi*.

« C'est seulement en vertu de cette union que l'on pourra obtenir les avantages qu'il est donné d'espérer de la nouvelle loi, et écarter, au moins en grande partie, les obstacles par de nouvelles améliorations. Sa Sainteté aime à penser que le bon vouloir et l'active coopération du gouvernement seront dirigés à cette même fin. Elle espère aussi que ceux du respectable corps épiscopal, etc. »

Avant de connaître cette sage décision du Père commun des fidèles nous ne dissimulerons pas que, sans être hostile à la loi du 15 mars 1850 que nous aurions voulu, cependant, plus parfaite, nous n'en étions pas très-partisan, à cause des dangers qu'elle renferme et que le Saint-Père lui-même déplore ; mais aujourd'hui nous faisons des

vœux pour que tous les gens de bien et que tous les membres du clergé y donnent leur concours. Nous invitons tous les vénérables curés des paroisses, qui d'abord avaient manifesté de la répugnance à accepter les fonctions que la loi leur confère, à user de toute l'influence qu'elle leur accorde relativement à la surveillance des écoles et des instituteurs.

Ils pourront, sinon faire tout le bien qu'ils voudraient, du moins empêcher beaucoup de mal.

On est obligé d'avouer que la liberté de l'enseignement est si étroitement liée à la liberté de conscience, à l'exécution franche et loyale d'une promesse de la charte, à l'exercice d'un droit, ou plutôt à l'accomplissement d'un devoir que tout père de famille tient de la nature, qu'un vrai chrétien ne cessera jamais de la réclamer. Le projet de loi sur l'enseignement présenté par M. de Falloux est l'objet de la plus vive controverse depuis son apparition. Les universitaires ne le verraient pas adopter sans un profond chagrin. Ils n'en parlent qu'avec désespoir, et cela se conçoit. Ils doivent dire deux mots pour un, d'abord sur la concurrence qui va s'établir à côté des écoles publiques, par conséquent sur la destruction du monopole; et puis sur la transformation des écoles publiques elles-mêmes enlevées à cette hiérarchie, à cette corporation, à cette direction absolue de l'Université qui les gouverne depuis quarante années, pour passer sous le contrôle et sous la main de conseils où doivent être représentés tous les éléments principaux de la société actuelle.

L'Université est prise ainsi dans le filet qu'elle a tendu. Dans les luttes des dernières années, ses défenseurs répétaient sans cesse : *L'Université, c'est l'Etat*; c'est-à-dire que l'Université voulait avoir les avantages, les honneurs, l'argent et le pouvoir de l'État auquel elle se substituait. Mais elle ne voulait pas subir l'autorité, encore moins aurait-elle consenti à se conformer à la volonté de la société elle-même. Il lui fallait dans ses desseins ambitieux, non pas obéir à la société, mais la former, l'élever, la mouler à sa propre effigie, et certes son succès, s'il avait pu jamais être complet, serait bientôt devenu pour la France l'équivalent d'une perte totale et d'une ruine définitive.

L'Université, quoi qu'elle en ait dit, n'était pas l'Etat. Elle ne le sera pas davantage à l'avenir; elle ne le sera plus, il n'y aura plus d'Université; il n'y aura que des écoles publiques, et ces écoles publiques dépendront, non pas même de ce qu'on appelle l'État, c'est-à-dire de l'administration et du gouvernement, mais de la société représentée par ce qu'elle a de plus libéral et de plus élevé.

Assurément ce système peut ne pas donner aux catholiques toutes les garanties qu'ils pourraient encore désirer. Ce qui est certain, c'est qu'il réduit à leur véritable position les universitaires, et qu'ils n'acceptent pas le frein sans frémir.

D'une autre part, dans notre propre camp, le projet a été, à d'autres points de vue, violemment combattu et non moins énergiquement défendu.

Nous ne voulons pas, quant à nous, entrer sans nécessité dans les débats de cette lutte; nous avons dit notre opinion sur le projet; nous en avons exposé les grandes lignes et la pensée fondamentale; nous en avons sincèrement, scrupuleusement, sévèrement même critiqué les détails; nous nous sommes bien gardé de repousser les améliorations certaines, évidentes, décisives qu'il contient.

Il est manifeste en effet, qu'il permettra de repousser et de prévenir, en partie au moins, le mal qui se fait dans l'instruction primaire. Il est certain qu'il ouvre le droit commun aux congrégations religieuses; qu'il établit dans les limites trop restreintes posées par la Constitution, la liberté des méthodes, des enseignements et des programmes, et la liberté des maîtres affranchis de tout grade, de toute affirmation, aussi bien que celle des élèves délivrés des obligations du certificat d'études; on peut à la rigueur ne pas tenir compte de la transformation de l'université, c'est une expérience à faire, une transition à subir. Mais les différences que nous venons de signaler révèlent un abîme entre le système proposé et le maintien du *statu quo*.

Le projet de loi, il est vrai, offrait des lacunes; elles sont peu à peu comblées; il exigeait sur certains points des éclaircissements, ces éclaircissements sont donnés chaque jour. Il est susceptible d'amélioration; la commission nommée par l'Assemblée en a admis plusieurs, d'autres seront peut-être encore obtenues. Pour nous, que la condition du stage soit expliquée de manière à ne pas rejeter hors de l'enseignement nouveau tous ceux qui, depuis 1828, ne font point partie de l'Université; que des précautions soient prises pour restreindre effectivement la surveillance des écoles libres, dans les bornes posées par la loi elle-même; que les dispositions relatives à l'examen des livres soient modifiées dans le même sens; que le caractère spécial des petits séminaires soit nettement reconnu et le droit des religieux franchement admis; que, quant aux jugements, la juridiction ordinaire soit maintenue; qu'enfin la liberté soit rétablie dans l'enseignement primaire pour tous les efforts du dévouement, de la religion et de la charité; que ces points qui, nous dit-on, sont en partie gagnés, nous soient en effet acquis, nous croyons que nous aurons pour cette fois, sinon le mieux désirable, du moins le bien *possible*. Nous pourrons encore discuter; au fond, nous serons contents. Et dès à présent, nous ne craignons pas de le dire, entre le rejet et l'adoption de la loi, telle qu'elle se présente aujourd'hui, nous ne comprenons plus qu'on hésite. L'adoption sera un point de départ, un point connu pour nous; elle nous permettra d'accomplir nos plus pré-

cieux, nos plus sacrés devoirs ; elle nous assurera la conquête prochaine, assurée, définitive, des droits qui nous restent à revendiquer. Le rejet au contraire serait l'ajournement, peut-être difficile, de nos espérances, la confirmation, peut-être pour bien longtemps, de cette servitude intellectuelle et morale, qui fait la honte des lettres et des études et l'anéantissement des mœurs et de la foi.

On sait sous quelle impression l'Assemblée nationale semblait avoir nommé la commission qu'elle chargeait de préparer la future loi organique sur l'enseignement.

On sait aussi comment elle avait composé sa commission : elle avait réuni M. Carnot et M. de Vaulabelle, M. Germain Sarrut et M. Barthélemy Saint-Hilaire, M. Bourbeau et M. Payer, M. Jules Simon et M. Quinet, c'est-à-dire tous les adversaires les plus décidés de la liberté d'enseignement, tous ceux qui, soit dans le gouvernement ; soit dans la représentation, soit dans leurs chaires, soit dans leurs écrits, s'étaient montrés les plus chauds partisans de l'institution impériale, les derniers soutiens du privilège et du monopole de l'Université sous le couvert de l'État.

On sait enfin que les membres de cette commission, sentant combien il leur importait de réunir leurs forces en faisceau pour faire face au péril qu'ils redoutent le plus, s'étaient résignés à se faire de mutuelles concessions, à se mettre d'accord sur un système commun, et à préparer un projet qu'ils comptaient présenter à l'Assemblée avec le prestige et la recommandation de leur unanimité.

Mais assurément, ni cette origine, ni cette composition, ni cette unanimité même de la commission parlementaire, n'étaient de nature à laisser concevoir d'heureux présages ; la seule chose qui nous rassurât contre le danger probable et contre la levée des boucliers que nous craignions, c'était la pensée que, malgré l'activité et l'autorité de la commission, malgré l'entente cordiale qui règnent dans son sein et qu'elle pourrait peut-être rencontrer également dans l'Assemblée, la discussion sur cette matière n'était plus possible durant la session, et qu'un vote même, si l'on parvenait à en emporter un pour ainsi dire d'assaut (et l'aurait-on rendu *in extremis*), n'aurait qu'une autorité tout à fait transitoire ou à peu près nulle.

Cette dernière réflexion n'a-t-elle pas agi jusqu'à un certain point sur l'esprit des commissions ? Au lieu de courir au-devant d'un solennel et fatal échec, ont-ils trouvé plus habile de faire contre la fortune bon cœur, et d'accepter de bonne grâce une nécessité qu'ils se voyaient tôt ou tard forcés de subir ? Ont-ils cru, en un mot, que leur cause était celle qu'une défense trop opiniâtre ruine définitivement et que des concessions faites à propos peuvent seules relever et soutenir pour un temps. Tout cela est très-possible.

Nous ne nous égarons pas néanmoins dans le champ de cette hypothèse. Nous aimons mieux faire plus d'honneur à la commission, et croire qu'elle n'a cédé qu'aux inspirations les plus désintéressées et à la lumière que de longues discussions et de loyales recherches ont nécessairement jetée dans la conscience de ses membres. Aussi, bien qu'ils aient publié des résolutions qui ont excité en nous un étonnement et une satisfaction que nous n'avons pas l'envie de dissimuler, nous pouvons croire d'autant plus facilement à la sincérité de leur conversion qu'ils ont eu soin de sauvegarder encore autant que possible l'influence, les avantages de la prédominance et les prérogatives du corps dont ils ont, depuis si longtemps, confondu l'intérêt particulier avec l'intérêt national.

Quoi qu'il en soit, le projet de loi qu'ils ont rédigé et le rapport que M. Jules Simon y a attaché révèlent un tel changement d'esprit, un si grand revirement de dispositions, une révolution, ou si l'on veut, une évolution, tellement significative de la part de la fraction la plus universitaire de l'Assemblée, que nous n'hésitons pas à signaler ces documents peu répandus jusqu'ici au dehors de l'enceinte législative, et dont nous allons reproduire une analyse exacte et complète, comme un véritable événement et un succès du plus favorable augure.

Commençons par le rapport de M. Jules Simon. Ce rapport nous fera connaître les principes auxquels la commission a rendu enfin un hommage tout à la fois tardif et inattendu, et les motifs qui permettent de concevoir l'espérance qu'un triomphe encore plus complet leur est réservé dans l'avenir.

La commission rappelle d'abord les bases constitutionnelles qu'elle a dû prendre pour point d'appui et pour fondement du système dont elle avait pour son compte à élaborer le développement.

Elle reproduit donc l'article 3 de la Constitution, conçu, comme on le voit, dans les termes suivants :

« L'enseignement est libre ;

« La liberté d'enseignement s'exerce selon les conditions de capacité et de moralité déterminées par les lois et sous la surveillance de l'État ;

« Cette surveillance s'étend à tous les établissements d'éducation et d'enseignement sans aucune exception. »

Elle rapproche de cet article ces mots de l'article 13 :

« La société favorise et encourage le développement du travail par l'enseignement primaire gratuit. »

Et ceux-ci du paragraphe VIII du préambule :

« La République doit mettre à la portée de chacun l'instruction indispensable à tous les hommes. »

Partant de cette déclaration inscrite dans le pacte fondamental, la commission a cru qu'elle avait trois choses à faire :

Établir la liberté d'enseignement ;

Fortifier et étendre la surveillance de l'État ;

Mettre l'éducation primaire à la portée de tous les citoyens.

Ainsi la *liberté*, si souvent jusqu'ici reléguée dans un rang inférieur, reprend dans ce projet le rang qui lui appartient, c'est-à-dire *le premier*.

De plus, la liberté et l'état actuel de l'Université s'excluent; c'est ce que reconnaît le rapporteur avec loyauté, quoique avec trop de réserve, et en y ajoutant quelques récriminations et quelques appréciations que nous ne saurions accepter.

Voici comment il s'exprime:

« Il ne s'agit pas ici, dit-il, d'un intérêt de parti, mais d'un *intérêt social*. Tous les partis sont également intéressés à ce que la liberté d'enseignement soit fondée, à ce qu'elle soit organisée, c'est-à-dire réglée. L'Université est une grande et admirable institution, mais elle ne peut subsister sans des modifications profondes en dehors du vaste ensemble pour lequel le génie de Napoléon l'avait créée ; Napoléon réorganisait dans notre pays l'autorité, l'unité. Il ne faisait pas à la liberté la place à laquelle elle avait droit, et qu'elle a enfin reconquise. Ce qui existe aujourd'hui en France sous le nom d'*Université* c'est, malgré des modifications nombreuses et importantes, l'Université impériale; nous la caractériserons d'un seul mot : elle a le *monopole* de l'enseignement, et quoiqu'elle en use avec une modération évidente, il suffit qu'elle le possède pour qu'il n'y ait à côté d'elle que de la tolérance *et pas de liberté*.

« Quand on dit que les pères de famille sont dépouillés de leur autorité par suite de monopole; que le droit des minorités est violé, la liberté de conscience supprimée, on oublie évidemment que toute la France est couverte d'établissements libres, *rivaux* de l'Université ; mais si on a tort contre les faits, *on a raison contre la loi*. Car, suivant la loi telle qu'elle existe aujourd'hui, il dépendrait de l'Université de ne pas accorder d'autorisations, de supprimer toute concurrence et de mettre les pères de famille dans l'alternative, ou de ne pas donner d'éducation à leurs enfants, ou de les faire élever par elle. »

Nous ne relèverons pas le jugement de M. Simon sur l'*évidente modération* dont l'Université a fait preuve jusqu'ici dans l'exercice d'un droit qu'il reconnaît exorbitant, et sur la situation qu'elle faisait aux établissements que le rapporteur dit être *ses rivaux*, et qui ne sont que *ses sujets*. On sait trop combien le fait qu'il émet comme une hypothèse impossible s'est réalisé et a subsisté pendant plus de quarante années. Laissons plutôt la commission continuer ses aveux, d'autant plus frappants, qu'en répétant pour la première fois les paroles qui sont depuis longtemps dans notre bouche et dans notre cœur, elle nous les reproche encore comme si elles lui paraissent différentes de sens, du moment qu'elles ne sont pas prononcées par elle.

Ce passage, assurément, n'est pas l'un des moins remarquables :

« En vain en appellerait-on à l'excellence de l'enseignement Universitaire. C'est l'*argument de tous les despotismes*, qui ne peut prévaloir contre le droit; c'est d'ailleurs une promesse bien téméraire en face des éventualités de l'avenir; les chefs actuels de l'Université ne peuvent répondre pour leurs successeurs.

« Il était donc à la fois *juste et nécessaire* d'écrire la liberté d'enseignement à côté de toutes les libertés que la Constitution garantit. C'est le plus sacré de tous les droits, car il y a une sorte d'impiété à ne donner à l'homme la liberté de ses actions qu'après avoir dompté et asservi son intelligence.

« Voilà, Messieurs, dans *quel esprit la liberté d'enseignement doit être acceptée par toutes les opinions :* la proclamation de cette liberté d'enseignement, si longtemps réclamée, presque toujours dénaturée dans son principe et dans ses caractères par ses défenseurs les plus ardents, n'est une victoire pour aucun parti. Elle n'est pour personne une défaite. »

Mais voici les préventions qui reprennent la parole :

« Parmi les défenseurs de la liberté d'enseignement il en est pour qui la liberté n'existe qu'à la condition d'être absolue. Ils oublient que la règle qui limite la liberté est en même temps ce qui la fait vivre. Cette liberté absolue en matière d'enseignement est une prime offerte à l'intrigue ; c'est un moyen assuré, pour toute corporation puissante qui voudra faire servir l'éducation à sa fortune, d'écraser toute concurrence et de créer, au nom de la liberté, le plus odieux des monopoles. C'est, en moins de dix années de désorganisation morale et intellectuelle d'un pays par l'anarchie des idées et des doctrines, l'État qui renonce à surveiller l'enseignement, abdique tous ses droits et jusqu'au droit de vivre; car il laisse s'établir dans son sein une puissance mille fois plus forte que la sienne et contre laquelle aucune loi répressive ne prévaudra jamais, en isolant ainsi le gouvernement des intérêts matériels. Il ne perd pas seulement sa puissance, il perd sa moralité; au lieu d'être la raison publique, éclairée et armée pour le bien de tous, il devient quelque chose d'oppressif et de tyrannique, une force que l'on subit sans la comprendre et sans l'aimer, une association entre les intérêts d'où sont exclus les principes. Il y a une exagération coupable à soutenir que les droits de la famille sont détruits parce que l'État intervient pour les *protéger et les garantir*. Reproche-t-on à l'État comme une tyrannie les soins qu'il prend de la santé du corps en soumettant à des règles déterminées l'exercice de la médecine? Lui reproche-t-on de protéger le patrimoine du fils jusque dans la main de son père? les intérêts de l'intelligence sont-ils moins sacrés que ceux-là, et quand même l'État se reposerait sur la famille des soins d'élever des hommes, n'est-ce pas à lui qu'il

appartient de former des citoyens? Laissons donc aux États athées, aux gouvernements de force brutale, cette liberté illimitée, et comme nous fondons notre république sur des idées, n'abdiquons pas pour elle la direction des intelligences. »

Il y a ici une foule de malentendus et de confusions qu'il serait trop long d'examiner et de réfuter en détail, mais dont il importe de signaler seulement quelques-unes. Ainsi, qu'est-ce que l'on entend par cette exposition de la liberté absolue et de la liberté soumise à une règle *qui seule la fait vivre?* Peut-on appeler liberté *absolue* celle dont la loi réprime les abus et les écarts, et, au contraire est-ce à la *censure*, sont-ce les mesures *préventives*, les précautions inquisitoriales qui constituent la *règle* de la liberté? Après cela, qui est-ce qui repousse l'*intervention* de l'État, en tant que l'État accorde sa *protection et sa garantie* aux droits de famille? Mais *garantir* et *protéger* sont-ils synonymes d'*absorber* et *restreindre*, de *subordonner* à d'autres considérations plus ou moins contestables. Enfin, qu'entend-on par l'État, dont on fait la *raison publique*, et qu'on distingue tout à fois de la collection des *individus* calmes et moraux et du *gouvernement* que la société de ce temps se donne et change à volonté?

Nous pourrions multiplier ces questions, mais à quoi bon? Encore une fois, qu'on veuille bien se le rappeler, nous n'avons point la prétention de discuter en analysant le document que nous avons sous les yeux, nous prenons acte des erreurs et des vérités qu'il contient, voilà tout.

Après sa profession de foi, la commission passe immédiatement à l'exposé de son système d'organisation de l'instruction officielle, et des moyens de surveillance qu'elle attribue à l'État? Nous reviendrons plus tard sur ces deux points ; mais, en ce moment. nous préférons relever sur-le-champ la série des entraves dont le rapport et le projet admettent et réclament la suppression :

1° Abolition de l'autorisation préalable. La *première condition* de la liberté était d'abolir complétement l'*autorisation préalable.* A l'avenir, aucune autorisation ne sera nécessaire pour ouvrir une école privée. Il suffira d'avoir prouvé sa moralité et sa capacité suivant des règles invariables. — 2° Suppression du certificat de moralité. En aucun temps les certificats de moralité n'ont été délivrés par l'université, l'autorité municipale était seule compétente à cet égard. Le certificat devait porter, à peine de nullité, la signature du maire et celle de trois conseillers municipaux. Votre commission a pensé, Messieurs, que ni le *droit des réclamants*, ni *l'intérêt de la morale publique*, n'étaient suffisamment garantis par ces dispositions. Ne peut-on pas supposer, en effet, que par esprit de parti ou par quelque motif d'animosité particulière, un conseil municipal refusera, sans raison légitime, de délivrer un certificat de moralité. Quelque

invraisemblable que soit cette hypothèse, la liberté est jalouse, et la loi doit s'attacher à proscrire jusqu'à la possibilité d'une injustice. D'un autre côté, ces sortes de certificats se délivrent le plus souvent avec une facilité coupable; on hésite toujours avant de prononcer un refus qui brise une carrière et détruit tout un avenir. Les relations de parenté ou de voisinage, les sollicitations, étouffent le sentiment du devoir. Il suffit qu'un candidat n'ait jamais eu de démêlé avec la justice; on le croit suffisamment honnête, parce qu'il n'a jamais été criminel.

« La commission propose de remplacer le *certificat* par un simple *veto*.

« Nous vous proposons, Messieurs, de supprimer purement et simplement les certificats par les dispositions suivantes : Tout candidat, qui voudra ouvrir une école, en fera, mais d'avance, la déclaration au maire de la commune, au parquet du tribunal de l'arrondissement, et au recteur de l'Académie.

« Le maire, le procureur de la République ou le recteur, pourront, dans le délai d'un mois, faire opposition devant le tribunal de l'arrondissement, qui jugera contradictoirement dans la chambre du conseil.

« Ici se montre déjà, Messieurs, le caractère de la loi que nous vous proposons. Autant que cela nous a été possible, nous n'avons conservé à l'autorité administrative que le droit de surveiller, et nous avons transporté toutes les décisions à l'autorité judiciaire.

« Nous donnons aussi à la liberté d'enseignement la même garantie qu'à la liberté individuelle. L'obligation d'une triple déclaration est sévère, mais nous ne pouvions pas faire moins dans l'intérêt des familles. Le maire doit être prévenu comme l'autorité la plus immédiate; le procureur de la République, parce que le candidat peut avoir des antécédents judiciaires antérieurs à son entrée dans la commune; le recteur de l'Académie, parce qu'il est le juge le plus compétent des conditions de morale qu'un instituteur doit remplir. Nous avons exigé les mêmes formalités du directeur de l'école et des maîtres qu'il emploie pour l'enseignement et la surveillance. Il est très vrai que l'intérêt bien entendu du chef de l'école est de n'employer que des professeurs irréprochables; mais il nous a paru qu'il était bon de le protéger lui-même contre les erreurs qu'il pourrait commettre, et de protéger les familles contre les spéculations de l'avarice. Seulement, pour ne pas rendre l'entrée de la carrière trop difficile, nous croyons que l'on peut permettre aux maîtres qui dirigent par eux-mêmes une école, d'entrer immédiatement en fonctions le jour ou leurs déclarations sont faites, et de ne renouveler ces déclarations que quand ils se transportent d'un département dans un autre.

« Cette obligation, qui se résout en définitive en un jugement équitable devant la justice ordinaire du pays, n'a rien ensuite de

pénible et d'humiliant; elle doit relever aux yeux de l'instituteur lui-même les fonctions de l'enseignement, en lui montrant l'importance que la société y attache à l'avenir; le fait seul d'appartenir à l'enseignement sera la preuve sans réplique d'une moralité au-dessus de tout soupçon.

« 3° Renonciation à toute déclaration relativement à l'état religieux de ceux qui se présenteraient aux examens.

« La République n'interdit qu'aux ignorants et aux indignes le droit d'enseigner; elle ne connaît pas les corporations; elle ne les connaît ni pour les gêner ni pour les protéger; elle ne voit devant elle que des professeurs.

« 4° Le grade de bachelier est seul exigé pour l'ouverture d'un établissement quelconque d'instruction.

« La preuve de la capacité présentait des difficultés plus graves et surtout plus complexes; nous n'avons rien changé aux dispositions aujourd'hui en vigueur pour l'instruction primaire. Pour l'instruction secondaire, la première solution qui se présente, c'est de courir au grade de l'Université. Il paraît évident que quiconque est pourvu du diplôme exigé par l'Université des professeurs qu'elle emploie, a l'aptitude nécessaire pour enseigner dans les écoles libres; nous nous sommes demandé si nous serions à cet égard aussi exigeants pour les professeurs privés que pour les professeurs de l'État.

« L'Université se contente pour un petit nombre de fonctions du grade de bachelier; mais elle n'emploie dans les fonctions de quelque importance que des licenciés, que des agrégés ou même des docteurs. Le grade de bachelier ès lettres ne suppose pas de connaissances et d'aptitudes spéciales exigées à l'entrée d'un grand nombre de carrières, et n'atteste que ce degré de culture intellectuelle sans lequel on est entièrement étranger aux lettres.

« Malgré ces objections, dont nous ne nous dissimulons pas l'importance, votre commission a pensé que l'on ne devrait rien demander aux chefs d'établissements et aux instituteurs privés, au delà du diplôme de bachelier ès lettres. Établir plusieurs degrés parmi les institutions, interdire à celles-ci tel genre d'étude, parce que l'homme qui les dirige n'a qu'un diplôme d'un ordre inférieur, cela ne nous a pas paru compatible avec la liberté d'enseignement. Il faudrait, si l'on entrait dans cette voie, remettre en vigueur une foule de règlements qui doivent disparaître, rendre la surveillance active et minutieuse, peut-être même rétablir les certificats d'études, qui rendraient toute liberté illusoire.

« D'ailleurs, la preuve de capacité exigée par la constitution n'est pas une preuve de capacité spéciale. Il suffit que l'on prouve que l'on est un homme instruit, que l'on a reçu une bonne éducation; cela met les familles à l'abri d'un charlatanisme grossier;

l'État ne doit que cela et ne peut que cela. Nul doute que les grades universitaires ne soient avidement recherchés par les professeurs de l'enseignement libre; la loi n'exigera que le grade de bachelier; mais le doctorat ne sera pas au-dessus de l'ambition des maîtres qui voudront donner de l'éclat à leur établissement.

« 5° Enfin, création de commissions pour ceux qui préféreraient un examen spécial d'aptitude à la nécessité du *brevet* de bachelier.

« Nous croyons sincèrement, Messieurs, que si nous nous en étions tenus là, nous n'aurions blessé en rien les intérêts de l'enseignement privé, et que le jury qui délivre les grades offre toutes les garanties d'impartialité désirables. Cependant, nous avons voulu ôter tout prétexte, même à l'esprit de parti; nous n'avons pas voulu qu'on pût dire que l'Université restait juge de la capacité de ses rivaux. Il nous eût été facile de faire voir à quoi se réduit cette prétendue rivalité; mais nous avons cru qu'on pouvait sans inconvénient remplacer le grade par une preuve de capacité fournie devant un jury étranger à l'Université, et nous avons, par une disposition expresse, donné le choix aux instituteurs privés entre le nouveau mode d'examen et le grade universitaire.

« Tous les ans, une commission nommée pour le ressort de chaque académie, par la troisième section du Conseil d'instruction nationale, autorité évidemment importante, examinera les candidats aux fonctions d'instituteurs privés, et de chefs d'institutions non pourvus de diplôme de bachelier. Cette commission pourra être choisie en totalité en dehors des membres de l'Université; elle sera composée de docteurs, de membres de l'Institut, et de membres correspondant de l'Institut. Aucun programme ne lui sera imposé. La liberté trouvera sa garantie dans l'autorité qui désigne les juges, et l'État dans le grade ou le titre dont ils sont revêtus. Des règlements d'administration publique détermineront l'époque et les formalités de ces examens. Ils seront nécessairement publics; il sera bon de leur imprimer quelque solennité, et d'exiger que les procès-verbaux contenant le détail des questions et des réponses soient conservés aux archives de l'Académie. Nous trouvons dans ces examens spéciaux, outre un intérêt de justice et d'impartialité, le moyen d'ouvrir la carrière de l'enseignement à certains hommes éminents, dont la capacité toute spéciale ne se plierait pas aux épreuves du baccalauréat. L'Université est inflexible, à cet égard, pour ses propres services : elle doit l'être. Elle a comme une armée de fonctionnaires engagés dans sa hiérarchie, et dont elle doit protéger l'avancement en exigeant pour chaque fonction des conditions uniformes et régulières. Mais ne peut-il pas arriver, n'arrive-t-il pas chaque jour qu'après avoir occupé son âge mûr à d'autres travaux, on veuille se livrer à l'enseignement quand les leçons du col-

lége sont oubliées, souvent d'autant plus oubliées, que l'esprit a fait plus de progrès dans des études spéciales? N'y a-t-il pas plus d'un mathématicien éminent qui serait reçu d'emblée à l'Académie des sciences, et que la version latine, imposée aux bacheliers, arrêterait à l'entrée de la carrière? Et n'est-ce pas l'intérêt évident de l'enseignement privé, et par conséquent celui de l'État, à qui tout profite dans ce genre, d'aplanir toutes les difficultés devant un pareil maître? Nous avons même été plus loin. Il pourra se présenter quelques cas extrêmement rares, où le créateur d'une science nouvelle ou d'une branche nouvelle de la science voudra fonder une école spéciale sans se soumettre à la formalité des grades. Nous avons voulu que le ministre pût, sur la demande de la section de perfectionnement du Conseil d'instruction nationale, instituer un jury spécial, pour juger de la capacité du candidat et de l'importance de l'enseignement nouveau.

« Ainsi, par cette faculté donnée au ministre, aucune innovation heureuse ne sera étouffée sous l'inflexibilité de la règle, et en même temps, par la difficulté d'obtenir la demande de la section et l'autorisation du ministre; nous réduirons à un petit nombre les cas exceptionnels. Des spécialités si déterminées doivent toujours être l'exception. En général, une école doit avoir pour but de former non des ingénieurs et des géomètres, mais des hommes et des citoyens. »

On ne saurait oublier que M. de Kerdrel et Mgr l'évêque de Langres ont publié leurs opinions d'une manière très-formelle, au sujet de la liberté d'enseignement. M. de Kerdrel fit ressortir l'importance de la question de l'enseignement, importance qui s'est accrue encore depuis la révolution de février, par l'avénement du suffrage universel et l'admissibilité de tous à tout, véritable base de la démocratie, impliquant chez chaque citoyen une certaine somme de lumières. Il discute ensuite les trois principes seulement dont la commission aura à s'occuper : *Liberté, gratuité, obligation.* « La liberté d'enseigner et de se faire enseigner par l'instituteur de son choix était, dit-il, un droit naturel avant d'être un droit politique, et il a fallu, pour le voir contester, traverser les plus mauvaises époques de notre histoire. Si, chez quelques peuples de l'antiquité, il en a été autrement, c'est que le principe théocratique, base de leur gouvernement, amenait la confusion de l'ordre spirituel avec l'ordre temporel et la domination de l'un par l'autre.

« Au reste, malgré cette situation politique si fausse, si mauvaise, l'enseignement était libre à Rome et à Athènes. En France, sous l'ancien régime, alors qu'il y avait *un roi très-chrétien, un évêque extérieur,* il en était de même; et, chose étonnante, c'est précisément au moment où cette fiction a disparu, lorsque la séparation du spirituel et du temporel a été nettement proclamée, que ces dernières idées d'éducation nationale monopolisée se sont fait jour. »

Ici l'orateur rappelle les tentatives de Danton et de Robespierre, qui ont été comme la pierre d'attente de l'édifice universitaire. Il retrace ensuite l'histoire de cette institution illibérale depuis l'empire jusqu'à nos jours; puis, passant des faits aux principes, il demande que l'Université n'ait plus rien à voir dans les institutions privées; que le certificat d'études soit supprimé; que les grades, si on croit devoir les conserver, soient donnés par des commissions d'examen dont la composition garantisse l'impartialité; que, sur toutes choses, il ne soit plus question du brevet de capacité, invention malheureuse de M. Villemain; que la surveillance de l'État s'exerce au point de vue de la sûreté publique, de la morale publique et de l'hygiène, mais qu'elle ne soit pas scientifique, et que, sous prétexte d'élever le niveau des études, elle ne porte pas atteinte à la liberté des méthodes, sans laquelle il n'y a pas de liberté d'enseignement.

Arrivant à la gratuité de l'enseignement, M. de Kerdrel la repousse comme exclusive d'une libre concurrence, comme onéreuse pour le trésor, enfin comme profondément injuste, puisqu'elle entraînerait la contribution première de tous, même des plus pauvres, au profit de ceux qui peuvent acheter l'enseignement. M. de Kerdrel se prononce en terminant contre l'enseignement obligatoire. « Lors même, dit-il, que la loi laisserait aux communes le choix de leurs instituteurs, n'y aurait-il pas encore une cruauté révoltante à contraindre tel ou tel père de famille de confier l'intelligence et l'âme de son fils à l'instituteur communal, le seul qui soit à sa portée : d'ailleurs il est des localités où dans la mauvaise saison l'école ne peut être accessible pour la plupart des habitants, et alors l'obligation de l'enseignement ne constituerait pas seulement une mesure tyrannique, mais une disposition souverainement dérisoire. »

Mgr l'évêque de Langres a répondu sur ce premier point, que la question de la liberté de l'enseignement était parfaitement étrangère à celle du traitement officiel donné au clergé; que la religion catholique, pour être puissante en œuvres, n'a pas besoin d'être riche; que l'Assemblée nationale a fait un acte de sagesse et de justice en lui conservant sa dotation, mais que, si jamais on venait à poser au clergé la question dans ces termes : « Vous serez ou payés ou libres, vous ne pouvez pas être en même temps l'un et l'autre, » le clergé répondrait à l'instant d'une voix unanime : « Gardez votre argent et laissez-nous la liberté. »

Sur le second point, Mgr l'évêque de Langres a dit que la fusion proposée par M. Edgar Quinet était une chimère, parce que la vérité ne peut se fondre avec l'erreur; que, pour parler ainsi, il faut ignorer ce que c'est qu'un homme de foi; que les croyances religieuses tiennent au plus intime de l'âme, et que l'on est disposé à mourir pour elles;

que cette fusion ne pourrait se faire que dans l'indifférence, c'est-à-dire dans l'agrandissement de la plaie qui fait déjà périr évidemment la société ; qu'enfin le système proposé tendait à vio'er non-seulement la liberté d'enseignement, mais la liberté de conscience la plus sainte et la plus inviolable de toutes.

Venant ensuite aux instituteurs dont M. Edgar Quinet voudrait faire des précepteurs de morale en concurrence ou plutôt en remplacement des curés, Mgr Parisis n'a pas craint d'affirmer que l'avenir de la société se trouve beaucoup moins dans l'instruction secondaire ou supérieure que dans l'instruction primaire. « Eh bien ! a-t-il ajouté, je dois vous déclarer, parce que j'en ai les preuves, de ce côté l'avenir est très-menaçant. Les instituteurs primaires sont généralement issus de classes très-pauvres, ce qui , en soi, n'est ni un tort ni un inconvénient ; mais, ce qui peut devenir un immense péril, quand, et cela est aujourd'hui certain pour un grand nombre, quand ils unissent à la pauvreté beaucoup d'ambition et d'orgueil. Il n'y a qu'un frein possible à ces désirs immodérés, c'est la crainte de Dieu, c'est la religion avec ses infaillibles justices et ses éternels dédommagements. Si, comme on le propose, on remplace, chez les instituteurs, ce sentiment sacré par les doctrines nouvelles qui limitent les destinées de l'homme aux avantages de ce monde, alors, soyez en sûrs, les trente mille instituteurs primaires qui ne possèdent rien et qui désirent beaucoup, jetteront de plus en plus un œil d'envie et souvent un œil de haine sur ceux qui possèdent ; ils inspireront, même sans le vouloir, ces idées jalouses à l'enfance pauvre dont ils dirigent les intelligences, et, pour peu que vous laissiez développer ces tendances convulsives de déclassement dans les masses, alors, ce n'est plus seulement une révolution qui se prépare, c'est une suite interminable de révolutions et de bouleversements ; c'est la perte irrémédiable, c'est la ruine de tout en toutes choses. »

Plus tard, Mgr l'évêque de Langres et M. de Montalembert se sont exprimés, au sujet de la liberté d'enseignement, d'une manière plus explicite. On nous saura peut-être gré de mettre encore sous les yeux les opinions développées, au sujet de ce projet de loi, par Mgr l'évêque de Langres et M. de Montalembert dans les bureaux de l'Assemblée.

Dans le 15ᵉ bureau, Mgr l'évêque de Langres a parlé le premier et s'est exprimé à peu près en ces termes :

« Messieurs,

« Je prends rarement la parole sur les questions qui sont soumises aux délibérations de vos bureaux, et je laisse à d'autres le soin d'intervenir dans les questions spéciales, pour lesquelles ils ont plus de goût ou plus de connaissances que moi. Mais j'ai demandé la parole aujourd'hui, et vous en soupçonnez bien les motifs.

Il faut de grandes raisons, Messieurs, pour qu'un évêque consente à rester loin de son diocèse pendant un si long temps ; il faut des raisons qui puissent l'emporter sur les devoirs sacrés que son ministère lui impose au milieu de ses ouailles, et je n'aurais pas certainement consenti à rester dans cette assemblée nationale, si je n'eusse prévu la discussion de quelques-unes de ces questions fondamentales qui intéressent au plus haut degré et la société tout entière et la religion elle-même.

« C'est une de ces questions prévues qui nous est présentée en ce moment ; une loi sur l'instruction publique intéresse évidemment la société, et dans le présent, puisqu'on sait déjà quelle influence exercent les instituteurs primaires sur nos grandes opérations électorales, et dans l'avenir, puisque, pour me servir d'une expression de nos saintes Ecritures, *c'est ce que l'homme a semé qu'il recueillera.* »

Après ce préambule, qu'il devait à sa position particulière, monseigneur l'évêque de Langres est entré dans l'examen du projet de loi, en faisant remarquer qu'il était présenté par ses auteurs comme un projet de transaction ; que ce titre devait naturellement lui être favorable, puisqu'aujourd'hui, en présence du danger commun, tous les partis transigent sur le terrain de ce projet de loi ; une transaction peut se faire entre la liberté et l'autorité. L'orateur a fait remarquer qu'il disait l'autorité et non par l'ordre, parce que, loin que la liberté soit opposée à l'ordre, elle doit au contraire, d'après le plan de la Providence, en se combinant avec la loi divine, former l'harmonie des choses humaines.

« Examinons donc, a dit monseigneur Parisis, si la part faite à la liberté et à l'autorité établit une transaction que nous puissions, sans abjurer nos principes, accepter en conscience pour l'instruction primaire ; je ne vois que deux points ajoutés en faveur de la liberté et de l'autorité : établir un régime actuel de stage, qui supplée au certificat de capacité, mais seulement pour le premier degré, et la facilité d'ouvrir un pensionnat sans autorisation préalable, mais seulement avec cinq ans d'âge et cinq ans de stage. Je vois là, dans une certaine mesure, la liberté de l'école, mais non pas la liberté de l'enseignement donnée si expressément par la Constitution. On comprend, du premier abord, que beaucoup de personnes, très-honorables, très-capables, très-dignes sous tous les rapports, pourraient vouloir, à titre de simple œuvre, enseigner des enfants pauvres sans, pour cela, prendre le titre de maître d'école ; pourquoi les empêcher, pourquoi mettre obstacle au dévouement, quand le dévouement est si rare? Pourquoi assimiler ceux qui le pratiqueraient à des malfaisants comme le fait l'art. 26?

« La liberté de la commune paraît avoir bien peu gagné au projet, puisqu'elle ne nomme son instituteur que sur une liste dressée par le conseil académique, puis-

qu'elle ne peut subventionner une école libre d'une école communale qu'avec dispense du même conseil.

« Dans l'instruction secondaire, l'autorisation préalable est supprimée : sous ce point donc la liberté fait un pas. Elle en fait un autre en ce qu'aucun diplôme ni brevet de capacité n'est demandé pour les professeurs des institutions libres; mais on exige du maître d'établissement un stage de cinq ans, avec un diplôme ou le brevet de capacité ou; il est bien à remarquer que le projet de loi dont M. Jules Simon fut nommé rapporteur sous l'Assemblée constituante, n'exigeait que le même diplôme ou le même brevet sans aucun stage.

« Quant à l'exemption dont on fait jouir les professeurs, elle n'existe plus d'après l'article 64, si la commune subventionne l'établissement, ce qui encore ne peut se faire que sur l'avis du conseil académique.

« Et à cette occasion l'orateur a fait remarquer que la liberté des communes était dans le projet beaucoup plus restreinte que celle des particuliers. Une dernière garantie est donnée, du moins en apparence, à la liberté par l'article 19 qui règle que l'inspection des établissements libres ne pourra porter que sur la moralité, le respect de la Constitution et des lois, et l'hygiène. Mais outre que plusieurs de ces mots sont vagues, il est bien à craindre que les inspecteurs devant surveiller tous les établissements ne s'habituent à porter dans ceux qui seront censés libres, toute l'autorité qu'ils exerceront dans les autres.

« Voilà, Messieurs, toute la part que la loi fait à la liberté d'enseignement; on peut mettre en doute que ce soit là celle que la Constituante a votée.

« Voyons maintenant quelle est la part faite à l'autorité dans la commune : le comité local, dont la nullité généralement reconnue est remplacée par la surveillance personnelle du maire et du curé, c'est là une heureuse innovation. Il est temps que l'instituteur ne s'établisse pas le rival de ces deux autorités dont l'une représente la loi et l'autre la religion. J'appuie sans restrictions ce point du projet, quoique, eu égard aux prétentions déjà invétérées de beaucoup d'instituteurs, je n'en attends pas un résultat complet dans les départements ; le projet établit une institution toute nouvelle; c'est le pivot sur lequel roule tout le système de la loi.

« Je présume qu'on y a été conduit par plusieurs motifs; d'abord pour remédier à cette centralisation universitaire qui, de plus, à mesure que l'instruction publique se développe, devient ridicule, fatale et impossible ; ensuite pour remplacer ces comités d'arrondissement qui, presque nulle part, ne répondent aux besoins de l'éducation ; enfin et surtout parce qu'on a cru que dans une république le pays devait faire lui-même ses affaires. Or on s'est dit que le pays n'est pas l'Université; que ce n'est pas non plus l'administration toute seule, ni la magistrature toute seule, ni la religion toute seule,

mais que c'est tout cela. C'est donc de tous ces éléments réunis qu'on a formé ce comité départemental. On l'a cru, par sa situation, assez rapproché pour pouvoir être surveillé suffisamment, assez éloigné pour être indépendant et à part. Certes, Messieurs, on ne peut rien établir de plus favorable à l'autorité que l'institution de ce conseil départemental; car, d'après le projet, rien ne pourra se faire sans qu'il y ait l'œil, et presque rien sans qu'il y mette la main.

« Toutefois il est probable que cette institution proposée rencontrera des oppositions nombreuses, ne fût-ce que par des raisons financières en ce qui concerne la formation de quatre-vingt-six académies. Pour moi, j'avoue que je tiens très-peu à cette multiplication d'institutions universitaires. Je crois que l'on pourrait former ces comités départementaux en y envoyant simplement un délégué de l'Académie, et alors la présidence appartiendrait au préfet; ce qui serait beaucoup mieux sous tous les rapports, et ce que je prie formellement le commissaire de demander. Enfin, au centre de l'État, le projet établit un comité supérieur qui, plus encore que le comité départemental, réunit dans son sein toutes les autorités publiques sous la présidence du ministre; mais je ne puis m'empêcher de faire remarquer que dans ce comité supérieur, qui devrait nécessairement représenter le pays, la prépondérance universitaire est énorme, sans parler de tous les amis qu'elle ne manquera pas de recruter dans le conseil d'État, dans l'Institut, et même dans l'enseignement libre. L'Université compte dans le sein du comité supérieur huit membres qui sont seuls permanents, seuls nommés à vie, seuls rétribués, seuls enfin bien au courant des affaires, et, si j'ose le dire, du métier.

« Je dois l'avouer, quoique les attributions de ce conseil supérieur soient restreintes, je vois là un danger considérable pour la vraie liberté d'enseignement, et je demande encore que le commissaire le signale avec énergie ; d'autant plus que le second paragraphe de l'art. 5 attribue au conseil supérieur le droit d'interdire à son gré les livres dans les établissements libres. L'autorité se fortifie encore de cette légion d'inspecteurs, tous nommés par le ministre même, comme nous l'avons dit, pour la visite des établissements privés, et qui sont pour la plupart vraiment un objet de luxe, parce qu'évidemment des inspecteurs annoncés un mois d'avance n'inspectent rien de réel.

« Voilà, Messieurs, la part faite à l'autorité, vous avez celle faite à la liberté; votre commission jugera s'il y a là une transaction. Pour moi, je vois dans le projet un cadre qui a bien son mérite, parce qu'il est simple et net. On peut y introduire des améliorations dans le sens que je viens d'indiquer, et qui me feraient voter pour la loi. On peut, au contraire, y faire entrer des modifications qui me fassent voter contre. Quant au projet tel qu'il existe, je dois vous le dire franchement, Messieurs, je ne prends

à son sujet aucun engagement. Je l'étudierai mûrement, en regard des principes et des nécessités du temps; mais en ce moment je me réserve toute ma liberté. »

M. DE MONTALEMBERT. — « Messieurs, a dit l'honorable M. de Montalembert dans son bureau, comme membre de la commission extra-parlementaire qui a élaboré le projet de loi, je demande à fixer la portée et la nature de cette mesure telle que je la conçois et l'adopte. Deux opinions absolument opposées sont en présence : l'une a prétendu que le droit d'enseigner devait, comme la justice et la force publique, relever exclusivement de l'Etat et n'être donné que par lui; l'autre affirme au contraire que l'Etat est aussi incompétent en fait d'éducation qu'en fait de religion, et que c'est pour l'Etat un tort et un malheur d'avoir entrepris depuis soixante ans une œuvre en dehors de sa mission et au-dessus de ses forces. La Constitution de 1848 semble donner raison à cette dernière opinion, puisqu'elle proclame que l'enseignement est libre, et ne fait aucune mention de l'enseignement donné par l'Etat.

« Toutefois, en présence du grand fait créé par l'Empire sous le nom d'Université et des habitudes prises par le pays depuis la révolution, les hommes pratiques sentent tous la nécessité de respecter et de maintenir l'institution universaire tout en lui opposant la concurrence et l'esprit religieux par la liberté, ainsi que le voulait la Charte de 1830 et que le prescrit formellement la Constitution nouvelle.

« Le projet de loi n'est autre chose qu'une transaction entre ces deux ordres d'idées. C'est un traité de paix destiné à mettre un terme à des luttes trop prolongées. La liberté y est garantie, mais l'enseignement de l'Etat n'y est point sacrifié. Bien loin delà, l'Etat y est investi non-seulement de la surveillance que la Constitution lui attribue, mais d'une sorte de gouvernement général de l'instruction publique qui pourrait à bon droit effaroucher les partisans de la liberté, si les exigences de l'ordre public et de la sécurité sociale n'en faisaient peut-être une condition de la vie et du succès pour l'émancipation et le développement de l'éducation religieuse, surtout dans les circonstances critiques où nous sommes. Il ne s'agit donc plus d'une lutte entre l'Eglise et l'Etat, entre l'enseignement libre et l'enseignement officiel ; il s'agit d'unir ces deux forces contre l'ennemi commun, contre les doctrines anarchiques qui menacent le pays, en un mot contre le socialisme. Sans vouloir examiner, quant à présent, jusqu'à quel point le socialisme peut-être regardé comme le résultat logique de l'enseignement public tel qu'il existe en France depuis quarante ans, il y a un fait incontestable et incontesté, c'est que les instituteurs primaires, tels que la loi de 1833 les a organisés et constitués, sont aujourd'hui les prédicateurs les plus actifs des utopies socialistes et des agitations anar-

chiques ; et que, grâce à eux, la contagion a passé des villes aux campagnes qu'elle infecte de plus en plus. La loi de 1833, en créant des instituteurs inamovibles dès l'âge de dix-huit ans, en présence du curé et du maire *amovibles*, a commis un véritable attentat contre l'ordre social et le bon sens.

« Armés de cette prérogative inouïe, et sans cesse stimulés par des excitations parties de haut, depuis les circulaires de M. Guizot en 1833 jusqu'à celles de M. Carnot en 1848, ces jeunes gens se sont naturellement regardés comme premiers magistrats de la commune ; et, après avoir été salués comme des pontifes de la civilisation et du rationalisme, ils se sont érigés en apôtres du socialisme.

« Tout le corps des instituteurs primaires est loin d'avoir trempé dans cette coupable folie. On peut croire que la majorité des instituteurs se compose encore d'hommes laborieux, modestes, dévoués à leurs devoirs; mais cette majorité se laisse dominer et représenter par une minorité composée surtout des plus jeunes, de ceux formés dans les écoles normales, qui se croient appelés à régenter et à réformer la société et qui préludent à cette mission par le rôle qu'ils s'arrogent dans la presse et dans la propagande électorale.

« Le projet de loi oppose à ce fléau l'amovibilité de tous les instituteurs communaux. Il encourage par la liberté et sans aucun privilége le développement des associations religieuses vouées à l'enseignement et reconnues par l'Etat, où l'esprit de sacrifice et l'esprit de discipline viennent tempérer des dangers et surmonter les difficultés de la carrière si laborieuse et si délicate des éducateurs du peuple. Il substitue ensuite, par la surveillance et la direction de l'instruction primaire, à trois rouages administratifs dont l'impuissance est démontrée, aux comités locaux, aux comités d'arrondissement et aux académies actuelles, il substitue trois nouvelles institutions qui ont paru concilier les garanties exigées par la liberté avec l'intervention efficace des pouvoirs sociaux, ce sont :

« 1° La surveillance individuelle et directe des maires et des curés sur les écoles communales; 2° un conseil académique présidé par un recteur dans chaque département, où l'autorité universitaire, chargée de surveiller l'enseignement libre et de diriger l'enseignement officiel, n'agira qu'avec le triple concours des grandes forces sociales, savoir : de l'administration de l'Eglise et du suffrage universel, représentés par le préfet, l'évêque et quatre membres du conseil général; 3° enfin un conseil supérieur de l'instruction publique, où l'ancien conseil de l'Université, transformé en section permanente et inamovible, et chargé spécialement du gouvernement des établissements de l'Etat, serait renforcé et contenu pour toutes les matières qui touchent à la liberté et aux intérêts généraux de la société, par des membres de l'épiscopat, de l'institut et de la cour de cassation, choisis par leurs collègues.

« On a pu s'effrayer de la création des quatre vingt-six recteurs au lieu de vingt qui existent actuellement; mais un examen attentif fera voir que cette combinaison est encore la plus simple qu'on ait pu concevoir. C'est d'ailleurs une concession faite à l'intérêt universitaire. On peut, si l'on veut, remplacer les recteurs par des inspecteurs, et leur donner la présidence du conseil académique ou d'éducation publique dans chaque département.

« La loi écarte la gratuité et l'obligation comme incompatible, l'une avec l'état de nos finances, l'autre avec nos mœurs; et toutes les deux diamétralement opposées à l'esprit des familles et à l'esprit de liberté.

« En ce qui touche à l'enseignement secondaire, le projet accorde à la liberté ce qui en fait l'essence, l'abolition de toute autorisation préalable, de tout certificat d'étude, etc., en revanche et à la différence de ce qui se passe en Belgique et dans les autres pays de libre enseignement, et laisse aux Facultés de l'Etat la collation exclusive des grades. Il confie également aux fonctionnaires de l'Université les deux tiers des places d'inspecteurs chargés d'exercer la surveillance de l'Etat sur les établissements libres.

« Pour les deux enseignements primaire et secondaire, les conditions de moralité et de capacité diffèrent. Toutefois, on y ajoute celle du stage dans des établissements déjà reconnus, comme la plus satisfaisante des conditions, et celle qui garantit le mieux la vocation et le sens pratique de l'instituteur. Le projet ne change rien au régime des établissements de l'Etat; il n'a pas voulu comme l'un des projets rapportés à l'Assemblée précédente, constituer l'Université dotée par l'Etat, et dont l'Etat est responsable, à l'état d'Eglise laïque, ou de corporation, se recrutant et se gouvernant, elle-même presque entièrement à l'abri des pouvoirs politiques.

« En résumé, le projet doit apporter des remèdes efficaces et indispensables à l'état actuel de l'instruction publique en France, en déplaçant l'autorité et en transformant les fonctions dont on a abusé, comme en détruisant la plupart des entraves qui s'opposent au libre développement de l'éducation religieuse; à ceux qui croient que l'état actuel est satisfaisant, à ceux qui nient des résultats désastreux pour la famille, pour l'ordre et pour la société, il doit nécessairement déplaire.

« D'un autre côté il ne donne pas satisfaction à ceux qui ne prennent pour guide que les principes et les théories, et qui refusent de tenir compte des faits, des intérêts, des préjugés même dans le gouvernement des choses humaines. Mais, amélioré comme il le sera, sans doute, par la discussion, il peut et doit réunir les suffrages des hommes sages et modérés, vraiment libéraux, vraiment patriotes, vraiment religieux.

« Il en a été ainsi au commencement de ce siècle, pour un acte analogue dans une sphère plus élevée et plus difficile encore,

pour le Concordat. Puisse-t-il en être de même pour cette loi qui sera alors le concordat de l'enseignement. »

M. Mauvais, membre de l'Institut, l'un de nos savants les plus distingués, s'est exprimé ainsi :

« Le droit naturel de l'enseignement ne comprend pas seulement telle ou telle doctrine, mais tout ce que l'homme connaît, tout ce qu'il peut faire passer de son intelligence dans celle d'autrui, en respectant l'ordre et la moralité publique.

« Un précédent orateur a reconnu à cette tribune, le droit pour tout homme d'enseigner ses doctrines, ses convictions, tout ce que, dans sa pensée, les hommes ont besoin de savoir: mais, suivant lui, ce droit cessera d'être naturel quand il s'agira du latin ou des mathématiques; comprenez-vous ce droit qui est ou n'est pas naturel, suivant qu'il s'agit de tel ou tel sujet?

« Il y a bien d'autres doctrines étranges auxquelles le monopole est fatalement conduit. Le père de famille a, de l'avis de tout le monde, le droit naturel de faire élever son enfant chez lui, de lui faire donner telle éducation qu'il désire, non pas seulement quand il est adulte, mais dès sa plus tendre enfance, à la seule condition qu'il aura une fortune suffisante pour payer des maîtres particuliers, auxquels il déléguera son autorité paternelle; et ce droit cessera d'être naturel pour tout père de famille, dont la fortune trop modique ne lui permettra pas de faire une pareille dépense.

« En vérité, je fais de vains efforts pour comprendre un droit qui est naturel ou non, suivant les restrictions arbitraires et capricieuses qu'il plaira de lui imposer.

» Il n'y a qu'un principe vrai à cet égard et dont on peut tirer les conséquences logiques sans craindre l'erreur, c'est que le père de famille a le droit naturel de diriger l'éducation de son fils et qu'il peut déléguer ce droit, soit chez lui, soit au dehors, d'où découle pour le mandataire choisi le droit corrélatif et naturel de transmettre toutes les connaissances que le père lui demande pour son fils. »

L'orateur a terminé, en disant, qu'il reconnaît trois choses comme nécessaires, la liberté, la surveillance et la répression.

Il appartenait aussi à M. de Tracy de prendre la parole dans cette discussion. M. de Tracy est le vétéran de la liberté que nous défendons; de tout temps il en a arboré la devise. En 1830, il l'avait fait inscrire dans la Charte par le gouvernement d'alors, qui devait la mettre en pratique dans le plus bref délai. Il en veut encore non pas seulement le mot, mais la réalité.

« A mon sens, dit-il, la liberté de l'enseignement est la condition unique des progrès toujours croissants des intelligences; par elle seule, les connaissances humaines peuvent se maintenir au niveau des besoins de la société; par elle seule, les arts et les sciences peuvent prendre les développements auxquels ils sont appelés; par elle seule, l'é-

tude approfondie des langues anciennes, elle-même, peut atteindre le dernier degré de perfectionnement ; et l'on y parviendra ainsi beaucoup mieux que par le système actuel dans lequel on a fait à ce genre d'étude tant de sacrifices exagérés et souvent infructueux. »

Passant à l'appréciation du monopole universitaire, il s'écrie :

« Il est temps de savoir, Messieurs, si le monument le plus extraordinaire peut-être qu'ait jamais élevé le pouvoir le plus absolu peut subsister encore parmi nous, tandis qu'aucun État en Europe ne voit rien de pareil. Je me trompe, il faut excepter la Russie. Peut-être, pour ce vaste empire, un tel régime est-il nécessaire, est-il admissible? Je ne décide pas la question, mais l'on m'avouera que ce n'est pas la république, la république proclamée en février, qui doit aller prendre ses modèles auprès de l'autocrate de toutes les Russies (approbation sur plusieurs bancs). Dans aucun pays du monde, avant 1808, il n'entra dans la tête d'aucun homme de se dire : « Nul être pensant dans mon pays, ou « enfant ou adolescent, ne recevra une idée, « ne recevra une impression que celles que « j'aurai ordonnées. » Eh bien! c'est-là ce qu'a réalisé l'organisation de l'Université impériale qui date justement de quarante ans. »

M. Tracy développe ensuite cette pensée, que l'enseignement des lycées est précisément au rebours de tout ce que les facultés humaines réclament.

On l'interrompt, on lui crie : « Vous dites tout ceci à l'occasion des lois organiques! » Il répond : « On nous parle des lois organiques, ce n'est pas d'aujourd'hui qu'on nous en parle pour nous détourner de la vraie question. J'entends les lois organiques pour l'organisation de l'instruction privée, et, en cela, je suis totalement d'accord avec tous les législateurs sans exception depuis 1789. Je me trompe, il y en a un, c'est le projet de Robespierre, et j'avoue franchement que Robespierre ne sera mon guide en rien. (Rire approbatif.) Mais, je dis que Fourcroy, que M. le ministre du commerce citait hier, Fourcroy proclame dans son rapport au premier consul qu'il ne pouvait entrer dans l'esprit de personne d'apporter une entrave quelconque à l'instruction privée ; que tout ce qu'on peut faire c'est de donner l'instruction au nom de l'État; l'accepte qui veut ; mais qu'on n'a le droit d'en imposer aucune. Messieurs, ceci était vulgaire, élémentaire; il a fallu dix ans de despotisme impérial pour nous habituer à supporter une pareille oppression, mais c'est précisément pour secouer cette oppression que je réclame, et voilà pourquoi je suis entré dans ces développements. Ce que je soutiens, on le concède en apparence, on le combat en réalité. Je soutiens qu'il n'y a que la concurrence réelle et positive qui puisse enlever au monopole de l'Université tout ce qu'il a de nuisible et d'odieux, j'entends la concurrence réelle et positive. Tant que vous ad-

mettrez que la surveillance des établissements privés sera confiée aux rivaux de cet enseignement, je dis que la liberté est illusoire.

« On parle de lois protectrices; mais par qui seront-elles exécutées ces lois? On parle toujours de l'État ; mais ce sera le corps au nom de l'État; et, quant à l'enseignement, on lui applique ce vers de la tragédie ·

J'embrasse mon rival, mais c'est pour l'étouffer.

Voilà ce que je ne veux pas, et voilà pourquoi je réclame la véritable concurrence.

« En un mot, je n'entends pas ce que c'est que la liberté autrement que le droit d'enseignement selon la méthode, selon l'ordre qu'on adopte.

« Nous voulions nous livrer aujourd'hui à quelques explications; mais comme d'un côté l'amendement que j'ai proposé : *l'enseignement est libre*, est admis par *la commission de constitution*, et qu'ainsi le principe de la liberté d'enseignement est consacré ; comme d'un autre côté *les membres eux-mêmes de l'Université, d'accord en cela avec la commission de constitution*, affirment que les *lois* dont on réclame la garantie, et la *surveillance* que l'on réclame pour l'État, seraient en toutes choses conformes à ce principe de vraie liberté d'enseignement, *nous prenons acte de cette déclaration*, et, ne pouvant pas attaquer des dispositions que nous ne connaissons pas encore, nous nous plaçons sous le bénéfice de toutes les réserves, et nous remettons à l'époque où l'on discutera les lois organiques toutes les observations que nous voulions faire aujourd'hui. (*Très-bien!*)

« Nous croyons en cela donner à l'Assemblée une preuve de l'esprit de conciliation et de confiance qui nous anime tous et dont, Messieurs, nous avons tous besoin. »

—

MM. de Laboulie, Mauvais, de Tracy, n'étaient pas les seuls qui eussent présenté des amendements plus favorables à la liberté que la rédaction même corrigée de la commission. Nous citerons après eux MM. de la Rochette, de Tinguy, Levraud, Fouget, Arnault (de l'Ariége) et Parisis. Il n'y a eu de scrutin de division que sur l'amendement de M. de Tracy, et il a réuni 181 billets blancs.

Les autres ont été rejetés ou retirés sur les observations de monseigneur l'évêque de Langres, qui ont été acceptées unanimement; on a constaté que tous les principes restaient intacts pour la discussion des lois organiques.

Nous croyons devoir, dans cette occasion, reproduire le langage aussi élevé que consciencieux qu'a tenu sur cette question monseigneur l'archevêque de Bordeaux, aujourd'hui cardinal.

*Lettre de Mgr l'archevêque de Bordeaux à M. Odilon Barrot, président de la commission de la Chambre des députés, chargée*

*d'examiner le projet de loi sur la liberté d'enseignement.*

21 juin 1844.

Monsieur,

Après avoir été dans la Chambre des pairs l'objet d'une discussion grave, solennelle, mais dont le résultat n'a pas répondu aux espérances des catholiques, le projet de loi du gouvernement sur l'instruction secondaire vient d'être apporté à la Chambre des députés.

Une question d'où dépend l'avenir moral, religieux, et peut-être le sort politique de la France, peut recevoir prochainement une solution légale définitive.

Si le projet du gouvernement est modifié de manière à réaliser sincèrement le principe de liberté écrit dans la Charte, les représentants du pays auront acquis un titre éternel à sa reconnaissance. Toutes les opinions loyales, généreuses, franchement libérales, se réconcilieront; car toutes se sentiront à l'aise sur le terrain d'une liberté commune. Nul n'aura le droit de se plaindre, car nul ne sera opprimé. La religion, en particulier, en abandonnant cette arène brûlante des débats politiques, qu'elle n'aborde jamais qu'avec une profonde répugnance, bénira les institutions d'un pays où il lui sera permis désormais de poursuivre en dehors de tous les partis la mission de charité et de paix qu'elle a reçue de Dieu.

Mais si, contre notre attente, des pensées étroites, si de funestes préoccupations continuaient à prévaloir, il m'est impossible de ne pas m'épouvanter des périls qui menaceraient la société, et qu'il ne serait peut-être au pouvoir de personne de conjurer ; car ils auraient leur source dans un dissentiment profond entre la loi du pays et la conscience de la majorité des Français.

Dans une circonstance aussi décisive, je ne voudrais pas avoir à me reprocher de n'avoir point fait tout ce qui dépend de moi pour ajouter quelque lumière à celles qui rendent si claire déjà, ce me semble, la grande question dont sont saisis les représentants du pays.

Il ne fallait pas des circonstances moins graves pour me décider à sortir de la réserve que je m'étais imposée, et à rendre publics les documents que j'ai l'honneur de vous adresser et que je vous prie de vouloir bien communiquer aux membres de la commission qui vous a choisi pour son président.

Je suis avec une haute considération,

Monsieur,

Votre très-humble et très-obéissant serviteur,

† FERDINAND,
Archevêque de Bordeaux.

Bordeaux, le 27 février 1844.

*Réclamation adressée au roi, à son conseil, et aux Chambres, au sujet du projet de loi sur l'intruction secondaire.*

Sire,

Le moment approche où les débats doivent s'ouvrir sur le nouveau projet de loi présenté à la chambre des pairs par M. le ministre de l'instruction publique. Je n'avais pas à délibérer pour comprendre que, dans une circonstance aussi grave, où il s'agit des intérêts de la religion et de la société tout entière, je ne pouvais, sans manquer au plus pressant de mes devoirs, me résigner au silence.

C'est à V. M., sire, et au zèle dont elle est animée pour la prospérité morale de son royaume, que je viens confier mes pensées, et, pour mieux dire, la douloureuse impression que j'ai ressentie en méditant la loi proposée.

Je n'ai pas l'intention d'en discuter les articles ni de montrer combien elle est, dans son ensemble, en opposition avec nos institutions politiques, la liberté des cultes et la liberté de conscience; de nombreux écrits m'ont épargné ce travail; mon unique dessein, en ce moment, est d'examiner si le nouveau projet atteint le but si vivement sollicité par l'épiscopat et par les pères de famille.

On rend, il est vrai, moins défavorable la position des petits séminaires; mais l'évêque dont la mission divine est de veiller à la conservation de la foi parmi les peuples n'est-il pas obligé d'étendre sa sollicitude au delà de l'enceinte des maisons ecclésiastiques ?

Que devient, par la nouvelle loi, l'enseignement public du royaume ? Je le dis avec une profonde douleur, il demeure ce qu'il était : le privilège exclusif du corps universitaire. Je cherche dans le projet l'œuvre consciencieuse du ministre d'un gouvernement constitutionnel, qui se doit également à tous; je n'y trouve (qu'il me soit permis de le dire) que le calcul intéressé du grand maître de l'Université.

Et, pour me borner à une seule réflexion, n'est-il pas évident que la direction suprême, exclusive, de l'enseignement, appartient au corps chargé par l'Etat de conférer les grades, de déterminer la matière des examens, de prononcer sur la capacité des candidats, de les admettre et de les rejeter, de juger de la force des études, de diriger l'enseignement et de le surveiller, d'encourager et de punir ? N'est-ce pas, en effet, enseigner exclusivement, que d'avoir le droit exclusif de faire étudier dans tel ou tel esprit, telles ou telles matières, telles ou telles méthodes, sous peine d'encourir un jugement d'incapacité et de voir son avenir compromis ?

Avec de pareilles prérogatives en faveur d'une corporation, y a-t-il la liberté promise ? Qui oserait le dire ? Je n'entrerai pas dans la discussion des doctrines qui semblent prévaloir dans le sein de l'Université : je dirai seulement qu'aujourd'hui

l'éducation des classes supérieures et des classes moyennes est exclusivement entre ses mains, et qu'en général les élèves universitaires n'apportent dans le monde ni croyances ni habitudes religieuses. De ces deux faits incontestables il résulte que le nombre des chrétiens diminue progressivement dans la partie de la nation qui dirige et gouverne l'autre; et que si nous devions continuer cette fatale influence, bientôt viendrait le moment où le sacerdoce catholique ne trouverait plus de fidèles que dans les classes inférieures de la société.

Un pareil état de choses doit-il durer? Faut-il que la France chrétienne se persuade qu'il y a un dessein formé d'arriver à l'extinction de la foi par l'éducation? Déjà beaucoup de catholiques ont cette crainte, et ces appréhensions deviendront générales, si le Gouvernement ne veut pas, ou si, le voulant, il ne peut pas apporter un remède au mal et en faire disparaître les causes.

Les hommes religieux ont cru pouvoir ajouter foi aux promesses qui assurent et garantissent à tous l'égalité dans la liberté; ils ne devaient pas s'attendre à ce que certains professeurs fissent de notre pacte fondamental une sorte de constitution dogmatique, en vertu de laquelle les catholiques seraient mis hors la loi, déclarés *ennemis de la société moderne* et légalement repoussés par elle, comme les *seuls schismatiques*, les *seuls hérétiques de ce temps*. Je rappelle ces paroles effrontément jetées à la jeunesse par les maîtres que l'État lui donne et reproduites par ces philosophes plus sincères qu'habiles, dans un pamphlet qu'on n'a point désavoué, dans un pamphlet que les organes et les défenseurs de l'Université ont loué tour à tour. Je les rappelle, parce ces paroles formulent d'une manière exacte la pensée secrète d'une coterie ennemie de l'Église, puissante dans le corps enseignant dont il importerait que personne en France ne pût croire le gouvernement dupe ou complice. Je les rappelle, parce que ces paroles marquent le but où l'on entraîne les jeunes générations, et qu'elles atteindront certainement, si l'enseignement public continue à être exclusivement ce qu'il est; si le système en vigueur n'est pas profondément modifié, si les hommes religieux ne parviennent pas à obtenir justice par la suppression du monopole universitaire. Car, en droit, l'Université, comme je l'ai démontré à M. le ministre de la justice et des cultes, ne peut pas, ne doit pas être orthodoxe, le principe de la liberté de conscience le lui défend; en fait, l'Université n'est pas orthodoxe, les évêques le déclarent; c'est un point dont ils sont juges.

Mais la question n'est pas là. La liberté d'enseignement est un droit acquis aux catholiques comme à ceux qui ne le sont pas, et il est clair pour tout le monde que si le nouveau projet *organise l'instruction publique*, il ne donne pas *la liberté*.

Mais, dira-t-on, la liberté absolue aurait des inconvénients; on en pourrait abuser. Qui ne voit qu'en raisonnant de la sorte on irait à la destruction de toutes nos libertés? Car de quelle liberté ne pourrait-on pas abuser? Cependant, j'ose le dire, celle de l'enseignement est la moins dangereuse : le premier venu ne peut pas ouvrir un collège : il lui faut un local, un matériel considérable, un personnel nombreux. Et puis, n'a-t-il pas besoin surtout de la confiance des familles? Et ne peut-on pas apprécier le discernement d'un père, et tenir compte de l'intérêt qu'il aura à choisir, pour élever ses enfants, un homme de science et de vertu? Ces conditions, imposées par la nature des choses, ne sont-elles pas, aux yeux de tout homme sensé, beaucoup plus rassurantes que tous les certificats de moralité et tous les diplômes? Enfin, si, malgré ces garanties, l'État craint encore les abus de la liberté d'enseignement, n'a-t-il pas les moyens de réprimer ces abus; et ne peut-il pas se les donner, s'ils lui manquent?

Parlons sans détour. Ce qui fait que le grand maître tient à resserrer dans de si étroites limites le droit d'enseigner, c'est la crainte que les familles ne viennent à confier aux membres du clergé l'éducation de leurs enfants. Quoi donc! parce que l'Université, à tort ou à raison, redoute la concurrence, l'État serait injuste, et priverait une classe honorable de citoyens français des bienfaits du pacte fondamental! parce qu'ils sont prêtres ou religieux, il n'y aurait plus pour eux de liberté, il n'y aurait plus de Charte! Au surplus, nous ne réclamons pas pour les congrégations religieuses une existence légale : cette sorte de droit ne leur est pas nécessaire pour prétendre aux avantages de nos institutions politiques. Mais nous pouvons bien demander que des chrétiens, que des Français ne soient pas frappés d'ostracisme et dépouillés d'un droit garanti par la Charte à tous les citoyens, uniquement parce que, répondant à la voix de Dieu, ils ont, sous la protection de l'Église, voué leur vie à la pratique des conseils évangéliques.

Quant au clergé séculier, on ne prétend pas lui refuser toute participation à la liberté d'enseignement; mais à quel prix le projet de loi ne fait-il pas acheter cet avantage qui, à le bien prendre, n'est cependant que l'exercice d'un droit? On institue des hommes qui sont à la fois juges et parties, arbitres uniques de la valeur intellectuelle du prêtre; un conseiller municipal ou un maire appréciateur unique de sa valeur morale. N'est-ce pas frapper de déconsidération, avilir ceux que les peuples reconnaissent encore pour pasteurs et pour guides dans l'ordre surnaturel?

On a cru devoir insinuer dans un journal, dont il est utile de suivre attentivement la marche, parce qu'il est regardé comme le principal organe de l'Université, que, si le clergé est irrité de la sorte, que, si l'on attache tant d'importance à diminuer son in-

fluence sur la génération présente et à soustraire à son action les générations futures, c'est uniquement parce qu'on se défie de lui, et, pour trancher le mot, parce qu'on ne le croit assez dévoué ni à la dynastie ni aux institutions de 1830.

Rien de plus injuste que de telles préventions. Le clergé ne veut ni ne peut être entre les mains de personne un instrument de politique ; ce n'est pas sans doute ce qu'on exige de nous : cependant, tout en évitant cet écueil, le clergé n'a-t-il pas su maintenir, depuis quatorze ans, les doctrines d'ordre et d'obéissance au pouvoir établi ?

Mais, qu'il me soit permis de le dire, l'injustice a, comme le bienfait, sa puissance sur le cœur des hommes, et c'est un mauvais moyen, pour attirer leur dévouement et leur amour, que de les traiter en suspects.

En vérité, on se fait du clergé une idée étrange ! et à entendre certains hommes, on dirait que nos prêtres sortent des sépulcres du moyen âge, ou qu'ils sont complétement étrangers aux tendances, aux usages, aux besoins de notre époque. Le clergé est de ce temps, et il en subit les influences ; il tient au pays, il appartient à la famille. Pourquoi ne voudrait-il pas le maintien et le développement régulier des institutions qui nous régissent, si elles lui donnent la seule chose qu'il désire, la seule qui soit nécessaire à l'accomplissement de sa mission : la liberté d'exercer un ministère de conciliation et de paix, et de travailler, pour sa part, à élever les générations nouvelles dans la connaissance et la pratique des devoirs qui feraient de tous les membres de la grande famille de véritables chrétiens et des sujets fidèles ?

On s'est proposé, sans doute, en présentant le nouveau projet de loi, de dissiper les inquiétudes, hélas ! trop fondées des hommes religieux, de faire cesser leurs plaintes. Or, en fait, le projet ne contente personne ; il ne rassure ni les pères de famille ni l'épiscopat. Si les chambres l'adoptaient, le mécontentement irait croissant, et les réclamations deviendraient plus nombreuses et plus vives. Personne, en effet, ne saurait être indifférent à une question aussi grave, et les évêques moins que personne. Car si la société civile s'engendre et se façonne par l'éducation, si elle doit être, dans un avenir peu éloigné, inévitablement bonne ou mauvaise, selon que l'enseignement sera bon ou mauvais, la religion est soumise à la même influence ; ses intérêts sont liés étroitement à l'enseignement, garantis, si l'enseignement est religieux, sacrifiés, s'il ne l'est pas.

Je prie Votre Majesté d'excuser la liberté de mes paroles, et cette manifestation si entière de mes sentiments. On a bien voulu me dire, il y a peu de temps, qu'on me savait gré de n'être point intervenu par la voie de la presse dans les débats soulevés par cette question que j'appellerai toujours une question de vie ou de mort pour mon pays.

Cette réserve, cette modération, m'autorisaient peut-être à m'exprimer dans cette circonstance avec une franchise et une liberté dont la haute sagesse du roi voudra bien apprécier les motifs.

Je dois cependant déclarer, en finissant, que si nos observations étaient sans résultat, je devrais aux catholiques de mon diocèse et à ma conscience de m'associer, non plus par une démarche confidentielle, mais de la manière la plus ostensible, aux efforts de tous mes vénérables frères dans l'épiscopat.

Je suis avec un profond respect, de Votre Majesté,

      Sire,

Le très-humble et très-obéissant serviteur,

      † FERDINAND,
      Archevêque de Bordeaux.

—

Bordeaux, le 10 mars 1844.

Monsieur le garde des sceaux,

La lettre que Votre Excellence m'a fait l'honneur de m'adresser m'impose un devoir que je vais m'efforcer de remplir avec toute la mesure, mais aussi avec toute la franchise qui est dans mon caractère. La question sur laquelle Votre Excellence appelle l'attention de l'épiscopat est d'ailleurs si grave à mes yeux, que ma conscience ne peut me permettre de rien dissimuler.

Je ne crois pas avoir besoin de témoigner à Votre Excellence combien je partage le chagrin que lui ont causé les personnalités offensantes dont plusieurs des membres du corps enseignant ont été l'objet de la part de quelques journaux. Les évêques ne peuvent que déplorer ces écarts, qu'ils n'ont aucun moyen de prévenir, dont ils ne sauraient, par conséquent, être responsables. Les ministres du roi le comprendront à merveille, par l'impuissance où ils sont eux-mêmes de contenir les emportements des feuilles politiques qui semblent être le plus sous leur dépendance. Si je ne savais combien les passions excitées par la polémique échappent à toute direction, je vous signalerais, monsieur le ministre, plusieurs articles publiés récemment dans un journal que l'on suppose représenter la pensée du gouvernement, que l'on dit subventionné par l'État, et dans lesquels je ne sais quel malhabile défenseur de l'Université s'est permis les insinuations les plus odieuses contre l'épiscopat, des insultes qui rappellent les plus mauvais temps et la plus mauvaise école de l'incrédulité.

Mais ces excès, si affligeants qu'ils soient, ne sont qu'un accident dans une question dont le fond importe si directement à l'avenir de l'Église et de la France, qu'il doit fixer avant tout l'attention et la sollicitude du gouvernement et de l'Épiscopat.

Ici, monsieur le ministre, forcé, pour obéir à ma conscience, de vous dire tout ce que je vois de désastreux dans l'éducation que reçoit la jeunesse de notre pays, pour que l'on ne m'accuse pas des injustices que je con-

damnais tout à l'heure, je commence par déclarer que je ne prétends nullement rendre le corps enseignant responsable du mal qu'il fait à la France. J'honore les illustrations, les hautes capacités que l'Université est fière de posséder dans son sein. Je ne croirai jamais qu'un si grand nombre d'esprits éminents aient pu concevoir la sauvage pensée de saper dans le cœur de la jeunesse, avec la foi religieuse, la base des mœurs et de l'ordre social. Le nom seul de l'homme illustre que je vois à la tête du corps enseignant repousserait un soupçon si injurieux. Plût à Dieu, monsieur le ministre, que le mal ne fût que dans les hommes! il laisserait quelque espérance, car les hommes passent; mais l'état effrayant de l'éducation tient à une cause plus profonde. J'y vois une conséquence nécessaire de l'opposition qui existe entre le principe de liberté, fondement du droit public de la France, et le monopole exercé par l'Université.

En effet, la Constitution du pays ayant consacré la liberté de conscience, un corps investi de la mission exclusive d'enseigner au nom de l'État ne peut, sans injustice, repousser aucune croyance, aucune opinion de son sein. Les concours qui ouvrent la carrière de l'enseignement sont et doivent être accessibles au protestant, au juif, au déiste, au panthéiste, comme au catholique; les juges d'examen n'ont pas à s'enquérir de ce qu'un candidat *croit*, mais de ce qu'il *sait*. A-t-il rempli les conditions de science requises, quel que soit son symbole, quand même il n'aurait pas de symbole, il ne pourrait être écarté sans que la loi fondamentale du pays fût violée.

De là il suit que, légalement, l'enseignement ne peut être que l'expression de toutes les opinions opposées qui divisent les esprits. Tous les systèmes de vérité ou d'erreur qui aspirent à l'empire de la société ont un droit égal à être représentés, à se produire avec une entière liberté dans l'Université, à se disputer l'enfance du haut de ses chaires; car, en définitive, tout ce que l'on peut demander à un professeur, c'est que son enseignement soit d'accord avec sa conscience. L'Université ne peut pas faire une loi de l'hypocrisie et du mensonge, condamner le panthéiste à parler de Dieu comme le catéchisme, le déiste à s'incliner devant la révélation, le juif à reconnaître la mission divine de Jésus-Christ, le protestant à condamner la révolte de Luther.

Que telles soient de fait les conséquences du monopole universitaire, c'est ce qui malheureusement est aussi facile que douloureux à constater.

La polémique dont Votre Excellence dénonce les excès à l'épiscopat me paraît répréhensible, surtout par le caractère personnel qu'elle a donné à ses attaques, par le tort qu'elle a eu de s'en prendre aux hommes, lorsque le mal sort, indépendamment de leur volonté, en dépit même de leurs efforts, du fond des choses.

Mais les faits sur lesquels l'attention publique a été appelée, en écartant même tout ce qui peut être suspect d'exagération, révèlent pour la religion, pour la société, des périls qui ne justifient que trop les inquiétudes des familles et les alarmes de l'Épiscopat.

Et, pour nous arrêter à quelque chose qui me paraît à la fois incontestable et décisif, que doivent être dans l'Université l'enseignement de la philosophie et l'enseignement de l'histoire, les deux sciences qui exercent l'action la plus directe sur l'esprit des jeunes gens, qui posent pour ainsi dire la base des croyances de toute leur vie? Pour trouver la réponse à cette question, il n'y a qu'à chercher la direction qu'ont reçue les maîtres eux-mêmes, à qui ces deux branches de l'enseignement sont confiées, à l'heure qu'il est, dans presque tous les collèges de l'État.

Ici, la notoriété publique désigne deux hommes qui, par leur haute position dans l'Université, par leur réputation incontestée de science et de talent, qui surtout par l'influence qu'ils exercent depuis longtemps sur les études de l'école normale et dans les concours de l'agrégation, ont dû être naturellement, l'un dans la philosophie, l'autre dans l'histoire, les régulateurs de l'enseignement universitaire, autant que cet enseignement est susceptible de se plier à une règle.

Nous ne voulons pas juger l'un de ces hommes par le mot insolent et de mauvais goût contre le catholicisme qui lui a été prêté récemment, et qu'il dédaigne peut-être de démentir; nous ne le jugerons que par ses écrits; or, on ne peut le lire sans être profondément attristé, en voyant une si belle intelligence protester sans cesse de son respect pour l'autorité de l'Église, et établir les théories philosophiques les plus incompatibles non-seulement avec le catholicisme, mais avec tout symbole, toute religion positive. Que l'on parcoure les ouvrages du second de ces professeurs que j'ai désignés, et particulièrement son *Introduction à l'histoire universelle*, ou son *Histoire de France*, et l'on se convaincra que, pour lui, l'histoire n'est que le cadre d'un tableau philosophique dans lequel la marche de l'humanité est soumise à des lois qui détruisent radicalement le christianisme et toute la révélation, et qui le forcent par conséquent à nier ou à dénaturer, à mesure qu'il les rencontre sur son chemin, tous les faits divins sur lesquels s'appuie l'autorité de l'Église.

Si, au sommet de la hiérarchie, l'enseignement de l'Université présente une opposition si profonde avec la foi de l'Église, que doit-il être dans les degrés inférieurs? N'est-il pas naturel que les professeurs des collèges reproduisent dans leurs leçons les leçons par lesquelles ils ont été eux-mêmes formés? Peut-on exiger que la religion, si librement attaquée par les maîtres, soit respectée par les disciples? Cela est-il raisonnable? cela est-il possible? Et si, emportés par leur naïf enthousiasme pour les doctrines dont ils ont

été nourris, de jeunes professeurs, encouragés par des exemples partis de si haut, franchissent toutes les limites d'une sage réserve, oublient toutes les règles de la prudence qui leur avait été conseillée, ne sont-ils pas à plaindre plus encore qu'à condamner? N'est-il pas facile d'expliquer l'intérêt qu'ils inspirent, les hautes influences qui les protégent? Si je ne croyais devoir m'abstenir dans cette lettre de tout ce qui peut avoir un caractère particulier, local, je vous citerais un fait que j'avais déjà signalé officiellement à M. votre collègue de l'instruction publique, et qui ne confirmerait que trop toutes ces tristes réflexions.

Nous devons donc déplorer profondément, mais nous ne pouvons pas nous étonner que l'enseignement de l'Université qui, *légalement*, n'est d'aucune religion, *de fait* ne soit pas catholique. L'éducation publique, il faut le reconnaître, est en France la seule chose qu'elle puisse être, la réalisation d'un principe qui exclut nécessairement toute unité, qui, arrachant l'enfance à l'unité de la famille, la seule que la religion puisse protéger aujourd'hui, pour la mettre en face de toutes les opinions divergentes, de toutes les contradictions infinies de la société, ne lui permet de recueillir des leçons de ses maîtres que le doute et le scepticisme Que peuvent contre ce nécessaire résultat les prêtres qui représentent la religion dans les colléges, et à qui quelques courts instants sont donnés à peine, chaque semaine, pour lutter contre les tendances d'un enseignement de tous les jours? Aussi, sauf de très-rares exceptions, rien de plus décourageant que leur stérile ministère. Après l'époque de la première communion, les élèves échappent peu à peu à leur action. On est épouvanté lorsqu'on vient à compter le petit nombre de ceux qui, arrivés au terme de leurs études, ont conservé la foi et les habitudes religieuses de leur première enfance; en sorte qu'il est triste, mais vrai, de dire que le fruit commun de l'éducation de l'Université, c'est une vague religiosité, ou l'indifférence la plus complète; qu'elle ne fait des chrétiens que par exception.

Ces faits, monsieur le ministre, qui vous seront attestés, je n'en doute pas, par tout l'épiscopat, comment n'éveilleraient-ils pas sa sollicitude? Comment ne feraient-ils pas naître les plus désolantes prévisions? Que deviendrait la religion parmi nous, quel serait le sort de la France, si les générations, à mesure qu'elles s'avancent vers la société, étaient ainsi détachées de la foi de leurs pères? Peut-on blâmer les évêques qui n'ont pu contenir plus longtemps un cri de douleur qui finirait par s'échapper de la conscience de tous? Ceux qui répugnent le plus à tout ce qui pourrait manifester quelque dissentiment entre le gouvernement et l'Église, se demandent si cependant il peut leur être permis de demeurer spectateurs passifs d'un état de choses qui menace d'une manière si imminente l'avenir de la religion et du pays.

Mais les intentions du gouvernement du roi, que Votre Excellence a daigné nous faire connaître, semblent annoncer que les vœux de la religion et de la famille seront enfin écoutés.

Si je ne craignais de fatiguer Votre Excellence en dépassant trop les limites dans lesquelles j'aurais voulu renfermer ma réponse, je lui exposerais les raisons qui m'ont convaincu depuis longtemps que cette question de l'enseignement sera un principe incessant d'agitation dans le pays, d'embarras pour le gouvernement, et surtout de trop légitimes alarmes pour la conscience des évêques et des familles chrétiennes, aussi longtemps qu'elle n'aura pas reçu une solution qui peut présenter des difficultés, mais qui est la seule légale, la seule logique, la seule possible (1).

Agréez, etc.

*A Monseigneur l'archevêque de Paris.*

Bordeaux, le 29 mars 184..

Monseigneur,

Vous voulez bien me demander, par votre lettre du 17 mars, mon opinion sur la réponse que vous venez de faire à la lettre qui vous a été adressée le 8 de ce mois par M. le ministre de la justice et des cultes. Cette réponse, qui ne s'est point fait attendre, sera lue avec satisfaction par tous les évêques de France. Votre cause est la leur. Ce n'est pas seulement la dignité de leur caractère qui a été blessée, ce sont leurs droits les plus essentiels qui ont été méconnus. C'est l'indépendance de l'Église dans ses prérogatives les plus sacrées et les plus inaliénables qui serait menacée. Après avoir lu votre protestation si noble, si convenable, si parfaite et pour le fond et pour la forme, M. le ministre des cultes regrettera, je n'en

(1) MM. Michelet et Quinet proclamaient, dans une brochure qu'ils écrivirent en commun, « qu'à petit bruit, sans scandale, on marchait en France à la ruine de la religion par la philosophie, et de la philosophie par la religion... Il faut même, jusqu'à un certain point, féliciter l'Église de s'être lassée la première de la trève menteuse que l'on avait achetée si chèrement de part et d'autre. » (P. 286.)

A la page 287 on lit : « A-t-on bien songé cependant à quoi l'on s'engage quand on parle d'un enseignement strictement catholique?... Imagine qui le voudra une géologie, une physique, ou une chimie sur le fondement de la légende dorée. »

288. « Dans le fond, la vieille querelle du clergé et de l'Université n'est rien autre chose que celle qui partage l'esprit humain. Le clergé, dans cette lutte, représente la croyance, l'Université la science; et il faut que chacune de ces voies soit suivie jusqu'au bout sans entraves. Cette liberté, qui d'abord a été le principe de la science, est devenue le principe de la société civile et politique, de telle sorte que l'État ne peut plus même professer officiellement dans les chaires l'intolérance ni le dogme : *Hors de l'Église point de salut.*

« Malgré la clémence de l'opinion, nous conseillons à ces derniers (les catholiques, à qui ils donnent, page 289, le titre de sectaires) de ne pas recommencer, en les harcelant, un jeu qui leur a déjà coûté cher. Ce ne serait pas toujours le combat de la mouche et du lion. »

douté point, un acte dans lequel il ne faut voir, comme vous le dites fort bien, qu'un sacrifice fait à de tristes nécessités politiques.

Pour vous dire ma pensée tout entière, je vous soumettrai une observation sur un seul point, mais qui me paraît de la plus haute importance.

Vous prouvez, Monseigneur, par les considérations les plus décisives, que non-seulement l'extension que le ministre donne à la loi du 18 germinal an X, mais que le texte même de cette loi, en interdisant tout synode, toute assemblée d'évêques, qui ne serait pas autorisée par le gouvernement, soumet l'épiscopat au pouvoir temporel dans l'exercice de l'un de ses droits les plus essentiels, est en contradiction avec l'esprit de l'Église, l'opprime dans une des libertés qui importent le plus à son bon gouvernement.

Ne suivrait-il pas de là, Monseigneur, que cette loi est évidemment en opposition avec un des principes fondamentaux de notre pacte constitutionnel, la liberté de conscience, la protection assurée à tous les cultes reconnus par l'État, protection qui ne peut être raisonnablement refusée au culte professé par la majorité des Français, protection du reste qui a été si largement, et nous ne nous en sommes jamais plaints, accordée à toutes les réunions de ministres des cultes dissidents qui ont eu lieu à Strasbourg, à Nimes et à Montauban?

Dès lors, au lieu d'émettre, comme le fait Votre Grandeur, le vœu que les prescriptions de la loi de germinal an X soient remplacées par des dispositions plus libérales, ne serait-il pas plus expédient, plus rationnel de déclarer que cette loi, étant incompatible avec le nouveau droit public introduit en France, a été implicitement abrogée par la Charte, qu'elle ne peut, d'après ces motifs, être considérée comme obligatoire?

J'attache une grande importance à cette observation, parce que les préoccupations de plus en plus hostiles à l'action du clergé, que la lutte du moment va tendre à faire prévaloir, ne permettent pas d'espérer que les servitudes inconstitutionnelles dans lesquelles on a voulu emprisonner l'Église de France soient de longtemps modifiées par la volonté des législateurs.

Par conséquent, point de droits pour nous que ceux qu'on nous reconnaîtra en nous plaçant sur ce terrain de liberté commune qui a sa base dans la constitution du pays. Des synodes ont été tenus dans plusieurs diocèses, à Lyon, sous l'administration de Monseigneur de Pins, à Tours, en 1834, et enfin à Nevers, en 1843. Les actes de ce dernier synode ont été rendus publics par la voie de la presse, et non-seulement adressés à tous les évêques, mais cités avec éloge dans l'un des derniers ouvrages de M. le procureur général de la Cour de cassation (1). Si une autorisation avait été demandée au

(1) Discours pour la rentrée de la Cour de cassation, 1843, page 63.

pouvoir, je doute qu'elle eût été accordée, et le pouvoir n'a pas réclamé. Si les évêques d'une province, d'après les prescriptions du concile de Trente et d'après les usages constamment suivis dans l'Église, se réunissaient en concile, comme en Amérique et ailleurs, que ferait le gouvernement? Si l'on croyait pouvoir les disperser au nom de la loi du 18 germinal an X, les évêques ne pourraient-ils pas en appeler à la Charte de 1830?

Le caractère que va prendre la lutte soulevée par la question de la liberté d'enseignement doit nous faire craindre que l'épiscopat ne se trouve placé en face de graves circonstances et de devoirs difficiles. L'avenir est le secret de Dieu; mais, sans nous bercer d'illusions, nous pouvons espérer qu'après des épreuves plus ou moins longues, la liberté de l'Église triomphera dans cette question comme dans toutes celles où elle se trouvera engagée; elle a pour elle le principe de notre constitution, l'assentiment de tous les hommes de liberté et de cœur, à quelque croyance qu'ils appartiennent, la logique qui finit par maîtriser l'opinion, et la conscience de tous les catholiques qui forment en définitive le seul corps qui soit uni en France par un lien que les révolutions ne brisent pas. L'accord des évêques entre eux est la condition du succès.

Vous serez bien aise, Monseigneur, d'apprendre ce que j'ai fait depuis que je vous ai quitté. Deux évêques de ma province, MM. de Luçon et de La Rochelle, ayant adressé collectivement, avant mon retour de Paris, une réclamation dont les journaux vous ont donné connaissance, MM. de Périgueux, d'Agen, de Poitiers et d'Angoulême, ont écrit un peu plus tard, et en même temps que moi, à M. le garde des sceaux, qui a bien voulu nous promettre, par sa lettre du 16 mars, que nos observations seraient mises sous les yeux du roi et du conseil des ministres, examinées avec sollicitude, et discutées avec soin.

Je sais, et on l'a proclamé très-haut, combien on a été contrarié, en dehors du ministère des cultes, non-seulement de la manifestation donnée par quelques-uns de nos collègues à leurs sentiments sur cette grave question, mais des observations elles-mêmes. La métropole de Bordeaux a été comprise dans les dernières attaques de M. Isambert; cependant qu'avons-nous dit que n'aient dit avant nous des publicistes de toutes les opinions qui se désolent, s'indignent que la foi de trente-trois millions de chrétiens soit attaquée dans la génération qui doit en perpétuer la tradition pratique? Nous n'avons pas demandé en 1841, et nous ne demandons pas aujourd'hui la ruine des écoles de l'État. Ces écoles seront, comme le passé, l'objet de notre active et paternelle sollicitude; nous y ferons et par nous et par nos aumôniers, toutes les fois qu'on ne nous opposera pas d'insurmontables obstacles, tout le bien qui sera en notre pouvoir; mais nous demandons aussi qu'il soit permis d'élever à côté de ces écoles si puissamment

protégées, si richement dotées, des écoles exclusivement catholiques.

C'est dans ces écoles que, portant avec son regard et sa pensée, dans la profondeur de l'âme de son élève, non à de rares intervalles, mais à tous les instants du jour, les conseils de la vertu et les terreurs du remords, l'homme de dévouement et de sacrifice pourra l'initier à la pratique des devoirs sans lesquels l'adolescent ne saurait se préparer à la mission d'époux, de père, d'homme public, de citoyen vertueux.

En les privant de la liberté de faire élever leurs enfants par de tels maîtres, ne condamne-t-on pas tous les pères à s'appliquer à eux-mêmes ces paroles qu'un cri de franchise et de douleur arrachait à l'un des esprits les plus indépendants et les plus hardis de l'époque où l'ancien droit allait s'éteindre? « Combien nous négligeons nos propres enfants! s'écriait l'avocat général Servan, et pour qui donc nous intéresserons-nous? À peine avons-nous vu éclore ces germes précieux que nous les jetons en quelque sorte au vent, sans observer de quel côté il les emporte. Quel père s'est dit à lui-même : Dans ce royaume, que dis-je? dans ma ville, à la porte de ma propre maison, à cette heure même, il est un lieu où l'on instruit mon fils à faire mon supplice ou ma gloire; l'on y prépare la destinée de ma vieillesse, l'horreur ou la consolation de ma mort. »

Je sais gré à l'honorable M. Dupin d'un témoignage qu'il vient de nous rendre, quand du haut de la tribune il s'est écrié : « Je suis persuadé que si des persécutions insensées étaient dirigées contre le clergé, nos évêques et nos prêtres sauraient souffrir le martyre comme autrefois. »

Ne nous sera-t-il pas permis dès lors de dire au gouvernement dont l'illustre orateur était l'organe en ce moment : Pouvez-vous penser que des hommes auxquels vous reconnaissez une pareille foi et un pareil dévouement n'aient pas le droit d'être crus quand ils vous parlent de leur sollicitude pour la moralité de la jeunesse, et des alarmes que leur inspire l'enseignement public donné par quelques-uns des maîtres approuvés par l'État?

Qu'on cesse donc de chercher dans ces démarches unanimes de l'épiscopat autre chose qu'une nouvelle preuve de son dévouement à tout ce qu'il croit utile au bien du pays. Une noble émulation de science et de vertu sera le résultat infaillible de cette libre concurrence que nous réclamons. Qui ne voit combien auront à y gagner la famille, la société, le gouvernement aussi bien que la religion?

Agréez, etc.

*A Monsieur le ministre des affaires étrangères.*

Bordeaux, le 30 avril 1844.

Monsieur le ministre,

Dans le discours que Votre Excellence vient de prononcer dans la Chambre des pairs, à la séance du 25 avril, elle a abordé la grande question de la liberté d'enseignement en homme qui la connaît et qui la juge : des vérités supérieures y brillent du plus noble éclat; des faits jusqu'à présent niés y sont reconnus de la manière la plus loyale.

Vous avez fait un éloge de la religion, qui peut trouver place au nombre des plus belles et des plus éloquentes paroles prononcées sur ce grand sujet.

Mais en affirmant que l'épiscopat n'a pas été unanime dans ses réclamations, Votre Excellence s'est trompée. L'unanimité et la sincérité du clergé sont éclatantes : seulement, quelques évêques avaient cru pouvoir se borner à écrire confidentiellement sur cette grave question. Il ne pouvait pas venir à leur pensée que cette réserve dût être regardée comme une improbation des plaintes collectives ou individuelles que plusieurs de leurs collègues avaient livrées à la publicité.

La question qui s'agite, monsieur le ministre, apparaît chaque jour plus étendue, et quoique chaque jour son immensité étonne davantage, bien peu d'esprits l'ont encore mesurée comme Votre Excellence a su le faire.

De part et d'autre les esprits sérieux disent que c'est une transformation qui se prépare; nous pensons comme eux. Cette transformation sera pacifique ou violente; elle est inévitable. Si la religion conquiert la liberté qu'elle demande, sans rien détruire, sans rien changer aux institutions nouvelles, dont ce fait ne sera que le développement et la confirmation, de grandes modifications s'opéreront dans les esprits, dans les mœurs, dans les partis eux-mêmes.

La liberté religieuse, c'est-à-dire la liberté du bien, ouvrira des voies nouvelles à ce trop-plein de cœurs ardents qui abondent parmi nous; une éducation meilleure formera des citoyens plus paisibles; les lois deviendront fortes, parce qu'elles ne froisseront aucun des nobles instincts de la conscience; la religion, dont on s'était accoutumé à méconnaître l'influence, adoptant sans réserve des institutions qui lui permettent de remplir le but éternel qu'elle poursuit à travers toutes les formes sociales, fait sortir de ses anciennes vérités des fruits et des bienfaits nouveaux; elle applique au mécanisme politique ce ressort de la vertu dont peut moins que tout autre se passer un peuple qui veut être libre.

Au contraire, si l'Université conserve le monopole de l'enseignement, c'est-à-dire si elle l'emporte sur les promesses du pacte fondamental, sur les réclamations si unanimes et des évêques, défenseurs-nés de la foi, et des pères de famille, qu'on dépouillerait de la plus sacrée comme de la plus inaliénable de leurs prérogatives, n'est-on pas fondé à craindre qu'elle ne souffre jamais l'ombre d'un partage ni quelque concurrence que ce soit? Il y aura exclusion de tout ce qui ne sera pas elle; l'Université,

autant qu'il lui sera possible, opprimera, persécutera, ruinera toute concurrence, parce que tout pouvoir élevé contre une liberté légitime est injuste et ne peut supporter d'adversaire vivant.

Ce qui se passe depuis quelques années ne justifie-t-il pas ces tristes prévisions ? D'où est née cette lutte dont il est si difficile aujourd'hui de calculer les résultats ? Ne vivions-nous pas en paix et avec le Gouvernement et avec l'Université elle-même ? Les évêques demandaient-ils le renversement des écoles de l'Etat ? Ne faisions-nous pas, et par nous-mêmes, et par nos aumôniers, tout le bien qui était en notre pouvoir aux établissements universitaires ?

Qui donc a poussé le premier cri de guerre ? L'Université, lorsqu'en 1837 elle a commencé à refuser les certificats de rhétorique et de philosophie que les supérieurs de nos petits séminaires étaient en possession de délivrer à ceux de leurs élèves qui déclaraient, à la fin de leurs études, qu'ils ne se croyaient plus appelés à l'état ecclésiastique, ou seulement balançaient avant d'arrêter leur choix. Les évêques ont cru qu'il était injuste, qu'il était indigne, de dire à un pauvre jeune homme : Il faut que tu sois un hypocrite ou un paria ; l'opprobre du ministère sacré, dont tu ne voulais pas, et où tu entreras malgré toi, ou bien le fléau de la société, qui te fermera l'entrée de toute carrière honorable.

Eh bien, monsieur le ministre, ce langage, l'Université l'a tenu par ses actes (1). Et parce que nous avons réclamé contre une telle injustice, on nous ferait un crime de nos réclamations ! Est-ce qu'un pareil ordre de choses ne tend pas à la destruction du clergé ?

Quel est, en effet, le père sensé qui sera assez sûr de la vocation d'un enfant de dix à quinze ans, pour le placer entre la nécessité d'embrasser forcément l'état ecclésiastique, ou de perdre le fruit de ses études en se voyant fermer toutes les carrières ? Qui ne voit encore que cette loi, en élevant un mur de séparation entre l'éducation du clergé et celle du reste des citoyens, va directement contre le but d'une loi sage, qui devrait être de rapprocher, de réunir tous les enfants d'une même patrie dans un même esprit, par une commune direction ?

Eh quoi ! on se plaint de ce que la religion et la société ne marchent plus parallè-

(1) La décision de 1837, relative aux certificats de rhétorique et de philosophie, a même un effet rétroactif pour des élèves du séminaire de Bordeaux. Nous citerons MM. de Vénancourt et Alphonse Servières. Ce dernier, ayant interrompu ses études, se présenta en 1841 aux examens du baccalauréat. Ses certificats étant enregistrés, il fut examiné et reçu bachelier. Mais le Conseil royal refusa, malgré les instances du recteur, de délivrer le diplôme. M. S. fit le voyage de Paris et éprouva un nouveau refus. Le supérieur de notre petit séminaire se présenta lui-même chez quelques-uns des membres du Conseil royal. Ce ne fut qu'à la suite de toutes ces démarches que M. Servières obtint son diplôme de bachelier.

lement, de ce que leurs intérêts semblent opposés, de ce que le clergé ne favorise pas les tendances du siècle, de ce qu'il ne parle même plus la langue des hommes au milieu desquels il a cependant à remplir un ministère d'enseignement, de ce qu'il est quelquefois violent, dans un temps et chez un peuple où les succès à obtenir ne peuvent être que le fruit de la modération ! On lui reproche enfin de s'isoler, de ne plus connaître l'esprit, les besoins nouveaux de la société ; et, par une inconcevable inconséquence, on veut le parquer dès l'enfance, de manière à élever une barrière infranchissable entre lui et la génération qui grandit à ses côtés. On veut qu'il n'y ait rien de commun entre leurs études et leurs idées, entre leurs mœurs et leurs principes. Voilà, monsieur le ministre, la première de nos réclamations. Ne pouvons-nous pas la proclamer étrangère à tout esprit de parti, pure de toute pensée d'envahissement et de domination ?

Nous avons demandé encore qu'il fût permis d'élever, en dehors de nos petits séminaires, quelques écoles modestes où, tout en faisant l'éducation intellectuelle des enfants de la société catholique, des instituteurs pieux, prêtres ou laïques, s'occupassent plus spécialement encore à redresser, à diriger les penchants de leurs âmes, les tendances de leur volonté.

Tout en faisant ressortir les avantages d'une telle éducation, nous ne réclamons pas le monopole pour ces dernières écoles : nous désirons la liberté pour tous. Comme je n'ai jamais compris qu'on pût forcer un père qui ne veut pas de l'éducation donnée par le prêtre à placer son fils dans un établissement ecclésiastique, je demanderai de même s'il sera interdit au chef de famille dont la manière de voir est différente de soustraire son enfant à une corporation séculière qui ne lui donnerait pas de suffisantes garanties d'orthodoxie ou de moralité ?

Et ces écoles modestes n'avaient jamais décliné la surveillance de l'Université ; les maîtres qui les dirigent avaient satisfait à toutes les exigences des ordonnances de 1828. Et cependant on a rêvé l'anéantissement de celles qui existent aujourd'hui, et l'on veut rendre comme impossible la formation de celles qu'on songerait à créer à l'avenir. J'en appelle à MM. les députés du Rhône : comment a-t-on accueilli, pendant dix ans, la demande qu'ils ont faite du plein exercice pour l'institution d'Oullins, à qui cette faveur n'a été accordée que depuis si peu de temps ? Comment sont accueillies, au moment où j'écris ces lignes, leurs réclamations en faveur de l'école ecclésiastique de Saint-Alban ? Qu'a pu obtenir, en faveur de Toulenne, l'honorable M. Galos ? et en faveur de La Sauve, l'honorable M. Billaudel ? MM. les députés de la Meurthe ont-ils été plus heureux dans leur réclamation en faveur de la Malgrange, et MM. les députés de la Drôme, en faveur de la maison du

péage de Romans? M. Bureaux, à Metz; M. Rainguet, à Montlieu; M. Genson, à Toulouse; M. Lalanne, à Layrac; M. Tissot, à Nîmes; M. Dallos, à Glaisé; M. Michon, à Lavalette; M. Meynier, à Besançon, peuvent nous apporter encore leur témoignage.

La guerre est donc venue du côté de l'Université, et c'est elle qui la continue. La religion, si elle y est condamnée, subira la loi du plus fort; mais la victoire ne sera pas sans péril, car les chrétiens ne sont pas simplement en France une réunion de fidèles : ils sont aussi des citoyens libres de conserver leur foi et d'employer pour la défendre toutes les armes, tous les moyens que leur fournissent la conscience et la constitution. Ces armes sont nombreuses, ces moyens sont puissants. On en usera, on en abusera peut-être avec cette ardeur de néophyte qu'on nous accuse de montrer pour la liberté, et dès lors il y aura trouble dans le pays, irritation constante et croissante.

Ayant déjà traité la question de droit dans les différentes lettres que j'ai adressées à M. le garde des sceaux, je veux me borner aujourd'hui à apporter quelques faits qui prouveront que nous ne nous faisons pas un jeu de calomnier l'Université, et qu'il ne peut plus être reçu à opposer de nouvelles dénégations aux affirmations quotidiennes de l'épiscopat.

Soyez assez bon, monsieur le ministre, pour jeter les yeux sur la lettre par laquelle je signalais à M. le ministre de l'instruction publique les tendances irréligieuses du professeur de philosophie de notre collège de Bordeaux. Voici la copie de cette lettre, écrite en juin 1842 :

Monsieur le ministre,

J'aurais voulu demeurer tout à fait étranger à une affaire qui préoccupe depuis longtemps, qui inquiète, qui afflige tout le public religieux de mon diocèse; mais ma conscience ne me le permet plus. Je ne me pardonnerais point de n'avoir pas fait, pendant qu'il en est temps encore, tous mes efforts pour sauver les intérêts les plus graves que je vois compromis, pour prévenir un fâcheux éclat qui deviendrait inévitable.

Votre Excellence n'ignore pas que, pendant la station que le P. Lacordaire a donnée à Bordeaux, le professeur de philosophie du collège royal crut devoir protester contre un succès qui n'avait pas rencontré de contradicteurs; M. Lacordaire, dans tous ses discours, a montré une mesure, un respect de toutes les convenances, qui lui ont valu à Bordeaux les sympathies des hommes appartenant aux opinions politiques et religieuses les plus opposées. M. Bersot ne critiqua pas seulement le talent de l'orateur, la forme de sa prédication; mais il laissa percer dans ses articles une pensée hostile au christianisme, l'intention évidente d'un persiflage irréligieux. Cette attaque était d'autant plus indécente, d'autant plus coupable, que l'enseignement catholique, auquel ce jeune homme croyait pouvoir jeter l'insulte et le sarcasme, était sanctionné chaque dimanche par ma présence; que plusieurs évêques, MM. d'Agen, de Périgueux, de Beauvais et d'Alger, étaient venus entendre M. Lacordaire; que tout ce qu'il y avait de distingué à Bordeaux se pressait autour de sa chaire.

Cependant je ne me plaignis point; j'empêchai que l'indignation que M. Bersot avait soulevée ne se manifestât publiquement; je ne voulus pas que le nom de ce jeune homme vînt s'ajouter à celui des professeurs de l'Université qui étaient en ce moment l'occasion d'une polémique si ardente dans les journaux. Rien de plus triste à mes yeux, rien qui me répugne davantage, que ces discussions qui compromettent toujours plus ou moins dans l'opinion publique, des autorités dont l'accord me paraît si nécessaire pour faire un peu de bien.

Mais des faits d'une tout autre gravité, quelque grave que fût le premier, ont appelé de nouveau l'attention sur M. Bersot. Ce n'est pas en dehors des devoirs de sa position, c'est en abusant de la mission même qu'il tient de l'Université, c'est dans l'esprit des jeunes gens qui lui sont confiés, que l'on a su qu'il semait ses idées irréligieuses.

Averti par les familles dont la confiance a été si cruellement trompée, j'aurais cru, monsieur le ministre, dès le premier moment, devoir faire quelque chose de plus que de m'affliger avec elles, si je n'avais appris que l'enseignement de M. Bersot vous était dénoncé par le proviseur et par le recteur. Je pensais qu'il était superflu, qu'il pourrait même y avoir, sous un point de vue, des inconvénients à intervenir dans une affaire si triste, mais qui me paraissait si simple, et dans laquelle, je l'avoue, je ne supposais pas que l'Université pût hésiter un seul moment. Ma confiance était si entière, que j'évitai de parler de l'enseignement de M. Bersot à MM. les inspecteurs généraux, lorsque j'eus l'honneur de les voir, ne voulant pas qu'un acte de justice que l'autorité universitaire ne pouvait manquer d'accomplir pût paraître avoir été sollicité par l'autorité religieuse. Je fis partager ma sécurité aux parents chrétiens qui m'avaient fait part de leur douleur; j'arrêtai des réclamations qui, dès lors, seraient arrivées jusqu'à vous.

Quels sont les renseignements, quel est l'ensemble malheureux de circonstances qui a contribué à tromper Votre Excellence, dont la justice m'est connue? je l'ignore; mais je puis l'affirmer, et cette assertion fera quelque impression sur vous, monsieur le ministre, car c'est le cri de la conscience d'un évêque, qui vous est connu aussi, le caractère de cette affaire a été certainement dénaturé à vos yeux; car, laissant de côté les incidents, les détails que je ne connais pas, qu'il est inutile de discuter, voici les faits dans lesquels elle se résume pour le public, et vous déploreriez comme moi si vous voyiez d'aussi près que moi l'impression qu'ils produisent :

1° L'enseignement du professeur de philosophie du collège de Bordeaux a, pour nous servir de l'expression la moins sévère, une tendance hostile au christianisme; ce fait a été constaté dans un long et consciencieux examen par le recteur, le proviseur, et le professeur de philosophie de la Faculté des lettres. Une question sur laquelle des hommes aussi compétents, dont aucune préoccupation, aucun intérêt, n'a pu fausser le jugement, ont été manimes, est jugée pour le public : et s'il pouvait rester des doutes, ils s'évanouiraient devant une preuve malheureusement décisive; la règle de l'Évangile, *on juge l'arbre par ses fruits*, ne peut pas tromper; or, le fruit de l'enseignement de M. Bersot, c'est l'incrédulité; la douleur des parents chrétiens, dont les enfants ont perdu la foi par l'influence de ses leçons, est là pour l'attester;

2° La faute, je ne dis pas assez, le crime dont M. Bersot s'est rendu coupable, en arrachant leurs croyances à des jeunes gens confiés au collège de Bordeaux par des familles chrétiennes, a été signalé par le proviseur et par le recteur, par les deux autorités chargées de surveiller son enseignement. On a dû s'attendre à ce qu'il serait promptement fait

justice de ce scandale, le scanda.e dure encore; M. Bersot occupe sa chaire ;

3º Le proviseur a demandé et obtenu sa retraite. Le prétexte qu'il a fait valoir, c'est l'état de sa santé : sa santé n'était pas plus mauvaise cette année que l'année dernière, qu'il y a deux ans; la véritable raison, c'est la funeste influence exercée par le professeur de philosophie sur les élèves de sa classe, et, par une suite nécessaire, sur l'esprit général du collège, et dès lors, le devoir très-clair pour la conscience d'un prêtre de ne pas tromper le public, en conservant la direction d'une maison où le bien est devenu impossible ;

4º Le recteur demande à se retirer. C'est un homme du monde, un père de famille, qui ne sacrifie pas seulement son avenir, mais celui de ses enfants : c'est un esprit aussi juste que distingué : nul autre motif possible de sa détermination que les exigences de l'honneur et de la conscience. Du reste, nul fonctionnaire peut-être n'est entouré à Bordeaux d'une estime plus universelle que le recteur, et n'emporterait plus de regrets pour lui. C'est un homme dont l'opinion suffirait pour fixer l'opinion publique sur l'affaire où on le voit s'immoler à son devoir.

Ainsi, les deux existences universitaires les plus respectables seraient brisées ! On sacrifierait à M. Bersot un proviseur à qui le collège de Bordeaux doit toute sa prospérité, et un recteur que recommandent trente-cinq ans de services, et un dévouement à l'Université qui ne connaît rien de supérieur que sa conscience ! On se demande, sans savoir que répondre, quels peuvent être les titres de ce jeune homme ; quelle considération le protège contre la conscience de ses chefs, contre les justes réclamations des familles, contre les intérêts du collège et de l'Université ; car je me suis promis de faire arriver jusqu'à vous, monsieur le ministre, la vérité tout entière; la retraite du recteur, homme essentiellement religieux, et la conservation de M. Bersot, c'est la ruine du collège de Bordeaux, c'est quelque chose de plus grave, c'est un fait qui aura un retentissement déplorable, l'argument le plus terrible dont s'armeront les ennemis de l'Université.

Hier encore, des écrivains qui rédigent les journaux de nuances d'opinions tout à fait différentes, me faisaient part de l'intention où ils étaient de publier les nombreuses réclamations qui leur arrivent relativement à cette malheureuse affaire. Je leur ai conseillé d'attendre ; mais des plaintes si légitimes ne finiront-elles pas nécessairement par éclater, et avec d'autant plus de force qu'elles auront été plus longtemps comprimées ?

Je viens de décharger mon âme dans la vôtre, monsieur le ministre, avec un abandon dans lequel vous verrez la mesure de la confiance que m'inspire votre caractère. Cette confiance ne peut pas être trompée. La religion, les familles, dont les intérêts les plus sacrés se trouvent menacés, obtiendront enfin la justice que je réclame ; cette justice ne sera pas plus longtemps ajournée ; car un déplacement de M. Bersot à l'époque des vacances, ce serait un moyen terme qui ne satisferait nullement la conscience publique, qui ne sauverait rien. Le recteur partirait, l'incrédulité serait maintenue en possession de la chaire qu'elle occupe dans un établissement de l'État ; le scandale serait consacré, et l'effet produit sur l'opinion subsisterait tout entier.

Agréez, etc.

Non-seulement le recteur et le proviseur ont été admis à la retraite, mais M. Bersot a pu proclamer que s'il s'éloignait du collège, et il ne s'en éloigna que trois mois après le départ du proviseur, c'était sur la demande qu'il en avait faite pour se préparer au doctorat, tout en conservant son titre de pro-

fesseur. M. Bersot disait vrai; car, peu de temps après, M. Cousin lui adressait les paroles suivantes : « Toutes les plaintes qui, de près ou de loin, se sont élevées contre vous m'ont paru fausses et dénuées de toute espèce de fondement; je me plais donc à le répéter : Votre conduite a été *irréprochable.* »

Et le journal qui rendait compte de la séance où M. Bersot reçut le grade de docteur, ajoutait : « C'est à l'unanimité que la Faculté a reçu docteur M. Bersot ; elle emploie cette forme pour exprimer un éloge sans restriction. A la fin de la thèse, tous les professeurs ont complimenté M. Bersot. M. Cousin a saisi cette occasion de déclarer publiquement qu'il avait examiné les cahiers du jeune professeur, et qu'il en avait trouvé les doctrines irréprochables. Il confondait ainsi les calomnies dont M. Bersot a été l'objet pendant son séjour à Bordeaux. » Les conséquences se déduisent elles-mêmes.

A ce fait assez significatif je pourrais en ajouter quelques autres. M. le ministre de l'instruction publique sait pourquoi, depuis plusieurs années, il ne m'est plus possible de visiter les écoles primaires de mon diocèse. J'en ai appelé de vous-même à vous-même, monsieur le ministre, pendant mon séjour à Paris ; et ma requête vous a paru si légitime, que je crois inutile d'insister davantage.

Devrais-je maintenant signaler à Votre Excellence le professeur de philosophie de l'une des institutions de plein exercice de mon diocèse? Oui, à vous, monsieur le ministre, plutôt qu'à votre collègue de l'instruction publique, car là sont en majorité des enfants protestants ; mais ces enfants nous les aimons ; leurs familles nous sont unies par des rapports qui nous deviennent plus chers de jour en jour. Pouvons-nous d'ailleurs oublier que c'est une voix protestante qui vient de s'unir à la voix des évêques, pour dire bien haut : « que dans les collèges la religion joue un si petit rôle, que l'instruction y est païenne et l'éducation nulle? L'éducation religieuse, elle n'existe réellement pas dans les collèges. Ce sera l'un des étonnements de l'avenir, que d'apprendre à quoi une société qui se disait chrétienne à voué les sept ou huit plus belles années de la jeunesse de ses enfants..... »

Qu'eût-il donc dit, l'honorable M. de Gasparin, s'il avait su que, dans un établissement universitaire du royaume, l'éducation morale de ses coreligionnaires est confiée à un prêtre apostat, qui, comme le Maurette de l'Ariège, a fait ses adieux solennels à Rome, et habite aujourd'hui, avec sa femme et ses enfants, la ville de Sainte-Foy, et remplit au collège les fonctions de professeur de philosophie? Cet homme est prêtre du diocèse de Cambrai; nous avons reçu sur son compte les renseignements les plus positifs.

Agréez, etc.

*Lettre de Mgr l'archevêque de Toulouse au journal l'ÀMI DE LA RELIGION, relative au projet de loi sur la liberté d'enseignement.*

Monsieur le rédacteur,

J'adhère pleinement aux observations de NN. SS. les archevêque et évêques de Lyon, Chartres et Versailles, publiées dans *l'Ami de la Religion*, sur le projet de loi pour la liberté d'enseignement en ce qui touche les écoles ecclésiastiques.

Plus je réfléchis sur les dispositions qu'il renferme, mieux je vois quelles doivent en être les funestes suites, et plus j'en ressens une profonde douleur. Je m'en suis expliqué franchement avec qui de droit : je ne pouvais en aucune manière me taire sur ce qui est, à mon avis, une question de vie ou de mort pour l'Eglise de France.

En effet, la religion ne peut subsister sans ministres des autels. Les former en leur enseignant ce qu'il leur est indispensable de savoir, et surtout en leur inspirant les vertus propres de leur saint état, tel est le but des écoles ecclésiastiques. Donc organiser, diriger, gouverner librement ces écoles, est un droit imprescriptible des évêques, parce que c'est un moyen rigoureusement nécessaire à la conservation de la religion. Or, le projet de loi enlève, par le fait, ce droit aux évêques pour le transférer à l'Université. Il n'y a plus qu'à conclure.

Je crois, monsieur le rédacteur, devoir m'abstenir de rapporter ici en entier ce que j'ai écrit à ce sujet. Au fond tout est là.

Je désire beaucoup que vous vouliez bien insérer cette lettre.

J'ai l'honneur, etc.

† P. T. D.,
Archevêque de Toulouse.

Toulouse, le 26 mars 1841.

---

*Observations de Mgr l'évêque de Chartres sur le projet de loi.*

Le projet de loi menaçait l'Eglise de France d'un avenir trop triste, et la société d'une plaie trop profonde, pour que le cœur d'un évêque n'en fût pas vivement ému. De là, ces pages brûlantes où Mgr l'évêque de Chartres épanche sa douleur, et dépose ses principaux griefs.

« Chartres, le 24 mars 1841.

« L'avilissement profond où le projet de loi de M. Villemain, sur les écoles secondaires, jetterait les évêques et le clergé du royaume, est un grand sujet de réflexions. Je vais exposer à cet égard quelques vues dont je suis vivement frappé.

« Je ne rappellerai point ici le détail des dispositions que ce projet renferme. A l'heure qu'il est, il n'est personne en France qui les ignore.

« Parlons d'abord du certificat de moralité, et, pour abréger, ne considérons que l'effet le plus ordinaire de la mesure proposée à ce sujet. Comme les petits séminaires sont placés le plus souvent hors des villes, un prêtre sera forcé de solliciter auprès d'un ou de plusieurs maires de campagne (s'il a changé de résidence), sans compter bon nombre de conseillers municipaux, de solliciter, dis-je une pièce qui attestera qu'il n'est pas un malhonnête homme. Et si l'évêque intervient, s'il proteste que ce prêtre est recommandable par ses vertus, par ses lumières, qu'il est estimé, révéré dans toute la province, qu'arrivera-t-il ? On lui fermera la bouche, on lui dira qu'il n'a pas le droit de donner son avis sur le mérite de cet ecclésiastique. Après cette dure réponse, on se tournera du côté d'un maçon, d'un maréchal ferrant, d'un vigneron, d'un cabaretier, peut-être vers un repris de justice qui aura subi sa peine ; on consultera ces personnes, et l'on s'arrêtera à leur témoignage qu'on regardera comme plus éclairé, plus honorable et plus sûr que celui d'un pontife. Je le demande, a-t-on jamais vu chez aucune nation un corps digne de respect outragé d'une manière si odieuse et qui découvrit chez les auteurs de l'injure si peu de bon sens, de vues et de pudeur ? car de deux choses l'une : ou l'évêque n'est à vos yeux qu'un stupide, incapable de juger les choses les plus saillantes ; ou vous ne voyez en lui qu'un hypocrite, un homme sans conscience dont la parole n'est d'aucun poids. Allez, allez chez les peuples même les plus étrangers à tout sentiment de convenance et de civilisation, et vous verrez si vous n'y serez pas poursuivis par la vive indignation que causeront un aveuglement si outré et une insulte si révoltante !

« Tout le reste du projet de loi répond à ce début. Comment ce qui regarde le certificat de capacité y est-il réglé ? On y suppose que l'évêque et, à son défaut, ses coopérateurs les plus instruits, sont hors d'état de comprendre si un candidat a bien ou mal expliqué quelques pages de Virgile, de Cicéron, ou quelques passages d'Homère ou de Lucien : supposition aussi fausse qu'injurieuse ! Nous ne manquons pas de prêtres qui connaissent ces choses aussi bien que MM. les universitaires. Eh ! qui a donné, depuis quinze cents ans, des certificats de capacité, ou plutôt qui a mis le monde entier et tous les siècles en état d'attester la capacité admirable, le savoir profond, le génie sublime de tant de grands hommes, l'honneur de la France, si ce n'est les ecclésiastiques ? Arrêtez ! nous dit-on, les lumières ont baissé dans le clergé. Cela peut être, mais elles ont baissé dans tous les états. Aujourd'hui, la médiocrité est partout, dans l'Université comme ailleurs. Quel homme d'une supériorité éclatante a-t-elle donné à la France depuis vingt ans ? Mais revenons.

« Il faudra que tous les maîtres, quels qu'ils soient, des écoles ecclésiastiques prennent des grades. Or, qu'est-ce que l'examen pour les grades ? Rien de plus connu. C'est une machine prodigieusement élastique, à l'aide de laquelle on peut écarter le répondant le plus instruit et admettre le plus ignorant. De gros volumes sont remplis des questions que l'examinateur a droit de faire. C'est une encyclopédie où échouerait l'esprit

le plus vif et la mémoire la plus ferme. Oui, M. Villemain lui-même, s'il se présentait à l'examen, et qu'on prît à tâche de l'embarrasser, serait bien certainement éconduit avec une boule noire. Qui peut douter que le candidat de l'évêque, de cet homme si incapable et si peu digne d'égards, ne subisse le même affront ?

« Si, par un bonheur inespéré, il échappe à cette épreuve, M. Villemain a su lui ménager d'autres écueils ou d'autres barrières. Il a formé un jury de neuf personnes, sur lesquelles il y a six membres ou six élus de l'Université. On n'y compte qu'un seul ecclésiastique ; encore n'est-il pas même nommé par l'évêque. Il n'est permis à celui-ci que de présenter humblement un sujet au ministre, qui couvrira de son nom cette trace du concours secondaire et illusoire du pontife. Tant il est vrai que la passion de l'Université, c'est d'arranger toute chose de manière que le clergé n'ait aucune action, même dans sa propre cause, et que l'autorité, sacrée et révérée depuis deux mille ans, des évêques chrétiens, soit absorbée dans les pâles rayons de sa gloire et dans le gouffre de son omnipotence ! Hélas ! comment un seul ecclésiastique, jeté au milieu de cinq ou six membres d'un corps rival, qui, sans aucun doute, le verront d'un assez mauvais œil, à qui la tactique des examens est familière, et que des liens de confraternité uniront au président, pourra-t-il soutenir une lutte si inégale ?

« Je pourrais ajouter que les évêques, en créant ou en soutenant des petits séminaires, n'agissent point pour eux ; qu'ils travaillent pour la religion, pour la société, pour la postérité ; qu'ils s'imposent souvent de dures privations personnelles pour faire subsister ces maisons : d'où je conclurais qu'il serait indigne de l'équité de la loi de ne mettre aucune distinction entre eux et des hommes qui ne forment des pensionnats que par des vues d'intérêt, par spéculation et pour faire fortune. Mais je laisse cette remarque, qui n'est pas cependant sans quelque poids, et je me borne à dire que M. Villemain met le comble à l'outrage qu'il fait à l'épiscopat, au sujet des certificats, par un autre affront non moins injurieux et non moins sanglant.

« Il se moque des évêques comme de gens en qui il ne reconnaît, en effet, ni cœur ni entendement. Il leur promet la liberté pour leurs petits séminaires, qu'ils surveillent, qu'ils dirigent à présent, où ils nomment tous les maîtres, et il substitue à cet état de choses la spoliation la plus entière de l'autorité du prélat ; il le chasse audacieusement de ses propres écoles. Oui, que le pontife y mette le pied : il peut voir un inspecteur universitaire arriver sur ses traces, casser sous ses yeux les plans d'études qu'il a arrêtés, les règlements intérieurs qu'il a arrêtés ; que dis-je ? Il peut le voir fermer sa maison pour cinq ans, en vertu d'un jugement émané uniquement de l'Université, à laquelle le projet de loi fournit de nombreux prétextes pour sévir arbitrairement contre les établissements qui lui déplaisent. Quelle amère dérision !

« Mais ce n'est pas assez.

« Qu'on n'en doute pas ! on s'applaudit, on s'amuse en secret de ce jeu déloyal qu'on prend pour de l'habileté. Nous disons au ministre : Vous nous promettez la liberté pour nos écoles. C'est sans doute un présent que vous prétendez nous faire. Mais nous ne vous demandons pas ce bon office. Nous aimons mieux rester comme nous sommes. Retirez vos bonnes intentions... A ces mots, notre généreux interlocuteur se détourne, et notre simplicité lui cause un rire inextinguible.

« Voilà donc ce projet de loi si libéral, si pur d'intérêt propre et de charlatanisme, ce projet de loi qui devait assurer un affranchissement si doux et si désiré à toutes les victimes du monopole !

« Que dirai-je à présent à M. Villemain, en séparant le ministre responsable de l'homme privé, qui est ici hors de cause ? Puisqu'il foule aux pieds, à la face de toute l'Europe, un corps dont j'ai l'honneur de faire partie, il me donne le droit de ne mettre aucune borne à la fermeté de mes réclamations ni à ma franchise.

« Lui, qui nous regarde, nous évêques, comme si dépourvus de sens et de connaissances, ne prouve-t-il pas qu'il est lui-même profondément ignorant en histoire ? Il traite avec indignité les premiers pasteurs. N'est-il pas visible par cela seul que les annales du temps passé sont pour lui, du moins en grande partie, une terre inconnue ? Tous les siècles ont respecté les évêques, et païens et barbares ont honoré leur dignité et leurs vertus. L'empereur Maxime se trouve heureux de voir assis à sa table le saint évêque de Tours, Martin, et lui fait rendre des honneurs extraordinaires. Le préfet du prétoire, au départ d'Ambroise, encore laïque, pour la province qu'il allait gouverner, lui dit : « N'agissez pas en juge, mais en évêque. » Julien recommande à ses prêtres idolâtres de montrer les mœurs respectables et pures qui caractérisaient les évêques et les prêtres chrétiens. Attila, frappé de la sainteté d'un grand évêque de Troyes, cède à ses prières, et s'abstient en sa faveur d'attaquer et de ravager sa ville. Basile répond avec une généreuse intrépidité à un agent du persécuteur Valens : « Jamais, lui dit Modeste, on ne m'a « parlé de la sorte. — C'est, lui réplique-t-il sant « docteur, que vous ne l'avez jamais rencontré « un évêque. » Le roi des Goths, Théodoric, sent tout son courroux contre Césaire d'Arles tomber à son aspect ; il le comble d'affectueux hommages, et après l'audience, il dit à ses courtisans : « J'ai cru voir non pas un « homme, mais un ange. » Enfin Gibbon, tout protestant et tout mécréant qu'il était, a écrit que les évêques ont fait le royaume de France comme les abeilles font leur ruche. Parlerai-je des travaux que nos pontifes ont entrepris d'âge en âge pour la grandeur de la France ? Quels efforts pour répandre la civilisation et les lumières ! Quelle multitude

de monuments élevés de toutes parts! Quels services dont je me lasserais à retracer l'éclat! Rapprochons-nous de notre temps : quelle génération si reculée ne gardera la mémoire des Amboise, des d'Ossat, des Duperron, des Huet, des Massillon, des Fléchier, des Fénelon, noms immortels dont le lustre s'est communiqué à notre nation tout entière! Enfin apparaît à nos yeux Bossuet, doué d'un plus beau génie, plus grand que tous les autres. Il semble faire entendre encore sa voix au milieu de nous, et il en ranime la véhémence et la majesté pour confondre les orgueilleux contempteurs d'un ordre sacré dont il fut la gloire. Placé si haut au-dessus d'eux, il se contente d'opposer à leurs insultes un éloge prophétique sorti autrefois de sa bouche; il s'écrie : *O sainte Eglise gallicane, pleine de science, pleine de vertu, pleine de force, la postérité te verra telle que t'ont vue les siècles passés; toujours l'une des plus vives et des plus illustres parties de cette Eglise éternellement vivante que Jésus-Christ ressuscité a répandue par toute la terre* (1). En mettant à part ma propre faiblesse, j'ose dire que cette prédiction n'est pas démentie par l'événement. La France, encore de nos jours, chérit ses évêques, et au défaut des talents sublimes qui ne sont plus nulle part, elle reconnaît en eux la charité, le zèle, la magnanimité, un dévouement sans bornes au milieu des plus horribles fléaux. Dans la plus grande partie de la France, leur présence fait éclater l'affection la plus filiale et la joie la plus vive. M. Villemain ne sait donc (il autorise du moins à le dire) ni ce qu'ont vu les anciens âges, ni même ce qui se passe presque autour de lui? car, s'il le savait, il n'oserait pas mépriser ce que tous les siècles, les idolâtres eux-mêmes, et des conquérants et des sauvages ont honoré; il ne foulerait point aux pieds des pontifes sacrés, en qui la France voit, même à présent, des pères qui ne respirent que pour elle, des docteurs qui l'éclairent, des amis qui la consolent, des défenseurs prêts à tout sacrifier pour son salut et pour sa gloire.

« Il est bien d'autres choses que M. Villemain ignore ou sur lesquelles il s'aveugle. Mais il en est aussi qu'il voit très-bien, et qu'il croit que nous ne voyons pas. Il s'abuse.

« Nous démêlons, par exemple, fort distinctement le but de son projet de loi. Il veut détruire en France la religion catholique.

« Comment le prouver? Par un enchaînement de faits qui forment une démonstration mathématique.

« L'Université est un corps qui ne donne aucune garantie de sa religion, de ses croyances, dont les membres peuvent être athées, spinosistes, matérialistes, sociniens, tout ce qu'ils voudront, sans avoir à craindre ni la moindre perte ni la moindre censure. Ce n'est pas tout : on voit dans les plus hauts rangs de cette institution des hommes plus

ou moins célèbres, lesquels mettent dans son sein l'esprit qui l'anime, le mouvement qui la dirige, et dont la célébrité a sa source dans la publication d'ouvrages où ils combattent, avec une sorte d'enthousiasme fanatique, nos dogmes les plus sacrés, les perfections de Dieu, l'immortalité de l'âme, les peines futures, la divinité de Jésus-Christ. Il en résulte, et il doit nécessairement en résulter un esprit général répandu dans ce corps et fort éloigné de l'orthodoxie. D'un autre côté, l'Université, par les dispositions du projet, nommant en réalité tous les maîtres et chefs des écoles ecclésiastiques, et les évêques en étant chassés, elle y sera maîtresse absolue. Par une conséquence inévitable, elle y soufflera son esprit, c'est-à-dire un esprit éclectique, sceptique, anti catholique en un mot. Instruits d'un tel changement, les prélats qui soutiennent seuls ces maisons leur retireront leur appui : elles crouleront à l'instant même. Dès-lors, plus de candidats pour la prêtrise; il n'en vient point d'ailleurs.

« Et s'il arrive que sur les débris de ces écoles quelques jeunes gens, imbus de nouvelles doctrines, sachent pourtant se contrefaire et les déguiser, quand ils se présenteront aux ordres, les évêques les soumettront à des épreuves; ils découvriront en eux par ce moyen une piété fausse, un zèle au moins équivoque, une foi suspecte; après cette découverte, ils ne pourraient sans crime leur imposer les mains. De là, le sacerdoce éteint parmi nous et la religion de nos pères anéantie. Voilà le plan avec toutes ses suites qu'on a prévues.

« A ce sujet, je dirai à ces hommes qui ne savent pas que notre foi est *une enclume qui brise tous les marteaux*, je leur dirai : Vous courez trop vite à votre but, vous ne l'atteindrez point. Vous tirez avant l'ordre, vous démasquez trop tôt vos batteries; je vous le prédis, vous succomberez dans le combat, et la victoire restera à Dieu, à Jésus-Christ et à son Eglise.

« ✝ CLAUD. HIP.,
« Evêque de Chartres. »

*Lettres de Mgr l'évêque de Saint-Flour aux ministres de l'instruction publique et des cultes.*

Mgr l'évêque de Saint-Flour a cru devoir écrire, tout à la fois, et à M. Villemain, auteur du projet de loi qui compromet l'existence des petits séminaires, et à M. Martin (du Nord) qui, en qualité de ministre des cultes, est le protecteur de ces établissements.

Dans sa lettre à M. Villemain, le prélat exprime le vœu que la France obtienne enfin la liberté de l'enseignement dont jouit la Belgique. C'est le vœu qu'avait exprimé S. E. le cardinal de Bonald.

« Monsieur le ministre,

« La question de la liberté de l'enseignement touche de trop près aux intérêts sacrés

(1) Sermon pour le jour de Pâques.

de la religion, pour qu'un évêque puisse garder le silence et ne pas réclamer la part d'influence que son caractère l'appelle à exercer sur l'éducation publique, puisque l'enseignement religieux en forme une partie essentielle et fondamentale. Il serait à plus forte raison dans son droit, si un projet de loi quelconque tendait à paralyser son autorité, même dans les établissements spécialement destinés à préparer des élèves pour le sanctuaire et à remplir plus tard les vides du sacerdoce.

« Or, permettez-moi de vous le dire, monsieur le ministre, le projet de loi sur la liberté d'enseignement présenté par Votre Excellence à la chambre des députés me semble de nature à devoir alarmer les évêques sur le sort de leurs petits séminaires, et je ne doute pas que de vives et pressantes réclamations ne vous arrivent de toutes parts et ne vous pressent d'accueillir avec faveur les amendements qui seront proposés, il faut l'espérer, lors de la discussion du projet de loi.

« S'il fallait vous ouvrir une opinion personnelle sur une question aussi grave, je vous dirais qu'elle est en tout conforme à celle qu'a exprimée Votre Excellence le cardinal archevêque de Lyon, dans sa lettre du 5 ce mois. Mais, enfin, s'il faut encore renoncer aux bienfaits d'une liberté sérieuse et vraie, telle que l'entendent nos voisins de Belgique, liberté écrite dans la Charte et si souvent promise par le gouvernement qu'elle a fondé, du moins nous sera-t-il permis de réclamer contre les entraves qui ne tendent rien moins qu'à la ruine de nos établissements ecclésiastiques.

« Pour me borner dans l'examen d'un projet de loi dont l'application à nos petits séminaires, rangés sous le régime commun, menace de tarir la source du sacerdoce, je me contenterai de signaler à Votre Excellence quelques-uns des articles qui m'ont le plus frappé.

« Est-il besoin, par exemple, de réclamer contre cette obligation imposée à tout chef, professeur ou surveillant d'établissement, de se munir d'un certificat de moralité délivré par le maire sur l'attestation de trois conseillers municipaux? L'expérience prouve combien cette mesure, considérée en elle-même, est illusoire; mais, appliquée aux ecclésiastiques, des hommes non suspects assurément de partialité envers le clergé, l'ont jugée d'une haute inconvenance. Et en effet, ce ne sera plus l'évêque, juge naturel de ses prêtres, qui devra prononcer sur leur moralité. Il faudra qu'elle soit attestée aux pères de famille par un maire, et à son refus, par un jugement des tribunaux. Je ne puis croire qu'un tel article obtienne la sanction des deux chambres.

« Pourquoi exiger que le plan du local de nos maisons soit préalablement soumis au maire, pour être déposé entre les mains du recteur de l'Académie? N'appartient-il pas à l'évêque de juger des avantages de la situation d'une maison, et n'est-il pas de son intérêt de choisir pour ses maîtres comme pour ses élèves un local convenable et salubre?

« Pourquoi encore cette obligation de déposer entre les mains du recteur de l'Académie le règlement intérieur et le programme des études, et de renouveler ce dépôt chaque année? N'est-ce pas étendre jusque sur nos petits séminaires le monopole de l'Université, qui jusqu'à ce jour en avait respecté l'entrée? Qui ne voit qu'elle voudra s'ériger en juge du régime intérieur de nos maisons, de la bonté des méthodes, de la sagesse des règlements, etc., etc. Et cela au mépris de l'autorité épiscopale, qui a par elle-même le droit imprescriptible de gouverner ces établissements, de veiller au choix des livres, à la direction des études, et de modifier les règlements selon les divers besoins.

« Si l'inspection de nos écoles ecclésiastiques devait se borner simplement à constater le progrès des études afin d'en faire un rapport au ministre, peut-être pourrions-nous garder le silence sur ce point. Mais si elle devait s'étendre au bon gouvernement de la maison, à son régime intérieur, etc., etc., alors nous dirions que c'est à l'évêque seul qu'il appartient de donner au ministre tous les renseignements qu'il pourrait désirer, comme c'est à lui de répondre au gouvernement des principes religieux et moraux qui en doivent être la base essentielle.

« Que dire et des conditions exigées pour se présenter au jury qui donnera les diplômes de capacité pour l'enseignement secondaire, et de la composition même de ce jury, dans lequel l'Université siége en majorité si forte, qu'il lui appartiendra presque exclusivement d'accorder ou de refuser des directeurs à nos petits séminaires? On n'a pas assez remarqué qu'avant d'être placé par son évêque à la tête d'un petit séminaire, un prêtre, choisi souvent dans les rangs élevés de la hiérarchie sacerdotale, devra passer deux fois par les examens de l'Université, afin d'obtenir successivement les diplômes de bachelier ès lettres et de bachelier ès sciences, ou seulement de licencié ès sciences, pour arriver à l'examen devant le jury qui confère le diplôme de capacité. De telles conditions, si elles étaient maintenues, ne tarderaient pas à mettre les évêques dans l'impossibilité de pourvoir au bon gouvernement de leurs maisons. Quant à l'obligation de prendre des grades, monsieur le ministre, si on veut le maintenir à l'égard des directeurs et professeurs de nos petits séminaires, il faudrait alors établir un jury spécial, dont les membres pourraient être pris parmi les professeurs des Facultés de théologie, auxquels les évêques pourraient adjoindre deux ecclésiastiques nommés par le ministre sur leur présentation. Mais alors les diplômes qui seraient délivrés par ce jury spécial ne pourraient servir que pour exercer les fonctions de directeur ou professeur dans nos petits séminaires, et ceux qui en seraient pourvus seraient obligés de prendre de nouveaux grades et de subir

un nouvel examen devant le jury, présidé par le recteur, s'ils voulaient entrer dans d'autres établissements en qualité de professeurs ou directeurs.

« Telles sont, monsieur le ministre, les observations que m'a suggérées la lecture du projet de loi.

« La France catholique a les yeux sur vous. Les intérêts sacrés de la famille et de la société sont entre vos mains, et c'est comme évêque, comme chrétien et comme Français, que je demande la liberté d'enseignement, avec les seules restrictions réclamées par les intérêts de l'ordre, de la religion et des mœurs.

« † F. G.,
« Évêque de Saint-Flour. »

Nous transcrivons maintenant la lettre écrite par Monseigneur l'évêque de Saint-Flour à M. Martin (du Nord).

« Monsieur le ministre,

« Le projet de loi sur la liberté de l'enseignement, s'il était adopté tel qu'il a été présenté à la Chambre des députés, amènerait infailliblement la ruine de nos petits séminaires. On veut les ranger sous le droit commun, comme si ces établissements, spécialement destinés à préparer les élèves du sanctuaire, ne devaient pas avoir une existence à part, puisqu'ils diffèrent essentiellement des autres par le but dans lequel ils ont été créés. D'ailleurs, comme il est invinciblement établi l'archevêque de Reims dans le Mémoire qu'il aura sans doute envoyé à Votre Excellence, l'évêque, en vertu de la mission divine qui lui a été confiée pour gouverner l'Eglise de Dieu, a le droit inaliénable d'établir des séminaires et de les diriger ; et ce droit ne saurait être restreint aux seuls grands séminaires, attendu que les petits ne sont pas moins nécessaires, surtout dans les temps actuels, pour assurer la perpétuité du sacerdoce. Or, il est facile de se convaincre que le projet de loi, en plaçant nos établissements sous le régime du droit commun, et Dieu sait de quel droit commun ! enlève à l'épiscopat l'autorité qu'il est de son droit et de son devoir d'exercer librement et sans entraves dans ces maisons. Il suffit pour cela de jeter un coup d'œil sur les articles divers qui traitent de l'obligation de produire un certificat de moralité délivré par le maire, de soumettre à son approbation le plan du local de nos écoles, d'envoyer au recteur de l'Académie le règlement intérieur et le plan des études, et de renouveler ce dépôt chaque année ; de l'inspection de nos petits séminaires, de la composition du jury chargé de délivrer les brevets de capacité, et des conditions et examens exigés avant de se présenter devant lui

« Je ne veux pas entrer dans l'examen de chacun de ces articles, monsieur le ministre, parce que j'ai l'honneur de vous envoyer une copie de la lettre que j'ai cru devoir écrire à M. le ministre de l'instruction publique, et parce que j'adhère sans

restriction aux observations qui vous ont été soumises par mon vénérable collègue l'évêque de Versailles.

« Vous ne trouverez pas mauvais, monsieur le ministre, que dans cette grave circonstance nous venions réclamer votre appui en faveur de nos petits séminaires, et nous avons confiance que vous accueillerez avec faveur les réclamations de l'épiscopat, qui aime à voir en vous le défenseur des intérêts sacrés de la religion et de l'Eglise. Il y a peu de temps encore que vous avez déposé aux pieds du roi un témoignage solennel et public de votre admiration pour la conduite du clergé pendant les deux inondations. Votre langage noble et sincère a été compris de tous les cœurs catholiques, et vos paroles ont contribué à resserrer les liens de l'union et de la charité entre le sacerdoce et les populations, que les préjugés d'un siècle qui s'éteint avaient voulu diviser.

« Permettez-nous d'espérer, monsieur le ministre, que vous continuerez cette œuvre et que vous signalerez votre ministère par un des plus grands services que vous puissiez rendre à la religion. Quoi qu'on en dise, le clergé comprend son époque et ne se montre nulle part l'ennemi des nouvelles institutions et du progrès véritable, celui qui a la religion pour base et pour guide dans sa marche ; et après tout il ne demande ni monopole, ni privilège : il se contente de réclamer le droit de remplir sans entraves les obligations de son ministère et de travailler en toute liberté à rendre les générations plus religieuses, plus soumises et plus chrétiennes, et à former des ministres savants et dévoués pour cette Eglise de France dont la gloire fut toujours une de celles de sa patrie.

« Veuillez agréer, etc.

« † F. G.,
« Évêque de Saint-Flour. »

*Adhésion de NN. SS. les évêques de Meaux, de Montpellier et de Châlons, aux réclamations des cardinaux, archevêques et évêques.*

Monseigneur l'évêque de Meaux a écrit, le 28 mars, à M. le ministre de la justice et des cultes qu'il adhérait avec une profonde et douloureuse conviction aux réclamations présentées d'une manière solide et lumineuse par ses vénérables collègues contre le projet de loi relatif à l'instruction secondaire.

Monseigneur l'évêque de Montpellier a déclaré, dans une lettre adressée à l'*Univers*, qu'il repoussait également ce projet de loi.

Enfin, ce journal publiait une lettre de Mgr l'évêque de Châlons, en date du 26 mars, et ainsi conçue :

« On aurait tort de conclure du silence que la plupart des évêques ont gardé jusqu'ici au sujet du projet de loi sur *la liberté de l'enseignement* qui met en ce moment toute la France catholique en émoi, qu'ils y donnent la moindre approbation. On peut au contraire assurer, sans crainte d'être démenti, qu'ils la rejettent, telle qu'elle est, de tout leur pouvoir, et qu'elle leur semble désastreuse. Ce qui est vrai pour les diocèses de Lyon, de Reims, de Tours, de Chartres, de Versailles, du Mans, etc., pourrait-il ne l'être pas pour tous les autres ? Une fois, en effet, cette loi sanctionnée et mise à exécution, il faudrait fermer nos petits séminaires, n'avoir plus que des établissements laïques ou sans caractère, où l'Université serait seule maîtresse, où les évêques ne seraient plus rien, où nos doctrines catholiques seraient à la merci du premier venu de tous les sectaires. Cela ne se peut pas : je l'ai dit à Mgr l'archevêque de Paris, dès les premiers jours, en répondant à une lettre que le prélat m'avait fait l'honneur de m'écrire sur la question. Sans doute il ne trouvera pas mauvais que je rapporte ici mes paroles :

« Monseigneur,

« Je n'ai en ce moment qu'une observa-« tion à faire au sujet de la *loi sur la liberté* « *de l'enseignement* : c'est qu'elle me semble « impraticable dans tous ses points, vu la « situation et les besoins de mon diocèse. « Si ce sont des ruines que l'on veut, rien « n'est plus facile : elles seront par ce moyen « bientôt faites. Ce qu'on appelle liberté n'est « qu'un véritable état de contrainte et le « plus honteux asservissement. Ainsi, par « ce projet, les évêques ne seraient comptés « pour rien ; ils seraient à la merci de cha-« cun, dépendant de tous en toutes ma-« nières : cela ne se peut, à moins de ren-« verser d'un même coup tous les droits de « la religion.

« Sans entrer dans d'autres détails, je me « borne à dire à Votre Grandeur que mon « intention est de demander, comme Mgr l'é-« vêque de Versailles, que ce qui existe main-« tenant soit conservé, quoique nous ayons « encore beaucoup à souhaiter pour être « bien. Et n'est-ce pas déjà un grand mal « que ces menaces faites depuis si long-« temps et les continuelles appréhensions « où nous sommes qu'elles ne soient mises « à exécution ?

« Au reste, Monseigneur, j'ai la ferme « confiance que Dieu n'abandonnera pas son « Église, et que, dans sa bonté, il inspirera « aux hommes chargés de faire les lois des « sentiments plus conformes à la justice et à « la raison, etc. »

« C'est là ce que j'écrivais à Mgr l'archevêque de Paris. Quoiqu'on n'ait rien à ajouter à ce qui a été si bien dit par plusieurs de nos évêques, entre autres par Mgr l'ar-

chevêque de Reims, notre cher et vénérable métropolitain, aux sentiments duquel je ne puis qu'adhérer pleinement et sans exception, je ne laisse pas de faire imprimer une circulaire que j'adresserai au clergé de mon diocèse pour l'éclairer de plus en plus sur l'état de la question.

« Je ne dirai plus qu'un mot : c'est que nos petits séminaires nous sont si chers, si précieux et si nécessaires, que si on venait à les retirer de nos mains, nous saurions à quoi nous en tenir, et que nous en conclurions, sans crainte de nous tromper, que désormais on ne veut plus en France de grands séminaires, plus de sacerdoce, plus d'évêques, plus de religion. Or, je demande si, étant *chargés de la part de Dieu* de soutenir, de réparer, d'accroître ce saint édifice, nous pourrions permettre, sans ouvrir la bouche, qu'on vînt y porter le marteau et le saper jusque dans ses fondements. Si c'est un essai qu'on a voulu faire de notre vigilance et de notre zèle ; si l'on nous a crus endormis, on s'est trompé : nous veillons. En tout ceci, nous comptons sur Dieu et même sur la sagesse du gouvernement, qui, éclairé par la manifestation de nos sentiments, ne permettra pas qu'on traite en ennemis des hommes de paix qui ne font et ne demandent qu'à faire le bien ; des hommes de vertu et de dévouement dont un ministre du roi a fait en dernier lieu un si bel éloge, aussi honorable pour ceux qui l'ont mérité que pour celui qui en est l'auteur.

† M. J.,
« Évêque de Châlons. »

Nous avons tout exprès rapporté les réclamations de NN. SS. les archevêques et évêques de Bordeaux, de Toulouse, de Chartres, de Saint-Flour, de Meaux, de Montpellier et de Châlons, afin que, du concours de ces autorités imposantes, les catholiques puissent conclure, pour leur consolation, et les ministres, pour leur instruction, que la cause de la religion et de la liberté de l'enseignement a été généreusement défendue par l'épiscopat.

———

*État de l'instruction publique en Savoie.*

Une nouvelle loi organique sur l'enseignement a été publiée en Piémont le 4 octobre dernier. Deux autres lois ont été également promulguées, l'une pour la formation des écoles de méthode, l'autre pour la création de collèges nationaux.

*Ces différentes lois, et spécialement la première, ont apporté des modifications essentielles aux anciennes constitutions universitaires ; mais ces modifications n'ont été avantageuses ni pour la Savoie, ni pour la liberté d'enseignement.*

En effet, quant à la première, en assimilant entièrement la Savoie aux autres provinces qui ressortent de l'Université de Turin, la loi a supprimé de fait le conseil de réforme créé en 1768, lequel était totalement formé de membres savoisiens, et exerçait à peu près seul son action sur les institutions en-

seignantes. Il était donc une garantie pour le pays dans le choix des professeurs, des réformateurs ou proviseurs et des maîtres, dans l'enseignement des doctrines, ainsi que dans la discipline intérieure et extérieure des élèves.

Le pays trouvait encore une autre garantie dans l'obligation pour les professeurs de fournir un certificat de moralité de l'évêque, lequel avait à sa nomination le professeur de théologie.

La loi nouvelle, cherchant à séculariser l'enseignement, et à détruire toute influence ecclésiastique, soulève d'autant plus de craintes chez les parents, que la liberté des cultes et l'admission de toute croyance aux emplois sont une conséquence nécessaire, et ont été consacrées par la Constitution.

Quant à la liberté d'enseignement, la loi a mis sous la dépendance universitaire tous les collèges et pensions, toutes les écoles élémentaires et supérieures, publiques et privées d'enfants et d'adultes, toutes les écoles et pensions de filles, la nomination à tous les emplois de professeurs, proviseurs, maîtres d'étude, inspecteurs, directeurs spirituels, à l'exclusion de toute autre autorité, même des évêques, l'admission ou le rejet, dans chaque localité, des corporations religieuses pour l'enseignement, la surveillance de toutes les institutions de bienfaisance relatives à l'instruction élémentaire; en un mot, elle a établi le monopole le plus absolu sous le rapport de l'instruction publique.

Les députés de la Savoie pensent que ce monopole est non-seulement préjudiciable à la province, par la difficulté qu'aura aujourd'hui le gouvernement d'obtenir des informations suffisantes pour éclairer ses choix, mais qu'il se trouve en opposition encore avec les principes constitutionnels.

Pour mettre cette question si vivement débattue sur son véritable terrain, les députés déclarent que, selon leur opinion, la liberté d'enseignement ne doit point être l'autorisation absolue d'enseigner toute espèce de doctrine, sans contrôle, sans surveillance, sans mesures répressives ni préventives. Elle est une liberté politique, c'est-à-dire la mesure d'influence exercée par le pays sur l'administration de l'enseignement.

Jusqu'à ce jour, sous le régime absolu, cette liberté était nulle; l'enseignement était réservé à l'Etat, qui en faisait le monopole par des hommes qu'il nommait et révoquait à volonté. Sous le régime constitutionnel, il importe que le pays soit représenté concurremment avec l'Etat dans l'administration de l'enseignement. C'est pour lui un droit politique dont on ne saurait le priver; l'intérêt de l'enseignement, toujours mal administré sous l'influence du monopole, et l'intérêt du gouvernement, qui ne peut être fort et respecté qu'en accordant toutes les libertés compatibles avec l'ordre et la sécurité de l'Etat, l'exigent d'une manière impérieuse.

Le gouvernement doit conserver le centre d'action, la surveillance, et une part dans l'administration de l'enseignement; mais un monopole comme celui consacré par la dernière loi est *injuste*, en ce que le gouvernement ne paye qu'une très-faible portion de la dépense des collèges provinciaux, et rien pour les écoles communales; qu'il ne peut donc priver les provinces et les communes, qui ont une existence légale et politique, du droit de régulariser l'emploi de leurs dépenses;

Il est *oppressif*, en ce qu'il enlève aux pères de famille, qui ont le droit d'intervenir dans la chose publique par eux-mêmes ou par leurs mandataires, le droit bien plus important pour eux de s'immiscer dans ce qui concerne l'éducation de leurs enfants, de choisir l'instituteur qui les remplace auprès d'eux.

Il est *funeste* à l'enseignement, en ce que, pour l'éducation, aucun juge ne peut être plus compétent que le père de famille; que l'éducation doit refléter les traditions de famille, celles de nationalité, les usages, les mœurs, et autres spécialités qui échapperont à l'action centralisatrice de l'Etat; en ce qu'il ne suffit pas d'une théorie sur les besoins de l'intelligence en général, mais qu'il faut tenir compte des besoins, des désirs et surtout des moyens de chaque localité.

La plupart de nos écoles primaires communales ont dû leur origine aux libéralités de personnes pieuses, qui non-seulement ont voulu assurer à leurs successeurs le bénéfice de l'instruction, mais ont encore voulu en charger l'institution, ou la corporation approuvée par l'Etat, qui possédait leur confiance. C'est encore ce qui arrive fréquemment aujourd'hui : nous pouvons dire avec orgueil que, dans les provinces, même les plus pauvres, cet enseignement est arrivé à un développement qu'il n'a pu atteindre jusqu'ici dans les riches provinces du Piémont. Obtenu sans le concours direct de l'Etat, il importe de seconder ce goût naturel des habitants. Si la loi vient, par ses exigences, inspirer de l'inquiétude aux donateurs ou les gêner dans leur choix, elle détournera la source féconde qui peut, sans grever les communes, le plus contribuer au développement de l'instruction primaire. Il faut, en outre, tenir compte de la distance des hameaux et du chef-lieu dans les communes de montagnes; et il ne faut pas sacrifier les premiers à l'avantage de celui-ci. Il faut aussi que l'administration communale, chargée de l'administration de tous les fonds appartenant à la communauté, ne puisse détourner ceux affectés à l'enseignement de leur destination primitive, circonstances que la loi n'a point prévues.

L'autorité spirituelle n'a dans la loi qu'une seule voix sur les dix membres du conseil provincial d'instruction élémentaire; encore le choix de cette voix est-il à la nomination de l'autorité laïque. Il faudrait au moins que ce choix appartînt à l'évêque, afin de pré-

senter aux pères de famille et aux communes les garanties nécessaires.

La loi sur les écoles normales statue que toute école dirigée par un maître qui n'aura pas suivi le cours normal de la province, devra être fermée. Cette disposition devient injuste quand l'école est entretenue par une fondation particulière ou par la charité publique; il vaudrait mieux accorder des subsides aux instituteurs qui consentiront à suivre l'école normale. Mais pour les écoles secondaires, la loi est encore plus défectueuse. Elle viole les libertés communales, en ce qu'elle exclut de l'administration des collèges tous les hommes qui doivent leur influence au suffrage du pays. Les villes qui ont fait tous les frais de premier établissement et fourni les bâtiments, qui allouent une partie du traitement des professeurs, quelquefois même le traitement tout entier, n'y ont pas la moindre ingérence; celle-ci est exclusivement dévolue à l'État, même quand il ne fournit pas un centime, et toutes les questions qui s'y rattachent doivent se décider à Turin. Elle viole les libertés provinciales, en ce qu'au lieu d'admettre, comme dans les conseils d'inspection des écoles primaires, deux membres du conseil provincial, l'inspection des écoles secondaires est entièrement confiée aux agents du gouvernement.

Enfin elle viole les libertés nationales encore plus ouvertement. Une commune, une province sont des associations conventionnelles, dont la loi peut modifier les conditions d'existence. Mais la nationalité est une association naturelle qui a les mêmes liens que la famille; elle repose sur les souvenirs du passé, les traditions, l'histoire, l'identité de langues, la conformité des mœurs, toutes choses inaliénables, et que la loi ne peut modifier. Les nationalités sont antérieures aux gouvernements, et les faits qui s'accomplissent sous nos yeux démontrent qu'elles sont plus fortes et plus immuables que les gouvernements eux-mêmes.

Priver la nationalité savoisienne du droit d'administrer son enseignement est donc une véritable oppression. Au point de vue politique, c'est la mettre au-dessous des divisions de Gênes, de Cagliari, de Sassari, auxquelles ce droit est accordé. Au point de vue financier, c'est lui imposer une charge proportionnellement plus forte que celle imposée aux autres provinces, la somme d'argent que lui coûte l'enseignement universitaire ne se reversant jamais dans son sein. Au point de vue moral, c'est humilier la Savoie que de conférer son enseignement de langue, de littérature et de philosophie française à des hommes pour qui le français sera toujours une langue étrangère, et qui ne connaissent ni ses habitudes ni ses besoins. La monarchie absolue avait elle-même déjà apprécié cette position exceptionnelle de la Savoie, quand, à différentes reprises, elle avait voulu y créer une université, et quand elle avait accordé aux élèves savoisiens des prérogatives spéciales soit pour les

premières années des cours, soit pour les grades obtenus dans les universités françaises.

Les députés prient donc les conseils provinciaux et divisionnaires de prendre en sérieuse considération les faits qu'ils ont l'honneur de mettre sous leurs yeux. Ils pensent que la loi du 4 octobre doit être modifiée de manière à laisser au pays l'influence à laquelle il a droit dans l'enseignement public, et à maintenir au gouvernement seulement le centre d'action, la surveillance et cette part de l'administration qu'exigent l'ordre et la sécurité de l'État.

Mais en attendant que ces principes puissent triompher, et que la décentralisation de l'enseignement soit adoptée par le gouvernement comme elle l'est déjà par l'opinion publique, le plus sûr moyen de prévenir pour la Savoie les inconvénients du système actuel est la création d'une université comme elle existe à Gênes, Cagliari et Sassari. Si la condition de ces provinces italiennes a fait reconnaître la nécessité de maintenir leurs universités, à plus forte raison doit-on en établir une dans la Savoie, que les Alpes, la différence de langue et de littérature mettent dans des circonstances encore plus exceptionnelles. Cette institution y faciliterait non-seulement l'étude de la médecine et du droit, mais encore celle des sciences mathématiques et physiques, beaucoup trop négligées aujourd'hui ; celle de la littérature française, et l'instruction, en général, que bien de nos jeunes gens répugnent à aller chercher au delà des monts. Elle amènerait probablement aussi chez nous des élèves appartenant aux provinces au delà des Alpes où la langue française est admise, et de la partie catholique des cantons suisses qui nous avoisinent.

Elle aurait, pour le pays, l'avantage d'empêcher la sortie annuelle de 150,000 à 200,000 francs de numéraire que nos étudiants dépensent à Turin; elle verserait au contraire en Savoie toutes les sommes qui formeraient un budget universitaire et celle des places gratuites au collège des provinces.

Le gouvernement, y payant déjà des professeurs de droit, de médecine et de théologie, n'aurait pas à subvenir à une dépense entièrement nouvelle. D'ailleurs, l'utilité que le pays en retirerait déterminerait sans doute les conseils divisionnaires à voter quelques allocations pour assurer aux professeurs une position telle que le choix pût correspondre dignement à la haute mission qui leur serait confiée.

Les députés ne croient pas que l'objection sur la possibilité de trouver des professeurs capables mérite une réfutation sérieuse. L'enseignement de la théologie dans les quatre séminaires de Savoie prouve assez que les sujets ne manqueront pas pour cette faculté : ceux qui connaissent notre barreau et les Savoisiens qui se sont voués à l'étude des sciences seront convaincus qu'il n'est pas plus difficile d'y trouver de bons professeurs de droit, de médecine et de sciences

qu'à Gênes et en Sardaigne. Rien n'empêchera d'ailleurs de les appeler de l'étranger,
pourvu qu'ils soient rétribués convenablement.

*La liberté d'enseignement en Angleterre.*

Il existe dans chaque ville d'Angleterre
un établissement appelé *Mechanic's Institute*
(Institut des artisans). On y trouve une bibliothèque, un cabinet de lecture pour les
journaux, des salles d'étude ; des cours littéraires et scientifiques ont lieu plusieurs
fois par semaine. Mais, pour jouir de tous
ces avantages, il faut payer une rétribution
annuelle destinée à subvenir aux frais de cet
établissement. Cette rétribution, quoique
minime, est encore souvent au-dessus des
ressources de beaucoup de travailleurs. Un
certain nombre de ceux de Carlisle se trouvait dans ce cas. Stimulés qu'ils étaient par
le désir de participer à l'instruction donnée
par l'institution de leur ville à leurs camarades plus aisés, ils se réunirent, ouvrirent
une souscription, et amassèrent une somme
qui leur permit de s'abonner à un journal.

Quelques riches citoyens de la ville, infor-
més de cette circonstance, s'intéressèrent au
succès de leur entreprise. Grâce à leur généreux concours, grâce à l'entrée d'un plus
grand nombre de travailleurs dans l'association, on fut bientôt en état de s'abonner à
d'autres journaux et d'acheter des livres. En
moins de deux ans, l'association possédait
un vaste cabinet de lecture et une bibliothèque de plus de cinq cents volumes. C'était
déjà quelque chose ; mais ce n'était pas tout.
Beaucoup de travailleurs, membres de l'association, ne savaient lire, écrire et compter
que d'une manière imparfaite. Ils sollicitè-
rent leurs camarades, plus avancés qu'eux,
d'ouvrir une école. On obtempéra à leur demande ; une école fut ouverte où l'on enseignait la lecture, l'écriture et le calcul.
Destinée aux enfants et aux adultes, elle fut
bientôt remplie, et jeunes et vieux rivalisèrent de zèle. Au bout de quelque temps, le
succès répondit complétement aux efforts de
leurs maîtres.

Mais on devait aller plus loin encore. Dans
le voisinage des salles consacrées par l'association à la lecture et à l'étude, il y avait
deux grandes manufactures occupant des enfants en grand nombre, à qui la loi, qui
borne à dix heures par jour le travail des
enfants dans les manufactures, laissait plus
de loisir qu'ils n'en avaient eu jusque-là.
L'association résolut de faire tourner au
profit de l'étude les heures de la soirée que
ces enfants employaient à errer ou à jouer
dans les rues. Les ressources étaient restreintes. Les salles d'études et l'école existante étaient encombrées de lecteurs et d'é-
lèves. Mais on ne se découragea pas : une
nouvelle salle fut louée et une seconde école
ouverte. Afin de subvenir aux frais de location et d'entretien, il fut décidé que chaque
membre de l'association payerait 1 penny
(10 centimes) par semaine. Cette faible
somme ouvrait aux travailleurs et à leurs
enfants les écoles, le cabinet de lecture et la

bibliothèque. Les deux écoles furent ainsi
organisées : dans l'une, on apprenait la lecture et l'écriture ; dans l'autre, l'arithmétique, la géométrie et l'algèbre. Au bout d'un
mois, la plupart des élèves savaient lire et
écrire. Les cours ont lieu le soir, pour que
les travailleurs, libres des travaux de la
journée, puissent y assister.

Tels sont donc les résultats de l'esprit d'i-
nitiative développé naturellement par l'intelligence large et sincère du principe de la
liberté de l'enseignement. Une simple association, avec de faibles ressources, *sans aucune intervention de la part de l'État, sans
aucune intervention de la part de l'autorité
municipale*, a créé en peu de temps une bibliothèque scientifique et littéraire, un cabinet de lecture et deux écoles, dont l'une
de géométrie et d'algèbre.

A la fin de la seconde année, un *meeting*
fut tenu à Annan, ville voisine de Carlisle.
Les travailleurs d'Annan voulaient fonder
une association semblable à celle de la dernière ville. Un ouvrier, M. Burrow, de Carlisle, monta à la tribune.

Nous croyons faire plaisir aux lecteurs en
traduisant à leur usage la fin de son discours :

« Elevez-vous par vous-mêmes, et ceux
que le hasard a placés au-dessus de vous
vous tendront la main. Fiez-vous à vos propres efforts, et l'on viendra à votre aide.
C'est ainsi qu'ont agi les travailleurs de Carlisle. C'est par là qu'ils ont réussi et prospéré dans leur œuvre. Travailleurs d'Annan,
imitez-nous ; avec un penny par semaine on
peut accomplir des miracles. A Carlisle, nous
avons *deux classes de discussion*, où tout ce
qu'on nous enseigne est soumis à l'examen
et à la critique. Nous ne voulons croire qu'a-
près avoir été convaincus. Nous avons le
droit de penser par nous-mêmes. Si le Créateur nous a doués de facultés intellectuelles,
c'est pour que nous les exercions comme
doivent le faire des hommes libres. »

Ces détails ont été puisés dans la revue
anglaise intitulée : *Chambers Edimbury
Journal.*

ENSEIGNEMENT (MÉTHODES D'). — Si,
jetant un coup d'œil général sur cette organisation didactique et sur les méthodes
que l'on employait au sein des écoles, nous
essayons de les apprécier dans leur ensemble, nous voyons succéder lentement, à une
ignorance presque absolue, l'assimilation
progressive de quelques notions utiles, et
l'application longtemps bien imparfaite des
moyens d'investigation et de critique empruntés à la philosophie naissante.

Dans les lettres, l'abus du syllogisme et
des procédés *mécaniques* de raisonnement
frappaient, dès le XIIe siècle, les hommes
sensés. Jean de Salisbury, élève et maître
de nos écoles, nous a laissé à cet égard de
judicieuses satires et de piquantes révéla-

tions. Ainsi, d'après son témoignage, l'on agitait gravement la question de savoir, lorsqu'un paysan mène un porc au marché, « si, c'est l'homme ou la corde qui conduit l'animal. » Nous apprenons ailleurs que, vu la multiplicité des formules négatives ou affirmatives, employées dans l'argumentation d'une thèse, on avait recours à des pois ou des fèves représentant ces diverses catégories de formules, afin de s'assurer par le calcul total si la proposition, en somme, devait se conclure par l'affirmation ou par la négation. Le même auteur raille à bon droit sous l'épithète de *cornificiens* les écoliers qui, de son temps, négligeant les anciens auteurs, substituaient à des notions positives les créations arbitraires et chimériques de leur imagination (1). De longues et inextricables querelles, nées de l'obscurité même des termes, entretenues par ces vaines méthodes, faisaient couler des flots d'encre et de paroles; elles partageaient en deux camps hostiles des armées de sophistes et de rhéteurs, acharnés à de stériles disputes. Telle fut, pour citer un exemple célèbre, la fameuse controverse des *Réalistes* et des *Nominaux*, qui, soulevée à la fin du XIᵉ siècle, ne fut assoupie qu'après avoir déterminé l'intervention de la magistrature civile, outragé la raison et troublé l'État pendant près de six cents ans. Appliqués, non plus au domaine de l'abstraction métaphysique, mais à celui des faits moraux et de la vie réelle, ces absurdes systèmes engendraient des conséquences bien autrement funestes. En 1410, lorsque Louis, duc d'Orléans, eut été assassiné lâchement par des sicaires aux gages du duc de Bourgogne, un docteur renommé de l'Université, à l'aide de ces procédés consacrés par la pratique de l'école, entreprit publiquement, à la face du monde et devant une assemblée solennelle de ses collègues, l'apologie de cet acte abominable. Et de quels termes l'indignation de l'historien ne doit-elle pas se servir pour rappeler que, peu d'années plus tard, un autre tribunal, composé de théologiens et de légistes, condamna, sous l'empire de ces mêmes formes, au supplice du feu, comme « *sorcière, blasphèmeresse de Dieu et invocateresse de déables*, » la noble vierge de Domrémy; coupable de l'inspiration la plus sainte et du dévouement le plus sublime!

Dans les sciences, l'abus des mêmes pratiques produisit des effets également déplorables. Le célèbre adage : *Magister dixit, ergo verum est* (2), tint lieu, pendant longtemps, de toute expérience et de toute raison. Des axiomes non moins probants dispensaient en toute chose d'aborder les véritables voies de la critique. S'agissait-il, par exemple, d'expliquer l'ascension de l'eau dans le corps de pompe, ou la prétendue pénétration du sang à travers les parois du cœur, on se bornait à déclarer que *la nature*

(1) JOANNES SARRISBERIENSIS, *Metalogicus*, p. 740, *lib*. 1, *cap*. 5. Leyde, 1639, in-4°.
(2) Le maître l'a dit, donc ceci est vrai.

*a horreur du vide* (1). Mais aucune application de ces méthodes vicieuses ne fut plus préjudiciable à l'humanité que celle qui en fut faite à la médecine, pendant tout le moyen âge et jusqu'aux temps modernes. Le même Jean de Salisbury et beaucoup d'autres auteurs nous représentent les *physiciens* de ces époques reculées, déguisant à peine, sous un vernis de lointaines études et sous l'obscur manteau d'un *pathos* absurde, composé de latin, de grec et d'arabe, leur ignorance grossière et la cupidité la plus sordide; interrogeant, à travers la fiole traditionnelle, les dispositions des *humeurs peccantes*, et ne s'accordant jamais entre eux que sur cette formule : *Accipe dum dolet* (2), applicable aux pauvres malades dont ils rançonnaient ainsi les douleurs avec la plus audacieuse inhumanité.

En 1803, sous le consulat, au sortir de la révolution, une commission nommée pour réorganiser les études classiques, composée de Champagny, Fontanes et Demaison portait ce jugement dans son remarquable rapport sur la valeur comparative des deux écoles : « Les grands principes étaient établis dans la grammaire générale de Port-Royal, que leurs successeurs ont plus ou moins bien commentée, sans jamais en égaler la justesse ni la profondeur. Mais le solitaire de Port-Royal eût plus fait pour instruire le maître que le disciple; on a très-bien observé que leur école aurait produit les écrivains les plus mâles et les plus purs, mais on convient aussi qu'une société célèbre, dont ils furent les adversaires, savait donner à l'instruction des formes plus insinuantes et proportionnait mieux ses leçons à la faiblesse de l'enfance. »

Les méthodes indiquées dans le programme récemment adopté pour l'instruction publique en France, promettent-elles de plus beaux résultats? L'expérience nous le prouvera.

Finalement, l'instruction primaire acquit une prospérité inconnue dans le passé. L'un des premiers fruits de la libre communication, rétablie par la paix entre les peuples, fut l'introduction en France de la méthode dite d'*enseignement mutuel*, inventée et pratiquée dans l'Inde, puis importée par les docteurs anglais Bell et Lancaster au sein de leur patrie et propagée au dehors. Carnot, ministre de l'intérieur pendant les Cent-Jours, couronna sa carrière et signala ce court passage aux affaires publiques en adressant à l'empereur son mémorable rapport sur cette question populaire. Revêtu de l'approbation impériale, ce rapport fut suivi d'un décret en date du 27 avril 1815. Une commission (3), aux termes de cet acte, fut

(1) *Natura abhorret vacuum*.
(2) C'est-à-dire, en traduction libre : *Faites venir le médecin dès que vous souffrez*.
(3) Cette commission était composée de MM. Jomard, de Lasteyrie, de Gérando, de Laborde et l'abbé Gaultier, auxquels furent adjoints bientôt le pasteur Martin et le musicien Choron. Carnot, qui en présidait assidûment les séances au ministère, assistait à l'une de ses délibérations, lorsqu'on vint lui annoncer la catastrophe de Waterloo. Nous devons fa-

instituée près du ministère de l'intérieur, pour examiner les diverses méthodes connues d'éducation primaire, et diriger l'épreuve de celles qui en auraient été jugées dignes (art. 1). Le gouvernement aurait ouvert préalablement à Paris une école d'essai, destinée à servir de modèle (art. 2) ; et enfin, le système reconnu le meilleur, à la suite de ces expériences, devait être généralisé dans les départements, par les soins de l'autorité (3ᵉ et dernier article). L'origine même de ce décret fut nécessairement pour lui une cause d'inexécution de la part du pouvoir survivant. Mais le zèle individuel y suppléa d'une manière presque complète. La commission s'organisa de nouveau sous la forme d'association et prit le nom de *Société pour l'amélioration de l'enseignement élémentaire*. La nouvelle compagnie puisa ses premiers éléments d'existence au sein de la *Société d'encouragement pour l'industrie nationale*. Bientôt elle compta dans ses rangs, indépendamment des membres de la commission primitive, les hommes les plus recommandables, les personnages les plus influents, tels que le duc de La Rochefoucauld-Liancourt, Say, Huzard, Conté, Ampère, Mérimée, Maine de Biran, et d'autres. La méthode mutuelle, expérimentée à Paris, dès le mois d'août 1815, par les soins de la société, dans une école-modèle, fut l'objet d'un véritable enthousiasme. Une seconde association, dite de la *Morale chrétienne*, se fonda en 1821 pour concourir au même but que la première. Dans l'intervalle, cette modeste question de méthode était devenue un thème de controverse débattu entre les partis. Les libéraux, unis aux royalistes généreux et aux philanthropes, se déclaraient de toutes parts en faveur du nouvel enseignement. De nombreuses voix se prononcèrent contre lui et défendirent l'ancien système. La méthode Jacotot n'a fait qu'un très-petit nombre de prosélytes, elle est passée presque inaperçue. La cause de l'instruction primaire subit depuis lors de nombreuses vicissitudes. Tantôt encouragée par une sorte d'unanimité de suffrages et d'efforts, tantôt reléguée, par la politique, dans une disgrâce intentionnelle, elle finit par fixer presque universellement l'attention, l'intérêt, et mit à profit jusqu'aux rivalités de ses amis et aux persécutions de ses adversaires.

———

*Cours théorique et pratique, analytique et synthétique, de la langue grecque, comparée avec la langue latine ; par M. Henri Congnet.*

L'étude des langues anciennes, dit M. Chantrel, a toujours fait la base de l'enseignement classique ; et, malgré tous les projets

communication de ces détails à l'obligeance de MM. Jomard, le dernier subsistant de ces hommes utiles, qui n'a cessé de poursuivre et de personnifier pour ainsi dire en lui cette œuvre patriotique, et Hippolyte Carnot, fils du ministre, ancien représentant du peuple et ancien ministre de l'instruction publique.

d'innovation si nombreux de nos jours, malgré la tendance si prononcée à substituer l'utile ou le *sensible* au beau, c'est-à-dire à l'*intellectuel*, nous ne pensons pas que cette étude soit de sitôt abandonnée. Quand on cessera d'étudier le grec et le latin, la civilisation sera depuis longtemps éteinte, et avec elle toute religion et toute idée morale. C'est qu'alors les intérêts matériels auront décidément pris le dessus, c'est que les sciences mathématiques et physiques, qui n'en sont que les servantes, auront de plus en plus rétréci les esprits (effet inévitable de leur culture *exclusive* ou *trop prédominante*) ; et s'il reste quelque civilisation dans ces conditions-là, ce ne sera tout au plus que la civilisation de la Chine, orgueilleuse et corrompue : encore est-il permis de douter que des peuples qui ont été chrétiens puissent s'arrêter à ce degré. Les ennemis du grec et du latin, je le sais bien, objectent que ces deux langues ne sont qu'une instruction de luxe, et que l'étude d'une langue étrangère quelconque présente tous les avantages que l'on recherche dans l'enseignement des langues. Sans doute l'étude même d'une de nos langues vivantes agrandit, développe l'intelligence en la faisant entrer dans un cercle d'idées différentes, en l'initiant à d'autres pensées, à d'autres mœurs, à d'autres opinions, en la forçant à une comparaison continuelle entre les tournures des phrases, qui ne font que représenter d'ailleurs une tournure d'esprit différente ; mais encore doit-on convenir qu'il y a un choix à faire parmi les langues que l'on donnerait ainsi à apprendre à l'enfance. Il n'est pas indifférent que ce soit une langue barbare ou cultivée, littéraire ou non. On en convient. Serait-il donc indifférent que ce fût une langue éloignée de notre civilisation, ou une autre dont dérivât notre civilisation ? Car, remarquons-le, il s'agit ici de l'enseignement classique, et par conséquent des enfants. Or, les individus sont comme les nations : chaque homme est un petit monde qui reflète le grand, et qui passe par des révolutions analogues. Eh bien ! pour nous, Français, pour tous les peuples chrétiens, qui forment à peu près le monde civilisé, quels ont été les instituteurs de la civilisation ? Ne sont-ce pas immédiatement les Romains et médiatement les Grecs, avec le christianisme, qu'il ne faut pas oublier ? On ne peut le méconnaître. Les peuples ne sont pas jetés au hasard sur cette terre ; chacun a sa vocation, et cette vocation se révèle dans son génie par sa langue et par sa littérature. Aux Grecs, l'esprit de diffusion intellectuelle, le goût du beau, le génie des arts ; aux Romains, l'esprit d'expansion par la force, la majesté de l'autorité, la justice et le génie de l'administration. Connaître ces deux célèbres peuples, c'est connaître tout le mouvement de l'antiquité, c'est pénétrer au fond de la préparation évangélique, c'est, en un mot, expliquer la génération du monde moderne. Dira-t-on que cela est de peu d'importance pour l'éducation de l'homme bien élevé ? Et

(ceci est acquis à la discussion) ce n'est pas dans les traductions que l'on peut connaître le génie d'une langue, ni celui du peuple qui la parle. Ai-je besoin encore, après ces considérations, de plaider la cause du latin et du grec, en ajoutant que le français dérive presque exclusivement de ces deux langues : du latin pour le fond populaire, du grec pour la partie scientifique ; que l'expérience des temps passés doit compter pour quelque chose ; que le grec et le latin sont les langues sacrées du christianisme ; que les peuples voisins s'adonnent avec ardeur à leur étude ; enfin, qu'on ne doit pas abandonner des études qui forment une partie de notre gloire nationale ? Je crois qu'on est d'accord au fond ; et, pour dire toute ma pensée, je suis persuadé que les langues anciennes n'ont été si violemment attaquées pendant quelque temps, que parce que l'enseignement n'est pas libre.

Je dois expliquer ce que cette assertion peut avoir de paradoxal. Quelle est, en effet, la grande raison invoquée contre les langues anciennes ? Leur inutilité. Pourquoi, dit-on, condamner toute la jeunesse d'un pays à savoir des langues qui ne lui seront jamais d'aucun secours, et qu'elle se hâte d'oublier en sortant des écoles ? Quel besoin, pour le jeune homme que le commerce mettra en relation avec des Anglais, des Allemands et des Russes, quel besoin de passer dix ans de sa vie à apprendre des mots grecs et latins ? Pourquoi du grec et du latin pour l'industriel, pour l'agriculteur, pour l'ingénieur, pour l'architecte, etc., etc.? Sans doute il est ridicule d'*exiger* la connaissance de ces langues pour toutes ces classes honorables de citoyens ; mais demandons-nous qu'on l'exige ? Est-ce nous qui avons inventé le baccalauréat encyclopédique ? Est-ce nous qui avons demandé un diplôme constatant que le médecin sait la géographie, que le chimiste sait l'histoire, que l'avocat sait la physique, que l'industriel sait la philosophie, etc., etc.? Est-ce nous qui demandons un *niveau intellectuel* aussi bizarrement établi ? Et croit-on que la liberté d'enseignement n'amènerait pas forcément des modifications profondes dans cet ordre de choses? Chacun au moins suivrait sa vocation ; des écoles professionnelles s'élèveraient, et des diplômes spéciaux constateraient des aptitudes spéciales. Et qu'on ne craigne pas, les études purement classiques ne feraient qu'y gagner, parce que les collèges se trouveraient débarrassés de cette foule d'élèves qui n'apportent, à la plupart des études qu'on y fait, que le dégoût et l'ennui.

Je ne voudrais pas que l'on se méprît sur ma pensée. Je ne demande pas une séparation complète entre les différentes espèces de connaissances, et je regretterais que le littérateur n'eût aucune idée des sciences physiques et mathématiques : je demande seulement une réforme, et il me semble que le baccalauréat ès lettres devrait constater autre chose que la connaissance de la géographie, de l'algèbre et de la chimie. Les langues grecque et latine, la littérature, l'histoire, la logique, et une teinture des autres sciences humaines, voilà un programme assez large déjà, et qui peut utilement occuper les premières années de la jeunesse.

On trouvera peut-être que c'est s'arrêter bien longtemps à des considérations étrangères à mon sujet. Aujourd'hui que l'on vise à l'utile et qu'on veut des études rapides et superficielles, j'ai cru devoir apporter ma part de défense en faveur des études classiques, avant de rendre compte d'un cours qui prétend à la fois rendre la connaissance du grec plus facile, plus rapide et plus approfondie. Si l'on apprend le grec et le latin, il faut le faire d'une manière complète, ou s'abstenir : sinon, c'est du temps perdu. Mais on a tant de choses à apprendre aujourd'hui, qu'on doit savoir gré aux hommes dévoués qui s'efforcent d'abréger le chemin de la science, et d'augmenter ainsi la somme du temps à consacrer aux études. Mais pour abréger le chemin, il faut une ligne plus droite : pour l'intelligence, la ligne droite, c'est une bonne méthode. Or, comment s'y prend-on maintenant pour enseigner le grec ? Quelle méthode indique M. Congnet ? Ici, je laisse parler notre auteur. « Il y a, dit-il, plusieurs manières d'enseigner une langue morte : la première, celle qui est généralement suivie, commence *par la grammaire*. On décline et on conjugue péniblement des noms et des verbes ; on fait force thèmes sur les règles de la syntaxe. Ce n'est qu'après huit ou neuf mois employés aux *abstractions* grammaticales, que l'on met enfin un auteur entre les mains des élèves. — Par une marche tout opposée, d'autres commencent *par la traduction* des auteurs, et avancent à pas de géant : quelques mois suffisent pour expliquer plusieurs volumes. L'étude de la grammaire est presque regardée comme superflue ; on la rejette à une époque plus reculée. — Nous devons nous hâter de le dire, cette dernière manière de procéder est trompeuse, et ne conduit pas d'ordinaire les enfants à une véritable et solide instruction. Ils ne peuvent écrire une page dans la langue qu'ils apprennent, sans qu'elle fourmille de solécismes et de barbarismes. — Au contraire, l'expérience a démontré que les enfants enseignés par la première méthode, dite *universitaire*, possèdent assez bien les principes de la grammaire. Mais on ne peut se dissimuler que cette méthode, déjà pleine de longueurs, a en outre le grand inconvénient d'être fort ennuyeuse pour les enfants. Aussi quelques sommités de l'Université commencent à se prononcer contre l'ancienne manière, et demandent que l'on arrive promptement à expliquer un auteur. « Les langues, dit M. Burnouf, s'apprennent beaucoup plus par la pratique que par « la théorie. Il faut donc *pratiquer aussitôt « que cela est possible* ; or, cela est possible « dès le premier jour. La version et le thème « sont deux exercices qui doivent marcher de

« pair. » Les principes de l'ancien inspecteur sont depuis longtemps les nôtres. Une troisième méthode, disions-nous en 1838, commence *enfin* à s'introduire : elle consiste, 1° à faire marcher concurremment la grammaire avec l'auteur, et l'auteur avec la grammaire, — à faire comprendre facilement la grammaire par une application continuelle des règles grammaticales sur les phrases mêmes de l'auteur ; — 2° *à tirer de l'auteur même les exercices et les thèmes que l'on donne aux élèves ;* c'est-à-dire, en un mot, que nous voulons *rattacher à l'auteur de la classe tout l'enseignement de la grammaire.* -- Les esprits réfléchis trouveront sans doute que cette méthode, tout à la fois *synthétique* et *analytique*, est la plus rationnelle de toutes, la seule qui ne laisse pas l'élève dans un vague toujours fort nuisible à son avancement. Aussi serions-nous porté à lui donner, par opposition à la méthode ordinaire, le nom d'*enseignement positif.* »

La méthode de M. Henri Congnet a toute notre approbation. Depuis plusieurs années déjà, il travaille infatigablement à la réaliser dans la pratique : tout ce qui a paru jusqu'ici montre qu'il est fidèle à sa théorie, et chaque ouvrage nouveau fait paraître son plan dans un jour de plus en plus favorable. Pour le faire mieux comprendre j'indiquerai rapidement les différents ouvrages du *Cours*, dans l'ordre que l'auteur veut leur donner ; et je me permettrai de lui adresser quelques critiques de détails sur les taches qui me semblent déparer son travail. Il provoque lui-même les critiques, et, comme tous les hommes sincères qui les aiment, je puis dire d'avance qu'il en mérite fort peu.

### I. — Classe de septième.

1° *Simples éléments de la grammaire grecque,* avec une petite syntaxe, 4° édition. — C'est un résumé substantiel de la grande grammaire : la comparaison perpétuelle du grec avec le latin intéresse l'élève, lui rappelle une langue qui lui est déjà un peu plus familière, et aide beaucoup sa mémoire. M. Congnet remarque qu'il ne faut d'abord donner à apprendre aux enfants que le plus essentiel : il a raison, et c'est pour cela que nous lui reprocherons d'avoir encore accumulé un peu trop de faits et de règles dans ce résumé de 144 pages. — 2° *Petits exercices sur les simples éléments de grammaire grecque.* — 3° *Enchiridion de ceux qui commencent le grec,* pour servir de premier *texte d'explication* pendant et à mesure que les élèves apprennent les *Simples éléments de la grammaire grecque,* 4° édition. Ce manuel, qui contient un texte grec pour l'explication, un petit cours de versions et de thèmes, et la traduction littérale de la portion du texte que les maîtres doivent expliquer aux élèves, est précédé d'une espèce d'introduction où l'auteur développe avec beaucoup de clarté, surtout en faveur des jeunes professeurs, sa méthode d'enseignement *positif.*

— 4° *Des Exercices sur l'Enchiridion* forment un autre volume. C'est un excellent manuel à l'usage des commençants : une nomenclature analytique, une nomenclature synthétique, de petits thèmes et autres matières de devoirs, leur font envisager sous toutes les faces, revoir d'une manière nouvelle, et répéter continuellement, sans dégoût, ce qu'ils ont appris dans l'Enchiridion.

### II. — Classe de sixième.

1° *Encore les simples éléments.* — 2° *Joseph, Ruth* et *Tobie,* et autres extraits bibliques, suivis de quarante-cinq fables d'Esope, de morceaux choisis d'Elien et autres auteurs, et des fables choisies de Babrius, avec des exercices grammaticaux, 3° édition. Le choix fait par l'auteur est excellent ; les difficultés vont généralement en croissant ; une disposition typographique particulière fait remarquer à l'élève les mots dont il ignore la forme ou la signification, et des notes nombreuses empêchent l'enseignement de s'égarer. Disons, toutefois, qu'Elien ne nous semble pas *classique,* en ce sens qu'il a souvent une construction embarrassée et peu correcte ; mais M. Congnet a voulu faire entrer dans son livre un auteur qu'il a vu en usage dans les classes. — 3° *Lexique élémentaire grec,* contenant tous les mots et toutes les formes, 1° de l'*Enchiridion;* 2° de *Joseph, Ruth* et *Tobie;* 3° d'*Ulysse,* poème de Giraudeau ; 4° des quarante-cinq fables d'Esope ; 5° des morceaux choisis d'Elien ; 6° des fables de Babrius ; 7° des *Dialogues des morts et des dieux,* de Lucien ; 8° du premier livre de la *Cyropédie;* le tout accompagné de renvois à la *Grammaire grecque* de H. Congnet et à celle de Burnouf ; à l'usage des classes de septième, sixième, cinquième et quatrième. Ce lexique est fait avec soin. Nous regrettons que l'auteur, pour y faire entrer tous les mots de l'*Ulysse* de Giraudeau, dans l'intention sans doute de mettre toutes les racines grecques dans son lexique, ait été obligé de faire entrer ainsi de véritables barbarismes ; car les formes dites *inusitées* ne sont pas autre chose. Une croix indique bien dans le *Lexique* les mots inusités ou particuliers à la Bible ; mais on sait que les élèves font peu d'attention à ces signes : et d'ailleurs, pourquoi familiariser leurs yeux avec des formes qu'ils ne devraient jamais voir ? Je suis ici d'accord avec M. Congnet lui-même, qui fait cette remarque au commencement de sa grammaire grecque. — 4° *Cours de thèmes grecs élémentaires,* accompagnés de divers autres exercices sur la première partie de la grammaire. Pour être utile même à ceux qui ont entre les mains la grammaire de M. Burnouf, M. Congnet adapte son cours à cette dernière grammaire au moyen d'un système de renvois bien ménagé. Les professeurs, les jeunes principalement, ne peuvent que gagner à se bien pénétrer des conseils donnés dans les prolégomènes du cours, surtout au sujet des *thèmes d'imitation.* Une récente mesure prise par l'Université donne moins

d'importance au thème grec dans les collèges : c'est une raison de plus pour adopter ce cours substantiel, qui affermira les élèves dans la connaissance et la pratique des règles.

### III. — Classe de cinquième.

1° *Récitation des simples éléments.* — 2° *Lecture de la grammaire complète de la langue grecque*, comparée perpétuellement avec la langue latine, et disposée à la fois en vue du thème et de la version; rédigée d'après les meilleurs grammairiens allemands, Buttmann, Matthiæ, Rost et Kühner, 3ᵉ édition. Je n'hésite pas à dire que c'est ici l'ouvrage capital de M. Congnet, et que cette grammaire laisse loin derrière elle les autres grammaires élémentaires publiées en France. — 3° *Manuel des verbes irréguliers, défectifs et difficiles de la langue grecque*, avec des exercices sur les formes communes et sur les dialectes des verbes grecs, 2ᵘ édition. Ce n'est pas un simple lexique. « L'élève, dit M. Congnet, l'élève qui ne se servirait de ce manuel que pour y chercher au besoin un verbe irrégulier ou une forme difficile, n'aurait nullement compris le but de notre ouvrage. » Il doit servir à la fois de dictionnaire et de livre d'exercices. — 4° *Cours de thèmes grecs élémentaires*, tome second.

### IV. — Classe de quatrième.

Les mêmes ouvrages sont indiqués : M. Congnet y ajoute, comme accessoire, le *Pieux helléniste sanctifiant la journée par la prière*, grec-latin, 2ᵉ édition; charmant petit livre qui doit être dans les mains de tous les enfants studieux, amis de la piété, et qui leur procurera un délassement aussi utile qu'agréable et édifiant.

### V. — Classe de troisième.

Les mêmes ouvrages; plus, la *Prosodie grecque*, d'après les tableaux prosodiques de François Panow. Les auteurs, MM. Longueville et Congnet, n'ont rien négligé pour faire une œuvre complète. La mesure dont j'ai parlé plus haut, à propos des thèmes grecs, lui donne moins d'utilité pour les collèges, mais MM. les professeurs et les éditeurs y trouveront toutes les indications nécessaires pour une accentuation correcte.

### VI. — Classe de seconde.

Les mêmes ouvrages; plus, *Marie honorée dans les classes*, ou *Mois de Marie*, grec-latin, extrait des Pères de l'Eglise grecque, 3ᵉ édition; petit livre dont nous avons à faire le même éloge que du *Pieux helléniste*.

En résumé, le cours de M. Congnet rendra de grands services à l'enseignement du grec; les élèves verront qu'on peut apprendre cette langue sans dégoût et même avec plaisir; et MM. les professeurs se trouveront soulagés d'une partie de leurs peines. Ce qui a paru fait désirer avec plus d'impatience ce qui doit paraître encore.

—

*Grammaire élémentaire de la langue grecque, à l'usage des établissements d'instruction publique, rédigée sur les meilleurs travaux allemands, notamment sur ceux du docteur Raphaël Kühner; par M. Theil, professeur divisionnaire de seconde au lycée Corneille, officier de l'Université.*

En général, les enfants aiment assez à apprendre des langues étrangères; mais les règles plus ou moins sèches et rigoureuses qu'ils doivent se graver dans la mémoire leur répugnent souvent et éteignent peu à peu l'ardeur avec laquelle ils commencent pour la plupart. C'est là un fait aussi connu qu'incontestable, dont l'auteur d'une grammaire élémentaire doit tenir compte. Il ne suffit pas que les principes qu'il enseigne soient exacts; il faut aussi qu'il cherche les moyens de soutenir le zèle des élèves. On a essayé plusieurs fois de suppléer par le *raisonnement* à l'aridité des simples règles grammaticales : on explique l'origine des formations; on démontre l'enchaînement logique et l'harmonie ou la nécessité des différents faits de la langue; enfin on occupe la réflexion et l'esprit pour dissiper l'ennui que cause une suite de règles jusqu'à un certain point mécaniques. En elle-même une telle rédaction des principes d'une langue est chose excellente; mais elle ne peut évidemment convenir qu'à des esprits faits, à des personnes d'un âge un peu avancé. Chez l'enfant il faut mettre en œuvre la faculté prédominante qui est la mémoire, et si l'on veut, la curiosité, mais non le raisonnement. Je ne dirai rien de ceux qui veulent donner aux études grammaticales des attraits qu'elles ne peuvent avoir, qui veulent enseigner « en jouant. » Ces systèmes ont été condamnés par toutes les personnes compétentes. L'étude doit toujours rester un travail et une chose sérieuse.

Selon nous, il n'y a qu'un moyen de concilier la solidité de l'enseignement avec ce qu'exige l'esprit de l'enfance : rédiger la grammaire élémentaire de telle sorte qu'elle ait le moins de volume possible, et n'y admettre que les règles les plus essentielles, les règles qui *font sentir* à l'élève qu'en les apprenant il fait un progrès. On le fatigue et on émousse son courage si on lui donne à apprendre une foule de règles dont il peut se dire : c'est *à peu près* comme en français. Mais dites-lui, par exemple : on met toujours AU GÉNITIF les phrases telles que celle-ci : *L'ennemi étant dans la ville*, en grec τοῦ πολεμίου ὄντος ἐν τῇ πόλει, voilà une chose nette et tranchée qu'il retiendra et qui l'avance. Ainsi la syntaxe *élémentaire* ne doit contenir que des règles qui constatent une différence *saillante* de la langue maternelle, et aucune de celles qui trouvent leur analogie dans le français. En se bornant, d'après ce principe, à ce qui est le plus rigoureusement nécessaire, c'est-à-dire aux déclinaisons, aux conjugaisons et aux règles syntactiques ou de syntaxe en quelque sorte inconciliables avec le français, on fera une grammaire élémentaire de peu de feuilles, mais d'autant plus féconde.

Comme les cinq points du peintre qui déterminent tout profil, ce petit volume gravera dans l'esprit de l'élève les traits distinctifs de la physionomie de la langue grecque. Son attention sera tenue en éveil : il comprendra que le reste est moins difficile, et qu'il peut, en beaucoup de cas, s'aider lui-même par le latin ou par le français.

Les personnes versées dans l'enseignement savent d'ailleurs qu'un gros volume effraye un enfant et le décourage de prime abord. La répugnance que lui inspire l'étude des règles grammaticales s'accroît encore en ouvrant une grammaire de trois ou quatre cents pages. Mais à la vue d'un livre moins formidable, il se dira : « c'est fort ennuyeux ; pourtant il y a moyen de venir à bout de cent cinquante pages : trois pages par semaine, ce n'est pas trop, et je saurai cela dans un an. » *Spe finis dura feremus.* Cet effet moral d'une grammaire concise peut puissamment seconder l'enseignement et ne saurait être dédaigné impunément. Rien de plus facile que d'enfler le volume d'une grammaire. Les particularités dignes de remarque sont infinies, même dans des langues moins riches que le grec ; mais *choisir* ce qui doit trouver place dans une grammaire vraiment élémentaire est fort difficile.

C'est à nos lecteurs de voir si les vues que nous venons d'esquisser sont fondées. La méthode de M. Theil ou du docteur Kühner en est sur tous les points le *contre-pied.* Mais afin qu'on ne dise pas que nous avons forgé un système pour trouver celui de M. Theil en défaut, nous allons examiner pas à pas un chapitre. Nous choisissons le plus court, celui qui traite du *datif,* pages 208 et 209.

« *Le datif est le cas qui répond à la question* ubi, *où (sans mouvement).* » Cette proposition n'est pas vraie pour le grec. Elle l'est si peu, que le mot qui signifie *où (sans mouvement)* est οὗ, tandis que celui qui signifie *où (avec mouvement)* est un ancien datif οἷ. — « *Son premier usage est par conséquent :* » Je ne sais si ce *par conséquent* appartient au docteur Kühner ou à M. Theil, mais il indique une singulière confusion dans les idées. Dans les choses historiques, dont les langues mortes font partie, on procède des faits constatés et hors de doute pour déterminer ou pour classer les autres. Mais ici l'auteur part non pas d'un fait, mais d'une opinion qu'il s'est formée par une induction fausse, et dit : « Tel est *par conséquent* le premier USAGE du datif. » Tout le monde comprend que cet axiome dont on veut faire découler l'usage n'est qu'une abstraction formée d'après les éléments de ce même usage qu'il fallait tout simplement constater. — « *Son premier usage est par conséquent de désigner :* 1° le lieu, *l'espace où une action s'accomplit, où un fait se passe ; toutefois, en prose, il est généralement précédé d'une préposition, comme* ἐν ὄρει, in monte. » Voilà le premier usage du datif qui n'est pas en usage ! Ce fait seul aurait dû avertir l'auteur que la définition du datif ne définissait nullement la nature

de ce cas. — « *2°* Le temps *où une action s'accomplit, où un fait se passe, comme :* ταύτῃ τῇ ἡμέρᾳ...; *souvent aussi il est accompagné de la préposition* ἐν, *mais* ἐν *y ajoute une nuance de plus.* » Le datif ne désigne pas le temps, parce que « *il répond à la question* ubi » (ce qui n'est pas), mais parce qu'il est particulièrement affecté en grec à la désignation des *circonstances accompagnantes.* Le tiers environ des emplois de la langue grecque fait du datif se réduit à cette idée, y compris même le datif appelé *dativus instrumenti,* comme le prouve même la langue française qui dit : *Il l'a frappé* AVEC un *bâton.* — « *3° La* société, la compagnie, *et dans ce sens il s'emploie de deux manières, savoir :* a) *au singulier, quand le mot est un nom collectif ; au pluriel, quand le mot est un nom appellatif ; et dans les deux cas, avec un verbe exprimant l'idée* d'aller *et de* venir, *comme :* Ἀθηναῖοι ἦλθον πλήθει οὐκ ὀλίγῳ, πολλαῖς ναυσίν, etc. » — Voilà une règle qui s'annonce comme assez générale : « *Le datif* désigne *la société, la compagnie,* » et qui finit par être restreinte aux verbes exprimant l'idée *d'aller* et *de venir* ! Ce n'est pas ainsi que l'on rédige les règles grammaticales. Les conditions dans lesquelles elles sont applicables doivent *toujours* être mises *en tête :* sans cela les règles prennent un air de plaisanterie ou de mystification. Il y a lieu de s'étonner qu'un dignitaire de l'Université soit assez étranger à cette pratique de l'enseignement que le simple bon sens prescrit, pour nous présenter de pareilles règles. « Le datif désigne le lieu ; toutefois il doit, en prose, être précédé d'une préposition. Il désigne aussi la société, la compagnie — mais seulement avec un verbe exprimant l'idée *d'aller* et *de venir.* » A cela un élève qui réfléchit un peu ne manquera pas de se dire : « Si le datif qui répond à la question OU (SANS MOUVEMENT) désigne la *société,* la *compagnie,* comment se fait-il qu'il n'a cette signification qu'avec des verbes de mouvement *aller* et *venir* ? » Je défie M. Theil de satisfaire cet élève et de lui expliquer la chose. — « b) *accompagné du pronom* αὐτός *(également au datif), pour exprimer l'idée de* simultanéité, concomitance, *comme* αὐτοῖς τοῖς ἱεροῖς, avec les temples, y compris les temples. » Ceci est un simple idiotisme, propre au pronom αὐτός, que d'autres grammaires mettent avec raison, comme une chose tout à fait particulière, en note et non dans la série des règles générales.

« *Le second usage du datif est de désigner un objet vers lequel l'action du sujet* se dirige, *mais sans* l'atteindre, *le* toucher, *le* frapper, *comme dans le cas où l'accusatif est employé ; l'objet marqué par le datif, n'est qu'intéressé dans l'action du sujet ; elle s'adresse à lui ; il n'y est point étranger ; mais il ne la subit point.* » — Cet exposé touche à la vraie nature du datif en grec ; fait à un point de vue moins restreint, il aurait dû être placé en tête du chapitre sur ce cas. — « *En conséquence, le datif s'emploie :* 1° *avec les mots qui expriment* communauté *et* union ; à *cette catégorie appartiennent :* a) *les mots qui dési-*

gnent le commerce mutuel, *les* relations de société, *les* liaisons, *les* communications d'amitié; *b*) *les verbes qui signifient :* aller audevant, rencontrer, s'opposer, approcher; *ou le contraire, comme :* céder, reculer; *c*) *les verbes qui expriment l'idée de* lutte, *de* contestation, *de* dispute, *de* résistance, *de* rivalité; *d*) *les verbes qui signifient :* suivre, servir, obéir, accompagner; *e*) *ceux enfin qui expriment l'idée de* conseil, d'exhortation, *comme* παραινεῖν, παρακελεύεσθαι. » Tout cela est bien exact : seulement, un professeur, qui, en écrivant, a l'habitude de penser à ses élèves et à leurs besoins, aurait remarqué dans ces cinq numéros un pêle-mêle, un manque de suite qui empêche de bien retenir cette règle. Il était facile d'y mettre un ordre qui aurait rendu le tout plus clair, plus simple, et l'aurait fait apprendre promptement et sûrement. C'est l'idée d'*approcher*, cachée au milieu du second numéro, qui est l'idée primitive et principale, et par laquelle il fallait commencer l'énumération : d'elle découlent les autres, celles d'*accompagner*, de *servir*, de *relations amicales* et de *lutte*. Le dernier numéro, qui parle de *conseil*, d'*exhortation*, est étranger à cette catégorie; il tient à εἰπεῖν τινι.

« 2° *Avec les mots qui expriment* ressemblance *et* dissemblance; égalité *et* inégalité; accord *et* désaccord; conformité *et* différence. » Contre son habitude, M. Theil est ici par trop laconique, et ce laconisme fera faire aux élèves qui suivront cette règle des fautes nombreuses. Les mots qui signifient *dissemblance*, *inégalité*, *désaccord* et *différence* régissent en principe, et en vertu même de la langue grecque, le GÉNITIF, et non le datif : ce dernier cas n'est régulier que lorsque le mot indiquant *ressemblance* prend l'α privatif, comme ὁμοιός τινι, et de là ἀνόμοιός τινι, de même qu'en français : *dissemblable à lui-même*, à cause de la construction de *semblable*, mais *différent* DE.....

« 3° *Avec les verbes* consentir, être d'accord, *et autres; avec ceux qui expriment l'idée de* reproche, *d'objection*;..... *avec ceux qui signifient :* se fâcher, jalouser, envier, nuider, être utile, *et autres verbes de signification analogue, composés avec la préposition* σύν; *avec les verbes :* convenir, s'accorder, plaire, *et beaucoup d'autres* [!], *le nom de la personne se met au datif; souvent on y joint le nom de la chose à l'accusatif.* » On remarquera encore ici un véritable pêle-mêle qui accuse le peu de soin que l'on a apporté à la rédaction de ces règles. Par exemple, à la première ligne, on nomme les verbes *consentir, être d'accord*; ils sont suivis d'autres d'une espèce toute différente; à la huitième ligne enfin, on cite « les verbes *s'accorder, convenir, plaire*, » qui rentrent évidemment dans la catégorie par laquelle on avait commencé. D'autres, parmi les verbes cités, s'attachent, par l'idée qu'ils expriment, au numéro 1ᵉʳ; et c'est dans ce numéro qu'ils auraient dû figurer. Il est aussi fort singulier de dire : « Et avec d'autres verbes DE SIGNIFICATION ANALOGUE composés avec la prépo-

sition σύν,.... le nom de la personne se met au datif, » lorsque sans exception tous les verbes composés avec σύν régissent le datif, exprimant la personne avec laquelle le rapport est désigné. En rédigeant des règles grammaticales, on est toujours heureux d'en rencontrer qui soient absolues, et que l'on puisse présenter sans restriction. La règle des composés avec σύν est de ce nombre. M. Theil, cependant, a trouvé bon de la renfermer dans des limites qu'elle ne comporte pas, et de signaler une distinction qui n'est pas à faire. — « EN GÉNÉRAL, *on emploie le datif toutes les fois que l'action se fait au profit ou au préjudice, à l'avantage ou au détriment d'une personne ou d'une chose. C'est ce qu'on appelle* dativus commodi *et* incommodi. — Puisque le datif s'emploie ainsi *en général*, il fallait mettre cette observation plus haut, où elle aurait servi d'introduction et d'éclaircissement aux emplois particuliers. Dans une grammaire, c'est toujours une faute de méthode que de mettre une règle générale après l'énumération des cas particuliers.

« 4° *Enfin le datif, construit avec les verbes* εἶναι, ὑπάρχειν *et* γίγνεσθαι, *exprime le nom du possesseur, et en général il se met partout où une action se fait par rapport, par égard à une personne ou une chose, comme une personne considérée, par exemple :* Σωκράτης τοιοῦτος ὢν τιμῆς ἄξιος ἦν τῇ πόλει μᾶλλον ἢ θανάτου. — La dernière partie de ce paragraphe se lie si étroitement avec ce que nous venons de voir sur le *dativus commodi*, qu'il aurait fallu réunir ces deux règles, qui ne diffèrent pas par la nature, mais seulement par le degré du rapport désigné au moyen du datif. La première partie, relative à la *possession* exprimée par ce cas, ne devrait jamais être détachée de l'usage du génitif. On dit ἔστι μου κῆπος et ἔστι μοι κῆπος, avec des nuances différentes que l'on expliquera aisément en réunissant ces deux emplois dans une seule règle, mais que l'on ne fera jamais bien saisir si on les sépare et si l'on renonce à la lumière que la *composition* fait jaillir sur ce double usage. — « *C'est pour cette raison que très-souvent avec le parfait passif, et ordinairement avec les adjectifs verbaux en* τέος *et en* τός, *on met le nom au datif et non au génitif avec* ὑπό, *comme* ὡς μοι πρότερον δεδήλωται. » — Il n'y a ici d'inexact que le premier mot : *c'est pour cette raison que....*; par ce qu'en réalité l'usage du datif joint au passif et exprimant la partie agissante ne dérive pas de ce qui vient d'être dit.

« *Troisièmement, enfin le datif s'emploie comme l'ablatif latin pour désigner,* 1° *la cause ou le motif;* 2° *le moyen ou l'instrument; par conséquent avec* χρῆσθαι *se servir;* 3° *la manière;* 4° *la mesure, quantité ou quotité;* 5° *la conformité, et souvent aussi* 6° *la matière.* » — Il est d'abord matériellement faux que le datif joint à χρῆσθαι soit le datif appelé *dativus instrumenti*. La signification primitive de ce verbe est : *être en contact avec....*, et il répond à ὁμιλεῖν, que M. Theil place dans les exemples du numéro 1ᵉʳ de ce qu'il appelle le second usage du datif. Au numéro 2 de la mê-

me section se trouve déjà la signification de *conformité* qui est répétée ici sous le numéro 5. Le numéro 3, « *la manière*, » demanderait quelque explication ; car ce mot ne se rapporte que très-indirectement à plusieurs exemples qui tombent sous cette catégorie et dont un est cité par M. Theil : « ἰσχύειν τῷ σώματι, être fort de corps. » Enfin, le datif désigne bien la *mesure* et la *matière* (4° et 6°), mais seulement dans certains cas qu'il était facile de préciser en peu de mots. Ici encore il eût été bon de traiter en même temps le génitif désignant aussi *matière* et *mesure*, et de faire sentir par la comparaison l'idée propre à chacune de ces deux constructions.

Il résulte de tout cela que M. Theil, depuis longtemps professeur de grec et maintenant officier de l'Université, n'a point ou n'a que fort peu réfléchi sur la méthode d'enseigner le grec ; qu'il suit, sans les examiner, les autorités qui lui tombent sous la main ; et s'il est vrai qu'on apporte plus d'attention à ce qu'on écrit et fait imprimer qu'à ce qu'on dit oralement dans la classe, on ne peut se faire qu'une très-mauvaise idée de l'enseignement de la langue grecque au collége de Henri IV. (D'après M. l'abbé .....EAU.)

La méthode de Bossuet, en philosophie, mérite bien de fixer notre attention.

. — Plus d'un lecteur sera sans doute fort surpris, dit M. l'abbé H. de Valroger, en apprenant qu'un des ouvrages les plus renommés de Bossuet vient de paraître, pour la première fois, tel qu'il fut écrit par son illustre auteur. L'édition que nous annonçons n'en est pas moins, suivant la promesse de son titre, la seule conforme au manuscrit original.

L'écrivain le plus chétif de notre temps croirait faire tort à l'humanité, s'il ne s'empressait de publier ses moindres ébauches, à mesure qu'elles sortent de sa plume. Le grand évêque de Meaux avait moins d'estime pour ses plus beaux ouvrages : ses *Méditations sur l'Evangile* furent écrites seulement pour des religieuses de son diocèse, et le manuscrit en fut d'abord relégué parmi des papiers de rebut. Peu s'en fallut que les *Elévations sur les mystères* n'eussent le même sort : non-seulement Bossuet ne les publia point, mais il en laissa le manuscrit dans une obscurité si profonde, que, lorsqu'elles parurent en 1727, le journal de Trévoux contesta tout d'abord leur authenticité, et il ne fallut pas moins qu'un arrêt du parlement pour mettre fin au débat. Le traité de la *Connaissance de Dieu et de soi-même* ne fut pas davantage communiqué au public, durant la vie de son auteur. Composé pour l'instruction particulière du dauphin, il servit ensuite à celle du duc de Bourgogne, Bossuet en ayant communiqué une copie à Fénelon. Après la mort de l'archevêque de Cambrai, on trouva cette copie parmi ses papiers, et on s'en servit pour publier, en 1722, une première édition, sans préface, sans avertissement, sans nom d'auteur. Le public ne sut donc d'abord à qui adresser son admiration, et quelques savants attribuèrent même l'ouvrage à Fénelon. Des personnes mieux informées eurent enfin recours au neveu de Bossuet, et obtinrent de lui une copie du livre, revue par l'auteur lui-même. Cette copie, que l'on conserve aujourd'hui à la Bibliothèque nationale , servit à préparer une seconde édition, qui parut en 1741, précédée d'un court mandement de l'évêque de Troyes, destiné à garantir son authenticité. Tous les éditeurs subséquents ont suivi cette édition, sans la collationner avec le manuscrit qu'elle était censée reproduire. Le savant bibliographe qui dirigea la belle collection des *Œuvres de Bossuet*, publiée à Versailles, il y a trente ans, s'aperçut le premier que divers écrits posthumes de l'évêque de Meaux avaient été imprimés avec une grande négligence, et que souvent même on s'était permis de corriger le style! Malheureusement il ne put se procurer le manuscrit de la *Connaissance de Dieu et de soi-même*. Il a été plus heureux en 1845, et il a entrepris une collation exacte, qui n'a point été sans fruit. Le volume que nous annonçons contient le résultat de ses scrupuleuses recherches, c'est-à-dire un texte pur des altérations nombreuses qui l'avaient défiguré jusqu'à ce jour.

Chose étrange! l'édition de 1741, qui avait usurpé la confiance générale, était au fond bien moins correcte que celle de 1722, dont elle reproduisit toutes les fautes, en y ajoutant un bon nombre de fautes nouvelles. Additions, suppressions, substitutions, aucune sorte d'infidélité n'y manque! On y prête à l'auteur des connaissances anatomiques qu'il n'aurait pu acquérir que soixante ans environ après l'époque où il écrivait. Encore si les passages intercalés s'ajustaient bien à ce qui les précède et à ce qui les suit! Mais tout au contraire : ils s'ajustent si mal, qu'il en résulte ordinairement des obscurités et des discordances. A la vérité, les additions les plus notables sont guillemetées ; mais comme rien n'indique la signification des guillemets, l'embarras du lecteur n'en est que plus grand. Bien que le style eût été revu par Bossuet avec un soin minutieux, l'éditeur a eu l'impertinence de le corriger, suivant son goût, c'est-à-dire de la façon la plus maladroite : ainsi des périphrases molles et pesantes ont pris, en maint endroit, la place des termes propres, naturels, énergiques, employés par l'auteur. Ailleurs, des bouts de phrases sont omis , des mots sont passés ou défigurés. On en trouvera des preuves nombreuses dans les notes de la nouvelle édition.

Pour le *Traité du libre arbitre*, on est forcé de reproduire sans contrôle l'édition *princeps* donnée, en 1731, par le neveu de Bossuet ; le manuscrit est perdu.

La *Logique* fut publiée pour la première fois en 1828, par M. Floquet, qui démontra sans peine son authenticité. Cette publication ayant été faite d'après le manuscrit original et avec une exactitude irréprochable, il ne reste plus désormais qu'à la reproduire fidèlement ; et c'est ce que l'on a fait dans le volume que nous annonçons. Une inspection superficielle de cet ouvrage avait persuadé aux éditeurs de Versailles qu'il ne contenait

guère qu'une analyse de la *Logique de Port-Royal*, et qu'en conséquence sa publication était superflue; c'était une erreur, et ils ont tenu à la réparer. Dans un judicieux avertissement, ils indiquent à leurs jeunes lecteurs les parties les plus intéressantes de ce livre, où l'on rencontre souvent des traits de génie qui révèlent la main de Bossuet. Un avertissement non moins judicieux et d'une grande importance précède le *Traité du libre arbitre*. Partout enfin où les assertions de l'auteur ont besoin d'être rectifiées, pour s'accorder avec les découvertes amenées par le progrès des sciences expérimentales, on a eu soin d'ajouter des notes qui préviennent toute erreur, sans porter atteinte à la pureté du texte. Rien, en un mot, de ce qui peut faire une bonne édition classique n'a été négligé.

Un texte pur, des arguments et des notes n'auraient pas suffi. Pour diriger de jeunes lecteurs dans l'étude des ouvrages rassemblés ici, il fallait leur montrer d'abord les caractères généraux, le plan et la méthode de la philosophie à laquelle se rattachent ces trois ouvrages. Tel est aussi le but de l'introduction par laquelle s'ouvre le volume; nous allons en faire connaître les idées principales, en les combattant quelquefois, en les développant le plus souvent.

II. — Bossuet n'appartient, comme philosophe, à aucune école particulière. S'il est, à certains égards, disciple de Descartes, il est bien plus encore disciple de saint Augustin et de saint Thomas. Suivant lui, comme suivant l'auteur du *Discours sur la méthode*, la connaissance de soi-même est la première de toutes les connaissances philosophiques, celle qui doit conduire à toutes les autres. Mais sur quoi se fonde-t-il pour adopter cette méthode? sur l'autorité de l'Écriture, et non point sur celle de Descartes (1).

Un grand nombre de ses contemporains, pleins d'admiration pour les services rendus aux sciences par Descartes, adoptèrent sans exception et défendirent avec un enthousiasme fanatique toutes les opinions de ce philosophe. D'autres, au contraire, préoccupés des défauts de la doctrine nouvelle, et craignant par-dessus tout l'abus qu'on en pouvait faire, la proscrivirent d'une façon non moins absolue, non moins exclusive. Un des mérites de Bossuet fut de se tenir en garde contre ces excès opposés.

De ce que l'évidence est le véritable *criterium* de la certitude dans l'ordre naturel, l'école cartésienne concluait avec raison que la philosophie ne consiste pas à chercher ce qu'ont pensé Aristote et Platon, mais à réfléchir sur nous-mêmes, à raisonner et à observer avec une juste indépendance. Comme Fénelon, comme Pascal, comme tous les penseurs les plus éminents de son siècle, Bossuet admit complétement sur ce point la doctrine cartésienne. Tandis qu'en matière de foi il prenait pour règle suprême l'Écriture et la tradition interprétées par l'Église,

il ne reconnaissait en philosophie nulle autorité comparable à celle de l'expérience et du raisonnement. « Autant je suis ennemi des nouveautés qui ont rapport à la foi, écrivait-il à Leibnitz, autant suis-je favorable, s'il est permis de l'avouer, à celles qui sont de pure philosophie, parce qu'en cela on peut et on doit profiter tous les jours, tant par le raisonnement que par l'expérience (1). »

Pour demeurer fidèle à ces principes, il jugeait Descartes aussi librement qu'il jugeait Aristote (2). Jamais sans doute il n'a entrepris une critique complète de la philosophie cartésienne, et nous ne savons pas d'une manière bien précise tout ce qu'il y eût trouvé à reprendre, s'il eût apporté à son examen la même attention qu'à l'examen du protestantisme ou du quiétisme. Mais les grands dangers de l'Église ne venaient point alors de ce côté-là; et le temps seul, en développant tous les germes contenus dans la doctrine nouvelle, pouvait rendre parfaitement visible ce qu'il y avait en elle de vrai et de faux, de bon et de mauvais.

On s'est demandé si le *doute méthodique* était au nombre des théories cartésiennes qui semblaient répréhensibles à l'évêque de Meaux. Ce qu'il y a de sûr, c'est qu'on ne trouve dans ses ouvrages philosophiques aucune trace de cette méthode dubitative (3). D'après le nouvel éditeur, cela peut venir uniquement de ce que Bossuet n'a pas eu occasion de s'expliquer à cet égard; nous ne saurions admettre cette explication. Est-ce que Bossuet n'a pas composé un traité de logique? Est-ce que, dans sa lettre à Innocent XI et dans son traité de la *Connaissance de Dieu et de soi-même*, il n'a pas eu occasion d'exposer ses vues sur la méthode? N'y a-t-il pas esquissé tout un plan d'études philosophiques? S'il n'a jamais rangé le

(1) Lettre 187, t. xxxvii, p. 498 de l'éd. de Versailles.

(2) Dans la lettre même que je viens de citer, il accuse justement la cosmologie cartésienne d'aboutir au panthéisme : « Les idées (de Descartes) n'ont pas été fort nettes, dit-il, lorsqu'il a conclu l'infinité de l'étendue (réelle) par l'infinité de ce vide qu'on imagine hors du monde; en quoi il s'est fort trompé : et je crois que de son erreur on pourrait induire, par conséquences légitimes, l'impossibilité de la création et de la destruction des substances, quoique rien au monde ne soit plus contraire à l'idée de l'être parfait, que ce philosophe prend pour principal moyen de l'existence de Dieu (ibid.) » — « Dans ce qu'il a imprimé, dit ailleurs Bossuet, je voudrais qu'il eût retranché quelques points, pour être entièrement irrépréhensible par rapport à la foi. » *Lettre* 254, à *M. Pastel*. — Fénelon a signalé, comme l'évêque de Meaux, les germes du panthéisme renfermés dans la cosmologie cartésienne : « Son monde indéfini, observe-t-il, ne signifie rien, s'il ne signifie pas un infini réel. Sa preuve de l'impossibilité de la création pur paralogisme, etc. » *Lettre* 4, *Sur l'idée de l'infini*.

(3) Nous savons, par l'abbé Ledieu, que Bossuet admirait beaucoup le discours de Descartes sur la *Méthode*. Mais ce discours contient bien autre chose que la théorie du doute méthodique. La quatrième partie nous offre, par exemple, une magnifique démonstration de l'existence de Dieu et de la spiritualité de l'âme.

(1) Voyez sa lettre à Innocent XI, § 7.

doute, même fictif, parmi les conditions d'une bonne méthode, c'est que, pour soumettre nos connaissances à un examen régulier, pour nous en rendre compte de la façon la plus rigoureuse, pour les dégager de tout alliage, il n'est point nécessaire de les traiter d'abord comme incertaines, et de nous dépouiller préalablement de toute confiance en elles. Que nous soyons dans la disposition habituelle de rejeter toute idée dont nous reconnaîtrons la fausseté après mûre réflexion, voilà ce que doit nous demander une sage philosophie ; mais ce n'est là ni un doute provisoire, ni un doute simulé. Descartes d'ailleurs n'a point donné son exemple comme une règle à suivre; tout au contraire. « Mon dessein, dit-il dans la première partie de son discours sur la méthode, *mon dessein n'est pas d'enseigner ici la méthode que chacun doit suivre pour bien conduire sa raison*, mais seulement de faire voir en quelle sorte j'ai tâché de conduire la mienne... Ne proposant cet écrit que comme une histoire, ou, si vous l'aimez mieux, que comme une fable, en laquelle, parmi quelques exemples que l'on peut imiter, on en trouvera peut-être aussi *plusieurs autres qu'on aura raison de ne pas suivre*, j'espère qu'il sera utile à quelques-uns sans être nuisible à personne, et que tous me sauront gré de ma franchise. » — Cette déclaration générale ne lui a pas paru suffisante, et, dans la seconde partie du même discours, il a déclaré avec plus d'insistance qu'il serait téméraire et déraisonnable de transformer en loi commune l'exemple périlleux de son doute méthodique :« Que si mon ouvrage m'ayant assez plu, je vous en fais voir ici le modèle, *ce n'est pas, pour cela, que je veuille conseiller à personne de l'imiter.* Ceux que Dieu a mieux partagés de ses grâces auront peut-être des desseins plus relevés ; mais *je crains bien que celui-ci ne soit déjà que trop hardi pour plusieurs. La seule résolution de se défaire de toutes les opinions qu'on a reçues auparavant en sa créance n'est pas un exemple que chacun doive suivre. Et le monde n'est quasi composé que de deux sortes d'esprits auxquels il ne convient aucunement*, à savoir : de ceux qui, se croyant plus habiles qu'ils ne sont, ne se peuvent empêcher de précipiter leurs jugements, ni avoir assez de patience pour conduire par ordre toutes leurs pensées; d'où vient que, *s'ils avaient une fois pris la liberté de douter des principes qu'ils ont reçus et de s'écarter du chemin commun, jamais ils ne pourraient tenir le sentier qu'il faut prendre pour aller plus droit et demeureraient égarés toute leur vie*;—puis de ceux qui, ayant assez de raison et de modestie pour juger qu'ils sont moins capables de distinguer le vrai d'avec le faux que quelques autres par lesquels ils peuvent être instruits, doivent bien plutôt se contenter de suivre les opinions de ces autres qu'en chercher eux-mêmes de meilleures. »

Quand Descartes s'exprime ainsi au sujet de son doute méthodique, on a bien droit de présumer que l'évêque de Meaux devait être peu favorable à *un procédé qui place l'esprit dans une situation violente et périlleuse.* Du reste, si Bossuet ne range point le doute parmi les conditions d'une bonne méthode philosophique, ce n'est pas à dire qu'il ait jamais confondu la marche suivie par Descartes avec le scepticisme impie que l'on propage trop souvent sous le nom équivoque du *doute méthodique.* C'est donc à tort que l'on a cru voir une condamnation de la méthode cartésienne dans ces paroles d'un sermon de Bossuet : « Que ferai-je? Où me tournerai-je, assiégé de toutes parts par l'opinion ou par l'erreur? Je me défie des autres, et je n'ose croire moi-même mes propres lumières. A peine crois-je voir ce que je vois et tenir ce que je tiens, tant j'ai trouvé souvent ma raison fautive! — Ah! j'ai trouvé un remède pour me garantir de l'erreur. *Je suspendrai mon esprit, et, retenant en arrêt sa mobilité indiscrète et précipitée, je douterai du moins*, s'il ne m'est pas permis de connaître au vrai les choses. Mais, ô Dieu, quelle faiblesse et quelle misère! De crainte de tomber, je n'ose sortir de ma place ni me remuer! Triste et misérable refuge contre l'erreur, d'être contraint de se plonger dans l'incertitude et de désespérer de la vérité (1) ! » — Ces paroles, sans doute, peuvent s'appliquer aux sceptiques qui prétendent se couvrir du grand nom de Descartes ; mais elles n'atteignent nullement la méthode suivie par ce philosophe.

Le doute méthodique peut être compris très-diversement; il peut être pratiqué dans des situations d'esprit très-dissemblables, avec plus ou moins de réserve, sur une échelle plus ou moins large. Descartes lui-même n'a pas toujours expliqué d'une manière précise et uniforme l'application qu'il en fit pour son propre compte : dans le *Discours sur la méthode*, par exemple, son doute est présenté comme provisoire, mais comme réel; seulement, *les vérités de la foi sont mises à part*, et la loi religieuse est retenue constamment comme la règle nécessaire de la vie pratique (Voy. la 3e partie). Embarrassé plus tard par des objections pressantes, Descartes affirme positivement que son doute est une pure fiction, particulièrement en ce qui concerne l'existence de Dieu (2). Si nous passions du maître aux disciples, nous aurions à énumérer bien d'autres discordances. Ces variations ne purent sans doute échapper à Bossuet; et s'il eût eu à s'expliquer sur ce point, il se fût exprimé vraisemblablement comme il l'a fait dans une lettre à Leibnitz, concernant la doctrine de Descartes sur l'essence du corps : « En cela, *comme en beaucoup d'autres choses, ses dis-*

(1) Troisième sermon de la Toussaint, premier point.
(2) Voir les lettres de Descartes, t. x, p. 107 de l'édition Cousin. — Hermès, qu'on a voulu justifier par l'exemple de Descartes, se glorifiait d'avoir douté, durant vingt années, de l'existence de Dieu, afin de procéder plus méthodiquement dans la construction de son système philosophique et théologique.

ciples ont fort embrouillé ses idées ; *les siennes même n'ont pas été fort nettes* (1). »

Descartes a toujours évité avec le plus grand soin tout ce qui eût pu lui attirer les censures de l'Eglise ; et, suivant l'observation de l'évêque de Meaux, « on lui voit prendre sur cela des précautions dont quelques-unes allaient jusqu'à l'excès (2). » C'était donc un devoir, pour les théologiens, de se montrer indulgents dans la critique des erreurs qui avaient pu lui échapper. C'est ce que Bossuet fit constamment. Il n'approuva point ce que les écrits de ce philosophe présentent d'équivoque, de téméraire ou d'erroné ; mais il évita de les condamner, et s'efforça d'inspirer à ses amis la même tolérance (3). Jamais il ne confondit la cause du maître avec celle des disciples maladroits ou coupables, qui compromettaient au service de l'erreur une gloire légitime : toutes les rigueurs de sa justice furent réservées pour ces prétendus cartésiens, qui, ne sachant développer que les imperfections et les vices mêmes du cartésianisme, ont gâté les meilleurs fruits de cette grande doctrine. Cet admirable mélange d'équité tolérante et de sévérité éclairée est surtout visible dans une lettre souvent citée, mais dont plusieurs passages n'ont pas été remarqués autant qu'ils le méritent : « Je vois, écrivait Bossuet à un disciple du P. Malebranche, je vois non-seulement en ce point de la nature et de la grâce, *mais en beaucoup d'autres articles très-importants de la religion*, un grand combat se préparer contre l'Eglise, sous le nom de la philosophie cartésienne. Je vois nature de son sein et de ses principes, *à mon avis mal entendus*, plus d'une hérésie ; et je prévois que les conséquences qu'on en tire contre les dogmes que nos pères ont tenus la vont rendre odieuse, et feront perdre à l'Eglise tout le fruit qu'on en pouvait espérer pour établir dans l'esprit des philosophes la divinité et l'immortalité de l'âme. — De ces mêmes principes, *mal entendus*, un autre inconvénient *terrible* gagne sensiblement les esprits ; car, sous prétexte qu'il ne faut admettre que ce qu'on entend clairement (ce qui, *réduit à certaines bornes*, est très-légitime), chacun se donne la liberté de dire : J'entends ceci, et je n'entends pas cela ; et, *sur ce seul fondement, on*

(1) Lettre du 6 août 1693.
(2) *Lettre de Bossuet à M. Pastel*, 24 mars 1701.
(3) Voyez la lettre que nous venons de citer, et une autre du 30 mars 1701. Il s'agissait d'une correspondance inédite de Descartes sur la transsubstantiation. Bossuet, ayant appris qu'elle contenait des expressions peu exactes, en demande une copie, puis il ajoute : « Quoique les amis de M. Descartes passent désavouer pour lui une pièce qu'il n'aurait pas donnée lui-même, ses ennemis en tireraient des avantages *qu'il ne faut pas leur donner.* » Après avoir vu les lettres, Bossuet écrivit : « M. Descartes, qui ne voulait point être censuré, a bien senti qu'il les fallait supprimer et ne les a pas publiées. Si ses disciples les imprimaient, ils seraient une occasion de donner atteinte à la réputation de leur maître, *et il y a charité à les en empêcher.* Pour moi, je tiens pour suspect tout ce qu'il n'a pas donné lui-même, » etc.

approuve et on rejette *tout ce qu'on veut*, sans songer que, *outre nos idées claires et distinctes, il y en a de confuses et de générales, qui ne laissent pas d'enfermer des vérités si essentielles, qu'on renverserait tout en les niant*. Il s'introduit sous ce prétexte une liberté de juger, qui fait que, sans égard à la tradition, on avance témérairement tout ce qu'on pense..... Je parle sous les yeux de Dieu et dans la vue de son jugement redoutable, comme un évêque qui doit veiller à la conservation de la foi. Le mal gagne. A la vérité, je ne m'aperçois pas que les théologiens se déclarent en votre faveur ; au contraire, ils s'élèvent tous contre vous ; mais vous apprenez aux laïques à les mépriser. Un grand nombre de jeunes gens se laissent flatter à vos nouveautés. En un mot, ou je me trompe fort, ou *je vois un grand parti se former contre l'Eglise, et il éclatera en son temps*, si de bonne heure on ne cherche à s'entendre avant qu'on s'engage tout à fait. »

Les pressentiments de Bossuet ne le trompaient pas. Du sein de la philosophie cartésienne et de ses principes, souvent mal entendus, il est né plus d'une hérésie : les conséquences qu'on en a tirées contre les dogmes les plus sacrés l'ont rendue odieuse, et ont fait perdre tout le fruit qu'on en pouvait espérer. Sous prétexte qu'il ne faut admettre que ce qu'on entend clairement, on rejette tout ce que l'on veut, sans songer que, outre nos idées claires et distinctes, il y en a de confuses et de générales, qui ne laissent pas d'enfermer les vérités essentielles. Grâce à Dieu, les théologiens résistent ; mais on apprend aux laïques à les mépriser : en un mot, un grand parti s'est formé contre l'Eglise, sous le nom de *cartésianisme*, et à l'heure qu'il est le mal continue de gagner.

Evidemment, les hardiesses théologiques du P. Malebranche et les témérités enthousiastes de ses disciples n'étaient qu'un symptôme avant-coureur du *grand combat* pressenti par Bossuet. Ce qui sans doute avait inspiré à l'évêque de Meaux une vive inquiétude, c'est qu'au lieu d'employer la psychologie et la théodicée de Descartes à la défense de la théologie naturelle, on semblait s'attacher de préférence aux principes les plus dangereux de ce philosophe ; c'est qu'à la veille du xviii⁰ siècle, des catholiques imprudents encourageaient les exigences d'une raison orgueilleuse, favorisaient le doute comme une condition de la vraie méthode, habituaient la jeunesse au mépris de la tradition et des mystères ; c'est qu'une philosophie rationaliste, malgré les apparences chrétiennes et les intentions orthodoxes de ses propagateurs, s'insinuait peu à peu dans les écoles ; c'est qu'il y avait là un péril redoutable, et que, derrière les spéculations aventureuses d'un religieux justement illustre, l'œil du génie devait entrevoir déjà les triomphes à venir du scepticisme et du naturalisme.

Les philosophes sont loin de s'accorder sur l'objet et sur la circonscription de leur

science, sur le lien qui unit entre elles ses diverses parties, et sur l'ordre dans lequel elles doivent être disposées les unes par rapport aux autres. Bossuet n'eut jamais peut-être une théorie bien arrêtée sur ces questions difficiles ; mais le plan de ses œuvres philosophiques n'en révèle pas moins, à plusieurs égards, l'indépendance et la sagacité de son génie.

Dans son traité *De la connaissance de Dieu et de soi-même* ( ch. 1ᵉʳ, § 15 ), il expose, sans la contester, une ancienne classification des sciences et des arts, qui manque tout à fait de rigueur scientifique, et ne pouvait convenir qu'à l'enfance de la philosophie. Mais s'il expose cette classification sans discuter sa valeur, c'est qu'en matière contestable il s'imposait la loi de rapporter seulement d'une manière historique les opinions les plus accréditées ( Lettre à Innocent XI, § 7). Ce n'est donc pas là, ce nous semble, qu'il faut chercher ses vues personnelles sur l'organisation des sciences philosophiques ; c'est bien plutôt dans la marche qu'il suivit pratiquement pour donner à son royal disciple les notions élémentaires de la philosophie.

I. — Dans les écoles du XVIIᵉ siècle, les cours de philosophie étaient généralement divisés en quatre parties distribuées de la manière suivante : Logique, métaphysique, physique et morale. La métaphysique se subdivisait en deux parties, savoir : la métaphysique générale, ou *ontologie*, et la métaphysique spéciale , ou *pneumatologie*, qui avait pour objet Dieu, les anges et l'âme humaine. Tel est, par exemple, le plan des *Institutions philosophiques* de Pourchot, recteur de l'Université de Paris, contemporain et ami de Bossuet. La *Philosophie de Lyon*, et plusieurs autres cours élémentaires publiés dans le XVIIIᵉ siècle, ont conservé les mêmes divisions ; seulement, dans ces cours, on a placé la *physique* après la *morale*.

Bossuet adopta un autre plan ; et quoiqu'il n'ait pas, ce semble, attaché une importance systématique à ses idées sur l'organisation de la philosophie, nous croyons que la marche adoptée par lui mérite, à plusieurs égards, notre attention et notre admiration.

Tandis que dans la métaphysique des écoles on plaçait la théodicée avant la psychologie, Bossuet, au contraire, commence par l'étude de l'homme, et c'est au moyen de cette étude qu'il conduit ses lecteurs à la connaissance philosophique de la nature divine. Cette marche, observe-t-il, a été indiquée par l'Esprit-Saint lui-même (1). Bien qu'au point de vue de l'excellence et de la causalité Dieu soit avant l'homme, l'étude scientifique de la cause première n'en suppose pas moins la connaissance de ses effets ; et, parmi les êtres créés, l'homme est celui où le Créateur a le plus clairement révélé sa nature. N'est-ce pas dans notre âme que Dieu a imprimé son image de la

manière la plus distincte ? Aussi existe-t-il maintenant bien peu de cours de philosophie où la psychologie ne serve d'introduction à la théodicée ; et cette marche du plus connu au moins connu est une des améliorations les plus incontestables qu'on ait introduites de nos jours dans l'enseignement de la philosophie. L'honneur de cette innovation devrait appartenir, ce nous semble, à l'évêque de Meaux.

II. — Bossuet s'affranchit encore sur un autre point du joug de la coutume. Il déclare, dans sa Lettre à Innocent XI, qu'il n'a point composé de traités métaphysiques pour son élève, parce que les objets dont on s'occupe dans ces traités ont trouvé leur place naturelle soit dans le traité *De la connaissance de Dieu et de soi-même*, soit dans la *Logique* et dans la *Morale*. Cette seconde innovation a paru non moins heureuse que la première, et, dans la plupart des cours publiés de notre temps, on a cessé de rattacher à une même science les objets si dissemblables dont s'occupait jadis la métaphysique des écoles. La dénomination de *métaphysique* n'est plus appliquée à aucune branche spéciale de la philosophie : elle désigne le plus souvent la philosophie entière, par opposition à la *physique*, qui n'est plus considérée comme appartenant à la philosophie. Quelquefois aussi on donne au mot *métaphysique* une signification moins étendue : on le réserve pour désigner la partie *transcendante* des connaissances humaines, par opposition à la partie *phénoménale* et empirique. A ce point de vue, les parties les plus élevées de la logique et de la morale appartiennent à la métaphysique.

Ce n'est pas sans raison et par un amour capricieux de la nouveauté que Bossuet abandonna l'ancienne division de la philosophie ; c'est qu'en définitive cette division ne saurait être justifiée. Le mot *métaphysique* n'était-t-il pas employé, depuis un temps immémorial, pour désigner la science des choses immatérielles ? Mais la logique et la morale sont aussi consacrées à des choses incorporelles. Comment donc les rejeter en dehors de la métaphysique ?

III. — Entre le plan de Bossuet et celui des écoles de son temps, je remarque une troisième différence. Les cours de philosophie s'ouvraient par la logique ; Bossuet, au contraire, ne plaça la logique qu'après la connaissance de Dieu et de soi-même, après l'anthropologie et la théodicée , après la partie spéculative de sa philosophie (1).

Les scolastiques soutiennent que la logique est un instrument nécessaire pour l'étude de toutes les sciences, et ils en concluent qu'il faut apprendre avant tout à bien employer cet instrument. Mais, indépendamment des traités de logique, les esprits droits possèdent, grâce à Dieu, une logique naturelle qui suffit, à la rigueur, pour les diriger dans toutes sortes d'étude, et surtout dans l'étude des sciences expérimentales. Or, la

___

(1) *Lettre à Innocent* XI, § 7.

(1) *Lettre à Innocent XI*, § 8 ; — *Logique* ; avant-propos.

psychologie est bien moins une œuvre de raisonnement qu'une œuvre d'observation ; pourquoi donc faudrait-il étudier les règles du syllogisme avant de faire l'analyse de nos opérations et de nos facultés intellectuelles ? La logique, ayant pour objet les lois auxquelles nous devons soumettre notre entendement, ne suppose-t-elle pas une connaissance exacte des opérations intellectuelles qu'il s'agit de diriger ? Évidemment ! Elle doit donc être précédée, sinon de la psychologie entière, au moins de cette partie de la psychologie qui traite de nos opérations intellectuelles.

Mais Bossuet ne se contenta pas de placer un chapitre de la psychologie expérimentale avant la logique ; il plaça avant elle la psychologie, ou plutôt l'anthropologie tout entière, et, qui plus est, la théodicée, ou théologie naturelle. Ce plan est-il le meilleur ? Nous ne voudrions pas le soutenir. Nous avouerons seulement que nous sommes assez peu frappés de la plupart des objections que nos scolastiques modernes font contre lui.

IV. — Le titre inscrit par Bossuet sur son livre *De la connaissance de Dieu et de soi-même* ne ferait pas deviner la marche de l'illustre auteur. Les cinq chapitres de ce traité sont consacrés à étudier, 1° notre âme, 2° notre corps, 3° l'union de notre âme et de notre corps, 4° nos rapports avec Dieu, 5° la différence entre l'homme et la bête.

Dans ce plan, comme on le voit, la théodicée n'est qu'un simple corollaire de l'anthropologie. Une des principales raisons pour lesquelles l'évêque de Meaux a fait une si petite place à la théologie naturelle, c'est sans doute que notre raison toute seule nous révèle peu de chose sur l'essence et les attributs de Dieu ; ce que la philosophie pure a mission de nous enseigner touchant ces hautes questions est d'ailleurs principalement dû à l'observation psychologique, l'homme étant le seul être observable qui soit fait à l'image de son auteur. Du reste, si l'on veut avoir la doctrine complète de Bossuet sur Dieu et sur l'homme, il faut ajouter au traité *De la connaissance de Dieu et de soi-même*, les *Élévations sur les mystères*, les traités *De la triple concupiscence* et *Du libre arbitre*, et le *Discours sur l'histoire universelle*.

V. — Après la philosophie *spéculative* vient, dans le plan de Bossuet, la philosophie *pratique* : elle se subdivise en *logique* et en *morale*.

On ne trouve dans les œuvres de l'illustre auteur aucun traité de morale purement philosophique. La lettre à Innocent XI nous en donne la raison : c'est que la doctrine des mœurs ne se doit pas tirer d'une autre source « que de l'Écriture et des maximes de l'Évangile, et qu'il ne faut pas, quand on peut puiser au milieu d'un fleuve, aller chercher des ruisseaux bourbeux. » Bossuet nous apprend, toutefois, qu'il expliqua à son élève « la morale d'Aristote et cette doctrine de Socrate vraiment sublime *pour son temps*, qui peut *servir à donner de la foi aux incré-*

*dules et à faire rougir les plus endurcis.* »

En faisant ainsi connaître à son royal disciple les plus belles productions de la philosophie païenne, l'évêque de Meaux avait soin de marquer toujours « *ce que la philosophie chrétienne y condamnait, — ce qu'elle y ajoutait, — ce qu'elle y approuvait, — avec quelle autorité elle en confirmait les dogmes véritables, — et combien elle s'élevait au-dessus.* » La conclusion de ces critiques, c'était « que la philosophie antique, comparée à la doctrine de l'Évangile, était *une pure enfance* (Ibid.). » Voilà ce que les historiens de la philosophie devraient s'attacher toujours à faire ressortir ; mais c'est à quoi d'ordinaire ils songent le moins !

VI. — Étude de la nature humaine, de son principe et des moyens qu'elle a d'arriver à sa fin, tels sont, en dernière analyse, l'objet, le cadre et l'enchaînement des sciences philosophiques d'après Bossuet. Ainsi conçue, la philosophie présente un caractère d'unité qu'elle n'a pas dans le plan commun de nos vieux traités scolastiques. Mais, sans lui faire perdre ce mérite, on pourrait, ce me semble, donner à la théodicée beaucoup plus de développement qu'elle n'en a dans *la Connaissance de Dieu et de soi-même*. C'est peut-être pour compléter sur ce point l'œuvre de Bossuet que Fénelon composa son beau traité *De l'Existence de Dieu.*

Quoi qu'il en soit, je ferai surtout deux reproches au plan adopté par l'évêque de Meaux : l'anatomie et la physiologie y ont une place qui ne leur appartient pas ; la théodicée, au contraire, n'y tient pas à beaucoup près toute la place qu'elle devrait y occuper.

### Méthode philosophique de Bossuet.

I. — L'application persévérante de la méthode expérimentale à l'étude de la psychologie est un des progrès les plus importants que l'on ait faits depuis quelques siècles en philosophie. Si l'on est parvenu, de nos jours, à répandre une lumière satisfaisante sur quelques points jadis enveloppés d'obscurité, on le doit principalement à une observation plus attentive, plus exacte et plus complète des phénomènes de notre nature.

Dans l'antiquité et au moyen âge, les principaux faits psychologiques ont été entrevus et signalés d'une manière fugitive, quand les questions qui se présentaient ont attiré sur eux l'attention des penseurs ; mais ils n'ont jamais été l'objet d'une étude régulière. Descartes, Malebranche, Locke, Leibnitz et leurs disciples ont négligé, comme leurs devanciers, d'en faire une revue exacte et suivie. Au lieu d'étudier méthodiquement les opérations et les facultés de notre âme, nos propensions, nos besoins et nos ressources, nos grandeurs et nos misères, ces philosophes se sont bornés aux observations partielles dont ils avaient besoin pour des questions spéciales. Bossuet, au contraire, analysa d'une manière assez complète nos facultés principales, et c'est lui qui, le premier avec Pascal, entreprit de fonder sur la psy

chologie expérimentale l'édifice entier des sciences philosophiques. Aussi M. Bouillier n'hésite pas à reconnaître que les œuvres de Descartes ne peuvent soutenir la comparaison avec le traité *De la connaissance de Dieu et de soi-même*, sous le rapport de la psychologie. « Dans tout le cours du xviiᵉ siècle et du xviiiᵉ, ajoute-t-il, il n'a certainement pas paru en France un traité plus remarquable de psychologie. Bossuet s'y montre, sans doute, le disciple de Descartes; mais il ne faudrait pas croire qu'il se soit borné à répéter Descartes. Il a donné à la psychologie des développements que Descartes ne lui avait pas donnés. Il traite avec ordre et avec suite toutes les questions psychologiques; ce que Descartes n'a pas fait. Beaucoup d'observations, remarquables par leur justesse et par leur profondeur, appartiennent en propre à Bossuet (1). »

C'est aux philosophes écossais, et spécialement à Thomas Reid, qu'on attribue l'honneur d'avoir élevé enfin la psychologie expérimentale au rang qu'elle occupera désormais parmi les sciences philosophiques. Mais la vérité est que Bossuet a devancé dans cette carrière l'école écossaise et la plupart de nos philosophes contemporains (2). Quoiqu'il écrivît dans un temps où la méthode d'observation n'était point encore appréciée autant qu'elle mérite de l'être, il comprit admirablement qu'elle doit s'appliquer à l'étude de l'âme humaine comme aux sciences physiques, et c'est d'après cette méthode qu'il composa presque entièrement son traité *De la connaissance de Dieu et de soi-même* (3). D'un bout à l'autre de son livre, il s'attache en effet à *observer*, à décrire les faits dont chacun de nous a conscience, et la description de ces faits lui fournit toutes les preuves dont il se sert pour établir les vérités les plus importantes. Aucun chapitre, aucun paragraphe n'est consacré à démontrer, sous la forme de raisonnement, l'immatérialité de l'âme et sa distinction d'avec le corps; or, cette vérité n'en ressort pas moins, presque à chaque page, de la simple exposition des faits; analyse de l'intelligence, analyse de la volonté, analyse des opérations sensitives elles-mêmes, tout y conduit naturellement, invinciblement.

Je ne veux pas dire que Bossuet se soit bien rendu compte de la méthode qui lui a été inspirée par l'instinct de son génie; je ne prétends pas non plus qu'il soit demeuré toujours fidèle à cette méthode. Tout au contraire, je lui reprocherais d'avoir mêlé à ses observations psychologiques des hypothèses physiologiques que l'expérience ne justifie pas. Il me paraît en outre évident qu'il n'a pas eu une notion précise des sciences d'observation. Avec la plupart de ses contem-

porains, il a considéré le raisonnement comme le procédé essentiel et fondamental de toutes les sciences (1). Mais, quoique à cet égard il semble avoir partagé *théoriquement* l'illusion de ses contemporains, il s'en est affranchi *en pratique* d'une manière très-remarquable, et il a devancé ainsi une réforme dont le temps seul a pu donner la notion complète à ceux qui l'ont achevée.

Pourquoi donc, dans l'opinion commune, l'évêque de Meaux ne partage-t-il pas, avec les philosophes écossais, l'honneur d'avoir constitué scientifiquement la psychologie, en lui donnant la méthode qui lui convient? C'est que son traité *De la Connaissance de Dieu et de soi-même*, publié longtemps après sa mort, n'a pas fixé l'attention des savants comme il le méritait. « Si ses écrits philosophiques avaient reçu de bonne heure une complète publicité, on pourrait conjecturer qu'ils ont exercé quelque influence sur les travaux de Reid, et leur assigner une part importante dans les progrès de la science et de la méthode psychologique; mais tous, malheureusement, sans excepter le traité *De la connaissance de Dieu et de soi-même*, ont été peu étudiés, même en France, jusqu'à ces derniers temps (2). » Ce qui a le plus nui peut-être à la psychologie de Bossuet, c'est d'avoir été mêlée à des descriptions anatomiques et physiologiques qui, depuis longtemps, ne peuvent plus soutenir le contrôle de la science.

II. — Que les faits psychologiques ne puissent être démontrés *à priori*, et que la seule manière de les bien connaître soit de les observer, c'est là une de ces vérités élémentaires que personne ne conteste, mais qu'on oublie le plus souvent. Il semble que nul philosophe, si ce n'est Pascal, n'avait senti comme Bossuet l'importance de cette loi, et ne l'avait mise en pratique d'une manière suivie. Mais Bossuet n'eut pas seulement le mérite de surpasser, sous ce rapport, ses devanciers et ses contemporains les plus illustres, il comprit, en outre, que la méthode expérimentale ne doit pas être employée d'une manière exclusive, et sa pensée n'inclina jamais vers l'empirisme sceptique auquel aboutit l'usage immodéré de cette méthode. En cela, il s'est montré supérieur à beaucoup de philosophes récents, qui ont eu dans les écoles une renommée philosophique plus éclatante que la sienne.

En voulant réduire la philosophie à l'observation, on la condamne arbitrairement à n'apercevoir que des phénomènes superficiels, contingents, éphémères; tandis que son droit et son devoir est d'étudier, à travers les phénomènes, les substances finies, les causes secondes, pour s'élever jusqu'à la cause première, jusqu'à l'être infiniment parfait, jusqu'à Dieu. Voilà ce que plusieurs philosophes de l'école écossaise n'ont pas assez compris, et ce que Bossuet, au con-

(1) Fr. **Bouillier**, *Histoire et critique de la révolution cartésienne*, p. 348.

(2) M. Thurot en a fait la remarque dans son livre *De l'Entendement et de la raison*, t. 1ᵉʳ, p. 23.

(3) « Il ne s'agira pas ici, dit-il dans son avant-propos, de faire un long raisonnement, mais plutôt d'*observer*. » Voyez aussi sa *Lettre à Innocent XI*, § 7.

(1) Voyez *la Connaissance de Dieu et de soi-même*, chap. 1ᵉʳ, § 14.

(2) De **Lens**, *Introduction aux œuvres philosophiques de Bossuet*.

traire, sentit admirablement. Il prit l'expérience pour guide, là où nous ne saurions avoir un meilleur guide; mais, tout en la suivant, il constata soigneusement des vérités nécessaires, immuables, universelles, supérieures à toute observation, à l'aide desquelles nous entrevoyons les substances et les causes. Arrêtons-nous un instant pour exposer sa doctrine sur ce point capital : nous ne voyons pas que jusqu'à ce jour on l'ait surpassée.

« Les règles des proportions par lesquelles nous mesurons toutes choses sont éternelles et invariables. Ainsi, pour entendre la nature et les propriétés d'un triangle ou d'un carré, ou d'un cercle, ou les proportions de ces figures, je n'ai pas besoin de savoir qu'il y en ait de telles dans la nature, et je puis m'assurer de n'en avoir jamais vu de parfaites. Qu'elles soient ou ne soient pas actuellement, c'est ainsi qu'elles doivent être, et il est impossible qu'elles soient d'une autre nature, ou se fassent d'une autre façon. — Et, pour en venir à quelque chose qui nous touche de plus près, j'entends par ces principes de vérité éternelle que le devoir essentiel de l'homme est de vivre selon la raison, et de chercher son auteur, de peur de lui manquer de reconnaissance, si, faute de le chercher, il l'ignorait. — Toutes ces vérités subsistent indépendamment de tous les temps. En quelque temps que je mette un entendement humain, il les connaîtra; mais, *en les connaissant, il les trouvera vérités, il ne les fera pas telles; car ce ne sont pas nos connaissances qui font leurs objets, elles les supposent.* Ainsi ces vérités subsistent devant tous les siècles, et *devant qu'il y ait eu un entendement humain.* Et quand tout ce qui se fait par les règles des proportions, c'est-à-dire tout ce que je vois dans la nature, serait détruit, excepté moi, ces règles se conserveraient dans ma pensée, et je verrais clairement qu'elles seraient toujours bonnes et toujours véritables, quand moi-même je serais détruit (1).

« Platon nous rappelle sans cesse à ces idées, où se voit non ce qui se forme, mais ce qui est; non ce qui s'engendre et se corrompt, ce qui se montre et passe aussitôt, ce qui se fait et se défait, mais ce qui subsiste éternellement. C'est là ce monde intellectuel que ce divin philosophe a mis dans l'esprit de Dieu avant que le monde fût construit, et qui est le modèle immuable de ce grand ouvrage (2).

« Notre âme, en joignant ensemble les principes universels qu'elle a dans l'esprit et les faits particuliers qu'elle apprend par le moyen des sens, voit beaucoup dans la nature, et en sait assez pour juger que ce qu'elle n'y voit pas encore est le plus beau (1)... Les règles et les principes par lesquels notre esprit aperçoit de si belles vérités dans les objets sensibles, sont supérieurs aux sens, et il en est à peu près des sens et de l'entendement comme de celui qui propose simplement les faits et de celui qui en juge (2). »

Le sensualisme de Locke et de Condillac se trouvait ici réfuté d'avance, et les adversaires les plus habiles de ces deux philosophes n'ont eu, pour ainsi dire, qu'à développer ces paroles. Kant et les psychologistes empiriques, qui considèrent tous les éléments *supra-sensibles* de nos connaissances comme des *formes* purement *subjectives* de notre entendement, pourraient trouver aussi une réponse à leurs doutes, à leurs sophismes, dans ces paroles si simples, mais si lumineuses : « En connaissant les vérités nécessaires, l'esprit humain les trouve vérités, il ne les fait pas telles. Ces vérités subsistaient devant qu'il y eût un entendement humain; et je vois clairement qu'elles seraient toujours, quand moi-même je serais détruit. »

En détachant quelques membres des phrases que nous avons citées (3), ou d'autres phrases semblables, et en les prenant au pied de la lettre, on pourrait, j'en conviens, les rattacher à la théorie sceptique développée par Kant. Mais il suffirait de lire le contexte pour voir que Bossuet, bien loin de considérer les vérités éternelles comme des *formes subjectives* de notre esprit, constate positivement leur caractère *objectif*, indépendant de tout esprit créé. Ce qui est en nous, ce qui nous appartient naturellement, c'est la *faculté* de percevoir ces vérités antérieures et supérieures à notre intelligence, dont elles règlent les jugements. Bossuet ne veut pas dire autre chose. Il n'a donc pas seulement devancé les récents progrès de la science psychologique; il a évité, en outre, les principaux écueils contre lesquels vont se perdre encore aujourd'hui des psychologistes renommés

—

Tout ouvrage d'une certaine importance doit être empreint du caractère physionomique de son époque; aussi croyons-nous devoir donner les principaux détails, que nous puisons à des sources officielles, des travaux de la commission mixte nommée dans le but

<hr>

(1) *Connaissance de Dieu et de soi-même,* chap. 4, § 5.

(2) *Logique,* liv. 1er, chap. 37. Il paraît constant aujourd'hui qu'au lieu de placer dans l'intelligence divine les idées éternelles, Platon les a considérées comme des êtres distincts et indépendants de l'organisateur du monde. Comme les Pères de l'Église qui ont tâché de donner au platonisme un sens chrétien, Bossuet *prête* donc au philosophe païen une sagesse qu'il n'avait pas et que le christianisme, quoi qu'on dise, ne lui a pas *empruntée.* Voyez à ce sujet les belles *Études* de M. Martin *sur le Timée de Platon,* 2 vol. in-8°.

(1) *Connaissance de Dieu et de soi-même,* chap. 3, § 8.

(2) *Ibid.,* § 14, et chap. 5, § 6 et 14.

(3) Par exemple, ces mots : « Les principes universels que nous avons *dans l'esprit.* » En employant de pareilles locutions, Bossuet ne veut pas dire assurément que les principes universels, dont nous nous servons continuellement pour juger, sont des modes de notre esprit, mais seulement qu'ils sont toujours présents à notre intelligence, pour la régler et l'éclairer.

de modifier l'enseignement universitaire et les programmes des matières exigées des aspirants aux écoles spéciales.

Ces travaux sont à nos yeux d'une très-haute importance, en ce qu'ils adoptent des méthodes incontestablement utiles.

*Rapport de la commission mixte pour l'organisation de l'enseignement des sciences dans les lycées, et pour la révision des programmes du baccalauréat ès sciences et des examens d'admission aux écoles spéciales.*

Monsieur le ministre,

I. L'enseignement de nos collèges et de nos lycées, pour répondre aux besoins généraux de la société, doit donner aux élèves une éducation libérale et forte, dont les épreuves du baccalauréat ès lettres et du baccalauréat ès sciences sont à la fois la vérification et la sanction.

Il doit ouvrir à la jeunesse l'entrée des Facultés ; il doit la préparer aux concours d'admission pour les écoles spéciales.

Sous les gouvernements précédents, un défaut de concert regrettable entre les ministres de la marine, de la guerre, des finances et de l'instruction publique, ayant amené des discordances dans les parties correspondantes des programmes d'admission à ces écoles, on s'était vu forcé, dans les lycées, non-seulement de séparer les élèves des lettres de leurs camarades des sciences, mais encore de subdiviser le cours des études scientifiques en embranchements multiples.

L'époque des examens d'admission, fixée arbitrairement pour chaque école, avait amené un nouveau désordre dans l'organisation des classes, les candidats devant parfois se présenter devant l'examinateur un mois avant la fin du cours sur lequel ils allaient être interrogés.

Enfin, le caractère qu'avaient pris les examens d'admission pour les écoles spéciales ayant dirigé les études et les efforts des candidats vers les subtilités de la science, les professeurs avaient été contraints, à leur tour, de diriger leur enseignement vers les abstractions. Laissant de côté l'exposition des procédés par lesquels on découvre une vérité, s'attachant exclusivement à ceux par lesquels on la démontre, ou bien à ceux par lesquels on la distingue de l'erreur, les examinateurs et les professeurs chargés de guider notre jeunesse s'éloignaient, comme à l'envi, de la méthode naturelle des inventeurs, pour s'engager de plus en plus dans la métaphysique de la science mathématique.

Un tel enseignement, dangereux pour les élèves des écoles spéciales, était d'ailleurs inabordable pour les élèves littéraires. Il avait donc fallu faire en leur faveur des cours plus élémentaires de mathématiques, ce qui contribuait à multiplier encore les causes de séparation entre les élèves, les chances de fatigue et d'insuccès pour les professeurs, d'anarchie pour les établissements d'instruction publique.

Ces désordres, les dangers qu'ils entraînent pour la jeunesse, signalés dès longtemps par les représentants les plus éminents de l'instruction publique et par la Faculté des sciences de Paris, ont attiré l'attention du gouvernement : il a voulu, dans sa haute sollicitude pour l'avenir du pays, leur opposer un remède efficace.

Une commission spéciale a été chargée de revoir les programmes d'admission et d'enseignement à l'École polytechnique. Elle avait pour mission d'y rétablir le caractère pratique qui les distinguait autrefois, d'en exclure toutes les subtilités dangereuses ou inutiles. Elle a rempli sa tâche avec fermeté, conviction, persévérance et succès. La réforme de l'enseignement de l'École polytechnique est accomplie. C'était le premier pas à franchir.

Restaient à résoudre les difficultés relatives à la coordination des examens d'admission à toutes les écoles et des programmes des lycées. M. le ministre vous a proposé, par sa lettre du 9 mars 1852, de créer une commission mixte et de lui confier le soin de préparer ce travail difficile.

Après vous être concerté avec vos collègues de la guerre, de la marine et des finances, vous l'avez constituée et vous l'avez chargée « de réviser les programmes d'admission aux écoles spéciales du gouvernement (Écoles polytechnique, militaire, navale, forestière), ainsi que les programmes de l'enseignement scientifique des lycées, et d'indiquer les modifications qu'il y aurait lieu d'opérer dans ces différents programmes pour les mettre en harmonie les uns avec les autres. »

Cette commission est entrée dans l'examen des questions qui lui étaient soumises avec le ferme désir de concilier, au point de vue général, l'intérêt des familles et celui de l'État. Quant au côté pédagogique, point de parti pris, point de système ; l'amour du bien, telle a été sa règle. Elle s'est réunie tous les jours, depuis sa formation ; et, pendant les longues heures consacrées à ses séances, elle a étudié les programmes de l'enseignement des lycées, les programmes d'examen des écoles, sous tous les aspects. La confiance réciproque dont les membres de la commission se sont bientôt sentis pénétrés, votre concours personnel, toujours si élevé et si bienveillant, qui est venu aplanir toutes les difficultés, ont amené des résultats inespérés. Nous en avons la persuasion, ils seront reçus par les familles avec reconnaissance, et ils feront renaître dans nos classes, avec le goût des études solides, le sentiment de l'ordre et de l'unité.

Le décret du 10 avril, qui a servi de point de départ aux travaux de la commission, étant supposé déjà mis en pratique, elle s'est proposé de ramener dans l'enseignement scientifique autant d'unité qu'il en comporte. Aux termes de ce décret, les années de sixième, de cinquième et de quatrième constituent la division de grammaire. A l'entrée de la division suivante, qui comprend les trois années correspondantes aux classes de troisième, de seconde et de rhétorique, les

élèves peuvent choisir entre deux embranchements distincts. Les uns, se dirigeant vers les Facultés des lettres, de droit ou de théologie, vers l'enseignement littéraire des lycées et des collèges, entrent dans la section des lettres ; les autres, se dirigeant vers les écoles navale, militaire, polytechnique, normale, forestière, vers les Facultés de médecine, les écoles de pharmacie, ou se destinant à l'exercice intelligent de l'agriculture, de l'industrie et du commerce, entrent dans la section scientifique.

De ces dispositions, celle qui associe les élèves des écoles de médecine aux élèves des écoles spéciales a seule soulevé quelques doutes ; la commission espère qu'ils vont cesser.

A la fin de leurs études et pendant l'année de logique, qui en est le couronnement, les élèves des deux sections se préparent, par quelques développements nouveaux et par une révision attentive des objets qui ont fait la base de l'enseignement des trois années précédentes, à subir l'épreuve du baccalauréat.

C'est devant les Facultés des lettres que les élèves de la section littéraire ont à subir l'examen à la suite duquel le diplôme de bachelier ès lettres peut leur être accordé.

A l'égard des élèves de la section scientifique, ils ont à se pourvoir devant les Facultés des sciences, chargées de les examiner et de juger leur aptitude à recevoir le diplôme de bachelier ès sciences.

II. Ce système, nous n'avions pas mission de l'apprécier, mais d'en préparer l'application ; nous l'avons fait avec une confiance très-ferme dans son succès, et nous avons la conviction qu'un coup d'œil jeté sur les programmes fera tomber les objections, dissipera les inquiétudes qu'il a suscitées.

Comment en serait-il autrement ? Ce système de la bifurcation régulière, que l'heureuse initiative du chef de l'Etat vient d'introduire dans nos lycées, est-il une nouveauté, fruit de quelque improvisation téméraire ? N'est-il pas, au contraire, depuis plus de vingt ans, proposé ou soutenu par les représentants les plus éminents de l'Université dans l'ordre des sciences, et vivement réclamé par les familles ? Loin de diviser les élèves, comme on le prétend, ne réunit-il pas, au contraire, leurs pelotons aujourd'hui égarés dans des classes qu'aucun plan ne lie entre elles, et qu'on croirait concédées à l'importunité des familles, plutôt que fondées sur des besoins sérieux ?

III. La commission mixte, dont nous nous bornerons à reproduire les procès-verbaux, se pénétrant de la pensée du décret, a l'honneur de vous proposer les résolutions suivantes :

1° Il y aura dix classes par semaine seulement, de deux heures chacune, le jeudi demeurant libre ;

2° Cinq d'entre elles seront réservées aux lettres ; les cinq autres aux sciences ;

3° Les études et les exercices des cinq classes réservées aux lettres seront communs aux élèves de la division littéraire et aux élèves de la division scientifique ;

4° Tous les enseignements scientifiques seront divisés en trois temps, savoir : notions préliminaires, enseignement proprement dit, révision ;

5° Les études scientifiques nécessaires pour se présenter aux examens de l'école navale seront complètes à la fin de la classe de seconde ;

6° Les études scientifiques nécessaires, soit pour se présenter à l'école de Saint-Cyr et à l'école forestière, soit pour subir l'épreuve du baccalauréat ès sciences, seront complètes à la fin de la classe de rhétorique ;

7° Les études scientifiques de l'année de logique ayant pour objet la révision des cours des trois années précédentes, les élèves seront autorisés à se spécialiser, selon qu'ils se destineront aux écoles dont l'enseignement s'appuie sur les sciences mathématiques ou à celles dont l'enseignement a pour base les sciences physiques et naturelles ;

8° Sous le bénéfice de ces conditions, le baccalauréat ès sciences serait exigé pour toutes les écoles spéciales, l'école navale exceptée ;

9° Conformément au principe posé dans l'article 4, en quatrième, une leçon par semaine sera consacrée à l'enseignement de l'arithmétique et à celui des notions les plus élémentaires de la géométrie ;

En rhétorique, on emploiera vingt leçons à exposer aux élèves de la section scientifique les notions préliminaires du cours de logique ;

10° A l'examen du baccalauréat ès sciences, les questions relatives à l'histoire porteront exclusivement sur l'histoire de France ;

11° L'année complémentaire et distincte, qu'exige l'enseignement des mathématiques spéciales, sera organisée dans douze ou quinze lycées choisis et répartis sur le territoire, de manière à satisfaire aux besoins du gouvernement et aux intérêts des familles ;

12° A l'avenir, les ministres ne publieront plus de programmes particuliers pour les examens d'admission aux écoles spéciales qui sont dans leurs attributions ; ces examens auront pour base les portions de l'enseignement scientifique des lycées correspondant aux besoins de ces écoles.

IV. La commission, monsieur le ministre, tout en accordant à chaque enseignement son importance, place celui des lettres au premier rang. Tenant compte d'ailleurs de la destination des élèves, elle attribue le second aux mathématiques, le troisième à la physique et à la mécanique, le dernier à la chimie et aux sciences naturelles. C'est assez dire qu'elle entend que l'enseignement littéraire de la section scientifique soit sérieux. Son objet, sa durée, les épreuves qui en assurent la solidité, ont été, en conséquence, soigneusement examinés par elle.

Elle a pensé que l'examen sur le grec fait à l'entrée de la classe de troisième constaterait, pour les élèves de la division scientifique, une connaissance suffisante de la lan-

gue grecque. Si les candidats aux grades de la Faculté de médecine, si les médecins réclament pour leur profession une forte éducation littéraire, tous les représentants des écoles spéciales ont témoigné les mêmes exigences. Mais une étude plus étendue de la langue grecque, possible du reste dans une certaine limite, n'a semblé indispensable pour aucune des directions auxquelles conduit l'enseignement de la section scientifique.

C'est à l'étude du français, du latin, de l'allemand ou de l'anglais, de l'histoire et de la géographie, que seront réservées, en conséquence, les études littéraires de la section scientifique, pendant les années de troisième, de seconde et de rhétorique.

Les classes de latin seront exclusivement consacrées à des exercices de version, partie par écrit, partie à livre ouvert. Les exercices sur le thème et les vers latins étant supprimés, il reste tout le temps nécessaire aux élèves pour apprendre à traduire les auteurs latins, et pour se familiariser avec l'art, plus délicat, d'en reproduire exactement la pensée en français.

Les exercices relatifs à l'étude de l'allemand ou de l'anglais, au choix des élèves, consistant au contraire plus particulièrement en thèmes écrits ou parlés, les accoutumeront à traduire leur pensée dans une langue étrangère ; en même temps, les élèves se familiariseront avec sa prononciation, et avec quelques-uns des tours que son génie particulier ramène le plus souvent dans les habitudes de la conversation.

Les narrations françaises, les discours et même les exercices qui se rattachent à l'enseignement de l'histoire, que vous rendez très-courts, mais auxquels, par une heureuse innovation, vous attribuez un caractère littéraire, auront pour effet de les accoutumer à écrire leur propre langue avec pureté, à disposer avec ordre les parties d'une composition, à poursuivre la justesse de la pensée, la clarté et la propriété de l'expression.

L'étude des langues constitue un cours de logique si naturel, si bien approprié au plus grand nombre des intelligences, que rien ne saurait la remplacer pour la plupart des élèves. A ce titre, elle doit conserver la première place, même dans le système d'enseignement de la section scientifique ; aucun des membres de la commission ne la lui conteste.

Etre en état de lire les auteurs latins, d'écrire le français, de parler l'allemand ou l'anglais, voilà sans doute ce qui doit rester aux élèves, une fois leurs études terminées ; c'est là le but pratique ; mais la commission reconnaît que, pendant la durée de l'éducation du collège, l'étude des langues en a un autre plus prochain, plus élevé. C'est par elle que toutes les forces de l'esprit, tour à tour mises en jeu, se révèlent, se développent, se fortifient. La nécessité de retenir les mots ouvre la mémoire ; l'analyse grammaticale perfectionne l'intelligence. Les habitudes de clarté, d'ordre et de précision

auxquelles la traduction accoutume l'esprit, une fois acquises, s'appliquent plus tard à tout. Ces exercices, qui font vivre l'élève dans la familiarité des plus beaux génies de l'antiquité et des temps modernes, en éveillant son imagination et sa sensibilité, lui révèlent le sentiment du beau.

A quelle école se formera d'ailleurs son jugement, si ce n'est à celle de ces historiens, de ces philosophes, de ces orateurs et de ces poëtes immortels à qui l'humanité doit l'appréciation, l'analyse ou la peinture des événements, des actions, des passions qui ont remué le monde depuis les temps héroïques.

Ce commerce assidu des hautes pensées, des grands sentiments, du noble langage, qui voudrait y renoncer ? A ces considérations tirées de l'ordre moral, ceux des membres de la commission qui représentaient les intérêts industriels ajoutaient que, parmi les éléments de sa puissance, notre pays compte au premier rang ce tact indéfinissable qu'on appelle le goût, ornement de notre civilisation, capital immense pour nos manufactures. Ils disaient que si, trop préoccupés de la nécessité de produire de savants ingénieurs, d'habiles industriels, nous venions à troubler la source féconde et pure où il se forme, nos exportations réduites, notre influence à l'étranger abaissée viendraient nous révéler notre erreur ; alors peut-être qu'il serait trop tard pour la réparer. « Conservons à notre nation, s'écriaient-ils, cet instinct délicat du goût qui la caractérise et qui s'applique à tout ; conservons-le précieusement, car il lui tient lieu des houilles de l'Angleterre, des grandes ressources naturelles de la Russie et des Etats-Unis. » Le respect de la commission pour l'avenir des jeunes gens dont elle prépare la destinée, sa vénération pour des traditions devant lesquelles on aime à s'incliner, lui avaient conseillé exactement ce que le plus rigoureux calcul d'intérêt national aurait exigé d'elle.

Les élèves de la section scientifique partageront donc, pendant les années de la troisième, de la seconde et de la rhétorique, toutes les leçons et tous ceux des exercices des élèves de la section littéraire, qui sont relatifs à l'analyse des autres cours français, à la version latine, à l'histoire, à la géographie et à l'étude des langues vivantes.

En disant qu'ils partageront ces leçons et ces exercices, nous entendons non-seulement que les programmes d'études seront les mêmes ; mais que les classes seront communes, ainsi que les compositions ; qu'en particulier, à Paris, les élèves de la section scientifique seront confondus avec les élèves de la section littéraire dans les épreuves du concours général.

Telle est, du reste, la pensée du décret. Le chef de l'Etat n'a pas voulu qu'il y eût deux nations dans nos lycées. Il a séparé ce qui ne pouvait rester confondu ; il a réuni tout ce qui pouvait l'être. Les émulations, les amitiés demeureront communes entre les élèves des deux sections. L'échange des en-

timents et des pensées, qui fera pénétrer peut-être des habitudes plus exactes de raisonnement dans la section littéraire, ne permettra pas que les trésors de la poésie demeurent ignorés des élèves de la section scientifique.

Loin de s'opposer à ces échanges, la commission les appelle de tous ses vœux ; elle espère même que, là où les classes devront être dédoublées à cause du nombre des élèves, on aura soin de maintenir, dans chacune des divisions, des jeunes gens appartenant aux deux sections littéraire et scientifique.

V. L'enseignement des sciences peut être envisagé à divers points de vue.

Quelques géomètres veulent que l'intelligence des élèves soit obligée de déduire toutes les vérités de leurs principes les plus abstraits, et qu'elle s'assouplisse par cette gymnastique qui la rend à la fois plus subtile et plus féconde en ressources pour l'argumentation. Cette méthode réussit à quelques esprits rares, mais elle décourage le plus grand nombre ; elle inspire un orgueil d'autant plus dangereux à ceux qu'elle n'arrête pas, qu'elle les frappe presque toujours de stérilité sous le rapport de l'invention ; elle fait naître chez la plupart des élèves une foule d'idées fausses, ou du moins, elle les dispose à en devenir les victimes.

D'autres, au contraire, demandent au professeur d'éviter les abstractions, de ne pas définir ce qui est connu, de ne pas démontrer ce qui est évident ; de s'appuyer sur des notions naturelles pour commencer l'étude d'une science, de jalonner sa marche par des démonstrations matérielles souvent répétées ; de s'assurer sans cesse non-seulement que l'élève comprend, mais encore qu'il possède les vérités sur lesquelles chaque nouveau raisonnement est forcé de s'appuyer.

La commission ne pouvait hésiter entre ces deux méthodes ; la dernière a obtenu toutes ses préférences ; elle a présidé à la rédaction des programmes. Il est nécessaire que les professeurs lui soient fidèles dans leurs enseignements.

Un autre côté de la question appelait encore son attention. On a vu naguère, dans les lycées, l'enseignement des sciences mathématiques, physiques et naturelles reporté tout entier en philosophie, les années antérieures étant exclusivement consacrées aux lettres. Quand ce régime fut introduit, tous les savants en furent affligés, tous les pères de famille dont les enfants devaient le subir réclamèrent. La Faculté des sciences de Paris, chargée d'examiner la question, conseilla de répartir les études scientifiques dans toutes les classes, les cinq premières années étant consacrées aux mathématiques, la classe de rhétorique à la cosmographie, celle de philosophie à la révision des mathématiques, à la physique, à la chimie et aux sciences naturelles. Sauf quelques détails, ce plan, conforme aux vues du président de l'ancien conseil, fut adopté.

La commission protesterait énergiquement contre toute pensée d'une nouvelle tentative de concentration des études scientifiques.

À son avis, les mathématiques et les sciences d'observation elles-mêmes ne peuvent pas être enseignées avec fruit, d'une manière aussi brusque. Les aspects que leur étude révèle ont besoin d'être envisagés plus d'une fois pour être saisis dans toute leur vérité. Leur enseignement raisonné n'est efficace qu'autant qu'il s'appuie sur des notions pratiques préexistantes, sur des applications ou des démonstrations expérimentales répétées. Ce que le raisonnement indique, l'expérience de la concentration des études est venu le confirmer sur une grande échelle. Les conséquences en ont été caractérisées en termes énergiques devant la commission. Plus le temps accordé aux études mathématiques est court, a-t-on dit, plus elles tendent vers une abstraction pleine de périls, et moins elles conviennent à la masse des jeunes gens.

Ce n'est pas en courant, lorsque les classes touchent à leur terme, quand l'examen du baccalauréat imminent oblige à repasser tous les cours antérieurs, qu'on peut aborder, pour la première fois, le champ si vaste des sciences avec quelque chance de succès. En pareil cas, pour la masse, la mémoire fait tous les frais de cette étude ; quelques réponses à apprendre par cœur, pour se mettre en mesure vis-à-vis des questions posées par le programme, voilà où se réduit toute l'ambition du candidat ; mais a-t-il satisfait aux exigences de l'examen, tout est oublié.

En conséquence, la commission n'hésite pas à répartir l'enseignement mathématique sur plusieurs années ; elle croit qu'il faut faire revoir en cinquième la pratique des quatre règles ; qu'en quatrième les élèves doivent commencer l'étude élémentaire de l'arithmétique raisonnée et recevoir quelques notions sur les figures de la géométrie plane ; qu'en troisième ils doivent voir l'arithmétique ; que les matières des cinq premiers livres de géométrie et l'algèbre doivent être complétées. En rhétorique, à des exercices sur l'arithmétique et l'algèbre, on joindra quelques applications de la géométrie et des notions sur les courbes usuelles.

L'année de logique sera consacrée à la révision sérieuse de toutes ces études ; elle préparera fortement les candidats à l'épreuve de l'examen pour le baccalauréat, à celle du concours pour l'École de Saint-Cyr ou pour l'École forestière.

Ainsi, dans chacune des branches de cet enseignement, on apprend d'abord aux élèves à préciser et à comparer entre elles quelques notions simples et usuelles que l'on fixe dans leur esprit, en les groupant selon leurs rapports naturels. Quand la science elle-même est enseignée ensuite d'une manière plus dogmatique, il faut que les applications, les démonstrations pratiques, les exemples tirés des faits de la vie ordinaire, se mêlant sans cesse aux leçons de la théorie, viennent en

accroître l'intérêt, ou y jeter une .umière plus vraie et plus durable.

La commission croit que si cette méthode n'est pas la meilleure, à l'égard de quelques intelligences habiles et pénétrantes, faites pour se plaire aux choses abstraites, elle n'altère pas, du moins dans les masses, ce bon sens droit et sûr qui vit des choses communes, cette raison sage et modérée qui répugne aux chimères.

La commission s'est dit que les esprits fins et délicats sont rares, que les génies féconds le sont bien plus encore ; que ces dons heureux ne se communiquent guère ; qu'on ne fait pas de plans d'études pour Pascal, Laplace ou Lavoisier, mais elle a pensé qu'une conception nette et prompte, un jugement solide conviennent à tous, peuvent s'acquérir par une éducation bien dirigée, peuvent se fausser par un plan d'études mal conçu. C'est à ce point de vue modeste, mais pratique, qu'elle a préparé, discuté et arrêté tous ses programmes pour l'enseignement mathématique.

VI. Après l'enseignement mathématique, nous plaçons, dans l'ordre d'importance, celui de la physique, qui comprend l'étude des éléments de la mécanique.

En troisième, quelques leçons destinées à donner aux élèves des notions élémentaires sur les principaux instruments usuels de la physique, les disposent à suivre, avec fruit, les leçons de chimie données dans le second semestre.

L'année de seconde est consacrée à cette partie de la physique qui se rapporte à l'étude des fluides impondérables : la chaleur, l'électricité, le magnétisme, la lumière. On y a joint quelques notions d'acoustique et de météorologie.

Nos lycées et la plupart de nos grands collèges sont organisés de manière à donner à cet enseignement tout le développement expérimental qu'il réclame. Leurs cabinets sont pourvus d'instruments nombreux, en bon état, et de tous les moyens d'en tirer parti.

La mécanique, qui constitue la seconde partie du cours de physique, sera professée pendant l'année de rhétorique. Cet enseignement étant nouveau pour les lycées, les maîtres habiles, à qui il sera confié ont prié la commission d'en tracer elle-même un programme détaillé. Elle l'a fait, en prenant pour base, à la fois, les leçons de la Faculté des sciences de Paris et celles du Conservatoire des arts et métiers.

Ce cours, essentiellement expérimental et pratique, devait pourtant être subordonné dans son plan à l'unité de vues, fil conducteur indispensable à l'élève ; il devait, en outre, laisser les détails de métier aux écoles industrielles, la technologie aux ateliers.

Le mouvement, ses lois, ses transformations, les forces, leurs effets, leur mesure, les causes de perte que leur application rencontre ; les moteurs à air, à eau, à va-

peur, telle est la donnée générale du cours.

Mais, à chaque leçon, le professeur trouve indiquées, dans le programme, les expériences à exécuter, les machines simples, dont les propriétés peuvent servir de base à ses raisonnements, l'énoncé des principaux résultats d'une application assez facile pour soutenir l'intérêt des élèves, ou assez importante pour exciter leur curiosité. La partie pratique ne va pas plus loin.

VII. L'enseignement de la cosmographie a rarement réussi dans les lycées. Mais il était confié à des professeurs étrangers à la connaissance réelle des instruments d'astronomie et à celle du ciel, obligés de remplir, par conséquent, leurs leçons par l'exposition de quelques-unes des méthodes de calcul applicables à la détermination du mouvement des astres ou aux lois des phénomènes célestes. La commission propose d'exiger que cet enseignement demeure purement descriptif.

Le ciel étoilé, la terre, le soleil, la lune, les planètes, les comètes, les marées, telle est la table des matières du cours ; son énoncé suffit pour élever l'âme et pour l'ouvrir à la contemplation de l'univers. Que le professeur s'attache à exposer d'abord, sur chacun de ces grands objets, tout ce qui peut se traduire en langage ordinaire. Qu'il emploie, pour ses rares démonstrations, une géométrie très-simple. Le cours de cosmographie, ainsi raconté, n'en aura que mieux révélé aux élèves ces splendeurs des cieux, ces profondeurs, ces immensités de l'univers, qui, donnant à la fois à l'homme le vrai sentiment de sa petitesse matérielle et de sa grandeur morale, reportent si naturellement sa pensée vers le Créateur.

VIII. La chimie prend place dans l'enseignement des trois années de troisième, de seconde et de rhétorique.

En troisième, vingt leçons sont consacrées à donner les notions préliminaires de cette science, et à faire connaître les principaux métalloïdes et leurs composés les plus importants.

En seconde, après quelques leçons consacrées à exposer, en les développant, les lois générales de la science, et à revoir les matières professées dans le cours de l'année précédente, l'enseignement prend pour objet les métaux, et en particulier, l'étude sommaire de quatorze métaux, choisis parmi les plus utiles, soit par eux-mêmes, soit par leurs composés.

En rhétorique, après quelques leçons consacrées à la révision des deux cours précédents, l'enseignement aborde la chimie organique. Il ne se propose pas de faire connaître cette science, ses lois, ses curiosités, mais, s'attachant aux matières organiques que nous manions chaque jour, aux phénomènes vulgaires, aux opérations les plus familières de la vie commune, il en donne les caractères, l'explication, la théorie. Tous les élèves doivent y trouver des notions usuelles sur les bois, les fécules, la panifi-

cation, la fermentation vineuse, la teinture, etc. Pour ceux d'entre eux qui auront plus tard à approfondir cette étude dans les écoles de médecine, ce premier aperçu aura servi d'initiation : ils n'auront guère pu l'oublier, car il aura sans cesse été contrôlé par le spectacle de la nature ou par le contact des produits que l'industrie met à la disposition de l'homme.

IX. L'histoire naturelle trouve sa place dans l'année de rhétorique pour la partie théorique, en troisième, pour l'exposé des méthodes de classification.

En effet, dès la troisième, avant même qu'aucune notion de physique ou de chimie ait été donnée aux élèves, ils sont parfaitement en état de comprendre les règles d'après lesquelles on a classé les plantes. Dès qu'ils ont entendu les premières leçons de chimie, ils peuvent également comprendre les règles qui ont présidé à la classification des animaux. Ces notions étant acquises de bonne heure, les élèves pourront mettre à profit leurs promenades pour récolter quelques plantes ou quelques insectes, et pour essayer de les déterminer. Leurs récréations auront dès lors un but utile. Leur curiosité sera éveillée et leurs observations personnelles, d'abord confuses, se classeront et se préciseront plus tard. Quand l'histoire naturelle, proprement dite, leur sera enseignée, elles rendront l'intelligence de ce cours bien plus sûre.

En rhétorique, dix-sept leçons sont consacrées à l'étude des animaux, onze à celles des plantes, dix à la géologie. Les grands phénomènes de la vie des animaux et des plantes, les grandes généralités de la géologie ; tel est le programme du cours ; sobre de détails, il s'attache à mettre en lumière les lois qui président à l'accomplissement des fonctions essentielles de la vie dans les deux règnes, à la distinction des terrains qui composent la croûte du globe, à leur chronologie si merveilleusement retrouvée.

X. Si la géographie politique se rattache à l'histoire, la géographie physique envisage la terre sous un point de vue qui dérive de la science.

Ce double aspect de la science géographique a dirigé la commission ; elle donne à la géographie physique la prépondérance pour les pays éloignés ou barbares ; elle rend sa prééminence à la géographie politique pour les contrées que leur proximité ou des alliances naturelles rattachent aux destinées de la France. Une statistique sommaire et élevée trouve sa place dans ce cours ; elle envisage et précise la distribution des races, des religions, des grandes lignes de navigation et de commerce, des grands centres de production pour quelques-unes des matières premières prépondérantes dans les balances internationales.

Ce programme deviendra le point de départ d'un ouvrage, où la géographie, débarrassée des détails qui la surchargent, cessera d'être un exercice pénible pour la mémoire, et reprendra son rang parmi les études les mieux faites pour élever l'esprit à la contemplation des grands événements qui ont marqué le séjour de la race humaine sur la terre, les plus propres à lui faire pressentir ceux qu'y prépare son développement.

XI. Le dessin est une langue que les élèves de la section scientifique ne peuvent ignorer. Aussi, deux leçons par semaine lui sont-elles consacrées pendant toute la durée des études : l'une s'applique au dessin d'imitation ; l'autre au dessin linéaire.

À l'égard du dessin d'imitation, les lycées et les collèges ont déjà des professeurs ; mais on les a trop souvent abandonnés à eux-mêmes. Leur direction est incertaine ; elle varie d'un lycée à l'autre ; elle n'est pas contrôlée. La commission n'hésite point à recommander l'emploi général des méthodes qui, après mûr examen, ont prévalu dans l'enseignement des écoles spéciales. Elle désire vivement qu'une inspection bien dirigée aille porter dans tous les établissements de l'État les principes d'une marche uniforme et y organiser toutes les ressources que cet enseignement exige.

Pour le dessin linéaire, tout est à créer : portefeuille, matériel, personnel. La commission pense que les élèves doivent exécuter trente-et-une feuilles de dessin linéaire relatives au dessin d'ornement, à la géométrie élémentaire, au levé, au lavis, aux projections, au nivellement, aux cartes géographiques, aux machines simples. Elle en a arrêté les modèles. En outre, les élèves auront à exécuter cinq feuilles de dessin relatives à la représentation géométrique des corps, à l'aide des projections, et quatre ou cinq autres relatives aux études de nivellement ou de levé de plans, le tracé d'un chemin, celui d'une irrigation ou d'un drainage étant pris pour exemple. Un maître spécial des travaux graphiques deviendra indispensable. Des travaux de ce genre n'étant utiles qu'autant qu'ils sont exécutés de manière à correspondre avec l'enseignement oral et à être bien compris de l'élève qui les trace, il faut, en effet, lui assurer le concours et la surveillance d'un maître exercé.

XII. En ce qui concerne l'année de logique, indépendamment des études littéraires, l'enseignement aura pour objet spécial de fortifier l'instruction des élèves sur les matières professées pendant les trois années précédentes, et de les préparer aux examens.

À l'égard des sciences, il se composera donc exclusivement de la révision méthodique des cours des trois années resserrées ou développées, selon que le comportera l'état des connaissances effectivement acquises par les élèves, en conséquence, le nombre des cours de sciences sera établi avec une certaine liberté, en raison des besoins ; les élèves seront autorisés à se spécialiser.

La commission entend que l'examen du baccalauréat ès sciences demeure très-sérieux. Elle entend aussi, pourtant, que la masse des élèves soit mise en état de sup-

porter avec succès un enseignement limité, revu attentivement ; des soins individuels accordés aux élèves faibles permettent seuls d'atteindre ce double but.

La commission désire que, pendant la durée de la révision des cours, les élèves des écoles spéciales puissent donner un temps plus long aux mathématiques ; les élèves qui se destinent aux écoles de médecine, un temps plus long aux sciences naturelles.

XIII. Enfin, indépendamment des enseignements scientifiques de ces quatre années, la commission demande qu'un enseignement particulier de mathématiques soit conservé dans un certain nombre de lycées choisis, répartis sur le territoire de manière à satisfaire aux intérêts de l'État et aux besoins des familles.

Elle demande qu'il n'y ait plus désormais qu'un programme pour l'admission à l'École normale (division des sciences) et pour l'admission à l'École polytechnique et à l'École normale, celles qui ne sont point comprises dans le programme des trois années de la section des sciences.

Ces matières seront déterminées d'après le programme d'admission à l'École polytechnique pour 1853, dont les bases ont été communiquées à la Commission mixte. Les modifications qu'on jugerait utile d'y apporter ultérieurement seront arrêtées désormais de concert par les ministres de la guerre et de l'instruction publique.

XIV. Tel est, monsieur le ministre, le résumé des travaux de la Commission mixte.

L'heureux accord, qui s'est formé entre les représentants des divers ministères, importe au bien du pays ; et, du reste, chacun d'eux gardera le souvenir fidèle des désordres qui vont cesser, et saurait, au besoin, les mettre en parallèle avec le bien dû à ce régime nouveau, qui, s'appuyant sur l'ordre, ramène l'administration de l'instruction publique aux grands principes d'unité hors lesquels il n'y a pas de gouvernement.

Le jeudi et le dimanche laissés libres, le nombre des classes limité à dix par semaine, les exercices religieux, les instructions de l'aumônier ou de son délégué pourront être suivis avec régularité.

Le jeune homme trouvera quelques heures à donner aux exercices hygiéniques, à l'étude des beaux-arts, et surtout à ces rapports intimes de la famille où la raison d'un jeune homme se redresse au besoin, où son cœur s'ouvre et se développe sous l'heureuse influence de l'éducation maternelle.

Réduits en étendue, les devoirs seront non-seulement surveillés pour tous les élèves, au point de vue de l'exécution matérielle, mais mieux critiqués sous le rapport de l'intelligence. Les élèves prendront ainsi, de bonne heure, à la fois le sentiment de la responsabilité, puisque tous leurs travaux seront revus, et l'habitude de la réflexion, puisque, au lieu de leur demander une grande quantité de travail, on leur en demandera un moins étendu, mais correct.

Les lettres et les sciences, toujours sœurs, reprennent leur liberté, mais en demeurant unies par les seuls liens durables, ceux qui sont formés par le respect mutuel, par des services réciproques, par un dévouement commun à la gloire du pays et au progrès de l'esprit humain.

Quand les élèves de la section littéraire voudront entrer dans les classes de sciences, ils y trouveront toutes les sympathies du professeur, toutes les sollicitudes de l'administration. Quand les élèves de la section scientifique se présenteront aux classes des lettres, ils y seront accueillis par les mêmes sentiments.

Séparer les élèves dans ce qui l'exige, les unir dans toute occasion qui le comporte, ce n'est pas diviser la jeunesse en deux camps rivaux ou ennemis, mais préparer au contraire dans ses rangs des amitiés plus vives et plus durables.

La section scientifique gagne à l'organisation nouvelle une parfaite unité ; à partir de la troisième, les élèves, à chaque échelon qu'ils atteignent, peuvent rentrer dans leur famille et être rendus à la société avec des connaissances formant un tout complet. Ils n'ont rien étudié qui soit inutile. Ils ont étudié tout ce qui leur est nécessaire pour continuer leur éducation de lycées.

Après la seconde, les candidats pour l'École navale peuvent quitter le lycée ; aux connaissances mathématiques exigées d'eux autrefois, mais simplifiées, ils joindront des notions d'histoire naturelle et des connaissances précises de physique et de chimie, auxquelles tout officier de marine peut être exposé à demander un jour le salut de son équipage. Après la rhétorique, les élèves exceptionnels peuvent, à la rigueur, se présenter au baccalauréat ès sciences, concourir pour l'École de Saint-Cyr et pour l'École forestière.

Mais pour la grande majorité des élèves, l'année de logique consacrée à la révision des cours scientifiques et leur complément sera nécessaire pour les rendre propres à subir ces difficiles épreuves.

Le grade de bachelier ès sciences obtenu, les jeunes gens pourront se diriger vers la Faculté de médecine et les Écoles de pharmacie. A des connaissances scientifiques plus solides, ils réuniront des notions de grec, une forte culture du latin, du français, d'une langue vivante, de l'histoire, de la géographie, de la logique ; tout ce qui dans l'étude des lettres doit contribuer à élever l'âme et à fortifier la raison.

Les candidats à l'École de Saint-Cyr et à l'École forestière auront en apparence quelques connaissances de mathématiques de moins que par le passé. En réalité on leur a épargné des fatigues plus dangereuses qu'utiles, en retranchant de leurs études toutes les curiosités scientifiques, en ramenant les démonstrations à des formes moins abstraites ; en outre ils auront acquis en physique des connaissances plus réelles, en chimie des connaissances plus étendues, en mécanique et en histoire naturelle, des connais-

sances tout à fait nouvelles. Ceux de nos officiers qui seront appelés à servir en Algérie ne s'en plaindront pas.

Les jeunes gens qui rentreront dans la société avec le grade de bachelier ès sciences verront s'ouvrir devant eux toutes les carrières de la production, ils seront préparés à comprendre, à aimer les travaux de l'agriculture. La marche d'une usine ne sera pas pour eux un impénétrable mystère ; les calculs de commerce ne leur offriront aucune difficulté.

A la place de ces bacheliers sans carrière que leur impuissance aigrit, solliciteurs nés de toutes les fonctions publiques, faits pour troubler l'État par leurs prétentions, on verra donc sortir de nos lycées des générations vigoureusement préparées aux luttes de la production. Elles sauront tirer parti, en France même ou à l'étranger, de toutes les qualités qui distinguent notre race, fortifiées par cette culture qu'entend leur donner un gouvernement attentif à la marche des idées, des intérêts et des vœux du pays.

Enfin le baccalauréat ès sciences exigé à l'entrée de toutes les Écoles spéciales des Facultés de médecine et des Écoles de pharmacie, simplifie les examens d'admission pour toutes les écoles, où l'on entre par la voie du concours ainsi étendu, et devient une sanction précieuse pour l'enseignement des lycées dont il soutiendra le niveau ; il établit un lien de parenté entre une foule de jeunes gens que la diversité des carrières sépare, que la communauté d'origine maintiendra désormais unis.

Une cinquième année d'étude accomplie dans les classes de mathématiques spéciales centralisées dans quelques lycées choisis de manière à satisfaire à la fois aux intérêts de l'administration et à ceux des familles, viendra compléter la préparation des candidats pour l'École polytechnique et l'École normale. Les programmes de ces classes simplifiés, des professeurs choisis avec discernement, des répétiteurs nombreux mis à leur disposition, tout garantit à cette organisation les avantages des écoles préparatoires. La discipline sérieuse quoique paternelle des établissements de l'État en écarte d'ailleurs, sous le rapport de l'ordre et de la morale, des dangers que les écoles préparatoires n'ont pas toujours su épargner à la jeunesse.

Vous avez attaché votre nom, monsieur le ministre, à la plus salutaire des réformes. Puissions-nous avoir porté dans le cœur de tous ceux dont le concours vous est indispensable pour la faire réussir, la conviction profonde et unanime dont la commission dépose ici l'expression ! c'est dans leurs mains, c'est dans les vôtres, c'est dans l'exécution loyale prochaine et complète de toutes les mesures que la bifurcation des études exige, que reposent dans l'avenir, pour une part importante, le calme moral du pays comme sa force matérielle, son repos comme sa puissance.

Délibéré en séance générale, et adopté à l'unanimité. Ont signé :

Baron THÉNARD, *président* ; J. DUMAS, *rapporteur* ; A. LESIEUR, *secrétaire.*

Paris, le 23 juillet 1852.

### MEMBRES DE LA COMMISSION.

MM. le baron THÉNARD, membre de l'Institut et du Conseil supérieur de l'instruction publique, *président.*

LE VERRIER, membre du Sénat et de l'Institut, membre de la Commission mixte chargée des attributions du conseil de perfectionnement de l'École polytechnique et du Conseil supérieur de l'instruction publique.

BOMMART, inspecteur divisionnaire des ponts et chaussées, directeur des études de l'École polytechnique.

Désignés par le ministre de la guerre pour l'École polytechnique.

ROLIN, général de brigade, commandant de l'École d'application d'état-major.

BUGNOT, lieutenant-colonel, directeur des études à l'École spéciale militaire.

Désignés par le ministre de la guerre pour l'École militaire de Saint-Cyr.

GUIBERT, examinateur des aspirants à l'École de marine.

Désigné par le ministre de la marine et des colonies pour l'École navale.

VICAIRE, conservateur des forêts à Paris.

PARADE, directeur de l'École forestière à Nancy.

Désignés par le ministre des finances pour l'École forestière.

DUMAS, membre du Sénat et de l'Institut, vice-président du Conseil supérieur de l'institution publique, inspecteur général de l'enseignement supérieur.

BÉRARD, membre de l'Académie de médecine et du Conseil supérieur de l'instruction publique, inspecteur général de l'enseignement supérieur.

BRONGNIART, de l'Institut, membre du Conseil supérieur de l'instruction publique, inspecteur général de l'enseignement supérieur.

NISARD, de l'Institut, membre du Conseil supérieur de l'instruction publique, inspecteur général de l'enseignement supérieur.

Le général MORIN, de l'Institut, directeur du Conservatoire des arts et métiers, membre du Conseil supérieur de l'instruction publique.

SONNET, inspecteur de l'Académie départementale de la Seine.

VIEILLE, maître de conférences à l'École normale supérieure.

LESIEUR, chef de division au ministère de l'instruction publique et des cultes, *secrétaire.*

A partir de la rentrée des classes de l'année 1852, voici le programme de l'enseignement des lycées.

### DIVISION SUPÉRIEURE.

*Enseignement littéraire* (1).

#### FRANÇAIS ET LATIN (2).

##### CLASSE DE TROISIÈME.

Récitation française.
Version latine.

(1) Ces leçons sont communes aux élèves de la section des sciences et aux élèves de la section des lettres.

(2) Ce cours aura, alternativement, chaque semaine, deux et trois leçons.

Exercices français (*style simple*), lettres.
Explication d'auteurs français et latins.
    Boileau. *Épîtres.*
    Voltaire. *Vie de Charles XII.*
    Buffon. *Morceaux choisis.*
    Virgile. *Épisode des Géorgiques.*
    Cicéron. *Catilinaires.*
    Salluste.

—

### CLASSE DE SECONDE.

Récitation française
    Version latine.
Exercices français ( *style orné* ), récits, tableaux,
    lettres.
Explication d'auteurs français et latins.
    Boileau.
    Théâtre classique.
    J. - B. Rousseau. *Odes choisies.*
    Fénelon. *Lettres à l'Académie.*
Bossuet. *Discours sur l'Histoire universelle.*
    Voltaire. *Siècle de Louis XIV.*
Virgile. 2ᵉ livre de l'*Énéide* et morceaux choisis des
    6 derniers.
    Tite-Live. *2ᵉ Guerre punique.*
    Cicéron. *Pro Marcello et pro Milone.*

—

### CLASSE DE RHÉTORIQUE.

Récitation française.
    Version latine.
Exercices français (*genre oratoire*), discours, analyses
    littéraires.
Explication d'auteurs français et latins.
    Boileau. *Art poétique.*
    La Fontaine. *Fables.*
    Théâtre classique.
    Fénelon. *Dialogue sur l'Éloquence.*
    Bossuet. *Quatre oraisons funèbres.*
Montesquieu. *Grandeur et décadence des Romains.*
Morceaux choisis de Pascal, La Bruyère, Mᵐᵉ de
    Sévigné, Massillon, Fontenelle, Buffon.
    Virgile.
    Horace.
    César. *Commentaires.*
    Tacite.
    *Narrationes.*
    *Conciones.*

Pendant le cours de l'année de rhétorique,
le professeur mettra les élèves en état de répondre aux questions suivantes, et à la fin
de l'année, il fera le résumé de cette partie
de son enseignement.

1° Indiquer en quoi la poésie diffère de la versification, et quelles sont les principales formes de
vers en latin et en français.

2° Des principaux genres de poésie, en faire connaître sommairement les caractères.

3° De l'art oratoire ou rhétorique. Quelles sont les
diverses parties de la rhétorique?

4° Donner les détails de la disposition oratoire.

5° Quelles sont, parmi les règles de l'art oratoire,
celles qui s'appliquent à toute composition écrite?

6° Quelles sont les qualités générales du style, et
parmi ces qualités, celles qui caractérisent plus
particulièrement les chefs-d'œuvre de la prose
française, et sont d'obligation pour tout écrit en
français?

7° Des principales figures de pensées et de mots.

---

LOGIQUE.

Ce cours sera suivi pendant le premier
semestre de l'année de rhétorique par les
candidats au baccalauréat ès sciences.
Il aura lieu le jeudi matin.

1° Opérations et facultés de l'âme.
2° De nos idées en général, de leurs différents caractères et de leurs diverses espèces.
3° Du jugement et de ses différentes espèces ; du rai
sonnement et de ses diverses espèces.
4° De la mémoire et de l'association des idées de
l'imagination.
5° Du langage et des diverses espèces de signes.
6° Rapports du langage et de la pensée. Analyse de
la proposition.
7° Notions de grammaire générale.
8° Influence des signes sur la formation des idées.
9° Caractères d'une langue bien faite.
10° De la certitude en général et des différentes
sortes de certitude. Des causes de nos erreurs.
11° De la méthode en général, de l'analyse, de la
synthèse.
12° De la méthode d'observation.
13° De l'analogie, de l'induction, des hypothèses.
14° Autorité du témoignage des hommes, règles de
la critique historique.
15° De la méthode rationnelle, axiomes, démonstrations, définitions.
16° Du syllogisme, de ses modes, de ses figures.
Règles du syllogisme.

—

### HISTOIRE ET GÉOGRAPHIE HISTORIQUE (1).

#### CLASSE DE TROISIÈME.

Histoire ancienne (37 questions).

#### CLASSE DE SECONDE.

Histoire du moyen âge (37 questions).

#### CLASSE DE RHÉTORIQUE.

Histoire des temps modernes (37 questions).

—

### GÉOGRAPHIE PHYSIQUE ET POLITIQUE.

#### CLASSE DE TROISIÈME.

Grandes divisions du globe (11 questions).

#### CLASSE DE SECONDE.

États européens (la France exceptée). Histoire sommaire de la Géographie. Géographie statistique
des productions et du commerce des principales
contrées (12 questions.)

#### CLASSE DE RHÉTORIQUE.

Géographie physique et politique de la France
(11 questions).

—

### LANGUES VIVANTES.

#### CLASSE DE TROISIÈME.

Langue allemande et Langue anglaise. Enseignement
grammatical. Explication. Thèmes. Langue parlée.

#### CLASSE DE SECONDE.

Verbes irréguliers. Versions, thèmes.

#### CLASSE DE RHÉTORIQUE.

Explications d'auteurs, versions, questions étymologiques.

—

(1) Ce cours et celui de géographie physique et
politique auront, alternativement, chaque semaine
deux et une leçons.

*Enseignement scientifique.*

### CLASSE DE TROISIÈME (1).
Arithmétique et Algèbre (56 questions).
### CLASSE DE SECONDE.
Algèbre (27 questions).
### CLASSE DE RHÉTORIQUE.
Huit Leçons sur l'Arithmétique et l'Algèbre.

---

### GÉOMÉTRIE.
#### CLASSE DE TROISIÈME.
Figures planes (34 questions).
#### CLASSE DE SECONDE.
Figures dans l'espace (20 questions).
#### CLASSE DE RHÉTORIQUE.
Notions sur quelques courbes usuelles.

---

### APPLICATIONS DE LA GÉOMÉTRIE ÉLÉMENTAIRE.
#### CLASSE DE TROISIÈME.
Levé des plans (6 questions).
#### CLASSE DE SECONDE.
Notions sur la représentation géométrique des corps à l'aide des projections (6 questions).
#### CLASSE DE RHÉTORIQUE.
Notions sur le nivellement et ses usages.

---

### TRIGONOMÉTRIE RECTILIGNE.
#### CLASSE DE SECONDE.
(16 questions).
#### CLASSE DE RHÉTORIQUE.
Cours descriptif.

---

### PHYSIQUE ET MÉCANIQUE.
#### CLASSE DE TROISIÈME.
Physique (24 questions).
#### CLASSE DE SECONDE.
Physique (39 questions).
#### CLASSE DE RHÉTORIQUE.
Mécanique (32 questions).

---

### CHIMIE.
#### CLASSE DE TROISIÈME.
(22 questions).
#### CLASSE DE SECONDE.
(24 questions).
#### CLASSE DE RHÉTORIQUE.
(18 questions).

---

### HISTOIRE NATURELLE.
#### CLASSE DE TROISIÈME.
Notions générales et principes de classification (17 questions).
#### CLASSE DE SECONDE.
Zoologie et Physiologie animale (17 questions).

(1) Les élèves ont déjà reçu, dans la classe de quatrième, des notions très-élémentaires d'Arithmétique et de Géométrie, données à raison de deux demi-leçons.

### CLASSE DE RHÉTORIQUE.
Botanique et Physiologie végétale (28 questions).
Géologie (58 questions).

---

### DESSIN.
#### CLASSE DE TROISIÈME.
Dessin linéaire
Ornements.
Géométrie élémentaire.
Levé des plans.
Lavis.
#### CLASSE DE SECONDE.
Géométrie élémentaire et projections.
Plan, coupe et élévation de bâtiments.
Nivellement.
Cartes géographiques.
#### CLASSE DE RHÉTORIQUE.
Cartes.
Dessins lavés de machines simples.
Dessin d'imitation.

---

*Enseignement de l'année de logique.*

L'enseignement de la quatrième année aura pour objet spécial de fortifier l'instruction des élèves sur les matières professées pendant les trois années précédentes, et de les préparer aux examens.

*Mathématiques spéciales.*

Indépendamment des enseignements des trois années de la section des sciences et de l'année de logique, il sera institué dans un certain nombre de lycées choisis et répartis sur le territoire, de manière à satisfaire aux besoins des familles, un enseignement particulier de *mathématiques spéciales*.

Il n'y aura plus désormais qu'un même programme de connaissances exigées pour l'admission à l'École normale (division des sciences), et pour l'admission à l'École polytechnique.

**ÉTABLISSEMENTS PUBLICS.**—On entend par établissements publics d'éducation les pensionnats, les séminaires, les colléges, les lycées et les grandes écoles normales ou spéciales. Les pensionnats sont toujours la propriété d'individus, les séminaires celle des diocèses, les colléges ordinairement celle des communes, les autres celle du gouvernement. Les deux dernières catégories sont placées au rang des mineurs, sous la surveillance et la haute tutelle de l'administration supérieure.

## ÉTABLISSEMENTS PUBLICS D'ASSISTANCE,
### ET INSTITUTIONS ET OEUVRES DE CHARITÉ PRIVÉES DE PARIS.
*Établissements publics.*

**Section 1.** — Établissements publics placés sous la direction de l'administration générale de l'assistance publique.

Administration centrale. — Bureau central d'admission dans les hôpitaux et hospices. — Direction des nourrices. — Filature des indigents. — Fondation Monthyon.

Hôpitaux. — Admission des malades, leur transport. — Traitement et régime. — Décès des malades. — *Hôpitaux* : Hôtel-Dieu (personnel méd.)

Sainte-Marguerite. — Pitié. — Charité. — Saint-Antoine. — Beaujon. — Necker. — Cochin. — Bon-Secours. — Enfants-Malades. — Saint-Louis. — Midi. — Lourcine. — Cliniques. — Saint-Merry. — Maison d'accouchement. — Maison nationale de santé (Hospice Dubois).

*Hospices* : — Admission dans les hospices. — Fondation d'un lit. — Régime des pensionnaires. — Hospice des Enfants trouvés et orphelins. — Dépôt d'un orphelin.

Hospice de la vieillesse, hommes (Bicêtre). — Admission des vieillards et des aliénés.

Hospice de la vieillesse, femmes (Salpêtrière). — Admission des femmes âgées et des aliénées.

Hospice des Incurables, hommes.
    —      —     femmes.
    —    Saint-Michel (Boulard).
    —    Devillas.
    —    de la Reconnaissance (Brezin).
    —    Leprince.
    —    des Ménages (conditions pécuniaires).
    —    de Larochefoucauld (cond. pécun.).
Institution de Sainte-Périne (cond. pécun.).

*Bureaux de bienfaisance.* — Leur composition. — Officiers des bureaux. — Inscription des indigents. — Radiation des indigents. — Secours en nature. — Secours en argent.

          Bureaux de bienfaisance .
1er arrondissement (personnel).
2e      —
3e      —
4e      —
5e      —
6e      —
7e      —
8e      —
9e      —
10e     —
11e     —
12e     —

**SECTION II.** — Etablissements indépendants de l'administration de l'assistance publique.

Salles d'asile (leur emplacement).
Écoles primaires gratuites.
    —           mutuelles.
    —           tenues par les Frères.
Maisons de correction fraternelle.
Institution nationale des Jeunes Aveugles.
          —    des Sourds-Muets.
          —    des Quinze-Vingts.
Maison nationale de Charenton.
Caisses d'Epargne et de Prévoyance.
Mont-de-Piété.
Secours des ministères.
Prix de vertu Monthyon.
Secours aux noyés, asphyxiés et blessés.

    Sociétés et institutions de charité privées.

1° *Naissance. Première éducation et instruction élémentaire des enfants.*

Société de charité maternelle.
Association des mères de famille.
Société médicale d'accouchement.
    —    des crèches du départem. de la Seine.
Crèches pour les petits enfants.
Comité des asiles pour l'enfance. (Voir les établissements pour les asiles et les écoles primaires.)
Société des Amis de l'enfance.
Association des Jeunes Economes.
Société pour le patronage des jeunes détenus et libérés.
Société des demoiselles protestantes.
Œuvre des catéchismes et des paroisses.
    —    du petit noviciat des Frères.
    —    des petits séminaires.
Œuvre de la providence des enfants et des mères.

Œuvre pour l'éducat. et l'instruct. chrétienne.
    —    des orphelins du choléra.
    —    des jeunes Savoisiens et Auvergnats.
    —    des dames visitant les prisons.

2° *Placement en apprentissage des enfants des deux sexes.*

Société pour le placement en apprentissage des jeunes orphelins.
Association de fabricants et d'artisans pour l'adoption des orphelins des deux sexes.
Association de Sainte-Anne.
Société pour le patronage des jeunes détenus et des jeunes libérés du département de la Seine.
Société du patronage des jeunes filles détenues, libérées et abandonnées.
Société de la morale chrétienne.
Etablissement de Saint-Nicolas.
Œuvre des apprentis.
    —    du patronage de la Société de Saint-Vincent-de-Paul.
    —    des orphelins du choléra.

3° *Placement des jeunes garçons dans les colonies agricoles.*

Société d'adoption pour les enfants trouvés et abandonnés.
Colonie du Ménil-Saint-Firmin.
Asile-Ecole Fénelon, de Vaujours.
Société tutélaire et paternelle pour le placement des orphelins dans les colonies agricoles.
Institut agricole de Marolles.
Société paternelle des jeunes détenus acquittés comme ayant agi sans discernement.
Colonie pénitentiaire de Mettray.
    —    de Petit-Bourg.
Œuvre de Saint-Ilan.
Colonie de Saint-Ilan.

4° *Maison de préservation et d'instruction pour les jeunes filles.*

Société du patronage des jeunes filles détenues libérées et abandonnées.
Etablissement des Sœurs de Saint-André.
Maison de Sainte-Marie-de-Lorette.
    —    des Enfants délaissés.
    —    de la Providence.
    —    du Bon Pasteur.
    —    de refuge pour les sourdes-muettes.
Œuvre de Sainte-Adélaïde.
Maison de retraite pour les domestiques sans place.

5° *Asiles-ouvroirs.*

Asile-ouvroir de Vaugirard.
    —    de Cassini.
    —    de Saint Louis-d'Antin.
    —    de la Madeleine.

6° *Institutions d'hygiène et de thérapeutique.*

Société médicale d'accouchement.
Dispensaire de la société philanthropique.
Société nationale de vaccine.
    —    des dames des pauvres malades.
Consultations médicales gratuites.
Institut ophthalmique.
Clinique oculaire.
Etablissement en faveur des indigents blessés.
Société médico-philanthropique.
Société médicale du Temple.
Maison des sœurs garde-malades.
Œuvre de la visite des hôpitaux.

7° *Placement des vieillards.*

Société en faveur des pauvres vieillards.
    —    de la Providence.
Asile de la Providence.
Hospice d'Enghien.
Infirmerie Marie-Thérèse, pour les prêtres âgés.
Maison de retraite pour de vieilles femmes.

8° *Sociétés et institutions générales de secours.*

Société de la Providence des enfants et des mères.
— de Saint-François Régis pour le mariage des indigents.
— de Saint-Vincent-de-Paul.
— philanthropique des classes ouvrières.
— helvétique de bienfaisance.
— protestante de prévoyance et de secours.
— humanitaire pour la fourniture à long crédit des objets de première nécessité.
— des amis des pauvres.
Association de charité du 1er arrondissement.
Société de patronage et de secours des aveugles travailleurs.
— de charité dans les paroisses.
Œuvre de la Miséricorde.
— des familles.
— des faubourgs.
— de la visite des hôpitaux.
— des dames visitant les prisons.
— des prisonniers pour dettes.
— de la marmite des pauvres.
Société du patronage des jeunes filles sans place ou des femmes délaissées, pour leur envoi dans leur famille.

**ÉTUDES PHILOSOPHIQUES** SUR LES INSTITUTIONS, LES IDÉES ET LES HOMMES DU XIX° SIÈCLE , DANS LEURS RAPPORTS AVEC LE CHRISTIANISME ET LA CIVILISATION.

Le R. P. Lacordaire.

*M. de Lamennais, sa chute, la mission du génie, Lacordaire, l'éloquence,* etc.

Le génie des hommes et celui de leur siècle se confondent bien souvent dans une commune inspiration ; les lois et les littératures sont filles de leur époque, et les grands hommes qui les représentent reçoivent une impulsion plus ou moins forte du milieu social où ils vivent, soit que l'influence reste cachée aux regards du siècle qui les méconnaît, comme il méconnaît lui-même ses propres tendances , soit que leur génie se contente d'exprimer les mœurs et les caractères. C'est donc une étude sur notre époque, à propos de Lacordaire, que nous allons entreprendre.

Parmi les hommes qui brillaient au commencement de ce siècle , il en était un que l'élévation des idées et la grandeur du caractère plaçaient au premier rang. Chez lui le génie recevait les inspirations de la vertu et semblait devenu une même chose avec elle. Sans doute cette âme ardente passait quelquefois les bornes de la modération ; l'ennemi de l'indifférence ne pouvait être toujours en garde contre l'enthousiasme : mais les excès de cet homme illustre étaient comme les excès de l'amour du bien, et les nombreux disciples groupés autour de Lamennais croyaient seulement admirer en lui l'organe de la vérité. Hélas ! notre nature est capable de tous les vices et de toutes les vertus, et le même homme offre souvent en lui-même la preuve de ces contradictions ; le germe en naît avec nous. L'orgueil, réveillé d'ailleurs par quelques injustes et mauvais procédés, porta cette âme froissée aux extrémités les plus opposées. Cet astre éclatant, entouré de nombreux satellites qui recevaient de lui la lumière et la chaleur, s'éclipsa à l'ombre de la passion ; il s'était détaché de

son centre, il resta bientôt seul dans son isolement, et devint semblable à ces soleils errants dont la marche irrégulière et désordonnée , avant de lancer leur débris à travers l'espace, jette l'effroi dans l'imagination des peuples.

Comment est-il tombé cet homme puissant qui parcourait la carrière du génie à pas de géant, cet homme, l'espoir d'Israël et son enfant bien-aimé ? Hélas ! il a renié sa mère l'Église catholique ; et pourtant elle l'avait entouré de tant d'amour ! Il devait même cette gloire que les ennemis de l'Église ont peine à pouvoir lui conserver ! En lui semblait reposer amoureusement l'espérance de la foi ; mais la religion ne s'appuie pas sur un bras de chair, et c'était elle au contraire qui soutenait son disciple. La force du géant abandonné à lui-même est devenue une extrême faiblesse. Le nouveau Samson a livré le secret de sa puissance à ses ennemis, et ils l'ont aveuglé, et sa lumière s'est changée en ténèbres épaisses. Hors de l'élément divin, Lamennais se survit à lui-même; en s'élevant contre le Christ, il a renversé la meilleure partie de lui-même, et sa grande âme n'est plus qu'une ruine, la ruine d'un des plus beaux temples élevés au Créateur qu'ait jamais éclairés la lumière de la foi! Oh! qui sera le Jérémie d'une telle ruine! Mais pendant que le Lamennais d'aujourd'hui exhale son âme en pamphlets désastreux, l'esprit du Lamennais d'autrefois, comme celui d'Élie, s'est transmis à ses disciples. Chose inouïe ! aucun de ceux qu'il avait captivés ne l'a suivi dans ses égarements, et pourtant il les avait mis sur le chemin de la gloire véritable , qui s'acquiert par le dévouement et se confond avec le bien !

L'abbé Châtel, *ce pygmée du schisme,* a des disciples; et l'un des premiers génies de l'époque, pour qui, lors d'une grave maladie, plusieurs prêtres, en 1829, offraient à Dieu leur vie, n'a pu entraîner un seul de ses nombreux amis dans ses égarements. N'avait-il donc autour de lui que des ingrats ? Non, ils l'aimaient, mais avant tout il les avait rendus disciples de la vérité, et ce n'est pas le moindre éloge de cet homme puissant; il leur apprenait presque, disait confidentiellement l'un d'eux, à fixer le soleil éternel. Espérons que le bien qu'il a fait et qu'il opère encore *par ses disciples* criera pour lui vers le ciel; et les anges auront bientôt à célébrer une des plus belles fêtes du retour, une fête semblable à celle du changement de Paul sur le chemin de Damas. Oublions aussi le mal en vue du bien : il ne nous appartient pas de juger cet homme illustre; peut-être rapproche-t-il de nous sans s'en douter, par les vérités qu'il a conservées, les ennemis de l'Église, comme les Juifs captifs répandirent autrefois dans leur exil la vérité parmi les idolâtres. Visitons par nos prières cette âme affligée et retenue dans la captivité de l'erreur, afin que son ange brise ses liens et le rende à la liberté des enfants de Dieu.

N'imitons pas Lamennais , qui refusa dans sa prison, peut-être par défiance de son pro-

pre cœur, de voir son digne frère auquel il léguait la défense de l'Eglise, dans une agonie moins triste que celle où languit son génie. Imitons plutôt cette pauvre sœur de la charité; elle le visitait tous les jours sous les verroux, parce qu'il était prisonnier et malade, et elle répondait aux personnes étonnées de ces visites : « Je lui ai tant d'obligation pour son beau *Commentaire de l'Imitation*, que je lis chaque matin pour m'édifier et me fortifier! » Faibles roseaux, constatons la chute du chêne pour nous instruire, mais ne le condamnons pas. Il y a tant de contradictions dans le cœur de chacun de nous; il est si difficile d'être *un*, de ne pas se laisser emporter à l'inconséquence et à l'excès en *progressant*, de n'être pas exclusif et exagéré en adoptant une opinion légitime, de ne pas aller au delà du vrai ou de ne pas rester en deçà pour des causes personnelles! Hors du cercle immuable de la foi, il est si facile à l'âme impressionnable d'un poëte de se laisser séduire et de chanter tout ce qu'elle rêve!

M. de Lamennais est un grand penseur; mais son génie consiste surtout à mettre la pensée au service de la poésie : il est avant tout grand artiste; et peut-être là se trouve l'explication plausible de ses nombreuses variations, et de la véhémence avec laquelle le Lamennais d'aujourd'hui attaque les opinions du Lamennais d'hier, sans savoir où il s'arrêtera demain. Son âme, facile à émouvoir, saisit avec enthousiasme les traces de vérité, de justice et de beauté que Dieu a semées dans ses œuvres comme le sceau du Créateur, mais que l'homme altère si profondément par le désordre. M. de Lamennais embrasse une opinion avec tout le cortége d'erreurs qui l'environne, et il ne sait plus faire le triage de la vérité. Si jamais il revient à la foi de ses pères, comme nous l'espérons, ce retour ne sera pas la victoire du raisonnement, mais celle du sentiment et de la persuasion, comme sa chute a été la triste suite des froissements de son cœur. Il est de bonne foi, sans doute, car il oublie le passé et il est distrait par le présent; la religion seule le préserverait d'une fluctuation perpétuelle qui n'est pas, du reste, privée de logique. Figurez-vous un lac pur et limpide : il réfléchit à sa surface tous les accidents du firmament et des lieux qui forment son horizon; au ciel azuré succèdent les nuages; le soleil est remplacé par la foudre; tour à tour la nuit et le jour, la lune avec son éclat argenté ou la sombre lueur des étoiles, la neige ou l'incendie, la barque légère ou le navire au sillage profond, passent à sa surface; à l'immobilité du calme succèdent les rides de la brise et l'agitation de la tempête, suivant les vicissitudes de l'atmosphère; et de ce qui précède, il ne demeure pas même une faible trace; le lac reste seul avec la mobilité de ses flots et la transparence de ses eaux : voilà Lamennais.

Je ne pense jamais à M. de Lamennais sans me rappeler la belle fiction d'un de nos poëtes : Eloa, la sœur des anges. Elle naquit d'une larme que les anges portèrent au ciel lorsque le plus doux des enfants des hommes pleura avec Marthe et Marie sur le tombeau de Lazare, son ami. L'ange fut à son tour soumis à l'épreuve de la justice; une vague et mélancolique inquiétude, comme au souvenir confus de son origine, la tourmente au sein des joies angéliques. Un jour qu'elle parcourait, solitaire, les mondes jetés dans l'espace, elle crut apercevoir au loin comme un de ces feux qui, le soir, égarent dans les marais les pas du voyageur attardé. C'était un ange aussi, aux apparences brillantes, que voilait seulement une sombre tristesse. Eloa, frappée par une fausse et orgueilleuse compassion, franchit les limites de l'empyrée: hélas! c'était pour entrer dans les abîmes de la nuit éternelle, Satan avait pris les apparences de la lumière pour faire une victime de plus!

Les belles qualités de Lamennais ont donc perdu cette âme tendre et sublime qui semblait aussi avoir puisé son génie à la source même de la vie! Mais les tristes contradictions de Lamennais parlent plus haut en faveur du christianisme que sa parole ne lui nuit, car elles prouvent combien hors de la foi il est impossible de rien constituer de solide.

L'Eglise est comme la sagesse de Dieu, *elle dispose tout selon le nombre, le poids et la mesure; elle atteint jusqu'aux extrémités de la terre; elle dirige tout avec force, et conduit les êtres à ses fins par la douceur:* « fortiter suaviterque disponens omnia. » M. de Lamennais adopta le *fortiter*, il oublia le *suaviter* de l'Ecriture.

Il voulut faire descendre le feu du ciel sur les oppresseurs de l'Eglise, et il mérita cette réponse du bon maître : « Vous ne savez quel esprit vous anime! » Ce qu'il demandait naguère si impérieusement à l'Eglise, l'Eglise l'a fait, mais avec cette sage lenteur et cette modération dont elle trouve le modèle dans Dieu lui-même, car *il n'achève pas le roseau à demi brisé, il n'éteint pas la mèche qui fume encore* (1)

(1) « Il demandait une démonstration en faveur des peuples opprimés, et l'Eglise affligée, comme une autre Rachel, a fait successivement entendre sa voix en faveur des catholiques persécutés de Portugal, de Suisse, d'Allemagne, d'Espagne, d'Autriche et de Pologne. Il demandait du zèle pour la foi aux évêques allemands, qui *sommeillaient sur leur siége*, et l'immortel Clément-Auguste s'est laissé emprisonner, et son attachement aux doctrines catholiques a sauvé l'Eglise d'Allemagne. Il demandait du dévouement aux prêtres, et une foule de prêtres, qui écoutèrent sa voix comme celle d'un père, se sont précipités au-devant du martyre pour sauver les âmes qui périssaient au Tong-King, à la Cochinchine, en Corée et dans l'Océanie. Il voulait des études plus fortes et plus en rapport avec les besoins du siècle, et nos ennemis voient avec étonnement les progrès remarquables que le clergé a faits depuis quelques années dans toutes les sciences sacrées ou profanes; les succès inattendus d'un grand nombre de nos prédicateurs et surtout les travaux de MM. Blanc, Rohrbacher, etc., montrent au monde ce que Dieu prépare à son Eglise dans un avenir prochain. Il demandait, enfin, un témoignage d'estime et d'en-

L'aveuglement du cœur engendre l'ignorance de l'esprit. L'apôtre et le docteur du Christ a oublié les éléments du christianisme ; devenu la personnification d'un système impie, il traîne à la remorque de ce système la puissante intelligence qui secoua le monde du sommeil léthargique de l'indifférence au commencement de ce siècle.

Entendez-vous le prophète, comme aux derniers jours de la Judée, s'écrier à son tour : « Les dieux s'en vont ! » Oui, ils s'en vont de cette intelligence fourvoyée, de ce temple renversé et sans autels, les anges de Dieu ! Ils remontent au ciel en se voilant la face de douleur. La faiblesse du cœur entraîne un puissant esprit, et voilà qu'il ne sait plus où poser son âme faite pour la vérité ! Où sont tous ces fils *qui s'élevaient autour de lui comme de beaux plants d'oliviers* lorsqu'il leur rompait le pain de la parole ? Lamennais est seul aujourd'hui, car si la vérité unit les hommes et féconde les esprits, le signe de l'erreur est la division et la stérilité, comme celui de la haine et de la mort ; d'ailleurs, il n'y a pas d'école de l'indécision, et le scepticisme, pour se constituer, est obligé de croire à lui-même. L'esprit de Lamennais, d'autant plus inquiet qu'il avait puisé aux sources de vie, ne se fixe à rien ; et il rejette avec indignation les erreurs qu'il caresse successivement, les eaux fangeuses dont il approche les lèvres, car elles ne peuvent désaltérer celui qui a bu l'*eau pure jaillissante à la vie éternelle !*

Certes, c'était une belle école que celle où se réunissaient tant de philosophes, d'historiens, de savants, d'artistes, tant d'hommes habiles dans toutes les branches du savoir humain ! Ils devenaient célèbres à mesure qu'ils en touchaient le seuil ; tous portaient sur le front un reflet du génie que le maître semblait leur communiquer, lorsqu'il combattait et reposait dans la vérité. Espérons qu'il se fixera de nouveau sur cette fleur immortelle où seulement se trouve, avec la gloire de Dieu, la paix pour les enfants des hommes ; prions, en tremblant sur nous-mêmes, afin que l'étincelle de foi, cachée au plus profond de ce vaste cœur, se ranime sous le souffle divin.

Parmi les disciples les plus célèbres de celui dont nous déplorons la chute, on distinguait un jeune homme à l'âme ardente et expansive. D'abord avocat incrédule, puis bientôt prêtre dévoué, il s'attacha à M. de Lamennais, destiné par la Providence, comme plusieurs le pensaient alors, à unir les deux choses qu'ils aimaient le plus au monde : la religion et la liberté. Dieu et la liberté ! c'était le cri de guerre des nouveaux croisés ;

couragement pour la Belgique et l'Irlande, et Rome a élevé à ses premiers honneurs l'archevêque de Malines, et décoré O'Connel de la croix d'or (voir un article remarquable du *Français de l'Ouest*, ) nulle essais d'améliorations sociales ont été faits, et la Belgique, nation catholique, s'est mise à la tête des nations vraiment libérales par sa constitution, et le clergé tout entier a réclamé en France la liberté pour tous, par la plume des évêques, etc.

appuyés sur la croix, ils allaient nombreux et serrés, les yeux fixés sur l'avenir, *océan où flottent toutes nos espérances ;* ils allaient ouvrir une nouvelle phase de triomphe pour le Christ, ils préparaient son règne ici-bas, ils allaient à la conquête de tout le bonheur compatible avec la misère de l'humanité. Hélas ! à cette croisade, il manquait surtout l'opportunité (1).

Le génie fut pour elle un écueil ; l'intuition prophétique du chef n'était pas dirigée par cette *force de retenue*, par la prudence souvent si énergique dans sa modération. Tous ses efforts, sans doute, ne sont pas perdus ; mais le vicaire du Christ voyait de plus haut la société ; il parla : Séparez-vous, *Dieu le veut.* On crut alors que l'exemple de Fénelon, condamnant lui-même ses erreurs généreuses, allait se renouveler en France ; on se trompait : l'Église comptait un fils rebelle de plus. Le Croyant, qui divisait l'enseignement de l'Église, qui voulait traiter de puissance à puissance avec Rome, tomba bientôt jusqu'au déisme et plus bas encore, toujours, selon lui, en partant du même principe avec lequel il foudroyait autrefois les ennemis de l'Église. Il méprisa Dieu, il parvint aux dernières limites de l'erreur, il oublia les éléments de la science divine, et, depuis lors, il n'eut plus besoin pour se condamner que de lui-même et du dédale de ses contradictions, et il ne put tirer de son cœur que des paroles d'incrédulité. Son génie est dans le passé, et il ne se renouvellera qu'en s'appuyant sur la parole de Dieu, base éternelle sur laquelle doit se reposer tout ce qui veut être immortel. Les plus belles pages publiées depuis étaient écrites avant la chute de l'ange ; elles ont surnagé sur le gouffre, comme les débris d'un navire après le naufrage. Et comment voulez-vous que de ce cœur éloigné de son centre, de cette intelligence fourvoyée, ne sortent que des paroles funestes pour les peuples ? Qu'est-ce qu'un mauvais livre rempli de maximes fausses et erronées, mais orné de toutes les grâces du style, de tous les charmes de la diction ? C'est un cadavre sur un lit de parade, revêtu des plus magnifiques ornements, entouré de tous les somptueux témoignages de notre vanité et de notre néant. Approchez : vous sentirez la présence de la mort à travers l'odeur des parfums qui la déguisent mal ; vous apercevrez les sombres images de la décomposition, au lieu des lignes gracieuses, des formes pures et colorées que rêvait l'imagination ; tout au plus, vous saisirez quelques traits de l'image de l'homme dans ce *tabernacle désert d'une pensée immortelle.* Ainsi, l'âme douée de génie, mais privée de la foi et livrée seule *dans la main de son conseil*, ce n'est plus qu'un cadavre spirituel, où vous apercevrez à peine quelques traces fugitives de l'image de Dieu ; le souffle de

(1) Lorsque l'*Avenir* demandait la suppression du budget du clergé, il y avait inopportunité ; lorsqu'il déclarait que la liberté de la presse était de droit divin et ne pouvait jamais être limitée, il y avait erreur de doctrine, etc.

lr vie véritable est éteint dans cette âme, elle ne peut engendrer que la corruption du tombeau. C'est aussi le tabernacle désert d'une pensée divine, où la splendeur du vrai et la forme du bien n'offrent plus qu'un sépulcre blanchi renfermant un cadavre en décomposition.

Refusez les honneurs du génie à celui qui abuse de ses dons, a-t-on répété souvent; c'est, sans doute, une triste nécessité de sacrifier ainsi l'art à la morale, le moyen au but; mais, dans un naufrage, on dépouille le plus superbe navire pour sauver les passagers.

Ah! loin de nous la pensée d'appliquer à M. de Lamennais tout ce que nous venons de signaler, quoiqu'il en ait dit encore plus de quelques hommes moins plongés dans l'erreur que lui. Cependant cet auteur éminent ne contredit pas l'expérience universelle: les ouvrages religieux des auteurs irréligieux sont leurs chefs-d'œuvre. Ses plus grandes beautés, il les doit à la foi qui inspire et dont il ne peut se dépouiller entièrement, et c'est à la faveur de ces beautés qu'il répand ses erreurs.

En effet, le génie trouve toute sa puissance lorsqu'il remplit le but de sa création et se fait l'instrument du bien, l'organe de la vérité. En dénaturant la religion pour la renverser, le génie ne se relève pas: le génie est comme le pouvoir, *ministre de Dieu pour le bien*. Répandre la vérité, qui seule donne du prix à l'existence, tel est son sublime mandat. Ecouter Dieu qui parle au cœur, pour le servir et traduire sa pensée dans un langage humain, tel est le secret de sa puissance.

C'est pour la vérité que Dieu fit le génie (1).

Au contraire, s'il veut ébranler la pierre angulaire de la société, il sera écrasé par elle; s'il se révolte contre les lois de la nature, il pourra quelquefois nous retracer le spectacle traditionnel des Titans entassant les montagnes pour ravir le ciel à Jupiter; mais laissez faire le dieu, d'un souffle il renverse les géants, et voyez dans la poussière leurs fronts sillonnés de la foudre, abattus dans les profondeurs de l'abîme; « et les échos de l'univers répètent de monde en monde les plaintes déchirantes de cette créature, qui, sortie de la place que lui avait assignée l'ordonnateur suprême dans son vaste plan, et incapable de se fixer désormais, flotte sans repos au sein des choses, comme un vaisseau délabré que les vagues poussent et repoussent en tout sens sur l'océan désert (2). »

M. de Lamennais a donc employé la seconde moitié de sa vie à détruire ce qu'il avait édifié dans la première. C'est la réflexion d'un philosophe de nos jours (M. Nolhac). Puisse cette première lui obtenir au moins un instant pour expier la seconde! En comparant M. de Lamennais à lui-même, l'observateur croit souvent entendre ce prophète de malheur, parcourant Jérusalem aux derniers jours de la Judée, et qui périt frappé d'un coup mortel au moment où il s'écriait: « Malheur à moi-même! »

Voyez, en effet, ce tableau prophétique tracé avec de sombres couleurs, bien propres, hélas! à justifier notre pensée.

« Lorsque la foi qui unissait l'homme à Dieu et s'élevait vers lui vient à manquer, il se passe quelque chose d'effrayant; l'âme, abandonnée en quelque sorte à son propre poids, tombe sans fin, sans cesse, emportant avec elle je ne sais quelle intelligence détachée de son principe, et qui se prend tantôt avec une inquiétude douloureuse, tantôt avec une joie semblable au rire de l'insensé, à tout ce qu'elle rencontre dans sa chute. » Et ailleurs, il dit: « Dieu le délaisse, cet insensé qui comptait sur ses forces; il l'abandonne à son orgueil, et alors arrivent ces chutes terribles qui étonnent et consternent, chutes inattendues, effrayants exemples des jugements divins? » L'impie, ajouterons-nous, rompt la chaîne qui le liait harmonieusement à Dieu et à l'ensemble des êtres, pendant qu'il reposait amoureusement dans la vérité. Il sacrifie, il rapporte tout à lui-même, il se fait le centre du monde; puis quand il s'est trouvé seul, nu, pauvre et désespéré, malgré tous les prestiges qu'il évoque autour de lui, alors il a peur de lui-même, il veut se fuir, se déchirer; il se fait à lui-même une région de douleurs: vains efforts! il se retrouve toujours en face de lui-même et se plonge dans le désespoir; objet de l'ironie d'un Dieu dont le regard est sur lui, toujours sous les coups de la justice irritée, il ne peut l'éviter qu'en se réfugiant dans le sein de la miséricorde, et en immolant son orgueil sur la croix, qu'il a embrassée jadis avec tant d'amour! »

Voilà peut-être l'explication de cette irritation constante dont M. de Lamennais paraît la douloureuse victime: « Prions tous, chrétiens, prions pour un frère si malheureux hors de la maison paternelle; prions, pour qu'abandonnant, dans le doute auquel il est en proie, tout vain esprit de système, il nous revienne, petit enfant, recevoir le pur lait de notre mère, et s'endormir dans ses bras (1). »

Mais il est un spectacle consolant: pendant que, de chute en chute, le génie roule dans les abîmes et perd peu à peu, sous les coups des déceptions, le prestige de sa parole, l'âme du fidèle et de l'humble de cœur monte de clarté en clarté jusqu'à Dieu, et répète avec l'ange aux échos de l'éternité: *Quis ut Deus!*

Voilà les anciens disciples de Lamennais! Mais par quelle épreuve ils ont passé! quel dur calvaire ils ont traversé avant d'arriver à la paix!

Le pasteur frappé, les brebis furent donc dispersées. Cette école, dont la gloire étendait chaque jour les limites, s'éteignit; la

(1) Lamartine,
(2) Lamennais

(1) Ch. Stoffels.

séparation d'avec Dieu fut le signal de la séparation des disciples ; aussi combien leur âme dut être froissée ! M. Lacordaire ne connaissait pas de milieu, il lui fallait une famille spirituelle, son âme avait soif de dévouement. Séduit par la constitution d'un ordre religieux qui allait à sa nature, l'ex-rédacteur de l'*Avenir* adopta la règle de saint Dominique, qu'il devait illustrer aussi.

La sympathie de l'amant passionné de la liberté et de son pays répond à toutes les objections élevées contre cet ordre, l'un des plus fermes et des plus glorieux remparts de l'Eglise. On a comparé Lacordaire à Savonarole, un autre dominicain : sans nier toute analogie entre ces deux hommes, nous ne poursuivrons pas un parallèle que les uns appelleraient un éloge, que d'autres nommeraient une injure.

M. Lacordaire, un des premiers, a commencé le cours des belles conférences de Notre-Dame, et il a dit sans doute, avec un autre grand orateur, qu'il ne prêcherait pas comme tout le monde. Il est prêtre, l'homme de tous les siècles, catholique comme l'Eglise, mais il est aussi l'homme de son époque, et il s'adresse de préférence aux jeunes gens représentants du présent et de l'avenir, pour annoncer la parole de tous les temps. La couleur qu'il lui donne est si profondément chrétienne, qu'elle semble reluire de la beauté même du christianisme. Les pensées de l'orateur sont si saisissantes et si conformes à notre nature, qu'il semble les réveiller au fond du cœur de chacun de nous, où elles reposaient ; et cependant elles sont tellement empreintes de génie, que l'on croit entendre pour la première fois la parole de Dieu. Et tel est le caractère du génie, d'autant plus inimitable qu'il exprime mieux la nature ; en l'écoutant nous disons : c'est bien là ce que nous avions dans le cœur, mais nous ne savions pas l'exprimer.

Ce qu'il y a de plus admirable dans les arts, c'est ce qu'il y a de plus naturel et de plus vrai, c'est-à-dire de plus conforme à ce qui est ; de là vient que dans l'œuvre du génie, l'âme de chacun se reconnaît en quelque sorte. Il semble que tout en admirant nous ne faisons que nous ressouvenir, comme disait Platon ; et, en effet, la parole, même celle du génie, ne produit pas les idées, elle les réveille ; elle n'est pas la cause, mais l'occasion de leur apparition dans la conscience. Nous avons en nous un idéal pour ainsi dire infini, c'est-à-dire la ressemblance divine dont les objets externes nous rappellent une image faible et limitée.

La différence seule de l'éducation, en ne permettant pas à tous de pénétrer également dans les profondeurs indéfinies de l'âme humaine, occasionne la différence des jugements dans la perception des rapports.

La religion divine aussi est conforme au cœur de l'homme ; elle doit être pour lui *la voie, la vérité et la vie*, et pourtant elle vient du ciel, et par ses propres forces, l'homme n'eût jamais pu atteindre la hauteur du christianisme, qui nous fait connaître, aimer et servir Dieu, notre fin suprême. Jugez donc quelle est la puissance du génie lorsque, mêlé à la religion, il en est le commentateur et l'interprète.—Alors n'entendons-nous pas doublement la parole divine? Le verbe du génie, nommé l'inspiration, devient comme le prisme des rayons de la divinité ; et si la sainteté, c'est-à-dire le génie dans la vie et l'héroïsme du dévouement à Dieu et aux hommes, s'unit à sa voix, n'est-ce pas l'écho du Verbe éternel, le sublime nous laissant apercevoir, à travers les voiles du temps, quelque chose de l'infini?

Cependant il y a une différence immense entre les deux éloquences, comme entre la nature et la grâce proprement dite qu'elles représentent, quoique en réalité la nature elle-même soit une grâce ; le but et le moyen diffèrent ici complètement. Ecoutons un grand maître de notre époque (1) :

« N'imaginez pas que j'aie conçu la misérable pensée de flétrir la parole humaine ; elle est belle, je me plais à le dire, et ses accents impétueux soulèvent au cœur des battements énergiques, soit que, sérieuse et savante, elle fasse le dénombrement des trésors, des beautés, des ressources qui furent enfermées pour nous dans ce palais du monde, soit qu'elle fasse renaître et parler les morts, reconstruise le mouvement et la vie des siècles endormis ; elle est grave, attachante, sublime, soit que, venant à se recueillir dans une âme féconde, riche d'inspirations et d'enthousiasme, tout à coup elle déborde comme un torrent d'harmonie, ou s'élance comme un hymne qui a rompu la barrière du cœur ; soit que, véhémente et douce, tragique et compatissante, jetant des foudres, versant des larmes, elle prenne sous sa protection le malheur et dispute contre la mort pour la vie ; soit qu'elle se lève dans le conseil des rois, comme le génie des nations, pesant dans sa main la fortune et les destins de l'univers. Sa gloire vous éblouit, sa fierté vous terrasse, sa chaleur vous entraîne ; elle est belle, mais ce n'est pas la voix de l'infini, elle ne raconte pas les merveilles de l'empire éternel, cette vie qui s'élance de la tombe, forte et puissante de son immortelle énergie ; qui est le principe de toutes les vertus, la base de tous les devoirs, la clef de voûte de l'édifice universel ; qui seule peut donner la paix à l'existence et en expliquer le secret ; qui bannit toutes les ignorances, charme toutes les douleurs, essuie toutes les larmes ; qui rétablit dans l'homme l'harmonie naturelle, le couronne de lumière et le consacre immobile dans la félicité. Cette vie qui devrait être dans tous nos vœux, dans toutes nos ambitions et dans tous nos soupirs, la parole humaine ne saurait en ouvrir le sanctuaire aux âmes ; elle vous emportera de son aile jusqu'aux limites du globe ; mais là, surmontée par une défaillance secrète, elle vous laissera tomber et vous brisera contre la pierre sépulcrale.

« Eh bien ! ce que ne saurait faire la pa-

(1) M. Cœur.

role humaine, la parole divine, l'opérera ; elle dévoilera les secrets du monde supérieur et apprendra à la terre à s'élever jusqu'au ciel ; à son audition le monde moral apparaîtra avec toutes ses merveilles, comme la lumière répondit par sa présence au *fiat* créateur. »

Ailleurs le grand orateur ajoute :

« L'éloquence qui nous occupe ici tient à la fois de la terre et du ciel ; c'est l'homme qui parle, et son génie se déploie selon l'ordre et les lois accoutumées de la nature ; mais ce qu'il dit n'est pas sa pensée.... il ne fait que répéter en langage terrestre une pensée de Dieu.... Ses règles sont, avant tout, celles que Dieu lui donne... Elle accepte les autres sans se laisser dominer par aucune... sa rhétorique est surtout dans son zèle, dans ses convictions, dans son cœur, et pour tout dire, c'est la seule féconde, la seule vraie, qui renferme les autres et les commande...»

Citons encore les belles paroles d'un grand philosophe de notre âge, que la postérité appréciera toujours davantage, et qui est le compatriote de M. Lacordaire, dont il sembla par avance avoir tracé le portrait (1).

« La tribune est un champ de bataille ; la chaire est un trône où l'orateur règne sans opposition comme sans partage... Voyez la faiblesse de celui qui commande, et jetez les yeux sur cette multitude : elle écoute, les yeux baissés, un homme qui n'épargne aucun vice, qui réprimande lui seul, de la voix et du geste, tout le peuple qui l'écoute.....

« Cette puissance vient du ciel : les éclats de la voix de l'orateur n'irritent point ; au contraire, ils nous touchent..... C'est Dieu lui même qui nous parle par sa bouche ; l'orateur de la chaire est à la fois notre maître sur la terre, notre interprète auprès du maître des cieux, notre régulateur et notre guide.

« ...... Le peuple est tout entier dans sa personne quand il lève au ciel ses mains suppliantes,...... quand l'orateur entretient ses auditeurs des mystères sacrés..... tout l'entourage social disparaît, l'homme seul reste muet, en extase devant le Créateur, et l'orateur ne parle en son nom qu'à des créatures. »

Nous ajouterons ici que si la parole de Dieu est toujours divine, quel que soit son organe, cependant elle acquiert auprès des hommes une grande puissance lorsqu'elle est exprimée par le génie, pourvu qu'il reste toujours le serviteur de la foi et l'instrument de la sainteté.

Lacordaire est apôtre par le cœur, par l'exemple et par la parole ; l'enceinte où il parle semble s'élargir de toute l'étendue du monde chrétien, où bientôt sa voix trouve aussi de l'écho. Il ne s'arrête pas à la surface de l'âme, il la pénètre et y grave la loi, comme Moïse, sur l'airain, grava les tables

de la loi ancienne. Il pénètre dans les replis de l'esprit, et dompte les pensées et les mouvements du cœur. Vous connaissez les prodigieux effets de sa prédication, l'empressement des peuples à l'entendre, ses beaux succès évangéliques, les seuls qu'il ambitionne et qu'il a obtenus. Quand il paraît en chaire, c'est un événement dont le monde s'entretient. Sa parole retentit, et, courtisane qui prend les âmes, comme on l'a dit de saint Bernard, des fruits abondants viennent la couronner. Elle édifie, elle est féconde comme la vérité.

M. Lacordaire est maître de son sujet, et ce sujet est magnifique comme la création, sublime comme Dieu, infini comme le temps : A la voix de Lacordaire, « la conscience s'épouvante, le crime s'agenouille, le remords s'éveille, les larmes coulent, le cœur se dilate, le doux rayon de l'espérance prend naissance dans des cœurs jusque-là dévastés par le désespoir. » « Le prédicateur alors, se penchant du haut de la chaire, prend toutes les âmes entre ses mains ; il les effraye et il les rassure, il les précipite et il les ramène, il les entraîne tour à tour de la crainte à l'espérance et de la vie au néant, et après les avoir rassemblées et confondues, il les suspend toutes comme des anneaux mystérieux à cette chaîne d'or qui unit la terre au ciel (1). »

Pendant que Lamennais excite dans les cœurs le doute poignant, l'erreur funeste, l'émeute rugissante ; conduit par l'amour de Dieu, Lacordaire « se baisse pour laver les pieds des pauvres, pour relever les suppliants, pour toucher les plaies hideuses des infirmes ; il réchauffe à son foyer les naufragés poussés par la tempête des révolutions morales sur le rivage, il se dépouille de sa robe pour les couvrir ; il se jette entre les hommes de guerre, il a horreur du sang (2) ; » et sa parole opère toutes ces merveilles, car les mots les plus simples ont une puissance incalculable dans la bouche de Lacordaire.

La chaire chrétienne, lorsqu'elle retentit des accents d'un orateur tel que Lacordaire, Cœur ou Ravignan, est véritablement le trône de la pensée, et d'une pensée qui va puiser vers Dieu la puissance de son verbe, afin de l'incarner pour ainsi dire de nouveau dans l'esprit de l'homme. L'orateur parle comme *ayant puissance*, et sa parole saisissante *pénètre dans les profondeurs de l'âme*, selon le langage de l'Ecriture.

Un jeune homme entraîné par l'exemple s'était décidé à adopter la règle de saint Dominique ; mais, pour épreuve de la vocation, sa famille lui défendit d'entendre le sermon où, lors de la première apparition de la robe du dominicain dans une chaire française, celui-ci démontrait que la France *est une fonction catholique*. Ce jeune homme persévéra dans son désir de se consacrer à Dieu, et il nous l'avouait : il lui eût été impossible de résister à la voix entraînante du

(1) M. Jacotot.

(1) Timon.
(2) *Idem.*

Pere. Il se contenta de l'être par son exemple, car la vie d'un homme de Dieu est toute éloquence; elle ne fait que prêter des forces à une parole qui étend souvent son influence jusqu'aux extrémités de l'espace et du temps.

Le sermon sur la France est dans la mémoire de tout le monde, car il est un appel aux sentiments d'un pays où ce qui est généreux trouve toujours de la sympathie. La fille aînée du christianisme est plus puissante encore par ses idées que par ses armes. Se dévouer pour la France, c'est se dévouer pour l'humanité qu'elle représente, et ses ennemis reçoivent souvent d'elle les idées qui font vivre les peuples. Le peuple français est un peuple missionnaire, a dit M. de Maistre; c'est le peuple de Dieu des temps modernes. Les événements de son histoire portent un caractère providentiel : *Gesta Dei per Francos*. En effet, il a sauvé plus d'une fois la société chrétienne, et lorsque la France a été en péril, Dieu n'a pas permis le triomphe complet de ses ennemis; s'il le faut, il enverra un ange, sous la figure d'une femme, pour la sauver, comme autrefois dans Israël. D'ailleurs, notre nation, fût-elle vaincue matériellement, elle serait encore victorieuse par la plus noble partie d'elle-même, par l'âme, par ses idées, qui doivent, si elle répond à sa noble mission, soumettre l'univers comme à la volonté de Dieu.

Le mot de *liberté* a, dans la bouche de M. Lacordaire, un prestige particulier. Cet orateur aime à exalter les illustrations de sa chère pairie; mais combien elles apparaissent dans leur néant et leur vanité lorsqu'elles s'isolent de la foi, lorsqu'elles sont mises par lui en présence du majestueux édifice de notre religion? Semblable à Bossuet, autre compatriote de Lacordaire, il se plaît à exalter les grandeurs humaines, pour les faire paraître dans toute leur vanité en présence des grandeurs souvent humbles et cachées du christianisme, et il enchaîne à la croix les révolutions et les peuples.

Trois choses égalent le talent de Lacordaire : je veux parler de son aménité, de sa simplicité et de sa charité; c'est bien surtout chez lui *que les grandes pensées viennent du cœur*. On peut le contredire quelquefois, mais on est heureux d'être de son avis, et il est impossible de ne pas l'aimer.

Lorsque vous lisez l'analyse des discours improvisés de M. Lacordaire, son style, souvent magnifique, paraît quelquefois inégal, prétentieux, exagéré ou négligé dans l'expression; mais quand on l'entend, il y a tant de naturel et de simplicité dans son action, que les inégalités, la magnificence, les inexactitudes dans le langage théologique que quelques-uns lui reprochent, disparaissent à sa voix : on l'oublie pour songer aux vérités qu'il proclame; ce n'est plus qu'une conversation intime sur un sujet sublime entre gens qui savent se comprendre, et puisent dans la nature de belles analogies avec le monde surnaturel. Tel est le carac-

tère général de son éloquence; c'est un peu celui de Platon faisant converser Socrate avec ses disciples, devenus ses amis. L'éloquence de M. Lacordaire ne coule pas semblable à la majestueuse magnificence du discours de l'abbé Cœur, elle n'est pas caractérisée par l'ensemble et la perfection des qualités oratoires comme celle de M. Ravignan, surnommé le poëte de la logique : M. Lacordaire est plus inégal, plus varié que ces deux grands orateurs ; s'il leur est souvent inférieur, parfois il s'élève aussi à de plus grandes hauteurs, et son coup d'œil embrasse un plus vaste horizon.

Les premiers écrits de M. Lacordaire, pleins d'à-propos et de verve, ont créé sa réputation littéraire : ce sont des articles du journal l'*Avenir*. L'énergie, la force, la passion les distinguent ; on dirait que l'auteur a trempé sa plume dans du mercure, tant ils sont incisifs! Plus tard il a conservé son ancien amour pour la liberté, l'avenir et la sauvegarde des nations ; mais, sous le coup des déceptions et de l'expérience, il a pris quelque chose de plus modéré, de plus sage, de plus juste. Sans doute il n'y a pas d'action qui ne révèle Dieu ; le grain de sable et l'univers le manifestent à l'homme; le monde est un *symbolisme universel*, un *mythe* (1) partout visible et mobile de l'immuable et de l'invisible, une grande pensée rendue visible, comme l'a dit M. de Bonald dans un langage presque biblique; que sont les connaissances, les sentiments, les événements de ce monde, sinon les prémisses d'un vaste syllogisme dont la conclusion évidente ou cachée est un Dieu, Dieu partout, Dieu toujours?

Cependant M. Lacordaire ne dirait peut-être plus aujourd'hui, comme il le fit en apprenant une victoire, hélas! trop éphémère de la nation polonaise : « Nous nous sommes jetés à genoux, nous avions une nouvelle preuve de l'existence de Dieu. » Ailleurs il avançait, à propos de la liberté de la presse, que Dieu lui-même préféra l'enfer à la censure !.......

Saint Paul ne craignait pas de se défendre devant l'Aréopage, car en lui semblait reposer une des espérances du christianisme : il faut donc mentionner ici les beaux plaidoyers où le caractère du prêtre se concilie si bien chez M. Lacordaire avec les habitudes de l'avocat, surtout ses généreux efforts en faveur de la liberté d'enseignement, où il fut soutenu par M. de Coux, l'habile économiste, et par l'éloquent pair de France *maître d'école*, comme il s'appelait : M. de Montalembert. Ces hommes courageux de l'école libre perdirent leur procès devant les juges, ils le gagnèrent au tribunal de l'opinion, de la raison, de la religion, d'accord avec les promesses récentes et si vite oubliées de la loi, avec les bienfaits de la liberté chrétienne et les droits de la famille. Leur tentative a plus tard porté ses fruits, car rien ne se perd des pensées généreuses :

(1) Pour parler le langage de l'époque.

le cercle où s'agitait le procès de l'école libre s'est agrandi ; c'est l'Eglise de France tout entière qui a plaidé sa cause devant le tribunal des représentants du pays. Or, l'Eglise divine ne pouvait perdre son procès que pour un temps dans un pays où règne la religion, car elle parle au nom de Dieu et dans les intérêts de l'humanité.

L'enseignement propage la vérité sous toutes ses faces, et, de nos jours, la vérité ne peut rester captive, comme dans les temps anciens, où les adeptes seuls en avaient le monopole. Le catholicisme emploie tous les moyens légitimes pour atteindre son but ; il brise les barrières, il étend les limites anciennes, il ouvre à tous les trésors de la vérité ; mais les sciences sont des rayons qui aboutissent à la religion, et si l'on peut se servir contre elle des enseignements scientifiques, pourquoi ne pourrait-on repousser avec eux les attaques de l'incrédulité ? Le christianisme s'étend à toutes les vérités ; qui limitera la parole à laquelle il a été dit par une voix divine : *Allez, enseignez toutes les nations !* et ailleurs : *Quand je serai élevé de terre j'attirerai tout à moi !* L'Eglise, oh ! voilà la grande école normale d'où sont partis tous les propagateurs de ces idées dont vous voulez accaparer le monopole, voilà le temple de la raison véritable ; le christianisme, voilà le vaste *collége* qui seul réunit les hommes et les peuples, *relève* de terre l'humanité condamnée à périr pour l'élever à Dieu ; voilà le Verbe qui éclaire le monde et que le monde ignore souvent ! le catholicisme, voilà la grande institution, bien plus *universelle* que vos *universités !* car, hors de son cercle divin, où trouver la lumière pure et sans tache qui éclaire l'univers de ses bienfaisantes clartés ! hors de la foi, elles sont bien obscures les pâles clartés de la raison ! Mais comme la raison brille partout où est la foi ! comme elle s'éclipse lorsque la foi disparaît ! comme la gloire des plus illustres génies de l'antiquité s'agrandit lorsqu'ils suivent .e fleuve des traditions primitives ! Ouvrez vos livres classiques : c'est de la géographie, c'est de l'histoire. Que le passé vous instruise, préparez l'avenir, et ne contrariez pas sa marche, car hors de l'Eglise il n'y a pas de salut, même pour la raison.

La science est la contre-épreuve de la foi, car la nature et la religion ont le même auteur ; la religion a influé puissamment sur l'esprit humain, il en est imprégné en quelque sorte, et c'est dans les régions invisibles du monde spirituel que vous trouverez la raison de ces changements et de ces révolutions qui agitent ou perfectionnent le monde social, car il nous environne de toutes parts ; la religion n'est pas exclusive, elle coordonne les vérités, et loin d'en rejeter aucune, elle les complète et les harmonise.

Les païens n'ont pas échappé à cette loi ; c'est par leur rapport avec le christianisme primitif qu'ils se sont élevés le plus haut ; jamais ils n'ont été plus grands que lorsqu'en

écrivant *la préface humaine de l'Evangile* (1), on a pu les prendre pour l'écho des traditions sacrées. Sans doute il leur était difficile de bien distinguer quelques faibles lueurs traditionnelles dans les ténèbres du paganisme, d'entendre au milieu du tumulte des passions déchaînées la secrète voix de la vérité au fond du cœur ; mais les obstacles vaincus forment le piédestal du génie comme celui de la vertu ; leur raison s'éleva à sa *plus haute puissance*, et s'ils furent chrétiens en quelques points, ce fut à force de génie.

Après la chute de M. de Lamennais, Lacordaire protesta, comme il le devait, de son attachement à l'Eglise, et il publia contre les doctrines philosophiques de l'*Avenir* un ouvrage plein de convenances, mais un peu hâtif, et où les traces et les souvenirs du maître se montrent encore à l'œil exercé, à travers les attaques du disciple. Cette question de la certitude, qui mit en émoi l'Eglise de France, semble aujourd'hui résolue au milieu du calme et de la paix, et cependant celui qui contribua si fort à une solution favorable malgré ses erreurs, est aujourd'hui le plus éloigné de ses salutaires résultats.

Nous en disons tout autant des doctrines gallicanes et ultramontaines : lorsque le calme fut rétabli, les exagérations mutuelles firent place à de plus justes appréciations. On convint généralement, encore plus en pratique qu'en théorie, que le Souverain Pontife, *parlant comme chef de l'Eglise*, était infaillible, car l'assentiment de l'Eglise ne pouvait lui manquer, pas plus qu'il ne pouvait manquer lui-même à l'assentiment de l'Eglise universelle. D'ailleurs, l'Eglise n'avait pas besoin d'être réunie en concile pour être infaillible. — On convint aussi qu'une doctrine particulière opposée à l'Eglise, dont un des caractères est la *catholicité*, était fausse ; qu'il ne fallait pas confondre ce qui était particulier au droit commun d'une époque, droit utile s'il en fut jamais, basé sur le dévouement et sur la supériorité des lumières, avec les règles du droit divin et immuable ; que l'autorité spirituelle était juge naturel des cas de conscience, et qu'enfin les Eglises particulières pouvaient jouir de certains priviléges, pourvu qu'ils ne fussent pas opposés à l'Eglise universelle.

Lacordaire a encore publié une lettre relative au Saint-Siége, *sous l'impression de l'influence romaine;* il y rattache de belles considérations sur l'unité dans les divers ordres de l'humanité.

De nos jours, par suite de la tendance des esprits régénérés par le christianisme, aucune question ne peut rester isolée ; aussi voyons-nous les poëtes et les philosophes s'occuper des généralités et remonter aux principes, toujours en petit nombre, qui président aux destinées humaines, à travers la diversité et la multitude des faits ; comme au sommet de la montagne on voit découler d'une source unique mille ruisseaux, à travers les accidents variés de la campagne,

(1) De Maistre.

ainsi des hauteurs de la philosophie ils saisissent l'harmonie de la création, et ils peuvent bientôt formuler une doctrine d'ensemble.

Dans un mémoire pour le rétablissement en France de l'ordre des *Frères Prêcheurs*, Lacordaire démontre les analogies que présente cet ordre illustre, dans son principe d'élection et ses habitudes démocratiques, avec les tendances de notre siècle, tendances que peut bien, à plus d'un égard, personnifier l'auteur.

On peut s'en rapporter à cet ami sincère de son pays et de la liberté lorsqu'il justifie l'inquisition; il ne faut pas juger cette institution avec les idées dominantes de notre siècle, ni surtout d'après les préjugés répandus par la haine et l'ignorance sur toutes les institutions espagnoles.

M. Lacordaire passe en revue les hommes célèbres qui, en faisant le bien, ont illustré son ordre. Il s'arrête avec prédilection devant deux anges; il admire l'ange de Fiesole et de la peinture dont les tableaux sont une prière sublime et une prédication permanente; il ne peignait qu'à genoux ses vierges célestes, et il prenait leur modèle plus haut que la terre, dans son cœur de saint. Lacordaire s'incline aussi devant l'Ange de l'école; cet homme prodigieux qui, à un amour héroïque pour Dieu, réunit la science universelle et la clarté limpide du raisonnement d'Aristote, la raison lumineuse et l'intuition de Platon. Saint Thomas joint à la plus grande fixité dans la foi la plus grande originalité dans les conceptions; philosophe-théologien, s'adressant à toutes les facultés de l'homme, résumant le passé, devançant et fécondant l'avenir, il semble n'avoir rien laissé à dire à l'humanité qui ne soit renfermé au moins en germe dans sa *Somme* immortelle. Il fit de la théologie le centre et l'encyclopédie des connaissances humaines, comme Dieu est le type des êtres et leur fin suprême...

Les ouvrages, *parlés* ou *écrits*, de M. Lacordaire, avec le cachet d'originalité qui les distingue, réfléchissent tous la teinte de leur époque. Et, en effet, s'il ne faut jamais courber la tête devant les préjugés et les erreurs lorsqu'il s'agit du dogme et de la morale; s'il faut toujours tremper fortement l'arme de la parole aux sources divines de l'Écriture et de la tradition pour qu'elle pénètre jusqu'aux profondeurs de l'âme; s'il faut éviter comme un sacrilège de jamais rien changer aux expressions dogmatiques consacrées, il faut souvent adopter des formes nouvelles, que la postérité jugera, pour exprimer les vérités toujours anciennes placées au-dessus du jugement des hommes.

Il faut souvent transiger dans les choses accessoires, précisément pour ramener au vrai et au bien l'âme égarée qui partage les préjugés de son siècle, préjugés d'ailleurs souvent basés sur une vérité méconnue.

L'Église, en effet, modifie sa liturgie et sa discipline suivant les temps et les lieux; les vérités les plus immuables reçoivent des applications particulières suivant les circonstances. Le missionnaire adopte le costume et les usages du pays qu'il évangélise; n'est-il pas sauvage au Canada, bonze chez les Indiens, lettré à la Chine? Un auteur n'écrit pas seulement pour l'avenir, mais il écrit aussi pour le présent, puisqu'il veut être lu. Cependant il ne doit pas mettre sa vanité sur l'autel du bien public, si à ses fleurs immortelles il doit joindre, pour en faire ressortir les beautés, quelques fleurs éphémères. Chaque contrée, chaque siècle a une langue qu'il faut adopter pour être compris des contemporains et des concitoyens. A cause de la double nature de l'homme, le *signe sensible* précède la grâce dans l'esprit : les sens sont la voie pour pénétrer à l'âme; il faut autant que possible les entourer des innocentes séductions d'un attrait puisé dans la charité, afin de livrer notre âme à Dieu par chacun de nos sens; la nature, en un mot, est souvent le vestibule de la grâce.

Quelques mots encore sur les caractères de l'éloquence à notre époque à propos des écrits de M. Lacordaire. *Toutes nos connaissances sont des idiomes de la même langue* (1); elles doivent traduire la parole divine, et non pas l'étouffer; la prédication doit varier suivant les classes auxquelles elle s'adresse. Tantôt le prêtre fait connaître Dieu par la révélation dont il est l'interprète; tantôt, prêtre de la science, il enseigne à lire dans le grand livre de la nature, qui nous manifeste la pensée du Créateur par les merveilles de la création; tantôt c'est au milieu du cœur qu'il frappe où il fait apparaître Dieu; tantôt, à travers le voile transparent de la matière ou de l'humanité, il évoque la splendeur céleste. Il sait que le génie consiste à saisir la pensée des siècles ou les secrets de la nature pour les exprimer; mais il sait aussi, suivant le conseil de saint François d'Assise, que dans les prédications il faut avoir beaucoup de condescendance pour les hommes, et, vivant parmi eux, voir, entendre, parler et penser en quelque sorte comme eux, en accordant tout à la charité, rien à l'erreur (2).

(1) Jacotot.
(2) Avant d'entreprendre un discours, l'orateur sacré doit prendre en considération, outre la nature de son sujet, 1° le caractère de la religion dont il est interprète, caractère divin, immuable dans ses dogmes et dans sa morale, mais fait pour l'homme et proportionné à sa faiblesse, et par conséquent germe du progrès indéfini, puisqu'il suppose un but infini; 2° le génie particulier de son époque, toujours variable et relatif; 3° l'auditoire plus ou moins spécial auquel il s'adresse; 4° enfin son talent particulier, dont il doit tirer tout le parti possible, mais en se conformant toujours aux points déterminés plus haut. L'art peut être considéré comme une branche de la morale. Un discours devrait présenter, aussi bien que la conduite de l'homme, toutes les marques de la vertu. La foi, l'espérance et la charité seront l'âme d'un discours, la source des inspirations de l'orateur, et il faudra qu'il tourne autour des *points cardinaux* de la prudence, de la force, de la tempérance et de la justice. Après vous être inspiré de

Saint Augustin connaissait sans doute les secrets de la pure latinité, et son âme attendrie pleurait au souvenir de la *Didon* de Virgile; cependant on aperçoit dans ses écrits plusieurs traces du mauvais goût de son époque. Le littérateur peut les condamner sans doute, mais le philosophe chrétien les absoudra au souvenir des mâles beautés de la Bible. Qui sait si le grand docteur n'eut pas prise sur ses auditeurs par ses défauts si amèrement reprochés; s'ils ne furent pas la voie de ses légitimes succès? Fallait-il donc sacrifier des âmes à une vaine gloriole littéraire? Qui sait combien de conversions ces défauts ont pu opérer, de combien d'âmes d'un difficile accès ils lui ont aplani la route? D'ailleurs, jusqu'à quel point est-il possible de s'affranchir des usages d'un lieu, d'un temps, usages souvent déterminés par des causes puissantes. Un siècle marche *tout d'une pièce;* pour réformer les lettres, il faudrait souvent réformer la société elle-même. A l'exemple des saints, il vaut mieux prendre le ton d'une époque, pour être en harmonie avec elle; il est sage de partir de ce qui est pour arriver à ce qui doit être; il est beau de sacrifier les opinions pour faire triompher les principes, sauf à les y rattacher plus tard s'il est possible (1).

« N'abandonnons, dirons-nous avec un savant historien, ni la sainte intégrité de nos doctrines, ni même la liberté légitime de notre pensée : la charité ne nous demande pas de céder un pouce du terrain de la vérité; elle nous demande le respect et la douceur envers les hommes, non la mollesse envers les doctrines. »

Mais si l'art doit être toujours un moyen, s'il ne doit jamais être un but; si l'écrivain ne doit pas négliger de donner à la forme un rang convenable, son rôle ne consiste pas seulement à exprimer, il doit aussi créer; il ne faut pas couper les ailes au génie et mutiler l'art. Loin de nous la définition classique qui réduit l'art à être une *pure imitation de la nature!* La nature est déchue, et l'artiste doit la réformer à l'image du type idéal que renferme l'âme de chacun de nous comme un souvenir primitif de notre grandeur déchue. Le christianisme, surnaturel dans son but et dans ses moyens, a d'ailleurs ajouté quelques cordes à la lyre antique; il ne combat pas la nature, il la réforme, il la complète et la transfigure. Il y a dans l'art une partie mobile, arbitraire, variable et relative, qu'il ne faut pas changer en théorie absolue, mais modifier suivant les temps, les lieux, les circonstances. Ne confondez pas la nature avec les caprices de la mode, les immortalités réelles avec les immortalités d'un jour, les doctrines contes-

tables avec les doctrines marquées au cachet de la certitude. Le beau, sans doute, sera toujours l'objet de l'art, mais le bien et le vrai seront toujours l'essence du beau, et le but de l'art sera, comme celui de la religion, de perfectionner la nature.

Mais vous dites peut-être : Mes contemporains sont esclaves d'un préjugé nuisible à l'art ou à la philosophie, et, par conséquent, opposé à la vérité, dont toutes les parties sont solidaires ici-bas. Faut-il donc, à l'exemple des contemporains, nous laisser asservir?

Oui, répondrons-nous hardiment; à l'exemple de tant de fervents chrétiens, prenez des chaînes pour affranchir les hommes de l'esclavage de l'erreur et de l'irréligion. La vérité saura bien plus tard dissiper les nuages et les préjugés amoncelés autour d'elle : c'est avancer que de savoir reculer à propos. Comme les transitions sont ménagées entre l'éclat du midi et la lueur de l'aurore ou du crépuscule, la lumière de la loi servile de Moïse ne fut pas abolie subitement, et les apôtres, malgré l'autorité de leurs miracles, la tolérèrent longtemps après l'apparition de l'Evangile sur l'horizon du monde moral. Et puis, vous le savez, le christianisme a aboli l'esclavage précisément en disant aux esclaves : « Soyez soumis même aux caprices de vos maîtres, *et etiam discolis,* afin d'avoir le droit de leur dire lorsqu'ils exigeront de vous quelque chose de contraire à la loi divine : *Il vaut mieux obéir à Dieu qu'aux hommes.* Tâchez d'acquérir *la liberté des enfants de Dieu,* c'est-à-dire, délivrez-vous du joug des passions et du mal, et bientôt les chaînes de l'esclavage temporel tomberont devant la sainte égalité de la foi, qui autorisait Paul à demander la liberté d'un esclave.

Agissez donc de même à l'égard des préjugés qui captivent les hommes. Vous avez des droits imprescriptibles, leur cercle est assez vaste; laissez agir la foi, elle l'élargira davantage, car elle n'obscurcit pas, elle éclaire; elle n'est pas une entrave, mais un soutien; elle fait la force de l'âme, car elle l'unit à Dieu; l'imagination elle-même ne peut franchir les bornes que la foi trace autour d'elle; comme la mer, elle se brisera devant le point marqué par la puissance divine. Le point d'appui de vos croyances est donc assez solide, et vous pouvez par lui seul vous élever au but de vos désirs légitimes : or, le chrétien ne désire pas moins que la possession de l'infini pour ses frères et pour lui. Il faut donc tolérer les opinions que la foi ne condamne pas, afin qu'elles s'épurent au creuset de la religion, comme l'or mélangé se dépouille dans le feu d'un alliage impur.

C'est un art admirable de transporter hors de nous la lueur qui nous éclaire, les sentiments qui nous entraînent, la vérité, en un mot, à la fois lumière et chaleur. Ce n'est pas tout de convaincre, il faut encore persuader, conduire à la vertu ou au sacrifice de soi-même; triomphe impossible à la plus belle philosophie et qu'obtiendra souvent la plus simple parole évangélique. C'est la

___

ces vertus, consultez les rhéteurs, leur tour est venu, et votre discours sera toujours beau s'il est vrai et s'il conduit au bien les auditeurs.

(1) Voilà pourquoi l'Eglise tient tant à former des prêtres indigènes dans les missions étrangères : c'est afin qu'ils soient moralement plus rapprochés de leurs frères, afin qu'ils puissent mieux saisir leur caractère pour y condescendre.

prière qui fait descendre la grâce; c'est la charité, en se faisant toute à tous, qui lui ouvre les cœurs. Lacordaire réunit tous ses auditeurs dans un seul sentiment, celui de l'admiration pour la vérité; et dans l'esprit le plus prévenu, il sait trouver la fibre naturellement chrétienne pour la faire vibrer à l'unisson de sa parole. Il parle à chacun, dans l'idiome qui lui est propre, le langage de la foi catholique. En effet, fouillez dans le cœur d'un homme, vous trouverez des éléments pour réfuter ses erreurs et combattre ses passions. Mais pour avoir aussi influence, pour réagir sur son époque, quel que soit votre génie, il faut vivre de sa vie et de ses idées; il faut, en donnant, avoir l'air de recevoir. Vous n'exercerez de l'influence sur un peuple qu'à raison de l'influence que le peuple exercera sur vous; le prêtre surtout, qui est la lumière du monde, doit être pénétré de ces maximes, car il ne représente pas seulement Dieu auprès des hommes, mais les hommes auprès de Dieu.

« Le langage doit revêtir les formes nouvelles, harmoniques à l'état social. Le prêtre doit aussi teindre sa parole des couleurs à la mode, et jeter sa pensée dans le moule créé par les transformations morales et intellectuelles de la nation; mais il n'en doit que plus sévèrement éviter les exagérations. Sans doute ce qui est bon et beau l'est dans tous les temps; mais quand les esprits sont blasés au point d'être plus sensibles aux formes qu'au fond, il faut bien adopter les formes qui leur plaisent pour les attirer, ou se résoudre à prêcher dans le désert. Agir autrement, ce serait s'obstiner à vouloir faire prendre dans une coupe d'argent, à un malade tourmenté par le délire, la potion salutaire qui doit lui rendre la vie et la santé, et qu'il ne veut boire que dans un vase d'argile (1). »

Il faut aimer les hommes pour ce qu'ils peuvent plutôt que pour ce qu'ils sont, mais il est prudent de les prendre tels qu'ils sont pour les rendre tels qu'ils doivent être.

Dans notre époque le peuple est une puissance; il y a dans la vie publique quelque chose de pressé, de mêlé, de dramatique, qui se retrouve et doit se retrouver partout, mais sous la direction de la raison, qui rectifie le moyen, et dans un but utile qui le justifie. On n'a plus le temps de polir ses phrases, de les ciseler, de les enchâsser comme des diamants.

Admirez les âges passés, profitez de leurs richesses, mais donnez-leur une forme que la plupart des contemporains puissent saisir. Si la vérité peut se présenter quelquefois sous les apparences de la fiction, à plus forte raison doit-elle adopter le vêtement de son époque. Il faut saisir le cœur par le côté saisissable, pour aller ensuite plus avant. Les ennemis de leur époque eussent sans doute refusé de reconnaître le Messie dans le pauvre enfant de Bethléem. Ils n'eussent pas adoré le Verbe éternel, revêtu des formes de l'humanité dans le temps, et ils au-

raient dit comme les Juifs : « Ne voyons-nous pas tous les jours sa mère et ses frères ?»

Sans doute la voie est dangereuse, et le littérateur doit signaler les excès et lutter contre les réactions exagérées. En un sens absolu, trop de perfection ne nuit pas; heureux le peuple dont le goût est pur! Mais, pour avoir visé à une trop grande perfection, notre littérature nationale n'a-t-elle pas perdu beaucoup de son influence et de sa popularité? Les hommes des siècles derniers ont voulu se façonner sur le modèle des anciens et s'isoler de la société; mais le peuple veut aussi sa littérature; elle représente une des facultés de l'homme social, et on ne retranche pas impunément les facultés de l'homme : en les excluant, on les ramène en les tournant contre soi. Il faut au peuple une littérature, et de la vôtre il retiendra les noms de Brutus et de César, dont il singera cruellement les hauts faits, parce qu'il aura voulu les concilier avec l'esprit d'un autre temps, sous le nom de vertu. D'ailleurs, ce problème de la nouveauté se présentera toujours; il ne faut donc pas rendre l'humanité stationnaire sous prétexte qu'il y a du danger à marcher en avant!

La littérature est et doit être l'*expression de la société*, quant à la forme surtout; à moins que le prestige d'un génie reconnu universellement n'ouvre, s'il est possible, une carrière plus libre à l'écrivain.

A toutes les époques, combien d'âmes ont été ramenées à la foi précisément par ces orateurs que l'on stigmatise du nom de prédicateurs à la mode, parce qu'ils savent subordonner le moyen à sa fin naturelle, parce que, représentants du peuple auprès de de Dieu et interprètes de Dieu auprès du peuple qu'ils personnifient, ils comprennent que chaque homme, chaque pays, chaque époque a son tempérament intellectuel différent, auquel il faut se conformer, comme le médecin proportionne le remède au tempérament, c'est-à-dire au caractère physique de son malade. Il ne suffit pas de dire la vérité, il faut la présenter avec ses *modes* convenables, et les *modes* providentiels varient à toutes les époques : *non dicas nova*, *sed nove*, a dit un Père. Voyez dans le domaine naturel : le marin ne résiste pas aux vents contraires, mais il en profite pour louvoyer; l'obstacle se change ainsi en moyen de salut pour le vaisseau; le guerrier est d'autant plus sûr de vaincre qu'il est en intelligence secrète avec l'ennemi. C'est donc à l'école de Dieu et non à celle des rhéteurs qu'il faut apprendre la rhétorique céleste : tout moyen qui n'est pas contraire au but devient légitime; un poëte l'a dit :

« Qu'importe le moyen? Le but, c'est la conquête de cette pauvre humanité. »

La Providence place toujours un secours à côté de l'écueil où les sociétés sont exposées au naufrage. Au milieu de l'industrialisme de nos jours un frappant contraste se présente, c'est l'apparition de ces âmes héroïques du moyen âge, dont la conversation était toujours dans le ciel. On peut le dire à

_____
(1) Voir l'abbé VÉDRINE, *Simple coup d'œil.*

la lettre, un nouveau monde a été découvert en France : c'est celui de ces âges de foi sur lesquels l'ignorance et la calomnie versaient à flots de sombres nuages, qui se dissipent chaque jour devant le travail d'hommes consciencieux, dévoués à la renaissance chrétienne.

Le dernier ouvrage de M. Lacordaire est donc une *Vie de saint Dominique*, le fondateur de l'ordre des Frères Prêcheurs. C'est une chose remarquable que presque en même temps ils ont trouvé des historiens dignes d'eux, ces deux hommes, sources sublimes des deux grands fleuves qui arrosèrent la cité de Dieu au xiiᵉ siècle : François le séraphique et Dominique l'apostolique, pères d'une innombrable multitude de saints. Au-dessus du monde, par leur humilité ils exaltèrent l'Eglise ; ils se firent peuple pour régénérer le peuple, pauvres pour enrichir plusieurs des richesses de la grâce, chastes pour engendrer des âmes à Jésus-Christ par leur féconde virginité, obéissants, c'est-à-dire libres de la liberté des enfants de Dieu, délivrés du joug des passions et du monde. Ils préparèrent efficacement l'affranchissement du peuple en le moralisant, car un peuple moral ne fut jamais esclave, et la voie la plus courte pour arriver au despotisme, c'est la corruption. Aussi je n'entends jamais sans indignation, sans frayeur même, les injures que l'homme du peuple, dans sa coupable ignorance, prodigue à l'homme de Dieu, qui se fit peuple jusque dans son vêtement pour élever le peuple au-dessus de lui-même par la morale et la religion. On parle de l'action d'une puissante industrie pour l'affranchissement des classes inférieures d'une nation, mais combien a été plus puissante l'action des ordres religieux ! Comparez l'Angleterre d'autrefois avec celle d'aujourd'hui, en tenant compte de la différence des temps ; allez voir si dans cette vaste manufacture l'industrie seule peut affranchir les hommes ! Oui, elle donne au peuple l'égalité, mais elle l'*égalise* sous le niveau de la faim et de la misère ; elle ne le rend pas directement esclave de l'homme, mais elle le rend esclave d'une machine, et fait souvent dépendre son avenir d'une mode futile et légère.

Aug. Thierry appelle le xviiiᵉ siècle l'ère de la philosophie, et à ses yeux notre époque sera le siècle de l'histoire. Sans entendre cette proposition dans le sens exclusif de l'historien (car le xixᵉ siècle est aussi bien celui des utopies que celui des faits, et la philosophie du dernier siècle fut souvent bien pauvre), nous croyons que l'époque de la restauration des sciences historiques est arrivée au point de vue de la réalité, et par conséquent au point de vue catholique. Sans parler ici de la philosophie de l'histoire, sans nommer nos grands historiens de toutes les écoles, nous mentionnerons une multitude de biographies particulières ; elles préparent en effet les matériaux des histoires générales, elles servent, par une sorte de division naturelle des travaux, à la reconstruc-

tion de l'édifice historique, et le précède comme l'analyse précède la synthèse.

Les *Histoires de Grégoire VII*, d'*Innocent III*, *de la réforme en Angleterre*, par des auteurs protestants ; *de la réforme en Suisse*, par M. de Haller ; les *Vies de Luther et de Calvin*, par M. Audin, etc., jettent un jour merveilleux sur l'histoire, que M. de Maistre appelait une grande conspiration contre la vérité, et qui ne sera bientôt plus qu'un récit impartial ; la qualité des auteurs en est souvent la garantie. L'hagiographie, ce nouvel évangile de nouveaux christs, l'hagiographie, déjà si féconde en bons ouvrages, nous montre avec orgueil la *Sainte Elisabeth* de M. de Montalembert, le *Saint Bernard* de M. Ratisbonne, la *Vie de saint Dominique* par M. Lacordaire, un des enfants de ce grand saint, et qui semble le ressusciter au xixᵉ siècle.

Je suis obligé de passer sous silence, dans la *Vie de saint Dominique*, les belles pages sur les tiers ordres qui ralliaient le monde entier sous l'étendard bienfaisant des religions du moyen âge. Ils eussent peut-être fini par réaliser sans secousse l'association universelle prêchée de nos jours, si l'irréligion n'était venue arrêter le progrès. Les hommes irréligieux, les socialistes antichrétiens, ne doivent pas s'étonner du peu de succès de leurs essais de *socialisation*, car ils séparent l'effet de la cause en voulant réaliser l'association en dehors de la foi.

Il ne faut opposer aux erreurs que les armes convenables, car l'homme est libre ; pour le vaincre, il faut le persuader. Le cœur, voilà le seul trône où veut régner la religion : le moyen de parvenir à cette royauté, c'est la persuasion. De nos jours surtout, la religion ne demande pas le sceptre, mais le droit commun de la liberté. La parole est donc la véritable force de l'homme, et elle acquiert une puissance incalculable lorsqu'elle se fait l'écho de la parole créatrice, lorsqu'elle vibre à l'unisson du Verbe qui *éclaire tout homme venant en ce monde*(1).

L'erreur bien souvent trouve un appui dans la violence de l'opposition, tandis qu'elle se serait écoulée comme un fleuve dont la source est tarie, si on ne lui eût opposé une force intempestive, bien plus capable d'arrêter le cours des eaux et de les faire réagir que de faciliter leur perte.

Cependant je sais que l'application de cette vérité est relative, et qu'elle a été mise dans tout son jour seulement à notre époque, où l'expérience a prouvé ses bons résultats. Les peuples doivent donc, le plus souvent aujourd'hui, adopter la maxime suivante : « Accordez à tous la tolérance civile, non en approuvant tout comme indifférent, mais en souffrant avec patience tout ce que Dieu souffre, et en tâchant de ramener les hommes par une douce persuasion. » Ces belles paroles s'adressent au roi absolu qui disait : *l'Etat, c'est moi* ; elles sont de

(1) Lumière et parole sont désignées en grec par le même mot.

Fénelon (1). Un Pape avait dit avant lui :
« Il ne faut contraindre personne à recevoir
le baptême, parce que, comme l'homme est
tombé par son trop libre arbitre, il doit
aussi se relever par son libre arbitre, étant
appelé par la grâce (2). »

Telle fut toujours la marche suivie par
saint Dominique dans le cours de ses prédications. A l'hypocrisie austère des Albigeois il opposa le véritable esprit de la
pauvreté évangélique ; et, souvent instruit
par une inspiration divine, il ne craignait
pas de faire les hérétiques eux-mêmes juges
de sa doctrine ! Quel homme puissant en
œuvres et en paroles il devait être, même
à le considérer humainement ! et tel il nous
apparaît toujours dans l'écrit de son biographe : c'est la vie d'un saint écrite par un
autre saint. Mais l'auteur sait se faire oublier
pour que toute l'admiration soit reportée sur
son héros, et c'est là le secret des grands écrivains, aussi bien que le triomphe d'une humble charité : on les oublie pour penser à ce qu'ils
disent ; ils sacrifient les ornements qui peuvent
les faire briller au détriment de la vérité ; jamais les mots ne vont au delà ou ne restent
en deçà de leur pensée ; en les maîtrisant,
les hommes de génie cachent l'art avec un
soin merveilleux, et ils atteignent ainsi le
comble de l'art.

M. Lacordaire interrompt rarement sa
narration vive et animée. Ses réflexions
sont courtes ; elles dérivent naturellement
du sujet, renferment un sens profond sous
cette forme qui, en empruntant des rayons
à la poésie, appartient à l'imagination, sans
cesser d'être à la raison. Il se place au point
de vue du siècle qu'il décrit, pour en saisir
l'esprit, l'embrasser dans toutes ses parties
et en peindre les traits avec les couleurs
convenables.

Rien n'est beau comme le récit de cette
guerre des Albigeois, si souvent dénaturée
par la partialité d'écrivains ennemis déclarés
du témoignage des contemporains de saint
Dominique. Mais au XVIIIᵉ siècle, comment
trouver le moyen de résister au malin plaisir
d'insulter à la mémoire d'un Pape et d'un
peuple catholique, d'un saint qui n'opposa
que la pénitence, la prédication et la prière
à l'hérésie, et dont on a fait, bien à tort, le
fondateur de l'inquisition ? l'inquisition, tribunal où le clergé intervenait seulement
pour en adoucir les arrêts ; tribunal qui pré-
serva l'Espagne des guerres de religion,
conserva sa nationalité, et opposa une digue
à l'inondation de l'islamisme, prête à envahir l'Europe ; tribunal qui avait la faveur du
peuple, et s'opposa souvent au despotisme.

C'est une chose singulière que cette union
des erreurs les plus opposées pour obscurcir
la douce et pure clarté de l'Église. Oh ! c'est
bien ici que les extrêmes se touchent ; car,
malgré les apparences, il y a plus d'un lien
secret entre le rude sectaire et le philosophe
débauché.

(1) *Direction de la conscience d'un roi.*
(2) GRÉGOIRE IX, *apud Raynald*, nº 1236.

Les Albigeois ont donc trouvé dans les
incrédules modernes des défenseurs dévoués, et cependant rien ne prouve mieux
l'impuissance de la raison privée de la foi
que les absurdités grossières des doctrines
albigeoises (1).

De nos jours, les philosophes les plus immoraux dans leurs opinions, et qui prétendent que la sévérité de l'Église n'est plus de
notre âge, s'accordent à défendre l'intolérant
et dur jansénisme, dont ils se gardent bien
d'accuser la mesquine sévérité, et ils sont
unanimes à présenter leurs calomnies incessantes contre les Jésuites, auxquels ils attribuent bien souvent leur doctrine pratique
de tous les jours. Spectacle touchant ! le lien
de tous ces hommes divisés sur toute question, c'est leur haine ténébreuse contre
l'Église, c'est-à-dire cela même qui désunit
et sépare, et ils ne la condamnent que parce
qu'elle-même, assise dans la vérité, loin de
toutes les exagérations, les a brisés de ses
justes anathèmes, tout en leur prodiguant
ses lumières, dont ils abusent contre elle.

Cependant ne pensez pas que M. Lacordaire cherche à justifier des excès et des
abus ; ils ne prouvent rien contre la légitimité
des choses les plus divines, que l'homme
altère trop souvent en y mêlant sa faiblesse.

Les ouvrages de M. Lacordaire rappellent
à l'homme qu'il est créé à l'image de Dieu ;
ils lui découvrent quelques-uns des mystérieux trésors de son être.

Comment ne pas ressentir le souffle poétique, en étudiant un orateur si bien inspiré
de la poésie ? Le génie du philosophe irréligieux nous rappelait la mobilité du lac, qui
pourtant ne peut jamais franchir les limites
tracées par le doigt de Dieu, toujours visible
à l'œil de la foi. Le génie du philosophe
chrétien nous rappelle encore la nature matérielle, destinée souvent à nous retracer
les images de notre propre cœur.

Transportez-vous dans ces vastes et profondes forêts de l'Amérique, dont les arbres,
anciens comme le monde, ont résisté à tous
les ravages du temps : une végétation vigoureuse, le doux ramage des oiseaux, l'éclat et
le parfum des fleurs, répandent la vie dans
son sein ; les sites variés du terrain, les aperçus lointains sur quelque coteau d'une scène
inattendue, le léger murmure d'un ruisseau,
l'animent tour à tour ; la tempête peut agiter
la cime de la forêt et se jouer dans son sommet aérien, mais sa base est inébranlable ;
elle résiste aux bouleversements de la nature, et les âges passeront sur ce sol immobile, comme un de ces nombreux accidents
qui passent et jettent de la variété sur cette
scène immuable. Voilà le poëte, l'orateur et
le philosophe chrétien : tel est M. Lacordaire.

**EXAMEN.** — Les programmes d'examen
pour les aspirants aux brevets de capacité
sont arrêtés par le Conseil supérieur ; un
nouveau programme des études pour le grade

(1) Par exemple, ils soutenaient que les jambes du
Fils de Dieu étaient aussi longues que la distance qui
sépare le ciel de la terre. O lumière ! ô civilisation !

de bachelier vient d'être publié par le ministre; celui de la licence demeurera sans doute encore tel qu'il était.

On ne peut subir l'examen de capacité avant l'âge de vingt-cinq ans. Un candidat, refusé par le jury académique ne peut se présenter avant trois mois à un nouvel examen. (Voyez PROGRAMME.)

EXERCICES RELIGIEUX. — Un arrêté de M. le ministre de l'instruction publique, en date du mois d'août 1852, détermine et réglemente cette matière pour les lycées. (Voyez PROGRAMME.)

EXTERNES. — Les ordonnances du 16 juin 1828, en limitant le nombre des élèves des petits séminaires, avaient défendu à ces établissements de recevoir des externes. Mais la loi organique sur l'enseignement a aboli ces entraves. Les écoles secondaires ecclésiastiques peuvent maintenant, non-seulement recevoir un nombre d'élèves illimité, mais encore, si elles le jugent convenable, grossir leurs classes et accroître leurs ressources en recevant des externes.

# F

**FACULTÉS.** — Les annales de l'Université de Paris s'ouvrent, au commencement du XIIe siècle, avec Abailard, cette figure historique dont le souvenir est demeuré si vivement empreint dans la mémoire populaire. En 1107, lorsque l'infortuné docteur vint enseigner dans la capitale, l'école était encore pendante au giron de l'Eglise. Maître Anselme de Laon, dont il suivit d'abord les leçons, et maître Guillaume de Champeaux, professaient au logis de l'évêque. C'est auprès de cette résidence et du cloître de Notre-Dame, où demeuraient le chanoine Fulbert et sa belle pupille Héloïse, que lui-même ouvrit sa première école. Puis, forcé d'abandonner ce théâtre, il ne tarda pas à s'établir sur la montagne Sainte-Geneviève, et rallia de nouveau ses disciples. C'est de cette *hégire*, ou de cette retraite du peuple étudiant sur le *Mont-Sacré*, que datent les temps historiques de l'Université parisienne. Toutefois, il lui fallut encore plus d'un siècle pour recevoir de la main lente du temps le complet développement de ses organes.

Déroulons le tableau de cette organisation.

NATIONS. — Dès le principe, une division naturelle s'établit entre les jeunes gens que la réputation des écoles parisiennes y faisait affluer de tous les points de la chrétienté. L'analogie de langues, d'intérêts, de sympathies, les groupa tout d'abord par *nations*. Peu à peu ces réunions spontanées prirent une forme plus régulière, et pourvurent au gouvernement de leurs intérêts communs. Il y avait quatre nations : celle de *France*, celle de *Picardie*, celle de *Normandie* et celle d'*Angleterre* ou d'*Allemagne*.

La nation de *France* se composait de cinq tribus, qui comprenaient les évêchés ou provinces métropolitaines de Paris, Sens, Tours, Reims, Bourges, et tout le midi de l'Europe : ainsi un écolier du diocèse de Barcelone, qui venait étudier à Paris, était de la nation de France et de la *tribu* de Bourges.

La *Picardie* se partageait d'abord en deux régions, dont chacune se subdivisait en cinq *tribus*, savoir, première partie : Beauvais, Noyon, Térouanne, Amiens et Arras; seconde partie : Liége, Laon, Utrecht, Cambrai et Tournai.

La nation de *Normandie* n'avait qu'une *tribu*, correspondant à la province de ce nom.

La nation d'*Angleterre* embrassait toutes les contrées du Nord et de l'Est étrangères à la France actuelle. Au XVe siècle, ce nom étant devenu un objet d'exécration pour les Français au sein même de la capitale, soumise alors au joug britannique, on y substitua le nom d'*Allemagne*; et, depuis la rentrée de Charles VII à Paris, en 1436, cette nouvelle dénomination se substitua peu à peu et définitivement à l'ancienne dans les actes publics (1). La nation d'*Allemagne* ou de *Germanie* se divisait en trois tribus : la *Haute-Germanie*, la *Basse-Germanie* et l'*Ecosse*.

FACULTÉS. *Arts*. — Les quatre nations réunies formèrent d'abord l'*université des études*, mais plus tard, lorsque les *facultés* se constituèrent, ces dernières demeurèrent distinctes, et les nations réunies ne composèrent plus que la Faculté des *Arts*. Cette dernière dénomination comprenait dans l'origine tout le cercle des connaissances qui s'enseignaient publiquement. Les *sept arts libéraux*, qui, selon notre division actuelle des connaissances classiques, correspondaient en partie au domaine des sciences et en partie à celui des lettres, embrassaient, 1° le *trivium*, c'est-à-dire la grammaire, la rhétorique et la dialectique; 2° le *quadrivium*, ou l'arithmétique, la géométrie, la musique et l'astronomie.

(1) Ce changement avait été sollicité dès 1377 pendant le séjour à Paris de l'empereur Charles IV (BUL. *De patron. IV nat. univ.*, p. 70). A la fin du règne de Charles VI, les écoliers *anglais* étaient déjà très-rares; la *nation* se composait presque exclusivement d'Allemands, d'Irlandais et d'Ecossais. En 1426, elle était réduite à 3, puis, en 1434, à 2 suppôts : il fut alors question de supprimer son suffrage. Lorsque Charles VII rentra dans Paris, le procureur de la nation d'*Allemagne* se présenta au nom de son corps pour assister à l'entérinement des lettres obtenues par l'Université, portant confirmation de ses privilèges (Archives de l'Université, carton 3, liasse 2, pièce A. 9. c. Registre de la nation, n° 3, foll. 13. 52. 55 et 56).

*Théologie.* — Cette faculté fut établie par les maîtres de la *divinité*, en 1257.

*Droit et médecine.* — Ces maîtres furent bientôt imités par les décrétistes et les médecins, qui s'érigèrent en faculté de *droit* et de *médecine.* Jusque-là ces diverses spécialités d'études étaient restées confondues dans les attributions collectives des nations, antique noyau, comme nous l'avons dit, de l'Université tout entière.

Malgré l'importance croissante et la supériorité relative que ces trois facultés nouvelles prirent avec le temps, cette origine primitive du corps des nations, comme on va le voir, entraîna toujours pour celui-ci une prépondérance évidente et la conservation de certaines prérogatives essentielles. Chaque nation nommait un procureur, et chaque faculté, un doyen. Le mode d'élection des procureurs et le terme de leur emploi variaient suivant les nations La Faculté de théologie, indépendamment de son *doyen,* qui était le docteur séculier le plus ancien en grade, élisait, tous les deux ans, dans son sein, un syndic chargé de l'administration des affaires. Chacune des deux autres facultés avait deux *doyens :* l'un, d'âge ou d'ancienneté dans le grade de docteur ; l'autre, en exercice et choisi tous les ans. Ces officiers, au nombre de sept, à savoir : quatre procureurs pour les arts et trois doyens pour les facultés, composaient le tribunal de l'Université et décidaient de toutes ses affaires. On voit donc que la Faculté des arts avait à elle seule une quadruple part de représentation et possédait la majorité des suffrages. Elle jouissait, en outre, exclusivement du privilége de nommer le *recteur,* ou chef de toute l'Université, qui ne pouvait être pris que dans son sein ; elle seule, enfin, avait la garde du trésor, des archives, l'administration du *Pré-aux-Clercs,* dont nous reparlerons plus tard, et la nomination ou la présentation de tous les officiers non électifs de l'Université.

Recteur et suppôts. — Le recteur était élu par les nations. La durée de son pouvoir était d'abord d'un mois ou de six semaines. En 1278, le cardinal de Sainte-Cécile, légat en France, pour mettre fin aux abus qu'engendrait la brièveté du rectorat, réforma cet état de choses, et prescrivit qu'à l'avenir les fonctions du recteur s'exerceraient pendant l'espace de trois mois. Cet usage s'observa à peu près constamment jusqu'aux temps modernes. Les procureurs des nations étaient d'abord chargés du soin d'élire le recteur; mais des brigues scandaleuses s'étant produites, on commit quatre électeurs spéciaux pour déléguer cette fonction. Ces électeurs prêtaient serment de faire un choix honorable et utile à l'Université. Ils portaient le nom d'*intrants,* à cause du conclave dans lequel ils entraient pour cette nomination. Le recteur nouvellement élu recevait l'investiture du recteur sortant, et jurait à son tour de remplir son office pour l'honneur et le profit de l'Université.

De grands priviléges étaient attachés à la dignité de recteur. Il exerçait sur toutes les écoles une juridiction souveraine, et ne reconnaissait point de supérieur sur tout le territoire de l'Université. Souvent appelé, pendant le cours du moyen âge, au conseil même des rois, il marchait de pair avec l'évêque de Paris et le parlement dans les cérémonies publiques. Il donnait à tous les écoliers, à tous les maîtres, les lettres de scolarité qui leur conféraient les priviléges de leur robe, et recevait d'eux le serment d'obéissance perpétuelle, *à quelque dignité qu'ils pussent parvenir.* Il était le supérieur de tous les *suppôts ( suppositi )* de l'Université, tels que le *syndic,* le *trésorier,* le *greffier,* les *doyens* et *petits messagers,* *régents, écoliers,* les *grands* et *petits messagers,* les *parcheminiers, libraires, relieurs, écrivains, enlumineurs,* et enfin les *bedeaux* ou *sergents de l'Université.*

Il ouvrait son avénement au rectorat et il célébrait la fin de son exercice, par une procession solennelle, à laquelle il conviait, indépendamment de tous ces *membres* que nous venons d'énumérer, les ordres religieux qui habitaient le territoire de sa juridiction (1). Indépendamment de ces circonstances, tous les ans, le lendemain de la Saint-Barnabé (12 juin), avait lieu la célèbre fête du *Lendit,* ou fête du parchemin, à laquelle nous consacrerons plus loin un article spécial. Ce jour-là, le recteur, vêtu de sa chape rouge et de son bonnet rectoral, monté sur une mule ou sur une haquenée, précédé de ses deux massiers, entouré des doyens, procureurs et suppôts, s'acheminait vers la foire de ce nom, qui se tenait à Saint-Denis. Il y prélevait, avant tous autres acquéreurs, la provision de parchemin annuellement nécessaire à l'Université, et recevait des marchands une gratification qui, au XVI<sup>e</sup> siècle, s'élevait à la somme de cent écus.

Le *syndic,* appelé aussi *procureur, promoteur* ou *procureur fiscal,* était, à proprement parler, l'administrateur de l'Université.

Le *trésorier* avait la gestion financière des revenus et des dépenses. Ces revenus consistaient notamment dans la taxe scolaire, dans quelques legs et fondations, dans le produit annuel du Pré-aux-Clercs et dans celui des *messageries,* dont nous allons parler.

Le *greffier,* secrétaire ou scribe, était chargé de tenir la plume, de lire dans les assemblées les pièces communiquées et de garder les registres et les archives.

On appelait *grands messagers* certains bourgeois notables, établis dans la capitale, qui servaient de *correspondants* aux nombreux écoliers venus à Paris de tous les pays de l'Europe. Accrédités par les familles,

(1) En 1412, dit Jouvenel des Ursins, l'Université fit une procession à Saint-Denis pour les malheurs de la guerre : le cortège était d'une telle étendue, que la tête de la procession entrait dans la ville de Saint-Denis, alors que le recteur se trouvait encore aux *Mathurins,* c'est-à-dire ne s'était point encore mis en marche.

assermentés près l'Université, ils étaient exempts du droit de garde urbaine et partageaient les autres immunités universitaires. Ils devaient fournir aux étudiants, moyennant caution, l'argent dont ceux-ci avaient besoin, et veiller à leurs nécessités. Le nombre des grands messagers était limité à un seul par diocèse. Il y avait, en outre, de *petits messagers* ou simples *facteurs*, qui, sans cesse en route, portaient et reportaient perpétuellement de Paris à l'extérieur, et de l'extérieur à Paris, les lettres missives, les hardes et autres envois, relatifs à l'enseignement ou aux élèves. Telle fut, à proprement parler, parmi nous, l'origine de la *poste aux lettres* et des *messageries*, qui ont été depuis élevées à l'état de services publics, la première par Louis XI, et les secondes par Louis XIV.

Les *bedeaux*, sergents, massiers, ou appariteurs, étaient au nombre de quatorze, deux par compagnie. Chaque Faculté, chaque nation, avait deux bedeaux : le grand et le petit. Le recteur en exercice se faisait précéder des deux bedeaux de la nation qui l'avait fourni. Ces fonctionnaires, destinés dans le principe à un service de sûreté ou de cérémonie, finirent par tenir la plume dans les actes publics, et par devenir des personnes demi-serviles et demi-littéraires (1)

*Libraires, parcheminiers, papetiers, relieurs, écrivains et enlumineurs.* — A la suite de ces serviteurs directs, l'Université avait encore un certain nombre d'agents ou ministres subalternes, chargés de pourvoir aux besoins matériels de ses fonctions et de lui servir en quelque sorte de munitionnaires. Tels étaient les libraires, relieurs, enlumineurs, écrivains et parcheminiers ou papetiers. Toutes ces industries nécessaires à son existence, nées sous ses auspices, étaient soumises à son autorité. Un passage de Pierre de Blois montre que, dès la fin du XIIᵉ siècle, il existait au sein de l'Université de Paris des courtiers de livres, dont le commerce consistait à faire circuler entre les mains des écoliers ces rares et dispendieux instruments de travail. Leurs fonctions étaient d'acheter et de revendre les cahiers dictés par les régents dans leurs cours, et en général tous les manuscrits nécessaires aux études. Ils portaient, à raison de cet office, les noms de *librarii, mangones, stationarii,* ou encore *petiarii.* Ils confectionnaient aussi des livres neufs, et réunissaient en conséquence les attributions d'*écrivains, enlumineurs, relieurs,* ou s'affiliaient à ces professions diverses. Ces espèces de *banquiers* de la jeunesse studieuse, tentés par l'appât du lucre, exploitaient avec avidité les besoins, l'indigence ou la dissipation de leurs clients, et remplirent plus d'une fois d'une façon usuraire le ministère dont ils étaient chargés. En 1275 no-

tamment, la juridiction supérieure de l'Université dut intervenir en taxant à quatre deniers par livre parisis le courtage des libraires, et en les obligeant, sous la sanction insuffisante des serments multipliés, à exercer leur office avec modération et loyauté (1). Lorsque, plus tard, l'imprimerie vint transformer et renouveler cette grande industrie, elle demeura toujours sous la tutelle universitaire, et jusqu'à l'époque de la révolution française, les *libraires jurés de l'Université* reçurent leur investiture du recteur, tandis que la Faculté de théologie avait le droit de censure à l'égard de tous les écrits où la foi pouvait être intéressée. La juridiction du corps enseignant s'appliquait également à la matière première des livres. Dans le principe, le commerce du parchemin ne s'exerçait que par privilège de l'Université, qui s'en réservait jusqu'à un certain point le monopole. Il n'y avait que trois points et trois circonstances où cette denrée pût être mise en vente, à savoir : aux foires de Saint-Lazare et du Lendit, et à la halle de la Parcheminerie, qui se tint fort longtemps dans le couvent des Trinitaires ou *Mathurins,* puis ensuite au collège de *Justice.* L'inspection de ces trois marchés et la surveillance des dépôts clandestins appartenaient à un certain nombre de *parcheminiers jurés,* agents et suppôts de l'Université parisienne. La marchandise, dans les vingt-quatre heures de son arrivée à Paris ou de la mise en vente, devait être déclarée au recteur, qui commençait par prélever à juste prix la provision de l'Université. Le reste était marqué de son sceau et devait payer, préalablement à toute circulation, une taxe de seize deniers parisis, ou vingt deniers tournois par botte de feuilles. Au fur et à mesure que l'organisation industrielle sortit des langes du moyen âge, cette gêne fiscale fut la cause d'abus et de difficultés sans nombre. Au XVIᵉ siècle, l'Université prit le parti d'affermer cette redevance, qui demeura jusqu'à la révolution le seul revenu fixe du rectorat (2). Le commerce du papier était soumis à des règles analogues. Primitivement, l'Université le tirait à grands frais de Lombardie. Vers 1350, il s'établit, sous son autorité et pour son profit, quelques fabriques nationales et dans un rayon plus rapproché de son siège : à Troyes, à Essone, à Corbeil et ailleurs. En 1413, les papetiers jurés de la capitale, excipant d'un droit qui remontait à plus de soixante ans de possession, furent déclarés suppôts de l'Université de Paris et participant à ses privilèges (3).

A ces officiers, grands et petits, il faut ajouter les deux *conservateurs* des privilèges de l'Université : l'un, conservateur royal, n'était autre que le prévôt de Paris, qui, lors de son installation, devait jurer de les

---

(1) On peut lire, sur l'histoire de ces officiers, un curieux opuscule: *De l'origine des appariteurs des Universités et de leurs masses* (par Pajon de Moncets, docteur en médecine de l'Université de Paris). Paris, 1782, in-12.

(1) Bul., *Hist. Univ. Par.*, t. III, p. 418; t. IV, p. 37, 278, 321, 425, etc.
(2) Crevier, *Hist. de l'Univ. de Paris*, 1767, t. II, p. 132.
(3) *Ibid.*, t. III, p. 290. — Bul., *Hist. Univ. Par.* t. V, p. 278-280.

respecter et de les maintenir ; l'autre, conservateur apostolique, était élu parmi les évêques de Meaux, de Beauvais et de Senlis. Il faut y joindre les deux *chanceliers*, appartenant aux églises de Notre-Dame et de Sainte - Geneviève, sur lesquels nous nous étendrons plus longuement, en traitant des *grades* et de l'*enseignement* universitaires.

*Sceaux et patrons de l'Université.* — Jusqu'au XIII* siècle, l'Université de Paris ne possédait point de sceau propre, l'un des signes principaux qui annonçaient, au moyen âge, une existence publique et indépendante. Antérieurement, elle scellait par les mains et avec le sceau du chancelier de la cathédrale. De 1221 à 1225, elle s'en fit graver un. Le chapitre de Notre-Dame s'émut gravement de cette nouveauté et porta la cause devant le légat du Saint-Siège, qui résidait alors à Paris. Celui-ci jugea la contestation en faveur des chanoines, fit rompre le sceau nouvellement établi, et défendit sous peine d'excommunication toute récidive de ce genre. Cette décision souleva une autre tempête beaucoup plus vive que la première. Les écoliers, ameutés, se portèrent en masse et en armes contre le légat, assiégèrent sa maison et le mirent en fuite. L'instance toutefois se poursuivit devant le Souverain Pontife, et Innocent IV, en 1244, la termina à l'avantage de l'Université, qui fut mise et reconnue en possession du droit de sceau. Ce fut vraisemblablement dans cette circonstance que fut gravé le *sceau commun* ou *grand sceau* dont l'Université fit usage pendant des siècles pour les affaires communes à toutes ses compagnies. Cet instrument était de cuivre : sa forme ronde ; le style du contre-scel ou *sceau secret*, qui représente la *Philosophie* tenant un livre d'une main, et la fleur-de-lis royale de l'autre ; le caractère archéologique du monument, enfin l'inscription latine de la face : *Sceau de l'université des maîtres et écoliers de Paris*, indiquent irréfragablement l'époque où les facultés n'existaient point et où l'institution, exclusivement composée des *nations*, n'embrassait encore que l'enseignement des *arts*. Mais bientôt les facultés, ainsi que les nations, eurent leur sceau individuel. En 1398, l'Université de Paris, appelée à se prononcer sur la grande question du schisme, promulgua dans cette occasion un acte solennel dont l'original en parchemin repose aux Archives nationales, revêtu de tous les sceaux des compagnies, au nombre total de huit. Le plus grand y représente à la fois la Faculté des arts et l'ensemble de l'Université. Plus tard, en 1513, la Faculté des arts résolut d'en faire confectionner un autre qui servit spécialement aux actes de cette faculté, notamment à ce qu'on appelait les *Lettres testimoniales* ou *quinquiennales*, attestant que l'impétrant avait suivi pendant le temps prescrit certaines études (1).

(1) La matrice, qui subsiste encore, était d'argent, et nous apprenons par les registres de l'Université que la nation de France, pour sa quote-part de la dépense totale, tant à l'égard de l'acquisition du

L'Université de Paris reconnaissait deux classes de patrons : les uns dont l'invocation était commune au *corps* tout entier ; les autres qui recevaient seulement un culte spécial de la part des *membres* ou compagnies, telles que les Facultés et les nations.

Nous traiterons d'abord des premiers. Au moyen âge, la Vierge-Mère, ou, pour employer cette dénomination à la fois si gracieuse et si populaire, *Notre-Dame*, présidait, dans le culte des fidèles, à une multitude d'institutions non-seulement religieuses, mais civiles. On rencontre à chaque pas, dans les œuvres ou les souvenirs de cette période, la trace de cette poétique influence. Patronne de l'église et de la ville de Paris, Notre-Dame le fut aussi de l'Université parisienne ; son image se retrouve, à toutes les époques, sur les sceaux et autres emblèmes des écoles. Il faut y joindre sainte Catherine et saint Nicolas, qui figurent également sur le sceau le plus ancien de l'Université, et qui, du reste, étaient les patrons traditionnels, non-seulement de tous les clercs, mais de toute la jeunesse. A divers intervalles, des tentatives eurent lieu pour rendre les mêmes honneurs à saint Thomas Becket, archevêque de Cantorbéry, aux saints Côme et Damien, ainsi qu'à saint André. Quelques-uns de ces personnages devinrent à la longue les patrons définitifs de nations ou de Facultés ; mais saint André resta seul, en compagnie de Notre-Dame, de sainte Catherine et de saint Nicolas, au nombre des patrons communs de l'Université.

Les nations et les Facultés se choisirent de bonne heure, indépendamment de ce culte général, un certain nombre de saints protecteurs, ou de patrons spéciaux, en l'honneur de qui elles célébraient périodiquement des solennités religieuses, solennités auxquelles se mêlaient de très-mondaines réjouissances. En 1275, ainsi que nous aurons plus tard occasion de le rappeler, la multiplication excessive de ces féries et les abus qu'elles avaient engendrés, firent reconnaître la nécessité de les restreindre. Un statut général de la Faculté des arts ordonna donc que chaque nation, en dehors des fêtes communes, ne pourrait en célébrer qu'une seule (1).

sceau que du coffre, muni de cinq clefs, qui devait le contenir, paya la somme contributive de sept livres dix-sept sous huit deniers. Il paraîtrait que l'ancien sceau des arts, ou *sceau commun*, au moins depuis qu'il eut été remplacé par celui de 1513, fut négligé. En 1661, il avait disparu, depuis un temps immémorial, des archives universitaires, lorsqu'il se retrouva dans le cabinet d'un académicien, Jean Balesdens, amateur de curiosités. Ce dernier, élève de l'Université de Paris, l'avait acquis dans une vente aux enchères. Il en fit hommage à Du Boulai, alors recteur en exercice, qui s'occupait de sa grande histoire, et qui le publia pour la première fois, ainsi que le sceau de 1513, dans son opuscule sur les *Patrons des quatre nations de l'Université* (Paris, 1662, in 8°, p. 11). Les deux matrices originales, l'une de cuivre, l'autre d'argent, sont aujourd'hui conservées au département des antiques de la Bibliothèque nationale.

(1) Bul., *De Patronis quat. Nat.*, p. 47.

Cette règle, toutefois, ne reçut point une application rigoureuse (1), et nous allons seulement énumérer par ordre les noms des divers saints que les *membres* de l'Université invoquaient ou fêtaient séparément.

La nation de France, aux xii° et xiii° siècles, adressa des hommages publics à saint Thomas de Cantorbéry. Mais cette dévotion, instituée par la politique et combattue par elle, n'étendit point sur les esprits un empire unanime et constant. Cette nation solennisait aussi l'anniversaire de saint Guillaume de Bourges, mort en 1209, archevêque de cette ville, après avoir été dans sa jeunesse écolier de l'Université de Paris. La figure de ce personnage est probablement celle que nous voyons deux fois, sur le sceau de la nation de France, qui pend au fameux acte de 1398 (2). La *tribu* de Sens se réclamait particulièrement de saint Antoine.

Saint Nicolas était le patron ordinaire de la nation de Picardie; mais la tribu d'Amiens honorait spécialement saint Firmin. A côté de ce dernier on remarque sur le sceau de la nation de Picardie, sous la date de 1398, un autre personnage, dont le nom, très-fruste, est écrit sur le champ de l'empreinte, *S. Piatus* (saint Piat), apôtre de Tournay, ville dont le diocèse formait, à cette époque, une des *tribus* de la nation. Ainsi se trouve révélé le nom d'un second patron de *Picardie*, que ne mentionne pas Du Boulai. Le principal personnage qui figure au contre-scel, c'est saint Eloi (*Sanctus Elegius*), comme l'indiquent les initiales S E qui se lisent dans l'un des compartiments du champ de ce contre-scel.

La nation des Normands se recommandait en premier lieu de Notre-Dame, ou de la Vierge *Marie*. Le sceau de cette Nation (acte de 1398) nous représente une scène fort curieuse où des nochers, pour conjurer l'effort du diable, personnification de la tempête, adressent leurs prières à l'*Etoile des mers*. Ils se plaçaient, en outre, sous la protection de leur illustre patron local, saint Romain, archevêque de Rouen.

L'antique patron de la nation d'Angleterre était saint Edmond, roi de Norfolk et de Suffolk, mort en 1017, martyr de la foi chrétienne. La tête ceinte d'une couronne et portant à la main un sceptre fleurdelisé, il se voit sur l'un des sceaux de la charte de 1398, associé à sainte Catherine et à saint Martin. Charlemagne, regardé comme le fondateur de l'Université et de la *clergie* au sein de la chrétienté, fut invoqué de tout temps par les écoliers de la Germanie. En 1161, l'empereur Frédéric Barberousse, qui avait voué à son illustre prédécesseur une vénération particulière, obtint du pape Pascal III sa canonisation. Lorsque le nom d'Allemagne devint celui de la *nation* qui le porta, cette dernière célébra, avec une nouvelle pompe et une solennité plus générale encore, le culte de cet immortel empereur. Toutefois, ce fut seulement en 1480 que Louis XI en fit une institution régulière et légale; et l'an 1487, la Nation d'Allemagne accomplit pour la première fois les cérémonies (1). Saint Charlemagne était aussi le patron spécial des grands messagers de l'Université. Mais, en 1661 (le 16 décembre), le tribunal de l'Université rendit un *statut* en vertu duquel le culte de ce personnage devint commun aux trois autres nations (2), et depuis ce temps la *Saint-Charlemagne* n'a jamais cessé d'être à Paris la fête universelle des collèges.

Il ne paraît pas que les Facultés supérieures se soient distinguées d'une manière aussi caractérisée, aussi mémorable, ni par des pratiques de dévotion aussi distinctes. Du Boulai, qui a consacré une de ses petites monographies si intéressantes aux *patrons des quatre nations* de l'Université parisienne, n'a point fait entrer dans son cadre ces trois autres compagnies. On peut affirmer cependant que *saint Cosme et saint Damien* recevaient particulièrement les vœux des médecins, qui célébraient un office annuel en leur honneur dans l'église de ce nom, église qui, dès une époque très-ancienne, fit partie de la censive universitaire, et à laquelle fut longtemps annexé le collège même des médecins. Le sceau de 1398, délivré au nom de cette Faculté, présente d'un côté une dame de haute distinction, ce qui est indiqué par son costume, non nimbée, tenant d'une main un livre et de l'autre un bouquet de plantes médicinales. Sur le contre-sceau se voit le *très-glorieux Hippocrate* assis dans une chaire et coiffé d'un bonnet de docteur. La Théologie portait pour emblème les signes représentatifs des dogmes de la foi; le Christ, régnant sur la terre et dans le ciel, assisté de ses anges; autour de lui, l'ange et les animaux, figure symbolique des quatre Evangiles. Enfin le sceau de la Faculté de Décret est orné d'une représentation de Notre-Dame.

Les nations et les Facultés avaient coutume de se dénommer dans les actes et annonces publiques à l'aide de qualifications spécialement consacrées à chacune d'elles, et qui appartiennent à l'histoire. La Faculté de Théologie prenait le titre de *Sacratissima divinorum, divinitatis*, ou *theologiæ Facultas;*

Celle de droit : *Consultissima decretorum ;* puis *utriusque juris Facultas ;*

Celle de médecine : *Saluberrima physicæ,* ou *medicinæ Facultas ;*

La nation de France était : *Honoranda Natio Franciæ, Gallorum,* ou *Gallicana;*

Celle de Picardie : *Fidelissima Picardorum* ou *Picardica ;*

(1) Nous trouvons dans un manuscrit, daté de 1526 à 1531, une requête des écoliers de la rue des Noyers au prévôt de Paris, tendant à ce qu'il leur soit permis de célébrer, comme d'*ancienne coutume*, leur fête de saint-Arnoul. (*Mss. de la préfecture de l'Aube*, à Troyes ; n° xxxiii, fol. 1.)

(2) Archives nationales, J., carton 515, pièce 14.

(1) *Reg. mss. de l'Univ.*, n° 10 : Bul., *De Patr. quat. Nat.*, p. 72-73.

(2) Grancolas, *Hist. de la ville et Univ. de Paris*, t. I, p. 288.

Celle de Normandie*: *Veneranda Normanorum* ou *Normaniæ*;

Et celle d'Allemagne: *Constantissima Germanorum* ou *Allemaniæ Natio*.

Lorsque le recteur était désigné dans un acte français, on lui donnait le *messire* et l'*amplissime*; quand il était harangué par l'un de ses suppôts, ce qui se faisait toujours en latin, on lui disait: *Amplissime Rector* ou *Vestra Amplitudo*.

Les armes du recteur, au nom de l'Université, étaient un livre de gueules feuillé d'or, tenu par un dextrochère, issant d'un nuage, au naturel, sur un champ d'azur, soutenu de trois fleurs de lis d'or. L'écu, dans les temps modernes, avait pour supports les deux palmes universitaires. On voit ces armes au frontispice des derniers volumes de l'*Historia Univ. Paris.* de Du Boulai, entourées de ces palmes et soutenues en outre par deux *Renommées*.

*Grades.* — La coutume des grades paraît s'être introduite du xii* au xiii* siècle, et l'on pense que le premier usage en fut fait parmi les écoliers de droit, à Bologne. Antérieurement, il n'y avait en réalité que deux degrés, celui des étudiants et celui des maîtres. Quiconque se sentait assez habile, ou assez hardi, pour affronter le jugement public, ouvrait école, après avoir obtenu toutefois la *licence* de l'Eglise, et le succès ou la chute était sa récompense. Toutefois, dès le temps d'Abailard, ses adversaires lui reprochaient de s'être institué de sa propre autorité maître en théologie. Ces grades étaient au nombre de deux: celui de *bachelier* et celui de *maître*. Le titre de *bachelier* auquel les écoliers aspiraient d'abord, mot de formation secondaire et corrompue, tire vraisemblablement son origine du mot *baculum* (bâton), et puise son analogie dans les luttes auxquelles s'exerçait la jeunesse militaire. Les plus anciens bacheliers furent les bacheliers *ès arts*. Après avoir étudié suffisamment son *trivium*, l'aspirant au baccalauréat *déterminait*, c'est-à-dire s'exerçait à exposer les diverses définitions des *catégories*, qui constituaient la matière de ce premier cours, et à disputer. Ces exercices avaient lieu publiquement en présence des maîtres, et se répétaient à diverses reprises, notamment pendant le temps du carême. Le candidat, s'il était reçu, prenait le titre de *bachelier*. Il entrait en possession du droit de porter la chape ronde, distinctive de son grade, et d'assister aux messes des nations. Puis il poursuivait le cours de son instruction. Arrivé aux termes de ses nouveaux efforts, c'est alors qu'intervenait à son égard l'autorité ecclésiastique.

De tout temps, comme nous l'avons posé en principe, le *droit d'enseigner* avait été considéré comme l'attribut de l'Eglise. Primitivement, l'un des chanoines de la cathédrale, délégué de l'évêque et chancelier, avait été chargé de donner la *licence*, c'est-à-dire ce droit lui-même (1). Lorsque la ville,

franchissant la limite de la Seine, embrassa dans ses murs le mont *Lucotitius*, l'abbé de Sainte-Geneviève, souverain spirituel et temporel de ce territoire, sur lequel l'Université de Paris avait également transporté sa demeure, entra ou demeura, comme l'évêque avec lequel il rivalisait de puissance, en partage de ce privilège ecclésiastique, et l'exerça comme lui, par l'organe de son chancelier. A une certaine époque, les deux chanceliers, égaux en droit, conféraient également, chacun sur son domaine, la *licence* des *arts*, de la *théologie*, du *droit*, de la *médecine*. Mais, par la suite des temps, la prépondérance fut acquise au chancelier de Notre-Dame, qui demeura seul en possession de créer des théologiens, des juristes et des médecins, aussi bien que des *artiens* ou humanistes; tandis que celui de Sainte-Geneviève partageait seulement le privilège de créer ce dernier ordre de gradués. Le *licencié*, une fois approuvé par l'Eglise, revenait devant les maîtres de sa Faculté, et recevait d'eux, avec une pompe nouvelle, le *bonnet*, insigne de son titre et de son nouveau grade, qui était celui de *maître ès-arts*. Dans les facultés *supérieures*, ainsi désignées, parce que celle des arts leur servait à toutes d'introduction, les choses se passaient à peu près de la même manière, si ce n'est que le dernier degré était plus spécialement accompagné, chez elles, de la dénomination de *docteur*.

La collation de ces grades et les épreuves nécessaires pour les obtenir étaient accompagnées d'une certaine pompe. Au jour dit, le candidat ou récipiendaire convoquait ses amis ou ses patrons, et les personnages les plus élevés en dignités se rendaient à ces invitations. Le roi Charles VIII, en 1485, et à plusieurs reprises pendant le cours de son règne, ne dédaigna pas d'assister à la soutenance de diverses thèses, et reçut en ces occasions les présents que l'Université avait coutume d'offrir aux princes et aux grands seigneurs. Ces présents consistaient en gants de soie ou de peau et en bonnets d'écarlate. Les convocations étaient faites à l'aide de billets, ou pancartes, que portaient les bedeaux. Après l'invention de l'imprimerie (1), ces billets atteignirent progressivement aux plus vastes dimensions, et le récipiendaire y déployait un luxe proportionné non pas toujours à ses lumières, mais à son rang et à ses richesses. Ces pancartes, connues elles-mêmes sous le nom de *thèses*, parce qu'elles offraient aux yeux les conclusions de l'argumentateur, s'imprimaient sur papier, sur peau

grade, mais une formalité indispensable à remplir, pour en obtenir un, qui se nommait la *maîtrise*.

(1) Dans des temps plus reculés, le bachelier en théologie, qui désirait passer sa thèse, allait inviter en personne les membres des cours souveraines en pleine audience. Le président alors suspendait la séance, répondait en latin et indiquait le jour où le tribunal se rendrait à l'invitation. Ces solennités mêmes portaient, par extension, la dénomination de *paranymphes*: on appelait ainsi des parrains littéraires dont les candidats devaient s'assurer le concours. Les *paranymphes* furent supprimés en 1747.

(1) La licence, comme on voit, n'était pas alors un

vélin ou sur étoffe de soie; elles se conservaient dans l'intérieur des appartements comme une décoration et un titre d'honneur (1). Le cabinet des estampes de la Bibliothèque nationale en possède une collection nombreuse qui se recommande par les noms historiques dont elle est illustrée, ainsi que par la beauté des gravures, dues souvent au burin des premiers maîtres et qui en faisaient le principal ornement (2). La Faculté de théologie était celle chez laquelle les formes de ce cérémonial avaient le plus de solennité et se perpétuèrent avec le plus de persistance. Voici comment les choses s'y passaient encore à la fin du xviiie siècle : « Lorsque la licence des théologiens et des étudiants en médecine est finie, ils sont présentés au chancelier de Notre-Dame en la salle de l'officialité, et, quelques jours après, il leur donne dans la chapelle de l'archevêché la bénédiction et la démission ou licence d'enseigner. Il donne aussi en même temps le bonnet de docteur aux théologiens ; ce qui est précédé d'une thèse qu'on nomme aulique, parce qu'elle se soutient dans la grande salle de l'archevêché (aula). La cérémonie commence par un discours du chancelier à celui qui doit être reçu docteur. A la fin de ce discours, il lui donne le bonnet; aussitôt le nouveau docteur préside à l'aulique, où il argumente le premier, et ensuite le chancelier, etc. L'aulique étant finie, le chancelier et les docteurs, accompagnés de bedeaux, mènent le nouveau docteur à Notre-Dame, où il fait serment devant l'autel de Saint-Denis, autrefois de Saint-Sébastien, de défendre la vérité jusqu'à l'effusion de son sang. Ce serment se fait à genoux. La seule distinction que l'on observe pour les princes est qu'on leur présente un carreau pour s'agenouiller (3). »

*Enseignement. Etudes.* — L'ensemble des connaissances didactiques, au moyen âge, se composait, dans le principe, des *sept arts libéraux* (4). On y adjoignit par la suite les *facultés* de *théologie*, de *droit* et de *médecine*.

(1) Voir le *Médecin imaginaire*, acte II, sc. vi.
(2) On sait que le célèbre Robert Nanteuil, de Reims, grava lui-même le sujet qui précédait la thèse soutenue par lui-même devant la Faculté de droit. Si la France, lorsque le génie de Nanteuil se révéla d'une manière aussi inattendue, a perdu un médiocre avocat, elle a gagné un grand artiste de plus. (*Note de l'éditeur*).
(3) Encyclopédie de Diderot, au mot *Chancelier de l'Université*. Poncelin, *Description de Paris*, 1781, t. III, p. 33, donne sur ce cérémonial des détails encore plus récents et plus étendus. Voir, pour les temps anciens, le travail remarquable de M. Charles Thurot : *De l'organisation de l'enseignement dans la faculté de Paris au moyen âge*. Paris, 1850, in-8°.
(4) Cette division des connaissances humaines remonte à l'origine la plus reculée, et l'antiquité la transmit au moyen âge. Marcianus Capella, rhéteur africain du ve siècle, adopta cette division dans son célèbre traité *De nuptiis Philologiæ et Mercurii*, édité par Grotius, in-8°, en 1599. Cassiodore, mort vers 562, écrivit un traité des *Sept arts libéraux*. Saint Branle, évêque de Saragosse, au viie siècle, employa, dans le sens que nous expliquons ci-dessus, les dénominations de *trivium* et de *quadrivium*

Plus tard encore, et tout récemment, la *faculté* des *sciences* vint s'ajouter à ces quatre catégories. Enfin, de nos jours, la somme totale des notions qui s'enseignent élémentairement dans les écoles peut se ranger sous deux grands chefs, les *lettres* et les *sciences*, auxquels il faudrait joindre, afin d'établir une division complète, celui des *beaux-arts*. Pour exposer méthodiquement l'histoire et les progrès de l'enseignement dans le passé, nous combinerons cette classification moderne, plus rationnelle que l'ancienne, avec celle qui nous est fournie par les errements primitivement suivis. Nous étudierons donc successivement, sous la dénomination de BELLES-LETTRES, l'histoire didactique de la *grammaire*, de la *rhétorique* et de la *dialectique*, qui formaient les trois branches du TRIVIUM, et nous y ajouterons celle de la *théologie* et du *droit*, qui en forment les dépendances et qui en sont les applications. Nous rattacherons aux SCIENCES trois des branches du QUADRIVIUM, savoir : l'*arithmétique*, la *géométrie* et l'*astronomie*, et nous y comprendrons la *médecine*. Nous terminerons par quelques mots sur la *musique*, seul spécimen ancien de l'enseignement des BEAUX-ARTS.

BELLES-LETTRES. — D'après les témoignages unanimes des historiens de l'antiquité, la faconde et l'art littéraire étaient au nombre des qualités innées qui se remarquaient chez nos premiers ancêtres. Les détails dans lesquels nous allons entrer maintenant serviront à prouver que nos pères du moyen âge avaient hérité de ces facultés, traits distinctifs et constants du caractère national. On a déjà vu que, dès le xiie siècle au plus tard, l'école de Paris l'emportait, sans comparaison, sur toutes ses rivales de la chrétienté, par sa renommée en matière de belles-lettres. Un docteur de cette époque, nommé Roger, doyen de l'église de Rouen, déclare qu'il n'y avait point de science humaine qui, étant apportée à Paris, n'y reçut un nouveau poli, une perfection nouvelle (1). Cet hommage s'applique spécialement ici aux travaux littéraires. Les études de ce genre s'établirent de bonne heure sur un démembrement du fief de Garlande, situé vers le bas de la montagne Sainte-Geneviève, tout près de la place Maubert. Au commencement du xiiie siècle, elles occupaient presque exclusivement une rue entière, connue sous le nom de rue du *Fouarre* ou du *Feurre*, à cause, dit-on, de la paille dont les auditoires étaient jonchés, suivant la coutume du temps, et sur laquelle les étudiants se groupaient autour de la chaire des maîtres. C'est là que, pendant plus de trois cents ans, la parole des docteurs parisiens attira, de tous les pays de l'Europe, un concours incessant d'auditeurs ; c'est là que vinrent s'asseoir, en qualité de disciples, Roger Bacon, Albert le Grand, Pierre d'Espagne, Boccace, Pétrarque, et Dante lui-même, qui, dans ses vers, a immortalisé le souvenir de

(1) *Anglia sacra*, Lond. 1691, in-fol., t. II, p. 477-78.

cette école et le nom d'un maître que probablement il y avait écouté :

> . . . Essa è la luce eterna di *Sigieri*,
> Che, leggendo nel *vico degli Strami*,
> Silloggizzò individiosi veri (1).

La *grammaire* était naturellement le premier objet des études. De nombreux traités sur cette matière avaient été transmis par l'antiquité d'âge en âge, et furent ensuite commentés ou rédigés sous une nouvelle forme par les maîtres chargés de les enseigner (2). Parmi les plus anciens et les plus généralement répandus, il nous suffira de citer Célius Donatus, grammairien romain du iv° siècle, auteur du *De octo partibus orationis* (Des huit parties du discours), universellement connu pendant tout le moyen âge sous le nom de Donat. Jusqu'au xiii° siècle, on enseignait aussi généralement dans les écoles le *Petit* et le *Grand Priscien* : le premier contenait les éléments de la langue, et s'appelait aussi a.-b.-c; le second renfermait la syntaxe et les règles du langage édictées par ce grammairien. De 1210 à 1240, un régent de l'École de Paris, nommé Alexandre de Villedieu, rédigea sous une autre forme et mit en vers léonins ce dernier ouvrage, et donna à son œuvre le titre de *Doctrinal*. Ces auteurs et plusieurs autres se perpétuèrent dans l'enseignement élémentaire de la chrétienté jusqu'à la Renaissance. Mais, à cette époque, une rénovation universelle s'introduisit dans ce genre de livres. En 1514, le synode de Malines prescrivit pour les enfants la grammaire récemment publiée par un maître flamand, Jean Despautère ; ce nouveau traité remplaça chez nous le *Doctrinal* jusqu'au xvii° siècle, époque où les philosophes de Port-Royal ne dédaignèrent pas d'appliquer aux livres classiques leurs savantes veilles, et déterminèrent une nouvelle réforme dans cette branche importante de la littérature et de l'instruction publique. Pour la *rhétorique* et les humanités, les œuvres de Cicéron, de Quintilien, de Victorinus; Virgile, Ovide, Horace, Tibulle, et divers commentateurs ou imitateurs, contemporains de chaque époque du moyen âge, furent successivement suivis dans les écoles. Enfin le troisième degré de cette catégorie d'études, la *dialectique*, eut d'abord pour guides les écrits de saint Augustin ; puis ceux d'Aristote, progressivement légués ou rendus aux temps modernes par les Latins, les Grecs et les Arabes, et qui exercèrent une influence prépondérante sur le mouvement littéraire et intellectuel de toute

la période qui nous occupe en ce moment (1).

L'ordre et le temps du travail se distribuaient ainsi. Les règlements universitaires du xiii° siècle, suivant une tradition qui remonte, on le voit, à une date peu nouvelle, astreignaient maîtres et écoliers à une diligence matinale. Dès l'heure de *prime*, c'est-à-dire au lever de l'aurore, ils devaient renoncer au sommeil. Le régent lisait (2) alors ou dictait d'une voix encore peu sonore, *submissa voce*, dit la glose d'un ancien statut, une première leçon aux élèves. Puis à *midi* se tenaient les *déterminances* et les *disputations*, qui portaient de là le nom de *méridiennes*. Enfin un troisième exercice, qui avait lieu vers la fin du jour, consistait en répétitions et en conférences dans lesquelles les disciples récitaient ou répondaient aux interrogations du maître.

Ces prescriptions, applicables surtout aux connaissances élémentaires, passèrent de bonne heure au sein des collèges, lorsque ces établissements s'ouvrirent, comme nous le dirons plus tard, pour servir de refuge à la jeunesse studieuse. Quant aux écoles de la rue du Fouarre, elles commencèrent à décliner dès que les collèges eurent atteint leur développement normal. Déjà, au commencement du xv° siècle, la publicité de l'enseignement des arts ou philosophie y avait été restreinte. Cette publicité, interrompue complètement lors des troubles de la réforme, ne se rétablit jamais depuis cette époque. Les anciens bâtiments continuèrent toutefois de subsister, et servirent aux *actes publics* et à la soutenance des thèses de cette Faculté.

La *théologie* n'était pas seulement le terme suprême de la littérature et le but le plus élevé de la dialectique ainsi que de la philosophie. Cette science constituait encore au moyen âge une profession, ou du moins une qualité; elle ouvrait à ceux qui en étaient pourvus la carrière sociale la plus vaste et la plus brillante, celle de l'Église. Le premier maître qui jeta sur cet enseignement un grand éclat, et qui fonda au sein de l'École parisienne une tradition durable, fut le célèbre Pierre Lombard (1145-1154). Ce fut lui qui réunit, sous le nom de *Livre* ou de *Somme des sentences*, une première compilation des Pères, qui peut être comparée aux collections de lois de la jurisprudence. Lorsqu'au xiii° siècle l'Université eut pris un corps plus régulier, deux ordres monastiques nouvellement créés, les Franciscains et les Dominicains, demandèrent à en faire partie; mais l'Université, mue par cet

---

(1) Dante, *Divina Commedia*, Paradiso, cant. ix, vers 136. Voy. sur *Siger de Brabant* l'édition de Dante par E. Aroux, 1842, t. II, p. 99 ; et les nouvelles recherches de M. Victor Le Clerc, *Hist. litt. de la France*, t. XXI, p. 96.

(2) La plupart de ces auteurs ont été recueillis dans les collections suivantes : *Grammaticæ latinæ auctores antiqui*, de Putschius, Hanoviæ, 1605, in-4°, et Gothofredus (Dyon.), *Auctores latinæ linguæ*, etc. Colon. Allobrog, 1622, in-4°

(1) Voy. sur cet important sujet : Jo. Launoii, *De varia Aristotelis fortuna*, 1734, in-fol ; Am. et Ch. Jourdain, *Recherches sur les traductions d'Aristote*, 1843, in-8° ; et A.-H.-L. Heeren, *Geschichte der classischen Litteratur im Mittelalter*, Gœtting. 1822, in-8°, 2 Bände, erst. Th.. zweites Buch.

(2) De là le nom de *lecteurs* conservé jusqu'à la révolution française, notamment au collège de France, et maintenu encore aujourd'hui dans les Universités d'Allemagne, où les professeurs portent le titre de *Lehrer*.

esprit d'exclusion qu'engendre nécessairement le privilége, opposa à leur incorporation des fins de non-recevoir plus ou moins spécieuses et une longue opiniâtreté. Elle fut enfin vaincue par l'autorité royale unie à celle du Saint-Siége, et contrainte, en 1257, d'admettre les religieux dans son sein. Cet événement fut à la fois pour l'Université l'origine de nouveaux développements par la création de la *Faculté* à laquelle il donna lieu, et la source d'un notable accroissement de sa propre renommée par les brillants travaux que produisirent ces nouveaux venus. Comme ces religieux, en effet, ne pouvaient être assimilés qu'aux maîtres en théologie, ces derniers, secondés par l'assentiment de tous les autres maîtres ou docteurs ès arts, et par la commune antipathie contre ces *intrus*, établirent une catégorie spéciale, qui prit le nom de Faculté de *théologie*, en ayant soin toutefois de les reléguer au dernier rang et de leur dénier l'accès des principaux honneurs de la compagnie. En 1334, Benoît XI unit les écoles de théologie de Notre-Dame, qui jusque-là étaient restées distinctes, à l'Université de Paris, et, dans les siècles suivants, la Faculté ne cessa pas de jouer le rôle important qui s'attachait à la nature de connaissances qu'elle avait pour mission d'enseigner. Le siége de la Faculté de théologie fut de tout temps à la Sorbonne.

Cet exemple d'organisation fut bientôt imité par les juristes. En 1157, Gratian de Bologne avait réuni sous le nom de *décret* les diverses décisions des Papes et des conciles, qui composaient en grande partie la jurisprudence ecclésiastique ou droit canonique. Ce recueil fut goûté du Souverain Pontife Eugène III, qui l'accueillit avec empressement et en ordonna l'étude et l'enseignement au sein des écoles et des églises. Telle fut la lointaine origine de la Faculté de *décret*, laquelle n'était d'abord qu'un démembrement de celle de théologie. Vers la même époque, la nouvelle publication des *Pandectes* de Justinien vint augmenter la somme des connaissances de l'Europe chrétienne en matière de droit, connaissances qui se bornaient alors à la possession du code *Théodosien*, des lois barbares et des capitulaires de diverses dynasties. Cette acquisition ranima partout les études des jurisconsultes, et bientôt le droit civil vint prendre place dans l'Université de Paris, à côté du droit canonique. Mais les Papes et les prélats, aux yeux desquels la *théologie* était la science suprême et la seule nécessaire, favorisèrent exclusivement le développement de cette Faculté, et ne permirent l'exercice du droit qu'en tant qu'il se rapportait à la doctrine et aux intérêts de l'Eglise, c'est-à-dire du droit canonique. Vers 1210, Honorius III rendit une bulle célèbre qui interdit l'enseignement du droit civil à Paris et dans les lieux circonvoisins, comme préjudiciable aux études théologiques. L'inopportunité d'une telle prescription, en présence des besoins et des efforts croissants des études, n'en

permit jamais la complète application, et la science du droit séculier ne cessa point d'étendre ses progrès. On ne peut toutefois dater avec certitude la pleine organisation de la Faculté de droit que de 1271, époque à laquelle elle jouissait d'un sceau particulier.

L'histoire littéraire ou didactique du droit pendant le moyen âge se partage, selon le docte annaliste de cette science, M. de Savigny (1), en trois périodes. La première, qui s'étend d'Irnerius (2), mort vers 1150, à Accurse, mort en 1293, peut s'appeler la première école des glossateurs. Les travaux qui la distinguent consistent à exhumer péniblement et à mettre en lumière, autant que le permettait l'obscurité des temps, les textes incompris de la jurisprudence romaine. Ces travaux ont à peu près exclusivement pour théâtre, dans le monde, l'Italie, et, dans l'Italie, l'école de Bologne. C'est seulement au commencement de la seconde période, remplie à peu près par le XIVᵉ siècle, que se dessinent avec originalité les traits et l'influence des maîtres français. Jacques de Ruvigny ou *de Ravanis*, qui ouvre cette ère de distinction pour la France, né à Ruvigny, près de Langres, eut pour maître Jacques Balduin, docteur de Bologne; il enseigna le droit à Toulouse, en 1274, et mourut évêque de Verdun, en 1296. Ruvigny passe pour le premier jurisconsulte qui ait appliqué à la science du droit les ressources de la dialectique. Guillaume de Belleperche, évêque d'Auxerre, puis chancelier de France en 1306, et, après lui, Jean Favre ou le Fèvre, tous deux professeurs, l'un à Toulouse et à Orléans, l'autre à Montpellier, continuèrent quelque temps sa méthode et sa renommée. Mais il faut reconnaître, en général, que l'école de Paris prit alors peu de part à ce genre de gloire littéraire, réservé principalement à l'Italie, où le droit avait pris naissance et où l'épanouissement de l'antique système des municipes, sous la forme brillante et rajeunie de ces républiques florissantes, à demi oligarchiques et à demi démocratiques, devait favoriser son nouveau développement. C'est alors que Bologne vit s'élever autour d'elle des écoles rivales de Pise, de Padoue, de Pavie, etc. Le XVᵉ siècle marque l'étendue d'une troisième période, pendant laquelle les Niccoli, les Laurent Valle, les Politien et tant d'autres préparèrent et commencèrent ce mouvement qui devait régénérer la face de toutes les notions humaines et qui s'appelle la Renaissance. Mais la France demeura encore à peu près étrangère à l'œuvre de cette phase dans l'histoire du droit. L'heure de l'époque glorieuse qui vit briller les Cujas et les Pithou n'avait point encore sonné. Ce

(1) *Hist. du droit romain*, t. IV de la traduction de M. Ch. Guénoux. Hingray, 1839, in-8°.
(2) Irnérius avait eu lui-même un prédécesseur nommé Peppo, mais qui ne laissa aucune réputation. Damianus, mort en 1072, atteste qu'antérieurement à cette époque Ravenne avait une école de droit. (SAVIGNY, *ibid.*, p. 9.)

ne fut enfin qu'à dater de 1670, sous le règne de Louis XIV, que le droit civil devint ou redevint, à Paris, l'objet d'un enseignement public et régulièrement constitué.

L'école de droit, après avoir été longtemps nomade, comme la primitive Université, se fixa, vers le xiv° siècle, au *Clos-Bruneau*, dans le voisinage des *Arts*. En 1384, selon Sauval, elle fut transférée rue Saint-Jean-de-Beauvais, sur le haut de la montagne Sainte-Geneviève ; puis enfin, établie, en 1772, sous le règne de Louis XV, dans un bâtiment neuf construit par le célèbre Soufflot, bâtiment qu'elle occupe encore aujourd'hui.

SCIENCES. — L'homme, en interrogeant les énigmes que la nature offre de toutes parts à ses yeux, emprunte d'abord à son *imagination* et à son *cœur* les solutions de ces problèmes. C'est plus tard seulement que la *raison*, l'expérience et le jugement lui fournissent une autre lumière. Le soleil, par exemple, dut être défini longtemps, suivant l'expression d'Alcuin, « la splendeur de l'univers, la beauté du firmament, la grâce de la nature, la gloire du jour, etc., » avant d'être reconnu pour le centre et le foyer de l'attraction universelle. Telle est la marche constante de la science dans l'histoire de l'humanité. Au sein de l'Europe chrétienne du moyen âge, de notables circonstances vinrent influencer cette loi du développement intellectuel. Le christianisme était merveilleusement propre à féconder l'esprit rêveur et l'âme sensible des populations du nord. Le spiritualisme du dogme, la croyance au *diable* et aux deux principes, furent le point de départ d'un ordre étrange de conceptions cosmogoniques ou physiologiques, qui, pendant des siècles, prirent place à côté de la religion dans les esprits, et qui tinrent lieu de toute science positive. Sous l'influence de ces causes, le ciel et la terre, l'espace, l'air, les entrailles du sol, le sein des eaux, le corps humain lui-même ; en un mot tout ce qui échappait à la courte portée des sens éclairés par la lumière de la réalité ; cet invisible et cet inconnu immenses, se peuplèrent soudain d'une multitude infinie de puissances, dont Dieu et le diable se partageaient en quelque sorte le suprême empire, mais que le diable avait le privilége de mettre incessamment en action. Le ciel, séjour de l'éternel pouvoir, ouvrit à des hiérarchies innombrables d'archanges, d'anges, de chérubins, de séraphins, de trônes, etc., ses régions lumineuses. Puis entre le ciel et l'enfer, sombre royaume affecté aux démons, la nature entière fut livrée à de véritables divinités topiques et spéciales, bizarre transformation de l'antique polythéisme, qui régissaient toutes les forces du monde, sous le nom de gnomes, de djinns, de lutins, de fadets et farfadets, de fées, de korrigans, de larves, de lamies, de lémures, etc., etc. Les astres, planant dans les profondeurs de l'étendue, devinrent aussi la source d'influences supérieures. Placé

au milieu de ce réseau confus, soumis à l'écrasante pression du dogme de la chute et du néant de l'homme, le fidèle, de quelque côté qu'il s'orientât, armé du timide flambeau de sa raison, se heurtait éperdu contre le *mystère*. De là le caractère si frappant qui distingue les premiers errements scientifiques du moyen âge. De là le nom de *sciences occultes* que revêtirent alors les études de ce genre. Laissant toutefois de côté cet aspect poétique et primitif de notre sujet, tentons d'esquisser en traits rapides et analytiques la renaissance des connaissances scientifiques et les procédés appliqués à leur enseignement. L'*astronomie*, mêlée nécessairement à l'astrologie, fut la première des sciences qui attira sur son domaine les efforts et les recherches de l'intelligence. Elle était en effet indispensable afin de pourvoir à l'un des besoins élémentaires du culte, à savoir la détermination de la fête de Pâques, qui repose, comme on sait, sur le retour de la lune de mars, et sur laquelle s'appuie le reste du calendrier liturgique. Ces calculs donnèrent lieu à la création d'une science qui fut longtemps l'apanage de l'Eglise et connue sous le nom de *comput* ou *compot*. Denis le Petit, né au vi° siècle, en Italie, fut l'un des principaux computistes. Il renouvela le cycle pascal de quatre-vingt-quinze ans, et introduisit dans la chrétienté la manière de compter les années depuis la naissance de Jésus-Christ. Un autre computiste très-célèbre, Jean de Holywood, plus connu sous le nom latinisé de *Sacrobosco* ou de *Sacrobosco*, né en Angleterre, et mort à Paris en 1236, renouvela par ses écrits l'enseignement de ces connaissances. Sous le titre de *Sphera mundi*, il nous a laissé un traité souvent réimprimé dans les premiers temps de la typographie, et qui demeura classique jusqu'aux grands progrès scientifiques du xvi° siècle. Isidore de Séville nous fait voir, dans ses *Etymologies*, que de son temps les opérations de l'*arithmétique* se pratiquaient et s'enseignaient à l'aide de cailloux, en latin *calculi*, sur lesquels était peint le nom des signes numériques (1). Ces signes, transmis par les Latins, étaient ceux de la numération romaine. Au xiii° siècle, Léonard Fibonacci, après avoir voyagé dans le Levant et sur le littoral de la Méditerranée, publia, sous le titre d'*Abbacus*, un traité où se trouve exprimé et expliqué pour la première fois ce système des Indiens, recueilli par les Arabes, et connu aujourd'hui sous le nom de ce dernier peuple. L'encyclopédiste Vincent de Beauvais, mort sous le règne de saint Louis, fit connaître à son tour ce système dans le grand ouvrage qui nous est resté de ce compilateur. Fibonacci fut aussi le restaurateur de la *géométrie*, sur laquelle il écrivit un traité et propagea des connaissances qu'il avait également reçues des Arabes. Vers la même époque, de nombreux

(1) Ce procédé servait aussi pour enseigner les éléments de la lecture (ISID. HISP. *Origin.*, 1557, infol., lib. 1, cap. 3).

traducteurs reproduisirent, en latin, les connaissances mathématiques de l'antiquité, accrues par les recherches des musulmans, et qui étaient conçues en grec, en arabe ou en hébreu, langues inaccessibles à la plupart des intelligences européennes. Les plus importantes et les plus anciennes de ces traductions, à partir du x⁰ siècle, sont dues à Constantin l'Africain, Gerbert, Adelard de Batte, Platon de Tivoli, Hermann le Dalmate, Alfred de Morlay, Gérard de Crémone, Michel Scott et Guillaume de Lunis, dont les noms expriment la diverse patrie en rappelant les différentes contrées de l'Europe. Le prix élevé des livres et la difficulté d'en faire les instruments d'un enseignement simultané firent recourir, pour une part notable, pendant le cours de cette période, à l'emploi de procédés manuels ou mnémoniques, destinés à remplacer l'écriture. Nous citerons comme un exemple remarquable de la persistance de ces méthodes un curieux ouvrage imprimé en 1582, sous le titre suivant : *Compot et manuel kalendrier, par lequel toutes personnes peuvent facilement apprendre et sçavoir les cours du soleil et de la lune*, etc., par Thoinot Arbeau, etc. (1). Cet ouvrage, rédigé sous la forme de dialogue entre un maître et un écolier, est rempli de recettes et de procédés de ce genre, qui, du reste, subsistent encore en partie dans l'usage de tous les peuples.

L'enseignement régulier de la *médecine* paraît avoir pris naissance à Paris vers la seconde moitié du xii⁰ siècle, et cette Faculté fut la dernière qui se forma dans le sein de l'Université de Paris. Son existence n'est clairement constatée qu'en 1270, et c'est seulement en 1274 qu'elle scella ses actes d'un sceau particulier. Les religieux, qui seuls possédaient l'instruction nécessaire pour aborder avec quelque fruit ces études, en furent les premiers dépositaires; mais la discipline de l'Eglise tenta de restreindre ces efforts. Ainsi que nous l'avons vu pour le droit civil, le concile de Tours, présidé par Alexandre III en 1163, défendit aux moines profès d'assister aux leçons de médecine. Cette défense, renouvelée à diverses reprises par l'autorité ecclésiastique et notamment par Honorius III, demeura du reste également sans exécution. Les notions médicales de l'antiquité avaient été transmises au moyen âge par les Grecs et les Arabes. L'école de Salerne et celle de Montpellier disputèrent même pendant longtemps la renommée que la Faculté de Paris ne réussit que très-tardivement à conquérir. En général, l'enseignement était purement théorique. Les livres, assez rares, composés *ex professo*, consistaient ordinairement en traductions de l'arabe, en pastiches et en compilations. Le peu d'ouvrages

originaux qui nous restent des anciens docteurs chrétiens ne s'étendent guère au delà de la matière médicale et de la pharmacie. Quelques exceptions sont à faire en faveur d'un petit nombre d'observations sur la marche et l'historique de certaines maladies. L'étude des faits, de la nature, base de toute science véritable, était profondément antipathique à la médecine du moyen âge. L'empirisme et la tradition en formaient le fonds principal. Les Arabes ne cultivaient point l'anatomie, que proscrivaient les préjugés musulmans. Cet exemple fut imité par les chrétiens. Cependant, en 1376, l'Université de Montpellier eut un démonstrateur d'anatomie. Louis d'Anjou, comte de Provence, permit alors aux docteurs de cette Faculté de prendre, *chaque année*, pour cet effet, le cadavre d'*un* criminel, exécuté judiciairement. Ce privilège fut confirmé en 1396, 1434 et 1496. Toutefois cette innovation sensée ne prit aucun développement et n'eut point de résultat sérieux. C'est seulement au commencement du xvi⁰ siècle que Jacques Sylvius professa, avec quelque succès, l'anatomie. La chirurgie resta longtemps l'objet d'un dédain altier, comme étant un vil travail *manuel*. Elle était abandonnée aux barbiers et formait un *métier* distinct, quoique placé sous la haute juridiction des docteurs. En 1498 et 1499, la Faculté de Paris ouvrit les premiers cours, en français pour les barbiers, et en latin pour les chirurgiens. Les fameuses querelles de Renaudot, l'histoire du quinquina, de l'antimoine, de l'opium, du mercure, de la circulation sanguine, de l'inoculation, etc., prouvent qu'au xvii⁰ siècle, et plus tard encore, la médecine était demeurée digne du ridicule que lui infligea Molière. Dès 1724, cinq chaires de démonstrateurs royaux furent créées pour la chirurgie. L'Académie de chirurgie prit naissance en 1731. L'année 1774 vit fonder l'école de chirurgie et de médecine. Enfin, la *Société de médecine*, connue aujourd'hui, après de nombreuses transformations, sous le nom d'*Académie*, s'établit en 1776. Toutes ces créations furent l'œuvre du gouvernement. Aucune d'elles ne put naître sans vaincre, de la part de l'antique Faculté, une opiniâtre résistance. Mais c'est seulement de cette ère nouvelle et, comme on le voit, toute récente, que date véritablement l'éclat de l'Ecole médicale française.

Dans le principe, l'enseignement médical ne possédait aucun siège fixe. Cet enseignement eut lieu pendant longtemps sous le porche de Notre-Dame, à Saint-Yves et aux Mathurins. Chaque maître enseignait chez lui, ou dans des salles de louage, dans les environs de la rue du Fouarre. Au xv⁰ siècle, Jacques des Pars, médecin de Charles VII, aidé des libéralités de ses confrères, proposa et fit agréer le dessein de donner à l'école une demeure. Les premiers bâtiments, construits sur les ruines d'une maison achetée des Chartreux, dans la rue de la Bûcherie, furent achevés en 1477. Successivement agrandi et reconstruit, cet édifice reçut en

---

(1) Anagramme d'Anthoine Taboureau, chanoine de Langres. Langres, Jean des Preiz, in-4⁰ *gothique*, réimprimé en 1588. On peut consulter, sur la numération *manuelle* ou *naturelle*, un article intéressant de M. Abel Transon, dans l'*Encyclopédie nouvelle*, au mot *Arithmétique*.

1744 de nouveaux agrandissements. En 1775, il menaçait ruine, et le chef-lieu de la Faculté fut transporté dans les anciennes écoles de droit de la rue du Fouarre. Elle y resta jusqu'à l'époque de la Révolution française.

BEAUX-ARTS. — L'enseignement de la musique, qui seule représentait au moyen âge cette branche de l'éducation publique, embrassait la théorie et la pratique. Les traités les plus anciens employés dans les écoles furent ceux de saint Nicet, qui datent du vi° siècle, et celui d'Aurélien, qui date du ix°. Dans l'intervalle saint Grégoire avait introduit dans le chant ecclésiastique la grande réforme à laquelle il donna son nom, et tout le monde connaît la seconde révolution, accomplie, au xi° siècle, par le moine Gui d'Arezzo, inventeur du système des portées. C'est aussi vers la même époque, au xiii° siècle, que le plain-chant commence à faire place à la musique mesurée. Les diverses écoles de la chrétienté, et notamment celles de la France, produisirent pendant le cours du moyen âge des compilations multipliées. L'abbé Lebeuf, chanoine d'Auxerre, particulièrement versé dans ce genre d'érudition, a recueilli l'indication d'un certain nombre de ces ouvrages (1). Des monuments graphiques conservés jusqu'à nos jours nous apprennent que les procédés *naturels* étaient également employés pour l'enseignement de la musique.

FACULTÉS DE THÉOLOGIE. — Le chapitre 6 du budget de l'instruction publique avait, ces dernières années, l'inconvénient de présenter des proportions exagérées et de confondre des services qui n'ont entre eux de similitude que par le titre de *Facultés* qui leur appartient également. Il en est résulté dans le passé des abus qu'il importe de prévenir désormais. Des dépenses excessives et irrégulières, faites pour le compte d'un établissement d'instruction supérieure, étaient couvertes à l'aide de crédits demandés pour une Faculté de tout autre nature. Les règles d'une bonne administration demandent que la spécialité des chapitres réponde à celle des services. C'est pourquoi la commission adopte la division du chapitre 6 en autant de chapitres distincts qu'il renferme aujourd'hui de sections.

L'existence des Facultés de théologie soulève des questions qui méritent d'être mûrement examinées. La commission les a posées ainsi :

Convient-il que l'enseignement de la théologie continue à être compris au nombre des services universitaires?

L'institution des Facultés de théologie est-elle favorable au développement des hautes études?

Est-elle dans l'intérêt de la religion et du culte?

Dès l'origine de l'érection des Facultés de théologie, ressortissant au conseil de

(1) L'état des sciences en France, depuis la mort du roy Robert (1051) jusqu'à celle de Philippe le Bel (1314). Paris, 1741, in-12, p. 110 à 122

l'Université et faisant partie intégrante de l'enseignement donné par l'Etat, cette création fut mal reçue par le clergé. Les évêques ne reconnaissaient pas à l'Université laïque le droit d'être juge de l'enseignement théologique, juge des professeurs appelés à le donner. Ils considéraient cette haute science comme trop essentiellement liée à la croyance religieuse pour être placée dans la main de fonctionnaires étrangers à l'Eglise.

La conséquence de cet éloignement du clergé pour les Facultés de théologie fut de rendre absolument impossible la constitution de l'une d'elles, celle de Toulouse, et de frapper d'atonie les Facultés qui parvinrent à s'établir. Les évêques envoyèrent difficilement aux cours de ces Facultés les élèves de leurs séminaires; ces cours manquèrent d'auditeurs. Les grades conférés par ces Facultés, n'ayant aucune valeur canonique, furent très-peu recherchés. On peut juger du délaissement des Facultés de théologie, sous le rapport des grades, par ce seul fait : dans le budget de 1849, le total des droits de présence aux examens, à répartir entre vingt-huit professeurs des cinq Facultés catholiques, n'est porté que pour la somme de 200 francs.

En ce moment les Facultés de théologie n'obtiennent que leurs cours soient suivis avec quelque assiduité qu'à la condition de les transformer en cours à l'usage intérieur des séminaires, comme à Aix, ou de ne professer de la théologie que les parties les plus attrayantes, comme à Bordeaux. Les rapports de l'inspection générale, pour 1848, constatent que, dans cette Faculté, le cours d'Ecriture sainte réunit un assez grand nombre d'auditeurs; mais que les autres cours ne sont suivis ni par les élèves séminaristes, ni par aucun autre auditeur. Le même rapport établit qu'à Rouen les cours ne sont presque pas suivis, et que l'autorité archiépiscopale s'oppose à ce que les élèves des séminaires y assistent.

La commission a pensé qu'un pareil état de choses ne devait pas subsister plus longtemps. Elle reconnaît la nécessité de ne pas laisser tomber en France l'enseignement théologique, qui a puissamment contribué au progrès de l'esprit humain; mais elle est convaincue que le meilleur moyen de rendre à cet enseignement son utilité, c'est de l'affranchir de la dépendance où il est aujourd'hui placé; c'est de laisser, avec la surveillance et la protection de l'Etat, l'enseignement théologique sous la direction et la discipline du clergé. Au lieu d'entretenir dispendieusement cinq Facultés de théologie qui sont loin de répondre aux besoins de la science et du culte, il a paru à la commission qu'il y aurait avantage moral et financier à décharger le budget de l'instruction publique du crédit destiné à l'entretien des Facultés de théologie, et à reporter au budget des cultes un crédit propre à couvrir les subventions qui seraient réclamées par les évêques pour entretenir de hautes écoles de théologie. Sans doute tous les diocèses ne

pourraient pas prétendre à voir s'établir dans leur circonscription ce haut enseignement; mais, dans les centres importants, il serait possible aux évêques et archevêques de grouper quelques savants professeurs, dont les cours bien combinés constitueraient l'enseignement complet des sciences théologiques. C'est dans ces conditions que les subventions du ministère des cultes pourraient être utilement accordées.

L'éloignement du clergé catholique pour les Facultés de théologie ne s'applique pas à l'Eglise protestante, qui profite au contraire avec empressement de l'enseignement donné dans les Facultés protestantes de Strasbourg et de Montauban. Cependant la raison capitale qui, dans l'opinion de la commission, doit faire cesser de comprendre les Facultés de théologie parmi les services universitaires, s'applique avec une égale force à la théologie de l'une et de l'autre Eglise. Il a donc paru à la commission aussi convenable de faire rentrer l'enseignement théologique protestant sous la direction de la discipline des consistoires, que de replacer ce même enseignement pour les catholiques sous l'autorité des évêques. Au reste, dans sa pensée, les subventions du ministère des cultes viendraient également en aide aux consistoires pour favoriser l'entretien des hautes études en théologie réclamées par l'Eglise réformée.

La commission invite M. le ministre de l'instruction publique à vouloir bien préparer cette transformation de l'enseignement théologique, après avoir pris l'avis des membres du haut clergé et des consistoires.

En ce qui touche l'allocation budgétaire de 1849, elle croit devoir proposer sur les Facultés de théologie catholiques une réduction qui exprime la volonté de l'Assemblée de ne plus les voir comprises au nombre des services universitaires.

Les traitements des professeurs de ces Facultés, assimilés à des traitements de disponibilité, seraient réduits, pour Paris, de 4,500 fr. à 3,000 fr.; pour les départements, de 3,000 fr. à 2,000 fr.

Total des réductions sur les traitements, 31,000 fr.

Le même système de réduction immédiate n'est pas possible pour les Facultés protestantes, dont les cours sont le seul moyen d'instruction des aspirants aux fonctions de ministre du culte réformé, et sont aussi par cela même assidûment suivis.

Sur le matériel des Facultés catholiques, la commission propose une réduction de 3,000 fr.

Economie sur l'ensemble de l'article, 34,500 fr.

Il n'est personne qui ne pense qu'une réorganisation des Facultés de théologie est devenue urgente; il est indispensable qu'elle soit établie sur des bases canoniques, afin que l'épiscopat puisse imprimer l'impulsion nécessaire au succès de leur enseignement.

Trois grandes Facultés seraient peut-être bien suffisantes : l'une à Paris, l'autre à Bordeaux, et la troisième à Lyon.

Chacun de ces établissements de hautes études ecclésiastiques serait ainsi soutenu par le zèle aussi ardent qu'éclairé de plus de vingt évêques suffragants, et leur ensemble répondrait mieux qu'aujourd'hui aux besoins de la situation de l'Eglise et de l'Etat.

FAMILLE. — On entend par famille les enfants, les ascendants ou descendants en ligne directe et collatérale. Ses devoirs sont des plus importants à l'égard de l'éducation. (Voy. DEVOIRS DES PARENTS ENVERS LES ENFANTS, col. 335.)

FOI SOUS LE RAPPORT PHILOSOPHIQUE. — Une différence essentielle existe entre la science et la foi prise dans son acception rigoureuse, mais la plus étendue. Savoir, c'est affirmer qu'une chose est, parce que l'esprit la voit. Or, notre esprit voit par les lumières du sens intime ou de l'évidence, par le secours du raisonnement. Croire, c'est adhérer à la déclaration d'une ou de plusieurs personnes qui affirment qu'une chose est. Cette déclaration est expresse ou tacite. La science seule nous donne la connaissance proprement dite de la vérité : car connaître, c'est voir la vérité. La certitude accompagne la science et la foi. Par la science, notre esprit est certain qu'une chose est parce qu'il la voit; par la foi, notre esprit est certain qu'une chose est, parce qu'il s'en rapporte à la déclaration d'autrui, qu'il juge exempt d'erreur ou de mauvaise foi. La foi est spontanée ou réfléchie. La foi est spontanée, lorsque l'esprit ne se rend pas compte du motif qui détermine son adhésion; elle est réfléchie dans le cas contraire. Le motif qui détermine notre adhésion dans la foi, c'est la conviction que la personne ou les personnes à la déclaration desquelles nous nous en rapportons ne veulent pas tromper et ne sont pas dans l'erreur elles-mêmes. Cette conviction prend sa source dans les lumières de l'esprit et dans les sentiments du cœur. Elle est réfléchie ou spontanée suivant que l'esprit a conscience ou non des rayons qui la produisent. Le fait psychologique de la foi se compose donc de trois éléments : de l'adhésion de l'esprit à la déclaration d'autrui; de la conviction que cette déclaration est exempte d'erreur et de mauvaise foi; des causes qui font naître cette conviction. La foi est donc rationnelle. La raison en effet pourrait-elle ne pas nous approuver d'adhérer à la déclaration de ceux qui, d'après notre conviction, ne sont ni trompés ni trompeurs? La foi est une loi de notre constitution intellectuelle. Tous les hommes sont portés à la foi par un penchant naturel. L'existence de ce penchant est incontestable; nous le trouvons au fond de notre être, alors que nous nous replions sur nous-mêmes. Sa nécessité n'en est pas moins constatée. La foi est le supplément nécessaire de la sensibilité et de la conscience pour tous les faits dont nous ne sommes ni les témoins ni les objets. Sans la foi, l'histoire n'a point

d'autorité pour nous, et le lien entre le passé et le présent est brisé. Sans la foi, nos connaissances en physique sont renfermées dans le cercle étroit de notre expérience personnelle. Sans la foi, la source des sentiments les plus doux est tarie ; l'amitié, la confiance sont impossibles. La foi est une condition indispensable pour la possibilité de l'éducation. Sans la foi, l'élève n'écoute point les leçons de son maître ; sans la foi, et sans le principe d'imitation, son auxiliaire, l'enfant est incapable d'apprendre la langue maternelle. En effet, sans le principe d'imitation, l'enfant ne pourrait pas reproduire les sons articulés des mots qu'il entend ; et sans la foi, il ne pourrait point connaître la signification des termes.

La foi est le lien de la famille. C'est par la foi qu'un père est assuré qu'il ne prodigue pas à des étrangers ses bienfaits et ses caresses, lorsqu'il embrasse, nourrit, protége les êtres qu'il regarde comme ses enfants. La tendresse conjugale, la piété filiale, l'affection fraternelle ne dérivent-elles point de la foi ? La foi est le fondement de la société : sans la foi, la société ne peut ni s'établir ni se conserver. Les hommes, dans l'état social, se sont tacitement engagés à respecter la vie, l'honneur, la fortune les uns des autres. Qu'est-ce qui nous détermine à compter sur cet engagement tacite ? n'est-ce point la foi ? Les titres qui garantissent la propriété, l'état civil, l'honneur des particuliers, ne sont-ils pas consignés dans des écrits ? C'est la foi qui donne de l'autorité à ces écrits. Les lois auxquelles sont soumis les citoyens d'un Etat sont discutées, adoptées loin de la plupart de ceux qu'elles obligent : elles reçoivent leur sanction en présence d'un petit nombre de témoins. C'est par la foi que l'on reconnaît l'authenticité de ces lois. Les individus confient à un médecin le soin de leurs intérêts : c'est la foi qui les persuade que le médecin ne se servira pas de son art pour attenter à leur vie, que l'avocat n'abusera pas de leur confiance pour les dépouiller de leurs biens. Enfin, sans la foi, chaque individu serait dans des alarmes continuelles pour sa vie et pour sa fortune ; il craindrait toujours de trouver un ennemi dans un de ses semblables, et serait invinciblement porté à chercher un refuge et la sécurité dans une profonde solitude : car tous les rapports qui existent naturellement ou qui sont établis parmi les hommes supposent nécessairement la foi. La foi, nous l'avons déjà prouvé, est le supplément nécessaire de la sensibilité et de la conscience, pour tous les faits dont nous ne sommes ni les témoins ni les objets. Elle est encore souvent notre seul guide, lors même qu'il est question des faits qui auraient pu être soumis à l'activité de notre raison et au témoignage de nos sens.

La foi est nécessairement le partage de la multitude dans tout ce qui est du ressort des sciences : comment la multitude pourrait-elle les étudier ? Le défaut de temps et d'instruction lui en enlève la possibilité.

La science, il est vrai, est le privilége de quelques hommes ; mais ce petit nombre d'hommes ne sont-ils pas encore obligés de s'en rapporter à la foi, lorsqu'il est question des sciences à l'étude desquelles ils ne se sont pas livrés ? Car où est le génie dont l'immense capacité pourrait embrasser, contenir toutes les connaissances humaines ? Ainsi, le médecin ne fait pas difficulté de s'étayer des découvertes de l'astronomie qu'il n'a point vérifiées par lui-même. Ainsi, l'avocat n'hésite pas à profiter des vérités physiques et mathématiques qu'il a reçues de confiance. Chaque art a ses secrets : leur connaissance est le prix d'études spéciales. Or, ces études spéciales que chaque art réclame, ne sont-elles pas exclusivement l'objet des réflexions d'un petit nombre d'individus ? Pour tout ce qui concerne les arts auxquels ils sont étrangers, le savant et l'ignorant sont donc forcés de consentir à être dirigés par la foi. Un penchant naturel porte tous les hommes à la foi : ce penchant se développe diversement chez les individus : s'il se développe avec excès, il dégénère en crédulité ; il produit le défaut contraire s'il ne se développe pas suffisamment. Plusieurs causes favorisent ou contrarient le développement du penchant à la foi. Ces causes sont en nous, ou hors de nous. Les sources d'où elles dérivent sont les objets de la foi, les personnes à la déclaration desquelles nous nous en rapportons, l'opinion publique, enfin l'esprit, le cœur, le caractère, l'expérience de ceux qui doivent croire. Le premier élément dont se compose le fait psychologique de la foi, c'est l'adhésion à la déclaration d'autrui. Or, le penchant à cette adhésion, comme tous les penchants de l'âme, se développe plus ou moins, suivant qu'il est plus ou moins exercé. L'inaction, ou des penchants contraires l'affaibliraient notablement et le détourneraient peut-être. Or, l'exercice de ce penchant est subordonné à la facilité plus ou moins grande de réaliser ce second élément de la foi : la conviction que la déclaration à laquelle on adhère a été faite de bonne foi, et qu'elle n'est pas erronée. Des exemples rendront cette vérité sensible. On propose à notre foi des faits ou des doctrines qui contredisent nos opinions et nos sentiments. Notre esprit admettra difficilement les preuves qui établiraient que les personnes qui nous parlent ne sont pas dans l'erreur et ne nous en imposent point. Notre volonté, prévenue contre un examen dont elle redoute l'issue, l'abrégera et le dirigera à son gré. L'expérience de tous les jours prouve, au contraire, que la foi nous est facile, lorsqu'il s'agit de croire ce qui s'accorde avec nos idées ou ce qui flatte nos passions. Il nous est alors si aisé de nous convaincre que ceux qui nous parlent ne sont ni trompés ni trompeurs !

Lorsque nous chérissons quelqu'un, ses défauts, ses vices même nous échappent entièrement ; notre esprit ne les aperçoit pas, notre volonté le détourne de cette vue et le force de s'arrêter sur des qualités et

des vertus qu'elle exagère toujours et que souvent elle suppose. La haine produit un effet contraire. Les qualités et les vertus de ceux qui en sont l'objet sont comme si elles n'existaient point : nous ne sommes frappé que de leurs défauts, que notre imagination grossit toujours et que souvent elle crée. L'amour et la haine ne doivent donc pas être sans influence sur l'exercice de notre foi. En effet, nous devons éprouver de la peine à nous persuader que nos ennemis sont exempts d'erreur et de mauvaise foi, et nous devons être naturellement disposés à croire que nos amis ne se trompent point et ne veulent pas nous tromper.

L'état de l'opinion publique a aussi de l'influence sur l'exercice de notre foi. Les faits que l'opinion publique rejette comme controuvés, les doctrines qu'elle repousse comme absurdes, obtiennent rarement notre créance. Nous sommes instinctivement portés à trouver des caractères d'erreur ou de vérité dans les doctrines et dans les faits qui sont universellement proclamés comme faux ou comme vrais ; et la réflexion nous détermine facilement à juger qu'il est plus possible que nous nous trompions nous-mêmes, qu'il ne l'est que tout le monde tombe dans l'illusion ou veuille en imposer. Ainsi, suivant la fluctuation de l'opinion publique, tel siècle pousse la pratique de la foi jusqu'à la crédulité la plus grossière, et tel autre pousse l'esprit de critique jusqu'au scepticisme le plus extravagant.

Notre esprit, comme notre corps, contracte des habitudes : elles agissent puissamment, les unes sur la direction de nos facultés, les autres sur la direction de nos mouvements. Or, nos habitudes intellectuelles sont ou naturelles ou acquises. Il existe des esprits présomptueux, actifs, indépendants ; il en est d'autres timides, paresseux, dociles. Les difficultés et les travaux que nécessite la recherche de la vérité, bien loin de lasser l'activité des premiers, ne font qu'irriter leur ardeur ; le plus léger obstacle, l'effort le moins pénible décourage et arrête les seconds. Les uns sont presque disposés à méconnaître la vérité qu'ils n'ont pas trouvée eux-mêmes ; ils ne croiraient pas la posséder s'ils ne l'avaient conquise. Les autres sont toujours prêts à se décharger du soin de chercher ce qui est vrai, et à profiter des découvertes qu'ils n'ont pas faites. On conçoit aisément que les uns doivent se roidir contre le penchant à la foi, et que les autres doivent s'y livrer avec empressement.

Nos facultés ne sont pas toutes également exercées dans la recherche de la vérité. Tantôt c'est la faculté de raisonner, tantôt ce sont les sens, d'autres fois c'est la conscience ou la mémoire qu'on exerce spécialement. L'exercice de telle ou de telle faculté prédomine suivant la diversité de nos études. Or, la faculté la plus exercée finit par obtenir une prépondérance sensible ; c'est à elle seule que nous nous plaisons à nous en rapporter, et nous voulons la faire intervenir, même lorsqu'il s'agit d'objets

qu'elle ne saurait saisir, parce qu'ils ne sont pas dans son domaine. Ainsi, les mathématiciens n'adhèrent avec une conviction entière qu'aux démonstrations où les termes sont ramenés à l'identité, et peu s'en faut qu'ils ne veuillent soumettre toutes les vérités à ce mode de démonstration. Ainsi, les savants qui s'occupent exclusivement des sciences naturelles et physiques regardent les sens comme le seul fondement de la certitude, et peu s'en faut qu'ils ne révoquent en doute les réalités inaccessibles au témoignage de nos organes. Ainsi, les philosophes plongés dans l'étude de la psychologie ne voient clairement que dans les profondeurs de la conscience, et peu s'en faut qu'ils ne rejettent les faits que sa lumière ne nous révèle point. Chez tous ces hommes le penchant à la foi ne doit-il pas être affaibli, presque étouffé par les habitudes de leur esprit ; ce penchant, au contraire, ne doit-il pas se manifester avec énergie chez les hommes habitués à se soumettre aux décisions de l'autorité ?

Les esprits auxquels l'hyperbole est familière et que le merveilleux charme, les âmes naïves et aimantes résistent rarement au penchant qui nous porte à la foi. Leur goût pour l'exagération, leur amour pour le merveilleux ne leur permettent guère d'apercevoir des signes d'impossibilité ou des marques d'altération dans ce qui est soumis à leur foi. Leur franchise et leur sensibilité leur font supposer faussement que tous les hommes leur ressemblent, qu'ils sont tous comme eux, bons et vrais. Les caractères francs et sensibles sont naturellement confiants ; or, la confiance n'est-elle pas la foi du cœur ? Un individu nous rapporte un fait ; il déclare qu'il en a été le témoin. Nous adhérons à son témoignage ; notre adhésion est déterminée par ces motifs formels ou implicites : cet individu est notre semblable, par conséquent il nous veut du bien ; il n'a pas l'intention de nous tromper ; il assure qu'il a vu le fait lui-même ; il n'a pas été induit en erreur. L'expérience nous montre souvent la fausseté de ces raisonnements ; car elle nous apprend qu'il n'est pas rare que les hommes soient les jouets de leurs illusions ou qu'ils veuillent en imposer à leurs semblables.

Un élève reçoit les leçons de son maître : il les écoute avec docilité, et sans attendre que sa raison soit assez éclairée pour les soumettre à son examen, il leur donne son assentiment de confiance ; son assentiment est déterminé par ces motifs formels ou implicites : mon maître est regardé comme un homme habile, il ne m'enseigne donc pas des erreurs ; il ne veut pas me tromper ; son intérêt, son honneur le lui défendent. L'expérience nous montre souvent la fausseté de ces raisonnements ; car elle nous apprend qu'il n'est pas rare que des maîtres se trompent eux-mêmes de bonne foi, ou qu'ils n'enseignent pas d'après leurs convictions.

Un père donne des conseils à son fils ; celui-ci les accueille aveuglément ; sa piété fi-

liale s'offenserait de la seule pensée de révoquer en doute un instant la sagesse de ces conseils. Sa conviction est déterminée par ces motifs formels ou implicites : mon père m'aime, il ne veut pas me faire tomber dans l'erreur; il s'est bien assuré de la vérité de ce qu'il me dit. L'expérience nous montre souvent la fausseté de ces raisonnements; elle nous apprend qu'il n'est pas rare que des pères soient dans l'erreur de bonne foi, ou que leurs enseignements soient contraires à leurs convictions. Que conclure de ces faits? que l'enfance des individus et des nations est l'âge de la foi, que le penchant à la foi s'affaiblit, et que son application devient plus rare, à mesure que l'expérience des particuliers et des peuples fait des progrès.

L'adhésion à la déclaration d'autrui, qui constitue la foi, est fondée sur la conviction que la personne ou les personnes auxquelles nous nous en rapportons ne sont pas dans l'erreur et ne veulent point nous en imposer. Or, la foi, comme la conviction qui la détermine, peut être ferme, éclairée, vive. La foi est ferme, lorsque la conviction exclut le doute et la crainte de se tromper; elle est éclairée, lorsque les motifs de la conviction ont été soigneusement examinés; elle est vive lorsque la conviction, ne se bornant pas à éclairer l'esprit, agit fortement sur la volonté.

La foi la plus éclairée n'est pas toujours la plus ferme ni la plus vive. Souvent la discussion des motifs de la conviction produit l'incertitude et le doute, et affaiblit l'impression des sentiments. Il est rare que cette discussion, lors même que les preuves les plus positives, ne laisse pas subsister quelque soupçon d'erreur. Ainsi, souvent, quand la lumière de la foi augmente, son énergie diminue. La conviction qui est le fondement de la foi est bien acquise par l'exercice des facultés intellectuelles ou par l'influence des affections de la volonté. On peut donc distinguer deux espèces de foi : la foi de l'esprit et la foi du cœur. Dans la première, c'est principalement un examen rationnel qui fait naître la conviction; dans la seconde, cette conviction prend surtout sa source dans notre amour pour les objets de la foi ou pour les personnes qui nous les proposent. Ordinairement la foi de l'esprit est plus éclairée que la foi du cœur, et celle-ci est plus ferme et plus vive que celle-là.

Il faut faire remarquer que la spontanéité de la foi peut être attribuée ou aux inspirations de l'esprit ou à l'impulsion du cœur. J'adhère à la déclaration d'une personne que j'aime, mais sans me rendre compte que mon amour pour elle me porte à juger que sa déclaration est exempte d'erreur et de mauvaise foi : ici la spontanéité vient du cœur. J'adhère à la déclaration d'un homme dont les lumières et la véracité sont universellement reconnues; mais, sans me rendre compte que la réputation dont cet individu jouit me détermine à juger que sa déclaration est sincère, conforme à la vérité : ici la spontanéité vient de l'esprit.

Les objets de la foi ne sont pas toujours de simples aliments de notre curiosité; ils ont souvent un rapport intime avec notre conduite dans les circonstances les plus importantes de la vie, et se lient étroitement à nos intérêts les plus chers, à nos affections les plus douces, à nos devoirs les plus sacrés. La foi est souvent un principe d'action. Or, le principe d'action le plus efficace est, sans contredit, celui qui agit le plus directement et le plus fortement sur la volonté, s'identifie, en quelque sorte, avec notre nature, et dont la puissance n'est point affaiblie par les craintes de l'esprit, la foi du cœur; la foi spontanée est donc un principe d'action plus efficace que la foi de l'esprit, que la foi réfléchie. L'énergie de la foi de l'esprit, de la foi réfléchie, est émoussée par les lenteurs de la discussion, et par l'incertitude qui trop souvent l'accompagne. La foi, quand elle est ferme et vive, produit sur notre esprit une conviction égale à celle que produisent sur nous l'évidence du sens intime, une démonstration rigoureuse, le témoignage de nos sens. Sous l'influence de cette foi, il nous semble que nous sommes les témoins des faits qu'on nous atteste; nous nous imaginons lire dans l'âme de ceux auxquels nous nous en rapportons, et y découvrir leurs sentiments les plus secrets, et nous donnons, en quelque sorte, une existence réelle aux faits qui ne sont pas encore. Ainsi, cette foi nous reproduit le passé, nous retrace les faits qui ont eu lieu loin de nous, nous fait réaliser l'avenir, et nous rend visible le cœur de nos semblables. Mais la foi la plus ferme et la plus vive ne suppose pas toujours une certitude rigoureuse, qui garantisse la vérité de son objet.

Un homme nous rapporte un fait. Ce fait, de sa nature ou par toute autre circonstance, est tel qu'il n'est connu que de celui qui nous l'atteste. Ce sera en vain que ce témoin unique aura donné plusieurs fois des preuves éclatantes de son instruction et de sa véracité; ce sera en vain que son récit aura tous les signes de la vraisemblance : jamais son témoignage ne sera capable de produire une certitude proprement dite, parce que jamais on n'est pleinement assuré que ce témoin unique ne s'est pas trompé lui-même, ou n'a pas voulu en imposer. L'homme le plus éclairé ne peut-il pas, par défaut d'attention ou par toute autre cause, tomber dans l'erreur, même sur le fait qui est le plus à sa portée? La vertu la plus éprouvée est-elle à l'abri d'un moment de faiblesse? Le cœur de nos semblables sera toujours pour nous un abîme dont il nous sera interdit de sonder toute la profondeur. Qui ne sait que plusieurs fois les motifs les plus bizarres et les plus inconcevables président à nos déterminations et dirigent notre conduite? Il existe, il est vrai, une loi physique d'après laquelle un homme d'un esprit sain et d'une organisation régulière ne se

trompe pas, s'il est attentif, sur un fait qui est à sa portée. Il existe encore une loi morale d'après laquelle l'homme ne soutient le mensonge que lorsqu'il y est porté par un motif quelconque. Mais ce qui rendra toujours le témoignage d'une seule personne incapable de produire une certitude proprement dite, c'est l'impossibilité absolue où nous sommes d'être pleinement assurés, quand il s'agit d'un témoin unique, que ces deux lois ont eu leur application. La déclaration d'un seul homme ne doit donc jamais être le fondement d'une certitude rigoureuse, qui garantisse la vérité de son objet; elle peut produire une probabilité plus ou moins grande, dont la valeur se calcule d'après les lumières et le caractère moral du témoin, d'après les circonstances du récit et la nature du fait.

Mais cette certitude, qui ne peut jamais être l'effet de la déclaration d'une seule personne, peut quelquefois être le résultat de la déclaration de plusieurs. On ne saurait préciser le nombre des témoins exigés pour la produire. Ce nombre doit varier d'après la nature du fait et d'après les lumières et le caractère moral des témoins; mais il doit être tel, que de la diversité de leurs intérêts, de leurs passions, de leurs préjugés, l'on soit en droit de conclure qu'il est impossible, 1° que ces témoins soient tombés dans la même erreur sur un fait qui est à leur portée; 2° qu'ils aient formé et exécuté le même projet de tromper, sur le même fait, de la même manière. L'évidence de cette dernière impossibilité paraît dans tout son jour lorsque le fait attesté, de sa nature éclatant, public, intéressant, a été rapporté dans de telles circonstances de temps et de lieu, que de nombreuses réclamations, s'il avait été controuvé, se seraient nécessairement élevées contre l'imposture. On est alors pleinement assuré que ces témoins ne se sont pas trompés, parce qu'il est contraire aux lois physiques qui régissent nos sens que plusieurs personnes qui ont des intérêts, des passions, des préjugés différents, tombent dans la même erreur sur un fait qui est à leur portée. On est alors pleinement assuré que ces témoins ne sont pas trompeurs, parce qu'il est contraire aux lois morales qui règlent notre conduite que plusieurs personnes qui ont des intérêts, des passions, des préjugés différents, s'entendent pour faire tomber dans la même erreur. Or, quand il s'agit de la déclaration de plusieurs témoins, il est facile de s'assurer si l'application de ces lois a eu lieu ou non, parce qu'il est facile de s'assurer si les témoins ont ou n'ont pas des intérêts, des passions, des préjugés différents.

Le témoignage des hommes, dans ce cas, peut donc produire une certitude proprement dite, qui garantit la vérité des faits qui en sont l'objet. Cette certitude a la même valeur que la certitude métaphysique. Nous sommes aussi certains de l'existence de Henri IV que nous le sommes de notre existence personnelle; et il n'est pas plus possible que ce monarque n'ait pas existé,

qu'il ne l'est que deux et deux ne fassent point quatre.

Les objets proposés à notre foi sont des faits, des doctrines, des sentiments. Les faits sont présents, passés, futurs. Est-il question de faits présents ou passés, il faut appliquer les règles qui concernent le témoignage des hommes, et dont nous avons présenté une exposition succincte. S'agit-il de faits futurs, ces faits dépendent de la volonté de celui qui les annonce, ou bien ce dernier les prévoit par ses conjectures. Dans le premier cas, ces faits rentrent dans la catégorie des sentiments; dans le second, ils font partie des doctrines. Les doctrines que l'on nous propose de croire ont seulement le suffrage de quelques hommes, ou bien elles ont obtenu dans tous les temps et dans tous les lieux l'assentiment universel. Dans la première supposition, nous ne serons jamais pleinement assurés de la vérité de ces doctrines, tant que nous ne les considérerons que l'autorité de ceux qui nous les enseignent; nous ne devons les regarder comme certaines que lorsque nous les avons jugées vraies en elles-mêmes. Les hommes les plus habiles et les plus vertueux sont sujets à l'erreur et au mensonge. Dans la seconde supposition, nous aurons une certitude rigoureuse qui garantit la vérité de son objet, si ces doctrines, reçues dans tous les temps et dans tous les lieux, intéressant l'humanité et sont à sa portée. Si de pareilles doctrines pouvaient être fausses, cette erreur universelle devrait être attribuée à l'auteur de notre nature. Or, il répugne à notre raison d'admettre que la vérité et la bonté éternelles imposent à l'humanité de telles erreurs.

Nous sommes condamnés ici-bas à n'avoir jamais une certitude objective à l'égard des sentiments que nos semblables nous manifestent. Les principes que nous avons déjà plusieurs fois exposés suffisent pour nous donner la preuve de cette vérité. Si quelqu'un, en manifestant ses sentiments pour nous, nous en promettait la constance, nous ajouterions que celui-là même qui nous ferait cette promesse ne pourrait pas avoir la certitude qu'il sera toujours dans l'intention de l'accomplir. Car, qui ne sait que notre volonté est inconstante, et que quelquefois nos sentiments les plus vifs n'ont pas de lendemain? La conservation, le bonheur de l'individu, de la famille, de la société, reposent souvent sur des faits qui sont attestés par un petit nombre de personnes, quelquefois même par une seule. Dans ce dernier cas, la raison nous dit que nous n'aurons jamais une certitude proprement dite; mais elle nous dit aussi que, dans la conduite de la vie, nous devons nous contenter de la probabilité, et agir comme si nous avions obtenu la certitude elle-même. C'est une nécessité à laquelle elle nous prescrit de nous résigner. Souvent, dans telle circonstance où la certitude nous est refusée, notre inaction, notre hésitation seule compromettrait nos plus chers intérêts, quelquefois même notre exis-

tence. Mais la raison qui nous commande d'agir, quoique nous n'ayons pas la certitude, laisse subsister la crainte de nous tromper, qui accompagne la probabilité. Or, l'incertitude sur les choses qu'il nous importe de connaître est un état violent ; et néanmoins la Providence a voulu que, dans ce qui intéresse le plus vivement nos affections, nous fussions condamnés ici-bas à nous contenter de la simple probabilité ! Les membres d'une famille sont moins assurés qu'ils sont les enfants d'un même père, qu'ils ne le sont de la vérité d'un fait historique bien constaté. Mais la Providence a voulu aussi nous épargner les pénibles anxiétés de l'incertitude, quand il s'agit de notre bonheur, de notre conservation, et qu'il est urgent de prendre un parti. Elle nous a constitués de telle sorte, que la foi du cœur, que la foi spontanée nous deviennent alors faciles, et elles sont si fermes, que, sourdes aux scrupules de la raison, elles ne connaissent ni le doute ni la crainte de l'erreur. Malheur à nous si nous écoutions ces scrupules de notre raison ! Ainsi, lorsque la foi est le lien de la famille, elle doit venir toute du cœur ; elle ne doit pas être soumise à la critique de l'esprit. Cet examen la profanerait en quelque sorte ; elle y perdrait trop de sa pureté, de sa chaleur, de son énergie ; un enfant ne doit pas s'arrêter un instant à cette pensée : qu'il est possible qu'il ne soit pas le fils du père qui l'embrasse. Le bonheur des familles, plus impérieusement encore que la loi civile, interdit les recherches sur la paternité. Un grand nombre de faits ont lieu dont nous ne sommes ni les témoins ni les objets : les uns piquent notre curiosité, d'autres contribuent à notre bien-être physique ou moral. Nous éprouvons le besoin d'être fixés sur ces faits ; suivant que ce besoin est satisfait ou non, nous ressentons de la peine ou nous goûtons du plaisir. Cette peine et ce plaisir sont plus ou moins vifs, selon que ce besoin est plus ou moins impérieux. Or, ce besoin est satisfait par la foi et par la foi seule. Il y a donc du plaisir à croire. La raison nous interdit ce plaisir toutes les fois que nous n'avons point des preuves capables de nous donner la certitude, ou du moins la probabilité que le témoignage auquel nous adhérons est exempt

d'erreur et de mauvaise foi. Mais, quelques preuves que nous ayons des lumières et de la véracité de ceux qui nous parlent, la raison nous défend de nous en rapporter à leur déclaration, si le fait qu'ils attestent est impossible. En effet, dans cette supposition, nous devons conclure, sans revenir à un examen ultérieur, qu'ils sont dans l'erreur ou de mauvaise foi. Mais il ne faut pas oublier que cette impossibilité doit être bien constatée. Il n'est pas rare de confondre l'incompréhensible avec l'impossible. Or, nous ne pouvons acquérir la certitude des faits incompréhensibles, et néanmoins, par la foi, on est certain de leur existence.

Concluons : la foi est la vie de l'humanité ; c'est une nécessité pour elle. Le Créateur, qui veut que l'humanité vive, a placé dans l'âme de tous les hommes un penchant qui les porte à la foi ; il les a formés de telle sorte qu'ils éprouvent du plaisir en se livrant à ce penchant ; et il leur a donné une raison qui leur montre qu'ils doivent, sous peine de mort et de folie, subir la nécessité de la foi.

**FRANCHISE.** — La franchise des lettres est accordée dans la sphère des membres voués à l'instruction publique :

1° Au ministre, par lettres fermées, dans tout le territoire français ;

2° Aux archevêques et évêques, sous bandes, pour les inspecteurs des écoles primaires, supérieurs des séminaires, etc. ;

3° Aux inspecteurs généraux des études, en tournée, avec les directeurs des écoles normales primaires, les directrices des écoles normales, etc. ;

4° Aux inspecteurs des écoles primaires avec les autorités, dans tout le département ;

5° Aux aumôniers des collèges, sous bandes, avec toute la circonscription diocésaine ;

6° Aux instituteurs et institutrices des écoles primaires, avec les inspecteurs d'académie et des écoles, les maires, etc.

**FRÈRES DES ÉCOLES CHRÉTIENNES.** — Aux termes de l'ordonnance royale du 7 novembre 1844, les Frères des écoles chrétiennes peuvent correspondre en franchise avec le ministre des cultes ; ils ne doivent pas faire partie de la garde nationale. (*Voy.* COMMUNAUTÉS).

# G

**GARDE NATIONALE.** — Les ecclésiastiques et les élèves des grands séminaires sont exempts du service de la garde nationale. Les élèves des petits séminaires et les Frères des écoles chrétiennes n'ont pas droit, il est vrai, à l'exemption mentionnée dans l'article 12 de la loi du 22 mars 1831 ; mais, par une lettre du 5 août 1831, le ministre de l'intérieur a décidé que les premiers avaient droit à une dispense temporaire, et les derniers, à être classés dans la réserve. (*Voy.* FRÈRES.)

**GRADES.** — La loi organique de l'enseignement n'exige point d'autre grade, pour

l'enseignement secondaire, que celui de bachelier ; mais elle exige celui de licencié pour être nommé recteur d'académie départementale.

**GRAMMAIRE.** *Voy.* FACULTÉS.

**GRAVURES.** — Les gravures contraires aux mœurs ne peuvent être vendues ni transportées ; celles qui sont obscènes sont de grands obstacles aux fruits d'une bonne éducation, dont elles paralysent les effets.

**GYMNASTIQUES** (JEUX). — Cet exercice du corps est, de nos jours, des plus usités dans tous les établissements d'éducation :

les pensionnats même des demoiselles les ont admis. On ne saurait qu'y applaudir, puisqu'ils sont de nature à puissamment contribuer à donner aux membres plus de souplesse, et à nos débiles sens plus d'action.

# H

**HISTOIRE** (MISSION DE L'). — Il n'est aucun genre d'études qui soit étranger à notre époque ; à chaque spécialité la pensée rattache d'éclatantes renommées ; cependant, à en juger par les efforts tentés, autant que par le goût des lecteurs, l'histoire occupe le premier rang dans les études contemporaines. Vers elle est dirigé le principal mouvement des esprits ; on consulte toutes les ruines, on entreprend de longs voyages pour étudier le théâtre sur lequel fut placé le héros qu'on met en scène. Le XIXᵉ siècle se précipite vers l'histoire, soit qu'il lui manque la puissance de création ou qu'il cherche des exemples et des leçons au milieu des tourmentes politiques, soit qu'il aime à se réfugier dans un passé désormais plein de calme.

La mission de l'histoire est de moraliser l'homme par l'enseignement du passé ; pour parvenir à ce but capital, une condition indispensable est la vérité matérielle du récit, et le moyen moral, c'est la sage appréciation des faits. Avec ces données, elle devient la conseillère de la sagesse et la maîtresse de l'expérience. Mais, s'il arrivait que l'histoire se fût plus occupée du relief que du fond même de ses narrations ; si elle avait négligé de donner aux mœurs, aux institutions, leur couleur contemporaine ; si elle s'était surtout jetée dans un système d'appréciation exagéré ou sans intelligence des causes, parce qu'on ne s'était pas placé dans le milieu qui les avait vu se produire, ou sans calcul des résultats, parce qu'entraîné par l'esprit de système, on n'en comprend pas l'importance, il faudrait commencer par la discipliner et la moraliser elle-même ; une double réaction se manifesterait : restauration au dehors, réhabilitation au dedans.

Quant à la réaction littéraire en histoire, on sait qu'il ne faut plus reproduire une nature fardée, étiquetée, de convention ; que ce n'est point avec les mêmes couleurs qu'il faut peindre les hommes, les nations, les siècles différents. On sait que pour décrire une époque, il faut étudier non-seulement les vertus, les crimes, les batailles, mais encore refléter sur les mœurs publiques les teintes de la vie privée, étudier les lois, les institutions, la législation, l'enseignement, les productions des sciences, les arts, les habitudes religieuses, et les replacer dans un récit comme les plus puissantes réalités d'un âge de nation. On sait que, pour tirer du passé une sage leçon pour le présent et l'avenir, il faut qu'il soit illuminé jusque dans ses plus secrètes profondeurs, que le fait ne s'y présente pas séparé de sa cause, de ses aboutissants et de ses résultats ; on l'étudiera donc dans son origine, ses rapports et ses effets. Mais il s'agit d'une

mission plus grave, dévolue aux historiens de notre siècle ; cette mission, elle est tout entière de réhabilitation ; il y a des mémoires indignement flétries sur le front desquelles il faut replacer une auréole de gloire ; il y a des têtes chargées de lauriers qu'il faut mettre à nu devant la froide impartialité des siècles ; il y a de sublimes institutions dont on a calomnié l'esprit ; il y a des pouvoirs institués pour la garde de la foi et le bonheur des peuples qu'on a défigurés ; il y a des âges de religion sublimes qu'on a traités de barbares ; il y a de gigantesques entreprises où le christianisme et l'humanité se sont levés comme un seul homme, sur lesquels on a jeté le ridicule ou le fiel. Où sont les complices de cette vaste conspiration contre la vérité ? Il ne faut pas les confondre, car chaque système, pour se défendre, a recours aux enseignements de l'histoire. Quoique tous admettent comme sans réplique ce qui les favorise à leurs yeux, ce qui les combat est par là même incertain et controuvé.

Le moyen âge a laissé des monuments respectables, où peut-être sont renfermées quelques erreurs de faits que la foi des contemporains adoptait ; mais on est libre de les admettre ou de les rejeter, selon la valeur des témoignages. L'Église n'en a pas la responsabilité. La légende devait donc exciter une réaction extrême ; car l'erreur ne dresse qu'un moment sa tente dans l'intelligence humaine : malheureusement ce fut la réforme qui fit l'explosion ; elle fut terrible comme la bouche du volcan, désastreuse comme la lave : on n'éclaira pas avec le flambeau de la critique, on brûla tout avec la torche de l'incendie ; en réformant l'histoire, on la dénatura.

On exagéra les crimes, on passionna les vertus ; ce fut une tâche d'arracher quelques fleurons de la vieille couronne des Pères ; à la tête des historiens protestants il faut placer Basnage, Leclerc, Mosheim, Burnet, et à leur suite marche l'école janséniste, hérésie puissante par ses adhérents, mesquine et sans portée dans son système ; tracassière, haineuse, et féconde en artificieux détours. En dehors des opinions sur la grâce, vous trouvez l'écrivain janséniste froid, sec, mais érudit, logicien nerveux, littérateur distingué, théologien consommé ; sur la question favorite vous ne le reconnaissez plus ; adversaire des protestants sur tout le reste, ici il se place à leur remorque ; condamné par les Papes, il met toute son ardeur à les trouver en défaut ; c'est pour lui un bonheur que de trouver quelque obscur conciliabule qui leur résiste ; d'un moine réfractaire ils ont hâte de faire un saint canonisé ; ils ne voient dans l'Église primitive que ce qui

cadre avec leur rigorisme. A la tête de ces hommes plaçons le dissertateur Duguet et l'abbé Racine. Une attaque plus violente partit des rangs de la philosophie dans cette guerre impie ; elle s'en prit à tout ce qu'il y a de sacré ; rien de si pur qu'elle n'ait sali, rien de si certain qu'elle n'ait nié ! A quelle oreille n'a pas retenti comme un hideux blasphème le nom de Voltaire ? Et les voilà, les grands conspirateurs qui se sont emparés de l'histoire, l'ont flagellée, conspuée, dépouillée de toutes ses richesses, et recouverte des oripeaux de la folie ; ces perfides qui lui ont fermé la bouche ou dicté d'horribles mensonges, qui, la traînant ainsi défigurée à la barre des nations, lui ont fait dire comme autrefois Pilate : « Voilà l'homme ! » C'était l'homme, le juif, l'Eglise de leur mensongère invention. Une longue désaffection prédisposait les esprits à recevoir ces impostures, et l'histoire n'exerça plus que l'apostolat de la démoralisation.

Le dirai-je encore, il y eut aussi contre l'histoire des gallicans exagérés que leur préoccupation pour une idée personnelle put égarer. On est affligé de les voir poursuivre avec acharnement des mémoires illustres ; à leur tête se montre Ellies Dupin, et à quelques égards le célèbre Fleury. Ces historiens peuvent être dans l'erreur sans mauvaise foi, parce qu'ils étaient entrés dans l'étude de l'histoire avec un parti pris ; ils purent se mettre la main sur la conscience, mais non sur la tête ; ces historiens d'une simple opinion veulent éclairer tout un horizon d'idées ; ils passent à travers les difficultés sans prendre garde. Ajoutez à cette aveugle préoccupation l'orgueilleuse hérésie ou la fougueuse impiété, vous aurez le secret de la conspiration.

Mais une conspiration découverte est une conspiration déjouée : la mission de notre siècle est donc toute de réhabilitation ; et voyez les caractères providentiels de cette sainte réaction, elle arrive dans ces temps où la liberté de penser laisse toute l'indépendance de jugement ; remercions le ciel d'être dégagés des entraves où se trouvaient nos pères. Etait-on libre dans un jugement, quand il fallait être gallican à la Sorbonne, ultramontain à Rome, thomiste chez les Dominicains, scotiste chez les Franciscains, moliniste chez les Jésuites et fataliste à Port-Royal ? N'est-il pas beau de voir aujourd'hui, au milieu des orgies de la passion que soulève la science des idées, s'avancer d'un pas lent mais ferme, avec une sainte indépendance, cette réaction historique qui, sans ménagement pour les préjugés, vient rendre justice à la vérité méconnue, et, portant dans une main le marteau qui frappe sur l'édifice du mensonge, dans l'autre la pierre qui doit servir de base à l'édifice nouveau, replace l'histoire sur son piédestal antique, et ramène à ses pieds des générations trop longtemps abusées. Elle arrive absolue, universelle, sans examiner sous quel patronage subsiste l'erreur ; elle la détruit et la confond. On avait dit : L'Eglise qui n'est pas de ce monde abandonne les intérêts de l'humanité, et voilà qu'aujourd'hui l'histoire recherche tout ce qu'a fait l'Eglise du Christ pour le bien-être des populations soumises à la croix ; voilà qu'on démontre qu'à la plus haute élévation des lumières elle a joint la plus haute dignité des mœurs ; elle a constamment encouragé l'industrie, les lettres, les arts et la liberté ; l'on avait accusé la papauté d'avoir brutalement usurpé le pouvoir, et voilà que cette usurpation est reconnue, les pièces en main, comme le droit commun des nations appelé par le cri des peuples, et que sans leur énergique résistance c'en était fait de la civilisation.

On avait dit : Le moyen âge fut comme un long sommeil de l'humanité, et voilà qu'il est devenu la passion de tous ; on n'a plus assez d'éloges pour la science des Thomas et des Bonaventure, pour la naïve poésie des légendes, pour la sublime architecture qui jeta dans les airs les flèches des cathédrales gothiques, pour la peinture qui nous donna tant de ravissantes madones, pour le mélange de mœurs chevaleresques et chrétiennes, au fond desquelles vous êtes fiers de retrouver une foi vive et sublime.

Voilà que d'authentiques monuments mettent en lumière l'esprit séditieux, rebelle, perturbateur de l'hérésie, que dut comprimer un autre glaive que celui de la parole, et qui a fait couler tout ce sang qu'on voulait rejeter à la face de l'Eglise.

Mais quels sont les instruments de cette réaction? C'est bien ici le doigt de Dieu! Elle arrive par l'organe d'hommes hostiles à la religion et à l'Eglise, par ceux-là même qui avaient fait le mal.

Partie du sein du catholicisme, on l'aurait accusée de partialité ou d'un dévouement peu éclairé; on aurait eu tort, car l'Eglise ne veut avant tout que la vérité ; mais enfin on l'aurait dit, et voilà que la bannière de la réaction historique est portée par des mains ennemies. Où commence cette réaction, cette réhabilitation? dans les pays protestants qui avaient donné le signal de la conspiration. La philosophie viendra ensuite. Babel tombera par les mêmes mains qui la construisirent. Faut-il vous citer, en Allemagne, Raumer, Léo, Voigt, Hurter? rien n'est plus beau que leur calme souverain, leur haute impartialité, leur loyauté; c'est un beau triomphe une seule chose attriste, c'est de voir des écrivains hérétiques venger le Saint-Siége des injures des écrivains catholiques ; le succès ne leur a pas plus manqué que la persécution, et pourtant l'Eglise adopte leurs écrits, et partout devant eux tombent les préjugés.

Nous ne mettrons l'histoire de Ranke qu'au second rang ; car, s'il fait marcher de front la réforme irrégulière et désorganisatrice du protestantisme avec la réforme positive et régénératrice, s'il est quelque peu philosophe indépendant en regard de Luther, n'est-il pas encore plus protestant vis-à-vis de l'Eglise ? Les vestiges qu'il a laissés dans la voie de réaction sont à la gloire de l'Eglise ;

mais 1. ne peut être c.asse que parmi les historiens rationalistes qui, à défaut de foi, visent à l'impartialité et s'arrêtent par faiblesse à moitié chemin. Or, ces hommes sont partout nombreux ; comme il est devenu chose à la mode de vanter la svelte ogive, les radieux vitraux, la crypte souterraine et la flèche élancée jusqu'au ciel, de même c'est chose de rigueur que de louer les vieilles institutions monastiques, que de rendre hommage à l'héroïsme des établissements de charité, que de trouver dans la papauté du moyen âge un rempart contre le despotisme, le palladium des libertés populaires, le point central autour duquel se ralliaient toutes les forces morales. N'est-ce pas une chose merveilleuse que ce concours d'hommes étrangers à la foi pour en célébrer les bienfaits? Sans doute, dans l'école que forment ces hommes il y a beaucoup d'incomplet dans les jugements ; elle n'a pas compris ce qu'il y a de divin, de providentiel, mais ce qu'il y a de rationnellement beau dans les siècles chrétiens, si longtemps défigurés par la calomnie. Sous cet ignoble badigeonnage d'injures et de boue dont les avait recouverts l'impiété, elle a su apercevoir un chiffre mystérieux. Or, que l'orgueilleuse philosophie se prenne à glorifier le catholicisme, il y a de quoi battre des mains à la gloire de la Providence, il y a de quoi illuminer les plus brillantes espérances de l'avenir, de la science et de la foi. S'il apparaît encore de loin en loin des livres pleins des vieux préjugés, justice sera faite de ces œuvres à la pensée rétrograde ; l'histoire un jour les foulera sous les roues de son char triomphal. Ce mouvement, imprimé du dehors, ne pouvait manquer de réagir pareillement à l'intérieur, et d'autant plus facilement que Rome n'avait jamais abandonné, pendant ces trois siècles de déviation, son vieil enseignement historique. Là on avait conservé le dépôt des faits et des doctrines ; là on ne baissait pas la tête devant la philosophie : aussi l'époque de réaction n'enseigna rien de neuf à la science romaine ; les idées que nous autres appellerions nouvelles n'ont pas même sommeillé à Rome. Comme on lit avec ivresse les moindres pages empreintes de cet esprit qui se meut, indépendant de tout système, dans la sphère providentielle où la main de Dieu a placé l'Eglise et l'humanité! Comme on a lu avec avidité Chateaubriand, Stolberg, Montalembert, Audin! Comme sont tombées aujourd'hui ces dénominations, autrefois hostiles, maintenant vieillies, de gallicans et d'ultramontains! non qu'au fond les opinions ne restent les mêmes, mais parce que le même sentiment de foi confond de nos jours, dans le même respect pour le siège de saint Pierre, tous les esprits et toutes les consciences.

S'il nous était donné de dérouler tous les anneaux de l'histoire, nous en sonderions les profondeurs ; nous essayerions de déblayer son terrain, et, sous la couche informe qui en recouvre la surface, nous triompherions encore, car c'est le badigeon de trois siècles

qui a fait cela. La vérité est plus vieille, nous la retrouverions là-bas dessous.

Nous, nous éviterions les extrémités si communes aux réactions naissantes ; nous relèverions le moyen âge, mais en distinguant ses phases diverses ; nous ne confondrions point les siècles nébuleux, comme le x<sup>e</sup>, avec les siècles étincelants, comme le xiii<sup>e</sup> ; nous admirerions sa poésie, son architecture, mais sans exclusion : nous ne ramperions pas aux pieds des individualités; tout en nous cramponnant à la chaire épiscopale, nous ferions ressortir, comme l'étoile polaire de la foi et de la civilisation, le pontificat romain ; nous demanderions à l'histoire tous ses enseignements, sans lui en imposer aucun ; nous saperions, autant qu'il est en nous, les fondements de l'erreur, mais nous laisserions l'écrivain debout sur son piédestal : on peut combattre à genoux les opinions d'un grand homme. Nous marcherions dans cette voie où l'horizon s'élargit chaque jour, où le catholicisme paraît plus radieux et plus beau, où il se montre également la lumière des intelligences, la vie des cœurs, le foyer du zèle et le phare de la civilisation.

Mais notre tâche ne consiste pas à dérouler le tableau de l'origine et du développement des connaissances qui font aujourd'hui le lien et la plus bel apanage des sociétés modernes. Elle doit se borner à raconter l'histoire des institutions publiques, qui ont eu pour objet de conserver le dépôt de ces connaissances, d'en assurer et d'en propager la transmission, par la voie de l'enseignement. Bien que parfaitement distincts, ces deux sujets, toutefois, ne sauraient absolument s'isoler l'un de l'autre.

HISTOIRE DE L'INSTRUCTION PUBLIQUE EN FRANCE. — L'histoire de la science est intimement liée à celle de l'enseignement ; le second ne saurait même paraître sous son vrai jour, ni offrir un digne intérêt, si l'on ne se fait une suffisante idée de la première. Il nous a donc semblé qu'un aperçu général et rapide des progrès intellectuels de la société, depuis le christianisme, devait nécessairement prendre place dans cet ouvrage.

Le Christ, en instituant sa religion au sein de l'humanité, avait ouvert à la science, aussi bien qu'aux autres modes de l'activité de l'homme, une ère nouvelle.

La *religion*, en effet, doit être définie un *lien* qui *unit* l'homme, par la conscience, à *Dieu*, à *l'univers* et à *ses semblables*.

Sans doute, la sagesse antique, et bien des siècles avant la venue du Christ, avait médité les *rapports de l'homme avec Dieu*, et s'était élevée jusqu'aux plus hautes vérités de cet ordre. Sans parler des immémoriales civilisations de l'Orient, cette branche immense de la famille humaine, si longtemps séparée et oubliée de la souche commune, et que l'érudition moderne a enfin ralliée au grand faisceau des traditions universelles ; sans parler des secrètes initiations de l'Egypte ; ni des écoles les plus avancées de la philosophie grecque ; le mosaïsme, (et cela sera sa gloire éternelle), avait proclamé de-

puis longtemps le dogme de l'*unité divine*. Assurément ces mêmes sages, notamment ceux de la Grèce, avaient fini par découvrir les lois destinées à régler *les rapports de l'homme avec ses semblables*, qui sont les fondements de *la morale*. L'on ne peut contester enfin que le polythéisme des anciens n'eût établi, pour les *rapports de l'homme avec l'univers*, une communion puissante et intime, et qui répondît aux besoins du *culte*, en ce qu'il a de plus vivace et de plus borné. Mais ces lumières et ces efforts, isolés, obscurcis, corrompus, ne reçurent jamais jusque-là, d'une radieuse union et de leur sanction réciproque, cette consistance et cette efficacité qui leur permirent ultérieurement d'entraîner définitivement la société humaine dans la voie de ses destinées.

Rome païenne, héritière et victorieuse de toutes les civilisations, de toutes les doctrines, avec lesquelles elle s'était trouvée en contact, ajoutait à son interminable Panthéon les symboles et les débris de toutes les croyances; elle adoptait sans relâche et sans scrupule tous ces vains éléments de vie, au moment même où elle allait mourir. C'était à la religion du Christ qu'était réservé le grand œuvre de cette régénération féconde. Et de nos jours encore, aujourd'hui que l'antiquité, d'abord vaincue dans la lutte d'une réaction première, a obtenu parmi nous les honneurs enthousiastes et posthumes de cette apothéose que l'histoire a nommé la *Renaissance;* aujourd'hui que la théocratie, cette forme primitive du règne de l'esprit chrétien a presque disparu; aujourd'hui que le libre essor de la pensée, docile au joug de l'autorité, s'incline devant la *foi*, et lui accorde l'hommage de son obéissance, on retrouve encore, jusque dans cette indépendance raisonnable, le sceau visible et le caractère éclatant de cette mémorable métamorphose. Qu'est-ce, en effet, que la majesté nouvelle de ce tribunal inviolable et suprême, qui juge et connaît en chacun de nous de tout ce qui tient au for intérieur de la conscience; identifiant (phénomène inouï chez les anciens) à ses arrêts ce qu'il y a tout à la fois de plus cher, de plus intime et de plus sacré dans notre propre individualité; plaçant au-dessus du prix de tous les biens, cette *adhésion* à telle ou telle croyance, sous la sauvegarde personnelle de notre *honneur*, et sous la garantie commune de l'indépendance de chacun, ainsi que la tolérance universelle? Qu'est-ce enfin que ce consentement public et incontesté, qui compte désormais les unités sous le nom d'*âmes*, dans le dénombrement de l'espèce, sinon la dignité humaine, affranchie, s'affirmant elle-même? Et où trouver à un pareil degré, avant le christianisme, ou en dehors de son domaine, cette grande nouveauté?

L'Evangile avait dit : *Il n'y a qu'un Dieu, père de l'humanité et d'une seule famille*. La proclamation de cette vérité devait, nous le répétons, marquer pour la science le point de départ d'une carrière nouvelle. Désor-

mais, le monde politique peut s'ébranler : le globe peut secouer, comme une crinière, sa surface agitée ; les empires peuvent s'écrouler ; les nations, fleuves humains débordés, peuvent se précipiter hors de leurs lits, pour se transvaser et courir à de nouveaux rivages, heurtant, renversant devant leur choc impétueux mœurs, limites, institutions, monuments. Les ouvrages des sciences et des lettres peuvent même s'abîmer dans ce cataclysme. La science, non plus que la justice et l'humanité, ne périra pas. Confiée aux entrailles de la *foi*, semée comme elle dans le sang des martyrs, pour rappeler la belle expression de Tertullien (*sanguis martyrum, semen christianorum*), elle contient une doctrine plus féconde que toute la sagesse des temps antiques. Cette parole lumineuse, placée à la tête des générations, semblable à la colonne de feu dont parle l'Ecriture, les guidera comme un phare, et la science non-seulement réparera ses pertes, mais atteindra désormais à des sommets plus hauts, à des parages plus reculés que ne l'avaient fait les progrès antérieurs.

L'empire et la civilisation romaine étaient condamnés à périr. Frappé, dans l'organisme même de sa constitution politique, d'un germe de mort ; scindé en deux grands débris par Constantin, qui établit à Byzance (330 après Jésus-Christ) le siége de son gouvernement; attaqué à la fois par mille causes intérieures et extérieures de destruction; en proie aux ravages sans cesse renaissants des Barbares; le colosse romain, pendant près de huit siècles, à partir de la naissance du Christ, offre le spectacle d'une longue et tragique agonie. Mais pendant que l'esprit du monde antique décline et s'éteint, pendant que Rome impériale s'affaisse et meurt, l'esprit nouveau naît et grandit : Rome chrétienne dresse lentement sur les ruines du Capitole le trône, plus durable et plus élevé, de son empire intellectuel.

Bossuet, dans les dernières pages de son célèbre *Discours sur l'Histoire universelle*, a esquissé largement et avec la vigueur de touche qui lui est propre, le tableau que nous indiquons en ce moment. Près d'un siècle après le grand orateur chrétien, au moment où la critique générale venait de naître, Montesquieu (*Grandeur et décadence des Romains*), Voltaire (*Essai sur les mœurs*), et Gibbon (*The story of the decline and fall of the Roman Empire*), ont disséqué, avec le scalpel d'une froide et pénétrante analyse, les fibres du cadavre, et recherché les causes morbides de cet anéantissement. De nos jours enfin, un maître habile entre tous, doué au plus haut degré du talent analytique et vulgarisateur, l'auteur de l'*Histoire de la civilisation en Europe*, M. Guizot, a suivi les traces de ces illustres devanciers, et agrandi le domaine des observations que suscite ce grand phénomène. Ce n'est point ici le lieu de traiter à notre tour cette importante question, l'une des plus vastes et

des plus intéressantes qui s'offrent à la science moderne. De tous les événements qui remplissent cette période de huit cents ans, nous nous bornerons à rappeler deux faits : en 452, lorsqu'Attila, traînant à sa suite la plus formidable invasion qui eût encore épouvanté l'Europe, se présenta aux portes de la capitale de l'Italie, il y rencontra, pour défense, un prêtre armé d'une croix, saint Léon, évêque de Rome; et le *fléau de Dieu* recula devant la parole victorieuse de l'apôtre. Quatre siècles plus tard, ou environ le 25 décembre de l'an 800, au milieu des cérémonies nocturnes, par lesquelles les chrétiens célébraient le renouvellement de l'année et l'anniversaire de la naissance du Sauveur, un autre évêque de Rome, Léon III, imposait sur la tête d'un *fidèle*, avec sa bénédiction religieuse, la couronne de César et le titre d'*Auguste* : ce fidèle était Charlemagne.

Plus redoutable et plus grand qu'Attila, que Théodoric, dont il n'était pourtant que le continuateur éphémère, Charlemagne était devenu, comme on sait, le glaive et le boulevard de l'Église; il le fut aussi de la civilisation. Grâce à lui, si les cataractes des barbares, qui depuis tant de siècles inondaient la société comme un nouveau déluge, ne furent point taries; si le vieil empereur, chargé d'ans et de victoires, put lever au ciel des yeux mouillés de larmes, en apercevant à l'horizon les barques des Normands ; du moins, selon la remarque de M. Guizot, sa main puissante avait posé au nord, *sur le continent*, une digue que ces irruptions ne devaient plus franchir; au midi, l'épée de Roncevaux avait taillé dans les Pyrénées et dressé devant l'islamisme des colonnes d'Hercule, et enfin le grand corps de l'Empire occidental, quoique destiné à se démembrer de nouveau après Charlemagne, avait reçu de son souffle régénérateur assez de vie pour résister désormais aux chocs armés qui devaient menacer son existence.

Telle était la révolution que le ministère de l'Eglise avait accomplie dans le monde.

Charles, après tous les conquérants du nord, avait rêvé, à son tour, de relever de la poussière l'Empire vaincu, et de le redresser, en son propre honneur et au profit de son autorité. Mais tout son génie devait échouer devant cette tâche impossible. La vie s'était retirée du cadavre, et l'histoire peut mettre dans la bouche du grand empereur les paroles poétiques du tragique anglais :

« . . . I know where is that Promethean heat
That can thy ligh relume. »

(SHAKSPEARE, *Othello*, V, 2.)

La vie intellectuelle, la civilisation, au lieu de trouver un double asile dans le corps géminé de l'Empire, s'était comme échappée par ces deux canaux, sous la pression de la barbarie. Au viᵉ siècle, lorsque Théodoric essayait de restaurer l'antique splendeur de Rome, le bilan des connaissances scientifiques de cet empire consistait dans les deux livres de la géométrie d'Euclide et dans quelques fragments d'Aristote, transcrits par le célèbre Boèce. Vers la même époque, Justinien, en fermant les écoles d'Athènes et en contraignant les néoplatoniciens à se réfugier à la cour du roi de Perse, Chosroès, porta le dernier coup à l'école d'Alexandrie, et acheva de ruiner la science païenne. Voilà l'état où se trouvait, après deux siècles de plus, de ravages et de barbarie, la patrie des Varron et des Pline, lorsque Charlemagne, ayant reçu dans la ville éternelle l'investiture et la bénédiction du Prince des apôtres, voulut emprunter aussi aux écoles et aux maîtres moins barbares de l'autre côté des monts, les éléments à l'aide desquels il comptait ranimer dans ses États le flambeau des lumières.

Cependant, ce flambeau brillait ailleurs; il s'était rallumé aux sources du soleil et de la plus ancienne civilisation, au foyer du primitif Orient. Les historiens de Charlemagne racontent avec admiration, qu'en 807, le roi de Perse Abdallah envoya entre autres présents à l'empereur une horloge de laiton, mue par une chute d'eau, *chef-d'œuvre de mécanique*, qui sonnait les heures à l'aide de douze battants de cuivre, tombant successivement sur un timbre, etc., etc.

C'est dans ces contrées, en effet, qu'avait été recueilli l'héritage intellectuel de l'humanité. Pendant que le Nord épanchait, à flots répétés, ses populations jeunes et vierges, ne laissant subsister sur le sol régénéré que le germe sauveur et prédestiné du christianisme, un initiateur, né dans les contrées de l'Yémen, se levait sous d'autres cieux pour faire triompher une doctrine bien étrange sur les ruines des anc.ennes croyances. Armé tout à la fois de la parole et du glaive, offrant à ses adversaires l'alternative de la foi ou du tribut, l'islamisme, parti du désert, se propagea sous la zone la plus aimée du soleil, avec la promptitude, si vantée par la poésie orientale, du coursier de l'Arabe. En 632, Mohammed meurt âgé de soixante-trois ans, maître de l'Arabie et reconnu pour chef d'une religion nouvelle. Vers 637, ses lieutenants soumettent la Perse et l'Asie mineure. De 649 à 652, ils s'établissent en Sicile, et menacent l'Italie. D'un côté, en 707, ils s'étendent à Samarkand, et de l'autre, en 711, ils subjuguent l'Égypte, l'Andalousie, la Castille, la Navarre, le Portugal, l'Auvergne, le Languedoc, la Guyenne, et ne trouvent un rempart à leurs envahissements que dans les champs de Poitiers, où Charles Martel, en 732, venge enfin de tant de revers les armes de la chrétienté. Sans renier bassement l'incontestable supériorité de notre état social, le temps est venu de traiter avec gravité et justice une doctrine religieuse qui, dans l'intervalle d'un siècle, s'étendit des bords de l'Euphrate et du Gange à ceux de l'Èbre et de la Loire; qui disputa et ravit au christianisme ses établissements de l'Afrique et

de l'Asie ; vint planter son étendard jusque sous les murs de la ville pontificale elle-même ; qui survécut, à travers les siècles et d'incroyables révolutions, à la substitution d'une nouvelle race à la première race conquérante, et sut enfin, enchaîner sous ses lois d'innombrables populations, devant lesquelles devaient rester impuissants les efforts cent fois renouvelés de notre propagande, ainsi que le zèle ou le dévouement de nos missionnaires.

L'islamisme, destiné à exercer sur l'humanité une action moins intime et moins durable, ne rallia pas, comme le christianisme, dans une puissante et compacte unité, les contrées du globe dévolues à ses conquêtes. Mais, rapide et contagieux comme la flamme, il établit en courant, entre un nombre infini de peuples disséminés, une chaîne de communications, détruisit, absorba le polythéisme sur son passage, et ranima ces races diverses par une vive et électrique commotion. La mission des Arabes, dès le VII° siècle, et plus tard celle des Mongols, qui devaient les supplanter, fut de sillonner incessamment de leurs navires et des pas de leurs chevaux les mers centrales du globe et les vastes continents de l'Asie ; d'établir entre les points extrêmes de ces contrées de perpétuels rapports, tantôt commerciaux, tantôt militaires, et d'être, à travers ces immenses espaces, dans les desseins de la Providence, qui sait tirer le bien du mal même, les infatigables messagers de la civilisation.

Les *nestoriens*, secte hérétique, si justement condamnée par l'Eglise, ayant été obligés, pour fuir la persécution, de s'exiler de l'empire de Constantinople, dès les premiers siècles de l'ère chrétienne, se répandirent dans toute l'Asie, dans l'Inde, à la Chine, en Tartarie, et acquirent notamment un grand crédit auprès de Chosroès ou Chosrou, pour lequel ils traduisirent les principaux ouvrages de la science et de la littérature des Hellènes. Là, ils trouvèrent des princes Abbassides, réfugiés eux-mêmes auprès du roi de Perse ; et lorsque ceux-ci, vainqueurs des Ommiades, eurent établi à Bagdad le siége des califes, ils entourèrent de leur toute-puissante protection les travaux de ces héritiers de la science antique. On sait l'éclat que jetèrent, du IX° au XIII° siècle, les cours de Bagdad et de Cordoue ; et les noms d'Haroun-al-Raschid, d'Al-Mamoun, d'Abou-Giafar-el-Mansour, des Abd-er-Râman et des Al-Hakem, sont parvenus jusqu'à nous avec le souvenir brillant qui s'attache au plus beau développement des sciences et des arts. Selon M. Libri, dont l'*Histoire des sciences mathématiques en Italie* nous offre un guide que nous ne perdons pas de vue, Euclide, le géomètre, fut encore le premier des ouvrages grecs traduit en arabe, de même qu'il l'avait été en latin par Boèce ; Ptolémée, Archimède, Apollonius, Aristote et Diophante passèrent ensuite dans la langue des Musulmans, et reçurent

les commentaires d'Avicenne, de Nassir-Eddyn et d'Averrhoès, pour être ensuite rendus aux langues et aux études des divers peuples de l'Europe ; à cette époque, les califes établirent en Asie, en Égypte, en Espagne, des colléges de traducteurs et des Universités, où les chrétiens eux-mêmes venaient s'instruire des connaissances usuelles et des sciences de la civilisation grecque et romaine.

Les Arabes reçurent, vers le VIII° siècle, des Hindous, avec leurs connaissances astronomiques, l'usage de l'algèbre, que ce peuple asiatique paraît avoir poussé beaucoup plus loin que les Grecs, dès une époque très-reculée. Ils en reçurent également, à la même époque, les chiffres, aujourd'hui vulgaires, qui ne commencèrent à se répandre en Europe et à remplacer la numération romaine que vers le XIII° siècle. On sait les immenses conséquences qu'entraîna avec elle cette réforme si grave dans la position et la métamorphose de ces signes. Les Arabes ne se bornèrent pas, comme on l'a répété longtemps, à garder le dépôt des sciences : ils surent encore en agrandir le domaine, principalement celui de l'astronomie et des mathématiques. On sait qu'Haroun-al-Raschid fut le premier souverain qui ordonna de mesurer un arc de la terre. Dans les diverses capitales qui furent le séjour des califes, de nombreux *observatoires* s'élevèrent par les ordres de ces princes libéraux ; le temps a conservé jusqu'à nous les ruines, à la fois imposantes et gracieuses, des monuments de ce genre qu'ils firent construire à Delhi, au Caire, à Bagdad et ailleurs. Deux savants distingués, dont s'honore l'érudition contemporaine, MM. Sédillot, père et fils, appliquant à l'histoire des sciences mathématiques une connaissance approfondie des langues de l'Orient, ont mis récemment en lumière les divers progrès dont l'astronomie fut redevable aux calculs et à l'observation des Arabes. Ils ont établi notamment que vers 975, c'est-à-dire près de six cents ans avant Tycho-Brahé, un astronome de Bagdad, nommé Aboul-Wéfâ, avait déterminé la *variation*, ou troisième inégalité lunaire.

Il est un peuple qui, laissé primitivement en dehors de notre cadre historique, et dédaigné depuis par une sorte de prévention classique, n'en est pas moins notre maître à bien des égards ; de même qu'il est, très-vraisemblablement, sous le rapport de la civilisation, l'aîné de tous les peuples auxquels remonte notre généalogie ethnographique : on a déjà nommé la nation chinoise.

Les Chinois connaissaient, depuis une époque extrêmement reculée, la boussole et la déclinaison magnétique, l'art de fabriquer la soie, la porcelaine, la poudre à canon, le papier, l'imprimerie, la gravure, le papier-monnaie, etc. Ils transmirent successivement ces notions à l'Europe, par l'intermédiaire des Grecs, des Arabes, des Mongols, et enfin des voyageurs chrétiens.

Un navigateur de l'Etat napolitain, né à

Pasitano, près d'Amalfi, vers la fin du XIIIᵉ siècle, et nommé Flavio Gioa, ou Giri, ou Gira, a longtemps passé parmi les modernes pour avoir inventé la boussole en 1302. Cette opinion, aujourd'hui reconnue fausse en presque totalité, et douteuse pour le reste, a reçu de vives lumières, éclairée par les savantes recherches d'un orientaliste contemporain, M. J. Klaproth. (*Lettres à M. le baron de Humboldt*, Paris, 1834, in-8°.) La propriété qu'a l'aiguille aimantée de se diriger vers le nord était connue à la Chine, bien des siècles avant que les autres nations du globe possédassent cette notion, et elle y fut appliquée à guider les voyageurs, non-seulement sur mer, mais sur terre. S'il fallait en croire les annales, suspectes, il est vrai, de mêler à la vérité des récits fabuleux, le céleste empire aurait joui de cette dernière application dès l'an 2634 avant Jésus-Christ. Mais un témoignage authentique prouve que 1,110 ans avant notre ère, les Chinois se servaient de *chars magnétiques*. C'étaient des voitures, munies à l'avant-train d'une statuette de bois de jade, représentant ordinairement un génie tournant à pivot, sur un pied mobile, lequel tenait à la main une aiguille aimantée cachée ou visible, et indiquait ainsi, par son geste, l'un des quatre points cardinaux et par conséquent les trois autres, quelques mouvements qu'accomplît le véhicule. Quant à la boussole primitive des Chinois, elle consistait en un *poisson* de fer aimanté, jeté dans un vase rempli d'eau et surnageant à la surface, à l'aide d'une substance légère, telle que le bois et le roseau, dont on entourait ce *poisson*, et qui servait à l'y maintenir. Tel était l'instrument qu'un poète français, Guyot de Provins, décrit sous le nom de *la Manière* (du grec Μάγνης, aimant, d'où *magnésie*, *magnétique*), dans un passage extrêmement curieux de sa *Bible Guyot*, composée, selon M. Paulin Paris, vers 1190. Tout porte à croire, malgré l'absence de preuves directes, que les chrétiens, à cette époque, l'avaient récemment reçue des Arabes, qui la tenaient eux-mêmes de la Chine. Le nom moderne de boussole, en italien *bussola*, est celui de la *boîte* dans laquelle on renferma l'instrument, lorsque, plus tard, on imagina de le suspendre à sec sur un pied ou pivot métallique. Tel est *peut-être* le perfectionnement dû à Gioia, ou, suivant l'induction tirée de l'étymologie, à quelque autre de ses compatriotes. Indépendamment de la boussole *à eau*, « les *boussoles sans eau*, ajoute M. Klaproth, dans lesquelles l'aiguille aimantée repose sur un pivot, sont de même très-anciennes en Chine, et à présent généralement adoptées. » Cette aiguille, plus courte que chez nous, est maintenue par un mode de suspension particulier, qui lui donne une sensibilité supérieure à la nôtre. Le côté indicateur, peint en rouge, montre, non pas le nord, mais le sud.

Dès une époque immémoriale, évaluée à vingt-six siècles avant notre ère, les Chinois étaient en possession de l'art de fabriquer la soie. Les Grecs, qui en tenaient d'eux la con-

naissance, lui donnèrent le nom de Σήρ, du coréen *sir*, qui signifie *soie*, et les dérivés de ce mot continuèrent à désigner le même objet en latin et dans les langues néo-latines. Procope nous apprend que ce fut seulement du temps de Justinien, au VIᵉ siècle, que deux moines rapportèrent en Europe des œufs de vers à soie. Plus tard, les fabriques de cette substance, si belle et si précieuse, se multiplièrent dans les établissements arabes et chrétiens de l'Afrique, de l'Asie, de l'Europe et principalement de l'Italie.

Les Arabes reçurent, dès le IIIᵉ siècle de l'hégire (dixième de notre ère), la porcelaine de la Chine, ainsi que l'attestent des monuments de cette matière, couverts d'inscriptions musulmanes et retrouvés en Espagne, où les Maures les avaient apportés.

Les recherches les plus nouvelles de l'érudition moderne agitent encore la question de savoir à quel peuple et à quelle date remonte le terrible présent de la poudre à canon. Les Hindous, les Chinois, les Mongols et les Arabes disputent aux chrétiens l'invention de ce formidable moyen de destruction. On peut lire à ce sujet les intéressants travaux de MM. Omodéi, Tortel, Lalanne, Reinaud et Favé, Louis Bonaparte, M. Lacabane, etc. Il résulte de ces recherches, et notamment d'un mémoire de M. Lacabane: 1° que les Indiens et les Chinois paraissent avoir connu de temps immémorial la propriété fulminante et explosive du salpêtre combiné au soufre et à d'autres substances; 2° que le *feu grégeois*, usité en Europe dès le VIIᵉ siècle, et inventé par Callinique, était un composé de ce genre; 3° que, selon M. Et. Quatremère, les Chinois, spécialement au siége de la ville de Caï-fong-fou, en 1232, lancèrent sur les Mongols des boulets de pierres, et firent usage de *fo-pao* ou machines à feu, dans lesquelles on employait de la poudre; 4° qu'en 1326, la municipalité de Florence faisait fabriquer pour sa défense des boulets de fer et des canons de métal, et qu'enfin, en 1338, cette invention était introduite en France. (*Bibl. de l'École des Chartes*, 2ᵉ série, t. I, p. 28 et suiv.)

L'usage d'écrire à l'aide d'un pinceau et d'encre sur du *papier* s'introduisit à la Chine, selon M. Stanislas Julien, deux cents ans avant notre ère. Dès lors (et aujourd'hui encore) on s'y servit pour le fabriquer de diverses substances. Les Arabes, établis à Samarkand au commencement du VIIIᵉ siècle, apprirent des Chinois qu'ils y rencontrèrent l'art de confectionner le papier, et l'introduisirent en Espagne. Les Grecs, de leur côté, se l'approprièrent vers le IXᵉ siècle et le répandirent en Sicile, en Italie, et dans le reste de l'Occident. La rareté du parchemin et du papyrus, qui cessèrent d'être fournis à l'Europe par l'Égypte et l'Asie mineure, lorsque les Mahométans s'emparèrent de ces contrées, fit accueillir avec empressement cette nouvelle substance, connue des paléographes sous le nom de *papier de coton*. Peu à peu la fabrication du parchemin se généralisa en Europe, où l'on inventa le *papier*

*de chiffe.* Un passage de Pierre le Vénérable, écrivain du XIIe siècle, semblerait indiquer positivement que, dès cette époque, les livres usuels des couvents étaient écrits sur un papier de chiffon (*ex rasuris veterum pannorum*). Cependant il nous paraît difficile d'admettre que cette matière fût devenue commune avant que le *linge* de toile ne le fût lui-même, et l'inspection des archives et bibliothèques atteste qu'en réalité le papier de chiffe ne commença à se répandre vulgairement que vers le XIVe siècle.

L'art de l'imprimerie remonte évidemment chez nous à une double source : la gravure en relief, qui devait aboutir à la typographie en lettres mobiles, et la gravure en creux, qui se continue par les estampes. En l'an 593 de l'ère chrétienne, les Chinois pratiquaient l'imprimerie à l'aide de planches de bois gravées en relief, appelées chez nous xylographes. En 993, l'empereur Thaï-Tsong ordonna, par un décret, de graver en creux sur pierre et de reproduire, par la voie de l'impression, des manuscrits précieux dont il voulait multiplier les exemplaires. De 1041 à 1049, un forgeron nommé Pi-Ching inventa un nouveau mode, qui consistait à imprimer, à l'aide de caractères mobiles de porcelaine cuite, maintenus sur un fond plan, par le moyen d'un enduit fondu, puis solidifié, et de cadres de fer semblables aux nôtres. (Stanislas Julien, *Mémoires de l'Académie des Sciences*, séances des 7 et 21 juin 1847.) Les cartes à jouer chinoises furent inventées en 1120. Quant aux autres applications de l'imprimerie, telles que la gravure proprement dite, le papier-monnaie, pratiqué à la Chine de 960 à 1020, et les lettres de change, peut-être imprimées ou du moins à coup sûr estampillées, on les trouve constatées plus ou moins explicitement dans les relations de Marco Polo et autres monuments, dont les plus récents remontent vers le commencement du XIIIe siècle. Les passeports, employés dans le céleste empire pour la protection des voyageurs et de leurs biens, plusieurs siècles avant notre ère, y étaient en plein usage, ainsi que la poste, au IXe siècle après Jésus-Christ.(*Relation dite de Soleyman, voyageur arabe,* publiée par MM. Langlès et Reinaud, 1845, deux t. in-18, I, 42, et II, 29.) On peut remarquer, après Abel Rémusat, en comparant entre elles les plus anciennes cartes à jouer européennes et chinoises, l'analogie qui existe, pour le mode de fabrication, entre les deux ordres de produits. On sait que Venise, en relation dès les IXe et Xe siècles avec les mers orientales, dont elle gardait l'entrepôt à l'entrée de l'Europe, était en possession immémoriale, à l'époque où l'imprimerie commença à se faire jour dans la chrétienté, de fournir des *cartes à jouer* à l'Italie. Il ne serait donc pas déraisonnable d'admettre, comme l'ont voulu plusieurs écrivains de cette contrée, que l'industrie *xylographique*, berceau de la typographie, se fût formée à Venise et eût été empruntée plus ou moins directement de la Chine. Mais le second progrès et le plus important pour

nous, l'invention des lettres métalliques et mobiles (que la nature toute différente de l'alphabet et du papier chinois rendaient à peine intéressante pour ces derniers), ce second progrès, qui constitue, à proprement parler, notre imprimerie actuelle, paraît avoir été complétement imaginé par Guttemberg, aidé de Faust et Scheffer, de 1440 à 1452.

On peut citer enfin comme un dernier témoignage de l'antique civilisation de ce peuple, et des emprunts que lui a faits notre Occident, un instrument vulgaire et bien connu dans le nord de l'Europe ; c'est la *machine à compter* dont se servent encore les Russes, ainsi que les Polonais, sous le nom de *stchote.* Celle qui est usitée à la Chine, dans toutes les classes de la société, porte le nom de *souen-pân,* et le moyen âge tout entier l'a employée sous la dénomination d'*abaque* ou *abacus.* Cet instrument, qui, jusqu'au XVIIe siècle, est resté en Russie l'unique moyen d'opérer les calculs arithmétiques, a été évidemment communiqué à ce pays lors de ses premières relations avec les races tartares.

Les philosophes de l'école voltairienne, dans leur lutte passionnée contre l'Eglise, ont amèrement reproché au christianisme naissant, sa guerre contre les écrits du paganisme, et lui ont imputé, comme une tache honteuse, la destruction des monuments littéraires de l'antiquité, que nous avons perdus. Ils ont eu en cela un grand tort. L'Eglise, à l'origine de sa puissance, poursuivit, il est vrai, de ses foudres, en dépit des charmes de la forme, à raison même du prestige que ces charmes exerçaient naturellement sur les esprits, les écrits des anciens, comme entachés des doctrines polythéistes, auxquelles elle avait mission de substituer des notions plus pures et des vérités plus élevées. En combattant, dans les œuvres de l'art et de la littérature, les véhicules d'idées et de croyances qu'elle devait régénérer, elle obéit à cette loi de vérité et de justice qui seule élève les nations. Il est à remarquer d'ailleurs qu'elle ne s'adressait qu'à des traités de magie ou à des écrits de controverse hérésiarque. Les ravages de la guerre, l'ignorance et l'impuissance *industrielle* de la barbarie, la rareté du papyrus et du parchemin, et enfin cette loi inexorable qui condamne tout ouvrage de l'homme à périr, ont fait le reste et sont les causes véritables des pertes les plus cruelles que nous ayons à déplorer de ce côté. Dès le IVe siècle, les immortels génies de l'antiquité trouvaient grâce, au moins pour leur conservation matérielle, devant la sévérité des néophytes. « Qu'avons-nous à faire de Virgile, quand nous avons les psaumes des prophètes ? Qu'importe Horace pour qui a l'Evangile ? et Cicéron, au prix des apôtres ? » Telles sont les paroles de saint Jérôme. Le concile de Carthage se borne à défendre aux *évêques* la *lecture* des écrivains de la gentilité ; mais,

bien loin d'en ordonner la *destruction* absolue, il autorise à conserver les écrits des hérétiques pour les combattre.

D'ailleurs, si l'Eglise divisa d'abord toute science et toute littérature en deux parts, l'une *sacrée* et l'autre *profane*, cette distinction devait tourner en définitive au profit des droits éternels de l'art et de l'intelligence ; et quelle qu'ait pu être la réserve des *nouveaux* chrétiens contre la science païenne, on peut appliquer à celle-ci cette grande et profonde observation de Bossuet, si vraie dans tous les temps : « Il n'y a point de puissance qui ne serve malgré elle à d'autres desseins que les siens. » (*Discours sur l'Histoire universelle.*) C'est grâce, en effet, à cette distinction que l'Eglise fut conduite à *sanctifier* peu à peu les diverses connaissances utiles à l'humanité, en se les assimilant et en se bornant à jeter sur elles la livrée de sa puissance.

Ce fut d'abord l'astronomie, indispensable pour fixer la fête mobile de Pâques. Puis vinrent la musique, la poésie, l'architecture, la sculpture, la peinture, l'art dramatique, et jusqu'à l'industrie. Au vi⁰ siècle, un savant Pape, saint Grégoire le Grand, nous apprend qu'un évêque des Gaules consacrait des moments de son ministère apostolique à l'étude de la grammaire d'alors. Cassiodore, et après lui saint Benoît, prescrivaient à leurs moines, non-seulement comme un conseil propre au salut, mais comme une règle obligatoire, la pratique assidue de tout ce qui tient à la reproduction des livres.

Le clergé séculier, p us en rapport avec le monde que les moines, ne résista pas moins au charme des dangers de la situation contre laquelle s'élevait l'église. C'est réellement un merveilleux spectacle, vers le x⁰ et le ix⁰ siècle, alors que les ténèbres et les malheurs de la barbarie s'épaississent, que de contempler cette recrudescence de zèle, cette énergique activité, cette fécondité de ressources, qu'un impérissable besoin de l'âme humaine semble développer, tout à point, d'un bout à l'autre de la chrétienté, au sein des couvents, des églises, pour multiplier les livres, et pour sauver l'art littéraire de ce funeste déluge. Enfin, plus tard, au quinzième siècle, lorsque l'imprimerie eut inventé son moule de fer et d'airain, pour y couler la pensée de l'homme dans un métal immortel, on vit l'Eglise elle-même, diriger, parée de fleurs, le char de triomphe de l'antiquité *renaissante.*

Le *siècle* ne devait pas plus s'amollir à cette douce et radieuse chaleur. Ramasser dans la poussière le trône et la couronne de César vaincu, et parer ses épaules de la pourpre d'empereur, ou de la chlamyde de consul, tel avait été, dit-on, le rêve, l'idéal de Clovis, de Théodoric et de Charlemagne. Fortunat, le dernier chantre de la latinité et le premier de nos poëtes de cour, tout en modulant douce-reusement en l'honneur de sainte Radegonde ses madrigaux, donnait à sa façon

du *Marcellus* à *Hilp-Rike*, ce Mécène ou cet Auguste chevelu, dont il caressait les velléités littéraires.

Après avoir purifié les œuvres de la littérature antique de l'impiété, le fidèle y chercha, il voulut y découvrir les messagers des temps nouveaux. Virgile fut honoré comme il méritait de l'être, et lorsque Dante parut au quatorzième siècle, le chantre de l'Ausonie l'embrassa, et tous deux s'éloignèrent, main en main, dans les cercles profonds, aux éternelles acclamations de la postérité

L'empire des Goths, au sixième siècle, vit pendant vingt-cinq ans revivre le crépuscule de l'astre antique, prêt à s'éclipser pour toujours. Deux hommes, salués du nom de *grands* par l'histoire, Charlemagne le Frank et Alfred le Saxon, tentèrent d'en ranimer la splendeur. Les invasions des Normands et des Hongrois, plus cruelles et plus sensibles, si ce n'est plus redoutables que les précédentes, s'appesantissent alors sur l'Europe épouvantée. D'autre part, l'Orient, ainsi que nous l'avons dit, rouvre les portes de la civilisation : il attire de nouveau, avec l'aimant du fer, la chrétienté, qui s'y précipite électrisée. La guerre, par les *croisades*, rassemble encore une fois, dans une sanglante et féconde communion, les diverses races du globe.

Cependant, deux choses seulement des anciens temps ont survécu pour la moderne Europe : une foi et une langue. Le christianisme a successivement converti tous les peuples qu'il a touchés, et en même temps il a sauvé, en le conservant dans son sanctuaire, l'idiome de Tacite et de Cicéron ; bienfait qui suffirait, peut-être, à lui seul, pour absoudre l'Eglise d'une imputation que nous avons déjà réfutée. Du reste, à côté du latin, la langue universelle de l'Eglise, se développent et mûrissent les dialectes modernes, qui sont à la fois le signe et le lien des nationalités. Dès 842, nous trouvons dans les serments de Strasbourg des monuments authentiques et déterminés des langages roman et francique. Enfin, les littératures de l'Europe se forment, principalement à l'aide des éléments germain, ou scandinave, et chrétien.

Désigner les croisades (1096-1270), c'est rappeler le grand événement politique du moyen âge : ce fut, dans l'histoire, l'acte qui marqua sa virilité ; et le dénouement de ce long drame indique aussi le terme final de cette même période. On l'a dit, après Philippe le Bel et Boniface VIII, il n'y a plus de moyen âge. Au sein de cette phase héroïque, une part notable revient à la France. Un Français, Pierre l'Ermite, marchait à la tête des premiers volontaires, chevaliers errants de la démocratie chrétienne, qui se précipitèrent à la conquête de Jérusalem. Un Français, le roi saint Louis, marqua de ses ossements, sur la plage africaine, la dernière étape de ce pèlerinage armé. C'est le nom et le souvenir des *Francs*, aussi bien que celui de *Rome* et des *Rou-*

*mis,* que les croisades devaient semer sur ces lointains parages, et que Napoléon devait y retrouver encore, à cinq siècle de distance, conservés, pour ainsi dire, sous les sables des déserts. Le caractère saillant et distinctif de cette grande lutte, ou du moins son but, fut un but *religieux.* Le christianisme, dans le premier âge de son existence, bien loin d'appeler la force brutale à son aide, n'avait su vaincre qu'en offrant au glaive le sang de ses martyrs. Une fois assis sur les trônes de l'Europe renouvelée, il n'imita pas davantage l'Islamisme, il soutint la gloire de son origine et de sa destinée. Charlemagne, se présentant aux Saxons, l'Évangile d'une main et ses immortelles espérances de l'autre, se vit à regret dans la nécessité de les battre en brèche.

Ce fut le mobile déterminant des croisades: mission glorieuse pour la France; car, pour elle, indépendamment de la foi, ils avaient, comme excuse et comme garantie, ce dévouement chevaleresque et désintéressé, que l'on admire encore jusque dans ses écarts. L'imprévu, dont le secret aimant était peut-être le plus puissant attrait qui agit, au fond, sur ces innombrables émigrants, sur ces natures dévouées et ardentes, fut, comme on sait, le guide et l'arbitre de ces expéditions gigantesques. Au lieu du royaume de Judée, dont les annales seront toujours chères au cœur du chrétien, l'imprévu mit aux mains des croisés le royaume de Constantinople, c'est-à-dire la part d'un allié chrétien; part presque aussi riche que ces fabuleuses et féeriques merveilles de la *Casher,* que le sultan du Caire fit étinceler devant les yeux éblouis des Templiers Geoffroy et Hugues de Césarée (Guillaume de Tyr, l. XIX, ch. 17); le royaume de Constantinople, qui devait bientôt aussi leur échapper comme un rêve. Mais ce qui est plus grave, au lieu d'un ennemi, au lieu d'une religion, l'imprévu leur en suscita deux, ou du moins deux systèmes de civilisation. Lorsque saint Louis entraîna, pour la septième fois, à l'assaut contre l'islamisme ce que l'Europe comptait de soldats dévoués à la foi chrétienne, ce fut peu pour lui de voir se dissiper en pure perte tant de forces et de trésors, de voir s'émousser, impuissante, l'épée de la chrétienté, qui n'en conservait pas moins sa noble situation en science, en bien-être, en énergie et en puissance. Non! il lui était encore réservé de voir les Mongols, autre nation *sarrazinoise,* intervenir dans ce conflit, non-seulement de races, mais de croyances; invoquer son alliance contre le tiers ennemi, puis enfin traiter avec une politesse remarquable ces pieux missionnaires, que le saint roi avait envoyés au grand khan pour le convertir!

Les résultats des croisades, favorables ou contraires aux desseins qu'en avaient prémédités les instigateurs, du fond de leur Occident, n'en devaient pas moins être immenses: immenses pour la civilisation, immenses pour l'instruction, immenses pour la cause éternelle et universelle de la fra-

ternité humaine; et, dans ce sens, le zèle des croisés ne les avait point déçus lorsqu'ils proféraient, avec enthousiasme, le cri de leur départ: *Dieu le veut!* Les Papes qui, précisément pendant cette période, devinrent le refuge et le boulevard de la liberté politique naissante, soutinrent vigoureusement leurs droits grâce à cette forte diversion militaire dont ils étaient les chefs et les spectateurs abrités, et qui occupait ailleurs l'énergie des empereurs, des rois, des barons. Cette même cause profita également à tous les petits, à tous les faibles; qu'elle délivrait de leurs despotes multipliés, pour les confier au joug, beaucoup plus débonnaire, des seigneurs de mainmorte. Ce fut là, comme on sait, l'ère primitive de l'affranchissement du tiers-état des communes: c'est à partir de ce moment que date, à proprement parler, leur avénement sur la scène politique.

L'Europe s'était précipitée sur l'Orient pour le vaincre et l'anéantir. Elle revint, après avoir échangé ses sentiments de haine et de vengeance et ses hostiles préventions, contre des sentiments tout autres et des idées nouvelles; rapportant, au lieu de dépouilles sanglantes et stériles, des lumières inconnues, des biens précieux et durables. Indépendamment du papier qu'elle trouva, comme nous l'avons dit, à Constantinople et qu'elle apprit à fabriquer, ainsi que ces merveilleuses armes métalliques, le *damas,* — en 1148, Roger II, roi de Sicile, après avoir pris Corinthe, Thèbes, Athènes, villes remplies, comme Byzance, de florissantes manufactures de soie, en fit transporter à Palerme les plus habiles ouvriers, et les chargea d'instruire ses sujets dans la pratique de cette industrie. En 1248, cet art précieux était une des ressources de Venise. En 1314, Lucques imitait Venise; bientôt imitée à son tour par Florence, par Milan, par Bologne, qui revêtirent le moyen âge de leurs étoffes riches et diaprées, jusqu'à ce que l'industrie moderne se fût créé tardivement, dans le nord, ses puissantes manufactures. Il en fut de même de la teinture des étoffes et des substances propres à cette opération, telles que le safran, l'orseille, l'alun et peut-être l'indigo, toutes richesses originaires de l'Orient, qui devaient trouver en Italie, cet Orient de l'Europe, une seconde patrie et un long monopole. La canne à sucre, déjà cultivée par les Arabes en Europe, fut recueillie, à Tripoli de Syrie, par les Croisés, qui la plantèrent en Sicile, l'an 1148. De Sicile elle fut reçue à Madère, et c'est de là qu'elle passa au Nouveau-Monde. (*Voy.* Heeren, *Essai sur l'influence des Croisades,* etc., Paris, 1808, in-8°.)

Enfin, trois grandes civilisations, trois grandes races humaines, les Chrétiens, les Arabo-Turcs et les Chinois, par l'intermédiaire des Mongols, s'étaient rencontrés.

Bien loin de se livrer, comme il était arrivé jusque-là dans les guerres précédentes, à une rage réciproque et croissante d'extermination, ces trois civilisations se reconnu-

rent, se mêlèrent sympathiquement, se pénétrèrent, et retournèrent chacune à leur siége et à leur destinée, animées d'un certain respect et liées entre elles par une sorte d'obligation mutuelle et pacifique, dictée par la charité évangélique. Déjà, en 1226, l'empereur Frédéric II avait donné à la chrétienté un étrange spectacle : on vit alors un prince placé au sommet de la hiérarchie politique et féodale, admiré pour ses talents et ses lumières, et pourtant à demi sarrazin par les mœurs, entreprendre, à la face de l'Europe, le voyage de la terre sainte. Mais, le nouveau croisé cette fois ne se rendait dans la Palestine, devenue la terre classique des preux et l'école des paladins, que pour y lutter de courtoisie, de vaillance et de libéralité intellectuelle, avec les brillants successeurs des califes. Louis IX, le saint roi lui-même, revenant en France, appliqua dans son palais (à la Sainte-Chapelle) l'idée d'une collection méthodique et universelle des livres qui composaient la littérature de la chrétienté, idée qu'il avait empruntée, de l'aveu de Geoffroy de Beaulieu, son historien et son confesseur, à un soudan des infidèles; idée féconde qui produisit, pour la France, l'une de ses premières encyclopédies, celle de Vincent de Beauvais, et le germe de la plus grande de ses institutions littéraires, la Bibliothèque nationale.

Les croisades, indépendamment du contact réel et instantané qui avait déterminé ces expéditions, frayèrent et agrandirent, entre l'Orient et nous, deux larges voies à des communications qui devaient augmenter et se multiplier de jour en jour. L'une, par terre, le long du Danube, fut prolongée, grâce à la rencontre des Mongols, jusqu'aux derniers confins de l'Asie orientale et septentrionale. C'est par là que les Rubruquis, les Barthélemy de Crémone, les Plan Carpin, etc., tirèrent ces primitives relations, entre des extrémités du globe qui, jusque là, ne s'étaient jamais visitées. L'autre, celle de la Méditerranée, reçut aussi un développement des plus notables ; non-seulement par le perfectionnement qui résulta d'une pratique plus étendue de la navigation, mais surtout grâce à la boussole, connue en Europe, comme nous l'avons vu, dès la fin du XIIe siècle, ou au commencement du XIIIe. Maître de cet instrument, désormais le pilote, affranchi des lisières du cabotage, put s'élancer hardiment en pleine mer et marcher, au gré de sa pensée, à la conquête des terres les plus lointaines.

Dès lors, une carrière nouvelle s'ouvrit pour l'Europe. On raconte qu'en 1327, le Vénitien Marino Sanuto alla trouver le Pape Jean XXII, et lui soumit le plan d'une nouvelle croisade, ayant pour but de rendre au commerce de l'Inde la route de la Perse, de sorte que les marchandises ne passassent plus par Damiette et Alexandrie (*Voy.* Marini Sanuti, *secreta fidelium crucis*, etc., édit. par Bongars. Hanau, 1611). Le Souverain Pontife ne donna pas de suite au projet du marchand vénitien. L'Europe moderne a repris depuis pour son compte cette proposition, et depuis cette époque, elle n'a cessé de poursuivre cette *croisade* commerciale, industrielle et scientifique, la seule qui convint réellement désormais aux destinées des nations chrétiennes.

Dès la conversion de Clovis et son affermissement sur le sol de la Gaule, la France, grâce à ses merveilleuses conditions de sociabilité, qui sont parmi les attributs de son génie, n'a jamais cessé de jouer à divers titres, mais notamment dans la politique générale de l'Europe et du monde, un rôle capital et prédominant. Toutefois, sous le rapport des sciences et des lumières, on ne peut nier que jusqu'à la Renaissance, l'Italie fut le guide et l'initiatrice des autres nations chrétiennes. C'est donc vers ce point de la carte qu'il faut tenir les yeux presque constamment fixés, lorsqu'on retrace, pendant cette période, l'histoire du développement des connaissances publiques. Un marchand de Pise, Léonard Fibonacci, né au XIIe siècle, introduisit en Occident les procédés arithmétiques des Indiens et des Arabes. L'an 1202, il publia, en latin, un livre nommé *Abbacus*, dans lequel il exposait la forme, l'usage et les propriétés des chiffres indiens et de la numération décimale, ainsi que les éléments de l'Algèbre; puis en 1220, un *Traité pratique de la Géométrie*. De 1250 à 1295, Nicolas, Matthieu et Marco Polo, nés à Venise, se rendirent par la mer Noire en Arménie, et de là en Perse; parcoururent successivement presque toute l'Asie, naviguèrent sur l'Océan indien, où ils s'avancèrent jusqu'à Java, et revinrent enfin dans leur patrie, que Marco Polo émerveilla, par le récit de l'expédition la plus remplie et la plus instructive que la civilisation eût inspirée depuis des siècles. Nous devons renvoyer, pour plus de développement sur cette matière, aux collections de voyages et aux remarquables mémoires publiés vers 1824 par M. Abel Rémusat. (*Nouv. Mém. de l'Acad. des Inscr. et Bell. Lett.*, t. VI et VII. Paris.)

La peinture à l'huile a été généralement attribuée jusqu'à ce jour, d'après le témoignage de Vasari, à Jean Van Eick, peintre flamand du XVe siècle, qui l'aurait donnée à l'Italie, par Antonello de Messine. Mais des documents irréfragables, et notamment un compte de 1836 publié par notre savant confrère M. Bernhardt (*Bibl. de l'Ec. des ch.*, t. VI, p. 540), joint à d'autres puissantes considérations, infirment de plus en plus aujourd'hui cette opinion, et l'on pense maintenant que ce mode de peinture, indiqué dès le XIe ou XIIe siècle, par le moine Théophile, auteur du *Schedula diversarum artium*, dut commencer à se répandre en Italie dès une époque voisine de celle qui nous occupe, c'est-à-dire du XIIIe siècle. L'Italie avait également perfectionné, à la même date, les travaux de grande industrie, tels que l'hydraulique, la mécanique, la métallurgie, nécessaires pour expliquer l'état florissant des villes et des monuments de tous genres, dont l'archéologie a conservé jusqu'à nous

les débris ou le souvenir. Salvino degli Ar-
cati, banquier florentin, mort en 1317, inventa, vers 1280, dans sa ville natale, les
verres d'optique appliqués aux besicles, et
prépara ainsi le secours que la télescopie
vint plus tard fournir à l'étude du ciel. L'astronomie, la physique, la chimie, la médecine ne sont nées parmi nous, et n'ont vécu,
jusqu'à leur très-récente adolescence, que
mêlées aux sciences occultes. C'est donc au
milieu de ce mystérieux entourage qu'il faut
aller chercher leurs premiers délinéaments,
leurs premiers pas et les services qu'elles
ont rendus à l'humanité. Les ouvrages du
Pape français Sylvestre II, du mayorcain
Raymond Lulle, de l'Anglais Roger Bacon,
des Allemands Albert le Grand et Berthold
Schwartz, morts du xi° au xiv° siècle; ces ouvrages, fruits d'un immense labeur, contiennent, le résumé des connaissances positives,
dont se composait alors la science et l'histoire des tâtonnements, à l'aide desquels elle
cherchait à s'orienter vers la lumière. A cette
époque, les Universités, répandues sur la
face presque entière de l'Europe chrétienne,
multiplient et encouragent de toutes parts, à
défaut de méthodes saines et expérimentales,
le goût, la pratique de l'étude et la recherche de ces mêmes méthodes. C'est l'âge de
la scholastique, cette première initiation,
cette première gymnastique, qui dut servir
de préliminaire à tous les exercices, à toutes
les investigations de l'esprit. On voit alors
briller au sein des écoles, dans la théologie,
Pierre Lombard, Anselme de Champeaux,
Abailard, saint Bernard, saint Thomas d'A-
quin, saint Bonaventure; dans la jurisprudence, les Gratian, les Accurse et les Bar-
thole; dans la médecine, Guillaume de Sali-
ceto, Taddeo de Florence, Roger de Parme,
Lanfranc de Milan. Déjà la science veut
dresser le cadastre de son domaine et le bilan de ses richesses. L'*image du monde*, que
de récentes recherches, dues à M. de Ville-
fosse, attribuent à Gossuin de Metz; le triple
*miroir* du dominicain Vincent de Beauvais;
le célèbre *trésor* de Brunet Latin, maître du
Dante, appartiennent à cette période, et, chose
remarquable, la plus ancienne de toutes,
l'*Hortus deliciarum*, a pour auteur une
femme, Herrade de Landsberg, abbesse
d'Hohenbourg, qui écrivait de 1159 à 1195.

La littérature proprement dite, premier
instrument de propagande intellectuelle, et
tout d'abord celle de notre patrie, s'est développée avec une telle puissance, que, dès
cette époque, elle a acquis, sous une première forme, une complète maturité. Personne ne conteste aujourd'hui à la France
d'avoir, la première, fait aimer sa voix et
entendre sa parole aux oreilles des nations.
Coulée dans le rhythme métrique par Robert
Wace, et, par Villehardouin, dans celui de
la prose; portée en Angleterre et en Sicile
par les Normands, en Afrique, en Asie et
jusqu'au fond de la Tartarie, par les compagnons ou les ambassadeurs de Pierre l'Ermite, de Philippe Auguste et de saint Louis,
notre langue, sous la forme de lettres, de

sermon, de poeme, de traité scientifique, de
conte et de chansonnette, avait instruit ou
charmé cent peuples divers; elle avait retenti, pour ainsi dire, à tous les échos de la
terre, avant qu'aucune des contrées de l'Occident pût faire le même éloge de ses dialectes vulgaires. Pour nous en tenir à l'Italie,
la seule rivale qui pût prétendre à cette
palme et nous la disputer, les textes écrits
en français par Marco Polo, par Martin Ca-
nale, par Brunetto Latini, par Dante lui-
même, prouvent au moins que le français
excitait chez ces hommes célèbres, qui furent aussi, à des titres divers, d'éminents
écrivains, l'attraction d'une préférence volontaire. Dès le xi° siècle, l'illustre comtesse
Mathilde, contemporaine de Grégoire VII,
se piquait, au rapport de ces historiens, de
parler la langue des Français. L'une des dernières et des meilleures œuvres qui glorifieront parmi nous le nom de l'ingénieux
Fauriel, dont les lettres déplorent la perte
encore récente, aura été de déchiffrer, de prouver et de mettre en lumière ces vieux titres
de suzeraineté de la littérature des troubadours sur celle de l'Italie, qui remontent en
France jusqu'à la seconde moitié du xii°
siècle, et qui, par une chaîne non interrompue, par une pléiade de chantres gracieux,
se continuent, de Bernard de Ventadour et
de Pierre Vidal, aux *Malaspina*, à Sordello et
à Dante. Depuis Fauriel, et tout nouvellement, un savant distingué, M. Champollion
Figeac, vient de reculer encore les limites
fixées jusqu'ici par la science à cette antiquité, en publiant, d'après un manuscrit du
x° siècle, deux compositions en langue romane et en vers, d'une certaine étendue,
destinées à célébrer, dans la liturgie de l'E-
glise, la passion de Jésus-Christ et la vie de
saint Léger. D'après les appréciations de cet
érudit, ces deux poëmes remonteraient à une
époque voisine du temps de Charlemagne.
(Voy. *Documents inédits*, in-4°; *Mélanges*,
t. IV.)

Après que les descendants des antiques
bardes gaulois eurent donné le signal, les
autres nations répondirent tour à tour à ce
poétique appel. L'Angleterre fit entendre
Chaucer et Chatterton; l'Allemagne, Frauen-
lob et ses minnsœngers; enfin l'Italie, pour
ajouter à ses gloires littéraires par une éclatante revanche, donna au monde Dante Ali-
ghiéri, d'après quelques auteurs, les plus complet des poëtes et des artistes qu'ait inspiré
l'ange de la littérature chrétienne; Dante, ce
sublime et impérissable *monument* du moyen
âge, auquel sa patrie, trop tardivement reconnaissante, a bien fait de consacrer une
*chaire* au sein de sa ville natale, comme à
une langue ou à une science des temps qui
ne sont plus; car de tels hommes s'élèvent
si subitement et si *singulièrement* au milieu
des générations, que bientôt ils ont besoin
de savants commentateurs, pour servir d'intermédiaires entre eux et la foule, et pour
les *expliquer* à la postérité.

Sur cette terre privilégiée de l'Italie,
les arts comme les sciences ont repris

leur essor. La musique, réformée par saint Grégoire au IXᵉ siècle, enrichie au XIᵉ d'un nouveau système graphique, celui des portées, par Guy d'Arezzo, moine de Pompose, reçoit un perfectionnement plus notable encore au XIIIᵉ, et passe du plain-chant au rhythme mesuré. La peinture moderne est née avec Cimabue et Giotto. Elle grandit avec les deux Fiesole, André Orcagna, Taddeo Gaddi et vingt autres maîtres qui, sans prendre soin de nous transmettre leurs noms, se sont bornés à nous léguer tant de chefs-d'œuvre ravissants d'inspiration et de poésie. La sculpture, par Donatello; l'architecture, par Brunellescho, et bientôt par Alberti, atteint promptement à cette perfection classique que le climat de la grande Grèce semblait devoir produire et conserver comme naturellement.

Dans cette longue époque de transition insensible, qu'on nomme le moyen âge, où la civilisation grandit lentement dans son berceau entre le génie antique et le génie moderne, le XIVᵉ siècle mérite au plus haut degré l'attention de l'observateur. Pendant le cours de cette période, la forte impulsion que nous venons de décrire se continue, elle se communique de plus en plus activement au reste de l'Europe. L'industrie nourricière, l'art de préparer les objets les plus nécessaires au bien-être de la vie, tels que les étoffes, le linge, ou de travailler les métaux usuels et précieux, etc., accomplissent chaque jour de nouveaux progrès. Ils vont créer et répandre la richesse et l'aisance, du fond de la Péninsule italique au marais de la Néerlande. La xylographie, mère de l'imprimerie, prend naissance, tandis que les mathématiciens et les astronomes, le quart de cercle et l'astrolabe à la main, mesurent ou décrivent le ciel et la terre; le navigateur, armé de la boussole, sillonne plus librement les mers; il échange et transporte en tous sens les produits que l'intelligence de l'homme multiplie. La poudre à canon, introduite sur le champ de bataille, en substituant à la lutte corps à corps un agent plus redoutable, il est vrai, mais d'un emploi plus dispendieux et conséquemment plus rare, modifie profondément les hostilités des peuples, et fait entrer la science funeste de la guerre dans une phase nouvelle, marquée par la Providence pour le salut de l'humanité. Au nord, l'art acquiert, principalement dans l'architecture, son expression la plus caractéristique et la plus haute. Une sorte de fraîcheur et de grâce juvénile distingue particulièrement les productions de cette époque. Quoique engagée dans l'étreinte d'une lutte formidable avec l'Angleterre, sa rivale, la France, paye dignement sa dette à cette œuvre de civilisation, et livre à la plume de Froissart le récit du règne de Charles V.

Mais le grand phénomène de ce siècle devait être la résurrection de l'esprit et surtout de la *forme* antiques, étendus dans le tombeau, ensevelis dans la poussière par les barbares; et le théâtre de ce magnifique spectacle devait être encore l'Italie. Pétrarque et Boccace, animés du *mens divinior*, inspirés par l'amour qui révèle à leurs yeux la muse poétique sous les traits de Laure et de Fiametta, de même qu'elle était apparue à Dante sous l'image de Béatrix, ceignent leur front du laurier d'or, et réveillent les échos de la céleste harmonie, faite pour consoler et charmer à jamais l'âme humaine.

Au siècle suivant, les Laurent Valla, les Pogge, les Niccolo Niccoli, les Piccolomini, les Bessarion, étendent et propagent l'éclat de ce cercle de lumière, qui désormais ne connaîtra plus de pôle ni d'éclipse, grâce à l'inextinguible foyer de l'imprimerie. En 1453, la prise de Constantinople par les Turcs fixe d'une manière décisive les limites de l'Islam et du monde chrétien. La nationalité française, sous Charles VII, après trois siècles et plus d'une lutte acharnée, au moment où elle semblait anéantie, se ranime tout à coup au souffle presque inespéré de la faveur divine, et prend définitivement possession d'elle-même au milieu d'un concours de circonstances les plus poétiques et les plus merveilleuses qu'offrent les annales de l'histoire moderne. Cette période mémorable se clôt enfin par deux conquêtes éclatantes. Vasco de Gama, enserrant du sillon de son vaisseau, comme d'une ceinture, le contour de l'Afrique entière, se rend aux Indes par le cap de Bonne-Espérance (1497), et Christophe Colomb a découvert le nouveau monde (1493)!

En abordant le seizième siècle, nous voici parvenus au seuil du monde moderne. L'Italie, avec son pur climat, son ciel inspirateur, son génie inventif et fertile, était admirablement douée pour la mission que nous venons de lui voir accomplir. Il y avait toutefois, dans la nature même de ces dons, quelque chose qui devait restreindre le terme et la portée de son influence artistique. La forme d'art, connue sous le nom de *genre gothique*, forme qui a couvert le nord de l'Europe de tant de chefs-d'œuvre, et dans laquelle les esthétistes s'accordent à reconnaître l'expression la plus caractéristique et la plus élevée du sentiment religieux au moyen âge, cette forme, comme on sait, ne prit aucune racine du catholicisme, mais sur la terre classique genre, par la différence des climats, se seraient trouvés d'ailleurs en de tout autres conditions de couleur, de perspective et d'harmonie. On a observé également, et nous ne savons jusqu'à quel point a eu raison l'historien des *sciences mathématiques en Italie*, M. Libri, que, sauf l'astrologie judiciaire liée de tout temps aux superstitions, les sciences occultes y trouvèrent aussi peu de faveur. Ajoutons à ces observations que les *idées chevaleresques*, le culte raffiné de la femme et de l'honneur, n'acquièrent jamais, au sein des mœurs publiques et privées des Italiens, le même ascendant que chez les nations plus septentrionales de l'Europe. Remarquons en dernier lieu que, parmi les

illustrations si nombreuses et si variées, dont se pare à bon droit l'Italie, ce qui manque le plus, ou, si l'on veut, ce qui abonde le moins, ce sont les philosophes, les *penseurs*. C'est qu'en effet le génie italien, si nous ne nous trompons, a quelque chose en lui de positif, de lucide, comme son ciel, qui exclut l'ombre et les nuages ; quelque chose qui rend ce peuple plus susceptible de passion que de sentiment, et d'imagination que de rêverie; qui le dispose à admettre la fable, la fiction, le mystère; qui le fait plus apte enfin à l'invention des procédés plastiques, ou à l'expression vive, spontanée, des affections de l'âme, qu'aux spéculations métaphysiques, à la réflexion intérieure de la pensée, aux méditations solitaires. Ce caractère se manifeste visiblement dans les sciences par la méthode *expérimentale* que les Italiens surent employer d'instinct, même sous le règne de l'*aristotélisme*, et dans l'art par une sorte de *naturalisme*, de goût invariable et prédominant pour le rendu de la réalité. C'est ce que décèlent, à nos yeux, nonseulement la riche famille de leurs coloristes, mais encore, pour un observateur délicat et attentif, jusqu'aux plus chastes madones du divin Sanzio lui-même. Ici nous devons nous élever avec toute la force de notre conviction contre certains historiens qui ont vainement prétendu que l'heure était venue, où l'*esprit* nouveau allait se révéler; où la *pensée* religieuse et morale de la société moderne, en un mot le christianisme, devait subir une inévitable métamorphose; que le *catholicisme* et la *papauté*, après avoir, pendant plusieurs siècles, légitimé leur rang et justifié leur dénomination, en embrassant, dans une vaste et compréhensive sympathie, l'essor de la civilisation, en développant avec éclat et avec courage, au sein de la famille humaine, le dogme de la fraternité; que le catholicisme, débordé par les recherches et les découvertes de la science; la papauté, en proie au schisme, à la simonie, au népotisme; abandonnée aux idées de luxe frivole et mondain, de domination temporelle, de despotisme, qu'elle était venue tout d'abord combattre et détruire; livrée, sous le règne infâme des Borgia, à tous les vices, à tous les scandales, à toutes les turpitudes du maintien même que le catholicisme protecteurs et de guides, à leur d'ennemis des peuples et du véritable esprit de l'Evangile, ou tout au moins de complaisants bénévoles de la tyrannie; que, dès lors, c'en était fait de Rome et de l'Italie. De pareilles accusations sont aussi odieuses que frivoles; non, ni le catholicisme, ni la papauté ne furent jamais en proie à de pareilles aberrations. Ce n'est point ici le lieu de les venger de telles attaques, il nous suffit de constater la vérité des faits. Le catholicisme et la papauté même dans cette période ne faillirent point à leur mission civilisatrice. Le génie de cette terre, si favorisée des regards divins, est loin d'être épuisé. Frascator, Cardan, Porta, Branca, Galilée,

Torricelli, dans les sciences; dans les arts, Bramante, Vignole, Raphaël, Titien, Véronèse, Cellini, Marc-Antoine, Della Bella, Palestrina, Orlando di Lasso, Gabrielli; dans les lettres, l'Arioste, le Tasse, Machiavel; — sans compter ces hommes universels et supérieurs dans tous les modes de l'activité humaine, tels que Léonard de Vinci et Michel-Ange, dont un seul suffirait à la renommée de plusieurs nations, agrandissent et complètent sa couronne de gloire. Tandis que l'Italie ne perdit point le premier des biens d'une nation, l'indépendance, d'autres antiques républiques, jadis si fières et si florissantes, tournent, sous la main de vingt tyrans, à l'état de satrapies.

L'astre de la civilisation s'élève toujours ; mais il monte du midi au nord. L'Espagne, parut un instant toucher à une prochaine décadence que ne semblait point pouvoir conjurer, au sein de sa vaine sécurité, le secours des puissants éléments de richesse et de vie qu'elle puise au sein du nouveau monde. Moins d'un siècle suffit pour mesurer la durée de cet éclat factice et de cette éphémère splendeur, depuis l'expulsion des Maures de Grenade (1491), et la découverte de l'Amérique, jusqu'à la grande déroute de l'*invincible hermada* (1588).

La loi qui, naguère, courbait sous son autorité toutes les consciences, et qui avait à Rome son oracle, ne cesse point de descendre de la chaire de Pierre, boulevard inexpugnable de la foi. Mais le moment est venu où la pensée directrice de l'humanité est remise au creuset, et s'élabore au sein de l'Europe septentrionale, en Allemagne, en Angleterre, en France, devenues un vaste atelier philosophique.

L'événement capital et prééminent de cette période, c'est, on l'a déjà nommé, le protestantisme ; événement mesquin, et même odieux par plus d'un côté, si l'on en considère les causes, ou plutôt les circonstances immédiates : événement des plus grands et des plus graves, si l'on observe ses origines dans le passé et ses conséquences ultérieures. Luther, Zwingle, Calvin, héritiers des Béranger, des Abailard, des Wiclef, des Jean Huss, s'efforcent en vain de disputer au catholicisme la moitié de son empire. Une ardente conflagration, une lutte opiniâtre, s'engage sur le terrain de la chrétienté, offrant, d'une part, l'essor irrésistible de l'esprit d'indépendance, longtemps comprimé et armé des démonstrations de la science; de l'autre, la résistance aussi opiniâtre qu'éclairée de l'autorité, la compression brutale et cette sécurité qui prend sa source dans de profondes convictions. La France placée par sa situation géographique, comme par sa mission providentielle, entre les deux partis extrêmes, garde, à travers les changeantes péripéties de ce conflit terrible, une position mixte, et se réserve dans une sorte de neutralité ou du moins d'indépendance. Le caractère purement et sèchement négatif de la

réforme, qui va se combattant et se pulvérisant elle-même, ne tarde pas à se dessiner ; la France se refuse à introduire dans la pratique de ses institutions ce principe qui répugne à son génie essentiellement ami de l'ordre, de la grandeur et de l'unité. Tandis que, dans le conseil de ses rois, comme dans les autres cabinets de l'Europe, ses chefs politiques jouent cette question sacrée sur le tapis sacrilége de leurs étroites ambitions, la France se recueille, et, tout en sauvegardant ses libertés, elle demeure étroitement attachée à la suprématie du saint-siége et maintient le dépôt des traditions et des formes extérieures. se bornant à prêter à la cause du prétendu affranchissement intellectuel le secours de ses sympathies et la séduisante éloquence de sa littérature. Les écrits d'Érasme, né en Hollande, mais Français par le tour de son esprit, trouvent pour auxiliaires les Rabelais, les Charron, les Montaigne, qui fondent l'école de la philosophie sceptique, et préparent une révolution plus radicale et plus hardie que le protestantisme lui-même.

Grâce à l'intervention, dans la lutte, de cet élément éminemment français, de l'élément littéraire, une transaction plus douce se fait accepter des partis. La prose de Bonaventure des Périers, de la reine de Navarre, les vers des Marot et des du Bellay, sauvent bien des nouveautés sous leur gracieuse enveloppe. Autour d'eux vient se grouper le cercle brillant et inoffensif d'une foule de charmants esprits, de talents variés et piquants. C'est Ronsard, Baïf, Rémy Belleau, du Bartas ; puis Regnier, puis Malherbe. C'est Pierre Lescot, Jean Bullant, Philibert de l'Orme, Androuet du Cerceau. C'est Jean Goujon, Pierre Bontemps, Jean Cousin, Bernard de Palissy. La grande littérature moderne éclôt de toutes parts : en Espagne et en Portugal, Camoëns, Cervantes, Lope de Véga ; en Angleterre, l'immortel Shakespeare.

La science, devenue cosmopolite, fertilise en même temps le sol de l'Europe entière. Léonard de Vinci, — peintre, architecte, musicien, littérateur, mécanicien, mathématicien, physicien, naturaliste, philosophe, — semble illuminer le domaine entier de l'intelligence par la trace qu'y impriment ses prodigieuses facultés et l'immense variété de ses connaissances. Il invente à la fois l'hygromètre et la chambre obscure. Le Polonais Copernic découvre l'immobilité du soleil. Il ébauche ainsi la révélation des grandes lois qui gouvernent les mondes et dont le principe général devait être démontré, avec un souverain éclat, par Newton. Après Copernic, le Danois Tycho Brahé, l'Allemand Keppler, l'Italien Galilée, amplifient ses découvertes, et vulgarisent ces notions, qui renouvellent la face de l'instruction générale. Galilée, en 1597, construit le thermomètre ; il reconnaît l'isochronisme du pendule, appliqué postérieurement à l'horlogerie par son fils et surtout par Huygens. En 1609, il devine le télescope que son compatriote Fracastor avait indiqué dès 1558, et fait servir

immédiatement ce secours à de nouvelles observations astronomiques. En 1582, le Calabrais Lilio apporte au calendrier Julien la réforme à laquelle le pape Grégoire XIII eut l'honneur d'attacher son nom. Plusieurs médecins du seizième siècle avaient reconnu ce que présentaient d'absurde et d'erroné les doctrines admises dans l'école, au sujet des fonctions propres au cœur et au poumon. L'Espagnol Miche. Servet, en 1553, Colombo, en 1562, et Césalpin en 1583 (ces deux derniers Italiens), décrivirent même successivement les principaux phénomènes de la *petite circulation*. Mais la gloire de découvrir ou plutôt de deviner (en l'absence du microscope, qui donna plus tard l'intuition directe du fait) la communication circulaire du sang au sein de l'économie, par le double appareil des artères et des veines, cette découverte, l'une des plus précieuses lumières que possède la science médicale, était réservée au génie du médecin du roi d'Angleterre, W. Harvey, qui, après neuf années de démonstrations et d'expériences, publia, pour la première fois, cette nouvelle doctrine en 1628. (Voir l'intéressante leçon professée par M. P. Bérard à l'ouverture de son cours de physiologie près l'École de Médecine de Paris ; *extrait de la Gazette médicale*, 1849, in-8°, et le *Journal des Savants*, avril 1849, p. 193 et suiv.)

Aujourd'hui dix nations, ainsi qu'on le vit jadis pour le lieu de naissance d'Homère, se disputent la gloire, non moins digne d'envie, d'avoir découvert l'élasticité de la vapeur et d'en avoir imaginé l'emploi, comme moteur, dans la mécanique. Les principaux compétiteurs sont, pour l'Italie, Cesariano, traducteur et commentateur de Vitruve, en 1511 ; Porta et Blanca qui florissaient, le premier en 1606, et le second en 1629 ; pour l'Espagne, Blasco de Garay, en 1545 ; pour la France, Florence Rivault, en 1603 ; Salomon de Caus, en 1615, et surtout Denis Papin, de 1690 à 1710 ; pour l'Angleterre, Worcester, en 1665, et Savery, en 1698. — *Adhuc sub judice lis est.* — Mais, en attendant que le tribunal de l'érudition ait rendu son verdict définitif, chacun des demandeurs, à l'exception peut-être de Garay, a le droit, ce nous semble, de revendiquer une part légitime dans l'honneur prétendu accompli par cette idée reçue successifs accomplis par cette idée reçue successifs accomplis par cette idée. Les progrès successifs accomplis par cette idée reçue successifs accomplis par l'Anglais James Watt, et, plus tard, l'Américain Fulton ont ouvert de nos jours une ère toute nouvelle, sans qu'eux-mêmes cependant puissent se vanter d'avoir épuisé les conséquences utiles que cette idée renferme encore dans son sein.

La France, au XVIIe siècle, monte sans rivale au premier rang parmi les nations. Elle recueille et goûte les fruits de son passé. Dès le commencement de cette période, le cardinal de Richelieu, reprenant les plus antiques traditions de la monarchie, réduit en système politique, et poursuit avec une opiniâtreté implacable ces vues de grandeur et d'unité dont nous avons montré le principe

au sein même du génie national. En 1635 il institue l'Académie française, tribunal destiné à garder et à régulariser cette langue que déjà Corneille élevait à un si haut degré de force et d'éclat, et qui allait devenir, plus que jamais, l'organe universel des intelligences cultivées. Tandis que François Bacon, né en 1560, mort en 1626, écrit le *de Instauratione scientiarum ;* tandis que, guidant l'esprit humain dans une route nouvelle, il allume, en tête de cette voie, le flambeau de la critique et de la véritable philosophie, René Descartes (1596-1650) rend à cette dernière un service plus grand encore : joignant l'exemple au précepte, il donne au monde la *Méthode*, et enrichit d'importantes découvertes le domaine de l'anatomie, de la médecine et des sciences mathématiques.

Mais l'âge qui vit briller Corneille, Descartes, Claude Gelée, Philippe de Champagne, Jacques Callot, n'est que l'aurore et le prélude de l'époque la plus mémorable que puisse retracer parmi nous l'annaliste de la littérature, des arts et de la civilisation ; L'Egypte avait eu le siècle de Sésostris. l'Inde, celui de Vicrâmaditya ; la Grèce, celui de Périclès ; Rome, celui d'Auguste : la France inscrit dans l'histoire de l'humanité le *siècle de Louis XIV.* Sous la main créatrice de Colbert, la marine, le commerce, l'industrie, sortent du néant, pour grandir d'une vie subite et prodigieuse. En 1666, il établit l'Académie des sciences, qui surpasse dès sa formation la splendeur de ses devancières, et compte dans son sein Fontenelle, Cassini, Picart, Auzout, Bernouilli, Lahire, Marchand, Thévenot, Malebranche, Blondel, Vauban, Tournefort, Rœmer, Huyghens, Newton et Leibnitz. En 1668, il construit l'Observatoire. De 1669 à 1700, Cassini et Lahire mesurent un arc de la terre ; Halley, Tournefort, explorent, au profit des sciences naturelles, le cercle entier du globe. L'Académie des inscriptions et belles-lettres, formée dès 1663 d'un démembrement de l'Académie française, ouvre un asile et un foyer à l'immense et parfois défectueuse érudition des Mabillon, des Du Cange, des Valois, des Fréret, des Montfaucon. En 1667, Louis XIV institue l'Ecole de Rome, magnifique et perpétuelle ambassade de la France, auprès de la cité des arts ; en 1671, l'Académie d'architecture, de sculpture et de ..... dans

Celui qui doit .... restreint, le vaste et lumineux tableau qui se déroule ici devant nos yeux, et où le génie de l'homme resplendit sous toutes les formes, est nécessairement condamné à la ressource bornée d'une aride nomenclature ; mais quels noms viennent illuminer chaque article de ce catalogue? Benserade, Quinault, Molière, La Fontaine, La Bruyère, Racine, Boileau, Pascal, Bossuet, Fénelon, Bourdaloue, Massillon, Fléchier, Arnaud, Nicole ; Mignard, S. Leclerc, Boulogne, Sébastien Bourdon, Lesueur, Le Brun, Rigaud, Largillière, Mansard, Perrault, Le Nôtre ; Le Puget, Girardon, Coustou, Coysevox, Keller ; Israël Sylvestre, B. Pi-

card, Edelink, Audran, Varin ; Lulli, et tant d'autres qui fatigueraient la mémoire, avant que d'épuiser la sympathie et l'admiration. Nous faillirions pourtant aux plus impérieuses prescriptions de la tâche que nous avons à remplir, si nous nous en tenions à cette indication de chefs-d'œuvre *masculins*, à cette simple énumération de noms d'*hommes*. Un trait suprême, et non le moins essentiel, un indispensable complément sert à caractériser cette époque, au sein de laquelle, suivant l'expression d'un digne appréciateur des destinées de la patrie (M. Henry Martin), « les lettres familières d'une mère à sa fille, deviennent un monument historique et littéraire : » c'est l'élément de la *sociabilité*, de la politesse et de la dignité des mœurs, dus tout entiers au rôle et à l'intervention des femmes. Qu'il nous soit donc permis, afin d'achever cette sèche et rapide analyse, sans trop enlever à l'original qui pose devant nous ce qui lui donne son cachet inimitable, ce qui fait son charme et son parfum, de rappeler avec leurs noms l'image et le souvenir des Lafayette, des Scudéri ; de Lucie d'Angennes, de Montespan, de la Vallière, de Sévigné, de Grignan et de Deshoulières.

Un seul homme a obtenu le glorieux privilège d'associer son nom, dans la mémoire éternelle de la postérité, au souvenir de cette époque : — *Le siècle de LOUIS XIV.* » Mais cet homme, nous osons le dire, était bien, autant que la raison peut avouer ce genre d'identification, la personnification de la France. Ce prince, un jour, enivré de sa puissance, et trouvant du moins, de la part de ses contemporains, une étrange complicité de sa vanité, avait dit : *l'État, c'est moi.* Des juges sévères ont amèrement incriminé cette parole. L'histoire, plus juste et plus généreuse, à mesure qu'elle enregistre, au profit de l'humanité, la jouissance de droits plus étendus, lui pardonnera, nous le pensons, ce mot célèbre, inspiré par un orgueil qui n'était ni sans noblesse, ni surtout sans quelque vérité. Dieu ne permet pas au premier tyran venu d'atteler, un demi-siècle durant, tout un peuple comme le nôtre, au char de ses passions et de sa volonté. Aucun des grands esprits qu'enfanta cette époque si féconde n'était la France, avec ses nobles et grandes aspirations, avec ses qualités brillantes, et même que le fut Louis XIV. Ces *vaisseaux du roi*, ces armées du roi, ces manufactures, ce jardin, cette bibliothèque, et enfin jusqu'à ce royaume *du roi*, comme on disait alors, toutes ces merveilles et toute cette grandeur, qui n'existaient point avant cet homme, ne furent-ils pas dès lors, et surtout ne restèrent-ils pas, après l'homme, la richesse, la puissance, l'unité de l'*Etat ?* Hélas ! lorsqu'au déclin de cette longue vie, au terme de cette longévité, première expiation du mortel, le vieux monarque envoya ses ambassadeurs implorer la paix des ennemis que jadis il avait vaincus ; lorsque la voix importune des peuples foulés vint se faire entendre à ses

oreilles par la bouche d'un Fénelon et de ces parlements qu'il avait humiliés; lorsque la flèche lugubre de Saint-Denis, dont il avait en vain fui l'aspect, de Saint-Germain à Versailles, l'eut invinciblement attiré, et que les voûtes sépulcrales eurent enfin reçu ses dépouilles mortelles, la Providence avait assez hautement, assez rigoureusement montré ce qu'il y avait d'excessif, et, pour emprunter à notre vieux temps un de ces meilleurs mots, ce que présentait d'*outrecuidant* cette téméraire devise!

Une autre expiation plus cruelle encore, qui devait se révéler dans la période suivante, était réservée au monarque tout puissant, si longtemps comblé des faveurs de la fortune, et le punir peut-être d'avoir identifié, non point seulement l'Etat à sa personne, mais les destinées de l'avenir et d'un empire chimérique à sa dynastie. La doctrine de la responsabilité des races, préconisée par l'austère philosophie de Bossuet, et par le vaste génie de Joseph de Maistre, allait recevoir, en la personne du dernier des descendants de Louis XIV, une application terrible. A la suite du siècle de Louis XIV, à la suite des désordres de la régence, vint ce *règne* honteux, que Voltaire, par un indigne rapprochement et dans un panégyrique mensonger, a qualifié de *siècle* de Louis XV. Le grand roi avait dit: l'Etat, c'est moi; l'égoïsme et l'indignité de son successeur se résument par cet autre mot: *après moi le déluge;* parole bien autrement coupable et impie, et qui sera sa juste condamnation devant la postérité.

Après lui, en effet, la Providence semblait avoir résolu le déluge de cette monarchie assez affaiblie pour prononcer ainsi sa propre sentence. Bientôt cette monarchie, qui avait traversé, avec tant de gloire, tant de générations, allait s'écrouler, emportée par l'irrésistible développement d'idées et d'intérêts auxquels elle n'était plus capable de présider; et cette phase orageuse devait se clore violemment par la tempête de la révolution française.

Assurément, le siècle qui enfanta dans une seule année (1707) Linnée, Buffon et Euler; le siècle qui vit se produire les travaux et les découvertes de Bernard de Jussieu, de Maupertuis, de la Condamine, de Haller, de Vaucanson, de d'Alembert et de Daubenton, n'est pas un siècle stérile pour les sciences. Mais il appartient surtout à la froide et déplorable *philosophie*, qui lui a légitimement donné son nom. « Il se forma bientôt en Europe, » dit un historien qui fut aussi l'un des ornements de cette époque (Condorcet), « une classe d'hom-« mes, moins occupés de découvrir ou d'ap-« profondir la vérité que de la répandre, et « qui mirent leur gloire à détruire les er-« reurs, plutôt qu'à reculer les limites des « connaissances humaines. » La célèbre Encyclopédie à laquelle tant de talents vinrent apporter leur pierre, sous la direction de deux écrivains éminents, de deux penseurs enthousiastes, d'Alembert et Diderot, fut moins le monument calme et régulier de l'instruction générale, qu'un redoutable arsenal, mis au service d'une polémique ardente, et destiné à battre en brèche les principes d'un passé qu'on s'efforçait vainement de faire crouler de toutes parts. Les véritables promoteurs des progrès de l'intelligence furent alors de simples littérateurs: Beaumarchais, Diderot, Montesquieu, Rousseau, Voltaire, Turgot, Condorcet; agitateurs puissants, dont les écrits allaient bientôt se traduire en événements historiques de la plus haute gravité, en institutions publiques; dont la voix semble vibrer encore, au milieu de la controverse qui se continue parmi nous, avec l'accent de la parole vivante. Et si l'œuvre d'historien que nous accomplissons en ce moment, nous donnait le droit de nous prononcer sur l'importance ou la valeur relative de ces hommes illustres, nous n'hésiterions pas, du point de vue qui nous préoccupe, à signaler, comme dignes d'une juste prééminence, quoique moins populaires et moins vantés que les autres, les deux derniers hommes que nous venons de nommer, tout en déplorant avec l'accent d'ailleurs sévère leurs excès et toutes leurs erreurs: le modeste et vertueux *Turgot*, qui, au moment suprême, sut faire entendre à la monarchie qu'il voulait sauver des conseils propres à entraîner la réalisation d'améliorations sages et pacifiques; *Condorcet*, l'immortel annaliste des progrès de l'esprit humain, le législateur de l'instruction publique dont les vues seraient encore aujourd'hui, dit-on, le guide le plus sûr et le plus élevé que pussent choisir ceux qui président à nos destinées intellectuelles; — l'un et l'autre défenseurs les plus éloquents et les plus éclairés du dogme de la *perfectibilité indéfinie de l'espèce humaine.*

Dans cette revue préliminaire nous n'avons point à raconter, même en raccourci, ces événements historiques auxquels nous venons de faire allusion et dont nous avons vu naguère (février 1848) s'accomplir, sous nos yeux, une dernière péripétie. Il ne nous reste donc plus qu'à poursuivre cette esquisse de l'accroissement des connaissances publiques, dans une période qui s'étend depuis le déclin du XVIIIᵉ siècle jusqu'à nos jours, ou période contemporaine.

S'il fallait justifier, par une considération des plus graves et des plus probantes, les réformes que nos pères ont introduites dans la constitution politique de l'Etat, on pourrait, à bon droit, alléguer comparativement la marche et le développement des lumières *avant* et *après* ces réformes. Bien loin de se ralentir, par suite de la révolution, on voit au contraire l'esprit humain prendre un élan d'une telle énergie, que les troubles sanglants qui vinrent souiller cette époque mémorable, et les agitations presque continuelles de la guerre civile ou extérieure, si funestes aux calmes méditations, ne purent en arrêter l'essor. Aujourd'hui que trente-quatre ans

de paix à peine interrompue ont succédé à ces agitations, les résultats de cette activité sont tellement abondants que, pour en présenter le résumé, nous devons adopter une méthode de classification analytique. Nous partagerons donc l'ensemble de la matière qui fait l'objet de ce dernier chapitre, en deux parts ou catégories : dans la première, nous comprendrons les connaissances positives, que nous subdiviserons selon l'ordre des sections de l'Académie des sciences de l'Institut; la dernière embrassera les découvertes mixtes, appartenant surtout au domaine de l'industrie, et qui procèdent de diverses sources scientifiques ou intellectuelles.

MATHÉMATIQUES. — Les mathématiques pures, employées au perfectionnement des méthodes et des calculs, à la théorie des sciences d'application, rentrent, par ce côté, dans le domaine de la philosophie, et leurs résultats, quelque intéressants qu'ils soient pour le progrès de l'intelligence, ne sont pas de nature à trouver place dans ce résumé. Nous nous bornerons donc à rappeler, sur ce point, les noms et les travaux de Prony, de Poisson, de Lalande, de MM. Arago, Cauchy, Biot, Poncelet et Leverrier.

ASTRONOMIE. — L'astronomie physique et expérimentale a doublé, depuis l'époque qui nous occupe, l'étendue de son domaine. La fabrication du *flint glass* et le perfectionnement de tout le matériel de la science ont puissamment concouru à cette extension. Avant 1800, l'astronome Herschell, dont la longue carrière devait être marquée par tant de services et de succès, avait découvert Uranus et les satellites, au nombre de six, qui l'accompagnent ; il avait en outre signalé de nouveaux satellites de Saturne. Bradley, né en 1692, mort en 1762, avait calculé depuis longtemps l'aberration de la lumière des étoiles fixes, dont le principe était la nutation de l'axe terrestre, devinée par cet illustre astronome. Après lui, d'Alembert avait établi par le calcul la cause physique de ce phénomène, qu'il sut rattacher à la théorie newtonienne de l'attraction universelle. Piazzi, dans la première nuit de ce siècle, observe et fait connaître Cérès. De 1804 à 1809, Olbers trouve Pallas et Vesta ; Harding ajoute une nouvelle planète, Junon, à ce dénombrement des corps célestes ; enfin, le monde savant est encore ému de la juste renommée que M. Leverrier vient de l'acquérir par la découverte de Neptune.

GÉOGRAPHIE ET NAVIGATION. — La géographie et la navigation, depuis Lapeyrouse, n'ont point cessé d'accroître leurs efforts et leurs progrès. L'application de la machine à vapeur à la marine, jadis indiquée par Denis Papin, expérimentée par M. de Jouffroy, à la veille de la révolution, pratiquée enfin par Fulton, en 1807, constitue, dans cette partie de la science, une rénovation dont l'importance peut être comparée à l'acquisition de la boussole. Grâce à ce nouveau secours, la viabilité des mers s'est amélio-

rée de la manière la plus sensible. Sans parler des relations commerciales, qui relient aujourd'hui, à travers l'Océan, le monde civilisé dans un réseau de communications perpétuelles, nous nous bornerons à rappeler, parmi les explorations scientifiques renouvelées continuellement et à l'envi par toutes les puissances maritimes du globe, les expéditions de *l'Astrolabe* et de *la Zélée*, qui rendront immortel le nom de Dumont-d'Urville.

PHYSIQUE ET CHIMIE. — On peut dire que la physique et mieux encore la chimie, comme sciences régulières, sont nées en France et à l'époque de la révolution française. La dernière était encore à l'état poétique et empirique, lorsqu'en 1787 Guyton de Morveau et Berthollet en firent un nouveau monde, où de véritables noms s'appliquèrent aux choses, en même temps que l'ordre et la raison commençaient à régner dans les idées. Vers la même époque, Franklin enseignait la nature de la foudre ; il montrait à l'homme l'art de diriger cette force redoutable, dans laquelle son imagination épouvantée n'avait su voir jusque-là qu'un fléau destructeur, et ouvrait, à la place de ces vaines terreurs, le champ d'une science inconnue, féconde en résultats utiles pour l'humanité. Alors aussi se placent concurremment les brillantes découvertes de Volta sur l'électricité ; celles de Galvani, sur l'action de cette force relativement au système nerveux des animaux, développées ou complétées depuis par les recherches analogues de Spallanzani, Humboldt, Geoffroy Saint-Hilaire, Matteucci, Becquerel et Paul Savi. C'est encore au même temps que remonte la théorie de la cristallisation de Haüy et les premiers essais d'aérostation ou de navigation aérienne, tentés par les frères Montgolfier en 1783.

MINÉRALOGIE. — La minéralogie, grâce aux recherches de Valmont de Bomare, de Pallas, de Faujas de Saint-Fond, le digne éditeur de Palissy, de Humboldt, de Lamarck, et enfin de Cuvier, a acquis, avec de nouveaux développements, une immense importance. L'un de ses dérivés ou de ses principaux aspects, la géologie, est également une science qu'on peut nommer française. Si le vaste et méthodique esprit, si l'admirable classificateur qui a écrit le *Discours sur les révolutions du globe*, peu doué, malheureusement, de la faculté synthétique, et peu propre aux spéculations morales et philosophiques, n'a pas déduit lui-même les conséquences qu'il a posées, d'autres intelligences d'un ordre moins rare comblent chaque jour cette lacune, et font passer dans le domaine des sciences de l'esprit les conclusions qui résultent, pour les faits moraux et historiques, de cette observation de la nature. Cette observation elle-même, source de toute connaissance et de toute certitude en cette matière, étend d'ailleurs et affermit de plus en plus son domaine par les efforts continus d'une phalange nom-

breuse et dévouée de savants répandus dans le monde entier, au nombre desquels il suffit de citer MM. de Humboldt, Lyell, Constant Prévost et Elie de Beaumont.

HISTOIRE NATURELLE, ZOOLOGIE. — A côté de Cuvier s'élève comme une antithèse, ou plutôt comme un complément harmonieux, — car, vus à une certaine distance, on ne saurait apercevoir d'antagonisme ou de disparate entre deux hommes de génie, — s'élève Etienne Geoffroy Saint-Hilaire. Doué d'une puissante imagination, d'une sensibilité exquise, animé de cette chaleur d'âme, de cette faculté généralisatrice, poussée jusqu'à une sorte de divination, qui se faisait remarquer à un bien moindre degré chez son illustre rival, il déploya tour à tour ces riches qualités, et versa une vive lumière sur les lois fondamentales de la formation des êtres animés. S'élevant aux plus hautes conceptions de cet ordre, il alla même jusqu'à réduire à une formule universelle l'expression de ce principe de vie; aspirant à fixer ainsi, de la manière la plus générale, le point-centre où devaient aboutir tous les travaux de l'analyse. Reconnaissons toutefois, pour remplir l'obligation imposée à tout historien sincère, que la théorie de l'attraction *de soi pour soi*, exposée surtout par Geoffroy Saint-Hilaire, vers le déclin de sa glorieuse vie, et peut être à cause de l'insuffisance de la forme de son style ou de ses organes qui, à cet âge avancé, trahissaient la netteté de sa lumineuse intelligence, est restée entourée de quelque obscurité, et qu'elle attend, pour être définitivement promulguée, l'interprétation d'un continuateur digne du maître.

BOTANIQUE. ECONOMIE RURALE. — La botanique et l'économie rurale du XVIIIᵉ au XIXᵉ siècle s'honorent à juste titre des travaux théoriques de Bernard et Antoine-Laurent de Jussieu, de MM. de Candolle, de Mirbel, Théodore de Saussure, Walkenaër, etc. Parmi les savants praticiens qui ont mis directement leurs lumières et leurs veilles au service de l'humanité, nommons d'abord Parmentier, l'intrépide et heureux défenseur de la pomme de terre, et après lui M. Vallet de Villeneuve, auteur du *Manuel pour la culture en pleine terre des ipomées-batates*, qui a consacré des efforts analogues à la propagation de cette autre plante nourricière, non moins précieuse et plus délicate que le premier de ces solanées.

SCIENCES MÉDICALES. — Une secte philosophique de l'antiquité (qui n'est pas sans avoir conservé quelques adhérents parmi nos modernes), l'école d'Epicure, faisait consister le bonheur, comme on sait, en deux points essentiels : 1° l'absence de la douleur; 2° la possession du plaisir. Une définition analogue pourrait s'appliquer, ce nous semble, au but que doivent se proposer les sciences médicales; à savoir, premièrement, de préserver, autant que possible, l'homme de la maladie; et ensuite, le cas échéant, de lui restituer la santé. De ce point de vue, qui est celui du plus simple bon sens, il faut avouer que cette branche si intéressante des connaissances humaines laisse encore, de nos jours, de grands progrès à désirer pour l'avenir. L'art de prévenir les maladies, ou hygiène, enseigné pour l'application *privée*, ne compte que d'hier une chaire au sein de nos écoles. L'hygiène *publique*, en faveur de laquelle on n'a point fondé jusqu'ici d'institutions générales, n'est pas, il s'en faut, plus avancée : elle rentre d'ailleurs dans la classe des sciences politiques et administratives, qui elles-mêmes n'ont point encore d'école définitivement avouée, et se mêle aux difficiles problèmes de l'économie sociale. En considérant les choses sous cet aspect, les progrès récents de la science médicale se divisent naturellement en deux parts très-distinctes. La première, qui se compose de l'anatomie, ou description des organes, et de la chirurgie, cette *suprema ratio* de la médecine, a reçu, sous la main de praticiens habiles, d'observateurs sagaces et persévérants, des perfectionnements incontestables, et acquis ce degré de certitude qui appartient aux vérités d'expérience. A l'instar des créateurs de la chimie moderne, et dès le commencement de la période que nous retraçons, le professeur Chaussier a doté cette région de la science d'un système méthodique et raisonné de nomenclature, qui se développe et s'améliore de jour en jour. Mais pour ce qui touche à l'étude de la physiologie de l'homme et de la pathologie, et surtout quant à la notion systématique et générale de l'art de guérir, on ne peut se dissimuler, malgré les travaux brillants et soutenus d'une foule d'hommes d'élite, que les résultats obtenus ne forment point, sous ce rapport, un ensemble solidaire, et n'offrent même point, à une critique sévère, la consistance d'une science positive. Là, en effet, point de nomenclature fixe et universelle, signe d'une intelligence analytique et suffisante de tous les faits, et d'une loi rationnelle qui les coordonne avec sûreté.

Parmi les conquêtes assurées de ces efforts, dans le sens que nous indiquons en ce moment, nous devons spécialement signaler, avec l'intérêt et la reconnaissance qu'elle mérite, la découverte, indiquée à diverses époques, notamment par un François, Rabaut-Pommier, en 1781; pratiquée depuis avec tant de succès et de renommée par le docteur Jenner, à partir de 1798 : celle de l'inoculation du virus vaccin, pour préserver l'homme de l'affection variolique. Un autre événement scientifique, qu'un lien sensible d'analogie rattache, ce nous semble, au précédent, et qui porte peut-être dans ses flancs des conséquences non moins avantageuses, s'est produit de nos jours avec la doctrine hardie d'un réformateur allemand; nous voulons parler de Samuel Hahnemann et de l'*homéopathie*. Personne n'ignore que cette nouvelle théorie repose sur ces deux points essentiels : le premier, que toute maladie, ainsi que le démontre, pour la *petite-vérole*, l'emploi quotidien de la *vaccine*, peut

se guérir par *les semblables;* le second, que les *spécifiques* mis par la nature sous la main de l'homme, et destinés à cet usage, acquièrent, à l'aide de certaines manipulations, une puissance *dynamique,* dont l'effet doit rendre préférable l'emploi de ces médicaments en dose infinitésimale. Il ne nous appartient pas de prononcer sur cette doctrine, encore aujourd'hui livrée à d'opiniâtres débats, une sentence qui serait sans autorité de notre part, et que le temps seul peut d'ailleurs sceller d'une sanction suffisante. Quoi qu'il en soit, et indépendamment de l'intérêt qui s'attache à une tentative de ce genre, quand même l'innovation homéopathique n'aurait fait que substituer, dans un certain nombre de cas déterminés, des moyens curatifs plus bénins, aux procédés, presque toujours répugnants ou cruels et si souvent impuissants, de l'ancien système, nous nous croirions suffisamment autorisé à ranger cette sorte de révolution scientifique au nombre des progrès avantageux pour l'humanité.

Nous mentionnerons au même titre et en vue de semblables considérations l'application récente, due à la pratique d'un chirurgien américain, de l'éther et du chloroforme, par l'inhalation, à l'effet d'obtenir une paralysie momentanée du système nerveux, chez les malades condamnés à subir des opérations chirurgicales. Une communication de M. Stanislas Julien, cet infatigable interprète de la science chinoise, vient de jeter une lumière précieuse sur cette question importante, en révélant à la pratique européenne la propriété d'autres agents anesthétiques, employés depuis longtemps dans l'empire du milieu, et dont l'usage permettrait d'éviter certains inconvénients reconnus par l'expérience.

ARTS ET MÉTIERS — Entre les arts mixtes qui confinent en même temps à l'industrie et à la science pure, la préséance de rang appartient naturellement à l'imprimerie, considérée dans sa plus vaste acception, c'est-à-dire à l'ensemble des procédés que nous employons actuellement pour la reproduction des images et de la pensée. En ce qui touche la typographie proprement dite, nous ne mentionnerons que pour mémoire les ouvrages remarquables que n'ont cessé de produire, depuis un siècle les presses de MM. Didot, et depuis près de 20 années celles de M. l'abbé Migne. Les premiers appartiennent à une famille, dans laquelle d'honorables traditions, jointes à une aptitude spéciale, se perpétuent avec une suite remarquable, et qui a poussé aussi loin que possible les perfectionnements de son art de prédilection. Le second par l'effet d'un essor de génie merveilleusement organisateur, continue, dans le monde savant, l'antique renommée que les Estienne, les Vitré, les Cramoisi, et tant d'autres ont jadis acquise à la France. Nous devons toutefois une relation plus particulière à la stéréotypie, cette branche nouvelle de l'imprimerie,

dont l'emploi est aujourd'hui si florissant et si actif dans les magnifiques ateliers de M. l'abbé Migne. La stéréotypie ou polytypage consiste, comme on sait, dans la *solidification* (à l'aide d'un moule en plâtre et de métal coulé), de la planche d'imprimerie, composée en caractères *mobiles.* On n'ignore pas non plus que les premiers essais de ce procédé, aussi simple qu'ingénieux, remontent au XVIIᵉ siècle. Mais un fait moins connu, c'est qu'il fut imaginé une dernière fois, et livré enfin à la possession de la pratique à l'occasion des recherches tentées pour l'impression des trop célèbres *assignats.* On peut voir, à ce sujet, dans un travail historique, rédigé en l'an VI, par le savant Camus (inséré au tome III des *Mémoires de l'Institut,* classe de *Littérature et Beaux-Arts*), l'analyse, présentée avec beaucoup de goût, des découvertes et des tentatives pleines d'intérêt, qui furent faites alors sur tout ce qui tient à la gravure et à l'impression du papier-monnaie.

L'art inventé en Allemagne, par Guttemberg, a reçu d'un Allemand, pendant le cours de ce siècle, un complément plus mémorable encore que celui dont nous venons de parler. Il s'agit de la lithographie, découverte par Aloys Sennefelder, né à Prague, en 1774, mort en 1834. Ce nouvel instrument de reproduction touche par une face aux intérêts de l'art, et il offre de l'autre, par rapport à la typographie, un diminutif précieux ainsi qu'un auxiliaire utile. Ces deux applications si diverses ont reçu de merveilleux perfectionnements, l'une, pour ce qui regarde la promptitude et l'économie ; l'autre, relativement à la beauté et à la puissance de l'exécution. Nous ne dirons rien de la perfection à laquelle sont parvenus les premiers lithographes de Paris, de Berlin, de Munich et de Mayence, qui ont su élever leur crayon à une hauteur presque égale à celle du burin de nos grands maîtres. Mais, un pas nouveau dans la voie de la représentation sur pierre a d'abord été accompli, récemment, par MM. Engelmann et Graf, puis imité avec ce zèle libéral et vraiment grandiose, qui caractérise les travaux de M. Lemercier. Ce progrès consiste dans l'application de la couleur à ce genre d'impression. Avec le secours de ce procédé, l'on prévoit le jour où les chefs-d'œuvre de la peinture seront reproduits, multipliés et rendus impérissables, comme le sont déjà, par le moyen de la typographie, les chefs-d'œuvre littéraires.

M. A. Collas promet une troisième application, aussi avantageuse, du même principe aux ouvrages plastiques. À l'aide de la machine dont il est l'inventeur, on peut d'abord réduire, dans un proportion mathématique, les œuvres sculptées de toute espèce, et par une autre combinaison, représenter, sous la forme d'une estampe imprimée, avec une remarquable illusion, des images d'un certain relief, telles que celles des sceaux et médailles. Tout le monde con-

naît enfin les résultats actuels du *Daguerréotype*, résultats qui sont évidemment le point de départ et le prélude d'une science nouvelle, la photographie, destinée à un avenir immense.

Un exposé, quelque succinct qu'il puisse être, des découvertes et des procédés scientifiques et industriels qui font la gloire et la richesse de notre époque, et qui la distinguent dans l'histoire, pour peu toutefois qu'il prétendît à être complet, excéderait de beaucoup les limites assignées à cet ouvrage. Nous terminerons donc en nous bornant à indiquer quelques-uns des points les plus importants des progrès accomplis : 1° dans la mécanique industrielle, 2° dans l'application de la vapeur, 3° dans l'emploi de l'électricité au service des arts.

Pour la mécanique, le nom de Jacquart, né à Lyon, en 1752, mort en 1834, mérite une place éminente parmi les bienfaiteurs de l'humanité, comme l'inventeur de la machine célèbre propre à la fabrication des tissus, qui constitue aujourd'hui, avec les filatures, l'une des branches principales de notre industrie manufacturière.

Nous avons déjà relaté l'immense secours que la vapeur est venue apporter à la navigation. Rappelons, en un mot, la révolution analogue qui, de nos jours, s'est opérée dans les communications continentales, à l'aide des chemins de fer, et les applications infinies de ce moteur à tous les genres possibles d'usines et d'industries.

Enfin, pour ce qui regarde l'électricité, deux découvertes, entre toutes, ne peuvent être passées sous silence. La première est celle de MM. de Ruolz et Elkington, qui consiste à fondre les métaux par l'emploi de la pile ; procédé inoffensif, substitué à l'emploi meurtrier du mercure ; et à les revêtir réciproquement de bains ou d'enduits composés de leur propre substance. La seconde est la télégraphie électrique, succédant au système mécanique des frères Chappe, employé publiquement dès 1794. Ce nouveau système, indiqué théoriquement par un jésuite français du XVIIe siècle, essayé par un autre Français, à Genève, en 1774, a été définitivement mis en œuvre par l'américain Wheatstone, et fonctionne actuellement aux Etats-Unis, en Angleterre, en France et en Allemagne.

En traçant cette analyse, déjà fort étendue, et dans laquelle pourtant nous avons dû resserrer, comme sur un lit de Procuste, un sujet aussi vaste, nous espérons que le lecteur ne se sera point mépris à l'égard du but qui nous a dirigé. Notre intention, en déroulant cette histoire abrégée des progrès de la science moderne, a été d'indiquer, le plus brièvement possible, la *somme des connaissances publiques* qui ont constitué successivement le lot intellectuel de chaque siècle, et en même temps le *caractère général* qui distingue chacune de ces périodes. A quelque époque de l'histoire que l'on veuille considérer l'appareil et la constitution de l'enseignement public, et notamment à la nôtre, la notion de ce double fait, à savoir la somme des connaissances publiques et la tendance dominante de cette époque, nous paraît être un des principaux éléments de critique, et, comme disent les philosophes, le critérium le plus nécessaire pour apprécier ce genre d'institutions. C'est ce moyen d'appréciation que nous avons voulu mettre préalablement entre les mains du lecteur.

*Instruction et enseignement chez les Gaulois.*
*— Ecoles gallo-grecques et gallo-romaines.*
*— Ecoles ecclésiastiques et monastiques. —*
*Ecole palatine des Mérovingiens.*

### § 1er. Instruction et enseignement chez les Gaulois.

L'histoire nous peint les plus anciens habitants de la Gaule sous des couleurs qui, sauf les progrès de la culture et de la civilisation, conviennent encore, sous plus d'un rapport, à nos compatriotes. Voici le portrait des Gaulois, tels qu'ils apparurent à l'antiquité grecque et romaine, avec laquelle leurs invasions d'abord, puis la conquête du peuple-roi, les mirent en contact, du Ve siècle avant Jésus-Christ au commencement de notre ère. Tels nous les représentent les écrivains de la grande littérature : Tite-Live, Cicéron, Pline, Martial, Diodore de Sicile, Strabon, et, à la tête de ceux-ci, l'un des plus anciens, Jules César, qui fut à la fois, comme on sait, historien et vainqueur de cette nation.

Les Gaulois, disent-ils, sont un peuple très-intelligent, fort belliqueux, et cependant naïf, crédule, propre à toute connaissance et d'une excessive curiosité. Souvent, sur les routes et les marchés, ils entourent les voyageurs, les arrêtent même de force et les questionnent avidement sur leur patrie, sur le but de leur voyage et sur toutes les nouveautés qu'ils peuvent en apprendre. Mais le trait le plus saillant, un trait constamment répété de ces peintures, accuse chez eux, comme passion ou comme faculté dominante, un besoin actif, impérieux, de communication, et ce genre particulier d'éloquence que le mot *faconde* sert à exprimer avec le plus de justesse : c'est l'expression même dont se servent Martial et Pomponius Mela, et qu'a dû précieusement conserver notre langue (1).

Diodore de Sicile nous représente ces orateurs passionnés s'exprimant par signes et par énigmes, conversant avec volubilité, employant souvent l'hyperbole, solennels et burlesquement graves, comme dit M. Michelet, avec leur prononciation rauque et gutturale. Aux théâtres et dans les assemblées publiques, c'était une grande affaire que

(1) *Gallia causidicos docuit* facunda *Britannos.*
                                    (Martial, satyr. 15.)
*Habent* facundiam *suam et magistros sapientiæ, dr. Atlas* (P. Mela).

d'obtenir d'eux le silence ; un officier spécial, le *silentiaire*, armé d'un grand couteau,
après trois sommations inutiles, avait le
droit de saisir le parleur obstiné et de lui
couper de la *saye*, ou vêtement supérieur,
un morceau assez grand pour que le reste
demeurât hors d'usage. Deux choses, dit un
autre auteur, sont, en Gaule, industrieuse-
ment recherchées : la valeur militaire et
l'art de parler subtilement. Tite-Live, racon-
tant le sac de Rome, montre aussi, dans ses
paroles, combien les Romains, ainsi que les
Grecs, avaient été frappés de cette pétulance
verbeuse de nos premiers ancêtres Enfin, à
Rome, les Gaulois qui n'étaient point dans
le négoce ou le barreau, se faisaient souvent
crieurs publics ou trompettes : de là cette
locution quasi proverbiale qu'emploie Cicéron : Qui dit Gaulois, dit marchand et
héraut (1).

Ces images, du reste, où perce assez visiblement l'ironie des historiens *civilisés* ayant
à peindre des barbares, ne présentent que le
côté ridicule et la caricature du modèle. Le
témoignage fort curieux d'un autre écrivain
de l'antiquité, d'un goût très-difficile, nous
prouve que cet amour ardent de communication active et de la parole inspirait aux mêmes juges un sentiment plus sérieux. Lucien
décrit avec un intérêt particulier l'*Ogmius*
gaulois, dieu de l'éloquence et de la poésie ;
il lui donne la figure d'un vieillard, et toutefois ses attributs sont ceux d'Hercule, la
massue et les flèches, symboles de la force
et de la rapidité, indiquant assez, par cette
association, l'union de la puissance juvénile
à la maturité de la sagesse. De sa bouche
descendent des liens d'or et d'ambre, qui
vont enchaîner par les oreilles la multitude
assemblée.

Cette gravité devient même une majesté
sombre et terrible dans les écrits des meilleurs historiens qui nous fassent connaître
l'organisation intérieure de la Gaule, sous
les rapports politique et civil. On a fréquemment observé que les peuples, à leur
berceau, empruntent tout d'abord le langage
de la poésie : « Les nations entières, dans
leur âge héroïque, dit M. de Chateaubriand,
sont poëtes. Les barbares avaient la passion
de la musique et des vers : leur muse
s'éveillait aux combats, aux festins et aux
funérailles. » Chez les Gaulois, les poëtes
jouaient un rôle universel et prééminent.
Trois ordres d'initiateurs, et, si l'on veut,
de lettrés, composaient leur hiérarchie religieuse.

C'étaient premièrement les *Bardes*, qui
exprimaient et transmettaient par leurs
chants tout ce qui était digne de souvenir
ou de louanges. Souvent ils enflammaient
le courage des guerriers et les précipitaient
aux combats ; et parfois on les vit, selon
Diodore de Sicile, intervenant au milieu de
deux armées près d'en venir aux mains,

arrêter la lutte par la puissance et l'autorité
de leur parole.

Au-dessus d'eux étaient placés les *Vates*,
*Ovates* ou *Eubages*. Ils mêlaient à la poésie
les emplois de prophètes, de devins, et le
ministère sacerdotal. C'est ici que la peinture de mœurs que nous poursuivons se
revêt de couleurs sombres et sanglantes.
Lorsque les Gaulois entreprenaient quelque
guerre ou quelque affaire publique, ils commençaient par dévouer un homme à la mort,
afin d'interroger la volonté du Destin sur
l'objet de leurs désirs. Alors le *vate* plon-
geait un poignard dans le malheu-
reux sacrifié, au-dessus du diaphragme ; puis
il contemplait, avec une avide sollicitude,
les circonstances de sa chute et de sa fin.
Selon que la victime affectait telle ou telle
pose en tombant, de l'abondance et du
bouillonnement du sang qu'elle répandait,
de telles ou telles convulsions de son agonie, ces devins tiraient d'atroces et extravagants pronostics.

Enfin, le troisième et suprême degré était
celui des *Druides*, prêtres, magistrats, poëtes,
savants et docteurs. Eux seuls réunissaient
à la fois dans leurs mains, indépendamment
de toute action religieuse, civile et politique,
le dépôt et la distribution des connaissances publiques. Les *Commentaires de César*,
ou Relation de la conquête des Gaules,
offrent à cet égard les renseignements les
plus complets et les plus dignes de foi qui
nous soient parvenus sur cette matière. Ces
développements se rattachent trop directement à notre sujet pour que nous omettions
de les reproduire sous les yeux de nos lecteurs, dans l'ordre même où l'immortel historien les a présentés. Nous empruntons
presque littéralement la traduction élégante
et classique de M. Artaud.

« La masse entière de la nation, dit-il, se
compose de deux classes : les Druides et
les chevaliers ou militaires ; car le peuple
n'existe pas à l'état de corps : il obéit aux
deux autres, et s'y confond dans la condition de l'esclavage. Les Druides, ministres
des choses divines, président aux sacrifices
publics et particuliers, et conservent le
dépôt des doctrines religieuses. Le désir de
l'instruction attire auprès d'eux une nombreuse jeunesse. Leur nom est environné de
respect ; ils connaissent de presque toutes
les contestations publiques et privées. S'il
est commis un crime, s'il s'est fait un meurtre, s'il s'élève quelque débat sur un héritage ou sur des limites, ce sont eux qui en
décident ; ils dispensent les peines et les récompenses. Lorsqu'un particulier ou un magistrat ne défère point à leurs décisions, ils
lui interdisent les sacrifices. Cette peine est,
chez eux, la plus sévère de toutes. Ceux qui
l'encourent sont mis au rang des impies et
des criminels : on les évite, on fuit leur
abord et leur entretien, comme si cette approche avait quelque chose de funeste ; s'ils
demandent justice, elle leur est refusée ; ils
n'ont part à aucun honneur. Le corps entier
des Druides n'a qu'un seul chef, dont l'auto-

(1) *Insuber, id est mercator et præco* (Orat. cont.
Pison.).

rité est absolue. A sa mort, le premier en dignité lui succède ; si plusieurs ont des titres égaux, les suffrages des Druides, et quelquefois les armes, en décident. A une époque de l'année, les Druides s'assemblent dans un lieu consacré sur la frontière du pays des Carnutes (pays Chartrain), qui passe pour le point central de la Gaule. Là se rendent de toutes parts ceux qui ont des différends, et ils se soumettent aux jugements des Druides. On croit que leur doctrine a pris naissance dans la Bretagne, d'où elle fut transportée en Gaule, et aujourd'hui ceux qui désirent en avoir une connaissance plus approfondie s'y rendent encore pour s'y instruire.

« Les Druides ne von point à la guerre ; ils ne contribuent pas aux impôts, comme le reste des citoyens ; ils sont dispensés du service militaire, exempts de toute espèce de charges. De si grands priviléges et le goût particulier des jeunes gens leur amènent beaucoup de disciples ; d'autres y sont envoyés par leurs familles. Là ils apprennent, dit-on, un grand nombre de vers, et passent souvent jusqu'à vingt années dans ce noviciat. Il leur est défendu d'écrire ces vers, quoique les Gaulois se servent des lettres grecques pour la plupart des autres affaires publiques et privées. Je crois voir deux raisons de cet usage : l'une est de ne point livrer au vulgaire les mystères de leur science ; l'autre est d'empêcher les disciples de se reposer sur l'écriture et de négliger leur mémoire. Il arrive, en effet, presque toujours que l'on s'applique moins à retenir par cœur ce que l'on peut trouver dans les livres. Leur dogme principal, c'est que les âmes ne périssent pas, et qu'après la mort elles passent dans d'autres corps. Cette croyance leur paraît singulièrement propre à exciter le courage, en inspirant le mépris de la mort. Ils traitent aussi beaucoup des astres et de leur mouvement, de la grandeur de l'univers, de la nature des choses, de la force et du pouvoir des dieux immortels, et transmettent ces doctrines à la jeunesse.

« La nation gauloise est, en général, très-superstitieuse ; aussi ceux qui sont attaqués de maladies graves, ou qui vivent dans les hasards des combats, immolent des victimes humaines ou font vœu d'en sacrifier. Les Druides sont les ministres de ces sacrifices. Ils pensent que la vie d'un homme ne peut être rachetée auprès des dieux immortels que par la vie d'un autre homme : ces sortes de sacrifices sont même d'institution publique. Quelquefois on remplit d'hommes vivants des espèces de mannequins construits en osier et d'une hauteur colossale ; l'on y met le feu, et les victimes périssent étouffées par la flamme qui les enveloppe. Ils jugent plus agréable aux dieux le supplice de ceux qui sont convaincus de vol, de brigandage ou de quelque autre crime ; mais, lorsque les coupables manquent, ils y dévouent des innocents.

« Mercure est le premier de leurs dieux, et ils lui élèvent un grand nombre de statues.

Ils le regardent comme l'inventeur de tous les arts, comme le guide des voyageurs ; c'est encore le protecteur du commerce. Après lui, ils adorent Apollon, Mars, Jupiter et Minerve. Ils ont de ces divinités à peu près les mêmes idées que les autres nations. Apollon guérit les maladies, Minerve enseigne les éléments des arts, Jupiter est le maître du ciel ; Mars, l'arbitre de la guerre.

« Les Gaulois se vantent d'être issus de Pluton ; c'est une tradition qu'ils tiennent des Druides. Aussi mesurent-ils le temps par le nombre des nuits, et non par celui des jours. Ils calculent les jours de leur naissance, ainsi que le commencement des mois et des années, en prenant la nuit pour point de départ (1). »

A ces renseignements il convient d'ajouter ceux que M. Amédée Thierry, le plus savant historien de ce peuple et de cette époque, a recueillis de ses profondes recherches, et que M. Michelet, après lui, a mis en œuvre avec quelque goût et quelque talent dans son *Histoire de France*. Les Druides, astronomes et médecins, mêlaient à ces deux sciences, comme tous les peuples primitifs, la divination et la magie. Il fallait cueillir le *samolus* (plante vulgaire, analogue au romarin), il fallait le cueillir à jeun et de la main gauche, l'arracher sans le regarder, et le jeter de même dans les réservoirs où les bestiaux allaient boire : c'était un préservatif contre leurs maladies. On se préparait à la récolte de la *sélage* par des ablutions et une offrande de pain et de vin ; on partait nu-pieds, habillé de blanc ; sitôt qu'on avait aperçu la plante, on se baissait, comme par hasard, et, glissant la main droite sous son bras gauche, on l'arrachait sans employer le fer ; puis on l'enveloppait d'un linge qui ne devait servir qu'une fois. Il y avait un autre cérémonial pour la récolte de la verveine. Mais le remède universel, la panacée, comme l'appelaient les Druides, c'était le fameux *gui*, ou la glu qu'il servait à préparer. Ils le croyaient semé sur le chêne par une main divine, et trouvaient, dans l'union de leur arbre sacré avec la verdure éternelle du gui, un vivant symbole du dogme de l'immortalité. On le cueillait en hiver à l'époque de la floraison, lorsque la plante est le plus visible, et que ses longs rameaux verts, ses feuilles et les touffes jaunes de ses fleurs, enlacées à l'arbre dépouillé, présentent seuls l'image de la vie au milieu d'une nature morte et stérile.

C'est le sixième jour de la lune que le gui devait être coupé. Un Druide en robe blanche montait sur l'arbre, une serpe d'or à la main, et tranchait la racine de la plante, que d'autres Druides recevaient dans une saie blanche, car il ne fallait pas qu'il touchât la terre. Alors on immolait deux taureaux blancs dont les cornes étaient liées pour la première fois.

Les Druides prédisaient encore l'avenir d'après le vol des oiseaux, l'inspection des

(1) CÆSAR, *de Bello gallico*, lib. VI.

victimes, et jouissaient à ce titre d'un grand crédit, même auprès des Romains. Ils fabriquaient aussi des talismans, comme les chapelets d'ambre que les guerriers portaient dans les batailles, et qu'on retrouve souvent à côté d'eux dans leurs tombeaux. Le plus célèbre de ces talismans consistait dans ces prétendus *œufs de serpent*, au sujet desquels Pline le naturaliste a débité des fables très-curieuses, et qui paraissent n'être autre chose que l'échinite ou pétrification de l'oursin de mer. Enfin, les Druides associaient à leurs opérations magiques des femmes, ou druidesses, qui, sous les noms variés de *korrigans*, de *dames* et de *fées*, occupent une si grande place dans l'histoire morale et dans les œuvres littéraires du moyen âge.

Ainsi, pour nous résumer, l'*instruction publique*, dans la période gauloise proprement dite, se bornait à quelques connaissances astronomiques positives mêlées à une multitude confuse d'idées superstitieuses et d'opérations magiques, recueillies ou pratiquées par les Druides, et transmises traditionnellement, sans le secours de l'écriture. Les Gaulois du centre, ou druidiques, possédaient toutefois une langue et une littérature propres. Cet idiome, dont l'histoire et l'archéologie, en l'absence de monuments écrits d'une certaine antiquité, offrent à la critique de sérieuses difficultés, paraît avoir été identique avec celui qui se parle encore aujourd'hui dans certains cantons de la France occidentale et diverses provinces des îles Britanniques, c'est-à-dire en Bretagne, dans le pays de Galles et en Écosse. Mais tout porte à croire qu'il fut de bonne heure absorbé, d'une manière plus ou moins notable, par la langue des Grecs, établie très-anciennement au midi de la Gaule, et postérieurement par celle des Romains, qui imposèrent aux vaincus leur littérature, aussi bien que leurs lois et leur domination politique. Les savants Bénédictins, auteurs de l'*Histoire littéraire*, ont recueilli un monument très-digne d'intérêt sous ce rapport. C'est une inscription funéraire tirée des catacombes de Rome. Cette inscription, conçue en latin et tracée en caractères grecs, attesterait, selon l'interprétation de ces philologues, la sépulture d'un Gaulois, nommé Gordianus, qui aurait subi le martyre, ainsi que sa famille, dans les murs de la ville sainte, lors des premières persécutions des chrétiens.

### § 2. Écoles gallo-grecques et gallo-romaines.

En 599 avant J.-C., une expédition de Phocéens, partie de l'Asie Mineure, aborda au midi de la Gaule, sur le littoral de la Méditerranée, à l'embouchure du Rhône, et fonda une colonie qui donna naissance à Marseille. Peu à peu cet établissement maritime et commercial, associant à ses intérêts la politique de Rome, devint le rival heureux de Tyr et de Carthage, successivement anéanties par les armes d'Alexandre et de Scipion. La colonie florissante vit se développer, avec la richesse, les arts et tous les

bienfaits de la civilisation. Métropole à son tour, elle étendit progressivement sa puissance. Agde, Antibes, Nice, Arles et d'autres cités non moins importantes, qui n'existent plus aujourd'hui, sortirent de son sein. En 332, Pythéas et Euthymènes, célèbres navigateurs, l'un et l'autre de Marseille, entreprirent de longues courses maritimes pour reconnaître des pays étrangers, et enrichirent la géographie d'ouvrages considérables. A l'époque de Cicéron et de Tacite, la puissance politique de ce nouvel État, les progrès que les sciences y avaient accomplis, la politesse de ses mœurs, étaient parvenus à un tel degré, qu'il obtint les hommages solennels de ces deux grands écrivains, et que sa renommée éclipsait celle de la Grèce elle-même, la mère-patrie. Selon le témoignage de Justin, la Gaule aurait reçu de Marseille la culture de l'olivier, de la vigne, et lui serait redevable de sa civilisation. Là, un ardent foyer d'instruction, qui embrassait toutes les connaissances des anciens, ne tarda pas à s'établir, et bientôt l'école de Marseille attira de nombreux disciples de tous les points de la Gaule, de la Germanie, de l'Italie, voire de la Grèce. C'est là que se formèrent ou vinrent professer les génies les plus distingués de la décadence antique : Télon, le mathématicien; l'historien gaulois Eratosthènes; Crinias et Démosthènes, médecins; Zénosthènes, le jurisconsulte; Antoine Gniphon, Pétrone, Favorin, Trogue-Pompée, Aulu-Gelle, et les gloires littéraires de l'Église naissante : Salvien, Cassin, saint Césaire, saint Avit et le prêtre Gennade.

A côté de l'école de Marseille se place, dans l'ordre des temps, aussi bien que par le rang de célébrité, celle d'Autun, qui florissait dès le premier siècle de notre ère. Jadis métropole des Gaules et siège méridional de la religion des Druides, elle était, après Marseille, la plus ancienne des villes où les belles-lettres eussent été enseignées. Tacite raconte, dans le troisième livre de ses *Annales*, que, sous Tibère, lorsque les Gaulois tentèrent une dernière levée de boucliers en faveur de leur indépendance, Sacrovir, le héros de cette lutte suprême, recruta, parmi la jeunesse qui composait l'élite de sa nation et qui fréquentait les écoles d'Autun, un contingent notable des quarante mille soldats qu'il opposa vainement aux cohortes romaines. En 285, Autun fut ravagé et presque rasé lors de la fameuse révolte des Bagaudes. Mais, à douze années de là, l'empereur Constance Chlore rétablit avec éclat les écoles de cette ville, qui avaient été détruites. Il en confia la direction à l'un de ses principaux officiers, Eumènes, petit-fils d'un savant illustre du même nom), Athénien d'origine, qui jadis avait professé dans cette même école; il lui fit compter, aux frais du trésor public, la somme de six cent mille sesterces (environ 12,000 francs de notre monnaie actuelle) (1),

(1) Voir, pour l'évaluation mathématique de cette

que celui-ci consacra à la restauration des études.

Autun et Marseille étaient les seules villes qui donnassent publiquement à la jeunesse une instruction réglée, lors de la conquête romaine. Mais l'un des premiers soins des vainqueurs, dès qu'ils eurent soumis la Gaule à leur puissance, fut d'y ouvrir de nombreuses écoles. La Narbonnaise, réduite sous le joug au commencement du IIᵉ siècle avant Jésus-Christ, fut la première qui reçut ce bienfait. Au IVᵉ siècle de notre ère, indépendamment de Narbonne, Lyon, Bordeaux, Toulouse, Arles, Poitiers, Vienne, Besançon, etc., avaient dans leurs murs de grandes et célèbres institutions de ce genre. Il faut ajouter à ce nombre celle de Trèves, qui devint, à la même époque, la métropole des Gaules et la résidence de l'un des empereurs. Indépendamment des écoles publiques, instituées par l'Etat, il se forma bientôt de toutes parts des *écoles libres*, où le nombre des disciples était la récompense de la réputation et du talent des maîtres. L'enseignement de toutes ces écoles comprenaient les belles-lettres, la philosophie, les mathématiques et la médecine. Les jeunes gens y étudiaient Virgile et Homère, et s'exerçaient à la rhétorique, c'est-à-dire à disputer et à déclamer. Dans le principe, c'était seulement à Rome que l'on allait apprendre la philosophie et la jurisprudence; mais, à partir du Vᵉ siècle, ces deux branches de connaissances furent adjointes à celles que l'on étudiait dans les provinces gauloises, et vinrent compléter le cadre de l'enseignement. Caligula (37-41 après Jésus-Christ), à l'exemple d'Auguste, avait institué une académie dans sa bibliothèque Palatine, en fonda une semblable à Lyon, ainsi que des prix d'éloquence, pour les langues grecque et latine. Depuis le moment surtout où la religion chrétienne, professée par Constantin, devint celle de l'Etat, divers empereurs, et particulièrement Constance Chlore, Valentinien, Honorius, Julien, Théodose II et Gratien favorisèrent, par de nombreux et notables privilèges, les écoles et ceux qui se consacraient au développement des lettres ou des sciences et à l'instruction de la jeunesse.

Vespasien, le premier (70-79 après Jésus-Christ), avait accordé un traitement, pris sur le fisc impérial, aux maîtres qui professaient à Rome. Après lui, Trajan, Adrien et Antonin le Pieux, qui contribuèrent beaucoup aussi à la propagation des études, étendirent cet avantage aux professeurs qui enseignaient dans les provinces, et leur assignèrent à chacun un traitement annuel de dix mille drachmes (environ 9,000 francs de notre monnaie). Un décret de Gratien, en date de 376, assigne, à titre d'émolument, la somme de vingt-quatre rations (*annonæ*) aux professeurs de rhétorique, et douze rations aux maîtres de grammaires grecque et latine. Pour la cité impériale de Trèves, trente

somme, et pour les citations analogues qui vont suivre, la *Table de M. le professeur Delorme*, publiée par M. Dureau-Delamalle (*Mém. de l'Acad. des inscr. et belles-lettres*, 1836, t. XII, p. 326).

rations étaient accordées au rhéteur, vingt au grammairien et douze seulement au professeur de littérature grecque. Ces maîtres possédaient, en outre, de précieuses immunités. Aux termes des Institutes et du Code théodosien, ils étaient exempts, eux, leur famille et leurs propriétés, de toutes les charges publiques, telles que la juridiction ordinaire des tribunaux, le logement militaire, les tutelles, les fonctions onéreuses, etc., tandis qu'ils étaient admissibles aux plus hauts honneurs de la magistrature municipale ou de l'administration, lorsqu'ils voulaient bien les accepter : témoin, entre tant d'autres, le poëte Ausone, l'une des illustrations de l'école de Bordeaux, sa ville natale, lequel, grâce à l'amitié de Gratien, parvint aux charges de préfet, de patrice et de consul; et mieux encore, les rhéteurs Othon, Jules Pertinax et Eugène, qui furent salués du titre suprême d'empereur.

Les écoles romaines relevaient souverainement de l'empereur; nul ne pouvait être admis à enseigner sans avoir fait ses preuves devant un conseil composé de maîtres experts et présidé par les magistrats. Des établissements publics, disposés pour cet objet, leur étaient spécialement affectés. A côté des diverses salles appropriées à l'auditoire et aux études, ces établissements contenaient des jardins plantés d'arbres et des bains, afin que la jeunesse pût s'y former à la gymnastique et aux exercices corporels, dont les Romains faisaient une estime si grande et si méritée. Un passage très-intéressant d'un panégyrique de l'empereur, prononcé, en 297, par Eumènes, lors de la restauration de l'école d'Autun, nous fournit les détails suivants : sous le portique du vaste édifice qui servait de gymnase dans cette ville, et que l'on désignait sous le nom d'école Ménienne, on avait peint sur les murs des cartes géographiques indiquant la situation des villes, des fleuves, des mers, des golfes; les batailles historiques et autres particularités de ce genre. Les jeunes écoliers, grâce à cette méthode, qui, en accroissant leur patriotisme, appelait les développements physiques en aide au travail de l'esprit, apprenaient ainsi de bonne heure les progrès des armes de la république, leurs succès et leurs revers, les quartiers d'hiver et d'été de la milice en campagne, et enfin la grandeur et l'étendue de l'empire. Nous voyons aussi qu'à Bordeaux, ainsi qu'à Milan, et probablement ailleurs, les femmes, comme les hommes, étaient admises à recevoir l'enseignement public (1).

Quant au régime administratif et disciplinaire de l'intérieur, l'organisation des établissements d'instruction, créés par les Romains, offre plus d'un trait de ressemblance remarquable avec celle que reçurent plus tard les Universités du moyen âge. Les écoles d'Athènes, si célèbres dans l'antiquité, fournirent le premier modèle de cette organisation, et lui donnèrent sa terminologie. A la tête de chaque gymnase était un

(1) *Hist. littér. de la France*, t. I, 2ᵉ partie, p. 15; BULÆUS, *Hist. univ. par.*, t. I, p. 78.

cnef appelé *gymnasiarque*, assisté de plusieurs officiers, désignés sous les noms de *proscholes*, *antéscholes* et *hypodidascales*, qui veillaient à la fois sur les maîtres et sur les élèves. Leur mission était de coordonner et de régler l'action des professeurs ou régents : les proscholes présidaient spécialement à l'éducation physique et à la discipline intérieure. Les maîtres particuliers étaient nommés *pédagogues*.

Les écoliers eux-mêmes se divisaient d'abord par nations, suivant la diversité de leur langue ou de leur patrie. Arrivés à l'école où ils venaient étudier, des différents points de l'empire, ils commençaient par se grouper sous cette loi naturelle d'affinité, aidés en cela par une classe spéciale de parasites, qui, dans le principe et chez les Grecs, prenaient le titre de *prostates* (Διατρεΐῶν προστάται), et qui finirent par se régulariser sous celui de *procureurs*. Dans l'intérieur de l'école on distinguait trois classes de disciples, à savoir : les externes ou élèves libres, les *convictores* ou pensionnaires, et les *alimentarii* ou boursiers; jeunes gens sans fortune, entretenus, comme chez les modernes, par la munificence publique ou par la libéralité de quelques particuliers. À Rome (et l'on peut vraisemblablement appliquer, sous ce rapport, l'induction de l'analogie aux écoles provinciales), un rescrit de Valentinien soumettait les étudiants étrangers à une surveillance particulière. Ils étaient placés sous l'autorité du magistrat appelé le *maître du cens*, espèce de préfet de police. Chacun d'eux devait être muni d'un passeport ou lettre du gouverneur de leur province natale, contenant la déclaration de leur nom, de leur patrie, de leur âge, de leur qualité, du genre d'étude auquel ils voulaient s'adonner, etc. Le maître du cens était chargé de viser ces pièces, de tenir registre des impétrants, de veiller sur leur conduite et de ne pas souffrir que leurs études, ou du moins leur séjour se prolongeât au delà de l'époque où l'écolier avait atteint l'âge de vingt-cinq ans.

### § 3. Écoles ecclésiastiques et monastiques.

Cependant l'heure de l'avénement du christianisme à l'empire intellectuel du monde allait bientôt sonner. Il n'y a peut-être pas, dans l'histoire, de spectacle plus grand, plus moral, ni plus propre à soulever, de nos jours encore, les méditations du penseur, que celui de cette dissolution de la société antique et de sa métamorphose au profit d'une doctrine, par la toute-puissance d'une croyance plus haute de la destinée et de l'activité humaines.

Ce spectacle, en quelques traits, le voici :

Un petit nombre d'hommes obscurs, partis de la Judée, apôtres de l'Homme-Dieu, mort du supplice des derniers scélérats, se répandent dans l'empire et pénètrent à Rome, au sein de la capitale victorieuse et superbe. Ils se propagent tout d'abord dans les rangs les plus vils, confondus avec les juifs, les barbares, les vagabonds : enveloppés, ainsi qu'eux, d'un commun mépris. S'étendant peu à peu, la famille monte, si l'on peut s'exprimer ainsi, du degré de l'opprobre au degré de l'aversion : à l'outrage du dédain succèdent, envers elle, les honneurs de la persécution et de la haine, et la rosée du sang chrétien féconde avec sa prodigieuse puissance, les germes, chaque jour plus multipliés, de sa propagation. Lentement, elle gagne, et e pénètre, elle s'infiltre de proche en proche, toujours ensevelie dans les couches infimes de la population : puis, à un jour donné, elle éclate, comme par des cratères, aux sommets de la société, et finit par siéger sur le trône même des Césars.

De son côté, l'idéal ancien, l'ordre légal, la société officielle, opposent à ses progrès une longue et opiniâtre résistance. L'instruction publique reste aux mains de la science et de la philosophie païennes. Sourdes et impassibles en présence de ce travail qui les mine, sans qu'elles daignent y prendre garde, celles-ci poursuivent aveuglément leur œuvre, et continuent les antiques traditions, qu'elles préconisent à tort comme la base et les seuls éléments de l'ordre social.

Et pourtant cet ordre et ces bases devaient s'écrouler sans retour !

Les plus graves circonstances, des événements décisifs concourent à déterminer insensiblement ce résultat. Au IVe siècle, la rhétorique, la philosophie polythéiste brillent encore, à la surface, d'un vif éclat dans les écoles de Vienne, de Lyon, de Bordeaux, d'Arles, d'Agen, de Clermont et de Périgueux, fréquentées surtout par la jeunesse aristocratique. C'est à cette époque, et par de rares exemples, que les chrétiens, sortis le plus souvent des classes plébéiennes, viennent s'y instruire dans les lettres profanes. Mais, en dehors des écoles, et au-dessous d'elles, s'accomplit un enfantement intellectuel et moral d'une toutautre importance. Non seulement l'innombrable catégorie des faibles et des opprimés, les esclaves et les femmes, exclus, par la *sagesse* ancienne, de la cité divine et politique, ou traités par le fort en victimes, mais encore les philosophes et les grands génies tournent leurs yeux avec espoir vers la lumière nouvelle et rédemptrice de l'Évangile. Ils boivent et savourent à longs traits les ondes suaves de la parole d'amour. Le Christ a sanctifié l'âme humaine, que leur déniait la stupide idolâtrie, et il en a par là ennobli les milliers de sacrifiés. Pendant qu'ils s'occupent d'abrégés et de commentaires grammaticaux, ces fidèles rentrent en possession de ce bien suprême. Saint Augustin, saint Jérôme, saint Paulin de Nôle, scrutent et remuent les profondeurs de ce monde nouveau, celui de la conscience, et en font surgir les véritables lois de la morale (1). Puis les invasions de barbares viennent consommer la déroute de

(1) Voir sur ce sujet d'excellentes pages de M. Guizot, *Hist. de la Civilisation en France*, IVe leçon (édit. in-8°, 1840, t. I, p. 119 *et circa*.)

l'empire et ensevelir les écoles sous les mêmes ruines que les autres institutions politiques. Au milieu de tous ces débris amoncelés, vis-à-vis de la force brutale, une seule puissance intellectuelle et morale reste de bout : c'est la foi chrétienne. A elle revenait donc exclusivement la mission de réorganiser la vie sociale.

Le divin Révélateur avait dit à son Eglise naissante : *Allez et enseignez ;* celle-ci ne faillit point à la tâche sublime dont elle était investie.

Tandis que les hordes des Huns, des Goths et des Bourguignons s'ébranlaient du fond de leurs repaires, pour se jeter sur la proie qui leur était destinée, en 360, saint Martin fonde à Ligugé, dans le Maine, le premier monastère, et, peu de temps après, celui de Marmoutier de Tours. Bientôt, et au moment même où les invasions inondaient la Gaule, on vit s'élever ceux de Saint-Faustin, à Nîmes ; de Saint-Victor, à Marseille ; de Lérins, aux îles d'Hyères ; de Condat ou Saint-Claude, en Franche-Comté ; de Grigny, au diocèse de Vienne, et tant d'autres. Qui ne sait et qui conteste aujourd'hui les insignes services que le christianisme par ses monastères rendit alors à la civilisation en péril ? Des villes entières, des Etats florissants, comme *Saint-Gal* en Suisse, *Saint-Omer* en France, parmi d'innombrables exemples, en sont des preuves encore visibles ; et leurs noms seuls offrent, sous ce rapport, une réfutation suffisante de certaines représailles injustes, exercées par la philosophie négatrice du dernier siècle. Les différentes règles qui régissaient la vie intérieure de ces institutions, et notamment celle de Saint-Benoît, qui ne tarda pas à dominer presque exclusivement en Europe, prescrivaient impérieusement aux moines la lecture, ainsi que la conservation et la transcription des manuscrits. C'est là que fut recueilli et que s'est transmis jusqu'à nous tout ce qui reste actuellement, ou à peu près, de la littérature ancienne, tant sacrée que profane. C'est là que, du IVᵉ au XIIᵉ siècle, furent élaborées et débattues les questions fondamentales dont la solution constitue l'existence morale du monde moderne, ainsi que les éléments de toutes les connaissances publiques. Des écoles furent instituées, dans le principe, au sein des monastères. L'abbé, ou quelque savant religieux délégué par lui, devait y présider et instruire les jeunes gens qui se destinaient soit à la vie monastique, soit au sacerdoce. C'est ainsi qu'au rapport de Grégoire de Tours et autres hagiographes, deux simples pâtres, saint Patrocle, natif du Berri, et un autre du nom de Léobin, s'instruisirent aux lettres chrétiennes et devinrent, à leur tour, la lumière de leur époque. Indépendamment des abbayes que nous avons déjà mentionnées, il faut citer encore, parmi les plus renommées, les écoles de Jumiéges, de Saint-Médard, de Soissons (celle-ci, au VIᵉ siècle, renfermait près de quatre cents moines adonnés à l'étude) ; de Saint-Vandrille, ou Vandrégisile, près Rouen, etc. Au nombre des abbayes de femmes qui ser-

vaient à l'instruction des personnes de leur sexe, une place d'honneur appartient au célèbre monastère de Chelles, près Paris, et à celui de Notre-Dame-aux-Nonnains, situé aux portes de la ville de Troyes : toutes deux florissaient dès l'époque mérovingienne. Cet enseignement comprend la grammaire, la musique et la théologie. Les écoles étaient de deux classes, les *grandes* et les *petites ;* distinction qui s'explique d'elle-même et qui donna lieu naturellement à une division analogue, lorsque, plus tard, s'élevèrent, au sein des villes, des établissements destinés à former non-seulement des clercs, mais des laïques.

Les églises et les paroisses eurent aussi de très-bonne heure leurs écoles, connues sous le nom d'écoles épiscopales ou simplement *ecclésiastiques.* Dès le VIᵉ siècle, saint Grégoire, Pape, organisa celles de Rome. Bientôt ces précieuses institutions, recommandées par les conciles de Tours, de Vaison, de Liége, de Clif et de Constantinople, passèrent les monts et se répandirent dans les Gaules, aux Iles-Britanniques, en Espagne, où elles ne tardèrent pas à justifier la faveur qui les avait accueillies. D'autres décrets prescrivirent d'en doter jusqu'aux églises rurales. Suivant les termes de ces canons, tout prêtre, même à la campagne, devait réunir au *pastophorium* un certain nombre de *lecteurs,* et les former à l'étude des lettres, aussi bien qu'au ministère de autels. C'est de ces prescriptions, invariablement renouvelées jusqu'au concile de Trente, qu'est sortie l'organisation des *séminaires.*

Souvent, dans les villes cathédrales, l'évêque remplissait en personne ces fonctions et se plaisait à répandre, devant les jeunes gens et les vieillards, prêtres et séculiers, l'enseignement de la doctrine chrétienne. C'est ainsi qu'en usèrent saint Césaire d'Arles, saint Remi de Reims, saint Prétextat de Rouen, saint Germain de Paris, saint Grégoire de Tours et le poëte Venance Fortunat, évêque de Poitiers. Par la suite des temps, lorsque les soins du sacerdoce se multiplièrent, lorsque Chrodegang, au VIIIᵉ siècle, eut réuni sous une règle commune, avec le titre de chanoines, le collége des prêtres, l'évêque délégua un des membres de son chapitre pour gérer le soin des écoles épiscopales. Ce ministère s'exerçait sous la dénomination variable, mais identique pour la fonction, de *chancelier, primicier, chevecier, écolâtre* ou *capischole.* Celui-ci remplissait à la fois, habituellement, avec la dignité de *chantre,* l'office de maître de psallette. Les matières qu'on y enseignait étaient la grammaire, la dialectique, la rhétorique, la géométrie, l'astrologie, l'arithmétique, le chant et l'Ecriture sainte ou théologie. L'auteur dont on suivait le texte, pour les humanités, fut, à une époque reculée, un grammairien de la décadence, Mineus-Martianus-Felix Capella, dont les œuvres avaient été publiées et répandues, dès le commencement du VIᵉ siècle, par Securus

Félix, rhéteur chrétien, de Clermont en Auvergne. Les leçons avaient lieu, d'ordinaire, à la partie inférieure de la nef, ou sous le vestibule de l'église. C'est pourquoi, dans plusieurs cathédrales, et notamment à Paris, on donne à la partie antérieure et extérieure de l'édifice le nom de *parvis* (1).

### 4. École palatine des Mérovingiens.

Les Goths, qui, en 412 et en 418, envahirent les Gaules, et les Bourguignons, étaient, les premiers surtout, de mœurs moins féroces et plus susceptibles de civilisation que les autres Barbares. Les uns et les autres avaient embrassé le christianisme lorsqu'ils y formèrent leurs établissements politiques. On les vit protéger les catholiques et favoriser le développement des lettres, dans les pays soumis à leur domination. Gondebaut, roi des Bourguignons, qui avait fait de Lyon sa capitale, passait pour un prince instruit et éloquent. De son temps, l'école de Lyon était régie, avec une grande réputation de talent et de savoir, par l'évêque Viventiole. Les Goths, d'après le récit de Jornandès, leur historien, avaient appris la philosophie, l'astronomie et la physique, d'un étranger nommé Dicénée, qui vivait du temps de Sylla. L'*Edda* nous fait connaître leur cosmogonie et les idées qu'ils avaient conçues touchant l'ordre du monde. Ils avaient puisé en Orient, berceau primitif de cette race, leur mythologie et leurs connaissances astronomiques. En 506, Alaric II, l'un de leurs rois, fit réunir et publier, par son chancelier *Anianus*, cet abrégé du Code théodosien, célèbre dans l'histoire de la jurisprudence sous le nom de *Breviarium Aniani*. Théodoric, autre prince de la même nation, eut pour secrétaires ou pour lieutenants des hommes tels que Cassiodore, Symmaque, Boèce, et son règne brillant a laissé la trace la plus lumineuse qui éclaire, dans l'histoire, cette époque reculée.

Cependant, en 511, Clovis tua de sa main ce même Alaric, dont il anéantit la domination; sous les petits-fils de Clovis, la puissance des Bourguignons fut également détruite, et les Franks succédèrent dans la Gaule à l'Empire romain. Toutefois le christianisme, introduit, par la douce voix de Clotilde, sur le trône du fier Sicambre, civilisa peu à peu ces farouches vainqueurs. Clovis, après sa conversion, fonda au sommet du mont Leucotitius, à Paris, le monastère, dédié d'abord à saint Pierre et à saint Paul, où il fut inhumé. S'il faut en croire des témoignages irrécusables, indépendamment de cette abbaye, qui prit bientôt le titre de *Sainte-Geneviève*, Clovis aurait établi, dans son palais, voisin de cette église, une école où son fils Childebert aurait été formé à la culture des lettres et de la poésie, et qui aurait pris de là le nom d'*école palatine*.

Certains auteurs ont même voulu attribuer à cette dernière fondation le caractère d'une institution régulière et durable.

Les peuples barbares, comme on sait, et par suite, même à une époque avancée, les classes militaires de la société, professaient, à l'égard des lettres, une sorte de dédain systématique. Théodoric le Grand, quoique élevé à la cour de Constantinople, ne sut jamais signer son nom. Les rois Clovis II, Childéric II, Clovis III, et à plus forte raison les reines Nathilde, Bathilde et Clotilde, mère de Clovis III, ignorèrent également les premiers principes de toute littérature. En Angleterre, le prince Withred, qui vécut du VIIe au VIIIe siècle, n'en savait pas davantage. Tassillon, duc de Bavière, à la même époque, pouvait à peine tracer sa propre signature. Charlemagne, qui renouvela les lumières de l'Occident, ne s'adonna que tardivement au même exercice. En 874, Herbaldus, comte du Sacré-Palais, et, à ce titre, chef de la justice de l'Empire, était complétement étranger à l'art de l'écriture. Enfin, personne n'ignore que cet éloignement de toute science grammaticale se perpétua bien des siècles encore, et que c'est seulement à partir du XIVe siècle que l'on commence à recueillir les premiers *autographes* des personnages les plus élevés de l'ordre laïque.

On peut juger, d'après ces détails et d'après le témoignage de Grégoire de Tours, que, si Clovis établit auprès de sa personne une école palatine pour l'instruction de ses enfants, elle dut avoir de bien faibles commencements littéraires. Il est difficile toutefois de se refuser absolument à admettre l'existence de cette institution, si ce n'est comme l'ouvrage de Clovis, au moins comme très-ancienne et datant des premiers successeurs de ce prince. De nos jours, un savant écrivain, animé du double zèle de l'érudition et de la piété, dom Pitra, auteur de la *Vie de saint Léger*, a réuni sur ce sujet une série de renseignements plus circonstanciés et plus complets que ses devanciers. Nous emprunterons à son estimable travail la meilleure part des notions qui vont suivre. Chez les Germains, au rapport de Tacite, les jeunes guerriers s'éloignaient de bonne heure de la hutte ou de la tente paternelle, et se rendaient auprès de quelque chef renommé par son pouvoir ou par sa vaillance, dont il acceptait le patronage et dont il devait partager un jour la bonne ou la mauvaise fortune. Cette sorte de contrat d'apprentissage militaire, toujours accueilli des deux parts avec faveur, s'appelait *commendatio*. Les rois franks apportèrent dans les Gaules cette coutume, qui s'y perpétua pendant tout le moyen âge. Lorsque l'influence des évêques et les traditions de l'empire eurent apporté quelque ordre au sein de la cour mérovingienne, cette éducation, purement guerrière dans le principe, des jeunes gens *recommandés*, se modifia peu à peu selon le sens de la civilisation. L'un ou plusieurs des prélats qui entouraient le roi re-

çurent alors le titre d'*abbé*, ou de *chapelain*, ou de *chef des clercs du palais*, et fut chargé de donner à ces jeunes gens quelque instruction religieuse et littéraire. Childebert fut le premier roi de sa race qui apprit le latin dans sa jeunesse. Il entretenait en cette langue, avec les évêques et les papes, un commerce suivi, et s'attira ainsi de la part de Fortunat des compliments flatteurs, qu'il ne faut pas prendre toutefois au pied de la lettre. La reine Ultrogothe et Swégotha, sa sœur, accueillaient avec grâce les gardes et les clercs, surtout lorsqu'ils mêlaient à la science littéraire l'onction et la piété chrétiennes. Des évêques, des abbés, sortis des écoles de Rome ou des débris de celle d'Athènes, tels que ces moines Basiliens, nommés Guislen d'*Athènes* et *Athanase*, dont il est fait mention par les hagiographes, formaient comme un petit cénacle *académique*. On pense qu'ils avaient pour lieu de réunion les jardins et les salles du palais d'Issy, près Paris, construit par Childebert. Déjà ce cénacle distribuait une sorte d'enseignement, et les actes du temps citent premièrement le berger *Patroclus*, que nous avons déjà mentionné ci-dessus, ainsi que le noble aquitain Frambald, envoyés à l'école *palatine* « pour y être exercés et y recevoir une science plus consommée. » Clotaire I⁰ʳ et Charibert, rois de Paris, se piquèrent aussi de quelque littérature. Mais nul, parmi les successeurs de Clovis, ne laissa, sous ce rapport, un nom plus fameux dans l'histoire que le cauteleux époux de Frédégonde, Hilp-Rik ou Chilpéric I⁰ʳ. Les *récits mérovingiens*, si justement célèbres, ont fait connaître à tout le monde les innovations qu'il s'efforça d'introduire non-seulement dans le domaine des lettres, mais encore sur le terrain brûlant de la théologie : double témérité, suivie d'un double échec, qui lui valut, d'une part, les éloges complaisants de Fortunat, mais de l'autre, les âpres et altières remontrances de l'austère Grégoire de Tours. Cependant, c'est seulement sous le règne de Clotaire II, que les plus ou moins doctes assemblées de la cour mérovingienne commencent à présenter les traits d'une organisation régulière et à mériter le nom d'*école palatine*. Le premier chef de cet enseignement dont l'histoire ait recueilli le nom s'appelait *Betharius*. C'était un Romain de haute naissance, instruit dans les écoles relevées par Boëce et Cassiodore, qui, vers le commencement de cette période, vint se fixer à Chartres; il y fut accueilli par l'évêque Pappole et fonda bientôt, à son tour, des établissements d'instruction. De là, mandé par le roi Clotaire, sur les avis de Frédégonde, il fut proposé à l'école palatine; et ne quitta ce poste, en 594, que pour succéder à Pappole sur le siège épiscopal de Chartres. L'école royale fut, après lui, gouvernée par Rustique ou *Rusticus*, depuis évêque de Cahors, et ensuite, vers l'année 620, par *Sulpitius* ou saint Sulpice de Bourges, qui porta en même temps le titre de chapelain, ou abbé du palais. Si l'on en juge d'a-

près certains passages de plusieurs Vies de saints, formant à peu près les seuls documents historiques qui nous soient restés en cette matière, l'école palatine était fréquentée par les jeunes princes ou seigneurs de la plus haute distinction, parmi les fidèles ou vassaux du roi frank. L'étude des lettres latines et tudesques, celle des chants nationaux, qui racontaient les gestes des héros de leur race et l'histoire du passé, celle des lois romaines et barbares, formaient la base de leur instruction. L'un de ces jeunes gens, nourri dans le palais, comme allié par les liens du sang à la royale dynastie, *saint Léger* ou *Léodegar*, disciple de saint Sulpice, en sortit vers 620, pour aller remplir les fonctions d'archidiacre de Poitiers, puis d'abbé de Saint-Maixent. Trente années plus tard, après avoir fondé de nombreuses *écoles*, il fut appelé par Bathilde, femme de Clovis II, pour régir celle du palais et présider à l'éducation des trois princes ses fils. Quoique devenu évêque d'Autun, saint Léger n'en continua pas moins, au rapport de ses biographes, d'exercer la charge de *recteur du palais*, pendant le règne de Childéric II. On peut supposer qu'à ce titre il conserva la surintendance de l'*école palatine*, qui devait suivre le chef de la monarchie dans ses résidences nomades; si tant est, d'ailleurs, que cette école subsistât encore à cette époque. Saint Léger mourut vers 680. Après lui, ces faibles et fugitives lueurs sur l'existence de cette curieuse institution, que nous avons réunies à grand'peine et non sans recourir plus d'une fois à l'induction et à la conjecture, ces faibles lueurs, s'éteignant tout à fait, nous laissent plongés dans la profonde obscurité qui enveloppe les événements quelque peu intimes de cette période. A partir de la mort de Dagobert I⁰ʳ commence l'ère des *rois fainéants* et de la décadence mérovingienne. Pendant ce long intervalle, qui dure plus d'un siècle, l'histoire ne nous fournit plus aucune trace des institutions dont nous poursuivons l'analyse, et les ténèbres de la barbarie vont s'épaississant de plus en plus. Une nuit sombre s'étend sur cette partie de nos annales, jusqu'au moment où une nouvelle race se substitue à la première dynastie des rois franks. C'est au véritable héros de cette race, à Charlemagne, qu'il était réservé de raviver à la fois l'éclat de sa dynastie et celui de la civilisation, ainsi que des connaissances humaines.

*Ecoles anglo-saxonnes.—Ecoles des Lombards. —Ecoles des Visigoths d'Espagne.—Institutions de Charlemagne.—Tentatives analogues d'Alfred le Grand.—Origines des Universités d'Oxford et de Cambridge.—Influence des Arabes et des Juifs en Espagne et dans le midi de l'Europe.—Origines des Universités d'Italie.—Ecoles et Université de Paris.*

Vers la fin de la période que nous venons de parcourir, quatre grandes races conqué-

rantes se sont cantonnées dans les diverses régions de la chrétienté. Là elles ont formé des Etats considérables : ce sont les Anglo-Saxons au nord, les Goths et les Lombards au midi, les Franks dans les Gaules et le centre de l'Europe.

Lorsqu'en 596, le moine saint Augustin, envoyé par saint Grégoire le Grand, vint évangéliser l'Angleterre, il y trouva l'heptarchie saxonne établie et la foi implantée dans la Grande-Bretagne depuis plus de cent ans. Aucune invasion nouvelle ne devait fondre sur ce pays avant l'irruption des Danois au IX<sup>e</sup> siècle. Grâce à cette circonstance, les institutions pacifiques et les germes de civilisation purent s'y développer et fructifier heureusement. Aussi, pendant ce laps de temps, cette contrée reçut-elle, au sein de la chrétienté, le nom de *terre des saints*, épithète à laquelle on peut ajouter *et de la littérature*. Du V<sup>e</sup> au VIII<sup>e</sup> siècle, saint Patrick, saint Colomban, saint Gall, saint Fridolin, saint Willebrod, saint Boniface de Mayence et d'autres encore, tous Irlandais ou Anglais de naissance, se répandent dans les Iles-Britanniques, dans les Gaules, en Germanie, convertissant les nations barbares, fondant des monastères et des villes, instituant surtout et régénérant les écoles. Pendant le règne de Pépin, prédécesseur de Charlemagne, l'église et le monastère d'York avaient une école florissante, à laquelle présidait un pieux et savant prélat nommé Ælbert. Le célèbre Alcuin, élève de cette école et qui devait en propager les fruits sur le continent, nous a laissé un poëme intitulé : *des Pontifes et des saints de l'église d'York*, où il trace le tableau suivant des études qu'on y faisait de son temps : « Le docte Ælbert, dit-il, abreuvait aux sources de sciences diverses les esprits altérés. Aux uns, il s'empressait de communiquer l'art et les règles de la grammaire; pour les autres, il faisait couler les flots de la rhétorique; il savait exercer ceux-ci aux combats de la jurisprudence et ceux-là aux chants d'Aonie; quelques-uns apprenaient de lui à faire résonner les pipeaux de Castalie et à frapper d'un pied lyrique les sommets du Parnasse; à d'autres, il faisait connaître l'harmonie du ciel, les phases du soleil et de la lune, les cinq zones du pôle, les sept étoiles errantes, les lois du cours des astres, leur apparition et leur déclin, les mouvements de la mer, les tremblements de la terre, la nature des hommes, du bétail, des oiseaux et des habitants des bois. Il dévoilait les diverses qualités et les combinaisons des nombres; il enseignait à calculer avec certitude le retour solennel de la pâque, et surtout il expliquait les mystères de la sainte Ecriture. »

Les Goths, à l'époque où nous sommes parvenus, occupaient la Péninsule ibérique. Nous avons eu plus d'une fois l'occasion de louer les qualités intellectuelles de ce peuple et son degré de civilisation, dans ses établissements d'Italie et d'Aquitaine. Nous retrouvons ces mêmes qualités chez les rois et surtout parmi le clergé visigoths, qui gouvernaient au delà des Pyrénées. Vers la fin du V<sup>e</sup> siècle, Evaric, roi des Goths d'Espagne, recueillit en un seul corps les lois existantes. Les canons du concile de Tolède, rendus sous l'influence des prélats de cette race, sont des monuments qui attestent leurs lumières et la perfection relative à laquelle ils avaient amené l'état social de leur nation. Du VII<sup>e</sup> au VIII<sup>e</sup> siècle, l'Espagne et le Portugal furent éclairés par les prédications et les écrits d'évêques distingués, parmi lesquels on peut citer saint Léandre et saint Isidore de Séville; Helladius, Eugène et Alfonse de Tolède; Fructueux de Brague, Rénovat de Mérida, Fulgence de Saragosse. Ces prélats entretinrent une véritable prospérité dans leurs écoles épiscopales. Le plus célèbre d'entre eux, Isidore de Séville, exerça sur ses contemporains une influence personnelle très-puissante par son immense renommée comme savant : il nous a laissé en effet, sous le titre d'*Origines étymologiques*, une sorte d'encyclopédie en vingt livres, bien connue des érudits, qui embrasse un tableau à peu près complet des connaissances de cette époque.

Les Lombards, quoique inférieurs aux Goths, qu'ils avaient supplantés en Italie, n'étaient point impropres à la culture intellectuelle, et de bonne heure ils avaient dépouillé la première écorce de la barbarie. Les capitulaires des rois de cette nation, qui nous sont restés, contiennent en faveur des serfs des dispositions qui, à encore, témoignent de l'heureux ascendant du christianisme, et qui attestent certains progrès dans la notion des vérités morales appliquées au gouvernement de la société. Malgré tant d'irruptions successives, la patrie des lettres et des arts avait gardé quelques traditions intellectuelles sur les ruines mêmes de ses institutions : c'est ainsi que le parfum adhère encore au vase, vide pourtant désormais de la liqueur qui l'avait rempli. Saint Grégoire le Grand avait d'ailleurs ranimé les écoles de Rome, en y instituant les études religieuses. Les écoles de Pavie, redevenues célèbres sous la domination des vainqueurs, attiraient de nouveau dans ses murs de studieux étrangers. Enfin, l'Italie lombarde possédait plus d'un savant illustre que la suite de cette histoire doit nous montrer à l'œuvre, tels que Paul Diacre, Théodulfe, Pierre de Pise, etc.

Maîtresse du nord et au centre de la Gaule, la nation des Franks se distinguait, entre toutes ces races conquérantes, par une triste et incontestable infériorité, sous le rapport de la politesse des mœurs et de l'avancement des esprits. Les progrès militaires des Sarrasins, qui s'étaient avancés jusqu'à Sens et jusqu'aux limites septentrionales de l'Aquitaine, avaient anéanti, au fur et à mesure qu'ils se produisaient, les faibles éléments d'instruction et de société régulière que l'épiscopat et le monachisme tentaient d'organiser. Les succès de Charles Martel n'eu-

rent d'autres résultats que de repousser le joug de ces envahisseurs et d'assurer la possession matérielle du territoire. Lui-même porta le dernier coup aux intérêts intellectuels, en désorganisant la hiérarchie ecclésiastique, en disposant non-seulement des biens, mais des dignités ecclésiastiques, en faveur d'une soldatesque brutale, et en conférant les bénéfices même à des enfants et à des courtisanes. L'ignorance la plus grossière succédait, jusque dans le sanctuaire des églises et des couvents, aux études salutaires qu'ils avaient jadis abritées. Le peu de monuments littéraires qui sont restés de cette époque peuvent servir à prouver que la langue elle-même, dans ses éléments constitutifs, tournait à une véritable décomposition. Telle est la situation où Charlemagne, en montant sur le trône, trouva les sciences et les lettres. On s'explique sans peine, à l'aspect d'un pareil tableau, qu'il dut puiser nécessairement au dehors les ressources indispensables pour les revivifier.

Charlemagne est un de ces personnages qui ne se rencontrent que de loin en loin dans les annales des nations de premier ordre; car ce sont de tels hommes qui font non-seulement les grandes époques, mais les grandes sociétés. Peu de héros apparaissent aux regards de la postérité sous des attributs plus complets et des proportions plus grandioses. Nul peut-être, parmi les modernes, ne mérita mieux le nom de *grand;* nul ne fut moins redevable de ses étonnantes facultés à l'emprunt ou au secours d'autrui; nul ne les dut plus exclusivement à lui-même. Conquérant, législateur, politique, amateur et protecteur des sciences, des lettres et des arts, il avait le goût et le sentiment innés de ce qui rend l'homme puissant et noble sur la terre. Il était né grand jusque dans sa stature et dans les passions de son cœur. Quoique profondément attaché au christianisme, dont il inspira les lois religieuses, aussi bien que ses lois civiles, aux peuples soumis par ses armes; il n'assouplit jamais, sous ce rapport, sa propre conduite aux prescriptions austères de la morale chrétienne. De quelques femmes, sur un bien plus grand nombre qu'il épousa, suivant les coutumes de sa nation, et dont l'histoire a mentionné l'existence, il eut huit fils et dix filles. Les papes et les évêques se bornèrent à déclarer seules *légitimes* quatre de ces épouses, qu'ils bénirent successivement, et la postérité qui naquit d'elles. Pour lui, il étendit également sur eux tous son inépuisable tendresse. Au milieu de ses peuples et de son immense empire, dans ce palais d'Aix-la-Chapelle où il avait pour serviteurs une hiérarchie de comtes et de rois, aussi bien que dans les nombreux déplacements de sa vie nomade, il lui fallait sans cesse la présence assidue de toute sa famille, de ses filles surtout, qu'il chérissait le plus, dont il ne voulut jamais se séparer, qu'il fit instruire sous ses yeux, à ses côtés, avec ses fils et avec d'autres jeunes gens, enfants de la grande famille. Agé de trente ans et déjà

roi, à l'exemple de Carloman, son frère, de son père Pépin et des Franks, ses aïeux, il ne savait point écrire. C'est alors qu'il exerça, selon le témoignage d'Éginhard, à mouler des lettres romaines, sa main adulte, mieux faite et plus habile à brandir une lourde épée. Plus tard, il apprit la grammaire d'un vieux docteur italien, Pierre de Pise; il se fit initier par Alcuin à la connaissance des arts libéraux, de l'astronomie, dans laquelle il se complaisait particulièrement, de la musique, des lettres sacrées, et s'assimila, d'une manière à peu près complète, la somme des notions intellectuelles réunies de son temps. Il savait parler et dicter en latin, aussi bien qu'en tudesque, son idiome maternel, et se montra éloquent dans ces deux langues; il entendait et lisait celle des Grecs. Éginhard nous apprend qu'il avait commencé de composer une grammaire germanique et qu'il avait fait réunir ces poésies nationales pour lesquelles il professait une grande estime, et qui, sous le nom de *Chansons de gestes,* avant que d'occuper une si grande place dans notre histoire littéraire, jouèrent un rôle important sur le champ de bataille. Il acquit dans les controverses religieuses une science assez approfondie pour provoquer en connaissance de cause le concile de Francfort, dirigé contre l'hérésie de Félix, évêque d'Urgel, et pour dicter les livres *carolins,* destinés à combattre le culte des images. Enfin, « l'année qui précéda sa mort, au rapport du moine Thégan, il lut soigneusement, avec des Grecs et des Syriens, les quatre Évangiles de Jésus-Christ. »

Mais ses actes et ses efforts pour la restauration des sciences ne se bornèrent pas à l'influence, déjà si puissante, de l'exemple personnel. Devenu roi en 768, il fit à Rome, en 774, une première excursion, à la suite de son expédition contre les Lombards. Tout porte à croire que la vue des monuments qui subsistaient en Italie, et le commerce des hommes éclairés, qui offraient eux-mêmes, en leurs personnes, de vivants débris de l'antique civilisation, fécondèrent les dispositions qui l'animaient en faveur de ce genre d'intérêt et de gloire. « Il rassembla à Rome, dit le moine d'Angoulême, des maîtres dans l'art de la grammaire et du calcul, et il les conduisit en France, en leur ordonnant d'y répandre le goût des lettres; car, avant le seigneur roi Charles, il n'y avait en France aucune étude des arts libéraux. » Le premier de ces missionnaires de l'instruction paraît avoir été le diacre lombard, Pierre de Pise, qui fut, ainsi que nous l'avons dit, le précepteur de Charles lui-même, et que suivirent bientôt, au delà des monts, ses compatriotes Paul Warnefried, également Lombard, et Théodulfe. Ce dernier, Goth d'origine et natif d'Italie, se fixa en Gaule dès 781, où il devint évêque d'Orléans par la libéralité de Charlemagne. Le roi des Franks manda bientôt aussi dans ses Etats Leidrade, né en Norique, qu'il fit archevêque de Lyon et à qui il confia le soin de l'une de ses bibliothèques, réunie de son vivant, et longtemps

conservée dans le monastère de l'Ile-Barbe. Il en fut de même de Smaragde, abbé de Saint-Mihiel, dont la patrie est inconnue; d'Agobard, Espagnol, et du Goth de Languedoc saint Benoît d'Aniane, qui tous firent partie de ses conseils et prirent une part notable à son œuvre de réédification intellectuelle. Un historien fort curieux, mais très-crédule, et d'un témoignage souvent suspect, le moine de Saint-Gall, raconte que, dès les commencements de son règne, deux clercs, Irlandais de nation, « débarquèrent au rivage de Gaule » avec des marchands d'Angleterre, criant qu'eux étaient *marchands de science* et qu'ils la vendaient à bon compte. Le roi Charles, les ayant fait venir, leur demanda quel prix ils demandaient. Ceux-ci répondirent : « Un lieu commode, des créatures intelligentes et ce dont on ne peut se passer pour accomplir le pèlerinage d'ici-bas, la nourriture et l'habit. » Le roi, plein de joie, les garda près de lui quelque temps; puis, forcé de partir en campagne, il ordonna à l'un d'eux, nommé Clément, de rester en Gaule, lui confia un assez grand nombre d'enfants de haute, de moyenne et de basse condition, et leur fit donner à tous des aliments selon leurs besoins et une habitation convenable. L'autre fut envoyé en Italie et reçut le monastère de Saint-Augustin, orès Pavie, pour y ouvrir une école.

Cette historiette, déjà peu consistante en elle-même, fut singulièrement amplifiée par la suite, et devint, au moyen âge, ainsi que nous le verrons plus tard, le texte sur lequel se fonda cette tradition, que l'Université de Paris avait été fondée par Charlemagne. Nous nous bornerons à remarquer ici qu'il n'est nullement question, dans ce récit, de la capitale actuelle de la France, et qu'à cette époque Paris avait cessé, depuis plus d'un siècle, d'être le siége de la monarchie des Franks. Les savants auteurs de l'*Histoire littéraire de la France*, tout en professant le plus grand doute au sujet de l'anecdote relative à ce Clément, « dont on sait, disent-ils, peu de chose que l'on puisse garantir, » le montrent exerçant ses fonctions de maître d'école, non pas en Gaule, mais à l'abbaye de Reichenau, au diocèse de Constance, et troublant ensuite, par l'hétérodoxie de ses opinions, plusieurs diocèses de la Germanie (1).

Le plus utile et très-authentique promoteur des mesures par lesquelles Charlemagne illustra son règne, dans l'ordre des faits qui nous intéressent, celui qui remplit auprès du grand empereur les fonctions de *ministre de l'instruction publique*, fut Alcuin, qui vint en effet de la Bretagne, où il naquit à York, vers 735. Charles, l'ayant rencontré à Parme en 780, le pressa vivement de venir se fixer dans ses Etats, ce qu'Alcuin fit deux années après. Pour reconnaître et honorer son zèle, l'empereur lui conféra immédiatement trois abbayes:

(1) D. Rivet, t. IV. p. 8, 15, 83 et 105.

celles de Ferrière, en Gâtinais; de Saint-Loup, à Troyes, et de Saint Josse, en Ponthieu.

Le réformateur et le ministre entreprirent tout d'abord par la base l'édifice de l'instruction, qu'ils voulaient reconstruire. L'écriture et la langue même des livres saints étaient tombées dans le dépérissement; la forme des caractères s'était altérée, et les mots, réunis et comme agglutinés entre eux, joints à la corruption des règles grammaticales, viciaient jusqu'au sens des textes, devenus en même temps indéchiffrables. Charlemagne ordonna que désormais le soin de transcrire les manuscrits ne fût plus confié qu'à des clercs habiles et expérimentés. La *minuscule romaine*, défigurée, comme nous l'avons vu, par l'introduction de lettres barbares, fut ramenée à sa pureté primitive; on prescrivit également aux copistes, pour les lettres capitales, l'emploi de caractères aux formes antiques et régulières. Dès ce moment une ère nouvelle se révèle dans l'aspect de nos monuments littéraires, et les paléographes, qui attribuent également à Charlemagne l'introduction des premiers signes d'une ponctuation méthodique, ont donné à cette nouvelle écriture le nom de *caroline* ou écriture *romaine renouvelée*. L'obscur mais immense bienfait de cette réforme fut promptement accepté en Italie, en Allemagne, en Angleterre, et s'étendit peu à peu à toute l'Europe lettrée. Pour ce qui touche à la grammaire, un capitulaire de 788, adressé à tous les évêques, s'exprimait en ces termes : « Charles, avec le secours de Dieu, roi des Francs et des Lombards, et patrice des Romains, aux lecteurs religieux soumis à notre domination... Nous ne pouvons souffrir que, dans les lectures divines, au milieu des offices sacrés, il se glisse de discordants solécismes, et nous avons le dessein de réformer lesdites lectures. Nous avons chargé de ce travail le diacre Paul, notre client familier. Nous lui avons enjoint de parcourir avec soin les écrits des Pères catholiques; de choisir, dans ces fertiles prairies, quelques fleurs, et de former pour ainsi dire, des plus utiles, une seule guirlande. Empressé d'obéir à notre altesse, il a relu les traités et les discours des divers Pères catholiques, et, choisissant les meilleurs, il nous a offert en deux volumes des lectures exemptes de fautes, convenablement adaptées à chaque fête et qui suffiront à tout le cours de l'année. Nous avons examiné le texte de ces volumes avec notre sagacité; nous les avons décrétés de notre autorité, et nous les transmettons à votre religion pour les faire lire dans les églises du Christ. » En même temps que l'élément littéraire était épuré dans sa source, le zèle de la production et de l'étude recevait une impulsion également salutaire. Les monastères de Fontenelle, de Corbie, de Reims, etc., se distinguèrent entre autres, au sein d'une rivalité devenue générale, par la quantité et l'excellence des textes sortis de la main de leurs habiles calligra-

phes, et les bibliothèques virent s'accroître singulièrement le nombre de leurs livres, tant sacrés que profanes.

Un service plus positif encore et plus signalé que reçut l'instruction, ce fut la restauration des écoles. Un autre capitulaire, dont la date est de 789, et qui fut vraisemblablement inspiré par Alcuin, contient les dispositions qu'on va lire : « Charles, etc., à Baugulf, abbé (chef d'ordre), et à toute la congrégation. Plusieurs monastères nous ayant, ces dernières années, adressé des écrits où ils nous informaient que les frères priaient pour nous dans les saintes cérémonies et leurs pieuses oraisons, nous avons observé qu'en la plupart de ces écrits les sentiments étaient bons, mais les paroles grossièrement incultes... Nous vous exhortons donc, non-seulement à ne pas négliger l'étude des lettres, mais à travailler d'un cœur humble et agréable à Dieu, pour être en état de pénétrer facilement et sûrement les mystères des saintes Ecritures... Qu'on choisisse donc pour cette œuvre des hommes qui aient la volonté et la possibilité d'apprendre et le talent d'instruire les autres... Ne manque pas, si tu veux obtenir notre faveur, d'envoyer un exemplaire de cette lettre à tous les évêques suffragants et à tous les monastères. » Deux ans plus tard, il renouvela la même ordonnance, et ne dédaigna pas de marquer en détail les exercices qu'on devait suivre dans ces écoles.

De nombreuses preuves historiques attestent que ces prescriptions ne demeurèrent point stériles ; mais, ce qui contribua le plus puissamment à les faire fructifier, ce fut encore l'ascendant de l'exemple. Nous avons précédemment entretenu nos lecteurs de cette institution intérieure, qui, dès l'époque mérovingienne, fonctionnait auprès de la personne des rois francs sous le nom d'*Ecole du palais*. Dès l'année 782, époque de sa venue à la cour de Charlemagne, jusqu'au moment où, vaincu par les infirmités, en 796, il obtint du grand roi la permission de se retirer pour jouir du repos et de la solitude, Alcuin prit, sous les ordres du prince, la direction de cette école, et lui donna un éclat et des proportions qu'elle n'avait point eus jusqu'alors. Cette institution, telle que la fit Alcuin, ne fut jamais à proprement parler une *école* ; elle mérite mieux le titre, encore bien peu rigoureux, d'*académie*, sous lequel elle est plus d'une fois désignée. Il est douteux, en effet, qu'elle ait fonctionné avec la régularité d'un enseignement fixe et méthodique : elle suivait le monarque partout où il allait résider ; les exercices y consistaient, selon toute vraisemblance, à réunir, sous la présidence scientifique d'Alcuin, un certain nombre de personnes qui se livraient ensemble à des entretiens plus ou moins libres, sur des sujets d'instruction très-variés. Ces personnes étaient : en premier lieu, Charlemagne ; Charles Pépin et Louis, ses fils ; Gisla, sa sœur ; Gisla et Richtrude ou Rotrude, ses filles ; Gondrade,

sœur d'Adalhard et de Wala ; parents de Charlemagne ; Wala, Adalhard, Eginhard et Angilbert, conseillers de Charlemagne ; Friedgies ou Fridugise, abbé de saint Bertin ; Riculf, archevêque de Mayence ; Rigbod, archevêque de Trèves ; Amalaire, prêtre de Metz, et une foule d'autres de tout âge, de tout sexe, en général de la plus haute condition ou destinés aux premières fonctions de l'Etat.

Une sorte de raffinement assez caractéristique avait porté des membres de cette académie à se parer, dans leurs fonctions littéraires, de noms empruntés à l'antiquité *profane* ou *sacrée* ; double mélange qui lui-même est un fait à remarquer. Ainsi Alcuin avait échangé son nom saxon contre le nom imposant de *Flaccus* ; Charlemagne portait celui de *David* ; Gisla s'appelait *Lucie* ; Gondrade, *Eulalie* ; Wala, *Arsène* et *Jérémie* ; Angilbert, *Homère* ; Friedgies, *Nathaniel* ; Amalaire, *Symphosius* ; Riculf, *Flavius Damœtas*, etc., etc.

Quant à l'enseignement spécial de l'*Ecole du palais*, on en trouve, dans les œuvres complètes d'Alcuin un curieux spécimen. C'est une conférence (*disputatio*) entre le maître et l'un de ses jeunes disciples, Pépin, fils de Charlemagne, alors âgé de quinze ans. Nous allons mettre sous les yeux du lecteur une portion étendue de cette pièce, qui doit servir à caractériser non-seulement la pratique suivie dans les réunions du *palais*, mais, en général, la méthode *scientifique*, alors adoptée pour l'étude et l'enseignement des connaissances humaines.

### PÉPIN. — ALCUIN.

PÉPIN. Qu'est-ce que l'écriture?

ALCUIN. La gardienne de l'histoire.

PÉPIN. Qu'est-ce que la parole?

ALCUIN. L'interprète de l'âme.

PÉPIN. Qu'est-ce qui donne naissance à la parole?

ALCUIN. La langue.

PÉPIN. Qu'est-ce que la langue?

ALCUIN. Le fouet de l'air.

PÉPIN. Qu'est-ce que l'air?

ALCUIN. Le conservateur de la vie.

PÉPIN. Qu'est-ce que la vie?

ALCUIN. Une jouissance pour les heureux, une douleur pour les misérables, l'attente de la mort.

PÉPIN. Qu'est-ce que la mort?

ALCUIN. Un événement inévitable, un voyage incertain, un sujet de pleurs pour les vivants, la confirmation des testaments, le larron des hommes.

PÉPIN. A quoi ressemble l'*homme*?

ALCUIN. *A pomme* (1).

PÉPIN. Qu'est-ce que l'homme?

ALCUIN. L'esclave de la mort, un voyageur passager, un hôte sans demeure.

PÉPIN. Comment l'homme est-il placé?

ALCUIN. Comme une lanterne exposée au vent.

PÉPIN. Où est-il placé?

ALCUIN. Entre six parois.

PÉPIN. Lesquelles?

ALCUIN. Le dessus, le dessous, le devant, le derrière, la droite et la gauche.

PÉPIN. Qu'est-ce que le sommeil?

(1) Tel est du moins à peu près ce jeu de mots du texte : « Cui similis est *homo*? — *Pomo*.

Alcuin. L'image de la mort.
Pépin. Qu'est-ce que la liberté de l'homme?
Alcuin. L'innocence.
Pépin. Qu'est ce que la tête?
Alcuin. Le faîte du corps.
Pépin. Qu'est-ce le corps?
Alcuin. La demeure de l'âme.

. . . . . . . . . . . . . . . . . .

Pépin. Qu'est-ce que le ciel?
Alcuin. Une sphère mobile, une voûte immense.
Pépin. Qu'est-ce que la lumière?
Alcuin. Le flambeau de toutes choses.
Pépin. Qu'est-ce que le jour?
Alcuin. Une provocation au travail.
Pépin. Qu'est-ce que le soleil?
Alcuin. La splendeur de l'univers, la beauté du firmament, la grâce de la nature, la gloire du jour, la distribution des heures.
Pépin. Qu'est-ce que la terre?
Alcuin. La mère de tout ce qui croît, la nourrice de tout ce qui existe, le grenier de la vie, le gouffre qui dévore tout.
Pépin. Qu'est-ce que la mer?
Alcuin. Le chemin des audacieux, la frontière de la terre, l'hôtellerie des fleuves, la source des pluies.
Pépin. Qu'est-ce que l'hiver?
Alcuin. L'exil de l'été.
Pépin. Qu'est-ce que le printemps?
Alcuin. Le peintre de la terre.
Pépin. Qu'est-ce que l'été?
Alcuin. La puissance qui vêtit la terre et mûrit les fruits.
Pépin. Qu'est-ce que l'automne?
Alcuin. Le grenier de l'année.
Pépin. Qu'est-ce que l'année?
Alcuin. Le quadrige du monde.

. . . . . . . . . . . . . . . . . .

Alcuin. J'ai vu dernièrement un homme debout, un mort marchant et qui n'a jamais été.
Pépin. Comment cela a-t-il pu être?
Alcuin. C'était une image dans l'eau.

. . . . . . . . . . . . .

Alcuin. Quelqu'un qui m'est inconnu a conversé avec moi sans langue et sans voix, il n'était pas auparavant, et ne sera point après; je ne l'ai ni entendu, ni connu.
Pépin. Un rêve peut-être t'agitait, maître?
Alcuin. Précisément, mon fils. Ecoute encore: j'ai vu les morts engendrer le vivant, et les morts ont été consumés par le souffle du vivant.
Pépin. Le feu est né du frottement des branches, et les a consumées.
Alcuin. C'est cela.

Après quelques autres énigmes de ce genre, le dialogue se termine ainsi:

Pépin. Qu'est-ce qu'un messager muet?
Alcuin. Celui que je tiens à la main.
Pépin. Que tiens-tu à la main?
Alcuin. Ma lettre.
Pépin. Lis donc heureusement, mon fils.

En 796, Alcuin, devenu vieux, obtint, non sans peine, de Charlemagne la permission de résilier les actives fonctions qu'il remplissait auprès de lui, à la fois comme chef de l'école palatine et comme l'un de ses principaux conseillers, pour toutes les grandes affaires de l'Etat. Il se retira, en effet, vers cette époque, dans sa riche abbaye de Saint-Martin de Tours, où il se livra jusqu'à sa mort, arrivée en 804, à des occupations moins fatigantes, mais non moins assidues et toujours consacrées à l'étude.

A partir de cette retraite, l'histoire nous a conservé des traces moins suivies de cette institution. Il n'est pas douteux toutefois qu'elle continua de subsister; car on en retrouve des vestiges très-nettement accusés sous le règne de Louis le Débonnaire et de ses successeurs immédiats. Alcuin entretint d'ailleurs, comme on le voit par ses œuvres, une correspondance suivie avec les plus éminents de ses disciples ou confrères, tels que Charlemagne, Gisla et plusieurs autres. Il paraît vraisemblable que, tout en se réservant une sorte de surintendance sur le précieux établissement qu'il avait fondé, il institua quelqu'un de ses disciples pour le remplacer directement et continuer son œuvre. Lui-même, du reste, fonda, au sein de son monastère de Saint Martin, une nouvelle et brillante école, qui devint, à son tour, une pépinière de maîtres formés à ses leçons, parmi lesquels on remarque, entre beaucoup d'autres, Raban Maur, depuis archevêque de Mayence.

L'un des traits distinctifs où se reconnaît en Charlemagne l'homme supérieur fait pour le commandement, c'est l'art qu'il déploya à découvrir les aptitudes, à les classer dans leur voie, et à leur communiquer l'impulsion de son génie. C'est ainsi qu'il alla chercher en Norique Leidrade, en Italie Théodulfe, pour en faire deux de ses missi dominici, les plus utiles et les plus distingués. Il confia au premier, en 798, l'église primatiale de Lyon, et plaça l'autre (794) sur le siège épiscopal d'Orléans, postes non moins importants sous le rapport politique que religieux. Tous deux prêtèrent un concours des plus efficaces à la renaissance des lumières en instituant de nouvelles écoles. Théodulfe, par des capitulaires qui nous ont été conservés, en fonda quatre principales, savoir: deux au sein de la ville épiscopale, l'une à Sainte-Croix, l'autre à Saint-Aignan: une troisième à Saint-Lizard-de-Menn, et une quatrième à Fleury ou Saint-Benoît-sur-Loire. Il prescrivit, en outre, que les curés et les autres prêtres tiendraient des écoles dans les bourgs et dans les villages où les fidèles pourraient faire donner gratuitement à leurs enfants une instruction élémentaire. Smaragde, abbé de Saint-Mihiel vers 805, restaura l'école de Verdun, où il enseignait lui-même, et composa pour cet effet une grammaire que l'érudition moderne a classée au rang des monuments les plus précieux de notre philologie.

Ces écoles-mères enfantèrent bientôt d'autres écoles qui ne cessèrent, pendant près d'un demi-siècle, de se multiplier presque indéfiniment. De l'école de Tours sortirent celles de Ferrières en Gâtinais; de Fulde, qui donna naissance à celles de Reichenau, d'Hirsauge en Bavière, et de Saint-Germain d'Auxerre. Celle de Corbie eut pour fondateur Adalhard, membre de l'académie palatine: elle peupla l'Eglise de prélats et de clercs, et mit au jour les écoles de Corwei ou nouvelle Corbie, en Saxe; de Saint-Gall, en Suisse; de Vieux-Moutier ou Saint-Mihiel.

en Lorraine ; de Saint - Wandrille , près Rouen ; de Saint-Riquier, en Ponthieu, etc. Il serait trop long et de peu d'intérêt de suivre plus en détail cette généalogie intellectuelle. Qu'il nous suffise de mentionner encore, parmi les établissements de ce genre, auxquels Charlemagne donna ou rendit la vie, ceux d'Aniane, Argenteuil, Saint-Denis, Elnone , Evreux , Saint-Germain-des-Prés , Grandfeld, Hautviller, Laudevenec, Luxeu, Mayence , Le Mans , Saint-Maur-des-Fossés, Metz, Micy, Redon, Reims , Sithiu ou Saint-Bertin, Trèves, Saint-Waast d'Arras et Weissembourg.

Des écoles furent encore ouvertes pour développer la foi et les sciences humaines parmi les populations encore idolâtres et nouvellement soumises. Telles furent celles que le vainqueur institua au près du siége qu'il venait de créer à Osnabruck et à Paderborn, ainsi que l'école d'Utrecht , qui conserva longtemps la mission d'évangéliser les païens du Nord.

Ingénieux à s'assurer le succès qu'il poursuivait avec opiniâtreté , Charles sut varier les moyens de l'atteindre. L'une des plus piquantes anecdotes que renferme la chronique de Saint-Gall nous montre la prédilection éclatante qu'il manifestait pour les clercs d'humble condition, qui s'élevaient à force de travail : à ceux-là il prodiguait en quelque sorte les plus riches bénéfices, les plus hautes situations de l'Eglise et de l'empire ; tandis qu'il ne craignait pas de témoigner hautement son mépris et son courroux contre ceux qui, unis à sa propre famille par les liens de la parenté et se fiant à l'avantage de la naissance , croupissaient dans l'ignorance et l'oisiveté. Vers les derniers temps de son règne, il s'avisa, toujours en vue des mêmes résultats, de tenir en haleine le zèle studieux de ses prélats, en leur adressant, avec injonction de répondre, une série perpétuelle de questions sur toutes les matières qui intéressaient la science ou la foi.

Pour compléter le tableau de ces mesures et de ces efforts, il convient encore de rappeler d'autres progrès accomplis sous son inspiration par des voies spéciales. Après l'astronomie, celui des arts libéraux auquel Charlemagne paraît s'être montré le plus entendu était la musique. Frappé de la disparate qu'offrait, dans les diverses parties de son empire, la liturgie, et particulièrement le chant ecclésiastique, il résolut d'y pourvoir. A cet effet il envoya à Rome, auprès du Pape Adrien, deux clercs pour se former au sein de la première église de la chrétienté.Quand ces deux clercs se furent suffisamment instruits, il les rappela, afin qu'ils répandissent dans les diverses églises des Gaules et de la Germanie une méthode normale et uniforme. L'un d'eux fut donc placé à Metz ; le second resta dans la chapelle impériale ; et bientôt d'autres écoles de chant furent ouvertes, en diverses églises des Gaules, qui servirent à propager parmi les populations du nord la musique et le chant grégoriens. Mais divers obstacles, qui

se résument dans la variété des sympathies locales ou nationales en fait d'art, et par l'insuffisance de l'écriture musicale alors usitée, s'opposèrent à ce que les résultats généraux et satisfaisants pussent être le fruit de ces tentatives. C'est du règne de Charlemagne que date la propagation en Europe d'un instrument musical admirablement approprié au culte catholique; nous voulons parler de l'orgue. Le premier connu avait été donné, en 757, à Pépin le Bref, père de Charlemagne, par l'empereur d'Orient Constantin Copronyme. Théodulphe rapporte dans des vers en l'honneur de Charles que le prince prenait quelquefois plaisir à entendre les dames de la cour jouer de trois ou quatre sortes d'instruments à cordes et à vent, que l'abbé Lebeuf croit être des espèces de flûte et de guitare (1).

Charlemagne apporta de notables améliorations à la science du droit, comme à l'état de la législation. Le droit public se composait alors de deux parties très-distinctes : l'une canonique ou religieuse, et l'autre civile. Pour ce qui est de la première, les églises des Gaules possédaient une première collection dite des *Canons apostoliques*, un second recueil formé au vi° siècle par saint Martin, évêque de Prague, et les canons ou ordonnances des conciles qui avaient été tenus jusque-là dans cette grande division de la chrétienté. En 774, Charles reçut du pape Adrien, en Italie, et rapporta au milieu de ses Etats un nouveau code des canons à l'usage de l'Eglise romaine, et formé en grande partie des décisions rendues par les conciles d'Afrique et d'Orient. Cet élément de jurisprudence devint la base de la législation religieuse des capitulaires impériaux. Charlemagne en fit faire des extraits en différentes assemblées d'évêques, d'abbés et de seigneurs laïques. Plusieurs prélats, imitant l'exemple du souverain et prenant pour point de départ ces principes généraux de législation, les traduisirent en règlements d'application spéciale et en firent le texte de capitulaires épiscopaux. Tels sont ceux de Théodulfe, évêque d'Orléans, qui, seuls de ce genre, ont été conservés jusqu'à nous.

Le droit civil se subdivisait lui-même en deux parts bien tranchées : la législation romaine, composée alors du code théodosien, qui régissait certaines provinces de l'empire, et les lois barbares des principales nations de la Germanie, telles que les Saliens, les Ripuaires, les Allemands (2), etc., etc. Le génie unitaire et régulier de la civilisation antique, si fortement empreint dans la législation romaine, avait produit une puissante impression sur l'esprit du grand roi.

(1) *Dissertation sur l'état des sciences*, etc., sous Charlemagne, p. 67.

(2) Il faut y joindre quelques recueils analogues ou secondaires, comme les *Formules* du moine *Marculfe*, livrées par Baluze à la connaissance des érudits modernes ; les *Formules angevines*, récemment publiées sur de nouveaux textes, par M. E. de Rosière ; et d'autres semblables.

S'étant fait expliquer, dit Eginhard, les abréviations usitées dans les livres de droit des anciens Romains, il s'en rendit la lecture familière, et, charmé de leur beauté, il essaya de procurer à la France quelque chose qui en approchât. Nous rappellerons ici que Charles avait prescrit la réunion en un seul corps des chants tudesques; rapprochement tout à fait opportun, ce nous semble, car, selon l'opinion des plus savants historiens et jurisconsultes, les coutumes nationales des Franks et autres Germains furent primitivement rédigées en langue vulgaire et confiées, sous la forme poétique, à la mémoire de la tradition (1). Charlemagne fit également recueillir, sous le nom de *Lex emendata*, toutes ces coutumes, en un seul corps plus méthodique, plus complet et plus pur que par le passé. Il développa lui-même et perfectionna cette législation en réglant, à l'aide des capitulaires, une multitude de questions importantes, principalement dans la législation civile.

La médecine n'existait pas alors comme science et resta dans un état à peu près stationnaire. Charlemagne, d'après les révélations de son intime et fidèle Eginhard, ne pouvait pas souffrir les médecins, qui voulaient, à ce qu'il paraît, changer son régime et lui en prescrire un autre. L'on attribue à cette antipathie personnelle le silence des lettrés, aussi bien que celui des écoles, sous son règne, à l'égard de cette science. Cependant quelques connaissances théoriques de l'antiquité sur cette matière, et notamment les écrits d'Hippocrate, se conservaient dans diverses bibliothèques de l'Occident; mais on peut dire qu'elles y demeuraient à l'état de lettre morte. Les Arabes et les Juifs les avaient également recueillis et les étudiaient en Orient : donc des Juifs et de grossiers charlatans étaient les seuls qui se mêlassent alors en Europe de l'art de guérir. Il semble toutefois, d'après un mot d'Alcuin, qu'il y avait à la cour impériale une sorte d'infirmerie ou de pharmacie, qu'il appelle *Hippocratica tecta*. A la fin de son règne, l'empereur prescrivit, par un capitulaire de 805, que les imposteurs iatriques fussent chassés, mais que de jeunes enfants seraient envoyés au dehors, pour se former dans l'art de guérir.

Charles, malgré l'impuissance et la barbarie de son époque, possédait à un incontestable degré ce que nous appelons de nos jours le *sentiment de l'art*. Les écrits de ses familiers nous apprennent que ceux-ci étudiaient les ouvrages de Vitruve, et que l'empereur, ainsi que ses principaux évêques, élevèrent avec un goût somptueux de grands édifices consacrés au culte ou à la résidence de la cour. Ils s'accordent à vanter surtout le fameux palais d'Aix-la-Chapelle, qui réunissait cette double application et dont l'ensemble, terminé par une haute coupole, offrait aux regards l'aspect d'une vaste couronne à plusieurs étages de colonnades;

l'empereur lui-même, suivant Alcuin, en avait tracé le plan, et il avait confié la direction de la bâtisse à un personnage nommé *Hiram*. Ce dernier n'était autre sans doute qu'Ansegise, abbé de Fontenelle, l'un de ses principaux conseillers, qualifié ailleurs de *surintendant des bâtiments*. Quelques parties et comme un souvenir de cet édifice subsistent encore aujourd'hui dans le *dôme* d'Aix-la-Chapelle. Les blocs carrés de pierres qui servirent aux fondations et à la masse de l'œuvre, provenaient de la cité de Verdun, récemment détruite par ordre de Charlemagne; les colonnes de. marbre ainsi que les mosaïques employées à la décoration extérieure étaient aussi des dépouilles guerrières que le vainqueur des Lombards avait enlevées aux antiques palais de Ravenne (1).

Jusqu'à Charlemagne, les rois francs avaient fait usage, pour communiquer à leurs actes le caractère authentique, de cachets gravés à l'imitation de ceux des empereurs romains, mais du travail le plus grossier, et présentant à la vue leurs propres images, sous des traits d'une épouvantable barbarie. Charlemagne, dès le début de son règne, scella, comme *roi*, ses diplômes d'un sceau qui paraît avoir été antique, en se bornant à y faire ajouter sa légende royale. Plus tard, à partir de 775, après son voyage d'Italie, il adopta désormais pour ce même usage une intaille, également antique et d'un admirable travail, qui représentait le buste de Jupiter Sérapis.

Nous nous sommes étendu avec une insistance bien explicable sur ce grand règne. Après lui, en effet, commence une période marquée de décadence. Ce vaste empire ne devait pas survivre au héros qui l'avait créé : l'œuvre de civilisation ébauchée par lui subit un démembrement analogue à celui de ses Etats entre les faibles mains de ses successeurs. Pour ce qui est de la France, cette désorganisation fut hâtée, par les discordes intérieures des princes, par les incursions des Normands, qui commencèrent à se montrer en 835, et par celles des Sarrasins, qui, vers 842, remontèrent le Rhône et portèrent la dévastation dans la Provence. Déjà le concile tenu à Paris en 824 se plaignait amèrement de ce que les lettres dépérissaient, ainsi que les établissements d'instruction, et demandait à Louis le Débonnaire d'ouvrir des écoles dans trois villes de l'empire, afin que les efforts tentés jusque-là pour la propagation des lumières ne demeurassent pas stériles. Ces vœux, répétés depuis à plusieurs reprises par diverses assemblées de ce genre, ne furent point exaucés. Le mal qu'ils signalaient, bien loin de recevoir un remède, ne fit que s'aggraver; l'ignorance et la barbarie, reprenant peu à peu leur cours, exercèrent de nouveau leur empire. Cependant cette nouvelle éclipse de l'intelligence ne fut ni aussi complète qu'elle l'avait été par le passé, ni tellement subite que l'on n'en puisse observer assez distinctement les phases progressives. L'Ecole du palais, qui subsistait toujours, contribua surtout à entretenir le

_____
(1) Voy. Tacit., *Germania*, cap. II, cité par M. Pardessus, *Loi salique*, p. 417.

(1) Lebeuf, *Dissert.* citée, p. 91.

foyer des connaissances publiques et de la culture intellectuelle, et nous pouvons suivre pendant plusieurs générations encore les traces historiques qui se rapportent à son existence. Après la mort de Charlemagne (814), l'Ecole du palais eut pour chef ou recteur un clerc espagnol nommé *Claude*, d'abord prêtre du palais au service de Louis le Débonnaire, lorsqu'il n'était que roi d'Aquitaine, puis attaché à la fonction que nous venons de désigner lors de l'avénement du prince à l'empire. Claude se rendit célèbre par de nombreux écrits théologiques, et quitta l'Ecole du palais pour monter sur le siége de Turin vers 818. Il eut pour successeur le moine *Aldric*, né en Gâtinais et instruit dans l'abbaye de Ferrières (appartenant alors à Alcuin), par les soins de Sigulf, disciple lui-même d'Alcuin, dont il représentait les intérêts, pendant son absence, au sein du monastère. Aldric n'exerça que peu d'années la charge de recteur de l'école palatine, étant devenu, à son tour, abbé de Ferrières en 825, puis archevêque de Sens en 829. *Amalaire*, né en Austrasie, d'abord prêtre à Metz, également élève de l'école alcuinienne, et que nous avons vu figurer sous le nom de *Symphosius* parmi les membres de l'Académie de Charlemagne, remplaça Aldric. Il mourut en 837 et eut pour successeur un certain *Thomas*. Nous ne savons rien de ce dernier, si ce n'est que Walfried Strabon lui dédie un de ses poëmes.

Les différents maîtres que nous venons de nommer enseignaient sous le règne de Louis le Débonnaire. Charles le Chauve, qui monta sur le trône en 840, ne portait pas aux lettres une moindre sollicitude que ne le faisait l'empereur Louis, son père. Sans avoir le génie de son aïeul Charlemagne, il sut toutefois l'imiter en protégeant les hommes les plus instruits de son siècle, en les appelant à sa cour de divers pays, et notamment d'Irlande, qui lui en fournit plusieurs. Le résultat de ces mesures fut de communiquer à l'Ecole du palais un nouvel éclat et de contre-balancer l'influence désastreuse des Normands, qui désolaient alors le territoire et tenaient la civilisation en échec. Pendant la première partie du règne de Charles le Chauve et par les soins de ce monarque, l'Ecole du palais eut à sa tête, de 845 à 871, le fameux *Jean Scot*, dit Erigène, savant également versé dans la littérature grecque et latine. Jean Scot n'était même pas étranger à la connaissance de l'hébreu et de l'arabe. Après Erigène, l'Ecole fut longtemps régie par le philosophe *Mannon*, qui traduisit plusieurs traités de Platon et d'Aristote. De nombreux élèves se formèrent sous ses leçons et occupèrent ensuite les plus hauts postes de l'Eglise. On distingue parmi ses disciples : saint Radbot, évêque d'Utrecht ; Etienne, évêque de Liége ; Marcion, évêque de Châlons-sur-Marne, et Francon, abbé de Laubes. Mannon continua d'occuper cet office sous Louis le Bègue, mort en 879 ; à cette époque, selon toute vraisemblance, il se retira dans son monastère de Condat et mourut

en 892. Les savants auteurs de l'*Histoire littéraire de la France* pensent que, sous le règne de Louis et de Carloman (879-884), l'Ecole du palais ne laissa pas d'être encore entretenue. Toutefois, à la retraite de Mannon, aucun témoignage direct ne nous permet plus d'en suivre avec certitude les destinées.

Le moment approchait d'ailleurs où les institutions littéraires et l'instruction elle-même devaient s'occulter encore de la manière la plus funeste, au x° siècle. Cependant la fin du ix° fut encore marquée par des faits qui ne déparent pas les annales de la littérature. Indépendamment de l'Ecole du palais, celles des églises et des monastères avaient porté quelques fruits sous les successeurs de Charlemagne. Un concile, tenu en 817 à Aix-la-Chapelle, ordonna la division en deux parts, des écoles cénobiales, qui jusque-là s'étaient ouvertes indistinctement à leurs diverses classes de disciples ou d'auditeurs. Conformément à ces prescriptions nouvelles, l'école *intérieure* des monastères fut réservée exclusivement aux *novices*, tandis qu'une classe *extérieure* et spéciale fut consacrée désormais aux laïques. Cette distinction produisit des effets utiles à l'instruction générale, en augmentant l'importance de cet enseignement *séculier*. En 855, Charles le Chauve établit auprès du monastère de Fleury-sur-Loire une sorte d'école spéciale de ce genre, destinée à l'éducation des jeunes seigneurs. Déjà, en 665, sans parler de l'Ecole du palais mérovingien, un établissement analogue avait été créé à Issoire en Auvergne (1). Une bulle de Jean VIII, datée de 878, fait l'éloge de cette école de Fleury-sur-Loire et la qualifie : *Hospitale nobilium, quod porta appellatur* (2) ; cet *Hospitale nobilium* fut confirmé en l'an 900 par Charles le Simple.

Un autre événement non moins considérable prend place dans les dernières années de ce siècle. Nous voulons parler des tentatives faites par le roi d'Angleterre Alfred pour régénérer les lettres au sein de ses Etats. Lorsqu'en 871 le monarque saxon prit possession de son royaume, il le trouva plongé dans une grande ignorance. A cette époque, selon le témoignage d'un écrit authentique émané de ce prince, on aurait trouvé difficilement, dans cette partie de l'Angleterre qui est située en deçà de l'Humber et à l'ouest de la Tamise, quelques rares clercs capables de comprendre le sens des prières communes, ou de les traduire du latin en langue vulgaire, c'est-à-dire en anglo-saxon ; et lui-même était à peu près illettré. Néanmoins, comprenant tout le prix de l'*instruction*, l'un de ses premiers soins, après avoir reconquis son royaume sur les Danois, fut d'en régénérer les sources dans sa patrie. A l'exemple de Charlemagne, il fit venir des contrées reculées de la Grande-Bretagne, et surtout de la France qui jadis avait fait à l'Angleterre un em-

(1) *Histoire littéraire de la France*, t. III, p. 673.
(2) Cette dénomination de porte indique assez le lieu du monastère où elle était située.

prunt analogue, les hommes les plus renommés par leur savoir. Il se fit enseigner par eux la grammaire, les lettres latines, l'Écriture sainte, en un mot les principales connaissances qui composaient alors le domaine intellectuel. Puis, non content de présenter à l'imitation publique un semblable modèle, il se constitua en quelque sorte le premier précepteur de son peuple en rédigeant divers écrits d'un usage élémentaire aussi bien qu'universel, et mit ainsi le comble aux services rendus par lui à la civilisation, qui ont immortalisé dans l'histoire le souvenir de son règne. Celui d'entre ces savants auxiliaires qu'Alfred appela d'abord à sa cour, paraît avoir été Jean Scot, que nous avons vu dès 871 quitter l'école palatine de Charles le Chauve. Le peu de renseignements qui nous sont restés sur le compte de ce docte personnage nous le représentent doué d'un esprit aigu, subtil, acéré, et d'une âpreté dans la controverse, égale à la puissance de ses facultés et à l'étendue de ses connaissances. Le roi, après avoir été son disciple, lui ouvrit une chaire dans le monastère de Malmesbury. Une tradition confuse rapporte qu'à la suite d'une querelle théologique suscitée par ses doctrines, il aurait été assassiné à coups de *style*, ou de couteau, par ses propres élèves, et qu'il serait mort ainsi, martyr de l'enseignement ou de la foi.

Alfred manda aussi de France, en 883 ou 884, deux clercs qui s'étaient acquis une lointaine réputation par leur science et leur piété. Le premier, nommé Grimbald, avait été élevé dès l'âge de sept ans au monastère de Saint-Bertin, en Artois, dans lequel il parvint aux plus hautes dignités cénobiales. Jeune encore, en passant et France, Alfred avait visité cette abbaye célèbre et avait apprécié par ses yeux le mérite de Grimbald. Devenu roi, il se souvint de lui, et le choisit pour être un des instruments les plus précieux de ses vues sur la régénération intellectuelle de ses compatriotes. L'autre, du nom de Jean, né en Saxe, avait été de même instruit en France et, à ce que l'on croit, au monastère de Corbie. Alfred les éleva l'un et l'autre au rang de chapelains royaux, ou chapelains de sa personne, et leur donna à chacun une grande abbaye. Après s'être également instruit à leurs leçons, il employa leurs lumières et leur science à traduire du latin en saxon plusieurs ouvrages utiles. Selon les auteurs de l'*Histoire littéraire*, ces deux moines firent passer en Bretagne l'usage de la langue française, que les Anglais employèrent dès lors dans les actes publics. Ingulf, abbé de Croyland, en Angleterre, mort en 1109, ajoute qu'à partir de cette époque l'écriture française, ou continentale, enseignée au roi par nos moines bénédictins, commença à prendre faveur et à remplacer les lettres saxonnes.

A ces noms il faut ajouter ceux de saint Néoth, religieux bénédictin et principal conseiller du roi pour ces matières; de Jean et d'Assier, moine de Saint-David ou Davy, le dernier, historien d'Alfred, comblé de

biens par sa munificence et élevé sur le siége de Sherburn; il faut nommer encore Plegmond, archevêque de Cantorbéry; Dunwulf, que le roi, connaisseur en hommes, trouva pâtre de pourceaux et qu'il fit évêque de Worcester; Werebert, on Gerbert, évêque de Chester; Wulfsig, ou Wolfsig, et Athelstan, évêques de Londres, et quelques autres. Tous ces personnages, ainsi que l'indique la physionomie saxonne de leurs noms, étaient nés sur les terres d'Alfred; mais la plupart, et en très-petit nombre, cachés au sein des retraites profondes, avaient échappé comme par miracle aux persécutions des Danois. Les autres ne durent leur élévation qu'à leur mérite, à leur instruction et à leurs propres efforts. Alfred sut les découvrir et les distinguer au fond de leur obscurité; il réunit en faisceau ces forces diverses et parvint, grâce à cette pépinière d'hommes d'élite qu'il avait ainsi formée, à remplir de sujets dignes et capables les évêchés et autres prélatures, qui, au commencement de son règne, étaient la proie de l'ignorance et du *vandalisme*. Le roi, avons-nous dit, se fit lui-même précepteur et auteur. Nous mentionnerons simplement ici pour exemple le *Pastoral de saint Grégoire*, ou guide des ministres de la religion dans la pratique de leur ministère; Alfred le traduisit du latin en saxon, afin de le mettre à la portée de tous. Il y joignit une préface très-intéressante qui nous est restée, et où il expose lui-même ses desseins et ses sentiments sur l'utilité de la science. Par ses ordres, des exemplaires soigneusement revus de cet ouvrage furent adressés à tous les prélats du royaume, afin d'en généraliser l'emploi. Enfin, dans cette même préface, que l'on peut considérer aussi comme un manifeste royal, il déplore la destruction des livres qui jadis ornaient les diverses églises, et préconise leur utilité; il émet, en outre, le vœu que la jeunesse entière, du moins celle des familles aisées, contracte de bonne heure l'habitude de l'étude et reçoive au moins les éléments de l'instruction. Il prescrivit, en conséquence, à tous ceux de ses sujets qui étaient assez favorisés de la fortune, de confier leurs enfants à des précepteurs capables de les instruire, et, à défaut d'enfants, quelques-uns de leurs serviteurs (1).

Tels sont les faits positifs que l'on peut invoquer à preuve des efforts tentés par Alfred le Grand pour la restauration des sciences et des lettres. Comme on le voit, il serait difficile de trouver parmi ces divers actes autre chose que des mesures très-judicieuses, mais en même temps très-générales, en matière d'organisation de l'instruction publique. Peut-être serait-il permis d'ajouter, par conjecture, que, sous l'influence de ces mesures et de ces prescriptions, différentes écoles s'établirent à Oxford. Cette ville, en effet, dès le VIIIe siècle, possédait un établissement religieux sous le titre de *Chapelle de Saint-Frideswide*, à la-

(1) Voy. SPELMAN, *Ælfredi magni vita et opera.* Oxonii, 1698, in-fol.

quelle était sans doute annexée une école ecclésiastique.

Mais cette simplicité ne suffisait pas à la crédulité naïve, ni à l'amour du merveilleux qui dominaient les esprits au moyen âge : aussi y a-t-il loin de ces notions substantielles aux récits fabuleux accrédités pendant plusieurs siècles, qui représentent le monarque saxon dotant et organisant, jusque dans leurs plus petits détails, les universités de l'Angleterre. Il n'est plus même nécessaire aujourd'hui de réfuter ces amplifications, abandonnées depuis longtemps par tous les esprits sérieux.

Alfred mourut en 900. Sous les règnes d'Edouard et Athelstan, héritiers de son trône, mais non de ses éminentes qualités, les Danois envahirent de nouveau l'Angleterre. En 975, sous Edouard le Martyr, et en 1009 sous Ethelred II, la ville d'Oxford subit deux fois le pillage de ces barbares. Canut le Grand, de 1015 à 1036, répara, dit-on, les écoles d'Oxford ; mais elles furent dépouillées par Harold, qui, au rapport de l'historien Leland, « croyait traiter favorablement les écoliers lorsqu'il voulait bien laisser debout les murailles toutes nues de leurs retraites. » Pendant la période qu'embrasse le gouvernement d'Edouard le Confesseur (1042-1046), Oxford reprit quelque souffle et quelque prospérité. Ingulf, abbé de Croyland, déjà cité, raconte que lui-même, après avoir reçu à Westminster, de Londres, les premiers enseignements littéraires, vint se perfectionner à Oxford, où il étudia la rhétorique de Cicéron et la philosophie d'Aristote. Lors de la conquête des Normands, Oxford fut très-maltraité. Le célèbre *Domesday-book*, ou cadastre du pays conquis, nous fait voir qu'en 1086 la population de la ville était réduite à un tiers de ses habitants. On pense qu'Henri Iᵉʳ, troisième fils et deuxième successeur de Guillaume le Conquérant, fut élevé à Oxford ; il est certain qu'il y bâtit un palais, et que Robert White, prélat éminent de son règne, y avait été instruit. Vers 1130, l'école d'Oxford était en pleine décadence : Robert *Pullus* étant venu d'Angleterre se former à l'Université de Paris, revint dans son pays pour la revivifier. Puis il retourna en France, où il continua d'enseigner avec éclat, et obtint le chapeau de cardinal. Incendié en 1141 et abandonné de sa population, Oxford, avant la mort du roi Etienne, survenue en 1154, vit se rouvrir ses écoles. Ces dernières possédaient alors une chaire de droit civil, que remplissait avec distinction un professeur venu d'Italie et nommé Roger Wacarius. La ville, en 1190, disparut dans un nouvel incendie. Lorsque ce sinistre éclata, les maisons où logeaient les écoliers (*houses*) et les salles des cours (*halls*) étaient construites en bois et couvertes de chaume. On employa pour la première fois, à les rebâtir, la pierre, les ferrures et le verre, qui jusque-là n'y avaient point servi. Ces détails peuvent aider à juger du degré de développement ou de richesse auquel était alors par-

venu cet asile de l'instruction, considéré comme institution publique. Richard Cœur de Lion, né à Oxford et mort en 1199, entoura de sa protection la ville où il avait reçu le jour. L'école, au commencement du siècle suivant, avait acquis des proportions imposantes ; car, en 1209, à la suite d'une mutinerie provoquée par le meurtre d'une femme tuée dans une querelle d'étudiants, ces derniers émigrèrent en masse et quittèrent Oxford au nombre de *trois mille*. C'est alors que, selon l'observation des antiquaires et des paléographes, le terme latin d'*universitas* s'appliqua, dans les actes authentiques, à la dénomination de cette classe de citoyens qui formaient une partie notable de la population d'Oxford, et qui avaient été jusque-là désignés sous la simple dénomination de *studium*. Enfin, c'est seulement en 1249 que fut fondé sous le nom de *University-College* le premier et le plus notable des établissements d'instruction dont se compose aujourd'hui encore, avec une constitution tout à fait identique à ce qu'elle était au moyen âge, la célèbre *Université d'Oxford*.

Quant à celle de Cambridge, en 1098, un moine de Saint-Evroul en France, ayant passé le détroit, avec trois religieux de son ordre, débarqua en Angleterre et ouvrit à Cotenham, près de Cambridge, une école qui par la suite donna, dit-on (1), naissance à l'université de cette ville. Le plus ancien des colléges qui la composent, sous le nom de *Saint-Peter's College*, fut érigé en 1257.

Au Xᵉ siècle, s'ouvre, ainsi que nous l'avons indiqué, pour l'Europe, une des plus importantes périodes de son histoire : cette période commence par de violentes perturbations, accompagnées d'une manifeste décadence, et se termine, après un laborieux enfantement, par la constitution définitive des grands Etats modernes. Deux causes principales peuvent être assignées aux événements tumultueux, et par suite à l'obscurcissement des lumières intellectuelles, qui marquent la première partie de cet intervalle : 1° les nouvelles irruptions de races conquérantes ; 2° l'appréhension singulière, mais universelle, qui se répandit alors dans les esprits, et qui, fondée sur l'interprétation d'un passage de l'Apocalypse de saint Jean, annonçait pour l'an 1000 la consommation des temps et la fin du monde. Cette seconde cause, purement imaginaire, devait se dissiper d'elle-même avec le démenti de la Providence ; nous devons donc seulement nous arrêter à la première.

La chrétienté, au Xᵉ siècle, se vit, en effet, menacée de nouveau dans son existence et comme cernée, à la fois, par la triple invasion : des Normands au nord, des Hongrois à l'est, et des Arabes au midi. A la suite d'une lutte terrible, mais relativement peu prolongée, les Normands et les Hongrois, nations vierges et barbares, finirent par se fixer, en fondant les Etats qui reçurent leurs noms, et par s'absorber dans

(1) Dom. RIVET, *Hist. litt. de la France*, t. VII p. 711.

la masse de la société chrétienne. Il n'en fut point ainsi des Arabes, ennemis non moins redoutables, et, de plus, appuyés sur la double force que leur communiquaient leur civilisation et leur zèle religieux. Pendant plus de sept cents années, si l'on compte seulement à partir des premières irruptions de ce peuple, jusqu'à la complète expulsion des princes musulmans hors du territoire espagnol (709-1492), deux religions hostiles, deux grandes portions de l'humanité, se trouvèrent aux prises, à travers des phases diverses, mais dans le contact étroit d'une sorte de duel plus ou moins acharné. Cette lutte, à proprement parler, vient seulement de finir, et c'est à peine si l'Europe, sortie victorieuse de cette longue étreinte, commence à abjurer les derniers de ces ressentiments passionnés, de ces préventions mêlées d'erreurs, qui survivent longtemps encore à de telles inimitiés. Depuis deux siècles, il est vrai, les immenses et admirables travaux des orientalistes ont jeté une vive lumière sur cette face de l'histoire; et ces travaux ne sont pas la moindre aspect des conquêtes opérées par la science moderne. Cependant les résultats qu'elles ont produits n'ont guère franchi, jusqu'à ce jour, le cercle nécessairement borné d'une érudition spéciale, et ne s'assimilent que lentement, parmi nous, au domaine commun des connaissances usuelles. Il n'entre pas dans le cadre qui nous est prescrit d'embrasser la vaste étendue de cette matière. Aux notions générales que nous avons déjà présentées sur ce point, nous devons nous borner à ajouter quelques nouveaux renseignements, propres à faire connaître l'influence exercée par les musulmans sur la restauration et les progrès de l'Instruction publique en Europe.

Le caractère le plus remarquable, qui frappe tout d'abord lorsque l'on observe l'histoire des peuples de l'Islam et le développement de leur civilisation, c'est celui de la *rapidité*. Les lois de la nature paraissent avoir circonscrit la vie physique de la femme d'Orient entre les limites d'une jeunesse précoce et d'une vieillesse non moins hâtive: il semble que la Providence ait assigné à la principale race orientale les mêmes conditions d'existence. Lorsqu'au viiie siècle de notre ère les Arabes ou Sarrasins envahirent, presque simultanément, la péninsule ibérique et les frontières méridionales de la Gaule, les hordes impétueuses qui composaient leurs armées, mélangées d'aventuriers de tous pays, asiatiques, africains; formées d'idolâtres, de sabéens, de juifs et même de chrétiens, échappaient à peine à la barbarie (1). Fixés de bonne heure en Espagne, où ils devaient fonder leur principal établissement européen, ils s'y trouvèrent en présence de la civilisation et des lumières qu'y avaient apportées les Goths, alors maîtres

du territoire. Tout en implantant dans ces contrées, par la force des armes, l'étendard du prophète et le siége de leur autorité, ils s'inclinèrent, jusqu'à un certain point, devant cette supériorité de l'intelligence, et ne tardèrent pas à s'en approprier les avantages. On les vit promptement s'initier aux connaissances des autochthones, dont ils respectèrent le culte, et qui, sous le nom de *Mozarabes*, conservèrent longtemps, au sein même de l'islamisme, le levain de la foi chrétienne et le feu sacré de l'indépendance. Ils en usèrent de même à l'égard des Grecs de Constantinople, leurs alliés; des Normands et des Germains, qu'ils rencontrèrent en Sicile; des Indous, des Chinois; en un mot, de tous les peuples avec lesquels ils communiquèrent sur les divers points du globe. Bientôt les sciences, les arts, la prospérité des nouveaux conquérants eurent éclipsé ceux des États les plus avancés de l'Occident. Au xe siècle, sous le règne d'Abd-er-Rhâman III (913-961), cette splendeur était parvenue à son apogée. Or, cette même époque est précisément celle où nous voyons décroître d'une manière si sensible la civilisation de la chrétienté. Sous Al-Hâkem II, fils du précédent, et sous quelques-uns de ses successeurs immédiats, cette grandeur ne subit aucune déchéance. L'Espagne, couverte d'une innombrable population à la fois guerrière et industrieuse, était alors plus riche et plus puissante qu'elle ne le fut jamais depuis, à l'exception peut-être du règne de Charles-Quint. Almeria, Badajoz, Cordoue, Grenade, Guadalaxara, Murcie, Séville, Tolède, Valence, Xativa, possédaient de nombreuses et florissantes écoles dont l'éclat se répandait jusqu'aux limites extrêmes de l'Europe et de l'Orient. Cordoue, capitale des États musulmans, comptait dans son enceinte quatre-vingts écoles publiques. L'Espagne avait soixante-dix bibliothèques, et celle de Cordoue, à elle seule, était riche de plus de six cent mille volumes. Hixem Ier, roi ou kalife de Cordoue, mort en 796, le même qui acheva la célèbre mosquée de cette ville, aujourd'hui cathédrale, et si connue de tous les amateurs des arts, fonda les premiers de ces établissements d'instruction, à l'instar de ceux qui existaient en Orient. On y enseignait la langue arabe, qu'il fit apprendre aux chrétiens et qu'il substitua de la sorte au latin que parlaient les Goths de la Péninsule (1). Après lui, Abd-er-Rhâman II, vers 824, confiait l'éducation de ses fils à l'un de ses sujets, Yahie-el-Laïti, qui était allé en Orient se former aux leçons d'un savant maître, et qui à son tour s'acquit par ses lumières une immense renommée. Il fit également venir de l'Irak un habile musicien, Ali-ben-Zériab. Celui-ci établit à Cordoue une école de chant, qui ne tarda pas à égaler celles de la Perse. Abd-er-Rhâman III, Al-Hâkem II, mort en 976, Muhamed-al-Mansour (ou Almanzor), *hagib* (chambellan) et pre-

---

(1) Voir à ce sujet l'ouvrage de M. Reinaud, *Invasions des Sarrasins en France*, etc. Paris 1836 in-8°, p. 229 et suiv.

(1) MARLÈS, *Hist. de la domination des Maures en Espagne*. Paris, 1825, in-8°, t. I, p. 267.

mier ministre de Hixem II (976-1001), et d'autres encore, étendirent constamment la protection la plus efficace et la plus libérale sur les sciences et les lettres, et plusieurs d'entre eux les cultivèrent eux-mêmes avec succès. Ces écoles multipliées embrassaient le cercle d'études le plus étendu et le plus varié : la théologie, la grammaire, la poésie, la philosophie, la médecine, l'astronomie, en formaient les principales divisions. Les historiens européens et les érudits les plus versés dans la connaissance de l'Orient les désignent sous les noms d'*universités* et de *collèges*. L'instruction y était partagée en deux classes, et les grades s'obtenaient au moyen de thèses. Plusieurs auteurs ont exprimé l'opinion que nos plus anciens règlements classiques avaient tiré de là leur origine (1).

Indépendamment de ces institutions usuelles, les princes musulmans avaient fondé des *académies* au sein de leurs palais ou dans les principales villes de leur empire, et présidaient souvent ces doctes réunions, auxquelles prenaient part les hommes les plus instruits et les premiers personnages de leur cour. Sous le règne d'Al-Hakem II, on citait surtout celle de Tolède, dont le savant Ahmed-ben-Saïd-el-Ansari était le fondateur. « Quarante savants de Tolède, de Calatrava et des lieux voisins s'assemblaient chez lui tous les ans, pendant les mois de novembre, de décembre et de janvier. Ahmed leur avait destiné un grand salon dont le pavé était couvert de tapis de laine et de soie, et de coussins de la même matière. Les murailles étaient également tendues d'étoffes artistement travaillées. Au milieu de l'appartement s'élevait un grand poële, autour duquel ils s'asseyaient. A l'ouverture de la séance, on faisait la lecture de quelque chapitre du Coran, qui devenait le texte des conférences. Ensuite on lisait des vers, ou on traitait de quelque objet scientifique ; cela terminé, on leur distribuait des parfums et des aromes, et on leur donnait à laver avec de l'eau de rose, puis on leur servait un repas abondant (2). »

Pour terminer par l'un des traits les plus remarquables qui puissent servir à caractériser le développement libéral auquel étaient alors parvenues, sous ce rapport, les mœurs et la civilisation de ce peuple, des femmes même cultivaient publiquement et avec un grand succès les études littéraires. Nous nous en tiendrons à citer, comme exemples, les noms de Lobna, dont les connaissances étaient si étendues, que le roi Al-Hakem II lui avait confié le soin de sa correspondance particulière ; de Mariêm, fille du savant Abou-Iacoub, qui professait à Séville un cours pu-

blic de poésie et de littérature ; Redihya, surnommée aussi *l'Heureuse-Etoile*, qui faisait par ses vers l'admiration de son siècle et qui parcourut l'Orient, recueillant partout les hommages et les présents ; et enfin Sobeica, femme du même Al-Hakem, qui, après avoir été associée, du vivant de ce prince, au maniement des plus grandes affaires, obtint après sa mort la régence de l'Etat avec la tutelle de son fils, et marqua par son administration l'une des périodes les plus glorieuses et les plus brillantes de cet empire (1).

On ne tarda pas à reconnaître cette supériorité scientifique. « De toutes parts, dit un historien moderne, les élèves accoururent à leurs écoles. Philosophes, poëtes, architectes, médecins, astronomes, tout ce qui, dans la chrétienté, cultivait le champ de l'intelligence, allait demander leur secret aux Arabes. Toute une face de notre civilisation a été marquée à ce coin (2). » En 960, Sanche, prince de Léon, atteint d'une maladie réputée incurable, demanda un sauf-conduit au kalife de Cordoue, Abd-er-Rhâman III, et se rendit dans cette capitale pour y consulter les médecins arabes. Le prince trouva auprès d'eux l'accueil le plus hospitalier, accompagné de tous les secours qu'il en attendait, et publia toute sa vie le témoignage de sa reconnaissance (3). Vers la même époque, un moine de l'Auvergne nommé Gerbert, avide d'instruction, passa les Pyrénées pour étudier aux universités moresques. Il y acquit une telle science, que, de retour dans sa patrie, il restaura les études et qu'il émerveilla la chrétienté tout entière, à la tête de laquelle il ne tarda pas à être placé comme pape, sous le nom de Sylvestre II. En butte à de nombreuses et puissantes inimitiés, Gerbert dut surtout cette élévation suprême à la renommée exorbitante de savoir qu'il s'était faite, et qui lui valut en outre d'être mis au rang des sorciers. A peu près dans le même temps, c'est-à-dire vers 890, selon quelques chroniqueurs espagnols, le roi des Asturies, Alphonse le Grand, ne trouvant point parmi les chrétiens d'homme assez éclairé pour lui confier l'éducation de son fils et héritier présomptif, avait fait venir de Cordoue deux Sarrasins qui lui servirent de précepteurs. Le savant M. Reinaud, qui a recueilli ce fait, le rapproche avec raison de cette autre donnée, fournie par le roman des *Enfants de Charlemagne* où l'on suppose que ce prince, destiné à régénérer les sciences dans son empire, alla, jeune encore, puiser aux sources de l'ins-

(1) Voir sur les Universités musulmanes d'Orient et d'Espagne les ouvrages suivants : H. Middendorf, *Commentatio de institutis litterariis*, etc. Gœtting. 1810, in-4°. — Wustenfeld, *Die Academien der Araber und ihre Lehrer*; Gœtting, 1837, in-8°. — Casiri, *Biblioth. arab.-hisp. Escurial* 2 vol. in-fol. — Libri, *Hist. des sc. math.*, etc., t. I, p. 136 et *passim*.

(2) Marlès, *Hist. de la dom.*, etc., t. I, p. 490.

(1) Marlès, *ibid.*, et t. II, p. 1 et suiv. Conde, *Historia de la dominacion de los Arabes en España*, etc., *passim. Statistique monumentale de Paris*; Saint-Germain-des-Prés, pl. XIV.

(2) *Hist. des Mudejares et des Morisques d'Espagne*, etc., par M. le comte Alb. de Circourt. Paris, 1846, in-8°, t. I, p. 55.

(3) On trouve un autre fait analogue dans l'écrivain arabe Maccary. Mss. de la Bibl. nat. franc. arab, n° 704, fol. 96. Voy. Reinaud, *Invas. des Sarasins*, p. 293.

truction chez les Sarrasins (1). Les rois chrétiens de Sicile des diverses dynasties et les peuples vainqueurs des Arabes subirent tous à un haut degré l'ascendant des mœurs et des sciences musulmanes. Roger Ier, de la race normande, et les deux Frédérics, de la maison de Hohenstaufen, accueillirent à leur cour et traitèrent avec les plus grands égards les savants arabes, que déjà les kalifes d'Orient commençaient à persécuter. L'un des traités les plus utiles à la connaissance de l'histoire orientale, la géographie d'Edrisi, fut appelé le *Livre de Roger*, en témoignage de la dédicace de l'auteur, acceptée par ce prince. Pierre Diacre et d'autres historiens de l'Italie attribuent la fondation, ou le commencement de la renommée, de la fameuse école médicale de Salerne, à un Africain du nom de Constantin, qui, dans le cours du XIe siècle, après trente-neuf années de voyages et d'études en Orient, aurait été reçu honorablement par le duc Robert et aurait formé autour de lui une première génération de savants élèves.

Sous le rapport de l'industrie et des arts, qui offrent aussi un certain aspect du *savoir* humain, l'influence des Arabes sur les chrétiens est encore plus manifeste. Nous avons indiqué rapidement les principales notions usuelles dont les Européens furent redevables à leur contact avec les musulmans par les croisades. Jusqu'à l'époque de ces grandes expéditions, la soie et les autres étoffes les plus précieuses provenaient presque exclusivement de l'Orient. On peut citer, parmi les monuments les plus remarquables qui en font foi, les admirables tissus, jadis conservés à Chartres et ailleurs, sous les noms de *chemises* et de *voiles de la Vierge* (2). Une mention spéciale est due aux divers objets connus sous le nom d'*ornements du saint Empire romain*, qui composaient autrefois le trésor de Nuremberg, et qui ont servi jusqu'à ces derniers temps aux couronnements des empereurs d'Autriche (3).

Il est constant que l'arc ogive, le trèfle et autres combinaisons de lignes employées à l'ouverture des baies, qui ont joué un si grand rôle comme éléments architectoniques dans les constructions religieuses du moyen âge, ont été pratiqués de tout temps par les artistes orientaux, et notamment dans les merveilleux ouvrages de leurs mains que l'Espagne (4) et la Sicile offrent encore aujourd'hui aux regards des touristes. Un de nos architectes les plus distingués, M. Hittorf, qui joint à une pratique habile des connaissances étendues en ce qui concerne l'histoire de son art, s'est attaché à prouver, par des recherches savantes et des considérations à nos yeux très-plausibles, que le goût et l'application de ces éléments ont été communiqués aux chrétiens par l'exemple et les leçons de ces artistes, établis sur le territoire de l'Europe (1). Un autre archéologue non moins éminent, M. Adrien de Longpérier, conservateur des antiques au Musée du Louvre, dans une série de piquants mémoires, a signalé, avec une ingénieuse sagacité, de nombreux monuments empruntés au domaine des arts secondaires, et principalement de l'ornementation, exécutés, surtout du XIe au XVIe siècle, par des artistes chrétiens, et copiés ou imités de modèles arabes (2). La particularité la plus remarquable que présentent ces imitations consiste dans la reproduction, la plupart du temps incomprise, des bordures si gracieuses, formées de légendes arabes, qui contenaient souvent les formules religieuses de l'islamisme, et que l'on retrouve ainsi sur des meubles et des étoffes ayant servi jadis au culte catholique (3). Tel est, entre beaucoup d'autres, un tissu d'étoffe blanche, brodée en soie de couleur, tiré de l'église du Vernet (Pyrénées-Orientales), dans lequel on avait autrefois enveloppé les reliques de saint Saturnin, et qui présente cette inscription : *El moulk Illah* (la puissance est à *Allah* [à Dieu]).

Il est bon d'observer toutefois que, dans les premiers siècles de l'établissement des musulmans en Europe, l'éloignement, la difficulté des voyages, la différence des langues et, enfin, les antipathies de race et de religion opposèrent à ces communications de grands obstacles. Voilà les motifs aux-

(1) *Ibid.* 315. Le roman de Charlemagne (ms. de la Bibl. Nat., 7188) a pour auteur Girard d'Amiens, qui écrivait au commencement du XIVe siècle et qui a consigné dans cet ouvrage les traditions populaires acceptées de son temps.

(2) Voy. *Monuments français inédits*, de Willemin, planches 15, 16, etc.; et les pages 9, 10, 68 et *passim*.

(3) Ils ont été décrits et publiés par Ebner, d'Eschenbach, et gravés par Deschenbach (Nuremberg, en 1790, avec 12 planches in-fol.), et reproduits en français par divers auteurs.

(4) Voy. GIRAULT DE PRANGEY, *Monuments arabes et moresques de Cordoue, Séville et Grenade*. Paris, 1832 et 1833, in-fol.

(1) *Congrès historique européen*, 1836, in-8°, t. II, p. 388. HITTORF ET ZANTH, *Architecture moderne de la Sicile*. Paris, 1830-1835, in-fol. Introduction et planches 54 et 74.

(2) *Description de quelques monuments émaillés du moyen âge*, 1842, in-8°. *Revue archéologique*, in-8°, t. II, III et suiv.

(3) Les recherches de M. de Longpérier ont soulevé des contestations, ou plutôt des répugnances, causées par un zèle, selon nous, mal éclairé. (Voy. *Revue archéologique*, 1846, t. III, p. 408 et suiv.). Les véritables *dogmes religieux*, et ce qui mérite à juste titre d'être appelé les vérités fondamentales du Christianisme, n'ont rien à craindre d'une étude attentive, ni même d'une appréciation sympathique des œuvres d'art qu'ont inspirées l'islamisme ou les diverses religions de l'Orient; car ces dernières ont proclamé et mis en lumière, souvent avec un éclat particulier, différents aspects de ces mêmes dogmes. C'est pour avoir méconnu cette profonde communauté de certains principes essentiels et s'être arrêtée à des différences extérieures, que l'Europe du moyen âge s'est évertuée en actes hostiles, en disputes et en efforts aussi douloureux qu'impuissants : nous avons essayé déjà de le montrer ailleurs par un autre exemple. (*Etudes sur le théâtre indien*, *Revue indépendante* du 10 décembre 1845, p. 386 et suiv.)

quels il faut sans doute attribuer le peu de détails précis et nettement déterminés qui nous sont parvenus à cet égard. C'est seulement plus tard, vers le xii° siècle, ainsi que nous le montrons en traitant du développement des diverses branches d'études, que ces communications devinrent plus actives, et que les sciences naissantes reçurent visiblement le sceau de l'influence arabe. Mais un fait que nous devrions établir dès à présent, c'est que le dépôt des connaissances, après avoir été conservé presque entièrement entre les mains des chrétiens, fut recueilli et augmenté par les mahométans, et que ceux-ci restituèrent à l'Europe, si ce n'est les institutions mêmes de l'enseignement public, au moins et à coup sûr les principales notions que l'enseignement propage.

Cette transmission s'opéra surtout par l'intermédiaire d'une autre race, qui mérite aussi une mention spéciale : nous voulons parler des Juifs répandus alors, comme de tout temps, sur la surface du globe, et notamment en Orient et en Espagne. Leur contact avec les habitants de ces florissantes contrées, aussi bien que des vues intelligentes tirées de leur propre intérêt, les avait déterminés de bonne heure à s'initier dans la culture des sciences et des lettres. Ils s'adonnaient particulièrement à l'étude de la philosophie, de l'astronomie, et plus encore de la médecine. Nous avons vu plus haut que, sous le règne de Charlemagne, ils étaient à peu près seuls en possession d'exercer cette dernière science. L'histoire a plus spécialement conservé le souvenir du juif Sédécias, médecin de Charles le Chauve. La plupart des souverains de l'Europe, à la même époque, avaient également des Juifs attachés à leurs personnes en qualité de médecins ou d'astrologues (1).

Chez les Israélites, les fonctionnaires suprêmes de la nation, dépositaires de la loi sacrée, l'étaient aussi de l'Instruction publique. Au ixe siècle, ils possédaient en Perse de savantes académies. En 948, l'un des maîtres les plus célèbres de ces contrées, David Mosel, échappé aux persécutions des souverains de la Perse, débarqua en Andalousie. Sa réputation comme savant lui mérita le bienveillant accueil du kalife Al-Hakem, qui protégeait les études partout où il les voyait cultivées; elle le fit également élire par ses coreligionnaires grand juge et chef de l'instruction mosaïque à Cordoue. Bientôt les écoles juives se multiplièrent à Grenade, à Tolède, à Barcelone, et passèrent les Pyrénées. Du xe au xiie siècle, cette organisation valut aux Juifs une certaine prépondérance et une importance politique marquée parmi les populations attachées à d'autres croyances, au milieu desquelles ils étaient dispersés. Un docteur juif, Aben Zoar, fut le maître d'Averroës, qui, dans ses écrits, rend hommage à ses lumières et se reconnaît son disciple. Les nombreuses sy-

nagogues qu'ils avaient fondées en France, en Italie, dans tout le midi de l'Europe, entretenaient une active correspondance à l'aide de voyageurs qui servaient à la fois de missionnaires aux intérêts du commerce et à ceux de la science. L'un des plus savants et des plus illustres d'entre eux fut Benjamin de Tudela, né en Navarre, qui mourut vers 1173, après avoir parcouru les principales régions du monde civilisé, et qui nous a laissé, sous le titre d'*Itinéraire*, un livre plein de renseignements des plus précieux. On peut ajouter à ce nom ceux de Sabtaï Datelo, Salomon Jarchi, Juda Cohen, Moïse de Kotzi, Petachia de Ratisbonne, et surtout celui de Savasorda. Ce dernier composa, vers le xiie siècle, un ouvrage de géométrie qui paraît avoir été, en partie du moins, le guide de l'Italien Fibonacci, l'un des écrivains qui contribuèrent le plus à la restauration des sciences mathématiques parmi les modernes. A cette époque, et avant les chrétiens, les Juifs avaient traduit de l'arabe ou du grec, en hébreu et en latin, des traités de première importance sur les diverses notions qu'avait cultivées l'antiquité, et qui, anéanties en Occident, avaient été recueillies par les Arabes. Du vivant de Benjamin de Tudela, et selon son témoignage, le pape lui-même, à l'instar de plusieurs autres princes, avait pour trésorier ou intendant des finances un rabbin nommé Jéhul; et l'on attribue à l'influente protection de cet homme de cour le maintien d'une académie juive, qui subsistait alors en pleine Rome. A Lunel, en France, il y avait, à la même époque, une école publique où l'on entretenait, aux frais de la communauté judaïque, de jeunes disciples qui venaient s'y instruire dans l'étude de l'Ecriture sainte (1). Les Juifs, dans le même temps, enseignaient publiquement la médecine à Montpellier. Il n'est point invraisemblable, selon quelques auteurs, quoique cette conjecture ne s'appuie sur aucun fait prouvé, que l'Université de Montpellier, érigée par le comte Guillaume, en 1180, ait puisé là son origine.

Il nous reste, pour terminer cette longue excursion, à fixer quelques instants notre attention sur l'Italie. L'Italie, pendant la période qui nous occupe, n'échappa nullement à cette phase de trouble et d'ignorance que nous avons signalée comme ayant enveloppé l'Europe entière. Après la mort de Charlemagne, elle expia chèrement les bienfaits éphémères de sa domination, par le joug oppresseur des princes de race germanique. L'énergique gouvernement de Grégoire VII (1073-1085), le plus grand des pontifes qui occupèrent le Saint-Siége, dans cet âge héroïque de la papauté, ne fonda point seulement la puissance et la discipline de l'Eglise, il contribua puissamment aussi à délivrer l'Italie des maux qu'elle subissait, en proie à la féodalité, à l'anarchie ou à l'oppression étrangère. Ce fut lui qui, en reconstituant la papauté, mit un terme à cette dé-

(1) *Le Moyen Age et la Renaissance*, article Juifs, fol. 5.

(1) Depping, *Les Juifs dans le moyen âge*, Paris, impr. roy., 1834, in-8°, p. 66, 67, 99, 158 et 159.

plorable situation de la péninsule , et prépara (à défaut d'une grande et forte unité, à laquelle cette belle contrée devait si tardivement aspirer) la féconde émulation du système municipal et cet âge d'une civilisation si florissante, que rappelle le seul nom des républiques italiennes. A ce titre, l'illustre charpentier de Soano mérite que l'histoire inscrive son nom à côté de ceux de Charlemagne et d'Alfred le Grand , dans les fastes littéraires; car il détermina d'une manière incontestable , le mouvement qui, sous toutes les faces, allait régénérer sa patrie. Il n'est pas douteux en effet, que la création des principales Universités d'Italie a été l'un des produits de cette généreuse rivalité de ses jeunes républiques. Une grande incertitude nous dérobe la notion précise de la date à laquelle il faut rapporter la naissance de ces intéressantes institutions. Les plus anciennes sont certainement celles de Salerne et de Bologne. Nous avons déjà dit quelques mots sur les commencements de la première de ces écoles, qui fournit à l'Europe des médecins renommés et dont l'origine se perd dans la triple source romaine, grecque et arabe. Toutefois, ce fut seulement de 1250 à 1254 que Conrad, fils de Frédéric II, la constitua en corps et lui donna des priviléges authentiques (1).

Considérée sous ce dernier point de vue, tout porte à croire qu'elle fut devancée par celle de Bologne. Dès le commencement du XIIe siècle, les docteurs-légistes de cette ville occupaient une place notable dans l'existence politique de la cité; les empereurs et leurs hautes parties contendantes invoquaient, dans leurs nombreux différends, l'opinion de ces jurisconsultes, et leur suffrage n'était pas sans influence pour la décision des plus graves affaires. En 1123, ils composaient exclusivement le *conseil de créance*, l'une des trois assemblées suprêmes de l'État de Bologne; ils étaient, en outre, éligibles à l'une des deux autres (2). Un docteur venu de l'autre côté des monts, Irnerius ou Vernerius, expliquait à Bologne, en 1137, au milieu d'une immense affluence, les *Pandectes*, que lui-même avait récemment découvertes ou restituées. Cet Irnerius a laissé, dans l'histoire littéraire de cette époque, une trace mémorable, et c'est à lui que l'on attribue l'introduction des grades universitaires (3). Après l'incendie de 1150, lorsque Bologne renaquit de ses cendres, son école acquit, ainsi que la ville, une splendeur nouvelle. C'est alors que Gratian, *moine noir* de Bologne, ou religieux de Saint-Félix, réunit le corps de canons qui, sous le nom de *Décret* ou *Décrétales*, devint une des principales sources du droit public au moyen âge. Il est constant que la république de Bologne entretenait dès lors à ses frais divers docteurs

(1) *Martène* et *Durand*, *Amplissima collectio*, etc., in-fol., t. II, col. 1208.
(2) *Consiglio di Credenza*. *Ghirardacci*, *Storia di Bologna*, 1596, in-fol., lib. II, p. 64.
3) Libri, *Hist. des sc. math. en Italie*, II, 92.

et professeurs publics, tant de droit que de théologie, et que les élèves formés à leurs leçons entraient en possession des plus hautes charges de l'Eglise et de l'Etat. Enfin, au mois de novembre 1158, l'empereur Frédéric Barberousse, par une bulle ou diplôme accordé à la sollicitation des docteurs, compléta l'existence légale de cette *Université*, en assurant à tous ses membres une juridiction exceptionnelle, accompagnée de plusieurs autres priviléges (1).

Il conviendrait maintenant de regagner enfin la France et de reprendre les choses au point où nous les y avons laissées, mais obligé de nous renfermer dans ces limites, nous ne pouvons qu'ajouter que de nos jours le haut clergé de France surtout est appelé à exercer la plus salutaire influence sur l'éducation publique.

Nous avons cherché, dans les deux premières parties de cet article, à discerner et à éclairer autant que possible, parmi les origines confuses et multipliées de l'instruction publique, une suite de faits se rapportant à un enseignement distinct, émané de l'autorité souveraine et se rattachant ainsi à l'unité du pouvoir suprême. Profitant des progrès de la science et de doctes travaux auxquels nous nous sommes empressé de rendre hommage, nous avons essayé de montrer cet enseignement, né en France au sein de la cour mérovingienne, d'abord nomade avec le siége de la monarchie, et fixé tantôt à Paris, tantôt ailleurs, jusqu'aux successeurs de Charlemagne, qui rendirent, d'une manière à peu près définitive, à cette ville le titre de capitale.

**HISTOIRE** *(Des diverses manières de considérer et d'écrire l'histoire)*. — Chaque siècle, chaque nation a des exigences diverses, avec des idées, des goûts et des besoins différents; l'histoire, qui convenait aux Romains de la république, ne convenait plus à ceux du siècle d'Auguste, et celle que supportait le peuple de Louis XV ne peut convenir à un peuple accoutumé à entendre la vérité simple et nue, à un peuple éclairé par la liberté de la presse : aussi avons-nous des millions d'historiens anciens et modernes, et tous nous représentent, sous un aspect différent, les mêmes époques et les mêmes événements. Les noms ne manquèrent pas à ces diverses histoires : légendes, fastes, annales, chroniques, commentaires, mémoires, vies, relations, anecdotes, tableaux, archives, nous avons de tout cela en abondance; et avec tant de richesses, l'homme éclairé et consciencieux, le véritable historien, a toutes les peines du monde à découvrir la vérité. Cette vérité se cache, et se cache si bien, qu'on est forcé parfois d'aller la chercher dans des ballades, des fabliaux, des chansons, et que certains monuments, qui nous paraissent maintenant les seuls authentiques, sont restés inaperçus, ou ont été dédaignés par six ou huit générations d'historiens.

Les systèmes ont varié comme les noms;

(1) *Storia di Bologna*, p. 77 et 81.

tél écrivain célèbre nous dit que l'esprit humain ne peut se faire aucune idée des choses lointaines, car il les juge sur les choses connues et présentes. Toute histoire qui n'est pas contemporaine est suspecte, ajoute un second. D'après un autre, l'historien ne peut être contemporain, car il *marche à travers les flammes*, ou doit être partial; et c'est là, dit-il, un des plus tristes apanages de l'humanité. Choisissez donc alors!..... Ce n'est pas tout: arrive un quatrième, philosophe aussi, qui, conciliant ces deux opinions, avance très-sérieusement qu'il n'y a d'histoire véritable que celle que le Saint-Esprit a dictée; les faits anciens, on les ignore; les faits récents ne doivent pas être publiés sans altération.....

Après cela, il n'y aurait, ce semble, qu'à brûler les plus respectables in-folios et à briser sa plume... Toutefois rassurons-nous, et à l'autorité de Vico, de Pascal, de Massias et de Patrizzi, opposons celle du xixe siècle, vieux d'expérience, plus consciencieux surtout que ses prédécesseurs; et croyons, avec lui, que lorsqu'on s'est initié dans le secret d'un peuple par des hommes qui, en le partageant, l'ont médité et éclairci, on peut écrire et être lu avec confiance.

Il est une autre question non moins importante : L'histoire est-elle utile ?

Le bonheur est le but politique des nations, comme il est le but moral de l'homme. Les leçons de l'expérience offrent aux peuples, comme aux rois, les meilleurs moyens d'y parvenir : l'histoire aide l'expérience, en faisant connaître les fautes des siècles écoulés et les malheurs qui en ont été la suite; nous croyons donc son utilité bien grande. Elle peut le devenir plus encore, par la manière dont l'écrivain l'a conçue.

L'histoire est une science morale; elle a suivi les phases de la civilisation, et n'a pu être que ce que l'ont voulu les peuples.

Les premières histoires furent poétiques ou religieuses; elles devinrent, plus tard, héroïques, sans abandonner la poésie, qui, embellissant tout, a souvent faussé nos idées sur la civilisation antique. Les héros de l'Iliade pourraient bien n'être pas tout à fait ce que Homère nous en dit, pas plus que les bergers de notre Florian, et les sauvages du chantre des Natchez.

Le surnaturel est le besoin des premiers peuples, et leurs historiens s'accommodent nécessairement à ce besoin; l'imagination crée avec la mémoire, et des œuvres ainsi conçues, répétées ou copiées par d'autres poètes et d'autres écrivains, traversent les siècles jusqu'au moment où l'homme, plus instruit, plus rationnel, ne les accepte que comme fiction et les repousse comme histoire. Cette époque était arrivée depuis longtemps, lorsque la ville des Césars, étendant par tout le globe sa puissance militaire, dut avoir ses historiens, des historiens guerriers comme elle, et comme elle admirateurs de la liberté et de la gloire acquise dans les camps.

Quelle est, en effet, l'histoire des anciens?

des faits vrais ou faux, mais empreints d'un grand caractère, de l'éloquence et de la gravité; des harangues étincelantes de style, une généreuse indignation contre le crime, et des malédictions sur les tyrans, entremêlées de louanges pour les héros morts.

Voilà le résumé des belles pages de Tite-Live et de Tacite; nous prendrons, avec Polybe, de longues leçons de stratégie, et d'archéologie avec Denys d'Halicarnasse, mais c'est presque tout.

« La philosophie de l'histoire fut ignorée « des anciens et devait l'être, car ils n'a- « vaient point assez vu pour être importunés « de la fatigante mobilité du spectacle. » On chercherait vainement, dans leurs ouvrages, des vues philosophiques sur les causes premières des événements et les rapports secrets qui les lient. Cette agitation intérieure qui demande à connaître, ces idées de philanthropie, qui percent dans nos écrivains modernes, leur sont entièrement inconnues; c'est que les besoins ont changé avec les siècles; elles sont inconnues aussi à ces chroniqueurs du moyen âge, pour qui les dates sont si importantes, et dont l'histoire, parfois naïve, n'est souvent qu'un almanach où seraient consignés les éphémérides de chaque jour..... Mais les siècles ont marché, et avec eux les lumières et la philosophie. Le froid égoïsme a fait place à toutes les vues généreuses; et alors, alors seulement, une doctrine s'est élevée, vaste comme la pensée de l'homme, brillante comme l'espérance : la perfectibilité humaine! elle est sortie des enseignements du christianisme pour répandre sur la terre ses rayons bienfaiteurs; elle a fait connaître à l'homme sa puissance et le but de sa vie..... Elle lui a inspiré le désir d'adoucir le sort de ses semblables, et cette idée féconde, qui a refait la philosophie, s'est aussi manifestée dans l'histoire moderne. Mais cette histoire, telle que l'exige notre siècle, il est encore diverses manières de la considérer et de l'écrire.

Deux systèmes ont prévalu; mais autour d'eux se groupent des nuances infinies; car, à part le système qu'il a adopté, l'historien est lui; il ne peut abdiquer ses idées pour se conformer en tout au type qu'il a choisi. Parlons d'abord de l'école purement narrative.

Son but, très-louable sans doute, a été de mettre sous les yeux du lecteur la vérité sans formes dramatiques, sans réflexions, sans embellissements d'aucun genre. Ce système, vous le voyez, tient encore des chroniques. S'il n'en a pas le mérite, dis-je, il en a tous les défauts, et ils sont nombreux. A côté des faits matériels, il est dans l'histoire des faits moraux que l'historien aperçoit et qu'il doit communiquer, s'il veut que son œuvre soit profitable. Les lambeaux épars qu'il a recueillis dans de longues veilles ont un sens, pour lui, qu'ils ne peuvent avoir pour le lecteur, qui n'en fait pas son étude spéciale. Il peut, me dira-t-on, coordonner ces faits de telle façon, que la vérité morale

en ressorte ; mais alors il sort de son système et souvent du vrai, car, dès qu'il y a de l'art dans la composition, il n'y a pas plus de vrai que de naïveté. Cette manière d'écrire l'histoire est plus appropriée à une courte période, à l'histoire d'un siècle ou d'un règne que l'on veut, si je puis m'exprimer ainsi, reconstruire à neuf avec ses vieux matériaux.

Examinons les principes d'une autre école, et, pour cela, remontons au xviii° siècle qui l'a créée. Celle-ci a pour but d'expliquer les événements par des lois morales, providentielles, qui, planant sur les âges, leur impriment une action lente, mais continue, à laquelle l'homme cède et obéit sans en avoir conscience ; de telle sorte, cependant, qu'au milieu de cette fatalité qui le domine, sa liberté reste pleine et entière. Le génie d'un philosophe, demeuré inconnu au fond de l'Italie, donna de la puissance à cette pensée. Vico, trop en avant de son siècle, ne put jouir de l'influence qu'il exerça sur l'art historique ; mais il avait la conscience de son mérite, et n'hésita à appeler son œuvre, *Science nouvelle, Scienza nuova.*

C'est tout à la fois la philosophie et l'histoire de l'humanité.

A peu près à la même époque un homme dont la destinée fut bien différente, car il remplit l'Europe de son nom, Voltaire ajoutait à cette idée, qu'il avait entrevue, celle de tracer en philosophe le développement de l'esprit humain. Si la clarté, l'élégance et ce style qui entraîne les masses, manquaient à Vico, ils étaient le principal mérite de Voltaire. Le premier étonna la philosophie ; l'autre, toutes les classes de lecteurs à qui il montrait pour la première fois tous les éléments de civilisation qui composent la vie morale et matérielle des peuples. Dans ce tableau, dessiné à grands traits, et avec une persuasion, un abandon pleins de charmes, une seule chose manquait, le spiritualisme.

Voltaire, en parcourant les siècles, avait vu si souvent les hommes victimes des préjugés, des abus du pouvoir ; il avait cru voir si souvent la religion servir de masque à de mondaines passions, à des soifs d'ambition temporelle, que, dans son prétentieux amour pour l'humanité, il avait conçu une haine profonde pour les temps où, dans ses idées, auraient eu lieu de semblables désordres, et où il croyait injustement devoir les attribuer à l'influence toute-puissante du christianisme. De là ses attaques continues contre cette religion ; de là sa méconnaissance des bienfaits qu'elle a répandus sous toutes les latitudes. Mais attaquer le christianisme, n'est-ce pas attaquer le spiritualisme ? Car, est-il autre chose dans son principe ? Le christianisme (on l'a dit avant nous, et nous ne saurions mieux faire que de le répéter) est le résumé complet des vérités métaphysiques et morales renfermées dans la conscience. Il est dans ses formes, dans ses mythes instinctifs, la philosophie du peuple ; et, pour mettre à le poursuivre la passion qu'y a apportée Voltaire, pour être assez in-

juste pour ne pas séparer le bien du mal qu'ont pu ajouter à son fond primitif les passions humaines, il fallait avoir abjuré les nobles croyances spiritualistes. Il les avait abjurées aussi, ce sceptique et monotone écrivain, dont je parlerai peu, car il n'a fait qu'imiter Voltaire, sans pouvoir atteindre au charme que ce dernier puisait dans l'esprit le plus facile et le plus fécond, Hume a jeté le monde et sa marche, et ses lois, dans le moule de sa pensée sensualiste. Hume a fait abnégation de ses sentiments comme chrétien, comme homme, comme patriote ; il ne veut être que philosophe, et sa philosophie désenchante tout, même la vérité, lorsqu'il l'a dit.

Robertson, plus religieux, n'a pas pris, comme Hume, le mauvais côté de leur modèle commun ; mais sérieux et froid, il n'a pu parvenir à intéresser, et c'est là cependant un des principaux mérites de l'historien : il sacrifie trop le fond des choses aux formes extérieures, et semble craindre de s'émouvoir ; il passe le rabot sur les aspérités, corrige les caractères trop énergiques, et donne à tout une régularité fastidieuse autant que fausse. Il en résulte, observe un de nos plus savants critiques, que la forme du récit n'étant plus en rapport avec la violence des événements, on ne conçoit pas que quelque chose de si paisiblement raconté ait ébranlé le monde. Un mot encore sur Gibbon, pour en finir avec les historiens anglais. Celui-là, aussi, avait méconnu le christianisme et sa puissance morale, et son influence sur la civilisation moderne. Il n'y a aperçu que des passions, de l'hypocrisie, du ridicule ; enfin, tout ce qu'y a ajouté la faiblesse humaine. Empreint d'une idée fixe sur Rome et sa majestueuse domination, Gibbon méconnaît, au milieu des sources les plus authentiques, ce qui apparaît le plus saillant : la dépravation profonde de l'antique société et les sublimes vertus de la société nouvelle.

Nous n'avons plus qu'à nous occuper de ces historiens érudits qui, à force de recherches et de compilations, ont élevé des monuments gigantesques où puiseront, à leur tour, les générations à venir. Montesquieu, Herder, Condorcet, ont émis, en quelques pages, un système complet. Le premier, dans son ouvrage sur la *Grandeur et la Décadence des Romains*, ne ressemble ni à Voltaire ni à Gibbon : le sentiment moral domine dans ses jugements autant que la vérité dans ses assertions. Herder, sensualiste allemand, ne voit, dans l'humanité qu'un être organique qui grandit et se développe, une fleur qui s'épanouit au soleil des âges. Pour lui, le monde physique est tout, l'homme jouit d'un fatalisme grossier, obéit aveuglément aux excitations qu'il reçoit du dehors...

Ce défaut (et il est bien grand à nos yeux) ne doit cependant pas nous empêcher de voir dans Herder un des rénovateurs les plus illustres de la science historique ; car, le premier, il a eu l'idée d'un progrès général

et continu de l'humanité; le premier, il a entrevu la perfectibilité humaine!...

Condorcet, sans être imitateur ni copiste, l'a suivi dans cette noble route; il a donné lui aussi un précieux modèle de l'histoire philosophique, mais le temps et les matériaux lui ont manqué pour accomplir son œuvre. Inspiré par la philanthropie, et pressé par la mort, il a écrit des pages admirables, mais imparfaites... Aucun autre n'a osé s'emparer de son idée, et cependant on le peut aujourd'hui...

Après avoir parlé des divers historiens qui ont avancé la science et l'ont faite ce que l'exige notre époque, jetons un coup d'œil sur les divers genres d'histoires; car il est évident qu'on ne peut traiter un sujet comme celui de Gibbon avec les mêmes couleurs et les mêmes formes que le récit d'une révolution dans quelque coin de l'Europe.

L'histoire d'une courte époque peut se borner au récit simple et naïf des faits. Il est permis alors de devenir contemporain, et de forcer le lecteur à réfléchir lui-même sur le tableau qui lui est présenté; l'historien doit pour cela s'identifier avec le peuple et le siècle dont il écrit les fastes, et donner à son récit une couleur locale : c'est ce qu'a fait M. de Barante; mais il a fallu, dans un travail si simple en apparence, toute la hauteur de vues et la conscience littéraire de cet illustre écrivain pour ne pas fausser le tableau des temps passés qu'il déroule à l'esprit confiant du lecteur. On peut dire de Voltaire, il se trompe, ou il veut nous tromper lorsqu'il frappe en aveugle, et sans distinction, sur tout ce qui tient à la religion ou à ses ministres; mais on se laissera tromper soi-même s'il rapporte un fait inconnu qu'il aura tronqué ou dénaturé. C'est aussi ce qu'a fait, avec plus de science encore, notre malheureux Thierry dont les forces physiques n'ont pu supporter de si laborieux travaux.

Il a tiré et reconstruit une partie de l'ouvrage de Hume en exhumant la vérité des Archives normandes, des chroniques saxonnes où elle se cachait hérissée d'épines. Mais ce qu'ont accompli ces deux savants pour une période de deux siècles dans une seule nation est-il applicable à l'histoire de l'humanité tout entière?

Le résumé d'une longue période historique, tel que nous l'avons entrepris, s'attachera de préférence à l'esprit et aux mœurs des nations; quelques réflexions, quelques détails importants, caractéristiques, mais courts et seulement pour éclairer le sujet; les faits principaux suffisent pour servir de liens. Ils ont de plus l'avantage de la certitude qu'on cherche en vain dans les récits minutieux et lourds de nos vieilles histoires.

Des études spéciales de droit naturel, de philosophie, d'économie politique; beaucoup de recherches, et la plus sévère impartialité, sont nécessaires à cette manière d'écrire l'histoire. Un résumé bien fait demande plus de temps et de travail qu'on est accoutumé à lui en donner. On doit fuir surtout cet esprit de système qui fausse le raisonnement; ne pas juger les temps reculés avec l'esprit du nôtre, et ne pas mesurer les hommes du $IV^e$ ou du $XII^e$ siècle sur la taille des hommes du $XIX^e$. Les actions, les faits ne changent pas, mais leurs causes et leurs conséquences ne peuvent être les mêmes, et il faut tenir compte de tout. Ce qui, sur notre charte, est un crime capital, était à peine une faute au moyen âge, et telle vertu de nos temps civilisés était un vice autrefois.

Puisque toutes les révolutions qui ont changé la face des empires ont eu leur source dans les siècles qui les ont précédés, l'historien doit chercher ces sources dans les événements, les besoins et le degré de civilisation des peuples; dans ces causes secrètes qui préparent lentement les violentes secousses, comme dans les circonstances fortuites qui les déterminent. C'est pour son siècle qu'on doit étudier les siècles antérieurs; c'est au moins ce que j'ai essayé de faire.

Ici je suis naturellement amené à parler de mon plan et de la manière dont je l'ai conçu.

L'histoire de ce qu'on nomme la *civilisation* n'est pas seulement dans les récits des faits, elle n'est pas dans le développement de l'état des arts, des sciences, de l'industrie ou des lettres; elle n'est pas dans l'état des mœurs d'une nation ou d'une époque. L'histoire de la civilisation est l'ensemble de toutes ces choses, elle les comporte toutes, l'univers physique ou moral est de son domaine; la plus modeste analyse du chimiste, l'observation la plus simple du naturaliste, ne doivent pas plus être oubliées que les sanglantes victoires des conquérants par l'historien de la civilisation, si elles ont fait avancer d'un pas la science et l'industrie.

Le christianisme, comme j'ai déjà dit, est, dans l'histoire du monde, l'événement le plus important, considéré dans sa source et dans son influence sur le bonheur des peuples; il a donné le premier exemple d'un gouvernement libre et leur a ouvert une nouvelle existence.

Ces raisons étaient déjà assez puissantes pour m'engager à faire, dans cette immense révolution, le point de départ de mes idées; mais j'en avais une autre encore.

Sans partager le doute éternel du vieillard de Ferney sur tout ce qui est ancien, je crois que l'histoire prend, depuis le Christ, un intérêt qu'elle était loin d'avoir auparavant, soit à cause de l'incertitude des faits, soit parce que le paganisme renversé nous touche infiniment moins que le christianisme répandu sur la moitié du globe.

Le motif qui m'a engagé à traiter l'histoire générale de l'Europe plutôt que telle ou telle autre en particulier, c'est que depuis l'ère chrétienne elles sont toutes liées ensemble; leurs rapports sont plus intimes qu'autrefois, il y a plus de généralités que dans l'histoire d'Athènes, de Sparte ou de Rome. On ne peut les séparer sans de graves inconvénients qui n'existent plus, si l'on réunit les

événements autour d'un centre commun qui les rattache par l'intérêt, la majesté ou la force des choses.

L'Empire romain est nécessairement celui des premiers siècles; Constantinople, quoique déchue, lui succède, et si le chaos de la conquête des Barbares n'en admet pas, Charlemagne, l'autorité de Rome chrétienne, les croisades, les guerres de la religion, etc., impriment à leur siècle un caractère original et profond. Que s'il m'arrivait parfois de prendre la France pour pivot dans les événements de l'Europe, on doit le pardonner à un Français, et, dans le fait, ne l'a-t-elle pas été souvent?

La France, a-t-on dit avec raison, a gouverné l'Europe quand il n'y avait plus en Europe un seul gouvernement qui ne fût au berceau, l'empire de Constantinople excepté.

Dès ce temps, il lui a été donné d'attacher les destinées des peuples à ses idées de guerre, de gloire, de politique et d'administration. L'origine des lois, des coutumes, des arts, l'ancien droit public de vingt nations est là depuis huit ou dix siècles. C'est dire : l'histoire de France a été dès lors pour vingt nations une histoire nationale.

Les abrégés d'histoire ont besoin d'une idée fondamentale dominante, sans laquelle ils n'auraient qu'une médiocre utilité. Il est impossible de tout dire, de tout savoir dans un résumé qui ne comporte pas de développement. D'un autre côté, l'étude spéciale d'une branche de connaissance ne peut s'isoler des événements qui l'ont modifiée; il faut donc prendre un terme moyen, tout faire marcher ensemble, mais non dans les mêmes proportions ; que celui qui a fait une étude particulière des sciences, des lettres ou de l'industrie, écrive l'histoire avec le but spécial d'en connaître la source et d'en suivre le cours ; que le jurisconsulte y cherche l'origine des lois, des institutions et leur influence sur les mœurs, et que l'homme d'État s'instruise des institutions politiques, des guerres et des traités qui ont changé la face du globe.

Le résumé ainsi conçu présentera souvent plus d'utilité que de grands ouvrages, où le fruit de l'étude se perd en se disséminant.

Les progrès de la civilisation, sans être notre but unique, sont cependant le point de vue vers lequel nos observations se tournent le plus souvent. Et quel sujet plus grand, plus intéressant, pourrions-nous choisir, que celui de ces progrès toujours croissants dans le développement de la société, dans le bonheur des nations et des individus.

L'esprit humain suit dans sa marche la loi de la pesanteur; toujours plus rapide en avançant, il ne connaîtra bientôt plus d'obstacles..... Mais, pour arriver là, que de révolutions! Religion, politique, sciences, beaux-arts..... tout a changé avec les siècles. Les influences les plus puissantes ont souvent opposé aux lumières une résistance inutile; les secousses se sont multipliées, et les nations sont graduellement arrivées

au bien-être. Les progrès de la raison et de la science ont amené la paix, le commerce, l'industrie; ils ont adouci le pouvoir des rois, et en ont fait descendre une partie dans les rangs des peuples; le bien de tous est devenu le but de chacun, et la paix perpétuelle de l'abbé de Saint-Pierre ne nous paraît plus une utopie si déraisonnable. Les publicistes, les philosophes des derniers siècles, ont, dans les meilleures vues, conseillé la guerre aux nations. L'esprit national passait avant tout dans leurs doctrines politiques; il en était l'unique base, et ceux qui s'écartaient de la route battue étaient traités de visionnaires. Voltaire fut le premier dont la voix put se faire entendre en faveur de la tolérance universelle....... Mais, puisque nous voilà entraîné dans une digression, reprenons les choses de plus haut, et appuyons-nous sur l'histoire.

Jetons d'abord un rapide coup d'œil sur les révolutions religieuses.

La civilisation de la Grèce avait fait depuis longtemps succéder la brillante mythologie païenne à un fétichisme grossier, lorsque Socrate et Platon regardèrent le spiritualisme comme un besoin de leur époque; néanmoins, la politique et l'intérêt du sacerdoce le repoussèrent longtemps; le christianisme le ramena plus tard avec les miracles qui le démontraient. Ce dernier se répandit avec rapidité dans toutes les contrées susceptibles de le comprendre; il améliora le sort des hommes, et son influence fut immense.

Bientôt après le christianisme victorieux fut une institution qui avait son gouvernement à part, sa hiérarchie, ses assemblées, ses lois générales et particulières. Seul corps organisé, l'Église soutint alors, de sa force morale et de ses richesses, l'Europe abandonnée par l'incapacité de ses empereurs, et près de s'anéantir sous les irruptions barbares. Mais au bout de mille ans, la croix devint plus puissante. La parole des Papes sortait absolu du Vatican, et, soit crainte ou respect, en l'écoutant, tout pliait.

Nous avons reçu du christianisme l'amour, la charité, la liberté, et toutes ces vertus ont porté leurs fruits à travers les siècles et les tempêtes; nous sommes pour la tolérance religieuse, quant aux personnes qui ont des droits égaux aux fruits de la charité chrétienne; seule elle doit régner aujourd'hui, et avec elle le bonheur, ou tout au moins le repos que nous réclamons, ce repos dont jouit la jeune Amérique, instruite par nos discordes, nos crimes et nos malheurs.

Arrivons aux révolutions politiques.

L'histoire nous offre bien des anomalies qui naissent de l'apparition des hommes de génie dans des siècles empreints d'une barbarie impossible à déraciner.

Lycurgue, Platon, Aristote, ont fait sur la politique et les lois des ouvrages excellents pour leur temps, et tous admettent l'esclavage comme nécessité absolue! Dans la vie de l'humanité, les dernières pages nous

montrent comme folie ce qui paraissait sagesse dans les premières ; mais combien de siècles entre elles ! « Le travail de ce monde s'accomplit lentement, et chaque génération qui passe ne fait guère que laisser une pierre pour la construction d'un édifice que rêvent les esprits ardents. »

Charlemagne sembla discipliner et soumettre à son génie des masses informes qui, à sa mort, retombèrent dans leur brutale ignorance.

Les premières monarchies européennes virent l'esclavage aboli, mais la féodalité l'avait remplacé : clercs et laïques devinrent alors des barons ; le souverain était seulement le premier de tous : presque nul dans l'État, un roi n'avait aucun pouvoir central ; chaque château était la capitale d'un petit empire, et cette grossière organisation était un pas !... Les croisades se prêchent, des peuplades en masse abandonnent leurs champs pour courir le monde, et la civilisation gagne encore à ce mouvement expansif. Les découvertes se multiplient, l'industrie se fait jour ; le commerce, plus hardi, frète les navires à l'aide de ses trésors ; la liberté n'était pas loin ; des flots de sang avaient coulé pour satisfaire des vues personnelles et défendre d'égoïstes bannières ; le peuple français, toujours en avant dans la marche progressive des nations, s'aperçut le premier qu'il lui appartenait enfin de songer à ses propres intérêts : il choisit parmi ses tyrans celui qui l'opprimait le moins, prêta son appui au roi, et l'affranchissement des communes fut le résultat de cet acte de sa volonté.

A l'autorité protectrice du clergé et des seigneurs succéda alors celle des souverains : la civilisation trouve à gagner encore à ce pouvoir, d'autant plus fort qu'il était unique ; mais les peuples ne pouvaient s'accommoder d'un gouvernement tel que l'avaient fondé des rois absolus.

A cette première révolution devaient en succéder de nouvelles, plus salutaires encore. Les lumières toujours croissantes des classes inférieures, et une foule de circonstances qui toutes ont leur source dans le développement de l'esprit humain, amenèrent celles d'Angleterre et de France. Cette dernière retentit dans l'Europe entière et lui communique ses résultats.

Le peuple fit à son tour l'essai d'une tyrannie impossible ; il décima ses propres enfants... Au milieu du plus épouvantable chaos, la civilisation marchait encore et grandissait sans cesse. Tout était tombé, tout était à refaire, tout se régénéra. Mais, pour réédifier, il fallut une tête unique, absolue, puissante de génie. Elle sortit de la tourmente, et son apparition semble un instant arrêter la marche progressive des siècles, et remettre en question la liberté des peuples.

. . . . . . . . . . . . .

Cet homme est tombé, et les monuments qu'il a laissés de son règne dans le Code civil, dans l'organisation des administrations diverses, etc., témoignent aujourd'hui plus que jamais que lui aussi avait reçu la mission providentielle de faire faire à la civilisation un pas de plus...

Vous le voyez : l'industrie libre d'entraves, les sciences, l'économie politique surtout, ont prodigieusement accéléré le cours de la civilisation ; elles ont fait triompher la justice et fait comprendre le véritable intérêt des peuples et des souverains. L'égalité devant la loi et la seule aristocratie des talents ressortent du gouvernement représentatif, comme celui-ci ressort du progrès des lumières. L'Angleterre avait donné le signal ; la France, en suivant par deux fois son exemple, a communiqué l'impulsion à l'Europe.

Ce que n'auront pu faire les spéculations des philosophes et les théories des hommes d'État, l'industrie le fera ; elle le fera sans efforts, sans secousses même y songer, et par la seule force de son développement.

Elle est le plus puissant véhicule de cette civilisation qui embrasse tout, de cette civilisation, l'unique objet de nos recherches historiques, parce qu'elle a aidé au bonheur des hommes et qu'elle tend à le rendre toujours plus grand en instruisant et améliorant l'espèce humaine.

# I

**IMPRIMERIE.** — L'imprimerie étant un des moyens le plus puissant d'activer la pensée et d'accroître le domaine de l'intelligence, nous croyons devoir faire entrer ce sujet dans le travail que nous offrons au public.

C'est la grande découverte de l'art d'imprimer qui clôt véritablement la période du moyen âge et ouvre celle des temps modernes. Un merveilleux concours de circonstances et d'événements disposés par la main de la Providence avait admirablement préparé les fruits que l'humanité devait en recueillir. Le mouvement ascensionnel qui de toutes parts entraînait l'érudition, les sciences et les arts, aussi bien que l'industrie, avait créé, rassemblé les matériaux intellectuels et physiques nécessaires à son application. La prise de Constantinople par les Turcs, en 1453, venait de fixer définitivement la limite respective des nations musulmanes et chrétiennes, et de faire refluer vers l'Occident les vivants débris de la Grèce, cette mère primitive de sa civilisation. Un peu plus tard, en 1462, au moment où l'invention eut atteint son complet développement, le siège

de Mayence, dans laquelle s'étaient établis les premiers élèves et associés de Gutenberg, contraignit ces derniers de quitter les murs de cette ville. Alors ces nouveaux apôtres, ainsi dispersés, se répandent en Italie, en Allemagne, en France, portant et propageant avec eux la lumière de la science humaine, qui, grâce à ce nouveau flambeau, ne pouvait plus périr. Rappelons en quelques mots l'origine et l'histoire de cette admirable conquête de l'intelligence.

Sept villes, dans l'antiquité, se disputaient la gloire d'avoir donné naissance à Homère, et certains critiques ont attribué à plusieurs auteurs successifs la composition de l'Iliade et de l'Odyssée. Une semblable rivalité, une controverse analogue se sont élevées parmi les modernes au sujet de l'imprimerie. Plus de quinze villes ont revendiqué l'honneur exclusif d'avoir été le berceau de cette immense découverte, et le résultat le plus clair des longs débats scientifiques qu'a suscités cette question semble tendre en effet à partager entre un certain nombre d'inventeurs, venus à tour de rôle, l'idée et l'initiative des différents procédés dont se compose l'art de la typographie.

Les origines, encore et peut-être à jamais obscures, de l'imprimerie européenne, peuvent, comme nous l'avons dit, se ramener à deux branches principales : l'imprimerie en creux et l'imprimerie en relief. Le nielle, usité de tout temps parmi nous, donna naissance à l'imprimerie en creux ou chalcographie. Maso Finiguerra, orfévre de Florence, paraît avoir le premier, vers 1452, imaginé de tirer sur papier, à l'aide d'encre grasse, une épreuve des tailles qu'il avait gravées sur l'argent, et de faire ainsi une estampe(1).

(1) Voici en quoi consistait le *nielle*, en latin *nigellum*. Étant donné une surface unie, d'or ou d'argent, l'artiste commençait par y graver au burin et en creux une image quelconque. Il emplissait ensuite les tailles ainsi creusées d'une poudre noire, composée d'argent, de cuivre, de plomb, de soufre et de borax, chauffés jusqu'à vitrification, refroidis, puis broyés. Cette poudre étendue, on la chauffait de nouveau à la lampe d'émailleur, au chalumeau. Le liquide noir pénétrait ainsi dans les dépressions du métal que le burin avait produites et s'y fixait. On limait alors, on polissait la surface; et le dessin, avec toutes ses finesses et ses contours, se détachait en noir sur le fond métallique. Le nielle, une fois achevé, ne souffrait pas de retouche; il était donc nécessaire de pouvoir s'assurer progressivement de l'*état* de la gravure, avant que d'y appliquer l'enduit noir. On se servit, à cet effet, de tablettes d'argile ou de soufre ; le cabinet des estampes de la Bibliothèque Impériale conserve encore des épreuves de nielle, faites à l'aide de cette dernière substance. Mais un enduit provisoire d'encre grasse, reçu au moyen de la pression sur le papier, offrait, par rapport à ces procédés, de sensibles avantages, qui ne tardèrent pas à le faire préférer. Vasari, *Vite dei più illustri pittori*, t. II, p. 409, raconte qu'une femme ayant, par mégarde, posé dans l'atelier de Maso Finiguerra un paquet de linge mouillé sur une pièce déjà chargée du nielle en poudre, l'image s'imprima sur le linge, et que l'orfévre Florentin conçut de là l'idée de l'impression des estampes. Voyez, quant à cet intéressant sujet, l'*Essai sur les nielles*

Les cartes à jouer ou images sur bois, les xylographes ou bibles des pauvres, et enfin l'usage des lettres mobiles, marquent les trois phases ou degrés que parcourut, l'un après l'autre, l'invention de l'imprimerie en relief ou typographie. Les cartes à jouer et les gravures sur bois enluminées étaient certainement connues dans l'Europe chrétienne dès le XIV° siècle; et vers la fin de cette période les *printers*, des Pays-Bas, formaient au sein de beaucoup de villes des corporations importantes. Lorsqu'en 1250 le *Vénitien* Marco-Polo alla visiter les peuples d'Asie, l'art de l'imprimerie avait, depuis près de deux siècles, atteint chez les Chinois un complet développement. Les cartes à jouer, notamment, y étaient dès lors en usage, ainsi que d'autres branches de cette grande industrie. En 1441, un décret du sénat, qui prohibe l'importation de cartes à jouer et autres images venant de l'étranger dans les États de *Venise*, montre qu'alors la fabrication de ces objets formait depuis longtemps l'un des revenus de cette florissante république maritime, qui était encore à cette époque le principal entrepôt européen de l'Orient. On sait que les livres d'images ou xylographiques, tels que la *Biblia pauperum*, l'*Ars moriendi*, le *Speculum humanæ salvationis*, le *Donat*, etc., dont les curieux débris se conservent dans les principales bibliothèques de l'Europe, sont en général antérieurs à la première moitié du XV° siècle, et que ces produits se fabriquaient en Hollande. On cite nommément l'un des citoyens nobles de Harlem, Laurent Janssoen dit Coster, mort en 1440, comme ayant exercé cette industrie avec un talent et un succès remarquables; et le zèle patriotique des habitants de cette ville n'a pas laissé de revendiquer jusqu'à nos jours, en faveur de cet imprimeur, l'invention même des lettres mobiles (1).

de M. Duchesne aîné, conservateur en chef des estampes de la Bibliothèque Impériale; Paris, 1826, in-8°.

(1) Vingt fois soutenue par les Hollandais, depuis Junius, qui vivait au XVI° siècle, avec des arguments nouveaux et souvent des contradictions nouvelles ; vingt fois réfutée par les érudits des autres nations, cette thèse a trouvé (elle possède encore aujourd'hui), à Harlem et en d'autres villes de la Hollande, de constants et intrépides défenseurs. Dans deux savants mémoires publiés récemment ( *Éclaircissement sur l'invention de l'imprimerie*, 1845, et *Arguments des Allemands*, etc., 1845, 2 vol. in-8°, par M. de Vries, pasteur à Harlem, traduits du hollandais en français par M. Noordziek, bibliothécaire royal, et imprimés gratuitement par M. Schinkel, de la Haye), le vénérable champion de Laurent Coster a su ranimer l'intérêt et susciter, à force de talent, de nouveaux doutes sur un débat qui paraissait épuisé. Pour nous, le résumé actuel de la question nous paraît fixé au point où on le trouve dans l'*Analyse des opinions*, etc., par Daunou (1802), et dans les recherches de M. Léon de Laborde (*Débuts de l'imprimerie à Mayence et à Strasbourg*). Ce dernier auteur nous semble avoir parfaitement établi le départ des *apparences*, des *probabilités* d'invention, qui subsistent en faveur de la Hollande, et des *preuves* d'application relatives à Gutenberg.

Quoi qu'il en soit, la Bible dite à quarante-deux lignes, dont un exemplaire existe à la Bibliothèque Nationale, est reconnue jusqu'à ce jour pour être le plus ancien livre imprimé en caractères mobiles métalliques, et pour être sorti de 1449 à 1455 des presses de Gutenberg, à Mayence, associé à Jean Fust et à Pierre Schœffer de Gernsheim.

En 1462, Mayence ayant été assiégée, les associés et ouvriers, qui s'étaient formés à l'exemple de Gutenberg, sortirent de la ville, et c'est ainsi que se propagea la typographie dans l'Europe et dans le monde. Le tableau suivant complétera le résumé historique qui précède, et montrera la marche et l'itinéraire de cette découverte, à partir de cette dispersion.

*Tableau chronologique de la propagation de l'imprimerie depuis la dispersion des ouvriers de Gutenberg en 1462 (1).*

1462  Bamberg.
1465  Subiaco (monastère de —, au royaume de Naples).
1466  Augsbourg.
1466  Reutlingen (Wurtemberg).
1467  Rome.
1467 ou 1470  Cologne.
1468  Oxford.
1469  Venise, Milan.
1470  Paris, Vérone.
1471  Bologne, Ferrare, Pavie, Florence, Naples, Strasbourg, Ratisbonne, Spire, Trévise.
1472  Parme, Mantoue, Padoue, Alost (Flandr.).
1473  Brescia, Messine, Ulm, Buda, Utrecht, Bruges, Lyon.
1474  Londres, Valence, Turin, Gênes, Vicence, Bâle, Louvain.
1475  Modène, Plaisance, Lubeck, Saragosse, Barcelone.
1476  Anvers, Bruxelles, Delft, Toulouse.
1477  Deventer, Gouda, Angers, Palerme, Séville.
1478  Genève, Oxford, Prague, Chablis, en Bourgogne.
1479  Nimègue, Poitiers.
1480  Caen.
1481  Salamanque, Leipsick, Vienne en Dauphiné.
1482  Aquilée, Erfurt, Passau, Vienne (Autriche).
1483  Magdebourg, Stockholm, Leyde, Harlem, Troyes.
1484  Chambéry, Rennes, Sienne.
1485  Heidelberg, Ratisbonne.
1486  Tolède.
1487  Besançon, Rouen.
1489  Lisbonne.
1490  Orléans.
1491  Dijon, Angoulême, Hambourg.
1493  Nantes, Copenhague.
1496  Tours.
1497  Avignon.
1499  Trégnier, en Bretagne.
1500  Cracovie, Munich, Amsterdam.
1564  Russie.
1571  Amérique.
1727  Constantinople.

## INAMOVIBILITÉ DES INSTITUTEURS. —
Cette inamovibilité nous paraît avoir été un

(1) Nous n'entendons offrir ici qu'une esquisse et un aperçu de cette propagation. On peut consulter, pour des renseignements plus étendus sur cette matière, les listes et notices publiées par M. Thernaux-Compans, *Annales des voyages*, passim, et *Journal de l'amateur de livres*, in-8°, 1849, p. 97 et suiv.

vice de la loi de juin 1833. Celle du 15 mars 1850 a modifié profondément cette condition, tout en maintenant de légitimes garanties contre l'arbitraire. L'article 33 a statué que le recteur peut, suivant les cas, réprimander, suspendre, avec ou sans privation totale ou partielle de traitement pour un temps qui n'excédera pas six mois, ou révoquer l'instituteur communal.

INCAPACITÉ. — L'instituteur révoqué est incapable d'exercer la profession d'instituteur soit public, soit libre dans la même commune. Sont incapables de tenir une école publique les individus qui ont subi une condamnation pour crime ou pour un délit contraire à la probité ou aux mœurs ; les individus privés par jugement de tout ou partie des droits mentionnés en l'art. 12 du code pénal et ceux qui ont été interdits en vertu des art. 30 et 31 de la loi organique de l'enseignement. Quiconque est atteint de l'une de ces incapacités, ou qui, ayant appartenu à l'enseignement public, a été révoqué avec interdiction, conformément à l'art. 14, est incapable de tenir un établissement public ou libre d'instruction secondaire, ou d'y être employé.

INSPECTEURS. — On distingue trois sortes d'inspecteurs pour l'instruction publique : les inspecteurs généraux et supérieurs, les inspecteurs d'académie et les inspecteurs de l'enseignement primaire.

Les inspecteurs généraux et supérieurs sont choisis par le ministre, soit parmi les anciens inspecteurs généraux ou inspecteurs supérieurs de l'instruction primaire, les recteurs et inspecteurs d'académie, les membres de l'Institut, les professeurs des Facultés, les anciens inspecteurs, les proviseurs et censeurs des lycées, les principaux des collèges, les chefs d'établissements secondaires libres, les professeurs des classes supérieures dans ces diverses catégories d'établissements, les agrégés des Facultés et lycées et les inspecteurs des écoles primaires, sous la condition commune à tous de grade de licencié ou de dix ans d'exercice. Le ministre ne fait aucune nomination d'inspecteur général sans avoir pris l'avis du conseil supérieur (*art.* 19 *de la loi du 15 mars* 1850). Deux inspecteurs supérieurs sont spécialement chargés de l'inspection de l'enseignement primaire (*art.* 20). L'inspection des établissements d'instruction publique ou libre est exercée par les inspecteurs généraux et supérieurs (*art.* 18).

INSPECTEURS D'ACADÉMIE. — Les inspecteurs d'académie sont chargés de l'inspection des établissements d'instruction publique ou libre (*art.* 18, *loi du* 15 *mars* 1850).

Ils sont choisis par le ministre (*art.* 19). Un ou plusieurs inspecteurs peuvent assister le recteur, si le ministre le juge convenable, dans l'administration d'une académie départementale (*art.* 8). Il y a quatre inspecteurs d'académie attachés à l'académie de la Seine, et un inspecteur à chacune des académies des autres départements.

INSPECTEURS DE L'ENSEIGNEMENT PRIMAIRE. — L'inspection de l'enseignement primaire

est spécialement confiée à deux inspecteurs supérieurs. Il doit y avoir en outre, dans chaque arrondissement, un inspecteur de l'enseignement primaire, choisi par le ministre, après avis du conseil académique, toutefois deux arrondissements peuvent être réunis pour l'inspection. Les fonctions d'inspecteurs de l'enseignement, de quelque degré que ce soit, sont incompatibles avec tout autre emploi public rétribué. Les inspecteurs de l'instruction primaire sont partagés en classes dont le nombre est déterminé par le décret du président de la république. Les traitements varient suivant les classes : nul ne peut être promu à la classe supérieure, sans avoir passé un an au moins dans la classe immédiatement inférieure. La classe est attachée à la personne, et non à la résidence.

INSTITUTEURS. — La loi du 15 mars 1850 reconnaît des instituteurs libres et des instituteurs communaux. (*Voyez* l'art. Lois, 1850 et 1852.)

INSTITUTION. — L'institution pour les instituteurs communaux était donnée par le ministre de l'instruction publique, d'après la loi de 1850 ; il en était de même sous l'empire de la loi du 28 juin 1833. Quelques modifications ont pu y être apportées par le décret de 1852. (*Voyez* l'art. Lois.)

INSTITUTRICES. (*Voyez* l'art. Lois.)

INSTRUCTION PRIMAIRE. — A entendre certains hommes qu'inspirent de si vives sympathies, l'intérêt de l'hérésie civilisatrice, c'est le protestantisme qui a inventé l'instruction primaire. Avant Luther, on se contentait d'*apprendre au peuple à faire son salut; tout ce qu'on appelait le savoir profane restait en dehors de cet enseignement... c'était un objet de luxe mondain réservé aux puissants de la terre.* « Mais la réforme du XVIᵉ siècle, disent-ils, en faisant appel à l'esprit humain, en substituant le raisonnement à la tradition, et l'examen à l'autorité, *sentit le besoin de développer l'intelligence des classes inférieures, et de faire* pénétrer jusqu'aux dernières couches de l'ordre social, quelques rayons de cette lumière de la science qui n'avait brillé jusqu'alors que pour un petit nombre d'élus. Ce fut dans les pays protestants, en Prusse, en Angleterre, en Hollande, en Suisse, *que se propagea d'abord l'instruction primaire.* On apprit à lire au peuple pour qu'il pût lire la Bible et l'Evangile ; l'instruction populaire se développa sous le patronage de la religion et fut le résultat d'une sorte de compromis entre l'esprit religieux et l'esprit d'examen. » La France, n'ayant jamais été civilisée pour se faire protestante, serait toujours demeurée privée de cet inestimable bienfait que les nations, ses sœurs ou ses rivales, durent aux disciples de Luther ou de Henri VIII, si par bonheur *la politique* ne fût venue la relever de cette humiliante infériorité. La politique arriva tard, mais elle arriva ; elle imagina l'*enseignement mutuel* et le peuple français qui, uniquement occupé *à faire son salut*, vivait dans l'abrutissement et dans

l'ignorance, put enfin se réchauffer *aux rayons de cette lumière de la science qui n'avait brillé jusqu'alors que pour un petit nombre d'élus.* « En France, l'instruction primaire longtemps réclamée par une opinion et repoussée par une autre, inaugurée à la suite d'une révolution triomphante, affirment les affidés du protestantisme, l'*instruction primaire n'a pas eu la même origine, elle est née de la politique, non de la religion.* » Quant à l'Espagne, à l'Italie, à toutes les nations catholiques sur lesquelles n'a pas lui le soleil du protestantisme, ou que le génie de la politique n'a pas pris en pitié, il est clair que l'instruction primaire n'existe point chez elles, et que dans leur sein, « un petit nombre d'élus seulement songent à la science de la vie présente, aux instruments de succès, aux armes avec lesquelles on conquiert honneurs, richesses, pouvoirs, choses secondaires dont la sollicitude des chefs spirituels ne s'inquiète qu'accessoirement. »

Cette théorie est fort ingénieuse, et il est vraiment dommage de la trouver en contradiction avec les faits, soit dans le présent, soit dans le passé ! L'instruction primaire est tout aussi répandue aujourd'hui dans les pays catholiques que dans les pays protestants. En Espagne, en Italie, par exemple, on trouve, toute proportion gardée, un plus grand nombre d'hommes du peuple ayant une instruction primaire véritable qu'on en peut rencontrer en Prusse ou en Angleterre ; et si, sous ce rapport, la France est dans un état réel d'infériorité, c'est que, dans leur libéralisme barbare, nos révolutions détruisirent les couvents, chassèrent les religieux qui seuls ont surtout le temps, la science et le dévouement nécessaires pour se consacrer à l'éducation des classes inférieures, et interdirent l'enseignement au prêtre pour le remplacer par de pauvres maîtres d'école qui alors, ne sachant rien eux-mêmes, ne pouvaient rien apprendre aux enfants du peuple. En France, il n'y a réellement d'instruction primaire que là où les frères de la doctrine chrétienne sont parvenus à établir leurs écoles ; partout ailleurs, sauf de très-rares exceptions, on ne trouve que des instituteurs aussi peu avancés dans ce que nos adversaires appellent le *savoir profane*, que peu soucieux d'*apprendre au peuple à faire son salut. La politique et la révolution triomphante* n'ont donc nullement à se glorifier de *cette instruction primaire* qu'elles ont mise au monde et dont le seul résultat est de faire vivre tant bien que mal quelques hommes dénués de toute autre ressource, comme ils sont trop souvent dénués de toute considération et de toute moralité. Quant au passé, nos contradicteurs veulent bien reconnaître *que le peuple, pendant une longue suite de siècles, n'a pas eu d'autre instituteur que le clergé* ; d'où il suit que si le peuple a appris quelque chose pendant cette longue suite de siècles, c'est au clergé qu'il en est redevable. Or, quoi qu'on puisse en dire, le peuple a retiré quelque profit, même sous le rapport profane, de cette longue éducation.

Que l'on compare l'état des nations européennes au moment où parut Luther, à l'état de ces mêmes nations au moment où elles vinrent se ranger sous la direction de l'Eglise, et que l'on dise si ces élèves du clergé ne font pas honneur à leur instituteur. Si le clergé n'avait rien appris au peuple, s'il ne l'avait pas dégagé peu à peu des langes où la barbarie avait retenu son enfance, est-ce que le peuple aurait été assez fort pour faire tout ce qu'il a fait depuis? Est-ce que ses erreurs, ses crimes même, n'attestent pas une culture intellectuelle et puissante? C'est ce qu'ont paru comprendre des hommes qui ne se piquaient pas certes plus que les chauds partisans du protestantisme, de reconnaissance et d'admiration pour le clergé. On lit en effet, dans le *National* des premiers jours d'octobre 1841 : « On a vu des écrivains, par exemple, Legrand d'Aussy, étudier toute leur vie la littérature du moyen âge, qu'ils méprisaient, uniquement pour y chercher de quoi justifier et propager leurs préventions haineuses. Les hommes de cette école qui subsiste encore se croient philosophes et érudits. C'est une double erreur; leur philosophie n'est qu'un système, c'est-à-dire un préjugé, c'est-à-dire la chose la plus opposée à la vraie philosophie, et leur érudition est stérile et mensongère, parce qu'elle est au service de ce préjugé.

« Mais, en restant dans les limites de la raison et de l'équité, que de détails intéressants et qui seraient à l'avantage des moines! Acceptons la société telle qu'elle était alors constituée, régie par le principe féodal suivant lequel la multitude est faite pour les chefs (1). Je n'examine pas ici ce principe, il a subi son temps, et aujourd'hui le principe contraire est installé; nous disons : les chefs sont faits pour et par la multitude, et ce principe, qui fut celui des grandes époques de l'antiquité, triomphera inévitablement en dépit des entraves que s'efforcent d'y apporter certains hommes dont toute la force et le talent se réduisent à lutter contre l'aversion publique. J'admettrai, si l'on veut, que le principe féodal, consacrant le pouvoir aux mains des castes sacerdotale et nobiliaire, a été la cause des ténèbres et des calamités qui affligèrent l'Europe au moyen âge, mais encore y a-t-il bien à distinguer. Le peuple était ignorant et opprimé, l'aristocratie nobiliaire ignorante et oppressive. Entre les deux se plaçait le *clergé dépositaire de la science, et tirant d'elle sa prépondérance, son ascendant sur les deux autres classes*. Or, *il est certain que le clergé offrait également l'instruction à l'une et à l'autre*. Peut-être s'il avait eu des préférences, eussent-elles été en faveur des nobles. A qui, cependant, par le fait, a-t-il communiqué la science? Qui a repoussé le bienfait? Les nobles. Qui *en a profité avec un laborieux empressement? Les vilains*. Les premiers, faisant de leurs châteaux des sanctuaires à

(1) Nous n'avons pas à examiner ici les idées du *National* sur lesquelles il y aurait, certes; beaucoup à dire.

l'ignorance, croyaient ne jamais tomber, appuyés sur la force brutale ; les seconds, attachés à la glèbe, ont cherché la réhabilitation et l'affranchissement par la force intellectuelle. Qu'est-il arrivé? Les derniers seuls ont réussi; et si bien qu'à la longue le principe démocratique s'est substitué au principe féodal..... *Le clergé a donc été, au moyen âge, l'instrument de la Providence à préparer de loin la liberté des peuples.* »

A quoi bon insister? Les adversaires du clergé reconnaissent encore que, pendant une longue suite de siècles, il a appris au peuple *la science de la vie spirituelle;* ils ajoutent, il est vrai, que tout ce qu'on appelait la science profane restait en dehors de cet enseignement. Mais cette restriction est une palpable absurdité. Pour donner à un peuple la science de la vie spirituelle, au degré où le clergé du moyen âge la donnait, il faut que ce peuple soit capable de la recevoir au même degré. Or un peuple, dénué de tout ce qu'on appelle le *savoir profane*, n'aurait pas eu assurément une capacité proportionnelle au développement qu'avait pris, tous les faits l'attestent, la science de la vie spirituelle chez les nations de cette époque. Car un développement de l'esprit humain dans un certain ordre, implique toujours un développement proportionnel dans tous les autres ; et il y a en outre une telle solidarité entre toutes les parties d'un peuple, que les classes supérieures ne peuvent s'élever dans les sciences, sans que les classes inférieures ne participent jusqu'à un certain point à ce mouvement ascensionnel. Le clergé du moyen âge a pénétré très-avant *dans la science de la vie spirituelle*. On n'en disconvient pas: donc il a pénétré aussi dans un degré proportionnel dans la science profane; donc il a fait participer à l'une et à l'autre science dans une certaine mesure les peuples qu'il dirigeait. Il suffit d'ouvrir les livres de saint Thomas ou de saint Bonaventure, de lire la Vie de saint Dominique ou de saint François, pour avoir la certitude que les nations au sein desquelles vivaient ces hommes, n'étaient pas des nations barbares en proie à de vaines superstitions et étrangères à tout savoir profane. Un saint, un homme de génie, sont, pour ainsi parler, les fruits que produit un peuple ; or les arbres morts ne produisent pas, et on ne cueille point de raisins sur des broussailles.

La vraie morale, la vie spirituelle d'un peuple ne peuvent se développer qu'à la condition d'employer le puissant instrument de la science. L'Eglise ne s'y est pas trompée, et voilà pourquoi elle a tiré l'Europe des ténèbres de l'ignorance et de la barbarie, la rendant savante afin de la rendre plus chrétienne; voilà pourquoi aussi aujourd'hui encore elle seule travaille efficacement à l'éducation du peuple, qui trouve surtout parmi ses prêtres et parmi ses religieux des instituteurs désintéressés et dévoués. Nous ne dirons donc pas que la vie morale reste indépendante de la culture intellectuelle; car nous avons, on le voit, beaucoup moins de

penchant que nos adversaires pour l'obscurantisme.

**INTERDIT.** — Un instituteur libre peut être interdit, par le conseil académique, de l'exercice de sa profession dans la commune où il l'exerce, pour cause d'inconduite ou d'immoralité. Il ne peut y avoir appel, dans ce cas, que devant le conseil supérieur de l'Instruction publique ( art. 30, loi du 15 mars 1850). Le conseil académique ne peut, après l'avoir entendu ou dûment appelé, frapper l'instituteur communal d'une interdiction absolue. Un prêtre interdit ne peut se livrer à l'enseignement ni public ni privé.

# J

**JÉSUITES.** — Les Jésuites, en vertu des funestes ordonnances du 16 juin 1828, et d'édits surannés et contraires à nos institutions actuelles, étaient exclus de l'enseignement. La loi du 15 mars 1850 les a heureusement rendus au droit commun. (*V.* Comm.)

**JEUNESSE.** (*Voy.* tous les art. Éducation).

**JEUX.** — Si la surveillance la plus active est constamment nécessaire dans les maisons d'éducation, elle est plus importante encore pendant les récréations qui donnent lieu à certains jeux blâmables ou dangereux. Les jeux d'exercice doivent toujours être préférés à tous les autres.

**JURY.** — La loi sur l'enseignement a établi des jurys devant lesquels les candidats sont appelés à fournir la preuve de leur capacité. Un jury est nommé chaque année par le ministre de l'Instruction publique, sur la présentation du conseil académique. Ce jury est composé de sept membres, y compris le recteur qui le préside. Les jurys tiennent quatre sessions par an, le premier lundi des mois de janvier, avril, juillet et octobre. Ils ne peuvent délibérer qu'autant que cinq de leurs membres au moins sont présents. Le brevet n'est remis au candidat que dix jours après la décision du jury.

# L

**LECTURE.** — *De l'importance de la lecture.* — Louis Racine, qui connaissait bien la puissance des souvenirs et des traditions de famille, se plaisait à montrer à son fils des livres *tout grecs*, dont le grand Racine, pendant qu'il faisait ses classes à Port-Royal, avait couvert les marges d'annotations, et il ajoutait : « Cette vue, qui vous a peut-être effrayé, doit vous faire sentir combien il est utile de se nourrir de bonne heure d'excellentes choses. Platon, Plutarque et les lettres de Cicéron n'apprennent point à faire des tragédies; mais un esprit formé par de pareilles lectures devient capable de tout. »

Il y aurait, dans ces quelques mots de Louis Racine, matière pour un ouvrage; mais rassurons-nous, je serai aussi bref que possible.

Nous vivons dans un temps où la discussion abuse volontiers des mots, et le seul nom de la polémique montre assez qu'elle a ses ruses et ses surprises, ainsi que la guerre. Ce n'est pas qu'on ne discutât point au temps de Louis Racine : la discussion était fréquente, au contraire, mais toujours loyale et courtoise. Ainsi, quand il affirmait que l'étude sérieuse des grands écrivains de l'antiquité rend capable de tout, on entendait bien ce qu'il voulait dire : eh bien, nous l'entendons aussi, j'en suis sûr; mais comme ce serait aujourd'hui un fort mauvais compliment que de dire à un homme qu'il est capable de tout, et comme il s'est élevé depuis quelque temps une certaine opinion qui a imaginé de chercher dans l'estime que nous faisons des anciens la cause de tous nos malheurs, je me crois obligé d'achever la pensée de Racine, au risque d'en gâter l'énergique précision et d'affirmer avec lui

et avec tout le siècle de Louis XIV, qu'un esprit formé par de pareilles lectures devient capable de tout ce qui est bon et beau. Voilà le plus grand, le plus magnifique des sujets que j'indiquais en commençant; mais à cette heure, où la paix semble faite, il n'y aurait plus de mérite à le traiter, et je me contente de le recommander au bon sens et à la méditation.

Le sujet que j'ai choisi n'est pas aussi brillant peut-être, mais il est plus général et non moins utile; je veux parler de l'importance de la lecture. — Lire, beaucoup lire et bien lire, voilà ce qui m'a paru être une des principales obligations du jeune âge, et j'ai cru d'autant plus nécessaire de le rappeler, qu'à mon avis on ne lit pas assez, et que le plus souvent on lit mal. Telle est pour moi la vérité, et, parce que je sais qu'il y a bien des hommes capables de l'entendre, j'ajouterai que la faute en est à la jeunesse, et non pas à ceux qui l'instruisent. Si les maîtres ont sur l'éducation une influence qu'elle ne craint pas d'avouer hautement, il est juste aussi qu'en présence de leur famille elle accepte loyalement la responsabilité qui lui appartient et qu'elle ne voudrait pas éluder. Je vais donc faire, au point de vue spécialement de la lecture, un portrait que je ne veux ni flatter ni charger.

Il y a d'abord entre les jeunes gens comme un air de famille, un caractère commun à tous, qui est seulement plus remarquable chez les uns que chez les autres : ce caractère, c'est le goût de l'indépendance.

Les temps, les circonstances, les influences extérieures, peuvent le développer plus ou moins, mais il a toujours existé, il a été

toujours signalé, toujours combattu. Il a été combattu chez Racine lui-même, puisqu'un de ses maîtres de Port-Royal lui écrivait : « La jeunesse doit toujours se laisser conduire et tâcher de ne point s'émanciper. » Assurément c'est une vérité bien vieille, que les jeunes gens doivent se laisser conduire; mais j'ai toujours eu un grand respect pour la vieillesse, et surtout pour la vieillesse des idées, et je tiens, en dépit des novateurs, que les vérités vieilles ont beaucoup de chances pour être les vérités vraies. On ne s'étonnera donc pas que j'aille prendre chez un vieil écrivain du XIVᵉ siècle un trait qui peigne d'un seul coup, et que je m'autorise de la langue et de l'opinion de Froissart contre les jeunes gens, « qui s'outrecuident et lesquels veulent voler avant qu'ils aient des ailes. »

Voilà par où les jeunes gens se ressemblent : je vais essayer d'établir par où ils diffèrent. Je commencerai par ceux qui se retranchent dans une résistance passive et qui opposent à tous les conseils une force d'inertie presque invincible. Ceux-là ne veulent rien entendre ni rien lire; les livres, les bons aussi bien que les mauvais, sont pour eux comme une invention qui doit leur rester complétement étrangère. Qu'ils y prennent garde! leur intelligence, quoi qu'ils fassent, a besoin de se nourrir; elle cherchera malgré eux sa pâture, elle la trouvera. Mais quelle pâture! Qu'on se souvienne des misères où fut réduit l'enfant prodigue. C'est pour eux que Fénelon a écrit ces tristes paroles, trop souvent et trop bien vérifiées : « La mollesse et l'oisiveté étant jointes à l'ignorance, il en naît une sensibilité pernicieuse pour les divertissements et pour les spectacles; c'est même ce qui excite une curiosité indiscrète et insatiable. Les personnes mal instruites et inappliquées ont une imagination toujours errante; faute d'aliments solides, leur curiosité se tourne toute en ardeur vers les objets vains et dangereux.»

Je passe tout de suite à ceux qui lisent, mais à leur gré, suivant leur caprice, c'est-à-dire à tort et à travers. Ceux-là sont les *outrecuidants* par excellence. Pour eux, les professeurs, et en général tous ceux qui leur donnent des conseils, sont des êtres gênants; gênants, je le veux bien, mais comme la barrière qui les empêche de tomber à l'eau. Cette classe est plus nombreuse que la première, parce que la vanité, ou, si on aime mieux, l'amour-propre, se rencontre plus souvent que la paresse dans les jeunes intelligences; mais les dangers n'en sont pas moindres, ni les conséquences moins funestes. On se révolte à l'idée, non pas même d'un ordre, mais d'un simple avertissement; on veut voler de ses propres ailes, quand, suivant le mot de Froissart, on n'a pas encore d'ailes. On ne va pas très-loin, mais on fait une de ces chutes dont il est bien difficile de se relever, surtout lorsque, par le même défaut d'amour-propre, on ne veut pas appeler au secours. Ah! il y a tant de méchants livres et si peu de bons qu'il y a mille chances pour qu'on fasse de

mauvaises rencontres. Mais, sans parler des lectures pernicieuses en elles-mêmes, croyez-vous donc que les bonnes lectures ne donnent pas de mauvais fruits quand elles sont faites hors de propos? Tous les jours on voit les médecins interroger le tempérament de leurs clients, et prescrire à chacun tel ou tel régime, suivant sa nature : cela s'appelle régler l'hygiène. Faut-il donc apprendre que les intelligences ont leurs diversités comme les corps, et que c'est aux maîtres qu'il appartient de régler l'hygiène intellectuelle et morale? Mais c'est précisément là ce qui blesse, et on ne peut souffrir même qu'on interdise certaines lectures que d'autres se permettent ou qu'on leur a permises; on ne peut souffrir qu'on y mette un certain ordre, et qu'on tienne d'abord sur quelques livres où les principes du goût sont solidement établis, avant le temps où, libre et responsable du choix, on pourrait malheureusement s'adresser à des écrivains qui ne professent, à l'égard de ces principes, ni la même foi, ni le même respect. Je ne conseillerai jamais de faire comme Mithridate, qui s'empoisonnait par prudence, bien qu'il prît l'antidote avant le poison : c'est une expérience dangereuse, et je ne puis me persuader qu'il s'y soit réellement soumis; mais je conseillerai bien moins encore de faire autrement que lui, c'est-à-dire de prendre le poison avant l'antidote. Voilà pourtant ce que font ceux dont je parle, et ils font même bien pis : car, dédaigneux de l'antidote, ils se contentent d'absorber le poison. C'est ce qui explique comment il peut arriver de voir parmi les jeunes gens quelqu'un de ces génies incompris dès le berceau, qui s'essaient à composer des romans et des drames, avec beaucoup de points d'exclamation. Et je regretterais presque qu'on n'ait pas quelquefois sous les yeux de tels exemples : qu'on se rappelle l'ilote pris de vin que les Spartiates montraient à leurs enfants pour les dégoûter de l'ivresse.

J'arrive enfin aux jeunes gens qui sont plus réguliers et plus dociles, mais que je ne crois pas encore suffisamment pénétrés de l'importance de la lecture. A l'âge de l'adolescence, on s'imagine volontiers qu'il est facile de tout savoir, et qu'il est au moins inutile de s'inspirer d'autrui. C'est là une grave erreur et une grande présomption. Avant qu'il soit longtemps, une expérience personnelle montrera que pour savoir un peu il faut apprendre beaucoup; on verra aussi que le nombre des idées vraiment dignes de ce nom ne s'est pas beaucoup augmenté depuis le commencement du monde, et que le talent ne consiste pas tant à en créer de nouvelles qu'à présenter les anciennes sous des formes et avec des combinaisons neuves et inattendues. Ce sont de vieux diamants qu'il s'agit de remonter à la dernière mode. Voilà la véritable originalité, celle de La Fontaine, par exemple.

Les jeunes gens vont quelquefois visiter les campagnes : qu'ils se demandent s'il n'y a pas honneur et profit pour l'agriculteur

qui, courbé sur une terre que tant d'autres ont tourmentée avant lui, sait, à force d'art et de travail, la rajeunir en quelque sorte, et lui faire porter encore de belles moissons. Prenons exemple sur lui, puisons à ce fonds commun des idées que tant et de si grands génies ont amassées pour nous, depuis tant de siècles, et méditons bien ces paroles d'un ancien : *Imitatione optimorum similia inveniendi facultas paratur.* Ce n'est pas que nous exigions des jeunes gens des chefs-d'œuvre ; mais nous voudrions qu'ils fussent bien convaincus que, dans quelque carrière qu'ils se trouvent engagés, toutes leurs lectures, toutes leurs bonnes lectures seront pour eux un moyen de succès.

Voyez l'Angleterre ; c'est assurément le pays des spécialités, et cependant il n'y a pas de pays au monde où ce que j'appellerai les fondations de l'instruction générale soient plus larges ni mieux assises. Voulez-vous savoir ce que dans certains collèges de Londres les écoliers font de lecture? En 1848, dans une classe que l'on peut placer entre notre seconde et notre rhétorique, et pendant une année scolaire relativement plus courte que la nôtre, on a lu Cicéron *pro Murena*, un livre des Géorgiques de Virgile, un livre des Odes d'Horace, une comédie de Térence, les Euménides d'Eschyle, l'Antigone de Sophocle, une comédie d'Aristophane, le premier livre de Thucidide et le second d'Hérodote; je ne parle ni des travaux historiques, ni des thèmes, ni des versions, ni des vers latins, ni même des vers grecs. Quel est le résultat de si fortes études? C'est que la nation anglaise est profondément lettrée. En veut-on la preuve? Qu'on entre au parlement un jour de grande discussion : vous entendrez citer Horace, Virgile, Cicéron, Démosthène, Tacite, sans compter les modernes; et ces citations seront faites et seront comprises non-seulement par les représentants des universités d'Oxford ou de Cambridge, mais par des hommes de toutes les conditions, avocats, médecins, diplomates, négociants, propriétaires.

Faisons comme eux : lisons beaucoup, mais lisons bien. Une fois entrée dans le monde, la jeunesse heurtera à bien des préjugés, des idées fausses, des opinions étroites ou insensées, qui choqueront son honnêteté, son intelligence et son bon sens ; tenons pour certain que si elle peut remonter à la source, elle rencontrerait le plus souvent quelque première lecture mauvaise ou mal faite. Dieu veuille qu'elle ne sache jamais à ses dépens tout ce qu'un écart, ou même une simple imprudence, peut coûter, à celui qui l'a commise, de regrets et d'efforts, quand il a senti le besoin de la réparer! Comme il est toujours permis de parler de soi pour avouer ses fautes, je dirai qu'ayant lu au collège l'*Essai sur la monarchie de Louis XIV*, un livre bien spirituel, mais bien perfide, j'y avais puisé des idées si fausses, qu'il m'a fallu pour les bannir de mon esprit des années de travail, et encore

ne suis-je pas sûr d'y avoir complétement réussi. On me pardonnera, je l'espère, cette espèce d'argument personnel, en raison de l'intérêt que je porte à mon sujet ; et d'ailleurs, pour faire oublier ce qu'un pareil témoignage pourrait avoir de contraire aux convenances, j'ai à citer un exemple un peu plus illustre.

Racine, étant à Port-Royal, trouva par hasard le roman grec d'Héliodore, *Théagène et Chariclée*, non pas la traduction, mais le texte; il le dévorait, c'est l'expression même de son fils, lorsque Claude Lancelot, un de ses maîtres, le surprit dans cette lecture, lui arracha le livre et le jeta au feu. Un second exemplaire eut le même sort. Racine persévéra; il s'en procura, je ne sais comment, un troisième, et comme il avait une mémoire surprenante, il l'apprit par cœur. Apprendre par cœur un roman tout grec ! Ce serait aujourd'hui presque une circonstance atténuante. Quand il l'eut appris, il le porta de lui-même à Lancelot, en lui disant : « Tenez, vous pouvez maintenant brûler celui-ci comme les autres. » Voilà la faute : voici le châtiment, qui fut terrible. D'abord qu'il fit des vers, Racine voulut faire une tragédie de son cher roman : il échoua. Ce n'est pas tout. Lorsque, après *la Thébaïde* et *Alexandre*, il eut donné *Andromaque*, on avisa dans cette pièce un vers malencontreux, le fameux vers où Pyrrhus exhale ses douleurs.

> Brûlé de plus de feux que je n'en allumai...

Eh bien, ce malheureux vers, ce jeu de mots romantique, pour tout dire, qui l'avait inspiré à Racine? Héliodore, l'auteur de *Théagène et Chariclée*. Il y a dans ce roman un certain Hydaspes, qui est sur le point d'immoler sa fille et de la mettre sur le bûcher; mais il vaut mieux, je crois, citer le passage même, que je prends dans la vieille traduction d'Amyot : « En disant ces tristes paroles, Hydaspes jeta les mains sur Chariclée, monstrant semblant de la vouloir mener vers les autels, où estoit jà appareillé le *feu* du sacrifice, combien qu'il eust en l'estomac un plus ardent *feu* d'amertume et de douleur qui luy brusloit le cœur. » Racine eut le tort de se souvenir de cette mauvaise pointe, et le tort plus grave d'en faire un mauvais vers. Un mauvais vers, pour Racine! N'avais-je pas bien raison de dire que le châtiment fut terrible?

Plût à Dieu que les mauvaises lectures n'eussent pas de conséquences plus funestes! Malheureusement, les choses ont bien empiré depuis Racine, depuis le temps où c'était un danger de lire des romans tout grecs. Aujourd'hui, ce n'est pas seulement le goût littéraire; c'est bien plus encore : c'est le sens moral qui est en péril, ce sont les principes mêmes que Dieu a posés comme les fondements des sociétés humaines qui sont battus sans relâche par un torrent contre lequel les rigueurs de la justice et l'indignation des honnêtes gens s'efforcent en vain de lutter. A Dieu ne plaise que nous

semions le désespoir dans les cœurs ; mais il nous est bien permis de jeter aussi notre cri d'alarme. Tout est bien compromis ; il importe que les jeunes gens le sachent, afin de joindre leurs efforts à ceux de leurs pères et de leurs maîtres : car ce n'est plus leur présent, c'est leur avenir qu'avec l'aide de Dieu nous essayons de sauver. Dans cette grande bataille que nous livrons avant elle et pour elle, la place est déjà marquée ; bientôt elle sera commise à la garde du camp, mais avec une consigne sévère. Qu'elle chasse donc bien loin ces faux négociateurs, dont les paroles insinuantes déguisent mal la pensée de trahison qui les anime. Qu'elle conserve bien dans son cœur, et qu'elle le réchauffe, si par malheur il s'y était refroidi, le sentiment de la discipline et du respect ; et qu'elle songe que le respect qu'elle doit d'abord à Dieu, elle le doit aussi au plus humble de ses maîtres. Qu'elle ait surtout le respect de soi-même. Qu'elle se garde d'échanger l'or pur du xvii° siècle contre le plomb vil de la littérature contemporaine. Qu'elle prenne garde : on commence par ces romans anodins qui ne défigurent que l'histoire ; mais, par un entraînement impitoyable, on tombe jusqu'aux œuvres sans nom de ces nouveaux Titans, qui n'amoncellent les ruines sur la terre que pour lancer plus près du ciel leur dernier blasphème.

Voilà des paroles bien graves, mais c'est là précisément le contraste du monde ; et j'ai cru devoir le signaler à ceux qui se trouvent aux prises avec les réalités et les périls de la vie.

Cependant, je ne dois pas oublier qu'il y a bien des enfants qui ont encore le bonheur de ne rien savoir de ces combats qui se livrent au-dessus de leur tête ; je ne dois pas oublier non plus que c'est à cet âge que se trahit avec le plus de vivacité l'influence des premières lectures. N'est-il pas vrai, leur demanderai-je, qu'après avoir dévoré quelque récit de bataille, on ne rêve que trois choses : Un bel uniforme, une petite blessure et une grande croix d'honneur ? N'est-il pas vrai que *Robinson Crusoé* donne aux jeunes gens le goût de devenir marin pour avoir le bonheur de faire naufrage sur quelque île déserte ? Mais combien l'aventure serait plus délicieuse si, comme dans le *Robinson Suisse*, le naufrage se faisait en famille, avec le père, la mère, les frères, tous abordant à loisir sur une véritable terre promise, à deux pas d'un vaisseau qui renferme toute sorte de matériaux et d'outils, et qui a bien soin de ne s'engloutir que lorsqu'il n'y reste plus rien à prendre ! Mais il y a, au-dessus de toutes ces merveilles qui frappent les jeunes imaginations, une grande moralité qui doit s'imprimer dans leur cœur : c'est la soumission à Dieu, l'obéissance aux parents, et la nécessité du travail.

O fortunatos nimium sua si bona norint !

Ce que disait Virgile des agriculteurs, je puis bien le dire aussi des jeunes gens.

Heureux, trop heureux enfants, s'ils savaient le prix des richesses qu'ils foulent aux pieds tous les jours ! Ils ont occupé de grands génies ; de grands écrivains ont dépensé pour eux des trésors d'imagination, de style et d'éloquence. A ce propos, je vais conter une dernière histoire : Louis XIV eut un petit-fils, le duc de Bourgogne, dont la première enfance fut terrible. « Il était fougueux, a dit un homme qui l'avait beaucoup connu, jusqu'à vouloir briser ses pendules, lorsqu'elles sonnaient l'heure qui l'appelait à ce qu'il ne voulait pas, et jusqu'à s'emporter de la plus étrange manière contre la pluie, quand elle s'opposait à ce qu'il voulait faire ; la résistance le mettait en fureur. » Tel était le caractère indomptable que Fénelon reçut la mission d'assouplir. Veut-on savoir comment il réussit ? surtout par la lecture. Mais comme il ne trouvait aucun ouvrage suffisamment approprié au but qu'il se proposait, il écrivait, au courant de la plume, sous l'inspiration du moment, pour la circonstance, soit une fable, soit un dialogue, qu'il mettait à l'instant même sous les yeux de son royal élève : tantôt c'était pour corriger un mouvement de colère, tantôt pour éveiller ou encourager un noble sentiment, tantôt pour stimuler la curiosité ou provoquer la réflexion. L'habile précepteur savait que dans bien des cas les leçons écrites valent mieux que les leçons orales. Sans doute il ne ménageait pas l'orgueil du petit-fils de Louis XIV ; mais j'ai peine à croire qu'il y eût dans leurs entretiens autant de hardiesse que dans ce premier dialogue, où l'on tourne en ridicule les défauts d'un certain prince Picrochole, dont le nom, formé du grec, signifie littéralement aigre ou méchante humeur. Il est vrai que ces duretés ont d'abord leur correctif : « Il a la colère et les pleurs d'Achille, dit Mercure, il pourrait bien en avoir le courage ; il est assez mutin pour lui ressembler..... Il est impétueux, mais il n'est pas méchant ; il est curieux, docile, plein de goût pour les belles choses ; il aime les honnêtes gens, et sait bon gré à ceux qui le corrigent. » Dans ces dialogues apparaissent à la suite presque tous les hommes célèbres de l'antiquité et même des temps modernes ; la liste se clot avec les noms de Richelieu et de Mazarin : c'est le commencement de l'éducation politique. Mais déjà Fénelon s'était donné des auxiliaires.

La Fontaine, qui reçut les bienfaits du jeune prince, paya la dette de sa reconnaissance en lui dédiant le dernier livre de ses fables, dont un certain nombre, spécialement destinées à l'instruction du duc de Bourgogne, furent composées sur des sujets indiqués par lui-même. Que dirai-je ? Avant douze ans, l'élève de Fénelon avait lu toute l'histoire de Tite-Live en latin ; il avait traduit César et commencé Tacite. Un peu plus tard enfin, il reçut du génie de son maître cette admirable inspiration de l'antiquité, ce *Télémaque*, qui, pour avoir eu le double malheur de déplaire à Louis XIV et

aux prétendus réformateurs de notre littérature, n'en reste pas moins un chef-d'œuvre.

L'enfant indomptable, le prince Picrochole, était devenu le plus pieux et le plus doux des hommes ; l'élève de Fénelon promettait un bon roi. Je sais qu'il est oiseux de disputer sur les chances probables d'un règne que Dieu n'a pas permis ; j'ai bien au moins le droit de dire que quelques années retranchées au règne de Louis XV auraient déjà été un grand bienfait pour la France. Mais le duc de Bourgogne mourut à trente ans ; il avait toutefois assez vécu pour nous montrer à tous, par un enseignement illustre, combien il est utile de se nourrir de bonne heure d'excellentes choses. Et en particulier aux jeunes enfants, il a légué la plus belle part de son héritage, les amis, les maîtres de son enfance, La Fontaine et Fénelon. Qu'ils les aiment donc et les respectent, en songeant que, par une fortune inouïe, ils trouvent pour modèles, pour guides, à leur début dans l'étude des lettres, deux des plus grands écrivains qui aient honoré la littérature de tous les temps et de tous les peuples.

Voilà les conseils que j'avais à cœur d'offrir ici, à la jeunesse, si exposée à la tentation des bibliothèques qui ne ferment pas toujours bien, et à la tentation quotidienne des journaux, dont je ne veux pourtant pas médire.

Nous devons songer aux moyens qui peuvent nous assurer dans la lutte quotidienne un triomphe éclatant. Ces moyens, quels sont-ils ? Pour la jeunesse qui s'élève dans nos maisons d'éducation : la discipline, la régularité dans le travail, surtout le commerce assidu, le commerce exclusif de quelques bons auteurs, aussi éclairés que solidement religieux, et des grands écrivains du siècle de Périclès, du siècle d'Auguste et du siècle de Louis XIV.

LECTURE POPULAIRE. — Le libraire Pillet fils aîné a publié, il n'y a pas longtemps, le catalogue des écrits condamnés depuis 1814 jusqu'au 1er janvier 1850. Etabli d'après les documents authentiques et presque toujours d'après l'insertion au *Moniteur*, que prescrit la loi du 26 mai 1819, ce catalogue a un caractère presque officiel. Il constate avec éclat l'insuffisance, disons mieux, la presque nullité de la répression.

En effet, dans une période de *trente-cinq années* consécutives, cent trente-neuf ouvrages seulement ont été poursuivis par le ministère public, et ont attiré des peines sur les auteurs, imprimeurs, vendeurs ou colporteurs de ces turpitudes.

Avant 1830, quatre-vingt-douze ouvrages ont été déférés aux tribunaux. (Nous ne parlons pas ici des écrits politiques ; nous nous bornons à ceux qui attaquent effrontément la religion ou l'honnêteté publique.)

Dans quatre-vingts départements, il n'y a pas eu, de 1815 à 1851, un seul exemple de poursuites, et si la loi avait été tant soit peu appliquée, c'est par *milliers* que l'on aurait eu à enregistrer les condamnations. ·

Il ne faut point oublier la modération des peines infligées habituellement à ces marchands d'infamies. L'un en est quitte pour 10 francs d'amende ; d'autres s'en tirent pour 16 francs ; d'autres, plus heureux encore, sont tout simplement condamnés aux dépens du procès.

Grâce à cet aveuglement, les livres *condamnés* ne forment plus la centième partie de ceux qui méritent de l'être ; les ouvrages frappés par les tribunaux donnent lieu à un commerce actif qui ne se cache guère, et des infamies, parfaitement dignes de châtiment exemplaire, se publient avec sécurité complète.

Il existe un commissaire spécialement chargé de la police de la librairie. Il ne manquera pas d'ouvrage, pour peu qu'il veuille sortir du système de tolérance presque illimitée qui a régné depuis 1815.

*Tableau poétique des Sacrements*, par M. le vicomte Walsh. (1 vol. grand in-8°. L.-F. Hivert.) — « Il faut, dit Pascal, pour qu'une religion soit vraie, qu'elle ait connu notre nature ; elle doit avoir connu la grandeur et la petitesse, et la raison de l'une et de l'autre. Qui l'a mieux connue que la chrétienne ?

« Les autres religions, comme les païennes, sont plus populaires, car elles sont extérieures ; mais elles ne sont pas pour les gens habiles. Une religion purement intellectuelle serait plus proportionnée aux habiles, mais elle ne servirait pas au peuple. La seule religion chrétienne est proportionnée à tous, étant mêlée d'extérieur et d'intérieur. Elle élève le peuple à l'intérieur, et abaisse les superbes à l'extérieur, et n'est pas parfaite sans les deux ; car il faut que le peuple entende l'esprit de la lettre, et que les habiles soumettent leur esprit à la lettre. » (*Pensées*, art. 3, §§ III et IV.)

Il est un rêve qu'ont caressé les plus anciens philosophes, qu'ils ont transmis comme une doctrine à leurs successeurs, qui n'a jamais été abandonné depuis, et qui, aujourd'hui encore, est l'idée fixe de M. Pierre Leroux : c'est la réunion de tous les hommes dans une même croyance, et partant dans un même amour ; c'est le vrai but où doit tendre l'humanité. La philosophie n'en a jamais connu d'autre ; et si elle ne l'a pas atteint, si, au contraire, elle a toujours de plus en plus divisé les hommes, c'est évidemment qu'elle a fait fausse route. Outre les raisons particulières à chaque système, il est une raison générale qui explique pourquoi aucun système philosophique n'a pu atteindre son but. C'est la raison donnée par Pascal ; les systèmes philosophiques sont imaginés pour les habiles ; s'ils étaient faits pour le peuple, les habiles les trouveraient indignes d'eux.

Ce qu'aucun système philosophique n'a pu faire, la vraie religion, celle qui a connu notre nature, notre grandeur et notre petitesse, l'a fait. Elle a institué des cérémonies, des actes extérieurs pour le peuple ; elle lui en a expliqué le sens et l'esprit, et a par là rapproché le peuple des habiles. Elle a at-

taché aux signes extérieurs e caractère des choses qu'ils représentent, elle a instruit les habiles à vénérer les signes des choses sacrées, et elle les a ainsi rapprochés du peuple. La réunion qu'elle a opérée n'est point une confusion; les habiles sont restés les habiles, le peuple est resté le peuple; et tous sont catholiques, comme dans une même famille il y a des hommes supérieurs et des hommes médiocres qui sont frères.

Des habiles, tout le monde veut en être; et beaucoup, se rangeant eux-mêmes dans le petit nombre qui devient ainsi le grand nombre, disent : « La religion est bonne pour le peuple. » En effet, la religion est bonne pour le peuple, comme elle est bonne pour tous ceux qui ont de mauvaises passions souvent plus fortes que leurs bons sentiments. Mais peut-être les habiles ressemblent-ils au peuple par ce côté-là, et, soumis aux mêmes infirmités, éprouvent-ils les mêmes besoins.

Il y a d'ailleurs bien peu d'habiles, et nous sommes presque tous du peuple à de certains moments. Comme nos yeux, et je parle des meilleurs, ne peuvent soutenir l'éclat du soleil, ainsi les plus sublimes esprits ne peuvent soutenir longtemps l'éclat des vérités éternelles. Dante, monté en esprit au plus haut des cieux, avoue cette impuissance.

All'alta fantasia qui mancò possa.

(*Paradiso*, XXXIII, 142.)

Notre esprit peut s'élever dans son vol jusqu'à cette contemplation des vérités surnaturelles, mais il ne peut pas plus y demeurer que l'oiseau ne demeure dans les airs : il faut qu'il redescende comme lui sur la terre pour y prendre quelque repos.

Pour nous consoler de la contemplation perdue de ces vérités, que nous ne pouvons voir que par instants rares et courts, l'Eglise a institué des cérémonies, des signes extérieurs dont l'éclat est proportionné à la faiblesse de notre vue. Mais comme un signe n'a de valeur que par l'objet qu'il représente, ainsi ces cérémonies ne seraient qu'un vain spectacle, si nous ne savions admirer, à travers leurs voiles, la beauté des vérités qu'elles couvrent sans les cacher.

Montrer l'objet sous le signe, la vérité sous la figure, le dogme sous la cérémonie, tel est le but de l'*Esquisse de Rome chrétienne*, de M. l'abbé Gerbet; tel est aussi le but et le plan du *Tableau poétique des Sacrements*, de M. le vicomte Walsh.

Je ne sais rien de plus conforme à l'esprit du catholicisme que des livres ainsi faits, qui nous parlent en même temps de ce que nos yeux voient et de ce que notre intelligence conçoit, et de ce que sent notre cœur.

Je ne sais rien non plus qui réponde mieux à la double nature de l'homme. Des livres purement philosophiques nous fatiguent bien vite : ces abstractions exigent de nous, pour être comprises, un perpétuel effort, et nous ne sommes pas capables d'un perpétuel effort. Des livres qui ne nous parlent que des réalités visibles ne nous conviennent pas mieux : la fatigue que nous ressentons de leur lecture ressemble à cet état de langueur où l'oisiveté laisse tomber notre corps. La lecture de ces livres a en effet laissé oisive une partie de nous-mêmes, et la meilleure

Il n'y a donc pas de livres plus dignes des encouragements de la critique et des préférences de tous ceux qui recherchent des lectures qui ne soient ni arides, ni stériles, pas de livres plus dignes d'éloges par la pensée qui les a inspirés, et indépendamment du mérite de leur exécution, que les livres du genre de l'*Esquisse de Rome chrétienne* et du *Tableau poétique des Sacrements*. Mais si, après les avoir rapprochés, je voulais les distinguer d'un seul mot, je reprendrais la pensée de Pascal, et je dirais que l'*Esquisse* semble faite surtout pour les habiles, que le *Tableau* semble fait surtout pour le peuple.

Mais le peuple, ici, c'est vous et moi. Combien, aujourd'hui surtout, ont pâli sur les écrits des lettres et des savants, qui connaissent l'histoire des nations et qui ne connaissent pas l'histoire de l'homme, qui savent de la nature physique tous les secrets qu'elle veut bien se laisser dérober et qui ne savent pas le secret de leur propre cœur révélé par Dieu; qui vous diraient sans faillir toutes les lois qui régissent le mouvement des mondes dans l'espace et qui semblent ignorer du législateur jusqu'à son nom ! Admirable progrès des lumières ! l'homme ne sait plus ce qu'il est, ni d'où il vient, ni où il va, mais il sait tout le reste.

Hors de la connaissance de Dieu, hors de la science religieuse, il n'y a point de science véritable : la connaissance du Créateur seule nous peut expliquer la création; et que nous importe d'ailleurs de connaître tant de choses, si nous ignorons les seules choses qu'il soit nécessaire de connaître !

Le catéchisme, objet de récents outrages, peut suffire à ce besoin de science religieuse, qui est le premier besoin de notre temps. Le catéchisme, « ce petit livre, comme l'appelle M. le vicomte Walsh, ce petit livre que nous voyons à la main des enfants, et qu'enseigne dans sa pauvre église le curé de campagne, Blanche de Castille, sous les lambris dorés des châteaux de Poissy, de Compiègne, de Fontainebleau et du Louvre, l'avait enseigné elle-même à tous ses enfants ; et si Louis IX a toujours été *humble de cœur, justicier et aumônier*, c'est qu'il n'a jamais oublié les préceptes et les commandements du catéchisme. » (Pages 107 et 108.)

Le livre qui suffit à saint Louis doit nous suffire à nous-mêmes, et le dédain ne prouverait ici que l'excès de notre ignorance. Mais le dédain pourrait bien n'être qu'un voile jeté par notre orgueil sur une infirmité de notre esprit. Ne peut pas lire le catéchisme qui veut, ou plutôt ne veut pas le lire qui voudrait bien le vouloir. Cette simplicité qui ne rebute point les enfants vous effraie. Notre littérature nous a habitués à des choses plus recherchées, à plus

d'ornements et à plus d'agréments ; et ces sublimes vérités nous déplaisent à force d'être dites naturellement.

Il faut d'ailleurs aux esprits que le langage simple et fort du catéchisme n'effraie point, il faut des distractions ; mais il faut des distractions qui ne les éloignent point assez des grandes vérités du christianisme pour qu'ils n'y puissent revenir sans des efforts considérables. Dans une éducation bien dirigée, la récréation ne doit pas être moins profitable que l'étude, et surtout elle ne doit pas dégoûter de l'étude. Et toute la vie de l'homme, dans le temps, doit être consacrée à son éducation.

Distraire, ou plutôt récréer et instruire en même temps, tel est l'objet d'un livre de M. le vicomte Walsh, publié il y a plusieurs années, le *Tableau poétique des fêtes chrétiennes*; tel est l'objet du livre nouveau qu'il vient de publier et qui continue celui-là, le *Tableau poétique des sacrements*. Il y parle des fêtes et des sacrements comme il sied à un homme du monde, et comme il convient à un chrétien. « En matière si haute et si sacrée, dit-il, ce n'est qu'avec crainte que je me sers de pensées et de paroles qui me viennent à moi, homme du monde ; et pour qu'il n'y ait pas si grand désaccord entre la main qui écrit et le sujet divin que je traite, j'emprunte, autant que je le puis, à des saints les pages que, sur mes vieux jours, je dédie à Dieu et à la sainte Eglise. » (Page 174.)

M. le vicomte Walsh ne pouvait pas connaître cette déplorable tentation qui sollicite tous les petits esprits de corriger la religion. Celui qui peut voir, qui peut goûter, qui peut aimer la vérité, n'a pas besoin d'imaginer une vérité de fantaisie. En ce qui touche à la doctrine, M. Walsh n'a rien mis du sien dans son livre. Mais sa modestie, en accusant ces glorieux emprunts, l'a empêché de faire de justes réserves : combien de rapprochements, combien de réflexions, combien de souvenirs heureusement rappelés, qu'il ne doit qu'à lui-même !

Ainsi le baptême, la protection puissante et le patronage illustre sous lequel il nous place ; les noms déjà chers à tous les chrétiens, par lesquels il nous désigne, pour que dans l'Eglise nous ne soyons plus appelés que de ces noms bénis, ont inspiré à M. le vicomte Walsh un retour sur un passé récent.

« Quand le flambeau de la foi n'a plus jeté dans toutes les âmes d'aussi vives clartés, quand le feu sacré a commencé à perdre ses divines ardeurs, il s'est trouvé des chrétiens, qui ont préféré donner à leurs enfants des noms empruntés à l'antiquité païenne. Des orgueilleux ont dédaigné pour leurs fils les noms des apôtres et des premiers disciples de Jésus-Christ. A leur gré, César, Auguste, Marc-Aurèle, Titus, Scipion, Paul-Emile, Cincinnatus, Miltiade, Thémistocle, Léonidas, Aristide, devaient être de meilleurs modèles à offrir à la jeunesse que Pierre, Paul, Jean, Laurent, Cyprien et autres saints personnages.

« Pour les filles, ils dédaignaient aussi le doux nom de Marie; cette suave appellation qui revient si souvent dans les cantiques des anges, ces mauvais chrétiens l'avaient en mépris, *ne la trouvaient plus bonne que pour les servantes de ferme et les gardiennes de troupeaux.*

« Et quels noms ces superbes esprits préféraient-ils à celui de la Reine des vierges ? Ceux des femmes célèbres de Rome, de Sparte et d'Athènes : Lucrèce, Sylvie, Egérie, Fulvie, Aspasie. Toutes ces célébrités, empruntées à l'histoire grecque et romaine, et souvent même à l'Olympe d'Homère et de Virgile, se trouvaient ainsi comme ressuscitées au milieu d'une société chrétienne, et amenaient insensiblement dans nos familles et dans nos habitudes des ressouvenirs de paganisme qui, certes, n'avaient rien d'édifiant. Pour en être venu à cette impiété, il avait fallu passer par-dessus toutes les convenances. Figurez-vous une jeune fille portant le nom de *Flore* ou d'*Hébé*, de *Cythérée* ou d'*Aurore* !

« Les prêtres de cette époque philosophique ne pouvaient sans doute consentir à nommer ainsi les enfants qu'on leur présentait au baptême; mais les esprits forts et sceptiques de ces jours de folie passaient outre, et, dédaignant le nom du saint que le curé avait prononcé en administrant le sacrement, ils n'en tenaient compte, et n'appelaient leurs fils et leurs filles que des noms païens qu'ils avaient choisis dans leur engouement pour l'antiquité idolâtre.

« Ils auraient trouvé dans les annales de l'Eglise primitive, dans le Martyrologe et dans les pages de la Bible, des appellations aussi douces à l'oreille qu'illustrées de poétiques souvenirs; mais leur admiration se détournait des livres saints, et ils regardaient en pitié Moïse, les Prophètes et l'Evangile !.......

« Dans notre histoire, surtout depuis un siècle, la chaîne des scandales est longue, et nous ne sommes pas au bout. La France devait être châtiée, elle l'a été cruellement. Après les jours de changements et de réforme, les jours de délire et de terreur se levèrent. Les quatre vents du ciel soufflèrent et poussèrent contre nous les vengeances du Seigneur. Alors l'impiété redoubla ses blasphèmes contre Dieu ; alors les trônes et les autels, les palais et les temples, les châteaux et les chaumières furent ébranlés et croulèrent; alors le sang des rois, des reines, des princes, des princesses, des grands seigneurs et des bourgeois, de l'artisan et du paysan, du simple prêtre, de l'évêque, de l'archevêque, coula à si grands flots, que la France tout entière en fut inondée.

« C'est sous le poids de cette vengeance céleste que le délire de nos contemporains, devanciers de la génération présente, fut tel, que des Français n'eurent pas honte de donner à leurs enfants les noms de *Danton*, de

*Saint-Just*, de *Fouquier-Tinville*, de *Robes-pierre* et de *Marat*.

« A cette dégoûtante époque de cruauté et de lâcheté, on a vu des fils et des filles de guillotinés *de par la nation*, appeler leurs enfants des noms des bourreaux de leurs pères et de leurs mères !... Oh ! hâtons-nous de le dire, les églises étaient alors fermées, les fonts baptismaux renversés, brisés, ainsi que nos sacrés tabernacles. Alors le baptême n'était administré qu'en secret et au péril du prêtre et du laïque, qui répandaient, *au nom du Père, et du Fils et du Saint-Esprit*, l'eau sainte sur la tête d'un enfant.

« Alors le nouveau-né, venant au monde, n'était mis ni sous la protection de Dieu, ni sous le patronage des saints. Dans ces jours néfastes, *la porte de l'Eglise* n'était plus l'entrée dans la vie ; c'était *la porte de la mairie*, ce qu'on appelait, il y a près de cinquante ans, la *maison commune*. Là, dans un sale bureau, *orné du buste de Marat*, un maire ou un commis inscrivait sur le *registre de naissance* le nom de famille et le prénom du citoyen ou de la citoyenne qui venait de naître. Jadis le catholicisme avait placé Dieu aux deux bouts de la vie ; la religion nous recevait à notre premier et à notre dernier jour, et toujours au nom de la sainte Trinité ; le philosophisme révolutionnaire avait changé tout cela, et au commencement comme à la fin de notre existence, il n'avait aposté qu'un commis ou un maire, dignes représentants du néant !

« Quand on apportait un enfant à la *municipalité*, le maire ou l'adjoint *officieux* jetait d'abord ses regards sur le calendrier, pour savoir comment s'appelait le jour où on lui présentait un *citoyen naissant* ; puis, tout de suite il lui donnait le nom du *légume* qui désignait le quantième du mois. Cette formalité républicaine, cette absurdité civique remplie, l'enfant était reporté au logis de famille, s'appelant non comme un bienheureux du Paradis, mais comme un des végétaux du jardin de son père : *chou ou carotte, artichaut ou navet !!!*

« C'était là ce que l'impiété, après ses longues veilles et ses longs labeurs, avait trouvé de mieux à substituer à l'antique usage de l'Eglise !... » (Pag. 76-79.)

D'autres fois il nous raconte les fêtes qui se célèbrent au milieu de nous, sans que nous y prenions garde, peut-être sans que nous le sachions. Il vous est arrivé bien souvent de parcourir la rue du Bac dans toute son étendue, et vous n'avez jamais remarqué, au n° 140, une madone au-dessus d'une humble porte, avec cette prière : *Monstra te esse matrem...* Ah ! si vous saviez quelle est cette maison ! Mais M. le vicomte Walsh vous y fait pénétrer.

« ...... La plus importante de ces demeures saintes, est la *Maison-mère* des Sœurs de charité. Et dans l'esprit parisien il y a tant de fatalité et de légèreté, que la plupart des habitants de la capitale d'un pays jadis très-chrétien ignorent que c'est de là que sortent et s'élancent avec ardeur, pour aller les soi-

gner dans leurs maladies, les consoler dans leurs peines, les pieuses jeunes filles de Saint-Vincent-de-Paul !

« Oui, c'est de là qu'est venue la sœur que nous voyons au chevet de l'agonisant, près du soldat blessé, près de l'ouvrier usé par le travail, près du prisonnier, et encore près du criminel dont vont se saisir les valets du bourreau !

« Pour excuser un peu le Parisien, je dois dire que l'on peut passer devant cet immense et admirable établissement sans s'en douter, car sa porte est humble et sans aucun ornement qui l'annonce. C'est cependant de l'autre côté de ces deux battants de chêne qu'une colonie de saintes, que tout un essaim d'anges terrestres s'élève et se forme aux œuvres de miséricorde, et d'où tant de secours et de consolations découlent sur Paris, sur la France, sur l'Europe, et par delà les mers, dans les pays les plus lointains !

« En ce grand jour de Fête-Dieu, une voix qui part du ciel anime toutes les communautés. Les jeunes filles, les femmes qui ont renoncé au monde pour se consacrer au Seigneur, aux pauvres et aux enfants, en adoptant toutes les privations, en se soumettant à une vie austère, à une règle rigide, ont gardé un *saint plaisir*, celui d'orner leur église et de parer leur autel..

« Rien de plus gracieux, rien de plus frais, de plus virginal et de meilleur goût que ces autels dressés au bout de longues allées de tilleuls, que la cognée a respectés depuis cinquante ans, et qui rappellent, par la hauteur de leurs voûtes et l'entrelacement de leurs rameaux, les nefs gothiques de nos cathédrales les plus renommées.

« Sous cette épaisse et luxuriante verdure, la lumière de mille cierges scintillait dans la *sombreur* des allées ; les fleurs, cueillies à foison, émaillaient les autels, mêlant leurs suaves odeurs à l'encens, montant avec les hymnes sacrées et les prières de la foule vers le Dieu de l'univers.

« Ce qu'il faut dire tout de suite ici, pour rassurer ceux qui souffrent et qui s'inquiètent de l'avenir, c'est que la colonie sainte des sœurs de charité n'a jamais été plus nombreuse. Dieu mesure, d'après le nombre de nos afflictions, le nombre des consolations qu'il nous accorde. Il agit pour nous comme pour le petit agneau, dont il épaissit la toison quand l'hiver doit être bien rude.

« Les deux files de la procession des sœurs de charité étaient longues et serrées. Les *novices* avec leurs capots noirs, les *sœurs* avec leurs coiffes blanches et saillantes, ne devaient pas être moins de six à sept cents. La bannière blanche de la Vierge immaculée ouvrait la marche, ayant à droite et à gauche des acolytes adolescents portant des flambeaux, et suivie de toutes les héroïnes de la charité chrétienne, priant, chantant, et tenant à la main un cierge allumé.

« Après les vierges du Seigneur, après les anges de la terre, venait le clergé en chapes et en dalmatiques. Les voix graves des prê-

tres alternant avec celles des sœurs, dans les galeries du couvent, sous les arcades du cloître et sous les longues et hautes voûtes des allées, étaient d'un saisissant effet dans cet enclos béni. Aucun bruit, aucun bourdonnement de la foule pour distraire la piété et le recueillement, si ce n'était cependant le gazouillement des petits oiseaux dans la feuillée; eux aussi chantaient. Toute créature doit un hymne au Seigneur.

« La procession, dans un ordre admirable, avait parcouru la moitié de son cours, tracé par une litière de fleurs effeuillées; elle était arrivée au plus beau des reposoirs, à celui qui s'élevait au centre de l'immense jardin; la radieuse Eucharistie allait bénir la foule agenouillée; le prêtre, du haut des gradins, avait déjà dit, en élevant la voix : *Notre secours est dans le nom du Seigneur!*

« Et nous avions répondu : *Du Seigneur qui a fait le ciel et la terre.*

« Nous inclinions nos fronts pour être bénis.... Quand subitement éclatèrent les accords d'une musique martiale; jusqu'à ce moment, rien de semblable n'avait retenti dans l'asile de paix et de prière. C'était d'un enclos voisin, des *Missions étrangères*, que nous arrivaient ces sons guerriers; la garde nationale, dont une partie croit encore en Dieu, avait voulu prêter l'éclat de ses armes et l'harmonie de sa musique au clergé des missions..... Et vraiment! les missionnaires ne sont-ils pas *aussi soldats*, aussi braves, aussi intrépides que ceux qui portent le sabre et le mousquet, et ne méritent-ils pas que les hommes qui se connaissent en bravoure les estiment et les honorent?

« Les prêtres voués à porter la parole évangélique bien loin par delà les mers, à des peuplades sauvages et cruelles, ainsi que les femmes consacrées à répandre les aumônes de la charité et les divines espérances dans les âmes malheureuses et souvent flétries, adorent le même Dieu :

« Le Dieu qui a dit : *Allez et enseignez;*

« Le Dieu qui a dit : *Allez et faites le bien, donnez et consolez.*

« Le missionnaire et la sœur de charité sont frère et sœur; les uns ont pour patron *saint François-Xavier*, les autres *saint Vincent de Paul.* La sœur de charité ne panse pas seulement les plaies du corps, mais elle verse aussi le baume de la parole sainte sur les blessures de l'âme. Quand l'apôtre sera loin de son pays natal, quand il aura planté l'étendard de la croix dans quelque île connue et peuplée des hordes sauvages, non-seulement il aura à proclamer Jésus-Christ, à le faire adorer par les barbares que sa parole aura éclairés, mais il lui faudra encore compatir à leurs maux physiques, et se faire médecins du corps, comme il l'est de l'âme.

« Au malade qu'elle soigne, la sœur de charité parle de Dieu; à l'idolâtre qu'il convertit, le missionnaire donne des soins paternels.

« C'est donc un heureux hasard que celui qui a rapproché ces deux maisons de Dieu, et leurs cantiques et leurs hymnes ont dû s'élever ensemble vers le ciel comme un seul et majestueux accord. Aussi, quand j'ai entendu leurs voix se mêler et se confondre au moment de la bénédiction, à cet instant doux et solennel où mon âme débordait d'émotions indicibles, je ne priai pas pour moi, pauvre pécheur; mais du fond de mon cœur je demandai au Seigneur de laisser tomber sa rosée la plus fécondante et sur les prêtres des missions et sur les sœurs de charité. Les uns et les autres ne veulent-ils pas, avant tout, la plus grande gloire de Dieu et le plus grand bonheur des hommes?

« A quelles sources ces courageux apôtres et ces saintes filles ont-ils puisé et puisent-ils encore tant de charitable ardeur? Où vont les uns et les autres chercher la force qu'il leur faut, la force qu'ils dépensent journellement? Ah! n'en doutons pas, c'est dans nos tabernacles, c'est dans la sainte Eucharistie que la grâce découle sur ces élus de Dieu. » (Pag. 262 à 266.)

Ainsi ces souvenirs et ces tableaux, placés là pour récréer l'esprit et le reposer, l'instruisent encore et l'élèvent. Cet heureux mélange des enseignements de la religion et des récits d'un vieillard, qui a beaucoup étudié, beaucoup appris, et qui a beaucoup vu lui-même, me semble constituer la lecture qui convient aux réunions de la famille, et qui ne doit être ni sévère ni frivole. Ce livre est, par le privilége de son sujet, proportionné à la fois à l'homme et à l'enfant. Combien en est-il dont je pourrais en dire autant? L'enfant et l'aïeul, destinés à passer quelques jours l'un auprès de l'autre sur la terre, se sont assis à la même table et ont mangé ensemble le même pain. Douce communauté, mais bien incomplète cependant! L'enfant pense à ses jeux; le vieillard rêve à l'avenir de sa famille et de son pays, à l'avenir qu'il ne verra pas. Les deux esprits ne se rencontrent jamais pour boire, à la même heure, à la même source, à moins qu'ils ne se rencontrent dans la pensée de Dieu, dans la prière et dans ces lectures qui préparent à la prière et qui la continuent.

## LÉGENDES ET TRADITIONS.

A côté du spectacle souvent misérable de la réalité, l'histoire du moyen âge, et c'est l'un de ses principaux attraits, présente également, sous le nom de *légendes*, des récits où l'idéal s'unit au merveilleux pour charmer l'imagination. L'Université de Paris, comme toutes les grandes et anciennes institutions, ne manquait pas de ces traditions singulières, qui se transmettaient d'âge en âge. Les cent écus d'or qui, selon l'opinion populaire, étaient censés renaître sans cesse, comme les cinq sous du fameux Ahasverus, dans la pauvre escarcelle du recteur, en offrent un premier échantillon. En voici quelques autres par lesquels nous terminerons cet article.

En l'an 1171, florissait à Paris un renommé docteur de philosophie appelé maître Silon. L'un de ses disciples, amateur passionné de disputes et de dialectique, se trouvant très-gravement malade, le docteur supplia instamment le moribond de revenir, lorsqu'il

aurait accompli le grand voyage, pour lui en donner des nouvelles. Le clerc y consentit et mourut. Au bout de quelques jours, fidèle à sa promesse, il apparut à maître Silon pendant la nuit. Il était habillé d'une chape de purgatoire, c'est-à-dire toute de flammes et composée de thèses cousues ensemble. — « Cette chape de flammes légères, lui dit le revenant, pèse plus qu'une tour sur mes épaules. Voilà le prix de la gloire que je me suis acquise en arguant de maint syllogisme. Quant à ces mêmes flammes de feu, c'est pour les fourrures de peaux délicates et de menu vair dont j'avais coutume de me vêtir. Mais ce feu me brûle et me torture. » — Et comme maître Silon révoquait en doute sa douleur, le trépassé, saisissant la main de l'incrédule, y versa une seule goutte du feu liquide dont il était enveloppé. Cette goutte lui troua la main de part en part avec une souffrance horrible. — « Juge de ce que j'endure ! » répliqua le disciple, et il disparut. Effrayé de cet exemple, maître Silon, renonçant à la gloire des combats scolastiques, ne songea plus qu'au salut de son âme. Le lendemain, lorsque ses élèves se réunirent à la leçon matinale, il leur laissa pour adieu ce distique :

Linquo croax ranis, cras corvis, vanaque vanis;
Ad Logicen pergo quæ Mortis non timet ergo (1) ;

et se rendit moine à l'abbaye de Cîteaux en Bourgogne.

Maître Alain des Iles, ou de Lille, fut, vers le même temps, une des célébrités de l'école parisienne. Muni du *trivium* et du *quadrivium*, philosophe, théologien et poëte, versé dans l'Ecriture sainte, dans les lois, dans le décret, dans les secrets de la nature que possédaient les Juifs et les Arabes, dans le Grand-Art enfin, nulle science ne lui était étrangère ; à tel point qu'il avait été surnommé le *grand docteur* ou le *docteur universel*, titres que lui ont conservés l'histoire et la postérité. Voulant donc *proposer* et déployer sur un digne sujet toute sa science, il prit pour texte de son sermon la Trinité. La veille du jour où il devait monter en chaire, conduit par la rêverie et la méditation, il arriva au bord de la Seine et vit un enfant : celui-ci, ayant creusé un petit trou sur le rivage, puisait l'eau du fleuve avec une cuillère et la versait dans ce trou, qui aussitôt la buvait, car la grève était sablonneuse. « Et que fais-tu là ? lui dit le docteur universel. — Je vide la rivière dans ce trou. — Pour n'être qu'un enfant, répliqua le premier, tu pourrais choisir une tâche moins impossible. — Moins impossible que la vôtre, repartit le bambin, car vous voulez expliquer le mystère de la très-sainte Trinité !... » Maître Alain rentra chez lui, troublé dans sa conscience et terrifié par ce qu'il avait vu et entendu. Le lendemain, lorsqu'au moment de prêcher il se trouva en présence de ses

auditeurs, il leur dit, pour tout sermon, ces paroles : *Qu'il vous suffise d'avoir vu maître Alain.* Et il partit sans en proférer davantage. De là il se rendit également moine à Cîteaux, d'autres disent à Clairvaux (1).

Au XVe siècle, notre vieux Villon, le poëte des traditions parisiennes, et lui-même enfant de l'Université, dans sa charmante ballade des *Dames du temps jadis*, où il passe en revue nos légendes nationales, mentionne deux anciens et fameux maîtres, auxquels nous devons encore un souvenir, le moine *Pierre Esbaillart* et Jean Buridan.

Nous ne dirons rien relativement au premier d'entre eux, relativement à cet Abailard dont la science, les malheurs et les dramatiques amours défrayent depuis si longtemps les compositions des arts et de la littérature. Deux mots seulement sur la seconde de ces traditions.

On racontait donc, sous Louis XI, qu'*au temps jadis* une reine de France guettait de son logis, sis en la *tour de Nesle*, au bord de la Seine, les écoliers qui passaient par ce détroit de l'Université, choisissait les plus beaux et les attirait dans sa demeure; puis, qu'après avoir servi à ses plaisirs, ces jeunes hommes, par les ordres de cette reine, aussi cruelle que lascive, étaient précipités de sa propre chambre dans les flots de la rivière, où s'ensevelissaient à la fois la victime et le principal témoin. On racontait encore que l'un de ces écoliers, nommé Jean Buridan, plus heureux que les autres, était parvenu à s'échapper, et que, — s'appuyant sur le fait même qu'il alléguait pour exemple, — il avait préconisé cette thèse : *qu'il peut être bon de tuer une reine...* Ces rumeurs eurent sans doute pour origine les soupçons d'immoralité qui planèrent sur les trois femmes des fils de Philippe le Hardi; soupçons qui, pour deux d'entre elles, Blanche, femme de Charles le Bel, et Marguerite de Bourgogne, femme de Louis le Hutin, se convertirent en témoignages avérés d'adultère. Mais on attribuait les orgies de la tour de Nesle à Jeanne de Navarre, épouse de Philippe le Bel, la même qui fonda le collège de Navarre, et contre laquelle l'imputation judiciaire ne put être prouvée. Robert Gaguin, contemporain de Villon, raconte à son tour ces détails, et les traitant de rêverie, cherche à établir un anachronisme entre Jeanne et Buridan, les deux héros de l'aventure (2). Mais, comme

(1) Voy., pour la fin de sa carrière, remplie d'autres événements merveilleux, le ms. latin de la Bibl. Nat., 6707, fol. 201 à 228; BUL. *Hist. Univ. Par.*, t. II pag. 436 et suiv., etc. La légende de l'enfant qui veut transvaser l'eau s'appliquait également à saint Augustin. (Voy. GUÉNEBAULT, *Dictionnaire iconographique*, 1851, in-4°, p. 82.) Les œuvres d'Alain de Lille ont été recueillies par Charles de Visch, *Antverp.*, 1653, in-fol. Dom Brial a donné, dans l'*Histoire littéraire*, t. XVI, p. 596 à 432, une notice critique de sa vie et de ses œuvres.

(2) R. GAGUIN, *Compendium supra Francor. gestis*, lib. VII. Voy. aussi BRANTOME, *Dames galantes*, discours II, à la fin

(1) Je laisse le croassement aux grenouilles ; demain aux corbeaux ; la vanité aux vains. Je passe à la Logique qui ne craint pas l'*ergo* de la Mort.

Bayle (1) l'a judicieusement remarqué, cet anachronisme n'est point démontré par le pieux compilateur d'une manière absolument irréfragable, et le mutisme des chroniqueurs officiels, — pour qui sait la manière dont alors s'écrivait l'histoire, — est loin de fournir un démenti tout à fait sans réplique à ces allégations de la voix populaire. Il faut avouer cependant que ce silence unanime des écrits contemporains, combiné avec les dates mêmes de l'histoire, contribue, plus encore que l'énormité de l'attentat supposé et de la répugnance morale qu'il inspire, à rendre ce fait incroyable. Jeanne de Navarre mourut en 1304, âgée de trente-trois ans. Ainsi que nous le fait voir Du Boulay, d'après les registres de l'Université, Jehan Buridan naquit à Béthune en Artois de la *nation* de Picardie : ayant fait ses études à Paris, il s'acquit par ses ouvrages, par son enseignement, une immense réputation qui se perpétua dans l'école pendant des siècles. Il s'y distingua surtout comme métaphysicien et dogmatiste ; à diverses reprises il fut investi de dignités universitaires, et mourut vraisemblablement vers 1358, *pour le moins sexagénaire* (2), ayant plusieurs fois rempli les fonctions de receveur, de procureur, et enfin de recteur, charge qu'il occupa notamment en 1320 et 1327 (3).

On le voit donc, cette légende parisienne de *Buridan* et de la *tour de Nesle*, semblable à ces antiques édifices, qui souvent se cachent à demi leur front dans la brume, se présente également à nous entourée de doute, d'incertitude, et pour ainsi dire voilée de cette mystérieuse auréole, qui prête ailleurs un charme vague à d'anciens récits, mais que le temps semble avoir laissée sur le nôtre, comme pour atténuer l'horreur d'un grand crime.

**LETTRES SUR L'ÉDUCATION.**—Le nom de l'homme éminent dont nous entreprenons d'analyser le travail, suffit à lui seul pour en faire apprécier au public toute l'importance. Ancien inspecteur général des études, et, depuis la cessation de ses hautes fonctions, voué à la défense de l'ordre et du principe monarchique, M. Laurentie a publié successivement trois volumes en forme de lettres sur l'éducation de la jeunesse. Omettre d'en présenter

(1) *Dictionn. critiq.* au mot BURIDAN.

(2) *Non minor quam sexagenarius* (Hist. Univ. Par., t. IV, p. 997). L'*obit* ou anniversaire de Buridan, de même que celui des plus illustres docteurs, se célébrait tous les ans au sein de l'Université. Cette commémoration avait lieu dans le mois d'octobre, le jour de l'élection du recteur. (*Livre de la Nation de Picardie*, ms. de la Bibliothèque Sainte-Geneviève. 909, 2, folio 10 verso.) Ses divers ouvrages ont été imprimés en 1487, 1489, 1499, 1500, 1518, in-fol. et in-8°.

(3) Ainsi, d'après ces données, Buridan aurait pu naître en 1279 ; être le héros de l'aventure à l'âge d'environ vingt et un ans, vers 1300 ; devenir recteur en 1320, à quarante et un ans, et mourir en 1358, non-seulement sexagénaire, mais plus que septuagénaire.

au public une esquisse brève, sans doute, mais fidèle, serait nous exposer à encourir son blâme, tant elles sont dignes du plus haut intérêt. L'auteur s'est proposé, dans cette grande œuvre de l'éducation du jeune homme, de développer ses idées en les confiant à l'amour du père, au patronage de la tendresse des mères, et à la sollicitude éclairée des nations. Aussi, a-t-il donné à chacun sa part, et chaque part est belle et touchante. Après l'étude de l'éducation polie et lettrée, savante et chrétienne, il s'est livré à l'examen d'une autre éducation, de l'éducation populaire : question très-digne d'intérêt pour les moralistes ! car dans la société, tous les rangs se tiennent, et l'intelligence est une. Aussi, avoir rendu l'homme bon dans les conditions élégantes, est-ce avoir aussi fait descendre les habitudes de vertu dans les conditions moins fortunées. Toutes les pages du livre que nous citons avec bonheur, démontrent jusqu'à l'évidence le but que s'est proposé l'auteur, soutenu par l'espérance qui doit venir en aide à ceux qui s'adonnent à l'étude modeste des questions d'enseignement. Instruction religieuse, éducation morale, et par cette influence de la pensée chrétienne, raviver l'esprit de famille dans les hauts rangs de la société, et par là, tendre à améliorer à ce contact toutes les classes inférieures : telle est la noble tâche qu'il s'est imposée. Travaillant à rendre l'homme bon, il a travaillé aussi à le rendre heureux. Pour en demeurer intimement convaincu, ne suffirait-il pas de jeter les regards sur ses *Lettres adressées à un père pour l'éducation de son fils.* Il prend dans cette question tout ce qu'elle a de simple. Ce ne sont point des systèmes qu'il discute ; ce sont des idées pratiques et bien mûries qu'il expose. Voulant à tout prix écarter de son sujet si plein de charme ses pensées habituelles de politique, il s'est renfermé dans les limites d'un plan si complet, qu'au lieu de simples lettres, on peut l'appeler un véritable traité d'éducation. Toutes les parties de l'enseignement y sont traitées avec autant de grâce que de simplicité et de profondeur. Dans ce petit cadre d'ouvrage de famille, l'auteur a renfermé toutes les questions de société et d'avenir. Instruction, enseignement, éducation de la famille, collège, début des études, urbanité dans les études, piété dans les études, politesse dans l'émulation, esprit des études, variété des études, choix des livres dans l'éducation, arts dans l'éducation, esprit des sciences, science humaine, suite des études après l'éducation, du caractère et de la vocation, entrée dans le monde ; tels sont les magnifiques aperçus dont les développements sont si ravissants.

« L'éducation, dit-il, c'est tout l'avenir. Pauvres passagers que nous sommes sur cette terre de passions et de troubles, nous nous agitons pour saisir les révolutions dans leur marche et pour en faire sortir le triomphe de nos systèmes et de nos espérances ; et nous ne voyons pas que nos disputes et nos victoires mêmes ne font rien, si les gé-

nérations nous échappent. L'éducation est la raison et la fin des révolutions. L'éducation peut disposer un peuple à l'anarchie comme à la servitude, comme à la liberté. Celui qui s'occupe dans le silence à former la jeunesse aux vertus, est plus prévoyant et plus politique que celui qui cherche à dominer les partis par l'autorité du talent ou l'ardeur de l'intrigue. Celui-ci agit sur un présent qui fuit sans cesse; l'autre va droit à l'avenir. L'un cherche des victoires d'un jour; l'autre un dernier terme aux agitations et aux erreurs. » M. Laurentie, dont nous nous plaisons à répéter le nom, tant il a pour nous de charmes, semble avoir omis à dessein de parler des méthodes d'enseignement. « Mais, dit-il au père de l'enfant, si l'éducation est bonne, les méthodes auront bien peine à ne l'être pas. Cependant je ne vous propose point une indifférence inerte. Vous ne serez ni routinier aveugle, ni réformateur obstiné. Peut-être même les vues d'éducation que je vous ai exposées renferment-elles un système applicable d'enseignement, qui sans efforts, se montrera à vous, à mesure que vous chercherez la pratique de nos idées toutes morales. C'est un soin que j'ai laissé à votre droiture d'esprit, comme à celle de tous les maîtres de l'enfance. Mais que l'éducation garde son importance. C'est là tout l'homme. L'éducation fortifiera votre enfant contre toutes les épreuves de la vie. L'instruction toute seule y serait impuissante. Elle ne l'empêchera pas de tomber sous les coups de l'adversité. Elle ne le préservera ni des folies de la vanité, ni des fureurs de l'amour, ni des délires de l'ambition, ni des mécomptes, ni des anxiétés, ni des désolations de toutes sortes. L'instruction, au contraire, pourra être souvent un aliment de plus au tourment de son âme. Enfin, multiplier l'instruction, ce n'est pas servir les hommes ; c'est souvent multiplier leurs calamités. C'est l'éducation qui fait du bien aux hommes. C'est elle qui les dirige. C'est elle qui les console. C'est elle qui les rend bons et forts tout à la fois. L'éducation, il est vrai, ne se conçoit pas sans une instruction quelconque, puisque diriger les hommes, c'est les instruire. Mais par malheur, l'instruction, telle qu'on l'a faite, ne suppose pas de même l'éducation. Et c'est pourquoi j'ai voulu, dans les lettres que j'ai soumises à votre raison, rendre à l'éducation sa part principale dans l'instruction de l'homme. Dans ma pensée, l'éducation n'exclut aucune des choses qui font partie de l'instruction la plus riche et la plus ornée; mais l'éducation, c'est l'inspiration de l'instruction, c'est sa règle, c'est sa voix intime; c'est l'âme qui vivifie le corps, c'est le génie qui vit dans la création. Sans une telle direction d'idées, l'instruction de l'enfant ne sera pas désarmée, car elle sera morale; elle s'appuiera sur une base large de vertus, et le bonheur naîtra pour lui de cette belle harmonie de sagesse et de lumière qui est la perfection de l'intelligence. »

Nous avons à regretter, allions-nous dire, de n'avoir pas sous la main les *Lettres* de l'auteur à *une mère;* nous avons au contraire à nous en réjouir, puisqu'elles sont si recherchées qu'il nous a été impossible de nous en procurer un seul exemplaire, tant chez les éditeurs (1) qu'autre part. L'empressement du public à les rechercher est le plus bel hommage qu'on puisse offrir à son auteur. Nous ne voulons point finir, sans dire quelques mots de ses *Lettres sur l'éducation du peuple.* D'abord adressées à un curé, elles sembleraient aujourd'hui pouvoir être aussi bien adressées à un philosophe, car la philosophie a fini par soupçonner tout au moins qu'il n'était pas facile de se passer de la religion, quand il s'agit de rendre les hommes meilleurs ou plus heureux. L'ensemble des idées qu'y développe l'auteur est bien propre à corriger des erreurs, à calmer des souffrances, à désarmer des colères, à disposer enfin quelques âmes à la bienveillance, dans une société trop longtemps torturée par la discorde et la haine. « J'ai donné, dit-il, quelques conseils au père et à la mère de l'enfant destiné à orner les salons du monde. Mais l'enfant du peuple, celui que Dieu semble appeler à une vie de travail et de sacrifices, cet enfant sera-t-il inaperçu du moraliste? N'y a-t-il donc pas une éducation pour la misère comme pour la prospérité? Et cette éducation n'est-elle pas grande et sainte? Le peuple, c'est le fond de toute société humaine. C'est donc à lui que doivent aller les vœux de réforme morale. Et aussi le christianisme a commencé par le peuple ; ainsi se manifestaient la grandeur de sa mission et l'universalité de sa bienfaisance. » Mission du prêtre par rapport à l'éducation du peuple, caractère de l'éducation du peuple, mœurs, défauts et vertus du peuple, de l'instruction du peuple, méthodes d'instruction du peuple, le frère ignorantin, la sœur de charité institutrice du peuple, le maître d'école, de l'administration officielle de l'éducation, les amis du peuple, de la liberté du peuple, des grands et des petits, christianisme du peuple, des fêtes du peuple, spectacles du peuple, de l'amélioration du sort du peuple par l'éducation, des vocations du peuple, des théories nouvelles sur l'instruction du peuple : voilà les grands sujets que l'auteur aborde avec une remarquable sagacité; il ne fait pas un règlement d'école, une division de temps, une classification d'études et de leçons. Non certes, et cela, sans doute, était superflu, après tant de lois faites, après tant de livres publiés, après tant de systèmes qui se sont tour à tour succédé.

Non, il ne s'occupe pas des choses techniques pour s'appliquer davantage aux choses morales. L'éducation du peuple en particulier lui a paru mériter toutes ses méditations. Il l'a montrée dans son principe le plus sévère, ne s'occupant pas même toujours du soin d'arriver aux détails d'application. Com-

(1) MM. Lagny frères, rue Bourbon-le-Château, à Paris.

bien aimons-nous à répéter ces paroles : « Ah! que les hommes souffrent donc que les questions qui tiennent à l'existence sociale aient leur liberté et leur dignité. Après tout, je demande que l'éducation du peuple soit rendue chrétienne; les oreilles ne supporteront-elles plus cette parole? Les esprits ne sont-ils plus de force à voir en face l'Evangile? Et puis, qu'est-ce que le christianisme dans l'éducation du peuple, si ce n'est la vertu et la liberté, la lumière et l'égalité, la science et le bien-être? Le christianisme! mais c'est toute l'existence du peuple! malheur aux maîtres du peuple, s'ils n'entendent pas ainsi son éducation; et malheur au peuple lui-même! On croit l'élever pour l'indépendance, on le dresse à la servitude. Le christianisme est la raison de la liberté, et de la dignité humaine; hors de là, vous ne trouvez que la raison de la tyrannie. Et c'est en France surtout, que le peuple doit être disposé à accepter cet enseignement. C'est le christianisme qui a fait la France. Ce sont les prêtres catholiques qui ont fait ses franchises. Ce sont eux qui ont été les gardiens de sa liberté, eux qui l'ont défendue contre les dominations injustes, eux qui ont fait de la monarchie l'œuvre nationale, l'œuvre des masses populaires, l'œuvre de la justice universelle et du droit commun. Il n'y a rien de changé. Le christianisme est toujours là, vivant parmi le peuple; il y est avec ses blessures, mais avec sa gloire; et sa gloire c'est de se mêler aux misères des hommes, pour les soulager et les guérir. C'est par la religion que son éducation sera chrétienne, qu'on travaillera à le rendre heureux, que sa condition deviendra douce pour lui-même et vénérable pour les autres. Pour un peuple qui croit en Dieu, il n'y a pas de misères qui ne se puissent guérir; l'Evangile protége le foyer domestique contre les douleurs, et il protége la patrie contre les oppressions. Un peuple chrétien est sacré. A ses pieds expirent les tyrannies. »

**LINGUISTIQUE MORALE.** — Les études de linguistique tiennent un rang important parmi les travaux littéraires de notre époque; en effet, si la théorie du langage rentre d'un côté dans le domaine du lexicographe et du grammairien, elle touche de l'autre aux questions les plus graves de la philosophie et de l'histoire. Chaque auteur a donc pu exploiter cette matière dans un but spécial, selon ses goûts, son système, ses convictions. Les uns se sont occupés de rechercher l'origine de la parole, d'autres ont discuté l'hypothèse d'une langue primitive; ceux-ci ont poussé leurs investigations sur les étymologies; ceux-là, examiné les organes qui servent à la formation de la voix. Le physicien, l'ethnologue, le spiritualiste ont glané tour à tour dans ce vaste champ. Il reste cependant encore un côté de la question qu'on n'a pas assez examiné; c'est l'influence morale de la parole, son rapport intime avec le caractère des nations et des individus. Nous nous proposons donc de considérer ici le langage :

Comme principe de sociabilité;
Comme moyen de civilisation;
Comme expression morale de l'homme.

I. — Placé au sommet de l'échelle de la création, l'homme doit sa supériorité à la perfection de son intelligence, et à la pensée la force apparente qui vient colorer sa faiblesse native. On l'a dit souvent : réduit à ses facultés physiques, la plus noble créature de Dieu ne serait qu'un animal débile et misérable; c'est à l'aide de l'idée que l'homme embrasse la nature entière, s'en empare, et la rend esclave au service de ses besoins, de ses plaisirs. Il plane au-dessus de l'aigle, il enchaîne la foudre; et l'être, en apparence le plus limité, se rend le maître de la création. Mais, parmi les avantages inhérents à notre organisation intellectuelle, il faut incontestablement placer en première ligne la faculté de parler, prérogative aussi précieuse que celle de l'entendement; car le langage n'est pas seulement l'auxiliaire, mais le complément de la raison, avec l'admirable faculté de fixer ses pensées par des signes matériels, de les communiquer à ses semblables, de s'enrichir des conceptions, des découvertes de tous les temps, de tous les lieux.

L'homme a pu reculer indéfiniment les bornes de sa perfectibilité : et, contemporain de tous les âges, citoyen de tous les pays, conserver les trésors de la sagesse antique, à côté des trésors qu'amasse le présent; sans la parole, point de tradition, point d'histoire, point de discussions, point de science, point de lois, point de société; qui pourrait nommer société la rencontre fortuite de quelques individus, incapables de se communiquer leurs besoins, de combiner leurs projets, de travailler de concert à leur avenir? Imaginons un peuple de sourds-muets; s'il tâche de se donner une forme sociale, combien d'obstacles n'aura-t-il pas à surmonter! que la marche sera chancelante et difficile! Ces considérations, appliquons-les au langage écrit, espèce de corollaire, forme visible du langage; si la parole est l'image fugitive de l'intelligence, l'écriture en devient le symbole permanent; si la parole nous met en communication avec ceux qui sont présents, l'écriture porte nos pensées aux lieux où nous ne sommes point, et la conserve pour les temps où nous ne serons plus.

II. — Rien ne démontre mieux la destination primitive de l'homme à l'état social que cette faculté merveilleuse de se mettre en rapport avec les êtres de son espèce; et cette faculté ne serait-elle pas demeurée stérile, s'il eût été condamné à l'existence solitaire, abrutissante, si souvent et si improprement désignée sous le nom d'état de nature. L'état naturel de l'homme, c'est la vie sociale; hors de là, néant, brutalité, mort; ainsi intelligence, penchants, aptitude, besoins, voilà tout l'homme, voilà toute l'histoire de la civilisation.

Ceci est tellement vrai que toutes les peuplades sauvages finissent par se policer, ou

bien disparaissent dans une nuit sombre et fatale devant l'astre des nations avancées. Les Grecs comprenaient si bien le caractère éminemment social de notre espèce, qu'ils ont désigné les hommes par le mot μέροπες (parleurs); Homère l'emploie comme synonyme et dans le sens du *mortales* des Latins. Dans plusieurs langues d'Orient, le mot homme signifie littéralement *animal parlant*, tandis qu'on y donne aux brutes le nom d'animaux qui ne parlent pas; tant il est évident que cette faculté est distinctive et même constitutive de l'humanité. Si l'on eût moins défini l'homme animal raisonnable qu'animal parlant, peut-être eût-on été plus près de la vérité; car, s'il ne justifie pas toujours la première dénomination, rarement se soustrait-il à l'application de la seconde.

III. — La parole n'est pas seulement un élément vital de sociabilité, mais encore un moyen de perfectionnement. Réfléchissons sur les opérations de notre esprit, nous verrons que tout raisonnement n'est qu'un discours tacite élaboré au dedans de nous-mêmes, dans lequel les idées se succèdent, bien que silencieusement, sous la forme de mots qui les représentent. C'est à l'aide de ces signes conventionnels que nous matérialisons nos réminiscences : sans ce secours, il nous serait impossible de conserver la trace de nos méditations, de suivre cette échelle d'opérations intermédiaires qui nous mène à des conséquences finales, représentées aussi par des signes. Nous n'avons pas besoin, il est vrai, du secours des mots pour conserver l'image, le souvenir des objets matériels; mais il n'en est pas ainsi pour des idées abstraites, pour les impressions purement morales; comment les fixerions-nous dans notre intelligence sans leur prêter une forme; et cette forme, que peut-elle être, sinon la dénomination que nous leur donnons? Essayons donc de peindre dans notre esprit l'ordre, le droit, la fidélité, la constance, comme nous y peignons un arbre, un oiseau, une étoile? Il est évident qu'on ne pense qu'avec des mots; c'est aussi pourquoi chacun pense dans sa langue qui lui est la plus familière. Oui, l'idée jaillit dans l'imagination sous une phrase toute faite, il semble qu'on s'entende parler; bien plus, les philosophes les plus graves laissent quelquefois échapper soudain une partie de leurs méditations : tant il est naturel de se délivrer de l'idée par le mot. C'est à l'aide de ce secours précieux que des prisonniers, condamnés à une affreuse solitude, privés de toute correspondance extérieure, sont parvenus à composer des ouvrages de longue haleine, monuments de ce colloque mystérieux de l'homme avec lui-même. Ce fut dans le silence de sa prison que le Boèce de nos jours (Silvio Pellico), trouva un adoucissement à ses tortures physiques et morales. Isolée de la nature entière, sans livres, sans papier, souvent sans pain et sans lumière, cette noble victime méditait son évangile de philosophie avec

résignation (*le mie Prigioni*). C'est par le seul ministère de ce langage occulte, qu'Euler, privé de la vue, pouvait résoudre les problèmes de la haute géométrie; c'est ainsi qu'un autre aveugle, Saunderson, parvint à donner des leçons de mathématiques (1); enfin, c'est à un homme privé de la vue que nous devons le chef-d'œuvre de toutes les poésies.

Ce que nous appelons méditer, réfléchir, n'est donc qu'un discours intuitif que l'homme tient avec lui-même; dans lequel il s'interroge, répond, discute. Il est évident que ces entretiens ne sauraient avoir lieu sans l'aide des mots, symbole nécessaire de la pensée, et même cause et conséquence de sa formation. Aussi, est-il rare que celui qui ignore l'art de formuler ses idées, puisse donner un grand développement à son intelligence; car les signes, outre qu'ils sont les interprètes de la pensée, servent souvent à l'exciter. Notre esprit ne saisit guère les choses que par leur nom; l'ignorant se promèna dans une vallée, traverse une chaîne de montagnes, et n'éprouve que des sensations vulgaires; au contraire, le botaniste, le géologue, ne sauraient faire un pas sans trouver une source intarissable de réflexions et de jouissances; car tous les objets qu'ils rencontrent sont classés dans leur esprit à l'aide de mots, féconds eux-mêmes en idées. Les Grecs étaient si bien convaincus de cette connexion entre la parole et l'intelligence qu'ils n'avaient qu'un seul mot (λογος) pour exprimer ces deux facultés selon eux identiques. Par la même raison, les mots ἄλογος ou ἀφθογγος (non parlant, *incapable de parler*) étaient synonymes de stupide, d'insensé; la pensée, existât-elle sans le signe matériel, ne serait jamais complète; que ce signe frappe nos oreilles ou notre vue, peu importe, nous lui donnons le nom de parole dans son acception la plus étendue. Il en est de notre intelligence, en particulier, comme de notre être en général. Nous sommes composés d'âme et de corps mais l'âme serait incapable d'action si elle n'était aidée des organes corporels, de même la pensée demeurerait inerte si elle n'était exprimée par la parole. La parole est donc la partie matérielle de l'homme, ce n'est que par le corps et dans le corps que nous sentons l'âme; ce n'est que par la parole et dans la parole que nous sentons la pensée (2), en un mot la parole est une véritable incarnation de la pensée, pour me servir de l'heureuse expression de M. Portalis.

(1) Saunderson avait perdu la vue à l'âge d'un an. Il fut membre de la Société royale et professeur à l'Université de Cambridge. Un fait bien surprenant, c'est qu'il donnait des cours d'optique et expliquait la théorie de la lumière, des couleurs, et les phénomènes de la vision. Il est mort en 1739, et a laissé plusieurs traités fort estimés.

(2) Ces idées se trouvent développées avec autant de clarté que de profondeur dans les *Études élémentaires de philosophie*, par M. de Cardaillac.

Pourquoi les sourds-muets de naissance ont-ils en général l'esprit lourd, l'air stupide ? C'est qu'ils manquent de signes pour matérialiser leurs conceptions, pour symboliser les opérations de leur âme : sans doute ils ne possèdent que des notions vagues, incomplètes ; mais que l'éducation vienne à leur secours, et leur enseigne l'art d'attacher des signes aux idées, on verra leurs figures s'épanouir, prendre de l'expression ; les aveugles ont les traits plus animés, plus de vivacité dans l'esprit, et cela parce qu'ils jouissent de la faculté de parler.

Supposez un homme doué d'une grande aptitude pour le calcul, mais sans aucune idée de chiffres, de caractères numériques ; croyez-vous qu'il puisse pousser bien loin ses opérations arithmétiques ? non certes ; eh bien, il en sera de même pour toutes les sciences, pour toutes les opérations de l'esprit. Nous en avons une preuve dans ces histoires d'enfants sauvages, trouvés au milieu des forêts. Après leur avoir appris à parler et développé leur intelligence, on les a interrogés sur les premières circonstances de leur vie solitaire : jamais on n'a pu tirer d'eux rien de positif, ils n'avaient que de vagues réminiscences. Tout le monde a entendu parler du sauvage de l'Aveyron, âgé de douze ans : lorsqu'il fut pris, à peine conservait-il le plus léger souvenir des événements qui avaient précédé cette époque ; sa vie intérieure s'était écoulée comme l'eau d'une rivière, sans laisser aucune trace ; chaque idée qui avait germé dans son esprit s'y était aussitôt évanouie, mais ce même sauvage se rappelait fort bien une blessure, qu'il s'était faite en tombant d'un arbre, une large cicatrice qui lui en restait avait fixé cet événement dans sa mémoire (1) : tant il est vrai qu'il faut attacher des symboles aux idées pour s'en assurer la possession. Des philosophes ont demandé si le raisonnement peut exister sans la parole ou sans quelque autre signe ; non sans doute ; l'enfant doit sentir avant de parler, mais il faut qu'il parle avant de raisonner. (RIVAROL.)

IV. — Une telle liaison règne entre les signes et la pensée, que celle-ci ne peut se développer ni se perfectionner sans que ceux-là se multiplient : aussi la richesse du langage donne-t-elle toujours la mesure des progrès des nations et des individus. L'élocution de l'idiot est pauvre, embarrassée ; l'homme instruit s'énonce avec clarté ; sa conception est prompte, sa parole logique, sa diction élégante ; riche en pensées, il trouve des termes pour toutes les idées, des formes pour toutes les nuances. Créer une science n'est en vérité souvent autre chose que créer un langage : témoin la botanique. Ces tableaux systématiques, à l'aide desquels nous sommes parvenus à classer

tous les êtres ; ces distributions ingénieuses, par genres, par familles, par espèces, ne sont au fond qu'autant de langages appropriés à chaque spécialité ; ces langages réunis nous présentent la nature entière en un tableau. Toute science est une méthode, une langue ; combien le manque de termes scientifiques n'a-t-il pas entravé les progrès des anciens ! Que de plantes, de pierres, d'animaux, mentionnés par eux, dont il nous est impossible d'assigner les rapports avec ceux que nous avons sous les yeux ! Aristote et Théophraste, Pline et Dioscoride, étaient certainement des hommes d'un profond savoir : on connaît l'immensité de leurs travaux. Cependant on ne peut les regarder, en réalité, que comme les précurseurs de l'histoire naturelle : cette branche importante des connaissances humaines s'est, jusqu'à nos jours, traînée dans une pénible enfance. Pourquoi Linnée est-il reconnu le véritable créateur de la science ? pour l'avoir réduite en système, en avoir réuni les matériaux épars, et formé des généralités, en les groupant d'après des caractères essentiels ou faciles à saisir : or, ces caractères ne sont que des signes, ces signes ne sont qu'un langage. Si de nos jours les sciences et les arts ont fait de grands progrès, on doit principalement en chercher la cause dans la perfection du langage : la plupart des vérités physiques et mathématiques se trouvent comprises dans les bonnes définitions qu'on a données ; la seule nomenclature chimique est déjà un abrégé de la science. Combien de questions se décident par un mot bien approprié ! prenons dans ce sens la proposition peut-être trop générale de Condillac : que tout l'art du raisonnement se réduit à une langue bien faite. Ce n'est pas le tout que de parler le même langage ; il faut encore attacher la même valeur aux mots ; sinon, nul moyen de s'entendre. Mille sophismes n'ont été fondés que sur l'imperfection d'une langue. Que de disputes, de malentendus, de combats, chez les anciens et les modernes, pour ces mots : volupté, bonheur, gloire, liberté, religion, honneur, patrie, et tant d'autres. Certes, le mot *loi* ne signifiait pas la même chose pour un Persan que pour un Grec ; et l'idée attachée au mot *liberté* n'était pas la même à Sparte, à Rome, à Paris.

Avant donc d'entamer une question, l'essentiel est de bien faire sa langue, d'établir nettement la correspondance entre le signe et la pensée : de cette manière il y aura profit de deux côtés ; car le langage et l'intelligence peuvent être comparés à deux ressorts qui ne cessent de réagir l'un sur l'autre ; l'esprit s'éclaire, se développe, à mesure que le langage s'épure et s'enrichit.

V. — Nous avons considéré le langage comme moyen de sociabilité, de perfectionnement : ceci nous conduit à l'examiner comme expression morale des nations et des individus ; cet axiome est vrai : l'esprit se peint dans les yeux ; celui-ci ne le serait pas moins : le caractère se réfléchit dans la voix, c'est lui

(1) Des observations semblables ont été faites sur la jeune sauvage champenoise dont M. de la Condamine a donné l'histoire, sur les sauvages irlandais, cités dans les observations médicales de Tralpius, sur le jeune Lithuanien de Connor, trouvé parmi des ours.

qui en règle le ton et les inflexions. Il existe un rapport incontestable entre nos constitutions physiques et nos passions, entre nos goûts et l'état de nos organes. Ainsi, le son de la voix, considéré comme résultat d'une organisation du larynx, sera en même temps un indice de nos passions, de nos instincts ; il y aura là comme une seconde physionomie, une manifestation spontanée de la vie intérieure. Mûrissez bien cette idée, et vous trouverez dans le langage de chaque nation, jusque dans sa prononciation, le cachet bien distinct de son individualité. — La vivacité ou la lenteur de l'articulation, la dureté ou la douceur des inflexions, le retour obligé de certaines cadences, sont toujours en rapport avec les mœurs, avec le génie des différents peuples. Nous ne pensons pas que le Syrien voluptueux ait jamais parlé comme le Thrace grossier, le Sybarite amolli comme le dur Spartiate. Hippocrate avait déjà remarqué, chez les indigènes des régions tempérées de l'Asie, une voix plus agréable que chez ceux du nord de la même contrée. Jean-Jacques Rousseau a dit de son côté : « Les passions des hommes du midi sont douces : la volupté et la paresse ; l'homme du nord, stimulé par le besoin, luttant contre la nature, a les passions féroces : il est irascible, mécontent, colérique, inquiet ; de là les articulations fortes, les sons durs, violents... Les langues du nord durent donc être criardes, sourdes, monotones ; celles du midi sonores, accentuées, délicates, modulées. » En effet, l'âpreté d'un peuple le rendra insensible à cette lenteur cadencée, propre aux idiomes perfectionnés ; son impatience lui fera toujours préférer les mots brefs et rapides. Des hommes de cette nature tendront toujours à la contraction, à l'abréviation des mots ; ainsi, peu leur importera l'harmonie ; leur oreille n'est pas assez délicate pour apprécier ces artifices euphoniques qui lient les mots, adoucissent les consonnes. De la rapidité, voilà tout ce qu'ils demanderont au langage.

L'histoire vient confirmer ces observations. Les écrivains, témoins des invasions des Cimbres, des Teutons, des Lombards, etc., ont observé que ces peuples avaient la prononciation rude et la voix très-forte. Un auteur contemporain (Jean le Diacre), parlant des Franks, compare leur voix au bruit du tonnerre. « Ils broyent, dit-il, les mots bien plus qu'ils ne les prononcent. » C'est, en effet, l'impatience du caractère qui nous porte à abréger les mots, les phrases, les périodes. L'homme violent est toujours concis ; sa voix est heurtée, saccadée. — Les Franks n'étaient pas sensibles à la douceur des voyelles. Leur bouche se plaisait, pour ainsi dire, à broyer des consonnes, comme dans ces mots : dextre, ordre, perdre. Ils ne faisaient des mots que pour le besoin, jamais pour le plaisir ; ils cherchaient plutôt à dévorer les syllabes qu'à les prononcer : le mot le plus court était pour eux le plus agréable ; de là ces monosyllabes nasillards : vin, pain, main, point, loin, soin, poing, etc..... Jamais les Franks n'eurent l'oreille

musicale, ni le véritable goût de la musique : on sait que Charlemagne voulut en vain le leur inspirer. Il sera bon de nous rappeler ici que la grande confédération germanique, connue sous le nom de Francs ou Franks, était principalement établie sur les terres basses et submergées, qui s'étendent entre les embouchures du Rhin et du Weser ; leur prononciation devait donc se ressentir des défauts attribués aux habitants des pays marécageux : de là les sons rauques et nasillards, dont se plaint l'auteur que je viens de citer. « La langue des Franks était tudesque, c'est-à-dire de vieil allemand, peu délicat, mais court, significatif, et ajusté aux mœurs d'une nation qui aimait plus les effets que les paroles. » (MÉZERAY, Histoire de France.) Le celtique avait aussi un caractère de rudesse très-marqué, si nous en croyons les historiens grecs et romains. Selon Pline le Jeune il était impossible de faire entrer un mot celtique dans un vers latin, sans le gâter entièrement. Diodore de Sicile et l'empereur Julien comparent la prononciation des Celtes au croassement et aux cris sauvages des animaux.

Un effet de l'influence qu'eurent les Franks dans la formation du français, ce fut la mutilation abréviative d'une quantité de mots latins ; ainsi, de casus, collum, ossum, aurum, brachium, pavimentum, nomen, donum, sanguis, ferrum, civitas, etc., on a fait cas, col, os, or, bras, pavé, nom, don, sang, fer, cité, etc. Cette suppression de syllabes n'a pas eu lieu dans les autres langues néolatines. L'espagnol dit : caso, cuello, hueso, oro, brazo, nombre, sangre, hierro, ciudad, etc. L'italien n'a rien tronqué non plus ; il prononce : caso, collo, osso, oro, braccio ; pavimento, nome, dono, sangue, ferro. Il paraît en outre que la prononciation des voyelles tend à se rétrécir à mesure qu'on remonte du Midi vers le Nord. Cette modification tient à une cause physique : car le froid resserre les organes et contribue à diminuer l'ouverture de la bouche. D'après ce principe, l'a des Latins prend souvent le son de l'é dans les mots français correspondants ; ainsi, de charus, amarus, pater, mater, labium, mare, navis, nasus, volare, regnare, etc., on a fait cher, amer, père, mère, lèvre, mer, nef, nez, voler, régner. Il en est de même pour les désinences en a ; en général, elles sont rendues par e en passant du latin au français. Ainsi, terra, planta, herba, gloria, rosa, lingua, etc., deviennent terre, plante, herbe, gloire, rose, langue. Ces changements n'ont eu lieu ni dans l'italien ni dans l'espagnol ; bien plus l'a des Latins n'a pas subi de variations dans cette partie de la France qui a été la moins sujette à l'influence des Franks. C'est ainsi que dans le Languedoc et en Provence, cette voyelle se prononce ainsi qu'en Espagne et en Italie. Une pareille modification de terminaisons ne cesse d'avoir lieu, même de nos jours, lorsque les Français et les Italiens se font des emprunts réciproques : caricature, cavatine, pasquinade, gondole, gazette, cascade, lésine, faïence, vedette, sentinelle, sont des mots italiens

adoptés en France, moyennant la simple substitution de l'e final à l'a; *bajonetta*, *brigata*, *botta*, *madama*, *pariglia*, *pertigiana*, sont des mots français devenus italiens par la substitution inverse. On pourrait multiplier ces exemples à l'infini.

4 Indépendamment de l'aisance de prononciation, les langues méridionales jouissent d'une plus grande abondance de voyelles; c'est là le secret de leur harmonie, de leur sonorité. Tel était le Grec qu'Horace caractérise par l'épithète d'*os rotundum*; tel le langage des Espagnols et des Italiens; les habitants du Midi mettant plus de vivacité à tout ce qu'ils font, il en résulte que leur accent se trouve plus accentué, leur phrase moins monotone.

« Un Gascon, dit Marmontel, vous demande: Comment vous portez-vous? d'un ton gai, vif, animé, qui se relève sur la fin de la phrase. Le Normand fait la même question d'une voix languissante, qui s'élève sur la pénultième et retombe sur la dernière, à peu près du même ton que le Gascon se plaindrait. »

Ainsi, dans chaque pays, le climat, l'organisation physique, les habitudes de la vie, exercent une influence sensible sur le caractère du langage.

Ne parlons pas d'une uniformité impossible, puisque la nature a refusé à certains peuples toute aptitude pour certaines articulations, qui ailleurs font partie essentielle du système phonique. C'est donc au dedans de l'homme, dans son être physique, qu'il faut chercher la cause première de la différence des langues. Ainsi, les indigènes du nord de l'Amérique n'ont aucune idée des labiales *b, p, m, f*, parce qu'en parlant, ils ne ferment jamais bien la bouche; les sons *c, g, k, q, s, x*, sont inconnus à la plupart des insulaires de la mer du Sud; les Hottentots gloussent absolument comme des poules. Les naturels du port Jackson, et en général ceux de l'Australie, ne peuvent venir à bout de prononcer l'*s*; le son *r* manque à la langue chinoise. Les habitants de Taïti n'ont jamais pu appeler le capitaine Cook que du nom de *Taptain*, *Toate* ou *Touté*. Le célèbre Bougainville, l'un des premiers qui abordèrent à cette île, ne fut connu chez eux que sous le nom de *Poutaveri*, quelque peine qu'il se donnât pour leur apprendre à prononcer son nom. Le voyageur russe Golowkin, ne put jamais se faire appeler autrement que *Covorin* au Japon. Les Abyssiniens manquent de la lettre *p*; aussi, au lieu de Petrus et Paulus, ils disent *Kétros* et *Kaulos*. Lorsque d'Entrecastreaux visita les îles des Amis, en 1793, il ne put jamais réussir à faire prononcer aux naturels le mot Français; ils disaient toujours *Palançais*, malgré leurs efforts pour mieux articuler (1). Les récits des voyageurs

fourmillent de ces anomalies, qu'on ne saurait expliquer sans les attribuer aux influences locales.

Les habitants des pays chauds ont besoin d'une respiration plus fréquente pour renouveler l'air des poumons; voilà pourquoi ils emploient un plus grand nombre de voyelles; et comme la chaleur relâche toujours les organes, il s'en suit que ces peuples ouvrent singulièrement la bouche en parlant, et qu'ils abondent en sons gutturaux : témoin les Arabes et les Espagnols.

Le froid produit un effet tout opposé: aussi, les langues du Nord se distinguent-elles par des articulations dentales, sifflantes, nasales et palatales. Il y a des peuples qui aspirent, d'autres qui chantent, d'autres qui labialisent en parlant. Ce qu'on appelle accent du pays n'est donc qu'une prédisposition naturelle, une façon de parler, pour ainsi dire, spécifique pour chaque peuple, dont on ne parvient jamais à se corriger tout à fait. On n'a qu'à demander aux maîtres de langues combien il en coûte pour faire prononcer à un Italien l'*u* et l'*eu* français, ou à un Français le *ge* et *gi*, le *ce* et le *ci* des Italiens, ou à tous les deux le *the* des Anglais et le *ch* des Allemands. Ce n'est qu'à force de persévérance et en se créant, pour ainsi dire, de nouvelles cordes orales et acoustiques, qu'on parvient à imiter, même imparfaitement, ces sons étrangers. A ce sujet, une anecdote assez plaisante nous a été conservée par Erasme. Au couronnement de Maximilien II (en 1564), les envoyés des différentes cours de l'Europe s'étant présentés pour complimenter cet empereur, chacun d'eux le harangua en latin; mais il y eut une telle différence dans leur manière de prononcer, que les assistants furent persuadés que chaque envoyé venait de parler dans sa langue maternelle

VI. — Et maintenant révoquera-t-on en doute que s'il est un accent particulier au climat, il en existe un autre qui naît des mouvements de l'âme? Chaque passion s'exprime par une nuance particulière de la voix. Un caractère violent et grossier s'annonce d'ordinaire par un ton haut et brusque. La parole brève, dure, véhémente, s'associe à une volonté inflexible, à un esprit contrariant. On a observé que les hommes d'un tempérament bilieux parlent peu et avec mesure, comme s'ils craignaient de dissiper leur pensée. C'est le caractère des Anglais et des Hollandais; les Français, au contraire, sont parleurs et communicatifs; partout on les reconnaît à ces qualités, qui contrastent singulièrement avec les habitudes silencieuses de leurs voisins. La voix est forte dans la colère, éclatante dans la joie, lente et pénible dans l'affliction, douce et flexible dans les épanchements d'amitié. L'accent de la crainte est tremblant, étouffé; l'ironie, le sarcasme, la dérision s'annoncent par des ricanements aigres et caustiques. Un timbre ingrat, aigu,

---

(1) VIREY, *Histoire du genre humain*; DESBROSSES, *Formation mécanique des langues*; BRUCE, *Voyage aux sources du Nil*; COLVEIN, *Voyage au Japon*; FLONDERS, *Voyage à la Nouvelle-Hollande*; COWPER, *Voyage en Afrique*. — *Encyclopédie méthodique* article LANGUE.

glapissant dénote assez communément un caractère faux, une tête vide, un esprit de travers; l'homme probe et positif s'énonce avec candeur; la dissimulation et la perfidie se cachent sous un langage souple, artificieux; une voix flûtée, mielleuse, traînante, sent le flatteur et l'hypocrite; c'est le ton de l'intrigant qui vise à tromper; ce trait n'a point échappé à l'Arioste dans son admirable peinture de la discorde. Elle avait, dit-il, une telle douceur, une telle modestie dans le discours, qu'elle ressemblait à l'ange Gabriel, lorsqu'il salua la sainte Vierge :

Area piaceval viro, abito onesto
Un muil volga d'occhj, un andar grane
Un parlar si benigno e si modesto
Che pacea Gabriel che dicesse ave.

(*Orlando furioso*, c. xiv.)

Il n'y a donc point de singularité de caractère, de bizarrerie d'esprit, qui ne se révèle par le son de la voix : la preuve la plus évidente, de cette analogie, les aliénés et les maniaques nous la fournissent; chez eux les passions éclatent avec plus de force, se peignent avec plus de vérité (1).

Pour le penseur, il y a une sorte d'évidence auditive qui lui permet de préjuger des caractères des hommes d'après leur organe vocal : « Parle, que je te voie, » disait un sage de l'antiquité, persuadé que non-seulement la substance du discours, mais encore son expression matérielle sont le miroir mystérieux de l'âme. « J'ai toujours considéré, disait Necker, comme un préjugé favorable cette mesure dans le discours, qui annonce l'habitude de la réflexion et une certaine tempérance dans l'imagination. » On cite l'exemple d'un professeur de Manchester qui, à force d'observations et d'expériences, avait acquis la faculté de tirer d'assez justes conjectures du tempérament et des passions des hommes, d'après les seules nuances de leur voix (2); il est parlé d'un aveugle qui, se tenant à l'entrée des spectacles, savait démêler dans la voix des personnes les traits principaux de leur caractère.

Mais si la voix est l'interprète du cœur, elle exerce en même temps sur lui un empire irrésistible; aussi, les grands orateurs n'ont-ils rien négligé pour perfectionner leur déclamation, pour donner à leur voix toute l'étendue, toute l'énergie possible; une articulation distincte, une prononciation correcte, un débit harmonieux sont pour moitié dans le succès de l'éloquence. C'est comme le coloris qui relève les perfections d'un tableau, et sert à en dissimuler les défauts. Il y a dans l'expression matérielle de la voix un charme secret qui captive l'âme, entraîne la conviction. Montaigne a dit que la voix est la fleur de la beauté. En effet, c'est elle qui fait naître souvent les inspirations les plus tendres, les sentiments les plus passionnés; une actrice, Mme Desgarcins, désarma, par la magie de sa voix, des assassins qui s'étaient introduits chez elle. La plus belle des femmes, avec une voix masculine, pourrait bien nous laisser sans émotion; et Lavater n'avait pas tort lorsqu'il disait à son secrétaire : « Mon ami, faites-moi le plaisir d'adoucir votre organe, afin qu'on vous aime davantage. »

Il est maintenant facile de comprendre pourquoi non-seulement les langues se perfectionnent, à mesure que l'esprit fait des progrès, mais aussi pourquoi la prononciation acquiert plus de grâce, à mesure que les mœurs deviennent plus polies. L'expression matérielle du caractère ne peut manquer de s'adoucir en même temps que le fond s'améliore; l'oreille se forme alors, et l'harmonie devient un besoin. Il est de fait que, depuis environ trois siècles, la prononciation et l'orthographe ont suivi en France la marche progressive de la société. Bien des dissonances, des articulations ingrates ont été sacrifiées à l'euphonie. Nous n'écrivons plus maintenant *ung, prebstre, la royne, la sepmaine, mieulx, aage, doulceur*, etc. L'amélioration apportée dans l'orthographe de ces mots en implique une semblable dans la manière de les prononcer; nous pouvons établir ce parallélisme sur des autorités irrécusables : on voit des exemples de ces heureux changements dans les ouvrages d'Henri Estienne et de Pasquier.

L'influence politique et littéraire de l'Italie ne fut pas étrangère à ces résultats : on parlait italien à la cour, même avant les règnes de Catherine et de Marie. On sait que ces deux princesses amenèrent en France une foule d'artistes, de littérateurs et de personnages de distinction, qui contribuèrent à propager le goût de l'italien, à donner plus de douceur au langage de la haute société. L'exemple ne tarda pas à être suivi par la ville et par les provinces; mais ces innovations trouvèrent des opposants, entre autres le célèbre Henri Estienne, auquel on ne saurait contester le mérite d'avoir connu à fond la langue et la littérature des deux pays. Ce fut à cette occasion qu'il publia son traité de la *Précellence du langage français*, et un autre écrit assez curieux intitulé : *Du français italianisé, et autrement déguisé principalement entre les courtisans de ces temps* (Anvers, 1583). Tout le monde convient aujourd'hui que ces deux écrits, dictés par la passion, manquent souvent de saine critique et de bonne foi. Néanmoins, la grande colère d'Henri Estienne peut être justifiée en ce sens, que la manie d'imiter les Italiens avait introduit une série de mots et de formes qui répugnent au génie de la langue française et dont le bon goût a depuis fait justice. Pasquier, son contemporain, se plaint également de ces néologismes. « Depuis trente ou quarante ans, dit-il, dans ses *Recherches de la France*, nous avons emprunté plusieurs mots à l'Italie : comme *contraste* pour *contention*, *concert* pour *conférence*, *accord* pour *advisé*, *garbe* pour je ne sais quoi de bonne grâce, *pédant* pour un maître ès arts mal appris... et de malheur

---

(1) Voyez DE GÉRANDO, *Des signes et de l'art de penser.*

(2) Observation de Moreau de la Sarthe.

pour en emprunter des nouveaux italiens. »

Un pareil mouvement de progrès n'a pas eu lieu seulement en France, mais en Allemagne, en Angleterre, en Italie, comme il est aisé d'en juger en comparant les monuments écrits de ces langues, depuis la Renaissance jusqu'à nos jours. Les patois populaires ont eux-mêmes obéi à l'influence de la civilisation, ils sont maintenant partout moins grossiers qu'autrefois.

VII. — Si de la matérialité de la parole, nous passons à l'esprit, à la substance même du discours, nous aurons occasion de remarquer des analogies plus frappantes encore: les mœurs, les habitudes, l'éducation politique, les croyances religieuses, sont autant de causes qui influent sur notre manière de penser, et conséquemment sur le caractère du langage; des observations sans nombre viennent appuyer cette vérité; nous n'avons même qu'à regarder autour de nous, pour en demeurer convaincus. Quelle différence du citadin au campagnard, malgré les relations journalières qu'ils ont ensemble; il y a plus: dans la même ville, les habitants de divers quartiers ont des façons différentes de s'exprimer: telle phrase, tel mot qui a cours aux barrières ne sont pas reçus à la cité; on ne parle pas au Marais comme au Pays latin. A Rome, les Muntigiani et les Transteverini se reconnaissent aux nuances bien prononcées de leur langage; il en est de même à Vienne, à Naples, à Milan, dans toutes les grandes villes. Ce n'est pas tout encore: outre cette différence due à la localité, il en existe une autre, la différence de caste; chaque rang de la société a comme un idiome à lui, un choix de mots à part: la cour et la bourse, le comptoir et le palais, l'église et la caserne se distinguent par les démarcations de leur langage.

Un dernier exemple qui concourt à établir irrésistiblement cette double correspondance entre l'esprit et la parole, nous est fourni par la nation juive. Ce peuple singulier, resté debout au milieu des ruines de sa religion et de son gouvernement, dispersé dans tous les climats, parlant toutes les langues, conserve toujours son cachet originel; partout on le distingue à son accent, à des cadences inconnues aux autres habitants de la même contrée; il a partout des phrases, des idiotismes, une élocution significative qui n'appartiennent qu'à lui. Qu'un juif veuille vous engager dans une entreprise, vous raconter un événement, vous porter une plainte, il le fera toujours à sa manière; cette originalité tient à son éducation, à son système de vie, à ses croyances; les Juifs se mêlent le moins possible aux autres races; ils tiennent avec persévérance aux doctrines, aux traditions, aux pratiques de leurs pères; il font une société à part, une ville dans chaque ville, un peuple dans chaque peuple; c'est ainsi qu'ils ont conservé un type de langage, comme ils en ont un de physionomie et de caractère.

« Le style est l'homme, » a dit avec raison l'éloquent historien de la nature; chaque écrivain se peint dans ses ouvrages. Que dix auteurs traitent le même sujet: ils suivront dix marches différentes, pour arriver peut-être au même résultat; chacun aura sa manière de sentir, d'exprimer ses sensations. Ces spécialités sont surtout remarquables chez les femmes: c'est dans leurs écrits qu'on trouve ces grâces de style, cette finesse, cet abandon excentrique auquel les hommes les plus profonds et les plus éloquents ne sauraient atteindre; le fougueux Mirabeau était en extase devant les lettres de madame de Sévigné. Le lion admirait la gazelle.

VIII. — Ces différences sont tellement dépendantes du sentiment et de la vie intérieure, qu'elles existent non-seulement d'individu à individu, mais de pays à pays. « Le génie des Romains se peignait admirablement dans la majesté, la concision, l'énergie de leur langage: c'était à la fois la langue des combats, de la politique, de l'éloquence, de la religion. » (COURT DE GEBELIN.) Les Grecs, nation éminemment spirituelle et poétique, avaient, dans leurs discours, plus d'abondance, d'harmonie, de figures, mais moins de gravité. Parmi les nombreux exemples de la noble concision des Romains, qu'il me soit permis d'en choisir deux bien remarquables. — Bocchus, roi de Mauritanie, après avoir longtemps guerroyé contre la république, se décida enfin à abandonner son gendre Jugurtha, et entama une négociation avec les vainqueurs, demandant de nombreuses concessions pour prix de sa défection honteuse; voici toute la réponse que lui fit le Sénat: *S. P. Q. R. regi Bocchu veniam dat, pacem et amicitiam, si meruerit.* Rien dans ces douze mots ne trouve compris tout un traité de neutralité ou d'alliance, comme l'on voudra; arrivons maintenant à l'exemple d'un traité de paix: *Pœni Sicilia universo excedunto; cum Hierone bellum ne gerunto; captivos omnes sine pretio Romanis reddunto, argenti talenta euboica bis mille et ducenta pendunto.*

Tel est le texte entier de la transaction qui termina une guerre de vingt-quatre ans (la 1re punique), et régla toute la politique des deux nations les plus puissantes de la terre. Combien ne faut-il pas maintenant de protocoles, de préliminaires, de longues formalités, pour concilier les moindres différends, par fois même entre des Etats de la plus médiocre importance!

Si des anciens nous venons aux modernes, nous trouverons que, chez les Espagnols, l'emphase et la gravité du discours décèlent la noblesse des sentiments et la fermeté du caractère. L'harmonie, l'abondance, l'énergie, sont le partage de l'italien, langue éminemment poétique, se prêtant également aux conceptions de la haute philosophie, aux sciences exactes, aux théories politiques, triple carrière dans laquelle l'Italie a laissé des traces lumineuses.

« La langue italienne, dit le président des Brosses, est encore restée la plus belle de l'Europe: ce même témoignage lui a été

rendu par d'Alembert, Voltaire, Marmontel, Bitaubé, Guinguené et autres littérateurs et savants français et étrangers, comment concevoir alors qu'un écrivain moderne, aussi remarquable par la variété de ses connaissances, C. Nodier, ait pu appliquer l'épithète d'efféminée à la langue de Machiavel, de Vico, de Savonarola, de Galilée, de Dante, de Davila, de Davanzati, de Bembo, de Chiobrera, de Pariota, de Foscolo, d'Alfieri, de Leopardi, et d'une foule d'auteurs estimés pour la mâle énergie de leurs pensées et de leur diction ; une langue éminemmment épique et qui tient le premier rang dans l'épopée moderne ne peut pas être dite efféminée ; seule aussi parmi les langues vivantes, elle sait se prêter au style épigraphique sans trop perdre de cette concision et de cette majesté qui constituent le mérite du langage latin, dont elle est l'héritière la plus immédiate.

La langue française, vive, claire, élégante, précise, est la langue sociale par excellence et, par là même, le type fidèle du caractère national. La régularité de sa syntaxe, sa richesse en termes techniques, la délicatesse extrême de ses nuances, la rendent aussi propre aux discussions les plus profondes qu'aux sujets de peu d'agrément. C'est à ses qualités incontestables qu'elle doit le privilège d'être, dans les temps modernes, ce que fut la langue latine dans les temps anciens, l'interprète universelle du monde civilisé. Le temps semble être venu de dire le monde français, comme autrefois le monde romain (1). La bienséance, les sentiments de sympathie que je professe pour la France n'ont aucune part dans le jugement que je porte ici sur la langue française ; cette justice que je lui rends n'est que le résumé des opinions des plus célèbres littérateurs italiens, entre autres de A.-M. Salvini, de Cesarotti, de Calsobigi, de Denina, d'Algarotti, etc. Il est également avéré que, parmi les langues modernes, aucune n'approche autant du génie du grec que la langue française ; c'est, pour nous servir d'une expression du président Des Brosses : *C'est un enfant qui ressemble plus à son aïeul qu'à son père*; car, tandis que le matériel des mots est surtout tiré du latin, les phrases, les idiotismes, l'esprit de la langue ont plus d'analogie avec le grec ; le génie du peuple l'a emporté sur l'ordre de filiation.—H. Estienne a laissé, parmi ses nombreux écrits, un *Traité de la conformité du grec avec le françois*; cette thèse a été souvent reprise et continuée par d'autres.

En résumé, il en est des langues comme de la musique : chaque peuple en a une analogue à son caractère ; le rhythme en est gai et léger en France, passionné en Italie, triste et sauvage sur la harpe calédonienne et sur la terre glacée du nord ; les airs nationaux des pâtres suisses et tyroliens sont empreints d'une mélodie flexible et pathétique, type obligé de toute musique montagnarde. L'expression historique du langage est

très-réelle : je pourrais en puiser des preuves dans les langues anciennes. Il ne s'agit souvent que d'analyser un seul mot pour y trouver la révélation de tout un système : ainsi, par exemple, les Grecs ont donné à l'âme le nom de *Psyché* (ψυχή), mot qui, pris littéralement, signifie un *papillon*. C'est qu'ils croyaient à une autre vie, dont le papillon est le symbole, puisqu'il survit à sa chenille, comme l'âme survit au corps : celle-ci se dégage de ses liens et prend son essor, comme le papillon s'élance de sa coque et se dérobe à notre vue.

Dante, si profondément versé dans les mystères de l'ancienne philosophie, n'a pas manqué de saisir cette allusion.

> Non vaccorgete voi che noi siam verm
> Nati a formar l'angelica farfalla
> Che va alla giustizia senza schermi?

Les Romains, au contraire, se sont servis des mots *anima, spiritus*, pour désigner la partie immatérielle de notre être : dénominations indéterminées, qui signifient proprement vent, souffle, haleine, et répondent assez à l'idée d'une substance aérienne, subtile, invisible, dont ils sentaient la présence sans trop en approfondir ni la nature ni la destinée. Si nous manquions d'autres documents pour établir les doctrines psychologiques de ces deux peuples, ces seuls mots nous suffiraient pour fixer nos idées. Les Grecs ont appelé l'Etre suprême *Theos* (Θεός), d'où le *Deus* des Latins. Les érudits trouvent la racine de ce mot dans un ancien verbe qui signifie *courir*. Pour se rendre raison de cette étymologie, il faut remonter à l'époque très-reculée où l'on adorait le soleil et les astres, qui nous semblent continuellement courir dans l'espace. Ce culte est tombé ; mais le mot nous reste, comme document d'une ancienne erreur. Les chrétiens semblent avoir été plus frappés par l'idée de la force et de la toute-puissance de Dieu, qu'ils désignèrent par le mot *Dominus*, c'est-à-dire le Seigneur, le Maître, le Dieu fort, à l'imitation des Hébreux (1). Les peuples d'origine teutonique se plurent à caractériser la Divinité par l'attribut de la bonté : de là sont venus les mots de *god* et *gott* (littéralement *le bon*) des Anglais et des Allemands. A part la justesse de ces différentes dénominations, la dernière est à coup sûr la plus consolante. Les recherches des savants modernes ont fait connaître l'analogie qui existe entre le persan et l'allemand : or, dans l'ancien persan, *god* signifie *prince* ou *roi*. On sait que les rois de Perse étaient adorés comme des dieux. Dans les langues scandinaves, *god* signifie *prêtre* ou *grand prêtre* : c'est toujours la même analogie.

En poursuivant de semblables recherches, on pourrait trouver dans les langues la trace des progrès des arts et de l'industrie, comme nous venons d'y trouver celle des opinions.

(1) Michaelis, *De l'influence réciproque de l'opinion et du langage*; Toussaint, *Induction qu'on peut tirer du langage*; Surzer, *Influence du langage sur la raison et de la raison sur le langage.*

(1) Rivarol, *De l'universalité de la langue française.*

Nous ne présenterons ici qu'un exemple à l'appui de notre assertion : toute l'histoire de l'écriture, toute la nomenclature des artifices employés jadis pour fixer la parole, se trouvent consignées dans les dénominations que nous appliquons aux procédés modernes de l'art d'écrire, quoique tout à fait différents de ceux des anciens. Le papier nous rappelle ce souchet du Nil (*papyrus*), avec lequel on a fabriqué le plus ancien papier connu. Dans le mot *livre*, nous avons une tradition de l'ancienne méthode d'écrire sur l'écorce intérieure des arbres (*liber*). Nous disons toujours une *feuille de papier*, parce que, dans les temps les plus reculés, il était d'usage d'écrire sur les feuilles des arbres.

Ce moyen était principalement adopté pour rendre les oracles; Virgile y fait allusion lorsqu'Énée dit à la sibylle :

> . . . . . Foliis tantum ne carmina manda
> Ne turbata volent rapidis ludibria ventis.

Les anciens roulaient leurs manuscrits autour d'une tige de fer ou de buis; en cet état, ceux-ci prenaient le nom de *volumen* (rouleau), du verbe *volvere* (rouler). Ces rouleaux, qu'on plaçait debout sur les tablettes des bibliothèques, ne ressemblaient pas mal à des rondins de bois; et ce fut d'après cette analogie que le mot *caudex* ou *codex* (tige, tronc) devint synonyme de *volume*. — Nos livres sont composés de pages ouvertes et réunies de toute autre manière; ils ne ressemblent pas le moins du monde à des rondins, et cependant les noms de *code* et de *volume* restent dans les langues modernes, comme pour jalonner les phases successives de l'écriture depuis ses premiers essais jusqu'à nos jours. L'expression même du *style*, que nous n'employons plus qu'au figuré, dérive de cette espèce d'aiguille ou de poinçon (*stylus*), dont on se servait, à Rome, pour écrire sur les tablettes enduites de cire.

Nous avons conservé ce même nom de *tablettes* aux petits cahiers sur lesquels nous consignons nos notes journalières, quoiqu'ils ne soient plus composés de petites planches (*tabulæ*), comme chez les anciens. — On pourrait étendre ces mêmes observations aux autres langues. En allemand, le mot *buch* signifie en même temps un *livre* et un *hêtre*. Le mot anglais *book* (livre) dérive également des racines teutoniques *boe* et *bog*, qui signifient un *hêtre*. — C'est par une raison tout à fait analogue que les Suédois donnent aux lois le nom de *balk* (poutre, solive), parce que c'était autrefois sur des poutres qu'on gravait les lois, pour les porter à la connaissance du public. On donne proprement le nom de *balk* aux différents chapitres ou sections qui composent chaque loi; c'était en effet sur autant de planches séparées qu'on gravait ces subdivisions. Cette manière d'écrire paraît remonter, dans le Nord, à une date très-reculée. On connaît l'existence d'un savant islandais, nommé Olof, qui avait gravé l'histoire nationale en caractères runiques, sur la charpente de sa maison — Un célèbre guerrier scandinave avait

rédigé le récit de ses exploits sur le bois de sa chaise et de son lit. Cet usage de graver l'écriture sur bois avait été commun aux Romains, au dire de Denys d'Halicarnasse; Horace y fait allusion dans ce vers de son *Art poétique* :

> Oppida moliri, leges incidere ligno.

Toutes les preuves que nous avons données, les citations que nous avons faites, doivent avoir bien démontré d'abord l'esprit des langues, leur genre d'utilité, leur influence sur l'homme, puis leur dissemblance frappante. Un fait certain, c'est qu'on y pourrait retrouver toute l'histoire des peuples. Qu'on nous permette ici une supposition qui n'est pas physiquement impossible. Admettons que, par l'effet d'un grand bouleversement, un peuple entier ait disparu sans laisser d'autres traces de son existence que sa langue, nous disons que ce seul monument suffirait pour établir des conjectures plausibles sur le caractère, le mérite, et même sur l'histoire morale et politique de ce peuple. Organisation physique ou morale, civilisation, splendeur ou misère, sciences ou ténèbres, tout est dans le langage. Ce don précieux fut accordé à l'homme, en quelque sorte, pour jalonner l'espace et mettre de l'ordre dans les siècles. La raison, sans le langage, ne serait plus qu'un instinct. Que demain il surgisse un peuple ou une colonie de muets, ces malheureux, farouches entre eux, peu inventifs, ne se douteront que des nécessités de la vie. Quel bien est-ce déjà que cette faculté de parler! Grâce au Créateur, il est dans la nature humaine d'aspirer et d'atteindre à la perfection la plus étonnante du langage, de revêtir tous les objets, toutes les idées, d'une musique de sons. C'est alors que la voix de l'homme rappelle de moins loin celle des anges, et que les fils d'Adam peuvent rêver de l'Eden.

**LITTÉRATURE ANCIENNE** (IMPORTANCE DE LA). — L'étude de la littérature ancienne, dont le moindre mérite est d'avoir élevé la nôtre à sa hauteur, devient chaque jour la matière de nouvelles objections qui méritent d'être examinées, quand on se rappelle que les noms de *patrie* et de *liberté*, si chers aux républiques, furent souvent invoqués par le crime. Hélas! y a-t-il rien de saint, dont l'homme ne soit capable d'abuser?

Eh! si l'étude de l'antiquité retenait l'élan de l'esprit, si les auteurs anciens n'avaient traversé les siècles que pour venir heurter avec fracas contre le trône des monarques; nouveaux Vandales, nous devrions tout détruire, tout anéantir; il faudrait renouveler le sanctuaire des lettres et le purifier comme d'une profanation: mais le culte de la littérature moderne, celui de la monarchie, n'exigent pas des sacrifices aussi douloureux; c'est pour nous en convaincre, que nous ne saurions dissimuler l'utile influence que les lettres anciennes exercent sur l'esprit et le cœur, en inspirant également les idées épurées du goût littéraire et des doctrines monarchiques.

Dans le système actuel des mœurs, de la législation, de la politique européenne, les sciences et les arts, sortis de la société pour l'embellir et la civiliser, nous entourent partout de leur influence; d'autant plus importants, que par leurs principes généraux et rationnels, non moins que par leurs applications usuelles et pratiques, ils tiennent de plus près à nos premiers besoins et au développement de nos facultés. Utiles aux progrès des lettres comme à la prospérité des empires, ils nous désenchantent des riens ornés, des frivolités brillantes, des illusions idéologiques, de toutes ces beautés mensongères, qui menacent, dans le siècle le plus positif, d'entraîner tous nos jeunes talents.

Mais si les sciences rectifient l'esprit, si elles nous offrent ce mélange heureux d'imagination et de philosophie qui nous ramène sans cesse vers la littérature ancienne, celle-ci, en formant le raisonnement et les idées, dans un âge trop tendre pour saisir la logique du calcul et de l'entendement, prépare l'intelligence aux études abstraites, donne une expérience anticipée, un esprit d'observation et d'invention, si nécessaire au savant, en un mot féconde et popularise les sciences, dont elle est comme l'instrument et le véhicule.

Ce n'est donc pas une étude de mots, mais de choses, que celle des langues anciennes, et le perfectionnement du goût n'est lui-même que le développement de toutes nos facultés. Interrogez ces esprits supérieurs, que nous n'osons presque pas, à force de les admirer, appeler contemporains, qui ont porté dans les sciences une haute philosophie; et ce génie sublime qui nous a laissé dans un langage si clair, si lumineux, l'histoire du ciel et de la terre; et cet esprit universel qui, remuant toute poussière qui a vécu, calculant le travail progressif de la décomposition, a découvert dans les abîmes les plus inaccessibles de la mer et des montagnes, les feuillets de l'histoire du monde, les titres de chaque phase de la création; ils vous diront mieux que moi que les lettres grecques et romaines étendent tout ce qu'il y a de spirituel dans l'homme, forment le jugement, sollicitent la raison, et l'élèvent, sur les ailes de l'âme, par des ravissements ineffables, à cette religion sublime du beau et du vrai, qui reçut dans tous les temps le culte du génie. Et voyez: ce sublime enfant, qui dans la savante solitude de Port-Royal, traçait des lignes et des angles avec les hochets de son âge.... saisissant son génie que les mœurs, les usages, et les opinions de son siècle tendaient à lui ravir, réunissant toutes les forces de sa vaste conception, il se fraye des routes nouvelles, franchit l'intervalle des temps et des goûts, découvre la marche de l'esprit humain, crée sa langue, devine le beau et le bon, le met en œuvre, et, par un magnifique pouvoir de la pensée, prévoit ces règles éternelles du bon sens qui doivent soumettre la postérité à ses impressions. Formé, dans le commerce des anciens, à tous les genres d'éloquence, plaisant ou noble, mordant ou sévère, il nous reproduit l'en-

jouement et l'urbanité d'Horace, la droiture et la philosophie de Perse, l'énergie et la colère de Juvénal, la grâce de Lucien, l'élévation de Platon, la véhémence de Démosthène.

Aujourd'hui que nous entrons dans un système plus large d'opinions et d'idées sociales, que toutes les sociétés s'unissent ensemble par les mêmes lumières et par les conquêtes de l'intelligence, qu'il s'agit d'appliquer dans nos spéculations comme dans notre conduite politique la plus grande généralité de vues et de pensées, serait-ce professer trop de respect pour les anciens que d'engager celui qui porte ses regards sur les hauteurs de la métaphysique, ou dans le labyrinthe de l'art social, d'aller découvrir des germes longtemps inaperçus et restés stériles sur les routes ténébreuses de l'antiquité? Il verra, non sans utilité et surprise, le citoyen romain se former son gouvernement, tout d'action, se combiner, s'organiser sur le forum, tandis que, dans les écoles d'Athènes, il entendra jusqu'aux noms et aux formes de notre système généreux de politique, où nous voyons la volonté générale du gouvernement se composer des volontés individuelles. Veut-il animer sa pensée pour l'agrandir? Qu'il étudie Aristote et Platon, ces deux types de l'intelligence, ces deux souverains de la philosophie; l'un remontant, l'autre descendant l'échelle de la raison humaine; le premier posant, le second reculant jusqu'à l'infini le beau intellectuel. Peut-on étendre ou fixer ainsi les idées, sans être en quelque sorte saisi par toute l'activité d'une existence supérieure?

Quand ces avantages seraient aussi contestés qu'ils me paraissent évidents, toujours faudrait-il admettre que les anciens nous ont préparé les routes où nous avons marché à grands pas, en suivant leurs traces. Sans doute ils n'ont pas épuisé toutes les formes, toutes les espèces possibles du vrai et du beau; mais ils en ont fixé les limites, limites qui laissent encore un champ vaste aux productions nouvelles et originales des grands génies; mais limites dont on ne peut sortir sans perdre entièrement de vue le but auquel on aspire, sans confondre des beautés immuables comme la nature avec celles qui ne doivent leur existence qu'à l'influence passagère des opinions et des habitudes nationales.

Nous ne prétendons pas resserrer la belle nature, dont les arts sont une imitation, entre le cap Sunium et les monts Thessaliens, ou dans l'heureuse contrée couronnée par les Alpes; son domaine est partout: le génie, capable de la sentir et de la peindre, la trouve dans les déserts de l'Arabie ou dans les forêts du Canada; notre âme se plaît autant à respirer l'ombre embaumée de la chaumière indienne ou la fraîcheur enivrante du Meschascebé, que la douce et pure lumière qui colore les campagnes de l'Italie et de la Grèce. Seulement nous demandons aux écrivains de ne produire que des objets dignes d'imitation, de nous donner toujours le vrai, de ne pas repousser

notre imagination haletante par des figures sans justesse, par des membres sans corps, par des idées qui n'ont rien de net ou de sûr; de ne pas fatiguer notre âme, de ne pas épuiser nos sensations. Ces secrets intimes de l'art, où les trouveront-ils, sinon dans l'étude des modèles anciens dont tous les ouvrages sont, comme leurs lois, la raison écrite?

Laissons quelques esprits bizarres ou frivoles, jaloux de ne penser que d'après soi, s'affranchir du joug salutaire de l'imitation pour lui substituer le caprice; traiter de préjugés scolastiques l'admiration la plus légitime et l'hommage le mieux acquis. Il suffira, pour la gloire des lettres anciennes, que nos célèbres écrivains aient mis la leur à les imiter, convaincus que pour devenir de parfaits modèles ils devaient être d'abord de parfaits imitateurs. En vain auraient-ils trouvé dans la fécondité de leur génie, dans les mœurs de leur siècle, dans les découvertes de la philosophie, dans le mouvement indéfinissable de la nature, auquel on aime tant à se livrer l'existence, les trésors les plus variés et les plus riches matériaux, s'ils n'avaient appris des anciens l'art de les mettre en œuvre; car l'esprit humain est limité dans ses progrès comme dans ses écarts, et le mérite ne consiste pas à se faire une manière nouvelle, mais à se servir habilement de celle qui produisit tant de chefs-d'œuvre, et qui consacra tant de grands noms.

De quelque sujet nouveau que le génie ait fait choix, sur quelque fonds qu'il travaille, il a besoin de guides sûrs et invariables qui l'inspirent et l'éclairent dans sa route. Ces secours et ces modèles, qu'il vienne les demander aux deux peuples qui, en créant tous les genres, ont pour toujours fixé l'esprit et le caractère; école féconde en traits de lumière pour la raison, et en jouissance pour l'imagination et le cœur! Là, il assiste au drame idéal de la nature humaine; là, il étudie l'art d'adapter à notre sensibilité la représentation des choses; là il contemple, avec la sublime joie de l'âme et l'émulation du talent, cette vérité abstraite, absolue, philosophique, qui sympathise avec tous les temps et tous les cœurs, parce qu'elle n'est point la réalité resserrée dans le cercle étroit de quelques circonstances, mais la naïve reproduction de la nature éternelle!

Ce n'est pas à dire qu'il faille copier servilement les anciens. Non; soyons de notre temps et par la vie et par les pensées. La littérature ne doit pas vivre hors de son siècle; jetée à travers les événements de son époque, elle en reçoit toutes les impressions. Le siècle que nous avons commencé a souffert dès sa naissance; ses jouets furent les sceptres brisés, ses langes les drapeaux de la victoire; mais les flots du lendemain nous ravissaient les avantages que nous avaient apportés les flots de la veille. Au milieu de tant de formes qui s'effacent, de bruits qui s'éloignent, de changements qui s'oublient, dans ce perpétuel déplacement des hommes et des choses, une mélancolie pénétrante est devenue la seule poésie de nos émotions. Les âmes solitaires, souffrantes, que déborde la sensibilité, aimèrent à errer dans les rêveries d'une contemplation incertaine, à s'entourer de visions, d'illusions, d'extases; à nager, à se perdre dans le vague des affections fugitives, dans les espaces insaisissables de la pensée, comme l'œil s'attache à ces franges d'or, d'argent et de pourpre, riches et mobiles décorations du monde idéal des nuages.

Cependant la douleur s'égare, ou se replie constamment sur elle même; de cette disposition de l'esprit naissent deux défauts essentiels en littérature, défauts qu'on ne saurait éviter, si l'on ne se met avec les anciens en rapport d'intelligence et de cœur. Eux aussi ont connu et exprimé les tourments de l'âme; eux aussi ont traité les idées de l'infini, qui attirent toujours l'homme, lorsqu'elles se dévoilent sous des couleurs claires et fécondes. Je ne sais quelles réflexions continuelles sur l'instabilité de ce qu'on nomme vie, sur ces jours qu'on nomme plaisir, quelle douleur amoureuse, quelle circonspecte timidité, quelle douce langueur, quel vague mélancolique, respire dans quelques chants de la Grèce et de l'Italie; en écoutant cette divine poésie, dont la saveur est une extase, on serait tenté de saisir la lyre et de chanter, tant a de pouvoir sur le cœur la voix du sentiment et de la nature! tant est irrésistible l'épanchement d'une âme simple et aimante, qui nous intéresse à ses soupirs en s'y intéressant elle-même, entraîne sans force, pénètre sans déchirer, et nous attache par la confiance sympathique du cœur.

« Rentrez en vous-mêmes, disait un ancien, et vous y trouverez vos dieux..... » En effet, du malheur qui recueille l'âme, à la religion qui la remue et la console, la distance n'est pas grande; souffrir, c'est méditer; réfléchir, c'est croire.

Brisés par l'infortune et par les mécomptes de l'amour-propre, nos écrivains cherchèrent dans un monde plus doux les jouissances d'un cœur expansif, les charmes de la contemplation, l'énergie de la vie intérieure. La religion nous apprit sa langue spirituelle; elle nous offrit pour reposer nos âmes, ses histoires touchantes et gracieuses, ses souvenirs du passé, ses espérances de l'avenir. On lui emprunta des images riantes ou sublimes, des expressions brillantes ou hardies, des couleurs riches et suaves, un enthousiasme vigoureux et fier. Le chantre de Cymodocée et d'Atala s'inspira des ravissements religieux des prophètes; les bocages de Florian soupirèrent la joie naïve de ce bon fils qui rend la vue à son père; les bords aimables de la Limath redirent à l'Helvétie la mort du premier juste et les remords de son meurtrier; et ces deux jeunes poëtes, presque aussitôt ravis que montrés à la terre, qui s'assirent un moment comme des convives malades au banquet de la vie, combien ils intéressèrent les âmes sensibles à leurs souffrances, lorsqu'ils faisaient en

tendre les lamentations déchirantes, les inconsolables gémissements des filles de Sion, ou qu'expiant leur génie sur les lits de la charité, ils s'endormaient, paisibles et soumis, au milieu d'Israël captif aux rives de l'Euphrate!

Sans doute elle est favorable au génie, cette religion qui a Dieu lui-même pour législateur, des monarques puissants et des prophètes inspirés du ciel pour historiens, pour orateurs et pour poëtes; cette religion divine qui, par la croyance de ses dogmes, vient en quelque sorte au secours du sentiment, qui donne à la morale son onction, à l'histoire ses plus précieux matériaux, à la poésie et à l'éloquence ses préceptes et ses modèles. Mais pour transporter dans notre langue cette simplicité ravissante des Ecritures, ce caractère de bienveillance et de naïveté qui pénètre notre âme de joie, de reconnaissance et d'amour, il faut joindre à la haute inspiration du génie un goût sévère et sûr, que l'étude de l'antiquité profane peut seule donner : autrement on défigure les beautés de la Bible, en imitant les circonstances locales ou des objets étrangers à nos mœurs, en accumulant les hardiesses et les contrastes choquants, dans des tableaux pleins de monotonie, de désordre et d'obscurité. De là, une littérature artificielle et fausse, que veulent établir parmi nous de jeunes talents, qui, à force de transformer leur imagination, vivent hors de leur âge et de leur caractère, consumés par la mélancolie d'un désir sans espérance.

Le temps dans lequel nous vivons est une des plus grandes époques de l'esprit humain. Aujourd'hui surtout, il faut se faire des trésors de science, d'activité, d'intelligence, si nous voulons n'être pas isolés au milieu des rapports intimes qui échangent et réunissent toutes les parties de ce vaste univers. Cette grande force de la raison générale, si elle est mal répartie et mal réglée, en exaltant la sensibilité et la pensée, donnera des idées bizarres et rarement de vrais talents.

Elevés au milieu des prestiges de la grandeur, nous sommes habitués à ne rien voir avec surprise; ne trouvant dans les réalités qui nous environnent rien qui soit capable de nous étonner, nous sollicitons la vie idéale, nous excitons la pensée de toutes manières; et, précipités dans un nouvel ordre d'idées par l'ennui ou la satiété de la raison, nous demandons à la vie plus qu'elle n'a, à nos facultés plus qu'elles ne peuvent rendre. L'exaltation romantique, enrichie des trésors du genre sentimental, voit toujours avec l'admiration d'une mysticité rêveuse les spectacles journaliers qui nous entourent, la parure de la terre, l'éclat des cieux, le mouvement des ondes; égarée de pensée en pensée, comme le flot de murmure en murmure, dans la vague de ses émotions indécises, elle déplace les existences de la nature sans les organiser dans l'esprit; mélange indéfinissable de la mélancolie anglaise et de la rêverie allemande. Il est à désirer que cette fièvre du génie, qui, à force de com-

motions, déborde l'âme, ne s'acclimate point dans notre patrie, et que le goût classique veille toujours à la porte d'ivoire, pour donner des formes raisonnables aux rêves extatiques de l'imagination.

Oui, que des novateurs indiscrets, modernes Erostrates, aillent recueillir dans l'émanation brute de la pensée quelques éclairs de génie brillant parmi les ténèbres; que l'on fasse descendre dans les champs de la littérature les nuages harmonieux et fantastiques de la Scandinavie; que l'on transporte l'imagination sur les rochers de l'Ecosse, que l'on réveille la lyre sauvage du nord; quelque besoin d'ailleurs qu'on éprouve d'illusions nouvelles, le goût classique, effrayé de ces chants vaporeux et fantasmagoriques, recule devant la profondeur des forêts américaines ou septentrionales, pour revoler vers les rives mélodieuses d'Egée, aux sommets escarpés du Rhodope, sur les bords voluptueux du Pénée et du Sperchius, dans les vallées de Syracuse et de Mantoue, et les riants bocages du Taygète.

Qu'elle continue, cette jeunesse sérieuse qui a déjà pris la robe virile, à se dévouer au culte des anciens; en faire ses pénates littéraires! comme elle devient aimable, laborieuse, enthousiaste du beau et du bon, seul objet de l'unique prière que les Spartiates adressaient aux immortels, cette jeunesse qui aime la raison plus qu'on ne pense, et s'attache aux auteurs de la Grèce et de l'Italie par l'utilité pratique de leur morale non moins que par le charme pénétrant de leurs écrits! quel est son bonheur de reconnaître des vertus à de si grandes actions, à de si beaux talents; de sentir les affections nobles se ranimer, le génie reprendre son essor, dans les principes du goût et de la science, inséparablement liés aux préceptes et aux devoirs sacrés de la morale; de puiser, avec les idées épurées de l'honnête et du bon, un esprit de retenue, une sobriété de désirs, une tempérance d'humeurs, nécessaire surtout dans un état resserré où la paix fait le salut, et la modération la force!

Ils l'avaient bien compris ces réformateurs téméraires, qui, ayant eu assez peu d'orgueil national pour travestir, dans une sanglante parodie, des Français en Spartiates, en Romains, voulurent, par une contradiction inexplicable, leur interdire les langues d'Athènes et de Rome. Les insensés! Ils auraient cessé d'être, si nous avions été Romains!... Mais tirons un voile sur ces temps de vertige; il est inutile, il serait cruel d'en parler à des Français.

Seulement on devra conclure de cet exemple, que l'éducation politique des auteurs anciens ne se prête point aux changements, aux révolutions, aux entreprises violentes. Cette vérité devient sensible sur l'Agora et le Forum, qui ne se remplissaient ordinairement d'agitation et de trouble, que pour arrêter et contenir les esprits remuants, inquiets, qui, ne sachant où est leur place, la cherchent où elle ne peut être; elle se confirme davantage dans les ouvrages des plus judi-

cieux admirateurs de l'antiquité. Ici on peut invoquer, non point des autorités profanes, mais les écrits des plus illustres défenseurs de la foi (1), qui par leurs lumières et leurs vertus ont éclairé l'Eglise. Ames pieuses, qui redoutez pour la jeunesse le commerce avec l'antiquité, soyez rassurées par les saints témoignages de ces deux plus sublimes interprètes de la religion et de la politique.

Dira-t-on que ces vertus de la place publique ne conviennent ni à nos institutions ni à nos mœurs? D'abord la vertu est toujours utile, n'importe où elle se déploie, et puis elle n'est pas si commune, qu'on se dispense de la visiter chez les anciens. Mais encore, en se plaçant dans l'hypothèse même de l'objection, ne peut-on pas répondre que des élèves, familiarisés déjà avec des considérations morales d'un ordre fort élevé, n'ont pas beaucoup de peine pour conclure d'une position à une autre, d'une vertu à son analogue, de la piété civique, par exemple, à la piété monarchique, chose facile pour des Français qui confondent dans leur cœur les princes et la France? Craindra-t-on la célébrité dangereuse, la glorieuse fatalité de quelques noms? Mais sous le règne de l'Evangile, des vertus sauvages ou ignorantes trouvent peu de disciples, parce qu'elles sont aussi loin de nos mœurs que de nos lois; et pour nous principalement, qui nous sommes mis à la tête des peuples civilisés par le culte de l'humanité et de l'honneur, il est bien décidé que ni la hache ni le poignard ne sauraient être des armes nationales.

Sans doute, dans l'enfoncement des temps comme dans les temps modernes, il s'est élevé des génies extraordinaires qui ont fatigué leur siècle et n'ont été admirés qu'avec des pleurs. Reculant devant ces orageuses périodes d'une civilisation naissante, comme à la vue d'une mer devenue plus vaste, où règneraient les tempêtes, nous nous serions rejetés dans notre ignorance et notre médiocrité si nous n'avions reconnu que les grandes vertus naissent sur le même sol qui produit les grands vices, et que plus ce contraste est frappant, plus il donne lieu à la science des mœurs de se développer, de s'étendre et de porter la lumière dans tous les esprits.

Certes, sous le rapport de ces vertus fortes et sévères, qui n'étonnent plus notre faiblesse depuis que la religion les a semées parmi nous, l'antiquité ne peut soutenir le parallèle. Mais du moins dans l'histoire ancienne nous retrouvons cette langue de l'honneur si bien entendue des Français, cette bonne intelligence, cette estime mutuelle parmi les soldats, qui maintenait tous les rangs, adoucissait tous les caractères, échangeait tous les services; cette combinaison de récompenses, cette série de pouvoirs, cette hiérarchie de puissances, les plus précieux éléments des gouvernements monarchiques. Si ces principes d'ordre public, vers lesquels tendaient les législations de l'an

tiquité, n'avaient existé que dans l'imagination ardente des poëtes, ce serait encore une terrible vérité qu'il faudrait cacher à la terre pour sauver l'honneur de ces dix-huit siècles, qui se sont inclinés devant ces fables populaires. Certes, lorsque les élèves sont placés sous le prestige de ces beaux récits, ils n'examinent point si c'est un roman ou une histoire qu'on leur présente; mais ce qui est bien plus utile pour nos rois, ils se pénètrent de ce respect que les anciens portaient au serment, à la vieillesse, à l'autorité légitime, de ce dévouement à la patrie qui enflammait les âmes par les irrésistibles accès d'une fureur généreuse, de toutes ces vertus enfin d'ordre et de conservation, qu'aujourd'hui même on invoque avec une si louable persévérance. Laissez-les croître sous cette illusion, et les grands exemples, les maximes du bien, les frappant avec plus d'éclat et s'identifiant avec eux, les accompagneront dans tout le cours de leur vie civile.

Mais peut-être ces beaux exemples, à cause de leur source, laisseront des impressions désastreuses?... Pourquoi faire à la monarchie l'injure de croire qu'elle succomberait à la comparaison? Oh! si toutes les pages des républiques étaient dignes d'éloges, il serait possible que la jeunesse y lût la condamnation des sociétés modernes, et que, séduite par une pieuse erreur, au lieu de se fixer dans le bien qu'elle possède maintenant, elle s'égarât dans la recherche d'un mieux imaginaire. Mais les gouvernements anciens présentent deux époques essentiellement morales, savoir un enchaînement admirable de vertu et de prospérité, de corruption et de décadence. Cet équilibre de l'effet avec la cause est remarquable : il nous avertit que ce ne sont pas les républiques qui donnent les vertus que nous admirons, mais bien celles-ci qui font fleurir ces républiques. Voilà donc la cause de la monarchie gagnée sur ce terrain, car ce serait mal connaître la jeunesse que de s'imaginer qu'elle aurait moins de patriotisme que les Grecs et les Romains, qu'elle rivaliserait avec moins d'ardeur pour élever le trône, qui la protège, à ce haut degré de force et de gloire où sont montés les états populaires par le seul dévouement des citoyens. Souffrirait-elle qu'on importunât sa fierté par l'histoire d'Athènes et de Rome si, à force de s'identifier avec les objets de son amour et de son admiration, elle ne se retrouvait ce qu'elle est, française et monarchique?

Il est vrai que le vice se présente souvent chez les anciens sous les apparences de la vertu, et ne doit-on pas craindre alors qu'il ne séduise des âmes encore neuves? Sensibles au sort de ces enfants qui nous sont confiés à un âge susceptible de toutes les impressions du beau, du grand et du vrai, nous avons constamment sous nos yeux ce précepte jusqu'à présent appliqué à la morale seule, que la jeunesse a droit à nos respects. Ce qui relève notre courage et nous inspire la confiance de nos devoirs, c'est une religion divine qui, en sanctifiant les

(1) Bossuet (*Histoire universelle*), saint Augustin (*Civitas Dei*).

vertus purement humaines, en montre aussi les inconvénients. Que des poëtes législateurs associent les dieux aux destinées des hommes ; qu'ils placent, par une alliance reproductrice, la terre sous le sceau du ciel; qu'ils enchantent avec des idées religieuses tout ce qui tend au bonheur du peuple, à la fertilité du pays, à la prospérité commune des nations : c'est une théogonie insuffisante, qui ne peut satisfaire les jouissances de l'âme, et son céleste espoir. Un esprit sain, vigoureux, capable des plus grands efforts de la pensée, met les jouissances intellectuelles au-dessus de toutes les autres ; ravi par la découverte et la révélation de sublimes vérités, il croit à son origine céleste, s'absorbe dans l'intelligence divine qui a créé les lois de la nature; et, persuadé que l'arbre qui a sa racine dans le ciel peut seul produire des fruits de vie, il condamne la morale de Platon qui éblouit son disciple et le perd, la législation d'Aristote qui compromet la dignité de l'homme, et l'impatience de Caton qui, pressé par sa douleur, ne sait pas attendre le moment du départ. Ainsi il se confirme dans la morale de notre sainte religion par le spectacle des vertus et des erreurs.

Animée par tous les sentiments généreux, la jeunesse est l'âge des illusions et de l'enthousiasme : c'est alors qu'on éprouve le charme d'une belle action, qu'on aspire à tout ce qui est grand. Craignez-vous que cette noble émulation, en les élevant toujours au-dessus d'eux-mêmes, ne leur ôte le sentiment de leur faiblesse? Mais l'orateur sublime du néant qui, se plaçant au-dessus des abîmes de l'éternité, cherche dans les révolutions du monde les accidents de la Providence, et converse familièrement avec le ciel, où il se revêt des armes de la lumière, comme autrefois Moïse portait une pensée de l'Eternel à travers les foudres et les éclairs du Sinaï ; Bossuet subjugue et accable leur volonté de toute l'autorité de son génie, de sa gloire, de son éloquence impérieuse. Craignez-vous que ce levain trouble leur raison encore jeune ; que, dans les transports d'un orgueil intolérant, ils regardent comme leur propriété ce qui appartient au souverain maître de nos actions et de nos pensées ? Mais ils sont forcés de s'humilier, terrassés par l'admiration la plus profonde, devant cette inspiration spontanée du plus sublime des poëtes: «Ce n'est pas à nous, mais à vous, ô mon Dieu, que la gloire est due ! » Craignez-vous enfin que, dans ce feu des passions, dans ce choc des intérêts, dans cette fluctuation de tant de systèmes, dans ce fracas de tant de révolutions, dans ce spectacle de tant de ruines, nos élèves s'exagèrent le sentiment de leur existence politique ? Mais Massillon leur présente dans une divine lumière les plus beaux principes d'où puisse résulter la stabilité des empires, les attache au trône et aux autels, en leur faisant aimer tous les devoirs qu'exige le culte inséparable de la religion et de la monarchie.

Si l'on n'avait vu la monarchie s'avancer vers son héritage, environnée de respect et d'amour, on dirait que la France ne fut jamais plus monarchique ni plus belle que sous le grand siècle où les anciens avaient obtenu un hommage si bien senti. Et ce n'est pas à force de haïr les Romains que nos pères étaient alors Français! Ce qui prouve l'excellence du gouvernement monarchique, c'est que la France se soit perpétuée à travers tant de siècles, si brillante, si énergique!

Il convient à des Français de le dire : notre belle France, sans exagérer comme les Romains l'amour des conquêtes, a laissé partout sur ses traces l'empreinte ineffaçable de sa gloire et de sa grandeur; les livres de César, de Tite-Live et de Tacite ne sont pas les moins belles pages de son histoire...... Quel Alsacien n'est pas fier du nom de ses ancêtres, lorsqu'à la clarté des bivouacs ennemis, il voit battre le vieux cœur de ses pères qui disputaient leurs forêts et leurs marécages, à l'ambition toujours croissante de Rome? Quoi donc, dans le parallèle des nations, pour donner la préférence à la nôtre, avons-nous besoin des hauts faits de nos ancêtres? Avons-nous même besoin des prodiges accomplis en ces derniers temps et des illusions du patriotisme? Craignent-elles l'examen, les vertus de ce siècle? Ne passera-t-elle pas à la postérité comme l'ornement éternel de ce monde, cette France si belle de ses rois, de ses magistrats, de ses guerriers, de ses ministres sacrés; cette France si héroïque dans ses revers comme dans ses succès, qui, faisant de la guerre un instrument de délivrance, de ses armes les auxiliaires du malheur et les vengeresses de l'humanité, a acquitté généreusement la dette des peuples civilisés envers la Grèce, cette belle esclave que ses fers rendaient plus touchante au lieu de la flétrir, depuis qu'elle a osé, pour se conquérir elle-même, protester contre une insolente oppression? La patrie des lettres et de la civilisation s'est empressée d'accueillir ses libérateurs! elle a pu, cette contrée, couverte de ruines, dévastée par le temps et les barbares, renaître à la religion, au bonheur, à la gloire! Elle a pu, mieux éclairée sur ses vrais intérêts, et sur le fatal prestige de ces souvenirs qui ne lui ont donné que le despotisme, réunir dans un seul faisceau des pouvoirs autrefois trop divisés pour être forts! Et nous admirons davantage le principe de vie qui anime le trône des monarques, d'où découlent ces pensées vivifiantes qui ressuscitent la liberté des peuples!

C'est sous ce dernier caractère qu'elle se montre dans les républiques d'Athènes et de Rome. Des tribuns pour qui l'insolence était presque un devoir, la modestie faiblesse, l'impudence courage, l'économie des pouvoirs servitude, ne pouvaient prétendre à une existence politique que par les bouleversements, les révolutions et les entreprises violentes.... Aussi les élèves flétrissent d'une indignation vigoureuse ces prétendus défenseurs du peuple, qui égarent la multitude dans les fausses routes de la souveraineté, tandis qu'ils suivent au Capitole Sci-

pion vainqueur de Carthage et de ces mêmes tribuns, qu'ils se pressent autour des Menenius Agrippa, des Cincinnatus, et qu'ils voient dans les efforts du sénat pour conserver les traditions et assurer la marche régulière du gouvernement, se perpétuer ce grand principe de l'ordre et de la légitimité.

Hâtons-nous de rendre hommage à de grandes vertus, qui étaient organisées, constituées dans les mœurs de ces peuples, à cette religieuse vénération dont ils étaient pénétrés pour la dignité du citoyen, à cette moralité militaire si redoutée des ennemis, à l'expérience du travail, à l'éclat des beaux faits, à l'honneur des récompenses; mais au milieu de ce magnifique appareil, nous voyons partout le désordre d'un gouvernement qui s'écroule, le feu, l'impétuosité d'une destruction générale, des résistances désordonnées et convulsives, qui précipitent la multitude à la ruine de ses destinées. L'Europe ancienne nous présente les grands corps qui composent son système politique, courbés sous le poids des haches, des sceptres et des faisceaux, toujours prêts à se détruire et à se détruire; la turbulence de ses démocraties, l'explosion d'une liberté insolente, qui, sans cesse repoussée, rentre dans l'état par des tempêtes, et l'ambition aristocratique, qui, protégée par son audace, par l'ascendant du génie et par quelques formules dérisoires qu'elle abandonne à l'avidité de la multitude, se fraye une route vers le pouvoir suprême, à travers tant d'écueils redoutables, entre tant d'opinions diverses, d'intérêts individuels, de passions contraires. De ces épouvantables déchirements, souffrances habituelles des États électifs, ressort ce principe des monarchies héréditaires, qu'à tout gouvernement il faut une action constante et régulière; principe utile, qui fait sentir à tous le besoin de se réfugier sous la garde sévère des rois qui seuls peuvent donner, comme un héritage de famille, de la stabilité à leurs institutions, des appuis aux âmes fortes, une direction unique à tous les intérêts. Ces inconvénients des républiques avaient frappé les plus grands philosophes anciens, qui, dégoûtés par ce déplacement continuel des pouvoirs, par cette irrégulière et violente fermentation de la liberté, éprouvent et manifestent dans leurs écrits le besoin de se réfugier dans la monarchie, comme dans un asile; et leurs savantes utopies réalisées par la pensée généreuse de nos rois, en entrant dans l'intelligence de la jeunesse par la promulgation du génie, l'attachent à cette perfection du gouvernement et du citoyen, dont elle bénit chaque jour l'influence.

Nous sommes dans une position meilleure que nous l'avons d'abord pensé: la littérature ancienne est un hymne pour la monarchie; alliant la raison et l'imagination, le talent et la vertu, elle inspire, avec le goût de l'honnête et du beau, un esprit de modération convenable surtout à la jeunesse, qui, passant des écrits dans les mœurs, fera l'ornement et la sécurité du trône et de la patrie.

Que la civilisation moderne, au lieu de redouter ses propres avantages, cesse de tourner vers le passé ses regards, comme si elle se repentait de ses progrès et de ses efforts. Tout est lié dans le bien: l'instruction et la religion sont sœurs; toutes deux, filles du ciel, elles dirigent nos vœux vers la céleste patrie, où se trouve leur principe commun d'unité. Dans une monarchie, où la liberté est fille des lumières, l'instruction générale, en pénétrant chacun de la conviction de ses devoirs, n'apprend pas moins à obéir qu'à commander; dans une nation éclairée, l'autorité devient plus douce, l'obéissance plus fidèle, la liberté plus docile, parce qu'elle a le sentiment de son énergie.

On conçoit que des intelligences supérieures se soient épouvantées de la force expansive de la pensée, comme on l'est par les phénomènes de la nature qui font éclater sa puissance; c'est l'égarement d'une âme forte, à qui sa propre vigueur devient fatale.... mais cet abus de nos facultés doit plutôt nous avertir de régler leur emploi naturel. Non! l'instruction n'est dangereuse qu'autant qu'elle est un privilège; accessible à tous, elle anime l'esprit de religion et de famille; elle est même une condition indispensable de notre dignité et de notre vocation terrestre.

LITTÉRATURE GRECQUE. — De toutes les vérités littéraires, il en est une fondamentale qui nous semble être presque généralement admise. Personne ne doute sérieusement que le cachet du siècle ne s'imprime fortement sur la littérature qu'il produit. Aussi la critique littéraire ne peut-elle marcher qu'à l'aide du flambeau de l'histoire et surtout des lueurs que projette sur l'époque qu'il étudie l'archéologue consciencieux. Elle se compose dès lors de deux parties distinctes: l'examen préliminaire du milieu qui entoure et réagit sur son sujet, et l'examen de son sujet lui-même considéré à travers ce milieu; l'œuvre littéraire elle-même comprend ces deux divisions: en elles nous trouvons l'esprit, les événements, les douleurs intimes du siècle d'un côté; de l'autre, l'auteur nous apparaît seul avec ses qualités et ses défauts.

Nous savons quelles étaient les idées théâtrales des Grecs; il nous reste donc à comprendre l'esprit du siècle dans lequel se produisirent leurs traits de grands génies dramatiques.

Les temps de guerre sont des temps d'assoupissement pour l'esprit humain. Quand les races heurtent les races, le génie comprimé entre les combattants ne laisse jaillir que de bien faibles étincelles. Ainsi, lorsque le monde barbare se rua sur le grand cadavre romain pour le régénérer, il ne fallut rien moins que l'épaisseur des murs du cloître et la jeunesse vigoureuse du christianisme pour que l'esprit ne perdît pas toute son activité; mais quand les luttes s'apaisent, quand les masses se confondent et s'harmonisent, c'est le réveil: la poésie donne le signal, la philosophie plus lente surgit la dernière, et vient, en vainqueur s'enrichir des

dépouilles do la poésie qu'elle soumet à son influence; c'est alors l'époque de la vie. La discussion commence, l'action puissante de la pensée et de la parole subjugue la matière : tout se spiritualise, la guerre elle-même, quand un accident politique met par hasard de nouveau une nation aux prises avec une nation. Au xi° siècle, la voix d'Abeilard retentit dans l'école; saint Bernard surgit en face de lui, et abstraction faite des croisades, il n'y a que trois hommes tués dans la plus fameuse bataille de l'époque (1). Mais alors aussi tout passe au creuset de l'examen; alors le préjugé est attaqué, mis à nu; on ne trouve qu'un squelette hideux; il est jeté à la voirie, et bientôt du préjugé on passe à la croyance, et la religion elle-même subit les terribles atteintes du philosophisme qui n'est déjà plus la philosophie.

Les âges héroïques sont passés pour la Grèce. Le dernier, celui de la guerre, a été terminé à Salamine. Maintenant les nations ne se prennent plus corps à corps, les luttes d'ambition entre Lacédémone et Athènes n'ont pas ce grand caractère; ce n'est plus que le frottement des divers membres entre eux. Aussi le siècle de Périclès a servi de type aux siècles de Léon X et de Louis XIV, et la postérité les a jugés grands tous trois (2). Mais voici la philosophie : son action se fait déjà sentir; pour la première fois les oracles trouvent de la défaveur. Tout en ayant l'air d'y croire, les esprits supérieurs les tournent en ridicule, la base de la foi antique est ébranlée, le trépied de la Pythie chancelle; c'est alors que Socrate, levant le masque, prêche la philosophie à côté de la religion, et par sa méthode serrée et profonde entraîne les esprits.

Il ose proclamer l'unité de Dieu, il parle de vertus inconnues jusqu'alors; et, blasphème inouï, il se refuse à cette divinisation de la matière qui est l'âme de la doctrine païenne. Platon après lui est plus libre; il ne se contente pas de faire accoucher les esprits, il ne s'adresse plus à l'individu; l'école s'ouvre, la voix du maître y retentit, et la ciguë ne glacera pas sa langue cette fois; car maintenant la religion n'est plus que le partage des faibles.

Les idées de Platon étaient donc dans le sillon du siècle des tragiques, et l'oreille de l'homme de génie pouvait les y entendre sourdre confusément. Ce siècle était donc un siècle de transition, ce siècle devait donc souffrir moralement; nous en savons quelque chose, nous qui vivons aussi dans un siècle de laborieuses transitions; c'est là justement ce que nous voyons ressortir le plus en saillie dans l'architecture du drame sophocléen. Nous ne dirons pas que Sophocle lui-même fut plus ou moins sceptique, plus ou moins religieux; alors moins que jamais on ne faisait une œuvre dramatique pour n'y mettre que ses propres opinions. D'ailleurs nous trouvons chez lui le vrai croyant, le martyr à côté du raison-

neur incorrigible'; à un vers mystique répond un scherzo presque voltairien; nous voyons dans ces drames plus que ses opinions, nous y voyons l'état moral de la société toute entière. Le premier caractère du drame grec nous paraît donc être un fonds de scepticisme; la traduction d'une lutte laborieuse entre les idées vicieuses et la raison. Ce caractère se trahit surtout dans l'*OEdipe roi*. Ceci ressortirait d'ailleurs des études que l'on pourrait faire sur les chœurs d'*OEdipe roi* particulièrement.

Très-souvent les fêtes religieuses se célébraient à l'occasion d'événements politiques; ainsi des jeux funèbres, ainsi des réjouissances, des actions de grâces après une victoire. En effet, elles portent souvent l'empreinte d'un cachet politique : bien plus, nous croyons qu'elles remplaçaient en partie la presse de nos jours, puisque la tragédie tenait de la religion, et que la religion était si liée avec la politique, qu'un moment nous avons cru voir dans le gouvernement athénien une sorte de théocratie. La tragédie, elle aussi, devait avoir sur la politique et recevoir de la politique une grande influence. Mais entrons dans quelques preuves plus détaillées: nous croyons la plupart des tragédies composées à propos d'événements politiques accomplis ou sur le point de l'être, et semées d'allusions aux faits qui croissent autour d'elles; ici l'expression d'une opinion hardie, la réfutation d'une idée gouvernementale; plus loin l'éloge caché de tel parti, de tel homme marquant; souvent une exhortation digne de la tribune. Dernier trait qui nous étonnera moins : le récit enfin, c'était la partie la moins dramatique, la moins facile, tranchons le mot, la plus sotte à déclamer; des mercenaires en étaient chargés. Aussi les longues narrations que nous appelons le récit, sont-elles rarement dans la bouche d'un personnage important, ce que nous prouve l'apparition, que La Harpe trouve fort blâmable, de personnages, selon lui, inutiles. Inutiles peut-être, mais indispensables pour la mise en scène. Nous en avons un exemple frappant dans les expositions d'Euripide. Aux scènes franches et vives par lesquelles Sophocle nous initie d'abord à l'action, il substitue un long et minutieux récit, ce qui lui a valu une des plus justes critiques de Boileau. Souvent le personnage qui veut décliner son nom reparaît dans l'épisode. Deux acteurs alors contribuaient à ce même rôle, l'un était chargé du prologue, l'autre de l'épisode. Le masque nous explique suffisamment que ces mutations d'acteurs avaient lieu sans choquer le goût délicat des spectateurs grecs (1).

*Ut pictura poesis*, a dit un homme de goût exquis et d'un jugement presque infaillible pour tout ce qui tient aux œuvres de l'esprit humain. Ce principe, qui a servi de point

---

(1) Combat de Brenneville. (ORDERIC VITAL.)
(2) Platon suit le premier; au second perce Luther· Voltaire vient avec le successeur du grand roi.

(1) Il n'en pouvait être ainsi dans les rapports du personnage épisodique avec le chœur; souvent, en effet, il se mêle au chœur sans quitter la scène. Il faut donc que le même acteur joue le dramatique et le lyrique.

de départ aux lettres et à la critique moderne, ne faisait alors que constater une grande vérité proclamée par le génie antique: la pensée est une en tant que pensée, et ce n'est que par la forme qu'elle diffère à nos yeux. Le peintre et le sculpteur sont poëtes tous deux; ils nous relèvent l'idéal qu'ils ont composé de tout ce que la nature a répandu çà et là de parfait, et l'harmonie a été la grande loi qu'ils ont dû observer pour le produire. Le poëte, de son côté, a butiné sur toutes les fleurs de la création ce qu'y leur parfum a de plus doux. Comme eux, il a, par la synthèse, créé un être nouveau, et pour le reproduire dans une langue harmonieuse, il doit ménager les tons, arrêter les lignes, donner plus ou moins de chaleur à son coloris, disposer ses groupes et ses plans suivant toutes les règles de la perspective. Cette union intime des diverses manifestations de l'art va nous aider à comprendre les nuances des divers caractères que nous voulons connaître. Un drame est un tableau : il a ses figures de premier, de second et de troisième plan; c'est donc cet ordre que nous allons suivre. Au premier plan de conception de Sophocle se rangent *Hercule, Ajax, Philoctète, OEdipe;* enfin par-dessus tous les autres, *OEdipe*, l'enfant chéri du poëte, dont on trouve les traces dans tous les autres personnages, comme la Fornarina dont les traits laissent un souvenir sur toutes les figures de vierges de Raphaël. Parmi les femmes , à côté d'*OEdipe* nous placerons *Electre*, l'idéal le plus complet de la femme grecque; puis *Antigone*, la sublime et pieuse *Antigone*, qui n'a pas, elle, le courage odieux de la vengeance, mais bien celui de mourir saintement pour le devoir.

Chacun de ces personnages entraînera nécessairement avec lui tous les groupes des plans inférieurs où se rangeront *Ulysse, Créon, Néoptolème, Jocaste, Chrysothemis et Ismène,* qui sont une même idée sous deux formes différentes; tels sont les grands caractères de Sophocle. Pour étudier à fond les œuvres d'un génie si vaste et si parfait, il faudrait plus de temps, plus d'études, et d'autres forces que les nôtres. Ce travail, d'ailleurs si étendu , ne pouvait entrer dans notre plan. Nous n'avons eu pour but que d'indiquer sommairement l'esprit de la tragédie grecque, en prenant les meilleurs modèles qu'elle fournit. Puissent au moins en ressortir ces deux vérités: la première, que la tragédie grecque est impossible désormais, et qu'on s'expose, en y choisissant ses sujets, à faire un mauvais pastiche, à moins que l'on ne puisse, comme Racine, faire oublier de graves anomalies par un talent inimitable ; et la seconde, que le drame aux xvii° et xviii° siècles, malgré ses qualités inappréciables, est au drame grec ce que M. Ingres est à Raphaël.

**LITTÉRATURE LATINE.** — *Cicéron, Horace, et Etudes sur Sénèque le Philosophe.* — Auguste régnait à Rome. Mille gloires littéraires avaient précédé et accompagné son avénement à l'Empire. Rome avait entendu ses plus éloquents orateurs, recueilli de la bouche de l'un d'eux la complète exposition de la philosophie grecque, et pesé son doute académique si voisin du scepticisme. Cet orateur avait étonné ses contemporains par le choix de sa méthode philosophique autant que par la nouveauté de ses travaux. Pour leur expliquer sa vie intellectuelle, il fut contraint de leur montrer le sanctuaire dans lequel, au milieu de ses agitations politiques, il avait su entretenir sans cesse le feu sacré de la philosophie, suivre et scruter les divers systèmes qu'elle avait produits, et s'y nourrir de l'étude de la vérité comme d'un fruit abandonné de tous et par lui seul recueilli. Rome avait aussi vu ce même génie toujours pur dans ses conceptions s'inspirer de ce que la morale avait de plus beau, en former un code où tout s'enchaînait, prendre la vie dans son ensemble, la soumettre à des lois, et tracer pour les positions les plus diverses une règle toujours sûre et toujours droite. Elle l'avait entendu, dans un langage harmonieux et suave, tantôt vanter les douceurs de l'amitié, tantôt revêtir la vieillesse de ces couleurs sacrées qui la rendront vénérable à tous les siècles, et l'hommage éclatant rendu à ce dernier période de la vie se liait dans sa pensée à l'ensemble des idées morales dont il fut le plus exact comme le plus élégant interprète. Rome entrevit dès ce jour quel champ immense s'ouvrait au moraliste. A peine le grand génie dont nous venons de parler avait-il le premier exploité cette mine féconde , que d'autres après lui durent être frappés tout à la fois de ce qu'il avait dit et de ce qu'il restait à dire. Mais après Cicéron, nous ne voyons personne à l'œuvre. La poésie, avec ses ravissantes douceurs, chante la beauté, mais elle profane ou prostitue un langage divin; et si elle s'élève, dans Horace, à quelques considérations morales et philosophiques, on y trouve tant d'indulgence, si peu de conviction, si peu d'élan, qu'au fond de cette morale sans vigueur et sans vie on croit retrouver bien plus souvent le coupable complice des vices de son époque que le sincère ami de la vertu. Voilà Rome, ses richesses en morale, et ses moralistes, lorsque naquit en Espagne Sénèque, dont la destinée devait un jour s'unir à celle de Rome. Etonnant esprit ! à qui il a été donné de partager en deux camps et ses contemporains et la postérité elle-même : duquel on peut dire aujourd'hui qu'il n'est pas définitivement jugé ; qui a inspiré à Rome des jalousies et des rivalités puissantes; qui a été, le siècle dernier, l'objet d'un enthousiasme sans mesure et d'une critique passionnée; à qui les uns ont tout accordé, à qui les autres accordent si peu ; à qui enfin on a reproché avec toute la passion qui s'attacherait à des faits contemporains le contraste qu'établissaient dans sa vie ses immenses richesses et ses prédications morales, son crédit, ses actes politiques et le sombre souvenir de la mort d'Agrippine. Qu'en est-il pourtant de cet homme qui agit si puissamment sur son siècle, qui fut orateur éloquent, qui sut développer la philosophie stoïcienne,

en faire d'heureuses applications, qui a puisé dans les écrits de saint Paul, et qui a enrichi la postérité d'un assez grand nombre d'écrits où brillent souvent les couleurs les plus opposées, la vigueur et la force d'une âme que le vice indigne, et la touche délicate et sûre d'une main exercée; l'austère langage du portique et la suavité des sentiments les plus tendres, les plus riches développements de la science sur le monde physique, et le coup d'œil le plus pénétrant dans les secrets du monde moral? Qu'en est-il enfin de cet homme que Montaigne préférait à Cicéron, dont les travaux ont inspiré plus d'un orateur chrétien, et qui fut regardé par quelques Pères de l'Eglise comme un chrétien lui-même?

Nous regrettons que les limites dans lesquelles nous sommes obligés de nous renfermer ne nous permettent point de le considérer tour à tour comme moraliste, comme philosophe et comme écrivain. Sénèque parut à Rome stoïcien déclaré, et tous ses écrits portent l'empreinte et ont conservé les caractères de la doctrine du portique.

*Théâtre latin. — Première période.* — Si la littérature, en général, est l'expression de la société, comme l'a dit un profond penseur de nos jours, à plus forte raison, la littérature dramatique, soit dans le genre sérieux, soit dans le genre comique, exprimera-t-elle les mœurs, les goûts, les sentiments d'une nation ou d'une époque. Le rire spirituel et malin d'un peuple cultivé, comme les farces grossières d'un peuple enfant, vous le montreront avec ses défauts et ses vertus : il en sera de même de ses larmes et de ses vives émotions, à la scène tragique. Aussi nous ne craignons pas de dire que l'histoire de la littérature dramatique, d'une main, et la narration fidèle des faits les plus importants, de l'autre, on pourra facilement résoudre la plupart des grands problèmes de l'humanité.

Nous ne citerons ici que deux exemples qui suffiront, sans doute, au développement d'une pensée qui n'a besoin que d'être exprimée. Ouvrez le théâtre des Grecs; vous comprenez vite ce peuple vif, intelligent, fin, railleur, ne trouvant rien de sérieux, pas même les dieux et la patrie; jaloux de ses grands hommes, et passant à leur égard, avec une inconcevable légèreté, de l'amour à la haine : parfois idolâtre de la liberté, et se plaisant quelquefois sous le plus honteux esclavage; grand et terrible dans ses passions, sensible dans sa générosité, philosophe et disputeur, ayant par dessus tout autre peuple l'instinct de la poésie et des arts, et embellissant tout de son imagination, riante et variée comme la nature : voilà le Grec de l'histoire, voilà le Grec d'Euripide, de Sophocle, d'Aristophane, de Ménandre.

A l'extrémité de notre vieux continent se trouve un peuple, au témoignage d'Acosta, qui a des théâtres vastes et fort agréables et des comédies dont la représentation dure dix ou douze jours de suite, en y comprenant les nuits, jusqu'à ce que les spectateurs et les acteurs, las de se succéder éternellement en allant boire, manger, dormir et

continuer la pièce, se retirent enfin tous comme de concert... Sans entrer dans l'examen de ces pièces, qui ne sont pour la plupart que des dialogues interminables sur des sujets moraux ou philosophiques, n'est-ce pas d'un seul trait l'expression du sang-froid, de la tranquille lenteur, de l'imperturbable patience de ce peuple chinois qui met la souveraine perfection dans l'immobilité de la contemplation intellectuelle (1)!

(1) Timkowsky, employé au ministère des affaires étrangères à Pétersbourg, fit en 1820-1821 un voyage et un assez long séjour en Chine. Nous trouvons dans sa relation des détails curieux et intéressants sur le drame des Chinois.

On nous pardonnera la longueur de cette citation qui n'est pas sans intérêt. Elle servira à faire connaître les usages et le goût d'un peuple pour un art qui est encore chez lui dans son enfance, et pourra servir à corroborer notre opinion, que la littérature dramatique est la plus fidèle expression des mœurs d'un peuple.

« Il y a à Pékin six théâtres très-voisins l'un de l'autre, et où l'on représente tous les jours, depuis midi jusqu'à la nuit, des tragédies et des comédies mêlées de musique et de chant. Les rôles de femmes sont joués par des jeunes gens qui s'en acquittent si bien, qu'il n'est pas aisé de faire la différence.

« La salle est divisée en parterre et en loges, où les spectateurs sont assis sur des bancs de bois, et ont devant eux des tables où les propriétaires font servir gratis du thé et des papiers de cire pour allumer leurs pipes.

« Les règles du drame qu'observent les Européens ne sont pas suivies en Chine; on n'y suit rien des trois unités, ni de toutes les formes que nous employons pour donner de la régularité et de la probabilité à la pièce. Les Chinois ne représentent point une seule action dans leurs drames, mais bien toute la vie du héros, dans une période de quarante ou cinquante années. L'unité de lieu n'est pas plus observée; la scène, en Chine au premier acte, est au second dans le pays des Mant choux ou en Mongolie.

« Les Chinois ne distinguent point leurs drames en tragédies et comédies. Chaque pièce est divisée en plusieurs parties, que précède une espèce d'épilogue ou d'introduction. Ces parties ou actes peuvent être subdivisés en scènes, suivant les entrées ou sorties des acteurs. Chaque comédien commence toujours, dès qu'il paraît en scène, par se faire connaître aux spectateurs, en leur disant son nom et le rôle qu'il va jouer. Le même acteur remplit souvent plusieurs rôles dans la même pièce. Une comédie, par exemple, est représentée par cinq comédiens, bien qu'elle contienne quinze ou vingt rôles.

« Les tragédies chinoises n'ont point de chœurs, à proprement parler, mais elles sont mêlées de chant. Dans les passages où l'acteur est supposé agité par quelque passion violente, il suspend sa déclamation, et se met à chanter souvent sans que les instruments l'accompagnent. Ces morceaux de pointe sont destinés à exprimer les émotions plus violentes de l'âme, telles que celles de la joie, de la colère, de l'amour ou de la douleur. Un acteur chante quand il est irrité contre des scélérats, quand il s'anime à la vengeance, ou se prépare à mourir.

« Les comédiens chinois n'ont point de théâtre établi que dans la capitale ou quelques grandes villes. Ils parcourent les différentes provinces de l'empire ou jouent dans les maisons particulières, afin d'ajouter aux plaisirs d'un repas, que l'on regarde communément comme incomplet sans eux. La représentation commence au son des fifres, des flûtes, des tambours et des trompettes. Un grand espace réservé entre les tables leur sert de scène. Dans les fêtes et réjouissances publiques, on dresse

Si donc il était un peuple, à part entre tous les peuples, grand, gigantesque, providentiel dans son origine, ses accroissements, sa décadence, sa ruine ; si la durée de ce peuple ne nous apparaissait dans l'histoire que comme un gouffre immense, destiné à engloutir tout ce qui l'environnait ; comme un météore, insensible à l'horizon, mais qui en s'élevant ensuite, avec la rapide majesté de l'orage, fait naître à la fois l'admiration et la terreur dans toutes les contrées du monde connu qu'il visite ; la littérature de ce peuple n'intéresserait-elle pas au plus haut degré tout homme de sens et de raison qui sait apprécier les hautes et imposantes leçons du passé ! Ne voudrait-on pas savoir ce qui agitait son âme et connaître le genre particulier de ses spectacles, où sa grande figure se reflète comme dans un miroir ?

Tel fut le peuple romain, nation choisie pour une mission terrible et dont les circonstances sont uniques dans l'histoire des faits que les hommes accomplissent sous le doigt de Dieu. Voyez-le : son origine se perd dans la nuit des temps. Son berceau est caché parmi ces populations aborigènes et étrangères qui occupaient le centre de la vieille Italie, plus de huit siècles avant notre ère. Dans ces ténèbres lointaines, on n'aperçoit qu'un composé divers d'Étrusques, de Latins et de Sabins qui s'unissent lentement et comme à regret pour former un peuple ; mais le fleuve dont la source est cachée dans la profondeur des forêts vous apparaît bientôt rapide, impétueux, brisant ses digues, portant la désolation et la ruine sur un espace immense.

Rome n'est que d'hier, et avec ses généraux, qu'elle tire de la charrue, elle fait tomber ses plus redoutables rivales qui l'avoisinent, pour aller bientôt offrir le duel à mort aux plus puissants empires. Jamais plus grande et plus terrible, selon l'expression d'un ancien, que le lendemain d'une défaite, on dirait qu'elle avait la conscience de son avenir, et que le troisième nom mystérieux qu'elle portait l'assurait de l'éternité de sa puissance (1).

des théâtres dans les rues, et du matin au soir on y représente des pièces, à la représentation desquelles le peuple est admis, moyennant une rétribution très-modérée.

« Les lettrés Chinois n'écrivent pas souvent pour la scène, et ne retirent que peu d'honneur de leurs travaux en ce genre, attendu que le drame est plutôt toléré que permis en Chine. Les anciens sages de la nation le désapprouvèrent toujours, parce qu'ils le regardaient comme un art pernicieux pour les mœurs. La première mention que fasse l'histoire des pièces de théâtre, est pour célébrer un empereur de la dynastie de *Han*, qui avait proscrit cet amusement frivole et dangereux. Un autre empereur fut privé des honneurs funèbres pour avoir trop aimé le théâtre et la société des comédiens. » ( TIMKOWSKY, *Voyage à Pékin par la Mongolie*.)

(1) Les Romains voyaient dans *Mars* le père de la nation et l'adoraient comme la première divinité nationale, spécialement sous le nom de *Gradivus*, c'est-à-dire, *de celui qui court aux combats ou qui marche çà et là sur la terre*. Les boucliers d'airain

C'était surtout lorsqu'elle faisait sortir ses redoutables légions que l'on pouvait dire avec vérité : *Les rois s'en vont*. Elles partaient chargées par la justice éternelle de promener la verge des humiliations et des châtiments sur ces dynasties royales qui n'offraient qu'une longue succession de crimes, et particulièrement sur ces successeurs d'Alexandre, chez lesquels un sentiment et un acte de vertu étaient devenus une rare exception.

Le peuple romain, comme un grand orage, devait balayer les immondices de l'ancienne société, pour être un jour balayé à son tour, lorsque, méconnaissant ses grandes destinées et oublieux des châtiments que la Providence lui avait confiés contre les nations corrompues, il tombera dans des crimes aussi dégoûtants, dans ces mêmes désordres sociaux qui feraient nier la justice éternelle, s'ils pouvaient durer longtemps (1).

Telle fut, en effet, la fin humiliante de ce peuple-roi. Rome, enrichie des dépouilles de l'univers, maîtresse des nations civilisées, n'ayant pour ennemis que des peuples refoulés dans les déserts ; Rome était montée trop haut pour éviter une chute. Mais, laissez faire au luxe plus que royal de ses sénateurs et de ses consuls, à la soif insatiable du peuple pour les plaisirs sensuels ; laissez faire à l'orgueil immense de tous, inseparable d'une pareille puissance, et vous aurez bientôt les guerres civiles, implacables, sanglantes, dévorant ses entrailles, qui lui laisseront à peine un souffle de vie, que les barbares des paluds méotides seront chargés d'éteindre à jamais.

Ainsi tomba, non pas Rome, dont les destinées devaient changer sur la croix du Christ, mais le peuple romain, subissant à son tour la loi providentielle qui semble dominer la seconde époque de l'humanité, savoir : « Qu'une puissance conquérante était soumise à une expiation méritée, par une autre nation souvent plus perverse qui apparaissait subitement sur la scène du monde, et qui était destinée à devenir l'instrument de son asservissement et de son humiliation.»

Encore une fois la littérature d'un peuple

gardes comme sacrés, qu'on promenait solennellement dans les fêtes, au milieu des danses guerrières, le *Pallium*, le sceptre du vénérable Priam, quelques autres *antiques* semblables, formaient les sept gages sacrés de l'existence et de la prospérité toujours croissante de la ville aux sept collines, révérée sous trois noms différents, sur l'un desquels on gardait un profond secret. (F. SCHLEGEL, *Philosophie de l'histoire*.)

(1) On ne fait aucun doute que si l'on dépouillait l'histoire romaine de toutes les sentences fastueuses et de tous les lieux communs de la sagesse politique, pour en examiner les détails dans toute leur nudité et avec tous leurs traits caractéristiques, plus d'un homme de cœur ne se sentît étrangement ému et ne fût même saisi d'horreur et de dégoût à la vue de ce tableau si tragique ; car les Romains comblèrent la mesure, furent géants même dans la dissolution des mœurs, au point que la dépravation des Grecs ne paraît, en comparaison de cette licence effrénée, que comme le premier pas de l'enfance dans la carrière du vice. (Même auteur cité.)

qui a joué un si long et si terrible rôle n'est-elle pas d'un puissant intérêt? N'est-elle pas précieuse par les données, quelque faibles qu'elles soient, qu'elle pourra fournir sur les mœurs privées, les usages particuliers, les habitudes et les instincts domestiques, les rapports variés, chez un pareil peuple?

Hâtons-nous cependant d'avouer que la littérature dramatique a été lente, longtemps faible chez les Romains, et toujours inférieure à celle des Grecs, même dans leurs emprunts fréquents et nombreux. Il fallait au dur Romain des émotions plus vives et moins factices que celles du théâtre. Sa poésie à lui se trouvait surtout dans ces jeux qui ressemblaient à des batailles; le sang ruisselant sur l'arène; le râle du gladiateur expirant; les hurlements effrayants des lions et des tigres d'Afrique; les membres palpitants de milliers d'esclaves, tels étaient ses spectacles de prédilection, qu'il aimait autant que son pain de chaque jour:

      Duas tantum res anxius optat,
Panem et Circenses. . . . .

Ces jeux féroces étaient devenus pour tous d'un tel besoin, que les chefs de l'État, depuis Sylla, qui voulurent se rendre populaires, firent des dépenses énormes pour les satisfaire et éviter les séditions (1).

Tout ce qui commence, dit Tite-Live, est chose simple et souvent étrangère. Il en fut ainsi du drame romain, si toutefois on peut

(1) Veut-on un exemple de cette fureur atroce des Romains pour ces spectacles de mort! Des comédiens jouaient l'*Hécyre* de Térence. Le peuple demanda à grands cris, aux deux premières représentations, des danseurs de corde et ensuite des gladiateurs. Il fallut obéir. Au reste, ce fait n'est point isolé. Il arrivait souvent à ce peuple ignorant et grossier, dans les arts, de demander au milieu de la meilleure pièce, des athlètes ou un ours; autrement, dit M. Dacier dans sa préface sur les *Satires* d'Horace, il devenait ours lui-même, et souvent les comédiens ne pouvaient reprendre leur pièce interrompue qu'après de longues heures. C'est ce qui a fait dire à Horace dans une de ses épîtres à Auguste :

      Media inter carmina poscunt
Aut ursum, aut pugiles : his nam plebecula gaudet...
Si foret in terris, rideret Democritus, seu
Diversum confusa genus panthera camelo,
Sive elephas albus vulgi converteret ora;
Spectaret populum ludis attentius ipsis,
Ut sibi præbentem, mimo spectacula plura.

Pompée mit en scène six cents lions à la fois et Auguste onze cent vingt panthères. Tout le monde connaît ces armées de gladiateurs qui s'entr'égorgeaient pour amuser les loisirs de la populace toujours plus avide de ces carnages. Et le Romain conduisait à cette boucherie d'hommes son épouse, sa jeune fille, son enfant en bas âge : et tout cela vivait et grandissait ainsi dans le sang! Jamais, non jamais le mépris de l'humanité n'avait été porté si loin par aucune nation. On se demande, la rougeur au front, ce que serait devenue la société, si le christianisme n'était venu avec sa céleste loi d'amour régénérer ce monde taché de tant de boue et de sang.

Pour quiconque a lu et approfondi l'histoire, cette régénération de l'antique société, toute basée sur la force brutale et le mépris de l'homme, est une démonstration sans réplique de la divinité de la doctrine qui l'a opérée avec tant de bonheur et si peu de ressources.

donner ce nom à des jeux scéniques qui, dans le principe, n'avaient aucun rapport avec le drame proprement dit.

Sous le consulat de Sulpitius Peticus et de Licinius Stolo, l'an de Rome 391, une cruelle maladie, qui avait déjà fait de nombreuses victimes, continuait ses ravages. Pour apaiser le courroux des dieux, on célébra un *Lectisterne* (1). Mais les calamités allant toujours croissant, on imagina que les jeux scéniques, encore inconnus à Rome, seraient, par leur nouveauté, plus agréables aux dieux et mettraient fin aux mauvais jours.

Des Étruriens se balançant au son de la flûte, exécutant à la mode de leur pays certains mouvements gracieux, furent les premiers acteurs qui amusèrent un peuple guerrier qui n'avait eu jusqu'alors d'autre spectacle que les jeux du cirque. Point de parole, point de chant, point de gestes pour les accompagner. Représentez-vous nos danses rustiques, sans cadence, sans mesure, sans art, et vous aurez une idée des jeux de ces premiers *histrions* (2).

La jeunesse romaine, d'abord amusée par ces danses étrangères, se prit à les imiter. Vive et légère, malgré sa première éducation, elle se plaisait, en dansant, à lancer de joyeuses railleries. Ces *impromptus*, rapides comme la danse qu'ils accompagnaient, ne se plaçaient là que pour remplir un silence qui n'amusait pas assez les acteurs ni le public du cirque. Ces manières de vers, rudes et sans art, furent appelés *fescennins*, de Fescennie, ville d'Étrurie.

A ces improvisations qui se ressentaient trop de la grossièreté de leur origine, succéda un genre plus poli et plus décent. « Des satires pleines de mélodies, dit Tite-Live, avec un chant réglé sur les modulations de la flûte et que le geste suivait en mesure, » annoncèrent un progrès marqué et heureux dans ce genre. Ce n'était point encore ce poëme malin qui a depuis usurpé son nom. Quelle que soit l'origine de cette dénomination, sur laquelle les savants ne s'accordent pas mieux que sur une infinité d'autres, toujours est-il certain que la satire fut un progrès dans l'art, et que les *atellanes*, pièces plus développées et se rapprochant plus du drame régulier, en furent la conséquence

(1) Le *Lectisterne* était une cérémonie qui ne se pratiquait que dans les grandes calamités ou les grandes prospérités. Elle consistait, comme l'indique son nom, à dresser dans les temples autour d'une table magnifiquement servie, selon l'usage de l'époque, des lits somptueux couverts de riches tapis pour les dieux et des sièges pour les déesses. On y plaçait les statues et les images des divinités qui étaient censées y assister et y prendre part.

Les particuliers en faisaient autant de leur côté et se donnaient mutuellement des festins. On y invitait les étrangers. On se réconciliait avec ses ennemis; les querelles et les procès cessaient; on mettait les prisonniers en liberté, etc., etc.

Le premier *Lectisterne* eut lieu à Rome en l'année 356, à l'occasion d'une grande peste.

(2) Du mot étrurien *hister*, qui signifie un bateleur, un farceur. Ce nom resta aux acteurs de profession qui jouaient sur le théâtre.

naturelle. Ces deux genres subsistèrent long-temps, et les Romains ne les abandonnèrent même pas, lorsque Andronicus et Ennius leur eurent montré le véritable drame. Les satires et les atellanes formaient la pièce badine après la pièce sérieuse des acteurs. C'était le vaudeville de l'époque. Elles étaient encore réservées aux jeunes Romains, qui, sans beaucoup de frais de conception dramatique, avaient le plaisir de railler impunément leurs contemporains, qui, sans doute, ne prenaient pas en mauvaise part les comiques apostrophes et les mordantes plaisanteries de leurs enfants. La preuve en est que le droit de les jouer leur était exclusif, et que, par une exception honorable, ils n'étaient pas atteint de la tache honteuse que l'opinion publique réservait aux histrions ou acteurs de profession. Ils ne perdaient rien, ni du droit de la tribu, ni des honneurs et avantages du service militaire. *Eo institutum manet*, dit Tite-Live, *ut actores atellanarum nec tribu moveantur, et stipendia, tanquam expertes artis ludicræ, faciant* (1).

Telle fut la première période du théâtre romain. Des monologues, des conversations sans plan artistique, sans autre but que d'exciter le rire de la populace, des images grotesques et sans goût, voilà ce qui fit l'amusement du peuple et des graves sénateurs de la puissante Rome pendant près d'un siècle et demi. Quant à une succession de scènes liées avec art et par l'intérêt d'une action principale, quant à un nœud, une péripétie, un dénoûment, à une comédie, en un mot, n'allez pas les demander à un peuple qui ne s'occupait que de vaincre et méditait sans cesse de nouvelles conquêtes; mais lorsque les victoires et les riches dépouilles des peuples vaincus lui auront fait de longs loisirs; lorsque ses rapports avec la patrie des arts et des sciences lui auront appris qu'il y a quelque chose de plus que l'art de gagner des batailles; lorsque les enfants de l'antique Grèce se seront mêlés avec les descendants de Romulus, alors

(1) Diomède le grammairien, en parlant des divers genres de drame, dit: *Tertia species est fabularum latinarum quæ a civitate Oscorum atellæ, in qua primum cœptæ, atellanæ dictæ sunt, argumentis dictisque jocularibus, similes satyricis fabulis Græcis.* Ce dernier point est contredit par Quintilien, qui nie toute ressemblance des poèmes avec les satires grecques. Quoi qu'il en soit, les atellanes, au sentiment de M. Armand-Cassan, dans ses remarques sur les lettres inédites de Marc-Aurèle et de Fronton, étaient de petites comédies décentes que les jeunes Romains seuls avaient le droit de jouer et dans lesquelles l'acteur se moquait avec gaîté des travers et des vices contemporains. On aurait donné, à Rome le nom d'atellanes aux proverbes de M. Théodore Leclercq. Nævius en composa en latin; jusqu'à lui on n'en avait fait qu'en langue osque; on en cite plusieurs de cet auteur, entre autres *Macchus.* Le Macchus paraît être un personnage obligé dans les bouffonneries et jouait un grand rôle dans les atellanes; c'était un personnage amené sur la scène pour faire rire par des saillies et des gambades. On retrouve, dans l'arlequin et le polichinelle de la scène moderne la grotesque postérité de *Macchus.* (Tom. I, page 412.)

Rome comprendra qu'il y a un monde au-dessus de sa puissance, et que la force de ses armes victorieuses ne suffit pas pour l'atteindre. Elle comprendra elle-même sa propre faiblesse et demandera aux fils de Périclès ou acceptera d'eux, avec le sentiment de sa pauvreté, ces richesses intellectuelles, ces magnifiques productions artistiques qui lui étaient inconnues et dont elle commence à sentir le besoin.

*Seconde période.* — Une littérature est un fruit que le temps et l'expérience sont chargés de mûrir; mais avant que cette terre, d'abord stérile et couverte de ronces et d'épines, où se trouvent épars çà et là quelques arbustes ou quelques fleurs sauvages, se montre embellie de riches moissons, de vastes prairies, d'arbres majestueux, il faut de longs soleils, delarges et profonds sillons, d'abondantes sueurs. Comme les individus, les sociétés ont leur enfance, et subissent la loi fatale de la vieillesse, après la virilité.

La littérature latine ne pouvait être exempte de ces différentes phases. Avant de parvenir à cette époque de force et de calme, de développement et de plénitude, elle avait à parcourir les degrés de l'enfance; légère, naïve, telle fut sa première période.

Livius Andronicus devait ouvrir une voie nouvelle; avec lui commença le drame latin. Pris par les Romains lors de la conquête de la voluptueuse Tarente, sa patrie, il devint l'esclave du consul Livius Solinator, qui lui confia l'éducation de ses enfants et l'affranchit ensuite pour récompenser ses services, en lui donnant son nom. Habitué dès l'enfance à la représentation des chefs-d'œuvre de l'art dramatique grec, dans une ville où les jeux scéniques accompagnaient les nombreuses fêtes, Andronicus n'eut pas de peine à comprendre la pauvreté des premiers essais du théâtre romain (1). Familiarisé avec la langue de ses maîtres, il leur donna des drames qui, par leur nouveauté, excitèrent l'admiration universelle (2).

Dès cette époque commença sérieusement, et avec une frappante universalité, cette initiation de l'esprit romain, encore inculte et barbare, à l'esprit grec, alors dépositaire traditionnel de la science et des arts. Cependant cette initiation ne put s'accom-

(1) Strabon observe qu'il y avait dans cette ville, toute grecque, plus de jeux et de festins solennels que de jours dans l'année. On avait fait construire, près du port, un magnifique théâtre où le peuple se rendait en foule aux jours de fêtes.

(2) Livius Andronicus donna sa première pièce l'an 514 de Rome, sous le consulat de C. Claudius Cento et de M. Sempronius Tuditanus, un an avant la naissance d'Ennius, plus de cent soixante ans après la mort de Sophocle, et environ cinquante-deux ans après Ménandre, suivant Aulu-Gelle.

Il ne nous reste plus que de faibles fragments de cet auteur, qui se réduisent à une centaine de vers entiers ou tronqués. On en trouve quelques-uns dans les *Comici latini*, Lyon, 1603, et dans le *Corpus poetarum.* Ces fragments ne nous laissent aucun regret sur la perte de ses ouvrages, et confirment le jugement de Cicéron: *Livianæ fabellæ non satis dignæ quæ iterum legantur.* (Brutus, ch. 18.)

plir sans résistance. Le génie de l'antique Latium fit un instant effort pour défendre son domaine. Cinq ans à peine après Andronic, le poëte Nævius, encore couvert des lauriers qu'il avait recueillis dans la première guerre punique, eut honte de voir sa patrie, alors si puissante et si respectée, devenir l'humble écolière d'un peuple amolli et méprisé. Indigné surtout contre la brillante aristocratie romaine, qui avait pris sous sa protection le goût et les mœurs étrangères, et qui s'efforçait, dit M. Michelet, « de fermer Rome aux Italiens pour l'ouvrir aux Grecs, et d'effacer ainsi peu à peu le génie latin, » il attaqua, par des vers satiriques et mordants, ces ennemis d'une littérature dont il s'était constitué le dévoué champion. Mais le poëte patriote succomba à la tâche. Nævius, vaincu par la cabale patricienne, quoique soutenu du crédit et du pouvoir de l'énergique Caton, qui déplorait, comme lui, l'abandon du type latin et des mœurs paternelles, s'exila de Rome et annonça à ses concitoyens qu'il emportait avec lui les derniers restes de cette langue rude et sévère, comme devait l'être celle des enfants de Mars.

Nævius avait succombé, mais la lutte n'était point terminée encore. L'infatigable et rigide Caton, acharné contre l'atticisme autant que contre la grande rivale de Rome, épuisa son énergie et ses ressources au combat de cette invasion morale. Il appréhendait, avec juste raison, que sa patrie, grande et noble, victorieuse et puissante, ne dégénérât, en acceptant à la fois les idées et les mœurs d'un peuple qui ne savait plus s'occuper que de plaisirs, et livrait son indépendance à toutes les tyrannies. Il saisit toutes les occasions, fit naître et inventa des prétextes, pour amortir l'influence patricienne sur le peuple, qui était bien éloigné de s'en défendre, et le grand Scipion fut contraint d'aller mourir à Literne, déshéritant sa patrie de ses cendres glorieuses.

Mais que pouvaient les efforts même les plus énergiques et les plus soutenus d'un censeur, contre des idées qui devenaient chaque jour plus pressantes et plus impérieuses! Rome était une terre vide et desséchée qui appelait toutes les rosées de l'Orient. Devenue centre d'un cercle qu'elle agrandissait chaque jour par ses victoires, il fallait qu'elle subît le joug nécessaire, fatal, des idées et des arts, dont elle trouvait les brillants modèles chez les peuples vaincus. Caton lui-même finit par sentir l'inutilité de sa résistance. Pour ne pas quitter tout à fait son habitude d'opposition, il continuait à sortir des spectacles, ne voulant point autoriser par sa présence des scènes trop libres. Mais il étudia la langue grecque sous Ennius, l'ami intime et le chantre de Scipion. Mourant, il déclare à son fils qu'il n'est pas mauvais d'apprendre ce qu'il avait tant maudit et ce qu'il maudissait encore, dans la prévoyance de l'avenir de sa patrie.

Dès lors toute résistance cesse, l'esprit latin s'éteint peu à peu sous l'influence irré-sistible du génie grec, et Rome n'eut plus qu'à se laisser aller naturellement dans une voie où la puissance de la civilisation l'entraînait. Dans un demi-siècle les Romains furent, ainsi que le leur avait annoncé le Calabrois Ennius, grecs autant qu'ils pouvaient l'être, c'est-à-dire autant qu'un peuple qui en imite un autre peut cesser d'être lui-même.

Ce serait ici le lieu de venger la littérature latine d'un reproche qui lui a été quelquefois adressé, et que l'on s'est plu à renouveler de nos jours : son imitation de la littérature grecque, dans presque tous les genres, mais surtout dans le drame. Elle n'a fait cependant que suivre une loi dont aucun peuple nouveau n'a pu s'exempter. L'esprit humain ne se défendra jamais de travailler sur un thème, quelque ancien qu'il soit, qui réveille dans lui cette idée de la perfection idéale, ce sentiment du beau vers lequel il se porte invinciblement comme vers un besoin de sa nature intelligente et sensible. Oui, et c'est une vérité incontestable qui ressort à chaque page de l'histoire : l'Italie de Romulus et de Numa a pris à la Grèce ses sciences, ses arts et sa littérature; mais c'est parce qu'elle les a pris, c'est parce qu'elle a puisé à cette mine abondante et riche, qu'elle est devenue l'Italie d'Auguste et des Antonins. Sans ce premier type qui lui a servi de point de départ, des siècles et des siècles auraient passé sur elle avant qu'elle eût pu s'élever au-dessus des ébauches grossières de ses premiers essais. Sans doute les tragédies d'Eschyle, de Sophocle et d'Euripide, les comédies d'Aristophane et de Ménandre ont été souvent jetées dans le moule latin, et en sont sorties informes, défigurées, ne conservant presque rien de leurs belles proportions. Mais peu à peu on a eu les comédies de Plaute, de Térence, les tragédies de Titius, qui intéressaient si vivement Horace, celles de Pacuvius et d'Accius, qui se recommandaient, d'après Quintilien, par la solidité des pensées, la vigueur du style et la noblesse des caractères; le *Thyeste* de Varius, qui, selon le même témoignage, peut être comparé à ce que les Grecs ont de plus parfait : *cuilibet Græcarum comparari potest* (Quintil.) « Nos poëtes, disait Horace, se sont essayés dans tous les genres et n'ont pas mérité peu de gloire, en quittant quelque fois les traces des Grecs et en traitant des sujets nationaux, soit comiques, soit tragiques. La valeur même et l'éclat des armes n'ajouteraient pas plus que la gloire littéraire à la célébrité du Latium, si nos auteurs trop pressés ne dédaignaient le travail et la patience de la lime. »

Ainsi la tragédie latine s'était au moins élevée, avec le temps, assez haut, en suivant les traces de ses immortels modèles, si elle ne les atteignit point; et la comédie, quoique plus faible, de l'aveu de Quintilien, n'a pas moins jeté, en suivant la même route, un vif éclat. Si elle n'est point parvenue à ce comique parfait, à ce charme indéfinissable

attaché aux seuls attiques, c'est que la langue d'Aristophane et de Ménandre est unique dans son énergique simplicité, son ton spituel et incisif, pour l'expression du genre.

Ajoutons une observation. Il serait difficile de nous défendre de contradiction flagrante, en accusant les Latins d'imitation servile du système grec. Quelle a donc été la base de notre littérature, à nous? Quelle voie ont donc suivie les illustres auteurs du grand siècle qui ont à jamais perfectionné notre langue et produit des œuvres immortelles? N'ont-ils pas aussi suivi les anciens? « Si les Latins ont tout emprunté des Grecs, dit La Harpe, nous avons tout emprunté des uns et des autres! » La religion et la raison, qui nous ont montré le vide et la folie de leurs fictions et de leurs divinités, n'ont même point été assez fortes pour les bannir de notre littérature. Après dix-sept siècles de christianisme, on a conservé les foudres à Jupiter Olympien, la sagesse à Minerve, à Mercure ses ruses et ses messages, tant est puissant le goût de l'antiquité ; tant ce beau idéal de la riante Grèce nous a subjugués. Ainsi, ne soyons plus si sévères dans nos accusations d'imitation des Latins. Ils ont ajouté, dans leur nationalité, comme nous dans la nôtre, quelques anneaux à la chaîne savante qui se continue sous la main du temps, à travers les générations. Ils furent serviles d'abord et froids copistes ; mais plus tard ils donnèrent un glorieux et honorable développement à ce type sublime qu'ils avaient aperçu, et leur littérature naquit.

Ne pourrions-nous pas demander encore ce que devient la littérature d'un peuple qui proclame l'indépendance des règles traditionnelles, répudie les modèles, ne croit qu'à son inspiration et déclare ne vouloir marcher qu'avec ses propres lumières? Notre siècle peut répondre, en nous montrant la plupart de ses œuvres littéraires.

Les essais dramatiques d'Andronicus, de Nævius, d'Ennius et de Cécilius, simples copies ou imitations des Grecs, furent suivies des œuvres plus soignées d'Accius, dont il ne nous reste que les titres, de Pacuvius, dont nous n'avons que de courts fragments, qui ne confirment point le témoignage avantageux de Quintilien, ni le récit de Cicéron, dans son livre de l'*Amitié*. Nous voudrions nous arrêter sur Plaute, dont les œuvres, au moins en partie, sont venues jusqu'à nous et peuvent nous aider à étudier le théâtre latin et les mœurs romaines; mais les limites fixées à notre travail ne sauraient nous le permettre.

Ce créateur de la comédie latine mourut l'an de Rome 570 : la même année que Scipion l'Africain, exilé volontaire, dans sa retraite de Literne; qu'Annibal, glorieux fugitif, à la cour de Prusias, et dont le nom seul troublait le repos de Rome; que Philopœmen, le dernier des Grecs, lâchement empoisonné, à Messène, par son vainqueur.

Le mérite littéraire et artistique de Plaute a été vivement discuté par les anciens et les modernes, et les jugements qui en ont été

portés varient avec des contractions étonnantes. Ainsi Varron, adoptant le jugement d'Elius Stilon, ne craint pas de dire que si les muses voulaient parler latin, elles emprunteraient le langage de Plaute ; ainsi, Macrobe l'égale au grand orateur de Rome; ainsi saint Jérôme retrouve dans ses œuvres le plus piquant atticisme; mais Horace, et avec lui la délicate société d'Auguste, réprouve la sotte admiration des ancêtres et des contemporains pour les railleries et les vers du comique ombrien (1).

Quant à ce qui touche l'esclavage, cette plaie de l'antiquité, prenez au hasard les comédies de Plaute, vous trouverez toujours des esclaves d'une immoralité révoltante. De là aussi ce besoin de règlement et de traitements atroces, pour contenir ces milliers d'hommes, dont la haine constante était toujours féconde contre leurs maîtres. Il fallait dans chaque maison un arsenal patibulaire, un exécuteur des hautes-œuvres; et le bourreau était devenu un personnage si commun, qu'il entrait dans la partie bouffonne de la comédie.

Toute la pièce des *Captifs* n'est qu'une longue énumération des peines et des tortures que l'on faisait subir à ces ilotes de l'Italie. Le cœur du chrétien se brise, en lisant les nombreux témoignages de l'antiquité sur le sort d'hommes dont la vie entière n'était qu'un long supplice. Bornons-nous aux notions que nous fournit l'auteur dramatique qui nous occupe, et encore ne nous est-il permis que d'indiquer le sujet.

Ce ne fut que lorsque la sublime loi de l'amour et de la fraternité évangélique eut été répandue dans le monde et eut pénétré la société antique de son esprit de sacrifice et de dévouement; ce ne fut que lorsque les peuples eurent connu et adoré le médiateur divin, qui, pour sauver l'homme coupable, voulut mourir du supplice des esclaves, que les chaînes de ces infortunés se relâchèrent et finirent par tomber.

*Troisième période.* (*Térence.*) — Quelques jours avant les fêtes que les Romains célébraient en l'honneur de la bonne déesse, le poëte Cécilius se trouvait à table avec quelques amis invités. Sans doute, dans leurs joyeux propos, les jeux et les spectacles scéniques que les édiles curules, Fulvius Nobilior et Acilius Glabrio, préparaient au peuple, avaient une large part; lorsqu'un esclave

(1) Ce jugement d'Horace est bien sévère dans la forme. Le poëte du grand siècle ne porterait-il pas rancune au poëte populaire, précisément à cause de la faveur dont il demeurait en possession sur le théâtre, au grand détriment des poëtes contemporains et amis d'Horace, dont la latinité et la versification étaient sans doute plus pures et le jeu plus savant! On sait qu'il y aurait beaucoup à dire sur l'amour-propre des poëtes; cependant il est incontestable que Plaute n'est point exact dans ses vers, et qu'il ne s'est point assujetti à une même mesure. Il en mêle souvent de tant de sortes, que les savants sont embarrassés pour les reconnaître. Plaute lui-même passe condamnation sur cet article, dans l'épitaphe qu'il fit en appelant ses vers *numeros innumeros*.

vint annoncer au vieux poëte qu'un affranchi, jeune encore, de taille médiocre, maigre de corps, et au teint basané, demandait à l'entretenir (1).

L'âge, la condition, l'air timide et embarrassé de l'étranger, ses vêtements grossiers, tout contribuait à lui préparer un accueil froid ou indifférent. Le modeste jeune homme, introduit, dut raconter que Carthage était sa patrie, que dès son bas âge il avait quitté le lieu de sa naissance, amené dans les murs de la puissante Rome par l'illustre sénateur Terentius Lucanus (2); que Rome était devenue aujourd'hui sa seconde patrie, où les soins généreux de son patron, qui lui avait donné un nom avec la liberté, lui permettaient de cultiver un art qu'il aimait et que Cécilius honorait de son talent et de ses succès. Il venait maintenant lui soumettre les premiers fruits de ses travaux pour qu'il eût à prononcer sur leur valeur. Les édiles curules, auxquels l'affranchi de Terentius avait offert son Andrienne, pour être représentée aux jeux scéniques qu'ils se proposaient de donner au peuple pendant les fêtes de Cybèle, avaient exigé de l'Africain affranchi le témoignage approbateur de Cécilius. Depuis la mort de Plaute, c'est-à-dire depuis environ dix-huit ans, ce poëte, dont le temps a dévoré les œuvres et n'a laissé passer que le nom, charmait les loisirs du peuple romain et tenait le premier rang parmi les comiques contemporains. C'est lui que les édiles donnaient pour juge à Térence. Cécilius justifia la confiance de ces magistrats qui ne craignaient pas d'établir une si étrange et si expéditive censure (3).

Un humble siége placé auprès de la table du festin est présenté à l'affranchi de Lucanus; mais à peine le généreux et sincère Cécilius a-t-il entendu la première scène de la pièce nouvelle, que, frappé de la beauté des vers, de la vigueur, du naturel et de la netteté du dialogue, de la pureté et de la noble simplicité du style, il ne peut contenir son admiration. Il a honte d'avoir traité avec tant d'indifférence et presque humilié un si beau talent. Il l'invite, pour réparer cette première rigueur, à s'asseoir auprès de lui, l'engage à partager avec ses amis le reste du festin, et se fit lire ensuite toute la pièce qu'il combla d'éloges aussi délicats que sincères. Noble exemple, trop rarement suivi par les plus beaux talents qui craignent presque toujours des successeurs ou des rivaux.

Malgré l'obscurité de son origine et la bassesse de sa condition, Terentius Afer vivait à Rome dans la fréquentation et même

(1) Chronique d'Eusèbe et Suétone.

(2) Serait-ce Terrentius Culléon que Scipion l'Africain délivra de sa captivité, au rapport de Tite-Live?

(3) On sait que les édiles ne voulaient qu'amuser le peuple; le théâtre n'était qu'un jeu, et malheur à eux si le peuple s'y ennuyait. Plus tard il savait se venger aux comices de tout l'ennui qu'on lui avait fait subir; l'histoire est là pour légitimer la crainte des édiles, qui nous paraît aujourd'hui bizarre.

la familiarité des plus nobles patriciens. Scipion, Lælius et Furius surtout l'avaient admis dans leur intimité, sans doute à cause de l'éducation soignée qu'il avait reçue dans la maison de Lucanus, de la justesse de son jugement, de la douceur de son caractère et de l'aménité de ses manières. Loin de nous l'infâme soupçon de Porcius qui voudrait faire de Térence un compagnon de débauche et un vil adulateur de ces jeunes Romains; ses œuvres sont là pour le défendre contre une si basse calomnie. Tout lecteur attentif et judicieux, ayant quelque connaissance de la société patricienne de cette époque, et qui voudra apprécier la distance que Térence a placée entre lui et ses prédécesseurs, dans la carrière dramatique, fera bientôt justice des perfides insinuations de Porcius. Ce poëte malveillant montre bientôt à nu la malignité de ses intentions, en disant que ni Publius Scipion, ni Lælius, ni Furius, ne furent d'aucun secours à leur protégé et à leur ami; que ces trois nobles qui menaient alors la vie la plus aisée, ne lui procurèrent même pas une maison en loyer, à laquelle un esclave pût rapporter l'annonce de la mort de son maître. Et la main de sa fille fut recherchée plus tard par un chevalier romain; et des jardins de vingt arpents, sur la voie Appienne, près de la villa de Mars, attestaient, sinon l'opulence du poëte, du moins une vie aisée et à l'abri du besoin. Oh! pourquoi faut-il qu'à côté du génie vous rencontriez si souvent quelque médiocrité qui lui jette la boue de la calomnie?

Cette intimité qui honore à la fois le poëte et ses puissants protecteurs était connue à Rome. On allait même jusqu'à prétendre que ses œuvres dramatiques étaient le fruit de leurs travaux communs. Térence lui-même, dans le prologue des *Adelphes*, ne se défend que très-faiblement de cette allégation publique.

Son style est d'une simplicité si noble, d'une élégance et d'une pureté si parfaites, il se montre si supérieur à ceux qui l'avaient précédé dans la carrière; *il sent si bien son gentilhomme*, selon la naïve expression de Montaigne, que les Romains purent refuser à un étranger ce mérite qui les humiliait, et l'attribuer à ces puissants patriciens dont les connaissances littéraires étaient appréciées du peuple autant que leur courage et leur valeur.

C'est bien à Térence que l'on peut appliquer ce que le législateur du Parnasse latin célèbre dans les bons poëtes! Avec quel bonheur il trouve ces expressions qui étaient restées longtemps cachées! Semblable au fleuve limpide, roulant des eaux rapides et pures, il répand la fécondité et enrichit le langage du *Latium*! Son esprit judicieux polit les aspérités et laisse tout ce qui manque de force. On croirait qu'il écrit en se jouant, tant son travail a su trouver, sans peine, les grâces et les richesses d'une langue qui sortait presque de l'enfance. « Les perfections et les beautés de sa façon de dire nous font perdre l'appétit de son

subject. Sa gentillesse et sa mignardise nous retiennent partout. Il est partout si plaisant et nous remplit tant l'âme de ses grâces, que nous en oublions celle de la fable. » C'est dans Térence que le grand orateur de Rome a fait sa première éducation et a commencé l'étude d'une langue qu'il devait rendre immortelle : c'est lui qu'il félicite, dans son *Timon*, d'avoir su par une expression choisie rendre en latin et reproduire Ménandre ; d'avoir fait entendre au peuple silencieux tout ce que le poëte grec a de plus agréable, tout ce qu'il a dit de plus doux.

L'estime et l'admiration de l'antiquité pour le style de Térence ont été sanctionnées par le consentement de vingt siècles. Depuis Cicéron jusqu'à nos jours, ses comédies n'ont cessé d'occuper les studieux loisirs de tout ce que l'Europe a compté, dans tous les temps, d'hommes capables et d'esprits distingués. Peu d'auteurs classiques ont été plus souvent copiés et recopiés dans les temps qui ont précédé la découverte de l'imprimerie ; et depuis, imprimés, traduits et commentés par des littérateurs d'un goût éclairé et solide ; on a lieu de regretter que l'auteur, qui a la gloire d'avoir fixé la langue des Romains, et donné à Cicéron, à Virgile et à Tite-Live, des leçons et des modèles de style, ne soit point adapté aux études classiques d'une langue dont il renferme toutes les beautés. C'était le désir du sage Rollin. Quelques soustractions, que la morale exige, suffiraient pour rendre cet estimable auteur intéressant, agréable et utile à la jeunesse des écoles.

On reproche avec raison au poëte de Sarsine de se laisser aller au goût grossier de la populace et de mettre en œuvre des plaisanteries et des expressions qui descendent jusqu'à une basse trivialité. Nous l'avons observé, Plaute s'adressait au peuple, voulait être compris du peuple, et, pour réveiller l'attention de son auditeur, il ne craint pas quelquefois d'être aussi grossier que lui. Les pièces de Térence furent une réaction. Plus d'une fois les graves patriciens gardaient un dédaigneux silence, ou laissaient échapper un murmure improbateur, tandis que le peuple riait aux éclats aux facétieuses extravagances, à la loquacité effrénée des personnages de Plaute. Ils se promettaient bien, sans doute, de relever la scène latine et de lui donner la dignité d'une œuvre morale, dont ils avaient le sentiment.

La civilisation romaine avait fait des progrès rapides. Dans le court espace de dix-huit ans qui s'étaient écoulés depuis la mort de Plaute, des événements d'une portée immense s'étaient accomplis. Le génie grec, aidé de toute l'influence patricienne, allait atteindre l'apogée de sa domination artistique. Paul-Emile, après avoir effacé du rang des nations libres le beau royaume de Persée, accompagné du jeune Scipion, son fils, qui se dévouait avec un égal amour à la gloire des armes et des lettres, suivi d'un cortége de patriciens distingués, avait visité cette Grèce, si renommée, patrie des

arts et des sciences ; ce monde de la pensée, que les Romains rêvaient sans le bien connaître. Les lieux et les villes les plus célèbres, qui rappelaient quelque glorieux souvenir de cette terre antique, furent, pendant la saison de l'automne, le but de leurs courses pacifiques. Paul-Emile demande à Athènes un précepteur pour son fils. Lorsqu'il s'agit de distribuer aux officiers et aux soldats les riches et abondantes dépouilles du roi vaincu, il accorde à ses enfants, comme un don précieux et désiré, la bibliothèque de Persée. Les légions romaines déposent leurs armes victorieuses, pour se livrer avec ivresse aux amusements, aux fêtes, aux spectacles, auxquels les invitent les peuples vaincus. Ils sont initiés par eux à la civilisation de l'Orient. Amphipolis réunit, par les soins et la magnificence de Paul-Emile lui-même, tout ce que l'Asie et la Grèce avaient de plus brillant ; et les Romains étonnèrent, par le luxe et la somptuosité des repas, l'éclat des fêtes, la magnificence des spectacles, ceux dont ils n'étaient que les disciples d'un jour. Avec ses légions triomphantes et enrichies, Rome voyait venir à elle des colonies de savants, de littérateurs et d'artistes qui activaient l'œuvre du temps et forçaient les vainqueurs de leur patrie à admirer, à étudier, et à imiter leur langue, leur littérature et leurs arts. Ainsi, l'amitié et le patronage de patriciens éclairés, amateurs passionnés de la belle littérature grecque, contempteurs prononcés des opinions populaires ; des événements qui semblent être réunis par la Providence, pour pousser comme d'un seul coup la civilisation et la littérature orientale dans le sein de Rome qui commençait à devenir le centre du monde ; dix-huit ans qui valent trois siècles, voilà ce qui explique la perfection de Térence et la distance infinie où il s'est placé vis-à-vis de ses prédécesseurs.

Telles sont les causes qui expliquent encore, selon nous, le choix de ses sujets et le développement des caractères qu'il met en scène.

Avant d'avoir accompli sa trente-cinquième année, ayant donné au théâtre latin six comédies qui nous sont parvenues, soit qu'il voulût détruire le soupçon de ne publier pour siens que les travaux de ses illustres amis ; soit qu'il désirât étudier sur les lieux la langue, les coutumes et les usages des Grecs pour obtenir une intelligence plus approfondie de son auteur chéri ; soit que persuadé que sur cette terre classique des arts il pourrait cultiver et agrandir son talent, il sort de Rome, se jette dans un frêle navire et se dirige vers l'Asie ; on ne le revit plus. Quelques années après le bruit courut, que, revenant dans le sein de sa patrie adoptive et chargé d'un glorieux butin littéraire (1), il fut englouti sous les flots par une furieuse tempête qui assaillit le vaisseau qui le portait ; d'autres disaient qu'accablé par le chagrin et le désespoir d'avoir perdu le fruit de ses travaux qu'il avait confié à un navire qui fit naufrage, il fut enlevé par une

maladie aiguë à Stymbale en Arcadie, ou à Leucade, sous le consulat de Cornelius Dolabella et de Fulvius Nobilior.

> Sed ut Afer sex populo edidit comœdias
> Iter huic in Asiam fuit. Navim quum semel
> Conscendit, visus nunquam est, sic vita vacat (2)

Nous ne saurions trop vivement exciter la jeunesse à se familiariser avec la poésie la-

(1) A son retour de la Grèce, il apportait, dit-on, cent huit pièces nouvelles, traduites en grande partie de Ménandre. (*Cosconius.*)

(2) *Volcatius.*

tine. Il nous serait facile, en effet, de prouver par d'illustres exemples que l'exercice de la poésie latine est d'une utilité incontestable, même pour écrire en français. On sait que les grands écrivains du siècle de Louis XIV, qui contribuèrent le plus à donner à notre langue ces formes souples et dégagées, cette élégance classique, cette clarté incomparable, que toutes les langues de l'Europe nous envient, se sont formés principalement par l'étude et la pratique de la poésie latine. On a conservé à Meaux de volumineux recueils des poésies de Bossuet, et nous avons lu nous-même les vers latins de la jeunesse de Racine qui, pour l'élégance, ne le cèdent en rien à ses vers français. Cette règle souffre peu d'exceptions. De nos jours encore un illustre écrivain, M. Berryer, assurait au proviseur d'un de nos lycées qu'il devait à l'exercice de la poésie latine sa facilité à écrire en français. Nous ne saurions trop engager la jeunesse qui étudie à entrer avec courage dans cette voie que lui ont tracée les véritables maîtres de l'art d'écrire. En dehors même de l'expérience, on conçoit que la nécessité d'assujettir sa pensée aux formes rigoureuses de la versification, d'élaguer impitoyablement les mots inutiles qui passent inaperçus en prose, de calculer des effets d'harmonie et de césure, d'enrichir un morceau d'images justes et brillantes, doit nécessairement exercer une influence salutaire sur les formes du style, et lui communiquer le nombre, la précision, l'harmonie, qui sont les conditions essentielles sans lesquelles il ne peut plaire. Que la jeunesse apprenne donc à se former de bonne heure à ces exercices sérieux, dont l'utilité ne peut être contestée que par des esprits frivoles. Outre l'avantage si précieux d'avoir fait des études complètes, elle en trouvera d'autres au moins aussi incontestables. L'application égale à toutes les parties de l'enseignement lui donnera ce calme et cette vigueur d'esprit, si rares aujourd'hui parmi les jeunes gens.

LITTÉRATURE CHEZ LES PROPHÈTES. — Si la poésie sacrée est fille du ciel, et si la parole de Dieu passait sur les lèvres des prophètes, les livres des Hébreux doivent être marqués d'un sceau divin : leurs pensées, leurs images, leurs expressions ne doivent avoir rien de mortel, et c'est la source pure où le génie doit puiser de sublimes inspirations, dans le plus utile et le plus noble des arts, la *poésie!* Elle a servi d'abord à proclamer les oracles de l'Eternel, à graver dans le cœur de l'homme les maximes de la sagesse et les antiques faits

de l'histoire ; elle donne et reçoit la plus belle immortalité, et son origine, dit Lefranc de Pompignan, remonte au souverain Créateur.

La Harpe n'hésite point à mettre les écrivains sacrés au-dessus des écrivains profanes ; qui ne serait de son avis ? Les seconds, il faut le dire, ne sont pas autant que les premiers simples et sublimes, touchants et gracieux, profonds et instructifs ; ils ne fécondent pas autant la pensée ; ils n'entraînent pas comme eux l'imagination, le cœur et l'esprit. Dans la poésie lyrique, surtout, le vol des prophètes s'élève, sur les ailes de l'inspiration, à une hauteur que nul génie n'atteindra jamais, et c'est de là que leur essor impétueux fond sur vous comme l'éclair. « Vous restez, dit Châteaubriand, fumant et sillonné par la foudre, avant de savoir comment elle vous a frappé. »

Le premier des poètes lyriques, c'est David, prophète-roi, tige sainte du Messie. Dès l'âge de quinze ans, il reçoit de Samuel l'onction royale ; quelques années plus tard, il terrasse le géant Goliath, commande à sa harpe de calmer les délires d'un roi réprouvé, ne répond à ses jalouses fureurs qu'en épargnant deux fois sa vie, et quand l'oint du Seigneur périt sur la montagne de Gelboé, la douleur de David s'écrie :

> Saül et Jonathas ! ô désastre cruel !
> Comment n'êtes-vous plus, vous les forts d'Israël.

C'est par cette grandeur d'âme que David préludait à ses illustres destinées ; c'est par la magnanimité de ses actions qu'il se montrait le noble précurseur du Christ.

Roi de Jérusalem, vainqueur de ses rivaux et de ses ennemis, David conçoit le dessein d'élever au Seigneur un temple digne de sa majesté ; il prépare les plans, consulte tous les arts, et amasse les trésors nécessaires à ce grand ouvrage, réservé à Salomon. Mais le plus bel ornement de ce temple, celui qui devait résister à sa destruction comme à celle de tant de chefs-d'œuvre littéraires, ce sont les psaumes de David, monument éternel de génie, de science et de poésie.

Ces psaumes, qui, d'après le savant Vignier, retentissaient chantés jour et nuit dans le temple de Salomon, aux accords imposants des cymbales, des harpes et du psaltérion ; ces psaumes, que le P. Lelong et Constant de la Molette ont montrés occupant les veilles assidues de treize cents écrivains ; ces psaumes, qui, traduits dans presque toutes les langues et même en vers turcs, selon le voyage de Spon, ont, en prose française, occupé Sacy, Legros, Berthier, Pluche, La Harpe, Vignier et Agier ; en vers français, ont inspiré plus de cent poètes : Marot, Bèze, Desportes, Michel de Maillac, Antoine Godeau, le président Nicolle, Guillaume du Vair, Malherbe, Lingende, Racan, mademoiselle Chéron, le cardinal de Boisgelin, surtout Racine et J.-B. Rousseau, qui leur doivent quelques-unes des plus parfaites harmonies dont s'honore la poésie française.

Tant de travaux sur les psaumes n'étonneront pas, si quelques citations rapides

proclament de nouveau leur excellence et ce caractère d'inspiration qu'y reconnaissent saint Augustin, Théodoret et le grand Bossuet.

Indigné contre un délateur, David s'écrie : « Voici le fort qui n'a point choisi le Seigneur pour son asile ; il s'est confié dans ses trésors, il s'est glorifié dans son néant. » Se glorifier dans son néant ! contraste sublime !

Peint-il l'insolence et la prospérité des méchants : « Leur iniquité sort tout orgueilleuse du sein de leur abondance. Ils sont comme enveloppés de leur impiété. Le méchant a été en travail pour produire l'iniquité ; il a conçu la mort et enfanté le crime. »

Veut-on opposer à cette énergie de pensées la douce tristesse des paroles : « Les jours de l'homme sont comme l'herbe ; sa fleur est comme celle des champs ; un souffle passe, la fleur tombe, et la terre qui l'a portée ne la reconnaîtra plus. » Aucun poëte n'a dit : « Et la terre qui l'a portée ne la reconnaîtra plus. »

Au premier livre de l'Énéide, la description d'une tempête est un chef-d'œuvre ; mais je trouve, au psaume 106, une description plus admirable encore.

Éole veut-il déchaîner la tempête : « Du revers de son sceptre, dit Virgile, il frappe le flanc de la montagne ; elle s'ouvre : tous les vents, tels qu'une grande armée, se précipitent, et leurs tourbillons ravagent les campagnes. »

David dit : « Le vent de la tempête est debout, les flots se sont soulevés. » L'image est plus vive, plus hardie.

Virgile met-il les mers en mouvement : « Une montagne liquide élève ses vagues escarpées : les unes sont suspendues sur la cime des flots ; l'onde s'ouvre, et montre aux autres la terre entre les mers : le sable furieux bouillonne. » David ici est plus poëte encore : « Les navigateurs montent aux cieux, descendent aux abîmes. » Quelle rapide opposition dans monter et descendre !

*Clamorque virum, stridorque rudentum.*

Les clameurs des guerriers et les cris des cordages.

Harmonie imitative parfaite ! Mais si le Psalmiste s'écrie : *Anima eorum in malis tabescebat* ; leur âme se dissout parmi tant de maux ! C'est une harmonie supérieure à celle de Virgile : l'une va aux oreilles, l'autre va à l'âme.

Le discours d'Énée au milieu de l'orage, celui de Neptune aux vents, toute la fin de cette tempête, sont d'un grand poëte ; mais ces paroles sont d'un poëte inspiré : « Dans leur infortune, ils crient vers le Seigneur, et le Seigneur les sauve de leur détresse. »

Les anciens peignent quelquefois à grands traits la puissance du roi de l'Olympe : « Jupiter, dit Pindare, accomplit tout selon sa volonté ; il atteint l'aigle aux ailes rapides, il devance le dauphin dans les mers, il courbe l'orgueil de l'homme superbe, et donne à la modestie une gloire impérissable. »

Dieu dit : « Que la lumière soit, et la lumière fut. » Comparez ! Certes, si le dieu de Virgile jure par le Styx, il faut admirer la beauté de ces vers :

    . . . . . Stygii per flumina fratris
Per pice torrentes atraque voragine ripas,
Annuit ; et totum nutu tremefecit Olympum.

Il dit, et attestant les fleuves des enfers qui roulent de noirs torrents de bitume, il s'incline : à ce signe, tout l'Olympe a tremblé.

Jéhovah ne dit que ces mots : « J'en ai fait le serment ; j'ai juré par moi-même, *per memet-ipsum juravi*. Voilà le serment d'un Dieu ! »

Enfin, dans les plus beaux vers de Virgile, montrons non-seulement le courroux de Jupiter, mais celui de tous les dieux arrachant à l'envi les fondements de Troie :

Neptunus muros, magnoque emota tridenti
Fundamenta quatit totamque ab sedibus urbem
Eruit. Hic Juno Scæas sævissima portas
Prima tenet, sociumque furens a navibus agmen
Ferro accincta vocat.
Jam summas arces Tritonia, respice, Pallas
Insedit, nimbo effulgens, et Gorgone sæva,
Ipse pater Danais animos viresque secundas
Sufficit : ipse deos in Dardana suscitat arma.

De son trident vengeur, le Neptune foudroie,
Ébranle tout entière et déracine Troie ;
Là, couverte de fer, debout sur les débris,
Junon tonne, appelant sa cohorte à grands cris.
Du haut des tours, Pallas, qu'un nuage environne,
Étincelle du feu de l'horrible Gorgone ;
Jupiter donne aux Grecs la force et la valeur,
Il leur donne les dieux, tous les dieux en fureur.

À côté du courroux de ces faux dieux, placez un instant celui de Jéhovah, et vous faites rentrer dans le néant tous les dieux du paganisme : « Sa colère a monté comme un tourbillon de fumée ; son visage a paru comme la flamme, et son courroux comme un feu ardent. Il a abaissé les cieux, il est descendu et les nuages étaient sous ses pieds ; il a pris son vol sur les ailes des chérubins et s'est élancé sur les vents. Les nuées amoncelées formaient autour de lui un pavillon de ténèbres. L'éclat de son visage les a dissipée, et une pluie de feu est tombée de leur sein. Le Seigneur a tonné du haut des cieux ; le Très-Haut a fait entendre sa voix, sa voix a éclaté comme un brûlant orage. Il a lancé ses flèches et dissipé mes ennemis ; il a redoublé ses foudres qui les ont renversés ; alors les eaux ont été dévoilées dans leurs sources, les fondements de la terre ont paru à découvert, parce que vous les avez menacés, Seigneur, et qu'ils ont senti le souffle de votre colère ! » « Avouons-le, dit La Harpe, il y a aussi loin de ce sublime à tout autre sublime, que de l'esprit de Dieu à l'esprit de l'homme. »

Isaïe, fils d'Amos, prophétisa sous les règnes de Joathan, d'Achas et d'Ézéchias. Pendant soixante-deux ans, il remplit, dans un style divin, la plus dangereuse, mais la plus honorable des missions, celle de dire la vérité aux grands de la terre. Pour avoir reproché à Manassès ses désordres et son impiété, il fut scié en deux et mourut à près de cent ans, laissant son bourreau couvert d'un éternel opprobre, et montant au ciel la main ornée de la palme des martyrs, le front couvert des rayons d'une gloire éternelle.

Ceux qui voudront pénétrer les secrets de

ses ouvrages doivent consulter parmi les nombreux commentateurs d'Isaïe, Aben-Ezra, David Kimchi, saint Jérôme, Vitringa, Leclerc, Sanctus, Rosen-Muller, dom Calmet, l'abbé Duguet et le savant père Berthier. Quant aux beautés de sa diction, nul ne les a mieux fait connaître que le célèbre docteur Lowth : « Ce prophète, dit-il, abonde tellement en mérite de toute espèce, qu'il est impossible de se former l'idée d'une plus haute perfection. Elégant et sublime, orné et grave à la fois, il réunit à un degré merveilleux l'abondance et la force, la richesse et la majesté. Dans ses pensées, quelle élévation, quelle magnificence, quel enthousiasme divin! Dans ses images, quelle exacte convenance, quelle noblesse, quel éclat, quelle fécondité! Dans son élocution, quelle élégance singulière, et au milieu de tant de ténèbres, quelle lumière étonnante! A tant de qualités ajoutons encore un si grand charme dans la construction poétique de ses périodes, soit qu'il faille les regarder comme un don heureux de la nature, soit qu'on doive l'attribuer à l'art, que, s'il existe encore quelque trace de la beauté et de la douceur primitive de la poésie des Hébreux, c'est principalement dans les écrits d'Isaïe qu'elles se sont conservées et qu'il est possible de les retrouver. »

Ajoutons à ce magnifique éloge un seul éloge plus magnifique encore : citons quelques passages de ce grand prophète. En parlant d'Israël : « J'ai fait de toi, dit-il, un traîneau, une herse neuve hérissée de dents; tu foules les montagnes et tu les écrases; tu réduis les collines en poudre comme la paille; tu les vannes et le vent les emporte, et les tempêtes les dispersent au loin. »

Ailleurs il dit : « Que la terre chancelle en sa frayeur telle qu'un homme dans l'ivresse : elle sera transportée comme une tente dressée pour une nuit. » Si le Seigneur punit la Judée, « il étend sur elle le cordeau de la dévastation et l'aplomb de l'ignominie, et l'armée céleste sèche d'effroi; les cieux eux-mêmes se roulent comme un livre; toute leur armée tombe comme la feuille flétrie qui se détache du cep, et la figue sèche de l'arbre qui l'a portée. » Quel tableau terrible si le prophète nous montre le Messie : « Armé de la puissance de son père, s'avançant, revêtu d'une pourpre éclatante, à travers les bataillons renversés des grands de la terre, il les foule aux pieds dans sa fureur vengeresse, semblable au vigneron qui dans la cuve où bouillonne un vin nouveau, bondit sur les raisins entassés et les écrase. Le carnage a souillé ses pieds, et le sang dégoutte de ses vêtements. » Certes, aucune poésie n'offre les traces de pareilles beautés! Isaïe, si habile dans l'exécution, ne l'est pas moins dans la composition de ses ouvrages. N'en citons pour preuve que son chapitre XIV : « Le châtiment du roi de Babylone. » C'est peut-être l'ode la plus parfaite qu'ait présentée aucune langue.

Quel début animé et quelle figure hardie, que cette voix des cèdres du Liban qui se .eve pour insulter le tyran mort!

> O Liban? mont sacré! tu tressailles de joie,
> Et tes cèdres ont dit, en relevant leur front :
> Le gouffre de la mort a dévoré sa proie,
> D'une hache insolente il faut braver l'affront.

Et que dire de ces tyrans qui, dans les enfers, se penchent pour reconnaître le roi d'Assur, et s'écrient frappés d'étonnement : Il est semblable à nous : *Nostri similis effectus est.* Le moi! de Médée, le *qu'il mourût!* rien n'approche de ce mot; il ne pourrait trouver son équivalent que dans les livres saints. — Un poëte grec ou latin aurait dit :

> Comme un astre éclatant tu brillais dans les cieux.

Le poëte hébreu, plus hardi, fait du roi un astre même :

> Magnifique flambeau, dominateur du monde,
> Toi dont aucun regard ne soutenait l'ardeur,
> Quel bras t'a donc plongé dans cette nuit immonde
> Et de tant de rayons éclipsé la splendeur?

Enfin, quel poëte inspiré, quel orateur de la chaire a fait pâlir comme Isaïe, s'il nous offre le profond néant des grandeurs humaines?

> Son pouvoir qui, si haut, élevait sa démence,
> Dieu l'a précipité dans les plus bas revers;
> Et que lui reste-t-il de son empire immense?
> Pour lit la pourriture et pour manteau les vers.

Athènes et Rome n'ont pas aussi bien connu que Sion le langage de la tristesse. Le peuple hébreu, longtemps en Egypte sous le faix d'un cruel esclavage, obligé de s'en arracher et de s'établir au loin en se frayant une voie à travers les flots, les déserts et les nations féroces; le peuple échangeant le pouvoir des pontifes contre celui des rois, se divisant en deux parts et se dévorant lui-même, jeté par ses discordes dans le sein de Babylone, rendu à ses foyers pour ramper sous des maîtres faibles, et tombé à la fin sous le joug de Rome et sous le glaive de Titus; ce peuple, nourri de tant de vicissitudes et de douleurs, dut savoir le faire parler. Aussi les âmes les plus froides sont-elles émues, soit que Job nous présente toutes les misères de l'homme, soit que David se plaigne des jalouses fureurs de ses ennemis, soit que Jérémie déplore les crimes et les calamités de sa patrie.

Jérémie est de tous les prophètes celui qui est allé le plus loin dans cette science d'éveiller, de nourrir l'affliction de l'âme et de faire couler des larmes abondantes. Saint Jérôme lui reproche, il est vrai, quelques grossièretés de langage; mais ses six derniers chapitres offrent une élégance de style presque digne de celle d'Isaïe.

« J'ai porté mes regards, dit-il en parlant de la Judée coupable, sur cette terre : je l'ai vue dépouillée et sans forme; je les ai portés vers les cieux : ils ne brillaient plus; j'ai regardé les montagnes : elles tremblaient, toutes les collines s'entrechoquaient violemment; j'ai regardé : il n'y avait plus d'hommes, et tous les oiseaux du ciel avaient disparu; j'ai regardé : j'ai vu le Carmel désert, et toutes les cités détruites, ô Seigneur! par le feu dévorant de ta colère. »

Veut-on des expressions hardies? « O

glaive du Seigneur, ne te reposeras-tu point? Rentre dans le fourreau, arrête-toi, et demeure en silence. Comment se reposerait-il lorsque le Seigneur lui intime ses ordres, lorsqu'il lui a donné rendez-vous aux champs d'Ascalon, sur les rivages de la mer? »

Ce glaive qui demeure en silence, qui reçoit des ordres, qui a un rendez-vous aux champs d'Ascalon, c'est encore là ce langage, privilége exclusif des prophètes. On en peut dire autant de ces images : « O cieux! frémissez d'étonnement; portes du ciel, pleurez, et soyez inconsolables, car ils ont commis des crimes ; ils m'ont abandonné, moi qui suis une source d'eau vive, et ils se sont creusé des citernes entr'ouvertes qui ne peuvent tenir l'eau... » Quant aux saintes élégies de Jérémie, tout est loué dans ces mots de Bossuet : *Jérémie est le seul qui ait égalé les lamentations aux douleurs.*

Ezéchiel est terrible, véhément, tragique, toujours sévère et menaçant; ses pensées sont hautes, véhémentes, pleines de feu, dictées par la colère et l'indignation. Son style est grand, plein de gravité, austère, un peu rude et quelquefois négligé... Vaincu peut-être dans tout le reste par plusieurs des autres prophètes, il n'a jamais été égalé dans le genre auquel la nature semblait l'avoir uniquement destiné :.c'est-à-dire en véhémence, en énergie, en grandeur.

A ce jugement, le docteur Lowth pouvait ajouter qu'Ezéchiel étonne par des conceptions si extraordinaires, que l'esprit confondu ne sait ce qu'il doit le plus admirer ou de l'audace du plan, ou de l'audace de l'expression. Les tribus d'Israël sont captives à Babylone ; Ezéchiel veut-il leur annoncer un prochain retour dans la patrie : « L'Eternel me transporte au milieu d'une campagne couverte d'ossements; il me dit : Fils de l'homme, croyez-vous que ces os puissent revivre? Je lui réponds : Seigneur, vous le savez. Il continue : Prophétisez! J'obéis. Voilà qu'au même instant tous ces os s'agitent à grand bruit, s'approchent, se placent dans leurs jointures, se lient par des nerfs et se couvrent de chair et de peau. L'Esprit n'y était point encore; Dieu m'ordonne de l'appeler des quatre vents ; soudain les morts revivent, se dressent sur leurs pieds, et forment une armée innombrable. O mon peuple! vous êtes ces ossements desséchés; mais je vais ouvrir vos sépulcres, et vous rentrerez dans la terre d'Israël. »

Horace, voulant déplorer les maux de la république, la compare à un vaisseau battu de la tempête; mais comme son astre poétique pâlit devant celui du prophète, s'il montre les ruines de Tyr sous la même image : « O Tyr! les peuples n'ont rien oublié pour votre beauté; ils ont fait votre vaisseau des sapins de Sanier; ils ont pris pour mât un cèdre superbe; les chênes de Basan formaient vos rames; l'ivoire de l'Inde brillait sur vos bancs ; le lin d'Egypte s'est déployé en voiles ; l'hyacinthe et la pourpre d'Elisa ont fait votre riche pavillon; les habitants de Sidon et d'Arad ont été vos rameurs, et

vos sages, ô Tyr! sont devenus vos pilotes. »

A ces détails si riches succède une magnifique description de l'opulence et du commerce de Tyr; puis le prophète, ressaisissant son allégorie avec plus de vigueur : « Vos rameurs, ô Tyr! vous ont conduit sur les grandes eaux ; mais le vent du midi vous a brisé au milieu de la mer. Vos richesses, vos trésors, vos pilotes, vos soldats, tout votre peuple, s'engloutissent ensemble dans l'abîme des ondes; les clameurs et les plaintes de vos nochers épouvantent les flottes entières ; elles s'écrient : Où trouver une ville semblable à Tyr, qui est devenue muette au sein des mers! »

Cette fiction vous ferait croire que vous êtes arrivé aux dernières limites du beau, si en ouvrant le chapitre xvi d'Ezéchiel vous ne trouviez une allégorie plus mâle et plus soutenue encore. Le prophète veut reprocher à Jérusalem ses crimes et son ingratitude; il la représente sous les traits d'une femme jetée nue au seuil de la vie et baignée dans le sang. « Elle a été recueillie par le Seigneur, qui l'a élevée, enrichie, parée de diadèmes. Pour tant de bienfaits, elle a renié Dieu, encensé les idoles, commis tous les forfaits. » Cette fiction véhémente est si pleine de beautés, que le poète semble s'être précipité par delà toutes les bornes prescrites au génie de l'homme.

Comment rendre tant de merveilles? comment en approcher même? Combien l'imitateur en vers français doit réclamer et obtenir d'indulgence, s'il cherche à révéler cette langue, modèle de tous les sublimes ; et si dans la poésie la plus élevée il tente de soutenir comme une seule métaphore en des poëmes entiers, conservant les pensées, les images et les expressions des livres saints !

**LITTÉRATURE FRANÇAISE.** — La muse du poète ressemble au petit oiseau, qui pendant qu'il vente et neige au dehors, traverse la salle à tire d'ailes : ce moment est pour lui plein de douceur, mais il en regrette bientôt la courte durée, car il lui faut poursuivre son vol, et de l'hiver il repasse dans l'hiver. Nous dirons à notre tour que la muse c'est la littérature, laquelle n'est depuis longtemps paisible et heureuse que durant le faible intervalle qui sépare deux tempêtes politiques.

C'est là du moins ce qui est arrivé à la nôtre, si on renferme son histoire dans nos soixante dernières années; elle n'a eu des jours de tranquillité dont elle s'est fait des jours de gloire que sous le règne tant accusé des Bourbons, c'est-à-dire entre les terribles orages de la Terreur suivis des guerres impériales, et le terrible ouragan du socialisme. Reconnaissons d'abord que la Restauration s'est trouvée dans des conditions qui expliquent le succès de ses écrivains ; ainsi, au moment où elle a repris le pouvoir, l'imagination de nos poètes avait été frappée trop vivement par des faits extraordinaires et récents pour n'en être pas plus disposée à l'exaltation ; ces poëtes avaient vu, dans la courte période de quelques années, le génie de la révolution et ensuite le génie de

l'empire organiser la victoire de nos soldats, renverser et élever des trônes, changer les institutions et renouveler entièrement la face du monde européen. N'était-ce pas là pour eux une cause d'enthousiasme et une source où chacun d'eux pouvait puiser des sujets d'odes, d'éloges et d'hymnes patriotiques ou religieux.

De leur côté, nos *historiens* et nos *philosophes* avaient eu sous les yeux, et quelquefois dans les mêmes existences, *toutes les extrémités des choses humaines*, comme dit Bossuet, c'est-à-dire des prospérités et des misères sans bornes ; ils avaient vu Louis XVI tomber du haut du trône de Louis XIV dans les cachots de la tour du Temple ; Vergniaud, Danton, Robespierre, dominateurs à la tribune ; puis Vergniaud, Danton, et Robespierre traînés à l'échafaud ; Marie-Antoinette souffrant à la conciergerie toutes les souffrances humaines ; Bonaparte assis aux Tuileries au milieu d'un cortège de rois, puis Bonaparte appuyé sur le rocher solitaire de Sainte-Hélène. Que d'enseignements pour eux dans ces catastrophes ! quelle clarté ce présent répandait sur les ténèbres du passé qu'il avait à dissiper.

Les drames de la réalité auxquels on venait d'assister ne devaient-ils pas inspirer les drames de la *fiction tragique*.

Enfin les orateurs à l'éloquence desque s la pique des terroristes et le sabre de l'empire avait imposé un si long et si humiliant silence, n'étaient-ils pas pressés de reprendre la parole et de rendre à la vérité l'appui de l'intelligence ? N'étaient-ils pas dans de meilleures conditions pour les luttes de tribune ?

Dans ces circonstances, non-seulement l'imagination du poëte devait être plus vive, le jugement de l'historien plus éclairé, le raisonnement du philosophe plus ferme, le feu de l'orateur plus ardent, mais les uns et les autres se trouvaient aussi au milieu d'une société particulièrement disposée à les écouter.

En tous temps, le besoin de jouissances intellectuelles est très-grand chez une nation aussi vive et aussi spirituelle que la nôtre ; mais, en 1814, après les régimes qu'elle venait de subir, ce besoin était immense et impérieux. En fait de bonheur, chaque peuple a, par sa nature individuelle, ses exigences particulières : à ceux-ci la méditation suffit ; ceux-là ne demandent que les joies grossières de la vie matérielle ; ici, comme dans l'Amérique des Etats-Unis, on veut s'enrichir avant tout ; là, comme en Orient, on ne demande que le repos ; mais aux Français, il faut le mouvement des idées et les joies de l'intelligence. Si, en 1814, ils avaient un plus grand besoin de plaisirs intellectuels, ils étaient aussi plus capables de les goûter ; comme ils les avaient vécu très-vite, ils avaient en peu de temps acquis une grande expérience des hommes et des choses, leur intelligence s'était développée davantage. Ce n'est pas tout : ce qui chez eux avait profité à l'esprit, avait aussi profité au cœur ; la pitié si fréquemment éveillée avait atteint leurs âmes que les épreu-

ves de tous genres avaient fortifiées ; en même temps qu'elles étaient devenues plus compatissantes et plus fermes, les âmes étaient devenues plus religieuses : c'est quand on souffre sur la terre que la pensée vient de lever les yeux vers le ciel. Enfin le souvenir même des périls auxquels on venait d'échapper en faisait retrouver avec plaisir le tableau dans les livres, sur la scène, au milieu des jeux du cirque et jusque dans les chants populaires.

Le Français, sauvé du naufrage, ressemblait au nautonier de Lucrèce, qui, paisiblement assis sur le rivage, se plaît au spectacle des tempêtes et du péril d'autrui.

L'homme se plaît à voir les maux qu'il ne sent pas. Là est en partie l'explication de l'immense succès des *Considérations sur la Révolution française* de la baronne de Staël ; des *Méditations poétiques* de Lamartine ; des *Elégies* de Soumet ; des *Messéniennes* de C. Delavigne ; de la tragédie de *Sylla* ; des discours de Benjamin-Constant, de Foy, de Royer-Collard, de Serre, de Hyde de Neuville, de Lamarque ; etc., des odes et des chansons de Béranger ; des premiers travaux historiques de Guizot, Barante et Thierry. — A ce succès il y avait une autre cause tout aussi naturelle.

Non-seulement les productions littéraires dont nous parlons répondaient à un besoin intellectuel du moment, mais elles donnaient matière à des controverses d'un immense intérêt ; elles soulevaient des haines et des sympathies d'une égale vivacité ; la guerre des armes était continuée par celle des idées. Aussi n'était-ce pas le goût littéraire, mais la passion politique qui faisait trouver sublimes les beaux vers suivants, consacrés à l'éloge des soldats de la vieille garde :

> Ils ne sont plus, laissons en paix leur cendre.
> Par d'injustes clameurs ces braves outragés,
> A se justifier n'ont pas voulu descendre ;
> Mais un seul jour les a vengés,
> Ils sont tous morts pour vous défendre.

ou bien ceux-ci :

> Un seul jour où le sort a trahi leurs efforts,
> Ils ont cessé de vaincre..., et ce jour ils sont morts.

Il est bien entendu que si la passion louait outre mesure les poésies bonapartistes, elle critiquait outrageusement les chants royalistes de Lamartine, et, par exemple, la sublime prière que nous allons citer et que le poëte chrétien adressait au sceptique auteur du Child Harold :

> Ah ! si jamais ton luth, amolli par tes pleurs,
> Soupirait sous tes doigts l'hymne de tes douleurs,
> Ou si du sein profond des ombres éternelles,
> Comme un ange tombé tu secouais tes ailes,
> Et prenant vers le ciel un lumineux essor
> Parmi les immortels tu t'asseyais encor ;
> Jamais l'écho sacré de la céleste voûte,
> Jamais ces harpes d'or que Dieu lui-même écoute,
> Jamais des séraphins le chœur mélodieux,
> De plus divins accords n'auraient ravi les cieux.
> Courage, enfant déchu d'une race divine,
> Tu portes sur ton front ta superbe origine ;
> Chacun en te voyant reconnaît dans tes yeux
> Un rayon éclipsé de la splendeur des cieux !
> Roi des chants immortels, reconnais-toi toi-même ;

Laisse aux fils de la nuit le doute et le blasphème ;
Dédaigne un faux encens qu'on t'offre de si bas,
La gloire ne peut être où la vertu n'est pas.
Viens reprendre ton rang dans ta splendeur pre-
[mière,
Parmi ces purs enfants de gloire et de lumière,
Que d'un souffle choisi Dieu voulut animer,
Et qu'il fit pour chanter, pour croire et pour aimer.

Sans doute, la Restauration n'était pour rien dans ce concours de circonstances favorables aux progrès des lettres, mais elle eut du moins au plus haut degré le mérite d'en tirer parti ; elle n'eut aucunement peur de la lumière qu'elles répandent.

Le premier service qu'elle leur rendit fut de les affranchir ; elle les releva de la servitude où la police impériale les avait tenues. Son esprit monarchique ne l'empêcha nullement *de reconnaître la république des lettres ;* elle n'eut peur ni des discussions de la tribune ni de celles de la presse ; elle laissa parler les Benjamin-Constant, les Foy, les Dupont (de l'Eure) dans les deux chambres ; elle n'avertit enfin que *très-paternellement* les auteurs de phamphlets, tels que S. L. Courrier, Etienne, et autres auteurs de la *Minerve.*

Cette Restauration, accusée *d'obscurantisme* par les *libéraux* de l'époque, se trouve avoir mille fois mieux qu'eux respecté les droits de la pensée et de la conscience humaine. Justifiée déjà par ses actes personnels, elle l'est plus encore aux yeux des républicains qui, comme elle, ont eu le pouvoir. Ajoutons qu'elle a eu cette noble politique, quand elle était dans la plus affreuse position où puisse se trouver un gouvernement ; gardée à vue par les armées étrangères, assiégée par une émigration souvent aveugle, inquiétée par le parti bonapartiste, que d'excuses n'aurait pas eues son despotisme à l'égard des lettres, si elle avait cru devoir l'exercer.

Non-seulement elle a laissé leur indépendance aux hommes de lettres, mais elle a eu pour eux des honneurs, des titres, des emplois et des pensions. Est-ce qu'elle n'a pas, par exemple, donné la pairie aux Fontanes, aux Volney, aux Daru, aux Pastoret? etc. Est-ce qu'elle n'a pas utilisé les lumières des Barante, des Boyer, des Royer-Collard, des Bonald, des Guizot, etc., dans les postes les plus élevés de l'administration? Est-ce que les V. Hugo, les Lamartine, les Soumet? etc., n'ont pas reçu des marques de sa munificence? Enfin la Restauration a rendu aux lettres un troisième service, plus grand encore que les deux premiers. Comment cela? Le voici : elle leur a soumises à une influence éminemment morale par cela seul qu'elle-même a été morale dans son principe, dans sa politique et dans ses hommes. Or moraliser la littérature c'est la fortifier. Quel était son principe? L'invocation d'un droit que son origine rendait national, que le temps avait consacré, que la religion avait béni. Sans examiner (ce que nous ne pouvons faire ici), si ce droit était réel, n'était-ce point du moins une chose morale, que ce respect demandé aux enfants pour la volonté de leurs pères? Quelle a été sa politique? Elle a

payé nos dettes, affranchi la Grèce, conquis l'Algérie. N'était-ce pas là encore de la grandeur royale?

Quels ont été ses hommes? Les Roy, les Villèle, comme financiers ; les de Serre, les Lainé, les Martignac, comme chefs de la magistrature ; les Châteaubriand, les Laferronays, les Richelieu, etc., comme diplomates ; les Gouvion Saint-Cyr, les Bellune, comme ministres de la guerre. On a pu avoir depuis des hommes plus éclairés dans le gouvernement, en a-t-on eu de plus honnêtes? Et qui ne voit que l'honnêteté, placée par la Restauration sur les hauteurs, eût fini par descendre peu à peu dans tout le corps de la nation, où elle eût préparé à l'amour du beau littéraire par l'amour du beau moral, car le bon goût tient aux bonnes mœurs.

Nous sommes donc autorisé à prétendre que son règne a été, pour la littérature, une époque de liberté, de gloire, de dignité.

La Restauration a été accusée à son avénement, par les hommes de l'empire qu'elle humiliait, et, à sa chute, par les hommes de Juillet, qui avaient besoin de la trouver coupable.

Le temps a montré ce qu'il y avait d'exagéré dans ces accusations portées par la douleur des uns et par la politique des autres ; les faits, mieux connus, sont aujourd'hui appréciés avec plus d'impartialité, et en présence d'une nation qui, de son côté, a acquis plus d'expérience.

Maintenant la Restauration peut dire à ses adversaires : Hommes de Juillet, hommes de la République, vous m'avez succédé, vous avez eu après moi et à de meilleures conditions que moi, un pouvoir plus étendu que le mien. Comparons vos œuvres avec les miennes ; voyons qui de vous ou de moi a donné à la France une plus grande somme de liberté, de richesses et de bonheur? On doit l'avouer toutefois, faire aujourd'hui cette comparaison, dans toute son étendue, n'est pas possible ; car, si nous abordions les points qui touchent à la politique, nous risquerions de blesser soit ceux qui sont vaincus, ce qui serait une inconvenance, soit ceux qui ont triomphé, ce qui ne serait pas prudent.

Nous ne comparerons donc le régime de la Restauration avec celui de ses adversaires, que sous le seul rapport des lettres ; et nous espérons prouver qu'à ce point de vue elle n'a rien à envier ni à ses prédécesseurs ni à ses successeurs.

Il nous sera même aisé de montrer qu'elle a eu des succès littéraires dans tous les genres ; qu'elle a eu de grands auteurs : les Royer-Collard, les Foy, les Benjamin-Constant, les Lamarque, etc. ; qu'elle a eu de grands poëtes : les C. Delavigne, les Lamartine, les Hugo, les Béranger, etc. ; qu'elle a eu de grands historiens : les Barante, les Thiers, les Guizot, les Thierry, etc. ; qu'elle a eu des professeurs illustres : les Cousin, les Burnouf, les Laromiguière, les Villemain, etc. Oui, on se récrie en vain, il est aujourd'hui aussi impossible de nier le grand nombre, le mérite et le succès des écrivains de la Restauration, que de mettre en doute la misère de la litté-

rature impériale et le caractère matérialiste de la littérature de 1830.

Il est même à remarquer que le peu de bons ouvrages qui aient parus avant ou après la Restauration ont été animés de son esprit, comme si des pressentiments l'avaient annoncée, comme si des regrets l'avaient suivie. On dirait qu'elle a eu son aurore et son crépuscule.

Ainsi, par exemple, la tragédie des *Templiers* réussit surtout comme tableau de l'héroïsme des victimes de la cause royale; le fameux dithyrambe de Delille sur l'immortalité de l'âme et sa touchante apostrophe aux émigrés, dut en partie son succès à l'intérêt qu'on portait aux exilés et aux Bourbons. Il en fut de même du *Printemps d'un Proscrit*; il en fut surtout de même du *Génie du Christianisme*, de l'*Allemagne*, deux chefs-d'œuvre qui, certes, n'appartiennent ni à la révolution ni à l'empire. D'autre part, on peut remarquer également que les seuls écrivains qui, à dater de 1830, ont su garder leur réputation ou s'en faire une, sont ceux qu'on a vus fidèles aux principes moraux et littéraires de l'époque antérieure. Chez tous ceux, au contraire, qui ont ou abandonné ces principes, ou refusé de les adopter, il y a eu décadence ou impuissance.

Il nous suffit de citer, à l'appui de la première de ces assertions, les noms des Lamartine, des Lamenais, des V. Hugo, à qui l'apostasie religieuse, politique ou littéraire, a fait perdre une partie de leur talent admirable; il nous suffit de citer, à l'appui de la seconde assertion, les noms de G. Sand, E. Sue, L. Blanc, qui n'ont montré la plénitude de leur belle intelligence que dans les ouvrages où ils renonçaient à prêcher et à suivre leur système, soit de romantisme, soit de socialisme; d'où il suit, que la Restauration, au point de vue littéraire, est forte, non-seulement du talent de ses écrivains, mais de la faiblesse générale des écrivains qui ont paru avant ou après elle sans avoir ses doctrines; d'où il suit encore qu'elle est forte non-seulement de ses hommes, mais encore de ses idées et de ses doctrines. Ce qui lui a donné cette force, c'est l'excellence morale de sa position; en effet, son triomphe était celui du droit national éprouvé et consacré par le temps; c'était l'hommage rendu à la sagesse des pères par la piété filiale des contemporains; c'était la fusion de la vieille France et de la nouvelle France. Or, quoi de plus moral, et, par conséquent, de plus littéraire, de plus poétique.

Un grand fait témoigne de cette vérité, c'est que l'homme qui a joué un des premiers rôles dans la politique sous la Restauration, a été en même temps le roi du monde littéraire.

Nous verrons d'abord le poète dans Châteaubriand, sauf à voir en lui plus tard l'orateur, l'historien, le critique, etc.

Celui des ouvrages de cet écrivain qui révèle le mieux son génie poétique, lequel du reste est visible dans toutes ses œuvres, c'est le poème des *Martyrs*, où il a mis en présence deux mondes, deux religions et deux littératures, émule en cela d'Homère qui a opposé le monde européen au monde asiatique, et du Tasse qui a opposé la civilisation, les mœurs et les croyances mahométanes à la civilisation, aux mœurs et aux croyances chrétiennes. Allons plus loin; que manque-t-il à la *grandeur*, à *l'intérêt* et à *l'unité* de l'action épique dans le poëme des *Martyrs*. L'établissement du Christianisme dans le monde est-il un fait moins grand, moins simple, moins intéressant, que la prise de Troie, que la fondation de Rome, que la prise de Jérusalem; sous ce rapport encore, l'œuvre de Châteaubriand n'est-elle pas à la hauteur des grandes épopées.

Le *merveilleux*, cette autre condition essentielle du poëme épique, n'est-il pas dans les *Martyrs* le même que celui dont le Tasse et Milton ont fait un si magnifique usage?

Quant aux passions épiques, font-elles défaut au poëme de Châteaubriand? Cymodocée est-elle une épouse moins tendre qu'Andromaque, une fille moins soumise que Polyxène? Démodocus ne rappelle-t-il pas le vieux Priam et le vieil Évandre? Eudore et Constantin ne sont-ils pas des modèles d'amitié? L'héroïsme d'Eudore est-il inférieur à celui d'Énée? Hiéroclès et Galérius sont-ils des scélérats vulgaires? Enfin, la figure de Dioclétien n'est-elle pas aussi grande que celle de Latinus? Arrivons-nous à l'examen du style: où les tableaux de la nature ont-ils plus de charme, de magnificence et de grandeur que dans les *Martyrs*? Où trouver, par exemple, une plus riante et plus délicieuse peinture d'une belle nuit d'été sous le ciel enchanté de la Grèce que dans le premier chant des *Martyrs*, véritable chant d'Homère revivant dans son heureux imitateur?

Le naufrage d'Ulysse dans l'île des Phéaciens, où il reçoit la belle Nausicaa; la rencontre d'Énée et de sa mère dans le bois de Carthage; l'arrivée des Portugais dans l'île des Néréides; la première promenade d'Adam et d'Eve dans le paradis terrestre, qui sont des chefs-d'œuvre de poésie, ne sont pas des scènes plus belles, plus naïves et plus touchantes que la rencontre de Cymodocée et d'Eudore dans les bois voisins du mont Taygète.

Quant aux mœurs de cette épopée, peut-on se refuser à les admirer, quand on lit la description des travaux de la moisson chez le pasteur Lasthènes, en Arcadie; quand on parcourt avec Eudore le camp des Gaulois et celui des Francs, ou quand on suit la prêtresse Velléda se rendant à l'assemblée des druides?

Dans son ensemble, cette vaste composition n'est-elle pas religieuse; dans son but, morale par les sages maximes qu'elle mêle à ses récits, poétique par la beauté des sentiments et du style? N'est-elle pas un heureux mélange des souvenirs d'Homère et des souvenirs de la Bible, et une sorte de complément du *Génie du Christianisme*, où l'auteur a prouvé qu'il n'y a rien de plus poétique que la vraie religion?

Nous le disons surtout à propos des œuvres de Châteaubriand, mais dans une mesure

restreinte ; nous le dirons aussi des autres écrivains de la Restauration : le grand mérite de leurs ouvrages, c'est d'avoir eu une pensée et une influence morale.

Ce n'est pas tout.

Les *Martyrs*, qui sont une œuvre religieuse et morale, sont aussi une œuvre nationale. Le poëte y a retracé nos glorieuses origines, nos victoires, nos conquêtes, nos institutions et nos mœurs primitives ; il a fait raconter les exploits de nos pères à Eudore, prisonnier des Sicambres, comme Virgile fait raconter à Énée, hôte du roi Évandre, les antiquités romaines. Les deux poëtes ont écrit pour une nation, non pour un homme.

Sous l'Empire, il n'y eut d'éloges encouragés et même permis que celui du maître qui résumait l'armée, et par l'armée la nation.

On sait ce qu'il en coûta à Mᵐᵉ de Staël pour avoir osé, non pas blâmer, mais se taire dans son livre de l'*Allemagne*. On sait ce qu'il en coûta à Châteaubriand lui-même pour avoir donné une démission qui impliquait le blâme d'un meurtre. On sait enfin ce que dut être la littérature et surtout la poésie sous un pareil régime ; les harangues et les odes qu'il a marquées de son empreinte existent ; on peut les citer, si l'on veut, pour nous réfuter.

Enfin les *Martyrs*, qui ont servi la cause de la religion et de la France, ont aussi servi la cause de la société.

Châteaubriand y a répandu les vrais principes du gouvernement des États et du gouvernement des familles ; et il l'a fait, suivant nous, avec plus de mesure et de succès que ne l'avaient fait avant lui les auteurs de la *Cyropédie* et du *Télémaque*, dont il se montre d'ailleurs le disciple et l'admirateur.

Châteaubriand nous a laissé une tragédie qui manque d'action, de mouvement et de péripéties, et qui a d'ailleurs un caractère trop exclusivement lyrique pour être intéressante ; mais néanmoins on retrouve dans son *Moïse* ce qui ne l'abandonne jamais, la grandeur des conceptions, la beauté des caractères et le mérite du style. Chose étrange ! Châteaubriand, qui a été dans ses grands ouvrages un peintre si admirable des grandes scènes de la nature, est faible et presque décoloré dans les compositions auxquelles il a donné le nom de *tableaux*, tableaux qu'on doit regarder comme les essais d'un jeune homme ou comme les délassements d'un vieillard.

Dans ses imitations des poëtes anglais, il n'a pas été plus heureux ; en général, on sent que son génie, indépendant et fier, consent avec peine à subir les lois de la versification, et à s'enfermer dans les limites d'un sujet donné ; comme l'aigle, il a besoin de liberté et d'espace ; comme Mirabeau, Châteaubriand n'était à son aise que dans les grandes choses.

L'épopée des *Natchez* n'a pas le mérite de celle des *Martyrs* ; mais pourtant son *Action*, qui est l'émancipation de l'Amérique, a une grandeur sauvage qui frappe vivement l'imagination ; elle a aussi des caractères frappés avec une mâle vigueur, des mœurs qui intéressent par leur nouveauté, un style varié dans ses formes et singulièrement riche de comparaisons et d'images gracieuses.

*René, Atala, le Dernier des Abencerrages*, tiennent à la fois de l'épopée et du drame ; ils ont la dignité de l'une, le nœud, les péripéties et le mouvement de l'autre ; nulle part Châteaubriand n'a déployé avec plus d'éclat les richesses de son imagination et les richesses du cœur, qui sont les plus précieuses de toutes. Le premier de ces ouvrages en est le plus étonnant.

À quelle immense profondeur descend dans les abîmes du cœur humain la méditation de René ! Quel feu intérieur révèlent les quelques paroles qui s'échappent de l'âme embrasée d'Amélie, comme des flammes qui jaillissent des fissures d'un édifice incendié ! Quel drame effrayant que celui qui se passe presque silencieusement entre ces deux personnages que sépare le devoir, et que rapproche une passion commune qu'ils domptent avec une énergie si douloureuse, sans pouvoir néanmoins l'étouffer entièrement !

Le tableau d'une telle lutte montre admirablement jusqu'où peut aller la puissance de la religion.

*Atala* nous offre un tableau du même genre : là aussi le devoir est aux prises avec l'amour ; mais ici ce n'est pas l'amour contenu d'une jeune fille soumise à la loi des convenances du monde civilisé, en attendant qu'elle soit soumise aux sévérités de la vie religieuse ; c'est l'amour expansif d'une jeune sauvage qui a toute la liberté du désert. Atala, comme Amélie, résiste à son cœur, et de sa victoire ressort un nouveau témoignage de la force du sentiment religieux.

La Blanca du *Dernier des Abencerrages* est la sœur d'Amélie et d'Atala ; mais, quoique enfant de la même famille, elle a des traits particuliers ; ce n'est plus une religieuse, une fille du désert : c'est la fille héroïque du Cid, c'est la sœur d'un paladin. Elle est soutenue dans le combat qu'elle livre à sa passion par un sentiment d'honneur chevaleresque qu'on ne connaît pas dans le cloître ou dans la solitude. Le poëte a changé le spectacle qu'il nous donne, mais il en a tiré le même enseignement moral.

Il se peut que dans ces trois petits poëmes il y ait une puissance d'émotion qui passe du cœur des héroïnes dans celui des lectrices, mais on doit avouer que si Châteaubriand échauffe les âmes, il les élève du moins et les grandit ; ce qu'il fait éprouver, ce n'est point de l'ivresse, c'est de l'enthousiasme qui toujours descend du ciel ou y remonte. On retrouve les belles qualités du génie poétique de Châteaubriand jusque dans celles de ses compositions, qui méritent à peine le nom de poëme, mais dans lesquelles pourtant il nous fait admirer, avec les formes naïves d'un style qui semble appartenir à l'enfance de notre langue, ces grâces mélancoliques et rêveuses qui charment dans Virgile, et cette sensibilité qui plaît dans tous ses ouvrages ; telles sont les délicieuses idylles

des petits émigrés : *Combien j'ai douce souvenance*, etc.; la romance, *Jeune fille et jeune fleur;* et le chant de l'Abencerrage : *C'était écrit.* Délicieuses mélodies qui s'échappent de la même lyre qui a fait entendre des chants de guerre ; et la voix du rossignol après celle de l'aigle !

Quelque pénible qu'il nous soit de consigner ici des pronostics de destruction qui planent sur la belle littérature en France, nous ne reculerons pas devant cette tâche, ne serait-ce que pour provoquer une réfutation : nous ne serions certes pas fâché, pour la gloire des belles-lettres et de la science], d'être convaincu d'ignorance ou de vaine illusion.

Nous sentons combien cette tâche est audessus de nos facultés : aussi n'exigera-t-on pas que nous en achevions le tableau. A la manière du peintre, nous en ébaucherons les parties les plus indispensables, laissant à des mains plus habiles le soin de jeter sur ce travail de dissection un brillant coloris ; et , nous renfermant dans la généralité, nous serons sûr de ne heurter aucune susceptibilité. Nous commencerons à poser les jalons qui doivent nous indiquer la voie que nous allons parcourir, en établissant en principe que les caractères de la littérature, aux époques de décadence, sont : l'oubli du passé, l'absence des croyances fortes et du sentiment moral, la manie de la description, et les calculs de l'égoïsme et de l'intérêt.

Ce que nous tenons à constater, c'est cet état de marasme et de décadence qui naît de l'époque florissante, comme la vieillesse naît de l'âge viril.

Les deux époques d'Auguste et de Louis XIV sont comme deux phares placés au point culminant de la montagne littéraire; après les avoir dépassés, il faut descendre. Comment se fait-il que la décadence touche de si près au progrès? C'est sans doute par une raison bien simple : comme l'homme naît, grandit et meurt, la littérature a aussi son enfance, sa virilité, et puis sa décrépitude ; montée jusqu'au faîte, elle aspire à descendre. Est-ce à dire pour cela que la France, ce berceau des arts, comme Rome, Athènes et Alexandrie, dans leur temps, doit voir retomber sur elle ce long crêpe de deuil et de barbarie, qui convient aux tombeaux? Non , non ; nous nous garderions bien de nous montrer le détracteur systématique de notre littérature contemporaine, en fermant les yeux aux suaves espérances de rajeunissement qu'il nous est donné de concevoir pour elle.

Voyez-la se former une originalité propre, une réelle nationalité. En puisant à des sources indigènes, négligées ou méconnues par les siècles précédents, la presse quotidienne ou périodique, la libre et vigoureuse émission de la pensée sur tout ce qui touche aux intérêts moraux et matériels de l'homme , et la transmission prodigieusement active entre les peuples répandus sur le globe entier, de toutes les idées d'art, de civilisation et de progrès, ont exercé de nos jours une incontestable puissance d'action sur l'esprit des écrivains littérateurs et sur les formes générales et particulières de leurs compositions. Mais, disons-le, notre littérature s'est ressentie de cette lutte. Il est des limites que la raison défend de franchir, un but que les hommes vraiment supérieurs se contentent d'atteindre, mais que les esprits exagérés dépassent toujours.

Aussi, à côté de quelques parties resplendissantes de beauté et de lumière, la littérature actuelle offre-t-elle à nos regards bien des perspectives désolées.

On a plus d'une fois constaté l'utile influence que les lettres anciennes exercent sur l'esprit et le cœur, en inspirant les idées épurées du goût littéraire. Ce n'est pas une étude de mots, mais de choses, que celle des langues anciennes; et le perfectionnement du goût n'est lui-même que le développement de toutes nos facultés. Si les sciences nous offrent ce mélange heureux d'imagination et de philosophie, qui nous ramène sans cesse vers la littérature ancienne, celle-ci, en formant le raisonnement et les idées, prépare l'intelligence aux études abstraites, donne un esprit d'observation et d'invention, si nécessaire aux savants : en un mot, féconde les sciences et popularise la littérature, dont elle est comme le véhicule.

Interrogez ces esprits supérieurs, que nous n'osons presque pas, à force de les admirer, appeler contemporains. Ils vous diront mieux que nous que les lettres grecques et romaines étendent tout ce qu'il y a de plus spirituel dans l'homme, et élèvent sa raison sur les ailes de l'âme, par d'ineffables ravissements; ils vous diront, ce que vous avez répété sans doute vous-mêmes, que les anciens, en créant tous les genres, en ont pour toujours fixé l'esprit et le caractère, et qu'ils nous ont préparé les routes où nous avons marché à grands pas, en suivant leurs traces. Sans doute ils n'ont pas épuisé toutes les formes, toutes les espèces possibles du vrai et du beau, mais ils en ont fixé les limites; . limites qui laissent encore un vaste champ aux productions du génie, mais limites que l'on ne saurait franchir sans perdre entièrement de vue le but auquel on aspire, et sans confondre des beautés immuables comme la nature , avec celles qui ne doivent leur existence qu'à l'influence passagère des opinions.

Aussi deux défauts naissent-ils en littérature, défauts qu'on ne saurait éviter si l'on ne se met avec les anciens en rapport d'intelligence et de cœur. Dès lors la douleur s'égare ou se replie constamment sur elle-même : caractère de décadence littéraire. Faisant l'application de ces principes à la littérature romaine, nous la voyons, à une époque, se dérouler comme une robe majestueuse autour d'une belle statue grecque, mais bientôt après flotter sur des épaules amaigries, avec plus de prétention que de grâce et d'harmonie. Après les conquêtes impériales, qui y avaient introduit des éléments tout à fait hétérogènes, le peuple romain n'eut plus qu'une langue où se reflé-

taient la phraséologie sonore du Grec, la subtilité du Numide, l'enflure de l'Espagnol et le verbiage du Gaulois ; le latin pur et fleuri n'était plus que le partage de l'aristocratie. Plaute fut le poëte de l'un, et Térence le favori de l'autre. Le peuple romain, devenu incapable d'apprécier de nobles sentiments, ordonnait aux acteurs tragiques de se taire dès le second acte, et sortait en foule du théâtre pour courir à un combat de lions ou à une danse ignoble.

Or, ne pourrions-nous pas trouver des points de contact, bien des traits de ressemblance de décadence littéraire, entre cette époque et la nôtre ?

Le siècle où nous vivons a souffert dès sa naissance : ses jouets furent des sceptres brisés, et ses langes les drapeaux de la victoire ; mais les flots du lendemain nous ravissaient les avantages que nous avaient apportés les flots de la veille, et depuis, au milieu de tant de formes qui s'effacent, de bruits qui s'éloignent et de changements qui s'oublient, dans ce perpétuel déplacement des hommes et des choses, la littérature française a souffert de cruelles atteintes.

L'amour de la liberté, dégénéré en passion ardente pour la licence, a fait croire à des esprits frivoles que le génie n'a plus besoin, sur quelque nouveau sujet qu'il travaille, de guides sûrs et invariables, qui l'éclairent dans sa route et qui l'inspirent. Jaloux de ne penser que d'après eux, ils se sont affranchis du joug salutaire de l'imitation, pour lui substituer le caprice, traitant de préjugés scolastiques l'admiration la plus légitime et l'hommage le mieux acquis. Aussi les voyons-nous aimer à errer dans les rêveries d'une contemplation incertaine, à s'entourer d'illusions, d'extases, à nager dans le vague des affections fugitives, et à se perdre dans les espaces insaisissables de la pensée. Bien éloignés d'avoir la haute inspiration du génie, le goût sévère et sûr que l'étude de l'antiquité profane et de la simplicité ravissante des saintes Écritures peut seul donner, ils paraissent satisfaits en imitant des circonstances locales ou des objets étrangers à nos mœurs, en accumulant les hardiesses et les contrastes choquants dans des tableaux pleins de monotonie, de désordre et d'obscurité. De là une littérature artificielle et fausse, que la fièvre du génie tend, à force de commotions, d'acclimater dans notre patrie ; de là enfin tant de riens ornés, de frivolités brillantes, d'illusions idéologiques, de beautés mensongères, qui menacent, dans ce siècle le plus positif, d'entraîner tous nos jeunes talents.

Ce peuple stupide, qui sifflait Térence pour exalter Plaute, n'offre-t-il pas quelques rapprochements avec nos écrivains modernes, qui semblent pousser un *tolle* général contre les productions de l'art dans toute sa simplicité, sa noblesse et sa grandeur ? Nous sommes sans doute considérés, à l'étranger, comme le peuple le plus poli et le plus spirituel de l'univers ; mais que la littérature d'aujourd'hui ne soit plus même celle du

xvii° siècle, cela est évident. On nous accordera bien que personne, de nos jours, n'en déplaise à de hautes prétentions, n'est près de ressusciter cette langue si vive, si enjouée, si logique dans Pascal, si mâle et énergique dans Corneille, si veloutée et moelleuse dans Fénelon et Racine. Il y a détérioration, décadence flagrante dans notre littérature, qui ne se développe plus aujourd'hui, comme autrefois, dans le vêtement qui lui faisait trouver partout bon accueil, mais qui s'efface le plus souvent à nos regards, toute étriquée et couverte de diamants de mauvais aloi.

C'est vraiment pitié de voir des ouvriers d'intelligence, en désespoir d'égaler leurs prédécesseurs, ou par haine de l'imitation, suer à devenir inintelligibles pour être originaux, et à habiller leurs pensées avec tous les oripeaux à paillettes qu'on peut trouver dans la défroque d'une imagination délirante ; comme ces vagues de lave rougie, qui descendent incessamment des flancs calcinés du Vésuve, brûlant et engloutissant tout sur leur passage, et dont chaque couche disparaît bientôt sous celle qui la suit, la corruption déploie ses ailes dans le vaste champ de la littérature ; elle monte, elle descend, elle empoisonne les sources les plus limpides, jette sa lave aux fleurs les plus délicates ; elle court, elle vole, et dès lors tout est dit, tout est fini : il ne peut plus y avoir qu'une mauvaise littérature, qu'un entraînement vers le faux et qu'une inclination rapide vers la décadence.

Un autre caractère de la littérature arrivée à ces phases de décrépitude est l'absence des croyances fortes et du sentiment moral. Rome impériale fut le berceau de la décadence romaine ; Virgile et Horace sont les deux grandes colonnes qui marquent le centre de l'arène littéraire romaine, ce sont deux beaux arbres en fleurs sous Pompée et Caton, et qui ont donné leurs fruits sous Auguste. La monarchie avait étranglé la République, Ovide devait détrôner Virgile ; et une fois l'impulsion donnée, qui pouvait arrêter cet entraînement aveugle vers un but inconnu ? Il avait fallu sept siècles pour arriver à la période limpide, auguste et suave de Virgile, un peu moins d'un suffit pour tomber dans la phrase empoulée et métaphorique de Lucain. Lucain et Ovide, voilà bien les enfants de la Rome césarienne, la Rome esclave, la Rome libidineuse, la Rome qui abdique sa grandeur, sa force, sa gloire, et qui crie par ses deux millions de voix : O César ! à toi la ville éternelle, à nous tes largesses, à toi l'empire du monde, à nous les jeux du cirque, *panem et circenses.*

Quelle similitude frappante entre cette époque et la nôtre ! et pourrions-nous ne pas convenir qu'en littérature comme en pathologie, les mêmes pronostics annoncent généralement les mêmes maladies. Le grand siècle fut l'apogée de la belle littérature en France, et qui parut se résumer en Bossuet, l'orateur sublime du néant, qui, se pla-

çant au-dessus des abîmes de l'éternité, cherchant dans les révolutions du monde les accidents de la Providence, conversait avec le ciel, où il se revêtait des armes de la lumière, comme autrefois Moïse portant une pensée de l'Éternel à travers les foudres et les éclairs du Sinaï. Oui, disons-le avec un saint orgueil, les grands hommes de cette époque avaient une étoile au front et du feu dans le cœur, comme les esprits prédestinés; aussi leur but fut-il atteint du premier coup, la carrière parcourue et l'art fixé : ne sont venues que plus tard les pensées d'un second mouvement, d'un second jet. Le xviiie siècle s'employa à faire prévaloir l'athéisme et le sensualisme sur les doctrines spiritualistes de l'enseignement chrétien. Ces funestes idées une fois entrées dans le torrent de la circulation intelligente de l'Europe, produisirent en France ces désordres inouïs que l'on remarque avec stupeur dans les esprits quelquefois les plus sérieux, comme dans les intelligences les plus vulgaires, et que l'on retrouve à toutes les profondeurs de l'état social.

Nous voilà amené par notre sujet à signaler ici les fatales influences exercées de nos jours sur la littérature française, par ces grandes plaies sociales qui se nomment le scepticisme, le panthéisme, tous deux branches diverses du même tronc qui leur a donné la vie, nous voulons dire l'incrédulité. C'est dans les œuvres de ceux qui obéissent à ces entraînements déplorables, et le nombre en est grand, que nous pourrions étudier cette triste décadence du langage et du style, qui contraste si pitoyablement avec les formes élégantes et sévères de nos chefs-d'œuvre français. Est-ce à dire toutefois que tout esprit sceptique est nécessairement un corrupteur du langage et un mauvais écrivain? Trop d'exemples viendraient contredire cette assertion. Mais ne peut-on pas affirmer qu'en général ceux qui, dépourvus de foi, corrompent les mœurs par leurs écrits, corrompent aussi le goût, et que la dégradation de l'une de ces deux choses entraîne souvent l'autre dans sa ruine ; et les preuves et les exemples de ce double désordre nous manqueraient-ils ; serait-il nécessaire d'évoquer ici cette multitude d'écrivains vides de croyances et de moralité, qui de nos jours ont plongé l'âme humaine dans toutes les horreurs et l'ont traînée sur toutes les souillures; de ces écrivains qui, marchant dans la sombre nuit, sans boussole et sans étoiles au ciel pour les guider, n'obéissent qu'aux errements de l'école fataliste, s'arrêtent à la seule analyse des faits, méconaissent les causes providentielles, l'enchaînement et la corrélation des événements entre eux; et qui, prenant la large et terrible source du scepticisme, entre un passé qu'ils renient et un avenir qui se refuse à leurs vœux, se reposent dans la négation, parce qu'ils sont dépourvus de cette croyance qui, dans le monde idéal où les entraîne sans cesse un irrésistible instinct, changerait leurs lueurs passagères en un phare immortel :

Toutefois, ne soyons pas trop exclusifs; sachons retirer de cette fange littéraire quelques noms honorables, avoués par la morale et par le goût. Mais, étudions rapidement dans les formes de leur langage et de leur style, ces mêmes écrivains, qui, avec une légèreté si coupable, ont brisé sous leurs pieds les plus nobles élans de l'intelligence et les plus suaves joies du cœur. Pouvons-nous leur refuser ce génie d'invention qui crée un roman, un drame, un poème, et en dispose ensuite avec vigueur toutes les parties? Non sans doute, et chez plusieurs ce talent est bien remarquable. Nous ne voulons point nier ce qui existe, mais expliquez-nous les éblouissements, la fatigue, le désappointement que l'on éprouve après la lecture de ces œuvres qui semblent étinceler des plus vifs éclats du génie, mais où ils ne sont qu'apparents, parce qu'elles manquent du naturel et du goût. D'où vient qu'on sent alors le besoin d'aller rafraîchir son imagination dans quelques pages de Racine ou de Buffon? Ah! c'est qu'il y rayonne l'élocution noble, élégante et correcte, c'est-à-dire qui élève, ravit, épure notre être, et que là dominent les tons forcés, le style prétentieux, les figures incohérentes, ce qui lasse, ce qui jette dans la torpeur et le dégoût; aussi est-il très-difficile à notre époque de distinguer les divers genres littéraires. Il y a tant de romans chez nos faiseurs de systèmes, tant de prétentions philosophiques chez nos romanciers, tant d'imagination chez nos historiens, tant de gravité chez nos feuilletonistes, tant de légèreté chez nos philosophes, tant de déclamations humanitaires chez nos dramaturges, que tout cela se confond un peu au premier abord. Nous pourrions signaler chez la plupart de nos littérateurs contemporains, cette triste dépravation, quelquefois systématique, de l'art d'écrire qui les tient si loin du naturel et du vrai beau. L'un, par exemple, ami passionné de la métaphore, ne veut employer que le style figuré, afin d'ôter à sa phrase toute couleur et toute allure vulgaires; l'autre a la manie de travailler minutieusement son langage, de l'orner de broderies chatoyantes et de ces mille ciselures qui font ressembler le poëte ou le prosateur, à ces architectes du moyen âge, qui découpaient en imperceptibles dentelures l'ogive des cathédrales et l'aiguille de leur clocher. Celui-ci s'est fait un système de phraséologie; celui-là se jette en furieux dans toutes les témérités du néologisme ; vous comprenez tout ce qu'ils ont dû entasser de langage extravagant et d'emphase ridicule; aussi n'y cherchez pas pour l'écrivain la chaleur, la vérité et l'inspiration, vous ne sauriez les rencontrer dans des œuvres marquées au coin de l'absence d'une pensée vivifiante, venue du ciel, qui serve de tige à de verdoyantes ramures : n'ayant semé que du vent, leurs auteurs ne recueillent que tempêtes.

Un troisième caractère de la littérature aux époques de décadence est la manie de la description; l'épopée d'abord, puis le

drame, enfin le poëme descriptif, sont à peu de choses près à la littérature, ce que sont à la vie des peuples l'âge divin, l'âge héroïque et l'âge humain. Le poëte épique peint l'humanité dans ce qu'elle a de plus générique. Le poëte dramatique la prend en second et en décompose chacune des facultés. Ceux qui viennent ensuite se rejettent sur le monde matériel et demandent à l'expression plastique cette poésie que les grands maîtres n'attendaient que de la beauté intime et morale. Ainsi chez les Grecs, après Homère, apparaissent Sophocle et Euripide, et puis l'école d'Alexandrie; chez les Latins, après Virgile et Horace, viennent Térence, Plaute et Sénèque, et puis Lucain, Ovide, Stace et autres; en France, la poésie épique n'a jamais guère paru à l'état de pauvreté du drame chez les Romains; mais après le drame, qui chez nous remonte à la Renaissance, bien que d'une incontestable supériorité, devait accourir la description. Voltaire, le dernier flambeau qui éclaira l'agonie du grand siècle, donna le signal de ce débordement qui devait presque tout noyer dans ses vagues léthifères. Dieu sait quels flots immenses de descriptions ont été depuis lors se perdre dans le lac obscur de l'oubli! Les dix-neuf vingtièmes de la poésie de ce siècle y dorment d'un sommeil éternel! Malgré de nombreux efforts pour ennoblir la description, on n'a fait que l'animer par une idée morale, ce qui la distingue de la description antique, mais voilà tout (1); mais la manie de la description n'est pas moins restée calamiteuse pour la littérature, elle subsiste comme un indice de sa décadence. Encore un dernier coup de pinceau, et notre tableau sera ébauché.

La littérature est l'expression de la société; or on sait quelle littérature surgit du milieu de cette société romaine, telle que l'avaient faite les horreurs de la guerre civile, une religion objet de la moquerie publique, et toutes les turpitudes des monstruosités impériales. Rome se courbait sous le pied du maître, baisait servilement la poussière de ses sandales de pourpre, et pour tant de bassesses ne lui demandait qu'un gracieux sourire, des esclaves à voir égorger et de l'or à pouvoir dépenser en délirantes orgies. C'était de l'or, de l'or seul qu'il lui fallait; le maître lui jetait de l'or, et Rome, comme la bacchante ivre, s'en allait par ses collines de marbre cherchant à cacher, sous les vieux lambeaux de sa gloire, ce qui perçait de partout, de sa bassesse et de sa luxure présentes.

Mais cet oubli d'un passé glorieux, cet étourdissement sur l'avenir, cet appétit insatiable de l'or, n'est-ce pas là aussi un des traits caractéristiques de la décadence de notre littérature moderne? Aux époques de création, quand on fait de l'art pour l'art, on obéit à une idée commune, tous les au-

tels fument pour la même divinité; on dirait des ouvriers intelligents qui travaillent isolément, il est vrai, mais qui concourent à élever un même édifice. Mais, aux époques de décadence l'idole est brisée, le joug secoué, il n'y a plus de temple à construire, chacun se fait un piédestal pour y dresser fièrement son individualité; alors l'art littéraire n'est guère plus qu'une mécanique industrielle dont les produits s'assimilent à ceux d'un champ ou d'un atelier; le talent que l'opinion veut bien honorer de ce nom imposant se dégrade et s'avilit jusqu'à encenser par ambition les crimes de la veille et les scandales du lendemain, et la gloire littéraire n'est plus qu'une illusion dont l'esprit positif des hommes de lettres ne se contente plus; il sacrifie son noble passé, l'ambition d'homme politique; ses rivaux s'élancent dans la même voie, et voilà un vaste champ ouvert à toutes les débauches intellectuelles où peut se vautrer la déraison humaine. Cette faible esquisse ne paraît-elle pas être la vivante personnification de l'époque actuelle?

A quelle distance ne sommes-nous donc pas sur ce point du siècle de Louis XIV? Quel intervalle parcouru à pas rétrogrades!

Il ne nous reste plus qu'à conclure en offrant à la jeunesse le moyen d'orner l'éducation qu'elle reçoit par une connaissance suffisante et sûre de la littérature française.

*Matinées littéraires, par M. Edouard Mennechet.* — Appliquer l'étude des lettres à la culture des bonnes mœurs, mettre à la portée de tous, sans l'abaisser et sans l'amoindrir, cette science de la parole, qui est celle de la vie sociale; rattacher par les liens d'une impartiale vérité tout ce qui est beau à tout ce qui est bon; faire aimer le précepte par le charme de l'exemple, ou plutôt cacher le précepte sous les formes séduisantes de la plus élégante analyse; faire ainsi d'un cours complet de littérature moderne un enseignement indirect de la religion la plus éclairée et la plus pure, et du libéralisme le plus ami de l'ordre, et par conséquent le plus sage; tel est notre but, aussi telle a été l'œuvre de M. Edouard Mennechet, dont nous essayons de présenter l'analyse. C'est un beau livre entrepris par un honnête homme, et c'est une bonne action accomplie par un excellent littérateur.

Les *Matinées littéraires* d'Edouard Mennechet contiennent l'histoire de la littérature moderne, depuis les chants celtiques des vieux bardes jusqu'aux marivaudages des boudoirs de la fin du XVIIIᵉ siècle. L'auteur semble s'être appliqué surtout à suivre depuis son origine, dans ses développements, dans son apogée et dans sa décadence, cette grande littérature française qui a mérité le nom de classique, parce qu'elle appartient de droit à l'enseignement, étant exclusivement composée des chefs-d'œuvre de nos grands maîtres. Pour M. Mennechet, comme pour le sévère Despréaux, la litté-

_____
(1) Dans le moindre fétu, le plus léger rayon, la plus mince goutte d'eau, on a découvert et chanté un dieu panthéistique, une parcelle de cette âme du monde qui donne la vie au mince souffle et à la plus imperceptible molécule de la création.

rature commence à Malherbe, et c'est à
peine s'il daigne reconnaître à Villon les
titres que lui a donnés l'auteur de l'Art
poétique pour avoir

> . . . . le premier, dans ces siècles grossiers,
> Débrouillé l'art confus de nos vieux romanciers.

Cette gloire appartient, selon lui, à plus
juste titre, au prince Charles d'Orléans,
trop peu connu comme troubadour, précisément peut-être à cause de l'éclat de son
nom. Les études consciencieuses et approfondies de M. Mennechet sur le moyen âge
prouvent d'ailleurs assez que le goût sérieux des beautés classiques n'est pas chez
lui un parti pris d'ignorer tout ce qui s'en
écarte. Personne n'a plus ingénieusement
apprécié les premiers essais littéraires des
peuples de l'Occident, connus des Romains
sous le nom de Barbares, et civilisés seulement par le Christianisme après avoir triomphé de leurs vainqueurs. Les fables de
l'Edda, tantôt gracieuses comme une oasis
de fleurs au milieu des glaciers, tantôt terribles et vertigineuses comme les sombres
rochers du Nord, trouvent en lui un élégant interprète. Il éveille les terreurs populaires et l'intérêt enfantin des vieilles légendes de l'Armorique ; on voit qu'il a tout
lu et qu'il a profité de tout. Puis viennent à
leur tour les romans et les ballades, les
mystères et les chansons. L'habile critique
se laisse gagner par la naïveté de nos pères ;
il sympathise surtout avec leurs croyances
si sincères et si généreuses, et pardonne à
tant de chevalerie un peu de grossièreté
welche et de simplicité gauloise. Suivant
l'ordre chronologique, il passe en revue nos
chroniqueurs des XIIIᵉ et XIVᵉ siècles : Ville-
Hardouin, Froissard, Joinville ; il n'oublie
pas Christine de Pisan, cette Jeanne d'Arc
de la science des troubadours ; puis il nous
conduit dans la vieille Allemagne, où il
nous fait écouter, à leur merveilleuse origine, les récits de Niebelungen ; il nous explique les fantaisies germaniques se popu-
larisant pour la première fois sous une
forme poétique dans les chansons de Hans-
Sachse, le cordonnier luthérien ; car, pour
analyser les poésies de l'Allemagne du
moyen âge, il faut passer sans transition
des héros de Niebelungen à ceux de la réforme, et de Siegfried à Luther. La poétique mais indolente Espagne n'a de son côté
à nous offrir que son romancero, et remplit
tout son moyen âge des glorieux souvenirs
du Cid. Il faut nous rabattre sur l'Italie, et
là nous nous arrêterons longtemps, car nous
allons y rencontrer le Dante.

M. Mennechet consacre à ce magnifique génie une de ses belles leçons ; on sent que
l'Homère du moyen âge a un appréciateur digne de lui. L'auteur des *Matinées littéraires* se
montre classique, mais non pas exclusif comme
Boileau, qui, dans l'*Art poétique*, semble
avoir ignoré qu'il y eût au monde une *divine comédie*. Ici la critique s'efface pour
laisser paraître le grand poète de l'Italie ; c'est
Dante lui-même qui entre en scène après une
grave et solennelle introduction. M. Menne-

chet nous le présente alliant déjà une étrange
auréole de gloire à sa tristesse d'exilé.

Les leçons de M. Mennechet révèlent un
admirable talent d'analyse : rarement un
compte rendu est assez bien fait pour dispenser de lire un bon livre ; mais notre auteur, tout à la fois judicieux et brillant, excite à lire, et fait recueillir d'avance les fruits
de la lecture ; ses citations ne sont pas,
comme il arrive souvent, des fleurs arrachées
au hasard, et jetées pêle-mêle dans la corbeille du jardinier ; c'est plutôt l'arôme
choisi et le miel le plus pur recueilli dans le
parterre entier par une abeille intelligente
et soigneuse. Il est si pénétré du génie de
ses auteurs, que quand il analyse une transition entre deux citations brillantes, on
croirait presque que la citation continue, et
que le grand homme parle encore. Son style
est travaillé dans ce goût de simplicité élevée qu'on appelait, du temps de Louis XIV,
le style des honnêtes gens : c'est un or sans
alliage, où viennent s'enchâsser naturellement les citations les plus variées, comme
une harmonieuse diversité de pierreries. Ses
jugements sont toujours sûrs, parce qu'ils
sont toujours honnêtes, quoique souvent
un peu trop indulgents, et parce qu'on doit
toujours rencontrer ce qui est vrai lorsqu'on
ne s'écarte jamais de ce qui est bon.

Les types originaux et pittoresques de Rabelais, d'Amyot, de Montaigne, se succèdent
dans la galerie des *Matinées littéraires*, et
sont accompagnés d'une série de charmants
petits portraits étudiés avec le plus grand
soin, exécutés avec grâce, Pétrarque, Boccace, la reine de Navarre, Bonaventure Des-
pierres, Jean Marot, Clément Marot ; puis les
poètes de la Pléiade, présidés par le malencontreux Ronsard, tout bouffi de mots grecs
et de gloire trop vite escomptée. Plus loin,
sous les chauds horizons où se couche le
soleil de Dante, s'élève déjà la gigantesque
figure de Michel-Ange, ce Titan des beaux-
arts, qui semble avoir effrayé l'enfer en faisant violence au ciel. Mais la paresseuse
Italie a trop vu de grandes choses pour s'é-
tonner d'aucun prodige. Elle écoute avidement les magiques récits de l'Arioste, et
prépare un triomphe tardif au Tasse qui
vient d'expirer. Le Portugal aussi va hériter
bientôt d'un grand poème et du nom glorieux
d'un martyr de l'indifférence vulgaire : Camoëns est à l'hôpital.

Place maintenant ! voici Malherbe qui vient
changer la face du monde littéraire en parlant français aux Gaulois. Notre belle langue
est trouvée, elle vient de sortir tout armée
du cerveau de ce Jupiter au front ridé. Régnier combat le novateur, et subit la réforme
à laquelle il devrait l'immortalité, si l'immortalité qu'ordonnent les chastes Sœurs pouvait admettre la licence ; la république des
lettres devient une monarchie du talent,
et toute l'Europe s'empresse de lui donner
des rois. Il faut au génie couronné des représentations d'apparat et des sciences solennelles : le théâtre est un trône où viennent s'asseoir Calderon, Lope de Vega et

Shakspeare ; l'époque des grands hommes d'Etat semble préparer au talent une souveraineté absolue : Cromwell domine l'Angleterre, Richelieu règne en France, Corneille est roi sur le théâtre.

Nous voici arrivés au grand siècle, et c'est ici que notre auteur se trouve à l'aise. A l'élégance simple et majestueuse de sa manière d'écrire, à l'ampleur de son style, à l'honnêteté de ses pensées, à la délicatesse, pour ainsi dire, naturelle de son goût, il semble qu'il ait vécu dans la société des grands hommes qu'il va peindre. Aussi que de science dans ses analyses! quel choix dans ses citations! On a lu cent fois les chefs-d'œuvre de Racine, de La Fontaine, de Molière, et il semble pourtant que M. Mennechet nous les révèle. C'est que l'admiration est contagieuse lorsqu'elle est aussi savante que la sienne; et d'ailleurs on se plaît toujours à la conversation d'une excellente compagnie. Tous les beaux génies du beau siècle de notre littérature sont appréciés tour à tour avec une justesse qui n'étonne pas, mais qui enchante.

Cependant, il remplit consciencieusement le cadre qu'il s'est tracé, et il ne fait défaut à aucune partie de son enseignement. Les principaux personnages ne lui font pas négliger les comparses, et s'il groupe les figures du premier plan avec la fidélité laborieuse des plus grands maîtres, il ne néglige aucun accessoire, et se plaît à modeler les moindres figurines avec la patience d'un Flamand. C'est ainsi qu'après les majestueux portraits de nos souverainetés classiques, il fait passer devant nous et sait nous faire remarquer les physionomies diverses des Thomas Corneille, de La Fosse, des Brueys, des Dancourt. Il nous montre Regnard se faisant écouter et applaudir après Molière, et relève par des contrastes, au milieu d'un groupe de poëtes légers, tels que Waller, Rochester et autres de la même époque, la belle figure de Milton.

Mais nous touchons au soir d'une magnifique journée; toute splendeur humaine a son déclin, et l'immortalité ne commence presque jamais que sur des tombeaux. «On n'est plus heureux à nos âges,» a dit le grand roi, qui s'attriste et semble se fatiguer du bruit monotone de sa gloire. La solitude se fait autour du trône; les grands écrivains sont allés retrouver les grands capitaines dans la tombe, et la France, ennuyée comme un enfant à la fin d'une longue classe, se moque en secret de ses maîtres. Le bel esprit succède au bon esprit, comme la régence à la monarchie; il se fait une réaction de folie et de licence contre la sévérité de la sagesse et de la grandeur. Nous arrivons aux petits soupers du Temple, qui préludent à ceux du régent; le trop spirituel Fontenelle se joue de toutes les sciences, et veut remplacer en toute chose la vérité par les grâces les plus coquettes. Les petits vers sont à la mode, et la poésie se perd. La Motte-Houdard traduit Homère en vers, pour le rendre plus prosaïque; et J.-B. Rousseau acquiert plus

de célébrité dans les ruelles par ses épigrammes licencieuses, qu'il ne mérite d'estime par les beautés sévères de ses odes. Nous arrivons à Voltaire, cet enfant terrible de la muse classique, qui a fait mourir sa mère de chagrin. M. Mennechet consacre une grande partie de son 4e volume à l'analyse de ce démon du xviiie siècle, et poursuit sous toutes ses formes ce protée de l'esprit français, cet enfant gâté de tout un siècle. Un jugement impartial sur Voltaire est quelque chose de rare, même à notre époque. Ami sincère de la religion et des mœurs, M. Mennechet traite Voltaire, non pas en ennemi, mais en adversaire que sa foi ne saurait craindre; il pousse même l'indulgence jusqu'à ne voir que de l'humanité dans le zèle du vieillard de Ferney en faveur de Calas et de Sirven. C'est dans le même esprit qu'il juge l'école encyclopédique; là, peut-être, nous regretterons qu'il ait confondu, et que son devoir d'impartialité l'ait poussé à une bienveillance excessive, notamment à l'égard de J.-J. Rousseau. Puis, M. Mennechet revient aux petits portraits gracieux comme des Vatteau, ou maniérés comme des Boucher. C'est Gresset, doué selon Voltaire :

> . . . . . . . . du triste privilége
> D'être au collége un bel esprit mondain,
> Et dans le monde un homme de collége.

C'est Marivaux, qui a laissé son nom aux afféteries charmantes du style pompadour, c'est Piron, dont il ne faut parler qu'à propos de sa *Métromanie*; Destouches, le diplomate qui a gâté son *Glorieux* par politique de coulisses; puis Sterne l'agréable, mais graveleux causeur, espèce de Rabelais protestant en habit noir et en perruque; Swift, Addison et d'autres dont les noms sont moins familiers, tels que Wichesleg, Farguhar, Congrève. Rien n'échappe à l'intelligente analyse de notre critique, à ses appréciations pleines de finesse; il ne s'arrête enfin qu'au seuil d'une littérature nouvelle. La renaissance de la religion dans les arts est saluée par lui dans le poëme peut-être un peu trop angélique du bon Klopstock; puis le nouveau mouvement qui s'annonce dans l'œuvre de Goëthe vient terminer magnifiquement les *Matinées littéraires* par une analyse savante du drame de Faust.

Le livre de M. Mennechet peut donc offrir d'utiles secours à l'enseignement. Il suffirait pour donner à un élève des connaissances littéraires bien au-dessus des notions communes, et nous croyons que des littérateurs consommés peuvent trouver encore à profiter dans sa lecture. Au point de vue de la morale, il est sincèrement honnête; au point de vue purement littéraire, il est supérieurement écrit, et on pourrait presque dire qu'il ajoute un modèle de plus à ceux qu'il nous fait admirer.

LITTERATURE (*dans ses rapports avec les connaissances humaines*).

Un pêcher se couvrait de fleurs aux beaux jours de la saison nouvelle. Un ignorant passe et s'écrie : « Des fleurs ici ! quel abus!

Ôtez-moi cet arbre inutile. Dans un verger, ce ne sont point des fleurs, ce sont des fruits qu'il nous faut. » Il ne savait pas que des fruits naîtraient de ces fleurs. Son ignorance vous fait sourire... Ainsi raisonnent pourtant ceux qui, séparant la littérature de ses applications, ne veulent apercevoir en elle qu'un art agréable et frivole, qu'un objet de luxe pour l'esprit, qu'une distraction aux études sérieuses. Ils se laissent également tromper par l'apparence : ils ne voient que les fleurs de l'arbre, ils ne songent point à ses fruits.

C'est cette erreur trop commune que nous venons essayer de combattre, en montrant la littérature sous son véritable caractère, en exposant ses rapports intimes avec tous les objets de nos études, avec toutes les spéculations de notre intelligence ; en la présentant comme l'instrument universel dont notre esprit se sert pour acquérir et pour transmettre les connaissances qu'il lui est donné. de posséder. On ne peut, en effet, isoler la littérature des objets sur lesquels elle est appelée à s'exercer : on ne peut séparer les mots des idées qu'ils représentent ; l'expression de la chose exprimée. Qu'est-ce que la littérature? L'art du langage ; et le langage qu'est-il lui-même, sinon l'image de la pensée? Il ne faut donc point regarder la littérature comme un but, mais comme un moyen ; il ne faut point la considérer comme une simple abstraction, indépendamment de ses relations et de ses usages ; il faut reconnaître en elle l'agent nécessaire par lequel nos idées se manifestent, s'échangent, se répandent et s'accroissent. En un mot, la littérature est à l'esprit ce que l'œil est au corps ; c'est elle qui le met en rapport avec la nature entière. Lorsque l'homme eût inventé ou plutôt trouvé le langage, sans doute le développement de ses facultés fut immense. Alors à ces notions grossières et confuses, qui composaient auparavant le domaine de son intelligence, succédèrent des notions à la fois plus étendues et plus précises : alors la pensée, réfléchie par les mots, put se contempler dans cette image, s'observer et agir sur elle-même. Des noms furent d'abord donnés aux choses, puis aux qualités des choses, puis aux rapports des qualités entre elles. En même temps que la bouche apprenait à nommer, l'esprit apprenait à discerner. Toutefois, le simple langage était loin de suffire aux facultés de l'esprit humain. Confiées à des voix fugitives, fugitives dès lors elles-mêmes, ses idées erraient sans pouvoir se fixer ; l'intelligence ne pouvait prendre l'essor : elle manquait d'un point d'appui ; impatient de ses entraves, le génie de l'homme fait un nouvel effort : effort sublime! La parole a trouvé le secret de se survivre à elle-même ; les lettres sont inventées.

Cette époque réclame une grande place dans l'histoire du genre humain : qui pourrait mesurer l'influence qu'elle a dû exercer sur ses destinées ?

La littérature, comme son nom le fait assez entendre, ne fut d'abord que la connaissance des caractères de l'écriture. Lorsque l'invention en était récente encore, cette connaissance, rare et précieuse, dut suffire au milieu de l'ignorance générale, pour assurer à ses possesseurs une haute supériorité sur le vulgaire. Les lettrés furent les sages des nations, les dépositaires des secrets de la science, car tant que l'écriture fut rare, la science fut mystérieuse. De là ce respect des peuples pour les hommes privilégiés, dont la religion elle-même s'empressa de consacrer le caractère. Ainsi, l'Inde eut ses brahmes, la Chaldée eut ses mages, la Chine eut ses lettrés, l'Egypte eut ses prêtres, qui exercèrent sur le reste des hommes l'ascendant que le savoir doit exercer sur l'ignorance. Chaque contrée eut ses mystères, ses initiations, sa langue sacrée. Tous les monuments de ces premiers âges s'accordent à nous montrer la connaissance des lettres, unie à la connaissance des lois de la nature, de la morale et de la religion.

Cependant, les lumières acquises par l'écriture descendirent insensiblement dans tous les rangs de la société : la connaissance des caractères devint plus commune. Le mot de littérature vit alors modifier son acception primitive. Chez des peuples grossiers, il n'avait désigné que l'art de tracer des lettres ; chez des nations plus éclairées, il désigna la culture du langage par le secours de l'écriture. Ainsi les langues, qui avaient perfectionné l'intelligence, durent elles-mêmes à l'invention des caractères une perfection nouvelle.

C'est en ce sens que nous avons coutume aujourd'hui d'entendre le mot de littérature : c'est le langage réduit en art ; c'est la parole perfectionnée par l'étude et par l'exercice. Chez nous l'homme de lettres est celui qui sait rendre sa pensée avec plus de précision, plus de force ou plus de grâce que le commun des hommes ; qui, pour acquérir cette faculté précieuse, a longtemps étudié le génie et les ressources nouvelles dans l'étude des langues étrangères ; dont l'art ne se borne pas à bien exprimer une pensée isolée, mais qui sait donner au sujet le plus vaste, au système le plus étendu, son expression la plus claire et la plus heureuse, grâce à ce coup d'œil sûr qui lui révèle la liaison des idées entre elles et l'ordre naturel de leurs rapports. L'homme de lettres, en un mot, est l'homme qui conçoit le mieux et qui fait le mieux concevoir. Nier l'influence de la littérature sur nos connaissances, ce serait donc nier l'influence du langage sur les idées ; ce serait démentir cette vérité, devenue vulgaire à force d'évidence, que l'intelligence humaine doit presque tous ses progrès à l'invention et à la perfection des langues.

Une science, quel que soit son objet, n'est qu'un système d'idées particulières, liées entre elles par de communs rapports, unis à leur tour par des rapports plus généraux et plus élevés. D'abord, l'observation recueille séparément un certain nombre de faits ; peu à peu une observation plus attentive démêle entre ces faits des points de

ressemblance : ces rapports prennent le nom de principes. L'esprit continue d'observer, et bientôt il découvre des rapports entre les principes eux-mêmes. Il poursuit ainsi sa marche progressive : il s'élève par degrés des principes secondaires aux principes généraux : il arrive enfin à ce terme unique, à cette loi universelle, qui, réunissant par un lien commun tous les faits particuliers et subordonnés, embrasse et domine la science tout entière.

Toute science est donc fondée sur la connaissance des rapports des choses entre elles : toute science est un progrès des idées les plus simples aux idées les plus composées. Mais qui donne à notre intelligence le pouvoir de saisir des rapports, de composer des idées ? N'est-ce pas le langage, et par conséquent la littérature, qui n'est que la perfection du langage lui-même ?

La littérature n'est donc pas une science particulière, isolée : elle est l'agent par lequel s'acquièrent et se communiquent toutes les sciences. L'homme de lettres n'est point un homme à part, dont le talent s'exerce dans sa propre sphère et se suffise à lui-même : c'est un philosophe, un historien, un orateur, qui, pour exceller dans son art, l'a cultivé à l'aide d'un instrument plus parfait.

S'il nous fallait encore de nouvelles preuves de cette vérité, il suffirait d'interroger l'histoire : nous verrions partout les progrès des sciences et la philosophie suivre de près les progrès du langage.

Quiconque arrête un instant ses regards sur le mouvant tableau des sociétés humaines est aussitôt frappé de ce phénomène, qui se reproduit régulièrement chez les peuples divers, aux époques correspondantes de leur histoire. Après un siècle brillant d'un vif éclat littéraire, on voit constamment apparaître un siècle plus grave, marqué par le développement des sciences, des arts, de l'industrie, et par un vaste essor de l'esprit humain. Après les Sophocle, les Virgile, les Arioste, les Milton, les Despréaux, les Racine, s'élèvent les Aristote, les Pline, les Beccaria, les Robertson, les Montesquieu, les Buffon. A quelles causes attribuer ces vicissitudes? est-ce épuisement de l'imagination? est-ce inconstance dans le goût des peuples? ou bien les hommes d'un siècle naissent-ils avec d'autres facultés que leurs devanciers et que leurs successeurs? On peut, ce me semble, donner de ces révolutions une raison plus solide et plus générale : L'âge des créations littéraires précède l'âge des applications, comme l'invention des caractères a précédé l'impression des livres. L'un crée un instrument que l'autre met en usage : l'un forme le langage ; l'autre à l'aide du langage devenu plus parfait, s'avance dans les voies de la science et de la vérité. Au commencement de ce siècle, auquel Louis XIV a donné son nom, parce qu'il a su s'associer à sa gloire, nous sommes frappés de la singulière importance attachée aux productions les plus légères.

La ville et la cour se partagent pour un madrigal : Boileau lui-même proclame qu'un sonnet sans défauts vaut seul un long poëme. Une telle singularité ne peut appartenir qu'à l'époque où la langue, inculte et neuve encore, travaille pourtant à se former. Alors la difficulté d'écrire est extrême : toutes les formes du style sont à créer ; toutes les règles de la langue et du goût sont à trouver : la composition est donc pénible et laborieuse. Telle nous la voyons, en effet, dans les vers plus exacts qu'inspirés du vieux Malherbe, dans la prose harmonieusement affectée de Balzac, presque dans l'enjouement apprêté de Voiture. L'élégance et la simple correction seront alors des qualités rares et considérables ; le style seul suffira pour fonder des réputations : ainsi Patru, froid orateur, mais pur écrivain, obtiendra les éloges de Boileau. Boileau lui-même, sans posséder à un très-haut degré le don de l'invention, prendra place dans l'opinion, grâce à la savante facture de ses vers, presqu'à côté des esprits inventeurs. Dans ces premiers temps, un seul genre d'ouvrage, souvent même un seul ouvrage remplit la vie entière d'un homme de lettres. Aussi, les formes du langage y brillent-elles chez les bons écrivains, d'une admirable beauté ; leur perfection paye avec usure le travail qu'elles ont coûté. Les œuvres du génie se distinguent par une originalité, et, si j'ose le dire, par une individualité de style, qui atteste que l'auteur ne doit rien à des modèles ; qu'il n'a point reçu son expression, mais qu'il l'a faite. On sent, lorsqu'on lit Pascal, Bossuet, La Bruyère, la plupart des fables de La Fontaine et les beaux morceaux de Corneille, que chacun de ces grands hommes parle une langue qui lui est propre, et qu'il s'est créée à lui-même, parce que la langue commune n'était point encore formée lorsqu'il a commencé d'écrire.

Le siècle s'est accompli : un autre siècle commence, et déjà la littérature a revêtu un nouveau caractère. La langue littéraire est désormais fixée ; on verra donc moins de compositions originales, et plus de compositions élégantes. Assouplie par les travaux du siècle précédent, cette langue se plie sans effort aux diverses combinaisons de la pensée ; l'esprit, que n'arrêtent plus les difficultés du langage, fournit avec moins d'effort une plus vaste carrière. Alors s'élèveront ces édifices littéraires imposants par leur masse, ces encyclopédies, ces histoires naturelles, monuments d'audace et de patience ; alors apparaîtront ces géants de la littérature, qui dans leur course immense imprimeront sur toutes les routes de l'esprit humain la trace de leur passage et celle de leur génie. Placé à l'entrée de ce nouveau siècle, contemporain des deux âges, Fontenelle, le premier, allie aux applaudissements de la France étonnée, la culture des lettres à la culture des sciences. Bientôt, Montesquieu, qu'on pourrait appeler le La Bruyère de la législation et de l'histoire, analyse et juge les institutions de tous les pays et de tous les âges. Buffon,

simple et majestueux comme la nature dont il écrit l'histoire, proclame d'une voix imposante des vérités éternelles et des rêves sublimes, dont l'examen enfantera bientôt d'autres vérités. Voltaire, avide de toutes les gloires, semble se multiplier pour écrire avec une prodigieuse facilité et une fécondité inépuisable dans tous les genres, sert d'interprète à Newton, porte la philosophie dans l'histoire et invoque avec Beccaria la réforme de nos lois criminelles. Moins universel, mais plus puissant encore par la parole, le citoyen de Genève fait retentir au sein d'une société dissolue la voix sacrée de la nature, des mœurs et de la religion : heureux si, en s'éclairant des ineffables lumières de la vérité révélée aux hommes par le Christ, il eût moins cédé aux attraits du sophisme et aux entraînements des passions qui l'égarèrent loin du droit sentier ! A leur suite, des esprits moins éminents, moins distingués encore, s'ouvrent en foule des routes nouvelles. Diderot, dont la fervente imagination aurait eu grand besoin d'être réglée par une raison plus égale et plus sûre, éclaire la théorie et décrit les procédés des arts. Condillac porte le flambeau de l'analyse sur les mystères de l'entendement humain. Des écrivains laborieux, auxquels succéderont bientôt des philosophes érudits, jettent les premiers fondements de la science économique. Partout l'intelligence fermente ; partout la littérature obéit au génie de l'imagination ; de toutes parts le siècle nouveau, héritier des trésors du langage amassés par son prédécesseur, s'élance à la conquête des sciences philosophiques.

Ainsi, le xviiie siècle a continué le progrès que le siècle précédent avait commencé. L'un avait créé la littérature, l'autre s'est servi de la littérature pour éclairer les recherches, et pour répandre les découvertes des sciences physiques et morales.

Ce serait une recherche aussi curieuse qu'instructive, que de suivre et d'observer l'influence de la littérature dans ses applications particulières ; de signaler, dans chaque système d'idées, celles qui doivent leur existence, ou du moins leur perfection, à la perfection du langage. Peut-être, par exemple, en analysant les idées morales des peuples civilisés, serions-nous conduits à reconnaître que plusieurs d'entre elles, la passion de la gloire, le sentiment moral de l'amour, l'honneur qui réprime par le respect de l'opinion les penchants intéressés, la pudeur, qui est à la vertu ce que la grâce est à la beauté, sont des idées éminemment littéraires. Peut-être aussi ne serait-il pas sans intérêt d'examiner combien la lumière apportée par les lettres ajoute de pureté et de grandeur aux idées religieuses, de mesurer quelle distance étonnante sépare les croyances grossières des peuples livrés au seul instinct de la nature, de ces

notions progressives, qui nous révèlent un Dieu souverainement juste et une âme immortelle. Mais des recherches de cette importance dépasseraient aussi, nous le craignons, les forces de l'auteur. Qu'il nous suffise aujourd'hui de les avoir proposées à la méditation des hommes éclairés.

Nous avons tâché de montrer quelle étroite liaison rattache toutes les connaissances humaines à la littérature, qui leur sert à toutes d'expression pour se produire, et d'instrument pour se perfectionner. Les lettres, avons-nous dit, ne sont rien par elles-mêmes ; elles sont tout, comme moyen d'acquérir et de répandre les trésors de l'intelligence. Elles ne constituent point une science particulière : elles sont la clef de toutes les sciences. Définir ainsi la littérature, c'est dire assez que nous ne devons point l'étudier pour elle-même et comme un vain délassement ; mais qu'il faut la considérer sous un point de vue plus grave, et dans les hautes applications dont elle est susceptible. Loin de nous cette vaine et fausse littérature, qui ne s'exerce que sur des mots, qui se prostitue à de frivoles usages. Laissons aux sophistes de l'ancienne Grèce, laissons aux rhéteurs de l'ancienne Rome l'art des riens sonores et des inutilités harmonieuses ; pour nous, ennoblissons les lettres, ou plutôt conservons leur noblesse originelle, en les employant, s'il nous est possible, à mieux remplir nos devoirs dans la vie. Cherchons, par leur secours, à nous faire des idées plus nettes, plus justes, plus complètes des choses qu'il nous importe de connaître, à produire avec plus de clarté, d'agrément et d'énergie, les vérités dont l'expression peut être utile à nos semblables. Qu'elles aident à construire la philosophie des sciences et des arts ; qu'elles servent au moraliste pour démêler les principes secrets de nos affections, pour en peindre les effets, pour nous rendre la vertu plus aimable et le vice plus odieux ; à l'historien pour léguer à la postérité d'utiles leçons et d'équitables arrêts ; à l'orateur de la tribune et du barreau, pour plaider avec plus de force et d'évidence la cause des peuples ou la cause de l'innocent opprimé ; au publiciste, pour proclamer avec autorité et pour revendiquer avec éloquence les droits de la justice et de l'humanité.

LITTÉRATURE ÉTRANGÈRE. — Ce sera un des caractères de ce temps-ci que le réveil des traditions nationales d'un bout de l'Europe à l'autre. Le xviiie siècle avait effacé l'esprit particulier de chaque peuple ; ardent à se séparer du passé et dédaigneux de ses meilleurs souvenirs, l'homme semblait ne plus avoir de relation avec le sol qui l'avait nourri ; une pensée uniforme et des sentiments convenus se substituaient presque partout aux émotions, aux idées, à tous les phénomènes moraux suscités en notre âme par la réalité qui nous entoure ; la figure abstraite de l'humanité avait pris la place de la créature vivante. De toutes les causes qui ont amené,

il y a un siècle, l'appauvrissement général de la poésie européenne, il n'en est pas de plus sérieuse que celle-là. Lorsque la langue et la pensée de Voltaire gouvernaient les intelligences de Saint-Pétersbourg à Londres, et de Berlin à Madrid, il n'y avait pas de place pour cette poésie vraie que le soleil fait éclore, qui se nourrit de la sève du sillon, qui reçoit pour les féconder les influences du monde réel, et porte au front, comme un signe charmant, la marque du lieu où elle est née. Une réaction ne devait pas tarder à se produire; on sait avec quelle fougue impatiente Lessing en fut le promoteur, et comme le génie national, en Allemagne, en Suède, en Angleterre, combattit d'une manière éclatante, et finit par remplacer la littérature artificielle, dont le règne avait duré trop longtemps.

Est-ce à dire que l'inspiration du xvIII° siècle ait complètement disparu? Non, certes; elle persistait dans l'ombre, et les révolutions de notre âge l'ont relevée et propagée au loin. Toutefois, à côté de ce courant d'idées démagogiques, qui tend à absorber chaque individu dans l'État et chaque peuple dans le genre humain, il est facile d'apercevoir aujourd'hui une force toute contraire, qui pousse les peuples à ressusciter leur histoire, à réclamer leur part du sol, à se constituer d'une façon distincte au milieu de la confusion croissante. Ce double mouvement en sens inverse est un des plus curieux spectacles que présente notre société bouleversée. Ici de vagues aspirations vers l'unité universelle, là le pieux entêtement de la fidélité domestique; ici les froids et prétentieux utopistes, tout prêts à abolir l'idée vivante de la patrie au profit de je ne sais quelle idole de bronze qu'ils appellent l'humanité; là les obstinés défenseurs de traditions qui semblaient mortes, des érudits transformés en tribuns, des poëtes et des contours qui soulèvent des races entières, en vengeant leur langue natale disparue et leurs institutions abolies. N'est-ce pas un phénomène intéressant que ce réveil des Tchèques de la Bohême, des Sloaques de la Hongrie, des Croates des côtes Illyriennes, des Flamands de la Belgique, se révoltant contre l'œuvre des siècles, et s'efforçant de reconquérir une existence distincte, au moment même où les docteurs de la démagogie vous enseignent partout que les nations doivent disparaître?

L'exposé que nous allons faire des divers caractères qu'a revêtus la littérature étrangère nous confirme dans cette opinion.

Le roman rustique, accueilli avec tant de faveur depuis quelques années en France et en Allemagne, est une des formes de cette protestation que nous venons de signaler. Ce n'est pas seulement telle ou telle famille de peuples chez qui le sentiment de race se réveille, c'est une classe particulière qu'on s'attache à peindre avec la physionomie qui lui est propre, avec ses mœurs et son existence à part au sein de la commune patrie. Que les écrivains s'en rendent compte eux-mêmes, ou qu'ils l'ignorent, peu importe; ils suivent ici un instinct qui ne saurait échapper à une clairvoyante attention. Ils peuvent céder encore, je le veux bien, à d'autres influences secrètes; ils peuvent céder au désir de flatter le peuple, à l'ambition de créer une poésie démocratique, à l'espoir de renouveler, par ce retour à la nature, les ressources d'une littérature épuisée; ils obéissent surtout, qu'ils le sachent, à ce sentiment dont nous parlions tout à l'heure; ils sont les interprètes involontaires de ce mouvement qui se fait de tous côtés, pour rattacher fortement à la tradition du sol, les races, les tribus, les classes même, que la tendance opposée voudrait confondre dans la promiscuité et le chaos. Peindre avec amour les paysans de telle province distincte, consacrer pieusement leurs coutumes et tracer leur histoire de chaque jour, c'est suivre à peu près la même inspiration que ces écrivains passionnés, érudits ou poëtes, dont les travaux ont ressuscité des langues éteintes et réuni sur le sol natal des tribus dispersées. Ce qu'ont fait M. le comte Léo Thun en Bohême, M. Louis Gaj en Illyrie, M. Henri Conscience dans la Flandre, c'est ce qu'ont fait aussi, d'une manière assurément moins directe, mais avec une pensée analogue au fond, M. Berthold Auerbach pour les habitants de la Forêt Noire, Mme Sand pour les paysans du Berry, et surtout M. Jérémie Gotthelfs pour les rustiques populations du canton de Berne. A ce point de vue et lors même qu'une certaine adulation démocratique se glisserait dans ces récits populaires, lors même qu'ils ne brilleraient pas tous comme les peintures de M. Gotthelfs par la sincérité la plus vraie, il faudrait applaudir néanmoins à la direction morale dont le roman rustique est manifestement le produit. Un tel genre, sans doute, peut présenter de graves dangers: cette littérature a besoin d'être surveillée avec zèle et jugée avec complaisance; mais si l'inspiration en est honnête, combien ne doit-elle pas devenir salutaire et féconde! Ces sortes d'ouvrages, si l'on y regarde de près, acquièrent un intérêt historique en même temps qu'ils charment l'imagination; le sujet s'agrandit et s'élève; la réalité apparaît dans la fiction; on croit entendre ces bourgeois de Laon et de Vézelay, qui, dans l'irrégulière société du moyen âge, sonnant le beffroi de la ville, appelaient tous les enfants de la commune à la défense du foyer.

Or, si ce ne sont pas seulement les paysans d'une contrée spéciale que l'auteur se propose de peindre, s'il faut ajouter aux caractères particuliers des lieux la différence des nationalités et des cultes, s'il s'agit des paysans juifs, par exemple, et de leur vie si originale au milieu des populations chrétiennes de l'Autriche, le rapport que je viens d'indiquer entre le roman rustique et les insurrections de race ne devient-il pas plus évident encore? Parmi les écrivains qui ont contribué, dans les derniers temps, au succès de cette littérature rustique, il y a une

place des plus honorables pour un auteur autrichien M. Léopold Kompert, dont les tableaux nous font pénétrer avec un grand charme de vérité et de poésie chez les pauvres juifs de la Bohême. La littérature juive en Allemagne a joué, depuis un siècle, un rôle considérable. De Mendelssohn à Henry Heine, il y a eu chez nos voisins toute une succession de talents supérieurs, qui ont marqué leur passage avec éclat et laissé de traces profondes dans les lettres germaniques. On sait que les juifs d'Europe se divisent en deux grandes familles, juifs allemands, juifs portugais, et que ces derniers, pendant tout le moyen âge, se considérant comme une tribu supérieure, ne témoignaient qu'indifférence et mépris pour leurs frères d'Allemagne. Tout est bien changé aujourd'hui ; c'est de l'Allemagne que sont sortis les représentants les plus illustres dont puisse s'enorgueillir l'audacieuse activité de cette race invincible. Les israélites de la famille portugaise ont produit, au moyen âge, des poëtes, des rabbins, des savants, qui ont tracé un sillon original dans le champ de la pensée humaine ; ce sont les juifs de l'Allemagne qui règnent désormais dans les arts comme dans les finances. Sans sortir du domaine des lettres, Moïse Mendelssohn et Rahel de Varnhagen, Louis Boerne et Henry Heine doivent être rangés parmi les maîtres de la pensée allemande. Ils sont de ceux qui, par des mérites opposés et dans des périodes très-différentes, ont le plus vivement agi, depuis cent ans, sur la conscience publique. Si diverse qu'ait été leur influence, il existe toujours entre eux un lien qui les unit ; ils suivent tous la direction dont Mendelssohn est le chef ; ils s'élèvent au-dessus des strictes observances du judaïsme, et tout en conservant un caractère à part, ils passent de l'étroite enceinte du temple à l'assemblée générale du genre humain, où la philosophie les conduit, une philosophie tantôt pieuse et sereine comme chez l'auteur du Phédon, tantôt fantasque et hardie comme chez Rahel, tantôt sceptique et poétiquement railleuse comme chez Boërne et Henry Heine. Ce n'est pas tout à fait à ce groupe d'esprits qu'appartient M. Léopold Kompert. Le caractère particulièrement juif dont ses devanciers s'éloignaient, le peintre des paysans de la Bohême est bien forcé de s'y attacher. Tandis que les esprits d'élite entrent de plus en plus dans la grande famille humaine, il y a des populations entières qui conservent avec une piété inaltérable, les coutumes, les croyances, les préjugés, les terreurs, les espérances invincibles, toutes les poétiques singularités de cette race orientale dispersée dans les brumes de l'occident. Il y a des âmes qui souffrent et des cœurs qui vivent du plus pur enthousiasme. Sous le chaume de la masure, dans les rues immondes du Ghetto, au milieu des mauvais traitements et des malédictions, il y a des douleurs déchirantes, des dévouements sublimes, des merveilleuses extases, que la foi seule, surtout une foi opprimée, peut faire jaillir des

profondeurs de l'âme. Voilà le sujet qu'a choisi M. Kompert, voilà le monde mystérieux où nous introduisent ses peintures.

N'y a-t-il pas de graves dangers pour un artiste dans ces travaux d'une nature si spéciale ? A Prague, à Presbourg, nous pourrions entrer avec M. Kompert dans le dédale obscur du Ghetto ; nous pourrions visiter ces maisons ténébreuses et sales que le chrétien, en passant, regarde avec une sorte d'horreur, et qui semblent aussi, dans leur silence hargneux, maudire tout bas le chrétien qui passe. Nous allons voir des croyances séculaires, des mœurs qui remontent aux premiers jours du monde, des préjugés enracinés par une persécution de deux mille ans dans la famille d'hommes la plus opiniâtre qui fut jamais, et transmis de génération en génération à travers toutes les vicissitudes des âges. Quelle inspiration l'auteur va-t-il puiser dans une pareille étude ? Quelle espèce d'émotion voudra-t-il produire en nous ? Décrire la vie du peuple, peindre les paysans de nos campagnes ou les ouvriers de nos villes, c'est déjà une entreprise périlleuse pour qui n'apporte pas dans une telle matière un cœur passionné pour le vrai, une intention élevée et droite, une âme maîtresse d'elle-même. Que sera-ce s'il s'agit de cette race dont la servitude forme le plus mystérieux et le plus lamentable épisode des calamités humaines ! Aux excitations démocratiques ne verra-t-on pas se joindre les rancunes d'une oppression séculaire ? Rassurons-nous : si M. Léopold Kompert est entré avec courage dans tous les détails, dans toutes les singularités de son sujet, ce n'est pas pour y chercher des inspirations vengeresses. Parmi les écrivains juifs de l'Allemagne, il en est plus d'un qui, désabusé d'ailleurs des illusions du judaïsme, ne conservait de ses anciennes croyances que la haine de l'esprit chrétien. Ce scepticisme moqueur dans lequel ils s'étaient réfugiés, ils l'aiguisaient contre le christianisme ; et quoiqu'ils parussent tout joyeux de confondre dans une même ruine l'Église victorieuse et l'Église vaincue, c'était toujours la colère du vaincu, l'âpre passion du juif révolté qui éclatait dans leurs écrits. Tel n'est point le romancier des paysans juifs de l'Autriche : il aime les croyances de ses pères, il aime surtout ceux qui les ont conservées et qui souffrent à cause d'elles ; et cette sympathie affectueuse, il cherche à la communiquer à ses lecteurs, non dans un esprit de secte et pour une propagande impossible, mais dans un esprit de conciliation pour les siens, pour une plus large expansion de la paix, de la tolérance et de l'amour.

Que M. Léopold Kompert poursuive ses travaux sans se hâter. L'intérêt de ses tableaux n'est pas purement littéraire ; des considérations plus hautes s'y rattachent. S'il ne veut pas déchoir, il faut qu'il continue d'observer avec un soin religieux, avec une sympathie philosophique, ces naïves peuplades qui lui ont révélé tant de choses,

et dont il peut, à son tour, préparer l'émancipation et aplanir les voies. Qu'il ne se fie pas à l'habileté de son art, qu'il ne s'empresse pas de produire : l'artiste ne serait rien dans une telle matière, si le penseur attentif et compatissant ne faisait la moitié de sa tâche. L'auteur des *Scènes du Ghetto* et des *Juifs de la Bohême* est engagé dans une œuvre sérieuse, et il ne s'en détournera pas. Il étudiera la réalité, comme un peintre amoureux de la nature; mais toujours une intention généreuse et profonde le guidera. Sans dogmatiser jamais, sans méconnaître les lois de l'art, il sera pathétique et instructif à la fois ; et quelle que soit l'issue des luttes intérieures qu'il raconte, quelque parti qu'il prenne lui-même dans ces révolutions de la conscience, il aura du moins attaché son nom à la peinture d'une crise intéressante, il aura écrit avec émotion une page de l'histoire religieuse et morale du XIXᵉ siècle.

**LITTÉRATURE BELGE.** — Les écrivains distingués ne sont pas communs en Belgique. Si l'on met à part les œuvres de Delamotte, qui a un peu imité Nodier, les livres spirituels de M. de Grandgagnage, les romans flamands de M. Henri Conscience, les poésies de Van-Ryswick et de Wenstenraad, morts tous deux, on regrette de n'avoir à citer aucune œuvre de fantaisie de quelque valeur.

Le théâtre a jeté jusqu'à ce jour peu d'éclat; on ne peut considérer que comme de simples essais les tentatives auxquelles il a donné lieu. Parmi les auteurs belges, ceux-là seuls se risquent à Bruxelles qui auraient peu de chance d'être joués ailleurs ; ceux qui visent à se produire à Paris veulent s'y faire précéder d'un succès obtenu à l'étranger : M. Gustave Vaez est de ces derniers; M. Edward Wacken, versificateur élégant et distingué, en est aussi. *André Chénier, Charlotte Corday* et *Wallace*, qu'il a fait jouer successivement à Bruxelles et à Liége, renferment de beaux vers; mais *André Chénier*, son début, vaut mieux que *Charlotte Corday*, et *Wallace* est une pièce médiocre de tout point. M. J. Guillaume, qui est vraiment poëte, a donné au théâtre des galeries Saint-Hubert, à Bruxelles, une petite comédie bien dialoguée et bien écrite, qui a pour titre : *Comment l'amour vient*. M. Victor Joly, écrivain d'esprit et d'originalité, a fait deux drames : *Jacques Artevelde* et les *Proscrits*, qui ont été joués au Grand-Théâtre de Bruxelles. Comme *Artevelde* a obtenu un véritable succès, l'auteur a eu le bonheur de n'y perdre qu'une centaine de francs. Instruit de l'avenir de la littérature dramatique par cet exemple, il s'est fait journaliste. Son journal, qu'il rédige seul, est le *Bancha*. Il y dépense plus d'esprit chaque semaine qu'il ne faudrait pour faire trois vaudevilles. Sa femme, Mᵐᵉ Marie Joly, a écrit un roman en un volume (*Blondine*) qui passe pour un petit chef-d'œuvre.

M. Ed. Smits s'est fait un nom en Belgique avec des tragédies. Son vers est correct et énergique. Sa tragédie d'*Efride* (ce titre est une date) n'est pas sans valeur. M. Smits est chef de division au ministère des finances. M. Charles Lavry, qui vient de mourir, est l'écrivain belge qui a le plus souvent fait parler de lui au théâtre. Il a composé plusieurs vaudevilles. Il était, par bonheur, assez riche pour payer sa gloire, ou du moins pour avoir pouvoir dédaigner le produit. M. Louis Labarre, auteur d'*une Révolution pour rire*, est devenu le rédacteur en chef du journal républicain *la Nation*; c'est un publiciste qui ne manque pas de talent. M. Ed. Rombery a fait seul ou en collaboration quelques vaudevilles, où l'on trouve de bonnes saillies et des mots heureux; mais M. Rombery ne s'est pas non plus fait illusion sur l'avenir des auteurs dramatiques sous le régime de la contrefaçon ; il a choisi une carrière plus sûre, et il est arrivé à un poste honorable au ministère de l'intérieur. Un autre écrivain dramatique, jeune et intelligent, M. L. Hymans, auteur de *Robert le Frison*, s'est fait journaliste comme les autres

La littérature dramatique flamande jette peu d'éclat. Le théâtre flamand vit surtout, s'il vit, de traductions françaises, puissant argument contre les chevaliers errants de la littérature flamande. Autre symptôme de décadence : il n'y a pas en Belgique un seul théâtre ouvert régulièrement aux amateurs de l'art flamand ; il n'y a pas non plus de troupe flamande organisée et dirigée dans un but de spéculation : ce sont des sociétés d'amateurs qui jouent les pièces flamandes. Les amateurs de Gand ont quelque réputation. Parmi les auteurs dramatiques, MM. Van-Peen et Bleeckx sont fort en vogue. *Een donne vent*, comédie-vaudeville de M. Van-Peene, ne manque ni de verve ni de gaieté. Nous avons vu jouer dernièrement par la société de Wyngard un vaudeville du second, *de Kesser et de Schoenlapper* (*l'Empereur et le Savetier*) ; c'est une pièce tout à fait flamande par le sujet et les mœurs qu'elle retrace. L'histoire nationale est la mine inépuisable où les dramaturges flamands vont en général chercher leurs inspirations. Charles-Quint et Artevelde figurent souvent sur la scène flamande. En France, on ne connaît guère que le Charles-Quint de l'histoire; en Flandre, on en connaît un autre : c'est le Charles-Quint des traditions populaires : un prince bon enfant, aimant la mystification et le mot pour rire, accessible et familier, franc buveur et vert galant, ressemblant sous plus d'un rapport au Béarnais de la chanson. C'est ce Charles-Quint-là qui a dit : « Je mettrais Paris dans mon gant. » C'est aussi celui-là qui, vainqueur de cette ville obstinée, a répondu au duc d'Albe qui lui conseillait de la détruire : « Combien croyez-vous qu'il fallût de peaux d'Espagne pour faire un gant de cette grandeur ? » Charles-Quint était Flamand, né à Gand, on n'oserait dire en quel endroit; il aimait son pays ; il est resté très-populaire dans les Flandres.

**LITTÉRATURE ESPAGNOLE.** — Tandis que l'activité publique en Espagne se porte depuis quelques années dans la sphère des in-

térêts pratiques et matériels, il semble au contraire qu'il y ait une sorte de ralentissement dans la vie intellectuelle. Le moment littéraire le plus remarquable de la Péninsule est contemporain de ses plus ardentes agitations intérieures, depuis 1836 jusqu'à 1843. Il se succédait pendant ces années des poëtes lyriques, tels que le duc de Rivas, Espronceda, Zorilla. Il y avait un pamphlétaire de génie comme Larra; les productions dramatiques de Gil-y-Zarate, Hartzenbusch, Garcia, Guttierez, animaient la scène espagnole. Des cours publics remarquables étaient faits à l'Athénée de Madrid par MM. Pacheco, Pidal, Donoso-Cortès, Galiano. A côté de la génération plus ancienne, qui datait des premières époques constitutionnelles, se montrait une génération plus jeune, pleine de ressources intellectuelles. Ce mouvement semble s'être arrêté depuis quelque temps. Beaucoup d'écrivains des générations plus récentes ont produit peu dans ces dernières années; un certain nombre ont quitté la littérature pour la politique, et figurent parmi les orateurs parlementaires les plus distingués. L'Espagne compte, en effet, une phalange d'orateurs politiques de tous les partis, qui seraient remarquables dans tous les pays. Parmi eux il faut citer surtout M. Lopez, qui défend les opinions progressistes dans le sénat. M. Lopez se distingue par un singulier éclat de langage, par une argumentation passionnée et une grande chaleur d'inspiration. Le duc de Valence, dans ses ministères successifs, a acquis un remarquable talent de parole, dont il a donné de fréquentes preuves dans les discussions de 1850. Parmi les orateurs du congrès, nous citerons M. Pidal, qui, avant d'être ministre, avait fait de remarquables leçons sur l'histoire d'Espagne, et qui est un esprit savamment nourri; M. Bravo-Murillo, récemment président du conseil; M. Mon; M. Donoso-Cortès, marquis de Valdegamas, qui s'est fait une situation à part dans le parlement espagnol par l'éclat dont il revêt les doctrines théocratiques. C'est là, dans les discussions parlementaires, que se retrouve peut-être le plus d'éclat intellectuel en 1850.

Peu d'œuvres littéraires ont vu le jour pendant cette période. On pourrait citer cependant quelques publications historiques, telles que l'Histoire d'Espagne de M. Lafuente, et une Histoire des communes castillanes sous Charles-Quint, par M. Ferrer del Rio. Un autre ouvrage a eu un certain succès, et cela tenait sans doute à la susceptibilité nationale encore plus qu'à la valeur de ce travail historique : c'est une réfutation du récit et des jugements de M. Thiers dans son Histoire du Consulat et de l'Empire, sur la part qu'a eue l'Espagne dans les désastres de Trafalgar; l'auteur est M. Marliani. Nous ajouterons deux livres intéressants pour quiconque veut connaître la situation économique et financière de l'Espagne: un livre sur la Philosophie du crédit, de M. Louis Pastor, député, et le Traité d'économie politique pratique, par M. Camilo

Labrador; le dernier traite à fond de l'état de la dette. Parmi les œuvres dramatiques de l'année qui ont eu le plus de succès, et qui ont un caractère original, on peut mentionner Isabel la Catolica, de M. Rodriguez Rubi; el Hombre de Estado, de M. Lopez de Ayala; el Tesorero del Rey, de MM. Garcia Guttierez et Asquerino. Récemment encore M. Hartzenbusch arrangeait pour le théâtre espagnol la Gabrielle de M. E. Augier, sous le titre de Jugar por Tabla. Ce ne sont pas les théâtres au surplus qui manquent à Madrid. Le nombre s'en est accru depuis un certain nombre d'années, et ceux qui existaient même se sont transformés. C'est ainsi que le Théâtre du Prince est devenu le Théâtre-Espagnol, aujourd'hui institué sur le modèle du Théâtre-Français, et destiné à représenter en même temps que des œuvres modernes les œuvres des vieux maîtres; M. Rodriguez Rubi est le directeur de ce théâtre; M. Ventura de la Vega occupe auprès de lui les fonctions de commissaire royal. Les autres théâtres sont celui du Drame, de la Comédie, de l'Institut, des Variétés. Un autre théâtre s'est ouvert cette année, c'est le Théâtre Royal, consacré à l'opéra, et magnifiquement orné.

L'Espagne a vu mourir en 1850 un homme qui exerçait une grande autorité, comme critique, dans la littérature de son pays : c'est don Alberto Lista. Lista avait publié il y a quelques années, sous le titre d'Essayos criticos, un recueil des articles sortis successivement de sa plume; il était membre de l'Académie espagnole. Professeur au collège de San-Mateo, à Madrid, en 1821, Alberto Lista avait à cette époque, sous sa direction, des élèves qui depuis sont devenus des hommes distingués dans divers genres : les généraux Mazzareddo et Jose de la Concha; M. Roca de Togorès, récemment encore ministre de la marine; M. Ventura de la Vega, M. Patricio de la Escosura.

LITTÉRATURE ITALIENNE. — Avant d'entrer en matière, nous ne pouvons laisser passer sous silence le remarquable écrit dû à la plume admirable de Mgr Dupanloup, que nous trouvons toujours sur la brèche, sans que son saint zèle se ralentisse un seul instant. D'ailleurs, la manière toute particulière dont le grand Pie IX a honoré tout à la fois l'auteur et l'écrit, par un bref spécial, donne à cet ouvrage un attrait nouveau pour les lecteurs catholiques.

Il est toutefois, comme le dit Mgr Dupanloup lui-même, des sujets que l'on ne traite qu'avec un certain effroi, et le cœur affligé, quand on pense que « des hommes religieux, des chrétiens sincères, décident d'une plume légère ces immenses questions, sacrifiant avec une inexprimable présomption d'esprit, des intérêts, des principes, que des évêques, réunis en concile, n'aborderaient qu'en tremblant, et craindraient d'ébranler comme les colonnes du temple. »

C'est à ces hommes que Mgr Dupanloup prouve, avec le plus grand éclat et la plus grande logique, qu'il faut que le Pape

*soit libre et indépendant;* que cette indépendance soit *souveraine;* que le Pape soit libre, et *qu'il le paraisse;* qu'il soit libre et indépendant *au dedans comme au dehors.*

Quant aux ennemis déclarés et ordinaires de la foi et de l'Eglise catholique, l'auteur se contente de leur montrer leur vanité, leur petitesse et leur impuissance absolue, en présence de cette grande souveraineté établie à Rome depuis tant de siècles, et qui, venant à manquer tout d'un coup au monde, ne servira qu'à faire voir davantage combien ils sont indignes et misérables.

Nous ne pouvons pas suivre Mgr Dupanloup dans tous les développements de sa belle argumentation, mais nous en ferons ressortir les points saillants en engageant nos lecteurs à lire l'ouvrage lui-même.

La papauté, en dépit du primato de M. Gioberti, n'est pas avant tout une institution italienne; elle est surtout universelle : « La liberté religieuse des catholiques, comme l'a dit M. de Montalembert, a pour condition *sine qua non* la liberté du Pape, » et l'injure faite à la papauté dans sa souveraineté temporelle émeut d'un seul coup tous les catholiques du monde. Car, si les membres de l'extrême gauche de notre assemblée constituante ont été récemment proclamés citoyens romains par la prétendue assemblée constituante romaine, il y a bien autrement longtemps que nous, catholiques, nous sommes citoyens romains à un titre un peu plus grand et un peu plus haut. Nous avons donc le droit de demander la liberté de notre souverain, en d'autres termes la liberté de notre foi.

Or, si le Pape n'est pas un souverain temporel, sera-t-il libre? Est-ce bien à nous à faire cette question aux éternels ennemis de tous les trônes? et ne se croiront-ils pas le droit de suspecter l'indépendance de sa décision, quand ils le verront réfugié chez le roi de Naples ou chez l'empereur d'Autriche? Quant à nous, nous avons aussi le droit de croire qu'il ne serait pas libre s'il vivait dans un état gouverné par M. Mazzini ou ses amis. L'immortel Pontife a pris soin d'ailleurs de nous le dire lui-même, quant, en fuyant sa ville ingrate, il a dit : « Parmi les motifs qui nous ont déterminé à cette séparation, celui dont l'importance est la plus grande, c'est d'avoir la pleine liberté dans l'exercice de la puissance suprême du Saint-Siége, exercice que l'univers catholique pourrait supposer, à bon droit, dans les circonstances actuelles, n'être plus libre entre nos mains. »

Nous le dirons en passant, les personnes qui ont reproché légèrement à Pie IX d'avoir quitté Rome pendant ces funestes événements, n'avaient pas assez fait attention au double caractère réuni dans sa personne; elles n'avaient pas réfléchi que, si l'ambition temporelle pouvait lui conseiller de rester, le devoir spirituel commandait d'assurer sa liberté; car, s'il fût demeuré aux mains des démagogues de Rome, l'Eglise catholique aurait pu avoir à gémir d'une longue captivité.

Nous le savons cependant, la souveraineté temporelle du Pape n'est pas un dogme, mais, plus que jamais aujourd'hui, elle est une nécessité. Dès que le chef de l'empire romain eut embrassé le christianisme, cette souveraineté s'établit en fait; l'empereur, le chef civil, transporta sa résidence à Constantinople, et le chef de la chrétienté remplit à lui seul *la ville éternelle* de son pouvoir et de sa majesté : aucune souveraineté temporelle ne peut plus vivre dans la même cité côte à côte avec celle-là. Le pourrait-elle de nos jours ? « Non, s'écrie Mgr Dupanloup, qui que vous soyez, consul, président, souverain à titre quelconque, vous ne pourriez demeurer un jour auprès du Pontife universel, chef suprême de la catholicité. Qui ne prévoit vos ombrages perpétuels ? Le Pape serait toujours trop grand pour vous ! Il vous écraserait malgré lui, malgré vous, de son incomparable dignité; vous ne le pourriez souffrir, vous iriez bientôt vous cacher de désespoir et de honte. »

Cette souveraineté, nécessaire dans un monde chrétien, établie de fait depuis Constantin, fut donc seulement *assurée et reconnue,* à la fin du viii° siècle, par la monarchie française, qui a pourtant bien fait quelques bonnes choses, il faut en convenir. Et se peut-il que des catholiques aveugles et égarés trouvent un seul avantage à reculer de quinze siècles et à remonter aux temps de barbarie, sous prétexte que la souveraineté temporelle du Pape n'est pas un dogme? « Mais, comme le dit Mgr Dupanloup, les temples, les cathédrales et les sanctuaires ne sont pas non plus la religion : sacrifierez-vous donc les temples, les cathédrales et les sanctuaires à de nouveaux iconoclastes, révolutionnaires ou progressistes, sous le prétexte qu'on pourra toujours offrir le divin sacrifice au fond des forêts, ou dans le creux des rochers? » Ah! que des impies systématiques et persévérants caressent de tels projets et aient compris que leur réalisation était nécessaire pour amener le règne de leurs exécrables doctrines, à la bonne heure! mais qu'il se soit trouvé des plumes catholiques pour écrire ces choses, c'est ce qui porte dans le cœur une affliction amère!

Hé quoi! si l'Europe est la reine de cette terre, n'est-ce pas à la souveraineté des papes qu'elle le doit? Et pourrions-nous envisager sans effroi le jour où la papauté irait transporter son siége dans une autre partie du monde, par exemple en Amérique ou en Chine ?

Avons-nous jamais eu plus besoin de cette grande école de l'*autorité et du respect?* M. Guizot, que les révolutions ne peuvent pas nous empêcher de regarder comme un plus grand penseur que nos montagnards modernes, a proclamé la nécessité de cette autorité *acceptée et sentie comme un droit, sans avoir à recourir à la force : autorité devant laquelle l'esprit s'incline, sans que le cœur s'abaisse; et qui parle d'en haut avec l'empire,*

*non pas de la contrainte et pourtant de la nécessité !*

« L'Europe sans le Pape, — nous citons Mgr Dupanloup, — serait privée de la plus forte expression du commandement et du droit; et cependant, il est rigoureusement possible (Dieu daigne détourner ce présage !) que Dieu ait résolu d'envoyer au nouveau monde le Pape et l'Eglise romaine, pour lui transporter notre héritage, pour achever sa fortune, et, si je puis m'exprimer ainsi, pour lui donner définitivement ses grandes lettres de civilisation et d'anoblissement; il est possible que l'ancien monde devienne un pays de missions, comme l'Amérique l'est aujourd'hui pour l'Europe... A cette pensée, je frémis d'horreur, non comme catholique, mais comme Français, comme enfant de la famille européenne. Il me semble qu'avec le Pape, Dieu se serait retiré du milieu de nous. Du sein du chaos européen, comme dans Jérusalem réprouvée de Dieu, on entendrait des voix s'écrier : « *Sortons d'ici, sortons d'ici !* » Sans doute si l'Europe sait s'en rendre digne, la Providence éloignera d'elle un tel malheur. »

Voilà les nobles vérités que Mgr Dupanloup fait entendre dans son remarquable ouvrage. Après avoir prouvé que la souveraineté temporelle du Pape est nécessaire à l'Eglise, à l'Europe, au monde, qu'est-il besoin de prouver aussi qu'elle est indispensable à l'Italie.

L'histoire de la papauté et l'histoire de l'Italie le démontrent; et il ne fallait pas être un grand prophète pour prédire que le jour où la république romaine a été proclamée, ce jour-là, la cause de l'indépendance italienne a été perdue.

La Providence est juste : si elle a une autre vie pour punir les individus, c'est en ce monde qu'elle punit les nations. Le châtiment, il faut le reconnaître, a été prompt et terrible pour l'Italie. Son territoire entier est ouvert aux armes autrichiennes ; qui peut dire ce qu'il en adviendra ?

Nous sommes à une époque où, en vérité, l'on n'ose pas écrire l'histoire; car les événements vont plus vite que la plume et aussi vite que la pensée, et l'histoire du jour semble l'histoire de l'année précédente.

A l'heure où nous écrivons ces lignes, Pie IX est déjà depuis longtemps replacé sur son trône par ses sujets et par les armes étrangères : peut-être encore de nouvelles révolutions ensanglanteront-elles le sol italien.

Quoi qu'il arrive, il est un sentiment qui pour nous, catholiques, a toujours son actualité; un cri qui aujourd'hui plus que jamais, doit s'échapper de nos cœurs, c'est ce « *Viva Pio Nono !* » que l'Italie avait si noblement entonné et qu'elle n'aurait jamais dû oublier.

La Toscane jouit d'une suprématie littéraire reconnue sur les pays qui l'environnent. Dans les siècles où les lettres et les arts brillèrent d'un si vif éclat en Italie, on vit surgir les talents de tous les points de la Péninsule, mais aucune partie du sol italien n'a été aussi fertile en grands noms que la Toscane, qui peut compter presque autant d'hommes célèbres qu'elle a de villages. Lorsqu'au XIIIe siècle l'Europe commençait à peine à sortir des ténèbres du moyen âge, Léonard Fibonacci, Pisan, non-seulement rendit populaires en Europe les chiffres indiens que Gerbert et d'autres savants avaient déjà appris des Arabes d'Espagne (sans qu'ils fussent cependant devenus d'un usage familier), mais aussi fut le premier qui introduisit parmi les chrétiens l'algèbre orientale, à laquelle il ajouta des découvertes importantes sur les séries et sur d'autres sujets difficiles. Pendant que Fibonacci ouvrait les portes à la science, Nicolo de Pise et Cimabuë hâtaient la renaissance des arts, et faisaient, à Florence, à Pise, à Assise, à Bologne, de beaux modèles aux artistes futurs.

Vers la fin du XIIe siècle, une nouvelle littérature s'était formée à l'extrémité de l'Italie. Ciullo d'Alcamo, Sicilien, qui paraît avoir vécu du temps de Saladin, est le premier poëte italien dont les ouvrages soient parvenus jusqu'à nous. C'est une question qui a été longuement discutée, et qui ne nous paraît pas encore résolue, que celle de savoir si la langue italienne moderne prit une forme certaine d'abord en Sicile, ou bien si Ciullo, Jacopo da Lentino, Ruggerino da Palermo et les autres anciens poëtes siciliens écrivaient dans la langue plus polie que parlait le peuple toscan. Quoi qu'il en soit, toujours est-il vrai que la poésie italienne se développa rapidement à la cour de Naples, que de fréquents rapports avec les Grecs et les Arabes avaient rendue peut-être la plus brillante et la plus polie des cours de la chrétienté. Les princes de la maison de Souabe cultivèrent avec succès la nouvelle poésie, et on doit probablement à cette circonstance, la conservation des premiers monuments de la poésie italo-sicilienne, tandis que les plus anciennes poésies des auteurs Toscans, paraissent avoir été détruites. Cependant, bientôt après, Cino de Pistoia, Guittone d'Arezzo, et Brunet Latin, auteur du *Trésor* et maître de Dante, tous les trois Toscans, se distinguèrent parmi les poëtes de leur temps; mais ils durent disparaître devant le géant de la poésie moderne, Dante, dont la gloire vivra autant que le nom italien. Nous allons bientôt jeter un regard rapide sur le mérite spécial à ce génie vaste et puissant. Après cet homme extraordinaire, on marche en Toscane de prodige en prodige. Pétrarque, Bocace et d'autres illustres écrivains, fixent la langue italienne. Le génie se montre sous toutes les formes et revêt les plus brillantes couleurs. Toutes les classes de la société prennent part au mouvement des esprits ; tantôt c'est un pâtre des environs de Florence, qui s'amuse à dessiner des brebis sur des pierres, et qui se trouve tout à coup transformé en ce fameux Giotto, dont

la renommée remplit l'Italie. Tantôt, c'est un homme obscur qui, regardant la cathédrale de Florence, qu'Arnolfo avait laissée inachevée, se dit à lui-même : « Il faut que j'achève cette coupole. » Peu de temps après il va à Rome avec un de ses amis, y reste plusieurs années vivant du travail de ses mains, et dessinant les monuments antiques. Enfin, tous les deux rentrent dans leur patrie : c'étaient Brunellesco et Donatello, les premiers architecte et sculpteur de leur siècle.

Le XIVᵉ siècle fut pour Florence celui de l'énergie, du progrès, de l'originalité. Le XVᵉ fut celui de l'érudition. Après que les Italiens eurent développé la mâle énergie d'un peuple sortant de la barbarie, ils se reportèrent vers l'étude des anciens. La langue italienne, si pure, si incisive, fut négligée. Les érudits du XVᵉ siècle crurent qu'une langue qui avait suffi au génie de Dante, était trop bornée pour eux, ils écrivirent en latin. L'Académie platonique, trop vantée peut-être, concourut à répandre la connaissance de la langue grecque. A la tête des érudits de cette époque brille le Politien, qui fut en même temps le poëte le plus distingué de son siècle. Mais l'homme le plus extraordinaire que la Toscane ait produit au XVᵉ siècle, c'est Léonard de Vinci, peintre qui précéda Michel-Ange et Raphaël, et qui ne fut point surpassé.

Au XVIᵉ siècle, la littérature italienne se releva, forte du secours qu'elle avait puisé dans l'étude de l'antiquité. La langue nationale revint en honneur, et Florence brilla d'un nouvel éclat. La tête la plus puissante de cette époque, est Machiavel (Nicolas), qu'on a tant calomnié et qu'on a si peu lu. Michel-Ange illustra Florence dans le même siècle.

La nature, après avoir produit, dans l'espace de trois siècles, Dante, Léonard, Michel-Ange et Galilée, parut vouloir se reposer. Au XVIIIᵉ siècle, la Toscane offrit peu d'hommes remarquables. Nous pouvons toutefois citer les noms de Perelli, Targioni et Cocchi. Au XIXᵉ siècle, la Toscane se trouve dans une position plus favorable au développement des sciences et des lettres que tous les autres Etats d'Italie. Les Niccolini, Bagnoli, Borghi, Mancini, méritent une mention spéciale.

Est-ce de notre part un sentiment maladif? nous ne savons; mais tout d'abord il nous semble que la poésie politique ou la politique du sentiment est une sorte d'anomalie. Les intérêts en jeu dans nos sociétés, et surtout les terribles dilemmes qu'ils posent à la raison humaine ont trop de gravité pour fournir matière à des enthousiasmes ou à des caricatures. C'est s'égarer que de descendre sur ce terrain à sa sensibilité. Hélas! à voir un homme qui ne peut pas s'oublier en face de ces rudes nécessités, qui ne veut pas de la peine de mort, par exemple, parce que l'idée seule d'un supplice lui est désagréable, ou qui veut que telle nation ait tel genre de gouvernement, parce que c'est là ce qui lui plaît le plus. Certes, ces prédilec-

tions et ces principes sont fort légitimes à leur place. Au fond de son âme, il est bon que chaque homme ait à poste fixe de pareils mobiles; bien plus, il est bon que ces mobiles, au fond de son âme, sachent nettement ce qu'ils préfèrent; mais il y a loin de là à les faire intervenir au milieu des faits avec leur idéal; et, quand ils y descendent, il n'est pas bon qu'ils songent uniquement, comme des égoïstes, à réclamer ce qui les séduit et à attaquer tout le reste. Les intentions et les principes, les convictions et les enthousiasmes ont les mêmes devoirs dans ce monde que les êtres de chair et d'os. Ce n'est pas assez qu'ils aient reçu du ciel une bonne nature, qu'ils soient bien nés : ils sont encore tenus de savoir s'abstenir, regarder devant eux, rendre justice à tous et se résigner souvent.

Cette distinction, que nous tâchons d'établir entre les mobiles eux-mêmes et leur idéal ou *ultimatum*, nous permettra peut-être de rendre compte du sentiment fort mêlé que nous éprouvons à la lecture du poëme de madame Browning. Toutes les bonnes choses y sont, les idées sages et la vraie droiture comme les sentiments généreux; seulement, si nous nous aveuglons, la sagesse y est mal appliquée. Le poëte nous semble avoir trop cru avant de regarder. Il est des œuvres où la conclusion vaut mieux que les considérants; ici c'est le contraire. Et, par exemple :

« — Qu'est-ce que l'Italie? demandent des voix; et d'autres répondent : — Virgile, Cicéron, Catulle, César. — Et quoi de plus? — La mémoire, si on la presse, jette encore : Boccace, Dante, Pétrarque, — et, si elle semble encore trop verser goutte à goutte sa liqueur : Michel-Ange, Raphaël, Pergolèse, tous grands hommes dont le cœur palpite encore dans le marbre, ou dont l'âme électrise des toiles et va puiser au ciel sa musique. Mais après cela, quoi de plus? Hélas! rien. Les derniers grains du chapelet sont épuisés, quand on a nommé le dernier des saints du passé; après eux, il n'est plus dans le pays personne qui prie. Hélas! cette Italie a trop longtemps ramassé des cendres héroïques pour s'en faire le sablier de ses heures.... nous ne sommes pas les serviteurs des morts. Le passé est passé. Dieu vit, et il fait poindre ses glorieuses aurores devant les yeux des hommes qui s'éveillent enfin, et qui mettent de côté les mets du repas du soir pour songer à la prière du réveil et à l'action virile.

« Cela est vrai : quand la poussière de la mort a étouffé la voix d'un grand homme dans sa bouche, ses plus simples paroles deviennent des oracles; les significations qu'il y attachait les emportent comme un attelage de griffons. Cela est vrai et bon. Aussi, quand les hommes répandent des fleurs pour rendre témoignage que l'âme de Savonarole s'en est allée en flammes sur la place de notre grand duc, et qu'elle a brûlé pour un instant le voile tendu entre le juste et l'injuste, et qu'en le trouant elle a laissé voir comment Dieu était tout près jugeant les

juges, moi aussi, sur les dalles jonchées de fleurs, je tiens à jeter mes violettes avec un respect aussi scrupuleux. Pour ma part, je veux prouver que les hivers et leurs neiges ne peuvent pas laver sur la pierre et dans l'air l'odeur des vertus d'un homme sincère... Ce serait indigne de marchander à Savonarole et aux autres leurs violettes. Des fleurs plutôt, au plus vite, et toutes fraîches pour s'acquitter envers eux ! La solennité de la mort rend plus frappante l'éloquence de l'action qui a parlé dans les muscles du vivant, et les hommes qui, pendant leur vie, n'avaient été que vaguement devinés, montrent toute leur taille en s'étendant à terre. Leur taille plutôt s'exagère aux yeux d'une noble admiration qui grossit noblement, et ne pèche pas par cet excès ; car cela est sage et juste. Nous qui sommes la progéniture des enterrés, si nous nous retournions pour cracher sur nos devanciers, nous serions vils. Des violettes plutôt ! Si les morts n'avaient pas parcouru leur mille, pourrions-nous espérer de franchir notre lieue ? Apportez donc des violettes ; mais, pourtant, si nous consumons tout notre temps à semer des violettes en nous faisant défaut à nous-mêmes, autant vaudrait que ces morts n'eussent pas vécu et que nous n'eussions pas parlé d'eux. Debout donc avec un gai sourire ! Après avoir semé des fleurs, moissonnons le grain, et après avoir moissonné, faisons sortir la charrue pour tracer de nouveaux sillons dans la fraîcheur salubre du matin, et pour semer le grain ensuite dans ce présent.....

« En attendant, dans cette Italie où nous sommes, ce qu'il nous faut, ce n'est pas la passion populaire qui se soulève et brise ; c'est une âme populaire capable de faire ses conditions en connaissance de cause; concéder, sans rougir, qu'une garde civique obtenue n'est pas l'esprit civique vivant et veillant. Citoyens, ces passementeries, que vos yeux se tordent à regarder sur votre épaule, ces épaulettes promenées au milieu des admirations et des *amen* de la foule, qui vient les jours de fêtes se rassasier du beau coup d'œil, ne sont pas de l'intelligence ni du courage ! Hélas ! si elles ne sont pas le signe de quelque chose de bien noble, elles ne sont rien, car chaque jour vous ornez vos brunes génisses d'une grappe de frange qui leur frôle les joues, et elles, qui ne l'ont pas demandée, continuent à branler leur lourde tête en charriant votre vin et en portant leur joug de bois, comme elles ont appris à le faire le premier jour. Ce qu'il vous faut, c'est la lumière, non pas certainement celle du soleil ( vous avez lieu de vous émerveiller en levant les yeux vers les insondables cieux qui entretiennent la pourpre de vos collines), mais la lumière de Dieu, organisée dans quelque grande âme, dans quelque esprit roi, de taille à conduire un peuple qui se sent et qui voit; car, si nous soulevons un peuple d'argile, il retombe comme une masse d'argile. C'est toi qu'il nous faut, ô maître souverain, éducateur qui n'es pas

trouvé. Que ta barbe soit blanche ou noire, nous t'adjurons de sortir de terre et de dire la parole que Dieu t'a donnée à dire. Viens souffler dans le sein de tout ce peuple, au lieu de la passion, la pensée qui sert d'éclaireur à toute passion généreuse, qui purifie du péché, et qui sait sonner la bonne heure. »

La même raison se fait sentir partout. Mme Browning connaît et indique parfaitement les dangers à éviter, les fautes qui ne doivent pas être commises, les conditions que l'Italie doit remplir d'abord pour pouvoir arriver à l'indépendance. Pour notre part, nous n'en savons pas plus long qu'elle ; mais, en dernier terme, quelles sont ses conclusions? Comment juge-t-elle les événements? Sur qui fait-elle porter ses indignations et ses espérances ? Sur tous ces points, nous le répétons, le jugement ne nous paraît pas à la hauteur de la raison. Après avoir dit si éloquemment comment la lumière de Dieu, organisée dans une haute tête, pouvait seule sauver les peuples, elle a bien de l'admiration pour les démocrates de la rue. Après avoir si bien dit que la force brutale était comme les batailles de l'enfance, qui se sert de ses poings, faute d'avoir une intelligence pour parler, elle témoigne beaucoup de sympathie pour le parti des violences. Jusqu'à trois fois elle glorifie le nom de Brutus, et son amour pour la justice a parfois manqué de justice.

Ceci, nous l'avouons, nous ne le disons pas tout à fait en vue du poète, nous le disons beaucoup en raison de l'attitude que certains organes de l'opinion publique en Angleterre ont prise dans ces derniers temps. Certes, nous sommes loin de soupçonner de mauvaises intentions , nous n'entendons pas attribuer un nouveau machiavélisme à la perfide Albion ( soit dit en passant, il serait grand temps d'en finir avec ces niaiseries); nous croirions plutôt que l'Angleterre a eu des amours trop platoniques trop innocents, nous la soupçonnerions d'avoir eu sa petite prétention libérale, comme la France se pique d'encourager l'art; nous accuserions surtout la presse d'avoir été souvent tout à fait au-dessous de son rôle. En général, elle s'est montrée profondément ignorante de l'état des hommes et des choses sur le continent. A propos de l'Italie, de la France, de la Hongrie, elle s'est bornée à célébrer comme une chose excellente ce qui était excellent pour l'Angleterre. Elle avait ses principes. En conséquence encore, elle a conclu qu'elle devait prendre parti pour tous ceux qui attaquaient ces programmes et ces principes Etrange naïveté de croire aussi que pour faire réussir une cause, il s'agit seulement de se ranger du côté de tous ceux qui combattent en son nom, quoi qu'ils soient, quoi qu'ils veuillent en réalité, quoi qu'il puisse sortir de leur succès. Le plus souvent c'est tout l'opposé ; et la presse anglaise, en approuvant ceux qui prononçaient des mots chers à son oreille, pourrait bien avoir encouragé précisément le fanatisme et les instincts de violence qui empêchent ces mots de devenir des réalités. Mais n'est-ce

pas là'du don-quicnotisme de notre part? Pour que le progrès s'accomplisse, il faut des aspirations et des illusions qui poussent en avant, comme il faut des connaissances et des craintes qui retiennent, et il est vain d'espérer que les mêmes hommes puissent réunir et combiner dans les mêmes cerveaux ces deux éléments nécessaires. Notre monde ressemble aux tribunaux où la justice se rend au moyen de deux avocats qui mentent l'un et l'autre en ne présentant qu'un côté de la cause, ce qui s'accomplir; le raisonnable résulte du conflit de deux folies qui, toutes deux, poursuivent l'impossible. Heureux le pays où les plus fous sont des whigs au lieu d'être des radicaux! L'Angleterre en est là, et c'est pour cela qu'elle a toutes ses libertés. Heureux aussi le pays où les imaginations n'ont pas d'écarts plus regrettables que certaines exaltations de Mme Browning, car ces exaltations elles-mêmes sont toniques, et elles dénotent tout ce qui constitue une robuste santé!

En résumé, mistress Browning nous semble être un honneur pour son sexe et son pays. Sans doute ses vers ont de l'enthousiasme presque sans mélange. Elle n'est pas de ceux, qui, à côté de l'entraînement, ont au même degré le sang-froid qui le modère. Quoique ses idées et ses sentiments soient bien des éléments organiques de son être, et non des impressions passagères, ils s'expriment souvent dans un état de surexcitation qui ne pourrait durer. Elle n'a pas enfin ces accents contenus qui disent moins que le poëte n'a senti, et qui font d'autant mieux entrevoir l'infini, parce que c'est en nous que nous en cherchons le sens.

Mais rien de cela n'est un défaut; c'est cela même, comme je l'ai indiqué, qui constitue sa manière d'être et sa manière d'être est quelque chose de complet, qui lui permet d'exceller dans un genre à part. Si d'autres planètes ont leur orbite où elle ne pourrait pas entrer, elle a le sien où elle est une brillante planète.

Deux grandes enquêtes sont éternellement ouvertes: la théorie avec ses principes, et la pratique avec ses appréciations. Comment devons-nous être, comment devons-nous juger les choses? Quelles idées générales et quelles sympathies devons-nous porter au fond de nous-mêmes, et comment faut-il les appliquer ou s'en servir pour expliquer les faits? — De ces deux enquêtes, la première est la province de Mme Browning; elle s'y est d'ordinaire renfermée. Femme, elle a été de son sexe. Ce sont les femmes qui élèvent l'enfance, ce sont elles qui forment les dispositions morales qui, pendant toute la vie de l'homme, doivent influer sur ses décisions. Dans nos mœurs, ce sont elles qui représentent, comme symbole vivant, tous les instincts et les aspirations, toutes les sensibilités et les compassions auxquels l'homme ne doit pas toujours obéir, mais dont il importe qu'il prenne toujours conseil. En adoptant pour son thème ce thème de la femme, Mme Browning s'est fait une

originalité toute féminine. Bien plus, elle a prouvé que la poésie féminine pouvait atteindre à des hauteurs jusqu'ici inaccessibles pour elle. Il y avait eu, et nous pourrions citer chez nous plusieurs femmes qui avaient montré le génie de la passion; mais leur raison et leur conscience n'étaient pas assez solides pour garder pied sous la rafale. D'autres avaient été des poëtes tendres, gracieux, élégants; mais elles avaient trop peu la haine du faux et du factice. En général enfin, les femmes d'imagination avaient aimé l'amour, la pitié, le dévouement, les émotions, l'harmonie du vers; mais elles n'avaient pas eu assez cette passion de sang-froid pour la justice et la vérité, qui se traduit par du grandiose en poésie. C'est justement ce grandiose que Mme Browning a su atteindre. A côté des Joanna Baillie et des miss Edgeworth, elle est un document favorable sur l'état moral des femmes en Angleterre, et c'est elle qui a été la privilégiée, chez qui les tendances particulières de l'école contemporaine se sont le mieux imprégnées de l'ardeur et du charme de l'imagination féminine. Qu'elle écrive donc, et souvent, car si fort qu'on aime le bien, après l'avoir lue on l'aime encore davantage.

**LITTÉRATURE PORTUGAISE.** — Vus à distance, le développement de l'enseignement supérieur en Portugal, l'ensemble des corps savants littéraires et artistiques qu'offre ce petit pays, sembleraient prouver que l'activité intellectuelle s'y est mieux soutenue que l'activité matérielle. Il faut beaucoup rabattre de cette première impression; la classe lettrée est peut-être plus lettrée en Portugal que partout ailleurs; mais ces germes de progrès restent souvent stériles dans l'atmosphère de découragement qui enveloppe la patrie de Camoëns. A toute production intellectuelle il faut un public qui lise, apprécie et achète, et dans cette population déjà si peu nombreuse, la proportion numérique de la classe éclairée et aisée est trop faible pour former ce qu'on appelle un public. Quelques talents d'élite essaient pourtant de se roidir contre l'universelle torpeur. Si la langue portugaise était plus connue, M. d'Almeïda Garret, ancien ministre à Bruxelles, serait classé parmi les principaux publicistes de l'Europe.

M. Alexandre Herculano écrit en ce moment une histoire du Portugal, dont trois volumes ont déjà paru, et l'ampleur des idées, la pureté du style s'ajoutent à une profonde érudition. M. L.-A. Rebello da Silva, l'un des plus jeunes et des plus remarquables talents de son pays, a publié entre autres ouvrages un roman historique intitulé: *Odio velho naô canca* (Vieille haine ne fatigue pas), tableau savant et éloquent de la société portugaise au moyen âge. MM. Mendes Ceal, Castilho, Ribeiro de Sá, Pereira da Cunha et J. de Lemos mériteraient aussi à divers titres d'être connus hors de leur pays. Quelques obscurs travaux scientifiques qui ne dépassent pas l'enceinte des académies locales, quelques poëtes de salon,

quelques pastiches de vaudevilles et de mélodrames français complètent le budget intellectuel du Portugal. Il se public à Lisbonne plusieurs journaux littéraires fort bien écrits; nous citerons notamment la *Revista universal* et *O Athenen*. Une fraction du personnel littéraire ou savant ne sait malheureusement pas se résigner à la position obscure que l'insuffisance numérique de son public lui fait, et elle demande aux passions politiques cette célébrité que ne sauraient lui donner les travaux calmes et élevés de l'esprit. De là les pamphlets et ces articles de journaux, dont la violence contraste si plaisamment ou si tristement, comme on voudra, avec la morne apathie politique des masses. Ces ambitions malsaines portent d'ailleurs avec elles leur propre châtiment. — Sentant que les discussions de principes ne suffiraient pas à réveiller leur auditoire, elles sont réduites à demander un retentissement de mauvais aloi à de grossières et scandaleuses personnalités. Pour les journaux d'opposition, les divers ministres qui se succèdent sont tous régulièrement....., comment dirai-je cela?.... des *filous* qui profitent de leurs grandes et petites entrées au palais, pour voler à la reine des meubles, des tableaux, de l'argenterie, des matériaux de bâtisses, etc. Ces ministres, qui commettent des vols de laquais, sont d'autant moins excusables, que le maniement des deniers publics et le trafic des places leur procurent d'innombrables milliers, plus de milliers que n'en a jamais produits le Portugal. Voilà la presse portugaise.

**LITTÉRATURE RUSSE.** — A voir la Russie de loin, il semblerait que le gouvernement agit seul, et que le pays reste immobile dans ses traditions, sans se préoccuper de la littérature ni des arts. Quelques écrivains seulement ont vu leurs noms franchir les frontières de l'empire. Pouchkine, Karamsine, Kryloff, Lermontoff, Gogol, sont à peu près les seuls que l'on cite. Pourtant la littérature russe, sans posséder la puissance d'inspiration qui appartient à la poésie polonaise, se distingue par un signe particulier des autres littératures slaves. Elle a moins d'ampleur, mais plus de netteté, de précision et de vigueur. Ainsi que la littérature polonaise, la littérature russe a subi au XVIIIe siècle l'influence triomphante de la littérature française; mais quand le génie national a réagi, la réaction s'est produite en Russie et en Pologne sous des influences distinctes; tandis que M. Mickiéwicz s'inspirait du lyrisme allemand, Pouckine étudiait Byron.

On trouverait facilement une autre explication de ces différences dans la situation et dans le sentiment politique des deux pays. On conçoit les angoisses que ressent la littérature polonaise. Celle-ci est naturellement élégiaque, lyrique; elle procède par notes plaintives, se renferme dans les sujets douloureux; elle ne peut-être qu'un éternel *super flumina Babylonis* sous toutes les formes. L'auteur de la *Comédie infernale* n'échappa pas plus à cette influence que

M. Mickiéwicz. Les *Psaumes de la pénitence*, dernier ouvrage du poëte anonyme, ne sont autre chose qu'une lamentation éloquente. Il n'y a pas jusqu'aux sciences exactes qui ne s'inspirent en Pologne du deuil de la patrie, et qui ne cherchent dans les nombres le secret de ses malheurs et de ses destinées, témoin le mathématicien Wronski Hoené.

Si la littérature russe montre plus de calme et de sérénité, ce n'est pas à dire que le génie national russe ne soit pas aussi travaillé par de puissantes préoccupations. De l'aveu des Russes eux-mêmes, c'était, il y a vingt ans, le côté faible de la littérature russe de ne pas répondre exactement aux instincts du pays, en un mot, de n'être pas encore essentiellement nationale. Un critique russe, le prince Wiazemski, disait avec beaucoup de raison : « Le peuple russe demande un littérateur; jusqu'à présent, la littérature russe a pris tous les caractères; elle a été française, allemande, romantique, classique; elle n'a jamais été russe. »

Le même écrivain, tout en reconnaissant que Pouchkine s'est rapproché plus qu'aucun autre du caractère national, déclarait que cet éminent esprit ne représentait pas exactement la vie de la nation. Celui qui voudrait connaître la Russie par sa littérature, ajoutait le prince Wiazemski, pourrait bien finir par croire que la Russie n'existe pas comme nation, et que ce que l'on appelle la nation russe n'est, à proprement dire, qu'une colonie étrangère au milieu des peuples slaves. Cette boutade humoristique, et qui sent le vieux russe, n'est pas dénuée de toute vérité. Il est certain, cependant, que le mouvement auquel Pouchkine a donné l'impulsion a ramené la pensée russe dans les voies du génie national, et qu'à plus d'un endroit, la séve et l'originalité slave apparaissent en lui dans toute leur puissance. Sans atteindre à la hauteur de Pouchkine, Gogol a suivi avec un très-grand succès la même direction. Dans ses *Nouvelles*, qui sont l'œuvre de sa jeunesse, dans sa comédie du *Contrôleur*, et dans le roman qui a consacré sa célébrité, *les Ames fortes*, Gogol a compris et décrit avec une vérité pittoresque et concise les mœurs et l'esprit de son pays. Le reproche le plus grave que l'on puisse adresser à ces deux écrivains, c'est d'avoir négligé cette fibre religieuse qui existe dans le cœur de tout bon Slave, et que le czar lui-même se plait à faire résonner.

A partir de 1848, l'activité littéraire s'est notablement ralentie; parmi les œuvres qui peuvent être citées, on ne connaît guère que le travail distingué de M. Oustrialoff sur le règne de l'empereur Nicolas, résumé rapide du mouvement des lettres, des sciences et de l'administration sous ce règne. Le ralentissement intellectuel se fait remarquer dans les publications périodiques elles-mêmes, qui naguère étaient remplies d'articles originaux, et qui aujourd'hui se contentent trop souvent de traduire.

**LITTÉRATURE DES ETATS-UNIS.** — Tout le mouvement intellectuel est dans le mou-

vement politique, dans l'agitation des sectes, dans la presse et les publications périodiques. Le même mouvement ne règne pas dans les régions plus élevées des choses purement morales et littéraires. La littérature américaine n'est encore qu'en son enfance; elle est encore enveloppée dans les langes de la tradition, et bégaie, tant bien que mal, les vieilles formules américaines. Tandis que les mœurs, le caractère national, l'esprit politique, perdent de plus en plus toute trace de la culture européenne, et prennent de plus en plus un caractère américain mieux déterminé, la littérature se traîne encore dans les chemins battus de la pensée du vieux monde, imite beaucoup, compile davantage. Les deux noms les plus connus de la littérature américaine sont Fenimore Cooper et Washington Irving. F. Cooper, homme de talent, mais dont l'originalité consiste plutôt dans les sujets qu'il traite, dans les scènes qu'il décrit, que dans la manière dont il les traite et les décrit, est un imitateur intelligent, patient, de l'illustre Walter Scott.

Le dialogue de Scott, ses procédés de description, sa mise en scène, sa manière de poser ses personnages, tout, jusqu'à cette absence d'unité réelle qui distingue ses romans, est imité par Cooper avec une habileté de daguerréotype.

Sa grande erreur est d'avoir appliqué à des scènes aussi différentes que les scènes de la vie d'Ecosse et de la vie indienne et américaine le même procédé d'analyse. Ceci une fois dit, il faut reconnaître que personne n'a mieux peint les mœurs maritimes de l'Amérique du Nord, et les luttes de la civilisation encore à demi barbare des colons contre les mœurs sauvages et diplomatiques des indigènes. Tout le monde connaît son émouvante trilogie, *Le dernier des Mohicans, la Prairie, les Pionniers*, et ses mille esquisses de la vie des bois; quant aux romans consacrés à la peinture plus spéciale des mœurs américaines, le meilleur de beaucoup et le plus intéressant nous paraît l'*Espion*.

Washington Irving, voyageur dilletante à la recherche des traditions poétiques de tous les pays, élégant écrivain de voyages fashionables, a écrit une foule de livres amusants dont quelques-uns, tels que son *Histoire de Christophe Colomb*, sont des livres sérieux ou ayant des prétentions à l'être. Personne n'a imité aussi exactement que lui le style lumineux et orné de Robertson; ses livres sont pleins de facilité et d'agrément, mais sans profondeur. Le plus connu est celui qui porte titre *Tales of Alhambra* (Les contes de l'Alhambra). Cette tendance à l'imitation est manifeste chez presque tous les romanciers et poëtes de l'Union, depuis le plus ancien de tous, Charles Brockden Brown, imitateur vigoureux de Godwin, jusqu'au dernier, Edgar Soë, mort récemment, auteur de contes étranges, dans lesquels il imite les rêveries mesmériennes et les calculs de probabilité fantastique de nos modernes romanciers. Le plus original de tous et le

moins connu peut-être, me semble Paulding, auteur d'un roman intitulé : *A l'Ouest*, et d'une charmante nouvelle intitulee : *Le coin du feu d'un Hollandais;* dans lesquels la vie américaine est décrite avec exactitude, simplicité et minutie. Les poëtes sont nombreux aux Etats-Unis; mais jusqu'à cette heure la poésie américaine n'a produit aucune œuvre réellement durable et originale: de la grâce, de la facilité, une grande pureté de sentiment, beaucoup de musique dans le rhythme, toutes qualités qui, du reste, sont inhérentes à la langue et aux vers anglais, distinguent cette poésie. Les meilleurs poëtes sont: Dana, Cullen-Bryant et Longfellow. Ce dernier, Suédois d'origine, professeur de littérature espagnole et française aux Etats-Unis, est auteur de nombreux poëmes, dont le meilleur est une touchante histoire acadienne, *Evangeline*, de romans par trop esthétiques, et de voyages par trop romanesques. La littérature tout à fait sérieuse, l'histoire, la philosophie, la théologie, les écrits politiques sont infiniment supérieurs. Les noms éminents des Etats-Unis dans ces différentes branches spéculatives de la science humaine sont ceux d'Emerson, de Channing, de Prescott, de Bancroft et de Théodore Parker. Tout le monde connaît l'*Histoire des Etats-Unis* de Bancroft, tableau fidèle des révolutions et des vicissitudes de l'Union, et les travaux consciencieux et savants de M. Prescott sur le Mexique et l'Espagne, de Ferdinand et d'Isabelle. Channing, mort depuis quelques années, abolitioniste ardent, est auteur d'articles sur le Texas, qui firent une sensation profonde à l'époque où la question de l'annexion de cette province était à l'ordre du jour. Il est, en outre, auteur de nombreux essais littéraires, dont un entre autres, l'*Essai sur Milton*, est un chef-d'œuvre. Les derniers venus de ces hommes hors ligne sont Emerson et Théodore Parker, auteur de livres et de traités sur les miracles et la religion, où respire le théisme le plus pur, mais non pas le plus orthodoxe.

LITTÉRATURE DU CHILI. — A vrai dire, il y a peu de littérateurs au Chili, et ce n'est point ici le lieu d'en dire les causes. On peut cependant citer quelques hommes d'une intelligence distinguée, les uns véritablement Chiliens, les autres émigrés soit d'Europe, soit des autres républiques américaines, et principalement de Buenos-Ayres. De ce nombre sont M. Andrès Bello, linguiste remarquable, recteur de l'Université, auteur de travaux littéraires et d'un traité sur le droit des gens, qui fait autorité; M. Lastarria, progressiste très-avancé et connu par un traité de droit constitutionnel; M. Domeik, Polonais d'origine, dont les mémoires sur la constitution géologique du Chili sont arrivés jusqu'en Europe; M. Lopez, auteur d'ouvrages sur la littérature et sur l'histoire nationale; M. Barmiento, émigré Argentin, qui a fait diverses publications curieuses : *Civilizacion y Barbarie, Fray Felix Aldao*, et divers travaux politiques ou d'éducation; MM. Guttierez, Alberdi, également émigrés

Argentins; M. Vallajos, qui a quelque chose de la verve et de l'esprit de l'Espagnol Larra; M. San Fuentes, poëte lyrique, etc.

LITTÉRATURE DES NÈGRES. — Ceci est la Genèse nègre. Au commencement des choses, Boudieu fit trois hommes noirs et trois femmes noires, trois hommes blancs et trois femmes blanches, et, pour leur ôter d'avance tout prétexte de récriminations, il leur laissa le choix du bien et du mal, en permettant néanmoins aux trois couples noirs, pour qui il se sentait un faible, de choisir les premiers. Sur la terre furent posés un papier collé et une grande calebasse. Les noirs, jugeant que les plus gros morceaux sont les meilleurs, choisirent la calebasse, et, l'ayant ouverte, ils n'y trouvèrent qu'un morceau d'or, un morceau de fer et d'autres métaux dont ils ne connaissaient pas l'usage. De leur côté, les blancs ouvrirent le papier collé, et c'était un *papier parlé* (papier écrit) qui leur promettait tous les biens. Les noirs allèrent cacher leur dépit dans les bois, et Bondieu conduisit les blancs au bord de la mer, où il venait toutes les nuits converser avec eux. Il leur apprit à construire un vaisseau, puis les mena dans un autre pays, d'où ils revinrent, beaucoup d'années après, pour commercer avec les noirs. — Voilà pourquoi les noirs, délaissant Boudieu qui les délaissait, ont tourné leurs adorations vers les esprits inférieurs, et voilà pourquoi blanc *toujou gagné nau poche pour moqué négue.*

Nous ignorons où sont les Ashautis, de qui vient cette tradition; mais les Haïtiens font à coup sûr de leur mieux pour intervertir les lots des deux races. Abandonnant dédaigneusement aux blancs le fer, qui, dans leur île jadis si tourmentée par la pioche et la houe, n'existera bientôt plus qu'à l'état de lame de sabre, et l'or, qui, aujourd'hui plus que jamais, suit volontiers le fer, les Haïtiens semblent tourner en revanche toutes leurs prédilections vers le *papier parlé.* Depuis Faustin Iᵉʳ, à qui l'on ne saurait mieux faire sa cour qu'en lui fournissant l'occasion d'ouvrir en public une dépêche parfaitement indéchiffrable d'ailleurs pour sa majesté noire, jusqu'au *philosophe*, au beau parleur des campagnes, traîtreusement embusqué sur votre passage pour se faire surprendre un livre à la main, c'est à qui payera son tribut au culte de la lettre manuscrite ou moulée. Chez quelques-uns, c'est désir réel d'instruction; chez la plupart, une ambitieuse et naïve imitation des mulâtres ou des blancs; chez tous, un calcul assuré d'influence. Pour bon nombre de noirs, notamment pour ces familles que la révolution coloniale alla prendre en quelque sorte dans les mains des négriers, et qui passèrent ainsi sans transition du sans-culotisme physique au sans-culotisme politique; cette muette transmission de la pensée à travers le temps et l'espace a gardé en effet, jusqu'à nos jours, un vague caractère de sorcellerie. Plus d'une négresse malade suspend pieusement à son cou le carré de papier sur lequel le médecin a tracé son ordonnance, quand toutefois, par une

interprétation plus abusive encore du codex, elle ne l'avale pas. Le principal et souvent l'unique point de contact que les anciens esclaves aient gardé avec la civilisation blanche, c'est d'ailleurs un grossier catholicisme; et le rôle que joue la formule écrite dans les rites les plus solennels de l'Eglise n'a pu diminuer cette vénération craintive du *papier parlé.*

L'étrange clergé du pays n'a pu la dissiper, et l'on a même dit qu'il distribuait des oraisons contre la coqueluche et les loups-garous. Un missionnaire méthodiste va-t-il de caso en case nier l'efficacité de la lettre, il gâtera aussitôt à son insu l'effet du prêche en priant l'auditoire d'accepter une Bible. Pour soutenir cette double concurrence, les sorciers nationaux eux-mêmes ont prudemment ajouté à leur attirail de magie les caractères d'écriture dont ils font des *waugas* (talismans écrits), et qui cumulent ainsi le double prestige du surnaturel chrétien et du surnaturel Vaudoux.

Dans tout ceci, nous dira-t-on, où est la littérature nègre? — Justement, nous y voilà. Naïve et calculée pour ceux qui la subissaient comme pour ceux qui l'exploitaient, cette religion du *papier parlé* est venue suppléer fort à propos au défaut d'impulsion intellectuelle, qui résultait de l'éloignement de la race blanche et de la pauvreté du budget de l'instruction publique. Tel qui ne cherchait dans un livre que de magiques combinaisons de lignes en était peu à peu venu à l'épeler et à le comprendre, et tel autre bornait peut-être son ambition à rédiger des *waugas*, qui a fini par écrire des articles de journaux. De là ce double élément de toute littérature: des auteurs et des lecteurs. Ceux-ci ne sont pas encore des juges bien difficiles, et la plupart de ceux-là prodiguent beaucoup plus les métaphores que l'orthographe; mais ne serait-ce que par leur spontanéité, ces résultats dénotent une véritable aptitude intellectuelle, qui n'en est même pas à faire ses preuves. Là où le reflet de notre civilisation est venu accidentellement la féconder, il s'est produit de très-sérieux talents d'écrivains, auxquels on peut reprocher une tendance trop servile vers l'imitation française; mais qui, en se repliant tôt ou tard vers le génie national, y trouveront de nombreuses conditions d'originalité; car il y a ici un génie national, toute une littérature rêvée, chantée, dansée, contée, qui n'attend peut-être que sa formule écrite pour devenir un des plus curieux chapitres de l'histoire des idées et des races. C'est par elle que nous commencerons, et la division logique est en ceci doublement d'accord avec la division généalogique. Cette littérature, à l'état rudimentaire ou latent, est essentiellement nègre; tandis que l'autre, celle qui s'imprime, a pour principal foyer la classe de couleur. La première emprunte ses expressions au patois créole et à la mimique africaine, l'autre les demande presque exclusivement au français.

Si l'amour du merveilleux donnait, comme on l'a dit, la mesure des instincts poétiques

d'un peuple, les noirs seraient, sur ce point-là, nos maîtres. Dans leur monde idéal, que n'a jamais délimité aucune civilisation précise, le fétichisme autochtone coudoie les fantaisies et les symboles de toutes les superstitions, de toutes les cosmogonies. Les esclaves insurgés de 1791 mouraient, comme le brahme orthodoxe, une queue de vache à la main; à cette différence près qu'ils allaient mourir à la gueule de nos canons.

Les pierres, qu'on croyait muettes depuis les Vandales, prédisent encore l'avenir aux sujets de Faustin Ier; et si l'oracle est obscur, le devin qui l'interprète consultera, selon la générosité de ses clients, soit les entrailles d'un porc, soit un jeu de cartes, soit la fumée d'écorces aromatiques brûlant sur une pierre plate, à côté d'un grand baquet plein d'eau de rivière, où il a préalablement exprimé le suc de certaines plantes en prononçant d'inintelligibles mots. Voilà, dans ses deux accessoires traditionnels, la fumigation et l'eau, le rite des initiations et des évocations indo-égyptiennes, qui reparaît plus clairement encore dans le cercle magique, dans l'extase convulsionnaire, le trépied inspirateur, les libations de sang, le serment et la ténébreuse orgie des mystères vaudoux.

La coexistence en Afrique et en Océanie de deux familles noires pratiquant toutes deux le fétichisme, et dont chacune reproduit les gradations physiologiques et morales de l'autre, depuis le beau type nubien jusqu'à la limite extrême de l'aplatissement facial, depuis la demi-civilisation jusqu'à l'anthropophagie, ne laisserait-elle pas, au besoin, supposer une origine commune? L'opinion qui fait sortir les nègres de l'Indoustan a pour elle les géographes et les historiens grecs, qui appliquaient aux Ethiopiens la dénomination générique d'Indiens; les traditions de l'ancienne Ethiopie qui, avouait les Hindous comme les premiers instituteurs; enfin la tradition hindoue elle-même.

Les livres sacrés du brahmanisme racontent en effet que Rama, après avoir vaincu en bataille rangée le peuple singe, l'expulsa du continent et lui abandonna par un solennel traité une partie de l'île de Ceylan. Comme on n'échange pas de protocoles avec des quadrumanes, il ne serait pas impossible que les préjugés de caste eussent déjà édité, au temps du *dieu bleu*, la mauvaise plaisanterie que nous avons vue se produire au temps de M. Isambert, et que ces singes guerriers et diplomates soient tout simplement des nègres. Ceci posé, ne peut-on admettre que de Ceylan, sa dernière station asiatique, l'émancipation noire ait plus tard reflué par deux courants inverses vers le détroit de Bab-el-Mandeb et le détroit de Malacca?

Mais quelque pauvre que soit ici le fond, quelque évidents que soient les emprunts, cette avidité de merveilleux qui guette depuis quatre mille ans, au passage, les mystères et les fantômes de toutes les croyances humaines, ne dénote pas moins une assez grande activité d'imagination. Joignez-y, avec ce sentiment de la mise en scène que nous

signalions plus haut, l'instinct du rhythme poussé si loin chez les nègres qu'ils scandent, chantent ou versifient leurs plus insignifiants soliloques; joignez-y surtout cette excitabilité nerveuse qui est la condition physique de l'enthousiasme, et qui, dans l'épidémique entraînement des cérémonies vaudoux, peut arriver jusqu'à la démence, — voilà la poésie, voilà le lyrisme, et l'on sera tenté de trouver vraisemblable que dans la nuit où furent concertées les vêpres noires de 1791, à la lueur de grands brasiers que dentelait la silhouette des rondes magiques, au son lugubre des tambourins et des lambis alternant avec le grondement lointain de la foudre, les mugissements des taureaux immolés, les cris rauques et expirants de l'orgie africaine, le chef nègre Boukmann ait jeté d'inspiration à sa bande d'incendiaires ces sauvages alexandrins :

Bon Dié qui fait soleil, qui clairé nous en haut,
Qui soulevé la mer, qui fait grondé l'orage,
Bon Dié la, zot tendé? caché dans zoun nuage,
Est là li gardé nous, li vouai tout ça blanc faits!
Bon Dié blancs mandé crime, et part nous vlé
                [bienféts;
Mais Dié la qui si bon ordonne nous vengeance;
Li va conduit bras nous, li ba nous assistance.
Jetté portrait Dié blancs qui snif d'lo dans giés nous,
Conté la liberté li parlé cœur vous tous.

« Le bon Dieu qui a fait le soleil qui éclaire d'en haut, qui soulève la mer et fait gronder l'orage. Le bon Dieu, entendez-vous, vous autres, caché dans un nuage, est là qui nous regarde, et voit tout ce que font les blancs. Le bon Dieu des blancs commande le crime, et le nôtre les bienfaits! Mais ce Dieu si bon nous ordonne aujourd'hui la vengeance. Jetez le portrait du Dieu des blancs qui nous fait venir de l'eau dans les yeux. Ecoutez la liberté qui parle au cœur de vous tous »

Eh bien! nous en sommes désolé pour les deux ou trois abolitionistes français qui, sur la foi d'un historien du pays, ont fièrement étalé dans leurs livres cet échantillon du génie nègre : le discours en vers de Boukmann n'est qu'une mystification, et M. Hérard-Dumesle, le Macpherson mulâtre de cet Ossian d'ébène, a gravement péché en ceci contre la couleur locale. Qu'est-ce, après tout, que la poésie? C'est la contre-partie et comme la réaction du banal, du commun, du vulgaire. Or, ce qui constituerait ailleurs la poésie au premier chef, est justement ici le vulgaire, l'ordre d'idées et d'impressions auquel correspond la prétendue inspiration de Boukmann; la fantaisie, l'enthousiasme, l'évocation de l'invisible, sont tellement mêlés à tous les détails de la vie nègre, qu'ils en sont en quelque sorte la prose, le *Nicole, apportez-moi mes pantoufles*, et que nul ne daignerait en demander l'expression aux formes insolites et solennelles du langage rhythmé. C'est à l'antipode des préoccupations habituelles de chaque peuple qu'on pourrait chercher presque à coup sûr sa poésie propre. Demandez à l'improvisation arabe un reflet de l'aride immensité des sa-

bles : elle répondra jardins et ruisseaux, et, sans aller si loin, les muses les plus rêveuses de l'époque moderne n'ont-elles pas élu domicile au sein du pédantisme allemand et du positivisme anglais? Nos anciens esclaves n'ont pas plus échappé que d'autres à cette loi de contrastes : de ce lyrisme en action qui perpétuellement les obsède, et qui, en venant se réfléchir plus tard, à distance, sur la poésie de générations plus positives, plus sceptiques, plus avancées, lui laissera sans nul doute une vigoureuse teinte de fantastique, — de ce pandémonium de rêves où s'entre-choquent les énigmes et les terreurs de toutes les superstitions connues, il n'a guère jailli jusqu'à présent qu'un éclat de rire. On peut saisir dans leurs citations la véritable physionomie de la poésie nègre. Deux, trois ou au plus quatre petits vers, sans prosodie bien arrêtée, — car ils ne diffèrent souvent du langage ordinaire que par la rime ou le nombre encadrant l'idée exprimée. S'il en sort une métaphore bien frappée et surtout une épigramme heureuse, le distique ou le couplet devient proverbe, et sert, tant que la mode en dure, de thème ou de refrain aux satires du *Zamba*. — Qu'est-ce que le Zamba? C'est d'abord un devin, c'est ensuite un ménétrier compositeur, c'est en troisième lieu, un poëte de profession : triple spécialité qui en fait l'homme indispensable des fêtes nègres; car il n'y a pas ici de fêtes sans sorcellerie, pas de sorcelleries sans danses, pas de danses sans chansons. Le vrai Zamba, celui dont un proverbe dit : *C'est douvant tambour na connaît Zamba*, le vrai Zamba improvise, séance tenante et pendant un temps indéterminé, paroles, air et accompagnement, en adaptant l'air au rhythme particulier de chaque figure, et les paroles à la position publique ou privée d'une ou de plusieurs des personnes présentes. La verve de l'improvisateur se relâche bien de temps en temps; mais, une fois mis en éveil, le génie épigrammatique des danseurs et surtout des danseuses lui vient en aide. Au besoin, ce qui ne vaut pas la peine d'être dit, on le danse, et une figure à signification arrêtée, comme celles de nos ballets, une attitude, un geste reproduisant l'action et l'allure des personnages chansonnés, servent de transition ou de complément à ces intraduisibles petits drames qui n'ont peut-être d'analogue que dans la plaisanterie napolitaine.

La poésie nègre ne diffère guère du langage familier que par certaine régularité rhythmique, juste ce qu'il lui en faut pour s'adapter à la danse et au chant. Si la poésie se fait souvent prose, la prose, en revanche, se fait souvent poésie. C'est, en effet, dans le terre à terre des contes et des dictons populaires que la fantaisie, l'image, la métamorphose apparaissent ici le plus volontiers.

Le conte nègre relève de deux genres distincts: tantôt il symbolise sous la forme de l'apologue un fait ou une apparence physique, tantôt il met en scène deux personnages typiques, à l'odyssée desquels chaque conteur apporte son contingent d'épisodes. Les contes de la première catégorie sont presque toujours improvisés, et l'auditoire en donne, séance tenante, le thème par quelque question comme celle-ci : « Pourquoi les guêpes ont-elles la taille fine? Pourquoi le maringouin (espèce de moustique) suit-il toujours la main? Pourquoi les crabes n'ont-ils pas de tête? Pourquoi l'eau et le feu sont-ils ennemis? etc. » Le Candio ainsi interpellé se recueille durant quelques secondes, et donne le parce que de chaque pourquoi, abrégeant ou allongeant sa narration, selon que la veillée est plus ou moins avancée. Les meilleures restent au répertoire et circulent de case en case, s'enrichissant à chaque station de quelque nouveau trait.

Naïfs, fantasques ou grivois, ce qui échappe surtout à la traduction dans les contes nègres, c'est le flux de sentences et de dictons qui en déborde, la pantomime du débit, l'incessante onomatopée de l'intonation ou du mot. Le patois créole exigerait à lui seul de la traduction le concours simultané de trois formes de langage, car la sobre précision de la syntaxe française s'y marie de la façon la plus imprévue avec l'ellipse orientale, et avec cet abus de voyelles, ces mignardes transpositions de consonnes, qu'on ne retrouve guère que sur les lèvres des enfants. Mais hélas! c'est presque au passé que tout ceci doit s'entendre, pour Haïti du moins. Grâce au stupide isolement où la jeune nationalité noire s'est retranchée, la liberté, c'est triste à dire, aura été moins favorable à son développement intellectuel que l'esclavage. Avec la race française ont successivement disparu un large foyer d'idées et les innombrables nuances de vocabulaire qui répondaient à ces idées. Tous les connaisseurs et les vieux Haïtiens eux-mêmes s'accordent déjà à le reconnaître, le créole moderne de Saint-Domingue est considérablement appauvri. Le fractionnement de la propriété rurale n'aura pas été moins funeste à la verve nègre, en supprimant ces grandes agrégations de l'atelier qui étaient son milieu de prédilection; et, dans les meilleures intentions du monde, la bourgeoisie éclairée du pays lui a porté le dernier coup. Pour attirer à eux, par l'appât essentiellement national de l'initiation et du mystère, l'élément africain, les noirs et mulâtres lettrés ont ouvert de nombreuses loges maçonniques, où l'on dîne, où l'on fait des discours français et des cours de morale rationaliste, mais où n'a jamais retenti son inspirateur du tambourin. S'il en sort, à ce qu'assurent les intéressés, de bons pères, de bons époux, des citoyens sans préjugés, il n'en est pas sorti le moindre Zamba. La dernière réaction noire, qui a peuplé de bourgeois les prisons et les cimetières, semblait devoir, par une sorte de compensation, restaurer l'influence sociale et littéraire des Candios; c'est le contraire qui est arrivé. Les meilleurs Candios nègres, semblables en cela à maint Candio blanc, ont tourné vers la politique

l'ascendant populaire que leur avait acquis leur talent. Les troubles de 1848 en avaient fait des bandits, et l'empereur Soulouque en a fait des ducs ; — des ducs qui croiraient se compromettre en allant comme autrefois de cabarets en cabarets, échanger quelque bon conte ou quelque joyeux couplets contre un verre de tafia. Le grand siècle de la littérature nègre touche en un mot à sa fin, et le siècle de la critique est venu.

C'est au papier parlé de saisir et de fixer, tant que l'écho n'en est pas éteint, les sons de plus en plus rares de la bamboula ; c'est à la littérature jaune (on pourrait prouver qu'elle en est parfaitement capable) de redemander aux sources encore ouvertes de la tradition orale les fugitives saillies de l'imagination et de l'improvisation gallo-mandingues. Sérieusement parlant, il y va pour elle plus que d'un devoir à remplir, d'un argument décisif à trouver contre le préjugé de couleur : il y va de son intérêt immédiat et vital. Les cinq ou six écrivains d'un réel mérite que possède Haïti n'ont d'avenir que dans un milieu intellectuel plus vaste, dans le milieu français, hors duquel ils ne sauraient recruter un nombre suffisant d'appréciateurs et de lecteurs, et ce n'est point par des imitations imparfaites ou forcément retardataires, c'est par l'originalité seule qu'ils en forceront l'entrée.

LIVRES. — Le Conseil supérieur de l'instruction publique est nécessairement appelé à donner son avis sur les livres qui peuvent être introduits dans les écoles publiques et sur ceux qui doivent être défendus dans les écoles libres. Les seuls livres qui y sont défendus sont les ouvrages contraires aux dogmes de la foi, à la morale, à la Constitution ou aux lois. Les mauvais livres sont un poison très-subtil, que les parents et les maîtres doivent éloigner des enfants avec la plus grande sollicitude. Leur lecture obscurcit l'intelligence, déprave la volonté et corrompt le cœur. Les bons livres ont été, à juste titre, appelés par les anciens la *pharmacie de l'âme*. Leur lecture éclaire et féconde l'intelligence, redresse le jugement, fortifie la volonté, épure les intentions et excite le cœur à la pratique de toutes les vertus.

LOGEMENT. — Aux termes de l'art. 37 de la loi du 15 mars 1850, les communes sont tenues de fournir aux instituteurs communaux un logement convenable, tant pour leur habitation que pour la tenue de l'école.

LOIS. — *De l'influence des lois sur les mœurs et de l'influence des mœurs sur les lois.* — Tout ce que les philosophes du xviiie siècle ont dit sur l'état de nature est une pure fiction. La véritable, la seule nature de l'homme, c'est la société ; non-seulement l'existence de l'espèce humaine, errant isolément dans les forêts, ne s'est jamais rencontrée, mais même ne peut se concevoir ; ainsi, satisfaits des lumières que la Bible, le plus sûr de tous les guides, a jetées sur notre origine, prenons les choses au point où elles sont, et ne cherchons pas dans de gratuites suppositions une raison qui n'explique rien, et qui

n'existe pas. Contentons-nous d'admettre ici la société comme un fait.

On a fort bien nommé les hommes réunis par le mystérieux lien de la société, *corps social*. Ce corps, ainsi que tous ceux qui frappent nos regards, est soumis à des lois ; mais avec cette différence que ceux-ci, composés d'éléments immuables, ont des lois immuables comme eux, tandis que celui-là, composé d'éléments libres et perfectibles, a des lois qui varient selon les rapports que les hommes ont entre eux et avec les objets qui les environnent. Ces rapports dont les lois ne devaient être que l'expression exacte et précise résultent des mœurs, c'est-à-dire de la manière d'être des peuples ; ici, par *mœurs*, nous entendons toute la vie intellectuelle des hommes, et les actions qui en dérivent, car c'est l'intelligence qui gouverne le monde.

Ces mœurs précisément, parce qu'elles sont la manière d'être d'un agent libre, peuvent varier à l'infini. Des peuples divers n'ont pas les mêmes mœurs, et souvent les mœurs du même peuple éprouvent une foule de modifications. Ses habitudes changent, ses goûts s'altèrent, sa vie sociale présente avec le temps des physionomies différentes.

Si les mœurs étaient constamment les mêmes, ou, si toutes variées qu'elles sont, elles ne produisaient que des actions fixes, positives comme une vérité mathématique, les lois n'exerceraient sur elles aucune influence, mais les exprimeraient toujours nettement, sans contestation. Car, en définitive, ce sont les actions, résultats des mœurs, qui établissent les rapports que les lois ont à déterminer. Examinez nos marchés appelés *Bourses*, les cours des effets se règlent sur l'opinion des spéculateurs. Leurs craintes, leurs espérances, leurs passions, souvent très-agitées, fixent un taux ; c'est là ce qui est la loi. Un crieur la promulgue, et nul ne la conteste, parce que les rapports exprimés par la loi sont d'une nature incontestable. Mais si dans ce cas, comme dans tous ceux dont s'empare la rigoureuse exactitude des mathématiques, la loi exprime un fait que nul ne peut attaquer, il en est bien autrement dans le cours ordinaire des choses où toutes les actions, produits d'agents libres, suivent les mouvements variés de leurs mœurs. Rien de plus mobile, de plus souple, de plus insaisissable que tout ce qui résulte des passions, des goûts, des habitudes, et en général de l'indépendante volonté de l'homme ; rien qui soit plus sujet à controverse et qui échappe davantage à une rigoureuse démonstration, que les rapports multipliés qui en découlent.

Dans l'impossibilité de fixer avec précision les rapports qui naissent des mœurs, la loi qui, en physique, exprime positivement ce qui est, n'exprime en politique que ce qu'elle croit devoir être ; en physique, elle est soumise à la nature invariable des choses ; en politique, elle tâche de soumettre à son empire la nature variable et changeante de l'homme.

Cependant, ne nous abusons pas sur cet empire de la loi, et ne lui donnons pas plus d'étendue qu'il n'en a ; quelque puissance qu'on suppose au législateur, en raison de l'impossibilité où l'on est de rien fixer d'absolu dans les choses de l'intelligence, cette puissance a des bornes, et il arrive un point où la loi politique est soumise à la nature des choses. Comme la loi physique, le corps social a aussi sa fatalité comme tous les corps répandus dans la nature. La liberté de l'homme est indéfinie sans doute, puisqu'elle est la qualité d'un être moral ; mais dans son action, elle est limitée par la faiblesse et l'imperfection de notre nature. L'homme peut tout vouloir, mais non pas faire tout ce qu'il veut ; il en est de même du législateur, ou, si l'on veut du pouvoir social. Comme l'homme, il exerce sa liberté dans une certaine latitude ; mais ses lois sont sans force contre la nature des choses, c'est-à-dire contre les lois que Dieu lui-même a établies.

Ainsi, quoique les mœurs d'un peuple échappent à la stricte précision d'une chose matérielle, que les rapports qu'elles établissent entre les individus de ce peuple soient susceptibles de plus et de moins, les mœurs existent pourtant. Ce peuple les a, et non pas d'autres ; il est doux ou cruel, barbare ou civilisé, ignorant ou instruit, et toutes les ordonnances du monde ne le changeront pas en un clin d'œil ; il a des affections, des idées, des préjugés, si l'on veut : mais c'est avec tout cela qu'il est constitué, c'est par là qu'il est peuple, et nulle puissance ne peut faire qu'il ne soit pas ce qu'il est. Or, des mœurs données amènent des rapports nécessaires, et une loi qui ne les exprimerait pas serait une loi nulle ; comme si l'on établissait que les corps pesants ne sont pas sujets à la gravitation ; comme si l'on publiait une ordonnance pour que tous les hommes fussent d'une même taille. Mais avant que d'arriver devant la nécessité, il est un grand espace à parcourir ; avant que de faire des lois évidemment contradictoires avec des rapports nécessaires, combien de lois intermédiaires peuvent exister ! C'est dans cet espace, abandonné aux flexibles combinaisons de l'intelligence, que s'exerce la liberté du pouvoir social et qu'il faut chercher la double influence des lois sur les mœurs, et des mœurs sur les lois.

La plupart de ceux qui jusqu'à présent ont écrit sur ces matières, frappés de la puissance de la loi, de la soumission qu'elle impose, de la prompte exécution de ses ordres ; frappés de cette voix suprême qui domine toutes les voix, et rassemble toutes les forces isolées de la société sous la main du pouvoir pour qu'il en dispose à son gré, ont supposé que toute organisation sociale ne résultait que de la seule volonté du législateur ; pour eux les lois sont tout ; on fait tout par elles : *elles peuvent faire des bêtes des hommes, et des hommes des bêtes* (*Esprit des lois*). De là, toutes les utopies, ingénieusement arrangées, où l'espèce humaine

n'est qu'une réunion de mannequins qu'un écrivain dispose à son gré pour résoudre le grand problème de la civilisation , mais où l'on n'oublie qu'une condition : les passions des hommes qui renversent à chaque pas ces brillants calculs de l'imagination.

De là aussi l'opinion qui s'est établie sur l'influence des anciens législateurs. On dirait, à certains récits, que ce sont les législateurs qui ont fait les peuples ; qu'ils ont pris des hommes réunis au hasard , et qu'ils ont fondé un état social tout neuf sur les idées qu'ils avaient conçues.

L'homme ne fait rien *à priori*, pas plus une société qu'un grain de sable ; il ignore même comment les choses se sont faites dans le principe. Il dispose de ce qui est ; il profite des éléments préexistants, il les organise, mais il ne crée rien. Création, néant, origine, fin , toutes ces idées, comme celles d'éternité, sont hors des limites de l'homme ; sa raison les reçoit sans les expliquer : il ne peut ni les nier ni les comprendre.

Ainsi donc, tout le pouvoir du législateur se réduit à régulariser ce qui existe déjà, car la loi précède le législateur. Sitôt qu'il y a des hommes réunis, il y a certaines mœurs, par conséquent certains rapports, par conséquent certaines lois ; ces lois, observées parce qu'une société ne peut subsister sans pouvoir, deviennent avec le temps des coutumes, et les précédents font la règle. Si les mœurs étaient invariables, les lois seraient les meilleures possibles, puisqu'elles naissent de l'état même de la civilisation ; mais les mœurs changent, les rapports changent aussi, et par la suite des temps, les mœurs usent ces lois : d'abord elles tombent en désuétude, et finissent par être en contradiction avec une société que le cours des siècles a rendue tout différente de ce qu'elle était dans le principe.

C'est faute de n'avoir pas assez considéré la question sous ce point de vue qu'on a coutume d'attribuer à Lycurgue toutes les institutions de Lacédémone. A mon tour je demanderai qu'étaient avant lui les Lacédémoniens ? Ils existaient sans doute ; les a-t-il arrachés tout d'un coup aux douceurs de la vie domestique pour les assujettir aux règles sévères d'une vie toute publique ? Ces hommes qui, aux ordres du législateur, ont pris leurs repas en commun, auparavant les prenaient-ils dans l'intérieur du ménage ? Détruit-on ainsi brusquement toutes les relations que les hommes ont entre eux ? Change-t-on leurs goûts, leurs caractères comme une décoration de théâtre ? Non certes, et plus les lois de Lycurgue ont eu de force et de durée, plus il faut supposer qu'elles avaient leurs racines dans les mœurs du peuple qui les a gardées si longtemps. L'œuvre de Lycurgue, et le mérite en est grand, c'est de n'avoir pas contrarié ces mœurs, d'avoir choisi dans ce qui existait tout ce qui pouvait donner plus de puissance à la loi ; il a régularisé et fixé ; il a proclamé des habitudes déjà prises ; il les a consacrées par l'assentiment général ; et, pour qu'elles

ne fussent pas abandonnées aux caprices ou à l'ambition des hommes, il les a placées sous la garantie de la publicité. N'en doutons donc pas, la législation de Lycurgue fut produite par les mœurs lacédémoniennes ; mais à son tour, cette législation, en fixant, en régularisant ce qui était déjà, a maintenu les mœurs et les a rendues plus stables ; c'est là, en effet, une partie de l'action que la loi exerce sur les mœurs. Cette influence s'est surtout fait sentir parmi les peuples de l'antiquité. Dans l'enfance des sociétés, le besoin d'ordre fit promulguer la loi, et cet ordre assura ce qui existait ; il l'assura surtout quand il pénétra dans tous les détails de la vie privée, comme à Lacédémone. Rien de plus fort que les législations qui ressortaient intégralement des mœurs, pour suivre et guider l'homme politique jusque dans les moindres actions de la vie privée. Voilà pourquoi on a vu des peuples réunis et mêlés par la conquête conserver longtemps leurs lois même sous l'empire du vainqueur, comme lorsque des flots se confondent, leurs eaux gardent pendant un long cours la teinte que leur donna le terrain qu'elles ont sillonné.

Mais encore, pour adapter à un peuple cette législation de détails, faut-il que ses mœurs la comportent. Sans doute que Dracon voulut établir à Athènes quelque chose d'analogue, et voyant bien que l'esprit vif et léger des Athéniens repoussait de telles lois, il crut devoir les soutenir à force de supplices et de menaces ; mais cette législation de violence ne put s'établir : rien ne changea des mœurs athéniennes, qui, dans cette lutte contre le législateur, triomphèrent sans contestation. Ce fait, mieux que tous les raisonnements, prouve les impossibilités qui s'opposent à la puissance législative. Solon le comprit ; aussi *donna-t-il aux Athéniens les meilleures lois qu'ils pouvaient avoir*, et qui, pour le dire en passant, étaient aussi les meilleures lois possibles, comme le meilleur régime est celui qui convient le mieux à un tempérament donné.

Nous avons dit que la loi précédait le législateur, parce que toute société suppose des rapports, par conséquent des lois. Mais dans la question qui nous occupe, il est clair qu'on n'entend parler que de la loi promulguée par le législateur. C'est là que commence l'ouvrage de l'homme, et c'est là aussi que commence son action sur les mœurs, qui sont l'ouvrage de la nature et du temps. Cette différence entre les mœurs et les lois explique déjà suffisamment de quelle manière s'exerce leur influence réciproque.

Les mœurs n'agissent que lentement et par successions insensibles ; nous ne sommes convaincus de leur action que lorsqu'elle est évidente, et cette évidence n'arrive jamais subitement. Les mœurs du corps social se forment et se développent comme les organes du corps humain, comme les arbres croissent, comme les plantes poussent ; rien dans la nature ne se fait par saccades : on sent, plutôt qu'on ne voit, la marche et la progres-

sion des choses ; mais enfin toute chose arrive. Il n'en est pas toujours ainsi de ce qui dépend de notre volonté ; cette volonté, dans ses effets, est prompte, rapide, arbitraire. Dans ce que Dieu abandonne à notre liberté, loin de découvrir cette patience, cette mesure, cette régularité de mouvements qui n'appartient qu'à l'Être éternel, pour lequel le temps ne passe pas, on ne voit souvent que le besoin d'accomplir avec célérité et d'user tout à la fois de tout notre pouvoir : quand le pouvoir humain exécute, il tient à révéler tout ce qu'il a de force ; c'est en quelque sorte pour lui la garantie de son existence.

Mais cette force est plus apparente que réelle quand elle agit malgré les mœurs. Celles-ci ne tardent pas à reprendre leur empire ; et, sans chercher nos exemples parmi les peuples de l'antiquité, nous-mêmes n'en sommes-nous pas une preuve évidente, nous, témoins d'une révolution mémorable où les événements semblent avoir pris à tâche de nous révéler les plus intimes secrets de l'ordre social ? En France, comme à Athènes, nous avons vu des Dracons nouveaux vouloir nous façonner aux manières brutales d'une société grossière et farouche, comme sont toutes les sociétés dans leur barbare enfance. On voulait aussi nous faire prendre nos repas en commun, anéantir toutes les supériorités, niveler tous les rangs. Rien ne manqua pour atteindre ce but : une sorte d'exaltation populaire qui allait jusqu'au délire ; un fanatisme furieux pour une liberté indéfinie et mal comprise, pour une égalité chimérique ; et enfin la plus violente terreur, auxiliaire obligée de toutes les tyrannies. Cependant qu'en est-il résulté de tout cela ? qu'a-t-on obtenu de tant de lois absurdes soutenues par tant de massacres ? Rien que ce qui était dans nos mœurs. L'affranchissement de la terre, l'égalité devant la loi, la juste répartition des héritages, la liberté politique garantie par la pondération des pouvoirs, la liberté individuelle protégée par de meilleures formes judiciaires, la liberté des cultes reconnue, comme aussi celle de l'expression de la pensée ; un système uniforme de législation civile substitué à l'incohérente jurisprudence des coutumes, et enfin l'admission de tous à tous les emplois de l'État. Voilà ce qui était dans nos mœurs ; voilà ce qu'avait amené le temps, la diffusion des richesses et des lumières, ces deux grands agents de la force publique. Voilà ce qui a surnagé, ce qui subsistera malgré d'impuissants efforts, malgré même le discrédit qu'ont jeté sur le nouvel ordre social les excès révolutionnaires ; de sorte que lorsque la loi est venue, elle n'a fait que sanctionner ce qui existait, et ce n'est que parce qu'elle a exprimé ces rapports réels qu'elle a donné au pays la conscience de sa durée. Oui, plus on pénètre au fond de cette question, et plus on voit que c'est dans les mœurs d'une nation qu'il faut chercher la raison de ses lois, et que c'est de ses lois qu'il faut conclure ses mœurs : cette méthode, qu'ont déjà suivie

quelques bons esprits, nous fera mieux connaître l'antiquité que la brillante rhétorique de ses historiens.

Redisons-le donc encore, le premier devoir du législateur est, avant tout, non de voyager parmi les autres nations, comme on l'a dit des législateurs grecs, pour prendre au hasard ce qui leur paraissait le meilleur, mais de bien étudier les mœurs du peuple auquel il est appelé à donner des lois ; et certes ce n'est pas là un travail facile : *hoc opus, hic labor est.* L'état des mœurs d'un peuple n'est pas une chose si nette, si tranchée qu'elle se découvre au premier coup d'œil ; il faut de l'étude et de la méditation ; et nous ne doutons pas que chez les anciens, où les principes de la science politique ainsi que les principes de toute science étaient fort mal connus, l'instinct du génie n'ait mieux servi les législateurs que les plus habiles calculs.

En effet, les passions des hommes, éléments irréguliers, mais indispensables de toute société, compliquent toujours beaucoup les questions. Dans toute situation donnée, la nature humaine est composée de bons et de mauvais penchants. Quelle que soit la manière d'être d'une nation, quels que soient le génie de ses habitants, leurs goûts ou leurs habitudes, quelles que soient leurs mœurs enfin, le législateur peut imposer des institutions qui, sans être en opposition directe, aident ou gênent le développement de ses mœurs. Tôt ou tard, sans doute, les mœurs triompheront des mauvaises lois, c'est-à-dire des lois qui ne les expriment pas ; mais le travail peut être plus lent ou plus rapide, l'énergie de la nature des choses peut être augmentée ou comprimée par la volonté du pouvoir, selon que cette volonté choisira ou mettra en œuvre tels ou tels des éléments nombreux qui composent l'état social.

Ce n'est qu'aux hommes d'une nature supérieure et d'un esprit élevé qu'il appartient de voir quels sont ceux de ces éléments qui doivent être employés : eux seuls méritent le nom de législateurs ; car, en même temps, dans le bien que le législateur veut opérer, il est obligé d'y apporter certains tempéraments. Trop en avant de son siècle, il n'en sera pas compris, et ses bonnes intentions resteront sans effets. Il doit précéder les hommes de son temps, mais ne jamais les perdre de vue.

Si les idées de liberté et de réciprocité commerciales renfermées dans le discours que l'honorable M. Huskinson a prononcé à la Chambre des communes le 12 mai 1826, avaient été publiées il y a un demi-siècle, elles n'auraient probablement fait qu'irriter un faux patriotisme sans aucun profit. Pour que ces idées aient été entendues sans révolte, il a fallu que les esprits, éclairés par les lumineuses théories d'Adam Smith, fussent à portée de concevoir tout ce qu'il y a d'avantageux pour le commerce dans les libres communications des peuples ; il a fallu que les gouvernements eux-mêmes sentissent tous les avantages qu'ils en pouvaient retirer ; il

a fallu que le sentiment d'un patriotisme exclusif fût établi par une foule de circonstances qui ont mis les hommes de tous les pays à même de se mieux connaître ; il a fallu que les citoyens commençassent à s'apercevoir qu'on pouvait préférer sa nation sans pour cela souhaiter la ruine de toutes les autres ; comme les membres d'une famille peuvent se chérir sans vouloir détruire les familles voisines ; il a fallu qu'on arrivât à cette pensée qui s'accréditera tous les jours, c'est que le bien-être des autres peuples n'est point à notre détriment, et que plus les pays qui nous entourent sont riches, plus nous devons nous enrichir aussi, car il n'y a jamais rien à gagner avec les mendiants ; il a fallu, en un mot, que les véritables principes de l'économie politique eussent pénétré dans le monde.

Et encore, malgré ces précédents favorables, combien l'honorable orateur n'a-t-il pas été en butte aux vues étroites de l'intérêt personnel mal éclairé, et aux sentiments aveugles de la nationalité ? Combien de préjugés que les raisonnements n'ont pu vaincre ! Ces lois elles-mêmes sont loin des principes établis ; mais n'importe : les principes ont été proclamés ; ils sont reçus aujourd'hui malgré quelques contestations : tôt ou tard ils amèneront leurs conséquences ; et, puisque les esprits d'élite ont été assez forts pour les supporter, les résultats sont inévitables ; car, encore un coup, c'est l'intelligence qui régit le monde.

Mais ne nous abusons point sur ce mot, prenons-le dans toute l'étendue de son acception. Quand nous disons l'intelligence, nous disons aussi le sentiment moral, car tous les deux se perfectionnent ensemble. Loin de nous cette erreur funeste que nous corrompons notre cœur en développant les facultés de notre esprit ; c'est encore là un des sentiments du XVIII° siècle. Le philosophe de Genève disait : *Isolement, ignorance : tel est l'état naturel de l'homme.* Et nous, nous disons, civilisation, c'est-à-dire libre communication entre tous ; d'où résultent et le bien-être, et la dignité de l'espèce humaine, et, par conséquent, ses plus nobles vertus ; voilà sa véritable nature, c'est ce que doit sentir tout législateur. Aussi le plus éclairé ne sera pas seulement le plus habile, il sera aussi le plus moral, le plus favorable à l'humanité, le plus dévoué aux progrès des lumières ; car toutes ces choses se tiennent et vont de pair. Après avoir étudié l'état réel de la société, il recueillera tous les éléments du bien qui s'y rencontrent pour qu'ils croissent et se développent ; et, autant que possible, il détruira les lois qui ne sont que l'expression des mauvais penchants de l'homme : voilà comment il lui est donné d'agir sur les mœurs.

Par exemple, qui doute que, parmi nous, l'abolition de la loterie n'ait été une loi d'une salutaire influence ? Qui doute que cette perspective d'une grande somme acquise tout à coup et sans travail, cette amorce trompeuse où tout était calculé pour nourrir

l'espérance du pauvre et le frustrer de ses sacrifices, qui doute que les pièges tendus à la crédulité, cet appel continuel à toutes les passions, n'aient fait qu'entretenir la paresse, le désordre et l'immoralité parmi les peuples? Chacun sait que la loterie était une des sources fécondes de nos vols domestiques, de toute espèce de crimes? Aussi devons-nous féliciter le législateur d'avoir aidé à sauver la société en abolissant cet impôt désastreux? Les progrès de l'industrie et des lumières, le goût du travail et la satisfaction qu'on en retire ont pénétré dans les plus basses classes, et les ont détachées insensiblement d'un jeu cruel où depuis si longtemps elles étaient prises pour dupes; de meilleures mœurs, filles de la civilisation, accompliront leur influence sur toutes les mauvaises lois; mais le devoir du législateur ne serait pas d'attendre ces modifications morales; il devrait, au contraire, aider mœurs, favoriser leurs progrès, et travailler sans cesse à leur amélioration.

C'est par de tels moyens que le législateur peut s'associer à l'œuvre de Dieu lui-même; car il entre dans le dessein de la Providence que l'espèce aille toujours en s'améliorant. Plus une société s'avance dans le temps, plus les rapports qui existent entre les hommes se multiplient, plus aussi se perfectionnent les intelligences, par conséquent, le sentiment moral, par conséquent, les mœurs. Quoique dans l'antiquité les progrès fussent moins répandus que de nos jours, ils existaient pourtant, et cette tendance au perfectionnement se peut découvrir chez les Romains eux-mêmes, dont on a si fort vanté les premiers temps. Je n'en veux pas d'autres preuves que deux lois: l'une publiée sous Romulus, l'autre sous Alexandre Sévère. La première permettait à un homme de répudier sa femme lorsqu'elle était convaincue d'avoir préparé des poisons, d'avoir substitué ses enfants à d'autres, de s'être servie de fausses clefs, et d'avoir été coupable d'adultère; la seconde de ces lois, au contraire, non-seulement enlevait au père le droit de faire mourir ses enfants, mais encore elle ordonnait que ce fussent les magistrats qui seuls pussent infliger la peine prescrite par le père. Ainsi, à l'origine de la société romaine, en ces temps d'innocence et de pureté, la loi supposait qu'une femme pouvait être empoisonneuse, marâtre, voleuse, adultère, etc.; au siècle des empereurs, temps de décadence et de corruption, la loi arrachait aux pères un droit odieux, et, du moins, soumettait le caprice et la violence aux salutaires lenteurs des formes judiciaires.

Déjà se faisaient sentir les heureuses influences du christianisme. C'est à ce fait si important des temps modernes que sont dus les heureux développements des sociétés humaines; c'est le christianisme qui, en proclamant la loi de liberté, a brisé le joug de la fatalité qui pesait sur le monde, et forçait, en quelque sorte, le genre humain à tourner dans le même cercle. La législa-

tion, à cette époque, ne servait, comme nous l'avons déjà dit, qu'à régulariser ce mouvement et à le rendre moins pénible; mais elle ne pouvait que bien peu sur une civilisation où la première condition d'existence était l'esclavage des deux tiers de la population: pour ces deux tiers, on le sent bien, il n'y avait ni mœurs, ni lois. Des hommes soumis aux dures conditions de la brute partageaient l'individualité de la brute. L'esclave n'était qu'un instrument, et ces instruments entre eux n'avaient aucun rapport possible; ils n'étaient point une société, ni même de la société; c'était une agrégation en dehors de tous les intérêts communs; ils parlaient comme un cheval traîne, comme un mulet porte; c'était, pour les membres de l'association, un avantage de plus, voilà tout.

Et cependant, telle est l'action puissante de la civilisation, le perfectionnement s'opérait quoique avec lenteur; les forces de l'intelligence, en s'exerçant, faisaient que des idées d'ordre, de justice, d'humanité pénétraient à travers le chaos et les ténèbres. D'abord la poésie commença à civiliser les peuples. Dépositaire des faits et des traditions, elle intéressa les hommes d'une génération aux hommes de la génération précédente; elle donna aux enfants le désir d'avoir des ancêtres honorables, et de laisser après eux une mémoire respectée; elle célébra les actions éclatantes, et quelquefois aussi les actions utiles aux hommes. C'est ainsi que ces premiers et brillants essais de l'intelligence humaine se rattachaient toujours à des idées d'ordre, de morale et de vertu. Plus tard, l'écriture succéda au rhythme et à la musique; les lettres alphabétiques, à leur tour, devinrent les véritables filles de mémoire. Dès lors l'histoire cesse d'être une tradition populaire avec ses fables et ses merveilles. La raison n'admit les faits qu'avec réserve; avant de les consigner, elle les soumit à l'examen des probabilités, et, dans le doute, elle ne les admettait pas sans de certaines précautions.

Ces mêmes faits, une fois fixés par des procédés matériels et immuables, devinrent le patrimoine de tous les lieux et de tous les temps. Soumis à un examen plus attentif, on en put tirer des leçons plus utiles: les philosophes s'en emparèrent; ils étudièrent non-seulement les mœurs, les usages, mais aussi les actions des hommes qu'ils plaçèrent devant le tribunal de la conscience, et en déduisirent des principes si éclatants de vérité qu'il ne fut plus possible d'en contester l'évidence. C'est ainsi que le monde des anciens, malgré son organisation vicieuse, se préparait à l'ère nouvelle qui allait s'ouvrir devant lui et lui succéder.

Les rudiments en furent longs et laborieux; les conséquences du christianisme se firent attendre encore bien des siècles avant de pénétrer l'essence même de l'organisation sociale. Heureusement, le principe était dans le monde, et tout principe vrai, alors qu'il est connu, est indestructible.

Tantôt les lois, tantôt les mœurs, tantôt les mœurs et les lois réunies l'ont retardé dans son développement ; mais il dominait les lois et les mœurs ; car, malgré la barbarie, le principe chrétien était au fond de toutes choses.

Maintenant donc que sa mission, dégagée des ténèbres, s'accomplit avec plus d'évidence ; maintenant que le christianisme a perfectionné l'individu et réhabilité l'humanité tout'entière ; maintenant que la loi divine, la loi de liberté reçoit sa pleine exécution et porte le genre humain dans les voies d'un perfectionnement indéfini, le devoir imposé à la loi de l'homme est de diriger le mouvement progressif. Jamais l'action de la loi sur les mœurs ne fut plus clairement indiquée, toutes les fois qu'elle saura les connaître et s'y associer ; jamais son impuissance ne sera mieux constatée, quand elle voudra s'opposer à la marche de leurs développements. Pour se résumer, disons que les lois d'une société sont dans ses mœurs ; que le devoir et le mérite du législateur sont de découvrir quelles sont ces lois et de les promulguer ; que plus les lois promulguées sont conformes aux lois réelles, c'est-à-dire sont l'expression fidèle des mœurs , plus elles auront de force et de durée ; mais que si, au contraire , elles se trouvent opposées aux mœurs, nécessairement elles doivent, dans cette lutte, finir par succomber devant les mœurs, tout en contrariant le mouvement de perfection auquel il n'est point de société qui ne soit appelée. Ajoutons que le second devoir du législateur, non moins impérieux que le premier, est de s'associer à ce mouvement progressif et de l'aider par tous les moyens qui sont en sa puissance. Ce côté moral du travail du législateur, qui n'avait que peu d'extension dans les temps anciens, et est encore au même point aujourd'hui, parmi les peuples d'Orient, trouve surtout son application parmi les Européens de nos jours, et les Américains, peuples modernes chez lesquels il est aisé d'apercevoir et de favoriser les conséquences du principe chrétien dans le monde.

**LOIS SUR L'INSTRUCTION PUBLIQUE.** — Les lois qui ont régi l'instruction publique en France, dans ses diverses évolutions à travers la marche du temps, doivent principalement fixer notre attention. Nous croyons toutefois devoir nous borner au texte et à exposer les motifs des lois principales qui ont régi cette matière. Nous parlerons donc des lois du 10 mai 1806 ( création de l'Université ); 17 mars 1808, (organisation de l'Université) et des suivantes qui nous paraîtront les plus capables de constater les modifications et les progrès de l'instruction publique en France.

*Loi relative à la formation d'une Université impériale, et aux obligations particulières des membres du corps enseignant.*

10 mai 1806.

Napoléon, par la grâce de Dieu et les constitu-

tions de la République, empereur des Français, à tous présents et à venir, salut.

Le Corps législatif a rendu, le 10 mai 1806, le décret suivant, conformément à la proposition faite au nom de l'empereur, et après avoir entendu les orateurs du conseil d'Etat et des sections du Tribunal le même jour.

DÉCRET.

Art. 1er. Il sera formé, sous le nom d'*Université impériale*, un corps chargé exclusivement de l'enseignement et de l'éducation publique dans tout l'empire.

Art. 2. Les membres du corps enseignant contracteront des obligations civiles, spéciales et temporaires.

Art. 3. L'organisation du corps enseignant sera présentée en forme de loi, au Corps législatif, à la session de 1810.

Collationné à l'original, par nous, président et secrétaires du Corps législatif.

*Signé :* FONTANES, président ;
DERIDES, DUMAIRE,
P. S. GUÉRIN, JACOMET, secrét.

Mandons et ordonnons que les présentes, revêtues des sceaux de l'Etat, insérées au *Bulletin des lois,* soient adressées aux cours, aux tribunaux et aux autorités administratives, pour qu'ils les observent et les fassent observer ; et notre grand juge ministre de la justice est chargé d'en surveiller la publication.

Donné en notre palais de Saint-Cloud, le 20 mai 1806.

*Signé :* NAPOLÉON.

Vu par nous, archichancelier de l'empire,

*Signé :* CAMBACÉRÈS.

Par l'empereur, le ministre secrétaire d'Etat,

*Signé :* H.-B. MARET.

Le grand juge ministre de la justice,

*Signé :* RÉGNIER.

*Motifs de la loi relative à la formation d'un corps enseignant.* — Je ne viens point, Messieurs, vous soumettre un nouveau plan d'éducation, ni vous proposer de renverser ce qui a été fait depuis quelques années pour l'instruction publique. Le projet que Sa Majesté impériale et royale me charge de vous présenter n'est que la substance et comme le prélude d'une loi plus complète qui doit vous être soumise dans une de vos sessions prochaines ; il n'a pas pour objet de détruire, mais de consolider les institutions nouvelles, d'en lier entre elles les diverses parties, d'en établir d'une manière invariable les rapports nécessaires avec l'administration générale.

La formation d'un corps enseignant suffira pour atteindre à ce but, et ce seul principe, par la sanction solennelle qu'il recevra de vos suffrages, va devenir la base fondamentale sur laquelle doit reposer tout le système de l'éducation de la jeunesse. Permettez - moi de vous offrir quelques considérations générales sur cette matière importante ; et, en comparant ce qu'était l'instruction en France il y a vingt ans, à ce qu'elle est, à ce qu'elle sera dans le nouvel ordre de choses, vous reconnaîtrez l'esprit d'un gouvernement qui, obligé d'étendre à la fois ses soins bienfaisants sur

tous les points de l'édifice social, ébranlé ou détruit par les secousses révolutionnaires, se hâte d'en soutenir et d'en raffermir les parties faibles et chancelantes; répare, en l'améliorant, ce qui n'était qu'endommagé; reconstruit sur un plan plus vaste ce qui n'avait pu échapper à la destruction, et donne au tout cet ensemble qui seul peut lui assurer une existence durable.

Vous me pardonnerez, Messieurs, si, conduit par la nature même de la question qui va m'occuper à vous entretenir quelques instants d'un sujet aussi rebattu que celui de l'éducation, il m'arrive de rappeler des vérités triviales, quoique trop souvent méconnues; d'invoquer des principes qui ne devraient être nouveaux pour personne, et qui ne le sont pas surtout pour la sage assemblée à laquelle je m'adresse. Mais le plus bel éloge qu'on puisse faire d'une loi, est de montrer que les bases sur lesquelles elle s'appuie sont des vérités de tous les temps; et en vous développant ce que le gouvernement a fait et se propose de faire pour l'instruction publique, je m'applaudis de n'avoir, en quelque sorte, à vous offrir que le résumé de ce qui a été écrit de plus incontestable sur cette matière.

Peut-être aussi ce détail, que l'on pourrait trouver superflu si je le donnais avec la prétention d'éclairer des législateurs, paraîtra-t-il, considéré sous un autre point de vue, une réfutation solennelle et victorieuse des calomnies que la malveillance et l'intérêt publient tous les jours contre le système d'éducation adopté par le gouvernement. On verra ce qu'il faut penser des reproches qu'on adresse à nos lycées, et s'il est vrai, comme certaines gens voudraient le faire croire, que ces établissements ne soient propres qu'à former une seule classe de citoyens; tandis que les élèves qui y sont admis, grâce à la munificence et à la sage prévoyance de l'Etat, ont tous les moyens d'acquérir les connaissances nécessaires pour suivre une carrière quelconque, pour arriver aux fonctions les plus importantes, soit dans le militaire, soit dans le civil.

L'éducation qui, parmi les peuplades sauvages, se borne, à peu de chose près, à favoriser le développement des forces physiques, a, chez les nations civilisées, un but d'une toute autre importance et bien plus difficile à atteindre, celui de faire parcourir à l'enfance de l'homme les mêmes périodes qu'a parcourues l'enfance des peuples; à la conduire, comme par enchantement, et en quelques années, au point où la société n'est parvenue qu'après une longue suite de siècles; enfin, de lui abréger à la fois, et de lui faciliter la route par tous les moyens que les lettres, les sciences, les arts ont mis à notre disposition. C'est le sage emploi de ces moyens qui, sans épuiser cette plante nouvelle, peut lui donner une maturité précoce; qui, sans surcharger cette jeune tête, peut l'enrichir des trésors d'une vieille expérience.

Si l'Europe est enfin sortie de cet état de barbarie et d'abrutissement où elle fut si longtemps plongée, à qui en est-elle redevable, sinon aux grands écrivains de l'Italie et de la Grèce, les plus précieux et presque les seuls restes de l'antiquité qui soient échappés aux naufrages des temps. C'est l'étude de ces génies immortels qui a dissipé la rouille épaisse dont nos esprits étaient couverts, qui leur a inspiré le sentiment du beau dans tous les genres, leur a donné cette élévation qui seule rend capable des plus grandes choses, les a dirigés vers les connaissances les plus utiles, les a mis sur la voie des découvertes les plus sublimes.

Qui pourrait nier l'influence des lettres ou méconnaître leurs bienfaits? Ah! sans doute, cet excès d'aveuglement et d'ingratitude, qui serait un présage certain du retour à la barbarie, n'entrera jamais dans l'esprit des Français, auxquels, plus qu'à tous les autres peuples, semblent être dévolues, comme par droit d'héritage, ces richesses de la littérature antique, et qui seuls ont naturalisé parmi eux cette délicatesse et cette pureté de goût qui rappellent les beaux siècles d'Athènes et de Rome.

Cette prééminence, que nous obtenons dans tout ce qui tient à l'esprit et au goût, et qui n'est pas même contestée par nos rivaux, nous la devons peut-être à une cause bien glorieuse: à ce que le sang français n'a point, depuis quatorze siècles, été altéré par le mélange d'un sang étranger. Les Sarrasins n'ont paru sur notre territoire que pour l'illustrer par une défaite éclatante. Les Normands, malgré la faiblesse des successeurs de Charlemagne, ont inutilement assiégé Paris; et il semble que nous ne leur ayons permis de s'établir sur notre territoire que pour les envoyer conquérir l'Angleterre. L'Anglais lui-même, que la trahison d'une femme avait introduit dans le cœur du royaume, en fut bientôt chassé par le bras d'une femme: en sortequ'il serait difficile de dire s'il est plus honteux pour lui d'être entré en France que d'en être sorti.

Les Franks, qui durent la conquête des Gaules plutôt à leur courage qu'à leur nombre, prirent les mœurs des vaincus, qui, depuis Jules César, avaient adopté celles des Romains. Ce sont eux qui nous ont donné nos usages, nos lois, notre langue. Notre littérature est formée sur la leur et sur celle des Grecs, dont nous avons emprunté aussi une foule de mots, et surtout les termes des sciences et des arts. On ne peut donc révoquer en doute que l'étude des langues anciennes ne soit, chez les modernes, et spécialement chez les Français, la clef des autres connaissances.

La nécessité d'étudier les langues anciennes et les auteurs classiques a été consacrée par le gouvernement dans toutes les lois sur l'instruction publique. Mais, parce qu'il a reconnu que le temps qu'on donnait dans les universités à l'étude des sciences était insuffisant, ou au moins mal employé; parce qu'il a pris les moyens de remédier à cet abus, on s'est hâté de publier que, dans les

lycées, on s'occupait presque exclusivement des mathématiques et qu'on y négligeait les lettres. Il est temps d'éclairer l'opinion, et d'avertir enfin les pères de famille qu'on leur en impose quand on leur dit que l'étude des mathématiques est exclusive dans les lycées, ou même qu'elle y nuit à celle des langues. On abuse également de leur crédulité, quand on cherche à leur persuader que ces établissements ont uniquement pour but de faire des hommes de guerre. Si une partie des formes militaires a été introduite dans les lycées, c'est qu'on a reconnu combien ces formes étaient favorables à l'ordre, sans lequel il n'y a pas de bonnes études. On a aussi pensé que les exercices militaires, employés sobrement et dans les dernières années de l'éducation, auraient le double avantage, et de développer les forces des élèves, et de les accoutumer au port et au maniement des armes, ce qui abrége leur travail et accélère leur avancement lorsque la loi de la conscription les appelle au service de l'Etat.

De même, le gouvernement a jugé que l'étude des sciences mathématiques et physiques était le complément de toute éducation libérale, soit parce que ces connaissances sont d'une utilité immédiate dans beaucoup de conditions de la vie, soit parce qu'elles étendent la sphère des idées, et qu'elles donnent la clef d'une foule de phénomènes que nous offrent à chaque pas la nature et la société, et dont il est honteux de ne pouvoir se rendre compte.

Il faut pourtant l'avouer, ces imputations qu'on s'est plu surtout à diriger contre les lycées, au moment où elles commençaient à s'établir, perdent beaucoup de leur crédit, aujourd'hui que la plupart de ces écoles sont dans la situation la plus florissante, et que des succès publics dans tous les genres d'instruction ferment la bouche à leurs détracteurs. Mais il est une espèce d'incrédules que l'évidence même ne peut pas convaincre, parce qu'ils ont intérêt à ne pas croire ce dont vous leur offrez la preuve. Tels sont ceux qui, sans mission et sans talents, se sont accoutumés à exploiter l'éducation de la jeunesse comme une propriété exclusive, et, craignant une concurrence dangereuse qui mettrait leur nullité au grand jour, regardent comme des ennemis personnels tous ceux qui courent la même carrière. Les lycées sont principalement en butte à leur haine et leurs calomnies. Quand ils ne peuvent pas les attaquer sous le rapport de l'instruction, ils se rejettent sur la religion et sur les mœurs.

A les en croire, ces deux bases fondamentales de l'éducation de la jeunesse ne sont comptées pour rien dans les écoles nouvelles. Tous les reproches qu'on peut faire dans ce genre aux institutions révolutionnaires, qui sacrifièrent plus ou moins au délire du moment, ils les accumulent pour les adresser aux lycées. Heureusement, le gouvernement a pris soin de leur répondre d'avance. Qu'ils ouvrent la loi sur les lycées, et ils verront

que les devoirs religieux y sont prescrits d'une manière spéciale; que les exercices religieux recommandés par les règlements sont confiés aux soins d'un aumônier attaché à chacun de ces établissements; ils verront quelles précautions ont été prises, quelle surveillance établie pour écarter de la jeunesse tout ce qui pourrait tendre à corrompre ses mœurs, dont l'ordre et la discipline sont là, plus que partout ailleurs, une sûre garantie. On peut même assurer que, sous ces deux rapports, les lycées n'ont rien à envier aux anciens colléges, puisque ce qui, dans ces derniers, était en grande partie à la disposition des chefs, et pouvait recevoir plus ou moins d'extension de leur volonté particulière, est, dans les premiers, déterminé expressément par la loi qui en a réglé la discipline.

Les bases de l'éducation étant bien déterminées, si on ne l'envisageait que par rapport à l'individu qui la reçoit, le gouvernement pourrait l'abandonner à la sollicitude paternelle, et n'en faire que l'objet d'une surveillance générale. Mais il est un autre point de vue sous lequel elle doit être considérée. C'est à elle qu'il appartient de former les fonctionnaires publics, c'est-à-dire les hommes dont la capacité et les lumières constituent la force des Etats, et dont les opinions influent d'une manière si puissante, soit en bien, soit en mal, sur toutes les classes de la société avec lesquelles ils sont continuellement en contact; et par les fonctionnaires publics, je n'entends pas seulement ceux auxquels le gouvernement a délégué une partie de ses pouvoirs, qui occupent les places administratives ou qui siégent dans les tribunaux; j'entends aussi toutes les personnes revêtues d'un caractère public, les ministres des cultes chargés du dépôt auguste de la religion, les avocats qui interprètent les lois, les notaires qui rédigent les volontés des citoyens, les instituteurs de la jeunesse auxquels l'Etat confie ses plus chères espérances.

L'éducation de tels hommes pourrait-elle être totalement abandonnée à l'insouciance ou aux caprices des particuliers? Le gouvernement, qui connaît la nature et l'étendue des besoins de l'Etat, n'est-il pas dans l'obligation de préparer d'avance les ressorts les plus importants du corps politique? N'est-il pas personnellement responsable des fonctionnaires qu'il admet au partage de l'autorité qui lui est confiée pour le bonheur du peuple? Et comment pourrait-il en répondre, s'il était étranger à leur éducation, à leurs mœurs, à leurs connaissances, à leurs principes, et si, sur des points aussi importants et qui peuvent seuls éclairer son choix, il était réduit à s'en rapporter à des épreuves toujours insuffisantes ou à des informations si souvent trompeuses?

Ainsi, Messieurs, le gouvernement n'exerce pas seulement un droit, il remplit encore un devoir sacré quand il intervient dans l'éducation de la jeunesse; mais c'est en vain qu'il marquerait la route qu'on doit suivre, s'il

ne rendait encore cette route praticable et même facile; si, en ouvrant la carrière, il ne donnait en même temps les moyens de la parcourir et d'arriver au but. Le premier, le plus immanquable de ces moyens, n'est-il pas l'établissement d'écoles où la capacité des maîtres et la bonté de leur méthode soient sans cesse garanties par la publicité même des leçons, par le degré d'instruction dont ils auront dû faire preuve pour être déclarés capables de communiquer l'instruction à leurs élèves, par les examens qu'ils auront subis avant d'obtenir le droit d'examiner les autres? Ces écoles, soutenues par la protection spéciale et placées sous la capacité des maîtres et la bonté de leur méthode soient sans cesse garanties par la publicité veillance immédiate du gouvernement, seront et indépendantes du caprice des hommes, et à l'abri du danger des systèmes et des fausses doctrines. Ces avantages sont tellement incontestables, qu'on voit tous les jours s'accroître le nombre des élèves qui suivent les écoles publiques, et qu'il n'est presque point de parents, parmi ceux qui ont reçu eux-mêmes de l'éducation, qui ne placent leurs enfants ou dans les lycées, ou dans les pensions qui suivent les lycées. Et ici, Messieurs, l'intérêt public est entièrement d'accord avec l'intérêt particulier. De quelle importance n'est-il pas, en effet, pour le gouvernement, de voir croître et élever sous ses yeux ces jeunes plantes, l'espoir de la patrie; de les réunir dans des enceintes où leur culture soit confiée à des mains habiles et pures; où le mode d'éducation reconnu pour le meilleur joigne à cet avantage celui d'être uniforme pour tout l'empire; de donner les mêmes connaissances, d'inculquer les mêmes principes à des individus qui doivent vivre dans la même société, ne faire en quelque sorte qu'un seul corps, n'avoir qu'un même esprit, et concourir au bien public par l'unanimité des sentiments et des efforts?

Ces considérations de cette importance suffiraient pour faire donner la préférence à l'éducation publique sur l'éducation particulière; et quand bien même on accorderait que celle-ci peut, dans certains cas, avoir des résultats avantageux, une telle question, qui peut intéresser quelques pères de famille, mérite à peine d'être agitée devant des hommes éclairés. Combien, en effet, trouvera-t-on de pères qui puissent faire pour leurs enfants les frais d'une telle éducation? Combien d'instituteurs pourront-ils s'y adonner? Et, pour ne point faire mention du faible résultat qu'ont toujours obtenu les essais de ce genre, ce mode ne présente-t-il pas l'inconvénient très-grave d'occuper un homme tout entier à l'instruction d'un seul enfant? Je n'envisage ici que sous le rapport politique cette question que Quintilien et Rollin ont discutée dans le plus grand détail; et je ne développerai pas les motifs qui les ont décidés en faveur de l'éducation publique. Je ne parle ni de l'émulation, qui ne peut exister que dans les grands établissements; ni de l'avantage d'accoutumer les jeunes élèves à une vie régulière, avantage

si précieux et pour la santé, et pour les mœurs; ni de la publicité des leçons et des concours, qui donne la juste mesure du travail et du talent; ni de ces amitiés que l'on contracte dans les collèges, et qui sont souvent si utiles lorsqu'on en est sorti; ni enfin du talent que déploie toujours un maître en raison du nombre de ses auditeurs.

Ce premier point décidé, faut-il abandonner exclusivement la jeunesse à ceux qui l'élèvent par spéculation, ou, si l'on veut, par goût et par zèle, mais indépendamment de la surveillance plus ou moins immédiate du gouvernement? Doit-on se reposer uniquement sur des hommes qui peuvent, par mille motifs, s'écarter de la marche que l'État juge la plus utile, et qu'il a intérêt de voir généralement suivie? Non, Messieurs; il est de la plus grande importance qu'il y ait des maisons publiques où l'on s'attache scrupuleusement à la méthode consacrée par l'expérience, et qui servent de modèles et de types aux établissements particuliers.

Je dirai plus, et ici j'en appelle à tous ceux qui ont étudié dans les établissements anciens: il est démontré presque impossible qu'il y ait des études bonnes et complètes ailleurs que dans les grandes maisons d'éducation, telles qu'étaient autrefois les collèges, et que sont aujourd'hui les lycées et plusieurs collèges ou écoles secondaires communales. La raison en est évidente: les enfants pouvant rester dix ans, c'est-à-dire depuis huit ans jusqu'à dix-huit, dans une maison d'éducation, il faut qu'il y ait dans un établissement complet autant de professeurs, autant de répétiteurs particuliers que de cours; c'est-à-dire qu'une maison complète aurait besoin d'environ vingt personnes, tant répétiteurs que maîtres attachés à l'instruction. Mais qu'arrive-t-il dans les maisons qui ne sont pas assez nombreuses pour soutenir les frais qu'exige ce nombre de maîtres, et qui ne sont pas à portée de suivre un lycée? Les mêmes maîtres font à la fois plusieurs classes, et servent en même temps de professeurs et de répétiteurs. On sait que la fatigue et l'ennui qu'entraîne une tâche aussi pénible a pour résultat infaillible de dégoûter bientôt celui qui la remplit: aussi ne se présente-t-il, le plus souvent, pour occuper de telles places, que des gens qui sont loin d'avoir le courage et le talent qu'elles exigeraient, et que le besoin seul force à les accepter.

Toutefois, l'inconvénient est bien plus grave encore: le maître de pension, qui, nécessairement réduit à une certaine quantité d'élèves, les reçoit pourtant de tous les âges, et par conséquent les admet à divers degrés d'instruction, est très-borné par ses moyens pour le nombre de collaborateurs qu'il peut réunir; les huit ou dix classes dont il aurait besoin sont réduites à trois ou quatre, presque toujours trop fortes ou trop faibles pour les élèves qui y sont répartis. Il faut bien alors que leur esprit s'étende ou se rétrécisse, suivant le degré d'instruction qui leur est offert par une

espèce de supplice analogue à celui qu'avait inventé le brigand Procuste.

Je sais, et j'ai été à portée de voir que quelques instituteurs, par leur zèle, par leurs connaissances, et surtout par l'état florissant de leur maison, qui leur permettait de choisir et de multiplier leurs collaborateurs, ont obvié à une partie de ces inconvénients. Je dois même rendre justice à un assez grand nombre de chefs d'écoles secondaires et de la capitale et des départements, et publier hautement qu'ils n'ont négligé aucun moyen de remplir, autant qu'il était en eux, la lacune qui s'est trouvée dans l'éducation ; mais je dois dire en même temps que ce sont ceux-là même qui, sentant et avouant l'insuffisance de leurs efforts, ont le plus applaudi à l'établissement des lycées, et se sont empressés d'y envoyer leurs élèves externes, de même qu'autrefois les meilleures pensions de l'Université envoyaient aux collèges tous ceux de leurs écoliers qui étaient en état d'en suivre les classes. On ne connaissait alors de véritable éducation que celle qui était donnée ou dans les collèges, ou dans les établissements qui y étaient attachés. Alors le charlatanisme ne pouvait pas abuser de l'ignorance des parents, et par des programmes emphatiquement ridicules, et par des exercices où le maître qui interroge s'est d'avance concerté avec l'élève qui répond, et par des distributions dont tout le monde soit content, parce que le nombre des couronnes égale au moins celui des rivaux. On peut croire, en général, que, si l'on en excepte les pensions auxquelles leur éloignement ne permet pas de suivre les lycées, tous les établissements qui refusent d'envoyer leurs élèves aux lycées n'en agissent ordinairement ainsi que par le sentiment de la faiblesse de leurs études, dont ils craignent que la publicité des concours ne trahisse le secret.

Ceux qui disent tant de mal du mode actuel d'instruction peuvent-ils donc ignorer que la méthode adoptée par les lycées se rapproche beaucoup de celle que suivait avec tant de succès l'Université de Paris pour l'enseignement des langues anciennes, telle, à peu de chose près, qu'elle existait il y a vingt ans, et telle surtout que la développait, en l'améliorant encore, le sage Rollin dans dans son excellent *Traité des Études* ? Mais, comme s'en plaint Rollin lui-même, dans nos anciens collèges, on ne s'occupait pas assez de la langue et de la littérature françaises. L'étude de l'histoire et de la géographie y était souvent négligée. Enfin, le dessin et les langues modernes réclamaient le droit d'être admis dans l'éducation. D'un autre côté, le temps consacré aux sciences, sous le nom de *philosophie*, aurait été à peu près suffisant, s'il eût été mieux employé. Mais là, la logique et la métaphysique en consumaient la plus grande partie. L'étude des mathématiques y était beaucoup plus rapide, celle de la physique trop superficielle, celle de l'histoire naturelle absolument nulle. Ainsi les lycées, aux avantages

qu'offrait l'Université pour l'étude des langues anciennes, unissent ce qu'elle laissait à désirer sous le rapport du dessin, des langues modernes, de la géographie, de l'histoire, et surtout des sciences mathématiques et physiques. Une sage distribution du temps, l'emploi de bonnes méthodes, et, avant tout, le zèle et la capacité des maîtres, fournissent aux élèves les moyens de s'occuper, pendant le cours de leurs études, de ces diverses branches de connaissances, dont les unes peuvent se donner concurremment et les autres successivement. Le temps consacré à l'éducation n'y sera point abrégé, afin que les élèves dont l'esprit est plus lent à se développer puissent se mettre au niveau des esprits plus prompts et plus pénétrants ; ceux-ci, après avoir rempli leur tâche, pourront se livrer à des études accessoires, telles que celles que nous venons d'indiquer, et l'activité de leur esprit y trouvera un aliment utile.

L'Université de Paris n'avait aucune autorité, n'exerçait aucune influence directe sur les autres universités ou établissements d'instruction publique de l'empire. Ce n'était même qu'à Paris où l'on pût dire qu'il existait un système complet d'éducation, et c'était une des principales causes de la supériorité des études de la capitale. Les autres corporations s'éloignaient plus ou moins de sa méthode, et n'avaient entre elles aucun rapport, aucune communication. Comme elles ne dépendaient pas d'une même autorité, ne convergeaient pas à un même point, leur méthode était partout différente, et le gouvernement n'avait aucun moyen direct de s'assurer de leurs succès, de diriger leur marche, de réprimer leurs écarts.

Tous ces inconvénients disparaîtront par le projet dont je dois vous exposer les motifs. L'instruction deviendra partout uniforme et complète ; les abus qui pourraient s'y introduire seront bientôt connus et redressés. Et c'est surtout ici, Messieurs, que l'on sent l'avantage qui doit résulter de la création d'un corps enseignant pour tout l'empire. Il est aisé de prévoir et toute l'influence qu'il va exercer sur les écoles, et l'émulation générale qu'il va exciter entre les maîtres, et l'uniformité d'études comme de principes qui résultera de son organisation.

Le premier article du projet porte formation d'un corps ou Université impériale, chargé de l'enseignement public et de l'éducation de la jeunesse dans tout l'empire.

Ce mot formation indique que les éléments qui doivent composer ce corps existent, et qu'il ne s'agit plus que de les réunir et de les organiser. Que les fonctionnaires et professeurs actuels des lycées et des autres établissements d'instruction publique ne conçoivent donc aucune inquiétude sur leur sort. La loi qui est soumise à votre sanction, les mesures et les institutions qui en seront le développement et la conséquence, tout tend à améliorer et à consolider l'existence de ceux qui consacrent leurs soins à l'éduca-

tion. Entrés les premiers dans la carrière, ils ont déjà fait leurs preuves ; ils ont à la reconnaissance publique des titres qui ne peuvent que s'accroître. Le zèle et la capacité dont ils continueront de faire preuve dans l'exercice de leurs fonctions leur donneront des droits incontestables à en obtenir de plus importantes. Mais la considération dont on entoure ces places, et la perspective qui leur est ouverte, en augmentant le nombre des prétendants, donnera le droit d'exiger davantage.

Les emplois seront ou donnés au concours, ou accordés à ceux qui auront fait preuve de capacité et obtenu des grades à la suite d'examens. On rétablira l'institution utile des agrégés au professorat, et on la rendra plus complète en fournissant aux jeunes élèves qui se destineraient à l'enseignement les moyens de terminer leurs études, et de perfectionner leurs connaissances en les dirigeant vers l'art d'enseigner.

Parmi les fonctionnaires des lycées qui se seront le plus distingués dans l'administration ou dans l'enseignement, seront choisis des inspecteurs ou des administrateurs généraux de l'instruction publique ; chargés de visiter chaque année un certain nombre d'établissements publics de l'Université impériale, ils en préviendront le relâchement ; ils en connaîtront et en dénonceront les abus ; ils pourront en comparer les succès. Un conseil sera chargé de recueillir tout ce qui pourrait contribuer à l'amélioration des études, et de veiller sans cesse sur le sort et le succès des écoles.

Cette institution, Messieurs, qui existait dans l'Université de Paris, est encore plus destinée à prévenir les délits qu'à les punir. Si la conduite de ceux qui servent de modèles aux autres doit être irréprochable ; s'il faut être pur pour veiller sur l'innocence, on ne saurait douter que l'ordre et la régularité des maisons d'éducation, cette discipline à laquelle les maîtres eux-mêmes sont soumis, puisque, pour faire exécuter les règlements, ils commencent par les observer ; le spectacle d'une jeunesse qui a continuellement les yeux ouverts sur les moindres actions de ses maîtres, et, plus que tout cela, le sentiment de ses devoirs, ne soient presque toujours un frein suffisant pour celui qui serait tenté de s'en affranchir, et ne rappellent sans cesse leurs engagements à ceux qui seraient sur le point de les oublier. Mais, si quelqu'un, par des fautes graves, par l'oubli fréquent de ses devoirs, par un scandale public, par des leçons immorales ou irréligieuses, pouvait compromettre à la fois et l'innocence de la jeunesse qui lui est confiée et l'honneur du corps dont il est membre, son délit serait déféré devant le conseil de l'Université, qui, suivant la nature de ce délit, lui adresserait des avis ou des reproches, le suspendrait de ses fonctions, ou, en le rayant du tableau de l'Université, le rendrait inhabile à les remplir.

Mais, je le répète, il est à croire que rarement ce tribunal de discipline sera forcé de déployer son utile sévérité. Les places ne devant être confiées qu'à des personnes de mœurs et de conduite irréprochables, on peut croire que les membres du corps enseignant prendront, pour conserver les emplois, les moyens qui leur ont servi à les obtenir, et que, leur intérêt se trouvant lié à leur devoir, ils donneront à leurs élèves l'exemple des vertus en même temps que les leçons de la science.

Ainsi seront liés, par des rapports immédiats, tous les établissements d'instruction qui sont en ce moment isolés et indépendants les uns des autres. Ainsi seront réunis dans une seule coopération tous les hommes occupés du noble emploi d'instruire et d'élever la jeunesse. Des grades acquis par des examens seront exigés pour mériter des emplois ; et ils le seront dans un degré qui répondra à celui des fonctions auxquelles on voudra parvenir. Des statuts et des règlements fixeront les devoirs des membres en général, et de chaque fonctionnaire en particulier.

Un chef muni d'une autorité suffisante et de pouvoirs déterminés surveillera et dirigera toute la corporation, y maintiendra la discipline, et fera exécuter les règlements avec la force et la sévérité qui seules peuvent assurer les avantages et la durée du corps enseignant.

On doit se représenter la formation de ce corps comme le couronnement de tout l'édifice de l'instruction publique, reconstruit depuis quatre ans sur les bases établies par la loi du 11 floréal an X : c'est en même temps la garantie la plus forte de sa stabilité.

Le second article de la loi prescrit aux universitaires des obligations civiles, temporaires et spéciales. Les mots *civiles* et *temporaires* indiquent assez la nature de ces fonctions, et qu'elles n'ont aucune connexité nécessaire avec les fonctions des cultes.

L'Université de Paris était une corporation civile. Elle admettait indifféremment dans son sein ceux qui étaient engagés dans les nœuds du mariage, et ceux qui étaient revêtus du caractère du sacerdoce ; et ceux qui, sans aucun lien, sans aucun engagement, restaient célibataires pour vaquer librement à leurs fonctions. C'était à la fois la plus ancienne et la plus célèbre de toutes les institutions créées pour l'éducation de la jeunesse ; les justes reproches qu'on peut adresser à quelques parties de son système, et que je n'ai point dissimulés, n'étaient pas inhérents au fond même de sa méthode, et ces défauts ne pourront plus reparaître dans nos nouvelles institutions.

On élèverait à tort des doutes, on répandrait en vain des alarmes sur les obligations auxquelles devront être soumis les membres des universités ou du corps enseignant. Qui pourrait croire qu'on voudrait imposer à ces membres d'autres devoirs que ceux qui peuvent assurer tout à la fois et la bonté de l'enseignement, et la pureté des mœurs, et l'ordre nécessaire dans une grande corpora-

tion? L'expérience montre que la subordination est la partie la plus faible des établissements actuels d'instruction. Si la culture des sciences et des lettres demande une certaine indépendance, la marche régulière des études et des maisons d'éducation ne peut subsister avec l'anarchie, et c'est uniquement pour maintenir les droits de chacun qu'on doit régler les devoirs de chaque place. Telle sera la base générale des obligations indiquées par l'article 2 de la loi.

En se proposant d'établir, sous le nom d'Université impériale, un grand corps qui, sous plusieurs rapports, pourra être comparé à l'ancienne Université de Paris, le gouvernement entend le constituer sur un plan plus vaste; il veut faire marcher également dans tout l'empire les diverses parties de l'instruction; il veut y réunir à l'autorité d'une ancienne institution la rigueur et le nerf d'un établissement nouveau; il la veut non plus circonscrite, comme autrefois, dans les murs de la capitale, mais répandue sur toute la surface de l'empire, ayant partout des points de contact et de comparaison, soumise à l'influence générale d'une même administration, maintenue par une surveillance continuelle, préservée par les règlements de la manie des innovations et des systèmes, mais aussi affranchie de cet esprit de routine qui repousse tout ce qui est bon, uniquement parce qu'il est nouveau. Revêtu d'une considération encore plus grande que celle dont il jouissait, ce corps, qui verra ouvrir à ses membres une carrière sûre autant qu'honorable, où les emplois ne seront accordés qu'aux talents, et où les récompenses seront le prix des services, redoublera sans doute d'efforts et de zèle pour atteindre, pour surpasser la réputation des anciennes universités.

Vous allez, Messieurs, poser vous-mêmes les fondements de cet édifice dont le gouvernement a déjà rassemblé tous les matériaux. D'après le troisième article du projet, c'est dans la session de l'an 1810 qu'il vous soumettra l'organisation générale du corps enseignant, qui, avant d'être soumise à votre sanction, aura déjà commencé à recevoir celle de l'expérience.

Quant à moi, Messieurs, après avoir, pendant trente années, consacré à l'instruction publique le peu de lumières que l'étude et l'amour des lettres et des sciences m'ont permis d'acquérir, je m'applaudirai toute ma vie d'avoir concouru à réorganiser l'éducation et l'instruction publiques, d'après les vues du grand homme qui, non content d'avoir illustré son siècle et fait le bonheur de ses contemporains, prépare de hautes destinées à la génération qui doit nous succéder.

Napoléon ne tarda point à établir l'Université sur des bases qui lui paraissaient en harmonie avec sa constitution. Il pourvut à son organisation par son décret du 17 mars 1808.

### Décret impérial portant organisation de l'Université.
17 mars 1808.

Napoléon, par la grâce de Dieu et les constitu

tions de la République, empereur des Français, roi d'Italie, et protecteur de la confédération du Rhin;

Vu la loi du 10 mai 1806, portant création d'un corps enseignant;

Notre conseil d'Etat entendu;

Nous avons décrété et décrétons ce qui suit:

TITRE Ier. — *Organisation générale de l'Université.*

Article 1er. L'enseignement public, dans tout l'empire, est confié exclusivement à l'Université.

Art. 2. Aucune école, aucun établissement quelconque d'instruction, ne peut être formé hors de l'Université impériale, et sans l'autorisation de son chef.

Art. 3. Nul ne peut ouvrir d'école, ni enseigner publiquement, sans être membre de l'Université impériale, et gradué par l'une de ses facultés. Néanmoins l'instruction dans les séminaires dépend des archevêques et évêques, chacun dans son diocèse. Ils en nomment et révoquent les directeurs et professeurs. Ils sont seulement tenus de se conformer aux règlements pour les séminaires, par nous approuvés.

Art. 4. L'Université impériale sera composée d'autant d'académies qu'il y a de cours d'appel.

Art. 5. Les écoles appartenant à chaque académie seront placées dans l'ordre suivant: 1° Les Facultés pour les sciences approfondies, et la collation des grades; 2° les lycées pour les langues anciennes, l'histoire, la rhétorique, la logique et les éléments des sciences mathématiques et physiques; 3° les collèges, écoles secondaires communales, pour les éléments des langues anciennes et les premiers principes de l'histoire et des sciences; 4° les institutions, écoles tenues par des instituteurs particuliers, où l'enseignement se rapproche de celui des collèges; 5° les pensions, pensionnats appartenant à des maîtres particuliers, et consacrés à des études moins fortes que celles des institutions; 6° les petites écoles, écoles primaires, où l'on apprend à lire, à écrire, et les premières notions du calcul.

TITRE II. — *De la composition des Facultés.*

Article 1er. Il y aura, dans l'Université impériale, cinq ordres de Facultés, savoir: 1° des Facultés de théologie; 2° des Facultés de droit; 3° des Facultés de médecine; 4° des Facultés des sciences mathématiques et physiques; 5° des Facultés des lettres.

Art. 2. L'évêque ou l'archevêque du chef-lieu de l'académie présentera au grand maître les docteurs en théologie, parmi lesquels les professeurs seront nommés. Chaque présentation sera de trois sujets au moins, entre lesquels sera établi le concours sur lequel il sera prononcé par les membres de la faculté de théologie.

Le grand maître nommera, pour la première fois, les doyens et professeurs entre les docteurs présentés par l'archevêque ou l'évêque, ainsi qu'il est dit ci-dessus.

Les doyens et professeurs des autres Facultés seront nommés, pour la première fois, par le grand maître. Après la première formation, les places des professeurs vacantes dans ces Facultés seront données au concours.

Art. 3. Il y aura autant de Facultés de théologie que d'églises métropolitaines, et il y en aura une à Strasbourg et une à Genève pour la religion réformée.

Chaque Faculté de théologie sera composée de trois professeurs au moins; le nombre pourra en être augmenté, si celui des élèves paraît l'exiger.

Art. 4. De ces trois professeurs, l'un enseignera l'histoire ecclésiastique, l'autre le dogme, et le troisième la morale évangélique.

Art. 5. Il y aura, à la tête de chaque Faculté de théologie, un doyen qui sera choisi parmi les professeurs.

Art. 6. Les écoles actuelles de droit formeront

douze Facultés de même nom, appartenant aux académies dans les arrondissements desquelles elles sont situées. Elles resteront organisées comme elles le sont par la loi du 22 ventôse an XII, et le décret impérial du quatrième jour complémentaire de la même année.

Art. 7. Les cinq écoles actuelles de médecine formeront cinq Facultés du même nom, appartenant aux académies dans lesquelles elles sont placées. Elles conserveront l'organisation déterminée par la loi du 19 ventôse an II.

Art. 8. Il sera établi auprès de chaque lycée au chef-lieu d'une académie, une Faculté des sciences. Le premier professeur de mathématiques du lycée en fera nécessairement partie. Il sera ajouté trois professeurs, l'un de mathématiques, l'autre d'histoire naturelle, et le troisième de physique et de chimie. Le proviseur et le censeur y seront adjoints. L'un des professeurs sera doyen.

Art. 9. A Paris, la Faculté des sciences sera formée de la réunion de deux professeurs du Collège de France, de deux du Muséum d'histoire naturelle, de deux de l'Ecole polytechnique, et de deux professeurs de mathématiques des lycées. Un de ces professeurs sera nommé doyen. Le lieu où elle siégera, ainsi que celui de la Faculté des lettres, sera déterminé par le chef de l'Université.

Art. 10. Il y aura auprès de chaque lycée, chef-lieu d'une académie, une Faculté des lettres; elle sera composée du professeur de belles-lettres du lycée, et de deux autres professeurs. Le proviseur et le censeur pourront leur être adjoints. Le doyen sera choisi parmi les trois premiers membres. A Paris, la Faculté des lettres sera formée de trois professeurs du Collège de France et de trois professeurs de belles-lettres des lycées. Le lieu où elle siégera, ainsi que celui où se tiendront les actes de la Faculté des sciences de Paris, sera déterminé par le chef de l'Université.

TITRE III. — *Des grades des Facultés et des moyens de les obtenir.*

§ Ier. Des grades en général.

Article 1er. Les grades, dans chaque Faculté, seront au nombre de trois; savoir: le baccalauréat, la licence, le doctorat.

Art. 2. Les grades seront conférés par les Facultés, à la suite d'examens et d'actes publics.

Art. 3. Les grades ne donneront pas le titre de membre de l'Université; mais ils seront nécessaires pour l'obtenir.

§ II. Des grades de la Faculté des lettres.

Art. 1er. Pour être admis à subir l'examen du baccalauréat dans la Faculté des lettres; il faudra : 1° être âgé au moins de seize ans; 2° répondre sur tout ce qu'on enseigne dans les hautes classes des lycées.

Art. 2. Pour subir examen de la licence dans la même Faculté, il faudra : 1° produire ses lettres de bachelier obtenues depuis un an : 2° composer en latin et en français, sur un sujet, et dans un temps donné.

Art. 3. Le doctorat, dans la Faculté des lettres, ne pourra être obtenu qu'en présentant son titre de licencié, et en soutenant deux thèses, l'une sur la rhétorique et la logique, l'autre sur la littérature ancienne : la première devra être écrite et soutenue en latin.

§ III. Des grades de la Faculté des sciences mathématiques et physiques.

Article 1er. On ne sera reçu bachelier dans la Faculté des sciences, qu'après avoir obtenu le même grade dans celle des lettres, et qu'en répondant sur l'arithmétique, la géométrie, la trigonométrie rectiligne, l'algèbre et son application à la géométrie.

Art. 2. Pour être reçu licencié dans la Faculté des sciences, on répondra sur la statique et sur le calcul différentiel et intégral.

Art. 3. Pour être reçu docteur dans cette Faculté, on soutiendra deux thèses, soit sur la mécanique et l'astronomie, soit sur la physique et la chimie, soit sur les trois parties de l'histoire naturelle, suivant celle de ces sciences à l'enseignement de laquelle on déclare se destiner.

§ IV. Des grades des Facultés de médecine et de droit.

Art. 1er. Les grades des Facultés de médecine et de droit continueront à être conférés d'après les lois et règlements établis pour ces écoles.

Art. 2. A compter du 1er octobre 1815, on ne pourra être admis au baccalauréat dans les Facultés de droit et de médecine, sans avoir au moins le grade de bachelier dans celle des lettres.

§ V. Des grades de la Faculté de théologie.

Article 1er. Pour être admis à subir l'examen du baccalauréat en théologie, il faudra : 1° être âgé de vingt ans; 2° être bachelier dans la Faculté des lettres; 3° avoir fait un cours de trois ans dans une des Facultés de théologie. On n'obtiendra les lettres de bachelier qu'après avoir soutenu une thèse publique.

Art. 2. Pour subir l'examen de la licence en théologie, il faudra produire ses lettres de bachelier, obtenues depuis un an au moins.

On ne sera reçu licencié dans cette Faculté qu'après avoir soutenu deux thèses publiques, dont l'une sera nécessairement en latin.

Pour être reçu docteur en théologie, on soutiendra une dernière thèse générale.

TITRE IV. — *De l'ordre qui sera établi entre les membres de l'Université; des rangs et des titres attachés aux fonctions.*

§ Ier. Des rangs parmi les fonctionnaires.

Art. 1. Les fonctionnaires de l'Université impériale prendront rang entre eux dans l'ordre suivant:

RANGS.

| d'administration. | d'enseignement. |
|---|---|
| 1er Le grand maître. | |
| 2° Le chancelier, | |
| 3° Le trésorier. | |
| 4° Les conseillers à vie. | |
| 5° Les conseillers ordinaires. | |
| 6° Les inspecteurs de l'Université. | |
| 7° Les recteurs des académies. | |
| 8° Les inspecteurs des académies. | |
| 9° Les doyens des Facultés. | |
| 10° . . . . . . . . . | Les professeurs des Facultés. |
| 11° Les proviseurs } des lycées. | |
| 12° Les censeurs } | |
| 13° . . . . . . . . . | Les professeurs des lycées. |
| 14° Les principaux des collèges. | |
| 15° . . . . . . . . . | Les agrégés. |
| 16° . . . . . . . . . | Les régents des collèges. |
| 17° Les chefs d'institution. | |
| 18° Les maîtres de pension. | |
| 19° . . . . . . . . . | Les maîtres d'étude. |

Art. 2. Après la première formation de l'Université impériale, l'ordre des rangs sera suivi dans la nomination des fonctionnaires, et nul ne pourra être appelé à une place qu'après avoir passé par les places inférieures.

Les emplois formeront aussi une carrière qui présentera, au savoir et à la conduite, l'espérance d'arriver aux premiers rangs de l'Université impériale.

Art. 3. Pour remplir les diverses fonctions énumérées ci-dessus, il faudra avoir obtenu, dans les différentes Facultés, des grades correspondants à la nature et à l'importance de ces fonctions : 1° Les emplois de maîtres d'étude et de pension ne pourront être occupés que par des individus qui auront obtenu le grade de bachelier dans la Faculté des lettres. 2° Il faudra être bachelier dans les deux Facultés des lettres et des sciences pour devenir chef d'institution. 3° Les principaux et les régents des colléges, les agrégés et professeurs des sixième et cinquième, et quatrième et troisième classes des lycées, devront avoir le grade de bachelier dans les Facultés des lettres ou des sciences, suivant qu'ils enseigneront les langues ou les mathématiques. 4° Les agrégés et professeurs de deuxième et de première classe, dans les lycées, devront être licenciés dans les Facultés relatives à leurs classes. 5° Les agrégés et professeurs de belles-lettres et de mathématiques transcendantes dans les lycées devront être docteurs dans les Facultés des lettres ou des sciences. 6° Les censeurs seront licenciés dans ces deux Facultés. 7° Les proviseurs, au grade de docteur dans les lettres, joindront celui de bachelier dans les sciences. 8° Les professeurs des Facultés et les doyens devront être docteurs dans leurs Facultés respectives.

§ II. Des titres attachés aux fonctions.

Article 1er. Il est créé parmi les gradués fonctionnaires de l'Université, des titres honorifiques destinés à distinguer les fonctions éminentes, et à récompenser les services rendus à l'enseignement.

Ces titres seront au nombre de trois, savoir : 1° les titulaires, 2° les officiers de l'Université, 3° les officiers des académies.

Art. 2. A ces titres seront attachées, 1° des pensions qui seront données par le grand maître, 2° une décoration qui consistera dans une double palme brodée sur la partie gauche de la poitrine. La décoration sera brodée en or pour les titulaires, en argent pour les officiers de l'Université, en soie bleue et blanche pour les officiers des académies.

Art. 3. Seront titulaires de l'Université impériale, dans l'ordre suivant : 1° le grand maître de l'Université ; 2° le chancelier de l'Université ; 3° le trésorier de l'Université ; 4° les conseillers à vie de l'Université.

Art. 4. Seront, de droit, officiers de l'Université, les conseillers ordinaires de l'Université, les inspecteurs de l'Université, les recteurs, les inspecteurs des académies, les doyens et professeurs des facultés.

Art. 5. Le titre d'officier de l'Université pourra aussi être accordé par le grand maître aux proviseurs, censeurs, et aux professeurs des deux premières classes des lycées les plus recommandables par leurs talents et par leurs services.

Art. 6. Seront de droit officiers des académies les proviseurs, censeurs et professeurs des deux premières classes des lycées, et les principaux des colléges.

Le titre d'officier des académies pourra aussi être accordé par le grand maître aux autres professeurs des lycées, ainsi qu'aux régents des colléges et aux chefs d'institution, dans le cas où ces divers fonctionnaires auraient mérité cette distinction par des services éminents.

Art. 7. Les professeurs et agrégés des lycées, les régents des colléges et les chefs d'institution qui n'auraient pas les titres précédents, porteront, ainsi que les maîtres de pension et les maîtres d'études, le seul titre de membres de l'Université.

Titre V. — *Des bases de l'enseignement dans les écoles de l'Université.*

Article 1er. Toutes les écoles de l'Université impériale prendront pour base de leur enseignement. 1° les préceptes de la religion catholique ; 2° la fidélité à l'empereur, à la monarchie impériale, dépositaire du bonheur des peuples, et à la dynastie napoléonienne, conservatrice de l'unité de la France et de toutes les idées libérales proclamées par les constitutions ; 3° l'obéissance aux statuts du corps enseignant, qui ont pour objet l'uniformité de l'instruction, et qui tendent à former, pour l'État, des citoyens attachés à leur religion, à leur prince, à leur patrie et à leur famille. 4° Tous les professeurs de théologie seront tenus de se conformer aux dispositions de l'édit de 1682, concernant les quatre propositions contenues en la déclaration du clergé de France ladite année.

Titre VI. — *Des obligations que contractent les membres de l'Université.*

Article 1er. Aux termes de l'article 2 de la loi du 10 mai 1806, les membres de l'Université impériale, lors de leur installation, contracteront par serment, les obligations civiles, spéciales et temporaires, qui doivent les lier au corps enseignant.

Art. 2. Ils s'engageront à l'exacte observation des statuts et règlements de l'Université.

Art. 3. Ils promettront obéissance au grand maître dans tout ce qu'il leur commandera pour notre service et pour le bien de l'enseignement.

Art. 4. Ils s'engageront à ne quitter le corps enseignant et leurs fonctions qu'après en avoir obtenu l'agrément du grand maître, dans les formes qui vont être prescrites.

Art. 5. Le grand maître pourra dégager un membre de l'Université de ses obligations, et lui permettre de quitter le corps ; en cas de refus du grand maître, et de persistance de la part d'un membre de l'Université dans la résolution de quitter le corps, le grand maître sera tenu de lui délivrer une lettre d'*exeat* après trois demandes consécutives, réitérées de deux mois en deux mois.

Art. 6. Celui qui aura quitté le corps enseignant sans avoir rempli ces formalités, sera rayé du tableau de l'Université, et encourra la peine attachée à cette radiation.

Art. 7. Les membres de l'Université ne pourront accepter aucune fonction publique ou particulière et salariée, sans la permission authentique du grand maître.

Art. 8. Les membres de l'Université seront tenus d'instruire le grand maître et ses officiers de tout ce qui viendrait à leur connaissance de contraire à la doctrine et aux principes du corps enseignant, dans les établissements d'instruction publique.

Art. 9. Les peines de discipline qu'entraînerait la violation des devoirs et des obligations, seront : 1° les arrêts ; 2° la réprimande en présence d'un conseil académique ; 3° la censure en présence du conseil de l'Université ; 4° La mutation pour un emploi inférieur ; 5° la suspension de fonctions pour un temps déterminé, avec ou sans privation totale ou partielle du traitement ; 6° la réforme ou la retraite donnée avant le temps de l'émérita, avec un traitement moindre que la pension des émérites ; 7° Enfin, la radiation du tableau de l'Université.

Art. 10. Tout individu qui aura encouru la radiation sera incapable d'être employé dans aucune administration publique.

Art. 11. Les rapports entre les peines et les contraventions aux devoirs, ainsi que la graduation de ces peines d'après les différents emplois seront établis par des statuts.

**Titre VII.** — *Des fonctions et attributions du grand maître de l'Université.*

Article 1er. L'Université impériale sera régie et gouvernée par le grand maître, qui sera nommé et révocable par nous.

Art. 2. Le grand maître aura la nomination aux places administratives et aux chaires des collèges et des lycées ; il nommera également les officiers des académies et ceux de l'Université ; et il fera toutes les promotions dans le corps enseignant.

Art. 3. Il instituera les sujets qui auront obtenu les chaires des Facultés, d'après des concours dont le mode sera déterminé par le conseil de l'Université.

Art. 4. Il nommera et placera, dans les lycées, les élèves qui auront concouru pour obtenir des bourses entières ou partielles.

Art. 5. Il accordera la permission d'enseigner et d'ouvrir des maisons d'instruction aux gradués de l'Université qui la lui demanderont, et qui auront rempli les conditions exigées par les règlements pour obtenir cette permission.

Art. 6. Le grand maître nous sera présenté par notre ministre de l'intérieur, pour nous soumettre, chaque année : 1° le tableau des établissements d'instruction, et spécialement des pensions, institutions, collèges et lycées ; 2° celui des officiers des académies et des officiers de l'Université ; 3° le tableau de l'avancement des membres du corps enseignant qui l'auront mérité par leurs services. Il fera publier ces tableaux à l'ouverture de l'année scolaire.

Art. 7. Il pourra faire passer d'une académie dans une autre les régents et principaux des collèges entretenus par les communes, ainsi que les fonctionnaires et professeurs des lycées, en prenant l'avis de trois membres du conseil.

Art. 8. Il aura le droit d'infliger les arrêts, la réprimande, la censure, la mutation et la suspension des fonctions (*article* 47) aux membres de l'Université qui auront manqué assez gravement à leurs devoirs pour encourir ces peines.

Art. 9. D'après les examens, et sur les rapports favorables des Facultés, visés par les recteurs, le grand maître ratifiera les réceptions. Dans le cas où il croira devoir refuser cette ratification, il en sera référé à notre ministre de l'intérieur, qui nous en fera son rapport, pour être pris par nous, en notre conseil d'État, le parti qui sera jugé convenable. Lorsqu'il le jugera utile au maintien de la discipline, le grand maître pourra faire recommencer les examens pour l'obtention des grades.

Art. 10. Les grades, les titres, les fonctions, les chaires, et, en général, tous les emplois de l'Université impériale, seront conférés aux membres de ce corps, par des diplômes donnés par le grand maître, et portant le sceau de l'Université.

Art. 11. Il donnera aux différentes écoles les règlements de discipline, qui seront discutés par le conseil de l'Université.

Art. 12. Il convoquera et présidera ce conseil, et il en nommera les membres, ainsi que ceux des conseils académiques, comme il sera dit aux titres suivants.

Art. 13. Il se fera rendre compte de l'état des recettes et des dépenses des établissements d'instruction, et il le fera présenter au conseil de l'Université par le trésorier.

Art. 14. Il aura le droit de faire afficher et publier les actes de son autorité et ceux du conseil de l'Université ; ces actes devront être munis du sceau de l'Université, représentant un aigle portant une palme, suivant le modèle annexé au présent décret.

**Titre VIII.** — *Des fonctions et attributions du chancelier et du trésorier de l'Université.*

Article 1er. Il y aura, immédiatement après le grand maître, deux titulaires de l'Université impériale ; l'un aura le titre de chancelier, et l'autre celui de trésorier.

Art. 2. Le chancelier et le trésorier seront nommés et révocables par nous.

Art. 3. En l'absence du grand maître, ils présideront le conseil, suivant l'ordre de leur rang.

Art. 4. Le chancelier sera chargé du dépôt et de la garde des archives et du sceau de l'Université ; il signera tous les actes émanés du grand maître et du conseil de l'Université ; il signera également les diplômes donnés pour toutes les fonctions. Il présentera au grand maître les titulaires, les officiers de l'Université et des Académies, ainsi que les fonctionnaires qui devront prêter le serment. Il surveillera la rédaction du grand registre annuel des membres de l'Université, dont il sera parlé au titre XII.

Art. 5. Le trésorier sera spécialement chargé des recettes et des dépenses de l'Université ; il veillera à ce que les droits perçus dans tout l'empire, au profit de l'Université, soient versés fidèlement dans son trésor ; il ordonnancera les traitements et pensions des fonctionnaires de l'Université ; il surveillera la comptabilité des lycées, des collèges et de tous les établissements des académies ; il fera son rapport au grand maître et au conseil de l'Université.

**Titre IX.** — *Du conseil de l'Université.*

§ 1er. De la formation du conseil.

Article 1er. Le conseil de l'Université sera composé de trente membres.

Art. 2. Dix de ces membres, dont six choisis parmi les inspecteurs et quatre parmi les recteurs, seront conseillers à vie ou conseillers titulaires de l'Université. Ils seront brevetés par nous.

Les conseillers ordinaires, au nombre de vingt, seront pris parmi les inspecteurs, les doyens et professeurs des Facultés, et les proviseurs des lycées.

Art. 3. Tous les ans, le grand maître fera la liste des vingt conseillers ordinaires qui doivent compléter le conseil pendant l'année.

Art. 4. Pour être conseiller à vie, il faudra avoir au moins dix ans d'ancienneté dans le corps de l'Université, avoir été cinq ans recteur ou inspecteur, et avoir siégé en cette qualité au conseil.

Art. 5. Un secrétaire général, choisi parmi les conseillers ordinaires, et nommé par le grand maître, rédigera les procès-verbaux des séances du conseil.

Art. 6. Un conseil de l'Université s'assemblera au moins deux fois par semaine, et plus souvent si le grand maître le trouve nécessaire.

Art. 7. Le conseil sera partagé pour le travail en cinq sections :

La première s'occupera de l'état et du perfectionnement des études ;

La seconde, de l'administration et de la police des écoles ;

La troisième, de leur comptabilité ;

La quatrième, du contentieux ;

Et la cinquième, des affaires du sceau de l'Université.

Chaque section examinera les affaires qui lui seront renvoyées par le grand maître, et en fera le rapport au conseil, qui en délibérera.

§ II. Des attributions du conseil.

Article 1. Le grand maître proposera à la discussion du conseil tous les projets de règlements et de statuts qui pourront être faits pour les écoles de divers degrés.

Art. 2. Toutes les questions relatives à la police, à la comptabilité et à l'administration générale des Facultés, des lycées et des collèges, seront jugées par le conseil, qui arrêtera les budgets de ces écoles sur le rapport du trésorier de l'Université.

Art. 3. Il jugera les plaintes des supérieurs et les réclamations des inférieurs.

Art. 4. Il pourra seul infliger aux membres de l'Université les peines de la réforme et de la radia-

tion (art. 47), d'après l'instruction et l'examen des délits qui emporteront la condamnation à ces peines.

Art. 5. Le conseil admettra ou rejettera les ouvrages qui auront été ou devront être mis entre les mains des élèves, ou placés dans les bibliothèques des lycées et des colléges ; il examinera les ouvrages nouveaux qui seront proposés pour l'enseignement des mêmes écoles.

Art. 6. Il entendra le rapport des inspecteurs au retour de leur mission.

Art. 7. Les affaires contentieuses relatives à l'administration générale des académies et de leurs écoles, et celles qui concerneront les membres de l'Université en particulier par rapport à leurs fonctions, seront portées au conseil de l'Université. Les décisions prises à la majorité absolue des voix, d'après une discussion approfondie, seront exécutées par le grand maître. Néanmoins il pourra y avoir recours à notre conseil d'État contre les décisions, sur le rapport de notre ministre de l'intérieur.

Art. 8. D'après la proposition du grand maître, et sur la présentation de notre ministre de l'intérieur, une commission du conseil de l'Université pourra être admise à notre conseil d'État pour solliciter la réforme des règlements et les décisions interprétatives de la loi.

Art. 9. Les procès-verbaux des séances du conseil de l'Université seront envoyés, chaque mois, à notre ministre de l'intérieur ; les membres du conseil pourront faire insérer dans ces procès-verbaux les motifs de leurs opinions, lorsqu'elles différeront de l'avis adopté par le conseil.

TITRE X. — *Des conseils académiques.*

Art. 1er. Il sera établi au chef-lieu de chaque académie, un conseil composé de dix membres, désignés par le grand maître parmi les fonctionnaires et officiers de l'académie.

Art. 2. Les conseils académiques seront présidés par les recteurs ; ils s'assembleront au moins deux fois par mois, et plus souvent si les recteurs le jugent convenable. Les inspecteurs des études y assisteront lorsqu'ils se trouveront dans les chefs-lieux des académies.

Art. 3. Il sera traité, dans les conseils académiques, 1° de l'état des écoles de leurs arrondissements respectifs ; 2° des abus qui pourraient s'introduire dans leur discipline, leur administration économique, ou dans leur enseignement, et des moyens d'y remédier ; 3° des affaires contentieuses relatives à leurs écoles en général, ou aux membres de l'Université résidant dans leurs arrondissements ; 4° des délits qui auraient pu être commis par ces membres ; 5° de l'examen des comptes des lycées et des colléges situés dans leurs arrondissements.

Art. 4. Les procès-verbaux et rapports de ces conseils seront envoyés par les recteurs au grand maître, et communiqués par lui au conseil de l'Université, qui en délibérera, soit pour remédier aux abus dénoncés, soit pour juger les délits et contraventions d'après l'instruction écrite, comme il est dit à l'article 79. Les recteurs pourront joindre leur avis particulier aux procès-verbaux des conseils académiques.

Art. 5. A Paris, le conseil de l'Université remplira les fonctions du conseil académique.

TITRE XI. — *Des inspecteurs de l'Université et des inspecteurs des académies.*

Art. 1er. Les inspecteurs généraux de l'Université seront nommés par le grand maître, et pris parmi les officiers de l'Université ; leur nombre sera de vingt au moins, et ne pourra excéder trente.

Art. 2. Ils seront partagés en cinq ordres, comme les Facultés ; ils n'appartiendront à aucune académie en particulier ; ils les visiteront alternativement, et sur l'ordre du grand maître, pour reconnaître l'état des études et de la discipline dans les Facultés, les

lycées et les colléges, pour s'assurer de l'exactitude et des talents des professeurs, des régents et des maîtres d'étude, pour examiner les élèves, enfin pour en surveiller l'administration et la comptabilité.

Art. 3. Le grand maître aura le droit d'envoyer dans les académies, et pour des inspections extraordinaires, des membres du conseil, autres que les inspecteurs de l'Université, lorsqu'il y aura lieu d'examiner et d'instruire quelque affaire importante.

Art. 4. Il y aura dans chaque académie un ou deux inspecteurs particuliers, qui seront chargés, par ordre du recteur, de la visite et de l'inspection des écoles de leurs arrondissements, spécialement des colléges, des institutions, des pensions et des écoles primaires. Ils seront nommés par le grand maître, sur la présentation des recteurs.

TITRE XII. — *Des recteurs des académies.*

Art. 1er. Chaque académie sera gouvernée par un recteur, sous les ordres immédiats du grand maître, qui le nommera pour cinq ans , et le choisira parmi les officiers des académies.

Art. 2. Les recteurs pourront être renommés autant de fois que le grand maître le jugera utile ; ils résideront dans les chefs-lieux des académies.

Art. 3. Ils assisteront aux examens et réceptions des Facultés. Ils visiteront et délivreront les diplômes des gradués, qui seront de suite envoyés à la ratification du grand maître.

Art. 4. Ils se feront rendre compte par les doyens des Facultés, les proviseurs des lycées et les principaux des colléges, de l'état de ces établissements ; et ils en dirigeront l'administration, surtout sous le rapport de la sévérité, de la discipline, et de l'économie dans les dépenses.

Art. 5. Ils feront inspecter et surveiller, par les inspecteurs particuliers des académies, les écoles, et surtout les colléges, les institutions et les pensions, et ils feront eux-mêmes des visites le plus souvent qu'il leur sera possible.

Art. 6. Il sera tenu dans chaque école, par ordre des recteurs, un registre annuel sur lequel chaque administrateur, professeur, agrégé, régent et maître d'étude, inscrira lui-même, et par colonnes, ses nom, prénom, âge, lieu de naissance, ainsi que les places qu'il a occupées, les emplois qu'il a remplis dans les écoles.

Les chefs des écoles enverront un double de ces registres aux recteurs de leurs académies, qui le feront parvenir au chancelier de l'Université. Le chancelier fera dresser, avec ces listes académiques, un registre général pour chaque année, lequel sera déposé aux archives de l'Université.

TITRE XIII. — *Des règlements à donner aux lycées, aux colléges, aux institutions, aux pensions, et aux écoles primaires.*

Art. 1er. Le grand maître fera revoir, discuter et arrêter au conseil de l'Université, les règlements existant aujourd'hui pour les lycées et les colléges. Les changements ou modifications qui pourront y être faits, devront s'accorder avec les dispositions suivantes.

Art. 2. A l'avenir, et après l'organisation complète de l'Université, les proviseurs et censeurs des lycées, les principaux et régents des colléges, ainsi que les maîtres d'études de ces écoles, seront astreints au célibat et à la vie commune.

Les professeurs des lycées pourront être mariés, et, dans ce cas, ils logeront hors du lycée. Les professeurs célibataires pourront y loger, et profiter de la vie commune.

Art. 3. Aucun professeur de lycée ne pourra ouvrir de pensionnat, ni faire des classes publiques hors du lycée ; chacun d'eux pourra néanmoins prendre chez lui un ou deux élèves qui suivront les classes du lycée.

Art. 4. Aucune femme ne pourra être logée ni reçue dans l'intérieur des lycées et des colléges.

Art. 5. Les chefs d'institutions et les maîtres de

pension ne pourront exercer sans avoir reçu du grand maître de l'Université un brevet portant pouvoir de tenir leur établissement. Ce brevet sera de dix années, et pourra être renouvelé. Ils se conformeront les uns et les autres aux règlemens que le grand maître leur adressera, après les avoir fait délibérer et arrêter en conseil de l'Université.

Art. 6. Il ne sera rien imprimé et publié pour annoncer les études, la discipline, les conditions des pensions, ni sur les exercices des élèves dans les écoles, sans que les divers prospectus et programmes aient été soumis aux recteurs et au conseil des académies, et sans en avoir obtenu l'approbation.

Art. 7. Sur la proposition des recteurs, l'avis des inspecteurs, et d'après une information faite par les conseils académiques, le grand maître, après avoir consulté le conseil de l'Université, pourra faire fermer les institutions et pensions où il aura été reconnu des abus graves et des principes contraires à ceux que professe l'Université.

Art. 8. Le grand maître fera discuter par le conseil de l'Université la question relative aux degrés d'instruction qui devront être attribués à chaque genre d'école, afin que l'enseignement soit distribué le plus uniformément possible dans toutes les parties de l'empire, et pour qu'il s'établisse une émulation utile aux bonnes études.

Art. 9. Il sera pris par l'Université des mesures pour que l'art d'enseigner à lire, à écrire, et les premières notions du calcul dans les écoles primaires, ne soit exercé désormais que par des maîtres assez éclairés pour communiquer facilement et sûrement ces premières connaissances nécessaires à tous les hommes.

Art. 10. A cet effet, il sera établi, auprès de chaque académie, et dans l'intérieur des collèges ou des lycées, une ou plusieurs classes normales, destinées à former des maîtres pour les écoles primaires. On y exposera les méthodes les plus propres à perfectionner l'art de montrer à lire, à écrire et à chiffrer.

Art. 11. Les Frères des Écoles chrétiennes seront brevetés et encouragés par le grand maître, qui visera leurs statuts intérieurs, les admettra au serment, leur prescrira un habit particulier, et fera surveiller leurs écoles. Les supérieurs de ces congrégations pourront être membres de l'Université.

TITRE XIV. — *Du mode de renouvellement des fonctionnaires et professeurs de l'Université.*

§ I<sup>er</sup>. Des aspirants et de l'École normale.

Art. 1<sup>er</sup>. Il sera établi à Paris un pensionnat normal, destiné à recevoir jusqu'à trois cents jeunes gens, qui y seront formés à l'art d'enseigner les lettres et les sciences.

Art. 2. Les inspecteurs choisiront, chaque année, dans les lycées, d'après des examens et des concours, un nombre déterminé d'élèves, âgés de dix-sept ans au moins, parmi ceux dont les progrès et la bonne conduite auront été les plus constants, et qui annonceront le plus d'aptitude à l'administration ou à l'enseignement.

Art. 3. Les élèves qui se présenteront à ce concours, devront être autorisés, par leur père ou par leur tuteur, à suivre la carrière de l'Université. Ils ne pourront être reçus au pensionnat normal qu'en s'engageant à rester dix années au moins dans le corps enseignant.

Art. 4. Ces aspirants suivront les leçons du Collége de France, de l'École polytechnique, ou du Muséum d'histoire naturelle, suivant qu'ils se destineront à enseigner les lettres ou les divers genres de sciences.

Art. 5. Les aspirants, outre ces leçons, auront, dans leur pensionnat, des répétiteurs choisis parmi les plus anciens et les plus habiles de leurs condisciples, soit pour revoir les objets qui leur seront ensei-

gnés dans les écoles spéciales ci-dessus désignées, soit pour s'exercer aux expériences de physique et de chimie, et pour se former à l'art d'enseigner.

Art. 6. Les aspirants ne pourront pas rester plus de deux ans au pensionnat normal. Ils y seront entretenus aux frais de l'Université, et astreints à une vie commune, d'après un règlement que le grand maître fera discuter au conseil de l'Université.

Art. 7. Le pensionnat normal sera sous la surveillance immédiate d'un des quatre recteurs conseillers à vie, qui y résidera, et aura sous lui un directeur des études.

Art. 8. Le nombre des aspirants à recevoir chaque année dans les lycées, et à envoyer au pensionnat normal de Paris, sera réglé par le grand maître, d'après l'état et le besoin des collèges et des lycées.

Art. 9. Les aspirants, dans le cours de leurs deux années d'études au pensionnat normal, ou à leur terme, devront prendre leurs grades, à Paris, dans la Faculté des lettres ou dans celle des sciences. Ils seront de suite appelés par le grand maître pour remplir les places dans les académies.

§ II. Des agrégés.

Art. 1<sup>er</sup>. Les maîtres d'études des lycées et les régents des collèges seront admis à concourir entre eux pour obtenir l'agrégation au professorat des lycées.

Art. 2. Le mode d'examen nécessaire pour le concours des agrégés sera déterminé par le conseil de l'Université.

Art. 3. Il sera reçu successivement un nombre d'agrégés suffisant pour remplacer les professeurs des lycées. Ce nombre ne pourra excéder le tiers de celui des professeurs.

Art. 4. Les agrégés auront un traitement annuel de 400 francs, qu'ils toucheront jusqu'à ce qu'ils soient nommés à une chaire de lycée ; ils seront répartis par le grand maître dans les académies ; ils remplaceront les professeurs malades.

TITRE XV. — *De l'éméritat et des retraites.*

Article<sup>er</sup>. Les fonctionnaires de l'Université compris dans les quinze premiers rangs, à l'article 29, après un exercice de trente années sans interruption, pourront être déclarés émérites, et obtenir une pension de retraite qui sera déterminée, suivant les différentes fonctions, par le conseil de l'Université.

Chaque année d'exercice au-dessus de trente sera comptée aux émérites, et augmentera leur pension d'un vingtième.

Art. 2. Les pensions d'émérites ne pourront pas être cumulées avec les traitements attachés à une fonction quelconque de l'Université.

Art. 3. Il sera établi une maison de retraite où les émérites pourront être reçus et entretenus aux frais de l'Université.

Art. 4. Les fonctionnaires de l'Université, attaqués, pendant l'exercice de leurs fonctions, d'une infirmité qui les empêcherait de les continuer, pourront être reçus dans la maison de retraite avant l'époque de leur éméritat.

Art. 5. Les membres des anciennes corporations enseignantes, âgés de plus de soixante ans, qui se trouveront dans le cas indiqué par les articles précédents, pourront être admis dans la maison de retraite de l'Université, ou obtenir une pension, d'après la décision du grand maître, auquel ils adresseront leurs titres.

TITRE XVI. — *Des costumes.*

Article 1<sup>er</sup>. Le costume commun à tous les membres de l'Université sera l'habit noir, avec une palme brodée en soie bleue sur la partie gauche de la poitrine.

Art. 2. Les régents et professeurs feront leurs leçons en robe d'étamine noire. Par-dessus la robe,

et sur l'épaule gauche, sera placée la chausse, qui variera de couleur suivant les Facultés, et de bordure seulement suivant les grades.

Art. 3. Les professeurs de droit et de médecine conserveront leur costume actuel.

TITRE XVII. — *Des revenus de l'Université impériale.*

Art. 1er. Les 400,000 fr. de rentes inscrites sur le grand livre, et appartenant à l'instruction publique, formeront l'apanage de l'Université impériale.

Art. 2. Toutes les rétributions payées pour collation des grades dans les Facultés de théologie, des lettres et des sciences, seront versées dans le trésor de l'Université.

Art. 3. Il sera fait, au profit du même trésor, un prélèvement d'un dixième sur les droits perçus dans les écoles de droit et de médecine, pour les examens et réceptions. Les neuf autres dixièmes continueront à être appliqués aux dépenses de ces Facultés.

Art. 4. Il sera prélevé, au profit de l'Université et dans toutes les écoles de l'empire, un vingtième sur la rétribution payée par chaque élève pour son instruction.

Ce prélèvement sera fait par le chef de chaque école, qui en comptera, le montant tous les trois mois au moins, au trésorier de l'Université impériale.

Art. 5. Lorsque la rétribution payée pour l'instruction des élèves sera confondue avec leurs pensions, les conseils académiques détermineront la somme à prélever sur chaque pensionnaire pour le trésor de l'Université.

Art. 6. Il sera établi, sur la proposition de l'Université, et suivant les formes adoptées pour les règlements d'administration publique, un droit du sceau pour tous les diplômes, brevets, permissions, etc., signés par le grand maître, et qui seront délivrés par la chancellerie de l'Université. Le produit de ce droit sera versé dans le trésor de l'Université.

Art. 7. L'Université est autorisée à recevoir les donations et legs qui lui seront faits, suivant les formes prescrites pour les règlements d'administration publique.

TITRE XVIII. — *Des dépenses de l'Université impériale.*

Art. 1er. Les chanceliers et trésoriers auront chacun un traitement annuel de 15,000 fr.; le secrétaire du conseil 10,000 fr.; les conseillers à vie 10,000 fr.; les conseillers ordinaires 6,000 fr.; les inspecteurs et recteurs 6,000 fr.; les frais de tournée seront payés à part.

Art. 2. Il sera alloué, pour l'entretien annuel de chacune des Facultés des lettres et des sciences qui seront établies dans les académies, une somme de 5 à 10,000 fr.

Art. 3. Il sera fait un fonds annuel de 300,000 fr. pour l'entretien de trois cents élèves aspirants, et pour le traitement des professeurs, ainsi que pour les autres dépenses de l'École normale.

Art. 4. La somme destinée à l'entretien de la maison de retraite et à l'acquittement de pensions des émérites, est fixée, pour la première année, à 100,000 fr. Pour chacune des années suivantes, ce fonds sera réglé par le grand maître, en conseil d'Université.

Art. 5. Le grand maître emploiera la portion qui pourra rester des revenus de l'Université impériale après l'acquittement des dépenses : 1° en pensions pour les membres de ce corps qui se seront le plus distingués par leurs services et leur attachement à ses principes; 2° en placements avantageux pour augmenter la dotation de l'Université.

TITRE XIX. — *Dispositions générales.*

Art. 1er. L'Université impériale et son grand maître, chargés exclusivement par nous du soin de l'éducation et de l'instruction publique dans tout

l'empire, tendront sans relâche à perfectionner l'enseignement dans tous les genres, à favoriser la composition des ouvrages classiques; ils veilleront surtout à ce que l'enseignement des sciences soit toujours au niveau des connaissances acquises, et à ce que l'esprit de système ne puisse jamais en arrêter les progrès.

Art. 2. Nous nous réservons de reconnaître et de récompenser d'une manière particulière les grands services qui pourront être rendus par les membres de l'Université pour l'instruction de nos peuples, comme aussi de réformer, et ce par des décrets pris en notre conseil, toute décision, statut ou acte émané du conseil de l'Université ou du grand maître, toutes les fois que nous le jugerons utile au bien de l'État.

Donné en notre palais des Tuileries, le 17 mars 1808.

Signé : NAPOLÉON.

Par l'empereur, le secrétaire d'Etat,

Signé : H.-B. MARET.

**LOIS SUR L'INSTRUCTION PRIMAIRE.** — Nous parlerons, sous ce titre, de l'instruction primaire des garçons et de l'instruction primaire des filles.

§ 1er. *Instruction primaire des garçons.*

Avant 1789, c'était sous l'influence unique et par les soins seuls du clergé que l'*instruction* était donnée à toutes les classes de la société; on recevait l'*instruction* secondaire dans les Universités catholiques et les collèges qui en dépendaient, et l'*instruction primaire* dans les petites écoles, sous la direction des curés et des évêques.

C'est la révolution de 1789 qui adopta et proclama le principe de l'enseignement populaire donné par le gouvernement. La Constitution de 1791 promit des écoles gratuites pour les parties de l'*instruction* indispensables à tous les hommes; mais on sait combien furent vaines les lois de 1793 et de 1794, qui établissaient un vaste programme d'écoles, promettaient un traitement de 1,200 fr. aux instituteurs, et rendaient obligatoires, sous peine d'amende pour les familles, l'envoi des enfants dans les écoles. La loi plus restreinte de 1795 n'eut pas plus de succès; et lorsqu'en 1802 on s'occupa de l'*instruction* du peuple, le gouvernement déclara, par l'organe de Fourcroy, qu'il était effrayé de la nullité ou de l'absence presque absolue des écoles primaires en France. Il n'y avait en cela rien d'étonnant, puisque le clergé, qui avait dirigé jusque-là avec tant de zèle l'*instruction primaire*, était proscrit et persécuté sur toute l'étendue du sol français.

Les ordonnances des **29 février 1816, 2 août 1820, 8 avril 1824**, et **21 avril 1828**, avaient successivement placé les écoles primaires, tantôt sous l'influence et la direction des comités cantonaux, tantôt sous la surveillance directe et combinée des administrations départementales et de l'Université, tantôt sous la juridiction de l'autorité ecclésiastique.

Enfin, en vertu de l'article 69 de la Charte de 1830, un projet de loi fut présenté à la chambre des pairs, le 20 janvier 1831, mais il fut retiré presque aussitôt. Le 24 octobre

de la même année, un second projet fut apporté à la Chambre des députés ; le 22 décembre suivant, M. Daunou en fit le rapport ; mais la discussion ne put avoir lieu avant la fin de la session. Enfin, le 2 janvier 1833, le ministre de l'instruction publique (M. Guizot) présenta à la Chambre un projet définitif. C'est ce projet qui est devenu la loi du 28 juin 1833, dont nous allons donner le texte.

*Loi sur l'instruction primaire, du 28 juin 1833.*

Louis-Philippe, etc.,

A tous présents et à venir, salut :

Les Chambres ont adopté. et nous avons ordonné et ordonnons ce qui suit :

TITRE 1er. — *De l'instruction primaire et de son objet.*

Art. 1er. L'instruction primaire est élémentaire ou supérieure.

L'instruction primaire élémentaire comprend nécessairement l'instruction morale et religieuse, la lecture, l'écriture, les éléments de la langue française et du calcul, le système légal des poids et mesures.

L'instruction primaire supérieure comprend nécessairement, en outre, les éléments de la géométrie et ses applications usuelles, spécialement le dessin linéaire et l'arpentage, les notions des sciences physiques et de l'histoire naturelle applicables aux usages de la vie ; le chant, les éléments de l'histoire et de la géographie, et surtout de l'histoire et de la géographie de la France.

Selon les besoins et les ressources des localités, l'instruction primaire pourra recevoir les développements qui seront jugés convenables.

Art. 2. Le vœu des pères de famille sera toujours consulté et suivi en ce qui concerne la participation de leurs enfants à l'instruction religieuse.

Art. 3. L'instruction primaire est ou privée ou publique.

TITRE II. — *Des écoles primaires privées.*

Art. 4. Tout individu âgé de dix-huit ans accomplis pourra exercer la profession d'instituteur primaire, et diriger tout établissement quelconque d'instruction primaire sans autres conditions que de présenter préalablement au maire de la commune où il voudra tenir école :

1° Un brevet de capacité obtenu, après examen, selon le degré de l'école qu'il veut établir ;

2° Un certificat constatant que l'impétrant est digne, par sa moralité, de se livrer à l'enseignement. Ce certificat sera délivré sur l'attestation de trois conseillers municipaux, par le maire de la commune ou de chacune des communes où il aura résidé depuis trois ans.

Art. 5. Sont incapables de tenir école :

1° Les condamnés à des peines afflictives ou infamantes ;

2° Les condamnés pour vo , escroquerie, banqueroute, abus de confiance ou attentat aux mœurs, et les individus qui auront été privés par jugement de tout ou partie des droits de famille mentionnés aux paragraphes 5 et 6 de l'article 42 du Code pénal ;

3° Les individus interdits en exécution de l'article 7 de la présente loi.

Art. 6. Quiconque aura ouvert une école primaire en contravention à l'article 5, ou sans avoir satisfait aux conditions prescrites par l'article 4 de la présente loi, sera poursuivi devant le tribunal correctionnel du lieu du délit, et condamné à une amende de cinquante à deux cents francs ; l'école sera fermée.

En cas de récidive, le délinquant sera condamné à un emprisonnement de quinze à trente jours et à une amende de cent à quatre cents francs.

Art. 7. Tout instituteur privé, sur la demande du comité mentionné dans l'article 19 de la présente loi, ou sur la poursuite d'office du ministère public, pourra être traduit pour cause d'inconduite ou d'immoralité devant le tribunal civil de l'arrondissement, et être interdit de l'exercice de sa profession, à temps ou à toujours.

Le tribunal entendra les parties et statuera sommairement en chambre du conseil. Il en sera de même sur l'appel, qui devra être interjeté dans le délai de dix jours à compter du jour de la notification du jugement, et qui, en aucun cas, ne sera suspensif.

Le tout sans préjudice des poursuites qui pourraient avoir lieu pour crimes, délits ou contraventions prévus par les lois.

TITRE III. — *Des écoles primaires publiques.*

Art. 8. Les écoles primaires publiques sont celles qu'entretiennent, en tout ou en partie, les communes, les départements ou l'État.

Art. 9. Toute commune est tenue, soit par elle-même, soit en se réunissant à une ou plusieurs communes voisines, d'entretenir au moins une école primaire élémentaire.

Dans le cas où les circonstances locales le permettraient, le ministre de l'instruction publique pourra, après avoir entendu le conseil municipal, autoriser, à titre d'écoles communales, des écoles plus particulièrement affectées à l'un des cultes reconnus par l'État.

Art. 10. Les communes, chefs-lieux de département, et celles dont la population excède six mille âmes, devront avoir en outre une école primaire supérieure.

Art. 11. Tout département sera tenu d'entretenir une école normale primaire, soit par lui-même, soit en se réunissant à un ou plusieurs départements voisins.

Les conseils généraux délibéreront sur les moyens d'assurer l'entretien des écoles normales primaires. Ils délibéreront également sur la réunion de plusieurs départements pour l'entretien d'une école normale. Cette réunion devra être autorisée par ordonnance royale.

Art. 12. Il sera fourni à tout instituteur communal :

1° Un local convenablement disposé, tant pour lui servir d'habitation que pour recevoir les élèves ;

2° Un traitement fixe, qui ne pourra être moindre de deux cents francs pour une école primaire élémentaire, et de quatre cents francs pour une école primaire supérieure.

Art. 13. A défaut de fondation, donation ou legs qui assurent un local et un traitement conformément à l'article précédent, le conseil municipal délibérera sur les moyens d'y pourvoir.

En cas d'insuffisance des revenus ordinaires pour l'établissement des écoles primaires communales élémentaires et supérieures, il y sera pourvu au moyen d'une imposition spéciale, votée par le conseil municipal, ou, à défaut du vote de ce conseil, établie par ordonnance royale. Cette imposition, qui devra être autorisée chaque année par la loi de finances, ne pourra excéder trois centimes additionnels au principal des contributions foncière, personnelle et mobilière.

Lorsque des communes n'auront pu, soit isolément, soit par la réunion de plusieurs d'entre elles, procurer un local et assurer un traitement au moyen de cette contribution de trois centimes, il sera pourvu aux dépenses reconnues nécessaires à l'*instruction primaire*, et, en cas d'insuffisance des fonds départementaux, par une imposition spéciale, votée par le conseil général du département, ou, à défaut du vote de ce conseil, établie par ordonnance royale. Cette imposition, qui devra être autorisée chaque année par la loi des finances, ne pourra excéder deux centimes additionnels au principal des contributions foncière, personnelle et mobilière.

Si les centimes ainsi imposés aux communes et aux départements ne suffisent pas aux besoins de l'instruction primaire, le ministre de l'instruction publique y pourvoira au moyen d'une subvention prélevée sur le crédit qui sera porté annuellement pour l'instruction primaire au budget de l'État.

Chaque année il sera annexé, à la proposition du budget, un rapport détaillé sur l'emploi des fonds alloués pour l'année précédente.

Art. 14. En sus du traitement fixe, l'instituteur communal recevra une rétribution mensuelle dont le taux sera réglé par le conseil municipal, et qui sera perçue dans la même forme et selon les mêmes règles que les contributions publiques directes. Le rôle en sera recouvrable mois par mois, sur un état des élèves, certifié par l'instituteur, visé par le maire, et rendu exécutoire par le sous-préfet.

Le recouvrement de la rétribution ne donnera lieu qu'au remboursement des frais par la commune, sans aucune remise au profit des agents de la perception.

Seront admis gratuitement, dans l'école communale élémentaire, ceux des élèves de la commune ou des communes réunies, que les conseils municipaux auront désignés comme ne pouvant payer aucune rétribution.

Dans les écoles primaires supérieures, un nombre de places gratuites, déterminé par le conseil municipal, pourra être réservé pour les enfants qui, après concours, auront été désignés par le comité d'instruction primaire, dans les familles qui seront hors d'état de payer la rétribution.

Art. 15. Il sera établi dans chaque département une caisse d'épargne et de prévoyance en faveur des instituteurs primaires communaux.

Les statuts de ces caisses d'épargne seront déterminés par des ordonnances royales.

Cette caisse sera formée par une retenue annuelle d'un vingtième sur le traitement fixe de chaque instituteur communal. Le montant de la retenue sera placé au compte ouvert au trésor royal pour les caisses d'épargne et de prévoyance; les intérêts de ces fonds seront capitalisés tous les six mois. Le produit total de la retenue exercée par chaque instituteur lui sera rendu à l'époque où il se retirera, et, en cas de décès dans l'exercice de ses fonctions, à sa veuve ou à ses héritiers.

Dans aucun cas il ne pourra être ajouté aucune subvention, sur les fonds de l'État, à cette caisse d'épargne et de prévoyance; mais elle pourra, dans les formes et selon les règles prescrites pour les établissements d'utilité publique, recevoir des dons et legs dont l'emploi, à défaut de dispositions des donateurs ou des testateurs, sera réglé par le conseil général.

Art. 16. Nul ne pourra être nommé instituteur communal, s'il ne remplit les conditions de capacité et de moralité prescrites par l'article 4 de la présente loi, ou s'il se trouve dans un des cas prévus par l'article 5.

## TITRE IV. — Des autorités préposées à l'instruction primaire.

Art. 17. Il y aura près de chaque école communale un comité local de surveillance composé du maire ou adjoint, président; du curé ou pasteur, et d'un ou plusieurs habitants notables désignés par le comité d'arrondissement.

Dans les communes dont la population est répartie entre différents cultes reconnus par l'État, le curé ou le plus ancien des curés, et un des ministres de chacun des autres cultes désigné par son consistoire, feront partie du comité communal de surveillance.

Plusieurs écoles de la même commune pourront être réunies sous la surveillance du même comité.

Lorsqu'en vertu de l'article 9, plusieurs communes se seront réunies pour entretenir une école, le comité d'arrondissement désignera, dans chaque commune, un ou plusieurs habitants notables pour faire partie du comité. Le maire de chacune des communes sera en outre partie du comité.

Sur le rapport du comité d'arrondissement, le ministre de l'instruction publique pourra dissoudre un comité local de surveillance et le remplacer par un comité spécial, dans lequel personne ne sera compris de droit.

Art. 18. Il sera formé, dans chaque arrondissement de sous-préfecture, un comité spécialement chargé de surveiller et d'encourager l'instruction primaire.

Le ministre de l'instruction publique pourra, suivant la population et les besoins des localités, établir dans le même arrondissement plusieurs comités; dont il déterminera la circonscription par cantons isolés ou agglomérés.

Art. 19. Sont membres du comité d'arrondissement :

Le maire du chef-lieu ou le plus ancien des maires du chef-lieu de la circonscription ;

Le juge de paix ou le plus ancien des juges de paix de la circonscription ;

Le curé ou le plus ancien des curés de la circonscription ;

Un ministre de chacun des autres cultes reconnus par la loi, qui exercera dans la circonscription, et qui aura été désigné comme il est dit au second paragraphe de l'article 1er ;

Un proviseur, principal de collège, professeur, régent, chef d'institution ou maître de pension, désigné par le ministre de l'instruction publique, lorsqu'il existera des collèges, institutions ou pensions dans la circonscription du comité ;

Un instituteur primaire, résidant dans la circonscription du comité, et désigné par le ministre de l'instruction publique ;

Trois membres du conseil d'arrondissement ou habitants notables désignés par ledit conseil.

Les membres du conseil général du département qui auront leur domicile réel dans la circonscription du comité.

Le préfet préside, de droit, tous les comités du département; le sous-préfet, tous ceux de l'arrondissement; le procureur du roi est membre, de droit, de tous les comités de l'arrondissement.

Le comité choisit tous les ans son vice-président et son secrétaire; il peut prendre celui-ci hors de son sein. Le secrétaire, lorsqu'il est choisi hors du comité, en devient membre par sa nomination.

Art. 20. Les comités s'assembleront au moins une fois par mois. Ils pourront être convoqués extraordinairement sur la demande d'un délégué du ministre; ce délégué assistera à la délibération.

Les comités ne pourront délibérer s'il n'y a au moins cinq membres présents pour les comités d'arrondissement, et trois pour les comités communaux; en cas de partage, le président aura voix prépondérante.

Les fonctions des notables qui font partie des comités dureront trois ans; ils seront indéfiniment rééligibles.

Art. 21. Le comité communal a inspection sur les écoles publiques ou privées de la commune. Il veille à la salubrité des écoles et au maintien de la discipline, sans préjudice des attributions du maire en matière de police municipale.

Il s'assure qu'il a été pourvu à l'enseignement gratuit des enfants pauvres.

Il arrête un état des enfants qui ne reçoivent l'instruction primaire ni à domicile, ni dans les écoles privées ou publiques.

Il fait connaître au comité d'arrondissement les divers besoins de la commune sous le rapport de l'instruction primaire.

En cas d'urgence, et sur la plainte du comité communal, le maire peut ordonner provisoirement que l'instituteur sera suspendu de ses fonctions, à la

charge de rendre compte, dans les vingt-quatre heu-
heures, au comité d'arrondissement, de cette suspension, et des motifs qui l'ont déterminée.

Le conseil municipal présente au comité d'arrondissement les candidats pour les écoles publiques,
après avoir préalablement pris l'avis du comité communal.

Art. 22. Le comité d'arrondissement inspecte, et
au besoin fait inspecter, par des délégués pris parmi
ses membres ou hors de son sein, toutes les écoles
primaires de son ressort. Lorsque les délégués ont
été choisis par lui hors de son sein, ils ont droit
d'assister à ses séances avec voix délibérative.

Lorsqu'il le juge nécessaire, il réunit plusieurs
écoles de la même commune sous la surveillance du
même comité, ainsi qu'il a été prescrit à l'article 1er.

Il envoie, chaque année, au préfet et au ministre
de l'instruction publique l'état de situation de toutes
les écoles primaires du ressort.

Il donne son avis sur les secours et les encouragements à accorder à l'instruction primaire.

Il provoque les réformes et les améliorations nécessaires.

Il nomme les instituteurs communaux sur la présentation du conseil municipal, procède à leur installation, et reçoit leur serment.

Les instituteurs communaux doivent être institués
par le ministre de l'instruction publique.

Art. 23. En cas de négligence habituelle, ou de
faute grave de l'instituteur communal, le comité
d'arrondissement, ou d'office, ou sur la plainte adressée par le comité communal, mande l'instituteur
inculpé; après l'avoir entendu ou dûment appelé, il
le réprimande ou le suspend pour un mois, avec ou
sans privation de traitement, ou même le révoque de
ses fonctions.

L'instituteur frappé d'une révocation pourra se
pourvoir devant le ministre de l'instruction publique
en conseil royal. Ce pourvoi devra être formé dans le
délai d'un mois à partir de la notification de la décision du comité, de laquelle notification il sera dressé
procès-verbal par le maire de la commune. Toutefois, la décision du comité est exécutoire par provision.

Pendant la suspension de l'instituteur, son traitement, s'il en est privé, sera laissé à la disposition du
conseil municipal, pour être alloué, s'il y a lieu, à un
instituteur remplaçant.

Art. 24. Les dispositions de l'article 7 de la présente loi, relatives aux instituteurs privés, sont applicables aux instituteurs communaux.

Art. 25. Il y aura dans chaque département une
ou plusieurs commissions d'instruction publique,
chargées d'examiner tous les aspirants au brevet de
capacité, soit pour l'instruction primaire élémentaire,
soit pour l'instruction supérieure, et qui délivreront
lesdits brevets sous l'autorité du ministre. Ces commissions seront également chargées de faire les examens d'entrée et de sortie des élèves de l'école normale primaire.

Les membres de ces commissions seront nommés
par le ministre de l'instruction publique.

Les examens auront lieu publiquement et à des
époques déterminées par le ministre de l'instruction
publique.

La présente loi, discutée, délibérée et adoptée par
la Chambre des pairs et par celle des députés, et
sanctionnée par nous cejourd'hui, sera exécutée
comme loi de l'Etat.

### § II. Instruction primaire des filles.

La loi du 28 juin 1833, insérée dans le
paragraphe précédent, avait organisé l'instruction primaire des garçons; mais il n'a-

vait été rien fait pour l'éducation des filles.
*Voy.* le rapport ci-après, col. 1198.)

Il eût été à désirer que l'ordonnance du
23 juin 1836, relative aux écoles primaires
des filles, se fût expliquée avec plus de détails sur plusieurs points importants, et
qu'elle eût déclaré d'une manière formelle,
si elle entendait, d'une part, abroger toutes
les ordonnances antérieures, et, d'autre part,
s'en référer à la loi du 28 juin 1833, sauf
les différences qu'elle a établies. Quoi qu'il
en soit, voici le texte de cette ordonnance.

*Ordonnance du roi, du 23 juin 1836, relative
aux écoles primaires de filles.*

Louis-Philippe, etc.,

Vu les ordonnances royales concernant les écoles
primaires de filles, et notamment celles des 29 février 1816, 3 avril 1820, 31 octobre 1821, 8 avril
1824, 21 avril 1828, 6 janvier et 14 février 1830;

Vu la loi du 28 juin 1833 sur l'instruction primaire, ensemble nos ordonnances du 16 juillet et du
8 novembre de la même année et du 26 février 1835;

Considérant qu'il est nécessaire de coordonner et
de modifier sur certains points les dispositions des
anciennes ordonnances précitées, en se rapprochant
autant qu'il sera possible des dispositions de la loi
de 1833;

Le Conseil royal de l'instruction publique entendu;

Sur le rapport de notre ministre de l'instruction
publique,

Nous avons ordonné et ordonnons ce qui suit :

**Titre Ier. — *De l'instruction primaire dans les écoles
des filles et de son objet.***

Art. 1er. L'instruction primaire dans les écoles de
filles est élémentaire ou supérieure.

L'instruction primaire élémentaire comprend nécessairement : l'instruction morale et religieuse, la
lecture, l'écriture, les éléments du calcul, les éléments de la langue française, le chant, les travaux
d'aiguille et les éléments du dessin linéaire.

L'instruction primaire supérieure comprend en
outre des notions plus étendues d'arithmétique et de
langue française, et particulièrement de l'histoire et
de la géographie de la France.

Art. 2. Dans les écoles de l'un et de l'autre degré,
sur l'avis du comité local et du comité d'arrondissement, l'instruction primaire pourra recevoir, avec
l'autorisation du recteur de l'académie, les développements qui seront jugés convenables selon les besoins
et les ressources des localités.

Art. 3. Les articles 2 et 3 de la loi du 28 juin
1833 sont applicables aux écoles primaires des filles.

**Titre II. — *Des écoles primaires privées.***

Art. 4. Pour avoir le droit de tenir une école
primaire de filles, il faudra avoir obtenu :

1° Un brevet de capacité, sauf le cas prévu par
l'article 13 de la présente ordonnance;

2° Une autorisation pour un lieu déterminé.

#### § Ier. Du brevet de capacité.

Art. 5. Il y a deux sortes de brevets de capacité,
les uns pour l'instruction primaire élémentaire, les
autres pour l'instruction primaire supérieure.

Ces brevets seront délivrés après des épreuves
soutenues devant une compagnie nommée par notre
ministre de l'instruction publique, et conformément
à un programme déterminé par le conseil royal.

Art. 6. Aucune postulante ne sera admise devant
la commission d'examen, si elle n'est âgée de vingt
ans au moins. Elle sera tenue de présenter : 1° son
acte de naissance; si elle est mariée, l'acte de célé-

bration de son mariage ; si elle est veuve, l'acte de décès de son mari ; 2° un certificat de bonne vie et mœurs délivré sur l'attestation de trois conseillers municipaux, par le maire de la commune ou de chacune des communes où elle aura résidé depuis trois ans.

A Paris, le certificat sera délivré sur l'attestation de trois notables, par le maire de l'arrondissement municipal ou de chacun des arrondissements municipaux où l'impétrante aura résidé depuis trois ans.

### § II. De l'autorisation.

Art. 7. L'autorisation nécessaire pour tenir une école primaire de filles sera délivrée par le recteur de l'académie.

Cette autorisation, sauf le cas prévu par l'article 13, sera donnée après avis du comité local et du comité d'arrondissement, sur la présentation du brevet de capacité et d'un certificat attestant la bonne conduite de la postulante depuis l'époque où elle aura obtenu le brevet de capacité.

Art. 8. L'autorisation de tenir une école primaire ne donne que le droit de recevoir des élèves externes ; il faut, pour tenir pensionnat, une autorisation spéciale.

### TITRE III. — Des écoles primaires publiques.

Art. 9. Nulle école ne pourra prendre le titre d'école primaire communale qu'autant qu'un logement et un traitement convenables auront été assurés à l'institutrice soit par des fondations, dotations ou legs faits en faveur d'établissements publics, soit par délibération du conseil municipal, dûment approuvée.

Art. 10. Lorsque le conseil municipal allouera un traitement fixe suffisant, la rétribution mensuelle pourra être perçue au profit de la commune, en compensation des sacrifices qu'elle s'impose.

Seront admises gratuitement dans l'école publique les élèves que le conseil municipal aura désignées comme ne pouvant payer aucune rétribution.

Art. 11. Les dispositions des articles 4 et suivants de la présente ordonnance, relatives au brevet de capacité et à l'autorisation sont applicables aux écoles primaires publiques.

Toutefois, à l'égard de ces dernières, le recteur devra se faire remettre, contre les pièces mentionnées en l'article 6, une expédition de la délibération du conseil municipal qui fixera le sort de l'institutrice.

Art. 12. Dans les lieux où il existera des écoles communales distinctes pour les enfants des deux sexes, il ne sera permis à aucun instituteur d'admettre des filles, et à aucune institutrice d'admettre des garçons.

### TITRE IV. — Des écoles primaires de filles dirigées par des congrégations religieuses.

Art. 13. Les institutrices appartenant à une congrégation religieuse dont les statuts, régulièrement approuvés, renfermeraient l'obligation de se livrer à l'éducation de l'enfance, pourront être aussi autorisées par le recteur à tenir une école primaire élémentaire, sur le vu de leurs titres d'obédience et sur l'indication, par la supérieure, de la commune où les Sœurs seraient appelées.

Art. 14. L'autorisation de tenir une école primaire supérieure ne pourra être accordée sans que la postulante justifie d'un brevet de capacité du degré supérieur, obtenu dans la forme et aux conditions prescrites par la présente ordonnance.

### TITRE V. — Des autorités préposées à l'instruction primaire.

Art. 15. Les comités locaux et les comités d'arrondissement, établis en vertu de la loi du 28 juin 1833 et de l'ordonnance du 8 novembre de la même année, exerceront sur les écoles primaires de filles les attributions énoncées dans les articles 21, § 1, 2, 3, 4 et 5 ; 22, § 1, 2, 3, 4 et 5 ; 23, § 1, 2 et 3 de ladite loi.

Art. 16. Les comités feront visiter les écoles primaires de filles par des délégués pris parmi les membres ou par des dames inspectrices.

Art. 17. Lorsque les dames inspectrices seront appelées à faire des rapports au comité, soit local, soit d'arrondissement, concernant les écoles qu'elles auront visitées, elles assisteront à la séance avec voix délibérative.

Art. 18. Il y aura dans chaque département une commission d'instruction primaire, chargée d'examiner les personnes qui aspireront aux brevets de capacité.

Les examens auront lieu publiquement.

Des dames inspectrices pourront faire partie desdites commissions.

Ces commissions délivreront des certificats d'aptitude d'après lesquels le recteur de l'académie expédiera le brevet de capacité, sous l'autorisation du ministre.

### Dispositions transitoires.

Art. 19. Les institutrices primaires, communales ou privées, actuellement établies en vertu d'autorisations régulièrement obtenues, pourront continuer de tenir leurs écoles sans avoir besoin d'aucun nouveau titre ; elles devront seulement déclarer leur intention au comité local, d'ici au 1er septembre prochain.

### Rapport au roi sur l'ordonnance relative aux écoles primaires des filles.

« Sire,

« Une loi, accueillie avec reconnaissance par les amis de l'humanité, et exécutée avec succès depuis trois ans sur toute la surface de la France, a organisé l'instruction primaire des garçons ; mais on n'a fait le bien qu'à moitié, si l'on ne faisait rien pour l'éducation des filles.

« Telle avait été, dès 1833, la pensée du gouvernement. Aussi, lorsque, à cette époque, il présenta aux Chambres le projet de loi sur l'instruction primaire, il y plaça une disposition qui généralisait le bienfait de cette première instruction, en déclarant la loi applicable aux enfants des deux sexes. Il lui avait paru qu'il était difficile d'imposer à toutes les communes une école spéciale de filles ; mais que là où les ressources municipales permettraient l'établissement de pareilles écoles, il convenait de les soumettre aux mêmes conditions que les autres écoles primaires. Cependant, quelques-unes des dispositions de la loi ne furent pas jugées rigoureusement applicables aux écoles de filles ; l'article qui les concernait fut supprimé. On pensa qu'une ordonnance pourrait suffire, et toute discussion fut ajournée à cet égard. On resta, pour cette partie importante de l'instruction publique, sous le régime des nombreuses ordonnances qui se sont succédé depuis 1816.

« Le nombre même de ces anciennes ordonnances, et surtout la différence des principes qui avaient présidé à leur rédaction, ont été, durant ce long espace de temps, une source de difficultés. Ce que les ordon-

nances de 1816 et de 1820 avaient sagement établi, l'ordonnance de 1824 l'a singulièrement altéré, et le mal n'a été qu'en partie réparé par les ordonnances de 1828 et de 1830. A la suite, et par l'effet même de ces variations, il se présente sans cesse de nouvelles questions à résoudre : c'est pourquoi il importe, en recueillant les conseils de l'expérience, de poser des règles générales qui puissent diriger sûrement l'administration dans l'exercice de son action sur ces sortes d'écoles.

« La distinction des deux degrés d'instructions qui correspondent aux besoins des différentes classes de la société doit être maintenue pour les écoles de filles. Le programme de l'enseignement, déterminé par la loi du 28 juin, leur convient également, sauf de légères modifications; l'instruction morale et religieuse, principe fécond de toutes les vertus chez les femmes, doit présider à leur éducation comme à celle des hommes; l'étude de la géométrie et de l'arpentage, inutile pour les filles, doit être remplacée par les travaux d'aiguille. Si, d'ailleurs, certaines communes demandaient que l'instruction reçût quelques développements, tels que l'enseignement d'une langue vivante, l'autorisation pourrait être donnée par le recteur, sur l'avis des comités, appréciateurs naturels des besoins locaux sous le rapport de l'instruction. -

« Une grande et fâcheuse diversité, qui n'avait aucun motif raisonnable, a existé, jusqu'à présent, dans les épreuves auxquelles ont été soumises les personnes qui aspiraient aux fonctions d'institutrices, et dans la composition des jurys appelés à juger de la capacité de ces personnes. Désormais, les épreuves seront uniformément établies, pour chaque degré, par un statut du Conseil royal, et partout les jurys seront organisés sur des bases fixées par le ministre de l'instruction publique.

« Une seule exception a paru motivée; elle ne présente aucun inconvénient. C'est celle qui concerne les institutrices appartenant à une des congrégations religieuses, que la charité a multipliées sous toute sorte de noms et de régimes, mais avec une parfaite unité de vues et de dévouement pour l'instruction des générations naissantes. Leur destination même, et l'approbation qui est préalablement donnée à leurs statuts, offrent certainement des garanties suffisantes. Toutefois, cette exception n'a dû être appliquée qu'au degré le plus universel et le plus simple de l'instruction primaire; au delà, l'examen sera généralement exigé.

« Il est difficile, ainsi qu'on l'a dit, d'imposer à toute commune une école spéciale de filles. Le plus grand nombre des communes rurales ne pourraient parvenir à fonder deux écoles; la population et les ressources pécuniaires manqueraient à la fois pour le succès d'une telle entreprise; il y aura le plus souvent nécessité de demander ce double service à l'instituteur communal. Mais, dans la plupart des villes, les conseils municipaux ont voulu et voudront avoir des écoles séparées pour les enfants des deux sexes. Il est juste d'attacher à l'établissement de ces écoles distinctes des conditions qui assurent le sort des institutrices, ainsi que cela a été fait pour les instituteurs communaux; c'est à quoi ont pourvu les articles 10, 11 et 12 de l'ordonnance soumise en ce moment à l'approbation de Votre Majesté.

« Un dernier titre désigne les autorités auxquelles seront confiées la direction et la surveillance des écoles primaires de filles. On ne pouvait mieux faire que de suivre ici la marche tracée par la loi du 28 juin 1833. Les comités qu'elle a chargés de veiller sur les écoles des garçons comptent dans leur sein et le maire, premier magistrat de la commune, et le curé ou pasteur, surveillant naturel de l'instruction morale et religieuse; ils se composent, en outre, de fonctionnaires investis de la confiance des citoyens et du gouvernement, et de notables qui représentent plus spécialement les pères de famille. Il y a par conséquent toute raison de croire que leur mission sera consciencieusement remplie; et, toutefois, à cause du caractère particulier des établissements consacrés à l'éducation des jeunes filles, les comités auront le droit de déléguer des dames inspectrices.

« Quelques-unes de ces dames inspectrices pourront aussi être appelées à faire partie des commissions d'examen; elles y rendront, comme dans les comités, d'importants services.

« Telle est, Sire, l'économie du projet d'ordonnance que j'ai l'honneur de vous proposer. Si ces dispositions obtiennent le suffrage de Votre Majesté, il résultera de leur exécution des avantages certains pour les écoles primaires de filles.

« L'ordonnance aura pour effet de produire de bonnes institutrices. Elle propagera et élèvera l'instruction, et il sera permis d'espérer qu'un jour les mères de famille seront, dans toute la France, les premières institutrices de leurs enfants.

« Je suis avec respect,

« Sire,

« De Votre Majesté,

« Le très-humble, très-obéissant et très-fidèle serviteur,

« Le ministre de l'instruction publique,

« PELET (de la Lozère). »

Le titre IV de l'ordonnance du 23 juin 1836 trouvera une application toute naturelle dans une lettre du ministre de l'instruction publique à Mgr l'évêque du Mans, dont voici le texte :

Paris, le 21 mai 1838.

« Monseigneur,

« Je réponds à la lettre que vous m'avez fait l'honneur de m'écrire le 19 avril dernier.

« L'arrêté par lequel le Conseil royal de l'instruction publique avait émis l'avis que l'établissement de toute école primaire dirigée par des Sœurs devait être précédé de l'accomplissement des formalités que pres-

crit l'article 3 de la loi du 24 mai 1825, a été, en effet, rapporté par un avis subséquent du 27 juin 1837. Ce nouvel arrêté, auquel j'ai donné mon approbation, dispose que, lorsque des institutrices appartenant à une communauté religieuse légalement reconnue voudront ouvrir une école, il leur suffira de se conformer à l'article 13 de l'ordonnance du 23 juin 1836.

« Il n'est fait d'exception à cette règle que pour le cas où l'école qu'il serait question de créer présenterait, dans son organisation, un caractère de permanence et de perpétuité qui devrait la faire considérer comme une annexe, comme un démembrement de la congrégation dont elle relèverait. Dans cette hypothèse, il y aurait lieu d'appliquer l'article 3 de la loi du 24 mai, et le recteur de l'académie ne pourrait, par conséquent, accorder d'autorisation aux Sœurs qu'après que l'établissement de ces religieuses aurait été lui-même autorisé par ordonnance du roi. »

### § III. *Rétribution mensuelle à payer par les élèves des écoles.*

L'article 14 de la loi du 28 juin 1833, qui règle ce qui concerne la rétribution mensuelle à payer par les élèves des écoles, a été modifié par l'art. 3 de la loi des recettes de 1841. La circulaire suivante a pour but d'expliquer cette modification.

*Circulaire de M. le ministre de l'instruction publique à MM. les préfets, sur la rétribution mensuelle des instituteurs et sur la désignation des élèves gratuits dans les écoles primaires communales.*

Paris, le 20 juillet 1841.

« Monsieur le préfet,

« Des plaintes nombreuses se sont élevées à diverses reprises contre l'abus qu'ont fait plusieurs conseils municipaux de l'attribution qui leur a été donnée par la loi du 28 juin 1833, relativement à la fixation du taux de la rétribution mensuelle des instituteurs communaux et à la rédaction de la liste des élèves qui doivent être admis gratuitement dans les écoles communales élémentaires. Les conseils généraux, les préfets, et les autorités spécialement préposées à l'*instruction primaire*, ont souvent émis le vœu que les dispositions de la loi, sur ces deux points, fussent modifiées. Un paragraphe additionnel, inséré dans l'article 3 de la loi des recettes de 1841, vient de satisfaire à ce vœu. Ce paragraphe est ainsi conçu :

« A l'avenir, les délibérations des conseils « municipaux relatives au taux de la rétri-« bution mensuelle et au nombre d'élèves à « recevoir gratuitement dans les écoles pri-« maires, conformément à l'article 14 de la « loi du 28 juin 1833, ne seront définitives « qu'après l'approbation des préfets, qui « pourront, sur l'avis des comités d'arron-« dissement, fixer le minimum pour la rétri-« bution mensuelle, et un maximum pour « les admissions gratuites. »

« Je vous invite, monsieur le préfet, à prendre les mesures nécessaires pour que les instituteurs primaires de votre département puissent, à partir de la prochaine année scolaire, jouir des avantages que cette nouvelle disposition tend à leur assurer.

« Il y a lieu de penser, monsieur le préfet, que la nécessité de soumettre leurs délibérations à votre approbation rendra les conseils municipaux plus équitables envers les instituteurs, et qu'elle suffira, le plus souvent, à prévenir les abus dont on se plaignait avec raison. Il est du moins très-désirable qu'il en soit ainsi. Pour obtenir ce résultat, vous voudrez bien faire connaître, sans délai, à ces conseils la disposition législative qui vient d'être adoptée, en leur annonçant l'intention d'user avec modération, mais aussi avec fermeté, du droit qu'elle vous attribue.

« Il n'échappera sans doute à personne que cette disposition n'abroge aucunement la législation de 1833, et qu'elle n'est destinée, au contraire, qu'à en assurer l'exécution. L'article 14 de la loi du 28 juin, en faisant intervenir le conseil municipal entre l'instituteur et les parents des élèves pour fixer le prix des leçons que ceux-ci reçoivent, et en confiant au même conseil le soin de dresser la liste des élèves gratuits, n'avait évidemment d'autre but que de procurer à l'instituteur le juste salaire de son travail, et de rendre l'*instruction primaire* accessible à tous les enfants, même à ceux qui ne peuvent la payer. La nouvelle loi a été faite dans des vues tout à fait identiques, elle a seulement créé un moyen plus certain de les réaliser. Par le droit qui vous appartient aujourd'hui de fixer au besoin un minimum de rétribution mensuelle, vous empêcherez que le produit de cette rétribution ne se réduise, dans certaines localités, à une modicité vraiment dérisoire; de même, en fixant un maximum d'admissions gratuites, vous ferez disparaître de la liste des élèves indigents ceux qui y seraient indûment portés. Dans les deux cas, vous ne ferez que prévenir ou réprimer des abus. Vous garantirez l'exécution libérale et intelligente de la loi du 28 juin 1833.

« En même temps, monsieur le préfet, vous sentirez la nécessité de rester, à l'égard des instituteurs, dans les limites d'une protection légitime et efficace. Cette protection, si elle était exagérée, pourrait entraver la propagation de l'*instruction primaire*, et compromettre l'intérêt des instituteurs eux-mêmes. La rétribution mensuelle, portée à un taux trop élevé, détournerait plusieurs pères de famille d'envoyer leurs enfants à l'école, et ferait perdre aux instituteurs, par la diminution du nombre de leurs élèves, beaucoup plus qu'ils ne gagneraient par le renchérissement du prix de leurs leçons. Réduire outre mesure la liste des élèves gratuits, ce serait s'exposer à exclure des écoles une partie des enfants qui les fréquentent; ce serait éloigner le but que le gouverne-

ment se propose, et qui est de généraliser le bienfait de l'*instruction primaire*.

« Vous ne pourrez point, monsieur le préfet, juger d'après des règles fixes et invariables les conditions faites aux instituteurs par les délibérations des conseils municipaux. Le montant de la rétribution doit varier selon l'importance et la richesse des communes. Il en est de même de la proportion à établir entre le nombre des élèves payants et celui des élèves gratuits. Mais vous trouverez d'utiles éléments d'appréciation dans les renseignements qui vous seront fournis par les comités d'arrondissement. Ces comités sont généralement composés d'hommes qui connaissent très-bien les localités, les ressources des habitants et le rapport véritable de la population pauvre à la population aisée. Vous aurez donc soin de les consulter, non-seulement comme l'exige la loi, lorsque vous aurez à réformer la délibération du conseil municipal, mais encore sur toutes les délibérations qui seront soumises annuellement à votre examen.

« Les conseils municipaux doivent se réunir dans les premiers jours du mois d'août prochain, en session ordinaire, pour préparer le budget de l'exercice 1842. Vous voudrez bien les inviter à délibérer en même temps, 1° sur le montant de la rétribution mensuelle à payer par les élèves de l'école primaire communale; 2° sur la liste des élèves qui devront être admis gratuitement dans cette école.

« Les délibérations prises à ce sujet devront être immédiatement envoyées par MM. les maires à MM. les sous-préfets, qui les communiqueront au comité d'arrondissement, avec invitation de donner leur avis sur les délibérations y énoncées. MM. les sous-préfets vous feront ensuite parvenir, avec les délibérations des conseils municipaux, les avis des comités d'arrondissement, et vous statuerez par un arrêté d'approbation collective, sur toutes les délibérations qui ne donneront lieu à aucune observation. Vous prendrez un arrêté spécial à l'égard de chaque délibération de conseil municipal que vous ne jugerez pas devoir approuver

« Les arrêtés spéciaux que vous prendrez ainsi devront être motivés. Vous y mentionnerez le nombre des élèves qui fréquentent l'école, le nombre des enfants qui, dans la commune, sont en âge de la fréquenter, le produit présumé de la rétribution telle que le conseil municipal voulait la fixer, le produit présumé de cette rétribution telle que vous l'aurez fixée vous-même, le nombre des familles en état de payer l'instruction donnée à leurs enfants, et le nombre des familles indigentes.

« Les délibérations des conseils municipaux, approuvées ou modifiées par vous, devront être renvoyées à MM. les sous-préfets dans la dernière quinzaine de septembre, afin qu'ils aient le temps de notifier votre décision à MM. les maires avant le 1ᵉʳ octobre, époque à laquelle les rôles de la rétribution mensuelle seront rendus exécutoires.

« Quant aux conseils municipaux qui auront négligé de délibérer sur ces divers points dans leur session du mois d'août, ils seront avertis que, si cette omission n'était pas réparée avant le 10 septembre, le minimum de la rétribution mensuelle, et le maximum des admissions gratuites seraient par vous fixés d'office. Vous voudrez bien statuer en conséquence à l'égard des communes où cet avertissement serait demeuré sans effet.

« Je vous adresserai incessamment les cadres d'un état sur lequel vous voudrez bien consigner le résultat des décisions que vous aurez prises. Cet état devra m'être envoyé le 15 octobre au plus tard.

« Je compte, monsieur le préfet, sur votre zèle et sur vos lumières pour l'exécution complète de ces mesures, qui, en assurant aux instituteurs une amélioration si convenable, doivent attacher à ces modestes fonctions des hommes vraiment dignes de la confiance des familles.

« VILLEMAIN. »

*Circulaire de M. le ministre de l'instruction publique à MM. les préfets, relative à l'admission des indigents dans les écoles primaires communales.*

Paris, le 22 juillet 1834.

« Monsieur le préfet,

« Aux termes de l'article 1ᵉʳ de l'ordonnance royale du 16 juillet 1833, les conseils municipaux sont tenus de dresser tous les ans, dans leur session du mois d'août, l'état des élèves qui devront être reçus gratuitement à l'école élémentaire, et de déterminer, s'il y a lieu, dans cette session, le nombre des places gratuites qui pourront être mises au concours pour l'école primaire supérieure. Je vous prie de vouloir bien appeler l'attention des conseils municipaux sur les obligations qui leur sont imposées à cet égard.

« Par ma circulaire du 27 avril dernier, je vous ai fait remarquer qu'un grand nombre de conseils municipaux ont mal interprété les dispositions de l'article 14 de la loi du 28 juin 1833, relatives à l'admission des indigents dans les écoles élémentaires communales; car, au lieu de comprendre dans la liste qu'ils doivent dresser tous les enfants dont les parents ne peuvent pas payer la rétribution mensuelle, ils s'étaient bornés à n'y porter qu'un nombre de ces enfants, déterminé d'avance. Je vous prie de leur rappeler cette disposition de la loi, de leur faire connaître le sens dans lequel elle doit être interprétée, et de veiller à ce qu'ils s'y conforment exactement. Dans le cas où quelques conseils municipaux auraient négligé de délibérer, dans leur session ordinaire annuelle du mois de mai, sur quelques-uns des objets relatifs à l'*instruction primaire* qu'ils étaient appelés à traiter, vous saisirez sans doute cette occasion pour les inviter à réparer cette omission.

« Recevez , monsieur le préfet , l'assurance, etc.

« Le ministre de l'instruction publique,

« GUIZOT. »

*Circulaire de M. le ministre de l'instruction publique à MM. les préfets, relative à l'admission gratuite des enfants trouvés et des orphelins dans les écoles primaires communales.*

Paris, le 6 novembre 1835.

« Monsieur le préfet,

« Il existe dans plusieurs communes de votre département, un certain nombre d'enfants trouvés et orphelins qui y ont été placés par les hospices. Il importe de fournir à ces enfants, si dignes d'intérêt, les moyens de recevoir l'*instruction primaire* élémentaire.

« Je vous prie donc, monsieur le préfet, d'inviter les maires des communes où seraient placés des orphelins ou des enfants trouvés, à prendre les mesures nécessaires pour que ces enfants soient admis gratuitement à l'école publique, conformément au § 3 de l'article 14 de la loi du 28 juin 1833, et pour qu'en outre ils participent à la distribution des livres élémentaires destinés aux élèves indigents. Je désire que vous me fassiez part du résultat des dispositions que vous aurez prescrites à ce sujet.

« Recevez, etc.

« GUIZOT. »

*Règlement relatif aux écoles élémentaires privées, du 1er mars 1842.*

Le Conseil royal arrête ce qui suit :

Art. 1er. Tout enfant, pour être admis dans une école élémentaire privée, devra être âgé de six ans au moins et de treize ans au plus.

Toutefois, dans les communes où il n'existe pas de salle d'asile, le comité local pourra autoriser l'instituteur à recevoir les enfants âgés de moins de six ans.

Art. 2. Nul élève ne pourra être admis s'il n'est dûment constaté qu'il a eu la petite vérole ou qu'il a été vacciné.

Nul élève atteint d'une maladie contagieuse ne pourra être reçu à l'école jusqu'à sa parfaite guérison.

Art. 3. Lorsqu'une école privée sera fréquentée par les enfants des deux sexes, le comité communal prendra les mesures nécessaires pour qu'ils soient séparés dans les exercices, et pour empêcher qu'ils n'entrent et qu'ils ne sortent simultanément.

Art. 4. Lorsque le nombre des élèves dépassera quatre-vingts, il devra y avoir un aide instituteur, maître-adjoint ou sous-maître, lequel, s'il n'a pas lui-même un brevet, devra être agréé par le recteur.

Art. 5. Le nombre des élèves ne devra pas excéder les proportions du local, selon la règle fixée par le statut du 25 avril 1834 ; tous les soins d'ordre et de propreté seront observés dans la disposition de la salle et dans la tenue des élèves.

Art. 6. L'école pourra être ouverte, en hiver, de huit heures du matin à quatre heures du soir ; et l'été, de sept heures du matin à cinq heures du soir. Deux heures de repos seront laissées aux enfants dans cet intervalle de temps.

Art. 7. L'école ne pourra être ouverte le dimanche, ni les jours de fêtes pour les classes ordinaires.

Le comité local pourra seulement autoriser les dits jours, hors le temps des offices religieux, une classe extraordinaire à l'usage des adultes.

Art. 8. Les élèves ne pourront jamais être frappés. Les seules punitions permises sont les notes défavorables, la réprimande, la privation de tout ou partie des récréations, avec une tâche extraordinaire, le renvoi de l'école provisoire ou définitif.

Art. 9. Les membres des comités locaux, les membres et les délégués des comités d'arrondissement, les inspecteurs et sous-inspecteurs de l'instruction primaire s'assureront, par de fréquentes visites, de l'exacte observation du présent règlement.

Art. 10. Tout instituteur qui contreviendra aux dispositions du présent statut, devra être averti par le comité local, et au besoin par le comité d'arrondissement.

Dans le cas où ledit instituteur refuserait d'obtempérer aux injonctions du comité local et persisterait dans des infractions contraires à la salubrité et à la discipline de l'école, il sera, s'il y a lieu, sur la plainte du recteur, déféré au tribunal civil d'arrondissement.

Art. 11. Chaque école aura son règlement particulier, dans lequel les dispositions précédentes seront textuellement rappelées. Ce règlement, qui devra être soumis à l'examen du comité d'arrondissement, et approuvé par le recteur, sera placé dans l'école.

LOI SUR L'INSTRUCTION PUBLIQUE. — Tous les gouvernements depuis 1789 se sont vivement préoccupés de l'instruction publique. C'est qu'en effet, pour chacun d'eux, dans cette question devaient se résumer les principes conservateurs dont ils voulaient former la base de leur établissement et la garantie de leur durée.

L'intention du législateur, l'esprit qui a dicté une loi qui caractérise les circonstances qui l'ont amenée, reflètent les mœurs et les besoins de l'époque où elle se produit. S'il était donné à la pénétration de l'homme de lire dans l'avenir des nations, si ses calculs les mieux raisonnés ne se trouvaient point déjoués sans cesse par les desseins cachés de la Providence, par l'imprévu qu'il ne peut deviner, par les caprices des peuples qu'il ne peut prévoir, il parviendrait peut-être à sonder l'avenir en étudiant profondément les lois de chaque époque et surtout les lois relatives à l'enseignement public.

L'histoire de chaque homme est l'histoire de son éducation et de son instruction, et, si nous voulons interroger la destinée de la génération qui nous succédera, il faut méditer sur les institutions qui formeront les hommes de cette génération.

Mais telles sont actuellement l'incertitude et la mobilité de l'esprit public, telles sont les étranges fluctuations dont nous sommes témoins, que cette mobilité imprime son cachet particulier à tout ce que produit une époque où la société se trouve placée comme sur la pointe d'une aiguille.

La loi sur l'enseignement public, qui est née des circonstances politiques qui nous gouvernaient alors, est grande par le sujet qu'elle traite, grande par l'union qu'elle consacre, au clergé et à l'Université, par l'alliance qu'elle essaie de la religion et de la philosophie. (*V.* les discours de MM. de Montalembert et Thiers, *Moniteur* des 18 et 19 janvier 1850.)

Le législateur a voulu pourvoir par l'éducation aux exigences de l'avenir, et la loi du 15 mars 1850 était destinée à donner une nouvelle direction à l'enseignement sous l'influence du principe et du sentiment religieux qui seuls peuvent produire toutes les vertus publiques et privées.

Nous reproduisons ici une partie de l'exposé des motifs présentés par M. de Falloux, avec le regret aussi de taire le rapport présenté par l'honorable et savant M. Beugnot, au nom de la commission d'examen.

*Exposé des motifs du projet de loi sur l'instruction publique, présenté par M. de Falloux, ministre de l'instruction publique et des cultes, à l'Assemblée nationale, le 18 juin 1849.*

Le projet que j'ai l'honneur de soumettre à vos délibérations, a été élaboré dans le sein d'une commission où tous les intérêts, ceux de la famille et ceux de l'État, ceux de l'Église et ceux de l'Université, comptaient d'éminents représentants. C'est fort d'un tel appui que j'espérais paraître devant vous; c'est le travail même de son rapporteur, M. de Corcelles, dont le nom seul était une autorité, que j'espérais apporter à cette tribune. D'impérieuses circonstances en ont décidé autrement; j'ai dû y suppléer à la hâte. Je me suis confié à votre indulgence; je me suis reposé aussi sur l'étude que chacun de vous a faite d'une question si vivement, si longuement controversée. On ne cherchait autrefois ce terrain que pour s'y combattre, on ne s'y rencontre plus aujourd'hui que pour se concerter dans un intérêt commun supérieur à tous les préjugés personnels. Permettez-moi donc d'aborder ce sujet sans autre préoccupation que le sujet lui-même, et pardonnez-moi d'avoir préféré la promptitude de l'œuvre à l'ambition du langage.

A voir tous les gouvernements qui se succèdent porter la main sur l'enseignement public, il semble que tous se soient flattés d'improviser une société à leur image. La liberté d'enseignement, consacrée enfin par notre constitution, doit mettre un terme à ces illusions et à ces tentatives. On n'élève pas l'homme pour telle ou telle forme de gouvernement, mais pour lui-même, pour le développement et la dignité de sa propre nature, pour le développement et le progrès de la société à laquelle il appartient. Les gouvernements y doivent intervenir puissamment sans doute, mais d'accord avec les lois éternelles de la conscience et de la civilisation.

La famille, pas plus que l'individu, ne doit se mettre en révolte contre l'État, mais l'État ne peut pas, ne doit pas se substituer arbitrairement à la famille.

Toutefois, et en ne considérant que l'intérêt de la liberté, notre premier devoir était de constituer d'abord l'autorité chargée de surveiller les établissements publics. C'est le titre premier de notre projet de loi.

### TITRE PREMIER.
#### Des autorités préposées à l'enseignement.

Au sommet de la hiérarchie, nous avons conservé, à côté du ministre, un Conseil supérieur de l'instruction publique. Ce conseil a pour double mission d'assurer l'indépendance constitutionnelle de l'enseignement libre et de maintenir l'enseignement de l'État en harmonie avec les traditions de l'esprit national, qui ont fait siècle par siècle la grandeur et l'unité de la France. Cette double mission avait suggéré à la commission la pensée d'un double conseil : elle y a promptement renoncé, dans la crainte de constituer à perpétuité des conflits, qu'un seul conseil, équitablement pondéré, réussira sans doute à prévenir.

La discussion s'est donc reportée avec ardeur sur la composition du Conseil supérieur lui-même. On s'est arrêté à la combinaison suivante : vingt-quatre membres ainsi désignés :

Huit membres choisis par le ministre, parmi les anciens membres du conseil de l'Université, les inspecteurs généraux, les recteurs et les professeurs des Facultés; trois archevêques ou évêques, nommés par leurs collègues; un ministre protestant, nommé par les présidents des consistoires; trois magistrats de la Cour de cassation, nommés par leurs collègues; trois conseillers d'État, nommés par le ministre; trois membres de l'Institut, nommés par les cinq classes réunies; trois membres choisis parmi les membres de l'enseignement libre. Tous les membres du Conseil ont des droits égaux.

Nous regrettons bien vivement de ne pouvoir placer sous les regards de nos lecteurs la totalité de ce rapport, si remarquable sous quelque point de vue que ce soit qu'on le considère.

*Règlement d'administration publique pour l'exécution de la loi du 15 mars 1850 sur l'enseignement.*

Le président de la République,
Sur le rapport du ministre de l'instruction publique et des cultes;
Vu le titre 1er, le chapitre 4 du titre II, les titres III et IV de la loi du 15 mars 1850;
Le conseil d'État entendu;
Décrète :

DES AUTORITÉS PRÉPOSÉES A L'ENSEIGNEMENT.
CHAPITRE PREMIER. — *Du Conseil supérieur de l'instruction publique.*

Art. 1er. En l'absence du ministre de l'instruction publique, le Conseil supérieur est présidé par un vice-président, nommé chaque année par le président de la République, et choisi parmi les membres de ce conseil.

Art. 2. Le président de la République désigne également, chaque année, un secrétaire choisi parmi les membres du Conseil.

Art. 3. Le Conseil supérieur tient une session ordinaire par trimestre.

Il est convoqué par arrêté du ministre.

La durée de chacune des sessions, soit ordinaire, soit extraordinaire, est fixée par l'arrêté de convocation. Elle peut être prolongée par un arrêté ultérieur.

Art. 4. Des commissaires peuvent être chargés par le ministre de l'assister dans la discussion des pro-

jets de loi, de règlement d'administration publique, de décrets et arrêtés portant règlement permanent, qu'il renvoie à l'examen du Conseil supérieur.

Le Conseil peut aussi appeler dans son sein les personnes dont l'expérience lui semble devoir être utilement consultée, tant pour la discussion de ces projets que pour ce qui concerne l'état général de l'enseignement.

Il ne peut user de cette faculté, à l'égard des fonctionnaires publics, que de l'agrément du ministre du département auquel ils appartiennent.

Art. 5. La section permanente est présidée par un de ses membres désigné, chaque année, par le ministre.

Art. 6. Les fonctions de membre de la section permanente sont incompatibles avec toute autre fonction administrative rétribuée.

Art. 7. Dans les affaires soumises au Conseil supérieur, le rapporteur est nommé par le ministre, ou, sur sa délégation, par le vice-président du Conseil supérieur.

Art. 8. En matière contentieuse ou disciplinaire, les affaires sont inscrites au secrétariat du Conseil supérieur, d'après l'ordre de leur arrivée, sur un registre à ce destiné.

Elles sont jugées suivant l'ordre de leur inscription et dans la plus prochaine session.

Les rapports sont faits par écrit; ils sont déposés au secrétariat par les rapporteurs, la veille du jour fixé pour la délibération, avec le projet de décision et le dossier, pour être tenus à la disposition de chacun des membres du Conseil.

En matière disciplinaire, le rapporteur est tenu d'entendre l'inculpé dans ses explications, s'il est présent et s'il le demande. L'inculpé a également le droit d'être entendu par le Conseil.

Art. 9. La présence de la moitié plus un des membres est nécessaire pour la validité des délibérations du Conseil supérieur.

En cas de partage, si la matière n'est ni contentieuse ni disciplinaire, la voix du président est prépondérante; si la matière est contentieuse, il en sera délibéré de nouveau, et les membres qui n'auraient pas assisté à la délibération seront spécialement convoqués. S'il y a, de nouveau, partage dans la deuxième délibération, il sera vidé par la voix prépondérante du président; si la matière est disciplinaire, l'avis favorable à l'inculpé prévaut.

Art. 10. Les délibérations du Conseil supérieur sont signées par le président et par le secrétaire.

Le secrétaire a seul qualité pour en délivrer des ampliations, certifiées conformes aux procès-verbaux.

A moins d'une autorisation du ministre, il ne peut être donné communication des procès-verbaux qu'aux membres du conseil supérieur.

Art. 11. Les décrets ou arrêtés qui interviennent sur l'avis du Conseil supérieur portent la mention : *le Conseil supérieur de l'instruction publique entendu.*

Les avis du Conseil supérieur ne peuvent être publiés qu'avec l'autorisation du ministre.

Art. 12. En matière contentieuse ou disciplinaire, les décisions du Conseil sont notifiées par le ministre.

Les parties ont toujours le droit d'en obtenir expédition.

Art. 13. Un règlement délibéré en conseil supérieur déterminera l'ordre intérieur des travaux du Conseil.

Un règlement, préparé par la section permanente et arrêté par le ministre, déterminera l'ordre intérieur des travaux de cette section.

CHAPITRE II. — *De l'administration académique.*

§ Ier. Du local affecté à l'administration académique.

Art. 14. Le local que les départements doivent fournir pour le service de l'administration académique, d'après l'article 13 de la loi organique du 15

mars 1850, comprend au moins, avec le mobilier nécessaire au service :

Un cabinet pour le recteur;

Une salle des délibérations pour le conseil académique et pour les examens des candidats au brevet de capacité.

Un cabinet pour le secrétaire de l'académie;

Une pièce pour les commis de l'académie et pour les archives.

§ II. Des recteurs.

Art. 15. Les fonctions de recteur sont incompatibles avec tout autre emploi public salarié.

Art. 16. Les recteurs sont nommés par le président de la République.

Ils sont partagés en classes, dont le nombre es déterminé par décret du président de la République.

Les traitements varient suivant les classes.

La classe est attachée à la personne et non à la résidence.

§ III. Des conseils académiques.

Art. 17. Sur l'invitation du ministre de l'instruction publique, les cours et tribunaux, les conseils généraux et les consistoires israélites procèdent à la nomination des membres qu'ils sont appelés à élire dans les conseils académiques.

Lorsqu'il y a lieu de pourvoir à des nominations nouvelles, les cours et tribunaux et les consistoires israélites, sur l'avis donné par le recteur, procèdent immédiatement au remplacement des membres pris dans leur sein; les conseils généraux pourvoient, dans leur plus prochaine session, au remplacement des membres dont la nomination leur appartient.

Les élections sont faites au scrutin secret et à la majorité absolue.

Le président de la cour ou du tribunal, celui du consistoire et le préfet, selon le cas, adresse le procès-verbal de chaque élection au recteur, qui le communique au conseil académique, lors de sa première réunion.

Il est transcrit sur le registre des délibérations du conseil.

Art. 18. Les membres délégués, en exécution de l'article 10 de la loi organique, ne peuvent exercer leur délégation qu'en vertu d'une décision spéciale.

Le ministre de l'instruction publique et l'évêque adressent au recteur les décisions par lesquelles ils ont fait choix des membres dont la désignation leur appartient.

Ces décisions sont communiquées au conseil académique, et sont transcrites sur le registre des délibérations de ce conseil.

Art. 19. Lorsque deux archevêques ou évêques ont leur siège dans le même département, tous deux font partie du conseil académique. Dans ce cas, il n'y a pas lieu à la désignation prévue par le sixième alinéa de l'article 10 de la loi organique.

Art. 20. En l'absence du recteur, le conseil académique est présidé par le préfet.

Le secrétaire du conseil académique est choisi, chaque année, par le ministre, parmi les membres dudit conseil.

A moins d'une autorisation du recteur, les procès-verbaux du conseil académique ne peuvent être communiqués qu'aux membres du conseil.

Art. 21. Les conseils académiques se réunissent au moins deux fois par mois. Ils peuvent être convoqués extraordinairement. Le jour de la réunion est fixé par le président.

Art. 22. Les conseils académiques ne peuvent délibérer sur les affaires intéressant une Faculté, qu'autant que le doyen de cette Faculté a été expressément convoqué par le président.

Art. 23. En cas de partage, lorsque la matière n'est ni contentieuse ni disciplinaire, la voix du président est prépondérante.

Dans les matières contentieuses et disciplinaires,

il est procédé, par le conseil académique, conformément à l'article 9.

Art. 24. Lorsque l'instruction d'une affaire disciplinaire est renvoyée au conseil académique en vertu du sixième paragraphe de la loi organique, le conseil désigne un rapporteur qui recueille les renseignements et les témoignages, appelle l'inculpé, l'entend s'il se présente, et fait son rapport au jour le plus prochain indiqué par le conseil.

Le conseil peut toujours ordonner un supplément d'instruction.

L'avis du conseil exprime s'il y a lieu de donner suite à l'affaire, et, en cas d'affirmative, quelle peine doit être prononcée.

Art. 25. En matière contentieuse, les réclamations des parties, avec les pièces et mémoires à l'appui, sont déposées au secrétariat de l'académie ; il en est donné récépissé.

Ces réclamations reçoivent un numéro d'enregistrement et sont examinées dans l'ordre où elles sont parvenues au secrétariat.

Pour chaque affaire, le conseil désigne un rapporteur, qui fait son rapport à la plus prochaine réunion du conseil.

Art. 26. Lorsque le conseil est appelé à prononcer en matière disciplinaire, un membre désigné par lui est chargé de l'instruction : il recueille les informations et fait son rapport à l'époque fixée par le conseil.

Sur le rapport, le conseil académique déclare d'abord s'il y a lieu à suivre.

En cas d'affirmative, il entend l'inculpé dans ses moyens de défense, et, s'il y a lieu, les témoins.

Art. 27. En matière contentieuse et disciplinaire, la décision du conseil académique est notifiée, dans les huit jours, par les soins du recteur.

Le recteur est tenu d'avertir les parties, s'il y a lieu, qu'elles ont le droit de se pourvoir devant le conseil supérieur, dans le délai prescrit par la loi.

Art. 28. Le recours de la partie contre la décision du conseil académique est reçu au secrétariat de l'académie ; il en est donné récépissé.

Le recours du recteur est formé par un arrêté qu'il notifie à la partie intéressée. Ampliation de cet arrêté est adressée, avec les pièces de l'affaire, au ministre de l'instruction publique, qui en saisit le Conseil supérieur.

Art. 29. Les conseils académiques peuvent appeler dans leur sein les membres de l'enseignement et toutes autres personnes dont l'expérience leur paraîtrait devoir être utilement consultée.

Les fonctionnaires de l'instruction publique ne peuvent être appelés que de l'agrément du recteur.

Les personnes ainsi appelées par les conseils académiques n'ont pas voix délibérative.

### § IV. Des secrétaires d'académie.

Art. 30. Les secrétaires d'académie sont partagés en classes, dont le nombre est déterminé par décret du président de la République.

Les traitements varient suivant les classes.

La classe est attachée à la personne, et non à la résidence.

Art. 31. Le fonctionnaire appelé pour la première fois à l'emploi de secrétaire d'académie est nécessairement de la dernière classe.

Nul ne peut être promu à une classe supérieure sans avoir passé deux ans au moins dans la classe immédiatement inférieure.

Les dispositions du présent article ne sont pas applicables à la première organisation de l'administration académique.

Art. 32. Nul ne peut être nommé aux fonctions de secrétaire d'Académie, s'il ne justifie du grade de bachelier ou du brevet de capacité pour l'enseignement primaire.

Sont exceptés de cette condition les secrétaires et commis d'académie qui exercent actuellement ou qui ont précédemment exercé ces fonctions.

Art. 33. Dans chaque académie, le secrétaire est chargé de la rédaction des procès-verbaux du conseil académique, sous la direction du secrétaire de ce conseil.

Il est préposé à la garde des archives de l'académie. Il peut être chargé par les recteurs de délivrer copie des pièces dont il est dépositaire.

Il dirige, sous les ordres du recteur, le travail des bureaux de l'académie.

Il reçoit la consignation des droits perçus au profit du trésor public dans les chefs-lieux académiques où il n'existe pas d'agent comptable préposé à cette perception ; dans ce cas, il est commissionné par le ministre des finances et est tenu de fournir un cautionnement, conformément aux règlements.

## CHAPITRE III. — De l'inspection.

Art. 34. Les inspecteurs généraux et les inspecteurs supérieurs sont choisis sur une liste de candidats formée par le ministre ; le conseil supérieur est appelé à donner son avis sur cette liste avant la nomination.

Art. 35. Pour la nomination des inspecteurs de l'instruction primaire, la liste des candidats, composée par le recteur, est communiquée au conseil académique et transmise ensuite au ministre, avec l'avis de ce conseil.

Art. 36. Les fonctions d'inspecteur d'académie et d'inspecteur de l'enseignement primaire sont incompatibles avec tout autre emploi public rétribué.

Le ministre, sur l'avis du conseil académique, peut toutefois autoriser les inspecteurs de l'instruction primaire à accepter les fonctions d'inspecteur, soit des enfants trouvés et abandonnés, soit des enfants employés dans les manufactures.

Art. 37. Les inspecteurs de l'instruction primaire sont partagés en classes, dont le nombre est déterminé par décret du président de la République.

Les traitements varient suivant les classes.

La classe est attachée à la personne, et non à la résidence.

Le fonctionnaire appelé, pour la première fois, à l'emploi d'inspecteur de l'instruction primaire, est nécessairement de la dernière classe.

Nul ne peut être promu à la classe supérieure sans avoir passé un an au moins dans la classe immédiatement inférieure.

Les dispositions du présent article ne sont pas applicables à la première organisation de l'inspection de l'enseignement primaire.

Art. 38. Nul ne peut être appelé aux fonctions d'inspecteur de l'instruction primaire s'il n'a été déclaré apte à ces fonctions, après un examen spécial dont le programme sera déterminé conformément à l'article 5 de la loi organique. Jusqu'à ce que ce programme ait été arrêté, l'examen aura lieu conformément aux règlements en vigueur.

Art. 39. Ne peuvent être admis à l'examen que les candidats qui justifient :

1° De vingt-cinq ans d'âge ;

2° Du diplôme de bachelier ès lettres ou d'un brevet de capacité pour l'enseignement primaire supérieur, si le brevet a été délivré avant la promulgation de la loi organique, et, dans le cas contraire, d'un brevet attestant que l'examen a porté sur toutes les matières d'enseignement comprises dans l'article 23 de la même loi ;

3° De deux ans d'exercice au moins dans l'enseignement ou dans les fonctions de secrétaire d'académie, de membre d'un ancien comité supérieur d'instruction primaire, ou de délégué du conseil académique pour la surveillance des écoles.

La condition exigée par le paragraphe précédent ne sera point applicable à la première organisation de l'inspection.

Art. 40. Sont dispensés de l'examen exigé par l'article 58 les anciens inspecteurs ou sous-inspecteurs de l'instruction primaire; les directeurs d'écoles normales primaires, les principaux des colléges communaux, les chefs d'établissements particuliers d'instruction secondaire et les licenciés.

Art. 41. Ont seuls droit aux frais de tournée déterminés par les règlements : les membres du Conseil supérieur délégués par le ministre pour une mission spéciale; les inspecteurs généraux; les inspecteurs supérieurs; les recteurs; les membres des conseils académiques, délégués par le recteur en vertu de l'article 18 de la loi organique; les inspecteurs d'académie et les inspecteurs de l'instruction primaire.

Art. 42. Les personnes chargées de l'inspection, en vertu de l'article 18 de la loi organique, dressent procès-verbal de toutes les contraventions qu'elles connaissent.

Si la contravention consiste dans l'emploi d'un livre défendu en vertu de l'article 5 de la même loi, l'ouvrage est saisi et envoyé avec le procès-verbal au recteur de l'académie, qui soumet l'affaire au conseil académique.

Art. 43. Les inspecteurs de l'instruction primaire donnent au recteur leur avis sur les secours et encouragements de tout genre relatifs à l'instruction primaire; ils s'assurent que les allocations accordées sont employées selon leur destination.

Ils font au recteur des propositions pour la liste d'admissibilité et d'avancement des instituteurs communaux, qui doit être dressée par le conseil académique. Ils donnent au recteur leur avis sur les nominations des instituteurs communaux et sur les demandes d'institution.

Ils assistent, avec voix délibérative, aux réunions des délégués cantonaux prescrites par le quatrième paragraphe de l'article 42 de la loi organique et à celles dont il est fait mention en l'article 46 du présent règlement.

Ils donnent leur avis au recteur sur les demandes formées par les instituteurs communaux et sur les déclarations faites par les instituteurs libres, à l'effet d'ouvrir un pensionnat primaire.

Ils inspectent les écoles normales primaires et surveillent particulièrement les élèves-maîtres entretenus par le département dans les établissements d'instruction primaire.

Ils surveillent l'instruction donnée aux enfants admis pour le compte des communes dans les écoles libres, en exécution du quatrième paragraphe de l'article 36 de la loi organique.

Ils adressent, tous les trois mois, au recteur de l'Académie, un rapport sur la situation de l'instruction primaire dans les communes qu'ils ont parcourues pendant le trimestre, et des notes détaillées sur le personnel des écoles.

CHAPITRE IV. — *Des délégués cantonaux et des autorités préposées à l'enseignement primaire.*

Art. 44. Nul chef ou professeur dans un établissement d'instruction primaire, public ou libre, ne peut être nommé délégué du conseil académique.

Art. 45. Les délégués ont entrée dans toutes les écoles libres ou publiques dans leur circonscription : ils les visitent au moins une fois par mois.

Ils communiquent aux inspecteurs de l'instruction primaire tous les renseignements utiles qu'ils ont pu recueillir.

Art. 46. Sur la convocation et sous la présidence du sous-préfet, les délégués des cantons d'un arrondissement peuvent être réunis au chef-lieu de l'arrondissement, pour délibérer sur les objets qui leur sont soumis par le recteur ou par le conseil académique.

Art. 47. A Paris, le conseil académique désigne, dans chaque arrondissement, un délégué au moins par quartier. Il peut désigner, en outre, dans chaque arrondissement, des délégués spéciaux pour les écoles des cultes protestant et israélite.

L'inspecteur de l'instruction primaire assiste aux réunions mensuelles des délégués de l'arrondissement, avec voix consultative.

Art. 48. Lorsqu'il y a dans une commune une école spécialement affectée aux enfants d'un culte, et qu'il ne s'y trouve en résidence aucun ministre de ce culte, l'évêque ou le consistoire désigne, pour l'exécution de l'article 44 de la loi organique, le curé, le pasteur ou le délégué d'une commune voisine.

Art. 49. Les autorités préposées par l'article 44 de la loi organique à la surveillance des écoles peuvent se réunir, sous la présidence du maire, pour convenir des avis à transmettre à l'inspecteur de l'instruction primaire et aux délégués cantonaux.

CHAPITRE V. — *Des commissions d'examen pour la délivrance des brevets de capacité pour l'enseignement primaire.*

Art. 50. Les commissions d'examen pour le brevet de capacité pour l'enseignement primaire tiennent au moins deux sessions par an.

La commission ne peut délibérer régulièrement qu'autant que cinq au moins de ses membres sont présents.

Les délibérations sont prises à la majorité des suffrages.

En cas de partage, la voix du président est prépondérante.

La forme des brevets est réglée par le ministre de l'instruction publique.

Nul ne peut se présenter devant une commission d'examen, s'il n'est âgé de dix-huit ans au moins.

CHAPITRE VI. — *Autorités chargées de délivrer le brevet de capacité pour l'enseignement secondaire et les diplômes des différents grades.*

Art. 51. Les jurys chargés d'examiner les aspirants au brevet de capacité pour l'enseignement secondaire tiennent quatre sessions par an; le premier lundi des mois de janvier, d'avril, de juillet et d'octobre.

Les jurys ne peuvent délibérer régulièrement qu'autant que cinq de leurs membres au moins sont présents.

Les délibérations sont prises à la majorité des suffrages.

En cas de partage, la voix du président est prépondérante.

Des registres, destinés à recevoir les inscriptions des aspirants aux brevets, sont ouverts, huit jours avant chaque session, au secrétariat de l'académie, et clos la veille de l'ouverture de la session.

52. Les brevets délivrés par les jurys spéciaux font mention de l'enseignement pour lequel ils ont été obtenus.

Le brevet n'est remis au candidat que dix jours après la décision du jury.

Pendant ce temps, le recteur peut se pourvoir devant le conseil académique pour violation des formes ou de la loi. En cas de pourvoi, le brevet n'est remis qu'après la décision du conseil académique, et, s'il y a recours, du Conseil supérieur.

Les brevets sont signés par le recteur, président du jury.

Art. 53. Pour l'examen des candidats au baccalauréat ès lettres, des professeurs ou des agrégés des Facultés des sciences, et, à défaut de professeurs ou d'agrégés, des docteurs ès sciences sont adjoints aux professeurs des Facultés des lettres pour la partie scientifique de l'examen.

Art. 54. Les délibérations prises par les diverses Facultés, pour la collation des grades, sont transmises aux recteurs par leurs doyens respectifs.

Le diplôme n'est remis au candidat que dix jours

après que la délibération de la Faculté est parvenue au recteur.

Dans les dix jours de la réception, le recteur peut se pourvoir, pour violation de formes et de la loi, devant le conseil académique du département où l'examen a été passé.

En cas de pourvoi, le diplôme n'est remis qu'après la décision du conseil académique, et, s'il y a recours, du Conseil supérieur.

Art. 55. Le ministre de l'instruction publique et des cultes est chargé de l'exécution du présent règlement, qui sera inséré au *Bulletin des lois*.

Fait à l'Elysée national le 29 juillet 1850.

Signé : LOUIS-NAPOLÉON BONAPARTE.

Le ministre de l'instruction publique et des cultes,

Signé : E. DE PARIEU.

—

## Décret du 9 mars 1852.

### CHAPITRE Ier.

Louis Napoléon, etc., décrète :

Art. 1er. Le président de la République, sur la proposition du ministre de l'instruction publique, nomme et révoque les membres du Conseil supérieur, les inspecteurs généraux, les recteurs, les professeurs des Facultés, du Collège de France, du Muséum d'histoire naturelle, de l'École des langues orientales vivantes, les membres du Bureau des longitudes et de l'Observatoire de Paris et de Marseille, les administrateurs et conservateurs des bibliothèques publiques.

Art. 2. Quand il s'agit de pourvoir à la nomination d'un professeur titulaire dans une faculté, le ministre propose au président de la République un candidat choisi, soit parmi les docteurs âgés de trente ans au moins, soit sur une double liste de présentation qui est nécessairement demandée à la faculté où la vacance se produit et au conseil académique. Le même mode de nomination est suivi dans les Facultés des lettres, des sciences, de droit, de médecine, et dans les écoles supérieures de pharmacie.

En cas de vacance d'une chaire au Collège de France, au Muséum d'histoire naturelle, à l'École des langues orientales vivantes ou d'une place au Bureau des longitudes, à l'Observatoire de Paris et de Marseille, les professeurs ou membres de ces établissements présentent deux candidats, la classe correspondante de l'Institut en présente également deux. Le ministre peut, en outre, proposer au choix du président de la République un candidat désigné par ses travaux.

Art. 3. Le ministre, par délégation du président de la République, nomme et révoque les inspecteurs de l'École nationale des chartes, les inspecteurs d'académie, les membres des conseils académiques, les fonctionnaires et professeurs des écoles préparatoires de médecine et de pharmacie, les fonctionnaires et professeurs de l'enseignement secondaire public, les inspecteurs primaires, les employés des bibliothèques publiques, et généralement toutes les personnes attachées à des établissements d'instruction publique appartenant à l'Etat.

Il prononce directement et sans recours contre les membres de l'enseignement secondaire public :

La réprimande devant le conseil académique,

La censure devant le Conseil supérieur,

La mutation.

La suspension des fonctions avec ou sans privation de traitement.

La révocation.

Il peut prononcer les mêmes peines contre les membres de l'enseignement supérieur, à l'exception de la révocation, qui est prononcée sur sa proposition par un décret du président de la République.

Art. 4. Les recteurs, par délégation du ministre,

nomment les instituteurs communaux, les conseils municipaux entendus, d'après le mode prescrit par les deux premiers paragraphes de l'article 31 de la loi du 15 mars 1850.

### CHAPITRE II.

*Du Conseil supérieur de l'instruction publique.*

Art. 5. Le Conseil supérieur se compose :

De trois sénateurs,

De trois conseillers d'Etat,

De trois archevêques ou évêques,

De trois membres de la Cour de cassation,

De cinq membres de l'Institut,

De deux membres de l'enseignement libre.

De huit inspecteurs généraux.

Les membres du Conseil supérieur sont nommés pour un an.

Le ministre préside le conseil et détermine l'ouverture des sessions, qui auront lieu au moins deux fois par an.

### CHAPITRE III.

*Des inspecteurs généraux de l'instruction publique.*

Art. 6. Huit inspecteurs généraux de l'enseignement supérieur,

Trois pour les lettres,

Trois pour les sciences,

Un pour le droit,

Un pour la médecine,

Sont chargés, sous l'autorité du ministre, de l'inspection des Facultés, des écoles supérieures de pharmacie, des écoles préparatoires de médecine et de pharmacie et des établissements scientifiques et littéraires ressortissant au ministère de l'instruction publique.

Ils peuvent être chargés de missions extraordinaires dans les lycées nationaux et dans les établissements d'instruction secondaire libres.

Six inspecteurs généraux de l'enseignement secondaire,

Trois pour les lettres,

Trois pour les sciences,

Sont chargés, sous l'autorité du ministre, de l'inspection des lycées nationaux, des collèges communaux les plus importants et des établissements d'instruction secondaire libres.

Deux inspecteurs généraux de l'enseignement primaire sont chargés des mêmes attributions en ce qui concerne l'instruction de ce degré.

Le ministre peut appeler au conseil supérieur pour des questions spéciales, avec voix consultatives, des inspecteurs généraux qui n'auraient pas été désignés pour en faire partie.

### CHAPITRE IV.

*Dispositions particulières.*

Art. 7. Un nouveau plan d'études sera discuté par le Conseil supérieur dans sa prochaine session.

Art. 8. En cas d'urgence, les recteurs peuvent, par mesure administrative, suspendre un professeur de l'enseignement public, secondaire ou supérieur, à la charge d'en rendre compte immédiatement au ministre qui maintient ou lève la suspension.

Art. 9. Les professeurs, les gens de lettres, les savants et les artistes dépendant du ministère de l'instruction publique, ne peuvent cumuler que deux fonctions rétribuées sur les fonds du trésor public. Le montant des traitements cumulés, tant fixes qu'éventuels, pourra s'élever à 20,000 fr.

Art. 10. A l'avenir, la liquidation des pensions de retraite des fonctionnaires de l'instruction publique n'aura lieu qu'après avis de la section des finances du conseil d'Etat.

Art. 11. Sont maintenues les dispositions de la loi du 15 mars 1850, qui ne sont pas contraires au présent décret.

Art. 12. Le ministre de l'instruction publique et

des cultes est chargé de l'exécution du présent décret, qui sera inséré au Bulletin des lois.

Fait au palais des Tuileries, le 9 mars 1852.

*Signé :* L. NAPOLÉON.

Par le président,

Le ministre de l'instruction publique et des cultes,

*Signé :* H. FORTOUL.

### Décret du 10 avril 1852.

Louis-Napoléon,

Président de la République française,

Sur le rapport du ministre de l'intruction publique et des cultes ;

Vu l'article 7 du décret du 9 mars 1852 ;

Le conseil supérieur de l'instruction publique entendu,

Décrète :

Article 1er. Indépendamment de la division élémentaire qui sera établie, s'il y a lieu, pour préparer les enfants à l'enseignement secondaire, les lycées comprennent nécessairement deux divisions : la division de grammaire, commune à tous les élèves, et la division supérieure, où les lettres et les sciences forment la base de deux enseignements distincts.

Art. 2. Après un examen constatant qu'ils sont en état de suivre les classes, les élèves sont admis dans la division de grammaire, qui embrasse les trois années de sixième, de cinquième et de quatrième. Chacune de ces trois années est consacrée, sous la direction du même professeur :

1° A l'étude des grammaires française, latine et grecque ; 2° à l'étude de la géographie et de l'histoire de France.

L'arithmétique est enseignée, en quatrième, une fois par semaine, à l'heure ordinaire des classes.

A l'issue de la classe de quatrième, les élèves subissent un examen appelé *examen de grammaire,* dont le résultat est constaté par un certificat spécial, indispensable pour passer dans la division supérieure.

Art. 3. La division supérieure est partagée en deux sections :

L'enseignement de la première section a pour objet la culture littéraire, et ouvre l'accès des facultés des lettres et des facultés de droit.

L'enseignement de la seconde section prépare aux professions commerciales et industrielles, aux écoles spéciales, aux facultés des sciences et de médecine.

Les études littéraires et historiques embrassent, comme par le passé, les classes de troisième, de seconde et de rhétorique. — Les études scientifiques ont lieu pendant trois années correspondantes. — Les langues vivantes sont enseignées pendant les trois années dans les deux sections. — Les programmes indiqueront les autres études qui pourront être communes aux deux enseignements. — Une dernière année, dite de logique, obligatoire pour les deux catégories d'élèves, a particulièrement pour objet l'exposition des opérations de l'entendement, et l'application des principes généraux de l'art de penser à l'étude des sciences et des lettres.

Art. 4. Des conférences sur la religion et sur la morale, correspondant aux différentes divisions, sont faites par l'aumônier ou sous sa direction ; elles font nécessairement partie du plan d'études des lycées. Le programme en est dressé directement par l'évêque diocésain.

Des mesures analogues sont prescrites pour les élèves des cultes non catholiques reconnus.

Art. 5. L'école normale supérieure prépare aux grades de licenciés ès lettres, de licenciés ès sciences et à la pratique des meilleurs procédés d'enseignement et de discipline scolaire. — Cette école est

essentiellement littéraire et scientifique ; la philosophie y est enseignée comme une méthode d'examen pour connaître les procédés de l'esprit humain dans les lettres et dans les sciences. — Les élèves de l'école normale supérieure, qui auront subi avec succès les examens de sortie, seront chargés des cours dans les lycées.

Art. 6. Pour obtenir le titre de professeur dans un lycée, il faut être agrégé à la suite d'une épreuve publique.

Art. 7. Il y a deux sortes d'agrégation : l'une pour les lettres, l'autre pour les sciences.

Les candidats doivent être âgés de vingt-cinq ans, avoir fait la classe pendant cinq ans, et être pourvus du diplôme de licenciés ès lettres ou de deux au moins des trois diplômes de licenciés ès sciences.

Ils doivent produire, en outre, une autorisation ministérielle.

Les trois années passées à l'école normale seront comptées pour deux années de classe ; il en sera de même du diplôme de docteur ès sciences.

Les examens de l'agrégation portent uniquement sur les matières qui font l'objet des études secondaires, et ont pour but de constater la capacité des candidats et leur expérience dans les fonctions de l'enseignement.

Art. 8. L'examen du baccalauréat ès lettres est divisé en deux parties : 1° l'épreuve écrite, qui consiste en deux compositions ; 2° l'épreuve orale, qui comprend l'explication des auteurs grecs, latins et français, désignés chaque année par le ministre en conseil supérieur, et les questions posées par les membres du jury sur tous les objets de l'enseignement de la section littéraire des lycées.

Des programmes nouveaux indiqueront sommairement les matières sur lesquelles ces questions devront porter.

Art. 9. Il y a un seul baccalauréat ès sciences : les candidats sont dispensés de produire le diplôme de bachelier ès lettres.

Les épreuves sont de deux sortes : 1° deux compositions écrites ; 2° questions orales embrassant tout ce qui fait l'objet de l'enseignement de la section scientifique des lycées.

Art. 10. Les candidats, soit au baccalauréat ès lettres, soit au baccalauréat ès-sciences, qui n'ont pas satisfait à l'épreuve écrite, ne sont pas admis à l'épreuve orale.

Art. 11. Les parties les plus élevées des mathématiques, de la physique, de la chimie et de l'histoire naturelle, qui étaient comprises dans les anciens programmes du baccalauréat ès sciences mathématiques et du baccalauréat ès sciences physiques, sont reportées à l'examen des trois licences ès sciences mathématiques, ès sciences physiques et ès sciences naturelles, qui demeurent distinctes.

Art. 12. Les étudiants des facultés de médecine et des écoles supérieures de pharmacie sont dispensés de produire le diplôme de bachelier ès lettres ; ils doivent produire le diplôme de bachelier ès sciences, avant de prendre la première inscription.

Art. 13. Chaque année les étudiants des facultés de droit doivent se faire inscrire à deux cours de la faculté des lettres.

Art. 14. Les programmes détaillés des cours professés dans les facultés des lettres seront soumis annuellement par le recteur, à l'avis de la faculté, à l'approbation du ministre de l'instruction publique.

Art. 15. Les professeurs des facultés de droit, de médecine, des lettres, des sciences et des écoles supérieures de pharmacie, s'assureront, par des appels ou par tout autre moyen, de l'assiduité de leurs auditeurs.

Art. 16. Les nouveaux programmes d'études et d'examens, prévus par le présent décret, seront soumis au conseil supérieur dans sa prochaine session.

Art. 17. Les anciens agrégés de grammaire, des classes supérieures, des lettres, d'histoire et de philosophie, sont aptes à recevoir le titre de professeur des lettres.

Les anciens agrégés de mathématiques et physique sont aptes à recevoir le titre de professeur des sciences.

Art. 18. Le présent décret sera mis à exécution à partir du 1er octobre prochain.

Art. 19. Le ministre de l'instruction publique et des cultes est chargé de l'exécution du présent décret.

Fait au palais des Tuileries, le 10 mars 1852.

LOUIS-NAPOLÉON.

Par le président :

Le ministre de l'instruction publique et des cultes.

H. FORTOUL.

LYCÉES. — Les lycées sont des établissements publics d'instruction secondaire. Ils sont fondés et entretenus par l'État, avec le concours des départements et des villes. Il peut y être annexé des pensionnats. (*Voy.* ÉCOLES SPÉCIALES, ENSEIGNEMENT, et UNIVERSITÉ [*Hist. de l'Instruction publique*].

# M

MINISTRES DES CULTES. — Les ministres non interdits ni révoqués, de l'un des cultes reconnus par l'État, peuvent tenir des écoles primaires. Il résulte de cette disposition, 1° un droit civil attaché au caractère spirituel du prêtre ; 2° une action civile attachée à la peine spirituelle portée contre un ecclésiastique indigne, par l'autorité spirituelle de son évêque ; 3° la possibilité pour tout pasteur, dans le cas encore très-possible d'un instituteur dangereux, de recueillir chez lui les enfants qui voudraient se soustraire à cette influence perverse, et de pourvoir à leur instruction par son vicaire ou par lui-même. Les ministres des différents cultes sont spécialement chargés de surveiller l'enseignement religieux de l'école, qui leur est toujours ouverte. Les ministres des cultes font, de concert avec le maire, la liste des enfants qui doivent être admis gratuitement dans les écoles. (*Voy.* LOI DE 1850.)

MOBILIER. — Le mobilier de classe nécessaire à une école communale doit être fourni par la commune. Les villes doivent fournir aux lycées et aux collèges communaux, ainsi qu'aux pensionnats qui peuvent y être annexés, tout le mobilier nécessaire. (Art. 37, 73 et 74 de la loi de 1850.)

MODIFICATIONS A L'ÉDUCATION. — Les modifications apportées à l'enseignement public en France ont introduit successivement des méthodes nouvelles. Notre but n'est point d'en faire ici l'historique ; nous nous bornerons d'abord à donner la date et le résumé des divers actes législatifs et réglementaires, qui, depuis la première Révolution, sont intervenus sur cette matière. Nous nous attacherons ensuite à donner son véritable caractère à la lutte engagée à l'époque où nous écrivons, et relative au choix à faire dans l'instruction publique des auteurs païens et chrétiens. Constitution des 3-4 septembre 1791, tit. 1, *Principes d'organisation d'une instruction publique.* — Lois du 12 décembre 1792, *Institution des écoles primaires.* — 30 mai, 8 juin 1793, *Lieux où il en sera établi; enseignements.* — 30 vendémiaire an II, *Organisation de l'instruc-* *tion publique et distribution des écoles dans les communes.* — 7 et 9 brumaire an II, *Placements des écoles; Nomination des instituteurs.* — 29 frimaire an II, *Liberté de l'instruction; Surveillance*, etc. — 4 ventôse et 21 thermidor an II, *Salaires des instituteurs.* — 27 brumaire an III, *Institutions des écoles primaires; Jury d'instructions; Régime de ces écoles.* — 7 ventôse, *Établissement d'écoles centrales.* — Constitution du 5 fructidor an III, titre 10, *Écoles primaires et écoles supérieures; Institut-national.* — 16 fructidor an III, *Cumul de traitements.* — 30 vendémiaire an IV, *Création de l'école polytechnique, de l'école d'artillerie et autres concernant les services publics.* — 9 brumaire an IV, *Organisation de l'instruction publique; Division en deux sections des écoles primaires des deux sexes.* — Loi du 25 messidor an V, *Fondation de bourses.* — 17 pluviôse an VI, *Surveillance des écoles particulières et pensionnats.* — Arrêté du 13 ventôse an X, *Formation d'un tableau quinquennal de l'état des sciences, lettres et arts.* — Loi du 11 floréal an X, *Nouvelle organisation de l'instruction publique, écoles primaires, écoles secondaires.* — 30 frimaire an XI, *Locaux de surveillance des écoles secondaires; Frais d'instruction.* — Arrêté du 21 prairial an XI, *Règlement pour les lycées.* — 19 vendémiaire an XII, *Règlement pour les écoles secondaires.* — Arrêté du 15 brumaire an XII, *Traitements.* — Loi du 10 mai 1806, *Création de l'Université.* — 12 août 1807, *Dons et legs.* — 17 février, 17 mars 1808, *Organisation de l'Université.* — 17 septembre 1808, *Règlements pour l'Université; Direction exclusive de l'enseignement.* — 11 décembre 1808, *Biens des anciens établissements d'instruction publique.* — 17 février 1809, *Droit du sceau.* — 4 juin 1809, *Régimes des anciennes écoles mises d'accord avec celui de l'Université.* — 31 juillet 1809, *Costumes.* — 12 septembre 1811, *Expropriation forcée.* — 15 novembre 1811, *Régime de l'Université.* — Ordonnance du 22 juin 1814, *Maintien provisoire de l'Université.* — 17 février 1815, *Règlement sur l'instruction publique; Conseil royal*, etc. — 15 août 1815, *Maintien de la taxe universi-*

*taire; Commission pour remplacer le grand maître.* — 29 février 1816, *Comités de surveillance de l'instruction primaire.* — 12 mars 1817, *Pensions royales, revenus et dépenses des collèges royaux; Bourses communales; Prix des pensions.* — 29 octobre 1819, *Conservatoire des arts et métiers.* — 25 décembre 1819, *Répartition des bourses dans les collèges royaux.* — 3 avril 1820, *École des filles soumises aux dispositions de l'ordonnance du 29 février 1816.* — 5 juillet 1820, *École de droit et de médecine; Conditions d'admission; Dispositions disciplinaires.* — 2 août 1820, *Comités de surveillance des écoles primaires.* — 1er novembre 1820, *Création du conseil royal; Dispositions règlementaires.* — 27 février 1821, *Réorganisation du règlement de l'instruction publique.* — 12 octobre 1821, *Pensions royales et pensions particulières; Revenus et dépenses des collèges.* — 17 octobre 1821, *Conditions pour le baccalauréat ès lettres.* — 31 octobre 1821, *Écoles de filles des degrés supérieurs.* — 16 novembre 1821, *Nominations aux bourses.* — 1er juin 1822, *Attribution du grand maître de l'Université.* — 8 avril 1824, *Administration supérieure de l'instruction publique; Dispositions diverses sur les écoles.* — 26 août 1824, *Création du ministère de l'instruction publique.* — Ordonnance du 21 avril 1828, *Instruction primaire.* — 16 juin 1828, *Écoles secondaires ecclésiastiques.* — 16 juin 1828, *Idem, congrégations religieuses.* — Ordonnance du 26 mars 1829, *Dispositions diverses sur l'instruction publique.* — Charte de 1830, art. 69, *Liberté de l'enseignement.* — 24 août 1830, *Inspecteurs généraux des études.* — 16 octobre 1830, *Comités d'instruction primaire.* — 11 mars 1831, *Établissement d'une école normale primaire.* — 12 mars 1831, *Brevets de capacité pour les instituteurs primaires.* — 12 mars 1831, *Surveillance de cette école.* — 18 avril 1831, *Brevets de capacité des instituteurs primaires.* — 29 août 1831, *Maintien de la rétribution universitaire.* — 23 septembre 1832, *Organisation des écoles des arts et métiers de Châlons et d'Angers.* — Loi du 28 juin 1833, *Organisation de l'instruction primaire.* — Ordonnance du 16 juillet 1833, *Idem, Circulaire ministérielle des 23 juillet et 15 novembre 1833, Exécution de la loi précédente.* — Ordonnance du 8 novembre 1833, *Comités de surveillance des écoles primaires de Paris.* — Avis du conseil royal du 8 novembre 1833, *Brevets de capacité pour les écoles primaires supérieures.* — Loi du 24 mai 1834, art. 8, *Perception de la rétribution universitaire.* — Ordonnance du 25 février 1835, *Inspecteurs de l'instruction primaire.* — Ordonnance du 23 juin 1836, *Organisation des écoles primaires de filles.* — Ordonnance du 13 février 1838, *Caisse d'épargne des instituteurs primaires.* — Ordonnance du 31 mai 1838, titre 4, chapitre 26, *Comptabilité des collèges royaux.* — Ordonnance du 26 octobre 1838, *Comités de surveillance des écoles primaires de Paris.* — Ordonnance du 7 janvier 1839, *Agrégés des maîtres d'études.*

— Ordonnance du 29 janvier 1839, *Collèges communaux.* — Ordonnance du 13 avril 1839, *Instituteurs en Algérie.* — Ordonnance du 23 novembre, *Traitements.* — Ordonnance du 17 décembre 1839, *Sous-inspecteurs des écoles primaires.* — Ordonnance du 13 octobre 1840, *Écoles secondaires de médecine.* — Loi du 25 juin 1841, art. 3, *Écoles primaires, admissions gratuites, rétribution, fixation par les préfets.* — Ordonnance du 3 février 1841, *Création d'emploi de sous-inspecteurs.* — 30 décembre 1842, *Composition du service de l'inspection et traitements.* — Ordonnance du 3 mars 1843, *Tableau général des établissements d'instruction secondaire à dresser tous les cinq ans.* — Loi du 4 août 1844, *Maîtres d'études; Examens.* — Arrêté du 8 mars 1848, *École d'administration.* — Arrêté du 7 septembre 1848, *Académies; Organisation.* — Arrêté du 23 novembre 1848, *Traitements des fonctionnaires de l'Université.* — Constitution de 1848, art. 9, *Liberté de l'enseignement.* — Décret du président de la République, du 16 décembre 1848, *Abolition des certificats d'études.* — Arrêté du même jour, *Nouveau règlement pour le baccalauréat.* — Loi du 11 janvier 1850, *Surveillance des instituteurs communaux par les préfets.*

RAPPORT AU PRÉSIDENT DE LA RÉPUBLIQUE FRANÇAISE.

Paris, le 10 avril 1852.

Monseigneur,

En raffermissant, par le décret du 9 mars 1852, l'ordre de la hiérarchie dans le corps enseignant, vous m'avez ordonné de soumettre un nouveau plan d'études au Conseil supérieur de l'instruction publique. Vous pensiez qu'il ne suffisait pas de fortifier l'action ni même de renouveler le ressort de l'administration de l'enseignement public, pour satisfaire aux vœux des familles et aux besoins de la société, vous avez voulu qu'on essayât de modifier les méthodes d'éducation qui ont, jusqu'à ce jour, produit trop d'esprits stériles ou dangereux.

Le conseil s'est empressé de répondre à vos désirs dans une suite de séances laborieuses qui se sont succédé presque sans interruption; il a discuté avec une supériorité de lumière que je ne saurais trop louer, le plan dont je l'ai saisi par vos ordres; le décret que j'ai l'honneur d'offrir à votre sanction sort de ses délibérations. Le conseil en a successivement adopté le principe et les détails, son autorité en rendra l'application assurée et féconde.

Ce plan emprunte une force plus grande encore du génie du premier consul dont il achève de réaliser une des plus heureuses conceptions. Si les lycées, institués par la loi du 11 floréal an X, ont résisté à toutes les révolutions, c'est que Napoléon leur a imprimé ce caractère pratique qui défie le caprice ou l'aveuglement des passions, parce qu'il fixe l'esprit des temps. Le grand homme avait voulu y ouvrir aux jeunes gens, après les études premières qui développent les germes de l'intelligence, deux voies distinctes : l'une dirigée vers les lettres, l'autre vers les sciences ; en exécutant ses premiers ordres, on laissa trop flotter les vocations au hasard. Trop souvent nous avons vu les esprits les mieux disposés pour l'étude des sciences, retenus dans l'étude des lettres qu'ils poursuivent sans but et sans profit. On a été conduit à confondre ce qu'il fallait séparer, à emprisonner en quelque sorte dans le même régime scolaire des enfants appelés à des carrières toutes différentes. Le système d'enseignement littéraire

légué par l'ancienne Université de Paris ne répondai plus cependant à toutes les exigences de la société nouvelle; au lieu de le modifier, on se borna, par respect pour de vieilles traditions, à le surcharger de tous les renseignements accessoires qui réclamaient leur place et qui avaient peine à la trouver. C'était s'exposer au danger d'énerver des intelligences encore faibles, en leur offrant une nourriture qu'elles ne pouvaient s'assimiler et qui les surchargeait sans les fortifier.

La réforme devenait urgente : pour l'accomplir, il suffisait de ressaisir vivement la pensée primitive du fondateur. Le nouveau plan d'études la produit de la manière la plus nette, en substituant à des essais incertains et timides un système parfaitement défini et qui est fondé sur la nature et sur l'expérience. Les enfants n'ont pas une aptitude universelle : entre quatorze ou quinze ans, aidés des lumières de leurs parents et de leurs maîtres, ils devront faire leur choix; il faut qu'ils se décident et prennent une route déterminée : d'un côté, les sciences leur ouvrent le vaste champ des applications pratiques. Elles dirigeront spécialement vers le but utile des sociétés, l'intelligence de la jeunesse; elles la prépareront non-seulement aux professions savantes qui font l'orgueil de l'esprit, mais encore à l'administration, au commerce, à l'industrie, qui sont tout les formes les plus essentielles de l'activité moderne. De l'autre côté, les études classiques de nos lycées seront arrivées par la séparation même des éléments hétérogènes qui en altéraient la pureté. L'émulation sera redoublée entre les élèves doués de l'esprit véritablement littéraire. Cet esprit si éminemment français, je ne crains pas de l'affirmer, Monseigneur, continuera de se développer, grâce au culte de l'antiquité grecque et latine, grâce aux belles traditions du XVIIᵉ siècle, dont le corps enseignant de nos lycées sera toujours le gardien le plus fidèle. Toutefois, avant de quitter pour toujours l'enceinte du collège, il est bon que les élèves de la section des lettres et ceux de la section des sciences se réunissent et se rapprochent pour vérifier en commun les procédés qu'ils ont suivis séparément. Dans une dernière année où l'on complétera, en couronnant, les études scientifiques et les études littéraires, l'art de penser sera enseigné d'après les principes consacrés par les méditations de tous les grands esprits qui a décrit et réglé la marche de l'intelligence humaine. Mais, pour que ces enseignements divers portent leurs fruits, il faut en retrancher avec soin les rameaux parasites; les discussions historiques et philosophiques conviennent peu à des enfants. Lorsque l'intelligence n'est pas encore formée, ces recherches intempestives ne produisent que la vanité et le doute: il est temps de couper dans la racine un mal qui a compromis l'enseignement public et excité les justes alarmes des familles; dans les lycées, les leçons doivent être dogmatiques et tout les connaissances élémentaires. C'est dans une région supérieure et pour un autre auditoire que l'enseignement pourra procéder du libre examen.

L'enseignement de l'école normale et les épreuves de l'agrégation, indispensables au recrutement du professorat, sont modifiés dans le même but. Les dispositions proposées auront pour conséquence de faire de modestes professeurs, et non pas des rhéteurs plus habiles à creuser des problèmes insolubles et périlleux qu'à transmettre des connaissances pratiques. Il faut que les maîtres appelés à l'honneur d'enseigner au nom de l'État apprennent par un pénible noviciat à s'oublier pour leurs élèves, et à ne placer leur gloire que dans les progrès des enfants qui leur sont confiés.

Le conseil supérieur de l'instruction publique a pensé comme vous, Monseigneur, que tous les efforts du gouvernement pouvaient demeurer stériles si la forme ne dépassait pas l'enceinte des lycées. Il lui a

paru qu'il fallait suivre les élèves au delà même de l'âge où, abandonnant les études premières données sous le sceau de l'autorité, ils commencent les études déjà libres et personnelles, qui sont une préparation plus immédiate aux épreuves sérieuses de la vie. Mais quel est l'âge où ils doivent essayer d'autres méthodes et passer à une nature différente d'enseignement? n'importe-t-il pas de le fixer d'une manière précise? c'est une des graves questions que le conseil a examinées attentivement.

Il a été généralement reconnu qu'à seize ans les jeunes gens ne remplissent pas sérieusement les conditions des premiers grades qui leur ouvrent l'accès des facultés. Les facilités qu'on leur offre aujourd'hui compromettent leur avenir, parce que, dans l'exercice des professions libérales, des diplômes conquis à la hâte ne peuvent tenir lieu de la maturité qui est le fruit du temps. Aussi, le conseil supérieur, répétant un vœu émis dans l'une des précédentes sessions, n'a-t-il pas hésité à déclarer que les aspirants au baccalauréat ne devaient pas se présenter à l'examen avant l'âge de dix-huit ans. Dans l'intérêt des familles elles-mêmes, qui, pour n'avoir pas su résister aux sollicitations d'une jeunesse impatiente de secouer tout joug, ont à déplorer les conséquences funestes d'une émancipation prématurée, le gouvernement adopte en principe cette condition d'âge pour les candidats au baccalauréat : il en proclame hautement la nécessité; mais, comme cette question se rattache aux considérations de l'ordre le plus élevé à quelques dispositions de lois intérieures, il réclame, pour mener à fin une réforme si utile, le concours du corps législatif. Il est, toutefois, en mesure de régler, dès aujourd'hui, les conditions scolaires de ces grades et de les mettre en harmonie avec les nouvelles méthodes d'enseignement.

A l'heure qu'il est, le grade de bachelier dans les lettres et dans la science n'est en rapport exact ni avec l'enseignement littéraire, ni avec l'enseignement scientifique des lycées, de sorte que l'enseignement supérieur, complément nécessaire de l'enseignement secondaire, ne s'y rattache que d'une manière très-imparfaite.

Le baccalauréat ès lettres, limité à une sorte de mnémotechnie, ne résume pas réellement les études classiques; il ne confère à ceux qui obtiennent le diplôme qu'un brevet à peu près sans valeur littéraire. Comme on a eu la prétention de l'imposer aux étudiants des facultés des sciences, des facultés de médecine et des écoles de pharmacie, c'est-à-dire à des jeunes gens qui n'en ont aucun besoin ou qui n'ont point de vocation pour les lettres, on a été conduit à faire de cette épreuve une vaine formalité, au grand détriment des véritables études classiques, qui n'ont plus de sanction.

Le baccalauréat ès lettres doit être le témoignage authentique d'une culture intellectuelle suffisamment développée, et c'est à cette condition seulement qu'il sera une préparation sérieuse à l'enseignement des facultés des lettres, des facultés de droit et de théologie, pour lequel il est d'ailleurs indispensable. De là naît la nécessité d'exiger des candidats à ce premier grade, non plus un travail de mémoire et de préparation purement artificielle, mais la justification de connaissances lentement et méthodiquement acquises.

Si l'épreuve du baccalauréat ès lettres, d'après le règlement actuellement en vigueur, est fort au-dessous du juste niveau des études classiques, celle du baccalauréat ès sciences dépasse certainement le but.

Il y a aujourd'hui deux baccalauréats ès sciences : l'un pour les sciences mathématiques, l'autre pour les sciences physiques et naturelles. C'est imposer, à l'entrée même des facultés de l'ordre scientifique, la spécialité des connaissances, et trop exiger de

tous les genres de candidats, pour un premier grade qui ne devrait être qu'une épreuve d'aptitude générale à l'étude des sciences mathématiques, physiques et naturelles, de la médecine et de la pharmacie. Les vocations se prononcent plus tard, et se spécialisent par la poursuite de l'une des trois licences ès sciences, du diplôme de docteur en médecine, de pharmacien ou d'officier de santé. Par cette considération, le décret n'institue qu'un seul baccalauréat ès sciences, et reporte à l'examen des trois licences ès sciences mathématiques, ès sciences physiques, ès sciences naturelles, qui demeurent distinctes, les parties les plus élevées des mathématiques, de la physique, de la chimie et de l'histoire naturelle, introduites dans la première épreuve.

Le baccalauréat ès sciences sera désormais la sanction des études scientifiques secondaires, comme le baccalauréat ès lettres est la sanction des études littéraires du même degré; c'est une preuve analogue, mais indépendante de la première : car, s'il est donné à quelques natures d'élite d'exceller à la fois dans les sciences et dans les lettres, il serait chimérique de vouloir imposer aux esprits ordinaires, qui forment la majorité, l'obligation de mener de front les études scientifiques et les études littéraires. Une seconde réforme, non moins nécessaire, consiste à soumettre les étudiants des facultés à un travail régulier et obligatoire. Ils ne doivent obtenir que par des efforts continus les grades académiques qu'ils ambitionnent. L'assiduité aux cours de l'État donnés si libéralement est un de leurs premiers devoirs. Aux prises avec les passions de la jeunesse, ils ont peut-être plus besoin que les enfants de nos lycées de la discipline du travail. Un travail constant et l'échange bienveillant de sentiments et d'idées qui s'établit naturellement entre le professeur et un auditoire assidu, les préserveront des séductions qui les assiègent. Les habitudes de dissipations trop ordinaires aux grandes villes ne trouvent qu'une barrière impuissante dans l'étrange facilité des règlements actuels. Il est nécessaire de les modifier par une prescription formelle. Les facultés des différents ordres auront donc leur auditoire obligé; c'est à cet auditoire sérieux que s'adressera surtout le professeur. Quand une jeunesse studieuse se pressera autour de sa chaire pour y recueillir un enseignement utile et pratique, sera-t-il jamais tenté de recourir aux vains prestiges d'une éloquence théâtrale, ou, ce qui serait plus blâmable encore, de réveiller la curiosité par un appel aux passions? Ces tristes moyens peuvent réussir devant des auditeurs oisifs et blasés, ils n'auraient aucun succès auprès de jeunes étudiants, exclusivement préoccupés du but qu'ils se proposent d'atteindre. Le programme du professeur est tracé d'avance; il lui est impossible de s'en écarter. C'est ainsi que, par la force des choses, l'enseignement supérieur prendra un caractère plus précis et plus utile sans rien perdre de son ancien éclat. Tels sont, Monseigneur, les principaux traits des améliorations considérables que le conseil supérieur de l'instruction publique réclame pour nos méthodes d'enseignement, et que je vous demande la permission d'appliquer avec cette juste mesure qui peut seule assurer le succès. Le résultat des systèmes d'éducation n'étant sensible qu'à de longs intervalles, le renouvellement ne saurait être opéré avec trop de prudence. Il importe aussi qu'il soit exécuté avec des instruments dont la précision et l'énergie secondent utilement la pensée qui en a décidé. L'organisation actuelle du gouvernement de l'enseignement, arrêtée à une époque où l'autorité n'avait point repris encore son ascendant, divise trop ses forces et entrave trop son action pour qu'il soit possible de le plier utilement aux réformes salutaires que je vous voulez introduire.

Vous souhaitez, Monseigneur, que, s'associant au vaste plan de décentralisation qui fait bénir votre nom dans nos campagnes les plus reculées, le ministère de l'instruction publique donne à la fois une forme plus simple et une impulsion plus vive aux services délicats dont il est chargé. Pour accomplir cette partie essentielle de la tâche que vous m'aurez confiée, je dépose aujourd'hui même en vos mains le projet de loi destiné à simplifier les rouages et à aplanir les obstacles dont les lois précédentes ont embarrassé la marche de l'administration de l'instruction publique. Le conseil d'État et le corps législatif mesureront la nécessité des changements que votre gouvernement veut faire subir au corps même de l'enseignement. Vous seul, Monseigneur, vous pouvez aujourd'hui en renouveler l'esprit en décrétant le plan d'étude adopté par le conseil supérieur de l'instruction publique.

Daignez agréer, Monseigneur, l'hommage du profond respect de votre très-humble et très-obéissant serviteur,

Le ministre de l'instruction publique
et des cultes,
H. FORTOUL.

Louis-Napoléon,
Président de la République française,

Sur le rapport du ministre de l'instruction publique et des cultes ;

Vu l'art. 7 du décret du 9 mars 1852 ;

Le conseil supérieur de l'instruction publique entendu,

Décrète :

Article 1er. Indépendamment de la division élémentaire qui sera établie, s'il y a lieu, pour préparer les enfants à l'enseignement secondaire, les lycées comprennent successivement deux divisions : la division de grammaire, commune à tous les élèves, et la division supérieure, où les lettres et les sciences forment la base de deux enseignements distincts.

Art. 2. Après un examen constatant qu'ils sont en état de suivre les classes, les élèves sont admis dans la division de *grammaire*, qui embrasse les trois années de sixième, de cinquième et de quatrième.

Chacune de ces trois années est consacrée, sous la direction du même professeur :

1° A l'étude des grammaires française, latine et grecque ;

2° A l'étude de la géographie et de l'histoire de France.

L'arithmétique est enseignée en quatrième une fois par semaine, à l'heure ordinaire des classes.

A l'issue de la quatrième, les élèves subissent un examen, appelé *examen de grammaire*, dont le résultat est constaté par un certificat spécial, indispensable pour passer dans la division supérieure.

Art. 3. La division supérieure est partagée en deux sections : l'enseignement de la première section a pour objet la culture littéraire, et ouvre l'accès des facultés des lettres et des facultés de droit.

L'enseignement de la seconde section prépare aux professions commerciales et industrielles, aux écoles spéciales, aux facultés des sciences et de médecine.

Les études littéraires et historiques embrassent, comme par le passé, les classes de troisième, de seconde et de rhétorique.

Les études scientifiques ont lieu pendant trois années correspondantes.

Les langues vivantes sont enseignées pendant les trois années dans les deux sections.

Les programmes indiqueront les autres études qui pourront être communes aux deux enseignements.

Une dernière année dite *de logique*, obligatoire pour les deux catégories d'élèves, a particulièrement pour objet l'exposition des opérations de l'entendement et l'application des principes généraux de l'art de penser à l'étude des sciences et des lettres.

Art. 4. Des conférences sur la religion et sur la morale, correspondant aux différentes divisions, sont faites par l'aumônier ou sous sa direction. Elles font nécessairement partie du plan d'études des lycées. Le programme en est dressé directement par l'évêque diocésain.

Des mesures analogues sont prescrites pour les élèves des cultes non catholiques reconnus.

Art. 5. L'école normale supérieure prépare aux grades de licenciés ès lettres, de licenciés ès sciences et à la pratique des meilleurs procédés d'enseignement et de discipline scolaire.

Cette école est essentiellement littéraire et scientifique; la philosophie y est enseignée comme méthode d'examen pour connaître les procédés de l'esprit humain dans les lettres et dans les sciences.

Les élèves de l'école normale supérieure, qui auront subi avec succès les *examens de sortie*, seront chargés de cours dans les lycées.

Art. 6. Pour obtenir le titre de professeur dans un lycée, il faut être agrégé à la suite d'une épreuve publique.

Art. 7. Il y a deux sortes d'agrégations : l'une pour les lettres, et l'autre pour les sciences.

Les candidats doivent être âgés de vingt-cinq ans, avoir fait la classe pendant cinq ans et être pourvus de diplôme de licenciés ès lettres ou de deux au moins des trois diplômes de licenciés ès sciences.

Ils doivent produire, en outre, une autorisation ministérielle. Les trois années passées à l'école normale seront comptées pour deux années de classe. Il en sera de même du diplôme de docteur ès lettres ou de docteur ès sciences.

Les examens de l'agrégation portent uniquement sur les matières qui font l'objet des études secondaires, et ont pour but de constater la capacité des candidats et leur expérience dans les fonctions de l'enseignement.

Art. 8. L'examen du baccalauréat ès lettres est divisé en deux parties :

1° L'épreuve écrite, qui consiste en deux compositions;

2° L'épreuve orale, qui comprend l'explication des auteurs grecs, latins et français, désignés chaque année par le ministre en conseil supérieur; et les questions posées par les membres du jury sur tous les objets de l'enseignement de la section littéraire des lycées.

Des programmes nouveaux indiqueront sommairement les matières sur lesquelles ces questions seront portées.

Art. 9. Il y a un seul baccalauréat ès sciences.

Les candidats sont dispensés de produire le diplôme de bachelier ès lettres.

Les épreuves sont de deux sortes :

1° Deux compositions écrites;

2° Questions orales, embrassant tout ce qui fait l'objet de l'enseignement de la section scientifique des lycées.

Art. 10. Les candidats, soit au baccalauréat ès lettres, soit au baccalauréat ès sciences, qui n'ont pas satisfait à l'épreuve écrite, ne sont pas admis à l'épreuve orale.

Art. 11. Les parties les plus élevées des mathématiques, de la physique, de la chimie et de l'histoire naturelle, qui étaient comprises dans les anciens programmes du baccalauréat ès sciences physiques, sont reportées à l'examen des trois licences ès sciences mathématiques, ès sciences physiques et ès sciences naturelles, qui demeurent distinctes.

Art. 12. Les étudiants des facultés de médecine et des écoles supérieures de pharmacie sont dispensés de produire le diplôme de bachelier ès lettres. Ils doivent produire le diplôme de bachelier ès sciences avant de prendre la première inscription.

Art. 13. Chaque année, les étudiants des facultés de droit doivent se faire inscrire à deux cours de la faculté des lettres.

Art. 14. Les programmes détaillés des cours professés dans les facultés des lettres sont soumis annuellement par le recteur, avec l'avis de la faculté, à l'approbation du ministre de l'instruction publique.

Art. 15. Les professeurs des facultés de droit, de médecine, des lettres, des sciences et des écoles supérieures de pharmacie, s'assureront, par des appels ou par tout autre moyen, de l'assiduité de leurs auditeurs.

Art. 16. Les nouveaux programmes d'études et d'examens prévus par le présent décret seront soumis au conseil supérieur dans sa prochaine session.

Art. 17. Les anciens agrégés de grammaire, des classes supérieures, des lettres, d'histoire et de philosophie, sont aptes à recevoir le titre de professeur des lettres.

Les anciens agrégés de mathématiques et de physique sont aptes à recevoir le titre de professeur des sciences.

Art. 18. Le présent décret sera mis à exécution à partir du 1er octobre prochain.

Art. 19. Le ministre de l'instruction publique et des cultes est chargé de l'exécution du présent décret.

Fait au palais des Tuileries, le 10 avril 1852.

*Signé :* LOUIS-NAPOLÉON.

Par le président :

Le ministre de l'instruction publique et des cultes,

H. FORTOUL.

D'après ces dispositions toutes en rapport avec l'esprit du décret du 9 mars 1852, qui nommait membre du conseil supérieur de l'instruction publique, des cardinaux, plusieurs archevêques et évêques de France, des modifications incontestablement utiles devaient être portées à l'enseignement public. Mgr Dupanloup est le premier qui a élevé la voix en faveur de l'importante question des classiques.

Il y a deux questions très-distinctes dans les débats : la première est celle de la controverse sur l'emploi des auteurs classiques païens et des écrivains chrétiens dans l'instruction de la jeunesse, grande et belle discussion, digne des méditations de tous les esprits élevés, qui peut et doit soulever les plus hautes et les plus délicates appréciations, et dont la vivacité même témoigne un zèle ardent pour les intérêts de nos jeunes générations et pour le culte des lettres; polémique honorable pour ce siècle, et qui, maintenue dans les termes de convenance et de respect que commande toute lutte intellectuelle, peut fournir à coup sûr un des meilleurs aliments à l'activité, à l'attention générale. C'est à ce titre que, tout en ayant notre parti fort arrêté, et en nous promettant d'employer des voies de conciliation entre les adversaires, nous saurons cependant donner accès dans notre travail à toutes les opinions qui, par leur gravité, peuvent servir de pièces et de documents au procès. Sur cette première question, chacun le reconnaît, la liberté est entière, à la condition toutefois de l'urbanité, de la bonne foi et de la modération.

Il y a une seconde question, celle qui s'est élevée entre Mgr l'évêque d'Orléans et quelques journaux catholiques : elle a un tout autre caractère ; elle entre dans le domaine de l'autorité ecclésiastique et elle touche à ses droits. Un évêque a donné aux prêtres qui lui sont subordonnés des instructions qui sont des ordres. Il s'agit de la méthode à suivre dans un établissement diocésain ecclésiastique placé sous la puissance immédiate et sous la responsabilité unique du premier pasteur du diocèse.

Ces instructions, ces ordonnances sont blâmées et critiquées, l'évêque les défend, il interdit aux directeurs et professeurs des séminaires la lecture des feuilles dans lesquelles ses actes ont été attaqués. Assurément la mesure est grave, et pénétré comme nous le sommes de vénération pour l'autorité épiscopale, nous comprenons mieux que personne toute la portée d'une telle décision rendue contre des écrivains catholiques ; en droit, elle est au-dessus de toute contestation, c'est l'exercice de la juridiction la plus sacrée.

Ces observations nous ont paru nécessaires, afin qu'aucune confusion ne pût s'établir dans les esprits, et qu'on ne fût pas exposé à se méprendre sur ce qui est de controverse pure et libre et sur ce qui est de juridiction hiérarchique et spirituelle.

*Mandement de Mgr l'évêque d'Orléans à Messieurs les supérieurs, directeurs et professeurs de ses petits séminaires, au sujet des attaques dirigées par plusieurs journaux et notamment par le journal l'Univers contre ses instructions relatives au choix des auteurs pour l'enseignement classique dans ses séminaires.*

### I⁰ lettre.

Nous Félix-Antoine-Philibert Dupanloup, par la miséricorde de Dieu et la grâce du Saint-Siége apostolique évêque d'Orléans.

A MM. les supérieurs, directeurs et professeurs de nos petits séminaires, salut et bénédiction en Notre-Seigneur Jésus-Christ.

Messieurs et très-chers coopérateurs,

Constamment occupé de ce qui peut procurer la gloire de Dieu et le salut des âmes dans notre diocèse, et convaincu que la bonne éducation de la jeunesse cléricale doit être un des principaux objets de notre sollicitude pastorale, nous vous avons adressé, naguère, des instructions sur le choix des auteurs qui doivent servir à l'enseignement classique dans nos petits séminaires.

Quelques jours après et au milieu des graves préoccupations de nos visites pastorales, il est venu à notre connaissance que des journalistes avaient cru pouvoir, à cette occasion, intervenir devant le public, entre vous et nous, pour discuter et juger nos instructions dont ils ont pris à tâche de relever eux-mêmes le caractère *officiel* (1) et vous donner un enseignement *tout à fait contraire* à celui que nous avons

(1) *Univers* des 7, 8, 10 et 19 mai; *Messager du Midi* du 4 mai.

cru nous-même devoir, vous donner, dans la plénitude de nos droits et pour l'accomplissement de nos devoirs les plus certains.

Si nous ne vous avons pas immédiatement investis de l'autorité d'une intervention si étrange, en une question qui intéresse l'éducation de toute la jeunesse de notre diocèse, et en particulier l'éducation de la jeunesse destinée aux saints autels, c'est que l'accablement des travaux de nos visites nous empêchait, et nous savions d'ailleurs que votre foi, votre respect et votre bon sens suffiraient d'abord à vous défendre contre l'influence de cet enseignement étranger.

Nous avons même un instant aimé à penser que le silence convenait ici, et qu'on pouvait encore laisser passer ce nouvel accès comme on en a laissé depuis longtemps déjà passer tant d'autres dont on s'est contenté de gémir. Nous nous étions trompé. Les lettres les plus graves que nous avons reçues de nos vénérables collègues dans l'épiscopat, ne nous permettent plus de croire que le silence soit suffisant en cette rencontre, et elles nous font comprendre qu'il y a, selon le langage des saintes Écritures, *un temps pour se taire et un temps pour parler*, et que le temps de parler est venu, lorsque se trouvent en question et en péril des droits dont on ne peut souffrir la violation ou l'oubli.

Sans doute ici, et, dès la première partie de nos instructions, nous l'avions reconnu (1), ici comme en d'autres matières, même fort graves, la controverse peut être permise, pourvu qu'on se maintienne dans les bornes de la sagesse et des convenances. En fait d'enseignement, il est bien des théories, des méthodes et des systèmes sur lesquels les avis peuvent être différents. Nous avons écrit nous-même un livre sur *l'éducation*; on peut assurément le discuter et penser tout autrement que nous sur les questions que nous avons traitées; nous devons même ajouter que parmi beaucoup trop d'éloges qui ont été donnés à ce livre, nous avons recueilli avec empressement et reconnaissance les critiques qui en ont été faites.

Mais un droit que nous ne pouvons reconnaître à personne, si ce n'est qu'à nos supérieurs dans l'ordre hiérarchique, c'est celui de contrôler publiquement les instructions que nous donnons dans nos séminaires, et de venir jusque dans notre diocèse enseigner après nous ou contre nous, en nous nommant, en nous attaquant directement, en nous calomniant et en travestissant indignement toutes nos pensées.

C'est là cependant ce que des journalistes, qui se posent en défenseurs de la *religion*, n'ont pas craint de faire. Vous le savez, Messieurs, dans des instructions que nous vous avons données, nous n'avons pas eu pour objet, nous nous sommes entièrement abstenu d'entrer dans le *fond et les détails de la controverse* qui s'agite en ce moment

(1) Lettre du 19 avril, page 1.

au sujet des anciens classiques (1). Nous n'avons pas prétendu prononcer sur les nuances diverses d'opinions qui peuvent ici partager les hommes les plus sages, tels que ceux dont on essaie de compromettre si témérairement les noms vénérables, en affectant de les opposer les uns aux autres devant le public; nous avons voulu seulement défendre contre d'incroyables paradoxes et surtout contre les accusations les plus odieuses, notre honneur, l'honneur du clergé, l'honneur des congrégations enseignantes et tous les instituteurs les plus religieux de la jeunesse, et en même temps vous donner à vous-mêmes une règle de conduite et de conscience dont nous vous étions redevable.

Dans ces limites qui sont assurément celles de notre droit le plus manifeste, vous vous souvenez, Messieurs, de ce que nous vous avons dit :

Que vous pouviez conserver aux classiques profanes grecs et latins, dans les études de nos petits séminaires, la place que les plus saints prêtres, que les plus grands évêques, que saint Charles Borromée, que Bossuet, que toutes les plus savantes congrégations vouées à l'enseignement, que tous les maîtres les plus chrétiens, les plus sages de la jeunesse depuis trois siècles (2), leur ont constamment assignée.

Il y a ici, Messieurs, un mot dont on abuse étrangement et qui est le fondement faux et calomnieux de cette controverse, c'est le mot *Paganisme*. Nous vous avons fait remarquer que, dans les auteurs anciens, tout n'est pas païen (3), et que c'est un étrange abus de mots que d'appeler *païennes* les beautés littéraires de l'ordre naturel. *Paganisme* et *nature* ne sont point synonymes, et les *Géorgiques*, par exemple, cette admirable description de la nature visible, si l'on supprime quelques passages mythologiques, ne sont pas plus une poésie païenne qu'une étude de paysage n'est une peinture païenne, ou que le calcul différentiel de Leibnitz n'est une théorie protestante. On peut en dire autant des autres auteurs classiques expurgés et employés

(1) Lettre du 17 avril, page 1.

(2) Quand, ici et ailleurs, nous disons trois siècles, nous n'entendons nullement exclure les siècles précédents. Les grands auteurs de l'antiquité furent toujours employés dans l'enseignement des lettres; nous parlons principalement des trois derniers siècles, parce que nous avons ici l'aveu de nos adversaires eux-mêmes, et que c'est l'objet même de leurs accusations contre nous.

(3) C'est la pensée que le R. P. Pitra exprimait naguère en ces termes:
« En vérité, tout n'est point païen chez les auteurs classiques, depuis les rudiments de leur syntaxe jusqu'aux règles de leurs épopées; ils ont une foule de notions générales ou expérimentales qui sont tout aussi inoffensives que les axiomes de la géométrie. Y aurait-il plus de danger de paganisme à étudier les mathématiques dans Euclide ou la médecine dans Hippocrate, que la logique dans Aristote, la grammaire dans Priscien, ou les sept arts libéraux dans Marcianus Capella? Autant vaudrait soutenir qu'il y a péril d'anglicanisme à lire la rhétorique de Hugues Blair ou la théorie de Newton. »

par les instituteurs religieux; le débat, répétons-le, est principalement alimenté par cette perpétuelle et insoutenable confusion d'idées et de mots. Quand saint Thomas invoquait incessamment le nom d'Aristote, quand saint Augustin et tant d'autres Pères parlaient de Platon comme ils l'ont fait évidemment, ce n'est pas le paganisme qu'ils louaient dans ces philosophes, c'est le côté sain de leur philosophie. Qu'on y prenne garde : dans ces anathèmes aveugles lancés contre le naturel, contre la raison naturelle, contre la philosophie naturelle, contre la beauté littéraire naturelle, il y a plus de traces qu'on ne pense, d'erreurs anciennes et modernes condamnées par l'Eglise depuis les premiers gnostiques jusqu'à M. Lamennais (1).

Nous avons d'ailleurs ajouté que l'emploi des auteurs anciens ne devait pas être exclusif comme il ne l'a en effet jamais été dans les maisons d'éducation chrétienne; qu'il fallait y joindre, dans la mesure convenable, l'étude respectueuse des saints livres et l'explication des grands auteurs chrétiens grecs et latins.

Dès 1850, dans une autre lettre que nous vous adressions, vous avez remarqué que nous vous indiquions des auteurs chrétiens pour toutes les classes; c'étaient : l'*Evangile selon saint Luc*, les *actes des Apôtres*, les *extraits bibliques, Minutius-Félix, Lactance, saint Léon le Grand, saint Jean Chrysostome, saint Athanase, saint Jérôme, saint Cyprien, saint Grégoire de Nazianze, saint Basile*.

C'est encore à vous, Messieurs, que nous exprimions, dans cette première lettre, le vœu de voir introduire l'étude de *l'hébreu* dans nos classes de seconde et de rhétorique : nous allions jusqu'à vous dire que cette sainte langue *aurait des droits réels à devenir un des fondements de l'instruction publique*; nous insistions avec Fénelon pour qu'en rhétorique et en seconde on s'appliquât à faire comprendre aux enfants l'*incomparable beauté des saintes Ecritures*, et nous indiquions les *Psaumes*, et des morceaux bien choisis dans les prophètes (2).

Et si nous ne vous avons pas demandé d'appliquer vos enfants dès le plus jeune âge à la profonde et magnifique étude de l'Ecriture sainte et des Pères, c'est, comme le bon

(1) Rien de plus essentiel en théologie que la distinction de l'ordre surnaturel et de l'ordre naturel. On sait que l'Eglise a condamné la proposition qui dit que *les vertus des païens sont des vices*. On connaît la doctrine constante de saint Thomas :
« Triplex ordo in homine esse debet, unus quidem secundum comparationem ad regulam rationis, etc. (2—2, q. 72, art. 4, in corp.) ordo naturæ humana indictus est prior et stabilior quam quælibet ordo superadditus (2—2 q. 154, art. 12, ad 2.) »

(2) *Voyez* la lettre du 8 juin 1850 *passim*, et notamment pages 35, 36, 37, 39, 48, édition publiée par le comité pour la défense de la liberté religieuse. Douze ans auparavant, dès 1838, nous publiions les éléments et le projet d'une rhétorique sacrée pour les élèves des petits séminaires de Paris, et, en 1840, nous faisions à la Sorbonne, devant de nombreux auditeurs, des leçons sur la beauté supérieure des lettres ecclésiastiques et les sublimes transformations de la langue romaine.

sens et l'expérience de MM. Ch. Lenormand et Faisset, de M. Landriot, du R. P. Daniel, du R. P. Pitra et tous les instituteurs religieux de la jeunesse l'ont fait justement remarquer, que les trop jeunes enfants ne sont pas encore en état de pénétrer dans ces profondeurs et d'atteindre à ses hauteurs. A peine si des élèves de seconde et de rhétorique en sont capables eux-mêmes. Il faut pour cela qu'ils aient reçu, dans toutes les classes précédentes, l'éducation intellectuelle la plus forte, et l'instruction philologique la plus suivie : il faut surtout qu'ils aient parfaitement appris grammaticalement et à fond la langue vulgaire, la forme naturelle, le sens humain des mots grecs et latins, pour étudier, comprendre et admirer ensuite la transformation surnaturelle de ces mots et les beautés d'un ordre supérieur et tout divin, que les saints livres et les saints Pères leur ont données.

Nous avons dit de plus, en ce qui concerne les auteurs profanes, qu'il ne fallait négliger aucune des précautions nécessaires, c'est-à-dire, qu'il fallait sagement choisir ses auteurs; qu'il ne fallait employer que des éditions et des textes expurgés; qu'il fallait les accompagner de toutes les explications convenables; enfin, qu'il fallait les enseigner chrétiennement. Nous avons même attaché tant d'importance à ce dernier point que nous avons eu l'intention de vous recommander les savants traités du P. Thomassin sur la manière d'étudier et d'enseigner chrétiennement les poëtes et les historiens du paganisme, le célèbre discours de saint Basile sur le même sujet et ces beaux passages de Bossuet que nous avons cru devoir citer tout entiers (1).

Quant à la *Renaissance*, nous en avions parlé pour signaler ses *excès*, pour affirmer que saint Charles Borromée n'en avait pas été *complice*; et, après avoir de nouveau condamné les *excès ridicules* de cette époque dans le mélange du sacré et du profane, et ses étranges aberrations, nous nous bornions à demander, qu'au lieu d'envelopper dans un instinct et si violent anathème la renaissance tout entière, on voulût bien tenir quelque compte de tant de noms saints et illustres, de tant de souverains pontifes, de tant d'évêques et de tant de prêtres et de religieux vénérables qui eurent une si incontestable et si décisive influence sur le grand mouvement des esprits à cette époque (2).

Voilà, Messieurs, ce que nous avons dit et ce que nous nous plaisons encore à vous répéter en protestant de nouveau contre les indignes accusations dont l'enseignement des écoles chrétiennes a été l'objet sur la question qui nous occupe; il n'y a pas autre chose dans notre lettre.

Voici maintenant comment les téméraires écrivains ont travesti et calomnié dans leurs journaux nos enseignements et nos pensées.

L'un d'eux commence ainsi :

Hier, c'était M.***, *un fils de Voltaire,*

(1) Lettre du 19 avril, p. 11, 12, 13, 14, 15.
2) Lettre du 19 avril, p. 6 et 10.

qui faisait l'apologie de la renaissance et du paganisme moderne; aujourd'hui, c'est un *évêque catholique* qui adresse aux supérieurs et professeurs de ses *séminaires*, un véhément plaidoyer *en faveur de la même renaissance et du paganisme des études.*

M.*** (le fils de Voltaire) croit qu'il n'y a pas de différence essentielle entre la morale de Socrate et celle de l'Evangile. *Mgr Dupanloup ne pense peut-être pas non plus qu'il y avait une grande différence entre la morale païenne et la morale chrétienne;* s'il le pensait, il ne voudrait pas que de jeunes âmes *fussent nourries et saturées de la première.*

M. *** le Païen sait d'où il vient, où il va; son maître, Jean-Jacques Rousseau, le savait également. *Mgr Dupanloup ne sait rien, absolument rien.* Nos pères, les chrétiens du moyen âge, savaient, eux, d'où ils venaient, où ils allaient; aussi repoussaient-ils le paganisme de l'enseignement (1).

C'est donc ainsi, Messieurs, quand nous n'avons fait que défendre l'honneur du clergé, des évêques catholiques, des papes et de tous les corps religieux enseignants, accusés d'avoir rompu *manifestement*, sacrilégement, malheureusement depuis trois siècles, la chaîne de l'enseignement catholique.

C'est, quand nous n'avons fait que défendre les saints Pères eux-mêmes, à un grand nombre desquels nos modernes réformateurs reprochent de conserver dans leur style des formes païennes, et qui bannissent du programme de leur enseignement nouveau, parce que, chrétiens par l'idée, *ils sont encore païens par la forme.*

C'est quand nous n'avons fait que vous donner nos enseignements, contre de tels excès, avec toute l'autorité du caractère sacré dont nous sommes revêtu, et au nom des graves obligations qu'il nous impose; c'est alors qu'un journaliste religieux vient nous comparer avec complaisance à un *fils de Voltaire.* Il associe un *évêque catholique* d'abord à celui qu'il nomme *un païen*, puis à Jean-Jacques Rousseau; il ose bien parler *du véhément plaidoyer* fait par nous *en faveur de la renaissance du paganisme et de l'étude de la morale païenne;* et pour mettre le comble à ses outrages, ce journaliste ajoute enfin que l'évêque dont il s'agit *ne sait d'où il vient, ni où il va, qu'il ne sait rien, absolument rien !*

Pauvres enfants, pauvres jeunes âmes, auxquelles nous avons consacré notre vie, et pour lesquelles nous sentons que ce seront encore nos dernières luttes sur la terre ! notre cœur et notre pensée se reportent ici vers vous ! nous le disons avec un sentiment de profonde et indicible tristesse, nous le disons avec les larmes, oui ! quand vous vous éloignerez de nous, de grands périls vous attendent dans une société ainsi faite, que des *journalistes religieux* peuvent impunément, à chaque jour, vous

(1) M Danjou, *Messager du Midi* du 4 mai 1852.

offrir contre les instituteurs chéris de votre jeunesse, contre vos pères dans la foi, contre vos évêques, de pareilles leçons ! Chers enfants, quand vous nous aurez quitté, que la bonté de Dieu vous garde au milieu d'une telle société ! vous en aurez grand besoin ! Mais oublions un moment ici nos enfants, Messieurs ; laissons-les dans la paix du saint asile qui les protége encore, et revenons au triste sujet qui nous occupe.

C'est, Messieurs, lorsque nous venions de vous donner des enseignements si graves, si simples, si modérés, qu'un autre journaliste *religieux*, M. Louis Veuillot, sans avoir eu la loyauté de publier nos enseignements, et après avoir seulement cité, d'un ton railleur, quelques-unes de nos paroles, n'a pas craint de prononcer contre nous cette terrible accusation.

« L'énergie de ces expressions témoigne que Mgr l'évêque d'Orléans regarde, comme un danger pour la foi, la pensée de faire une plus large part dans l'éducation aux classiques chrétiens (1). »

Certes, M. Danjou pouvait nous étonner tout à l'heure, mais M. Veuillot nous étonne encore plus ici ! Non, monsieur, je ne regarde pas *comme un danger pour la foi* une plus large part faite aux classiques chrétiens. L'enseignement de toute ma vie dépose du contraire. Pas un mot, pas une syllabe, pas une lettre de notre part, n'a pu vous autoriser à écrire contre nous une pareille énormité ! Au reste, si vous voulez savoir ce que nous regardons *comme un danger pour la foi*, nous ne tarderons pas à vous le dire.

Mais ce n'est pas seulement à nous que M. Louis Veuillot adresse ses railleries et ses étonnantes injures. Nous avions apporté l'autorité décisive de saint Charles Borromée, décisive pour notre thèse, puisque, sans entrer dans le fond et les détails de la controverse, nous nous étions borné à décider que les professeurs de nos petits séminaires pouvaient, en conscience, continuer à faire ce qu'avaient fait avant eux les hommes les plus sages et les plus saints depuis trois siècles. A cette occasion, voici comment M. Louis Veuillot croit pouvoir parler de saint Charles Borromée :

« Tel était l'entraînement général du temps pour ces études, que le saint archevêque dût pactiser ; il fallait donner du Cicéron, du Virgile et de l'Ovide, comme il faut maintenant, qu'on nous permette la comparaison, dans beaucoup de couvents, donner du chocolat pour la collation, qui ne peut plus se faire avec du pain sec, et permettre de mener les petites filles au spectacle les jours de sortie (2). Ainsi, pour ne rien dire de la forme et du ton d'un tel langage, saint Charles, ce grand caractère, cette sainteté inflexible, cet homme si visiblement suscité de Dieu pour la grande œuvre de la réformation des mœurs, après les scandales des siècles précédents, saint Charles lui-même a cru devoir *pactiser* avec son siècle, au

point d'admettre dans ses *séminaires* un système d'instruction qui rompait manifestement, sacrilégement, malheureusement, la chaîne de l'enseignement catholique, et qui devait couler toutes les générations présentes et à venir dans le moule du paganisme. »

Il est évident qu'après un pareil jugement sur saint Charles, nous n'avons plus le droit de nous plaindre, lorsque M. Louis Veuillot nous parle de nos distractions évidentes, de nos analyses sommaires et de nos autres faiblesses; lorsqu'il fait entendre et qu'il dit même ouvertement que nous instituons dans nos séminaires un système d'*éducation* dont les auteurs païens forment la base (1). Lorsqu'on nous représente comme patronant les païens *quà tales*, lorsque l'on se permet tant d'insinuations calomnieuses manifestement contraires au texte formel de notre lettre et à nos déclarations les plus expresses ; lorsque M. Veuillot, par exemple, remarque que nous ne faisons aucune distinction bien claire entre les méthodes suivies dans les maisons religieuses et les coutumes spéciales des maisons de l'Université (2);

*Que notre lettre ne renferme rien contre quoi les universitaires aient cru devoir protester* (3);

Lorsqu'enfin il parle ironiquement des préoccupations qu'inspire un véritable prélat, le péril des vieux classiques et des vieilles méthodes (4), et bien d'autres traités que nous nous abstenons de citer.

Après saint Charles nous avions nommé Bossuet ; à propos de l'autorité de Bossuet, M. Veuillot décide :

« Qu'il n'est ni possible ni sage de transformer la méthode de Bossuet en méthode générale ; que les grands hommes font ce que bon leur semble, mais que la prudence commande au vulgaire de ne pas affronter les difficultés dont le génie se joue (5). »

M. Veuillot ajoute :

« En dehors des séminaires, est-il ordinaire de trouver une maison d'éducation, même *religieuse*, où le zèle et les lumières des professeurs sachent prendre les soins que Bossuet imposait à son génie ? Ils le voudraient qu'ils n'y parviendraient pas (6). »

L'exception inattendue que M. Veuillot veut bien faire ici en faveur des séminaires, aurait dû peut-être le rendre plus circonspect dans les attaques dirigées par lui contre l'enseignement que nous avons cru devoir donner aux nôtres.

Mais nous affirmons que cette exception si exclusive est injuste ; nous affirmons pour le savoir et pour l'avoir étudié de près, qu'il y a, en dehors des séminaires, un grand nombre de maisons religieuses d'éducation, spécialement à l'heure où nous parlons, toutes celles que dirigent les Jésuites, où le zèle et les lumières des professeurs font

(1) *L'Univers* du 7 mai 1852.
(2) Ibid.

(1) *L'Univers* du 7 Mai 1852.
(2) Ibid.
(3) Ibid.
(4) Ibid.
(5) Ibid.
(6) Ibid.

chaque jour ce que Bossuet faisait lui-même.

Nous affirmons de plus, à l'encontre des étranges paroles de M. Veuillot, que, lorsqu'il est question de cette grande chose qu'on appelle *l'éducation des âmes*, les grands hommes ne font pas ce que bon leur semble, et qu'il n'y a pas de difficultés dont le génie puisse se jouer : il paraît bien que M. Veuillot s'est peu occupé d'éducation. Le génie même le plus rare est peu de chose ici, quelquefois il serait un obstacle. Les saints et habiles instituteurs dont nous parlions tout à l'heure et que nous avons étudiés de près dans leurs admirables collèges, ont souvent mieux réussi que Bossuet lui-même, en employant du reste la méthode qui a toujours été celle de tous les instituteurs religieux aujourd'hui si injustement calomniés.

Parmi nos paroles, il en est peu auxquelles M. Veuillot pardonne. Nous avions dit encore :

«Attachons-nous plus que jamais aux méthodes éprouvées par le temps, consacrées par l'expérience et qui produisirent tous ces grands hommes dont la littérature, les sciences, la philosophie chrétienne, la politique, l'Eglise, ont pu à juste titre se glorifier depuis trois siècles (1). »

Nous avions certes le droit de croire ces paroles innocentes et peut-être même assez sages ; il n'en est rien.

A propos de ces paroles, M. Veuillot se plaît à citer contre nous, longuement et avec une affectation qui n'est que trop conforme au ton habituel de sa polémique, des pensées et des théories publiées avant notre lettre, et qu'il sait nous être aussi étrangères qu'à lui-même ; et après avoir parlé de l'écrivain cité par lui comme un révolutionnaire par excellence et d'un impie, il ajoute :

« Voilà le type achevé, voilà le chef-d'œuvre de ces méthodes éprouvées par le temps, consacrées par l'expérience , auxquelles nous devons tous ces grands hommes dont la littérature , les sciences, la philosophie chrétienne, la politique, l'Eglise, ont pu à juste titre se glorifier depuis trois siècles (2).»

Ici encore, on le voit, le fils de Voltaire et l'évêque catholique se trouvent ensemble : c'est une manière de vous dire, Messieurs, que les méthodes recommandées par notre évêque, après tous les plus grands et les plus saints maîtres des siècles passés, sont bonnes seulement à faire des élèves impies et révolutionnaires.

Telle est l'interprétation donnée à des paroles dont l'unique but était de vous autoriser à conserver un plan d'études, dans lequel les auteurs chrétiens ont une place convenable, et dont la condition première est l'explication chrétienne des auteurs profanes.

(1) Lettre du 17 mai 1852.
(2) On comprend que nous ne parlons pas ici de l'article longuement cité par M. Veuillot, une grave erreur a pu seule voir l'approbation de notre lettre dans un article publié avant elle au profit d'une thèse qui ne fut jamais la nôtre.

On a senti néanmoins que, sur un pareil travail, ni la guerre ni l'attaque n'étaient possibles : aussi avec quelle habileté la seule question traitée par nous a-t-elle été perpétuellement déplacée. M. Veuillot se plaint de sa maladresse ; il a tort : c'est d'un nom contraire qu'il faut appeler une polémique qui parvient à faire trois articles, en déplaçant sans cesse la question pour calomnier un évêque. Si nous voyons ici une maladresse, c'est celle qu'il y a toujours à sortir du vrai dans le triste entraînement de la passion. Faut-il, avant d'aller plus loin, signaler un autre exemple de la manière dont M. Veuillot argumente contre nous? Après la publication de notre première lettre, l'approbation qu'elle a reçue de tous côtés s'est trouvée sous des plumes et dans des journaux hostiles à l'Eglise ; eh bien ! il n'en a pas fallu davantage à M. Veuillot pour en tirer contre nous les insinuations les plus malveillantes, comme s'il n'était pas permis à nos adversaires de se rencontrer avec nous quelquefois dans le bon sens et dans la vérité (1); comme si, quand ils s'y rencontrent, nous étions tenu de nous en éloigner alors nous-même ! comme si, enfin, le plan des humanités et les systèmes de l'enseignement classique n'avaient pas été empruntés par les Universités à la traduction des écoles chrétiennes !

Un autre rédacteur de l'*Univers*, M. Roux-Lavergne, a cru pareillement devoir attaquer nos instructions (2).

« Je vous adresse, écrit-il à M. L. Veuillot, une réponse à certaines opinions émises par Mgr l'évêque d'Orléans dans la lettre de Sa Grandeur sur les classiques païens. » Dans cette réponse, où les expressions mêmes du respect prennent sous la plume du journaliste la forme de l'ironie, on dénature nos pensées ; on nous en prête que nous n'avons jamais eues ; on nous fait dire ce que nous n'avons jamais dit. M. Roux-Lavergne, parlant des dangers que plusieurs classiques anciens peuvent offrir pour les mœurs, ne craint pas de nous calomnier jusqu'à dire que cette grave objection est traitée par Mgr l'évêque d'Orléans comme une puérilité scandaleuse, une colère d'enfants ignares et aveugles ! Nous avions fait observer que les auteurs païens employés dans l'enseignement devaient être choisis, expurgés, expliqués chrétiennement. Sur cela, M. Roux-Lavergne va remuer la fange des poètes les plus obscènes, et dans sa verve furibonde, où il prétend répondre à certaines opinions émises par Mgr l'évêque d'Orléans, il ose bien dire que, pour lui, il aurait cru que cette atmosphère était malsaine pour les écoliers, et qu'il demeure convaincu que l'haleine de ces poètes est contagieuse au suprême degré. Il demande quel commentaire chrétien on peut faire sur ces obscénités, et, comme si nous, aussi bien que tous les instituteurs religieux de la jeunesse, n'avions pas encore autant d'horreur que lui pour tels auteurs,

(1) Le *Messager du Midi* du 4 mai 1852.
(2) L'*Univers* du 10 mai 1852.

il s'enquie t s'il y a quelque maître pieux qui se sente de force à baigner impunément l'âme des écoliers dans ces eaux im ures.

Nous av ons, il faut le remarquer, les fruits de la gran le éducation littéraire du xvii° siècle ; à cela, voici ce que M. Roux-Lavergne répond : Les Mémoires de M. Duferrier commencent par une longue critique de l'éducation, *telle qu'on la donnait de son temps*, et l'auteur y peint ainsi celle qu'il reçut lui-même. On commença, dit-il, par me faire étudier sous un précepteur domestique qui ne m'apprit, quoi que ce soit, que les fables des païens *et ne me parla jamais du catéchisme*, mais bien de toutes les fables, ordures et crimes des faux dieux et des actions héroïques des superbes païens qu'on m'exhortait à imiter sans jamais me parler de celle de Jésus-Christ Notre-Seigneur.

Ainsi, parce que M. Duferrier eut le malheur d'être élevé par un précepteur impie et libertin, M. Roux-Lavergne ne craint pas de citer contre nous un tel exemple et de faire entendre que *telle était l'éducation qu'on donnait en ce temps*. Alors, vous savez, Messieurs, que les Jésuites et que d'autres saintes congrégations dirigeaient en France presque tous les collèges.

Quiconque ne connaîtrait notre lettre que par l'article de M. Roux-Lavergne, croirait que nous avons cité Rollin en faveur des classiques païens ; nous n'avions, au contraire, renvoyé au traité des études de Rollin, que pour montrer à quel point les auteurs chrétiens eurent toujours une place convenable dans l'enseignement des lettres, et comme, toutefois, Rollin admettait avec les précautions convenables l'explication des auteurs anciens. Savez-vous, dit M. Roux-Lavergne, ce qui rassure la conscience du bonhomme ? Le même casuiste qu'on invoque aujourd'hui, ce bonhomme, c'est Rollin ; ce casuiste, c'est le savant P. Thomassin dont nous avions recommandé les traités sur la manière d'enseigner et d'étudier chrétiennement les poëtes et les historiens du paganisme ; mais M. Roux-Lavergne prononce que Thomassin ne peut plus être aujourd'hui *un garant ni un guide*.

Nous avions aussi cité Bossuet et son admirable méthode d'enseignement si hautement approuvée par le pape Innocent XI. M. Roux-Lavergne décide du même ton que l'exemple de Bossuet, allégué par nous, n'a pas le moindre rapport à la question.

Enfin, nous avions apporté la grave et décisive autorité du saint-siège qui, non-seulement en France, mais en Espagne, en Allemagne, en Italie, dans le monde entier, à Rome même pendant tant de siècles et aujourd'hui encore, avait laissé et laisse sans contestation employer dans les collèges, dans les séminaires, dans les maisons d'études de toutes les congrégations religieuses, les mêmes méthodes d'enseignement aujourd'hui si violemment attaquées. M. Roux-Lavergne a trouvé que cette tolérance du saint-siège avait été forcée, et que c'est en grande partie au mauvais esprit des évêques de France

qu'il faut s'en prendre. Comment le saint-siège pouvait-il obtenir l'observation scrupuleuse des règles qu'il avait tracées aux évêques pour la bonne direction des études, lorsque les évêques levaient contre lui l'étendard du gallicanisme ? Et ne fallait-il pas avoir raison des pères, avant de leur parler avec opportunité et autorité de l'éducation de leurs enfants. Ainsi, c'est le gallicanisme qui obligea les souverains pontifes et toutes les congrégations religieuses *à pactiser* comme saint Charles de Borromée avec le paganisme dans les collèges même et les séminaires d'Italie et de Rome, et qui les empêche encore aujourd'hui d'accomplir la *réforme et la révolution* réclamée par l'*Univers* et ses amis.

On est stupéfait, c'est le moins qu'on puisse dire, de l'assurance avec laquelle osent se produire de telles affirmations. Après cela, s'étonnera-t-on du langage de M. Roux-Lavergne lorsqu'il dit à M. Veuillot : « Serait-il vrai, mon ami, que de notre côté il n'y eût que violence, véhémence, intempérance ; quoique rien de plus, rien de moins, Mgr l'évêque d'Orléans l'affirme ? *Sa Grandeur...* Malheureusement nous ne sommes pas les seuls qui aient attaché de l'importance à une pensée contre laquelle Mgr l'évêque d'Orléans n'a ni assez de dédains, ni assez d'anathèmes. Peut-être que Sa Grandeur l'eût qualifiée avec un peu plus de ménagement, *si elle eût daigné réfléchir que...* » Et ici viennent, selon l'habitude de ce journal, des noms vénérables que M. Roux-Lavergne a cru pouvoir jeter à travers une polémique dirigée contre un évêque et soutenue sur un tel ton.

Un troisième rédacteur de l'*Univers*, M. Dulac, est également entré en lice au sujet de notre lettre.

Dans un article publié par lui deux jours après celui de M. Roux-Lavergne (1), il est dit encore que, du côté du journal l'*Univers* avait *qualifié de révolutionnaire par excellence* et d'impie, de notre côté, c'est *la même thèse qu'on soutient*, quoique *non en vertu des mêmes principes*, ni dans le même but.

Or cette thèse, dans laquelle on nous enveloppe, est celle dont les partisans veulent commencer par saturer les enfants d'études païennes (2), afin de bâtir sur ce fondement tout l'édifice de l'éducation, en se réservant, bien entendu, de neutraliser, autant que possible, la mauvaise influence de ces études.

C'est une thèse telle, qu'à ceux qui diffèrent d'opinion avec lui, M. Dulac montrera les phrases de certains défenseurs de cette thèse, comme les Spartiates montraient à leurs enfants les ilotes ivres. Socrate et Cicéron, Homère et Virgile, ont tellement enivré les hommes, qu'ils ont perdu le sens chrétien. Ils en sont venus à croire que l'honnêteté, l'honneur, la morale, la vertu, sont choses indépendantes de la religion, et qu'on peut être véritablement religieux sans

(1) L'*Univers* du 19 mai.
(2) Ibid.

honnêteté, sans honneur, sans morale et sans vertu.

A Dieu ne plaise que nous attribuions à M. Dulac la pensée d'avoir voulu nous assimiler à des hommes auxquels, à tort ou à raison, il impute de telles énormités ! Mais devant Dieu et devant l'Eglise nous lui demandons de quel droit il a cru pouvoir rapprocher ainsi ces hommes et nous, en nous mettant avec eux, devant le public, sur le terrain d'une même thèse.

Tristes et frappants exemples des excès où les habitudes légères, fiévreuses du journalisme, peuvent précipiter des hommes même sur lesquels la conscience conserve ses droits sans le vouloir et presque sans s'en apercevoir. Ce n'est pas seulement la convenance, la gravité, la charité, c'est le bon sens, c'est la vérité, c'est la justice qui leur échappent. Les droits de l'autorité, le sentiment du respect, ne les retiennent plus, et en foulant tout cela aux pieds sans même qu'ils s'en rendent compte, ils vont jusqu'aux dernières extrémités avec un si aveugle emportement qu'ils croient en cela servir la société et l'Eglise.

C'est ainsi que les écrivains du *Messager du Midi* n'hésitent pas à dire : « Si c'est M. Dupanloup qui se trompe, si le clergé, le corps enseignant se sont trompés avec lui depuis *trois siècles, et s'ils persistent dans leur aveuglement et leur erreur*, alors la société civile est perdue (1). »

M. L. Veuillot n'hésite pas davantage, après avoir posé la question à sa manière. « Voilà la question, ajoute-t-il, et quand même la tradition chrétienne tout entière déposerait en faveur des études des auteurs païens, c'est là qu'il faudrait innover (2). »

Le même M. Veuillot, après avoir commencé chacun de ses trois articles par des paroles annonçant qu'il va faire, puisqu'il *continue*, et enfin qu'il termine ses réflexions sur la lettre adressée par Mgr l'évêque d'Orléans aux supérieurs et professeurs de ses petits séminaires ; après nous avoir fait dire que nous regardions comme danger pour la foi les classiques chrétiens ; après nous avoir dit que nous devons avoir compris que s'il a mal présenté la vérité, elle est, de son côté, néanmoins entière ; enfin ce long examen de notre enseignement et ses réflexions aboutissent définitivement à demander si nous sommes dans un siècle où l'on puisse jouer avec la foi.

Grande question assurément, mais aussi siècle étrange que celui où ce sont les journalistes religieux qui, à propos de l'éducation de la jeunesse chrétienne et cléricale, posent une telle question devant les évêques, et où sont les évêques qui semblent jouer avec la foi, et les journalistes religieux qui leur demandent de la prendre au sérieux.

C'en est assez, Messieurs. M. Veuillot, après ce dernier trait, ajoute : « Il nous semble que la question est résolue. »

Elle l'est en effet, Messieurs, pour votre

(1) Le *Messager du Midi* du 4 mai 1852.
(2) L'*Univers* du 10 mai 1852.

confiance et pour votre bon sens, et nous n'avons plus rien à vous dire après ces citations.

Mais au milieu et au-dessus de tous les emportements de pensées et de langage, il est quelque chose de bien plus grave ; ces attaques soulèvent une question beaucoup plus haute, et il importe que nous vous en entretenions à cette heure.

           † FÉLIX, év. d'Orléans.

—

*Mandement de Monseigneur l'évêque d'Orléans à MM. les supérieurs, directeurs et professeurs des petits séminaires, au sujet des attaques dirigées par divers journaux, et notamment par le journal l'Univers, contre ses instructions relatives au choix des auteurs pour l'enseignement classique dans ses séminaires.*

### II<sup>e</sup> lettre.

IIe lettre.

Nous ne venons pas vous signaler ici un fait unique, accidentel et comme une entreprise isolée ; en fût-il ainsi, la question n'en aurait pas moins une extrême gravité. Mais il y a plus, ceci se rattache à tout un ensemble de faits du même genre, et c'est ce qui nous oblige à parler.

Nous ne sommes presque rien ici : si nous avons eu tort, nous avons des supérieurs. Il y a un ordre hiérarchique : que nos vénérables collègues nous avertissent, que les évêques de notre province nous reprennent, que le souverain pontife nous corrige. Mais, à défaut du souverain pontife et des évêques, ce sont des journalistes *religieux* qui viennent de ce pas jouer avec la foi, et nous apprendre la différence qui se trouve entre la morale païenne et la morale chrétienne, entre Socrate et l'Evangile.

Il y a un scandale, mais il n'est pas le seul, il ne vient qu'après beaucoup d'autres. Il est temps que ces scandales cessent ; et pour nous, dans les bornes de notre juridiction légitime, nous sommes résolu à ne pas les souffrir davantage.

Sans doute, la question du choix des auteurs, pour l'enseignement classique, est importante, et si nous n'avons pas voulu descendre dans l'arène de la presse quotidienne ou périodique pour la discuter, la raison en est simple ; cette presse est un champ de bataille qui peut convenir à d'autres, mais qui ne convient pas à un évêque dans les termes d'une pareille polémique. Et voilà pourquoi, il faut le dire en passant, attaquer les actes épiscopaux dans un journal, ce n'est pas seulement manquer aux lois de la religion et violer l'ordre de la sacrée hiérarchie, c'est aussi manquer à d'autres lois. On sait bien qu'un évêque ne peut dans cette arène combattre à armes égales, et, quant aux armes supérieures qui sont en ses mains, on sait aussi qu'il ne peut, qu'il ne doit s'en servir qu'à la dernière extrémité.

Mais une question plus grave que celle du choix des auteurs pour l'enseignement classique se présente ici. Il s'agit de savoir si désormais les grandes affaires de l'Eglise seront gouvernées par les journalistes *reli-*

gieux; il s'agit de savoir enfin si, lorsqu'un évêque jugera convenable de donner à ses prêtres des instructions pour les éclairer et les diriger dans l'accomplissement de leur ministère, il sera permis aux écrivains de l'*Univers* ou de tout autre journal religieux, de venir se mettre entre l'évêque et ses prêtres pour contredire l'enseignement épiscopal, et enseigner les prêtres après et contre leur évêque.

Voilà la question :

Ils ont avancé que la foi, dans cette affaire, était en jeu, en danger !

Quoi qu'il en soit, c'est, sans contredit, une des plus grandes affaires que l'Eglise, en France, ait eues depuis longtemps.

L'Eglise, il y a deux ans à peine, a pris sur le terrain de l'enseignement une place que vingt années de luttes lui ont conquise, que des ennemis ardents et jaloux ne cessent de lui disputer, qu'elle ne saurait conserver par violence, mais seulement par sagesse et à force de zèle intelligent et de dévouement utile : que la moindre faute enfin pourrait, en des commencements aussi délicats, lui faire perdre; et il s'agit pour elle d'examiner, de décider la ligne à suivre et les moyens à prendre pour se maintenir dans une position si importante et si péniblement acquise, afin de répondre dignement à la confiance du pays et de faire véritablement le bien de la jeunesse.

Voilà la grande affaire dont il est question. Les conciles s'en sont occupés ; les évêques en confèrent encore à cette heure; c'est une de leurs préoccupations les plus hautes. Mais, pour résoudre une telle affaire, la sagesse des évêques a paru insuffisante à quelques écrivains; ce sont ces écrivains qui décideront, eux qui traceront la ligne à suivre, eux qui ouvriront la marche et tout devra marcher après eux, même les évêques; car s'ils ne sont qu'un *noyau*, comme ils *disent*, c'est un noyau d'hommes qui veulent être avant tout serviteurs de la sainte Eglise, et qui, à ce titre, croient tout pouvoir; qui, pour mieux servir l'Eglise, essayent de la gouverner, et en dehors desquels il ne sera plus possible bientôt de parler et d'agir sans devenir, à leurs yeux, suspect de n'être plus catholique.

Mais, qu'est-il sorti de leur conseil? le voici : c'est qu'à peine établie sur le terrain de l'enseignement, l'Eglise doit débuter par des innovations prodigieuses, prendre sa route vers l'inconnu, changer de fond en comble les méthodes vraies et approuvées par elle, et faire autrement, nous ne disons pas que l'Université, mais autrement que tous nos pères, autrement que tous les autres instituteurs chrétiens de la jeunesse, autrement que toutes les congrégations savantes qui se sont occupées de l'éducation dans dix mille collèges, depuis trois siècles; en un mot qui dit tout, l'Eglise et tous les instituteurs religieux doivent dans l'enseignement accepter une *réforme* complète et subir une *révolution*.

Voilà ce qui est sorti du conseil de l'*Univers* et de ses amis.

Et, après que cette décision a été prise par les catholiques de l'*Univers*, un évêque a osé résister à cette décision pour son diocèse; il a osé, dans une lettre aux principaux de ses petits séminaires, leur dire de n'en point tenir compte, et de continuer, sans trouble et sans inquiétude de conscience, à faire ce qu'ils faisaient. Il a osé leur dire de préférer les traditions des siècles passés et de tous les plus grands et plus saints instituteurs de la jeunesse, aux spéculations et aux théories aventureuses d'hommes qui n'ont jamais élevé personne.

Il ne l'a pas fait impunément.

Le lendemain, tous les abonnés de l'*Univers*, sans qu'on leur eût fait seulement connaître la lettre de cet évêque, ont appris que cet évêque prescrivait dans ses séminaires une méthode d'éducation qui n'est bonne qu'à faire des païens, dont le type et le chef-d'œuvre sont de l'impiété révolutionnaire; qu'il allait jusqu'à regarder comme un danger pour la foi, d'introduire une plus large part d'auteurs chrétiens dans l'enseignement; qu'il traitait l'objection tirée du danger des auteurs païens pour les mœurs, comme une puérilité scandaleuse et une colère d'enfants ignares et aveugles ; et on a demandé enfin si nous sommes dans un siècle où l'on puisse *jouer avec la foi.*

Et tous les évêques ont pu entrevoir par là comment serait traité désormais quiconque, parmi eux, se permettrait dans des questions les plus graves et les plus importantes pour la religion, de penser autrement que les rédacteurs de l'*Univers.*

La question donc est de savoir si les rédacteurs de l'*Univers* et de quelques autres journaux religieux, ses correspondants, auront le droit de venir à la place du pape ou du concile de la province, contrôler nos instructions pastorales et s'établir en face de nous, de nos vénérables collègues et du saint-siége comme les défenseurs de l'épiscopat.

En posant cette question, nous n'entendons nullement la donner à résoudre à l'*Univers*, il n'a pas compétence pour cela; nous la résolvons nous-même en nous soumettant au jugement de ceux qui ont seuls le droit de nous reprendre et nous corriger, et nous disons, qu'en attaquant *nommément, directement, formellement* dans leurs feuilles, notre personne et notre lettre aux supérieurs et professeurs de nos séminaires, ces journalistes ont fait une entreprise téméraire, contraire à l'esprit et aux règles de l'Eglise attentive à l'ordre hiérarchique entachée de laïcisme, et tendant à mettre la division entre nous et nos frères.

Et c'est précisément parce que cette entreprise est venue de leur part, de la part des journalistes qui se donnent si témérairement la mission d'enseigner dans l'Eglise pour lesquels ce n'est pas assez de s'appeler catholique, mais qui semblent dire chaque jour : Les catholiques c'est nous, c'est pour

cela précisément que nous avons vu dans cette entreprise un grand péril à cause de cette raison profonde proclamée par tous les siècles chrétiens que l'Église a beaucoup moins à craindre de ceux qui l'attaquent au dehors que de ceux qui, sans caractère et sans mission, prétendent la gouverner au dedans.

Et ici, ni le zèle, ni le talent, ni le dévouement même ne peuvent rien autoriser; car c'est un autre grand principe chrétien que dans la défense de la vérité et dans la direction des choses religieuses, tout ce qui se fait contrairement à l'ordre hiérarchique établi par Jésus-Christ, contrairement aux rapports naturels et à la subordination légitime des diverses parties de l'Église; tout cela, quelque apparence de bien qu'il puisse avoir, finit toujours par aboutir à mal. Les avantages qui sembleraient, sous quelques rapports, en résulter, peuvent faire illusion aux esprits superficiels, mais les graves et terribles leçons de l'histoire ecclésiastique sont là pour prouver que les résultats en définitive sont funestes.

Étrange inconséquence! parmi les défenseurs du droit exclusif des évêques sur le gouvernement et sur l'enseignement de leurs petits séminaires, les journalistes dont nous parlons se montrèrent toujours zélés à repousser, comme attentatoire à ce droit, toute immixtion, toute inspection laïque dans ces établissements, et ce sont ces mêmes hommes qui viennent aujourd'hui se poser publiquement en inspecteurs, en juges et en censeurs des évêques et des petits séminaires dans une question d'enseignement qui, à leurs yeux, se lie étroitement avec la foi. Fallait-il se taire sur une telle entreprise? Eh bien! oui, nous l'avouons, nous aurions peut-être encore gardé le silence si ce n'eût été ici de la part de ces écrivains qu'un fait isolé.

Mais ce n'est pas un fait isolé, nous l'avons dit. C'est une habitude chez les hommes de trancher principalement, témérairement, violemment, toutes les questions religieuses les plus graves et les plus difficiles, et quand une fois ils les ont tranchées, de ne plus tolérer une dissidence, de quelque part et de quelque haut qu'elle vienne.

C'est cette habitude qui nous paraît un péril; et sur ce péril croissant chaque jour, il ne nous a pas paru possible de fermer plus longtemps les yeux.

Quoi! c'est dans le moment où la société temporelle fait les derniers efforts pour diminuer les immenses dangers que les excès de la presse lui ont fait courir, c'est alors que la société spirituelle laisserait impunément des journaux religieux tenter dans son sein des excès plus redoutables encore! Non, il n'est pas bon que le journalisme soit maître dans l'État; il est encore moins bon qu'il essaye d'être le maître de l'Église. C'est une puissance trop libre, une puissance trop indépendante de toute autorité et de tout conseil, une puissance trop irresponsable, et

dont les attaques quotidiennes lasseraient d'ailleurs toutes les censures.

Pour nous, en ce qui nous concerne, nous sommes décidé à ne plus nous résigner aux entreprises de cette puissance. Saint Augustin, parlant d'un clerc rebelle à son autorité épiscopale, s'exprimait ainsi : *Interpellet contra me mille concilia; naviget contra me quo voluerit, sed certe ubi potuerit adjuvabit me Deus ut ubi sum episcopus. Ille clericus esse non possit.*

Certes, si les conciles, si le pape l'eussent condamné, saint Augustin, un évêque si magnanime, mais si humble et si fidèle, n'eût pas hésité un seul instant à se soumettre.

Si donc saint Augustin s'exprimait ainsi, c'est que la conscience certaine de son droit l'assurait que jamais ni ses collègues, ni le souverain pontife ne désapprouveraient en ce point sa conduite.

Nous le disons en toute humilité, mais avec la même énergie et la même conscience de notre droit que ce grand évêque à ces téméraires journalistes :

Qu'ils fassent ce qu'ils voudront, qu'ils remuent contre nous le ciel et la terre, qu'ils essayent encore une fois de compromettre des noms vénérables en les opposant les uns aux autres, qu'ils écrivent dans leur journal tout ce qu'il leur plaira d'écrire;

Tant que nous serons évêque, jamais nous ne leur permettrons de se faire juges de notre administration, et de venir après nous et contre nous enseigner dans notre diocèse.

C'est là et dans les autres témérités de ces hommes et de leurs journaux, c'est là que nous voyons un des grands périls du temps où nous sommes.

Le rédacteur en chef de l'*Univers* a osé dire que *nous trouvions un danger pour la foi dans l'instruction d'une plus large part d'auteurs chrétiens dans l'enseignement.* Non; mais voulez-vous savoir où nous trouvons un danger pour la foi? Nous allons vous le dire.

Nous trouvons un danger pour la foi dans l'inconcevable témérité qui proclame en face d'une société comme la nôtre, que le clergé, que la congrégation religieuse de tous les instituteurs chrétiens ont depuis trois siècles rompu manifestement, sacrilégement, malheureusement, la chaîne de l'enseignement catholique! Nous trouvons un danger pour la foi dans la témérité railleuse qui ose accuser un Charles Borromée d'avoir *pactisé* avec un enseignement dont l'effet devait être de jeter toutes les générations présentes et à venir dans le moule du paganisme. Nous trouvons un danger pour la foi dans le journalisme religieux tel que vous le pratiquez, abordant chaque matin les idées théologiques et canoniques les plus hautes, les plus délicates, les plus irritantes, et les tranchant avec l'imprudence d'une improvisation quotidienne, et avec une hardiesse que les plus habiles docteurs n'auraient pas!

Voilà où nous trouvons un danger pour la foi.

On voit assez par là même, sans qu'il soit

besoin de le dire, qu'en réprouvant si chaudement les excès d'un certain journalisme religieux et ses empiétements téméraires, nous n'entendons pas, à Dieu ne plaise, faire tomber notre réprobation sur tant d'honorables écrivains laïques ou ecclésiastiques dignes de tous les éloges, et dont la voix éloquente et la plume courageuse ont rendu et continueront de rendre à l'Eglise de Dieu de nobles services. Ces cœurs si élevés, ces esprits si fermes, ces hommes si dévoués au jour du péril, sont les auxiliaires de l'épiscopat dans les combats du Seigneur. Jamais ils ne prétendirent se faire ses maîtres et ses guides; c'est pourquoi je n'oublierai jamais tout ce que j'ai vu en eux, cette unanimité fidèle, cette énergie si calme et si forte, ce je ne sais quoi de magnanime et tout à la fois de modéré, de digne, d'exquis jusque dans la plus grande ardeur de la résistance ou de l'attaque. Je le dois avouer, ce doux souvenir repose en ce moment dans mon cœur et adoucit mes tristesses. Ce me sera toujours une des plus chères et des plus honorables choses de ma vie, que d'avoir soutenu avec de tels hommes, pour les libertés de l'Eglise, ces saintes et glorieuses luttes auxquelles la bénédiction de Dieu n'a pas manqué, où nous avons vu nos plus redoutables adversaires touchés de la grandeur et de la justice de notre cause, combattre avec intrépidité pour elle, et où la victoire a été si loyale qu'elle n'a pas même été attristée par les malédictions des vaincus.

Je pourrais prononcer ici les noms de ces illustres et généreux défenseurs de notre cause; mais que servirait de les nommer: leurs noms sont dans toutes les bouches. L'Eglise, qui n'est pas ingrate, bénira leur mémoire, et moi, s'il m'est permis de l'ajouter ici, quelle que soit la distance des lieux qui nous sépare, je suis heureux de leur adresser à travers les orages du temps ce témoignage d'une impérissable reconnaissance.

Que si, pour venir au triste sujet qui nous occupe, que si l'acte dont nous accomplissons aujourd'hui le devoir vient à rencontrer d'un certain côté des approbations que nous sommes loin assurément de rechercher, nous protestons d'avance contre les interprétations perfides qu'on pourrait leur donner; c'est une habileté qui ne doit plus tromper personne, nous le disons d'avance à ceux à qui nos reproches s'adressent: si nos communs adversaires se mettent contre vous, du côté d'un évêque, ce n'est pas à nous qu'il faudra l'imputer, c'est à vous-mêmes. Il est temps de dégager enfin la cause de l'épiscopat et de la religion des animosités que la violence de vos polémiques soulève contre vous, mais qui, trop souvent, rejaillissent sur nous; il est temps de proclamer combien il serait juste de rendre l'Eglise responsable des injures que vous prodiguez à ceux qui, n'ayant pas encore eu le bonheur de croire aux divins enseignements de la foi, se sentent néanmoins attirés vers elle par de secrètes inspirations, mais dans lesquelles, trop souvent, nous avons été témoin que vos ironies et vos sarcasmes vont troubler le travail de la grâce et éteindre les premières espérances du retour.

Et c'est ici un autre danger pour la foi qu'il faut joindre à ceux que nous avons déjà signalés.

Oui, nous trouvons un danger pour la foi dans la manière même dont vous avez coutume de la défendre.

Pourquoi ne le dirions nous pas, il y a dans votre langage une légèreté moqueuse, un accent de raillerie hautaine qui sied mal sans aucun doute dans une polémique dirigée contre un évêque, mais qui sied mal aussi à des chrétiens dans des discussions graves même contre les ennemis de la religion. L'éternelle vérité ne se défend point par la plaisanterie dérisoire et par l'injure, elle en souffre plus qu'elle n'en profite. L'Ecriture nous le fait assez entendre lorsqu'elle dit que les moqueurs ne sont bons qu'à troubler la cité, et voilà pourquoi nous n'hésitons pas à proclamer que la lecture d'un tel style est une corruption perpétuelle des esprits faibles et un déplorable abaissement du caractère chrétien, et lorsque c'est aux premiers pasteurs qu'il s'attaque, c'est un attentat contre l'autorité, c'est la ruine du respect dans l'Eglise : quiconque ne sent du pas cela, n'a pas le sens chrétien.

Nous parcourions laborieusement les campagnes de notre diocèse pour évangéliser les pauvres et y confirmer les petits enfants dans la foi, tandis que vous écriviez contre nous de ce style! vous semiez ainsi devant nos pas vos calomnies et vos dédains, et, si la sagesse du clergé d'Orléans ne l'avait garanti de votre pernicieuse influence, nous aurions pu trouver, dans chaque presbytère, vos injures qui nous y auraient précédé et être accueilli partout avec les sentiments et le sourire d'une inquiète méfiance!

Nous ignorons le profit que vous tirerez de ces graves avertissements; vous continuerez peut-être à en divertir encore la ville et les provinces, et nous, nous continuerons à vous dire que les évêques sont vos pères dans la foi et dans la conduite, qu'ils sont les *prophètes du Seigneur*, que ce sont eux que *Jésus-Christ a consacrés pour l'enseignement, et qu'il a envoyés, comme son Père l'a envoyé lui-même, ceux que le Saint-Esprit a établis pour gouverner l'Eglise de Dieu.*

Et nous vous dirons de plus : Il y dans les Ecritures une sentence sévère contre ceux qui sèment la division parmi les frères. Vous faites plus mal encore, c'est parmi les pères que vous essayez à semer la discorde, comme le prouve l'insidieuse complaisance avec laquelle vous opposez entre eux des hommes vénérables dont la morale, aussi bien que la vraie pensée, sont évidemment ici hors de cause, mais au milieu desquels il vous plaît de vous porter pour arbitres vous faisant les avocats des uns, les censeurs des autres et les juges de tous.

Si vous continuez, non, la bénédiction de Dieu ne serait pas sur vous!

O sainte Eglise de Jésus-Christ! ce n'est donc pas assez contre vous de tant d'ennemis au dehors, on vous trouble, on vous déchire encore au dedans! on élève au milieu de vous des chaires et un enseignement que les siècles précédents ne connurent pas; de là on cherche à porter la division en votre sein, à la jeter non-seulement entre les frères, mais entre les pères et les enfants, mais entre les pères eux-mêmes; on voudrait aller plus loin encore!... Mais Jésus-Christ veille sur son Eglise, et ses saintes promesses demeurent. La prière par laquelle il demanda pour elle à son Père la *consommation de l'unité* ne défaillira jamais, et il y a dans l'Eglise une pierre contre laquelle toutes les passions humaines se brisent, et un sommet dont la sérénité défie et dissipe tous les orages.

A ces causes et après en avoir conféré avec nos vicaires généraux et les membres de notre conseil épiscopal :

Attendu que le journal l'*Univers* et d'autres journaux, en attaquant *nommément et directement* les instructions données par nous aux supérieurs, directeurs et professeurs de nos petits séminaires, ont commis un acte manifeste d'agression et d'usurpation contre notre autorité ;

Attendu que tolérer une pareille agression et usurpation ce serait, en ce qui nous concerne, admettre et reconnaître dans l'Eglise une sorte de gouvernement en dehors du Saint-Siége et de l'épiscopat, un gouvernement laïque ou presbytérien, en ce qu'il serait le renversement des principes les plus certains et des règles les plus incontestées de la hiérarchie;

Attendu, en particulier, qu'il est de notre devoir épiscopal de préserver nos séminaires diocésains de l'influence d'un enseignement illégitime et dangereux;

Le saint nom de Dieu invoqué et ayant présentes à l'esprit ces graves et fortes paroles du Pape saint Célestin aux évêques de la Gaule: « Si des esprits novateurs sèment la dissension dans vos Eglises en soulevant des questions indiscrètes et en dogmatisant au mépris de votre autorité sans que vous y mettiez obstacle, c'est à vous que nous devons en faire un juste reproche. Il est écrit que le disciple n'est pas au-dessus du maître, c'est-à-dire, que personne ne doit s'arroger le droit d'enseignement qui ne lui appartient pas. Je crains que se taire en pareil cas, ce ne soit conniver : *Timeo ne connivere sit hoc tacere.* »

Avons arrêté et arrêtons ce qui suit : .

Article 1er. Nous protestons, autant qu'il est en nous, contre les témérités, agressions et usurpations de certains journaux *religieux*, principalement du journal l'*Univers*, en ce qui touche les choses de la religion, les affaires de l'Eglise et l'autorité des évêques.

Art. 2. Nous défendons à tous les supérieurs, directeurs et professeurs de nos séminaires diocésains, de s'abonner au journal l'*Univers*, et leur enjoignons de cesser dès ce jour la continuation des abonnements déjà faits.

Dieu sait avec quelle tristesse de cœur nous avons fait ce que nous venons de faire, et combien il nous en a coûté pour prononcer avec une si douloureuse sévérité des noms que nous aurions été heureux de ne redire jamais qu'avec l'accent de la louange et de l'amitié. Mais il n'a pas dépendu de nous qu'il en fût autrement ; on nous a réduit à la triste nécessité de défendre le droit sacré et l'autorité même de notre ministère outragé dans ce qui tient le plus à notre cœur sur la terre, l'éducation de la jeunesse. Puissent du moins ceux qui nous ont attristés ne pas fermer l'oreille à tant et de si graves avertissements.

Seigneur Jésus ! vous qui êtes le prince de la paix et le chef suprême et immortel de votre Eglise, pacifiez les cœurs, rapprochez les esprits, inspirez-leur la modération, la sagesse, l'humilité chrétienne qui sont les conditions essentielles du vrai zèle. et qui seules peuvent rendre le dévouement de l'Eglise utile et glorieux.

Sera notre présent mandement transmis par notre vicaire général archidiacre d'Orléans, à MM. les supérieurs, directeurs. professeurs de nos séminaires et à MM. les rédacteurs en chef du journal l'*Univers* et du journal le *Messager du Midi*.

Donné à Orléans, en notre palais épiscopal, sous notre seing, notre sceau, et le contre-seing de notre secrétaire général le 30 mai 1852, saint jour de la Pentecôte.

         † FÉLIX,
         évêque d'Orléans.

M. Gaume, vicaire général de Nevers, crut devoir répondre à Mgr Dupanloup, évêque d'Orléans. Sa première lettre, datée du 11 mai 1852, est écrite en ces termes :

           I.

         « Nevers, 11 mai 1852.

   « MONSEIGNEUR

« Le zèle ardent qui vous anime, et dont vous avez donné tant de preuves, ne vous a pas permis de rester étranger à la polémique soulevée par mon dernier ouvrage sur l'importante question du paganisme dans l'éducation. Dans une lettre solennellement adressée à *MM. les supérieurs, directeurs et professeurs de vos petits séminaires, et aux autres ecclésiastiques chargés dans votre diocèse de l'éducation de la jeunesse*, vous attaquez vivement, quoique sans le nommer, l'auteur du *Ver rongeur des sociétés modernes*. Il est des adversaires auxquels on peut se dispenser de répondre; mais lorsqu'un évêque, armé de la double autorité de son talent et de son caractère, descend dans la lice et se croit obligé de signaler hautement les doctrines d'un prêtre comme *exagérées, absurdes, irrespectueuses envers l'Eglise et capables de troubler les consciences*, etc., etc., ce prêtre est mis en demeure de rompre le silence. Il doit élever la voix, ou pour reconnaître ses erreurs et réparer le scandale, ou pour soumettre à son juge quelques

observations respectueuses et de nature a faire modifier la sentence... Entre vous et moi, Monseigneur, quel est donc le point de dissidence? Le voici : vous dites que ce qui se fait aujourd'hui dans les maisons d'éducation chrétienne, en matière d'enseignement littéraire, *est bon*, et que *cela s'est toujours fait.* J'ose n'être pas du même avis.

« Vous semblez croire qu'il manquerait quelque chose à l'éducation et à l'instruction de jeunes chrétiens, si, dès l'enfance et pendant toute la durée de leurs études, ils n'avaient constamment un pied dans le paganisme et un autre dans le christianisme. J'ai le malheur de ne pas comprendre une pareille nécessité!

« Tel est le point en litige.....

« Je suis convaincu, m'écrivait M. de « Montalembert, que tout esprit libre de pré- « vention reconnaîtra le mal que vous dénon- « cez si énergiquement. Mais il ne faut pas se « le dissimuler, les préventions seront nom- « breuses, et à peu près universelles. Chacun « se sentira blessé dans ses antécédents, dans « ses habitudes, dans ses préjugés. On n'aime « pas à se dire qu'on a été mal élevé, et ce qui « est pire, qu'on a mal élevé les autres. Vous « serez accusé de méconnaître les lois de la « civilisation, du progrès, du bon sens, les « saines traditions, les bonnes habitudes.

« Mais que cela ne vous décourage pas. « *Les mêmes objections ont été faites, les mêmes* « *accusations ont été portées* contre ceux qui « ont entrepris la restauration de la liturgie « romaine et la réhabilitation de l'architec- « ture du moyen âge. Or, *ces deux causes sont* « *aujourd'hui gagnées*, au moins en théorie ; « la pratique suivra, malgré les résistances « acharnées de la routine et de l'amour-pro- « pre. *Tenez pour certain que nous serons éga-* « *lement vainqueurs dans la croisade contre le* « *paganisme dans l'éducation, qui n'est qu'une* « *autre face de la même question.* »

« Cette question est aussi vaste qu'importante. Votre Grandeur en a touché tous les points ; elle comprendra que plusieurs lettres sont nécessaires pour discuter la sienne ; on peut écrire sur l'ongle du pouce assez d'objections pour exiger un volume de réponses.

« Daignez agréer l'hommage du profond respect avec lequel je suis,

« Monseigneur,

« de Votre Grandeur, etc. »

H.

Nevers, 13 mai 1852.

Monseigneur,

Si vous le permettez, abordons aujourd'hui votre lettre. Parlant à MM. les supérieurs et professeurs de vos petits séminaires, vous commencez en ces termes : « Plusieurs d'entre vous *se sont émus* de la vive et ardente controverse soulevée récemment au sujet de l'emploi des auteurs païens dans l'enseignement classique. Ils m'ont demandé ce qu'ils devaient penser à cet égard, et s'ils pouvaient continuer *sans inquiétude* à donner à leurs élèves un enseignement contre

lequel sont dirigées de si graves accusations. »

Les émotions et les inquiétudes de MM. vos professeurs peuvent avoir une des deux causes suivantes, peut-être toutes les deux à la fois : ou ils trouvent que les classiques païens occupent une trop large place dans l'enseignement; ou que, restreints dans les limites ordinaires, et expliqués comme on les explique partout, ils ne sont pas sans danger. Sous ce double rapport, Votre Grandeur veut bien les rassurer. Avant d'examiner les motifs de tranquillité qu'elle leur donne, voyons ce qu'il faut penser de ces émotions et de ces inquiétudes.....

Voilà ce que les directeurs et professeurs de tous les petits séminaires en général peuvent se dire, sans être pour cela plus scrupuleux que saint Augustin, le P. Possevin, le P. Thomassin et beaucoup d'autres. Il est bien entendu que les *inquiétudes* et les *émotions* dont vous parlez, Monseigneur, ne sont ni exclusivement personnelles à vos prêtres, ni occasionnées par la publication de mon ouvrage. J'ajoute que MM. vos professeurs ont, pour se tranquilliser, les paroles rassurantes de leur évêque. Néanmoins, je m'étonnerais peu si le système actuel d'enseignement, considéré par *rapport à la société* et par *rapport à l'enfant*, rendait les inquiétudes plus vives dans les séminaires d'Orléans que dans les autres. Et, si quelqu'un en est responsable, permettez-moi de le dire, c'est Votre Grandeur.

Dans le bel ouvrage qu'elle a publiée sur l'*Education*, elle attribue au système d'éducation, suivi *depuis longtemps déjà*, la décadence de l'Europe. Dans ma troisième lettre, je rapporterai vos propres paroles. Ainsi, MM. les professeurs de vos petits séminaires peuvent dire : «En enseignant les auteurs païens comme je le fais, et à la mesure où je le fais, je perpétue un système qui, au jugement de notre savant évêque, « *conduit la France,* jadis si féconde en grands hommes, au point de *chercher, comme Diogène, un homme parmi ses millions d'enfants;* et elle ne le trouve pas !... »

Pas un de vos professeurs de petit séminaire qui n'ait médité ces graves recommandations. Mais, quand ils ont voulu les réduire en pratique, plusieurs peut-être ont eu quelque peine à les concilier avec l'enseignement des auteurs païens. Formé à cette haute école de respect pour l'enfant, il n'est pas impossible que quelqu'un d'entre eux se soit dit à lui-même : « Il est donc vrai, aux yeux de ma foi, l'enfant est un ange. Tout en lui commande le respect ; son imagination : et je dois en écarter toute image dangereuse ; son intelligence : elle est faite pour la vérité la plus pure ; son cœur : il est le sanctuaire de Dieu, et je dois, par-dessus tout, n'y laisser pénétrer ni un fait, ni un sentiment, ni une parole capable de le souiller. Mieux vaudrait pour moi être précipité, une pierre au cou, dans le fond de la mer. »

Celui qui qualifie ainsi et les auteurs païens, et leur enseignement, et leur étude,

s'appelle saint Jérôme et mérite, sans doute, d'être écouté : « *La nourriture des démons, dit-il, sont les poëtes païens, les philosophes païens, les rhéteurs païens..... Là, on ne trouve ni le rassasiement de la vérité, ni la réflexion de la justice. Ceux qui s'en repaissent vivent et meurent dans la faim du vrai, dans la disette des vertus.* »

On peut maintenant, il me semble du moins, comprendre l'ennui, le dégoût, les émotions et les inquiétudes de plus d'un genre que l'enseignement des auteurs profanes doit inspirer, parfois du moins, à des esprits chrétiens et sérieux, et surtout à des prêtres.

Daignez agréer le nouvel hommage du profond respect avec lequel je suis,

Monseigneur,

de Votre Grandeur, etc.

### III.

Nevers, 15 mai 1853.

Monseigneur,

La première cause presumée des inquiétudes de MM. les directeurs et professeurs de vos petits séminaires, est que les auteurs païens occupent, relativement aux auteurs chrétiens, une trop large place dans l'enseignement. Votre Grandeur les rassure en disant : « L'étude respectueuse des saints livres et l'explication des auteurs chrétiens, grecs et latins, ont, dans votre enseignement, la place qui leur convient, celle qu'on leur a toujours réservée dans la plupart des petits séminaires et des maisons d'éducation chrétienne. »

Aux témoignages que j'ai pris la liberté de mettre sous vos yeux, et qui, j'ai regret de le dire, sont peu conformes à cette affirmation, vous me permettrez, Monseigneur, d'ajouter mon expérience personnelle. J'ai passé d'assez longues années dans les petits séminaires, soit comme élève, soit comme supérieur. Voici la place qu'occupait l'étude des saints livres : depuis la cinquième, les élèves apprenaient chaque jour un ou deux versets de l'Evangile ; on les récitait comme une leçon ordinaire, avec cette différence qu'aucune explication n'aidait à comprendre le texte sacré. Quant aux autres livres de l'Ancien et du Nouveau Testament, il n'en était pas question.

Les petits séminaires dont je parle ne forment point une exception malheureuse. *La plupart* des autres, j'en atteste tous ceux qui les ont vus il y a vingt ans et au delà, suivaient, à peu de différence près, la même méthode. Il est de notoriété publique aujourd'hui encore que, dans *le plus grand nombre*, l'*Epitome* de Lhomond forme *à lui seul*, toute la *littérature sacrée*. Ce n'est pas là, il faut le reconnaître, une étude *respectueuse* des saints livres.....

Mais, quand il serait vrai que les auteurs chrétiens occupent dans l'enseignement une place plus large que je ne l'ai dit, à quoi peuvent aboutir, dans l'état actuel des familles et de la société, ces quelques miettes de nourriture substantielle mêlées à toutes les *épluchures païennes*, comme dit saint Augustin? Tant que la religion ne sortira pas directement et habituellement, comme le parfum de la fleur, des livres et des devoirs; tant qu'elle n'en sortira que de loin en loin; indirectement et par voie d'antithèse; tant que le paganisme composera le *festin* des jeunes intelligences, et le christianisme seulement le *dessert*, on aura des générations à moitié chrétiennes, tout au plus.

Or, des générations à moitié chrétiennes forment nécessairement des sociétés à moitié chrétiennes; des sociétés qui, après avoir été pleinement chrétiennes ne le sont plus qu'à demi, sont des sociétés en décadence; et, à moins d'une nouvelle séve introduite dans une racine par une éducation vigoureusement chrétienne, condamnées à une ruine inévitable. L'Europe en est-elle là aujourd'hui et depuis longtemps ? En est-elle là par suite d'une éducation trop peu chrétienne ? C'est Votre Grandeur elle-même qui va répondre.

« C'est l'éducation, dit-elle dans le beau livre déjà cité, qui, par *l'influence décisive* qu'elle exerce sur l'enfant et sur la famille, éléments primitifs de toute société, inspire les vertus sociales et prépare des miracles inespérés de restauration *intellectuelle, morale et religieuse* ; c'est l'éducation qui *fait la grandeur des peuples* et maintient leur splendeur, qui *prévient leur décadence*, et au besoin les *relève de leur chute.*....

« Que faut-il, en effet, pour former, pour soutenir, et, s'il en est besoin, pour régénérer une nation ? Avant tout, des hommes.

« Les nations ne s'élèvent, ne grandissent et ne se conservent, ne rajeunissent et ne se renouvellent que par les hommes. Quand voit-on *les peuples s'affaiblir, déchoir de leur grandeur, et se précipiter à leur ruine?* Quand les hommes leur *manquent.* Or, les hommes, sans doute, c'est Dieu qui les donne ; mais, Dieu le voulant ainsi, *c'est l'éducation qui les fait....*

« Où en sommes-nous à cet égard ?

« Nous présentons, *depuis longtemps déjà*, un spectacle étrange. Jamais la France ne fut couverte d'un peuple plus nombreux, plus actif, plus agité. Les économistes s'effrayent de cette population toujours croissante. Toutes les routes de la fortune, toutes les carrières de la vie sociale sont encombrées. Les hommes se pressent, se heurtent, se fatiguent les uns les autres. Et cependant de toutes parts on entend dire : *Les hommes manquent !* Où sont les hommes ? C'est le cri, c'est la plainte universelle. Diogène, autrefois, sa lanterne à la main, cherchait un homme en plein midi. Nous lui ressemblons. »

Il me sera permis de croire que Monseigneur l'évêque d'Orléans avait oublié ce passage de son propre livre lorsqu'il a écrit dans sa lettre aux professeurs de ses petits séminaires : « L'étude respectueuse des saints livres et l'explication des auteurs

chrétiens grecs et latins, ont, dans votre enseignement, la place qui leur convient, celle qu'on leur a *toujours* réservée, dans la plupart des petits séminaires et des maisons d'éducation chrétienne. Vous faites sur ce point ce qu'il *est bon de faire*..... »

Si l'élément chrétien a *toujours obtenu la place qui lui convient* dans la plupart des petits séminaires et dans les autres maisons d'éducation qui, aux xvii° et xviii° siècles, étaient toutes chrétiennes, par quel prodige sommes-nous réduits comme Diogène, à chercher *un homme* ?

Daignez agréer, etc

### IV.

Nevers, le 16 mai 1852.

Monseigneur,

Après avoir rassuré MM. les supérieurs et professeurs de vos petits séminaires sur la première de leurs inquiétudes en leur disant que l'étude des saints Livres et l'explication des auteurs chrétiens, grecs et latins, occupe dans leur enseignement la place qui leur convient.... Parlons de l'*esprit païen* qui respire nécessairement dans tous les livres païens. Cet esprit, diamétralement opposé, du moins en général, à l'esprit chrétien, forme le *vrai danger* de l'étude habituelle des auteurs profanes. De l'ordre *surnaturel* qui est l'élément des nations chrétiennes, il tend, par une influence continuelle et d'autant plus funeste qu'elle est moins sensible, à nous conduire au naturalisme.... Pour ne pas fatiguer votre attention par la lecture d'une lettre déjà trop longue, je remets à demain la continuation de cette revue.

Daignez agréer, etc.

### V.

Nevers le 17 mai 1852

Monseigneur,

Quittons l'école de Cornelius Nepos, pour entrer *avec ces chers enfants* dans celle de Quinte-Curce. Tout occupée de batailles, celle-ci, sans doute, n'aura d'autre inconvénient que de raconter *froidement* les horreurs de la guerre païenne, ce qui pourtant n'est pas sans danger: sa plume, trempée dans le sang, n'écrira jamais avec de la boue.

Les auteurs d'éditions classiques ont fait subir une foule de remaniements et de modifications à Quinte-Curce. Je dois dire que ces changements sont favorables aux bonnes mœurs. Voyons cependant si le texte conservé est irréprochable. L'édition *Lecoffre*, 1851, servira de base à notre examen. Au lieu de supprimer, comme les plus récentes éditions, les deux premiers livres dus à Christophorus Bruno, elle les donne en abrégé.

Liv. i, c. 5, p. 13, parlant de l'intérieur de la cour de Macédoine : — « Ex Cleopatra noverca olympiadi superinducta, discordia orta est. Causam adhibuit Attalus... qui quum in nuptiis Macedones exhortaretur... ut... ex *Philippo et Cleopatra crearetur hæres.* »

Liv. ii, c. 3, p. 29 : — « Insignem Thebanam feminam Thrax quidam dux *turpiter tractasse*... idemque quum eam posceret pecuniam, solus a muliere ad puteum ductus fuisse, » etc.

Liv. iii, c. 6, p. 123 : — « Babylonii maxime in vinum et *quæ ebrietatem sequuntur*, effusi sunt, feminarum convivia ineuntium *in principio modestus est habitus*; dein paulatim *pudorem profanant. Nec metricum hoc dedecus, sed matronarum virginumque apud quas comitas habetur vulgati corporis vilitas.* »

Liv. v, c. 22, p. 144 : — « Alexander... de die inibat convivia, quibus feminæ intererant licentius quam decebat, cum armato vivere assueta. Ex his una Thais et ipsa temulenta, maximam apud omnes Græcos inituram gratiam affirmat, si regiam Persarum jussisset incendi... ebrio scorto... et ipsi mero onerati, assentiuntur. Rex quoque avidior fuit quam patientior... omnes surgunt... temulenti ad incendendam urbem... Primus rex ignem regiæ injecit, tum convivæ et ministri pellicesque. »

On avouera sans peine qu'en fait d'orgies il serait difficile de trouver rien de plus hideux dans les plus mauvais romans de nos jours. Et de pareilles choses sont entre les mains de jeunes gens chrétiens, avec obligation de les *étudier* et de les comprendre !

Liv. vi, c. 4, p. 168, même sujet : — « Intempestiva convivia... perpotandi pervigilandique insana dulcedo, ludique et *greges pellicum.* »

Liv. viii, c. 16, p. 278. Longue description des amours d'Alexandre et de Roxane : — « Barbara opulentia convivium instruxerat. Id quum multa comitate celebraret, introduci *triginta nobiles virgines*, jussit. Inter quas Roxana eximia corporis specie... omnium oculos convertit in se, maxime regis... in *amorem virgunculæ... ita effusus est*; ut diceret, ad stabiliendum regnum pertinere, Persas et Macedonas connubio jungi... Achillem quoque, a quo *genus ipse duceret, cum captiva coisse*, » et le reste du chapitre, qui est à lire ou à ne pas lire.

Liv. viii, c. 32, p. 296, description lascive des fêtes les plus voluptueuses : — « Venatus maximus labor est interclusa vivario animalia inter *vota cantusque pellicum* ligere... Regem... lecticis aureis pellicum longus ordo sequitur; separatam a regina ordine agmen est, æquatque luxuriam. Feminæ epulas parant. Ab iisdem vinum ministratur... Regem mero somnoque sopitum *in cubiculum referunt*, patrio carmine noctium invocantes deos. »

Liv. x, c. 1, p. 363, toujours des tableaux qu'il faudrait avant tout éloigner des jeunes gens : — « Quum omnia profana spoliassent, ne sacris quidem abstinuerant, *virginesque et principes feminarum corporum ludibria* deflebant... Inter omnes tamen eminebat Cleandri furor, *qui nobilem virginem servo suo pellicem dederat.* »

Liv. x, c. 4 et 5, p. 366 et 367 : — « Orsinoes... Bagoæ spadoni, qui Alexandrum *obsequio suo devinxerat* sibi, nullum honorem habuit : spado potentiam *flagitio* et *dedecore* quæsitam... exercuit... importunissimus spado... quoties *amorem regis in se accenderat* Orsinoem... arguebat... quem Orsinoes intuens : Audieram, inquit, in Asia olim regnasse feminas; hoc vero *novum est regnare castratum.* »

Voilà donc mot pour mot, ce qu'on trouve encore aujourd'hui dans les *meilleures* éditions de *Quinte-Curce*. Malheureusement, elles ne sont pas les seules qui aient accès dans les petits séminaires et dans les maisons d'éducation chrétienne. Il en est une, entre autres, que le respect pour l'enfance m'oblige de vous signaler. Je le fais, et parce qu'il est à ma connaissance *qu'au moment*

où j'ai l'honneur de vous écrire, cette édition se trouve entre les mains des élèves *d'un petit séminaire*, et parce qu'elle pourrait pénétrer ailleurs; et parce que, dans une classe composée de quinze à vingt élèves, il peut se rencontrer, du moins dans certaines maisons, quelques exemplaires de cette édition, de manière à permettre aux jeunes gens de rétablir le texte complet, ce qui me semble offrir un danger extrême; enfin, parce qu'en m'absolvant du reproche de rigorisme, elle montre de quoi on nourrit la jeunesse lettrée *déjà depuis longtemps*. Il s'agit de l'édition *Delalain*, 1820. Les passages supprimés ou voilés dans les éditions plus récentes de cette maison, comme des autres, se trouvent ici tout entiers.

Liv. I, c. 4, p. 10 : — « Hic puer (Pausanias) *stuprum*... ab Attalo passus fuerat, qui cum *ebrius* postea tanquam *vile scortum libidini convivarum* subjecit. »

Liv. IV, c. 3 (vers la fin) : — « Darius soupçonne desiderium captivæ (uxoris) a consuetudine *stupri* ortum esse (Alexandro); » et ce qui précède comme ce qui suit.

Liv. V, c. 5, (vers la fin) : — « Liberos conjugesque cum hospitibus stupro coire... parentes maritique patiuntur... feminarum convivia ineuntium [in principio modestius est habitus... dein summa quæque amicula exuunt, paulatimque pudorem profanant, ad ultimum ima corporum velamenta projiciunt; nec meritricium hoc dedecus, sed matronarum, » etc. Comme dans l'édition que j'ai analysée.

Liv. VI, c. 15, portrait des amazones; leur reine vient visiter Alexandre. — « Haud dubitavit fateri ad communicandos ut rege liberos se venisse; dignam ex qua ipse generaret hæredes... petere perseverabat ne se irritam spei pateretur abire. Acrior ad venerem feminæ cupido quam regis... Tredecim dies in obsequium ejus absumpti sunt, » etc., etc.

Passons maintenant à Salluste. Votre Grandeur le sait mieux que personne : quand on veut prêcher la vertu, il faut en donner l'exemple. La contradiction jette le trouble dans l'âme de l'enfant surtout, et peut porter un coup mortel à sa foi. A moins de grâces spéciales, n'est-il pas à craindre qu'il devienne ce que sont aujourd'hui tant d'hommes élevés à la même école, et qui, à l'exemple des modèles classiques, parlent éloquemment de la vertu à laquelle leur conduite témoigne qu'ils ne croient pas? Telle est une des raisons pour lesquelles je réclame que l'on publie des auteurs classiques dont la vie non-seulement ne soit pas un démenti solennel à leurs préceptes, mais encore puisse être présentée comme la preuve irréfutable de la sincérité de leurs leçons. Aucun auteur païen n'offre cette condition essentielle : Salluste, le grave historien, le moraliste austère, pas plus que les autres.

En tête de toutes les éditions de ses ouvrages, les auteurs ont soin de faire connaître aux élèves ce nouveau précepteur. Il me semble que c'est le meilleur moyen de miner d'avance dans leur esprit, les maximes de probité, d'honnêteté, de dévouement à la chose publique, qu'ils y entendront proclamer en paroles pompeuses par un homme dont on leur fait le portrait qu'on va lire.

L'édition *Hachette*, 1851, fournira les détails de l'examen ; l'honorable professeur dont elle porte le nom s'exprime ainsi dans sa notice sur Salluste : « En haine de Milon et de Cicéron, ses ennemis personnels, il prit parti pour Clodius, et *d'odieux excès* signalèrent son tribunat. Deux ans après il fut exclu du sénat par les censeurs, à raison de ses débordements... Gouverneur (d'Afrique)... il rapporta à Rome *d'immenses richesses*. Rendu de nouveau à la vie privée, il passa le reste de ses jours au sein de la mollesse et du luxe le plus effréné... Ambitieux, cupide, haineux, débauché, *passablement méprisable en somme*, soit comme homme privé, soit comme homme public, Salluste ne se recommande à l'*admiration* que comme écrivain. »

Bien qu'en général Salluste écrive avec une *certaine* réserve, il laisse néanmoins tomber de sa plume des expressions, il donne des détails, nomme des choses et fait des peintures qui, placées par des maîtres chrétiens sous les yeux d'enfants chrétiens, paraîtront peu conformes à cette maxime de l'antiquité païenne : *Maxima debetur puero reverentia.*

Catilina, c. 7, p. 14 (medio), portrait de la jeunesse romaine : — « Jamprimum juventus... magisque in decoris armis... *quam in scortis atque conviviis lubidinem* habebant. » — Chap. 13, p. 18 (initii), mœurs romaines : — « Quibus mihi videntur ludibrio fuisse divitiæ ; quippe, quas honeste habere licebat, per turpitudinem properabant. Sed lubido stupri, ganeæ cæterique cultus non minor incesserat... *mulieres pudicitiam in propatulo habere*, » etc. — Chap. 14 p. 19, (initio et fine), Catilina rassemble autour de lui la lie du peuple : — « Quicumque *impudicus, adulter, ganeo*, manu, ventre, bona patria lacraverat... sed maxume adolescentium familiaritates appetebat... aliis scorta præbere, aliis canes... neque *modestiæ suæ* parcere... Juventutem quæ domum Catilinæ frequentabat *parum honeste pudicitiam* habuisse. » — Chap. 15, (initio), p. 20, mœurs de Catilina : — « Jamprimum adolescens Catilina multa *nefanda stupra fecerat cum virgine nobili, cum sacerdote Vestæ*, et alia hujuscemodi contra jus fasque. Postremo, captus *amore Aureliæ Onestillæ*, » et le reste du chapitre non moins édifiant. — Chap. 16, p. 20, (initio). Catilina débauche la jeunesse : « Juventutem... multis modis mala facinora edocebat. Ex illis testes signatoresque falsos commodare... ubi eorum famam atque *pudorem attriverat* majora alia imperabat. » — Chap. 23, p. 27 (medio), portrait de Q. Curius. — « Erat ei cum *Fulvia muliere nobili stupri vetus* consuetudo. » — Chap. 24, p. 28, (in fine) : — « Mulieres etiam aliquot, quæ primo *ingentes sumptus stupro corporis* toleraverant, post, ubi æ'as tantummodo quæstui *neque luxuriæ modum fecerat*, »etc.—Chap. 25, p. 28, mœurs de Sempronia : « Mulier fuerat Sempronia, quæ multa sæpe virilis audaciæ facinora commiserat... saltare elegantius quam necesse est probæ... omnia ei cariora quam decus et pudicitia. Lubidine sic accensa, ut sæpius peteret viros quam peteretur. » Et le reste du chapitre, qui serait à coup sûr bien mieux placé dans un livre obscène que dans un ouvrage destiné à l'*éducation* de la jeunesse.

Sans parler des dangers pour les mœurs que présentent de pareils tableaux à des jeu-

nes gens de quinze à dix sept ans, Salluste me semble offrir une grave inconvénient. Votre Grandeur connaît le proverbe : *Dis-moi qui tu hantes, je te dirai qui tu es*. Si au jugement des magistrats des plus expérimentés la fréquentation des cours d'assises est l'école où les malfaiteurs viennent apprendre la science du crime; si le récit détaillé des vols, des assassinats, des parjures, des attentats aux mœurs, est une prédication désastreuse qui enseigne aux uns à commettre le mal et à tromper l'œil de la justice, qui affaiblit dans les autres les sentiments de la pudeur naturelle, j'ose demander s'il est chrétien, s'il est sage d'envoyer une jeunesse ardente, pendant des mois entiers, à l'école de Catilina, l'un des plus hideux comme des plus habiles scélérats de l'antiquité, et de l'initier à la connaissance intime des moyens de tout genre employés pour la perpétration de ses forfaits!

Avec *le même succès* on pourrait analyser les autres classiques en prose, tant grecs que latins, tous *dûment expurgés*; mais le petit échantillon que je viens d'offrir des moins dangereux suffit pour donner une idée de ceux qui le sont davantage.

Il suffit encore, ce me semble, pour m'autoriser à demander si, dans les *maisons d'éducation chrétienne*, on se conforme, on s'est toujours conformé aux sages prescriptions de la plus illustre congrégation enseignante, la Compagnie de Jésus. Ses constitutions portent expressément ce qui suit : « Quant aux livres d'humanités, grecs ou latins, on s'abstiendra, autant que faire se pourra, dans les universités comme dans les colléges, d'expliquer à la jeunesse ceux dans lesquels il y aura quelque chose qui pourrait nuire aux bonnes mœurs, à moins qu'ils n'aient été purgés auparavant des *choses* et des *paroles* déshonnêtes. »

Les passages rapportés ci-dessus sont-ils bien *a rebus et verbis inhonestis expurgati?*

Notons que les écoliers des colléges actuels ont huit, dix, quatorze, dix-huit ans, tandis que ceux des anciens colléges et des universités en avaient vingt-cinq et trente; que les premiers ont entre les mains les ouvrages païens, et que les autres ne les possédaient pas.

Mgr l'évêque Parisis se hâta d'écrire à M. l'abbé Gaume la lettre suivante :

« Paris, 5 juillet 1851

« MONSIEUR LE VICAIRE GÉNÉRAL,

« Je n'ai encore lu que la moitié de votre ouvrage sur l'appréciation chrétienne de ce que l'on a malheureusement appelé la *Renaissance*. Je me sens le besoin de vous dire tout de suite combien j'y trouve de profonds et courageux aperçus. Comptez bien cependant, et pour cela même, sur de nombreux et puissants contradicteurs.

« On vous dira que vous êtes un téméraire, et presque un sacrilége; que les plus grands génies qui ont paru dans l'Eglise au XVIIᵉ siècle, que les ordres religieux qui ont

rendu les plus signalés services à la religion, sont indignement outragés par vos accusations; on vous dira qu'il est ridicule d'attribuer à un détail de pédagogie le déplorable affaiblissement de la foi, dont nous souffrons si cruellement encore; que, depuis trois cents ans, l'éducation faite avec les auteurs païens a produit des chrétiens éclairés, fervents, parfaits.

« Il y a beaucoup à répondre à ces reproches, qui m'ont été faits à moi-même, à l'occasion de la pauvre petite lettre si modérée que j'écrivais jadis aux directeurs et professeurs de mon petit séminaire, et qui ne m'ont pas porté du tout à changer d'avis.

« Je me borne, pour cette fois, à faire cette question : Le jugement du XVIIᵉ siècle, sur l'art chrétien, a-t-il été, au point de vue religieux, un progrès ou une décadence? Je réponds : Il a été une décadence. Il n'est pas un de nos écrivains, y compris Bossuet et Fénelon, qui n'ait décrié nos cathédrales gothiques. Sommes nous donc obligés de les décrier encore, par respect pour ces grands génies? Et de ce qu'il se fait sans doute des prières aussi ferventes dans les lourdes églises du genre moderne que sous les ogives aériennes du moyen âge, me forcerez-vous à soutenir que les cathédrales de Paris, de Reims, de Strasbourg, d'Amiens, de Bourges, ne sont pas plus conformes à l'esprit chrétien que les riches salons de la Madeleine et de Notre-Dame de Lorette.

« Non, le grand siècle, comme l'on dit, n'a pas été infaillible, et le jour viendra où ses erreurs en littérature chrétienne seront aussi palpables que le sont déjà ses impertinences et ses insolents dédains sur les plus étonnantes constructions inspirées par le christianisme. Que n'aurais-je pas à dire de sa statuaire, de sa peinture, de son théâtre? Que prouvent des noms illustres, ou même des institutions respectables, contre des faits de cette évidence, dont il nous reste encore tant de monuments que je ne crains pas d'appeler honteux pour une nation qui porte le nom de fille aînée de l'Eglise. Hélas ! si nous eussions, vous et moi, monsieur le vicaire général, vécu à cette époque, nous eussions vraisemblablement pensé et parlé comme tous alors parlaient et pensaient, parce qu'il y a des influences publiques que des individus ne dominent presque jamais.

« N'en fut-il pas ainsi du gallicanisme? Aujourd'hui le gallicanisme est jugé : eh bien, il faut que le paganisme le soit; il faut que l'on sache comment son introduction a été une faute, comment son règne dans la société chrétienne a été un grave danger. Pour moi, je disais, il y a déjà bien quinze ans, à ceux qui m'entourent : Avant un demi-siècle, on comprendra que la Renaissance a été la plus redoutable épreuve de l'Eglise de Dieu depuis son berceau. Vous avez bien devancé mes prévisions; car, même en faisant ses réserves sur certains passages, quand on vous lit sans prévention, on se sent véritablement effrayé à la vue de cette peste mor-

telle qui s'étendait sur tous les corps et sur les parties les plus vitales de l'Epouse immaculée de Notre-Seigneur Jésus-Christ.

« Veuillez donc, monsieur l'abbé, agréer l'assurance de ma sympathie et l'expression de ma reconnaissance.

« P.-L.

« évêque de Langres. »

Son Eminence le cardinal de Reims, Mgr Gousset, adressait sa formelle adhésion à M. Gaume, vicaire général de Nevers, en date du 2 juin 1852, en ces termes :

« N'ayant pas été tout à fait étranger à la publication du *Ver rongeur des sociétés modernes*, je n'ai pu être insensible aux attaques violentes dont vous avez été l'objet à l'occasion de cet ouvrage. On ne peut vous accuser d'avoir émis des opinions *exagérées, absurdes, irrespectueuses envers l'Eglise et capables de troubler les consciences*, etc., sans faire retomber une accusation aussi grave sur ceux qui, en approuvant votre livre d'une manière ou d'une autre, comme je l'ai fait n oi même, se seraient rendus solidaires des erreurs qu'on vous reproche.

« Néanmoins, comme le procès me paraît suffisamment instruit, et que vos *Lettres à Monseigneur l'évêque d'Orléans* ne laissent rien à désirer pour le *fond* ni pour la *forme*, je n'entrerai pas dans la discussion. Je préfère mettre la main à l'œuvre, en adoptant incessamment, pour les petits séminaires de mon diocèse, le plan d'éducation que vous proposez. Cet essai, je m'y attends, aura des contradicteurs; mais à tort ou à raison, je suis persuadé que l'usage exclusif, ou presque exclusif, des auteurs païens, dans les établissements d'instruction secondaire, ne peut sous aucun rapport, contribuer à l'amélioration de l'ordre social. Il me semble même que rien n'est plus propre à favoriser les efforts de ceux qui, au nom du progrès, travaillent à remplacer la civilisation chrétienne par la prétendue civilisation des Grecs et des Romains.

« Je vous renouvelle, monsieur le vicaire général, l'expression de mes sentiments affectueux et dévoués.

« † Thomas, cardinal Gousset,

« archevêque de Reims. »

Voici la profession de foi de Mgr l'évêque de Gap, en réponse à trois lettres très-pressantes à lui adressées à ce sujet :

« Monseigneur,

« Je crois en Dieu, créateur de l'univers, mais je ne crois pas à la bonne foi de ceux qui veulent détruire l'*Univers*

« Je crois en Jésus-Christ, qui a établi son Eglise avec les docteurs chrétiens, et non avec les doctes du paganisme.

« Je crois au Saint-Esprit, qui a parlé par les prophètes, et non par les sibylles.

« Je crois à la communion des saints, mais je ne veux pas être de celle de la *Gazette*, du *Siècle*, des *Débats*, de la *Presse* et du *Charivari*.

« Je crois à la résurrection des morts, mais je crains beaucoup celle des gallicans et des parlementaires.

« Je crois à la vie éternelle, mais je ne veux pas de celle des Champs-Elysées, quelque belle que la fassent les poëtes païens.

« C'est-à-dire, Monseigneur, que je suis pour l'adoption des auteurs chrétiens dans une juste proportion, sans renoncer aux chefs-d'œuvre de Rome et d'Athènes, soigneusement expurgés de ce qu'ils ont trop souvent de contraire aux bonnes mœurs et à la foi catholique.

« J'ai l'honneur d'être avec respect, Monseigneur,

« Votre très-humble et très-obéissant serviteur

« Irénée

« évêque de Gap. »

Question des classiques. — Le travail suivant, sur la question des études, est adressé au journal l'*Univers* par un prêtre voué à l'enseignement, et nous paraît devoir se recommander singulièrement à l'attention.

*A Monsieur le Rédacteur en chef de l'*Univers.

Nancy, 21 juillet 1852.

Monsieur,

Nous assistons avec le plus vif intérêt à la lutte que l'*Univers* soutient en faveur de la réforme des études classiques. J'aurais quelques réflexions à vous soumettre, pour ma part, sur la manière d'envisager cette question si importante.

Il me semble, Monsieur, qu'il importe d'établir une distinction que je ne vois pas faite assez clairement ni d'un côté ni de l'autre.

Dans l'enseignement secondaire, tel qu'il est réglé de nos jours, il y a un vice *positif*, et il y a une *omission*.

Le vice *positif* consiste en ce que, présentant aux tendres esprits et aux imaginations délicates et ardentes de la jeunesse tout ce fatras de fausses doctrines, de fables absurdes, de contes licencieux, de courage orgueilleux et emporté, de morale égoïste, de sensualisme abject, dont se composait la mythologie, l'histoire, la biographie, la poésie, enfin presque toute la littérature païenne, on pénètre sans le vouloir, sans s'en apercevoir, la jeunesse de ces sentiments, de ces maximes païennes, en sorte qu'elle apprend à penser, à vouloir, à parler comme les païens qu'elle étudie, et que, tout en cherchant à lui former le goût classique en littérature, au bout de quelques années, on lui a formé le goût païen en morale, en religion, en politique.

Sur ce vice positif de nos études classiques, vous avez déjà publié de très-belles et de très-bonnes choses. Mais l'omission dont je veux parler est encore plus dangereuse, et j'y vois la cause principale de tout le mal que la littérature païenne produit dans la jeunesse, et par là dans la société tout entière.

Cette omission consiste en ceci : nos jeunes enfants, dans toutes leurs études littéraires, ont continuellement sous leurs yeux l'histoire, la religion et la morale païennes, expliquées, détaillées, commentées, étudiées par cœur; il en est de même des gloires de la société païenne, des grands génies païens en tout genre, des grands généraux, des grands écrivains, des grands artistes; et voilà tout ce que la société païenne peut fournir de grand, car elle n'a jamais su faire que ces trois choses : se battre, écrire et cultiver les arts d'agrément et d'utilité matérielle.

Mais depuis dix-neuf siècles, le monde, régénéré par le christianisme, a des gloires infiniment supérieures à proposer à l'imitation de la jeunesse : les grands apôtres, les grands martyrs, les grands docteurs, les grands pontifes, les grands missionnaires, les grands fondateurs d'ordres religieux, les grands prédicateurs, les vierges héroïques, les pénitents illustres; enfin, la vie détaillée de Notre-Seigneur Jésus-Christ, ses miracles et sa doctrine, les patriarches de l'ancienne loi, les prophètes, les martyrs de la loi mosaïque.

De tout cela nos enfants ne savent rien, ou presque rien. Ils passent toute leur jeunesse à étudier la mythologie, répertoire de toutes les absurdités et de tous les vices divinisés; à connaître Solon et Lycurgue, Annibal et César, Cyrus et Alexandre, Rome païenne, Sparte, Athènes; ils ne sortent jamais des histoires et des biographies païennes; ils ne quittent jamais les Thermopyles, Marathon, Salamine, le lac Trasimène, Cannes, Carthage; ils ne cessent de contempler Thémistocle, Léonidas, Miltiade, Epaminondas, etc., etc.; toujours avec ces génies païens, ces grandeurs et ces gloires païennes; toujours sur le *De Viris illustribus urbis Romæ*, l'*Epitome historiæ Græcæ*, les *Vies des hommes illustres* de Plutarque, les biographies de Cornelius Nepos; puis Tite-Live, Cicéron. Démosthènes, Homère, Anacréon, Ovide, Virgile : on ne sort jamais de là; on ne sait que cela. Que s'ensuit-il? Ne connaissant que les grands génies païens, ils viennent tout naturellement à penser qu'il n'y en a pas d'autres; ne connaissant d'une manière claire et distincte que les gloires païennes, les gloires de la sensualité, de l'orgueil et de la force brutale, ils s'imaginent instinctivement qu'il n'y en a pas d'autres. Ils tirent trop souvent aussi, sans presque y penser, ces autres conclusions plus développées et plus pratiques : les hommes de génie ne peuvent aujourd'hui être et vivre autrement que ces anciens; un homme de talent ne peut pas se soumettre à des lois qui furent inconnues à ces anciens; sans rien faire ni rien croire de ce que nos prêtres nous prêchent, les anciens furent grands et heureux. Vous voyez, Monsieur, à quel abîme on va aboutir; c'est cependant là l'histoire contemporaine.

J'ai dit que cette ignorance où l'éducation moderne laisse nos enfants, par rapport aux

détails de la doctrine et des actions de Jésus-Christ Notre-Seigneur et des gloires de sa religion et de ses héros, est la cause principale de tout le mal que les auteurs païens produisent dans la jeunesse. Pour nous en convaincre, nous n'avons qu'à consulter notre expérience propre à nous, prêtres ou religieux. Car, depuis que, par des études approfondies, nous avons acquis une connaissance ample et détaillée de la religion chrétienne et de ses grandeurs, tout ce que le monde païen vante de plus grand nous paraît fort petit et fort mesquin. Que sont pour nous Alexandre le Grand, César, Pompée, à côté de saint Paul, de saint Vincent-Ferrier, de saint François-Xavier, de saint Vincent de Paul? Que sont pour nous, quant au mérite réel, les productions d'Homère, d'Aristote, de Démosthènes, de Cicéron, de Virgile, de Tite-Live, d'Horace, à côté des Livres saints et des écrits de saint Basile, de saint Chrysostome, de saint Augustin, de saint Jérôme, de saint Bernard, de saint Thomas d'Aquin? De quelle admiration peuvent nous pénétrer ces pâles et rares étincelles de vertus morales que nous voyons nager dans les ténèbres du monde païen, à côté des torrents de lumières que répandent, depuis dix-neuf siècles, les divines vertus des héros chrétiens? Voilà ce qui nous frappe, ce qui nous subjugue, ce qui nous attache si fortement à la foi chrétienne, c'est que nous la connaissons bien; *scio cui credidi.*

Mais nos enfants ne la connaissent pas, et en fait de religion, vous conviendrez avec moi, Monsieur, que généralement les hommes faits en savent moins que les enfants. C'est pourquoi ceux-là se trompent si lourdement dans le jugement qu'ils portent sur la religion chrétienne : *blasphemant quod ignorant.*

Si nos enfants savaient bien en détail ce que les Etienne, les Laurent, les Vincent, les Sébastien, les Agnès, les Cécile, les Agathe, les Catherine, les Luce ont fait et souffert pour ne pas perdre leur foi chrétienne, pour ne pas offenser Dieu, pour sauver leur âme, pour mériter une plus grande récompense dans le ciel, ils comprendraient, ils sentiraient vivement combien la foi est précieuse, quelle est la nécessité du salut de l'âme, quelle est la fidélité que nous devons à Dieu, combien sont terribles les peines éternelles, et par quel zèle nous pouvons accroître nos mérites devant Dieu. Si nos *esprits forts,* qui ne sont en réalité qu'*esprits ignorants,* se voyaient en face de ces beaux génies, qui cependant ont plié sous le joug de la foi chrétienne, l'ont soutenue, enrichie, défendue par leurs écrits, par leur sang, ils s'inclineraient avec respect devant eux.

Nos enfants, nos hommes faits sont étrangers à ces détails; ils en ont parfois entendu çà et là quelque mot, mais d'une manière très-vague, qui ne peut laisser en eux aucune forte impression. Ils connaissent parfaitement les grands et les moindres dieux, les nymphes, les satyres, les faunes; ils en savent les absurdes, les scandaleuses histo-

rietles; mais de nos grands saints, de nos héros chrétiens, ils n'en savent pas même les noms; dans les meilleurs collèges, à peine les enfants apprennent-ils par cœur un petit nombre de passages des Evangiles.

Un jour en parlant, à mes élèves des plus hautes classes, de littérature, je nommai saint Luc, auteur des Actes des apôtres; aussitôt l'un d'eux s'écrie tout ébahi : *Comment, Monsieur, saint Luc est l'auteur des Actes des apotres?* Un second se lève et me demande : *Que sont-ce donc, Monsieur, les Actes des apôtres?* Une autre fois, ayant cité un passage des Epîtres de saint Paul, en le qualifiant de parole de Dieu, j'entendis sur-le-champ un des élèves exprimer son étonnement : *Comment, Monsieur, les Epîtres de saint Paul sont la parole de Dieu? Jamais je n'avais entendu pareille chose.* Enfin, il est bien constant que nos enfants, sans en excepter ceux qui sont élevés dans les collèges chrétiens les mieux réglés, à la fin de leurs études classiques, savent de la religion chrétienne tout au plus comme ils savent de l'allemand ou de l'anglais, quand ils y ont étudié ces langues, selon l'expression très-juste de M. l'abbé Gaume.

Or, je vous avoue, Monsieur, que cela me paraît une honte, un scandale, que des maîtres chrétiens n'instruisent pas leurs élèves de telle manière que ceux-ci connaissent exactement et largement leur divine religion, dans sa doctrine, ses préceptes, ses rites publics, ses maximes, ses grandes œuvres et ses gloires, afin que, par l'instruction qu'ils ont reçue dans le cours de leur éducation, ils soient en état de se rendre compte de chacune de ces différentes parties de la religion.

On peut s'aveugler par de vains prétextes, mais tout le monde, et l'enfant aussi bien que tout le monde, sentira inévitablement la force de ce principe : *On s'occupe de chaque chose en proportion de l'importance qu'on y attache.* Si nous laissons ignorer à nos élèves les grandeurs chrétiennes et la littérature chrétienne, qui leur formeraient l'esprit chrétien tout en leur apprenant les lettres latines et grecques, ils se persuaderont facilement que nous n'attachons pas nous-mêmes une grande importance aux doctrines et aux grandeurs du christianisme, et dès lors ils s'habitueront sans effort à regarder avec indifférence, souvent même avec dédain, tout ce qui appartient au christianisme.

D'un autre côté, dans le système actuel, il n'y a pas de place pour les auteurs chrétiens. Tout le temps que les enfants doivent donner à leurs études journalières, depuis la huitième jusqu'au baccalauréat, est entièrement absorbé par les auteurs païens. En dehors de ces occupations si longues et si lourdes de tous les jours, nous donnons à nos enfants le plus possible d'instructions chrétiennes : mais que peut-on faire en si peu de temps qui leur reste? Il faut courir au plus pressé. On leur enseigne soigneusement le catéchisme; ensuite, dans les lectures spirituelles et les méditations de cha-

que jour, dans les sermons et les instructions périodiques, on leur inculque les principales maximes de la vie chrétienne : l'importance du salut éternel, les fins dernières, la nécessité de se mortifier, et d'autres vérités de ce genre.

C'est-à-dire, Monsieur, que dans le système actuel, on ne fait connaître aux enfants, et on ne peut absolument leur faire connaître, de la religion chrétienne, que tout ce qu'elle a de difficile, de dur pour l'orgueil et la sensualité humaine, les mystères de la foi et les préceptes de la loi évangélique. Mais les preuves éclatantes de cette foi, les grandeurs et les beautés divines de cette religion, le spectacle ravissant de ce qu'elle a opéré en ses apôtres, en ses martyrs, en ses docteurs, en ses vierges, et ce que tous ces héros ont opéré pour elle, tout cela, qui est tout ce qu'on peut imaginer de plus grandiose, de plus sublime, de plus charmant, de plus propre à inspirer aux jeunes cœurs l'enthousiasme religieux, en implantant dans leur esprit les plus fortes convictions, tout cela leur est à peu près inconnu.

Poussés par les exhortations journalières de leurs maîtres zélés, ces enfants encore bons, simples, tendres par leur jeunesse, marchent avec bien de la peine dans les sentiers difficiles de la vie chrétienne; ils y marchent sans aucune conviction profonde, sans aucun principe solide qui les soutienne intérieurement; ils gémissent sous le fardeau, et lancent à droite et à gauche des coups d'œil inquiets, pour voir s'ils ne trouveraient pas peut-être un chemin plus aisé. L'instruction païenne qu'on leur prodigue si largement, sans les avoir nullement préparés à cette épreuve, répond malheureusement à leur envie. Elle a jeté insensiblement dans leur esprit toute sorte d'idées plus ou moins contraires aux principes de l'abnégation chrétienne; elle a réveillé en eux, petit à petit, le feu caché de la sensualité et de l'égoïsme par tous ces spectacles d'égoïsme et de sensualisme qui se déroulent chaque jour à leurs yeux dans les auteurs païens. Attendez que le jeune homme, ayant fini ses études de collège, ne soit plus sous la pression des exhortations incessantes et des réprimandes salutaires de sa vertueuse mère et de ses bons maîtres : il se met bientôt à son aise; par suite de l'influence irréligieuse et païenne dans laquelle il se trouve plongé en entrant dans le monde, les idées et les sentiments païens entassés dans son âme s'y remuent tout à coup, s'y dressent, s'y développent : le jeune homme est bientôt comme la plupart de ceux qui l'entourent, païen dans sa conduite aussi bien que dans son langage, païen en politique aussi bien qu'en morale, païen dans l'intérieur de sa famille aussi bien que dans les fonctions publiques qu'il exerce. Il n'a qu'à se laisser aller aux idées et aux sentiments qui lui ont été inculqués durant tout le temps de ses études classiques, et il s'y abandonnera, le plus souvent, sans opposer la moindre résistance, puisqu'il n'y a en lui aucun système d'idées et

de sentiments contraires assez solidement établi pour repousser avec succès les assauts de l'esprit païen.

Tel est, Monsieur, le résultat nécessaire de l'omission que je viens de considérer dans le système actuel de l'enseignement secondaire; voilà où nos pauvres enfants sont amenés par ces études si pénibles, continuées sans relâche pendant huit ou dix ans sur les auteurs païens.

Comment obvier à cet inconvénient si grave et remplir le vide de cette omission? En donnant à nos enfants une large instruction chrétienne, qui prémunira leur esprit contre l'influence des auteurs païens. Il faut qu'ils étudient la religion chrétienne autant que le paganisme. Ils connaîtront le paganisme, non pas dans quelques principes et dans quelques faits isolés; par la littérature païenne ils le connaîtront dans son intimité, dans son individualité, dans sa doctrine détaillée, dans ses dieux et leurs actions, dans ses grands hommes et leurs faits mémorables. Eh bien! que nos enfants connaissent le christianisme dans son intimité, dans ses individualités principales, dans sa doctrine et ses preuves, dans son auteur divin et ses miracles, dans ses prophètes, dans ses apôtres, dans ses héros.

Il serait à peu près inutile de faire remarquer aux enfants d'une manière vague la supériorité immense du christianisme sur le paganisme, de leur indiquer en des termes généraux, quand on leur explique certains passages des auteurs païens, combien celui-là est pur, saint, sublime, vigoureux, fécond, constant. Les idées concrètes, déterminées, détaillées que nous présentent les objets individuels l'emportent toujours dans notre esprit sur les idées générales et abstraites. Nous sentons tous en nous-mêmes à chaque instant cette prépondérance des images concrètes et bien déterminées sur les idées abstraites et vagues.

L'impression que produisent en nous les biens sensibles, qui nous sont présents, est bien plus forte que l'impression produite en nous par les idées de la beauté de Dieu, du bonheur du ciel, objet que nous connaissons seulement par des raisonnements et par la foi!

Il faut donner aux enfants une telle connaissance du christianisme que, plus tard, appliqués à l'étude des auteurs païens, ils puissent toujours dans leur esprit, en le comparant au paganisme, opposer, en particulier et en détail, dogmes à dogmes, hommes à hommes, faits à faits, gloires à gloires. Par là, et par là seulement, ils comprendront la supériorité du christianisme sur le paganisme. Sans ces connaissances particulières et détaillées des grandeurs et des gloires chrétiennes, ils seront toujours exposés à trouver dans le monde païen plus de force, plus de vie, plus de sublime, plus d'attrait que dans le christianisme; ils envieront toujours les grandeurs païennes; ils mépriseront ces vagues beautés chrétiennes, qui leur paraîtront se perdre dans les nues. Tout

au plus diront-ils avec M. Alloury, que ces vertus et ces gloires chrétiennes, recommandées et vantées par nos prêtres, ne sont que du superflu et du luxe, des perfections réservées à ceux qui veulent être saints, et qu'il n'y a là aucune obligation qui puisse atteindre ceux qui se contentent d'être honnêtes.

De tout ce que nous avons dit jusqu'ici et de tout ce que vous, Monsieur, et d'autres avez dit et prouvé, il résulte évidemment que la question de l'emploi des auteurs païens ne saurait être limité aux dispositions et à la conduite des maîtres qui expliquent ces auteurs.

Non, ce n'est pas là certainement la question. La réduire à ces termes, ce serait ne pas la comprendre, ce serait méconnaître toutes les raisons qui ont été alléguées pour démontrer que la méthode actuelle est vicieuse *en elle-même*, indépendamment des maîtres.

*Non, il ne s'agit pas ici de la prudence et du zèle que les professeurs peuvent* et doivent déployer dans leur enseignement. Nous supposons que chaque professeur emploie tous les moyens qui sont en son pouvoir pour christianiser les livres païens dans l'esprit de ses élèves, et nous disons que, même avec tous ces moyens, les professeurs les plus religieux ne pourront pas empêcher que cette méthode n'introduise, pour ainsi dire, fatalement dans ces pauvres enfants l'esprit païen des livres qu'ils étudient.

L'expérience de deux siècles et demi démontre l'impuissance des meilleurs maîtres à neutraliser l'influence païenne de cette méthode. Pendant deux siècles et demi, l'instruction et l'éducation de la jeunesse ont été constamment, dans toute l'Europe catholique, entre les mains de maîtres chrétiens : le résultat a été païen, personne ne peut le nier. Donc, il faut avouer qu'avec la méthode *Renaissance*, il est impossible aux maîtres les plus religieux et les plus dévoués de soustraire la jeunesse à l'influence païenne des auteurs qu'ils étudient.

Ce témoignage de l'expérience a déjà été opposé plusieurs fois à ceux qui s'obstinent à dire que, pour christianiser la méthode actuelle, il suffit d'avoir des maîtres sincèrement chrétiens et dévoués. Qu'ont-ils répondu? rien. Sur un pareil point, le silence nous étonne. Si nous cherchons le vrai bien de la jeunesse, tenons compte des raisons qu'on nous oppose; étudions-les, et si nous les trouvons convaincantes, laissons-nous convaincre, n'ayons point l'air de disputer par amour-propre et de tenir quand même aux opinions que nous avons une fois émises.

Mettons maintenant de côté, pour un instant, l'expérience des siècles, qui est cependant une autorité irréfragable; consultons la nature des choses en elle-même.

Les maîtres religieux et zélés, disent quelques-uns de nos adversaires, par leurs observations chrétiennes, préviendront ou détruiront l'influence païenne des auteurs qu'ils

expliquent. Cette transaction peut paraître raisonnable à ceux qui n'ont aucune expérience de l'enseignement et de l'éducation de la jeunesse, mais quiconque a pratiqué cet art difficile y trouvera une foule d'impossibilités.

Ces observations salutaires, les donnera-t-on par écrit ou de vive voix? Se borneront-elles à des principes généraux de saine doctrine, ou bien descendra-t-on aux détails, aux questions particulières, aux preuves? appliquera-t-on ces observations préservatives à tous les passages dangereux ou seulement à quelques-uns?

Pour bien répondre à ces questions, il est essentiel de faire tout d'abord trois ou quatre remarques fort importantes. La première est que les passages dangereux pour l'enfance et la première jeunesse, dans la plupart des livres païens, sont innombrables. Car, lorsqu'il s'agit de cet âge si ignorant et si crédule, si simple et si présomptueux, si faible et si prompt, il ne faut pas regarder comme dangereux seulement tout ce qui peut présenter des idées impures, éveiller des sentiments licencieux, mais aussi tout ce qui peut donner des idées absurdes ou simplement fausses sur les objets religieux et moraux, tout ce qui peut insinuer des principes contraires aux vraies doctrines religieuses et morales. Les impressions que l'homme reçoit à l'âge où il commence à réfléchir librement sont toujours les plus fortes et les plus chères, celles auxquelles il s'abandonne avec le plus de confiance et s'attache le plus solidement. Là aussi, l'avantage est au premier occupant; le déposséder n'est pas facile.

Or, à quelques rares exceptions près, pourrait-on compter les erreurs et les absurdités qu'on rencontre à chaque pas dans les livres païens, même en dehors des sensualités et des obscénités qui fourmillent, surtout dans les poëtes? Cette tourbe infinie de dieux et de déesses de tout genre, ces dieux qui naissent les uns des autres, qui dévorent leurs enfants, qui détrônent leur père, qui épousent leurs sœurs, qui mangent, qui boivent, qui dorment, qui se battent entre eux et avec les hommes, et sont blessés de ceux-ci, et qui sont assujettis à toutes les passions de la pauvre humanité, etc., etc.? Puis, sur la terre, les hommes uniquement occupés de leurs plaisirs sensuels, ne respirant qu'ambition, jalousie, vengeance ; la force partout substituée au droit; le suicide célébré comme constance et grandeur d'âme; l'assassinat politique, la rébellion, le régicide, loués comme actes de patriotisme; l'esclavage le plus cruel établi partout, la femme dégradée, le divorce généralement admis, le doute sur l'immortalité de l'âme et sur la Providence, l'instabilité des principes moraux, le bon plaisir des grands considéré comme suprême règle de la morale, etc., etc. Toutes ces erreurs, tous ces scandales, toutes ces absurdités doivent être mises au nombre des objets dangereux pour la première jeunesse; et cependant tous les livres païens en sont remplis presque à chaque page.

La deuxième remarque est que l'enfant et l'homme, en général, comprennent, reçoivent et gardent plus facilement l'erreur que la vérité. C'est un fait trop connu pour que nous nous arrêtions à le prouver.

La troisième remarque est que les observations que le maître chrétien ajouterait seraient une espèce de réfutation. Or, la réfutation, pour être efficace, doit être longue et pénible : car il faut attaquer l'erreur par tous ses côtés; il faut la disséquer pour faire voir tout ce qu'elle contient de faux et de mauvais : cela exige beaucoup de détails, de réflexions particulières, d'examen sérieux.

La quatrième est que l'enfant s'attache à ce qu'il trouve dans les livres qu'on lui donne à étudier plus qu'au dire de son maître, qu'aux assertions de toute autre personne. Ce phénomène se reproduit sous nos yeux tous les jours, et il est un résultat nécessaire des lois psychologiques qui régissent l'intelligence humaine, combinées avec les faits extérieurs.

Dans l'application des lois générales de la raison humaine aux faits particuliers, il n'y a pas de logiciens plus rigides, plus inflexibles, plus impitoyables que les enfants: c'est qu'ils ne possèdent encore ni l'expérience ni les connaissances diverses qui viennent éclairer et modifier nos jugements.

Dans la roideur et la sévérité de la logique, chaque enfant se dit instinctivement qu'un livre imprimé suppose plus de réflexion et de travail que le dire du maître; qu'un livre qu'on a donné pour texte au maître aussi bien qu'aux élèves, et qui se présente ainsi, non-seulement avec l'autorité de l'écrivain, mais aussi avec celle des chefs qui l'ont approuvé, doit avoir toute sa confiance. Cela lui suffit pour accepter, pour préférer tout ce que le livre contient. Il ne sait pas faire de distinctions ni d'exceptions.

Après ces remarques, je prie nos adversaires de répondre aux questions que j'ai posées plus haut, et de voir si les observations du maître peuvent être de quelque utilité, si elles sont mêmes possibles.

Les fera-t-on de vive voix? 1° Plus de la moitié certainement échappera à l'attention, toujours si distraite, des enfants; 2° le peu qu'ils auront entendu, en supposant même qu'ils l'aient compris, ils l'oublieront aussitôt; 3° des observations faites oralement étant essentiellement d'une nature fugitive, ne peuvent détruire ni même suffisamment affaiblir l'impression produite par des matières lues plusieurs fois, traduites, développées, analysées, écrites en différentes langues, étudiées longuement et répétées en public.

Ensuite, soit qu'on fasse oralement ces rectifications, soit qu'on les présente écrites, imprimées, comme les livres païens dont on veut corriger les passages dangereux, elles seront toujours impossibles sous beaucoup de rapports; et en outre, si complètes, si sages et si productives qu'on les fît, elles seraient encore très-nuisibles à cette première jeunesse.

Elles seront impossibles ; 1° parce que les passages à corriger dans les livres païens, les fausses idées, les faux principes à rectifier, sont beaucoup trop nombreux et trop fréquents. Si, à chaque erreur qu'on rencontre dans l'explication de ces auteurs, on devait s'arrêter à la combattre jusqu'à ce qu'elle soit suffisamment détruite dans l'esprit des enfants, à quoi se réduiraient leurs études de la grammaire et des langues ? On trouve le temps si court dans la méthode actuelle, tout en ne s'occupant que des intérêts de la grammaire et des trois langues qu'on fait étudier. On ne ferait plus rien pour ces études, si on devait s'arrêter à combattre chaque erreur, à effacer chaque immoralité, à confondre chaque absurdité.

2° Ces observations seraient impossibles, parce que chacune d'elles prendrait trop de temps. Nous avons remarqué tout à l'heure que toute réfutation exige essentiellement de longues analyses, de longs détails, de longs examens, de longues séries de réflexions et des preuves contraires, sous peine de ne faire autrement qu'un vain essai de réfutation, tout à fait inefficace et stérile, surtout quand il s'agit de petits enfants, à qui il faut tout développer. Le temps manquera donc de nouveau par la longueur indispensable de chacune de ces observations.

3° Ces rectifications seraient toutes fort au-dessus de la capacité de ces enfants de dix ou douze ans. Comprendraient-ils la réfutation rationnelle du polythéisme, de l'antropomorphisme, du panthéisme, du fatalisme, du sensualisme en morale, du machiavélisme en politique, de l'égoïsme brutal en toutes choses ; les preuves rationnelles qui établissent la supériorité du droit sur la force, l'existence d'une loi naturelle immuable et universelle, l'égalité de tous les hommes quant aux droits essentiels de l'humanité, l'immortalité de l'âme, la dignité de la femme, l'indissolubilité du mariage, etc., etc.? Les raisons qui condamnent le suicide, la vengeance privée, la rébellion, les concussions, la débauche, l'ivrognerie, les fureurs des bacchantes et des corybantes, les excès des saturnales, les horreurs de la bonne déesse, etc.?

Ils peuvent très-bien recevoir ces idées fausses, absurdes, immorales ; ils ne peuvent pas sentir la force des raisons qui en démontrent la fausseté, l'absurdité, l'immoralité ; ils ne sont pas capables de supporter un raisonnement un peu long ; ils n'ont pas assez d'idées générales, leur intelligence n'a pas encore la force nécessaire pour embrasser à la fois tout un faisceau d'idées, pour contempler à un seul point de vue une multitude d'objets. Que dira-t-il donc, le maître chrétien, dans ses pieuses observations ? Il devra se borner à dire, en thèse générale, aux enfants que ceci est faux, que cela est absurde, que ceci est dangereux, que cela est immoral. Mais les professeurs religieux ont toujours tenu ce langage ; les a-t-on crus ? On s'est plus attaché aux belles phrases du livre, quoique renfermant le poison, qu'aux observations du maître. Ces observations si générales ne servent qu'à aiguiser dans les enfants le désir de découvrir ce qu'on a l'air de vouloir soustraire à leurs investigations.

Hélas ! combien de fois, dès que je commençais à opposer devant mes élèves des observations morales et religieuses à quelque passage erroné ou libertin de l'auteur que nous avions en main, ai-je vu les yeux de mon jeune auditoire s'agiter, les lèvres s'entr'ouvrir à un sourire plein de méfiance et de raillerie ? Quand j'avais fini, quelle réponse me donnaient-ils ?—Monsieur, il faut bien que vous parliez ainsi, c'est une nécessité de votre position ; vous êtes prêtre.

Faites à vos élèves une dissertation sérieuse contre les sottises de tel auteur qu'ils étudient : à la fin de votre laborieuse dissertation, à l'aide d'une plaisanterie, ils s'échapperont ; ils vous glisseront des mains, et vous voyant déconcerté, ils riront encore de votre surprise.

Enfin, allons même jusqu'à supposer que les enfants écoutent, comprennent, acceptent les observations chrétiennes du maître. Ce sera, cependant, toujours une méthode désastreuse pour la jeunesse, que de lui présenter à étudier des erreurs, des absurdités, des sensualités, quoiqu'en même temps, on lui administre le remède. Car, 1° par là les enfants se familiarisent avec l'erreur, l'absurdité ; avec les idées du désordre, de l'égoïsme, de l'orgueil, de la sensualité, de toute espèce de vices ; par là ils en perdent petit à petit l'horreur et l'aversion ; par là ils sont déjà à demi vaincus. Hélas ! combien on connaît peu le cœur de l'enfant, ou bien, si on le connaît, combien on respecte peu sa faiblesse !

Pourquoi vous mettez-vous dans la nécessité de corriger, d'expliquer, de réfuter ? Ne vaut-il pas mieux éloigner entièrement des enfants , à ce premier âge , toute idée fausse, toute image du mal? Qu'est-ce qu'un enfant ? c'est un être agissant encore dans toute la spontanéité de ses penchants naturels, n'étant pas encore travaillé, façonné, plié, purifié par l'action extérieure de l'éducation, ni par la force intérieure de la réflexion. Or, nous savons tous où nous portent nos penchants agissant, dans la spontanéité de la nature dégradée par le péché primitif.

Ensuite, 2° par ces rectifications et réfutations, vous habituez les enfants, dès cet âge si tendre, à la discussion, au doute, à la résistance. Le doute en ces matières est la mort d'un jeune cœur. La jeunesse a surtout besoin de foi ; ne troublez pas la simplicité de sa foi par vos discussions. Il faut donc donner à la jeunesse une instruction purement dogmatique éloignée de toute contestation qui pourrait éveiller les mauvais penchants de la nature. Il faut avant tout lui donner cette connaissance large du christianisme dont j'ai montré la nécessité.

Or, pour donner aux enfants une connais-

sance claire et détaillée du christianisme et de ses gloires, il faut évidemment leur faire étudier des livres qui contiennent une exposition bien raisonnée de ces doctrines célestes, une histoire assez complète des héros chrétiens, un récit assez détaillé de leurs glorieux exploits. La matière est très-belle et très-vaste. Mais quels seront donc ces livres? où les prendrons-nous? comment les composerons-nous? dans quel ordre rangerons-nous les diverses parties de cette instruction purement chrétienne? combien d'années y tiendrons-nous nos enfants? quand et comment les ferons-nous passer aux auteurs païens? Voilà une foule de questions pratiques; il faudra nous entendre sur tous ces points, qui ne concernent que l'application du principe déjà constaté. Avant de vous dire ce que je pense, je me permettrai, Monsieur, de vous soumettre encore deux réflexions, dont l'une se rapporte à la manière de faire connaître le christianisme à nos enfants, l'autre regarde quelques difficultés qu'on nous objecte.

J'ai entendu souvent des hommes fort compétents faire cette remarque : que dans certains collèges chrétiens on cultive la religion des enfants plus par voie de sensibilité que par voie de raison, plus par des douceurs et des tendresses que par de fortes convictions; que les enfants ainsi formés sont généralement les plus faibles au choc des passions et de la raillerie incrédule, quand ils entrent dans le monde; que, s'ils succombent, ils ne connaissent plus de bornes, tandis que six mois auparavant ils se fondaient encore en larmes de dévotion au pied des autels de la sainte Vierge.

Ces tendresses de piété, qui pourrait en douter? sont très-bonnes quand elles s'appuient sur un fond solide d'instruction et de convictions religieuses. Mais il n'est pas moins indubitable qu'elles seules sont très-insuffisantes. Ces mouvements de sensibilité viennent et s'en vont avec les occasions qui les excitent, sans laisser dans le cœur humain aucune trace durable. Ce sont des impressions involontaires, produites par des causes extérieures, agissant sur les sens et sur l'imagination : la raison et la volonté de celui qui les reçoit n'y sont presque pour rien. Comme leur cause est toute extérieure, dès que ces excitations, indépendantes de la volonté manquent, la piété manque aussi.

Un cœur habitué à n'aimer Dieu, la sainte Vierge, la vertu, qu'au moyen d'excitations matérielles, un cœur devenu en quelque sorte esclave de sa sensibilité, est trop souvent porté à en suivre les divers mouvements, quels qu'ils soient. Au sortir du collège, hélas! au lieu des impressions sensibles élevant l'âme à la vertu et à la piété, succèdent bientôt d'autres excitations d'un genre bien différent : on a aimé la vertu et la dévotion par sensibilité, on s'enfoncera par sensibilité dans le vice.

Il faut habituer les enfants à marcher dans le sentier étroit de la loi de Dieu à peu près avec les mêmes moyens qu'ils auront dans le monde; il faut surtout éclairer et fortifier en eux la foi et la raison. Ces vives lumières, ces profondes convictions une fois entrées dans leur âme, n'en sortiront plus; elles iront partout et toujours avec eux.

Sans doute il est plus difficile de former ainsi la jeunesse à la vertu et à la religion, par une voie de large et solide instruction chrétienne et de fortes et profondes convictions; mais le résultat en est durable.

Quant aux difficultés qu'on nous objecte, vous le savez, Monsieur, on nous dit que nous voulons innover, que nous soulevons des luttes qui n'avaient jamais eu lieu dans l'Église; que nos devanciers ont su enseigner fort chrétiennement les auteurs païens que nous accusons de paganisme non seulement les ordres religieux enseignants, mais les évêques eux-mêmes et les papes : étrange paganisme, qui a produit aux XVIᵉ et XVIIᵉ siècles tant de saints et tant de nouvelles congrégations religieuses; enfin que, dans les auteurs païens, il y a du bon, et, par conséquent, on peut les étudier.

Nous ne voulons pas innover, nous voulons relever. Il est certain que l'emploi des auteurs païens dans l'enseignement de la jeunesse a toujours excité des craintes sérieuses parmi les chrétiens; car, dans l'Église primitive, les fidèles tenaient leurs enfants tellement éloignés des auteurs païens, que le grand saint Basile, voyant que l'abandon total de la littérature païenne allait priver les chrétiens d'une arme nécessaire pour combattre le paganisme, se crut obligé de rassurer là-dessus les familles chrétiennes par son discours sur l'utilité que les jeunes gens (non pas les enfants) peuvent tirer de l'étude des auteurs païens. Saint Grégoire de Nazianze, pour créer une poésie chrétienne qui permît aux fidèles de se passer de la poésie païenne, composa et publia un très-grand nombre d'ouvrages en vers. Ensuite, quand l'idolâtrie fut entièrement vaincue, et que l'Église, dans les nombreux ouvrages de ses illustres docteurs, posséda une riche littérature grecque et latine, les chrétiens abandonnèrent généralement les auteurs païens, pour ne plus étudier que leurs propres auteurs. Lorsque, il y a trois siècles, les auteurs païens furent remis en vogue avec une fureur vraiment scandaleuse, Pie II, Souverain Pontife, *tenait en prison le plus longtemps possible* les principaux champions de la renaissance littéraire, parce que, disait-il, ces gens-là paganisaient l'Église. Saint Charles Borromée voulut exclure entièrement de ses séminaires tout auteur païen; le P. Possevin, célèbre jésuite, publia son discours, dans lequel il prédit, avec tant de justesse et de profondeur, les ravages que ferait dans la société cet enseignement donné aux enfants sur des auteurs tous païens. Le P. Grou, pareillement jésuite, dans sa *Morale tirée des Confessions de saint Augustin*, déplorait, en 1786, presque dans les mêmes termes que nous le faisons en 1852, l'*éducation toute païenne* (*Univers*, 24 juin). Enfin, de nos jours, Mgr l'évêque de Langres, au-

jourd'hui évêque d'Arras, adressait au supérieur et aux professeurs de son petit séminaire cette lettre remarquable, qui contient, en peu de mots, admirables de gravité et de sagesse épiscopales, toute la doctrine développée quelques années plus tard par M. l'abbé Gaume : vous venez de reproduire cette lettre dans les colonnes de l'*Univers* (3 juin). C'est là une partie, et très-faible partie, des faits qui démontrent que dans l'Église, de tout temps, on s'est constamment et sérieusement occupé de cette question des auteurs païens employés dans l'enseignement de la jeunesse.

Nos devanciers des trois derniers siècles ont-ils enseigné les auteurs profanes assez chrétiennement? Oui, si l'on s'arrête aux intentions et si l'on tient compte des précautions prises; non, en ce sens qu'ils n'ont pas préparé leurs jeunes élèves à l'étude des auteurs païens par des études chrétiennes assez larges et assez solides. Nos devanciers ont voulu et ont cru bien faire : on ne peut pas en conclure qu'ils ont réussi en tout point. Nos devanciers ont cru faire assez bien pour leur temps, on ne peut pas en déduire que de nos temps il n'y a rien à faire de mieux.

La première époque de la *Renaissance* a coïncidé avec la naissance des dernières et si funestes hérésies. Les superbes partisans de ces révoltes religieuses s'emparèrent avec une ardeur incroyable du mouvement général vers les classiques du paganisme; ils s'adonnèrent avec une vraie fureur à l'étude des païens grecs et latins; ils se pavanaient avec une jactance intolérable de leur érudition classique. Dans ce fanatisme pour la pureté et l'élégance de la littérature ancienne, les hérétiques avaient un but infiniment plus important que les intérêts de la science ; ils se proposaient de convaincre par là l'Église romaine d'ignorance et de corruption. Ils l'accusaient d'avoir altéré la doctrine primitive des apôtres à la faveur de la prétendue ignorance profonde et générale du moyen âge, de ce moyen âge qui avait produit saint Bernard, saint Anselme, Pierre Lombard, Albert le Grand, saint Thomas d'Aquin, saint Bonaventure, c'est-à-dire les princes de la philosophie et de la théologie, devant lesquels se sont inclinés et s'inclineront tous les siècles postérieurs. Ces rebelles confondaient évidemment dans leurs accusations perfides la rudesse de la latinité avec l'ignorance des choses. A l'aide de cette confusion d'idées, en se parant de l'élégance et de l'érudition des classiques, et en les opposant à la simplicité et à l'imperfection du langage latin des docteurs catholiques au moyen âge, ils trouvaient l'occasion de crier à l'ignorance, à la barbarie, à la corruption de ces siècles de foi et de science solide et chrétienne ; ils crièrent jusqu'à étourdir et tromper la foule des esprits légers.

Dans ces circonstances, les évêques et surtout les Souverains Pontifes, avec la sagesse qui règle constamment la conduite de l'É-glise, toujours adaptée aux besoins différents des différentes époques, désirant enlever aux hérétiques cette arme qu'ils employaient contre elle avec tant d'orgueil et de mauvaise foi, encouragèrent au sein de la famille catholique les études classiques, et opposèrent aux docteurs hérétiques des littérateurs infiniment plus nombreux et plus féconds, et au moins aussi élégants, aussi érudits que les meilleurs parmi eux. Est-ce que pour cela les évêques et les papes voulurent jamais que la jeunesse chrétienne fût moins instruite dans les matières religieuses que dans l'érudition profane ?

Les instituts religieux enseignants, surtout la Compagnie de Jésus, secondèrent admirablement les vues de l'Église par ces mêmes études classiques. Les nouveaux hérétiques faisaient grand étalage d'érudition et d'élégance pour attirer la jeunesse à leurs écoles, où, avec les connaissances littéraires, ils répandaient dans les esprits le poison de l'hérésie. Les Jésuites, suscités par la providence du Pontife éternel comme une légion intrépide et dévouée, spécialement destinée à combattre et à vaincre ces hérésies nouvelles, ouvrirent dans toutes les provinces d'Europe de nombreuses écoles catholiques, où, avec les trésors de la littérature ancienne, ils prodiguaient à la jeunesse, accourant en foule auprès d'eux, les saines doctrines de l'Evangile et les saints exemples de leur vie. Avec ces deux armes, de l'enseignement public et de la prédication, de la littérature et de la théologie, de l'érudition humaine et de la science révélée, des talents et de la vertu, cette compagnie d'élite, dès qu'elle fut entrée en ligne, arrêta les progrès des hérétiques, les déconcerta, les confondit, les mit en déroute : le mouvement des modernes hérésies, depuis lors, n'a cessé d'être rétrograde.

Voilà comment et pourquoi les instituts religieux enseignants donnèrent dans leurs écoles une si grande part aux auteurs païens. Il fallait lutter d'érudition avec ces rebelles. On n'oublia pas toutefois l'instruction chrétienne des élèves. Quatre moyens principaux étaient employés, surtout par les Jésuites, pour former solidement la jeunesse à l'esprit chrétien et catholique : des entretiens familiers et journaliers en dehors des écoles, les prédications fréquentes dans leurs églises, et particulièrement les leçons sur l'Ecriture sainte et sur les controverses du temps ; les exercices spirituels de saint Ignace, et enfin les congrégations de la sainte Vierge. Par ces moyens réunis, et surtout par ce dernier, les Jésuites réussissaient à établir dans leurs élèves un fond solide d'instruction religieuse.

Ajoutons qu'à cette première époque de la *renaissance du paganisme*, vivait encore au sein des familles catholiques la foi simple et fervente des siècles précédents ; et les jeunes gens, au sortir des écoles, où ils ne s'occupaient que de littérature ancienne, trouvaient, chacun dans sa famille, les pratiques, les traditions, les exhortations, les exemples les plus propres à les rendre solidement chré-

tiens. L'ardeur de la lutte, la réaction catholique contre les hérésies envahissantes, surexcitait partout la foi menacée, imposait à tout le monde la nécessité de s'instruire largement sur tous les points de la religion combattue.

Mais quand les hérésies vaincues commencèrent à reculer, quand l'alarme cessa et que la lutte faiblit, il n'y eut plus naturellement, surtout au sein des familles, une si grande ardeur religieuse. L'instruction classique cependant resta debout, toute consacrée aux auteurs païens. Ce qui avait été pratiqué pour confondre les hérétiques, commença bientôt à devenir un danger pour les catholiques eux-mêmes. On comprit bientôt, témoins les PP. Possevin et Grou, que cette méthode altérait l'esprit chrétien de la jeunesse.

Quand une méthode est établie et enracinée dans les usages publics, il est très-difficile de la changer. On oublie facilement les motifs qui l'ont exigée, on la suit par routine, on la fait suivre encore, parce qu'on l'a suivie ; on repousse tout changement, quoique les circonstances soient tout autres.

Ce danger-là, qui au XVII° et au XVIII° siècle n'était aperçu que de quelques esprits très-pénétrants, est devenu évident après les catastrophes occasionnées en grande partie par l'affaiblissement général de la foi dans les générations ainsi élevées. Tout homme qui connaît la société au milieu de laquelle il vit doit se dire : Vraiment, nous sommes redevenus païens : nous ne savons plus ni penser, ni parler, ni agir en chrétiens. Tout homme assez fort et généreux pour sortir de l'ornière de la routine et pour s'élever au-dessus des préjugés du métier, reconnaît le péril. L'évêque de Langres a élevé la voix, il y a plusieurs années déjà, pour nous avertir ; aujourd'hui, le cardinal archevêque de Reims proclame, lui aussi, la nécessité de réformer la méthode d'enseignement secondaire. La Compagnie de Jésus, qui, dans son dévouement à la cause catholique, suivit le mouvement général vers les auteurs païens pour le diriger au profit du catholicisme, étudie avec maturité cette grave question et n'hésitera pas certainement à tenir compte des leçons de l'expérience.

On a prétendu que les auteurs chrétiens n'avaient jamais cessé d'être employés dans les écoles vraiment catholiques ; cette assertion doit être expliquée. Nous avons des renseignements pris sur les lieux avant 1848, non-seulement en France, mais dans plusieurs pays ; par ces renseignements, nous savons de la manière la plus sûre que, dans beaucoup d'écoles religieuses, on n'employait pas plus d'auteurs chrétiens que dans les autres écoles.

Nous accusons donc de paganisme les instituts religieux enseignants ? Allons donc ! une pareille conséquence ne saurait être déduite de nos principes, si par paganisme on entend doctrine païenne. Les auteurs qu'on emploie dans l'enseignement littéraire et l'intention des maîtres sont choses bien différentes.

Il y a eu paganisme dans l'enseignement des instituts religieux aussi bien que dans toutes les autres écoles, en ce sens qu'on n'y employait à peu près que des auteurs païens : voilà le seul sens que nous donnons à l'expression du paganisme dans l'éducation, par rapport aux maîtres catholiques.

Quand on nous rappelle les grands saints et les nombreuses congrégations religieuses que les deux siècles, XVI° et XVII°, ont enfantés, si l'on veut dire que ces grands saints ont dû leur sainteté, et ces congrégations religieuses leur existence à la méthode d'enseignement que nous attaquons, il me semble qu'on tombe dans le paralogisme, blâmé par nos vieux logiciens en ceux qui argumentent ainsi : Hoc post hoc : ergo ex hoc. Cela n'est pas sérieux.

Jusqu'à présent, on avait généralement attribué l'existence de ces grands saints et de ces congrégations religieuses, non pas à l'étude d'Homère, de Plutarque, de Cicéron, de Virgile, mais à d'autres lectures, à d'autres méditations, et surtout à une providence spéciale de Jésus-Christ pour son Eglise. Car on avait toujours remarqué que quand l'Eglise est éprouvée par des persécutions, affligée par des défections extraordinaires, Jésus-Christ, son époux, lui envoie des renforts et des consolations pareillement extraordinaires.

Comment, par exemple, aurait pu se sanctifier par la méthode d'enseignement de la Renaissance, saint Ignace, qui, ne commençant à étudier le verbe amo, amas, qu'après sa trentième année, n'alla pas bien loin dans la connaissance de la belle latinité, et dont on ne dit pas qu'il ait jamais appris un mot de grec.

Enfin, tout n'est pas mauvais dans les auteurs païens : donc nous pouvons en étudier ce qu'ils ont de bon. Ils contiennent des préceptes moraux fort utiles : donc on peut les étudier avec un vrai avantage moral. Mais il est évident aussi que nous ne pouvons pas apprendre la religion du Christ, ses bienfaits, ses grandeurs, ses gloires, dans les auteurs païens. Donc, si nous pouvons apprendre tout cela à nos enfants par des livres chrétiens, sans que cette étude nuise le moins du monde à leur instruction littéraire grecque et latine, il est clair que, tout en faisant étudier ce qu'il y a de bon dans les auteurs païens, nous devons leur faire longtemps étudier des livres chrétiens, qui leur donnent des connaissances religieuses infiniment plus importantes que toute science humaine.

Outre cela, je prie tous ceux qui ont un zèle sincère du vrai bien de la jeunesse de se rappeler toujours ce que nous avons remarqué plus haut sur le nombre et la nature des passages qui, dans les auteurs païens, présentent des dangers fort considérables pour des enfants ; on se convaincra par là très-facilement que le mauvais, dans ces

auteurs, est beaucoup plus fréquent qu'on ne semble le supposer.

Je viens maintenant à la question de l'éxécution.

Pour donner aux enfants les connaissances chrétiennes qui leur sont nécessaires, avant de se mettre à l'étude des païens, comme nous l'avons vu dans la première partie de cette lettre, il faut à mon avis :

1° Depuis la huitième jusqu'à la quatrième inclusivement, ne mettre entre les mains de nos enfants aucun livre païen, absolument aucun.

2° Dans ces quatre ou cinq premières années de l'enseignement secondaire, leur faire étudier deux espèces de livres chrétiens: 1° des morceaux choisis dans les saints Pères ; 2° des livres nouvellement rédigés en bon latin, dans le genre du *De Viris illustribus* et de l'*Epitome historiæ Græcæ ;* contenant des précis historiques sur tous les apôtres, sur nos plus illustres martyrs, sur nos plus grands pontifes, sur nos plus célèbres docteurs, etc., conformément aux réflexions que nous avons faites dans la première partie ;

3° Depuis la troisième jusqu'à la rhétorique inclusivement en redoublant la seconde ou la rhétorique, faire étudier avec prudence les auteurs païens, latins et grecs, bien expurgés, et en même temps faire toujours continuer l'étude des morceaux des saints Pères ;

4° Pendant les deux années de philosophie, qui sont indispensables, et qui entrent toujours dans les plans d'étude suivis dans les écoles des PP. Jésuites, leur faire soigneusement étudier un *Précis philosophique de la science chrétienne*, où tous les dogmes principaux auxquels correspondent des devoirs spéciaux communs à tout chrétien soient nettement expliqués et solidement prouvés, avec la concision, l'exactitude et la rigueur de l'ancienne méthode philosophique. Ce précis pourrait peut-être se diviser en quatre parties : 1° la divinité de l'Eglise catholique, son autorité, sa hiérarchie ; 2° les sacrements en détail ; 3° les fins dernières ; 4° les fêtes et les rites chrétiens.

J'ai dit qu'il ne faut mettre dans les mains des enfants aucun livre païen pendant toute la première moitié de leur enseignement littéraire. C'est là une conséquence inévitable de ce que nous avons établi dans la première partie de cette lettre, et de ce qu'ont dit et prouvé plusieurs livres et plusieurs journaux catholiques, conformément à la doctrine de NN. SS. l'archevêque de Reims et l'évêque d'Arras. Puisque le polythéisme, la mythologie, l'orgueil, l'égoïsme, le sensualisme répandus dans tous les livres des païens, même dans les plus moraux, doivent être toujours très-nuisibles à l'esprit chrétien des enfants, tant que ceux-ci ne connaissent pas encore assez le christianisme, ses principes, ses bienfaits, ses grandeurs, il faut donc nécessairement, pendant tout ce temps là, éloigner d'eux tout livre païen, et consacrer la première moitié de leur en-

seignement littéraire à leur donner l'instruction chrétienne. Quatre ans à peine suffiront-ils à cet effet ?

Il est clair qu'il faut mettre au nombre des livres païens, dont l'étude et la simple lecture seraient interdites aux élèves dans la première moitié de l'enseignement, les livres écrits par des chrétiens, comme *Télémaque*, sous une forme païenne, c'est-à-dire avec les idées empruntées aux fables du polythéisme et avec une phraséologie mythologique.

Nous savons, nous prêtres, qu'en matière de mœurs il n'y a qu'un seul moyen de préserver du vice cet âge si faible : c'est de le lui faire ignorer.

Nommez seulement aux enfants les immondes divinités de la Fable : en vertu de l'extrême curiosité, si naturelle à cet âge, d'une imagination de feu, au bout de deux mois, de deux semaines peut-être, à force de feuilleter leurs dictionnaires, de questionner leurs camarades, ils auront appris toute l'histoire mythologique de chacune d'elles, jusqu'aux moindres anecdotes de leurs scandaleuses galanteries.

Et comment recevront-elles ensuite les leçons de l'abnégation chrétiennes, ces âmes plongées dès lors dans les idées, dans les images du sensualisme, du vice divinisé? Je m'arrête, pour ne pas revenir au sujet que j'ai traité, quoique très-brièvement, plus haut.

Les morceaux choisis des saints Pères, nous les avons, grâce aux travaux si intelligents et si dévoués de M. Fr. Dübner. Mais ces *Extraits* ne suffisent pas à donner aux enfants les connaissances historiques nécessaires pour qu'ils aient une idée détaillée et assez complète des grandeurs et des gloires du christianisme. On leur fait passer des années à expliquer le *De Viris illustribus*, l'*Epitome historiæ sacræ* et l'*Epitome historiæ Græcæ*. Les faits racontés dans ces livres, ils les étudient ensuite de nouveau dans l'histoire sainte, dans l'histoire grecque et dans l'histoire romaine. Pourquoi leur faire étudier plusieurs fois ces mêmes matières sur des livres différents? De bonnes rédactions latines, contenant l'histoire des apôtres, des martyrs, des plus grands pontifes, des principaux docteurs chrétiens, etc., etc., des extraits des saints Pères, apprendront aux enfants la langue latine et en même temps l'histoire chrétienne. Jusqu'à la quatrième, à coup sûr, les enfants ne sont aucunement capables de comprendre, de sentir l'élégance des phrases et des tournures.

Il s'agit donc seulement de leur apprendre la valeur des mots et les règles de la syntaxe. Les livres païens seuls sont-ils propres à faire cette besogne? Le choix des *Extraits* publiés par M. Fr. Dübner me paraît excellent : il y en a pour l'explication du dogme chrétien ; il y en a pour la partie morale ; il y en a pour la partie historique. Il y a des Vies de saints bien détaillées. Cependant je crois qu'il nous faut, en outre, des tableaux, des biographies, des chroni-

ques, ou ces annales rédigées en bon latin, et indiquant les richesses du christianisme en chaque classe de grandeurs et de gloires : ces tableaux, ces précis historiques sont encore à rédiger. Sans doute, tout cela n'est pas facile; mais qui donc a jamais prétendu que l'instruction et l'éducation fussent choses faciles, et qu'on ne dût pas se donner des peines incessantes pour atteindre le but?

Je m'étais proposé, Monsieur, de vous dire mon avis sur cette question en quelques mots, et voilà une lettre excessivement longue. Plaise à Dieu qu'elle soit de quelque utilité pour la meilleure éducation de la chère jeunesse!

Agréez, Monsieur, mes sentiments très-respectueux.

L'abbé Antoine Bensa,
Professeur au collège de la Malgrange, près Nancy.

M. Danjou vient de reproduire dans le *Messager du midi* un passage de Charles Nodier sur la question des classiques. Il fait remarquer que c'est le témoignage d'un homme qui avait, lui aussi, été le témoin de la révolution, qui en avait étudié les causes, qui était en même temps un de nos écrivains les plus brillants, un ami des belles-lettres, un véritable classique, et qui pourtant n'hésitait pas à dire que l'éducation classique et païenne avait fait la révolution et qu'elle la recommencerait si on n'y mettait ordre.

En présence de pareils documents précités, on serait tenté d'admettre que la littérature mythologique, grecque ou latine, a été l'objet d'une défaveur dominante dans l'Eglise à la fin du ive siècle. Au commencement du xie qu'il nous serait aisé de constater l'absence des lettres profanes dans le programme d'études les plus connues des âges qui ont précédé la scolastique, tels que ceux de Cassiodore, de Bède le Vénérable, de Hugues de Saint-Victor, etc., et que la défaveur des lettres profanes que nous voyons poindre chez Philon et s'étendre jusqu'à Bossuet, a eu ses motifs dans les principes et dans les besoins de l'éducation chrétienne, et non dans une répugnance absolue à l'instruction, non dans une tendance quelconque à l'abaissement ou au rétrécissement des intelligences; que ces motifs tenaient à des circonstances de temps et de mœurs locales; enfin, que ces circonstances n'étaient plus les mêmes.

Monseigneur l'évêque de Chartres ne tarda point d'adresser son adhésion au mandement de Monseigneur Dupanloup. Voici comment il s'exprime à cet égard à la date du 25 juillet 1852 :

« Les cheveux blancs marquent l'infirmité du corps et la décadence de la vieillesse; mais chez la plupart des hommes ils indiquent aussi un esprit éclairé par la variété des événements qui se sont offerts à leur vue pendant une longue vie, et qui ont quelquefois effrayé le monde par des nouveautés étranges et par l'horreur des catastrophes. Le sénat romain mettait au premier rang de ses devoirs la confiance dans les conseils des vieillards; il se conformait presque toujours à leur avis, et c'est un des secrets de l'étonnant pouvoir et de la gloire de ce peuple incomparable. Cet exemple doit servir de règle dans toutes les affaires qui concernent les grands intérêts de l'humanité. Mes cheveux blancs m'autorisent donc à faire connaître mon sentiment sur la question qui agite, très-futilement à mon gré, la nouvelle France; car je dis, sans hésiter, que l'ancienne n'aurait trouvé dans cette dispute qu'une occasion de s'égayer et de rire, et que quelques honnêtes gens mélancoliques auraient seuls pleuré sur une querelle si puérile et si fantasque. Je vais en dire quelques mots, et par l'effet de ma vieille expérience quelques réflexions suffiront pour faire évanouir cette chimère. J'ai tout vu, tout connu, tout retenu avec la fidélité qui accompagne chez les vieillards les souvenirs du premier âge.

« J'ai été élevé à Paris, au collège du Plessis, avant le changement brusque et terrible qui bouleversa le plus beau royaume du monde en 1789. Le jour où le volcan éclata, il laissa une trace profonde entre le passé et l'avenir. Dès ce moment, les mœurs de nos aïeux disparurent; et pour me borner à ce qui regarde l'éducation de la jeunesse, toutes les idées, tous les principes, toutes les méthodes furent abandonnés ou travestis. Mais avant cette grande mutation, on suivait toutes les règles d'éducation qu'on trouve pratiquées en France, en remontant jusqu'à Louis XIV, jusqu'à saint Louis, jusqu'à Charlemagne et jusqu'à la conversion de Clovis. Voici ce qui se passait en matière de religion. Nous suivions, avant 89, toutes les observances qu'elle prescrit. Nous faisions dans le silence et le recueillement les prières du matin et du soir, et nous assistions à la messe tous les jours. Tous les maîtres étaient chrétiens et le plus souvent très-vertueux. Ils exerçaient sur les élèves une surveillance exacte, mais éclairée et de tous les moments, et ils étaient disposés à se conduire à notre égard en amis et en pères plutôt qu'en guides sévères et en rigides censeurs. Mais si les irrégularités folâtres et presque innocentes de la jeunesse étaient pardonnées ou réprimées avec modération et douceur, le vice était impitoyablement chassé. Quant aux études, nous étions assujettis à un ordre qui n'était jamais troublé. Après nous être préparé pendant un temps nécessaire, par un travail particulier, à nous présenter en classe, nous rendions à ces réunions où notre mémoire était exercée et notre application justifiée par la récitation facile des leçons. En quoi consistaient ces leçons? Nous récitions des passages des *Oraisons funèbres* de Bossuet ou de Fléchier, des morceaux de l'histoire de France, et quelques lambeaux de Salluste, de Virgile et auteurs semblables. On écrivait ensuite les devoirs qui n'étaient point païens, mais qui renfermaient le plus souvent des traits de vertu pris dans des auteurs chrétiens ou antiques, ou qui étaient l'ouvrage du professeur lui-même. Enfin, venait l'explication effroyable de quelques auteurs

païens, corrigés par des mains chrétiennes et savantes, et qui excitent pourtant une terreur si risible.

« Tous les colléges de France étaient ainsi dirigés ; il n'y en avait qu'un seul qui se signalait par un esprit tout contraire : c'était le collége Louis-le-Grand, le plus nombreux de l'Université de Paris. Il était composé de six cents boursiers et des débris d'une vingtaine de colléges qu'on avait réunis en un seul, vingt ou trente années avant la révolution. Il y régnait un désordre secret ou mal déguisé ; le lait qu'on y suçait était l'apologie effrontée des bouleversements et des malheurs qui menaçaient de si près la France. Ces opinions étaient transmises à l'enfance la moins expérimentée : c'était la révolution en jaquette. Ce dérangement lamentable était l'effet de l'indulgence aveugle du principal. J'ai vu ce prêtre. Il fut membre de la première assemblée, et y déploya du zèle et des talents ; mais sa faiblesse était désolante, je dirais presque incompréhensible. C'est de là que sortirent les Robespierre, les Camille Desmoulins, et d'autres révolutionnaires, hommes assez médiocres en eux-mêmes, mais pleins, dès leur jeune âge, du plus violent fanatisme, et qui donnèrent le branle à des mouvements et à des horreurs qui ont fait frémir le monde entier, et qui, la veille, ne seraient venus dans l'esprit de personne. Ce collége était une exception, et il n'y en avait pas un seul en France où ce soit même introduite l'idée la plus éloignée de ces machinations abominables.

« Cette révolution de 89 a été aussi un phénomène étonnant, et comme un réseau dont la nation fut soudainement enveloppée. Cette irruption formidable et imprévue forma comme un rempart qui monte pour ainsi dire jusqu'au ciel, et qui sépare par une sorte d'abîme cette époque des temps paisibles de nos pères. Le siècle de Louis XIV a subsisté tout entier dans les écoles publiques jusqu'au dernier moment. Voilà l'exacte vérité ; et il convient de dissiper des préjugés pleins d'illusions et de fausseté qu'on s'est formés sur l'action de l'éducation publique en 89. On prétend que les enfants avaient l'imagination remplie des victoires et de l'héroïsme des Grecs et des Romains ; qu'ils ne respiraient que pour le changement d'une monarchie qui leur était devenue odieuse ; et autres réclamations du même genre. Ce sont de pures fables que les bouillonnements de la révolution ont fait éclore dans de faibles cerveaux. Les jeunes gens en savaient assez pour se rappeler la gloire d'un Condé, d'un Turenne, d'un Henri IV. Ils voyaient saint Louis au pont de Taillebourg, Charlemagne triomphant en Espagne, à Rome, en Allemagne ; Charles Martel, dans les plaines de Poitiers, faisant mordre la poussière à plus de trois cent mille Sarrasins. Ils formaient d'autres comparaisons qui égalaient nos grands hommes à ceux de l'antiquité, et faisaient rejaillir sur nous une gloire plus pure et non moins méritée que celle des païens. Au fond, quoique ces impressions fussent

profondément dans leur âme, ces choses les occupaient fort peu. Ils n'étaient ni Romains, ni Lacédémoniens, ni Athéniens ; ils étaient Français, et cette qualité seule élevait leur cœur assez haut pour rejeter ces emprunts faits à des temps reculés, et pour ne pas aller mendier ailleurs ce qu'ils trouvaient dans leur patrie. Quant aux blessures profondes que faisait à leur foi la lecture des livres païens, c'est encore une invention dépourvue de tout fondement ; non, non, ils n'adoraient ni Jupiter, ni Junon, ni Mercure, ni Teutatès, le dieu de leurs ancêtres ; ils savaient que ce n'était que des impostures et des romans, et la foi de leurs aïeux, profondément gravée dans leur cœur, leur faisait ridiculiser cette théogonie et adorer le seul vrai Dieu qu'adorait la France.

« Mais voyons le principe de cette fidélité inébranlable. Il y a une considération qui est le fondement de la question dont la France est en ce moment si vivement et si étrangement occupée et dont elle attend la solution. On écrit sans fin pour rappeler les énormités des païens, leur luxure, leur amour effréné de la domination, leur cruauté envers leurs ennemis, leur barbarie à l'égard de leurs esclaves. Quoi ! s'écrie-t-on, vous mettez sous les yeux de vos enfants ces paroles si libres, ces imprécations du *Conciones*, ces monuments d'une volupté se dégageant de tous les liens imposés à l'homme et surpassant l'emportement des animaux sans raison ? Mais outre, je le répète, que ces livres sont corrigés, et que de tout temps on a vu les passions humaines produire les plus lamentables effets, voici une vérité ou plutôt un miracle du christianisme, dont on croirait que vous n'avez pas la moindre idée. Ne savez-vous donc pas de quel bouclier divin et impénétrable notre Dieu revêt les enfants et la jeunesse ? Qui est-ce qui veille sur ces jeunes chrétiens ? qui les défend ? Sont-ce de nombreux satellites ? sont-ce des mortels ? Non, c'est le Dieu des armées, c'est celui qui ne craint ni les dangers, ni les fureurs de l'ennemi, ni les monstres. *Custodiens parvulos Dominus*. Il répand dans leurs cœurs la grâce du baptême, qui en fait ses enfants, c'est-à-dire les objets de son amour le plus intime et le plus spécial. C'est lui qui, par la confirmation, leur donne, non pas ce que le Ciel a de plus précieux, mais ce que lui-même renferme de plus grand et de plus auguste, l'Esprit divin, qui fait descendre sur ces enfants ses dons adorables, l'intelligence, la force et le reste. Quel ennemi osera se présenter à la vue d'une créature faible, mais prémunie par de telles armes ? Oui, un jeune homme sortant du collége, gardien fidèle de ces trésors et de ces moyens de défense, brave tout quand il est dans l'ordre de Dieu. Il passe au milieu de ses ennemis les plus terribles, sans choc et sans blessures. Quand il lit, sous la garantie de ses maîtres vertueux, quelques passages d'Horace, d'Ovide, de Virgile, dont on s'effarouche mal à propos, le jeune homme chrétien n'entend point ces paroles auxquelles un

esprit corrompu attacherait un mauvais sens. Un ange veille à la garde de son innocence, et sa foi n'est point inquiétée par le plus léger trouble. Il sert Dieu, il le servira toujours, et ces vains fantômes n'arrêteront pas un instant sa marche dans la voie droite, et son élan vers les biens véritables. Saint Paul, qui pour le dire en passant, avait lu Platon, Callimaque, Aratus et d'autres philosophes, confirme la vérité que je viens d'énoncer. Si les jeunes gens fortifiés par la grâce du baptême et les autres qui sont répandues sur eux avec abondance et prédilection par le Dieu qui leur porte une affection si particulière; que si ces jeunes gens ne peuvent résister à un danger peu alarmant ou plutôt imaginaire, il faudra donc les enchaîner et les rendre immobiles. Car où ne trouve-t-on pas ces périls qui peuvent effleurer l'âme plutôt que la blesser? Il ne faudra pas que, pour des causes même plausibles et justes, ils se trouvent dans la compagnie des avares, des hommes de peu de probité ou entachés de quelque autre vice qui sont multipliés à l'infini dans la société humaine; c'est-à-dire que cette jeunesse, qui vous est si chère, ne pourra pas circuler dans les rues où elle trouvera des objets très-capables d'exciter ses passions; qu'elle ne pourra pas, pour son instruction légitime, entrer dans les lieux publics, et en particulier dans les musées, où des peintures peu modestes s'offriront à ses regards; qu'il ne lui sera pas permis de traverser des promenades publiques ou appartenant à de riches particuliers, où des statues peu décentes seront pour elle un spectacle dangereux; enfin, pour tout dire en un mot, il ne sera pas sûr pour elle d'aller chez ses parents: un incrédule, un homme dépravé, comme il y en a eu dans tous les temps, pourront blesser ses oreilles par des paroles de libertinage et de scandale. Il faudra donc enfermer dans un cloître ou dans quelque enceinte défendue par des remparts que l'on ne saurait forcer toute la jeunesse confiée à vos soins. Ce n'est pas assez. Il faudra que ces victimes d'un zèle amer, et, j'ose le dire, très-peu éclairé, franchissent les barrières de l'univers et qu'elles sortent de ce monde. *Ne commisceamini fornicariis; non utique fornicariis hujus mundi, aut avaris, aut rapacibus, aut idolis servientibus. Alioquin debueratis de hoc mundo exiisse.*

« Je crois que je pourrais m'arrêter ici, car je ne doute pas que les réflexions que je viens d'exposer ne paraissent convaincantes à tous les esprits droits et simples. J'en ajouterai cependant quelques autres pour pousser la question qui nous occupe jusqu'à l'évidence. Je ne chercherai point à mettre ces considérations dans un ordre régulier et méthodique; il suffira que la clarté supplée à un arrangement plus étudié de mes preuves.

« Il est très-essentiel de remarquer que dans tous les siècles les papes, les saints, les docteurs, les plus pieux et les plus savants, en un mot tous les gens de bien de l'univers catholique, qui auraient été obligés ou inclinés par leurs fonctions ou par leurs vertus à réprimer ce désordre, si c'en était un, ont gardé unanimement le silence. L'Eglise de Jésus-Christ est donc ici en cause, et c'est une très-grande témérité de blâmer ce que cette gardienne si vigilante de la vérité et des bonnes mœurs n'a jamais censuré; qu'elle a au contraire honoré, protégé et soutenu avec zèle par des faveurs et des établissements sans nombre. Si un *ver* rongeur s'était attaqué à cette fille du ciel, elle l'aurait promptement écrasé; car saint Paul nous la représente comme une vierge divine qui n'a ni tache ni ride. Et les *vers* dévastateurs ne font sentir leurs piqûres mortelles qu'au corps d'un Antiochus et d'un impie. Il s'ensuit qu'une erreur d'un moment, indivisible et à plus forte raison de trois siècles, aurait été un opprobre qui ne pourrait se concilier avec les promesses que l'Epouse de Jésus-Christ a reçues du Dieu souverain. Quelques religieux qu'on allègue ne peuvent rien contre cette immense et inébranlable autorité: ou ils se trouvaient dans des circonstances particulières qui les obligeaient de tonner contre la licence outrée des professeurs publics, ou ils avaient quelque autre raison qui nous est inconnue. Qui croirait qu'un P. Jouvency, l'homme des temps modernes qui a porté le plus loin l'élégance de la perfection de l'ancienne latinité, et qui joignit à ce mérite celui d'être un religieux très-édifiant et très-austère, eût souillé sa plume et son âme en lisant assidûment les anciens, en les purifiant des traits impurs et blessants pour un chrétien qu'ils avaient semés dans les chefs-d'œuvre de leur génie? Qui pourrait se persuader que le fameux P. de la Rue, l'ami particulier de Corneille, après avoir sollicité en vain de ses supérieurs d'aller évangéliser les sauvages les plus féroces de l'Amérique, eût employé dans sa patrie une partie de son temps à faire un commentaire entier et célèbre de Virgile, où nos adversaires voient tant de choses coupables? En un mot, les deux jésuites qu'on nous a cités ne peuvent prévaloir contre plusieurs de leurs confrères, et j'ajoute contre l'autorité du monde entier. Voici encore un écueil très-dangereux pour la nouvelle méthode. Le désir qu'a l'homme de s'instruire est insatiable. Ainsi vous croirez signaler votre sagesse en resserrant les jeunes gens dans les limites des livres saints et des connaissances pieuses; mais vous les priverez par là d'une partie des dons du ciel, et une fois sortis d'entre vos mains, ils se jetteront sur ces livres profanes, mais, d'après l'opinion générale, irréprochables et innocents, que vous leur aurez interdits; et bientôt leur curiosité, enflammée par les bornes peu judicieuses dans lesquelles vous l'aurez renfermée, se précipitera imprudemment sur des écrits et des ouvrages qui finiront par les égarer et les corrompre.

« Ainsi, vous ne gagnerez rien à forcer la nature qui vient de Dieu. Attendez-vous à un autre embarras et à un autre mécompte.

Vous voulez apprendre à vos élèves le latin et le grec, et vous mettez ces deux langues sur la même ligne. Or, autrefois on n'enseignait le grec qu'à Paris seulement. Dans la province on le négligeait, et je ne sache pas qu'il y eût un seul collège où il fût sérieusement introduit. Parmi les nombreux grands hommes du siècle de Louis XIV, il n'y en avait que très-peu qui sussent le grec, à l'exception des religieux, comme Petau, Sirmond et autres, qui avaient approfondi et connaissaient parfaitement cet idiome. Racine, seul, parmi les gens de lettres, avait étudié profondément la langue grecque; Corneille n'en avait aucune notion. Quant à Fénelon, il a dit quelque part : *Je ne me pique pas de savoir le grec.* Bossuet récitait quelquefois des passages d'Homère à ses amis dans son jardin de Germigny, et il disait ensuite, en riant : *C'est que j'ai été autrefois professeur de rhétorique.* Il appelait ainsi l'instruction variée, savante, et peut-être un peu trop chargée, qu'il avait donnée au grand dauphin, lequel, depuis la fin de son éducation, n'ouvrit plus un livre jusqu'à l'âge de cinquante ans, où il mourut. Bossuet cependant lisait quelquefois Homère, le plus admirable et le plus facile des auteurs. Il échauffait son génie par cette lecture; mais il paraît certain qu'il n'avait pas poussé bien loin cette étude. Boileau le savait médiocrement, et Lafontaine en aucune manière. Le latin, voilà la langue qu'il est essentiel de cultiver. La littérature latine a fait la nourriture et l'immortelle célébrité de nos illustres génies. La langue grecque renferme des trésors très-précieux, mais c'est le partage d'un petit nombre d'hommes qui ont une vive inclination et une aptitude particulière pour cet idiome. Il faut dix ans pour le savoir parfaitement. Vos efforts seront vains pour l'apprendre au commun de la jeunesse d'une manière vraiment profitable. Ils sauront quelques étymologies, et ils traduiront avec le dictionnaire quelques passages des auteurs les plus aisés. Ne poussez donc à cette étude que les enfants qui y sont visiblement appelés. Sans cela, maîtres et élèves sueront pour cultiver cette science difficile, et leur succès n'aura rien qui les dédommage de ce travail. Un homme d'esprit et connu dans les lettres propose d'apprendre l'hébreu à la jeunesse studieuse. Je respecte ce conseil, mais j'observe que si tous les enfants des collèges apprenaient le grec, le latin et l'hébreu, la France ne serait bientôt peuplée que de savants du premier ordre. Cela serait fort beau, mais il faut reconnaître que l'excès de la science n'est pas l'excès de la sagesse. J'en conclus que les innovations fastueuses qu'on nous propose rebuteront bientôt les inventeurs de ces méthodes, et que désabusés de leurs illusions, ils rentreront avec empressement et avec joie dans les voies que nos pères ont frayées.

« Ces ancêtres, dont le sang a coulé dans nos veines, ces ancêtres, à remonter jusqu'au xv° siècle, ont été terriblement attaqués par nos antagonistes; ils les accablent des plus formidables censures et d'anathèmes qui font frissonner. Voici leurs expressions : « Les idées, les institutions, la croyance, la morale du moyen âge, c'est le christianisme ; les idées, les institutions, la morale de la renaissance, c'est le paganisme. » Quoi ! le paganisme a reparu sur la terre, non-seulement en France, mais chez toutes les nations chrétiennes, où les jeunes gens, depuis des siècles, sont élevés avec les classiques? Mais que faites-vous donc des paroles de saint Paul : Jésus-Christ était hier, il est aujourd'hui, il sera dans tous les siècles? *Jesus Christus heri et hodie, ipse et in sæcula.* Le Dieu sauveur est donc vaincu, et il retire ses bienfaits avant le temps qu'il avait marqué. Il est certain que le paganisme, fruit de la faiblesse et de l'ignorance, ne reparaîtra plus sur la terre, non-seulement en France, mais chez toutes les nations chrétiennes. Mais la foi subsistera toujours, et, dans les derniers temps, elle sera en butte à une incrédulité monstrueuse, pleine d'une malignité et d'un orgueil sans mesure. Allons plus loin, et reconnaissez, je ne dis pas votre ignorance (car je parle à des hommes qui ont beaucoup d'esprit, et ne manquent pas de savoir), mais votre impardonnable méprise, et permettez que je rétablisse les faits que vous avez confondus et bouleversés. Après Charlemagne et Alcuin, par les soins desquels les lumières furent entretenues dans l'Occident, et se conservèrent par une tradition, du reste très-affaiblie, au milieu des ravages inexprimables des barbares et surtout des Normands, c'est-à-dire après quatre siècles, la science défaillante se releva et répandit de vifs rayons sur la terre. Saint Louis eut part à ce renouvellement glorieux, des universités furent fondées et se remplirent d'une infinité d'élèves venus de toutes les parties de l'Europe. Ce saint roi chargea Vincent de Beauvais, qui avait dirigé l'éducation de ses enfants, de composer un ouvrage où toutes les sciences étaient rassemblées et expliquées avec une netteté qu'on peut encore admirer de nos jours. Il traita, dans un livre fort étendu, de la grammaire, de la rhétorique, de l'art oratoire, des mathématiques, et en un mot de tous les arts libéraux. Il fait mention de Plaute, de Térence, d'Horace, de Perse, de Juvénal, de Virgile et d'Homère; il fait même une analyse d'un discours de Démosthène. N'est-il pas évident qu'il ne parle pas à des esprits ignorants de toutes ces choses, et que dans toutes les universités on faisait usage de ces fameux auteurs, soit latins, soit grecs (de ceux-ci du moins à l'aide de quelques traductions)? Par ce secours, les esprits distingués se faisaient jour à travers les nuages qui enveloppaient le savoir, et quelques génies supérieurs firent des découvertes très-dignes d'admiration.

« Roger Bacon, dont la science était aussi étendue que son esprit était vaste et pénétrant, a rendu au genre humain un immense

service par l'invention de la poudre à canon, qui ménagera, jusqu'à la fin des siècles, la vie des hommes, lesquels ne seront pas déchirés par un fer impitoyable dans des batailles devenues moins meurtrières et moins sanglantes. Jean de Meung, auteur du *Roman de la Rose* (que je ne juge pas), qui vécut sous Philippe le Bel, jouit, pendant plusieurs siècles, de la réputation d'un grand poëte. Lenglet-Dufresnoy va jusqu'à le comparer à Homère. Mais passons à la seconde renaissance, qui date de la prise de Constantinople, en 1453, et voyons ses excès et ses crimes horribles. D'abord, en 1492, Christophe Colomb fit une découverte à laquelle rien ne peut être comparé dans l'histoire. Seul, par la force de son génie, il montra au monde étonné un autre monde éclos, pour ainsi dire, dans ses mains. Cette partie de la terre fut un spectacle nouveau pour le genre humain. Elle a trois mille lieues et plus du nord au midi, et sa largeur est de plus de douze cents lieues. Plus tard, guidé par ses vues, on découvrit la Nouvelle-Hollande, à peu près aussi grande que l'Europe, puis la Nouvelle-Zélande, qui, pour l'étendue et la douceur du climat, a un rapport frappant avec la France, en un mot, toutes les îles de l'Océanie et de l'Australie. Rome a porté ses bénédictions sur toutes ces contrées et envoyé d'innombrables missionnaires pour y répandre la foi et la civilisation. Les conquêtes de Luther ont, dit-on, fait au monde de bien pernicieuses et profondes plaies. Il a été le précurseur du voltairianisme, qui ravage notre nation et quelques peuples voisins. — On publie et on ressasse de nos jours cette vaine conjecture. Mais la grâce divine, portée dans ces diverses et immenses contrées que nous venons d'indiquer, n'est-elle pas une compensation surabondante des ravages causés par l'hérésie de Vittemberg? Tous les grands hommes qui parurent sous Louis XIV avaient la foi, et moururent chrétiennement; et comme l'a dit un poëte en parlant de notre incomparable fabuliste :

Et l'auteur de Joconde est armé d'un cilice.

« Le siècle de Léon X avait précédé avec l'éclat et la magnificence que l'on sait. Le règne immortel qui a illustré notre France fit de nouveau briller la splendeur et les merveilles du temps fameux que je viens d'indiquer. Je ne parle pas de l'accroissement que prirent les arts pendant ces deux célèbres époques, et de l'élan qu'ils donnèrent au génie. La terre se réjouit des lumières qu'ils répandirent. Mais enfin, c'est Dieu seul qui distribue ces talents extraordinaires de l'esprit; si l'homme en abuse, ils n'en produisent pas moins de très-grands biens. Voltaire et Rousseau ont été effacés d'avance, et je dirai presque anéantis par un certain nombre d'esprits vastes et transcendants à la hauteur desquels ils n'ont pu s'élever. Donc cette double renaissance de la science et des arts mérite la vive reconnaissance des hommes envers le souverain Maître; surtout la der-

nière est digne de nos bénédictions de nos hommages; les foudres dont on veut la frapper sont impuissantes et sans force. Le caractère affreux qu'on lui prête n'est qu'une imagination enfantée par la vanité, par la fureur incroyable qu'on a de se distinguer et de parler autrement que le genre humain; et la suppression des auteurs classiques qu'on appuie de ce paradoxe est aussi peu recevable que la supposition qui en est le soutien fragile.

« L'histoire va nous offrir une nouvelle preuve des inconvénients et des dangers du nouveau système. L'empereur Julien voulait aussi interdire aux chrétiens l'étude des lettres païennes. Cet homme, entraîné par son incurable fanatisme, pensait que c'était le meilleur moyen d'éteindre la religion de Jésus-Christ. Comment se fait-il aujourd'hui que des prêtres et des chrétiens ouvrent à la jeunesse une voie semblable pour arriver aux perfections de la foi et de la piété? Comment se fait-il que la route de l'enfer, frayée par un de ses agents les plus actifs, soit celle où les enfants du ciel se font un mérite et une gloire de s'engager? Mais, dira-t-on, Julien interdisait absolument la littérature du paganisme, et nous voulons seulement en renfermer la connaissance dans des limites plus étroites. J'ose dire que vous vous trompez étrangement. L'apostat renvoyait, il est vrai, à Luc et à Matthieu, la jeunesse chrétienne; il lui permettait de lire les Commentaires de ce Luc et de ce Matthieu, et, en général tous les livres qui traitaient de la doctrine évangélique. Mais affectant une tolérance hypocrite, il permettait aux fidèles de se rendre clandestinement dans les écoles publiques. Ils n'auraient encouru aucun châtiment; car, dit Julien, il faut instruire les fous et non pas les punir : *Docere amentes non punire opus est.* Ainsi il chassait les chrétiens des écoles publiques, tout à la fois par la hauteur de ses dédains et de ses mépris et par la rigueur de sa loi. Les jeunes disciples de l'Evangile, se fiant peu aux promesses fallacieuses de l'empereur, s'écartaient de ces chaires d'erreur et de corruption, d'où partait une parole relevée et embellie par les talents les plus brillants. Ils pouvaient, il est vrai, s'occuper dans leur retraite et au milieu de leur famille, de l'étude des auteurs païens, ils n'avaient point les scrupules très-peu fondés que certains écrivains montrent aujourd'hui, mais ils perdaient les fruits de l'explication donnée par des maîtres fameux, et cette étude tronquée et rétrécie privait ces belles âmes des connaissances étendues de la grammaire et de la rhétorique, dont l'une leur aurait appris la correction, la politesse et les grâces du langage, et l'autre aurait donné à ceux de ces esprits qui étaient plus pénétrants et plus élevés, l'éclat, le nerf, la puissance et le charme de l'éloquence, pour faire servir au triomphe de la vérité et de la religion divine. Un déchet semblable résulterait de la nouvelle méthode. Dieu, qui est le père des lumières, le maître et le dispensateur

de la science, verrait mepriser des dons sortis de son sein, et dont il veut qu'on fasse usage pour affermir son empire et pour étendre sa gloire. Les effets seraient donc les mêmes que ceux que l'on veut produire aujourd'hui, quoique les vues soient diverses et les intentions tout opposées.

« La question dont il s'agit touche donc à la religion ; elle contribue à ses succès et à sa vaste diffusion, ou elle diminue sa gloire et l'étendue de ses victoires. La soustraction indiscrète et contraire à l'usage reçu de tous temps dans l'Eglise, d'une partie des auteurs classiques, n'est donc pas une pédagogie sans conséquence, mais un larcin fait à la vérité et un dommage causé à une doctrine céleste, qu'il a été dans les desseins de Dieu de favoriser et d'étendre par des dons de sa main renfermés dans des vases bas et profanes, ou dans des vases glorieux et magnifiques.

« Je supprime d'autres considérations, et je vais faire parler l'un des plus grands docteurs que l'Eglise ait possédés, et qui s'exprime sur ce point avec une clarté et une hauteur de génie qui forcent l'adhésion des plus obstinés à ses pensées et à ses préceptes. C'est saint Augustin qui va nous instruire. On a voulu faire usage d'un passage de ce grand docteur pour nous faire croire que cet homme incomparable était notre adversaire. Il exhale, dans ses *Confessions*, des soupirs de pénitence et de profonds regrets sur les impressions funestes qu'il avait reçues avec une délectation coupable de la lecture de la mythologie païenne. Mais il faut remarquer qu'il parle d'un temps où il était encore païen lui-même, et où la loi n'avait mis aucun frein à l'impétuosité de ses passions naissantes. Il raconte toutes les dissolutions du Jupiter impudique, et il déplore amèrement les suites qu'entraînèrent pour lui ces scandaleux exemples du faux dieu ; erreurs de sa jeunesse qu'il a depuis si glorieusement réparées. Enfin il ajoute ces mots : « Je n'accuse pas les paroles qui sont comme des vases élégants et précieux, mais j'accuse le vin de l'erreur qui nous était offert par des instituteurs ivres eux-mêmes ; et si nous ne le buvions pas, nous étions frappés de verges. » Ici les maîtres étaient coupables ; les livres qu'ils faisaient lire non épurés, et le jeune disciple forcé de s'abreuver d'une liqueur empoisonnée. Mais quel rapport y a-t-il entre les instituteurs corrompus et les maîtres chrétiens? Vous allez voir que le grand docteur justifie ceux-ci et qu'il encourage la méthode précautionnée et religieuse qu'on a toujours suivie dans les écoles de notre culte. C'est dans le livre de *La doctrine chrétienne* qu'il composa dans un âge avancé, qui est rempli de maximes de la saine théologie et non des sublimes mais vagues épanchements de la pénitence. Il s'exprime ainsi : « Si les philosophes païens, principalement les platoniciens, ont mis dans leurs ouvrages des choses vraies et conformes à notre loi, non-seulement ces maximes ne doivent pas inspirer des alarmes ni exciter

de vains scrupules, mais nous devons, au contraire, nous en emparer et les ravir à ces injustes possesseurs. En effet, les Egyptiens n'avaient pas seulement des idoles et des fardeaux accablants qui désolaient les Israélites, et auxquels ce peuple asservi cherchait à se soustraire, mais ils avaient aussi des vases et d'autres objets précieux d'or et d'argent, et des vêtements que le peuple de Dieu, en quittant l'Egypte, déroba secrètement pour en faire un meilleur usage. Il faut remarquer qu'il ne fit pas cet enlèvement par un droit de propriété, mais par un ordre de Dieu. Les Egyptiens ne savaient pas à quoi les Israélites destinaient ces objets dont ils faisaient eux-mêmes un mauvais usage. Ainsi, toutes les doctrines des gentils n'ont pas seulement des fables superstitieuses et controuvées, et des instruments d'un travail vain et superflu, que chacun de nous sortant de la société des gentils sous la conduite du divin Sauveur doit mépriser, mais encore des arts libéraux, qu'on peut faire servir à la vérité avec beaucoup de succès, et des maximes morales d'une singulière utilité. On trouve encore, dans ces livres des païens, des choses vraies sur le culte d'un seul Dieu. Ces enseignements sont comme un or et un argent qui ne sont pas sortis de leurs mains, mais qu'ils ont extraits, s'il est permis de parler ainsi, des métaux de la divine Providence, qui est répandue partout, et dont ils font, par un usage injuste et pernicieux, hommage aux mauvais génies et aux démons. Et lorsque le chrétien se sépare par ses sentiments, et sa foi de leur malheureuse société, il doit les leur enlever et les faire servir, par un usage légitime, à la prédication de l'Evangile. Quant aux vêtements dérobés qui représentent des institutions humaines accommodées aux besoins de la société dont nous ne pouvons nous passer, il est aussi très-permis de s'en emparer pour les faire tourner au profit du peuple chrétien. Qu'ont fait autre chose un grand nombre de fidèles? Combien avons-nous vu de grands hommes, après s'être abondamment pourvus de cet or, de cet argent, de ces vêtements, sortir de l'Egypte (ou du paganisme)? C'est Cyprien, ce docteur d'une bonté si suave et si touchante, ce bienheureux martyr ; c'est Lactance, c'est Victorin, c'est Optat, c'est Hilaire ; pour ne rien dire des vivants ; c'est une troupe innombrable d'enfants de l'Eglise que la Grèce a portés dans son sein. Moïse leur avait depuis longtemps tracé ce chemin ; car il est écrit que ce fidèle serviteur de Dieu s'était instruit à fond de toute la sagesse des Egyptiens, c'est-à-dire des infidèles et des profanes. » Moïse! l'entendez-vous ? Cet admirable législateur du peuple d'Israël. Qu'il était grand! qu'il était éclairé des lumières du ciel! quelle perfection et quelles vertus n'ornaient point sa belle âme! Il était entouré en Egypte de païens et d'idolâtres, et dans sa jeunesse, fortifié par l'esprit de Dieu, il entendait impunément des paroles d'erreur et de corruption mêlées de doctrines

pures et de révélations sublimes qui sortaient de la bouche des infidèles. Il faut en
dire autant des Cyprien, des Optat, des Hilaire et de tant d'autres que les grandes vues
et les sages enseignements des philosophes
de l'antiquité contribuèrent à faire entrer
triomphants dans le temple de la volonté
divine. Ces leçons mêlées de faussetés séduisantes pouvaient les égarer et les perdre,
mais ils fermaient l'oreille à ce qu'elles
avaient de dangereux et de mauvais, ils
étaient sauvés du naufrage par les précautions d'une foi commencée ou même pleine
et entière; et le Saint-Esprit, qui opérait dans
leurs âmes, les armait d'un bouclier invincible contre la malignité ou la séduction de
ces entretiens ou de ces lectures, où ne
manquaient d'ailleurs ni les sophismes ni les
enchantements de la volupté. Maîtres chrétiens, suivez hardiment la méthode que vous
avez reçue de vos prédécesseurs et de vos
ancêtres. Votre foi vive et celle de vos élèves vous fourniront abondamment les mêmes
secours. Ne vous laissez pas embarrasser par
de vains scrupules et par des craintes déraisonnables. Suivez la maxime qui vous a été
enseignée par la sagesse de tous les siècles :
*Ne quid nimis.* C'est la règle de la foi et du
bon sens.

« Je déclare, et je crois avec une très-juste
confiance, qu'il n'y a rien à opposer aux
raisons que je viens de développer, et que
ces réflexions, jointes aux considérations
énoncées par mon collègue, l'évêque d'Orléans, ne laissent aucune ressource à nos
contradicteurs, qui sont ceux de la terre
entière. Je veux que l'on sache que je n'ai
point compris dans cette discussion nos premiers pasteurs. Je respecte tous mes collègues, et j'ai pour eux dans le cœur tous les
sentiments qu'inspire la confraternité la plus
sincère et la plus dévouée.

« A présent je vais exprimer ma pensée,
uniquement sur le dernier mandement de
Mgr Dupanloup. Je n'ai pas besoin de dire
que les raisons dont il les appuie sont à
mes yeux aussi judicieuses qu'éloquentes.
J'adhère donc pleinement à la mesure prise
contre l'*Univers* par ce pieux et savant évêque. Je vais expliquer les motifs qui me
déterminent, mais je dois les faire précéder
par une courte narration étroitement liée à
mon sujet.

« Quelle a été la conduite du clergé de France
pendant la révolution qui a bouleversé notre
patrie, ou, si l'on veut, pendant la grande
tribulation qui a affligé notre Eglise? C'est
un des événements les plus mémorables et
les plus dignes de larmes dont le monde ait
vu le spectacle. Les promoteurs de cette
révolution arrivés à son but exigèrent des
évêques et des prêtres un serment contraire
aux intérêts de la religion et à leur conscience. Que vit-on alors? Une résistance
pacifique, mais invincible. Sur cent trente-
deux évêques, il n'y en eut que quatre qui
trahirent leur serment et se jetèrent dans le
schisme. Tous les autres qui étaient princes
de l'Eglise et occupaient dans la société une

haute prééminence, abandonnèrent, sans
hésiter, leurs riches possessions, les honneurs dont ils jouissaient, tout ce qu'ils
possédaient dans le monde par la sainte
libéralité de leurs ancêtres. Trois furent
assassinés aux Carmes, un quatrième, l'évêque d'Agde, mourut sur l'échafaud; d'autres
furent mis en prison, et y périrent; et tous
ceux qui avaient sauvé leur vie se répandirent dans l'Angleterre, dans l'Allemagne,
dans l'Espagne et dans les autres contrées
de l'Europe. Que dirons-nous à présent des
pasteurs du second ordre? Ils suivirent
l'exemple de leurs glorieux évêques. Quelques centaines d'entre eux furent massacrés
aux Carmes ou dans la prison de l'Abbaye,
et soixante mille autres prêtres, et peut-être
plus, se réfugièrent, pour la plupart, chez les
nations étrangères, qui leur donnèrent une
hospitalité mêlée d'attendrissement et d'admiration. Mais une partie de ces ministres
du Seigneur restèrent en France pour secourir en secret les fidèles. Ils se cachèrent
dans les forêts, dans les antres ou même
chez des catholiques, que cette hospitalité
dévouait à la mort. Tel fut, il y a cinquante
ans, le sort de nos pasteurs; telles furent
les marques de dévouement qu'ils donnèrent
à la foi de nos pères. Le monde entier admira leur courage et l'empire d'une religion
divine qui inspire un tel héroïsme. Non,
jamais on n'a vu sur la terre un pareil exemple. Saint Thomas de Cantorbéry ne fut soutenu par aucun de ses collègues tremblants
ou trop peu sensibles aux outrages qu'é-
prouvait la foi dans la personne de ce grand
homme. Pendant le schisme d'Henri VIII,
le seul Aisher, évêque de Rochester, souf-
frit le martyre, et la faiblesse des autres prélats les empêcha de cueillir cette palme immortelle. Je dis donc qu'on n'a jamais vu,
dans une vaste nation, un dévouement aussi
extraordinaire et aussi méritoire que celui
que montra, il y a près de soixante ans,
l'Eglise de France. Jamais dans aucun corps
ecclésiastique, ou dans un corps séculier,
on n'a vu une si étonnante pluralité du côté
du bon droit et de la vertu, que celle qu'offrit au monde le clergé français, soit dans
ses évêques, soit dans ses prêtres. Les rédacteurs du journal l'*Univers* n'ont point vu
ces choses. S'ils les avaient vues, des paroles
contraires à celles qu'ils profèrent tous les
jours sortiraient de leur cœur et de leur
bouche, et au lieu de malédictions, des bénédictions viendraient se placer sur leurs
lèvres. Car enfin, qu'avons-nous fait, nous
les successeurs et les disciples de ces évêques et de ces prêtres qui ont souffert il y
a peu de temps et si cruellement pour la
religion de nos aïeux? Nous révérons ces
grands modèles; nous nous efforçons de
marcher fidèlement sur leurs traces. Et
l'*Univers* nous appelle des *hérétiques*, des
*hommes séparés de l'Eglise.* Enfin il nous
poursuit de ses injures et de ses anathèmes.
Est-ce que toutes ses déclamations et ses
violences ne remontent pas jusqu'à nos généreux devanciers, dont nous nous efforçons

d'être les imitateurs? Il leur ôte donc leur couronne; il foule aux pieds la pourpre de leur martyre ou les haillons de leur glorieuse pauvreté; il traîne dans la poussière ceux qui n'ont d'autre vue que de mériter la récompense qu'ils ont ravie des mains du juste Juge : comment excuser cet acharnement et ces insultes adressées à la foi la plus sincère et à la droiture?

« Secondement, l'Univers ne s'aperçoit pas que non-seulement il montre une ingratitude très-marquée pour ceux de qui il tient la foi, la tradition de la vérité, les sacrements, et tous les biens que renferme une religion céleste, mais encore qu'il outrage le Pape, ce saint et chéri pontife. Car enfin un catholique, surtout un laïque, qui ne connaît pas la science la plus profonde et la plus belle de toutes, la théologie, ne peut taxer d'hérésie des chrétiens à qui, par fantaisie, il a voué une haine injuste. Une décision en matière de foi, descendue du haut de la chaire de saint Pierre, pourrait seule justifier cette opposition violente. Où a-t-il vu que le Pape nous ait condamnés comme des violateurs de la foi de Jésus-Christ? Ne sait-il pas que ce pontife suprême nous embrasse encore avec une bonté paternelle, qu'il entretient avec nous un commerce sacré, et que si nous voyons en lui un père, il voit aussi en nous des enfants? Il sait que tout vrai catholique français donnerait sa vie pour lui, pour son autorité spirituelle et pour son pouvoir temporel, nécessaire à l'indépendance de son ministère auguste. C'est la seule règle qu'un chrétien étranger aux détails de la science sacrée puisse suivre pour discerner l'hérétique de celui qui ne l'est pas; et si cette règle ne lui montre pas dans son frère un ennemi ou un corrupteur de la foi, il doit se borner à l'aimer et à se taire.

« Troisièmement, l'Univers sème des germes de discorde, principalement parmi le jeune clergé. « Il y a six choses haïes de Dieu, dit l'Écriture, et la septième est détestée par la bonté souveraine. Cette septième chose consiste à semer des germes de division parmi les frères, » surtout quand ces frères sont des prêtres, c'est-à-dire des ministres de paix.

« Quatrièmement, enfin, les Constitutions des Apôtres enseignent aux chrétiens cette maxime : « O évêques!... il faut que vous gouverniez ceux qui sont confiés à vos soins, et que vous ne soyez pas gouvernés par eux. Comme le fils doit obéir au père, comme le soldat, etc., ainsi le laïque doit être soumis à l'évêque. » Or, l'Univers prétend s'ingérer dans des controverses qui appartiennent exclusivement aux premiers pasteurs; il discute, il prononce, il injurie, et pourtant il n'a, parmi ses collaborateurs, aucun prêtre, à moins qu'il n'ait fait très-récemment une acquisition de cette nature.

« Cependant à Dieu ne plaise que je ne rende la justice qui est due aux auteurs de cette feuille célèbre. Le rédacteur en chef est un des écrivains les plus spirituels et les plus habiles du temps présent. Il est secondé par des collaborateurs dignes de lui : ils sont tous religieux, sincères, et fort élevés au-dessus des craintes pusillanimes que montrent aujourd'hui tant de faibles caractères. Un grand nombre de leurs articles marquent leur attachement à la religion, leur probité et leur zèle. Ils ont rendu un très-grand service pendant dix ans, avec autant d'assiduité que de talent, en combattant sans cesse les sophismes de l'athéisme, de l'incrédulité, et tous ceux qui participent à ces erreurs. Celui qui est à leur tête a été emprisonné sous le règne précédent, et son zèle lui a valu cette glorieuse captivité. Je désire donc vivement la continuation de ce journal, devenu plus prudent, plus modéré et plus respectueux pour des vérités que ses rédacteurs ne connaissent pas, et sur lesquelles ils doivent s'abstenir de prendre parti. Mais comme troubler l'Église c'est ébranler les colonnes élevées pour la soutenir et traverser son action et ses progrès, le danger est ici à côté des services les plus réels et des secours les plus précieux.

« Je déclare donc que, depuis quelque temps surtout, la lecture de cette feuille est pour moi un pain de douleur et une cause de cuisante amertume, par son injustice criante envers nos admirables prédécesseurs, par sa témérité, par son laïcisme, Dieu veuille y remédier!

« Je me hâte de finir. Je vais exposer une vérité qui est l'objet essentiel de cet écrit, et qui est d'une importance suprême pour notre patrie et pour l'Europe entière. Un cri d'alarme est parti du sein de notre France. La question des auteurs classiques a été le sujet de cette vaine terreur. Mais cet incident, que j'ose appeler puéril, cette question, qui n'en est pas une, sera facilement apaisée, et ces clameurs si bruyantes se changeront bientôt en un profond silence, semblable à celui qui ensevelit d'autres frivoles accusations, soulevées depuis quelques années, contre la religion et la morale. L'Église, si attentive à réprimer les erreurs, et qui les réprimerait avec mille fois plus d'ardeur encore s'il s'agissait du retour du paganisme parmi nous, cette Église n'a pas dit un mot, jusqu'à nos jours, sur cet article. Que toute la chrétienté soit donc rassurée, et qu'elle ne s'inquiète point d'un pareil débat. Mais je crois voir la source de cette querelle et de l'agitation qu'elle cause parmi nous : c'est un artifice incomparable de l'esprit des ténèbres, qui prétend s'assurer par là une victoire complète et décisive. Il y a quarante ans, quelle union régnait entre les membres du clergé! On n'y respirait que la paix et la concorde dans le temple de Sion. Tout à coup un génie supérieur s'éleva; il avait conçu des vues fausses et dangereuses, mais habilement colorées. Il entraîna d'abord par son éloquence une partie des ministres du sanctuaire, et surtout les plus jeunes de ces ministres. Bientôt Rome fit éclater la vérité, quelque temps captive. Le Souverain Pontife frappa ces nouveautés.

Tous les prosélytes se soumirent à cet arrêt du père des fidèles. Mais l'erreur laisse après elle quelques traces du venin, qu'elle a d'abord répandu dans les âmes. Un certain nombre des sectateurs du nouveau prophète restèrent attachés secrètement à sa doctrine, sans se laisser entraîner à ses excès. Ce torrent, caché sous terre, coulait dans le silence. L'esprit des ténèbres a profité tout récemment de ces dispositions, dont il se flattait de tirer parti; et s'insinuant dans des âmes douées d'intentions pures et ornées de grands talents, il a essayé de mettre le feu dans les esprits, de les occuper et de les distraire, en soulevant la question imprévue et si difficile à prévoir des livres classiques. Mais voici l'obstacle mis à ses embûches.

« Un projet se préparait pour régler tout ce qui concerne l'éducation publique. Un nouveau système était arrêté. Tout le personnel de l'Université, à très-peu de chose près, était conservé; elle allait reparaître avec sa suzeraineté, sa puissance, ses vastes bâtiments, ses inspections encore plus pernicieuses qu'inutiles, avec tous les moyens qu'elle avait, en un mot, pour subjuguer et tenir dans ses mains une grande partie de la jeunesse française. Le héros qui nous gouverne en ce moment, et dont le regard est si étendu et si pénétrant, suspendit cette décision, qui aurait fait évanouir toutes les espérances de la France religieuse. Grande et heureuse pensée que le Dieu protecteur de notre nation fit naître dans l'esprit du prince qu'il a chargé de nos destinées. Car comment conserver un corps si dangereux, et dont la conservation serait si fatale à notre patrie? L'éducation sauve ou tue une nation, par l'heureuse voie où elle s'engage ou par les sentiers ténébreux où elle se précipite; et il faut deux choses pour faire prospérer cette institution immense, qui enveloppe presque tout un peuple : premièrement, des principes sains et conformes au vrai; secondement, des maîtres vertueux, et si c'est dans une nation chrétienne, des maîtres chrétiens et pénétrés des sentiments qu'inspire cette religion divine. Or, comment supposer que les erreurs répandues pendant près de quarante ans dans toute la France puissent s'accorder avec le christianisme? Depuis longtemps, des hommes éclairés ont prouvé que ce corps enseignant avait professé des doctrines opposées aux enseignements du Christ et de la raison elle-même. Je l'ai démontré plusieurs fois, malgré ma faiblesse; et dans une récente lettre pastorale, qui n'a pu être lue que par les évêques et mon clergé, auquel elle était adressée, j'ai montré par des preuves invincibles que l'Université s'était attaquée aux perfections divines les moins contestées jusqu'à nous, qu'elle avait nié Jésus-Christ, foulé aux pieds le culte catholique, et converti la morale en un pur fatalisme. Quant aux maîtres donnés aux jeunes gens, j'ai établi que c'était par leurs enseignements, par leurs entretiens particuliers, par leurs livres et leurs exemples, qu'ils avaient ôté du cœur de leurs disciples tous les sentiments religieux, et que sur cent élèves il en sortait à peine un ou deux, de leurs écoles, sincèrement attachés à la religion de nos pères. J'ai donc demandé à grands cris, avec la plupart des familles françaises, la suppression de ce corps avec toutes ses dépendances, sans exception. Il renferme un petit nombre d'hommes fidèles à la loi de nos aïeux. Que ceux-là soient conservés, après avoir fourni des témoignages irrécusables de leur attachement au christianisme. Que tous les autres soient dédommagés convenablement, et la France se sentira, avec une joie incomparable, délivrée du joug le plus accablant et le plus funeste dont aucune nation ait été jamais chargée. Les universitaires eux-mêmes auront lieu de se réjouir de cette mesure; car toutes leurs doctrines n'aboutissent qu'au scepticisme et à l'intérêt personnel. De là viennent toutes les révolutions et toutes les catastrophes. Elles se succèdent avec une rapidité effrayante. Tout le monde veut régner, et tout le monde règne à son tour : le vainqueur d'aujourd'hui est le vaincu de demain. Ainsi les instituteurs de notre jeunesse seraient les victimes de leurs propres principes. Nous avons vu presque tous les personnages qui ont triomphé dans notre grande révolution payer cette courte victoire par un affreux retour de la fortune et par une mort sanglante. Ils avaient été d'abord portés au plus haut rang, et plus ils avaient été élevés, plus leur ruine a été profonde et cruelle. *Tolluntur in altum ut lapsu graviore ruant.* Je m'écrierai donc, jusqu'à mon dernier soupir : *Deleatur Carthago!* Que Carthage soit détruite, et Rome, c'est-à-dire la France, échappera à un danger et sortira d'un abîme le plus effrayant où notre patrie ait jamais été plongée. Qui vous inspire ces sentiments, me dira-t-on? C'est mon amour pour une religion céleste et pour les lieux qui m'ont vu naître. Je suis chrétien, je suis Français, et je mourrais mille fois avec joie pour conserver le premier de ces titres, parce qu'il est immortel et qu'il donne l'immortalité. Je chéris l'autre profondément, parce qu'il a été pendant mille ans et plus l'emblème de la foi, de la générosité et de la gloire, et que, dignement porté, il est un des biens d'ici-bas le plus précieux et le plus désirable, et la plus belle décoration dont on puisse s'honorer sur la terre.

« Cl.-Hip.,<br>
« Évêque de Chartres. »

Mgr l'évêque de Chartres, sensible à la gracieuseté avec laquelle *l'Univers* avait accueilli son ouvrage sur les livres classiques, avait écrit qu'il renouait volontiers et avec joie le fil de ses relations, pour marcher ensemble dans la voie qui avait réuni leurs efforts pendant douze années. C'était à une condition : de ne point disputer aux autres le titre d'orthodoxie, qu'on ne peut contester à lui-même. Mais bientôt le prélat, doulou-

reusement affecté de la part que prenait *l'Univers* à la discussion qui s'est élevée sur les classiques entre les premiers pasteurs de l'Eglise, lui fit signifier à la date du 11 août, c'est-à-dire huit jours après, par *l'Ami de la Religion*, qu'il se voyait obligé de revenir à son premier dessein et de cesser toute relation avec lui.

C'est en ces termes que Son Eminence le cardinal archevêque de Bordeaux s'est hâté de répondre à Mgr d'Orléans par les deux lettres suivantes :

« Monseigneur,

« En m'adressant votre mandement du 31 mai, vous me témoignez le désir de connaître mes sentiments sur les faits qui l'ont provoqué. Je m'empresse de répondre à votre demande, autant par déférence personnelle pour Votre Grandeur que dans l'espoir de rétablir la paix momentanément troublée par des débats dont je regrette l'éclat et la direction. Je n'ai pas attendu jusqu'à ce jour pour déplorer avec vous, Monseigneur, les inconvénients de l'intervention de la presse dans les questions religieuses, tout en reconnaissant, avec Votre Grandeur les services qu'elle a rendus et qu'elle peut rendre encore à la cause de l'Eglise.

« Il est utile, sans aucun doute, à une époque où les choses les plus saintes sont traduites chaque matin au tribunal de l'opinion publique, qu'à côté des organes qui les attaquent, d'autres s'élèvent pour les défendre. Mais avec ces avantages, la polémique entraîne ses périls qu'il faut connaître pour les conjurer. Dans des luttes si ardentes, si passionnées, qui ne s'interrompent le soir que pour recommencer le matin, et dont la vivacité ne laisse pas toujours à la réflexion le choix des moyens, il est difficile d'espérer que la cause de la vérité, de la religion, de l'Eglise, soit toujours soutenue avec la dignité, la mesure et les tempéraments que réclament de si graves intérêts ; il est difficile d'espérer que les besoins de la défense, le désir d'atténuer un blâme par une louange, une critique par un encouragement, ne portent pas quelquefois un journal à abuser des témoignages de sympathies qu'il a reçus et ne l'entraînent pas à faire intervenir dans la polémique des noms qui doivent y rester étrangers, à opposer un évêque à un évêque, à se prévaloir ainsi d'un suffrage imposant pour établir des doctrines, demander des actes, provoquer des décisions, susciter en un mot des partis qui entravent l'autorité des pontifes dans l'administration de leurs diocèses.

« Enfin, il est difficile d'espérer qu'un journal religieux, qui par son zèle aura acquis des titres à la reconnaissance de l'Eglise, ne soit pas tenté d'abuser de son influence et de pénétrer dans le sanctuaire dont il croira avoir vaillamment défendu les abords, pour prétendre y imposer ses propres idées et y dicter les plus importantes décisions.

« Tous ces périls ont à juste titre, Monsei-

gneur, éveillé votre sollicitude, comme ils sont devenus de graves motifs de préoccupation pour nos vénérables collègues, qui sauront se concerter sur les moyens de prévenir les écarts de la presse religieuse, s'opposer à ses empiétements, maintenir leur autorité dans toute son indépendance, et à l'abri de toute usurpation.

« Mais, j'en ai aussi le ferme espoir, ces mesures nécessaires ne dépasseront pas le but proposé. En prévenant les abus, elles n'interdiront pas l'usage, elles surveilleront l'emploi de l'instrument, elles ne le briseront point ; car, s'il est malheureusement vrai que la presse religieuse soit tombée parfois dans de graves écarts, il n'est pas moins incontestable qu'elle ait souvent bien mérité de l'Eglise. Sans doute Dieu a montré suffisamment dans ces derniers temps surtout qu'il n'avait pas besoin des rhéteurs et des publicistes pour sauver la France ; mais quand je considère ce prodigieux développement de saintes œuvres, dû au zèle des hommes du monde ; quand je réfléchis à la part qui revient au dévouement chrétien de tant de âmes dans le mouvement religieux qui s'opère parmi nous, je ne puis m'empêcher de croire qu'il y a là un instrument préparé par la divine Providence, ni me défendre d'un sentiment d'admiration pour les *hommes de bonne volonté*, qui, sans se laisser effrayer du nombre et de la puissance des ennemis, sont venus résolument se ranger sous la bannière de la foi et l'ont tenue haute et ferme, au milieu de nos épreuves de chaque jour. Si dans le tumulte du combat quelques-uns de ces écrivains, emportés par une imprudente ardeur, ont parfois compromis la cause qu'ils voulaient servir, j'éprouve, je l'avoue, Monseigneur, par là même un plus vif désir de leur tendre la main pour les ramener et les conserver dans les rangs d'une milice plus humble, plus respectueuse, plus édifiante d'elle-même et non moins dévouée.

« Ce sont, Monseigneur, vos propres sentiments. Vous avez pris soin de les manifester dans l'emploi même de la mesure que vous inspiraient le soin de votre dignité et le maintien de l'autorité épiscopale. Je crois pouvoir en conclure que ce dissentiment, loin d'avoir les conséquences fâcheuses qu'on paraît craindre, tournera à l'édification des fidèles, à la gloire de la religion, et deviendra un enseignement pour les ennemis de l'Eglise ; car eux, aussi, nous les aimons et nous désirons vivement qu'en voyant la fermeté imposer silence à la voix de vieilles amitiés, quand l'intérêt de la religion l'exige, ils sachent ce qu'est la conscience d'un évêque. En admirant la docilité et la pieuse déférence des véritables enfants de l'Eglise, ils le comprendront, que là où se trouve une force capable de dompter l'esprit et ses révoltes, la volonté et ses roideurs, là doivent aussi se trouver la vérité, la justice et le royaume de Dieu sur la terre. Que restera-t-il donc bientôt d'un orage dont le bruit semble s'éloigner déjà ? Une leçon su-

lutaire pour tous, une presse religieuse plus mesurée, plus soumise à l'autorité, et par là même plus forte et plus utile ; un clergé plus réservé encore, plus charitable, quand il intervient dans les affaires de la presse; un épiscopat toujours à la hauteur de sa mission, toujours vigilant, toujours ferme à l'égard des écrivains qui ont pensé que leur dévouement pouvait être utile à la cause de l'Eglise.

« Quant au fond même de la question qui a donné lieu à ces débats et sur laquelle il me sera si facile de m'entendre avec vous, permettez-moi, Monseigneur, d'en renvoyer la discussion à une lettre prochaine, et veuillez agréer l'assurance de mes sentiments les plus dévoués.

« FERDINAND, Cardinal DONNET,
Archevêque de Bordeaux.»

*Seconde lettre de S. E. le Cardinal archevêque de Bordeaux, à Mgr d'Orléans.*

Paris, 5 juillet 1852.

« Monseigneur,

« Dans ma première lettre j'avais exposé quelques considérations générales sur le sujet que vous avez traité dans votre mandement du 31 mai. J'arrive aujourd'hui au fond même de la question. Sans l'apprécier à son vrai point de vue, il ne faut pas oublier les circonstances qui l'ont fait naître. Après vingt années de luttes, l'Eglise et la famille ont reconquis la liberté d'élever leurs enfants comme elles l'entendent. Nous nous sommes enfin trouvés en possession de ce droit. Je dis *nous*, Monseigneur, car il m'est permis de revendiquer ma faible part dans cette précieuse conquête.

« Les hommes pénétrés de l'importance des principes religieux, sans lesquels il ne peut y avoir de véritable éducation, devaient avant tout chercher si les principes occupaient dans le système actuel de l'enseignement la place qui leur appartient, et dans le cas contraire, s'efforcer de la leur restituer.

« Telle est en effet la marche qui a été suivie, et je m'en réjouis ; car on a rendu par là son caractère à une lutte si longue et si vive; on a démontré, aux yeux de tous, qu'en demandant la libre concurrence, le clergé était mu, non par un sentiment d'ambition jalouse et de rivalité inquiète, mais par le besoin d'une réforme que les familles chrétiennes réclamaient impérieusement.

« Renfermé dans ces sages limites, l'esprit de réforme n'eût rencontré que des sympathies et des approbations, mais à peine s'est-on mis à l'œuvre que l'exagération s'en est mêlée, et que les hommes les plus désireux de faire une large part, dans l'éducation à l'élément chrétien, ont reculé devant la responsabilité des mesures provoquées.

« Comme vous, Monseigneur, j'en ai compris les dangers et je reste convaincu que, la première émotion passée, la vérité seule triomphera.

« La contradiction est de tous les temps. Les diverses opinions soulevées sur la question de l'enseignement ne sont pas nouvelles. Elles se sont produites maintes fois sans arrêter le progrès des sciences, sans troubler l'Eglise ni l'Etat. En vérité, parce qu'il aura plu à quelques hommes ardents de dire que, pour sauver la société, il faut revenir aux études du moyen âge et presque bannir des écoles Homère et Virgile, Horace et Cicéron, parce qu'on fera peu de cas du XVIIe siècle, devons-nous craindre que de pareilles assertions ne produisent un schisme dans nos écoles ? De quelque manière qu'on envisage la question, à qui persuadera-t-on que des évêques, en conservant les auteurs anciens dans les séminaires, travaillent à faire des païens de leurs lévites, ou que tel chef d'institution religieuse, que nous pourrions nommer rendra plus chrétiens ses élèves, en rayant du cadre des études la littérature des siècles d'Auguste et de Périclès?

« Ce sont des opinions qu'il suffit d'énoncer pour en apprécier la portée. On les pardonnera à l'entraînement de la discussion auquel les meilleurs esprits résistent difficilement.

« Toutefois, Monseigneur, il est bon que personne ne puisse arguer du silence de l'épiscopat, et l'autorité de votre parole est venue à temps pour combattre l'exagération des uns, et enlever aux autres de nouveaux prétextes d'accusation contre l'Eglise qui, depuis son origine et à travers tous les âges, s'est montrée la gardienne des saines études, la protectrice des sciences et des lettres. Mais il est à désirer que cette polémique ne se prolonge pas; que la discussion, au lieu de s'égarer dans de stériles récriminations, s'attache au côté vrai des choses, et que les hommes politiques préparent une solution qui concilie tous les intérêts et satisfasse toutes les exigences.

« Je suis en effet persuadé, Monseigneur, qu'entre les partisans sérieux des deux opinions, tout dissentiment tend à s'effacer. On se prêtait de part et d'autre les pensées des partis extrêmes, on se combattait sur ces limites dernières, sans s'apercevoir qu'on poursuivait en réalité le même but et qu'il était très-facile de s'entendre.

« Je m'estimerais heureux, si je pouvais contribuer à cet accord. L'autorité que me donne une tendre prédilection pour la jeunesse et la sollicitude dont je n'ai cessé de l'entourer dans les différentes positions que la Providence m'a faites, m'assure quelques titres pour intervenir et apporter une parole de conciliation dans ce débat, dont l'origine et les progrès tiennent à des considérations que je vais, brièvement rappeler. L'éducation doit former l'homme tout à la fois pour la cité des cieux et pour la cité de la terre. Développer parallèlement ses facultés, c'est-à-dire en faire un élu pour le ciel, un citoyen pour la patrie, tel est le double but de l'éducation. Ces idées tout élémentaires, vieilles comme le monde, éternelles comme la vérité, absolues dans leurs nécessités, ont cependant été méconnues dans l'organisation

de l'enseignement et dans quelques-uns des projets élaborés sur cette grande matière. Les uns, ne tenant aucun compte de la destinée du chrétien, n'ont songé qu'au développement des facultés les plus superficielles de l'enfant, pour en faire plus tard un littérateur, un artiste, un homme du monde, n'ignorant rien de ce qui peut être utile jusqu'à la tombe, mais s'inquiétant fort peu de ce qui nous attend au delà. D'autres, préoccupés exclusivement de notre avenir immortel, ont semblé oublier que l'homme a une mission sur la terre, une part à prendre aux affaires d'ici-bas, et qu'il est obligé, pour devenir un instrument utile entre les mains de la Providence, de s'y préparer par l'étude des sciences et des travaux d'un autre ordre. De là, dans l'éducation, prédominance de l'élément purement naturel chez les uns, prédominance trop exclusive de l'élément purement religieux chez les autres; de là accusation d'obscurantisme, d'idées stationnaires ou rétrograde : de la part de ceux-ci, accusation de paganisme, de matérialisme, d'impiété de la part de ceux-là.

« Il est certain que depuis longtemps la part faite dans l'éducation à l'influence religieuse a laissé trop à désirer, et que ce défaut a été la source des vices qui affligent la société. Il est certain encore que ce mal remonte très-haut, et que le culte presque exclusif que l'on rendait à la beauté des formes et de l'expression porta une profonde atteinte à la direction chrétienne de l'éducation. Aussi tous les bons esprits ont-ils fini par réagir contre cette influence trop mondaine et par essayer un commencement de réforme indispensable.

« Mais c'est ici qu'un zèle imprudent, outrepassant le but, a opposé à une exagération une exagération compromettante, a méconnu les temps, confondu les époques, et, pour échapper au péril d'une éducation purement littéraire, a semblé vouloir la rendre uniquement religieuse, sans tenir compte des exigences de la vie civile, des besoins d'une société terrestre, politique, temporelle. Ces prétentions ont été doublement regrettables, parce qu'elles n'étaient pas fondées et parce qu'elles étaient inopportunes. Elles sont venues troubler un travail lent, mais réel, qui s'opérait de toutes parts dans les maisons d'éducation ; elles ont provoqué des accusations toujours fâcheuses, alors même qu'elles sont ridicules, contre les véritables amis de la jeunesse chrétienne, au moment où ils cherchaient par de progressives réformes, par de prudentes améliorations, à concilier tous les intérêts, en conservant les grands écrivains de Rome et d'Athènes, et en y joignant tout ce qui peut servir de modèle dans les auteurs sacrés.

« Il est à remarquer, Monseigneur, que cette question des auteurs, qui n'était que secondaire, est devenue à elle seule tout le débat, lequel n'a fait que s'envenimer, au milieu des textes et des autorités contradictoires. Il semble cependant que les distinc-

tions bien simples établies plus haut doivent résoudre la question. S'agit-il de former le chrétien, d'élever, comme parle saint Paul, l'homme intérieur, où chercher la lumière, la science, la règle, si ce n'est dans les auteurs sacrés ? qui peut donc demander aux païens le texte d'un enseignement religieux, d'une prédication évangélique ? Mais s'agit-il, et c'est la seconde et indispensable partie d'une éducation complète, d'élever l'homme extérieur, l'homme de son temps, de son pays, d'orner son intelligence, de lui former le style et le goût, où chercher des maîtres et des modèles plus complets que dans les œuvres de Démosthène et de Tacite, d'Homère et de Virgile, d'Hérodote et de Thucydide, de Tite-Live et de Cicéron ? A celui qui aurait la pensée de supprimer l'étude des lettres profanes, nous demanderions où il pourrait étudier le génie et la beauté des langues anciennes, ailleurs que chez ceux dont vingt siècles d'admiration ont proclamé la gloire. Que l'on y joigne, je le réclame hautement, l'étude comparée des auteurs sacrés : nous admirerons le nombre et le mouvement dans saint Jean-Chrysostome ; l'élégance et l'onction dans saint Basile, saint Grégoire de Nazianze et saint Paulin de Bordeaux ; la suavité et la délicatesse dans saint Bernard ; le génie et la verve dans saint Augustin ; la vigueur dans saint Jérôme. Mais prenons y garde, en dehors de ce qui est doctrine, science théorique, idées philosophiques, controverse, toutes choses au-dessus de la portée de la première jeunesse, nous trouverons avec peine dans les Pères latins les éléments du premier enseignement littéraire. Cependant quelques hommes versés dans les connaissances des chefs-d'œuvre chrétiens ont déjà cherché à résoudre ce problème. Ils nous trouveront disposés à applaudir aux succès de leurs efforts.

« Si les auteurs païens, tels qu'on les met aux mains de la jeunesse, présentent encore aujourd'hui des passages dangereux pour les mœurs, la politique et la foi, quoi de plus facile, sans soulever de si grandes tempêtes, que d'être plus sévère qu'on ne l'a été jusqu'ici, que de retrancher un passage, une églogue, une ode, un livre même, si on le croit nécessaire ? L'Église ne recommande-t-elle pas les mêmes précautions pour les livres sacrés, et met-elle indifféremment entre les mains des fidèles tout l'Ancien Testament.

« Que si la question se réduit en termes plus clairs encore, s'il ne s'agit plus que d'apprendre aux enfants des éléments des langues grecque et latine dans tels auteurs ou dans tels autres, il me paraît indifférent qu'au défaut des auteurs sacrés l'enfant apprenne les règles de la syntaxe dans les textes profanes : ni la grammaire ni la foi ne se trouvent en cause.

« Non, ce n'est pas le choix des livres, ce n'est pas même celui des méthodes qui importe le plus. Le vrai danger comme le vrai remède est dans le choix des maîtres qui expliquent les livres et emploient les méthodes. Tout le monde le sait, et on l'oublie

trop. Le meilleur livre devient un instrument dangereux entre les mains d'un mauvais maître. La meilleure méthode reste stérile entre les mains d'un professeur inhabile. Le maître sage, instruit et dévoué, trouve des perles dans Ennius, et fait du procédé de Lancastre une excellente méthode d'enseignement. Expliqués, commentés par Bossuet, Fénelon, Rollin, Bourdaloue, les auteurs païens peuvent efficacement servir à former des générations fidèles et éclairées. Expliqués, interprétés par des maîtres incrédules, les Pères de l'Eglise, les livres sacrés eux-mêmes, deviendraient peut-être un texte de blasphème et d'impiété. A-t-on oublié la *Bible enfin expliquée* de Voltaire, et son *Histoire de l'établissement du christianisme ?* Gardons les auteurs païens pour tout ce qu'ils ont d'inoffensif et d'éloquent ; servons-nous des auteurs sacrés dans tout ce qu'ils ont de simple, de grand ou de sublime ; mais surtout, avant tout, choisissons les maîtres, formons des maîtres. C'est un art si difficile, si délicat, si complexe, que celui d'élever la jeunesse ! Les corporations religieuses consacraient, ainsi que l'Université, dix à douze ans à former un régent de logique ou de rhétorique, qui était arrivé du monde avec une expérience déjà longue et un savoir éprouvé. Renouons les traditions de la vieille pédagogie. Il ne suffit pas d'être zélé, pieux, dévoué à ses devoirs pour remplir la mission d'instituteur ; il faut un long apprentissage, des connaissances solides et variées.

« Je veux le répéter encore : formons des maîtres ; que dans le silence, à l'ombre du sanctuaire, dans l'étude des textes sacrés et profanes, des sciences exactes et naturelles, se préparent de nombreuses et fortes générations de professeurs dévorés de l'ambition du bien, du zèle, de la science et du salut des âmes, et nous aurons mieux mérité de l'Eglise et de la société, qu'en faisant redire à tous les échos de la presse quotidienne nos apparentes divisions.

« Il est temps qu'elles cessent et ne détournent plus de leur voie pratique ceux qui ont pris à cœur la régénération sociale par l'éducation de la jeunesse. Elever la jeunesse, c'est assurer l'avenir du pays ; apprendre aux enfants à servir Dieu et à fournir dignement la carrière qui leur sera marquée par la Providence, tel doit être le but de nos efforts ; et celui-là reste au-dessus de toutes les contestations, de tous les doutes, et celui-là est uniquement nécessaire. *In necessariis unitas.* Employons à l'atteindre tout ce que Dieu a mis à la disposition de l'homme, prenons toutes les voies légitimes, usons de toutes les méthodes raisonnables, servons-nous du profane et du sacré, du vrai partout où il se trouve, du beau de quelque part qu'il vienne ; laissons chacun libre dans ses moyens, pourvu qu'il tende à la même fin. *In dubiis libertas.*

« Et parmi ces méthodes, au milieu de ces efforts variés et dans cette libre concurrence, restons unis par une sincère et mutuelle

indulgence, par un support vraiment chrétien, *in omnibus charitas.* Ainsi, nous acomplirons notre tâche, en ce siècle d'attente et de réparation, comme le moyen âge a glorieusement rempli la sienne. Longtemps on l'a méconnu et calomnié. Nul désormais ne songe à lui contester ses titres à la reconnaissance des peuples ; ces titres sont la barbarie vaincue, les déserts défrichés et peuplés, les cités bâties, l'ordre social reconstruit, les lettres divines et païennes conservées, les monuments littéraires de l'antiquité pieusement recueillis, un art merveilleux d'architecture révélé au monde et auquel nous devons les cathédrales de Bourges, de Metz, d'Amiens, les flèches de Strasbourg, de Chartres et de Bordeaux.

« Mais son œuvre est achevée ; il a été réhabilité dans l'opinion des hommes, on ne saurait le faire revivre. Chaque époque a sa mission. La nôtre aussi sera grande et glorieuse, si nous savons l'accomplir, non en empruntant au moyen âge des usages, des méthodes qui ont fait leur temps, mais en consultant les besoins du siècle, et en appliquant à son amélioration et à son bonheur véritable les découvertes du génie moderne, en conservant surtout au milieu de son agitation féconde, c'est là notre rôle, l'esprit de foi qui sanctifie toutes choses, et dont le triomphe définitif sera la gloire de ce siècle, qu'il ne faut ni méconnaître ni calomnier.

« Vous avez été des premiers, Monseigneur, à préparer ce triomphe ; vous m'assurez, j'en ai la conviction, en travaillant à réconcilier dans la charité de Notre-Seigneur Jésus-Christ, les volontés et les intelligences de tous ceux qui ont *une même foi, un même Seigneur, un même baptême.*

« C'est le vœu le plus ardent de mon cœur.

« Veuillez agréer, Monseigneur, l'assurance de mes sentiments les plus dévoués.

« FERDINAND, Cardinal DONNET,

« Archevêque de Bordeaux. »

M. Daniel vient de publier des documents précieux et qui touchent de si près à la grande question qui s'agite en ce moment au sujet de la méthode à suivre des auteurs classiques, qu'on nous saura peut-être quelque gré d'en retracer quelques traits principaux.

Il nous semble que pour reconstituer l'enseignement sur ses véritables bases et pour déterminer les grandes lignes de cet édifice, nous n'avons pas besoin de recourir à des indices douteux : les plans et les dessins sont entre nos mains, et de plus, une tradition constante conservée jusqu'à nous de maître en maître, est là pour nous guider et nous préserver de tout écart. Nous n'admettons pas que dans les choses qui tiennent de si près à la foi et aux mœurs, cette tradition ait pu s'altérer au point de nous livrer à l'arbitraire des conjonctures. Nous n'admettons pas qu'un système pernicieux ait prévalu pendant trois siècles sous l'influence du clergé et des ordres religieux,

au su et au vu des premiers pasteurs, et que le silence de ceux-ci nous autorise à prendre l'initiative d'une réforme. — On comprend que nous avons en vue ceux qui voudraient repousser de l'enseignement l'étude de l'antiquité grecque et romaine, pour y substituer ce qu'ils appellent des *classiques chrétiens*. Un pareil projet peut sourire d'abord à des âmes religieuses, mais supporte-t-il un examen sérieux? A part toute prédilection de rhéteur et d'humaniste, devons-nous désirer, dans l'intérêt de la grande et sainte cause pour laquelle nous combattons, que ce programme soit adopté dans nos petits séminaires, dans nos colléges libres, partout où se forme la jeunesse appelée à militer sous l'étendard de la foi? Est-il vrai que notre société ne soit si étrangement malade que parce que son éducation a été faussée par la lecture d'Homère et de Cicéron? Nous le dirons, parce que notre pensée n'a rien d'injurieux pour les hommes honorables dont les sentiments ne sont pas entièrement conformes aux nôtres, il nous semble reconnaître là quelque chose de la sollicitude d'une mère, qui, voyant souffrir son enfant, recherche avec trouble la cause de son mal, et s'en prend dans sa tendresse alarmée aux mets les plus inoffensifs.

L'*Univers* a soutenu, avec autant de talent que de persévérance, les opinions de M. Gaume, vicaire général de Nevers. C'est ainsi qu'il s'en est expliqué sur la question des classiques.

Les adversaires de la réforme de l'enseignement classique, ou ceux qui ne la veulent que très-mitigée, s'attachent à un point qu'ils considèrent comme démontré et incontestable : la supériorité littéraire des auteurs païens. Ils disent : Les païens ont parlé la belle langue, ils ont fait les beaux livres, ils sont donc les bons maîtres. Hors d'eux, point de goût, point de grâce, point de littérature, aucun moyen de former un écrivain, un poëte, un orateur. Restreignons-les, épurgeons-les, mais pourtant laissons-leur la première et la grande place. Quand le goût des élèves sera formé, alors nous aborderons la saine barbarie des chrétiens. La jeunesse s'attachera d'autant plus au bien qu'elle connaîtra et aimera davantage le beau.

Les partisans de la réforme contestent ces données. Ils nient la prétendue barbarie de la langue chrétienne, comme un préjugé dont un peu d'étude ferait promptement justice. Cette langue est autrement belle, que la langue des païens. C'est la cathédrale gothique en présence du temple grec. Au dedans, Dieu y réside, au dehors elle a sa beauté spéciale, distincte de tout ce que l'on connaissait auparavant. Dans tous les cas, les maîtres peuvent aplanir sans peine les difficultés d'une syntaxe barbare, ils ne peuvent combattre aisément les dangers d'une morale corrompue. Quelques barbarismes de plus dans les compositions ne font pas grand chose; l'habitude et la précocité du vice nuisent davantage aux études. C'est de cet ennemi que les instituteurs de la jeunesse peuvent dire, comme le laboureur de Virgile : « La détestable ivraie et la foule des mauvaises herbes étouffent dans nos sillons le bel orge que nous avons semé. »

La bonne grammaire, le goût exquis, la belle littérature des païens étant, quoique l'on fasse, inséparables de la morale païenne, il faut donc attendre pour introduire les païens dans les classes. Le moment de les aborder sera celui où les élèves, déjà capables de sentir les mérites de la forme, auront cependant l'intelligence assez forte pour juger et rejeter les fonds. Le sens du beau se développera d'autant mieux que l'âme aura davantage la connaissance et l'amour du bien.

Si l'on recherche l'essence des deux systèmes, on trouve que le premier est de former d'abord l'esprit; le second, de former d'abord le caractère. Suivant les uns, il faut commencer par façonner des littérateurs, pour avoir ensuite des chrétiens; suivant les autres, il faut commencer par faire des chrétiens, même pour avoir ensuite des littérateurs, chose qui a son prix, sans doute, mais non pas tout le prix qu'on y met. Cette logique satisfait mieux notre raison : premièrement, parce que la fin de l'éducation, à quoi toute l'instruction doit tendre, est de donner à la société des hommes de cœur plutôt que des hommes de goût, des caractères plutôt que des esprits ; secondement, parce que l'abondante et pure source de l'esprit est dans le caractère. Si nous voulons obtenir une moisson d'intelligences distinguées, d'esprits neufs, féconds et justes, les caractères mâles, les cœurs bien trempés, les consciences bien assises dans la lumière du vrai, nous les donnerons en plus grande quantité et en qualité incomparablement meilleure que ne le pourraient faire tous les artifices de la culture intellectuelle.

Le système qui contribuera davantage à développer dans l'âme humaine les sentiments de foi et de piété, sera aussi le plus favorable aux progrès des sciences, des lettres et des arts. Les vocations pour les travaux de l'esprit ne diminueront pas, parce qu'il y aura plus d'esprits éclairés des lumières religieuses; ces vocations ne seront pas moins cultivées de ceux qui les auront reçues, parce qu'ils sauront qu'ils en doivent compte à Dieu. Qu'on remonte à l'origine des sciences modernes, dont le cours s'est si fatalement détourné : on n'en trouvera pas une dont la source ne se soit ouverte dans un cloître.

Pour ne parler ici que des lettres, elles périssent comme le reste, par le vice de l'éducation actuelle ; elles seront sauvées comme le reste, par la réforme que nous demandons. Les lettres chrétiennes restaurées rétabliront l'éclat pâlissant ou tout à fait éteint des lettres profanes.

Si nous voulions sacrifier l'antiquité classique, nous n'aurions qu'à laisser faire : elle s'en va toute seule. Quatre-vingt-dix élèves sur cent, c'est le compte officiel, ar-

rivent à la fin des cours sans pouvoir subir honnêtement l'épreuve de la version latine. Quant au grec, les professeurs eux-mêmes l'ont, pour la plupart, perdu. Ces hellénistes qui nous vantent à l'envi les grâces d'Homère, étudient l'Iliade et l'Odyssée dans la traduction de M. Goguet, et n'y trouvent pas un charme bien supérieur à ceux du dernier des Mohicans. Point de grec : au bout d'un an, que reste-t-il de latin à ceux qui ont obtenu des diplômes ? Le latin païen, lorsqu'on l'a su, à moins qu'il ne devienne un gagne-pain, s'efface vite. Le latin chrétien, si on le savait, ne s'oublierait pas. En l'apprenant, on aurait appris le christianisme, par conséquent, on aurait contracté l'habitude, le devoir, le besoin de lire du latin au moins une fois tous les huit jours. Le jeune homme qui sort du collége, emportant Cicéron, Horace et Virgile, les abandonne le lendemain. Mille soins plus agréables ou plus pressés l'occupent. Celui qui emportera les offices de l'Eglise, l'Imitation, les Pères, n'aura rien de plus cher et de plus pressé que d'ouvrir souvent ces livres réparateurs. Toute joie, toute douleur, tout retour sur lui-même, grand événement de sa vie et de son âme, le ramèneront là. Et s'il veut se perfectionner dans la connaissance de Cicéron et d'Homère, en quoi la connaissance de saint Chrysostome et de saint Augustin l'empêchera-t-elle de faire ce qu'il devrait tout aussi bien faire, seulement avec infiniment plus de labeur, s'il ne les connaissait pas ? Il prendra des livres, il s'enfermera et deviendra lui-même son maître. Les lauréats de l'Université ne sont pas exempts de ce second apprentissage, qui ne finit jamais. M. Patin, M. Havet et les autres virtuoses du professorat, dont nous regrettons de ne pas savoir les noms, quoique parvenus au comble de la gloire, travaillent encore leur grec et leur latin, comme les docteurs de l'orchestre du Conservatoire travaillent leurs instruments. Est-ce que jamais aucune école en quelque art que ce soit, a fait à elle seule de véritables maîtres ? L'élève quitte les bancs plus ou moins préparé à compléter, par ses propres efforts, l'instruction qu'il a reçue. La nature y entre beaucoup, le reste dépend de la façon dont sa conscience aura compris et connu les devoirs de son état. L'élève chrétien, qui a le mobile de la foi, ne mettra pas moins d'ardeur à s'avancer dans la science que l'élève incrédule, qui n'a que le mobile de l'ambition. Après cela, qu'importe qu'au début l'un entende mieux Tacite et l'autre Tertullien ? Au bout de six mois, le chrétien saura tout ce que sait l'incrédule, et l'incrédule n'aura que la moitié des connaissances du chrétien.

Nous entendons ce que l'on nous objecte ; le chrétien aura beau faire, il aura gâté son goût ! S'il fallait absolument choisir entre gâter le goût et gâter l'âme, nous n'hésiterions pas. Avant d'examiner cette difficulté, qui paraît sérieuse, il faut toucher une autre question.

Le latin chrétien est certainement plus sain et plus durable que le latin païen. Est-il moins beau ? Nous avouons ici notre incompétence. Les grâces et les finesses de la langue latine sont scellées pour nous, comme pour la plupart des bacheliers. Ainsi qu'eux voulant lire les classiques profanes, nous avons profité de la commodité des traductions. Nous éviterons donc de disserter sur un sujet qui n'est pas de notre ressort, et que peu d'hommes sont capables de traiter pertinemment ; car, il s'en faut que les Cicéroniens, qui parlent avec tant de mépris du latin catholique, le connaissent à fond. Ils n'aiment ni les auteurs qui ont écrit dans cette langue, ni les sentiments et les pensées auxquels elle sert d'instrument ; il n'y a là rien qui les flatte, rien peut-être qu'ils puissent aisément comprendre, rien qu'ils se soucient d'étudier. Boileau déconseillait ce travail aux poëtes :

L'Evangile, à nos yeux, n'offre de tous côtés
Que pénitence à faire et tourments mérités.

A prendre ainsi l'Evangile, les Pères doivent paraître encore plus disgracieux. Il est tout simple que nos galants de Sorbonne, si amoureux des riantes fictions de la fable, laissent de côté ces docteurs chagrins et leur langue barbare où ils développent tant de dures vérités. Cependant, à quelque haute perfection que se soit élevée la langue païenne, il faut bien avouer qu'il y a deux choses au moins que les païens ont ignorées ou n'ont qu'imparfaitement connues. La première de ces choses, c'est Dieu ; la seconde, c'est le cœur de l'homme, puisque la lumière du christianisme était nécessaire pour éclaircir cet abîme.

A cette science, agrandie et nouvelle, de Dieu et de l'homme, il a fallu une langue agrandie et nouvelle ; une langue qui pût sonder tous les mystères de l'âme et de la vie ; qui eût des accents plus pénétrants pour le repentir, plus purs pour l'amour, plus fervents pour la prière ; une langue précise comme le dogme, forte comme la toute-puissance, tendre comme la miséricorde, vaste comme les saintes espérances qui descendaient enfin sur la terre, et comme le beau ciel qui s'ouvrait enfin à l'humanité.

Comment croire que cette langue de la vérité éternelle, de la beauté et de la bonté infinies, ne surpasse pas la langue bornée de Cicéron, autant par exemple que la langue chrétienne de Bossuet surpasse la langue païenne de Voltaire ?

Mais supposons que la langue de l'Eglise est barbare ; et, comme le dit un illustre évêque, admettons que l'épouse du Verbe divin n'a pas su parler ; toujours est-il vrai que le latin catholique est la langue de notre foi, la langue de notre histoire, la vraie langue-mère de celle que nous parlons, et qu'ainsi tout ce que nous avons essentiellement besoin d'étudier, de connaître, de savoir, est écrit dans cette langue-là.

Mais le goût ! — Nous ne voulons blesser

personne; cependant il faut qu'on nous permette une observation assez importante. D'où vient que nos hellénistes, nos latinistes, nos humanistes, qui font si grand état de la belle antiquité et qui ont toujours la plume ou la langue chargée de quelque mitraille classique, écrivent en général si pauvrement le français? On ne voit pas que la fréquentation assidue des anciens leur ait beaucoup profité. L'un qui vise à la sobriété, n'a qu'une petite phrase sèche et crue, qui sautille sur l'idée sans pouvoir jamais l'enlever de terre; l'autre vise à l'ampleur et se perd dans ses périodes bourrées d'adjectifs. Combien n'ont pas même le premier instinct du métier d'écrire? Nulle grâce, nulle imagination, nulle force, et surtout point de goût! Le goût est premièrement ce qui leur manque. Les écrivains de ce temps-ci, qui se piquent le plus de latiniser, sont peut-être, sous le rapport du goût, les plus minces et les plus dénués. Nous proposera-t-on comme modèles la rhétorique embesognée de M. Villemain, le papotage de M. Janin, ou la savanterie allobroge de M. Ponsard? Nous ne citons pas les chétifs. Quant aux humanistes de profession, ils pourront s'élever de leur classe jusqu'à l'Académie, jamais jusqu'au public.

Si l'on voulait faire une étude sérieuse et impartiale de l'influence des lettres païennes sur la littérature française, on verrait qu'elles y ont apporté la stérilité et la sécheresse plutôt que l'abondance et la grâce. Nos plus grands écrivains ne relèvent pas des anciens ou n'y ont pas puisé l'inspiration de leurs chefs-d'œuvre. L'enfant le plus direct des anciens est le sec Boileau. Corneille ne leur doit ni le Cid, ni Polyeucte; Racine, ni Esther, ni Athalie; Pascal ne leur a point pris ses pensées, ni Bossuet sa souveraine éloquence, ni M^me de Sévigné son vif esprit et sa langue légère, ni Saint-Simon son originalité.

Bourdaloue est né de Tertullien et de saint Augustin; l'on n'a jamais trouvé que les assonances, les jeux de mots et les antithèses, dont il fait tant usage à leur exemple, fussent un fâcheux ornement de ses discours. Molière et La Fontaine n'appartiennent qu'à eux-mêmes, ils n'étaient pas des humanistes. Ils auraient été ce qu'ils sont, quand même ils n'auraient jamais su un mot de latin. Les plus belles scènes de Molière sont-elles celles qu'il a prises de Plaute ou de Térence? Les imitateurs véritables ou des Grecs ou des Romains, à l'exception d'André Chénier, sont tous perdus dans les derniers rangs, à peine distincts de la foule des traducteurs. Et rien ne s'explique mieux, puisque le génie païen est entièrement contraire au nôtre, qui doit être chrétien ou n'être pas. Dans cette source appauvrie depuis dix-huit siècles, on ne puisera jamais que des beautés de seconde main, pour l'agrément d'un petit nombre d'érudits, et qui feront dans les lettres, entre les grands anciens et les grands modernes, la belle et intéressante figure que font la Madeleine et Notre-Dame de Lorette entre le Parthénon et Notre-Dame de Paris.

Mais pour en revenir à la science du goût, cet objet précieux qu'on recherche au prix de tant de sacrifices, jusqu'à risquer de faire d'irréparables dommages dans le cœur, il n'y a qu'un mot à dire : Le goût ne se forme pas dans les classes. C'est un don naturel, qui vient ordinairement un peu tard et qui se développe dans le monde par l'expérience, par l'étude et par la réflexion. On a vu des écoliers s'échappant des bancs donner des livres singuliers, bizarres, agréables quelquefois, jamais un livre fait avec goût. Il est rare que le goût brille dans un premier ouvrage, lors même que l'auteur a pris soin d'y travailler, et ne l'a produit que dans l'âge de la maturité. Il faut forger pour devenir forgeron. Lorsque l'on parle de cette profonde connaissance des lettres anciennes qui distingue plusieurs des grands écrivains du XVII^e siècle, il faudrait se contenter de dire qu'en ce temps-là on étudiait mieux qu'à présent, mais il faudrait aussi se rappeler que cette connaissance approfondie et digérée n'était pas le fruit de collège; qu'elle a été la conquête du travail, et qu'elle n'eût servi de rien sans la mise en œuvre du génie.

Plusieurs de nos amis prétendent avoir puisé dans l'étude des auteurs païens et au collège, le goût du beau, sans aucun péril pour leur âme; ce goût, disent-ils, les a plutôt préservés.

Ils ont là de quoi remercier Dieu, pas du tout de quoi soutenir leur thèse. Un seul regard sur le monde leur montrera qu'ils n'ont été qu'une heureuse et très-rare exception. Si le système dont ils se louent produisait ordinairement de tels effets, personne parmi les catholiques, n'en demanderait la réforme, ne songerait seulement à le critiquer; la société serait chrétienne. L'est-elle? Les chrétiens même qu'on y voit sont-ils chrétiens comme ils devraient l'être. On nous pousse quelquefois des arguments qui se rapprochent trop des distinctions de cet humaniste du Journal des Débats, sur la morale nécessaire et sur la morale superflue! Il faut avoir du goût, sans doute, mais il faut aussi sauver son âme, et ce n'est point une besogne que l'on puisse toujours impunément commencer tard, ou faire avec négligence et risquer de n'entreprendre jamais. Le système des études païennes, avec les compléments et la perfection que le temps et les événements lui ont donnés, peut figurer parmi tout ce que l'ennemi des âmes a forgé de plus habile pour leur faire courir des dangers. Lorsqu'il ne les aveugle pas tout à fait, il les alanguit si fatalement, qu'à peine leur reste-t-il souvent de quoi franchir par la bonne porte le passage de l'éternité.

De grâce, nous qui nous divisons si étrangement sur cette question, rappelons-nous le temps de notre union et de nos communs efforts! Nous lui avons tâté le pouls, à ce

catholicisme du xixᵉ siècle, que nous nous hâtons trop d'appeler une résurrection. Parmi les hommes mêmes qui vont à la messe, combien en avons-nous trouvé qui eussent assez de lumières et de zèle pour signer une pétition en faveur de la liberté d'enseignement? Que nous ont donné les souscriptions pour le Sunderbund? Nous rappelons sans alarmes ces faits douloureux, parce que la miséricorde et la puissance de Dieu paraissent davantage au milieu de notre misère. Il a envoyé des fléaux pour secourir la vérité que nous ne savions défendre, et la sagesse épouvantée des enfants du siècle a fait en partie ce que la foi des enfants de lumière n'osait pas, et, pour tout dire, n'essayait pas. En est-il moins avéré que nous sommes faibles, timides, ignorants de nos devoirs, courbés devant le respect humain, et qu'il nous paraît souvent inutile, peut-être dangereux, peut-être aussi de mauvais goût, de vivre, de parler, d'agir toujours en chrétiens? Ah! malgré l'honneur que nous pouvons faire à l'Eglise en citant quelquefois à propos un vers d'Horace, malgré le profit que peut tirer notre âme des bonnes impressions que nous laisse la vue d'une belle statue antique, nous serions plus utiles à nous-mêmes et au monde si nous avions meublé notre mémoire des préceptes de l'Ecriture et des Pères, quel qu'en soit le style. Quand les dix élèves sur cent, qui ont conquis le latin du baccalauréat en dix années d'étude, auraient tous reçu avec cette ration de latin le goût épuré de M. Janin ou de M. Ponsard, ce ne sont pas les gens de goût qui sauveront le monde, ni les modèles et les archives du goût, ni le goût lui-même. On ne verra jamais les cinq sections de l'Institut, fortifiées de la rédaction du *Journal des Débats*, suivies de la Société des gens de lettres, escortées du barreau parisien, ce qui forme à peu près l'armée du goût tout entière (*Il y a là dedans bien de mauvais soldats et des maraudeurs*), se porter en armes devant les musées et les bibliothèques pour les protéger au milieu d'une catastrophe. La religion du goût ne fait point de martyrs, et tous les trésors de l'art et de la civilisation seront en péril, jusqu'à ce que quelque petit peuple, ayant à sa tête des hommes qui ne sauront que du latin d'Eglise, se fasse égorger autour des croix de pierre et de bois qui s'élèvent dans ses champs.

Nous disons plus, ces hommes de goût, qui laisseront si bien périr la société, suffiront, sans que les révolutions s'y joignent, pour laisser périr le goût. Si la source profonde et inépuisable des lettres catholiques n'est pas rouverte largement, il n'y a point de rajeunissement possible pour la littérature et pour l'art; le goût ne sera plus qu'un va-et-vient perpétuel entre les caprices, ou, pour mieux dire, entre les dégoûts les plus extrêmes et les plus frivoles de la caducité; on ira des platitudes de l'imitation antique aux platitudes du romantisme et de la fantaisie; une corde tenue d'un côté par M. Hugo et par M. Ancelot de l'autre, sur

laquelle on verra tour à tour paraître M. de Musset et M. Ponsard, M. Nisard et M. Janin : voilà des extrêmes et des entre-deux qui font à eux tous un bel éclectisme, et bien capable de former le goût d'un peuple !

Comment veut-on que l'étude des lettres païennes, à supposer qu'on vienne à les étudier, ce qui n'est point, remédie à cela? Il y a une chose que l'on n'y trouvera jamais, c'est la foi. La foi seule est féconde : Les grands écrivains du xviiᵉ siècle, qui corrigeaient leur engouement pour l'antiquité par une séve chrétienne encore très-puissante, ont tiré des anciens tout le parti qu'on en pourra jamais tirer en français. Après eux, on n'a pu en extraire et on n'en extraira que des pauvretés et des indécences.

Ils ont imité les tragiques, les épiques, les orateurs. On a eu Corneille et Racine. Le xviiiᵉ siècle, affaibli sous le rapport de la foi, a donné Voltaire et Campistron, triste regain d'une moisson si belle. Les grands anciens ont paru maussades, on s'est jeté sur les érotiques; et la culture de la belle antiquité a donné pour résultat, la foi n'y étant plus : dans les arts le rococo, dans les lettres la sécheresse et la déclamation. On sait trop quels ont été les fruits quant aux idées et quant aux mœurs. Nous autres, dégoûtés de toute la friperie grecque et romaine, nous nous sommes précipités dans le romantisme. Quand il nous fera mal au cœur, nous retournerons à la belle antiquité. Voilà déjà un homme de génie, qui a remis sur la scène les courtisanes de Rome et les porchers d'Ithaque; quelque autre viendra d'une invention encore plus surprenante et d'un goût encore plus antique, qui nous restituera les Atrides en cinq actes et en vers, sans le moindre petit mot pour rire. Jamais ces ridicules réactions ne produiront un bel ouvrage, et la littérature s'enfoncera de plus en plus dans les ignominies de la décadence. Tandis que les académies applaudiront aux puérils tours de force de quelque râcleur de latin, la foule, qui veut qu'on l'amuse, c'est-à-dire qu'on la dégrade, lorsqu'on ne sait plus l'élever et la toucher, continuera de se repaître de mélodrames, de vaudevilles, d'ignobles spectacles et d'infâmes lectures, jusqu'à ce qu'elle soit arrivée à cette profondeur d'abrutissement où elle remplace, bon gré mal gré, les jeux obscènes par des jeux féroces; peut-être n'en sommes-nous pas loin.

Ce que nous avons dit de la littérature s'applique encore mieux à l'éloquence. Nous doutons très-fort qu'un poëte sorte jamais d'Homère et de Virgile; mais nous affirmons que si Quintilien et Cicéron peuvent faire un parleur disert, jamais ils ne feront un orateur. Quel beau succès eût obtenu l'an passé le tribun légitimiste ou montagnard qui eût commencé sa harangue cicéronienne par le début si vanté de la Catilinaire : « Jusques à quand, Bonaparte, abuseras-tu de notre patience? » Les secrets de l'éloquence ne s'apprennent point, ils se découvrent, et tout le monde ne les découvre pas. Partout ailleurs que dans les jeux académiques,

l'orateur qui s'occupera d'imiter un ancien sera simplement ridicule. Toutes les finesses de l'art sont connues. C'est faire des tours de cartes, disait déjà M. de Bonald, devant des joueurs de gobelets. Pour émouvoir une assemblée, pour la convaincre, pour l'entraîner, il ne faut pas prendre conseil de Quintilien, mais des choses du moment qui ne se révèlent bien qu'à la passion qui veut les exploiter ou qu'à la conviction qui veut les dompter. Nous ne savons pas si M. de Montalembert se souvenait beaucoup de sa rhétorique, durant ces jours difficiles de 1848 à 1851, lorsque sa voix, s'élevant au milieu de la tempête, parvenait pourtant à commander la manœuvre, malgré la mer et malgré l'équipage ignorant ou indiscipliné. M. de Montalembert peut-être n'a jamais lu Cicéron, ou ne s'en souvient guère. Supposez à la place de M. de Montalembert un homme de goût, un professeur d'escrime parlementaire, connaissant le nom, le rang et le maniement de toutes les figures de rhétorique, qu'eût-il gagné par ces artifices? M. de Montalembert a reçu de Dieu des dons naturels, il les a cultivés assidûment; il a pratiqué les hommes et les choses; rien ne l'a tant servi que la prière; sa foi lui a donné non-seulement ces éclatantes vues de l'esprit, mais encore ces hautes et généreuses inspirations du cœur, qui ont subjugué chez lui les conseils de la prudence personnelle, en même temps qu'elles atteignaient et subjuguaient dans l'Assemblée tant d'intelligences, rebelles par tant de causes différentes aux résolutions qu'il leur persuadait. M. de Montalembert, et, dans un autre pays, M. Donoso Cortès ne sont de grands orateurs que parce qu'ils sont de grands chrétiens. Ôtez-leur la foi, vous leur ôtez la lumière et la voix; ce ne sont plus que des gens d'esprit comme les autres, qui ne peuvent se désembourber du lieu commun ou qui n'en ont plus le courage.

Si le parti révolutionnaire, dans les deux assemblées de la République, avait été autre chose qu'un amas d'avocats, de sophistes ou d'ignares séides, bourgeois pour la plupart dans le fond des entrailles, tendant tous plus ou moins à se créer un petit bien-être, les uns ayant des terres, les autres faisant des économies, tous, sans presque une exception, attachés à quelque chose, ne fût-ce qu'aux estaminets, par le licol des 25 fr.; s'il se fût trouvé parmi cette cohue un seul homme qui fût socialiste avec la même foi que M. de Montalembert est chrétien, et à qui Dieu dans sa colère eût voulu donner et le don de l'éloquence et cette probité de conviction qui méprise également les jouissances et la mort, cet homme serait devenu le maître de la France; il n'aurait pas eu besoin de parler latin ni même français pour culbuter tous les cicéroniens, conservateurs ou révolutionnaires. Un pareil homme de plus, et M. de Montalembert de moins, le sort de la France se vidait d'une autre manière. Du reste, il se videra toujours sans le congé des belles-lettres et sans l'intervention des hom-

mes de goût, lesquels sont personnages de cabinet, rien autre chose, aussi sots et inutiles dans les orages publics que tout le bavardage de leurs livres.

On oppose souvent aux partisans de la réforme une fin de non-recevoir, qui consiste à dire que tout dépend des professeurs, qu'on ne fera rien de mauvais avec de bons maîtres, rien de bon avec des maîtres mauvais. Eh! mon Dieu, sans doute, et nous avons la prétention de ne point l'ignorer, en demandant que la première et la plus large place soit donnée aux auteurs chrétiens; nous n'y mettons pas pour condition que les maîtres chargés de les expliquer seront impies. Nous pensons même qu'il en sera tout autrement, et c'est sur quoi nous comptons, pour que les maîtres remplissent leur devoir avec plus de plaisir, de zèle et de succès; ce qu'un maître chrétien pourrait dire de bon et d'excellent, lorsque sa profession le condamne à faire traduire quelque folie ou quelque turpitude païenne, il le dira sans doute aussi bien, et il ne sera ni plus mal compris, ni moins respectueusement écouté, lorsque ses jeunes auditeurs seront déjà familiarisés avec les lumières et avec les beautés chastes des auteurs chrétiens. Quant au misérable qui veut faire le mal, tout lui sert de texte, et il n'a pas besoin de tenir en main l'Evangile pour insulter au sang de Jésus-Christ; personne ne nie qu'un scélérat ne puisse enseigner l'impiété avec un bon livre; ne le ferait-il pas également avec un mauvais? La question est de savoir si, avec le bon livre, les honnêtes gens n'auront pas beaucoup plus de facilité pour enseigner la vertu.

Laissant ici de côté les élèves, nous prions qu'on cherche à se rendre compte de l'influence que les livres de classe peuvent exercer sur les maîtres eux-mêmes. En les supposant aussi bons chrétiens que l'on voudra, et même prêtres et religieux, on ne saurait admettre que tous seront partout et toujours de ces esprits fermes, de ces âmes bien trempées, qu'aucune séduction, qu'aucune habitude ne peut entamer ni distraire. Saint Augustin a maudit par de trop réelles raisons ce fleuve infernal de la coutume, qui, ramenant sans cesse les mêmes images et les mêmes périls, finit par affaiblir et par renverser les plus saintes résolutions. Assurément, pour le maître ecclésiastique et pour ses élèves, l'explication des traités de saint Cyprien et de saint Augustin, des homélies de saint Grégoire, de l'apologétique des *Acta martyrum*, et tant d'autres choses grandes et saintes et vivantes, produiraient plus de vigueur chrétienne et même littéraire que tout le miel éventé du Parnasse païen; élèves et maîtres y apprendraient mieux la vie et le devoir, et les lettres, qui doivent avant tout servir à la pratique des devoirs de la vie. Ils y gagneraient encore d'observer plus fidèlement cette règle capitale de la loi ancienne, que la loi nouvelle n'a point abrégée: Gravez mes paroles dans vos esprits et dans vos cœurs; tenez-les

comme un signe dans vos mains et sur votre front, entre vos yeux ; que vos enfants apprennent de vous à les méditer, lorsque vous êtes assis dans votre maison ou lorsque vous marchez dans le chemin, lorsque vous vous couchez ou lorsque vous vous levez : c'est-à-dire toujours.

Qui voudra bien réfléchir sur le sujet que nous indiquons, s'expliquera peut-être mieux la défaillance de quelques-unes des congrégations enseignantes du dernier siècle. Nous ne parlons pas des jésuites, étouffés, avant la catastrophe, dans toute leur vertu, et qu'il faut mettre à part ; nous parlons de ceux qui, après les avoir trahis, succombèrent à leur tour et succombèrent doublement, périssant âme et corps par le crime d'une génération sortie de leurs écoles, et qui fut la plus formellement et la plus sérieusement impie qu'on ait vue sur la terre. Quant à nous, en nous inclinant devant des lumières supérieures aux nôtres, nous restons convaincus que si ces religieux avaient moins enseigné les lettres païennes et davantage les lettres chrétiennes, ou nous n'aurions pas à pleurer les forfaits qui épouvantèrent le monde; ou le nombre des martyrs nous consolerait plus amplement du nombre des apostats.

Il n'est pas hors de propos d'ajouter à ces considérations que l'enseignement classique du XVIII<sup>e</sup> siècle, distribué par des maîtres chrétiens, religieux et en général savants, eut, sous le rapport littéraire, des résultats plus honteux, s'il se peut, que sous le rapport moral et politique. A mesure que le paganisme gagne et que le contre-poids chrétien s'allège, le style se gâte. A la fin du siècle, on était déjà loin de la précision fine et élégante, mais sèche de Voltaire et de la pompe enflée de Rousseau : Buffon, Montesquieu, d'Alembert, Diderot même, tous ces écrivains si caressés et si surfaits par le mauvais esprit qu'ils avaient encensé, étaient morts et n'avaient pas de successeurs ; on était tombé à Raynal, à La Harpe, à Sébastien Mercier; à Florian, au pathos hypocrite et larmoyant de Bernardin; le sceptre de la versification (il n'y avait plus de poésie) était tenu par un traducteur, Jacques Delille, qui était parvenu à rendre l'Enéide plus ennuyeuse que la Henriade ; la langue oratoire avait des représentants de même taille ; les événements, et quels événements ! amenèrent à la tribune tout ce qui savait peu ou point manier la parole. De ces orateurs sans nombre, qui parlèrent dans environ dix ans, qu'est-il resté ? beaucoup de mots insolents et féroces, quelques phrases héroïques, pas un discours que l'on puisse relire en entier. Delille, Raynal, Florian et l'éloquence girondine, voilà le dernier mot des lettres païennes chrétiennement enseignées. Après cette expérience si coûteuse et si claire, et qu'une étude un peu sérieuse de la littérature de notre temps n'affaiblirait pas, nous sommes étonnés plus que nous ne le saurions dire de la force du préjugé qui conserve encore à l'enseignement classique tant de

graves et illustres partisans. Il y a là quelque chose que nous ne pouvons comprendre, malgré tout le zèle que l'on met à nous l'expliquer.

Une dernière remarque en terminant : Dans tout ce que nous avons lu de la part des défenseurs du système actuel, rien ne tranche un problème qu'il faut résoudre ; car il va bien loin chez un grand nombre de pauvres esprits très-influents au temps où nous sommes. Si ce système, établi tout entier sur la prééminence littéraire des païens, est bon en soi, n'a pas été et n'est pas devenu dangereux, ou n'a besoin que de retouches et de modifications sans importance, et qui n'exigeaient point le bruit qu'on a fait. Alors une question se pose : Pourquoi, depuis l'établissement de ce système, l'esprit du christianisme s'est-il graduellement, constamment, généralement retiré de la littérature, des arts, des sciences, de la politique, enfin des usages et des mœurs ? Pourquoi, à mesure que ce système domine, voit-on le niveau intellectuel et moral baisser partout, tellement qu'à l'heure si promptement venue où la puissante impulsion des saints de la renaissance ne se fait plus sentir, et où le dernier écho de leur voix s'éteint avec Bossuet et Fénelon, aussitôt éclate la décadence universelle. Une orgie de quinze ans inaugure ce ridicule et pervers XVIII<sup>e</sup> siècle, la honte et le fléau de la chrétienté; siècle réprouvé, qui n'eut presque point de saints, qui se conjura contre toutes les œuvres saintes, qui ne légua au monde que des souvenirs souillés, des pratiques de ruine, des instruments de mort, et dont on pourrait faire le blason en dessinant la machine de Guillotin sur le fatras de l'Encyclopédie. Puisque l'enseignement public ne serait pour rien dans cette trame immense et non encore toute déroulée de folies et de crimes, quelle en est donc la cause ? Est-ce dans le christianisme lui-même qu'il faut chercher le secret de son affaiblissement ? Croirons-nous avec les prophètes de l'Université, si experts en grec et en latin, qu'après tout cette religion était mortelle, qu'elle a fait son temps, que ses dogmes finissent, et qu'une nouvelle source de vie va s'ouvrir sous la sonde de M. Cousin et sous la pioche de M. Proudhon, pour remplacer la fontaine désormais tarie qui coulait du Golgotha ?

Relever la bannière nationale, donner une expression, un organe à ce besoin ou plutôt à cette soif de science qui dévore tant d'intelligences dans notre nouvelle génération ; veiller sur l'austérité des mœurs, cette force des empires ; garder l'honneur des familles, éveiller le sentiment moral sous la dégradation matérielle, pour réagir par lui contre cette corruption effrénée qui gagne toutes les classes ; replacer aux lieux qu'elles doivent occuper, et d'où elles sont trop souvent violemment ou artificieusement arrachées, les limites de la vérité, de la justice, des droits et des devoirs; effacer, entre les membres de la même famille, les antipathies, les préjugés, les préventions; démontrer que

sous le règne d'une loi juste, le niveau ne s'abaisse et ne se relève pas selon le pays, la circonstance ou la qualité, mais qu'il passe à même hauteur de toutes les têtes; aider, en un mot, de toute sa puissance le développement intellectuel, moral et matériel du pays, sous le triple aspect religieux, scientifique, industriel : telle est la mission des hommes de bien.

Nous ne nous dissimulons pas les difficultés de l'entreprise, et quels combats nous avons à livrer pour défendre les grands principes de l'ordre social. Les Barbares qui envahirent l'Europe à la dernière lutte du christianisme contre le monde païen, les païens eux-mêmes sont restés dans les profondeurs de la société, d'où ils menacent perpétuellement la civilisation chrétienne. Seulement ils ont changé d'armes; ils ne combattent plus avec la hache, la pique de fer et l'épée, mais avec la calomnie, les sophismes et les viles passions, nous n'osons pas dire du cœur, mais du corps humain. Ils n'ont pu tarir la veine du monde, ils veulent en altérer le sang ! Ils n'ont pu détruire la société par le fer, ils essaient du poison des sophismes, venins subtils qui ne descendent dans les sources de la vie physique qu'après avoir anéanti le principe de la vie morale dans ses mystérieuses origines.

C'est un fait maintenant avoué, la philosophie du XVIII° siècle fut une calamité publique et comme l'invasion de la barbarie dans les intelligences; cette cruelle philosophie, qui aboutit d'un côté à Marat et de l'autre au marquis de Sade, naquit de la débauche pour mourir dans le sang. Elle nia Dieu pour avoir plus facilement raison de la terre. La foi, ce lait du faible et ce vin du fort, fut tarie à sa source sous l'haleine dévorante de l'ironie; le pauvre, déshérité de la terre, s'était consolé jusqu'ici en regardant le ciel, et s'était dit que là était son vrai patrimoine, l'inviolable légitime dont nul ne pourrait le dépouiller. Vaine illusion! la philosophie poussa l'esprit de système jusqu'à l'iniquité. Elle voulut que l'exhérédation fût complète, et prétendit casser le testament divin qui consacrait en faveur des pauvres et des malheureux ce legs magnifique sur le domaine de l'éternité. Ce seul fait démontrait hautement qu'elle n'était que la marâtre de la société, dont la religion chrétienne est la véritable mère. L'ouvrier et le laboureur durent se courber sur la terre, en exprimer pour leurs maîtres toutes les jouissances de la vie, promener la charrue dans le sillon de l'incrédulité, cet aride rocher, manger leur pain noir et boire l'eau du torrent, sans espérer une compensation au ciel, ni un autre repos sur la terre que celui qu'ils trouveront un jour à six pieds au-dessous. Condition pire que l'esclavage antique! Faut-il s'étonner que le suicide, ce crime des classes blasées chez les nations en décrépitude, soit descendu jusque dans l'atelier et jusqu'à la charrue; qu'il atteigne les enfants qui ne savent rien de la vie, comme les vieillards

qui en connaissaient tous les dégoûts ? Ah ! c'est que le néant est moins redoutable que la vie dans les conditions que vous lui avez faites! c'est que les enfants n'ont pas besoin de l'âge pour expérimenter en détail ce que vous leur avez montré dans une horrible synthèse.

Le christianisme, ce père des sociétés modernes, dut paraître à la barre de la philosophie, pour être jugé par elle *révolutionnairement*, sans être entendu, pour être couvert d'un manteau de dérision et livré, comme son divin fondateur, aux sarcasmes de la foule. Quel moment fut jamais plus critique ? Tout était révolté, les esprits, les cœurs, les passions; il semblait que le monde en s'écroulant ne ferait pas assez de ruines pour que chacun pût en avoir sa pierre. Tout marchait dans un inexprimable chaos : Voltaire prenait possession de la terre; du fond de sa retraite, comme Attila dans sa tente, il gouvernait et dirigeait cette dernière invasion de barbares; ne pouvant plus, comme ses devanciers, brûler les bibliothèques et les titres du monde, il voulut les fausser, pour faire mentir l'histoire au profit de ses passions. Homme étrange, dont le rire eût glacé d'effroi si l'on avait pu le comprendre! La société se livrait à ce génie des tempêtes : les rois cherchaient ses faveurs, les grands attendaient qu'il daignât leur sourire, la populace poussait des cris de joie quand il paraissait au théâtre ou dans la rue : tout était enivrement autour de lui, et l'on ne vit le côté terrible de son rôle que des hauteurs sanglantes de l'échafaud. Il mourut. Sa mort, dit-on, se passa dans d'épouvantables scènes. Nous ne répéterons pas le récit qu'ont laissé s'accréditer ceux qui l'assistaient à ses derniers moments. Vrai ou supposé, notons-le néanmoins comme la plus énergique expression de sa philosophie, comme le symbole exact de l'ignoble cercle vicieux auquel elle prétendit condamner l'humanité. Comme les soldats du barbare qui firent passer un fleuve sur la tombe de leur chef, les disciples de Voltaire creusèrent sa fosse dans un abîme et la comblèrent avec du sang.

Le XVIII° siècle s'employa à faire prévaloir l'athéisme et le sensualisme sur les doctrines spiritualistes de l'enseignement chrétien. Ces funestes idées, une fois entrées dans le torrent de la circulation intelligentielle de l'Europe, produisirent ces désordres inouïs que l'on remarque avec stupeur dans les esprits les plus sérieux comme dans les intelligences les plus vulgaires, et que l'on retrouve à toutes les profondeurs de l'état social. De là aussi ces grandes crises, sans cesse renaissantes, qui ébranlent le présent et l'avenir, et font que l'homme n'a pas une heure pour respirer entre la révolution d'hier et le bouleversement de demain. Quoi d'étonnant à cela ? Tant que ces doctrines ne seront pas évacuées des régions essentielles de la société, nul ne peut espérer de repos; car les crises sociales ne sont, comme dans l'ordre physique, que la lutte du principe vital en réaction

contre le principe désorgan.sateur introduit dans l'économie.

Le christianisme a seul conçu, préparé et amené la civilisation moderne. En proclamant l'unité de Dieu, il a donné la raison du monde; en proclamant l'autorité dans le pouvoir, il a donné la raison de la société; en proclamant l'égalité des hommes devant Dieu, il a donné la raison de la liberté. L'idée absolue de Dieu, qu'il introduisit dans le monde, remplaça l'idée du *fatum* antique. La Providence détrôna la fatalité, et la morale fut trouvée; le vice et le crime n'eurent plus l'excuse de la nécessité; ils furent amenés à avouer pour premier complice, non plus l'aveugle destin, mais le libre consentement de l'homme.

L'autorité établie par l'ordre exprès de Dieu fut ainsi déclarée infaillible; c'était la garantie d'éternelle durée nécessaire au christianisme, pour accomplir son œuvre dans la révolution complète du cycle humanitaire; c'était en outre le lien radical de la société, la base de l'ordre et la régularisation des forces intelligentes qui devaient concourir à l'œuvre *catholique* de la civilisation. De l'unité de la race humaine, proclamée par les livres saints, résultait nécessairement le principe d'égalité des hommes devant Dieu; mais ce principe fut encore expressément formulé par le livre de la Bonne Nouvelle. Cette grande maxime de la fraternité des hommes anéantit l'esclavage, l'homme s'appartint enfin à lui-même; il put regarder le ciel et se dire qu'il ne relevait plus que de Dieu seul. La liberté telle qu'elle existe dans la société moderne était inconnue de l'antiquité; elle est fille du christianisme; elle est sœur de la charité et du dévouement: inviolable trinité, à laquelle il est impossible d'enlever un de ses termes sans que les deux autres cessent à l'instant d'exister. Le christianisme pouvait seul créer la liberté, la développer et la féconder. Le matérialisme et le sensualisme, de quelque nom qu'on les appelle, concluent forcément à l'égoïsme, et l'égoïsme à l'esclavage. Au nom de quelle idée, en vue de quelle récompense imposerez-vous au plus fort de respecter la vie, la propriété ou les droits du plus faible, quand sa passion ou son intérêt lui auront conseillé d'en agir autrement? Et cela ne mène-t-il pas droit à l'esclavage? — Nous l'avons dit ailleurs et nous le répétons ici: dans une société vraiment catholique, la tyrannie et le despotisme, quelle que soit la forme du gouvernement, n'existent réellement pas; l'idée chrétienne suffit à elle seule pour faire contre-poids; et, comme elle garantit à la fois les droits de la morale, de l'intelligence et de la liberté, parce qu'ils sont inhérents à sa nature, il s'ensuit que les intérêts majeurs de l'humanité sont ainsi sauvés de toute atteinte.

Nous sommes chrétiens, et nous venons ici témoigner pour le christianisme. Heureux et fier de cette mission sublime, nous tâcherons de nous en rendre dignes et de nous élever à la hauteur de notre glorieux man-

dat. Le moment est solennel; les débats sont ouverts de toutes parts sur les questions les plus vitales de l'humanité. Mais, loin de redouter cette heure décisive, nous l'appelons de tous nos vœux; le christianisme n'a rien à craindre d'un examen public et profond; il est prêt à répondre devant tous les tribunaux. Comme ce glorieux vieillard (1) qui fut accusé de démence par ses enfants, et qui, pour toute réponse, vint lire aux magistrats d'Athènes sa dernière œuvre de génie, le christianisme, accusé d'ambition par les uns, d'incapacité par les autres, de tyrannie par ceux-ci, de supercherie par ceux-là, peut se présenter aux débats et, pour toute réponse, lire l'Evangile à ses accusateurs.

Nous savons, d'ailleurs, que les jours des grandes épreuves sont pour nous les veilles des grands triomphes. Nous nous souvenons que nous ne sommes pas d'hier. C'est nous qui avons pris le sceptre du monde au polythéisme, qui avons sauvé la race humaine d'une double ruine, ruine par la débauche et ruine par l'anarchie; c'est nous qui avons rendu son voile à la pudeur, et rattaché sa ceinture aux flancs de la Vénus antique. C'est nous qui avons arraché la framée aux mains des barbares, et qui leur avons fait courber le genoux et la tête devant le signe du Calvaire. Nous avons dompté la nature féroce du Romain et la nature sauvage de l'homme du Nord. Nous avons rompu l'anneau de la servitude et le collier de l'esclavage. Nous avons expulsé la tyrannie des codes et établi les premiers principes de la justice dans la loi; nous avons brisé l'épée de l'anarchie féodale, sauvé l'héritage intellectuel du monde, et rallumé le flambeau éteint des sciences et des arts. Nous avons fait prévaloir la civilisation européenne contre les invasions de l'islamisme, l'unité de l'Espagne contre les Maures, celle de la France contre les Albigeois et contre les disciples de Luther, la justice contre la violence, les droits contre l'usurpation.

S'il nous fut donné de faire triompher la civilisation tant de fois contre des ennemis si redoutables, comment nous serait-il refusé aujourd'hui de rendre le même service à la société, qui l'attend encore une fois? Ce triomphe du christianisme est une des plus inévitables nécessités de la situation. Comment serait-il possible de garder la civilisation et d'expulser le principe qui l'a produite? C'est comme si l'on demandait des fruits à un arbre coupé. La société moderne, si intelligente, si avancée dans les sciences, ne sera pas longtemps à comprendre cette haute vérité. De terribles enseignements ont eu lieu. Ils ne seront pas perdus, nous en avons l'espérance. O hommes incrédules! en croirez-vous du moins vos yeux? A quelle époque inconnue de l'histoire, dites-nous, appartiennent ces types monstrueux de débauchés par système, d'assassins méthodistes, d'empoisonneurs beaux esprits, de scé-

(1) Sophocle.

lérats de haute volée, qui ont jeté tant d'effroi dans tous les cœurs, Lacenaire, Eliçabide, Peytel, Laffarge? Le sensualisme les connaît sans doute; il en a rencontré les premiers modèles dans les orgies de la vieille Rome, dans les salons de Messaline ou d'Héliogabale; la société chrétienne a témoigné par sa stupeur qu'elle n'en savait ni l'origine ni la filiation. Cherchez du moins à qui vous pourrez confier la sûreté de vos foyers, l'honneur de vos familles, le soin de votre vieillesse, la garde du lit nuptial, l'éducation de vos enfants, le respect de votre nom pendant votre vie, de votre mémoire après votre mort, votre vie enfin, celle de vos proches et de vos amis, avant de prononcer que le christianisme a fait son temps sur la terre. Mais, avant qu'il soit longtemps, justice sera faite. La société reviendra à la porte de ses temples redemander sa foi; des pleurs amers ruisselleront sur les dalles saintes; on entendra des voix célèbres confesser hautement leurs fautes et demander pardon du passé; et le moment n'est pas loin où le christianisme triomphant pourra dire aux derniers barbares convertis à sa foi ce qu'il disait aux premiers: *Courbez la tête, fiers Sicambres, adorez ce que vous avez brûlé et brûlez ce que vous avez adoré.*

Telle est notre politique, éminemment nationale et religieuse, se préoccupant à la fois des intérêts particuliers de la patrie et des intérêts de l'humanité. Des hauteurs du catholicisme, nous jugeons les idées, les hommes et les événements, certains de ne pas nous tromper et d'indiquer aux peuples le chemin le plus court et le plus sûr pour arriver au bonheur, ce magnifique corollaire que le christianisme seul peut donner à la civilisation.

La solution de cette grave question ne pouvant longtemps être différée, l'élément chrétien, appelé à y exercer toute son influence, devait tout naturellement refléter sa virilité; tout le monde sait avec quelle énergie il hâta le moment de la civilisation au moyen âge; avec quelle énergie il lutta contre ses périls intérieurs et extérieurs, avec quelle force et quelle sagesse il fonda ses institutions, avec quelle ampleur et quelle promptitude il tendait à son perfectionnement. Il ne s'agissait plus, il est vrai, de rassembler, d'assouplir, de coordonner, de défendre les éléments barbares poussés de tous côtés par la colère divine sur le cadavre de l'empire, et de donner un membre à la place du *caput mortuum* païen, une force jeune et immortelle. Il s'agissait de donner à la jeunesse française un code d'enseignement plus en harmonie avec les moyens de former un caractère à son esprit et à son cœur, et de lui préparer un introducteur dans le monde, tout à la fois sous la sauve-garde de la vertu et de saines idées sur les hommes et sur les choses. L'Église romaine, qui est l'architecte du monde moral, ne pouvait manquer à sa mission; sa lutte a été vive, animée; les débats sont clos, et les contendants se donnent la main, heureux de s'être

entendus sur cette question vitale et réformatrice; pour s'en convaincre on n'a qu'à lire les documents suivants:

Par arrêté du 7 juin dernier, le ministre de l'instruction publique a institué une commission mixte composée de délégués des ministères de la guerre, de la marine et des finances, représentant l'école polytechnique, l'école militaire de Saint-Cyr, l'école navale et forestière, et chargés, concurremment avec les délégués du ministère de l'instruction publique, de préparer de nouveaux programmes de l'enseignement scientifique des lycées, pour les mettre en harmonie avec ceux des écoles spéciales du gouvernement.

Les travaux de cette commission ont été résumés par le rapporteur, M. Dumas, membre de l'Institut, vice-président du conseil supérieur.

Le ministre de l'instruction publique a donné une approbation complète aux mesures proposées par le rapport; il l'a soumis dans la séance du 23 juillet au conseil supérieur, au sein duquel une nouvelle commission a été immédiatement nommée pour procéder à la rédaction définitive des programmes de l'enseignement scientifique des lycées.

Le *Moniteur* publie le texte du rapport de M. Dumas, qui occupe six de ses colonnes; voici les points principaux de ce travail:

Le rapport rappelle d'abord qu'une commission spéciale a été chargée de revoir les programmes d'admission et d'enseignement à l'école polytechnique, ayant pour mission d'y rétablir le caractère pratique qui les distinguait autrefois, d'en exclure toutes les subtilités dangereuses ou inutiles; la réforme de l'enseignement de l'école polytechnique est accomplie: c'était le premier pas à franchir.

Restaient à résoudre les difficultés relatives à la coordination des examens d'admission à toutes les écoles et des programmes des lycées. Une commission mixte a été chargée de réviser les programmes d'admission aux écoles spéciales du gouvernement (école polytechnique, école militaire, école navale, école forestière), ainsi que les programmes de l'enseignement scientifique des lycées, et d'indiquer les modifications qu'il y aurait lieu d'opérer dans ces différents programmes pour les mettre en harmonie les uns avec les autres.

*Décret du 10 avril.* — Le décret du 10 avril, qui a servi de point de départ aux travaux de la commission, étant supposé déjà mis en pratique, elle s'est proposée de ramener dans l'enseignement scientifique autant d'unité qu'il en comporte. Aux termes de ce décret, les années de sixième, de cinquième et de quatrième constituent la division de grammaire à l'entrée de la division suivante, qui comprend les trois années correspondantes aux classes de troisième, de seconde et de rhétorique; les élèves peuvent choisir entre deux embranchements distincts: les uns se dirigeant vers les facultés des lettres,

de droit ou de théologie, vers l'enseignement littéraire d s lycées et des collèges, entrent dans la section des lettres; les autres se dirigeant vers les écoles navale, militaire, polytechnique, normale, forestière, vers les facultés de médecine, les écoles de pharmacie, ou se destinant à l'exercice intelligent de l'agriculture, de l'industrie et du commerce, entrent dans la section scientifique.

A la fin de leurs études, et pendant l'année de logique, qui en est le couronnement, les élèves des deux sections se préparent, par quelques développements nouveaux et par une révision attentive des objets qui ont fait la base de l'enseignement des trois années précédentes, à subir l'épreuve du baccalauréat.

C'est devant les Facultés des lettres que les élèves de la section littéraire ont à subir l'examen, à la suite duquel le diplôme de bachelier ès lettres peut être accordé.

A l'égard des élèves scientifiques, ils ont à se pourvoir devant les Facultés des sciences, chargées de les examiner et de juger leur aptitude à recevoir le diplôme de bachelier ès sciences.

Après avoir donné son approbation à ce qu'elle appelle la bifurcation introduite dans les lycées, la commission indique les résolutions qui, selon elle, doivent aider à cette innovation.

*Distribution du temps aes études.* — 1° Il y aura dix classes par semaine seulement, de deux heures chacune, le jeudi demeurant libre;

2° Cinq d'entre elles seront réservées aux lettres; les cinq autres aux sciences;

5° Les études et les exercices des cinq classes réservées aux lettres seront communs aux élèves de la division littéraire et aux élèves de la division scientifique;

4° Tous les enseignements scientifiques seront divisés en trois temps, savoir: notions préliminaires, enseignement proprement dit, révision;

5° Les études scientifiques nécessaires pour se présenter aux examens de l'école navale seront complètes à la fin de la classe de seconde;

6° Les études scientifiques nécessaires, soit pour se présenter à l'école de Saint-Cyr, forestière, soit pour subir l'épreuve du baccalauréat ès sciences, seront complètes à la fin de la classe de rhétorique;

7° Les études scientifiques de l'année de logique ayant pour objet la révision des cours des trois années précédentes, les élèves seront autorisés à se spécialiser, selon qu'il se destineront aux écoles dont l'enseignement s'appuie sur les sciences mathématiques, ou sur celles dont l'enseignement a pour base les sciences physiques et naturelles;

8° Dans le bénéfice de ces conditions, le baccalauréat ès sciences serait exigé pour toutes les écoles spéciales, l'école navale exceptée;

9° Conformément au principe posé par l'article 4, en quatrième, une leçon par semaine sera consacrée à l'enseignement de l'arithmétique et à celui des notions les plus élémentaires de la géométrie. En rhétorique, on emploiera vingt leçons à exposer aux élèves de la section scientifique les notions préliminaires du cours de logique.

10° Dans l'examen du baccalauréat ès sciences, les questions relatives à l'histoire porteront exclusivement sur l'histoire de France;

11° L'année complémentaire et distincte qu'exige l'enseignement des mathématiques spéciales sera organisée dans douze ou quinze lycées choisis et répartis sur le territoire de manière à satisfaire aux besoins du gouvernement et aux intérêts des familles;

12° A l'avenir, les ministres ne publieront plus les programmes particuliers pour les examens d'admission aux écoles spéciales qui sont dans leurs attributions; ces examens auront pour base les portions de l'enseignement scientifique des lycées correspondant aux besoins de ces écoles.

*Classification de l'enseignement.* — La commission déclare ensuite qu'elle place l'enseignement des lettres au premier rang; elle attribue le second aux mathématiques, le troisième à la physique et à la mécanique, le dernier à la chimie et aux sciences naturelles; c'est assez dire qu'elle entend que l'enseignement littéraire de la section scientifique soit sérieux.

*Le latin.* — Elle a pensé que l'examen sur e grec, fait à l'entrée de la classe de troisième, constaterait pour les élèves de la division scientifique une connaissance suffisante de la langue grecque.

C'est à l'étude du français, du latin, de l'allemand ou de l'anglais, de l'histoire ou de la géographie, que seront réservées, en conséquence, les études littéraires de la section scientifique pendant les années de troisième, de seconde et de rhétorique.

Les classes de latin seront exclusivement consacrées à des exercices de version, partie par écrit, partie à livre ouvert; les exercices sur le thème et les vers latins étant supprimés, il reste tout le temps nécessaire aux élèves pour apprendre à traduire les auteurs latins et pour se familiariser avec l'art plus délicat d'en produire exactement la pensée en français.

A quelle école se formera le jugement des jeunes gens, si ce n'est à celle de ces historiens, de ces philosophes, de ces orateurs et de ces poëtes immortels à qui l'humanité doit l'appréciation, l'analyse ou la peinture des événements, des actions, des passions qui ont remué le monde depuis les temps héroïques. A ce commerce assidu des hautes pensées, des grands sentiments, du noble langage, qui voudrait y renoncer?

Si, trop préoccupés de la nécessité de produire de savants ingénieurs, d'habiles industriels, nous venions à troubler la source féconde et pure où se forme le goût, nos exportations réduites, notre influence à l'étranger abaissée, viendraient nous révéler notre erreur, alors peut-être qu'il serait trop tard pour la réparer. Conservons à notre nation cet instinct délicat du goût qui la caractérise et qui s'applique à tout; conservons-le précieusement; car il lui tient lieu des houilles de l'Angleterre, des grandes ressources naturelles de la Russie et des États-Unis.

Les élèves de la section scientifique partageront donc pendant les années de la troisième, de la seconde et de la rhétorique, toutes les leçons, et ceux des exercices des élèves de la section littéraire qui sont relatifs à l'analyse des auteurs français, à la version latine, à l'histoire, à la géographie et à l'étude des langues vivantes.

*Les mathématiques.* — La commission n'hésite pas à répartir l'enseignement mathématique sur plusieurs années; elle croit qu'il faut faire revoir, en cinquième, la pratique des quatre règles; qu'en quatrième, les élèves doivent commencer l'étude élémentaire de l'arithmétique raisonnée, et recevoir quelques notions sur les figures de la géométrie plane; qu'en troisième, ils doivent voir l'arithmétique, les matières des cinq premiers livres de géométrie, et prendre quelques notions d'algèbre; qu'en seconde la géométrie et l'algèbre doivent être complétées. En rhétorique, aux exercices sur l'arithmétique et l'algèbre, on joindra quelques applications de la géométrie et des notions sur les courbes usuelles.

*Révision des études.* — L'année de logique sera consacrée à la révision sérieuse de toutes ces études; elle préparera fortement les candidats à l'épreuve de l'examen pour le baccalauréat, à celle du concours pour l'école de Saint-Cyr ou pour l'école forestière.

*La physique.* — Après l'enseignement mathématique nous plaçons dans l'ordre d'importance celui de la physique, qui comprend l'étude des éléments de la mécanique.

En troisième, quelques leçons destinées à donner aux élèves des notions élémentaires sur les principaux instruments usuels de la physique, les disposent à suivre avec fruit les leçons de la chimie données dans le second semestre.

L'année de seconde est consacrée à cette partie de la physique qui se rapporte à l'étude des fluides impondérables : la chaleur, l'électricité, le magnétisme, la lumière; on y a joint quelques notions d'acoustique et de météorologie.

*La mécanique.* — La mécanique, qui constitue la seconde partie du cours de physique, sera professée pendant l'année de rhétorique.

Le mouvement, ses lois, ses transformations, les forces, leurs effets, leur mesure, les causes de pertes que leur application rencontre, les moteurs à air et à eau, à vapeur, telle est la donnée générale du cours.

*La cosmographie.* — La commission propose d'exiger que l'enseignement de la cosmographie demeure purement descriptif.

Le ciel étoilé, la terre, le soleil, la lune, les planètes, les comètes, les marées, telle est la table des matières du cours. Son énoncé suffit pour élever l'âme et pour l'ouvrir à la contemplation de l'univers.

*La chimie.* — La chimie prend place dans l'enseignement des trois années de troisième, de seconde et de rhétorique.

En troisième, vingt leçons sont consacrées à donner les notions préliminaires de cette science et à faire connaître les principaux métalloïdes et leurs composés les plus importants.

En seconde, après quelques leçons consacrées à exposer, en les développant, les lois générales de la science, et à revoir les matières professées dans le cours de l'année précédente, l'enseignement prend pour objet les métaux, et en particulier l'étude sommaire de quatorze métaux choisis parmi les plus utiles, soit par eux-mêmes, soit par leurs composés.

En rhétorique, après quelques leçons consacrées à la révision des deux cours précédents, l'enseignement aborde la chimie organique : il ne se propose pas de faire connaître cette science, ses lois, ses curiosités; mais s'attachant aux matières organiques que nous manions chaque jour, aux phénomènes vulgaires, aux opérations les plus familières de la vie commune, il en donne les caractères, l'explication, la théorie.

*L'histoire naturelle.* — L'histoire naturelle trouve sa place dans l'année de rhétorique pour la partie théorique, en troisième pour l'exposé des méthodes de classification.

En rhétorique dix-sept leçons sont consacrées à l'étude des animaux, onze à celle des plantes, dix à la géologie. Les grands phénomènes de la vie des animaux et des plantes, les grandes généralités de la géologie, tel est le programme du cours. Sobre de détails, il s'attache à mettre en lumière les lois qui président à l'accomplissement des fonctions essentielles de la vie dans les deux règnes, à la distinction des terrains qui composent la croûte du globe; à leur chronologie si merveilleusement retrouvée.

*La géographie.* — Si la géographie politique se rattache à l'histoire, la géographie physique envisage la terre sous un point de vue qui dérive de la science.

Ce double aspect de la science géographique a dirigé la commission. Elle donne à la géographie physique la prépondérance pour les pays éloignés ou barbares, elle rend sa prééminence à la géographie politique pour les contrées que leur proximité ou des alliances naturelles rattachent aux destinées de la France.

Une statistique sommaire et élevée trouve sa place dans ce cours. Elle envisage et précise la distribution des races, des religions, des grandes lignes de navigation et de commerce, des grands centres de production pour quelques-unes des matières premières prépondérantes dans les balances internationales.

Ce programme deviendra le point de départ d'un ouvrage où la géographie, débarrassée des détails qui la surchargent, cessera d'être un exercice pénible pour la mémoire, et reprendra son rang parmi les études les mieux faites pour élever l'esprit à la contemplation des grands événements qui ont marqué le séjour de la race humaine sur la terre, les plus propres à lui faire pressentir ceux qui préparent son développement.

*Le dessin.* — Le dessin est une langue que des élèves de la section scientifique ne peuvent ignorer; aussi deux leçons par semaine lui sont-elles consacrées pendant toute la durée des études : l'une s'applique au dessin d'imitation, l'autre au dessin linéaire.

A l'égard du dessin d'imitation, la commission n'hésite point à recommander l'emploi général des méthodes qui, après mûr examen, ont prévalu dans l'enseignement des écoles spéciales, et elle désire vivement qu'une inspection bien dirigée aille porter dans tous les établissements de l'Etat les principes d'une marche uniforme.

Pour le dessin linéaire, tout est à créer, portefeuille, matériel, personnel; la commission pense que les élèves doivent exécuter trente et une feuilles de dessin linéaire relatives au dessin d'ornement, à la géométrie élémentaire, au levé, au lavis, aux projections, au nivellement, aux cartes géographiques, aux machines simples : elle en a arrêté les modèles.

En ce qui concerne l'année de la logique, et indépendamment des études littéraires, l'enseignement aura pour objet spécial de fortifier l'instruction des élèves sur les matières professées pendant les trois années précédentes et de les préparer aux examens.

*Les mathématiques spéciales.* — Indépendamment des enseignements scientifiques de ces quatre années, la commission demande qu'un enseignement particulier de mathématiques spéciales soit conservé dans un certain nombre de lycées, choisis et répartis sur le territoire, de manière à satisfaire aux intérêts de l'Etat et aux besoins des familles.

Elle demande qu'il n'y ait plus désormais qu'un seul programme pour l'admission à l'école Normale (division des sciences), et pour l'admission à l'école Polytechnique; la convenance de cette mesure n'a pas besoin d'être démontrée.

L'enseignement des mathématiques spéciales durera une année; il aura pour objet, parmi les matières exigées par le programme commun d'admission à l'école Polytechnique et à l'école Normale, celles qui ne sont point comprises dans le programme des trois années de la section des sciences.

*Les exercices religieux.* — Le jeudi et le dimanche laissés libres, le nombre des classes, limité à dix par semaine, les exercices religieux, les instructions de l'aumônier ou de son délégué, pourront être suivis avec régularité.

Le jeune homme trouvera quelques heures à donner aux exercices hygiéniques, à l'étude des beaux-arts, et surtout à ces rapports intimes de la famille où la raison du jeune homme se redresse au besoin, où son cœur s'ouvre et se développe sous l'heureuse influence de l'éducation maternelle.

Nous croyons devoir publier ce remarquable travail, auquel donne tant d'autorité la position élevée occupée dans l'enseignement supérieur par M. Nisard, qui a su revêtir des formes les plus élégantes du style les détails les plus pratiques.

*Rapport au nom de la commission chargée d'examiner le règlement d'études de l'école Normale supérieure (section des lettres) par M. Nisard, inspecteur général de l'enseignement supérieur, membre du conseil.*

Messieurs,

Pour mieux apprécier l'esprit et les dispositions du règlement qui vous a été soumis, il faut vous rappeler le changement profond que le décret du 10 avril a introduit dans le régime de l'école Normale supérieure. Avant le décret, cette grande école formait les élèves pour l'agrégation; désormais elle doit les former pour le professorat. L'expérience a prouvé que ce n'était ni la seule ni la meilleure. Tout le mérite laborieusement acquis pour réussir dans ses luttes ne tournait pas à l'avantage de l'enseignement, et nous avons eu dans plus d'un sujet ce contraste facile à expliquer de classes très-faibles aux mains de très-habiles champions de l'agrégation ; un savoir trop spécial, dont le professeur ne trouve pas l'emploi dans ses fonctions, en lui rendant plus difficile la tâche de s'approprier à l'intelligence de ses élèves, l'expose à donner son enseignement par dessus leur tête. Nous ne parlerons pas de ce qui peut s'y mêler de prétention, et, s'il n'y prend garde, de dégoût de ses devoirs.

Préparer les élèves de l'école Normale, depuis le jour de leur entrée jusqu'au jour de leur sortie, à la noble mission de l'enseignement; les tenir sans cesse dans les exercices les plus propres à leur en donner le goût et le talent; leur enseigner beaucoup de choses parce qu'il faut apprendre beaucoup, même pour n'enseigner que peu ; mais faire en sorte que leur savoir soit varié et profond sans cesser d'être pratique, en sorte que rien n'en soit perdu pour la jeunesse qu'ils auront à instruire ; enfin rapprocher le plus possible le maître de ses élèves : tel doit être, ce semble, le but d'une institution comme celle de l'école Normale, et c'est vers ce but que le décret du 10 avril l'a heureusement ramenée.

Ce sera l'honneur de l'administration actuelle d'avoir réalisé une réforme devenue si pressante; mais nous ne croyons rien ôter à cet éloge en disant qu'elle n'a pas été la première à y penser; on jugeait, même parmi les personnes les plus prévenues pour le régime en vigueur, qu'il y avait quelque chose à y changer. Il y en a un témoin considérable : c'est M. Cousin, longtemps directeur de l'école Normale, qui, la comparant, en 1837, à une institution analogue, le *Séminaire pour les écoles savantes de Berlin*, regrettait que cet établissement eût sur l'école de Paris l'avantage d'être plus pratique, et de mieux exercer les élèves-maîtres à conduire et à développer l'esprit et l'âme de la jeunesse ; cet avantage, le décret du 10 avril a voulu en doter l'école Normale supérieure de Paris, et il semble que, sur ce point, le nouveau règlement d'études réalisera un vœu de M. Cousin.

Comme conséquence de cette réforme, les exercices intérieurs de l'école ont dû être notablement changés; dans le régime ancien, l'histoire littéraire faisait tout le fonds de l'enseignement de la seconde année; les textes n'étaient en quelque sorte que les pièces justificatives de l'histoire, et plus d'un élève apprenait l'histoire sans lire les pièces justificatives. Il est très-vrai que les règlements particuliers prescrivaient aux professeurs d'accompagner l'exposition historique de la lecture des textes ; mais les cours inclinent dans le sens de leurs titres; le titre d'*his-*

*toire des littératures*, donné à l'enseignement de la seconde année, en emportait l'esprit.

Plus le professeur avait de mérite, de conscience et de savoir, plus il violait la prescription ; en sorte que, dans son désir de n'omettre aucun détail, il n'était pas sans exemple que la fin de l'année le trouvât attardé par de respectables scrupules aux premières époques d'une histoire qui, d'après le règlement d'études , devait être parcourue tout entière dans l'année. C'était la faute du règlement et point celle des professeurs: entre un cours d'histoire qui ne pouvait être complet qu'à la manière d'un manuel et d'un résumé, et des travaux profonds sur quelques parties, des hommes sérieux ne pouvaient pas hésiter ; mais il en résultait un véritable dommage pour les élèves.

Dans le régime ancien, la troisième année avait pour terme les agrégations multiples auxquelles ils se destinaient ; les exercices ne cessaient pourtant pas d'être communs ; mais le besoin de se tenir prêts pour des agrégations distinctes forçait les élèves à n'apporter qu'un esprit préoccupé aux cours qui ne s'y rattachaient pas directement. Cette sorte de distraction fort excusable commençait, il faut bien le dire, dès la seconde année ; on sent quels devaient en être les inconvénients: l'harmonie si nécessaire des études littéraires , s'éclairant , se complétant l'une l'autre, étant rompue; et des exercices qui, réunis, doivent faire un professeur complet, séparés, faisaient des historiens, des philosophes et des littérateurs ; les noms en étaient passés dans le langage officiel de l'école ; en outre, la préférence naturelle que chacun donnait à sa spécialité exposait les élèves à un travers fâcheux : ils étaient tentés de n'estimer pas assez les études dont ils croyaient n'avoir pas besoin. On ne serait pas juste, toutefois, si l'on niait que ce régime ne fût très-propre à former de brillants agrégés , mais il n'est plus permis de douter que l'enseignement public y gagnait rien.

Le décret du 10 avril a fait cesser cet état de choses. La seconde année n'a plus pour objet de former des érudits ; la troisième des agrégés; les trois années concourront à former des professeurs.

Une disposition principale domine le nouveau règlement et en marque l'esprit. Les cours littéraires des trois années portent uniformément le titre de *Cours de langue et de littérature*. Ainsi la langue est la première en nom ; c'est assez dire qu'elle doit être le fonds de l'enseignement. Dès lors, aucune tentation pour le professeur de faire un cours d'histoire ou de littérature dans lequel, sans le vouloir, il songerait plus à se satisfaire qu'à apprendre aux élèves ce qu'il leur importe de savoir. Entre les études de langue et les études de littérature, son devoir est de faire des parts égales; mais, dût-il pencher pour la langue, il ne faudrait pas s'en inquiéter; car tout ce qui est donné à l'étude d'une langue tourne au profit de la culture littéraire.

Sans la connaissance raisonnée et finie des langues, le goût des lettres peut n'être qu'un piège pour certains esprits, en les livrant à l'admiration inconsidérée d'ouvrages mal écrits, parce qu'ils sont mal pensés ; avec un fond solide de langues, on résiste mieux aux changements du goût qui amènent ou précipitent d'autres changements plus funestes, et on contribue à prolonger les belles époques des langues ou à en retarder le déclin ; en exigeant que l'étude des langues soit liée intimement à celle des littératures, le nouveau règlement ne rend pas moins service aux lettres françaises qu'à l'enseignement public.

Est-ce à dire que l'histoire littéraire soit exclue des cours de littérature de l'école Normale ? Nullement; elle en est l'accessoire nécessaire, elle n'en est plus le principal ; c'est sous la forme de notions préliminaires, avant d'ouvrir pour la première fois un auteur, ou de remarques courtes et substantielles

en le lisant, que l'histoire littéraire doit avoir sa place dans l'enseignement. Pour prendre un exemple qui a été cité dans la commission, il est assurément indispensable qu'on fasse précéder la lecture du *Cid* de remarques, soit sur les devanciers de Corneille, pour mieux apprécier à quelle hauteur il a porté tout à coup le théâtre; soit sur l'influence espagnole à cette époque, pour faire connaître ce que Corneille en a reçu; mais il y a une grande différence pour le profit des élèves, à faire de ces connaissances l'objet de leçons étendues et détaillées, ou à les donner rapidement, soit au commencement, soit dans le cours des leçons sur le théâtre de Corneille; le plus pressant, ce qui importe le plus aux élèves, c'est de pénétrer à cette époque, du plus tôt dans les œuvres mêmes et d'apprendre à goûter ces premières et sublimes beautés de notre tragédie nationale.

Telle est la part que le nouveau règlement fait à l'histoire littéraire dans les cours de la première année; une part plus grande lui est réservée dans l'année suivante; mais, au lieu d'en recevoir l'enseignement dans l'intérieur de l'école, les élèves iront le chercher à la Faculté des lettres; le règlement a prescrit toutes les mesures et indiqué toutes les précautions qui peuvent le rendre efficace et utile. Ainsi disparaissent deux des plus graves inconvénients du régime précédent : de la part des professeurs, des enseignements à la fois trop savants et tronqués; de la part des élèves, de stériles notices sur les auteurs, ou des considérations vagues et hasardées sur le temps où ces auteurs ont vécu; et dans la longueur nécessaire de ces sortes de devoirs, trop peu de soin donné à la composition et au langage; les élèves trouveront à la Faculté tout ce qu'il leur est nécessaire de savoir en fait d'histoire littéraire, et comme les professeurs voudront bien revoir les rédactions des élèves assistants, et que les non assistants seront tenus d'en prendre copie, rien de ce qui sera dit du haut de ces chaires savantes ne sera perdu pour l'école.

Était-il nécessaire d'ajouter à ces sages mesures l'obligation imposée aux élèves assistants de se tenir prêts à répondre à toutes les questions que pourrait leur adresser le professeur? Sur ce point, la commission s'est partagée : quelques membres ont exprimé l'opinion que des interrogations de cette nature, faites à l'improviste, pourraient mettre l'élève interrogé dans un embarras cruel pour lui, fâcheux pour la considération de l'école; qu'au contraire, des réponses heureuses, qui le donneraient d'une autre façon en spectacle à l'auditoire, seraient peut-être un prélude bien ambitieux pour les fonctions qu'il est appelé à remplir; que les cours de la Faculté étant faits pour le public, l'auditoire pourrait se plaindre que le professeur s'interrompt dans sa leçon ou en modifiât la forme pour quelques auditeurs privilégiés; qu'il pouvait en résulter de justes réclamations.

Les partisans de la disposition proposée ont répondu que ces inconvénients de ce genre n'étaient guère à craindre dans des cours scientifiques, que suit pour la plus grande partie un public spécial; que l'auditoire, loin de se plaindre de ces interrogations facultatives et nécessairement rares, y trouverait des éclaircissements auxquels elles pourraient donner lieu; que si les inconvénients étaient très-douteux, les avantages paraissaient certains : que, d'un côté, la crainte d'être pris au dépourvu et de compromettre l'école tiendrait les élèves en haleine; de l'autre, le professeur pourrait donner plus de précision à des leçons sur lesquelles il aurait à interroger des auditeurs d'élite; qu'enfin il ne s'agissait pas d'une innovation, mais d'une pratique depuis longtemps en usage et dont il n'était résulté jusqu'à ce jour que de bons effets.

Malgré ces raisons, la majorité de la commission s'est prononcée pour la première opinion; mais elle

a désiré que l'opinion contraire donnât ses motifs dans le rapport. Le conseil supérieur en décidera.

Du reste, l'assiduité même, sans cette condition, au cours de la Faculté compenserait-elle, pour les élèves, la suppression proposée par le nouveau règlement de l'une des deux leçons de grec et de latin données chaque semaine? Aux termes du règlement, l'enseignement de la seconde année est la préparation immédiate de l'examen de licence. Or, voici ce que suppose, ou plutôt ce qu'exige cette préparation : pour parler d'abord du latin, il faut revoir les textes déjà étudiés en première année, tout à la fois pour mieux savoir et pour ne pas oublier; et étudier de nouveau et s'en rendre maître par une explication exacte et savante; s'exercer fréquemment à la composition en prose latine et en vers, à l'analyse littéraire, à la correction des devoirs. Pour devenir habile en toutes ces choses, dont aucune n'est de luxe, est-ce assez d'un cours d'une heure et demie par semaine?

Il en est de même pour le grec; à la vérité des devoirs à corriger se réduisent à des versions et à des thèmes; mais, en revanche, l'étude des textes est plus difficile que dans les cours de latin et rend le secours du maître plus nécessaire. La Faculté, dût-elle approprier étroitement ses cours aux besoins de nos élèves, pourra-t-elle remplacer l'enseignement intérieur? la commission ne l'a pas pensé.

La seule objection qu'on puisse faire au rétablissement du second cours est celle-ci : ce temps que vous voulez rendre aux leçons, vous l'ôtez au travail personnel des élèves. De quel temps s'agit-il donc? de trois heures dans toute la semaine, pour les deux cours. La commission n'ignore pas quels sont les avantages du travail personnel : elle sait qu'il faut laisser aux élèves le temps de se recueillir, de respirer; que les études libres font faire plus d'efforts que les études obligées; aussi, contre des cours de pure érudition, tels qu'étaient les cours d'histoire littéraire, n'eût-elle pas hésité à prendre le parti du travail personnel. Mais il s'agit ici de leçons, en quelque sorte techniques, où le professeur ne peut laisser rien qui ne se rapporte à l'épreuve de la licence, rien qui n'y mène les élèves directement; ici le secours ne les accable pas, il les fortifie et les soutient : ces trois heures de plus n'ajouteront pas au nombre des devoirs, elles feront mieux faire les devoirs exigés; elles éviteront aux élèves, dans les compositions, les tâtonnements et les incertitudes; dans l'étude des auteurs, ces moments de mollesse où ils n'essayent pas d'approfondir ce qu'ils croient entendre suffisamment.

Il est d'autant plus nécessaire de tout rapporter à cette préparation, que l'examen de licence est, pour les élèves, une question de vie ou de mort; s'ils échouent, ils cessent cette partie de l'école; la commission approuve la rigueur de cette disposition; mais encore ne faut-il pas qu'un règlement qui commande ainsi le succès, sous peine d'exclusion, s'attire le reproche d'avoir refusé aux élèves aucun moyen de réussir.

Ces considérations, Messieurs, ont déterminé la commission à exprimer le vœu que les cours de langue et de littérature grecque et latine soient portés à deux leçons par semaine. Sous la réserve de ce vœu, elle donne sa complète approbation au règlement d'études de la seconde année.

Elle la donne sans aucune réserve à la partie du règlement qui concerne la troisième année; seulement, pour faire ressortir davantage la pensée excellente qui a présidé à la répartition des études de cette année, elle a mis en tête de l'article 12 ce qui se lit dans le projet au dernier paragraphe de l'article 13, à savoir : que l'enseignement de la troisième année a pour but immédiat et spécial de former des professeurs; elle n'a même pas craint d'appeler un de ses exercices par son vrai nom, et de

substituer dans l'article 13, à ces mots : « le professeur les exercera à l'art d'exposer leurs idées par des leçons élémentaires qu'ils feront devant lui, » ceux-ci : « à l'art d'exposer leurs idées et de faire une classe. » C'est là, en effet, le but immédiat et spécial dont parle l'article 12. Faire une classe, ou plutôt faire la classe à tous les degrés de l'enseignement, voilà ce que le projet de règlement veut et, à si bon droit, que l'on enseigne aux élèves de la troisième année ; rien ne manque à l'ensemble des études qui sont prescrites pour atteindre ce but, et telle en est à la fois la diversité et la profondeur, que les mêmes élèves pourront, au sortir de l'école, faire aussi bien une leçon de grammaire qu'une leçon d'humanités, et qu'ils s'intéresseront à leur art en proportion de ce qu'ils s'y rendront capables.

Tout ce qui vient d'être dit se rapporte particulièrement à l'enseignement du grec et du latin. La commission a regardé cette partie du règlement comme la plus importante ; mais elle n'en a pas examiné avec moins d'attention tous les autres objets d'études.

A l'égard du cours de littérature française, elle approuve en particulier l'obligation imposée au professeur de se renfermer, pour l'étude des textes, dans les époques classiques, et de ne pas perdre en recherches d'érudition curieuse sur les époques antérieures, le temps si court qui lui est donné pour former le goût des élèves.

L'enseignement de l'histoire avait paru à l'un des membres de la commission manquer de sanction, parce que le règlement n'indique pour tout exercice que les rédactions des élèves. Il lui a été répondu que : indépendamment de la correction des devoirs par le professeur, la sanction de cette partie des études était dans l'examen de fin d'année, et que cette sanction suffisait ; tous les membres ont d'ailleurs exprimé le vœu que les rédactions fussent courtes ; c'est le moyen, pour les élèves, de les écrire avec plus de soin et, pour le professeur, de les corriger de plus près.

Le règlement et les programmes du cours de philosophie pour les trois années nous ont donné sujet d'apprécier par quelles sages restrictions on pourra faire désormais de la philosophie le complément nécessaire de l'instruction et de l'éducation des élèves : l'enseignement de la première année est la révision approfondie et, sur quelques points principaux, le développement de la logique des lycées ; dans la seconde année, on fera l'histoire de la philosophie, en passant rapidement sur les époques de décadence pour s'arrêter sur les époques classiques, et l'on s'abstiendra de recherches stériles sur les noms secondaires pour admirer plus longtemps les grands noms ; enfin la troisième année applique les principes et les méthodes enseignés dans les années précédentes à la démonstration des points fondamentaux de la théodicée, de la morale et de l'esthétique. C'est l'enseignement philosophique tout entier, moins les noms et les questions qui l'ont compromis, même aux yeux des personnes les moins prévenues ; le règlement en a écarté deux piéges également dangereux : les vaines subtilités qui trompent le professeur sur la puissance de ce qu'il enseigne, et l'abus de l'érudition qui lui ôte le temps d'étudier les grandes époques et les grands modèles, et d'y apprendre à plus admirer à moins oser.

Une voix s'est élevée dans la commission contre la place faite à l'esthétique à côté de la théodicée et de la morale ; c'est, a-t-on dit, une science où, en voulant rechercher la science du beau, on risque fort de rencontrer l'obscurité et la confusion, et où les plus habiles n'ont pas réussi à former un corps de vérités dont les esprits cultivés soient d'accord. Sans méconnaître ce qu'il y a de juste dans ces scrupules, la commission a pensé que des spéculations d'un ordre si élevé ne doivent pas être étrangères à de jeunes esprits nourris de fortes études ; elle maintient donc l'esthétique, et elle a la confiance qu'un des bons effets du nouveau règlement, pour le professeur comme pour les élèves, sera d'empêcher que ces spéculations ne soient poussées au delà de ce qui est accessible à la netteté de l'esprit français ; toutefois, des huit articles ou points principaux sur lesquels porteront les leçons d'esthétique, on a été d'avis de retrancher les articles 6 et 8, soit comme trop vagues, soit comme formant double emploi avec ce qu'on enseigne dans les cours littéraires.

Reste l'enseignement des langues vivantes, dans lequel on a soigneusement établi une juste proportion entre les exercices littéraires et les exercices de la langue parlée ; seulement, dans un cours qui viendra s'ajouter aux trois années d'études des lycées, les exercices littéraires, surtout dans la dernière année, devront avoir une plus grande place et être à la fois plus variés et plus élevés. On y fera de fréquentes comparaisons entre les langues et les littératures anciennes et contemporaines, dans ce juste esprit qui doit être celui de tout professeur enseignant une langue étrangère à des élèves français, et qui consiste à s'abstenir eux de toute préférence systématique et à étendre le cercle de leur admiration sans égarer leur goût.

Le conseil aura remarqué que les réflexions ainsi que les propositions qui viennent de lui être soumises s'appliquent à la fois au règlement et aux programmes, aux principes et au mode d'exécution. L'examen qui sera précédé des programmes a donné lieu à deux modifications de quelque importance, sur lesquelles la commission appelle votre attention.

La première a pour objet d'ajouter à la double liste des auteurs grecs et latins un choix des Pères grecs, et des morceaux tirés de Tertullien et de saint Augustin. Il est à peine besoin de donner les motifs de cette addition. Si l'on a jugé bon de comprendre parmi les auteurs à expliquer dans les lycées un choix de Pères grecs, combien n'est-il pas nécessaire que des jeunes gens, appelés à les faire expliquer à leur tour, en aient fait à l'école Normale une étude approfondie ? A l'égard des Pères latins, si le caractère de leur latinité, si les difficultés dont elle est hérissée ne permettent pas de les faire entrer, malgré l'excellence du fonds, dans les programmes de nos lycées, il ne peut y avoir que beaucoup de profit à en faire étudier les plus belles parties à nos élèves professeurs. Ce sera pour les maîtres de conférence le sujet de remarques historiques et philosophiques sur les altérations de la langue latine et sur leurs causes ; ce leur sera surtout une occasion précieuse de faire admirer aux élèves les passages où la beauté des sentiments et des pensées semble régénérer cette langue et l'enrichir une dernière fois de nouveautés qui sont conformes à son génie.

La seconde modification consiste à insérer à la suite des listes d'auteurs la recommandation expresse que le choix des textes profanes soit fait avec la réserve qu'exige l'intérêt moral de l'enseignement. Un membre a exprimé quelques scrupules à ce sujet : il lui a semblé qu'il y avait de l'inconvénient à supposer que les maîtres pourraient n'être pas assez préoccupés de cet intérêt et feraient le choix dont il s'agit avec une légèreté coupable ; qu'en certains cas et à l'égard de certaines personnes, il fallait prendre garde que la prudence ne parût de la défiance ; mais la majorité de la commission a été d'avis que, fort innocemment, et par l'effet d'un peu de superstition littéraire, cette réserve pourrait n'être pas toujours observée ; que la supposer n'était pas sortir de la prudence bienveillante ; qu'enfin, à une époque où les intérêts moraux de toute nature ont couru de si grands dangers, il était du devoir du conseil supérieur de ne laisser échapper aucune occasion de venir à leur secours.

Tels sont, Messieurs, pour ne point parler de quelques changements de rédaction dont la commission n'a pas voulu surcharger ce rapport déjà trop long, tels sont les points principaux sur lesquels elle a cru devoir ou proposer quelques modifications, ou exprimer une approbation formelle et motivée; elle a la confiance que, strictement exécuté dans l'intérieur de l'école, avec la double sanction de l'examen de licence devant la Faculté, et de l'examen de sortie devant les inspecteurs généraux, héritiers, pour cette troisième année, des devoirs de la Faculté, ce règlement portera les meilleurs fruits. Elle n'est pas moins convaincue que ni l'enseignement de l'école Normale supérieure, ni l'enseignement des lycées, dont il élève et maintient le niveau, n'en seront abaissés; il est vrai que dans les conditions nouvelles, où on a semblé faire passer l'intérêt de la jeunesse avant l'intérêt des maîtres, et les modestes avantages des classes bien faites avant l'éclat que les luttes du concours répandaient sur quelques jeunes professeurs, s'il en était ainsi, ce ne sont pas du moins les familles qui s'en plaindraient.

Mais la commission pense que l'intérêt des maîtres n'est nullement sacrifié à celui de la jeunesse; que ces deux intérêts sont inséparables, et que ce qui fait le bon enseignement est nécessairement à l'avantage de ceux qui le donnent: il lui a même paru que la condition de nos maîtres en deviendrait meilleure. Deux choses contribuent surtout au contentement de l'homme et à la paix de sa vie, l'amour de son devoir et la considération qu'il y trouve; nos professeurs aimeront leurs devoirs, par la raison que nous aimons tout ce qui nous a fait réussir: or, ce qui fera surtout réussir les candidats à l'agrégation unique, instituée par le décret du 10 avril, ce sera l'aptitude prouvée pour l'enseignement, et le talent, plus rare qu'on ne pense, de faire une classe. Quant à la considération, elle leur viendra naturellement de la confiance des familles. Plus rapprochés de nos enfants, suivant de plus près leurs jeunes esprits, les maîtres rencontreront plus souvent les caractères, et auront plus d'occasions de mêler l'éducation à l'instruction; par là ils s'associeront à ce qui est plus particulièrement la tâche des familles, et ils recevront en échange de leurs soins cette confiance qui leur profitera plus, ce semble, que l'opinion mêlée d'inquiétude qu'ils auraient pu donner de leurs talents.

Enfin, et pour terminer, serait-il donc vrai que le nouveau régime de l'école Normale supérieure doive enlever aux lettres des vocations heureuses et la chance de quelques bons écrits? La commission n'éprouve point cette crainte: sans doute l'esprit du règlement d'études n'est pas de faire de chaque élève un érudit ou un écrivain; mais il n'empêchera personne de le devenir, en retranchant des études intérieures tout ce qui est de nature à donner aux jeunes gens de l'ambition avant des idées, et à leur rendre leurs espérances plus chères que leurs devoirs; en les renfermant sévèrement dans des exercices où l'étude des langues n'est jamais séparée de l'étude des littératures, ni celle-ci de la lecture assidue des modèles, on fortifiera les vocations vraies, et on découragera utilement les vocations trompeuses; et ce ne serait pas le moindre des services que le nouveau régime est appelé à rendre, s'il apprenait à la fois aux élèves de l'école normale supérieure combien il est difficile de faire un bon écrit, et combien il est aisé de se résigner à n'en avoir pas le talent.

Aussi, le conseil supérieur de l'instruction publique a consacré sa séance à l'examen des questions relatives à l'école Normale; il a adopté le programme de la section littéraire, ainsi que le règlement qui détermine le *règlement* intérieur et disciplinaire de cette école. Dans sa séance du 10 août, il a adopté le programme de logique, et ceux des études littéraires de la division supérieure de la section des lycées. Enfin dans sa dernière séance, qui a eu lieu le 11 août, le conseil supérieur termine ses travaux par l'adoption du programme scientifique de la division supérieure de la section des lettres dans les lycées.

Le *Journal des Débats* a bien voulu, contrairement à ses avis antérieurs, en reconnaître l'importance; car ce journal disait à ce sujet, sous le régime antérieur: « Les exercices de l'école étaient dirigés de manière à former des érudits ou des agrégés; sous le nouveau régime, ils seront dirigés de manière à former des professeurs: la place occupée aujourd'hui presque exclusivement par les études littéraires sera partagée entre l'étude de la langue et celle de la littérature; l'étude de la langue est placée au premier rang et l'on veut qu'elle soit le fonds de l'enseignement. »

Un changement matériel d'une assez grande importance est introduit dans l'enseignement de l'histoire: au lieu de le recevoir dans l'intérieur de l'école, les élèves iront le chercher à la faculté des lettres.

L'enseignement de la philosophie est naturellement réformé d'après le principe déjà consacré par le décret du 10 avril à l'égard des lycées; il consistera, pour la première année, dans la révision et le développement du cours de logique que les élèves auront suivi dans les lycées; pour la seconde année, dans l'histoire de la philosophie, limitée aux seules époques classiques; pour la troisième année, dans l'étude et la démonstration des points fondamentaux de la théodicée, de la morale et de l'esthétique; toutes les autres parties de l'enseignement philosophique sont élaguées du programme et taxées de vaines subtilités.

Le *Journal des Débats* ajoute qu'on doit signaler dans le programme de l'école normale deux autres modifications importantes: « La première, dit-il, a pour objet d'ajouter à la liste des auteurs grecs et latins un choix des Pères grecs et des morceaux tirés de Tertullien et de saint Augustin; la seconde modification consiste dans la recommandation expresse insérée dans le programme et à la suite de la liste des auteurs, que le choix des textes profanes doit être fait avec la réserve exigée dans l'intérêt de la morale. L. ALLOURY. »

Sur ces deux points, dont le *Journal des Débats* veut bien, contrairement à ses avis antérieurs, reconnaître l'importance, voici le texte du rapport de M. Nisard, que nous venons de citer, mais dont il nous importe de rappeler les deux paragraphes suivants:

« L'examen séparé des programmes a donné lieu à deux modifications de quelque importance sur lesquels la commission appelle votre attention.

« La première a pour objet d'ajouter à la double liste des auteurs grecs et latins un

choix de Pères grecs, et des morceaux tirés de Tertullien et de saint Augustin ; il est à peine besoin de donner les motifs de cette addition ; si l'on a jugé bon de comprendre parmi les auteurs à expliquer dans les lycées un choix de Pères grecs, combien n'est-il pas nécessaire que des jeunes gens appelés à les faire expliquer à leur tour en aient fait à l'école normale une étude approfondie ; à l'égard des Pères latins, si le caractère de leur latinité, si les difficultés dont elle est hérissée ne permettent pas de les faire entrer, malgré l'excellence du fonds, dans les programmes de nos lycées, il ne peut y avoir que beaucoup de profit à en faire étudier les plus belles parties à nos élèves professeurs ; ce sera, pour les maîtres de conférences, le sujet de remarques historiques et philologiques sur les altérations de la langue latine et sur leurs causes ; ce leur sera surtout une occasion précieuse de faire admirer aux élèves les passages où la beauté des sentiments et des pensées semble régénérer cette langue et l'enrichir une dernière fois de nouveautés qui sont conformes à son génie.

« La seconde modification consiste à insérer à la suite des listes d'auteurs la recommandation expresse que le choix des textes profanes soit fait avec la réserve qu'exige l'intérêt moral de l'enseignement ; un membre a exprimé quelques scrupules à ce sujet ; il lui a semblé qu'il y avait de l'inconvénient à supposer que des maîtres pourraient n'être pas assez préoccupés de cet intérêt, et feraient le choix dont il s'agit avec une légèreté coupable ; qu'en certains cas, et à l'égard de certaines personnes, il fallait prendre garde que la prudence ne parût de la défiance ; mais la majorité de la commission a été d'avis que fort innocemment, et par l'effet d'un peu de superstition littéraire, cette réserve pourrait n'être pas toujours observée, que le supposer n'était pas sortir de la prudence bienveillante ; qu'enfin, à une époque où les intérêts moraux de toute nature ont couru de si grands périls, il était du devoir du conseil supérieur de ne laisser échapper aucune occasion de venir à leurs secours. » Nous pourrions soumettre ici diverses observations à M. Nisard, sur ces deux modifications, mais, pour le moment, nous tenons davantage à constater le résultat obtenu qu'à discuter tel ou tel point de détail.

Ce résultat est, en effet, assez significatif : les chefs de l'enseignement officiel reconnaissent eux-mêmes que des modifications doivent être apportées à l'étude du grec et du latin ; ils avouent qu'il y a quelque chose à faire, et joignent l'exemple au précepte ; sans doute ils procèdent très-timidement ; néanmoins ils ajoutent à la liste des auteurs chrétiens, et restreignent le choix des auteurs profanes.

Nous savions que la polémique sur les classiques avait déjà eu pour résultat de faire donner dans diverses institutions privées une part plus large aux auteurs chrétiens, soit en faisant entrer dans l'enseignement pratique des textes qui ne figuraient guère que sur les programmes, soit en modifiant les programmes eux-mêmes ; mais nous ne pensions vraiment pas que cette polémique pût exercer si vite une influence quelconque sur les écoles de l'Etat ; le *Constitutionnel* a beau tenir la question pour épuisée et enterrée, elle vit, et gagne chaque jour du terrain.

Ne soyons donc nullement étonnés du discours aussi orné que fécond en pensées lumineuses que vient de prononcer M. le ministre de l'instruction publique, à la distribution des prix du grand concours pour l'exercice 1852.

Jeunes élèves,

Nous avons revu ce qu'avaient vu nos pères, l'esprit de critique emporté hors de ses justes bornes, l'esprit de désordre déchaîné à sa suite, la société tout entière en péril, le sophisme employé avec un acharnement égal à ruiner les fondements de l'autorité, à empêcher qu'on ne les rétablisse, la civilisation attristée par l'impunité de l'anarchie, effrayée par la menace de malheurs plus grands encore ; tout à coup la France, l'Europe sauvées par une volonté héroïque, l'autorité raffermie, la religion, la vérité, la justice recouvrant leurs droits, tous les arts que l'ordre féconde restaurés, et la patrie reprenant, plus forte et plus heureuse, le cours de ses destinées sous un prince qui a su rendre la toute-puissance populaire.

Grâce à lui, jeunes élèves, la paix de vos études est devenue si profonde, que je me reprocherais de la troubler par ces souvenirs de l'orage qui a passé au-dessus de vos têtes, si je ne craignais de manquer à un de mes devoirs en dissimulant ici la sévérité des leçons que nous avons reçues et l'importance des avantages que vous en pourrez retirer. Pourvu que nous ayons le courage de ne point cacher nos blessures, nous avons dans nos mains des moyens assurés de les guérir. Empressé de répondre à l'appel du prince, par un dévouement, par des lumières qui sont au-dessus de mes éloges, le conseil supérieur de l'instruction publique a voulu que vos études ne s'achevassent point sans qu'il eût réglé l'ordre salutaire dans lequel elles vont bientôt recommencer.

Depuis les classes élémentaires où s'essayent vos plus jeunes camarades, jusqu'à l'école Normale où se forment vos maîtres les plus habiles, depuis les détails intérieurs de la discipline de nos établissements jusqu'à l'éclat public de ces couronnes, éternel orgueil de vos mères, il a tout revu avec un soin scrupuleux, il a tout consacré par ses corrections mêmes.

Pour raffermir ce grand système d'enseignement national qui fait l'admiration de l'Europe, il suffisait de le ramener aux principes de son origine ; je ne crains pas de le dire, depuis qu'il a été élevé par les mains glorieuses qui venaient de redresser les autels, jamais il n'aura été plus fidèle à la pensée de son immortel fondateur. Sans doute, ceux qui sont les plus intéressés à le défendre ne se joindront pas à ses détracteurs pour préférer la fausse simplicité qui l'avait énervé après coup à l'énergie native qui peut seule en assurer la durée ! Résolue à maintenir intactes les traditions littéraires des anciennes Universités, l'Université nouvelle liera sa vie à celle des sociétés modernes par une organisation plus complète de l'enseignement des sciences, source de richesses et de suprématie politique des nations.

Je n'ignore pas, la curiosité qui s'allume en nous dès l'enfance égare trop souvent les âmes auxquelles elle a pour mission de rappeler leur céleste origine ; cette soif divine de la vérité, dont les degrés marquent ceux des intelligences, trop souvent nous

éloigne ou but suprême où elle aspire, en nous faisant considérer comme une force sans limite de notre esprit ce qui est au contraire une preuve invincible de son irrémédiable faiblesse. Quand on a dit aux hommes qu'ils peuvent tout connaître, ils sont trop près de conclure que tout leur doit être permis.

Jeunes élèves, nous avons vu tous les déréglements que peut enfanter cette présomption coupable; le gouvernement a la volonté ferme d'en conjurer à jamais le retour; mais la confiance des familles, dont vous êtes le légitime espoir, serait indignement trompée, si, pour dominer les esprits, il avait besoin de les abaisser : ce qui est redoutable aux sociétés comme aux individus, ce n'est pas l'activité, c'est le vide des âmes. Si elle manque d'aliment, l'intelligence humaine se dévore elle-même et se déprave; c'est en l'occupant qu'on mérite de la gouverner.

Dès l'origine, nos écoles françaises, partagées entre d'anciennes formules faites pour charger la mémoire, et les livres d'Aristote, où l'on signalait un péril pour la foi, cherchaient leurs voies avec inquiétude et semblaient prêtes à se dissoudre dans la licence et dans l'hérésie; deux ordres s'élevèrent dans l'Eglise, qui eurent la noble ambition de s'emparer de la philosophie nouvelle et de discipliner les intelligences avec cet instrument qu'on croyoit destiné à les pervertir; c'est ainsi que, satisfaisant leur siècle, les disciples de saint Dominique et de saint François ont réussi à le conduire.

Avec la même assurance, avec un succès pareil, d'autres ordres se sont présentés plus tard pour mener le cortège des lettres et des arts remis en honneur par la renaissance; en les développant, ils purent les diriger, ils en ont laissé le dépôt enrichi par leurs études à ce grand ordre laïque que l'empereur avait créé de leurs débris, et qui a trop longtemps mérité d'être associé à leurs éloges pour ne pas vouloir rivaliser avec leurs vertus comme avec leur savoir.

Maintenant si de nouveaux sujets d'études nous sont imposés par des besoins nouveaux, nous laisserons nous arrêter par les mêmes murmures, par les mêmes périls dont tant d'illustres devanciers nous ont appris à triompher? Que n'a-t-on pas dit, même de légitime, contre les dangers de la sagesse et de l'esprit sensuel des anciens? Cela a-t-il empêché saint Thomas de gouverner le moyen âge au nom d'Aristote, et le P. Vanière de chanter les beautés de la nature, dans des vers où la chasteté du génie chrétien a retrouvé la pureté du génie de Virgile?

Si l'inclination sérieuse de notre siècle est pour les sciences, si le moment est venu pour nous qui se rencontre dans l'histoire de tous les peuples où Théophraste succède à Aristote, où Pline suit Sénèque de près, au lieu de répudier les dons que reçoit notre maturité, employons-nous à les rendre bienfaisants et durables; usons-en avec cette confiance éclairée, discrète, qui réserve et féconde la part de la liberté humaine dans les changements inévitables des âges.

Grâce au ciel, les sciences physiques elles-mêmes ont été ainsi faites chez les modernes : qu'elles s'adressent aux plus hautes facultés de l'esprit; elles n'offrent pas uniquement aux yeux des tableaux complaisants de la nature extérieure; ce ne sont pas les faits seulement, ce sont les lois surtout qu'elles montrent, et partout cet ordre intérieur et certain qu'elles révèlent sous l'apparence changeante des choses sensibles, elles apprennent à l'homme, au moment même où elles le placent en face de la création, à y retrouver la main du Créateur qui l'a ordonnée, à y discerner le travail de l'esprit humain lui-même qui en a déchiré les voiles pour en pénétrer les mystères.

C'est d'elles principalement qu'on peut dire ce que Buffon a dit du style, vêtement de la pensée humaine, qu'outre les vérités qui y sont exprimées, l'esprit y en découvre d'autres d'un ordre supérieur, qui sont plus admirables encore et qui en font surtout le prix.

Notre langue ne semble-t-elle pas aussi particulièrement conviée à la culture des sciences? Sa clarté, sa sincérité, son tour vif à la fois et logique, qui substitue partout avec rapidité l'ordre de la pensée à l'ordre de la sensation, ne l'ont-ils pas destinée à être non-seulement leur instrument le plus naturel, mais même leur guide le plus sûr et le plus utile? Ses beautés, toutes de vérité et de raison, ne sont-elles pas la parure la plus heureuse qu'elles puissent revêtir?

Si Descartes, Pascal, Fontenelle, Buffon, ont puisé dans les sciences la grandeur régulière, la profondeur solide, la délicatesse, l'éclat qu'elles ont tour à tour prêté à la langue française, n'est-ce point pour qu'elle rende aux sciences les services qu'elle en a reçus? N'aurions-nous enfin une langue habile à dessiner avec une pureté exquise les contours des choses que pour lui interdire les sujets où elle peut déployer le plus d'utilité sa précision admirable? N'aurions-nous un idiome excellent, entre tous, à montrer la force de l'entendement toujours présente dans les images même des objets les plus sensibles, que pour nous refuser de nous donner le témoignage le plus décisif de l'empire de la pensée sur la matière?

Dans le siècle où l'homme a su réduire l'air, le son, la lumière à ses mesures, et soumettre l'invisible et l'impalpable à ses observations, devons-nous craindre qu'il oublie sa dignité, et qu'il abaisse sa prééminence en cultivant les sciences qui lui ont permis de fournir les exemples les plus fameux de la supériorité de son esprit?

Ce que le patriotisme conseille, la religion ne saurait le redouter. C'est elle qui a appris à l'homme à élever son regard vers ces cieux qui racontent la gloire de leur auteur. C'est elle qui consacre chaque jour, avec toute la pompe des images de l'Ecriture, ces prodiges de l'industrie, dont la science a dérobé les secrets à la nature. C'est elle qui sera la conseillère toujours désirée, toujours bienveillante, des grands établissements nationaux que nous offrons aux familles, conservés et réformés avec l'assistance de prélats renommés par les talents et par les vertus qu'elle inspire. Elle sera toujours présente à la pensée de ceux auxquels l'Etat aura remis le soin de former pour ses services les plus importants l'élite de la jeunesse française

Et vous, jeunes élèves, qui portez l'amour de la patrie écrit dans vos regards, vous ne permettrez pas que l'on calomnie vos maîtres, en les accusant d'égarer vos intelligences, lorsqu'ils vous enseigneront les sciences qui ont façonné les esprits souverains du dix-septième siècle. Comme au temps où Descartes donnait les exemples du goût en dictant des lois à la géométrie, où Pascal descendait des hauteurs absolues des vérités mathématiques dans les douloureux abimes de la conscience humaine, vos professeurs vous apprendront à unir sans cesse le culte des lettres à celui des sciences.

Ceux d'entre vous qui aspirent à développer la richesse de la France, à accroître sa puissance matérielle, à garantir sa sécurité, seront initiés aux délicatesses qui ont rendu notre esprit arbitre suprême des goûts de l'Europe. Ceux qui se proposent de cultiver le champ inépuisable que les lettres offrent au génie de notre pays, sauront à leur tour que penser avec justesse est un des biens les plus enviables; qu'écrire avec charme est un des talents les plus honorés parmi nous; mais que dans ce siècle où les nations luttent pour la prépondérance, par les travaux et par les inventions des arts, on mérite tous les encouragements de la patrie, quand on apprend à soutenir sa réputation et son rang dans cette arène pacifique. Ainsi, ce sera, je ne crains pas de le dire,

un des principaux honneurs du gouvernement de Louis-Napoléon d'avoir voulu que tous les éléments de la fortune et de la gloire de la France fussent ensemble représentés dans nos écoles et récompensés dans nos concours.

Jeunes élèves, je désirerais que ce ne fût pas le seul service rendu par le gouvernement du Prince à l'enseignement public, et que, tandis que nos études s'étendent, notre discipline pût se resserrer et se raffermir. Même dans les écoles où l'on enseignait la déclamation, les anciens s'attachaient à former des hommes qui fussent plus capables encore d'agir que de discourir.

La parole ne perd rien à cette retenue, qui lui prête au contraire, lorsqu'elle vient à se produire, le ton élevé, la concision austère qui portent rapidement la clarté dans les esprits et la conviction dans les cœurs. Les plus heureuses qualités de l'intelligence, même les plus belles dispositions de l'âme, sont des trésors inutiles, si le caractère, trempé par une institution vigoureuse, ne conserve point sans altération tous les autres dons qu'il porte et qu'il mesure.

Mon modèle est devant tous les yeux : ne recherchant que le vrai quand il pense, ne consultant que son devoir quand il agit, délibérant avec maturité, décidant avec résolution, persévérant dans les hauts desseins, modifiant sans peine ceux qui ne sont qu'accessoires, évitant les discours superflus, excellant à répandre la lumière et la force dans ceux qui sont nécessaires, d'une énergie et d'une modération égales; tenant peu compte des passions qui changent, des opinions qui passent; s'inclinant avec respect devant les croyances qui durent, devant le dévouement qui vivifie; n'aimant la grandeur qu'unie à la simplicité, et par le commandement de soi-même; méritant de commander aux autres hommes : voilà l'image que je présenterai à votre imitation, et qu'offre à l'Europe et à la France reconnaissante le Prince à qui vous devez de pouvoir continuer, au sein d'une société calme et prospère, les luttes brillantes couronnées aujourd'hui au milieu de la joie de vos familles rassurées.

Voici comment sont clos les débats qu'avait soulevés Mgr. l'évêque d'Orléans.

### 3 août 1852.

«Un journal annonce que la déclaration épiscopale relative au journalisme et aux classiques ne tardera pas à paraître.

«Ce journal a été sans doute mal informé. La déclaration, les noms des vénérables signataires, ainsi que la plupart des lettres écrites au sujet de cette affaire, n'ont et ne peuvent avoir jusqu'à ce jour qu'un caractère confidentiel. Ce qu'on publierait serait nécessairement inexact et incomplet; des noms qui devraient s'y trouver ne s'y trouveraient pas; il y aurait tel nom qui ne devrait pas être considéré comme signataire d'une déclaration rendue *publique;* et la publication d'un très-grand nombre d'autres lettres et adhésions importantes est matériellement impossible, puisqu'elles sont en ma possession seule. Il est surtout des choses où la force est et demeure dans la modération.

«Ce qui devait être fait a été fait; ce qui est connu de cette affaire suffit: ceux qui devaient s'entendre se sont entendus; ceux qui avaient besoin d'être avertis l'ont été: peu importe que d'autres le sachent ou l'ignorent aujourd'hui. Qu'on médite avec le respect qui leur est dû les paroles sages et fortes de plusieurs prélats qui ont récemment écrit

touchant cette affaire : il y a là des leçons salutaires pour tous, des explications et des conseils qui ne seront perdus pour aucun de ceux qui savent lire et comprendre ; que si, par tous ces graves avertissements, la sévérité nécessaire des uns et l'indulgente bonté des autres n'obtenaient pas toujours la souveraine influence qui leur a été promise, nous avons du moins lieu d'espérer que nous ne verrons plus se reproduire les torts et les fautes dont nous avons eu tous à gémir.

« Il serait donc inutile en ce moment de donner un nouveau prétexte à la contradiction des langues, et un aliment à la polémique irritée des journaux. L'éclat d'une plus grande publicité n'est pas nécessaire ici pour apprendre au monde qu'il y a un terrain de ferme doctrine, de sagesse sobre et d'autorité supérieure, en dehors et au-dessus de toutes les nuances possibles des opinions libres, sur lequel l'épiscopat se rencontre toujours profondément et invariablement uni à son chef suprême et ne peut jamais être divisé. C'est contre quoi les esprits méchants et emportés ne prévaudront jamais: c'est sur quoi des chrétiens catholiques ne pourraient essayer de donner le change ou de jeter des nuages, sans se rendre coupables des plus déplorables illusions, responsables peut-être des plus grands maux, et sans blesser profondément le cœur de celui qui *déteste et maudit la discorde entre les frères.*

«Il peut y avoir ailleurs des partis et des excès : il n'y en a point parmi nous : les évêques n'ont de goût que pour l'union dans la vérité, dans la modération, dans la paix, et dans un accord filial et toujours soumis à celui que Jésus-Christ, en quittant la terre, a mis au centre de son Église pour y tenir tout uni dans la foi, dans l'obéissance et dans l'amour.

«Pour nous, nous ne cesserons d'élever avec confiance nos mains vers le prince de la paix pour le supplier de maintenir toujours entière en l'Église, qui est son royaume sur la terre, cette pacifique et touchante unanimité qui la fait belle autant que forte, et qui dans ces temps de trouble et de confusion, sera plus que jamais notre gloire singulière en même temps que la leçon du monde ! Malheur à ceux qui diminueraient cette divine et si nécessaire unanimité ! Elle ne sera jamais troublée, si tous, dans ce corps admirable et si merveilleusement ordonné de l'Église, savent fidèlement se tenir en la place que Jésus-Christ leur a marquée, et qui est pour les uns celle de l'autorité, pour les autres celle de l'obéissance, et pour tous celle de la charité et du respect.»

Son Eminence le cardinal de Reims, Mgr Gousset n'avait pu manquer d'être consulté par plusieurs membres du vénérable corps épiscopal. Nous savons tous qu'il est l'une des plus brillantes lumières du haut clergé français. Voici sa réponse :

### « Monseigneur,

« Je m'empresse de répondre à la lettre que vous avez bien voulu m'écrire; son objet est

très-important. Je ne connais pas les quatre articles que Mgr Dupanloup a soumis à votre signature et à celle de plusieurs de nos collègues. J'ai bien appris que certains mandataires s'étaient présentés de sa part et en son nom dans divers diocèses, principalement du midi de la France ; mais j'ignore encore ce qu'ils ont proposé ou sollicité. Je crains que, sous prétexte de prévenir toute désunion dans l'épiscopat, on n'ait commencé par le fractionner en engageant par des signatures individuelles une partie des évêques à l'insu des autres et peut-être dans un but direct d'opposition. Quoi qu'il en soit de l'intention, je prévois que les démarches et les actes de Mgr l'évêque d'Orléans n'auront pas un résultat dont son zèle et sa piété puissent se réjouir.

« Ce n'est pas par de semblables procédés que l'on arrivera à trancher définitivement des questions de la nature de celle dont il s'agit en ce moment, et je me permettrai de dire qu'on ne devrait pas en faire l'essai. Ce système d'adhésions isolées, provoquées ou sollicitées personnellement, en dehors de toute vue d'ensemble et de toute délibération, sans intervention aucune du vicaire de Jésus-Christ n'est point consacré dans l'Eglise. D'ailleurs, il est facile de comprendre combien il serait fâcheux qu'il y eût de la part d'un certain nombre d'évêques une manifestation désavouée par le Saint-Père. Or, sur le point dont il s'agit, on ne doit pas compter sur le silence des prélats non adhérents qui ne s'exposeraient pas à ce que ce silence fût considéré par ceux qui ignorent les matières ecclésiastiques comme une adhésion tacite à des actes qu'ils désapprouveraient en réalité. Et qui peut se promettre, d'autre part, que ces mêmes actes obtiendraient l'assentiment du Souverain Pontife?

« Au fond, la polémique soulevée par M. l'abbé Gaume, à propos des auteurs classiques, encore qu'elle soit importante en elle-même et parfois trop chaleureuse dans ses expressions, ne porte évidemment point sur une question dogmatique, morale ou canonique ; en un mot, ce n'est point une controverse théologique : c'est une matière pédagogique, une affaire de méthode, un système d'éducation, au sujet duquel les évêques peuvent penser diversement sans se compromettre en rien pour ce qui concerne le dépôt de la foi et de la doctrine de l'Eglise. J'ai donc été singulièrement étonné de voir des hommes éclairés faire intervenir ici l'infaillibilité de l'Eglise catholique. Les évêques, à mon avis, sont parfaitement libres ou d'adopter le système de M. Gaume que la plupart de ses adversaires semblent n'avoir pas compris tout d'abord, ou de conserver, comme le vénérable évêque d'Orléans, la méthode qu'ils ont fait suivre jusqu'ici dans leurs petits séminaires. Cela posé, chaque évêque fera ce qu'il croira le plus utile à son diocèse ; et, après quelques essais, on verra, je l'espère, des prélats favoriser plus ou moins l'usage des auteurs chrétiens, en le faisant même dominer sur les auteurs

païens, selon qu'ils seront plus ou moins persuadés, comme je le suis moi-même, que la société, parmi nous surtout, a besoin d'être régénérée, et qu'elle ne peut l'être que par une instruction religieuse plus approfondie et par une éducation complétement chrétienne.

« La société étant malade, il lui faut un autre régime, un autre système d'éducation que celui qu'on a suivi dans ces derniers temps, puisque ce système n'a pu l'empêcher de tomber dans un état alarmant où elle ne donne guère de signe de vie que par ses convulsions.

« A l'occasion de cette première polémique, Mgr d'Orléans en a soulevé une seconde d'une nature différente. Ce zélé prélat ayant donné un *agenda* aux professeurs de son petit séminaire, dans une lettre épiscopale, concernant l'usage des auteurs païens, a cru devoir attaquer les opinions de M. l'abbé Gaume. Il était dans son droit ; mais il ne pouvait pas avoir la prétention de rendre ses propres opinions obligatoires. L'*Univers* pouvait donc continuer la polémique sur la question générale, en la considérant comme une controverse libre. Ce sentiment d'un évêque, quoique manifesté dans un acte officiel, ne peut servir de loi à ceux qui sont étrangers à son diocèse ; on peut seulement exiger que la règle de conduite qu'il trace à ses diocésains soit respectée par eux tant qu'elle n'est pas improuvée par une autorité supérieure. Or l'*Univers*, tout en discutant les opinions de Monseigneur Dupanloup, n'a point blâmé l'acte officiel émané de l'autorité de l'évêque ; il a compris qu'il n'aurait pu le faire sans manquer à l'épiscopat. Cependant Mgr publie son mandement contre l'*Univers*, en accusant ce journal de vouloir diriger les évêques, ou d'entraver l'exercice de leur juridiction.

Je conviens que l'*Univers* a ses défauts ; il a même eu des torts ; notamment en ce qui concerne la loi de 1850 sur l'enseignement public. Mais si on peut lui reprocher d'être trop ardent, ne peut-on pas reprocher à d'autres journaux, d'ailleurs estimables, de ne l'être pas assez, ou de confondre la prudence avec la peur, la modération avec la faiblesse ? Et puis convient-il à un évêque de tendre la main aux ennemis de la religion en dirigeant ses coups contre ceux qui, étant animés d'une foi vive, la défendent courageusement, parce qu'il arrive quelquefois à ceux-ci d'aller trop loin et de ne pas conserver toujours dans la chaleur du combat le *moderamen inculpatæ tutelæ?* Ne serait-ce point un scandale si nous nous montrions moins tolérants envers les écrivains qui prennent la défense de l'Eglise qu'envers ceux qui attaquent ses institutions ? Le Saint-Siège condamne les mauvais livres, mais il les condamne tous sans acception de personnes. Que chacun donc prenne dans l'*Univers* ce qui lui convient, en tolérant ce qui ne lui convient pas, cherchant à le redresser par des avis ou par la discussion, s'il le juge à propos, tant qu'il ne s'écartera pas de l'en-

seignement catholique ; mais qu'on n'oublie
ni de part, ni d'autre, cette maxime si conforme à l'esprit de l'Eglise : *In necessariis
unitas, in dubiis libertas, in omnibus charitas.*

Je finirai, Monseigneur, en vous soumettant une pensée qui peut être fausse, mais
que je ne crois pas téméraire. La polémique sur l'usage des classiques n'est plus
qu'un prétexte pour plusieurs adversaires
de l'*Univers*. On veut faire tomber ce journal, parce qu'il est à la fois plus fort que
la plupart des autres journaux religieux,
et plus zélé pour la doctrine romaine, travaillant à resserrer de plus en plus les liens
qui unissent les Eglises de France à l'Eglise
romaine, la mère et la maîtresse de toutes
les Eglises.

C'est d'après le même esprit que l'on fait
la guerre à la *Correspondance de Rome*. Je
connais peu ce journal dont je n'ai lu
que quelques numéros. Cependant je crois
le connaître assez pour dire qu'il serait
vraiment utile à ceux qui étudient le droit
catholique, s'il était rédigé par un homme
plus habile, plus éclairé et plus prudent. Il me semble qu'on peut lui reprocher de manquer de discernement dans
le choix des questions à traiter et des
hommes à consulter pour ce qui regarde
le diocèse de France.

Mais, après tout, il ne peut être dangereux
pour nous ; car il n'est personne qui ne sache que les décisions particulières émanées
des congrégations romaines et rapportées
dans ce journal ne dérogent pont aux pratiques et aux coutumes légitimement établies
en France et ailleurs, conformément aux
principes du droit commun.

Je pense qu'il suffirait de donner un avis au
rédacteur de la *Correspondance de Rome*.

*Signé* : T., cardinal GOUSSET,
archevêque de Reims.

Voici la lettre du cardinal Antonelli :

« Monseigneur

« Outre le grand prix que j'ai coutume
d'attacher aux communications de Votre Eminence, celle que vous m'avez adressée, sous
le pli du 13 courant, à propos de la fâcheuse
divergence qui s'est récemment élevée en
France sur le choix des livres classiques
pour l'enseignement littéraire, a une certaine
importance.

«La parfaite connaissance que l'on a de la
sagesse et du profond discernement qui distinguent Votre Eminence était déjà une raison plus que suffisante de compter sur la
justesse et sur l'étendue de vos vues dans
l'appréciation de la susdite controverse. Cette
assurance conçue d'avance, et que le Saint-Père, à bon droit, partageait avec moi, a été
parfaitement confirmée par le précieux document contenu dans la lettre par laquelle
vous avez manifesté vos sentiments, à cette
occasion, à quelques-uns de vos collègues
qui vous avaient consulté.

« Sans avoir aucune intention de censurer

ici qui que ce soit, il faut bien remarquer,
dans l'intérêt de la vérité, qu'il y a un point
de la plus grave importance pour les évêques et que Votre Eminence a signalé fort à
propos : c'est la nécessité de conformer aux
règles et coutumes établies par l'Eglise la
nature et la forme des actes émanant du
corps épiscopal, sans quoi on court un trop
grand danger de rompre l'unité si nécessaire
d'esprit et d'action, même dans les démarches par lesquelles on pourrait quelquefois
chercher ardemment à l'établir.

« La force de cette observation fondamentale, et des autres que Votre Eminence a si
bien appliquées au cas présent dans la lettre
dont il s'agit, fait pressentir l'influence qu'elle
a dû avoir pour arrêter la marche d'une
affaire aussi grave du côté des parties qui y
étaient intéressées, que grosse de conséquences déplorables par suite de la manière
dont elle avait été engagée.

« Maintenant, grâce au parti prudent auquel
s'est décidé le personnage qui avait le principal rôle dans cette discussion, il semble
qu'il y a lieu de la considérer désormais
comme assoupie, et que dès lors l'intervention suprême dont parlait Votre Eminence à
la fin de la lettre dont elle a bien voulu
m'honorer, a cessé d'être nécessaire. En applaudissant hautement à l'intérêt que Votre
Eminence a attaché à cette affaire et qu'elle
a fait servir, avec un zèle et une sagesse admirable, à atteindre un but pleinement conforme aux vues du Saint-Siège, je suis heureux de vous offrir en même temps l'assurance du profond respect avec lequel je vous
baise humblement les mains.

« De Votre Eminence
«Le très-humble et très-obéissant serviteur,
« *Signé* : G., C. ANTONELLI.

« Rome, le 30 juillet 1852. »

Pour copie conforme.
*Signé* : T., cardinal GOUSSET,
archevêque de Reims.

Paris, 11 août 1853.

Qui peut s'empêcher de reconnaître qu'à
notre époque comme toujours, l'Eglise romaine est la grande figure, la grande puissance, l'intelligence et la vertu des siècles
présents et des temps passés, l'esprit planant
sur le chaos pour le débrouiller et l'ordonner parfaitement. C'est elle qui parle, qui
combat, qui enseigne, qui corrige et qui
gouverne. Toutes les âmes fortes, tous les
grands cœurs, tous les bons esprits, sont
siens. Elle les enfante, elle les a élevés, elle
les inspire, ils lui obéissent et l'aiment, et ils
entreprennent et accomplissent pour l'amour
d'elle des œuvres sublimes dont elle a l'instinct suprême et persévérant.

Au moment même où nous écrivons ces
lignes, paraît une circulaire adressée par
S. E. Mgr le cardinal de Bonald, archevêque
de Lyon qui, usant de la liberté proclamée
plus haut par S. E. Mgr le cardinal de Reims,
soutient une opinion favorable à celle de

Mgr Dupanloup, évêque d'Orléans. Le prélat s'exprime en ces termes :

### NOS CHERS COOPÉRATEURS,

Nous venons de terminer les longues visites pastorales que nous avons faites ces dernières années, et qui ont eu pour nous un intérêt de plus à cause du renouvellement de foi et de zèle pour la pratique de la religion que les deux jubilés ont opéré dans les paroisses que nous avons parcourues. Nous avons eu la consolation de voir à la table sainte tous les rangs confondus, toute distinction d'opinion effacée, toute animosité oubliée. Le riche était assis à côté du pauvre ; le magistrat décoré des insignes de sa dignité à côté du plus humble citoyen ; le guerrier portant sur sa poitrine le signe de l'honneur à côté de l'ouvrier paisible et laborieux. Jamais les convives n'avaient été plus nombreux au banquet céleste : et les larmes qui tombaient des yeux de ces heureux invités témoignaient du bonheur qui inondait ces âmes revenues de régions lointaines à la maison paternelle, où elles avaient retrouvé l'abondance et la paix.

Nous avons vu, dans nos courses apostoliques, ce que peuvent devenir les peuples sous l'action efficace de la religion, et les merveilleux changements qui s'opèrent dans les paroisses lorsque la parole évangélique est accueillie avec empressement et qu'on se conforme à ses enseignements avec une entière soumission. L'essor de l'industrie n'a pas été arrêté par ces prédications ; il a été libre, comme auparavant, de marcher à un progrès raisonnable, de rechercher cet accroissement modéré de fortune que l'on désire pour sa famille, et de poursuivre tout ce qui peut être l'objet d'une légitime ambition. Nous ne nous sommes pas aperçu que les ténèbres du moyen âge descendissent sur ces contrées à mesure que le ministère évangélique faisait plus de conquêtes à Jésus-Christ. La lumière ne fuyait pas devant l'étendard de la croix lorsque ce signe sacré était arboré dans le cœur et dans les familles.

Mais dans ces paroisses régénérées, nous avons vu s'établir entre les habitants des rapports plus justes et plus doux, parce que la loi de Dieu est devenue la règle de toutes les consciences : de tristes divisions ont fait place dans les familles à l'union des cœurs, parceque chacun conforme ses actions à la parole sainte qu'il a recueillie ; et à ce renouvellement chrétien des populations pendant le temps du Jubilé, on ne peut s'empêcher de reconnaître que la bénédiction du Pontife suprême de l'Eglise a cette fécondité communiquée par la promesse de Jésus-Christ, et que, sur la foi de cette parole du successeur de Pierre, on peut jeter avec confiance le filet, toujours sûr de faire une pêche abondante.

Nous devons rendre hommage au zèle des curés auxquels nous avons envoyé des prédicateurs pour les seconder dans les exercices du Jubilé. Ils ont prêté à ces apôtres un puissant concours, ils ont été apôtres eux-mêmes ; et, par un surcroît de travail et de fatigues, ils ont assuré le succès des missionnaires. Nous n'avons pas besoin de vous dire toute la consolation que ce triomphe de la parole divine nous a fait goûter, et toute notre reconnaissance pour le Dieu de miséricorde qui a passé au milieu de ces populations en opérant des merveilles de grâce et de salut : *Pertransiit benefaciendo et sanando omnes....*

Messieurs les directeurs et professeurs de nos écoles cléricales ont désiré connaître notre opinion, au sujet de la polémique qui s'est élevée, dans ces derniers temps, sur l'emploi des auteurs païens. Nous leur dirons d'abord sans détour que nous avons déploré ces discussions si inopportunes. L'ardeur avec laquelle on soutient aujourd'hui certain système littéraire nous rappelle la ténacité avec laquelle on avait défendu, à une époque peu éloignée de nous, certains systèmes philosophiques. Nous retrouvons toujours les mêmes exagérations : mais nous exprimerons ici toute notre pensée. Non : nous ne croyons pas à l'invasion du paganisme par l'explication prudente des poëtes et des orateurs de Rome et d'Athènes, lorsqu'au centre de la catholicité et sous les yeux de celui qui est chargé de veiller à l'intégrité de la foi, les études profanes sont encouragées, et les chefs-d'œuvre de la littérature païenne mis entre les mains de la jeunesse, où elle puise cette élégance de latinité, cette pureté de style qui se transmet fidèlement dans la ville éternelle et qui se fait remarquer par tous les écrits apostoliques destinés à arrêter la propagation de l'erreur. Non : nous ne croyons pas que l'étude des auteurs païens *ait versé depuis trois siècles le paganisme goutte à goutte dans le corps social, que l'infiltration du poison ait gangrené le monde,* lorsqu'il y a trois cents ans, le concile de Trente, assemblé pour la réforme des abus, ne s'aperçoit même pas des ravages que cause à l'Eglise et à la société l'explication journalière des auteurs de l'antiquité, et qu'au lieu d'opposer une barrière infranchissable au torrent dont on est si épouvanté aujourd'hui, il laisse la renaissance des lettres poursuivre tranquillement son cours dans les collèges et les universités. Non : nous ne croyons pas que l'usage discret des auteurs païens ait tout infecté et nous ait replongés dans une abjecte idolâtrie, lorsque le cinquième concile de Latran, présidé par le Pape Léon X en personne, s'occupant des études dans les huitième et neuvième sessions, se borne à donner aux professeurs les plus sages avis, et trace aux jeunes élèves des règles sûres pour sanctifier la lecture des auteurs profanes. Les Pères du concile n'auraient-ils pas dû interdire ces livres, et les cent-vingt-un évêques réunis autour de lui n'auraient-ils pas dû dire anathème aux fauteurs de ce paganisme nouveau ? Ils le devaient si l'étude des poëtes de l'antiquité ramenait les chrétiens au culte des idoles ; cependant ils ont gardé le silence. L'Eglise enseignante aurait-

elle dans ce moment failli à sa mission? Qui oserait le dire? L'Église aurait-elle cédé à l'entraînement de la *renaissance*, et malgré les dangers pour la foi qu'elle pouvait prévoir, lui a-t-elle prêté, par une sorte de respect humain, un coupable concours? Quel est le catholique qui pourrait porter cette accusation contre l'Épouse de Jésus-Christ, gardienne infaillible de la vérité?

Le Souverain Pontife et les évêques auraient-ils ignoré les ravages produits par l'explication des ouvrages païens? Le paganisme se serait-il infiltré dans la société chrétienne à leur insu? L'Église, au siècle de Léon X, aurait donc été conduite par des aveugles, ou gardée par des chiens muets? Celui qui l'affirmerait cesserait d'être catholique.

Vous voyez, nos chers coopérateurs, qu'il ne s'agit pas d'une opinion littéraire, qu'il n'est pas seulement question de savoir si Cicéron a mieux parlé latin que saint Jérôme, si saint Chrysostome est plus éloquent que Démosthènes; mais puisqu'on prétend que le prince de ce monde rentre dans son royaume, d'où Jésus-Christ l'avait chassé par la rédemption, il s'agit de savoir si l'Église, voyant le paganisme se propager par les études, pouvait garder le silence. C'est là une question d'orthodoxie qu'il appartenait aux évêques de traiter. Laissez passer, sans y prendre part, nos chers coopérateurs, ce déchaînement contre l'étude des auteurs profanes : vous avez trop bien compris tout ce que causerait de joie aux ennemis de la religion, tout ce que produirait d'abaissement dans la science du clergé, l'adoption des systèmes exagérés que nous repoussons. Vous savez que la source des maux qui tourmentent la société : la liberté de la presse, le droit qu'elle a de préconiser, de juger librement et toute doctrine et toute autorité, le mépris du pouvoir qui est un de ses fruits pernicieux ; voilà le cancer qui s'étend sur la surface de la société, voilà le mal qui la ronge et la dévore, et non pas l'étude des anciens que l'enfance supporte impatiemment et dont il lui tarde de jeter loin d'elle le fardeau insupportable à sa paresse.

Poursuivez, nos chers collaborateurs, vous à qui nous avons confié les espérances du diocèse de Lyon; poursuivez avec zèle l'honorable carrière de l'enseignement, initiez la jeunesse à la connaissance des lettres profanes sans négliger les lettres chrétiennes. Apprenez à vos élèves, suivant la recommandation de saint Paulin, *à chercher dans les écrivains païens la pureté du langage et la beauté de l'harmonie, comme on se pare des dépouilles de l'ennemi; mais, en prenant leur éloquence, qu'ils évitent de prendre leurs erreurs.* Enrichissez leurs intelligences, suivant le même Père, de tout ce qu'il y a de plus beau dans les lettres profanes grecques et latines; et pour vous justifier à vous-mêmes cet enseignement, lisez avec attention la belle lettre de saint Jérôme à Magnus, avocat romain. Quand nous parlons de l'étude des chefs-d'œuvre de la Grèce et de l'Italie, nous parlons d'une étude toute chrétienne, d'expli-

cations toutes empreintes de l'esprit chrétien. Nous comprenons cette étude comme l'a comprise le cinquième concile de Latran, qui veut que les instituteurs de la jeunesse, après avoir expliqué quelques pages des philosophes et des poëtes, démontrent, avec toute la ressource d'une dialectique puissante, la vérité de la religion chrétienne, afin d'étouffer toute semence d'erreurs. *Teneantur eisdem veritatem religionis christianæ omni conatu manifestam facere.* C'est que, dans les écoles chrétiennes, l'enseignement doit toujours être chrétien; il le sera tant que l'on ne mettra entre les mains des élèves que les ouvrages païens expurgés avec soin, et tels que nous les offrent les travaux des Jouvency et des de la Rue.

L'enseignement sera chrétien si, dans vos leçons, après avoir développé à vos élèves les beautés des harangues de l'orateur romain, vous lui expliquez par exemple, avec le même intérêt, la lettre de ce Père que la postérité a surnommé le Tullius chrétien, si, après leur avoir fait traduire les *Philippiques* du prince des orateurs, vous leur ouvrez les trésors d'éloquence du saint patriarche de Constantinople, et si vous mêlez les poésies de saint Grégoire aux chants du poëte de Mantoue. L'enseignement sera chrétien si, après avoir étalé sous les yeux de votre jeune auditoire les richesses de la littérature païenne, vous lui montrez à quelle hauteur les orateurs et les poëtes se seraient élevés, s'ils avaient eu le bonheur de connaître la vérité, et s'ils avaient employé à la défendre leur éloquence et les inspirations de leur génie. Enfin, l'enseignement sera chrétien si vous ne vous bornez pas à faire remarquer aux enfants la supériorité de la langue latine au siècle d'Auguste, mais si vous opposez la sainte et sublime doctrine de l'Évangile aux folies impures de l'Olympe. Ainsi, nous ne voulons pas substituer aux auteurs païens, modèles immortels de la diction grecque et latine, les orateurs chrétiens, plus remarquables par la pureté de la doctrine que par celle du langage; nous désirons que ceux-ci aient une large part dans l'enseignement de nos écoles ecclésiastiques.

Donné à Lyon en notre palais archiépiscopal, le 6 août 1852, fête de la Transfiguration de Notre-Seigneur.

J.-M. DE BONALD,
archevêque de Lyon.

**MORALISATION DES CLASSES INDUSTRIELLES.** — Depuis trente années, disait, il y a quelque temps, M. Ernest Falconnet, la société travaille à se refaire : le présent se remue pour l'avenir; les générations se préparent plus instruites, plus sévères, plus exigeantes, plus mûres, pour l'entier accomplissement de leurs droits; toutes les institutions s'échelonnent en hiérarchie protectrice et bienfaisante; les hommes se dévouent à l'œuvre, et l'œuvre d'émancipation intellectuelle grandit à travers les tremblements du siècle, les tressaillements convulsifs des partis, les luttes impuissantes des ambitions.

Les jours où nous 'vivons sont encore des jours d'orage ; les tempêtes révolutionnaires expirent à peine leur dernier souffle, et l'instant est déjà venu où les intelligences remuantes de la société, celles dont l'éducation, entreprise à travers les drames sanglants et précipités de 93, a manqué de principes et de moralité, s'usant à la direction des affaires, ont fait place à de plus jeunes, de plus pures, de plus intimes convictions. Voyons donc ce qui s'est fait depuis quelques années pour le progrès rationnel des idées et des consciences ; voyons ce qui est encore nécessaire pour compléter l'éducation des masses, pour donner à leur organisation le caractère de stable tranquillité et de bonheur calme et patient, indispensable à toute société ; et enfin apprécions la validité, la force et les conditions du principe directeur de toute moralisation.

Il est un fait saillant qui ressort de notre époque, se lie intimement aux désastres politiques, jette tous les esprits dans de grandes terreurs, nos cités manufacturières dans d'étranges conflits, et, enlaçant dans un même réseau de révolte la France et l'Angleterre, menace une portion de notre Europe d'une subversion imminente. C'est cette crise industrielle, née de nos derniers ébranlements sociaux, qui remue toute la lie du peuple, et la lance à la surface de la société, arrogante, impérieuse, demandant avec injures et imprécations autre chose que ce qui est : un changement, une révolution.

Or, cette crise, toute déplorable qu'elle est, tend à satisfaire un besoin : toutes ces collisions incessantes trahissent une nécessité ; toutes ces passions qui fermentent, toutes ces mille voix qui crient, tous ces bras inactifs et dangereux, ameutés bien souvent sur la place publique, ne veulent qu'une seule chose, à tout prix et à travers tout danger : le bien-être. Dût la société se tuer pour le leur donner, dussent-ils eux-mêmes mourir en l'acquérant, satisfaits et usés par cette jouissance, il leur faut le bien-être. Dans la question de salaire et de tarif, dans la question de liberté, dans la question de paix ou de guerre, dans la question d'impôts, sous mille faces différentes, sous mille exigences diverses, toujours, toujours un seul besoin : le bien-être ; toujours l'égoïsme : égoïsme de la classe s'insurgeant contre la société, égoïsme de la famille s'insurgeant contre la classe, égoïsme de l'individu s'insurgeant contre la famille, égoïsme même du corps s'insurgeant contre l'âme, pour arriver au plaisir, et vous criant, vous demandant le bien-être.

Jusqu'ici le problème de l'économie politique a été d'organiser cet égoïsme ; de diriger ses forces, sa puissance ; de neutraliser son réactif, parfois trop énergique ; de le pénétrer et de le dominer, conformément au vieux mot : diviser pour régner. Cela était dangereux ; plus d'un exemple l'a prouvé. Dans une société faite comme la nôtre, composée de tant d'éléments divers non connus, non précisés, amalgamés et coagulés ensemble comme les laves du volcan, l'égoïsme est un levier qui blesse la main qui ne sait point s'en servir. Il est temps d'y renoncer : se fier sur l'ignorance et l'abrutissement d'une classe sociale était d'ailleurs ignoblement immoral : les hommes qui avaient préparé leur éducation politique par l'étude du passé en jugèrent ainsi ; et quand vint 1830, ils sentirent la nécessité de remplacer l'égoïsme par le dévouement, l'ignorance par l'instruction, la dissipation par l'épargne reconnue et protégée par le gouvernement. La première révolution avait rendu en droit la propriété possible pour toutes les classes ; la seconde rendit la propriété possible par le fait. Elle fit en sorte que l'ouvrier fût assez instruit pour passer sans secousse du travail à la jouissance, du prolétariat à la propriété : c'est un triomphe sur la nature humaine, l'empire de la loi sur la passion, le bienfait d'une mesure politique créant un monde.

Les gouvernements modérateurs des sociétés reposent, comme les sociétés elles-mêmes, sur des rapports d'intérêt du gouvernant et du gouverné. De l'un à l'autre, il y a échange d'argent et de protection, condition de vie de chacun d'eux. Dans l'industrie, pareillement, le consommateur demande la fabrication, et le fabricant appelle la consommation : tout changement trop brusque qui tendrait à déplacer ces deux liens corrélatifs de la société ne pourrait le faire sans les briser. La philanthropie pour les basses classes n'eût-elle pas ressorti de l'histoire et n'eût-elle pas pris place dans les convictions scientifiques de notre siècle, elle eût jailli nécessairement de l'égoïsme même des hautes classes, désireuses de conserver leur position, et voyant tous les jours monter et monter encore le flot populaire, qui menace de les renverser. Ainsi, pour organiser avec ordre toute la population industrielle, il ne faut point innover un nouveau mode, un nouveau système, une nouvelle force gouvernementale : il faut perfectionner celle qui existe, la diriger avec prudence et sagesse. Autrement la secousse inévitable à tout changement radical annihilerait les forces industrielles et productives que vingt années de paix ont amenées entre nos mains et sur notre sol. Invoquons à ce sujet notre expérience, trop chèrement payée, et sachons nous souvenir !

Les changements sociaux, qu'ils soient politiques ou industriels, sont pénibles et douloureux, mais nécessaires dans la vie des peuples ; ils doivent s'accomplir lentement, et d'après les principes déjà adoptés, ces principes-là, fussent-ils vicieux. Vous devez les modifier, les améliorer, et non les rompre. L'humanité roule vers un but inconnu, mais certain ; on dirait qu'elle a hâte d'arriver ; rien ne l'arrête : elle ne peut faire une halte pour attendre patiemment que les théoriciens aient détruit ses principes faux ; elle les use et les change par une certaine puissance intime de conception résidant en

elle, mais toujours en marchant. C'est ainsi que, dans le développement historique de la nation française, la puissance féodale a d'abord restreint la royauté; puis à son tour, et lentement, la puissance absolue a asservi la royauté des seigneurs; entre elles, et profitant de leur lutte, ont grandi les communes; et quand il a été temps, le tiers état s'est levé. Comme toute bonne et nécessaire révolution, résultant des besoins physiques d'un peuple, cela s'est fait patiemment, chaque heure amenant un progrès réel, chaque faute de l'un créant un succès à l'autre; et la réussite a couronné l'œuvre longuement et péniblement préparée. Si quelques-uns de ces rêveurs, qui ne savent point que le monde social a, lui aussi, ses rouages et sa vie intérieure organisée invariablement, veulent improviser un système et faire place nette, il n'y aura en cet endroit de notre histoire que du sang, comme en 93, et trente ans de souffrances et de luttes suffiront à peine pour nous refaire un gouvernement rationnel. A toutes les époques, les tribunes radicales n'ont été qu'échafauds pour les hommes convaincus, ou tréteaux pour les charlatans.

Ainsi donc, nous devons examiner avec calme, sonder la plaie d'une main patiente et légère, éviter tout ce qui peut ressembler à une préoccupation trop systématique, et surtout ne rien renverser de ce qui est, parce que le temps qu'on met à faire des ruines, le temps qu'on met à les déblayer, sont également perdus pour le bien-être intérieur du pays, pour l'avenir de l'industrie. Des paroles raisonnées et sévères, des études consciencieuses sur le mal qui ronge les classes ouvrières; mais rien de cette précipitation qui appelle le désespoir convulsif des uns, ou les craintes réactionnaires des autres, rien qui puisse diviser les membres de la philosophie sociale en deux camps rivaux, et préparer malgré soi la guerre civile sur la place, après l'avoir nourrie dans les intelligences; rien du saint-simonisme qui a fait l'émeute de la pensée, ne comprenant pas, ou comprenant trop bien peut-être qu'elle serait suivie de l'émeute de la rue. Toute parole révolutionnaire aiguise la hache.

Accepter ce qui existe, perfectionner les institutions, aller plus loin et faire mieux que ses prédécesseurs, profiter de toutes les découvertes utiles, se tenir à la hauteur du mouvement du siècle, le devancer même, mais ne jamais le renier, reconnaître à propos ses besoins et ses exigences, voilà le progrès tel que nous devons tous le comprendre, le voilà tel qu'il doit s'accomplir sans déchirements intérieurs, sans luttes, sans collisions. Le progrès ainsi conçu est lié à la vie sociale, à l'état moral et intellectuel des générations, il en suit la marche, et ne la précède point : il va du connu à l'inconnu; il part de bases assurées pour arriver à un résultat espéré, mais non encore certain. Il accepte le présent tel qu'il est avec ses qualités et ses défauts, et s'en sert pour préparer un avenir meilleur. Il est essentiellement graduel comme la nature humaine.

Ce progrès, tel que le comprennent les esprits éclairés, rencontre encore des obstacles réels, non point dans le gouvernement, dans le principe directeur ou administratif, mais dans la société insoucieuse de son avenir, incertaine dans ses croyances, incurable dans ses vieilles plaies gangrenées : l'ignorance et l'apathie. Malgré les intentions du pouvoir et le concours actif des représentants du pays, l'instruction s'infiltre avec peine dans les masses : c'est en vain qu'une philanthropie généreuse a dicté les lois et les institutions communales; c'est en vain qu'une philanthropie intéressée et ambitieuse peut-être a appelé à une extension des droits politiques ceux-là même qui n'ont point les connaissances nécessaires à l'extension de leur industrie; les masses ne pèsent dans la balance sociale que par l'instruction; la force numérique a toujours cédé devant la force pensante : et cela est triste à dire, mais vrai, le peuple paraît peu se soucier d'acquérir une valeur sociale; et la statistique de l'instruction publique nous apprend que sur quarante-quatre mille communes en France, vingt mille ont refusé naguère des allocations pour l'instruction communale, vingt mille ont ainsi retardé de leur plein gré, par un vote positif et solennel, l'instant de leur émancipation intellectuelle.

Les motifs de cette étrange décision ne reposent point dans quelqu'une de ces mystérieuses et fatales lois de l'esprit humain, qui régissent à certaines époques son développement, et ne déchirent leur voile qu'aux investigations perçantes du génie, à la seconde vue des initiateurs sociaux. Ils sont positifs et faciles à trouver, résidant tous dans la position de notre inerte nature : d'abord trop de préjugés entravent encore la marche des idées; l'habitude de suivre le même sentier que ses pères, croyant qu'il doit toujours conduire au bonheur, l'indifférence pour un bien-être éloigné, et l'impatience de jouir du présent : plus que cela encore, la divergence des intérêts divers qui se remuent et se contrarient pour arriver à la supériorité, s'appesantissent de toute leur puissance sur le corps social et l'empêchent de se prêter avec intelligence et docilité à l'impulsion unitaire des esprits progressifs. D'ailleurs, les préoccupations passionnées que les théoriciens politiques entretiennent au sein des masses, les idées de guerre et d'antagonisme qu'ils se plaisent à nourrir dans les différentes classes, les coalitions qu'ils organisent dans les rangs inférieurs, ne font qu'enchaîner les efforts de tant d'esprits généreux, envenimer contre eux les haines étroites de l'opinion, et deviennent souvent les meurtrières de l'homme et de l'idée. Ce n'est donc que d'un pas lent et mesuré, au milieu des périls, des tentations séductrices, des mesquines envies, les pieds ensanglantés d'épines, opposant la force du cœur et la conscience de son droit et de ses intentions aux attaques acharnées des par-

tis, qu'une idée neuve et bienfaisante peut s'avancer dans le monde. Elle apporterait aux partis un gage de concorde et de bonne harmonie, que les partis se soulèveraient contre elle. Oubliant un moment leurs longues discordes, ils se réuniront en une seule haine jalouse pour la traîner au Calvaire et la clouer au gibet : puis ils la scelleront dans la tombe ; ils rouleront sur elle de grosses pierres, et ils mettront des gardes au sépulcre de peur qu'elle ne s'éveille et disparaisse : mais elle brisera les gonds, elle soulèvera les pierres, elle terrassera ses gardes par sa force morale et intérieure ; elle rayonnera enfin aux yeux de l'humanité, et lui montrera la route du perfectionnement et du progrès ; et elle fera tout cela par la vertu secrète et la puissance de son droit ; elle fera tout cela, parce qu'elle est bonne et nécessaire, et que toute nécessité sociale révélée s'accomplit même au milieu des ruines et du sang.

La plus grande difficulté à rompre, c'est l'égoïsme ; car c'est sur l'égoïsme que repose notre société, base mouvante ; il est vrai, mais qui, comme le pivot, suit tous les mouvements du corps qui s'appuie sur elle : ainsi, substituer à l'égoïsme le dévouement ; à la passive indifférence l'active protection ; à l'apathie d'aujourd'hui, la prévoyance de demain ; à l'instabilité de la passion, la solidité du raisonnement ; telle est l'œuvre de nos jours, œuvre confiée à l'instruction chrétienne.

Mais il est deux conditions supérieures à l'accomplissement de cette entreprise, et qui dominent toute la question, deux conditions génératrices de l'industrie, hors lesquelles nul progrès n'est possible : c'est la paix et la sécurité ; paix et sécurité, deux grandes lois qui doivent présider aux évolutions de l'art, de la science et de l'industrie qui n'est que l'application de la science ; paix et sécurité, deux grands caractères de notre société, réclamés et sanctionnés par l'égoïsme. Dans les événements de nos jours, ceux qui se sentent investis d'une mission de talent ou de génie, ceux qui ont reçu le pressentiment de l'avenir et le sacerdoce de la prophétie sociale, ne doivent pas se ruer sur le système déjà établi, l'accuser d'impuissance parce qu'il ne va pas plus vite que le besoin, s'accrocher à lui pour le renverser, et n'usant de leur verve que pour exagérer le danger et la tourmente politique, précipiter la partie vive et généreuse de la population sur les champs de bataille révolutionnaires ; ils doivent travailler pour le présent et pour l'avenir, mûrir les destinées du monde dans une réflexion patiente ; couver et réchauffer, et faire éclore enfin par de douces inspirations, ce bien-être qu'ils ne savent pronostiquer que par delà les temps actuels ; réformer par l'amélioration et non par la destruction ; créer par le dévouement et la charité onctueuse, et non par la passion et la violence.

Puis, outre ces conditions supérieures et essentielles qui dépendent de l'ensemble des constitutions, des prévisions humaines, et

souvent aussi de l'âge des peuples, il en est d'autres plus spéciales, plus intimes et non moins nécessaires, attachées aux moindres détails de l'instruction, aux degrés les plus humbles de tous les enseignements : c'est la morale de la doctrine, l'esprit de la science, la tendance de l'éducation populaire. Cette grande question si longtemps agitée, obscure pour toutes les spéculations d'une philosophie rationaliste, et qui ne se traduit en termes clairs et précis que par ses résultats, par ses actes : la voici dans son expression la plus claire et la plus simplement formulée, telle qu'elle ressort des longs débats de deux grandes écoles politiques :

« L'éducation du peuple doit-elle être avant tout industrielle ou religieuse ? »

C'est la question du bien-être, du gain, de l'intérêt matériel, et de l'intelligence du devoir, de la conscience intérieure du droit.

Pour nous, au lieu de donner une réponse simplement théorique, nous nous contenterons de raconter et de présenter des faits. Les faits sont la transfiguration la plus persuasive des théories.

La statistique nous apprend que dans nos dix départements les plus industriels, où la sanctification du dimanche est le moins observée : Seine, Rhône, Saône-et-Loire, Bouches-du-Rhône, Gironde, Marne, Seine-et-Oise, Loiret, Hérault, Côte-d'Or, sur quatre millions huit cent mille cinq cents habitants, il se commet, année commune, quinze cent cinquante-trois crimes contre les propriétés, c'est-à-dire un sur trois mille quatre-vingt-onze individus, et sept cent cinquante-deux suicides, c'est-à-dire un sur six mille trois cent quatre-vingt-trois personnes.

Dans nos dix départements les moins industriels, Morbihan, Creuse, Corrèze, Côtes-du-Nord, Calvados, Vendée, Maine-et-Loire, Lot, Aveyron, Cantal, sur quatre millions deux cent vingt-deux mille cent une âmes, nous n'avons que quatre cents crimes contre les propriétés, un sur dix mille cinq cent cinquante-deux personnes, et soixante-et-un suicides, c'est-à-dire un sur soixante-neuf mille cent quatre-vingt-dix-huit individus.

Ainsi, la prospérité commerciale, le bien-être matériel, ont jeté plus d'intelligences dans l'oubli de leurs devoirs, et les ont poussées au crime ; ont jeté plus d'âmes dans le dégoût et l'impatience de la vie, et les ont poussées à la mort. Ainsi, l'ignorance et la misère ont trouvé les consolations et les joies du contentement intérieur dans le calme et l'apathie de leurs habitudes. Ainsi, les résultats obtenus par l'éducation publique jusqu'à ce jour ont été de peupler les bagnes, de dresser les échafauds, ou de flétrir comme lâches ceux qu'on avait laissés sans force. Conséquence nécessaire de tout développement matériel prématuré, étouffant dans son essor le développement religieux (1) !

(1) Plusieurs journaux ont été frappés de cet étrange développement des crimes et des meurtres, marchant en raison directe de la civilisation, et ont diversement interprété les causes de ce dérangement intérieur et les moyens de le faire cesser. Entre

Voilà le bonheur et l'état des hommes : voyons le bonheur et l'état des sociétés.

L'Angleterre, riche de sa puissance industrielle, de sa marine reine des mers, de ses trésors des Indes, de ses immenses capitaux en circulation, de l'admirable organisation de ses banques, sillonnée de chemins de fer, de canaux, de routes, de communications rapides et multipliées, tout encombrée des produits de ses manufactures, maîtresse du commerce du monde ; l'Angleterre, si heureuse de sa position matérielle, où en est-elle arrivée du développement moral ? Le peuple s'y croit libre parce qu'il barre de boue les écussons et les voitures armoriées des grands seigneurs, parce qu'il brise les vitres de Whitehall, parce qu'il vend sa femme sur la place du marché une corde au cou ; et les propriétés seigneuriales ne pouvant se morceler et être achetées par tous, les fonds de terre sont accaparés par deux millions de grands propriétaires, et les charges se vendent encore, même dans l'armée ; et le *press-warant* balaye les rues et les places de Douvres à certaines époques, et entasse sur les vaisseaux les pères de famille, confondus avec les coureurs de tavernes, en qualité de matelots de Sa Majesté ?

Que de réformes à introduire par les lois et par les mœurs ! Et combien l'individu, la famille et la société, n'ont-ils pas à désirer une plus large éducation morale, s'équilibrant avec la supériorité industrielle ?

Dans une nation voisine de nous, en Espagne, au contraire, l'absence totale d'instruction a laissé une large place au fanatisme, à l'insubordination des classes, à l'isolement et à la force personnelle de chaque individu. Là, le peuple fait du christianisme une religion de domination et d'indolence, tandis que c'est une religion d'égalité et d'activité spirituelle ; il idolâtre la royauté comme éternelle, tandis qu'elle est changeante, et la première chargée de satisfaire aux besoins intérieurs de la nation. . . . . .

. . . . . . . . . . . . . . . .
. . . . . . . . . . . . . . . .
. . . . . . . . . . . . . . . .
. . . . . . . . . . . . . . . .
. . . . . . . . . . . . . . . .

. . . . . . . . . . . . . En Angleterre, il faut redresser et vivifier l'éducation morale ; en Espagne, la créer sur de plus larges bases.

Certes, en vous présentant le tableau rapide des désordres et des déchirements de ces deux peuples, nous n'avons point voulu dire que la France participât du délaissement et de l'inculture rationnelle que nous leur reprochons ; nous voulons vous montrer en deux vivants exemples deux excès contraires et également funestes ; mais la lumière s'est

enfin levée sur nous, et si nous la désirons plus ardente, mieux distribuée, plus rayonnante de certains principes de charité, plus vivifiante pour les classes industrielles, c'est qu'il nous semble que l'homme qui a été assez fort pour créer doit être assez intelligent pour améliorer.

Cet homme, c'est le souverain seul légitime, et nul ne réunit plus que lui les qualités du législateur social si longtemps attendu et appelé par les masses.

Celui qui veut fonder, et surtout fonder sur des ruines un nouvel édifice moral, doit réunir en soi la science du passé, la compréhension du présent et le pressentiment de l'avenir : il faut qu'il ait profité de l'enseignement de l'histoire ; et que cependant son esprit ne soit pas devenu assez systématique, pour qu'il veuille refaire les temps écoulés. Dieu ne se répète pas, et les nations, filles de Dieu, marchent à travers des voies inconnues à la plupart, vers un progrès réel et mystérieux. De toutes les institutions écroulées chez les peuples morts, de toutes les institutions vivantes chez les peuples voisins, il faut qu'il se soit fait une expérience assez jeune pour guider vers l'avenir, assez mûre pour éviter les fautes, assez intelligente pour comprendre sans copier. Il faut qu'il sache les vertus et les défauts de son siècle ; il faut qu'il ait vécu au milieu des agitations de la vie et des remuements des partis, pour qu'il connaisse les besoins de la vie et les ambitieux désirs des partis : philosophe, qu'il ait pénétré le fond des choses ; mais, plus voué à la pratique qu'à l'utopie, qu'il réalise, qu'il ne rêve pas. Qu'il aille ferme et droit à travers tous les obstacles, à travers toutes les haines, soutenu par sa conviction et sa science morale. Peu soucieux de froisser ou de détruire quelques intérêts, qu'il voie devant lui l'intérêt des son pays, et qu'il le guide au perfectionnement, malgré les lenteurs des préjugés et les tremblements des hommes vulgaires. Qu'il soit citoyen de vertueuse intention, de rigide croyance, d'allure décidée et roide, maître de soi par la force de son caractère, maître de ses projets par la force de ses pensées, maître de tout un peuple par la force énergique de sa volonté.

Voilà à quelle condition cet homme peut entreprendre de refaire l'éducation morale d'un pays. Il sera plus craint et plus estimé qu'aimé : toutefois, si le présent lui offre des haines injustes, mais respectueuses, la société, qui un jour sera reconstituée par ses bienfaits, adoptera sa mémoire comme un bonheur.

Un tel souverain paraît avoir à un haut degré les vertus nécessaires pour une pareille mission ; et la probité rigide de son âme, jointe à la haute culture de son esprit, donnerait à ses lois sur l'instruction le caractère de fixité et d'irrévocabilité que doit porter toute mesure législative.

Mais l'ascendant d'un homme supérieur ne peut avoir de durée, l'état social qu'il aura créé ne peut être permanent, s'il n'a ses

racines dans la société même, s'il ne puise sa sève et sa vie dans les rapports physiques ou moraux dont elle est formée, et en outre si les qualités génératrices de cet état social ne suivent les différentes formes de la société. Ainsi un gouvernement se trouve ébranlé par une révolution; les esprits soulevés par ce changement qui déplace et confond des intérêts, se partagent en camps rivaux et s'emportent en irritations dangereuses pour ce nouveau gouvernement : qu'un homme ferme et énergique se lève, qu'il comprime par la puissance rude de ses actes toutes les tentatives des opposans, qu'il déjoue par tous les moyens possibles des entreprises criminelles et subversives, qu'il use de toutes les ressources de sa position, même des plus sévères, sans toucher toutefois aux libertés écrites qui sont le patrimoine sacré du pays; cela est bien : les circonstances l'auront voulu, et leurs exigences auront provoqué tout le développement de ces mesures acerbes ; mais quand le temps a une fois légitimé une révolution légale, quand les intérêts ont repris leur place et que les haines apaisées tendent à déposer leurs armes, quand tout se fait calme et tranquille à l'entour, alors commence un rôle nouveau, alors il faut une nouvelle pensée: pensée de douceur et de conciliation, de rapprochement et de concorde; alors, il faut que les votes hostiles se changent en votes consciencieux et prévoyants, qu'ils aillent plus loin que le présent, puisque le présent est assuré, qu'ils préparent l'avenir et pour tous et par tous.

Il doit en être ainsi, parce que la position des partis aigris les uns contre les autres influe sur la position des masses, que toute bonne mesure empreinte d'une intention trop politique est rejetée avec colère même quand elle est utile, et que l'organisation stable de la société est reculée d'autant. En outre, il ne suffit point, pour la moralisation de la classe inférieure, qu'on s'attache seulement à l'instruire et à l'améliorer; il reste encore à instruire et à améliorer la haute classe qu'elle rencontre dans ses relations de tous les jours, dont elle dépend dans une foule des actes de sa vie habituelle. Que les mesures qui appellent une portion du peuple à un bien-être moral et matériel ne s'isolent pas dans le cercle étroit des individus de cette portion, qu'elles s'adressent à tous dans le degré proportionnel et nécessaire, que la vertu qu'elles veulent inspirer, vertu de calme et prévoyante jouissance dans les instants de richesse, de patiente et résignée souffrance dans l'infortune, soit enseignée aux puissants comme aux humbles; qu'elle revête pour les uns le caractère de haute philosophie accessible aux intelligences les plus exercées; que, pour les autres, elle emprunte l'enseignement sublime et universel des leçons du catholicisme; qu'à tous elle prêche les droits et les devoirs, les incertitudes de la vie et les douleurs nécessaires du travail et du changement; qu'à tous elle s'offre majestueuse,

prudente et sévère en des paroles saintes, onctueuses et charitables.

Pour y parvenir, les moyens sont de deux sortes : 1° moyens moraux, 2° moyens physiques. Les premiers se traduisent et se résument dans l'éducation et l'instruction ; les seconds, dans l'organisation du travail et les institutions de bienfaisance. Occupons-nous de ces deux natures de moyens tour à tour, en commençant par les moyens moraux, qui doivent présider à l'aurore de la vie des individus, comme à l'aurore de la vie des sociétés.

I. — *De l'éducation des masses.* — Le présent et l'avenir sont fils du passé; et le passé qui nous talonne encore témoigne, par ses bouleversements, d'un vice moral qui l'a rongé dans le cœur. Et le présent, par l'incertitude de sa tranquillité, continue à souffrir de cette intérieure et secrète maladie à laquelle nous cherchons des remèdes.

Malgré la création des salles d'asile, des caisses d'épargnes, de l'instruction publique, de l'école primaire, des institutions professionnelles ; malgré les efforts des gouvernements pour organiser tous les moyens de satisfaction des besoins populaires, tous les moyens de répression des mouvements insurrectionnels, les classes ouvrières, par moments, fermentent et s'agitent, les classes financières craignent les secousses, et la stagnation s'étend tout à coup sur nos places au lieu de la prospérité industrielle. Et cela n'est point seulement une de ces crises transitoires que les nations traversent comme pour s'émanciper et faire peau neuve; cela n'est point une maladie passagère, une fièvre de quelques jours, un délire que quelque peu de repos puisse calmer; c'est le symptôme d'une grande démoralisation au sein des masses, c'est le résultat inévitable de l'oubli des principes de toute civilisation. Car ce n'est pas dans un pays seulement, ce n'est pas dans une industrie particulière, ce n'est pas avec une certaine condition de malaise industriel, qu'éclatent tous ces orages, si pleins de tristes enseignements pour tous les fils de ce siècle; c'est la France, c'est l'Angleterre, c'est la jeune république des États-Unis qui tous les jours voient s'augmenter le nombre des soulèvements, des suicides, des dérangements moraux de leur population; c'est à l'instant où nulle guerre extérieure ne menace notre industrie, où la paix est autour de nous, où les arts et les métiers s'enrichissent chaque jour de nouvelles découvertes, où tout semble conspirer pour le bonheur et le repos de l'humanité, que les esprits se trouvent saisis de je ne sais quelle terreur mortelle, ulcérés dans quelque plaie fatale et emportés par des pensées de désolation ou de découragement, et s'étourdissent dans la débauche ou les tentatives désespérées et les grandes secousses.

Quelle est donc la cause de cette maladie des intelligences? L'absence d'une *bonne* éducation; ce mot éducation exprimant non-seulement la forme extérieure du dévelop-

pement, mais encore l'instruction intérieure et la science de la raison par la moralisation des leurs. En France, l'instruction ne manque pas. Pour les pauvres, enseignement pratique des écoles chrétiennes, des écoles primaires, des écoles mutuelles ; pour les riches, éducation des colléges, des universités ; tout est créé, il est vrai ; mais la *bonne* éducation, l'éducation religieuse nous manque encore : c'est parce que l'éducation du peuple a été mauvaise, que le peuple est mauvais ; c'est parce que l'éducation des manufacturiers est incomplète et peu morale, n'étant point soumise à une surveillance supérieure, que parmi les manufacturiers beaucoup sont devenus les spéculateurs de la sueur des ouvriers ; c'est parce que l'éducation des hautes classes a été atteinte et fascinée par un faux orgueil, et que toute fière d'elle-même, elle ne s'occupe pas assez de Dieu, que le désespoir et la colère prennent les jeunes gens et qu'ils se jettent dans le suicide ou dans les folles passions comme dans un port contre les agitations secrètes. Tous les degrés de la société sont donc plus ou moins gâtés par l'éducation, et si quelques jeunes âmes choisies et ardentes résistent au souffle contagieux des écoles, croyez qu'il a fallu qu'elles luttassent contre elles-mêmes, ou que l'expérience et la sollicitude paternelle vinssent à leur secours. L'éducation autrefois, telle qu'elle était distribuée, tendait évidemment à développer les penchants déraisonnables de l'homme, bien loin de les détruire. Elle y tendait sans le savoir ; elle y tendait malgré elle ; mais elle y tendait certainement par ses formes insuffisantes, ou trop peu morales, ou déplaçant les degrés de la société, augmentant les besoins sans les satisfaire. Le présent nous le prouve.

Or, ce qu'il fallait, c'est une complète organisation de l'éducation publique, une éducation rationnelle et chrétienne, détaillée et graduée selon tous les besoins, afin que chacun vienne puiser à la source dans sa classe et pour sa classe, et que cette source soit pure, que l'éducation soit religieuse : la morale des peuples ne repose que dans la religion.

Cette grande sollicitude pour une nouvelle forme d'éducation qui pénètre tous les actes du pouvoir suffirait pour nous convaincre qu'il sent toute l'insuffisance du mode employé jusqu'ici. Et le gouvernement français a bien compris que c'était là sa base, sa pierre angulaire ; il a bien compris qu'il ne pouvait subsister qu'à la condition de moraliser tous les individus, pour que tous les individus eussent l'intelligence de ce qu'il entreprenait dans leur intérêt : c'est là l'essence de toute monarchie représentative ; la monarchie représentative étant celle qui, par sa charte ou sa constitution, appelle le plus grand nombre d'hommes à la diriger dans sa marche, à la guider d'après leurs besoins, à l'éclairer par leur vote ou par la puissance de la presse. Mais pour que ces votes soient intelligents, qu'ils émanent d'hommes instruits ! Pour qu'ils soient consciencieux, qu'ils émanent d'hommes religieux ! Pour qu'ils soient utiles, qu'ils émanent d'hommes à connaissances spéciales ! Que les hommes soient donc instruits dans tous les degrés, le manœuvre comme le capitaliste, chacun dans sa classe et pour sa sphère, puisque l'un et l'autre ont ou peuvent avoir leur vote !

Mais à qui appartiendra le droit de distribuer l'éducation ? au pouvoir seulement, ou à tous sans distinction ?

Cette question doit être résolue, parce qu'elle a partagé des publicistes distingués, et a provoqué de grands dissentiments d'opinion.

En faveur de la liberté absolue de l'enseignement, il a été dit que chacun doit pouvoir élever ses enfants selon ses convictions personnelles ; que la concentration de l'enseignement dans les mains du pouvoir est un moyen d'exploitation et de tyrannie.

Quelque large qu'on veuille faire la part de la liberté des croyances, nous pensons que chacun a le droit d'élever ses enfants selon ses convictions personnelles, mais sous la surveillance du gouvernement, car c'est un citoyen que l'on forme : outre ses rapports naturels ou scientifiques avec le monde extérieur, il aura encore des rapports moraux avec ses semblables, lesquels constitueront des droits et des devoirs. Un homme n'est pas complet par l'instruction seulement ; il lui faut encore l'éducation. L'instruction lui apprend les causes et les effets des phénomènes qui l'environnent, la théorie pure : l'éducation lui donne le sentiment de soi-même et des autres, de ce qu'il *peut* et de ce qu'il *doit*. C'est à cette condition seulement qu'il est complet, qu'il peut prendre place dans la société. Or, il importe que ces droits et ces devoirs soient fortement indiqués à chacun : car nul n'est censé ignorer la loi, et surtout la loi sociale ; et il importe essentiellement que le dogme et la morale pour tous sévère, immuable et religieuse pour tous, président à l'enseignement. Qui vous dira que l'homme chargé de l'éducation d'un enfant aura lui-même des principes assez purs pour lui enseigner cette morale sévère ? Qui vous dira que cette morale sera religieuse, seul moyen de la rendre stable ? Qui vous dira qu'elle sera immuable et la même pour tous ? Rencontrerez-vous dix hommes enseignant la même doctrine, de nos jours où toutes les doctrines les plus extraordinaires, enfantées par l'esprit humain, se débattent devant la raison ? Si vous n'avez un moyen de soumettre à une seule règle tous ces enseignements particuliers, vous êtes mêlé à une incertitude de doctrine, à une lutte de principes fatale aux jeunes intelligences et conséquemment à la société dans laquelle elles viendront prendre place.

Mais une objection plus sérieuse s'est présentée dans les débats brûlants de la presse ; et de nos jours où la susceptibilité populaire se roidit contre les atteintes qu'elle croit

portées à sa liberté, elle a eu un grand retentissement. L'éducation confiée à un gouvernement est un moyen de tyrannie ; l'éducation inspire des croyances politiques, dévouées et serviles.

On a beau dire que, généralement dans les établissements d'éducation publique, dans les colléges et dans les écoles primaires, dans les degrés les plus élevés comme les moindres, les principes des sciences physiques, des sciences morales, de la religion sont bien enseignés, il est vrai, mais nullement les principes des sciences politiques. Dans les Facultés mêmes, où l'introduction si transitoire de l'enseignement du droit constitutionnel permettait de juger la tendance de la doctrine, aucune application, aucune allusion aux événements contemporains ne pouvait être faite. C'était l'explication de la loi écrite, le développement d'un fait accompli. Ce n'était point la critique ou la louange d'une forme, mais l'exposition des principes qui régissent cette forme. Et puis, en outre, pour ceux qui ont étudié les secrètes dispositions du cœur de l'homme, il est certain que de jeunes têtes de quinze à vingt-cinq ans, c'est-à-dire de l'âge de la plus grande effervescence des idées, de la conquête jalouse d'une indépendance depuis long-temps désirée, ne se laissent guère dominer par les doctrines ou les tendances politiques de leurs supérieurs. Par noblesse de caractère ou par folie d'imagination, la jeunesse a toujours fait de l'opposition. Il y a de la générosité dans cet instinct de lutte contre le pouvoir, plus de générosité que de raisonnement. C'est chose prouvée : la jeunesse est opposante *quand même*... Que les sauvegardeurs de nos libertés publiques ne prennent donc point tant de soucis en voyant l'éducation entre les mains du pouvoir. Le pouvoir essayerait d'en faire une tribune pour ses prédications politiques, que ses prédications arriveraient mortes et impuissantes aux oreilles des jeunes gens : l'émancipation de la pensée est brusque et susceptible ; elle respecte peu les idées imposées à l'avance.

Ce qu'on appelait monopole de l'instruction publique paraissait nécessaire pour l'unité ; il n'existe plus ; d'heureuses modifications ont été apportées, nous devons savoir défendre et apprécier ces bons et salutaires effets. L'enseignement actuel, mis sous la sauvegarde de l'Université, présente pour la moralité des doctrines, pour les progrès des études, pour la supériorité des instituteurs, de précieuses garanties difficiles à obtenir par tout autre mode d'organisation. Attachée au passé par de glorieuses traditions, elle marche aux améliorations d'une manière lente, mais uniforme : elle n'admet une méthode que lorsqu'elle est signalée par des avantages réels, et alors elle lui donne par son acceptation une sanction solennelle et publique, elle ne se laisse point aller au charlatanisme, sans cesse renaissant de nouveaux systèmes ; elle les examine, en apprécie les résultats, en pèse la valeur ;

bons, les admet ; mauvais, les rejette, et quelquefois les décompose pour en tirer quelques éléments, dont elle fait son profit. Voilà pour la moralité de ses doctrines, pour les progrès de ses études.

Quant à la supériorité des instituteurs qu'elle forme, elle est incontestable. Elle appelle à soi tout ce que les sciences, la littérature, la philosophie, possèdent d'esprits les plus éminents, de réputations les plus marquantes : c'est à eux tous qu'est confié le soin de donner à l'ensemble de l'organisation une impulsion active ; c'est à chacun d'eux isolé qu'appartient la direction d'une branche spéciale ; c'est dans ce sanctuaire d'hommes choisis où d'autres hommes ne pénètrent que par une sorte d'épreuve, les examens et les agrégations ; c'est dans ce sanctuaire des doctrines les meilleures, où d'autres doctrines ne pénètrent qu'avec une approbation et une sanction méritées, que repose toute la supériorité de l'instruction universitaire, constituée ainsi, progressive quoique lente, jugeant les améliorations, et laissant à d'autres le soin de risquer des tentatives souvent pernicieuses, profitant de tout ce qu'elle a fait jusqu'à ce jour, comme de tout ce qui se fait autour d'elle, initiant à une science uniforme, systématique et morale, des instituteurs qui vont répandre dans toute la France le germe d'une même opinion philosophique. Elle offre donc une responsabilité intellectuelle, morale et maternelle, en faveur de ses hommes et de ses doctrines, de telle sorte qu'on doit lui conserver le droit, mais non point exclusif, de former les uns et d'améliorer les autres, à la seule condition que l'Université soit plus catholique.

Elle présente cependant des lacunes dans sa distribution ; nous les ferons sentir en disant ce qu'est et ce que doit être chaque degré d'institution, harmonisant dans son développement et son application chaque degré de la société ; la science se graduant selon la nécessité de chaque individu, et moralisant toutes les classes pour régir, conserver, et accroître le bien être et la tranquillité.

### § Ier. Instruction primaire.

L'instruction primaire est celle qui s'adresse aux classes les plus pauvres de la société. Les ouvriers, qu'ils soient voués à la culture de la terre, ou que, dans l'intérieur des villes, ils travaillent aux productions de l'art et de l'industrie, composant presque toujours ces classes qui n'ont besoin que d'une première instruction, l'instruction primaire doit être divisée en instruction primaire des villes et instruction primaire des campagnes ; nous allons examiner tout à la fois et les sujets à enseigner et les qualités que doit avoir l'instituteur.

L'instruction primaire des villes comprendra nécessairement la lecture, l'écriture et l'art de compter. Ce sont les liens primitifs et indispensables entre tous les hommes pour leurs affaires particulières, comme pour les affaires de la société. La lecture et l'écriture se combineront avec l'art du langage et

l'orthographe : elles se combineront également avec la morale ; car ce ne sera pas dans des livres de vaine science que l'ouvrier devra apprendre les premiers éléments de toute instruction, ce ne sera pas non plus dans des livres d'histoires amusantes; il importe que sa conscience soit continuellement élevée vers le bien, pour les rapports qu'il aura avec ses supérieurs, comme pour les rapports qu'il aura avec ses semblables; il importe donc pour les volumes dans lesquels on lui enseignera la lecture lui apprennent ses devoirs et lui inspirent des règles sévères de conduite; qu'ils soient tout à la fois pour lui un catéchisme moral et intellectuel, de raison et de connaissances; qu'ils le guident à la vertu, non pas à la vertu spéculative d'un anachorète, mais à une vertu active, à une vertu pratique dans ce monde par des conseils salutaires, par des exemples bien choisis d'économie et d'ordre, par les préceptes sublimes de l'Evangile et du catholicisme.

Il est essentiel que les livres pour les enfants soient bien faits et deviennent l'objet d'une surveillance spéciale, afin que la première impression, la plus durable, soit profondément religieuse. C'est une sauvegarde pour la société comme pour l'individu ; et sous ce rapport, nous pouvons beaucoup apprendre de nos voisins. Les livres pédagogiques de l'Allemagne sont meilleurs que les nôtres, plus utiles, plus pratiques, plus rationnels. L'ouvrage de cette nature le plus remarquable que nous ayons en France, est sans contredit *Simon de Nantua*, par M. de Jussieu. C'est une série de leçons populaires, sur les principaux événements de la vie, et l'auteur a déroulé dans un enseignement agréable des principes moraux, mais qui ne sont point assez pénétrés, selon moi, de ce grand sentiment de charité qui fait du christianisme une religion venue de Dieu. Il serait à désirer qu'un homme de talent se consacrât à cette tâche si difficile de faire de bons livres pour le peuple, et réalisât, pour toutes les classes et dans de plus grands détails, ce que Silvio Pellico a fait d'une manière admirable, mais sommaire dans *Dei Doveri*. Ce serait un admirable dévouement, de nos jours, où l'amour de l'argent et d'une vaine gloire guident la plupart de nos écrivains. *Scientia inflat, charitas vero œdificat*, comme l'a dit l'Apôtre, et c'est à la charité à faire toutes ces merveilles.

Un choix non moins difficile que le choix des livres, c'est celui des instituteurs. Une raison bienfaisante et éclairée, une instruction sage et morale, des doctrines immuables et religieuses, et par-dessus tout une abnégation complète de soi-même, un entier oubli des intérêts et des choses du monde, rendent la mission de l'instituteur pénible mais sacrée comme celle du prêtre. C'est une mission sublime, un sacerdoce de patience et de dévouement, qu'une vie ainsi consommée dans l'obscurité, dans l'accomplissement de devoirs aussi rigoureux, dans une continuelle surveillance de soi et des autres.

L'influence de l'exemple est si puissante sur l'enfance; tant de précautions sont nécessaires pour les jeunes intelligences, entraînées au mal par une loi fatale de notre nature, que le bon instituteur doit être revéré à l'égal du bon prêtre; et l'on ne saurait avoir trop d'estime pour une charge aussi délicate, et pleine de tremblantes et continuelles préoccupations. Des écoles pour former les instituteurs primaires ont été créées par le gouvernement : nous ne pouvons qu'applaudir à la sollicitude qui a présidé à une telle organisation et au système de sévère moralité dont on a enveloppé toute leur éducation.

Nous devons ici manifester notre juste sympathie et notre profonde admiration pour les établissements des Frères de la doctrine chrétienne. Les services qu'ils rendent tous les jours aux populations de nos villes, la méthode simultanée qu'ils emploient dans l'enseignement, la saine morale qu'ils répandent dans le peuple, leur ont mérité les encouragements du pouvoir. Car le pouvoir a bien reconnu que ce n'était point là une mesquine et ridicule concurrence engendrée par la politique, que cette lutte entre l'instruction des écoles primaires et l'instruction des écoles chrétiennes. Renoncer à toutes les passions, à toutes les jouissances, à toutes les affections de la vie, pour n'avoir de passions, de jouissances, d'affections qu'en Dieu et leurs semblables, cela est sublime! et si l'on ne peut exiger pareil sacrifice des instituteurs primaires, l'on doit cependant hautement proclamer l'excellence d'une religion qui inspire de tels serviteurs de Dieu, de tels instituteurs des hommes.

Pour étendre encore le bon effet de leur enseignement, nous voudrions que dans tous les lieux où ils sont établis, les Frères de la doctrine chrétienne réalisassent ce qu'ils ont eu l'idée d'entreprendre à Paris (1). Outre des cours gratuits pour les adultes, ouverts aux heures où les ouvriers quittent le travail, ils ont joint à leurs leçons d'instruction élémentaire les premières règles du dessin linéaire, de la mécanique et de la géométrie. Pour qui se destine à un état manuel, ces données ne sont jamais perdues, et souvent elles dévoilent dans les enfants des dispositions peu ordinaires, et leur ouvrent une carrière qui leur eût peut-être été fermée par ignorance sans cet heureux essai. Depuis longtemps cette amélioration a été introduite dans la ville de Lyon, et de généreux citoyens ont consacré de grandes sommes d'argent à répandre parmi les adultes des connaissances qui leur étaient étrangères jusqu'alors.

Ainsi constituée, l'éducation primaire des villes offre des avantages réels pour les enfants des ouvriers : elle leur donne les principes de toute science, et, ce qui vaut mieux encore, les principes de toute morale. A l'instant où ils sortent de ces écoles, si le

(1) *Journal de l'Instruction publique*, 1832.

choix des maîtres sous lesquels ils doivent être placés pour apprendre leur travail, est fait avec sagesse et présente des garanties de vertu et de bons exemples, précieux pour des jeunes gens, ils entreront dans la vie avec des impressions et des habitudes de sagesse, fécondes en bons résultats pour l'avenir.

Ici se présente une lacune dans cette série d'institutions protectrices destinées à l'ouvrier, commençant par l'école, se continuant par la caisse d'épargnes, et se résumant par toutes les prévisions de la charité et de la bienfaisance. Je me suis demandé bien des fois comment les hommes supérieurs par leur position sociale et l'instruction n'ont pas compris tout ce qu'il y avait de danger à laisser l'enfant de l'ouvrier entrer au hasard dans l'atelier de quelque maître que ce fût? comment ils ne se sont pas réunis pour avoir des renseignements certains sur la conduite de tous les chefs qui emploient des apprentis? comment ils n'ont pas profité de leurs connaissances à cet égard pour signaler tous les maîtres vicieux aux pères de famille qui s'adresseraient à eux, et recommander personnellement, à ceux qui se rendraient dignes de cette marque de confiance, les enfants qu'ils leur adresseraient pour toute la durée de leur apprentissage? Cette surveillance protectrice s'étendant ainsi sur toute cette jeune partie de la génération, trop tôt abandonnée à elle-même, sur tous les chefs d'ateliers libres de gâter ou d'améliorer par l'exemple les habitudes de leurs élèves, pourrait devenir une association permanente, un patronage tutélaire et bienfaisant. Cette mesure n'a point encore été essayée pour les enfants du peuple, et l'on a craint peut-être, en la proposant, d'entrer trop avant dans les affaires du foyer domestique, et de mettre à la place de l'autorité paternelle une autorité de surveillance et d'action étrangère à la famille. Il me semble cependant que la société a le droit de signaler par tous ses membres le bien et le mal où ils se rencontrent; et que ce patronage, purement bénévole et dans l'intérêt de l'ouvrier, pouvant être accepté ou refusé par le père de l'enfant, ne touche point à la liberté de ses principes. D'ailleurs, cette institution existe, mais dans d'autres circonstances. Elle a été fondée pour les jeunes gens des deux sexes qui, condamnés dans leur enfance à être placés dans des maisons de correction, y sont assujettis au système pénitentiaire, et y apprennent des états. Afin de ne point rendre illusoire pour eux cette instruction professionnelle, et de vaincre la répugnance qu'on éprouve à confier des travaux à ceux qui ont commencé leur vie par la prison, comme aussi pour empêcher que les sages leçons qu'on leur a données soient perdues par un contact précipité avec des hommes corrompus, il s'est fondé une société chargée de surveiller le maître et l'ouvrier, et servant de garantie pour leur moralité mutuelle. Je voudrais que ce qui se fait ainsi

et justement dans cette circonstance pût s'appliquer dans les autres occasions de la vie, et se réaliser également pour tous les enfants des ouvriers sortant des écoles primaires. Je voudrais encore que les forçats eux-mêmes, réhabilités par une bonne conduite, et qui, aujourd'hui, rentrés dans la société, n'ont pour alternative que de mourir de faim ou de retomber dans le crime, trouvassent dans la haute moralité et la protection de cette société des cautions de leur vie à venir et des intermédiaires pour arriver au travail. Tout cela est à faire, et tout cela se fait parce que les associations de bienfaisance sont appelées à devenir désormais influentes, et à faire, dans l'intérêt de tous, ce que le pouvoir ne peut entreprendre. Du reste, remarquons-le ici, dans toutes ces choses de charité et de protection, le pouvoir ne peut rien; il gâte même les institutions de cette nature dans lesquelles il se mêle. La taxe des pauvres, en Angleterre, nous le prouve: on doit donc suppléer, par une société d'hommes dévoués et éclairés, à cette lacune dans les institutions en faveur des jeunes ouvriers.

C'est parce que je sens toute l'opportunité de cette mesure que je la signale ici. Placé dans une cité industrielle, j'ai pu voir et apprécier tout ce qu'elle offrirait de sécurité pour le développement intérieur des qualités sociales, et je suis persuadé qu'elle n'a été omise que parce qu'on n'a pas assez étudié la question dont je m'occupe, et qu'on n'a pas compris toute son importance. N'oublions pas que l'avenir et la puissance de toute civilisation reposent entre nos mains. Les civilisations meurent comme les hommes, il est vrai; mais elles ne meurent que par leur faute.

Les écoles primaires des campagnes exigent autant de soin et d'attention que celles des villes : l'instruction a un prix aussi grand pour les classes disséminées que pour les classes entassées; et la moralité se crée et se conserve plus facilement dans les premières, d'un autre côté l'erreur et l'ignorance y font bien plus de progrès que dans les populations agglomérées; ces deux remarques trouvent leur explication dans l'isolement des habitants de la campagne, dans leur contact rare avec ceux de la ville. La moralité et l'erreur gagnent, l'une et l'autre, à cette solitude forcée et continuelle des âmes et des intelligences. Il faut donc combattre l'erreur par l'instruction; il faut également combattre le préjugé qui tend à dépeupler nos campagnes, en jetant dans les professions industrielles, comme plus honorables et plus lucratives, ceux qui jusqu'alors avaient cultivé les champs. En effet, à mesure qu'une partie de la population agricole s'éclaire, un vide se fait dans ses rangs : le dégoût du travail de la terre prend le jeune cultivateur un peu instruit; il dédaigne et repousse l'état de ses pères; il arrive dans la ville, où il trouvera le plus souvent la misère et la débauche; et la campagne se dépeuplant ainsi de ceux-là

mêmes qui pourraient honorer leur état, et tirer l'agriculture de la routine et de l'ignorance où elle languit, la culture se trouve abandonnée à des hommes sans intelligence, sans idées; souvent même elle vient à manquer de bras.

Pour remédier à cette tendance, on doit environner l'instruction primaire des campagnes des soins les plus minutieux, de telle sorte qu'elle ne détruise point la croyance religieuse du cultivateur, et qu'elle le pénètre de l'amour de son état. L'instituteur primaire de la campagne doit être un homme ayant des goûts simples et agricoles; compagnon habituel du curé du village, unissant son influence à la sienne, il fortifiera, autant qu'il est en lui, l'amour du pays et de la terre dans les enfants qui lui sont confiés : il les attachera au sol par ces liens moraux et intimes entre l'homme qui cultive et la terre qui nourrit. Il aura, en outre, des connaissances pratiques sur la nature des terrains, l'introduction des produits chimiques comme engrais, les améliorations des procédés agricoles; il recevra des instructions toujours récentes d'une ferme-modèle établie dans le département, et les répandra parmi les enfants. Dépositaire des progrès de la science simplifiée et utilisée par la pratique, il les communiquera aux agriculteurs comme il communique à leurs fils une instruction solide. Son rôle sera tout à la fois moral, intellectuel et utilitaire.

Il existe, en Suisse, une école rurale et primaire pour les pauvres enfants de village, dirigée par MM. de Fellenberg et Vehrly. Les enfants qui y sont réunis s'assemblent dans le double but de travailler et d'apprendre : ils appartiennent aux diverses classes ouvrières de la société, et selon leurs forces ils sont employés aux divers travaux de la société. Le maître Vehrly s'associe à leurs jeux, à leurs repas, à leurs occupations; et, dans les instants mêmes de leurs occupations manuelles, il leur rappelle les leçons que chaque matin il leur a données. Il entremêle les labeurs d'une instruction adroitement présentée, d'une morale pure dont la source est dans les livres saints, et d'une bonne gaîté que donnent la santé du corps et la tranquillité consciencieuse de l'âme. Cette institution (*armen schule*) est gratuite, et les enfants devenus plus forts ne payent les soins qui leur ont été donnés qu'en consacrant une année ou deux à l'exploitation de la ferme, si toutefois les besoins de leurs parents ne les rappellent pas de suite dans le sein de leur famille. De ce centre de bonne éducation, sortent des jeunes gens instruits qui se destinent à la carrière d'instituteur, et vont répandre dans les différentes localités les principes qu'ils ont reçus. En sorte que, fondée d'abord dans le canton de Zurich, l'institution d'Hofwyl, dirigée par MM. de Fellenberg et Vehrly, compte aujourd'hui des succursales à Blöschoff et Grundliegen; et le gouvernement de Danemark voulant participer au bienfait de cette sage civilisation, et établir une école à Ka-

tarinenlist, aux environs de Zoroè, a envoyé deux jeunes professeurs s'instruire à l'école d'Hofwyl.

Or, la méthode d'Hofwyl est bien simple : c'est la théorie enseignée avec la pratique; c'est l'instruction jointe à la religion : de pieuses lectures, de touchants exemples de dévouement, l'enseignement quotidien de l'Évangile constituent les préceptes de conduite, donnés aux élèves de M. de Fellenberg; cet homme, aidé de Vehrly, fils d'un paysan, a fait plus que nos plus profonds publicistes : eux ont fait des livres, lui une société; il a compris que le christianisme est organisateur par sa doctrine, et qu'un peuple de chrétiens peut être facilement conduit au bonheur; et il a fait du rêve d'un honnête homme une vérité qui peut servir de modèle (1).

C'est là le besoin de notre siècle, de notre civilisation, de notre avenir. Si les sociétés se soulèvent comme un mourant sur son lit de mort et nous épouvantent par les spectacles déplorables de leur lutte; si les hommes se précipitent dans le crime, dans la débauche, dans l'imprévoyance du lendemain, et par contre-coup dans la misère; si les industries sont malheureuses et impatientes de là soumission et du travail : c'est que la grande source de toute morale est tarie dans les masses; c'est que la foi n'est plus, et, sans la foi, toute société se laisse aller aux plus étranges égarements dans ses idées et dans sa conduite.

Croyez-vous que le pouvoir seul puisse mettre fin aux inquiétudes et au malaise des masses? Le pouvoir est impuissant dans les questions qui touchent au cœur de la société : il ne peut qu'en modifier la forme.

Sera-ce la satisfaction des besoins matériels? Satisfaits aujourd'hui, ils renaîtront demain plus avides, plus impérieux encore.

La morale seule unie à l'instruction, et toutes deux ancrées sur une plage solide, invariable : la religion, le christianisme.

Telle est la mission de l'instituteur primaire; mission régénératrice, appelée à grands cris par tous ceux qui aiment l'humanité, et croient assez à Dieu pour ne pas désespérer de l'avenir et de l'amélioration des hommes. Elle sera lente, à dire vrai; elle sera graduelle, s'opérant ainsi par la base de toutes les croyances humaines, mais elle sera certaine et utile. Les éléments de cette tentative sont autour de nous : le pouvoir nous présente de généreuses intentions; il envoie étudier en Allemagne les règlements universitaires pour les appliquer à la France; les méthodes sont trouvées et justifiées par l'expérience. Les hommes formés par l'instruction ne manqueront pas, nous l'espérons. Dépositaires sacrés des saines doctrines, ils les répandront par la parole et l'exemple, dans les villes et dans les campa-

(1) Voir de précieuses notes sur les résultats obtenus par le système de Fellenberg, sous le titre *Kleine anmerkungen*. — Une semblable méthode a été employée par Talck : voyez l'ouvrage intitulé : *Joannes Talck sterben und leben von Renhold*.

gnes; missionnaires éclairés du gouvernement, ils mettront de bons livres entre les mains du peuple : ils lui apprendront des préceptes de religion, d'économie, d'ordre intérieur, de respect pour ce qui est établi; ils prouveront à tous que le bonheur est dans l'accomplissement des devoirs, et que le devoir de tout homme, c'est de faire aux autres ce qu'il voudrait qu'il lui fût fait : grande vérité qui doit être écrite dans les mœurs, et que nos efforts doivent y graver par tous les moyens.

Écoutons et réalisons les belles paroles de M. de Fellenberg.

« Partout nous devons nous efforcer de gagner l'estime de nos élèves, tant des petits que des grands : sans ce respect, toute science serait inefficace. La vie de Jésus, modèle de tout homme qui enseigne et élève les hommes, nous montre comment nous devons gagner cette estime.

« Nous devons être humbles et doux, si nous voulons avoir l'amour et l'estime des enfants; si nous voulons les conduire au royaume des cieux.

« Nous devons être actifs et laborieux sans nous lasser, tant que dure le jour. Toute notre conduite doit être telle, que nous ayons partout le renom d'hommes honnêtes et vertueux.

« C'est de cette manière que nous obtiendrons l'estime de tous ceux qui nous connaissent, condition indispensable pour la réussite de nos efforts. »

En accomplissant ces paroles, en faisant pareille chose, l'instituteur primaire passera sur la terre comme le bienfaiteur des hommes; il aura mérité leurs vœux et leurs bénédictions; il aura dignement rempli la plus sainte et la plus difficile de toutes les charges.

### § II. De l'instruction intermédiaire.

La classe intermédiaire est la plus nombreuse; l'instruction intermédiaire est la plus négligée. Ceci est évident pour quiconque a étudié la société et les écoles publiques. Nous ne sommes pas tous appelés à remplir dans le monde des fonctions purement intellectuelles, à développer dans différentes places les applications des plus hautes sciences : aux privilégiés de l'intelligence ou de la fortune, les sommités de l'échelle sociale; aux autres, et c'est le plus grand nombre, une honorable médiocrité élargie chaque jour par le travail pratique, et conséquemment exigeant des connaissances positives qui lui servent de base. Les positions moyennes, telles que l'industrie, la manufacture, la fabrication, la mécanique, sont les plus ordinaires; elles demandent des théories spéciales; ceci est l'affaire de l'instruction professionnelle et en dehors de notre cadre; mais elles n'excluent pas les principes généraux de la science, elles ne s'isolent pas du cercle de l'instruction qui doit

être universellement et graduellement répandue, pour que l'harmonie et le bon ordre se maintiennent en tous lieux. Le système universitaire qui nous régit actuellement est bien moins incomplet sous ce rapport, et les légères modifications introduites depuis 1852 me paraissent justes, si ce n'est suffisantes.

Avec les méthodes d'autrefois, les institutions passées, le commerçant était obligé de confier les premières années de son fils aux études habituelles du collége : or, les études du collége lui étaient non-seulement inutiles, mais même nuisibles.

A quoi lui servirait une langue morte, lui qui ne remonte jamais dans le passé par la science philologique? A quoi lui servirait la littérature ancienne, lui qui n'est point appelé à pénétrer activement dans le sanctuaire des littératures passées ou des littératures vivantes? Bien plus, cela pourrait lui être nuisible et le distraire de la carrière positive à laquelle il se destine, carrière plus heureuse bien souvent, quoique moins brillante que toute autre : une jeune tête se laisse emporter par le charme naturel de l'imagination : elle rêve un avenir de poëte : elle se hasarde ainsi sans soutien, quelquefois sans talent, guidée par le seul prestige de la gloire; et dans ce rude sentier, si fécond en chutes, elle est une victime de plus de l'inexpérience et de l'orgueil. C'était là le grand écueil des institutions universitaires et des colléges pour les enfants qui se destinaient ou qui étaient destinés à une position purement commerciale et manufacturière. Les études exigées pour parvenir à ce but doivent être sérieuses et spéciales, et non point une grande pâture de mots, ou des phrases anciennes et modernes bonnes à en faire peut-être des érudits s'ils terminent les années de collége, et des demi-savants s'ils y renoncent à une certaine époque : or, c'est ce qui arrive le plus souvent. Les degrés élémentaires de l'instruction du collége, jusqu'à la troisième ou la deuxième classe, étaient ordinairement le refuge de tous les enfants indistinctement, sans qu'on eût réfléchi à la direction de leur esprit, à la position de leur fortune ou à l'intention de leurs parents. Les premières années étaient ainsi consacrées à remplir leur tête de mots vides et sans idées, de lambeaux de grec et de latin; et l'instant où ils allaient aborder l'enseignement de leur langue et l'enseignement du style, était, le plus souvent, celui où ils abandonnaient le collége pour une profession, échangeant ainsi la salle d'étude contre le magasin, sans transition, sans travaux profitables. Manufacturier, l'homme aura usé sa jeunesse à des langues mortes, et il ignorera la sienne. Destiné à vivre au milieu des orages de la société, il n'aura point puisé, dans les classes de la philosophie et de l'histoire les plus indispensables de toutes, un enseignement philosophique qui puisse lui donner de hautes convictions morales. Il entrera dans la vie, âgé à peu près de dix-huit ans, sans une seule introduction à la vie, sans une idée

qui lui soit utile comme homme ou comme négociant.

On a senti tout de suite les vices d'une pareille organisation, et les cités industrielles ont compris bien mieux que les autres, et ont vu, dans tous les événements qui se passent sous leurs yeux, combien l'enseignement intermédiaire était incomplet, combien il demandait de promptes et efficaces améliorations, combien il importe qu'il soit plus positif, et surtout plus chrétien. Les maisons d'éducation de l'Angleterre, de la Suisse et de la Souabe, pourraient nous servir à réformer et à compléter l'instruction élémentaire, dit-on, mais nous n'en croyons rien (1).

L'instruction intermédiaire doit avoir pour but de faire tout à la fois des hommes et des manufacturiers; elle doit donc présenter d'abord des connaissances générales de *philosophie*, c'est-à-dire des lois chrétiennes qui lient les hommes entre eux et qui les unissent au monde et à Dieu : de *droit*, c'est-à-dire des lois humaines qui gouvernent leurs rapports mutuels , et enfin de *littérature*, c'est-à-dire les lois du langage et du style; leur développement historique, leur application journalière, indispensable dans toutes les relations. Ceci doit être l'objet d'un enseignement sommaire et résumé, présenté dans des principes religieux, précis, formulés, mais qu'on laissera aux circonstances de la vie le soin de développer et d'appliquer. Par ce moyen , l'ignorance des choses humaines les plus essentielles ne pourra leur être reprochée. La morale, la philosophie, la littérature, les auront d'abord nourris d'un haut enseignement, et ils n'auront point fait ce travail comme profitable pour l'objet principal du commerce, qui est la connaissance de l'objet et le gain; ils ne l'auront point fait comme devant le continuer durant le cours de leur vie, et le développer par les efforts de leur intelligence, au point d'en faire une occupation scientifique. Ils auront employé à ces études, de jeunes années moins pleines de préoccupations positives; et pour qu'elles soient sanctionnées par le développement de la raison et de l'âge, pour qu'elles deviennent chez les jeunes gens un lien de sociabilité, elles se seront déroulées graduellement avec l'enseignement non moins nécessaire des sciences générales, telles que les mathématiques, la mécanique, la tenue des livres.

Les éléments invariables d'une école secondaire sont donc ·

La philosophie , la littérature et le droit d'une manière sommaire;

Les théories positives, les mathématiques,

leur application, et la tenue des livres d'une manière spéciale.

Mais les écoles d'instruction intermédiaire doivent également présenter des éléments variables. Des villes peuvent avoir des rapports plus spéciaux avec certaines nations. La nature de leur industrie exige souvent aussi des sciences particulières; en outre, les relations commerciales ne sont plus restreintes à des bornes et à des circonscriptions nationales ; elles se sont élargies par delà les limites de chaque peuple, ont multiplié les relations épistolaires, resserré les liens de fraternité de la grande famille humaine, accéléré la civilisation par le frottement des hommes et des idées. Un peuple, un homme, une idée, ayant besoin, pour se polir, d'un autre peuple, d'un autre homme, d'une autre idée, comme le diamant a besoin du diamant, l'enseignement des langues vivantes devient indispensable dans les écoles intermédiaires, spécialement la langue du peuple le plus voisin par la localité, par les rapports ou par l'identité du travail. Ainsi les rapports de l'Alsace et de la Franche-Comté avec l'Allemagne pour l'exportation des fers, nécessitent la connaissance de l'allemand dans ces pays ; les rapports de Bayonne, Toulouse, Bordeaux , avec l'Espagne, pour l'importation des laines et l'exportation des vins, réclament la connaissance de l'espagnol : nos rapports, à nous Lyonnais, avec l'Italie pour l'approvisionnement des soies, avec l'Amérique pour nos produits ouvrés, exigent l'usage de ces deux langues. C'est aux prévisions ministérielles, ou plutôt à la volonté de chaque pays, à fixer la plus utile qui sera obligatoire, les autres ne devant plus être qu'un accessoire moins rigoureusement commandé.

Si des localités appellent l'enseignement de certaines langues, des localités aussi appellent l'enseignement de certaines sciences préférablement à d'autres. Marseille et ses grandes manufactures de savon, ses raffineries de sucre, demandent une vaste théorie chimique; Nîmes et ses ateliers de foulards et teintures, appellent la même science; la Franche-Comté et ses usines, Saint-Étienne, la ville souterraine qui travaille dans ses puits, creusant, creusant toujours, luttant contre l'eau, contre la terre, contre le feu, et faisant servir à ses desseins l'eau, la terre et le feu pour extraire ses grandes masses de charbon ; Saint-Étienne, la ville de dessus, la sœur jumelle et aînée, tordant, trempant, fondant le fer et forgeant les guerres futures dans ses immenses ateliers, appelle comme instruction classique et première des cours de minéralogie, de géologie et de mécanique. Lyon, avec son industrie de soie, doit réunir en elle seule l'enseignement de la mécanique pour l'amélioration de ses métiers , de la chimie pour les apprêts et les teintures, et du dessin le plus parfait pour la conservation de cet empire du bon goût qui fait rechercher ses étoffes façonnées. Toutes ces diverses spécialités appartiennent à l'instruction intermédiaire : elles en font néces-

(1) Voir : *De l'instruction publique dans le canton de Vaud* , chez Reinsler. — *Die Schulen*, von Schwarz, ord. professor der theologie zu Heidelberg. 1832. — M. Saint-Marc Girardin a publié, sous ce titre : *De l'instruction intermédiaire et de son état dans le midi de l'Allemagne*, la première partie d'un travail rempli de recherches statistiques du plus haut intérêt et de renseignements précieux sur les établissements de Berne, Hofwyl, Zürich et la Bavière.

sairement partie; elles peuvent être professées à des degrés plus ou moins élevés, elles peuvent même être modifiées : mais elles se rattachent toutes ensemble par des liens indissolubles, et elles unissent l'avenir du pays à l'avenir de la génération qui jouira des bienfaits de ce nouveau système. Le domaine de l'avenir est immense aujourd'hui; que sera-t-il, quand chaque jour l'enseignement qui n'a pas encore été organisé, et l'espérance qui a été perdue, faute d'enseignement, l'auront élargi et rendu accessible à tous? Que d'admirables résultats à obtenir dans l'industrie, dans le commerce, dans l'exploitation du sol, quand l'instruction intermédiaire, popularisée et protégée, sera devenue obligatoire?

Remarquons-le : l'économie politique moderne a négligé la source de la prospérité nationale en négligeant l'enseignement manufacturier : elle a abandonné à une routine désespérante et stérile des hommes qui auraient pu produire de merveilleux résultats, s'ils eussent été aidés par l'enseignement. Il est, dans une ville comme Lyon, bien des Jacquard inconnus que l'enseignement n'a encore révélés ni au monde, ni à eux-mêmes.

Filangieri a consacré un chapitre à ce sujet : *Del Collegio de Negozianti* (1) ; mais il n'a pas conçu l'éducation telle qu'elle doit être exercée. Quoique plus avancé que tous les publicistes de son époque, Filangieri n'a pu s'élever jusqu'à la conception du tiers état et de son éducation. Les évolutions sociales ont changé depuis lors la face des peuples; elles ont créé une nouvelle classe; elles lui ont donné l'intelligence qui conçoit, la force qui fonde, le travail qui exécute; elles lui ont confié la garde des libertés publiques; et, grandissant une classe en abaissant une autre, elles l'ont faite nombreuse et puissante; maintenant il lui manque encore la science qui fait vivre parce qu'elle fait prévoir, et cette science du tiers état, c'est l'éducation intermédiaire. Or, pour être productrice et s'adresser à tous, elle doit présenter les principes généraux des connaissances, laissant à chacun le soin d'appliquer lui-même ce qu'il aura appris, ou de recourir à un cours de pratique, en dehors de l'enseignement obligé. Une école intermédiaire, constituée de telle sorte que la philosophie, la littérature, la science du droit, sommairement ; les mathématiques, la physique, la chimie, la mécanique, l'histoire naturelle, les langues, dans de plus grands détails, seraient enseignées aux jeunes gens pendant une période de six années, soumises aux inspections et aux examens universitaires, terminées et sanctionnées par un diplôme, pourrait s'adresser également aux agriculteurs, aux négociants et aux manufacturiers. Chacun d'eux, quittant ce premier

degré, prendrait, dans une école d'application, si sa fortune lui permet de suffire à cette dépense, ou par la pratique de tous les jours, s'il est obligé de rentrer de suite dans la vie positive, les résultats de ces diverses sciences.

Dans l'organisation de l'instruction intermédiaire, telle que je viens de la présenter, j'ai parlé des écoles d'application, et je dois en signaler ici l'importance et la nécessité dans les destinées sociales.

Depuis plusieurs années, la jeunesse s'entasse dans les carrières politiques, administratives et littéraires. Elle néglige, par un mépris mal placé, et souvent par une insuffisance réelle d'instruction, les occupations aussi honorables et plus indépendantes de manufacturiers et d'agriculteurs. Les considérant comme précaires, comme inférieures, elle les abandonne à ceux mêmes qui n'ont pas toujours assez de moralité ou d'instruction pour dignement les remplir. On s'aperçoit enfin que c'est là une grande erreur, que les richesses du sol sont à la portée de tous les hommes, plus profitables, moins chanceuses que toutes les autres; et disséminant les individus sur une grande surface de terre, elle utilise des bras qui pourraient devenir dangereux entassés dans nos villes industrielles. On veut réhabiliter l'agriculture, la porter au niveau de l'industrie, et faire de ces deux sœurs, comme l'a dit Colbert, les deux nourrices de la société moderne (1).

Le moyen le plus simple d'obtenir ce résultat est de fonder des écoles spéciales d'application, difficiles, il est vrai, à régulariser, mais appelées à vivifier par l'instruction toutes ces intelligences mortes qui s'ignorent elles-mêmes. On ne s'est point occupé de cette institution; encore aujourd'hui on la juge impossible pour l'industrie, et cependant les gouvernements l'ont créée depuis longtemps pour les élèves qui sortent de l'École polytechnique dans les diverses branches civiles ou militaires.

Les écoles spéciales civiles doivent être divisées en deux grandes classes :

1°. Écoles spéciales d'agriculture;
2°. Écoles spéciales d'industrie.

1°. Les écoles spéciales d'agriculture peuvent être établies sur le plan légèrement modifié des écoles de Coëtbo, de Roville, en France, sur les écoles allemandes de Hohenheim, de Wurtemberg, de Tharaud, en Saxe, de Schleisheim, près de Munich (2), et sur les observations réunies de nos meilleurs agronomes et du maître de tous, M. Mathieu de Dombasle. Les écoles spéciales d'agriculture devraient être fréquentées pendant au moins une année par ceux qui se destinent

(1) *La Scienza della Legislazione*, 4° partie, chap. 5, 6, delle Leggi, che riguardano l'educazione. — *De' vantaggi, è della necessità di una pubblica educazione.* — *Dell' università di questa pubblica educazione.* — *Del Collegio de Negozianti*, p. 176, prima edizione Milanese.

(1) Voyez : *Plan d'Écoles générales et spéciales pour l'agriculture, l'industrie manufacturière, le commerce et l'administration*, par Lamy et Clapeyron. Paris.

(2) Voyez *Journal de la Société centrale d'agriculture (central-stelle des Landwirtschaftlichen vereins)*, pour le plan suivi dans ces diverses écoles allemandes, et le nom des professeurs qui enseignent chaque spécialité.

à l'enseignement primaire, et rester en communications suivies avec eux pour leur apprendre les diverses découvertes ou les meilleurs procédés agricoles de chaque localité.

Elles doivent renfermer :

Un cours de chimie, appliqué à l'agriculture ;

Un cours de physique ;

Un cours de botanique ;

Un cours de géologie ;

Un cours d'architecture agricole.

Ces diverses matières seront traitées dans leurs développements les plus intimes, réalisées par la pratique et les exemples journaliers. Car ce n'est plus de la science qu'il s'agit de faire, c'est une application continuelle et variée conséquemment, selon les divers accidents, les diverses circonstances, les divers lieux.

2°. Les écoles spéciales d'application, d'industrie, telles que je les juge nécessaires, n'existent pas encore : je ne sache pas qu'elles aient été tentées ; elles présentent cependant une importance aussi grande et aussi actuelle que celles d'agriculture.

Une école spéciale d'industrie sera placée auprès d'une de nos grandes villes manufacturières, pour remplacer ainsi, par les ateliers et les établissements de la cité, les ateliers et les établissements qui ne pourraient être compris dans ses murs trop étroits. Ainsi, la pratique y serait constamment développée, et grandirait avec la théorie dont elle serait appelée à constater, à légitimer, à ratifier les résultats.

Elle renfermerait :

Un cours d'architecture et de construction ;

Un cours de mécanique industrielle (hydraulique-vapeur) ;

Un cours de chimie appliquée aux arts ;

Un cours d'histoire des développements de l'industrie, et de ses rapports avec la société ;

Un cours de minéralogie et de ses produits industriels.

Ainsi organisées, ces deux écoles, se partageant entre elles les hommes des villes et les hommes des campagnes, leur donnant des connaissances approfondies et relatives à leur carrière, réaliseraient un des grands problèmes de notre économie politique : l'équilibre parfait de l'industrie et de l'agriculture ; elles généraliseraient les sciences, et les rendraient utiles par l'application ; elles donneraient un nouvel éclat et une nouvelle vie aux occupations d'agronomes et de manufacturiers ; elles les mettraient au rang des nobles et utiles carrières de la société ; elles doubleraient les richesses nationales, puisqu'elles exerceraient incontestablement une grande action d'amélioration, par la théorie et par l'expérience, sur la valeur des produits et sur l'économie pour les obtenir.

Telle serait l'œuvre d'une bonne et puissante instruction intermédiaire. Et ce nom lui restera, non point seulement parce qu'elle forme des hommes sortis des classes moyennes de la société, mais aussi parce

qu'elle n'est pas encore *complète*, parce qu'elle n'est pas *supérieure*, parce qu'elle ne développe pas toutes les forces de l'esprit.

### § III. De l'instruction supérieure

Jusqu'ici je n'ai indiqué que sommairement les divers degrés de l'instruction, effleurant à peine cette profonde matière, et ne montrant que les rapports qu'elle peut avoir avec le sujet qui m'occupe : la moralisation des classes industrielles. Ces rapports sont intimes et directs ; et même dans l'instruction supérieure, celle de toutes qui semble le plus s'éloigner du rang et de la position des ouvriers, réside une force d'influence bienfaitrice ou fatale, aidant ou détruisant l'action morale dans la société par le contact, l'exemple et les relations. Ce que j'ai voulu suivre avant tout, c'est la méthode, l'enseignement, l'organisation de tous les degrés, réagissant tous mutuellement les uns sur les autres, et, tous réunis, formant cette tendance particulière à chaque époque, à laquelle ils donnent son nom. De nos jours, tous les éléments de la société se rapprochent, se coudoient, se pressent dans un cercle fixe d'idées et de croyances ; tous les côtés vicieux du monde se froissent ; toutes les parties corrompues se cherchent et s'attirent ; toute la société se dissout et tombe en pourriture, sous le soleil dévorant de certaines idées : leurs rayons tuent si on ne les détourne avec habileté ; c'est chose difficile confiée à l'enseignement supérieur. Dans cette instruction supérieure, foyer le plus actif de la puissance nationale, viennent se tremper toutes les convictions, se faisant fortes, aiguës, profondément pénétrantes dans le bien ou dans le mal. Cette immense étendue de connaissances si hautes, que l'esprit humain ne peut les mesurer du regard sans être saisi de vertige, si unies, si liées, qu'elles vivent de la même sève de doctrine, se divise et se résume en trois institutions :

Les Colléges,

Les Facultés,

Les Académies.

Ces dernières sont le couronnement de tous les degrés hiérarchiques, le sanctuaire où le talent et le génie se réunissent au-dessus de la foule.

Les colléges ont un double but auquel ils doivent marcher à travers toutes les difficultés, et qu'ils sont destinés à atteindre : la moralité et l'instruction. Pour y parvenir, ils doivent faire accomplir avec une égale sévérité, avec une minutieuse exactitude, de bonnes études, une bonne discipline.

La moralité ne s'attache point seulement aux individus, ne se prouve pas uniquement par la conduite, ne se grave pas dans le cœur seul du jeune homme, mais elle est aussi dans l'intelligence ; elle anime la doctrine, elle s'attache aux systèmes : tous les objets d'un enseignement doivent être moraux ; la science ne leur suffit pas, il leur faut encore la moralité. Voyez : il est des instants où la société est déchirée par les tourmentes de l'in-

telligence, où les principes les plus sacrés sont dédaigneusement abandonnés au peuple, aux bonnes gens, comme on dit alors, où d'étranges doctrines scientifiques s'écrivent dans les livres, et se répandent de la main le public à l'aide de l'ignorance et de la fatalité. Ainsi le système d'Epicure, de Voltaire, d'Helvétius, et le système plus contemporain encore de la fatalité, se produisent hardiment dans la philosophie ou dans l'histoire, et guident dans des voies mauvaises les âmes qu'ils auront séduites. Si la liberté de la pensée et la liberté de la presse doivent permettre la promulgation de pareilles doctrines, il est cependant des lieux où jamais elles ne s'introduiront. Sanctuaire de la jeunesse et de l'enseignement où se réfugie la seule immuable et éternelle science, la science chrétienne.

L'éducation publique doit fermer ses portes à toute nouvelle venue qui ne reconnaît pas Dieu et la loi ; elle doit guider les jeunes gens jusqu'à l'instant de leur complète émancipation, selon l'Evangile et la science, et leur montrer que la tradition, la science et le pouvoir se réunissent pour prouver la loi morale, et concourent tous les trois à son observation. Elle doit le faire avec une sévérité et une précaution prudente, afin que, lorsqu'elle rendra à la société les jeunes âmes que la société lui aura confiées, elle puisse lui dire : Voilà vos enfants purs comme vous les avez donnés, et les voilà cependant instruits dans les sciences humaines ; et qu'elle puisse lui dire encore avec la conscience sereine et les intentions loyales : *Sinite parvulos venire ad me* : laissez les petits venir à moi.

Mais si ce devoir est sacré pour les professeurs des colléges, s'il est essentiel à la conservation de la société, il ne doit cependant jamais entraver l'exposition d'une doctrine, il ne doit pas empêcher que toutes les opinions soient pesées, que tous les égarements de l'esprit humain soient signalés. La moralité ne consiste pas à taire certaines choses et à en dire certaines autres, à cacher le vice et à ne montrer que la vertu : elle consiste surtout à proclamer, d'après de sages principes, et avec les précautions voulues, toutes les histoires des crimes comme l'histoire des belles actions, des erreurs comme des vérités, des doctrines fausses ou matérialistes comme des doctrines exactes ou spiritualistes ; à laisser à chaque fait sa valeur, à le prendre tel qu'il est, à l'examiner consciencieusement à l'aide de l'analyse et de l'histoire, à le juger d'après la tradition et le christianisme, et à l'admettre ou à le rejeter, après avoir dévoilé le secret de sa force ou de sa faiblesse. Ce sera le moyen d'introduire dans l'esprit des jeunes gens une science robuste et capable de résister aux attaques extérieures du monde ; ce sera leur donner la moralité par la science, mise en harmonie avec la foi, et la science par la moralité : toute autre manière de procéder serait fâcheuse et exposerait à de grands dangers.

En effet, qu'un instituteur se borne uniquement à enseigner une bonne doctrine à son élève, mais que sans prévoir qu'il viendra un instant où de fausses idées, arrivant à son esprit, devront être détruites par ses propres forces, il ne le prémunisse pas contre de dangereuses impressions par un enseignement complet et détaillé ; quand le jeune homme sortira des murs du collége, qu'il ira prendre sa place dans la société, il sera étonné des erreurs qui s'y professent plus largement que les vérités ; il entendra pour la première fois des explications qu'il ne soupçonnait pas ; l'athéisme, l'insurrection contre Dieu ou contre les lois, les fatales explications de la nécessité, retentiront incessamment à ses oreilles, l'assiégeront de tous les côtés : il ne saura comment répondre à ces idées, lui qui les rencontrera pour la première fois ; il les rejettera bien d'abord, et se réfugiera dans l'orthodoxie de son enseignement. Mais elles reviendront à lui, elles le harcèleront incessamment sous toutes les enveloppes, dans les livres comme dans les discours, et séduit par leurs formes brillantes, par leurs nombreux prôneurs, il se laissera aller à elles, et il s'abandonnera à des erreurs fécondes en terribles conséquences pour l'homme ou pour la société. Il n'est pas de doctrines plus décourageantes que celles qui rayent Dieu ou le christianisme de la croyance des hommes ; le christianisme seul peut nous aider à porter le poids de la vie, à lutter contre les agonies continuelles du corps et de l'âme, les douleurs et les pensées ; et celui qui en sera venu à douter de Dieu et du christianisme, à ne plus croire à l'immortalité de la nature, à prôner les fatalités ou le hasard, celui-là n'aura plus pour consolation que le suicide, la mort volontaire du corps et la mort volontaire de l'âme.

Si, au contraire, l'instruction présentée aux jeunes gens leur déroule toutes les doctrines, tous les systèmes professés, indiquant le bien et le mal, conservant l'un et rectifiant l'autre ; si elle ne se borne point à une prédication simple, mais qu'elle descende à un professeur indulgent et toujours chrétien, elle formera des jeunes gens qui sauront beaucoup et qui sauront bien, c'est-à-dire chez qui la science ne tuera point le développement religieux : j'insiste fortement sur la nécessité et l'opportunité de cette méthode d'enseignement. Elle peut prévenir tant d'erreurs dans la vie, et retenir dans les voies de la science et de la moralité tant de jeunes et ardentes intelligences, que je regarde son influence comme déterminant tous les actes *postérieurs*. N'oublions pas que l'homme est toujours, quoi qu'il fasse, le fils de l'enseignement : l'enfance s'empreint de toutes les idées qu'on lui inspire ; elle les grave en elle, elle les conserve moulées en traits ineffaçables dans cette âme, durcie de jour en jour par la réflexion et l'expérience ; mais la réflexion et l'expérience sont elles-mêmes préparées et maniées par les premières idées ; et si elles ne sont point

morales, elles féconderont pour la mort un germe qui devait s'épanouir pour la vie spirituelle; si elles ne sont point morales, elles engendreront et enflammeront les passions de l'homme, et les passions de l'homme dans la société produisent des maux sans bornes : elles ne montrent que le premier et le dernier anneau de leur chaîne, le vice et le crime.

Ceci est sérieux, et les maîtres contemporains de l'instruction, ceux qui ont poussé le plus loin les théories pédagogiques : en Allemagne, Zeller, Schwartz (1), et le gouvernement prussien; en France, MM. Guizot et Cousin, ont reconnu toute la portée et l'inexplicable fatalité de ce premier principe : *la manière dont est présenté l'enseignement.* Ceci est le fait le plus positif, le plus général et le plus actuel de l'enseignement supérieur des colléges : c'est celui-là que je me bornerai à signaler.

Quant à l'enseignement des Facultés, le dernier noviciat imposé au jeune homme, avant de lui ouvrir l'entrée de la vie, n'est que la continuation de l'enseignement du collége, moins coercitif et plus élargi; il doit conséquemment reposer sur les mêmes bases de moralité, en entrant plus profondément encore dans l'appréciation des choses, et en traduisant par des faits plus contemporains les doctrines qui, dans les murs de la collége, sont bien plus du domaine de la philosophie. Les Facultés, permettant en France une vie en dehors de la famille, et également en dehors de l'internat, par suite de leur organisation, sont une sorte d'introduction à l'isolement complet de l'homme dans la société. Comme telles, les Facultés ne peuvent avoir cette autorité coercitive et continuelle qui existe dans les colléges; elles sont plus tolérantes, et doivent réunir en une grande fraternité de principes les innombrables opinions personnelles qui croissent sous leur enseignement.

La sagesse des règlements des Facultés en France ne laisse que peu d'améliorations à désirer; il en est une cependant que la dissolution des liens moraux et religieux de notre siècle rend nécessaire et pressante : c'est l'institution d'une chaire de morale religieuse; une haute conscience des droits et des devoirs des hommes; une parole sévère prêchant l'ordre dans les mœurs et dans la conduite, la résignation de la vie, le contentement dans l'obscurité; une fermeté de vues droite et intelligente, creusant les choses et les hommes, pour dévoiler leurs imperfections et y remédier : voilà les qualités exigées du professeur qu'appellent, dans une chaire de morale religieuse, ceux qui croient encore à une régénération sociale.

Il peut paraître étonnant d'abord que j'aie placé les académies dans les corps enseignants, que je les aie indiquées comme dégré le plus élevé dans la hiérarchie professorale. C'est cependant le résultat d'une juste observation, et j'ai pour but de montrer par

là bien plus ce qu'elles doivent être que ce qu'elles sont.

Les académies sont la réunion de tous les hommes les plus distingués par leurs lumières, leurs connaissances spéciales, leurs œuvres et leur probité. Dignes rivales de la grande Académie française, elles appellent dans leur sein, et concentrent dans une puissante centralisation, les talents épars dans les provinces, que l'opinion publique leur désigne. Cet aréopage sacré ainsi constitué forme un brillant faisceau de talents, une sublime communauté de gloires dans les arts, dans les sciences, dans la littérature. Eh bien! nous voudrions que, placée par le fait à la tête du mouvement intellectuel de son département, chaque académie prît, dans la direction de ce mouvement, une part active et continuelle. Certes, cette part ne convient à personne mieux qu'à elle; personne n'offre plus qu'elle de garantie, de savoir, de mérite et de vertu; personne plus qu'elle ne connaît les exigences, les nécessités, les besoins des localités; personne plus qu'elle n'a étudié l'histoire du pays, sa moralité, son industrie, sa spécialité.

Or, voici comment je comprends l'action de l'académie dans l'enseignement; voici comme elle doit réaliser les besoins du pays, et le guider dans une tendance morale et littéraire.

L'instruction de la partie populaire, telle que l'accomplit l'école primaire, est bien incomplète, bien rétrécie; elle apprend aux ouvriers à lire et à écrire, elle leur donne ainsi les connaissances élémentaires; mais elle ne leur offre pas le moyen de les continuer dans de bons livres; elle leur laisse entre les mains une arme dangereuse dont elle a eu à peine le temps de leur enseigner l'usage. Nous voudrions que les académies continuassent pour l'enseignement moral des basses classes ce que l'école primaire a commencé; que chacune d'elles publiât des livres remplis d'idées sages et utiles pour la vie pratique, de préceptes de bonne conduite et de leçons d'hygiène; des livres qui auraient pour but de détruire certains vices ou certaines erreurs plus particuliers à des localités. De tels manuels, jetés en abondance parmi le peuple, portant par le nom de leurs auteurs une sublime recommandation de moralité et de talent, seraient répandus à des prix peu élevés, et pourraient produire de très-heureux résultats. L'académie ferait ainsi, dans le centre du mouvement qu'elle pourrait surveiller, ce qui se fait à Paris pour la province : une bibliothèque populaire. Au lieu d'une œuvre de spéculation, la province aurait une œuvre de dévouement.

Nous voudrions encore que cette mesure ne se bornât pas à des livres de morale, mais s'appliquât aussi à des manuels industriels. Une importante découverte, une amélioration positive dans un art, s'opère-t-elle, l'académie en fait son profit, et la présente dans ses livres; or, pour être continuellement à la hauteur des nouvelles connaissances, pour avoir une action progressive et perpétuelle, ces livres pourraient affecter

(1) Erziehungslehre. Leipzig, von Schwartz.

une forme périodique, et se renouveler à certaines époques (1) ; ils pourraient même, pour élargir le cercle des idées qu'ils représenteraient, devenir l'objet d'un concours et d'une récompense publiquement décernée.

Car, il faut le dire, si les concours des académies sont négligés depuis quelque temps, si les mêmes questions sont inutilement présentées, plusieurs années de suite, à un débat public, c'est que généralement ces questions sont mal choisies, purement littéraires, oiseuses et inutiles. Les académies semblent avoir pris à tâche de reculer devant les idées nouvelles, de retarder la marche de la société, de l'entraver au risque d'être écrasées. Leurs travaux n'apprennent rien ; la société ne profite point de leurs études ; elles forment une sinécure de plus, elles nuisent au lieu d'être utiles. Ce n'est point là ce qu'elles devraient faire. Qu'elles marchent et qu'elles examinent sérieusement les principes nouveaux qui se produisent, qu'elles ne restent pas inertes sans regarder, sans entendre. Il ne leur est pas permis de s'associer d'une manière téméraire à ce grave remuement qui se fait autour d'elles ; mais elles doivent l'apprécier, le retenir ou le guider après mûr examen. Et cette impulsion qui réside en elle, chaque académie peut l'imprimer de plusieurs façons, surtout par les questions qu'elle propose annuellement. Que ce ne soit plus comme par le passé l'éloge de quelque écrivain que les louanges les plus outrées ne peuvent plus grandir, texte qu'on doit désormais abandonner à des élèves de rhétorique ; mais quelque haute, quelque impérieuse et pressante question d'organisation sociale, quelque appréciation morale d'une vérité supérieure et trop négligée. Il en est, parmi les académies, qui, comme celles du Gard, du Rhône, de Saône-et-Loire, ont compris qu'il était temps de sortir de cette vieille ornière, et ont pris sur les intelligences une utile initiative. Cette conduite doit servir d'exemple à d'autres, et la leçon est assez nécessaire de nos jours pour qu'elle soit suivie.

Cette glorieuse influence sur la moralisation du pays, qui doit résider dans les académies et se produire par des écrits, nous voudrions qu'elle découlât aussi d'une institution matérielle bien précieuse : ce serait, par exemple, d'une récompense destinée à celui des ouvriers qui se serait fait le plus remarquer par sa bonne conduite, son ordre ou son travail : l'académie d'Abbeville a la première mis en pratique cette idée ; elle vient d'adopter la délibération suivante :

« Une médaille d'or et une somme d'argent qui pourra varier suivant les ressources de la Société seront accordées, chaque année,

(1) La France industrielle, le Journal des Connaissances utiles, furent fondés dans ce but ; mais on peut reprocher à leur rédaction d'être trop scientifique pour s'adresser aux basses classes. Tout en reconnaissant le haut mérite de leurs collaborateurs, nous voudrions que la partie morale et dogmatique de leur œuvre eût été plus sévère, plus pénétrée des idées de dévouement et de charité.

dans la ville ou l'arrondissement d'Abbeville, à un ouvrier, un apprenti ou à toute autre personne appartenant à la classe peu aisée, qui se sera fait remarquer par sa bonne conduite, son amour du travail, son économie, et surtout par sa tempérance et son éloignement des liqueurs spiritueuses. La médaille pourra être qualifiée : Médaille de tempérance ; prix du travail. Elle portera le nom de celui à qui elle sera donnée. La Société désignera chaque année, dans le courant de janvier, la manufacture, l'atelier ou le quartier dont les ouvriers, apprentis ou autres concourront pour le prix de l'année. Les chefs de la fabrique désigneront un jury composé d'ouvriers, ou, à défaut des uns et des autres, les notables du quartier désigneront la personne qui aura mérité le prix. La médaille et la somme en argent pourraient être partagées entre deux concurrents, s'ils avaient des droits égaux. La somme d'argent sera donnée à l'ouvrier lui-même, ou placée sous son nom à la caisse d'épargne. »

L'industrie, l'instruction et la moralité des basses classes gagneraient infiniment à ces diverses institutions, qui toutes émaneraient d'un corps estimé et savant. L'amélioration littéraire du pays, intimement liée à son bien-être, nécessiterait aussi, ce nous semble, l'intervention des académies. Chaque province a sa physionomie à elle, ses saintes et vieilles traditions, ses châteaux crénelés et en ruines, ou ses abbayes gothiques festonnées de lierre, ses grands horizons de plaines ou les sommets dentelés de ses montagnes ; pourquoi l'académie ne réaliserait-elle pas ce qui a été fait par des auteurs pour quelques pays ; une histoire générale de sa province avec un texte descriptif et des gravures explicatives, texte et gravures confiés aux peintres et aux écrivains de l'académie, publiés sous le patronage de l'académie ; beau et parfait monument bâti par bien des mains différentes, animées d'un même désir, et qui remplacerait par son avenir séculaire les ruines chaque jour de plus en plus abandonnées de nos vieilles institutions, de nos vieilles coutumes, de nos vieux édifices.

Pourquoi encore les académies ne se mettraient-elles pas par une dernière entreprise à la tête du mouvement littéraire, de même qu'elles guideraient le mouvement moral et le mouvement statistique par celles que je viens d'indiquer? Pourquoi ne réuniraient-elles pas autour d'elles tous les jeunes littérateurs qui grandissent à l'écart, seuls avec leurs propres forces, sans guide, sans appui, sans aucun centre d'activité. Il suffirait à chacune d'elles d'avoir une revue périodique qui porterait un nom ; être originaire ou habitant de la province, ou traiter un sujet qui intéresse la province ; telles seraient les conditions exigées de quiconque viendrait prendre place dans ce journal : son domaine aurait pour limites les limites même du département ou de la province ; pour spécialité, les inspirations poétiques, les descriptions d'objets d'art, les illustrations des cé-

lébrités mortes, industrielles, littéraires ou morales, quelquefois même des célébrités vivantes quand elles auraient atteint un haut degré de supériorité sociale; et pour résumer, pour guider la tendance locale, une appréciation bibliographique et raisonnée des ouvrages, faits par des hommes du pays ou sur les choses du pays, à mesure que ses ouvrages se produiraient par la presse. Ce serait pour le public un jugement précieux par les garanties du tribunal et par l'impartialité des juges.

Enfin, pourquoi les concours et les sujets présentés pour les prix annuels par les académies ne sont-ils pas convenables, plus spéciaux, plus exclusivement dévoués à l'étude ou à l'éducation des choses ou des hommes de la localité? Les intérêts comme la gloire du pays sont confiés aux académies. Elles ont conquis par leurs talents et par l'estime publique le droit sublime d'être les gardiennes de la littérature, de la moralité, des idées de chaque province, merveilleux trésor enfoui loin de Paris la grande ville, et dont elles doivent dévoiler à leurs concitoyens les éclatantes richesses, les innombrables ressources. Tous les soins des académies doivent donc tendre à populariser la morale, la littérature, les améliorations positives, comme les améliorations intellectuelles; et pour cela que leur manque-t-il? est-ce l'instruction, le talent, l'estime publique, la sanction du gouvernement? Non certes, notre admiration est vouée à tous les corps savants; les concours, les livres, les journaux sont des moyens sûrs, qui deviendront de plus en plus populaires. Ce qui leur manque uniquement, c'est une plus grande confiance en elles; c'est plus de hardiesse dans l'entreprise, plus de confiance en leurs propres forces. Elle sont à la tête des provinces par le fait; qu'elles ne craignent point de le proclamer, de s'emparer du premier rang, et de les guider par leurs publications à un plus grand développement social et artistique. Elles représentent le gouvernement aidant au développement de la moralité.

Puisque je parle de l'intervention du gouvernement dans la direction des idées morales, je signalerai ici une industrie dangereuse pour nos villes et nos campagnes, trop souvent exercée en dehors d'une surveillance active. De nombreux colporteurs vendent à bon marché des livres dangereux, obscènes ou immoraux, et offrent à l'avidité et à l'ignorance publique des enseignements honteux et sacriléges. Nous savons tout ce qu'en pareilles circonstances, le gouvernement doit apporter de précautions, de délicatesse dans l'exercice des droits qu'il a acquis sur la presse; nous ne sommes plus au temps où Bonaparte faisait jeter sous le pilon les œuvres tristement célèbres de M. de Sade, et ouvrant un volume égaré de ces ouvrages, envoyait leur auteur à Charenton pour le guérir de sa folie de débauche. Des lois méticuleuses, et une presse susceptible, gênent et entravent l'exercice

même le plus légitime des mesures prohibitives de cette nature. Toutefois, il serait encore possible, en restant dans le cercle de la légalité, de surveiller d'une façon plus sévère tous les vendeurs ambulants de livres et de chansons, de les astreindre à un réglement de police qui les déclarerait incapables d'exercer leur profession, s'ils avaient été surpris, et condamnés deux fois, colportant des livres infâmes et défendus. Il serait possible surtout, et je m'étonne que cela n'ait pas été fait plus tôt, que les académies employassent une partie des fonds qui leur sont confiés à payer des hommes qui colporteraient des livres utiles et moraux dans les villes et dans les campagnes. Cette concurrence diminuerait le nombre des autres marchands, divulguerait les connaissances, raffermirait la morale, et remplacerait peut-être le goût de la futilité par le goût des lumières et des sciences, alimenté par des lectures bien choisies. Voilà ce que les académies doivent faire sous peine de n'être qu'un corps inutile, s'usant dans des rêves scientifiques, et négligeant toute action et toute influence, de nos jours, où l'action et l'influence suffisent pour constituer un pouvoir.

C'est ainsi que je comprends les académies sous le titre de corps enseignant; c'est ainsi que leur influence devient la plus large, la plus constante, la plus active de toutes les institutions faites pour moraliser et instruire les hommes: c'est ainsi qu'elles mériteront le titre glorieux que leur avait donné le cardinal-ministre: maîtresses de la langue et du cœur.

Le système d'instruction et d'étude publiques, tel que je viens de l'exposer, réunissant en un seul faisceau toutes les diverses institutions, l'éducation primaire, l'éducation intermédiaire, l'éducation supérieure, échelonnant cette hiérarchie de l'enseignement, d'après la hiérarchie des classes et de l'intelligence, résumant tout à la fois et utilisant les doctrines jugées bonnes et les hommes jugés capables, répandant à travers les masses les bienfaits de la moralité et des connaissances par une forte impulsion émanée du pouvoir, et secondée par le dévouement de tous les citoyens généreux, me semble être le meilleur et le plus applicable sous notre gouvernement. A Dieu ne plaise que je borne à ce que je viens de dire les améliorations qu'on peut jeter dans cette grande matière: les nations vont se développant selon la loi divine du progrès, et les institutions doivent se développer avec elles, si elles ne veulent devenir trop étroites et incomplètes.... Mais je crois que cela seul est possible aujourd'hui; qu'aller plus loin, c'est devancer les mœurs; rester en deçà, c'est être retardataire: toute civilisation doit reculer devant ce double danger d'un trop précoce épanouissement ou d'une trop tendre maturité. L'un et l'autre mènent aux révolutions. J'ai voulu, avant tout, être positif et applicable; et pour cela je suis resté dans

la réalité ; je n'ai présenté aucune utopie, je me suis appuyé sur ce qui existait, et j'ai montré que l'on pouvait continuer sans détruire, faire des améliorations positives sans pour cela faire des ruines ; j'ai montré surtout que l'influence de l'éducation doit être religieuse pour être profitable, pour être moralisatrice, pour être sociale... La foi seule inspire l'obéissance et la morale... Sans l'obéissance que deviendrait un gouvernement en face des masses ? Sans la morale que deviendraient les masses en face du pouvoir ? Les uns et les autres retomberaient sous la loi fatale de la corruption et de la décadence ; et l'instruction, que nous invoquons comme moyen d'amélioration, serait un instrument de ruine.

Renonçons donc à toute vaine science, à toute préoccupation de notre propre valeur ; considérons-nous comme des ouvriers et non comme des maîtres, et appuyons nos œuvres humaines sur l'œuvre divine, l'instruction sur la religion.

J'ai indiqué sommairement, dans la première partie de cet écrit, les moyens moraux et intérieurs, propres à moraliser les classes industrielles ; il me reste à développer les formes, les institutions plus extérieures et physiques tendant à l'organisation du travail.

II. — *De l'organisation du travail.* — Voilà la plus grande et la plus difficile de toutes les questions d'économie politique soulevées par les publicistes modernes. La force motrice et productive, représentant la plus grande valeur nationale, le problème de toutes les recherches contemporaines, a été d'en dépenser le moins possible dans la plus grande production : les premiers maîtres de la science se sont préoccupés de ce principe exclusif ; ils l'ont considéré comme un fait indestructible, et ont basé là dessus toute leur doctrine chrématistique. Smith(1), Riccardo (2), Mac-Culloch (3), Buchanan, et Jean-Baptiste Say (4) lui-même s'appuyant sur cette donnée, considérant comme la plus heureuse la nation qui travaillait et produisait le plus, en sont arrivés à analyser d'une manière bien précise les éléments de la richesse matérielle, à coordonner toutes les forces productrices, en un rapport supérieur à la force de consommation. Concentrer ainsi tous les produits sans améliorer la position du producteur, c'est préparer l'entassement et l'embarras, résultat inévitable de la surexcitation du développement matériel ; c'est remplacer l'harmonie providentielle, qui appelle chaque homme à une jouissance égale à son travail, par l'artifice d'un mécanisme calculé et souvent

(1) *De la Richesse des nations.*
(2) *Principes d'économie politique et d'impôt.*
(3) *Discours préliminaire sur l'Economie politique.*
(4) *Traité d'économie politique,* — *Catéchisme d'économie politique,* — *Aperçu des hommes et de la société.* Par ces divers ouvrages, Say est devenu en France le chef de l'école utilitaire, fondée en Angleterre par Smith.

faux dans ses prévisions. Aussi, cette erreur fit-elle de l'économie politique une pure science de technologie sans âme et sans cœur, froide et positive, et conduisit-elle, par une rigoureuse déduction, Malthus surtout et une secte d'économistes à cette conclusion forcée : que la misère provenant de l'exubérance d'hommes, on devait s'abstenir du mariage.

Telle a été la dernière transformation du principe physiocrate, arrivé au terme de ses plus complètes études.

Cet aphorisme d'égoïsme, de haine, d'étroite science, destructeur de tout le bonheur et de tout l'avenir de l'humanité, mentait trop au premier but de l'homme et aux conditions de toute société, pour qu'on dût s'en tenir à son oracle : on travailla à examiner quels étaient les obstacles au bien-être matériel des populations, quels étaient les moyens d'y remédier.

Une école toute nouvelle pensa que le travail était organisé d'une manière vicieuse, et qu'il fallait le régulariser dans des ateliers par l'association et la protection pour le conduire au bien-être. Le fouriérisme proclama cette vérité utile ; mais il la présenta de telle façon, en abusa si étrangement, la prétendant applicable à tous les degrés de l'ordre social, environna de formes de langage et d'utopies si étranges tout l'échafaudage pédantesque de ses idées, qu'elle disparut avec les autres, et que l'intelligence publique, faisant justice de tous les rêves de l'idéologue, se hâta de rejeter cette amélioration possible, et de la confondre dans un dédain général pour les productions de son auteur. La doctrine de M. Fourier présentait en outre dans son développement le plus intime un vice réel, et qui plus tard aurait atteint et gâté tous les degrés de la hiérarchie industrielle : il avait pris d'une manière trop ardente le contraire des opinions de l'école chrysologique, et, cherchant à remplacer la richesse par le bonheur, il avait totalement oublié, dans la théorie de la jouissance individuelle, l'influence des principes moraux et de l'éducation religieuse. Cette omission grave et unanimement réprouvée, jointe à cette licence effrénée qui s'attache toujours à la théorie de la jouissance, éloigna de son opinion ceux-là même, qui auraient pu compléter ou rectifier ses idées.

D'autres, et ceux-là se laissaient préoccuper par de trop violentes passions politiques, ont pensé que le moyen d'améliorer la position des classes industrielles était de leur faire cumuler le bénéfice de la fabrication et le bénéfice de la vente, en supprimant la classe des trafiquants, l'anneau nécessaire entre celui qui produit et celui qui consomme. De tristes exemples de fortunes rapides, et honteusement prélevées sur la misère des ouvriers et l'extrême modicité des salaires, les engageaient à penser qu'une autre organisation détruirait ces viles exploitations, où celui qui fournit les capitaux gagne immensément plus que celui qui four-

nit ses bras. Certes, il est vrai de dire que nous avons autour de nous bien de ces nouveaux parvenus, à l'aide de leur infamie usuraire, gens sortis du peuple, sans principes, sans moralité, sans conscience, qui ont trafiqué leurs noms dans les plus sordides spéculations, escomptant, au milieu des calamités publiques, la faim de l'ouvrier qui grelotte et chante dans la rue... Et puis, quand leurs richesses ont égalé leurs désirs et leur honte, transfuges de l'opinion de leur berceau, se blasonnant des armoiries que le mépris public tache d'une boue bien méritée, ils insultent à la moralité publique, et cachent inutilement sous l'insolence et le luxe le secret de leur naissance. Eh bien! parce que quelques hommes se sont rencontrés ainsi égoïstes et précipitamment enrichis, on a pensé et l'on a écrit que le négoce était chose inutile et nuisible, qu'on pouvait le supprimer dans la plupart des branches manufacturières et qu'il en résulterait grand bien pour le gain et la perfection morale de la classe ouvrière!

Il fallait avoir oublié, pour en être venu à une assertion aussi étrange, que les capitaux ne se présentent qu'au crédit, que le crédit s'attache à un nom, que les garanties qui lui sont offertes par un seul sont préférables à l'espoir incertain du travail d'un grand nombre. Il fallait avoir oublié que le trafic exige d'autres connaissances que la fabrication, une instruction plus large, des relations plus étendues, une conception plus mûrie par les affaires. — C'était un rêve d'honnête homme; nous ne pouvons penser à le mettre en pratique.

Quant à moi, bien convaincu qu'il faut user avec grandes précautions de tous les systèmes engendrés par les théoriciens, et ne s'adresser qu'aux moyens présents et immédiatement réalisables, et que toute autre manière de procéder bouleverserait un avenir déjà rendu incertain par les défauts et les mauvaises dispositions des travailleurs, je me bornerai à expliquer les causes et les effets de l'entassement des populations, et les tentatives faites et à faire pour leur apporter quelque soulagement.

Pendant longtemps, les chefs des fabrications industrielles ont cru qu'il était de leur intérêt d'avoir sous leurs yeux tous les ouvriers qu'ils employaient; et comme le placement et l'emploi de leur produit exigent leur séjour permanent à la ville, c'est là qu'ils ont attiré leurs ateliers; ils les ont appelés de la campagne, ils les ont réunis, et ils ont nui, sans le savoir, au bien-être de l'industrie et au bien-être de l'industriel. Cette erreur trop longtemps accréditée est maintenant reconnue par plusieurs, et les vices qu'elle entraîne sont assez évidents pour qu'il me suffise de les signaler à la hâte.

Toute industrie manufacturière, trop puissamment excitée, accroît et concentre la population, de manière à la parquer dans d'étroits espaces, à rétrécir la demeure de l'ouvrier, de même qu'elle rétrécit le cercle de ses idées. La cherté des denrées, la difficulté des approvisionnements, les exigences du luxe et de la débauche, toujours étalées à ses côtés, absorbent et souvent prodiguent inutilement le gain de plusieurs jours de travail; les fêtes et les dimanches épuisent dans un plaisir ruineux sa bourse et sa santé, et la gêne et la fatigue de la semaine ne font qu'aggraver cette triste position.

Ecoutez ce que dit de la population ouvrière de Lyon, population composée de près de quatre-vingt mille âmes, un auteur que ses occupations médicales ont mis à même de recueillir de nombreuses observations (1):

« Beaucoup occupent les parties les plus malsaines d'une ville immense, dont les rues sont en général trop étroites, relativement à l'extrême hauteur des maisons.... — Plusieurs individus sont réunis dans un petit appartement: une *soupente* qui a tout au plus dix pieds carrés reçoit souvent *toute la maison*, c'est-à-dire le père, la mère, deux ou trois enfants, une ouvrière et un ouvrier, ils n'ont au-dessus de leur tête, pendant qu'ils dorment, qu'une colonne d'air de vingt à vingt-quatre pouces de hauteur. Très-peu de propreté dans leurs habitations ajoute encore à tant d'inconvénients. L'air emprisonné dans des rues étroites, dans des cours obscures et profondes, où le soleil ne pénètre jamais, exhale habituellement une odeur acide, qui dépend et de ce qu'il n'est pas renouvelé, et des miasmes que dégagent soit les immondices contenus en grande quantité dans les maisons, soit la respiration d'un grand nombre d'individus des deux sexes et de tous les âges, qui vivent rassemblés sous le même toit. Leurs aliments dans la semaine sont grossiers, souvent malsains.

« A l'action puissante de ces influences hygiéniques, joignons celle qui résulte de l'attitude de plusieurs parties du corps des ouvriers en soie pendant qu'ils travaillent:

« Des enfants très-jeunes sont placés au rouet: là, constamment courbés, sans mouvement, sans pouvoir respirer un air pur et libre, ils contractent des irritations qui deviennent par la suite des maladies scrofuleuses; leurs faibles membres se contournent, et leur épine dorsale se dévie; ils s'étiolent, et, dès leurs premières années, sont ce qu'ils devront être souvent toujours, débiles et valétudinaires. D'autres enfants sont occupés à tourner des roues qui mettent en mouvement de longues mécaniques à dévider: la nutrition des bras s'accroît aux dépens de celle des jambes, et ces petits malheureux ont souvent les membres inférieurs déformés. »

Ce tableau frappant de vérité n'est point fait à plaisir pour vous apitoyer sur le sort d'une classe d'artisans; il ne s'applique point non plus à quelques malheureux isolés, plus pauvres et plus dénués de ressources que tous les autres: c'est le tableau réel des misères de toute une population; voilà le spec-

(1) *Insurrections de Lyon,* 1831-1834, par J.-B. Monfalcon, docteur médecin. — Paris. Delaunay, Palais-Royal. Chapitre 1er, § 2. Des ouvriers.

tacle que j'ai vu et que chacun peut voir dans nos murs, et ce spectacle de souffrances physiques n'est rien en comparaison du spectacle des infirmités morales, engendrées par l'ignorance, l'abrutissement, la débauche !

Dans une masse d'hommes ainsi pressés, les préjugés, les passions, les haines du moment, s'exaspèrent et s'enveniment à l'envi. Toutes les heures du jour, employées au travail ne laissent aucun instant au développement de l'intelligence. Le contact perpétuel des vices détruit tout germe de vertus, et la corruption se glisse dans les mœurs et conduit souvent au crime. Les grandes conséquences de ce flux roulant d'hommes, jetés tour à tour dans les ateliers par le travail et sur la place publique par la misère, sont encore plus désastreuses sous le rapport politique. Pour agiter les esprits insensés, prompts à tout croire et lents à perdre leurs erreurs, les factions ont toujours des moyens faciles, secrets et dangereux. L'ouvrage vient-il à manquer, par quelque accident en dehors des prévisions humaines, ils ont vécu au jour le jour, dépensant dans l'orgie les gains qu'ils faisaient aux instants de la prospérité commerciale; alors la détresse devient un motif; ce levier les soulève, les ameute, et les remue dans toutes leurs inclinations rebelles et jalouses contre le riche. On leur montre leurs forces, on leur prêche l'union; les affiliations se créent, elles abondent de bras; une tête inconnue, et que jamais n'atteint la loi, mène tout; elle fait les projets et tente une révolution; et le lendemain du triomphe ou de la défaite des ouvriers, ils retombent dans la misère. Le commerce est arrêté, et ne se réveille que longtemps après; l'argent se retire, la consommation s'arrête; et les particuliers nourrissent par charité ceux qui peut-être ont détruit et ensanglanté le sein de leurs familles.

Nous avons vu cela !

Au contraire, que l'ouvrage abonde, que les demandes affluent, et que les marchandises soient placées avec avantage par le trafiquant, on engage l'ouvrier à refuser son travail; on le persuade son intérêt est de faire des conditions; on prétend qu'il doit imposer un tarif, dicter aux chefs d'industrie des conditions permanentes non-seulement pour le jour présent, mais encore pour un instant où la stagnation des affaires forcera de livrer les produits au plus bas prix; ils ne savent point que la fluctuation indécise de l'argent et des objets à consommer constitue ces chances aléatoires du commerce, contre lesquelles l'économie, l'ordre et la prévoyance devraient les prémunir.

L'équilibre des salaires est donc impossible dans une grande cité manufacturière, à cause de l'entassement des bras, de la cherté de la vie, de l'état précaire de l'industrie, de l'imprévoyance du lendemain.

Pour nous en convaincre, nous n'avons qu'à consulter les tableaux suivants où les mendiants existant dans tous les départements de la France sont présentés d'après le rapport de leur nombre à la population générale. Pour disposer dans un ordre plus méthodique, et grouper plus facilement dans la pensée les conséquences de ces faits, j'ai divisé, à l'exemple de M. Villeneuve de Bargemont, tous les départements de la France en trois grandes catégories :

I. Les départements heureux.
II. Les départements moyens.
III. Les départements souffrants.

M. de Bargemont est le premier qui ait entrepris de pareils travaux; mais il les a faits sur le recensement de 1827, qui portait la population à 31,880,674 habitants (1). En prenant le chiffre de la population actuellement existante, et qu'il nous est permis d'évaluer, d'après le recensement de 1831, à 32,569,223, nous arrivons à une conclusion à peu près pareille. Les influences morales et les mesures des autorités départementales peuvent être pour beaucoup dans la diminution ou l'augmentation des *mendiants*, et l'on ne peut toujours que constater approximativement le nombre des mendiants d'une localité : les populations nomades et vagabondes, vivant dans les courses et le bail momentané de leurs bras, sujettes à des besoins précaires, ne sont point comprises dans ces tableaux; d'autre part, nous présenterons le chiffre des indigents.

TABLEAUX *par ordre alphabétique des départements classés en trois catégories, d'après le nombre des mendiants qu'ils renferment et le rapport des mendiants à la population générale.*

I. — DÉPARTEMENTS HEUREUX.

| DÉPARTEMENTS. | POPULATION générale. | POPULATION mendiante. | RAPPORT |
|---|---|---|---|
| Ain. . . . . . | 341,500 | 1,000 | 1 sur 340 |
| Aveyron. . . . | 350,202 | 1,130 | 310 |
| Bas-Rhin. . . | 555,002 | 9,998 | 510 |
| Bouches-du-Rhône. | 326,307 | 1,009 | 326 |
| Calvados. . . | 500,956 | 845 | 600 |
| Doubs. . . . . | 354,500 | 810 | 300 |
| Eure. . . . . | 421,165 | 1,012 | 420 |
| Eure-et-Loir. . | 277,700 | 612 | 460 |
| Gironde. . . | 358,200 | 1,584 | 332 |
| Haute-Garonne. . | 407,016 | 1,216 | 358 |
| Haute-Loire. . | 285,502 | 744 | 390 |
| Haute-Marne. . | 244,820 | 800 | 300 |
| Hérault. . . . | 340,001 | 1,149 | 302 |
| Haut-Rhin. . . | 408,707 | 800 | 510 |
| Isère. . . . . | 525,982 | 1,200 | 432 |
| Jura. . . . . | 310,280 | 830 | 378 |
| Loiret. . . . | 304,228 | 1,015 | 302 |
| Loire. . . . . | 375,714 | 909 | 400 |
| Maine-et-Loire. . | 458,600 | 1,500 | 302 |
| Marne. . . . | 325,400 | 1,162 | 320 |
| Manche. . . | 611,206 | 1,500 | 407 |
| Saône-et-Loire. . | 515,776 | 1,500 | 344 |
| Seine. . . . . | 1,050,500 | 1,530 | 692 |
| Var. . . . . . | 311,995 | 805 | 380 |
| Vendée. . . . | 320,826 | 1,000 | 322 |
| Vosges. . . . | 379,800 | 700 | 502 |

La moyenne des mendiants, dans tous ces départements réunis, est de 1 sur 385.

(1) *Recherches sur la nature et les causes du paupérisme*, liv. II, chap. 2.

## II. — DÉPARTEMENTS MOYENS.

| DÉPARTEMENTS. | POPULATION générale. | POPULATION mendiante. | RAPPORT |
|---|---|---|---|
| Aisne. . . . . . | 489,560 | 2,500 | 1 sur 195 |
| Aude. . . . . | 261,991 | 1,000 | 265 |
| Allier. . . . . | 285,300 | 995 | 209 |
| Ardennes. . . . | 281,624 | 1,042 | 256 |
| Arriège. . . . | 247,888 | 1,000 | 250 |
| Basses-Pyrénées. . . | 412,469 | 2,000 | 206 |
| Charente-Inférieure. . | 424,000 | 2,200 | 220 |
| Cantal. . . . . | 262,013 | 1,000 | 262 |
| Cher. . . . . | 248,589 | 1,042 | 248 |
| Corse. . . . . | 185,779 | 800 | 225 |
| Dordogne. . . . | 464,074 | 2,000 | 232 |
| Drôme. . . . . | 285,791 | 1,084 | 260 |
| Gard. . . . . | 347,550 | 1,658 | 213 |
| Haute-Saône. . . | 327,641 | 1,500 | 218 |
| Hautes-Pyrénées. . | 222,059 | 1,000 | 222 |
| Indre. . . . . | 237,628 | 1,012 | 237 |
| Indre-et-Loir. . . | 290,372 | 1,012 | 290 |
| Loir-et-Cher. . . | 230,666 | 1,012 | 250 |
| Meurthe. . . . | 403,038 | 2,000 | 205 |
| Moselle. . . . | 409,155 | 2,007 | 204 |
| Orne. . . . . | 434,579 | 2,000 | 217 |
| Puy-de Dôme. . . | 566,573 | 2,000 | 283 |
| Sarthe. . . . | 466,519 | 2,092 | 228 |
| Seine-et-Marne. . | 318,209 | 1,512 | 210 |
| Seine-et-Oise. . | 440,871 | 2,012 | 210 |
| Seine-Inférieure. . | 688,000 | 3,012 | 220 |
| Vaucluse. . . . | 255,048 | 1,000 | 253 |
| Yonne. . . . . | 342,116 | 1,362 | 260 |

La moyenne des mendiants, prise sur la population de tous ces départements réunis, est donc de 1 sur 230.

## III. — DÉPARTEMENTS MALHEUREUX.

| | | | |
|---|---|---|---|
| Aube. . . . . | 244,762 | 1,612 | 150 |
| Ardèche. . . . | 328,419 | 3,000 | 100 |
| Basses-Alpes. . . | 153,062 | 1,856 | 83 |
| Charente. . . . | 353,655 | 2,100 | 168 |
| Côtes-du-Nord. . | 581,684 | 10,115 | 58 |
| Côte-d'Or. . . | 370,943 | 2,000 | 135 |
| Corrèze. . . . | 284,881 | 2,000 | 142 |
| Creuse. . . . . | 252,932 | 2,012 | 126 |
| Deux-Sèvres. . . | 288,260 | 3,000 | 96 |
| Finistère. . . . | 502,851 | 13,720 | 37 |
| Gers. . . . . | 308,000 | 2,000 | 148 |
| Ile-et-Vilaine. . . | 553,453 | 15,257 | 36 |
| Hautes-Alpes. . . | 125,529 | 1,500 | 83 |
| Haute-Vienne. . . | 276,351 | 1,692 | 154 |
| Landes. . . . . | 265,309 | 2,000 | 133 |
| Lot. . . . . | 280,515 | 3,000 | 95 |
| Lot,- et - Garonne. . | 336,886 | 3,500 | 96 |
| Lozère. . . . . | 138,778 | 1,000 | 138 |
| Loire-Inférieure. . | 457,090 | 2,500 | 182 |
| Mayenne. . . . | 354,138 | 2,500 | 161 |
| Meuse. . . . . | 306,339 | 2,000 | 153 |
| Morbihan. . . . | 427,453 | 5,000 | 85 |
| Nièvre. . . . . | 271,777 | 2,512 | 108 |
| Nord. . . . . | 962,648 | 16,306 | 60 |
| Oise. . . . . . | 385,124 | 2,000 | 192 |
| Pas-de-Calais. . . | 642,969 | 8,000 | 80 |
| Pyrénées - Orientales. | 151,372 | 1,000 | 151 |
| Rhône. . . . . | 400,075 | 1,800 | 160 |
| Somme. . . . . | 526,282 | 5,000 | 105 |
| Tarn-et-Garonne . . | 241,586 | 4,000 | 60 |
| Tarn. . . . . | 327,655 | 2,500 | 130 |
| Vienne. . . . . | 267,670 | 1,692 | 159 |

La moyenne des mendiants pour tous ces départements réunis de la division la plus malheureuse, est de 1 sur 90.

En appelant ici toute la sévérité des chiffres, nous trouvons en outre que le nombre des indigents est de. . . . . . 1,596,340

On peut les diviser ainsi :

| | | |
|---|---|---|
| *Indigents.* — Vieillards. . . | | 128,000 |
| — Infirmes. . . . | | 128,000 |
| Indigents par suite de mariage et par surcharge d'enfants. . . . . . . . | | 714,000 |
| Indigents par l'insuffisance du travail, ou par la faiblesse du salaire ou par le malheur. . . . . . . . . | | 350,000 |
| Indigents par inconduite. . | | 276,340 |
| Total. . . . | | 1,596,340 |

Les secours donnés à domicile par les bureaux de bienfaisance, les allocations fournies par les villes et par le gouvernement lorsqu'un malheur imprévu désolait un pays tout entier, les souscriptions fournies pour faire face à l'invasion du choléra et des maladies épidémiques portent le nombre des personnes secourues, années communes depuis 1830, à. . . 752,730

Il reste donc d'indigents sans autres secours que la charité particulière, les dons individuels et souvent le crime. . . 833,610

Pour tirer quelque enseignement de ces données statistiques, examinons la position géographique de quelques-uns des départements les plus chargés, et retrouvons les causes de cette plaie du paupérisme, qui les attaque et les détruit préférablement à d'autres; et pour arriver au résultat le plus positif et le plus terrible, qui coïncide également avec nos premières recherches, voyons dans quelle proportion se commettent les crimes sur les nouveau-nés dans les divers départements de la France.

Le nombre des enfants trouvés, durant une période de dix années, est de. . . . . . . . . . . . 336,202

Le nombre des habitants de la France étant de. . . . . . . 32,569,223 nous voyons que le terme moyen des enfants trouvés est, pour la totalité des habitants. . 1 sur 96

Or, en ne présentant ici que les dix départements qui en fournissent le plus grand nombre, et en les échelonnant par gradation, nous avons :

| | |
|---|---|
| Seine. . . . . . . . . . . . | 1 sur 17 |
| Rhône. . . . . . . . . . . | 22 |
| Bouches-du-Rhône. . . . . . | 45 |
| Basses-Alpes. . . . . . . | 54 |
| Pyrénées-Orientales. . . . . | 55 |
| Vaucluse. . . . . . . . . | 55 |
| Allier. . . . . . . . . . . | 58 |
| Gironde. . . . . . . . . . | 59 |
| Var. . . . . . . . . . . | 63 |
| Cher. . . . . . . . . . . | 64 |

Les dix départements qui en fournissent le moins sont également dans la proportion suivante :

| | |
|---|---|
| Bas-Rhin. . . . . . . . . . . | 1 sur 295 |
| Ardèche. . . . . . . . . . | 306 |
| Eure. . . . . . . . . . . | 306 |

| Moselle. | 365 |
|---|---|
| Jura. | 428 |
| Côtes-du-Nord. | 440 |
| Seine-et-Oise. | 850 |
| Haut-Rhin. | 869 |
| Vosges. | 1,331 |
| Haute-Saône. | 2,800 |

Remarquons ici que le nombre des enfants trouvés est toujours allé en augmentant depuis quelques années : des hommes exclusifs et absolus dans leurs théories en ont conclu qu'il fallait supprimer tous les *tours*, et que le sentiment paternel serait assez fort pour engager à élever, au lieu d'exposer, quand la certitude de la mort serait attachée à l'exposition. Lord Brougham notamment a soutenu cette opinion avec toute la force et l'âpreté de son talent. Jusqu'ici elle n'a point prévalu ; il a semblé que ce serait multiplier les chances du crime contre ceux que l'inconduite ou une folle passion auraient entraînés à une faute, et les conseils généraux des départements ont pris un terme moyen assez satisfaisant dans ses résultats : c'est de faire entre les divers départements l'échange des enfants trouvés. Les parents perdant tout espoir de les reconnaître plus tard, après les avoir fait élever à la charité publique, le nombre de ceux qui n'étaient exposés que par incurie, légèreté ou inconduite, est devenu bien moins considérable.

Les départements qui fournissent le chiffre le plus élevé des enfants trouvés ne sont donc pas les plus populeux, mais ceux où sont situées les plus grandes villes. Les populations industrielles pressées dans un même endroit, corrompues par de fausses idées, le désir de la jouissance, la contagion du mauvais exemple, sont plus que toutes les autres entraînées au crime ; et cela résulte non-seulement du défaut de principes moraux et religieux donnés aux basses classes, mais encore du grand relâchement des mœurs qui a envahi les classes élevées. Les passions honteuses se font un jeu de la misère ; elles spéculent souvent sur le besoin ; elles payent d'un morceau de pain, ou d'un salaire plus élevé, ou de la préférence pour le travail, une heure de faiblesse et de honte.

Nous n'oublierons jamais une réponse infâme, faite à un homme de bien qui demandait de l'ouvrage à un fabricant pour une mère de famille. La malheureuse était dans la nécessité, elle avait beaucoup d'enfants ; elle voulait travailler et travailler jour et nuit : « Non, vous voulez du travail, elle est trop âgée ; nous n'en donnons qu'à nos maîtresses. »

Et la société ne flétrit de pareils actes, l'oubli des principes moraux et de la pudeur sacrée, qu'à l'instant où ils sont sanctifiés par le mariage ; qu'il y ait dans votre union une femme d'une position inférieure à la vôtre ou la légitimation de liens antérieurs, alors on est convenu d'appeler cela une *bassesse* et une *inconvenance* : jusque-là, c'est-à-dire quand il n'y a de la part du séducteur que désir de jouissance à tout prix, de la part de la victime souvent que faiblesse, ce n'est qu'une *fredaine*.

Voilà où nous en sommes de la morale et du jugement des choses.

Il me semble que les moyens de remédier à une partie de ces mauvais effets seraient de porter dans les campagnes une portion de l'industrie : cela est faisable, et nous voyons déjà autour de nous que plusieurs villes ont été obligées d'en venir là : Lyon entre autres, effrayé des derniers remucments industriels, bien convaincu de l'insuffisance du salaire pour la vie de l'ouvrier, et ne pouvant en outre soutenir la concurrence avec Zurich dans la fabrication des étoffes unies, malgré les mesures législatives pour l'entrée qui sont toutes en sa faveur, s'est décidée à laisser s'éloigner une partie des ouvriers, et à en peupler quelques-uns des villages voisins. Or, la plupart des manufactures pourraient faire ainsi : une surveillance continuelle du fabricant n'est nécessaire que dans les objets où le goût et le dessin présentent à l'ouvrier des difficultés qu'il ne peut surmonter qu'à l'aide de conseils. Mais dans toute autre nature de produit, la campagne offre de tels avantages qu'on doit s'empresser de la choisir pour y placer les grands ateliers, de préférence aux villes déjà si populeuses.

L'industrie agricole, aux ressources de laquelle les ouvriers pourraient demander un soulagement passager, quand le travail viendrait à manquer, renferme en elle une vertu secrète et fortifiante contre le déréglement des mœurs : elle les purifie, les rapproche de la nature, et force l'homme à lever plus souvent les yeux vers le ciel, d'où dépend tout l'avenir de sa récolte. Tout procédé manufacturier met entre Dieu et l'homme la force de la machine : c'est la personnification du principe matériel ; et le peuple ne perce point cette enveloppe, ne pénètre point jusqu'à la source de la force matérielle ; il ne voit pas au delà d'une puissance mécanique, et le premier oubli de toute morale vient de l'oubli de Dieu. Répartir les masses populaires sur un vaste emplacement, élargir le cercle où se concentrent toutes les manufactures, au lieu de les agglomérer entre les fétides parois des casernes industrielles, c'est donc les appeler à un véritable bien-être moral et physique : les objets nécessaires à la vie sont moins chers, les occasions de débauche moins fréquentes, les tentations du luxe inutiles, le contact qui engendre l'association et l'émeute impossible, le paupérisme moins dangereux ; car le travail de la manufacture venant à manquer, le travail de la terre reste encore comme ressource.

Et puis, nous devons le dire, en France où notre droit public et intérieur appelle également tous les hommes au partage et à la propriété du sol, cette liaison intime de l'homme avec la terre, qui fait que celui-ci n'a d'état et de valeur que par la terre, constitue pour tous une garantie précieuse de calme et de tranquillité. Les droits d'élec-

teur par le vote universel, depuis le mandat municipal jusqu'au mandat de député, donnent au sol une empreinte de stabilité et de consécration supérieure, nécessaire pour organiser d'une manière fixe les rapports de la société. En rapprochant les classes industrielles des champs et de leur culture, on les met dans la position de placer dans l'achat du sol le fruit de quelques épargnes. On les élève à une nouvelle dignité ; on leur donne de nouveaux droits, une position moins précaire, le présent et l'avenir de la propriété.

Il est quelques rares industriels qui se sont convaincus de la vérité de ces principes, et ont essayé en les réalisant de développer chez leurs ouvriers le sentiment du bonheur moral trop négligé. On voit sur la route de Mons à Valenciennes un grand bâtiment, percé d'une multitude de fenêtres, et avançant à droite à gauche deux longues ailes. Cette vaste maison est divisée en petits appartements propres, commodes et bien aérés : la salubrité de la vie tient à cette dernière condition. A voir l'extérieur de toutes ces habitations, que des ordres sévères, et en outre les habitudes du pays environnent de la plus scrupuleuse propreté, on ne se douterait point qu'elles sont destinées à des ouvriers. L'œil est trompé par ces dehors si soignés, et l'on ne soupçonne pas, quand on sort de quelqu'une de nos grandes villes industrielles, que les cabanons ordinaires des ouvriers aient pu être remplacés par de telles chambres. Cela nous prouve qu'arracher l'homme à ses tendances basses et inertes, c'est le douer de nouvelles et puissantes facultés.

Cette fabrique est située à la campagne ; elle forme à elle seule une sorte de république, où la surveillance active des supérieurs s'exerce sans rien ôter à la liberté morale, à la disposition volontaire de chacun. Les désirs ne sont point excités. Les bras lassés du travail se reposent dans les jouissances de l'intérieur, au lieu de s'énerver encore par la débauche ; les intelligences, se développant avec calme et sous les yeux du maître, tendent à la sagesse, au lieu de s'étourdir dans le bruit et la perversité de l'exemple ; les économies s'amassent, et l'intimité des ménages se resserre par la solitude et l'éloignement des relations dangereuses de la ville.

Il résulte en outre de cette communauté d'hommes, qui se connaissent tous entre eux, et continuent dans la vie privée les rapports obligés du travail, un sentiment d'estime mutuelle qui se mesure sur les qualités réelles de chacun. De ce rapprochement obligé, de cette estime qu'on cherche à mériter, naît l'émulation, la plus secrète et la plus utile impulsion du cœur humain. Aussi, voyons-nous que, dans cet établissement, les mariages sont plus heureux et plus tranquilles, les dérangements de l'ivrognerie et de la paresse moins communs, et les coalitions totalement inconnues. L'autorité du chef revêt un caractère de protection paternelle, quand elle s'exerce à tous les instants, et descend jusque dans la famille ; et les économies faites sur le gain de la semaine élargissant chaque jour les domaines privés des membres de cette petite colonie, leur donnent dans la possession de la terre un élément de sécurité pour l'avenir.

Voilà le moyen de régénérer les corporations, de vivifier l'industrie, de moraliser les ouvriers par l'exemple de l'association.

Mais il n'est pas donné à tous de pouvoir agir ainsi : beaucoup d'industries sont condamnées à exister dans les villes, et l'économie politique doit également s'occuper de leur amélioration.

Les villes offrent, depuis quelques années, une heureuse institution qu'on ne saurait trop encourager, c'est celle des caisses d'épargne, destinées à recevoir les petits capitaux, sans emploi, à présenter l'intérêt de l'argent, à l'agglomérer aussi longtemps que l'exige la volonté du possesseur de la somme, comme aussi à le tenir toujours disponible et remboursable au premier besoin ; elles devraient être considérées par les classes ouvrières comme utiles pour le placement momentané d'épargnes qu'elles pourraient redemander plus tard, mais non pas comme le placement définitif d'un pécule devenu leur fortune et leur espoir. Dans ce dernier cas, la facilité avec laquelle on peut redemander toute somme prêtée, laisse à l'indécision et aux mauvaises dispositions de l'ouvrier une trop grande latitude pour détruire, au bout de quelque temps, le commencement de l'œuvre de son avenir. Alors qu'il ait recours à la terre !

Quelque utile que soit cette institution des caisses d'épargne en France, elle laisse encore de grandes améliorations à désirer : son organisation est susceptible d'être modifiée dans l'intérêt des basses classes. Elles existent depuis plus longtemps en Angleterre, et nous pouvons emprunter d'utiles leçons sur leur mécanisme.

La banque d'épargne la plus importante des trois royaumes, est celle d'Édimbourg. On y reçoit toute somme au-dessus d'un schelling ; quand les petites sommes agglomérées atteignent un total de 10 livres sterling, dix louis, la moindre somme que reçoive une banque ordinaire, alors on ouvre au possesseur un crédit de ces mêmes 10 liv. sterl. sur une forte maison de banque, et la caisse d'épargne recommence à recevoir tous les moindres dépôts, pour en former comme par alluvion un nouveau capital.

Les opérations se trouvent ainsi simplifiées ; et les caisses d'épargne étant surtout établies pour les plus petites sommes, les capitaux réalisés peuvent être placés sans inconvénients sur toute autre banque, offrant une égale responsabilité.

Ainsi l'on accorde à tout dépositaire un intérêt sur chacun de ses dépôts, mais pour un mois au moins, et en même temps pour une somme dont l'intérêt est au moins d'un *half-penny* (un sou) par mois, ou pour un multiple de cette somme, mais jamais pour

une fraction du mois ou pour une partie de la somme.

Toute somme de douze schellings rapporte un intérêt. On reçoit au-dessous, mais l'intérêt ne peut alors se calculer; pareillement on n'additionne l'intérêt des douze schellings que pour un mois entier, et non point pour une fraction du mois, quelque grande qu'elle soit.

La caisse d'épargne d'Edimbourg a donc sur les caisses d'épargne françaises l'avantage incontestable de donner intérêt pour des sommes infiniment moindres, et conséquemment plus facilement déposées par l'ouvrier qui n'a qu'un gain modique. Espérons que la marche progressive de cette institution, parmi nous, réalisera cette observation.

Les hommes qui dirigent les caisses d'épargne doivent à la haute opinion que nous avons de leur moralité, de donner des intérêts pour toute somme, même la plus faible. Cent mille sous, déposés en un jour à une caisse d'épargne, rapportent un intérêt; une sévère probité partagera cet intérêt entre les dépositaires. C'est l'obole du pauvre; elle ne doit pas suer pour le riche.

Il est une autre banque dont nous devons parler : elle est non moins profitable, elle est plus sévère et plus consciencieuse : c'est la banque paroissiale de Ruthwell (1).

Elle fut fondée à une époque où la philanthropie anglaise prit l'alarme. Elle s'aperçut que l'accroissement successif de la taxe des pauvres devenait immense, et que, sur huit personnes, une avait part à cette aumône de sept millions de livres sterling; elle est donc plus sévère et exerce un contrôle actif sur ses actionnaires. Elle condamne à une amende ceux d'entre eux qui ne déposent pas tous les ans une certaine somme fixée; elle récompense en même temps ceux qui ont bien mérité d'elle. On a créé, à cet effet, une caisse auxiliaire formée des sommes volontaires de certaines personnes qui s'intéressent à l'établissement; on ajoute à cette caisse auxiliaire tout l'argent provenant des bénéfices de l'établissement; et les membres ordinaires et extraordinaires, gradués en une certaine hiérarchie, trouvent dans cette association l'occasion, les uns d'une économie, les autres d'un bienfait. Les membres ordinaires sont les pauvres qui dépensent leurs épargnes : toute personne peut devenir membre extraordinaire, en ajoutant aux fonds exigés une annuité de cinq schellings dans une simple donation de deux livres sterling; on peut en outre acquérir le titre de membre honoraire, en ajoutant à ce même fonds une annuité d'une livre ou une donation de cinq livres. De plus, les gouverneur, sous-gouverneur et shérif du comté, ainsi que les députés au parlement pour le comté et les bourgs voisins, sont membres honoraires, *ex officio*. Les affaires générales de la

société sont négociées par une cour, composée d'un gouverneur, de cinq directeurs, d'un trésorier. Cette cour agit sous la surveillance d'un comité de quinze personnes choisies parmi les membres éligibles à la cour des directeurs : ce comité est à son tour subordonné à l'assemblée générale, composée des membres honoraires et extraordinaires, comme aussi de tous les membres ordinaires qui contribuent depuis six mois, et dont les dépôts montent depuis vingt schellings au moins. C'est dans cette cour haute que réside le pouvoir suprême, en même temps législatif, judiciaire et exécutif.

Pour la moralité de son institution, et la sévérité de ses principes, la banque de Ruthwell prend des renseignements sur l'âge, les affaires de famille, la conduite de tous les actionnaires; et elle les traite relativement à sa satisfaction à cet égard. Elle place son argent à raison de cinq pour cent d'intérêt, mais elle ne partage pas ce taux avec tous ses actionnaires : la plupart ne reçoivent que quatre pour cent par an. Ceux qui contribuent depuis trois années, et dont les dépôts s'élèvent à cinq livres sterling, jouissent seuls d'un intérêt de cinq pour cent, et même quand un de ces derniers actionnaires retire son argent, il n'a droit à cet intérêt de cinq pour cent que dans les cas suivants : d'abord pour causes de mariage ou de mort; ensuite s'il a atteint cinquante-six ans, ou bien si cette remise des fonds, après examen requis, semble devoir être avantageuse, ou enfin s'il n'est plus capable de gagner sa vie par quelque cause que ce soit. Mais alors les directeurs peuvent encore, s'ils le veulent, ne leur accorder qu'un secours hebdomadaire, prélevé sur l'argent déposé.

La caisse auxiliaire dont j'ai parlé sert à récompenser ceux qui le méritent. Tout membre qui a déposé régulièrement au moins un schelling par semaine a droit pour la première année à une prime de six deniers; pour la seconde, à une prime d'un schelling; pour la troisième, à une prime de deux schellings; pour la quatrième, à une prime de quatre schellings, et pour toutes les autres années suivantes, à une prime de six schellings; et si cette caisse auxiliaire ne se trouve point encore épuisée de cette manière, le surplus des fonds est destiné à récompenser les actionnaires réguliers qui donnent des preuves d'une industrie ou d'une vertu supérieure. Mais comme, en pareilles matières, des décisions peuvent ne pas être toujours à l'abri de l'erreur, on a sagement remédié à cet inconvénient par l'arrêté suivant :

« Si quelque membre se trouve lésé, il a le droit d'en appeler de la cour des directeurs au comité, et du comité à l'assemblée générale qui juge en dernier ressort. »

La banque de Ruthwell est une petite Providence récompensant l'économie et punissant le prodigue : elle ne peut exister en France qu'annexée à une grande communauté d'ouvriers d'une même fabrique, vi-

(1) Tous ces détails sont extraits d'un ouvrage intitulé : *Panorama d'Angleterre*, par M. Charles Malo. — Janvier 1818, t. II. L'apparition de ce livre a précédé l'établissement des caisses d'épargne en France.

vant en corporation et sous l'empire protecteur de chefs intelligents. Autrement, elle se mêle trop intimement aux actions de la famille pour être admise parmi nous si susceptibles et si jaloux de notre indépendance.

L'établissement des monts-de-piété offre à l'ouvrier, dans les temps de misère ou de gêne, une faveur tout usuraire, plus nuisible qu'utile : nous voudrions que les monts-de-piété fussent obligés de prêter sans intérêt sur gages, à tous ceux qui se présenteraient avec un certificat signé des administrateurs du bureau de bienfaisance. Cette institution, ainsi délivrée de cet intérêt exorbitant qui fait d'une bonne œuvre une vile spéculation, pourrait présenter désormais d'avantageux résultats, et devenir pour l'ouvrier une sauvegarde contre la fluctuation du travail, de même que la caisse d'épargne est une sauve-garde contre la banqueroute, et le bureau de bienfaisance une sauvegarde contre la faim et le froid.

Ces bureaux de charité sont, sous le rapport de l'administration locale, de la justice de la distribution, la plus utile institution de la philantropie. Ils étaient, en 1835, au nombre de 6,275.

Leurs revenus s'élevaient à la somme de 10,315,746 francs provenant de ce qui suit :

Ressources propres aux bureaux. 6,230,138 fr.
Quêtes et dons en nature . . . . 34,891
En argent . . . . . . . . . . . 1,386,552
Legs et successions. . . . . . . 583,516
Recette imprévues. . . . . . 2,080,654

Les dépenses se sont élevées à 8,956,036 qui ont été distribuées de la manière suivante :

Pour les dépenses de bureau, administration et personnel. . . . . . . . 1,749,556
Pour distribution de secours en aliments . . . . . . . . . 3,377,648
En vêtements et chauffage. . . . 1,258,106
Enfin, en secours pécuniaires. . 2,570,725

Le nombre des individus de toutes les classes auxquels des secours ont été donnés s'est élevé, dans le courant de 1835, à 695,932 (1).

Ce nombre est permanent, puisque c'est dans le cours d'une année commune où aucun malaise n'a pesé sur le pays, que ce chiffre a été obtenu; mais, il peut arriver que la diminution subite du prix d'un objet de consommation, réagissant sur le prix de la fabrication, le travail s'en ressente, et que les travailleurs ne pouvant plus suffire à leur dépense journalière tombent dans la misère. Dans ces circonstances, les ateliers de bienfaisance, les bureaux de charité, les secours à domicile, les prêts d'un mont-de-piété sans intérêt, se réuniront pour aider l'ouvrier à sortir de sa détresse momentanée, et les œuvres de la charité chrétienne et particulière se joindront à la charité publique et administrative. Alors et alors seulement, on peut sentir ce qu'inspire de courage, de résignation, de confiance dans l'avenir.

(1) Documents statistiques sur la France. Publication de M. le ministre du commerce.

cette religion du christianisme, missionnaire de paix, de concorde et de fraternité. Les hommes qui prêchent l'obéissance aux volontés du pouvoir, et l'obéissance aux volontés de Dieu, qui prêchent les bonnes mœurs et la justice, le désintéressement et le dévouement, ces hommes-là répandent une doctrine utile pour conduire les sociétés, et utile aux sociétés elles-mêmes. Ne serait-ce donc que par intérêt, sachez les secourir.

Certes, nous sommes des premiers à reconnaître, et cela a malheureusement aigri trop longtemps les opinions exaltées, que le clergé n'a jamais essayé de remplacer sa pieuse mission par des prédications d'hostilité aux gouvernements établis, et de colère contre le pouvoir régnant. Cette action du clergé, de jouer un rôle dans les événements politiques, a été rétablie par une nouvelle direction donnée aux affaires. Le banc des évêques au sénat est ouvert; le prêtre, rentré dans la sacristie, n'en est sorti que pour aider la société; plus de limite infranchissable désormais placée entre le trône et l'autel, les affaires de la foi et les affaires de l'Etat.

Or, il faut que le gouvernement n'ignore pas qu'il lui importe aussi de ne point donner prise sur le clergé à la passion des partis et à l'orgueil du scepticisme; que le respect du prêtre et le respect de la loi sont deux éléments de durée sociale, parce que le prêtre est le représentant de la loi la plus puissante, la loi religieuse; il ne doit pas ignorer qu'entre le propagandisme et la persécution, il y a ce terme moyen si salutaire et si efficace en pareilles matières d'une protection morale, respectueuse, d'une bienveillante supériorité, d'un encouragement modéré. Voilà le seul mode d'intervention qu'il puisse exercer dans les rapports du prêtre et du peuple : rapports nécessaires et intimement organisateurs par la puissance ineffable de la doctrine, par la sanction du dogme d'avenir, par la parole de vie et de charité qui résident au fond du christianisme.

En creusant un peu le sol sur lequel est bâtie toute société, nous trouverons trois grands fondements, trois bases indestructibles, malgré les attaques de l'erreur ou de la mauvaise foi :

Ce sont la charité,—l'autorité,—la liberté.

La charité, lien de tous entre tous, apportée par le Christ, exprimée dans l'Evangile.

L'autorité, lien nécessaire du plus faible au plus fort, créée par l'homme et son consentement libre, exprimée par les gouvernements et les chartes.

La liberté, venue de Dieu, et intérieure à notre nature, voilée durant quelques instants dans ses formules pratiques, mais vivant toujours au fond des consciences, et se transfigurant tôt ou tard au sein des sociétés en une glorieuse apothéose.

Une société sans charité serait une société sans religion, une société d'esclaves comme l'empire romain à sa chute.

Une société sans autorité serait une société

sanglante, incertaine de son avenir, et pour hâter son présent, faisant de la violence parce qu'elle n'aurait plus la force morale.

Nous ne pourrons oublier une époque malheureuse de la révolution française, avec quatorze armées à la frontière, la guillotine sur la place, le poignard de Marat à la tribune, et les canons d'Henriot dans les rues de Paris.

Une société sans liberté pourrait vivre peut-être, mais de la vie matérielle seulement ; mais elle n'arriverait jamais à fleurir par le commerce, les arts, les sciences, ces grandes applications de l'esprit humain.

Une société sans liberté, régie par le despotisme, serait une chose dont on pourrait faire trafic comme d'une terre.

Ainsi la charité, qui s'exerce surtout par l'homme de Dieu, le prêtre ; l'autorité par l'homme de la pensée, le fort ; la liberté par l'homme du peuple, le faible, sont donc indispensables pour le bonheur d'une nation : mais ces trois qualités doivent être réunies et répandre ensemble sur la société une égale influence, sans qu'aucune prédomine, sans qu'aucune soit étouffée.

J'ai essayé, d'après ces principes, d'indiquer la grande part que doivent avoir l'instruction morale, les établissements matériels, le pouvoir et le christianisme sur la moralisation des basses classes (1).

Nous avons lieu de nous réjouir que notre gouvernement français, comprenant enfin l'immense intérêt qui se rattache à cette question, ait commencé à entrer franchement dans la voie des améliorations que nous n'avons cessé d'indiquer depuis notre mémoire adressé à l'Assemblée constituante en 1848, et que l'empereur Louis-Napoléon ait tenté tous les moyens d'améliorer la situation des classes ouvrières.

**MUSIQUE CHRÉTIENNE.** — L'homme de science et de foi qui étudie en véritable philosophe les annales du christianisme, se sent écrasé sous le poids de ses œuvres aussi multipliées que gigantesques. Pour ne parler ici que de celles qui se rattachent à la musique, elles offrent à l'observateur attentif des sujets inépuisables de réflexions, et, par-dessus tout, ce type du beau-idéal surnaturel, ou divin que le christianisme seul pouvait nous révéler. Nommer la musique chrétienne, c'est présenter à l'esprit l'idée d'une poétique pensée dans les inspirations des livres saints, dans la vie de Jésus-Christ, dans celle des apôtres, dans le mysticisme et les légendes du moyen âge. C'est rappeler un ordre d'images et de sentiments les plus purs et les plus élevés, les plus dégagés du sensualisme de l'antiquité. Nous n'avons pas la prétention d'écrire l'histoire proprement dite de la musi-

que chrétienne. Indépendamment de notre insuffisance personnelle, toutes sortes d'autres bonnes raisons nous en empêchent. Nous préférons inviter nos lecteurs à consulter les savants et infatigables écrivains qui nous ont précédé. Leur érudition nous a légué des trésors qui n'attendent que des mains habiles pour être exploités. Aux écrivains de talent et de foi est dévolue la tâche honorable de compléter et d'harmoniser l'édifice dans toutes ses parties. Quant à nous, nous venons apporter notre faible tribut à cette grande œuvre de régénération catholique dans l'art, en essayant un aperçu historique et philosophique sur la musique chrétienne depuis le Pape saint Grégoire le Grand. Ce sujet est immense, nous le savons ; nous dirons donc que, quant à la pratique, la musique chrétienne avait lieu dans les cérémonies mêmes du culte ecclésiastique, qui fut le berceau de cet art, et qui jusque vers le XIII° siècle absorba presque exclusivement toute application musicale. On connaît les écrivains et les artistes que nous a valus, dans toutes les branches de l'intelligence humaine, cette réhabilitation du génie chrétien et de ses œuvres. Il suffit pour s'en convaincre de se rappeler, entre autres noms illustres, ceux de Schiller, de Marchangy, de de Maistre, de Bonald, de Charles Nodier, de Victor Hugo, de Walter Scott, de Caumont, de Ludovic Vitet, de Didron, d'Alexandre Lenoir, de Montalembert, etc., etc., et de tant d'autres écrivains dont plusieurs sont encore vivants.

La musique, cette partie si importante de l'art chrétien, ne pouvait rester étrangère à la réhabilitation de la poétique chrétienne. On avait repris l'étude des cathédrales gothiques : il était rationnel qu'on revînt à la musique sacrée, qui en est l'âme et comme la grande voix. Néanmoins, cette branche si intéressante de l'art chrétien avait été moins étudiée que les autres ; ce n'est que depuis quelques années que l'attention publique a été réveillée sur elle par quelques brochures ou articles de revues, et par les tentatives qui ont été faites avec succès dans un certain nombre d'églises, pour la restauration du chant ecclésiastique. Mais aucun auteur, que je sache, n'a encore traité la matière *ex professo*. Tout s'est borné à quelques considérations éparses, sans principe arrêté et sans déduction logique. Cependant quel vaste champ à explorer pour l'historien et le philosophe ! Les matériaux sont des plus riches, des plus abondants ; car l'histoire de la musique en général absorba la vie tout entière d'un grand nombre de religieux, de moines et de laïques érudits, comme on peut s'en convaincre en parcourant les énormes *in-folio* qui ont pu échapper à l'action du temps et au vandalisme moderne. Il ne s'agit que d'en faire un choix judicieux, et de les coordonner d'après la méthode philosophique et esthétique, qui a trop souvent manqué aux savants qui nous ont précédé.

La musique, plus qu'aucun des au-

---

(1) Ce travail, dont nous avons cru devoir élaguer même quelques passages, appelle une critique consciencieuse. L'auteur a voulu présenter beaucoup d'idées en peu de mots, et sans les développer, les offrir à l'opinion publique comme le germe d'un livre dont toutes les applications ne seraient pas toujours en harmonie avec la situation actuelle de la France.

tres arts libéraux, dit M. l'abbé Jouve, a puisé tous les éléments de sa constitution au sanctuaire chrétien, ce foyer commun de toutes les nobles et utiles inspirations ; et son principal véhicule a été l'orgue, l'*organe* par excellence du temple catholique. Or, c'est le christianisme qui a inventé l'orgue, selon l'expression de M. de Chateaubriand, et c'est de cet admirable instrument, dont l'origine mystérieuse se perd dans les premiers siècles de l'ère chrétienne, que se détachent comme autant de rameaux de leur tronc principal, les accords de plus en plus variés de l'harmonie vocale et instrumentale, qui sera elle-même plus tard la cause génératrice du drame lyrique. Telles sont en effet aujourd'hui les deux grandes divisions de la musique, et qui en font un art original, *sui generis*, plus indépendant qu'aucun autre de l'art antique ; je veux dire, le contre-point, selon la tonalité du plain-chant, et le contre-point, selon la tonalité moderne. Ajoutons-y la *mélodie*, d'une date plus moderne encore, et nous aurons trois branches de l'art, fécondes en merveilleux résultats, uniquement produites par la sève vigoureuse et inépuisable de l'inspiration chrétienne, au moyen de l'orgue, son organe par excellence. Or, voilà ce qui constitue l'originalité, la spécialité de la musique chrétienne ; voilà ce qui en rend l'étude si féconde en aperçus neufs et intéressants. Elle eut une marche plus ferme, plus constamment progressive que les autres arts, parce qu'elle devait plus au christianisme ; et bien qu'ayant pris, comme eux, son point de départ de l'art antique, elle se prêta mieux et plus vite à l'expression mystique et spiritualiste du génie chrétien, en s'essayant à toutes les combinaisons des sons, jusqu'à ce que, sur la lyre de Josquin-Desprez, des Orlando di Lasso, des Palestrina, des Scarlatti, des Porpora, des Jomelli, elle modulât des hymnes dignes d'être chantées par les anges et les bienheureux. Ce fut là l'apogée du chant ecclésiastique. Remarquons ici que la musique chrétienne avait moins souffert que les autres arts de l'influence délétère de la Renaissance. Ce ne fut que plus tard qu'elle trouva dans l'invention simultanée de l'accord de septième dominante par Claude de Monteverde, et de l'opéra, par Jacques Peri, le double principe de sa décadence, ou si l'on aime mieux, de sa nouvelle transformation. Ici, nous devons encore remarquer cette particularité que nous offre l'histoire de la musique sacrée, c'est que l'époque de sa décadence fut celle de la découverte si importante du drame lyrique, lequel n'eût jamais existé sans elle. Personne n'ignore que ce nouveau genre de musique naquit des efforts tentés par plusieurs littérateurs et compositeurs du xviie siècle, pour retrouver l'ancienne tragédie grecque chantée avec des chœurs. Ils la cherchèrent en vain, mais ils trouvèrent quelque chose qui valait beaucoup mieux, lorsqu'en combinant la musique d'église (la seule qui existât alors) avec les idées qu'ils s'étaient formées du drame antique, ils créèrent le drame lyrique, genre tout nouveau, qui paraît avoir atteint aujourd'hui son dernier degré de perfection. O vous à qui il a causé de si vives jouissances ! vous qui avez éprouvé ses effets magiques et entraînants ! vous n'avez peut-être jamais songé que c'est à l'art chrétien que vous êtes indirectement mais véritablement redevables de ces accords harmonieux, de ces mélodies ravissantes qui vous captivent et vous transportent dans un monde idéal ! L'opéra ne fut donc qu'une déviation de la musique sacrée, qui pouvait exister sans lui, mais sans laquelle lui-même n'eût jamais été connu. Cette déviation, il est vrai, fut nuisible à la musique sacrée, puisque depuis elle ne cessa de déchoir. Mais elle avait conservé dans son antique tonalité et surtout dans l'inspiration surnaturelle qui est son principe, des éléments inépuisables de vie. Ces éléments, déjà des mains habiles ont essayé de les mettre en œuvre. On s'occupe beaucoup depuis quelque temps de la restauration du chant ecclésiastique. Le célèbre Choron avait le premier donné l'impulsion par son institution de musique religieuse, si féconde, dès son début, en bons élèves et en admirables résultats. Il a succombé à la peine, abreuvé de dégoûts, mais non désespéré. MM. Fétis et Danjou continuent dignement la tâche de ce grand maître. Ce mouvement musical est un indice consolant d'une réhabilitation prochaine de la musique sacrée. Bientôt, il faut l'espérer, la génération présente se réveillera aux nobles accents de notre antique liturgie, soutenus, comme ils le furent toujours, par cette harmonie consonnante, seule digne du temple chrétien, qui inspira jadis ses voix multiples et mystérieuses. Le sanctuaire ne sera plus honteux de ces chants maigres, tronqués, sourds et froids comme l'esprit janséniste et philosophique qui nous en fit le triste legs dans le dernier siècle. Il se réjouira au bruit de ces accords que répétaient jadis ses voûtes gothiques, objet de notre juste mais bien tardive admiration.

Ceux qui ont entendu les chorals religieux de quelques-uns de nos grands opéras modernes, tels que *Robert le Diable*, *les Huguenots*, *la Reine de Chypre*, ont pu apprécier les effets prodigieux de cette tonalité ecclésiastique, aujourd'hui si peu étudiée. Nous verrons, en l'expliquant, combien elle est supérieure, sous le rapport de l'expression religieuse, à la tonalité moderne. Mais nous remarquerons en même temps les effets admirables produits par celle-ci dans son domaine, qui est l'expression des sentiments du cœur humain dans l'ordre naturel. Nous établirons les titres de filiation qui rattachent à l'art chrétien ce genre lyrique, une de nos plus belles découvertes. Il paraît être arrivé aujourd'hui au *nec plus ultra* du progrès, tandis que la musique sacrée, sa mère et sa première nourrice, commence seulement à se relever de sa décadence. Des hommes spéciaux, très-versés dans la connaisssance de ces deux genres de musique, pressentent

des transformations nouvelles qui leur permettront de se prêter un mutuel appui, tout en conservant chacun son caractère propre. Cette combinaison, du reste, a déjà été tentée avec succès par des compositeurs de goût et de talent, tels que Haydn, Albrestbeger, Lesueur et plusieurs autres artistes, animés comme eux d'une foi vive, condition indispensable pour réussir dans des essais de cette nature. Quelles que soient d'ailleurs les destinées réservées à la musique sacrée et à la musique dramatique, il existera toujours entre ces deux genres une séparation fondée sur la diversité essentielle de leur emploi respectif. Mais toutes deux glorifieront le christianisme à leur manière ; la première, directement dans son temple, en traduisant la prière et la louange en accents que lui seul peut inspirer ; la seconde, indirectement, en montrant tout ce que l'influence du christianisme a apporté d'énergie et de profondeur dans les sentiments de l'homme, et les moyens admirablement variés de les exprimer, qui furent primitivement empruntés à son système musical.

Pendant la plus grande partie de cette longue période qu'on appelle le moyen âge, les religieux, les abbés, les chanoines, les évêques, les Papes mêmes furent souvent architectes, peintres et musiciens. La vie trop peu connue de ces bienfaiteurs de la société, fut une vie *complète*, admirable par la réunion de toutes les sciences comme de toutes les vertus ; et il est à remarquer que les plus pieux, les plus austères de cette époque furent en général les plus laborieux, les plus universels. Ils ont aujourd'hui des imitateurs de leur science et de leur zèle, dans ces prélats éminents, dans ces ecclésiastiques distingués, dont les efforts persévérants, dirigés vers la réhabilitation de l'art chrétien, sont dignes de la sympathie de tous les hommes d'intelligence et de foi. Depuis saint Isidore, archevêque de Séville, premier auteur connu du *déchant* ou chant à plusieurs parties, qui écrivait au commencement du VIIᵉ siècle, ce sujet a exercé la plume d'une foule d'érudits, la plupart ecclésiastiques, dont les nombreux volumes *in-f°* gisent obscurs dans nos bibliothèques. Ces ouvrages, dont on peut lire le long catalogue dans la *Bibliographie musicale* de Choron, renferment sans doute des trésors de science sur l'histoire proprement dite de l'art ; mais on y chercherait vainement cette méthode de critique philosophique ou esthétique qui est l'âme de l'histoire, et que nous avons empruntée à nos voisins d'outre-Rhin. Convaincu de plus en plus des avantages de cette méthode dans les questions d'art, nous avons voulu l'appliquer à l'histoire de la musique chrétienne, sur laquelle elle ne peut que repandre de vives lumières et un genre d'intérêt tout nouveau. C'est pourquoi, en la retraçant, nous nous attacherons moins aux détails des faits qu'à leur signification morale relativement aux progrès et aux transformations de l'art. Il ne s'agit donc point d'une longue et sèche nomenclature ; ce se-

rait d'ailleurs peine perdue, après les importants travaux historiques qui ont été publiés depuis si longtemps sur cette matière ; mais il s'agit d'établir les véritables conditions de l'expression surnaturelle et divine dans la musique chrétienne ; d'examiner, de comparer les divers systèmes qui ont été employés à cette fin et de rechercher les moyens dont on pourrait disposer aujourd'hui pour y parvenir. C'est déjà annoncer qu'on doit être sobre de détails techniques, se bornant à ceux dont on a besoin pour rendre sa pensée, et tâchant de mettre ses explications à la portée des esprits les plus étrangers aux notions musicales. L'histoire de la musique chrétienne est pleine de faits curieux et intéressants ; on verra, par le rapide aperçu que nous allons lui consacrer, la haute et universelle importance qu'on attachait à cette partie de la liturgie catholique, dans les siècles de foi et d'amour.

Voici le tableau des divisions principales que nous pourrions nous proposer de suivre si les limites trop exiguës de notre travail nous le permettaient : 1° quels sont les véritables caractères de la musique chrétienne ? 2° pourquoi le système grégorien les possède-t-il mieux qu'aucun autre ? 3° son origine et son établissement ; 4° origine de l'orgue ; caractère particulier de cet instrument, considéré comme l'organe du temple chrétien : 5° influence admirable qu'il a exercée sur la musique chrétienne ; 6° il a donné naissance à l'harmonie, totalement inconnue des anciens ; il a rendu universel dans l'Eglise l'usage du contre-point ou du chant à plusieurs parties ; antiquité de cet usage, surtout dans les basiliques de Rome ; 7° histoire et définition du contre-point, envisagé sous ses principales formes et leurs dérivés, du canon, de l'imitation, de la fugue ; 8° l'invention de l'accord de septième dominante par Claude Monteverde, combinée avec les tentatives faites à la même époque pour retrouver la tragédie chantée des anciens, donnent naissance à l'opéra ou drame lyrique ; 9° ce qu'on entend par drame lyrique, en quoi il diffère de la musique ecclésiastique ; 10° histoire de ses transformations diverses et de ses progrès ; il donne naissance à la mélodie, qui est très-moderne, tandis que l'harmonie remonte presque aux premiers siècles de l'Eglise ; fausses idées qu'on a généralement sur ce point ; 11° causes de la décadence de la musique chrétienne ; la faveur attachée de plus en plus à l'opéra en est une des principales ; 12° invasion du genre lyrique dans la musique d'église, emploi de la tonalité de celle-ci dans quelques-uns de nos grands opéras modernes ; 13° état actuel en France de la musique ecclésiastique et de la musique dramatique ; 14° en quoi ces deux genres sont-ils essentiellement opposés ? en quoi ils se rapprochent ? exposé de la controverse qui s'agite en ce moment sur cet objet ; moyens qui pourraient amener une solution avantageuse à la musique chrétienne ; 15° nécessité de s'occuper de sa régénération, tentatives heureuses qui

ont déjà été faites dans ce sens. Mais nous devons nous résumer, en appelant l'attention de nos lecteurs sur un livre récemment publié.

Le *Résumé philosophique* de l'Histoire de la musique, par M. Fétis, ancien professeur du Conservatoire de Paris, aujourd'hui directeur de la chapelle de Sa Majesté le roi des Belges, est des plus remarquables. Cet ouvrage, dont le titre est nouveau et très-significatif, apportera des modifications importantes à quelques-unes des théories de nos musiciens les plus habiles, tant anciens que modernes. Nous avouons que nous avons senti plus d'une de nos convictions s'ébranler, en lisant certains faits totalement inconnus jusqu'à ce jour, parce qu'ils reposent sur des documents ensevelis depuis plusieurs siècles dans la poussière. L'auteur se plaint, comme nous, dans sa préface, de cette absence de vues philosophiques qu'on remarque dans la plupart des ouvrages de littérature musicale. Il annonce vouloir remplir cette lacune, d'abord dans la biographie des musiciens, dont le livre en question forme le premier volume, ensuite dans une histoire générale de la musique. Assurément, s'il existe un musicien capable d'exécuter cette grande entreprise, c'est bien M. Fétis, déjà si avantageusement connu par bon nombre d'ouvrages, où l'on voit toujours une érudition peu commune, soutenue et embellie par un style aussi nerveux qu'il est clair et élégant. Quant à nous, indépendamment de l'agréable surprise que nous avons éprouvée de nous trouver ainsi en communauté d'idées fondamentales avec un homme aussi éminent dans le monde musical, nous avons puisé dans son ouvrage de précieux renseignements qui jetteront une nouvelle lumière sur des questions capitales de l'histoire de la musique chrétienne. Notre marche, d'ailleurs, ne sera pas celle du savant théoricien, parce que notre but n'est pas le même. M. Fétis embrassera l'histoire de l'art dans toute sa généralité, et sous un point de vue humainement philosophique, tandis que nous nous renfermerons dans le cercle exclusif de la musique liturgique, prenant notre point de départ de son inspiration surnaturelle, mystérieuse, symbolique, pour en apprécier les caractères et les effets divers. Nous reprenons l'explication du titre que nous donnons à cet article. A ces mots : *Aperçu historique et philosophique*, nous ajoutons, *sur la musique chrétienne*. Nous voulions mettre d'abord, *sur le chant ecclésiastique* ; mais, nous nous sommes dit, le chant ecclésiastique, quelque large place qu'il occupe dans la liturgie catholique, n'y figure pas seul. Les instruments de musique ont aussi leurs concerts dignes de la Divinité. N'est-ce pas ce que nous enseigne clairement le prophète-roi, lorsque, dirigé par l'inspiration divine, il invite, en cent endroits de ses psaumes, chacun des instruments, connus de son temps, à bénir, à exalter le Seigneur? N'est-ce pas ce que nous apprend le disciple bien-aimé, lorsque, dans son Apocalypse, il nous parle des sons harmonieux de la lyre

dont il a entendu résonner les cieux ? Ne soyons pas plus difficiles que le roi David et que l'apôtre de Patmos. Et comment pourrait-on parler du chant ecclésiastique, sans rappeler l'orgue, qui, depuis si longtemps, le soutient et le rehausse par ses imposants accords, et qui a exercé sur ses développements successifs une influence si puissante, si salutaire? Comment ne pas faire figurer dans l'histoire du chant liturgique cet orgue, dont l'invention est une des gloires du christianisme? N'est-il pas encore appelé aujourd'hui le *roi des instruments* par une dénomination aussi vraie qu'elle est populaire? N'est-il pas encore, dans l'immense majorité des temples chrétiens, l'organe harmonieux de la louange et de la prière? N'a-t-il pas été comme prodigué dans la capitale de l'Église? J'en ai compté moi-même jusqu'à cinq dans Saint-Pierre. Là, comme dans les autres basiliques de Rome, l'office public et canonial est chanté habituellement à quatre parties, avec accompagnement obligé de cet instrument.

Ce n'est donc pas sans motif qu'au lieu de *chant ecclésiastique* nous écrivons, *musique chrétienne*, pour comprendre dans une même dénomination le chant et les instruments, que nous voyons marcher ensemble et se prêter un mutuel appui, non-seulement dans le culte judaïque, mais encore dans le culte plus parfait de la loi nouvelle.

Cette dénomination de *musique chrétienne* a aussi l'avantage de bien spécifier notre genre de travail, uniquement consacré à la liturgie ecclésiastique ; et voilà pourquoi nous prenons notre point de départ de saint Grégoire le Grand, non que ce Pape ait été l'inventeur du chant de l'église (il existait longtemps avant lui), mais parce que le premier il en a fait un corps de doctrine, en fixant cette belle tonalité du plain-chant, dont nous étudierons bientôt le caractère constitutif, et qui subsiste encore, enrichie des nombreuses et brillantes découvertes auxquelles elle a donné lieu, comme un des plus admirables monuments de l'art chrétien.

Ici, nous devons à nos lecteurs une autre explication (et elle sera la dernière) sur le mot *musique*, que, contrairement à l'usage, nous appliquons indifféremment au plain-chant et à la musique moderne.

Il serait, ce nous semble, plus simple et plus rationnel de comprendre ces deux systèmes de chant dans la désignation commune de *musique*. En effet, qu'est-ce que la musique? C'est la science de la combinaison des sons. Or, il entre autant de cette science de combinaison dans le système mélodique et harmonique du plain-chant, que dans le système mélodique et harmonique de la musique proprement dite. Ces deux systèmes se rattachent donc également à la science de la combinaison des sons, appelée *musique*, et doivent avoir par conséquent, sous ce rapport, la même dénomination. Ce qui les distingue réellement, c'est la différence radicale de leur tonalité respective, comme nous le ferons voir par la suite. On ne doit donc les

distinguer que par cette différence, toutes les fois qu'on parle de chacun d'eux en particulier, ou qu'on les oppose l'un à l'autre, et dire alors : *la tonalité ecclésiastique, l'ancienne tonalité*, pour désigner le plain chant, et *la tonalité moderne*, pour désigner ce qu'on est convenu, sans motif, d'appeler exclusivement *la musique*. Pour restituer à ce mot sa signification véritable, technique, on devrait l'employer toutes les fois qu'on parle du genre vocal et instrumental en général, et toutes les fois aussi qu'on parle de divers systèmes de chant en général. C'est pourquoi nous nous sommes servi jusqu'à présent de ce terme générique, nos observations se rapportant simultanément aux deux espèces de tonalité qui ont dirigé les compositeurs anciens et modernes de chants d'église; mais nous donnerons à chacune d'elles la dénomination qui lui est propre, lorsque nous en parlerons séparément, ou que nous les opposerons l'une à l'autre, pour faire ressortir leur nature diverse.

Voilà, à propos d'un titre, un bien long préambule sans doute. Toutefois, la suite de ce travail prouvera qu'il était utile et même nécessaire.

Examinons maintenant la première question que nous nous sommes proposée : Quels sont les véritables caractères de la musique chrétienne?

Ces caractères dérivent 1° de la poétique chrétienne ; 2° de la pratique universelle de l'Eglise, toujours dirigée par l'Esprit divin, dans sa liturgie, comme dans ses dogmes et dans sa discipline générale. Revenons sur chacun de ces points, séparément.

Nous entendons par *poétique chrétienne* ou théorie du beau dans l'art chrétien, celle qui est fondée sur la transformation intellectuelle et morale que le Verbe divin, parole ineffable du Père, splendeur de sa gloire, image réelle de sa substance, est venu opérer dans l'esprit et dans le cœur de l'homme, d'abord par l'assomption de la nature humaine en sa personne divine, ensuite par sa doctrine, sa morale et sa grâce sanctifiante, communiquée au chrétien par tant de canaux divers.

Dire la révolution immense, radicale que l'Incarnation avec ses résultats directs a effectuée dans le monde matériel et dans le monde spirituel, serait écrire l'histoire de l'humanité, considérée sous tous ses divers aspects. Quand même on la bornerait à la théorie des beaux-arts dans la société chrétienne, cette donnée, ainsi restreinte, fournirait encore matière à de nombreux volumes. Nous voudrions essayer un jour de la développer sous ce dernier point de vue, si fécond en aperçus neufs et lucides, si propre à éclairer et à résoudre des questions sur lesquelles il n'a pas été possible de s'entendre jusqu'à ce jour, faute d'avoir bien établi le point de départ. Maintenant, pour rester dans notre cadre, nous nous contenterons de faire remarquer que le Verbe divin ayant voulu guérir les deux grandes infirmités de notre nature, l'ignorance de l'esprit et la corruption du cœur, double châtiment de son orgueil et de son égoïsme charnel, s'est présenté au monde comme lumière et vie, et, au lieu qu'auparavant on ne pouvait voir cette lumière inaccessible ni comprendre cette vie cachée dans les profondeurs infinies de la divinité, on a pu dès lors voir et toucher dans sa propre chair cette lumière, cette vie divine ainsi incarnée, et nous avons contemplé comme on considère un simple mortel, cet Homme-Dieu plein de grâce et de vérité, et *vidimus eum plenum gratiæ et veritatis*. Et nous avons entendu sortir de sa bouche des secrets jusque-là cachés aux sages de la terre, sur l'unité, l'infinité et l'éternité de Dieu, sur ses perfections adorables si étrangement méconnues ou défigurées par les fables des poëtes et les folies de la gentilité. Il est venu, comme il le dit lui-même, nous apprendre à servir ce grand Dieu, en esprit et en vérité, c'est-à-dire par l'intelligence et la volonté ; et aussitôt se sont écroulées des milliers d'idoles avec leur culte tantôt riant, tantôt sanguinaire, tantôt voluptueux, mais toujours terrestre et charnel. Jéhova, qui n'a d'autre nom que celui de l'*Etre*, parce que lui seul existe nécessairement, Jéhova le dieu des armées, qui est assis sur les chérubins, qui vole au milieu des airs dans des chariots de feu ; qui, d'un seul mot, peut créer ou anéantir des millions d'univers, Jéhova domine, de toute la hauteur du ciel, l'olympe avec sa cour mesquine de dieux et de demi-dieux. Sans doute les poëtes profanes, à l'aide de quelques traditions antiques, qui avaient échappé au naufrage des vérités révélées, ont pu s'élever quelquefois à une grande hauteur. C'est ainsi qu'Homère a pu nous représenter Jupiter, ébranlant tout l'olympe d'un simple mouvement de son sourcil. Mais ces images, si rares dans les poëtes antiques, se perdent dans une foule de détails vulgaires, tandis que nos livres saints semblent se jouer continuellement avec le sublime de pensée et d'expression.

Or, ces idées si hautes, si magnifiques, que le Verbe incarné est venu nous donner de Dieu, ont imprimé nécessairement à la poésie et au chant liturgiques ce caractère de sublimité, de grandeur qu'on chercherait vainement ailleurs. Les anciens ont-ils laissé quelque chose de comparable, pour les paroles et pour le chant, à notre *Te Deum laudamus?* Tel est le premier caractère de la musique chrétienne, un caractère divin de grandeur, de sublimité dans l'adoration et la louange, fondé sur la grandeur de Dieu elle-même. Passons maintenant au second caractère, que nous appelons *mystérieux*.

Avec la doctrine de l'unité et des perfections de Dieu, Jésus-Christ nous a révélé celle de la Trinité des personnes; Trinité inénarrable, éternellement produite par l'Etre divin, qui existe, se connaît et s'aime dans cette contemplation intime de son être; Trinité dont il a voulu lui-même imprimer l'image, nécessairement imparfaite, dans l'âme humaine ; Trinité dont le nombre

mystérieux joue un si grand rôle dans les types, les symboles divers de l'humanité, et en particulier dans la génération de l'harmonie consonnante.

Mais à ce système se rattache un autre mystère non moins auguste. Le Verbe, seconde personne divine, dans son amour incompréhensible pour l'humanité, a voulu se l'unir par des liens si étroits, si intimes qu'il ne fit avec elle qu'une même personne avec deux natures. On a alors vu la justice, la miséricorde et la paix s'embrasser par une étreinte commune, dans cette personne du Verbe incarné, où elles s'étaient donné rendez-vous après la prévarication du paradis terrestre. Jésus, médiateur entre Dieu et les hommes, vient réconcilier le monde avec son créateur, pacifiant par son sang le ciel et la terre, fondant son Église, nous ouvrant ensuite par son ascension la porte du ciel où son humanité sainte, inséparable de sa divinité, doit intercéder pour nous sans relâche, jusqu'à ce que nous ayons mérité de la contempler nous-mêmes dans toute sa gloire.

Qui ne voit déjà que tout un monde nous sépare de la poétique païenne? Aussi tout dans la vie du chrétien est mystérieux comme son culte ; tout, jusqu'à ses joies et à ses périls, jusqu'à ses craintes et à ses espérances. De là ce caractère *mystérieux*, vague, insaisissable, qui domine dans toute sa liturgie et dans sa musique en particulier. Passons maintenant au troisième caractère de la musique chrétienne, l'*onction de l'amour divin*. Nous avons vu comment les deux précédents dérivaient de la doctrine sublime que le Verbe incarné, lumière du monde, nous a révélée. Celui-ci découle aussi du Verbe fait chair ; mais considéré comme la vie du monde : *In ipso vita erat.*

L'amour est le premier besoin de l'homme sur la terre ; mais l'amour divin peut seul le satisfaire, parce que seul il peut le remplir. L'homme, en quittant le Créateur pour se rechercher, était devenu malheureux en se trouvant, selon la belle pensée de saint Augustin. C'est pourquoi son cœur, rassasié bientôt des affections profanes, trop bornées pour le contenter pleinement, se reportait invinciblement vers Dieu, son principe et sa fin ; Jésus est venu lui apporter cet aliment de l'amour divin, *Ignem veni mittere in terram*, en y associant l'amour du prochain qui en dérive nécessairement. On connaît les résultats merveilleux de cet élément nouveau dans le monde, mais on n'apprécie peut-être pas assez son influence sur le cœur de l'homme et sur l'art, écho fidèle des sentiments qui l'animent. N'est-ce pas ce sentiment qui a inspiré les chants séraphiques et trop peu connus d'un François d'Assise, d'une Thérèse et de tant d'autres martyrs de l'amour divin. Non, jamais l'inspiration des plus fameux poètes ne les éleva à cette hauteur d'enthousiasme et de sacrifice absolu dans l'amour. Jamais on n'entendit leur lyre chanter des vers comme celui-ci, de la vierge d'Avila, *je me meurs de re-gret de ne pouvoir mourir! Que muero porque no muero!* qui revient à la fin de chaque strophe de son cantique divin. Il faut lire cet admirable chant tout entier, pour se faire une idée de cet amour, qui, selon l'expression de Thérèse elle-même, pénètre la moelle du cœur même.

Cet amour divin, fondement de la morale chrétienne, est aussi le principe fondamental de la liturgie chrétienne et du chant en particulier. C'est lui qui a dicté presque tous ses psaumes à David, et qui a animé la plupart des compositions musicales consacrées ou approuvées par l'Église. Nous le ferons voir ailleurs dans l'analyse que nous proposons de donner de plusieurs d'entre elles. Ici se présente naturellement une considération importante, quoiqu'elle ne doive avoir que plus tard son application, c'est-à-dire lorsque nous nous livrerons à l'examen comparé de l'expression lyrique et de l'expression chrétienne dans la musique.

Le christianisme, avec ses grands et ineffables mystères, en révélant à l'homme un monde nouveau d'idées, d'images et de sentiments, a singulièrement élargi la sphère de son intelligence et de son amour; il en est résulté, dans ses affections et même dans ses passions, cette énergie, cette exaltation, cette mélancolie vague, insaisissable, qui forment le caractère des nations modernes, et qui a imprimé à leur art et à leur littérature une physionomie tout à fait distincte de celle de l'antiquité. Entièrement dévoués au culte de la forme, les anciens ne virent rien au delà de la beauté humaine, et, dans leurs compositions les plus terribles, ils eurent toujours soin d'éviter un genre d'expression trop énergique qui aurait pu blesser leur délicatesse. De là ce calme, cette placidité, disons mieux, ce froid glacial que nous remarquons dans leurs plus beaux monuments de sculpture et de peinture. De tels hommes non-seulement étaient étrangers à l'enthousiasme de l'amour divin, mais encore de l'amour profane, ils ne connaissaient guère que le côté matériel. C'est une observation que plusieurs grands écrivains ont faite avant nous. Il est donc vrai que ce sentiment de l'amour profane, si on ne le considère que dans ce qu'il a de généreux, d'immatériel, d'exalté, est dû à l'influence indirecte du dogme chrétien sur le cœur humain. Et cela est si vrai qu'on ne remarque cette transformation de l'amour humain que dans les nations chrétiennes, tandis que, même de nos jours, nous le voyons réduit à l'état d'instinct naturel chez tous les autres peuples. L'amour profane, ainsi modifié, et jusqu'à un certain point spiritualisé par le christianisme, doit présenter et présente en effet, dans ses divers genres d'expression au moyen des arts et de la poésie, des analogies frappantes avec celle de l'amour divin. C'est ce dont il sera facile de se convaincre, en lisant le cantique déjà cité de sainte Thérèse et les couplets du séraphique François d'Assise. Si quelqu'un voulait

des autorités plus graves encore, nous le renverrions à certains passages des saints Pères et des élévations sur les mystères de Bossuet. Mais s'il est vrai que l'amour divin et l'amour profane offrent, dans le chant comme dans la poésie, une certaine analogie d'expression, il n'est pas moins vrai qu'étant essentiellement distincts l'un de l'autre par leur nature, ils doivent aussi, sous d'autres rapports plus nombreux et plus saillants, différer de caractère dans leur développement respectif. Cette question importante se reproduirait naturellement et elle serait discutée à fond, s'il s'agirait d'établir la différence radicale qui existe entre l'expression dramatique et l'expression chrétienne dans la musique. Nous présenterions alors un parallèle de l'amour divin et de l'amour profane, et ce parallèle, qui, du reste, a déjà été fait par de saints personnages lancés dans les hautes voies de la piété, répandrait beaucoup de clarté sur cette question capitale de l'expression chrétienne ou mondaine dans les arts. Qu'il nous suffise, pour le moment, de prier le lecteur de vouloir bien ne pas perdre de vue l'observation qui précède: elle a son côté utile pour ce qui va suivre.

Ce serait ici le lieu de citer plusieurs compositions de musique chrétienne, qui nous offrent plus particulièrement ce caractère de l'amour divin qui les a toutes inspirées. Mais devant faire ailleurs et en d'autres temps l'analyse de ces pièces, nous ne voulons pas exposer les lecteurs à l'ennui des répétitions, en anticipant sur notre sujet. Passons au quatrième caractère de la musique chrétienne, *l'onction de la prière*.

Jésus, avant de monter au ciel, avait promis à ses apôtres et à ses fidèles bien-aimés, qu'il ne les laisserait pas comme des orphelins, abandonnés dans cette vallée de larmes. Il leur tint parole, en leur envoyant, au temps marqué, cet Esprit divin, amour substantiel du Père et du Fils, appelé le *consolateur* par excellence. Cet Esprit, que le prophète Joël avait déjà appelé un Esprit de grâce et de prière, s'est répandu dans nos cœurs, en gémissements inénarrables. Assaillie par les tempêtes redoublées qui traversent sa marche laborieuse et semée d'écueils, l'Eglise demande appui et protection à son céleste époux ; mais ce n'est pas elle qui prie, c'est le Saint-Esprit qui prie en elle et pour elle, qui lui indique la forme de ses cérémonies et lui inspire l'onction de ses chants divins. C'est lui qui nous apprend au milieu des dangers et des amertumes de la vie, à appeler Dieu ; mon Père ; *in quo clamamus Abba Pater*, ce Dieu que l'homme jadis osait à peine appeler Maître ou Seigneur. C'est lui, qui, par son action invisible et pénétrante, nous détache graduellement de la terre et nous fait désirer les ailes de la colombe pour aller nous reposer dans le sein de Dieu. La terre elle-même, déjà délivrée en partie de la servitude du péché, par le sang du Médiateur qui a coulé sur elle, gémit et soupire, comme une femme dans l'enfantement, après cette délivrance parfaite qui n'aura lieu qu'à la résurrection des corps. Et c'est le Saint-Esprit qui pousse ainsi toutes les créatures inanimées à leur entier affranchissement, en les purifiant du reste de souillures qu'elles ont conservé du péché, par ses cérémonies, ses expiations, ses exorcismes si mystiques, si profondément symboliques. De là, ce mélange de joie et de tristesse, de crainte et d'espérance, expression vraie d'une réhabilitation laborieuse et non achevée, qui domine dans la liturgie chrétienne et dans ses chants en particulier.

De là cette vague mélancolie qui s'élève dans le cœur du chrétien ; même le plus fidèle à la vue d'une délivrance assurée par le sang d'un Dieu, mais en perspective et à chaque instant compromise par la faiblesse de sa nature et par les occasions nombreuses de chute semées sous ses pas, délivrance commencée dans le temps, mais qui ne doit être certaine et définitive qu'à la porte de l'éternité.

Tel est l'esprit d'onction et de prière qui anime les oraisons, aussi variées que nos besoins, que l'Esprit-Saint lui-même dicta à son Eglise, et que l'Eglise revêtit des plus pathétiques accents.

Aux caractères de grandeur, de mystère, d'amour et de prière, que nous venons d'énumérer dans la musique chrétienne, il faut ajouter ce mélange de grâce et de naïveté qui tempère admirablement la gravité de ses chants.

Que de riantes et touchantes mélodies ne doit-elle pas au mystère de la naissance d'un Dieu enfant, chantée par les anges dans les cieux, célébrée par la joie champêtre des bergers, annoncée par cette étoile miraculeuse qui, des confins de l'Arabie, dirige vers le nouveau-né les trois mages avec leurs riches présents ! Que de chants suaves et gracieux n'inspire pas tous les jours à la lyre chrétienne, Marie, rose mystique, lis de pureté, source claire et limpide que ne souillèrent jamais les eaux bourbeuses de la concupiscence ; jardin semé de toutes sortes de fleurs de vertu, où ne pénétra jamais le serpent corrupteur. Marie, reine des anges, mère de Dieu et des hommes, étoile lumineuse dans les ténèbres de la vie, tour de sûreté contre les orages, refuge toujours ouvert aux pécheurs, Marie fut toujours pour les musiciens et les poètes le type par excellence de la grâce, de la douceur et de l'aimable pureté : type admirable, auquel nul autre ne peut être comparé ; type merveilleux, enfanté avec tant d'autres merveilles par la naissance dans la chair de celui qui a souvent conservé cependant la vie divine et éternelle qui lui est propre.

C'est ainsi que l'incarnation a fourni à la musique chrétienne ces quatre grands caractères de sublimité, de mystère, d'amour et de prière qu'elle possède exclusivement. Et ces quatre grands caractères auxquels il faut joindre toujours celui de la grâce et de

la naïveté dont nous venons de parler, l'Eglise les énumère et les exprime tous les jours dans ce beau cantique d'adoration, d'amour et de reconnaissance, dont le début fut improvisé par les anges dans les cieux : *Gloire à Dieu dans les cieux et paix sur la terre aux hommes de bonne volonté. Nous vous louons, nous vous bénissons, nous vous adorons, nous vous glorifions. Nous vous rendons des actions de grâces, à cause de votre grande gloire, Seigneur Dieu, roi du ciel, Dieu, Père tout-puissant, Seigneur aussi, Fils unique de Dieu, Jésus-Christ, Seigneur Dieu, Agneau de Dieu, Fils du Père. O vous qui effacez les péchés du monde, ayez pitié de nous. Vous qui effacez les péchés du monde, accueillez notre supplication; vous qui êtes assis à la droite du Père, ayez pitié de nous. Parce que vous êtes le seul saint, le seul Seigneur, le seul Très-Haut, ô Jésus-Christ, avec le Saint-Esprit dans la gloire de Dieu le Père. Amen.*

Toute l'économie du christianisme est renfermée dans ce cantique d'adoration, de louange et de prière : l'unité, la grandeur de Dieu, la Trinité des personnes, l'incarnation du Verbe, fils de Dieu, agneau de Dieu, qui efface les péchés du monde, les besoins et les misères de l'humanité, ses supplications réitérées vers le ciel. Il n'est donc pas étonnant qu'il renferme aussi toute l'économie de la liturgie chrétienne, qui est elle-même fondée sur les quatres caractères que nous venons d'énumérer, où le rite catholique, si sublime, si mystérieux à la fois, n'est que la traduction de l'adoration, de la louange, de l'amour et de la prière. On chercherait vainement quelque chose de semblable dans les autres cultes, dans les autres poésies. La liturgie chrétienne ne peut donc s'expliquer que par elle-même dans ses trois grands moyens d'expression, qui sont l'architecture, la musique et les cérémonies qu'elle appelle à son secours. Et cette explication elle la puise dans son principe constitutif, dans l'incarnation du verbe réparateur et médiateur. En voici une autre preuve entre mille :

Vous êtes dans une grande ville, à Lyon, par exemple. C'est au moment où le crépuscule commence à envelopper la cité de son demi-jour. Au-dessus de ses maisons innombrables et de son incessante agitation, vous apparaît dans le lointain la basilique chrétienne, masse imposante, mais dégagée par ses tours aériennes, évidée par ses longues fenêtres ogivales, ses sculptures de dentelle, ses pinacles et ses clochetons. Le bourdonnement sourd et harmonieux de ses cloches frappe en même temps vos oreilles, et vient compléter l'émotion qui vous a déjà saisi. Une secrète impulsion vous entraîne vers le portail de la cathédrale, majestueuse préface de l'édifice, dont la configuration hiératique et les myriades de statues qui le décorent, sont autant de symboles mystérieux. C'est avec regret que vous détournez les yeux de ce sublime poëme écrit sur la pierre, pour pénétrer dans l'intérieur du temple. Cet in-

térieur est déjà un magnifique symbole. C'est la nef, *navis*, le vaisseau, car il figure admirablement par sa longueur et l'arc aigu de sa voûte, le vaisseau de l'Eglise, battu par la tempête, et, toujours debout. La basilique elle-même a la forme d'une *croix*, pour vous rappeler l'instrument du grand sacrifice, qui se renouvelle tous les jours dans ce temple auguste. Au *chevet* de cette croix, dans le sacré tabernacle, repose comme il reposait au chevet du calvaire, l'Homme-Dieu victime, tête, point de départ de tout le culte chrétien. Mais déjà les accents de la prière se sont fait entendre ; déjà vos oreilles ont été frappées du murmure doux et solennel de l'orgue, qui tantôt accompagne amoureusement des chants de louange qu'on dirait l'écho de ceux du ciel, tantôt promène seul, dans la mystérieuse profondeur des nefs, ses larges et mélancoliques accords. Vous croyez alors entendre le frémissement des vitraux, vous croyez voir les statues d'anges et de saints se mouvoir, s'associer à cet ineffable concert de prières et d'actions de grâces. Alors le peuple fidèle, agenouillé sur les dalles du temple, semble avoir perdu sous ses voûtes saintes l'empreinte de la souillure et des passions mondaines. Agrandi par tant de mystères augustes, dont il a été le principal objet, et qui se renouvellent tous les jours pour lui (tant son âme est d'une valeur inestimable devant Dieu !), il apparaît ce qu'il est véritablement devenu par la médiation du Verbe incarné, *une race choisie, un sacerdoce royal, une nation sainte, un peuple d'acquisition, racheté au prix d'un sang divin!* C'est ce que nous découvrirons plus particulièrement encore, si nous entrons plus avant dans la signification de ces cérémonies, de ces ornements et de ces cantiques sacrés. Nous verrons que l'âme de tous ces rites symboliques et mystérieux, c'est la réhabilitation de l'homme déchu et de ce monde visible et matériel qu'il avait entraîné dans sa chute et dans sa dégradation. C'est ainsi que ce monde matériel lui-même se purifie, s'ennoblit, se dégage de jour en jour de la servitude du péché, en prêtant ses éléments divers à l'architecture, à la sculpture, à la musique chrétienne, et ces éléments acquièrent ensuite une nouvelle perfection des rites mystérieux qui s'accomplirent dans le temple saint, à l'érection et à l'embellissement duquel ils ont déjà contribué. Lisez attentivement le Rituel romain et vous verrez que je ne parle pas ici en figure, mais qu'il s'agit d'augustes et sensibles réalités.

Oui l'homme tombé, et relevé de sa chute jusqu'à Dieu par un Dieu descendu jusqu'à l'homme, voilà la clef non-seulement des dogmes du christianisme, mais encore de ses rites; non-seulement de ses rites, mais encore des arts consacrés à son culte, dont ils sont les sublimes et éloquents interprètes. Et si la clef de tant de mystères n'était pas dans l'Incarnation, où la trouverions-nous ? Essayez en effet, par une supposition peut-être impossible, de bannir de votre esprit toute idée de rédemption. Expliquez-vous ensuite

à grand renfort de science, de poésie, de souvenirs et de similitudes historiques, ce temple symbolique où nous venons de vous faire entrer. Votre raison sera obligée de confesser son impuissance radicale devant cet admirable et harmonieux ensemble, qu'on appelle liturgie; il est en effet trop en dehors des proportions humaines. Le Verbe divin incarné pouvait donc seul l'instituer et le rendre accessible à notre intelligence.

Tels sont les principes qui doivent toujours nous diriger dans nos appréciations sur l'art chrétien. C'est avec leur secours que nous avons tâché d'exposer les principaux caractères du chant liturgique. Nous avons ajouté, en troisième lieu, que ses caractères nous étaient également révélés par la pratique de l'Eglise elle-même. Ceci nous conduit naturellement à l'examen du système grégorien, le plus ancien système musical dont elle ait fait usage dans ses cérémonies. Nous n'en dirons que quelques mots.

Parmi tous les systèmes, le premier qui s'offre à nos investigations, soit à raison de son ancienneté, soit à raison de son universalité et de son influence sur la musique moderne, est le chant grégorien, ainsi appelé du nom de saint Grégoire le Grand, qui en fut l'auteur. Cet illustre Pape florissait à la fin du VI° siècle et au commencement du VII°. Il entreprit de réunir dans son Graduel et dans son Antiphonaire la plupart des pièces de chant qui s'exécutaient déjà depuis longtemps dans l'Eglise romaine. Aux quatre premiers tons établis par saint Ambroise, archevêque de Milan, il en ajouta quatre autres qui en dérivent. Il décida que le chant ecclésiastique serait égal, composé de notes de même durée, au lieu de rhythmique qu'il était auparavant; ce qui le fit appeler *cantus planus*, *firmus*, chant plane, assuré. Après avoir établi son système sur des bases fixes et invariables, ce grand Pape, convaincu de l'importance du chant dans la liturgie sacrée, ne dédaigna pas d'en enseigner lui-même les éléments aux jeunes clercs de son église. C'est donc à bien juste titre qu'on le regarde comme le fondateur du chant ecclésiastique, bien qu'il ait été devancé dans cette œuvre par saint Ambroise, qui vivait plus de deux cents ans avant lui. Les détails biographiques que nous nous proposons de donner sur saint Grégoire auraient suffi pour prouver qu'il doit être considéré comme le créateur du chant ecclésiastique, quoiqu'il n'en ait pas été l'inventeur.

Avant de donner ces détails intéressants, je crois qu'il eût été utile et même nécessaire, de tracer une esquisse rapide du chant religieux depuis les temps apostoliques jusqu'à celui où vivait ce grand pape. En effet, son système reposant sur celui de saint Ambroise, et celui du saint archevêque de Milan ayant son point de départ des chants de la primitive Eglise, il existe entre ces divers systèmes une connexion si étroite, qu'il eût été indispensable de les relier entre eux par un exposé historique aussi clair, aussi méthodique que peut le comporter cette matière, d'ailleurs si difficile et si pleine d'obscurités. De plus, la mélopée ou mélodie grecque ayant, de l'aveu de tous les savants, exercé une grande influence sur la composition et le caractère des antiques mélodies chrétiennes, jusqu'à servir de base à un système complet de tonalité qui régit encore aujourd'hui le chant de nos églises, il n'eût pas été moins indispensable de faire connaître cette mélopée; mais, nous avons hâte de conclure en ajoutant que le système de notation musicale de M. Perrot, ancien élève du Conservatoire de Paris, professeur et directeur du chant dans la Gironde, nous paraît appelé à rendre de nos jours les plus importants services à la musique chrétienne. Sa méthode nous a paru aussi simple que féconde en résultats.

# N

NATURELLES (Sciences). (*Voy.* au mot Sciences.)

NOMINATION. — La nomination de tous les membres du corps enseignant est faite d'après les prescriptions des lois de 1830 et de 1832. (*Voy.* ces lois, col. 1183, 1208 *et* 1216.)

NOVICES. — Les congrégations hospitalières peuvent avoir des noviciats, en se conformant aux règles établies à ce sujet par leurs statuts. Les novices ne peuvent contracter de vœux s'ils n'ont seize ans accomplis. Les novices des congrégations religieuses enseignantes sont exempts du service militaire.

# O

OBÉISSANCE. — C'est la vertu la plus indispensable, non-seulement à la jeunesse, mais à tous les âges de la vie. (*Voy.* Devoirs des élèves envers leurs parents et leurs maîtres.)

ORATORIENS. — M. Petetot, naguère curé de la paroisse Saint-Roch, vient de donner au monde un grand exemple de vertu, en résignant ses hautes fonctions, pour fonder à Paris, dit-on, une maison d'Oratoriens. (*Voy.* Communautés.)

ORDRES RELIGIEUX. — On annonçait, il y a peu de jours, que le P. Lacordaire venait de fonder deux maisons d'éducation, dirigées par les religieux dominicains. N'ayant à parler ici que des ordres voués à l'ensei-

gnement, nous renvoyons nos lecteurs au mot COMMUNAUTÉS.

**ORIGINES.** (*Voy.* UNIVERSITÉ.)

**OUVROIRS.** — Comme enseignement professionnel, les ouvroirs sont de la plus grande utilité. Rien n'est malheureusement plus commun que de rencontrer, dans les familles pauvres de nos villes manufacturières et de nos campagnes, de jeunes filles à qui la misère de leurs parents n'a pas permis de recevoir les premières notions de ces arts domestiques si essentiels à la femme de ménage, à la mère de famille. Nous croyons abolis, par la loi du 15 mars 1850, les règlements de 1838 et 1845, qui régissaient cette matière

# P

**PASSIONS POLITIQUES.** — Le plus grand obstacle aux heureux effets de la bonne éducation nationale sont les passions politiques. En effet, le but de la politique est le bonheur commun des citoyens qui composent l'État, l'alliance de toutes les forces et de toutes les intelligences pour conquérir à tous la plus grande somme possible de bien-être et de moralité. Ce but peut-il être atteint par aucun des partis qui déchirent le pays? Nullement; ils ne font tous au contraire qu'en éloigner. La politique, telle que la font les partis, c'est la guerre civile des intelligences. Chaque parti forme une nation dans la nation; il se disloque lui-même par de continuelles épurations, il rend les intelligences funestes par leur lutte ou stériles par leur isolement. Les passions se font les interprètes des besoins des peuples. La vérité s'obscurcit alors et disparaît dans l'horreur des tempêtes. Sous l'action de l'esprit du mal, la terre tremble, le ciel voile sa lumière; la religion méconnue, elle qui pouvait seconder si merveilleusement le progrès social, la religion se tait, laissant les fureurs humaines déborder sur le monde pour l'instruction des peuples, jusqu'à ce qu'elles tombent épuisées et honteuses de leurs excès. Ainsi viennent d'ordinaire les révolutions que l'impiété se charge de diriger. Ces grands changements n'arrivent pas tout d'un coup, ils sont déjà depuis longtemps dans les idées et dans les mœurs, lorsque leur explosion se fait dans l'ordre social. Des besoins réels, l'inquiétude et l'espérance, des vérités qui percent et tendent à s'asseoir dans les esprits sont autant d'indices du mouvement qui va s'opérer. Si les hommes, en ces solennelles circonstances, pouvaient être de sang froid; si, au lieu de se précipiter vers le but indiqué à la suite des passions, ils y marchaient avec une sage lenteur, à la suite de la raison, ils comprendraient que ce n'est point l'heure du génie de l'homme, mais l'heure de la Providence. Ils demanderaient à la religion ses inspirations, à la fois les plus pures et les plus élevées. Ils compteraient sur la vérité, ils espéreraient en sa puissance qui l'emporte à la fin sur tous les préjugés. La lumière se ferait peu à peu, et les abus tomberaient les uns après les autres; l'édifice vieilli, chancelant, qu'il fallait reconstruire, ne s'écroulerait pas subitement avec un fracas épouvantable, mêlant des flots de sang humain à ses décombres; la société se renouvellerait graduellement, et sa transformation serait pacifique et glorieuse tout ensemble; car il n'y a que ce que la religion consacre qui demeure. Abritant les droits des individus et des peuples à l'ombre de la chaire de Pierre, du haut de laquelle sont prêchés au monde entier tous les devoirs, elle seule assure à l'ordre social les seules bases que battent en vain les plus furieuses tempêtes, la justice et la vérité. Aussi la saine politique cherche-t-elle à réunir au lieu de séparer, à émousser les haines, à enchaîner les esprits par des liens de paix et de justice, afin de tourner au profit public la commune collaboration. Elle se garde avec soin des haines politiques, qui ne portent que des fruits amers pour ceux qui les ont semées. Celles-ci fatiguent le pays dont elles épuisent les forces par de continuels tiraillements, faussent les esprits les plus justes et ravalent de nobles intelligences à une politique mesquine comme sans portée raisonnable, triste arène et triste spectacle! Que de peines et d'efforts dispersés aux vents des passions politiques et sans profit pour le bien commun. Là viennent s'user les courages les plus généreux, et les esprits les plus élevés vont s'assoupir aux préjugés les plus absurdes des partis auxquels ils obéissent. La haine est puissante pour détruire et faire le mal, mais le bien ne peut se faire que par le concert et l'union des esprits. Les hommes doués de principes purs et loyaux ne sauraient vouloir les propager par la force et la menace. C'est une pensée follement étrange, que cet apostolat par le glaive, et c'est désavouer toute éducation nationale et discréditer la raison même que d'employer pour la soutenir un déraisonnable moyen. Pas plus que les conversions religieuses, les convictions politiques ne peuvent s'imposer par la violence. Il n'est d'autres armes que la persuasion, pour changer et ramener les opinions des hommes à leurs premières et si heureuses impressions reçues d'une bonne éducation; car on doit avoir la patience et le sens d'écouter et de comprendre ses adversaires, si l'on veut en être écouté et compris. Combien d'intelligences capables de s'apprécier mutuellement, véritablement sœurs et véritablement amies, restent séparées par les barrières des partis, et prodiguent à se combattre des forces qu'une utile coopération féconderait pour l'État? Si plutôt les hommes se tendant la main et faisant trêve un instant à leurs efforts

pour s'annuler réciproquement, consentaient à s'aider d'un mutuel appui, bientôt ils deviendraient l'orgueil et le bonheur de la patrie, au lieu de la désoler par des dissensions sans terme comme sans pitié.

PHILOSOPHIE. — En nous livrant à des considérations qui sont de la plus haute importance, nous ne saurions trop vivement recommander à la jeunesse les *Conférences sur l'Étude des belles-lettres et des sciences humaines*, par M. l'abbé *J.-B. Landriot*, supérieur du petit séminaire d'Autun.

Il y a longtemps qu'on accuse le christianisme de chercher à étouffer la raison, ou du moins d'en contester la puissance; il semble que ce soit un parti pris par ses adversaires, que de le représenter comme un obstacle permanent et invincible au développement des facultés de l'homme. En vain .eur avons nous cent fois répondu que jamais aucune philosophie n'a glorifié la raison humaine à l'égal de la philosophie catholique; que si cette philosophie condamne les égarements de l'esprit humain, elle n'a pas la prétention d'en comprimer l'essor; qu'en traçant un cercle lumineux autour de l'intelligence, elle ne l'empêche ni de s'exercer ni de se mouvoir : nos réponses sont toujours accueillies avec un sourire d'incrédulité. On les attribue à des tendances individuelles, qu'on salue ironiquement comme des exceptions; on les explique par l'embarras où nous sommes d'avouer notre antipathie pour la science, dans un siècle qui la met à un si haut prix. Eh bien! voici une nouvelle preuve de notre sincérité, que nous sommes heureux de pouvoir livrer à nos accusateurs, et qui les réduirait au silence, si la position qu'ils ont prise à notre égard ne les obligeait pas à nous condamner sans nous entendre.

Celui à qui nous la devons est un prêtre, chargé par son évêque de diriger l'éducation de la jeunesse qui se destine au sacerdoce. L'ouvrage qu'il a publié, il y a deux ans, sous le nom de *Conférences*, est le résumé des leçons qu'il adresse de vive voix à ses élèves; et cet ouvrage est consacré à glorifier les sciences profanes, à faire sentir aux jeunes gens combien il leur importe de les étudier. Mais à côté des savants incrédules qui s'obstineront à penser que cette doctrine n'est pas celle du catholicisme, et ne verront dans cette profession de foi qu'une évolution tentée par quelques-uns d'entre nous pour échapper au naufrage qu'ils nous prédisent, peut être se rencontrera-t-il des chrétiens plus fervents qu'éclairés, qui s'effrayeront à propos de l'ardeur avec laquelle ils nous voient entraîner la jeunesse vers des études dont ils n'apprécient pas, comme nous, l'urgente nécessité. Sans confondre les uns et rassurer les autres, il fallait quelque chose de plus que des raisonnements : il fallait des témoignages. L'auteur l'a compris; il s'est entouré de preuves historiques, il a évoqué toute la tradition, et la tradition a répondu à son appel. Des textes nombreux, choisis avec goût, liés

entre eux par des réflexions pleines de sagesse, prouvent aux plus obstinés que nos sentiments sur l'étude des sciences profanes ont toujours été ceux de l'Eglise; que, depuis saint Clément d'Alexandrie, Origène et saint Basile, jusqu'à saint Thomas, Léon X, Bossuet et Mgr Wiseman, l'ignorance n'a jamais rencontré d'apologistes parmi nous.

Toutefois, il faut bien le reconnaître avec notre savant collègue, durant les trois premiers siècles de l'Eglise, la persécution qui sévissait avec tant de rigueur contre les chrétiens sur tous les points du globe, et particulièrement au sein des grandes villes, ne leur laissait ni le temps ni la liberté d'esprit nécessaires pour se livrer à la culture des sciences profanes. D'un autre côté, à une époque de transition où l'absurdité du paganisme n'était pas à beaucoup près aussi bien sentie qu'elle l'est de nos jours, il eût été imprudent de laisser entre les mains des catéchumènes et des nouveaux convertis certaines productions de la muse antique, où les erreurs les plus honteuses de l'esprit humain sont parées de toutes les séductions du génie. C'est ainsi que l'on devrait expliquer la défense relative à l'enseignement de la littérature profane, si on parvenait à prouver qu'elle ait jamais été faite, et toutes celles du même genre que l'on essayerait d'invoquer contre nous. Il faut les considérer comme des mesures exceptionnelles, imposées par les circonstances; comme de sages précautions, qui avaient pour but d'empêcher que le venin des superstitions païennes n'altérât dans le cœur des premiers fidèles la simplicité, et la pureté de la foi. Du reste, les chrétiens n'attendirent pas la fin des persécutions pour fonder des écoles publiques. Dès le deuxième siècle, Alexandrie avait donné le jour à cette fameuse école qui, sous la direction de saint Clément et d'Origène, fit respecter le christianisme comme la plus haute expression de la philosophie. Qu'il est glorieux pour nous de voir ces grands hommes faire concourir les sciences profanes à l'enseignement de la vérité catholique, malgré l'opposition de certains esprits ignorants et timides! « Il y en a, s'écrie saint Clément, qui redoutent la philosophie grecque, comme les enfants ont peur des fantômes. Si leur foi est assez débile pour être renversée par des raisonnements humains, qu'elle tombe, et que cette chute soit la preuve de l'infirmité de leur croyance, car la vérité est inexpugnable. Quant au chrétien parfait, que rien ne lui soit étranger; qu'il soit comme une encyclopédie vivante; car la science est semblable au soleil, elle éclaire et découvre l'erreur. » Ces sentiments, qui étaient communs à tout ce que l'Eglise comptait alors d'hommes remarquables par leur vertu et la supériorité de leur intelligence, se manifestèrent avec une énergie incomparable, lorsque l'empereur Julien interdit aux chrétiens la culture des lettres, sous prétexte qu'il leur suffisait de croire sans examen, et de se renfermer dans la grossièreté de leur ignorance. Saint Grégoire reproche à Julien cette

législation barbare, comme e plus grand attentat qu'il ait commis contre la religion chrétienne. « O homme téméraire et insatiable! lui ,dit-il, qui a pu t'inspirer la pensée d'interdire aux chrétiens l'usage des sciences? Après tous les crimes de ta vie, il était bien juste que la malice te tendît des piéges à toi-même; que tu nous donnasses des preuves de ta folie et de ta stupidité, là où tu pensais trouver une occasion de gloire. Pour moi, continue l'illustre docteur, je souhaite que tous ceux qui aiment et cultivent les sciences prennent part à mon indignation. Je confesse ouvertement les tendances de mon âme et mes gouts de prédilection. J'ai préféré et je préfère encore la science à toutes les richesses de ce monde; je n'ai rien de plus cher, après les biens du ciel et les espérances de l'éternité. »

Il nous est impossible de suivre pas à pas M. Landriot dans ses études sur la tradition catholique. Il nous faudrait citer textuellement chacune de ses conférences, si nous voulions faire connaître tout ce qu'elles renferment d'intéressant. Nous regrettons seulement qu'il n'ait pas jugé à propos de passer en revue les principaux monuments de l'histoire ecclésiastique, qui témoignent de la sollicitude éclairée des souverains pontifes pour le progrès des lettres et des sciences. Sans doute il n'y a qu'un esprit superficiel, aveuglé par l'ignorance ou par la haine, qui osât contredire la vérité sur ce point, mais la haine et l'ignorance ne sont pas aujourd'hui des phénomènes assez rares pour qu'on dédaigne de s'en préoccuper. Nous sommes convaincu que, si l'auteur eût consacré quelques pages de son beau livre à l'examen de cette question, il eût fortifié les conclusions de sa première partie, et vivement intéressé son jeune auditoire.

Quelque imposante que soit l'autorité des grands hommes qui ont soutenu, dans les siècles passés, la thèse que M. Landriot s'efforce d'établir, il a cru devoir y ajouter des arguments tirés de la raison. Non content de faire connaître à ses élèves l'opinion de nos plus illustres docteurs, il a voulu leur découvrir les motifs sur lesquels elle s'appuie. Il pense, et nous l'en félicitons, qu'il ne faut pas craindre de laisser à la raison l'exercice de ses droits, et qu'en pareil cas il y a toujours profit à démontrer par la discussion ce qui pourrait être admis sur la foi du témoignage. Afin de ne laisser aucun prétexte à la résistance, l'auteur s'adresse tour à tour à ceux des élèves qui, plus tard, seraient appelés à suivre dans le monde une carrière libérale, et à ceux qu'une vocation plus sainte destine à l'apostolat. Pour inspirer l'amour de l'étude aux jeunes gens qui veulent conquérir dans la société une position honorable, il lui suffit de leur rappeler les tendances scientifiques de notre époque, les sévères épreuves qu'il leur faudra subir, la difficulté d'atteindre à un niveau qui s'élève tous les jours, et défie de plus en plus les efforts de la médiocrité. Quant à ceux qui se préparent à la glorieuse mission

d'éclairer et de sauver les âmes, c'est par d'autres considérations qu'il les entraîne. « Sachez-le bien, leur dit-il : la religion que vous prêcherez est une religion de science et de lumière. N'allez pas laisser dire aux ennemis de la foi que le christianisme est le culte des ignorants; vous seriez devant Dieu responsables de ces blasphèmes. Sachez faire respecter la religion en votre personne. Que ses adversaires voient briller en vous quelques rayons de ce christianisme que prêchaient les Grégoire, les Basile, les Thomas d'Aquin, et ils s'inclineront devant vous avec respect. » Puis le vénérable supérieur fait comprendre à ceux qu'il appelle ses chers enfants, comment la culture des lettres et des sciences profanes leur ménagera dans le monde d'utiles rapports avec une foule d'incrédules qui les accableraient de leur mépris, s'ils ne trouvaient en eux que des prêtres zélés, mais ignorants; il leur montre comment ils pourront profiter de ces rapports pour attirer leurs adversaires à des controverses religieuses, et les réconcilier peu à peu avec nos croyances. Il ne faut pas, en effet, se le dissimuler, la plupart des objections que l'on élève aujourd'hui contre la théologie ou l'Ecriture sainte ont leurs racines dans la linguistique, l'histoire naturelle, l'archéologie, etc., etc. Quelle attitude prendrons-nous donc en face de ceux qui les allèguent pour combattre notre enseignement, si nous sommes étrangers aux sciences d'où elles dérivent, si nous en ignorons les éléments et jusqu'à la nomenclature? Nous contenterons-nous d'opposer à nos adversaires des considérations générales puisées dans la révélation? Rien ne serait plus maladroit qu'une pareille tactique. D'abord, nos réponses ne seraient pas comprises; les savants ne se piquent pas d'être théologiens; ensuite, quand même nous viendrions à bout de leur faire comprendre nos arguments, ils auraient le droit d'en contester la valeur. Il faut nécessairement ou garder un honteux silence, ou accepter le combat sur le terrain qu'ils ont choisi; il faut, en un mot, parler leur langage, discuter les phénomènes qui les préoccupent, interpréter les textes dont ils abusent, restituer aux événements dont ils cherchent à se prévaloir, leur véritable signification. Comment s'engager dans une lutte aussi périlleuse avec une connaissance superficielle du grec et du latin, et sans autres armes que celles de la scolastique? « Défenseurs imprudents de la religion, écrivait autrefois saint Augustin, qui la compromettez par des solutions ridicules et l'exposez aux railleries des infidèles, ne voyez-vous pas que ceux-ci, en vous entendant soutenir des erreurs grossières sur des questions qu'ils ont eux-mêmes approfondies, rejetteront les dogmes de la foi plutôt que de renoncer à des vérités scientifiques qui leur paraissent évidentes? Ne voyez-vous pas que vous déconsidérez les Livres saints, en les citant sans les comprendre, pour justifier vos assertions téméraires? »

Il est douloureux d'en faire l'aveu : des motifs si concluants rencontrent, dans certains esprits, une opposition systématique qui semble avoir pris à tâche de déconcerter tous les efforts du raisonnement. M. Landriot ne s'en effraye pas. Après avoir établi les droits de la science et mis en lumière ses nombreux avantages, il examine les objections de ceux qui la décrient, attaque de front leurs préjugés, et ne laisse subsister aucun de leurs prétextes. Les uns nous objectent l'ignorance des apôtres ; voici ce qu'il leur répond avec saint Grégoire de Nazianze : « Les apôtres n'avaient pas d'éloquence, j'en conviens ; mais ils avaient pour eux une vertu extraordinaire et la puissance de faire des miracles. Donnez-moi le pouvoir de guérir les malades par le seul attouchement, de faire lever les paralytiques par la force du commandement, alors je saurai me passer des ressources de l'éloquence. Donnez-moi cette puissance de parole qui, négligeant les formes oratoires, mais soutenue par l'énergie de l'Esprit-Saint, convertissait les peuples, et je renoncerai aux ornements de la pensée. »

D'autres, pour infirmer le témoignage des Pères, citent des extraits de leurs ouvrages dans lesquels ils semblent dédaigner les sciences, et même en proscrire l'étude. Il est vrai qu'en stygmatisant les abus de la science, il est arrivé quelquefois à nos docteurs les plus éclairés d'employer certaines expressions qui semblaient dirigées contre la science elle-même ; mais ce ne sont là que des exagérations oratoires dont il faut dégager leur pensée, si l'on veut la renfermer dans ses véritables limites. Rarement un écrivain échappe à ces contradictions apparentes, quand il envisage successivement la même question sous différents aspects, et il y aurait de l'injustice à s'en prévaloir contre les Pères, pour transformer en détracteurs de la science ceux même qui en ont défendu les intérêts avec le plus d'énergie et le plus d'éclat.

Enfin, on reproche à la science les abus qu'elle traîne à sa suite, l'orgueil qu'elle inspire, son alliance avec l'impiété, etc. Les meilleures choses ont leurs inconvénients : si la science conduit à de grands abus, elle procure aussi de grands avantages, tandis que l'ignorance qu'un célèbre cardinal appelle avec raison la mère de toutes les erreurs, a causé des maux incalculables sans jamais produire aucun bien. La science enorgueillit ! est-ce une raison pour la rejeter et la maudire ? Il y a des médicaments précieux dont l'emploi serait redoutable, si l'on n'y associait aucun correctif. La science enorgueillit lorsqu'elle est seule : « Donnez-lui, dit saint Thomas, la charité pour compagne, et elle ne présentera plus aucun péril. » Mais elle s'est prostituée au service de l'impiété. Eh bien ! c'est un motif de plus pour que le clergé la cultive. Quand la science se fait impie, elle n'obéit pas à sa tendance naturelle, elle s'écarte de la route qui lui a tracée l'auteur de tout don parfait. A qui appartient-il de lui rappeler son origine et sa

mission ? A ceux qui sont chargés d'enseigner la vérité et d'assurer son triomphe. La science est la propriété du chrétien et l'auxiliaire de la foi ; nous ne devons pas souffrir que nos ennemis s'en fassent une arme contre nous. Il est un autre danger de la science que le digne supérieur ne pouvait manquer de signaler à ses élèves, et contre lequel il a pris soin de les prémunir. Malheur au jeune chrétien qui négligerait la prière pour se livrer à l'étude avec une ardeur exclusive et immodérée ! le sentiment de la piété se refroidirait peu à peu dans son âme, et la science, privée du parfum qui l'empêche de se corrompre, deviendrait pour lui un présent funeste. C'est afin de prévenir ce dangereux excès, que M. Landriot a longuement développé dans son second volume les dispositions que les jeunes gens doivent apporter à l'étude, soit dans l'ordre religieux, soit dans l'ordre naturel ; l'espace nous manque pour analyser en détail cette seconde partie. Contentons-nous de dire qu'elle se distingue, comme la première, par une vaste érudition, une clarté lumineuse, une grande justesse de vues, une simplicité toute paternelle et un bon sens pratique, qui donnent à cet ouvrage un caractère éminent d'utilité et d'à-propos. Nous faisons les vœux les plus ardents pour qu'il se répande dans nos écoles ecclésiastiques, et y devienne le manuel de tous les étudiants. L'auteur paraît craindre qu'on ne lui reproche d'avoir reproduit, à la suite de chaque conférence, les textes originaux de tous les passages qu'il a cités. Ce n'est pas auprès de nous qu'il aura besoin d'excuse. Il semble au contraire que ces notes forment à elles seules une précieuse collection où les élèves studieux trouveront des exercices littéraires propres à former leur goût, et des documents philosophiques du plus haut intérêt. D'un autre côté, les savants, qui sont toujours prêts à révoquer en doute la vérité de nos allégations, pourront s'assurer que tous les textes sont puisés aux sources les plus pures, et traduits avec une rigoureuse exactitude.

PHILOSOPHIE DE L'HISTOIRE *selon les systèmes du* xixe *siècle.* — Quelle influence réelle, légitime, la philosophie n'exerce-t-elle pas sur l'histoire, non pas en construisant des synthèses aventureuses, qui voudraient expliquer et comme ramener à l'unité les phases multiples de la société, mais bien en vivifiant les faits par les droits, en les agrandissant de toute l'immensité qui sépare ce monde terrestre des faits et de l'accidentel, de la région éternelle, monde du juste et de l'immuable, où la moralité prend son origine, avant de descendre et de se manifester dans le cœur de tous les hommes.

Il nous semble que, dans la question qui nous occupe, une grande erreur est provenue de ce que l'on s'est formé l'idéal d'une certaine science appelée philosophie de l'histoire, science nouvelle dont on a voulu tracer *a priori* les lois absolues. Mais y a-t-il, à proprement parler, une philosophie de l'histoire? Ces deux termes, ainsi réunis, paraissent,

sans doute, se contredire. Il est vrai que la philosophie poursuit et établit les lois générales, absolues, qui sont l'objet et en même temps la règle de l'entendement; mais l'histoire est le tableau éternellement mouvant des passions et des libertés aux prises. Or, peut-il exister des lois générales pour les faits, pour ce qui n'est pas, pour ce qui peut être et ne pas être, pour ce qui dépend de la direction éphémère et libre des libertés? Oui; mais si votre formule est moins compacte ou moins une, si ce n'est point une sorte d'assimilation que vous poursuivez, mais un simple rapprochement entre deux idées, dont l'une peut encore consacrer l'autre; s'il ne s'agit que d'une lumière rationnelle à introduire parmi la confusion et la diversité sensible des faits; si vous considérez, d'une part, la philosophie; de l'autre, l'histoire, c'est-à-dire l'application possible et légitime de la philosophie à l'histoire; alors sans doute vous aurez à recueillir des résultats positifs, soit pour l'intelligence des temps anéantis, soit pour les pressentiments de l'avenir; mais bien plutôt vous aurez de hauts et graves enseignements à l'usage des temps présents, à l'usage des générations dont le jour n'est pas encore terminé.

L'histoire de l'humanité peut être envisagée sous divers aspects; on a coutume de distinguer l'histoire religieuse, civile, littéraire, scientifique, enfin l'histoire politique; et la philosophie peut être interrogée, et donner de grandes solutions sur le problème que suscitent ces grandes masses du monde historique. Ici, nous bornant à l'histoire politique, c'est-à-dire à l'histoire des formes sociales, après avoir étalé le fait pur des choses humaines mues dans leur étroitesse et leur uniformité renaissante, nous essayerons de montrer ce que l'histoire, éclairée par la philosophie, peut faire sortir pour l'instruction du monde, de cette immuable imperfection dont les races humaines sont chargées de se transmettre le dépôt. Il y a longtemps, et bien avant les conseillers du roi de Perse, selon le récit d'Hérodote, que l'on fait des théories sur les monarchies, sur les oligarchies, sur les républiques, parce qu'en effet il y a longtemps que des races de héros, fils des dieux, établissant sur la foule l'institution patricienne, ont ceint le manteau sénatorial, et ont dit : Je suis roi. Il y a longtemps que la masse vivante et intelligente, se croyant à tort blessée de la forme monarchique et oligarchique, a senti remuer son cœur sous ses chaînes séculaires, et, se relevant terrible et comme un seul homme, a dit dans son fol orgueil: C'est moi qui suis roi!

Et, depuis ce temps, le monde a marché dans sa triple voie : il a vu tour à tour les nations civilisées passer et se transfigurer sous trois formes distinctes. Eternels pivots des gouvernements humains, ces trois formes suffisent à l'explication de toutes les phases sociales. Depuis la hutte du barbare jusqu'au palais des monarques civilisés, à toute époque de l'humanité, elles se produisent pures, ou se croisent et se nuancent en mille

façons, subissent de nouvelles alternatives, versent le sang à flots, et le glaive, jeté dans la balance, emporte la destinée des nations, et le vainqueur est proclamé légitime. Le vainqueur, quel est-il? Nous l'avons dit, c'est le glaive.

Et pourtant qu'elles sont étroites et bornées ces formes sociales pour lesquelles les hommes se déchirent, si on les considère en elles-mêmes et sans leur rapport à la fin pour laquelle elles sont instituées! Qu'il est difficile de comprendre comment on a pu se passionner pour des formes de gouvernement, comme si l'éternelle raison pouvait se placer en elles absolument, et comme si le fonds de la société ne préexistait pas à ces formes sociales, qui ne sont que des moyens transitoires incapables de l'enchaîner!

La monarchie! la voulez-vous voir dans son idéal? souvenez-vous du droit divin, ce droit qu'il a plu à la société de reconnaître dans la personne humaine, en faisant descendre immédiatement sur la tête élue d'un roi la souveraineté des régions et des peuples; d'un roi, seconde providence, distribuant avec équité les franchises et les libertés sociales, toutes réalisées en lui, toutes émanées de Dieu, créateur de tous, et dont tous sont l'image. La monarchie soumet l'homme à l'homme, que dis-je! des hommes à un homme roi.

L'oligarchie! Ecoutez ce que raconte Aristote dans son *Traité de la République*, lorsque passant en revue les divers Etats de la Grèce à cette époque de l'histoire où les invasions des Hellènes Doriens dans le Péloponèse, et des Ioniens dans l'Attique, compromirent l'existence de la vieille civilisation pélasgique. Aristote s'exprime ainsi : « Dans l'Attique, les grands ou nobles, appelés *eupatrides*, établirent une oligarchie immodérée qui dura jusqu'à Solon. Tout le peuple était débiteur des riches; ceux qui ne pouvaient cultiver les terres des possesseurs, livraient leurs personnes en nantissement de leurs dettes et tombaient au pouvoir de leurs créanciers, qui se les attachaient comme esclaves et les faisaient vivre dans les pays étrangers; beaucoup étaient réduits à vendre leurs enfants ou à abandonner leur patrie, pour se soustraire à la cruauté de ces créanciers impitoyables. »

C'est ici un simple fait isolé; mais allez, et à la lueur sombre de l'histoire, parcourez les annales des patriciats antiques, traversez ceux de la moderne Italie avec leurs lois, leurs institutions et leurs mœurs; voyez les ténèbres de la féodalité, et n'oubliez pas même les plus équitables prétentions de ceux qui, naguère encore, établissaient comme un dogme sacré, le droit divin monarchique, afin d'abriter, sous cette pourpre, les plus grands intérêts de l'ordre social. Voyez, et dites si ce n'est pas à cette forme sociale que vous devez toute votre sympathie.

Horace dit :

Quidquid delirant reges, plectuntur Achivi.

Mais les Grecs prennent leur revanche.

revanche terrible, car ils ont aussi leur délire, et l'histoire en conserve des souvenirs sanglants. Le peuple, cet hercule enfant, a pu grandir sous des liens; mais devenu adulte, sa poitrine en se dilatant a brisé ses chaînes impuissantes; il se lève alors, il marche ; où va-t-il ?

Où va la société quand elle a brisé l'ordre préservateur, quand elle est maîtresse, lorsqu'elle remue sa masse colossale, et que ce cheval impétueux, voulant se venger du cerf son ennemi, n'a pas eu la prudence d'appeler la main modératrice et intelligente de l'homme? Où va la société dans ces crises violentes, durant lesquelles elle a passé le niveau sur les institutions abolies? Mânes de nos aïeux, de tous les protecteurs du peuple, dites, où va la société ?

Sous ces trois formes que rêve la société, lorsqu'elles sont absolues, c'est parfois la force qui s'intitule le droit. Et voyez comme tous l'invoquent, ce droit qu'ils préconisent ! Le monarque appelle une sanction sacrée sur l'autorité primitive de son aïeul; le patricien, comme il arriva dans Rome, proclame l'exclusif privilège des mariages, des cérémonies de la religion, comme étant seul l'homme, le *vir* d'une autre origine que l'obscur plébéien; celui-ci à son tour élève la voix et s'écrie : J'ai la raison, j'ai les lumières ; à moi le droit et la puissance exécutrice du droit. Mais, tandis qu'il parle, voilà qu'à Sparte, à Rome, à Philadelphie, répond le cri accusateur des légions d'esclaves à qui le fortuné plébéien refuse l'air de la liberté qu'il respire ; et même dans les nations qui n'ont point d'esclaves, voilà que les classes nombreuses et travailleuses du peuple élèvent leur voix retentissante contre le plébéianisme, revendiquent le droit du nombre, et voilà aussi qu'à de certaines époques la puissance redescend aux masses populaires. Alors, que se passe-t-il? N'est-ce qu'une part légitime que demande ce lion, secouant sa crinière menaçante? Non, c'est le tout; et déjà tout tombe sous sa dent meurtrière, parce qu'il est le peuple et qu'il s'appelle lion.

Et maintenant, ô vous qui vous éblouissez devant les théories du progrès indéfini de l'espèce humaine, considérez comme toutes les combinaisons de la société sont imparfaites, comme l'histoire, au premier coup d'œil, vous les montre se précipitant et se réalisant vite dans la force matérielle. Direz-vous, avec Vico, que chaque nation a eu tour à tour ses trois phases ou ses trois époques, son ancien, son moyen et son dernier âge? Prétendez-vous suivre sans dévier, chez tous les peuples, le passage aux trois états, oligarchique, monarchique et démocratique, comme si un grand nombre de peuples anciens et modernes n'avaient pas disparu avant leur première transformation; comme s'il y avait une loi mystérieuse, une loi nécessaire, inévitable, qui procédât toujours à l'art des révolutions et des restaurations, par des moyens identiques, comme s'il

était vrai que chaque peuple, identique dans sa marche et dans ses progrès, pût se retrouver à plus petites proportions dans chaque cité, chaque cité dans chaque homme; comme si la plus parfaite régularité, la régularité typique, était la loi de l'univers moral !

Ou bien, vous attachant au point de vue de Herder, de Lessing, et surtout de Hegel, si emphatiquement naguère déployé parmi nous et agrandi par un professeur congédié, poursuivrez-vous cette abstraction qui représente le monde ancien comme un peuple unique, universel, se répandant et s'épanouissant dans le monde moderne, et constituant ainsi l'arbre de l'humanité, qui, de siècle en siècle, produira des fleurs toujours plus brillantes, et, dans ce monde même, des fleurs éternelles ? Serez-vous épris des théories épisodiques sur la guerre des idées et sur la légitimité de la victoire, au risque de ne pouvoir expliquer la plupart des guerres et des victoires les plus célèbres dans l'histoire du monde ? Et oublierez-vous que l'histoire, vue dans sa réalité, sans prisme, et avec des yeux désenchantés de théories, étale une scène confuse, et qu'elle est un champ sur lequel il est impossible de jeter le cordeau pour en symétriser les allées et les plants ?

Que ces drames historico-philosophiques, tissus avec tant d'art, soient considérés comme méritent de l'être leurs auteurs et la poésie qu'ils y ont placée; mais ne croyons point qu'ils contiennent la réalité des faits : les choses humaines ne vont point avec cette harmonie; car les passions turbulentes et le choc incessant des libertés ne permettent pas à l'historien de suivre, avec une prévision si accomplie, le fleuve parfois impétueux, parfois tranquille et sinueux, de la vie sociale. Et qui peut dire enfin dans quelle direction l'esprit qui souffle où il veut, *spiritus flans ubi vult*, peut pousser le navire qui porte la destinée des nations ?

Nous aimons mieux emprunter aux traditions des aperçus plus réels, des théories moins exotiques et plus universelles, sur le principe du droit appliqué à l'histoire. Nous venons de la voir seule et sans la philosophie ; son chaos devient une scène morale, fertile en enseignements élevés. Voici la question : Comment la philosophie, en nous introduisant à la pensée des droits et des devoirs de l'homme, imprime-t-elle à l'histoire sa vie et son autorité pour instruire?

La philosophie ! Comment ferons-nous pour restreindre dans cette page l'exposé de ses enseignements sur les devoirs et sur les droits sociaux, sur la destination morale de l'homme, qui garantit sa destinée ultérieure définitive? Ah! si vous consentiez à introduire la pensée philosophique au sein de la turbulence des passions dont l'histoire est le théâtre, à faire planer le droit inaltérable au-dessus de cette force sans loi que nous vous avons montrée être la dernière raison des

faits; si vous veniez à concevoir que la souveraineté, dans son idéal absolu, n'appartient point aux hommes, mais à Dieu, à Dieu seul, qui tient dans ses mains puissantes le gouvernement suprême des empires, et sait ce que pèsent les nations et les rois, alors la société se déroulerait à vos yeux dans son entière clarté; vous concevriez le droit social, si différent du fait social; Dieu vous apparaîtrait comme le seul monarque auquel la liberté de l'homme, qui est d'un prix si haut, consente à se subalterniser. Le mortel n'obéit point au mortel; mais, parmi les éléments de sa nature morale, il trouve en lui la loi de sociabilité, qui, réfléchie dans la conscience, y démontre que l'homme doit vivre en société et accepter les lois établies, condition de son existence sociale.

Voilà ce qui vous apparaîtrait, et alors aussi vous reconnaîtriez comment ces formes politiques, dans lesquelles tout à l'heure je ne voyais que l'arbitraire et la force, sont réhabilitées et rendues légitimes, obligatoires, au moyen de ce droit divin universel qui réside dans la conscience, plane au-dessus des formes politiques, et les consacre. Mais le temps use les formes; il peut les éteindre, comme il peut les modifier. Il est possible que la conscience s'en retire, quand elle a cessé de les juger rationnelles; car toujours la conscience, inviolable et souveraine, sait que la souveraineté est à elle, qu'elle lui vient d'en haut, et que cette souveraineté absolue, à laquelle elle obéit, ne saurait appartenir à un seul, ni à plusieurs, ni même au plus grand nombre, puisque, même dans ce dernier cas, qui serait le plus raisonnable, la conscience ne saurait consentir à ensevelir toute justice et toute raison dans le résultat de la première opération de l'arithmétique. Mais quand la conscience a jugé que la souveraineté absolue n'habite point ce monde, elle ne fait point difficulté de placer dans le grand nombre, dans le peuple, la souveraineté relative, *non dominium, sed imperium,* le moyen selon lequel se révèle la souveraineté de Dieu, selon le sens de cet axiome si connu : *Vox populi, vox Dei;* car il est trop clair que cette force active, intelligente et vivante, appelée *nation,* a bien droit d'intervenir dans l'organisation sociale qui la lie. Mais cela, après tout, n'est que la souveraineté contingente, non absolue; et le vrai souverain sur terre, c'est l'homme, l'homme roi de la nature, image de l'Éternel, l'homme envisagé dans la sainte individualité de sa conscience, et non pas l'homme de la nature primitive, inexplicable et irrationnel, fragment d'une sorte de panthéisme social, tel que l'avaient imaginé les plus célèbres publicistes du dernier siècle.

Et alors, quand l'homme a concentré toute la morale, tous les devoirs sociaux, dans la seule loi de maintenir sa conscience, sa personnalité inviolable, il conçoit le droit absolu d'être libre, et en même temps le devoir absolu de respecter la liberté de ses semblables, le droit d'étendre sa propre liberté jusqu'au point où une plus grande extension de cette liberté deviendrait une injuste et criminelle limitation de celle d'autrui; balance admirable des devoirs et des droits, d'où résulte l'équilibre social, c'est-à-dire la haute moralité de la société.

Et quant à la destination ultérieure, définitive de la société, la philosophie reconnaît encore que, si le gouvernement, ou la forme imprimée à l'ordre social, n'est qu'un moyen par rapport à la société, qui est sa fin et qui lui préexiste, cette société elle-même ne saurait être qu'une fin relative et un moyen, par rapport à la destination totale de l'homme, à la société définitive, qui doit avoir ses assises inébranlables dans la vie à venir de l'éternité : société définitive, avons-nous dit, où sera accomplie, réelle et vivante, la perfection humaine, parce qu'elle sera le théâtre de l'humanité transformée; ce qui fait qu'à son plus haut point de vue la destination de l'homme n'est point une destinée sociale, historique, mais une destinée morale et religieuse, s'accomplissant dès cette vie, non par le fait, mais par le devoir du perfectionnement individuel. La société est la condition de cette destinée de l'homme; elle en est l'épreuve, l'épreuve qui sera couronnée, si, au milieu des droits que la société lui confère, l'homme a su reconnaître et observer les devoirs qu'elle lui impose.

Et la parole chrétienne, si on l'écoute, non pas seulement par la voix de ses prêtres chargés de l'enseigner, mais par la sainte autorité qui ressort de ses livres, interprétés par l'Église, s'unit à la philosophie pour proclamer la dignité de l'homme et la valeur de cette liberté que Dieu a bien vraiment scellée d'un sceau divin, puisqu'elle aura pour sanction de ses œuvres, accomplies dans la vie présente, la possession à venir d'une destinée immortelle.

En résumé, la philosophie puise dans ses principes une haute solution de la question sociale; elle la résout en loi, la pose en axiome, et dit : « O homme ! image de Dieu, étincelle de sa substance, tu es né libre et rationnel; conserve ton empreinte sacrée, demeure rationnellement libre. »

Appliquons maintenant ces principes à l'histoire, et voyons comment elle s'organise et s'éclaire, sous le jour brillant et pur qui descend sur elle du haut de la science des droits et des devoirs.

Tandis que la philosophie proclame que l'homme est religieux et qu'il est libre, et que l'exercice légitime de sa liberté dans cette vie garantit sa consécration et sa sainteté dans l'autre sphère, l'histoire survient, déroulant ses pages monumentales, et montrant qu'au fond de l'humanité humaine, dont la surface est faible, criminelle et souffrante, vivent et tressaillent de nobles vertus, de généreux sentiments qui couvent dans la pensée, et quelquefois éclatent dans les actions libres des individus et des peuples. L'histoire n'aime pas qu'on la torture pour lui faire avouer le secret social, qu'elle

ignore; mais elle a des trésors de science qu'elle vous donnera, si vous ne lui demandez que ce qu'elle possède réellement. C'est ainsi que, coïncidant par les faits avec les droits impérissables proclamés par la philosophie politique, elle fait voir clairement que la puissance gouvernementale, en dernière analyse, a toujours appartenu aux sociétés gouvernées; que même les formes despotiques les mieux affermies n'étaient que des royautés régnant par le consentement populaire, sinon exprès, au moins tacite; elle montre ainsi que, jusque dans ces temps reculés que l'on se plaît à considérer comme l'époque de la puissance absolue, comme l'ère de l'infini, de l'enveloppement oriental, la liberté humaine n'est point abdiquée; qu'elle vit, respire, et quelquefois frémit au milieu des entraves, et qu'enfin l'homme se retrouve encore sous les chaînes dont il s'est laissé volontairement opprimer.

L'histoire, il est vrai (il nous le semble du moins), ne nous parle guère de ce monde idéal des Lessing et des Herder, qui se développe comme la chrysalide, et qui s'épanouit enfin, après qu'il a conquis des ailes, aux rayons de la liberté et de la personnalité humaine; elle nous entretient de nations barbares devenues civilisées, de nations civilisées redescendues barbares; elle nous fait voir l'humanité ayant suivi des marches et des contremarches sans repos, pour aboutir, dans des époques très-distantes les unes des autres, à des résultats peu différents. Mais à travers cet antagonisme permanent entre les droits et les faits, entre la lumière et la barbarie, entre la pensée qui finit et la pensée qui commence, entre les bourreaux et les victimes, entre les rois et les princes qui oppriment et les peuples qui se précipitent, elle tient encore la balance équitable, mettant en relief toutes les vertus, toutes les gloires, tous les génies, inscrivant toutes les grandes choses sur les registres qu'elle lègue à la postérité, et faisant voir dans le fait, après que la philosophie l'a proclamé dans le droit, que chaque homme peut être vertueux et libre, puisque la vertu et la liberté ont si souvent répondu par de sublimes protestations aux triomphes trop fréquents du vice et de la tyrannie.

L'histoire, bien que les tableaux du passé reproduisent une scène pleine de tristesse et d'uniformité, réhabilite néanmoins les époques sociales, en faisant planer sur elles, comme autant d'étoiles magiques, trois ou quatre grandes idées, rayons purs de la conscience universelle, qui se succèdent à intervalles inégaux et avec une clarté vacillante, dans les ténèbres de notre vie : c'est la religion, le génie, la gloire, la liberté; et les générations, qui passent tour à tour sous chacune de ces idées dirigeantes, sont aussi tour à tour religieuses, artistes, chevaleresques, ou conquérantes et libres; et ce sont là les grandes époques. Hommes du siècle où nous vivons, auriez-vous donc à vous plaindre du lot qui vous

serait échu dans le cercle évolutif des destinées sociales, si l'étoile morale qui s'est levée sur votre zénith, et vers laquelle vous vous dirigez, comme l'aiguille aimantée vers l'étoile du nord, si cette étoile avait nom *liberté*, aussi éloignée de la licence que du despotisme ?

Et enfin, sous le point de vue religieux, l'histoire se met en corrélation avec la philosophie; car elle aussi sort du présent : elle a des pressentiments d'avenir; et, pour ne pas parler ici de la grande synthèse chrétienne de Bossuet, elle nous fait contempler ce monde, selon l'expression précédemment citée de saint Augustin, comme le grand berceau universel dans lequel se passe le simple prélude de l'existence. Oui, pour celui qui interprète avec intelligence le tissu historique de la vie sociale, il est impossible de ne pas voir que c'est ici le berceau de l'épreuve, le point de départ dans lequel l'homme, quoi qu'il fasse, demeurera toujours enfant, jusqu'à ce qu'il soit devenu adulte, fort, et vraiment perfectionné, en entrant les ailes déployées dans la région immortelle.

C'est pourquoi, puisque la philosophie montre à l'homme ce qu'il doit être, et l'histoire ce qu'il a été dans des circonstances données qui peuvent encore se reproduire, il suit que l'histoire ainsi éclairée et vue de haut, quoique sans aucune préoccupation systématique, peut être regardée comme un immense atelier dans lequel on voit comparaître tous les grands ouvriers de génie, de gloire et de vertu, à qui il a été donné de laisser leur empreinte ineffaçable sur la roue tournante de leur siècle. Il suit que les législateurs et tous les chefs de peuples ne sauraient trop méditer les enseignements unis de la philosophie et de l'histoire, afin de susciter, de diriger, de grouper vers un centre moral, et à la fois social, tout ce qui existe d'élevé, de généreux et d'impérissable dans les entrailles des sociétés humaines

Oh! s'il nous était permis d'élever la voix, du sein de la foule la plus reculée où nous vivons, et de faire entendre une parole austère, que notre époque, douce et complaisante à elle-même, ne s'accoutume point à entendre, nous dirions qu'il est grand besoin que nous ayons recours aux enseignements de la philosophie et de l'histoire, pour nous élever et nous purifier, non pas en nous flattant vaniteusement que nous sommes parvenus très-haut sur l'échelle de la perfectibilité sociale, mais en nous proposant cette perfectibilité comme un devoir que nous sommes obligés d'accomplir et de réaliser en nous, en notre qualité d'êtres intelligents et libres.

Autrefois, lorsque les conseillers d'un roi, refoulant les vœux du pays, conspiraient pour nous ramener aux jours de la monarchie de Louis XV, durant ces temps de généreuses et sympathiques indignations, on pouvait lire de grandes choses dans les prévisions de l'avenir, on crut qu'il était beau d'ériger, comme une sta-

tue sur un piédestal, ce rêve philosophique d'une perfectibilité indéfinie. On avait le pressentiment d'une ère nouvelle, et qui n'empruntait rien aux traditions du passé! on le croyait, on le disait. Et en effet, à la fin d'une troisième journée, un éclair éblouissant a couru sur l'ancien monde; l'ordre ancien s'est écroulé; la face de la société était renouvelée : qui ne l'a cru? Mais le lendemain, qu'a-t-on vu? Nous avons pris ce mouvement terrible pour un signe de la jeunesse qui revenait aux sons harmonieux de la lyre de nos poëtes et de nos philosophes palingénésiques, et peut-être ce n'était que le tressaillement d'un vieillard divin, de qui l'on pouvait dire seulement :

Cruda Deo viridisque senectus

Et depuis ce jour, que de divisions! quelle absence d'unité et de direction! quel vide d'énergie, et quelle surabondance d'épuisement!

Les uns ont été là, pleurant et soupirant au souvenir des légitimités royales évanouies, et s'abreuvant de regrets et d'espérances pour relever un trône brisé qu'ils n'ont pas su défendre et que leurs propres fautes ont mis en lambeaux, tandis qu'à l'autre extrémité, se pressait, énergique et condensée, la phalange des théoriciens d'une époque cruelle, rêvant à froid, après l'épreuve de quarante années, comment, dans les places publiques, un échafaud debout aurait pu servir d'épouvantail aux rois et préparer un ciment de liberté pour les peuples.

Grâces au Ciel, il n'en a pas été selon les désirs de ces rétrogrades : il s'est élevé, du sein de la tempête, un pouvoir médiateur et modérateur, sachant l'abus des théories, et assez fort pour les empêcher de se réaliser en applications dévorantes. Par Louis Napoléon un règne pacifique a commencé, que ni les uns ni les autres n'auraient voulu : la pensée du développement régulier des institutions libres a poursuivi sa marche sous l'abri de ce pouvoir nouveau; et cependant, quelque bien qu'il accomplisse, son existence ne saurait être encore regardée comme la vivante réalisation des théories cosmogoniques sur le perfectionnement indéfini de la société humaine.

Mais comment ce pouvoir ne sentirait-il pas la nécessité et le devoir de régner? N'était-ce pas merveille de voir comme l'esprit public, hier si enivré de liberté, s'était pris à s'endormir, indifférent et tranquille, sur les résultats de la révolution accomplie; de voir comment passent, s'écoulent et vivent au jour le jour les opinions et les théories; tellement que la société ignore si elle a une boussole qui l'empêche de se briser, poussée qu'elle est par le vent de toutes les doctrines; tellement que, dans cette anarchie des intelligences qui nous envahit, pour trouver des opinions neuves et franches, on serait presque conduit à se réfugier dans les doctrines excentriques de quelques sages ou rêveurs obscurs; car ce n'est déjà plus Ballanche, Cousin, Jouffroy,

Michelet, trop illustres promoteurs de l'ère philosophique, qui sont la dernière expression de la pensée sociale : cette pensée s'en va fort heureusement déjà flottant entre les superstitions saint-simoniennes, le réveil des chevaliers du Temple, et le positivisme industriel de Fourier, le phalanstère universel.

Et pour demeurer, non pas dans l'excentrique, mais dans le vif et dans le centre même de la société, dites-le-nous, patients statisticiens des cours d'assises et des enfants trouvés, valons-nous mieux que nos pères? Avons-nous planté dans notre sol si souvent remué des législations parfaites, plus parfaites que celles de Solon, que celles des douze tables, que tout le droit romain, éternelle admiration des jurisconsultes? Indécise encore, après trois mille ans, entre les deux voies de toute philosophie, la société incline au matérialisme ; et voilà que s'était fait entendre, frappant à coups redoublés, aux portes législatives, le divorce immoral, aspirant à convertir l'inaliénable sainteté du mariage en une alliance de commerce, passagère et facilement résolutoire. La religion, à qui il fallait conserver le pouvoir, sans lui ravir la considération et le respect des peuples, en lui inspirant l'amour de l'aumône, en lui jetant des paroles d'un amour courageux, la religion ne menaça jamais de délaisser la terre où elle a accompli tant de prodiges ; elle demeure glorieuse, avec son étoile sainte et sa croix brillante, sa croix que ses prêtres ont si bien su lui conserver dans le cœur des hommes. Du moins, si les idées de vertu, de solides progrès et de vraie liberté germaient dans les générations échappées de l'enfance! Mais, tandis que la littérature se roule dans des voies désordonnées, voyons-nous notre jeunesse, comme nous le voudrions si ardemment, s'élever chrétienne, grande et progressive, impatiente de savoir, avide de retenir, lorsque nous lui versons goutte à goutte et avec effort le breuvage de la science qu'elle trouve amer?

C'est que le sentiment de l'individualisme, du bien-être égoïste et privé, contre lequel, dans leur rêve d'association universelle, les fidèles et les transfuges du saint-simonisme, protestent avec une sincère énergie, semble prévaloir dans notre siècle épicurien. Laissez-nous, disent la plupart, ne nous troublez pas d'importuns souvenirs ; nous avons des jours à recueillir, des journées qu'il nous faut tresser en guirlandes, parmi les festins et les fêtes... Et volontiers ils entonneraient à grand chœur le chant de Byron, que les Grecs chantaient avant leur réveil : *Fill the goblet again*, etc. Vivons, car le temps est court, et fragile, et fugitif; le jour qui passe, c'est la vie, et qui sait à qui sera le lendemain? Tandis qu'ils chantent, d'autres qui respirent sous le funeste réseau des douleurs humaines, secrètes ou avouées, ceux pour qui la vie est mal arrangée, ou qui ne trouvent pas, dans les prédispositions de leur âme, cette sérénité qui couvre de fleurs la glace fragile de l'existence, ceux-là aussi sont des

égoïstes ; car ils s'asseyent pleurant dans leurs amertumes individuelles ; ils s'enveloppent du manteau de leurs misères, trop faibles qu'ils sont pour réagir contre elles, et pour embrasser l'avenir social d'une vaste, puissante et généreuse sympathie. O monde du XIXe siècle, que tu ressembles encore, bien que tu ne le veuilles pas, au monde universel des enfants d'Adam !

Oh! qui nous expliquera providentiellement le sens de ce tiers du siècle écoulé, où tant de choses se sont accomplies pourtant ? Qui nous expliquera Napoléon et ses vastes conquêtes, et son empire éphémère, qui n'a pas attendu la mort du grand homme pour être partagé comme celui d'Alexandre ? Qui nous dira à quoi ont pu servir ces triomphes contradictoires dont notre siècle a tressailli, Marengo, Austerlitz... Waterloo ? Sommes-nous plus avancés qu'avant le jour où l'épée du conquérant a remué ? La vieille Europe semble s'être rassise immuable ; et si, pour ne pas parler de la France, si la Grèce s'est affranchie, si la Pologne a jeté un cri perçant de liberté, la Grèce maintenant, livrée aux violences intestines, la Pologne violée et étranglée, ont presque montré que dans l'ancien monde, il pouvait être difficile de planter la bannière d'un entier renouvellement, et de dire, comme autrefois le prophète Ezéchiel, à cette cendre généreuse que bouleverse l'anarchie, ou que foule aux pieds la tyrannie : « Ossements, renaissez et levez-vous ! »

Si des bords américains de l'Orénoque aux rives européennes de la Vistule, à ce cri terrible qui a retenti un jour sur les bords de la Seine, la liberté, se relevant, eût jeté sur les Etats sa magique et souveraine fascination ; si les volontés inflexibles des princes avaient su fléchir ; si le patricien avait reconnu que son titre primitif n'est point d'être noble, mais d'être homme, mais d'avoir reçu l'inaliénable admissibilité que donnent les talents et l'éducation ; si le peuple, désormais éclairé, agrandi, moralisé par les préceptes divins, avait revêtu ces mœurs sociales pures, modestes et désintéressées qui, seules, peuvent introduire l'exercice de la souveraineté ; si les vertus sociales s'étaient sincèrement unies par la confraternité de tous les peuples ; si... Oh ! alors, théorie brillante de la perfectibilité humaine, tu n'aurais pas été seulement un rêve philosophique fait pour retentir dans les pages éloquentes que lisent les intelligences choisies ; tu aurais été une pensée universelle, populaire et bénie, parce que tu te serais réalisée dans le bonheur définitif de l'humanité.

Et toutefois, finissons comme nous avons commencé, en rappelant les hauts enseignements et la conception d'espérance que donnent réunies la philosophie et l'histoire.

O peuple, qui es la nation la plus civilisée et la première du monde, la lumière descendra sur toi, si tu le veux ; si tu te fortifies et te purifies par les mœurs ; si tu es éclairé et à la fois doux et puissant ; si tu revêts un noble patriotisme dont la justice fera la

grandeur ; si tu suscites, au fond de toi, deux sentiments impérissables, l'amour de la liberté et celui de l'Eglise ; si en même temps que l'histoire te montre à toutes ses pages que la liberté est indestructible dans l'homme, une philosophie pure, chrétienne et simple, te persuade que la scène sociale n'est rien qu'une arène souillée et sanglante, tant que le droit de Dieu, parmi les choses terrestres, n'est pas maintenu inébranlable, inviolable et sacré.

Oui, tu grandiras, tu augmenteras cette civilisation dont tu es si fier à bon droit ; car nous ne saurions avoir foi au cercle inévitable et fatal de Vico, à cette loi que tout peuple monté sur le faîte aspire nécessairement à descendre ; autrement, il faudrait s'imaginer que nous sommes arrivés à la grande évolution qui vit s'élever l'empire romain, et régner le premier empereur, héritier du grand dictateur populaire ; autrement, nous n'aurions plus qu'à baisser notre tête, et à prier Dieu qu'il donne aux Césars à venir la justice et l'humanité.

Oh ! ne le pensez pas ; croyez plutôt que ce bruit qui frappe vos oreilles, et qui nous paraît semblable à un corps immense qui s'écroule, n'est que le prélude d'une société qui se transforme ; peut-être... Mais attendez pour répondre que le siècle qui passe soit passé tout entier.

Quant à celui qui a écrit ces lignes il a secoué une tête sceptique sur l'opinion de la perfectibilité considérée comme un résultat positif de l'histoire, sans doute, si vous avez entrevu le jour dans sa pensée, vous y aurez découvert un désir ardent d'introniser la pensée religieuse et du progrès réel, dissimulé sous le dépit de ne le voir éclater avec assez d'énergie dans l'amélioration de la nature humaine ; puis vous aurez fait la part des pluies attristantes de l'hiver, agissant sur ce *melancholy mind*, qui n'est pas le privilège des seuls habitants de la brumeuse Tamise. Plus heureux ou plus sages ceux qui se bercent dans les langueurs de l'optimisme social.

## PHILOSOPHIE DU CHRISTIANISME. — I.

Que loin d'errer à la merci des vents, l'esprit humain veuille enfin jeter l'ancre ; que la philosophie, égarée de sa route, le front morne et chauve, le cœur sec, la tête vide, lève ses regards vers le ciel ; que tous les nochers sans boussole cherchent une étoile ; que le monde moral, après avoir flotté dans l'atmosphère froide et nébuleuse du doute, gravite enfin vers Dieu ; que toutes les têtes réfléchies tournent au christianisme ; que l'avenir soit aux idées religieuses, c'est ce que témoigne au plus haut degré le mouvement de l'art, de la poésie, et l'intelligence au XIXe siècle.

Jetons les regards en arrière : quel changement ! Il y a peu d'années le christianisme est nivelé du sol, on l'attaque avec le sophisme et la hache : deux hommes soufflent et ravivent le mouvement des peuples, tous deux grands, tous deux à la hauteur de leur siècle, tous deux rois par le génie : l'un

remue les têtes, l'autre les bras; celui-ci s'infiltre dans les masses à l'aide d'un vers et du sarcasme; celui-là s'impose à la foule avec tout l'empire d'un maître; le premier raisonne, le second entraîne : Voltaire et Mirabeau livrés à l'action. Quelle lutte! quel conflit d'erreurs! quelle vaste ruine! Comme le sol tremble sous les pieds; comme le ciel est plein d'ombres et d'orages; toutes les idées, détachées de leur base, tombent à grand bruit; l'horizon est rouge, le soleil de l'intelligence s'éclipse : Dieu disparaît sous la poussière des hommes. Ce n'est que bruit d'églises qui tombent, de trônes qu'on abat. Le moule religieux craque et fend; l'athéisme perce à travers. Le christianisme est conduit pieds nus sur l'échafaud; on l'inhume dans un linceul, on met des gardes autour. Trois ans après, le linceul est vide, le sépulcre ouvert, les gardes morts de stupeur; une voix crie : Il est ressuscité!

Quel était donc ce déluge de sang? un baptême où la société devait retremper ses forces, et le christianisme sa vérité. Que ce tourbillon de débris et de poussière, de croix et de temples qui tombent, d'hommes et de choses qui meurent, ne vous effraie pas; c'est l'idée qui se dépouille, c'est le monde qui se refait, c'est Dieu qui secoue son vêtement de pierre, ses langes et ses emblèmes, afin d'apparaître plus grand, plus lumineux, plus sublime à l'intelligence du progrès.

Quand le monde, inondé par cette révolution imprévue, séchait au souffle du vent et aux rayons du soleil, une colombe vint, comme au temps jadis, nous apporter dans son bec le rameau vert de l'espérance : la poésie est la première à nous dire ses chants d'amour et de religion ; Châteaubriand s'en va cueillir la foi sur le tombeau du Christ, de Lamartine pousse vers le ciel son essaim de prières et de rêves d'or. Hugo réveille dans la poudre la lyre grave et sublime des prophètes. Un concert plein de voix suaves et angéliques s'exhale de tous les cœurs et de toutes les bouches; la muse est une madone du moyen âge aux mains jointes, au chapelet pour collier, aux yeux couleur du ciel, à l'air saint et recueilli, avec des offrandes de fleurs, un voile pailleté d'or et une robe étoilée. Tous les cœurs sourient à son sourire : on l'aime comme une femme, on l'adore comme un ange.

La philosophie renaît de ses cendres; elle a laissé dans le tombeau son esprit railleur et sceptique. De Maistre lui donne des ailes, Bonald la dirige dans son essor vers la lumière incréée. Une nouvelle ère de croyance et de vérité s'ouvre devant l'esprit humain. Cependant la lutte continue, l'éclectisme veut barrer le passage à la foi, l'Allemagne nous menace de son panthéisme et de ses systèmes; le christianisme est cerné de toutes parts et aux prises avec la raison; trois hommes se lèvent pour le défendre : de Lamennais, Lacordaire et Bautain.

De Lamennais, homme de génie, orateur et poëte autant que philosophe, s'accoude

sur le cadavre immobile et froid de la philosophie scolastique ; comme Élie penché sur un enfant mort, il la réchauffe, il l'anime ; il appuie son cœur tout palpitant sur ce cœur inerte; il colle deux lèvres brûlantes sur ses lèvres glacées; il y inspire le souffle et la chaleur de la vie, puis il lui crie : Lève-toi. La morte se dresse, secoue la poussière de son linceul et s'élance, belle de coloration et de vigueur, dans les voies nouvelles de l'avenir. Heureux s'il eût constamment marché depuis sans déviatur!

L'abbé Lacordaire, esprit éclairé et ingénieux, n'a guère jusqu'ici confié son enseignement qu'à la forme du discours; sa parole, chaude de conviction et d'amour, dépose au fond des cœurs un germe actif de vérité. L'ordre qu'il a fondé en France perpétuera ces impressions salutaires.

L'abbé Bautain a le regard plus métaphysique : il plonge plus avant dans l'idée des choses; il expose une théorie avec plus de lumière et d'ensemble, dont nous sommes loin d'approuver cependant tous les principes. Son ouvrage est, dit-on, menacé d'être mis à l'Index à Rome.

Au lieu de nous engager dans l'analyse ou l'examen de ces trois hommes, élargissons les bornes de notre sujet et formulons l'idée chrétienne telle qu'elle nous apparaît dans son ensemble. Considérons-la dans l'exposé de son histoire, de son influence sur l'esprit humain, dans ses rapports avec l'avenir. Qu'est-ce que le christianisme? qu'a-t-il fait dans le monde? que doit-il faire encore? voilà le thème que nous nous imposons.

II. Le christianisme est l'œuvre de Dieu sur la terre; il ne s'agit donc point d'un système qu'on puisse réduire et plier aux caprices de la raison, mais d'un fait qui s'impose à l'homme dans toute sa force, dans toute son intégrité, dans toute sa rigueur. Si la vérité chrétienne n'était qu'une théorie formulée par la parole, elle subirait à toute heure l'injure de l'examen ; mobile dans son enseignement, elle flotterait çà et là entre la lettre et l'idée; inaccessible à l'intelligence du peuple, elle ne s'atteindrait que par de laborieuses études; notre religion ne procède qu'appuyée sur les archives du monde. Le genre humain témoigne de sa certitude, et de nombreux monuments portent la trace de ses pas; la notion en est claire et facile, parce qu'elle seule a des souvenirs d'hommes, de temps et de lieux. Historiens de l'action divine, qu'il nous suffise donc de la suivre à travers les âges, de la voir se développer dans le monde et d'en évaluer les progrès.

Le christianisme part de trois faits : d'une création de l'homme et du monde dans un état de justice et de vérité; d'une dégradation morale par l'orgueil; d'une réintégration dans tous les droits de sa nature par les mérites d'un rédempteur. Ainsi, trois éléments entrent dans la composition de cette œuvre unique : Dieu, l'homme, Jésus-Christ. Admirable trilogie qui se meut et fonctionne sous l'action d'une loi d'amour,

Au commencement était Dieu. Avant de se répandre et de s'exciter au dehors en une ou, d'après le langage de la Bible, sous l'opération de l'Esprit-Saint.

création formelle et plastique, il vivait en lui-même son éternité. Quand il sort de ce repos et de cette quiétude intellectuelle, c'est pour se reproduire en image dans le monde. Dieu engendre la vie et la souffle en quelque sorte par sa volonté. Afin que l'être qui profluait de son sein s'irradiât sur toutes les créatures et retournât à sa source par un agent immédiat, Dieu interpose entre lui et le monde, l'homme, synthèse de lumières. L'homme est le point d'intersection entre la terre et le ciel : tout aboutit à l'homme; l'homme aboutit à Dieu. Etre de raison et d'intelligence, il ne peut vivre sans une loi morale ; Dieu lui octroie celle qui le régit lui-même : la vérité. Etre d'action et de mouvement, il a besoin d'une règle qui le maintienne dans l'ordre; Dieu lui révèle en tout sa justice; ainsi son œil psychique, tourné vers la lumière divine, est éclairé; son cœur ouvert au foyer de l'amour suprême, se chauffe et se dilate. L'homme connaît ses devoirs et les accomplit ; le vrai et le bien lui sont transmis par voie d'intuition et de sentiment. Toutefois Dieu ne s'impose pas à l'homme; il respecte son image à l'égal de lui. Après avoir fixé les autres créatures à des rapports nécessaires, qui les tiennent, pour ainsi dire, en servitude, il laisse à l'homme le libre arbitre de sa raison et de sa volonté; il dut choisir entre le mal et le bien. Sublime et funeste prérogative! Quand le monde se soumet à l'impulsion de Dieu, l'homme n'obéit qu'à sa spontanéité : il a pouvoir de résister au Tout-Puissant.

L'homme élevé si haut n'est encore que contingent et subjectif. Comme le ministre d'un roi, il est tenu en suspens au-dessus de la création par une main absolue et dominatrice ; l'homme veut se dresser au niveau de son maître et s'affranchir de sa loi ; or, rien de plus digne d'attention que la théorie qu'il suit pour arriver là : c'est celle du rationalisme. — Je suis, dit-il, libre de me soumettre ou de résister; je puis refuser à Dieu mon culte et ma foi. Si j'en viens à penser, à vouloir, à me déterminer par ma seule impulsion, je serai semblable à l'Etre suprême qui est à lui-même sa loi, sa raison, son but. Je suis ; partant de là, j'ai une raison maîtresse d'admettre ou de nier, une liberté d'action que nulle force humaine ou divine ne saurait faire fléchir ; pensons donc et voulons. Au lieu de recevoir dans l'âme le rayon visuel de l'idée, émettons-le; au lieu d'attendre l'impulsion d'en haut pour agir, produisons l'acte par autonomie; soyons parce que nous sommes, voulons ce que nous voulons. L'homme déplace ainsi l'autocratie divine ; il n'y avait qu'un *moi* dans la nature, c'était celui de Dieu, l'homme y substitue le sien. La rébellion d'Adam fut une théogénésie rationnelle. Il prit l'essor vers une nouvelle voie toute d'arbitraire et de système.

Cette théorie suppose que l'homme a l'i-

dée en lui ; si l'idée est innée dans l'âme et qu'elle lui soit consubstantielle, il s'ensuivra deux choses, que la vie lui est inhérente et qu'elle a pouvoir de l'exécuter au dehors, en créant des êtres vivants. L'idée est en effet toute pleine de vie, et rien n'existe que par elle ; l'idée engendre la forme ; par cela seul qu'elle est, elle produit ; le monde n'est qu'une idée en acte et en mouvement, celle de Dieu. Si l'homme est idée, il est vie; s'il est vie, il est création. La notion de l'homme rationnel et autonome exclut donc celle de l'homme contingent et créé. Il faut alors soutenir que l'homme s'est fait lui-même, qu'il préexiste à toute loi, qu'il a en lui la raison de son être, qu'il vit absolu, qu'il est Dieu. La philosophie dite rationnelle aboutit donc à l'idolâtrie de l'homme.

Quelle serait encore la conséquence d'un tel raisonnement ? la création d'un nouveau monde. Supposez l'homme doué d'une vie inhérente, qu'il puisse étendre et projeter au dehors, accordez-lui une âme génératrice de l'idée, admettez-le maître et arbitre de son action, et vous devrez logiquement en conclure que force lui est de briser le moule de Dieu pour en refaire un autre à son idée. L'homme, être de production spontanée, ne pourra s'enclaver ainsi dans l'œuvre d'un autre sans y être mal à l'aise; il sera pris entre ces deux alternatives : ou sortir d'un monde qui lui est hétérogène, ou se soumettre aux lois du *Créateur*. La forme implique l'idée ; si vous acceptez le monde, acceptez Dieu.

Le mythe génésique a donc une haute portée de certitude et de raison, quand il frappe l'homme d'anathème pour avoir voulu se déifier. Tout trahit, en effet, dans notre nature, un instinct primitif de l'ordre et une force contraire qui nous incline au désordre. De là ce dualisme incessant de l'esprit et de la chair, ce conflit de deux hommes dont l'un nous excite au bien, l'autre au mal ; de là ce mystérieux tribunal de la conscience qui semble assis dans notre cœur pour y fulminer les oracles de la justice divine. Si l'homme avait été condamné tout d'abord à l'ignorance et au néant, il commettrait le crime sans remords, il mourrait sans crainte. Tout nous révèle une origine plus haute; tout nous excite à nous redresser ; tout, dans la nature, subit notre joug comme celui d'un ancien maître. Tout confirme l'idée du poëte :

L'homme est un dieu tombé qui se souvient des cieux.

L'homme rompt avec Dieu et Dieu se retire de l'homme; voilà toute l'histoire de cette chute que l'écrivain sacré enveloppe d'une forme si belle et si lyrique ; voilà ce grand divorce qui brise tous les liens entre la créature et son auteur. — Ici commence la religion, qui tend à renouer le fil de communication entre Dieu et l'homme; le soleil et l'œil ; la source expansive et le récipient. L'homme, qui avait cru l'idée fille de son intelligence, se reconnut trop tard, stérile et impuissant à l'engendrer. L'œil de son âme resta ouvert, mais la lu-

mière cessant de briller, l'homme erra dans les ténèbres ; son cœur ainsi qu'une corolle s'épanouit vers le ciel ; mais, comme la rosée ne tombait plus, il sécha.

Le monde eût fini là, l'humanité flétrie dans sa souche eût disparu, tout fût rentré dans le néant si le Verbe, idée de Dieu, ne se fût une seconde fois promis à l'homme et au monde. Le Christ s'étend d'Eden au Calvaire ; immolé en esprit dès l'origine comme plus tard en fait, il remplit tout un peuple de sa présence et de son action.

De même qu'en créant le monde, Dieu produisit d'abord le chaos et le soumit à une sorte d'incubation pour en développer le germe et les rudiments, le Christ émet dès le premier jour son œuvre embryon et laisse au temps le soin de la féconder. Il est en germe dans l'homme ; car il y a sa promesse et sa parole ; il s'y dépose en idée avant d'y séjourner en substance : voilà comment le juif était chrétien à son insu, comment le monde ne fut jamais sans vérité, sans révélation, sans avenir. Le temps qui s'écoula entre notre chute et la venue du Christ fut un temps de gestation et de travail. Pendant quatre mille ans l'humanité fut en mal de Dieu.

L'humanité se partagea d'ailleurs en deux classes : celle qui chercha la vérité dans sa raison et celle qui crut à une parole révélée d'en haut ; comme la raison inféconde n'opère que sur des éléments, elle poursuivit çà et là des lueurs d'idées primitives et divines pour les soumettre à son examen. L'erreur s'allia à la vérité, la lumière se perdit dans les ténèbres ; aussi le monde flotta-t-il au milieu d'un crépuscule douteux et incertain ; l'œil de l'âme, inondé tout d'abord par les rayons de la révélation divine, en garda une empreinte vague qui s'effaça de siècle en siècle.

La vérité se confia néanmoins à un peuple où l'action divine, stimulée par les mérites du Christ, défendit de toutes pollutions le dépôt de la foi. Le mot, conducteur de l'idée, s'insinua par la voie des sens jusqu'à la mémoire, et avec le temps jusqu'à l'intelligence. Avant de fixer la vérité avec des lettres mortes, avec un élément inerte et indifférent, Dieu voulut l'écrire dans la chair et dans la vie. Il établit une tradition, autrement dit un canal, à travers lequel son idée coulerait d'âge en âge, sans jamais se perdre ni s'altérer. Le père s'épandit dans le fils, le fils dans ses enfants. Ainsi, la vérité, qui ne saurait périr, eut un moyen de transmission impérissable. Comme elle, l'homme fut tout d'abord un livre vivant où Dieu grava sa loi. Les descendants y épelèrent et en transcrivirent en eux la forme, le signe, la lettre.

La tradition de l'homme eût encore été faillible et récusable si elle n'eût été sanctionnée par celle du monde. Un noble a, pour témoigner de sa haute naissance, ses titres, ses quartiers, son blason. Un père des temps anciens ne transmettait point à son fils le souvenir des œuvres de Dieu sans lui en montrer les traces. — Voyez, lui disait-il, l'air est encore humide des vapeurs du déluge. Creusez la terre, elle recèle dans ses flancs la preuve de mes paroles ; ouvrez le grand livre de l'univers, et vous y lirez votre histoire sur les flancs des rochers, dans cette nature fossile et ensevelie qui gît sous nos pieds, dans ces monuments de pierre ou de bois que vos pères ont élevés sur leur passage, en mémoire d'un grand événement. Voici la source que l'ange découvrit à la belle Agar, quand elle errait abattue dans ce désert ; voilà le palmier où s'assit Jacob ; voici la colline où Dieu retint le bras d'Abraham prêt à frapper son fils ; voyez, touchez, lisez, la nature est d'accord avec moi sur l'histoire des temps passés ; elle vous parle le même langage et vous certifie les mêmes faits. L'air est en quelque sorte plein du souffle de vos pères, le sol a gardé la trace de leurs pas, leur tombe est à la souche de ce cèdre ou de ce platane. Levez les yeux, regardez les étoiles : ce sont les lettres mystérieuses qui écrivent au ciel le nom de Jéhova. La voix de l'univers se mêle à la mienne pour vous instruire ; cette tradition de l'homme et du monde est confirmée encore par l'action divine. Dieu, retiré de l'homme après sa faute, reflue sur lui de degrés en degrés, c'est une mer qui a quitté son lit et qui n'y revient que par une crue lente et insensible. L'idée vivait dans l'âme, et l'idée est élément du progrès ; mais tout enveloppée de la forme de l'écorce, elle avait besoin d'une action féconde, stimulante, qui la sollicitât à percer au dehors ; de là ce travail incessant que Dieu dirige sur le peuple juif ; de là cette grande mission des prophètes et des patriarches, qui conduisent l'esprit humain, à travers les cycles du mythe et du son, vers l'intuition théurgique. L'homme ne monte ainsi qu'en vertu d'une force d'ascension qui lui vient de plus haut, et qui l'attire vers un centre ; Dieu conclut avec lui quatre pactes ou quatre alliances qui sont les emblèmes de quatre âges évolutifs à travers lesquels l'âme se sublime et se débarrasse de la rouille des sens. Comme l'insecte qui file la soie, l'humanité mue et fait peau neuve ; elle se dépouille et se régénère ainsi de siècle en siècle, toujours en mouvement et en essor vers la vérité. Jamais nation n'eut un progrès mieux accusé dans ses phases, plus énergique dans son élan, plus haut dans son but que celle des Juifs, parce que nulle ne se développa sous une action aussi intense de l'idée divine.

Ce fut une éducation que Dieu dirigea sur son peuple. Il l'élabora pendant quatre mille ans ; d'abord la discipline sous un culte ; il atteint l'extériorité de l'homme avant de pénétrer jusqu'à son for intérieur. Il environne sa vie excentrique d'un réseau de formes, de pratiques et de rites obligatoires. Toute la nature sert de voile à l'Être suprême ; tout est sacramental dans le monde. La divinité transpire à travers les astres,

les eaux, les arbres, les formes o anges ou les songes ; une sorte de panthéisme distingue ce premier âge que nous pouvons nommer liturgique. Moïse advint qui donna sa loi. Ici l'homme déchire ses langes ; il discerne et juge. Le son dépose la vérité dans l'âme en passant à travers l'ouïe. La raison décide entre le bien et le mal au moyen d'un critérium infaillible, le devoir. La vie intime commence, l'action perd de sa prépondérance et de sa force ; l'homme rentre dans sa concentricité : c'est le second âge que nous appellerons légal. Au moyen du son, du signe, de l'emblème, l'esprit s'élève jusqu'à l'idée. La forme orale, usée et putréfiée dans la mémoire, se crève ; le germe, qui est la vérité, en sort pur et vivace. David perce le voile de la loi ; son esprit a, comme l'aigle, des yeux qui fixent le soleil : ici l'homme entre dans l'âge intuitif où l'intelligence, sollicitée par un rayon de la lumière divine, s'ouvre et succède à la raison. Enfin apparaît le Christ qui, par une nouvelle loi d'amour, éveille le cœur aux inspirations d'une sympathie divine et humaine : c'est l'âge unitaire, merveilleux progrès où l'homme monte jusqu'à Dieu et Dieu descend jusqu'à l'homme.

Si nous jetons maintenant un regard sur le reste du monde, nous serons en présence d'un grand spectacle. Le peuple juif se voit perdu dans l'univers et circonscrit par une civilisation tout autre que la sienne ; son progrès est côtoyé par un autre mouvement. Le monde se scinde en deux parties : l'homme avec Dieu et l'homme sans Dieu. A mesure que le peuple juif s'éloigne de sa faute, il monte vers la lumière ; à mesure que les gentils se reculent de la révélation primitive, ils descendent et s'enfoncent dans les ténèbres.

Ce n'est point l'esprit qui stationne et fait défaut, mais ce sont les éléments qui lui manquent ; c'est la vérité qui s'enfuit et se retire. Il est même remarquable que la raison subit les mêmes phases que la loi, moins l'impulsion plus ou moins réelle que l'erreur ou la vérité impriment au mouvement intellectuel. Le culte, la loi, l'intuition se développent chez eux par la succession hiérarchique des prêtres poëtes, des sept sages et des philosophes.

L'inspiration successive des prophètes chez les Juifs fut en quelque sorte un essai de l'incarnation divine. Le Verbe réside en eux par voie d'émission intellectuelle ; il leur souffle son idée ; toutefois l'œuvre était incomplète. Le monde se dérobait à l'enseignement de ses maîtres ; leur voix n'avait d'écho que dans la Judée ; l'union ne s'exerçait d'ailleurs qu'à distance et par l'intermédiaire du son ou de la lettre. Besoin était entre Dieu et l'homme d'un sujet hybride qui accouplât en lui les deux natures. Le Verbe n'était accessible qu'à l'esprit, il fallait qu'il descendît à la portée des sens ; l'union, brisée par notre faute, n'eût jamais été renouée sans une copulation substantielle et inhérente des éléments antipathiques. Le

christianisme, en deux mots, c'est Dieu enté sur l'homme. Le Christ promis, et en quelque sorte porté quatre mille ans par le peuple juif, vint au monde ; l'humanité accoucha de son salut et de sa délivrance. L'idée se fit chair avec nous, la vérité prit des langes, un berceau contint l'avenir du monde. Homme, naguère incliné sous le poids de la vengeance et du néant, relève la tête ; ton sépulcre est vivant, ta mort a de l'immortalité, ta chute de la gloire depuis que le Christ a traversé tout cela ; esclave, tu as été sacré roi sur le Calvaire ; maudit, tu es redevenu fils de l'Éternel.

Il y a deux pages dans la vie de Jésus-Christ : l'une écrite avec du sang, l'autre avec de la gloire. Un enfant du peuple qui vient au monde dans une étable ; un artisan qui manie la hache et le rabot ; un Juif que les peuples de la terre repoussent et méprisent ; un séditieux battu de verges devant un peuple qui rit ; une tête de malfaiteur bonne pour le crachat et le soufflet ; un chef de bande qu'on renie et désavoue ; un criminel pendu au gibet ; un condamné sur lequel on jette un peu de terre et d'oubli : voilà toute l'histoire de l'*homme*.

Un envoyé promis depuis quatre mille ans ; un berceau que les rois de la terre viennent adorer ; une vie entourée de merveilles et de prodiges ; une main qui commande aux sépulcres et les force à lâcher leur proie ; des pieds qui marchent sur les flots de la mer, une doctrine sublime et toute empreinte de vérité, un regard qui touche et change les cœurs ; une mort volontaire et toute puissante ; des sentinelles qui n'ont pas gardé un cadavre ; un supplicié qui envahit et conquiert le monde ; une croyance qui traverse dix-neuf siècles ; une parole restée debout et immortelle parmi les ruines et les débris de tous les systèmes humains ; un gibet qui voit tomber devant lui tous les sceptres de la terre ; une existence de vertu suivie d'une éternité de gloire : voilà l'histoire de *Dieu*.

Ici se termine l'exposé du christianisme. La suite et l'économie de cette grande œuvre se déroulent d'elles-mêmes à l'œil attentif ; nous voyons Dieu dans trois rapports avec l'homme : d'union, de justice et de rédemption ; l'homme, soumis à une loi de progrès et d'ascension, gravite pendant quatre mille ans vers le Christ. Le Verbe, révélé à l'homme sous l'écorce des mots et de la loi, s'incline de plus en plus vers lui. Après s'être confié à des signes morts, inertes, indifférents ; après avoir travaillé l'homme depuis l'origine, et s'être en quelque sorte ouvert une place dans son cœur, il descend, il se manifeste dans la vie, il s'écrit dans notre nature. Une double action, l'une immédiate, l'autre intermédiaire, est dirigée sur le sujet humain ; l'âme et le corps sont aux prises avec la vérité, l'idée divine entre en nous par tous les sens, l'œil intime et psychique est inondé de ses rayons ; et ce n'est d'ailleurs pas à la raison, mais à l'intelligence et à la foi que cette idée se confie. L'homme en est l'hôte et non le maître.

Quels furent les effets de cette seconde révélation dans la chair; c'est ce que nous indiquerons en suivant l'action du christianisme sur l'intelligence. Examinons donc le mouvement qu'il imprima dès l'origine au progrès des peuples; épions sa marche dans la triple voie de la philosophie, de l'esthétique et de la science; voyons s'il eut sur les destinées de l'homme une influence de lumière ou de ténèbres, de vérité ou d'erreur; c'est par les œuvres qu'une croyance témoigne de sa certitude et de sa mission.

**III** Avant de nous engager dans l'examen de l'action chrétienne sur l'intelligence, il convient de prendre l'homme au point où nous l'avons laissé avant la venue du Christ et de bien fixer l'état des philosophies grecque et latine. Trois écoles se disputaient le monde; celle de Pythagore, d'Aristote et de Platon. Elles avaient chacune leur objet : la première, la morale; la seconde, la métaphysique; la troisième, la théodicée. Le temps avait altéré l'enseignement de ces grands maîtres; l'éclectisme, frelon qui butine çà et là le miel des autres, s'était composé un fond de philosophie vulgaire au service de toutes les exigences et de toutes les raisons. Tout homme était un système vivant.

Cette école, née du doute et de l'examen, prit un essor brillant, mais éphémère: l'âme n'a point assez de ses ailes pour le soutenir. Ce culte de la raison individuelle perdit bientôt de son éclat et de son enthousiasme; on tomba dans une indifférence inerte, dès que l'homme, seul dieu du monde, en vint à se nier lui-même. Le pyrrhonisme instinctif ou raisonné étendit de toutes parts son action et ses progrès; mais comme le doute est un état violent d'où l'âme mal à l'aise cherche une issue, elle n'en trouva pas d'autre que l'athéisme.

L'école des atomistes réduisit la notion de Dieu à celle d'une force aveugle et nécessaire qui, incitée par une loi inhérente de mouvement, produit toutes choses au hasard. La monade fut admise comme principe générateur du monde, l'homme comme un produit de molécules plus subtiles et plus animées, la nature comme l'ensemble des forces matérielles qui nous gouvernent; il est impossible de fixer le terme où tant d'erreurs ont abouti.

L'humanité était un corps anémique dont le pouls ne battait presque plus. L'âme s'éteignait en lui comme une lampe sans huile; la vie se retirait avec l'idée.

Prenons, d'ailleurs, la philosophie à son apogée, lorsqu'elle coula des lèvres d'or de Platon, toute limpide et toute melliflore; Aristote, sec, aride, scolastique au delà de toutes les mesures; Pythagore, esprit rêveur et superstitieux, n'approchant en rien, selon nous, des disciples de Socrate; Platon, par sa théorie des idées, élève la philosophie au-dessus de l'homme; Aristote, par sa dialectique et son empyrisme, l'homme au-dessus de la philosophie. La civilisation des Grecs continuant encore dans ces trois hommes, Pythagore, Aristote et Platon, les trois éléments de la paix, du rationalisme et de la révélation que représentent chez les Hébreux, Moïse, les Pharisiens et Jésus-Christ.

Platon ne fut jamais compris des anciens: il fallait le christianisme pour l'expliquer. Ce génie, qui plane si haut dans les régions du dogme et de la théurgie, avait en quelque sorte pressenti la Trinité; il admet un Etre infini, absolu, libre, d'où émane le Verbe; de cette essence qu'il nomme autre part Fils, procède l'âme. Ces notions sont encore vagues, indécises, ténébreuses; c'est le souvenir effacé d'une notion originelle et primitive. Cette réminiscence témoigne à un haut degré, que l'âme, à mesure qu'elle s'élève et se purifie en Dieu, ressemble à ces vieux tableaux qui, plongés dans l'acide, reprennent leur vie et leurs couleurs.

Le christianisme éclaircit la notion de Dieu et la rend accessible à tous par la paix. C'est un dieu attingible au cœur et à l'amour. La loi de son essence, toute mystérieuse et toute incompréhensible qu'elle soit, se révèle par son action sur le monde et sur l'homme; Dieu rayonne sur nous, afin de s'y transmettre et d'y fixer son image; il s'écrit en nous comme un artiste dans son œuvre. Si Dieu ne nous avait créés triples et uniques tout à la fois dans nos fonctions morales, il nous serait impossible de le connaître. Un être n'apprécie un être que lorsqu'il en a le type en soi.

Le Dieu des chrétiens est un grand Tout intellectuel, qui s'épuise et se reproduit par la pensée, qui s'anime et se féconde par l'amour. Il est, voilà le Père; il pense, voilà le Fils ou le Verbe; il aime et veut, voilà l'Esprit-Saint. L'homme a en lui un *moi* qui est l'être, une pensée qui s'enfante du *moi* moral, une volonté qui résulte et s'excite de la pensée. Dieu, Trinité est un dans son essence; l'homme, trinaire est un dans son action; aussi voyez, pour ainsi dire, le trajet et le travail de l'idée : elle entre dans l'homme qui la retient et la possède, elle passe à travers l'intelligence qui la conçoit, elle tombe dans le cœur qui l'échauffe, et c'est alors qu'elle jaillit vivante.

Le mystère, loin de témoigner contre une croyance, nous semble au contraire lui imprimer une sanction. Comment l'homme eût-il inventé ce qu'il ne comprend et ne saisit qu'à la lueur de la foi? comment la raison eût-elle admis ce qui la gêne et l'offusque? Les anciens n'ont pu entrevoir ces notions qu'à travers les ombres du souvenir : une cause occulte et spirituelle n'est appréciable que par son action. Dieu n'agissait pour eux que sur la nature, et la nature a été frappée de mutisme après la faute de l'homme.

Aristote mesure tout à l'équerre de la raison : sa métaphysique, toute hérissée de formes syllogistiques, part de trop bas pour atteindre à la division de l'idée; l'homme est selon lui l'élément productif de la morale et de la science. Il dégage l'idée qu'il a en lui et la met en mouvement par la parole,

d'où il résulte que ce système repose sur les notions naturelles.

Le christianisme part d'une donnée plus haut levée : il nous apprend qu'il se révèle à l'homme. Sa métaphysique n'admet que des causes spirituelles, et encore les réduit-elle à une seule dont l'action diffuse et infinie opère en tout. Dieu, âme du monde sensible ; Dieu, lumière des intelligences ; Dieu, foyer des cœurs : voilà toute la sublime théorie contenue dans les saintes lettres ; de cette cause première, unique, indépendante, déduisez l'homme et le monde ; suivez cette vie divine dans tous ses épanchements, analysez cette idée du Verbe dans toutes ses formes, adorez cette loi d'amour dans toutes ses chaudes et vivifiantes émanations. La métaphysique chrétienne éclaire et calorifie ; elle ressemble à ces langues de feu qui se posaient tout ardentes sur la tête des disciples.

Les chrétiens primitifs témoignèrent le plus grand mépris pour la philosophie des écoles ; l'Evangile leur semblait contenir toutes les vérités utiles à l'homme, moins la sécheresse et l'aridité de la forme. Ils aimaient mieux cueillir à cet arbre les fruits mûrs et pleins de vie que de disserter sur les phénomènes végétatifs de l'âme, sur la séve des idées et sur la culture de la morale. Cependant le contact avec les païens les contraignit à descendre dans l'arène de la polémique ; là, force leur fut d'user des mêmes armes que leurs assaillants. La philosophie devint un arsenal où l'on aiguisa tous les arguments utiles à la défense de la foi. On entoura le christianisme de remparts, de bastions et de fossés ; on soutint avec avantage le choc de la raison. Quand on la vit n'en pouvoir mais, et lever le siége, on la poursuivit jusque dans ses murailles ; on la battit en brèche ; béliers et catapultes fonctionnèrent à l'envi ; on la harcela jusqu'à ce que, vaincue, essoufflée, impuissante, elle cria merci ! Il y eut donc cette différence entre la philosophie des gentils et celle des chrétiens, que l'une domina toujours la religion et que l'autre en fut vassale, ou du moins gardienne. On plaça une école de philosophie près des temples chrétiens, comme une sentinelle à la porte d'un palais.

Cette méthode prouva que le christianisme soutenait l'examen. Aristote se trouva, au grand étonnement de tous, avoir travaillé pour le fils de Marie ; l'Evangile expliqua Platon ; les vérités de la foi supportaient les formes de la raison, comme un géant manie le glaive et le bouclier d'un nain. Cette alliance donna lieu néanmoins à une foule d'hérésies. Le moyen âge confondit la forme avec le fond : un accouplement bizarre et dangereux des idées de Socrate avec celles des Pères, fit croire à la toute-puissance de la raison, et conduisit par une pente rapide à l'éclectisme le plus aveugle ; on glana indistinctement dans le champ de l'homme et dans celui de Dieu.

Les trois systèmes philosophiques (dont nous avons parlé en commençant) de MM. de Lamennais, Lacordaire et Bautain, sont eux-mêmes en dehors du christianisme : ils y appellent, ils inclinent à croire ; ils sollicitent l'âme à s'ouvrir aux rayons de la lumière divine ; mais ils ne tiennent que comme des forts extérieurs contre les attaques du doute et de la raison. Fournir le critérium des vérités, sanctionner la croyance, apposer un cachet de certitude aux dogmes révélés, est leur l'unique mission qu'ils se sont donnée. Du reste, ils vous montrent l'Evangile et vous crient, comme l'ange d'Augustin : « Prenez et lisez ! »

Si nous examinons avec soin la divergence de leurs systèmes, nous verrons qu'elle se réduit à ceci : Lacordaire affirme l'homme, l'humanité et l'Eglise, bien qu'à des proportions très-inégales ; de Lamennais nie l'homme, affirme l'humanité et l'Eglise ; Bautain nie l'homme, l'humanité et affirme l'Eglise. Aussi l'auteur de l'*Essai* est-il conduit à dire que le christianisme a toujours existé, et, l'auteur de la philosophie, que l'Eglise fut toujours établie ; l'un récuse la raison et admet le sens commun ; l'autre frappe d'incertitude la raison et le sens commun, mais y substitue la foi, comme don naturel et libre. Suivant de Lamennais, l'homme reçoit de la société et de Dieu. Suivant l'abbé Bautain, l'homme et la société reçoivent de Dieu, par le canal de l'Eglise. Nous n'entrerons pas à fond dans une polémique si ardue et si sévère. La tradition, et, par conséquent, le témoignage universel, nous semble, comme nous l'avons dit ailleurs, le seul fil qui conduise à la certitude, parce que seul il remonte à la révélation divine.

La morale des anciens manquait surtout de sanction et d'universalité ; l'homme y parle au nom de l'homme. Son manteau n'est pas si bien drapé qu'il ne laisse percer çà et là des côtés faibles et ténébreux. Pythagore recueillit les idées primitives conservées dans la mémoire des peuples ; mais, pour les réduire en système il les soumit à des dogmes de son invention. Jésus-Christ ouvre et déploie devant tous le livre de sa vie : il donne l'exemple avant le précepte ; sa conduite témoigne de ses discours, l'homme du maître : sa morale est divine ; car le Verbe parle par sa bouche ; divines sont ses œuvres, car elles impriment une sanction à sa morale. L'Evangile va à l'âme et au cœur, et nous incline au bien par sa conviction. Sur les pauvres qui ont froid et faim, il étend la charité comme un manteau ; il abaisse le front qui s'élève, et redresse l'esclavage couché dans ses fers. Oh ! qu'elle dut paraître étrange dans un monde d'opulence et de trafic, cette parole du Christ : *Heureux les pauvres !*

La preuve que la morale du Christ est divine, c'est qu'elle n'a pu être puisée dans les idées du temps, toutes hostiles à la liberté, au dévouement, à la philanthropie.

C'est d'ailleurs un fait généralement ad-

mis, que l'influence de la morale chrétienne suit la civilisation. Notre religion solennise deux choses : le malheur et la mort. Les hospices s'élèvent à sa voix, et sur leur front elle écrit en lettres d'or : Hôtel-Dieu ! Le pauvre est à ses yeux plus qu'un homme, l'accueillir, c'est donner asile à Dieu lui-même. La tombe s'est changée en autel depuis que le Christ y reposa. C'est quelque chose d'auguste et de sacré dans nos mœurs que le respect pour les morts. Le pauvre et le riche, le sujet et le roi sont au même niveau, dès que le drap noir a remplacé la pourpre ou les haillons. L'envie s'assied muette et penchée sur la pierre des sépulcres : il semble que l'immortalité rayonne autour du cercueil !

Il faudrait des volumes pour indiquer l'action du christianisme sur le moyen âge, sur l'émancipation de la femme, sur la philanthropie et la liberté, sur l'enseignement des hommes et des peuples. Tous les éléments sociaux de notre époque viennent de là. Tous les mouvements imprimés au monde depuis cinquante ans, ont le christianisme pour levier ou pour centre ; il est l'âme qui vit dans tous les événements et les dirige vers l'avenir.

Ne cherchons donc point de philosophie en dehors du christianisme. Dieu seul peut nous révéler son essence ; car seul il a la conscience de l'infini. Dieu seul peut nous initier aux causes occultes de la nature, aux phénomènes de l'âme, à la vision de l'idée, parce que seul il rayonne sur l'intelligence, avec une lumière et une vérité infaillibles. Dieu seul peut imposer à nos actions la mesure du bien et du mal, parce que seul il a autorité sur l'homme et qu'il sait, lui créateur, les lois de la mort et de la vie. Ouvrons-nous donc à l'Évangile, comme au soleil de l'âme et de la raison ; saturons-nous de cette éternelle vérité ; emplissons-nous de l'idée divine.

IV. Tout le monde est maintenant d'accord que le mouvement chrétien dans les arts a produit les plus beaux chefs-d'œuvre : quand l'idée est haute et puissante, elle emporte tout l'homme. Le char de feu qui enleva le pieux Élie, venait d'en haut et retournait au ciel. L'homme grandit dans un grand sujet ; Michel-Ange avait l'immensité de Dieu dans l'âme quand il s'élargit en une immense basilique ; Raphaël versait un rayon d'amour divin sur la tête de ses madones ; Corrége ruisselait d'onction et de grâce céleste quand il déposait sur la toile ses têtes d'anges et ses rêves d'amour.

Quelle belle chose que nos cathédrales du Nord ! ces pages de pierres, appendues sur nos cités, ont reçu l'expression vierge de la foi. Vastes ruches où des myriades d'abeilles ont déposé leur goutte de miel ! livres sublimes où toute main d'homme a écrit une lettre ! Rien ne ressemble au christianisme comme ces églises, vastes et simples dans leur ensemble, minutieuses, compliquées dans leurs détails. Que dire de ces rosaces où rayonne le soleil, brillants ka-

léidoscopes qui allument leurs rubis et leurs émeraudes aux feux du midi, roues fantastiques et étoilées qui tournent à l'œil comme celles du char de Dieu ! Dans ces grands temples du xive siècle, l'homme est à l'aise et se dilate ; l'idée a des ailes qui la soulèvent et l'emportent vers le ciel de la nef. Où trouver des œuvres de caractère et d'avenir, sinon sous le pinceau des grands maîtres de l'art, tous pleins d'espérance et de foi ? Ces hommes conservaient dans le cœur le rayon divin à travers les ombres du monde : ils laissaient de leurs amours et de leurs orgies après les murs des palais, de leurs prières et de leur ferveur après les fresques des églises. Ces grands artistes avaient deux vies : l'une qu'ils jetaient aux plaisirs, l'autre qu'ils réservaient à Dieu.

Il faut encore remonter plus haut pour trouver l'art chrétien dans son type ; l'architecture romane sans mélange de gothique, et la peinture du xive au xvie siècle, ont seules ce cachet de mysticisme et de sévérité qui distingue notre culte. Perugin, Albert Durer, Juste, Jean de Bruges, et toute la vieille école allemande, peignent leurs croyances sur la toile ; ces hommes-là ont le trait et la ligne religieuse dans leur vie comme dans leurs œuvres.

L'art est à leurs yeux un devoir, une vertu. Austères dans leurs amours, graves et saints dans leurs rêves de poète, ils n'empruntent rien aux idées des Grecs, et trouvent dans leurs cœurs de chrétiens les couleurs du ciel et de la gloire ; l'âme luit dans leurs saintes œuvres toutes diaphanes et pâles comme la mèche de feu derrière une lampe de porcelaine.

La poésie du temps a le même caractère : la muse porte cilice ; c'est une belle Madeleine échevelée, au pied d'un gros crucifix, de bois, dans un rocher bien sombre au fond d'un désert. Les églises à piliers bas avec des allées perdues, de sombres massifs de pierres et des oiseaux de nuits perchés sur les chapiteaux, ont un air de mystère et de grandeur que l'on cherche vainement dans les plus beaux monuments de la renaissance.

Il est impossible de deviner à quel point de hauteur et de sublimité eût atteint en France, l'idée chrétienne si elle n'eût été entravée par l'imitation des anciens. Ce beau mouvement s'arrêta tout court. Le génie et l'art, trempés à la fontaine des Grecs, subirent le sort des fleurs et des fruits qu'on plonge dans la source de Clermont, ils s'y pétrifièrent. Pendant deux cents ans, la France n'eut plus d'art chrétien, ni dans le fond, ni dans la forme. De notre temps la poésie religieuse a pris son essor ; son inaction n'a même pas nui à son progrès : comme le ver dans son cocon, chrysalide, elle a étendu ses ailes, et perçant un jour son tombeau, elle s'est élancée vers le ciel. Nous ne ne retrouverons pourtant le vrai type de l'art chrétien qu'en faisant rentrer le christianisme dans notre âme et dans nos mœurs. Ces hommes du vieux temps remuaient des pierres avec la

foi : leur prière se collait sur la toile comme le vermillon et la poudre d'or de l'insecte sur le papier. Leurs vers se défilent pieusement un à un, ainsi que les grains d'un chapelet. Le christianisme alors était dans l'air; on le respirait avec la vie.

Ce qui n'a pas encore été fait, même dans ces âges de foi, c'est une histoire au profit des idées chrétiennes. Les chroniqueurs du moyen âge vivaient sous l'influence de l'imitation latine. Salluste, Tacite et surtout Tite-Live leur tracent le chemin; ils craignent de dévier s'ils marchent en dehors de ce mouvement. Bossuet a fait sur l'histoire de l'antiquité un grand travail, mais il n'a que très-superficiellement abordé celle des temps modernes.

Aujourd'hui mille systèmes divisent nos historiens; mais ils se réduisent à trois; quelques-uns soumettent le monde à un progrès aveugle et fatal, qui pousse tout au hasard et avance par une loi inhérente de mouvement; d'autres soutiennent que Dieu seul met en branle les hommes et les choses, qu'il les dirige vers un but et que rien n'est fortuit dans l'avenir des peuples. Entre ces deux sentiments extrêmes, plusieurs cherchent un milieu : ils veulent concilier la providence et le destin, de façon que dans le monde, ces deux forces rivales s'équilibrent et se balancent.

Ils se refusent à admettre une loi absolue, exclusive, autonome. Ces trois systèmes, de nécessité, de providence, de demi-*fatum*, représentent les trois écoles de MM. Guizot, Leroux et Chateaubriand.

Nous allons, pour répondre à ces divers systèmes, exposer avec nos convictions intimes la philosophie chrétienne de l'histoire dans son idée et dans son plan.

La venue du Christ ne fut pas seulement un acte divin; ce fut, avant tout, un fait social. Prenez le monde au point où il en était sous la domination romaine; voyez les vérités traditionnelles s'effacer devant l'erreur et la corruption; promenez vos regards sur ces forêts et ces déserts du Nord, qui menacent de verser leurs torrents de barbares; supposez l'ignorance de ces peuples en contact avec l'ignorance latine, qu'en sortira-t-il? Les ténèbres et la mort! Il fallait donc, pour que le monde subsistât, déposer dans l'empire romain un élément de lumière et de vie, afin que, dans la grande fusion des peuples, la barbarie fût trempée par la civilisation, l'ignorance par la vérité; il y a mieux : déplacez la naissance du Christ, avancez ou reculez-la, et vous reconnaîtrez que, dans le premier cas, elle eût été prématurée; dans le second, infructueuse. Plus tôt, il y avait encore trop de philosophes et de vertueux dans le monde, pour que l'on fût menacé d'une grande ruine; plus tard le christianisme n'eût pas eu le temps de s'implanter, et Rome fût morte sans avenir. Jésus-Christ s'interpose entre le progrès de l'esprit romain qui finit, et sa décadence qui commence.

La providence exclut le destin : rétrécir Dieu dans un cercle d'action et lui inter-dire une influence sur certains événements, c'est en faire un être impuissant et borné ; c'est lui créer un rival. La force nécessaire répugne à la force intelligente, de telle sorte que, depuis le commencement du monde, elles eussent été en conflit et que l'une ou l'autre eût prévalu. Dieu soumet néanmoins son action aux lois éternelles de la nature : il se dissimule sous les événements et les hommes, afin de maintenir le monde dans son immobilité. Tout est plein de lui; mais tout le cache et le dérobe sous le voile des causes naturelles et fatales. Dieu ne peut changer le monde sous peine de changer lui-même. Il se veut tel qu'il est, il veut tout tel qu'il l'a fait. Son action sur les peuples subit l'influence des forces intelligentes ou matérielles dont il a lui-même fixé les phases et les progrès. Cet ordre ne gêne en rien la liberté de Dieu; car il reste maître de ses desseins; en voulant la nature, il veut son ouvrage, il se veut lui-même. Dieu, en quelque sorte, se soumet à Dieu, comme tout homme subordonne ses moyens d'action aux lois de son être.

L'homme fait à son insu l'œuvre du monde; il sert les desseins du Créateur, lorsqu'il croit ne servir que son idée. Les événements roulent majestueux et sombres à l'horizon; mais, comme les nuages, ils cachent dans leurs flancs la foudre ou la pluie, la vengeance ou la miséricorde.

Il y a toute une histoire à laquelle nous ne toucherons pas, car elle nous entraînerait trop loin; c'est celle des peuples avant Jésus-Christ. La couronne du monde sur une seule tête, quand s'incarne l'unité divine; les peuples livrés à l'étude et à la pratique de la même langue, lorsqu'une seule croyance doit les envahir; et Rome atteinte dans ses mœurs et dans ses doctrines par l'action étrangère des peuples conquis, traversée en tous sens par la prédication et l'exemple des nouveaux disciples; Rome qui impose à tous le monopole de ses idées, de ses croyances, de son enseignement; Rome, centre d'où la vérité rayonnera sur le monde; ne sont-ce pas des faits qui parlent assez haut et sonnent eux-mêmes le triomphe des desseins de Dieu?

Sur le Calvaire l'humanité se scinde en deux : le chrétien et le juif; l'un investi d'une loi d'amour et de progrès s'achemine, le cœur content et le pied ferme, vers ses hautes destinées; l'autre, marqué au front d'une tache de sang, erre, nouveau Caïn, sur la surface du monde. Cadavre vivant, il n'a ni mouvement, ni impulsion, ni élan dans la voie de l'intelligence; il flotte nomade et végétatif comme la graine poussée par le vent. Ces deux hommes sont les deux missionnaires envoyés au monde : l'un pour certifier du christianisme par la durée de son supplice, l'autre, par les bienfaits de sa délivrance. A l'un, il fut dit : J'éterniserai sur la terre ta mort et ton néant; tu n'auras ni gîte ni patrie sous le soleil. Marche! Tes pieds durciront comme ceux du chameau à courir sur les durs cailloux. Marche! tu mendieras ton pain, et ta besace sera vide; et les autres hommes t'auront en dégoût.

Marche ! ton bâton s'usera sur la pierre, tes pieds seront souillés de poudre, tu n'auras ni fontaine ni puits sur ton chemin; tu t'assiéras comme un lépreux, à l'écart et sous les murs des villes. Marche ! — Ton souffle impur flétrira l'air autour de toi; les enfants fuiront devant tes pas; les femmes se voileront et les hommes crieront en te montrant du doigt : Déicide ! va, maintenant dire au monde que tu as crucifié.

Au chrétien il fut dit : Tu ne périras pas ! Tu marcheras ! mais vers l'avenir et le bonheur. Appuie-toi sur le bras de Dieu, il te soutiendra. En vain la mer reculera devant toi ses rivages, tu iras chercher des frères sous les glaces du pôle, sous les feux du tropique. Le monde est à toi : à ta voix, les fers tomberont des mains des esclaves; la liberté reverdira sur sa tige; le progrès t'élèvera de siècle en siècle vers l'éternelle vérité. Marche donc, je suis à toi !

Depuis ce temps, tout un monde a fait naufrage; tous les peuples se sont brisés les uns contre les autres; toute la terre a été balayée; deux seuls hommes sont restés, le chrétien et le juif.

Rome païenne ne fut jamais réformée par le christianisme. Un moule qui contient une idée ne peut se vider pour en recevoir une autre; il faut le briser. Le monde païen servit d'enveloppe et de matrice au monde chrétien.

Celui-ci se développa sous les lois d'une réaction violente et brutale. La persécution est toujours l'agent le plus favorable et le plus actif à déterminer les germes de vie et de vérité dans leur épanouissement. Le temps qui s'écoule entre la mort de Jésus et la chute de Rome est une sorte de vie occulte et interne où le christianisme *fœtus* se prépare à naître.

Pareille à certains oiseaux qui ont besoin d'une main qui brise leur coquille pour s'ébattre à la vie et au grand air, la foi nouvelle demandait que la hache des barbares lui ouvrît une issue. Les forêts des Goths, enceintes d'hommes et de combattants, les répandent sur la vieille Rome. Tout un monde s'ébranle; le vent du nord souffle des nuées de barbares, tous s'abattent sur cette riche Italie comme des armées de corbeaux et de vautours. Alaric prend Rome entre ses griffes et la lâche; Attila la flaire comme une proie, la regarde et s'en va; Genseric la prend au flanc, la laisse morte sur la place; Odoacre la déterre, comme une hyène, et en ronge jusqu'aux ossements. Ainsi finit la ville éternelle. Le monde est sillonné en tous sens par la barbarie; Pharamond, à la tête des Germains, déborde sur les Gaules; Léovigilde, roi des Goths, envahit l'Espagne; l'Europe est en fusion. On dirait que l'Etna vient d'entr'ouvrir son cratère pour vomir des hommes; cette lave de barbares renverse tout sur sa route; elle monte, elle écume, elle déborde. Tout s'ébranle, tout tombe; le monde est un monceau de ruines. — Mais sur ces ruines s'élève une croix !

C'est ici le grand miracle du Christ. Le monde devait finir, si les éléments de la foi n'étaient aussi ceux de la vie. Que les barbares aient rencontré hors de leurs forêts Rome courtisane et désœuvrée, et qu'ils aient, dans ses bras voluptueux, donné la mort et le néant. Ténèbres contre ténèbres, débauche contre débauche, cadavre contre cadavre, eussent-ils jamais reproduit la lumière, la vertu, la vie? Les livres faisaient des bûchers aux camps, les statues tombaient mutilées sous la hache, les palais renversés de leur base étendaient leurs débris sur la surface du monde. Or c'est une grande loi, que les peuples ne se civilisent qu'en contact avec des éléments excentriques, c'est-à-dire avec les croyances ou les idées des autres peuples. Si l'idée n'est pas dans l'homme, elle n'est pas plus dans la nation. Les peuples livrés à eux-mêmes vieillissent dans une éternelle enfance; l'homme et le peuple ne sont mis en action, en progrès, en mouvement, que par l'impulsion des doctrines. L'âme est inerte dans les sauvages tant qu'elle n'a pas été en rapport idéal et intelligent avec un peuple ou un homme civilisé. Bref, la civilisation s'ente et se greffe; elle ne pousse ni de bouture, ni de rejeton.

Comme l'insecte qui laisse son aiguillon dans la plaie, le barbare laissa son individualité dans sa conquête : les vaincus civilisèrent les vainqueurs. Le vieux monde se transvasa dans le nouveau, avec sa bourbe et son limon : mais de deux éléments qui le composaient, l'un chrétien, l'autre païen, celui-ci se précipita au fond, celui-là nagea pur et limpide à la surface. Le jeune peuple injecta son sang riche et fécond dans les veines du vieux; la vie s'inocula dans un cadavre; la sève coula du tronc vert dans la branche morte; la religion fut la mère et la nourrice de ce peuple enfant : elle l'allaita de ses mamelles, elle le berça dans ses bras, elle lui apprit à balbutier le symbole de sa croyance.

Ces barbares avaient deux missions : briser le moule païen et donner essor à l'idée chrétienne. Rome, l'ancienne, se mourait; ils l'achevèrent d'un coup de lance; Rome, la catholique, se dressa sur le monde et l'envahit de sa lumière et de sa civilisation. Debout, au milieu des ruines, le prêtre entreprit la conquête des âmes, courba sous l'eau sainte la tête des Sicambres, ploya les vainqueurs sous le joug de la croix, et dirigea sur le monde une action d'intelligence et de progrès. Alors seulement ce peuple naquit au sentiment de l'existence, de la morale et de la société.

Les débris de langues, d'art et de poésie que ce déluge avait dispersés çà et là sur la surface du globe, s'accrochent aux flancs des rochers et aux pics des hautes montagnes. La religion chrétienne, chose étrange! protège le paganisme contre la hache et le flambeau : elle met une croix sur le cadavre de sa rivale. Les cloîtres s'ouvrent à l'étude, au recueillement, à la méditation; l'art se fait cénobite, la poésie prend le voile. L'enseignement descend sur le peuple comme

une source du haut de la colline. Tous y boivent la morale et la vérité. L'Evangile, lu au milieu du bruit et du tumulte des armes, calme les haines, rapproche les cœurs, ouvre les âmes aux idées religieuses et humaines. Le culte discipline les forces et l'action brutale; les têtes du manant et du seigneur apprennent à se courber au même niveau devant le calice du prêtre; la grandeur de Dieu est un abîme où vient se perdre celle des hommes.

Tout siècle a son homme, idée incarnée. Charlemagne, dans cette époque de mouvement et de batailles, s'étend sur la surface de l'Europe ; le christianisme se dilate avec lui; le Nord est atteint par la civilisation religieuse. L'empereur des Francs veut faire du monde un grand corps avec deux têtes, la sienne et celle du pape : la couronne et la tiare.

Voici venir de l'Orient un grand bruit de guerre; c'est par la loi des réactions qu'avance l'humanité. Deux mondes sont menacés d'un violent choc; deux tombeaux vont heurter l'un contre l'autre : la croix s'arme contre le croissant. Mahomet, lève-toi! le Christ te jette le défi et te provoque au combat! Tout un peuple en armes émigre de l'autre côté du monde; la mer est lourde de vaisseaux; la terre se dégarnit pour couvrir les ondes; les banderoles chrétiennes flottent et ondulent dans les airs. Que de poussière! que de bruit! que de tumulte! Le casque et le turban oscillent l'un contre l'autre; la terre est rouge de sang. Jamais tombeau fit-il tant de bruit dans le monde ! Jamais mort se dressa-t-il si grand sur la pierre de son sépulcre : et son linceul pour drapeau, son gibet pour étendard, sa sentence de mort pour devise, poussa-t-il au combat des flots d'hommes, avec autant d'empire et d'ardeur! Les Arabes se retirent devant le glaive du Cid; l'Orient chancelle devant la croix; Jérusalem reçoit Godefroy dans ses murs; le christianisme est enfin à l'aise dans l'Europe. A d'autres le soin de justifier cette expédition contre les attaques du dernier siècle, d'en montrer les fruits, de mettre à jour son influence sur l'art, la langue et la poésie. Les brises d'Orient nous soufflèrent le parfum des aloès, de l'art et des beaux vers. Le style se trempa aux sources antiques d'Alexandrie ; la nation des Francs laissa aux bords du Jourdain ce qu'elle avait d'âpre et de sauvage.

Nous ne suivrons pas avant l'action de Dieu sur les événements, et l'influence du christianisme sur la civilisation du moyen âge : ce grand sujet trouvera place à la fin de notre article. Qu'il nous suffise ici d'avoir constaté un fait : le christianisme a sauvé le monde de l'épée des barbares. Dans ce grand mouvement, la civilisation eût péri, si l'idée ne fût venue au secours de la force. Ces peuples, vierges de tout enseignement, subirent celui de la foi et s'épanouirent à ses rayons. En deux siècles, ils firent un pas immense vers l'avenir. Donc le christianisme est sociable, civilisateur et progressif.

V. Examinons maintenant l'action chrétienne sur la science. Avant Jésus-Christ, la science ne vivait que d'empyrisme ou de rêverie. L'observation pouvait seule conduire à des notions à peu près certaines : c'est la méthode qu'Aristote embrassa. Aussi son étude ne s'exerça-t-elle guère que sur des éléments palpables. Ceux qui voulurent a priori dresser le thème du monde, s'enfoncèrent dans un gouffre d'hypothèses et de systèmes d'où nulle vérité ne pouvait jaillir. La mémoire de l'homme était impuissante à révéler l'origine des choses; le monde muet n'offrait çà et là que des traces effacées où le doigt de Dieu avait perdu son empreinte sous les pieds de l'homme.

La matière passait généralement pour éternelle, et elle était, en dernière analyse, le Dieu du monde, puisque l'esprit créateur n'avait pu que la mettre en forme et en mouvement. Ouvrier restreint dans son action par les lois et l'inertie de son instrument, il n'avait pu le plier à tous ses desseins, de là le mal et le désordre. D'autres croyaient que le monde s'était fait tout seul par le travail et le mouvement des atomes; quelques-uns niaient la forme et regardaient l'univers comme un songe où l'homme, mu par une série d'illusions, croyait vainement agir, voir et toucher.

Enfin, la Genèse vint offrir aux hommes une cosmogonie à laquelle Dieu lui-même imprima son sceau. Cuvier a, dans un admirable discours, prouvé l'accord de la raison et de la foi sur les éléments de l'univers. L'âge du monde est gravé sur l'écorce des arbres, dans les entrailles de la terre, dans les mœurs et les traditions des peuples. Il y a deux livres qui sont écrits en caractères bien divers, mais qui se prouvent l'un par l'autre : la Bible et le monde. Tous deux attestent n'être point sortis de la main des hommes; tous deux sont rejetés dans l'espace, entre le temps et l'éternité; tous deux recèlent nos archives et notre histoire; tous deux portent inscrite à chaque page une signature grande et sacrée, celle de Dieu.

C'est dans la Bible qu'il nous faut chercher la dernière raison des choses. Toutes les sciences naturelles, dans leur ordre et leur progrès, s'y déroulent au premier chapitre; les corps bruts sortent du chaos, une vie végétative s'épand sur les herbes et les plantes, les animaux respirent et se meuvent, l'homme naît et pense. Ainsi l'action de Dieu va toujours croissant; l'être coule plus intense sur les créatures à mesure qu'il s'approche de l'homme. Cet ordre est d'ailleurs le plus rationnel, et admis comme tel dans l'étude des sciences. La cosmographie et l'anthropologie sont les deux pôles de l'histoire naturelle.

L'origine des races, la division des hommes après le déluge, la statistique de leurs émigrations, sont encore du plus haut intérêt, et s'accordent avec les données les plus probables de l'histoire. Aussi, comme le remarque encore Cuvier dans un de ses cours, l'élément scientifique fut-il, dans des âges de

ténèbres et de barbarie, transmis par des écrivains chrétiens. Il est vrai que ces notions ont pris, dans ces derniers temps, un bien plus grand développement; mais tout en trahissant une tendance matérialiste, elles ne laissent pas que d'environner de preuves et de témoignages l'authenticité de la tradition.

Il y a tout un autre mouvement que nous voudrions voir se déterminer dans la science, et qui ne peut venir que de l'idée chrétienne. Jusqu'ici les sciences cheminent isolées dans leur sillon. Rien ne se tient, rien de compact ni d'homogène dans leur progrès, rien qui tende vers l'unité. La chimie, qui est encore la plus utile de toutes, ne sert que les besoins physiques du riche et atteint très-peu ceux du pauvre. Tant qu'un homme social et religieux ne rattachera point à un but l'étude de la nature, tant que toutes les sciences ne convergeront point vers le bien-être du sujet humain, tant que les expériences ne seront pas mises à la portée du peuple, nous applaudirons aux succès des savants, mais nous n'octroyerons pas à leurs services une gloire durable.

La science marcherait d'ailleurs bien plus vite, si elle avait pour elle le nombre et l'idée. C'est à cette heure un corps puissant et robuste, mais glacé, qui attend pour se mouvoir qu'on lui souffle une âme. L'esprit est le seul agent qui mette en activité la matière.

VI. Nous touchons à une grande question, celle de savoir quelle doit être l'action du christianisme sur l'avenir. De Lamennais, dans les *Paroles d'un Croyant*, hasarde de solennelles prévisions en faveur du mouvement des peuples. L'idée chrétienne doit, selon lui, subir une transformation toute sociale. La liberté est le dogme le plus haut et le plus inhérent à la religion; c'est celui que l'avenir est appelé à défendre. Le mouvement moral stimulé par l'action doit amener les peuples à ces résultats d'indépendance et d'amour. L'abbé Lacordaire suit dans son enseignement une voie d'idéalisme et de progrès. Il se pose au niveau des questions du jour; il analyse le dogme et la foi dans sa substance. L'abbé Bautain, pour être conséquent à sa théorie sur l'absolutisme de la foi, sur l'immobilité de l'Eglise, sur l'impuissance de l'homme et de l'humanité, croit le christianisme invariable dans son enseignement, sa forme et son action. La religion a, selon lui, émis d'abord toute sa lumière. Le monde n'est en mouvement que pour trouver la vérité. Dès qu'elle luira à ses yeux, il restera stable et fixe. Nous allons, sans examiner ces trois opinions, exprimer la nôtre sur le progrès chrétien.

Tout, dans le monde, est soumis à des phases éternelles et constantes de développement. Nous avons suivi le progrès de l'esprit humain sous l'influence de la foi judaïque; nous avons vu le mouvement du monde rationnel et païen correspondre à celui du monde croyant et traditionnel. Nous pourrions, à l'aide de ces éléments, procéder par analogie; mais mieux vaut n'interroger que les faits, et entrer dans l'examen de l'histoire moderne, vierge de toute réminiscence. Le progrès, selon nous, n'est ni en Dieu, ni dans l'idée considérée dans un état d'abstraction, mais dans l'homme et le peuple. Dieu est tout ce qu'il sera. L'idée, telle que nous l'avons dite, émanation divine, vit co-éternelle et co-immuable à son principe. Il n'y a donc de mouvement, de phases et de périodes que dans l'élément appréhensif de l'idée et de Dieu. Nous avons un exemple sensible de ce phénomène dans la naissance de l'enfant; le soleil, qui nous éclaire tous, luit autour du berceau; les objets ont bien leurs formes et leurs contours; tout existe dans le monde, mais l'enfant n'existe à rien. Telle est l'image de la vie brute et dégradée; tel a été le Goth, le Germain, le Vandale, dans ses rapports avec l'idée et la civilisation. Cependant les yeux de l'enfant percent le nuage qui les entoure; ses mains se dénouent et palpent; ses oreilles s'ouvrent au bruit et à la parole; il vit, il sent, il est. Voilà, dans un autre sens, le réveil de l'homme et du peuple à l'intelligence; voilà l'initiation à la vie morale; voilà le progrès.

Interrogeons donc le passé avant de jeter un regard sur l'avenir. Appelons les faits à notre tribunal; lions le présent à la chaîne des événements antérieurs et futurs. Nous ne prendrons l'ère chrétienne qu'à la chute de l'empire romain. Jusque-là les peuples, membres secs et morts, n'avaient pu rajeunir au souffle d'une nouvelle vie. S'il y eut d'ailleurs progrès et mouvement dans le monde, nous devons les regarder comme non avenus, puisqu'ils s'éteignirent et s'effacèrent sous le grand cataclysme des barbares. Les chrétiens de Rome n'étaient que des canaux par lesquels la foi, la vérité, la vie, devaient couler du Calvaire sur les sociétés futures. Ouvriers laborieux, ils arrosèrent le sol de leur sang et de leurs sueurs, pour que les plants sauvages y prissent racines, séve et végétation.

Quelle action le christianisme dirigea-t-il sur ses enfants du Nord? Il les environna de rites, de cérémonies et de pratiques. Les rois quittèrent le manteau d'azur pour la chappe du choriste. Les croix, les madones, les chapelles levèrent leurs têtes au milieu des bois et des grands chemins, à l'ombre des ormes et des vieux chênes. Les pèlerins, chargés de coquilles et de rosaires, cheminèrent, pieds nus, sur les cailloux ou le pavé des villes. Charlemagne, Alcuin et tous les hommes supérieurs de l'époque ne donnèrent leurs soins qu'à la rédaction du Missel et aux pompes du culte.

La foi était alors en action, le christianisme en symbole; le culte pénétrait la vie en tous sens; on palpait les mystères et les croyances; la religion touchait à l'homme avec une main de chair; elle avait, comme le Christ, ressuscité, pris un corps et des membres. Voyez, disait-elle à ces barbares, c'est bien moi que vous avez percée au flanc d'un coup de lance; que les Vandales et les Germains ont mise en croix; que vos rois disaient, il y a quelques jours, scellée dans

la tombe. Eh bien! je vis : menez vos doigts dans mes plaies; touchez-moi. Vous n'êtes pas en âge d'entendre ma parole toute d'intelligence et d'amour; mais assurez-vous de moi par le témoignage des sens. Regardez-moi, je ne suis point un fantôme; j'ai de la chair et des os; je suis corps, je vis substance et forme. Croyez-moi donc quand je dis que je vous vois, que je vous suis, que j'ai le regard tourné sur toutes vos actions; que je punis et récompense; que j'ai dans une main la palme, dans l'autre le glaive.

Telle était, en effet, la mission du culte dans ces temps grossiers : discipliner la vie. On réduisait l'homme au bien et l'on contenait ses penchants vers le mal par les règles d'un enseignement tout plastique. Des peines temporelles frappaient le transgresseur. Rome secouait ses foudres, et l'Église sa cendre sur la tête du coupable. Un vaste système pénitentiaire atteignait tous les délits contre la foi ou l'humanité; le barbare se réformait au dehors.

L'art marche dans cette direction; l'idée se fait pierre; la cathédrale est le premier livre qui sorte des mains chrétiennes. Tout est emblème, tout est signe. Dieu transpire à travers la forme sociale et religieuse. Le christianisme sue dans les mœurs, les coutumes et les œuvres extérieures; toute pensée est homme ou statue. Rien dans cette atmosphère dense et lourde ne subsiste, un instant, à l'état de théorie spéculative; tout se transmet en chose, se cristallise en marbre ou se coule en or, en argent, en bronze. Fétichiste par besoin, l'homme se sert de la forme pour réveiller en lui le souvenir de la vérité divine. L'image est le seul conducteur qui l'élève jusqu'à l'idée. C'est l'âge du culte et de la liturgie.

Cinq siècles après, un nouveau mouvement se développe : le culte se simplifie; les rites, à l'aide desquels on enveloppait l'homme comme un réseau, font jour par maints endroits; l'art dévie de la religion; une étude sévère et profonde du christianisme dans sa lettre, dans son dogme, dans sa loi, succède à l'enseignement du christianisme dans son culte. Les docteurs prennent la place des architectes, ces premiers missionnaires de l'idée religieuse. L'Evangile est lu, commenté, soumis à toutes les disputes, à tous les examens, à toutes les subtilités scolastiques. Une pratique légale des devoirs succède à une pratique formelle. C'est l'âge de la foi qui s'étend jusqu'à la fin du dernier siècle.

Du choc de deux erreurs jaillit une vérité : c'est cette grande loi de réaction et de conflit qui domine le progrès. A l'homme idolâtre du signe (l'équilibre résulte d'un double contre-poids), Dieu oppose l'iconoclaste, contempteur aveugle et vandale de l'art chrétien; au croyant, qui abjure l'examen et la raison, le doute et le scepticisme de Montaigne.

Cependant nous touchons à un grand mouvement de l'esprit humain. Le culte est de nouveau frappé au cœur; 93, nuage brûlant, gros d'éclairs et de foudres, crève à l'horizon. Temples, croix, statues, tombent détachés de leur base; les cloches de la prière sonnent le tocsin de la révolte; la foi est elle-même submergée dans ce déluge de feu; on la bannit des cœurs et de la cité; sur son siège vide on assied la raison. Regardez en arrière, vous qui défaillez au milieu de cette grande épreuve! Ne vous souvient-il plus des convulsions du monde chrétien quand il aborda son âge de croyance? la guerre n'étendit-elle pas ses ravages sur l'Allemagne, sur l'Angleterre et sur la France? Peuple et peuple, homme et homme, ne se ruèrent-ils point avec des cris et de grandes menaces? Que signifient donc aujourd'hui cette crise et ce choc de l'humanité? une transformation dans l'esprit religieux et social des peuples.

Nous entrons en effet dans une nouvelle ère, celle de l'intelligence. Que le christianisme ait subi deux progrès dans son enseignement, toutefois sans variation; que le culte ait été son premier moyen d'action sur les peuples; que la foi morale dans l'autorité de l'Evangile, de la tradition et de l'Eglise, ait fait suite à la forme extérieure; ce n'est pas nous qui le disons : ce sont les faits. Que la foi mène à l'intelligence, l'étude à l'intuition, la lettre à l'idée, ce n'est pas seulement nous ni les faits qui le proclament, c'est Jésus-Christ, *credite et intelligetis* ! France, tu as vu jusqu'ici le signe et le corps du christianisme; tu en saisiras l'idée, l'esprit, l'âme en quelque sorte! Un voile, celui du témoignage, te cachait la vérité; tu le soulèveras. Dieu, qui s'est d'abord rendu palpable et accessible à tes sens, qui s'est incliné jusqu'à ta conviction et ton jugement, se fait maintenant accessible à ton intelligence. Tu as cru, tu comprendras.

Prétendons-nous abolir ainsi le culte et la foi? loin de là; seulement nous croyons que l'enseignement du christianisme, dans sa philosophie, dans son intuition, dans sa spiritualité, convient avant tout à notre époque. De même qu'au moyen âge le culte n'excluait point l'idée d'une manière absolue, nous disons que l'idée ne récuse pas la forme, dans ce qu'elle a d'essentiel et de bon. Jésus-Christ, d'ailleurs, ne compare-t-il pas sa doctrine à un épi qui tombe en terre, y végète, y mûrit, y pousse des barbes et du grain? Tout invariable que soit en elle-même la vérité, elle se développe relativement à l'homme. L'épi est tout entier dans l'embryon, mais la terre le couve, le nourrit et le féconde.

Un grand conquérant, à chacune de ces phases humanitaires, s'étend sur le monde et rapproche les nations par la victoire. Charlemagne développe le culte dans son action civilisatrice, et atteint jusqu'aux contrées les plus barbares. Charles-Quint promène son ambition du nord au midi, et établit un contact entre tous ces courants de foi et de conviction qui serpentaient dans l'Europe. Napoléon unit tous les peuples en faisceau, et perce des routes à l'in-

telligence, pour qu'elle circule en tous sens, de Paris à Berlin, à Madrid, à Rome : en dépit des nouvelles brisures, l'Europe est devenue un grand pays.

L'action religieuse doit-elle s'arrêter là? Nous ne le croyons pas. Le christianisme est fait pour tout l'homme ; il doit aviver toutes les profondeurs de notre être ; il pénètre, avec le temps, les couches concentriques de notre nature; de là, le progrès. D'abord il n'atteint, comme nous l'avons vu, que l'extériorité de l'homme, puis la foi, puis l'intelligence, puis enfin, comme nous allons le démontrer, le cœur.

Le dernier mot de l'Evangile, c'est l'union. Le christianisme fond l'homme dans l'homme, et les hommes en Dieu. La vérité aspire à elle toutes les intelligences; la charité, tous les cœurs. Faisceau ardent et lumineux où toutes les individualités s'effacent! Noble alliance où les membres s'organisent en un grand corps! Eh bien! cette tendance unitaire va s'épanouissant d'âge en âge, et sera la grande loi de l'avenir. C'est alors que le christianisme fera vraiment son œuvre sociale. Jusque-là, sans doute, il agira sur les peuples, mais à distance et sans intensité d'effet. Nous avons eu, dit-on, des sociétés chrétiennes ; sans doute ! Toutefois le moyen âge n'était religieux qu'à la surface; le siècle de Louis XIV croyait et mentait à ses croyances; le nôtre est spéculatif et théoricien. Bon et intelligent quand il cherche l'idée, il s'égare dans l'action ; à l'avenir de faire un peuple avec le livre du Christ, interprété par l'Eglise enseignante. Monde, élargis-toi; tombez, citadelles et remparts; aplanissez-vous, sommets des Alpes et des Pyrénées; mer, rapproche tes rivages, pour que les peuples se rencontrent et s'unissent en une étreinte d'amour, sur le cœur et entre les bras de Jésus-Christ !.....

Toute secte a, dans le monde, une mission. Le plus souvent elle recèle sous une enveloppe d'erreur la vérité féconde de l'avenir. Le temps use le mensonge ou le ridicule, qui sont autour, et donne issue à l'idée. Le saint-simonisme, dans ce qu'il avait de fanatique et d'arbitraire, est mort; dans ce qu'il cachait d'intelligent, de religieux et de chrétien, il vit. A son insu, il travaille pour l'Evangile. Oui, l'avenir fera du monde une grande famille, où tout sera commun et mutuel; mais la charité du Christ opérera seule ce prodige, car seule elle a dit : « Vous êtes frères! » Quand, aux portes d'une cité, vous voyez des pauvres en haillons et délaissés, secouez vos vêtements et passez, car cette ville n'est pas toute parfaitement chrétienne! Quand vous entendez le bruit des fouets sur le dos des esclaves inhumainement maltraités, vissiez-vous une croix sur le dôme des temples, fuyez, fuyez! car c'est le Christ qu'on flagelle. Quand vous apercevrez du sang injustement répandu le long des murs ou sur le pavé des rues, tournez la face et dites : Seigneur, Seigneur, vous n'êtes pas là! Le pauvre abandonné, l'esclave honni, le bourreau haletant et fatigué d'entasser des victimes, trois situa-

tions qui ne devraient pas trouver place dans les sociétés chrétiennes de l'avenir! Jésus n'a traversé la crèche, le prétoire et le Calvaire et il n'a triomphé de toutes ces choses que pour les abolir à jamais et les sanctifier.

Pourquoi le nom de Napoléon sonne-t-il si haut sur toutes les lèvres et dans tous les cœurs? C'est qu'il a tenté par la force, et au profit de son ambition, ce qu'un homme d'âme et de génie essayera par l'intelligence au profit des idées chrétiennes. Napoléon a voulu unir et concentrer le monde, mais le temps n'était pas encore venu, mais les liens de cet homme étaient de fer, mais son action toute physique était impuissante en durée comme en progrès; son œuvre se brisa sous sa main. Louis-Napoléon se présente à la France comme le Napoléon de la paix ; mais, qu'il s'en souvienne, ce n'est ni par l'action ni par la force que les idées d'avenir s'infiltreront dans les peuples, mais par l'enseignement. Vienne cet homme empereur qui dépose la vérité chrétienne dans les intelligences, qui s'insinue par des conducteurs dans toutes les classes, qui se ramifie en une œuvre vaste et compliquée, sa parole germera, son idée pénétrera les masses, et, quelque jour, un grand peuple se lèvera, en disant : Je suis le peuple Dieu ! C'est cette seconde incarnation sociale qui couronnera les labeurs de l'humanité !

Nous avons exposé l'idée chrétienne dans son ensemble ; soleil des intelligences, elle monte vers le ciel, toute pleine d'éclat et de rayons. Quelques hommes voudraient l'obscurcir ; « Soufflez, leur dit-elle, vous ne m'éteindrez pas. » Cette idée est l'âme et la vie du monde. Aujourd'hui que des ossements d'hommes et de choses jonchent notre sol; que mille systèmes gisent cendre et poussière; que les âmes errent çà et là froides, incertaines, sombres comme les spectres de Dante, il faut que le Christ descende dans nos lieux bas et caverneux. Sa lumière pénétrera nos ombres et nos ténèbres; son souffle ravivera nos cœurs morts et glacés, sa voix arrachera les hommes à leur sépulcre.

Alors, sur les ruines de l'erreur, règnera la loi de la vérité et de l'avenir ; — le seul code des croyants, — le livre de l'homme et de Dieu : l'Evangile !

**PRÉFETS.** — Le préfet, dans chaque département, est membre de droit du conseil académique; il peut se faire remplacer par un délégué. Les préfets ont le droit d'interdire, sur la voie publique et dans les communes, le colportage et la vente des livres et écrits quelconques contraires à la religion et à la morale. Leurs attributions sont aujourd'hui presque illimitées.

**PRÉSIDENT.** — Le ministre de l'instruction publique est président de droit du conseil supérieur de l'instruction publique. La voix du président du conseil supérieur est prépondérante en cas de partage, si la matière n'est ni contentieuse ni disciplinaire. Si la matière est contentieuse, il en est délibéré de nouveau,

et s'il y a encore partage dans la deuxième délibération, il est vidé par la voix prépondérante du président. Si au contraire la matière est disciplinaire, l'avis favorable à l'inculpé prévaut. Le recteur est président du conseil académique et du jury chargé d'examiner les aspirants au brevet de capacité. La commission d'examen élit elle-même son président.

PROGRAMMES DE L'ENSEIGNEMENT DANS LES LYCÉES, ET POUR L'EXAMEN DU BACCALAURÉAT ÈS LETTRES. — Les vœux que nous formions en traçant les premières lignes de notre livre, sont déjà réalisés; les nouveaux programmes de l'enseignement littéraire et scientifique des lycées et du baccalauréat, sont bien plus en harmonie et avec les exigences de la situation actuelle des esprits en France et avec les garanties que réclamaient la morale, l'ordre et la liberté. Il suffit de les lire pour être contraint d'en convenir. Aussi croyons nous devoir nous borner à les citer textuellement.

PLAN D'ÉTUDES.

Le ministre de l'instruction publique et des cultes ; vu les articles 1, 2 et 3 du décret du 10 avril 1852, déterminant le système d'études des établissements publics ; le conseil supérieur de l'instruction publique entendu, arrête ainsi qu'il suit le plan d'études des lycées :

CHAPITRE Ier. — DIVISION ÉLÉMENTAIRE.

### Classe de huitième.

Lecture et Récitation, avec explication des mots et des phrases. — Écriture. — Exercice d'orthographe. — Grammaire française : noms, adjectifs, verbes. — Histoire sainte, jusqu'à la mort de Salomon (récitation et interrogation). — Géographie : explication des termes, divisions principales du globe et de l'Europe. — Calcul : les quatre règles enseignées par la pratique. — Dessin linéaire au crayon et à la plume.

Évangile des dimanches, en français ; Histoire sainte, approuvée par l'évêque diocésain ; Grammaire française de Lhomond ; Fénelon : *Fables*.

### Classe de septième.

Lecture et Récitation, avec explication des mots et des phrases. — Écriture. — Exercices d'orthographe. — Grammaire française : révision et continuation. — Grammaire latine : déclinaison, conjugaisons ; premières règles de la Syntaxe enseignées par des exercices d'application. — Exercices d'analyse grammaticale de vive voix et au tableau. — Explication de l'*Epitome historiæ sacræ*. — Histoire sainte : révision et continuation. — Géographie de la France : limites, montagnes, fleuves, anciennes provinces, départements avec leurs chefs-lieux. — Calcul : révision ; système légal des poids et mesures. — Dessin linéaire au crayon et à la plume.

Évangiles des dimanches, en français ; Histoire sainte, approuvée ; Grammaire française et latine de Lhomond ; Fénelon : *Morceaux choisis* ; La Fontaine : *Fables choisies* ; *Epitome historiæ sacræ*.

## CHAPITRE II. — DIVISION DE GRAMMAIRE.

### Examen d'Admission.

Lecture à haute voix ; dictée d'orthographe ; interrogation sur les parties de la grammaire française et de la grammaire latine qui ont été enseignées dans la division élémentaire : explication d'un passage choisi dans les vingt premiers chapitres d *Epitome historiæ sacræ.*

### Classe de sixième.

Récitation d'auteurs français et latins. — Grammaire française ; révision. — Grammaire latine; révision des premiers éléments ; synxtaxe. — Premières règles de la Méthode enseignées par des exercices d'application. Grammaire grecque : déclinaison, dans le second semestre. — Explication d'auteurs français et latins. — Thème latin. — Version latine. — Notions générales d'Histoire et de Géographie anciennes, pour servir d'introduction à l'histoire de France. Histoire de France : première race. Notions correspondantes de géographie (Sommaire dicté et appris ; développements oraux accompagnés d'interrogation [Programme 1]. — Révision des exercices pratiques de calcul.

Maximes tirées de l'Écriture sainte, par Rollin (texte latin) ; Grammaire française et latine de Lhomond ; Grammaire grecque de Burnouf ; Fleury : *Mœurs des Israélites* ; Morceaux choisis de prose et de vers des classiques français ; *Epitome historiæ Græcæ* ; *De viris illustribus urbis Romæ.*

### Classe de cinquième

Récitation : texte français et latins. Les cent premières décades des racines grecques. — Grammaire française. — Grammaire latine : révision de la syntaxe, étude de la Méthode. — Grammaire grecque : conjugaisons. Exercices d'application. — Explication d'auteurs français, latins, et, dans le deuxième semestre, d'auteurs grecs. — Thème latin. — Version latine. — Histoire de France : continuation jusqu'au règne de François Ier. Notions correspondantes de géographie (Programme 2). — Géographie physique de la France (Programme 4). — Révision des exercices pratiques de calcul.

Maximes tirées de l'Écriture sainte, par Rollin (texte latin) ; Grammaire de Lhomond ; Grammaire grecque de Burnouf ; Morceaux choisis de prose et de vers des classiques français ; Fleury : *Mœurs des chrétiens* ; Racine : *Esther* ; *Selectæ e profanis scriptoribus historiæ* ; Cornélius Népos ; Phèdre : *Fables* ; Ésope : *Fables* Évangile selon saint Luc (texte grec).

### Classe de quatrième.

Récitation : textes français et latins. Fin
et révision des racines grecques. — Grammaire grecque : Syntaxe. — Notions élémentaires de Grammaire comparée dans les trois langues (Programme 6). — Notions élémentaires de Prosodie latine. — Explications d'auteurs français, grecs et latins. — Thème latin. — Version latine. — Version grecque. — Histoire de France : continuation jusqu'à l'année 1815. Notions correspondantes de géographie (Programme 3). — Géographie administrative de la France (Programme 5).

Maximes tirées de l'Écriture sainte, par Rollin (texte latin) ; Grammaire de Lhomond ; Grammaire grecque de Burnouf ; Prosodie latine ; Morceaux choisis de prose et de vers des classiques français ; Fénelon : *Télémaque* ; Racine : *Athalie* ; Cicéron : *Choix de Lettres familières* ; Quinte-Curce ; César : *De bello Gallico* ; Virgile : *Églogues* ; Ovide : *Choix de métamorphoses* ; Évangile selon saint Luc (texte grec) ; Xénophon : *Cyropédie* ; Lucien : *Choix de dialogues des morts.*

Une leçon par semaine est réservée aux éléments de l'arithmétique et à des notions préliminaires de géométrie, enseignés par un professeur spécial (Programme 7).

#### Examen de grammaire.

L'examen de grammaire est fait par le proviseur ou le censeur, assisté du professeur de troisième et du professeur de quatrième.

Cet examen se compose : 1° D'une version latine ; 2° De l'explication de trois textes français, latin et grec, choisis dans les auteurs vus en quatrième ; 3° D'interrogations sur les trois grammaires; 4° De questions sur l'histoire et la géographie de la France ; 5° D'opérations d'arithmétique.
Le certificat d'aptitude délivré dans un lycée est valable pour tous les établissements publics. Il est délivré sans examen aux élèves des lycées qui ont rempli une des trois conditions suivantes : 1° avoir été rangé, d'après l'ensemble de toutes les compositions, dans la première moitié de la classe de quatrième ; 2° avoir été inscrit pour deux facultés différentes au tableau d'honneur dans le courant de l'année ; 3° avoir obtenu dans cette année un prix ou deux *accessit.*

### CHAPITRE III. — DIVISION SUPÉRIEURE.

§ I°. — ENSEIGNEMENT COMMUN A LA SECTION DES LETTRES ET A LA SECTION DES SCIENCES (1).

Cet enseignement, qui comprend le français, le latin, l'histoire, la géographie, l'allemand, l'anglais et la logique, est donné dans les leçons du soir. — Dans les classes de troisième, seconde et rhétorique, le cours de français et de latin a, par semaine, trois ou deux leçons alternativement ; le cours d'histoire et de géographie, une ou deux. Les cours de langues vivantes ont, chacun, une leçon par semaine. — Pendant la quatrième année, l'enseignement commun de la logique fait l'objet de deux leçons par semaine.

(1) Voir §§ 2 et 3 pour les études complémentaires de chaque section.

### Classe de troisième. — (Sections réunies des lettres et des sciences.)

#### FRANÇAIS ET LATIN.

Récitation d'auteurs français. — Exercices français : récits et lettres d'un genre simple. — Explication d'auteurs français et latins. — Version latine.
Morceaux choisis de prose et de vers des classiques français ; Voltaire : *Vie de Charles XII* ; Boileau : *Satires* ; Cicéron : *Les discours contre Catilina, le Traité de l'Amitié* ; Salluste ; Virgile : *Épisodes des Géorgiques.*

#### HISTOIRE ET GÉOGRAPHIE.

Histoire ancienne et géographie historique de l'antiquité (Programme 8). — Notions générales de géographie physique et politique, grandes divisions du globe (Programme 11).

#### LANGUES VIVANTES.

**Allemand.** — (Programme 14.)
Lecture, prononciation, orthographe. — Récitation. — Grammaire : première partie. — Thème. — Traduction orale ou écrite. — Langue parlée.
Morceaux choisis de prose et de vers des classiques allemands.

**Anglais.** — (Programme 17).
Lecture, prononciation, orthographe. — Récitation. — Vocabulaire. Racines saxonnes. — Grammaire : formation des mots et syntaxe. — Traduction orale ou écrite. — Langue parlée.
Morceaux choisis de prose et de vers des classiques anglais.

### Classe de seconde. — (Sections réunies des lettres et des sciences.)

#### FRANÇAIS ET LATIN.

Récitation d'auteurs français. — Exercices français : récits, lettres, descriptions de divers genres. — Explication d'auteurs français et latins. — Version latine.
Morceaux choisis de prose et de vers des classiques français ; Fénelon : *Lettres à l'Académie* ; Bossuet : *Discours sur l'histoire universelle* ; Voltaire : *Siècle de Louis XIV* ; théâtre classique ; Boileau : *Épîtres* ; J.-B. Rousseau : *OEuvres lyriques* ; Tite-Live : *Narrationes excerptæ* ; Cicéron : *Les discours contre Verrès, le Traité de la Vieillesse* ; Virgile : *Les trois premiers livres de l'Énéide* ; Horace : *Odes.*

#### HISTOIRE ET GÉOGRAPHIE.

Histoire et géographie historique du moyen âge (Programme 9). — Géographie des États européens autres que la France. — Histoire sommaire de la géographie. — Géographie statistique des productions et du commerce des principales contrées (Programme 12, p. 61).

#### LANGUES VIVANTES.

**Allemand.** — (Programme 15).
Lecture. — Récitation. — Grammaire : Syntaxe. Questions grammaticales traitées en allemand. — Explication d'auteurs pré-

parée et à livre ouvert. — Thème écrit et improvisé. — Version.

Morceaux choisis de prose et de vers des classiques allemands.

### Anglais. — (Programme 18).

Lecture. — Récitation. — Vocabulaire : comparaison des éléments saxon, latin et français.

Questions et réponses en anglais. — Thème. — Composition par écrit et de vive voix ; lettres familières.

Morceaux choisis de prose et de vers des classiques anglais.

### *Classe de rhétorique. — (Sections réunies des lettres et des sciences.)*

#### FRANÇAIS ET LATIN

Récitation d'auteurs français. — Notions élémentaires de rhétorique et de littérature (Programme 20, p. 66). Exercices français : discours, analyses littéraires. — Explication d'auteurs français et latins. — Version latine.

Morceaux choisis de Pascal, La Bruyère, Madame de Sévigné, Massillon, Fontenelle, Buffon ; Bossuet : *Oraisons funèbres;* Fénelon : *Dialogues sur l'Eloquence;* Massillon : *Le petit Carême;* Montesquieu : *Considérations sur les causes de la grandeur et de la décadence des Romains;* Théâtre classique : Boileau : *Art poétique;* La Fontaine : *Fables; Conciones sive orationes collectæ;* Cicéron : *Le Songe de Scipion;* César : *Commentaires;* Pline l'Ancien : *Morceaux choisis;* Tacite : *Annales;* Virgile : *Les sept derniers livres de l'Enéide;* Horace : *Satires, Epîtres, Art poétique.*

#### HISTOIRE ET GÉOGRAPHIE.

Histoire et géographie historique des temps modernes (Programme 10). — Géographie physique, politique, industrielle et commerciale de la France (Programme 13).

#### LANGUES VIVANTES.

##### Allemand. — (Programme 16).

Lecture. — Récitation. — Grammaire : révision. — Questions étymologiques. — Explication d'auteurs. — Thème, avec exercices grammaticaux. — Version. — Exercices littéraires ; narrations, amplifications, etc.

Morceaux choisis de prose et de vers des classiques allemands.

##### Anglais. — (Programme 19.)

Lecture. — Récitation. — Vocabulaire : révision. Questions et réponses en anglais. — Analyses de vive voix, en anglais, d'ouvrages littéraires et scientifiques. — Compositions écrites en anglais.

Morceaux choisis de prose et de vers des classiques anglais.

### *Classe de logique. — (Sections réunies des lettres et des sciences.)*

Le cours est divisé de la manière suivante : 1er trimestre : étude de l'esprit humain et du langage; 2e trimestre : de la méthode dans les divers ordres de connaissances; 3e trimestre : application des règles de la

méthode à l'étude des principales vérités de l'ordre moral (Programme 21).

Il y a deux sortes d'exercices : Rédactions ; dissertations françaises.

### § II. — ENSEIGNEMENT PARTICULIER A LA SECTION DES LETTRES

Cet enseignement comprend d'une part l'étude approfondie des langues latine et grecque et de la logique, et d'autre part les notions scientifiques appropriées aux élèves de la section littéraire. Dans les classes de troisième, seconde et rhétorique, chaque semaine, le cours de langues latine et grecque a, le matin, quatre leçons ; le cours scientifique en a une.

Pendant la quatrième année, l'enseignement scientifique est donné, chaque semaine, dans les cinq leçons du matin. Le soir, outre les deux leçons communes aux deux sections, les élèves de la section des lettres reçoivent une troisième leçon de logique destinée à compléter cette étude. Les deux autres leçons du soir sont consacrées à la revision de l'enseignement littéraire compris dans les programmes du baccalauréat ès lettres.

### *Classe de troisième. — (Section des lettres.)*

#### LANGUES LATINE ET GRECQUE.

Récitation d'auteurs latins et grecs. — Révision des notions de grammaire comparée (Programme 6). — Thème latin. — Vers latins. — Thème grec. — Versions grecque.

Hérodote; Plutarque : *Vies des hommes illustres;* Choix de discours des Pères grecs: Homère : *Iliade.*

#### SCIENCES.

Notions générales de géométrie (Programme 22) et de physique (programme 23). pour servir d'introduction à l'étude des sciences. — Lecture de morceaux choisis dans les auteurs classiques qui ont écrit sur les sciences.

### *Classe de seconde. — (Section des lettres.)*

#### LANGUES LATINE ET GRECQUE.

Récitation d'auteurs latins et grecs. — Analyses littéraires d'auteurs latins et grecs. — Thème latin et narration latine alternativement. — Vers latins. — Thème grec. — Version grecque.

*Exercepta e scriptoribus græcis* (d'Andrezel); Platon : *Apologie de Socrate;* Plutarque : *Un des traités moraux;* Homère : *Odyssée.*

#### SCIENCES.

Notions de chimie (Programme 24) et de cosmographie (Programme 25). — Lecture de morceaux choisis dans les auteurs classiques qui ont écrit sur les sciences.

### *Classe de rhétorique. — (Section des lettres.)*

#### LANGUES LATINE ET GRECQUE.

Récitation d'auteurs latins et grecs. — Analyses littéraires d'auteurs latins et grecs. — Discours latins. Vers latins. — Version grecque.

Thucydide; Démosthènes : *Les Olynthiennes, les Philippiques, le Discours pour la couronne;* Sophocle : *Une tragédie;* Aristophane : *Plutus.*

**SCIENCES.**

Notions générales d'histoire nature..e (Programme 26). — Lecture de morceaux choisis dans les auteurs classiques qui ont écrit sur les sciences.

*Classe de logique.* — *(Section des lettres.)*

LOGIQUE

La leçon complémentaire de logique est consacrée : 1° à la dissertation latine ; 2° à l'analyse des auteurs philosophiques dont les noms suivent : Platon : *Le premier Alcibiade et le Gorgias* ; Aristote : *Les Analytiques* ; Cicéron : *De Officiis* ; Saint Augustin : *Soliloques* ; Bacon : *Novum Organum* ; Descartes ; *Le discours de la méthode, les Méditations* (texte latin). Pascal : *De l'Autorité en matière de philosophie, Réflexions sur la géométrie en général ; de l'Art de persuader* ; Logique de Port-Royal ; Malebranche : *Recherche de la vérité* ; Bossuet : *Traité de la connaissance de Dieu et de soi-même ; Traité du libre arbitre ; Logique* ; Fénelon : *Traité de l'Existence de Dieu*, et *Lettres sur divers sujets de métaphysique* ; Pensées de Leibnitz, par l'abbé Emery ; Euler : *Lettres à une princesse d'Allemagne* (édition complète).

RÉVISION DE L'ENSEIGNEMENT LITTÉRAIRE.

Deux leçons par semaine sont consacrées : 1° A l'explication des auteurs français, latins et grecs ; 2° A des exercices de traduction et de composition ; 3° Au résumé de l'histoire et de la géographie.

**SCIENCES.**

Le cours de mathématiques [arithmétique (Programme 27), géométrie plane (Programme 28), géométrie à trois dimensions (Programme 29), a trois leçons par semaine. Le cours de physique (programme 30) en a deux.

**§ III. — ENSEIGNEMENT PARTICULIER A LA SECTION DES SCIENCES.**

Cet enseignement comprend l'arithmétique, l'algèbre, la géométrie et ses applications, la trigonométrie rectiligne, la cosmographie, la physique, la mécanique, la chimie, l'histoire naturelle, les éléments de logique, le dessin linéaire et d'imitation.

Pendant les années de troisième et de seconde, chaque semaine l'enseignement est donné dans les cinq leçons du matin.

Dans l'année de rhétorique, outre les cinq leçons du matin, consacrées chaque semaine aux sciences, une sixième leçon peut être consacrée, le jeudi matin, pendant le premier semestre, à enseigner les éléments de la logique (Programme 52) aux élèves qui en font la demande.

Dans la quatrième année, chaque semaine, outre les deux leçons de logique qui leur sont communes avec les élèves de la section des lettres, les élèves de la section des sciences reçoivent, le soir, deux leçons consacrées à la révision de l'enseignement littéraire. La cinquième leçon du soir et les cinq leçons du matin sont employées à la révision de l'enseignement scientifique, et distribuées de telle sorte que les élèves aient la faculté d'approfondir le genre de science approprié aux carrières qu'ils se proposent de suivre.

Pendant les quatre années, chaque semaine le dessin linéaire et d'imitation est enseigné dans quatre séances d'une heure, placées hors des deux heures ordinaires des classes.

*Classe de troisième.* — *(Section des sciences.)*

Arithmétique et notions préliminaires d'algèbre (Programme 31). — Géométrie : figures planes (Programme 34). — Applications de la géométrie élémentaire : levé des plans (Programme 37). — Physique : notions préliminaires (Programme 43). — Chimie : notions préliminaires (Programme 46). — Histoire naturelle : notions générales ; principes des classifications (Programme 49). — Dessin linéaire et d'imitation (Programme 51).

*Classe de seconde.* — *(Section des sciences.)*

Algèbre (Programme 32). — Géométrie : figures dans l'espace ; révision (Programme 35). — Applications de la géométrie : notions sur la représentation géométrique des corps à l'aide des projections (Programme 38). — Trigonométrie rectiligne (Programme 40). — Physique (Programme 44). — Chimie (Programme 47). — Dessin linéaire et d'imitation (Programme 51).

*Classe de rhétorique.* — *(Section des sciences [1].)*

Arithmétique et algèbre : exercices (Programme 33). — Géométrie : notions sur quelques courbes usuelles ; révision générale (Programme 36). — Applications de la géométrie : notions sur le nivellement et ses usages (Programme 39). Trigonométrie : révision (Programme 41). — Cosmographie (Programme 42). — Physique : mécanique (Programme 45). — Chimie : fin et révision (Programme 48). — Histoire naturelle : zoologie et physiologie animale ; botanique et physiologie végétale ; géologie (Programme 50). — Dessin linéaire et d'imitation (Programme 51).

*Classe de logique.* — *(Section des sciences.)*

RÉVISION DE L'ENSEIGNEMENT LITTÉRAIRE.

Deux leçons par semaine sont consacrées : 1° A l'explication des auteurs latins, français, allemands et anglais ; 2° à des exercices de traduction ; 3° au résumé de l'histoire de France et de la géographie.

RÉVISION DE L'ENSEIGNEMENT SCIENTIFIQUE.

Six leçons par semaine sont employées à la préparation des matières du baccalauréat ès sciences et à la révision méthodique des cours des trois années précédentes, resserrée ou développée, selon que le comporte l'état des connaissances acquises par les élèves (Programme 53).

**§ IV. — ENSEIGNEMENT COMPLÉMENTAIRE DE LA SECTION DES SCIENCES.**

*Classe de mathématiques spéciales.*

Dans les lycées qui seront ultérieurement désignés (2), cinq leçons par semaine seront

(1) Une leçon peut être consacrée, le jeudi matin, pendant le premier semestre, à enseigner les éléments de la logique (Programme 52) aux élèves qui en font la demande.

(2) Par arrêté du 8 septembre 1852, ont été désignés, pour l'enseignement des mathématiques, les lycées de Paris, Besançon, Bordeaux, Brest, Caen, Dijon, Douai, Grenoble, Lyon, Marseille, Metz, Montpellier, Nancy, Nantes, Poitiers, Rennes, Rouen, Strasbourg, Toulouse, Versailles.

consacrées à l'enseignement des mathématiques spéciales (Programme 54). Dans les autres leçons, les élèves pourront revoir, en commun avec ceux de l'année de logique, les cours de lettres et de sciences physiques, chimiques et naturelles, nécessaires pour la préparation de l'examen du baccalauréat ès sciences et du concours d'admission à l'école normale et à l'école polytechnique.

Les élèves seront admis au cours de mathématiques spéciales, après avoir justifié de leur aptitude, soit qu'ils aient parcouru le cours entier de la section des sciences, soit qu'ils n'en aient suivi les leçons que pendant trois ans.

### § V. — DISPOSITION TRANSITOIRES RELATIVES A LA SECTION DES SCIENCES.

Pendant l'année scolaire 1852-1853, l'enseignement particulier de la section des sciences sera donné, dans les classes de troisième, de seconde et de rhétorique, conformément aux programmes de la classe de troisième.

Pendant l'année scolaire 1853-1854, il sera donné dans la classe de rhétorique conformément aux programmes de la classe de seconde.

Pendant les trois années scolaires 1852-1853, 1853-1854, 1854-1855, où les élèves n'auront pas complété leur instruction normale, il y sera suppléé par un enseignement spécial donné dans la classe de logique (Programme 55).

Fait à Paris, le 30 août 1852.

H. FORTOUL.

—

### ENSEIGNEMENT RELIGIEUX.

Le ministre de l'instruction publique et des cultes, vu l'article 4 du décret du 10 avril 1852 (1), le conseil supérieur de l'instruction publique entendu, arrête :

Art. 1er. L'enseignement religieux des lycées est obligatoire pour tous les élèves internes, à quelque classe qu'ils appartiennent. Au commencement de l'année, les élèves externes dont les parents le demanderont, seront admis aux cours de l'enseignement religieux. Ces cours seront dès lors obligatoires pour eux.

Art. 2. L'enseignement religieux sera donné une fois par semaine à chaque division d'élèves. Chaque leçon sera d'une heure. Dans la division supérieure des lycées, les élèves de la section des lettres et ceux de la section des sciences seront réunis pour recevoir en commun l'enseignement religieux.

Art. 3. L'enseignement religieux donnera

(1) Des conférences sur la religion et sur la morale, correspondant aux différentes divisions, sont faites par l'aumônier ou sous sa direction. Elles font nécessairement partie du plan d'études des lycées. Le programme en est dressé directement par l'évêque diocésain. Des mesures analogues sont prescrites pour les élèves des cultes non catholiques reconnus.» (*Décret du 10 avril 1852, art. 4.*)

lieu à des compositions périodiques et aux mêmes récompenses que les autres enseignements obligatoires.

Art. 4. La répartition des divers cours d'enseignement religieux entre les ecclésiastiques attachés à chaque lycée, aussi bien que l'ordre des compositions, et généralement tout ce qui a rapport au service et à l'enseignement religieux de chaque lycée, sera réglé par le proviseur, de concert avec l'aumônier, en tout ce qui concerne la discipline. Ce règlement sera soumis chaque année à l'approbation de l'évêque diocésain.

Art. 5. L'inspection officielle de l'enseignement religieux des lycées sera faite au nom de l'évêque diocésain et par ses délégués, en présence du proviseur ou de tel autre représentant du ministre de l'instruction publique.

Art. 6. Des mesures d'exécution analogues à celles qui sont indiquées dans les articles 4 et 5 sont prescrites pour les élèves des cultes non catholiques reconnus.

Fait à Paris, le 29 août 1852.

H. FORTOUL.

—

## PROGRAMMES ANNEXÉS AU PLAN D'ÉTUDES.

Le ministre de l'instruction publique et des cultes, vu les articles 1, 2 et 3 du décret du 10 avril 1852, vu l'arrêté en date de ce jour, portant règlement du plan d'études des lycées, le conseil supérieur de l'instruction publique entendu, arrête ainsi qu'il suit les programmes d'enseignement des lycées.

### DIVISION DE GRAMMAIRE.
#### HISTOIRE DE FRANCE.

Le professeur dictera et fera réciter le résumé de ses leçons, qui auront spécialement pour objet l'histoire particulière de la France. Il donnera des développements oraux, en s'attachant uniquement à l'exposition des faits et des détails qui les caractérisent ; il s'assurera, par des interrogations fréquentes, que les élèves ont compris la leçon et qu'ils l'ont retenue. Au lieu de rédactions continues, il exigera d'eux le récit écrit des parties les plus saillantes du cours.

#### N° 1.
##### *Classe de sixième.*

Première partie. — Notions générales d'histoire et de géographie anciennes, pour servir d'introduction à l'histoire de France.

*1. Géographie physique générale de l'ancien continent.* — Afrique : limites et étendue; montagnes, fleuves, oasis. — Anciennes divisions politiques : Egypte et Ethiopie; Cyrénaïque et possessions de Carthage ; Numidie et Mauritanie.

Europe : limites, étendue, mers intérieures, golfes, détroits, montagnes, fleuves. — Anciennes divisions ethnographiques : Thrace, Grèce, Italie, Espagne, Gaule Germanie, Sarmatie, etc.

Asie : limites et étendue; mers et golfes, montagnes, fleuves. — Anciennes divisions politiques : Asie Mineure et ses subdivi-

sions; Syrie, Phénicie et Palestine ; Arabie, Mésopotamie, Médie, Perside, Parthiène, Bactriane, Inde, Sérique, Scythie asiatique, etc.

Limites du monde connu des anciens.

2. *Histoire sommaire du peuple de Dieu.* — La création. — La chute de l'homme. — Le déluge. — Les patriarches. — Vocation d'Abraham. — Jacob. — Joseph. — Moïse. Arrivée du peuple de Dieu dans la terre promise. — Gouvernement des juges. — Les rois. — Royaumes de Juda et d'Israël. — Captivité de Babylone. — Retour des Israélites en Judée. — La Judée sous la domination des Perses, des Grecs et des Romains. — Hérode. — Naissance de Jésus-Christ. — Destruction du temple.

3. *Egyptiens.* — Caractère physique de la vallée du Nil. — Premiers rois. — Sésostris. — Rois éthiopiens. — Nechao. — Amasis. — Psamménit (525). — Religion, gouvernement, sciences et arts. — Pyramides, temples, obélisques, le labyrinthe, canaux, etc.

*Phéniciens et Carthaginois.* — Leur activité commerciale.

4. *Assyriens.* — Nemrod et Assur. — Babylone et Ninive. Sémiramis. — Sardanapale (759). — Second empire d'Assyrie, guerres avec les Juifs et la Phénicie (759-606).

*Babyloniens.* — Ere de Nabonassar (747). — Nabopolassar. — Nabuchodonosor (561). — Balthasar (538).

*Lydiens.* — Crésus (546).

*Mèdes et Perses.* — Arbacès. — Déjocès, Phraorte, Cyaxare, Astyage. — Cyrus. — Ses conquêtes (559-529). — Cambyse : il s'empare de l'Egypte (525). — Darius fils d'Hystaspe. — Expédition contre les Scythes. — Apogée de la puissance des Perses. —Mœurs et religion. —Limites, étendue et divisions de leur empire.

5. *Géographie physique et politique de la Grèce.* — Montagnes et presqu'îles, fleuves, mers, golfes, îles. — Divisions du Péloponèse, de la Grèce centrale et de la Grèce septentrionale. — Pays colonisés par les Grecs.

*Premiers temps de la Grèce.* — Populations primitives. — Age héroïque : Hercule ; les Argonautes; guerres de Thèbes, guerre de Troie. — Homère. — Retour des Héraclides. — Codrus. — Colonies grecques. — Amphictyons et jeux olympiques.

6. *Sparte.* — Lycurgue ; ses lois. — Guerres de Messénie. —Puissance de Sparte avant les guerres médiques.

7. *Athènes.* — L'archontat. — Dracon. — Solon; ses lois. Pisistrate et ses fils. — Clisthène.

8. *Guerres médiques* (492-449). — Première guerre médique : Expéditions de Mardonius (492), de Datis et d'Artapherne (490). — Bataille de Marathon. — Miltiade; sa mort. — Seconde guerre médique : Aristide et Thémistocle. — Xerxès. — Léonidas aux Thermopyles. — Batailles de Salamine (480), de Platée et de Mycale (479). — Hérodote. — Trahison de Pausanias. — Confédération athénienne. — Exil de Thémistocle. — Mort

d'Aristide. — Cimon. — L'indépendance des colonies grecques de l'Asie Mineure assurée (449).

9. *Guerre du Péloponèse* (431-404). — Puissance d'Athènes. — Sage administration de Périclès. — Eclat des lettres et des arts : Phidias, Eschyle, Sophocle et Euripide. — Guerre du Péloponèse : Mort de Périclès. — Cléon. — Paix de Nicias. — Alcibiade. — Expédition de Sicile. — Bataille d'Egos-Potamos. — Prise d'Athènes. — Fin de la guerre du Péloponèse. — Thucydide.

10. *La Grèce de l'an 404 à l'an 336.* — Les Trente tyrans à Athènes. — Mort de Socrate. — Retraite des Dix mille. — Agésilas. — Puissance et orgueil de Sparte. — Traité d'Antalcidas (387). — Thèbes opprimée par Sparte. — Pélopidas et Epaminondas. — Batailles de Leuctres (371) et de Mantinée (362). — Philippe, roi de Macédoine (359-336). — Son intervention dans les affaires de la Grèce. — Guerre sacrée. — Démosthènes. — Bataille de Chéronée (338). — Philippe nommé généralissime de l'expédition projetée contre les Perses. — Sa mort. — Platon, Xénophon, Aristote, Hippocrate, Praxitèle, Apelle.

11. *Alexandre le Grand* (336-323). — Destruction de Thèbes. — Expédition en Asie : batailles du Granique, d'Issus et d'Arbelles. — Expédition au nord et à l'est, au delà de l'Indus. — Retour à Babylone. — Navigation de Néarque. — Mort d'Alexandre. — Géographie politique de son empire.

12. *Démembrement de l'empire d'Alexandre.* — Royaumes d'Egypte sous les Ptolémées ; de Syrie sous les Séleucides (Antiochus le Grand) ; de Pergame ; de Pont (Mithridate) ; d'Arménie et des Parthes. — Les Gaulois en Asie (278).

13. *La Macédoine et la Grèce de 323 à 146.* — Déchirements intérieurs : ligue achéenne. — Aratus. — Ambition des rois de Macédoine. — Intervention des Romains dans les affaires de la Grèce. — Philopœmen. — Bataille de Cynoscéphales (197). — Flamininus proclame l'indépendance de la Grèce. — Paul Emile et Persée : bataille de Pydna (168). — Destruction de Corinthe (Mummius). — La Grèce et la Macédoine réduites en province romaine.

14. *Géographie physique et politique de l'Italie :* les Alpes et l'Apennin ; le Pô, l'Adige et le Tibre ; le Vésuve et l'Etna ; les marais Pontins.

Gaule cisalpine. Ligurie et Vénétie ; Etrurie, Latium et Campanie ; Ombrie, Picénum, Sabine et Samnium ; Apulie, Lucanie et Brutium ; Sicile, Sardaigne, Corse, Elbe.

Emplacement de Rome.

15. *Commencements de Rome* (754). — Romulus : union avec les Sabins; premières institutions politiques : sénat, patriciens, plébéiens, assemblée par curies; mort de Romulus. — Numa (714) : institutions religieuses. — Tullus Hostilius (672) : conquête d'Albe, Horace. — Ancus Martius (640) : fondation d'Ostie. — Tarquin l'Ancien (616) : introduction dans Rome des coutumes étrus-

ques. — Servius Tullius (578) : réorganisation de l'État; le cens : assemblée par centuries. — Tarquin le Superbe (534) · extension de la puissance romaine. — Brutus et Lucrèce; expulsion des rois (510).

16. *Organisation du gouvernement républicain et conquête de l'Italie* (510-272). — Consuls; dictateurs; tribuns ; sénat; assemblées par centuries et par tribus : les décemvirs (449) : la censure. — Guerres contre les Latins (bataille du lac Rhégille), contre les Volsques (Coriolan), contre les Èques (Cincinnatus). — Invasion gauloise (Camille). — La loi agraire : partage du consulat entre les deux ordres (367). — Guerre du Samnium (343-280). — Guerre de Pyrrhus (280-272) : soumission de l'Italie péninsulaire. — Pauvreté, désintéressement et patriotisme des Romains de cet âge (Fabricius, Curius Dentatus).

17. *Guerres puniques.* — Carthage, son gouvernement, sa puissance. — La première guerre punique (264-241) lui coûte la Sicile et l'empire de la mer (Régulus). — La seconde guerre punique (218-201). — Annibal. — Passage des Alpes , batailles du Tessin , de la Trébie , de Trasimène , de Cannes et du Métaure. — Constance de Rome, dévouement des citoyens. — Scipion : prise de Carthagène. — Expédition en Afrique : Masinissa. — Bataille de Zama. — Carthage perd l'Espagne. — Troisième guerre punique (149-146). — Scipion Émilien. — Destruction de Carthage.

18. *Conquêtes des Romains autour de la Méditerranée* (200-118). — Défaites des Macédoniens à Cynoscéphales (197), d'Antiochus aux Thermopyles (192) et à Magnésie (190). — Réduction de la Gaule cisalpine en province romaine (191), de la Macédoine (148), de la Grèce (146), du royaume de Pergame (129). — Viriathe et Numance; soumission de l'Espagne (133). — Formation d'une province romaine dans la Gaule transalpine, entre les Alpes et les Pyrénées (125-118).

19. *Première période des troubles civils* (133-72). — Les Gracques (133-121), la loi agraire. — Marius, ses succès contre Jugurtha (106) et contre les Cimbres (102-101). — Violences de Saturninus. — La guerre sociale (90-88). — Rivalité de Marius et de Sylla. — Proscriptions ordonnées par Marius. — Succès de Sylla contre Mithridate ; batailles de Chéronée et d'Orchomène (86). — Retour de Sylla à Rome. — Sa dictature, ses proscriptions, ses réformes, sa mort (78). — Pompée et Lucullus : guerres contre Sertorius, contre Spartacus , contre les pirates et contre Mithridate.

20. *Seconde période des troubles civils* (70-44). — Rétablissement du tribunat dans ses droits (70). — Catilina et Cicéron. — Le premier triumvirat : César, Crassus et Pompée. — Guerre des Gaules (58-50). — Violences de Clodius et de Milon. — Pompée seul consul. — Rupture avec César (49). — Guerre civile. — Bataille de Pharsale (48). — Guerre d'Alexandrie. — Guerre d'Afrique :

Bataille de Thapsus , mort de Caton. — Bataille de Munda. — Dictature, réformes et projets de César ; sa mort (44).

21. *Troisième période des troubles civils* (44-30). — Octave ; le second triumvirat avec Antoine et Lépide. — Les proscriptions. — Mort de Cicéron. — Bataille de Philippes. — Antoine et Cléopâtre ; Octave et Sextus Pompée. — Bataille d'Actium (31) ; réduction de l'Égypte en province romaine (30).

22. *Auguste* (30 avant Jésus-Christ, 14 après). — Organisation du gouvernement impérial. — Ordre public ; armée permanente ; développement du commerce ; éclat des lettres : Horace, Virgile, Tite-Live. — Guerres pour dompter les peuples encore indépendants dans l'intérieur et pour donner à l'empire de bonnes frontières. — Varus.

23. *Limites et étendue de l'empire romain à la mort d'Auguste.* — Division en provinces du sénat et en provinces de l'empereur ; villes principales.

24. *Les empereurs de la famille d'Auguste* (14-68 après Jésus-Christ.) — Tibère, Germanicus et Séjan. — Caligula. — Claude : conquêtes en Bretagne. — Néron. — Ébranlement de l'empire : Galba, Othon, Vitellius (68-70).

25. *Les empereurs Flaviens* (70-96). — Vespasien : destruction de Jérusalem ; Civilis , Agricola, Titus (Pline l'ancien). — Domitien. — Conquête de la Bretagne.

*Les Antonins* (96-180). — Un siècle de paix et de prospérité. — Nerva, Trajan (Tacite), Adrien , Antonin , Marc-Aurèle. — Commode.

*Les empereurs Syriens* (193-235). — Septime-Sévère, Caracalla, Héliogabale, Alexandre-Sévère. — Anarchie militaire.

*Restauration de l'empire par les princes illyriens* (235-285). — Aurélien, Probus.

26. *Dernier siècle de l'empire* (284-395). — Dioclétien (284-305.) — Division de l'empire en quatre grands gouvernements. — Progrès du christianisme. — Persécutions contre les chrétiens. — Constantin (306-337). — Triomphe du christianisme. — Réorganisation de l'empire. — Fondation de Constantinople. — Constance et l'arianisme. — Julien et le paganisme. — Valens et l'invasion des barbares (378). — Théodose. — Partage définitif de l'empire (395).

27. *Géographie de l'empire et du monde barbare avant l'invasion.* — Préfectures , diocèses , provinces, cités. — Confédération des Francs et des Alamans; Vandales et Burgondes. — Empire des Goths. — Approche des Huns et des Alains. — Les Perses. — Les Arabes. — Les nomades d'Afrique.

Deuxième partie. — **Histoire des Gaulois et des Francs, jusqu'à la fin de la première race.**

28. *La Gaule indépendante.* — Limites et étendue de la Gaule. — Caractère de ses peuples. — Druides et monuments druidiques. — Anciennes migrations en Espagne, en Italie, dans la vallée du Danube, en Grèce, en Thrace et en Asie Mineure. — Soumission de la Gaule narbonaise aux Romains. — Lutte contre César (58-50). — Am-

biorix. Vercingétorix, siége d'Alésia. — Pacification de la Gaule.

29. *Les Gaulois sous l'empire* (50 avant J.-C., 395 après). — Organisation de la Gaule par Auguste : division en quatre provinces et en soixante cités. — Organisation ultérieure au ɪᵛᵉ siècle : division en dix-sept provinces et en cent vingt cités. — La civilisation romaine en Gaule : écoles , arts, industrie , commerce. — Le christianisme en Gaule. — Evénements politiques : persécution contre les druides ; Florus et Sacrovir; Civilis ; Sabinus et Eponine. — Les Césars gaulois (261-273). — Misère croissante au ɪᵛᵉ siècle ; les Bagaudes. — Ravages des barbares. — Julien en Gaule. — La Gaule dans le lot d'Honorius.

30. *Invasion des barbares.* — Les Visigoths poussés par les Huns entrent dans l'empire (375); Alaric en Italie (403), à Rome (410). — Invasion de Radagaise en Italie (406) ; grande invasion en Gaule (406). — Royaume des Burgondes (413). — Royaume des Visigoths (419). — Les Alains , les Suèves passent en Espagne , les Vandales en Afrique. — Invasion d'Attila et des Huns : grande bataille de Châlons (451). — Chaos de la Gaule de 451 à 481. — Chute de l'empire d'Occident en 476.

31. *Les Francs avant Clovis.* — Origine des Francs, confédération de plusieurs tribus germaniques ; première mention vers 241. — Courses de Francs jusqu'en Afrique (256). — Francs établis par Probus sur le Pont-Euxin (277). — Invasions en Gaule. — Etablissement sur la Meuse au temps de Julien. — Le Franc Arbogast (392). — Les Francs Saliens sous Clodion s'avancent jusqu'à la Somme, et sous Mérovée luttent contre Attila. — Childéric. — Mœurs et religion des Francs ; leurs institutions politiques. — Elections des rois dans la famille de Mérovée.

32. *Clovis* (481-511). — Divisions politiques de la Gaule en 481. — Burgondes et Visigoths ariens ; cités armoricaines; Syagrius ; Saxons; rois francs. Faiblesse de la tribu des Saliens. — Victoire de Soissons (486) ; le vase de Soissons. — Mariage de Clovis et de Clotilde (493). — Bataille de Tolbiac ; conversion de Clovis (496). — Les Burgondes rendus tributaires (500). — Bataille de Vouglé (507) , ses suites. — Clovis consul ; meurtre des rois francs. — Clovis, seul chef de toutes les tribus franques; il réside à Paris où il meurt (511).

33. *Les fils de Clovis* (511-561). — Partage de la monarchie franque entre les quatre fils de Clovis. — Conquête de la Thuringe (530). Conquête du pays des Burgondes (534). — Guerre contre les Visigoths et contre les Ostrogoths. — Expéditions au delà des Alpes (539) et des Pyrénées (542). — Mort violente de presque tous les princes francs. — Clotaire Iᵉʳ, seul roi (558-561). — Sainte Radegonde.

34. *Les fils et les petits-fils de Clotaire Iᵉʳ* (561-613). — Nouveau partage en 561. — Rivalité de la Neustrie et de l'Austrasie. —

Frédégonde et Brunehaut. — Meurtres de Galswinthe , de Sigebert (575) , de Chilpéric (584). — Le roi Gontran. — Traité d'Andelot (587). — Pouvoir de Brunehaut en Austrasie, puis en Bourgogne. — Conspiration des grands contre elle ; sa mort affreuse (613). — Désordres et ténèbres de ce temps, excepté dans l'Eglise; pouvoir des évêques. — Condition des personnes et des terres. — Caractère de la royauté franque. — Les lois barbares. — La loi salique.

35. *Clotaire II et Dagobert* (613-687). — Clotaire II seul roi (613-628). — Puissance de Dagobert (628-638.) — Décadence des Mérovingiens. — Les maires du palais. — Les fils de Dagobert. — Ebroïn ; sa lutte contre les grands et contre l'Austrasie. — Saint Léger. — Bataille de Testry (687). — Chute irrémédiable des rois de la première race et des Francs neustriens. — Prépondérance des Francs austrasiens ou ripuaires.

36. *Reconstruction de l'empire et du pouvoir par les maires d'Austrasie.*—Pépin d'Héristal.—Charles Martel (715-743) ; victoire de Poitiers (732); les Francs sauvent la chrétienté de l'invasion musulmane. — Conquête de la Bourgogne et de la Provence. — Préparatifs d'une expédition en Italie. — Mairie de Pépin le Bref (741-752).—Victoire sur les Bavarois, les Alamans et les Aquitains. — Rapports avec Rome pour la conversion des Frisons et des Saxons. — Childéric III est enfermé dans un monastère. — Tableau généalogique des Mérovingiens.

37. *Géographie de l'empire des Francs mérovingiens sous Dagobert.* — Divisions ethnographiques ; Bavière : Thuringe, Alamannie , Austrasie , Neustrie , Aquitaine , Bourgogne, Provence , Septimanie , Novempopulanie, etc. — Divisions administratives : comtés et duchés. — Divisions ecclésiastiques, suivant les anciennes divisions romaines, en cités et en provinces.

**N° 2.**

*Classe de cinquième.*

Histoire de France, depuis l'avénement de la seconde race jusqu'à François Iᵉʳ (752-1515).

1. *Guerres de Pepin et de Charlemagne.* — Origine, puissance et services des premiers Carlovingiens. Pepin le Bref fonde la seconde race (752-768). — Consécration de Pepin par le pape (753). — Expédition de Pepin en Italie (754-756). — Conquête de l'Aquitaine et de la Septimanie (752-768). — Charlemagne et Carloman (768-771). — Guerre de Charlemagne contre les Lombards ; conquête de la moitié de l'Italie (773-774). — Guerre de Saxe (772-804). — Guerre entre l'Elbe et l'Oder (789), contre les Avares (788-796), contre les Arabes d'Espagne (778-812). — Charlemagne empereur d'Occident (800). — Résultats des guerres de Charlemagne. — Apparition des Northmans.

2. *Gouvernement de Charlemagne.* — Le comte et les centeniers ou vicaires. — Les envoyés royaux. — Les assemblées générales. — Les Capitulaires. — Travaux publics

et éco es. — Première renaissance littéraire. — Alcuin et Eginhard. — Grandeur et renommée de Charlemagne. — Ses relations avec Haroun-al-Raschid et avec l'empire grec.

3. *Géographie politique de l'empire de Charlemagne.* — Limites des pays régis directement par des comtes francs ; zone de peuples tributaires, Bretons , Basques , Bénéventins , Slaves entre l'Elbe et l'Oder. — Divisions : comtés, légations, royaumes. — Royaume d'Italie avec la marche de Carinthie et le patrimoine de Saint-Pierre. — Royaume d'Aquitaine avec le duché de Gascogne et la marche d'Espagne. — Nouvelles cités en Austrasie et en Allemagne.

4. *Démembrement de l'empire de Charlemagne par le soulèvement des peuples* (814-843). — Faiblesse de Louis le Débonnaire : partage de l'empire entre ses fils. — Révolte et mort de Bernard (817). — Pénitence publique de Louis. — Première et seconde déposition. — Bataille de Fontanet (841). — Traité de Verdun, qui partage l'empire en trois royaumes et limite celui de France à l'ouest de la Meuse, de la Saône et du Rhône.

5. *Démembrement du royaume de France par les usurpations des leudes* (843-887). — Embarras de Charles le Chauve. — Les Northmans. — Hastings et Robert le Fort. — Démembrement de la France en grands fiefs. — Edits de Mersen et de Kiersy-sur-Oise. — Louis le Bègue , Louis III et Carloman (877-884). — Charles le Gros. — Sa déposition (887). — Commencement du régime féodal ;. puissance du clergé.

6. *Les derniers rois Carlovingiens et les ducs de France* (887-987). — Opposition contre les Carlovingiens. — Election d'Eudes, duc de France , et de Raoul , duc de Bourgogne. — Charles le Simple. — Etablissement des Northmans en France (912). — Ravages des Sarrasins et des Hongrois. — Louis IV d'Outre-mer. — Lothaire et Louis V. — Misère des derniers Carlovingiens. — Tableau généalogique des rois de la seconde race.

7. *Les quatre premiers Capétiens* (987-1108). — Hugues Capet fonde la troisième race (987). — La couronne est réunie à un grand fief. — Alliance des premiers Capétiens avec l'Eglise. — Robert (996). — Henri I<sup>er</sup> (1031). — Fondation de la première maison capétienne de Bourgogne. — Philippe I<sup>er</sup> (1060).

8. *Exposition du système féodal au xi<sup>e</sup> siècle.* — Hérédité des bénéfices et des fonctions publiques. — Vassal et suzerain. — Recommandation, foi , hommage , investiture. — Droits du suzerain ; obligations des vassaux et des sujets. — Droit de guerre privée. — Violences universelles. — Ignorance. — Misère du peuple. — Quelques résultats heureux du régime féodal.

9. *Entreprises extérieures.* — Nombreux pèlerinages ; réforme dans l'Eglise par Grégoire VII , qui ranime l'enthousiasme religieux. — Fondation par les Normands du royaume des Deux-Siciles. — Fondation

par Henri de Bourgogne du royaume de Portugal. — Conquête de l'Angleterre par les soixante mille Français de Guillaume, duc de Normandie (1066).

10. *Géographie politique de la France avant les croisades.* — Etendue du domaine royal. — Grands vassaux de la couronne ; duchés de Normandie , de Bretagne , de Bourgogne et de Guyenne, comtés de Flandre, de Champagne , d'Anjou , de Toulouse et de Barcelonne. — Vassaux inférieurs. — Fiefs de l'Eglise.

11. *La première croisade* (1095-1099). — Pierre l'Ermite. — Concile de Clermont. — Godefroy de Bouillon. — Conquête de Jérusalem (1099). — Fondation d'un royaume français en Palestine. — Part de la France dans ces grandes entreprises. — Résultats pour le commerce et l'industrie. — Création des ordres militaires (les Hospitaliers et les Templiers) , des armoiries. — Développement de la chevalerie ; lois de cette institution ; tournois.

12. *Louis VI dit le Gros* (1108-1137) *et les communes.* — Activité de ce prince. — Bonne police dans ses domaines. — Il protége les églises. — Condition des serfs et des vilains. — Débris des anciennes institutions urbaines. — Insurrections sur plusieurs points pour obtenir des chartes de commune. — Intervention du roi dans cette révolution. — Histoire de la commune de Laon. — Pouvoir croissant du roi. — Lutte contre Henri I<sup>er</sup>, roi d'Angleterre. — Influence de Louis VI dans le Midi.

13. *Louis VII dit le Jeune, Philippe-Auguste et Louis VIII* (1137-1226). — Mariage de Louis VII avec Eléonore de Guyenne. — Seconde croisade (1147). — Divorce de Louis VII. — Vastes possessions du roi d'Angleterre en France. — Diversions favorables à Louis VII. — Administration de ce prince. — Suger. — Philippe-Auguste (1180). — La troisième croisade. — Rivalité de Philippe-Auguste et de Richard Cœur-de-Lion. — Condamnation de Jean Sans-Terre. Acquisition de plusieurs provinces. — Victoire de Bouvines (1214). — Quatrième croisade : fondation d'un empire français à Constantinople. — Croisade contre les Albigeois. — Expédition d'Angleterre. — Administration de Philippe-Auguste. — Louis VIII (1223) ; la France du Midi ramenée sous l'autorité du roi.

14. *Saint Louis* (1226-1270). — Régence de Blanche de Castille. Victoire de Taillebourg (1242). — Première croisade de saint Louis (1248). — Administration de ce prince. — Affaiblissement de la féodalité. — Extension de la juridiction royale. — Affaiblissement des communes. — Conquête du royaume de Naples par les Français. — Seconde croisade et mort de saint Louis. — La Sainte-Chapelle et la Sorbonne.

15. *De la civilisation au xiii<sup>e</sup> siècle.* — Développement du commerce. — Industries nouvelles. — Corporations industrielles. — Sûreté des routes. — Monnaie du roi. — Premiers grands monuments de la langue

française. — Villehardouin, Joinville et les trouvères. — Développement de l'architecture, de la peinture sur verre, de la sculpture. — Ordres mendiants. — Progrès du tiers état.

16. *Philippe III le Hardi, Philippe le Bel et ses fils* (1270-1328). — Agrandissement du domaine sous Philippe III. — Philippe IV (1285). — Guerre de Guyenne. — Guerre de Flandre ; batailles de Courtray et de Mons en Puelle. — Embarras financiers du roi. — Altération des monnaies. — Démêlé avec Boniface VIII. — Condamnation des Templiers. — Acquisition de Lyon et de Lille. — Le parlement. — Premiers Etats généraux. — Louis X le Hutin (1314). — La loi salique. — Philippe V le Long (1316) et Charles IV le Bel (1322). — Convocation fréquente des Etats généraux ; lettres de noblesse.

17. *Géographie politique de la France à l'avénement des Valois*. — Résumé des acquisitions faites par le domaine royal depuis la fin du XIᵉ siècle. — Nouvelles maisons féodales formées par les princes du sang apanagistes. — Autres feudataires. — Princes étrangers possessionnés en France.

18. *Philippe VI* (1328-1350), *auteur de la branche des Capétiens-Valois*. — Puissance du roi de France avant la guerre avec l'Angleterre. — Prétentions d'Edouard III. — Affaires de Flandre. — Arteweld ; combat naval de l'Ecluse. — Affaires de Bretagne. — Expédition d'Edouard III en France. — Bataille de Crécy (1346). — Siége de Calais. — Eustache de Saint-Pierre. — Peste de Florence. — La gabelle. — Acquisition de Montpellier et du Dauphiné.

19. *Jean* (1350-1364). — Etats généraux de 1355. — Bataille de Poitiers (1356). — Etats généraux de 1356. — Etienne Marcel. — La Jacquerie. — Charles le Mauvais. — Le dauphin Charles. — Traité de Brétigny (1360). — Seconde maison de Bourgogne.

20. *Charles V dit le Sage* (1364-1380). — Rétablissement de l'ordre dans le pays et dans les finances. — Fin de la guerre de Bretagne (1365). — Duguesclin. — Les grandes compagnies. — Intervention des Français en Castille. — Reprise des hostilités avec les Anglais. — Nouveau système de guerre. — Les Anglais ne conservent que Calais. — Froissart.

Bordeaux et Bayonne. — Bonnes ordonnances de ce prince.

21. *Charles VI* (1380-1422). — Rapines des oncles du roi ; soulèvement à Paris, à Rouen, dans le Languedoc. — Guerre de Flandre. — Victoire de Roschecque. — Démence du roi (1392). — Croisade de Nicopolis (1396). — Isabeau de Bavière. — Meurtre du duc d'Orléans. — Factions des Armagnacs et des Bourguignons. — Massacres dans Paris. — Bataille d'Azincourt (1415). — Traité de Troyes (1420). — Mort de Henri V d'Angleterre et de Charles VI

22. *Charles VII* (1422-1461). — Henri VI, roi d'Angleterre est couronné roi de France. — Charles VII ne possède que les provinces au sud de la Loire. — Inertie du roi de

Bourges ; fêtes et intrigues continuelles à sa petite cour. — Réveil du sentiment national. — Jeanne d'Arc. — Siége d'Orléans. — Le roi sacré à Reims. — Captivité et mort de Jeanne d'Arc. — Expulsion définitive des Anglais (1453). — Administration de Charles VII ; sévérité à l'égard des nobles. — Praguerie. — Création d'une armée permanente ; taille perpétuelle. — Pragmatique sanction de Bourges.

23. *Louis XI* (1461-1483). — Ligue du bien public. — Entrevue de Péronne. — Mort du frère du roi. — Jeanne Hachette. — Batailles de Granson, de Morat et de Nancy. — Louis recueille la moitié de l'héritage du duc de Bourgogne. — Abaissement des grands. — Relations avec l'Angleterre et l'Aragon. — Acquisitions faites sous ce règne. — Nouveaux parlements. — Postes. — Encouragements au commerce, à l'imprimerie, aux lettres. — Comines. — Caractère et derniers moments de Louis XI.

24. *Géographie comparée de la France à l'avénement et à la mort de Louis XI*. — Etendue du domaine royal. — Grandes maisons féodales.

25. *Charles VIII* (1483-1498). — Anne de Beaujeu. — Etats généraux de 1484. — Révolte du duc d'Orléans. — Acquisition de la Bretagne. — Imprudentes concessions de Charles VIII aux Etats voisins. — Conquête et perte du royaume de Naples. — Victoire de Fornoue.

26. *Louis XII* (1498-1515). — Partage de Naples avec les Espagnols et acquisition de Milan. — Traité de Blois. — Ligue de Cambrai. — Victoire d'Agnadel. — Sainte ligue ; victoire et mort de Gaston de Foix à Ravenne. — Perte de l'Italie. — Traités de paix. — Administration bienfaisante du *Père du peuple*. — Le cardinal d'Amboise. — Commencement de la renaissance des arts.

**N° 3.**

*Classe de quatrième.*

Histoire de France, depuis l'avénement de François Iᵉʳ jusqu'en 1815.

1. *François Iᵉʳ* (1515-1547). — Victoire de Marignan. — Bayard. — Paix perpétuelle avec les Suisses. — Concordat avec Léon X. — François Iᵉʳ brigue la couronne impériale ; élection de Charles V. — Puissance de ce prince. Défaite de la Bicoque (1522). — Trahison de Bourbon. — Défaite de Pavie (1525). Captivité de François Iᵉʳ. — Alliance avec les Turcs. — Paix de Cambrai (1529). — Victoires de Cérisoles ; paix de Crépy. — Mort du roi (1547).

2. *Géographie politique de la France sous François Iᵉʳ*. — Limites ; accroissement du domaine. — Maisons féodales. — Transformation de la féodalité. — Divisions administratives : grands gouvernements. Fondation du Havre de Grâce.

3. *Henri II* (1547-1559). — Alliance avec les protestants d'Allemagne. — Conquête de Metz, Toul et Verdun. — Reprise de Calais par le duc de Guise. — Traité de Câteau-Cambrésis. — Mort du roi par accident.

4. *Résultats des guerres d'Italie.* — La France perd l'Italie, mais empêche la maison d'Autriche d'asservir l'Allemagne. — Renaissance : Fontainebleau, Saint-Germain, Chambord, Chenonceaux. — Pierre Lescot commence le Louvre. — Jean Goujon, Philibert Delorme, Cousin et Germain Pilon. — Fondation du Collège de France et de l'Imprimerie royale. — Commencements d'un grand âge littéraire. — Accroissement du pouvoir royal. — Armée ; légions provinciales ; marine; finances : premières rentes perpétuelles; la loterie ; vente des charges de judicature et de finances.

5. *François II et Charles IX* (1559-1574). — Les enfants de Henri II. — Catherine de Médicis. — Marie Stuart. — Les Guises et les Bourbons. — Calvin, progrès de la Réforme. — Conspiration d'Amboise. — Le prince de Condé. — Mort de François II (1560). — Régence de Catherine de Médicis. — Massacre de Vassy. — Première guerre civile. Bataille de Dreux, paix d'Amboise (1563). — Seconde guerre civile, bataille de Saint-Denis, paix de Longjumeau (1568). — Troisième guerre civile : batailles de Jarnac et de Montcontour ; Coligny ; paix de Saint-Germain (1570). La Saint-Barthélemy (1572); le chancelier de L'Hôpital. — Paix de la Rochelle (1573). — Mort de Charles IX.

6. *Henri III* (1574-1589). — Prétentions des Guises. — La sainte ligue (1576) sous la direction du duc de Guise. — Guerre mal faite, paix mal gardée avec les huguenots. — Henri de Navarre. — Batailles de Coutras et d'Auneau (1587). — Journée des Barricades (1588). — Etats de Blois. — Assassinat du duc de Guise et de Henri III.

7. *Géographie politique de la France à la mort de Henri III.* — Provinces et villes royalistes. — Provinces et villes calvinistes. — Provinces et villes attachées à la Ligue. — Déchirements du royaume.

8. *Henri IV* (1589-1610). — Victoires d'Arques et d'Ivry. — Siége de Paris. — Intervention du duc de Parme et des Espagnols. — Les Seize. — Etats de la Ligue. — Prétentions de Philippe II. — La satire Ménippée. — Conversion du roi (1593). — Soumission des ligueurs. — Combat de Fontaine-Française. — Reprise d'Amiens. — Paix de Vervins (1598). — Edit de Nantes. — Acquisition de la Bresse et du Bugey (1601). — Sully : finances, agriculture, travaux publics, canal de Briare, galerie du Louvre, Hôtel-de-Ville de Paris. — Manufactures et commerce. — Popularité du roi. — Conspirations. — Plan de réorganisation de l'Europe. — Assassinat de Henri IV.

9. *Géographie de la France à la mort de Henri IV.* — Limites. — Réunion de domaines sous ce règne. — Maisons féodales encore subsistantes. — Les douze grands gouvernements.

10. *Louis XIII* (1610-1643). — Régence de Marie de Médicis. — Abandon de la politique de Henri IV contre la maison d'Autriche. — Révolte des princes. — Concini. — Etats généraux de 1614. — De Luynes; désordre universel dans l'Etat. — Richelieu (1624). — Abaissement des protestants, prise de la Rochelle (1628). — Abaissement des grands: exécution du duc de Montmorency (1632); création des intendants. — Abaissement de la maison d'Autriche : traité de Chérasco (1631); Gustave-Adolphe en Allemagne ; période française de la guerre de Trente Ans : victoires de Bernard de Weimar, de d'Harcourt, de Guébriant, de l'archevêque de Sourdis. — Cinq-Mars et de Thou. — Mort de Richelieu (1642) et de Louis XIII (1643). — L'Académie française. — La Sorbonne. — Le Palais-Royal. — Le Jardin des plantes.

11. *Minorité de Louis XIV et administration de Mazarin.* — Victoires de Condé à Rocroy, à Fribourg, à Nordlingue et à Lens. — Traités de Westphalie : acquisition de l'Alsace. — La Fronde. — Le cardinal de Retz et le parlement. — Alliance avec Cromwel. — Victoires de Turenne à Arras et aux Dunes. — Traité des Pyrénées : acquisition du Roussillon et de l'Artois. — Mariage de Louis XIV. — Mort de Mazarin.

12. *Louis XIV : époque la plus brillante de son règne* (1661-1679). — Ministère de Colbert : réorganisation des finances ; travaux publics ; canal du Languedoc. — Marine : création du système des classes, du port de Rochefort et d'une flotte de guerre. — Encouragements à l'agriculture, à l'industrie, au commerce. — Grands travaux législatifs. — Eclat des lettres françaises. — Louvois : Son influence devient prépondérante. — Organisation de l'armée. — Guerre de Flandre (1665); acquisitions en Flandre. — Guerre de Hollande (1672). — Première coalition. — Paix de Nimègue; acquisition de la Franche-Comté. — Condé, Turenne, Duquesne.

13. *Dernière partie du règne de Louis XIV* (1679-1715). — Révocation de l'édit de Nantes. — Politique de Louis XIV à l'égard de l'Angleterre. — Révolution de 1688. — Seconde coalition. — Paix de Ryswick. — Tourville, Luxembourg, Catinat. — Guerre de la succession d'Espagne (1701-1713). — Troisième coalition. — Bataille de Denain. — Traités d'Utrecht et de Rastadt. — Boufflers, Vendôme, Berwick, Villars, Dugay-Trouin. — Mort de Louis XIV.

14. *Gouvernement de Louis XIV.* — Soumission des nobles et des parlements. — Déclaration du clergé de 1682. — Création de la police. — Nombreuse armée permanente. — Fortifications des frontières. — Vauban. *Le siècle de Louis XIV.* — Foule de grands hommes dans tous les genres : Bossuet, Fénelon, Bourdaloue et Massillon; — Descartes, Pascal et Malebranche; — Corneille, Racine, Molière, La Fontaine et Boileau ; — Poussin, Lesueur, Lebrun, Claude Lorrain; — Puget, Girardon, Coustou, Coysevox; — Perrault, les deux Mansard, Le Nôtre. — La colonnade du Louvre, Versailles, l'hôtel des Invalides, Marly, le Val-de-Grâce, l'Observatoire. — Académies des sciences, des inscriptions, de peinture et de musique : Picard, Cassini, Papin. — Bibliothèque publique (la Mazarine).

15. *Géographie politique de la France à la*

*mort de Louis XIV.* — Résumé des acquisitions faites par Louis XIV. — Limites du royaume. — Domaines des maisons du sang royal, domaines des princes légitimés.—Maisons étrangères. — Maisons indigènes. — Divisions administratives : gouvernements et départements maritimes. — Ressort des parlements. — Division de l'administration financière. — Provinces ecclésiastiques. — Universités. — Colonies.

16. *Louis XV* (1715-1774). — Régence du duc d'Orléans. — Alliance avec l'Angleterre. — Désordres des finances. — Révolution financière de Law. — Le duc de Bourbon et le cardinal de Fleury. — Guerre pour la succession de Pologne (1733-1735). — Guerre pour la succession d'Autriche (1740-1748). — Guerre de Sept Ans (1756-1763). — Le duc de Choiseul : le pacte de famille. — Perte de nos colonies. — Acquisition de la Lorraine et de la Corse. — Destruction des parlements. — Partage de la Pologne. — Réformes demandées. — Agitation croissante des esprits.

17. *Louis XVI* (1774-1793). — Turgot et Malesherbes. — Necker. — Guerre d'Amérique. — Succès de notre marine. — Traité de Versailles (1783). — Déficit dans les finances. — De Calonne. — Assemblée des notables. — Brienne. — Convocation des États généraux (1789).

18. *Limites de la France en* 1789. — Gouvernements. — Archevêchés et évêchés. — Généralités. — Chambre des comptes. — Cours des aides. — Parlements. — Grand conseil. — Colonies.

19. *Assemblée constituante, Assemblée législative, Convention* (1789-1793). — Réunion des trois ordres. — Prise de la Bastille. — Journées des 5 et 6 octobre. — Fuite du roi. — Constitution de 1791. — Déclaration de guerre à l'Autriche. — Journée du 10 août. — Massacres de septembre. — Abolition de la royauté. — Procès et mort de Louis XVI. — La terreur. — Le 9 thermidor. — Campagne de 1794. — Le 13 vendémiaire.

20. *Directoire* (1795-1799). — Admirables campagnes de Bonaparte en Italie (1796-1797). — Retraite de Moreau. — Traité de Campo-Formio dicté par Bonaparte. — Expédition de Bonaparte en Égypte. — Revers des armées françaises en Europe. — Victoires de Masséna à Zurich et de Brune à Bergen. — Faiblesse du Directoire : tiraillements intérieurs. — Journée du 18 fructidor contre les royalistes, du 30 prairial contre le Directoire. — Retour de Bonaparte. — Journée du 18 brumaire.

21. *Consulat* (1799-1804). — Constitution de l'an VIII. — Conseil d'État, tribunat, corps législatif, sénat conservateur. — Réorganisation départementale, judiciaire et financière. — Efforts pour réconcilier et éteindre les partis. — Marengo. — Paix de Lunéville et d'Amiens. — Active et glorieuse administration du premier consul. — La machine infernale. — Le consulat à vie.

22. *Empire* (1804-1812). — Sénatus-consulte organique de l'an XII. — Couronne-

ment. — Nouvelle noblesse. — Légion d'Honneur. — Napoléon roi d'Italie, médiateur de la Suisse, protecteur de la confédération du Rhin. — Camp de Boulogne. — Campagne d'Austerlitz. — Trafalgar. — Campagne de Prusse : Iéna, Friedland, paix de Tilsit. — Blocus continental. — Royaumes feudataires de l'empire. — Invasion de l'Espagne. — Wagram (1809). — Apogée de la grandeur de Napoléon. — Naissance du roi de Rome. — Le Code civil. — L'Université. — Grands travaux publics.

23. *Géographie de l'empire français en* 1810. — Départements français primitifs. — Nouveaux départements jusqu'aux Alpes. — Nouveaux départements jusqu'au Rhin. — Départements au delà du Rhin. — Départements au delà des Alpes. — Provinces illyriennes. — Royaume d'Italie.

24. *Suite de l'histoire de l'empire* (1812-1815). — Campagne de Russie. — Hiver précoce. — Retraite de Moscou. — Défection des alliés. — Bataille de Leipsick (1813). — Admirable campagne de France. — Abdication de Fontainebleau. — L'empereur à l'île d'Elbe. — Première restauration des Bourbons. — Les Cent-Jours. — Waterloo. — Sainte-Hélène. — Traités de 1815.

### GÉOGRAPHIE DE LA FRANCE.

#### N° 4.

*Classe de cinquième*

**Géographie physique de la France.**

1. Des limites naturelles et des limites politiques de la France. — Position astronomique. — Superficie. — Dimensions. — Contour des côtes. — Îles. — Golfes et mers.

2. Montagnes. — Leur direction, leur altitude ; bassins qu'elles dessinent ; ligne générale de partage des eaux.

3. Plaines les plus remarquables. — Division de la France en grandes régions physiques.

4. Fleuves et rivières distribués par versants : cours d'eau tributaires de la mer du Nord, de la Manche et du golfe de Gascogne.

5. Cours d'eau tributaires de la Méditerranée. — Longueur comparée des principaux fleuves de France. — Leur débit. — Régimes différents de ces fleuves. — Caractère capricieux de la Loire. — Débordements du Rhône. — Barre de la Seine et du Rhône.

6. Lacs, étangs, marais. — Climat : température moyenne ; températures extrêmes. — Différence dans la quantité de pluie qui tombe sur les diverses parties de la France.

7. Géologie : étendue respective des divers terrains formant la couche superficielle de la France. — Nature du sol des grandes régions physiques.

8. Géographie minérale : gisement des mines de fer, d'argent et de plomb, de cuivre, de manganèse, d'antimoine. — Carrières de gypse, de chaux, de kaolin, d'ardoise, de granit, de marbre. — Marais salants. — Sel gemme. — Eaux thermales. — Gîtes houillers. — Tourbières.

9. Géographie botanique. — Etendue du sol arable. — Etendue du sol forestier; essences dominantes. — Productions végétales les plus utiles.— Grandes zones de culture. — Grandes régions agricoles.

10. Faune de la France. — Anciens animaux qui n'existent plus sur notre sol. — Production de la France en chevaux, bêtes à laine et bêtes à cornes.—Régions favorables à l'élève des troupeaux ou de l'espèce chevaline. — Vers à soie. — Pêcheries sur nos côtes.

### N° 5.

#### *Classe de quatrième.*

##### Géographie administrative de la France.

1. Aperçu général des divisions et subdivisions politiques, judiciaires, religieuses, maritimes, militaires, de l'instruction publique et des finances.

2. Départements compris dans les bassins du Rhin, de la Moselle, de la Meuse, de l'Escaut et de la Somme. — Anciennes provinces correspondantes.—Villes principales.

3. Départements compris dans les bassins de la Seine, de la Marne, de l'Oise, de l'Yonne, de l'Eure, de l'Orne, de la Vire, de la Vilaine, et départements de l'ancienne Armorique. — Provinces correspondantes.— Villes principales.

4. Départements compris dans les bassins de la Loire, de l'Allier, du Cher, de l'Indre, de la Vienne, de la Mayenne, des Deux-Sèvres, de la Charente.—Anciennes provinces correspondantes. — Villes principales.

5. Départements compris dans les bassins de la Dordogne, de la Garonne, de l'Adour, de la Tet, de l'Aude, de l'Hérault. — Anciennes provinces correspondantes. — Villes principales.

6. Départements compris dans les bassins du Rhône, de la Saône et de la Durance. — Anciennes provinces correspondantes. — Villes principales.

7. Défenses de la frontière de terre et de la frontière de mer, de Dunkerque à Wissembourg; double et triple ligne de places fortes; trouée des Ardennes. — Défenses le long du Rhin; trouée de Béfort; le long du Jura; le long des Alpes; sur la Méditerranée: Antibes, Toulon et Port-Vendres; le long des Pyrénées; sur le golfe de Gascogne : Bayonne, Rochefort, Lorient; sur l'Océan Atlantique : Brest; sur la Manche : Cherbourg; sur la mer du Nord : Dunkerque.

8. Viabilité générale : routes , systèmes des canaux et des chemins de fer; géographie industrielle et commerciale; rivières navigables ou flottables; grands centres industriels, grandes places de commerce.

9. Notions de statistique. Population. — Finances : budgets des divers ministères. — Armée et flotte.—Effectif de la marine marchande. — Valeur du commerce général, de la production agricole, de la production industrielle. — Production des arts et des lettres.—Nombre et nature des écoles publiques. — Caisses d'épargne. — Caisses de retraite pour la vieillesse.

10. Colonies en Afrique (Algérie, le Sénégal, île de la Réunion, Mayotte), en Asie (Pondichéry), en Amérique (la Guadeloupe, la Martinique, la Guyane), et en Océanie (Taïti et les îles Marquises). — Population coloniale. — Commerce.

### NOTIONS DE GRAMMAIRE COMPARÉE.

#### N° 6.

#### *Classe de quatrième.*

##### Notions élémentaires de grammaire comparée dans les trois langues.

1. Des lettres et de l'alphabet, des syllabes, des mots et de la phrase. — 2. De l'accent, de la quantité, de l'aspiration. — 3. Du rapport de la langue parlée avec l'écriture, ou de l'orthographe. De la ponctuation et des autres signes accessoires qui servent à l'orthographe.— 4. Analyse des mots. Du radical et de la racine. Des syllabes et des lettres qui s'ajoutent à la racine, sous les noms divers de suffixes, préfixes, formatives, terminaisons, désinences, etc., pour en déterminer la signification. Des modifications de la racine elle-même. — 5. Des mots simples, des mots composés, des mots juxtaposés. — 6. De la proposition considérée au point de vue grammatical : du sujet, du verbe et de l'attribut. — 7. Des parties du discours. Leur nombre dans chacune des trois langues. — 8. Du nom substantif et du nom adjectif. Des nombres, des genres et des cas. De la déclinaison. Y a-t-il, à proprement dire, une déclinaison en français? — 9. Du pronom et de l'article. Remarquer l'absence de l'article en latin, et montrer que l'article est dérivé, en français, d'un pronom latin, comme l'article, dans le grec classique, est dérivé d'un ancien pronom. — 10. De la préposition et de ses rapports avec la déclinaison des noms. — 11. Du verbe, de ses variétés et de ses modifications. De la conjugaison. — 12. De la conjonction et de ses rapports avec la conjugaison des verbes. — 13. De l'adverbe et de l'interjection. Rapports de l'adverbe avec l'adjectif, d'une part, et, de l'autre, avec la préposition. — 14. Des degrés de comparaison, en général, et dans les diverses parties du discours qui en sont susceptibles. — 15. De la syntaxe et de la construction oratoire. Définitions. — 16. Les trois langues classiques sont-elles également riches en formes ou flexions grammaticales? En quoi leur différence à cet égard peut-elle avoir modifié les règles de syntaxe et de construction qui leur sont particulières?— 17. De ce qu'on appelle inversion et ordre logique. — 18. Principales règles de l'analyse logique. — 19. Principales règles de l'analyse grammaticale. Des principales figures dites de grammaire. — 20. Des synonymes.— 21. De l'étymologie. Montrer, par de nombreux exemples de mots français tirés du grec et du latin, quelle utilité peut offrir l'étymologie pour parler notre langue avec précision et pour en régler l'orthographe. — 22. Résumer les principales ressemblances de la grammaire grecque et de la grammaire latine. — 23. Résumer le

principales différences de la grammaire des langues anciennes avec la grammaire de la langue française.

## NOTIONS D'ARITHMÉTIQUE ET DE GÉOMÉTRIE.

### N° 7.

*Classe de quatrième.*

#### Éléments d'arithmétique et notions préliminaires de géométrie.

Les notions de mathématiqus enseignées dans la classe de quatrième embrasseront : 1° L'arithmétique, comprenant : le calcul des nombres entiers, des fractions ordinaires et des fractions décimales ; l'exposition du système des mesures légales ; la résolution des problèmes les plus simples par la méthode dite de réduction à l'unité. — 2° La géométrie des figures planes, conformément au traité élémentaire de Clairaut (sauf les parties consacrées aux proportions).

—

### DIVISION SUPÉRIEURE.

#### ENSEIGNEMENT COMMUN A LA SECTION DES LETTRES ET A LA SECTION DES SCIENCES.

### HISTOIRE ET GÉOGRAPHIE HISTORIQUE.

Le professeur dictera le résumé de ses leçons, qui auront pour objet l'histoire générale de la civilisation. Il donnera des développements oraux non-seulement sur les faits, mais encore sur les mœurs et le caractère des divers peuples. Ces développements ne serviront plus désormais de texte à des rédactions continues ; le professeur se bornera à interroger les élèves sur la matière de chaque leçon ; il devra néanmoins les exercer à écrire suivant les règles de la composition littéraire , et dans un cadre limité, les récits, les descriptions, les portraits, les considérations qui présenteront un intérêt particulier.

### N° 8.

*Classe de troisieme.*

#### Histoire ancienne.

1. Limites du monde connu des anciens. — Configuration des trois continents. Montagnes, fleuves, mers, grandes régions naturelles.

2. Traditions bibliques sur les premiers hommes. — Les races humaines. — Les patriarches. — Moïse. — Conquête de la terre-sainte. — Les juges (4138-1096).

3. Les premiers rois (1096-976). Le schisme des dix tribus (976) ; Achab. — Josaphat. — Jéhu et Athalie. — Prise de Samarie (721). — La captivité (606).

4. Aspect de l'Égypte ; le Nil. — Les Pharaons. — Conquête de l'Égypte par les Perses (525). — Religion, gouvernement, arts et monuments de l'Égypte.

5. Assyriens et Babyloniens jusqu'à Cyrus. — Sémiramis. — Sardanapale (759). — Nabuchodonosor (561). — Religion, sciences et arts. — Ruines de Ninive et de Babylone.

6. Phéniciens. — Mèdes. — Perses sous Cyrus, Cambyse et Darius (559-485). — Etendue et divisions géographiques de l'empire

perse. — Religion, gouvernement, monuments.

7. Géographie physique de la Grèce. — Les Pélasges. — Les Hellènes. — Religion des Grecs ; demi-dieux ; héros. — Oracles. — Amphictyonies. — Jeux publics. — Monuments primitifs.

8. Guerre de Troie (1193-1184). — Homère. — Conquêtes des Doriens (1104). — Colonies.

9. Institutions politiques de la Grèce. — Constitution de Sparte et d'Athènes : Lycurgue et Solon. — Pisistrate et ses fils. — Archontat de Clisthène.

10. Guerres médiques. — Miltiade (490) et Léonidas (480). — Salamine (480) et Platée (479). — Cimon. — Eschyle et Hérodote.

11. Administration de Périclès. — Eclat des lettres et des arts. — Sophocle et Euripide. — Phidias. — La guerre du Péloponèse (431-404) : ruine d'Athènes ; les trente tyrans. — Socrate, Platon, Hippocrate, Aristophane, Thucydide.

12. Expédition du jeune Cyrus. — Retraite des Dix mille (401). — Xénophon. — Agésilas et le traité d'Antalcidas (387). — Puissance de Thèbes. — Epaminondas. — Philippe de Macédoine et Démosthènes (359-336).

13. Alexandre (336-323). — Etendue de son empire. — Résultats de ses conquêtes. — Aristote. — Lysippe. — Apelles.

14. Démembrement de l'empire d'Alexandre. — Bataille d'Ipsus (301). — Royaume de Syrie (312-64). — Séleucus Nicator, Antiochus le Grand ; soulèvement des Machabées. — Royaume d'Égypte (323-30). — Les trois premiers Ptolémées. — Alexandrie. — Le musée. — La bibliothèque. — Cléopâtre. — Les Gaulois en Asie (278).

15. La Grèce entre la domination des Macédoniens et celle de Rome (323-146). — Les Gaulois en Grèce (279). — Philippe III et Persée. — Aratus et Philopœmen.

16. Géographie physique de l'Italie. — Position de Rome. — Ses rois et ses premières institutions (754-510).

17. Fondation de la république. — Le sénat, les patriciens et les plébéiens. — Consuls. — Dictateurs. — Tribuns. — Les décemvirs. — Modifications successives des institutions romaines. — Fin des luttes intestines : union des deux ordres (510-366).

18. Caractère des premières guerres de Rome. — Invasion des Gaulois (390). — Guerres du Samnium et de Pyrrhus. — Organisation de la légion romaine. — Précautions prises pour assurer l'obéissance des vaincus : colonies, municipes.

19. Carthage : son gouvernement, étendue de ses possessions. — Première guerre punique (264-241).

20. Seconde guerre punique. — Annibal et Scipion. — Constance de Rome (218-201).

21. Conquêtes hors d'Italie : chute de la Macédoine (148), de Corinthe (146), de Car-

thage (146), de Numance (133). — Viriathe.
— Réduction en province de la Gaule cisalpine (191) et du royaume de Pergame (129).

22. Etat de la république romaine après toutes ces conquêtes ; nécessité d'une réforme. — Tentative démocratique des Gracques (133-121).

23. Guerres de Jugurtha et des Cimbres ; Marius. — Guerre sociale. — Gouvernement aristocratique de Sylla (113-79).

24. Sertorius. — Spartacus. — Mithridate. — Grandeur de Pompée. — Cicéron et Catilina.

25. Le premier triumvirat. — César. — Conquête de la Gaule (58-50). — Géographie de cette contrée. — Mœurs, migrations et conquêtes des anciens Gaulois.

26. La guerre civile. — Pharsale. — Thapsus. — Munda. — Royauté de César sous le nom de dictature. — Lois et projets de César (49-44).

27. Le second triumvirat ; Octave et Antoine. — Batailles de Philippes et d'Actium. — Chute de la république (44-30).

28. Organisation du gouvernement impérial. — Bornes et divisions géographiques de l'empire. — Siècle d'Auguste. — Cicéron. — Salluste. — Tite-Live. — Horace et Virgile (30 avant Jésus-Christ, 14 après).

29. Les empereurs de la famille d'Auguste. — Guerres dans la Germanie et en Orient. — Naissance et progrès du christianisme. — Le Nouveau Testament. — Premières persécutions. — Sénèque. — Lucain. — Tacite. — Pline l'Ancien (14-70 après Jésus-Christ).

30. Les empereurs Flaviens. — Prise de Jérusalem. — Civilis. — Conquête de la Bretagne. — Les Daces.

31. Les Antonins. — Etat de l'empire au ii° siècle de notre ère. — Monuments de la grandeur romaine.

32. Les empereurs Syriens. — L'anarchie militaire. — Première apparition des Francs. — Restauration de l'empire par les princes illyriens (193-285).

33. Dioclétien. — L'ère des martyrs (285-305).

34. Constantin. — Triomphe du christianisme. — Concile de Nicée. — Hiérarchie de l'Eglise. — Fondation de Constantinople. — Réorganisation de l'empire (306-337.)

35. Constance et l'arianisme. — Julien et le dernier effort du paganisme. — Valens et le commencement de la grande invasion (337-378).

36. Théodose. — Partage définitif de l'empire. — Dernières années de l'empire d'Occident (378-476).

37. Condition de la Gaule pendant toute la durée de l'empire.

### N° 9.
*Classe de seconde.*
Histoire du moyen âge.

1. Etat du monde romain et du monde barbare à la fin du iv° siècle de notre ère. — Géographie et situation politique.

2. Alaric, Radagaise, Genséric et Attila (403-453).

3. Second ban de barbares germains qui réussissent à fonder des Etats : Clovis et ses fils. — Théodoric. — Les Lombards. — Les rois anglo-saxons (453-569).

4. Réaction éphémère des empereurs de Constantinople contre les envahisseurs germains. — Justinien ; ses travaux législatifs. — Victoires d'Héraclius sur les Perses (528-628).

5. Puissance des Francs Mérovingiens. — Clothaire Ier, Frédégonde, Brunehaut, Clothaire II, Dagobert. — Prépondérance des Francs dans l'Europe occidentale. — Mœurs et institutions apportées par les Germains au milieu des populations romaines. — Bénéfices et alleux (558-638).

6. Décadence de la race Mérovingienne. — Affaiblissement de la royauté. — Rois fainéants. — Maires du palais. — Opposition de la Neustrie et de l'Austrasie. — Ebroïn. — Bataille de Testry (638-687).

7. Puissance croissante des maires d'Austrasie : Pepin d'Héristal ; Charles Martel ; Pepin le Bref (687-752). — Ils reconstituent l'Etat et relèvent le pouvoir. — Pepin le Bref fonde la seconde race (752).

8. Réunion et tentative d'organisation de tout le monde germanique par Charlemagne. — Ses guerres, son gouvernement ; étendue et divisions géographiques de son empire. — Premier réveil littéraire (768-814).

9. Histoire de l'Eglise et du Saint-Siège depuis le v° siècle. — Conversion des barbares germains. — Schisme de l'Eglise grecque. — Union du Pape et de l'empereur (du v° au ix° siècle).

10. Les Arabes. — Mahomet. — Le Coran. — Conquête de la Perse et de toutes les provinces méridionales de l'empire romain. — Constantinople échappe à cette invasion comme à celle des Germains (622-732).

11. Fragilité de l'empire des Arabes. — Démembrement du khalifat de Bagdad ; érection des khalifats du Caire et de Cordoue. — Eclat de la civilisation arabe pendant que l'Europe est dans les ténèbres. — Emprunt que lui fera l'Europe chrétienne (755-1058).

12. Fragilité de l'œuvre de Charlemagne. — Faiblesse de Louis le Débonnaire. — Bataille de Fontenay. — Division de l'empire en trois royaumes par le traité de Verdun. — La France proprement dite est limitée au nord-est par la Meuse (814-843).

13. Faiblesse de Charles le Chauve. — Invasions des Northmans par le Nord et l'Ouest, des Sarrasins par la Provence et par les Alpes, et bientôt des Hongrois par l'Est. — Nouveau démembrement de l'Etat et du pouvoir. — Reconnaissance définitive de l'hérédité des bénéfices et des offices royaux. — Inutilité des tentatives faites pour reconstituer l'empire de Charlemagne. — Irrévocable division en plusieurs Etats (843-888).

14. Royauté d'Eudes et de Raoul. — Entreprises ayant pour but de substituer une

nouvelle dynastie à cel.e ees Carlovingiens. — Transformation du pouvoir royal. — Règnes de Hugues Capet et de ses trois premiers successeurs (888-1108); leur alliance intime avec l'Eglise. — Etablissement des Northmans en France.

15. Exposition du système féodal. — Asservissement de la plus grande partie des anciens hommes libres; mais le servage est substitué à l'esclavage. — Description féodale de la France. — Géographie sommaire de l'Europe féodale.

16. Nouveau déclin des lettres à la fin du ix⁰ siècle. — Barbarie du x⁰. — Renaissance dès le xi⁰ siècle. — Rôle que le clergé y joue. — Fondation de nombreux monastères. — Trêve de Dieu. — Premier âge de la chevalerie. — Premiers monuments de la littérature et des arts du moyen âge.

17. Premiers rois de Germanie. — Othon le Grand rattache à l'Allemagne l'Italie et la couronne impériale. — Toute-puissance de Henri III. — Efforts de Grégoire VII pour régénérer l'Eglise et faire prévaloir l'autorité du Saint-Siége (888-1075).

18. Rivalité et lutte des deux pouvoirs temporel et spirituel, ou querelle des investitures. — Grégoire VII et Henri IV. — Alexandre III et Frédéric Barberousse. — Innocent IV et Frédéric II (1073-1250).

19. Divisions de l'islamisme. — Les Arabes subissent l'invasion des Turcs. — Décadence du khalifat de Bagdad. — Démembrement de l'empire des Turcs Seldjoucides. — Faiblesse de l'empire grec. — Ferveur ardente et union de toute l'Europe chrétienne dans une même foi et une même pensée. — La première croisade et le royaume chrétien de Jérusalem (1058-1147).

20. Les dernières croisades (1147-1270). — Résultats de ces expéditions. — Part que la France y prit.

21. Progrès de la population urbaine en France, en Italie, en Allemagne, en Espagne. — Cités municipales. — Communes. — Principaux foyers de l'industrie et du commerce au Nord et au Midi de l'Europe. — Corporations industrielles. — Légistes. — Commencements de l'histoire du tiers état.

22. France. — La royauté commence la guerre contre la féodalité avec l'appui des communes, des villes et des églises. — Progrès de l'autorité royale sous Louis VI, Louis VII, Philippe-Auguste et Louis VIII. — Extension du domaine de la couronne. — Conquêtes de plusieurs provinces de l'Ouest sur Jean Sans-Terre. — Bataille de Bouvines: affermissement de l'autorité royale au Nord. — Conquête de plusieurs provinces du Midi, par suite de la croisade contre les Albigeois (1108-1226).

23. Saint Louis; ses guerres contre les barons et contre les Anglais. — Ses deux croisades. — Ses travaux législatifs; coups portés par saint Louis à la féodalité. — Progrès de la littérature et des arts. — Premiers grands monuments de la prose française: Villehardouin et Joinville. — Troubadours et trouvères. — Universités. — Architecture ogivale (1226-1270). — Les ordres mendiants.

24. Philippe III et Philippe IV. — Guerres avec l'Aragon, la Flandre et l'Angleterre. — Lutte avec Boniface VIII. — Commencements d'une administration régulière. — Pénurie du trésor: exactions pour le remplir. — Condamnation des Templiers. — Premiers états généraux. — Le parlement. — Fin de la descendance directe de Hugues Capet. — La loi salique (1210-1328).

25. Angleterre. — Invasion danoise en Angleterre. — Alfred le Grand, Kanut le Danois. — Edouard le Confesseur. — Harold. — Invasion du duc de Normandie, Guillaume le Bâtard. — Spoliation des vaincus au profit des vainqueurs. — Royauté anglo-normande fortement constituée dès son origine. — Guillaume II, Henri Iᵉʳ, Etienne Iᵉʳ (871-1154).

26. Henri II réunit à l'Angleterre la moitié occidentale de la France. — Thomas Becket. — Révolte des fils du roi soutenus par la France. — Richard Cœur-de-Lion. — Jean Sans-Terre. — Il perd la moitié de ses provinces de France. — Les barons ligués lui imposent la grande charte. — Henri III; organisation du parlement. — Edouard Iᵉʳ. — Conquête du pays de Galles. — Guerres en Ecosse et en France. — Edouard II (1154-1327).

27. Première partie de la guerre de cent ans entre l'Angleterre et la France. — Edouard III et le prince Noir; Philippe VI et Jean. — Guerres de Flandre et de Bretagne. — Batailles de Crécy et de Poitiers (1328-1356).

28. Etats généraux. — Jacquerie. — Charles V et Duguesclin. — La France une première fois recouvrée sur les Anglais (1356-1380).

29. Catastrophes en France et en Angleterre. — Mort violente de Richard II d'Angleterre. — Henri IV (Chaucer). — Folie de Charles VI. — Les Armagnacs et les Bourguignons (1380-1414).

30. Henri V d'Angleterre. — Bataille d'Azincourt. — Traité de Troyes. — Charles VII et Henri VI. — Jeanne d'Arc. — Expulsion des Anglais (1415-1453).

31. Durant cette guerre de cent ans, progrès en Angleterre des libertés publiques, en France, de l'autorité royale. — Résumé de l'administration des Valois jusqu'à Charles VII. — Formation d'une nouvelle féodalité princière par les apanages. — Progrès du tiers état. — Importance du parlement et de l'Université. — Réforme de Charles VII. — Pragmatique sanction de Bourges. — Taille perpétuelle. — Armée permanente.

32. Espagne. — Croisade perpétuelle contre les Maures. — Formation et agrandissement des diverses monarchies espagnoles jusqu'au milieu du xv⁰ siècle. — Fondation du royaume de Portugal par un Français et intervention de la France dans les affaires de la Castille sous Charles V. — Découvertes des Portugais (du viii⁰ au xv⁰ siècle).

33. Etat de l'Italie après la querelle des investitures. — Ruine de tout pouvoir central. — Guelfes et Gibelins. — Républiques au nord et au centre. — Royaume français des Deux-Siciles. — Les républiques changées en principautés. — Faiblesse temporelle de la papauté. — Etat des lettres : Dante, Pétrarque. — Prospérité du commerce. — Décadence des mœurs et de l'esprit national (1250-1453).

34. La royauté élective conduit l'Allemagne à l'anarchie. — Le grand interrègne. — La maison de Habsbourg. — Impuissance des empereurs. — Bulle d'or de Charles IV. — Sigismond. — Frédéric III. — Indépendance des électeurs, des princes, de la noblesse immédiate et des villes impériales. — Anarchie universelle. — Hussites. — Révolte des cantons suisses. — La Hongrie sert de barrière contre les Turcs (Jean Huniade) (1250-1453).

35. Revue sommaire de l'histoire des Etats du Nord et de l'Est. — Formation et rupture de l'union de Colmar. — Puissance de la Pologne et faiblesse des princes moscovites. — Les Mongols. — Les Turcs ottomans. — Chute de Constantinople (ix⁰ siècle-1453).

36. Histoire de l'Eglise depuis les croisades. — Boniface VIII. — La papauté à Avignon. — Le grand schisme d'Occident. — Wiclef et Jean Huss. — Les conciles de Constance (Gerson) et de Bâle (1270-1453).

37. Formation des langues et des littératures nationales répondant à la division politique de l'Europe en grandes nations. — Industrie, commerce (ligue anséatique). — Mystères et moralités. — Découvertes scientifiques : l'imprimerie. — Relations avec l'Orient.

### N° 10

*Classe de rhétorique.*

**Histoire des temps modernes.**

1. Etat politique et divisions géographiques de l'Europe au milieu du xv⁰ siècle.

2. France. — Progrès de l'autorité royale en France dans les dernières années de Charles VII et sous Louis XI.—Puissance des maisons féodales. — Opposition et mort du duc de Bourgogne. — Résultats du règne de Louis XI. — Anne de Beaujeu et Charles VIII. — Etats généraux de 1484. — Acquisition de la Bretagne (1453-1494).

3. Angleterre. — Guerre des deux Roses.— La royauté anglaise sous Henri VII (1453-1509).

4. Espagne. — Faiblesse de Henri IV. — Puissance de Ferdinand et d'Isabelle. — Réunion de la Castille et de l'Aragon. — Chute de Grenade (1453-1516).

5. Allemagne et Italie à la fin du xv⁰ siècle. — Constitution anarchique de ces deux pays qui, par suite de leurs divisions, deviendront successivement le champ de bataille de l'Europe. — Frédéric III et Maximilien; vains efforts pour mettre de l'ordre en Allemagne. — Ludovic le More; Venise et Gênes. — Les Médicis et Savonarole. —

Politique du Saint-Siége. — Les Aragonais à Naples (1453-1494).

6. Les Turcs sous Mahomet II et Sélim. — Conquête d'une partie de la vallée du Danube et de l'Albanie, de la Syrie, de l'Egypte et d'Alger (1453-1520). — Etendue et puissance de l'empire ottoman en 1520.

7. Commencement des guerres d'Italie. — Expéditions de Charles VIII et de Louis XII. — Gouvernement de ce dernier prince (1494-1515).

8. Nouveaux éléments de civilisation générale. — Découverte ou usage chaque jour croissant de la poudre à canon, du papier, de l'imprimerie et de la boussole. — Christophe Colomb et Vasco de Gama. — Empire colonial des Espagnols et des Portugais. — Développement de la richesse mobilière.

9. Tableau de l'Italie au commencement du xvi⁰ siècle. — Milan, Gênes, Venise, Florence, Rome, Naples. — Renaissance des arts et des lettres. — Jules II. — Léon X. — L'Arioste, Machiavel, Bembo, Bramante, Léonard de Vinci, Raphaël, Michel-Ange. — Erasme. — Copernic.

10. Mouvement du protestantisme. — Luther (1517) : la réforme en Allemagne. — Christian II et Gustave Vasa : la réforme dans le Nord (1513-1560). — Zwingle et Calvin : la réforme en Suisse, aux Pays-Bas et en Ecosse (1516-1564). — Henri III : la réforme en Angleterre. — Edouard VI. — La reine Marie (1509-1558).

11. Rivalité de François Iᵉʳ et de Charles V : Marignan, Pavie, captivité de François Iᵉʳ. — Prise de Rome par le connétable de Bourbon. — Traité de Cambrai (1515-1529). — Rôle de l'Angleterre dans la lutte de la France et de l'empire.

12. Introduction des Ottomans dans la politique européenne. — Soliman II. — Siége de Vienne. — Expédition de Charles V contre Tunis et Alger. — Invasion de la Provence. — Trève de Nice. — Bataille de Cérisoles (1527-1547).

13. Henri II et le traité de Câteau-Cambrésis. — Résultats des guerres d'Italie. — La Péninsule fermée aux Français et soumise aux Espagnols. — La France acquiert Metz, Toul et Verdun (1547-1559). — La renaissance en France.

14. Le concile de Trente. — Sages réformes à la cour pontificale. — Création de l'ordre des Jésuites. — Paul III, Paul IV, Pie V, Sixte V (1534-1590).

15. La réforme en France. — Guerres de religion. — François II. — Charles IX. — Henri III. — Les Bourbons et les Guises (1559-1589).

16. Angleterre et Ecosse. — Elisabeth et Marie Stuart. — L'Armada de Philippe II. — Victoire d'Elisabeth. — Apogée de l'autorité royale en Angleterre. — Shakspeare et Bacon (1558-1603).

17. Espagne. — Vastes projets de Philippe II. — Soulèvement des Pays-Bas. — Les gueux. — Guillaume de Nassau. — Indépendance des Provinces-Unies. — Décadence

anticipée de l'Espagne, malgré la conquête du Portugal (1556-1598).

18. France. — Henri IV achève de ruiner par ses succès la prépondérance de l'Espagne ; il termine en France les guerres de religion et rétablit le pouvoir royal. — Ses réformes, ses projets. — Sully. — Écoles littéraires de la France. — Montaigne. — Amyot. — Ronsard, Malherbe.

19. Angleterre. — L'autorité royale entre en lutte contre d'antiques traditions de liberté soutenues par l'esprit nouveau de la réforme. — Jacques Iᵉʳ. — Règne de Charles Iᵉʳ jusqu'à la convocation du Long parlement (1603-1640).

20. Angleterre. — Révolution de 1648. — Protectorat de Cromwel (1640-1660).

21. L'autorité royale conserve la prééminence en France. — Richelieu et Louis XIII. — Le protestantisme cesse d'être un parti politique. — Abaissement des grands. — Création des intendants. — Abaissement de la maison d'Autriche (1610-1643).

22. Allemagne. — Guerre de Trente ans. Traités de Westphalie. — L'Alsace reste à la France. — L'Allemagne, qui compte plus de 360 États, est de toutes parts ouverte à l'étranger, malgré l'autorité impériale qui n'est plus qu'un vain nom héréditaire dans la maison d'Autriche (1618-1648).

23. Mazarin et la Fronde. — Les traités de Westphalie et des Pyrénées préparent la grandeur de Louis XIV. — Situation de l'Europe et limites des États en 1661. — Décadence de l'Espagne, de l'Italie et de l'empire. — Épuisement de la Suède. — Décadence de la Pologne. — Divisions de l'Angleterre. — Richesses et puissance de la Hollande (1643-1661).

24. Louis XIV. — Ministère de Colbert. — Administration intérieure : industrie. — Commerce. — Marine marchande et militaire ; les classes. — Législation. — Époque la plus glorieuse des lettres françaises.

25. Louis XIV. — Influence prépondérante de Louvois. — Organisation militaire. — Guerre avec l'Espagne. — Traité d'Aix-la-Chapelle. — Invasion de la Hollande. — Coalition générale. — Traité de Nimègue. — Turenne, Condé, Vauban, Duquesne. — Conquête de la Flandre et de la Franche-Comté (1661-1679).

26. Révocation de l'édit de Nantes et politique de Louis XIV à l'égard de l'Angleterre. — Charles II. — Jacques II. — Opposition de l'aristocratie et du clergé anglais. — Révolution de 1688 avec l'aide de la Hollande. — Guillaume de Nassau. — Locke. — Nouveau droit politique (1679-1688).

27. Suites de la révolution de 1688 pour la politique générale de l'Europe. — Traité de Ryswick. — Guerre de la succession d'Espagne. — Traités d'Utrecht et de Rastadt (1688-1715). — Luxembourg, Villars, Catinat, Vendôme, Berwick, Tourville.

28. Coup d'œil sur le XVIIᵉ siècle. — Progrès général des sciences, des lettres et des arts.

29. La régence et Louis XV. — Law. —

Ministère de Fleury. — Guerre de la succession d'Autriche et guerre de Sept ans. — Traité de Paris. — Perte des colonies françaises (1715-1763).

30. Création du royaume de Prusse. — Rivalité de la Prusse et de la maison d'Autriche. — Frédéric II et Marie-Thérèse (1701-1786).

31. Dernier effort de la Suède ; Charles XII. — Grandeur de la Russie. — Pierre le Grand et Catherine II. — Fondation de Saint-Pétersbourg. — Victoire sur les Turcs. — Partage de la Pologne (1689-1789).

32. Grandeur maritime et coloniale de l'Angleterre. — Conquêtes aux Indes orientales. — Progrès et soulèvement des colonies d'Amérique. — Guerre d'Amérique (1688-1789).

33. Esprit de réforme popularisé par les philosophes (Voltaire, Montesquieu, Rousseau...) et par les économistes (Vauban, Quesnay, Adam Smith, etc.) dans toute l'Europe. — Pombal et Joseph Iᵉʳ en Portugal. — Ferdinand VI, Charles III et Aranda en Espagne. — Tanucci et Charles VII à Naples. — Léopold en Toscane. — Joseph II en Autriche. — Frédéric II en Prusse. — Choiseul, Louis XVI, Turgot, Malesherbes et Necker en France.

34. Découvertes scientifiques et géographiques au XVIIIᵉ siècle : Franklin, Lavoisier, Linné, Buffon, Laplace, Lagrange, Volta, Cook et Bougainville. — Géographie de l'Europe en 1789.

35. Assemblée constituante. — Assemblée législative. — Journée du 10 août. — Convention nationale. — Procès et mort de Louis XVI. — La terreur. — Journée du 9 thermidor. — Journée du 13 vendémiaire.

36. Directoire. — Premières campagnes de Bonaparte en Italie. — Traité de Campo-Formio. — Expédition d'Égypte. — Retour de Bonaparte. — Journée du 18 brumaire. — Constitution consulaire. — Concordat. — Code civil.

37. Napoléon empereur. — Géographie de l'Europe en 1810. — Guerre de Russie. — Campagne d'Allemagne. — Campagne de France. — Abdication de l'empereur. — Retour de l'île d'Elbe. — Les Cent jours — Waterloo. — Saint-Hélène. — Traités de 1815.

### GÉOGRAPHIE PHYSIQUE ET POLITIQUE.

Pendant les études consacrées au cours de géographie, les élèves feront des croquis ayant pour objet de représenter les principales contrées décrites par le professeur. Ces croquis seront exécutés au trait à la plume, à main levée ; les noms de pays, de villes, de fleuves, etc..., seront en écriture cursive.

Les élèves exécuteront de plus, en deuxième et en troisième année, quelques cartes, notamment sur les matières des 10ᵉ, 11ᵉ et 12ᵉ leçons du programme nᵒ 12, et sur celles des 8ᵉ, 9ᵉ et 10ᵉ leçons du programme nᵒ 13.

Le professeur ne perdra pas de vue que son enseignement doit être à la fois pratique et très-élémentaire ; il en exclura donc tout ce qui n'est qu'érudition ou pure spécialité, pour avoir le temps d'insister sur les connaissances fondamentales. Cette

remarque s'applique principalement aux leçons du programme n° 12.

## N° 11.

### Classe de troisième.

#### Objet du cours. — Grandes divisions du globe.

1, 2. Objet et utilité du cours. — Ce qu'on entend par géographie physique et par géographie politique. — Nomenclature géographique ; définition des principaux termes en usage.

Utilité des cartes géographiques. — Mappemonde, cartes générales, cartes particulières. — Echelles. — Valeur des principales mesures itinéraires en myriamètres.

Division de la surface du globe en terres et en eaux ; rapport de leur étendue superficielle ; population du globe.

*Continents.* Forme générale de leur contour ; orographie et hydrographie sommaires ; grandes divisions relatives aux races et aux religions ; parties du monde.

*Océan.* Ses grandes divisions ; leur situation relative et leurs communications entre elles ; mers principales ; leur situation.

3, 4, 5, 6. *Asie, Afrique, Amérique du Nord et Amérique du Sud.*

Limites ; forme générale du contour ; mers et îles principales ; division en grands versants ; grandes chaînes de montagnes ; lacs et fleuves principaux. — Grandes divisions relatives aux races et aux religions. — Principaux Etats ; leurs capitales. — Population. — Principales colonies européennes. — Mention particulière des possessions anglaises aux Indes et des Etats-Unis d'Amérique

*Océanie.* — Situation ; grandes divisions ; îles et archipels principaux ; possessions des Européens ; capitales.

7, 8. *Europe.* — Limites ; forme générale du contour ; mers, îles et presqu'îles principales ; leur situation.

Division en grands versants ; ligne de partage des eaux, depuis les monts Ourals jusqu'au détroit de Gibraltar.

Principales chaînes de montagnes ; situation et direction. — Principaux fleuves : sources, directions, embouchures ; notion de leur étendue. — Grands lacs ; leur situation.

Grandes divisions d'après les races et les religions ; langues principales. — Principaux Etats de l'Europe ; leur situation ; capitales. — Population de l'Europe.

9, 10, 11. *Description sommaire des mers.*

1° Grand Océan ; 2° océan Atlantique ; 3° mer des Indes ; 4° mer Méditerranée et mer Noire ; 5° mer du Nord ; 6° mer Baltique.

Situation ; forme générale du littoral. — Mers secondaires ; îles et détroits principaux ; leur situation. — Pays baignés par ces mers ; embouchures des fleuves les plus remarquables ; grands ports. — Principales colonies européennes. — Notions sommaires sur les lignes de navigation les plus suivies et sur la durée de la traversée.

### Classe de seconde.

Etats européens (la France exceptée). — Histoire sommaire de la géographie. — Géographie statistique des productions et du commerce des principales contrées.

1, 2, 3, 4, 5, 6 et 7. *Etats européens.* 1° Iles britanniques. 2° Hollande. 3° Suède et Norwége. — Danemark. 4° Russie et Pologne. 5° Prusse. 6° Allemagne et Suisse. 7° Empire d'Autriche. 8° Turquie d'Europe et Grèce. — Principautés slaves, Iles Ioniennes. 9° Italie. 10° Espagne et Portugal. — Situation et limites ; mers et îles principales ; versants et chaînes de montagnes principales ; fleuves et lacs principaux ; grandes divisions politiques ; capitales, gouvernement, population ; races et religions ; colonies, ports principaux ; armée, marine, revenu des puissances de premier ordre.

Mention des confédérations germanique et helvétique. — Eléments de puissance des empires russe et britannique.

8, 9. *Histoire sommaire de la géographie.* Monde connu des anciens. — Progrès de la géographie au moyen âge. — Etat des connaissances géographiques au commencement du xv° siècle ; progrès de ces connaissances depuis cette époque. — Navigateurs les plus célèbres ; résumé de leurs principales découvertes. — Notions sommaires sur les principaux voyages autour du monde.

10, 11, 12. *Géographie industrielle et commerciale.* Notions élémentaires et sommaires : 1° sur les localités d'où proviennent les productions les plus utiles : céréales, fers, houilles, bois de construction, cotons, vins, etc.; 2° sur les centres d'industrie les plus importants ; produits principaux de la France, de l'Angleterre, de l'Allemagne, etc.; 3° sur les principaux centres et ports de commerce ; matières premières ou fabriquées qui donnent lieu à l'importation ou à l'exportation ; lignes de navigation qu'elles suivent ; durée du trajet.

### N° 13.

### Classe de rhétorique.

#### Géographie physique et politique de la France.

1, 2, 3. Limites ; latitudes et longitudes extrêmes ; tracé du contour de la France. — Ligne de partage des eaux. — Chaînes de montagnes ; situation et direction générale. — Ramifications principales. — Division de la France en versants et en bassins.

*Côtes maritimes :* 1° de Dunkerque à Bayonne ; 2° de Port-Vendres à Antibes ; — Tracé du littoral. — Iles, caps et golfes principaux. — Embouchure des grands fleuves. — Départements et villes principales du littoral.

*Limites de terre :* 1° de Dunkerque à Wissembourg ; 2° de Wissembourg à Bâle et à Antibes ; 3° de Port-Vendres à Bayonne. — Tracé de la limite ; départements qu'elle confine. Pays limitrophes.

*Description sommaire des Alpes et des Pyrénées.* — Situation ; direction ; grandes divisions ; montagnes, cols et ramifications les

plus remarquables ; rivières principales qui descendent de ces chaînes.

4, 5, 6. *Bassins de la Seine, de la Loire, de la Garonne et du Rhône ; bassins de l'Escaut, de la Meuse et du Rhin* (partie française). — Ceinture du bassin et cours du fleuve ; tracé ; principaux affluents. — Départements et villes principales qu'arrosent le fleuve et ses affluents principaux. — Points où commence la navigation.

7. *Canaux et chemins de fer.* — Principaux canaux ; mers et rivières qu'ils mettent en communication. — Principaux chemins de fer ; grandes villes qu'ils unissent ; leur liaison avec les principaux chemins de fer de la Belgique et de l'Allemagne.

8, 9, 10. *Ancienne division de la France en provinces.* — Situation des provinces ; date et historique sommaire de leur réunion à la couronne de France ; capitales.

*Division de la France en départements.* — Origine et but de cette nouvelle division ; situation respective des départements ; chefs-lieux.

*Concordance des deux divisions.* — Départements formés des anciennes provinces de : 1° Bretagne, Normandie, Ile-de-France ; 2° Champagne, Picardie, Artois, Flandre, Lorraine ; 3° Poitou, Maine, Touraine, Anjou, Orléanais, Berry, Nivernais, Bourbonnais ; 4° Limousin, Auvergne, Marche, Saintonge, Aunis, Angoumois ; 5° Guyenne, Gascogne, Bearn ; 6° Comté de Foix, Roussillon, Languedoc ; 7° Provence, Dauphiné, Comtat-Venaissin, Lyonnais, Corse ; 8° Alsace, Franche-Comté, Bourgogne.

11. *Statistique de la France.* — Superficie. — Population. — Gouvernement. — Divisions administratives, militaires, ecclésiastiques, judiciaires. — Instruction publique. — Préfectures maritimes. — Agriculture, industrie et commerce. — Revenu, dette. — Armée, marine.

12. *Colonies.* — *Algérie.* — Situation, limites. — Chaînes de montagnes et rivières principales. — Provinces et villes principales. — Races principales. — Religions.

*Colonies françaises dans les différentes parties du monde.* — Situation. Villes principales. — Productions, commerce.

## LANGUES VIVANTES.

### N° 14.

*Classe de troisième.*
#### Langue allemande.

*Enseignement grammatical.* — Lecture et écriture. Verbes auxiliaires. Conjugaison régulière. Déclinaison du substantif et de l'adjectif. Règles de la construction. Les noms de nombre, pronoms, etc.

*Explication.* — On commencera par des morceaux très-faciles. Après le premier trimestre, les élèves doivent être exercés à l'explication improvisée.

*Thèmes.* — L'exercice du thème ne commence que lorsque les élèves savent décliner, conjuguer et faire la construction.

— Les thèmes sont corrigés sur le tableau

*Langue parlée.* — Phrases simples formées à l'occasion de la récitation des leçons, etc. — Les morceaux expliqués réduits en questions et en réponses. — Versions dictées.

### N° 15.

*Classe de seconde.*
#### Langue allemande.

Verbes irréguliers ; formation des mots ; les points les plus importants de la Syntaxe. — Explication de deux auteurs, dont l'un, présentant quelques difficultés, est préparé ; et l'autre, plus facile, doit être expliqué à livre ouvert ; exercices sur les morceaux expliqués. — Questions grammaticales traitées en langue allemande. — Versions dictées. — Deux sortes de thèmes, dont les uns doivent être faits hors la classe, et les autres improvisés en classe et corrigés.

### N° 16.

*Classe de rhétorique.*
#### Langue allemande.

Dans l'exercice du thème, le professeur rappelle aux élèves les règles fondamentales apprises dans les classes de troisième et de seconde, et expose les règles particulières les plus usuelles.

Explication de deux auteurs, l'un difficile ; l'autre sans difficultés sérieuses ; exercices sur les morceaux expliqués. — Exercices généraux : petites narrations, amplifications, etc., écrites en allemand. — Questions étymologiques, etc. — Versions dictées.

### N° 17.

*Classe de troisième.*
#### Langue anglaise.

Formation des mots (inflexions, dérivation, composition). — Syntaxe : accord, régime, ordre des mots.

Les règles doivent être étudiées sur des textes choisis à cet effet.

Exercices de mémoire, récitation de textes anglais. — Vocabulaire, racines saxonnes. — Prononciation et orthographe, notation des sons élémentaires de la langue anglaise. — Lecture d'un auteur anglais.

### N° 18.

*Classe de seconde.*
#### Langue anglaise.

Vocabulaire : continuer l'étude des mots saxons. Elément latin et français. Vocabulaires spéciaux.

Application des études précédentes à la traduction du français en anglais.

Traiter en anglais par écrit ou de vive voix quelque sujet donné. Lettres sur des sujets familiers. — Questions et réponses en anglais. — Lecture d'un auteur anglais.

### N° 19.

*Classe de rhétorique.*
#### Langue anglaise.

Compléter l'étude du vocabulaire général et des vocabulaires spéciaux.

Compositions écrites en anglais. — Extraits

d'ouvrages littéraires et scientifiques. Les élèves auront à en rendre compte en anglais, de vive voix. — Questions et réponses en anglais. — Lecture d'un auteur anglais

### NOTIONS LITTÉRAIRES.

### N° 20.

*Classe de rhétorique.*

Notions élémentaires de rhétorique et de littérature.

Dans la suite des leçons le professeur de rhétorique exposera des notions élémentaires de littérature qu'il résumera, à la fin du cours, par les questions suivantes : 1. En quoi la poésie diffère de la versification et quelles sont les principales formes de vers en latin et en français ; — 2. des principaux genres de poésie et de leurs divers caractères ; — 3. des genres de prose et de leurs caractères différents ; — 4. de l'art oratoire ou rhétorique, des diverses parties de la rhétorique ; — 5. des diverses parties du discours ; — 6. quelles sont, parmi les règles de l'art oratoire, celles qui s'appliquent à toute composition ; — 7. quelles sont les qualités générales du style et, parmi ces qualités, celles qui caractérisent plus particulièrement les chefs-d'œuvre de la prose française ; — 8. des principales figures de pensées et de mots.

### LOGIQUE.

### N° 21.

*Classe de logique.*

Le professeur s'attachera à initier ses élèves à la connaissance des opérations de l'entendement par des interrogations qui porteront sur les questions suivantes :

1er trimestre. — *Étude de l'esprit humain et du langage.*

1. Objet de la logique; ses rapports avec les autres sciences ; — 2. des facultés de l'âme : sensibilité, entendement, volonté ; — 3. de la sensibilité, des sensations et des sentiments , — 4. des opérations de l'entendement : attention, comparaison, jugement; — 5. du raisonnement ; — 6. des idées en général : de leur origine, de leurs différents caractères, de leurs diverses espèces ; — 7. des notions et vérités premières ; — 8. de la mémoire et de l'association des idées ; — 9. de l'imagination ; — 10. des signes en général et du langage en particulier ; — 11. influence des signes sur la formation des idées ; — 12. notions de grammaire générale.

2e trimestre. *De la méthode dans les divers ordres de connaissances.*

13. De la méthode en général : de l'analyse et de la synthèse ; — 14. de la méthode dans les sciences physiques et naturelles : observation, expérimentation. — 15. des classifications (classifications naturelles, classifications artificielles); — 16. de l'analogie et de l'induction ; — 17. des hypothèses ; — 18. de la méthode dans les sciences exactes. Axiomes. — Définitions ; — 19. de la

demonstration et de l'évidence ; — 20. du syllogisme, de ses figures, de ses règles ; — 21. usage et abus du syllogisme ; — 22. de la méthode dans les sciences morales ; — 23. autorité du témoignage des hommes ; — 24. règles de la critique historique. — 25. de la certitude en général, et des différentes sortes de certitude; — 26. des causes et des remèdes de nos erreurs.

3e trimestre. — *Application des règles de la méthode à l'étude des principales vérités de l'ordre moral.*

27. De la volonté ; — 28. de la conscience et du sentiment moral ; — 29. application des règles de la méthode à la démonstration de la spiritualité de l'âme et de la liberté ; — 30. application des règles de la méthode à la démonstration de l'existence et de la providence de Dieu ; — 31. application des règles de la méthode à la démonstration de la loi morale et de ses diverses sanctions; — 32. de la destinée de l'homme et de l'immortalité de l'âme.

---

### ENSEIGNEMENT PARTICULIER A LA SECTION DES LETTRES.

NOTIONS GÉNÉRALES DE GÉOMÉTRIE ET DE PHYSIQUE POUR SERVIR D'INTRODUCTION A L'ÉTUDE DES SCIENCES.

### N° 22.

*Classe de troisième.*

Notions de géométrie.

Le professeur s'aidera des *Éléments de géométrie* de Clairaut ; il pourra abréger les démonstrations et les supprimer au besoin en les remplaçant par de simples explications. Il fera exécuter par les élèves toutes les constructions indiquées, et mettra sous leurs yeux des modèles en relief, pour faciliter l'intelligence des figures dans l'espace.

1, 2. Ligne droite et cercle. — Règle et compas. — Mesure d'une longueur. — Perpendiculaire. — Définition du rectangle et du carré. — Manière d'élever une perpendiculaire. — Manière d'abaisser une perpendiculaire et de couper une droite en deux parties égales. — Construction du rectangle et du carré.

3. Mener par un point donné une parallèle à une ligne donnée. — Mesure du rectangle.

4. Figures rectilignes. — Triangles. — Triangles rectangles. — Mesure du triangle rectangle. — Mesure d'un triangle quelconque. — Parallélogramme. — Mesure du parallélogramme.

5. Polygones réguliers. — Manière de décrire un polygone régulier par la division de la circonférence en un certain nombre de parties égales. — Mesure des polygones réguliers. — Mesure du cercle.

6. Angles. — Division du cercle en degrés, minutes et secondes. — Mesure des angles. — Angles droit, aigu, obtus. — Manière de faire un angle égal à un angle donné.

7. Construction d'un triangle, connaissant:

1° Un angle et les deux côtés qui le comprennent ; 2° un côté et les deux angles adjacents ; 3° les trois côtés.

8, 9. Figures semblables. — Manière de faire une figure semblable à une autre. — Echelles. — Rapport des aires des figures semblables.

10. Parallèles coupées par une sécante. — Egalité des quatre angles aigus et des quatre angles obtus. — Dénominations de ces angles. — Somme des angles d'un triangle.

11, 12. Propriétés du cercle. — Dépendance des cordes et des arcs. — Condition pour qu'une droite soit tangente à un cercle.

13, 14. Des plans et des lignes droites dans l'espace — Ligne perdendiculaire à un plan. — Plan perpendiculaire à un autre. — Plans parallèles. — Angles dièdres, leur mesure. — Définition du cube, du prisme et de la pyramide.

15, 16. Sphère. — Sections planes. — Grands cercles. — Petits cercles. — Pôles d'un cercle. — Définition du cylindre et du cône.

### N° 23.

*Classe de troisième.*

Notions de physique.

1, 2, 3. Propriétés générales des corps. — Etats des corps. — Pesanteur. — Poids. — Démonstration expérimentale de l'existence du centre de gravité. Usage de la balance. — Double pesée.

4, 5. Démonstration expérimentale du principe d'Archimède. — Densité des liquides et des solides. — Méthode du flacon.

6. Preuve de la pesanteur des gaz. — Mesure de la pression atmosphérique par l'expérience de Toricelli.

7, 8. Loi de Mariotte. — Transvasement des gaz. — Machine pneumatique.

9. Dilatabilité des corps par la chaleur. — Thermomètre à mercure.

10. Changement d'état des corps. — Fusion, solidification, vaporisation, liquéfaction. — Définition de la chaleur latente.

11, 12. Preuve expérimentale de l'élasticité des vapeurs. — Ebullition, distillation, absorption. — Tubes de sûreté.

13. Développement de l'électricité par le frottement. — Distinction des deux électricités. — Machine électrique. — Electrophore.

14. Montrer quelques-unes des principales piles voltaïques, et faire connaître les principaux effets qu'elles peuvent produire.

15. Production du son. — Propagation du son dans l'air — Notions sur les intervalles musicaux.

16. Notions succinctes sur la réflexion et la réfraction de la lumière.

—

## NOTIONS DE CHIMIE ET DE COSMOGRAPHIE.

### N° 24.

*Classe de seconde.*

Chimie.

Le professeur ne perdra pas de vue que cet enseignement est destiné à fixer dans la mémoire des élèves, non le détail descriptif des corps, mais la connaissance de vues générales ou pratiques sur l'air, l'eau, l'oxydation, la combustion ; sur les conditions et les effets généraux de l'action chimique, et sur les forces qui en résultent.

1. Divers états de la matière. — Cohésion. — Formation des corps composés. — Synthèse. — Leur destruction. — Analyse. Affinité. — Causes qui la modifient. — Phénomènes qui accompagnent la combinaison des corps.

2. Corps simples. — Métaux. — Métalloïdes. Corps composés. — Principes de la nomenclature. — Acides. — Bases. — Corps neutres. — Sels. Proportions multiples.

3. Oxygène. — Combustion. — Exemples de combustion vive et de combustion lente. — Chaleur dégagée par la combustion des principaux corps combustibles.

4. Azote. — Air atmosphérique. — Analyse qualitative de l'air. — Son analyse quantitative par l'eudiomètre à hydrogène.

5. Hydrogène. — Eau. — Analyse et synthèse de l'eau. Notions sur les équivalents.

6. Carbone. — Acide carbonique. — Oxyde de carbone. — Synthèse de l'acide carbonique. — Sa formation par les animaux. — Sa décomposition par les plantes.

7. Hydrogène bicarboné. — Gaz de l'éclairage. — Flamme. — Toiles métalliques. — Lampes de sûreté.

8. Oxydes d'azote. — Acide azotique. — Nitre. — Poudre.

9. Ammoniaque.

10. Soufre. — Acide sulfureux. — Acide sulfurique. — Hydrogène sulfuré.

11. Phosphore. — Acide phosphorique. — Hydrogène phosphoré.

12. Chlore. — Acide chlorhydrique. — Eau régale. — Classification des corps non métalliques en familles naturelles.

13. Métaux en général. — Classification des métaux.

14. Alliages en général. — Les principaux alliages utiles.

15. Sels en général. — Lois de leur composition. — Lois de Berthollet.

16. Notions sur la composition des matières organiques.

### N° 25.

*Classe de seconde.*

Cosmographie.

Dans les dix premières leçons, le professeur exposera les phénomènes généraux de l'astronomie, qui sont totalement indépendants de la situation de l'observateur. Les six dernières seront consacrées aux phénomènes qui sont plus particulièrement relatifs à la position que l'observateur occupe réellement à la surface de la terre.

1, 2. Coup d'œil sur l'ensemble de l'univers. — Constitution générale du système solaire. — Distance, grandeur et masse du soleil. — Noms et ordre des planètes. — Leurs masses. — Loi de Bode. — Satellites. — Lune.

3, 4, 5, 6. Le soleil. — La terre. — La lune

— Leurs mouvements réels. —Eclipses de soleil et de lune.

(Le professeur emploiera un appareil uranographique.)

Constitution physique de la lune. — Suppositions sur la nature physique du soleil.

7. Planètes.

8. Comètes.

9. Etoiles.

10. Nébuleuses.

11, 12. Uranographie et principaux instruments d'astronomie.

13, 14. Figure de la terre. — Géographie. — Marées.

15, 16. Calendrier grégorien et sa correspondance avec le calendrier julien.

NOTIONS D'HISTOIRE NATURELLE.

### N° 26.

*Classe de rhétorique.*

Notions générales d'histoire naturelle.

*Zoologie.*

1. Comparaison sommaire de l'organisation et des fonctions des animaux et des végétaux. — Division des diverses fonctions des animaux. — Exposition des principaux organes qui concourent à ces fonctions et des tissus qui les constituent.

2. *Fonctions de nutrition. — Digestion.* — Description sommaire de l'appareil digestif et de ses annexes. — Structure et développement des dents. —Mastication et déglutition.

3. Nature diverse des aliments. — Phénomènes chimiques de la digestion. Sécrétions qui y concourent. — Absorption par les veines et les vaisseaux chylifères.

4. *Circulation.* — Sang ; composition et usages de ce liquide. —Appareil circulatoire, cœur, artères et veines. — Mécanisme de la circulation. — Principales modifications de l'appareil circulatoire dans le règne animal.

5. *Respiration.* — Phénomènes chimiques essentiels. —Appareil respiratoire des mammifères. Mécanisme de l'inspiration et de l'expiration. — Théorie actuelle de la respiration. — Chaleur animale. — Asphyxie. — Respiration pulmonaire, branchiale et trachéenne. — Animaux à sang chaud et à sang froid.

6. *Sécrétions* et *exhalation.* — Glandes, peau, membranes muqueuses et séreuses. — *Assimilation.* — Résumé des phénomènes de nutrition.

7. *Fonctions de relation.—Organes du mouvement.* — Composition générale du squelette; structure et formation des os. Articulations. —Muscles, leur structure et leur mode d'action.

8. Principales modifications de l'appareil locomoteur dans les divers animaux pour la marche, le vol, la natation et la reptation. — Organe de la voix et de la production des sons en général.

9. *Système nerveux.* — Indication des parties qui le constituent essentiellement. — fonctions du système nerveux. — Nerfs moteurs et sensitifs. — Différences essentielles du système nerveux dans les divers embranchements du règne animal.

10. *Organes des sens.* — Toucher, odorat, goût.

11. Organes de l'ouïe et de la vue. Phénomènes de la vision.

12. *Classification du règne animal.* — Organisation générale des mammifères, leur division en ordres et familles. Sécrétion et nature du lait.

13. Organisation générale des oiseaux, des reptiles et des poissons. — Structure des œufs.

14. Organisation générale des animaux annelés (insectes arachnides, crustacés, annélides), production de la soie et de la cire.

15. Organisation générale des mollusques et zoophytes. —Nacre, perles, corail, éponges.

*Botanique.*

16. Caractères généraux des végétaux, organes essentiels qui les constituent. — *Organes de la nutrition.* — De la tige et de la racine, de leur structure et des tissus élémentaires qui les composent. — Racines adventives, boutures.

17. Des feuilles, de leur structure, de leurs mouvements.—Modifications principales des tiges, des racines et des feuilles. —Bourgeons, tubercules et bulbes.

18. Nutrition des végétaux. — Absorption par les racines; ascension de la séve. Respiration des feuilles et des autres parties vertes. Etiolement.

19. Sucs propres. Matières sécrétées ou élaborées dans les végétaux, sucre, fécule, résines, huiles, etc. — Accroissement des tiges des végétaux dicotylédonés. Greffes.

20. *Organes de la reproduction.* —De la fleur; parties qui la constituent et leurs principales modifications dans les divers végétaux.

21. De la fécondation et du développement du fruit. Mode de respiration, chaleur et mouvements de quelques organes des fleurs.

22. Structure de la graine. Nature amylacée ou huileuse du périsperme ou de l'embryon. — Téguments; coton. —Germination; phénomènes chimiques; développement de la jeune plante; cotylédons.

23. *Classification artificielle et naturelle des végétaux.* — Des dicotylédones et de quelques-unes de leurs familles, rosacées, crucifères, ombellifères, papilionacées, solanées, composées, amentacées, conifères.

24. Des monocotylédones et de quelques-unes de leurs familles, liliacées, palmiers, graminées.

25. Des acotylédones ou cryptogames, de leur structure particulière et de quelques-unes de leurs familles.

Nota. Ces exemples de familles naturelles devraient être complétés par quelques démonstrations pendant les herborisations.

*Géologie.*

26. Constitution générale des parties solides de la surface de la terre. —Nature et disposition des roches qu'on y observe; mode de dépôt et stratification. — Présence ou absence des corps organisés fossiles.

**27.** Phénomènes actuels propres a faire comprendre les phénomènes géologiques. — Dépôts sédimenteux et concrétions. — Phénomènes de transport. Torrents, fleuves, glaciers.

**28.** Phénomènes volcaniques. — Nature et disposition des roches qu'ils produisent. — Leur action physique et mécanique. — Chaleur centrale. — Sources thermales et puits artésiens.

**29.** Succession des divers dépôts de sédiment ou terrains régulièrement stratifiés. — Terrains de sédiment inférieurs ou secondaires et spécialement terrains houillers; terrains salifères, grès bigarrés, calcaires jurassiques, craie. Leurs fossiles les plus remarquables.

**30.** Terrains de sédiment supérieurs ou tertiaires, leur division en bassin; formations marines et d'eau douce. Lignites et gypse. — Corps organisés fossiles, animaux et végétaux qui les caractérisent. — Terrains de transport; diluvium et blocs erratiques. — Cavernes à ossements.

**31.** Terrains en masse non stratifiés. — Roches cristallines ou compactes qui les composent; leur disposition relativement aux terrains de sédiment. — Terrains primitifs et terrains ignés anciens. — Granite, porphyres, etc. — Volcans éteints; leur analogie avec les volcans actuels. — Basaltes, laves.

**32.** Influence des terrains d'origine ignée sur les terrains stratifiés. — Filons. — Soulèvements. — Epoques relatives de soulèvement des principales chaînes de montagne.

**33.** Résumé. — Succession générale des êtres organisés et changements de la forme de la surface de la terre pendant les diverses périodes géologiques. — Position dans les couches de la terre des principales substances minérales utiles.

## MATHÉMATIQUES ET PHYSIQUE.

### N° 27.

*Classe de logique.*

Arithmétique.

**1, 2.** Système de numération pour les nombres entiers. — Notation des fractions ordinaires et décimales.

**3, 4, 5.** Système métrique.

**6, 7, 8, 9.** Addition, soustraction, multiplication et division des nombres entiers.

**10, 11, 12.** Extension des mêmes règles aux nombres entiers accompagnés de fractions décimales et aux fractions décimales pures.

**13.** Caractères de la divisibilité d'un nombre par 2, 3, 4, 5 et 9.

**14.** Définition d'un nombre premier. — Décomposition d'un nombre en facteurs premiers.

**15, 16.** Des fractions en général. — Une fraction ne change pas de valeur, quand on multiplie ou qu'on divise ses deux termes par un même nombre. — Simplification des fractions par la suppression des facteurs communs. — Réduction de plusieurs fractions au même dénominateur.

**17, 18, 19, 20, 21.** Addition et soustraction des fractions. — Multiplication et division d'un nombre entier par une fraction, d'une fraction par une fraction. — Sens que l'on attache à ces expressions.

**22, 23.** Transformation d'une fraction quelconque en fraction décimale et notions élémentaires sur les fractions décimales périodiques.

**24, 25, 26, 27, 28, 29, 30.** Règles de trois, d'intérêt, d'escompte, par la méthode dite *de réduction à l'unité.* — Partage d'une somme en parties proportionnelles à des nombres donnés. — Moyennes arithmétiques et règle d'alliage.

**31, 32.** Extraction de la racine carrée d'un nombre entier ou fractionnaire.

**33, 34, 35, 36, 37, 38, 39, 40.** Usage des lettres pour la généralisation des calculs. — Emploi des équations numériques du 1er degré dans la résolution des problèmes.

### N° 28.

Géométrie plane.

**1, 2, 3, 4, 5, 6, 7, 8, 9, 10.** Premières notions sur la ligne droite et le cercle, les angles et la mesure des angles, au moyen des arcs de cercle. — Cas d'égalité des triangles. — Propriétés fondamentales des perpendiculaires et des obliques. — Propriétés fondamentales des parallèles et théorème sur la somme des angles du triangle. — Propriétés des parallélogrammes.

**11, 12, 13, 14.** Propriétés principales des cordes des sécantes et des tangentes. — Mesure des angles que ces lignes font entre elles, au moyen des arcs de cercle qu'elles interceptent.

**15, 16, 17, 18, 19.** Lignes proportionnelles. — Conditions de similitude des triangles et des polygones quelconques. — Décomposition d'un triangle rectangle en deux triangles semblables au triangle donné, et relations numériques qui en résultent.

**20, 21, 22, 23, 24, 25.** Problèmes élémentaires sur la ligne droite et le cercle. — Diviser une droite et un arc en deux parties égales. — Décrire une circonférence qui passe par trois points donnés. — D'un point donné hors d'un cercle, mener une tangente à ce cercle. — Trouver une quatrième proportionnelle à trois lignes données, et une moyenne proportionnelle entre deux lignes données. — Construire un polygone semblable à un polygone donné. — Indiquer les applications les plus simples au levé des plans et à la détermination des longueurs ou des distances qu'on ne peut pas mesurer directement.

**26, 27, 28, 29, 30, 31, 32, 33.** Mesures des aires. — Définition de l'unité superficielle. — Mesure de l'aire du rectangle, — du parallélogramme, — du triangle, — du trapèze, — d'un polygone quelconque. — Mesure approchée de l'aire d'une figure plane quelconque. — Rapport entre les aires des polygones semblables. — Relation entre les surfaces des carrés construits sur les trois côtés d'un triangle rectangle. — Indiquer les applica-

tions les plus simples de la mesure des aires à l'arpentage.

34, 35, 36, 37, 38. Polygones réguliers inscrits et circonscrits au cercle. — Inscrire un carré, un hexagone et les polygones réguliers dont l'inscription se ramène à celle de l'hexagone et du carré. — Montrer que le rapport de la circonférence au diamètre est le même pour tous les cercles et indiquer l'esprit de la méthode au moyen de laquelle on peut, par des procédés élémentaires, obtenir une valeur approchée de ce rapport. —Mesure de l'aire du cercle, envisagé comme un polygone régulier d'une infinité de côtés.

### N° 29.

#### Géométrie à trois dimensions.

Pour cette partie, le professeur se bornera à des *explications*, sans entrer dans le détail de la démonstration proprement dite, en s'aidant, autant que possible, de modèles en relief, et en insistant soigneusement sur les analogies avec les théorèmes de la géométrie plane, précédemment démontrés.

1, 2, 3, 4, 5. Du plan et de la ligne droite. —Deux droites qui se coupent déterminent la position d'un plan. — Condition pour qu'une droite soit perpendiculaire à un plan. — Propriétés de la perpendiculaire et des obliques menées d'un même point à un plan. —Parallélisme des droites et des plans. — Angles dièdres, leur mesure. — Plans perpendiculaires entre eux.

6, 7, 8, 9, 10, 11. Des polyèdres. — Parallélipipède.—Mesure du volume du parallélipipède rectangle, — du parallélipipède quelconque, —du prisme triangulaire, — du prisme quelconque. —Pyramide. — Mesure du volume de la pyramide triangulaire, — de la pyramide quelconque, — d'un polyèdre quelconque. — Ce qu'on entend par polyèdres semblables. — Rapport des volumes des polyèdres semblables.

12, 13, 14, 15, 16. Cylindres et cônes. Leur analogie avec les prismes et les pyramides. — Mesures de leurs surfaces et de leurs volumes. —Sphère. — Ce qu'on entend par grands cercles, petits cercles et pôles. — Mesure de la surface et du volume de la sphère.

### N° 30.

#### Physique.

1, 2, 3. De la pesanteur. — Expérience de la chute des corps dans le vide. — Masse. — Densité; poids d'un corps. —Centre de gravité. — Isochronisme des petites oscillations du pendule. — Usage de la balance.

4, 5, 6. Conditions d'équilibre des liquides.—Démonstration expérimentale du principe d'Archimède. — Poids spécifiques des corps. — Idée des aréomètres.

7, 8, 9, 10. Baromètre. — Loi de Mariotte. —Machine pneumatique. — Pompes. — Siphon.

11. Le son. — Sa production. — Sa vitesse dans l'air.

12, 13. Dilatabilité des corps par la chaleur. —Thermomètre.

14. 15. Chaleur rayonnante. — Réflexion de la chaleur. — Emission et absorption.

16, 17, 18, 19, 20, 21, 22. Changement d'état des corps. — Fusion, solidification, vaporisation, liquéfaction. — Définition de la chaleur latente. —Démonstration expérimentale de la force élastique des vapeurs. —Donner une idée du principe des machines à vapeur. — Ebullition, distillation, évaporation, froid produit par l'évaporation. —Prouver que tous les corps n'ont pas la même capacité pour la chaleur. — Définition de la chaleur spécifique.

23, 24, 25, 26, 27. Développement de l'électricité par le frottement. — Faits sur lesquels repose l'hypothèse des deux fluides électriques. — Description des électroscopes et de la machine électrique. — Effets de la bouteille de Leyde et des batteries. — Analogie entre les effets de la foudre et de l'électricité. — Paratonnerres.

28, 29. Aimants naturels. — Pôles. — Déclinaison de l'aiguille aimantée. —Aimantation.

30, 31, 32, 33. Pile voltaïque. Ses principaux effets physiques, chimiques et physiologiques. — Courant électrique. — Aimantation du fer doux. — Télégraphes électriques.

34, 35, 36, 37, 38, 39, 40. Lumière. —Réflexion. — Lois de la réflexion. —Miroirs plans. —Effets des miroirs concaves.—Foyer. — Réfraction. — Effets de la réfraction. — Effets des lentilles. — Prisme. — Spectre solaire.

A ces quarante leçons on en joindra cinq pour la révision. — Si le temps le permet, le professeur pourra donner quelques notions de météorologie.

## ENSEIGNEMENT PARTICULIER A LA SECTION DES SCIENCES.

### ARITHMÉTIQUE ET ALGÈBRE.

#### N° 31.

*Classe de troisième.*

Arithmétique et notions préliminaires d'algèbre.

1. Numération *décimale*.

2. Addition et soustraction des nombres entiers.

3, 4. Multiplication des nombres entiers. — Le produit de plusieurs nombres entiers ne change pas, quand on intervertit l'ordre des facteurs. — Pour multiplier un nombre par un produit de plusieurs facteurs, il suffit de multiplier successivement par les facteurs de ce produit.

5, 6. Division des nombres entiers. —Pour diviser un nombre par un produit de plusieurs facteurs, il suffit de diviser successivement par les facteurs de ce produit.

7. Restes de la division d'un nombre entier par 2, 3, 5, 9. — Caractères de divisibilité par chacun de ces nombres.

8, 9, 10. *Définition* des nombres premiers et des nombres premiers entre eux. — Trouver le plus grand commun diviseur de *deux* nombres. — Tout nombre qui divise un produit de deux facteurs, et qui est premier avec l'un des facteurs, divise l'autre.

Décomposition d'un nombre en ses facteurs premiers. — En déduire le plus petit nombre divisible par des nombres donnés.

11, 12. Fractions ordinaires. —Une fraction ne change pas de valeur quand on multiplie ou quand on divise ses deux termes par un même nombre. — Réduction d'une fraction à sa plus simple expression. — Réduction de plusieurs fractions au même dénominateur. Plus petit dénominateur commun.

13, 14. Opérations sur les fractions ordinaires.

15, 16, 17. Nombres décimaux. — Opérations. — Comment on obtient un produit et un quotient à une unité près d'un ordre décimal donné. — Erreurs relatives correspondantes des données et du résultat.

18. Réduire une fraction ordinaire en fraction décimale. — Quand le dénominateur d'une fraction irréductible contient d'autres facteurs premiers que 2 et 5, la fraction ne peut être convertie exactement en décimales, et le quotient qui se prolonge indéfiniment est périodique.

19. Etant donnée une fraction décimale périodique simple ou mixte, trouver la fraction ordinaire génératrice.

20. Système des mesures légales. — Mesures de longueur. —Mètre; ses divisions; ses multiples. —Rapport de l'ancienne toise de six pieds au mètre. —Convertir en mètres un nombre donné de toises.

21. Mesures de superficie, de volume et de capacité.

22. Mesures de poids.—Monnaies. — Titre et poids des monnaies de France. —Tables de conversion des anciennes mesures en mesures légales.

23, 24. Formation du carré et du cube de la somme de deux nombres. —Extraction de la racine carrée d'un nombre entier. —Indication sommaire de la marche à suivre pour l'extraction de la racine cubique.

25. Carré et cube d'une fraction. —Racine carrée d'une fraction ordinaire et décimale à une unité près d'un ordre décimal donné.

26. Rapports des grandeurs concrètes. —. Dans une suite de rapports égaux, la somme des numérateurs et celle des dénominateurs forment un rapport égal aux premiers.

27, 28, 29. Notions générales sur les grandeurs qui varient dans le même rapport ou dans un rapport inverse. — Solution par la méthode dite de *réduction à l'unité*, des questions les plus simples dans lesquelles on considère de telles quantités. —Mettre en évidence les rapports des quantités de même nature qui entrent dans le résultat final, et en conclure la règle générale à suivre pour écrire immédiatement la solution demandée.

30, 31. Intérêts simples. — Formule générale qui fournit la solution de toutes les questions relatives aux intérêts simples. — De l'escompte commercial.

32. Partager une somme en parties proportionnelles à des nombres donnés.—Exercices.

33, 34, 35. *Usage* des tables de logarithmes pour abréger les calculs de multiplication et de division, l'élévation aux puissances et l'extraction des racines (1).

36. Emploi de la *règle à calcul*, borné à la multiplication et à la division.

Huit leçons seront en outre consacrées à des notions élémentaires sur l'emploi des lettres pour la généralisation des méthodes de calcul, et sur l'application des équations numériques du premier degré à la résolution de quelques problèmes.

## N° 32.

### *Classe de seconde.*

#### Algèbre.

1. Calcul algébrique. —Emploi des lettres et des signes comme moyen d'abréviation et de généralisation. — Termes semblables (2).

2. Addition et soustraction.

3, 4. Multiplication. — Règle des signes.

5. Division des monômes.—Exposant *zéro*. —Exposé sommaire de la division des polynômes.

6, 7, 8. Equations du premier degré. — Résolution des équations numériques du premier degré à une ou à plusieurs inconnues, par la méthode dite de *substitution*.

9, 10. Interprétation des valeurs négatives dans les problèmes. — Usage et calcul des quantités négatives.

11. Des cas d'impossibilité et d'indétermination.

12, 13. Formules générales pour la résolution d'un système d'équations du premier degré à *deux* inconnues. — Discussion complète de ces formules.

14, 15. Equation du second degré à une inconnue. — Résolution. — Double solution. — Valeurs imaginaires.

16. Décomposition du trinôme $x^2 + px + q$ en facteurs du premier degré. — Relations entre les coefficients et les racines de l'équation $x^2 + px + q = o$.

17. Des questions de *maximum* et de *minimum*, qui peuvent se résoudre par les équations du second degré.

18, 19. Principales propriétés des progressions arithmétiques et des progressions géométriques.

20. Des logarithmes. — Chaque terme d'une progression arithmétique commençant par zéro, $0, r, 2r, 3r, 4r....$, est dit le logarithme du terme qui occupe le même rang dans une progression géométrique commençant par l'unité, $1, q, q^2, q^3, q^4.....$ — Si l'on conçoit que l'excès de la raison $q$ sur l'unité diminue de plus en plus, les termes de la progression géométrique croîtront par degrés aussi rapprochés qu'on voudra. Etant donné un nombre plus grand que un, il existera toujours un terme de la progression géométrique, dont la différence avec ce nombre sera moindre que toute quantité donnée.

21. Le logarithme d'un produit de plusieurs facteurs est égal à la somme des logarithmes

(1) La théorie des logarithmes sera reportée à la fin du cours d'algèbre. On se bornera ici à l'usage des tables, sans entrer dans aucun détail relatif à leur construction.

(2) On ne traitera des quantités négatives qu'à l'occasion des problèmes du premier degré.

de ces facteurs. — Corollaires relatifs à la division, à l'élévation aux puissances, à l'extraction des racines.

22, 23. Logarithmes dont la base est 10. — Tables. — Règle des parties proportionnelles. — De la caractéristique. — Changement qu'elle éprouve quand on multiplie ou quand on divise un nombre par une puissance de 10.

24. Usage des caractéristiques négatives (1).

25, 26, 27. Application des logarithmes aux questions d'intérêts composés et aux annuités.

Huit leçons seront employées, vers la fin de l'année, à revoir l'ensemble des théories d'arithmétique et d'algèbre, enseignées en troisième et en seconde.

### N° 33.
#### Classe de rhétorique.
##### Révision de l'arithmétique et de l'algèbre.

Huit leçons seront consacrées, vers la fin ue l'année de rhétorique, à des exercices sur l'arithmétique et l'algèbre.

### GÉOMÉTRIE.
### N° 34.
#### Classe de troisième.
##### Figures planes.

1. Ligne droite et plan. — Ligne brisée. — Ligne courbe. — Lorsque deux droites partent d'un même point, suivant des directions différentes, elles forment une figure qu'on appelle *angle*. — Génération des angles par la rotation d'une droite autour d'un de ses points. — Angles droit, aigu, obtus. — Par un point pris sur une droite, on ne peut élever qu'une seule perpendiculaire à cette droite.

2. Angles adjacents. — Angles opposés par le sommet.

3, 4. Triangles. — Cas d'égalité les plus simples.

5. Propriétés du triangle isocèle.

6. Propriétés de la perpendiculaire et des obliques, menées d'un même point à une droite. — Cas d'égalité des triangles rectangles.

7, 8. Droites parallèles. — Lorsque deux parallèles sont rencontrées par une sécante, les quatre angles aigus qui en résultent sont égaux entre eux, ainsi que les quatre angles obtus. — Dénominations attribuées à ces divers angles. — Réciproques (2).

9. Angles dont les côtés sont parallèles ou perpendiculaires. — Somme des angles d'un triangle et d'un polygone quelconque.

10. Parallélogrammes. — Propriétés de

(1) Les logarithmes entièrement négatifs n'étant d'aucun usage, il n'en sera pas fait mention dans le cours. Les définitions précédentes n'assignent pas de logarithmes aux nombres plus petits que un. Quand il s'agit de calculer de pareils nombres avec les tables, on conçoit qu'ils soient multipliés par une puissance de 10, telle que le produit devienne supérieur à l'unité; et il ne reste plus qu'à diviser, par cette puissance, le résultat fourni par les tables.

(2) On admettra qu'on ne peut mener, par un point donné qu'une seule parallèle à une droite.

leurs côtés, de leurs angles et de leurs diagonales.

11. De la circonférence du cercle. — Dépendance mutuelle des arcs et des cordes.

12. Le rayon perpendiculaire à une corde divise cette corde et l'arc sous-tendu, chacun en deux parties égales.

13. Dépendance mutuelle des longueurs des cordes et de leurs distances au centre. — Condition pour qu'une droite soit tangente à une circonférence. — Arcs interceptés par des cordes parallèles.

14. Conditions du contact et de l'intersection de deux cercles.

15. Mesure des angles. — Si des sommets de deux angles on décrit deux arcs de cercle d'un même rayon, le rapport des angles sera égal à celui des arcs compris entre leurs côtés (1). — Angles inscrits. — Evaluation des angles en degrés, minutes et secondes.

16. Problèmes. — Usage de la règle et du compas dans les constructions sur le papier. — Vérification de la règle. — Problèmes élémentaires sur la construction des angles et des triangles.

17. Tracé des perpendiculaires et des parallèles. — Abréviation des constructions au moyen de l'équerre et du rapporteur. — Vérification de l'équerre.

18, 19. Division d'une droite et d'un arc en deux parties égales. — Décrire une circonférence qui passe par trois points donnés. — D'un point donné hors d'un cercle mener une tangente à ce cercle. — Mener une tangente commune à deux cercles. — Décrire sur une ligne donnée un segment de cercle capable d'un angle donné.

20. Lignes proportionnelles (2). — Toute parallèle à l'un des côtés d'un triangle divise les deux autres côtés en parties proportionnelles. Réciproque. — Propriétés de la bissectrice de l'angle d'un triangle.

21, 22. Polygones semblables. — En coupant un triangle par une parallèle à l'un de ses côtés, on détermine un triangle partiel semblable au premier. — Conditions de similitude des triangles. — Décomposition des polygones semblables en triangles semblables. — Rapport des périmètres.

23, 24. Relations entre la perpendiculaire abaissée du sommet de l'angle droit d'un triangle rectangle sur l'hypoténuse, les segments de l'hypoténuse, l'hypoténuse elle-même et les côtés de l'angle droit. — Relations entre le carré du nombre qui exprime la longueur du côté d'un triangle opposé à un angle droit, aigu ou obtus, et les carrés des nombres qui expriment les longueurs des deux autres côtés. — Si d'un point pris dans le plan d'un cercle, on mène des sécantes, le produit des distances de ce point aux deux points d'intersection de chaque sécante avec

(1) La proposition étant démontrée pour le cas où il y a entre les arcs une commune mesure, quelque petite qu'elle soit, sera, par cela même, considérée comme générale.

(2) En conservant les énoncés habituels, on devra remplacer, dans les démonstrations, l'algorithme des proportions par l'égalité des rapports.

la circonférence est constant, quelle que soit la direction de la sécante. — Cas où elle devient tangente.

25, 26. Diviser une droite donnée en parties égales, ou en parties proportionnelles à des lignes données. — Trouver une quatrième proportionnelle à trois lignes; une moyenne proportionnelle entre deux lignes. — Construire, sur une droite donnée, un polygone semblable à un polygone donné.

27. Polygones réguliers. — Tout polygone régulier peut être inscrit et circonscrit au cercle. — Le rapport des périmètres de deux polygones réguliers, d'un même nombre de côtés, est le même que celui des rayons des cercles circonscrits (1). — Le rapport d'une circonférence à son diamètre est un nombre constant.

28, 29. Inscrire dans un cercle de rayon donné un carré, un hexagone régulier. — Manière d'évaluer le rapport approché de la circonférence au diamètre, en calculant les périmètres des polygones réguliers de 4, 8, 16, 32... côtés, inscrits dans un cercle de rayon donné.

30, 31. De l'aire des polygones et de celle du cercle. — Mesure de l'aire du rectangle; du parallélogramme; du triangle; du trapèze; d'un polygone quelconque. — Méthodes de la décomposition en triangles et en trapèzes rectangles.

32. Relations entre le carré construit sur le côté d'un triangle, opposé à un angle droit ou aigu ou obtus, et les carrés construits sur les deux autres côtés.

33. Le rapport des aires de deux polygones semblables est le même que celui des carrés des côtés homologues.

34. Aire d'un polygone régulier. Aire d'un cercle, d'un secteur et d'un segment de cercle. — Rapport des aires de deux cercles de rayons différents.

Cinq leçons seront en outre consacrées à donner les premières notions sur la ligne droite et le plan, dans l'espace.

### N° 25.

*Classe de seconde.*

#### Figures dans l'espace.

Pour faire mieux comprendre les questions de géométrie dans l'espace et leurs applications, on aura recours à des modèles en relief.

1, 2. Du plan et de la ligne droite. — Deux droites qui se coupent déterminent la position d'un plan. Condition pour qu'une droite soit perpendiculaire à un plan. — Propriétés de la perpendiculaire et des obliques, menées d'un même point à un plan.

3, 4. Parallélisme des droites et des plans.

5. Lorsque deux plans se rencontrent, la figure que forment ces plans, terminés à leur intersection commune, s'appelle *angle dièdre*. — Génération des angles dièdres par la rotation d'un plan autour d'une droite. — Diè-

dre droit. — Angle plan correspondant à l'angle dièdre. — Le rapport de deux angles dièdres est le même que celui de leurs angles plans.

6. Plans perpendiculaires entre eux. — Si deux plans sont perpendiculaires à un troisième, leur intersection commune est perpendiculaire à ce troisième.

7. Angles trièdres. — Chaque face d'un angle trièdre est plus petite que la somme des deux autres. — Si l'on prolonge les arêtes d'un triangle au delà du sommet, on forme un nouvel angle trièdre qui ne peut lui être superposé, bien qu'il soit composé des mêmes éléments. (NOTA. *On se bornera à cette simple notion.*)

8, 9. Des polyèdres. — Parallélipipède. — Mesure du volume du parallélipipède rectangle, du parallélipipède quelconque, du prisme triangulaire, du prisme quelconque.

10, 11. Pyramide. — Mesure du volume de la pyramide triangulaire, de la pyramide quelconque. — Volume du tronc de pyramide à bases parallèles. — Exercices numériques.

12. Polyèdres semblables (1). — En coupant une pyramide par un plan parallèle à sa base, on détermine une pyramide partielle semblable à la première. — Deux pyramides triangulaires qui ont un angle dièdre égal, compris entre deux faces semblables et semblablement placées, sont semblables. (NOTA. *On se bornera à ce seul cas de similitude.*)

13. Décomposition des polyèdres semblables en pyramides triangulaires semblables. — Rapport de leurs volumes. — Exercices numériques.

14, 15. Cône droit à base circulaire. — Sections parallèles à la base. — Surface latérale du cône, du tronc de cône à bases parallèles. — Volume du cône, du tronc de cône à bases parallèles (2).

16. Cylindre droit à base circulaire. — Mesure de la surface latérale et du volume. — Extension aux cylindres droits à base quelconque.

17, 18. Sphère. — Sections planes; grands cercles; petits cercles. — Pôles d'un cercle. — Étant donnée une sphère, trouver son rayon. — Plan tangent.

19. Mesure de la surface engendrée par une ligne brisée régulière, tournant autour d'un axe mené dans son plan et par son centre. — Aire de la zone; de la sphère entière.

20. Mesure du volume engendré par un triangle, tournant autour d'un axe mené dans son plan, par un de ses sommets. — Application au secteur polygonal régulier, tournant autour d'un axe mené dans son

(1) La longueur de la circonférence de cercle sera considérée, sans démonstration, comme la limite vers laquelle tend le périmètre d'un polygone inscrit dans cette courbe, à mesure que ses côtés diminuent indéfiniment.

(1) On appelle ainsi ceux qui sont compris sous un même nombre de faces semblables chacune à chacune, et dont les angles polyèdres homologues sont égaux.
(2) L'aire du cône (ou du cylindre) sera considérée, sans démonstration, comme la limite vers laquelle tend l'aire de la pyramide inscrite (ou du prisme inscrit), à mesure que ses faces diminuent indéfiniment.

plan et par son centre. — Volume du secteur sphérique; de la sphère entière.

A la fin de l'année de seconde, douze leçons seront
employées à la révision de l'enseignement géométrique donné dans les classes de troisième et de
seconde.

### N° 36.

#### *Classe de rhétorique.*

##### Notions sur quelques courbes usuelles.

**1, 2, 3, 4.** Définition de l'ellipse, par la
propriété des foyers. — Tracé de la courbe
par points et d'un mouvement continu. —
Axes. — Sommets. — Rayons vecteurs. —
Définition générale de la tangente à une
courbe. — Les rayons vecteurs menés des
foyers à un point de l'ellipse font, avec la
tangente en ce point et d'un même côté de
cette ligne, des angles égaux. — Mener la
tangente à l'ellipse, 1° par un point pris sur
la courbe; 2° par un point extérieur. — Normale à l'ellipse.

**5, 6.** Définition de la parabole par la propriété du foyer et de la directrice. — Tracé
de la courbe par points et d'un mouvement
continu. Axe. Sommet. Rayon vecteur. —
La tangente fait des angles égaux avec la
parallèle à l'axe et le rayon vecteur, menés
par le point de contact. — Mener la tangente à la parabole, 1° par un point pris sur
la courbe; 2° par un point extérieur. — Normale. Sous-normale. — Le carré d'une corde
perpendiculaire à l'axe est proportionnel à
la distance de cette corde au sommet.

**7, 8.** Définition de l'hélice, considérée
comme résultant de l'enroulement du plan
d'un triangle rectangle sur un cylindre droit
à base circulaire. — La tangente à l'hélice
fait avec l'arête du cylindre un angle constant. — Construire la projection de l'hélice
et de la tangente, sur un plan perpendiculaire à la base du cylindre.

A la fin de l'année de rhétorique, douze leçons
seront consacrées à la révision de l'enseignement
géométrique donné pendant les trois années.

### APPLICATIONS DE LA GÉOMÉTRIE
### ELEMENTAIRE.
### N° 37.

#### *Classe de troisième.*

##### Levé des plans.

**1, 2.** Tracé d'une droite sur le terrain. —
Mesure d'une portion de droite au moyen
de la chaîne. — Levé au mètre. — Tracé des
perpendiculaires. — Usage de l'équerre d'arpenteur. — Mesure des angles au moyen du
graphomètre. — Description et usage de
cet instrument. Rapporter le plan sur le papier. — Echelle de réduction.

**3.** Levé à la planchette.

**4, 5.** Déterminer la distance à un point
inaccessible; la distance entre deux points
inaccessibles. — Prolonger une ligne droite
au delà d'un obstacle qui arrête la vue. —
Par trois points donnés, mener une circonférence, lors même qu'on ne peut approcher du centre. — Trois points, A, B, C,
étant situés sur un terrain uni et rapportés

sur une carte, déterminer, sur cette carte,
le point P d'où les distances AB et AC ont
été vues sous des angles qu'on a mesurés.

**6.** Notions sur l'arpentage. — Cas où le
terrain serait limité, dans une de ses parties,
par une ligne courbe.

A la fin du cours d'applications de la géométrie
fait dans la classe de troisième, trois leçons seront
consacrées à donner les premières notions sur la
représentation géométrique des corps à l'aide des
projections.

### N°. 38.

#### *Classe de seconde.*

##### Notions sur la représentation géométrique des corps, à
##### l'aide des projections.

**1, 2.** Insuffisance du dessin ordinaire. —
Méthode géométrique exacte, expliquée au
moyen d'un objet réel, tel qu'une pyramide,
un cube, etc., etc. — Projection d'un point
sur un plan. — Plans de projection. — La
position d'un point dans l'espace est déterminée, quand on connaît ses projections sur
deux plans perpendiculaires entre eux

**3.** Projections d'une droite. — Une droite
est déterminée par ses projections. — Traces d'une droite. — Angles formés par une
droite avec les plans de projection.

**4.** Projections d'une courbe. — Exemple
du cercle. — Projections d'un cube, d'une
pyramide, d'un cylindre vertical ou incliné,
exécutées sur des objets réels.

**5, 6.** Ce que, dans les arts du dessin, l'on
nomme *plan*, *élévation* et *coupe*. — Manière
de représenter par plan, élévation et coupe,
un bâtiment ou une machine simple.

Trois leçons seront consacrées à donner les premières notions sur le nivellement et ses usages.

### N° 39.

#### *Classe de rhétorique.*

##### Notions sur le nivellement et ses usages.

**1, 2.** Objet du nivellement. — Description
et usage du niveau d'eau. — Manière d'inscrire et de calculer les résultats des observations. — Profils de nivellement.

**3.** Représentation des résultats du nivellement et du levé des plans à l'aide d'une
seule projection. — Ce que l'on nomme plan
coté. — Plan de comparaison.

**4.** Représentation d'un point et d'une
droite sur un plan coté. — Connaissant la
cote d'un point situé sur une droite donnée,
trouver la projection de ce point, et *vice
versa*. — Trouver l'inclinaison d'un chemin
tracé sur un plan coté.

**5.** Manière de représenter les plans. —
Ce qu'on nomme ligne de plus grande pente
d'un plan. — Echelle de pente. — Comment
on trouve l'échelle de pente d'un plan assujetti à passer par trois points donnés par
leur projection et leur cote. — Tracer, sur
un plan coté, un chemin une rigole d'irrigation.

On exercera les élèves sur le terrain, de manière
à leur rendre familières les opérations les plus élémentaires du levé des plans et du nivellement. Dès
l'année de troisième, les élèves exécuteront, sous la
direction du professeur, un premier levé, en faisant

usage du mètre, de l'équerre d'arpenteur et du graphomètre. Ils représenteront, sur une feuille de dessin, le résultat de leurs opérations sur le terrain. Dans les années suivantes, le professeur fera exécuter le levé à la planchette et le nivellement. Ces opérations seront également représentées sur des feuilles de dessin.

## TRIGONOMÉTRIE.

### N° 40.

*Classe de seconde*
Trigonométrie rectiligne.

1, 2. Lignes trigonométriques. On ne considère que les rapports des lignes trigonométriques au rayon. — Relations entre les lignes trigonométriques d'un même angle. Expression du sinus et du cosinus en fonction de la tangente.

3, 4. Connaissant les sinus et cosinus de deux arcs, trouver le sinus et le cosinus de leur somme et de leur différence. — Trouver la tangente de la somme ou de la différence de deux arcs, quand on connaît les tangentes de ces deux arcs.

5. Expressions de sin. $2a$, cos. $2a$, et tang. $2a$. — Connaissant cos. $a$, calculer sin. $\frac{1}{2}a$ et cos. $\frac{1}{2}a$.

6. Rendre calculable par logarithmes la somme de deux lignes trigonométriques, sinus ou cosinus.

7. Notions sur la construction des tables trigonométriques.

8, 9. Usage des tables.

10. Résolution des triangles. — Relations entre les angles et les côtés d'un triangle rectangle, ou d'un triangle quelconque.

11. Résolution des triangles rectangles.

12. Connaissant un côté et deux angles d'un triangle quelconque, trouver les autres parties, ainsi que la surface du triangle.

13. Connaissant deux côtés, avec l'angle compris, trouver les autres parties, ainsi que la surface du triangle.

14. Connaissant les trois côtés, trouver les angles et la surface du triangle.

15, 16. Application de la trigonométrie aux différentes questions que présente le levé des plans. (*Ces questions ont été énoncées dans le programme de géométrie.*)

### N° 41.

*Classe de rhétorique.*
Révision de la trigonométrie.

Quatre leçons seront consacrées, vers la fin de l'année de rhétorique, à la révision de l'enseignement de la trigonométrie.

## COSMOGRAPHIE.

### N° 42.

*Classe de rhétorique*
Cosmographie.

(*Ce cours sera purement descriptif.*)

1, 2, 3. Etoiles. — Distances angulaires. — Sphère céleste. — Mouvement diurne apparent des étoiles. — Culmination. Plan méridien. — Axe du monde. Pôles. — Etoiles circumpolaires. Etoile polaire. — Hauteur du pôle à Paris. — Parallèles; équateur. —

Jour sidéral. — Mouvement de rotation de la terre autour de la ligne des pôles, et d'occident en orient. — Différence des étoiles en ascension droite. — Déclinaisons.

4, 5, 6, 7. Description du ciel. — Constellations et principales étoiles. — Etoiles de diverses grandeurs. — Combien on en voit à l'œil nu. — Etoiles périodiques; temporaires; colorées; étoiles doubles : leurs révolutions; distance des étoiles à la terre; voie lactée. — Nébuleuses. Nébuleuses résolubles.

8, 9, 10, 11. De la terre. Phénomènes qui donnent une première idée de sa forme. — Pôles. Parallèles. Equateur. — Méridiens. — Longitude et latitude géographiques. — Valeurs numériques des degrés mesurés en France, en Laponie, au Pérou, et rapportés à l'ancienne toise. Leur allongement, à mesure qu'on s'approche des pôles. — Rayon et aplatissement de la terre. — Longueur du mètre. — Parties géographiques. — Projections orthographique et stéréographique. — Mappemonde. — Système de développement en usage dans la construction de la carte de France.

12, 13, 14, 15, 16, 17. Du soleil. — Mouvement annuel apparent. — Ecliptique. — Points équinoxiaux. — Constellations zodiacales. — Diamètre apparent du soleil, variable avec le temps. — Le soleil paraît décrire une ellipse autour de la terre. — Principe des aires. — Origine des ascensions droites. — Ascension droite du soleil. — Temps solaires vrai et moyen. — Principes élémentaires des cadrans solaires. — Année tropique. Sa valeur en jours moyens. — Calendrier. — Réforme julienne; réforme grégorienne. — Distance du soleil à la terre. — Rapport du volume du soleil à celui de la terre. — Rapport des masses. — Densité du soleil rapportée à la densité moyenne de la terre. — Taches du soleil. — Rotation du soleil sur lui-même. — Du jour et de la nuit en un lieu déterminé de la terre; et de leurs durées à différentes époques de l'année. Crépuscules. — Saisons. — Inégalité de la durée des différentes saisons. — Idée de la précession des équinoxes. — Mouvement réel de la terre autour du soleil.

18, 19, 20. — De la lune. — Diamètre apparent. — Phases. Syzygies. — Quadrature. — Lumière cendrée. — Révolution sidérale et synodique. — Orbite décrite par la lune autour de la terre. — Distance de la lune à la terre. — Diamètre réel et volume de la lune. — Sa masse. — Taches. — Rotation. — Libration en longitude. — Montagnes de la lune. Leur hauteur. — Constitution volcanique de la lune. — Absence d'eau et d'atmosphère. — Eclipses de lune. Elles ont lieu au moment de l'opposition. — Leur cause. — Pourquoi il n'y en a pas lors de toutes les oppositions. — L'éclipse peut être partielle ou totale. — Ombre et pénombre. — Influence de l'atmosphère terrestre. — Eclipses de soleil. — Elles ont lieu au moment de la conjonction de la lune. — Pourquoi il n'y en a pas lors de toutes les conjonctions. — Eclipses partielles, annulaires, totales.

21, 22, 23, 24. — Des planètes. — Noms des principales. — Leurs distances moyennes. — Leurs mouvements autour du soleil s'effectuent suivant les lois de Képler. — Énoncé du principe de la gravitation universelle. — Planètes inférieures. — Mercure. Vénus. — Leurs digressions orientale et occidentale. — Phases de Vénus. — Jupiter. — Rotation; aplatissement de son disque. — Satellites; leurs éclipses. Vitesse de la lumière. — Saturne. — Bandes. — Rotation. — Aplatissement. — Anneau et satellites. — Dimension de différentes parties de ce système. — Grand nombre de très-petites planètes situées entre Mars et Jupiter. — Des comètes. — Noyau ; chevelure, queue. — Petitesse de la masse des comètes. Nature de leurs orbites. — Comètes périodiques. — Comète de Halley. — Comète de Biela. — Son dédoublement.

25. Phénomène des marées. — Flux et reflux. — Haute et basse mer. — Circonstances principales du phénomène. — Sa période. — Les marées sont dues aux actions combinées de la lune et du soleil. — Marées des syzygies et des quadratures.

### PHYSIQUE ET MÉCANIQUE.

#### N° 43.

##### Classe de troisieme.

Notions préliminaires. — Équilibre des liquides et des gaz.

Les onze premières leçons ont pour objet de montrer aux élèves, par une suite d'expériences bien choisies, les phénomènes fondamentaux de la physique, et l'emploi des instruments les plus usuels.

1. 2. Notions générales sur la pesanteur. — Centre de gravité. — Poids. — Usages de la balance. — Définition des liquides et des gaz.

3, 4, 5, 6. Dilatation des corps par la chaleur. — Thermomètre, ses usages. — Changement d'état des corps. — Fusion. Solidification. Vaporisation. Liquéfaction. — Chaleur latente. — Force élastique des vapeurs. — Ébullition. Distillation. — Chaleurs spécifiques.

7. 8. Électricité. — Notions générales. — Électroscope. — Électrophore. — Machine électrique. — Pile.

9. Aimants naturels. — Aiguille aimantée. — Aimantation.

10. 11. Lumière. — Notions générales. — Réflexion. — Réfraction. — Décomposition de la lumière.

12, 13, 14. Hydrostatique. — Équilibre des liquides. — Principe de la transmission des pressions. — Son application à la presse hydraulique. — Description succincte de cet appareil. — Liquides superposés. — Vases communiquants. Niveau d'eau.

15. 16. 17. Pressions exercées par les liquides sur les parois des vases qui les contiennent. — Principe d'Archimède. — Corps flottants. — Mesure de la densité des solides et des liquides. — Aréomètres.

18, 19. Pression atmosphérique. — Expériences qui la mettent en évidence. — Baromètres de Fortin et de Gay-Lussac.

20, 21, 22, 23. Loi de Mariotte. — Manomètres. — Machine pneumatique. — Influence du poids de l'air sur le poids des corps qui y sont plongés. — Aérostats.

24. Équilibre des fluides dont les diverses parties ne sont pas à la même température. — Tirage des cheminées. — Appareils de chauffage par circulation d'eau chaude

#### N° 44.

##### Classe de seconde.

Fluides impondérables. — Acoustique.

1. Chaleur. — Dilatation des corps par la chaleur. — Construction et usage des thermomètres. (On supposera les tubes bien calibrés.)

2, 3. Indication des coefficients de dilatation des solides, des liquides et des gaz. — Leurs usages.

4. Densité des gaz.

5. Passage de l'état solide à l'état liquide, et passage inverse de l'état liquide à l'état solide. — Chaleur latente. — Mélanges réfrigérants.

6. Passage de l'état liquide à l'état de vapeur. — Formation des vapeurs dans le vide. — Maximum de leur force élastique. — Mesure de la force élastique maximum de la vapeur d'eau à diverses températures, par le procédé de Dalton. — Tables.

7. Ébullition. — Chaleur latente. — Condensation. — Distillation. — Alambics.

8, 9. Conductibilité des corps pour la chaleur. — Procédé d'Ingenhouz, pour les corps solides. — Détermination de la chaleur spécifique des corps solides et liquides par la méthode des mélanges.

10. Mélanges des gaz et des vapeurs — Hygromètre à cheveu. — Pluie. — Neige.

11. Distribution de la température à la surface du globe. — Influence de la latitude, de l'altitude, du voisinage des mers — Lignes isothermes. — Vents réguliers et irréguliers.

12, 13. Chaleur rayonnante. — Rosée.

14, 15. Électricité. — Développement de l'électricité par le frottement. — Corps conducteurs; corps non conducteurs. — L'électricité se porte à la surface des corps et s'accumule vers les pointes. — Électricité par influence. — Électroscope. — Machine électrique.

16, 17, 18. Électricité dissimulée. — Bouteille de Leyde. — Batteries électriques. — Électromètre condensateur. — Électricité atmosphérique. — Tonnerre. — Paratonnerres.

19, 20. Magnétisme. — Attraction qui s'exerce entre l'aimant et le fer. — Pôles des aimants. — Procédés d'aimantation. — Aiguille aimantée. — Définir la déclinaison et l'inclinaison. — Boussole.

21, 22, 23. Galvanisme. — Expériences de Galvani, de Volta. — Disposition de la pile voltaïque. — Diverses modifications de cet appareil. (On ne donnera pas de théorie de la pile.) — Effets physiologiques, mécaniques, calorifiques et lumineux. — Effets chimiques. — Galvanoplastie. — Dorure, argenture.

24, 25, 26. Électro-magnétisme. — Expérience d'OErstedt. — Construction et usages

du multiplicateur. — Expériences qui constatent l'action des courants sur les aimants, et l'action des courants sur les courants.— Solénoïdes. — Assimilation des aimants aux solénoïdes.

27. Aimantation par les courants. — Télégraphes.

28. Induction. — Expériences fondamentales. — Appareil de Pixii ou de Clarke.

29, 30, 31. Acoustique. — Production du son. — Le son ne se propage pas dans le vide. — Vitesse de transmission dans l'air. — Intensité du son. — Hauteur du son.— Sirène. — Vibrations des cordes. — Gamme et intervalles musicaux. — Accord parfait. — Tuyaux sonores.

32. Optique. — Propagation de la lumière dans un milieu homogène. — Ombre. — Pénombre. — Mesure des intensités relatives de deux lumières.

33, 34. Réflexion. — Lois de la réflexion. — Effets des miroirs plans et des miroirs sphériques concaves et convexes.

35, 36. Réfraction. — Lois de la réfraction. — Explication des phénomènes principaux produits par la réfraction. — Effets des lentilles concaves et convexes (1).

37. Action des prismes. - Décomposition et recomposition de la lumière.

38, 39. Description des instruments d'optique les plus simples. Chambre noire, loupe, microscope.— Lunette de Galilée. — Lunette astronomique. — Télescope de Newton.

### N° 45.

### *Classe de rhétorique.*

#### Mécanique.

1. Du temps et de sa mesure. Unités adoptées. — Du pendule. Résultats des observations de Galilée. — Du mouvement : il est absolu ou relatif.— Du mouvement uniforme: vitesse. — Du mouvement varié en général: mouvement accéléré; retardé, périodique; vitesse.

2, 3. Mouvement uniformément accéléré: lois de ce mouvement. — La chute des graves dans le vide offre un exemple du mouvement uniformément accéléré. Machine d'Atwood. Appareil à indications continues. — Mouvement uniformément retardé. — Mouvement circulaire ou de rotation. Vitesse angulaire.

4. Composition des mouvements : indépendance des mouvements simultanés, constatée par l'observation. — Composition des chemins parcourus et des vitesses.

5, 6, 7. Transformations de mouvement. — Du plan incliné. Rapport des espaces parcourus dans le sens du plan, aux espaces parcourus dans le sens de sa base et de sa hauteur. — Des poulies : poulie fixe, poulie mobile dans le cas où les deux brins de la corde sont parallèles. Poulies mouflées. Rapport des chemins parcourus par la main de

l'homme et par le fardeau. — Du treuil : treuil des carriers, treuil des puits. Rapport des chemins parcourus par les chevilles ou par la manivelle, au chemin parcouru par le fardeau. — Des engrenages : description sommaire, tracé pratique. Rapport des nombres de tours des roues et des pignons. — Des courroies et cordes sans fin. — De la vis et de son écrou. Rapport des chemins parcourus par l'extrémité du levier et par l'écrou ou la vis, dans le sens de l'axe.

8. Des forces et de leurs effets. — Loi de l'inertie. — Forces. — Effets des forces.— Condition de l'égalité de deux forces.— Egalité de l'action et de la réaction. — Comparaison des forces aux poids, à l'aide de dynamomètres. — Le kilogramme peut être pris pour unité de force.

9. Principe de la proportionnalité des forces aux vitesses. — Deux forces constantes appliquées successivement à un même point matériel, partant du repos ou animé d'une vitesse initiale de même direction que les forces, sont entre elles comme les accélérations qu'elles produisent. — Conséquence relative au cas où l'une des forces est le poids même du mobile. — Définition de la masse. — Relation entre les forces constantes, les masses et les accélérations.

10. Travail d'une force constante, agissant sur un point matériel qui se meut en ligne droite dans la direction de la force. — Cas d'une force constante, appliquée tangentiellement à la circonférence d'une roue. — Unités de travail. — Kilogrammètre. — Force de cheval-vapeur.

11, 12. Composition de deux forces appliquées à un même point matériel , déduite de la composition des vitesses. — Les distances d'un point de la résultante à deux composantes sont en raison inverse des intensités de ces composantes. Conséquence pour la composition de deux forces parallèles.— Extension des propositions qui précèdent aux cas de plusieurs forces concourantes ou parallèles. — Conditions de l'équilibre d'un point matériel. Ces conditions sont indépendantes de l'état de mouvement ou de repos du point considéré.

13. Centre des forces parallèles. — Centre de gravité. — Cas où le corps a un plan, un axe de symétrie, un centre de figure.— Sphère. — Parallélipipède. — Méthode pratique pour déterminer le centre de gravité des corps solides.

14, 15. Du mouvement uniforme des machines. Enoncé du principe de la transmission du travail dans ce cas. Le travail moteur est toujours plus grand que l'effet utile. Impossibilité du mouvement perpétuel, et de la multiplication du travail moteur.— Rendement d'une machine : c'est le rapport du travail ou effet utile transmis au travail moteur dépensé ; il constitue la valeur industrielle de l'appareil ; il est toujours inférieur à l'unité. — Enoncé des lois expérimentales du frottement : 1° à l'instant du départ ; 2° pendant le mouvement.

16, 17. Application des principes et des

(1) Pour expliquer l'effet des miroirs et celui des lentilles, on fera connaître la marche des rayons par de simples constructions géométriques et par l'expérience, sans recourir à l'emploi des formules.

notions précédentes au plan incliné, au levier, au treuil, à la poulie simple ou mouflée, à la vis. — Usages de ces machines.

18. Ecoulement des liquides. — Expérience et règle de Toricelli. — Contraction des veines. — Formules pratiques pour les cas les plus usuels du jaugeage des cours d'eau.

19, 20, 21. Notions sur les moteurs ou récepteurs hydrauliques. Force ou travail absolu d'un cours d'eau. Il y a pour tous les récepteurs une vitesse relative au maximum d'effet. — Anciennes roues à palettes planes, recevant l'eau en dessous; roues à aubes courbes; roues à aubes planes emboîtées dans des coursiers circulaires; roues à augets recevant l'eau à la partie supérieure; rendement de ces diverses roues.

22, 23. Des pompes. — Soupapes. — Pistons. — Pompes élévatoires. — Pompes aspirantes et élévatoires. — Pompes aspirantes et foulantes. — Causes de pertes de travail moteur, inhérentes aux pompes.

24. Vis d'Archimède. — Roue à tympan. — Résultats d'expériences sur leur rendement.

25. Moulins à vent. — Notions succinctes sur la mouture du blé.

26. Résultats d'expériences sur la force motrice et le travail utile développés par les moteurs animés.

27, 28, 29, 30, 31, 32. Machines à vapeur. Description sommaire des principaux systèmes en usage. Action de la vapeur. Effets de la détente; de la condensation. — Description et effets utiles : 1° de la machine à basse pression de Watt; 2° de la machine à détente et à condensation à un ou deux cylindres; 3° des machines à haute pression, à détente et sans condensation; 4° des machines à haute pression sans détente ni condensation. Quantités de charbon brûlées par force de cheval, dans ces diverses machines. — Des machines locomotives.

Pour faciliter l'intelligence de cet enseignement, le professeur mettra le plus souvent possible des dessins et des modèles sous les yeux des élèves.

Les élèves devront copier une partie des dessins et exécuter quelques levés de machines, soit d'après des modèles, soit sur les machines elles-mêmes.

### CHIMIE.

### N° 46.

#### Classe de troisième

Généralités. — Corps simples non métalliques.

Ces premières leçons ayant pour objet les principes mêmes de la chimie, le professeur mettra un grand soin dans la disposition et l'exécution des expériences; elles doivent servir de base à tous ses raisonnements. Il fera toujours connaître la composition des corps essentiels, sous le rapport de la nature de leurs éléments, par des démonstrations nettes. Quant à leur composition centésimale, il la donnera en nombres ronds, mais sans parler de leur analyse cantitative.

1, 2. Divers états de la matière. Cohésion. — Prouver par l'expérience qu'il existe des corps simples et des corps composés. Affinité. — Corps simples : métaux, métalloïdes. — Corps composés. Notions élémentaires de nomenclature. — Acides. — Bases. — Corps

neutres. — Sels. — Proportions multiples.

3. Oxygène. — Combustion.

4. Azote. — Air atmosphérique. — On s'attachera à mettre en évidence la composition qualitative de l'air.

5, 6. Hydrogène. — Eau. — On constatera la décomposition de l'eau par le fer et par la pile, sans s'arrêter à son analyse quantitative. — Equivalents; notions très-sommaires; leur emploi.

7, 8, 9, 10. Carbone. — Acide carbonique. Production de l'acide carbonique dans la respiration des animaux; sa décomposition par les plantes. — Oxyde de carbone. — Ses effets vénéneux. — Hydrogène carboné. — Gaz de l'éclairage. — Flamme. Effet des toiles métalliques. — Lampe de sûreté.

11, 12, 13. Oxydes d'azote. — Acide azotique. — Ammoniaque.

14, 15, 16. Soufre. — Acide sulfureux. — Acide sulfurique. — Hydrogène sulfuré.

17. Phosphore. — Acide phosphorique. — Hydrogène phosphoré.

18. Chlore. — Acide chlorhydrique. — Eau régale.

19. Classification des corps non métalliques en quatre familles. — Tableau des composés qu'ils forment entre eux, en se bornant aux principaux.

20. Cyanogène. — Iodure d'azote. — Sulfure de carbone.

21, 22. Résumé des leçons précédentes. — Au besoin, le professeur reprendra quelques-uns des points du cours.

### N° 47.

#### Classe de seconde.

Révision et complément des généralités. — Métaux et leurs composés.

1. Définition de la chimie. — Cohésion et ses effets. — Cristallisation des corps. — Isomorphisme. — Dimorphisme. — Polymorphisme.

2. Affinité et ses modifications. — Equivalents.

3. Oxygène. — Hydrogène. — Eau. — Synthèse de l'eau. — Sa composition exacte.

4. Azote. — Air atmosphérique. — Son analyse.

5, 6. Révision et comparaison des composés oxygénés des corps non métalliques. — Révision et comparaison des composés hydrogénés des corps non métalliques.

7. Métaux. — Leurs propriétés et leur classification.

8. Alliages. — Leurs propriétés. — Notions sommaires sur les plans usuels d'entre eux.

9, 10, 11. Action de l'oxygène sur les métaux. — Action de l'air sec ou humide. — Oxydes en général. — (Toutes les démonstrations seront effectuées sur des oxydes appartenant aux métaux les plus communs. Cette remarque s'applique aux leçons suivantes.)

Action du soufre sur les métaux. — Caractères des sulfures. — Action de l'air à froid et à chaud sur les sulfures. — Action de l'eau sur ces corps. — Action du chlore sur les métaux. — Chlorures métalliques. — Action

de l'eau et des métaux sur les chlorures.

**12, 13.** Sels en général. — Lois de Berthollet. — On montrera, pour les sels les plus usuels, comment on en reconnaît le genre.

**14, 15.** Carbonates. — Sulfates. — Azotates. — On fera connaître les lois de composition de ces trois genres. On étudiera l'action de la chaleur, celle du charbon, du soufre, de l'eau, des bases et des acides usuels sur les corps qu'ils renferment. Les exemples seront toujours pris sur les sels les plus usuels.

**16.** Potassium. — Sodium. — Leurs composés les plus usuels. — Potasses. — Soudes. Sulfate de soude. — Sel marin. — Nitre. — Poudre.

**17.** Barium. — Calcium. — Magnésium. — Aluminium et leurs composés les plus usuels. — Bioxyde de barium. — Chlorure de chaux. — Sulfate de magnésie. — Aluns.

**18.** Calcaires. — Chaux grasses et hydrauliques. — Mortiers. — Plâtre.

Sels ammoniacaux.

**19, 20, 21.** Fer. — Zinc. — Etain. — Faire connaître leurs oxydes et les caractères de leurs sels. — Vitriol vert. — Vitriol blanc. — Liqueur de Libavius.

Cuivre. — Plomb. — Mercure. — Faire connaître leurs oxydes et les caractères de leurs sels. — Vitriol bleu. — Céruse. — Calomel. — Sublimé corrosif.

Argent. — Or. — Platine. — Faire connaître les caractères de leurs chlorures ou sels solubles. — Etudier leurs alliages usuels. — Essais d'argent et d'or. — Daguerréotype. — Photographie.

**22.** Un sel des métaux précédents étant donné, en déterminer la base.

**23, 24.** — Silices et silicates. — Argiles. — Kaolins. — Poteries. — Verres.

### N° 48.

#### Classe de rhétorique.

**Métallurgie.** — Notions générales de chimie organique.

**1, 2, 3.** Le professeur consacrera trois séances à résumer et à préciser les notions fondamentales de la chimie minérale.

**4, 5, 6.** Notions de métallurgie. — Extraction et manipulation mécanique des minerais. — Or. — Argent. — Mercure. — Plomb. — Cuivre. — Etain. — Zinc — Fer. — Fontes. — Aciers.

**7, 8, 9.** Notions sur les matières organiques. — Leur analyse. — Caractères des acides organiques les plus usuels, savoir : oxalique, acétique, lactique, tartrique, tannique. — Alcalis organiques. — Quinine.

**10, 11, 12, 13.** Cellulose. — Bois ; leur altération et leur conservation ; leur coloration. — Fécules. — Extraction de la fécule de pommes de terre. — Amidon du blé. — Dextrine. — Glucose. — Caractères du sucre de cannes. — Extraction du sucre de betteraves. — Fermentation alcoolique. — Vin. — Bière. — Cidre. — Farines. — Gluten. — Panification.

**14, 15.** Alcool. — Ether sulfurique. — Ether chlorydrique. — Ether acétique. — Huiles et graisses. — Saponification. — Acides gras. — Bougie stéarique. — Huiles volatiles. — Résines. — Vernis.

**16.** Matières tinctoriales. — Notions sur la teinture et l'impression.

**17, 18.** Matières animales neutres. — Albumine ; fibrine ; caséum ; gélatine ; urée. — Acide urique. — Fermentation putride. — Principes de l'art du tanneur. — Conservation des matières animales.

Pendant la durée de son enseignement, le professeur mettra à profit, s'il le peut, les usines en activité dans la contrée, pour donner aux élèves une idée exacte des phénomènes qu'il est chargé de décrire et pour leur en faire apprécier les applications en grand.

Quoique toutes les parties du programme doivent être enseignées, cependant le professeur insistera plus particulièrement sur celles qui intéressent le pays où il se trouve placé. Ainsi, dans les localités où il existe des exploitations de fer, on développera un peu plus cette portion du cours; dans les villes où on s'occupe de la fabrication des étoffes, on donnera quelques détails spéciaux sur la teinture; on traitera plus à fond la fabrication du sucre de betteraves dans les départements qui en produiront. A l'occasion de la fermentation, on insistera dans les pays vignobles sur la vinification; dans le Nord sur la fabrication de la bière, etc.

### HISTOIRE NATURELLE.

#### N° 49.

#### Classe de troisième.

Notions générales et principes de classifications.

**1.** Notions générales sur les caractères distinctifs des minéraux, des végétaux et des animaux. — Du règne animal ; principaux organes qui entrent dans la composition du corps d'un animal. — Organes de la digestion, de la circulation et de la respiration.

**2.** Organes du mouvement et de la sensibilité. Squelette interne ou externe. — Muscles et tendons. Nerfs. — Organes des sens et de la voix. — Peau et ses dépendances. Poils, écailles, plumes.

**3.** Classification générale du règne animal. Sa division en quatre principaux groupes ou embranchements.

Division des animaux vertébrés en classes.

**4.** Division des mammifères en ordres ; exemples de quelques familles ou genres d'animaux indigènes remarquables.

**5.** Principaux groupes des oiseaux, reptiles et poissons. Exemples pris parmi les espèces les plus vulgaires.

**6.** Division des animaux articulés en classes. Crustacées, annélides, arachnides. Exemples choisis parmi les espèces utiles ou nuisibles.

**7.** De la classe des insectes ; de ses principaux ordres et de leurs métamorphoses. Exemples pris parmi les insectes utiles ou nuisibles à l'agriculture les plus importants.

**8.** Des mollusques et des zoophytes. Exemples pris parmi les espèces nuisibles ou utiles.

**9.** Notions générales sur les organes qui constituent les végétaux. — De la racine, de la tige et des feuilles et de leurs principales modifications ; bourgeons, bulbes, tubercules, bractées et inflorescence.

10. De la fleur, du fruit et de la graine. Diverses parties qui les constituent ; leurs modifications essentielles. — Principaux caractères qu'ils fournissent pour la classification.

11. De la classification du règne végétal. Espèce, genre et variétés. — Des classifications artificielles. Système de Linné ; son application à la détermination des plantes.

12. De la méthode naturelle appliquée au règne végétal. Familles naturelles. — Division générale en dicotylédones, monocotylédones et acotylédones ou cryptogames. — Division des dicotylédones en polypétales, monopétales et apétales.

13. Exemples de familles de plantes dicotylédones polypétales prises parmi les plus nombreuses et les plus importantes de celles de notre pays (crucifères, malvacées, rosacées, papilionacées, ombellifères).

14. Exemples de familles de plantes dicotylédones monopétales et apétales, choisies comme les précédentes (bruyères, solanées, labiées, composées, chénopodées, amentacées, conifères).

15. Exemples de familles de plantes monocotylédones, choisies comme les précédentes (liliacées, iridées, joncées, palmiers, graminées).

16. Exemples de familles de plantes acotylédones ou cryptogames, choisies comme les précédentes (fougères, prêles, mousses, algues, lichens, champignons).

*Nota.* Pour toutes ces familles, indiquer leurs rapports avec la classification linnéenne qui peut faciliter aux élèves la détermination des plantes de la campagne, et signaler les espèces importantes par leurs produits agricoles ou industriels.

17. Indication des roches les plus vulgaires qui entrent dans la composition des couches du globe ; leur dénomination et leurs caractères extérieurs les plus frappants ; leur disposition habituelle en couche et en masse.—Montrer quelques exemples des fossiles qu'elles peuvent renfermer.

*Nota.* Faire connaître surtout les roches qui entrent dans la constitution de la contrée où l'enseignement a lieu.

### N° 50.
#### *Classe de rhétorique.*
##### *Zoologie et physiologie animale.*

1. Comparaison sommaire de l'organisation et des fonctions des animaux et des végétaux. — Exposition générale des divers organes qui constituent un animal ; relation de leurs diverses fonctions ; description des principaux tissus qui les composent.

2. Fonctions de nutrition. Description de l'appareil digestif et de ses annexes.—Structure et développement des dents. — Mastication et déglutition.

3. Nature des aliments. — Phénomènes chimiques de la digestion.—Sécrétions qui y concourent.—Absorption par les veines et les vaisseaux chylifères.

4. Sang. Composition et usages de ce liquide ; phénomènes généraux de la circula-

tion.— Appareil circulatoire : cœur, artères, veines.

5. Mécanisme de la circulation ; explication des phénomènes du pouls. — Indication sommaire des principales modifications de l'appareil circulatoire dans l'ensemble du règne animal.

6. Respiration. Phénomènes chimiques.— Appareil respiratoire des mammifères. Mécanisme de l'inspiration et de l'expiration. —Asphyxie.

7. Indication du mode de respiration chez les autres animaux terrestres et aquatiques. Respiration trachéenne, branchiale, cutanée. — Chaleur animale. — Animaux à sang chaud et à sang froid.

8. Sécrétions et exhalation. Glandes, peau, membranes muqueuses et séreuses. — Assimilation. — Résumé des phénomènes de nutrition.

9. Fonctions de relation. Organes du mouvement. — Composition générale du squelette. Structure et formation des os. Articulations. — Muscles ; leur structure et leur mode d'insertion.

10. Mécanisme des mouvements. Modifications de l'appareil locomoteur pour servir à la marche, au vol, à la natation et à la reptation dans les divers animaux. — Organes producteurs des sons. Voix.

11. Système nerveux. Indication des parties qui le constituent essentiellement. Fonctions du système nerveux. — Nerfs moteurs et sensitifs.

12. Organes des sens. Organes du toucher, du goût et de l'odorat.

13. Organes de la vue et de l'ouïe. Fonctions de leurs parties essentielles.

14, 15. Organisation générale des mammifères, des oiseaux, des reptiles et des poissons. — Sécrétion du lait ; structure des œufs.

16, 17. Organisation générale des animaux annelés (insectes, arachnides, crustacés, annélides), des mollusques et des zoophytes. — Production de la soie et de la cire. — Nacre et production des perles. — Corail ; éponges.

##### Botanique et physiologie végétale.

18. Exposition générale des organes qui constituent un végétal ; leurs diverses fonctions. Parties élémentaires ou tissus qui les composent. — Tissu cellulaire. Tissu ligneux et fibres textiles. — Vaisseaux de la sève et du suc propre. — Composition chimique de ces tissus.

19. Organes de la nutrition ou de la végétation ; leur développement lors de la germination. — Racines ; leur structure et leurs fonctions. Absorption. — Racines adventives. Boutures. — Racines charnues alimentaires.

20. Feuilles. — Leur origine sur la tige ; leur disposition relative. — Bourgeons, écailles, stipules. — Leur structure essentielle et ses principales modifications.— Fonctions des feuilles : exhalation aqueuse et respiration ; leur résultat et influence de

la respiration diurne et nocturne sur l'air ambiant. — Etiolement.

21. Tiges. — Structure de la tige dans les dicotylédones et les monocotylédones. — Tiges souterraines; bulbes et tubercules. Circulation de la séve. Accroissement des tiges ligneuses des dicotylédones. — Greffes et incision annulaire.

22. De la nutrition des végétaux en général. — Sécrétion ou élaboration de substances diverses dans leurs tissus et leurs organes sécréteurs. — Sucre, fécule, gomme, huiles, résines, cires, sucs propres, caoutchouc, lait végétal, opium, matières colorantes, etc.

23. Organes de la reproduction. — Divers modes de reproduction; reproduction par gemmes ou bulbilles. — De la fleur en général. — Principales formes de l'inflorescence. — Bractées et enveloppes florales. — Calice et corolle; leurs modifications essentielles.

24. Etamines et pistils. — Leur structure essentielle et leurs rapports de position dans la fleur.

25. Fonctions de ces organes. — Circonstances qui influent sur la floraison et sur la fécondation. — Coulure des fruits. — Chaleur développée dans certaines fleurs. — Sécrétions des nectaires. — Mouvement des feuilles et de certains organes des fleurs.

26. Développement et structure des diverses sortes de fruits secs ou charnus. — Développement et structure de la graine et des parties qui la composent. — Téguments et leurs appendices (coton, etc.) — Périspermes farineux et huileux. — Embryon.

27. Germination. — Changements chimiques dans la graine. — Formation du sucre dans les céréales. Alcools de grain et de bière. — Développement de l'embryon et structure de la jeune plante.

28. Structure comparée des dicotylédones, des monocotylédones et des acotylédones ou cryptogames.

#### Géologie.

29. Constitution générale des parties solides de la surface de la terre. — Disposition des roches qu'on y observe. — Leur nature cristalline ou sédimentaire. — Présence ou absence des corps organisés fossiles. — Mode de dépôt de ces roches; stratification.

30 Phénomènes géologiques actuels propres à faire comprendre les phénomènes anciens. — Dépôts sédimenteux et concrétions. — Phénomènes de transports. Torrents, fleuves, glaciers.

31. Phénomènes volcaniques. Nature et disposition des roches et autres produits auxquels ils donnent naissance. — Leur action physique et mécanique. — Chaleur centrale. — Sources thermales et puits artésiens.

32. Succession des divers dépôts de sédiment ou terrains régulièrement stratifiés. — Différences de stratification. Terrains anciens antérieurs au terrain carbonifère. Ardoises. Fossiles caractéristiques. — Terrain houiller; sa disposition, son origine, ses principaux fossiles.

33. Terrains de sédiment moyens. — Grès bigarrés et terrains salifères. Sel gemme et gypse. — Calcaires du Jura. Pierre lithographique, minerai de fer, etc. — Craie. — Corps organisés caractéristiques et remarquables de ces terrains.

34. Terrains de sédiment supérieurs ou tertiaires; leur division en bassins. — Succession des terrains marins et d'eau douce qui les composent. — Lignites et gypse. — Corps organisés fossiles animaux et végétaux.

35. Terrains de transport; diluvium et blocs erratiques. — Cavernes à ossements et brèches osseuses. — Formation de la couche superficielle du sol ou terre arable.

36. Terrains en masse non stratifiés; leur disposition relativement aux terrains de sédiment. — Terrains primitifs et terrains ignés anciens. Granit et porphyres. — Volcans éteints; leur analogie avec les volcans actuels. Basaltes, laves.

37. Influence des terrains ignés sur les terrains stratifiés. — Filons. — Soulèvements. — Epoques relatives de soulèvement des principales chaînes de montagnes.

38. Résumé. — Succession générale des êtres organisés et changements de la forme de la surface de la terre pendant les diverses périodes géologiques. — Position dans les couches de la terre des principales substances minérales utiles.

A ces leçons seront ajoutées, tant pour les élèves de la classe de rhétorique que pour ceux de la classe de troisième, des promenades destinées à leur faire connaître la constitution géologique de la contrée environnante, les végétaux les plus vulgaires, soit spontanés, soit cultivés, et les animaux les plus communs des diverses classes, en leur signalant les caractères qui les distinguent.

### DESSIN LINÉAIRE ET D'IMITATION.

#### N° 51.

##### Dessin linéaire.

Cet enseignement aura lieu pendant la durée des trois années. Les élèves y consacreront une séance de deux heures par semaine et exécuteront les travaux suivants :

*Classe de troisième.*

| | |
|---|---|
| Ornement. | 3 feuilles. |
| Géométrie. | 6 |
| Levé des plans. | 2 |
| Lavis. | 2 |

*Classe de seconde.*

| | |
|---|---|
| Géométrie élémentaire et projections. | 4 |
| Plan, coupe et élévation du bâtiment. | 1 |
| Nivellement. | 2 |
| Cartes géographiques. | 3 |

*Classe de rhétorique.*

| | |
|---|---|
| Cartes. | 3 |
| Dessins lavés de machines simples. | 5 |
| Total. | 31 feuilles. |

**Dessin d'imitation.**

Cet enseignement aura lieu pendant la durée des trois années ; les élèves y consacreront une séance de deux heures par semaine. On exercera les élèves aux divers genres de dessins d'imitation en graduant les difficultés. Tout en exigeant l'exactitude et le bon goût dans l'exécution, on évitera l'emploi des modèles compliqués, ainsi que les méthodes d'ombre dont l'usage exige un temps considérable et ralentit par cela même les progrès des élèves.

*Nota.* Les élèves externes devront produire, à la fin de chaque trimestre, les dessins demandés. Une composition sera faite tous les trois mois pour s'assurer que les élèves sont réellement capables d'exécuter les dessins qu'ils ont présentés.

Les dessins lavés devront être faits à teintes plates avec l'emploi de couleurs conventionnelles. — Pour faire sentir la forme des corps ronds, on n'emploiera au plus que quatre teintes plates de nuances plus ou moins foncées.

## NOTIONS ÉLÉMENTAIRES DE LOGIQUE.

### N° 52.

#### *Classe de rhétorique.*

Notions élémentaires de logique à l'usage de la section des sciences.

1. Des facultés de l'âme : sensibilité, entendement, volonté. — 2. Des opérations de l'entendement : comparaison, jugement, raisonnement. — 3. Des idées en général, de leur origine, de leurs différents caractères, de leurs diverses espèces. — 4. Des notions et vérités premières. — 5. De la mémoire, de l'association des idées, de l'imagination. — 6. Des signes en général et du langage en particulier. — 7. Influence des signes sur la formation des idées. — 8. Notions de grammaire générale. — 9. De la méthode en général : de l'analyse et de la synthèse. — 10. De la méthode dans les sciences physiques et naturelles : observation, expérimentation. — 11. De l'analogie, de l'induction, des hypothèses. —12. De la méthode dans les sciences exactes : axiomes, définition, démonstration. — 13. Du syllogisme : de ses figures, de ses règles. — 14. De la méthode dans les sciences morales. Autorité du témoignage des hommes ; règles de la critique historique. — 15. De la certitude en général ; des différentes sortes de certitude. — 16. Des causes et des remèdes de nos erreurs.

#### CLASSE DE LOGIQUE.

### N° 53.

#### Révision de l'enseignement scientifique (1).

L'enseignement de la quatrième année aura pour objet spécial de fortifier l'instruction des élèves sur les matières professées pendant les trois années précédentes et de les préparer aux examens. Il se composera *exclusivement* de la révision méthodique des cours des trois années, resserrés ou développés selon que le comportera l'état des connaissances effectivement acquises par les élèves.

Le nombre des cours de sciences sera éta-

(1) Pour l'enseignement littéraire de la classe de logique, voyez ci-dessus, *Plan d'études*, *Classe de rhétorique.*

bli en raison des besoins. Les élèves des diverses catégories seront autorisés à se spécialiser, et pourront être dispensés de suivre les cours institués en faveur des catégories dont ils ne feront point partie. Indépendamment de quatre leçons consacrées à la logique et aux lettres, les élèves se destinant aux écoles spéciales du Gouvernement recevront au moins quatre leçons de mathématiques et deux leçons de sciences physiques, chimiques et naturelles, par semaine.

Les élèves seront soumis à des interrogations fréquentes, en dehors des classes, pendant la durée des quatre années d'études, et plus particulièrement pendant la quatrième année. Ils continueront, pendant l'année de logique, à être exercés au dessin linéaire et au dessin d'imitation.

#### CLASSE DE MATHÉMATIQUES SPÉCIALES.

### N° 54.

#### Enseignement des mathématiques spéciales (1).

Il n'y aura plus désormais qu'un même programme de connaissances exigées par l'admission à l'École normale (division des sciences), et pour l'admission à l'École polytechnique.

L'enseignement des mathématiques spéciales durera une année, et aura pour objet celles des matières exigées par le programme commun d'admission à l'École polytechnique et à l'École normale, qui ne sont point comprises dans le programme des trois années de la section des sciences. Ces matières seront déterminées d'après le programme d'admission à l'École polytechnique en 1853, dont les bases ont été communiquées à l'administration de l'instruction publique.

Les élèves recevront, par semaine, au moins cinq leçons de mathématiques spéciales. Ils suivront d'ailleurs, en commun avec les élèves de la quatrième année, se destinant aux écoles du Gouvernement, les cours de lettres et de sciences physiques, chimiques et naturelles, qui leur seraient utiles pour la préparation aux examens et aux concours.

Les élèves seront soumis à de fréquentes interrogations, en dehors des classes, et exercés à de nombreuses applications numériques et géographiques. Ils continueront à être exercés au dessin géométrique et au dessin d'imitation.

#### PROGRAMMES TRANSITOIRES.

### N° 55.

##### ENSEIGNEMENT PARTICULIER DE LA SECTION SCIENTIFIQUE.

#### *Classe de troisième, de seconde et de rhétorique.*

L'enseignement particulier de la section scientifique sera immédiatement introduit dans les classes de troisième, de seconde et de rhétorique, et développé, d'année en année, jusqu'à la complète organisation du régime normal, comme l'indiquent les dispositions qui suivent :

(1) Voyez aussi le § 4 du *Plan d'études.*

*Cours de l'Enseignement particulier de la section scientifique, qui devront être professés dans les différentes classes jusqu'à la complète organisation du régime normal* (1).

### Année scolaire 1852-53.

*Classe de troisième*

Tous les cours de l'enseignement normal de la classe de troisième, conformément aux programmes définitifs

*Classe de seconde.*

Tous les cours de l'enseignement normal de la classe de troisième, conformément aux programmes définitifs

*Classe de rhétorique.*

Tous les cours de l'enseignement normal de la classe de troisième, conformément aux programmes définitifs.

### Année scolaire 1853-54.
*Classe de troisième.*

Tous les cours de l'enseignement normal de la classe de troisième, conformément aux programmes définitifs.

*Classe de seconde.*

Tous les cours de l'enseignement normal de la classe de seconde, conformément aux programmes définitifs

*Classe de rhétorique.*

Tous les cours de l'enseignement normal de la classe de seconde, conformément aux programmes définitifs.

### Année scolaire 1854-55.

Etablissement du régime normal.

ENSEIGNEMENT DE L'ANNÉE DE LOGIQUE.

**Pour les candidats aux écoles du gouvernement (2).**

### Année scolaire 1852-53.

L'enseignement complémentaire sera ainsi réglé : 1° Cours d'arithmétique, d'algèbre, de géométrie (théorie et applications), de trigonométrie rectiligne, de l'enseignement normal des classes de troisième et de seconde, conformément aux programmes définitifs. — 2° Cours de cosmographie de l'enseignement normal de la classe de rhétorique. — 3° Cours de physique, comprenant

(1) Dès le commencement de l'année scolaire 1852-1853, les élèves recevront, dans la classe de quatrième, des notions très-élémentaires d'arithmétique et de géométrie, conformément aux indications des programmes définitifs.

(2) Pour les élèves de l'année de logique se destinant à la médecine, à la pharmacie ou aux professions industrielles, les cours de révision des sciences mathématiques, physiques, chimiques et naturelles, seront distincts et établis d'après des bases différentes, savoir : deux ou trois leçons par semaine pour les sciences mathématiques, quatre leçons par semaine pour les sciences physiques, chimiques et naturelles.

Les autres cours, c'est-à-dire les cours de français, de latin, d'histoire, de géographie, de langues vivantes et de dessin, seront les mêmes et suivis en commun par les élèves des deux catégories de la section des sciences.

le cours de physique de l'enseignement normal de la classe de troisième, moins les leçons 3, 4, 5, 6, 7, 8 et 9, et les vingt-sept premières leçons du cours de physique de l'enseignement normal de la classe de seconde. — 4° Cours de chimie de l'enseignement normal de la classe de troisième. — 5° Cours spécial de français et de latin, comprenant les objets suivants :

Récitation d'auteurs français. — Exercices français : récits et lettres d'un genre simple. — Version latine.

Explication des auteurs latins et français ci-après indiqués :

Cicéron : *Discours contre Catilina ; le Traité de l'Amitié ;* César : *de Bello gallico ;* Virgile : *Episodes des Géorgiques ;* Ovide : *Choix de métamorphoses ;* Fénelon : *Télémaque ;* Voltaire : *Vie de Charles XII ;* Racine : *Athalie ;* Boileau : *Satires.*

6° Cours d'histoire et de géographie de l'enseignement normal de la classe de rhétorique. — 7° Cours de langue vivante (allemand ou anglais) de la classe de rhétorique. — 8° Cours de dessin linéaire de l'enseignement normal de la classe de troisième. — 9° Cours de dessin d'imitation.

Les élèves recevront par semaine : 5 leçons de mathématiques (arithmétique, algèbre, géométrie, trigonométrie, cosmographie) ; 2 de physique ou de chimie ; 1 1/2 de français et de latin (3 par quinzaine) ; 1 1/2 d'histoire et de géographie (3 par quinzaine) ; 1 de langue vivante (2 demi-leçons d'une heure chacune par semaine).

Les élèves pensionnaires recevront, en outre, par semaine, en dehors des heures ordinaires des classes, une leçon de dessin linéaire et une leçon de dessin d'imitation.

### Année scolaire 1853-54.

L'enseignement complémentaire sera ainsi réglé : 1° Révision des cours d'arithmétique et de géométrie (théorie et applications) de la classe de troisième et cours de géométrie (théorie et applications), d'algèbre et de trigonométrie de l'enseignement normal de la classe de seconde. — 2° Cours de cosmographie (comme en 1852-1853). — 3° Révision du cours de physique de la classe de troisième et cours de physique de l'enseignement normal de la classe de seconde. — 4° Révision du cours de chimie de la classe de troisième. — 5° Révision du cours élémentaire d'histoire naturelle de la classe de troisième. — 6° Cours spécial de français et de latin, comprenant les objets suivants :

Récitation d'auteurs français. — Exercices français : récits, lettres, descriptions de divers genres. — Version latine.

Explication des auteurs latins et français ci-après indiqués :

Cicéron : *Discours contre Verrès ; le Traité de la Vieillesse ;* César : *Commentaires ;* Virgile : *Les trois premiers livres de l'Enéide ;* Horace : *Odes ;* Bossuet : *Discours sur l'histoire universelle ;* Fénelon : *Lettres à l'Académie ;* Théâtre classique ; Boileau : *Epîtres.*

7° Cours élémentaire de logique de l'en-

seignement normal de la classe de rhétorique. — 8° Cours d'histoire et de géographie (comme en 1852-1853). — 9° Cours de langue vivante (comme en 1852-1853). — 10° Cours de dessin linéaire de l'enseignement normal de la classe de seconde. — 11° Cours de dessin d'imitation.

Les élèves recevront par semaine : 4 leçons de mathématiques (arithmétique, algèbre, géométrie, trigonométrie, cosmographie) ; 2 de physique, chimie et histoire naturelle ; 1 1/2 de français et latin (3 par quinzaine) ; 1 de logique (le jeudi matin, pendant le premier semestre seulement) ; 1 1/2 d'histoire et de géographie (3 par quinzaine) ; 1 de langue vivante (2 demi-leçons d'une heure chacune par semaine).

Les élèves pensionnaires recevront, en outre, par semaine, en dehors des heures ordinaires des classes, une leçon de dessin linéaire et une leçon de dessin d'imitation.

### Année scolaire 1854-55.

L'enseignement complémentaire sera ainsi réglé : 1° Révision et achèvement des cours d'arithmétique, de géométrie (théorie et applications), d'algèbre et de trigonométrie, des enseignements nouveaux des classes de troisième, de seconde et de rhétorique. — 2° Cours de cosmographie (comme les deux années précédentes). — 3° Révision des cours de physique des classes de troisième et de seconde. — 4° Révision des cours de chimie des classes de troisième et de seconde. — 5° Révision du cours élémentaire d'histoire naturelle de la classe de troisième. — 6° Cours spécial de français et de latin, comprenant les objets suivants :

Récitation d'auteurs français et latins. — Notions élémentaires de rhétorique et de littérature de l'enseignement normal de la classe de rhétorique. — Exercices français : discours, analyses littéraires. — Version latine. — L'explication portera sur les mêmes auteurs que dans l'année scolaire 1853-1854.

7° Cours élémentaire de logique (comme en 1853-1854). — 8° Cours d'histoire et de géographie (comme les deux années précédentes). — 9° Cours de langue vivante (comme les deux années précédentes). — 10° Cours de dessin linéaire de l'enseignement normal de la classe de rhétorique. — 11° Cours de dessin d'imitation.

Les élèves recevront, par semaine, pendant le premier semestre, onze leçons, et pendant le deuxième semestre, dix leçons qui seront réparties entre les divers genres d'enseignement (comme durant l'année scolaire 1853-1854). Les élèves pensionnaires recevront, en outre, par semaine, en dehors des heures ordinaires des classes, une leçon de dessin linéaire et une leçon de dessin d'imitation.

### Année scolaire 1855-56.

Établissement du régime normal.

Les élèves recevront, par semaine, pendant le premier semestre, onze leçons, et pendant le deuxième semestre, dix leçons qui seront réparties entre les divers genres d'enseignement comme durant les années précédentes. Les élèves pensionnaires recevront, en outre, par semaine, en dehors des heures ordinaires des classes, une leçon de dessin linéaire et une leçon de dessin d'imitation.

## CLASSE DE MATHÉMATIQUES SPÉCIALES.

### Année scolaire 1852-53.

Révision rapide des mathématiques élémentaires et cours complémentaire de mathématiques exigées par le programme d'admission à l'École polytechnique et à l'École normale (division des sciences). — Le cours de mécanique de l'enseignement normal de la classe de rhétorique et le complément de ce cours exigé par le programme d'admission aux deux écoles. — Les cours de cosmographie, de physique, de chimie, d'histoire et de géographie, de langues vivantes, de dessin linéaire et de dessin d'imitation, spécifiés au programme transitoire, pour 1852-1853, de l'année de logique. — Ces cours pourront être suivis en commun par les élèves de mathématiques spéciales et par les élèves de l'année de logique se destinant aux écoles du Gouvernement.

Les élèves recevront par semaine : 5 leçons de mathématiques (y compris les leçons de cosmographie suivies en commun avec les élèves de l'année de logique) ; 2 de physique ou de chimie ; 1 de mécanique ; 1 1/2 d'histoire et de géographie (3 par quinzaine) ; 1 de langue vivante.

Les élèves pensionnaires recevront, en outre, par semaine, en dehors des heures ordinaires des classes, une leçon de dessin linéaire et une leçon de dessin d'imitation.

### Année scolaire 1853-54.

Cours de mathématiques spéciales comme en 1852-1853. — Cours de mécanique, comme en 1852-1853. — Les cours de cosmographie, de physique, de chimie, d'histoire et de géographie, de langues vivantes, de dessin linéaire, de dessin d'imitation, spécifiés au programme transitoire, pour 1853-1854, de l'année de logique. — Ces cours pourront être suivis en commun par les élèves de mathématiques spéciales et par les élèves de l'année de logique se destinant aux écoles du Gouvernement.

Les leçons seront en même nombre et réparties de la même manière que durant l'année scolaire 1852-1853.

### Année scolaire 1854-55.

Les élèves de mathématiques spéciales, qui se trouveront déjà en possession du diplôme de bachelier ès sciences, ne suivront que ceux des cours ci-après spécifiés, qui leur seront nécessaires pour les examens et concours d'admission aux écoles.

Cours de mathématiques, comme ès deux années précédentes. — Cours de mécanique, comme les deux années précédentes. — Les cours de cosmographie, de physique, de chimie, d'histoire et de géographie, de langues vivantes, de dessin linéaire, de dessin d'imitation, spécifiés au programme transitoire, pour 1854-1855, de l'année de logique. Ces cours pourront être suivis en commun par les élèves de mathématiques spéciales et par les élèves de l'année de logique se destinant aux écoles du Gouvernement.

Les leçons seront en même nombre et réparties de

la même manière que pendant les deux années précédentes.

### Année scolaire 1855-56.

Les élèves de mathématiques spéciales, qui se trouveront déjà en possession du diplôme de bachelier ès sciences, ne suivront que ceux des cours ci-après spécifiés qui leur seront nécessaires pour les examens et concours d'admission.

Cours de mathématiques, comme les trois années précédentes. — Cours de mécanique, comme les trois années précédentes. — Les cours de cosmographie, de physique, de chimie, d'histoire et de géographie, de langues vivantes, de dessin linéaire, de dessin d'imitation, spécifiés au programme pour 1852-1833, de l'année de logique. Ces cours pourront être suivis en commun par les élèves de mathématiques spéciales et par les élèves de l'année de logique se destinant aux écoles du Gouvernement.

### Année scolaire 1856-57

Etablissement du régime normal.

Les élèves de mathématiques spéciales, qui se trouveront déjà en possession du diplôme de bachelier ès sciences, ne suivront que ceux des cours ci-après spécifiés qui leur seront nécessaires pour les examens et concours d'admission aux écoles.

Révision rapide des mathématiques élémentaires et cours complémentaires de mathématiques et de mécanique exigés par le programme d'admission à l'Ecole polytechnique et à l'Ecole normale. — Révision des cours de physique et de mécanique, de chimie, d'histoire naturelle, d'histoire et de géographie, de langue vivante, de dessin linéaire, de dessin d'imitation, spécifiés au programme de l'enseignement normal de l'année de logique. — Ces cours pourront être suivis en commun par les élèves de mathématiques spéciales et par les élèves de l'année de logique se destinant aux écoles du Gouvernement.

Les élèves recevront par semaine : 5 leçons de mathématiques ; 3 de physique, de mécanique ou de chimie ; 1 1/2 d'histoire et de géographie ; 1 de langue vivante.

Les élèves pensionnaires recevront, en outre, par semaine, en dehors des heures ordinaires des classes, une leçon de dessin linéaire et une leçon de dessin d'imitation.

Fait à Paris, le 30 août 1852.

H FORTOUL.

—

### CONCOURS GÉNÉRAL
#### DES LYCÉES ET COLLÉGES DE PARIS ET DE VERSAILLES.

Le ministre de l'instruction publique et des cultes, vu l'arrêté du 30 août dernier portant règlement du plan d'études des lycées, le conseil supérieur de l'instruction publique entendu, arrête :

Art. 1ᵉʳ. Le concours général n'aura lieu qu'entre les élèves de la division supérieure des lycées et colléges de Paris et de Versailles, et pour les facultés ci-après désignées :

#### CLASSE DE TROISIÈME.

| Section des lettres. | Section des sciences. |
|---|---|
| Thème latin. | Mathématiques. |
| Version grecque. | |

*Compositions communes aux deux sections.*
Version latine.
Histoire et géographie.

#### CLASSE DE SECONDE.

| Section des lettres. | Section des sciences. |
|---|---|
| Narration latine. | Mathématiques. |
| Vers latins. | Physique. |
| Version grecque. | Chimie. |
| Thème grec. | |

*Compositions communes aux deux sections.*
Version latine.
Histoire et géographie.

#### CLASSE DE RHÉTORIQUE.

| Section des lettres. | Section des sciences. |
|---|---|
| Version grecque. | Mathématiques. |
| Vers latins. | Mécanique. |
| Disc. latin (prix d'honn). | Histoire naturelle. |

*Compositions communes aux deux sections.*
Version latine.
Discours français.
Histoire et géographie.

#### ANNÉE DE LOGIQUE.

| Section des lettres. | Section des sciences. |
|---|---|
| | Prix spéciaux. |
| Dissert. de logique en lat. | Sciences mathématiq |
| Mathématiques. | Sciences physiques. |
| Physique. | Sciences naturelles. |

*Compositions communes aux deux sections.*
Dissertation de logique en français (prix d'honneur).

#### CLASSE DE MATHÉMATIQUES SPÉCIALES.
Mathématiques spéciales (prix d'honneur).

Art. 2. Ne pourront être admis à concourir les élèves qui, au 1ᵉʳ octobre de l'année classique, auraient atteint :

Dans la classe de troisième, 15 ans révolus ; dans la classe de seconde, 16 ans révolus ; dans la classe de rhétorique, 17 ans révolus pour les nouveaux, et 18 ans pour les vétérans ; dans la classe de logique, 19 ans révolus ; dans la classe de mathématiques spéciales, 20 ans révolus.

Art. 3. L'élève, qui a obtenu une nomination au concours de l'année précédente, ne peut concourir l'année suivante dans la même classe, excepté dans la classe de rhétorique, s'il est vétéran. — L'élève, qui a obtenu une nomination à la distribution particulière des prix dans un lycée, ne peut prendre part au concours général, s'il entre dans la classe inférieure à celle qu'il a faite l'année précédente.

Art. 4. L'examen des compositions se fera au chef-lieu de l'académie de Paris, dans des bureaux particuliers dont les membres seront nommés par le ministre. Les professeurs des lycées et colléges de Paris et de Versailles ne pourront en faire partie.

Art. 5. Sont maintenues les dispositions antérieures qui ne sont pas contraires au présent règlement.

Fait à Paris, le 14 septembre 1852.

H. FORTOUL.

## EXAMENS D'ADMISSION
### AUX ÉCOLES SPÉCIALES DU GOUVERNEMENT.

Les ministres de la guerre, de la marine, des finances et de l'instruction publique et des cultes, vu l'arrêté du ministre de l'instruction publique et des cultes, en date du 30 août dernier, portant règlement du plan d'études des lycées et rendu de l'avis du conseil supérieur de l'instruction publique, conformément aux conclusions de la commission mixte chargée de réviser le programme d'admission aux écoles spéciales du Gouvernement (école polytechnique, école militaire, école normale supérieure, école navale, école forestière), ainsi que les programmes de l'enseignement scientifique des lycées, arrêtent :

Art. 1er. Les examens d'admission aux écoles spéciales ci-dessus indiquées porteront exclusivement sur les matières déterminées par les programmes de l'enseignement scientifique donné dans les lycées, et auront pour base les portions de cet enseignement correspondant aux besoins de chaque école. — La disposition ci-dessus n'est applicable aux examens d'admission pour l'école navale, qu'à dater du concours de 1854. Jusqu'à cette époque, les conditions du programme d'examen aujourd'hui en vigueur ne recevront aucune modification.

Art. 2. Aucune modification ne sera apportée aux programmes de l'enseignement scientifique des lycées, tel qu'il a été déterminé par l'arrêté du 30 août 1852, que du consentement mutuel des ministres de la guerre, de la marine, des finances et de l'instruction publique et des cultes.

Art. 3. Les candidats aux écoles polytechnique, militaire, normale supérieure (section des sciences), et forestière devront justifier du diplôme de bachelier ès sciences, tel qu'il a été institué par le décret du 10 avril 1852.

Art. 4. L'examen du baccalauréat ès sciences ne portera que sur les matières contenues dans les programmes de l'enseignement scientifique des lycées.

Art. 5. La dernière session que tiendront les jurys d'examen pour le baccalauréat ès sciences, à la fin de chaque année scolaire, s'ouvrira, à Paris, le 10 juillet, et dans les départements, le 20 juillet. Les examens pour l'admission à l'école navale ne commenceront pas avant le 5 juillet. Les examens pour l'admission à l'école polytechnique, à l'école militaire et à l'école forestière, ne commenceront pas avant le 20 juillet. — Néanmoins, l'épreuve des compositions pour l'examen d'admission à l'école militaire de Saint-Cyr aura lieu, en 1853, au mois de juin, comme par le passé; mais les examens oraux demeurent fixés, en 1853, au 20 juillet.

Art. 6. Jusqu'à l'époque où, conformément à l'arrêté du 30 août 1852, l'enseignement scientifique des lycées aura pu être complétement organisé, les matières sur lesquelles porteront les examens d'admission aux écoles spéciales du Gouvernement seront contenues dans les programmes de l'enseignement scientifique de l'année de logique qui a précédé l'examen.

Art. 7. Le baccalauréat ès sciences ne sera exigé des candidats à l'école militaire de Saint-Cyr et à l'école forestière, qu'à dater des examens d'admission de 1854. Il ne sera exigé des candidats à l'école polytechnique et à l'école normale supérieure qu'à dater des examens d'admission de 1855.

Paris, le 13 septembre 1852.

*Le ministre de l'instruction publique et des cultes,*
H. FORTOUL.
*Le ministre de la guerre,*
A. DE SAINT-ARNAUD.
*Le ministre de la marine,*
TH. DUCOS.
*Le ministre des finances,*
BINEAU.

—

## NOUVEAU PROGRAMME
### POUR L'EXAMEN
### DU BACCALAURÉAT ÈS LETTRES.
*Règlement sur l'examen du baccalauréat ès lettres.*

Le ministre de l'instruction publique et des cultes, vu l'article 63 de la loi du 15 mars 1850, vu les articles 8 et 10 du décret du 10 avril 1852, le conseil supérieur de l'instruction publique entendu, arrête :

Article 1er. Les facultés des lettres procèdent, chaque année, dans trois sessions, aux examens du baccalauréat ès lettres. La première session a lieu du 1er août au 1er septembre; la deuxième, du 1er au 15 décembre; la troisième, du 15 avril au 1er mai. Une session extraordinaire pourra, en outre, être autorisée par décision spéciale du ministre de l'instruction publique.

Art. 2. Aucun examen isolé ou collectif ne peut avoir lieu en dehors des sessions.

Art. 3. Tout candidat au baccalauréat ès lettres doit déposer, dans la quinzaine qui précède l'ouverture de la session, au secrétariat de l'académie où il a l'intention de subir l'examen, les pièces exigées par les articles 1 et 2 du règlement du 26 novembre 1849 (1). La signature du candidat mineur

(1) « Pour être admis à subir l'examen du baccalauréat devant une faculté des lettres, il faut être âgé au moins de seize ans, produire son acte de naissance dûment légalisé, et, en cas de minorité, avoir le consentement régulier de son père ou tuteur. Tout candidat au baccalauréat ès lettres doit transmettre au recteur de l'académie, où il a terminé ses études, ou de celle de son domicile légal, les pièces nécessaires à son admission à l'examen, en se conformant à la formule ci-jointe (col. 1550) écrite en entier de sa main, signée de ses nom et prénoms, et, s'il est mineur, visée par le père ou tuteur qui autorise la demande. La signature du père ou tuteur

sera légalisée par le maire de la commune où il réside.

Art. 4. Le registre d'inscription est clos, irrévocablement, la veille du jour de l'ouverture de chaque session.

Art. 5. Tout candidat régulièrement inscrit doit être examiné dans la session pour laquelle il s'est fait inscrire.

Art. 6. Tout candidat qui, sans excuse valable et jugée telle par le jury, ne répond pas à l'appel de son nom le jour qui lui a été indiqué, perd le montant des droits d'examen qu'il a consignés.

Art. 7. L'épreuve écrite et l'épreuve orale dont l'examen se compose ne peuvent être subies le même jour.

Art. 8. La première épreuve, qui a lieu dans une seule journée, comprend : 1° une version latine ; 2° une composition latine ou une composition française, suivant que le sort en décidera. — Le texte de la version et les sujets de composition sont choisis par le doyen de la faculté. Deux heures sont accordées pour la version, quatre heures pour la composition : une intervalle de deux heures au moins sépare ces deux parties de l'épreuve. Plus de vingt-cinq candidats ne peuvent subir simultanément l'épreuve écrite ; ils sont placés sous la surveillance constante d'un des membres du jury.

Art. 9. L'épreuve écrite est jugée immédiatement par le jury tout entier, qui décide quels sont les candidats admis à subir les épreuves orales. — La note *mal*, pour l'une ou l'autre partie de l'épreuve écrite, entraîne l'ajournement du candidat (1).

Art. 10. Des numéros correspondants aux ouvrages inscrits sur la liste annexée au présent règlement, étant placés dans une urne, le secrétaire du jury, au commencement de l'épreuve orale, tire le numéro de chacun des ouvrages grecs, latins et français, que les candidats doivent expliquer à livre ouvert, en répondant à toutes les questions littéraires qui leur seront faites. — Les candidats sont ensuite interrogés sur trois sujets compris dans les programmes sommaires ci-annexés. Ces sujets sont tirés au sort au moyen de trois séries de numéros correspondant aux trois divisions suivantes : 1° Logique ; 2° Histoire et Géographie ; 3° Arithmétique, Géométrie et Physique élémentaires. L'épreuve orale dure au moins une heure.

Art. 11. Le président du jury d'examen,

du candidat doit être légalisée par le maire de la commune où il réside. Si le candidat est majeur, la signature apposée à sa demande devra être légalisée par le maire de son domicile. » (*Art. 1 et 2 du décret du 26 novembre* 1849.)

Les dispositions de l'art. 1er du décret du 26 novembre 1849 ont été modifiées par l'art. 63 de la loi du 15 mars, en ce qui concernait l'obligation pour le candidat de se présenter à l'examen dans l'Académie de son domicile. Aux termes de l'art. 63, le candidat peut choisir la faculté devant laquelle il désire subir son examen.

(1) Aux termes de l'art. 63 de la loi du 15 mars, le candidat refusé ne peut se présenter avant trois mois à un nouvel examen, sous peine de nullité du diplôme.

s'il vient à découvrir quelque fraude, est tenu de porter immédiatement les faits à la connaissance du doyen et du recteur, avec tous les renseignements qui peuvent éclairer la justice disciplinaire.

Art. 12. Le recteur défère sans délai les délinquants au conseil académique, qui, après les avoir entendus ou dûment appelés, prononce, suivant les cas, outre la nullité de l'examen entaché de fraude, la peine de l'exclusion de toutes les facultés pour six mois sans appel, et avec recours au conseil supérieur pour un an ou à toujours.

Art. 13. Les candidats qui produisent le diplôme de bachelier ès sciences sont dispensés de la partie scientifique des épreuves du baccalauréat ès lettres.

Art. 14. Le présent règlement est exécutoire à dater du 1er janvier 1853.

Art. 15. Sont maintenues les dispositions des règlements du 14 juillet 1840, du 26 novembre 1849 et du 1er avril 1851, qui ne sont pas contraires au présent règlement.

Fait à Paris le 5 septembre 1852.

H. FORTOUL.

*Modèle de demande d'admission à l'examen pour les candidats mineurs.*

Je soussigné (*nom et prénoms*), né à ....., département de ........ (*le jour, le mois, l'année*), présente à M. le recteur de l'académie de ....., conformément au statut du 26 novembre 1849, et en vertu de l'autorisation ci-jointe, de M...... (*père, mère, oncle, frère aîné, tuteur*), la demande d'être admis à l'examen du baccalauréat devant la faculté des lettres de.....

A ....., le ..... 18...

(*Signature du candidat mineur.*)

Cette signature doit être légalisée par le maire de la commune.

*Modèle de l'autorisation du père de famille, du tuteur, etc.*

Je soussigné (*nom et prénoms*), domicilié dans la commune de....., département de....., déclare autoriser mon (*fils, neveu, frère, pupille*), d'après la demande ci-dessus écrite et signée par lui, à se présenter à l'examen du baccalauréat devant la faculté des lettres de .....

A ....., le ..... 18...

(*Signature du père, ou de la mère, ou de l'oncle, ou du frère aîné, ou du tuteur.*)

Cette signature doit être légalisée par le maire de la commune.

*Modèle de la demande d'admission à l'examen pour les candidats majeurs.*

Je soussigné (*nom et prénoms*), né à ....., département de ....., (*jour, mois, année*), domicilié à ....., département de ....., présente à M. le recteur de l'académie de ....., conformément au statut du 26 novembre 1849, la demande d'être admis à l'examen du baccalauréat devant la faculté des lettres de ....., en vertu de l'extrait de mon acte de naissance, que je dépose dans ses mains et qui atteste que je suis majeur ; ladite demande écrite et signée par moi par-devant M. le maire de la commune de ....., où je réside.

A ....., le ..... 18...

(*Signature du candidat.*)

Cette signature doit être légalisée par le maire de la commune.

*Modèle de la formule à transcrire par le candidat majeur ou mineur sur le registre de la faculté avant l'examen.*

Je soussigné (*nom et prénoms*), né à ....., departement de ....., (*jour, mois, année*), déclare me présenter aujourd'hui (*jour, mois, année*), en vertu des pièces produites par-devant M. le recteur de l'académie de ...... aux épreuves du baccalauréat devant la faculté des lettres de .....

Je déclare, de plus, que je n'ai été examiné, depuis trois mois, par aucune faculté des lettres.

Fait à ....., le ..... 18...

(*Signature du candidat.*)

## PROGRAMMES

### ANNEXÉS AU RÈGLEMENT SUR L'EXAMEN
### DU BACCALAURÉAT ÈS LETTRES.

Le ministre de l'instruction publique et des cultes, vu l'arrêté en date de ce jour, portant règlement de l'examen du baccalauréat ès lettres, le conseil supérieur de l'instruction publique entendu, arrête ainsi qu'il suit : 1° la liste des auteurs que les candidats doivent expliquer ; 2° les programmes sommaires d'après lesquels ils seront interrogés.

### LISTE DES AUTEURS.

#### AUTEURS GRECS.

1. Démosthène : les *Olynthiennes*, les *Philippiques*, le *Discours pour la couronne* ; 2. Plutarque : *Vie des hommes illustres* ; 3. choix de discours des Pères grecs ; 4. Homère ; 5. Sophocle.

#### AUTEURS LATINS.

1. Cicéron : *Discours contre Catilina et contre Verrès*, *Traités de l'Amitié et de la Vieillesse*, *Songe de Scipion* ; 2. César : *Commentaires* ; 3. Salluste ; 4. Tacite : *Annales* ; 5. Virgile ; 6. Horace.

#### AUTEURS FRANÇAIS.

1. Bossuet : *Discours sur l'histoire universelle*, *Oraisons funèbres* ; 2. Fénelon : *Lettres à l'Académie*, *Dialogues sur l'Eloquence*, 3. Massillon : *Petit Carême* ; 4. Montesquieu : *Considérations sur les causes de la grandeur et de la décadence des Romains.* 5. Voltaire : *Vie de Charles XII, Siècle de Louis XIV* ; 6. Théâtre classique · 7. Boileau ; 8. La Fontaine : *Fables.*

### PROGRAMMES SOMMAIRES.

### I.

#### LOGIQUE.

1. Etude de l'esprit humain et du langage ; 2. de la méthode dans les divers ordres de connaissances ; 3. application des règles de la méthode à l'étude des principales vérités de l'ordre moral ; 4. analyse du *de Officiis* de Cicéron ; 5. analyse du discours *De la méthode* de Descartes ; 6. analyse de la *Logique* de Port-Royal ; 7. analyse du *Traité de la connaissance de Dieu et de soi-même*, de Bossuet ; 8. analyse du *Traité de l'existence de Dieu*, de Fénelon.

### II.

#### HISTOIRE ET GÉOGRAPHIE.
##### *Histoire ancienne.*

1. Monde connu des anciens. 2. Temps primitifs. 3. Histoire du peuple de Dieu jusqu'à la captivité. 4. Egypte. 5. Assyriens. — Babyloniens. — Phéniciens. — Mèdes et Perses. 6. La Grèce. — Sa position géographique. — Temps héroïques. — Colonies. — Institutions politiques, Lycurgue, Solon, Pisistrate. 7. Guerres médiques. — Guerre du Péloponèse. — Périclès. — Les Grecs en Asie. 8. Philippe de Macédoine et Démosthènes. 9. Alexandre. — Démembrement de son empire. 10. La Grèce réduite en province romaine. 11. Géographie de l'Italie. — Position de Rome. — Les rois. 12. Fondation de la république. — Premières guerres de Rome. 13. Les guerres puniques. — Annibal et Scipion. Conquêtes des Romains hors de l'Italie. 14. Troubles civils. — Les Gracques. — Marius. — Sylla. — Sertorius. — Mithridate. 15. Pompée. — Cicéron et Catilina. 16. César. — Premier triumvirat. — Second triumvirat. — 17. Organisation du gouvernement impérial. — Bornes et divisions géographiques de l'empire. — Siècle d'Auguste. 18. Les empereurs de la maison d'Auguste. — Naissance et progrès du christianisme. 19. Les empereurs Flaviens. — Les Antonins. 20. Les empereurs Syriens. — Dioclétien. 21. Constantin. — Triomphe du christianisme. — Théodose. — Partage définitif de l'empire. — Chute de l'empire d'Occident. 22. Condition de la Gaule pendant toute la durée de l'empire.

##### *Histoire du moyen âge.*

23. Etat du monde romain et du monde barbare à la fin du quatrième siècle de notre ère. 24. Invasion des barbares du Nord. — Alaric. — Genseric. — Attila. — Clovis. 25. Première monarchie franque. — Frédégonde et Brunehaut. — Décadence de la race mérovingienne. — Maires du palais. 26. Seconde monarchie franque. — Charlemagne. 27. Invasion des peuples du Midi. — Les Arabes. — Mahomet. — Démembrement du kalifat. 28. Temps féodaux. — Démembrement de l'empire de Charlemagne. — Faiblesse de ses successeurs. — Lutte des derniers Carlovingiens et des premiers Capétiens. — Etablissement des Normands en France. 29. Exposition du système féodal. — Géographie sommaire de l'Europe féodale. — Déclin des lettres à la fin du neuvième siècle. — Renaissance dès le onzième. 30. Rivalité du sacerdoce et de l'empire. 31. Croisades. — Leurs résultats. 32. Organisation des grandes nations modernes. — En France, progrès de l'autorité royale. — Bataille de Bouvines. — Saint Louis ; progrès de la littérature et des arts. — Philippe le Bel. — loi salique. 33. Invasion danoise en Angleterre. — Invasion du duc de Normandie. — Royauté anglo-normande. — Henri II. — La grande charte. 34. Guerre de cent ans entre la France et l'Angleterre. — Bataille

ae Crecy et de Poitiers. — Charles V. — Duguesclin. — Charles VI. — Les Armagnacs et les Bourguignons. — Bataille d'Azincourt. — Charles VII. — Jeanne d'Arc. — Nouveaux progrès de l'autorité royale en France. 35. Espagne. — Luttes entre les Maures et les Chrétiens. — Formation et agrandissement des monarchies espagnoles. — Fondation du royaume de Portugal. Découvertes des Portugais. 36. Républiques italiennes. 37. Etat anarchique de l'Allemagne. — Formation et rupture de l'Union de Calmar. — Polonais et Moscovites. — Turcs ottomans. — Chute de Constantinople.

### Histoire des temps modernes.

38. Etat politique et divisions géographiques de l'Europe au milieu du quinzième siècle. 39. France. — Louis XI. — Charles le Téméraire. — Charles VIII. — Accession de la Bretagne. 40. Angleterre. —Guerre des deux roses. 41. Espagne. — Ferdinand et Isabelle. — Chute de Grenade. 42. Allemagne et Italie. — Frédéric III et Maximilien. — Venise et Gênes. — Les Médicis. — Politique du Saint-Siége. 43. Les Turcs sous Mahomet II. — Etendue et puissance de l'empire ottoman en 1520. 44. Guerres d'Italie. — Louis XII. — Tableau de l'Italie au moment de l'invasion française. 45. Découverte de la poudre à canon, de l'imprimerie, de la boussole. — Christophe Colomb et Vasco de Gama. 46. La réforme en Allemagne, en Suisse, en Angleterre. 47. Rivalité entre François Ier et Charles-Quint. 48. Soliman II. — Siége de Vienne. 49. Henri II. Conquête des trois évêchés. 50. Le concile de Trente. 51. La réforme en France. — Guerres de religion. — François II. — Charles IX. — Henri III. — Les Guises. 52. Elisabeth et Marie Stuart. 53. Philippe II.—Soulèvement des Pays-Bas. — Guillaume de Nassau. 54. Henri IV. — Ses victoires. — Son gouvernement. — Sully. 55. Jacques Ier d'Angleterre. — Charles Ier. — Révolution de 1648. — Cromwell. 56. Richelieu et Louis XIII. — Guerre de trente ans. — Abaissement de la maison d'Autriche. 57. Mazarin et la Fronde. 58. Louis XIV et son siècle. 59. Restauration de Charles II en Angleterre. — Jacques II. — Révolution de 1688. — Le prince d'Orange. 60. La Régence et Louis XV. — Frédéric II et Marie-Thérèse. — Charles XII et Pierre le Grand. — Partage de la Pologne. 61. Esprit de réforme du dix-huitième siècle. 62. Révolution française. — Assemblée constituante. — Assemblée législative. — Convention nationale. — Directoire.—Le consulat. — L'empire.

### Géographie physique et politique.

63. Grandes divisions du globe. 64. Etats européens (la France exceptée). 65. Histoire sommaire de la géographie. 66. Géographie statistique des productions et du commerce des principales contrées. 67. Géographie physique et politique de la France.

### III.

#### Eléments d'arithmétique.

1. Système de numération. — Système métrique. 2. Addition, soustraction, multiplication et division des nombres entiers. 3. Extension des mêmes règles aux nombres entiers accompagnés de fractions décimales et aux fractions décimales pures. 4. Des fractions en général. — Réduction de plusieurs fractions au même dénominateur. 5. Adition et soustraction des fractions. 6. Multiplication et division d'un nombre entier par une fraction, d'une fraction par une fraction. — Sens que l'on attache à ces expressions. 7. Règles de trois, d'intérêt, d'escompte par la méthode dite de réduction à l'unité. 8. Partage d'une somme en parties proportionnelles à des nombres donnés. 9. Moyennes arithmétiques et règles d'alliage.

#### Eléments de géométrie plane.

10. Premières notions sur la ligne droite et le cercle, les angles et la mesure des angles au moyen des arcs de cercle. 11. Cas d'égalité des triangles. 12. Propriétés fondamentales des perpendiculaires et des obliques. 13. Propriétés fondamentales des parallèles et théorème sur la somme des angles du triangle. 14. Propriétés des parallélogrammes. 15. Propriétés principales des cordes, des sécantes et des tangentes. 16. Mesures des angles que ces lignes font entre elles, au moyen des arcs de cercle qu'elles interceptent. 17. Lignes proportionnelles. 18. Conditions de similitude des triangles et des polygones quelconques. 19. Décomposition d'un triangle rectangle en deux triangles semblables au triangle donné, et relations numériques qui en résultent. 20. Problèmes élémentaires sur la ligne droite et le cercle. 21. Diviser une droite et un arc en deux parties égales. 22. Décrire une circonférence qui passe par trois points donnés. 23. D'un point donné hors d'un cercle, mener une tangente à ce cercle. 24. Trouver une quatrième proportionnelle à trois lignes données et une moyenne proportionnelle entre deux lignes données. 25. Construire un polygone semblable à un polygone donné. 26. Mesure des aires. 27. Mesure de l'aire du rectangle, du parallélogramme, du triangle, d'un trapèze, d'un polygone quelconque. 28. Mesure approchée de l'aire d'une figure plane quelconque. 29. Rapport entre les aires des polygones semblables. 30. Relation entre les surfaces des carrés construits sur les trois côtés d'un triangle rectangle. 31. Polygones réguliers inscrits et circonscrits au cercle. 32. Inscrire un carré, un hexagone et les polygones réguliers dont l'inscription se ramène à celle de l'hexagone et du carré. 33. Montrer que le rapport de la circonférence au diamètre est le même pour tous les cercles, et indiquer l'esprit de la méthode au moyen de laquelle on peut, par des procédés élémentaires, obtenir une va-

leur approchée de ce rapport. 34. Mesure de l'aire du cercle, envisagé comme un polygone régulier d'une infinité de côtés.

### Éléments de physique.

35. De la pesanteur. — Expérience de la chute des corps dans le vide. — Masse. — Densité ; poids d'un corps. — Centre de gravité. — Isochronisme des petites oscillations du pendule. — Usage de la balance. 36. Conditions d'équilibre des liquides. — Démonstration expérimentale du principe d'Archimède. — Poids spécifique des corps. — Idée des aréomètres. 37. Baromètre. — Loi de Mariotte. — Machine pneumatique. — Pompes. — Siphon. 38. Le son. — Sa production. — Sa vitesse dans l'air. 39. Dilatabilité des corps par la chaleur. — Thermomètre. 40. Chaleur rayonnante. — Réflexion de la chaleur. — Émission et absorption. 41. Changement d'état des corps. — Fusion, solidification, vaporisation, liquéfaction. — Définition de la chaleur latente. 42. Démonstration expérimentale de la force élastique des vapeurs. 43. Donner une idée du principe des machines à vapeur. 44. Ébullition, distillation, évaporation, froid produit par l'évaporation. — Prouver que tous les corps n'ont pas la même capacité pour la chaleur. — Définition de la chaleur spécifique. 45. Développement de l'électricité par le frottement. Faits sur lesquels repose l'hypothèse des deux fluides électriques. 46. Description des électroscopes et de la machine électrique. — Effets de la bouteille de Leyde et des batteries. 47. Analogie entre les effets de la foudre et de l'électricité. — Paratonnerres. 48. Aimants naturels. — Pôles. — Déclinaison de l'aiguille aimantée. — Aimantation. 49. Pile voltaïque : ses principaux effets physiques, chimiques et physiologiques. — Courant électrique. — Aimantation du fer doux. 50. Télégraphes électriques. 51. Lumière. — Réflexion. — Lois de la réflexion. 52. Miroirs plans. — Effets des miroirs concaves. — Foyer. — Réfraction. — Effets de la réfraction. — Effets des lentilles. — Prisme. — Spectre solaire.

Fait à Paris, le 5 septembre 1852.

H. FORTOUL.

**PROGRÈS.** — L'orgueil ne s'empare pas seulement des individus ; il envahit aussi parfois les peuples, et quand il s'en est rendu maître, il les aveugle, comme il le ferait d'un seul homme, sur leurs faiblesses et leurs misères. On les voit, dans l'enivrement où il les plonge, se louer fièrement, malgré leur état hautement les accuse ; affecter un dédain superbe, et pour les âges qui les ont précédés, et pour les sociétés qui les entourent, tandis que le passé les efface et qu'ils font presque la pitié du monde ; rêver enfin le plus de gloire et de vie, alors que, trahis de toute espérance, ils ne peuvent plus envisager l'avenir qu'à travers les illusions ou les alarmes.

Et voilà, dans nos convictions, quel vertige a frappé notre siècle. Jamais on ne parla plus de progrès que de nos jours, et nous ne savons si le progrès véritable fut jamais moins réel. Il faut être juste : nous avons fait quelques pas dans ce qui constitue ou les sociétés brillantes et frivoles, comme la diffusion superficielle des lumières ; ou les nations matérielles, comme l'industrie et le négoce ; ou les peuples égoïstes, comme la division de la fortune et le morcellement du territoire ; ou les empires, sinon corrompus, au moins à la veille de le devenir, comme l'excès du luxe et le raffinement du plaisir. Mais avançons-nous en rien de ce qui fait les sociétés fortes et les grands peuples ? Est-ce en philosophie que nous marchons ? A nulle époque elle n'enfanta des systèmes plus fragiles et plus vite emportés : elle les presse dans le monde, comme l'aquilon presse les nuages aux cieux au retour de l'automne ; et peut-être est-ce au spectacle de cette mobilité qu'elle s'est prise à douter d'elle-même, et que s'exilant du nombre des sciences dont elle avait jusque-là porté le sceptre, elle s'est réfugiée dans l'enseignement public, au sein de la littérature. Avançons-nous mieux dans nos mœurs ? et qui ne s'en plaint ? Aujourd'hui la corruption déborde ; les crimes monstrueux désespèrent le calcul, et, chose déplorable ! la nation qui les punit encore ne sait plus en frémir ; leur récit ne lui fait plus d'autre impression que celle d'un coup de théâtre ou d'une épisode de romans. Sommes-nous plus heureux en politique ? Rien n'est plus vague ou plus désastreux que les doctrines qu'on proclamait naguère : aujourd'hui encore rien n'est plus indécis. Est-ce par le crédit réciproque et la probité que nous nous distinguons ? on n'ose plus maintenant se reposer sur personne, depuis qu'on a vu les réputations regardées comme les plus solides, et les fortunes qu'on jugeait les mieux assises, tomber les unes sur les autres d'une ruine dont on est encore épouvanté. Enfin, gagnerions-nous en confiance à nos destins ? Nous flottons au contraire dans je ne sais quelle inquiétude pénible ; toutes les âmes sont pleines de sinistres pressentiments ; on souffre du présent qui vous effraye par son silence ou ses secousses, et l'on n'ose considérer l'avenir, tant il paraît menaçant de tempêtes.

Tel est notre état : nous marchons, mais c'est comme on court au penchant d'un abîme ; nous avons de la vie, c'est celle de la crise, et bien loin de prendre plus de grandeur et de force, nous voyons nos grands principes d'existence s'altérer, nos sources les plus fécondes de gloire s'appauvrir ; tout le monde le sent, chacun le répète ; les sages de la terre eux-mêmes le proclament et s'en désolent, et lorsque, montant à cette conscience universelle de nos maux, nous osons encore nous flatter de mouvement et de progrès, nous ressemblons à ces malades à l'agonie, qui tantôt calmes reconnaissent leur état, et s'effrayent de la mort qui déjà les atteint ; tantôt égarés par le délire, perdent le sentiment de leur danger, espèrent quand tout les abandonne, et le pied déjà dans la

tombe, reculent encore leur existence à des limites imaginaires.

Si ces doctrines de progrès ne roulaient que sur des questions humaines et n'étaient qu'une simple illusion, indifférents à combattre leurs principes, nous nous bornerions à nous étonner de leur succès. Mais parce que s'attachant au christianisme elles ont pris un caractère d'erreur et de crime, c'est pour nous un devoir de les juger, au moins dans les prétentions qu'elles élèvent contre notre foi. Que veulent-elles du catholicisme? C'est qu'il marche avec le siècle, qu'il se dépouille de ses vieux enseignements, comme nous nous dépouillons des vieux usages, qu'il développe ses révélations à mesure que nos lumières publiques s'augmentent, qu'il modifie ses règles et ses maximes morales, de même que nous modifions nos lois civiles et politiques; en un mot, qu'il attache, quoique l'œuvre d'un Dieu, le sort de ses dogmes et de ses institutions aux changeantes destinées des opinions et des institutions de l'homme.

Voilà ce que demande notre philosophie, mais ses exigences ne sont-elles pas repoussées par la sagesse? Au lieu du progrès qu'elles appellent, l'immutabilité n'entre-t-elle pas dans les attributs essentiels du christianisme, comme dans ceux de son auteur? Ne peut-il pas avec elle faire encore maintenant et toujours la lumière et le bonheur du monde?

Nous nous bornerons à discuter la première de ces questions; c'est la moins brillante peut-être, mais c'est la plus importante.

Entre-t-il donc dans l'essence du christianisme de rester immuable? Oui, telle est maintenant sa destinée, qu'il doive demeurer invariable en tout ce qu'il a de dogmatique et de divin. Avant l'apparition de la sagesse incarnée, ses révélations purent avoir un progrès, comme le jour a son aurore; mais en lui donnant sa perfection, Jésus-Christ en a scellé pour jamais le symbole, et lorsque, sortant, il y a dix-huit siècles, de l'obscurité mystérieuse où s'étaient préparées ses doctrines, il entra dans le monde pour le régénérer, il lui fut dit, non pas comme à cet astre changeant des nuits: « Tu passeras par diverses phases, pour arriver à la plénitude de ta lumière, » mais comme au soleil commençant sa course : « Eclaire les humains jusqu'à la fin des temps, et sois toujours le même. »

On le comprend, il ne s'agit point ici d'alléguer des preuves métaphysiques: d'imprudents dissertateurs l'ont fait, on ne l'ignore pas; mais la prétention de leur dialectique me paraît au moins étrange. On peut bien démontrer d'instinct et par raison que le christianisme est immuable, en ce sens qu'aucune de ses révélations ne peut ni s'altérer ni devenir fausse; la vérité ne change pas. Mais que le corps de son symbole ne puisse désormais se dilater et grandir; que nulle révélation ne doive s'ajouter à celles qui de-

puis deux mille ans le composent; que Dieu, son auteur, se soit prescrit, en nous le donnant, des bornes qu'il ne dépassera jamais, ce n'est point l'un de ces dogmes nécessaires que le bon sens découvre par lui-même, et qu'il justifie, indépendamment du témoignage, comme on le ferait pour un principe rationel. Résultat d'une volonté libre et positive, ou en d'autres termes, question de fait, cette immutabilité ne peut évidemment être établie que par des autorités ; et pour que la logique ici soit concluante, il faut de toute rigueur qu'elle s'appuie sur l'histoire.

Eh bien! interrogez sur ces points les organes faits pour vous en instruire, et lequel verrez-vous ne pas attribuer au catholicisme une consistance éternelle? Serait-ce d'abord son auteur? Mais en remettant ses doctrines à ses apôtres, il les en fait les gardiens et non les maîtres, les interprètes et non les réformateurs : *Allez*, leur dit-il, *enseignez sans distinction* les peuples avancés et les peuples enfants, les sociétés en mouvement, comme les sociétés en décrépitude; en un mot, *toutes les nations de l'univers, omnes gentes.* Et que leur enseignerez-vous? un symbole qui se développe avec leurs lumières et varie avec leur civilisation? Non, mais on leur apprendra à garder, comme un inviolable dépôt, jusqu'aux moindres décrets des lois que j'ai portées, *servare quæcunque mandavi vobis,* et cet enseignement invariable embrassera tous les siècles, étrangers à tout progrès aussi bien qu'à toute altération; *usque ad consummationem sæculi.*

Seraient-ce les premiers propagateurs du catholicisme? mais par où supposent-ils qu'il doit et peut marcher? Par les titres qu'ils affectent? mais ils ne se donnent jamais que pour de simples ambassadeurs; par la science dont ils se montrent avides? mais la seule qu'ils désirent, c'est la pure science de la croix; par la gloire dont ils sont le plus fiers? mais c'est de n'avoir corrompu la parole divine par aucun mélange adultère; par les conseils qu'ils adressent aux néophytes? mais ce qu'ils leur recommandent le plus, c'est de prévenir la nouveauté des termes et l'irruption d'une vaine philosophie dans les doctrines de la foi; enfin, par les libertés qu'ils laissent à l'avenir? mais la liberté du changement et du progrès religieux entre si peu dans leurs concessions, qu'ils ordonnent aux fidèles de tous les siècles d'anathématiser même un ange qui viendrait leur apporter une révélation nouvelle.

Serait-ce enfin l'Eglise, dépositaire après eux des doctrines sacrées? mais tout en elle proteste contre cette loi de mobilité; la destination qu'elle s'attribue, et tout son ministère se borne ou à interpréter les divins oracles, ou à dépouiller les traditions chrétiennes; les définitions qu'elle prononce, et quand elle décide un point dogmatique, elle ne prétend pas le créer, mais seulement le mettre en lumière; les anathèmes qu'elle lance, et ses foudres n'éclatent que sur les téméraires dont la main ne craint pas de profaner l'arche sainte et d'innover dans la

foi; enfin les docteurs qu'elle suscite et qu'elle inspire, et, s'ils condamnent les hérétiques, c'est parce que, audacieux novateurs, ils rompent avec les siècles, reculent les limites posées par leurs aïeux, troublent, par le mélange de leurs idées et de leurs délices, les eaux pures et célestes des doctrines antiques; s'ils définissent le christianisme dans les lois de son existence, ils le peignent comme un dogme céleste qui, une fois révélé, nous suffit, et non point comme une institution humaine qui ne puisse être amenée à sa perfection qu'en la réformant; enfin, s'ils invitent les fidèles à conserver leur foi toujours pure, ils ne la leur présentent pas comme un trésor qu'ils soient libres de grossir; mais « gardez, leur disent-ils, gardez le dépôt, c'est-à-dire, ainsi qu'ils s'en expliquent eux-mêmes, non ce que vous avez découvert, mais ce qui vous a été confié; ce que vous avez reçu par d'autres, et non pas ce qu'il vous a fallu inventer vous-mêmes; une chose qui ne dépend pas de l'esprit, mais qu'on apprend de ceux qui nous ont devancés; qu'il n'est pas permis d'établir par une entreprise particulière, mais qu'on doit avoir reçu de main en main par une tradition publique; où vous devez être, non point auteurs, mais simples gardiens; non point instituteurs, mais sectateurs de ceux qui vous ont précédés; c'est-à-dire non pas un homme qui mène, mais un homme qui ne fait que suivre les guides qu'il a devant lui et marcher par le chemin battu (1). »

Ainsi, s'expriment sur les destins du christianisme le Dieu qui le fonda, les hommes inspirés qui les premiers l'annoncèrent, la société qui le surveille et l'interprète encore au nom de son auteur; c'est-à-dire qu'ainsi déposent les autorités les plus admises à prononcer sur l'auguste problème qui nous occupe, parce que ou elles ont fixé le sort du catholicisme, ou elles ont reçu mission pour nous en instruire; les autorités les plus imposantes, parce qu'elles sont toutes divines; les autorités les plus imprescriptibles, parce que rien ne saurait jamais prévaloir contre la parole éternelle; et, vous le voyez, au lieu de nous présenter le symbole catholique comme soumis à la loi du changement et du progrès, elles nous le montrent emprisonné par la main suprême dans les limites de ses dogmes primitifs, comme dans un cercle inflexible, sans qu'il soit permis à aucune voix humaine de lui dire pas plus qu'à l'Océan : « Franchis tes barrières et pousse tes flots plus loin. »

Vienne après cela notre siècle solliciter le sacerdoce catholique de faire avancer la religion dont il est dépositaire, et nous lui répondrons : Quel mouvement voulez-vous du prêtre et de sa foi ? est-ce un progrès qui n'atteigne rien de fondamental, et s'arrête à ce que le catholicisme peut avoir d'accidentel ? Votre demande est bien tardive; nous avons dès longtemps prévenu vos vœux, et

(1) Vincent de Lérins traduit par Bossuet.

ce que vous invoquez pour l'avenir, c'est déjà notre histoire de dix-huit siècles. Regardez si l'immutabilité régna toujours dans les dogmes et les institutions divines du christianisme, il se fit aussi toujours, sous l'impulsion des siècles, un mouvement à ses surfaces; mouvement dans l'explication de sa foi, et par chacun de ses conciles, il a fait tomber le jour sur quelques détails obscurs de ses doctrines, comme on présenterait tour à tour au soleil les diverses faces d'un diamant; mouvement dans sa polémique, et chaque fois que l'esprit d'hérésie a fait éclore contre les vieilles traditions de nouveaux adversaires, il est toujours descendu dans l'arène pour la combattre avec de nouvelles armes; mouvement dans son culte, et comme il sut le faire modeste dans les chrétientés naissantes, sensible et compliqué pour les peuples enfants, il sut aussi le rendre solennel au sein des civilisations florisantes; simple et grave parmi les sociétés sérieuses et philosophiques; mouvement dans sa discipline, et toujours, quand il lui donna des institutions et des règles nouvelles, il eut soin de les proportionner à l'esprit et aux mœurs des époques, les laissant tomber ensuite lorsque les variations des temps et des usages les rendirent étrangers; mouvement dans les études et la prédication de ses docteurs, et dans tous les siècles on les vit attentifs, soit à suivre les découvertes de la science pour les concilier avec la foi, soit à faire ressortir tour à tour les faces de nos doctrines les plus propres à frapper les différentes époques, ou à satisfaire leurs besoins, soit à donner à leur enseignement les formes qui, sans compromettre en rien la parole divine, répondaient le mieux aux goûts des peuples; mouvement dans les conquêtes de ses ascètes et de ses commentateurs, et à mesure que ses grands hommes ou ses saints ont plus étudié ses mystérieuses profondeurs, il n'a pas manqué de leur découvrir, je ne dis pas des dogmes inouïs, mais des beautés nouvelles ou des harmonies inaperçues, comme les cieux laissent apercevoir, à mesure qu'on les sonde mieux, des magnificences auparavant inobservées; mouvement enfin dans les effusions de son amour, et jamais le malheur et la souffrance n'ont pu désespérer, ni l'industrie de sa charité par la complication d'aucun mal, ni son héroïsme par la corruption d'aucune plaie, ni sa fécondité par l'immensité d'aucun ravage.

Un tel mouvement peut-il vous plaire et vous suffire ? nous l'accordons à notre siècle aussi volontiers que nos aïeux le permirent à leur époque : il y a plus, il existe encore, quoiqu'on en dise; et d'un pôle à l'autre, le sacerdoce d'aujourd'hui, comme celui d'autrefois, travaille à le promouvoir. Mais faut-il aller plus loin ? Voulez-vous que, poussant le branle jusqu'aux fondements posés par la main divine, le christianisme les déplace et modifie son symbole primitif ou l'augmente ? Ah ! nous sommes sourds à vos prétentions, parce qu'elles nous demandent un crime. Jamais il n'entra dans nos libertés de

changer le catholicisme; tout notre privilége consiste dans l'inviolable mission de le conserver et de le défendre. S'il n'était qu'une doctrine humaine, éclose de l'imagination d'un poëte, ou des méditations d'un philosophe, sa foi cessant alors d'être sacrée, notre conscience se prêterait à vos vœux; et, malgré que son auteur ne nous eût établis que ses disciples et les conservateurs de ses enseignements, nous pourrions, sans profanation, nous en faire les juges et les réformateurs. Tout ce que l'homme invente reste l'apanage de l'homme qui peut y toucher sans crime. C'est une argile vague et libre que chacun a le droit de s'approprier, de pétrir, de façonner au gré de ses désirs, j'allais presque dire de ses caprices.

Mais vous le savez, le christianisme est un dogme céleste; le Dieu dont il est l'ouvrage, en le remettant dans nos mains, nous a dit de le croire et non de le juger, de le garder et non de l'entamer, de le transmettre et non de le corriger: sa parole est formelle, l'autorité qui nous l'intime est aussi sacrée qu'infaillible, et ne faut-il pas que la parole d'un Dieu demeure éternellement? est-ce à nous de déroger aux obligations qu'elle nous impose, et de consacrer des libertés qu'elle nous interdit? Quoi! vos lois punissent de leur courroux le dépositaire infidèle, et vous voudriez, que simples conservateurs du christianisme, nous touchassions à ce dépôt confié par un Dieu. Vous condamnez le guerrier sous les armes, s'il vient à se jeter sur les dépouilles qu'il doit veiller, et nous, sentinelles des enseignements du Christ, nous devrions, s'il vous plaît, trahir l'ordre qui nous fut donné du ciel, tourner contre la foi ces mains consacrées seulement pour la défendre, remuer et tourmenter le fond de ses dogmes, quand la moindre de leurs syllabes devrait nous trouver ses martyrs! A rompre des devoirs plus sacrés, à profaner des objets plus saints, nous serions moins coupables! L'attentat, criminel à vos yeux quand il n'est qu'une infidélité, vous semblerait digne d'encouragement lorsqu'il deviendrait un sacrilége, et vous voudriez que l'excès du crime en fît pour nous l'innocence?

Ah! renonçons au titre de philosophe ou soyons plus logiques, et n'allons pas ainsi confondre toutes les idées et renverser tous les droits. Vous exigez la fidélité de l'homme à l'homme; encourageons-la donc du prêtre au Dieu qui l'envoie, et puisque notre maître a fait les doctrines qu'il nous a confiées pour rester immuables; puisqu'il nous a prescrit de respecter à jamais le sceau dont il les a revêtues, pourquoi nous inviteriez-vous à le briser? Si cette loi d'immutabilité vous offense, plaignez-vous à celui qui l'établit et non point à celui qu'elle oblige; si vous croyez qu'elle a duré son temps et qu'elle doit enfin tomber ou s'assouplir, sages d'un jour, faites part de vos idées au législateur éternel, qui peut seul la réformer ou la suspendre; mais jusqu'alors, et tant qu'il ne l'aura pas changée lui-même, laissez les tuteurs de cette économie antique en protéger l'existence, en maintenir la stabilité. Nous ne sommes que les gardiens du temple, et n'espérez pas, sans une révélation qui ne peut plus exister, nous voir jamais prendre un autre caractère. Nous avons appris de nos aïeux que toutes nos fonctions se bornaient à veiller au seuil de la maison sainte; tous nos droits à vous ouvrir ses profondeurs, à vous faire admirer ses magnificences, à vous introduire dans son sanctuaire; et si ce ministère est impuissant à vous suffire, si vous voulez, contre l'ordre divin, renverser le saint édifice pour en élargir l'enceinte et le reconstruire sur de plus vastes dimensions; ah! prenez à vous seul la gloire de ce crime; ébranlez, renversez ces murs-même que le Christ avait élevés pour les siècles, et pendant que votre marteau démolira la divine demeure, vous nous verrez attachés à ces colonnes, faire un dernier effort pour les soutenir, heureux, s'il faut enfin qu'elles s'écroulent, de me montrer fidèle jusqu'au sang et de trouver un tombeau sous leurs ruines! Voilà ce que nous avons à répondre à toutes ces demandes de progrès qu'on nous adresse; c'est-à-dire que nous devons distinguer deux faces dans le catholicisme: l'une ecclésiastique et superficielle, l'autre essentielle et divine; là le progrès est possible, parce que Dieu le permet; mais ici, jamais, parce que Dieu nous l'a défendu pour les siècles: cette défense suprême est un fait, dont nos hommes de *mouvement* ne prennent pas assez la peine de se souvenir ou de se convaincre. Ils supposent toujours que le sort du catholicisme doit ressembler à celui des opinions humaines; que pour en être les tuteurs nous en sommes les arbitres; que les formes de son symbole n'ont rien d'inviolable, et qu'il nous est libre de les dénaturer, comme nous pourrions mutiler une statue. Nous savons qu'on prétend avoir des titres à réclamer ce progrès; mais je ne crains pas de l'affirmer, ce sont des titres sans valeur; ils peuvent tenir du sophisme, mais ils ne se fondent point sur la raison.

# Q

QUÊTES. — On nous saura peut-être gré d'avoir émis ici le vœu de voir faire des quêtes dans toutes les communes, dans le but d'y organiser des secours pour venir en aide aux familles chargées de pourvoir au placement de leurs enfants nouveau-nés.

# R

RECTEUR. — Les académies établies dans chaque département, par la loi sur l'instruction publique, sont administrées par un recteur et par un conseil académique. Les recteurs doivent avoir le grade de licencié ou dix années d'exercice comme inspecteurs d'académie, proviseurs, censeurs ou professeurs des classes supérieures dans un établissement public ou libre. Le recteur est président de droit du jury chargé d'examiner les aspirants au brevet de capacité. Il y a 18 recteurs de première classe, aux appointements de 6,000 fr., 24 recteurs de deuxième classe; leur traitement est de 5,000 fr., et 43 recteurs de troisième classe; leur traitement est de 1,500 fr. Le traitement du recteur de l'académie de la Seine est fixé à 8,000 fr. La classe des recteurs est attachée à la personne et non à la résidence.

RÉGLEMENTS. *Voy.* UNIVERSITÉ, HISTOIRE DE L'INSTRUCTION PUBLIQUE.

RELIGIEUX. *Voy.* COMMUNAUTÉS, et LOI (*de 1836*).

RELIGION. *Voy.* ÉDUCATION (*Importance de l'*).

# S

SACERDOCE CATHOLIQUE (DU). — Eclairer l'humanité par ses enseignements, lui révéler ses immortelles destinées, et l'aider à les accomplir par la vertu surnaturelle des grâces dont il a été établi le dispensateur, tel est le ministère vraiment sublime qui fut confié au sacerdoce le jour où Jésus-Christ l'institua, pour opérer, de concert avec lui, le grand œuvre de la régénération; et depuis dix-huit cents ans, le sacerdoce n'a cessé de travailler avec ardeur à remplir cette magnifique tâche. Voyez, durant les premiers siècles de l'Eglise, comme il marche, armé de la croix du Calvaire, à la conquête du monde à travers les persécutions les plus cruelles! Comme il féconde et de ses sueurs et de son sang le sol où doit fleurir l'arbre de la civilisation chrétienne ! Comme il verse les flots de la lumière divine au sein des épaisses ténèbres du paganisme! Comme il épure et sanctifie les mœurs au milieu du débordement de tous les vices les plus honteux! Triomphant enfin de la formidable puissance des maîtres de l'univers par son courage héroïque, de la plus effroyable corruption par son angélique pureté, du plus désolant égoïsme par sa charité brûlante, sur les ruines d'une religion qui déifie toutes les passions, il parvient à fonder une religion qui commande tous les sacrifices. Puis, quand le christianisme, vainqueur de l'idolâtrie, s'est assis sur le trône des Césars, voyez-le défendant avec une sainte énergie contre les nouveaux ennemis que l'enfer lui suscite, contre les hérésiarques et les sophistes, le dépôt sacré de la doctrine catholique, continuant cette glorieuse lutte jusqu'à nos jours, et dans tous les temps ne déployant pas moins de zèle pour préserver le flambeau de la foi du souffle impur de l'impiété, qu'il n'en avait déployé pour l'allumer sur la terre... Le prêtre n'est pas moins admirable, si on le considère en lui-même et dans l'exercice habituel de ses augustes fonctions.

Destiné à faire régner la vérité ici-bas, il a été revêtu par son divin fondateur des caractères de la vérité même; il est un, il est universel, il est éternel comme elle. Tout prêtre représente Jésus-Christ, unique médiateur entre Dieu et l'homme; bien plus, il est Jésus-Christ lui-même renouvelant chaque jour, en tout lieu, l'oblation de la croix dans le sacrement de l'autel, offrant et immolant à son Père la victime de propitiation qui s'est dévouée pour le salut du genre humain. C'est Jésus-Christ qui parle par la bouche du prêtre; c'est Jésus-Christ qui bénit par la main du prêtre; communion sublime qui donne une si merveilleuse efficacité au ministère du prêtre, et qui le fait participer en quelque sorte à l'amour infini du Rédempteur pour les hommes. Aussi avec quelle tendre sollicitude il suit le chrétien et veille sur lui dans les diverses phases de son existence! chacune d'elles est marquée par un de ses bienfaits. — Il le prend dès son entrée dans la vie pour le laver de la souillure originelle, et le revêtir de la robe d'innocence. — A peine son intelligence a-t-elle commencé à se développer, qu'il l'initie aux hautes vérités de la religion, et le prépare à recevoir dans son cœur l'Agneau sans tache. — Si, par le péché, il a eu le malheur de briser les liens qui l'unissaient à Dieu, il lui tend une main secourable en l'appelant au tribunal de la pénitence, fait naître le repentir dans l'âme de cet enfant prodigue, le réconcilie avec son père céleste, et, après avoir rétabli l'union entre la créature et son créateur, il la rend encore plus intime, en le conviant au banquet sacré où ce Dieu de bonté se livre lui-même tout entier aux fidèles. — Quand l'heure de se choisir une compagne est venue pour lui, le prêtre est encore là pour répandre sur les deux époux le trésor de ses bénédictions, et imprimer le sceau de la sainteté, l'indissolubilité à l'engagement qu'ils contractent aux pieds des autels. — S'il plaît au Seigneur de le soumettre à l'épreuve de la pauvreté et de la souffrance, d'approcher de ses lèvres le calice de l'affliction, le prêtre est encore là pour se-

cher ses larmes, pour changer même sa douleur en joie; car la loi qu'il enseigne apprend a ceux qui ont faim et qui ont soif, à ceux qui souffrent, à ceux qui pleurent, qu'ils sont tous les privilégiés du Christ, pauvre et souffrant comme eux pendant sa vie, et qu'aux tribulations d'un jour succèderont des consolations éternelles. — Mais voilà que le moment suprême est arrivé pour le chrétien; il va quitter cette terre d'exil et retourner dans sa véritable patrie; le prêtre accourt au chevet du mourant, verse sur son front l'huile sainte, emblème de l'incorruptibilité céleste, l'entretien de l'immortalité de l'âme, de l'ineffable bonheur du juste, et lui donnant ainsi comme un avant-goût de l'impérissable félicité, il le conduit en quelque sorte lui-même dans le sein de Dieu. — Un autre spectacle non moins touchant, non moins sublime, s'offre encore à nos regards, et c'est ici que brille dans tout son éclat l'inépuisable charité du prêtre. Le bourreau a dressé l'instrument du supplice; un grand coupable, hélas! un innocent peut-être, va bientôt subir l'arrêt prononcé contre lui! partout où il y a une âme à sauver, le ministre du Dieu des miséricordes ne consulte que son zèle; c'est lui qui, le crucifix à la main, accompagnera cet infortuné jusque sur le seuil redoutable de l'éternité; innocent, il l'aidera à supporter le poids immense d'ignominie sous lequel l'injustice des hommes l'accable, en lui montrant son Dieu mort innocent comme lui sur une croix; coupable, il l'exhortera à effacer la honte de sa vie par la sainteté de sa mort, fera couler de ses yeux les pleurs du repentir, et descendre au fond de son cœur un rayon d'espérance. O étonnant prodige de la charité! sur les marches même de l'échafaud, du plus infâme criminel souvent le prêtre a fait un saint.......

Tel est celui, cependant, que le philosophisme impie de notre siècle ne craint pas de signaler au mépris et à la haine du monde! Tel est celui qu'il se plaît à lui représenter comme son plus cruel ennemi! Et dans l'excès de son aveuglement que peut égaler l'excès de son ingratitude, le monde ne prête que trop l'oreille à ces perfides suggestions de l'enfer. Peuples et rois, prompts à oublier la dette de la reconnaissance envers le bienfaiteur de l'humanité, cherchent comme à l'envi à rabaisser le prêtre, à rétrécir chaque jour davantage le cercle de son influence. Partout, le pouvoir, qui devrait donner l'exemple d'une profonde vénération pour le sacerdoce, lui est tantôt ouvertement, tantôt sourdement hostile; non content de ne lui avoir laissé de son patrimoine qu'un pain précaire, il veut le lui faire acheter au prix de son indépendance; pour lui, le sacerdoce n'est qu'une institution politique qu'il peut exploiter à son profit, et le prêtre un fonctionnaire public chargé d'administrer, sous l'unique direction et dans l'unique intérêt du gouvernement, la conscience des peuples; mais le prêtre catholique a une toute autre idée de la dignité sacerdotale: il sait qu'il a reçu

du ciel une mission plus haute, et que c'est avant tout cette mission qu'il doit remplir. Aussi de combien de précautions jalouses le pouvoir ne s'arme-t-il pas contre lui! Que d'inquiètes défiances percent à travers les faibles marques de respect dont il daigne parfois l'honorer! comme il s'efforce de le reléguer au fond du sanctuaire! comme il veille attentivement à ce qu'il n'étende pas son action au delà de l'enceinte du temple! Usurpant en quelque sorte des droits que le prêtre tient d'une manière toute spéciale de celui qui lui a confié l'enseignement de la vérité, comme il s'obstine, malgré les promesses les plus solennelles, à rester maître absolu de l'éducation de la jeunesse, de peur que le prêtre ne s'en empare, et n'acquière par ce moyen une autorité morale qui fasse pâlir la sienne! Ah! c'est là surtout ce qui nous pénètre d'une vive affliction; car, hélas! quel sera l'avenir de la génération qui s'élève, si elle ne puise pas dans une éducation chrétienne des principes religieux capables de préserver des funestes erreurs de la génération qui s'éteint? Et qui lui ouvrira cette source abondante de vie, si ce n'est le prêtre catholique, dépositaire et gardien de la foi?

Hommes du pouvoir, nous ne vous demandons pas pour le prêtre les biens qui lui ont été ravis; en le dépouillant de ses richesses, vos devanciers n'ont, pour ainsi dire, dépouillé que le pauvre; ce n'est pas pour lui-même que le ministre d'un Dieu, né dans une crèche, regrette quelquefois peut-être son ancienne opulence, c'est pour la nombreuse famille dont le ciel l'a entouré, quand il l'a constitué le père des pauvres, la providence visible des malheureux. Travaillez sans relâche à améliorer le sort des classes souffrantes; délivrez-les de cet immense fardeau de misère qui pèse sur elles, et le prêtre ne gémira jamais de sa pauvreté.

Nous ne vous demandons pas pour le prêtre, des honneurs, des priviléges politiques; le seul privilége qui lui paraisse digne de son ambition, le seul qui lui reste aujourd'hui, c'est le privilége du dévouement et du sacrifice, et celui-là ne lui sera pas disputé. Mettez la charité dans vos lois, faites fleurir la religion, inspirez-vous toujours de ses préceptes, et le prêtre, applaudissant à votre ouvrage, ne se plaindra jamais de ce qu'il ne lui est plus permis de prendre part au gouvernement de l'Etat, dans un temps où le dernier des citoyens peut aspirer à cette prérogative.

Hommes du pouvoir, nous ne vous demandons qu'une chose pour le prêtre, la liberté de faire le bien; qu'il puisse désormais appeler la génération nouvelle à goûter les heureux fruits de l'union de la science et de la foi trop longtemps séparées, pour le malheur du monde, dans l'instruction de la jeunesse, la prémunir, en l'abritant sous les ailes de la religion, en la réchauffant au foyer de son amour, contre l'incrédulité et l'indifférence du siècle, la former enfin à la

pratique de toutes les vertus chrétiennes !
Rendez au prêtre cette liberté sainte qui fait
partie de ses droits les plus chers, et vous
verrez bientôt se renouveler la face de la
société.

**SALLES D'ASILE.** — Les salles d'asile,
fondées par la charité chrétienne, étaient
régies d'après l'ordonnance du 22 décembre
1837, qui les avait soumises à l'université.
D'après la loi du 15 mars 1850, art. 57, les
salles d'asile sont publiques ou libres. Un décret du Président de la République, rendu sur
l'avis du conseil supérieur, a déterminé tout
ce qui se rapporte à cette matière. *Voy.* ASILE.

**SCIENCES.** — Les révolutions, si profondes
et si violentes qu'elles soient, ne brisent cependant pas du même coup tous les liens; il
en est toujours quelques-uns qui survivent,
au premier rang desquels nous mettons ceux
que l'intelligence a créés et que Dieu semble
avoir laissés aux hommes comme une heureuse et inoffensive réciprocité dans les jours
de calme, comme diversion puissante et con-
solatrice dans les jours d'orage. La forme du
gouvernement varie, les mœurs se modifient et les sociétés se renouvellent; la république des lettres et des sciences reste debout comme une épave impérissable au
milieu des débris de la civilisation. La tyrannie emprisonne l'écrivain, il ne lui est
pas donné d'emprisonner la pensée. Félici-
tons-nous donc de constater qu'il y a quelque chose encore d'indélébile en ce monde,
parce que la raison humaine découle de la
raison divine et éternelle, et qu'elle a quelque chose, au sein de toutes ces versatilités,
d'immuable comme elle. Dans l'incendie où
l'on ne peut tout sauver, on se croit obligé
de faire la part du feu; quand le mal a parcouru à peu près sa période, on épie le moment de son déclin pour rentrer dans la
même attitude que par le passé. Mais pour
tout ce qui touche aux rapports de l'esprit,
jamais il n'y a entre les peuples de l'Europe
solution de continuité. On a foi aux conquêtes de l'intelligence, et le terrain gagné sur
l'ignorance devient un véritable trophée
consigné dans les annales du monde pour
passer d'âge en âge.

Il ne faut pas assimiler les mystères redoutables et consolants du christianisme
avec les scandaleuses orgies du socialisme
contemporain. Celui-ci est la négation radicale de celui-là, parce qu'il poursuit fatalement et de gaieté de cœur un but purement
satanique, celui de la chute de l'humanité
sur la terre pour la satisfaction absolue de
quelques exploiteurs de bas étage. Quelle
plus belle mission peut-on donner que celle
de préserver la société et de restaurer les idées
d'ordre? Il y a une belle place à prendre,
c'est d'aider au rétablissement des grands
principes sur lesquels se fondent le gouvernement et la société. Quoi de plus insensé
que le système communiste! Il nous suffit
de dire un mot pour le démasquer par des
chiffres.

La France a trente-cinq millions d'âmes;
en numéraire deux milliards deux cent

millions; en terres cultivées et en terrain
bâti, une superficie de cinquante millions
d'hectares représentant une valeur de quarante-huit milliards. Les propriétés bâties,
d'après leurs revenus de sept cent cinquante
millions, représentent, au denier 20, quinze
milliards. Donc la valeur immobilière réunie au capital métallique en circulation
représente un chiffre de soixante-quatre
milliards deux cent millions, auquel si nous
ajoutons la valeur des objets mobiliers susceptibles de partage quatre milliards huit cent
millions, nous avons un total de soixante-
dix milliards qui, partagés entre les trente-
cinq millions de Français présenteraient pour
chacun un capital de trois mille francs, qui
à 5 pour 0/0 donnerait à chacun par jour
un revenu d'environ 27 centimes.

Il y a eu dans l'histoire des sciences comme
il y a dans l'histoire des peuples, des temps
où des rêveurs insensés égaraient l'esprit
des hommes, en le jetant dans les chimériques espérances de théories sans portée :
c'étaient des temps de stérilité et d'ignorance.
Il y eut des époques où, sans perdre un
temps précieux dans des illusions stériles,
on se résignait au travail pour suivre le développement continu de principes sages et
sagement mûris; ce furent des époques illustres et bienfaisantes. La science a depuis longtemps fait justice des rêves; peut-
être les retrouverez-vous dans d'autres ordres d'idées. Rappelez-vous que dans les
temps où la société ne se relève de ses douleurs que pour retomber, il est encore un
moyen de la servir en travaillant pour elle,
comme il est un moyen de la perdre par ces
agitations douloureuses, dans lesquelles l'oisiveté égare trop souvent une jeunesse imprudente, plus prompte à se jeter dans les
discussions pour lesquelles elle n'est pas
mûre, qu'habile à les éclairer d'une expérience qu'elle n'a pas eu le temps d'acquérir.
Évitons cette tendance si facile, qui fait de
chaque citoyen un censeur aigri. Choisissons un rôle plus modeste et plus digne;
soyons pour la société des ouvriers laborieux
qui réparent les malheurs publics et répandent sur leur patrie la gloire qu'ils acquièrent eux-mêmes.

La théologie est une science positive,
fondée sur des principes certains et par conséquent susceptible de démonstration; la
plupart des définitions qui en ont été données jusqu'ici sont incomplètes. Il nous semble qu'elle serait mieux définie : *la science
qui démontre, par les principes certains de
la révélation et de la raison humaine, les rapports du créateur aux créatures, et les rapports des créatures entre elles.* Il suit de là
que la théologie a pour base l'autorité divine de la vérité infinie, et pour appui les raisonnements de l'intelligence humaine créée
pour la vérité. C'est de toutes les sciences
la plus importante et la plus nécessaire,
puisqu'elle apprend à l'humanité d'où elle
vient, ce qu'elle est et où elle va : en lui
montrant la voie de son bonheur souverain,
elle lui donne aussi les moyens de l'attein-

dre. Elle est la plus digne de toutes les sciences; fournissant à toutes les grands principes qui doivent leur servir de base, elle les domine et les enchaîne dans l'unité; et si elles peuvent, en dehors d'elle, faire des progrès dans le nombre et l'analyse des faits, elles ont besoin de sa direction pour se constituer sciences et devenir sociales.

La théologie est donc liée à toutes les sciences; elle est le plus nécessaire et le plus important de tous les rayons du cercle des connaissances humaines. De là le haut intérêt de son histoire.

La science théologique a commencé avec l'homme, dont Dieu fut le premier maître; dès ce moment, les grands principes de la science sont posés; le premier est dans ce verset de la *Genèse : In principio creavit Deus cœlum et terram;* « Au commencement Dieu créa le ciel et la terre. » Le second est ainsi exprimé : « Faisons l'homme à notre image et à notre ressemblance, pour qu'il préside aux poissons de la mer, aux oiseaux du ciel, aux animaux et à toute la terre, et à tout reptile qui se meut sur la terre..... et Dieu donna à l'homme et aux animaux tous les végétaux pour nourriture.» Par là sont établis les rapports de l'homme et des créatures; image de Dieu, l'homme doit dominer toute la nature, comme Dieu est le maître du monde; image de Dieu, il doit tendre vers son principe, et le représenter sur la terre; il est le médiateur entre les créatures et le créateur. Il est le pontife de la création. Mais s'il domine, il est soumis, et Dieu lui donne un précepte naturel d'abord, celui de se perpétuer sur la terre, afin d'accomplir les desseins de son créateur; et dans ce précepte et la création de la femme, tirée de l'homme, se trouve renfermé le principe de la famille et de la société. Il fallait élever l'homme plus haut et lui apprendre que sa fin était au delà de ce monde, qu'il l'atteindrait par son obéissance et sa soumission à son arbitre souverain; une défense lui est faite. Il la transgresse et il en subit la sanction. Mais de là même naît un nouveau besoin pour l'homme et de nouveaux rapports avec son créateur miséricordieux et infiniment bon; un rédempteur lui est promis, et en lui et par lui tout doit s'accomplir. Tous les grands principes de la science théologique sont donc posés dans ce premier enseignement, qui se conserve par la tradition jusqu'à Moïse; celui-ci le recueille par ordre de Dieu dans ses livres inspirés. Les prophètes et les écrivains sacrés après lui développeront ce divin enseignement, jusqu'à ce que le Fils unique de Dieu vienne lui-même le terminer et l'accomplir. Cette science n'est donc pas donnée tout d'un coup à l'humanité, mais Dieu la lui dispense dans la progression de ses besoins, à mesure qu'elle devient plus capable de la recevoir. Admirons avec saint Jean Chrysostome la sage gradation que Dieu suit dans ses enseignements : « Voyez, dit-il, combien Dieu s'accommode à notre faiblesse; Moïse ne parle point des vertus invisibles, il ne

dit point qu'au commencement Dieu fit les anges et les archanges ; ce n'est pas par inadvertance ni témérairement qu'il nous a préparé cette voie à la doctrine. Il parlait aux Juifs, qui, tout absorbés par les choses présentes, ne pouvaient rien concevoir de spirituel ; il les conduit par les choses sensibles à la connaissance de l'ouvrier de cet univers, afin que, connaissant par les créatures l'architecte du monde, ils adorassent le créateur de tous, et qu'ils ne s'arrêtassent pas dans les créatures pour se reposer en elles..... Ne vous étonnez pas, si Moïse procède ainsi, lui qui, préludant dans le principe, parlait aux Juifs grossiers; puisque Paul, au temps même de la grâce, commence à enseigner les Athéniens par les choses visibles, en ces termes : *Le Dieu qui a fait le monde, et tout ce qui est dans le monde, le Seigneur du ciel et de la terre, n'habite point dans les temples bâtis par les hommes ; il n'est point honoré par les œuvres des mortels.....* Parce qu'il savait qu'une telle doctrine était à leur portée, il saisit ce moyen de les instruire. Mais pour ceux qui recevaient sa doctrine, il se dirigeait et les enseignait par l'esprit. Et afin que vous sachiez bien que la cause d'une telle conduite est la diversité des personnes et la grossièreté des auditeurs, écoutez le même Paul, écrivant aux Colossiens; il ne marche point par cette voie, il leur parle autrement, et il dit : *C'est en lui que tout a été créé dans le ciel et sur la terre; les choses visibles et invisibles, les trônes, les dominations, les principautés, les puissances; tout a été créé par lui et pour lui.* Mais Jean, fils du tonnerre, s'écriait : *Tout a été fait par lui, et sans lui rien n'a été fait.* Ce n'est pas ainsi qu'agit Moïse, et à bon droit; car il n'était pas convenable de donner une nourriture solide à ceux qui avaient encore besoin de lait. De même que les instituteurs donnent aux enfants qui leur sont confiés les premiers éléments, pour les introduire ensuite dans des doctrines plus sublimes et plus parfaites, ainsi qu'ont fait et le bienheureux Moïse, et le docteur des nations et le fils du tonnerre. Car Moïse, qui le premier de tous, avait reçu l'humanité pour l'instruire, enseigne à ses auditeurs les premiers éléments; mais Jean et Paul donnent ensuite une doctrine plus parfaite aux auditeurs qu'ils ont reçus de Moïse (1). »

Ainsi c'est par les choses sensibles, par les créatures, que Dieu commence l'enseignement de l'humanité ; ce qui doit déjà nous faire comprendre la haute importance théologique des sciences de la nature, qui fournissent à la raison humaine le puissant appui de la vérité révélée. Mais l'humanité ne doit pas s'arrêter là, ce n'est qu'une préparation qui appelle une doctrine plus élevée, plus intellectuelle et plus divine. Et telle a été la marche du développement de la science théologique. Avant Jésus-Christ,

(1) S. P. N. Joannis Chrys. *Opera omnia,* homilia 2 *in capite* 1 *Genes.*

elle était en élément et en pratique, elle était à l'état de faits ; le grand maître, le principe de toute lumière, en descendant sur la terre, y apporta le complément et la perfection, en posa la synthèse en lui-même, et chargea son Eglise d'en faire la démonstration au monde et l'application à la perfection de l'humanité. Alors s'opéra, dans la science humaine même, une rénovation complète ; mais, pour la comprendre, il faut prendre les choses d'un peu plus haut.

Sans sortir vainement de l'Asie occidentale et de l'Europe, pour découvrir l'origine et le point de départ des progrès scientifiques de l'esprit humain, c'est en Grèce que le cercle encyclopédique de la philosophie a été tracé d'une manière complète par Aristote, le véritable créateur des sciences d'observation. Le plan d'Aristote fut agrandi par le représentant de l'école d'Alexandrie, Galien, qui ne fut en réalité que le continuateur d'Aristote, dont il développa logiquement la conception. Aristote avait embrassé tout l'ensemble des êtres de la nature ; Galien, entrant dans la même voie, étudia l'homme d'une manière plus approfondie, en le prenant comme point de départ et comme terme de comparaison pour l'étude de tous les autres êtres. C'est ce qui nous explique pourquoi Aristote et Galien ne seront plus séparés dans la science humaine ; ils domineront la Perse, l'Arabie et tout le moyen âge, jusqu'à l'époque appelée de la Renaissance. Alors Aristote sera, sous le point de vue de la méthode, agrandi par Descartes et Bacon, et Galien par André Vésale, le restaurateur de l'anatomie. Galien, en acceptant comme base de son admirable traité *de l'Usage des parties*, le plus bel ouvrage physiologique des temps anciens, la grande et belle vérité des causes finales, et l'existence d'une puissance intelligente, cause souveraine, première, organisatrice et conservatrice des êtres créés, préparait et montrait déjà le passage de la science dans le christianisme, sous l'influence duquel, sans aucun doute, elle arriva à de si hautes conceptions.

Immédiatement avec cet homme de génie, de son temps même et surtout après lui, s'opérait dans le monde intellectuel et moral, et par suite dans le monde civil et politique, une grande et admirable révolution, qui devait avoir pour la science elle-même les résultats les plus heureux. Un immense progrès philosophique était réalisé par cette brillante époque, la plus belle et la plus heureuse pour l'esprit humain, puisque celui-ci remontait à sa source et rentrait dans les voies de ses destinées. La science fut alors ce qu'elle devait être ; c'est-à-dire que, comme dans tous les temps, elle fut dans une position rationnelle et logique pour le progrès réel de l'esprit humain. Il s'agissait en effet de terminer la philosophie, de la rectifier et de la compléter, en y introduisant la science théologique, ou la science des vrais rapports des créatures, et de l'homme en particulier, avec Dieu, et des créatures entre

elles ; féconde synthèse qui ramenait tout à l'unité et que la Divinité seule pouvait opérer, parce que seule elle connaissait son œuvre. Mais l'esprit humain devait, comme en tout le reste, en être l'instrument, sauf au secours divin à le soutenir, à le diriger dans cette voie. Toute son activité devait être absorbée par la démonstration et le parfait développement de ce rayon, le plus nécessaire et le plus fécond de tous. Devant celui-là, les autres parties de la science durent nécessairement éprouver un point d'arrêt ; leur station fut plus ou moins longue, suivant leur degré d'utilité pour le grand travail qui s'opérait ; jusqu'à ce qu'enfin la théologie, revêtant le caractère de science de démonstration, vint remplir la lacune du cercle et en terminer la circonférence. Par là fut désormais ouverte une voie libre et plus sûre à tous les progrès ultérieurs des autres rayons.

Outre la rénovation sociale et philosophique qui se fit alors, le passage de la science dans le christianisme mérite une attention sérieuse. Ce passage s'opéra par la conversion au christianisme des philosophes et des savants les plus remarquables, et par l'introduction des idées chrétiennes dans la philosophie, dont la réaction sur ces mêmes vérités ne laissa pas de produire de fortes émotions. La science en devenant comme le genre humain naturellement chrétienne, revenait à Dieu son principe, et jetait les fondements de sa grandeur future : c'est un fait historique que l'impulsion unanime et générale des Pères et des docteurs chrétiens de cette époque vers l'étude des sciences profanes, qu'ils regardèrent comme une arme puissante pour la défense de la vérité chrétienne. Ils reprenaient comme Moïse l'éducation du genre humain par les choses sensibles pour le conduire à la vérité invisible ; et ce moyen d'ailleurs ne devait plus sortir du domaine de la théologie, il devait seulement en recevoir une nouvelle force.

L'*Hexaemeron* de saint Basile le Grand est une démonstration scientifique de la puissance du créateur, de sa sagesse et de sa providence, fondée sur les sciences physiques, astronomiques et naturelles. Suivant le plan du premier chapitre de la *Genèse*, il avait déjà réuni l'étude de la nature, de l'homme et de Dieu, pour instruire l'âme et la conduire à la glorification de son créateur.

Saint Ambroise, saint Jean Chrysostome dans ses admirables homélies sur la *Genèse*, Némésius, évêque d'Emèse, firent passer dans la science les principes féconds du christianisme qui devançait la science, avant même que celle-ci soupçonnât sa puissance.

Entre les mains du grand Augustin, la philosophie aristotélicienne fut perfectionnée, et la science de l'homme s'agrandit de la démonstration positive de toute la plus noble partie de son être : l'âme, son existence, sa nature, son origine, son immortalité, ses facultés, et cette grande, cette magnifique thèse du libre arbitre, du bien et du mal, etc., si peu comprise, et ne rece-

vant jamais qu'une solution contradictoire et incertaine dans la philosophie antique.

Tous ces faits et une foule d'autres prouvent que les Pères des cinq premiers siècles étaient bien loin de s'effaroucher de l'étude de la nature, comme on l'a prétendu, et comme certains esprits, qui ne peuvent concevoir que la science est fille de la religion, le prétendent encore.

Tout se tient et s'enchaîne dans le monde; les phénomènes intellectuels n'y sont pas plus isolés que les phénomènes physiques ; les faits partiels ont leur cause dans des lois plus générales; et ces lois sont des principes immuables ; les principes dominent le monde, le monde social surtout. Voilà pourquoi les peuples se battent pour les principes, sur lesquels est enracinée leur vie. Les faits, quelque accablants, quelque outrageants qu'ils soient, les trouvent impassibles ; mais la violation des principes entraîne toujours après elle des révolutions. Les principes dominent les sciences ; ils les constituent. Toute science sans principe n'est qu'un amas de faits sans fécondité, comme sans résultat, comme sans progrès. Dans la démonstration des principes gît tout le progrès des sciences.

Le christianisme apportait à la terre les vrais principes du monde physique, du monde intellectuel et du monde social. Longtemps l'esprit humain s'était débattu dans les étroits sentiers du doute ; si des génies plus puissants avaient pressenti les plus hautes vérités, ils n'en avaient pas la certitude ; surtout elles n'étaient point passées dans la vie sociale. Les sciences positives avaient pénétré assez loin dans la recherche et l'analyse des faits ; mais le principe qui constitue la science, en la rendant sociale, manquait. La création tout entière était isolée du Créateur ; la vraie nature de l'homme était inconnue ; les fondements vicieux sur lesquels reposait la sociabilité, le plus sublime caractère de l'homme, ne lui permettaient pas d'atteindre à la perfection de son être. L'homme s'ignorant lui-même ne pouvait se prendre pour terme de comparaison dans l'étude approfondie des autres êtres. Chancelant sur leur base, les principes qui régissent le monde avaient perdu leur puissance, et tout progrès social ou scientifique était désormais impossible.

Le christianisme pouvait seul replacer la société dans l'équilibre, en établissant les principes du monde social sur les fondements inébranlables de l'autorité divine qu'il s'agissait de démontrer aux nations, pour les ramener par la foi dans la voie de la vie.

Avec ce travail au-dessus des forces humaines, il fallait porter la lumière dans le chaos des sciences. Le monde antique, en accumulant des faits, n'avait aperçu que quelques lois secondaires, à l'aide desquelles il avait tenté de renouer quelques-uns de ces faits, sans pouvoir arriver à l'unité. L'unité seule pourtant rend la science susceptible d'entrer dans les destinées sociales et de servir l'humanité dans toute l'étendue de sa nature,

dans son mieux être physique, intellectuel et moral. Aussi la science jusqu'ici n'a-t-elle d'autre but que l'utilité physique de l'homme : Pline nous le prouve chez les Romains ; chez les Grecs, Aristote l'avait élevée jusqu'à l'utilité intellectuelle, et Galien encore plus, mais sous l'influence chrétienne. L'utilité morale n'avait pu être atteinte malgré l'*éthique* qui s'arrêtait dans les actes, sans en rechercher la loi principe, et sans pouvoir en saisir le véritable but. La science était donc arrêtée, il lui manquait quelque chose, il lui manquait la puissance du principe. Elle lui vint du christianisme. Mais tout était à refaire : il fallut revoir tous les faits, soulever toutes les questions, et les rattacher une à une au principe, en leur donnant une vie qu'elles n'avaient point. Ce fut là l'œuvre des cinq premiers siècles de l'Église. Car la divine sagesse, qui place toujours le remède à côté du mal, suscita la plus belle succession de génies qui fut jamais ; Dieu les arma pour le combat, et leur donna des forces en proportion des grands desseins qu'il songeait à accomplir sur l'humanité. Par le triomphe de la vérité sur l'erreur et le doute dans le monde intellectuel et social, la science devenue chrétienne fut réellement constituée dans l'unité. Elle avait des principes à l'aide desquels elle ne pouvait plus s'égarer dans la recherche et l'analyse des faits qu'il lui restait à recueillir. Si le paradoxal Gœthe, si la sombre et rêveuse Allemagne ont rendu ce service à la science, de prouver que tout progrès scientifique a sa source dans l'idée, qu'il faut ensuite faire passer dans les faits pour les synthétiser ; si l'école mathématique française a pleinement confirmé la même vérité, nous les en remercions pour notre compte ; ils ont prouvé notre thèse. En effet, pour que le progrès soit complétement réalisable, il faut nécessairement que l'*a priori* soit complet, que l'idée soit vraie dans toute son étendue ; or, l'*a priori* du christianisme, le principe chrétien, étant les seuls vrais, les seuls complets, puisqu'ils embrassent le monde, l'homme et Dieu, il s'en suit qu'eux seuls pouvaient établir la science humaine sur ses véritables bases. Ce pas immense, œuvre de l'époque dont nous parlons, n'est-il pas assez remarquable pour venger le christianisme du reproche inconcevable qu'on lui a fait, d'avoir absorbé tout ce qu'il y avait, à sa naissance, de génie dans l'esprit humain(1). On ne pouvait pas mieux prouver sa fécondité et sa puissance que par ce reproche, qui laisse pourtant à son auteur la responsabilité de n'avoir pas compris la loi générale du progrès de l'esprit humain.

Il faut bien, d'ailleurs, admettre le passage de la science dans le christianisme, puisque nous allons la voir en sortir pour se transporter en Perse et en Arabie ; car, bien que ce transport se fît par les nestoriens, le résultat n'en appartenait pas moins au christianisme.

(1) LIBRI, *Hist. des Sciences mathém. en Italie,* introduction.

Nous ne suivrons pas la série des combats que le christianisme eut à soutenir contre les hérésies, sorties toutes du sein de la philosophie. Elles furent produites par une fausse application de la méthode à l'explication du dogme chrétien; et le protestantisme, qui les a toutes résumées, n'a pas été autre chose. Le christianisme n'a rien reçu de la méthode analysant son dogme. En effet, Dieu parle; il se prouve; il faut croire, il n'y a pas d'autre démonstration. L'explication et la démonstration auront pourtant lieu; mais la méthode alors aura besoin d'un nouvel élément, d'une autorité qui la guide. Retranchez cet élément qui est de même origine que le dogme, l'application de la méthode conduit nécessairement à la destruction du dogme chrétien et à une conception monstrueuse, amalgame d'idées philosophiques humaines incomplètes comme leur source, et des débris méconnaissables de la conception divine. Et voilà ce qui mérite véritablement le nom de prétendu christianisme *humanitaire.* Mais la divergence essentielle à la méthode, dénuée du secours divin, conduit nécessairement à autant d'amalgames que de sectes diverses; dans le christianisme, ce sont les hérésies, qui, à notre point de vue, ne diffèrent absolument en rien des systèmes panthéistiques antérieurs, et sont tout aussi impuissantes à compléter le cercle philosophique. Que reste-t-il donc ? Le christianisme divin, le christianisme de l'autorité. Voilà, si l'on peut ainsi dire sans abuser des termes, deux christianismes, celui de l'hérésie et celui de l'autorité, opposés l'un à l'autre, et dont l'existence, comme l'incompatibilité, est un fait toujours actuel. Si l'un est humain, l'autre ne peut l'être; c'est cette vérité que la philosophie et l'histoire modernes ont méconnue : le *christianisme humanitaire,* le travail destructeur de l'hérésie et de la philosophie prouvant le christianisme divin.

Les premières hérésies datent toutes leur acte de naissance d'Alexandrie, et elles devaient sortir de là. Toutes les sciences s'y étaient réfugiées; le dogme, la morale et la méthode y avaient leurs représentants depuis longtemps. Les abus de même méthode y étaient poussés jusqu'à l'excès déplorable de susciter des maîtres qui ne s'occupaient qu'à l'enseignement d'une dialectique assez subtile pour faire triompher même l'erreur. Les premiers hérétiques introduisirent ces abus dans la discussion des dogmes chrétiens. Les nestoriens surtout, par leur fanatique opiniâtreté, mirent en combustion tout l'empire, qui ne put espérer de recouvrer la paix intérieure qu'en les expulsant de son sein. Emportant avec eux la science qu'ils avaient puisée dans le christianisme, ils se réfugièrent en Perse, où l'antagonisme des rois persans contre l'empire romain leur octroya une large protection. Ils y établirent des écoles sur le modèle de celles d'Alexandrie et surtout d'Édesse, où les Perses venaient étudier dans une école chrétienne spéciale pour leur nation, et de laquelle sortirent, dans les premiers siècles, la plupart des prêtres et des évêques persans.

L'empereur Justinien, en refusant de payer les professeurs publics à Athènes et autres lieux, éteignit le zèle de la science; les savants et les philosophes portèrent leurs talents et leurs richesses intellectuelles dans les nouvelles écoles fondées en Perse par les nestoriens, sous la protection de Chosroès. Tout concourut de la sorte à établir en Perse un nouveau centre, où, après que Mahomet aura châtié l'Orient, les Abbazides viendront s'initier à la philosophie et aux sciences humaines, et ruiner en silence la puissance des Ommiades. En rentrant en Arabie, ils amenèrent avec eux des hommes de science de toutes les religions, mais surtout des nestoriens. De toutes les écoles qu'ils fondèrent, la plus célèbre fut celle de Bagdad; elle devint une source où l'on venait puiser. Ils en établirent d'autres à Alexandrie, au Caire, etc.

Refoulés vers l'occident de l'Afrique, les farouches enfants d'Ommiah, conquérants sauvages ou ineptes sur le trône de Damas, parurent renoncer à leurs mœurs barbares, en s'établissant en Espagne. Ce changement fit naître toutes les académies célèbres de l'Espagne, qui ramenèrent les sciences en Europe. L'invasion des Arabes et le commerce dont ils étaient les maîtres jetèrent les premiers germes des écoles de Salerne et de Montpellier.

Ainsi, la science, devenue chrétienne, après s'être réfugiée en Perse pendant que les barbares allaient fondre sur l'empire romain, revient par d'autres invasions, en suivant le périple de la Méditerranée, chercher un autre foyer de vie au sein des nations chrétiennes qui seules pouvaient lui assurer l'avenir. La Grèce et l'Orient avaient perdu leur gloire en abandonnant l'Église. Dans le silence des ruines, les principes de la science n'avaient plus d'action. Les hérétiques nestoriens et les philosophes, en fuyant l'empire, avaient emporté la science en Perse, mais ils en avaient laissé les grands principes au cœur de l'Église, dont ils avaient secoué le joug; la science alors, comme un arbre transplanté qui ne peut vivre qu'en serre, végéta, porta même quelques fleurs, mais il n'y eut point de fruits; l'arbre ne grandit point, toute sa puissance vitale fut employé à l'empêcher de périr. Les Arabes, providentiellement chargés de reporter cet arbre dans son sol natal, en recueillirent d'assez grands avantages; mais ils n'avaient pas le secret de sa culture, ni surtout celui de sa fécondité. Le christianisme est le pays indigène de la science et son seul climat naturel; l'Europe, en devenant chrétienne, appelait donc nécessairement les sciences. C'est la même cause qui amène la branche des sciences venues de la Grèce par Rome, au sein de l'Église, où s'opère la fusion des deux directions arabe et latine.

Par le transport du siège de l'empire à Constantinople et, à la mort de Constantin, par le partage de l'empire en trois parties,

dont Paris devint l'une des têtes, il s'établit une lutte entre le paganisme, réchauffé dans les derniers moments de son agonie par Julien l'Apostat, et le christianisme, représenté par les Pères et les docteurs chrétiens. Le triomphe n'était pas douteux. Mais la victoire amena un nouvel ordre de choses; la capitale du peuple chrétien par excellence va, par suite, devenir un centre qui s'accroîtra peu à peu, et qui, plus tard, sous la domination des rois franks, et surtout de la monarchie française, sera un des plus énergiques foyers d'activité intellectuelle qui fut jamais. C'est là que se formeront Albert le Grand, saint Thomas, et tant d'autres qui les ont précédés ou suivis. Les croisades apporteront de nouveaux éléments et contribueront à introduire dans les universités la science des Grecs.

Par ces révolutions étonnantes, Aristote devint la base de l'enseignement dans les universités du moyen âge. Ses œuvres, ainsi que celles de Galien, traduites d'abord en hébreu et en syriaque, passèrent en Perse, d'où elles furent traduites en arabe. De l'arabe, elles furent en partie traduites en espagnol, et de l'espagnol en latin. Mais saint Thomas d'Aquin, aidé du Pape Eugène IV, fit traduire Aristote directement du grec. Saint Augustin et Boèce, dès les premiers siècles, avaient donné quelques versions d'Aristote en latin.

Ainsi, saint Augustin et Boèce, pour la logique ; les Arabes, pour les sciences naturelles surtout ; les Grecs de Constantinople, ou bien encore les Occidentaux habiles dans la langue grecque et recevant des manuscrits, par l'influence des croisades, pour la métaphysique, la morale et la politique ; tels sont les moyens qui ont apporté Aristote en Occident et surtout en France.

D'autre part, les Pères, l'Ecriture sainte et la théologie n'avaient cessé d'être étudiés dans l'Eglise, et plusieurs efforts avaient été tentés pour systématiser la théologie et la réduire en un corps de doctrine.

Saint Jean Damascène, chez les Grecs, au VIIIe siècle, renferma, dans ses *Quatre livres de la foi orthodoxe*, toute la théologie à laquelle il essaya d'appliquer la méthode. Chez les Latins, Isidore de Séville essaya, au VIIe siècle, la première encyclopédie catholique ; son travail est resté là plutôt comme témoignage que comme résultat progressif. Hugues de Saint-Victor est le premier qui ait joint d'une manière positive l'étude des sciences naturelles à la théologie.

Enfin vient Pierre le Lombard, né au XIIe siècle, près de Novarre, en Lombardie, de parents pauvres et obscurs. Il fit ses premières études à Bologne ; de là il passa en France, étudia à l'école de Reims, puis à l'université de Paris, dont il fut, croit-on, le premier docteur. Il y fut pourvu d'une chaire de théologie, qu'il remplit plusieurs années avec beaucoup de succès. Enfin, il succéda en 1159 à Thibaut, évêque de Paris, et mourut le 20 juillet 1160. Il tenta de réduire l'ensemble de la théologie dans un corps de doc-

trine ; travail plus important et plus nécessaire au progrès qu'on ne pense. C'était en effet le résumé de toute la doctrine chrétienne, exposée par les Pères, sur lesquels il s'appuyait et dont il faisait la concordance. C'était aussi l'un des premiers essais de démonstration scientifique de la théologie tout entière, et par conséquent une préparation immédiate aux travaux d'Albert le Grand et de saint Thomas. On regarde cet ouvrage comme la source de la théologie scolastique, et avec raison, puisqu'il a réuni tous les lieux théologiques, sur chaque question, les textes de l'Ecriture sainte, l'interprétation de ces textes par les saints Pères, et souvent un commentaire propre. Le livre des *Sentences*, qui renferme la théologie, est divisé en quatre parties : dans la première, il traite du mystère de la sainte Trinité, de Dieu, de sa nature et de ses perfections ; dans la seconde, de la création et de la formation des êtres corporels et spirituels, des anges, de leur nature, de leur chute ; de l'homme, de sa nature, des raisons pour lesquelles il a été créé, de sa fin, etc., en un mot, de tout ce qui tient à l'homme ; la troisième partie traite de l'incarnation du Verbe, et de toutes les questions qui s'y rattachent ou en découlent ; la quatrième, enfin, traite des sacrements. On reproche à cet auteur d'avoir souvent abordé des questions inutiles, pour en omettre d'essentielles, d'avoir appuyé ses raisonnements sur des sens figurés et certaines opinions qui ne sont pas communément admises par les théologiens. On cite même une proposition condamnée par le Pape Alexandre III ; elle est ainsi conçue : *Christus, secundum quod est homo non est aliquid* ; il voulait dire sans doute qu'il n'était pas, comme homme, une personne (1). Cela n'empêche pas que son œuvre ne soit du plus haut intérêt, et ne mérite l'attention sérieuse, et des théologiens, et des historiens de la science ; on ne l'a trop méprisé que parce qu'on ne l'a pas assez connu.

Quelques années après, Alexandre de Halès commenta le Maître des Sentences, et donna dans sa *Somme*, un corps de doctrine beaucoup plus complet.

Saint Bonaventure, contemporain d'Albert le Grand et de saint Thomas, reprit la théologie d'une manière plus complète encore ; il fit entrer dans ses démonstrations quelques-unes des preuves théologiques que pouvaient lui fournir alors les sciences naturelles.

Vint donc Albert le Grand, l'Aristote chrétien. Il envisagea la théologie d'une manière plus élevée qu'on ne l'avait fait avant lui et peut-être même après. Loin d'en faire une science isolée, il la regarda comme le centre vers lequel doivent converger toutes les autres sciences ; Dieu en effet ne s'est pas seulement fait connaître à l'homme par sa parole, mais encore par ses œuvres, et ces œuvres mêmes sont l'objet des sciences d'observa-

(1) M. Migne a eu soin de joindre à son édition la série des articles ou propositions de Pierre Lombard, qui sont rejetées par les théologiens.

tion. En donnant donc pour appui à la science de Dieu, ou à la théologie, l'étude de la nature, il entra dans une excellente direction dont l'effet eût été la réunion de tous les efforts de l'esprit humain vers un même but. Les théologiens n'auraient jamais dû sortir de cette voie; la démonstration de leur science en eût été et plus large et plus acceptable à tous les esprits qu'elle aurait dirigés dans leurs investigations, et les autres sciences y auraient gagné.

C'est par là qu'Albert a complété le cercle des connaissances humaines; il a repris Aristote tout entier, il l'a refait, complété et expliqué; il a surtout créé, pour ainsi dire de nouveau, sa méthode, afin de l'appliquer au grand but qu'il se proposait; ce qui le conduisit des travaux d'Aristote à ses propres commentaires sur les Prophètes, les évangélistes et l'*Apocalypse*; il commenta ensuite saint Denys l'Aréopagite, et le Maître des Sentences, et finit par composer sa *Somme théologique*. Génie le plus puissant du moyen âge, il fit ce qui n'a peut-être été jamais fait; il embrassa dans une vaste encyclopédie, sur un plan logique et rationnel, toutes les connaissances divines et humaines, et en établit la synthèse. En lui se réunissent le monde ancien et le monde nouveau, la science grecque et perse, la science arabe et latine, les travaux des philosophes et les travaux des Pères de l'Eglise, la foi et la science, l'autorité divine, et la raison humaine, pour soumettre toutes les sciences à la théologie, et faire de celle-ci une science susceptible de démonstration, non-seulement positive, et fondée sur les faits divins de la révélation, comme elle l'était avant lui, mais encore *a posteriori*, et par les sciences humaines, surtout les sciences de la nature. Il fut le maître de saint Thomas d'Aquin, l'Ange de l'école, qui marcha sur ses traces.

Thomas naquit en 1227, à Aquin, petite ville de Campanie, au royaume de Naples, de la famille illustre des comtes d'Aquin, alliée aux rois de Sicile, d'Aragon, de France, et à plusieurs autres souverains d'Europe. Landulphe, son père, l'avait envoyé, dès l'âge de cinq ans, au mont Cassin, et de là à Naples, où il étudia la grammaire et la philosophie avec un succès qui étonna ses maîtres. C'est à Naples qu'il connut les disciples de saint Dominique, et qu'il résolut d'entrer dans leur ordre, qui devait lui fournir les moyens les plus propres à servir son génie.

La création des ordres de Saint-Dominique et de Saint-François d'Assise signale une belle et grande époque de civilisation intellectuelle. Nés pour la défense et l'extension de la religion catholique, ce fut avec les armes de la science qu'ils accomplirent leur mission. Bientôt le monde entier fut livré à leur zèle; l'Orient, la Chine, l'Inde, la Tartarie furent arrosés des sueurs de leur foi. Ils commencèrent ce grand mouvement des missions qui ramènera bientôt tout l'univers à l'unité. La Grèce et l'Asie occidentale reçurent d'eux leurs évêques et donnè-

rent en échange à l'ordre les livres que lui seul pouvait désormais comprendre.

Les luttes mêmes que ces ordres eurent à soutenir contre la jalousie des corps enseignants contribuèrent à enraciner chez eux le zèle et l'amour de la science, qui pouvait seule leur permettre un combat victorieux. De ces rudes chocs, qui occupèrent une partie des xiie et xiiie siècles, jaillirent de vives étincelles qui ne furent pas perdues pour le progrès. C'est dans ces circonstances qu'apparurent Albert le Grand et Thomas d'Aquin, dont les efforts tendirent au même but, et doivent être considérés comme appartenant au même génie.

Les ouvrages de saint Thomas se divisent en quatre classes : les ouvrages de philosophie, ceux de théologie, les commentaires sur l'Ecriture sainte, et les opuscules, qui contiennent des matières très-variées. Suivant l'exemple de son maître, il entreprit de commenter la philosophie d'Aristote dans toutes ses parties, mais en suivant une autre marche; il n'acheva pas son projet, et peut-être que s'il l'eût achevé il eût évité à ses successeurs la direction exagérée qui les porta à séparer la philosophie de la théologie, erreur qui s'est propagée jusqu'à nous, et qu'on a pu conclure jusqu'à un certain point de la *Somme* de saint Thomas.

Parmi les écrits d'Aristote, il a commenté les livres de l'*interprétation*, les *analytiques*; les livres de *physique*; les trois premiers *du ciel et du monde*; le premier *de la régénération et de la corruption*; les deux premiers *des météores*; les deux premiers *de la vie*; celui *du sens et de la chose sensible*; *de la mémoire et de la réminiscence*; *du sommeil et de la veille*; les douze de *métaphysique*; les dix *des éthiques*; les onze premiers *de la politique*. — Lorsque saint Thomas enseignait à Rome, sous le Pape Urbain IV, il exposa les sciences naturelles, métaphysiques et morales, d'après Aristote. Tel est du moins le témoignage de Tholomé de Lucques. Dans sa *Somme*, il cite assez souvent les traités des animaux d'Aristote. — Ce qui distingue surtout ses commentaires, c'est la critique dont ils offrent un grand nombre d'exemples. Il ne se contenta pas d'expliquer bien ou mal les versions latines reçues de son temps; il comprit qu'avant d'interpréter les maximes d'Aristote, il fallait d'abord s'assurer du véritable sens de ses paroles; de là les discussions auxquelles il se livra touchant le sens positif de la lettre et du texte, les rapprochements qu'il fit des versions, ou plutôt les variantes qu'il donna dans divers passages, variantes fournies par la comparaison du texte grec et de la version latine.

Ses œuvres théologiques sont d'abord les commentaires sur les quatre livres du Maître des Sentences, renfermant un cours méthodique de théologie; secondement, sa *Somme théologique*, ouvrage admirable, qui a depuis servi de thème à l'enseignement de la théologie; la mort ne lui permit pourtant pas d'y mettre la dernière main. Sa *Somme contre les gentils*, qui a le même but que la *Cité de*

*Dieu* de saint Augustin, fut composée à la prière de saint Raymond de Pennafort, pour fournir aux prédicateurs d'Espagne les moyens de travailler avec fruit à la conversion des Juifs et des Sarrazins.

Saint Thomas a commenté la plus grande partie des saintes Ecritures; son *Explication des Epîtres de saint Paul* est surtout remarquable. Ce fut lui qui, par l'ordre du Pape Urbain IV, composa l'office du Saint-Sacrement, que l'Eglise chante encore aujourd'hui. Il a su y joindre la plus stricte théologie à la piété la plus suave. Le choix des expressions les plus exquises les fait pénétrer naturellement et sans effort jusqu'au fond de l'âme, qui, doucement émue et ravie à la terre, commande aux larmes de couler. On le dirait inspiré, et il le fut sans doute, car jamais personne n'a célébré plus dignement le plus saint de tous nos mystères.

Nous ne parlerons point de cette foule d'opuscules du saint docteur, qui brillent par la piété la plus solide et la plus pure. Mais nous devons finir par un aperçu sur sa *Somme théologique.*

Son but, dans cet admirable ouvrage, est de donner aux petits enfants en Jésus-Christ, à ceux qui commencent, non une nourriture solide, mais du lait à boire. Considérant que les jeunes théologiens sont arrêtés dans les écrits qu'on leur donne, par une foule de questions inutiles et par le défaut de méthode, il a voulu obvier à ces deux graves inconvénients, et il espère en venir à bout avec le secours divin. Son exposition est claire, nette et précise autant que méthodique. Il pose d'abord la question en titre, rapporte les objections, les résout ensuite, puis termine par l'exposition courte et substantielle de la doctrine. On s'était servi d'Aristote pour combattre le dogme chrétien, il s'en sert à son tour de la manière la plus avantageuse pour le défendre ; il va au fond des choses, et, par les distinctions les plus heureuses, il trouve toujours dans *le philosophe*, comme il l'appelle, un appui à ses raisonnements. Mais il ne s'arrête pas là, l'Ecriture sainte est pour lui la vraie source et le seul fondement de toutes ses preuves. Du reste, on comprendra la valeur de la philosophie pour la théologie, et la valeur de la théologie en elle-même, en lisant sa première question de la doctrine sacrée, ce qu'elle est et à quoi elle s'étend : il y met chaque chose à sa place.

Il montre qu'outre les règles de la philosophie humaine, une autre science est nécessaire; parce que la vérité sur Dieu, découverte par la raison, n'arriverait qu'à un petit nombre d'hommes, et après un long temps et avec un mélange d'un grand nombre d'erreurs. La doctrine sacrée est donc nécessaire, et il prouve qu'elle est une science une dans son principe, qui est Dieu et les créatures dans leurs rapports avec Dieu, et dans sa fin, qui est la glorification de Dieu et par elle le bonheur de ses créatures. Elle est la plus digne par son objet et son sujet ; les autres sciences en sont les servantes :

*Aliæ scientiæ dicuntur ancillæ hujus. Misit ancillas suas ut vocarent ad arcem* (Prov. IX, 3). Elle est la plus digne par sa certitude, fondée sur la lumière de la science divine, qui ne peut se tromper. Si elle emprunte aux règles de la philosophie, ce n'est pas qu'elle en ait besoin, mais c'est pour arriver à une plus grande manifestation des choses qu'elle enseigne. Car elle ne reçoit point ses principes des autres sciences, mais immédiatement de Dieu par la révélation. C'est pourquoi elle n'accepte pas les autres sciences comme ses supérieures, mais elle se sert d'elles comme de ses inférieures et de ses servantes. Les principes des autres sciences, ou sont évidents par eux-mêmes et ne peuvent être prouvés, ou bien se prouvent par quelque raison naturelle prise de quelque autre science. Le caractère propre de la science sacrée est de connaître ce qui est par la révélation, et non ce qui est par la raison naturelle. C'est pourquoi il ne lui appartient point de prouver les principes des autres sciences, mais seulement de les juger. Car tout ce qui se trouve dans les autres sciences d'opposé à la vérité de celle-ci, est complètement condamné comme faux.

La science sacrée étant ainsi envisagée dans sa nature et ses rapports avec les autres sciences, le saint docteur en commence l'exposition par Dieu, son existence et sa nature. Il poursuit par l'étude des perfections de Dieu; mais, avant de parler de la bonté de Dieu, il traite du bien en général ; et de même, à l'occasion de la science de Dieu, il parle des idées de la vérité et de la fausseté en général. Des perfections divines il est naturellement conduit au mystère de la très-sainte Trinité, aux personnes divines, aux relations et aux missions divines.

Avant de passer à la création, il traite de Dieu comme cause première de tous les êtres, ensuite de la création en général ; puis des anges, de leur nature, de leur état primitif, des bons et des mauvais anges. La création de la matière et l'œuvre des six jours le conduisent à l'étude de l'homme dans sa nature physique, dans sa nature intellectuelle et dans l'union des deux. Et là se révèle toute une belle psychologie. De l'état primitif de l'homme et de ses destinées, il vient à son état actuel, et l'envisage dans sa double nature et dans sa propagation, en touchant avec toute la science possible alors, aux hautes questions physiologiques qui s'y rattachent. Telle est en peu de mots la première partie de la *Somme.*

La seconde partie commence par la fin dernière en général ; puis il s'occupe de la fin de l'homme, des moyens de l'atteindre ou des actes humains qu'il envisage en eux-mêmes, dans leurs causes (la volonté), dans leurs obstacles (les passions diverses) ; enfin il traite des actes bons ou des vertus, des actes mauvais ou des péchés. Les actes sont régis par la loi, dont il traite d'abord dans sa généralité, puis dans ses différences : la loi naturelle, la loi humaine, la loi divine; puis il vient à la grâce ou secours qui aide

à accomplir la loi. Jésus-Christ est la source de la grâce ; Jésus-Christ, connu dans son incarnation, dans sa vie, dans la rédemption, conduit à en étudier les fruits, les sacrements en général, puis chaque sacrement en particulier. La vie de l'homme sur la terre est embrassée tout entière, il ne reste plus qu'à l'étudier au delà du temps, dans l'éternité. Le saint docteur traite donc de l'état de l'âme après la mort, du purgatoire, de la résurrection, de l'état des corps ressuscités, du malheur et du bonheur éternels.

Voilà donc l'homme connu dans toute l'étendue de son être, dans son origine, sa nature et sa fin ; dans son passé, son présent et son futur ; dans ses rapports avec son créateur et tous les êtres créés : le point le plus élevé de la science est donc atteint. La démonstration scientifique de la théologie est terminée : nous l'avons vue préparée par les Pères de l'Eglise, par les progrès des sciences humaines, se formuler entre les mains de Pierre Lombard ; entrer dans le cercle des connaissances humaines pour les féconder et les diriger par Albert le Grand ; et la voici enfin définitivement posée par son disciple, avec une tendance qui, demeurant dans les bornes où le génie de saint Thomas l'avait tracée, n'aurait en rien nui au progrès social des sciences, mais l'eût au contraire soutenu, puisqu'il ne peut se réaliser sans elle.

Malheureusement, cette tendance exagérée de plus en plus par une école moins forte et moins éclairée, fut brisée trop brusquement par la réforme, qui la força à un plus grand éloignement de la science ; ce qui a fini par poser la science et la théologie dans deux camps ennemis, et a par là causé le plus grand préjudice aux progrès de la première et à l'influence nécessaire de la seconde. Aujourd'hui, la force des choses semble appeler une nouvelle union, les sciences seront de nouveau les servantes de la doctrine sacrée ; elles seront envoyées pour appeler tous les hommes à la citadelle de la vie, si les théologiens savent répondre à la mission dont le ciel semble les investir de nouveau. Qu'à l'exemple des Albert le Grand et des Thomas d'Aquin, ils appellent sous leur alliance les sciences naturelles surtout, qui sont les vraies sciences du théologien ; qu'ils en comprennent bien l'importance relative. La géologie n'embrasse pas toutes ces sciences, elle n'en est que la partie la plus minime ; elle ne conduit à rien par elle-même ; elle a besoin des lumières de la science de l'organisation, la plus élevée et la plus théologique de toutes les sciences humaines.

SCIENCES PHYSIQUES. — Il est dans l'enseignement une partie importante, qui touche fréquemment, et sans danger, aux réalités du monde, je veux parler des *sciences physiques*. Elles ne sont, elles-mêmes, qu'une branche des *sciences d'observation*.

Les sciences d'observation sont d'une utilité incontestable dans beaucoup de professions où leurs principes trouvent une application immédiate ; mais elles ont aussi une part nécessaire dans l'éducation intellectuelle, elles aident puissamment à former le *jugement* et développer le *sens pratique*. Ces qualités sont précieuses à une époque où l'avenir du pays est si intimement lié à la prospérité du commerce, de l'agriculture, de l'industrie.

Les générations passées se sont illustrées par la gloire des armes, par le culte de la littérature et des beaux-arts ; la génération présente doit ajouter une gloire nouvelle à ce riche patrimoine en agrandissant le domaine des inventions utiles, source certaine de richesse et de bien-être. Le génie de l'homme s'est mis en lutte avec la nature, et chaque jour ses efforts incessants lui assurent de nouvelles conquêtes. Nous voyons s'étendre au loin ces voies de fer pour lesquelles il n'y a ni vallées ni montagnes. Grâce aux télégraphes électriques la pensée pourra se transmettre avec la rapidité de l'éclair d'une extrémité à l'autre de la France, de l'Europe, peut-être même de l'ancien au nouveau monde. Toutes les ressources de la science, toutes les forces de la nature sont utilisées au profit de l'industrie humaine. Telle est la société au sein de laquelle nous vivons. Nos élèves d'aujourd'hui y entreront demain, n'est-il pas nécessaire qu'ils en prennent de bonne heure les tendances et les idées ?

Les études scientifiques seront pour eux un puissant auxiliaire. Depuis un demi-siècle l'industrie marche à pas de géant : elle le doit aux progrès incessants et rapides des sciences physiques. Leur popularité s'accroît de jour en jour, et en même temps, les préjugés se dissipent, les idées justes se répandent, les inventions se multiplient. A la Sorbonne, au Muséum, au Conservatoire des Arts et Métiers, la foule envahit les amphithéâtres. Là des professeurs habiles, sans abaisser le niveau de la science, savent la rendre accessible à toutes les intelligences. Des collections classées avec méthode offrent à l'étude d'élégants modèles de machines, des représentations réduites, mais fidèles, des usines les plus importantes. Au Louvre les artistes s'inspirent par la contemplation des chefs-d'œuvre des grands maîtres ; au Conservatoire des Arts et Métiers, les hommes d'application étudient les chefs-d'œuvre de la mécanique appliquée, et y puisent aussi de grandes inspirations. Bientôt, sous l'action d'un puissant moteur, ces machines sortiront de leur immobilité, et montreront, dans une sorte de miniature animée, le tableau mouvant de l'industrie.

Est-ce donc seulement pour charmer les loisirs des gens oisifs, ou occuper utilement les moments de repos des ouvriers, que tant de ressources ont été prodiguées, que tant de moyens puissants ont été mis en jeu ? Non, c'est pour répandre les idées utiles, populariser les grandes découvertes ; c'est pour mettre l'enseignement public en harmonie avec les besoins du siècle. Aussi l'instruction secondaire se transforme-t-elle au contact des idées nouvelles. Et, ne le re-

grettons pas: nos études seront plus variées, sans être moins solides; la jeunesse aura autant d'élévation dans l'esprit; elle aura plus de sûreté dans le jugement. Les sciences physiques, cette logique des réalités, comme l'a dit un professeur éminent, la mettra aux prises avec les résultats toujours palpables, toujours certains de l'expérience et de l'observation. A l'imagination qui enfante tant de merveilles, mais aussi tant de chimères, elle s'habituera à joindre le sens pratique, qui fait distinguer les réalités applicables des rêveries folles, des dangereuses utopies. Les sciences naturelles lui révéleront les secrets les plus curieux de la nature et lui feront admirer les merveilles de la création.

Ne craignons donc pas que les sciences d'observation apparaissent trop tôt dans l'enseignement. Si les mathématiques exigent des esprits fortement trempés, si la rigueur absolue de leurs raisonnements, la série souvent trop prolongée de leurs déductions, fatiguent et rebutent parfois les jeunes intelligences, les sciences physiques et naturelles ne peuvent encourir le même reproche : leurs notions élémentaires sont à la portée de tout le monde; chez elles, la forme dogmatique peut s'effacer complètement sous l'intérêt des détails. L'élève les accueille avec cette curiosité si naturelle au jeune âge; il y puise l'explication simple et lumineuse des accidents les plus vulgaires, comme des grands phénomènes de la nature. Il cherche de lui-même à appliquer ces notions à tout ce que l'observation journalière lui offre de plus intéressant ; il rapproche des faits, combine des idées, construit des raisonnements presque sans s'en apercevoir ; il s'habitue à une sûreté de vues, à une justesse de conceptions qui lui serviront plus tard dans la pratique de la vie. Heureux les jeunes gens qui sont portés de bonne heure à voir un sujet de méditations et de recherches dans tout ce qui s'accomplit autour d'eux! la nature leur offrira un champ fertile et inépuisable. N'est-ce pas d'ailleurs dans des faits simples et même indifférents en apparence, que les esprits observateurs trouvent la source des plus importantes découvertes ? Galilée aperçoit les oscillations d'une lampe suspendue à l'une des voûtes de la cathédrale de Pise : il imagine le pendule. Cet instrument servira plus tard à régulariser les horloges, à étudier la forme du globe terrestre. Il fournira même à un jeune savant de nos jours une vérification ingénieuse et inespérée de la rotation de la terre. Vous l'avez tous vu osciller majestueusement sous les voûtes du Panthéon, ce pendule démonstrateur. C'est ainsi que notre époque honore les grandes découvertes.

La vue d'un fragment de papier emporté par l'air chaud dans le conduit d'une cheminée inspire la première idée de la navigation aérienne. Montgolfier échauffe de l'air contenu dans une enveloppe imperméable, et le premier aérostat s'élève dans les airs aux applaudissements d'une foule émerveillée.

A la vue d'une pomme qui tombe, Newton

entrevoit la gravitation universelle. Idée sublime et féconde! elle a fondé l'astronomie moderne. Aujourd'hui cette science est belle et puissante entre toutes, elle sait remonter sûrement dans le passé, et lire hardiment dans l'avenir ; elle peut même s'enrichir de découvertes aussi imprévues qu'admirables, lorsque le calcul, devançant l'observation, signale aux astronomes l'existence d'un astre nouveau.

L'étude des sciences d'observation n'est pas seulement utile, elle est aussi pleine d'intérêt; elle attache, et par la grandeur du sujet et par l'inépuisable variété des détails. Tantôt avec le géologue nous gravissons, le marteau à la main, les montagnes les plus escarpées ; nous voyons, sur leurs flancs dénudés par le temps ou la main de l'homme, la trace des mouvements énormes qui ont à plusieurs reprises disloqué la surface de la terre. Tantôt nous pénétrons avec lui dans les profondeurs du sol; nous suivons ces riches filons qui fournissent l'argent, le plomb, le cuivre. Nous assistons à l'extraction du fer et de la houille, ces deux puissances de l'industrie moderne. Puis nous revenons au bord de la mer étudier, le long des falaises, les effets destructeurs des eaux, ou suivre sur les plages le mouvement incessant des dunes. Une autre excursion nous transporte au pied du Vésuve : les cendres et la lave s'échappent de son cratère enflammé, nous croyons assister au dernier jour de Pompéi et d'Herculanum.

Le botaniste déroule à nos yeux l'admirable tableau des richesses végétales, depuis le cèdre gigantesque, jusqu'aux plus humbles mousses, où le savant, armé du microscope, va chercher les mystères d'un monde d'infiniment petits. Avec lui, nous apprenons à connaître le développement des plantes les plus utiles, nous voyons comment la prévoyance de la nature fait sortir d'un grain de blé tant d'autres grains pareils. Il nous enseigne comment la greffe améliore les espèces végétales, et fait naître d'un tronc sauvage des rameaux pleins d'une sève nouvelle et des fruits savoureux. Grâce à lui, nous trouvons aussi un sujet de méditations profondes, de richesses utiles, dans ces fleurs, ornement de nos jardins, car elles n'ont pas seulement l'avantage de charmer les yeux par la variété de leurs formes et l'éclat de leurs couleurs, mais c'est au sein de leur calice que s'accomplissent les plus curieux mystères de la vie végétale.

La zoologie nous montre comment, chez tous les animaux, la structure anatomique, les moyens de défense, sont appropriés aux circonstances de leur vie; elle révèle à notre admiration les effets de ce merveilleux instinct, qui remplace pour eux l'intelligence indéfiniment perfectible dont l'homme seul a le privilège. Souvent aussi, remontant dans le passé, elle peut reconstruire, d'après quelques débris, des milliers d'animaux enfouis dans les profondeurs du sol ; et si elle appelle à son aide la géologie et la botanique des espèces fossiles, elle pourra reproduire

le tableau de l'état du globe aux diverses périodes de la création.

Au milieu des phénomènes si variés de la nature, nous soupçonnons l'existence d'agents mystérieux, de forces puissantes; ils se révèlent à nous dans les transformations des corps bruts, comme dans le développement des êtres vivants; leurs actions combinées tantôt s'ajoutent, tantôt se contrarient; de là, tant d'effets différents produits souvent par les mêmes causes, véritable dédale, au milieu duquel l'observation se perdrait, si l'expérimentation ne venait y porter la lumière. Là commence le domaine des sciences physiques.

Le physicien n'est pas obligé de parcourir l'univers pour observer les faits, tels que la nature les présente : il se crée chez lui un monde à lui, image du monde réel. Au moyen d'instruments ingénieux, il s'efforce de mettre en jeu, isolément, chacun des agents naturels; il apprécie leurs effets, il mesure leur puissance; c'est ainsi qu'il détermine avec précision les lois de la chaleur, de l'électricité, de la lumière. Nous apprenons dans son cabinet les principes qui servent de base à la construction des navires, des moteurs hydrauliques, des machines à vapeur, des télégraphes électriques, et de ces puissants appareils d'optique, à l'aide desquels le regard de l'homme pénètre dans les profondeurs indéfinies de l'espace.

Le cabinet du physicien touche au laboratoire du chimiste. Là encore, que de secrets intéressants! que d'applications utiles! La chimie n'a pas un siècle d'existence, et il est peu de sciences qui aient rendu autant de services à l'industrie, à l'humanité. Que de substances utiles la médecine ne lui doit-elle pas? Elle protège le commerce contre des falsifications préjudiciables, ou même dangereuses; elle éclaire la justice dans les questions les plus graves; les traces du crime échappent rarement à son analyse, et si parfois elle s'abstient en présence de preuves insuffisantes, quand elle se prononce, ses arrêts sont sans appel.

La chimie, enfin, peut suivre le mouvement des éléments dans ce cercle mystérieux de la vie organique où ils se transportent de l'atmosphère et du sol aux plantes, des plantes aux animaux, pour revenir ensuite au sol et à l'atmosphère, où des générations nouvelles viennent s'alimenter à leur tour.

Les sciences d'observation secondent puissamment les intérêts humains, en même temps qu'elles révèlent aux esprits investigateurs les secrets les plus intéressants de la philosophie naturelle. Aussi est-il beaucoup de carrières où elles sont nécessaires; il n'en est pas où elles ne soient utiles. Personne, personne ne conteste leur importance dans les carrières spéciales dont les études scientifiques ouvrent aujourd'hui l'accès; mais leur utilité est également incontestable dans l'agriculture, dans l'industrie.

L'industriel intelligent ne doit-il pas introduire dans son usine tous les perfectionnements que la science lui signale? Ne doit-il pas améliorer son industrie par d'heureux emprunts faits à des industries, même tout à fait différentes? L'agriculteur, pour féconder un sol ingrat, ne doit-il pas faire appel aux principes de la science? Sans doute, dans bien des circonstances, la science toute seule est insuffisante et ne supplée qu'imparfaitement à l'expérience, à l'habileté pratique. Mais faut-il pour cela que le savant ne vienne pas compléter le praticien? Vaut-il mieux tourner en aveugles dans le cercle infranchissable de la routine et des vieux préjugés, que de marcher hardiment dans la voie des améliorations et des découvertes, le flambeau de la vérité à la main?

Lorsque les grands intérêts de l'industrie sont débattus devant un tribunal, suffit-il au magistrat d'avoir vieilli dans la pratique de l'équité, de posséder un sens droit, une longue habitude de la législation, pour se prononcer en parfaite connaissance de cause? Les avocats, même les plus éloquents, ne sont-ils pas paralysés dans leurs moyens de défense, s'ils ignorent jusqu'aux termes scientifiques? Il faudra donc faire intervenir la science elle-même dans le sanctuaire de la justice, et s'en rapporter, presque sans contrôle, à ses décisions.

Enfin l'historien, le littérateur, le poëte lui-même, n'auront pas à regretter d'avoir donné quelques moments à l'étude des sciences. Grâce à leur secours, l'historien appréciera mieux l'importance des découvertes scientifiques; il pourra montrer, sous son véritable jour, le développement de la civilisation chez ces peuples qui grandissent par l'industrie; il étudiera, sous toutes ses faces, le génie des savants illustres qui, de tout temps, ont eu une part importante dans le mouvement intellectuel de leur siècle. Au littérateur, elles fourniront quelques idées précises, quelques termes exacts; elles lui devront d'heureuses expressions. Au poëte, elles inspireront des images nouvelles, d'intéressants tableaux; son imagination les embellira des plus vives couleurs.

La richesse intelligente trouvera, dans leur étude, un passe-temps agréable et de nobles inspirations. Un homme favorisé de la fortune peut, plus que tout autre, aider au développement de leurs applications utiles, et prendre rang parmi les bienfaiteurs de l'humanité.

Oui, les sciences d'observation élèvent l'esprit, inspirent de grandes pensées. L'homme, à la vue du spectacle de la nature, se sent transporté d'admiration; il s'incline malgré lui devant une puissance inconnue dont un sentiment indéfinissable lui révèle l'existence; mais son admiration grandit jusqu'à l'enthousiasme, lorsqu'une étude plus approfondie lui fait connaître ces lois dont la simplicité pleine de grandeur nous montre la volonté divine régissant tout l'univers. Qu'il fasse alors un retour sur lui-même, qu'il se considère perdu au sein de l'immensité, qu'il se voie si petit, si faible par les organes, si grand, si puissant par la pensée, et il ne pourra résister à l'élan de la

reconnaissance qui l'entraîne vers Dieu.

Étudiez donc les sciences, sommes-nous pressés de répéter aux jeunes gens, étudiez-les avec ardeur. Une organisation nouvelle aplanira pour nous toutes les difficultés. Mais que le désir de connaître les secrets de la nature ne vous fasse pas négliger les études littéraires; elles occupent depuis longtemps, elles occuperont toujours la première place dans l'éducation de l'esprit. Si le domaine des sciences s'est agrandi, si leur utilité s'est accrue, les lettres n'en conservent pas moins leur ancienne importance; elles n'ont rien perdu de leur éclat, et les merveilles de l'industrie moderne ne doivent point faire oublier les chefs-d'œuvre de littérature qui ont assuré à la France le premier rang parmi les nations éclairées.

Habituez-vous donc à traiter avec un égal respect toutes les parties de vos études. Dans ce fond commun qui sert de base à l'enseignement, rien n'est inutile; tout ce que vous apprenez dans les maisons d'éducation a une part nécessaire dans le développement de l'intelligence. Évitez les spécialités trop restreintes, elles ne peuvent créer que des supériorités factices; elles vous préparent pour l'avenir des déceptions cruelles; la vanité blessée manque rarement de les attribuer à un vice d'organisation dans la société. Vous serez plus tard des hommes sérieux et utiles. Dans toutes les positions que l'avenir vous réserve, vous donnerez l'exemple du travail, de l'abnégation personnelle, du dévouement à la patrie. C'est ainsi que vous pourrez seconder, par une coopération active et désintéressée, le pouvoir qui veille aux destinées de la France. Le pays a échappé providentiellement à l'anarchie et au dévergondage des idées; au sein du calme se fonde un ordre nouveau, qui s'inspire des plus glorieux souvenirs du passé; l'avenir vous y réserve une place, surtout si vous entrez dans le monde avec le désir de bien faire plutôt qu'avec l'ambition de parvenir.

SCIENCES NATURELLES. — L'enseignement des sciences naturelles a une part nécessaire dans l'éducation de la jeunesse. Il nous révèle les attributs de la divinité par leur rayonnement dans les chefs-d'œuvre de la puissance créatrice. La géologie, la minéralogie, la botanique, l'histoire naturelle en sont les plus importantes parties. Tour à tour elles découvrent à nos méditations les trésors des divers règnes de la nature, les différentes métamorphoses qu'a subies le globe, les richesses multiples que recèlent les entrailles de la terre, la variété presqu'infinie des plantes et leur appropriation spécifique aux divers besoins de l'humanité, et enfin l'organisme de cette classe d'êtres qui d'un instinct perfectionné par l'art assouplissent leurs mouvements, pour être plus agréables à l'homme ou pour mieux servir à ses usages. Les sciences naturelles sont à proprement parler une simple collection de faits, elles ont pour objet de scruter la nature et de saisir la variété de ses opérations. Elles manquent par elles-mêmes de philoso-

phie, mais il y a un moyen philosophique de les rendre toutes fécondes pour le perfectionnement de l'intelligence de la jeunesse. C'est de lui démontrer à chaque moment l'incertitude de la science dans les choses mêmes qui paraissent le plus tomber sous la raison de l'homme. Plus la raison s'humilie, plus elle s'agrandit. Les sciences qui prétendent pénétrer dans le fond des mystères de la vie humaine sont bien futiles et bien chimériques. Tout les arrête à chaque pas. La première base s'échappe sous l'édifice, et il ne reste que des théories qui se détruisent l'une après l'autre. En effet, qui ne sait que pendant près d'un siècle on avait voulu aller au-delà des bornes en se passant de l'intervention d'une haute et suprême puissance dans la vie de l'humanité et dans les mouvements animés de la nature. La science s'est doutée qu'elle pourrait bien avoir tort contre Dieu, et elle a laissé la question indécise. Alors ç'a été un progrès scientifique de constater simplement des faits, c'est-à-dire les sciences naturelles sont devenues arides et abstraites. Elles n'ont plus été que de vastes nomenclatures de découvertes et un registre d'expériences desquelles on a déduit quelquefois des lois générales, sans toutefois remonter jamais à la loi universelle qui les produit. Les sciences naturelles ainsi étudiées ne feront jamais que dessécher l'âme et racornir l'esprit. Un savant avec ce système de perfectionnement pourra ajouter des faits à d'autres faits, mais de ses longs efforts il ne sortira rien de grand et de beau pour l'intelligence, point d'ensemble d'idées sur la métaphysique des sciences et sur l'immense harmonie de l'Univers. L'esprit des sciences naturelles surtout, doit être chrétien pour être fécond. L'enfant doit apprendre à reconnaître l'impuissance de l'esprit de l'homme à saisir le premier anneau de la chaîne mystérieuse des sciences. Cet anneau, c'est Dieu qui le tient, et c'est à lui qu'il faut remonter pour savoir où fixer sa pensée et rattacher ses connaissances un peu matérielles et mécaniques.

SECRÉTAIRE D'ACADÉMIE. — Le décret du 27 mai 1850 établit des secrétaires d'académie, qu'il divise en trois classes, et dont le traitement est proportionné à la classe. Le secrétaire du conseil académique est choisi chaque année par le ministre.

SÉMINAIRES. (Voy. ÉDUCATION [DIVERSES SORTES D']) et GARDE NATIONALE.

SERMENT. — Le serment politique, aboli par le décret du 1er mars 1848, a été rétabli par le décret de 1852. (Voy. LOI.)

SOCIALE (ÉCONOMIE). — Du catholicisme en présence des divers systèmes d'économie sociale au XIXe siècle. — L'importance de l'économie sociale explique la profusion des systèmes auxquels elle a donné lieu. Tout individu éprouve la nécessité constante de pourvoir à sa subsistance et d'améliorer son bien-être. Rien aussi qui paraisse être plus digne d'intéresser l'humanité, que la science qui embrasse les éléments positifs

de la vie physique et morale des nations. C'est la science des lois qui président à la formation, à la répartition et à l'accroissement de la richesse des peuples. Traitée dans son ensemble, elle embrasserait l'histoire de la civilisation tout entière. D'après l'acception du mot, elle est celle de l'économie de la société; ce qui doit nous faire assez entendre qu'elle ne saurait être circonscrite dans les limites que la plupart des écrivains lui assignent.

Ainsi que l'a remarqué un judicieux auteur, depuis qu'il a été prouvé que les propriétés immatérielles, telles que les talents et les facultés personnelles acquises, forment une partie intégrante des richesses sociales; que les services rendus dans les plus hautes fonctions ont leur analogie avec les travaux les plus humbles; depuis que les rapports de l'individu avec le corps social, et du corps social avec l'individu, et leurs intérêts réciproques ont été clairement établis; l'économie sociale, qui semblait n'avoir pour objet que les biens matériels, s'est trouvée embrasser le système social tout entier. Considérée sous ce rapport, elle touche à toutes les sciences, et même elle les renferme toutes. En se circonscrivant dans la sphère de sa spéciale activité, elle nous ramène des effets aux causes, des causes aux effets; et se compose, non d'hypothèses, mais de faits. Elle est fondée sur l'expérience, sur des réalités. Elle révèle à l'homme par quels moyens sont produits les biens à l'aide desquels subsiste la société tout entière, et indique à chaque individu comment il peut multiplier les ressources que la Providence lui a départies. Il n'en faut pas davantage pour justifier la haute importance attribuée à cette science. Il n'entre point dans le plan que nous sommes fait d'expliquer les différents systèmes auxquels elle a donné lieu dès la plus haute antiquité. Nous nous bornerons à dire sur ce point que les anciens paraissent avoir peu réfléchi sur l'ensemble des connaissances qui forment aujourd'hui son domaine.

Les Grecs et les Romains ne fondaient leur subsistance et leurs accumulations que sur la conquête et la déprédation. La chrématistique était toutefois une science caractérisée par Aristote. M. de Sismondi a élevé très-haut la précision avec laquelle Platon même s'en serait expliqué; mais on n'avait point encore songé à lui donner par l'observation et la généralisation des faits une forme scientifique, un but distinct et séparé des autres rameaux de la science sociale. L'inégalité d'ailleurs des conditions humaines, poussée jusqu'au dernier terme par l'esclavage, devait nécessairement la restreindre dans d'étroites limites. Les anciens considéraient la richesse comme un fait, et ne s'étaient jamais souciés d'en rechercher la nature et les causes; ils l'abandonnaient entièrement aux efforts individuels de ceux qui s'occupaient à la créer; et lorsque le législateur était appelé de quelque manière à la limiter, il ne fixait jamais son attention sur l'intérêt pécuniaire de la généralité. Les sciences qui avaient pour objet chacune des branches de la richesse territoriale ne se rapportaient point à un centre commun; elles n'étaient point autant de corollaires d'une science générale, elles étaient traitées isolément et comme si toutes avaient en elles-mêmes leurs propres principes.

Le christianisme parut: et le fait seul de son influence sur l'ordre moral et matériel de l'univers est une source immense de contemplations et d'études. Il améliora tous les systèmes qui présidaient alors à l'économie sociale des peuples. On s'est depuis beaucoup occupé, tant en France qu'en Allemagne, en Angleterre, en Prusse même et en Russie, à expliquer les lois secondaires qui règlent le progrès de la fortune publique; mais nous avons à regretter que la merveilleuse sagacité dont on a fait preuve ne soit point toujours alliée s'inspirer à la source des vrais et incontestables principes. Turgot et Stewart déterminèrent les lois qui règlent la distribution du produit total de la terre sous le nom de fermage, des profits du capital et des salaires selon l'état de la civilisation. Ils le firent dépendre de la fertilité des terres, de l'accroissement des capitaux et de la population, de l'habileté des cultivateurs et des instruments employés dans l'agriculture. Les économistes sectateurs de Quesnay croyaient qu'il n'y avait rien à leur reprocher lorsqu'ils posaient en principe que la terre seule ayant le pouvoir de produire, il n'y a de produit réel que dans le produit net des terres. D'où ils concluaient qu'il fallait asseoir directement sur les terres la totalité de l'impôt. Smith s'attacha à expliquer le mécanisme des lois de la production, de la distribution et de la consommation des valeurs échangeables, à établir des principes et à en tirer des conclusions applicables à l'industrie. On a soutenu depuis que la richesse était uniquement le produit du travail. Dans les commencements du XIXᵉ siècle, David Ricardo assura, d'après des principes peut-être trop absolus, que l'augmentation des impôts ne portait aucune atteinte à la production et à la consommation d'un pays. Il voulait faire échanger les billets de banque contre des barres d'or en lingots. L'un de ses principaux adversaires fut M. Bosanquet, dont les erreurs de fait et de déduction, au dire du docteur Copleston, mirent en lumière les talents de l'écrivain sorti des rangs pour venger la vérité. J.-B. Say réhabilita avec éclat les travaux de l'intelligence que Smith avait écartés comme improductifs, et réussit à disposer cette science dans un ordre plus méthodique et plus instructif en l'enrichissant d'exactes et profondes recherches.

Nous sentons qu'il faudrait un talent bien supérieur au nôtre pour devenir arbitre en pareille matière. Aussi ne nous sommes-nous point proposé d'examiner l'économie sociale en elle-même, de soumettre à notre appréciation la production des richesses, l'application des principes de l'économie

politique aux diverses industries, des échanges et des monnaies, de l'influence des institutions sur l'économie des sociétés, de la manière dont les revenus doivent être distribués dans la société, du nombre et de la condition des hommes, des consommations opérées dans la société et des finances publiques. De telles considérations dépasseraient visiblement notre portée, et ne tendraient point à notre but.

Il nous suffit de soumettre à la plus juste appréciation nos systèmes les plus récents; les considérer moins en eux-mêmes que dans leurs rapports avec les besoins des sociétés modernes, est la tâche que l'on a le droit d'attendre de nous. Saint-Simon, Charles Fourier et Robert Owen forment la somme entière des penseurs excentriques qui, les premiers de notre époque, ont déployé le drapeau de la nouvelle ère d'organisation sociale. Ces trois noms forment à eux seuls une famille; quand on les a parcourus, dit-on, la liste est close. On ne retrouve plus ailleurs ni cette audace, ni cette ambition. Cette recherche a été faite, ce scrupule a été détruit.

Honorant les talents partout où nous les rencontrons, et sachant gré à tout homme qui se dévoue à la tâche glorieuse, mais difficile, de servir son pays, nous demeurerons quant aux personnes dans la plus exacte réserve. On nous permettra de tenir compte des choses. Les systèmes des économistes que nous venons de nommer ne nous offrent qu'une complète abstraction des considérations religieuses. En faisant reposer sur l'excitation incessante des besoins le principe du travail et de la civilisation, ils ont fondé la théorie de la production des richesses sur le monopole industriel, la philosophie sensualiste, et la morale égoïste de l'intérêt personnel. Que pouvait-on attendre de leurs efforts même réunis? En face des pressants besoins du xixᵉ siècle, toutes leurs tentatives ont touché à la limite de l'impuissance.

On est obligé d'en convenir. La société a besoin de foi : de cette foi chrétienne, non moins éclairée qu'active, qui, par ses promesses et par ses terreurs, excite l'homme à tout ce qui est grand, noble, vertueux, et le détourne de tout ce qui tendrait à la lâcheté, à l'infamie. Elle a besoin de cette foi qui rend l'homme aussi jaloux de ses droits que fidèle au devoir; de cette foi qui, en échange des peines inséparables de la vie, lui garantit les consolations de l'immortalité. Qu'ont fait pour la ranimer dans les masses nos prétendus économistes?

Au titre d'expérimentateur et de publiciste, Saint-Simon voulut, il est vrai, ajouter celui de réformateur religieux. S'imaginant que le catholicisme n'était plus en harmonie avec le progrès des sciences positives, il s'efforça d'introduire dans le monde un néochristianisme qu'il faisait entièrement consister dans l'amour réciproque parmi les hommes. A ses yeux c'était là le seul article de foi qui fût d'inspiration divine. L'unique but de la religion devait consister à di-

riger la société vers l'amélioration, la plus rapide possible, du sort de la classe la plus nombreuse et la plus pauvre. Il ne parlait de nos dogmes que pour les nier, des divines Ecritures que pour les contredire, et du Pape que pour blasphémer. Ses successeurs, propagateurs ardents des leçons qu'ils avaient reçues de leur maître, et formulant leur prétendu symbole, rabaissaient la divinité à l'égal de l'homme, pour élever Saint-Simon à l'égal de Dieu. Pour remplacer la foi chrétienne ils appelèrent en aide de leur nouveau système social la science de l'espèce humaine; et s'insurgeant contre le dualisme catholique, ils réunirent leurs efforts pour proclamer la réhabilitation de la matière et de l'intelligence, de la chair et de l'esprit. Comme leur maître sans doute, les disciples prétendaient qu'ils voulaient uniquement donner au christianisme une transformation nouvelle, et non l'abolir. On ne put les en croire sur parole. Ils s'efforçaient de substituer une base toute humaine à la foi divine et à la morale sévère et pure de l'Evangile, les ris et les plaisirs, les joies enivrantes et les voluptueuses émotions du vice.

Fourier parla quelquefois de Dieu, du christianisme, de la révélation, de manière à faire accroire qu'il en conservait encore des idées exactes; mais il suivait comme à son insu la route panthéistique, et ne pouvait aboutir qu'à un abîme. Sa cosmogonie et sa psychogonie offrent une telle anomalie, que ces divers systèmes sont un véritable chaos. En opposition avec la foi révélée, une raison délirante monte sur un trépied et proclame des oracles. Toute création successive s'opère par la conjonction du fluide austral et boréal; les âmes humaines se transfusent toujours dans des corps afin de n'être jamais sevrées des surexcitations sensuelles. Toutes les passions devraient avoir leur libre et entier développement; bonnes ou mauvaises, elles sont toutes d'inspiration divine, et par cela même légitimes. L'attraction passionnée est la voix de Dieu, une boussole de révélation permanente. A l'aide d'un néologisme pompeux, il n'est rien contre les vrais principes religieux dont il n'essaye. Personne ne doute aujourd'hui qu'il n'allait droit à un paganisme raffiné.

M. Robert Owen s'occupait alors en Angleterre de ses sociétés coopératives, et se frayait la voie sensualiste fataliste. Il ne voyait dans l'homme que le jouet des circonstances, et fermant les yeux sur la perturbation causée dans l'économie de l'être moral par la chute du premier homme, nul ne lui apparaissait en naissant ni bon ni mauvais. Prétendant affranchir l'humanité de toute privation, de toute règle, il ne lui proposait d'autre récompense qu'ici-bas, la consolation de la vertu et de la pleine satisfaction des sens.

Si c'est par de tels enseignements que l'on pût jamais s'imaginer de ranimer la foi des masses, on se serait trompé d'une façon fort étrange. Nous ne saurions prévoir que des résultats tout contraires. L'exclusion de

toute croyance surnaturelle et divine et l'ontologie des puissances passionnelles avec tous leurs excès dans l'homme, en sont les terribles, mais rigoureuses conséquences.

Que pouvait gagner à ces systèmes le progrès véritable vers lequel les sociétés modernes se trouvent entraînées? Comme gage d'union et de progrès, le saint-simonisme demandait la hiérarchie des capacités, le développement de l'industrie, l'expérimentation successive et personnelle à travers les positions sociales les plus différentes. La loi qui devait féconder l'avenir était la science générale qui allait dérouler ses magnificences. Adjugeant aux chefs de la doctrine le retour de tous les biens, il déshéritait les masses de tout droit de successibilité. A défaut de tout avantage social, cette utopie était du moins fort ingénieuse pour escamoter au profit de quelques-uns la propriété des biens de la nouvelle famille. Le fouriérisme, ne découvrant dans la civilisation actuelle que non-sens et désastres, ne voyait la voie ouverte à la prospérité des peuples que dans la satisfaction de toutes les facultés et de toutes les passions. Se proposant, ce semble, une organisation du travail industriel et agricole, il tendait à substituer aux efforts incohérents, disait-il, de nos communes morcelées, l'effort combiné et fécond des communes sociétaires.

La plus belle harmonie devait exister entre les travailleurs, par la seule vertu de ce qu'il appelait le *mécanisme sériaire*. Selon la formule devenue célèbre, tous les hommes devaient être associés en capital, travail et talent; M. Owen, engagé dans les voies du fatalisme, n'apercevait dans l'homme qu'un composé d'organisation originelle et d'influences extérieures. D'après lui, la propriété individuelle devait être abolie; la communauté absolue et l'égalité parfaite étaient les seules bases possibles d'une société progressive.

A quoi donc pouvaient aboutir les théories de ces réformateurs? Quelle garantie de perfectionnement social pouvaient-elles donner en définitive à la société? Quelle idée nous donnent-elles de l'homme en le réduisant en quelque sorte à la condition de la brute, et obéissant sans cesse au caveçon de la fatalité? De quel progrès peut-il être susceptible, l'homme à qui elles n'accordent aucune faculté spontanée à exercer? Aussi tendent-elles à briser l'individualité pour introniser le principe de la communauté. Mais qui ne verrait que cet expédient est un pur idéologisme, un rêve creux, parce qu'il faudrait nier les passions pour les réduire à la résignation? Comment y parviendrait-on, tandis que ces mêmes théories prétendent leur accorder une satisfaction illimitée? Fourier lui-même sentait bien leur impuissance lorsqu'il avouait qu'il ne voulait faire qu'une expérience et non point fonder une école.

Ces systèmes ne pouvaient faire progresser l'esprit humain dans les sciences; puisque, au lieu de l'appliquer à des spécialités de ce genre, ils l'appliquent tout à la fois à toute la généralité qu'elles embrassent. Comme

éperdue dans ce vaste domaine, l'intelligence ne sait à quoi s'attacher, et gravissant une hauteur pour en mesurer l'étendue, son œil se referme pour ne plus rien apercevoir. L'économie sociale que ces prétendus économistes semblaient tant avoir à cœur, n'avait rien à y gagner. Ne voyant la source de la fortune publique que dans l'industrie et dans la communauté des biens dont la propriété était exclusivement au profit des chefs de doctrine, ils ne pouvaient rien pour l'amélioration matérielle des sociétés. Les faits démontrent que la véritable source de la richesse est la propriété, et la propriété répartie par parcelles, individualisée, afin d'équilibrer les jouissances avec les obligations, et graduer la récompense en proportion du travail. Le bonheur passif et tenant de la brute que l'on promettait à l'homme ne peut être digne de lui. Il veut recevoir le juste prix de ses efforts, de ses luttes ou de ses combats, au moins sous le plus noble rapport de sa double destinée. Dès l'instant où il pourrait en douter, loin de marcher il s'arrête, loin d'avancer il recule.

Ces nouveaux systèmes ont proclamé sans doute l'amour de ses semblables et des principes de fraternité. Ils convient l'humanité à une autre nature de rapports; ils lui indiquent un lien d'affection qui doit en unir tous les membres, les faire marcher en paix, avec ordre, avec amour vers une commune destinée. Mais excluant d'un côté toute intervention coercitive, et de l'autre lâchant les rênes à toutes les voluptés, proclamant la promiscuité, déclarant que la satisfaction la plus entière des passions, *sur tous les points et en toutes choses*, devait être désormais la loi de l'univers, n'est-il pas évident qu'au lieu de rapprocher les hommes, c'était l'unique moyen de les désunir; et que, loin de resserrer les liens sociaux, c'était les rompre.

Que l'on répète si l'on veut, avec l'un de nos habiles écrivains (1), les services rendus à l'humanité par ces théories. Quant à nous, nous unissant volontiers à lui pour en signaler les écueils, nous croyons devoir déclarer hautement, d'après nos convictions personnelles, que leur apparition dans le monde restera toujours inféconde pour l'amélioration sociale, et que leur passage sur la terre, complétement inutile pour le bien, est susceptible d'être à chaque heure l'occasion ou le prétexte de tendre vers de désastreuses conséquences. L'anéantissement de toute religion, l'abolition des institutions fondamentales de la société, le sang,... les larmes,... seraient avec tous les enivrements de la volupté l'unique partage de cette nouvelle société.

A ce mal qui, comme un chancre, voulait s'attacher au corps social pour le dévorer, la Providence a opposé un antidote. Elle a suscité deux hommes qui, comprenant leur siècle et ses besoins, ont déployé la chaîne des vérités fondamentales de toute économie

(1) M. Reybaud, *Études sur les Réformateurs contemporains*.

vraiment politique et sociale. Ils ont puisé dans leur haute intelligence éclairée des lumières de la foi, et dans leur cœur orné de toutes les vertus, des convictions profondes qui ont dévoilé au monde la part d'influence dans l'économie sociale des peuples, qui est incontestablement acquise aux principes religieux. M. Ch. de Coux, professeur d'économie politique à l'université catholique de Malines, M. le vicomte Alban de Villeneuve-Bargemont, membre de la Chambre des députés, se sont également montrés dignes d'occuper une page immortelle dans nos annales. A la lueur du double flambeau de la science et de la foi, l'un ne cesse d'explorer les causes génératrices de la richesse et les lois générales qui la régissent dans sa répartition et dans son accroissement; l'autre trace à grands traits l'histoire complète de l'économie politique. Il fait merveilleusement ressortir les rapports qui l'unissent aux vérités révélées et à la morale chrétienne, l'influence que les institutions politiques et les croyances religieuses ont constamment exercée sur la condition matérielle des peuples, et l'accord intime qui existe entre l'ordre moral et l'ordre industriel des sociétés.

Nous ne voudrions point opposer d'autre bouclier aux traits acérés des adversaires de la vérité catholique; ils se sont efforcés d'établir entre elle et la prospérité matérielle des peuples un fatal antagonisme. Ils ont voulu faire accroire qu'elle est ennemie naturelle et nécessaire de l'agriculture, de l'industrie et du commerce. Nul moyen qu'ils n'aient tenté pour insurger contre elle et l'amour de la famille et celui de la patrie. Ce torrent dévastateur a fait de si grandes brèches à la conscience publique, qu'il est difficile même encore d'en sonder la profondeur. Si l'on veut pénétrer au fond des choses, on ne peut éviter de rencontrer soit dans l'intelligence, soit dans le cœur des sociétés modernes, ce ver rongeur qui menace de les dévorer, le foyer d'un feu secret qui les consume, la source de ce malaise général qui se traduit successivement par le crime contre les autres, et l'impatience de toute souffrance contre soi-même, et de celles qui ont été providentiellement dévolues à la nature humaine.

On a observé que la classe moyenne et le peuple au xix° siècle sont plus corrompus que la bourgeoisie et le peuple de l'ancien régime (1). A côté des grands caractères, des vertus héroïques et des prodiges de vertu dont nous sommes les témoins, quel chaos de crimes et de discordes, de licence effrénée et d'épouvantables misères! Nous éprouvons, sans doute, une admiration respectueuse pour ces sublimes éclairs de piété et de vertu, pour ces vives images de la perfection humaine qui font l'immortelle décoration de notre siècle; mais on ne saurait fermer les yeux sur l'indifférence de certains hommes pour la vérité religieuse, et sur leur mépris envers les lois de la morale. Que

(1) M. Matter

d'atteintes portées contre elles par plusieurs de nos écrivains! que de pernicieuses maximes abondent dans leurs pièces! quelle immoralité dans leurs sujets! le souffle brûlant de tant de révolutions qui a passé sur nos fronts a réchauffé l'ardeur d'ailleurs si naturelle à l'homme pour la cupidité. L'élévation rapide des uns ne sert qu'à irriter les blessures et à raviver les espérances des autres. La jeunesse poursuit avec impatience la richesse et la célébrité, et son cœur est haut et fier. Tout semble organisé pour exciter parmi les classes ouvrières l'empressement d'améliorer leur position. Leurs besoins, leurs souffrances, et souvent la passion, leur font éprouver d'immenses désirs. Tandis que nos politiques ne voient le progrès social que dans l'équilibre des institutions constitutionnelles; excitées par les débats qui s'agitent sous leurs yeux, elles abordent les questions dont la solution peut changer leur sort, et discutent les problèmes les plus compliqués d'organisation sociale. Cette ardeur de changement parmi elles, cet éveil de leur intelligence sur toutes les questions de transformation politique, de modification des relations entre les maîtres et les travailleurs, l'appel constant aux instincts grossiers du peuple et à ses mauvaises passions, l'impatience de porter le joug des lois et la haine de toute autorité : tels sont les fruits produits par les systèmes de ces économistes qui brisèrent avec les traditions religieuses.

Voyant que la population européenne agitée par d'irrésistibles besoins fermente et bouillonne dans de trop étroites limites, on crie : Favorisez l'industrie, dirigez vers ses conquêtes pacifiques et ces bras sans nombre qui menacent sans cesse de s'armer contre nos lois, et cette activité intellectuelle qui demande un aliment. Mais qui ne voit que ce ne serait point assez d'accroître, fût-ce dans des proportions énormes, le mouvement et du travail et de la production! Que l'Europe augmente encore son activité créatrice, qu'elle multiplie ses chemins de fer et ses machines à vapeur élevées à la plus haute puissance de vitesse, qu'elle occupe des milliers d'ouvriers; nous applaudirons de grand cœur à ces divers moyens d'alléger le joug du paupérisme; mais l'expérience de tous les jours démontre ce que l'on peut en attendre. Par l'unique emploi de ces voies, l'Europe ne trouverait point satisfaction pleine et entière au besoin général qui la tourmente, et ses succès seraient loin de réaliser une véritable amélioration sociale. On ne saurait considérer attentivement les ravages profonds du paupérisme qui désole en ce moment l'Angleterre, les douleurs qu'il fait subir à des masses si nombreuses et les bouleversements dont elles sont menacées, sans éprouver un sentiment d'inexprimable tristesse, semblable à celui qu'inspire la vue d'un vieillard qui s'éteint dans une lente et pénible agonie. Cette nation si glorieuse de sa prépondérance maritime approcherait-elle du dernier jour des sociétés coupables ? son sort serait-il semblable à

celui de ce père que Dante nous peint dans un cachot sépulcral, condamné à expirer sur les cadavres de ses enfants morts en lui demandant du pain ?

Ceux dont les principes ont préparé ces affreux résultats voudraient en arrêter les développements. Mais que peuvent-ils contre les progrès du mal, ces hommes qui en ont jeté la semence sur le sol britannique ? Ils ont bien pu ouvrir l'abîme, mais le fermer; non...! ils ont bien pu donner la mort, mais rappeler à la vie, jamais...! Là comme ailleurs, si l'on veut chercher le remède aux grandes plaies sociales, il faut recourir non-seulement aux hommes, mais à Dieu. Et pourquoi s'obstinerait-on à ne pas vouloir comprendre la nécessité de demander à l'architecte qui éleva le majestueux édifice des sociétés humaines, les moyens par lesquels on pourrait en étayer les murs chancelants !

Tous les moyens de conservation ont dû leur être donnés par celui-là même qui en posa les fondements. Pour trouver un terme aux souffrances des classes ouvrières, il ne suffit donc pas de s'arrêter à des calculs de comptoir ou à des spéculations de commerce. Il ne faut pas seulement supputer avec quelques économistes à vue très-courte, si les aliments animaux sont préférables aux aliments végétaux; quelle est l'influence du bas prix des blés sur les rentes; quel est l'effet réel sur les salaires et les profits de l'augmentation que la marche de la société amène dans le prix du produit brut; si le système prohibitif doit l'emporter sur celui de libre circulation; si, dans la théorie du change, l'idée est heureuse d'échanger les billets de banque contre des barres d'or en lingot de poids et de pureté étalonnés; par quels moyens enfin *on peut faire rendre à l'impôt tout ce qu'il est susceptible de produire*. Il faut commencer par recourir à Dieu, et reconnaître en même temps que la religion qui enseigne toute vérité, et donne .a force d'accomplir les plus grandes vertus, est celle qui assure, même ici-bas, aux masses, la plus grande somme de prospérité. Il faut que la science de l'économie sociale, loin de demeurer étrangère au mouvement réparateur imprimé à l'intelligence humaine, reçoive le reflet lumineux de l'éternelle vérité, et que l'accord entre elle et les principes catholiques devienne manifeste aux yeux des hommes au cœur droit. Les maux et les contrastes de l'inégalité sociale seront alors adoucis par la charité, et l'économie politique remplira pleinement sa belle et glorieuse destinée.

Vainement s'efforcerait-on de s'étourdir contre l'heureuse influence du catholicisme pour la prospérité publique sur les générations qui se succèdent. Qui pourrait nous contester combien il peut concourir à accroître les éléments de la fortune publique par l'esprit de sacrifice qu'il inspire, la proscription des vices qu'il flétrit, la prescription des vertus qu'il proclame, et les devoirs qu'il impose ! A lui l'intelligence du besoin des masses, l'expansion du cœur et la force du génie. A lui aussi les vives inspirations et les vues lointaines de l'avenir. Telle est, nous l'avouons, la débilité de notre nature, qu'un culte qui aurait uniquement pour lui la vérité courrait grand risque de n'avoir qu'un faible nombre de prosélytes. De même que l'intelligence ne saurait souscrire à devenir stationnaire dans les voies de la science, l'ardeur de notre cupidité ne pourrait nous laisser condamnés à végéter dans les angoisses d'une perpétuelle misère. Mais le Dieu des miséricordes éternelles ne nous a point réservés à une épreuve si périlleuse. « Efforcez-vous, nous a-t-il dit, de mériter la béatitude des cieux par des œuvres de justice, et tous les autres biens vous seront accordés. » Ainsi les images du monde présent tiennent-elles aux réalités du monde à venir; ce qui commence dans le temps, se consomme dans l'éternité.

Le catholicisme est le nœud qui constitue à la fois notre double destinée. C'est une mère qui, pleine de prévoyance et de tendresse, n'étend pas seulement ses soins empressés à la conservation et à l'accroissement de la vie de l'âme; elle embrasse dans ses divines sollicitudes cette vie aussi du corps, que tant d'accidents menacent, et qui est ici-bas la condition nécessaire du mérite et de la récompense, le prix de la glorieuse immortalité. Quoiqu'il n'ait, ce semble, pour but que de nous rendre heureux en l'autre vie, il concourt puissamment dès ce monde à faire notre félicité. En assurant à l'individu son bonheur éternel, il prépare dans le temps celui de la société.

Il convenait qu'il en fût ainsi. Car, il n'en est point de la société comme de l'individu, sous le rapport de leur mutuelle destinée. Si celui-ci souffre sur la terre, ses peines peuvent être amplement récompensées au delà du tombeau par une félicité sans terme. Mais la société, comme être moral, naît et meurt ici-bas; si elle doit avoir des peines ou des récompenses, c'est seulement sur la terre qu'elle peut les recevoir. C'est à quoi le Créateur a abondamment pourvu. Afin de rappeler à l'homme formé de deux substances le but véritable de ses travaux, Dieu a voulu faire dépendre le plus souvent la santé du corps de la perfection de l'âme humaine qui l'éloigne de nuisibles excès. Ainsi, pour rappeler aux sociétés humaines également formées d'une double substance leur fin véritable, il a voulu apposer pour première condition au bonheur social la possession de la vérité religieuse. Comme au corps de l'homme il faut un pain matériel, à la société temporelle il faut l'agriculture et l'industrie. Mais comme l'âme humaine réclame le pain de l'intelligence, la société spirituelle, qui est l'âme de toute agrégation d'individus, réclame la vérité religieuse. Aussi l'union du travail et de la prière amène-t-elle l'ordre et la paix dans les États.

Mais, de même que l'homme vient à s'épuiser dans les convulsions de l'erreur, ou à s'affaiblir dans le vide que fait autour de lui l'ignorance, il ne peut trouver de salut

qu'en redonnant à son âme un aliment con-venable qui l'entretienne. Ainsi les sociétés, travaillées par un malaise général, ou agi-tées par les tourbillons des passions humai-nes, ne sauraient mettre un terme à leurs oscillations, qu'en s'inspirant du catholi-cisme, seul capable d'aider à ranimer le souffle des sociétés expirantes.

On ne saurait, en effet, nous contester à bon droit que l'esprit de sacrifice, qui se ré-sume dans la subordination de l'intérêt privé à l'intérêt général, ne soit une des lois dont les effets sont invariables pour la fortune publique; l'un des premiers rudiments de la richesse sociale : ce qui la constitue dans son essence la plus intime et le souffle qui la vivifie. Comme les éléments de la durée d'une société sont d'autant plus puissants qu'est plus grand le dévouement mutuel de ceux qui la composent ; plus l'esprit de sacrifice aura d'énergie, plus grands seront aussi les avantages sociaux qui se répartis-sent entre tous. Aussi l'enseignement catho-lique, qui manifeste cet esprit de sacrifice au terme de sa perfection, est-il dans la sphère de son activité l'une des conditions essen-tielles à la prospérité matérielle des masses. On le croirait peut-être contraire au progrès de chaque fortune individuelle et peu favo-rable à la fortune publique, parce qu'il exige de l'homme une abnégation continuelle, une résignation constante, et qu'il classe parmi les plus grands vices la soif désordonnée des richesses. Toutefois, jamais méprise ne se-rait plus grande.

Lorsque le chrétien subordonne son in-térêt privé à l'intérêt de tous, la société retire avantage de son désintéressement et de ses privations. S'il donne de son pain au pauvre, celui-ci retrouve ce que la charité enlève à celui-là. S'il remplit avec fidélité ses promesses, sa bonne foi et sa ponctualité profitent à ceux qui sont avec lui dans des relations d'affaires. Il n'est pas jusqu'aux ali-ments qu'il se refuse par vertu, qui ne ser-vent à nourrir ses semblables. Ainsi, les sacrifices du chrétien, bien que leur principe soit dans l'amour de Dieu, tournent toujours au profit de la société. S'ils paraissent ap-pauvrir ceux qui les font, ils enrichissent toujours le prochain qui en devient l'objet. Par conséquent, chaque membre d'une so-ciété catholique trouve, dans les sacrifices d'autrui, un large dédommagement des siens propres. Aussi, toutes les fois qu'au lieu de chercher la richesse de chacun dans la ri-chesse de tous, on a essayé d'en emprunter le principe générateur au déchaînement de toutes les cupidités, une concurrence double-ment ruineuse a-t-elle envahi le monde. Tel fut le fâcheux résultat des principes ad-mis par les économistes du XVIIIe siècle, et voilà aussi ce qui a rendu stériles les grands travaux des Smith, des Say et des Ricardo.

M. Eugène Buret, dont le travail sur la mi-sère des classes laborieuses est l'un des plus remarquables que nous aient donnés la phi-losophie pratique et la scrupuleuse obser-vation des faits, est loin d'adopter la théorie de ces écrivains sur la baisse des salaires. Il déplore amèrement surtout qu'ils n'aient vu dans le travail qu'une valeur d'échange, et non la valeur morale qui y est également. Il se plaint avec raison de ce que, négli-geant trop souvent la morale, ils n'ont fait que l'ontologie de la richesse. « L'activité industrielle, dit-il, n'a pas eu d'autre but ; l'Angleterre, les Etats-Unis et la France en ont entrepris la conquête, comme les con-quérants qui ont commencé l'histoire mo-derne se sont approprié le sol. La nouvelle industrie a procédé par les vigoureux efforts d'une féconde anarchie ; elle s'est jetée sur le terrain de la production comme dans une mêlée. Son but était la possession, la richesse, et non le bonheur des hommes. » Il accuse ces économistes d'avoir oublié, dans leurs froids calculs, que la vie, la santé et la mora-lité de plusieurs millions d'hommes sont en-gagées dans la question. Il pense que, si le désaccord qui existe entre les systèmes d'économie sociale suivis jusqu'à ce jour, et les principes moraux sur lesquels repose notre civilisation, ne sont pas corrigés à temps, il deviendra pour la société une cause incessante de périls. Il nous fournit une preuve de fait incontestable, tendant à nous convaincre de l'insuffisance de ces systèmes conçus en dehors des principes catholiques. C'est le phénomène de la misère à côté du grand phénomène de la richesse. Il observe que, chez les nations les plus avancées en ci-vilisation, des populations entières sont ré-duites à l'agonie de la faim, aux angoisses de la détresse physique et morale. Il voit partout la misère hâter le pas avec le progrès de l'industrie, et on ne peut que rester étonné de la force de ses raisonnements qui viennent à l'appui de cette remarque. Il cite la misère constatée dans quelques localités de la France. Les départements les plus ri-ches et les plus populeux sont ceux qui comptent le plus d'indigents. Aussi appel-le-t-il hautement la salutaire influence du catholicisme au secours de l'économie so-ciale. C'est du perfectionnement moral des populations qu'elle a le plus à s'occuper.

Nos économistes les plus récents parais-sent en convenir. On connaît le funeste sys-tème de Malthus sur le principe de la popu-lation, qui a eu en Angleterre et en France de si déplorables résultats, et relatif à la di-rection à donner à la charité publique. M. Ballanche, s'élevant aux plus hautes con-sidérations philosophiques, morales et so-ciales, proclame le sentiment religieux im-mortel comme nous, et la certitude que Dieu ne cesse de veiller sur les destinées du genre humain. C'est, dit-il, l'arche d'alliance qui marche toujours devant le peuple. M. de Villermé attache la plus grande importance à l'influence morale et religieuse sur les ré-sultats de l'industrie. MM. Duchâtel, Blanqui, Droz et de Laborde nous paraissent avoir con-sidéré judicieusement l'esprit d'association.

M. J.-A. Robert, dans son ouvrage intitulé *Ploutonomie*, explique à merveille l'éco-nomie sociale sous son véritable point de

vue. Il fait consister la civilisation dans le progrès de la moralité, des lumières et de la richesse. « Le christianisme, dit-il, a réalisé le rêve d'Archimède ; il a créé ce levier immense et tout-puissant, dont une extrémité est placée dans les cieux aux pieds de la Divinité, et dont l'autre touche au cœur humain. Le christianisme a élevé l'humanité et l'a superposée à elle-même. Lui seul, en introduisant dans le monde moral l'égalité devant Dieu et dans l'Eglise, a pu faire espérer aux hommes le prodige de l'égalité devant la loi. Seul il a pu procurer à la pauvreté la compensation des jouissances du luxe. Le christianisme est la civilisation par excellence. Il n'y a de perfection indéfinie que pour les chrétiens. Il n'y a qu'eux qui puissent orner la terre et l'embellir en la fécondant, parce qu'ils savent seuls sanctifier le travail et anoblir la peine; parce qu'eux seuls peuvent, en couvrant le sol de leurs sueurs, le peupler d'espérances.

Si des catastrophes sont imminentes, au dire de plusieurs, c'est donc à l'enseignement catholique qu'il appartient de les prévenir. Pour trouver un terme aux souffrances des classes ouvrières, il faut leur faire connaître et aimer les principes religieux qui, illuminant toute intelligence, donnent la force de remplir tous les devoirs. Il faut que la société prenne son essor vers les hauteurs de la pensée divine, dans ses institutions, dans ses lois, dans les formes diverses de son existence. Qui ne sait que, du sein du catholicisme, émanent les trois conditions indispensables, et au développement de l'industrie, et aux progrès de l'agriculture et aux chances favorables au commerce ! la sécurité, la liberté, la charité.

Comme on reconnaît au poids de leurs chaînes, dans la foule des captifs, les monarques déchus, l'homme courbé sous le poids de la faute originelle s'offre à tous les regards. Nous n'avons point assez de soupirs pour en donner un à chaque espèce des misères qui l'assaillent. Le travail, qui ne fut dès l'origine qu'un délassement, est devenu pour lui une contrainte importune, la dure loi de la nécessité. Condition de la richesse humaine, il implique, avec le sentiment de nos pressants et nombreux besoins, la certitude de les satisfaire. Otez à l'ouvrier l'assurance du salaire, à l'agriculteur l'espoir de jouir de ses récoltes, à l'industriel le fruit de ses travaux, et à l'homme de négoce la chance du bénéfice, et bientôt le genre humain, devenu oisif, disputerait aux animaux leur précaire pâture. Sans cette assurance, la charrue demeurerait inoccupée, l'atelier désert. C'est elle qui réveille le laboureur avec l'aurore, qui délasse les bras fatigués de l'artisan, et qui couvre les mers de pilotes. La sécurité est le motif déterminant du travail; et au degré où elle s'altère, les forces génératrices de la richesse s'engourdissent et seraient frappées d'une complète stérilité, si elle venait tout entière à disparaître. Mais que deviendrait cette sécurité génératrice de toutes les richesses, qui n'est, après tout, qu'un droit de propriété, si elle ne présupposait un pouvoir protecteur ? La conscience individuelle ne serait point un inexpugnable rempart contre le despotisme qui l'altère, et l'anarchie qui menace à chaque instant, comme un gouffre dévorant, de l'engloutir. De grands principes de sociabilité peuvent seuls la garantir à l'humanité. Or, l'histoire, d'accord avec la raison, établit le plus clairement possible que la sociabilité procède des croyances.

Les traditions de tous les peuples nous redisent avec l'auteur de la Genèse, que le premier homme est sorti des mains du Créateur sociable et croyant. La philosophie elle-même en est venue à expliquer la société par une puissance surnaturelle. Et les lumières de la raison nous persuadent que plus les croyances des peuples sont pures, et plus la tendance générale des actions est droite et en harmonie avec l'ordre ; conséquemment, le droit de la propriété plus inviolable et la sécurité du salaire plus parfaite. C'est à ce titre que le catholicisme assure aux peuples une supériorité radicale en matière d'économie. Expression de la pensée divine la plus parfaite, il est la doctrine la plus vraie et, en conséquence, la source sociale la plus féconde en richesses. Il remplit seul et d'une manière absolue les conditions inhérentes au culte d'une société. Les éléments de richesses s'y développent dans la forme qui leur est propre par le concours de l'agriculture qui produit les matières premières, par l'industrie qui les façonne, et par le commerce qui les rend échangeables. Aussi, à mesure que les croyances catholiques viendraient à s'affaiblir au sein des nations, la sécurité publique perdrait-elle dans d'identiques proportions de sa stabilité (1). Ami de l'ordre et de la paix, il ne condamne pas moins sévèrement le despotisme que l'anarchie, qui portent une dangereuse atteinte à la fortune publique. Il détruit dans leur germe les passions perturbatrices, console de chaque souffrance, et réalise l'immense développement de la confiance réciproque auquel toutes les branches de la production doivent une si grande part de leur fécondité. Que l'on compare l'état des peuples vivant à l'ombre de la loi chrétienne avec celui des nations qui sont restées jusqu'ici en dehors d'elle, et on ne pourra s'empêcher d'avouer, qu'elle les a constamment guidées dans les voies d'une civilisation digne de leurs hautes destinées. Car, qui pourrait se refuser de convenir que la fortune publique ne soit toujours en rapport au degré de sécurité et de liberté dont jouissent les nations. Si le catholicisme nous garantit le premier de ces principes générateurs de la richesse, quelle large part ne nous fait-il pas du second !

Il ne formule aucun système gouvernemental, aucune loi civile ; et son intervention à cet égard ne dépasse pas la consécration de tout ordre légal existant. Proclamant

(1) On trouvera d'importants développements sur cette matière dans les ouvrages de M. de Coux et de M. Alban-de-Villeneuve.

la soumission indispensable au maintien de la tranquillité publique, il ne pose que des préceptes généraux. Il prescrit au croyant des devoirs personnels, et abandonne à la conscience collective des peuples le soin d'y adapter leur organisme externe sans le concours d'une coupable violence. La nature des pouvoirs et leurs attributions diverses dans la sphère qui leur est propre, lui importent assez peu pourvu que l'on soit animé de son esprit, et que sa morale exerce une influence tranchée sur les lois, les usages et les mœurs publiques. La puissance des nations et leur véritable énergie dépendent de l'harmonie parfaite des croyances religieuses avec les institutions civiles. Alors l'intérêt temporel prête sa force à l'intérêt spirituel, et ils concourent ensemble au même but, à la conservation et au développement de la sociabilité générale, par la conservation et le développement de la sociabilité individuelle. Ainsi la religion du Christ se prête-t-elle avec une merveilleuse facilité aux exigences les plus diverses des temps et des lieux; et c'est en partie à cause de cela qu'elle a reçu de ses ennemis mêmes le beau titre de *catholique*.

Il ne faut pas toutefois confondre la liberté avec la licence. Quand l'industrie a pris en Angleterre et en France de si rapides développements, le principe fondamental a été *le laissez faire* et *le laissez aller*. Mais parce que l'industrie ne peut naître sans la liberté, doit-on conclure que la liberté est tout, et qu'il suffit pour bien gouverner le monde de le laisser aller tout seul. Non, car on n'oserait soutenir que les intérêts des individus et des classes d'individus s'équilibrent de manière à former une harmonie universelle. On ne doit jamais perdre en sécurité ce que l'on gagne en liberté. Si l'une, dit fort ingénieusement un habile économiste, est le sol qui soutient la prospérité publique et la sève qui la nourrit; l'autre est la lumière qui la colore et la rosée qui l'abreuve. Et telle est l'œuvre du catholicisme.

Il établit une égalité réelle en compensant la supériorité des uns sur les autres, par des obligations plus redoutables, et rend ainsi les peuples plus libres et plus heureux. C'est lui qui, après quarante siècles de servitude, a propagé la liberté née du sang du Christ, et avancé l'affranchissement progressif de l'humanité au sein des calamités et des tempêtes sociales qu'il a toujours apaisées. C'est lui, qui, après avoir dégagé des liens de l'esclavage les populations dégradées par une longue et dure oppression, les a fait arriver à l'intelligente industrie et à la propriété, en assurant par mille moyens le sort des nouveaux affranchis. C'est lui enfin qui nous révèle encore chaque jour des droits d'autant plus précieux, que l'éternité l'emporte sur le temps, et qu'il insiste sur les moyens légitimes par lesquels il faut les conquérir. *Il va toujours fortifiant l'ordre par la liberté et la liberté par l'ordre.*

Il sait apprendre aux classes laborieuses à éviter presque toujours les tortures de l'indigence, par les devoirs qu'il leur impose.

Si les causes du paupérisme de la part de ceux qui en sont les victimes, se réduisent à la paresse ou aux excès qui absorbent le produit du travail, et amènent souvent de longues et douloureuses maladies, ces deux causes, le christianisme les combat. Il rappelle à l'homme qu'il doit gagner son pain à la sueur de son front, et lui prescrit sévèrement de mettre un frein à des passions fougueuses.

Le philosophisme effaçant les noms de providence et d'immortalité, tarissant la source des inspirations fécondes, endurcissant l'égoïsme et déchaînant les ambitions, posa en axiome l'amour de l'or. Le christianisme condamne cet amour désordonné des richesses, l'une des sources tristement fécondes en désordres pour l'humanité; cet orgueil matérialisé qui se révolte contre l'ordre établi par le sage dispensateur de tous les dons. Il foudroie cet égoïsme de la possession, qu'il nous découvre dans les avidités qui, étalant chaque jour dans notre siècle des exigences nouvelles, se reposent à peine lorsqu'elles sont gorgées d'or. De tels moyens peuvent exciter quelque temps l'industrie, mais ils ne tardent point à tourner infailliblement à la ruine des mœurs et de toutes les vertus religieuses et nationales.

Loin d'isoler et de désunir, en détruisant tous les rapports entre les puissants et les faibles, le catholicisme nous présente la société chrétienne fondée sur le double lien de la force et de la faiblesse. De la force qui impose le devoir de protéger, et de la faiblesse qui donne le droit de réclamer un appui. Il oppose le sacrifice de chacun à l'avantage de tous pour détruire l'égoïsme matérialiste, tel que l'ont fait des philanthropes de notre siècle, et ne cesse de semer des principes de fraternité dans le monde, sans toutefois porter atteinte à aucune de ses hiérarchies. Son esprit secourable à la faiblesse, compatissant pour le malheur et ennemi de la violence, inspire aux hommes les idées de dévouement et de sacrifice de son divin fondateur. Il fait à tous de la charité une loi, lui donnant pour sanction des peines et des récompenses éternelles, excite les cœurs capables de nobles émotions, et par crainte ou par amour, il presse la main du riche à s'ouvrir sur le sein de l'indigence pour alléger son infortune. Quel moyen plus propre à garantir les progrès de la prospérité publique?

Le catholicisme apprend aux opulents que les biens ne leur sont point donnés pour eux seuls; qu'avec la fortune, la tâche la plus noble leur est confiée; qu'ils sont les représentants de la Providence et chargés de subvenir avec une prudente sagesse à toutes les infirmités humaines. Mission magnifique, s'ils la comprennent, mais d'une redoutable responsabilité! car Dieu leur demandera compte de tous les murmures de l'indigence contre sa paternelle bonté. Pour les y encourager par l'exemple, il nous fait comme assister au spectacle qu'ont donné à toutes les grandes époques, des chrétiens qui se sont dépouillés volontairement de leurs richesses

pour les distribuer à l'infortune. Soit lorsque l'empire romain s'écroulant, les vertus chrétiennes se retirèrent sous les palmiers de la Thébaïde, dans les rochers de Subiac et du Mont-Cassin. Soit quand, retournant au sein des jeunes sociétés, ces mêmes vertus se montrèrent parmi les hommes avec saint François d'Assise et saint Bernard. Soit quand la science qui guérit les maladies, muette et déconcertée par les étranges symptômes du fléau dévastateur, était naguère forcée d'assister impuissante à ses ravages, laissant passer en silence la colère de Dieu. L'œil perçant de la charité qui démêlait la cause secrète de leurs anxiétés promettait aux mourants d'adopter leurs enfants délaissés et de leur tenir lieu de père. Soit enfin tandis que les pierres du sanctuaire de l'illustre Eglise d'Espagne sont dispersées dans l'univers, la charité se montre de nos jours partout si admirable pour les recueillir, et le prodige de son héroïsme se manifeste au sein des populations, dignes émules de ces pontifes qui, se dépouillant de leur patrimoine et de leurs équipages, réparent à leurs frais de nobles débris battus par la tempête (1).

Il est aisé de concevoir qu'une religion qui respecte l'indigence et sanctifie les larmes, ordonne le mépris des richesses et en conseille l'abandon, fasse refluer sans cesse d'abondants secours vers les classes souffrantes. Mais on ne comprend point assez quelle délicatesse elle inspire envers les âmes brisées par toutes sortes de douleurs; quels moyens elle suggère pour venir à leur aide sans les forcer à rougir d'avoir tendu la main, et pour les dérober ainsi au fardeau quelquefois si pesant de la reconnaissance. On ne comprend point assez sa touchante anxiété pour ces faibles existences qui sont le plus souvent les fruits du crime, et qui seraient autant de victimes dévouées à la mort dès leur naissance, s'il cessait d'avoir l'œil ouvert sur leur berceau. Sévère même par excès d'amour, il va jusqu'à menacer d'anathème celles qui leur tiennent lieu de mères, si par l'oubli volontaire des précautions fondées sur la foi de l'expérience, elles exposaient ces jeunes plantes à périr avant l'heure. Aussi est-ce un devoir pour nous d'applaudir à la haute sollicitude, aux constants et généreux efforts qui ont couvert le sol français d'établissements pieux, où l'enfance délaissée est recueillie et formée de bonne heure aux vertus religieuses et sociales. Nous applaudissons de grand cœur à la réintégration des tours supprimés pour les enfants trouvés, à la prospérité des salles d'asile, des hospices pour les vieillards et les malades; des caisses d'épargne, de prévoyance et d'assistance mutuelle. Si on daigne nous permettre d'exprimer nos vœux dans l'intérêt de l'économie sociale en France, nous réclamerons avec instance une éducation religieuse pour la jeunesse, la propagation des maisons dites d'ateliers de charité, telles qu'il en existe à Marseille et à Bordeaux, une plus large part d'encouragement à l'agriculture, et l'amélioration sous tant de rapports devenue indispensable, de nos colonies, à l'avenir desquelles est si étroitement liée notre prospérité nationale. Mais que pouvons-nous faire de mieux que de nous en rapporter à la haute sagesse de notre gouvernement et de ceux qui, marchant à la tête de la civilisation moderne, se montrent pleins de sollicitude pour les intérêts du peuple français et pour la gloire de notre patrie? Ils passeront; mais leurs œuvres demeurent, et leur nom sera gravé sur la colonne des siècles à titre de bienfaiteurs de l'humanité.

**SOCIÉTÉ D'AGRICULTURE.** — Quelle importance n'y aurait-il pas à réunir ensemble l'agriculture et l'industrie dans l'éducation; déjà on est en train de reconnaître les excellents effets de l'intervention des travaux des champs. Un rapport de M. Rainceville, directeur de la ferme-école du département de la Somme, contenait le passage suivant, que nous avons relevé dans le numéro de *la Démocratie* du 22 septembre 1850.

« L'intelligence des enfants que l'on occupe de travaux légers sur la terre se développe d'une manière fort remarquable, et *une heure* d'école, au retour du travail extérieur, leur profite plus que *trois* ou *quatre* heures données à l'étude dans le système actuel. »

Voici, sur le même sujet, ce qu'on lisait dans *le Constitutionnel* du 29 juillet 1852, à propos d'une cérémonie qui venait d'avoir lieu à l'Asile-Fénelon, à Vaujours (Seine-et-Oise), colonie de 400 enfants de quatre à douze ans

« On a visité la chapelle nouvellement construite; l'infirmerie, vide de malades malgré cette nombreuse population; la salle d'asile, les dortoirs; mais le spectacle le plus intéressant était sans doute celui de ces champs cultivés, et de ces laborieux enfants travaillant à la culture de la terre. Les yeux portés sur la face du parc apercevaient à la fois, ici quatre-vingts enfants la bêche à la main, formant une longue ligne de travailleurs, labourant le champ avec une puissance de *quarante ares par heure*; plus loin cinquante autres binant un champ de pommes de terre; d'autres sarclant, d'autres enfin formant un long rang de brouettes et transportant des terres. *Il est donc vrai qu'il y a dans le travail de ces pauvres enfants, non pas la puissance de l'individu, mais la puissance du nombre*, et ces belles récoltes, ces terres si nettes et si pures de toutes mauvaises herbes, montrent assez que, de bonne heure, malgré son âge si faible, le grand enseignement du travail manuel peut être ajouté aux enseignements destinés à développer l'intelligence de l'enfant; la *gaieté*, la *vivacité* de ces enfants dans l'accomplissement de leur *tâche* mon-

(1) Tout l'épiscopat français s'est levé comme un seul homme pour venir en aide aux réfugiés espagnols. Mais un trait de charité digne de passer à la postérité, est la conduite admirable de Mgr de Prylli, évêque de Châlons, qui, pendant une année entière, admettait chaque jour à sa table douze de ces infortunés auxquels il avait donné habitation dans son palais, et dont tous les besoins étaient satisfaits par sa charité toute paternelle.

trent assez que ce travail est *une joie* pour eux. »

D'une autre part, en Algérie, le gouvernement patronne des *Établissements d'apprentissage* pour les orphelins des deux sexes. Les pupilles de l'administration générale de l'assistance publique sont confiés à ces orphelinats. Or, voici la clause que renferment les traités imposés aux concessionnaires par l'administration :

L'éducation spéciale qui sera donnée dans chaque maison d'apprentissage pour les orphelins, consistera pour tous dans les soins physiques et moraux que les parents doivent à leurs enfants, et dans l'enseignement ordinaire des écoles primaires.

On y joindra, au fur et à mesure que les enfants en deviendront capables, l'enseignement agricole ou celui d'une profession se rattachant essentiellement à l'agriculture, *selon le goût et l'aptitude de chaque sujet.*

Le *Moniteur* (7 septembre 1852) dit à propos de ces orphelinats :

« .... L'apprentissage professionnel comprend en première ligne les travaux de jardinage, de la grande et de la petite culture.

« Viennent ensuite les métiers accessoires, tels que ceux de charron, maçon, tailleur de pierre, briquetier, charpentier, couvreur, forgeron, maréchal-ferrant, ferblantier, tonnelier, bourrelier, tisserand, boulanger, boucher, cordonnier, tailleur d'habits, etc.

« On comprend, d'après la nature des métiers désignés, que l'*et cætera* doit compléter à peu de chose près la nomenclature de tous les métiers. Il est probable qu'on y joindra bien aussi quelques-uns des arts industriels, si l'on veut utiliser quelque peu le *goût* et l'*aptitude de chaque sujet.* Il est impossible aussi que l'observation de ces *goûts* et de ces *aptitudes* ne conduise pas les directeurs intelligents à reconnaître que le plus grand nombre des sujets, sinon tous, sont très-aptes et très-portés à exercer plusieurs métiers ; que, notamment, le travail de la terre comprenant, dans une de ses parties au moins, le jardinage, la grande ou la petite culture, peut être très-avantageusement alterné avec un ou plusieurs métiers, et réciproquement, pour le plus grand bien de l'instruction et de l'hygiène morale et matérielle des sujets.

« Nous ne doutons pas que le programme administratif qui comprend déjà l'alliance de l'agriculture et de l'industrie, qui prescrit de consulter, dans une limite un peu étroite il est vrai, *le goût* et l'*aptitude* de chaque enfant, ne reçoive de notables développements sous l'impulsion de l'expérience, pour peu que les directeurs soient hommes à tenir quelque compte des indications de la nature, au lieu de se mettre en garde et en lutte systématique contre elle. »

Voici donc que de toutes parts on est lancé dans la recherche des améliorations ; on expérimente d'une part sur le régime industriel, d'autre part sur le régime agricole, ailleurs sur le commerce, ailleurs sur l'éducation ; quant à nous nous cherchons à réaliser l'union de l'agriculture et de l'in-

dustrie ; là on introduit le travail des champs dans l'éducation, etc., etc.

Nous trouvons dans la société de colonisation le champ naturel où toutes les activités peuvent se déployer concurremment, s'aidant, se complétant les unes les autres, et fournissant carrière à toutes les aptitudes ; nous concluons à l'expérience sur une commune, expérience qui résoudra d'un seul coup tous les problèmes particls, que l'on aura plus de peine à résoudre isolément, parce que tout se tient dans le système social.

Nos pouponnières ne méritent plus alors le reproche qu'on a adressé aux crèches, d'affaiblir l'esprit de famille en provoquant à la séparation de la mère et de l'enfant ; la mère peut, si elle le veut, se consacrer tout entière aux soins réclamés par son nourrisson ; mais si une cause quelconque, l'inaptitude matérielle ou morale, des occupations incompatibles avec la fonction nourricière, lui rendent ces soins impossibles, elle peut s'en remettre en toute sécurité à la crèche, qui élève ses enfants sous ses yeux et sans le dérober un seul instant à sa sollicitude et à ses caresses. Il en est de même pour les écoles qui, dans la société actuelle, entraînent une séparation bien autrement longue et autrement dommageable pour les enfants. Aujourd'hui l'on se trouve placé entre deux écueils, également dangereux, l'éducation de famille et l'éducation de collège. L'une et l'autre présentent des avantages et des inconvénients corrélatifs qui rendent le choix très-difficile et qui laissent toujours au cœur des parents une très-vive appréhension, quel que soit le parti auquel ils se soient arrêtés. Dans les établissements de colonies agricoles, les inconvénients disparaissent et les avantages sont cumulés. On profite entièrement de l'action réciproque si puissante que les enfants exercent les uns sur les autres au grand profit de leur perfectionnement moral et intellectuel, de cette activité corporelle si puissamment excitée par le groupe et si précieuse pour le développement de la force et de l'adresse physique ; d'une autre part, on conserve à cet âge, où l'élément affectif a tant besoin de s'épandre, la douce influence de la famille toujours présente.

Déjà la France possède de nombreuses écoles agricoles et fermes-écoles qui répondent si bien à tous les besoins. Nous serions heureux de donner à cette partie de notre travail tout ce qu'il exigerait, mais les limites dans lesquelles nous devons nous renfermer ne sauraient nous le permettre. Nous nous contentons donc de rapporter à ce sujet les délibérations des chambres consultatives et du conseil d'agriculture.

TITRE Ier. — *Des chambres consultatives d'agriculture.*

Art. 1er. Il y a dans chaque arrondissement une chambre consultative d'agriculture.

Art. 2. Les chambres consultatives d'agriculture sont composées d'autant de membres qu'il y a de cantons dans l'arrondissement.

Art. 3. Le préfet désigne, dans chaque canton, pour faire partie de la chambre d'agriculture, un agriculteur notable ayant son domicile dans le can-

ton. Les membres de la chambre d'agriculture sont nommés pour trois ans. Ils sont toujours rééligibles.

Art. 4. Le préfet, au chef-lieu, et les sous-préfets dans les arrondissements, président la chambre consultative d'agriculture. Un vice-président, élu à la majorité des voix des membres présents, supplée le préfet ou le sous-préfet en cas d'absence ou d'empêchement. Le préfet ou le sous-préfet nomme le secrétaire.

Art. 5. Un arrêté du préfet fixe, chaque année, l'époque de la session ordinaire des chambres d'agriculture de son département. Il en détermine la durée et arrête, le programme des travaux. Des sessions extraordinaires peuvent avoir lieu sur sa convocation.

Art. 6. Les chambres consultatives d'agriculture présentent au gouvernement leurs vues sur les questions qui intéressent l'agriculture. Leur avis peut être demandé sur les changements à opérer dans la législation, en ce qui touche les intérêts agricoles et notamment en ce qui concerne les contributions indirectes, les douanes, les octrois, la police et l'emploi des eaux. Elles peuvent aussi être consultées sur l'établissement des foires et marchés, sur la destination à donner aux subventions de l'État et du département, enfin sur l'établissement des écoles régionales et des fermes-écoles. Elles sont chargées de la statistique agricole de l'arrondissement.

Art. 7. Les chambres consultatives d'agriculture correspondent directement avec les préfets et les sous-préfets, et, par l'intermédiaire des préfets, avec le ministre de l'intérieur, de l'agriculture et du commerce.

Art. 8. Les préfets et les sous-préfets fournissent au chef-lieu du département ou de l'arrondissement un local convenable pour la tenue des séances. Le budget des chambres consultatives d'agriculture est visé par le préfet et présenté au conseil général. Il fait partie des dépenses départementales, et est porté au chap. VII des dépenses ordinaires.

Art. 9. Les inspecteurs généraux de l'agriculture ont entrée aux séances et sont entendus toutes les fois qu'ils le demandent.

Art. 10. Les chambres consultatives d'agriculture sont reconnues comme établissements d'utilité publique et peuvent, en cette qualité, acquérir, recevoir, posséder et aliéner après y avoir été dûment autorisées.

TITRE II. — *Du conseil général d'agriculture.*

Art. 11. Il y a près du ministre de l'intérieur, de l'agriculture et du commerce, un conseil général de l'agriculture, composé de cent membres, dont : Quatre-vingt-six choisis parmi les membres de chambres d'agriculture, et quatorze autres pris en dehors.

Art. 12. Le ministre de l'intérieur, de l'agriculture et du commerce nomme chaque année les membres du conseil général de l'agriculture. Ils sont toujours rééligibles. Le ministre préside le conseil et nomme deux vice-présidents. Il désigne, en dehors du conseil, les secrétaires qui doivent rédiger les procès verbaux.

Art. 13. Le conseil général de l'agriculture se réunit, chaque année, en une session qui ne peut durer plus d'un mois.

Art. 14. Des commissaires du gouvernement désignés par le ministre assistent aux délibérations du conseil général de l'agriculture, et prennent part aux discussions. Ils sont entendus toutes les fois qu'ils le demandent, et ont entrée dans les commissions.

Art. 15. Le conseil général de l'agriculture peut être saisi de toutes les questions d'intérêt général sur lesquelles les chambres d'agriculture ont été consultées. Il donne aussi son avis sur toutes celles que le ministre lui soumet.

Art. 16. — Toutes les lois, ordonnances et décisions contraires au présent décret sont et demeurent abrogées.

Art. 17. Le ministre de l'intérieur, de l'agriculture et du commerce est chargé de l'exécution du présent décret.

Fait au palais des Tuileries, le 25 mars 1852.

LOUIS-NAPOLÉON.

Par le président :

Le ministre de l'intérieur, de l'agriculture et du commerce,
F. DE PERSIGNY.

SOCIÉTÉ D'INSTRUCTION PRIMAIRE. — La société pour l'instruction élémentaire, présidée par M. Boulay (de la Meurthe), sénateur, a tenu sa séance annuelle le 4 juillet 1852. Voici la liste des auteurs qui ont été couronnés dans cette séance pour des ouvrages classiques et de morale.

M. Ét. Panseron, pour son solfège concertant, a obtenu une médaille d'argent.

Des médailles de bronze ont été décernées à M. Alphonse Grim, pour un ouvrage sur la moralisation des classes laborieuses ; à M. D. Puille (d'Amiens), pour un cours d'arpentage élémentaire, théorique et pratique ; à M. Mangin, pour une histoire de France abrégée ; à M. Benjamin Lefranc, pour un abrégé d'histoire sainte ; à M. Doubet, pour l'histoire d'une salle d'asile ; et à M. Perrin, pour le dessin linéaire à vue.

SOCIÉTÉ DE SECOURS MUTUELS. — Nous ne saurions avoir oublié que l'éducation de la jeunesse n'est pas le seul objet que nous devons embrasser, et nous ne pouvons dédaigner rien de ce qui touche à l'éducation des peuples. Le gouvernement de Louis-Napoléon fournit à la nation française un nouveau moyen de hâter son amélioration progressive en étendant sa sollicitude sur les secours mutuels assurés par une société de ce nom.

Dans ce but, voici ce qu'écrivait naguère M. le ministre de l'intérieur à MM. les préfets.

« Jusqu'ici l'administration avait un seul devoir à remplir vis-à-vis des sociétés de secours mutuels, celui de les surveiller, et, toutes les fois qu'elle a concouru à l'organisation ou au développement d'une de ces institutions, son intervention n'a été qu'officieuse.

« Le décret du 28 mars change la nature et le caractère de cette institution.

« Le Prince Président, frappé des immenses services que les sociétés de secours mutuels sont appelées à rendre aux populations ouvrières, a voulu les élever à la dignité d'institutions publiques, et leur faire des conditions et des avances qui en préviennent les abus, en assurent le succès et la durée, et en répandent le bienfait dans toute la France.

« C'est à vous, monsieur le préfet, qu'est confié le soin d'appliquer à votre département cette généreuse pensée, et de prendre l'initiative des mesures nécessaires à sa réalisation.

« Après vous être fait rendre un compte exact du nombre, de la situation et des statuts des sociétés déjà existantes, et avoir fait afficher dans toutes les communes le décret du 28 mars, vous examinerez avec soin quelles sont les localités qui se prêteraient le mieux à la création des sociétés nouvelles, et vous mettrez leurs conseils munici-

paux en demeure de se prononcer sur l'opportunité de ces fondations.

« L'opinion des conseils municipaux doit être prise en considération; car ils sont à portée de connaître les dispositions et les ressources de leurs communes; cependant vous n'êtes pas obligé de suivre leurs avis, si d'autres renseignements, si des propositions venues d'une source sûre et respectable vous amènent à une opinion contraire.

« L'utilité une fois reconnue par vous, le maire procédera à l'organisation de la société. A cet effet, il fera un appel à tous les hommes de bonne volonté, aux propriétaires, aux chefs de manufactures et d'usines, aux fonctionnaires de tout rang et de tout ordre, empressés à se dévouer à des intérêts aussi légitimes, et de seconder les intentions protectrices du chef de l'Etat. Il s'adressera aussi aux ouvriers honnêtes, à ceux qui sont l'exemple et la fortune des ateliers, et leur expliquera combien ils gagneront à faire partie d'une association dont le but est d'écarter, à l'aide d'un léger versement, lla principale cause de leur souffrance et de leur ruine, la suppression du travail par la maladie et l'infirmité.

« Le concours du curé, demandé par l'article 1er, sera d'un grand secours pour arriver à un bon résultat. Sa parole est puissante pour réunir, pour concilier, pour inspirer aux uns l'obligation de l'économie, aux autres, le devoir du sacrifice. Déjà grand nombre de sociétés de secours mutuels se sont formées à l'ombre de la paroisse, et deviennent ainsi des écoles de prévoyance et de moralité; placer l'association sous la protection de la religion, c'est emprunter ce qu'il y avait de bon, d'élevé, de généreux dans ces vieilles corporations qui marchaient sous la bannière et portaient le nom d'un saint.

« Pour obtenir le concours actif de messieurs les curés, vous vous entendrez avec l'évêque de votre département; une lettre de M. le ministre des cultes lui demande son intervention, qui ne peut vous manquer, puisqu'il s'agit d'une bonne œuvre.

« Dans les communes protestantes, vous appellerez le ministre du culte à concourir à la fondation des sociétés de secours mutuels dont les membres appartiennent à l'Eglise réformée. Autant que possible, l'organisation devra commencer par le chef-lieu de préfecture ou une des villes les plus importantes qui présentent ordinairement les chances les plus favorables; car, si une grande publicité, si un appel général à toutes les communes peut donner l'éveil et fixer l'attention, une société fondée dans les conditions du décret et fonctionnant régulièrement sera toujours la meilleure des instructions; le bien est contagieux comme le mal, et rien ne dissipe plus vite les préjugés et ne répond mieux aux objections que l'exemple.

« Vous ferez aussi tous vos efforts pour que cet exemple soit donné dans quelques-unes des communes rurales; l'homme de la campagne ne connaît pas les institutions de prévoyance, et bien peu celles d'assistance ;

malade, il n'a pas d'hôpital, à peine de médecin; infirme ou vieillard, il n'a ni hospices, ni bureaux de bienfaisance, et sa santé, par conséquent son travail, est à la merci de la plus petite indisposition, qui, souvent, faute de soins, s'aggrave et menace sa vie. Déjà l'heureuse initiative de quelques hommes de bien ne s'est pas laissée arrêter par les difficultés, et est parvenue à constituer des sociétés de secours mutuels dans des villages où le petit nombre des habitants et l'éloignement des habitations semblaient rendre toute association impossible. La faculté de réunir plusieurs communes facilitera le succès. En Angleterre, les cantons ruraux fournissent autant de sociétés mutuelles que les districts manufacturiers; et l'habitude pénétrera peu à peu dans nos campagnes, lorsque les faits viendront triompher de l'ignorance et des préjugés, et que des voix connues et respectées se chargeront de conseiller la prévoyance.

« Vous insisterez beaucoup sur l'utilité des membres honoraires : composées seulement de membres participants, non-seulement les sociétés sont trop restreintes dans leurs ressources et par conséquent dans les secours qu'elles procurent, mais elles prennent trop souvent un caractère d'exclusion et d'hostilité tout à fait contraire à l'objet de leur fondation; elles favorisent ces préjugés funestes qui font, dans la société, deux camps au lieu d'une seule famille, et séparent les hommes qu'elles avaient pour but de réunir.

« Les membres honoraires, en augmentant les recettes, sans rien ajouter aux dépenses, multiplient le bien qui revient aux membres actifs, et les font profiter de lumières et d'expériences qui manquent trop souvent aux ouvriers et dont l'absence a entraîné la perte de tant d'associations exclusives.

« Mais la protection la plus efficace, celle qui influe de la manière la plus heureuse sur l'avenir d'une société de secours mutuels, c'est le bon choix du président. Le Prince a voulu s'en réserver la nomination, comme un témoignage du haut intérêt qu'il porte au progrès de ces institutions. Vous aurez à me faire parvenir tous les renseignements qui peuvent éclairer son choix, et vous ne sauriez vous montrer trop sévère et scrupuleux dans vos présentations.

« Le président d'une société de secours mutuels doit allier à l'autorité, aux lumières qui imposent le respect, le dévouement qui appelle l'affection; cet honneur appartient à l'homme de bien dont le zèle impartial et désintéressé n'a jamais su faire de son influence une arme de parti ni un moyen de faveur, et il ne remplira ses fonctions d'une manière utile à tous, que s'il est désigné d'avance par l'honorabilité de sa vie et surtout par le bien qu'il a déjà fait.

« Le président est placé à la tête de l'association pour la garantir contre les défiances, la défendre contre les abus; il répond aux sociétaires de la protection et de la bienveillance du gouvernement, au gouvernement de la sage et bonne direction de la so-

ciété, mais il n'enlève rien à celle-ci de la liberté dans le choix de son bureau et de ses membres; la gestion des fonds, l'administration des affaires, resteront toujours entre les mains de ceux à qui leurs co-associés en auront confié le mandat.

« L'art. 5 limite à cinq cents, à moins d'une autorisation spéciale de votre part, le nombre des membres participants. L'extension exagérée d'une société ne permet plus à ses membres de se connaître et de se visiter. Ce n'est plus une œuvre de bienveillance et de services mutuels, c'est une administration avec ses fonctionnaires et ses employés; les frais augmentent, la surveillance et la charité diminuent.

« Il serait bon que dans les villes populeuses les sociétés s'organisassent par circonscriptions et admissent les ouvriers de différents états : l'organisation par métiers nécessite l'admission de membres éloignés les uns des autres sans rapports de voisinage et d'affection, et présente, en réunissant les forces et les volontés d'un corps d'état tout entier, en lui donnant une caisse commune, une dangereuse facilité aux coalitions; il suffit alors d'un mot d'ordre pour arrêter les travaux, fermer les ateliers et préparer la grève.

« La division par quartier, l'association d'ouvriers qui vivent les uns à côté des autres, habitant la même rue, souvent la même maison, maintient cet esprit de famille qui est le meilleur lien et la plus sûre garantie de durée. La loi du 15 juillet 1850 interdisait absolument la promesse des pensions de retraite : beaucoup de sociétés, en effet, avaient succombé ou avaient été forcées de manquer à une partie de leurs engagements par l'impossibilité où elles se trouvaient de fournir à la fois aux dépenses de la maladie et des secours à la vieillesse; mais cette impossibilité tenait surtout à l'absence et à l'exclusion des membres honoraires; les ressources qu'apporteront ceux-ci dans la société nouvelle permettront de satisfaire à un des vœux les plus ardents et d'atteindre un des plus utiles résultats de l'association. Toutefois vous n'admettrez les promesses de pension, dans les statuts soumis à votre approbation, qu'avec de sages précautions et une prudente réserve, et vous vous assurerez que le nombre et la quotité des cotisations des membres honoraires mettent la société à l'abri de toute erreur dans ses calculs et de toute infidélité à ses engagements; mais, dans aucun cas, vous n'approuverez la promesse de secours en temps de chômage; cette condition ne serait pas seulement un principe de ruine et de démoralisation, puisqu'elle tendrait à encourager la paresse et à faire payer au travail une prime à l'insouciance, mais elle porterait en elle le germe de toutes les grèves et l'espérance de toutes les coalitions. Assurément rien de plus légitime et de plus sage pour l'ouvrier que de chercher à se créer des ressources pour le temps où manque le travail; mais la caisse d'épargne a précisément pour but de garder en réserve le petit trésor qui permettra de passer les mauvais jours, et elle échappe à tous les dangers de l'association contre le chômage. D'ailleurs, l'admission des patrons comme membres honoraires dans les sociétés de secours mutuels et les bons et fréquents rapports qui en résulteront entre le maître et l'ouvrier, établiront nécessairement des facilités de placement et des moyens de travail pour les sociétaires et diminueront grandement les chances d'inaction.

« Le titre II énonce les avantages accordés aux sociétés approuvées; l'attention des ouvriers doit surtout être appelée sur l'art. 12. À l'avenir, le diplôme de membre d'une société de secours mutuels peut servir de livret et de passeport, c'est-à-dire devenir un certificat de moralité, un témoignage de bonne conduite, une recommandation à la protection du gouvernement, aux préférences des chefs d'ateliers, à l'estime et à la considération publiques.

« En favorisant ainsi les sociétés approuvées, le décret ne change rien à la situation de celles qui existent et qui ont été fondées sous un autre régime; le gouvernement n'a nulle intention de les détruire tant qu'elles seront fidèles aux lois et règlements qui régissent la matière; l'article 12 de la loi du 15 juillet 1850 leur est toujours applicable (1); beaucoup vivent depuis longtemps, fonctionnent avec sagesse et régularité, et ont produit d'excellents fruits. Si elles demandent l'approbation, vous vous empresserez de les accueillir, et vous n'exigerez de changement dans leur règlement que pour les articles en contradiction flagrante avec l'esprit du décret. Toute société ancienne ou nouvelle devra, pour être approuvée, admettre des membres honoraires, faire nommer son président par le Président de la République, et ne pas promettre de secours contre le chômage; hors de là, vous avez toute latitude pour accepter ce que le temps et l'expérience auront consacré dans les statuts des sociétés déjà existantes; l'approbation donnée à une de ces sociétés vous dispensera de provoquer une fondation nouvelle si la première suffit aux besoins et à la population de la localité.

« Quant aux sociétés reconnues comme établissements d'utilité publique, en vertu de la loi du 15 juillet 1850, l'art. 17 du décret les admet aux avantages des sociétés approuvées, sans autre condition que d'être fidèles à leurs statuts qui ont déjà passé par l'examen du conseil d'État.

« La place nouvelle faite aux sociétés de secours mutuels doit nécessairement soulever, dans la pratique, des questions et des diffi-

(1) Les sociétés de secours mutuels, déjà reconnues comme établissements publics, continueront à s'administrer conformément à leurs statuts. Les autres sociétés de secours mutuels actuellement constituées ou qui se formeraient à l'avenir, s'administreront librement; néanmoins elles pourront être dissoutes par le gouvernement, le conseil d'État entendu, dans le cas de gestion frauduleuse, ou si elles sortent des conditions de sociétés mutuelles de bienfaisance. (Loi du 15 juillet 1850, art. 12.)

cultés que la législation n'a pu prévoir ; d'un autre côté, il importe à la bonne application du décret que les essais réussissent, que les expériences acquises puissent profiter à tout le monde, et qu'une jurisprudence résultant de l'ensemble et de la comparaison des faits, devienne peu à peu la règle de cette matière encore peu étudiée.

« Pour réunir les documents, répondre aux questions, résoudre les difficultés, établir la jurisprudence, le Prince Président a nommé une commission supérieure d'encouragement et de surveillance qu'il a voulu présider lui-même. Vous me ferez parvenir, pour être transmis à cette commission, les renseignements que vous aurez recueillis sur les sociétés déjà existantes, en vertu de l'art. 13 de la loi du 15 juillet 1850 (1), un exemplaire de leurs statuts, et, autant que possible, un rapport de leurs présidents sur leur situation et sur leurs travaux. Vous y joindrez un exposé des mesures prises dans votre département pour l'exécution du décret, et plus tard vous me ferez connaître les résultats obtenus, ainsi que les propositions de subventions à accorder aux sociétés, de récompenses et encouragements à donner à ceux de leurs membres qui auront montré le plus de zèle et de dévouement; enfin vous transmettrez toutes les questions que vous voudrez adresser à la commission supérieure avec les observations que la pratique vous suggérera dans l'intérêt des institutions de prévoyance

« La commission trouvera dans ces communications de précieuses ressources pour remplir la tâche qui lui a été confiée, et elle s'empressera de mettre à votre disposition tout ce que ses rapports avec les autres départements, et ses propres travaux lui auront fourni de lumière et d'expérience. Elle commence déjà ses rapports avec vous, en vous envoyant un projet de statuts qui lui paraît présenter les conditions les plus favorables à la bonne organisation des sociétés de secours mutuels, et que je vous engage à communiquer aux communes et aux personnes qui voudraient s'occuper de leur fondation.

« Après le premier devoir de maintenir l'ordre par la sévère exécution des lois, et de combattre l'anarchie partout où elle menace la sécurité publique, il n'est pas pour le gouvernement de mission plus haute et plus importante que de travailler au bien-être des populations laborieuses, de diminuer leurs chances de malaise et de souffrance, et de leur faciliter, après un long travail, le repos et une vieillesse honorée.

« Les sociétés de secours mutuels aident puissamment à cette mission ; elles rendent les maladies et les infirmités moins ruineuses et moins meurtrières; elles rapprochent les hommes par la mutualité des ser-

(1) Chaque société de secours mutuels devra fournir, à la fin de l'année, au préfet du département où elle est placée, un compte de la situation et un état des cas de maladie ou de mort éprouvés par les sociétaires dans le cours de l'année. (Art. 13 de la loi du 15 juillet 1850.)

vices et de l'affection ; enfin elles tendent à substituer peu à peu la prévoyance, qui élève et moralise, à l'assistance publique sur laquelle pèsent déjà de si lourdes charges.

« Je réponds aux préoccupations les plus vives du gouvernement, en vous demandant de mettre votre zèle et votre persévérance au service de cette œuvre de moralisation et de charité.

« L'administration a secondé, avec courage et énergie, le Prince Président dans la répression du désordre et la défaite de l'anarchie; mais s'arrêter là, ce serait méconnaître toute sa pensée, et n'accomplir que la moitié de son œuvre, et il compte autant sur vous pour faire le bien que pour réprimer le mal.

« Recevez, Monsieur le préfet, etc.

        *« Le ministre de l'intérieur,*
            « DE PERSIGNY. »

SPIRITUALISME (Influence du) SUR LE GÉNIE LITTÉRAIRE. — Il existe une doctrine philosophique qui ne voit dans la nature entière que des corps et des organes. La pensée, cette lumière qui connaît les déserts de l'espace, qui les peuple de mondes sans fin et les mesure par la géométrie; cette pensée plus grande que l'univers matériel, puisqu'elle l'embrasse, elle est une production pure des viscères et de l'organisme cérébral; elle est l'écho plus ou moins harmonieux d'un instrument organisé pour un jour; elle est un son qui meurt avec la corde brisée, incapable de survivre à la destinée de sa fragile habitation

Pour celui qui s'est préoccupé de cette aride théorie, le ciel se voile, la terre n'est plus un marchepied pour aller à lui, et dans tout ce qui est, il n'y a plus qu'une substance universelle, inerte, qu'une force aveugle et sans vertu, dénuée de liberté comme de providence. Et avec la providence s'évanouissent les joies de la vertu, les épreuves de la conscience, et l'espoir des récompenses méritées, et les consolations religieuses dans les faiblesses de l'humanité. Oui, tout cela disparaît, et après l'heure il ne reste plus de l'homme, de ses vœux fragiles, de ses espérances dévorantes, il ne reste plus qu'un peu de cette cendre mortelle qui bientôt, partagée par les habitants souterrains, va se dissoudre dans les éléments, et concourir à l'éternelle reproduction de la nature : voilà le matérialisme.

Mais il existe une autre doctrine philosophique plus élevée, plus digne, plus heureuse; c'est celle qui proteste contre les fatales conséquences qu'entraîne après soi le matérialisme; celle qui élève une voix généreuse du sein des ombres terrestres au milieu desquelles l'homme passe ici-bas sa vie d'un jour, et qui s'écrie : « Non, il n'est pas vrai que l'homme soit issu tout entier du limon grossier d'où sont sortis ses membres périssables; il n'est pas vrai que cette vie qui circule en nous ne se distingue point du sang qui la précipite, que ce principe mystérieux qui nous fait palpiter d'espoir, frémir de crainte, qui nous brise sous le repentir, ou nous évanouit dans les joies vertueuses.

qui nous-élève par delà la sphère des sens, et nous montre dans la substance éternelle le créateur et le père des êtres contingents; il n'est point vrai que ce principe divin, que vous appelez votre âme, se ramène à un atome de matière; il n'est point vrai que dans le corps mortel de l'homme n'habite pas un hôte immortel. »

Nous n'entrerons point dans une argumentation trop facile, et, montrant les conséquences du matérialisme dans l'ordre religieux, moral ou politique, nous n'élèverons point l'image du spiritualisme, prêtant sa large base à toutes les vérités conservatrices; mais nous bornant à des considérations d'art, nous voudrions persuader de cette vérité : que la littérature qui, délaissant les imperfections de la terre, monte à la contemplation de ce qui est immuable, qui vit d'intelligence et d'amour, qui place son levier au-dessus des incomplètes reproductions de la nature, que la littérature spiritualiste enfin est la seule qui soit digne d'orner notre vie étroite, et de captiver une intelligence qui sait sa valeur et ne méconnaît pas son origine.

Et d'abord, à moins qu'on ne déshérite l'éloquence de la haute mission qu'elle remplit dans les choses humaines, et qu'on ne la regarde comme un vain artifice de paroles, destiné à satisfaire un instant la pensée oisive et à délasser ingénieusement l'esprit, peut-on concevoir une éloquence qui n'ait pas reçu son impulsion et sa vertu de son alliance avec la philosophie? Que seraient nos études littéraires, ces apprentissages d'éloquence et de poésie, si elles n'ont pas été dilatées, agrandies par la haute science qui les couronne en leur imprimant leur destination sociale et providentielle? Que feront ces fleurs qui tomberont décolorées sur nos pages impuissantes, si nous ne sommes pas logiciens, si la chaîne de nos raisonnements n'est pas complète, s'il s'y trouve des anneaux intermédiaires qui soient brisés ou inaperçus, si nous n'avons pas recueilli de l'étude de nous-mêmes l'art de sentir et l'art de penser?

Et nous entendons parler ici de cette éloquence vraiment pratique, consacrée d'une imposante mission, de celle qui foudroie les vices dans la chaire sacrée, qui brise et dissout les sophismes passionnés à la tribune politique, ou qui, devant les juges assis au tribunal, met à la clarté du jour les preuves de l'innocence et du crime; nous entendons cette haute éloquence, immense et tumultueuse comme la mer, *ut mare procellosum*, selon l'expression des anciens; cette éloquence dont les paroles trempées par la philosophie sont précisément ces paroles ailées dont parle Homère, destinées à introduire au fond des cœurs les vérités qui d'abord ont passé dans l'intelligence. Otez donc à Démosthènes, à ce sublime gladiateur de l'arène des intérêts publics, ôtez-lui cette force interne, cette logique de la vertu, ce divin patriotisme qui fait son génie, et qu'est-ce que Démosthènes, qu'est-ce que ce roi de l'éloquence? Chez lui, en effet, la parole n'est pas le simple revêtement de la pensée; elle a été comme coulée en bronze avec cette pensée; l'une et l'une sont identifiées; et c'est le spiritualisme qui, pareil à un indestructible ciment, opère chez les grands orateurs cette fusion admirable. Que serait-ce si je parlais de l'éloquence chrétienne et de Bossuet!

Oui, si on prononçait le divorce entre la philosophie et l'éloquence, aussitôt l'esprit créateur de la pensée se retirerait de la parole devenue vide, sans consistance, sans profondeur, et il n'y aurait plus d'orateur, parce que sous l'habileté des harmonieuses périodes, ne palpiterait plus le cœur du moraliste, ne s'agiterait plus l'arme invincible du logicien. Il n'y aurait plus là un joûteur redoutable, armé de pied en cap, prompt à l'attaque et à la défense, mais seulement un faisceau d'armes brillantes, qui couvrirait à peine un simulacre de guerrier.

Mais c'est surtout dans la poésie que l'influence du spiritualisme est plus vive et plus profonde; on le remarque surtout dans les premiers essais de la lyre, chez les peuples primitifs, ou chez ceux qui entrent dans les premières voies de la civilisation. A cette poésie qui sort spontanément de l'âme humaine, aux époques mystérieuses du genre humain où les peuples s'agitent et s'enfantent à l'histoire, il faut un immense horizon dans lequel elle puisse se répandre à sa fantaisie, et si le monde réel ne lui suffit pas, elle veut être laissée à elle-même dans les vastes plaines du monde intelligible. Ainsi Orphée a été le poète précurseur de la muse antique. Dante, placé au berceau de la renaissance moderne, est celui qui a fait sortir de ce génie moderne une poésie neuve, ardente et pleine du spiritualisme chrétien qui l'enflamme.

C'est aussi aux époques qui, pareilles à la nôtre, éprouvent ces crises de renouvellement qui se remarquent quelquefois dans la vie des peuples, quand je ne sais quoi d'inconnu remue au fond des vieilles sociétés, c'est alors que l'art, fidèle aux traditions de son berceau, se réfugie encore sous l'égide du spiritualisme pour se retremper, pour s'affranchir, pour s'élever au niveau des destinées de la société dont la bannière lui est confiée. Au premier âge des nations, c'était la poésie lyrique qui, au souffle de l'esprit religieux, faisait entendre ses accents nobles et purs; aux époques plus avancées, c'est le drame qui prédomine et devient la poésie représentative d'une société en progrès. Mais alors le drame, comme toute autre poésie, s'élargit et devient une scène ouverte aux combinaisons de la vie réelle, vulgaire même s'il le faut, pourvu que l'idéal, comme une lampe vigilante, éclaire, sans s'éteindre, tout ce jeu des agitations humaines dont se compose la vie, et tout ce prestige de couleur locale dont il faut qu'une époque dramatique se montre revêtue.

Ainsi, qu'on ne croie pas que le spiritualisme soit un motif de resserrer les limites du beau et de comprimer sa juste liberté. Le spiritualisme est un sceau de liberté

aussi bien dans le monde littéraire que dans le monde social, et c'est pour établir ce principe que je hasarde ici quelques paroles sur l'art dramatique en particulier. Le drame spiritualiste n'est pas esclave de la forme étroite, austère, stoïcienne d'Alfiéri, que de la forme puissante et large de Shakespeare, dans laquelle le monde entier, ce monde des petits et des grands, se reflète sans scrupule et apparaît avec sa nature individuelle et primitive. Ce que le drame spiritualiste veut avant tout, c'est que l'homme soit représenté dans sa double nature, dans son ombre comme dans sa lumière, dans sa faiblesse comme dans sa vertu, et que ces deux points de vue se donnent, l'un par l'autre, le relief et la réalité. Poésie à la fois ancienne et nouvelle, humble et sublime, elle n'oublie pas que si elle aspire au ciel, c'est sur la terre qu'elle se meut; car elle est l'humanité même mise en expression. Et qu'importe alors au drame spiritualiste, pourvu que soit respectée la grande unité d'action et de sentiment; qu'importe que l'antique statue aux longs plis descende de son piédestal pour entrer dans le mouvement de l'existence, ou bien qu'elle pose à loisir, comme les marbres du musée, ou comme nos tragédies, étalant aux regards le fini du style, la grâce des proportions et la justesse de ses admirables contours?

La poésie qui ne s'attache pas, comme la muse religieuse, ou comme la muse dramatique, soit à éveiller le plus généreux instinct du cœur, soit à reproduire l'homme lui-même dans sa nature intérieure et profonde, la poésie de la beauté externe et de la forme matérielle s'élève dans le domaine de l'art, comme dans un parterre une fleur brillante mais sans parfum. Sa tige manque de souplesse et d'élégance; son calice est sans nuances et sans grâce; sa couleur vive ne saurait suppléer à la vertu secrète qui lui manque. Aussi, n'attendez pas qu'elle soit choisie pour les guirlandes; sitôt que sa tige florissante ne la soutient plus, sitôt qu'elle est tombée, elle est flétrie, et il n'y a plus rien en elle qui survive au regard distrait qu'elle pouvait conquérir la veille. Oui, la littérature qu'élabore péniblement l'esprit avide du matérialisme est semblable à cette fleur; elle aussi croît sur un sol infertile, elle aussi peut s'élever brillante et glorieusement colorée; mais elle ne saurait avoir la grâce intérieure et le parfum; et cette littérature ne possédera pas en elle toute beauté, bien que ne lui manque pas celle qui se montre tout entière et sans aucun voile aux regards.

Sans doute elle saura décrire fidèlement les détails matériels de la nature; elle saura, détruisant l'idéal, méconnaissant les barrières légitimes dans lesquelles l'art enchaîne l'imitation, reproduire une impuissante copie des objets; mais dans son œuvre vous chercherez en vain ce je ne sais quoi de primitif et d'antérieur à toute expression matérielle; vous chercherez la pensée, dont chaque objet de la nature est comme le symbole; vous chercherez la lumière et l'existence. Statue parfaite dans toutes les parties de son exécution, il lui manquera... que vous ne pourrez pas lui dire comme Pygmalion à Galatée : « Marbre froid, lève-toi, marche, et reçois la vie; » car le propre de l'art est de vivifier, de *spiritualiser* la matière.

Oui, c'est l'art qui vivifie la matière, mais seulement quand lui-même s'est trempé aux sources vivifiantes du spiritualisme, quand il se connaît, quand il a conscience de sa propre faiblesse, quand il sait que par soi, réduit à ses moyens externes, il demeure toujours, malgré ses efforts, à une infinie distance de cette nature qu'il veut copier; tandis que s'il se laisse soulever au spiritualisme, bientôt il la conquiert, cette nature, il la domine du regard, il la fait sortir vive, puissante et pourtant vraie, du moule de sa pensée, parce que l'idéal préside à l'empreinte qu'il en a tirée.

L'art, qui a puisé ses inspirations aux sources élevées de la pensée, ne va plus terre à terre, comme un aigle dont les ailes seraient brisées; mais il a reçu le don de soutenir son vol à des hauteurs inaccessibles au vulgaire, et cependant il sait descendre à volonté, il sait encore s'incliner sans bassesse, se mêler, sans s'altérer, aux choses de la terre. Les joies et les affections fugitives de notre monde, les nuances du cœur, les émotions passionnées, ne sont point inconnues à l'art spiritualiste. Mais si votre littérature, humble et sans vertu, ne voit dans l'homme que la partie inférieure de lui-même, comme parle Platon, que cette nature animale à laquelle il s'assimile par son ombre, si la partie lumineuse de l'homme, celle qui établit sa parenté avec Dieu, vous est un sanctuaire voilé, oh! alors, artiste, qui que vous soyez, soit que vous peigniez par la lyre ou par les pinceaux, dites-le-moi, si c'est la nature que vous voulez peindre, connaîtrez-vous les harmonies que cette nature matérielle, dans laquelle vous vous enfermez, révèle avec l'homme? Et si c'est l'homme lui-même que vous aspirez à reproduire, dans sa double réalité, vulgaire et sublime, connaîtrez-vous les harmonies de l'homme être sensible avec l'homme être intelligent et moral? Ces passions humaines dont je vous parlais, ces joies fugitives, ces ennuis pénétrants qui sont comme le sable épais sur lequel coule le ruisseau de notre vie, en aurez-vous l'intelligence, et saurez-vous interpréter ces accidents de la nature sensible selon leur destination providentielle, par les conditions de l'épreuve et par les lois de la nature morale, relatives à l'exercice de votre liberté?

Et pourtant, si le matérialisme s'obstinait à fermer à l'art cette région immense de ce qui ne se voit pas, dans laquelle demeure la meilleure partie de l'homme, si cette doctrine desséchante venait à prévaloir dans la littérature, il faudrait vous exiler des pages désenchantées de nos écrivains, nobles idées de vérité, de justice, de vertu, de liberté inviolable; car vous êtes des pensées

trop pures, trop généreuses pour prendre vos racines dans un sol sans rosée, qui ne communique point avec la lumière du ciel.

Oui, les sentiments les plus purs n'ont de valeur et de portée morale qu'autant qu'ils sont vivifiés par l'esprit, qu'autant qu'ils reçoivent leur dignité et leur vertu de leur alliance avec ces conceptions élevées que je viens d'énumérer; avec elles, ainsi devenus inséparables de l'intelligence, les sentiments deviennent vraiment moraux, l'art spiritualiste s'en saisit, parce qu'il leur trouve son empreinte; et, à ce titre, on peut dire que la poésie n'est autre chose que la peinture des sentiments.

Il y a en effet, dans le cœur de l'homme, trois grands sentiments qui constituent sa grâce, sa force, sa grandeur; c'est l'amour, c'est la liberté, c'est la religion. Il n'est pas de poésie humaine qui ne soit sortie de cette triple origine, pas de poésie qui ne se rattache à l'une de ces trois cordes primitives de la lyre que nous portons au fond de nous-mêmes. Voilà pourquoi la poésie lyrique est la première pour la prédominance comme pour l'origine, et pourquoi, chez les anciens, la lyre est le type de la poésie; car le premier qui fut poëte est celui qui sentit l'inspiration s'élancer de son âme émue en paroles métriques, pour satisfaire aux besoins primitifs du cœur, pour chanter l'amour, la liberté, la religion.

Or, si l'on essaye de retirer le spiritualisme de ces trois pensées, qu'aura-t-on fait d'elles, de leur puissance, de leur vertu, de leur intégrité virginale et sacrée? Sait-on ce qui restera, et ce qui pourra être l'objet de la lyre matérialiste? Il restera trois choses: au lieu de l'amour, la volupté; au lieu de la liberté, l'anarchie; au lieu de la religion, la superstition. Et que viendra faire alors parmi ces ténèbres la poésie, cette muse que les anciens appelaient la fille des dieux?

Lorque lasse de chanter les joies et les alarmes de la volupté, de redire avec une molle élégance les impressions d'un moment, l'élégie se sera élevée jusqu'au principe moral de l'amour, tantôt s'abandonnant à des souvenirs pleins de douceur et de pureté, tantôt aimant à s'égarer dans les tristesses d'une âme que la passion déchire, alors on aura conçu le chant élégiaque de l'amour, mais tel que l'a fait le spiritualisme, c'est-à-dire la *pensée*, qui plane au-dessus de la passion, et qui l'exalte en même temps qu'elle la purifie.

Lorsque lasse de chanter les merveilles éparses dans la nature matérielle, depuis le soleil, trône de sa splendeur, jusqu'à l'herbe verdoyante qui est son plus humble domaine, la muse, se repliant sur l'homme, aura commencé se prendre aux douleurs sociales de l'humanité, et, saisie d'une sérieuse et profonde sympathie, gémira sur les plaies du despotisme, ou bien dans de lointaines prévisions, peut-être même dans l'éclair d'une soudaine victoire, chantera le retour de la liberté refluant dans les institutions sociales, alors on aura conçu le chant de la

liberté, et il sera grand, immense, sympathique, pourvu que le sentiment qui l'inspire soit généreux et pur, pourvu que le cri de la liberté soit l'écho le plus vif de la tolérance et de la vertu.

Mais il y a encore au fond de l'âme un autre amour, un amour plus durable et plus grand que celui de la beauté et de la liberté; la corde de la lyre a des accords plus sublimes et plus rarement entendus: c'est l'accent de la poésie religieuse. Voyez-vous le poëte monter jusqu'à l'invisible, soulever le voile mystique qui lui dérobe une beauté dont la beauté d'ici-bas est l'ombre, et là, planant dans les régions éternelles, s'y bercer, s'y bercer encore, et chanter comme un esprit céleste, si bien qu'on demanderait volontiers si des lèvres mortelles ont prononcé ces chants sublimes, tant la voix était suave; inépuisable, éthérée!

Et cette poésie, qu'on ne croie pas qu'il faille remonter bien loin dans les temps antérieurs pour la trouver dans sa pureté; elle est au contraire notre contemporaine et notre compatriote: c'est celle que notre siècle, du milieu de ses ardentes préoccupations politiques, a écoutée avec enthousiasme; c'est la muse de Lamartine.

Nous voudrions qu'il nous fût permis d'interroger les âges qui ne sont plus, et d'évoquer tous les génies qui, aux grandes époques littéraires, ont régné sur l'esprit humain; nous pourrions alors montrer comment les meilleurs écrivains, pour la parole comme pour la pensée, ont toujours paru à ces époques mémorables où le génie des arts était inspiré par les croyances spiritualistes; mais puisque cette vaste carrière nous est interdite, et que nous sommes arrivé de suite au nom le plus illustre de la poésie contemporaine, nous terminerons ces rapides considérations sur ce que nous regardons comme la règle de toute haute littérature, en signalant l'état actuel des esprits, par rapport au rôle que le spiritualisme doit remplir dans l'art, au moment où nous vivons.

Et afin de personnifier dans notre siècle les deux littératures qui, sous l'influence de la philosophie, ont prévalu tour à tour, nous proposerons le parallèle de deux poëtes, l'un que notre pays n'a point vu naître et n'a pas vu mourir, l'autre..... celui que nous venons de nommer; et voyez le complément de notre théorie dans les deux noms propres que allons citer

Qui ne connaît le poëte Byron, cet Anglais qui, de tous les poëtes du xixᵉ siècle, a possédé la plus haute renommée et qui l'a le mieux méritée par la réunion des qualités brillantes qui font le génie poétique? Qui ne connaît ce poète d'une tristesse désespérante, dont toutes les conceptions épiques et lyriques sont jetées hors de tous les sentiers frayés, hors de toutes les voies consolantes de l'humanité? Où donc cet infortuné poëte avait-il puisé ce sombre désespoir qui précipite sa poésie, comme il a précipité son existence agitée de régions en régions jus-

qu'à sa mort glorieuse et prématurée ?
Quelle muse inspirait Byron ?

Byron fut un épicurien, disons plus simplement, fut un matérialiste dans sa vie, il le fut aussi dans ses ouvrages ; il était un de ces hommes qui ont torturé l'existence pour lui faire donner ce qu'elle ne possède pas, et qui, bien vite dépris de toute illusion, ont brisé cette vie décevante, comme ils auraient brisé, sous leurs doigts, une coupe vide après l'ivresse d'une orgie. Je dirai volontiers, pour entrer dans les formules bien connues du vénérable Ballanche, que Byron représente une époque de transition, une ère de fin et de renouvellement, prélude d'une époque meilleure qui aspire à prévaloir sur l'esprit du passé. Il semble en effet que la poésie et la philosophie du XVIIIᵉ siècle se soient résumées avec un éclat extraordinaire dans ce grand poëte, mais pour mourir immédiatement après·lui, pour faire place à une autre et meilleure et plus digne poésie. Ce n'est plus, il est vrai, dans Byron cet épicuréisme léger, insouciant, épris du jour terrestre qui passe, tel que le professaient les sectateurs de la poésie voltairienne ; mais c'est toujours le matérialisme tel qu'il apparaît après les grandes commotions sociales, dans le trop plein d'une civilisation épuisée ; tel qu'il se montre chez les anciens, dans·un Lucrèce, dans un Pline, ou tel que, chez les modernes, il nous frappe dans Goëthe ou dans Sénancourt : matérialisme sombre, épouvanté de lui-même, reculant avec effroi devant ce vide infini que ces titans de la pensée humaine creusent à loisir sous leurs pas.

Nous avons pu croire que le moment était venu où le matérialisme disparaîtrait de la poésie, comme il s'était retiré de la philosophie ; où il avait tenu trop longtemps ses assises inébranlables ; et déjà, tandis que la voix pure des poëtes préludait, dans la patrie même de Byron, à la réaction qui se préparait contre cet aigle contempteur de la lumière, Lamartine avait déjà fait entendre les premiers sons de sa lyre victorieuse, et l'attentive génération s'était inclinée à ce poëte qui, connaissant le vrai secret et l'austère destination de la vie, comblait le vide de l'âme par la foi, et sanctifiait la tristesse par l'espérance. La génération, avons-nous dit, le comprenait..... C'est que Lamartine était l'homme progressif ; la poésie, comme le siècle lui-même, entrait dans une nouvelle évolution, elle voulait passer au spiritualisme ; car il y a progrès quand le spiritualisme est présent ; il y a déclin, et on peut dire que le flambeau de la civilisation vacille et menace de perdre sa clarté, sitôt que le génie du spiritualisme cesse d'animer la génération.

Le temps est venu où la société doit rompre avec les doctrines du matérialisme. Grâce au ciel, il a quitté le sol de la science, · la politique abjure ses maximes désastreuses, la métaphysique le ·répudie, la religion échappe à ses étouffantes étreintes. Mais il faut l'avouer, ce génie funeste semble s'être

réfugie dans la littérature ; il semble que la littérature immorale et frénétique dont Byron est le maître, après avoir franchi nos théâtres, ait redoublé sa crue d'inondation jusque dans nos salons, qui auraient dû être épargnés et n'être point profanés par des saturnales voluptueuses ou sanglantes. Disons-le : l'immoralité, moins légère, moins capricieuse, moins libre dans son allure que celle du siècle dernier, est aussi plus ardente, plus vive, plus passionnée ; elle aspire à se convertir en loi, à renverser les bases de la société et celles de la famille, et ce qu'il y a de déplorable, c'est le sérieux qui existe au fond de ce matérialisme, c'est que le sentiment des vanités et de la misère de l'homme y vit intime et profond, et que tandis qu'ils se plaisent à étendre l'espèce humaine palpitante sous les regards, à nous faire compter toutes les fibres douloureuses de cette nature infirme, ils refusent de voir la grandeur de l'homme à travers son intelligence déchue, et de faire rayonner au sein de ce mécanisme altéré la divine empreinte de la spiritualité.

Elle disparaîtra après une vague passagère ; elle passe même chaque jour, cette littérature limoneuse qui nous assiége ; nous en avons pour garant le progrès du spiritualisme dans les doctrines, et nous ajouterons son influence réparatrice sur les mœurs publiques et privées...

En effet, et l'expérience de l'histoire l'a démontré, les lettres et la philosophie, c'est-à-dire, en un seul mot, les doctrines, ont toujours marché de front avec l'amélioration et la décadence des mœurs ; nous dirons plus, la politique elle-même, l'ordre social dans les diverses phases sous lesquelles il s'est produit, a lui-même reçu son empreinte de la doctrine philosophique de chaque époque. Et ici nous serait-il permis d'étendre la voix et de montrer, par des considérations d'un autre ordre, combien il est temps que le spiritualisme rentre dans les mœurs sociales aussi bien que dans les habitudes littéraires ? Il y a deux siècles écoulés depuis que l'esprit social se remue dans l'antique Europe, et particulièrement dans notre pays. Les vieilles institutions, usées par le temps, entamées par le mouvement progressif des idées, sont tombées pour faire place à l'entier renouvellement auquel, dans l'attente du mieux, aspirait la société. La liberté, image glorieuse, a été la bannière que les peuples ont cru suivre dans la voie de la civilisation. Mais, sans doute, il faut croire que cette mémorable époque n'était point mûre pour l'immense révolution qui se préparait ; car, tandis que les cœurs généreux, après avoir salué l'espérance d'une régénération sociale par le renouvellement des institutions, demeuraient fidèles à leur première et pure conception, à la liberté qui n'avait été qu'essayée, la violence prévalut, et bientôt on vit emportés dans le même tourbillon la religion, les mœurs, l'équité, l'intelligence, la sûreté personnelle ; on vit l'échafaud dressé devenu le dieu qu'ils appelaient liberté. Oh !

c'est que la liberté, telle qu'ils la réalisaient sur nos places publiques, était la fille légitime et reconnue de la philosophie matérialiste du XVIII° siècle. Dès les premières années de cette époque, le sensualisme importé d'Angleterre s'infiltre partout ; il entre dans les lois, il se répand dans les mœurs, il se couvre du manteau léger de la grâce et de l'enjouement, et ainsi ce XVIII° siècle s'avance oublieux de l'avenir, content du jour qui luit, charmé des fleurs éphémères dont il est entouré, il marche ; où va-t-il ?

Siècle imprudent ! Voilà qu'à son horizon, au moment où il va se retirer de la scène du monde, voilà que, avec ces mêmes principes dont il s'était pénétré, il veut réaliser cette liberté dont les peuples antiques lui ont transmis le souvenir, et il ne sait pas que la liberté est une de ces vérités saintes qui ne sauraient croître dans le sol ingrat de l'épicuréisme, et qu'il lui faut, à cet arbre immortel, de croître au ciel découvert, au jour pur du spiritualisme.

Oh ! que revienne le spiritualisme comme le sang dans les veines de notre société renouvelée, qu'il descende profondément dans les mœurs devenues douces, tolérantes, désintéressées ; qu'il rende populaire cette vérité : que la liberté n'est point le droit sauvage et prétendu primitif de tous sur tous, le droit de la force numérique et matérielle, mais bien celui de l'intelligence, celui de la force spirituelle se déployant, non pas dans la contingence passionnée de ce qui est la *force*, mais dans le cercle immuable de ce qui est la *raison*; et alors, qui pourrait dire quel avenir social, quelle forme imprévue peut jaillir un jour de ces doctrines meilleures pour le bien-être et pour l'avancement progressif des peuples ! Mais le XIX° siècle se déroule.

Et déjà que de choses peuvent faire espérer que l'heure du progrès est venue. Certes, les mœurs s'adoucissent, les passions politiques tendent à devenir moins armées ; il existe des sentiments universels qui sont comme le rendez-vous des intelligences, oubliant dans ce centre heureux leurs dissentiments antérieurs. Qu'est-ce, en effet, que cet accord unanime pour retirer, du fond des âmes où ils sommeillaient, ces souvenirs vivants quoique historiques de la gloire que nous avons moissonnée ? Entendez dans la vaste capitale ces accents d'un juste orgueil, répétés comme un écho dans toutes les parties de la France, au moment où l'image du grand homme reparaît sur le bronze monumental où ses triomphes sont éternisés ! Voyez cette foule qui suspend spontanément ses passions et ses intérêts de la veille, et qui maintenant se passionne pour un nom, pour un souvenir, pour une auréole ; cette foule qui s'enchante à la pensée de voir bientôt s'élever dans ses murs les deux obélisques que Napoléon admira dans le désert où s'accomplit sa plus fabuleuse expédition ! Ces vœux, ces cris inattendus, ce *vivat* pour un empereur qui est mort, cet oubli des réalités présentes, cet amour pour des symboles, tout cela c'est du spiritualisme.

Mais comment enfin sera-t-elle introduite dans les mœurs cette philosophie élevée, à laquelle j'attache volontiers la grandeur de nos destinées ? Ce n'est point à la philosophie dogmatique qu'appartiendra cette gloire : elle y concourra sans doute ; mais la meilleure part appartiendra à la littérature, à l'art, à la poésie ; car nous nous plaisons à redire cet aphorisme sorti d'une bouche éloquente : *Les lettres sont la civilisation.*

**SUPPRESSION.** — L'Assemblée législative prononça la suppression de l'Ecole d'administration. La malheureuse création de MM. Carnot et Jean Reynaud a eu le sort qu'elle méritait : elle est tombée devant la réprobation du bon sens public.

# T

## TABLEAU (1) SOMMAIRE DE L'INSTRUCTION PUBLIQUE EN FRANCE (1851.)

*Etablissements et administrations qui relèvent du ministère de l'instruction publique.*

*Administration centrale, à Paris, rue Grenelle-Saint-Germain, 116.* — Elle se compose du ministre et de 150 employés de tous grades, chefs de division, de bureau, etc.

*Conseil supérieur de l'instruction publique.* — Ce conseil, présidé par le ministre, est composé de 4 évêques catholiques et de 3 ministres des cultes non catholiques, de 3 conseillers d'Etat, de 3 membres de la Cour de cassation, de 3 membres de l'Institut, tous élus respectivement par leurs collègues ou confrères ; de 8 membres formant une section permanente, et de 3 membres de l'enseignement libre, nommés par le gouvernement. Ce conseil est consulté sur les affaires générales de l'instruction publique : il prononce en dernier ressort sur les jugements des conseils académiques.

*Inspecteurs généraux de l'instruction publique.* — Ils sont au nombre de douze divisés en deux ordres : celui des sciences et celui des lettres.

---

*Commission supérieure des salles d'asile.* — Elle est formée de 5 commissaires hommes, de 17 dames commissaires et de 3 dames déléguées, nommés par le gouvernement.

(1) Ordre de ce tableau : Etablissement et administration qui relèvent du ministère de l'instruction publique ; onze institutions qui relèvent d'une autre autorité que celle du ministère de l'instruction publique, et de ceux de l'agriculture et du commerce : B, cultes ; C, finances ; D, guerre ; E, intérieur ; F, marine et colonies ; G, travaux publics ; H, grande chancellerie de la légion d'honneur ; J, ville de Paris ; institutions qui ne relèvent d'aucune administration publique.

## INSTRUCTION SUPÉRIEURE (1).

*Facultés de théologie.* — Elles sont au nombre de huit, situées à Aix, Bordeaux, Lyon, Paris, Rouen, Toulouse, catholiques; Montauban et Strasbourg, protestantes ; chaque faculté est présidée par un doyen, assisté de 5 à 7 professeurs.

*Facultés de droit.* — Neuf : Aix, Caen, Dijon, Grenoble, Paris, Poitiers, Rennes, Strasbourg, Toulouse ; 1 doyen et de 11 à 27 professeurs par faculté.

*Facultés de médecine.* — Trois : Montpellier, Paris, Strasbourg ; 1 doyen, et de 25 à 50 professeurs titulaires, honoraires ou agrégés, par faculté.

*Facultés des sciences.* — Onze : Besançon, Bordeaux, Caen, Dijon, Grenoble, Lyon, Montpellier, Paris, Rennes, Strasbourg, Toulouse ; 1 doyen et de 7 à 22 professeurs titulaires, honoraires ou agrégés, par faculté.

*Facultés des lettres.* — Treize : Aix, Besançon, Bordeaux, Caen, Dijon, Grenoble, Lyon, Montpellier, Paris, Poitiers, Rennes, Strasbourg, Toulouse.

*Écoles supérieures de pharmacie.* — Trois : Montpellier, Paris, Strasbourg. Chacune d'elles a un directeur et de 6 à 11 professeurs.

*Écoles préparatoires de médecine et de pharmacie.* — Vingt et une : Amiens, Angers, Arras, Besançon, Bordeaux, Caen, Clermont-Ferrand, Corte (2), Dijon, Grenoble, Limoges, Lyon, Marseille, Nancy, Nantes, Poitiers, Reims, Rennes, Rouen, Toulouse, Tours. Chacune est pourvue d'un directeur et de 8 à 19 professeurs.

### INSTRUCTION SECONDAIRE (3).

*École normale supérieure, à Paris, rue d'Ulm, 45.* — Elle est destinée à former des professeurs dans les lettres et dans les sciences pour tous les lycées et collèges de la République. Son personnel comprend : 1 directeur de l'école, 1 directeur et 1 sous-directeur des études, 22 maîtres de conférences, 1 maître de dessin, 4 maîtres surveillants; employés divers.

*Académies ( ou divisions administratives de l'instruction publique).* — Il y a dans chaque département, ainsi qu'en Algérie, une académie administrée par un recteur, assisté d'un ou de plusieurs inspecteurs, et par un conseil académique. Ce conseil est formé sur le même plan, mais réduit, et d'après les mêmes principes que le conseil supérieur de l'instruction publique. Le ressort des académies comprend les lycées, les collèges, les

institutions et les pensions, les écoles primaires et les *écoles libres.*

Les lycées, entretenus par l'État, sont au nombre de 57, dont 5 à Paris; les collèges, entretenus par les communes, au nombre de 285 ; les institutions et pensions sous la direction de personnes privées, au nombre de 955 environ ; total des établissements d'instruction secondaire : environ 1297.

### INSTRUCTION PRIMAIRE.

Aux termes de la loi du 15 mars 1850, toute commune doit entretenir une ou plusieurs écoles primaires; l'enseignement primaire est donné gratuitement à tous les enfants dont les familles sont hors d'état de payer. Les écoles primaires sont soumises à la surveillance de l'État, qui l'exerce par l'intermédiaire des conseils académiques et par l'action de 2 inspecteurs supérieurs, de 300 inspecteurs, divisés en cinq classes, de délégués cantonaux et de comités de surveillance placés dans la commune.

En 1849, les écoles primaires distribuaient les éléments de l'instruction à 2,176,079 garçons et à 1,354,056 filles, ce qui donnait un total de 3,530,135 élèves ( *Message* du 6 juin.) En 1851, le nombre total des écoles communales mixtes, c'est-à-dire ouvertes aux deux sexes ensemble, s'élevait à 34,939, auxquelles il faut ajouter : 1° 10,542 écoles communales de filles ; 2° 4,622 écoles *libres* de garçons, et 3° 11,378 écoles *libres* de filles; somme totale : 61,481 écoles (1) primaires. ( *Message* du 4 nov. 1851.)

### INSTITUTIONS DIVERSES RELATIVES A L'INSTRUCTION PUBLIQUE.

*Institut national de France, à Paris, ( palais Mazarin).* — Il est divisé en 5 académies : 1° française, 2° des inscriptions et belles-lettres, 3° des sciences, 4° des beaux-arts, 5° des sciences morales et politiques. La 1re n'a que 40 membres; la 2e, 40 titulaires, plus 10 académiciens libres ; la 3e, 65, plus 10 membres libres ; la 4e, 41 membres, plus 10 libres ; la 5e, 30 membres, plus 5 libres. Les quatre dernières ont en outre des associés étrangers et des correspondants. Ces cinq classes correspondent avec le gouvernement pour toutes les matières scientifiques et d'intérêt public qui ressortissent à la compétence de chacune d'elles. Elles publient des mémoires et divers ouvrages ou recueils scientifiques et littéraires. L'institut tient annuellement une séance générale, et chaque académie, une séance publique, où elle décerne des prix de vertu, et d'autres récompenses décernées au concours sur des sujets littéraires ou scientifiques (2).

---

(1) Il y a aujourd'hui en France huit établissements d'instruction supérieure et six mille étudiants. (*Message* du Président de la République à l'assemblée nationale, en date du 6 juin 1849.) Cette situation a peu varié depuis lors.

(2) Par décret du Président de la République, en date du 17 octobre 1851, la 2e section de l'*École Paoli* est érigée en *École préparatoire de médecine et de pharmacie.*

(3) « En dehors de l'École normale, qui reçoit 115 élèves, on compte 1,320 établissements d'instruction secondaire, et 106,065 élèves. » (*Message* du Président, 6 juin 1849.)

(1) Le nombre total des communes de France, d'après le dernier recensement (1846), s'élevait à 36,819. Sur ce nombre, 2,500 communes environ sont totalement dépourvues d'écoles. Les 61,481 écoles ci-dessus énoncées se répartissent en 34,319 communes environ.

(2) Les prix de l'Institut se composent : 1° des *prix ordinaires*, alloués à chaque académie et imputés chaque année sur le budget de l'État. La valeur

*Académie nationale de médecine, à Paris, rue des Saint-Pères*, 51. — Cette académie correspond avec le gouvernement pour les questions d'hygiène et de salubrité publique, et notamment au sujet des épidémies et épizooties. Elle renferme dans son sein des médecins, des chirurgiens, des pharmaciens et des vétérinaires. L'Académie est composée de 113 membres résidents,, de 38 membres associés et d'un nombre illimité de correspondants nationaux et étrangers.

*Sociétés savantes ou Académies libres.* — On en compte 46 à Paris, et 200 environ dans les départements.

*Collége de France, à Paris, place Cambrai.* — Vingt-huit professeurs.

*Muséum d'histoire naturelle, à Paris, au Jardin-des-Plantes.* — Quinze professeurs-administrateurs y font des cours publics et gratuits de géologie, zoologie, chimie, physiologie, physique, anatomie, minéralogie et culture.

*Établissements astronomiques.* — Il y a eu en France deux Observatoires entretenus par l'État : à Marseille et à Paris. Celui de Marseille est confié à un astronome-directeur. L'Observatoire de Paris est placé sous l'autorité d'un bureau des longitudes, composé de dix membres. L'un deux est chargé de faire un cours public et gratuit d'astronomie. Ils sont assistés de quatre astronomes-adjoints, de trois calculateurs et de cinq élèves astronomes.

*Ecole nationale des chartes, à Paris, au dépôt général des archives de la république, rue du Chaume.* — Cet établissement, qui serait mieux nommé *Ecole spéciale d'histoire et d'archéologie nationale*, a pour mission de former, 1° des érudits versés dans la connaissance de l'histoire et des antiquités de la France ; 2° des archivistes conservateurs des dépôts publics ; 3° des bibliothécaires ; 4° des auxiliaires pour les travaux historiques entrepris par l'Institut et par l'État. L'instruction comprend la lecture des anciens monuments écrits et la philologie ; la géographie, la législation du moyen âge ; l'étude des institutions anciennes, de l'archéologie nationale, la technologie des archives et bibliothèques. L'école se compose d'un directeur, d'un conseil de perfectionnement qui remplit avec les professeurs les fonctions de jury d'examen, de sept professeurs et d'un secrétaire. La durée des cours est de trois ans. Le nombre des élèves qui fréquentent l'école est en moyenne de trente à quarante. A

de ces prix varie d'une académie à l'autre : elle est, en moyenne, de 2,500 fr. environ par académie. Les prix ordinaires de l'académie des beaux-arts sont connus sous le nom de *grands prix de Rome*. Les lauréats ne reçoivent point une somme d'argent ; ils sont envoyés en Allemagne et en Italie pour achever leur éducation artistique. 2° Il y a en outre un grand nombre de prix, les uns annuels, les autres quinquennaux, qui proviennent des libéralités de divers particuliers ; on les appelle *fondations de l'institut*. La valeur totale de tous les prix qui se soldent en numéraire (sans compter les prix de Rome), s'élève, chaque année, en moyenne, à la somme de 135,584 fr. 50 c.

l'issue de chaque examen annuel, trois bourses de 600 fr. sont distribuées au concours. L'enseignement est public et gratuit.

*Ecole française d'Athènes.* — Elle a pour objet l'étude de la langue, de l'histoire et des antiquités grecques. L'école se compose d'élèves pensionnaires de l'académie française des beaux-arts à Rome et d'agrégés de l'université. Le personnel, placé sous l'autorité du ministre de France à Athènes, est formé d'un directeur et de quatre agrégés, membres de l'école.

*Ecoles des langues orientales vivantes.* — Il y en a trois : deux à Paris, sans compter l'enseignement du collége de France, et une à Marseille. Cette dernière consiste en une chaire d'arabe.

*Ecole spéciale de Paris.* — Près la Bibliothèque nationale, rue Croix-des-Petits-Champs, n° 10. Neuf professeurs : grec moderne, arabe, persan, turc, arménien, hindoustani, chinois vulgaire, malais et javanais.

*Ecole des Jeunes de langue.* — A Paris, rue Saint-Jacques, n° 123. Elle est annexée au Lycée Louis-le-Grand. Les élèves, destinés au service d'interprètes dans la diplomatie, sont exercés à l'étude du turc, du persan et de l'arabe.

*Cours d'archéologie.* — Ce cours public et gratuit est professé à Paris dans l'une des salles de la Bibliothèque nationale, rue Richelieu.

*Bibliothèques publiques.* — Il existe en France environ 314 bibliothèques ouvertes au public aux frais de l'Etat ou des communes. 300 à peu près sont situées dans les départements et en Algérie, et ne relèvent que nominalement du ministère de l'Instruction publique. On en compte, à Paris, 14 qui portent les noms suivants : Bibliothèque nationale, Mazarine, de l'Arsenal, de Sainte-Geneviève, de la Sorbonne, du Louvre, du Luxembourg, de l'Ecole de droit, de l'Ecole de médecine, du Muséum d'histoire naturelle, de la ville de Paris, du Conservatoire des arts et métiers, de l'Ecole des mines, du Conservatoire de musique (1).

*Comités historiques.pour la recherche et la publication des documents inédits relatifs à l'histoire nationale.* — Il y en a deux, attachés l'un et l'autre au ministère de l'Instruction publique. Le premier a pour titre : *Comité historique des chartes et des monuments écrits* ; le second, *Comité historique des arts et des monuments*. Un fonds annuel de 120,000 fr. pourvoit aux dépenses de cette institution.

Le ministre de l'instruction publique dispose encore, 1° d'une allocation de 276,200 fr. pour encouragements et secours en faveur des gens de lettres, des sociétés savantes, voyages, missions scientifiques, etc. ; 2° d'une allocation de 120,000 fr. : souscriptions à des ouvrages scientifiques et littéraires.

L'ensemble des crédits affectés par le budget de l'Etat aux divers services de l'instruction publique pour l'exercice de l'année 1851, s'est élevé à la somme totale de 21,682,481 fr.

(1) Ces quatre dernières ne sont pas placées sous l'autorité du ministre de l'instruction publique.

INSTITUTIONS QUI RELÈVENT D'UNE AUTRE AUTORITÉ QUE CELLE DU MINISTRE DE L'INSTRUCTION PUBLIQUE.

**A. *Ministère de l'agriculture et du commerce.***

L'enseignement professionnel en France est placé dans les attributions de ce ministère. On peut le diviser en trois branches distinctes : 1° enseignement général, ou mixte; 2° enseignement industriel et commercial ; 3° enseignement agricole et zootechnique.

*Enseignement général.*

*Conservatoire national des arts et métiers, à Paris, rue Saint-Martin.* — Cet établissement renferme un musée industriel où sont exposés des modèles, soit en grand, soit réduits, et, à défaut, le dessin ou la description des machines, instruments, appareils et outils propres à l'agriculture et au commerce. Quinze professeurs y font en outre des cours publics et gratuits sur les matières suivantes: géométrie et mécanique, économie industrielle, physique et démonstration des machines, agriculture, mécanique industrielle, géométrie descriptive, législation industrielle, chimie industrielle, arts céramiques, dessin d'ornement, géométrie industrielle, dessin des machines. On évalue à quinze cents le nombre des auditeurs qui fréquentent quotidiennement ces cours pendant l'hiver.

*Enseignement industriel et commercial* (1).

*Écoles nationales des arts et métiers, à Aix, Angers, Châlons* (2). — Les élèves, au nombre de 300 par école, sont nommés par le ministre; 675 sont entretenus en tout ou en partie aux frais du gouvernement; 225 sont pensionnaires au prix de 500 fr. par an. Le personnel se compose d'un directeur honoraire, d'un inspecteur général, de trois directeurs et de trois ingénieurs chargés des travaux, assistés de divers professeurs.

*École centrale des arts et manufactures, à Paris, rue de Thorigny, hôtel de Juigné, au Marais.* — Cette école a pour objet de former des ingénieurs civils, des directeurs d'usines, des constructeurs, des chefs de fabriques et manufactures, des professeurs de sciences appliquées, etc. La durée de l'enseignement est de trois ans. L'instruction y est distribuée par 28 professeurs ou maîtres divers. Elle comprend la chimie, la géométrie, la physique, la métallurgie, la mécanique, la construction dans ses applications diverses, la minéralogie, l'histoire naturelle appliquée à l'industrie, le dessin, la technologie des tissus et des produits céramiques. Les élèves payent pension. L'École centrale

est un établissement particulier, mais soutenu par l'État et par les départements, qui lui allouent des subventions sous diverses formes.

*École supérieure du commerce, à Paris, rue Saint-Pierre-Popincourt, 122.* — Fondée par de simples particuliers, cette école fournit une instruction spéciale aux jeunes gens qui désirent embrasser la carrière du commerce. Les élèves pensionnaires payent une pension de 1,400 fr par an; les demi-pensionnaires, de 1,000 fr.; les externes, de 400 fr. On leur enseigne, pendant une période de trois ans, la calligraphie, les mathématiques élémentaires, les changes, la comptabilité, le dessin linéaire, les langues européennes, la chimie industrielle, les éléments du droit administratif et commercial, l'économie industrielle, l'histoire générale et divers principes de technologie. Cette entreprise particulière est placée sous la surveillance et la protection d'un conseil de perfectionnement, nommé par le ministre de l'agriculture et du commerce.

*Enseignement agricole et zootechnique*

L'organisation de l'enseignement professionnel de l'agriculture repose sur le décret du 3 octobre 1848, qui a inscrit au budget de l'État une somme annuelle de 2,500,000 fr. (1) consacrés à cette destination. Cette loi prescrit la division totale du territoire de la France en un certain nombre de régions culturales. Elle établit en outre trois ordres ou degrés d'établissements pour la propagation des meilleurs procédés agricoles. Ces établissements sont: 1° les *fermes-écoles;* l'enseignement y est élémentaire et pratique. Il doit en être établi d'abord une par département; et plus tard, une par arrondissement. La ferme-école emploie des ouvriers salariés; elle admet des élèves gratuits. 2° *Écoles régionales :* une par région; enseignement théorique et pratique. Les élèves sont ou pensionnaires ou boursiers. 3° *Institut national agronomique.* Cet établissement est une école normale d'agriculture qui distribue l'enseignement théorique et pratique le plus élevé de cette science. L'instruction qu'il donne est gratuite (2). Il accorde en outre quarante bourses au concours.

*Institut national agronomique de Versailles.* — Personnel : un directeur général, un directeur des études, un inspecteur, un sousinspecteur, dix-huit professeurs et répétiteurs de botanique, zoologie, chimie, physique terrestre et météorologie, agriculture, zootechnie, sylviculture, génie rural, économie et législation rurales; un maître de dessin, un bibliothécaire, un conservateur des collections; employés et agents divers (3).

*Écoles régionales d'agriculture.* — Elles

(1) On peut consulter, sur ce sujet, un article de M. Audiganne, chef du bureau des écoles industrielles au ministère de l'agriculture, inséré dans la *Revue des deux mondes* (juin 1851, page 860 et suiv.).
(2) La ville de Lyon possède également un établissement de ce genre sous le nom d'École de Lamartinière.

(1) Cette allocation a été portée, pour 1852, à la somme de 2,719,461 fr.
(2) Voir, pour plus de développement sur l'enseignement agricole, les comptes rendus annuels publiés par le ministère; in-4°.
(3) Nous avons dit plus haut que cet *Institut agronomique* a été supprimé en 1852.

sont au nombre de quatre et situées à Grignon (Seine-et-Oise), au Grand-Jouan (Loire-Inférieure), à la Saulsaie (Ain) et à Saint-Angeau (Cantal). Chacune est pourvue d'un directeur, d'un sous-directeur, de six professeurs et d'employés divers.

*Fermes-écoles.* — Elles sont au nombre de 70, réparties entre 62 départements du territoire continental de la France.

*Écoles nationales vétérinaires, à Alfort (près Paris), Lyon et Toulouse.* — Les élèves sont pensionnaires à raison de 700 fr. par an. Leur nombre est illimité. Le gouvernement fait les frais de 240 dégrèvements, qui sont accordés à la suite d'un stage non gratuit, et comme récompense du zèle et de l'aptitude déployés par les candidats. Après quatre années d'études, les élèves reconnus capables reçoivent un diplôme de vétérinaire, dont le prix est de 100 fr. Le personnel se compose d'un inspecteur général, d'un conseil de perfectionnement, et, pour chaque école, d'un directeur-professeur, assisté de trois à cinq professeurs.

*École nationale des haras.* — Cet établissement, annexé au haras du Pin, est situé au Pin-le-Haras, village de l'arrondissement de Domfront, département de l'Orne. Il a pour objet de former des aspirants aux places d'agent spécial dans l'administration des haras. Les candidats doivent être âgés de dix-neuf à vingt-trois ans. La durée des cours est de deux années. L'instruction et le logement sont gratuits (1). On y enseigne les notions théoriques et pratiques relatives à l'élève du cheval. Le personnel de l'école se compose d'un directeur et de deux professeurs.

### B. *Ministère des cultes.*

*Écoles ecclésiastiques.* — Il existe en France 207 écoles destinées aux trois différents cultes reconnus et salariés par l'État. Savoir : 1° pour le culte catholique, 82 grands séminaires et 122 écoles secondaires ecclésiastiques ou petits séminaires; 2° pour le culte protestant, deux Facultés de théologie, qui servent en même temps de séminaires; 3° pour le culte israélite, une école centrale rabbinique, située à Metz (2).

### C. *Ministère des finances.*

*École forestière, à Nancy.* — Le nombre des élèves à admettre est fixé annuellement

par le ministre en raison des besoins de l'administration des forêts, et d'après un concours public. Les aspirants doivent avoir de 19 à 22 ans, être bacheliers ès lettres et justifier d'un revenu de 1,500 fr. ou d'une pension paternelle de la même somme. La durée des cours est de deux ans. Ils sont relatifs à la sylviculture, à l'histoire naturelle, aux mathématiques, au droit forestier, au dessin et aux constructions forestières : cinq professeurs et deux inspecteurs des études.

*École de fabrication des tabacs, à Paris, quai d'Orsay, 57.* — Elle est annexée à la Manufacture de Paris. Les élèves sortent de l'École polytechnique. L'enseignement, confié à un directeur assisté de quatre professeurs, embrasse la chimie, la mécanique appliquée et la manutention.

### D. *Ministère de la guerre.*

*École d'application du corps d'état-major, à Paris, rue de Grenelle-Saint-Germain, hôtel de Sens.* — Destinée à former des élèves pour le service de l'état-major. Ces élèves sont choisis, par voie de concours, parmi d'anciens élèves des Écoles de Saint-Cyr et polytechnique et parmi les sous-lieutenants de l'armée. La durée des études est de deux ans. Quatorze professeurs et dix cours : administration militaire, topographie, géographie et statistique, art et histoire militaires, fortification, artillerie, géométrie descriptive, équitation, dessin, langues étrangères.

*École d'application de l'artillerie et du génie, à Metz (1).* — Composée d'anciens élèves de l'École polytechnique. Quinze professeurs et dix cours : art militaire, fortifications permanentes, constructions, topographie, chimie, artillerie, mécanique, dessin, langue allemande, équitation. La durée des études est de deux à trois ans.

*École de cavalerie, à Saumur.* — Les élèves de cette école sont pris dans l'école de Saint-Cyr et dans l'armée. Leur cours d'étude est de deux ans. Il porte sur l'équitation, l'hippiatrique et la maréchalerie.

*École polytechnique, à Paris, rue Descartes.* — Les élèves y sont admis par voie de concours. Ils payent un trousseau et une pension de 1,000 fr. Ceux qui sont reconnus capables choisissent en sortant, par ordre de mérite, entre les divers services publics qui s'alimentent à l'école; savoir : artillerie de terre et de mer, génie militaire et mari-

---

(1) Pour de plus amples renseignements sur les conditions d'admission et d'emploi, relativement à cet établissement ainsi qu'à toutes les autres écoles entretenues par l'État, on peut consulter l'*Annuaire de l'Instruction publique*, qui se publie tous les ans à la librairie de Jules Delalain.

(2) En 1849, le nombre total des élèves appartenant aux écoles ecclésiastiques du culte catholique, s'élevait à 25,747, dont 17,260 élèves des petits séminaires, et 8,487 élèves des grands séminaires. Pendant le cours de la même année, 3,922 séminaristes sont entrés dans les ordres, savoir : prêtres, 1,349 ; diacres, 1,251 ; sous-diacres, 1,322. En 1850, les Facultés de théologie protestante ont fourni 45 sujets propres à exercer le ministère pastoral, dont 3 licenciés et 42 bacheliers. L'école rabbinique de Metz entretenait, d'après les états les plus ré-

---

cents de l'administration des cultes, 16 élèves. Cette école fournit tous les ans, en moyenne, de deux à trois élèves, munis du 1er ou du 2e degré rabbinique, qui sont ensuite appelés aux fonctions de rabbin au fur et à mesure des vacances.

(1) Il existe en outre des écoles régimentaires d'artillerie et du génie, pour exercer les sous-officiers et soldats aux connaissances spéciales de ces armes. L'artillerie possède onze de ces écoles, situées à Besançon, Bourges, Douai, La Fère, Lyon, Metz, Rennes, Strasbourg, Toulouse et Vincennes. Trois écoles régimentaires du génie existent dans les villes d'Arras, Metz et Montpellier.

time, marine nationale et corps des ingénieurs hydrographes, ponts et chaussées, mines, corps d'état-major, poudres et salpêtres, administration des télégraphes, administration des tabacs. L'enseignement dure deux ans ; il est conféré par 34 professeurs, maîtres et répétiteurs, et comprend : analyse mathématique, mécanique, fortifications et art militaire, géométrie descriptive, machines, physique, chimie, architecture, composition française, langue allemande et dessin. Le corps des professeurs est assisté d'un conseil de perfectionnement.

*Ecole spéciale militaire, à Saint-Cyr.* — Les élèves sont admis par voie de concours. Ils payent un trousseau et une pension de 1,000 francs. La durée des études est de deux ans. Les sujets reconnus capables choisissent, par ordre de mérite, l'arme qu'ils préfèrent dans les corps suivants : état-major, infanterie de terre et de mer, cavalerie. 34 professeurs ou répétiteurs, et 11 cours, savoir : artillerie, topographie et mathématiques, histoire et administration militaires, fortification, belles-lettres, histoire et géographie, géométrie descriptive, physique et chimie, dessin, langue allemande, escrime.

*Collège national militaire, à La Flèche.* — Ce collège est destiné aux fils de militaires sans fortune. L'État y entretient 300 boursiers et 100 demi-boursiers. On y admet aussi des pensionnaires à 850 fr., et des demi-pensionnaires à 425 fr. Ils y restent jusqu'à dix-huit ans.

*Ecoles régimentaires de la ligne.* — Elles existent dans tous les corps de l'armée et suivent les régiments auxquels elles sont annexées. Outre les connaissances de l'instruction primaire, on y enseigne l'escrime et la danse.

*Gymnases militaires.* — Il y en a cinq, situés à Arras, Lyon, Metz, Montpellier et Strasbourg. Chacun d'eux est commandé par un lieutenant d'infanterie directeur. Ces établissements sont destinés à former des moniteurs pour les cours de gymnastique qui ont lieu dans les divers corps de l'armée.

*Gymnase musical militaire, à Paris, rue Blanche,* 24. — Destiné à former des chefs de musique pour toute l'armée.

*Ecole de trompettes, à Saumur* (1)

E. *Ministère de l'intérieur.*

*Ecole nationale et spéciale des Beaux-Arts, à Paris, rue des Petits-Augustins,* 12. — Elle forme des peintres, des sculpteurs et des architectes. Vingt professeurs y enseignent la peinture, la sculpture, l'anatomie et les antiquités, la perspective, la théorie de l'art architectural, l'histoire de l'architecture,

les mathématiques, la stéréotomie et la pratique de la construction.

*Ecole française, à Rome.* — Présidée par un directeur. Elle entretient un certain nombre d'artistes, peintres, sculpteurs, graveurs, architectes et musiciens, qui se forment en Italie et en Allemagne à la pratique des beaux-arts.

*Ecole nationale et spéciale de dessin et de mathématiques, appliqués aux arts industriels, à Paris, rue de l'Ecole-de-Médecine,* 5. — Cet établissement a succédé à l'Ecole gratuite de dessin. Il est placé sous le contrôle d'une commission de surveillance et de perfectionnement. Les ouvriers et artisans qui fréquentent l'école y apprennent, sous les leçons de 15 maîtres divers, la géométrie et la mesure des surfaces, la coupe des solides, l'architecture, la sculpture d'ornement, la composition, le dessin de la figure, des animaux, ornements et fleurs.

*Ecole spéciale de dessin pour les jeunes personnes, à Paris, rue de Touraine-Saint-Germain,* 7. — Cette école est ouverte aux jeunes filles ou dames qui se destinent aux arts et professions industrielles. On y enseigne tous les genres de dessin : la figure, l'ornement, le paysage, les animaux, les fleurs.

*Conservatoire national de musique et de déclamation, à Paris, rue du Faubourg-Poissonnière,* 15. — Cet établissement pourvoit : 1° à la conservation et à la propagation de l'art musical et dramatique dans toutes ses parties ; 2° à former une école normale de professeurs dans ces diverses branches de l'art. Le personnel se compose d'un directeur, de deux comités d'enseignement pour les études musicales et dramatiques, et d'un corps de professeurs. Ces derniers sont au nombre de 89. Ils enseignent gratuitement à près de 600 élèves libres, des deux sexes, l'harmonie, l'accompagnement, le chant, le solfége, les chœurs, la déclamation lyrique, le maintien théâtral, l'étude des rôles, la lecture à haute voix, la déclamation spéciale, l'orgue, le piano, la harpe, le violon, le violoncelle, la contre-basse, la flûte, le hautbois, la clarinette, le basson, le cor, la trompette et le trombone.

Le Conservatoire a en outre six succursales ou écoles de musique, dans les départements, à Dijon, Lille, Marseille, Metz, Nantes, et Toulouse.

*Institution des jeunes aveugles, à Paris, boulevard des Invalides,* 32. — L'Etat y entretient 120 bourses, subdivisées en moitiés et en trois quarts de bourses, dans la proportion de deux tiers pour de jeunes garçons, et d'un tiers pour de jeunes filles. On y admet aussi des pensionnaires. La maison est administrée par un directeur, assisté d'une commission consultative. La lecture digitale et la musique forment la partie principale de leur instruction.

*Institution nationale des sourds-muets, à Paris, rue Saint-Jacques,* 256. — L'Etat y

(1) Créée par arrêté du 23 fructidor an VII, et transportée successivement en divers lieux, notamment à Versailles en 1823.

entretient 100 bourses (entières ou fraction-
nées). L'établissement reçoit aussi des pensionnaires des deux sexes au prix de 1,000
fr. par an. L'administration est semblable
à celle des jeunes aveugles. L'instruction
dure six années; les élèves sont exercés
à parler par articulation de la bouche ou par
signes, et à lire sur les lèvres le discours
des parlants. Ils apprennent en outre les
éléments de la littérature, le dessin, quelques arts industriels; les pensionnaires reçoivent en outre une instruction spéciale.

*Institution nationale des sourds-muets de
Bordeaux.* — Analogue au précédent (1).

*Maison centrale d'éducation correctionnelle,
à Paris*

**F. *Ministère de la marine et des colonies.***

*Ecole d'application du génie maritime, à
rient.* — Les élèves du génie maritime
sont choisis au concours parmi les anciens
élèves de l'Ecole polytechnique. Le nombre
en est déterminé chaque année par le ministre de la marine d'après les besoins du service. Un ingénieur et un sous-ingénieur
de première classe sont chargés de la direction des études.

*Ecole nationale de navigation, établie sur le
vaisseau le Borda, en rade de Brest.* — L'é-
cole navale reçoit les jeunes gens qui se destinent au corps des officiers de la marine.
Ils payent un trousseau de 600 fr. et une
pension annuelle de 700 fr. Il est accordé
des bourses et dégrèvements aux jeunes
gens qui ont fait constater l'insuffisance des
ressources de leur famille. La durée des
cours est de deux ans. Le personnel de
l'école se compose de deux conseils : l'un,
d'administration ou état-major; l'autre, d'instruction. L'enseignement roule sur la littérature, le dessin, l'anglais, l'hydrographie
et les sciences maritimes. Les professeurs
sont au nombre de douze partagés en trois
classes.

*Ecoles nationales d'hydrographie.* — On
en compte 42, réparties entre un nombre à
peu près égal de ports, ou villes maritimes.
Les professeurs sont divisés en quatre classes.

*Nota.* — Le *lycée de Saint-Denis* (île de la
Réunion) et l'*enseignement primaire* dans les
colonies ressortissent également au ministre
de la marine.

**G. *Ministère des travaux publics.***

*Ecole nationale des mines, à Paris, rue
d'Enfer, 34.* — Elle a pour but de former
des ingénieurs destinés au recrutement du
corps des mines, et de répandre dans le
public la connaissance des sciences et des
arts relatifs à l'industrie minérale. Elle reçoit
des élèves ingénieurs, des élèves externes
et des élèves étrangers. L'enseignement de
l'école est public et gratuit; il est donné

par onze professeurs et comprend : la minéralogie, la géologie, l'exploitation des mines, la métallurgie, la docimasie, l'économie et la législation des mines, les chemins
de fer et constructions, la paléontologie, la
mécanique, la géométrie et le dessin appliqués à la minéralogie

*Ecole nationale des mineurs de Saint-
Etienne (Loire).* — Un directeur et trois professeurs. Cette école est destinée à former
des directeurs d'exploitation et d'usines
métallurgiques, et des conducteurs garde-
mines. L'enseignement est gratuit. Il a pour
objet : l'exploitation des mines, la connaissance des principales substances minérales
et de leur gisement, ainsi que l'art de les
essayer et de les traiter; les éléments de
mathématiques, les notions les plus essentielles sur la résistance, la nature et l'emploi
des matériaux, en usage dans les constructions relatives aux mines, usines et moyens
de transport; la tenue des livres en partie
double; la levée des plans et le dessin.

*Ecole nationale des maîtres-ouvriers mi-
neurs d'Alais (Gard).* — Elle est placée sous
l'inspection de l'ingénieur en chef de l'arrondissement minéralogique d'Alais et administrée par un ingénieur directeur.

*Ecole nationale des ponts et chaussées, à
Paris, rue des Saint-Pères, 24.* Son but spécial est de former les ingénieurs nécessaires
au recrutement du corps des ponts et chaussées. Elle admet exclusivement, en qualité
d'élèves ingénieurs, d'anciens élèves de l'É-
cole polytechnique. Elle reçoit aussi des
élèves libres ou étrangers. Cette école est
dirigée par un inspecteur général des ponts
et chaussées, directeur, et par un ingénieur
en chef, inspecteur des études, assistés du
conseil de l'école. L'enseignement, distribué
par 14 professeurs et répétiteurs, embrasse
les connaissances qui suivent : mécanique,
hydraulique, construction de routes, ponts,
canaux, chemins de fer, travaux à la mer,
droit administratif, économie politique et
statistique, desséchement, irrigation, langues allemande et anglaise, dessin et architecture.

**H. *Grande chancellerie de la Légion
d'honneur.***

*Maisons d'éducation de l'ordre de la Lé-
gion d'honneur.* — Cette institution a été
fondée par Napoléon pour procurer le bienfait de l'éducation à des filles de légionnaires.
Elle a aujourd'hui trois maisons : l'une à
Saint-Denis, près Paris; l'autre aux Loges
(forêt de Saint-Germain), et la troisième,
à Ecouen, près Paris. Elles sont placées sous
l'autorité du grand chancelier de la Légion
d'honneur. La maison de Saint-Denis est
établie pour 500 élèves : 400 places sont
gratuites; les cent autres sont aux frais des
familles. Elle est dirigée par une surinten-
dante, qui a sous ses ordres six dames dignitaires, douze dames de première classe,
quarante dames de deuxième classe, vingt

(1) Il existe des établissements du même genre à
Besançon, à Lyon et à Rhodez (Aveyron).

novices et des postulantes assistées de professeurs des deux sexes. Les succursales sont établies pour 400 élèves gratuites. Elles sont desservies par les dames religieuses de la congrégation de la Mère-de-Dieu.

## I. *Ville de Paris.*

Comme chef-lieu de l'Académie de la Seine, la ville de Paris est le siége des divers établissements d'instruction salariés par l'État et répandus sur tout le territoire de la République. Comme capitale d'une grande nation, c'est dans ses murs que sont placées la plupart des écoles spéciales que l'on a ci-dessus énumérées; enfin à titre de commune, elle entretient les établissements que nous allons indiquer.

### INSTRUCTION SECONDAIRE.

*Colléges communaux.* — Au nombre de deux : le collége Rollin, rue des Postes, 34, et le collége Stanislas, rue Notre-Dame-des-Champs, 16

### INSTRUCTION PRIMAIRE (1)

*Ecoles primaires supérieures.* — Egalement au nombre de deux, savoir : 1° Ecole *Chaptal*, rue Blanche, 29. — Six années d'études; 20 professeurs : Mathémathiques, technologie, mécanique, chimie, physique, sculpture et botanique, histoire naturelle, zoologie, hygiène, économie politique, législation usuelle et administration, histoire et géographie, langue française, rhétorique et histoire littéraire, éléments de latinité et étymologies grecques, anglais, allemand, espagnol, italien. Prix de la pension, internat : 1,000 fr. par an, et un trousseau de 600 fr. environ; externat : 200 fr. par an.

2° Ecole *Turgot*, rue Neuve-Saint-Laurent, 17. — Trois années d'études; 10 professeurs : Mathématiques, physique et mécanique, histoire naturelle, chimie industrielle, langue et littérature française, histoire, géographie, anglais, allemand, dessin et lavis, musique vocale, gymnastique. Prix de la pension : 10 fr. par mois.

*Cours spécial d'enseignement mutuel.* — Cet enseignement normal est double : l'un pour les instituteurs, à la Halle aux draps ; l'autre pour les institutrices, rue de la Petite-Friperie. L'institution comprend : la méthode de lecture, d'écriture, de calcul, de grammaire, de dessin, linéaire et de géométrie pratique élémentaire dans les écoles des élèves-maîtresses; la couture est substituée au dessin, en tout deux professeurs.

(1) Le service général de l'instruction primaire, à Paris, figure, au budget municipal, pour une dépense totale de 1,212,250 fr.; il comprend plus de 200 établissements, qui reçoivent environ 45,000 élèves. On estime que le nombre des enfants et des adultes susceptibles de recevoir, à Paris, l'instruction primaire, s'élève à 84,512.

*Cours normal de chant*, à la Halle aux draps, pour former des répétiteurs de musique populaire, un professeur.

*Cours normal pour la tenue des salles d'asiles*, rue Saint-Antoine, près la rue Neuve-Saint-Paul. Une dame directrice des cours.

*Ecoles laïques pour le sexe masculin.* — 31 écoles primaires d'arrondissement ; 8 cours d'enseignement primaire pour les adultes : 7 écoles spéciales de dessin pour les adultes, ouvertes le soir.

*Ecoles des Frères des écoles chrétiennes.* — 25 écoles primaires ; 6 cours d'adultes.

*Ecoles communales pour le sexe féminin.* — 1 école laïque ; 1 école primaire supérieure; 25 écoles d'arrondissement, 9 cours d'adultes ; 2 écoles communales tenues par des religieuses, au nombre de 26.

Etablissements divers : 38 salles d'asiles, 14 crèches, ouvroirs.

*Etablissements qui ne relèvent d'aucune administration publique.* — Colonies de Mettray, Petit-Bourg, OEuvre de Saint-Nicolas, etc., etc.

**TALENT (ECUEILS DU).** — Comme il n'est point ici-bas pour l'homme de bonheur sans mélange, dit M. l'abbé Plantier, ainsi, pour le chrétien, n'est-il point sur la terre de sécurité parfaite; quels que soient les sentiers qu'il foule, partout il rencontre des piéges tendus sous ses pas, et, jusque dans le chemin du zèle le plus sincère et du plus généreux, dévouement, il pourra faire de tristes et profondes chutes, s'il n'a soin de placer son ardeur sous la conduite de la prudence.

Les principaux écueils ou dangers du talent sont au nombre de trois. Le premier, c'est un christianisme incomplet; le second, un esprit trop indépendant; enfin le troisième, un amour immodéré de la gloire ou de la fortune.

Il est au sein de l'Eglise un spectacle qui nous afflige : c'est de voir certains hommes dignes par leurs mérites et leurs lumières d'être justes et parfaits, ne se montrer pourtant qu'à demi chrétiens; porter dans le cœur une foi qu'ils chérissent, mais s'abstenir d'exercer les œuvres qu'elle prescrit; consacrer peut-être quelques inspirations de génie à son triomphe sur le siècle, mais négliger d'asservir à son joug l'indocilité de leurs passions; faire en un mot du Christ le Dieu de leur talent, de son symbole auguste la religion de leur enthousiasme, mais adorer en même temps des divinités étrangères, et régler sur d'autres lois que celles de l'Evangile le détail de leur conduite et de leur moralité. Là, c'est un artiste aux goûts pieux; il n'aime à faire vivre et palpiter que des impressions divines, des souvenirs ou des héros sacrés dans le marbre qu'il anime ou les pages qu'il déroule; l'unique mission qu'il s'attribue, c'est, pendant que d'autres décorent les monuments profanes, d'embellir nos sanctuaires, et de vouer à l'honneur du Dieu qui les habite les

nobles créations qu'il enfante. Mais aussi, là se borne le culte qu'il décerne au Très-Haut : il en orne les temples, il n'en observe pas les commandements ; il en reproduit les merveilles sous un pinceau magique ou sur une pierre enchantée, et, dans son âme, il en défigure l'image, il en détruit la ressemblance, comme s'il pouvait suppléer à ce sceau de Dieu qu'il anéantit en lui-même, par les chefs-d'œuvre matériels dont il peuple nos basiliques! Ici, c'est un écrivain qui, sous l'un ou l'autre caractère de philosophe, de poëte ou d'historien, emprunte au catholicisme l'objet de ses observations, de ses chants ou de ses récits ; s'applique à faire ressortir avec éclat tout ce que les enseignements et le passé de l'Église présentent de sagesse profonde, de vertu civilisatrice, de solennelles harmonies et de brillantes gloires ; venge nos dogmes sacrés des blasphèmes qui les outragent, nos institutions de l'injustice qui les déprécie, notre culte et ses pompes de l'impiété qui s'en rit, nos grands hommes de la calomnie qui les dégrade autant qu'elle les dénature ; met enfin la plénitude de ses pensées au service de la foi, tantôt pour en exalter les splendeurs, tantôt pour dissiper les nuages qui s'élèvent contre elle du fond de l'abîme, et remplit ainsi tout un apostolat d'intelligence, comme d'autres remplissent, dans l'intérêt de la même cause, un apostolat de sacrifice ! Mais, hélas ! apologistes de nos célestes doctrines par ses écrits, il n'a pas la force d'en être le disciple par ses mœurs ; il les protège victorieusement contre les ennemis du dehors, et, pusillanime pour lui-même, il les laisse fouler en son cœur par les ennemis du dedans ; une mollesse fatale de volonté l'enchaîne en secret aux autels de quelques-uns des dieux dont sa main brise publiquement les idoles ; et pendant que nous nous faisons un saint orgueil de voir étinceler son glaive, ou d'entendre éclater sa voix autour de l'arche sacrée, le monde s'applaudit aussi de le voir courir aux tentes des Madianites, et prendre une triste part à la licence de leurs fêtes.

Voilà le fait dont nous sommes chaque jour les témoins désolés ; voilà un écueil où les esprits appliqués à la défense comme à la glorification de notre foi, courent la triste chance de se briser, quelle que soit la force de leur vertu. Chose même digne de remarque ! plus il entrera d'exaltation dans leur zèle, plus les travaux qu'ils auront entrepris passionneront leur intelligence et tourmenteront leur sensibilité, et plus, en même temps, ils risqueront, à travers leurs ardentes préoccupations, de s'abîmer dans l'indifférence ou l'infidélité pratique. Rien n'est plus facile, quand on poursuit vivement une idée, que de la délaisser, pour ne rompre avec elle, les devoirs même les plus impérieux ; comme aussi, du moment que l'âme s'émeut, dès l'instant que l'imagination se livre avec violence même à de pieuses inspirations, il se fait en nous je ne sais quel ébranlement

moral, qui, donnant à nos penchants plus d'empire, aux suggestions du mal quelque chose de plus enivrant, nous rend ainsi moins forts pour lutter contre nos tempêtes intimes, et nous expose à succomber plus aisément aux coups dont elles battent nos puissances.

Ah ! si quelqu'un en avait acquis par expérience la déplorable certitude, s'il était un homme qui fléchît ainsi le genou tout à la fois devant Jésus-Christ et devant Bélial, un homme qui ne voulût de la religion que pour son génie et ses ouvrages, sans en vouloir contre ses passions et pour sa vie, je lui dirais : O mon frère ! soyez béni, sans doute, des hommages que vous dispensez si glorieusement au christianisme, et du concours que vous lui prêtez, ou pour abattre les préventions et les erreurs, ou pour ajouter à la splendeur de ses pompes religieuses ! Mais, nous devons vous le rappeler, si généreux qu'ils soient, ces témoignages de dévouement n'acquittent point envers lui toutes vos dettes. Que vous affrontiez pour son nom les orages de la polémique ; que vous éleviez à son Dieu de fastueux sanctuaires ; que vous forciez le bronze ou la toile à refléter la céleste pudeur de ses vierges angéliques ou la noble face de ses grands caractères ; que vous mêliez à la consommation de ses mystères redoutables le grave accompagnement d'une pieuse mélodie, c'est, vous pouvez en être sûr, un tribut d'affection dont il est reconnaissant ; il aime à voir tous les genres de talents se réunir ainsi pour célébrer, dans un vaste et même concert, celui qui se plaît à se nommer le Dieu des sciences et de toutes les nobles pensées. Mais, à côté de ce zèle artistique, il faut que vous placiez des vertus positives ; s'il vous est beau de chanter les gloires de la religion, il vous est ordonné d'en accomplir les préceptes ; au christianisme de l'intelligence, vous devez réunir le christianisme des actions ; et si vous l'en séparez, à qui, je vous le demande, prétendrez-vous satisfaire par l'offrande alors mutilée de vous-même? Est-ce aux volontés de Dieu ? Mais il abhorre toute *rapine faite dans l'holocauste*, ainsi qu'il nous l'apprend par les saintes lettres ; il préfère l'obéissance du cœur aux sacrifices du génie ; et, tant que vous n'associerez pas au soin de sa louange l'exécution de ses lois, vous ne fixerez point la plénitude de ses complaisances, parce qu'il ne verra point brûler en vous la plénitude de son amour. Est-ce aux vœux de l'Église? Mais, hélas ! autant elle se félicite des gages d'attachement et d'admiration que vous lui prodiguez, autant elle gémit à l'aspect des obligations transgressées par votre indifférence ; et sa douleur est au comble de ne pouvoir vous compter au nombre des justes qui l'édifient, comme elle vous compte déjà, parmi les esprits qui l'honorent. Est-ce pour vous-même, enfin, que ce christianisme incomplet doit vous sembler suffisant? Mais, sans vous dire qu'il ne vous sauvera pas s'il

est seul, et que, dût-il faire éclore des prodiges, il ne sera pas mieux agréé du grand Juge que cette foi féconde en merveilles, mais stérile en mérites, qui, après avoir étonné les humains, n'empêchera pas qu'on ne soit précipité dans les horreurs éternelles ; sans vous rappeler que, par l'infidélité de votre vie, vous énervez la puissance de votre dévouement, en la séparant de l'irrésistible ascendant des exemples ; comment ne pas vous avertir que vous vous exposez, par vos faiblesses, à perdre même ce lambeau de religion dont votre talent s'inspire ? On tient mal au catholicisme quand on ne s'y rattache que par des nœuds intellectuels ; le plus solide de tous les liens pour nous enchaîner à lui, c'est une vertu parfaite, une piété sans mélange ; et lorsqu'au respect de ses croyances nous cessons d'allier cette exacte intégrité de conduite, il ne faut souvent qu'un choc léger pour l'anéantir en notre âme jusqu'aux derniers vestiges.

Regardez cette statue mystérieuse dont nous parle le prophète ! Elle se compose d'éléments aussi durs que précieux ; le fer, le bronze, l'argent et l'or se sont réunis pour la former ; autant sa nature est puissante, autant sa taille est gigantesque ; tel est enfin son poids, qu'il paraît devoir à lui seul la maintenir inébranlable parmi toutes les secousses qui jamais viendront la tourmenter. Mais non : j'aperçois un peu d'argile à ses pieds ; c'est assez pour que sa fragilité le dispute à celle du verre ; une faible pierre détachée de la montagne la touche par hasard à la base, et soudain ce colosse, qui semblait devoir se rire et des autans et des siècles, tombe, se brise, et n'est plus qu'une poussière emportée par les vents.

Fidèle image du sort qui vous menace, ô vous, chrétiens, partagés entre des convictions qui vous sont chères et des penchants qui vous dominent ! Vainement votre foi vous paraît-elle immuablement assise ; vainement l'enthousiasme dont elle vous pénètre a-t-il l'air de vous en garantir la persévérance ; vainement le succès avec lequel vous la servez vous donnerait-il en spectacle, comme un géant, à la terre ; vous ne pouvez vous flatter de lui demeurer longtemps fidèles. Il règne en vous un périlleux alliage ; les misères et la mollesse auxquelles vous sacrifiez représentent l'argile de la statue prophétique ; invincible sur tous les autres points, ici vous êtes sans force ; et si jamais on vous frappe à cet endroit délicat de votre cœur, il est à craindre qu'on obtienne une trop facile victoire, et qu'après cent génies, victimes avant vous de réserves qu'ils avaient faites, vous ne voyiez votre croyance réduite en poudre aux ébranlements d'un atome, disperser ensuite ses débris au souffle des opinions humaines.

Ainsi toutes les voix du ciel et de la terre, de la conscience et de la raison, du temps et de l'éternité, condamnent-elles d'un même accent l'imperfection de votre christianisme.

Ainsi les intérêts les plus solennels vous commandent-ils de ne point renfermer votre religion au sein de votre intelligence, comme une puissance inerte et solitaire, mais de la faire régner sur vos actions comme elle domine déjà sur vos pensées. Ainsi devez-vous en conclure, écrivains, qu'il s'agit d'ajouter aux ouvrages qui vous illustrent devant les hommes, cette continuité de vertus qui seule fera graver vos noms sur les colonnes de la Jérusalem immortelle ; statuaire, qu'il vous importe moins de traduire une pensée de foi par des monuments sans vie, que de façonner dans vos cœurs la divine ressemblance de Jésus-Christ ; architecte, qu'en bâtissant des temples inanimés, il vous faut encore élever avec plus de soin ce sanctuaire intérieur et vivant sans lequel tous les autres ne sont rien devant le Seigneur ; qui que vous soyez, enfin, que, désormais attentifs à ne plus servir deux maîtres, à ne plus diviser votre amour, vous devez faire monter vers le Très-Haut, et le Très-Haut seul, tout l'ensemble de vos pensées, de vos œuvres, de vos sentiments et de votre zèle, comme le parfum d'un vaste et unique sacrifice.

Tel est le premier écueil du talent : christianisme incomplet. Le second repose dans un certain esprit d'indépendance.

A Dieu ne plaise que je vienne vous défendre, au nom de la foi, de penser hardiment et de vous mêmes sur les choses naturelles ! Le catholicisme, au contraire, vous dit ici par ma bouche qu'il aime les esprits assez fiers pour repousser une vie qui ne serait que d'emprunt ; assez indépendants pour ne se courber devant l'autorité d'aucun maître qu'après en voir jugé les titres ; assez courageux pour en appeler des préjugés à la raison, malgré la consécration que ceux-là pourraient tenir de la foule et des siècles ; assez audacieux enfin pour s'envoler vers des régions inconnues, et tenter des conquêtes. Voilà vraiment les intelligences qu'il faut à notre religion sainte ; et quand elle en trouve en qui ces nobles qualités éclatent, elle ambitionne ou se félicite infiniment de les avoir pour disciples, bien persuadée qu'elle les rencontrera plus fidèles à mesure qu'elles marcheront la tête plus haute, et sauront plus vigoureusement se dégager des chaînes que porte parfois, avec un si faux orgueil, la troupe des hommes vulgaires.

La seule chose que nous demandions ici, c'est qu'on respecte les oracles de Dieu ; c'est que la sagesse créée s'incline sous le poids de la sagesse éternelle ; et malheureusement, on est loin de reconnaître toujours cette dépendance, néanmoins si raisonnable

« Ne croyez pas, s'écriait autrefois Bossuet, ne croyez pas que l'homme ne soit emporté que par l'intempérance des sens ; l'intempérance de l'esprit n'est pas moins flatteuse ; » et l'on peut ajouter, surtout dans

notre siècle, qu'elle n'est pas moins universellement répandue. Sur les questions de foi, l'intelligence humaine a généralement secoué le frein de toutes les autorités, même légitimes, et surmonté tous les symboles comme autant de digues impuissantes; elle ne veut plus relever que d'elle-même; les seules inspirations qu'elle écoute, ce sont ses propres idées; elle transforme en vérités les rêveries qui lui plaisent, comme, au contraire, elle appelle erreurs et folies les maximes les plus certaines et les plus sages, dès l'instant qu'elles la choquent; et lorsqu'on paraît s'étonner de son audace et de ses témérités arbitraires, elle répond avec orgueil qu'elle est aujourd'hui maîtresse absolue de ses convictions religieuses, et qu'à force de combats, elle a fini par conquérir la liberté de penser, comme le plus sacré de ses droits et la plus imprescriptible de ses gloires.

Tel est le langage qui retentit autour de nous, non point ainsi qu'*un bruit sourd*, mais ainsi qu'une parole éclatante. On se fait publiquement un honneur de repousser toute croyance positive, pour n'adorer que ses conceptions; et chose déplorable! cette malheureuse ostentation d'indépendance immole chaque jour des victimes en se gagnant des complices. Il est dans les franchises qu'elle proclame je ne sais qu'elle attrait enivrant, surtout pour de jeunes imaginations et des vanités irréfléchies! Ne subir aucun joug! n'être emprisonné dans aucunes limites! ne ployer accablé sous le fardeau d'aucun mystère! à la place de tous ces dogmes imposés, pouvoir déifier librement ses inventions et ses caprices! quelle dignité! quel bonheur! voilà ce que le talent chrétien se répète plus d'une fois avec les enfants du siècle: « et bientôt ce superbe, dit encore Bossuet, s'élève au-dessus de la religion qu'il a si longtemps révérée, croyant ainsi s'élever au-dessus de tous et de sa propre grandeur; il se met au rang des gens désabusés; il insulte en son cœur aux faibles esprits, qui ne font que suivre les autres sans rien trouver par eux-mêmes; et, devenu le seul objet de ses complaisances, il se fait lui-même son dieu. »

Imprudent! imprudent! quel vertige vous a frappé? vers quel précipice vous entraîne la fougue de votre ivresse! au fond du gouffre qui va vous engloutir, par quoi remplacerez-vous les feux du divin soleil dont vous vous écartez? O misère! En abandonnant la foi, cette âme déchue ne peut en éteindre le besoin; il se fait en elle un vide qui l'inquiète; il faut qu'elle le comble, et, pour le remplir, elle se met à chercher de nouvelles convictions dans la nuit qui l'enveloppe. Mais c'est en vain qu'elle s'agite; les ténèbres avares lui refusent ce qu'elle leur demande; elle voudrait des réalités et ne saisit que des ombres; pour les vérités qu'elle a perdues, elle ne retrouve que des chimères: si quelques lueurs de sagesse

brillent à ses yeux, ce ne sont que des rayons épars et fugitifs, également incapables de former un ensemble complet de doctrine et de fixer son inconstance; à peine les a-t-elle vus, qu'aussitôt elle s'en détourne et recommence à poursuivre des clartés mensongères; elle court sans repos de théories en théories; c'est-à-dire qu'elle roule sans cesse d'abîmes en abîmes, laissant à chaque degré de sa chute quelque nouveau débris de sa raison, déracinant sur son passage tout ce qui s'y rencontre de principes sacrés, de règles éternelles et de douces espérances, jusqu'à ce qu'enfin, parvenue aux bords de l'indifférence ou du scepticisme, ce double néant de l'esprit mortel, elle s'y plonge pour y reposer au milieu des ruines qu'elle a faites, et qui lui serviront comme de tombeau. Tel on verrait un astre, détaché de son centre et lancé hors de son orbite, s'en aller au hasard à travers les espaces, tomber et retomber de monde en monde, s'y mutilant le premier et les brisant à son tour, descendre enfin jusqu'aux plus lointaines extrémités de la nature, et, trouvant alors une barrière pour l'arrêter, s'y ensevelir sous les débris emportés dans le tourbillon de sa course orageuse

Je ne dis rien dont nous n'ayons tous été les témoins. N'avons-nous pas assisté, si jeunes que nous soyons, à la déviation de quelques hauts génies? Et du jour où, s'éloignant du catholicisme, autour duquel ils avaient accompli jusque-là leurs évolutions et dont ils tenaient leurs lumières, ils se sont engagés dans des routes de caprice, n'ont-ils pas abjuré du même coup et cette élévation de sagesse, et cette fermeté de convictions que leur donnaient leurs croyances primitives? Au symbole brisé par leur apostasie, ont-ils pu substituer autre chose que des illusions plus ou moins décevantes? Leur esprit même n'en a-t-il pas proclamé tout haut l'inanité par ses innombrables variations; et, faute d'appui solide, ne leur a-t-il pas fallu traverser l'erreur en mille sens divers, se précipiter en rebondissant de rêveries en rêveries, pour arriver enfin tout fracassés dans les profondeurs de je ne sais quels systèmes indéfinis, espèce de solitude obscure et désolée, où leur intelligence ne verrait rien, si quelques reflets de leur ancienne foi ne venaient encore malgré eux éclaircir leurs ténèbres?

Oui, c'est bien ainsi qu'ils ont fait, et dès lors combien ne nous importe-t-il pas d'échapper aux égarements de leur vanité? De quelque manière que nous considérassions alors notre chute, ne serions-nous pas infiniment à plaindre? Nous pourrions, je le sais, comme certains hommes superficiels, prendre nos inconstances pour du progrès, notre indépendance pour de la force d'esprit, nos absurdités et nos blasphèmes pour des oracles et comme autant de victoires sur les préjugés: mais je vous le demande, est-ce que nos idées changeraient rien aux choses?

Malgré tout ce que nous dirions, notre incrédulité, que serait-elle, suivant la belle définition du grand évêque de Meaux, « sinon une erreur sans fin, une témérité qui hasarde tout, un étourdissement volontaire, un orgueil qui ne pourrait souffrir son remède ? » Et quand nous oserions après cela nous en prévaloir pour nous estimer, quand nous aurions l'audace d'envisager comme une gloire nos écarts, nos doutes, nos préventions et nos ruines, cette infatuation d'amour-propre ne tiendrait-elle pas du délire ? Et quels sentiments devrait-elle inspirer aux hommes graves, si ce n'est une impression de dégoût ou celle d'une pitié mêlée d'ironie ?

Du reste, il faut le dire, n'est pas froidement incrédule qui veut ; certains esprits, il est vrai, se familiarisent avec le mensonge et peuvent s'en glorifier ; mais d'autres ne peuvent y croire, tant ils sont loin de s'en faire honneur ! Ils sont assez abusés pour ne pas adhérer pleinement à la révélation, mais ils sont trop sérieux pour s'attacher à l'erreur ; des sophismes les séparent de la première, mais ils y tiennent par des regrets ; ils voudraient embrasser la seconde, mais des répugnances de raison les en éloignent ; ils flottent dans le doute, et cette incertitude est pour eux un martyre. Un mouvement convulsif les pousse et les repousse sans cesse de leurs souvenirs à leurs vœux ; ils aspirent à saisir énergiquement l'un ou l'autre de ces soutiens ; ils font les plus violents efforts pour les embrasser tour à tour, et, parce que tous deux éternellement leur échappent, parce que tout est mouvant, et sur les ruines de leurs croyances, et sur le sol des théories ; parce que nulle part ils ne trouvent le moyen de fixer leur esprit, et de se dérober, si je puis ainsi dire, au néant de l'irréligion qui les épouvante, ils se laissent aller aux agitations d'un désespoir dont les crises et les accents ont cent fois effrayé l'univers. Ecoutez les lamentations que la violence de ce mal arrachait, il y a quelques années, à l'une de ses victimes. C'était un étranger de haute et droite intelligence ; il avait reçu le bienfait d'une éducation religieuse ; sa raison s'était développée à l'ombre de la foi, et grâce à cette tutelle divine, dès son entrée dans le monde philosophique, il avait eu, sur toutes les questions fondamentales, et des solutions arrêtées, et cette paix dont une conviction forte est toujours accompagnée. Mais jeté parmi nous par des révolutions politiques, il trouva sur notre terre un asile pour sa disgrâce, un dernier écueil pour ses croyances ; avec son christianisme disparut aussi son calme primitif, et voici comment il s'en exprimait à l'un de ceux dont la main cruelle avait coupé son ancre, et livré son âme aux fluctuations d'une fausse sagesse. « O mon ami ! que nous sommes malheureux de n'être que de pauvres philosophes, pour qui le prolongement de l'existence n'est qu'un espoir, un désir ardent, une prière fervente.

Je voudrais avoir les vertus et la foi de ma mère. Raisonner, c'est douter ; douter, c'est souffrir ; la foi est une espèce de miracle ; lorsqu'elle est forte, lorsqu'elle est vraie, qu'elle donne de bonheur ! »

O touchante expression de tristesse ! ô magnifique hommage à nos saintes doctrines, ô paroles profondément instructives ! ô tableau douloureusement fidèle des angoisses de certaines âmes déshéritées du catholicisme. Leurs propres pensées deviennent vraiment alors pour elles comme les flots d'une mer courroucée ; elles s'y débattent avec une sorte de frénésie, avides qu'elles sont de se soustraire au naufrage. Mais tous leurs désirs se transforment en mécomptes amers ; l'inutilité de leurs efforts trahit toujours l'énergie de leur volonté ; elles appellent du secours, et personne ne répond ; elles se retournent vers la foi qu'elles ont quittée, mais elles ne peuvent la rejoindre, des vagues impérieuses les en repoussent ; elles se jettent sur quelques idées comme sur des planches de salut ; mais ces idées, trop faibles pour les soutenir, tombent en poudre sous la main qui les presse ; en un mot, elles n'ont de puissance que pour tourmenter vainement des ondes qui se rient d'elles, de cris, que pour fatiguer le ciel constamment sourd à leur voix ; et tel est leur supplice, jusqu'à ce que la mort, comme une dernière lame, vienne enfin les engloutir et décider ces problèmes dont elles n'ont pu conquérir, malgré tant de souffrances, la solution toujours rebelle.

C'est donc, ou compromettre la dignité de son intelligence, ou porter atteinte à son bonheur, que de rompre avec le catholicisme ; de là nécessité de se mettre en garde contre l'extrême indépendance d'esprit, l'un des pièges les plus dangereux pour la foi. Plus qu'un mot sur l'amour immodéré de la fortune et de la gloire.

Je commence par le déclarer, il est un désir de succès que nous ne saurions flétrir. Qu'un littérateur ou qu'un artiste réunisse, à l'intention d'honorer son pays et sa foi, la pensée de se créer une convenable existence ; qu'il aspire à rassembler assez de ressources et pour échapper lui-même à la détresse, et pour ménager un certain bien-être à une famille dont il est le tuteur ou l'espoir ; qu'il prenne, enfin, pour arriver à ce but, tous les moyens autorisés par l'honneur et compatibles avec l'observation des préceptes évangéliques ; dès l'instant qu'il se renferme ainsi sévèrement dans les bornes d'une prétention modeste et pure, et qu'au lieu de sacrifier ses devoirs et ses croyances aux exigences de son orgueil et de sa cupidité, vous le trouvez prêt à renoncer au développement de son génie et de son art, plutôt que de les vouer à des travaux qui les profanent, bien loin de le condamner, le catholicisme alors l'approuve et l'encourage. Nous ne voulons point que le zèle et le

désintéressement aveuglent le talent sur les nécessités et les obligations domestiques ; nous ne professons point non plus qu'ils doivent le détacher, par un stoïque dédain, des avantages du temps ; si même il allait jusque-là, nous accuserions sa philosophie ou d'excès ou de faute, et nous lui rappellerions que, pour être honorable dans l'emploi de ses facultés, il n'est ni prescrit de se livrer systématiquement au besoin, ni permis d'exposer, par insouciance, les siens à la misère.

Mais voici un autre désordre plus sérieux, et contre lequel surtout nous tenons à vous prémunir : ce serait de vouloir briller et vous enrichir à toute force et par toute espèce de voies. Que se passe-t-il, en effet, dans la société qui nous entoure ? Des hommes se rencontrent chaque jour qui se disent à leur entrée dans le monde : « Il faut que je recueille des palmes et de l'or. » Si, pour en ramasser, il suffit d'être religieux et moral, on le sera ; autant vaut exploiter ce champ qu'un autre, si l'on doit, en le remuant, trouver dans ses entrailles le trésor qu'on appelle. Mais si ce n'est là qu'une terre stérile, on se transportera sur un sol plus fécond, dût-il être moins pur. L'important n'est pas que la conscience reste intacte et qu'on garde son nom sans opprobre ; la seule chose nécessaire, c'est que l'on fasse du bruit et qu'on gagne de l'argent ; il n'est rien, pour y réussir, qu'on ne soit prêt à sacrifier. Faut-il insulter à la foi de son enfance ? on fera du sarcasme avec l'impie. Faut-il hasarder des systèmes absurdes ou corrupteurs, on se lancera dans les rêves, et l'on mettra les éléments du vice en théories. Faut-il étaler aux yeux des marbres ou des tableaux qui les forcent à rougir ? on exécutera pour la licence ces œuvres d'ignominie. Faut-il, enfin, composer des écrits où l'innocence trouve des pièges et la débauche un aliment ? on condamnera son imagination souillée à broyer du limon pour en former ces ouvrages immondes. Il est vrai qu'on outragera le ciel, qu'on perdra les âmes, qu'on pervertira les peuples, qu'on avilira son caractère en prostituant son génie ; mais tout cela disparaît devant les fruits qu'on espère en retirer. Le Très-Haut insulté, la vertu flétrie, la société corrompue, sa propre intelligence déshonorée, sans doute ce sont des maux affreux et des crimes immenses ; mais enfin l'on fera parler de soi, mais on aura de l'aisance ; qu'a-t-on besoin d'autre chose pour s'absoudre soi-même ? Ne peut-on pas être le fléau du monde, quand on doit être heureux des calamités qu'on enfantera pour ses frères ?

Tant d'indignité repose dans ces sentiments, qu'au premier aspect on les croirait chimériques. On a peine à concevoir que des âmes humaines spéculent ainsi de sang-froid sur la dépravation de leurs facultés, et soient assez atroces pour vendre aux nations, en échange d'un peu d'or, un poison d'erreur ou d'immoralité qui les tue. Trahir ce qu'il existe au monde de plus sacré, son Dieu, sa religion, la vérité, la pudeur, et cela sans conviction comme sans haine, mais par une froide combinaison, mais pour le prix de *quelques deniers*, mais pour de creux échos de gloire, ô détestable échange ! ô mystère incompréhensible de bassesse et de vénalité ! Et pourtant, il n'est personne, j'en suis sûr, qui n'ait eu des preuves de ce fait effrayant. Combien, qui que nous soyons, n'avons-nous pas aperçu de jeunes gens, combien n'en apercevons-nous pas encore échouer à cette tentation dès le premier pas de leur existence sociale ? Saisis alors par je ne sais quelle fièvre précoce d'amour-propre et de cupidité, n'est-il pas trop vrai que tout ce qu'ils ont de généreux se dessèche brusquement sous la double ardeur qui les dévore ; que, dans le vertige dont elle les frappe, ils immolent bientôt et la sainteté de leurs convictions, et l'intégrité de leur talent ; qu'ils se précipitent ensuite sans frein loin de leurs premiers autels, dans les routes d'un art lascif, d'une philosophie perverse, d'une politique orageuse ou d'une littérature obscène ; qu'à l'imitation de certains esprits, tristement renommés par le succès de leurs écarts, ils finissent par ne reculer devant aucune impudence, dès l'instant qu'ils espèrent les suffrages d'une popularité lucrative ; qu'ils sont enfin prêts à réhabiliter tous les vices, à couronner toutes les hontes, à ne faire de la vertu qu'un préjugé, de la conscience qu'une chimère, de Dieu qu'un amalgame de tous les êtres, pourvu qu'il se rencontre dans la société des hommes assez abjects pour applaudir à ces doctrines, assez stupides pour acheter les productions où le cynisme aura gravé l'expression de semblables infamies ?

Ah ! si nous n'avons pas vu ces désordres éclater près de nous, d'autres ont été tristement admis à les toucher de leurs mains. Voici déjà bien du temps qu'on accuse à grands cris la spéculation d'avoir envahi le domaine de la littérature, de la science et des arts ; et tous ceux qui s'en plaignent, la signalent et la maudissent comme le plus désolant des fléaux pour le monde moral. Appliquée à l'anéantissement des objets matériels, on le sait, elle est plus impitoyable même que le fanatisme. La violence n'éteint pas toute délicatesse ; jusque dans la haine la plus ardente et la rage la plus forcenée, on peut éprouver encore un saisissement d'admiration, certains transports d'enthousiasme, un reste de vénération pour quelques-unes même des choses qu'on a juré de détruire ; et le fait est si réel, qu'au sein de nos plus horribles tempêtes, on a vu plus d'une fois des hommes dont la fureur avait voué la ruine de tous nos grands édifices, épargner des chefs-d'œuvre et désarmant leurs bras, pardonner au génie. Mais le calcul ne connaît point ces ménagements, ou plutôt il s'en rit ; quand il s'est pris à renverser, il ne met point de bornes à ses

démonitions. Mais c'est une magnificence! Qu'importe? mais c'est le souvenir d'une grande époque! Que me fait à moi cette singularité? Mais c'est l'ouvrage d'un maître illustre! Je me moque de vos demi-dieux. Mais on dira que vous n'avez point d'élévation dans le cœur et que vous êtes une âme vénale! Appelez-moi barbare si cette injure vous plaît, j'y suis fort peu sensible, pourvu que je sois à l'aise.—Ainsi raisonne cet égoïsme destructeur; nulle considération ne le touche; nul reproche ne l'émeut; nulle ignominie ne le déconcerte; nulle gloire ne s'en fait respecter; et qui ne sait que, dans des jours de calme et sous l'impression d'une tranquille brutalité, d'une insensibilité de plomb, il a fait tomber des monuments laissés debout par la terreur, aux moments mêmes de sa plus furieuse effervescence? Porté dans l'ordre moral, il affecte le même caractère. On ne pourrait dire si les passions, avec leurs emportements irréfléchis, vont plus loin qu'il ne le fait dans ses écarts systématiques; aucune horreur ne l'effraye dès qu'il a chance de l'exploiter; et c'est de là que vient à notre siècle cet affreux débordement d'ouvrages, où l'abjection des héros, l'obscénité des situations et la perversité des principes ne le cèdent qu'à la dégoûtante nudité d'une langue à demi sauvage.

Vive Dieu qui vous a préservés de ce malheur, talents chrétiens qui me lisez! Tous, je le sais, vous aimeriez mieux languir à jamais dans une indigente obscurité, que marcher à la fortune ou à la gloire par ces voies réprouvées. Oh! que ce sentiment vous est honorable! mais aussi comme il est dans l'ordre! Qu'est-ce que l'intelligence? De quel centre émane-t-elle? Quelles en sont la nature et la destination? N'est-elle qu'une étincelle de la terre, un éclat de la foudre? N'est-elle pas plutôt, si j'ose ainsi parler, un rayon de Dieu même, foyer de toute lumière? Et si c'est le Très-Haut qui nous l'a donnée, pensez-vous qu'il nous ait laissés libres de l'éteindre dans la boue, ou de la lancer sur le monde comme une flamme ravageuse? Evidemment n'a-t-il pas voulu que, la conservant toujours digne de sa source, nous ne l'employions qu'à des usages légitimes et saints, au triomphe des principes et des vertus, à la moralisation des peuples? Oui, ce sont là les vœux de la sagesse infinie; dans ses intentions, le talent n'est aux mains de l'homme que pour être un instrument de bien; roi de l'univers moral, il doit le régler, mais en point le corrompre, et quand nous en abusons pour en faire un auxiliaire de l'égoisme, quand nous le condamnons à tourmenter de la fange pour en extraire un peu d'or, quand nous le contraignons à répandre au sein de la société, non point une chaleur de vie qui la régénère, mais une fumée de mort qui la désole en nous profitant, nous outrageons ce feu sacré, nous en avilissons la noblesse, nous en trahissons le but, nous étouffons

en lui ce je ne sais quoi de divin qu'il a par par origine, et, dans l'affreux calcul de notre cupidité qui l'exploite, il entre du sacrilège.

Profanation non moins déshonorante que criminelle! Je veux que vous ayez du succès; je suppose qu'on vous exalte avec enthousiasme comme une des gloires artistiques ou littéraires de votre époque; j'admets pour un instant que la fortune vous arrive à la suite des louanges, et que, semblables à ces génies heureux dont notre siècle abonde, sortis des profondeurs sociales, vous vous éleviez de vos propres ailes, mais ailes d'ignominie, au faîte de l'opulence et de la renommée; en serez-vous pour cela grands et beaux, je vous le demande! La splendeur du résultat pourra-t-elle racheter pour vous l'abjection des moyens? Dans l'immoral éclat que vous aurez conquis, où trouver un détail qui ne menace d'être pour vous une honte? Vous prévaudrez-vous des applaudissements qui vous seront décernés? Mais de qui partiront-ils? Des cœurs honnêtes? ils vous mépriseront, tant ils seront loin de vous admirer? Des hommes de désordre et d'impiété? mais leur estime n'est-elle pas un malheur, et leurs éloges n'impriment-ils pas une flétrissure? Vous glorifierez-vous plus justement des richesses que vous aurez amassées, et de la considération qu'elles vous auront acquise? Mais, à travers le faste dont vous serez environnés, à travers les hommages prodigués à votre grandeur de hasard, ne reconnaîtra-t-on pas toujours qui vous êtes? et ne se dira-t-on pas en secret au moins, si ce n'est publiquement : Ne sois pas si fier de ton argent et de ton élévation! on n'ignore pas que ce sont là des fruits d'iniquité; si tu es monté si haut, nous savons bien que, pour atteindre à cette cime altière, tu t'es fait comme autant de degrés de tes convictions mises en poudre, de tes principes vendus, de la décence outragée, de l'innocence pervertie. Peut-être feint-on de ne pas se rappeler ces indignités, en présence du crédit que maintenant tu possèdes et des avantages qu'on peut espérer de toi; peut-être encore le vulgaire ne sait-il pas démêler les taches de ton front sous l'auréole de célébrité qui le couronne : mais les esprits sérieux et les hommes désintéressés les aperçoivent; ils te les reprochent avec plus ou moins d'indignation, suivant qu'elles sont plus ou moins noires elles-mêmes; ils s'irritent des louanges que le libertinage ou la stupidité t'envoie du fond de leur idiotisme ou de leur corruption; et c'est là comme un prélude au jugement de la postérité, tribunal sévère qui, dégagé des influences du prestige et de la partialité, flétrira ta mémoire autant que ton nom brille maintenant, et renversera les statues érigées à l'impur bonheur de ton génie par l'une ou l'autre idolâtrie du vice ou du mensonge.

Tel serait, ô hommes de talent, le langage qu'on vous adresserait, si jamais vous ve-

niez, ce que je ne pense pas, à souiller votre talent par une vile spéculation d'intérêt. Au fond de toutes les intelligences morales, une sentence de déshonneur serait fulminée contre vous ; et l'avenir, confirmant cet arrêt, au lieu de félicitations vous apporterait des anathèmes. Il n'est pas jusqu'à votre propre conscience, avec cette indestructible racine de droiture et de dignité que porte en soi toute âme humaine, qui ne vous importunât de temps en temps par des réveils de honte, ou les convulsions du remords. On dit qu'au sein de la pompe impériale, et dans les voluptueuses délices de leurs palais, les tyrans de l'ancienne Rome éprouvaient d'intervalles en intervalles de déchirantes angoisses. A leur mémoire se représentait parfois le souvenir des malheureux qu'ils avaient égorgés ; ils en voyaient dans la nuit les ombres sanglantes et déchirées se dresser devant eux ; ils croyaient entendre ces larves en courroux leur reprocher les tortures auxquelles ils les avaient condamnées vivantes ; et en présence de ces apparitions lugubres, les maîtres du monde se prenaient à frémir d'une douloureuse terreur ; le diadème perdait pour eux son éclat ; le plaisir ses enivrements, le sommeil son repos, et volontiers, à certains moments, s'il n'avait fallu que le sacrifice de leur grandeur, ils l'eussent abdiquée pour échapper à ces fantômes dont l'aspect désolait leur imagination. Et voilà, je n'en doute pas un instant, ce qui se passerait pour vous, au sein d'une gloire et d'un bonheur achetés par l'abus du talent. Sans doute, il serait alors des jours d'ivresse où votre âme, oubliant les aberrations et les fautes du passé, goûterait sans inquiétude les satisfactions du présent. Mais, à moins d'abrutir pleinement la conscience, ce qui serait le pire de tous les malheurs, il serait aussi des heures funèbres où vous songeriez malgré vous au mal que vous auriez fait dans le monde. Au sein de votre esprit morne et désert, reviendraient de loin en loin, et vos croyances apostasiées, et votre moralité flétrie, et les innombrables cœurs dépravés par la licence de vos productions ; tous ces souvenirs vous apparaîtraient non moins effrayants que des visions sépulcrales ; comme des mânes de victimes, ils vous accuseraient d'avoir été leurs bourreaux ; il vous semblerait que le bras de ces squelettes en fureur se levât pour vous écraser ; et, sous l'impression de ces sombres images, insensibles au charme de la fortune comme aux splendeurs de la réputation, vous frissonneriez du même effroi que ces empereurs homicides : meurtriers de vos admirateurs comme ils l'avaient été de leurs sujets, comme eux aussi, vous expieriez vos attentats par des rêves de sang, et jusque sur l'oreiller de la mollesse ou de l'honneur, des spectres s'obstineraient à vous tourmenter par d'atroces insomnies.

De solennels aveux ont justifié depuis longtemps la vérité de ce présage ; au lieu de pressentir, je n'ai fait ici que raconter. Ah ! que l'expérience d'autrui vous éclaire à ja-

mais et vous maintienne purs ! Je l'avoue, en restant chrétiens et graves dans les applications de vos facultés, vous vous enlevez les chances de succès les plus fécondes ; tel est le malheureux caractère de notre époque, que, pour lui plaire et conquérir ses faveurs, il faille l'abuser par des folies ou la corrompre par des immoralités. Mais, si vous vous illustrez peu, si vous ne vous enrichissez que faiblement, vous aurez la consolation de penser que votre humble bonheur n'aura point germé du vice et ne se sera pas épanoui sur des ruines. Il compensera par ce qu'il aura de pur ce qu'il n'aura pas d'éclatant : s'il ne doit pas vous procurer de grands avantages, au moins vous laissera-t-il exempts de honte et de remords. Vous pourrez vous dire : Le monde m'ignore ; mon existence et mon talent se perdent à la fois dans l'ombre et dans la médiocrité ; mais, en retour, ma foi me reste ; ma plume et ma palette demeurent sans tache ; je n'ai jamais contraint, ni les anges de se voiler par des blasphèmes, ni la vertu de s'enfuir par d'abjectes peintures. Peut-être si je m'étais jeté dans ces voies illicites, j'aurais pu réussir comme tant d'autres l'ont fait à mes côtés. Mais non ; j'ai préféré les biens de la conscience aux biens de la fortune, et je m'en applaudis. Mon sort est moins brillant, mais mon âme est plus tranquille ; je suis moins vanté, je n'en suis pas moins honorable, et, s'il est vrai que je doive transmettre peu de richesses et peu de renommée à ma famille, je lui réserve un héritage autrement plus précieux, c'est-à-dire le double trésor d'une conduite sans écarts et d'un nom sans souillure.

A ces considérations je pourrais ajouter que la spéculation d'orgueil ou d'argent ne saurait être une source d'inspiration consciencieuse et durable ; que sous son empire, on se borne ordinairement à ce qui suffit pour plaire à son époque, sans s'inquiéter de ce qu'il faut pour plaire à tous les siècles ; que si par hasard elle enfanta de glorieux commencements, elle ne soutient pas la virilité du génie à la hauteur de ses premières espérances ; que, substituant à la réflexion qui fait bien, la précipitation qui fait beaucoup, elle entraîne ainsi le double inconvénient, et d'épuiser les esprits, même les plus riches, par l'intempérante fécondité qu'elle leur commande, et de ne presque en obtenir que des compositions avortées ; qu'enfin c'est pour avoir uniquement aspiré ce souffle de mort, que tant d'intelligences ont démenti, de nos jours, les promesses de leurs débuts, et nous ont fait chercher vainement, à leur automne, les fruits que nous avaient annoncés les fleurs brillantes de leur printemps. Mais j'abandonne cette pensée comme trop profane pour un ouvrage de ce genre ; j'aime mieux laisser le lecteur sous l'impression des vues chrétiennes que j'ai développées, et des pieux sentiments qu'elles auront sans doute ou fait naître ou fortifiés dans les âmes.

Et vous, écrivains, fasse le ciel que ces

saintes dispositions demeurent à jamais les vôtres ! Fasse-t-il en même temps que vous échappiez aux divers autres écueils que j'ai signalés ! Concourez par les précautions d'une sainte prudence à seconder ici la bienveillance de la grâce ! La foi repose ferme, pure, désintéressée dans vos cœurs ; avec elle vous possédez cette paix qui, fondée sur l'intégrité de l'honneur et l'inviolabilité de la conscience, surpasse, suivant le langage de l'Apôtre, toute espèce de sentiments. Ah ! gardez à jamais l'un et l'autre trésor ; vous auriez de trop douloureuses expiations à subir si vous aviez le malheur de vous en défaire ; l'expérience de tous les siècles vous le présage ; écoutez-la fidèlement dans l'intérêt de votre félicité ! Ne l'écoutez pas moins par charité pour vos frères, vous que la Providence a graduellement amenés à remplir une mission sacrée dans la patrie. Oh ! que ce ministère ait toujours pour objet de rattacher à nos dogmes divins ceux qui les ont abjurés ; d'affermir plus solidement leur amour dans le cœur de ceux qui les vénèrent encore à votre exemple ; de faire sentir à tous que, sans le catholicisme pour les individus comme pour le monde, il ne saurait exister ni sagesse, ni repos ; qu'une fois séparés de lui, les intelligences et les peuples passent, comme fatalement, par une vicissitude d'égarements et de convulsions, qui n'ont de terme que par l'entière décomposition de ceux qu'ils travaillent ; qu'enfin, c'est pour avoir presque consommé cette rupture que les esprits et la société, privés aujourd'hui de calme et de boussole, s'en vont ballottés à tout vent de doctrine, et menacés, à chaque heure, de périr par le mouvement même de leurs oscillations. Si de ces enseignements généreux vous faites constamment le but de vos efforts ; si surtout, lancés dans cette direction, vous méritez par d'héroïques vertus que votre zèle soit béni de Dieu, vous aurez infiniment à vous en applaudir : hommes, vous aurez fait un acte de dévouement honorable ; citoyens, vous aurez hautement mérité de la patrie ; chrétiens, vous aurez surabondamment réjoui l'Eglise ; cohéritiers de Jésus-Christ, enfin, par vos religieux labeurs pour étendre ici-bas le règne de sa foi, vous vous serez acquis des titres à partager un jour, dans le ciel, les splendeurs de sa gloire !

THÉÂTRE (Art théâtral). — Nous nous garderons bien d'encourager et de soutenir l'art théâtral, car nous voudrions pouvoir en éloigner la jeunesse, qui se perd le plus souvent en fréquentant les coulisses ; bien des gens cependant ne peuvent s'empêcher de le considérer comme étant l'une des tristes nécessités de la vie sociale. Nous serions heureux que les quelques paroles que nous allons hasarder sur un sujet aussi scabreux ne pussent point être mal interprétées. Les familles ne sauraient trop soigneusement éloigner la jeunesse du théâtre. Toutefois nous ne saurions nous le dissimuler : nous avons tous notre Méphistophélès, dans ce que nous aimons et dans ce que nous n'aimons pas. Les vieillards le trouvent dans de jeunes enfants, les hommes d'Etat d'hier dans la politique et les journalistes, les journalistes d'aujourd'hui dans les hommes d'Etat du lendemain, le capitaliste dans les caprices de la rente, le joueur dans la chance de son voisin, les fils de famille dans les usuriers, les pères de famille dans leurs fils, les auteurs dans le public, les avocats dans l'innocence de leurs clients, les prodigues dans la prodigalité, les avares dans leur coffre-fort, les hommes politiques dans leur serment, la vertu elle-même a toujours des combats et souvent des défaites. Nos défauts et nos vices, cette première famille de l'homme, celle qu'il trouve en lui à mesure qu'il marche dans la vie, celle à laquelle il sacrifie trop souvent ses plus chères affections, renferment les émanations de la puissance infernale. Nous sommes à toutes les heures de notre existence, et dès l'enfance même, en proie aux suggestions de ce malin esprit. Le diable a son droit de visite en tous lieux, depuis l'humble mansarde jusqu'au palais des rois, tantôt sous la livrée d'un flatteur, sous l'habit d'un riche, sous le manteau troué d'un poète, tantôt sous la robe d'un juge ou sons l'éventail d'une grande dame. Il s'est fait un carnaval continuel et a mis toutes les physionomies, tous les langages, tous les costumes aux ordres de sa fantaisie.

Ne soyons donc nullement surpris que depuis nombre de siècles, le spectacle ait été l'amusement des nations : les peuples riches, les peuples pauvres, pacifiques ou guerriers, même les hordes sauvages, ont eu et ont encore le goût de ce plaisir, qui jette dans le cœur des émotions dont les effets chassent l'ennui. De tout temps ce genre de délassement, cette récréation, dit-on, développa la raison des hommes et leur inspira l'amour des vertus ; mais il n'en est rien. Au temps le plus reculé, le spectacle extasia les masses aux pieds du tréteau des premiers acteurs qui débitaient en plein air un tas de phrases plus ou moins sensées ; là, la misère riait à côté de la fortune, les différentes classes de la société se heurtaient sans se blesser ; les paroles de la sagesse, la marotte de la folie, le bruit de ses grelots, charmaient l'esprit des spectateurs ; de grosses pasquinades commencèrent l'éducation des premiers peuples, alors composés d'hommes plutôt ignorants qu'éclairés, peut-être plus avides de sang que capables de généreuses actions.

Autrefois on allait au théâtre pour y chercher des distractions agréables, y écouter un joyeux refrain, peut-être même, par l'effet d'une douce illusion, pour y recueillir un trait de morale. Là on se reposait doucement des fatigues de la journée, on y trouvait l'oubli d'un chagrin ou d'une grave préoccupation. Autour de soi tout était sou-

riant; on pleurait parfois, mais les larmes n'avaient rien d'amer. Une action généreuse, une situation touchante, la vertu récompensée sans que le crime y fût pour quelque chose, amenaient seules ces moments d'attendrissement. Quel changement s'est opéré dans les idées, les goûts et les mœurs de notre époque! Maintenant on veut rencontrer au théâtre des émotions violentes, des fatigues d'esprit, des vérités incroyables, des exemples cruels, des fantômes, des crimes et du sang! Quand l'existence est calme, on désire des plaisirs agités. On ne déclare s'être amusé que lorsqu'en regagnant la maison on a l'esprit cauchemardé. On passe la nuit dans des excitations sans cesse renouvelées. On rêve, on appelle, on crie, on rompt ses sonnettes, on vous croirait fou si l'on ne savait que vous avez passé, la veille, votre soirée dans la société du *Vampire* de M. Alexandre Dumas et compagnie. La femme sensible, elle surtout, est vivement impressionnée par ces sortes de divertissements lugubres. Peu à peu son caractère s'en ressent, elle était insoucieuse, gaie, enjouée; elle devient inquiète, rêveuse et taciturne, ses nerfs ont pris une irascibilité dont chacun souffre et se plaint. Elle reçoit mal ses amis, parle à peine à son mari et gronde ses gens sans raison, la joie même de ses enfants l'incommode; elle est toute au souvenir des crimes dont elle a entendu le récit, et des sanglantes apparitions qu'elle a vues. A la moindre contrariété le mot suicide s'échappe de ses lèvres, comme si la société, émue de sa mort, devait élever des statues, composer des épitaphes et pleurer sur sa tombe.

Imprudentes jeunes femmes, dirons-nous surtout à celles qui se trouvent dans la foule pressée tous les soirs aux portes de nos théâtres, et qui font queue des deux, trois heures entières, écoutez l'avertissement dicté par l'expérience ou par la raison. Méfiez-vous avant tout de cette littérature soufrée, la plus dangereuse que nous sachions. Fuyez, fuyez ces lieux publics où des dangers de plus d'une sorte naissent sous tous les pas. Renfermez-vous dans le vrai, le vrai seul est aimable. Vous croyez vous permettre un innocent plaisir, mais c'est un exemple des plus funestes donné à vos enfants. D'ailleurs, peut-on ne pas avouer l'immoralité des œuvres, l'invraisemblance et les monstruosités des actions mises en scène, la rareté des bons ouvrages, les chûtes nombreuses des mauvaises pièces, innovations dangereuses d'auteurs secondaires, ouvriers du génie pacifique de quelques célèbres écrivains, et monopolisateurs de la littérature théâtrale, dont le verbiage dramatique étourdit Paris, au milieu des nuits bruyantes du plaisir qui énervent leur puissance littéraire?

Sans doute au théâtre Français de grands et admirables ouvrages font oublier quelques-unes de ces pauvretés littéraires; mais ces chefs-d'œuvre sont presque tous vieux, très-vieux, et la vieillesse ne saurait amuser toujours. Le palais que nous avons admiré cent fois, le livre que nous avons lu souvent avec délice, cessent de charmer. Il faut à notre nature des nouveautés, et des nouveautés toujours dignes de l'âme et des yeux.

**TRAITEMENT.** — Le traitement des instituteurs communaux est fixé tant par l'art. 38 de la loi du 15 mars 1850 que par le décret de 1852. (*Voy.* Loi.)

**TRAITS HISTORIQUES** sur l'Education. — Le législateur de Lacédémone, Lycurgue, prit deux chiens de même race qu'il éleva chez lui d'une manière bien différente; il nourrit l'un avec délicatesse, et forma l'autre aux exercices de la chasse. Quand l'âge eut fortifié le corps et les habitudes de ses deux élèves, il les amena dans la place publique, fit placer devant eux des mets friands, et lâcha ensuite un lièvre; aussitôt l'un de ces chiens courut vers les mets dont il avait coutume d'être nourri; l'autre se mit à poursuivre le lièvre avec ardeur. En vain l'animal timide veut éviter l'ennemi, le chien le presse et l'attrape; tout le peuple applaudit à son adroite agilité. Alors Lycurgue, s'adressant à l'assemblée, dit : « Ces deux chiens sont de même race; voyez cependant la différence que l'éducation a mise entre eux. »

« Quand vous instruirez votre fils dans les lettres, disait-on au philosophe Aristippe, quel profit en retirera-t-il? — Du moins, répondit le sage, quand il sera assis au théâtre on ne pourra pas dire de lui que c'est pierre sur pierre. »

Il demandait cent drachmes pour élever le fils d'un citoyen très-riche; cet homme avare se récria sur la grandeur des honoraires exigés. « Je pourrais, dit-il, à moins de frais, avoir un esclave habile dans les lettres, qui instruirait mon fils. — Eh bien, répondit Aristippe, achetez cet esclave : il fera bientôt de votre fils un autre lui-même, par le cœur et par les sentiments. Voyez quel profit! au lieu d'un esclave vous en aurez deux. »

Quelqu'un disait à Agésilas, roi de Lacédémone, qu'il s'étonnait de ce qu'étant avide de s'instruire, il ne faisait pas venir auprès de lui Philosophane, sophiste alors très célèbre. « Je veux, répondit-il, être le disciple de ceux dont je tiens le jour. » Il ne pouvait pas faire entendre plus clairement que la meilleure éducation est celle qui se donne par les parents eux-mêmes.

Dès que Philippe, roi de Macédoine, eut reçu la nouvelle de la naissance d'Alexandre le Grand, son fils, son premier soin fut de songer à son éducation, et pour remplir cet objet avec succès, il lui choisit pour précepteur le célèbre Aristote, un des plus fameux

philosophes de la Grèce. « Je vous apprends, lui écrivait-il, que le ciel vient de me donner un fils; je rends grâce aux dieux, non pas tant du présent qu'ils me font, que de me l'avoir fait du temps d'Aristote. J'ai lieu de me promettre que vous en ferez un successeur digne de nous, digne de commander aux Macédoniens. »

La fameuse Cornélie, mère des Gracques, éleva ses enfants avec tant de soin, que, bien qu'ils eussent reçu les plus heureuses dispositions, on jugeait qu'ils devaient plus à l'éducation que leur avait donnée leur mère qu'à la nature même. La réponse que fit Cornélie à une dame campanienne, prouve combien elle avait à cœur ce droit maternel. Cette dame, qui était très-riche et encore plus fastueuse, après avoir établi à ses yeux dans une visite qu'elle lui rendit, ses diamants, ses perles, ses bijoux les plus précieux, la pria avec instance de montrer aussi les siens; Cornélie fit tomber adroitement la conversation sur une autre matière pour attendre le retour de ses fils qui étaient allés aux écoles publiques. Quand ils furent revenus, et qu'ils rentrèrent dans la chambre de leur mère : « Voilà, dit-elle à la dame campanienne en les lui montrant de la main, voilà mes bijoux et ma plus belle parure. »

Une femme d'Ionie montrait à une Lacédémonienne un riche morceau de tapisserie qu'elle avait fait elle-même; la Lacédémonienne, à son tour, lui montra quatre de ses enfants, qui étaient des mieux élevés de la ville : « Pour moi, ajouta-t-elle, voilà ce qui a fait toute mon occupation; ce sont les seuls ouvrages dont une femme de bien puisse se glorifier. »

La célèbre Pulchérie, chargée de la tutelle de Théodose II, son frère, s'appliqua à former le cœur et l'esprit de ce jeune prince. Elle commença par écarter l'eunuque Antiochus, qui, ayant été jusqu'alors son précepteur, s'occupait plus des intrigues de cour et de ses propres intérêts que de l'instruction de son souverain. Ensuite, n'osant confier à personne cet emploi si important, elle s'en chargea elle-même. Elle jeta d'abord dans le cœur de Théodose les fondements d'une piété solide en le faisant instruire de la doctrine la plus pure, en l'accoutumant à prier souvent à fréquenter les églises, à les décorer par de riches offrandes, à respecter les ministres des autels et à honorer la vertu où elle se rencontrait. Comme les pratiques de religion ne sont pas incompatibles avec les vices du cœur, elle s'étudiait principalement à régler ses mœurs, à lui inspirer l'amour de la justice, la clémence, l'éloignement des plaisirs; pour la culture de son esprit, elle se fit seconder par des maîtres vertueux, les plus instruits en chaque genre; et, ce qui n'est guère moins utile que d'habiles maîtres, elle lui procura des compagnons d'études capables d'exciter son émulation : c'étaient Paulin et Placite qui parvinrent ensuite aux premières dignités. Elle n'oublia point le soin de son extérieur; en même temps qu'elle l'appliquait à tous les exercices convenables à son âge; elle formait elle-même ses discours, sa démarche sa contenance; elle lui enseignait l'art d'ajouter du prix aux bienfaits, et d'ôter aux refus ce qu'ils ont d'amer et de rebutant. Jusqu'à ce qu'il fût en âge de gouverner, ce fut elle qui dressa les ordonnances; elle les lui faisait signer, et lui laissait tout l'honneur du commandement

Un habitant de la province, homme riche et qui ne connaissait Rollin que de réputation, lui amena son fils pour être pensionnaire au collège de Beauvais, ne croyant pas que cela pût souffrir quelque difficulté. Le célèbre principal se défendit de le recevoir sur ce qu'il n'avait pas un pouce de terrain qui ne fût occupé, et pour l'en convaincre, il lui fit parcourir tous les logements. Ce père, au désespoir, ne chercha point à s'exprimer par de vaines exclamations. « Je suis venu, lui dit-il, exprès à Paris; je partirai demain; je vous enverrai mon fils avec un lit, je n'ai que lui; vous le mettrez dans la cour, à la cave, si vous voulez; et dès ce moment là, je n'aurai aucune inquiétude. » Il le fit comme il l'avait dit. M. Rollin fut obligé de recueillir le jeune homme, et de l'établir dans son cabinet jusqu'à ce qu'il lui eût ménagé une place ordinaire.

Chosroès, roi de Perse, dit le philosophe Sadi, avait un ministre dont il était content et dont il se croyait aimé. Un jour ce ministre vint lui demander la permission de se retirer. « Pourquoi veux-tu me quitter? ui dit le monarque, j'ai fait tomber sur toi la rosée de ma bienfaisance, mes esclaves ne distinguent point les ordres des miens, je t'ai approché de mon cœur, ne t'en éloigne jamais. » Mitrane (ainsi s'appelait le ministre) le sage Mitrane répondit : « O roi, je t'ai servi avec zèle et tu m'as trop récompensé; mais la nature m'impose aujourd'hui des devoirs sacrés : souffre que je les remplisse. J'ai un fils, il n'a que moi pour lui apprendre à te servir un jour comme je t'ai servi. » — « J'y consens, dit Chosroès, mais à une condition. Parmi les hommes de bien que tu m'as fait connaître, il n'en est aucun qui soit aussi digne que toi d'éclairer et de former l'âme de mon fils. Finis ta carrière par le plus grand service qu'un homme puisse rendre aux autres hommes, qu'ils te doivent un bon maître. Je connais la corruption de la cour : il ne faut pas qu'un jeune prince la connaisse; prends mon fils et va l'instruire avec le tien dans la retraite au sein de l'innocence et de la vertu. » Mitrane partit en compagnie des deux enfants. Cinq ou six années après il revint avec eux. Chosroès fut charmé de revoir son fils, mais il ne le trouva pas égal en mérite au fils de son ministre. Il sentit cette différence avec une douleur amère, et s'en plaignit à Mitrane. « O roi, lui dit le ministre, mon fils a fait un meilleur usage

que le tien des .eçons que leur ai données à tous deux ; mes soins ont été partagés également entre eux ; mais mon fils savait qu'il aurait besoin des hommes. Je n'ai pu cacher au tien que les hommes auraient besoin de lui. »

La manière dont les Perses élevaient le futur maître de l'empire est admirée de Platon et proposée aux Grecs comme un modèle parfait en ce genre. Il n'était point laissé totalement au pouvoir de la nourrice qui, pour l'ordinaire, était une femme d'une condition obscure. On choisissait parmi les eunuques, c'est-à-dire parmi les premiers officiers du palais, ceux qui avaient le plus de mérite et de probité, pour prendre soin du corps et de la santé du jeune prince jusqu'à l'âge de sept ans et pour commencer à former ses mœurs. Alors on le confiait à d'autres maîtres pour continuer à veiller sur son éducation, pour lui apprendre à monter à cheval dès que ses forces pouvaient le permettre et pour l'exercer à la chasse.

A l'âge de quatorze ans, lorsque l'esprit commence à avoir plus de maturité, on lui donnait pour son instruction les quatre hommes les plus vertueux et les plus sages de l'Etat. « Le premier, dit Platon, lui apprenait la magie, c'est-à-dire, le culte des dieux selon les anciennes maximes et selon les lois de Zoroastre, fils d'Oromaze, et lui donnait en même temps les principes du gouvernement. Le second l'accoutumait à dire la vérité et à rendre la justice. Le troisième lui enseignait à ne jamais se laisser entraîner par ses passions, afin d'être vraiment roi, maître de lui-même et de ses désirs. Le quatrième le préservait de la crainte, qui en eût fait un esclave, et lui inspirait cette sage et noble assurance si nécessaire pour le commandement. Chacun de ces gouverneurs excellait dans la partie de l'éducation qui lui était confiée : l'un était recommandable par la connaissance de la religion et de l'art de régner ; l'autre par l'amour de la vérité et de la justice ; celui-ci par la tempérance et l'éloignement des plaisirs ; le dernier enfin par une force et une intrépidité d'âme peu communes. »

Chez les Perses l'éducation des enfants était regardée comme le devoir le plus important et la partie la plus essentielle du gouvernement. On ne l'abandonnait point aux soins des pères et mères, qu'aveugle trop souvent un excès de tendresse ; l'Etat s'en chargeait.

Les enfants étaient élevés en commun et d'une manière uniforme. Tout était réglé ; le lieu, la durée des exercices, le temps des repas, la qualité des aliments, le nombre des maîtres, la nature des châtiments. La nourriture pour les enfants comme pour les jeunes gens ne consistait qu'en pain et en cresson ; ils ne buvaient aussi que de l'eau, car on voulait les accoutumer de bonne heure à la tempérance et à la sobriété. D'ailleurs

ces aliments simples et naturels leur fortifiaient le corps, et les rendaient capables de résister aux plus dures fatigues de la guerre jusque dans l'âge le plus avancé

Ils allaient aux écoles pour apprendre la justice, comme ailleurs on y va pour étudier les lettres et les sciences, et le crime qu'on y punissait le plus sévèrement était l'ingratitude.

Le but des Perses, dans tous ces sages établissements, était d'aller au-devant du mal, persuadés qu'ils étaient qu'il vaut mieux prévenir les fautes que les punir. Ils tâchaient de faire en sorte que parmi eux il n'y eût point de méchants.

On restait dans la classe des enfants jusqu'à seize ou dix-sept ans ; on y apprenait à tirer de l'arc et à lancer le javelot. On entrait ensuite dans celle des jeunes gens. La surveillance alors devenait plus active parce que cet âge a besoin d'une éducation toute spéciale. Pendant les dix années que les jeunes gens restaient attachés à cette seconde classe, ils passaient toutes les nuits aux corps-de-garde, tant pour la sûreté de la ville que pour s'accoutumer à la fatigue. Pendant le jour ils venaient recevoir les ordres de leurs gouverneurs, accompagnaient le roi lorsqu'il allait à la chasse ou se perfectionnaient dans les exercices.

La troisième classe était composée des hommes faits : on y restait vingt-cinq ans. C'est de là qu'on tirait tous les officiers qui devaient commander les troupes et occuper les postes les plus importants du royaume. On ne les forçait point à porter les armes hors du pays quand ils avaient passé cinquante ans.

Enfin ils appartenaient au dernier ordre, dans lequel on choisissait les plus sages et les plus expérimentés pour former le conseil public et les compagnies des juges.

Grâce à cette organisation, tous les citoyens pouvaient prétendre aux premières charges de l'Etat, mais ils n'y pouvaient arriver qu'après avoir passé par ces différentes classes et s'en être rendus dignes par tous ces exercices. Ces classes étaient ouvertes à tous, mais il n'y avait ordinairement que ceux qui étaient assez riches pour entretenir leurs enfants sans travailler, qui les y envoyaient.

A Sparte, aussitôt qu'un enfant était né, les anciens de chaque tribu le visitaient et s'ils le trouvaient bien conformé, ils ordonnaient qu'il fût nourri et lui assuraient un héritage. Si, au contraire, ils le trouvaient difforme et délicat, et s'ils jugeaient qu'il n'aurait ni assez de force, ni assez de santé pour pouvoir remplir les devoirs si pénibles de citoyen spartiate, ils le condamnaient à périr. Dès la plus tendre enfance on accoutu-

mait les citoyens à n'être ni difficiles, ni délicats pour le manger, à ne pas craindre les ténèbres, à ne pas s'effrayer quand on les laissait seuls, à ne point se livrer à la mauvaise humeur, à ne pas crier, pleurer ou s'emporter. On les habituait à marcher nupieds pour se faire à la fatigue, à coucher durement et souvent sur la terre, à porter le même vêtement en hiver qu'en été, afin de les endurcir au froid et au chaud.

A l'âge de sept ans, on les distribuait dans les classes où ils étaient élevés tous ensemble sous la même discipline. Leur éducation n'était, à proprement parler, qu'un apprentissage d'obéissance, le législateur ayant bien compris que le moyen le plus sûr d'avoir des citoyens soumis aux lois et aux magistrats, était d'apprendre aux enfants, dès leurs premières années, à être parfaitement soumis aux maîtres.

Pendant qu'on était à table, le maître proposait des questions aux jeunes gens; on leur demandait, par exemple : Quel est le plus homme de bien de la ville? Que dites-vous d'une telle action? La réponse était toujours prompte, claire et concise, car on les accoutumait de bonne heure au style laconique. Quant aux belles-lettres, ils ne s'y appliquaient que pour le besoin. Toutes les sciences étaient bannies de leur pays; leur seule étude se bornait à savoir obéir, à supporter les travaux, à vaincre dans les combats. Ils avaient pour surintendant de leur éducation un des plus honnêtes hommes de la ville et des plus qualifiés, qui nommait pour chaque troupe des maîtres d'une sagesse et d'une probité reconnues.

Afin d'inspirer aux jeunes gens destinés à la guerre, plus de finesse et de hardiesse, et pour leur apprendre à pourvoir eux-mêmes à leur subsistance, on leur permettait, on exigeait même un vol d'une certaine espèce seulement, et qui n'en avait que le nom, puisqu'il était autorisé par la loi et consenti par tous les citoyens. Ils se glissaient le plus adroitement et le plus subtilement possible dans les jardins et dans les salles à manger, pour y dérober des herbes ou de la viande, et, s'ils étaient surpris, on les punissait pour avoir manqué d'adresse. On raconte qu'un de ces jeunes gens ayant pris un petit renard, le cacha sous sa robe, et supporta, sans jeter un seul cri, les morsures de cet animal, qui lui déchira le ventre avec les ongles et les dents, de telle sorte qu'il tomba mort sur la place. La patience et la fermeté des jeunes Lacédémoniens brillaient surtout dans une fête qu'on célébrait en l'honneur de Diane, surnommée Orthia, où les enfants, sous les yeux de leurs parents, et en présence de toute la ville, se laissaient fouetter jusqu'au sang, sur l'autel de cette inhumaine déesse. Quelquefois ils expiraient sous les coups, sans pousser un seul cri, ni même un soupir.

Il est étonnant que Sparte, cette ville si renommée en matière d'éducation et de politique, ait cru devoir relâcher quelque chose de la sévérité de sa discipline en faveur

des princes qui devaient régner, puisque c'étaient eux qui avaient plus besoin que les autres d'être soumis de bonne heure au joug de l'obéissance, pour être, dans la suite, en état de mieux commander; c'est ce qui n'arriva point au fameux Agésilas. Comme, par les lois du royaume, le commandement appartenait à Agis, son frère aîné, ce prince, qui se proposait de passer sa vie dans l'état de simple particulier, avait été élevé, comme les autres enfants, dans la discipline de Lacédémone, discipline rude, pénible, laborieuse; mais aussi très-propre à habituer les enfants à la docilité, à la soumission la plus aveugle. Aussi ce prince eut cela de particulier qu'il ne parvint au commandement qu'après avoir parfaitement appris à obéir. De là vint que de tous les rois de Sparte, il fut celui qui sut le mieux se faire aimer et estimer de ses sujets, parce que, aux qualités que lui avait données la nature, il avait ajouté, grâce à l'éducation, l'avantage d'être humain et populaire.

Les exercices qui servaient à former, soit le corps, soit l'esprit des jeunes Athéniens, étaient la danse, la musique, la chasse, l'art de faire des armes et de monter à cheval, l'étude des belles-lettres et des sciences.

La danse est un exercice du corps que les Grecs ont cultivé avec le plus de soin; elle avait pour objet de former aux mouvements les plus propres à rendre la taille libre et dégagée, à donner au corps une belle proportion, cet air aisé, noble et gracieux, qui caractérise ceux qui y ont été exercés de bonne heure.

La musique n'était pas cultivée avec moins d'application ni moins de succès. Les anciens lui attribuaient des effets merveilleux. Ils la croyaient très-propre à calmer les passions, à adoucir les mœurs, et même à humaniser les peuples naturellement sauvages et barbares.

On prenait encore avec assiduité des leçons des maîtres de palestre. On appelait *Palestre* ou *Gymnase* les lieux destinés à ces sortes d'exercices, ce qui répondait à peu près à nos académies. Ils rendaient le corps plus léger, plus propre à la course, plus ferme, plus robuste, plus souple, plus capable de supporter de grandes fatigues et de faire de grands efforts. D'autres maîtres apprenaient à la jeunesse à monter à cheval, à faire des armes, et lui développaient tout ce qu'il faut savoir pour exceller dans l'art militaire, et pour devenir un bon commandant. Afin de joindre, en quelque sorte, les exemples aux préceptes, on accoutumait de bonne heure les jeunes gens aux exercices de la chasse, qui étaient pour eux une image de la guerre. C'est dans les forêts qu'ils se familiarisaient avec la faim, la soif, le chaud, le froid, la fatigue. Ils contractaient l'heureuse habitude de n'être rebutés ni par la longueur de la course, ni par l'âpreté des lieux difficiles et des broussailles qu'il faut souvent franchir, ni par le peu de succès des longs et pénibles travaux que l'on fait quelquefois inutilement. Après les exercices de

corps venaient ceux de l'esprit. Athènes était, à proprement dire, l'école et le séjour des beaux-arts et des sciences. Poésie, éloquence, philosophie, mathématiques, tels étaient les utiles amusements de la jeunesse athénienne. D'abord on envoyait les enfants chez des maîtres de grammaire, qui leur apprenaient régulièrement et par principe leur propre langue, qui leur en faisaient sentir toute la beauté et toute la richesse, l'énergie, le nombre et la cadence; de là cette finesse de goût que l'on remarquait généralement à Athènes, où l'histoire nous apprend qu'une vendeuse d'herbes s'aperçut, à la seule émission d'un mot, que Théophraste était étranger. Ce philosophe débattait avec elle le prix d'une salade. Il se servit d'une expression qui n'était pas attique. « Allez, monsieur l'étranger, lui dit la marchande, vous ne l'aurez pas à moins. » De là cette crainte qu'avaient les orateurs de blesser par quelque terme peu correct des oreilles si délicates. Il était d'usage parmi les jeunes gens d'apprendre par cœur toutes les tragédies nouvelles et les meilleurs morceaux de poésie. Quant à l'éloquence, il n'est pas étonnant qu'on en fît une étude particulière à Athènes. Elle ouvrait la porte aux premières charges; elle dominait dans les assemblées, elle décidait des plus importantes affaires de l'État; elle donnait un pouvoir presque souverain à ceux qui avaient le talent de bien manier la parole. C'était donc là la grande occupation des jeunes citoyens d'Athènes, surtout de ceux qui aspiraient aux premières places. A l'étude de la rhétorique ils joignaient celle de la philosophie, c'est-à-dire de toutes les sciences comprises sous ce terme générique.

Philopœmen (*Philopemen*), l'un des plus grands guerriers qui aient illustré la Grèce, et qui fut appelé *le dernier des Grecs*, dut aux soins paternels de Cassandre, son tuteur, les grandes qualités qui l'immortalisèrent.

Au sortir de l'enfance il fut mis entre les mains d'Ecdémus et de Démophane, citoyens de Mégalopolis, disciples d'Arcésilas, fondateur de la nouvelle académie. Le but de la philosophie dans ces temps-là était de porter les hommes à servir la patrie, de les former par ces préceptes au gouvernement de la république et au maniement des grandes affaires. Philopœmen écoutait volontiers les discours des philosophes et lisait avec plaisir leurs traités, non pas tous indifféremment, mais seulement ceux qui pouvaient l'aider à faire des progrès dans la vertu. Il aimait surtout à lire les traités d'Evangelus, qu'on appelait les *Tactiques*, parce qu'ils enseignent l'art de ranger les troupes en bataille; les histoires de la vie d'Alexandre, et toutes les grandes idées d'Homère, dont il ne cher-

chait à retenir que celles qui pouvaient exciter le courage et porter à de grandes actions. Aussi dès son enfance la guerre fut-elle son unique passion, et son digne tuteur eut soin d'entretenir cette noble et généreuse ardeur. Il allait sans cesse avec les guerriers; il ne s'appliquait volontiers qu'aux exercices qui pouvaient le rendre propre à sa profession chérie. Il combattait armé. Il montait à cheval, il lançait le javelot, et comme il paraissait vigoureux et très-bien constitué pour la lutte, et que quelques amis particuliers l'exhortaient à s'y appliquer, il leur demanda si l'exercice des athlètes était propre à faire un bon soldat. Ils ne purent s'empêcher de lui répondre que la vie des athlètes, qui étaient forcés de suivre un régime fixe et réglé, de prendre certaine nourriture, et toujours aux mêmes heures, de donner un certain temps au sommeil pour conserver leur embonpoint qui faisait la plus grande partie de leur mérite, était toute différente de celle des gens de guerre qui sont souvent dans la nécessité de supporter la faim et la soif, le froid et le chaud, et qui n'ont pas toujours des heures marquées pour la nourriture ou pour le repos. Depuis cette réponse, il eut un souverain mépris pour les exercices athlétiques qu'il ne jugea d'aucune utilité pour le bien public et qu'il trouva par cela même peu dignes d'un homme qui a quelque élévation, des talents et de l'amour pour sa patrie.

Dès qu'il fut sorti des mains de ses gouverneurs et de ses maîtres, il s'enrôla dans les troupes que la ville de Mégalopolis envoyait faire des excursions dans la Laconie, pour piller et pour enlever des troupeaux et des esclaves. Dans toutes ces excursions, il était toujours le premier au départ, le dernier au retour. Tout ce qu'il gagnait à la guerre, il le dépensait en chevaux et en armes, ou bien il l'employait à payer la rançon de deux de ses concitoyens qui avaient été faits prisonniers. Il tâchait d'augmenter son revenu en mettant lui-même ses terres en valeur, durant le loisir de la paix, et il ne se contentait pas de s'y arrêter en passant et pour son seul plaisir, mais il leur donnait tous ses soins, persuadé qu'il n'est rien qui convienne plus à un homme de probité et d'honneur que de faire profiter son bien en défendant celui des autres. Le soir il se jetait sur une mauvaise paillasse comme ses esclaves et passait ainsi la nuit. Le lendemain, à la pointe du jour, il allait avec ses vignerons travailler à la vigne ou mener la charrue avec ses laboureurs, ou bien encore il allait à la chasse afin de se rendre plus robuste et plus léger; après quoi il retournait à la ville pour vaquer aux affaires publiques avec ses amis et les magistrats.

# U

UNIVERSITÉ DE FRANCE. — Nous apprenons par la Vie de saint Odon, abbé de Cluny, que, dans les dernières années du IXᵉ siècle, époque à laquelle nous avons vu

nous échapper les dernières traces de l'école du palais, un moine célèbre nommé Remi, instruit à l'école de saint Germain (à Auxerre), et distingué par ce motif sous le nom de *Remi d'Auxerre*, enseignait publiquement à Paris la dialectique et la musique (1). La durée de cet enseignement, la date même de la mort de Remi ne sont point exactement connues; on sait seulement, par un nécrologe manuscrit de la cathédrale d'Auxerre, que son *obit* eut lieu le 2 mai, et que sa mémoire fut honorée tout d'abord comme celle d'un docteur distingué (*egregius doctor*). On tient toutefois pour certain qu'il ne vécut pas au delà de l'année 908, et l'on conjecture qu'il mourut au milieu de ses fonctions didactiques. L'école de Remi peut être considérée comme le germe direct de l'Université de Paris. Il n'est pas plus aisé de distinguer la suite de ses successeurs immédiats, dont le nom même ne nous est point parvenu. Rien ne permet cependant de supposer que Paris eût alors cessé d'être le siége d'un enseignement public; des documents irréfragables prouvent, au contraire, que, vers le milieu de ce même siècle, l'école de la capitale jouissait d'une réputation de premier ordre, et qu'elle partageait avec celles de Reims et d'Orléans le sceptre de la science. On sait en effet que, vers 960, Abbon, moine et déjà écolâtre de l'abbaye de Fleury, quoique jeune encore, voulant se perfectionner dans l'étude des arts libéraux, accourut d'abord à Paris, où il eut vraisemblablement pour maîtres les élèves ou disciples des élèves de Remi d'Auxerre (2).

Vers l'an 990, un jeune chanoine de Liége nommé Hubold vint à Paris, où il s'affilia au chapitre de Sainte-Geneviève, ouvrit un enseignement public sur le domaine de ces religieux, et forma en peu de temps un grand nombre de disciples (3). Dans le siècle suivant, l'école de Paris acquiert un développement notable; on y voit affluer, des extrémités de la France, d'Angleterre, de Pologne, d'Allemagne, d'Italie, un nombre croissant d'écoliers attirés par la constante renommée des études. En 1022, Lambert, disciple de Fulbert de Chartres, y faisait des leçons publiques. Il eut pour successeur, vers le milieu du siècle, un Parisien nommé Drogon. Vers cette époque, le Polonais saint Stanislas, évêque de Cracovie, y venait perfectionner son instruction. Cet exemple fut bientôt suivi par saint Adalbéron, mort évêque de Wirtzbourg, en 1090, qui, sur l'invitation d'un autre prélat, se rendit dans le même but au sein de la capitale. Adalbéron était accompagné de deux condisciples qui occupèrent aussi un rang notable parmi leurs contemporains; le premier était saint Gebchard, depuis archevêque de Saltzbourg, et le second, saint Altmann, évêque de Passau. Parmi les Allemands célèbres de cette époque, qui se portaient en foule aux leçons

(1) *Acta sanct. ord. bened.*, t. VII, p. 151, n° 5.
(2) Bulæus, *Hist. univ. Paris*, t. I, p. 313; D. Rivet, *Hist. litt.*, t. VI, p. 33.
(3) Du Boulai et Rivet, *ibid*.

des écoles françaises, il faut citer aussi Willraum ou Valram, écolâtre de Bamberg, qui, après avoir étudié, sous Lanfranc, à la fameuse école du Bec-Hélouin en Normandie, enseigna publiquement à Paris en 1053, selon le rapport de Trithème. L'année suivante, nous trouvons au nombre des maîtres de la capitale Manngold de Lutenbach en Alsace. Il parcourut la France et y tint école publique en divers endroits, et notamment à Paris, où il professait encore en 1082. Là, il eut pour disciples deux hommes des plus considérables de leur temps : Guillaume de Champeaux, depuis évêque de Châlons, qui lui succéda comme maître de l'école parisienne, et Robert d'Arbrissel, fondateur de l'ordre de Fontevrault. Manngold était marié et chef d'une savante famille. Sa femme et ses filles, dignes émules de leurs compatriotes et presque contemporaines des abbesses Hroswitha et Herrade de Landsberg, étaient profondément versées dans les lettres sacrées, et, tenant école publique, ainsi que le père, elles, les enseignaient aux personnes de leur sexe (1).

Nous ne pouvons omettre de citer encore deux noms historiques, comme témoignages de la réputation lointaine dont jouissait alors l'école de Paris. Vers 1070, Etienne Harding, gentilhomme anglais, et, un peu plus tard, Pierre de Léon, d'une grande famille romaine, vinrent y achever leurs études. Etienne devint le troisième abbé général de l'ordre de Cîteaux, et Pierre fut élevé au Saint-Siége, ou plutôt fut créé anti-pape, sous le nom d'Anaclet II. Enfin, en 1097, Guillaume de Champeaux eut pour disciple et bientôt pour rival, comme maître de l'école de Paris, Abailard.

Avec le XIIᵉ siècle, l'école de Paris accomplit de si grands progrès et reçoit de tels développements, qu'à partir de cette époque elle revêt tous les caractères qui ont fait d'elle l'institution d'Instruction publique la plus imposante que présente l'histoire du moyen âge, et qu'elle se place définitivement à la tête de l'enseignement de l'Europe entière. Jusqu'à présent, nous nous sommes vu réduit à rassembler, pour ainsi dire bout à bout, quelques fragments épars, afin de restituer à grand'peine une série de faits de plus en plus homogènes et suivis. Mais peu à peu la lumière s'est produite au sein des ténèbres : au point où nous sommes parvenu, la clarté du jour succède aux dernières ombres; les faits abondent et les matériaux se multiplient de telle sorte, que, renonçant à l'analyse, nous devons, au contraire, les grouper maintenant, pour montrer cette grande création à sa naissance, dans son ensemble et sous ses aspects les plus généraux. En 1107, l'enseignement public, au sein de la capitale, se trouvait réuni, avec les fonctions religieuses, entre les mains de Guillaume de Champeaux, archidiacre de Notre-Dame. Indépendamment de cette première école publique, le chapitre de l'église-

(1) Martène, *Ampl. collect.*, t. V, p. 1269.

mère dirigeait, sous l'autorité de l'évêque, d'autres écoles purement ecclésiastiques. Bientôt de nouveaux établissements, également publics, surgirent simultanément sur divers points de la Cité : au Cloître, au Petit-Pont, au Grand-Pont. Puis, l'étroite enceinte de la primitive Lutèce devenant insuffisante, l'étude ne tarda pas à franchir les limites de la ville et à se propager dans les environs, notamment à l'abbaye de Saint-Victor, sur la montagne Sainte-Geneviève, et progressivement sur tout le territoire qui est encore aujourd'hui connu sous le vieux nom d'*Université*. En même temps que s'accroissait le nombre des chaires, le cadre de l'enseignement prit une extension tout à fait nouvelle. Désormais, l'instruction que ces maîtres distribuèrent à l'envi ne se borna plus aux notions élémentaires et principalement grammaticales des arts libéraux ; elle s'étendit non-seulement à la théologie, mais au droit et à la médecine, et se prêta de la sorte aux applications positives de diverses professions civiles. La renommée de l'école parisienne se répandit jusqu'aux dernières limites de la chrétienté, d'où elle attira au sein de la capitale un concours immense de disciples. Au milieu du xiiᵉ siècle, cette affluence universelle d'étudiants avait doublé la population de la ville, et cette considération fut l'une des causes qui, vers la fin de la même période, déterminèrent Philippe-Auguste à tracer autour de Paris sa nouvelle enceinte (1). L'Italie, par les ordres des Papes, notamment d'Alexandre III, envoyait à elle seule des légions de jeunes clercs, qui se rencontraient dans nos murs avec des condisciples arrivés du fond du Danemark et de la Hongrie. C'est aussi pendant le cours de ce siècle que l'on voit se développer d'une manière manifeste et définitive les symptômes d'organisation qui caractérisent une instruction régulière et publique. Abailard, qui cessa d'enseigner à Paris, en 1119, eut à s'excuser, malgré l'éclat de ses succès, d'avoir, en quelque sorte, usurpé de son chef les fonctions de *maître* (2), ce qui implique dès lors une certaine hiérarchie et quelque discipline. De savants écrivains sont, en effet, d'avis que l'usage régulier des grades ne tarda point à s'introduire parmi les coutumes scolastiques, et qu'il commença à faire loi du temps de Pierre Lombard (de 1145 environ à 1159). Un passage de Matthieu Paris, qui se rapporte à la même époque, indique que ces grades s'obtenaient à l'élection, et par conséquent à une sorte de concours. En 1169, l'école de Paris,

divisée en *nations*, formait comme un tribunal dont l'arbitrage était accepté, même par des souverains, dans les questions les plus importantes : c'est à lui, en effet, que le roi d'Angleterre, Henri II, divisé avec Thomas Becket, archevêque de Cantorbéry, sur un point de droit public relatif aux coutumes d'Angleterre, proposait de s'en remettre pour trancher leur différend. Enfin, nous trouvons en 1200, dans un diplôme de Philippe-Auguste, la consécration légale et vraisemblablement rétrospective d'une véritable institution publique, où l'Université de Paris figure avec un chef, des officiers spéciaux et des priviléges aussi importants que distincts (1).

C'est ici le lieu d'éclaircir une question d'étymologie qui, pour être demeurée obscure, a souvent été une cause de confusion sur le sujet qui nous occupe. Nous entendons aujourd'hui par *université* un corps de professeurs établi par l'autorité publique pour enseigner un certain ensemble de connaissances ; mais on se tromperait gravement si l'on pensait que ce terme n'a jamais eu d'autre signification, et que, par exemple, la première apparition du mot correspondit à celle de la chose. Dans la diplomatique du moyen âge, d'où cette expression est passée au vocabulaire usuel, le mot *universitas* s'applique à une collection ou catégorie quelconque de personnes à qui s'adresse un acte ou une pensée ; *noverit universitas vestra* : sachez tous. Peu à peu, cette formule de pur style, qui s'appliquait aux protocoles les plus variés, prit un sens restreint, spécial et détourné ; elle finit par indiquer individuellement l'université des étudiants de Paris ; puis, l'institution publique, le corps de l'État que ces étudiants formèrent ; puis, le quartier de la ville qui leur était réservé. De même, pour choisir dans la langue un terme de comparaison sensible, ces mots : *Votre Majesté* ou *Sa Majesté*, simple périphrase, dans le principe, du pronom personnel, sont devenus, avec le temps, la dénomination consacrée de la personne royale.

Ainsi, pour nous résumer en ce qui touche les universités du moyen âge, ces établissements remontent tous à une origine dont les sources multiples se perdent, ainsi qu'on l'a vu, dans l'obscurité des commencements de cette période. Les universités de France, d'Italie, d'Angleterre, sont évidemment les plus anciennes et se sont formées peu à peu du xᵉ au xiiiᵉ siècle, sans que l'on puisse assigner une date mathématique à leur création.

Nous avons dû consacrer à ces développements primitifs, véritables fondements de cette histoire, une large part de notre espace et de notre attention. Aussi bien, cette intéressante question des origines, ce besoin qu'éprouve l'esprit de l'homme de remonter le cours des temps pour y découvrir la *naissance* de tout ce qui existe, préoccupa le moyen âge lui-même. Lui aussi résolut cette

(1) Jean Jouvenel des Ursins, dans son traité sous forme de dialogue, intitulé *Différends entre la France et l'Angleterre*, écrit composé en 1435, affirme que, dans les temps précédents, on avait vu, à Paris, de seize à vingt mille écoliers (Ms. de la Bibl. nat. Lancelot, nᵒ 110, fol. 51). Ce nombre avait dû être encore plus considérable pendant tout le xiiiᵉ et le commencement du xivᵉ siècle, avant la multiplication des universités en Europe.

(2) Quod sine *magistro* ad *magisterium* divinæ lectionis accedere præsumpsissem. Abælard, *Epist.*

(1) Apud Bul., *Hist. univ. Paris*, t. III, p. 2 et **3**

question à sa manière, et cette solution constitue à son tour un fait moral, curieux à observer, et qui doit prendre place au milieu de ces recherches.

Dès le XIIIᵉ siècle, l'un de nos premiers encyclopédistes, Vincent de Beauvais, s'appuyant, dans son *Miroir historial*, sur le texte romanesque du moine de Saint-Gall, enregistra solennellement l'opinion qui attribuait à Charlemagne la fondation de l'Université de Paris. Cette légende de l'Instruction publique, singulièrement amplifiée par la tradition, se propagea universellement et obtint la force d'une idée reçue, jusqu'à Crevier, le dernier des historiens de cet établissement, et ne tomba définitivement que devant la lumière de la critique moderne. Vers 1440, le célèbre Jean Gerson, dans une harangue prononcée en présence du Parlement, personnifie, par une prosopopée, l'Université au nom de laquelle il portait la parole, et met dans sa bouche ce langage : « ... Je suis celle qui, premièrement en Adam, fuis inspirée en sa nouvelle création. Je suis celle qui, depuis, par succession, fuis fondée et renouvelée en Égypte, par Abraham et autres fils de Noë. Puis, fuis transposée à Athènes et nommée *Pallas ou Minerve*. Puis vins à Rome, quand chevalerie y seignorisoit; puis, par Charlemaigne le grant, fuis plantée, à grands labeurs, en France, en la cité de Paris. »

Les universités italiennes, de leur côté, ne le cédaient guère à ces prétentions d'antiquité immémoriale, et l'on peut citer des actes authentiques de souverains, notamment le diplôme de Conrad II, relatif à l'université de Salerne, qui se réfère aux décrets des empereurs romains, invoqués comme les fondateurs directs de ces écoles.

Ouvrez enfin l'histoire de l'université de Cambridge, publiée en 1574 par le docteur anglais *Joannes Caius* (John Caye), et vous y lirez ce qui suit : « L'an du monde 3588, 375ᵉ avant N.-S. Jésus-Christ, sous le règne du vaillant Gurguntius, le vingt-quatrième roi qui tint, après *Brutus*, le sceptre de la Grande-Bretagne, un fils du roi d'Espagne, nommé Cantaber, débarqua en Angleterre, y fonda la ville de Cambridge, et y institua notre université, composée premièrement de philosophes et d'astronomes qu'il avait amenés avec lui de la ville d'Athènes. »

Telle est l'idée historique que nos pères se sont faite et ont nourrie pendant longtemps touchant les origines de l'enseignement public. Nous avons mis sous les yeux du lecteur la cause et le jugement; c'est à lui qu'il appartient, à son tour, d'apprécier l'une et l'autre.

PRIVILÉGES DE L'UNIVERSITÉ. — La société, au moyen âge, n'ayant pas encore pris possession d'elle-même par l'unité, ni par la constituante de véritables pouvoirs publics, tournait sur deux pivots, qui, s'appuyant chacun en un point différent, souvent se contrariaient et compromettaient l'équilibre de la machine. Ce double pivot, c'était, d'une part, le pouvoir spirituel de l'Église de Rome; et de l'autre, le pouvoir temporel, à savoir : les chefs de la société même. Toute institution destinée à vivre et à servir la société, dut emprunter à cette double puissance, source unique de toute force, la protection de ses commencements. Il en fut ainsi de l'Université parisienne, et le secours de l'un et de l'autre pouvoir, c'est-à-dire les privilèges des Papes et des rois de France, ne lui fit point défaut. Les Papes aimaient et encourageaient en elle la voix éloquente de la France, cette fille aînée de l'Église, qui toujours, depuis sainte Clotilde, avait mis au service du catholicisme et de l'orthodoxie le séduisant apostolat de son génie et de son caractère national. Les rois y voyaient, pour leur capitale, une source de richesses et un ornement; pour leur conseil, une pépinière de sujets; pour la politique et la diplomatie ultramontaines, un arsenal intellectuel. Dès le XIIᵉ siècle, les bénéficiers avaient été dispensés de la résidence, pendant tout le temps qu'ils consacraient aux écoles, soit comme écoliers, soit comme maîtres. En 1194, Célestin III commit aux juges d'églises toutes les causes des écoliers, même civiles. Honorius III, Grégoire IX, Innocent IV, Clément IV, Clément V, Clément VII, confirmèrent et successivement étendirent ces avantages. L'école de Paris conférait à ses maîtres la mission d'enseigner dans le monde entier. Un prélat, dont le siége était situé aux portes, avait la garde perpétuelle de ses immunités, de ses droits, et devait tenir prête pour leur défense l'arme redoutée de ses foudres ecclésiastiques.

Voilà pour les Souverains Pontifes. La munificence des princes ne fut pas moindre à son égard.

Louis VII (1137-1180), dont le père, Louis le Gros, né en 1078, avait été l'élève des écoles de la cathédrale, accorda, selon le témoignage de Guillaume le Breton, à ces mêmes écoles, les premières marques authentiques qu'elles reçurent de la faveur royale. En 1200, à propos d'une querelle entre un noble allemand, écolier de l'Université de Paris, évêque élu de Liége, et ses gens, contre un tavernier et des bourgeois de la Cité, Philippe-Auguste prit énergiquement en main la cause des premiers. Non content de leur procurer une éclatante réparation, au préjudice de son propre prévôt (qui finit par se tuer en cherchant à s'évader de la prison où il avait été confiné), le roi déclara inviolables pour l'avenir la personne du *capital*, ou chef principal, et celle des écoliers, sauf le flagrant délit; de plus, il reconnut l'Université tout entière exclusivement justiciable de l'Église, à cause de sa cléricature. Ce privilége, naturel et nécessaire dans le principe, bientôt fécond en abus et en désastres, fut confirmé, durant le cours du moyen âge, par tous les rois successeurs de Philippe-Auguste. Aux termes du diplôme de 1200, chaque prévôt de Paris, le premier ou deuxième dimanche qui suivait son installation, venait, en pré-

sence de l'Université, réunie dans l'une de ses églises, jurer solennellement d'observer ces exemptions, dont lui-même était le conservateur royal. Cet usage s'observa jusqu'en 1592. Philippe le Bel, de 1297 à 1304; Philippe de Valois, en 1345; le roi Jean, en 1356 et 1357; Charles V, à plusieurs reprises, renouvelèrent et agrandirent ces faveurs, en y joignant les droits de garde-gardienne, l'exemption de péage, de subsides, d'impôt, de contribution et de service de guerre, et même de simple milice urbaine; sans compter le titre honorifique de *fille aînée des rois de France*, qui lui fut octroyé par le dernier de ces princes, et dont elle ne cessa de se parer (1).

Ce ne fut pas toutefois sans de grandes traverses, ni sans une croissante difficulté, qu'elle put mettre à profit toutes ces belles prérogatives. L'histoire de la capitale est remplie d'épisodes singuliers, et plus d'une fois sanglants, qu'engendrait à chaque pas la turbulence de cette jeunesse, enhardie par le bénéfice d'une semblable inviolabilité. L'Université avait en main trois moyens de revendication, ou, comme dit du Boulai, trois remèdes contre les infractions de ses priviléges. Si la violation venait du pouvoir laïque, elle s'adressait directement à la personne du roi, à qui ressortissait nûment sa juridiction. Si ecclésiastique, elle recourait, sans intermédiaire, au Pape. Elle députait à Rome une ambassade, prise parmi ses docteurs, qui, plus d'une fois, retrouvait sur le trône pontifical, en la personne du successeur de saint Pierre, la filiale sympathie d'un ancien disciple. Le Pape se refusait-il à donner satisfaction, elle en appelait à l'Église universelle et au futur concile. Mais elle possédait une dernière voie, bien autrement sûre et efficace, pour arriver au but de ses prétentions : c'était la cessation des études, ou ce qu'on pourrait appeler l'excommunication universitaire. En pareil cas, elle suspendait subitement toute lecture, tout enseignement public. Les gradués en théologie s'abstenaient de prêcher dans toutes les églises. Toute une portion de la vie morale et religieuse était frappée d'interdit. Si la crise persistait, les docteurs, bacheliers et régents des quatre facultés fermaient toutes leurs écoles et menaçaient d'émigrer en masse, entraînant avec eux tout un peuple de suppôts et de clients, qui faisait à lui seul plus du tiers de la capitale. Il n'y avait pas de puissance, au XIIIᵉ siècle, qui pût résister à des hostilités de cette nature. En 1221, l'évêque de Paris, justicier de l'Université, ayant voulu lui dicter des lois ; celle-ci lui tint tête résolument et mit pendant six mois les écoles en interdit. En 1225, le légat du Pape fut encore moins respecté dans une circonstance analogue : les écoliers prirent les armes, assiégèrent sa maison et blessèrent les gens de l'ambassadeur pontifical, qui ne dut son salut qu'à la fuite. A la fin du carnaval de 1228, époque

(1) Voy. *Recueil des priviléges de l'Université*, Paris, in-4°, 1612, 1674, 1684, etc.

solennellement chômée, de tout temps, par les écoles, une sédition naquit encore dans un cabaret. Le dimanche et le lundi gras, des écoliers, étant sortis de la ville pour se divertir, se dirigèrent, à travers la campagne, vers le bourg de Saint-Marcel (aujourd'hui faubourg Saint-Marceau). D'aventure, ils entrèrent chez un tavernier, où, trouvant le vin à leur gré, ils en burent plus que de raison. Une querelle s'engagea sur le prix. Des mots on en vint aux mains, aux cheveux, aux armes, et de sanglantes représailles se commirent, comme de coutume, entre les bourgeois et les écoliers. La reine Blanche, alors régente pendant la minorité de saint Louis, obéissant aux instigations de l'évêque de Paris et du légat, peu favorables en ce moment à l'Université, fit sévir énergiquement contre les écoliers. Les sergents royaux opérèrent une descente, et des innocents payèrent pour les coupables : quelques-uns furent jetés à la rivière; d'autres, blessés, d'autres, tués sur place; parmi ceux-ci, deux écoliers de distinction, le premier, Normand, le second, de la nation de Picardie. L'Université, ayant inutilement adressé au roi des remontrances, se dispersa, laissant la capitale en interdit. De grands personnages, le Pape lui-même (1), appuyaient ouvertement les écoliers et traçaient la marche à leur résistance. Cet état de choses dura deux années entières. Au bout de ce temps, le pouvoir royal, cédant aux instances qui l'assiégeaient de toutes parts, finit par capituler avec les écoles insurgées, et rappelant les maîtres avec mille caresses, leur accorda enfin toutes les réparations demandées.

Toutefois, l'Université n'achetait la victoire qu'à un prix fatal pour ses priviléges et pour sa propre existence. Les villes d'Oxford, en Angleterre, d'Angers, de Poitiers, d'Orléans, où s'étaient rendus les maîtres dispersés, frappés d'un ostracisme volontaire, recueillirent et conservèrent une partie de ces exilés, qui vinrent de la sorte y semer ou y accroître les germes d'autant d'universités rivales. L'histoire des guerres, souvent victorieuses, que soutint l'Université pour le maintien de ses priviléges, disons mieux, de sa licence, contre la police du moyen âge ou ce qui en tenait lieu, serait trop longue à raconter. Il existe actuellement à l'École des beaux-arts, à Paris, un curieux monument de ces hostilités. C'est une sculpture jadis encastrée extérieurement

(1) Voy. la bulle de 29 novembre 1229. Bul., *Hist.*, t. III, p. 155. Dans une autre bulle du même Pape, adressée aux écoliers en 1251, on trouve le passage suivant, qui sanctionne de toute l'autorité du siége apostolique ce mode étrange d'opposition *légale* : « Si forte vobis vel alicui vestrum injuria vel excessus inferatur enormis, utpote mortis vel membri mutilationis, nisi, congrua monitione præmissa, infra quindecim dies fuerit satisfactum, liceat vobis, usque ad satisfactionem condignam, suspendere lectiones, et si aliquem vestrum indebite incarcerari contigerit, fas sit vobis, nisi monitione præhabita cesset injuria, statim a lectione cessare, si tamen id videritis expedire. » Bul., *ibid.*, p. 556.

à l'angle du couvent des Augustins, et destinée à perpétuer le souvenir de la victoire légale remportée par l'Université, dans l'un de ses démêlés, plus d'une fois tragiques, avec le prévôt et les sergents de la capitale.

Charles VII, en 1445, porta un premier coup à la constitution de ce corps antique : non-seulement il confirma l'existence des universités de Poitiers et de Caen, récemment instituées, mais encore il refusa de déférer au vœu de l'Université parisienne, qui ne voulait reconnaître d'autre tribunal que le conseil du Roi, ou Grand Conseil, et renvoya simplement ses causes à la compétence du Parlement. C'était, comme le témoigne l'historiographe de ses annales et de ses préjugés, faire de la sœur et de la rivale (1) une justiciable; c'était, de plus, lui donner une règle et un tuteur. En 1462, le Pape Pie II rendit, à son tour, contre l'Université, une bulle, que les annalistes de ce corps désignent sous l'épithète méritée de *foudroyante* (2). Dans cette pièce, en effet, le Pape s'élève avec toute l'autorité possible contre le scandale et les abus de ces interdits arbitraires; et touchant la plaie jusqu'au vif, il autorise les religieux à suppléer, en cas de cessation, les laïques ou les séculiers, en leur accordant au besoin le droit de se conférer entre eux les grades universitaires (3). Enfin le roi Louis XII, par un édit du 31 août 1498, déférant au vœu des états généraux convoqués sous le règne précédent, réduisit les priviléges universitaires en ce qu'ils avaient de plus monstrueux, et les ramena vers la limite du droit commun. L'Université ne laissa pas de recourir à ses foudres habituelles : l'amplissime recteur lança, le 1er juin 1499, un mandement qui ordonnait une cessation générale de leçons et de sermons... Mais en vain : le pouvoir royal n'était plus assez débile pour plier devant cette menace. Le roi, qui se trouvait absent de Paris, reçut d'un visage sévère les ambassadeurs de sa *fille aînée*. Puis, revenant dans sa capitale, il traversa l'Université à la tête de sa maison militaire, armée de toutes pièces, la lance en arrêt, et se fit obéir.

Ce fut la dernière campagne que tenta l'Université en faveur de ses immunités féodales.

HISTOIRE POLITIQUE.—Plusieurs phases distinctes partagent naturellement l'histoire propre de l'Université. La première nous montre en elle une émanation de l'Eglise qui prend racine dans le siècle, destinée de plus en plus à se séculariser. L'institution se fonde, se constitue, se combine avec les besoins et les autres institutions publiques. Une activité des plus vivaces, une prospérité florissante, un succès brillant, caractérisent ses heureux débuts. Parmi ces populations

d'auditeurs, que la parole d'Abailard entraînait en pleins champs, avides de recevoir cette manne intellectuelle, se trouvaient un Pape de la chrétienté (Célestin II), vingt cardinaux, cinquante archevêques et évêques; et, si l'on veut savoir quels hommes, au XIIe siècle, dans l'Etat, dans la science, dans l'Eglise, présidèrent aux destinées de leurs contemporains, il faut ouvrir le tome II de Du Boulai, et y parcourir les soixante pages in-folio qui contiennent, en abrégé, la liste des élèves sortis alors de nos écoles. Dès la fin du siècle suivant, le haut clergé de France était exclusivement composé de sujets qu'elle avait formés. Simon de Beaulieu, archevêque de Bourges, haranguant, en 1281, ses collègues de l'épiscopat, réunis à l'Université pour résister, par une ligue commune, à l'invasion des moines *mendiants* dans le double domaine de l'instruction et du sacerdoce, Simon de Beaulieu s'écriait : « Ce que nous sommes, vous le serez un jour; car je ne crois pas qu'il y ait parmi nous un seul prélat qui n'ait été pris du sein de cette Université (1). » Au XIVe siècle, son autorité, son importance morale et politique s'étendent et s'affermissent. De 1297 à 1304, elle prête à Philippe le Bel un secours et un point d'appui contre les prétentions de Boniface VIII. En 1316 et en 1328, son suffrage est invoqué et pèse d'un grand poids dans la balance pour la question de la successibilité des femmes au trône, et pour la fondation de la jurisprudence du royaume à l'égard de ce point délicat. C'est le terme de son apogée, l'époque de sa plus grande splendeur. Conseillère des rois, institutrice de l'Europe, concile permanent des Gaules, elle poursuit noblement une haute mission. L'Eglise, qui luttait avec une ardeur infatigable contre un esprit exagéré d'indépendance, parvint, au prix de douloureux sacrifices, à faire triompher l'unité de son orthodoxie. La France, fidèle à cette unité, ouvrait au Saint-Siége, dans Avignon, une seconde Rome. Par l'organe de l'Université, elle continuait à élaborer, à faire rayonner et resplendir la pensée religieuse; elle donnait des docteurs à toutes les chaires; elle perpétuait la tradition du dogme et de la discipline, et, en même temps, elle fondait notre droit public sur ces principes d'indépendance qui ont fait d'elle, qui ont fait de la France, non-seulement politiquement, mais religieusement et moralement, une nation. Le code de ses croyances et de son enseignement, imparfait sans doute, et sujet à l'erreur, du moins n'avait pas encore été altéré par ces étranges doctrines qui soulevèrent de si longs et de si fréquents orages, et qu'elle devait plus tard professer et combattre tour à tour : professer, en la personne de Jean Petit, des juges de Jeanne d'Arc, des ligueurs et de divers dialecticiens; combattre, parmi les vicissitudes d'une longue et opiniâtre rivalité, les redoutables efforts d'une secte fameuse. Avec la fin du

(1) Bul., *Histor. Universit. Parisiens.*, t. V, p. 852.

(2) Crevier, IV, 284.

(3) *Hist. de Paris de Felibien*, t. II, p. 849, et t. III des preuves (V de l'ouvr.), p. 707.

(1) Bul., *Histor. Univ. Par.*, t. III, p. 455, 466.

XIV<sup></sup>

xive siècle commence déjà pour elle une période de décadence; à cette époque, la vénalité, puis, à sa suite, le sophisme et le fanatisme de parti, entrent dans son enceinte. Dès l'année 1330, l'or de la maison de Bourgogne stipendiait parmi ses docteurs des créatures politiques. Après les Bourguignons et l'apologie du meurtre de la rue Barbette, vinrent les Anglais, l'opprobre du joug étranger et la honte ineffaçable d'avoir trempé dans la sentence qui fit périr sur un bucher la Vierge de Domremy. Au siècle suivant, siècle de l'imprimerie et de la réforme, elle avait perdu sans retour le sceptre de l'empire intellectuel que, pendant quatre cents ans, elle avait exercé.

Il convient maintenant de revenir, pour terminer ce chapitre, à la grande institution qui forme en quelque sorte le point central de ces recherches, c'est-à-dire à l'histoire propre de l'Université de Paris. Elle ne fit guère que déchoir depuis le moment où nous avons interrompu sa monographie.

Nous avons mentionné les deux réformes de 1275 et de 1452; sous la date de 1598, l'Université en subit une troisième. La première avait eu le Pape pour auteur; Charles VII prit l'initiative de la seconde, en employant l'organe d'un prince de l'Eglise; la troisième offre cela de remarquable qu'elle fut l'ouvrage du roi seul, sans le concours d'aucune autre autorité que le pouvoir temporel. La réforme de Henri IV délimita et restreignit de nouveau les priviléges de l'Université; elle la soumit d'une manière plus étroite à la tutelle du Parlement, notamment en ce qui touche l'administration des biens des colléges, qui ne purent désormais être loués, vendus, etc., sans l'intervention de ce corps de magistrature. A l'époque dont nous parlons, cette déchéance de l'Université était manifeste et confessée par ses propres suppôts (1). Aux Etats généraux de 1593, elle ne comptait qu'un seul représentant; vainement elle invoqua ses priviléges pour avoir des députés spéciaux à ceux de 1614 (2). Pendant tout le cours du xviie siècle, ainsi que nous l'avons dit, elle fut de plus en plus éclipsée par les jésuites. Toutefois, si nous avons dû caractériser en traits d'une fidélité sévère l'esprit stationnaire et même souvent rétrograde de l'Université, nous nous garderons également d'excéder à son égard, par un langage empreint d'amertume ou d'hostilité, les bornes de l'impartialité qui convient à l'histoire. L'Université compta de tout temps dans son sein des hommes aussi éclairés que le comportaient les lumières de la société; des hommes droits et *de bonne volonté*, animés d'un zèle sincère pour les lettres humaines et le bien public. Il faut, dans les reproches mérités qui lui sont imputables, faire la part et de son organisation défectueuse, et des époques qu'elle eut à traverser. Ainsi, des traditions d'anarchique indépendance et d'exclusivisme étaient les fruits naturels de temps où les pouvoirs publics et l'esprit national n'existaient point encore.

Pendant le cours du xviiie siècle, trois améliorations importantes, introduites dans son régime, contribuèrent à ranimer son existence et servent aujourd'hui à honorer son souvenir. C'est alors que brillaient parmi ses membres les Rollin, les Le Beau, les Crevier, dont les écrits et le caractère, célébrés jusqu'à nous par des éloges et des actions de grâces traditionnels, furent dignes, en effet, de constituer le patrimoine moral d'une grande institution de ce genre.

La première des trois améliorations que nous venons d'indiquer consista dans l'abolition des honoraires que les écoliers des colléges avaient toujours payés à leurs régents. Depuis longtemps l'Université de Paris enviait aux jésuites la gratuité de leur enseignement. Depuis longtemps aussi le privilége des messageries était devenu dans ses mains un fardeau dont elle cherchait elle-même à se débarrasser, à cause des atteintes constantes contre lesquelles elle avait à défendre ce monopole et du peu d'aptitude qu'elle montra toujours en matière d'administration. Elle sollicita donc, en 1719, la réunion de ces messageries à l'exploitation générale des postes du royaume, moyennant une rente de 150,000 livres, « à charge par elle de faire gratuitement l'éducation de la jeunesse dans les colléges de plein exercice de Paris. » Le gouvernement accueillit avec faveur cette demande, et des lettres patentes en date du 1er avril de la même année décrétèrent cette réunion, en allouant à l'Université un fonds annuel qui se composait du vingt-huitième effectif (1) du produit général des postes, exploitées alors par voie de bail ou d'adjudication. A partir de ce moment, l'enseignement devint, en effet, gratuit dans les colléges de plein exercice que possédait alors la capitale.

Une autre amélioration qui lui vint entièrement du dehors, mais qu'elle sut accueillir avec sympathie et appliquer avec intelligence, fut l'établissement du concours général entre les colléges. Un chanoine de Paris, nommé Legendre, auteur d'une *Histoire de France* alors estimée, mourut en 1734, léguant une somme d'argent destinée à l'établissement de prix qui devaient se décerner à Paris, « de quatre ans en quatre ans, à l'instar des jeux Olympiques, aux personnes qui auront fait les trois plus belles pièces en vers héroïques français, trois odes latines, et les trois plus belles pièces de musique, toutes à la louange de la nation. » Le testament, à cause de l'obscurité de certaines clauses, fut déféré à la justice. A la suite d'un long procès, le Parlement, sur la requête du procureur général, décida que l'ar-

(1) Voy. la requête publiée sous ce titre : *Libellus supplex ad augustissimum senatum pro Academia Parisiensi*, Paris, 1601, in-8.

(2) Voltaire, *Essai sur les mœurs*, chap. 175; *Hist. du Parlement*, chap. 46.

(1) La première année, 1720, ce 28e produisit la somme de 120,000 liv. En 1766, il s'élevait à 275,273 liv. 15 s. 6 d. Il était de 300,000 liv. en 1789.

ticle ci-dessus, interprété par la cour, serait appliqué au profit de l'Université par la création de prix annuels, « soit de prose ou poésie latine et françoise, » qui seraient distribués à des « étudiants ès arts de ladite Université (1). » Telle fut l'origine du concours général des colléges, si célèbre dans les annales de notre jeunesse studieuse. La première distribution solennelle eut lieu avec une grande pompe le 23 août 1747, et, sauf une courte interruption, cette institution s'est constamment célébrée jusqu'à nos jours (2).

Enfin la troisième mesure à laquelle nous avons fait allusion est le concours d'agrégation, créé en 1766 dans la Faculté des lettres, pour maintenir l'émulation et le niveau de l'enseignement, en soumettant à la condition d'une lutte intellectuelle l'obtention des chaires des colléges.

Mais cette dernière conception atteste des idées de prévoyance et des vues générales qui furent également l'œuvre d'esprits supérieurs, étrangers au corps enseignant proprement dit, et nous transporte pour ainsi dire au delà des limites de l'histoire spéciale de l'ancienne Université de Paris. Cette conception se rattache, en effet, à des plans étendus qui embrassaient l'enseignement général de la jeunesse française, et qui furent médités par les penseurs les plus avancés de cette époque, par les personnages les plus influents, notamment par les corps de magistrature, lorsque le vide que causa l'expulsion des jésuites attira sur ce point leur sollicitude. Les travaux remarquables qui furent le résultat de ces méditations ne reçurent immédiatement qu'une application partielle, et le concours d'agrégation nous en montre, pour ainsi dire, un épisode. Nous avons déjà eu occasion de parler de ces études préparatoires, qui portèrent quelques autres fruits, même immédiatement, et qui surtout ont servi de guides ou de jalons aux réorganisateurs de l'instruction secondaire. Quant à notre Université du moyen âge, les améliorations mêmes que nous venons de raconter mettent dans tout leur jour l'état de caducité à laquelle était arrivée cette institution et l'absorption progressive de son individualité dans les pouvoirs publics préposés à sa tutelle. L'existence de ce vieux corps se traîna ainsi, avec tous les symptômes de la décrépitude, jusqu'à la révolution française, et s'anéantit enfin pendant le cours de cette période, ainsi que nous le verrons tout à l'heure, comme toute vie dont le terme naturel est arrivé.

*Tableau général des principaux établissements d'instruction publique en France en 1789.*

### A. Instruction universitaire.

| | |
|---|---|
| Universités. Elles étaient au nombre de. | 21 |
| Facultés de théologie. | 18 |
| Facultés de droit. | 20 |
| Facultés de médecine. | 18 |
| Facultés des arts (ou des lettres). | 18 |
| Colléges à Paris. | 10 |
| Colléges (1) dans les provinces. | 552 |

### B. Instruction élémentaire.

| | |
|---|---|
| Congrégations enseignantes des deux sexes, au moins. | 20 |
| Écoles cantonales. Écoles de village (2). | |

### C. Écoles spéciales ou professionelles.

| | |
|---|---|
| Accouchement (écoles d'), environ. | 12 |
| Artillerie (écoles royales d'). | 7 |
| Aveugles (école des jeunes). | 1 |
| Chant et déclamation (école de). | 2 |
| Dessin, mathématiques, hydrographie (écoles gratuites de), au moins. | 12 |
| Génie militaire (école royale du). | 1 |
| Jeunes de langue (école des) (Paris et Constantinople). | 2 |
| Marine (écoles royales de). | 3 |
| Militaires (écoles), 2 à Paris; 12 en province. | 14 |
| Mines (école des) ou de minéralogie, à Paris. | 1 |
| Mineurs de Verdun (école des). | 1 |
| Ponts et Chaussées (école des) (à Paris). | 1 |
| Sourds-muets (école des) (idem). | 1 |
| Vétérinaires (école des). | 4 |
| Écoles professionnelles ou de bienfaisance diverses, au moins. | 12 |

### D. Académies.

| | |
|---|---|
| Académies royales à Paris. | 9 |
| — — dans les provinces. | 30 |
| — non royales, environ. | 10 |
| — de France à Rome (beaux-arts). | 1 |

### E. Établissements divers.

| | |
|---|---|
| Collége royal de France. | 1 |
| Bibliothèques publiques, environ. | 40 |
| Jardins des Plantes, Musées d'histoire naturelle, cours publics de chimie, physique, botanique, littérature, environ. | 18 |
| Observatoire. | 1 |

## § I. — EMPIRE.

L'acte le plus remarquable de ce règne, l'institution la plus vivace, la plus fortement marquée du caractère napoléonien, fut sans contredit l'Université impériale. Les conseillers d'État Fourcroy, Beugnot et Bérenger vinrent, au nom de l'empereur, présenter au Corps législatif un nouveau projet, précédé d'un long exposé des motifs, et converti en loi le 10 mai 1806. Cette loi se composait de trois articles, ainsi conçus : « I. Il sera formé, sous le nom d'Université impériale, un corps chargé exclusivement de l'enseignement et de l'éducation publics dans tout l'empire. II. Les membres du corps enseignant contracteront des obligations civiles, spéciales et temporaires. III. L'organisation du corps enseignant sera présentée en forme

---

(1) Arrêt du Parlement du 1er juillet 1744.
(2) Voy. l'excellente *Notice historique* publiée sur ce sujet en 1847, par M. Taranne. In-8.

(1) Nous reproduisons cet article, avec l'évaluation numérique qui l'accompagne, d'après le tableau officiel publié par M. Villemain (*Rapport au roi sur l'instruction secondaire*; 1843, in-4, tableau 25); mais nous devons observer que, sous cette dénomination de *colléges*, les rédacteurs de ce document ont compris un grand nombre d'établissements qui mériteraient mieux les noms de pensionnats, et même d'écoles élémentaires. Nous regrettons donc de ne pouvoir pas revenir spécialement sur cette intéressante question de la statistique de l'instruction en France à diverses époques.
(2) Les éléments de calcul d'ensemble sur cet article nous manquent jusqu'à ce jour.

de loi au Corps législatif, à la session de 1810. » Après avoir obtenu de l'assemblée une facile adoption de cet acte laconique, l'empereur se dispensa d'accomplir l'obligation contenue dans le dernier article. Quant aux dispositions exprimées par les deux autres, il se chargea de les exécuter seul et de sa propre autorité. Le 17 mars 1808, deux ans avant le terme prescrit, un simple décret impérial créa le grand établissement ci-dessus annoncé et formula sa législation. Les yeux fixés sur la lettre de ce décret et sur l'exécution qu'il reçut immédiatement dans la réalité, nous allons retracer le tableau de cette mémorable institution.

*Organisation générale.* — L'enseignement public dans tout l'empire fut confié désormais à l'Université. Aucune école, aucun établissement quelconque ne put être formé hors de son sein et sans l'autorisation de son chef. Nul ne put ouvrir d'école, ni enseigner publiquement sans être membre de l'Université impériale et gradué dans l'une de ses facultés (1). L'Université se compose, disait cette loi, d'autant d'académies qu'il y a de cours d'appel. Chaque académie comprend dans son ressort : 1° les facultés ; 2° les lycées ; 3° les colléges, ou écoles secondaires communales ; 4° les institutions, sortes de colléges tenus par des particuliers ; 5° les

pensions, institutions d'un moindre degré ; 6° les écoles élémentaires.

*Facultés.* — Il y en a de cinq ordres : facultés de théologie, de droit, de médecine, facultés des sciences mathématiques et physiques, facultés des lettres. Les facultés de théologie catholique doivent égaler en nombre les siéges métropolitains. Les doyens et professeurs sont présentés, par les archevêques et évêques, à la nomination du grand maître. Trois facultés de théologie protestante furent créées à Genève, à Strasbourg et à Montauban (1). Les éléments des facultés de droit et de médecine existaient dans les écoles de ces noms. Les facultés des sciences furent tirées du Collége de France, du Muséum d'histoire naturelle et des lycées. Le Collége de France et les lycées fournirent le noyau du personnel des facultés des lettres.

*Grades.* — Ils sont au nombre de trois : baccalauréat, licence, doctorat, et sont conférés par les facultés, à la suite d'examens et d'actes publics. Ces grades ne peuvent être, en outre, reçus que successivement et par ordre, avec certaines conditions d'aptitude et de stage.

*Hiérarchie.* — Elle comprend dix-neuf degrés, qui offrent en même temps le tableau de tout le corps universitaire, distribué comme il suit :

| Administration. | Enseignement. |
|---|---|
| 1° Le grand maître. | |
| 2° Le chancelier. | |
| 3° Le trésorier. | |
| 4° Les conseillers à vie. | |
| 5° Les conseillers ordinaires. | |
| 6° Les inspecteurs généraux. | |
| 7° Les recteurs d'académie. | |
| 8° Les inspecteurs d'académie. | |
| 9° Les doyens de faculté. | |
| 10° | Les professeurs de faculté. |
| 11° Les proviseurs des lycées. | |
| 12° Les censeurs des lycées. | |
| 13° | Les professeurs des lycées. |
| 14° Les principaux des colléges. | |
| 15° | Les agrégés de l'Université. |
| 16° | Les régents de colléges. |
| 17° Les chefs d'institution. | |
| 18° Les maîtres de pension. | |
| 19° | Les maîtres d'études. |

Une fois l'Université organisée, la possession d'un grade fut indispensable pour obtenir chacune de ces fonctions. Ainsi, le maître d'études ou de pension devait être bachelier ès lettres ; le chef d'institution, bachelier ès lettres et ès sciences ; les principaux, régents, agrégés, professeurs de 6°, 5°, 4° et 3° classes, bacheliers ès lettres ou ès sciences ; les agrégés et professeurs de 2° et 1re classes, licenciés ès lettres ou ès sciences ; les agrégés et professeurs de belles-lettres ou de mathématiques transcendantes, docteurs ès lettres ou ès sciences ; les censeurs, licenciés ès lettres et ès scien-

ces (2) ; les proviseurs, docteurs ès lettres et bacheliers ès sciences (3) ; enfin les professeurs et doyens, docteurs dans leurs facultés respectives.

Les fonctionnaires portaient en outre trois catégories de titres honorifiques, savoir : les titulaires, les officiers de l'Université et les officiers d'académie.

*Bases morales et politiques de l'enseigne-*

(1) Les grands séminaires furent seuls exceptés, avec des garanties et des obligations spéciales.

(1) La faculté de théologie de Montauban fut instituée le 15 septembre 1809. Les deux autres l'avaient été antérieurement. Après l'empire, la faculté de Genève subsista, mais hors du territoire de la France.

(2-3) Ces deux dispositions ne reçurent jamais d'observation rigoureuse. L'expérience ne tarda pas à faire reconnaître que cette double prescription, difficile à mettre en pratique, ne se justifiait point par l'utilité. L'une et l'autre furent, en conséquence, abrogées par l'ordonnance royale du 26 mars 1829.

*ment.* — « Toutes les écoles de l'Université impériale prendront pour base de leur enseignement la religion catholique, la dynastie napoléonienne, l'obéissance aux statuts de l'Université. » Les facultés de théologie étaient tenues d'enseigner le gallicanisme, formulé dans les quatre propositions de 1682.

*Obligations des membres.* — Ils devaient, en prenant possession de leur état, prêter serment d'obéissance au grand maître, contracter l'engagement de se consacrer à l'instruction publique, de ne se retirer qu'avec l'*exeat* du grand maître, et de ne point accepter, sans sa permission, d'autres fonctions publiques ou particulières salariées, le tout sous la sanction de diverses pénalités (1).

*Du grand maître.* — Il est nommé par l'empereur et révocable par lui; il régit et gouverne toute l'Université; il nomme et institue tous les fonctionnaires de l'instruction publique, et prononce sur leur avancement; il accorde toutes les permissions d'enseigner; il communique avec le chef de l'État, sous l'autorité du ministre de l'intérieur. Le grand maître peut infliger à ses inférieurs les arrêts, la réprimande, la censure, la mutation et la suspension; il délivre les diplômes des grades et peut faire recommencer les épreuves nécessaires pour les obtenir; il convoque et préside le conseil, se fait rendre compte de l'état financier, et présente au conseil tout le travail de l'administration; il a enfin le droit de faire publier et afficher tous les actes de son autorité.

Auprès de ce chef suprême sont placés deux titulaires de l'Université membres du conseil, l'un remplissant les fonctions de *chancelier* et l'autre celles de *trésorier*.

*Conseil de l'Université.* — Ce conseil est composé de trente membres, dont dix à vie et vingt ordinaires. Ses assemblées ont lieu au moins deux fois par semaine. Tout le travail s'y répartit entre cinq sections; chaque section rapporte les affaires et le conseil délibère. Le conseil administre et juge tout le corps enseignant; il peut prononcer la réforme et la radiation : le grand maître exécute; les justiciables ont droit de recours au conseil d'État.

*Conseils académiques.* — Il y en a un par académie, qui remplace les bureaux d'administration. Chaque conseil académique, présidé par le recteur, est composé de dix fonctionnaires ou officiers de l'académie, nommés par le grand maître. Ce tribunal occupe, par rapport au conseil de l'Université, le degré de première instance.

*Inspecteurs.* — Le décret institue deux classes d'inspecteurs : 1° les inspecteurs généraux, qui sont partagés en cinq ordres, correspondant aux cinq facultés : ceux-ci inspectent, sans affectation limitée, toute l'Université; ils rendent compte au conseil supérieur; 2° les inspecteurs d'académie :

ces derniers sont placés sous les ordres du recteur et ne fonctionnent que dans le ressort de sa juridiction.

*Recteurs.* — Nommés pour cinq ans par le grand-maître, qui peut renouveler leurs pouvoirs, les recteurs administrent chacun une académie; ils sont assistés d'un ou plusieurs inspecteurs ordinaires.

*Règlements.* — Aux termes de l'art. 101 du titre XIII, portant cette dénomination, les proviseurs, censeurs, principaux, régents et maîtres d'études, « après l'organisation complète de l'Université, » devaient être astreints au célibat et à la vie commune. Cette disposition, diamétralement opposée aux prescriptions insérées dans toutes les lois relatives à l'instruction publique depuis la révolution, ne reçut jamais d'exécution.

*École normale.* — Un pensionnat normal de trois cents élèves, selon le vœu du décret, fut établi à Paris pour qu'ils y fussent instruits dans l'art d'enseigner les lettres et les sciences. Admis au concours, ils doivent être âgés de dix-sept ans au moins et s'engager pour dix années, avec l'autorisation de leurs père ou tuteur. L'école est dirigée par un conseiller à vie qui y réside; le cours des études devait durer seulement deux années, au bout desquelles les élèves auraient pris leur grade et recevraient du grand maître un emploi dans les académies.

*Agrégés.* — Outre les élèves de l'École normale, le titre d'agrégé peut être acquis au concours par les maîtres d'études des lycées et les régents des collèges. Tout agrégé reçoit un traitement annuel de 400 francs, jusqu'à ce qu'il soit nommé à une chaire de lycée; les agrégés remplacent les professeurs malades et leur succèdent dans une certaine proportion.

*Émérit at.* — Les fonctionnaires de l'Université, après trente ans de service, peuvent être déclarés émérites et être admis à une pension de retraite déterminée par le conseil de l'Université. Une maison de retraite devait s'ouvrir pour les recevoir.

*Costume.* — Le costume commun de l'Université était l'habit noir avec une palme brodée en soie bleue sur la partie gauche de la poitrine. Il fut prescrit aux régents et professeurs de faire leurs leçons en robe d'étamine noire. Sur l'épaule gauche, on plaça la chausse, dont la couleur et la bordure variaient suivant la faculté et le grade. Les fonctionnaires de l'Université portèrent également la toque. Tous, depuis l'appariteur jusqu'au grand maître, se distinguaient entre eux dans les cérémonies par l'étoffe, la couleur et l'ornementation de ces divers insignes (1).

*Revenus et finances.* — Les sources principales des revenus de l'Université furent

Aux termes de cette dernière loi, l'Université n'exigea plus des proviseurs et censeurs qu'un seul diplôme de licencié, soit dans les lettres, soit dans les sciences.

(1) Ces dispositions ne furent jamais exécutées.

(1) Décret du 51 juillet 1809. Un décret du 5 brumaire an XI (27 oct. 1802) avait déjà réglé le costume des fonctionnaires et élèves des lycées et prytanées. D'autres décrets avaient fixé le costume des fonctionnaires appartenant aux écoles de droit et de médecine.

les suivantes : 1° une rente de 400,000 fr. sur l'Etat, provenant des anciens collèges ; 2° frais de diplômes et de collation de grades dans toutes les facultés ; 3° droit de sceau pour tout les brevets et permissions ; 4° contribution, ou *droit décennal*, payé par les chefs d'institution et maîtres de pension ; 5° contribution annuelle des mêmes fonctionnaires, s'élevant au quart du droit décennal ; 6° retenue du 25° sur chaque première année de traitement ; 7° retenue d'un 25° annuel pour le fonds de retraite ; 8° biens meubles et immeubles, invendus ou inaliénés, des anciennes universités ; 9° prélèvement d'un $\frac{1}{20}$ sur les rétributions payées par les élèves des pensions et institutions. L'ensemble total des ressources de l'Université, dès les vingt-quatre premiers mois, s'éleva annuellement à plus de 3 millions de francs, sans compter une subvention de 4,074,764 fr., fournie par le budget général de la France (1).

Le décret organisateur était à peine promulgué, qu'il fut mis avec ensemble à exécution dans le vaste empire. Le 17 septembre 1808, parut un nouveau décret réglementaire. Dans l'intervalle des deux décrets, l'un d'organisation, l'autre de règlement, l'empereur avait nommé au poste de grand maître M. de Fontanes (2). Villaret, évêque de Casal, fut élevé à l'éminente fonction de chancelier, et l'académicien Delambre à celle de trésorier de l'Université impériale. Le conseil supérieur reçut également, dans son sein, des hommes triés par le maître avec un art et un soin scrupuleux. La caisse d'amortissement ouvrit à la nouvelle administration un crédit de vingt millions de francs, les fonctionnaires à la nomination du grand maître furent

(1) Les détails ci-après offriront au lecteur un aperçu comparatif des traitements alloués aux divers fonctionnaires de l'instruction publique sous l'empire :

Grand maître de l'Université impériale : 150,000 francs ;

Chancelier et trésorier de l'Université : 15,000 fr.;

Conseillers à vie : 10,000 fr.;

Conseillers ordinaires, inspecteurs généraux et recteurs : 6,000 fr.;

Proviseurs : de 3 à 5,000 fr.;

Professeurs de 1er ordre : de 1,500 à 3,000 fr.;

Professeurs de 2e ordre : de 1,200 à 2,500 fr.;

Professeurs de 3e ordre : de 1,000 à 2,000 fr.;

Professeurs de sixième : de 900 à 1,500 fr.;

Maîtres d'études ou maîtres élémentaires : de 700 à 1,200 fr.

(2) Fourcroy, directeur général de l'instruction publique depuis 1802, l'homme d'Etat qui avait contribué le plus puissamment à la réédification de l'enseignement au sein de sa patrie, après l'avoir illustrée lui-même, paya au prix d'une amère disgrâce son incorrigible attachement aux principes de liberté qu'il avait professés toute sa vie. L'empereur lui préféra le souple et peu redoutable Fontanes. Fourcroy conserva quelque temps encore le titre de directeur général de l'instruction publique ; mais, écarté peu à peu des fonctions de cet emploi, il en conçut un douloureux ressentiment qui devait empoisonner ses derniers jours, et qui ne fut point, dit-on, sans influence sur sa fin, arrivée le 16 décembre 1809.

institués dans le dernier trimestre de l'année, et l'Université entra pleinement en fonctions au mois de Janvier 1809. L'Ecole normale et les concours d'agrégation s'organisèrent en 1810. Un décret du 29 juillet 1811 exempta de la conscription les élèves de l'Ecole normale, engagés pour dix ans au service de l'instruction publique. De 1808 à 1811, divers autres actes de l'autorité pourvurent à la réglementation d'une foule de points secondaires, et, le 15 novembre de la même année, fut rendu le décret qui dessinait les derniers délinéaments de l'institution. En vertu de ce décret, le nombre des lycées, qui était de plus de quarante en 1809, fut porté à cent. A cet effet, un décret du 29 août 1813 érigea en lycée vingt-et-un collèges et deux pensionnats. Quatre nouveaux établissements de ce genre devaient être ouverts à Paris. Un décret impérial du 21 mars 1812 porta ce qui suit : « Il sera établi sur le quai des Invalides (entre les pont d'Iéna et de la Concorde) une suite de bâtiments destinés à contenir le palais du grand maître de l'Université, l'Ecole normale, l'Institution des Emérites, et des salles pour la distribution des prix ; de vastes jardins devront y être annexés. »

La plupart de ces dernières dispositions, il est vrai, ne furent point exécutées ; la date des plus récents d'entre ces décrets est celle des premiers revers, qui bientôt, se succédant avec rapidité, devaient précipiter à sa ruine et au néant l'une des plus grandes fortunes qu'offre l'histoire de l'humanité. Ces actes témoignent du moins de la volonté puissante et de l'activité énergique du législateur de l'Université impériale. L'institution d'ailleurs vécut assez longtemps, sous la main de celui qui l'avait conçue, pour s'implanter vigoureusement dans le sol et pour porter les fruits que l'on pouvait en attendre (1).

(1) Ce n'est point seulement entre les limites de la France actuelle que les grandes mesures prises par Napoléon en matière d'instruction publique étendirent leur influence. L'Italie, l'Allemagne, les Pays-Bas, toutes les contrées de l'Europe que le nouveau Charlemagne réunit à ses Etats, éprouvèrent, en recevant les lois et le nom de la France, les bienfaits de cette partie de la législation napoléonienne. Nous avons eu déjà l'occasion de mentionner diverses écoles, qui furent créées par l'empereur, sur les points les plus éloignés de ses domaines. En 1808, Geoffroy Saint-Hilaire reçut de lui la mission d'organiser, en Portugal, à l'image de la mère patrie, un système complet d'instruction publique. Le roi Louis-Napoléon, placé par son frère sur le trône de Hollande, y fit fleurir, pendant les quatre années de son règne (1806-1810), les différentes branches de l'enseignement, en combinant les actes et les heureux efforts des souverains qui l'avaient précédé, avec les dispositions nouvelles de nos lois qui pouvaient y être applicables. La France à son tour envoya, dans la personne de Cuvier et de quelques autres conseillers de l'Université impériale, des commissaires qui étudièrent avec fruit, sur les bords de la Meuse et du Rhin, les progrès notables que l'instruction primaire y avait accomplis. (Voy. sur ce sujet, Fritz, *Esquisse d'un système complet d'instruction et d'éducation*, t. III, ch. 25.)

de grand maître de l'Université (1), alla plus loin que son prédécesseur. Il consomma la destruction de l'École normale (2) ; il déclara, par des circulaires répétées (3), son intention de remettre en mains propres l'éducation et l'instruction publiques au clergé, et de ne tolérer parmi les laïques, admis à participer aux fonctions de l'enseignement, que des hommes animés du même esprit que le clergé. En vue de ces principes, une ordonnance royale du 8 avril 1824 enleva à l'Université sa juridiction sur l'enseignement primaire, qui fut replacé, comme par l'édit de 1695, sous l'autorité des évêques. Les recteurs d'académie furent chargés de nommer les professeurs et régents, et d'ouvrir dans leurs provinces, au sein des écoles normales partielles, des concours d'agrégation. Tous les diplômes de chefs d'institution et maîtres de pension durent être renouvelés dans l'intervalle d'un an; ils ne le furent qu'après enquête personnelle sur les croyances religieuses des candidats et avec l'agrément des évêques. Le roi Louis XVIII, pour récompenser la conduite du grand maître, le nomma ministre secrétaire d'État des affaires ecclésiastiques et de l'instruction publique (4). Cette mesure, qui mettait le sceau à la réunion dans les mêmes mains du sacerdoce et de l'enseignement, avait encore cela d'utile et de salutaire qu'elle témoignait de l'importance de ce grand service public, et l'appelait ainsi à figurer désormais parmi les organes essentiels de l'État.

Ces considérations, jointes à d'autres conjonctures, procurèrent un changement dans la politique générale, et le ministère Martignac fut le signal d'une trêve momentanée entre les partis.

Lors de la formation de ce cabinet, l'administration de l'instruction fut séparée de celle des cultes (5). M. de Vatimesnil fut donné pour chef à l'Université avec le titre de grand maître (6), puis de ministre secrétaire d'État au département de l'instruction publique (7). Animé de sentiments honnêtes, de vues droites et élevées, cet homme d'État s'efforça de réparer, par sa sagesse et par sa fermeté, les fautes les plus graves de ses prédécesseurs. Une ordonnance du 21 avril 1828 restitua d'abord à l'Université la juridiction de l'enseignement primaire. Puis, le 16 juin de la même année, parurent les deux ordonnances célèbres connues sous cette date, et qui furent regardées à cette époque comme un acte de politique hardie et une insigne victoire du libéralisme. La première fut rendue sur le rapport du ministre de l'instruction publique. Elle disposait (art. 1er) qu'à dater du 1er octobre suivant « les établissements connus sous le

nom d'écoles secondaires ecclésiastiques, dirigés par des personnes appartenant à une congrégation religieuse non autorisée (1), seraient soumis au régime de l'Université. » Un second article portait : « A partir de la même époque, nul ne pourra être ou demeurer chargé, soit de la direction, soit de l'enseignement dans une des maisons d'éducation dépendant de l'Université, ou dans une des écoles secondaires ecclésiastiques, s'il n'a affirmé par écrit qu'il n'appartient à aucune congrégation religieuse non légalement établie en France. » La seconde ordonnance fut provoquée et contre-signée par l'abbé Feutrier, évêque de Beauvais, ministre des affaires ecclésiastiques. Elle limitait à vingt mille le nombre des élèves qui pouvaient être placés dans les écoles secondaires ecclésiastiques ou petits séminaires. Ces établissements ne pouvaient plus recevoir des élèves laïques externes. Les séminaristes, après deux ans de noviciat, devaient porter la soutane, et ceux qui se présentaient au baccalauréat ès lettres n'obtenaient qu'un diplôme spécial, valable seulement pour la carrière sacerdotale. L'ordonnance créait en même temps huit mille demi-bourses de 150 francs, à répartir entre ces mêmes écoles.

La sollicitude et l'esprit de réforme du ministre de l'instruction publique se dirigèrent ensuite vers l'Université. Une ordonnance royale, en date du 26 mars 1829, procura au corps chargé de l'enseignement les améliorations les plus plausibles et les plus désirables. La nomination des fonctionnaires, confinée entre les mains des recteurs, fut rendue au grand maître. La condition de ces fonctionnaires fut relevée et améliorée. Le service de la comptabilité fut régularisé et garanti par l'inspection de la cour des comptes. La chimie, la physique, l'histoire naturelle, l'histoire, les langues vivantes, reprirent une place dans le tableau des études. Des établissements spéciaux d'instruction purent s'ouvrir pour former des jeunes gens aux carrières de l'industrie et du commerce. Pendant le cours de la même année, un enseignement spécial de ce genre fut organisé, par les soins de l'Université, dans les colléges de Rouen, Nantes, Nancy, Caen et Marseille. Enfin une commission avait été nommée par le ministre, pour étudier la question des méthodes (2) et aviser aux moyens d'enseigner les mêmes notions de latin et de grec, en moins de temps que ne le faisait, depuis des siècles, l'Université. Cette dernière pensée, particulièrement marquée au coin du bon sens, et d'autres desseins analogues que méditait M. de Vatimesnil, ne purent être réalisés. Le ministère de conciliation fit place à celui de M. de Polignac. M. de Vatimesnil eut pour succes-

(1) Ordonnance royale du 1er juin 1822.
(2) Ordonnance royale du 6 septembre suivant.
(5) Circulaires des 17 juin, 12 juillet 1822; 14, 29 avril 1824; 28 février, 12 mars 1827.
(4) Ordonnance du 26 août 1824.
(5-6-7) Ordonnances royales des 4 janvier, 1er et 10 février 1828.

(1) L'ordonnance désignait nominativement, et au nombre de huit, ces établissements, comme existant à Aix, Billom, Bordeaux, Dôle, Forcalquier, Montmorillon, Saint-Acheul et Sainte-Anne d'Auray (en Bretagne).
(2) Arrêté du 25 octobre 1828.

seur, le 8 août 1829, M. de Montbel, rétabli dans la double fonction de ministre des affaires ecclésiastiques et de l'instruction, puis M. de Guernon Ranville, l'un des signataires des ordonnances du 25 juillet 1830, qui décidèrent la perte de la branche aînée de la maison de Bourbon.

Nous venons d'exposer analytiquement les actes les plus saillants qu'offrent les annales de l'instruction publique sous la Restauration. Ils suffiraient à expliquer le caractère passionné de la lutte que nos pères eurent alors à soutenir. Mais, en se plaçant à un point de vue plus élevé, en considérant les choses seulement à la distance d'une génération, cette époque offre aux regards de l'observateur un spectacle plus vaste et des résultats plus dignes d'intérêt.

Dans l'histoire des peuples dont nous sommes issus, Napoléon fut le dernier des Alexandres : il civilisa par l'épée. Il périt par l'épée. Imposé par la force des armes, appuyé sur la fiction du principe héréditaire et tempéré par la charte, le gouvernement des Bourbons fut accueilli comme le signal de la paix, l'image du droit, l'espérance de l'avenir. La France, meurtrie et fatiguée par un quart de siècle d'agitations et de guerres, put du moins se recueillir, se livrer à l'essor de ses facultés, de son génie, et se régénérer au milieu des calmes travaux de l'étude, de l'art et de l'industrie. Un immense développement physique, moral, intellectuel, marque la période de quinze années, qui comprend les règnes à peu près paisibles de Louis XVIII et de Charles X. Tandis que les partis traçaient les lignes de leur étroite stratégie à la surface du terrain politique, une élaboration bien autrement profonde et considérable s'opérait au sein même du pays. Les recherches scientifiques des Geoffroy Saint-Hilaire, des Cuvier, des Arago, des Gay-Lussac, élargissaient le domaine de nos connaissances. De Maistre, Chateaubriand, Ballanche, Lamennais, interrogeaient à leur tour la révélation du Christ, et la lettre du texte sacré recevait de ces prophètes nouveaux de nouveaux commentaires. D'une autre part, tandis que des chansonniers et des poètes obscènes ou systématiques hostiles aux gouvernements monarchiques propageaient au loin l'esprit de licence et d'insubordination, d'autres poètes mieux inspirés retrempaient leur imagination aux sources nationales. L'histoire, par la voix ou sous la plume éloquente de Chateaubriand, de MM. Guizot, de Barante, Augustin Thierry, rappelait les esprits d'élite vers l'étude féconde de nos traditions nationales. M. Victor Hugo, salué du titre « d'Enfant de génie » par l'auteur du *Dernier des Abencerrages* et d'*Atala*, fondait une nouvelle école poétique et, sans le savoir peut-être, présidait à une sorte de Renaissance, qui, d'abord accomplie dans le cercle de la littérature et des arts, devait bientôt se propager, comme celle du

xvi<sup>e</sup> siècle, jusque dans les régions les plus hautes de la politique et de la philosophie (1).

Au milieu de telles circonstances et en dépit des obstacles mesquins qu'il nous a fallu rappeler, l'instruction publique ne pouvait demeurer stationnaire : le niveau du savoir s'étendit et s'éleva, comme celui du bien-être. Le gouvernement lui-même prit l'initiative ou le patronage de fondations nouvelles et utiles dans l'ordre de l'enseignement. Sous le titre étroit et impropre d'École des chartes, Louis XVIII créa un établissement destiné à ranimer à entretenir, comme le disait avec raison l'ordonnance royale de fondation, un genre d'études indispensables à la gloire de la France (2).

Cette école a été réorganisée depuis en vertu des ordonnances royales des 16 juillet 1824 et 11 novembre 1829. Une ordonnance royale et un règlement approuvé par le roi, en date des 21 et 25 avril 1830, sur le rapport du prince de Polignac, ministre des affaires étrangères et président du conseil, instituèrent une école de diplomatie ; elle avait son siège à Paris, près le ministère des affaires étrangères : le nombre des élèves pouvait s'élever à vingt-quatre. L'enseignement, conféré par le publiciste et par le jurisconsulte de l'administration centrale, devait porter principalement sur le droit public et sur l'histoire des relations diplomatiques ou internationales. A la fin de leurs deux années d'étude, les candidats étaient astreints à justifier de leurs progrès et d'une fortune qui leur permît de se procurer une existence convenable auprès d'une cour étrangère. Parmi ceux qui auraient réuni ces conditions, un certain nombre pouvaient être choisis par le roi, pour être attachés aux missions diplomatiques, avec le titre de secrétaires surnuméraires. La révolution de juillet étant survenue à quelques mois de là, il ne fut donné aucune suite à cette décision.

C'est également du règne de Louis XVIII que date l'institution du concours annuel sur les antiquités nationales, près de l'Académie des inscriptions et belles-lettres ; il faut rapporter à la même époque la fondation de

(1) On n'a point fait ressentir assez attentivement, ce nous semble, l'influence grave et caractérisée qu'ont exercée sur des événements de la plus grande importance, sur la plupart des fautes et des malheurs de la révolution, les préoccupations, les souvenirs de l'éducation *classique*, relatifs à l'art, à la littérature et même à l'histoire des peuples de l'antiquité. Le défaut de liberté, de maturité, avait empêché jusqu'alors la critique d'apprécier avec justesse, en les comparant à notre vie sociale moderne, les notions qui nous étaient parvenues touchant la civilisation de ces temps reculés. De là une sorte d'engouement imitatif qui s'était perpétué depuis la Renaissance ; de là les analogies les plus fausses, qui conduisirent les esprits aux inductions les plus funestes. Le *romantisme*, oublié aujourd'hui comme un fait consommé, a opéré, selon nous, par la voie de l'art et par les habitudes du goût, une rénovation salutaire, et nous *délivrant* enfin *des Grecs et des Romains*, et en nous ramenant vers nos origines propres et immédiates le culte des sentiments et de l'imagination.

(2) Ordonnance du 22 février 1821.

nouveaux cours de littérature orientale au Collège de France. L'enseignement industriel et, ce qui manque le plus encore aujourd'hui, l'éducation professionnelle, commencèrent à se développer. Le Conservatoire des arts et métiers de Paris reçut, principalement sous le rapport didactique, une extension notable ; et J.-B. Say inaugura, dans une de ses chaires nouvelles l'enseignement public en France de l'économie politique (1).

Les Écoles des arts et métiers, rattachées au Conservatoire, s'élevèrent à un degré d'importance et d'utilité qui se mesura sur celui de la prospérité publique. C'est alors que furent tentés les premiers essais de fermes-écoles, ou, comme on les appelait, de fermes exemplaires, qui devaient peu à peu acquérir une si haute importance et qui ouvraient une ère nouvelle à l'agriculture. Une place d'honneur appartient ici au fondateur de l'enseignement agricole en France, à Mathieu de Dombasle, cet homme remarquable, qui rappelle, par plus d'un trait de ressemblance, Bernard de Palissy. Ses efforts pour doter son pays d'écoles agronomiques remontent à 1818. Après quatre ans de peines et de recherches, il fut assez heureux pour intéresser à sa cause M. de Villeneuve-Bargemont, préfet de la Meurthe ; grâce au concours de cet administrateur, il réunit, sous la forme de souscriptions portant intérêts, les subsides pécuniaires les plus indispensables ; et, le 4 décembre 1822, il prit la direction du domaine de Roville, situé dans ce département. Bientôt un enseignement méthodique fut joint à celui de l'exemple ; sous le titre d'*Annales de Roville*, l'agriculture fut enrichie d'un excellent recueil périodique ; il y joignit aussi un atelier normal de fabrication pour les instruments aratoires. Ces éminents services excitèrent, il est vrai, en sa faveur, un intérêt et une considération universels, mais la tâche que le novateur avait entreprise demeura entourée d'obstacles ; le reste de sa carrière se consuma dans une lutte perpétuelle, qu'il soutint avec une sagacité, un dévouement et une persistance dignes de tous les hommages de la postérité. Ces sacrifices eurent pour effet de montrer la route, d'aplanir les premières difficultés et de susciter des imitateurs. Une ordonnance royale du 30 avril 1823 autorisa, sous les auspices du dauphin, l'un des souscripteurs de Roville, une tentative analogue dans l'arrondissement de Bordeaux. L'établissement royal de Grignon (Seine-et-Oise) fut ensuite créé par un acte semblable du 29 mai 1827. L'École supérieure du commerce, l'École centrale des arts et manufactures furent instituées, la première en 1820, la seconde en 1829, sous la protection et avec l'assistance de l'autorité publique (2).

(1) Règlement d'administration du 16 avril 1817 ; ordonnance du 25 novembre 1819.

(2) L'école des arts et métiers de Lamartinière s'ouvrit à Lyon, en 1826. Quelques autres établissements analogues, tels que l'école de Dieppe, pour

Le nombre des collèges de plein exercice fut porté à sept : 1° Louis-le-Grand ; 2° Charlemagne, ancienne École centrale ; 3° Bourbon, précédemment Bonaparte, ancienne École centrale ; 4° Henri IV, lycée Napoléon ; 5° Saint-Louis, fondé en 1818 dans les bâtiments de l'ancien collège d'Harcourt ; 6° Stanislas, et 7° Sainte-Barbe, aujourd'hui Rollin, institutions particulières établies par les abbés Liautard et Nicole. Érigé en collège vers 1821, le collège Sainte-Barbe-Nicole, acheté par la ville de Paris, a pris le nom de Rollin par arrêté du 6 octobre 1830 : il est demeuré jusqu'à ce jour collège municipal. Le musée des Petits-Augustins fut supprimé par ordonnance royale du 18 décembre 1816. Un grand nombre de monuments précieux se brisa dans le trajet, lorsqu'on voulut les rendre à leurs origines respectives, et le reste fut à peu près perdu pour la science. Louis XVIII, au rapport des biographes, se défendait toujours de cet acte de barbarie comme d'une mesure surprise à sa religion. Nous sommes en revanche redevables à ce prince de l'École des beaux-arts, élevée comme une fondation expiatoire, sur l'emplacement même de la collection dispersée (ordonnance royale du 4 août 1819). On doit encore à la Restauration le Collège royal de la marine, établi à Angoulême par ordonnance royale du 31 janvier 1816, transporté à Brest par une autre ordonnance du 1ᵉʳ novembre 1830 ; l'École des mineurs de Saint-Étienne (2 août 1816) : celle-ci remplaça les deux écoles pratiques des mines, créées sous le Consulat, par arrêté du gouvernement en date du 23 pluviôse an X (12 février 1802), l'une à Pesey (département du Mont-Blanc), l'autre à Gerslautern (département de la Sarre) ; l'École d'état-major (6 mai 1818) ; l'École forestière de Nancy (1ᵉʳ décembre 1824), et l'École de cavalerie de Saumur (10 mars 1825).

**UNIVERSITÉS ÉTRANGÈRES.** — Après les développements étendus que nous venons de consacrer à l'Université de Paris, notre tâche se simplifie à l'égard des autres institutions du même genre répandues à la surface de l'Europe. Ces institutions, en effet, ayant tiré presque toutes leur origine de celle qui précède, ou étant nées de circonstances similaires, nous n'avons plus qu'à faire ressortir, en jetant sur elles un coup d'œil général, les traits les plus caractéristiques ou les plus saillants qui les distinguent.

*Angleterre.* — Nous allons entrer dans quelques détails relativement au développement et à l'organisation des deux grandes écoles de ce pays ; les écoles d'Oxford et de Cambridge.

L'université d'Oxford, aujourd'hui encore, est une communauté ou corporation, qui se désigne authentiquement par ce protocole : *Le chancelier, les maîtres et écoliers de l'université d'Oxford.* Cette communauté fut incorporée à l'État par acte du Parlement sous le règne d'Élisabeth. Elle se gouverna long-

} la dentelle et la couture, prirent naissance vers le même temps.

temps à l'aide de ses propres lois; mais au xvii° siècle, l'archevêque Laud réunit en un nouveau corps la collection des statuts de la compagnie, qui ne formaient qu'un chaos confus, et les fit sanctionner par l'adoption des membres de l'université. Le chef supérieur de la corporation est le chancelier. Au xiii° siècle, il portait le titre de recteur ou maître des écoles; il était nommé par tous les gradués et confirmé par l'évêque de Lincoln, alors supérieur diocésain. Mais sous Edouard 1ᵉʳ (1327-1377), le choix des électeurs fut affranchi de la confirmation épiscopale. La durée du mandat fut d'abord annuelle, ensuite bisannuelle, puis triennale, puis enfin viagère. Dans le principe, le chancelier devait être résident au sein de l'université et appartenir à l'Eglise; à partir de 1553, époque à laquelle sir John Masson fut élu chancelier, cette haute dignité fut conférée, tantôt à des clercs, tantôt à des laïques. Depuis deux siècles, l'usage est d'en revêtir quelque grand personnage de l'Etat, du corps de la noblesse, et ayant appartenu à l'université. Le chancelier délègue l'exercice de son autorité à un vice-chancelier institué par lui sur la recommandation des *heads of houses*, ou principaux des collèges. Le vice-chancelier nomme à son tour, parmi ces derniers, quatre pro-vice-chanceliers, qui l'assistent dans ses fonctions. Cet office est annuel et la nomination se renouvelle tous les ans; mais elle se continue d'ordinaire pendant quatre années. Après le chancelier, vient le *high-steward* ou grand garde, nommé par le chef suprême et approuvé par l'assemblée générale (*convocation*) de l'université. Il a la garde des priviléges de la compagnie et préside une cour, qui détermine les causes où sont intéressés les membres de la corporation. Les *proctors* sont deux maîtres ès arts, choisis à tour de rôle parmi les régents des divers colléges. Ces *proctors* désignent ensuite quatre autres maîtres ès arts, avec le titre et les fonctions de *pro-proctors*. Ils assistent le *high steward* et le chancelier dans leur action générale, et sont spécialement chargés de la surveillance et de la censure, en ce qui touche la discipline. Depuis 1603, l'université d'Oxford envoie deux représentants aux Communes d'Angleterre. Aux termes de la la loi, ils sont nommés par le vice-chancelier, les docteurs, les régents et les non-régents assemblés en *convocation* (1). Les élèves et membres résidents de l'université sont distribués dans 19 collèges, dont voici la nomenclature avec la date de leur fondation.

*Liste chronologique des colléges de l'université d'Oxford.*

| | | |
|---|---|---|
| University college, fondé en | . . . . | 1249 |
| Balliol | — . . . . . . . | 1263 |
| Merton | — . . . . . . . | 1264 |

| | | |
|---|---|---|
| Exeter | college . . . . . | 1314 |
| Oriel | — . . . . . | 1326 |
| Queen's | — . . . . . | 1340 |
| New | — . . . . . | 1386 |
| Lincoln's | — . . . . . | 1427 |
| All Souls' | — . . . . . | 1437 |
| Magdalen's college, fondé en . . | 1456 |
| Brasenose | — . . . . . | 1509 |
| Corpus-Christi | — . . . . . | 1516 |
| Christ's | — . . . . . | 1525 |
| Trinity | — . . . . . | 1554 |
| St John's | — . . . . . | 1557 |
| Jesus | — . . . . . | 1571 |
| Wadham | — . . . . . | 1613 |
| Pembroke | — . . . . . | 1624 |
| Worcester | — . . . . . | 1714 |

Les détails qu'on vient de lire s'appliquent, avec une identité presque absolue, à l'université de Cambridge. Les colléges qui la composent sont les suivants :

*Liste chronologique des colléges de l'université de Cambridge.*

| | | |
|---|---|---|
| St Peter's college, fondé en . . . . | 1257 |
| Clare hall . . . . . . . | 1326 |
| Pembroke hall . . . . . . | 1343 |
| Gonville and Caius college . . | 1348 |
| Trinity hall . . . . . | 1350 |
| Corpus-Christi college . . . . | 1361 |
| King's | — . . . . | 1441 |
| Christ's | — . . . . | 1442 |
| Restauré en . . . . . . | 1506 |
| Queen's college, fondé en . . | 1448 |
| Catharine hall . . . . . . | 1475 |
| Jesus | college . . . . | 1496 |
| St John's | — . . . vers | 1511 |
| Magdalen's | — . . . . | 1519 |
| Trinity | — . . . vers | 1530 |
| Emmanuel's | — . . . . | 1584 |
| Sidney | — . . . . | 1548 |
| Downing | — . . . . | 1717 |

*Italie.* — En Italie, les universités naquirent de la prospérité des villes, ainsi que de l'esprit de rivalité qui animait ces différents Etats et qui les aiguillonnait à l'envi dans la voie des améliorations publiques. Les modèles de ce genre, créés à Bologne et à Salerne par la libéralité des empereurs, ne tardèrent pas à trouver de nombreux imitateurs. Ravenne, Vicence, Padoue, Naples, Verceil, Ferrare, Plaisance, Rome, Trévise, Pérouse, Arezzo, Reggio, virent bientôt se former dans leurs murs de florissantes universités, dotées des priviléges les plus considérables par les Souverains Pontifes, et surtout par les empereurs de la maison de Hohenstaufen (1). A cette époque, où l'enseignement oral jouait un rôle immense et presque exclusif en matière d'instruction, où le zèle personnel et de lointains voyages suppléaient seuls à la rareté des livres, à l'absence des postes, des journaux et de ces multiples communications qui font la vie des sociétés modernes, la splendeur d'une école, la possession d'un maître renommé, étaient, pour une ville, un gage assuré, non-seulement de gloire, mais de richesse. Aussi les républiques italiennes faisaient-elles les plus grands efforts pour se surpas-

(1) En 1815, le nombre des membres de l'université s'élevait à 3,349, et celui des électeurs à 1,560. *Voy. History of university of Oxford* (Ackermann). 1815, gr. in-4°, p. xxiii et *ibid.*

(1) *Voy.* Raumer, *Geschichte der Hohenstaufen und ihrer Zeit.* Leipsig, 1842, 6 vol. in-8°, *passim,* et t. vi, p. 475 et suiv.

ser l'une l'autre sous ce rapport, et pour attirer dans leur sein les professeurs les plus éminents et les plus célèbres. Bologne, au xiii° siècle, comptait parmi les écoliers de son université des Français, des Flamands, des Allemands, des Espagnols, des Anglais et des Ecossais, qui formaient, avec le contingent de son propre sol, une population spéciale, que l'on évalue au nombre de dix mille auditeurs. Mais aussi elle consacrait à cette fin une dépense annuelle de vingt mille ducats, qui composaient la moitié de ses revenus (1). Les professeurs habiles, dont le talent était mis en quelque sorte à une enchère perpétuelle, ne s'engageaient, comme le font aujourd'hui les comédiens, que pour un temps limité ; l'enseignement, qui, d'un côté, perdait en dignité à de semblables conditions, y gagnait d'un autre, en ce que ces conditions mêmes permettaient successivement à un plus grand nombre de localités de profiter de leurs lumières. La jurisprudence divine et humaine, la médecine et l'astrologie formaient ordinairement la base de ces études publiques. Le grade de *maître* en médecine est le plus ancien qui ait eu cours en Italie ; Jacques de Bertinoro, de Bologne, est regardé comme celui qui le porta le premier à la fin du xii° siècle. Le titre de *docteur*, avec le sens qui s'attache à un degré universitaire, n'y fut connu que plus tard. En 1303, François de Barberino, l'auteur des *Documenti d'amore*, passe pour en avoir été revêtu le premier, avec la permission expresse du Pape. Les universités délivraient, après certaines épreuves, des brevets de capacité. Mais la collation des grades et la licence d'exercer ou d'enseigner, suivant une tradition juridique, évidemment léguée par l'administration de l'antiquité romaine, furent toujours considérées en Italie comme des droits du pouvoir souverain, que les Papes et les empereurs avaient seuls la faculté de déléguer. Ce droit de faire des docteurs fut en effet transmis, dans ce pays, jusqu'aux temps modernes, comme le droit d'instituer des notaires et de légitimer des bâtards, non-seulement à des universités, à des villes, mais encore héréditairement, à des individus et à des familles nobles (2).

*Espagne et Portugal.* — Gerbert et ses imitateurs allèrent demander aux académies musulmanes du midi de la péninsule Ibérique, un complément d'instruction que les écoles les plus avancées de l'Europe chrétienne n'auraient su leur fournir; les rois chrétiens de l'Espagne, placés en communication immédiate avec les Maures, rendirent eux-mêmes de solennels hommages à cette supériorité scientifique de leurs voisins; cependant, au lieu d'emprunter à ces derniers les éléments de progrès, ou le modèle d'institutions semblables, c'est au cœur de la chrétienté qu'ils s'adressèrent,

lorsqu'ils songèrent à doter leurs domaines de tels établissements. En 1209, Alphonse VIII, roi de Léon, mu par les conseils de l'évêque Roderich, institua à Palencia la première université chrétienne de l'Espagne. Il fit venir, à cet effet, de France et d'Italie, les docteurs les plus renommés, qu'il attira dans ses Etats par de hautes récompenses. Peu de temps après, vers 1239, son petit-fils Ferdinand transporta la nouvelle école à Salamanque. Là elle continua de s'acquérir une croissante renommée, si ce n'est par les utiles bienfaits d'une science réelle, du moins par une sorte de supériorité relative, eu égard aux autres écoles de l'Espagne catholique, et par le prestige qui s'attache à une grande institution, comblée de richesses et de priviléges. En effet, si les historiens ne nous apprennent que peu de chose en fait de services véritables rendus à l'humanité ou au perfectionnement de l'intelligence par l'université de Salamanque ; si, au contraire, l'histoire des sciences a flétri d'un souvenir honteux et d'une tache ridicule les docteurs de cette école, qui méconnurent le génie de Christophe Colomb, tous s'accordent, en revanche, à vanter les bâtiments somptueux, les riches dotations et l'importance politique de cette institution où l'on élevait, dans vingt-quatre colléges spéciaux, la jeunesse destinée aux premiers emplois. « Les professeurs de Salamanque, dit un écrivain du dernier siècle, ont à leur tête un recteur, qui est élu par les *cathedraticos*, ou régents en théologie de premier ordre. On le choisit toujours de grande maison. Il a de très-beaux priviléges ; il ne reconnaît personne au-dessus de lui ; et, dans les assemblées publiques, il est toujours assis sous un dais. Outre cela, il y a un maître des écoles, dont le pouvoir et les appointements sont également grands. Il est toujours ecclésiastique et chanoine de la cathédrale. Il crée tous les officiers de l'université, comme le juge, les secrétaires fiscaux, les notaires, les sergents et un très-grand nombre d'autres, tous richement gagés. Il a pour sa part huit mille ducats de pension, et on tient l'université riche de quatre-vingt ou quatre-vingt-dix mille écus de rentes (1). »

L'Espagne, ce pays héroïque et si richement doué par la Providence, livrée pendant la plus longue période de son histoire à la lutte acharnée d'une rivalité mortelle, est, de toutes les contrées de l'Europe, celle qui a peut-être eu le plus à souffrir, dans le développement de ses intérêts positifs et intellectuels, par suite des préventions religieuses et d'un attachement systématique à des traditions immuables. C'est seulement lorsqu'elle fut sortie victorieuse de ses guerres d'extermination contre l'Islam qu'elle commença à vivre d'une vie propre et spon-

(1) Libri, *Hist. des sc. math. en Italie*, t. II, pp. 88 et 95.
(2) *Ibid.*, p. 91.

(1) La Martinière, *Dictionnaire géographique*, au mot Salamanque. Voir, pour plus de développements : Gil Goncalez de Avila, *Historia de las Antiguedades de Salamanca*. Salamanca, 1606, in-4° ; — *Plan de estudios de la universidad de Salamanca*. Madrid, 1772, in-4°.

tanée. On vit alors les hommes qui exercèrent l'influence la plus décisive sur les affaires de leur patrie, tels que le cardinal Ximenès, ouvrir des écoles et fonder des bibliothèques chrétiennes, avec le même zèle qu'il mit à anéantir les traces de la civilisation et de la science des infidèles, qui reculaient devant une autre science et une autre civilisation.

Pour ce qui est du Portugal, les premiers éléments d'organisation universitaire introduits dans ce pays furent également d'importation française. Alphonse III, roi de Portugal, qui avait voyagé en France, ramena dans ses États deux savants ou littérateurs, qui devinrent ses conseillers et qui rendirent les services les plus signalés à la civilisation de cette contrée. Le premier, Domingos Jardo, né en Portugal, avait étudié aux écoles françaises, où il reçut le bonnet de docteur en droit canon. Le second, Aymeric d'Hébrard, seigneur de Saint-Sulpice en Quercy, fut choisi par le roi Alphonse pour présider à l'éducation du prince qui devait lui succéder, et donna à son siècle Denis le Libéral. Ce fut lui qui inspira à son jeune élève le goût de la poésie, que ce dernier cultiva avec succès (1), et tous les nobles instincts que révèle son glorieux règne. En 1279, le roi Denis érigea l'université de Coïmbre et donna à son instituteur la surintendance de cet établissement, en l'élevant au siége épiscopal de cette ville. Aymeric d'Hébrard et Domingos Jardo sont regardés par les annalistes du Portugal (2) comme ayant été les promoteurs ou les exécuteurs les plus influents des vues du roi, non-seulement pour l'application de cette mesure, mais aussi de toutes celles qui contribuèrent au développement intellectuel de ce royaume et à l'illustration de cette époque. Successivement transportée à Lisbonne et à Coïmbre, puis fixée définitivement dans cette ville, l'université fondée par le roi Denis fut réorganisée en 1772 (3) par le célèbre ministre Pombal, qui se fit un honneur de lui donner de nouveaux statuts et de mettre ce grand établissement d'instruction en harmonie avec les progrès des connaissances publiques et avec les besoins des temps modernes.

*Allemagne.*—Du Boulay, ainsi que beaucoup d'auteurs français, allemands et autres, ont rangé au nombre des universités l'école fondée à Vienne, en 1237, par l'empereur Frédéric II. L'écrivain que nous venons de nommer suppose même (4) qu'elle fut divisée en qua-

tre nations « à l'imitation de l'Université parisienne. » Toutes ces assertions sont gravement erronées. Le savant Kollar, en restituant le diplôme original de cette fondation, a clairement prouvé (5) que l'école établie par ce prince n'était qu'une école de grammaire, ouverte seulement à de jeunes enfants. L'université de Vienne ne fut réellement fondée qu'en 1365 par le Pape Urbain V. Mais dans cet intervalle, l'Allemagne avait vu s'élever sur son territoire une nouvelle université, incontestablement due, cette fois, à l'ascendant intellectuel de la France. Wenceslas, fils de Jean de Bohème, ce vieux héros qui versa pour la France, à la bataille de Poitiers, le reste de son sang, Wenceslas fut élevé à la cour du roi Charles V. Celui-ci devint son *deuxième* parrain, et lors de la *confirmation* de son pupille, il lui fit changer son nom de Wenceslas contre celui de Charles, qu'il conserva dès lors. Le jeune prince fut instruit à l'Université de Paris; il y contracta tant de goût et d'habileté pour l'étude, qu'il s'acquit, à l'instar de notre roi, son tuteur, une grande réputation de *sapience*, et qu'il passait pour maître en théologie. Devenu empereur à l'âge de trente ans, l'un des premiers actes de son règne fut d'instituer en 1348, sur l'exemple de sa *mère*, l'Université de Paris, un semblable établissement d'instruction à Prague, capitale de ses États héréditaires. Cette université, à son tour, donna naissance à d'autres universités allemandes, parmi lesquelles nous nous bornerons à citer celles de Heidelberg et de Leipsick. Il en fut de même de l'université de Cologne, établie en 1385 et confirmée par le Pape Urbain VI, à l'imitation de l'Université de Paris. Lorsqu'au xvi° siècle Luther eut fait entendre son terrible cri de révolte contre la sainte unité du catholicisme, le mouvement intellectuel de l'Allemagne reçut une nouvelle impulsion. La première université protestante, celle de Marbourg, fut fondée en 1527; et cette institution n'a pas cessé depuis d'être suivie de fondations semblables. La multiplicité même de ces foyers d'instruction est un des caractères de la science allemande : elle a pour cause et pour générateur le principe essentiellement analytique de la Réforme.

Les tableaux qui vont suivre serviront à la fois de complément et de résumé aux développements que devait embrasser ce paragraphe.

## UNIVERSITÉS DE FRANCE (LISTE CHRONOLOGIQUE DES).

| Date de la fondation. | Noms des universités. | Noms des fondateurs. |
|---|---|---|
| Du xi° au xii° s. | Paris. | Premier législateur connu: Philippe-Auguste, roi de France. |
| Vers 1180 | Montpellier. | Premier fondateur : Guillaume, seigneur de Montpellier; confirmée en 1289, par le Pape Nicolas IV. |

(1) Les poésies originales du roi Denis ont été publiées dans l'ouvrage suivant, dont nous devons la connaissance à M. Ferd. Denis : *Cancioneiro del rey D. Diniz pela primeira vezimpresso sobre o manuscripto da Vaticana, com algunas notas illustrativas, pelo Dr Caetano Lopez de Moura.* Paris, 1847, in-8°.

(2) Voir l'élégant et judicieux travail de M. Ferdinand Denis, dans l'*Univers* de MM. Didot : *Portugal.*

(3) *Voy. Copendio historico,* etc. (Abrégé historique de l'état de l'université de Coïmbre). Lisbon, 1771, in-4°; et Kinsey, *Portugal illustrated.* London, 1829, grand in-8°, fig.

(4) *Histor. univ. Par.*, t. III, p. 157.

(5) *Analecta monumentorum Vindobonensia,* 1761, in-f°, t. I, col. 46 et 47.

| Date de la fondation. | Noms des universités. | Noms des fondateurs. |
|---|---|---|
| 1292 | Gray. | L'empereur Othon. Transférée à Dole en 1423. Voy. *Dole.* |
| 1223 | Toulouse. | Le Pape Grégoire IX. |
| De 1246 à 1270 | Angers. | Saint Louis, à la prière de Charles I<sup>er</sup>, comte de Toulouse. |
| 1303 | Avignon. | Boniface VIII, Pape, et Charles II, roi de Sicile. |
| 1305 | Orléans. | Clément V, Pape, et Philippe le Bel, roi de France. |
| 1332 | Cahors. | Jean XXII, Pape. |
| 1339 | Grenoble. | Humbert II, dauphin ; transférée à Valence par Louis XI, étant dauphin, en 1452. |
| 1364 | Angers. | Louis II, duc d'Anjou. |
| 1365 | Orange. | Raymond V, prince d'Orange. |
| 1409 | Aix en Provence. | Alexandre V, Pape. |
| 1423 | Dole (Franche-Comté). | Philippe le Bon, duc de Bourgogne. Réunie à celle de Besançon par Louis XIV, en 1691. |
| 1431 | Poitiers. | Le Pape Eugène IV et Charles VII, roi de France. |
| 1436 | Caen. | Henri VI, roi d'Angleterre ; confirmée en 1450, par Charles VII. |
| 1452 | Valence en Dauphiné. | Voy. 1339, *Grenoble.* |
| 1460 | Nantes. | Pie II, Pape, et François II, duc de Bretagne. |
| 1464 | Besançon. | Philippe le Bon, duc de Bourgogne. Voy. 1423, *Dole.* |
| 1469 | Bourges. | Louis XI, roi de France. |
| 1472 | Bordeaux. | Idem. Idem. |
| 1548 | Reims. | Henri II, idem. |
| 1572 | Douay. | Philippe II, roi d'Espagne. |
| 1572 | Pont-à-Mousson. | Charles III, duc de Lorraine. |
| 1722 | Pau en Béarn. | Louis XV, roi de France. |
| 1769 | Nancy. | Idem. Idem. |

A cette nomenclature des universités principales, il faut ajouter les suivantes, qui doivent être placées à un rang secondaire :

NIMES. *Collège* ou *université des Arts*, fondé en 1539, par le roi François I<sup>er</sup>.

RENNES. Université ou Faculté de droit, formée d'un démembrement de l'Université de Nantes, transférée à Rennes en 1734.

SAUMUR. Académie ou Université protestante ; existait encore en 1664.

STRASBOURG. 1° *Université protestante*, fondée sous le titre de *Collège public*, par le corps municipal (1538), érigée en académie conférant des grades (1566) par l'empereur Maximilien II, et enfin, transformée en université pourvue des quatre Facultés, par Ferdinand II (1621) ; — 2° *Université catholique*, établie, en 1618, à Molsheim, avec deux Facultés (*arts et théologie*) ; transférée à Strasbourg par Louis XIV, en 1701.

## UNIVERSITÉS ÉTRANGÈRES (LISTE CHRONOLOGIQUE DES).

| | | |
|---|---|---|
| 1158 Bologne. | 1419 Rostock. Voy. *Butzow*,1760. | 1558 Iéna. |
| XII<sup>e</sup> s. Salerne (confirmée en 1228). | 1426 Louvain. | 1565 Estella. |
| Commencement du XIII<sup>e</sup> s. Oxford. | 1438 Florence. | 1572 Tarragone. |
| Même date, au plus tard. Ravenne. | 1445 Catane. | 1575 Leyde. |
| XIII<sup>e</sup> siècle. Arezzo. | 1454 Trèves. | 1575 Helmstadt. |
| Même date. Reggio. | 1454 Glasgow. | 1576 Altorf. |
| Vers 1204. Vicence. | 1456 Greifswald. | 1578 Evora. |
| 1209 Palencia, transférée, vers 1239, à Salamanque. | 1456 Fribourg en Brisgau. | 1580 Oviedo. |
| | 1469 Ofen, transférée à Tyrnau en 1635. | 1582 Édimbourg. |
| 1222 Padoue. | | 1585 Francker. |
| 1224 Naples. | 1472 Ingolstadt, transférée à Landshut en 1802. | 1585 Gratz. |
| 1228 Verceil. | | 1590 Dublin. |
| Vers 1230. Ferrare. | 1474 Saragosse. | 1592 Paderborn. |
| 1239 Salamanque. Voy. 1209, *Palencia.* | 1475 Copenhague. | 1596 Barcelone. |
| | 1476 Upsal. | 1600 Hardewick. |
| 1243 Plaisance. | 1477 Tubingen. | 1607 Giessen. |
| 1245 Rome. | 1477 Mayence. | 1614 Groningue. |
| 1257 Cambridge. | 1482 Parme. | 1618 Molsheim. |
| 1260 Trévise. | Vers 1492. Valence. | 1619 Stadthagen. |
| 1276 Pérouse. | 1499 Alcala de Henarez | 1621 Rinteln. |
| 1279 Coïmbre. | 1502 Wittemberg, réunie, en 1815, à Halle. | 1623 Salzbourg. |
| 1290 Lisbonne. | | 1625 Mantoue. |
| 1333 Pise. | 1504 Séville. | 1631 Munster, transférée à Bonn en 1818. |
| 1346 Valladolid. | 1506 Francfort-sur-l'Oder, réunie à Breslau en 1811. | |
| 1348 Prague. | | 1632 Osnabruck. |
| 1354 Huesca. | 1506 Aberdeen. | 1632 Dorpat. |
| 1365 Vienne. | 1527 Marburg. | 1635 Tyrnau. Voy. 1469, *Ofen.* |
| 1368 Genève. | 1531 Grenade. | 1636 Utrecht. |
| 1380 Sienne. | 1531 Santiago. | 1640 Abo, transférée à Helsingfors en 1827. |
| 1385 Cologne. | 1533 Baeza. | |
| 1386 Heidelberg. | 1540 Macerata. | 1647 Bamberg. |
| 1392 Erfurt. | 1544 Kœnigsberg. | 1655 Luisburg. |
| 1394 Palerme. | 1548 Messine. | 1665 Kiel. |
| 1400 Cracovie. | 1548 Ossuna. | 1666 Lund. |
| 1403 Würtzbourg. | 1549 Candie. | 1671 Urbino. |
| 1405 Turin. | 1552 Orihuela. | 1672 Inspruck. |
| 1409 Leipsick. | 1552 Almagro. | 1694 Halle. Voy. 1502, *Wittemberg.* |
| 1412 St-Andrew (Écosse). | 1554 Dillingen. | |

| 1702 | Breslau. Voy. 1500, Franc-fort. | 1765 | Milan. | 1816 | Liége. |
| | | 1777 | Pesth. | 1816 | Gand. |
| 1710 | Girona. | 1778 | Osma. | 1816 | Varsovie. |
| 1717 | Majorque. | 1784 | Lemberg. | 1818 | Bonn. |
| 1717 | Onate. | 1802 | Landshut, transférée à Munich en 1826. (Voy. 1472, Ingolstadt). | 1819 | Pétersbourg. |
| 1717 | Tolède. | | | 1823 | Corfou. |
| 1717 | Cervera. | | | 1826 | Munich. |
| 1720 | Cagliari. | 1803 | Moscou. | 1827 | Helsingfors. |
| 1734 | Fulda. | 1803 | Wilna. | 1832 | Zurich. |
| 1737 | Gœttingen | 1804 | Karkow. | 1834 | Berne. |
| 1745 | Erlangen. | 1805 | Kasan. | 1834 | Bruxelles. |
| 1760 | Butzow, unie à Rostock en 1789. | 1810 | Berlin. | 1856 | Londres. |
| | | 1811 | Christiania. | 1856 | Athènes (1). |
| 1765 | Sassari. | 1812 | Gênes. | | |

# V

**VACANCES.** — On appelle ainsi le temps qui s'écoule entre deux exercices scolaires. Les vacances ne sont dangereuses que pour les élèves, qui, faisant trêve complète avec toutes sortes de travaux, se livrent à une constante oisiveté. Le moyen d'utiliser les vacances est d'en profiter pour varier ses exercices et ses études.

**VACCINE.** — *Lettre circulaire de Mgr l'évêque de Digne*, aujourd'hui archevêque de Paris, *au sujet de la variole.* — Gardien de la foi, défenseur incorruptible de la morale et de la discipline, le clergé aime aussi à prêter l'autorité de sa parole à toute entreprise, à toute institution qui a pour but l'allégement de nos souffrances physiques ; médecin par excellence des âmes infirmes, il se fait aussi avec joie le médecin de toute douleur qui afflige notre condition corporelle. La lettre suivante adressée autrefois par Mgr l'évêque de Digne au clergé de son diocèse est une nouvelle et touchante preuve de cette vérité : c'est une des plus importantes règles d'éducation que le christianisme dicte aux familles.

« MESSIEURS ET BIEN CHERS COOPÉRATEURS,

« Vous le savez tous, nul simple fidèle même ne l'ignore, la religion, mère de prévoyance et de tendresse, n'étend pas seulement ses soins empressés à la conservation et à l'accroissement de la vie de l'âme ; elle embrasse dans ses divines sollicitudes cette vie aussi du corps, que tant d'accidents menacent, particulièrement dans ses nouveau-nés, et qui est ici-bas la condition nécessaire du mérite et de la récompense, le prix d'une glorieuse éternité. Oh ! qui de nous, par exemple, n'a pas éprouvé un pieux attendrissement, en présence de cette première scène de son amour lorsque, les prenant au sortir du sein des eaux régénératrices, elle les remet aux mains de ceux qui doivent plus tard en répondre au Seigneur ? Écoutez alors ses admonitions ! voyez ses alarmes ! et comprenez son cœur ! La nature elle-même semble ne pas lui donner assez de garanties, et nous la voyons, cette mère sublime, devenir suppliante auprès des auteurs mêmes de leurs jours, pour les conjurer de veiller sans cesse à la garde du dépôt sacré. Comme elle presse avec une touchante anxiété les mères et les nourrices d'avoir continuellement l'œil ouvert sur leurs petits enfants, afin d'écarter les dangers qui assiégent incessamment une existence si frêle ! Comme elle multiplie les conseils de prudence, les recommandations et les exhortations, pour mettre leur vie et leur santé à l'abri de toute atteinte ! Sévère même, dirions-nous, par excès d'amour, elle va jusqu'à s'irriter, jusqu'à menacer de ses rigueurs celles qui manqueraient de vigilance dans l'accomplissement des plus saints devoirs de la nature ; et elle les frappe en effet d'anathème, si, par l'oubli volontaire des précautions qu'elle leur prescrit, sur la foi de l'expérience, elles exposent ces jeunes plantes à périr avant l'heure ; ou si quelque accident qu'il eût été possible de prévenir, signalé d'avance par l'Eglise aux jeunes mères, fait tomber sous le souffle de la mort ces fleurs délicates.

« Mais la religion, bien-aimés coopérateurs, ne se borne pas à condamner dans les parents ces imprudences, qu'elle punit, en les jugeant à la lumière de Dieu, comme des crimes, elle veut encore qu'ils soient attentifs à favoriser le développement des êtres chéris auxquels ils ont donné le jour. Elle leur ordonne de combattre tous les maux qui pourraient défigurer en eux les organes de l'image du Créateur, et dégrader le chef-d'œuvre qu'il a formé de sa main divine ; elle leur fait surtout le devoir le plus grave de les soustraire à ces maladies pestilentielles, qui, en brisant ou en altérant le principe même de l'existence, les conduiraient, soit d'une façon violente et cruelle, soit d'une manière lente et insensible, à une mort prématurée. Or, parmi les maux qui menacent ainsi l'âge le plus aimable de la vie, entre ces maladies hideuses, il en est une qui exerçait autrefois les plus affreux ravages, et dont le nom seul répandait au sein des familles l'épouvante et la désolation. N'entendez-vous pas encore les cris et les gémissements des pauvres mères, univer-

(1) Les principaux éléments de ce tableau, surtout en ce qui concerne les temps modernes, nous ont été fournis par l'article UNIVERSITÉS ÉTRANGÈRES du *Dictionnaire de la conversation.*

selle et déchirante lamentation qui renouvelait sans cesse sur tous les points du monde habité la scène lugubre dont Rama fut le théâtre, quand *Rachel pleurait ses fils, et ne voulait pas se consoler, parce qu'ils n'étaient plus* (1) !

« Eh bien, Messieurs, après des siècles de larmes, la Providence a permis que la science découvrît un moyen d'arrêter le fléau dans sa course meurtrière, de prévenir au moins les effets les plus terribles de sa malignité. Grâces immortelles en soient rendues à notre Dieu, qui revendique, dans l'Ecriture, le titre de *maître des sciences* (2), désormais la maternité, tout à la fois si sacrée et si redoutable par tant de devoirs et par tant de soucis, aura donc une désolation de moins à craindre ! Mais ne l'oublions pas, en remerciant le ciel, il nous faut profiter de ses bienfaits ; car celui-là manque à la reconnaissance qui ne les estime pas ce qu'ils valent ; et celui-là cesse de les estimer qui les néglige. Or, qui mieux que nous, prêtres du Seigneur, peut réveiller et exciter, dans les populations, ce sentiment de juste gratitude qu'elles lui doivent, même pour les grâces temporelles ? Et qui donc, avec plus de convenance comme avec plus d'efficacité, avertirait les familles chrétiennes, sur les suites funestes de leur négligence à l'égard du préservatif dont nous parlons ? C'est aux pasteurs surtout, chargés de veiller à la double vie de leur troupeau, qu'il appartient de faire sentir le prix de la vaccine aux pères et aux mères ; c'est à eux de combattre les préjugés que l'ignorance pourrait accréditer dans leur paroisse, de dissiper les préventions qui se rencontreraient encore dans certains esprits.

« Préjugés aveugles et préventions funestes ! Car, si le fléau, hélas ! sévit annuellement sur plusieurs points de notre diocèse, comme aux jours de ses plus grandes fureurs, n'est-ce pas à cette cause qu'il faut l'attribuer, nous voulons dire à la défaveur où est la vaccine auprès des classes peu éclairées ? Le premier magistrat du département l'a bien compris, Messieurs et chers coopérateurs. Aussi, à peine arrivé parmi nous, l'avons-nous vu faire, du sort de ces enfants que des parents coupables refusent de soustraire à un évident péril de mort, l'objet de toute son attention et de sa touchante sollicitude. Avec cette haute intelligence qui le distingue, il a pris un arrêté dont les sages dispositions assurent, dans un prochain avenir, la pratique générale de la vaccine, et, par une conséquence nécessaire, l'extinction même de l'épidémie. Nous avons été heureux, Mes-

(1) *Matth.* II, 18.
(2) *II Reg.* II, 5.

sieurs, de pouvoir lui promettre notre concours, pour la réalisation d'un vœu d'humanité qui est dans le cœur de tout prêtre, et dont notre charge pastorale nous fait d'ailleurs un devoir si sacré. Et, en cela, nous n'obéissons pas seulement à notre conscience, mais encore aux inspirations du Père commun des fidèles, puisque nous suivons l'auguste exemple qu'il a récemment donné. Le peuple des Etats de l'Eglise, lisions-nous, il y a peu de jours, dans les papiers publics, vient de recevoir de la sollicitude du Souverain Pontife le bienfait d'un règlement qui doit propager l'usage de la vaccine par les voies administratives. L'ordonnance pontificale se termine par la disposition suivante : « Pour la plus grande « instruction de la classe indigente, les curés « devront lire au peuple la présente ordon- « nance. On espère que cette nouvelle preuve « de la bienfaisance du Souverain Pontife et « de l'intérêt que Sa Béatitude prend à la « santé publique servira à chacun de stimu- « lant pour faire tourner à son propre avan- « tage les dispositions de Sa Sainteté. »

« Vous le voyez : là le pontife seconde le prince, comme ici l'évêque seconde le magistrat, et les deux autorités sont dans le plus heureux accord pour recommander cette pratique salutaire.

« Qui pourrait, après cela, alléguer des prétextes ou opposer des résistances ? Vous exhorterez donc, Messieurs et chers coopérateurs, les pères et les mères de famille à faire vacciner leurs enfants, en leur représentant le plus vivement possible tout ce qu'une négligence blâmable sur ce point peut leur coûter de regrets amers. Dites-leur bien que partout où l'on a signalé une diminution progressive dans le nombre des vaccinations, l'on a constaté, en même temps, un accroissement proportionnel dans le nombre des décès occasionnés par la variole. Et, afin de vous assurer qu'ils ne sont sourds ni à la voix de la religion, ni à celle de la nature, informez-vous exactement, avant d'admettre un enfant au catéchisme, s'il a été vacciné. Vous apportez, nous le savons, les soins les plus touchants à l'instruire, à cultiver son âme, à l'orner pour le ciel. Eh bien ! vous contribuerez encore par là à lui conserver la vie même, ou à la lui rendre moins souffrante et moins amère.

« † MARIE-DOMINIQUE-AUGUSTE, « évêque de Digne.
« Digne, le 1er mars 1842. »

VISITES. — Les inspecteurs sont chargés chaque année de visiter les établissements d'instruction publique et privée. (*Voy.* INSPECTEURS.)

---

# CONCLUSION DE L'OUVRAGE.

Nous voici arrivé à la fin de notre tâche ; un seul regard rétrospectif nous indiquera l'espace parcouru. Sans vouloir prévenir le jugement qu'en porteront nos lecteurs, nous avons hâte de nous résumer.

Le véritable caractère d'un bon ouvrage

consiste, pour l'auteur, à réduire à l'unité de son sujet principal les classifications diverses qui le constituent, et à relier avec art tous les détails qui en découlent.

Tel a été le but de tous nos efforts dans ce travail que nous offrons au public. Il est aisé de se convaincre qu'il est aussi *un* dans son objet que complexe dans ses éléments divers épars sous la forme alphabétique.

En classant ceux-ci par ordre de matières, s'offre à tout esprit sérieux un tableau de faits psychologiques qui résument l'homme et l'humanité, le citoyen de la terre et celui des cieux. On voit se dérouler à travers les temps et les espaces, avec le cours des années qui précèdent la maturité de l'âge, la chaîne d'un enseignement dont le premier anneau tient au berceau de la vie humaine, touche à la tombe et va aboutir au sein de l'immobile Éternité.

L'enfant et sa double nature, son présent et son avenir, ses craintes et ses espérances, ses besoins et ses ressources, ses maux et ses remèdes, ses droits et ses devoirs, s'y trouvent réunis. La seule idée vraie d'éducation étant clairement exposée, apparaissent tour à tour son but, ses conditions, ses obstacles et ses moyens classés en trois catégories en harmonie avec la situation des trois périodes de la jeunesse dont le faîte est couronné par l'âge mûr.

Les pensées du lecteur attentif s'enchaînent d'elles-mêmes et sans effort au seul énoncé des sujets qui suivent: Caractères de toute bonne éducation, son importance, ses avantages, fondements sur lesquels elle repose.— (1ʳᵉ catégorie). *Éducation de l'enfance:* allaitement, crèches, pouponnières, salles d'asile, écoles, assurances sur la vie des enfants. —(2ᵐᵉ catégorie.) *Éducation de l'âge de puberté:* Objet moral de l'éducation, ses diverses sortes, ses différentes méthodes, ses modifications, douceurs et sécheresses de l'éducation privée; choix d'un état; éducation cléricale, éducation des enfants trouvés, des maisons pénitentiaires, des apprentis, des esclaves affranchis dans les colonies, des filles; écoles spéciales pour les garçons; liberté d'enseignement, divers degrés de l'enseignement, enseignement catholique, les saintes Écritures; enseignement agricole; devoirs des parents et des maîtres envers les enfants, devoirs des élèves envers leurs parents et leurs maîtres; Université de France, universités étrangères; légendes; archives de l'Université de Paris; bibliothèques publiques; lois et décrets qui régissent l'instruction publique, ses conseils, son histoire, son tableau sommaire, ses Facultés, communautés enseignantes; traits historiques sur l'éducation; imprimerie, *beaux-arts*, musique, architecture, peinture, sculpture; littérature sacrée des saints Pères, littérature ancienne, profane, littérature moderne en France et à l'étranger, littérature dans ses rapports avec les connaissances humaines; influence du spiritualisme sur le génie littéraire; linguistique morale; lectures populaires; examen des livres classiques; influence des lois sur les mœurs et des mœurs sur les lois; diverses manières de considérer et d'écrire l'histoire; philosophie, foi sous le rapport philosophique, philosophie de l'histoire selon les systèmes du xixᵉ siècle; philosophie du christianisme, la croix. — (3ᵉ catégorie.) *Éducation de l'adolescence:* Bienfaits du sacerdoce, sciences, économie sociale; moralisation des classes industrielles; associations diverses; écrivains sur les matières d'éducation réputés les plus célèbres en tous genres depuis le moyen âge jusqu'à nos jours.

Cette classification nous paraît être aussi complète qu'élevée à la hauteur de notre sujet. Elle prend l'enfant au début de la vie, le dirige à travers les péripéties auxquelles est en proie la pauvre humanité, éclaire son esprit, fortifie son cœur, forme son caractère, protège les conditions normales de son existence et pourvoit à ses conditions de bien-être pour l'avenir. Elle orne et embellit son adolescence, la prépare à toutes les vicissitudes de l'âge mûr, et la précautionne contre l'invasion des funestes doctrines qui la menacent; elle sanctionne les droits et les devoirs de ceux qui donnent l'éducation et de ceux qui la reçoivent, elle découvre les sources abondantes si propres à rafraîchir les ardeurs de la jeunesse et révèle les conditions légales et les règles du bon goût auxquelles elle est subordonnée, enfin elle s'empreinte du caractère spécial à la haute philosophie religieuse et à la morale chrétienne.

Nous ne saurions nous dissimuler les imperfections de notre travail, mais du moins avons nous fait des efforts; nous avions cru devoir comprendre ainsi notre tâche et ainsi la remplir. Si nous n'avons pu atteindre notre but, peut-être trouvera-t-on qu'il y a du moins quelque mérite à avoir osé le tenter.

Indifférent aux blâmes comme aux éloges, et nous étant constamment tenu éloigné de toute exagération, la seule conscience du bien que nous avons voulu faire nous suffit, dans notre persuasion intime qu'auprès du Père commun de tous les hommes, aucune bonne œuvre, pas même une seule bonne intention, ne sont mises en oubli. Nous déclarons hautement nous soumettre humblement à l'autorité de l'Église, et tout le contenu de ce livre, que nous terminons en l'offrant à Jésus et à Marie, dont nous désirons que les saints noms soient à jamais loués.

## FIN DU DICTIONNAIRE D'ÉDUCATION

Imprimerie MIGNE, au Petit-Montrouge.

Alexandrina sede, quasi eam contra suum jur···· | A ex eo, quod Chronicon Damaso attributum, quo, ex
···dum, quod in regia civitate·dedit, arripuisset, | alibi dictis, nullum antiquius monumentum d3 da-
···operaretur Petro Moggo, ut remaneret in sede; | ratione pontificum Rom. superest, diserte scribit,
·c prius hoc faceret, nisi susciperet Henoticum | Eusebium papam sedisse tantum menses quatuor, dies
incipis, synodicas destinaret epistolas Constanti- | sedecim, et fuisse a xiv Kalend. Maias, usque in
···politano Acacio, et Simplicio Romano, et cæteris | diem xvi Kalendas Septembris, qui ideo nullum
··hiepiscopis. Acacius vero, promittente Petro fa- | mensem Decembrem in suo pontificatu vidit, et ta-
··e unitatem, nec adhuc implente, legitime nomen | men Anastasius testatur eum ordinationem fecisse
··s in diptychis recitari permisit, tanquam jam | per mensem Decembrem; qui Anastasii error non
·lexandrini præsulis in sede apostolica positi, » in- | exstat in Chronico regiæ Sueciæ, tam ex editione
··it Liberatus cap. 12. Joannes, ut legitur in Brevi- | Papebrochii in conatu Chronico-historico, quam
·lo Historiæ Eutychianistarum, Romam venit, et, | Schelestratii in antiquate Ecclesiæ; utrobique enim
·cut decebat, ab apostolica sede, ad quam appellave- | Eusebius dicitur ordinationes tres fecisse, nulla
··t, susceptus est. Dum Romæ esset, Simplicio | mensis Decembris mentione facta, ex quo necessario
·pæ persuasit, ut pro sua causa adversus Petrum | sequitur eum alio mense quam Decembri ordinatio-
·oggum ad Acacium Constantinopolitanum epi- | nes peregisse. Idem dicendum de Marco papa, qui ex
··opum scriberet. Quod quidem promptu ac libenti | eodem Damasi Chronico sedit menses 8, dies 20....
·imo fecit Simplicius. Acacius vero, acceptis Simpli- | ex die xv Kalendas Februarii, usque in diem No-
··litteris, respondit se Joannem quidem episcopum | narum Octobrium, ideoque sacros ordines conferre
·lexandriæ misime agnoscere, Petrum vero Moggum | non potuit mense Decembri, ut scribit Anastasius:
··su Zenonis Augusti in communionem suscepisse. | unde Baronius anno 536, num. 61, ait: « Totum il-
··s litteris graviter commotus Simplicius rescripsit | lud de duabus a Marco habitis ordinationibus mense
··acium non recte neque ordine egisse, qui Petrum | Decembri evanescere. » Præterea ex pontificibus quin-
··mmuni sententia damnatum in communionem re- | quaginta sex in dicto regiæ Sueciæ Chronico me-
··isset. | moratis, quindecim reperiuntur, quorum ordinatio-
··Cum Joannes Talaia libellum pararet offerre Sim- | nes factæ dici possunt alio mense, quam Decembri,
··io varia in Acacium crimina continentem, Sim- | in iis præterimus; sunt autem Anacletus, Evaristus,
··cius morte præventus est, antequam Acacius | Sixtus, Pontianus, Anterus, Cornelius, Sixtus II,
··ostremis ejus litteris respondisset, ut prodit Libe- | Eusebius, Liberius, Siricius, Anastasius, Sixtus III,
··tus cap. 18. Obiit enim hic S. pontifex die secunda | Hormisda, Joannes I, et Felix IV, in quo illud Chro-
··ensis Martii anni quadringentesimi octogesimi | nicon desinit; imo cum in eo mentio non sit ordi-
··tii, eodemque die in basilica S. Petri apostoli | nationum peractarum a Simplicio, Symmacho, et
··ultus est, postquam sedisset Anastasius, postquam | Felice IV, mense Febr. apparet auctorem dicti Chro-
··nos quindecim, et dies sex, ut legitur in uno exem- | nici, tempora ordinationum peractarum extra men-
··ri Ms. Colbertino Anastasii, in catalogis 4 et 5, | sem Decemb. ideoque extra regulam communem, vel
··n l. criticæ Baronianæ præfixis, et in Mariano Scoto. | ignorasse, vel potius consulto prætermisisse; et
Linea 25. — Per mensem Decembrem et Februarium, | Anastasium, qui eo Chronico usus esse creditur,
Mabillonius in commentario prævio ad ordinem | existimasse omnes ordinationes a pontificibus factas
··manum, paragr. 16, hæc de Simplicio observavit: | mense Decembri, quia alius mensis in eo Chronico
··rimi apostolici, inquit Amalarius in lib ii, cap. 4, C | non exprimebatur, et ordinationes generales de more
··mper in decembrio mense, in quo Nativitas Domini | et juxta antiquas regulas in mense Decembrio per-
··ostri Jesu Christi celebratur, consecrationes mi- | agebantur: a quibus tamen regulis immunes erant
··strabant usque ad Simplicium, qui fuit a B. Petro | episcopi Romani, qui diaconos, et presbyteros qui-
··. Ipse primus sacravit in Februario. » Idem testa- | buscunque sabbatis ordinabant, imo et episcopos
··· Micrologus ex Romano Pontificali, quo nomine | quibuscunque diebus, etiamsi non essent Dominici:
··m de Gestis Rom. pontif. intelligit. Sane inter | cujus rei illustre exemplum habemus in sancto Aga-
··· pontifices, qui ad finem sæculi noni ordinationes | pito papa, qui anno 536, Constantinopoli existens,
··cerunt, unus Leo II, in mense Maio ordinationes | Mennam patriarcham Constantinopolitanum conse-
··xit; et in mense Septembri unam Gregorius Ma- | cravit die decima tertia mensis Martii, quæ eo anno
··us; alii post Simplicium omnes, vel mense De- | in feriam quintam incidebat. Hanc conjecturam eru-
··mbri, vel in prima, vel in mediana hebdomada | ditorum examini submitto, paratus sententiam mu-
··adragesimæ; nulli, quod quidem sciatur, in sab- | tare si eam claudicare arbitrentur. Vide dicenda in
··to Paschæ. Hæc, inquit criticæ Baronianæ auctor, | Gelasio et in Leone II.
··te Mabillonius, nisi quod asserit Leonem II mense |
··o ordinationem fecisse; in ejus enim pontificatu | 
··endemus illum mense Junio ordinationem suam | ## SOMMIER.
··regisse. |
··Sed hæc de tempore sacrarum ordinationum quæ- | Linea 10. — Sub hujus episcopatu venit relatio de
··ne mature examinata, mihi quidem videtur et | Græcia, etc. Incidit in ea tempora pontificatus Sim-
··alarium, et viros doctissimos falli, dum scribunt | plicii, quæ gravia ubique discrimina ostenderent non
··manos pontifices usque ad Simplicium semper in | sine lacrymis aspicienda. Vidit enim Occidentis im-
··nse Decembri ordinationes peregisse: sicut enim D | perium eversum: et postremos quinque imperatores
··st Gelasium, qui primus eas Quatuor Temporibus | sive trucidatos, sive depulsos, nempe Anthemium,
··ixit, Romani pontifices huic communi regulæ | Olybrium, Glycerium, Nepotem, et Augustulum;
··icti non erant, sed quibuscunque Sabbatis dia- | qui veluti in theatrum temporarium producti, et
··, presbyteros, et episcopos ordinabant, ut in | ictu oculi e scena erepti Italiam reliquerunt sub
··· ostendemus: ita ante Simplicium, legi de | dominatu barbari et Ariani principis Odoacris, regis
··· bus mense Decembri faciendis, ob princi- | Herulorum. Vidit quoque Orientis imperium per
··m dignitatem non alligabantur, sed aliis mensibus, | manus traditum duobus Augustis hæretica labe in-
··i opus erat, ad sacros ordines promovebant. | fectis, aut hæresum fautoribus, Basilisco et Zenoni.
··astasius quidem usque ad Simplicium ordinatio- | Duos pariter Arianos reges Gothorum per Gallias et
··nes mense Decembri a Romanis pontificibus factas | Hispanias exercere dominatum; et ex eadem secta
··norat; verum, ut scribit Edmundus Martene, | Wandalos tyrannos crudeliter in Africa debacchari.
··de antiquis Ecclesiæ Ritibus, cap. 8, art. 4, num. | Abominationem denique desolationis conspexit in
··non negat etiam aliis Quatuor Temporum ejuniis, | loco sancto; cum scelestos passim aspiceret thronis
··ab ipsis etiam, aut ab aliis eorum jussu episco- | patriarchalibus incubare; Ælurum scilicet ac Mog-
··celebratas fuisse. Hæc conjectura robur accepit | gum cathedræ Alexandrinæ; Fullonem Antiochenæ;
| Hierosolymitanæ Gerontium; et Acacium in Con-
| stantinopolitana perciperet iterare de patriarchatu

COURS COMPLET DE PATROLOGIE, ou Bibliothèque universelle, complète, uniforme, commode et économique de tous les saints Pères, docteurs et écrivains ecclésiastiques, tant grecs que latins, tant d'Orient que d'Occident; reproduction chronologique et intégrale de la tradition catholique pendant les douze premiers siècles de l'Église, d'après les éditions les plus estimées. 200 vol. in-4° latins; prix : 1,000 fr. pour les mille premiers souscripteurs; 1,200 fr. pour les autres. Le grec et le latin réunis formeront 500 vol. et coûteront 1,800 fr. Tous les Pères se trouvent néanmoins dans l'édition latine. 143 vol. ont paru et 700 souscripteurs sont venus.

COURS COMPLETS D'ÉCRITURE SAINTE ET DE THÉOLOGIE, 1° formés uniquement de Commentaires et de Traités partout reconnus comme des chefs-d'œuvre, et désignés par une grande partie des évêques et des théologiens de l'Europe, universellement consultés à cet effet; 2° publiés et annotés par une société d'ecclésiastiques, tous curés ou directeurs de séminaires dans Paris, et par 12 séminaires de province Chaque Cours, terminé par une table universelle analytique et par un grand nombre d'autres tables, forme 28 vol. in-4°. Prix : 138 fr. l'un. — On souscrit aux deux Cours à la fois ou à chacun d'eux en particulier.

ATLAS géographique et iconographique du *Cours complet d'Écriture sainte.* 1 vol. in-fol. de 77 planches. Prix : 6 fr.

TRIPLE GRAMMAIRE ET TRIPLE DICTIONNAIRE HÉBRAIQUES et CHALDAÏQUES, 1 énorme vol. in-4°. Prix : 15 fr.

COLLECTION INTÉGRALE ET UNIVERSELLE DES ORATEURS SACRÉS DU PREMIER ET DU SECOND ORDRE, ET DE LA PLUPART DES ORATEURS SACRÉS DU TROISIÈME ORDRE, selon l'ordre chronologique, afin de présenter, comme sous un coup d'œil, l'histoire de la prédication en France pendant trois siècles, avec ses commencements, ses progrès, son apogée, sa décadence et sa renaissance. 60 vol. in-4°. Pr. 500 fr., 8 fr. le vol. de tel ou tel Orateur en particulier. 30 vol. ont paru.

QUATRE ANNÉES PASTORALES ou PRONES pour 4 ans, par BADOUIX. 1 vol. in-4°. Prix : 6 fr.

ENCYCLOPÉDIE THÉOLOGIQUE, ou série de dictionnaires sur chaque branche de la science religieuse, offrant en français et par ordre alphabétique, la plus claire, la plus variée, la plus facile et la plus complète des Théologies. Ces DICTIONNAIRES SONT : ceux d'Écriture sainte, — de Philologie sacrée, — de Liturgie, — de Droit canon, — des Hérésies, des schismes, des livres jansénistes, des Propositions et des livres condamnés, — des Conciles, — des Cérémonies et des rites, — du Cas de conscience, — des Ordres religieux (hommes et femmes), — des Diverses Religions, — de Géographie sacrée et ecclésiastique, — de Théologie morale, ascétique et mystique, — de Théologie dogmatique, canonique, liturgique, disciplinaire et polémique, — de Jurisprudence civile-ecclésiastique, — des Passions, des vertus et des vices, — d'Hagiographie, — des Pèlerinages religieux, — d'Astronomie, de Physique et de Météorologie religieuses, — d'Iconographie chrétienne, — de Chimie et de minéralogie religieuses, — de Diplomatique chrétienne, — des Sciences occultes, — de Géologie et de chronologie chrétiennes. 52 vol. in-4°. Prix : 312 fr. 50. Bon nombre ont vu le jour.

NOUVELLE ENCYCLOPÉDIE THÉOLOGIQUE, contenant les DICTIONNAIRES des Livres apocryphes, — des Décrets des congrégations romaines, — de Patrologie, — de Biographie chrétienne et anti-chrétienne, — des Confréries, — d'Histoire ecclésiastique, — des Croisades, — des Missions, — d'Anecdotes chrétiennes, — d'Ascétisme et des invocations à la Vierge, — des Indulgences, — des Prophéties et des miracles, — de Statistique chrétienne, — d'Économie charitable, — des Persécutions, — des Erreurs sociales, — de Philosophie catholique, — de Physiologie spiritualiste, — d'Antiphilosophisme, — des Apologistes involontaires, — d'Éloquence chrétienne, — de Littérature, id., — d'Archéologie, id., — d'Architecture, de peinture et de sculpture, id., — de Numismatique, id., — d'Héraldique, id., — de Musique, id. — de Paléontologie, id., — de Botanique, id., — de Zoologie, id., — de Médecine-pratique, — d'Agri-sylvi-viti-et horticulture, etc.

Prix : 6 fr. le volume pour le souscripteur à l'une des deux *Encyclopédies* ou à 50 volumes choisis dans les deux. 7 fr., 8 fr. et même 10 fr. le vol. pour le souscripteur à tel Dictionnaire particulier. 20 vol. de la *Nouvelle Encyclopédie* ont vu le jour.

DÉMONSTRATIONS ÉVANGÉLIQUES : de Tertullien, Origène, Eusèbe, S. Augustin, Montaigne, Bacon, Grotius, Descartes, Richelieu, Arnauld, de Choiseul du Plessis-Praslin, Pascal, Pélisson, Nicole, Boyle, Bossuet, Bourdaloue, Locke, Lami, Burnet, Malebranche, Lesley, Leibnitz, la Bruyère, Fénelon, Huet, Clarke, Duguet, Stanhope, Bayle, Leclerc, Du Pin, Jacquelot, Tillotson, de Haller, Sherlo k, Le Moine, Pope, Leland, Racine, Massillon, Ditton, Derham, d'Aguesseau, de Polignac, Saurin, Buffier, Warburton, Tournemine, Bentley, Littleton, Fabricius, Seed, Addison, De Bernis, J.-J. Rousseau, Para du Phanjas, Stanislas 1er, Turgot, Statler, West, Beauzée, Bergier, Gerdil, Thomas, Bonnet, de Crillon, Euler, Delamarre, Caraccioli, Jennings, Duhamel, S. Liguori, Butler, Bullet, Vauvenargues, Guénard, Blair, De Pompignan, de Luc, Porteus, Gérard, Diessbach, Jacques, Lamourette, Laharpe, Le Coz, Duvoisin, De la Luzerne, Schmitt, Poynter, Moore, Silvio Pellico, Lingard, Brunati, Man-

zoni, Perrone, Paley, Dorléans, Campien, F. Pérennès, Wiseman, Buckland, Marcel de Serres, Keith, Chalmers, Dupin aîné, Sa Sainteté Grégoire XVI, Cattet, Milner, Sabatier, Morris, Bolgeni, Classay, Lenfant et consorti; contenant les apologies de 117 auteurs répandues dans 180 vol.; traduites, pour la plupart, des diverses langues dans lesquelles elles avaient été écrites; reproduites INTÉGRALEMENT, non par extraits; ouvrage également nécessaire à ceux qui ne croient pas, à ceux qui doutent et à ceux qui croient. 18 vol. in-4°. Prix : 108 fr.

DISSERTATIONS SUR LES DROITS ET LES DEVOIRS DES ÉVÊQUES ET DES PRÊTRES DANS L'ÉGLISE, par le cardinal de la Luzerne. 1 vol. in-4° de 1,900 col. Prix : 8 fr.

HISTOIRE DU CONCILE DE TRENTE, par le cardinal Pallavicini, précédée ou suivie du Catéchisme et du texte du même concile, de diverses dissertations sur son autorité dans le monde catholique, sur sa réception en France, et sur toutes les objections protestantes, jansénistes, parlementaires et philosophiques auxquelles il a été en butte; enfin d'une notice sur chacun des membres qui y prirent part. 3 vol. in-4°. Prix : 18 fr.

PERPÉTUITÉ DE LA FOI DE L'ÉGLISE CATHOLIQUE, par Nicole, Arnauld, Renaudot, etc., suivie de la Perpétuité de la Foi sur la confession auriculaire par Denis de Sainte-Marthe, et des 13 Lettres de Scheffmacher sur presque toutes les matières controversées avec les Protestants. 4 vol. in-4°. Prix : 24 fr.

OEUVRES TRÈS-COMPLÈTES DE SAINTE THÉRÈSE, précédées du portrait de la sainte, du fac-simile de son écriture, de sa Vie par Villefore; suivies d'un grand nombre de lettres inédites, des méditations sur ses vertus par le cardinal Lambruschini, de son éloge par Bossuet et par Fra Louis de Léon, du discours sur le non-quiétisme de la sainte par Villefore; des OEUVRES COMPLÈTES de S. Pierre d'Alcantara, de S. Jean-de-la-Croix et du bienheureux Jean d'Avila; formant ainsi un tout bien complet de la plus célèbre École ascétique d'Espagne. 4 vol. in-4°. Prix : 24 fr.

CATÉCHISMES philosophiques, polémiques, historiques, dogmatiques, moraux, disciplinaires, canoniques, pratiques, ascétiques et mystiques, de Feller, Amat, Scheffmacher, Rohrbacher, Pey, Lefrançois, Alletz, Almeyda, Fleury, Pomey, Bellarmin, Meusy, Challoner, Gother, Surin et Olier. 2 vol. in-4°. Pr. 15 fr.

PRAELECTIONES THEOLOGICAE, de PERRONE. 2 forts vol. in-4°. Prix : 12 fr.

OEUVRES TRÈS-COMPLÈTES DE DE FRESSY, évêque de Boulogne. 2 vol. in-4°. Prix : 12 fr.

OEUVRES DU COMTE JOSEPH DE MAISTRE, savoir : Considérations sur la France; — Essai sur le principe générateur des constitutions politiques et des autres institutions humaines; — Délais de la justice divine dans la punition des coupables; — Du Pape et de l'Église gallicane. 1 fable vol. in-4°. Prix : 8 fr.

MONUMENTS INÉDITS SUR L'APOSTOLAT DE SAINTE MARIE-MADELEINE EN PROVENCE, et sur les autres apôtres de cette contrée, S. Lazare, S. Maximin, Ste Marthe, les saintes Maries Jacobé et Salomé, etc., par M. Faillon, de St-Sulpice, 2 forts vol. in-4°, enrichis de 500 gravures. Prix : 20 fr.

OEUVRES COMPLÈTES DE RIAMBOURG, augmentées de plusieurs traités inédits, annotées par M. Foisset, 1 vol. in-8°. Prix : 7 fr.

INSTITUTIONES CATHOLICAE IN MODUM CATECHESEOS, par POUGET, 12 vol. in-8°. Prix : 25 fr.

MÉMOIRES HISTORIQUES DU CARDINAL PACCA, 1 vol. in-8°. Prix : 2 fr.

COURS COMPLET D'HISTOIRE ECCLÉSIASTIQUE, 25 vol. in-4°. Prix : 125 fr. Les 3 1ers vol. ont paru.

LUCII FERRARIS PROMPTA BIBLIOTHECA, Canonica, juridica, moralis, theologica, 8 vol. in-4°. Prix : 60 fr.

MANUEL ECCLÉSIASTIQUE ou RÉPERTOIRE offrant, par ordre alphabétique et en 640 pages blanches à deux colonnes, tout autant de titres avec divisions et sous-divisions, sur le dogme, la morale et la discipline; ouvrage à l'aide duquel il est impossible de perdre désormais une seule bonne pensée, soit qu'elle survienne en classe, à l'église, en voyage, dans le monde, la conversation, la lecture, etc. 1 vol. relié, in-fol., prix : 6 fr.

On peut le mander tous ces volumes reliés. Le prix de la reliure est de 2 fr. ou de 1 fr. 75 c. pour les in-4°; de 1 fr. 10 c. ou de 1 fr. pour les in-8°. Dans le premier cas, elle est pleine; dans le second, elle est mi-pleine.

Le onzième exemplaire d'un même ouvrage est donné pour *prime* à celui qui en prend dix ensemble ou successivement.

Les souscripteurs à 20 volumes à la fois, parmi les ouvrages ci-dessus, jouissent, EN FRANCE, de quatre avantages : le premier de pouvoir souscrire sans affranchir leur lettre de *souscription* ; le second est de ne payer les volumes qu'après leur arrivée au chef-lieu d'arrondissement ou d'évêché; le troisième est de recevoir les ouvrages *franco* chez notre correspondant ou le leur, ou d'être remboursés du port; le quatrième est de ne ver les fonds qu'à leur propre domicile et sans frais.

CANONS D'AUTEL. Pour les Morts, en feuilles, noir, 7 fr.; id., coloriées, 15 fr.; id., sur carton, fond noir, 12 fr.; id. coloriées, 19 fr. — Id. avec cadres noirs, sujet noir, 45 fr.; id., sujet colorié, 53 fr. — Id., avec cadres dorés, extra-riches, sujet noir, 55 fr.; id., colorié 60 fr. — Canons d'autel, pour la Sainte Vierge, 6 fr. — 10 fr. — 12 fr. 16 fr. — 44 fr. — 50 fr. 54 fr. — 57 fr.

www.ingramcontent.com/pod-product-compliance
Lightning Source LLC
Chambersburg PA
CBHW060534280326
41932CB00011B/1288